中国改革开放新时期 年鉴

1979年

中国民主法制出版社
2015·北京

图书在版编目（CIP）数据

中国改革开放新时期年鉴．1979年 / 王振川主编．—北京：中国民主法制出版社，2015.1

ISBN 978-7-5162-0714-7

Ⅰ．①中… Ⅱ．①王… Ⅲ．①改革开放—中国—1979—年鉴 Ⅳ．① D616-54

中国版本图书馆 CIP 数据核字（2015）第 020395 号

图书出品人：肖启明
图 书 策 划：刘海涛
责 任 编 辑：石 松 董 理

书 名 / 中国改革开放新时期年鉴（1979 年）
作 者 / 王振川 主编

出 版 · 发 行 / 中国民主法制出版社
地 址 / 北京市丰台区玉林里 7 号（100069）
电 话 / 63055259（总编室） 63057714（发行部）
传 真 / 63055259
http: //www.npcpub.com
E-mail: mzfz@ npcpub.com
经 销 / 新华书店
开 本 / 16 开 787 毫米 ×1092 毫米
印 张 / 63 字数 / 1890 千字
版 本 / 2015 年 1 月第 1 版 2015 年 1 月第 1 次印刷
印 刷 / 涿州市星河印刷有限公司印刷

书 号 / ISBN 978-7-5162-0714-7
定 价 / 800.00 元

《中国改革开放新时期年鉴》编委会

编　　辑

李凤英　滕景霞　周　磊　宋　明　程学本

王　琳　沈　建　高　瑗　高　艳　刘　阳

日期索引

【一月】

【二月】

【三月】

【四月】

【五月】

【六月】

【九月】

【十月】

1月1日

《人民日报》发表社论《把主要精力集中到生产建设上来》

我们怀着十分兴奋的心情跨入1979年。

把全党工作的着重点转移到社会主义现代化建设上来，是一个伟大的战略转变。全体干部、全体党员和全国人民要动员起来，跟上客观形势的发展，在思想上来一个大解放。当前，摆在我们经济战线面前的任务，就是把主要精力集中到生产建设上来。在新的一年开始的时候，我们从第一天起就要抢时间，争速度，加快前进的步伐。

解放前，我国是一个半封建半殖民地的国家。解放后我们用29年的时间，走了许多资本主义国家半个多世纪走过的路程。但是，由于我们的底子差，近十来年又遭到林彪、“四人帮”的严重破坏，我国的工农业水平，同经济发达的国家相比，还有很大差距。对这种状况，我们必须有清醒的认识。现在，我国的农业生产主要还是建立在手工操作的基础上，几亿人口搞饭吃，每个农业劳动力平均1年生产的粮食，同美国比较，相差几十倍。我国钢铁工业的生产技术，一般还停留在50年代的水平。日本炼钢工人平均每人1年生产300吨钢，我们不过10吨左右。世界上一些国家的铁路，早已实现牵引电气化、内燃化，我国的蒸汽机车至今仍占机车总数的80%以上。在一些新兴工业部门，我们同人家的差距就更大。我国目前科学技术水平同世界先进水平相比，多数领域大约相差15—20年。我们在赶超，人家也在前进。我们只有用比资本主义国家更高的速度发展，才能实现赶超世界先进水平的宏伟目标。

在世界历史上，经济落后的国家赶上或超过经济发达的国家，是屡见不鲜的。从18世纪中期到19世纪的上半期，英国完成了工业革命，在经济上成为世界第一强国。到了19世纪末期，美国就超过了英国；20世纪初期，德国也赶上英国。第二次世界大战中战败的日本，1950年的生产总值还大大低于主要的资本主义国家，到了1968年，就超过了英、法和西德，仅次于美、苏，在经济上跃居世界第三位。资产阶级能够做到的事情，无产阶级更应该做到。

实现四个现代化，大幅度地提高目前落后的生产力，必然要多方面地改变同生产力发展不适应的生产关系和上层建筑，改变一切不适应的管理方式、活动方式和思想方式。为了加快现代化的步伐，就要大力采用先进技术，促使整个国民经济从落后的甚至是手工劳动的基础上，转到先进的、现代化的技术基础上。工矿企业中的党政工作，群众团体的工作，都要服从社会主义现代化建设这个中心，而不能离开这个中心。要免除对企业的“苛捐杂税”，积极创造条件，使企业领导干部至少有六分之五的时间，真正用来抓生产、技术、业务。为了加快现代化的步伐，就要从小生产式的甚至封建衙门式的落后的管理方法，转到符合现代化大生产要求的科学管理的轨道上来。改变用单纯的行政办法管理经济的方式，充分发挥经济手段和经济组织的作用。一切经济活动，都要努力做到以尽可能少的消耗取得尽可能大的经济效果。要把企业经营的好坏同工人、技术人员、干部的切身利益联系起来，使劳动者从物质利益上关心个人和集体的劳动成果。为了加快现代化的步伐，就要通过世界性的经济技术交流，互相学习，取长补短，以检验和提高我国的技术水平和经济水平。要在坚持独立自主、自力更生方针的基础上采取各种国际上通行而又对我们有利的方式，积极引进先进技术，尽量利用外国资金，大胆进入国际市场。

为了把主要精力集中到生产建设上来，我们必须结合经济工作做好思想政治工作，统一干部、群众的认识，克服各种思想障碍，使每个同志的思想和工作都适应这个转变。

要打掉精神枷锁，真正解放思想。毛泽东同志说：“我们除了科学以外什么都不要相信，就是说不要迷信。”如果思想僵化，一切从本本出发，迷信盛行，我们就不能前进。我们要把全党工作重点转移到社会主义现代化建设上来，就要有一批敢想、敢说、敢干、敢于创新的闯将。没有这样一大批闯将，我们就无法摆脱落后的状况，怎么谈得到超过国际先进水平呢？各级党委和每个支部，都来鼓励、支持党员和群众敢想、敢说、敢干、敢于创新，都来做解放思想的促进派。要破除迷信，树立实事求是的科学态度。要坚持反对骄傲自满，故步自封，夜郎自大。只要有利于我们搞四个现代化，不管是哪国的好经验，我们都把它学过来。世界上没有一个现代化国家是闭关自守搞起来的。美国经济技术的强大，日本能够后来居上，其中一个重要原因，就是他们广泛采用世界各国的技术专长，把世界上主要的先进技术集中起来。那种拒绝和外国进行经济技术交流的做法，是作茧自缚、自我封锁，不是增强而是削弱自力更生的能力。我们不应该拒绝吸收资本主义国家的科学技术和管理现代化大生产的经验。列宁说：“我们不能设想，除了以庞大的资本主义文化所获得一切经验为基础的社会主义以外，还有别的什么社会主义。”“必须取得资本主义遗留下来的全部文化，用它来建设社会主义。”

要敢于同小生产的习惯势力决裂。我国曾经是一个小生产占统治地位的国家，小生产习惯势力的影响既广又深,是实现四个现代化的一大障碍。小生产习惯势力的一个特点,就是因循守旧,安于现状,不求发展,不求进步,不愿接受新事物。有些同志习惯于手工操作、手工业的管理方式,抵制、排斥使用新技术、新设备和科学的管理方法;有些同志喜欢搞小而全、大而全,不愿走专业化协作的道路,等等,都是小生产的习惯势力作祟,与现代化大生产是根本不相容的。我们必须善于学习先进,敢于打破落后的常规。

要克服官僚主义,打掉衙门作风。我们的干部是人民的勤务员,是为人民服务的,但有些人却沾染了不少官气。他们搞经济工作不按经济规律办事,而凭"长官意志"、行政手段发号施令。他们喜欢摆架子,讲排场,把自己领导的单位变成机构臃肿、层次重叠的官僚衙门。有些唾手可办的事情,得这个批示,那个圈阅,几个月定不下来。下级有事写报告请示,不答复;打电话找,秘书挡驾。他们不是为了革命,而是为了当官,以为掌管的摊子越大,指挥的人越多,官越大,政治、生活待遇也越高。同样的机器设备,在外国有工人和管理人员1000人就够了,我们这里常常超过人家三四倍,产量反而不如人家。为什么?一个重要原因,就是一些领导干部官气太重,管理混乱。邓小平同志代表党中央、国务院在工会九大致辞中指出,今后各个企业的车间主任、工段长、班组长,要由本车间工段和班组的工人选举产生,某些严重失职或作风恶劣的领导人员和管理人员,职工代表大会有权向上级建议处分或撤职。这种做法对打掉官气,有着重要的意义。

一定要有时间观念,反对拖拉作风。现在到十年规划的最后一年——1985年,只剩下7年了;到本世纪末,也只有22个年头。在7年、22年中,8亿人民将要创造出我们现在预料不到的奇迹。但是,如果我们不珍惜时间、不抓紧工作,还可能使我们同经济发达国家的差距拉得更长。时间是无情的。赢得了时间,就赢得了胜利;丧失了时间,必将受到历史的惩罚。由于我们国家经历了漫长的封建社会,那种生产方式和生活习惯造成人们淡薄的时间观念。这是我们的一个很大的弱点,一定要认真克服。

在本世纪内实现四个现代化,我们说了就要做到。时间是紧迫的,1年、1月、1天、1小时都不能耽误。今年是建国30周年,我们一定要紧跟华国锋同志为首的党中央的战略部署,集中精力,争分夺秒,按日按月按季完成和超额完成生产建设计划,用优异的成就向三十大庆献礼!

全国人大常委会发表《告台湾同胞书》

亲爱的台湾同胞:

今天是1979年元旦。我们代表祖国大陆的各族人民,向诸位同胞致以亲切的问候和衷心的祝贺。

昔人有言:"每逢佳节倍思亲。"在这欢度新年的时刻,我们更加想念自己的亲骨肉——台湾的父老兄弟姐妹。我们知道,你们也无限怀念祖国和大陆上的亲人。这种绵延了多少岁月的相互思念之情与日俱增。自从1949年台湾同祖国不幸分离以来,我们之间音讯不通,来往断绝,祖国不能统一,亲人无从团聚,民族、国家和人民都受到了巨大的损失。所有中国同胞以及全球华裔,无不盼望早日结束这种令人痛心的局面。

我们中华民族是伟大的民族,占世界人口近四分之一,享有悠久的历史和优秀的文化,对世界文明和人类发展的卓越贡献,举世公认。台湾自古就是中国不可分割的一部分。中华民族是具有强大的生命力和凝聚力的。尽管历史上有过多少次外族入侵和内部纷争,都不曾使我们的民族陷于长久分裂。近30年台湾同祖国的分离,是人为的,是违反我们民族的利益和愿望的,决不能再这样下去了。每一个中国人,不论是生活在台湾的还是生活在大陆上的,都对中华民族的生存、发展和繁荣负有不容推诿的责任。统一祖国这样一个关系全民族前途的重大任务,现在摆在我们大家的面前,谁也不能回避,谁也不应回避。如果我们还不尽快结束目前这种分裂局面,早日实现祖国的统一,我们何以告慰于列祖列宗?何以自解于子孙后代?人同此心,心同此理,凡属黄帝子孙,谁愿成为民族的千古罪人?

近30年来,中国在世界上的地位已发生根本变化。我国国际地位越来越高,国际作用越来越重要。各国人民和政府为了反对霸权主义、维护亚洲和世界的和平稳定,几乎莫不对我们寄予极大期望。每一个中国人都为祖国的日见强盛而感到自豪。我们如果尽快结束目前的分裂局面,把力量合到一起,则所能贡献于人类前途者,自更不可限量。早日实现祖国统一,不仅是全中国人民包括台湾同胞的共同心愿,也是全世界一切爱好和平的人民和国家的共同希望。

今天,实现中国的统一,是人心所向,大势所趋。世界上普遍承认只有一个中国,承认中华人民共和国政府是中国唯一合法的政府。最近中日和平友好条约的签订,和中美两国关系正常化的实现,更可见潮流所至,实非任何人所得而阻止。目前祖国安定团结,形势比以往任何时候都好。在大陆上的各族人民,正在为实现四个现代化的伟大目标而同心戮力。我们殷切期望台湾早日归回祖国,共同发展建国大业。我们的国家领导人已经表示决心,一定要考虑现实情况,完成祖国统一大业,在解决统一问题时尊重台湾现状和台湾各界人士的意见,采取合情合理的政策和办法,不使台湾人民蒙受损失。台湾各界人士也纷纷抒发怀乡思旧之情，诉述“认同回归”之愿，提出种种建议，热烈盼望早日回到祖国的怀抱。时至今日，种种条件都对统一有利，可谓万事俱备，任何人都不应当拂逆民族的意志，违背历史的潮流。

我们寄希望于1700万台湾人民，也寄希望于台湾当局。台湾当局一贯坚持一个中国的立场，反对台湾独立。这就是我们共同的立场，合作的基础。我们一贯主张爱国一家。统一祖国，人人有责。希望台湾当局以民族利益为重，对实现祖国统一的事业作出宝贵的贡献。

中国政府已经命令人民解放军从今天起停止对金门等岛屿的炮击。台湾海峡目前仍然存在着双方的军事对峙，这只能制造人为的紧张。我们认为，首先应当通过中华人民共和国政府和台湾当局之间的商谈结束这种军事对峙状态，以便为双方的任何一种范围的交往接触创造必要的前提和安全的环境。

由于长期隔绝，大陆和台湾的同胞互不了解，对于双方造成各种不便。远居海外的许多侨胞都能回国观光，与家人团聚。为什么近在咫尺的大陆和台湾的同胞却不能自由来往呢？我们认为这种藩篱没有理由继续存在。我们希望双方尽快实现通航通邮，以利双方同胞直接接触，互通信息，探亲访友，旅游参观，进行学术文化体育工艺观摩。

台湾和祖国大陆，在经济上本来是一个整体。这些年来，经济联系不幸中断。现在，祖国的建设正在蓬勃发展，我们也希望台湾的经济日趋繁荣。我们相互之间完全应当发展贸易，互通有无，进行经济交流。这是相互的需要，对任何一方都有利而无害。

亲爱的台湾同胞：

我们伟大祖国的美好前途，既属于我们，也属于你们。统一祖国，是历史赋予我们这一代人的神圣使命。时代在前进，形势在发展。我们早一天完成这一使命，就可以早一天共同创造我国空前未有的光辉灿烂的历史，而与各先进强国并驾齐驱，共谋世界的和平、繁荣和进步。让我们携起手来，为这一光荣目标共同奋斗！

国务院总理华国锋致电美国总统吉米·卡特祝贺中美两国建交

华盛顿美利坚合众国总统吉米·卡特阁下总统先生：

值此中华人民共和国与美利坚合众国建交之际，我谨代表中国政府和中国人民并以我个人的名义向阁下并通过向你美国政府和美国人民致以热烈的祝贺。

我认为，中美建交是两国关系中的历史性事件。它不仅符合中美两国人民的根本利益，而且将对国际形势产生有利的影响。我相信，它也必将为推进中美两国人民的友谊和两国良好关系的发展开辟广阔的前景。

中华人民共和国国务院总理　华国锋

1979年1月1日

全国政协主席邓小平出席在北京召开的全国政协座谈会并发表重要讲话

中共中央副主席、政协全国委员会主席邓小平在政协全国委员会下午举行的座谈讨论人民代表大会常务委员会《告台湾同胞书》的大型座谈会上说，台湾归回祖国问题已提到日程上来。全国人大常委会通过的《告台湾同胞书》，体现了我们对台湾的归回和祖国统一的大政方针，基本立场、基本态度，但仍要做许多工作。

邓小平同志说，今天是1979年元旦，这是个不平凡的日子。说它不平凡，不同于过去的元旦，有3个特点：第一，今天是我们全国工作的着重点转移到四个现代化建设上来；第二，今天中美关系实现了正常化；第三，今天把台湾归回祖国、完成祖国统一的大业提到具体的日程上来了。因此，今天这个元旦是值得特别高兴的日子。这3个特点，反映了在粉碎“四人帮”之后，我们在国内工作和国际事务中都取得了相当大的成就。

邓小平同志说，去年我国的生产形势很好，比我们原来预计的情况要好得多。这是与我们认真揭批林彪、“四人帮”，肃清他们的流毒和影响分不开的。更值得高兴的是在粉碎“四人帮”以后，出现了举国上下心情舒畅、团结一致的局面。毛主席在1957年就提出的那种又有民主，又有集中，又有纪律，又有自由，又有统一意志，又有个人心情舒畅那样一种生动活泼的政治局面，在去年逐渐地形成了。这个情况，特别集中地体现在我们党刚刚开过的中央工作会议和十一届三中全会上。这种风气和局面概括起来就叫作生动活泼的政治局面。我们要把这种风气和局面在全国发扬下去、坚持下去、在党、政、军、民各方面发扬下去、坚持下去，这是实现四个现代化的政治基础，没有这样的政治局面，四个现代化是不可能实现的。我们在过去一个相当长的时间里，在民主和集中的关系上搞得不好，民主少了一些，因此，我们更要发扬民主。

邓小平同志说，过去的一年里，我们在国际事务中取得了许多重大的成就，集中反映在中日和平友好条约的签订和中美关系正常化上。台湾归回祖国、完成祖国统一大业的事情能提到具体日程上来，也是由于在国内和国际的工作中取得重大的成就的结果。在这个不平凡的日子里，我们也应当清醒地看到，这3件大喜事给我们带来了非常沉重的负担。从国内来说，把工作重点转移到实现四个现代化上，实现四个现代化不是十年八年的事，要到本世纪末，而且还要做很多工作才能实现。有了好的国内和国际条件，有利于实现四个现代化。所以我们是有希望的。但要看到任务十分繁重。我们还有很多东西没有认识，缺乏经验，需要好好学习，加倍努力。我们还要看到，有些事情不可避免地会犯错误，某些方面还会有困难。但是，只要全国人民万众一心，善于学习，巩固和发展安定团结的局面，坚持民主集中制，我们的事业就会蓬蓬勃勃地发展起来。

邓小平同志说，去年在国际事务中我们遵循的根本政策是毛主席和周总理生前制定的，但他们来不及实现就去世了。我们实现了他们遗愿的一部分。中日和平友好条约的签订和中美关系正常化，有利于世界的和平与稳定，有利于国际反霸事业的发展，当前，和平的威胁来自北方，世界的不稳定和战争的根源也来自北方，如果说我们国家有外患的话，也是来自北方。大霸权主义、小霸权主义天天找我们的麻烦，有时甚至迫使我们采取一些我们不愿采取的步骤。我们面临的问题很多，我们还要继续努力。我们要在国际事务中继续巩固和扩大已经取得的大好局面。我相信，在座的各位委员对当前形势是高兴的和乐观的，也是乐意作出自己的贡献的。

出席今天座谈会的有政协全国委员会常务委员、部分人大常委和民主党派负责人：万毅、王甫、王雪莹、王维纲、方仲如、孔原、孔从洲、甘祠森、古耕虞、申健、叶道英、包尔汉、刘晓、刘鼎、刘仲容、刘景范、关瑞梧、安士伟、许立群、孙毅、孙承佩、孙起孟、孙晓村、严信民、苏子蘅、李信、李琦、李力殷、李文宜、李世济、李步新、李纯青、李卓然、李金德、杨士杰、杨东生、杨秋玲、吴文俊、吴茂荪、吴亮平、吴觉农、吴雪之、何长工、谷春帆、王德昭、宋希濂、张苏、张策、张邦英、张孝骞、张克侠、张含英、张南生、张维桢、张瑞华、陈正湘、陈维稷、陈铭霆、林修德、罗琼、金城、周士观、郑洞国、屈武、赵朴初、胡子婴、钟师统、钟惠澜、侯祥麟、侯镜如、俞大绂、闻家驷、姜椿芳、费孝通、夏之栩、顿星云、钱昌照、徐伯昕、徐彬如、徐楚波、郭影秋、黄维、黄甘英、曹广化、阎揆要、韩光、程思远、童小鹏、曾传六、曾涌泉、雷洁琼、熊天荆、熊向晖、潘菽、蹇先任、贝时璋、朱学范、华罗庚、陈逸松、茅以升、赵忠尧、周培源、葛志成、伍禅、田富达、徐萌山。

出席座谈会的有关方面负责人还有：李贵、彭友今、聂真、杨思德、李霄路、秦德远、王涛江、周而复、平杰三、薛子正、张执一、王克俊。

国务院副总理邓小平在北京出席美国驻中国联络处伍德科克主任的招待会

邓小平副总理今天在美国驻中国联络处主任伍德科克和夫人为中美建交举行的招待会上指出，随着时间的推移，中美建交对于发展中美两国关系和维护世界和平的深远影响，必将会越来越充分地显示出来。

邓小平副总理在招待会上祝酒，他说，1979 年元旦，对中美两国人民来说，是一个特别值得纪念的日子。从这一天起，中美两国关系长期不正常的状态结束了，两国人民热切期望的两国正式建立外交关系实现了。

他指出，“中美两国实现关系正常化，这是两国关系中的历史性事件，也是国际生活中有着深远影响的大事。卡特总统在宣布中美建交消息时说，美国并不是出于暂时的策略上的原因或权宜之计而采取这个重要步骤的。我赞赏这个富有远见的见解。中国政府一向是从长远的政治和战略观点来看待中美关系的”。

邓小平副总理接着说：“不久以后，我将应卡特总统的邀请，对美国进行正式访问。我希望通过与美国领导人和美国人民的直接接触和会谈，进一步促进中美两国人民的了解和友谊，以及两国在科学技术、经济、文化等多种领域的友好联系与合作。”

在庆祝中美建交的时候，我们深切怀念生前为打开中美关系开辟了道路的中国人民的伟大领袖毛主席和敬爱的周总理。人们也自然会忆及尼克松总统、福特总统、基辛格博士、美国参众两院的许多议员先生和各界朋友多年来为促进中美关系作出的努力。对于这次中美两国最终实现关系正常化，卡特总统、布热津斯基博士和万斯国务卿作出了宝贵的贡献，对此，我们给予高度的评价。

伍德科克主任、他的前任和他的同事们为增进中美两国人民的了解和友谊，以及促进中美建交作出了积极努力，我们对此表示感谢。

最后，我愿借此机会对远道前来访问的美国众议院和新闻界的朋友们表示欢迎。

正在北京访问的美国众议院银行、财政和城市事务委员会访华团团长、民主党众议员托马斯·路·阿什利在祝酒时说，卡特总统要他向邓副总理转达“他的非常愉快和满意的心情”。他说：“卡特总统认为，在元旦佳节，中美两国采取的步骤，是通向友谊、和平与合作的重大步骤。”

阿什利先生说：“我们今晚参加的这个庆典，表明美国政府和议会、美国人民一致赞同和伟大的中国人民发展友谊。”

他说：“今后，美国国会有特殊的责任保证中美重建的友谊毫无阻碍地向前发展。在这方面，你们可以信赖我们会作出努力的。”伍德科克主任在招待会上祝酒，他说：“今天，1979 年 1 月 1 日，是中美两国人民关系中有历史意义的一天。联合公报今天开始生效，这就结束了近 30 年来两国政府之间没有正式外交关系的状况。我们两国之间过去联系的中断，损坏了美中两国人民之间的长期的友好传统和互利合作，并对世界和平事业产生了不利的影响。我们今天采取的两国关系正常化的步骤，用卡特总统的话来说，能有利于当今的世界和今后的世界。”

他说，新年的第一天是展望未来的日子。中美两国人民都具有充满创造力，并且尊重勤劳和艰苦工作这样的传统。我们相信，我们两国之间建立关系的新时代的开始，将对两国和全世界的繁荣昌盛作出贡献。

他说：“我们特别高兴的是，邓小平副总理将对美国进行正式访问，卡特总统和美国人民期待着邓副总理对我国的访问。”

应邀出席招待会的中国各界客人约200人，他们中有邓副总理的夫人卓琳，国务院副总理方毅和夫人殷森，外交部部长黄华、外贸部部长李强，化工部部长孙敬文，文化部部长黄镇，教育部部长刘西尧，新华社社长曾涛，中国民航总局局长沈图，全国人大常委会委员王冶秋、贝时璋，以及各有关部门的负责人。

财政部确定进一步减轻农村税收负担并规定实施办法

实施办法已经国务院批准。预计全国农村每年将因而增加收入10亿元以上。

新的减税办法规定，从今年开始，农村社队企业工商所得税的征收起点，将由原来的600元提高为3000元，在起征点以下的一律免税，税率仍按20%的比例征收。新办的社队企业开办初期纳税有困难的，原规定除生产烟、酒、棉纱等高税率产品的外，可免征工商税、所得税1年至2年，现在规定可免征2年至3年。边境县和民族自治区(旗)的社队企业，免征工商所得税5年。目前经济条件仍然很困难的革命老根据地(如陕北等地)，需要对社队企业免征工商所得税的，可由各省、自治区报国务院批准实行。为了总结经验，少数省对社队企业所得税试行4级超额累进税率征收的，仍继续试行，起征点也改为3000元。

在农业税方面，凡属粮食产区低产缺粮的生产队，每人平均口粮在起征点以下的，免征农业税。各地农业税的起征点，由各省、自治区、直辖市根据兼顾国家、集体、个人利益的原则，按照国家确定的口粮标准及有关要求作出规定，报国务院审批。对于经济作物产区、城市郊区的生产队，凡是收入较高、口粮由国家供应、过去农业税一般征收代金或经济作物的，今后要继续征收。

我国农村的税收负担一向比较轻，1977年在农村征收的工商税、工商所得税、农业税3项税收额仅占农村工农业总产值的3.35%。新的减免措施实施后，农村税收负担将进一步减轻，这对于促进农业生产的发展和改善农民生活，都将起到积极的作用。

交通部决定全国公路交通监理人员穿 用统一式样的服装 帽徽 臂章和监理证

从1979年1月起，全国公路交通监理人员一律穿统一式样的服装，佩戴帽徽和臂章，持用“中华人民共和国交通监理证”。

公路交通监理人员的服装式样，除男式单帽为大檐帽外，其余均为人民解放军干部服式样，颜色为深灰色，纽扣上有“公”字组成的方向盘图案。帽徽为国徽图案。臂章为菱形，上有“交通监理”字样。

交通部决定全国公路交通监理人员穿、用统一式样的服装、帽徽、臂章和监理证，是为了加强法制、更好地执行交通法令、指挥交通，维持秩序，严肃处理违章事件，确保公路畅通和人民生命财产的安全。

着装前，交通部发出通知，要求交通监理人员模范遵守党纪国法，努力工作，认真负责，谦虚谨慎，戒骄戒躁，为实现四个现代化作出贡献。

中国驻美国联络处在华盛顿举行升旗仪式

中国驻美联络处1月1日清晨举行隆重升旗仪式，庆祝中华人民共和国和美利坚合众国建交生效日。当鲜艳的五星红旗在7时半迎着晨风冉冉升起时，中国驻美联络处官员、中国血统的美籍学者和华侨代表一片欢腾。

华盛顿地区的中国血统的美籍学者任之恭、张捷迁、吴京生等和爱国华侨代表，1日清晨就赶到中国驻美联络处，热烈祝贺中美正式建交并参加了联络处的升旗式，中国驻美联络处主任柴泽民、副主任韩叙亲切会见了他们，同客人们相互祝贺新年和中美建交。

在此以前，台湾当局在华盛顿的“大使馆官邸”的旗帜已经在1978年12月31日降下。同时，台湾当局在美国14个城市的“领事馆”也关闭。

中国驻美国联络处在华盛顿举行招待会庆祝中美建交

中华人民共和国驻美国联络处主任柴泽民、副主任韩叙在华盛顿举行招待会，庆祝中美建交。

出席招待会的美国副总统蒙代尔在祝酒时说：“今天确实标志着中美关系中一个新的内容丰富的时代的开始，标志着亚洲和太平洋地区的一个前所未有的和平与稳定的时代的开始，标志着我们两国人民为建立一个更加公正和稳定的世界作出建设性贡献的开始。”

蒙代尔副总统是代表卡特总统和美国政府出席这

次招待会的。他说："持续得太久的不正常状态结束了，上海公报所规定的前景实现了，我们两个伟大的民族和好了，我们可以高兴地进行一向期望的在我们两国人民之间发展友谊，扩大商业、旅游和文化学术交流了。"

蒙代尔说，中国人和美国人有着不同的意识形态和不同的文化，两国的政治和经济制度也不同。但是，他说，"使我们走到一起来的是：认识到，在创造一个经济发展、稳定与和平的世界这一方面，我们之间有着并行不悖的利益"。

柴泽民主任在招待会上祝酒时说："今年元旦，不仅是人们的传统节日，而且是中美两国正式建交的大喜日子。它对中美两国人民具有特殊的意义。"

他说："实现中美关系正常化是两国领导人、两国政府和两国人民共同努力的结果。我们的伟大领袖毛主席和敬爱的周总理生前制定了打开中美关系大门的战略性政策，并为此做了不懈的努力。1972年尼克松总统访华，中美双方发表了上海公报，开始了两国关系正常化的进程。卡特总统就任后，一再宣称，根据上海公报精神，实现关系正常化是美国政府的目标。经过中美双方的共同努力，这一目标终于实现了。卡特总统、布热津斯基博士和万斯国务卿为此作出了宝贵的贡献，我们十分赞赏。"

他指出："中美建交是一个历史性的事件。中美关系正常化不仅符合中国人民和美国人民的愿望和利益，而且必将对反对霸权主义的扩张和侵略、维护亚洲与世界的和平与稳定起积极的作用。"

柴泽民说："应卡特总统的邀请，邓小平副总理将于1979年1月正式访问美国，这是我国领导人第一次访美。这将是又一个重要的国际性政治行动。"

出席招待会的将近600人中包括美国国务卿万斯、总统国家安全事务助理布热津斯基，卫生、教育和福利部部长卡利法诺，运输部部长亚当斯，总统科学技术顾问普雷斯，负责政治事务的副国务卿纽瑟姆，负责安全援助、科学技术的副国务卿本森以及一些参议员和众议员。

美国全国科学院院长汉德勒，美中贸易全国委员会理事长菲利普斯，美中关系全国委员会主席约斯特，著名学者杨振宁、丁肇中、任之恭、张捷迁、林家翘、牛满江和缪云台等也出席了招待会。

对外友协会会长王炳南在北京举行宴会欢迎孟加拉国—中国友好协会主席米尔扎·吴拉姆·哈菲兹率领的孟中友协代表团

哈菲兹先生是我国人民的老朋友。多年来，他克服种种困难，致力于孟中友好事业。他曾在孟加拉国建国后第一个率领代表团来华访问。哈菲兹先生现在任孟加拉国政府内阁成员、土地管理和土改部长。昨天，哈菲兹先生又率领代表团来我国进行友好访问，使中国主人感到非常高兴。王炳南会长在祝酒时热情赞扬哈菲兹先生和孟中友协的其他朋友为增进中孟两国人民的相互了解和友谊所作出的贡献。哈菲兹先生在致答词时指出，孟中友协将继续高举孟中友好的旗帜，孟中友好决不会受变化不定的国际局势的影响。

宴会上，中孟两国朋友还互贺新年。

国防部部长徐向前发表停止炮击大小金门等岛屿的声明

中华人民共和国和美利坚合众国政府已经宣布互相承认并建立外交关系，这是一件历史性的大事。中美建交将有助于亚洲与世界的和平与稳定，也为台湾归回祖国，完成祖国统一创造了有利条件。

台湾是我国的一部分，台湾同胞是我们的骨肉兄弟。为了方便台、澎、金、马的军民同胞来往大陆省亲会友，参观访问和在台湾海峡航行、生产等活动，我已命令福建前线部队，从今日起停止对大金门、小金门、大担、二担等岛屿的炮击。

台湾归回祖国，完成国家统一，是包括台湾同胞在内的全中国人民的共同愿望。爱国一家。我们相信台湾同胞和全国人民包括港澳同胞、海外侨胞，必将为祖国统一大业作出更大的努力。台湾终究要回到祖国的怀抱，台湾同胞和祖国亲人团聚的心愿一定会实现。

中华人民共和国国防部部长　徐向前

1979年1月1日

《民间文学》杂志复刊

中国民间文艺研究会主办的《民间文学》杂志，创刊于1955年。它对于开展全国各民族民间文学的搜集、整理和研究工作，繁荣社会主义文艺，丰富群众文化生活，起过积极的作用。

复刊第1期刊登了周扬同志即将出版的《中国歌谣选》作的序，肖华同志关于大力提倡民歌的文章，还有民间传说《陈毅同志的故事》，关于王羲之、郑板桥的传说，哈萨克族寓言和抨击"四人帮"的政治笑话等。

1月2日

国务院副总理邓小平在北京会见民主党众议员托马斯·路·阿什利率领的美国众议院银行 财政和城市事务委员会访华团

这是中美关系正常化后首批来华访问的美国朋友。

邓小平副总理在回答美国朋友提出的有关台湾前途的问题时说，解决台湾归回祖国，完成国家统一的问题，是中国的内政。我们对台湾问题的解决是采取现实态度的。1月1日发表的《中华人民共和国全国人民代表大会常务委员会告台湾同胞书》，表明了我们的态度是真诚的，是合情合理的。

邓小平副总理会见美国朋友时指出，中美关系正常化对两国关系的发展，对亚洲、太平洋地区乃至世界的和平与稳定，具有重要意义。他希望在中美建交后有更多的美国朋友来中国访问，以增进相互了解。

阿什利团长说，在美国人的眼光中，中国是举足轻重的国家。我们两国有许多共同处，有许多领域可以进行合作。今后，中美两国间的合作具有广阔的前景。

会见时在座的有中国旅行游览事业总局局长卢绪章，农林部副部长何康，中国国际贸易促进委员会副主任李川，中国银行副总经理林基鑫，外交部美大司副司长朱启祯等。

中宣部部长胡耀邦在文联举行的迎新茶话会上对文艺界提出希望

胡耀邦同志说："我们伟大祖国奔向四个现代化的时代列车，现在已经开动了！党的三中全会公报，就是这列列车启动的汽笛声。""在这个列车启动的关键时刻，请同志们尽情地大胆地唱出奔向四个现代化的最强劲的进行曲，请同志们用你们手里的琴弦拨出时代的最强音！"

茶话会在新侨饭店礼堂举行，文联筹备组组长林默涵宣布茶话会开始，近300名文艺界人士报以热烈的掌声。

文化部部长黄镇同志在迎新会上作了讲话。他说，随着党的工作重点转移，我们文学艺术工作也应该转移到社会主义现代化建设上来，首先要从思想上来一个大转变。我们文学艺术工作者要投入到这一场大革命洪流中去，研究新问题，熟悉新事物，坚持实践是检验真理的唯一标准，敢于冲破各种禁区，破除迷信，不断创新，进一步发展安定团结的大好政治局面，为繁荣社会主义文艺创作而奋斗。

他着重指出，必须贯彻执行"百花齐放，百家争鸣"发展文艺的方针。我们贯彻执行"双百"的方针，重点在放，只能放，不能收。"双百"方针是党的群众路线在文学艺术方面的生动体现。群众路线的方法，也就是民主的方法。由于过去一个时期内，民主集中制没有认真执行，离开民主讲集中，民主太少，甚至像林彪、"四人帮"这样实行文化专制主义，把民主扼杀了！当前这个时期特别需要强调民主，强调民主和集中的辩证统一关系，使党的统一领导建立在群众路线的基础上。文艺要为人民服务，就要通过实践，到群众中去考验。文学艺术作品的好坏，是否为人民所喜见乐闻，不是哪个领导批准可以算数的。要倾听广大人民群众的意见。当然，来自群众的意见大多数是正确的，但也有错误的，这只能用民主的方法进行讨论。我们要坚决贯彻"三不"主义。如果作品有政治错误，违反毛主席提出的六条标准，我们要发言提意见，但也不能轻率做结论。

他说，过去一年，我们的文学艺术工作取得很大的成绩，创作了一些好的和比较好的作品。但文化部和文学艺术界是重灾区，落实党的政策还要进一步加快步伐，要把一切冤案、错案、假案，本着实事求是、有错必纠的精神，尽快解决。文化部和文学艺术界在"文化大革命"前17年工作中，虽然在贯彻执行毛主席革命文艺路线过程中，犯过这样和那样的"左"的和右的错误，但根本不存在"文艺黑线专政"，也没有形成一条什么修正主义"文艺黑线"。林彪、"四人帮"强加的诬陷不实之词，应该彻底推倒，还历史的本来面目。在华国锋同志为首的党中央领导下，我们文学艺术大军和全国人民一道，雄赳赳地迈上新长征的道路，在夺取社会主义现代化建设的伟大成就中，用我们辛勤的劳动创作更多、更好的文学艺术作品，来纪念新中国成立30周年，祝文学艺术界在新的一年里获得比过去一年更大的成绩。

胡耀邦同志在讲话中表示完全赞成黄镇同志的讲话。他说，要把我们国家四个现代化的列车开动起来，这是毛主席、周总理生前的愿望。但是，20多年来，由于我们工作上的失误，主要的是由于林彪、"四人帮"的破坏，这列列车没有很快地前进。这2年多，在华国锋同志为首的党中央领导下，经过激烈的战斗，把这列列车的火车头修好了，各种路障排除了，燃料加足了。同志们是人民的歌手。今天我们聚会，希望同志们想想：在我们这列奔向四个现代化的列车上装的是什么？装的是我们整个党、整个国家、整个中华民族的希望、心愿、欢乐和幸福！在这列列车开动的时候，我们人民的歌手能不供给他们最好的精神食粮吗？我们过去没有这个条件。林彪、"四人帮"把我们党和文艺界的关系彻底破坏了。林彪、"四人帮"搞了一个反革命的宣传部门，把全国的文艺界办成一个管教所。在这个罪恶的管教所里，他们设置了数不清的清规戒律，他们抓辫子，戴帽子，打棍子。我们要砸烂这个管教所，要建立新的，也就是恢复毛主席创立的党和文艺界的关系。这个新的关系是什么呢？就是党的宣传部门应该是文艺界同志们前进过程中的"服务站"。这个"服务站"如何服务好？这还要你们文艺界的同志们多作建议。我想到的，这个"服务站"大概要有这几个部门：一个是文艺“问讯处”——指出文艺的方针、路线，给文艺创作以指南；一个是“资料室”——为文艺创作提供过去的和现在的资料；一个是休息室——歌手们口渴了，有一口凉白开喝；一个是还要有个“医疗室”。假使我们的文艺发生了感冒，嗓子哑了，总要搞些清凉剂；一个是还得有个“修理室”。歌手们的乐器坏了，总得需要修理修理。这后两个就是同志们讲的文艺评论和批评。这两个我们不懂，请一些专家和人民群众来做，采取群众路线的方法来帮助我们的百花开得更鲜艳。有了这一些，我相信，在我们这列时代列车坚定不移的前进中，我们文艺界的同志是一定可以充分发挥自己的聪明才智的。

著名的相声艺术表演家侯宝林即席赋诗。他说，我一向是说相声的，是搞散文的。今天听了胡耀邦、黄镇同志的讲话，心里非常高兴。四个现代化伟大建设开始了，党的宣传部要做我们的“服务站”了，我诗兴大发，诌了4句五言诗：“春天又来到，鲜花需水浇。既要施肥料，也要施农药。”可是，过去“四人帮”是怎么干的呢？是：“掘之以锹，沸水大浇，枝叶尽凋，最后全烧！”他的话引起了全场会意的畅笑声。茶话会上始终洋溢着热烈的节日气氛。人民歌唱家张权、马玉涛，著名京剧演员李世济、李和曾等都作了精彩演唱。

出席茶话会的文艺界著名人士有：于兰、艾青、叶君健、江丰、刘开渠、李波、李伟、李凌、李苦禅、李伯钊、李春光、沙汀、吴雪、吴作人、吴伯箫、吴晓邦、冯乃超、吕厚民、时乐蒙、阿甲、金山、陈登科、邵宇、严文井、杨荫浏、张汀、张庚、张修竹、草明、赵朴初、姚雪垠、钟敬文、徐平羽、徐肖冰、陶钝、黄佐临、黄永玉、钱俊瑞、谢冰心、喻宜萱、雷圭元、蔡若虹、魏伯、魏巍、魏传统、戴爱莲等；还有文艺、宣传部门的负责人朱穆之、胡绩伟、曾涛、刘复之、周巍峙、阳翰笙、张光年、贺敬之、刘白羽、王阑西、姚仲明、司徒慧敏、周而复、吕骥、王惠德、王子野等。

《人民日报》发表评论员文章《共产党人应有的品质和气魄》

目前，许多地区和部门在贯彻执行党中央关于全部摘掉右派分子帽子的决定的工作中，思想解放，态度坚决，措施得力，行动迅速，取得了一定的成果。实践证明，党中央的这一决定，对已摘掉右派帽子的人做好安置工作，对不应划右派而被错划为右派的人做好改正工作，是非常正确的，是大得人心的。

有反必肃，有错必纠，这是我们党的一贯方针。对于确属错划为右派的人，尽管事隔多年，也要实事求是地予以改正，这完全符合党的原则，符合党的政策。现在我们处理这个问题，仍应以1957年10月15日毛主席批准的《中央关于“划分右派分子的标准”的通知》为依据。凡符合划右派标准定为右派的人，是摘帽子的问题，不是改正的问题。凡确实被错划了的，则是改正的问题，不是摘帽子的问题。划错了多少，就改正多少，决不应划框框、定调子和按什么比例。即使本人没有提出申诉或本人已经去世，也要按照规定标准，认真复审他当时被划为右派的事实材料，如属错划的，也应予以改正。某些疑难案件，应对本人进行历史的全面的综合的考察，要根据他在革命斗争中的一贯表现，来判断他是否在根本立场上反党反社会主义。经复查、批准予以改正的人，要恢复政治名誉。原是共产党员的，如没有发现新的重大问题，应恢复党籍。原是共青团员的，应撤销开除团籍的处分。对已经改正的同志，要分配适当的工作，恢复原来的工资级别。

这样做，会不会否定反右派斗争呢？肯定地说，不会。1957年的反右派斗争，是一场政治战线上思想战线上的社会主义革命，历史已经作出结论。这是不容否定也否定不了的。但是，事物是发展的。当时右派向我们进攻，鼓吹“轮流坐庄”，叫嚷“杀共产党”，要推翻共产党的领导和社会主义制度，我们及时对它们进行反击，是完全必要和正确的。给那些真正反党反社会主义的人戴上右派帽子，是为了教育改造他们。经过教育改造，他们转变了，就应该根据今天的情况，给他们摘掉帽子。当初必须“戴”，不“戴”就不能有效地教育改造他们；今天必须“摘”，不“摘”就不能适应已经变化了的情况。这种“戴”和“摘”，是符合毛主席制定的要给出路的政策的。至于对被错划为右派的人进行改正工作，更是维护无产阶级革命路线和政策的大事。当时一些地方和部门错划了一些右派分子，伤害了不少好同志，这是个沉痛的教训。我们决不能让错误的东西继续保存下去。见错不纠，不是共产党人应有的品质，纠正了错误的方面，就会使正确的方面发扬光大。对被错划为右派分子的同志进行改正，正是为了保卫反右派斗争的胜利成果，维护毛主席的路线和政策，这怎么能说是否定反右派斗争呢！

共产党人是靠实事求是吃饭的，我们应当有敢于坚持真理，敢于修正错误的无产阶级气魄。这些年，林彪、“四人帮”大搞假左真右，把人们的思想和是非界限搞乱了，他们的帽子、棍子压得人们喘不过气来，许多冤案错案得不到昭雪，被错划为右派分子的同志自然也无法申诉多年的冤屈。今天，党中央作出了英明决定，负责这项工作的同志，理应抱着对党对人民负责的态度，认真做好这项工作。如果认为“过去的问题过去算了，只要摘掉帽子，安排工作，就行了”，这不是郑重的态度，是对革命同志政治上的不负责任，也有负于党和人民的委托。过去被错划为右派分子已经改正的同志，应当顾全大局，珍惜当前大好形势，团结起来向前看，为加速实现四个现代化，奋发努力，贡献自己的力量。

党中央对这个历史遗留问题作出的英明决定，得到广大干部和群众的衷心拥护和支持。做好这项工作，对于维护毛主席的路线和政策，恢复党的实事求是的优良传统和作风，恢复和健全正常的民主生活，造成生动活泼的政治局面，以及对于加强社会主义法制，等等，都有十分重要的意义。中央党校、公安部和最高人民法院等单位的改正工作所以进度较快，是由于他们对这项工作有正确认识，有较强的党性和政策观点，对那些负屈20多年的同志有深厚的无产阶级感情。但有些地区的有关部门，面对这项重要工作，犹犹豫豫，摇摇晃晃，至今不敢切实地抓起来。这样的精神状态同当前的大好形势是不适应的。要办的事情很多，一定要珍惜每一个人力、每一分时间，尽可能在较短的时间内，把这项工作做好，从而调动一切积极因素，把主要精力集中到四个现代化的建设事业上去。

中央一些部门改正一批错划右派

《人民日报》报道：中共中央和国务院所属一些部门，认真贯彻执行中央关于全部摘掉右派分子帽子的决定，积极慎重地做好已摘掉右派帽子的人的安置工作，做好不应划右派而被错划了的人的改正工作。这对发扬党的实事求是作风，调动一切积极因素，发展安定团结的大好形势，具有重要意义。

中央的决定下达后，不少单位对这项工作抓得较紧，进展较快，已正式公布了第一批改正的名单。据了解，中央党校原划右派分子98人，经过初步复查，确定王谭等39人属错划，应予改正。最高人民法院原划右派分子56人(包括由他们复审的原司法部、政法学会、法律出版社等单位)，经过复查，初步确定贾潜、林亨元、朱耀堂等12位同志被错划为右派，应予改正。公安部原划右派分子63名，经过复查，确定有60人是错划的，应予改正。外贸部原划右派分子193人，经过初步复查，确定有104人是错划的，应予改正。人民日报社原划右派分子30名，经过复查，初步确定黄操良、蒋元椿、刘衡等10位同志是错划的，应予改正。凡是应予改正的，经过党支部讨论通过，报上级党委或党组批准，均已恢复组织生活和原来的工资级别，另行安排适当工作。现在这些单位的复查改正工作仍在继续进行，不受比例限制，错多少，改正多少，力争在不太长的时间内，全部妥善地完成这项工作。

复查、改正的情况表明：这些年来，被错划为右派的同志，虽然开除了党籍，降职降薪，但他们中的多数仍然相信群众相信党，仍然以共产党员的标准严格要求自己，坚持为人民服务。经过改正，这些同志和他们的家属都感谢党给了他们第二次政治生命。他们表示：今后在新的长征中，一定严格要求自己，尽最大的努力，为四个现代化作出贡献。

中国对外关系迅速发展

《人民日报》报道：目前与我国有外交关系的共有117个国家，这117个国家按地区分布来说，亚洲28个，非洲43个，拉丁美洲12个，欧洲27个，北美洲2个，大洋洲5个。截至1978年9月底，我国已同世界上160多个国家和地区建立了贸易关系，包括同70多个国家和欧洲经济共同体签订了政府间的贸易协定或议定书。

外交部发言人发表谈话谴责史密斯反动当局侵犯前线国家

全文如下：

最近一个时期以来，罗得西亚史密斯种族主义政权，接二连三地悍然出动飞机和军队，对莫桑比克、赞比亚和博茨瓦纳进行疯狂的武装袭击和入侵。1978年11月底至12月初，史密斯反动当局的飞机多次袭击莫桑比克的加扎、太特和苏发拉等省的一些地区，残酷杀害莫桑比克无辜居民和津巴布韦难民；12月20日，它继10月至11月间多次袭击赞比亚之后，又再次派机入侵赞比亚国境，进行野蛮的轰炸和扫射，造成赞比亚和平居民和津巴布韦难民的伤亡。在此期间，它还一再入侵博茨瓦纳领土，给博茨瓦纳人民的生命财产造成损失。这是史密斯种族主义政权对津巴布韦人民，对莫桑比克、赞比亚、博茨瓦纳人民以及整个非洲人民犯下的新的血腥罪行，中国政府和人民对此表示极大的愤慨和强烈的谴责。

近年来，史密斯反动当局在津巴布韦人民武装斗争的沉重打击下，内外交困，日子越来越不好过。它为了挽救覆灭的命运，在帝国主义和南非种族主义政权的纵容和支持下，一手策划“内部解决”的政治骗局，一手加强武装镇压，妄图扑灭津巴布韦人民武装斗争的烈火，迫使前线国家放弃支持津巴布韦人民斗争的立场。但是，这一切都是徒劳的。它的倒行逆施既压不垮英雄的津巴布韦人民，也吓不倒主持正义的前线国家，只能更激起津巴布韦人民和非洲人民同仇敌忾和更加强烈的斗争，从而加速它自己末日的到来。

中国政府和人民坚决支持津巴布韦人民争取民族独立的正义斗争，坚决支持莫桑比克、赞比亚、博茨瓦纳等前线国家反击史密斯反动当局武装挑衅和侵略的正义斗争，并且相信，津巴布韦人民只要加强团结，坚持斗争，排除一切外来干涉，在前线国家、广大非洲国家以及全世界人民的支持下，一定会取得民族解放斗争的完全胜利。

南泥湾大生产展览馆在延安正式开放

1月3日

国务院总理华国锋在北京会见由孟中友协主席米尔扎·吴拉姆·哈菲兹率领的孟中友协代表团

华国锋总理说，中孟两国的关系发展得很好，孟中友协对促进两国人民的相互了解和发展两国友好关系作出了积极的贡献。

他赞扬孟加拉国人民的齐亚·拉赫曼总统领导下，在国内建设方面所取得的成就。他说：我们很希望孟加拉国繁荣昌盛起来。我相信，孟国拉国人民也同样希望我们繁荣昌盛起来。

哈菲兹先生指出，孟中之间有很悠久的友谊，我们的友谊是经过时间考验的。会见时，哈菲兹先生向华国锋总理转交了齐亚·拉赫曼总统的信。华国锋总理请哈菲兹先生回国后，转达中国政府、中国人民和他本人向齐亚·拉赫曼总统以及孟加拉国政府和人民表示的良好祝愿。华国锋总理说，他衷心祝愿孟加拉国人民在新的一年中取得更大的成就。

孟加拉国驻中国大使莫明参加了会见。会见时，中国人民对外友好协会会长王炳南和外交部副部长韩念龙在座。

《人民日报》发表社论《发扬民主和实现四化》

党的十一届三中全会和中央工作会议讨论的一项重要内容，就是要努力健全民主集中制，充分发扬社会主义民主。这对于恢复和发扬党的优良传统和作风、造成生动活泼的政治局面，对于顺利地实现党的工作重点的转移、加速现代化建设步伐，有着重要的意义。

现在，我们党和国家正处在伟大的历史转折关头。实现社会主义现代化，是我们的前人没有做过的极其壮丽、极其艰巨的事业。完成历史赋予我们的这个宏伟任务，要求我们党的各级组织、全体党员、全国人民最大限度地发挥积极性和创造性；要求广大干部、群众解放思想，开动机器，贡献出一切聪明才智；要求亿万人民发扬敢想、敢说、敢做的革命精神，敢于和善于提出问题，发表意见，提出建议，进行批评；要求全党、全军、全国各族人民万众一心，群策群力，鼓足干劲，全力以赴。要做到这一点，就要在我们党和国家的生活中充分发扬民主，认真实行民主集中制。只有充分发扬民主，才能做到正确的集中；只有充分发扬民主，才能解放思想，开动机器，制定正确的路线、方针、政策和办法；只有充分发扬民主，才能广开才路，发现大批能干的人才；只有充分发扬民主，才能正确地总结经验。十分明显，实现社会主义现代化，离不开社会主义民主的大发扬。四个现代化，必须伴随着政治上的民主化。改革不适应生产力大发展的上层建筑，就要坚决改掉那些不利于发扬民主、不利于健全民主集中制的思想、作风以及成文的和不成文的规章制度。

十分令人鼓舞的是，这次三中全会和中央工作会议，充分恢复和发扬了党内民主和党的实事求是、群众路线、批评和自我批评的优良作风。大家敞开思想，畅所欲言，充分讨论，积极开展批评和自我批评，包括对中央工作和中央领导同志的批评，从而解决了一系列重大的历史问题和现实问题，作出了关系党和国家命运的许多重要决定，提出了加快实现现代化的许多切实可行的办法和建议。这两个会议集中反映了全党、全国人民的心愿，理所当然地赢得了3000多万名党员和8亿人民的衷心拥护，必将对社会主义现代化建设产生重大和深远的影响。这两个会议所表现的民主精神，是我们党很多年来没有过的，确实是伟大历史转折关头的一个很好的开端。我们一定要像三中全会要求的那样，把这种民主作风扩大到全党、全军和全国各族人民中去。

毫无疑问，社会主义现代化建设，需要集中统一。一个现代化的企业，没有集中统一的指挥、严格的规章制度和劳动纪律，就不可能顺利地进行生产。在我们这样大的国家，搞四个现代化，没有集中统一的坚强领导，更是不可设想的。但是，没有民主，不可能有正确的集中。民主集中制，既要民主，又要集中，而它的基础是民主。正如毛泽东同志所说的："如果离开充分发扬民主，这种集中，这种统一，是真的还是假的？是实的还是空的？是正确的还是错误的？当然只能是假的、空的、错误的。"丢掉无产阶级的民主，就形不成无产阶级的集中。离开民主，不让人讲话，不走群众路线，搞一言堂，瞎指挥，凭"长官意志"办事，实行命令主义，如此等等，决不是真正的集中、正确的集中。这样的集中丝毫不能推进现代化建设，恰恰相反，只能给现代化建设带来危害。当前这个时期我们所以特别需要强调民主，就是因为在过去一个相当长的时间内，民主集中制没有真正实行，离开民主讲集中，民主太少。林彪、"四人帮"为什么能长期凌驾于党中央之上，横行于党纪国法之外？为什么广大党员和人民群众对他们的倒行逆施只能看在眼里，恨在心里，而不能实行监督和制裁？为什么许许多多老干部能够对付拿枪的敌人，却被这几个丑类恣意迫害而无可奈何？最根本的教训，就是他们破坏了民主集中制，党和国家的政治生活极不正常，缺乏党内民主和人民民主。不充分发扬民主,不只是现代化建设无法顺利进行,也不可能及时揭露和清除像林彪、“四人帮”那样的阴谋家、野心家、两面派,无产阶级专政就不会巩固,党和国家就要改变颜色。问题就是这样尖锐地摆在我们面前。这里用得着列宁的一句话:“胜利了的社会主义如果不实行充分的民主,它就不能保持它所取得的胜利。”

安定团结是实现四个现代化的重要条件。在两年来揭批林彪、“四人帮”的斗争中,已经形成了一个安定团结的局面。我们要十分珍惜这种局面,努力巩固和发展这种局面。为了安定团结要不要强调发扬民主?发扬民主会不会影响安定团结呢?我们认为,安定团结和发扬民主并不是对立的。恰恰相反,只有充分发扬党内民主和人民民主,健全民主集中制,才能实现安定团结。万马齐喑不是安定团结。毛泽东同志曾经引用清人龚自珍的诗句:“九州生气恃风雷,万马齐喑究可哀”,万马齐喑是封建专制造成的一种可悲局面,那是一潭死水,当然谈不到什么安定团结。林彪、“四人帮”的法西斯专政也造成了万马齐喑,当然更没有安定团结。有了党内外正常的民主生活,有了广大干部、群众的心情舒畅,有了生动活泼的政治局面,才有真正的安定团结。大家知道,林彪、“四人帮”是破坏安定团结的祸根,这个祸根已经挖掉了。当然,也还会有极少数“震派”人物兴风作浪,需要保持警惕。当前妨碍安定团结的,主要是人民内部由于林彪、“四人帮”干扰破坏以及我们工作中的缺点造成的许多问题,还没有得到妥善解决。例如,干部政策、经济政策和其他方面的政策没有完全落实;某些冤案、错案、假案没有平反昭雪;一些干部思想不解放,官僚主义、命令主义等作风没有根本转变;群众政治生活和经济生活方面一些合理的要求没有得到适当满足,等等。这些问题解决得好,有利于安定团结;解决得不好,就不利于安定团结。而要解决好这些问题,很重要的一条是发扬民主,让人说话,让人批评,有气的还要让人出气。作为领导,要认真倾听群众呼声,采纳他们的合理意见和要求,切切实实改进工作。这样才能正确解决人民内部矛盾,才能巩固和发展安定团结的局面。

随着实践是检验真理的唯一标准讨论的深入开展,特别是天安门事件的彻底平反,广大群众精神振奋,思想活跃,敢于思考问题,提出问题。人们对党和国家大事敢于发表意见,提出各种批评和建议,这是人民群众政治积极性高涨的表现,是我们国家民主生活走向正常的表现,是好事,不是坏事。有些同志嘴上也讲要发扬民主,但当群众发表了一点不同意见,他们就忧心忡忡,担心出“乱子”,像“叶公好龙”那样害怕起来。这些同志不懂得什么叫民主集中制,以为讲民主就是我给你民主,我让你讲话,你讲话可不能超出我喜欢听的范围。他们不了解群众中本来就有不同的意见,发扬民主就是要让大家七嘴八舌,议论纷纷。只有群众把各种意见都讲出来了,领导才有可能进行正确的集中。如果只准大家按领导规定的口径唱一个调子,那又何必多此一举,走“民主”的形式?须知,对于执政的革命党来说,有不同的意见并不可怕,反而大有好处,真正可怕的倒是听不到不同的声音。人民敢于讲话,允许人民讲话,是我们有力量、有信心的表现;害怕人民讲话,实际是软弱和神经衰弱的表现。

当然,群众发表的意见并不都是正确的,提出的要求和主张也不都是恰当的。少数人会发表一些片面、偏激甚至错误的意见。这是不可避免的,也没有什么可怕。让人说话,天不会塌下来。如果要求人们不说一点错话,那就等于封人家的口。如果人们说了错话就要追究,那就没有人敢再讲话了。这叫作因噎废食,因小失大——废掉了人民民主和党内民主,失掉了生动活泼的局面,其后果将是很严重的。我们应当坚决摒弃这种有害的做法。在人民内部的思想政治生活中,只能采取民主的方法、讨论的方法、批评和自我批评的方法,决不能采取压制、打击的手段。无数事实证明,压制的结果,总是压而不服。党章规定的党员权利,宪法规定的公民权利,要坚决保护。毛泽东同志早就提倡的不抓辫子、不扣帽子、不打棍子的“三不主义”,应当在工、农、商、学、兵、政、党各个方面不折不扣地付诸实行。“三不主义”也就是“言者无罪”,实行这一条,才能使人知无不言、言无不尽。对于人民群众中不正确的意见怎么办?要善于引导。有些问题,群众不了解情况,就要加以解释。有些问题,条件还不成熟,不能立即解决,就要给以说明。有些问题,群众只看到局部,就要晓以小局服从大局的道理。至于有个别坏人心怀不满,别有用心,那也无碍大局,应该相信,广大群众是能够识别出来的。总之,我们要造成一种空气,使广大群众敢于说话,敢于批评,敢于争论问题;又要多做工作,把不正确的意见引导到正确的轨道上来,把群众的革命热情引导到搞社会主义现代化建设上来。

我国是一个封建主义统治了2000多年的国家,近代又沦为半封建半殖民地社会,本来缺乏民主传统。林彪、“四人帮”大搞法西斯专制主义,又把我们党在长期革命斗争中形成的民主作风破坏殆尽。粉碎“四人帮”以后,民主作风得到恢复和发扬,但是如何完善和发展社会主义民主,对我们来说还是一个有待解决的问题。这个问题不能很好地解决,就不能适应建设社会主义现代化国家的要求。我们要在发扬民主的实践中学会民主。要使人民群众充分行使当家做主的权利,在各个领域造成知无不言、言无不尽的讨论问题的空气，从上到下养成批评和自我批评的习惯。要善于把民主和集中、自由和纪律恰当地结合起来。我们这样做了，必将进一步形成生动活泼的政治局面，巩固和发展安定团结的大好形势，有力地推进社会主义现代化的宏伟事业。

国务院副总理李先念离开北京前往非洲4国进行正式友好访问

全国人大常委会副委员长廖承志在北京会见美国众议员伯克利·比德尔和夫人及其家属

中国1978年向28国派出490多名出国留学人员

新华社报道：1978年我国通过多种渠道，向全世界28个国家派遣了490多名出国留学人员，这是近十几年来，我国出国留学人数最多的一年。派出留学人员的28个国家是：比利时、孟加拉国、加拿大、丹麦、埃及、法国、德意志联邦共和国、希腊、印度、伊朗、伊拉克、意大利、日本、朝鲜民主主义人民共和国、老挝、马耳他、墨西哥、新西兰、巴基斯坦、波兰、罗马尼亚、斯里兰卡、苏丹、瑞士、叙利亚、英国、美国、南斯拉夫。

派出留学人员中有副研究员、讲师、工程师、主治大夫、高等院校肄业生、高中毕业生、国务院各部委科研单位的研究人员和在职翻译等。年龄从20岁到45岁不等。他们当中有的是学习理工农医专业，有的是学习英、法、德、日、西班牙、阿拉伯等语言专业，有的是学习经济学、教育学等社会科学方面的专业；有的是到国外大学深造提高，有的是在国外有关学科的研究所、研究中心学习研究。留学时间是2年到3年。

1月4日

中共中央同意并转发上海市委《关于解决所谓“一月革命”问题的请示报告》

《关于解决所谓“一月革命”问题的请示报告》(以下简称《报告》)指出，所谓“一月革命”，是指张春桥、姚文元1967年1月4日到2月5日建立“上海人民公社”这一段时间内进行全面篡党夺权的阴谋活动，是林彪、“四人帮”搞乱全国、进行全面夺权的一个严重步骤。它的矛头针对各级领导干部，是向党中央夺权。

《报告》提出，对在“一月革命”中被公开点名批判的陈丕显、曹狄秋、魏文伯、杨西光等人，所有受迫害的赤卫队等群众组织和干部、群众，以及一切假案、错案、冤案，予以彻底平反，恢复名誉，一切诬陷不实之词，予以统统推到。

中共中央纪律检查委员会第一次全体会议在北京举行

会议于1月4日至22日举行。遵照党中央的规定，党的纪律检查工作的基本任务是，维护党规党法，保护党员的权利，发挥党员的革命热情和工作积极性，同一切违反党纪、破坏党的优良传统的不良倾向作斗争，切实搞好党风。会议着重研究了维护党规党法，搞好党风的问题，讨论并拟定了关于党内政治生活的一系列准则，讨论和通过了《中共中央纪律检查委员会关于工作任务、职权范围、机构设置的规定》以及关于如何做好党的纪律检查工作的《中央纪律检查委员会通告》。

中共中央副主席、中央纪律检查委员会第一书记陈云同志主持了会议，并讲了话。中央纪律检查委员会第二书记邓颖超、第三书记胡耀邦、常务书记黄克诚等同志出席了会议，并讲了话。

会议结束时，中央纪律检查委员会副书记王鹤寿同志作了总结讲话。

到会的委员共97人。最高人民法院院长江华，最高人民检察院检察长黄火青，中共中央组织部部长宋任穷列席了会议。

中共中央纪律检查委员会发布第一次全会通告

全会讨论并拟定了《关于党内政治生活的若干准则》，讨论并通过了《中共中央纪律检查委员会关于工作任务、职权范围、机构设置的规定》。

全会认为，在华国锋同志为首的党中央的正确领导下，全党自上而下地加强党的纪律检查工作，健全党的各级纪律检查机构，完成党和人民赋予纪律检查委员会的光荣而艰巨的任务，对于巩固和发展生动活泼、安定团结的政治局面，实现全党工作着重点的转变，保证四个现代化的顺利进行，都具有重大意义。

号召全党从事纪律检查工作的同志，解放思想，开动机器，既要坚持党的原则，以大无畏的精神去克服各种困难，又要保持谦虚谨慎、冷静客观、兢兢业业的态度，力戒骄傲自满、主观武断、粗枝大叶的作风。

(一)

中国共产党第十一届中央委员会第三次全体会议选举产生的中央纪律检查委员会，于1979年1月4日至22在北京举行第一次全体会议。中央纪律检查委员会委员97人出席了会议。中共中央副主席、中央纪律检查委员会第一书记陈云同志主持了会议，并讲了话。中央纪律检查委员会第二书记邓颖超、第三书记胡耀邦、常务书记黄克诚等同志出席了会议，并讲了话。

这次全会，认真学习和讨论了党的十一届三中全会的公报和重要文件,一致同意三中全会确定的把党的工作的着重点转移到社会主义现代化建设上面来的战略决策及各项决议,一致拥护三中全会关于把发扬党内民主、坚持实事求是、开展批评和自我批评等优良作风扩大到全党全军和全国各族人民中去的决定。参加全会的同志以极大的义愤,揭发和批判了林彪、“四人帮”一伙肆意践踏党内民主和党规党法、疯狂破坏党的纪律检查工作的严重罪行。

全会在总结历史经验教训的基础上,讨论并拟定了《关于党内政治生活的若干准则》,讨论并通过了《中共中央纪律检查委员会关于工作任务、职权范围、机构设置的规定》。

遵照党中央的规定,党的纪律检查委员会的基本任务是,维护党规党法,保护党员的权利,发挥党员的革命热情和工作积极性,同一切违反党纪、破坏党的优良传统的不良倾向作斗争,协助各级党委切实搞好党风。全会认为,在以华国锋同志为首的党中央的正确领导下,全党自上而下地加强党的纪律检查工作,健全党的各级纪律检查机构,完成党和人民赋予纪律检查委员会的光荣而艰巨的任务,对于巩固和发展生动活泼、安定团结的政治局面,实现全党工作着重点的转变,保证四个现代化的顺利进行,都具有重大的意义。

(二)

我们党在长期革命斗争中,在马列主义、毛泽东思想指导下,规定了正确的纪律检查工作的路线和政策。新中国刚成立,党中央在1949年11月就发布了关于建立中央和各级党的纪律检查委员会的决定。1955年党的全国代表会议和1962年党的八届十中全会,都对严格执行党的纪律,维护党的民主集中制,加强党的纪律检查机构,作出了重要决议。虽然在实际工作中这些决定和决议没有得到完全的贯彻执行,党对纪律检查工作的重要性认识不足,支持不够,但是各级纪律检查机关,在同级党委的领导下,对广大党员进行了遵纪守法的教育,检查处理了一些党组织和党员违法乱纪的案件,支持和保护了一批敢于同坏人坏事作斗争的好同志,清除了少数混进党内的阶级敌对分子和蜕化变质分子,执行的路线是正确的,工作是有成绩的。

在我们党取得全国政权之后,由于地位和环境的变化,一些党员干部居功骄傲、脱离群众的不良作风有所滋长。党的民主集中制在一定程度上遭到了破坏,这种破坏在1958年特别是1959年以后逐步发展,以致在一段时期内,党的纪律检查工作受到干扰,党员不敢如实反映情况,不敢提不同意见,不敢主持公道,不敢对党组织和领导干部提出批评,党员甚至党委委员的民主权利受到很大的损害。一些党员,特别是党的领导干部违反党纪的现象不能及时制止,一些冤错案件不能及时改正。1962年扩大的中央工作会议着重纠正了这种现象,毛泽东同志在会上的讲话也着重讲了实行党的民主集中制的重大意义,但是由于没有规定保证民主集中制贯彻执行的具体制度和办法,这次会议的号召并没有长久生效。而且不但如此,由于林彪等人大规模地宣传个人迷信,党中央的集体领导比以前更加削弱了。“文化大革命”期间,林彪、“四人帮”一伙出于篡党夺权的反革命需要,完全摧毁了党的各级机构和党的纪律检查工作。这帮穷凶极恶的反革命践踏党内的生活的一切准则,拉帮结派,重用坏人,打击好人,大搞封建法西斯专政,使党的纪律废弛,不正之风猖獗,无政府主义思潮泛滥,派性横行,践踏党纪国法的现象不能制止,大量积案,大批受害的同志长期申诉无门,沉冤不得昭雪。我们党的事业遭到了无法估量的损失。

历史经验充分证明,在无产阶级专政条件下,只要我们党削弱了党的民主集中制和纪律检查工作,必然会窒息党内民主和人民民主,破坏党规党法和社会主义法制,不仅不可能顺利建设社会主义,而且,会给林彪、“四有帮”那样的野心家、阴谋家以可乘之机,为他们篡夺党和国家的领导权、实现反革命复辟大开方便之门。这个极其沉痛的历史教训,全党同志必须永远记取。

(三)

根据党的历史经验,党的纪律检查工作必须遵循以下各项重要原则。

一、严格区分、正确处理两类不同性质的矛盾。

我们必须严格地实行这个原则,不能把它仅仅挂在口头上。党内矛盾,大量的是属于人民内部问题,对于犯了错误包括犯了严重错误的同志,一定要实行“惩前毖后,治病救人”的方针。要正确区分工作中的一般性错误和政治性错误的界限,区分一般性政治性错误和路线错误的界限,特别是要严格划分党内错误和反革命活动的界限,决不容许混淆这些界限。敌我矛盾和人民内部矛盾一时分不清楚的,先按人民内部矛盾处理。严禁那种先打倒、后审查,先定性质、后凑材料的违法行为。严禁把专政矛头指向党内,用对敌人的手段来对待党内同志。

二、反倾向斗争,必须从实际出发。

如果党内出现错误的政治倾向,应该有“左”反“左”,有右反右,有什么反什么,有多少反多少。哪里发生了问题,应该尽可能就在哪里解决。当前,要特别注意肃清林彪、“四人帮”的流毒,防止和克服“左”比右好、宁“左”勿右的错误倾向。反倾向斗争是严肃的思想工作,应该有领导、有准备、有步骤地进行,不能采取急风暴雨式的、压服式的方法。要坚持延安整风(不包括所谓“抢救运动”)的优良传统,摆事实,讲道理,和风细雨,以理服人,弄清思想,团结同志。要加强正常的党内政治生活,开展批评和自我批评。对于错误的性质和轻重的判断要恰如其分,防止无限上纲,特别要防止随便说什么路线错误,随便说什么阶级斗争在党内的反映。要真正做到及时解决问题,反对等到问题成堆后算总账。

三、重证据,重调查研究,严禁逼供信。

逼供信是法西斯式的反动统治阶级办案取证的一种野蛮手段,林彪、“四人帮”一伙把这种反动做法发展到极其骇人听闻的程度,严重地破坏了党规党法和社会主义法制,败坏了党的实事求是的优良传统,发展了主观唯心主义的歪风,造成了大批冤案、错案、假案,使党和人民付出了惨重的代价。今后必须坚决地永远地禁止这种非法的做法。审查处理案件必须认真调查情况,听取不同意见,反复核实材料,在取得确凿证据的基础上,按照党的一贯政策,做到定性准确,结论恰当,处理正确。不能轻信口供,不准诱供、指供、逼供,不准施加体罚和变相体罚。审查结论要同本人见面,允许本人申辩和保留意见。允许别人给他申辩。

需要立案审查和处理的党内问题,要在党委统一领导下,按照我党历来的规矩,由纪律检查机关和组织、人事部门办理,不得另立其他审查机构。

四、对人的处理要持十分慎重态度。

要坚持思想批判从严、组织处理从宽的原则。有错误一定要揭发批评,不能含糊敷衍,同时要对犯错误的同志作全面的、历史的、客观的分析,不能只看一时一事的错误而否定一切。对于在错误路线影响下犯错误的同志,应多帮助他们分析错误的原因,指出改正办法,要他们真正了解自己的错误以及错误的性质,不着重追究个人的责任。要慎重对待那些党性好、能力强、干劲大,但又犯了某些错误甚至严重错误的同志,帮助他们改正错误,鼓励他们大胆工作。对于所有犯错误的同志,只要不是屡教不改的,处理时应取宽大方针。可处分可不处分的就不处分,可轻可重的就从轻处分。凡涉及定敌我矛盾、开除党籍、开除公职、逮捕法办的,更要慎之又慎,严格遵守党纪国法规定的程序。定为敌我矛盾的,也要实行“给出路”的政策。不论被审查、受处理的人问题多大,决不能株连其无辜的家属和亲友。

五、坚持实事求是,有错必纠。

冤案、错案、假案一经发现,就要坚决纠正。一切不实之词,一切不正确的结论,一切错误的处理,不论是什么时候、什么情况下作出的,不论是哪一级组织、哪个领导人批准的,都要纠正过来。全错的全平,部分错的部分平,不错的不平。有错必纠是一条原则,有错的不纠是没有党性的表现。对确实没有判错的正确结论,不加分析地全盘否定,和不尊重客观事实只凭“长官意志”办事,为了维护个人尊严而知错不改,都是严重的错误,都必须坚决纠正。

六、敢于斗争,刚直不阿。

所有担任纪律检查工作的干部,都应立场坚定,旗帜鲜明,既要坚持原则,又要谦虚谨慎,时刻把党和人民的利益放在心上,不怕压力,不计较个人的得失。要刚直不阿,不徇私情。既要勇于保护好人好事,又要敢于同任何违法乱纪的组织和个人作不调和的斗争。要严格按照党的章程办事,模范地遵守党纪国法。凡是怕字当头、回避矛盾、屈从压力、阿谀逢迎、不能坚持原则的人,不能做党的纪律检查工作。

七、认真走群众路线。

党的纪律检查工作干部,要同群众保持密切的联系,了解他们的愿望和呼声,掌握党员遵守党规党法的情况。坚决反对那种办事拖拉、不负责任、脱离群众的衙门习气和官僚作风。在处理案件的过程中,要多从群众中听取各方面的意见,防止偏听偏信。既要听揭发人的意见,也要听被揭发人的意见,还要听有关同志的意见。不应当一听到被揭发人申辩,就说人家态度不好,扣上“翻案”的帽子(翻案本身不能说是对或不对,要看翻得是否在理);不应当一听到有人替犯错误的同志说话,就说人家立场有问题。

八、实行集体领导和个人分工负责相结合的制度。

一切重大问题都要由集体讨论决定,依靠大家的智慧和经验,把事情办好。各级纪律检查委员会都有正常的民主生活,这是集中集体智慧的方法,是避免和减少工作上犯错误的方法。需要纪律检查委员会处理的重要问题,都要经过集体讨论研究。要提倡讲老实话,讲心里话。委员会成员和所有干部都要勇挑重担,大胆负责,谨慎细致,真正把自己承担的工作做好。

(四)

当前,各级纪律检查委员会要紧密围绕搞好党风这个中心,抓好以下四个方面的工作:

第一,协助各级党委,对党员加强党的纪律和党的传统优良作风的教育。我们党现在有3600多万名党员,近半数是“文化大革命”以来入党的,许多同志没有经受过党内正常的政治生活的严格训练,不大懂得党规党法。不少“文化大革命”前入党的同志,甚至有一些领导干部,也对坚持党的好传统、好作风放松了,对自己的要求不严格了,“横眉冷对千夫指,俯首甘为孺子牛”的精神淡薄了,甚至丧失了。不少同志在思想上作风上受林彪、“四人帮”的毒害很深,有些人甚至丧失党性,蜕化变质。这种情况,迫切要求我们在全党特别是在新党员中加强党的纪律和党的作风的教育。要使每个党员懂得：必须坚守“要搞马克思主义，不要搞修正主义；要团结，不要分裂；要光明正大，不要搞阴谋诡计”的基本原则；要发扬理论联系实际、密切联系群众、批评和自我批评的三大作风，发扬艰苦奋斗、谦虚谨慎的优良传统；要坚持民主集中制的原则；要遵守“个人服从组织，少数服从多数，下级服从上级，全党服从中央”的统一纪律；要全心全意为人民服务，决不能利用职权要私情，谋私利。对那些模范地保持党的优良作风，模范地遵守党纪国法的党员和干部，要及时表扬和鼓励。

第二，抓紧处理积压的案件。首先要与党的组织部门、公检法机关密切配合，抓紧做好冤案、错案、假案的平反和错划右派的改正工作。要及时检查处理：在党内搞阴谋活动、破坏党的团结的案件，肆意破坏党的政策的案件，破坏党规党法和社会主义法制、侵犯党员民主权利的案件，破坏财经纪律和国家统一计划的案件，由于弄虚作假、骗取荣誉的案件，由官僚主义而使国家和人民的利益受到严重损害的案件。凡是有广泛教育意义的典型案件，要通报全党，以至在报上公布。这一方面是伸张正气，维护党纪国法的严肃性；另一方面必然会激发广大党员与广大群众的积极性，有利于安定团结，有利于引导群众心情舒畅地为四个现代化而奋斗。

第三，认真做好来信来访工作。对群众的揭发、申诉和控告，要认真处理。现在积案很多，为了及时处理，必须采取分级、分部门处理的办法。不能把可以和应该由各级纪律检查委员会或其他部门处理的案件，都集中到中央纪律检查委员会处理，这样就会延误处理案件的时间。重要的来信来访，各级纪委领导人要亲自过问。对上访者要热情接待，对他们提出的问题要弄清情况，妥善解决。一方面要保护控告人。另一方面对打击报复或蓄意诬告好人的，要按党纪国法制裁。

第四，尽快建立和健全党的各级纪律检查委员会。县、团以上各级党委没有建立纪律检查委员会的，要尽快建立；已经建立的，要抓紧开展工作。纪律检查委员会的成员，应选党性强，作风好，有威望的同志担任。办事机构要精干有力。

党的十一届三中全会恢复和发扬了党的实事求是的好传统，充分发扬了党内民主，发展了生动活泼、安定团结的政治局面，为开展党的纪律检查工作创造了极为有利的条件。中央纪律检查委员会的第一次全会，号召全党从事纪律检查工作的同志，解放思想，开动机器，既要坚持党的原则，以大无畏的精神去克服各种困难，又要保持谦虚谨慎、冷静客观、兢兢业业的态度，力戒骄傲自满、主观武断、粗枝大叶的作风。要同全党同志一道，振奋革命精神，努力做好工作，为进一步巩固和加强我们的党，为建设四个现代化的社会主义伟大强国，贡献出自己的全部力量。

《人民日报》发表特约评论员文章《完整地 准确地理解党的知识分子政策》

随着全党的工作重心转移到现代化建设上来，完整地、准确地理解党的知识分子政策，充分发挥知识分子的作用，就显得越来越重要，越来越紧迫了。可是，我们一些同志至今对这个问题还缺乏正确的认识。有的说，现在把绝大多数知识分子说成是工人阶级的知识分子，是不是估计太高了？还有的同志提出：既然知识分子的绝大多数已经是工人阶级的一部分，那么，党对知识分子的团结、教育、改造的政策，现在还适用不适用？

按照实际情况决定政策，按照变化了的情况实事求是地修订政策，是马克思主义政党必须坚持的原则。为了回答一些同志提出的问题，全面地、正确地贯彻执行党的知识分子政策，很有必要对我国知识分子的状况和党的团结、教育、改造知识分子的政策，作一番历史的考察。

（一）

党的团结、教育、改造知识分子的政策，是在全国解放以后提出来的。在这之前，我们党对已经参加革命队伍的知识分子也提出了教育和改造的任务，但是因为当时参加革命队伍的知识分子还很少，所以我们党对广大知识分子，还是着重强调“大量吸收”。

土地革命战争时期，由于历史条件的限制和错误路线的影响，我们许多地方和军队的同志对知识分子采取了不正确的态度，革命队伍内部知识分子很少很少。抗日战争初期，一批批知识分子奔赴延安和各个抗日根据地。但是，当时我们的许多同志还没有认识到知识分子的重要性，还存在着疑惧甚至排斥知识分子的心理，不注意吸收知识分子的工作。针对这种倾向，毛泽东同志在1939年为党中央起草了《大量吸收知识分子》的决定，指出：“没有知识分子的参加，革命的胜利是不可能的。”这个决定在各个根据地的实施，吸引和吸收了大量知识分子参加我们的革命队伍，壮大了革命力量，发展了革命的统一战线，推进了根据地各方面的工作。通过在革命队伍中的锻炼和改造，很多知识分子和工农干部融合一起，发展壮大了我们党的干部队伍，这是取得抗日战争和解放战争胜利的重要条件。

全国解放以后，我们党的工作重心由乡村转移到城市，接收了国民党遗留下来的大量的宣传、教育机构、各类学校和各种文化、文艺团体，以及各种经济企业事业单位。这里面大约有二三百万名知识分子，包括教员、教授、科技工作者、文艺工作者、新闻记者、医生和其他知识分子。对这些知识分子应当采取什么政策？是赶走、抛弃他们，还是争取、团结他们？党中央认为，不应该赶走、抛弃他们，而应该采取团结、教育、改造的政策，使他们为社会主义的新中国服务。这样做，是革命的需要，是出于好意，是为了防止发生抛弃他们的错误倾向，是为了使这些从旧社会过来的知识分子逐步转变为工人阶级的知识分子。

团结、教育、改造的政策，是根据当时我国知识分子的实际状况而制定的，是建立在对旧社会过来的知识分子进行科学分析的基础之上的。

旧中国是一个半殖民地半封建的国家，大多数知识分子也受着帝国主义、封建主义、官僚资产阶级的压迫，感觉到痛苦，具有革命性。死心塌地为反动派服务的反动知识分子，只是极少数。为旧社会服务的知识分子，绝大多数也是脑力劳动者，其中一般的工程技术人员，如马克思所指出的，也参与创造剩余价值，受到资本家的剥削。因此，在一定条件下，他们可以接受党的领导，为人民服务，为社会主义服务。新中国的成立，我国社会经济制度的改变，为这些从旧社会过来的知识分子转到为社会主义服务，创造了根本的条件。

但是，这些从旧社会过来的知识分子，绝大多数还没有和共产党相处过，对共产党所领导的革命事业，对共产党的政策、主张，对人民政府的领导体制和工作方法，都还很不了解，很不熟悉，在他们的头脑里，主要还是民主主义和个人主义的思想。他们中的大多数，出身于剥削阶级家庭，受的是资产阶级教育，接受了帝国主义和封建主义的影响，世界观基本上是资产阶级的，是属于资产阶级的和小资产阶级的知识分子。要使他们适应新中国的需要，为社会主义服务，就必须对他们进行教育，帮助他们重新学习，逐步地把世界观改造过来。

党对知识分子的团结、教育、改造的政策，就是在这样的历史条件下提出来的，它的主要对象是从旧社会过来的资产阶级的和小资产阶级的知识分子。团结、教育、改造这些知识分子，是社会主义时期一定阶段的一个特定的历史任务。随着社会主义革命和建设事业的发展，随着这些知识分子的变化以及我国整个知识分子队伍状况的变化，我们党的知识分子政策也应该做相应的改变。

（二）

现在，我们再来考察一下全国解放 20 多年来，我国知识分子队伍的状况发生了哪些变化？

我国现有 2500 万名左右知识分子，大体上是由三部分人组成的：一部分是从旧社会过来的知识分子；一部分是解放前参加革命的知识分子和已经知识化了的工农干部；绝大部分（这一部分占 90% 以上）是我们党在新社会培养的中年青年知识分子。在后两部分人中，绝大多数本来就是工人阶级自己的知识分子。至于从旧社会过来的知识分子，他们中的绝大多数也已经逐步改造成为工人阶级的知识分子。

先看来自旧社会的知识分子所发生的变化。世界观的根本问题是为谁服务的问题。这些知识分子，已经由过去的为旧社会、为私有制服务，转到为新社会、为公有制服务。他们中的绝大多数已经成为我们国家机关、全民所有制和集体所有制的企业事业单位的工作人员，有不少人已经担任了重要的领导职务。存在决定意识。他们在解放初期为新社会服务还不自觉或不太自觉，但是，随着社会主义革命的深入，社会主义的经济基础和上层建筑对他们思想的影响，已经使他们逐渐变得自觉起来。他们在学习马克思主义、毛泽东思想的过程中，在同工农相结合的过程中，在自己的工作实践中，努力改造自己的世界观，已经有了很大的进步。他们已经不是解放初期对共产党，对社会主义制度不甚了了的知识分子了。他们中的绝大多数热爱党，热爱社会主义，满腔热情地从事科技、经济、教育、文化、文艺、卫生工作以及其他工作，作出了很大的成绩，发挥了重要的作用，即使在三年困难时期，在林彪、"四人帮"的残酷迫害和严重摧残下，也没有动摇对党的信任和为社会主义服务的决心。他们的这种变化和进步，正是党的团结、教育、改造政策的伟大胜利。粉碎"四人帮"以后，他们迸发出极大的革命热情，衷心拥护以华国锋同志为首的党中央，为实现四个现代化更加奋发努力地工作。这样的知识分子，难道不是工人阶级自己的而是资产阶级的知识分子吗？

在团结、教育、改造从旧社会过来的知识分子的同时，我们党用了很大力量培养了大量的新的知识分子。这类知识分子，包括"文化大革命"中毕业的工农兵大学生，其基本特点是：他们中间的 70% 以上出身于劳动人民和革命干部的家庭；他们所受的教育，基本上是无产阶级和社会主义的教育；他们一开始参加工作，就在党的领导下为社会主义服务。他们是在新社会成长起来的。通过学习，通过社会斗争的实践和业务实践，他们中间的绝大多数，包括出身于剥削阶级家庭的许多知识分子，已经基本上树立了无产阶级世界观。他们年富力强，已经成为科技、文教、卫生、文艺等战线的骨干力量。他们当然是工人阶级的知识分子。

我们的工农干部，经过多年的学习和实践，其中不少人读了工农速成中学，有些人还读了大学或到外国学习过。他们已经从缺少知识变为有知识了，或者是知识比较丰富了，相当一部分人已成了各行各业的专家。这些知识化了的工农干部，当然也是工人阶级的知识分子。

根据以上分析，我们可以清楚地看到，解放20多年来，我国知识分子的状况已经发生了一系列根本的变化。按照马克思主义关于观念形态要随着客观实际的变化而变化的原理，我们党在解放初期提出来的，以资产阶级的和小资产阶级的知识分子为主要对象的团结、教育、改造的政策，现在对于绝大多数知识分子来说，已经不适用了。他们已经不是解放初期那种团结、教育、改造的对象，而是从事脑力劳动的工人阶级，是党的依靠力量。正确对待他们，在今天实质上是一个正确处理工人阶级内部关系的问题，而不再是处理工人阶级和同盟者关系的问题了。在从事体力劳动和脑力劳动的工人阶级内部，巩固地建立起亲密无间的关系，互相学习，共同进步，是实现四个现代化的基本条件之一。

（三）

既然如此，为什么有些同志还看不到、不承认或者不敢承认这些变化呢？

首先是由于林彪、"四人帮"的流毒没有肃清。林彪、"四人帮"在打击迫害知识分子的同时，用心险恶地炮制了一个"知识越多越反动"的谬论，在工人阶级内部制造分裂，把杰出的各方面的专家和作家诬蔑为"资产阶级反动权威"，把解放后培养出来的知识分子诬蔑为"挖社会主义墙脚"的势力。他们把有没有知识和知识的多少，作为判断一个人的阶级属性的依据，把有知识的人，说成是资产阶级的知识分子，进而把资产阶级的知识分子同资产阶级等同起来。按照他们的这个逻辑，不仅从旧社会过来的资产阶级的和小资产阶级的知识分子是不能转变为工人阶级知识分子的，而且工农干部和工人、农民及其子女有了知识，也就成了资产阶级。这完全是反马克思主义的谬论。林彪、"四人帮"虽然被粉碎了，他们散布的这些反动谬论，还在影响着我们的一些同志，使这些同志不仅看不到知识分子的进步，而且对知识分子产生了一种偏见和厌恶心理。他们对知识分子唯恐避而不远，生怕沾了知识分子的边被说成阶级路线不清。他们总是把知识分子同所谓"政治不可靠"、"思想落后"联系在一起。在他们看来，工人阶级似乎不应该也不可能有自己的知识分子。其实，就是在旧社会，工人阶级早就有了自己的知识分子。难道马克思、列宁、毛泽东不是工人阶级知识分子的杰出代表吗？19世纪末，恩格斯就指出，正在出现一种脑力劳动无产阶级，希望他们同自己从事体力劳动的工人兄弟，在一个队伍里肩并肩地在即将来临的革命中发挥巨大的作用。毛泽东同志和我们党历来十分重视工人阶级知识分子队伍的建设。现在我们已经建立了一支具有相当规模的工人阶级自己的知识分子队伍，恩格斯在19世纪末提出的希望，在我国已经成为现实。

10多年来，林彪、"四人帮"大搞禁区禁令，实行法西斯专政，也把人们的思想搞僵化了。我们一些同志的条条框框很多，书上、文件上没有写的，领导人没有讲过的，就不敢多说一句话，不敢多做一件事，一切照抄照搬照转。他们既不考察"团结、教育、改造"知识分子的政策是怎样提出来的，又不研究知识分子队伍状况的变化，还是用老眼光看问题，按老框框办事。他们不懂得，如果从实际出发，我们对知识分子的认识，对知识分子的政策，早就应该变了。陈毅同志在1962年的一次报告中说得好："如果说一个科学队伍12年还不能改变，说明共产党没有本领，社会主义不能代表真理，对工作作了过低的估计。人是可以变的，也是能服从真理的。"从1962年到现在，16年过去了，又经过了"无产阶级文化大革命"的严峻的锻炼和考验，难道旧社会过来的知识分子还没有变吗？难道我们还没有培养出大批新的知识分子吗？难道我们还应该按照解放初期提出来的、主要是针对资产阶级的和小资产阶级的知识分子的政策来对待他们吗？

思想不解放，还由于小生产习惯势力的影响。几千年的封建社会和100多年的半殖民地半封建社会，给我国经济和科学文化的发展造成了严重的停滞状态，也在人们头脑里留下了深深的烙印。因循守旧，安于现状，目光短浅，不求进步，不愿意接受新鲜事物，就是这种习惯势力的表现。受这种小生产习惯势力的影响，我们有些同志不注意学习，长期以"大老粗"自居，以没有知识为光荣，对有知识的人瞧不起。有的人私心作怪，生怕依靠工人阶级知识分子，使自己失去高人一头的优越感，自己的"长官意志"遭到损害，因而轻视甚至排斥知识分子。这种错误思想和错误态度如不纠正，就会成为实现四个现代化的阻力。要懂得，搞革命，没有知识和知识分子不行；搞建设，特别是搞现代化建设，没有知识和知识分子更不行。为了加速现代化建设，我们需要极大地提高整个中华民族的科学文化水平。这就不仅要充分发挥现有知识分子的积极作用，而且要大力培养和造就更多的知识分子。各级领导干部要带头学理论、学科学、学技术、学管理，努力成为精通本行的专家。

我们肯定绝大多数知识分子已经成为工人阶级知识分子，并不等于说，知识分子今后就不要教育和改造了。毛泽东同志1957年在《关于正确处理人民内部矛盾的问题》和《在中国共产党全国宣传工作会议上的讲话》中，都明确指出，在建设社会主义的过程中，人人都需要改造。不仅那些基本立场还没有转过来的人要改造，而且所有的人都应该学习，都应该改造。周恩来同志1956年关于知识分子问题的报告中也指出，在基本上完成对旧社会过来的知识分子的改造任务以后，“知识分子同所有的人一样，仍然要在学习和实践中不断地改造自己，并且要在新的水平上，向更高的进步的标准前进。但是，那是一种经常性质的任务了”。这就是说，这种教育和改造的性质，已不是基本政治态度和阶级立场的转变，而是同对工人、农民、干部一样性质的教育和改造。在社会主义历史时期，我国劳动人民包括知识分子，仍然需要克服资产阶级思想的影响，防止和抵制资产阶级思想的侵蚀。尤其是在向四个现代化加速进军的新的历史时期，从生产关系到上层建筑将有一系列的改革和发展，如果我们不注意学习，不注意改造自己，就会落后，就不能适应形势发展的需要。任何人都不能说自己已经100%的布尔什维克化，只有改造别人而没有改造自己的任务了。至于说现在2000多万名知识分子中，是不是还有仇视、反对社会主义的人呢？会不会出现现行反革命分子呢？当然会有。但这是极个别的现象。工农出身的国家工作人员和工人、农民中，也会有这种极个别的情况。这没有什么奇怪的。对于这一点，我们要保持警惕，但不应当因此否定绝大多数知识分子的进步，不承认他们中的绝大多数已经是工人阶级的一部分。

（四）

既然我国绝大多数知识分子已经成为工人阶级的一部分，我们就应该切切实实地把他们当作工人阶级的成员来对待。为了充分地调动广大知识分子的积极性，当前，要着重抓紧解决几个问题。

首先要抓紧对过去审查处理的案件，包括错划为右派的案件，进行认真的复查，作出正确的结论。不能因为党的工作重心转移了就放松或不抓这项工作。恰恰相反，应当抓得很紧很紧，解决得干净利落。凡是过去处理错了的，都要根据实事求是的原则进行平反、改正，做好善后工作，决不应当有任何疑虑，决不应当以各种借口留尾巴。当前，这方面的工作量仍然很大，各地进展也很不平衡，有的地方还有死角。这些问题不抓紧解决，调动知识分子的积极性就是一句空话。

要充分信任、放手使用各种专门人才，不要怕什么“专家路线”之类的莫须有的政治帽子。革命事业需要德才兼备的革命家，现代化建设事业需要有真才实学的科学家、工程师和各种专家。我们就是要发现专家，培养专家，重用专家，提高各种专家的政治地位和物质待遇。不准拔尖，不是无产阶级的政策。要重视人才，爱惜人才，努力创造条件使人才辈出，决不允许浪费人才，压制人才，埋没人才。要把那些政治觉悟高、业务能力强、工作干劲大、群众关系好的党和非党的知识分子，提拔到适当的领导岗位上来，使有文化、懂技术、会管理的干部在企业事业领导班子中逐步达到30%、50%以至70%。要建立、健全责任制，真正使他们有职、有权、有责，不能只交责任，不交权力。

放手使用知识分子，特别要注意打破“金要足赤，人要完人”的形而上学思想。要多看他们的主导方面，多看他们对国家的贡献。在一些小事情上求全责备，苛求于人，是不公道的，也是脱离实际的。至于有些知识分子出身于剥削阶级家庭，社会关系比较复杂，本人政治历史上有些一般性的问题，这是社会历史所造成的。只要政治上划清了界限，本人历史清楚，经过考验，表现好的，就没有理由不信任他们，不使用他们。在提干、授予技术职称、出国考察、接触机密等方面，应当一视同仁。其中具备无产阶级先进分子条件的，应按照党章规定，吸收他们入党。无论是出身好的还是出身不好的，都要坚持重在政治表现。那种凡是出身好，不管表现如何一概加以重用，凡是出身不好，表现再好也不重用的倾向，是唯成分论和反动血统论的流毒和影响。用人的政治标准是什么？为人民造福，为发展生产力，为社会主义事业作出积极贡献，就是主要的政治标准。现在，有的知识分子虽然在政治上平反了，却被摆在一边长期不用；有的受到各种不合理的限制，不能充分发挥才能；有的用非所学的科技人员至今还没有尽可能的归队；有的虽然有较高的管理水平和业务能力，却进不了领导班子；有的虽然挂了个领导职务，但有名无实，不能行使职权。知识分子入党更是困难重重。这些现象不应当再继续下去了。

领导同志以及做党务工作、政治工作的同志，一定要有民主作风，认真听取科技人员的意见，积极支持他们的合理化建议和发明创造，鼓励他们敢于思考问题，敢于提出问题，敢于解决问题。在学术上，要认真贯彻“百花齐放，百家争鸣”的方针，允许不同观点、不同学派的争辩，来不得半点行政命令和“长官意志”，决不允许扣帽子、打棍子。要根据知识分子和科技工作的特点，做好思想政治工作，尊重他们，亲近他们，关心他们，为他们说公道话，做他们的贴心人，积极地解决他们的实际问题。要学习毛泽东、周恩来、朱德同志等老一辈无产阶级革命家对待知识分子那种推心置腹，平等相待，循循善诱，亲切感人的态度。有问题要坦率交谈，以诚相见，沟通思想，妥善解决。对有缺点、错误的知识分子，要满腔热情地进行帮助。

这些年来，我国广大知识分子受林彪、“四人帮”残酷迫害，吃尽了苦头，党和人民对他们寄予深切的同情。粉碎“四人帮”以来，华国锋同志为首的党中央对知识分子工作作出了一系列的重大决策，党的知识分子政策正在逐步落实。我国广大知识分子，要看到自己身上肩负着攀登科学文化高峰的历史重任，胸怀全局,把注意力放到解决当前和今后最迫切的问题上来,把自己的聪明才智全部贡献给壮丽的社会主义事业,为加速实现四个现代化艰苦攻关,不断前进。

《人民日报》发表评论员文章《严格控制社会集团购买力》

在实现四个现代化的进程中,资金来源同建设需要之间的矛盾将会长期存在。从根本上说来,解决的办法无非两个:一个是发展生产;一个是厉行节约。控制社会集团购买力,节约行政、团体、企业、事业单位的非生产性开支,就是积累资金的一项重要措施。

有些人把严格控制社会集团购买力这项工作看成是小事,认为抓这项工作是"抓小不抓大",是"多此一举",这显然是错误的。新中国成立初期的1950年,国家财政收入只有65亿元。现在全国1年用于社会集团购买力的开支,相当1950年国家财政收入的2倍!可见,控制社会集团购买力绝对不是什么小事。

另一种说法是,控制社会集团购买力是国家财政困难、市场供应不足情况下采取的临时性措施,是权宜之计。这种理解当然也是不对的。做好控制社会集团购买力的工作,不仅可以为国家节约和积累资金,加快四个现代化的步伐,而且有利于恢复和发扬党的优良传统,有利于提倡良好的社会风气。本着勤俭节约的原则,对于需要购买、应该购买的东西,要尽量给予保证,但对那些可买可不买和根本不应该买的东西,则要实行严格的控制。更不能不顾群众的需要,在市场抢购紧俏商品。现在有不少地方和部门的领导干部带头,发动群众,清仓挖潜,修旧利废,在节约社会集团购买力上作出了成绩,这是值得称赞的,应该长期坚持下去。共产党人的根本宗旨,就是为大多数人谋利益。我国人民目前的生活水平还很低,这就要求一切部门认真贯彻执行勤俭节约的原则,严格控制和压缩非生产性开支,以便腾出较多的财力、物力用于发展生产和改善人民生活。即使将来社会产品丰富了,人民的生活水平有了较大的提高,也仍然要勤俭节约。"民富公不奢",我们就是要通过做好控制社会集团购买力的工作来提倡这样的社会风气。

由于林彪、"四人帮"的干扰破坏,这些年党的艰苦奋斗、勤俭节约的优良传统和作风,在一些人的头脑里淡薄了;铺张浪费、贪图享受,摆阔气、讲排场的不正之风在一些地区和部门相当严重。例如,有些单位违犯财经纪律,大搞楼堂馆所;有的违反财务制度,弄虚作假,大量购置高级消费品;有的地方和单位挪用公款请客送礼成风,一人被请,陪客几桌,群众称之为"罗汉请观音"。这些严重违犯财经纪律、破坏社会集团购买力管理制度的行为,在一些地区引起群众的愤慨。有些单位请客成风,工人群众说:"我们大干累得流汗,他们大吃吃得流汗。"像这样的领导,怎么能指望他们搞好生产,怎么能不予以党纪国法的制裁?!值得注意的是,有些人干这些不得人心的事,不以为耻,反以为荣,说什么勤俭节约是"小手小脚,小里小气",他们要搞一点"社会主义气派"。什么"社会主义气派"?说穿了,就是毫无顾忌地挥霍人民的血汗!这同我们党的传统和作风毫无共同之处,是十足的社会主义"败家子"习气。我们绝对不能听任那些"败家子"去挥霍劳动人民用血汗创造的社会财富。只有坚决打掉这种"败家子"习气,我们的建设事业才能兴旺发达起来。

做好控制社会集团购买力的工作,一定要加强专业管理,加强各方面的协作。各级计划、财政、银行、商业、物资等有关部门都要在党委领导下,严格制度,明确分工,密切协作,共同做好工作。既要不断地改进管理制度和简化手续,又要严格执行有关制度和办法:凡是社会集团购买商品违反管理制度和规定的,财政、财务部门有权拒绝报销,银行有权拒绝付款、转账,商业部门有权拒绝出售,财政部门有权没收乱购的商品。各单位都要向职工群众宣传这项工作的重要意义,发动群众参加管理;领导干部尤其要以身作则,遵守财经纪律,发扬艰苦朴素、勤俭节约的优良传统,自觉地接受群众的监督,认真地把控制社会集团购买力的工作做好。

国务院副总理康世恩在北京会见以总裁戴维·罗德里克率领的美国钢铁公司访华团

康世恩副总理对美国朋友说,中美建交后,我们之间讨论经济技术合作的事情会越来越多。我们要搞现代化,就要引进外国的先进技术和设备。现在,我们打开大门,同具有先进技术的国家进行广泛的接触。康世恩副总理说,要搞成买卖,就要平等互利。

美国朋友对康世恩副总理的谈话很感兴趣。罗德里克先生表示,美国钢铁公司愿意不断加强同中国方面的技术合作。

会见时在座的有冶金部部长唐克、副部长高扬文,外贸部副部长崔群,石油部副部长阎墩实,化工部副部长冯伯华等。美国驻华联络处副主任芮效剑参加了会见。

全国人大常委会副委员长乌兰夫在北京举行宴会欢迎欧洲议会议长埃米利奥·科隆博一行

乌兰夫副委员长和科隆博议长在宴会上讲了话。双方对中国同欧洲经济共同体之间不断加强联系和贸易、人员交往表示满意。

乌兰夫副委员长说,中国人民高兴地看到西欧国家不但在经济上加强联合,而且在政治上和防务上加强联合、维护自身的独立和安全。在新的一年里,欧洲在联合的大道上将迈出新的步伐,特别值得指出的是,欧洲议会将举行直接选举,这对于促进西欧国家的联合具有重要的意义。他说,中国希望有一个强大的西欧,我们相信西欧也希望有一个强大的中国。

乌兰夫副委员长说,我们愿意在平等互利原则的基础上发展同各国的经济合作关系,并学习外国一切先进的科学、技术。我们愿意同西欧国家和人民交朋友,做生意,我们认为中国和西欧之间发展友好合作关系有着广阔的前景。我们相信科隆博先生的访问必将有助于加强中国人民和欧洲人民之间的相互了解和友谊。

科隆博议长说,欧洲共同体极其关切和关心地注视着中国在国际舞台上确立自己的地位。欧洲把这一切看成是对世界稳定与和平具有积极意义的因素。中华人民共和国不仅承认我们的共同体是一个经济和贸易的共同体,而且还承认它具有朝着政治联盟发展的内在的潜力,这一点得到特别热烈的欢迎。我们相信,这一态度不仅符合中国人民的利益,而且符合欧洲人民的利益。

他指出,欧洲议会一致满意地欢迎1978年4月欧洲经济共同体与中华人民共和国签订的贸易协定。他说,这一合作具有远远超过单纯的经济和贸易往来范围的政治意义。在今后的年代里,共同体将以合适的方式为实现中国经济的现代化和发展计划作出贡献。

科隆博议长指出,欧洲共同体各国对中美建交表示高兴,认为这是对世界平衡和保卫世界和平的重要贡献。

出席宴会的有全国人大常委会副委员长姬鹏飞、副秘书长武新宇、邢亦民,外交部部长助理宋之光,北京市革委会副主任叶林等。

欧洲共同体成员国驻中国的外交使节应邀出席了宴会。

全国人大常委会副委员长姬鹏飞同欧洲议会议长埃米利奥·科隆博在北京举行会谈

会谈中,姬鹏飞副委员长代表全国人大常委会、中国政府和人民热烈欢迎科隆博议长来华进行正式友好访问,并转达了叶剑英委员长对科隆博议长的问候。科隆博议长对此表示感谢。

会谈中双方认为,1975年中国和欧洲经济共同体建立关系以来,双方关系发展十分好。科隆博议长介绍了欧洲经济共同体的情况和面临的几个问题。姬副委员长对欧洲经济共同体在联合自强道路上取得的每一个成就表示高兴,强调中国一贯希望看到一个强大的、团结的欧洲,正像西欧希望中国强大一样。双方一致认为,中国和欧洲经济共同体的双边关系有着广阔的发展前景。

双方参加会谈的有欧洲议会秘书长诺德,欧洲议会议长办公室主任帕塞蒂,中国外交部部长助理宋之光等。

中共中央转发国家科委和中国科学院《1978—1985年全国基础科学规划纲要》

大型摄影画册《人民的悼念》由北京出版社出版

华国锋同志为大型摄影画册《人民的悼念》题了词:“周恩来总理永垂不朽!”叶剑英同志为这本摄影画册题写了书名,同时为《天安门诗文集》题定了书名。

大型摄影画册《人民的悼念》共约200页,辑印了500多幅珍贵照片,其中100多幅是彩色照片。这些照片真实地记录了在伟大的天安门事件中,广大群众沉痛悼念敬爱的周总理、英勇反抗“四人帮”的悲壮场面,是人民群众爱憎分明的阶级情感和“四五”精神的生动写照。在“四人帮”穷凶极恶滥施淫威的日子里,广大群众怀着满腔的悲愤,冒着极大的风险,拍摄并保存了这些历史性的珍贵镜头。粉碎“四人帮”以后,中国科学院自动化研究所《革命诗抄》编辑组、北京第二外国语学院童怀周、七机部五零二所《革命诗抄》编辑组、《世界文学》编辑部《心碑》编辑组、中国社会科学院哲学研究所图书资料室五单位自发地组成了联合编辑组,在广大干部、群众的热心支持下,编选了这本摄影画册。外文印刷厂的广大职工,夜以继日地工作,及时完成了摄影画册的印制工作。

国务院副总理王震在北京接见云南知识青年代表

国务院副总理王震和民政部部长程子华接见云南西双版纳地区国营农场知识青年代表丁惠民等,同他们进行了亲切的谈话,对他们表示殷切的期望。

王震同志首先表达了党中央和国务院领导同志对广大农村知识青年的关切。他说:这几天会见外宾,今天我同民政部部长程子华同志找你们谈一谈,会见会见你们这些内宾,我们交交心。他说:在“文化大革命”中,林彪、“四人帮”篡党夺权,打倒一切,整我们这些跟随毛主席南征北战多少年的老同志和各级领导干部,我也被游了街,程子华同志也靠边站多年。我们的叶剑英同志,80多岁了,老人家也受了苦。邓小平同志也一再被他们诬陷。什么“二月逆流”,什么“批林批孔批周公”,就是批我们敬爱的周恩来同志。他们要把老干部都打倒。搞了这么十几年，你们本来应当好好上学的，也给耽误了。你们也是受害者。现在要大治了，我们再也不能允许那种动荡不定的无政府状况出现了。

王震同志勉励知识青年以国家民族利益为重，为安定团结、实现四化贡献力量。他说：我们这些老年人还要拼着仅有的余生为四个现代化尽一份力量，还不是为了祖国的子孙后代？毛泽东同志曾经说过，我们中华民族要自立于世界民族之林。他还说，世界是你们的，也是我们的，但归根结底是你们的。华国锋同志代表党中央宣布“文化大革命”结束了，就是为了让大家好好干事情。这就需要安定团结。我们两个老头子(指自己和程子华同志)对你们讲清楚，请你们这些青年人务必要关心国家大事，争取一个安定团结的局面，维护正常秩序，以便增加生产，厉行节约，在本世纪内把我国建设成为四个现代化的社会主义强国。

王震同志说，要把国家建设得富强起来，我们还有很多困难。对现状，我也很不满意，有内忧外患嘛！我们国家还很穷，邓小平同志经常讲，想办法把人民的生活改善得快一点。所以在现在这个时候，你们闹，影响不好。你们要转过来，作自我批评，行不行？你们跑到北京来，我们讲了，决不追究你们，但是回去要作自我批评。今年是粉碎“四人帮”后3年大见成效的一年，全党全国的工作重点都要转到社会主义现代化建设上来。如果你们能这样做，坏事就能变成好事。

王震同志说，我们准备组织慰问团，组织家属代表到垦区农场去慰问，看看你们。农林部副部长、国家农垦总局局长已经到你们那里去了。

王震同志还说：最近越南背信弃义，投到苏联社会帝国主义那一边，搞霸权主义，进攻柬埔寨，也进攻中国边境，在这种情况下，边境地区更要安定团结，搞好生产。这十几年农垦也被搞乱了，人增加很多，生产没有增加，橡胶树还是过去的那些。要依靠你们大家努力，把生产搞好。

当谈到知识青年的婚姻问题时，王震同志说：结婚哪里顾得上结婚？有不少同志都是30多岁才结婚的。像贺老总、陈老总、彭老总，都是30多岁了才结婚。

王震同志说：你们那里，周恩来同志、贺老总、陈老总都去过。你们要把生产搞好，把公共食堂办好，把猪喂起来，还可以养鸡、养鸭。把菜也种好，就是现在这时候也能有茄子、辣椒吃。我在北大荒过过春节，也在你们勐腊那里过过春节。那个地方，我看很好，气候也很好，澜沧江有很大的水力资源，可以发电，还有铜矿、铁矿等等。真正搞起来，不是个落后的地方。你们要在那里安家立业，以那里为家，创造新乐园。谈到这里，王震同志给丁惠民等同志讲了一个故事，说：唐太宗问他的左右丞相(就是现在的总理)房玄龄和魏征，创业和守成那一个难？他们一个说创业难，一个说守成难。唐太宗说创业难，守成也难。王震同志接着说：我们现在还是在创业，这么穷的国家，要实现现代化，还要花很大力气，还要过困难日子。你们这么一搞，全国农场和农村的知识青年如果都跟着这样搞，生产建设怎么办？元旦前一天，我们没有休息，小平同志给我们讲话，说要安定团结，要把西双版纳的生产搞好。你们要支持、帮助农场的领导。他们有不好的地方，要帮助他们嘛！你们要从大处着想、远处着想，把眼界放开阔一些。老实讲，内地人口这么多，我看建设好边疆，是20世纪末实现四个现代化的不可缺少的一个方面。

王震同志说：总之，希望你们按十一大路线、新时期的总任务去努力！希望你们按三中全会的决定办事，要搞安定团结。希望你们注意不要让别人看我们的笑话。我们的青年是能吃苦耐劳，有创造力，有智慧的。要团结在马列主义、毛泽东思想的旗帜下，在华国锋同志为首的党中央领导下，努力工作，把边疆建设好，大家一致对付敌人，团结自己，争取胜利！

王震同志在听取了丁惠民等同志关于农场存在的严重问题的汇报后说，有些问题要改。具体的经营管理问题，由农林部、国家农垦总局负责。你们回去以后，也要帮助改变农场某些干部的领导作风。今天我们同你们谈话，讲这些道理把原来一个半封建半殖民地的旧中国变成社会主义的新中国是不容易的。现在要好好搞建设，全国上千万知识青年，如果都闹起来，还怎么搞建设？你们不妨同自己的父母、祖父母谈谈，看看这个道理对不对？我相信，向雷锋同志学习的总是多数。至于农场的干部绝大多数是好的；作风不好的，要改。有些同志改了，就算了。你们将是21世纪的人，眼光要放大一些，看远一些。目前我们前进中的困难还很多，但是前途是光明的。青年们是建设新中国的先进力量，我们把希望寄托于你们。你们的意见，我们负责转达给党中央、华主席。请你们赶快回去为实现四个现代化做贡献。今后半个世纪是你们的，希望你们守纪律，奋发图强。

1月5日

国务院总理华国锋在北京会见欧洲议会议长埃米利奥·科隆博

华国锋总理说，我们同欧洲经济共同体的关系是会发展得更好的。我们对欧洲经济共同体的政策是希望这些国家在政治上、经济上联合起来，希望它们强大。

华国锋总理在谈话时表示，中国愿意在贸易、经济和科技合作方面，不断加强同共同体的关系。

科隆博议长说，共同体同中国的关系近来越来越密切了。不论在过去还是今后，共同体都重视同中国的关系。

华国锋总理在谈话中感谢科隆博议长在担任意大利总理期间对发展意中关系所作出的贡献。

他还向科隆博议长介绍了我国当前的大好形势以及对一些国际问题的看法。

欧洲议会秘书长诺德、议长办公室主任帕塞蒂、议长办公室顾问弗里茨，以及科隆博议长的其他随行人员，参加了会见。

会见时在座的有：全国人大常委会副委员长姬鹏飞、副秘书长武新宇，外交部部长助理宋之光。

国务院副总理邓小平在北京会见来访的27位美国记者并接受采访

邓小平副总理上午会见在中美建交之际来访的27位美国记者，接受了他们的采访，请他们向美国人民转达他的良好祝愿。

这些记者代表美国各通讯社、报纸、杂志和广播电视公司。

邓小平副总理在会见开始时说：首先，我欢迎美国新闻界朋友在中美建交的时候来我国访问。中美建立外交关系，为我们两国人民在各个领域进行友好交往开辟了广阔的前景。我愿意借此机会，通过你们向美国人民转达良好的祝愿。你们在中美建交之际专程来华采访，这有助于增进两国人民互相了解。你们的报道在这方面会起到良好的作用。我很高兴，在我访问美国之前同你们见面。现在，我愿意就围绕中美建交这个问题回答各位提出的问题。

美联社记者罗德里克：邓副总理先生、黄华先生，我代表美国新闻团首先向你们表示感谢，感谢你们在百忙之中抽出时间来会见我们。今天，我们这支队伍相当大，但是在8年以前只有3个人，那是在美国乒乓球队访问北京的时候。当时，周恩来总理曾答应两国的记者可以有更多的来往。这里，我想为在新的一年里的发展，向你们表示感谢。

我的问题是：你们已经表示愿意邀请戈德华特参议员到中国访问，讨论统一中国的问题，也就是台湾问题。戈德华特参议员到现在为止还没有表示接受访华的意见，这是不是意味着你愿意在华盛顿同戈德华特参议员谈这个问题？

邓小平：不在华盛顿讨论这个问题。我如果有机会见到他，我会当面邀请他访问中国。主要的是，我们希望戈德华特先生了解中国。

合众国际社记者克拉布：副总理先生，在中国现代化的过程中，你们将需要从美国、西欧、日本引进广泛的技术。就日本而言，你们准备用煤炭、石油等自然资源换取他们的技术。不知道在同美国的交流中，你们打算如何支付引进美国广泛技术，例如，美国钢铁公司和伯利恒钢铁公司技术的费用？比如说，你们是打算靠银行贷款，还是向美国出售自然资源？

邓小平：为了实现四个现代化，我们愿意同科学技术、工农业比较发达的国家进行合作。我们愿意采取多种形式，同他们进行合作，其中包括银行贷款、补偿贸易，也包括其他方式。在这个问题上，我们历来认为，美国在相当多的领域里处于领先地位。我们欢迎美国像西欧和日本一样，参与这个竞争。我们相信，我们两国，特别在建交之后，在这方面的发展有广阔的前景。我补充说一点，在两国关系正常化之前，我们曾经说过，由于两国关系还没有正常化，在这方面存在着某种障碍。现在由于两国实现了关系正常化，这个障碍排除了。

美国广播公司记者劳瑞：副总理先生，这是我们对你们进行的第一次电视采访，我们希望今后将有更多的机会进行这样的采访。关于台湾问题，你多次讲到这是中国的内政。但是亚洲有一些地方感觉到，使用武力来解决台湾问题，将会产生某种不稳定影响。中国对于使用武力解决台湾问题采取什么态度？在这个问题上有没有时间表？

邓小平：我们多次声明，台湾回归祖国，完成祖国的统一大业，这完全是中国的内政。正是在这个基础上，我们实现了同美国关系的正常化。当然，在双方达成建交协议的时候，卡特总统曾经表示一种愿望，希望能够用和平方式解决台湾问题。我们注意到这个愿望，但是我们同时也表示这是中国的内政问题。我们当然力求用和平方式来解决台湾回归祖国的问题，但是究竟可不可能，这是一个很复杂的问题。在这个问题上，我们不能承担这么一个义务：除了和平方式以外不能用其他方式来实现统一祖国的愿望。我们不能把自己的手捆起来。如果我们把自己的手捆起来，反而会妨碍和平解决台湾这个良好的愿望。至于时间表，中国是有耐心的。

哥伦比亚广播公司记者卡尔布：副总理先生，中国对苏联对华意图的看法，在中国决定同美国关系正常化的时候起了什么作用？

邓小平：我们同美国达成协议，实现两国外交关系正常化，双方都是从全球角度上来考虑问题的，苏联当然不高兴。如果事情都要苏联人高兴，那么我们什么事情也干不成。

全国广播公司记者雷诺兹：副总理先生，近来在美国，对于印度支那局势存在着很大关切。在中美两国建立新关系之后，人们也很想知道中国在柬、越冲突中将起什么作用和采取什么样的立场。

邓小平：我想，这件事情不只中国人民关心，全世界一切爱好和平的人，都非常关切。因为，越南人明目张胆地、大规模地侵略柬埔寨，这件事情不是孤立的，而是大国霸权主义全球战略的一个部分。它的影响决不只是在越南和柬埔寨之间，甚至也以说，它不仅影响亚洲和太平洋地区，它关系到整个国际局势。所以，我们认为，全世界一切要求国际和平、安全和稳定的人都要关心这件事情。正义在柬埔寨一边，应该支持柬埔寨反对越南侵略。柬埔寨已经正式向安理会提出要它干预这件事情。我们支持柬埔寨政府的这个行动，我们认为联合国也应该关心这个问题。至于中国的立场，我们一贯支持柬埔寨反对越南霸权主义、反对越南侵略的斗争。越南在进攻柬埔寨的同时，为了实现大霸权主义的战略意图，向中国进行不断的挑衅。理所当然，我们比其他国家更加关心这个问题。

美国之音记者考瑞：刚才你讲到联合国干预柬、越形势问题，中国希望联合国采取什么样的干预？

邓小平：起码在道义上应该表明自己的立场。我们也知道，对霸权主义者，不管是大霸权主义，还是小霸权主义的行凶，用一些简单的什么决议和某种文件，是管不住的。但它总是有用处的。

《时代周刊》记者克拉克：副总理先生，我代表我自己和《新闻周刊》的普林格尔提一个问题。美国总统卡特曾表示很关心世界各地的人权问题。美国国会提出了美国同别国进行贸易的条件——我们是希望同中国发展贸易的——即必须根据有关国家在人权问题上的表现，特别是在移民自由出境问题上的表现如何而定。中国在这方面采取什么政策？

邓小平：我们没有移民这个问题。我们面临的问题是越南人把大批华侨和华裔越南人赶出境的问题。从我们国内来说，在“四人帮”横行时，确实存在一些损害民主的事。粉碎“四人帮”以后，我们在纠正这个状况。我们的政策是充分发扬民主，我们的原则是民主集中制。至于美国提出整个人权问题，我希望不要讨论这个问题，因为这个问题各有各的解释。

《纽约时报》记者巴特菲尔德：苏联指责中国、日本、美国现在形成一个所谓三国同盟。副总理先生，不知道你认为三国在协调他们的政策方面，可以做到什么程度。

邓小平：我们不存在什么同盟。我想中国是这样，美国是这样，日本也是这样，它们都是根据自己的利益来对待国际上所发生的各种问题的。比如，中美两国之间在没有实现关系正常化之前，我们曾经多次声明，尽管我们两国制度不同，存在着许多根本原则分歧，但是我们在全球战略问题上和政治问题上，有许多共同点。我们都可以回想到，中美在1972年发表的上海公报、中日和平友好条约，和这次的中美建交公报，都特别写上了反对霸权主义的条款，这就是政治上最大的共同点。俄国有什么可以抱怨的呢？他们不搞霸权主义不就完了嘛！

《华盛顿邮报》记者吉·马修斯：我接着前面提到的一个问题问一下。鉴于柬埔寨在同越南的作战中遇到的一些困难，中国是不是打算给它增加提供武器、顾问或者其他具体的帮助。

邓小平：我们给柬埔寨各种形式的物质帮助，但是，柬埔寨不需要我们的顾问，他们有自己的丰富经验。

《亚洲华尔街日报》记者秦家聪：副总理先生，在中美关系正常化实现之后，中国是否想购买美国的武器，如果想买美国的武器，是什么类型的武器？

邓小平：先进的东西我们都愿意吸收。迄今为止，据我们所知，美国没有这种打算。

《巴尔的摩太阳报》记者帕克斯：副总理先生，您将在这个月底到美国去访问。这想了解一下您对这次访问抱有什么期望，尤其是在政治和经济协定上有什么期望？

邓小平：这次去美国访问，这是我至少几年来的愿望。我去的目的是要了解美国，向美国的一切先进东西学习，去同美国政治家，特别是卡特总统，就我们双方关心的一切问题交换意见。因此我这次去将抱着十分高兴的心情。

《洛杉矶时报》记者林登·马修斯：刚才副总理先生说，在重新统一中国的问题上，中国人民是有耐心的。你能不能告诉我们，在促成北京和台湾当局和解方面正在做些什么努力？另外，您是不是预期在您有生之年能够实现台湾同大陆统一的目标？

邓小平：1月1日，我们全国人民代表大会常务委员会发表了《告台湾同胞书》，这是我们采取的第一步。我们将采取多种方法同台湾当局，特别是同蒋经国先生商谈祖国统一的问题。就我个人来说，我希望今年就实现这个愿望。就我的健康状况来说，至少还可以活10年，但那就太久了。

《时代周刊》记者克拉克：在中美建交之后，副总理先生对于美国新闻界在不久的将来常驻北京能够发挥的作用，有什么看法？

邓小平：我们衷心希望美国舆论界、新闻界在发展中美两国多方面的友好合作关系方面，在发展两国人民友谊和交往中作出很多贡献。我要补充说一点，若干年以来，美国新闻界在促进中美关系正常化方面，增进中美两国人民的友谊方面，做了大量的工作。我们对所有从事这方面工作的朋友表示感谢。

美联社记者罗德里克：据说在我们两国建立贸易和商业关系方面，最后一个，也是最重要的一个问题是，在中国内战结束时，中国征收了美国在中国的资产，美国冻结了中国在美国的存款。你本月份去华盛顿是否会谈起这个问题？这个问题的解决是否已经在望？

邓小平：美国财政部部长最近就要访问中国，就要商谈这个问题。我想这个问题不大。

会见时，我国外交部部长黄华、外交部顾问浦寿昌等在座。

《人民日报》发表社论《揭批查运动要善始善终》

三中全会决定，结束全国范围内大规模的揭批林彪、“四人帮”的群众运动，把全党工作的着重点转移到社会主义现代化建设上来。这是一个伟大的战略转移。为了保证这个转变顺利实现，我们一定要把揭批查的群众运动结束好，做到善始善终。

在我国8亿人口中开展的揭批林彪、“四人帮”这场政治大革命，吸取了历次政治运动正反两方面的经验，发展迅猛而又健康，进行得很有秩序，很稳妥，很成功。这场斗争，历时两年多，经历了三大战役，揭发、批判、清查结合进行，每个战役各有重点，取得了伟大的胜利。大多数地区和单位做到了以下6条：第一，查清了同“四人帮”篡党夺权阴谋活动有牵连的人和事，查清了“四人帮”的资产阶级帮派体系；第二，联系实际，批判了林彪、“四人帮”的反革命修正主义路线和反动思想体系，从根本上分清了路线是非；第三，整顿了各级领导班子，清除了那些参与“四人帮”篡党夺权阴谋活动的骨干分子，有的领导班子进行了调整和加强，同时帮助那些在反对林彪、“四人帮”反革命修正主义路线斗争中犯过政治错误的干部，使他们认识并决心改正自己的错误；第四，由于林彪、“四人帮”迫害造成的大批冤案、错案、假案，已经和正在积极地进行平反、纠正，取得了很大的成绩；第五，遭到林彪、“四人帮”破坏的党的实事求是、群众路线的传统和作风，正在恢复和发扬；第六，实现了安定团结，加强了组织性和纪律性。这样，我们就从根本上扭转了林彪、“四人帮”造成的严重局面，扫清了阻挡我们前进的最大障碍，为新长征开辟了广阔的道路。

全国大多数地区和单位揭批林彪、“四人帮”的群众运动基本结束了。但是，也还有不少遗留下来亟须解决的问题，例如清查工作的收尾，犯错误的人的结案，冤、错案件的平反，以及某些干部政策和经济政策的落实，等等，都还需要我们花力量继续进行细致的工作。尽管揭批查不是中心工作，不是第一位的工作了，但是仍然应当把它作为一项十分重要的工作，继续抓好。至于那些落后的地方和单位，在今后一段时间内仍然应该把揭批林彪、“四人帮”的群众运动摆在第一位。由于种种原因，这些地方和单位的运动开展比较晚、比较慢，甚至刚刚揭开盖子。还有的是运动走了过场，做成了夹生饭。在那里，林彪、“四人帮”的资产阶级帮派体系还没有查清，被林彪、“四人帮”颠倒了的思想、路线、政策方面的是非还没有分清，领导班子还没有整顿好，相当多的冤案、错案、假案还没有得到平反和纠正，干部和群众的积极性还受到压抑，心情很不舒畅。这些问题不解决，把着重点转移到现代化建设上来，就不具备条件。你要草率收兵，仓促转移，群众也是不答应的。在这些地方和单位，还是要把主要力量用在揭批查方面，加强领导，切实抓紧。否则，留下“震源”，后患无穷。当然，这段时间不能拖得过长，拖长了不利于全党工作着重点的转移。在全国胜利的形势下，这些落后的地方和单位，只要情况明、决心大、方法对、改变面貌，解决问题，并不需要很长时间。当地的领导同志要认真地想一想，全国绝大多数地区和单位都在新长征路上迅跑了，你们那里还能够继续松松垮垮、拖拖沓沓吗？难道不应当急起直追，迅速改变落后面貌，跟上全党全国人民前进的步伐吗？这些地方和单位的上级党委，应该采取坚决措施，切实督促检查，帮助他们把这场必不可少的政治仗打好，决不能放任自流，不了了之。

清查工作没有搞彻底的，一定要搞彻底。与林彪、“四人帮”篡党夺权阴谋活动有牵连的人和事，没有讲清楚的一定要讲清楚，没有查清楚的一定要查清楚。有些地方，像《于无声处》中的何是非、唐有才式的人物还没有清查出来，还混在我们的领导班子里，那是不行的。当然，所谓讲清楚，查清楚，并不要求所有的细微末节都搞得那么清楚，那是不可能的，也是不必要的。只要把主要问题的基本事实和主要情节讲出来了，自己在这些问题上的基本思想和基本态度如实地说清楚了，对自己的错误有了认识，愿意改正，就可以了。有些事是“四人帮”当道时由他们假借名义，由上面统一布置做的，不少同志执行了，责任不能完全归咎于这些同志，这类事情就不要再去追查了。

对人的处理要持慎重态度。定案的事实必须准确无误，经过反复调查，反复核实。结论必须实事求是，恰如其分。要允许犯错误的人申辩，并且严肃认真地对待他们的申诉意见，不要轻易给人戴帽子、开除、法办。对于极少数违反“三要三不要”的基本原则，参与了林彪、“四人帮”篡党夺权阴谋活动的首要分子，以及其他严重违法乱纪的分子，一定要彻底揭发批判，以至给以党纪国法的制裁。对于大多数由于思想认识上的原因,执行错误路线和上级的错误指示,而犯了这样那样错误的同志,包括犯了严重错误的同志,主要是加强思想教育,启发他们自觉地进行自我批评,认真总结经验教训,鼓励他们努力做好工作。要特别注意保护那些基本上对党忠诚,有能力,有干劲,有成绩,但又犯了错误,甚至犯了严重错误的同志。对这些同志,既要作适当处理,帮助他们认识和改正错误,取得群众的谅解,又要鼓励他们大胆工作,在工作中继续认识和改正自己的错误。总之,要严格区分和正确处理两类不同性质的矛盾,全面地历史地看待每个犯错误的同志,坚持批判从严,处理从宽,抗拒从严,坦白从宽,惩前毖后,治病救人的方针,在分清是非的基础上,团结95%以上的干部和群众,共同为加速社会主义现代化建设,奋发工作,贡献力量。

平反假案,纠正错案,昭雪冤案,要继续抓紧。这项任务的工作量还很大。即使是运动进展得比较快的单位,也不是都已搞完了。为了使全党全军全国人民齐心协力地投入社会主义现代化建设,我们必须加快这项工作的进度。解决历史上遗留的一些重大问题,重新评价一些领导同志的功过是非,三中全会已经作出了样子。各级党组织必须遵循毛泽东同志一贯倡导的实事求是、有错必纠的精神,采取有力措施,抓紧落实党的政策。这些案子拖的时间够长了,现在,是非界限很清楚,是到了该解决的时候了,再也不应当拖泥带水、犹豫不决。对于应该平反纠正的案件,如果以种种借口不予平反、纠正,或者故意刁难、硬留尾巴,使得受迫害的人仍然受害,这是继续侵犯公民权利的违法行为,是党纪国法所不允许的。

对林彪、“四人帮”反革命的修正主义路线和反动思想体系进行深入系统的批判,更是长期的艰巨的任务。大规模的揭批查的群众运动,作为一个阶段是结束了;少数运动落后的地方和单位,也用不了很长时间就可以结束。但是,林彪、“四人帮”的流毒和影响,并不会因为运动的结束而自然消失。它仍然存在于不少人的头脑中,阻碍他们正确地认识和处理问题。为什么一些同志思想僵化,胆小怕事,连一些马克思主义的基本原理都不敢坚持?一个重要的原因就在于还没有冲破林彪、“四人帮”设置的禁区,还戴着他们的精神枷锁。这些禁区不冲破,这些枷锁不砸碎,我们就难以顺利地进行社会主义现代化建设。因此,从思想上、理论上、路线上彻底批判林彪、“四人帮”,仍然是我们思想建设的重要内容。今后的批判,要紧密结合党的中心工作,紧密联系人们在新长征中的思想实际。批判要讲究实效,真正帮助人们从思想上分清是非,不要大轰大嗡,追求形式。

一项工作在结尾的时候,往往容易松劲。揭批查的群众运动,也要坚决防止这种现象。这个运动开头是好的,中间也很好,现在的问题是要把结尾工作做好,真正做到善始善终,使揭批林彪、“四人帮”的群众运动成为我们党历史上分清是非、教育干部、团结同志、争取胜利的新的典范,保证全党全军全国人民在新的基础上更加紧密地团结起来,实现全党工作着重点的转移——向着四个现代化的宏伟目标前进!

国家统计局发出如何计算粮食单位面积产量的意见

党的实事求是的优良作风,多年来遭到林彪、“四人帮”的严重破坏。在计算粮食单位面积产量上《纲要》问题上,弄虚作假的现象不断发生。

关于如何计算粮食耕地平均亩产,我们历来要求各省、自治区、直辖市按照所辖区域内的全部粮食实际占用耕地面积和全部粮食产量来计算,即粮食产量和耕地面积的口径范围应是同一的。任何违反这一原则的做法,都是不妥当的。一般所说的“帮忙田”,就是指计算粮食上《纲要》问题的一种不正确的做法,应该纠正。另外,还应当指出,在粮食实际占用耕地面积的折算方法上,现在各地还袭用着一些不够完善、不够准确的计算方法,这些也要研究改进。

北方“绿色万里长城”建设揭开序幕

新华社报道:我国北方万里风沙线上,包括新疆、青海、甘肃、宁夏、陕西、内蒙古、山西、河北、辽宁、吉林、黑龙江11个省、自治区的58个地区、300多个县、旗,正在按照国家的工程规划进行以县和国营林场为单位的勘测设计;1979年的660万亩造林任务和191万亩育苗任务已经落实;用于造林和四旁绿化的苗木,已基本上准备就绪;6个主要树种的采种基地和10个大型林木良种繁育场,正在抓紧扩建和新建;陕西、甘肃、宁夏、辽宁、吉林、内蒙古等省、自治区的林业职工正在积极扩建6个大型的机械化国营林场;在黄土高原地区,为加速社队集体造林步伐而计划新建的第一批机械化造林队,也已选定地点并着手筹建。

这一造福人民的宏伟建设工程的前线指挥部——国家林业总局西北、华北、东北防护林建设局,已经国务院批准在宁夏回族自治区首府银川市成立并开始工作。

中科院建立综合实验基地开展农业现代化科研活动初见成效

新华社报道:中国科学院与湖南省、河北省和黑龙江省合作,分别在桃源、栾城和海伦建立了3个农业现代化研究所,以这3个县为基地,综合开展农业现代化的科学实验活动，取得了初步成绩。

中国科学院作为全国自然科学的综合研究中心，为了在我国南、北、中 3 个地区研究农业现代化过程中的各种科学技术问题和经济问题，经党中央批准，选择了上述 3 个县作为开展农业现代化综合科学实验，以及推广有关研究成果的中间试验基地。1978 年 4 月，在湖南省桃源县召开了农业现代化综合科学实验基地县会议，成立了 3 个现代化研究所，同 3 个省委一起，给 3 个研究所配备了领导干部和技术骨干，确定由李庆逵、郭锦辉、曾昭顺等专家分别兼任所长。

3 个现代化研究所不久前已经开始工作，制定了近期和远期规划。中国科学院责成综合考察委员会、地理研究所、沈阳林业土壤研究所和南京土壤研究所分别帮助 3 个所加强科学研究，以老所带新所。

3 个农业现代化研究所成立后，中国科学院与 3 个省一起组织了 3 个科学考察队，每个队有几十个单位、上百名科技人员参加，分别对 3 个县的自然条件和资源进行综合考察，结合各县的生产现状，以农业现代化为目标，制定农业区划和农业规划。

在进行科学考察的同时，3 个县已开始进行一些科学实验活动。其中包括高产、稳产、优质、低耗、高效率与农业机械化相适应的耕作制度的研究；改土治水、提高土壤肥力的农田基本建设技术的研究；主要动物、植物优良品种的培育及优种化；各种新技术在农业上的推广和应用；以及农业经济、农村能源和畜牧业机械化的研究等。

地处我国南、北、中 3 个不同地区的桃源、海伦和栾城县，开展科学实验活动的时间虽然不长，但在当地党组织和群众的努力下，农业生产已经初见成效。1978 年海伦县在遭到春旱和雹灾的情况下，253 万亩粮田的粮食总产量比 1977 年增加了 2.33 多亿斤；栾城县充分发挥各种农业机械的作用，适时播种，因地制宜地增施磷肥，及时防治病虫害，使 1978 年 29.5 万亩夏收作物总产量比 1977 年增加了 7749 万斤；桃源县也获得了丰收，105 万亩的粮田粮食总产量，比 1977 年增加了 1.79 亿斤，油料作物总产量增加了 3 万担。

中国政府和吉布提共和国政府关于建立外交关系的联合公报

中华人民共和国政府和吉布提共和国政府决定自 1979 年 1 月 8 日起建立大使级外交关系并尽早互派大使。

两国政府将根据互相尊重国家主权和领土完整、互不侵犯、互不干涉内政、平等互利、和平共处的原则建立和保持外交关系。

中华人民共和国政府坚决支持吉布提共和国政府维护民族独立、国家主权和领土完整的正义事业。

吉布提共和国政府承认中华人民共和国政府是代表全中国人民的唯一合法政府。

中吉两国政府商定，在平等互利的基础上，根据国际惯例，在各自首都为对方的建馆及其执行任务提供一切必要的协助。

两国政府相信中华人民共和国和吉布提共和国建立和保持外交关系将有助于两国友好合作关系的发展和维护世界和平。

中华人民共和国政府代表	吉布提共和国政府代表
中华人民共和国	吉布提共和国
驻法兰西共和国	驻法兰西共和国
特命全权大使	特命全权大使
韩克华	艾哈迈德·易卜拉欣·阿卜迪

1979 年 1 月 5 日于巴黎

外交部照会越南驻华大使馆强烈抗议越南方面不断把越南居民驱赶到中国境内

越南社会主义共和国驻华大使馆：

中华人民共和国外交部向越南社会主义共和国驻华大使馆致意，并就越南方面不断把越南居民驱赶到中国境内事申述如下：

最近期间，越南方面又不断把大批越南居民驱赶到中国境内。1978 年 12 月 13 日至 15 日，越南当局使用武力和强迫手段，将 1463 名越南居民驱赶到中国广西壮族自治区东兴县东兴公社。

12 月 18 日至 21 日，越南当局又使用各种手段强行将 3900 多越南居民驱赶到中国广西境内。

12 月 22 日，越南当局竟然出动大批武装公安人员和民兵，将居住在越南广宁省广河县等地的居民 1579 人押到中越边境，然后把他们强行驱赶到中国广西壮族自治区东兴县东兴公社车其滩地区。

现在，越南当局还不断用车辆、船只押送大批越南居民聚集到中越边界，企图继续把他们强行驱赶到中国境内。

越南当局为了反华排华，不仅采用暴力驱赶华侨，而现在更变本加厉，竟然把大批越南居民强行驱赶到中国境内，这种做法是极其卑劣的，完全违反国际法和国际惯例，践踏了中越双方关于边境管理的有关协议，显然是蓄意破坏中国边境地区的治安和安宁，给中国方面制造巨大困难。这是越南当局反华政策的一种恶毒手段。对此，中国方面向越南方面提出强烈抗议，并坚决要求越南方面立即采取措施，把驱赶到中国境内的越南居民接回越南去，并保证今后不再发生类似事件。

顺致崇高的敬意！

中华人民共和国外交部

1979年1月5日于北京

《天安门事件真相》由《人民日报》出版社出版

《人民日报》报道：《人民日报》记者写的《天安门事件真相——把“四人帮”利用〈人民日报〉颠倒的历史再颠倒过来》一书，已由《人民日报》出版社出版，由新华书店在全国发行。该书出版时，作者作了一些补充。书中还选登了群众悼念周恩来总理、声讨“四人帮”的照片25幅，诗词、传单、书信的影印件8张，以及姚文元造假情况、欺骗中央的罪证材料9份。

1月6日

国务院副总理邓小平在北京会见欧洲议会议长埃米利奥·科隆博

西藏自治区接待藏族同胞归国和参观委员会在拉萨成立

在有西藏各界人士500多人参加的成立大会上，西藏自治区党委书记、自治区革委会副主任、接待委员会副主任巴桑讲了话。她说，20年来，祖国人民特别是西藏170多万名各族人民对在国外的藏族骨肉同胞是深切怀念的。党和人民政府的一贯政策是爱国一家，爱国不分先后，既往不咎，立功受奖。我们历来主张民族团结，实行民族平等，保护宗教信仰自由，对境外同胞一贯提倡正常的来去自由。

巴桑副主任在讲话中说，我们欢迎包括达赖喇嘛在内的所有在国外的藏族同胞归国参观访问，省亲会友，定居生活。这样，可以增进互相了解，消除顾虑，实现藏族同胞多年来想与亲人团聚的愿望。

巴桑副主任说，在国外的藏族同胞不管什么时候回来，我们都欢迎，而且一律给予热情接待。对回来后不愿走的藏族同胞给予妥善安置；愿意走的我们一定提供方便，礼送出境。对在边境地区外流出去的群众留下的财产，当地政府委托专人保管；对易霉烂物品折价将款存入银行，待本人归国时如数归还；年久失修而倒塌的房屋，回来后，人民政府将帮助修好；对于回来后生活有困难的，人民政府会帮助解决。我们说话是算数的，希望在国外的藏胞们不要有什么顾虑。

接待委员会由西藏自治区党委书记、自治区革委会副主任天宝任主任，巴桑、陈卓、李传恩、帕巴拉·格列朗杰、陈竞波、德格·格桑旺堆、桑顶·多吉帕姆、拉乌·土登达旦、江村罗布任副主任，任昌任秘书长，多吉、于益成、杨世喜任副秘书长，门堆巴·洛桑旺堆等27人为委员。

全国人大常委会副委员长廖承志在北京出席文化部欢迎日本歌舞伎访华使节团宴会并会见团领导和主要演员

日本歌舞伎访华使节团是日本政府向中国派遣的第一个文艺团体。日本歌舞伎是具有300多年历史的富有代表性的日本传统古典艺术。这次由林健太郎率领的日本歌舞伎访华使节团有84人。它不仅有被赞为“国宝”的尾上梅幸和尾上松绿等老演员，还有日本歌舞伎界年轻的明星。

文化部副部长姚仲明和林健太郎团长在宴会上先后举杯祝酒，共祝中日两国友好关系和文化交流进一步发展，祝愿日本歌舞伎访华演出为促进两国友好作出贡献。

日本驻中国大使佐藤正二和夫人应邀出席宴会。

出席宴会的还有：有关部门、有关方面的负责人和首都戏剧界知名人士黄镇、周巍峙、周而复、张海峰、毛联珏、夏衍、林林、吕骥、曹禺、李和曾、袁世海、赵燕侠、李世济等。

1月7日

国务院副总理邓小平在北京举行的欢迎西哈努克亲王宴会上发表讲话

全文如下：

尊敬的诺罗敦·西哈努克亲王和夫人，尊敬的宾努亲王和夫人，尊敬的民主柬埔寨代表团的贵宾们，朋友们、同志们：

由民主柬埔寨政府高级代表西哈努克亲王率领的民主柬埔寨代表团，前往联合国出席安理会讨论越南当局侵略柬埔寨的紧急会议，途经北京。西哈努克亲王和宾努亲王是中国人民尊敬的老朋友，故友重逢，倍感亲切。我代表华国锋总理、中国政府和中国人民向西哈努克亲王和夫人，向宾努亲王和夫人以及柬埔寨贵宾们表示热烈的欢迎和崇高的敬意。

长期以来，英雄的柬埔寨人民在柬埔寨共产党的领导下，为了反对帝国主义、殖民主义和朗诺卖国集团，为了民族的独立和解放，进行了英勇顽强的斗争，取得了人民民族解放战争的伟大胜利。西哈努克亲王和宾努亲王都是国际熟知的政治家和杰出的爱国者，为柬埔寨的民族解放大业作出了卓越的贡献。这次，西哈努克亲王又亲自率领代表团前往联合国，为自己国家的独立和尊严进行英勇的斗争。中国人民对西哈努克亲王的崇高爱国主义立场和坚持正义斗争的精神表示十分钦佩。

最近，越南扩张主义者对柬埔寨发动了新的大规模侵略战争，到处滥肆轰炸，野蛮屠杀和平居民，侵占了大片领土，犯下了滔天罪行。越南当局竟然敢于如此明目张胆进行侵略，是由于得到了苏联社会帝国主义的唆使和支持。越南已成为亚洲的古巴，苏联社会帝国主义在远东的代理人。越南当局野心很大，妄图凭恃苏联的支持，在用军事力量控制老挝之后，进一步吞并柬埔寨，建立完全由它统治的名为"印度支那联邦"的殖民帝国，配合苏联霸权主义的需要，进而向东南亚扩张，实现它的地区霸权主义的迷梦。越南侵略柬埔寨是为苏联大国霸权主义的需要服务的，是苏联全球战略部署的一个重要步骤。它不仅严重地破坏柬埔寨的独立和主权，而且直接威胁亚洲和太平洋地区的安全和稳定，给世界和平带来严重影响。越南当局的猖狂侵略和狂妄野心，已经大为暴露，日益引起亚太国家和人民的警惕。他们懂得，柬埔寨人民流血牺牲，坚持战斗，不仅是为了捍卫自己的民族独立和国家主权，同时也与亚太地区各国的和平、安全与稳定紧密相关。亚太国家和人民的同情完全在柬埔寨方面。它们希望柬埔寨能挫败苏越侵略者，保卫住自己的独立。决不愿看到苏越在亚太地区横行霸道，肆意侵略。

朋友们、同志们：

中柬两国人民在长期反帝、反殖的斗争中结成了深厚的战斗友谊。近几年来，在共同的反对霸权主义斗争中，我们的这种友谊得到了进一步的加强和发展。中国人民强烈谴责越南扩张主义者对柬埔寨疯狂的侵略行径，坚决支持柬埔寨人民抵抗越南侵略的正义斗争。中国人民坚定不移地站在柬埔寨人民一边。我们深信，经过长期战争锻炼的柬埔寨军民在柬埔寨共产党领导下，坚持持久斗争，展开人民战争，一定能够打败侵略者，取得民族自卫战争的最后胜利。

我们坚决支持柬埔寨政府要求紧急召开安理会，以采取有力措施，制止越南侵略的主张。我们认为联合国有义务维护柬埔寨的独立、主权和领土完整，现在正当自己的祖国遭到越南野蛮侵略的严重时刻，我们高兴地看到西哈努克亲王肩负重任，奔赴国际斗争的第一线，亲自率领民主柬埔寨代表团出席联合国安理会紧急会议。我们相信，西哈努克亲王一定能够揭露和击败越南侵略者的一切诡辩和阴谋，一定能够使全世界人民更加了解、同情与支持民主柬埔寨政府和人民的正义斗争，为保卫祖国的独立、主权和领土完整，为保卫800万名柬埔寨人民的尊严，为反对苏越霸权主义的斗争作出新的贡献。预祝亲王此行取得圆满成功！

现在我提议：

为中柬两国人民的伟大友谊和战斗团结，为乔森潘主席、波尔布特总理、农谢委员长的健康，

为西哈努克亲王和夫人的健康，

为宾努亲王和夫人的健康，

为柬埔寨全体贵宾的健康，

为在座的朋友们、同志们的健康，

干杯！

中宣部在北京召开各省 自治区 直辖市党委宣传部部长会议

会议于1月7日至11日举行。出席会议的有各省、自治区、直辖市宣传部门负责人和中央各有关部门负责人共100多人。

中共中央政治局委员、中央宣传部部长胡耀邦同志在会上讲话。他指出，全党工作着重点转移之后，党的宣传工作的根本任务是：把马列主义、毛泽东思想的普遍真理同实现四个现代化的伟大实践密切结合起来，研究新问题，解决新问题，尽可能使思想理论工作走在实际工作的前头，把毛泽东思想推向前进，加速社会主义现代化建设的进程。

胡耀邦同志说，我们各级宣传部门的同志不要局限于宣传部门本身的业务上，要放眼看全党全国全省的形势，要看整个地区，各条战线的形势。不能脱离整体和全局，只管宣传战线本身的业务。粉碎"四人帮"两年多来，全国形势总的是好的，是往好的方面发展的。这两年是拨乱反正、扭转乾坤的两年，取得了巨大的成绩。但是，由于林彪、"四人帮"的破坏，不管是思想上也好，政治上也好，经济上也好，组织上也好，摆在我们面前的问题、麻烦、困难还不少。经济是基础，经济搞不上去，政治局面就不安定。政治上不安定团结，实现四个现代化就要落空。我们必须不断巩固和发展全党全国安定团结的政治局面，消除不利于安定团结的因素，促进四个现代化和社会主义建设蓬蓬勃勃地向前发展。

胡耀邦同志详细论述了理论与实践相结合的问题。他指出，马列主义、毛泽东思想的普遍真理，在任何时候、任何战线上都是不能忘记、不能背离的。马列主义、毛泽东思想的普遍真理，又一定要同我们面临的新的伟大的具体实践密切结合起来。否则，我们就要犯严重错误，我们的伟大事业不可能实现。要做到这一点，就要认真读马列和毛泽东同志的书；要认真面向实际，面向四个现代化的实际，面向党内党外干部群众的思想实际，面向过去、现在和今后经验教训的实际；要认真解放思想，搞好党的学风。

会议热烈讨论并一致同意胡耀邦同志的讲话，会上还讨论了当前党委宣传部门的任务和应注意的问题。会议认为，当前群众思想十分活跃，敢于想问题，

提出问题，敢于对党和国家大事提出各种意见和建议，这是十分可喜的。这次中央工作会议和三中全会开创了一个充分发扬民主的会风，我们要把它推广到全党和全国人民中去，形成讲民主的社会风气。党的宣传部门要注意宣传和教育广大党员和人民群众充分地和正确地使用自己的民主权利，引导民主生活健康地发展，注意维护正常的工作秩序、生产秩序和社会秩序，遵守法制。对于群众的思想动向，要及时了解并作出正确的分析。对于群众中存在的某些问题和不正确的意见，要多做工作，引导到正确轨道上来。当前我国国民经济还很落后，人民生活中还有不少困难。为此，要着重在各级干部中强调关心群众生活，反对对群众疾苦漠不关心的官僚主义，凡是有条件做到的，应积极采取措施认真解决；同时，对于一些暂时没有条件解决的问题，也要向人民群众解释，说明只有在生产发展的基础上，这些问题才能逐步得到解决。必须继续发扬自力更生、艰苦奋斗的精神，下大力把生产搞上去。

中宣部部长胡耀邦在北京召开的各省 自治区 直辖市党委宣传部部长会议上宣布党中央为中宣部平反的决定

在中宣部举行的各省、自治区、直辖市党委宣传部部长会议上，中共中央政治局委员、中宣部部长胡耀邦同志宣读了经党中央批准的中宣部《关于建议为“中宣部阎王殿”彻底平反的请示报告》。报告中说，“中宣部是阎王殿”的说法，出自林彪、陈伯达一伙炮制的《一九六五年九月到一九六六年五月文化战线上两条道路斗争大事记》，此外，没有任何正式文件有类似记载。林彪、“四人帮”出于篡党夺权的罪恶目的，故意捏造、歪曲事实，拨弄是非，诬陷中宣部扣压所谓左派稿件(指关锋、戚本禹的文章)、包庇反共知识分子(系诬指吴晗)，肆无忌惮地制造“中宣部阎王殿”的大冤案，迫害当时中宣部的负责人和其他大批坚决执行毛主席革命路线的宣传干部，窃取舆论大权。在林彪、“四人帮”的阴谋策划下，中宣部作为“阎王殿”被彻底砸烂，当时的中宣部负责人长期无辜受到监禁、迫害，理论、教育、宣传、对外宣传、文艺、新闻、出版、体育、卫生等战线统统被说成是“黑线专政”、“修正主义统治”、“牛鬼蛇神成堆”，省、自治区、直辖市和地、县各级宣传部门也受到株连，被打成大大小小的“阎王殿”或“分殿”、“代销店”，使我们党经过多年工作培养起来的宣传文教队伍遭到一场浩劫，后果极为严重。

报告说，全国解放后，整个思想文化战线一直是毛主席亲自掌握的，中宣部一直是在毛主席和周总理的直接领导下进行工作的。它坚持宣传马克思列宁主义、毛泽东思想，全面贯彻毛主席的无产阶级革命路线，认真推行“兴无灭资”、“百花齐放、百家争鸣”的方针，在工作中虽然不可避免地存在某些缺点和错误，但成绩是主要的、第一位的。特别是在历次重大的思想斗争中，中宣部都广泛深入地动员宣传、文教战线的大军，积极投入这一系列的斗争，作出了重要贡献，大大地增强了马克思列宁主义的思想阵地，空前地提高了全党和全国人民的觉悟，促进了社会主义革命和建设事业的胜利发展。1960年以后，中宣部围绕正确地宣传、学习毛泽东思想，同林彪一伙实用主义的谬论进行了勇敢的原则性的斗争。经过长期反复的考验证明，中宣部和各级宣传部门的广大干部、群众是好的、比较好的。林彪、“四人帮”利用“中宣部阎王殿”的帽子强加给中宣部的各种罪名，纯属诬陷和捏造。

中国政府发表关于“谴责越南当局出兵侵略柬埔寨”的声明

全文如下：

最近，越南反动当局悍然出动十几个师在大量飞机、坦克和大炮的配合下，向民主柬埔寨发动了新的大规模侵略战争，侵占了柬埔寨大片领土。越南对柬埔寨进行狂轰滥炸，烧杀掠夺，使柬埔寨人民的生命财产遭到极其严重的破坏和损失。越南侵略者犯下了滔天的罪行。这是越南霸权主义者对柬埔寨明目张胆的军事侵略，是对东南亚各国、亚洲、太平洋地区和世界各国的严重挑衅，是对世界爱好和平人民的严重挑衅。

众所周知，越南当局如此疯狂地侵略柬埔寨，是为苏联的扩张主义战略计划服务的。越南凭恃武力妄图侵吞柬埔寨，建立由它一手控制的所谓“印度支那联邦”，是它推行地区霸权主义的一个重要步骤，也是苏联争霸亚洲和远东的战略的一个重要组成部分。如果越南的侵略野心得逞，不仅印度支那各国人民遭受奴役，东南亚各国面临苏越的直接威胁，而且将使苏联争霸太平洋与印度洋的行动连成一体，严重危及亚洲和太平洋地区以及全世界的和平、安全和稳定。

当前，柬埔寨全国军民正紧密团结在民主柬埔寨政府周围，同仇敌忾，英勇顽强，为捍卫民族独立、主权和领土完整同越南侵略者进行着顽强的搏斗。柬埔寨人民的正义斗争赢得了亚洲和全世界一切主持正义的国家和人民的同情和支持。历史证明，一切侵略者，最终总是要走向其反面，落得一个可耻的下场。侵略者得势之时，正是它走向失败的开始。

中国政府和中国人民对柬埔寨所面临的严重局势十分关切。我们一贯支持柬埔寨政府和人民反对侵略的正义斗争。我们坚决支持民主柬埔寨政府1月2日声明的正义立场，支持柬埔寨政府要求紧急召开安理会，要求联合国进行干预的合理主张。我们坚决支持柬埔寨人民把神圣的民族自卫战争进行到底。我们希望，一切关心东南亚、亚洲与世界和平与稳定的国家和人民，采取各种可能的措施，制止越南当局对一个主权国家的野蛮侵略。

卫生部副部长钱信忠谈卫生工作的重点转移

钱信忠对新华社记者说，卫生部门必须把工作的着重点转移到预防和治疗疾病的业务工作上来，加速医学科学现代化的建设，保障人民身体健康，保护劳动力。我们的目标是，力争在今后两年内扭转某些疾病上升的趋势，把发病率降下来，基本消灭或控制一些危害人民健康较大的疾病；要加强医院建设；要进一步深入持久地开展以除害灭病为中心的爱国卫生运动。在短期内显著改变我国城乡的卫生面貌。

卫生工作的着重点怎样转移到现代化建设上来呢？钱信忠说：

第一，要解放思想，发扬民主。林彪、"四人帮"对卫生部门的破坏非常严重。他们打着"六·二六"的旗号，大搞阴谋诡计，层层砸烂所谓城市老爷卫生机构，打击迫害广大卫生干部和技术人员，既破坏了城市卫生工作，又搞乱了农村卫生工作，使农村合作医疗得不到巩固，赤脚医生得不到培训提高，城乡医院弄得破烂不堪。我们一定要分清是非，拨乱反正，把林彪、"四人帮"颠倒了的是非颠倒过来。凡是实践证明正确的就坚持下去，错了的就改正过来，要加快落实干部政策和知识分子政策，纠正错案，平反假案，昭雪冤案。要鼓励医药卫生人员解放思想，开动机器，勇于思考，勇于探索，勇于创新，畅所欲言，敢想、敢说、敢做。要坚决执行民主集中制，切实保障医药卫生人员的民主权利。卫生部门的政治思想工作要围绕各项医药卫生业务来进行，把政治思想工作做到防、治、教、研的业务中去，做到医药卫生人员的生活中去。

第二，要按客观经济规律办事，对于医药卫生机构逐步试行用管理企业的办法来管理。要让他们有权决定本单位的经费开支、核算，仪器购置，晋升晋级，考核奖惩。

第三，要加快实现医药卫生事业的现代化，提高医药卫生事业的科学技术水平。首先要加强基础理论和边缘学科的建设，加强临床医学、预防医学、药品器械的现代化。最重要的是全体医药卫生人员要认真学习现代医药科学技术，用现代的科学方法整理中医中药。祖国医药学是一个伟大的宝库，一定要继续努力发掘、整理提高，创造出我国统一的新医学新药学。医药、防疫、护理、科教等专业人员要在技术上精益求精，努力把自己锻炼成又红又专的医药卫生专家；老专家、老中医，要在新的长征中继续作出新的贡献，赤脚医生要努力提高业务技术水平，争取逐步达到中级卫生人员的程度；正在医药院校学习的青年，要勤奋学习，打好基础，掌握医药卫生科学技术现代化的本领；卫生部门的党、政、后勤干部，也要努力学习医学科学知识和管理科学，用现代的科学方法，管理好医药卫生事业。

钱信忠同志最后说，我国医学科学同国外先进水平比较，还有很大差距。我们要积极学习国外的先进医学科学技术，加强国际学术交流。要有计划地选派科技人员出国进修、考察，要邀请国外专家来华讲学，同时要引进国外先进技术设备，引进必要的生产线，充分利用世界上最新的医学科学技术成就，加快我国医学卫生事业的现代化，更好地为社会主义现代化建设服务。

1月8日

国务院总理华国锋在北京会见民主柬埔寨政府高级代表 民主柬埔寨代表团团长诺罗敦·西哈努克亲王

华国锋总理表示，中国政府和人民坚决支持民主柬埔寨政府和人民反抗越南侵略的斗争。

他说，柬埔寨人民现在遇到困难，但是，他们进行的是反侵略的民族自卫战争，正义在柬埔寨人民一边，胜利必定属于柬埔寨人民。他还祝西哈努克亲王参加安理会会议反对越南侵略的斗争取得成功。

西哈努克亲王感谢中国政府和人民对柬埔寨人民正义事业的一贯支持，并坚信经过长期斗争锻炼的柬埔寨人民一定能取得胜利。

西哈努克亲王的夫人莫尼克公主，宾努亲王和夫人，秀蒲拉西大使、吉春大使参加了会见。

参加会见的还有黄华外长和夫人何理良等。

京津唐电网新装机组并网发电

新华社报道：北京电业管理局去年在京津唐电网新安装的发电机组共计 109 万千瓦，其中 67 万千瓦已经并网发电，使全网可调出力比上一年增长了 30%，是解放后 29 年来新增发电能力最多的一年。京津唐地区工农业生产缺电的局面已经因此得到初步扭转。

北京电业管理局去年在突出抓紧电站建设的同时，十分重视加快送变电工程的建设。去年共建成投产了 220 千伏的输电线路 338 公里和变电站 9 座，使新投产机组发出来的电力能够安全地输送到各个用电单位。

国务院副总理方毅在北京会见并宴请美国费米加速器实验室加速器部副主任邓昌黎博士

毛泽东 周恩来杨家沟旧居陈列馆在陕西省米脂

县杨家沟开放

八一南昌起义纪念塔在南昌八一广场落成

江西南昌市1万多军民在八一广场隆重举行了八一南昌起义纪念塔落成典礼。

这座纪念塔矗立在南昌市中心八一广场的南端，塔高45.5米，塔体和塔座都为四方形。华国锋同志书写的"八一南昌起义纪念塔"9个铜胎鎏金大字，镶嵌在塔身正面的碑心石上。

塔座的正面嵌砌着镌刻有碑文《八一南昌起义简介》的花岗石碑石，塔座的东、西、南3面各有1幅大型花岗石人物浮雕：东面是"准备起义"，南面是"攻打敌营"，西面是"欢呼胜利"。塔身上部有一圈环绕塔身的万年青图案装饰浮雕，以示献给革命先烈的花环，永不凋谢，万古长青。塔顶是由一支直立的"汉阳造"步枪和枣红色花岗石做的八一军旗组成。军旗上镶嵌铜胎鎏金的五角星和"八一"两字，形象鲜明地表现了毛主席"枪杆子里面出政权"，人民军队从此诞生的这一政治主题。

纪念塔于1977年8月1日破土动工，历时1年零4个月，胜利竣工。

搁浅中国渔船在中国海域被越南武装人员劫走

1月9日

安徽安庆石化总厂全部建成投产

《人民日报》报道：我国一座大型石油化工联合企业——安徽省安庆石油化工总厂全部建成投产。安庆石化总厂是国家重点建设项目之一，年处理原油250万吨，生产标准化肥114万吨。第一期工程包括炼油、热电、机修、供水厂、油轮码头和其他设施，已于1976年建成投产。第二期工程的化肥厂，于1978年12月4日建成投产。

国务院副总理耿飚在北京会见印度新任驻中国大使拉姆昌德拉·达塔特拉亚·沙梯

国务院副总理方毅在北京会见日中科学技术交流协会访华团

中国新任驻罗马尼亚特命全权大使陈叔亮在布加勒斯特向罗马尼亚总统尼·齐奥塞斯库递交国书

国务院批准教育部报告恢复和增设169所高等院校

新华社报道：这批高等学校是根据华主席所讲的"思想再解放一点，胆子再大一点，办法再多一点，步子再快一点"的精神，根据实现新时期总任务的要求，并按照加强薄弱环节和薄弱地区，逐步改善学校布局，发挥中央和地方两个积极性等原则而确定的。

这次决定恢复和增设的169所高等院校中，属于恢复的有16所，新增设的153所，重点放在加强理工科教育上面。按照科类划分，这次恢复和增设的工科院校有46所，主要是为了加强机械、煤炭、冶金、交通、建工、建材、化工、轻工和纺织等行业的专门人才的培养能力。农林院校13所，主要是为了加强农业机械化、林业、畜牧兽医、气象和四川、河南、新疆等省区农业科学技术人才的培养能力。师范院校77所，主要是为了改变目前我国高等师范院校数量过少，培养能力过低，远远不能适应中学教育事业发展和加强理科教育的要求而建立的。此外，还有医药院校18所，财经院校10所，体育院校3所，艺术院校2所。

为了把恢复和增设的这一批普通高等学校办好，教育部最近在给各地和有关部门的通知中，要求各院校认真贯彻党的教育方针，努力为加速实现四个现代化作出积极贡献。通知还希望各有关方面对这些院校要加强领导，配备好领导班子，逐步充实和加强师资、设备和校舍等办学条件，以利于保证教学质量。

在这169所高等院校中，面向全国和大区的有28所，面向本省、自治区、直辖市的141所。它们是：重庆交通学院、西北建筑工程学院、陕西工学院、西北纺织工学院、宁夏工学院、武汉河运专科学校、武汉纺织工学院、长沙交通学院、桂林冶金地质学院、广西机械工业学院、广西石油化工学院、广东机械学院、上海工业大学、上海电力专科学校、上海冶金机电专科学校、上海化学工业专科学校、上海建筑材料工业专科学校、上海轻工业专科学校、上海纺织工业专科学校、镇江船舶学院、盐城工业专科学校、南通工业专科学校、南京航务工程专科学校、浙江工学院、合肥地质学院、安徽机电学院、福建建筑工程专科学校、集美航海专科学校、山东冶金工业学院、山东建筑材料工业学院、北京冶金机电学院、北京轻工业学院、北京石油化工专科学校、北京印刷学院、河北煤矿学院、河北建筑工程学院、山西煤炭化学工业大学、包头钢铁学院、沈阳工业学院、沈阳冶金机械专科学校、沈阳黄金专科学校、吉林工学院、吉林化工学院、长春邮电学院、鸡西矿业学院、吉林建筑工程学院、四川畜牧兽医学院、绵阳农业专科学校、西昌农业专科学校、塔里木农垦大学、郑州畜牧兽医专科学校、豫西农业专科学校、浙江林学院、北京气象专科学校、北京农学院、内蒙古林学院、吉林农业机械化学院、哲里木盟畜牧学院、吉林林学院、华山冶金医学专科学校、延安医学院、洛阳医学专科学校、开封医学专科学校、广东医药学院、南京中医学院、扬州医学专科学校、福建中医学院、菏泽医学专科学校、天津医学专科学校、河北中医学院、内蒙古民族医学院、大连医学院、沈阳医学专科学校、哲盟医学院、齐齐哈尔医学专科学校、牡丹江医学专科学校、大理医学院、内江师范专科学校、万县师范专科学校、西昌师范专科学校、达县师范专科学校、宜宾师范专科学校、绵阳师范专科学校、江津师范专科学校、阿坝师范专科学校、昭通师范专科学校、思茅师范专科学校、渭南师范专科学校、咸阳师范专科学校、兰州师范专科学校、张掖师范专科学校、庆阳师范专科学校、青海师范专科学校、固原师范专科学校、新疆师范大学、和田师范专科学校、信阳师范学院、安阳师范专科学校、南阳师范专科学校、洛阳师范专科学校、许昌师范专科学校、郑州师范专科学校、恩施师范专科学校、黄石师范学院、郧阳师范专科学校、郴州师范专科学校、黔阳师范专科学校、岳阳师范专科学校、广西师范学院、南宁师范专科学校、玉林师范专科学校、河池师范专科学校、广州师范学院、韩山师范专科学校、惠阳师范专科学校、韶关师范专科学校、雷州师范专科学校、淮阴师范专科学校、盐城师范专科学校、南通师范专科学校、镇江师范专科学校、杭州师范学院、嘉兴师范专科学校、台州师范专科学校、丽水师范专科学校、六安师范专科学校、阜阳师范学院、芜湖师范专科学校、合肥师范专科学校、淮北煤炭师范学院、莆田师范专科学校、建阳师范专科学校、宁德师范专科学校、厦门师范专科学校、昌潍师范专科学校、德州师范专科学校、济宁师范专科学校、北京体育师范学院、天津师范专科学校、保定师范专科学校、承德师范专科学校、唐山师范专科学校、衡水师范专科学校、晋东南师范专科学校、内蒙古民族师范学院、昭乌达蒙族师范专科学校、旅大师范专科学校、鞍山师范专科学校、丹东师范专科学校、通化师范学院、吉林师范学院、哈尔滨师范专科学校、佳木斯师范专科学校、绥化师范专科学校、湖南财经学院、上海财经学院、浙江冶金经济专科学校、安徽财贸学院、江西财经学院、山东经济学院、北京商学院、北京财贸学院、河北财贸学院、贵州财经学院、福建体育学院、山东体育学院、哈尔滨体育学院、山东艺术学院、吉林艺术学院。

1月10日

中共中央 中央军委批准耿飚任中央军委常委 秘书长

国务院副总理耿飚在北京会见阿拉伯利比亚人民社会主义民众国首任驻中国大使卡迈勒·哈桑·马古尔

国务院副总理方毅在北京会见以法国原子能总署基础研究所总所长霍洛维茨教授为团长的法国原子能总署代表团

中国—尼泊尔边界联合检查委员会第三次会议在加德满都举行

会议于1月10日至2月27日举行。会后发表的一项新闻公报说，双方讨论了有关绘制一张新的1:5万倍比例的中尼边界地形图和起草中尼边界首次联合检查的文件等事项。双方在诚挚友好的气氛中通过充分的协商，就这些问题达成了完全一致的协议。

公报说，双方还研究了两国边界联合检查组所做的工作并且表示完全满意，这两个组于1978的7月底到10月中旬联合检查了中尼边界。

中尼边界检查委员会中国方面的首席代表曹胜功和尼泊尔方面的首席代表比什瓦·普拉丹2月27日签署了关于联合检查委员会第三次会议的会谈纪要。

民族问题学术座谈会在北京举行

新华社报道：国家民委、中国社会科学院等有关部门最近在北京联合召开的民族问题学术座谈会，着重讨论了民族工作如何为实现四个现代化服务方面的问题。

中共中央政治局委员、中共中央统战部部长乌兰夫，就如何开好这次座谈会讲了他的意见，指出民族工作、民族研究、民族教育，非常需要拨乱反正，正本清源。但是拨乱反正、正本清源的目的是落实党的民族政策，加强民族团结，更好地为实现四个现代化而奋斗。

参加座谈会的有中共中央和国务院有关部委，高等院校，研究所，新闻出版部门等20多个单位的研究人员、领导干部、教授、讲师、民族工作者、新闻工作者100多人。

中国社会科学院负责人宋一平、国家民委负责人江平和与会的同志在发言中都指出，当前我们民族工作的中心任务就是动员全国各族人民，为加速实现四个现代化而奋斗。

与会者分成民族理论政策，民族史和民族学，民族语文三个组，分别讨论了以几个问题：一、民族问题与阶级问题的关系；二、社会主义时期民族问题存在的长期性；三、社会主义时期如何正确对待少数民族的风俗习惯和语言文字；四、加强民族团结与实现四个现代化的关系；五、民族历史和民族学的一些理论问题。

大家在讨论中认为，要落实党的民族政策，加强民族团结，就必须清除林彪、"四人帮"在民族问题方面散布的流毒。一些同志在发言中指出，社会主义时期，是各民族人民共同繁荣、兴旺的发展时期。在这个时期，民族问题中的一个重要内容，就是要繁荣少数民族地区的经济、文化，逐步解决各民族存在的事实上的不平等的问题。

国际军事体育理事会第三十三届代表大会同意接纳中国为国际军事体育理事会正式成员

在1月10日至14日在曼谷举行的国际军事体育理事会第三十三届代表大会上一致同意接纳中华人民共和国为国际军事体育理事会正式成员，并选举中国为国际军事体育理事会排球协会主席。

大会决定，国际军事体育理事会第三十四届代表大会将于1980年1月在北京召开。

1月11日

中共中央将经过十一届三中全会原则通过的《关于加快农业发展若干问题的决议(草案)》和《农村人民公社工作条例(试行草案)》印发各省市自治区讨论试行

《关于加快农业发展若干问题的决议(草案)》和《农村人民公社工作条例(试行草案)》以调动广大农民群众的积极性为首要出发点，制定了包括建立生产责任制在内的发展农业的25条政策措施，强调要关心农民的物质利益，保证农民的民主权利，保护人民公社、生产大队和生产队的所有权和自主权，不允许无偿调用和占有生产队的劳动力、资金、产品和物资。由于认识的局限，当时仍然规定不许包产到户。

《人民日报》发表特约评论员文章《党内一定要有健全的民主生活》

十几年来，林彪、"四人帮"为了篡党夺权，践踏民主，破坏法制，疯狂推行法西斯的"全面专政"，使党内党外的政治生活极不正常。现在要拨乱反正，要加速实现四个现代化，从政治上讲，当务之急就是要努力健全党内民主生活，充分发扬社会主义民主。

我们党是领导一切的执政党，共产党的干部不懂得民主集中制的道理，党内民主生活不正常，国家生活中的民主和法制，就只能是一句空话。在党内，我们的纪律是下级服从上级，全党服从中央。如果下级组织发生了不民主的情况，只要上级组织是正确的，就比较容易纠正它；相反，如果不民主的情况发生在上级，特别是党中央的民主生活不健全，影响就很大，纠正它也比较难。因此，党中央有没有正常的民主生活，是起决定作用的，是带头的。只有抓住了这个带头的问题，才能抓住民主问题的关键。

回顾我们党的历史经验，就是这样。什么时候，党中央的民主生活正常了，正确路线就能顺利贯彻，革命事业就能胜利前进，党也就能兴旺发达起来。相反，什么时候，如果党中央的政治生活不正常，出现林彪、"四人帮"那样的反革命肆意破坏民主集中制，革命事业就会受到严重的挫折。这些沉痛的教训，还不值得我们注意吗？

民主革命时期，以王明为代表的第三次"左"倾路线，在党中央的统治时间最长，给党造成的损害也最大。为了推行王明在政治上、军事上、思想上的错误路线，在组织上，他们搞了一套反民主的党内斗争的方法和宗派主义的干部政策。1945年，在党的六届七中全会通过的《关于若干历史问题的决议》，对此曾经作过正确的分析。

"第三次'左'倾路线的代表者，为贯彻其意旨起见，在党内曾经把一切因为错误路线行不通而对它采取怀疑、不同意、不满意、不积极拥护、不坚决执行的同志，不问其情况如何，一律错误地戴上'右倾机会主义'、'富农路线'、'罗明路线'、'调和路线'、'两面派'等大帽子，而加以'残酷斗争'和'无情打击'，甚至以对罪犯和敌人作斗争的方式来进行这种'党内斗争'。这种错误的党内斗争，成了领导或执行'左'倾路线的同志们提高其威信、实现其要求和吓唬党员干部的一种经常办法。它破坏了党内民主集中制的基本原则，取消了党内批评和自我批评的民主精神，使党内纪律成为机械的纪律，发展了党内盲目服从随声附和的倾向，因而使党内新鲜活泼的、创造的马克思主义之发展，受到打击和阻挠。同这种错误的党内斗争相结合的，则是宗派主义的干部政策。宗派主义者不把老干部看作党的宝贵的资本，大批地打击、处罚和撤换中央和地方一切同他们气味不相投的、不愿盲目服从随声附和的、有工作经验并联系群众的老干部。他们也不给新干部以正确的教育，不严肃地对待提拔新干部(特别是工人干部)的工作，而是轻率地提拔一切同他们气味相投的、只知盲目服从随声附和的、缺乏工作经验、不联系群众的新干部和外来干部，来代替中央和地方的老干部。这样，他们既打击了老干部，又损害了新干部。很多地区，更由于错误的肃反政策和干部政策中的宗派主义纠缠在一起，使大批优秀的同志受到了错误的处理而被诬害，造成了党内极可痛心的损失。这种宗派主义的错误，使党内发生了上下脱节和其他许多不正常现象，极大地削弱了党。"(见《毛泽东选集》一卷本第1版第986—987页)

1935年的遵义会议，确立了毛泽东同志的正确路线在党内的领导。为了肃清王明路线的流毒,以毛泽东同志为首的党中央进行了长期的大量准备工作,从1942年起,开展全党的整风运动,反对主观主义、宗派主义和党八股。同时,在1942年到1944年间,先是党中央政治局,然后又领导全党高级干部,讨论了党的历史,特别是1931年年初到1934年年底王明路线统治时期的历史。这些会议,充分发扬了民主,展开了认真的批评和自我批评。对于错误路线,着重分析当时的环境,错误的内容,以及产生这种错误的社会根源、历史根源和思想根源,而不着重于追究个别同志的责任。采取对于具体问题进行具体分析的马克思主义方法,既不绝对肯定一切,也不绝对否定一切,充分发扬实事求是的精神。这样,在广泛民主的基础上实行正确的集中,对王明路线统治时期的若干历史问题作出了全面的科学的总结,统一了全党的思想,大大提高了党内干部的马克思主义的思想水平。在我们党内,这是一次前所未有的、深入而伟大的民主运动。它创造了正确地开展党内斗争,进行党内教育,实行党内正常的政治生活的范例。这种在民主集中制基础上达到的全党思想上政治上的团结一致,保证了我们在短短的几年之内,取得抗日战争和解放战争的伟大胜利;在全国解放之后,又迅速取得社会主义革命和社会主义建设的重大胜利。

从1958年到1962年,我们的社会主义建设事业遭到一次重大的挫折,国民经济发生了很大的困难。造成这种情况,有主观上和客观上的许多因素,其中一个重要的原因,就是党内的民主生活不正常,党的民主集中制原则遭到严重破坏。我们一些领导干部,丢掉了调查研究、实事求是的优良作风,搞瞎指挥;听不进不同意见,听不得批评,用大帽子整人,这就使得工作中本来不难纠正的某些错误和失败,不但得不到及时的纠正,反而越来越严重。

1962年,召开了扩大的中央工作会议,有县委书记以上的干部7000多人参加。党中央提出不抓辫子、不戴帽子、不打棍子的三不主义,让大家畅所欲言,充分发表自己的意见。在这次会议上,毛泽东同志作了重要讲话,中心就是讲民主集中制的问题。他反复地阐明了没有民主,就不可能有正确的集中这个重要的道理,并且主动地承担了前一段工作中的责任,为各级干部作出了表率。毛泽东同志还从自由和必然的辩证关系,说明我们对社会主义建设的规律,认识得还很不够,因而工作中还有很大的盲目性。他号召全党同志到群众中去,深入地调查研究,找出事物发展的客观规律。

这次7000人大会,是党中央发扬民主的又一次大会。会后各级干部把党中央开会的民主作风带下去,在全党贯彻。中央的民主带动了全党的民主,党内的民主带动了社会的民主。这种生动活泼的政治局面,使我们很快就战胜了困难,社会主义建设又出现了蓬勃发展的形势。

然而,林彪、"四人帮"窃取了部分党和"文化大革命"的领导权,他们对7000人大会造成的党内外的民主气氛,进行疯狂的反攻倒算。他们根本颠倒敌我关系,对老干部、好同志无限上纲、栽赃诬陷、大兴冤狱,并且株连家属亲友,使成千万人蒙受不白之冤。他们破坏党性,大搞派性,挑动群众斗群众,甚至在一段时间内,使党组织停止了活动,搞得天下大乱,一片白色恐怖。他们采取实用主义的手法,对待毛泽东思想和毛泽东同志的话,制造迷信,设立了无数禁区,使党内党外,从最高级的干部到一般群众,都无法讲话,不能讲话。"于无声处",本来是鲁迅用来形容在反对派高压统治下的旧社会的,竟出现在社会主义的新中国。毛泽东同志在7000人大会上所作的预见:如果不充分发扬人民民主和党内民主,"无产阶级专政就会转化为资产阶级专政,而且会是反动的、法西斯式的专政",在林彪、"四人帮"那伙人手里,竟变成了现实。

对林彪、"四人帮"的揭批越是深入,人们就越来越思考这个问题:为什么在我们这样一个伟大的中国共产党内,竟能容忍林彪、"四人帮"横行十年以上?我们有成千万共产党员,特别是一大批身经百战的老干部,他们对付国民党反动派有办法,对付帝国主义有办法,为什么唯独对于林彪、"四人帮"这样几个小丑,竟被弄得几乎束手无策呢?从这里应该得出什么经验教训?回答只有一个:多少年来,党内的政治生活极不正常,党内不民主,影响到社会上不民主,因此,现在应该吸取的最根本的经验教训,就是必须健全党内的民主生活。

粉碎"四人帮"以后,党中央采取了一系列重要措施,肃清林彪、"四人帮"的流毒和影响。党的十一大和五届人大相继召开,制定了马克思主义的路线、方针、政策,国民经济迅速发展,出现了安定团结的大好形势。党中央提出要恢复实事求是、群众路线的优良传统作风,提出要完整地准确地理解和运用毛泽东思想,坚持"有错必纠"的原则,对林彪、"四人帮"造成的冤案错案假案,陆续予以昭雪平反。这些,对于发扬民主,健全党内的政治生活,都是很重要的。特别是近半年来展开的实践是检验真理的唯一标准问题的讨论,在解放思想、破除迷信方面起了很好的作用。但是迄今为止,真正解放思想的,还只是少数人,许多干部,特别是有些高级干部还是顾虑重重,左顾右盼,不能坚持原则,坚持真理。思想不能解放,民主不能发扬,官僚主义必然要拖住四个现代化的后腿。

正是在这样的情况下,党中央召开了工作会议和三中全会。这次会议恢复了延安时代的优良传统,大家畅所欲言,开得生动活泼。党的高级干部首先坚持了共产党员必须坚持真理、修正错误的原则立场,过去不敢讲的话,敢讲了;迟迟不能解决的问题,敢提出来解决了。解放了思想,也就开动了机器,对于如何搞好我们的工作,迅速实现四个现代化,提出了许多切实可行的办法和建议。正是在这种充分发扬党内民主的基础上,会议通过了许多重要的决议。全会决定:一定要把这种风气扩大到全党、全军和全国各族人民中去。我们一定要坚决响应这个号召。

这次会议,在我们党的历史上,是具有深远的历史意义的。它不但作出了把全党的工作重心转移到实现四个现代化上面来的历史性决定,而且在组织上,为实现四个现代化提供了可靠的保证——这就是充分发扬党内民主,首先是健全党中央的民主生活。

毛泽东同志早就指出:“由于我们的国家是一个小生产的家长制占优势的国家,又在全国范围内至今还没有民主生活,这种情况反映到我们党内,就产生了民主生活不足的现象。这种现象,妨碍着全党积极性的充分发挥。同时,也就影响到统一战线中、民众运动中民主生活的不足。”(《中国共产党在民族战争中的地位》)这段话是在40年前讲的。40年来,在这个问题上,我们党有过不少经验教训;一直到现在,它仍然是一个没有完全解决的课题,现实生活迫使我们必须认真解决它。现在,党中央作出了榜样,全党一定要学习这个榜样,发扬民主,健全党内的政治生活。我们应该看到,毛泽东同志提倡的“又有集中又有民主,又有纪律又有自由,又有统一意志、又有个人心情舒畅、生动活泼,那样一种政治局面”,是民心党心所向,任何人都无法阻挡的。只要把民主生活健全起来,坚持起来,我们的党是大有希望的,加速实现四个现代化是大有希望的。

国务院副总理余秋里在北京会见加拿大工商贸易部部长杰克·霍纳

国务院副总理谷牧在北京宴请泰国副总理顺通·宏拉达隆一行

全国人大常委会副委员长廖承志在北京会见日本工会总评议会顾问 日中友好国民运动联络会议议长市川诚

全国人大常委会副委员长姬鹏飞在北京会见以里达·穆罕默德少校为团长的巴勒斯坦“法塔赫”参观团

1月12日

《人民日报》发表社论《经济战线要跟上形势的转变》

实现四个现代化,要求大幅度地提高生产力,也就必然要求多方面地改变同生产力发展不适应的生产关系和上层建筑,改变一切不适应的管理方式、活动方式和思想方式。所以说,实现四个现代化是一场广泛、深刻的革命。

列宁多次强调,共产党人不仅要经得起战争和灾荒的考验,而且要经得起革命的转折、历史变革的考验。毛泽东同志也教导我们:“当某一客观过程已经从某一发展阶段向另一发展阶段推移转变的时候,须得善于使自己和参加革命的一切人员在主观认识上也跟着推移转变”,“如果革命党人的认识不能随之而急速变化,就不能引导革命走向胜利。”(《毛泽东选集》四卷本第271页)

经济战线怎样才能更好地适应和促进这个伟大的革命转变呢?

要适应这个转变,必须进一步解放思想,开动机器。从干部的政治思想状况来看,对革命形势发展如此迅猛,许多同志的思想准备是不够的。有些同志好像还没有感到四个现代化同自己当前的工作有什么联系,缺乏紧迫感和快步跑的精神。有些同志至今还不敢触及“禁区”,对林彪、“四人帮”造成的思想混乱,还没有完全搞清楚,顾虑重重,该说的不敢说,该干的不敢干,该管的不敢管,大好的时光白白浪费,有利的战机一个个错过。小生产方式和旧习惯势力的影响还严重存在,在许多方面束缚着一些同志的头脑和手脚,远远不适应实现现代化、社会化、专业化的要求。有些同志对国外情况很不了解,孤陋寡闻,坐井观天,自以为是。这种骄傲自满、故步自封、夜郎自大的思想,妨碍人们放眼世界,接受新鲜事物,吸取先进经验。这一切都说明,进一步解放思想对加速实现四个现代化是何等重要!要进一步解放思想,必须打破林彪、“四人帮”的精神枷锁,敢于动脑子思考问题、提出问题,敢于实事求是地分析问题、处理问题。要把破除旧的习惯势力,作为上层建筑领域里革命的一个重要内容。要提倡无产阶级彻底革命精神,在思想上来一个飞跃。

要适应这个转变,必须充分发扬社会主义民主。解放思想,开动机器,一个十分重要的条件就是要真正实行无产阶级的民主集中制。我们需要集中统一的领导,但是,必须有充分的民主才能做到正确的集中。当前特别需要强调发扬民主。只有充分发扬民主,才能发挥亿万群众的积极性和创造性，这是加速四个现代化步伐的重要前提。四个现代化是一项崭新的事业，前进中必然会遇到许许多多的新情况、新问题。林彪、“四人帮”反革命修正主义的谬论及其思想体系，还要进一步揭发批判，资产阶级派性、无政府主义的流毒还要进一步肃清，无组织无纪律现象还要坚决纠正，这些都需要千百万人民的智慧去解决。如果不发扬政治民主、经济民族、生活民主，怎么能发挥群众的智慧和积极性呢？我们一定要扩大工人管理企业的权力，坚决实行企业的车间、工段、班组干部由工人选举产生，职工大会有权向上级建议处分或撤换干部的制度。

要适应这个转变，必须使我们的干部在尽可能短的时间内，学会领导和管理现代化的大生产。要按照社会主义大生产的要求，学会组织现代化和社会化的生产，抛弃那种手工业的指导思想、小生产的经营方式。要按照专业化分工和广泛协作的原则，学会科学地组织工业生产，抛弃那种“小而全”、“大而全”、“万事不求人”的思想，改革互不协作、重复劳动的落后的生产方式。要学会运用经济组织和经济手段组织生产、改善经营管理，抛弃那种单靠行政组织、行政手段领导经济工作的方式。要学会运用价值规律和节约原则，讲究经济核算、经济效果、经济效率、经济责任，再也不要干那种只算所谓政治账，不算经济账，只管所谓“纲”和“线”，不问经济责任的蠢事。要消除经济管理中的分散现象和无政府现象，建立正常的生产秩序，加强综合平衡，力争保持国民经济发展的合理的和比较合理的比例。按经济规律办事，就要把思想政治工作和经济手段结合起来，把物质利益这个基本原则变为经济管理中普遍实行的原则，使劳动者从物质利益上关心劳动成果和生产的发展。我们讲物质利益原则，并不是不要政治挂帅，而是把政治挂帅和物质利益原则统一起来。不实行政治挂帅，就不能坚持社会主义方向；而离开了物质利益原则，离开了经济关系的政治工作，只能是空洞说教。政治领导，政治工作，只有遵照物质利益原则，按照经济规律去办，才能够把政治和经济统一起来，才能实现政治的统帅作用和保证作用。

要适应这个转变，管理体制、组织机构、干部配备都要进行改革。现在，从组织上看，机构臃肿，编制庞大，层次过多，人浮于事，办事效率很低。从班子配备和干部现状看，党政干部多，技术业务干部少；外行干部多，内行专家少。这是一个十分尖锐的矛盾。按照四个现代化的要求，管理体制必须改革，行政机构必须精简，机关编制必须缩小，行政层次必须减少，办事程序必须简化。通过逐步地改革，建立起适应现代化需要的各种经济组织、科研组织、教育组织以及管理体系。要有计划有步骤地组织一批党政干部，转移到工业、科技、教育等战线上来，改变班子和干部队伍的结构，扩大经济业务干部和科技干部的比重。按照四个现代化的要求，充实、调整、加强领导班子，注意把那些和林彪、“四人帮”斗争坚决，有实践经验，在技术业务上有专长的优秀人才，选拔到各级领导班子中来。

要适应这个转变，必须大力改进我们的思想作风，一切都要讲求实效。我们必须扎扎实实地工作，反对只说不干、疲沓拖延，不能停留在一般号召上，不能空发议论。要从不必要的会议、文件和日常烦琐事务中解脱出来，深入实际，调查研究，发现问题及时解决。办事情要讲究实际效果，讲究经济效果，不能搞形式主义，华而不实。要当老实人，说老实话，办老实事，实在办不到的事就不要勉强去办。我们的经济工作还很粗，计划的综合平衡、生产建设的规划都不够、准确、周密，这种情况必须迅速加以改变。经济工作要越做越细致，越做越科学。工作要力求高质量、高速度、高效率，办事不推拖，看准了的事要当机立断，雷厉风行。方针、政策、办法都明确了，就要一件件地干，一件件地落实，事事等上级安排，事事等上级指示的作风要改变。各部门各项工作都要有明确的责任制，工作干好了就表扬、奖励；工作干不好，就批评教育，严重失职的要追究责任，要赏罚严明。

实现四个现代化是一场伟大的革命。我们的口号是学习、学习、再学习！我们要努力学科学，学技术，学管理，刻苦钻研自己主管的业务。我们要向有经验的专家学习，向一切懂行的人们学习。勤奋学习与解放思想，是互相关联的。学习愈好，知识愈丰富，就愈有利于解放思想，也愈能够尽快地掌握现代化建设的规律。

全国人大常委会副委员长邓颖超在北京主持宴会欢迎日本国会参议院议长安井谦和由他率领的日本参议院代表团

这是日本参议院访问我国的第一个代表团。代表团团员有参议员木村睦男，远藤要，户塚进也，久保亘，小谷守，中野明，桥本敦，藤井恒男等。

邓颖超副委员长和安井谦议长在宴会上先后讲了话。

邓颖超副委员说：在过去的一年里，出现的具有伟大历史意义的重大国际事件是中日和平友好条约的缔结、生效，邓小平副总理访问日本取得圆满成功，和宣布1979年1月1日中美关系正常化，并把反对霸权主义的条款写进中日和平友好条约和中美建交公报之中，对亚洲与世界的和平与稳定，产生了深远的影响。

她说，我们人大常委会很早就同贵国国会之间开始友好往来。1972年9月，中日两国建交前夕，安井先生同许多众参两院议员来我国访问，为田中前首相访华和中日建交铺平了道路。贵国参议院前议长、我们的老朋友河野谦三先生也为发展两国的友好关系做了大量有益的工作。我们都很清楚，中日关系发展到今天这样可喜的局面，是同各位朋友们的努力分不开的。

邓颖超副委员长说，今年元旦，我们人大常委会发表了《告台湾同胞书》。为了完成台湾同祖国大陆实现统一的大业，我们愿意同台湾有关各方面，包括蒋经国先生在内进行商谈，愿意同台湾开展各方面的来往，结束目前这种隔绝状态。

她说，我国从今年开始，要把工作重点转移到社会主义现代化建设上来。加速实现四个现代化是我们全党、全国各族人民的共同心愿。为了加速四个现代化的步伐，我们要向世界先进国家学习，向友好邻邦日本学习，学习先进技术和好经验。我们愿意同贵国在更多的方面进行合作。

邓颖超副委员长说，全世界各国都正在注视着越南霸权主义者武装侵略柬埔寨的事态发展。它是苏联社会帝国主义称霸、实现全球武装侵略的一个组成部分。我们两国根据缔结的中日和平友好条约，应继续反对大小霸权主义的斗争，为保卫亚洲地区和全世界的和平而共同努力。

安井谦议长接着讲话。他说，他们能在日中和平友好条约生效和邓小平副总理访问日本之后的最有意义的时刻访问中国，感到无比荣幸。

安井谦议长指出，1972年9月签订的日中联合声明，为拥有2000多年悠久历史的日中两国交流关系揭开了新的篇章。这次和平友好条约的缔结，又为两国关系史增添更为辉煌的一页。

他说，我认为，日中和平友好条约是日中新关系的一个开端。为了使这项条约的精神开花结果，就要双方继续进行不懈的努力。

安井谦议长说，日中两国社会体系虽然不相同，但是我由衷地期望，我们两国关系通过政治、经济、文化、科学、体育等方面积极广泛交流，根据两国人民长期的共同心愿，脚踏实地地发展下去。

廖承志副委员长出席了宴会。

日本驻中国大使佐藤正二和大使馆外交官员应邀出席了宴会。

出席宴会作陪的有：全国人大常委会副秘书长武新宇、罗青长、张加洛，全国人大常委会委员刘斐、陈逸松、林丽韫、荣毅仁、董其武、楚图南，外交部副部长韩念龙，对外友协副会长夏衍，中日友协副会长张香山、孙平化，北京市革委会副主任白介夫等。

国务院副总理耿飚在北京会见即将离任的希腊驻中国大使韦利萨罗普洛斯

国务院副总理方毅在北京会见美国新泽西州西东大学教授杨力宇

中国采用液压滑模新技术建造大型双曲线冷却塔在陕西韩城电厂施工中首次获得成功

液压滑模是目前国外浇筑混凝土工程的一项机械化施工方法。采用这个方法施工，不必搭脚手架，建筑模板和操作平台完全由一套液压提升系统进行提升，这样可以分层浇筑混凝土，使建筑物连续出模成型。这种施工方法简便易行，可以加快施工速度，提高工程质量。目前，我国只有少数单位在建设烟囱、筒仓和高层民用建筑中采用这种技术，用于建造结构复杂的大型双曲线冷却塔还没有先例。国家建委和水电部因而把这项施工技术列为重点科研项目之一。

韩城电厂的双曲线冷却塔高84.8米、淋水面积达3000平方米。在这样的大型建筑物施工中采用液压滑模获得成功，为我国混凝土施工采用机械化、自动化开辟了新的途径。

陕西省电业管理局根据国务院发布的《技术改进奖励条例》的规定，向参加这项施工的工程技术人员、工人、干部颁发了3000元奖金。

解放军三总部联合发出通知要求各部队试办电视大学教学班

通知指出，电视大学是进行现代化教育的强有力手段，是多快好省培养人才的一个重要途径，对加速实现四个现代化有重要意义。各总部、各军区、各军兵种应从实际需要和可能出发，试办一个或几个全科、单科教学班，各院校也应该积极试办教学班。部队举办电视大学教学班的工作由各级政治机关宣传部门主管，各级司令机关训练部门协助。各大单位要同所在省、自治区、直辖市电视大学建立联系，在教学业务方面执行省、自治区、直辖市电视大学的有关规定，接受省、自治区、直辖市电视大学的指导和帮助。部队电视大学教学班招收具有高中毕业文化程度、需要进修又可能抽出参加学习的干部、志愿兵和职工。自愿报名，团以上政治机关批准，按照招考规定，择优录取。

1月13日

国务院总理华国锋在北京会见泰国副总理顺通·宏拉达隆

华国锋总理会见时说："根据当前形势的需要，中泰两国发展越来越密切的合作关系，这不仅有利于中泰两国人民，而且也有利于亚洲和太平洋地区的人民。中泰两国和两国人民一定要互相帮助，互相支持。”

他说：“越南当局在苏联支持下武装入侵柬埔寨这一事件，充分暴露了苏联大霸权主义和越南地区霸权主义的真面目。东盟五国面临着反对霸权主义的共同斗争。”

他说：“柬埔寨人民正在民主柬埔寨政府领导下，继续进行抗越卫国的战斗。这一斗争将是长期的、持久的。中国政府和人民坚决支持柬埔寨人民把抗越卫国的斗争进行到底。”

顺通副总理说：“正如华国锋总理所说的，泰中两国加强密切合作有利于本地区的稳定。江萨总理、泰国政府和人民对柬埔寨局势的发展十分担心。”

华国锋在列举苏联社会帝国主义在世界各地到处称霸、搞阴谋颠覆活动之后说：“现在苏联霸权主义的手伸得很长，我们必须保持警惕。”

华国锋在谈话时还称赞江萨总理是一位有远见的政治家，并请顺通副总理回国后转达他对江萨总理的问候。

泰国工业部部长格森·乍滴甲瓦尼，商业部副部长宝·亚马拉南，以及顺通副总理的其他随行人员，泰国驻中国大使格森·格森西，参加了会见。

会见时在座的有我国外贸部部长李强等。

国务院副总理邓小平在北京会见泰国副总理顺通·宏拉达隆

邓小平副总理会见时说：“我们中泰两国现在关系很好。面对越南侵略柬埔寨这一局势，我们两国更需要密切合作。”

顺通副总理向邓小平副总理介绍了他们最近几天同中国方面就泰国进口中国石油问题所举行的会谈的情况。邓小平副总理说：“中泰两国是友好邻邦，我们愿意在合情合理的价格下积极发展同泰国的贸易关系。我们今后不光在石油方面开展贸易，还将在其他领域里全面发展中泰贸易关系。”泰国驻中国大使格森·格森西参加了会见。

会见时，外贸部部长李强等在座。

国务院副总理邓小平在北京会见柬共中央常委民主柬埔寨政府负责外交事务的副总理英萨利

会见时，英萨利副总理介绍了柬埔寨军民坚持战斗、抗击越南侵略的情况。

邓小平副总理严厉谴责了越南扩张主义者对柬埔寨野蛮侵略和暴行，表示坚决支持柬埔寨人民反抗越南侵略的斗争。

会见以后，邓副总理设宴招待英萨利副总理和他的随行人员。

中共中央政治局委员、国务院副总理耿飚，外交部部长黄华、副部长韩念龙参加了会见和宴会。中联部副部长申健参加了宴会。

民主柬埔寨驻中国大使毕姜应邀出席了宴会。

《人民日报》发表特约评论员文章《发扬批评与自我批评的好风气》

党的三中全会决定，要把这次全会和中央工作会议上恢复发扬党内民主的好风气扩大到全党、全军和全国各族人民中去。要做到这一点，特别要在党内把批评与自我批评制度切实恢复起来，然后才能在全国人民中蔚然成风。

当前，全党全国正在把工作重点转移到社会主义现代化建设上来。华国锋同志提出的同心同德搞四个现代化的要求，反映了人民的愿望、时代的需要。中国有句古话说得好，“同德则同心，同心则同志”。我们这个党，我们党内的同志之间，在反对林彪、“四人帮”，在加速四个现代化建设问题上，同心同德的基础是很好的。但是，我们还必须看到，我们这么一个大党，有几百万党的基层组织，有3000多万名党员，大家的思想、经验、对“文化大革命”的感受，对如何加快四个现代化建设的认识等等，不可能完全一样。无产阶级思想和非无产阶级思想的矛盾，先进和落后的矛盾，还会不断出现。在实现四个现代化的过程中，我们每个同志都还会感到经验不足和知识不足，都不可避免地会发生这样那样的缺点、偏差和错误。这就需要我们互相帮助，互相监督，把党的批评与自我批评制度恢复起来。

我们这个党，有着很好的民主传统。延安整风时期，在毛泽东同志的倡导下，我们按照团结——批评——团结的公式，总结了历史经验，端正了党的路线。在正确开展党内批评的同时，我们党还广泛听取了工农群众和各个方面的批评意见，不管什么人，只要你说得对，我们就改正。这就使党能够从人民中不断吸收营养，同心同德，战胜顽敌，赢得了全国的胜利。全国解放以后，党的地位发生了根本变化。作为一个执政党，如何永远保持批评与自我批评的优良作风，是一个至关重大的问题。在这方面，我们有成功的经验，也有值得借鉴的教训。历史的经验告诉我们，什么时候我们有力地克服了党内的封建特权思想、居功骄傲思想、小生产者狭隘的报复思想，我们的批评与自我批评制度就健全，党的政治生活就正常，我们的事业就蓬蓬勃勃地发展。什么时候这些错误思想抬头，党内的批评与自我批评制度被削弱，党的政治生活不正常，我们的事业就受到损害。林彪、"四人帮"利用我们民主生活不健全的弱点,肆意践踏批评与自我批评制度,给社会主义事业造成了灾难性的破坏,是一个值得记取的严重教训。由于这种破坏,一个时期,在我们党内生活中出现了对同志不是搞批评,而是搞毁灭,不是要人家作自我批评,而是要人家自我诽谤,把批评与自我批评变成了"残酷斗争,无情打击"的工具。我们有些同志,由于受林彪、"四人帮"的毒害,随着自己手中的权力越大,好像自己握有的批评权就越多,作自我批评就越是多余的。在他们掌管的那个地方,下级不能批评上级,委员不能批评书记,群众不能批评领导,被领导者只有"奉命批斗"和自我批评的权利,使批评与自我批评变成一种维护"长官意志"的手段。党内生活不正常,特别是近十多年来遭受严重破坏,使我们深切地感到,正确使用批评与自我批评的武器,它对于我们党是何等的可贵,是何等的须臾不可离开!只有把批评与自我批评的好风气恢复和发扬起来,我们党才能保持生气勃勃的前进步伐。

恢复党的批评与自我批评制度,关键在于党的领导机关要起模范带头作用。实现四个现代化,是一场深刻的社会变革。在这场新的伟大斗争中,我们需要批评与自我批评,并不是要把同志们的注意力集中到那些非原则的纠纷上,而是要促进马克思主义的思想大解放,把全党同志的认识统一到实现党的任务这个重大历史课题上来。怎么把全党的思想统一起来呢?靠强制"打通思想"、"我打你通",不会有真正的统一,靠"理解的执行,不理解的也要执行",也不会有真正的统一。只有靠全党同志,首先是党的领导机关和党的高级干部,在原则是非上正确地而不是歪曲地、认真地而不是敷衍地开展批评与自我批评,把那些不适合人民需要的思想、观点、意见和办法毫不犹豫地舍弃,而把符合社会主义建设客观规律的思想、观点、意见和办法鼓足干劲地实行起来,做到完全从人民的利益出发,应革则革,当兴则兴。这种在原则是非上的批评与自我批评,不仅要在领导机关内部,而且应当在上级对下级、下级对上级,在兄弟单位间开展起来。林彪、"四人帮"横行的时候,有一种现象,就是明明看到错误,上级不能批评下级,一有批评,就叫作"矛头向下";相反的,下级反对上级,不论是非如何,都叫"大方向正确"。还有另一种现象,就是明明下级是对的,领导人也可以随便扣帽子、打棍子;领导人明明不对,干部和群众也不能说一个不字。这种背离无产阶级根本利益的歪风邪气,要努力加以扫除。有些担负领导工作的干部,至今还害怕原则问题上的思想斗争会影响安定团结。这是很不对的。批评不是打倒。正确地开展批评与自我批评是为了修正错误,坚持真理,消除隔阂,增强团结,怎么会影响安定团结呢?相反的,如果你那里是非不分,功过不分,努力搞四个现代化的和阻碍搞四个现代化的不分,你自己不作自我批评,不肯改正,又不许别人批评,不是坚持党和人民利益高于一切,而是搞"面子大于原则"的资产阶级庸俗作风,那能够安定吗,能够团结吗?党的领导机关,是率领党员和人民群众实现四个现代化的战斗指挥部。如果你这个指挥部就没有做到同心同德,而有些离心离德,你怎么实现正确的领导呢?所以,当我们看一个领导机关,一个领导班子,是好的、比较好的,还是不那么好的,有一条重要标志,就是看它在原则是非问题上有没有认真的诚意的批评与自我批评。那些辛辛苦苦搞平衡、搞无原则团结的人,迟早是搞不下去的。

领导机关带头开展批评与自我批评,还表现在领导干部特别是主要领导干部,虚心听取来自群众的指评意见,有了错误公开作自我批评。一个领导干部要能发扬民主,就必须具有虚心倾听群众意见、勇于自我批评的精神。从这个意义上说,所谓民主作风,也就是批评与自我批评的作风。领导干部能够经常听到群众的呼声,是避免思想僵化、始终保持青春活力的重要条件。如果所到之处鸦雀无声,或者是一派赞扬之声,听不到群众批评,就会停止了前进的步伐。当然,人民群众提出的批评,有对的,也有不对的,要有分析,要善于于集中正确意见,对不正确意见给以解释。一听到一点非议,一点刺耳的意见,就认为出了什么偏差,就要追查所谓"背景",老虎屁股摸不得,这是一种神经衰弱,是政治上软弱的反映。领导者不但不应当害怕群众批评,而且应当启发人家批评。领导者高价"收买"批评意见最有效的办法,就是主动地、公开地讲自己的缺点错误,以及造成这些缺点错误的原因,向下级亮亮底,把自己完全摆在党和人民的监督之下。

你向群众交心了,群众就敢向你说真心话,就愿意诚心诚意指出你的缺点,而且诚心诚意地支持和帮助你工作。

作自我批评是垮不了台,也不会失掉威信的。领导者的威信,从来不是建筑在什么"一贯正确"那种虚假的基础上,好像一公开承认自己有了错误,就会威信扫地。倒是相反,虚心听取群众的批评,带头讲自己的缺点和错误,并且坚决加以改正,群众看到你是一个有科学态度的老实人,是一个能及时发现和纠正偏差、避免铸成大的错误的可靠的带头人,就更增加了对你的信任。大家都知道,我们敬爱的周恩来同志的一生,襟怀坦白,光明磊落,他总是把自己的不足之处和曾经犯过的错误,毫无掩饰地告诉大家,他赢得了党和人民极大的信任和衷心的爱戴。伟大革命家鲁迅,勇于解剖自己,他的心是和人民相通的。

恢复批评与自我批评风气,是全党的大事,是一个需要把林彪、"四人帮"破坏了的好制度、好风气加以重申和进一步发扬的斗争过程。

要把开展批评与自我批评的各种渠道都疏通起来,创造一种"知无不言"、"言者无罪"的民主气氛。我们党的组织生活制度,定期检查总结工作的制度,举行党员大会和各级党员代表大会的制度,接待人民来信来访的制度等,都是实行批评与自我批评的好形式,都是领导机关听取批评意见的不可缺少的渠道。这些年来,由于林彪、"四人帮"的破坏我们党的这些行之有效的制度,不是徒具形式,就是变成他们整人的手段。要恢复和严格规定党员必须参加一个组织并在其中生活的制度,党内不允许有脱离组织监督的特殊党员。党的各级代表会议,都应当充分发扬民主,开展批评与自我批评。那种作一篇官样文章的工作报告,不触及实质,不开展批评与自我批评的党的代表会议,应该认为是对党的民主集中制的违背。恢复批评与自我批评制度,是要靠保障党员的批评权,实行真正的而不是口头的"言者不罪"才能达到的。党员对党的方针、政策、决议、指示,对任何一级领导人有批评意见,都有权在党的会议上提出,直到越级向中央和中央主席报告。只要不违反纪律,不搞阴谋集团,即使批评错了,也不抓辫子,不打棍子,不戴帽子。任何人,凡是侵犯党员的民主权利,凡是对批评者实行打击报复的,都要受到纪律的追究。

开展批评,同错误的东西作斗争,从来不是一帆风顺的。所以,既要从组织上确保党员的批评权不受侵犯,又要提倡党员树立不怕打击报复的风格。革命者敢想、敢说、敢做,为真理而斗争,决不能因为有人打击报复,对正确的东西就不赞助,对错误的东西就不斗争。林彪、"四人帮"在台上的时候,涌现和锻炼了一大批以党和人民的利益为重,不计较个人的成败利钝,不怕迫害不信邪,勇于同错误作斗争的好同志。他们的风格和品质,同那种投机取巧、看势转舵、专讲假话、左右逢源、到处讨好的人迥然不同。他们的刚直不阿的精神,过去鼓舞过人民的斗志,现在是恢复批评与自我批评风气的楷模。

不论批评别人,还是作自我批评,都要讲求实事求是。我们这个革命队伍,是充满阶级情谊的大家庭。对犯错误的同志,要善于等待,也要善于帮助,通过同志式的规劝,使其真正认识错误,决心弃旧图新,而不是嫌弃他们,这就需要认真开展批评。这种批评,必须是从团结的愿望出发,真心诚意地好心对待犯错误的同志,而不要学林彪、"四人帮"那样一心把人打倒。批评应该是经常的,和风细雨的。毛泽东同志曾经形象地把批评与自我批评比作洗脸。脸要天天洗,甚至一天洗几次,不能长年累月不洗一次,等到发现灰尘就来什么"洗脸运动",弄个没完没了。毛泽东同志又形象地把批评与自我批评比作治病。治病要对症下药,不能大病小治,也不能小病大治,更不能借病整人。对犯错误的同志的批评,在原则问题上应当严肃认真,但也应当恰如其分,应当给犯错误的同志留有充分的余地,不能一犯错误就"批倒、批臭","永世不得翻身"。彻底的实事求是态度,还表现在批评要光明磊落,有话说到桌面上。实行批评的目的,无非是弄清是非,团结同志,更好地进步。

把党的三中全会恢复和发扬批评与自我批评的好风气,扩大到全党、全军和全国各族人民中去,还要作很多工作。我们坚信,批评与自我批评这个好作风在我们党内是扎了根的,在我们党领导的群众组织中是扎了根的,在我国人民的民主生活中是扎了根的。我们经历了林彪、"四人帮"这些反面教员的教育,现在,华国锋同志为首的党中央又为我们带了个好头,今后只要我们坚持下去,只要老同志认真传帮带,新同志努力学传统,把我们的党风搞好,毛泽东同志多年期望的又有集中又有民主,又有纪律又有自由,又有统一意志又有了个人心情舒畅、生动活泼那样一种政治局面,就一定会实现,我们就能够发扬广大群众的积极性、创造性,集中人民的智慧和经验,我们实现四个现代化就有了可靠的保证。

1月14日

国务院总理华国锋在北京会见日本国会参议院议长安井谦

国务院总理华国锋下午会见了日本国会参议院议长安井谦和由他率领的日本参议院代表团。

华国锋总理对日本朋友说:从今年起,中国国内的工作着重点要转移到社会主义现代化建设上来。要实现四个现代化,我们要保持国内安定团结的局面。同时还需要一个和平的国际环境。这是我们的愿望。但是,苏联霸权主义总想向我们伸手,我们必须十分警惕。

华国锋接着向日本朋友介绍了中国实现这一宏伟目标的有利条件。安井谦议长说:"我们日中两国要携起手来,共同进步。"

参加会见的代表团团员有参议员木村睦男、远藤要、久保亘等8人。

日本驻中国大使佐藤正二参加了会见。

会见时在座的有全国人大常委会副秘书长罗青长,外交部副部长仲曦东。

国务院副总理邓小平在北京会见日本国会参议院议长安井谦

邓小平副总理上午会见了日本国会参议院议长安井谦和由他率领的日本参议院代表团。

会见时,宾主就国际形势、中日双边关系、越南侵略柬埔寨等问题交换了意见。

日本驻中国大使佐藤正二参加了会见。

会见时,全国人大常委会副秘书长罗青长,外交部副部长仲曦东等在座。

国务院总理华国锋致电巴勒斯坦解放组织执行委员会主席亚西尔·阿拉法特祝贺巴勒斯坦全委会第十四次会议召开

巴勒斯坦解放组织执行委员会主席亚西尔·阿拉法特阁下转巴勒斯坦全国委员会:

值此巴勒斯坦全国委员会会议召开之际,我代表中国政府和中国人民,向大会,向英雄的巴勒斯坦人民及巴民族武装力量致以热烈的祝贺和战斗的敬礼。

我愿借此机会重申:中国政府和人民始终不渝地坚决支持巴勒斯坦和阿拉伯人民恢复民族权利和收复失地的正义斗争,强烈谴责以色列犹太复国主义者的侵略扩张政策,坚决反对超级大国为争夺战略资源和战略要地,任意干涉中东、红海和海湾地区各国内政,制造战争与混乱,分裂阿拉伯、伊斯兰国家和人民的团结。

我们完全相信,巴勒斯坦人民和阿拉伯人民坚持团结,坚持长期斗争,必将不断克服前进道路上的困难,取得反侵略斗争的最后胜利。

祝大会圆满成功。

中华人民共和国国务院总理　华国锋

1979 年 1 月 14 日于北京

中国政府发表关于支持援助柬埔寨人民抗击越南侵略者的声明

全文如下:

去年 12 月下旬,越南侵略者在苏联社会帝国主义的唆使和大力支持下,不顾世界人民的强烈反对和国际舆论的严厉谴责,对民主柬埔寨发动了空前大规模的疯狂野蛮的侵略。越南当局凭借其优势军事装备和庞大兵力,使用闪击战术,凶横直进,占据了柬多数城镇和大片土地,使抗击侵略者的柬埔寨军民陷于极为不利的处境。柬埔寨政府领导全国军民及时改变了战略方针,他们依托广大农村、山区和丛林地带,展开了大规模的人民游击战争,与入侵之敌持久作战,使之陷入人民战争汪洋大海之中,以便最终消灭侵略者,解放占领区。

越南扩张主义者在柬埔寨暂时得手,柬埔寨战局的这一变化,使东南亚各国的安全面临直接威胁;亚洲、太平洋地区的和平与稳定也受到极为不利的影响。

1979 年 1 月 11 日,民主柬埔寨政府发表声明,向全世界控诉越南和苏联对柬埔寨的赤裸裸的侵略和犯下的滔天罪行;庄严宣布全体柬埔寨人民将结成最广泛的民族的、民主的、爱国的统一战线,同越南侵略者战斗到底的决心,呼吁全世界人民给予各种形式的支持。中国政府和中国人民对民主柬埔寨政府这一严正立场表示坚决支持。

当前,柬埔寨人民反对越苏霸权主义的斗争进入了新的阶段。人民战争正在柬埔寨全国各地展开。民主柬埔寨代表团在联合国安理会的讲坛上,无情地揭露和斥责了越苏对柬埔寨的侵略暴行,在国际上赢得了极为广泛的支持和同情。英雄的柬埔寨民族决不会因为暂时的困难而在敌人面前屈服。真理和正义在柬埔寨人民一边。越南反动当局本已面临严重困难,十分虚弱,现在在国内外都更加孤立,穷兵黩武,肆意侵略扩张,必将使套在它自己脖子上的绞索越拉越紧,压在它背上的包袱越背越重,它终将不可避免地遭到彻底的失败。得道多助,失道寡助。我们深信,柬埔寨人民在民主柬埔寨政府领导下,贯彻执行民族、民主、爱国的统一战线政策,坚持持久的人民战争,一定能够扭转战局,拖住并最后打败侵略者,取得民族自卫战争的最后胜利,从而对捍卫东南亚各国和亚太地区的和平、安全和稳定作出光荣的重大的贡献。

中国政府和中国人民再一次庄严申明:我们将一如既往坚定不移地站在柬埔寨人民一边,竭尽努力给柬埔寨人民以多方面的支持和援助。以波尔布特总理为首的民主柬埔寨政府是柬埔寨人民的真正代表,是柬埔寨人民的唯一合法政府。所谓柬埔寨"人民共和国"只不过是越、苏匆忙炮制的傀儡工具,是完全非法的。它根本不是柬埔寨人民的什么"代表",而是一小撮无耻的卖国贼和民族败类,越苏想用这种愚蠢的拙劣的手法掩盖其侵略罪责,只能是欲盖弥彰。中国政府呼吁,一切主持正义的国家和人民揭破越苏的欺骗和诡计,站在艰苦斗争中的柬埔寨人民一边,同情和支持他们的正义事业,谴责和制止越苏霸权主义对一个主权国家明目张胆的侵略和占领,并迫使它们停止一切侵略活动,从柬埔寨撤出全部侵略军队,为维护亚洲和太平洋地区以及世界的和平、安全与稳定而共同努力。

《曲艺》杂志复刊

新华社报道,遭受林彪、"四人帮"迫害,停刊10多年的《曲艺》月刊,从今年 1 月号起复刊。

今年第一期上刊登了毛主席1923年的词作《贺新郎》的弹词曲调谱曲。在“陈云同志谈评弹工作”的栏目下，发表了《陈云同志对当前评弹工作的几点意见》《评弹座谈会纪要》《陈云同志给吴宗锡同志的信》。

陈云同志认为，“四人帮”破坏了为江南人民喜闻乐见的评弹的固有特色。评弹界的不团结现象也都是“四人帮”的流毒和影响所造成的。评弹工作者要团结起来，深入揭批“四人帮”，在社会主义革命和社会主义建设中作出贡献。

陈云同志说：“评弹应该不断改革、发展，但评弹仍然应该是评弹。评弹艺术的特点不能丢掉。”要坚持说新书。“反映现实斗争，反映阶级斗争、生产斗争和科学实验三大革命运动，说好现代题材的新书，这是时代的需要，革命的需要。当然，也不排除在若干年后利用评弹传统节目中经过整理的有益的片段，但目前应该积极努力坚持说好新书。”要繁荣创作，积累书目。短篇、中篇、长篇都要。题材应该多种多样。

陈云同志说，我国人民大多数是农村人口。农业是整个国民经济的基础。四个现代化，农业排在第一位。评弹应该逐步增加到农村说书的比重。在农村和城镇演出的比重，开始一九开、二八开、三七开，逐步做到对半开。面向农村，到农村说书对评弹是个大变革。对艺人来说要有个适应过程，这也是一个学习、改造、锻炼的过程。演出的内容不一定限于农业方面，应该是多方面的。

在给吴宗锡同志的信中，陈云同志着重阐述了说新书和说传统书的辩证关系，指出坚持说新书，仍然是我们必须坚持的方针。即使开一些传统分回，也仍要以说新书为主。演出若干传统分回也是必需的。闭目不理有几百年历史的传统书，是一种历史虚无主义。只有既说新书，又努力保存传统书的优秀部分，才是百花齐放。要说服有精力的中年艺人坚持创作新书，当然完全不排除他们有时也说些传统书。他们如能把新书长篇创作到十回，即使是粗糙的，这对今后评弹仍是很大的贡献。因为一部新长篇要相当成熟，需要几代艺人的努力，但最大功绩应归开始创作者。也要说服青年艺人不但要学说新书，而且也要学传统书的艺术功夫，有两套本领总比只有一套本领强。估计说服他们不会很困难。陈云同志说：“要肯定1964年说新书的功绩。虽然当时是‘一刀切’，但不这样做，到1966年年底也逼不出现在演出的几部新长篇，‘一刀切’使当时全部艺人对传统书无可奈何，努力于说新书。‘一刀切’时间只有3年。‘文化大革命’中林彪、‘四人帮’连新长篇也不让演出，那才是耽误了许多人的艺术青春。但也有一个结果，物极必反，使现在大家更深刻地认识到需要恢复传统书的优秀部分。历史发展阶段是这样的：一、传统和新编历史题材为主，略有一些新书如《青春之歌》等；二、‘一刀切’，说新书；三、‘四人帮’的评歌评戏；四、现在到了新书为主，同时保存传统优秀部分的百花齐放阶段。我认为从辩证唯物论和历史唯物论的观点来看是合乎历史发展规律的。”

这一期还发表了黄镇同志为《曲艺》复刊的题词。

复刊第一期的《曲艺》，还载有曲艺工作者韩起祥、徐丽仙等写的缅怀毛主席、周总理亲切关怀曲艺事业的文章。评论文章有《曲艺》编辑部写的复刊词《光荣的使命》，陶钝、侯宝林等同志谈曲艺工作的文章。这期刊登的曲艺作品，有歌颂老一辈无产阶级革命家的，有反映为实现祖国社会主义现代化而奋斗的英雄事迹的，有揭批林彪、“四人帮”的，包括弹词、相声、鼓词、快板书、好来宝、二人转等多种形式，还有童怀周编选的《天安门“四·五”快板、唱词选》等。

1月15日

中共中央主席华国锋在北京会见柬共中央常委 民主柬埔寨政府负责外交事务的副总理英萨利

华国锋主席在谈话时说，柬埔寨人民的斗争也是我们的斗争，我们过去支持你们，现在支持你们，将来也支持你们。

英萨利副总理在谈话时说，中国共产党、中国政府和人民一贯地站在我们一边，支持我们。他表示，柬埔寨共产党和人民决心把抗越卫国战争进行到底，直至取得最后胜利。

华国锋向柬埔寨党和国家其他领导人，向战斗在第一线的柬埔寨军民表示崇高的敬意和问候，并相信最后胜利一定属于英勇的柬埔寨人民。

中共中央政治局委员、国务院副总理耿飚，外交部部长黄华、副部长韩念龙，中联部副部长申健，参加了会见。

民主柬埔寨驻中国大使毕姜也参加了会见。

《人民日报》发表社论《胜利一定属于柬埔寨人民》

1月11日，民主柬埔寨政府发表声明，强烈谴责越南侵略者在苏联支持下侵略柬埔寨，妄图推翻民主柬埔寨合法政府、消灭柬埔寨民族的滔天罪行，并向全世界庄严宣告：柬埔寨人民在民主柬埔寨政府的领导下，正在为维护民族独立、主权和领土完整进行英勇的反侵略斗争。声明呼吁全世界爱好和平与正义的政府和人民支援柬埔寨人民的正义斗争，号召国内外全体柬埔寨人民团结起来，结成最广泛的民族、民主、爱国统一战线,同越南侵略者战斗到底。民主柬埔寨政府这一声明,表达了柬埔寨人民决心坚持长期抗战、同越南侵略者血战到底的大无畏的英雄气概。中国人民对此表示坚决的支持。

越南当局为了实现它的“印支联邦”梦想和称霸东南亚的地区霸权主义野心,在苏联超级大国霸权主义的支持下,悍然背弃一切国际关系准则,出动十多万侵略军和大批飞机、坦克、装甲车辆,对邻国柬埔寨发动不宣而战的侵略战争,占领柬埔寨首都金边和大片领土,妄图一口吞下柬埔寨,奴役柬埔寨人民,把柬埔寨变成它的殖民地附属国。越南的这种侵略行径,严重地破坏了亚太地区,特别是东南亚的和平、安全与稳定。

苏联如此放肆地支持越南侵略者,其目标决不仅仅是一个柬埔寨,也不仅仅是印度支那,而是整个亚太地区。这是苏联在亚太地区争霸的一个重要战略步骤。夺取了柬埔寨,苏联的扩张野心就会大大膨胀。它将以印度支那为基地,以越南为主要雇佣军,向东南亚放手进行侵略扩张,把它控制太平洋和印度洋的两洋战略联结起来,从而把战争的威胁带到亚太地区,带到东南亚国家的门口。一切与亚太地区的和平与安全利益攸关的国家和人民,对此决不能掉以轻心。

越南侵略者在占领民主柬埔寨首都金边以后,立即在它的刺刀尖上建立一个傀儡政权,并由越南和它的支持者苏联带头予以“承认”,妄图把它对柬埔寨的侵略说成是柬埔寨的“内部事务”,使它的侵略“合法”化。同时,越南和苏联开动宣传机器,欺骗全世界,大肆散布越南已经“控制”了柬埔寨“全国”的谎言,妄图把它一手炮制的那个傀儡政权塞进国际社会,迫使全世界承认越南侵略的既成事实,使侵略者得以逃避世界舆论的谴责和应得的惩罚。

民主柬埔寨政府的声明,彻底粉碎了越南及其支持者苏联的卑鄙阴谋。这个声明使全世界看到,波尔布特总理领导下的民主柬埔寨政府仍然存在,仍然在执行它作为柬埔寨人民唯一合法代表的一切职权。它领导下的柬埔寨革命军队,保存了自己的有生力量,有效地控制着柬埔寨的广大地区,并且正在为保卫柬埔寨的民族尊严和领土完整,同越南侵略者进行殊死的战斗。柬埔寨依然是柬埔寨人民的天下。柬埔寨决不是越南的乐园,而是埋葬侵略者的坟墓。在敌人优势兵力的野蛮进攻下,柬埔寨虽然受到了暂时的挫折,但是,民主柬埔寨政府正迎着暴风雨巍然屹立,继续在国内领导人民坚持长期的抗越卫国战争。在国际组织中,只有民主柬埔寨政府才有权代表柬埔寨人民说话。这一事实对于揭露越南及其支持者苏联的侵略罪行,对于鼓舞柬埔寨国内外一切爱国人士的斗志,对于全世界人民伸张正义、声讨越南侵略者的强大斗争,都将发生积极的影响和作用。

现在,国际形势对柬埔寨人民的反侵略斗争十分有利。全世界爱好和平、主持正义的国家和人民,被越苏勾结的放肆侵略所震惊,更加清楚地看到这伙大小霸权主义者对世界和平与安全的严重威胁。它们纷纷起来谴责越南的侵略,声援柬埔寨人民。许多国家已经表示要停止向越南提供援助,要求越南军队立即全部撤出柬埔寨。这将是对浴血奋战中的柬埔寨人民的极大的鼓舞与支持。

在民主柬埔寨国内,事情正在起变化,战争正进入一个新阶段。这需要一个战略转变和调整过程。毫无疑问,形势将转而有利于柬埔寨人民,不利于越南侵略者。战争将在新的形势下在人民战争的战略战术的指导下进行。越南侵略者一天不全部撤走,柬埔寨反侵略的人民战争就一天不会停止。越南侵占的城市、交通运输线和土地,将成为压在侵略者背上日益沉重的包袱,越来越多地消耗它的力量,使它精疲力竭,穷于应付。这是历史已经多次证明必然要出现的局面。全体柬埔寨人民,将结成最广泛的、民族的、民主的、爱国的统一战线,为消灭和赶走越南侵略者,为收复全部被占领土,为维护东南亚和亚太地区的和平、安全与稳定,作出自己的贡献。最后的胜利一定属于柬埔寨人民。

中国人民一贯支持各国人民反对外来侵略和干涉的民族自卫战争,这是我们应尽的无产阶级国际主义义务。柬埔寨人民是中国人民在反对霸权主义斗争中的战友和兄弟。柬埔寨人民反对越南侵略者的斗争,是全世界人民反霸斗争中的重要环节,是对维护亚太地区和平、安全与稳定的重要贡献。中国人民将同亚太地区各国人民一起,坚决支持民主柬埔寨政府和民主柬埔寨人民的这一正义斗争。让我们携起手来,为争取这一正义斗争的彻底胜利,奋勇前进!

国务院发布《关于保护森林制止乱砍滥伐的布告》

布告说,森林是国家的重要资源,又是发展农牧业生产的重要保障。我国森林资源少,与国民经济发展很不适应。为了大力植树造林,加强森林保护,新中国成立以来党和国家发布了一系列政策法令,促进了林业的发展。但是,近些年来,由于林彪、“四人帮”反党集团的干扰破坏,煽动无政府主义,肆意践踏林业政策法令,森林资源遭到严重破坏。许多国有山林被非法侵占、砍伐。不少单位擅自进入林区收购木材和木竹制品。相当多的地方乱砍滥伐,毁林开荒,毁林搞副业。有些林业部门不爱惜森林资源,浪费木材。森林火灾严重，烧毁大量林木。目前，不少地方破坏森林的情况还在继续发展。破坏森林就是破坏农业、破坏社会主义建设，必须采取有力措施，坚决刹住这股歪风。为此，特布告如下：

一、坚决维护国家和集体的森林所有权。国有林统一由国家林业单位经营，集体林由社队经营。不准将国有林划归集体或非林业单位，不准将集体林划归个人。任何其他机关、部队、厂矿、企业、农牧场、社队以及个人，都不得以任何借口侵占、砍伐国有林木。已经侵占的，必须限期退还。抢砍盗伐林木和抢劫木材的，要追回赃物，赔偿损失，情节严重的要依法惩处。

对山林权属纠纷，各级革命委员会应组织政法、民政、林业等有关部门，调查研究，抓紧解决。在山林权属未定之前，任何一方不得乘机砍伐森林。对挑动山林纠纷的坏人，要严加惩处。

二、严禁乱砍滥伐，以木易物，搞非法协作。非林业单位不准擅自进入林区采伐和收购木材。林区县所需要木材，要经过省、自治区计划委员会批准，纳入国家计划，按国家计划组织生产，不得在计划外向国营林业单位和社队下达木材生产任务，更不准在国营林业单位的经营区内建立采伐点，已经建立的必须立即停止采伐，限期撤出。

三、严禁毁林开荒、毁林搞副业。粉碎“四人帮”以后仍然继续毁林的，限期由毁林单位还林。今后，对于毁林开荒、毁林搞副业的，要追究领导责任，情节严重的要依法制裁。

国家划定的自然保护区，要严加保护。国家规定保护的珍贵动物和珍贵树木，禁止猎捕和砍伐。

四、加强市场管理，严禁非法贩运木材，坚决打击投机倒把活动。

运输木材、竹子和木竹制品、半成品出县、出省的，必须有县、省林业部门发给的运输证明。

五、健全护林防火组织和制度，设立林区公安派出所，整顿林区社会治安，清理盲目流入人员。在防火时期，严禁野外用火。采取有效措施，消除一切火灾隐患。一旦发生火灾，当地革命委员会要迅速组织群众扑灭。对违反规定引起森林火灾的，要根据情节轻重和损失大小，分别给予罚款、纪律处分或法律制裁。对放火烧林的坏人，要严加惩处。

六、大力提倡植树造林，实行谁种谁管谁有的政策。铁路、公路两旁，河渠两侧，水库、湖泊周围，工矿区，机关、学校、部队营房附近，以及农场、牧场经营地区，要按照当地革命委员会规定的期限，由主管单位进行植树造林。煤炭、轻工、冶金等企业，应当利用一切可能条件，营造用材林，林木归造林单位所有。

社员个人在房前屋后和生产队指定的地方种植的树木、竹子、果树等，归社员个人所有，不得侵犯。

七、毁林者罚。毁坏林木者，毁一棵要栽活三棵，并处以罚款。经过批准采伐的林木，要限期更新，并保证成活。

八、广泛开展爱林护林教育，表彰、奖励护林有功人员和单位，严肃处理破坏山林、树木的案件。要大力支持林业部门和护林人员的工作，尊重他们的职权。对破坏森林案件中的为首分子和打死打伤护林人员的罪犯，必须从严惩处。

九、各级林业部门和林业单位，必须模范地执行国家林业政策法令，坚持合理采伐，及时更新迹地，切实纠正重采轻造的错误做法。违反法令、乱伐林木造成严重后果的，要严加处罚。

十、各级革命委员会要加强对林业工作的领导，认真发动群众造林护林。凡所辖地区发生重大森林火灾和毁林案件，使森林资源遭受严重损失的，要追究领导责任。对玩忽职守，纵容支持破坏森林的工作人员，要严肃处理，情节严重的，要依法惩办。

民建中央 全国工商联 全国政协工商组在北京联合举行春节茶话会

中国民主建国会中央常务委员会、中华全国工商业联合会和政协全国委员会工商组下午联合举行茶话会，迎接1979年春节的到来。200多位爱国工商界人士在政协礼堂三楼大厅里欢聚一堂，畅谈祖国安定团结、举国上下一心一意搞四个现代化的大好形势，决心为把祖国尽快建设成为现代化的社会主义强国贡献力量。

民建中央常委、全国工商联代秘书长、政协全国委员会工商组副组长胡子婴主持茶话会。

民建中央常务委员会副主任委员胡厥文、全国工商联副主任委员胡子昂、政协全国委员会工商组组长吴雪之，北京化学纤维研究所副总工程师潘廉志、北京市第五建筑公司四工区研究室孟昭伯、北京市绝缘材料厂技术员方占沄、北京市东安门馄饨馆张立宏、北京市砂轮厂技术改革小组组长许世全先后在会上发言。

胡厥文在发言中说，现在我们全国正把工作的着重点转移到社会主义现代化建设上来。这是一项极其重要的战略决策，也是当前包括我们爱国工商业者在内的全国人民的共同愿望。我们爱国工商业者在国家的社会主义现代化建设中，大有人才可用。我们应该把全部力量拿出来，作出应有的贡献。中国共产党对民族资产阶级的政策充分表现了对民族资产主阶级的关怀。我们应当积极配合，大力做好学习和宣传党的政策的工作。

胡子昂在发言中说，不久以前，民建中央常委会和全国工商联在成都、武汉相继召开了两次工作座谈会,我们两会的同志中,不少人掌握了一定的科学技术知识,或者有经营管理方面的经验和其他方面的专长。我们应当积极行动起来,为实现祖国的四个现代化尽心尽力。

吴雪之在发言中说,我们今天欢庆新春,不能不想起在台湾的骨肉同胞、亲朋故友。现在,台湾归回的问题已摆在我们的面前,我们要努力促进台湾同胞同祖国亲人团聚,为完成祖国统一的伟大事业尽我们的一切力量。

中共中央统战部副部长童小鹏最后在会上讲话。他说,在华国锋同志为首的党中央领导下,恢复了被林彪、"四人帮"破坏了的党的统一战线政策。去年,各民主党派都恢复了活动。许多人到各地调查研究,反映了不少情况。希望大家解放思想,畅所欲言,对党的工作提出建议和批评。

童小鹏在讲述了党对民族资产阶级的政策后说,目前全国人民最主要的任务是搞四个现代化,这就要求我们加强学习。希望工商业者进一步认识实现四个现代化的重要意义,把自己的智慧和才能充分发挥出来,为台湾归回祖国和实现祖国的四个现代化作出自己的贡献。

出席茶话会的有民建中央领导小组成员、常务委员会和部分中央委员,全国工商联领导小组成员、常务委员会委员和部分执行委员,政协全国委员会工商组成员,民建北京市委员会委员,北京市工商联委员,以及有关部门的负责人。他们当中有:荣毅仁、孙起孟、孙晓村、聂真、李霄路、万景光、王艮仲、陈维稷、吴大琨、吴觉农、吴羹梅、周士观、章元善、莫艺昌、黄玠然、黄凉尘、资耀华、古耕虞、叶宝珊、经叔平、浦洁修、孙孚凌。

中国经济贸易展览会在孟加拉国首都达卡开幕

这是中、孟建交后首次在孟加拉国举行的中国经济贸易展览会。

国务院副总理王震在北京会见英国保守党议员彼得·塔普塞尔和夫人

全国人大常委会副委员长谭震林在北京会见以日本创价学会副会长山崎尚见为团长的日本创价学会青年部访华团

会见时,谭震林副委员长向日本青年朋友介绍了中国青年在推动中国现代历史发展方面所作出的贡献。他还回答了朋友们提出的问题。

日本驻中国大使馆参赞泉孝健参加了会见。

会见时在座的有:中日友协副会长赵朴初、孙平化,共青团中央国际联络部负责人朱善卿等。

这次来访的是日本创价学会青年部的第一个访华团,访华团50名成员绝大部分是创价学会在各地的青年部部长。

中国科学院和法国原子能总署在北京签署基础研究方面的3年科学合作协议

协议决定,双方将组织科学家互访和讲学,交换研究人员从事研究,并组织共同研究项目。协议对双方共同感兴趣的研究项目作了具体规定。

中国科学院秘书长郁文、法国原子能总署基础研究所总所长霍洛维茨教授在协议上签字。

出席签字仪式的有中国科学院副院长胡克实、钱三强,法国驻中国大使阿尔诺。

1月16日

《人民日报》发表社论《伟大的转变和宣传工作的根本任务》

全党工作的着重点转移到社会主义现代化建设上来以后,宣传工作的根本任务是什么?这是一个必须弄清楚的问题。这个问题弄清楚了,宣传工作才能赶上新的形势,才不会迷失方向。

粉碎"四人帮"以来的两年,是拨乱反正的两年,扭转乾坤的两年,是一场政治上的大搏斗、大革命,我们取得了历史性的伟大胜利。两年来宣传工作的根本任务也是拨乱反正,拨林彪、"四人帮"假马列主义、假毛泽东思想之乱,还马列主义、毛泽东思想的本来面目。这个根本任务完成得很好。就全党来说,宣传工作,理论工作,思想工作,取得了巨大的成绩。以华国锋同志为首的党中央,领导我们用马列主义、毛泽东思想澄清了一系列被林彪、"四人帮"歪曲了、颠倒了的思想是非、理论是非、政策是非,把全党、全军和全国人民的思想从林彪、"四人帮"的禁锢下解放出来,一天比一天活跃。没有这种广泛、深入的思想发动,没有思想领先,许多事情是扭不过来的。许多年来,党内、军内、人民中间,有没有像这两年多来思想如此之活跃?少有。广大群众辨别真假马克思主义的能力,或者叫马克思主义的思想水平、理论水平、政策水平,有没有像这两年多来提高得这么快过?少有。从这个意义上说,我们这两年来取得了伟大胜利,首先是我们思想上、理论上、政策上取得了伟大胜利。

各级党委的宣传部门,包括理论、新闻、出版、文艺等部门,这两年多来也做了不少工作。一个十分可喜的现象是,涌现了一大批旗帜鲜明、立场坚定、有能力的领导干部，涌现了一大批优秀的理论、宣传人才，特别是一些40岁左右、年富力强的理论工作者。他们抓住真理，所向披靡，敢想敢说敢干，是一批忠于马列主义、毛泽东思想的闯将。这是宣传战线上一个很重要的收获。当然，宣传部门也有一些领导同志不够坚强，领导不够有力。这就需要认真地总结经验教训，改进工作，使宣传工作在实现四个现代化的伟大斗争中发挥更大的作用。

中央工作会议和三中全会期间，在华国锋同志、叶剑英同志、邓小平同志的讲话中，在三中全会的公报里，对党的工作重心转移以后宣传工作的根本任务都讲了很多话，集中起来，就是：把马列主义、毛泽东思想的普遍真理同实现四个现代化的伟大实践密切结合起来，研究新问题，解决新问题，尽可能地使我们的思想理论工作走在实际工作的前头，把毛泽东思想推向前进，加速社会主义现代化建设的进程。

马列主义、毛泽东思想的普遍真理，在任何时候、任何战线，都不能背离。如果背离了，就要犯修正主义的错误。我们要继续防止和反对来自“左”的和右的对马克思主义的修正。林彪、“四人帮”的修正主义路线，打着“最最最”革命的旗号，具有很大的欺骗性。由于在很长的一段时间里，这伙假马克思主义政治骗子窃据了宣传部门的领导权，以假乱真，很多人上当，特别是一些年轻人误把林彪、“四人帮”的反革命修正主义当作了马列主义、毛泽东思想。两年多来，我们同他们的反革命修正主义路线的斗争虽然取得了很大成绩，但在这个根本问题上，还有许多拨乱反正的工作要做。这是党的宣传部门决不能放松的一个重要任务。

马列主义、毛泽东思想是我们行动的指南。我们坚持马列主义、毛泽东思想的普遍真理，就要把这个普遍真理同具体实践密切结合起来。在当前和今后整个社会主义现代化建设的新时期，就是要把马列主义、毛泽东思想的普遍真理同社会主义现代化建设这个新的伟大具体的实践密切结合起来。把全党工作着重点转移到社会主义现代化建设上来，是一场崭新的、前所未有的伟大的转变，对我们来说，是一个新事物。我们面临的新情况、新问题层出不穷。许多问题不可能从马列著作和毛泽东同志的著作中找到现成的答案，只能靠我们用马列主义、毛泽东思想的普遍真理加以研究，分析新情况，解决新问题，得出新结论，否则我们的伟大事业不可能实现。对于马列主义、毛泽东思想和实践相结合，有三种情况。一种是结合得很好的，是真马克思主义；一种是结合得不紧密，是百分之三四十、百分之五六十，或者百分之七八十的马克思主义。还有一种是打着马列主义、毛泽东思想的旗号，招摇撞骗，这是假马克思主义，是反马克思主义的政治骗子。我们必须坚定不移地走紧密结合的道路。要紧密结合是不容易的，否则为什么我们的革命还会发生许多曲折呢？但是这个道路必须明确，方向必须指明，我们必须排除一切困难，朝着这个唯一正确的道路前进。为了完成新时期宣传工作的根本任务，我们需要从哪些方面去努力呢？

要认真读马列著作和毛泽东同志的著作。没有这一条，你用什么东西同具体实践相结合？我们有一些同志，从参加革命起就孜孜不倦地读马列的书和毛泽东同志的书，这种人不很多。有一些同志参加革命几十年，基本上不读书，不读马列，这种人也不多。最大多数是断断续续读了一点，结果是若明若暗。有些同志不懂马克思主义的基本常识，往往在常识问题上犯错误。几十年来，这种历史教训有的是，全党同志必须记取。现在，全国脱产干部很多，加上今后纠正错案、落实政策，还要安排一大批干部。这就完全有可能抽调大批干部轮流到各级党校和各种训练班去学习。这样，既提高了思想，也有利于工作。

要面向实际。我们是“背靠马列，面向实际”。靠老首长，靠“来头”，靠这样那样的“靠山”，都靠不住，只有靠马列，靠毛泽东思想。面向实际，一是面向四个现代化的实际；二是面向党内党外干部群众的思想实际；三是面向我们过去、现在和今后的经验教训的实际。马列主义、毛泽东思想之所以能不断发展，在于它以极为丰富的群众斗争的实际作为开拓、汲取的源泉。我们不是一时一事地面向实际，而是要长期地不断地下苦功夫地面向实际。这里有一个敢不敢面向实际、敢不敢实事求是的问题。在宣传工作中也跟在其他工作中一样，有些同志喜欢“绕开矛盾走”，也就是绕开实际存在的思想问题走。群众中明明有很多思想问题、理论问题，对过去走过的道路明明有些不同的看法，对过去说过的一些明明不符合实际的话、作过的一些明明不符合实际的决定，有些同志不敢接触不去解决，或者是不点头，不摇头，或者是含糊其词，模棱两可，或者是隔靴搔痒，钝刀子割肉。这种不敢面向实际、不敢实事求是、不敢宣传真理的宣传部门，岂不是连存在的价值都应该考虑了吗？

要解放思想。解放思想，第一要真正有点马列主义，否则就可能胡说八道；第二要有革命勇气。这就是毛泽东同志所说的“抓住真理，所向披靡”。真理抓住了，不敢所向披靡，这不行；只是想所向披靡，但没有真理，那也不行。现在有些人提出了很多问题，思想很解放，有很多好的东西，但并不都符合马列主义的原则；有些人只摆出了一副“所向披靡”的架子，没有抓住真理，没有马列。

这是一种情况。另一种情况，也是更重要的，就是有不少干部，包括领导干部，思想很不解放，脑子里还有很多禁区，前怕狼后怕虎。做宣传工作的同志要有充分的勇气，敢于打破林彪、"四人帮"设置的理论禁区，认真清理这十几年来沿袭下来的一些错误的口号。这些口号似是而非，给理论工作和实际工作造成很大的危害。不从这些根本性的问题上拨乱反正，分清是非，还难免心有余悸，搞马列主义总担心被扣上"修正主义"的帽子。这种历史的颠倒应该结束了。

要认真改进作风。各级党委的宣传部，都要做"百家争鸣，百花齐放"的"双百"方针的促进部，真正实行"三不主义"，不抓辫子，不戴帽子，不打棍子；决不能成天拿着棍子把关、打人，不是把人家的稿子棱角磨光，只留下八股套话，就是判处"无期徒刑"，甚至"枪毙"。我们不能搞这一套。如果说宣传部是个"婆婆"，我们也要当一个开明的婆婆，决不能当那种这也不准、那也不准、无数禁忌的"恶婆婆"。

宣传工作是搞意识形态的，很容易犯错误。因为事物发展的内在矛盾有一个暴露的过程，当矛盾还没有充分暴露的时候，现象和本质往往很不相符合，而宣传工作又必须走在前面，去做宣传，这就很容易出错。这些年来，除了林彪、"四人帮"的迫害以外，我们对宣传工作的这个特点也照顾不够。有人说，搞自然科学的可以犯几百次错误，而搞意识形态的只要出一个错误，往往一辈子也翻不了身。这种状况要坚决改过来。要体谅做宣传工作的同志，允许他们犯错误，错了就改。我们党内曾有那么一些"理论棍子"，动不动就打人，是恶棍。"文化大革命"初期，陈伯达几个人祭起那根"横扫一切牛鬼蛇神"的大棒打下来，好人就剩下不多了。林彪、"四人帮"的棍棒，那就更不用说了。我们要坚决反对这种恶棍作风，反对文化专制主义。对人家的文章、作品，不要轻易否定，不要一棍子打死。有的同志说革命就是批判，这是对的。但是，我们不能把批判理解得很狭窄。批判就是扬弃，扬的过程当中有弃有留。好比农民扬场一样，弃掉稗子，留下稻谷。马克思、恩格斯、列宁、斯大林和毛泽东同志，不仅批判了许多东西，而且推崇过许多东西，推崇过许多思想家、科学家、哲学家和文学家。他们对一个作者，从来不是抓住片言只语无限上纲，或者捕风捉影，说是影射了什么，产生了什么副作用，而是从通篇中去看主要倾向，然后作出恰如其分的评价，这才是我们的榜样。

改进宣传工作，要靠发动群众。宣传工作上的是非，思想理论战线上的是非，靠少数领导人裁决是很困难的。有些同志习惯于根据"长官意志"判断是非功过，这是不对的。实践是检验真理的唯一标准，一部作品是好是坏，要从它的实际效果去判断，而不能单凭一两个领导人说了算。过去，长官一句话，就决定人家的命运，不容分说，不容辩解，这是党内生活不正常的表现。现在，除去这种恶习，有些做宣传工作的同志就觉得无所适从了。这些同志应该眼睛朝下，到群众中去寻找学问。我们一定要把学风搞好，坚持群众路线的方法、民主的方法、讨论的方法、说理的方法。

全党工作的着重点转移了，我们伟大祖国奔向四个现代化的时代列车开动了。许多新的课题摆在宣传部门面前。过去，我们着重谈的是政治，是阶级斗争、两条路线的斗争，现在要着重谈经济，谈四个现代化。如果我们不讲，或者讲外行话，搞不好社会主义现代化建设的宣传，人民就有理由批评说：你们同样在说空话、说大话。我们要认真研究怎样搞好四个现代化的宣传。要把十一届三中全会的精神传达好，要切实按照三中全会的公报来进行宣传。我们要宣传全党工作重心转移的伟大意义；宣传必须把经济建设特别是农业生产搞上去；宣传一定要维护一个长期的安定团结的政治局面，要继续解决一大批大是大非的问题；要有一条马克思主义的思想路线；要发扬党内外的民主，加强法制。总之，要围绕着四个现代化组织一次新的大规模的马克思主义的思想教育运动。在中国革命历史上，"五四"运动是一次马克思主义的思想教育运动，它在思想上和干部上准备了1921年中国共产党的成立。延安整风也是一次马克思主义的思想教育运动，它统一了全党的认识，导致了抗日战争和解放战争的胜利。两年多来思想战线上的拨乱反正和今后一个时期对社会主义现代化建设的宣传，是一次新的马克思主义的教育运动，它的规模和深度都将超过历史上同类运动，也一定能动员起全党和全国人民，使我们伟大祖国在本世纪末或者更短的时间内，建设成为现代化的社会主义强国。宣传战线上的同志们，努力吧！

国务院发出通知要求各地在春节期间对上山下乡知识青年进行宣传慰问活动

通知说，广大上山下乡知识青年响应党的号召，到农村去，到边疆去，在农村三大革命斗争中作出了重要贡献，涌现了许多好人好事，他们是建设社会主义现代化强国的一支重要力量。当前，全党一心，举国一致，正在认真学习和贯彻党的十一届三中全会精神，把全党工作的着重点转移到社会主义现代化建设上来。为了进一步发挥广大上山下乡知识青年在新长征中的生力军作用，各地春节期间在城乡要通过联欢会、报告会、家访以及召开知青座谈会和家长座谈会等多种形式，对上山下乡知识青年进行宣传慰问。有关领导同志要参加慰问活动，并听取他们意见。对上山下乡知识青年中的英雄模范人物，要给予表扬奖励。对于生活确有困难的知识青年、特别是已婚青年，由县知青办公室或农场分别给予适当补助。对于节日期间回城探亲的知识青年,应当同当地城镇居民一样享受节日副食品供应,并在文化活动方面给予优先照顾。

通知说,在宣传慰问活动中,要组织知识青年认真学习党的十一届三中全会公报,使他们深刻理解全党工作着重点转移的伟大意义,树雄心,立壮志,为加速实现四个现代化贡献自己的智慧和力量。要组织知识青年学习全国知青工作会议的文件,使他们了解以华国锋同志为首的党中央对上山下乡知识青年是十分关怀和重视的。对于他们当中存在的实际问题,要按照中央制定的方针、政策和措施,逐步加以解决。解决这些问题,需要有个过程。要引导广大知识青年从大局出发,服从国家的安排;要向前看,团结一致,加强纪律性,巩固和发展安定团结的大好形势。

通知要求各地对上山下乡知识青年的宣传慰问活动要安排适当,讲究实效,发扬艰苦朴素的优良传统和革命作风,严禁形式主义和铺张浪费的歪风邪气。

全国政协副主席 西藏自治区接待藏族同胞归国和参观委员会副主任帕巴拉·格列朗杰等上层爱国人士联名发表文章《寄语在国外的藏族同胞》

文章写道:西藏自治区接待藏族同胞归国和参观委员会成立的喜讯,体现了党的民族政策的精神,寄托着祖国人民、西藏自治区160多万名藏族同胞的怀念之情,像和暖的春风一样,吹过喜马拉雅山脉,轻拂着暂居国外的藏族同胞们的心。此时此刻,我们的心情也和其他人一样,十分激动。你们离开故土20多年了,思归不如愿,念亲不得见,说有归期却无期,无不盼望早日结束这种寄人篱下的境遇。

西藏是祖国不可分割的一部分。西藏民族是中国境内具有悠久历史的民族之一。在伟大祖国的创造与发展过程中,作出了显著的贡献,尽了自己的光荣的责任。尽管历史上存在着帝国主义的入侵,存在着民族压迫,加之分裂主义分子妄图从中渔利,但始终没能把西藏同祖国割裂开来。因为它是千百年的历史发展渊源、民族的利益和愿望凝结起来的。

《关于和平解放西藏办法的协议》像太阳一样,照亮了西藏民族应走的唯一康庄大道,也照亮了陷于被奴役和被压迫的深渊中的百万农奴求得解放的道路。民主改革后,西藏出现了前所未有的巨大变化。西藏民族同国内其他民族一样,充分享受着民族平等的权利,实现了民族区域自治。西藏人民过着安居乐业、自由幸福的新生活,并正在为创造十分繁荣昌盛的社会主义新西藏同心协力。释迦牟尼也不曾梦想到今天西藏会变成这样的太平盛世。凡是略晓西藏、入藏观光、或者20年后重游旧地的朋友们,无不为西藏的巨大变化而赞叹不已。每一个在国外的藏族同胞,对可爱的祖国,美好的家乡,如果是出自真心的热爱,就应该坚决维护祖国的统一,反对分裂。这样才不辜负祖国人民的期望,才可告慰西藏父老的慈心,而不致淹没于无边的苦海之中,成为民族的千古罪人。

文章写道:中华人民共和国经历近30年艰苦奋斗的岁月,业已初步改变她那贫穷落后的面貌。中华民族已自立于世界民族之林。西藏人民同全国各族人民一样扬眉吐气,感到无上的光荣。最近,我国和日本签订了和平友好条约;中美关系也正常化了;举国上下呈现出一派安定团结、生动活泼的政治局面,形势比以往任何时候都好。西藏人民同全国各族人民一道,在党的十一届三中全会决议鼓舞下,正在为实现四个现代化的伟大目标而携手共进。在这样的形势下,在南亚有远见的政治家,都不会赞同并非侨民的邻国同胞被称为"难民"而无限期地居住下去的;也不会让有损于睦邻友好关系的所谓"流亡政府"无限期存在的。这就是历史潮流的大势所向。只有顺应民族的意志,符合历史的潮流,才能获得光明的前途。

中国共产党人光明磊落,宽怀大度。从不会丢弃与我们友好合作的老朋友,也不会计较迷途知返的朋友的罪过。去年班禅又被选为政协全国常务委员,在押参叛要犯的获释等,就是最好的例证。在国外藏族同胞的大多数,经过20年的观察,都感到走爱国的路,才是正道。最近,达赖喇嘛又表示愿意接受现状,回归祖国,对此我们表示欢迎。对持有此种态度的在国外的藏族同胞,包括僧侣贵族各界人士在内,我们都表示欢迎。共产党一贯主张爱国一家,爱国不分先后,返回祖国,适当安置。希望达赖喇嘛以民族团结的利益为重,为维护祖国的统一事业作出自己的贡献。

我们伟大祖国的锦绣前程,为一切知识分子开辟了无限广阔的天地。随着祖国建设的蓬勃发展,一个百花齐放、百家争鸣的大好局面正在展开。目前,对西藏的历史、宗教、经济、文化、藏医和藏历等诸学科的研究工作,有了新的进展。在国外的藏族同胞中,从事这些研究工作的知识分子也不少。由于他一无充足的文史资料可查,二无学识渊博的前辈可问,三无对实地的深入考察,所以就其研究成果的广度和深度而言都颇感有限。专心致力于研究西藏的藏族学者,唯有走爱国的路,才不至于忧虑到老死而研究成果微薄。我们殷切地期望在国外的藏族知识分子,早日回到祖国的怀抱,把心血献给祖国壮丽的事业,这样才无愧于自己智慧的祖先,才会在赞颂中瞑目九泉。

由于你们久居国外,音信隔绝,对现今西藏的巨变和真实情况不大清楚;对自己的过去忧心忡忡、顾虑重重;对共产党的政策半信半疑;对人民公社甚至有些害怕等等，造成许多人思归乡与家人团聚，却又裹足不前的状况。人民政府考虑到这种情况，特为在国外的藏族同胞成立了一个西藏自治区接待藏族同胞归国和参观委员会，呼吁在国外的藏族同胞认清形势，打破顾虑，欢迎在国外的藏族同胞回归祖国，为建设社会主义的新西藏贡献出自己的力量。同时，也欢迎流落国外的藏族同胞回国探亲访友，参观游览。凡愿意留下的，妥善安置其生活，并给予适当的工作；凡不愿意留下的，接待委员会将提供交通方便，礼送出境。

文章最后说：时代在前进，形势在发展，历史的潮流是不可抗拒的。在国外的藏族同胞，长此下去，终非所计。昔人有言，“识时务者为俊杰”。

希望你们打消顾虑，早日回到祖国怀抱，和我们一起为建设社会主义新西藏贡献力量。

这篇文章的作者是：政协全国副主席、政协西藏自治区委员会副主席、西藏自治区接待藏族同胞归国和参观委员会副主任帕巴拉·格列朗杰，政协西藏自治区委员会副主席、西藏自治区接待藏族同胞归国和参观委员会委员生钦·洛桑坚赞，政协西藏自治区委员会副主席、西藏自治区接待藏族同胞归国和参观委员会副主任德格·格桑旺堆，政协西藏自治区委员会副主席、西藏自治区接待藏族同胞归国和参观委员会副主任桑顶·多吉帕姆，政协西藏自治区委员会常务委员、西藏自治区接待藏族同胞归国和参观委员会副主任拉乌达热·土登丹达，政协西藏自治区委员会委员、西藏自治区接待藏族同胞归国和参观委员会委员拉鲁·才旺多吉。

国务院副总理陈慕华在北京分别会见塞内加尔新任驻华大使帕斯卡尔·昂图瓦纳·萨纳和毛里塔尼亚新任驻华大使巴·穆罕默德·阿卜杜拉希

中国未来研究会在北京成立

中华全国科学技术协会又增添了一个新的成员——中国未来研究会。

中国社会科学院副院长于光远、副秘书长梅益出席了中国未来研究会在北京举行的成立大会。于光远在会上讲话说，我们要用预言的科学来作出科学的预见。这就是说，要以马列主义、毛泽东思想为指导，来研究我国四个现代化建设中的许多未来问题，为加速实现四个现代化服务。

未来研究是近年来世界上新兴的一门边缘科学。它对自然和社会的许多未来问题进行研究和预测。

我国四个现代化建设事业急需对各种未来问题进行研究，诸如人口、能源、工业、农业、科技、教育等发展趋势如何，应该实行什么政策等等，都是研究的课题。未来研究会的成立，正是为了促进并协调各方面研究力量对这些未来问题进行共同的研究。

中国未来研究会干事会推选杜大公为总干事长、秦麟征为秘书长，聘请于光远、钱学森、钱俊瑞为顾问。

未来研究会将出版会刊《未来与发展》。

1月17日

中共中央批转中央统战部等六部门《关于落实对国民党起义、投诚人员政策的请示报告》并发出通知

通知指出，爱国一家，既往不咎，一视同仁，量才录用，妥善安置，是我党对国民党起义、投诚人员的一项重要政策，不仅对恢复党的优良传统是必要的，而且对台湾回归祖国，完成祖国统一大业，具有重要的意义。

报告重申从七个方面具体解决存在的问题，把党对国民党起义、投诚人员的各项政策落到实处。

国务院副总理邓小平同胡厥文 胡子昂 荣毅仁等工商界领导人谈话

邓小平听取了他们对搞好经济建设的意见和建议，并提出要落实对原工商业者的政策，摘掉资本家的帽子，发挥原工商业者的作用。邓小平说：我们现在搞建设，门路要多一点，可以利用外国的资金和技术，华侨、华裔也可以回来办工厂。总之，钱要用起来，人要用起来。他还对荣毅仁创办中国国际信托投资公司给予支持。

《人民日报》发表评论员文章《大小霸权主义受到严正审判》

联合国安理会应民主柬埔寨政府的要求，从1月11日起举行紧急会议，讨论越南在苏联支持下武装侵略柬埔寨问题。民主柬埔寨政府的高级代表西哈努克亲王和民主柬埔寨代表团，在会上有力地揭露和控告了越南发动侵略战争的野蛮罪行和苏联作为幕后教唆犯的丑恶行径。绝大多数安理会成员国的代表谴责和声讨了越南的侵略。苏联妄图把越苏勾结炮制的柬埔寨傀儡代表塞进安理会会议的阴谋遭到可耻破产。这是对越南侵略者及其主子苏联社会帝国主义的一次严正的审判，是民主柬埔寨政府和人民抗越卫国神圣斗争在政治上的一次重大胜利。

在这次会议上，苏越竭力散布发生在柬埔寨的战争是什么柬埔寨“内政”的弥天大谎，以掩盖越南侵略的真相。但是，西哈努克亲王以大量无可争辩的事实驳斥和揭穿了苏越制造的谎言，证明这场战争纯粹是越南对柬埔寨“单方面地、专横地和非正义地发动的一场侵略、吞并、殖民主义的和地区霸权主义的战争”；

所谓“柬埔寨救国民族团结阵线”和伪政权，不过是越南侵略柬埔寨的“一层一文不值的烟幕”而已。新加坡代表指出，“无可辩驳的证据证明”，越南“已经派遣它的军队跨过国际边界进入民主柬埔寨，并干预了那个国家的内部事务”。新西兰代表指出，“有一件事情是清楚的，那就是越南军队进入了柬埔寨并且正在同民主柬埔寨人作战，他们侵犯了另一个国家的领土主权。”加蓬、赞比亚等国代表民指出，越南的侵略破坏了《联合国宪章》的原则和不结盟运动的宗旨。再不需要引用更多代表的发言了。全世界都知道，越南派出十几万装备精良的正规部队，在苏联坦克、大炮和飞机的掩护下对柬埔寨发动了一场希特勒的闪电战，侵占了柬埔寨包括首都金边的大片国土。这个血写的事实，岂是任何墨写的谎言所能抹杀得了的！越南是赤裸裸的侵略者，苏联则是这场侵略战争的直接唆使者和后台老板。越南及其主子苏联的这个罪状是定了的，它们的无耻狡赖是欺骗不了任何人的。

为了阻挠安理会召开会议讨论越南对民主柬埔寨的武装侵略，作为安理会常任理事之一的苏联施出了浑身解数，搞了不少丑恶的名堂。它做贼心虚，先是把越南在它支持下对柬埔寨的侵略说成是所谓柬埔寨的“内政”，反诬讨论这个问题倒是干涉柬埔寨的“内部事务”千方百计地反对召开安理会会议；继而又企图把越南炮制的柬埔寨傀儡政权的“代表”塞进会议参加讨论，无理要求推迟开会以待傀儡代表的到来。苏联的这些拖延手法，遭到了除苏捷代表以外的绝大多数安理会理事国代表的驳斥和拒绝。为此，苏联代表竟不惜伪造柬埔寨傀儡致安理会的“电报”。然而，这个机关也被当场揭穿，苏联代表瞠目结舌，哑口无言。苏联干扰和破坏安理会正常讨论的种种卑劣手法遭到了安理会绝大多数成员国的严正驳斥和强烈反对。苏联代表机关算尽，丑态百出。这充分表明，霸权主义者想以不光彩的鬼蜮伎俩达到其肮脏的政治目的，只能在国际上进一步遭到唾弃。

越南侵略柬埔寨的血腥战争，对于亚太地区特别是东南亚各国的和平与安全构成了严重的威胁。世界上许多国家都为此感到忧虑和不安。正如巴基斯坦报纸所说，“柬埔寨的命运给那些处于俄国”阴影下的小国“提出了明确无误的警告：类似的手段也可能用来对付它们”。世界舆论还指出，“越南在苏联的亚洲战略中，起了古巴……在非洲和其他地方所已经起的作用”事情很明白，苏联支持越南侵略柬埔寨，不仅是柬埔寨一个国家的安危存亡问题，而且是苏联在亚太地区特别是东南亚进行侵略扩张的一个重要步骤。越南及其主子苏联的这个侵略行动，理所当然地受到国际舆论的严厉谴责和制裁。

正因为这样，人们可以看到，在这次安理会的会议上，越南侵略者及其后台苏联自始至终处于被告地位，而民主柬埔寨反抗侵略、维护独立、主权和领土的完整的正义斗争得到了绝大多数国家的同情和支持。民主柬埔寨代表团在安理会会议上代表800万名柬埔寨人民，正式向安理会提出了制止越南侵略，维护国家独立、主权和领土完整的5点正当要求。我国常驻联合国代表团向安理会提出了关于谴责越南侵略柬埔寨的8点主张。孟加拉国、玻利维亚、加蓬、牙买加、科威特、尼日利亚和赞比亚等不结盟国家也联合提出了要求外国军队从柬埔寨撤军了决议草案。所有这些要求和决议草案，都是有利于维护《联合国宪章》的宗旨和原则，有利于制止越南侵略、支持柬埔寨人民抗越卫国的正义事业，有利于维护亚洲与世界和平，因而受到绝大多数安理会成员国的赞成。安理会最后进行表决，再一次以13票对2票的压倒多数通过了孟加拉国等7国的决议草案。但由于苏联投了反对票，因而这一决议遭到了专横的“否决”。这就进一步暴露了苏联社会帝国主义的真实面目，暴露了它利用越南、古巴作为马前卒到处捣乱，以致对一个主权国家公然发动侵略战争，破坏世界和平的霸权主义野心。

然而，苏联可以滥用“否决权”来阻挠安理会采取制止越南侵略的必要措施，却“否决”不了真理，“否决”不了英雄的柬埔寨人民反对侵略、抗越卫国的战斗意志，“否决”不了全世界人民要求伸张正义、制止侵略、维护和平的共同愿望。这些天来，越南侵略者及其后台苏联不仅在联合国内受到谴责和反对，而且在联合国之外，在全世界到处受到愤怒的抗议和谴责。朝鲜、罗马尼亚、南斯拉夫等社会主义国家仗义执言，坚决谴责越南用军事力量推翻柬埔寨合法政府；广大亚、非、拉国家特别是东南亚国家尤其关注柬埔寨的局势，要求制止越南侵略。东盟五国外长特别会议发表联合声明，反对外国武装干涉柬埔寨的独立，要求外国军队立即完全撤出柬埔寨。会后东盟发言人明确指出，五国声明是向越南发出的“直接呼吁”。西欧和大洋洲各国政府也要求不能宽恕侵略者。美国政府也表示，对柬埔寨的入侵威胁着区域性和平与稳定。许多国家人民群众走上街头，游行示威，散发传单，高呼“苏联和越南杀人犯滚出柬埔寨”；许多国家的政党、团体和报刊纷纷要求政府停止给予越南以任何经济国事援助；有些国家原来与越南友好的群众组织也由于今天越南的侵略行径而毅然宣告解散。“尔曹身与名俱灭，不废江河万古流。”越南在苏联支持下侵略柬埔寨，在国际上已是人心丧尽，声誉扫地。

现在，越南侵略军虽然暂时占领了柬埔寨的大部城镇，占领了柬埔寨的首都，但这决不意味着战争的结束。柬埔寨人民的抗越卫国战争开始了一个新的阶段。英勇的柬埔寨人民正在民主柬埔寨政府的领导下，高举全民族大团结的旗帜，高举爱国主义的旗帜，结成最广泛的民族的民主的爱国统一战线，开展持久的人民战争。柬埔寨人民正同仇敌忾，一致对敌，在各地到处打击越南侵略者。斗争是长期的、艰巨的，但最后胜利一定属于英勇反抗侵略的柬埔寨人民。真理和正义是在柬埔寨人民一边，全世界一切爱好和平与主持正义的国家和人民的同情与支持是在柬埔寨人民一边。任何侵略者决不会有好下场。大小霸权主义恶贯满盈，必将受到历史的严厉惩罚！

国家科委副主任武衡在北京就《中华人民共和国发明奖励条例》的若干问题接受记者采访

国务院经过修订的《中华人民共和国发明奖励条例》（以下简称《发明奖励条例》）发布后，引起科学技术人员和广大干部、群众的关注，《人民日报》记者为此走访了国家科委副主任武衡。

问：大家都说这个《发明奖励条例》很重要，请谈谈现在发布这个条例的重要意义。

答：宪法规定我国实行“不劳动者不得食”、“各尽所能、按劳分配”的社会主义原则，并规定在无产阶级政治挂帅的前提下，实行精神鼓励和物质鼓励相结合而以精神鼓励为主的方针。这次发布的《发明奖励条例》，就是根据这个精神，对1963年11月发布的原条例进行修订后产生的。实践证明，给发明者以奖励，这对于调动广大科技人员的社会主义积极性，促进科学技术现代化，加速社会主义建设，有着重大的意义。过去，党中央、毛主席很重视科学技术奖励问题。毛主席曾为发明证书题字。周总理领导我们制定并颁发了几个科学技术方面的奖励条例，如《科学奖金暂行条例》《技术改进奖励条例》《发明奖励条例》等。这些条例，都对我国科学技术的发展起了积极的作用。但是，后来林彪、“四人帮”诬蔑奖励制度是修正主义货色，是什么“奖金挂帅”、“物质刺激”，批判了多年，搞乱了人们的思想，使这些条例不能贯彻执行，不少发明创造得不到应有的奖励，严重地影响了广大科技人员的积极性和创造性。这次重新颁布《发明奖励条例》，是华国锋同志为首的党中央拨乱反正，促进科学技术现代化的重要措施，是科技战线上的又一件大事。它将进一步调动广大科技工作者和工农兵群众发明创造的积极性，加速实现四个现代化。

问：条例强调了奖金应该发给发明者本人，请谈一谈这样做的必要性。

答：奖金应该发给谁？条例明确规定：应该发给发明者（个人或集体）。这一点本来是不言而喻的。但由于林彪、“四人帮”的干扰破坏，这个问题被搞乱了，结果搞科学研究吃大锅饭，发奖金也吃大锅饭。有的只强调奖集体，不敢奖个人，更不敢奖科技人员。奖金不按贡献大小，平均分配，这是违反社会主义分配原则的，是平均主义思想在作祟。有些单位的领导人怕麻烦，图省事，拿到集体发明奖后，不按贡献大小分给个人，而改作他用，搞所谓“集体福利”。这是变相取消奖励制度。这样做怎么能起到鼓励先进的作用呢？为了防止这种错误倾向，条例明确规定了奖金分配的原则：集体奖金，按发明者的贡献大小，合理分配；个人奖金，发给个人。

应当说明，要真正执行好条例，按条例的规定办事，需要做很多细致的工作。在执行过程中，还要不断总结经验，改进工作。为了加速社会主义现代化建设，我们应该舍得花工夫，切实解决好执行过程中遇到的具体问题，使这个条例得到正确的、严格的贯彻执行。

问：过去有人在评奖时，把技术革新等也算作发明，这样做对不对？

答：条例规定，发明是一种重大的科学技术新成就，它必须同时具有下列3个条件：(1)前人所没有的；(2)先进的；(3)经过实践证明可以应用的。这就是说，前人已有的技术当然不能算发明；虽然前人没有，但是不先进，或者不能应用的，也不能算发明。这里所说的发明，必须具备上述3个条件，它能使生产或工作更加多快好省。所以，发明奖就是奖给发明的，不是奖给技术革新的。

当然，技术革新也很重要，它的成果也能提高技术水平和劳动生产率，也应当受到奖励。国务院1963年发布的《技术改进奖励条例》，就是奖励技术改进的，技术革新成果应按这个条例的规定给予奖励。

问：这次经过修订的条例，与原来的《发明奖励条例》有什么不同？

答：这次颁布的条例，比原来的条例增加了一些重要的内容。如第十四条原来条例中是没有的，是在总结过去工作经验的基础上并根据当前的实际情况增加的。过去在进行发明奖励的过程中，曾出现过一些本位主义、个人主义、互相封锁、互不协作等不良倾向。有的人还剽窃他人的劳动成果，甚至对发明者进行压制、打击。这次修订后的条例，在第十四条中明确规定，对发明奖励要采取严肃认真和实事求是的科学态度。在贯彻执行奖励制度时，要加强思想政治工作，提倡社会主义大协作精神。对于那些打击、压制发明和在发明上弄虚作假，剽窃他人劳动成果的行为，应当批评教育，加以纠正，情节恶劣者，要给予应得的处分。有人说：“第十四条执行不好，整个条例都将执行不好。”这句话说得有道理。另外，这次修订的条文，比过去更简明、精练,因而也更有利于贯彻执行。

解放军总政治部发出《关于贯彻执行全党工作着重点转移问题的政治工作的意见》

总政对军队政治工作如何适应全党工作着重点的转移,提出了6条意见:

一、首先要转变思想。实现全党工作着重点的转移,首先要转变思想。要认真传达和贯彻好十一届三中全会和在这之前召开的中央工作会议精神。

继续深入开展实践是检验真理的唯一标准的讨论,充分发扬民主,大力提倡解放思想,开动机器,实事求是,克服一切妨碍我们前进的思想障碍。

把宣传新时期的总任务作为政治工作的中心内容。部队要经常进行党的现行政策教育。加强社会主义民主和法制的教育。要认真实行民主集中制,搞好军队建设。

二、把揭批"四人帮"的斗争搞得善始善终。

要妥善解决三支两军中遗留的问题,增强军政、军民团结。

要抓紧落实党的干部政策。

三、加强部队教育训练中的政治工作。为适应加快建设现代化革命军队和现代作战的要求,必须把部队的教育训练作为中心任务来抓,并大力进行改革,使其走上轨道。

部队的政治教育,根本的是组织干部战士学习马列主义、毛泽东思想,要努力把马克思主义的普遍原则同我国实现四个现代化的具体实践结合起来,同我军的革命化现代化建设结合起来。各项政治教育,都要研究新的历史条件下出现的新情况、新问题,加强针对性、战斗性,克服保守主义、本本主义和形式主义,切实注重实效。

要加强训练中的政治思想工作。引导干部战士以毛泽东军事思想为指针,研究现代战争的特点和规律。提倡科学练兵,要鼓励和支持干部战士勇于思考,勇于探索,勇于创新的革命精神,破除不适应军队现代化建设和现代作战要求的墨守成规、故步自封等老习惯和旧框框。要鼓励部队进行训练改革和技术革新。

四、继续整顿配备领导班子。实现全党工作着重点的转移,加快现代化革命军队的建设,首先要有好的领导班子。一定要按照军委会议、全军政工会议,特别是这次中央工作会议和三中全会的精神,加强领导班子的建设,把各级领导班子整顿配备好。

要认真贯彻执行干部服役条例,有计划地选拔和培养无产阶级革命事业的接班人。

要加强对干部的思想教育,启发他们识大体、顾大局,关心军队建设和国家建设的大事,为实现社会主义四个现代化作出贡献。也要关心干部的物质利益,认真解决好他们的实际问题。

要坚持干部考核制度,做到赏罚严明。

五、积极参加和保卫社会主义现代化建设,军队负责国防科研和军工生产的单位,要加强领导,集中精力,把国防科研和军工生产搞上去,加速实现国防现代化。我们必须提高警惕,随时准备给入侵之敌以毁灭性打击,保卫我国的社会主义现代化建设。

六、转变领导作风。全党工作着重点的转移,必须在领导作风上来一个大转变。

要加强责任制。实行党委集体领导下的分工负责制,切实做到分工负责,改变党委包揽一切和分工不负责的现象。

要坚持实事求是。我们搞一切工作,包括教育训练、国防科研、施工生产等,都要发扬实事求是,一切从实际出发,理论和实践相结合的优良作风。

要深入下去。各级领导要保持和发扬谦虚谨慎,戒骄戒躁的作风,深入部队,深入群众,调查研究,了解现代化建设中的新情况,解决新问题,总结新经验。

文化部部长黄镇宣布邀请台湾省文艺工作者参加全国会演

文化部部长黄镇今天向新华社记者宣布:邀请台湾省文艺工作者来京参加中华人民共和国成立30周年文艺会演,并欢迎台湾省文艺界派代表来北京观摩。

今年10月1日是中华人民共和国成立30周年。文化部决定在北京举行全国文艺献礼会演。这一活动已开始分批在北京进行。

黄镇还表示:如果台湾省电影工作者愿意和祖国大陆的电影厂合作拍摄电影,也热烈欢迎。

中国人民银行首次在香港发行纪念金章

中国人民银行所属中国造币公司精工铸造的北京名胜纪念金章1500套,春节前由香港宝生银行在香港经销发行,以供应港澳和国外的藏币家和旅游者。

中国人民银行首次铸造和发行的这套纪念金章,每枚直径27毫米,成色为22开,含纯金0.5盎司。

1月18日

中共中央宣传部和中国社会科学院在北京召开理论工作务虚会第一阶段的会议

第一阶段会议于1月18日至2月15日召开。胡耀邦在会议开始时指出,这次会议的目的是总结理论宣传战线的基本经验教训,着重讨论工作重点转移后的理论工作,继续扫清前进道路上的思想障碍,研究和解决层出不穷的新问题。

这一阶段的会议在春节期间休息5天，开到2月15日休会。会议对“两个凡是”的错误主张和思想僵化现象进行了尖锐批评，对多年来被歪曲了的一些重大理论问题，如关于社会主义时期阶级斗争的一些提法、关于无产阶级专政下继续革命的口号等进行了深入的讨论。

《人民日报》发表特约评论员文章《团结起来向前看》

党的十一届三中全会向全党、全军和全国各族人民发出号召：“让我们更加紧密地团结在毛泽东思想的旗帜下，团结在以华国锋同志为首的党中央周围，为根本改变我国的落后面貌，把我国建成现代化的伟大社会主义强国而奋勇前进！”中国革命历史上的又一个伟大转折开始了！团结起来向前看，团结起来搞“四化”，这就是全党工作重点转移以后我们的主要战斗口号。

历史经验告诉我们，稳定的政治局面，总是保障社会经济、文化大发展的一个必不可少的基本条件。粉碎了“四人帮”，挖掉了破坏团结、制造分裂的大祸根；两年来揭批林彪、“四人帮”斗争的决定性胜利，使我们赢得了一个安定团结的政治局面。一切真正热心四个现代化的同志，都应当十分珍惜这个来之不易的大好局面，维护它，巩固它，发展它，而决不能损害它，破坏它。除了极少数敌视和破坏社会主义现代化建设的反革命分子和刑事犯罪分子以外，要善于团结一切愿意为实现四个现代化尽力的志同道合的人们。大家都放眼前程似锦的未来，把心思和精力用于搞四个现代化，精神境界就会越来越高，共同语言就会越来越多，战斗情谊就会越来越深，牢固的同志团结和持久的社会安定才能建立在更加可靠的基础上，有利于全党、全国人民万众一心，创建中华民族历史上新的宏图大业。

加强全国人民的团结，关键在于加强全党的团结。我们党的团结，历来是建立在马列主义、毛泽东思想的原则基础之上的。最近，党的十一届三中全会和中央工作会议，实事求是地解决了“文化大革命”期间和以前遗留的一些重大问题，分清了一些人的功过是非，纠正了一批冤、假、错案，充分体现了马列主义、毛泽东思想的原则精神。在全党进一步发扬这种精神，积极稳妥地做好落实干部政策的工作，这正是团结起来向前看的需要，是恢复发扬党的优良传统和作风的需要，也是顺利实现全党工作重心转移的需要。那种把团结一致向前看，同解决历史遗留问题分割开来、对立起来的观点和做法是不正确的。处理遗留问题是为了向前看，这样向后看正是为了向前看。事情很清楚，一个地方或部门，如果有一批人长期沉冤莫白，更多的人继续受牵连受压抑，广大干部和群众对于是非不清、功过不分还憋着气，这怎么能够安定团结呢，怎么能够齐心协力搞建设呢？因此，落实党的干部政策，平反纠正冤、假、错案，分清重大历史事件的路线是非和人们的功过是非，一定要善始善终，不能松劲，不能草率行事。当然，有的地方积案甚多，要求一下子统统解决有困难，但是，工作一定要抓紧，办事一定要利落，疲疲沓沓、拖泥带水，影响尽快集中精力搞“四化”，是不能允许的。

解决历史遗留的问题，也有两种态度和方法：一种是就事论事，纠缠细枝末节，计较个人恩怨，争论小是小非。这是心胸狭窄，只向后看，不利于团结起来搞“四化”的错误态度和方法。另一种是识大体，顾大局，着重从政治上解决大是大非问题。这是高屋建瓴，坚持向前看，有利于安定团结和实现“四化”的正确态度和方法。在延安整风期间，毛泽东同志发动和领导全党，系统地讨论党内两条路线斗争的重大问题，在分清是非功过的基础上，为受错误路线诬陷迫害的同志平反昭雪，共同总结经验教训，并且形成了《关于若干历史问题的决议》，有力地促进了党在政治上思想上的空前统一和团结，保证了抗日战争和解放战争的胜利，这是一个很成功的经验。它不仅为我们当前解决历史遗留问题，提供了学习的榜样，而且对我们今后妥善解决新长征中的团结问题，具有重大的指导意义。

林彪、“四人帮”颠倒敌我，混淆是非，搞法西斯专政，使许多干部和群众吃了苦头受了罪。有些同志有气要出，也在情理之中。但是这个气应当集中出在制造冤、假、错案的罪魁祸首林彪、“四人帮”及其死党身上，不可出在受反革命修正主义路线影响犯过错误的同志身上。“文化大革命”搞了10年，斗争十分复杂，无论新同志、老同志都有些人犯过这样那样的错误，在那些斗争几经反复的地方和单位，犯错误的人更多。对于这些同志，决不应当嫌弃，而是应当用科学的态度帮助他们分析错误、认识错误和改正错误，鼓励他们继续前进。我们共产党人，是面向未来的革命者。我们解决历史遗留的问题，目的在于向前看，消除不安定团结的因素，把今后的事情办得好些。现在，新的斗争已经开始，革命在前进，社会在发展，作为无产阶级先进战士要眼光远大，胸襟宽阔，只要把过去搞错了的问题平反纠正了，诬蔑不实之词推翻了，该分配工作的适当分配了，已经去世的善后工作做圆满了，就应当豪情满怀，对过去犯了错误而又愿意改正的同志，给予宽恕和谅解，想全党之所想，急人民之所急，团结一致，向着新的目标前进。

处理党内路线斗争中遗留的历史问题，一般不应着重于追究个人责任，这对团结起来向前看是完全必要的。但并不等于可以不分清大是大非，不去纠正已被实践证明的那些错误。有的同志过去参与搞了冤、假、错案，现在站出来向受伤害的干部、群众道个歉，说句公道话，干净利落地落实政策，解决问题，这总是天公地道、起码应该做的。如果有人为了维护个人尊严，有错不认，知错不改，硬是捂着压着，逼得人家到处告状，使矛盾越来越激化，只会在党内和社会上增加新的不安定不团结的因素，你自己也过不好安稳的日子。有的同志在林彪、"四人帮"反革命路线影响下犯过较严重的政治错误，甚至犯过严重的打砸抢错误，现在应该知过悔过，认真做自我批评，党组织和同志们帮助你总结经验教训，改正错误，以便在新的基础上达到新的团结，是完全必要的。即使受伤害的同志对你说几句尖锐的话，也不应该一听就火冒三丈，或者耿耿于怀。至于犯了错误，就从此背上包袱，六神无主，萎靡不振，贻误工作，这也不好。惩前毖后，治病为了救人。你跌倒了，党和同志们希望并且帮助你站起来，并不是要搞什么"打翻在地，再踏上一只脚"，你为什么要在精神上自己打倒自己呢！总之，共产党人对待自己过去的错误，应当有一种马克思主义的革命风格：第一老实认错；第二坚决改正。有了这种态度，不论同志间过去有什么疙瘩，一定可以在新长征道路上重新团结起来。

领导班子的团结，对于一个地方或单位的安定团结至关重要。两年多来，特别是近一年来，结合揭批林彪、"四人帮"的斗争，对县以上各级领导班子做了许多调整、充实工作，总的看来，团结状况基本上是好的。但是也有些领导班子，或者因为资产阶级派性没有完全消除，或者因为历史上遗留下来的重大是非问题没有解决好，或者因为民主集中制不健全，不团结现象还不同程度地存在着。所有这些，都应当在党的十一届三中全会精神指导下，以向前看的姿态，采取民主讨论、批评和自我批评的方法，光明磊落，实事求是地加以解决。"班长"对搞好"一班人"的团结负有特殊的责任。一定要有无产阶级的气量，坚持搞"五湖四海"，善于把各方面的同志包括反对过自己反对错了的同志紧密地团结起来，共同为加速社会主义现代化建设而斗争。搞"清一色"、"一边倒"，历来不好；相反，有几个跟自己的意见不大相同的同志在一起工作，耳边能经常听到一点不同的声音，使自己考虑和处理问题更周到些，倒是大有好处。每个领导成员都要对自己一分为二。经验证明，如果背上"一贯正确"的包袱，对自己陷入盲目性，不但不能维护团结，而且往往会干出一些损害团结的蠢事来，这是需要特别警惕的。

团结起来向前看，团结起来搞"四化"，是党心所向，人心所向，是党和人民的根本利益所在。全党同志都要为此而努力，决不要做违背党心民心、损害革命团结的事情。组织部门的同志，尤其应当对此有很高的自觉性和责任感。要在马列主义、毛泽东思想的伟大旗帜下，在坚持民主集中制原则的基础上，全力搞好党风，不断增强全党为建设社会主义现代化强国而斗争的团结。这就需要我们从实际出发，解放思想，大胆工作，多务实事，采取正确的政策和方法，消除一切有碍团结、有碍"四化"的消极因素。在组织部门内部，必须带头讲党性，讲原则，坚决肃清林彪、"四人帮"破坏团结的流毒和影响，反对唯心主义和形而上学，反对山头主义、宗派主义、资产阶级派性以及官僚主义、营私舞弊等不正之风，努力把各级组织部门建设成为一个团结合作、朝气蓬勃的战斗集体。组织部门团结得好，对于做好各部门各单位的团结就会起很大的促进作用。林彪、"四人帮"破坏团结、反对"四化"，给党和人民带来的灾难和痛苦，子子孙孙都不应当忘记。我们一定要在华国锋同志为首的党中央领导下，争做团结起来向前看、团结起来搞四个现代化的坚定的促进派。

中国和古巴1979年贸易议定书在北京签字

外贸部副部长王润生和古巴对外贸易部副部长赫尔曼·阿马多·布兰科分别代表本国政府在议定书上签字。外贸部部长李强，古巴驻华大使冈萨雷斯参加了签字仪式。

国务院副总理王震在北京会见英国阿普多尔国际公司总经理沃恩等英国朋友

外交部照会越南驻华大馆强烈抗议越南当局侵犯中国领土制造新的流血事件

照会说："最近，越南当局在大举侵略民主柬埔寨的同时，继续在中越边界加紧进行军事挑衅。从1978年12月23日至1979年1月15日，越南武装人员先后在中越边界13个地段侵入中国境内，恣意开枪射击，打死中国边防战士4人，打伤4人，制造了新的流血事件，犯下了新的罪行。与此同时，越南武装人员还在中越边界32地段无端向中国境内的居民和村庄开枪射击，严重威胁中国边民的生产和生命安全。"

照会说："1月11日，越南军队竟然用机枪、重机枪向中国广西壮族自治区靖西县龙邦地区开枪射击，并投掷手榴弹，前后达10个小时之久，发射子弹约5000发，使许多房屋遭到破坏，和平居民蒙受重大损失。"

"1月8日上午10时40分，越南武装人员向搁浅在北仑河河口中国海域内的中国广西壮族自治区防城县东兴公社渔船七二〇五号开枪射击100余发。继而又向离船的中国渔民连续射击。随后又登上中国渔船，抢劫物资，并将该艘渔船劫往越南。这艘中国渔船上载有盐1万斤、柴油3吨半、拖网3张、钢丝拖缆800米等物资。”

照会说：“上述一系列事实表明，越南当局仍然不顾中国政府的多次警告，继续侵犯中国的领土主权，不断打死打伤中国人员，并且公然闯入中国海域，抢走中国渔船，蓄意制造新的严重事件。与此同时，越南方面竟然歪曲事实，颠倒黑白，倒打一耙，诬蔑中国方面‘入侵’越南领土。这种做法充分说明越南当局的蛮横与卑劣，丝毫也不能掩盖越南侵略者的丑恶面目。”

照会指出：“中国人民对越南当局在中越边境地区犯下的上述新罪行表示极大愤慨。中国政府强烈抗议越南当局的武装挑衅和海盗行径，并要求越南当局立即停止对中国领土主权的侵犯，归还被抢走的中国渔船和船上物资，赔偿一切损失。如果越南当局无视中国政府的警告，继续在中越边界进行军事挑衅，那么越南政府必须对由此而引起的一切后果承担全部责任。”

1月19日

外交部照会越南驻华使馆谴责越方利用中越国境铁路被迫暂停行车诬蔑中国

照会说：“1978年12月22日，中华人民共和国铁道部外事局通知铁路合作组织各参加国：由于中越国境铁路接轨点中方一侧的一段线路严重故障危及行车安全，自即日起至另有通知时止，凡去越南和来自越南的国际铁路联运旅客、行李、包裹和货物暂停发运。北京—河内国际直能客车暂地停开。中国铁路部门的这一决定，是为对旅客和货物的安全负责而采取的一项十分必要的紧急措施。中越国境铁路出现这种情况，完全是越南方面一手造成的。”

照会说：“中国方面为保障中越国境铁路安全通畅，一直恪尽自己的职责。1976年，中国铁路部门鉴于中越国境铁路接轨点中国一侧300多米的线路出现严重病害，决定进行中修，并将计划事先通知了越方。但是，越南方面竟以这段铁路所在范围属越南领土的荒唐借口，阻挠和破坏中国方面的中修工作。越方一再出动军警、民兵，越过国界，破坏中方施工现场，甚至打伤一批中国工人和边防人员，酿成严重流血事件。此后，越南军警对中越国境铁路接轨点中国一侧地区的入侵、骚扰和破坏活动愈加频繁。特别是近几个月内，越方竟在这一路段两侧构筑工事，埋设地雷。事情一清二楚，正是越南方面极为蛮横粗暴的行径，导致了这段线路无法安全行车的结果。”

“还必须指出，中越国境铁路接轨点中国一侧的地区是中国的领土，一向属中国管辖。中越两国在1955年选定的铁路分界接轨点，同中越国界线是一致的。按照两国国境铁路协定规定，接轨点中方一侧的这一路段，一直属于中方管理和负责维修。中方曾向越方表示，双方对铁路接轨点地区国界线的认识不一致，可以留待两国政府边界谈判时加以协商解决。在此以前，双方均应继续维持边界管辖现状，任何一方都不应单方面强行改变边界现状。然而，越南方面却把中国方面的克制和忍让视为软弱可欺，不仅继续阻挠和破坏中方对该段铁路的中修工作，还进一步采取一系列侵犯中国主权和领土完整的严重行动，从而使中越国境铁路接轨点地区的紧张局势有增无已。”

照会说：“显然，越南当局的上述行动，完全是有预谋的。它与越南当局在中越边境全线不断制造流血事件，蓄意扩大事态有直接联系，是其整个反华部署的组成部分。”“现在，越南当局又利用中越国境铁路被迫暂停行车一事，颠倒是非，诬蔑中国，进行反华叫嚣，同时在中越国境铁路接轨点地区及中越边境其他地区酝酿新的严重事件。对此，中国政府和中国人民不能不引起严重关注。”

照会最后指出：“越南当局必须立即停止在中越国境铁路接轨点中国一侧的一切非法活动，必须立即停止对中国进行武装挑衅，必须立即停止对中国主权和领土完整的任何侵犯。否则，它就必须对由此所引起的后果负全部责任。”

国务院副总理余秋里在北京会见伦敦拉扎德兄弟银行特别顾问查尔方特勋爵和夫人一行

会见时，查尔方特勋爵指出，他们这次访问取得的重要成果是同中国银行建立了密切关系，同中国方面就金融业务进行了很有兴味的深刻的谈话。余秋里副总理对英国朋友就开展银行间业务往来及信贷问题提出的很多有益的意见表示欢迎。他说，我们同英国金融界的合作前景是良好的。

英国驻中国大使柯利达参加了会见。会见时在座的有中国银行董事长乔培新、代总经理冯天顺等。

国务院副总理方毅在北京会见日本学术振兴会访华团

会见时，方毅副总理同访华团团长、日本学术振兴会理事长、文部省顾问天城勋，副团长、东京大学名誉教授杉二郎等日本朋友进行了亲切友好的谈话。天城勋团长向方毅副总理介绍说，日本学术振兴会是一个包括自然科学、社会科学、人文科学在内的学术团体，先后同20多个国家开展了学术交流。

会见时在座的有中国科学院秘书长秦力生等。

外交部部长黄华在北京举行宴会欢迎荷兰王国外交大臣范德克劳和夫人以及随行人员

黄华外长和范德克劳外交大臣在宴会上的讲话中一致强调了中荷两国间的良好关系。

黄华外长说,我们满意地看到,近年来两国之间的友好往来日益增多,经济贸易关系发展顺利,科技文化交流不断扩大,港口建设方面的合作正在开拓。在大臣先生访问期间,我们将签订民航协定,从而在两国之间又增添一座友谊的空中桥梁。

范德克劳外交大臣说,我们可以毫不犹豫地说,两国间现在的关系是良好的。尽管我们两国的社会制度、政策和历史有不同之处,但我们两国政府和人民的看法大多类似,并且常常是一致的。显然这么多的共同点为我们加强合作提供了机会。

他说,我们荷兰人十分钦佩中国人民在实现国家现代化方面的极大干劲。我们也赞赏中国政府表示愿意为实现这个目标而同荷兰和其他西欧国家进行合作。

范德克劳大臣说,我希望在我的访问之后,许多中国人和荷兰人也将有机会到彼此的国家参观访问。我从心底里赞成应该努力做到相互了解,以便我们的对话不断进展和进一步加强多方面的合作。

荷兰王国驻中国大使多勒曼和夫人,大使馆外交官员,应邀出席了宴会。

出席宴会的有交通部部长叶飞,冶金部部长唐克,外贸部副部长郑拓彬,教育部副部长李琦,民航总局副局长张瑞霭,外交部部长助理宋之光,中国驻荷兰大使丁雪松等。

中央军委常委粟裕在解放军军事学院讲授现代条件下人民战争的作战指导规律

粟裕同志说,活跃军事学术思想是发展我军战略战术的重要条件。长期以来,由于林彪、"四人帮"鼓吹"句句是真理","一句顶一万句",胡说今后战争的全部问题,毛主席已经都解决了,只要"照办就行了"等等。他们把在军事学术研究上要以毛泽东军事思想为指针的原则歪曲成只能照搬照套,严重地束缚了人们的思想,极大地阻碍了军事学术思想的发展。

粟裕同志说,毛泽东同志率领中国人民打了几十年仗,打出了一个新中国。毛泽东军事思想,是马列主义普遍真理与中国革命战争实践相结合的产物,是长期革命战争中千百万革命军民武装斗争经验的总结,是经过几十年革命战争实践反复检验证明了的真理。毛泽东军事思想是我党我军的宝贵财富,是我军克敌制胜的传家宝,是加强我军建设和研究我军战略战术的指针。这是不能有任何怀疑和动摇的。但是,这决不意味着毛泽东军事思想就不需要发展了,更不意味着只能去照搬照套,甚至断章取义、肢解歪曲。毛泽东军事思想是无产阶级军事科学体系。我们讲研究战争要以毛泽东军事思想为指针,从根本上说,就是要完整准确地领会和掌握毛泽东军事思想的精神实质,就是要按照毛泽东同志研究和指导战争的立场、观点和方法,来解决现代条件下的作战问题。简言之,就是要实事求是地分析战争的具体情况,实事求是地研究战争及其指导规律。毛泽东同志指导战争的基本原则仍然适合今天客观情况,但是必须结合实际灵活运用,有的原则,已经不适合今后战争实际的,应当敢于突破,至于限于历史条件,毛泽东同志没有提出的,没有讲过的,而在今后战争中又是必须解决和回答的问题,则要敢于创新,敢于发展。我们这么做,不仅不是违背毛泽东军事思想,恰恰是真正坚持了以毛泽东军事思想为指针这个正确原则。这里有一个敢不敢讲真话的问题。我们这些老兵,尽管对未来战争还懂得不多,但是打了几十年仗,对一般的战争常识还是丰富的。例如,用步枪、机关枪、手榴弹、炸药包已不能对付敌人坦克集群的冲击,而必须有足够的反坦克火炮和导弹;又如要在平原地区同敌人打大规模的运动战,必须解决局部制空权问题,这些都是常识范围的事情。但是,在一个时期内这些问题却成了人们不敢讲或者不敢公开讲的问题。这怎么能谈到活跃军事学术思想,实事求是地研究战争呢?

粟裕同志说,发扬民主,是解放思想的重要条件。为了进一步解放思想,必须充分发扬学术民主,大力提倡学术争鸣。长期以来,林彪、"四人帮"动辄抛出什么"冲击政治"、"单纯军事观点"、"反毛泽东思想"、"唯武器论"等一类的帽子和棍子,到处压人打人,使我们在军事学术思想上受到很大禁锢,很少有什么真正的民主空气。影响所及,有的把学术问题同政治思想问题混淆起来,有的在学术问题上搞下级服从上级,有的看到一些新观点不研究其是否有道理即斥之为"胡说八道",有的认为没有打过仗的没有发言权,凡此种种,不一而足。这种不正常的局面必须改变,林彪、"四人帮"的流毒必须彻底肃清。我们一定要充分发扬民主,我们要推广和发扬党的十一届三中全会和中央工作会议的民主作风,这是我们党的历来的好作风,也是我军的好传统。

只有充分发扬学术民主,才能广开言路。只有大力提倡学术争鸣,才能明辨是非。否则,调动广大群众的积极性,把军事学术思想活跃起来,就只能是一句空话。为了活跃军事学术思想,我们还要做很多工作,要创造各种条件，其中包括破除不合理的保密制度，等等。

粟裕同志说，军事学术是研究战争和指导规律的，它是一门科学。一成不变的军事原则和作战方法是没有的。早在2000多年以前，我国大军事家孙子就说过“战胜不复，而应形于无穷”。19世纪德国的著名军事理论家克劳塞维茨也曾说过，“一定情况下产生的方法很容易过时，因为情况在不知不觉地发生变化”；“理论应该是一种考察，而不是死板规定”。这都是说，取得作战胜利的方法，不应重复老一套，而应根据实际情况灵活多变。毛泽东同志更是一贯强调，研究战争和指导战争一定要着眼于战争的特点和发展。要做到这一点，就要求我们真正把军事学术思想活跃起来，从实际情况出发，按照唯物辩证法办事，不断了解和研究敌我双方情况，用毛泽东军事思想作指导，努力探索符合现代条件下人民战争的作战指导规律，为加速建设现代化国防，把我军建设成现代化的革命军队作出贡献。

1月20日

国务院总理华国锋在北京会见荷兰王国外交大臣范德克劳博士和夫人一行

会见时，华国锋总理同范德克劳博士就中荷两国关系和当前国际局势中共同关心的问题交换了意见。双方对近年来两国关系的发展表示满意。华总理说，你们的访问将为进一步促进两国人民的相互了解和友谊、加强两国友好合作关系作出贡献。范德克劳博士说，我们的访问体现了我们两国和两国人民之间非常友好的关系。

荷兰驻中国大使多勒曼参加了会见。

参加会见的还有我国外交部部长黄华、中国驻荷兰大使丁雪松等。

国务院副总理李先念结束对扎伊尔等非洲4国访问后抵达巴基斯坦进行友好访问

巴基斯坦三军参谋长联合委员会代主席、海军参谋长穆罕默德·谢里夫海军上将和夫人到机场热烈欢迎。

到伊斯兰堡国际机场欢迎的还有：巴基斯坦生产部部长加富尔·艾哈迈德，内政部部长马哈茂德·哈龙，总统外交顾问阿迦·夏希以及陆、海、空三军代表和政府其他高级官员。

巴基斯坦驻中国大使穆罕默德·尤纳斯也到机场迎接。

李先念副总理的随行人员外交部副部长何英、外贸部副部长陈洁和外经部副部长程飞同机到达。

中国驻巴基斯坦大使陆维钊，中国大使馆其他外交官员，在巴基斯坦工作的中国工程技术人员、教师的代表也到机场迎接。

巴基斯坦总统齐亚·哈克21日上午前往宾馆会见李先念副总理。他们进行了亲切友好的谈话。

齐亚·哈克总统代表巴基斯坦人民对李先念副总理表示热烈欢迎，希望他在访问巴基斯坦期间就像在自己家里一样。

李先念副总理对邀请他访问的中国的老朋友巴基斯坦总统表示感谢。他向齐亚·哈克总统转达了华国锋主席和总理、叶剑英委员长和邓小平副总理的问候。

稍后，李先念副总理前往军法管制首席执行官秘书处回访了齐亚·哈克总统。

国务院副总理王震在北京会见由英国工业部次官莱特曼率领的英国有色金属代表团

全国人大常委会副委员长邓颖超在北京家里接待前来探望的宾努亲王和夫人

《历史教学》杂志复刊

《历史教学》杂志在天津复刊，并将在全国发行。复刊后的《历史教学》将继续贯彻为大学、中学历史教学服务的方针，辅助教学，帮助教师进修。

1月21日

《人民日报》发表社论《把注意力移到技术革命上来》

把全党工作的着重点转移到社会主义现代化建设上来，从经济战线来说，就必须以极大的力量来推进技术革命。事情十分清楚，搞四个现代化，就是以现代的先进技术普遍地装备农业、工业、国防和科学技术各个部门，从而极大地提高劳动生产率。目前，我们工业、交通、基建等战线的生产技术装备，大多是50年代的水平；手工操作，人拉肩抬，在整个生产、建设过程中仍占相当大的比重。不改变这种技术落后状况，不来一个技术革命，那就不可能在本世纪内使工业的主要部分实现生产过程自动化，不可能实现交通运输大量、高速化，使工业主要产品的质量和生产技术多数接近、少数赶上和超过当时的世界先进水平；也不可能为农业和国民经济其他部门提供充足的多种能源，各种新型原料材料，以及大量现代化技术装备和丰富多彩的日用工业品。总之，离开了技术革新和技术革命，也就没有办法实现四个现代化。

把注意力移到技术革命上来，首先需要对技术的作用有正确的认识。什么叫技术？技术通常是指社会生产中发展起来的一种劳动手段。生产成果的大小、好坏，主要地取决于进行生产的技术水平的高低。鞍钢17号老平炉去年改为氧气顶吹，钢产量增长1倍多。首钢炼铁厂改进了高炉操作，去年11月份利用系数上升到2.14，焦比也大大下降。上海沪东造船厂采用了液化石油气切割金属技术，生产效率提高30%，1年节约燃料费用50多万元、电力330万度、优质焦炭6000吨、电极材料50吨、生碳1000吨。美国在学习和利用欧洲技术的基础上，发展本国新兴工业技术，使美国的经济建设迅速发展，赶上和超过了欧洲。日本钢铁工业在15年间，每年平均增产钢500多万吨，一个重要原因，就是在这个时期建立起来以钢铁"六大技术"为骨干的技术体系。先进技术对生产发展的作用，是显而易见的。一个社会的生产力大小，和这个社会生产技术水平的高低有着密切的关系。那种认为生产计划是"硬任务"，技术革命是"软指标"的观点，那种完成生产任务单纯靠增加人员，加班突击，拼体力，拼设备的做法，是很错误很落后的。作为一个厂矿企业的领导人员，如果不注意研究技术，不肯去掌握先进技术，不积极进行技术革新和技术革命，怎么能适应四个现代化的要求呢？只有从思想上对技术的重要性有了明确的认识，给以足够的重视，才能真正做到把注意力移到技术革命上来。

把注意力移到技术革命上来，需要解决的另一个问题是必须安排好进行技术革新和技术革命的基本物质条件。人、财、物等必需的基本条件得不到保证，技术革新和技术革命就难以进展。由于林彪、"四人帮"的严重干扰破坏，不少地区、部门和企业的科研技术部门被砸烂，技术革新组织被解散，专业人员被下放，至今还未得到应有的恢复。近两年来，有的虽然经过整顿、重建，但是组织松散，力量薄弱，还未形成有力的拳头，就难以迅速有效地拿出成果。许多革新、技术改造和引进技术的消化，由于所需资金和材料、设备层层设卡，渠道不通，有了规划也落实不了，难得实现。群众批评说："规划规划，一堆空话。"这种状况再也不能继续下去了。实现四个现代化，是一场以技术革命为中心的、在生产关系和上层建筑许多方面实行深刻变革的伟大革命。各有关主管部门必须采取坚决有力的措施，为进行技术革新和技术革命开放绿灯。把注意力移到技术革命上来，不能停留在一般号召上。一步实际行动比一打口号可贵得多，空喊是无用的。

把注意力移到技术革命上来，还需要正确处理好科研成果与应用推广的关系。实现四个现代化，关键在于提高科学技术，大搞科学实验，发明创造。但是，单有科学研究上的新成就和技术上的发明创造，还不能产生巨大的经济效果，取得大面积的丰收，达到"化"的程度。只有将行之有效的新的成就、国内外的先进技术加以推广，即以较少的包括活劳动和物化劳动在内的消耗创造较大使用价值的技术，最广泛地代替已经落后的生产技术，才能把生产提到新的高度。比如，在纺织工业方面的气流纺纱、喷气织机等新技术，通过科研已经取得成果，把这些成果推广应用，对推动和促进纺织工业现代化将起重要作用。我们必须认真解决工业、交通、基建等战线存在的科研成果与推广应用脱节的问题。造成这种脱节的原因是各种各样的。我们要认真分析研究这些原因，采取措施克服这种脱节现象，努力做到既要针对生产建设中的薄弱环节，采取集中力量打歼灭战的方法，有计划有领导地组织技术攻关，为生产建设第一线服务，又要把科研成果及时而广泛地应用到生产建设中去，夺取大面积的丰收。

把注意力移到技术革命上来，尤为重要的是充分发挥工程技术人员、专家和广大工人的积极性，发挥他们的聪明才智，发扬技术民主。没有精通技术的专门人才，搞不出先进的技术设备，就是进口了先进的技术设备也是死东西。有了精通技术的人才来使用，才能够使先进技术设备显出威力。马克思主义者从来不否认科学家、发明家和技术专家的作用，而总是科学地评价他们在技术发展上的功绩。我们既要充分发挥工程技术人员、专家的作用，也要大力开展广大职工参加的群众性的技术革新和技术革命活动。要鼓励和尊重职工群众提出的大大小小的合理化建议，对于有价值的建议要给以精神的和物质的奖励。一切轻视甚至扼杀合理化建议的行为，应当受到批评以至必要的处分。

毛泽东同志在50年代就曾经指出：我们现在不但正在进行关于社会制度方面的由私有制到公有制的革命，而且正在进行技术方面的由手工业生产到大规模现代化机器生产的革命，而这两种革命是结合在一起的。（《毛泽东选集》第五卷第182页）显而易见，毛泽东同志是把所有制的革命和技术革命这两种革命结合在一起的。林彪、"四人帮"这些政治骗子别有用心地把所有制的革命和技术革命对立起来、割裂开来，好像只有所有制的革命才算革命，而技术革命就不算革命，甚至把技术革命说成是资产阶级的东西。这种谬论的流毒必须在人们思想中彻底肃清。我们要总结近30年来正反两方面的经验，正确处理政治和技术的关系，掀起技术革新和技术革命的群众性热潮，加快四个现代化的建设。

1月22日

国务院总理华国锋到北京机场欢迎来访的卢森堡

大公国首相加斯东·托恩和夫人一行

卢森堡大公国首相加斯东·托恩和夫人一行晚上乘飞机到达北京，对我国进行正式访问。

卢森堡是欧洲共同体的成员国。托恩首相在京期间将同我国领导人就中卢经济合作和当前国际形势交换意见。

到机场欢迎卢森堡贵宾的有国务院总理华国锋、副总理耿飚和夫人赵兰香，外贸部部长李强，外交部副部长仲曦东、部长助理宋之光，中国驻卢森堡大使康矛召和夫人等。

比利时、荷兰驻华使节和外交官员也到机场迎接。

《人民日报》发表社论《加快农业发展的重大决策》

党的十一届三中全会，决定把全党工作的着重点转移到社会主义现代化建设上来，同时深入讨论了农业问题，原则通过了关于加快农业发展若干问题的决定(草案)，发到各省、自治区、直辖市讨论和试行。三中全会的决定强调指出，农业是国民经济的基础，在全党工作重点转移的时候，摆在我们面前的首要任务，就是要集中主要精力使目前还很落后的农业尽快得到迅速发展。抓好了农业，就抓住了加速实现四个现代化的根本。这是党中央的一项重大决策。它反映了我国农业发展的历史要求，体现了亿万人民的愿望，对广大农民和农村干部是巨大的鼓舞。经过全党和全国人民的努力，实现党中央决定中提出的各项要求，必将大大加快我国农业发展的步伐，促进农业生产欣欣向荣，全面发展，逐步使农业这个国民经济的基础坚实起来，集体经济雄厚起来，农民生活富裕起来。

全会回顾和讨论了我国农业发展的历史经验和现状，要求全党对农业问题必须有一个统一的和正确的认识。20年来我国农业发展的经验表明，在社会主义改造完成之后，我们对阶级斗争必须有正确的估计和政策，必须十分注意保持应有的社会政治安定，否则社会主义农业的生产力和生产关系遭到破坏，农业的发展当然不可能快。同时，我们在工作中一定要按经济发展的客观规律办事。我们过去在某些具体工作中没有真正把农业放在国民经济基础的位置上，采取的有些政策和措施不利于发挥农民的社会主义积极性，国家对农业的支持不够和没有充分生效，农业技术改造没有当作一项中心任务真正抓紧，农业科学研究和教育长期未得到应有的重视，农林牧副渔全面发展的方针也执行得很不好。这些也都妨碍了农业的迅速发展。目前我国农业的现状，同人民的需要和四个现代化的需要之间存在着尖锐的矛盾。特别在十年“文化大革命”期间，林彪、“四人帮”长期推行了一条极左的反修正主义路线，严重地干扰和破坏了我国的农业经济。全会号召我们要善于总结过去正反两方面经验，把它变成全党的宝贵财富，又善于坚持马克思主义的思想路线，不断研究新问题，总结新经验。只要我们坚持这样做，就一定能够调动一切积极因素，在本世纪内实现农业现代化的伟大目标。

我国7亿农民是加快农业发展的主力军。要把他们蕴藏着的极大的社会主义积极性发挥出来，必须在经济上充分关心农民的物质利益，在政治上切实保障农民的民主权利。

加快农业发展速度，必须高度尊重农民的集体所有制。在农村有相当一部分地方，农民的集体所有制实际上没有得到保证和承认。针对这种挫伤农民积极性、损害农业生产的严重情况，党中央的决定重申、修订和发展了党的各项政策，明确规定：人民公社、生产大队和生产队的所有权和自主权必须受到国家法律的切实保护，不允许无偿调用和占有生产队的劳力、资金、产品和物资。这是有关是否尊重广大农民的社会主义经济制度和政治制度的一件大事。今后，任何领导机关、任何领导人都不准再搞“一平二调”和瞎指挥。如果有人再犯这种错误，农民有权要他们赔偿经济损失，承担法律责任。

加快农业发展速度，广大农村必须长期保持安定团结，使农民集中精力搞好生产；必须保持经济稳定，使农民得以休养生息。一定要正确地认识和处理农村以及全国范围的阶级斗争，正确地进行对农民的社会主义教育，防止“左”的倾向复活。今后，大规模的急风暴雨式的群众阶级斗争已经基本结束。对于确实存在着的一小撮阶级敌人的破坏活动，必须坚决打击，但决不许夸大阶级斗争，混淆两类不同性质的矛盾，搞扩大化，伤害好人。任何人都不准借故整基层干部和群众。过去整错了、批错了的，要坚决纠正过来。要创造条件，保证农民群众有充分的民主权利。人民公社各级经济组织必须实行民主管理、干部选举、账目公开。在农村要分清什么是社会主义，什么是资本主义。公社各级经济组织必须认真执行按劳分配的社会主义原则，按照劳动的数量和质量计算报酬，克服平均主义，决不允许把社会主义的分配原则当作资本主义来批判。社员自留地、家庭副业和集市贸易是社会主义经济的必要补充部分，任何人不得乱加干涉，不得当作“资本主义尾巴”加以取缔。决不能任意改变人民公社三级所有、队为基础的制度，决不允许搞所谓“穷过渡”。这些政策规定，是充分发挥集体经济巨大优越性的可靠保证，是调动广大农民社会主义积极性的强大动力。多年的实践证明，哪个地方认真地执行了这些政策，农民就高兴，生产就发展；哪个地方违反了，农民就受害，生产就下降。对于这些行之有效的政策，我们一定要坚定不移地贯彻执行。

加快农业发展速度,离不开国家和各方面的支持。实现农业机械化,建设现代化的农业,单靠农民的积极性和物质力量是有困难的。为了加强对农业的支持,减轻农民的负担,增加集体经济和农民的收入,党和国家在增加农业投资、稳定和适当减少粮食征购指标、缩小工农业产品交换的差价等方面都作了具体的规定。这是党和国家加速发展农业生产,逐步改善农民生活的极为重要的措施,农民群众将从中得到实惠,受到鼓舞。

农业经济和农业科学技术的日益发展,要求从事农业的各级领导,从小生产者习惯势力的框框中跳出来,真正搞清楚什么是现代化大农业。要统观全局,立足长远,按照现代化的要求,因地制宜地发展农业。我国除了15亿亩耕地以外,还有广大的草原、森林、荒地、宜林宜牧的山区、宜于水产业的淡水水面和海域,发展农业的天地十分宽阔。中央的决定对于加强农业科学教育,制定发展农林牧业的区域规划,实现农业机械化,建立现代化的商品粮和各种经济作物的基地以及林牧副渔基地,积极发展农村社队工副业等重要问题,都规定了明确的发展方向和奋斗目标,并制定了相应的措施。我们一定要把我国优越的自然条件充分地利用起来,把各方面的潜力充分挖掘出来,使农林牧副渔都有一个大发展。

粉碎了"四人帮",扫除了我们前进路上的最大障碍,我们有了充分利用各种有利条件的可能。我们有优越的社会主义制度,有丰富的自然资源。我们有亿万勤劳勇敢的农民和一大批久经考验的农村干部,他们有迅速实现农业现代化的强烈要求和迫切愿望。我国工业已经有了相当的发展,它在进一步发展中一定可以担负起用现代化技术武装农业的任务。我们兴修了大量大、中、小型水利工程,建设了一批高产稳产田,农机和化肥等也有很大增长,在发展农业中将继续发挥作用。当全党工作的着重点转移到现代化建设上来的时候,党中央的决定又把实现农业现代化的路线、方针、政策和措施都一一阐明了。《决定》中的话,是广大农民多年来憋在心里很想说的话;《决定》中要求解决的问题,是在农村长期积压着的迫切需要解决的问题;《决定》中要办的事,是农民向往已久、急需要办的事。在中央决定的鼓舞下,亿万农民的智慧和力量会像水库打开了闸门一样源源涌出。我们要善于把中央决定的精神化为广大群众的实际行动,促进农业大干快上。

全党工作重心转移后的第一个春耕季节即将到来。当前,摆在各级领导面前的首要任务,就是要千方百计地做好落实工作。要认真学习、深刻领会《决定》的精神实质。要在春耕大忙以前,把《决定》的主要内容结合当地实际情况,迅速传达到广大农村干部和社员群众中去,做到家喻户晓,不失时机地把这件事办好。对于《决定》中提出的发展农业生产的一系列政策措施和经济措施,现在能够办得到的,要抓紧快办。有些措施的落实要有一个过程,也要从现在起就积极创造条件,深入调查研究,精心做好全面规划,准备好新的步骤。对看准了的问题,就果断地作出部署,组织好各方面的力量,扎扎实实地做好工作。要做到在我们工作重心转移后的第一年,我国农业就获得很好的成果,农村面貌就有一个大的变化。在前进中,我们会遇到许多新情况、新问题。各级干部、特别是领导干部要努力学习,解放思想。当前还要着重学习农业科技知识和经济科学知识,学习先进的农业管理方法,坚持实践是检验真理的唯一标准的认识路线,不断增长领导现代化大农业的才干。

党中央的决定,不仅反映了我国亿万农民的美好愿望,而且规定了切实可行的步骤和措施。我国农村光辉灿烂的未来,已经展示在我们面前;加快农业发展的光荣艰巨的任务,落在了我们的肩上;我们对于完成这项宏伟事业充满必胜的信心。广大农村干部、社员群众、国营农场职工、农业科技人员、各方面的支农人员,让我们在党中央《决定》的指引下,团结一致,群策群力,以实际行动促进我国农业的繁荣兴旺,为在本世纪内实现农业现代化的伟大目标努力奋斗吧!

中共中央统战部在北京召开大型座谈会

座谈会于1月22日至24日举行。座谈会上,大家就进一步落实党对民族资产阶级的政策问题进行了热烈讨论。全国工商联和来自北京、天津、上海、江苏、浙江、四川、广东等地的100多名爱国工商业者表示,坚决拥护党的政策,决心在中国共产党的领导下充分发挥自己的积极性,为祖国的社会主义现代化建设和台湾归回祖国的大业献计献策、尽心尽力。

中共中央统战部副部长平杰三主持座谈会。

中共中央政治局委员、中央统战部部长乌兰夫在座谈会上讲了话。

乌兰夫同志讲话后,工商界人士兴高采烈、精神振奋。他们在分组讨论中思想解放,畅所欲言。

民建中央副主任委员胡厥文说,党落实了政策,我们要考虑自己对国家如何做贡献。我们爱国工商业者都是愿意为祖国的现代化建设竭尽心力的。我们应该在为四化献计献策、贡献力量的方面来一个竞赛。我们要帮助国家发掘人才,向政府举荐人才,还要做好在国外的子女、亲友以及国外侨胞、港澳同胞的联系接待工作,并协助有关部门在发展旅游业、服务业、贸易往来、吸收投资、联合举办各种事业方面,作出我们的贡献。我们也应当尽可能同台湾的工商界朋友恢复联系和往来,首先从通邮通航、文化交流、贸易往来、相互访问等方面做起,为祖国统一创造有利的条件。

全国工商联副主任委员胡子昂说,经过党多年来的教育,我们工商界绝大多数人都有了很大进步。中国共产党对我们的点滴进步总是给以肯定和鼓励。

全国工商联副主任委员荣毅仁说,党中央为了消除林彪、“四人帮”干扰破坏造成的恶果,调动工商业者的积极性,决定发还被查抄的巨额存款和其他财物,恢复和补发高薪,这充分说明党的政策是有始有终的,党是说话算数的。

上海市工商联副主任委员刘靖基说,上海是工商业者比较集中的城市。现在,不仅经济政策正在落实,工作安排、子女问题等政策都正在落实。现在,中国共产党对我们的政策落实了,我们更应当为祖国的四个现代化作出贡献。

广州市工商联副主任委员周宝芬说,广州在地理上与港澳接近,语言方便。我们工商联组织是可以在有关部门和港澳工商界朋友之间起桥梁作用的。

江苏省无锡市国棉三厂总工程师李永锡说,我愿意在向四个现代化进军的征途上,尽我余生微力,贡献力量,决心做到解放思想,敢于创新,献计献策。

民建北京市主任委员浦洁修说,我们在协助党落实民族资产阶级阶级政策的过程中,首先要做好政治思想教育工作,使大多数工商业者能够正确对待党的政策,特别是要正确解决落实政策与加强自我改造的关系问题,正确解决落实政策与影响子女关系问题,以及防止各种错误倾向和不良的社会影响,为现代化建设贡献力量。

座谈会结束时乌兰夫讲话说,这次座谈会开得很好,大家畅所欲言,纷纷表示要为国家社会主义建设贡献力量,并且提出了许多好的意见。乌兰夫同志在谈到党对民族资产阶级各项政策问题时,还谈到“区别”的问题。他说,由于1956年公私合营高潮中采取按行业合营的形式,加以合营高潮来势迅猛,这样就不可避免地带进了一大批本来属于劳动人民范围的小商、小贩、小手工业者,将他们统称为“私方人员”,并按照资产阶级工商业者对待了。现在必须先把他们从资产阶级工商业者中区别出来。这项工作,许多地区已先后进行过试点,我们正会同有关部门对试点情况进行研究,进一步解决这个问题。

乌兰夫说,解决好对工商业者的安排和使用,是个很重要的问题,统战部门和国家有关业务部门要坚决贯彻党的政策,采取有力的组织措施。希望民建和工商联积极配合做好这项工作。

出席座谈会的有中央统战部和政协全国委员会负责人、民建中央和全国工商联在京的中执委、各民主党派负责人以及七个省市的工商界人士杨静仁、薛子正、童小鹏、李贵、熊向晖、方知达、金城、彭友今、吴雪之、沙千里、罗叔章、孙起孟、孙晓村、胡子婴、黄玠然、资耀华、经叔平、杨美真、虞效忠、钟复光、叶宝珊、古耕虞、刘丙吉、朱德禽、李文杰、崔敬伯、王艮仲、吴大琨、吴觉农、吴羹梅、周士观、黄凉尘、王纪华、冯和法、王达夫、杨鉴清、冯永福、张汉丞、钱希钧、徐长勋、程启光、吴承明、朱蕴山、王昆仑、朱学范、史良、徐伯昕、季方、严信民、黄鼎臣、伍禅、许德珩、孙承佩、蔡啸、李纯青、于树德、王雪莹、甘祠森、叶道英、刘斐、刘仲容、关瑞梧、苏子蘅、杜聿明、吴茂荪、谷春帆、宋希濂、张含英、郑洞国、赵朴初、侯镜如、闻家驷、费孝通、钱昌照、班禅额尔德尼·确吉坚赞、徐楚波、黄维、程思远、谢冰心、刘公诚、沈方成、董竹君、孙孚凌、莫艺昌、李贻赞、汤绍远、王敏生、高守信、倪家玺、柏岳、于熙钟、俞秀蔼、常梦渠、叶蕴昆、施复湘、张柏青、马祝三、张立宏、许世全、赵宜之、潘廉志、吴志超、陈铭珊、郭秀珍、唐君远、孙廷芳、荣仁本、郑善忠、周叔弢、杨天受、何宗谦、韩天耀、万国权、杨玉文、杨义、张敬礼、徐美峰、汤元炳、郑志新、陈铭翔、童少生、杨受百、朱金龙、刁绍芬、何星辉。

中央有关单位和有关省市统战部门的负责人也出席了座谈会。

中央统战部部长乌兰夫在落实党对民族资产阶级政策问题座谈会上的讲话

各位委员,各位朋友,各位同志:

在粉碎“四人帮”以后,我们党和国家面临的任务,是要狠抓揭批“四人帮”的斗争,清查他们的帮派体系;而且各条战线,需要拨乱反正,正本清源,落实党的各项政策,解决存在的问题,要做的工作很多。记得去年8月间,我在一次民建中央、全国工商联负责人座谈会上曾说过:我们党的赎买政策是有始有终的,说话是算数的,但进一步落实党的政策,要有一个过程。这就是说,请工商界的朋友放心,党的政策是会落实的。现在,我可以告诉各位朋友,就在党的三中全会结束后不久,以华国锋同志为首的党中央,已经就进一步落实党对民族资产阶级的政策问题作出了决定,包括:退还被查抄的巨额存款和其他财物;恢复和补发被扣减的高薪,等等。这是以华国锋同志为首的党中央高举毛泽东同志伟大红旗,坚决拨乱反正所采取的一项重要措施。我相信,这一措施必将得到广大职工群众的支持,得到资产阶级工商业者的热烈拥护,从而有利于进一步调动工商业者为实现四个现代化服务的积极性。

各位朋友,各位同志,随着揭批林彪、“四人帮”斗争取得决定性的胜利，为适应国内外形势的发展，党的三中全会决定：从今年起，把全党、全国的工作着重点转移到社会主义现代化建设上来，为加快我国的社会主义现代化建设、彻底改变我国贫穷落后面貌奋勇进军。这是历史赋予我们的极其壮丽、极其艰巨的任务，是我们党和国家生活的一个伟大历史转折。实现这样一个前人没有做过的宏伟事业，就更加要求全党、全军和全国各族人民团结一致，同心同德，进一步发展安定团结的政治局面，最大限度地发挥建设社会主义的积极性和创造性；要求各爱国民主党派、爱国人士、台湾同胞、港澳同胞和海外侨胞，积极行动起来，进一步加强和发展革命统一战线，在新的长征途中，作出新的贡献。

建立和发展革命统一战线，是毛泽东同志一贯的战略思想，是无产阶级革命路线的一个重要组成部分，是党的一项重大的政治任务。以华国锋同志为首的党中央，高举毛泽东同志的伟大旗帜，在一举粉碎"四人帮"之后，在抓纲治国战略决策中，就把党的统一战线工作，列为重要任务之一。在党的十一大通过的党章和五届人大通过的宪法中，也都明确规定要巩固和发展革命的统一战线。两年多来，毛泽东同志为我们党制定的一整套统一战线方针和政策，正在逐步贯彻落实，各方面的爱国人士的积极性也进一步调动起来了。我国的革命统一战线更加巩固、更加发展，形势大好。但是，还不能适应全党、全国工作着重点转移到社会主义现代化建设上来这个形势的需要。

正确处理工人阶级和民族资产阶级之间的矛盾，这是我国社会主义革命中必须解决的一个重大课题，也是加强和发展革命统一战线的一项十分重要的任务。毛泽东同志运用马克思主义的普遍真理，结合我国革命的具体实践，创造性地、成功地解决了这个战略和策略问题。但是，过去十多年来，由于林彪、"四人帮"的干扰，党对民族资产阶级的政策遭到严重破坏，至今"四人帮"反革命修正主义路线的流毒和影响还未完全肃清，人们思想上的余悸也还未消除，落实党的各项政策，也因此遇到种种障碍和阻挠。下面，我想着重谈一下这个问题。

毛泽东同志科学地分析了中国的资产阶级，指出：官僚资产阶级是无产阶级专政的对象，而民族资产阶级则不同于官僚资产阶级，它属于人民内部矛盾。毛泽东同志说："在我们国家里，工人阶级同民族资产阶级的矛盾属于人民内部的矛盾。工人阶级和民族资产阶级的阶级斗争一般地属于人民内部的阶级斗争，这是因为我国的民族资产阶级有两面性。""在社会主义革命时期，它有剥削工人阶级取得利润的一面，又有拥护宪法、愿意接受社会主义改造的一面。"因此，工人阶级和民族资产阶级之间的矛盾，"除了对抗性的一面以外，还有非对抗性的一面"。又说："工人阶级和民族资产阶级之间存在着剥削和被剥削的矛盾，这本来是对抗性的矛盾。但是在我国的具体条件下，这两个阶级的对抗性的矛盾如果处理得当，可以转变为非对抗性的矛盾，可以用和平的方法解决这个矛盾。"(《关于正确处理人民内部矛盾的问题》)这就是，对民族资产阶级采取民主的方法和赎买的政策，逐步引导他们走上接受社会主义改造的道路，达到消灭这个阶级而改造这个阶级的人们的目的。

大家亲眼看到，毛泽东同志制定的这个对民族资产阶级的方针和政策，在实践中取得了极大的成功：第一，仅仅用了6年多的时间，就在1956年基本上完成了对资本主义生产资料所有制的社会主义改造；并且在这场伟大变革中，保持了社会安定，市场稳定，生产力不但没有受到破坏，而且持续发展了；第二，随着社会主义革命和建设的深入发展，经过革命实践的教育和政治学习，民族资产阶级的大多数人，在接受社会主义改造的道路上，有了很大的进步，他们愿意跟着共产党走，愿意为社会主义建设服务；第三，尤其难能可贵的是，他们在林彪、"四人帮"迫害和摧残下，总的说，没有动摇对党的信任，而在粉碎"四人帮"之后，绝大多数人热烈拥护以华国锋同志为首的党中央一举粉碎"四人帮"的斗争，更加热爱社会主义祖国，在向四个现代化的进军中，他们为实现四个现代贡献力量的热情也很高涨。坚持资产阶级反动立场、仇视和反对社会主义的人，只是极少数。这一切雄辩地说明，毛泽东同志对民族资产阶级的理论、路线、方针、政策，都完全是正确的，在国内、国际都具有深远的影响，正如华国锋同志所说：毛主席对这些经验的总结和概括，在马克思主义发展史上具有重大的理论意义。

林彪、"四人帮"出于篡党夺权的罪恶目的，从"文化大革命"一开始，就互相勾结，推行了一条假"左"真右的反革命修正主义路线，疯狂地破坏革命统一战线和对民族资产阶级的政策。

他们炮制所谓"黑线专政"的反动谬论，全盘否定毛泽东同志的革命路线，否定"文化大革命"前17年统一战线工作的伟大成绩；在组织上，不仅对党的各级统战部门横加摧残，而且整垮各级政协、各民主党派和工商联组织。众所周知，解放后17年党的统一战线工作，是在毛泽东同志和周恩来同志的亲切关怀和直接领导下进行的，可以说，每一个重大的战略决策，每一项重大的方针、政策、措施，都是以毛泽东同志为首的党中央决定的。中央统战部是推行党中央统一战线方针、政策的有力助手。它和各地方级统战部门，在贯彻执行毛泽东同志、党中央的方针政策上是认真的，成绩是很大的。毛泽东同志的革命路线在统战工作中始终居于主导地位。从中央到地方,从事统战工作的绝大多数干部是好的和比较好的。党的统战工作之所以能取得巨大成绩,同各民主党派、工商联以及各方面的爱国人士的共同努力也是分不开的。他们在工作中,成绩也是主要的。我们必须遵循毛泽东同志的统一战线光辉思想,结合实际,认真总结正反两方面的经验,进一步加强和发展革命统一战线。

林彪、"四人帮"还极力鼓吹什么"全面专政"论,打倒一切,从根本上颠倒了敌我友关系。不仅把成千上万的革命领导干部打成"党内资产阶级",迫害广大工农和革命知识分子,把矛头直接指向无产阶级专政,指向革命统一战线的领导核心中国共产党,而且打击、迫害和我们党长期合作的爱国朋友们,他们制造种种罪名,甚至不讲任何理由,就把爱国朋友和民族资产阶级的人们,戴上"牛鬼蛇神"、"反动资本家"的帽子,进行揪斗,实行专政,甚至迫害致死。他们以各种诬陷不实之词,制造了不少冤案、假案、错案。

毛泽东同志明确指出,"对任何人,只要他真正划清敌我界限,为人民服务,我们都是要团结的"。(《团结起来,划清敌我界限》)又说:"……爱国的资本家和其他爱国民主人士……,在我们人民民主专政下面,都属于人民的范围"。(《在扩大的中央工作会议上的讲话》)我们必须坚持毛泽东同志的这一教导,把林彪、"四人帮"倒行逆施的反革命路线批倒批臭,肃清流毒和影响;并且遵循毛泽东同志一贯倡导的实事求是、有错必纠的精神,抓紧复查,把林彪、"四人帮"强加在爱国人士、民族资产阶级人们头上的种种不实之词,统统推倒,平反假案、纠正错案、昭雪冤案。

林彪、"四人帮"还恶毒诬蔑和攻击党的统一战线政策和党对民族资产阶级的政策是什么"投降主义",他们任意抄家,扣减工资,极力破坏和篡改党的赎买政策和其他政策。

无产阶级专政的历史任务,是要消灭资本主义和资产阶级,进行社会主义建设,最终实现共产主义。这是马克思主义不可动摇的根本原理。但是无产阶级在建立起自己的统治之后,采取什么方式和措施来"一步一步地夺取资产阶级的全部资本"(马克思和恩格斯:《共产党宣言》),改变资本主义的所有制,就必须结合不同国家的具体情况。

马克思和恩格斯都曾设想,在无产阶级夺取政权后,除了没收一切流亡分子和叛乱分子的财产外,直接用纸币赎买的办法,来改变资产阶级的生产资料所有制,并且认为,能这样做,对无产阶级是最便宜不过的事情。列宁也指出"在赎买的条件下文明地、有组织地转到社会主义,那就要给资本家付出较高的价钱,向他们赎买,这种思想是完全可以容许的"。(列宁:《论粮食税》)民族资产阶级的大多数人是爱国的,和我们党早就有过合作的历史,全国解放以后,他们又表示愿意接受党的领导,接受社会主义改造,再加上当时我国经济十分落后,需要尽可能地利用民族资本,以利于国民经济的发展,这种情况下,我们有什么理由不采取民主的方法和赎买的政策呢?从整个阶级斗争的战略观点上看,我们无产阶级对民族资产阶级付出一笔赎买金(四马分肥、定息和高薪等),是为了促使民族资产阶级逐步接受生产资料所有制和政治,思想上的社会主义改造。很清楚,党对民族资产阶级进行赎买,这是无产阶级的一项坚定的阶级政策,是完全符合工人阶级的根本利益的,同时,也是民族资产阶级比较愿意接受的一种办法。

在"文化大革命"中,毛泽东同志对林彪、"四人帮"破坏党对民族资产阶级既定政策的罪行,进行了针锋相对的斗争。1969 年 5 月,毛泽东同志批示照发的一个文件,就明确地指出:民族资产阶级在现阶段仍然具有两面性,大多数人是爱国的,是能够接受党的领导和社会主义改造的,对他们要坚持贯彻"团结、批评、教育"和赎买的政策;1971 年 2 月,毛泽东同志、党中央又亲自批发了一个关于处理被查抄财物问题的报告,要逐步落实党对民族资产阶级的具体政策。但是,林彪、"四人帮"及其余党,却阳奉阴违,另搞一套,竭力对抗毛泽东同志和党中央的指示。就在 1969 年 5 月,前一个文件下达后的一个月,国民党特务分子张春桥和阶级异己分子姚文元便匆匆窜到上海,连续召开所谓"落实政策"的座谈会,恶毒地攻击毛泽东同志,胡说什么:"20 年来还没有学会对资产阶级的政策,搞社会主义,对资产阶级、小资产阶级不大清楚"。他们强调"上海特殊",要搞什么上海对资产阶级政策的所谓"样板",并两次炮制了"试点"报告,企图骗取党中央的批准。但是中央没有批。新生资产阶级分子王洪文和上海的余党,即迫不及待地于 1971 年 8 月 25 日,召开了全市所谓"落实政策的讲用会",叫嚷:"中央没有批,怎么办?不能等",硬把他们背着党中央搞的一套黑货灌下去,把民族资产阶级人们的部分高薪砍掉,把国务院关于处理资产阶级工商业者退休问题的规定改变掉。他们这一套假左真右的修正主义东西,不只泛滥上海,而且流毒全国,在港澳和国外也造成极坏的影响。

以华国锋同志为首的党中央,遵循毛泽东同志的一贯思想以及对民族资产阶级所规定的一系列方针、政策,并结合当前实际情况,广泛地听取了工人群众的意见,最近作出了关于进一步落实党对民族资产阶级的若干政策的决定。根据这个决定,我简要地讲 8 个问题。

第一个问题。在“文化大革命”中，许多资产阶级工商业者的银行存款、公债、金银和其他财物被查抄了。被查抄的存款，绝大部分是“文化大革命”前，国家按照既定的赎买政策付给的定息，其他被查抄的财物也大多是生活资料。这些都是属于宪法保护的合法收入和私产。任意把国家已经发给的赎买金抄走，这决不是无产阶级的政策，也是宪法所不能允许的。过去几年，各地虽已陆续发还了一部分被查抄的存款和其他财物，但相当大的一部分尚未发还，主要是集中在上海等几个大中城市。中央这次规定，他们被查的存款，无论金额大小，全部解冻，一次发还，并且按照银行的规定，发给利息；本人已经去世的，退还给配偶。至于其他财物，自不待言，也要抓紧落实、退还。如果发现有人贪污、盗窃了被查抄的财物，应当根据情节轻重，严肃处理。

第二个问题。“文化大革命”初期，资产阶级工商业者普遍被扣减了高薪，或者只发生活费。高薪是党对民族资产阶级实行赎买的一个方面，让他们保持比一般工人、干部高一些的生活水平，目的就是要促使他们逐步地、不太勉强地被改造成为劳动者，并且为社会主义建设作出贡献。粉碎“四人帮”前后，不少省、市对民族资产阶级工商业者被扣减的工资已经基本上予以恢复，但也还有些省、市没有恢复，或者只恢复未补发。中央规定，在“文化大革命”中，他们被扣减了薪金的，一般应当恢复他们原来薪金，并且补发过去被扣减的部分。

第三个问题。在“文化大革命”中，一些大中城市把部分资产阶级工商业者的私人房屋占用了。经过社会主义改造，已经明确属于资产阶级工商业者个人所有的房屋，应当受到宪法保护，任何人都不得侵犯。中央规定，这种私人房屋应当仍然属于他们个人所有，被占用了的私房，应当归还给他们。在处理中，如存在实际困难，可根据统筹兼顾的原则，分别轻重缓急，有步骤地予以解决。

第四个问题。公私合营高潮以后，许多资产阶级工商业者，作为资方代表，在企业中安排担任了各级行政领导职务，“文化大革命”开始，随着企业由公私合营改为国营，不加区别地把绝大多数人下放车间或门市部从事体力劳动，使相当一部分具有生产技术和经营管理才干的人，用非所学、用非所长，不能发挥积极作用，是不妥当的；这同当前加快四个现代化建设的步伐，也不适应。大家知道，为了实现四个现代化，我们在独立自主的方针下，从国外引进必要的先进技术，聘请外国的专家，为什么对经过了30年社会主义改造，有技术专长、有经营管理经验，而又愿意为四个现代化贡献力量的资产阶级工商业者，反而不充分地加以使用呢？应该看到，在工商业者中间，的确还有相当一批有用的人才，我们要人尽其才，才尽其用，让他们开动脑筋，提问题，出主意，想办法，努力改进企业的经营管理，发展科学技术，提高劳动生产率，发挥积极的作用。这方面，我们统战部门要多多听取、认真研究工商界朋友们的意见；并请民建、工商联推荐各方面的人才、包括工业、商业、外贸、旅游服务等方面的技术、经营管理人才。当然也还有相当一部分人因为年老体弱，长期从事体力劳动，已难以适应，这需要合理照顾。因此，中央规定，对他们的工作要进行适当调整：对确有技术专长的，应当授予相当的技术职称，如工程师、技艺师或顾问等，以用其所长；有业务管理经验的，可以安排适当的业务工作；不宜继续从事重劳动的，可以适当调整岗位和工种，分配力所能及的工作。

第五个问题。公私合营以来，我们即组织在职的资产阶级工商业者，参加企业的社会主义劳动竞赛和评比活动。实践证明，这对他们的团结、教育、改造，都是有利的，对于提高企业的生产技术、改进经营管理，也有积极的作用。为了促进他们继续接受改造，调动他们进一步为社会主义现代化建设服务的积极性，我们认为，应当积极组织他们和职工一起参加劳动竞赛和评比；对于生产劳动和工作表现好的，应当实事求是地给予表扬和物质奖励；对政治上表现好、有突出贡献的，可以评为先进生产者或先进工作者。

第六个问题。关于他们的生活福利待遇等问题，过去国务院都有规定。但有些规定，因林彪、“四人帮”干扰、破坏，没有认真执行，有的由于情况变化，需要作相应的修改。1957年国务院曾对股金在2000元以下和2000元以上的工商业者的病假期间工资和医疗待遇，加以区别对待。现在定息已经结束，他们在企业中工作劳动的年限，一般都已超过20年，继续执行原来的规定已不适宜。现在党中央规定，对他们病假期间的工资，一律根据生活困难情况或病假期间长短，按照本人的工资发给50%—70%；已经按照职工待遇办理的，不变。医疗待遇，则参照所在企业单位的职工办法办理。关于非因公死亡待遇问题，按1957年国务院的规定，在职资产阶级工商业者的非因工死亡待遇，要比后来1962年国务院规定的退休资产阶级工商业者的死亡待遇低，这是不尽合理的。现在规定，都参照所在单位职工的待遇办理，以上这两个问题。国务院将会发出相应的通知。至于退休问题，应当继续执行1962年国务院规定“文化大革命”中有些地方没有按此规定办理的，现在要改正过来，被扣减掉的退休费，应当补发。

第七个问题。按国家的政策，定息到1966年9月已经结束。现在有些资产阶级工商业者要求领取在此以前应领而未领的定息,行不行呢?中央认为,可以。

第八个问题,对于资产阶级家庭出身的子女,党中央重申:要坚持重在本人表现,不能唯成分论。在入党、入团、升学、招工等问题上,都不应歧视他们。

中央关于进一步落实党对民族资产阶级若干政策的决定,主要是这八个问题。现在已经下达执行。我们各级统战部门,应当协同各有关部门,把这项工作做好。但工商界的朋友们也还要有这样的思想准备,这就是,由于林彪、"四人帮"的流毒和影响,还没有完全消除,一部分人还戴着林彪、"四人帮"的精神枷锁,因此,不能设想,落实党对民族资产阶级的政策会那么一帆风顺,不会遇到任何阻碍。针对这种情况,我们要在职工、干部中大力加强党的统一战线政策和对民族资产阶级政策的宣传,并检查、督促落实党的政策,同时,我们也希望,民建会、工商联组织的负责人,像过去一样,协助我们把这项工作做好。一方面,在落实政策中,你们发现有什么问题,工商业者的思想情况怎样,有什么意见和要求,可以向我们如实反映,不要不反映,怕反映。另一方面,协同我们对民族资产阶级工商业者进行教育工作。我们相信,经过党的长期教育,大多数工商业者会正确对待党的政策。但也无可讳言,总有一些人会不同程度地发生这样那样不利于自我改造、不利于社会、不利于下一代子女教育的事情。因此,我们要把政治思想教育工作做好。

各位委员,各位朋友,各位同志,全党全国实现伟大战略转移的战斗号角已经吹响,让我们更加紧密地团结在以华国锋同志为首的党中央的周围,团结一切可以团结的力量,调动一切积极因素,为发展安定团结、生动活泼的政治局面,为加快实现新时期的总任务,不断取得新的胜利。

国务院副总理耿飚在北京会见瑞典矿山代表团

国务院副总理方毅在北京会见美国洛克菲勒基金会人口部主任谢尔登·西格尔博士和美国坦普尔大学生物系教授牛满江

在友好的谈话中,方毅副总理表示希望进一步扩大同洛克菲勒基金会在科学交流方面的合作。西格尔博士指出,洛克菲勒基金会将乐于为中国发展科学技术事业作出贡献。

会见时在座的有中国科学院副院长童第周、副秘书长秦力生等。

全国人大常委会副委员长姬鹏飞在北京会见委内瑞拉众议员 前外长埃斯科瓦尔·萨洛姆

全国科协和政协科技组联合举办首都科技界春节茶话会

300多名科学家和科技界人士下午欢聚于政协礼堂,参加了中国科学技术协会和政协全国委员会科技组联合举办的首都科技界春节茶话会。

茶话会由全国科协代主席周培源主持。

国务院副总理、国家科委主任方毅,中共中央宣传部部长胡耀邦,以及全国政协副主席王首道,全国科协副主席、政协科技组组长茅以升出席了茶话会,并且先后讲了话。

方毅同志说,按照农历,今年是戊午年,是马年。我们的科学家,已经跨上了骏马,开了全国科学大会,制定了科技发展规划。他说,明年是己未年。60年前的1919年也是己未年。当时爆发了"五四"运动,提出了科学和民主的口号。在新的历史条件下,我们应当更好地讲科学,讲民主,使科学和民主为人民造福,加速实现四个现代化。

方毅同志还说,科协是科学家的家。逢年过节,一家人团聚在一起,喝杯茶,谈谈心,互勉互励,这是科协的传统。林彪、"四人帮"把这个传统破坏了,我们要把它恢复起来。今后,我们还欢迎台湾的科学家们派代表团来参加这样的联欢会。科学家们应当为完成统一祖国的大业作出自己的贡献。

胡耀邦同志说,今年是实现四个现代化的起步年。实现"四化",科学先行,科学家是"排头兵",今后要看大家的了。他说,现在科技战线一些做党的工作的干部还不懂得领导和帮助科学家搞科学。他要求参加茶话会的科学家们给科技战线做党的工作的同志捎回一句话去:要善于领导科学,就要爱科学、学科学、钻科学,同科学家一起骑上骏马,去迎接科学的春天。

参加今天茶话会的,有政协全国委员会委员中的科技界人士,在京的全国科协委员,各自然科学专门学会的理事长,有突出成就的中年青年科学工作者,以及知名的科学普及作者和译者。

国家科委、中国科学院、全国科协和统战部的负责人,以及一些省、市科协的负责人,也出席了茶话会。

全国高等学校科研工作会议在北京召开

新华社报道:最近在北京召开的全国高等学校科研工作会议的代表们一致认为:1962年2月国家科委在广州召开的全国科学技术工作会议,正确地贯彻了党的方针、路线、政策,对调动科技、教育和其他战线上广大知识分子的社会主义积极性,对推动我国科学技术事业的发展,发挥了重要的作用。周恩来总理、陈毅同志在这次会议上关于党的知识分子政策的重要讲话,是完全正确的,至今还有现实的意义。

代表们认为，认真总结历史的经验和教训，揭发和批判林彪、“四人帮”的那一套假左真右的货色，澄清路线是非，发扬成绩，纠正错误，正确地评价1962年广州会议，有利于实现高等学校工作着重点的转移。杨石先、张龙翔、张维、冯秉铨、苏元复、沈其益、赵石英等同志，回忆了广州会议的情况。他们说，在那次会议上，周恩来总理精辟地阐述了党的知识分子政策，批判了1957年以后执行党的政策过程中出现的宁“左”勿右的倾向。陈毅副总理受周总理委托所作的讲话中，正确地总结了新中国成立13年我国知识分子队伍的变化，指出我国知识分子的绝大多数是拥护党的，拥护社会主义的，是经受了考验，作出了贡献的，他们是劳动人民的一部分，应当为他们脱资产阶级知识分子之帽，加劳动人民知识分子之冕。聂荣臻同志也在会议上讲了话。代表们回忆说，周总理、陈毅同志和聂荣臻同志的讲话，振奋了参加会议的代表，人们欢欣鼓舞，扬眉吐气，奔走相告，感谢党的关怀，决心为社会主义祖国贡献更多的力量。消息传到全国各地，在广大知识分子队伍中引起了强烈的反响。代表们指出，1962年广州会议结束以后，就有“广州会议右了”的议论，这反映了党内长期以来，由于“左”的思潮的干扰，在对待知识分子问题上有不同的认识。林彪、“四人帮”攻击广州会议，攻击陈毅同志的讲话，其罪恶的矛头是指向周总理的。实践证明：周总理、陈毅同志、聂荣臻同志在广州会议上对知识分子所作的评价是合乎实际的，正确的。

代表们认为，广州会议的重要意义是：总结和检阅了1956年科学发展规划的实施情况，加强了赶超世界先进水平的决心；重申了党的知识分子政策，纠正了在执行知识分子政策中宁“左”勿右的倾向，发扬独立自主的革命精神，动员和组织我国科技力量，攻下包括原子弹、氢弹在内的一些尖端科学技术；肯定了高等学校是科学研究的重要方面军，基础科学与应用科学并重的方针。代表们说，为广州会议平反，具有现实的意义。他们说，当前贯彻知识分子政策的阻力还不小；许多知识分子还心有余悸。现在，全党要把工作的着重点转移到社会主义现代化建设上来，就必须从理论上、思想上、政策上彻底肃清林彪、“四人帮”的流毒，把“资产阶级知识分子”这顶帽子烧掉，只有这样，才能调动广大知识分子的社会主义积极性，使他们放手为四个现代化建设出力。

这次全国高等学校科研工作会议，是由国家科委、教育部和农林部联合召开的，出席会议的有100多人。

中国无神论学术讨论会在南京召开

《人民日报》报道：最近，中国社会科学院世界宗教研究所和南京大学哲学系，在南京联合举办了中国无神论学术讨论会，全国有30个单位、40多位同志参加。任继愈、孙叔平、牙含章、严北溟等同志在会上发了言。会议就研究中国无神论史的目的和意义、对象和范围的问题，划分有神论和无神论、有神论者和无神论者的标准问题，中国历史上农民起义的神学异端问题，进行了自由的讨论，并且成立了中国无神论学会。

与会者认为，现在，宗教神学仍然影响着世界上广大人口，国内宗教神学和封建迷信仍然存在着，特别是前些年，林彪、“四人帮”为了篡党夺权，一方面破坏党的宗教政策，搞封建法西斯主义，造成宗教迷信的回潮；另一方面他们又利用人民群众中的封建迷信思想，把宗教神学的一套东西搬到我国政治生活中来，大肆宣扬蒙昧主义、信仰主义、禁欲主义，把革命领袖神化，把马列主义、毛泽东思想歪曲为神学教条，极大地禁锢了人们的思想，严重地阻碍着社会主义革命和建设事业的顺利发展。我们今天研究中国无神论史，就是为了总结历史上无神论同有神论斗争的经验教训，推动无神论的研究工作和宣传工作，打碎林彪、“四人帮”套在人们思想上的精神枷锁，破除迷信，解放思想，肃清封建主义的流毒，促进科学技术的传播和发展，为早日实现四个现代化作出贡献。同志们还指出，历史上无神论同有神论的斗争，与历史上的政治、经济、思想斗争密切相关，研究好中国无神论史，能够推动中国思想史、中国哲学史、中国农民战争史等科学的研究工作。

与会者认为，有神论尽管在各个不同的历史阶段所崇拜的偶像不同，形式也不一样，但万变不离其宗，凡是把人间的力量神化为超人间的力量，让它反过来支配人间，并诱使人们对之膜拜，就是有神论；凡是否定这种神秘力量的存在的，就是无神论。林彪、“四人帮”正是打着革命领袖、马克思主义的旗号搞新神学，所以我们必须反对新神学，宣传无神论，维护辩证法，捍卫马列主义、毛泽东思想。

许多同志指出，研究中国无神论史，首先要加强对马克思主义无神论的研究，提高理论水平，掌握思想武器；同时要掌握准确的丰富的资料，除汉族以外，还要大力发掘各兄弟民族历史上的无神论思想资料；既要掌握阶级斗争的线索，又要懂得自然科学史，指出它们对中国无神论思想发展的影响；要研究外国无神论史，以便加以对比，找出中国无神论史的特点；要运用对立统一规律分析无神论思想的发展过程，找出其中带规律性的东西；对历史人物的分析，要实事求是、一分为二，不要简单化、走极端，要注意清除林彪、“四人帮”散布的思想影响。

1月24日

国务院副总理邓小平在北京主持宴会欢迎卢森堡大公国首相加斯东·托恩和夫人一行

出席宴会作陪的有邓副总理的夫人卓琳，耿飚副总理和夫人赵兰香，康世恩副总理，外贸部部长李强，冶金工业部部长唐克，外交部副部长仲曦东，全国妇联副主席林丽韫，中国驻卢森堡大使康矛召和夫人。

邓副总理和托恩首相先后在宴会上讲话。他们一致指出，中卢两国友好合作关系将会进一步扩大，具有广阔的发展前景。

邓副总理说，中卢两国自1972年建交以来，相互关系获得了令人满意的发展。两国政府和人民之间的往来日益频繁，经济贸易关系有了大幅度的增长，文化体育交流也不断扩大。中国在实现四个现代化的过程中，愿意同包括卢森堡在内的各国发展平等互利的合作，吸取一切先进的经验和技术。我可以满怀信心地说，中卢两国友好合作关系的发展是有广阔前景的。

邓副总理说，中卢两国都珍视自己的民族独立，不允许霸权主义者对我们发号施令，作威作福。为了对付霸权主义的战争威胁，全世界一切受霸权主义侵略、威胁、干涉、控制和欺侮的国家和人民有必要联合起来，同霸权主义进行针锋相对的斗争。一个日益联合的、强大的欧洲，有利于遏制霸权主义的侵略扩张，符合欧洲人民和世界人民的利益。他说："我们衷心希望欧洲共同体在联合自强这个大目标下不断发展壮大。卢森堡一向积极促进西欧联合，主张加强西欧防务，对此我们表示赞赏。"

托恩首相致答词时感谢中国方面给予的热情接待。他说，中国方面的热情接待使我们忘记了卢森堡人民和中国人民之间在地理上的距离。

托恩首相指出，卢森堡热忱希望世界实现和平与安全，并为欧洲和平而努力。

他说："大西洋联盟30年来一直保持着强大和一致，它是我们地区安全的保证。在大西洋联盟以及在已成为欧洲和世界稳定的一个支柱的欧洲共同体的范围内，我们希望看到实现一项排除任何会在欧洲引起冲突的因素的缓和与平衡政策。"

他说，卢森堡十分满意地注意到中国政府同欧洲共同体保持着密切的关系。

托恩首相指出，近几年来卢中两国和两国人民的友好往来促进了两国之间的关系，加深了两国人民之间的相互了解。

他说，我们两国之间的贸易关系，特别是在钢铁方面，得到了发展。从中期和长期来看，卢中两国人民也将在科学技术交流、金融等方面进行合作。

荷兰和比利时驻中国的外交使节也应邀出席了宴会。

出席宴会的还有国务院有关部门和北京市革委会等方面的负责人高扬文、刘学新、周而复、宋之光、阎志祥、秦川、周新武、杨家祥、白介夫。

国务院副总理邓小平在北京会见美国时代出版公司总编辑多诺万和《时代》杂志驻香港分社社长克拉克

中共四川省委三届一次全会选举赵紫阳为省委第一书记 鲁大东为常务书记 许梦侠为省纪检委第一书记

《人民日报》发表社论《切实保障人民公社的所有权和自主权》

我们党和国家把工作重心转到社会主义现代化建设上来，面临的首要任务是集中精力加快发展农业生产，逐步实现农业现代化，大幅度提高生产力，使农林牧副渔全面兴旺发达。这个光荣而艰巨的任务，靠各行各业齐心协力来实现，主要靠农村人民公社担当起来。

我国的农村人民公社，是劳动农民集体所有的社会主义经济组织，创立20年来，依靠几亿农民自力更生、艰苦奋斗，取得了改造农业基本条件、发展农业生产、壮大集体经济的成果。与公社化以前相比，全国农田的灌溉面积扩大60%多，高产稳产田约占总耕地的1/3；粮食作物总产量有所增加，经济作物和多种经营都有所发展，社队企业也普遍兴办起来。农村人民公社为保障社会主义建设和城乡人民生活的需要，作出了很大的贡献。

但是，从我国农业的现状来看，农村生产力仍然处在主要靠手工操作的落后水平，劳动生产率和商品率低，发展速度慢，而且地区之间发展很不平衡，农林牧副渔各业也远未全面发展。农村经济不活跃、不充裕，扩大再生产的能力很薄弱。有些地方农业生产长期停滞不前，农民的口粮很紧，收入很少。这是林彪、"四人帮"的干扰破坏造成的严重后果，也有我们过去工作中的共产风、浮夸风、高征购、瞎指挥等缺点错误的影响。近十年来，林彪、"四人帮"一伙推行极左的反革命修正主义路线，煽动"用专政办法办农业"，鼓吹"种田为革命，不要工分也可以"，大批"唯生产力论"，到处"堵资本主义路"、"割资本主义尾巴"，等等，把人民公社的一系列方针、政策和经营管理制度搞乱了。集体经济的所有权和自主权失去了保障，农民从事经济活动的天地越来越小，农民的切身利益大受损害，积极性受到很大的挫伤。

因此，要集中精力加快发展农业生产，就得尽快地拨乱反正，正确执行经过实践证明行之有效的党的农业政策和农村经济政策，修改和纠正那些不利于调动农民生产积极性、不利于发展农业生产力的错误政策。这里首先而最为重要的是，从充分调动几亿农民的社会主义积极性出发，切实保障农村人民公社的所有权和自主权。人民公社利用自己所有的劳动力和生产资料，发展生产，创造财富，对于农民个人、集体和国家，都是必需和有利的。必须维护它的所有权和自主权，使生产劳动和切身权益紧密结合起来，随着生产的发展逐步改善生活，充分调动农民的生产积极性。因为离开了一定的物质利益和政治权利，任何阶级的积极性都不可能自然地产生，甚至连阶级本身的存在和发展也大成问题。这是早为事实所证明了的客观规律，任何时候都违反不得，否则必然受到惩罚。我国农业的落后现状，正是这种惩罚的具体表现，很值得引以为戒。

全民所有制和集体所有制之间，集体所有制相互之间，大集体与小集体之间，必须坚持商品交换的关系，在国家统一计划指导下，按照自愿互利的原则，实行等价交换。集体所有制的人力、物力、财力，应当受到国家法律的切实保护，绝对不允许任何单位和个人无偿调拨和任意占有。可是，这些年来，在林彪、“四人帮”极左思潮的影响下，法制观念和政策观念日趋淡薄，有的地方、有的行业不看现实的可能条件，搞这样那样的“大办”，无偿平调人民公社的劳力、物资和产品，克扣国家拨给农村的事业费，转嫁不合理的负担于农民；有的地方自立错误的“土政策”，征购过头粮，压级压价收购和硬性派购农副产品，不讲等价交换原则，不给农民改善生活留有余地；有的支农工业品价高质差，零配件短缺，使农民吃亏受害。这一切都是对集体所有制权利的侵犯，是对农民的直接和间接的无偿剥夺。

毛泽东同志早就讲得很清楚，不能剥夺劳动者，只能剥夺剥削者。这是马克思主义的基本原则。我们对于民族资产阶级的生产资料，尚且实行赎买政策，对于劳动人民的劳动成果，怎么可以无偿占有呢？无偿占有别人劳动是不许可的。今天，我们要尽快把农业搞上去，一定要认真实行这条马克思主义的基本原则，维护国家法律和党的政策的严肃性，杜绝一平二调、转嫁负担、坑农害农的现象；过去平调的要尽可能地给予退赔，取信于农民。

尊重和保障人民公社的所有权和自主权，特别要切实维护生产队的权益。我国的绝大多数农村人民公社，仍然实行以生产队为基本核算单位的三级所有制。“三级所有，队为基础”，这是由农村生产力现有的发展水平所决定的，也是跟农民的觉悟程度相适应的。在坚持社会主义方向和接受国家计划指导的前提下，人民公社的各级基本核算单位，不但具有对自己的劳力、土地、牲畜、机械、资金、产品和物资的所有权，而且有权因时因地制宜进行种植，有权决定增产措施，有权决定经营管理方法，有权分配自己的产品和现金，有权抵制任何领导机关和领导人的瞎指挥。这样使所有权和使用权统一起来，生产权和分配权统一起来，“四权”都统一于基本核算单位，符合发展生产力的需要，有利于切实按照经济规律和自然规律办事，有利于充分调动农民的生产积极性，有利于人民公社集体所有制的相对稳定并为向前发展创造条件。

这里亟须注意的是防止和纠正平均主义与过分集中的倾向。人民公社化第二年，毛泽东同志就指出了这一点。所谓平均主义倾向，就是否认各个生产队和社员个人的收入应当有差别，否认按劳分配、多劳多得的社会主义原则。所谓过分集中倾向，就是否认生产队的所有制，否认生产队应有的权利，任意把生产队的劳力和财产上调到公社来。这两种倾向，都包含有否认价值法则、否认等价交换的思想在内。毛泽东同志这番深刻的阐述，对于那种热衷“政治评分”，一味颂“穷”，大肆贬“富”，急于搞“穷过渡”的思想和行为，无疑是切中要害的批评，应该清醒地记取在心。

为了切实保障农村人民公社的所有权和自主权，必须彻底改变那种党政不分、以党代政，政企不分、以政代企的现象。各级党委必须认真抓好党的路线、方针、政策的落实，切实抓好加快农业发展和逐步实现农业现代化的大政方针，同时做好对农村基层干部和农民的思想政治工作，把政治工作和经济工作很好地结合起来，保证经济任务的完成。

各级行政机关对人民公社集体经济单位的生产建设，要实行计划指导，但不得用行政命令的方法强制执行，应该允许他们有因时因地制宜进行生产建设的自主权。业务部门和科研机构指出社队科学种田，要力求切合当地条件，而且必须遵守群众自愿的原则，广泛采用示范方法。国家各部门在农村举办各种企业事业，除了国家有法律法令规定的以外，不能给集体和社员增加任何负担，不准在国计划以外抽调农村劳动力；计划内抽调的合同工、临时工，要签订合同，付给合理的报酬。总之，一定要加强对农业的合乎客观实际的领导，切实按照经济规律和自然规律办事，按照群众利益和民主方法办事。谁要是滥用行政命令，乱搞瞎指挥，造成了严重后果，谁就应承担经济责任和法律责任。

农村人民公社内部，同样要充分尊重和切实保障基本核算单位的所有权和自主权，不能搞平调，不能乱干涉。上级对下级的工作，不能强迫命令、包办代替，要注意充分发挥下级的主动性。要实行民主办社、勤俭办社，经济要搞核算，财务账目要定期公开，干部由社员选举和撤换。要充分肯定大集体下的小自由，支持社员种好自留地、搞好正当的家庭副业、搞好集市贸易，以补充集体经济产品的不足，把农村经济搞得活跃起来，农民生活逐步富裕起来。

充分尊重和切实保障农村人民公社的所有权和自主权，归到底就是保护农村的生产力，并促进其发展壮大。我们只要在思想上不断加强对农民的社会主义教育，在经济上充分关心他们的物质利益，在政治上切实保障他们的民主权利，广大农民得到休养生息，集体经济经过恢复发展，当家做主的主动精神和搞好生产的巨大积极性定会高涨起来，全力以赴地转向现代化建设，逐步加快实现农业现代化。

国务院副总理耿飚在北京同卢森堡大公国首相加斯东·托恩举行会谈

国务院副总理方毅在北京会见纽约州立大学美籍生物化学教授金祖怡

中国驻法国大使韩克华在巴黎中国驻法国大使馆举行午宴庆祝中法两国建交15周年

全国青联在北京民族文化宫举行迎春茶话会

中共中央政治局委员、全国人大常委会副委员长、中央统战部部长乌兰夫出席了茶话会。他向青年们致节日的祝贺和亲切的慰问，并祝全国青年同志身体好，学习好，工作好。乌兰夫同志说，全国青联建立以来，认真执行党的方针、政策，在团结教育各族各界青年方面做了许多工作，是有成绩的，毛主席的革命路线是占主导地位的。他要求青联一定要继续做好团结工作，不仅要团结先进的青年，而且要团结中间的和暂时处于后进状态的青年，特别要注意正确对待出身资产阶级、地富家庭的青年，认真贯彻党的有成分论，不唯成分论，重在表现的政策，如同对待劳动人民子女一样，把他们看成是革命的接班人，祖国的未来。他说，决定一个青年革命与否，当前就是看他对四个现代化这个总目标、总任务的态度和行动。他还要求青联注意团结好各民族的青年，要和台湾、港澳青年亲密往来，真正搞好全中国青年大团结。

全国青联主席王伟主持了茶话会。全国青联副主席王照华在茶话会上致春节贺词。

中国科学院副院长钱三强，青年作家刘厚明、刘心武，政协委员，台湾籍青年吴英辅，模范班主任、通县一中教师刘纯朴，青年数学家杨乐，在会上发了言。

中外文学家春节茶话会在北京新侨饭店礼堂举行

中国作家协会主席茅盾在致辞时向大家致春节的祝贺。他说，林彪、"四人帮"中断了我们之间的接触，今天我们又欢聚一堂了。我们向来自各国的文学家们真诚地表示：向你们学习。让我们互相学习。他还表示感谢外国专家们为我国社会主义建设作出了贡献。

来自30多个国家的60多名外国文学家出席了茶话会，其中有美国的柯弗兰夫妇、艾德勒夫妇，英国的史密斯，印度尼西亚的查禾多，法国的戴妮丝，斯里兰卡的利勒拉特纳，埃及的穆·夏阿班，尼泊尔的帕塔，新西兰的菲利普·曼，秘鲁的奥斯瓦尔多·雷诺索，乌拉圭的比森特·罗威塔等。

出席茶话会的中国作家有：楚图南、周扬、刘白羽、张光年、曹禺、冰心、周而复、贺敬之、周巍峙、臧克家、严文井、林林、朱子奇、陈荒煤、唐弢、艾青、公木、戈宝权、叶君健、姚雪垠、阮章竞、草明、李季、冯牧、严辰、杜鹏程、舒群、白桦、刘心武、苏叔阳等。

全国侨联与北京市侨联在首都体育场举行春节联欢会

在北京的归侨、侨眷以及回来观光探亲的华侨、中国血统的外国人和港澳、台湾同胞共1.7万多人，在首都体育馆举行春节联欢会。

全国侨联副主席庄明理主持了联欢会。政协全国委员会副主席、全国侨联主席庄希泉在会上致辞。庄希泉说，全国工作的着重点今年转移到社会主义现代化建设上来，侨务工作也要把着重点转移到这方面来。

有关部门负责人以及各界知名人士出席了联欢会。

张际春 徐海东 吴芝圃 刘长胜 张霖之 王世英 南汉宸 刘裕民追悼会在全国政协礼堂举行

他们是在林彪、"四人帮"的迫害下，政治上受到诬陷，精神上和肉体上受到严重的摧残和折磨，于1967年至1970年先后含冤逝世。以华国锋同志为首的党中央，一举粉碎了"四人帮"，林彪、"四人帮"强加于他们的一切诬陷不实之词已经全部推倒，多年沉冤，得到昭雪。

追悼会上，华国锋、叶剑英、邓小平、李先念、陈云、汪东兴、王震、韦国清、乌兰夫、方毅、邓颖超、刘伯承、许世友、纪登奎、苏振华、李德生、吴德、余秋里、张廷发、陈永贵、陈锡联、胡耀邦、耿飚、聂荣臻、倪志福、徐向前、彭冲、陈慕华、赵紫阳、赛福鼎、谭震林、李井泉、张鼎丞、蔡畅、廖承志、姬鹏飞、谷牧、王任重、康世恩、粟裕、宋任穷、沈雁冰、康克清、王首道、杨静仁、张冲、江华、黄火青等同志送了花圈。

中共中央、全国人大常委会、国务院、中央军委、政协全国委员会、中央纪律检查委员会、中央办公厅、中央组织部、中央宣传部、全国总工会、全国妇联、团中央、中央军委办公厅、国务院办公室、国家建委、煤炭工业部、外贸部、中国人民银行总行、贸促会、中国人民解放军总参谋部、总政治部、总后勤部以及有关省、市、县的党委和革委会送了花圈。

邓小平、王震、韦国清、乌兰夫、方毅、纪登奎、苏振华、吴德、余秋里、张廷发、陈锡联、胡耀邦、倪志福、陈慕华、赛福鼎、李井泉、姬鹏飞、谷牧、王任重、康世恩、宋任穷、康克清、王首道、杨静仁、张冲、江华、黄火青同志，有关部门的主要负责人，8位同志的生前友好，有关部门的群众代表，共1200人参加了追悼会。

邓小平副主席主持追悼会，韦国清同志致悼词。

张际春同志生前是党的七届候补中央委员、八届中央委员、中共中央宣传部副部长、国务院文教办公室主任，1926年参加中国共产党，1928年参加朱德、陈毅同志领导的湘南起义后，随军上井冈山。抗日战争期间，担任抗日军政大学政治部主任。抗战胜利后，他是刘伯承、邓小平同志的助手，为取得我国解放战争的胜利、为加强西南部队和地方的建设，作出了重大贡献。

徐海东同志生前是党的八届、九届中央委员，中共中央军事委员会委员，中华人民共和国国防委员会委员，1925年参加中国共产党，1927年参加中国工农红军，在湖北黄陂组织游击队，参加黄麻工农起义和创建鄂豫皖、鄂豫陕革命根据地的斗争。土地革命战争时期，他参加和指挥过鄂豫皖、鄂豫陕反“围剿”的多次战斗，为重建红二十五军，保卫根据地和人民群众作出了卓越贡献。在长征途中，打了许多胜仗，威震陕甘。在著名的直罗镇战役和红军东征、西征、迎接红二、四方面军的作战中，出色完成了任务。他领导的红二十五军同陕北红军，为迎接党中央、毛泽东同志和中央红军，把革命的大本营奠基在陕北，立下了大功。抗日战争时期，他率部深入华北、华中开辟敌后抗日根据地，指挥过许多重要的战役战斗。毛泽东同志曾赞扬徐海东同志是“对中国革命有大功的人”、“工人阶级的一面旗帜”。

吴芝圃同志生前是党的八届中央委员、原中共中央中南局书记处书记，1925年加入中国共产党。他曾参加毛主席举办的广东农民运动讲习所学习，以后他发动和领导了豫东农民武装暴动，并长期在河南坚持党的工作。他是河南地区武装斗争和党的工作的创建人之一。新中国成立后，他为发展河南和中南地区的国民经济，进行社会主义革命和建设，作出了积极的贡献。

刘长胜同志生前是党的七届候补中央委员、八届中央委员、原全国总工会副主任、党组副书记，1924年加入列宁共青团，1927年加入联共(布)，以后转为中共党员。他长期在上海从事党的地下工作和工人运动。抗战爆发后，他为恢复和发展上海党的组织及工人运动，为输送大批优秀工人和干部参加新四军的抗日战争，作出了重大贡献。特别是在解放前夕，他领导上海工人、学生和爱国人士的护厂、护校的斗争，配合我军解放上海，作出了特殊的贡献。他是上海工人运动和地下党的杰出的组织者和领导者，也是我国工会优秀的领导人和卓越的国际活动家。

张霖之同志生前是党的八届候补中央委员、原煤炭工业部部长、党委书记，1929年参加革命，同年参加中国共产党。以后他在河北、山东等地从事党的地下工作，领导农民运动，创建革命根据地。在解放战争时期，他参加淮海战役和强渡长江、解放南京、进军大西南、解放重庆等重大战役，作出了重要贡献。新中国成立后，他长期担任城市和工业部门的领导工作，在领导煤炭工业期间，为我国煤炭工业的建设和发展建立了巨大的功绩。

王世英同志生前是原中共中央监察委员会专职委员，1924年参加革命，1925年入党，是参加过第一次大革命的老同志。他先后在上海、南京、天津、西北等地区从事党的情报、联络、军运和统战工作。他在极其险恶的环境中，及时向中央报告敌情，受到毛主席、党中央的重视。为党作出了特殊的贡献。新中国成立后，他曾任山西省省长。

南汉宸同志生前是参加过辛亥革命的一位老同志，生前任中国国际贸易促进委员会主席、党组书记。1926年入党后，长期从事党的秘密工作和统战工作。在1936年“双十二”事变前后，他在周恩来副主席的直接领导下，做团结杨虎城和张学良将军的反蒋抗日工作。以后，他一直做财政金融的领导工作，是我国人民金融事业的创建人之一。

刘裕民同志生前是原建筑工程部部长、党委书记、国家建委副主任，1934年参加中国共产党。新中国成立后，他长期担任工业部门的领导工作，为国家的基本建设事业，作出了重要的贡献。

1月25日

《人民日报》发表社论《全党为整顿党风、严肃党纪而战斗》

党的十一届三中全会根据党章规定，选举产生了中央纪律检查委员会。最近，中央纪律检查委员会举行了第一次全体会议。会议充分发扬民主，大家畅所欲言，认真总结了经验教训，讨论了工作任务和工作方法，明确了纪律检查工作必须遵循的原则，制定了党内政治生活的准则。在全党工作的着重点实行伟大转变的重要时刻，由于林彪、"四人帮"的干扰破坏被取消多年的纪律检查机构，恢复起来，开展工作，这是党的生活中的一件大事，是拨乱反正的一项重要措施，对于搞好党风，严肃党纪，保证社会主义现代化建设的顺利进行，必将发挥重要的积极的作用。

我们党在毛泽东同志为首的党中央领导下，经过长期的革命斗争，本来建立了一套好传统好作风，这主要是：实事求是，理论联系实际；群众路线；批评和自我批评；谦虚谨慎，艰苦奋斗；民主集中制。这些好传统好作风，是我们党区别于任何资产阶级的党、修正主义的党的重要标志，它使我们党具有强大的战斗力，能够团结和领导几亿人民取得新民主主义革命的伟大胜利。全国解放以后，我们党的大多数党员继承和发扬党的优良传统，取得了社会主义革命和建设的新胜利。但是，由于我们党从一个受压迫的党变成全国范围的执政党，由于从战争环境转为和平环境，这就带来许多新问题。一部分党员，特别是领导干部，开始脱离群众、脱离实际，思想起了变化，滋长起骄傲情绪，只愿听恭维的话，不愿听批评的话，甚至大搞"一言堂"，把个人置于党委之上，致使党内生活逐渐出现一些不正常情况。"文化大革命"中，林彪、"四人帮"出于篡党夺权的需要，肆意践踏党规党法，破坏党的优良传统和党的纪律。他们用封建法西斯专政代替党的民主集中制，用讲假话、空话、大话代替实事求是，用长官意志代替群众路线，用帽子、棍子代替批评和自我批评，用对个人的歌功颂德、阿谀奉承代替谦虚谨慎，用资产阶级派性代替无产阶级党性，用争权夺利、搞特殊化代替全心全意为人民服务的宗旨，如此等等。林彪、"四人帮"对党的优良传统和作风的空前破坏，使我们党面临着变质的现实危险。这种状况如果不从根本上加以改变，党还有什么战斗力？如何带领广大人民进行新的长征？拨乱反正，就要抓党风。粉碎"四人帮"以后，在华国锋同志为首的党中央领导下，党风开始有所转变。但是，要全面恢复和发扬建党以来，特别是延安整风运动以来的好传统好作风，并不是轻而易举的，还要进行艰巨的斗争。这要靠全党的努力，而党的各级纪律检查委员会在这方面负有特别重大的责任。

党的纪律检查委员会的基本任务，是维护党规党法，切实搞好党风。现在我们党的3600万名党员中，近半数是"文化大革命"以来入党的，由于林彪、"四人帮"的流毒和影响，不少同志不懂或不大懂得什么是党规党法，什么是党的传统，有的甚至把派性当成党性，把帮风当成党风。就是一些老同志，那种"横眉冷对千夫指，俯首甘为孺子牛"的精神，以及严守党的纪律的观念也淡薄了，甚至丧失了。这种情况，要求我们在全党普遍地、深入地进行遵守党规党法和发扬党的传统的教育。这个工作要与揭批林彪、"四人帮"的斗争结合起来，与纠正冤案、错案结合起来。要善于运用报纸，揭露严重败坏党的作风、破坏党纪国法的坏典型，同时宣扬保持党的优良传统的好典型，使大家从正反两个方面受到生动具体的教育。每一个党员都要认识：我们党是执政党，党纪不严明，国法就很难生效，加强法制就会成为一句空话。党员作风不正，就会直接影响人民群众的利益，使党脱离群众。党在新的历史时期发挥领导作用，如同在革命战争时期一样，一靠路线的正确，二靠党员的模范作用。现在党的路线是正确的，但是如果广大党员不能保持党的好传统好作风，不能起先锋模范作用，党的路线也就不能贯彻，我们党就不可能领导人民取得四个现代化的胜利。整顿党风、严肃党纪的问题，关系到四个现代化的成败，关系到党和国家的命运。这确确实实是一件大事，不是小事，切不可等闲视之。

维护党规党法，是要经过斗争的。并不是每一个党员都能自觉遵守党的纪律。党性不纯的人，不能完全按党规党法办事。党的某些领导干部由于环境和地位的变化，受封建特权思想的影响和资产阶级思想的侵蚀，也会无视党规党法。钻进党内的野心家、阴谋家，为了篡党夺权，必然要千方百计地破坏党规党法，破坏党的纪律。因此，对党员执行党规党法既要教育，又必须有监督。

我们党同林彪、"四人帮"斗争的经验证明，在无产阶级专政下，对党风党纪和党的纪律检查机构的任何削弱，只能是帮助资产阶级反对无产阶级，并给野心家、阴谋家以可乘之机。这个教训够惨痛了，我们要深刻地记取。各级纪律检查委员会必须全力以赴，维护党的优良传统不被败坏，维护党规党法和党的纪律的严肃性。任何人，不管职位多高，功劳多大，资格多老，都不允许凌驾于党规党法之上。我们党只有一种纪律，没有两种纪律，不论是普通党员还是党的干部，都必须无条件地遵守。我们党的纪律是铁的纪律，对任何违反纪律的党员都要进行检查处理，对于那些明知故犯，破坏纪律的高级干部，更要严格处理。所有纪律检查委员会的成员，都应当坚持原则、敢于斗争、刚直不阿、办事公道。要有不怕杀头、不怕坐牢、不怕开除党籍、不怕撤职、不怕离婚的"五不怕"精神，还要不怕撕破脸皮。怕字当头、模棱两可、和稀泥、随风倒，是做不好党的纪律检查工作的。

整顿党风、严肃党纪，单是依靠纪律检查委员会是不够的，还要依靠广大党员的努力。这就要充分发扬党内民主。党内有正常的民主生活,广大党员敢于提出问题,发表意见,反映情况,开展批评,党才能及时发现和纠正各种不正之风和违法乱纪现象。这次三中全会和中央工作会议开得如此成功,根本的一条就在于充分发扬了民主。这样,才能真正恢复和发扬党的实事求是、群众路线、批评和自我批评的优良作风,正确解决了一批历史和当前的重大问题,伸张了正气,打击了邪气,增强了党的团结,造成了生动活泼的政治局面。我们一定要把这种民主作风尽快扩大到全党去。当前,各级纪律检查委员会要十分注意维护党的民主集中制和集体领导原则,同破坏党内民主生活、侵犯党员民主权利的行为作斗争。把这件事情抓好了,党的生活正常化了,其他问题也就好解决了。

经常听取人民群众的意见,这是共产党人做好工作、少犯错误的重要条件,也是防止某些党员干部由社会公仆变为人民的"老爷"的重要保证。因此,要充分发扬人民民主。不论是党内还是人民内部,都要坚决实行"三不主义",广开言路。党的各级纪律检查委员会有责任维护人民民主和社会主义法制,对某些党员压制批评、打击报复、滥用权力、欺压群众等侵犯人民群众民主权利的损害群众利益的行为,必须进行坚决斗争。

端正党风,严肃党纪,首先要从上层做起。上梁不正下梁歪。上面作出好样子,等于无声的命令,大家跟着学,就会带出好的风气。反之,上面作出坏样子,上行下效,就会造成坏的风气。各级领导干部,特别是高级领导干部,在这方面责任重大。身教重于言教。周恩来同志为什么受到亿万人民衷心的爱戴和无限的崇敬?就因为他始终保持着毛泽东同志培育的党的好传统好作风,他就是党的优良传统作风的化身。我们一定要向周恩来同志等老一辈革命家学习,严于律己,言行一致,为革命的子孙后代作出好样子。

这次中央纪律检查委员会第一次全体会议的一个重要成就,是讨论了关于党内政治生活的准则。准则总结了我们党多年来处理党内关系的正反两方面的经验,特别是同林彪、"四人帮"斗争的经验。它把党章的有关规定具体化了,把"三要三不要"基本原则具体化了,把民主集中制的组织和纪律的原则具体化了,使我们的党规党法更加完备,更加切合实现新时期总任务的需要。准则规定了在党内政治生活中,什么是对的,什么是错的,什么允许做,什么不允许做,界限分明,便于遵循。这个文件经党中央批准后,将成为我们向全党进行加强纪律、端正作风教育的好教材,成为我们向一切破坏党规党法、败坏党风现象作斗争的锐利武器。

整顿党风、严肃党纪,不仅是形势发展的要求,也是全党、全军和全国各族人民的共同愿望。中央纪律检查委员会的成立,受到广大党员和人民群众的热烈欢迎。党的各级纪律检查委员会要抓紧时间建立和健全起来。全党同志和全国人民对党的纪律检查工作寄予很大的期望。各级纪律检查委员会担负的任务是光荣而艰巨的。我们相信,在中央和各级党委的领导下,在全党和全国人民的关怀和支持下,党的各级纪律检查委员会必将坚持原则,实事求是,依靠群众,兢兢业业地进行工作,为在新的历史时期加强党的建设,促进四个现代化的实现,作出应有的贡献!

国务院总理华国锋在北京会见卢森堡大公国首相加斯东·托恩

会见时华国锋总理说,中国实现四个现代化需要国内安定团结和和平的国际环境两个条件。

他说:"现在我国安定团结的局面已经形成。我党中央决定,从 1979 年起把工作的重点转移到实现四个现代化上来。我们要进行大规模的经济建设。我国同国际上发达国家比较有差距,但我们有信心赶上去。"

他说:"国际上有个和平环境不容易。苏联霸权主义手伸得很长,对许多国家进行政治、军事控制。我们看国际局势不是缓和了。而是紧张程度有发展。我们大家都必须提高警惕。"

托恩首相在谈话时说,自从他 1973 年访华以来,在中国"发生了有利的变化"。托恩首相说,卢森堡愿意把钢铁工业方面的经验提供给中国朋友们。他说:"中国在欧洲共同体内得到了完全的同情。我们希望看到一个繁荣强大的中国。"

国务院副总理耿飚,冶金工业部部长唐克,外交部部长助理宋之光,中国驻卢森堡大使康矛召,参加了谈话。

国务院副总理李先念结束对非洲 4 国和巴基斯坦的访问回到北京

到机场迎接李先念副总理一行的有国务院副总理邓小平、耿飚、王震、陈慕华,全国人大常委会副委员长李井泉,国务院办公室主任吴庆彤,外交部副部长韩念龙,外贸部副部长贾石,外经部副部长汪道涵等。

坦桑尼亚、赞比亚、扎伊尔和巴基斯坦驻中国的外交使节也到机场迎接。

中华全国总工会和北京市总工会在人民大会堂联合召开春节劳模座谈会

人民大会堂西会议室中,在北京的工业、交通、基建、财贸、科技、卫生等行业的劳动模范 150 人欢聚一堂,互致热烈的新春问候。他们当中,有著名的劳动模范吴运铎、孙云龙、郝建秀、郭树德、张百发、李瑞环、李昌安、陈福汉、梅月兰等。

国务院副总理余秋里、康世恩，中共北京市委第一书记林乎加，中华全国总工会主席倪志福等，出席了座谈会。余秋里、林乎加同志在会上讲了话。倪志福同志代表全国总工会向劳动模范们致节日的祝贺。

国务院办公室在北京邀请国务院参事及中央文史研究馆馆员聚会共庆新春佳节

中共中央政治局委员、国务院副总理王震出席了聚会，亲切会见了国务院参事及文史馆员，并设便宴招待他们。

中共黑龙江省委四届一次全会选举杨易辰为省委第一书记 王一伦为省纪检委书记

民盟中央和民盟北京市委在北京饭店举行春节联欢会

100多位民盟成员今天在北京饭店举行春节联欢会，畅谈祖国安定团结、齐心大干四个现代化的大好形势，决心在新的一年里为祖国的四个现代化建设献计尽力。

民盟中央副主席楚图南在讲话中要求民盟同志在新的一年里为祖国的四化和台湾归回祖国作出新贡献。

民盟中央副主席史良和童第周、闻家驷、费孝通、钱伟长在茶话会上发了言。政协全国委员会文化组组长周扬和中共中央统战部副部长童小鹏先后讲了话。

民主促进会部分成员和教育、出版界人士200多人出席了民主促进会中央举行的春节茶话会。

民促中央代主席周建人作书面发言。老教育家董纯才、老作家谢冰心在会上讲了话。诗人赵朴初在会上朗诵了他的新作。

民促中央副主席杨东莼、叶圣陶在会上作了书面发言。

中央统战部副部长平杰三在会上讲话。

廖鲁言 徐子荣 胡锡奎 刘锡五 王其梅追悼会在全国政协礼堂举行

“文化大革命”中，林彪、“四人帮”及其同伙，制造了一起轰动国内外的“六十一人”的大冤案。廖鲁言、徐子荣、胡锡奎、刘锡五、王其梅五同志就是在这场冤案中，被林彪、“四人帮”的长期折磨、残酷迫害，分别于1967年至1972年含冤而死。以华国锋同志为首的党中央，给廖鲁言、徐子荣、胡锡奎、刘锡五、王其梅同志恢复了名誉，多年沉冤，得到昭雪。

追悼会上，华国锋、叶剑英、邓小平、李先念、陈云、汪东兴、王震、韦国清、乌兰夫、方毅、邓颖超、刘伯承、许世友、纪登奎、苏振华、李德生、吴德、余秋里、张廷发、陈永贵、陈锡联、胡耀邦、耿飚、聂荣臻、倪志福、徐向前、彭冲、陈慕华、赵紫阳、赛福鼎、谭震林、李井泉、张鼎丞、蔡畅、廖承志、姬鹏飞、阿沛·阿旺晋美、谷牧、王任重、康世恩、粟裕、宋任穷、沈雁冰、康克清、王首道、杨静仁、张冲、帕巴拉·格列朗杰、江华、黄火青等同志送了花圈。

中共中央、全国人大常委会、国务院、中央军委、政协全国委员会、中央纪律检查委员会、中央办公厅、中央组织部、中国人民解放军总政治部、全国总工会、全国妇联、团中央、国务院农业委员会、国务院办公室、农林部、公安部、教育部、中国人民大学以及有关的军区、省、自治区、市、县的党委和革委会，也送了花圈。

李先念、王震、韦国清、乌兰夫、方毅、纪登奎、苏振华、吴德、余秋里、陈锡联、胡耀邦、倪志福、陈慕华、赛福鼎、李井泉、姬鹏飞、阿沛·阿旺晋美、谷牧、王任重、康世恩、宋任穷、康克清、杨静仁、张冲、江华、黄火青，有关部门的主要负责人，5位同志的生前友好，有关部门的群众代表，共1200人参加了追悼会。

李先念同志主持追悼会，胡耀邦同志致悼词。

廖鲁言同志生前是党的八届候补中央委员，原国务院农林办公室副主任、农业部部长、党组书记。他在青年时代，献身于中国人民的解放事业，是北平学生运动的著名领导人之一。1932年参加中国共产党。1939年廖鲁言同志在延安从事党的政策研究工作。新中国成立后，廖鲁言同志长期担任中央政策研究室、中央农村工作部和农业部的主要领导职务。

徐子荣同志生前是党的八届候补中央委员、第三届全国人民代表大会常务委员会委员、国务院内务办公室副主任、公安部副部长、党组副书记。1927年参加中国共产党。在第一次国内革命战争时期，他积极参加革命活动。在第二次国内革命战争时期，参加了杨靖宇、李鸣岐同志领导的农民暴动。1936年被派往晋冀鲁豫等地区工作。在抗日战争和解放战争中，他长期在军队中担任领导工作，是我军优秀的政治工作干部。新中国成立后，他协助罗瑞卿同志，为创建我国的公安工作，保卫党中央、毛主席的安全，作出了重大贡献。

胡锡奎同志原任中国人民大学党委书记、副校长、中共中央西北局书记处书记。1925年参加中国共产党。1926年赴莫斯科学习，1928年回国后，从事党的地下工作，曾任北平市市委书记等重要职务。1949年以后，他在创办和主持华北人民革命大学和中国人民大学的十多年工作中，为建立和发展新中国的高等教育事业，作出了重大贡献。1963年担任中共中央西北局书记处书记。

刘锡五同志原任中共中央监察委员会副书记。1924年参加中国共产主义青年团，1925年转为中国共产党党员。他先后在河南、上海、北平、河北等地从事地下党的工作。全国解放后，刘锡五同志积极参加了社会主义革命和社会主义建设事业，为恢复国民经济、支援抗美援朝，加强党的纪律作出了显著的成绩。

王其梅同志生前是中共西藏自治区委员会书记、西藏自治区政协副主席、西藏军区副政委。1933年1月参加中国共产主义青年团，同年7月转为中国共产党党员。他在抗日战争和解放战争中，对开辟豫东革命根据地，建立人民武装和坚持豫皖苏地区的斗争中作出了显著成绩。他在进军西藏、建设西藏、保卫边疆的事业中，与西藏各族人民结下了深厚的情谊，对西藏的革命和建设作出了重大贡献。

1月26日

全国政协在北京举行春节联欢会

政协全国委员会副主席乌兰夫、宋任穷、许德珩、朱蕴山、季方、杨静仁、胡子昂、荣毅仁参加了联欢会。

联欢会上游艺节目丰富多彩。许多书画家在这里书词作画，抒发情怀。老诗人赵朴初朗诵了自己的新作，邓玉华、李淑君、赵青、李慕良、陈爱莲、张君秋、郭兰英、侯宝林、常宝华等艺术家表演他们的拿手节目，博得阵阵热烈掌声。

中科院在人民大会堂举行春节茶话会

茶话会由中国科学院副院长、技术科学部主任严济慈主持。

王震、方毅、邓颖超同志出席茶话会，并先后讲了话。

王震同志祝科学家们身体健康，学术繁荣。他说，林彪、"四人帮"反对所谓"师道尊严"，我们要反其道而行之，当老师的就是要受到社会的尊重。他希望科学家们把当年发奋学习的精神，传给我国的青少年们，为四个现代化培养大批科技人才。

方毅同志说，在四个现代化建设中，我们主要依靠自己的努力，也要尽量采用国外先进技术。他说，到会的学部委员都不服老，"老骥伏枥，志在千里"；中、青年科学家也是雄心勃勃，这是最可宝贵的，他祝愿大家在新的一年中，取得更多的成就。

邓颖超同志在讲话中向大家致节日的问候。

严济慈提议年过80的学部委员即席发言。金善宝、杨石先、茅以升、汪胡桢先后畅谈了自己的心里话。茶话会上，学部委员们畅所欲言，促膝谈心，争相为科学技术现代化献计献策。

参加茶话会在北京的学部委员还有：于光远、华罗庚、江泽涵、吴学周、周培源、彭桓武、黄子卿、钱三强、钱学森、赵忠尧、王竹溪、王淦昌、胡宁、陆学善、黄昆、汪德昭、张文裕、柳大纲、纪育沣、张青莲、梁树权、黄文熙、王之玺、李文采、侯祥麟、钱志道、章名涛、张光斗、张维、邵象华、赵宗燠、孙德和、张大煜、李强、马大猷、陶亨咸、吴仲华、张稼夫、童第周、贝时璋、陈世骧、李连捷、俞大绂、戴松恩、张孝骞、潘菽、蔡邦华、沈其震、吴英恺、诸福棠、张锡钧、黄家驷、蔡翘、魏曦、尹赞勋、黄汲清、张文佑、武衡、许杰、程裕淇、裴文中、乐森璕、黄秉维、顾功叙、傅承义。

国家科委、国防科委、教育部、全国科协、中国社会科学院和中国科学院的负责人也出席了茶话会。

国家民委在北京民族文化宫举行春节联欢会

中共中央政治局委员、全国人大常委会副委员长、统战部部长乌兰夫，全国人大常委会副委员长阿沛·阿旺晋美，国家民委主任杨静仁和各族代表一起联欢。

联欢会开始后，乌兰夫副委员长首先热烈祝贺大家春节愉快，并祝大家在新的一年里，为贯彻党的十一届三中全会精神，进一步巩固和加强我国各族人民的亲密团结，作出新的贡献。

阿沛·阿旺晋美副委员长也在联欢会上讲了话。他说，在这样的大好形势下庆祝春节，我感到遗憾的是达赖喇嘛和在国外的藏胞离开祖国20年，现在仍在国外，不能同我们一起欢庆佳节。我相信，他们也是在想念祖国，愿意回到祖国的怀抱中来。但是，还需要有一个过程，这就是进一步了解中国共产党的政策，理解西藏历史发展的趋势，了解西藏大多数人民是热爱党、热爱社会主义祖国的。西藏人民是坚决反对分裂，反对倒退的。我愿意奉劝他们，党的政策是明确的，是完全可以信赖的。我希望他们认清形势，争取早日回来，同我们一起建设祖国，建设自己的家乡，这才真正符合西藏人民的利益。他在讲话中向达赖喇嘛和在国外的藏胞致意。

参加联欢会的有国家民委副主任杨东生、江平、胡嘉宾、谢鹤筹及在京的民委委员、全国政协常务委员包尔汉、班禅额尔德尼·确吉坚赞，五届人大代表溥杰等知名人士。

民委系统各单位负责人，中国社会科学院民族研究所、佛教协会、宗教研究所，西藏、新疆、内蒙古驻京办事处的各族代表，以及党和国家机关、北京市等有关方面的负责人参加了联欢。

班禅的父亲贡布才旦和母亲索卓南玛，也参加了联欢会。

联欢会上首都文艺工作者、少数民族文艺工作者、著名的京剧演员、评剧演员、相声演员、杂技演员演出了精彩的文艺节目。

中国教育工会全国委员会和北京市总工会在中华全国总工会礼堂联合举办迎春茶话会

200多名在京的教育和科学工作者出席，中国教育工会全国委员会副主席方明主持。

国务院副总理方毅、陈慕华、王任重，中华全国总工会主席倪志福，出席了茶话会。

方毅同志在会上祝贺大家春节愉快。他说，今年是战略重点转移的第一年，希望科学、教育、文化、卫生界等各方面的专家和同志们，能随着战略重点的转移，在新的一年里取得更好、更大、更新的成绩，迎接中华人民共和国成立30周年。

中华全国总工会副主席朱学范，教育部副部长刘雪初，北京市市委书记贾庭三，中国人民大学校长、老教育家成仿吾，北京市总工会副主任彭思明，先后在会上讲了话。

朱学范说，教育和科学工作者是脑力劳动者，是工人阶级的一部分。过去，林彪、“四人帮”把“资产阶级知识分子”、“臭老九”的帽子强加在你们头上，硬是把你们同工人阶级拆开，并且对立起来。今天，同志们到全国总工会来，就是回到工人阶级队伍中来，就是回老家。

朱学范强调指出，在实现四个现代化建设的新长征中，我们不仅要有许许多多从事炼钢、采矿、造机器、开火车等等的劳动英雄和模范，而且还必不可少地要有许许多多从事教学和科研工作的英雄和模范。

教育部副部长刘雪初说，教育工作者要把工作的着重点转移到教学和科学研究方面，要为祖国的四个现代化，为培养德、智、体全面发展的人才，作出更大的贡献。

首都的科学工作者、大中小学幼儿园的代表也在会上发了言。

出席茶话会的，有国家科委、中国科学院、教育部、中华全国总工会、全国妇联、共青团中央、北京市委、北京市教育局的负责人，有战斗在首都教育和科学第一线并作出卓越成绩的大学校长、教授、研究员、工人、实验员，还有特级教师、模范教师、模范班主任、模范教育工作者，以及优秀的工会积极分子。

全国人大常委会副委员长邓颖超在北京前往宾馆看望卢森堡大公国首相加斯东·托恩和夫人

全国计划生育办公室主任会议在北京召开

新华社报道，最近在北京召开的全国计划生育办公室主任会议，认真讨论了进一步贯彻党中央批转的国务院计划生育领导小组第一次会议的报告精神，争取1980年把我国人口自然增长率降到1%以下的具体措施，并且研究了有关计划生育的经济政策等问题。

这次会议强调，今后要提倡每对夫妇生育子女数最好一个，最多两个，间隔3年以上。对于只生一胎、不再生第二胎的育龄夫妇，要给予表扬；对于生第二胎和二胎以上的，应从经济上加以必要的限制。知识青年上山下乡、职工福利、劳动保险、城市住房分配、农村住宅基地、自留地以及社员口粮分配等有关政策，应当有利于计划生育。

会议汇报、交流了1978年计划生育工作的情况和经验。据初步统计，去年北京、上海、天津、四川、河北、江苏、山东、山西、陕西、浙江、湖北11个省、市的人口自然增长率已经降到1%以下。由于人口出生率的降低，去年出生的婴儿比1971年减少了800万。

会议还讨论了计划生育工作条例和今明两年的人口增长规划。

国务院副总理、计划生育领导小组组长陈慕华在会上讲了话。她指出，在当前全党工作着重点转移到社会主义现代化建设上来的伟大转变中，计划生育工作更要抓好，它直接关系到四个现代化水平的提高。她说，人口政策是国民经济政策的一个重要组成部分，人口增长要适应国民经济的发展，如果盲目增长，就会影响集体和国家积累的增加，影响四个现代化的实现。因此要大造舆论，宣传计划生育与实现四个现代化、妇幼健康以及民族兴旺发达的关系，要移风易俗。她说，计划生育仍要坚持晚、稀、少的原则，要以预防为主，避孕为主。要有一套有利于计划生育的切实可行的经济政策和经济措施作保证。对医药卫生人员的节育技术质量问题，也要有奖有惩。对万例手术无事故者要给予奖励，对不负责任的要进行批评教育。对技术人员要进行培训，要搞技术考核，不合格者要限期提高，要抓好节育药、具、器械的生产供应；加强科研工作的领导，积极研制高效、安全、方便、经济的节育药物和工具。同时还须做好社会保险工作，使城乡无儿无女的老人能够过好幸福的晚年。最后，她勉励共产党员、共青团员、干部和职工，特别是各级领导干部，要带头实行计划生育，做好计划生育工作。

北京同南斯拉夫贝尔格莱德市结为友好城市

1月27日

首都各界3万人在人民大会堂举行春节联欢晚会

中共中央、全国人大常委会、国务院、中央军委的领导人华国锋、叶剑英、李先念、王震、韦国清、乌兰夫、方毅、邓颖超、纪登奎、苏振华、吴德、余秋里、张廷发、陈锡联、胡耀邦、耿飚、聂荣臻、倪志福、陈慕华、赛福鼎、谭震林、李井泉、廖承志、姬鹏飞、阿沛·阿旺晋美、许德珩、王任重、康世恩,政协全国委员会副主席宋任穷、沈雁冰、史良、朱蕴山、康克清、季方、杨静仁、张冲、胡子昂、荣毅仁,最高人民法院院长江华,最高人民检察院检察长黄火青,参加了联欢会。

近万名群众欢聚在大礼堂,兴致勃勃地观看中央歌舞团演出的歌舞《枣园来了秧歌队》。春节联欢晚会丰富多彩,有音乐、歌舞、京剧、电影、杂技、木偶戏;有深受孩子们喜爱的各种游艺、青年们爱跳的交谊舞,还有体操、武术、乒乓球和各种棋类比赛。许多群众高兴地说,这样的联欢晚会已经有 15 年没有举行了,今天,我们党政军民欢聚一堂,这是粉碎“四人帮”之后出现的新气象。

三楼小礼堂演出了精彩的京剧折子戏。遭受林彪、“四人帮”迫害 10 多年的彭真、陆定一、薄一波同志来到小礼堂,彭真同志说:“我充满了高兴和感谢的心情。我将能重新为党为人民工作。我愿意贡献出我的全部力量。”王光美同志也带着她的孩子们参加了晚会。

参加联欢晚会的,有首都工业、农业、科技等各条战线的英雄模范人物和群众。

台湾厅里,放置着纸墨笔砚,供画家和诗人们新春试笔,许多艺术家在这里挥毫泼墨,大展身手。

参加联欢晚会的还有在北京的归国华侨,台湾、港澳同胞,以及外国专家和他们的家属。

联欢会是由中宣部、文化部、中国人民解放军总政治部、北京市革委会、中国文联联合举办的。

《人民日报》发表社论《必须高度重视计划生育工作》

最近召开的全国计划生育办公室主任会议,就计划生育工作如何适应全党工作着重点转移的问题,进行了认真的讨论研究。这是各级党组织、各级政府和所有群众团体应该抓紧的一项重要工作,必须引起高度的重视。

我国现代化经济建设的宏伟目标,要求人口自然增长率控制在一个理想的水平。1980 年,要降到 1% 以下,在这个基础上,再逐步降低,使我国人口有计划地缓慢增长,这是必须做到、也能够做到的。1978 年,11 个省、市提前把人口自然增长率降到 1% 以下,就是证明。有些省、区人口自然增长率没有降到原定计划以下,个别省甚至有回升,主要是工作没有抓紧。为了加快现代化经济建设,我们必须把计划生育这项具有战略意义的工作抓得很紧很紧,决不可掉以轻心。

我国是社会主义国家,国民经济有计划按比例发展,要求人口也要有计划地增长。我国人口众多,为建设社会主义提供了丰富的劳动力,这是我们的有利条件。但是,人口多也带来困难。人主要是生产者,同时也是消费者。人作为生产者,是指人口中有一定科学文化知识、生产经验和劳动技能,使用生产工具进行物质资料生产的那一部分人。人从出生到成长为劳动力,起码要十六七年的时间。现在新增加的劳动力,是十几年前出生的;现在出生的人口,又决定十几年后新增劳动力的数量。当代社会生产力的巨大发展,劳动生产率的大幅度提高,最主要的是靠科学技术的力量。随着四个现代化的逐步实现,劳动生产率的不断提高,一方面将大大节省劳动力;另一方面则要求提高劳动者的科学技术文化水平。要使劳动力的数量和质量适应国民经济的发展,就必须对人口的出生进行计划调节,并努力发展科学教育事业。如果现在仍然无计划地增长人口,就会给有计划地安排和培养劳动力带来困难。人作为消费者,是生活资料的需要者。人口发展的快慢,直接关系到积累和消费的关系。搞现代化建设,不能没有积累。积累太多,影响人民当前消费;积累太少,又难以在 22 年内完成现代化建设的宏伟任务,最终又影响人民生活水平的提高。不控制人口的增长,每年净增人口越来越多,每年增加的财富会被越来越多的净增人口消费掉。降低人口自然增长率,就可以增加积累,加快经济建设的步伐,还可以举办各类学校,为人民群众,特别是青少年创造更好的学习条件,培养、造就千百万有社会主义觉悟的掌握现代化生产技能的熟练工人、熟练农民,培养大批懂得现代经济管理、现代科学技术的干部和知识分子,加速形成四个现代化所需要的劳动大军,为提高今后的消费水平创造更为雄厚坚实的物质基础。因此,对计划生育工作,不但计划生育部门要抓,全党要抓,特别是经济、计划部门也要抓。毛泽东同志在几次制订五年计划时都指出,要有计划地控制人口的增长,其意义就在这里。只管经济发展计划,不管人口发展计划,经济发展计划就可能被冲击,甚至完不成。

要使计划生育工作适应现代化建设的需要,必须做大量艰苦细致的工作。第一,要切实加强党的领导。各级党委要发动和依靠政府各部门和人民团体,认真做好计划生育工作。第二,要利用各种宣传工具和各种机会大造舆论,造成一个以适当晚婚、计划生育为荣的新的社会风尚。第三,要有一套切实可行的经济政策和经济措施作保证。现行的有关经济政策,如农村口粮和城镇住房分配等政策,凡是不利于计划生育的,都要在调查研究的基础上作适当的调整。我们提倡一对夫妇生育子女最好一个,最多两个。各省、自治区、直辖市,可以根据当地实际情况制定有利于计划生育的政策、措施。对于只生一胎,不再生第二胎的育龄夫妇,要给予表扬;对于生第三胎和三胎以上的,应从经济上加以必要的限制。农村一定要实行男女同工同酬,鼓励男子到有女无儿家结婚落户。要照顾好生活上没有依靠的老、弱、孤、寡和残疾社员,积极创造条件,逐步对只有一两个女孩的老年社员,优先实行养老金或退休工分制度。第四,要大力普及节育科学知识,抓紧避孕药物、节育器械的研究和生产,提高技术指导的质量。计划生育也要贯彻“预防为主”的方针。预防为主就是避孕为主,计划生育的科研重点也应放在这里。从事计划生育的医药卫生人员,要有严格的技术考核。责任心强、技术高明、节育手术无事故者,要给予表扬。

广大计划生育工作人员及有关部门的职工,在党的领导下,做了大量工作,党和人民对他们的辛勤劳动给予高度评价。希望他们再接再厉,加强学习,解放思想,实事求是,改进作风,联系群众,为党和人民作出新的贡献。一年之计在于春。春节期间结婚、探亲的较多,正是宣传和落实计划生育措施的重要时机。为了胜利完成今明两年的人口计划,各地区、各单位,特别是那些人口自然增长率还没有降到计划以内的地区和单位,从现在起就要抓紧开展工作。我们相信,通过大家的努力,我国人口的自然增长率完全可以降到一个比较合理的水平。

解放军总政治部主任韦国清发表题为《发扬拥政爱民、拥军优属的光荣传统,为加快我国社会主义现代化建设而奋斗》的春节广播讲话

同志们、同胞们、朋友们:

在全国军民欢度新春佳节的时候,我代表中共中央、全国人大常委会、国务院、中央军委,向全国的工人、农民、干部、知识分子,和战斗在各条战线的同志们,向人民解放军指战员、复员退伍转业军人、残废军人、烈军属,向爱国民主党派、爱国人士,向台湾同胞、港澳同胞、国外侨胞,致以热烈的祝贺和亲切的慰问。

春节,是我国人民的传统节日。今年的春节,是在全国范围内揭批“四人帮”的群众运动基本胜利完成,全党工作的着重点转移到社会主义现代化建设上来的大好形势下到来的,全国军民格外欢欣鼓舞。把我国建设成为一个伟大的社会主义现代化强国,这是毛主席、周总理、朱委员长等老一辈无产阶级革命家的宏伟遗愿,也是全国军民梦寐以求的理想。现在,在华国锋同志为首的党中央领导下,随着全党的工作着重点的转移,宏图必将逐步变成现实。

每年春节,全国军民都要广泛地开展拥政爱民、拥军优属活动。今年的拥政爱民、拥军优属活动,要大力宣传党的十一届三中全会和中央工作会议的精神,使全党、全军、全国人民深刻认识工作着重点转移的重大意义,同心同德,解放思想,鼓足干劲,全力以赴,为加速社会主义现代化建设而奋斗。

我们要继续巩固和发展安定团结的大好形势。安定团结是实现四个现代化的必要条件,加强军政、军民团结,是巩固和发展安定团结大好局面的重要方面。遵照毛主席的教导,我军始终把全心全意为人民服务作为唯一的宗旨。我们的军政、军民关系历来是亲密无间的。但是,由于林彪、“四人帮”的干扰破坏,军政一致、军民一致的优良传统受到了削弱。我军一定要大力发扬优良传统,自觉地、经常地做好拥政爱民工作。人民群众一向热爱自己的子弟兵,在新的历史条件下,应当进一步发扬拥军优属的好风尚,大力支持人民解放军的革命化、现代化建设。

全国军民正在解放思想,开动脑筋,大干快上,为实现四个现代化多做贡献。军队是四个现代化的建设者和保卫者,一定要积极参加和支援社会主义现代化建设。要加强教育训练,努力学政治、学军事、学科学文化知识,熟练掌握手中武器,把我军革命化、现代化建设,提高到一个新的水平。军队和各项工作,要跟上全国的跃进步伐,力争走在新长征队伍的前列。

当前,国内外形势对我国的社会主义现代化建设很有利,但是,战争危险依然存在。苏修亡我之心不死。越南反动当局在苏联的全力支持下,气焰十分嚣张,不仅对柬埔寨进行大规模的军事侵略,而且在中越边境一再进行武装挑衅,制造严重的流血事件。越南反动当局的倒行逆施,受到了全世界爱好和平人民的严厉谴责。中国人民坚决支持柬埔寨人民反抗越南侵略的斗争。我们一定要百倍提高警惕,切实加强战备,搞好军民联防,对于敢来进犯之敌,给予坚决的回击。

值此新春佳节,我们十分怀念台湾的骨肉同胞。台湾回到祖国怀抱,实现祖国统一,是包括台湾同胞在内的全国人民的殷切期望,是我们必定要完成的神圣事业。展望未来,充满信心。让我们团结在华国锋同志为首的党中央周围,高举毛泽东思想的伟大旗帜,发扬拥政爱民、拥军优属的光荣传统,坚决响应党的十一届三中全会的号召,为把我国建设成为现代化的社会主义强国而奋勇前进!

民政部部长程子华在中央人民广播电台发表春节慰问讲话

程子华部长代表民政部向人民解放军指战员、革命烈士家属、革命军人家属、革命残废军人、复员退伍军人致亲切的问候和节日的祝贺。

程子华同志说,党的十一届三中全会决定,从今年起,全党工作的着重点转移到社会主义现代化建设上来,这是我国革命道路上又一次历史性的转变。要实现这一伟大任务,必须贯彻安定团结,稳定局势,解放思想,鼓足干劲,加速社会主义现代化的建设的路线,进一步落实党的优抚和复员安置政策,更加广泛深入地开展拥军优属活动,充分调动大家的积极因素,加强军民团结。

程子华同志说,在过去的岁月里,人民解放军指战员斗志昂扬,为加强国防和支援地方建设作出了巨大贡献,赢得了全国人民的热爱和尊敬。烈属、军属、革命残废军人和复员退伍军人,在农业、工业和其他各条战线上发挥了积极作用,涌现出大批先进人物。特别是在农村的优抚对象,和群众一道,战胜了严重的自然灾害,夺得了较好的收成,为发展国民经济作出了重要贡献。

他说,在新的形势下,我们面临着十分繁重的任务。人民解放军是我国的钢铁长城,相信你们在新的长征中,一定能够为保卫祖国和加强国防现代化作出新的贡献。烈属、军属、革命残废军人和复员退伍军人是中华民族的优秀儿女,你们有的人老心红,身残志坚;有的退伍不褪色,鼓励亲人、战友安心服役;有的积极参加民兵建设,作出了成绩。希望你们在新的长征中,努力学习马列著作和毛泽东同志的著作,学习政治文化,学习科学技术知识,掌握建设本领,在农业、工业和其他战线上,为加速社会主义现代化建设继续发挥积极作用,争取更大光荣。

国家出版局在北京新侨饭店举办迎春茶话会

陆定一同志出席了国家出版局举行的迎春茶话会。

茶话会由国家出版局代局长陈翰伯主持。陈翰伯同志致辞说,这样的茶话会十几年没有开了。在林彪、“四人帮”横行时期,出版界同样遭到一场大浩劫。这里,我代表国家出版局对受林彪、“四人帮”迫害的编者、作者表示深切的慰问。他说,目前,出版局正在抓紧落实政策的工作,一是人的政策;一是作品的政策。要继续给一些被打成“毒草”的书籍平反,因为书的后面站着的是许多人。他热切希望出版界的同志们在党中央的领导下,同心协力,把出版工作做好。

当陈翰伯同志向大家介绍:曾经领导过我们出版工作的陆定一同志出席茶话会的时候,全场热烈鼓掌,向陆定一同志表示欢迎、问候。

陆定一同志应邀在会上讲了话。他说,今天看见同志们非常高兴。经过10年的折磨,我没有死,是个“有福之人”啊!他接着说,林彪、“四人帮”搞了十年,这是我们大家的一场大灾难。这十年的大灾难,对我们党、我们人民来说,是交了一笔学费。现在,我们翻过身来了。对于未来我们充满了信心。

中国社会科学院副院长于光远、周扬也在会上讲了话。周扬同志谈到对出版工作的希望时说,广大群众对我们重新出来工作的同志寄予很大的期望,我们要认真总结过去出版工作的经验,做好出版工作。出版工作,可以说是“铁肩担道义,妙手著文章”。我们“担”的这“道义”,就是要完整地、准确地宣传马克思列宁主义、毛泽东思想,希望出版工作进一步提高质量,出人才,出作品,为全党工作着重点转移、搞好祖国的四个现代化建设作出贡献。

出席茶话会的,有首都各出版社的总编辑、编辑、著名文学家、翻译家、社会科学著作家以及其他文化部门的同志共200多人。

全国人大常委会副委员长姬鹏飞在北京会见由安·约翰·梅斯纳参议员率领的澳大利亚议员团

1月28日

华国锋 余秋里 康世恩等领导同志到北京石化总厂看望节日坚守岗位的工人

华国锋等同志走进车间,向大家致节日的问候。他对工人们说:“向同志们拜年,同志们辛苦了,祝大家春节好!”工人们热烈鼓掌,回答:“祝华主席好!”

同华国锋等同志一起来厂看望工人的有化工部部长孙敬文、中共北京市委第一书记林乎加等。

华国锋等同志在化学工业部副部长兼北京石油化工总厂党委书记杨义邦、厂长葛立兴陪同下,参观了总厂所属的前进化工厂、向阳化工厂和东方红炼油厂。华国锋、余秋里、康世恩等同志同工人们亲切交谈,询问设备、产品以及他们工作和生活的情况,仔细察看了车间生产情况表和操作记录表。他们勉励大家更加努力地学习科学技术知识、学习外文。下午,华国锋同志等会见了总厂、分厂的负责同志,以及一些先进集体的代表和先进人物。华国锋同志对大家说:北京石油化工总厂是我国一个大的石油化工基地。同志们一定要更好地发挥积极性,把工厂建设得更快、更好,为国家积累更多的资金,在促进实现四个现代化方面作出更大的贡献。

国务院副总理邓小平和夫人卓琳应美国总统吉米·卡特和夫人邀请离开北京前往美国访问

国务院副总理方毅和夫人殷森,外交部部长黄华和夫人何理良等随同前往访问。

国务院副总理李先念、余秋里、耿飚、王震、康世恩、陈慕华，全国人大常委会副委员长邓颖超、阿沛·阿旺晋美，外贸部部长李强，外交部副部长韩念龙、部长助理宫达非，中国科学院副院长李昌，国务院办公室主任吴庆彤等到机场送行。

邓副总理这次访问，是中华人民共和国成立后中国领导人第一次对美国的访问，它将为中美关系的发展开辟新航道。世界公众舆论普遍认为，1月1日中美正式建交和邓副总理这次历史性的访问不仅对增进中美两国人民的友谊具有重大意义，而且对促进亚洲、太平洋地区乃至世界的和平、安全和稳定，都将产生深远影响。

邓副总理这次访问的正式日程是从1月29日至2月5日，他将同卡特总统进行一系列会谈，并将同美国各界人士广泛接触。访问期间，邓副总理还将在华盛顿、亚特兰大、休斯敦和西雅图等城市进行参观访问。

邓小平副总理的随行人员还有：中国驻美国联络处主任柴泽民和夫人李友锋，外交部副部长章文晋，特别助理凌云、浦寿昌，邓副总理办公室主任王瑞林，新闻助理彭迪，外交部礼宾司司长卫永清，国家科委局长吴明瑜等20人。

美国驻中国联络处副主任芮效剑和夫人，联络处外交官员、日本驻中国大使佐藤正二和夫人等，也到机场送行。

中共中央作出《关于地主、富农分子摘帽问题和地、富子女成分问题的决定》

新华社报道：中共中央最近作出的决定说，考虑到我国农村完成土地改革和实现农业集体化以后，地主、富农分子经过20多年以至30多年的劳动改造，他们当中的绝大多数已经成为自食其力的劳动者，因此对地、富分子的摘帽问题和地、富子女的成分问题，作了适合新的情况的相应规定。中央认为，落实好这方面的规定，将有利于更好地调动一切积极因素，化消极因素为积极因素。

决定指出，除了极少数坚持反动立场、至今还没有改造好的以外，凡是多年来遵守政府法令、老实劳动、不做坏事的地主、富家分子以及反、坏分子，经过群众评审，县革命委员会批准，一律摘掉帽子，给予农村人民公社社员的待遇。地主、富农家庭出身的农村人民公社社员，他们本人的成分一律定为公社社员，享有同其他社员一样的待遇。今后，他们在入学、招工、参军、入团、入党和分配工作等方面，主要应看本人的政治表现，不得歧视。地主、富农家庭出身的社员的子女，他们的家庭出身应一律为社员，不应再作为地主、富农家庭出身。

为了贯彻执行中央的这一决定，公安部就有关事项发出了通知。公安部的通知说，中央关于地主、富农分子摘帽问题和地、富子女成分问题的决定，是在全党工作着重点转移的新形势下采取的一项重大决策。依靠广大人民群众，把地、富、反、坏分子中的绝大多数改造成为守法的自食其力的劳动者，是毛泽东同志的一贯思想，是我党的一项重大政策。经过全党和全国人民的长期努力，绝大多数四类分子是愿意接受改造的，在林彪、“四人帮”横行的时候，有破坏活动的为数极少，充分证明了党的改造四类分子的政策是完全正确的、成功的。中央决定，对已经得到改造的绝大多数四类分子摘掉帽子，这对于进一步调动积极因素，化消极因素为积极因素，为社会主义现代化建设贡献力量，具有极其重大和深远的意义。

通知指出，贯彻落实中央的这一决定，必须坚持实事求是的原则。就一个地方、一个单位来说，需要继续监督改造的四类分子，可能有，也可能没有，一定要从实际出发，有就是有，没有就是没有，不要搞什么比例数字。

通知说，对城市街道、厂矿、企业、机关、学校的四类分子的摘帽问题，以及正确对待他们子女的问题，也应按照中央决定的精神处理。摘掉地主分子、富农分子、反革命分子、坏分子帽子的人，今后不要称他们为摘帽的地主分子、富农分子、反革命分子、坏分子，而应依照他们的工作或职业，相应地称为社员、工人等，同人民群众一样享有公民权。

通知说，在四类分子中，对部分错定了的人，必须认真负责地做好平反改正工作。凡是错定的，即便已经死亡，也应平反纠正。

通知要求各级公安机关迅速行动起来，集中力量抓好贯彻落实中央决定的工作。按照中央规定，要把群众评议，报县(市或市辖区)革委会批准，张榜公布摘帽名单这几个程序，衔接得很紧，力争在较短的时间内，把这件事全部办好。

《人民日报》发表社论《充分关心农民的物质利益》

十一届三中全会公报指出：为了加快发展农业生产，逐步实现农业现代化，“必须首先调动我国几亿农民的社会主义积极性，必须在经济上充分关心他们的物质利益，在政治上切实保障他们的民主权利。”三中全会为我国农业的高速度发展作出了重大决策，特别对提高农民的物质生活规定了许多具体措施。如稳定粮食征购指标，绝对不许购过头粮；缩小工农业产品的剪刀差，适当提高农产品收购价格，降低农用工业品的销售价格；国家增加对农业的投资和贷款，加强对农业的支援；对困难、落后地区给以重点扶持和帮助，力争尽快改变那里的贫困面貌,等等。可以预期,这些重大措施的逐步实现,必将给广大农民带来看得见的物质利益,使他们在遭受林彪、"四人帮"长期破坏的劫难之后,有一个休养生息的时机,从而发挥农民的社会主义积极性,促进农业生产的迅速恢复和发展。

在农业合作化时期,我国农业生产的发展是很快的,农民的生活比解放前有显著的改善。以后,我国农业生产发展缓慢,农民生活水平提高不大,其原因是多方面的,如缺少稳定的政治局面,农村政策不断被破坏等等;还有一个重要因素,就是不注意关心农民的物质生活,甚至四面八方向生产队伸手,上下左右挖农业的墙脚,加重农民的负担,侵犯农民的物质利益,把农村搞得很穷,有些地方农民的生活还十分困苦。面对这样的现实,一个真正的共产党员能够无动于衷吗?

关心广大农民和劳动人民的物质利益,为他们谋福利,是我们共产党人的根本任务,是我们党的政策的一项基本原则。我们党领导农民进行民主革命,是为了使他们摆脱受剥削受压迫的地位,成为土地和其他农业生产资料的主人,改善自己的生活。我们党领导农民进行社会主义革命和社会主义建设,是为了最后消灭阶级,消灭城乡之间、工农之间以及体力劳动和脑力劳动之间的差别,"保证一切社会成员有富足的和一天比一天充裕的物质生活"。人民为什么要起来革命?《国际歌》的第一句响亮地写着:"起来!饥寒交迫的奴隶!"人民不正是为了摆脱饥寒交迫的困境才起来革命的么?革命精神是非常宝贵的,没有它就没有革命。但是,革命是在物质利益的基础上产生的。不讲物质利益,只能是唯心论。那种离开群众物质利益的革命高调和空谈决不是社会主义;那种把革命同提高人民生活对立起来的观点,是假马克思主义、反马克思主义的。这些年来,在这种假马克思主义的骗子的祸害下,我国人民真是吃尽了苦头!

要给农民以物质利益,首先必须深入批判林彪、"四人帮"极左的反革命修正主义路线。这些年来,林彪、"四人帮"散播了一系列反革命谬论,似乎马克思主义是根本不讲物质利益的,讲物质利益就是修正主义。他们看到农民有了点现金收入就叫"金钱挂帅";谁关心人民的物质生活就叫"物质刺激";农民要求生活富裕起来,就是什么资本主义自发势力抬头,甚至胡说"几亿农民苦点没什么关系",等等。"四人帮"的谬论流毒深远,至今有的地方还在任意侵犯农民群众的物质利益。在贯彻落实三中全会决议的过程中,我们必须把林彪、"四人帮"颠倒了的理论是非、路线是非重新颠倒过来,帮助那些受毒害的人清醒过来。这里有几点必须弄清楚:

林彪、"四人帮"把政治觉悟同物质利益对立起来,似乎有了政治觉悟,农民就可以不要物质利益。这是十分荒谬的。农民相信"没有共产党就没有新中国",是因为共产党领导他们推翻了压在头上的三座大山,摆脱了被压迫受剥削的困苦处境;农民相信"只有社会主义能够救中国",是因为共产党领导他们走上了合作化的道路,确实比单干增产,改善了生活。农民的社会主义觉悟,是他们从社会主义现实生活中得到了实实在在的政治利益和物质利益,看到了社会主义的优越性而后产生出来的,不是空洞的政治说教鼓吹起来的。政治觉悟高的先进分子,为了革命的需要,是能够牺牲个人利益服从大多数人利益,牺牲眼前利益服从长远利益的。他们牺牲自己的利益,是为了谋取整个民族和阶级的利益,这中间既包括政治利益,也包括物质利益。离开一定的物质利益,任何阶级的任何政治积极性是不可能从天上掉下来的。社会主义如果不能给农民带来不断增长的物质利益,农民怎么会从切身体会中知道社会主义真正好呢?从那里谈得上社会主义觉悟的不断提高呢?

要搞清楚自力更生和国家支援的相互关系。有的人把自力更生同国家对农民应有的支援对立起来:有的地方忽视自力更生,总是强调向国家要资金、要物资;有的地方又过分强调自力更生,忽视给农业以必要的支援。这都是片面性。我们的国家现在还很穷,广大农民当然要发扬自力更生的精神,不能事事依赖国家。正因为这样,国家就更应该关心和支援农民。应当看到,在长期的革命战争中,我国农民忍饥挨饿,省吃俭用,对国家对民族的解放事业作出了极大的贡献;新中国成立后,在为我国工业化打下基础的长时期中,农民坚持艰苦奋斗,也作出了极大的贡献。由于林彪、"四人帮"的破坏,现在我国经济还很困难,但是我们的经济力量、特别是工业力量,比解放初期已经强大得多了,工业支援农业的力量也强大得多了。为了加快我国社会主义经济建设的发展,完全应该逐步减轻农民的负担,而且要用比较强大的工业力量反过来支援农业。要知道,如果没有国家对农民的物质的和技术的支援,使农业得到先进的技术装备,农业就不可能实现机械化和现代化,就不可能高速度发展。西方一些生产先进的国家,农业的高速度发展,无一不是有国家强大的物质技术的支援。资本主义国家尚且如此,我们社会主义国家更应该大力支援农业,才能真正实现农业现代化。

艰苦奋斗是永远需要的。艰苦奋斗说的是任何人对待任何一件工作、一种事业,必须具有不怕牺牲、不怕任何困难的英勇气概、英勇精神。没有这种气概和精神,是不能取得成功的。在农业上,我们提倡艰苦奋斗,是为了发展生产,不断改善群众生活,因而决不可把提倡艰苦奋斗和关心农民物质利益两者对立起来，似乎艰苦奋斗就是要群众去受苦受难。林彪、"四人帮"宣扬什么越穷越光荣，"穷了就革命"，群众不能富，"富就要变修"，完全是一派胡言。这一伙喝尽民脂民膏的吸血鬼，他们自己骄奢淫逸，挥霍无度，不顾群众死活，还要制造一套反动谬论套在人民头上，使人民屈服于贫穷，这是一个大骗局，必须予以揭穿。农民艰苦奋斗的目的，不正是为了改变贫穷的处境，使自己的生活一天天富裕起来吗？离开这个目的，艰苦奋斗又是为了什么呢？难道真是为了"掉几斤肉"，"活着干、死了算"吗？毛泽东同志说过："我们历来提倡艰苦奋斗，反对把个人物质利益看得高于一切，同时我们也历来提倡关心群众生活，反对不关心群众痛痒的官僚主义。"我国经济还很落后，人民生活改善的步子一时还不可能很大，必须把有关情况给人民讲清楚，继续发扬艰苦奋斗的优良传统。同时，也必须采取有效措施，使农民能够在正常年景下，从增加生产中逐年增加个人收入，使生活逐步有所改善。

要认真贯彻三中全会决议，必须立即改变对人民生活的迫切问题漠不关心的官僚主义态度。在林彪、"四人帮"长期干扰破坏的影响下，有的人高官厚禄，养尊处优，甚至挥霍浪费，大兴土木，盖楼堂馆所，置人民的疾苦于不顾；有的人为了个人的名誉地位，弄虚作假，虚报浮夸，搞高征购，给农民的生活带来了严重困难。这样的官僚主义，已经使我们党的优良传统遭到严重破坏，使党脱离了群众，应该引起我们严重注意。过去做错了的，要坚决纠正过来。

给农民以看得见的物质利益，不是像某些人所认为的是什么"好行小惠"，而是关系到工农联盟的大问题。我国工人阶级同农民的联盟，曾经历过几个阶段，在土地改革和合作化的基础上建立的工农联盟，取得了重大的胜利，现在要在农业现代化的基础上建立工农联盟，如果不大大增加对农民的物质支援，农业现代化就不可能实现，工农联盟就不可能巩固。毛泽东同志在农业合作化运动中曾经说过："如果我们没有新东西给农民，不能帮助农民提高生产力，增加收入，共同富裕起来，那些穷的就不相信我们，他们会觉得跟共产党走没有意思，分了土地还是穷，他们为什么要跟你走呀？"因此，在实现农业现代化的过程中，我们一定要不断给农民以新的东西，才能使农民的积极性持久地保持下去，使他们感到干社会主义大有奔头，真心实意地跟着共产党走。

目前，农村正在进行年终分配，各地一定要正确处理国家、集体和个人三方面的关系，特别是党和农民的关系，像四川等地那样，尽量做到90%以上的社员能够增加收入，使他们的生活有所改善。受灾减产的地方，更要采取切实有力的措施，安排好群众生活。毛泽东同志说："一切空话都是无用的，必须给人民以看得见的物质福利。"一切热心四个现代化的共产党员和革命干部，都必须永远记住这个真理。

云南 广西边境春节期间受到越南武装挑衅

越南当局派遣武装人员连续向我国云南、广西边境开枪开炮，猖狂进行武装挑衅，严重威胁我国边境群众生命安全，破坏我国广大群众欢度春节。

1月29日

国务院总理华国锋在北京会见贝尔格莱德市议会主席日沃拉德·科瓦切维奇率领的南斯拉夫贝尔格莱德市代表团

会见时，科瓦切维奇同志以贝尔格莱德市民的名义向贝尔格莱德市的荣誉市民华国锋赠送了一幅南斯拉夫挂毯，并向华国锋同志祝贺春节。

南斯拉夫驻中国大使米尔科·奥斯托依奇和夫人参加了会见。

会见时在座的有北京市革命委员会主任林乎加、副主任赵鹏飞，外交部副部长余湛。

华国锋等领导同志看望北京郊区社员

华国锋同志和王任重、林乎加同志一起，来到北京郊区看望北京市红星人民公社社员和在这个公社工作的美国朋友阳早、寒春，向他们致节日的祝贺。

华国锋等同志首先来到北京市红星养鸡场，了解了养鸡场发展的情况和生产中存在的问题，他勉励大家对机械化养鸡要经常研究，不断改进。

华国锋、王任重等同志参观了公社养牛场。参观过程中，他们同公社党委书记吕春林、公社革委会主任邢春华研究了如何在不扩大场院的情况下，充分挖掘潜力，增加饲养奶牛的头数，提高机械化程度，降低生产成本等问题。

美国朋友阳早、寒春1972年以来一直在红星公社帮助用机械化方法饲养奶牛。华国锋等同志今天特地去看望了他们。

国务院副总理邓小平到达华盛顿开始对美国的正式访问

邓小平副总理和夫人卓琳(北京时间29日凌晨4点30分)到达华盛顿，在安德鲁斯空军基地受到美国副总统蒙代尔及夫人和国务卿万斯及夫人等的热烈欢迎。

机场上，包括美国各界人士、中国血统的美国人以及旅美华侨 400 多人，等候邓副总理一行的来临。欢迎人群手举中美两国国旗。一条横幅上写着：“热烈欢迎中国副总理邓小平访问美国。”

到机场欢迎的还有参议员小哈里森·威廉斯，霍华德·坎农，戴尔·邦珀斯，唐·里格尔，众议员保罗·芬得利，菲利普·伯顿，爱德华·罗伊鲍尔，林迪·博格斯，约翰·伯顿，助理国务卿理查德·霍尔布鲁克，国家安全委员会成员米歇尔·奥克森伯格，助理国务卿帮办罗杰·沙利文，以及安德鲁斯空军基地的第七十六空运队司令小本杰明·斯塔尔。

中国驻美联络处副主任韩叙等也到机场欢迎。

到机场欢迎的还有中国驻联合国代表陈楚、副代表赖亚力以及联合国副秘书长唐明照等。

邓副总理是中华人民共和国成立 30 年来第一个访问美国的中国领导人。

《人民日报》发表社论《适应情况变化的一项重大决策》

在举国上下同心同德向实现四个现代化的伟大进军中，党中央作出英明决定，对多年来遵守政府法令、老实劳动、不做坏事的地主、富农分子以及反、坏分子，摘掉帽子，给予农村人民公社社员的待遇。同时规定，对地主、富农家庭出身的农村人民公社社员，他们本人的成分定为公社社员，享有同其他社员一样的待遇；对地主、富农家庭出身的社员的子女，他们的家庭出身定为社员，不再定为地主、富农家庭出身。这是我们党在新时期适应新的情况，继全部摘掉右派分子帽子之后，采取的又一项重大政策措施，是我国政治生活中的一件大事。贯彻落实党中央的这一决定，对于更好地调动一切积极因素，化消极因素为积极因素，为社会主义现代化建设服务，具有重大而深远的意义。

我们党和国家对待地、富、反、坏分子，一贯坚持无产阶级改造社会、改造人的伟大思想，实行劳动改造和给出路的政策。毛泽东同志在《论人民民主专政》一文中指出：“对于反动阶级和反动派的人们，在他们的政权被推翻以后，只要他们不造反，不破坏，不捣乱，也给土地，给工作，让他们活下去，让他们在劳动中改造自己，成为新人。他们如果不愿意劳动，人民的国家就要强迫他们劳动。也对他们做宣传教育工作，并且做得很用心，很充分。”实践证明，按照党的政策和国家法令，依靠人民群众，对地、富、反、坏分子进行监督和改造，使他们在生产劳动中改造成为自食其力的劳动者，这是无产阶级在夺取政权之后，改造反动阶级的人们的战略措施，也是从根本上消灭反动阶级的最有效的方法之一。这只有在我们党领导的无产阶级专政的国家，才能够办到。

我国农村在完成土地改革和实现农业集体化以后，地主、富农分子已经经过了 20 多年以至 30 多年的劳动改造；在镇反、肃反运动和同刑事犯罪的斗争中，被清查出来的反革命分子、坏分子，在依法判处徒刑、管制之后，也经过了较长时间的改造。他们的情况已经起了很大的变化，绝大多数接受改造，放弃了反动立场，改变了好逸恶劳的恶习，成为守法的自食其力的劳动者；坚持反动立场、至今还没有改造好的只是极少数。我们改造地主、富农的历史任务已经基本完成。过去，我们对地、富、反、坏分子实行监督和改造，是完全必要的。它对于保护和促进生产力的发展，巩固无产阶级专政，建设社会主义，起了重大的作用，也为现在摘掉改造好了的地、富、反、坏分子的帽子，准备了条件。今天，党中央从这一变化了的实际情况出发，对摘帽问题实事求是地作出相应的规定，是完全正确的，是大得人心的。这是党的改造地、富、反、坏分子的政策的伟大胜利，是广大群众和干部对地、富、反、坏分子进行长期艰苦细致的监督改造工作的巨大成果。

对于地主、富农的子女，我们党历来是把他们同地主、富农分子本人严格区别开来，实行有成分论，不唯成分论，重在表现的政策。地主、富农的子女，特别是比较年青的一代，大都是生在新中国，长在新社会，长期接受党的培养和社会主义教育，他们不是靠剥削而是依靠劳动收入生活的，社会存在决定了他们的思想意识，他们是拥护共产党、拥护社会主义的，在社会主义建设事业中是一支不可低估的力量。认真落实这部分人的政策，必将进一步调动他们的社会主义积极性，发挥他们的才干，在实现四个现代化的征途中起到重要的作用。

为了保持社会政治安定，顺利地实现全党工作着重点的转移，我们一定要正确地认识和处理农村以及全国范围的阶级斗争。在我国社会主义改造基本完成以后，毛泽东同志在 1957 年就指出：所有制方面的社会主义改造基本完成以后，阶级斗争并没有结束，但是，“革命时期的大规模的急风暴雨式的群众阶级斗争基本结束”。“就我国的情况来说，现在的阶级斗争，一部分是敌我矛盾，大量表现的是人民内部矛盾。”并且指出：“还有反革命，但是不多了。”1957 年到现在经过了 21 年，经过多次反复的、曲折的、复杂的阶级较量，特别是粉碎了林彪、“四人帮”两个反革命阴谋集团，阶级斗争的状况发生了很大变化。现在反革命比那个时候更少了、更弱了。但是，在过去较长一段时间里，我们对现实阶级斗争缺乏实事求是的分析，没有及时地认真总结经验，而林彪、“四人帮”一伙恣意歪曲篡改毛泽东同志关于阶级斗争的理论，颠倒敌我关系，倒转专政矛头，以讨伐“阶级斗争熄灭论”为名，鼓吹

"阶级斗争就是一切"、"一切为了阶级斗争",搅乱人们的思想,混淆两类不同性质的矛盾,造成阶级斗争扩大化,制造了许多冤案、错案。他们还搞反动的血统论,把地、富、反、坏的子女同没有改造好的地、富、反、坏分子同样对待,甚至连地主、富农的第三代、第四代也当作地主、富农分子,"为渊驱鱼,为丛驱雀",蓄意在人民内部制造分裂,摧残年青一代的身心。他们这种反共反人民的罪恶行径,完全是为他们篡党夺权的阴谋服务的。

对农村以及全国范围的阶级斗争,要实事求是地进行分析,既不能夸大阶级斗争,也不能认为阶级斗争已经熄灭了。在一个相当时期内,我国还会存在极少数敌视和破坏社会主义现代化建设的反革命分子和刑事犯罪分子,也还会存在极少数坚持反动立场、没有改造好的地、富、反、坏分子,我们决不能放松同他们的阶级斗争,决不能削弱无产阶级专政。我们一定要更好地团结广大人民群众,制服和改造一小撮阶级敌人,及时地准确地打击他们的破坏活动。

地、富、反、坏分子的摘帽问题和地、富子女的成分问题,是一项牵动千家万户、政策性很强的工作。各地应在党委统一领导下,各有关部门密切协作,互相配合,依靠群众,调查研究,总结经验,力争在不太长的时间内把这件大事抓紧办好。

在贯彻落实党中央决定的过程中,必须着重抓好两个中心环节:第一个是做好宣传教育工作。在春耕大忙之前,在向广大农村干部和社员群众传达《中共中央关于加快农业发展若干问题的决定(草案)》和《农村人民公社工作条例(试行草案)》的同时,要广泛深入地宣传党的改造地、富、反、坏分子政策的伟大胜利,宣传党中央决定对改造好了的地、富、反、坏分子一律摘掉帽子和对地、富子女新订成分的伟大意义,正确对待摘掉帽子和新订成分的人。在这个问题上,各级干部特别是领导干部,要解放思想,防止和克服宁"左"勿右、"左"比右好的错误思想。对摘掉帽子和新订成分的人,要做好思想教育工作,鼓励他们努力学习,不断前进,在各自的岗位上,为社会主义现代化建设作出贡献。另外一个是正确执行党的政策。对绝大多数应该摘掉帽子的地、富、反、坏分子,要经过群众评审,县革命委员会批准,一律摘掉帽子,给予社员待遇,张榜公布,今后不应再叫他们是"摘帽地、富、反、坏分子"。对所有地主、富农家庭出身的人,一律新订成分为社员;他们的子女,家庭出身一律改为社员,享有同其他社员一样的待遇。今后,他们在入学、招工、参军、入团、入党和分配工作等方面,主要应看本人的政治表现,不得歧视。对错划错戴"地、富、反、坏"帽子的人,应根据实事求是、有错必纠的原则,坚决纠正,恢复名誉。对极少数确实坚持反动立场、至今没有改造好的,也就是指那些从根本上反对中国共产党,反对社会主义制度,在林彪、"四人帮"横行期间进行阶级报复或者参与打砸抢的地、富、反、坏分子,要继续加强监督和改造,并实行给出路的政策,什么时候改造好了,什么时候摘掉他们的帽子。

党中央的这一英明决定的贯彻执行,必将在我国农村及全国范围内产生积极的作用,调动人们的社会主义积极性,在党的十一届三中全会精神的鼓舞下,为在本世纪内实现四个现代化,作出更大的贡献。

国务院副总理康世恩在北京会见美国铝业公司董事长克罗姆·乔治率领的美国铝业公司代表团

国务院副总理方毅在白宫与美国总统科学技术顾问弗兰克·普雷斯博士举行会谈

1月30日

国务院副总理邓小平与美国总统卡特在华盛顿举行首次会谈

当地时间1月29日,邓小平副总理与卡特总统在白宫举行了中美两国领导人首次在美国首都举行的会谈。

在白宫南草坪举行欢迎仪式后,卡特总统陪同邓副总理到白宫椭圆形办公室。这时摄影记者们拥入办公室争拍这一历史性的镜头。

美国方面参加会谈的有:副总统沃尔特·蒙代尔、国务卿赛勒斯·万斯、总统国家安全事务助理兹比格涅夫·布热津斯基、美国驻中国联络处主任伦纳德·伍德科克、助理国务卿理查德·霍尔布鲁克和国家安全委员会工作人员米歇尔·奥克森伯格。

中国方面参加会谈的有:副总理方毅、外交部部长黄华、中国驻美联络处主任柴泽民、外交部副部长章文晋、特别助理浦寿昌、新闻助理彭迪、外交部礼宾司司长卫永清、美大司副司长朱启祯和国际条法司副司长冀朝铸。

国务院副总理邓小平和夫人卓琳出席美国总统吉米·卡特和夫人罗莎琳·卡特在华盛顿举行的欢迎国宴

当地时间1月29日晚上,卡特总统在欢迎邓小平副总理的国宴上首先祝酒,他说:邓副总理的访问"在美利坚合众国与中华人民共和国友好关系的发展中是一个重要的里程碑"。

卡特总统接着说:"自从建立外交关系以来,今天是美国和中华人民共和国两国政府之间首次在最高一级水平上开始会谈。我们的会谈是富有成果的建设性的，因为我们双方都敏锐地意识到，我们现在所做的将成为今后的和平合作的先例。”

他说：“我们进入这种新的关系不是为了短期的利益。我们对一个由多样化的和独立的国家组成世界共同体负有长期的义务。我们相信，一个强大而稳固的中国将在这个共同体中起一种合作的作用。我们的新关系特别能对亚洲和太平洋地区的和平与稳定作出贡献。”

卡特总统说：“去年 1 年里，有 120 多个来自中华人民共和国的代表团访问了美国，而访问中国的美国团体为数更多。在自然科学、空间、农业、医药和其他领域内的交流已经开始。现在，随着正常外交联系的建立，这种交流的探索性质可以让位给一种更加有价值的和持久的关系。这将为我们两国的利益服务，并将为和平事业服务。”

他说：“你们的国家，同我们的国家一样，是由普通男女的艰苦劳动创建起来的。尽管我们的文化、政治和经济方面存在着差异，但是很多东西有待我们共同去建立。”

他说：“在争取自由的革命中诞生的美国是一个只有 200 年独立历史的年轻的国家，但是，我们的宪法是世界上最古老的仍在继续生效的成文宪法。有 4000 年文字记载历史的中国文明是世界上最古老的文化之一，但是，作为一个现代国家，中国还是很年轻的。我们能够互相学到很多东西。”

“（在美国）有数十万中国血统的美国人，而他们对我们社会所做的贡献比这个数字所能表明的要更大。中国血统的美国建筑师、艺术家和科学家——包括近年来 3 名诺贝尔奖金的获得者，他们的工作丰富了我们的国民生活。”

卡特总统接着说：“像您，副总理先生一样，我也是一个农民；而且，同您一样，我过去也是一名军人。当我长大的时候，在我那个小小的农业村社里，农业生产方法和生活方式同几个世纪前并没有多大不同。我走出了那样一个世界而参加了一艘核潜艇的计划和安装工作。当我回到故乡时，我发现，新的科学知识和技术已在短短的几年内改造了农业。

“我了解到那种变化所带来的震动，变化所要求的有时是痛苦的调整，以及变化对个人和国家可能带来好处的巨大潜力。

“我也知道，不论是个人还是国家都抑制不住变化。使科学技术的进步适应我们的需要——学会控制它们——在尽量缩小它们潜在的不利作用的同时从中得到利益，这样就更好了。

“我知道，中国人民和您、副总理先生，十分理解这些事情。你们雄心勃勃地致力于现代化的工作证实了这一点。美国人民祝愿你们的这些努力取得成功，并且盼望同你们进行合作。”

邓小平副总理在祝酒时说：“我们来到美国的时候，正好是中国的春节，是中国人民自古以来作为‘一元复始、万象更新’而欢庆的节日。此时此地，我们同在座的美国朋友有一个共同的感觉：中美关系史上一个新的时代开始了。”

邓副总理代表中国政府和人民，代表华国锋总理，并且以他个人的名义，向美国政府和人民致以良好的祝愿。

他说：“我们两国曾在 30 年间处于相互隔绝和对立的状态，现在这种不正常的局面终于过去了。在这个时刻，我们特别怀念生前为实现中美关系正常化开辟了道路的毛泽东主席和周恩来总理。我们也自然地想到前总统尼克松先生和福特先生、基辛格博士、美国参众两院的许多议员先生和各界朋友所作的努力。我们高度评价卡特总统、万斯国务卿和布热津斯基博士为两国关系最终实现正常化所作出的宝贵贡献。

“我们两国社会制度不同，意识形态不同。但是，两国政府都意识到，两国人民的利益与世界和平的利益要求我们从国际形势的全局，用长远的战略观点来看待两国关系。正是因为这样，我们双方顺利地达成了实现关系正常化的协议。不仅如此，双方还在关于建交的联合公报中庄严地作出承诺，任何一方都不应当谋求霸权，并且反对任何其他国家或国家集团建立这种霸权的努力。这一承诺既约束了我们自己，也使我们对世界的和平与稳定增添了责任感。我们相信，中国人民同美国人民的友好合作，不仅有利于两国的发展，也必将成为维护世界和平与促进人类进步的强大因素。”

出席这次宴会的还有中国国务院副总理方毅和夫人殷森、外交部部长黄华和夫人何理良、中国驻美联络处主任柴泽民和夫人李友锋、外交部副部长章文晋、中国常驻联合国代表陈楚以及中国驻美联络处副主任韩叙。

美国副总统蒙代尔和夫人、国务卿万斯和夫人、总统国家安全事务助理布热津斯基和夫人、部分内阁成员、参、众两院的部分议员以及美国驻中国联络处主任德科克和夫人出席了宴会。

美国前总统尼克松和前国务卿基辛格也出席了宴会。

出席宴会的还有美国各界知名人士。

由中国中央电视台和三家美国电视台转播的这次宴会，被人们称为：“全世界多数人今晚所注视的筵席”。

公安部部长赵苍璧就解决好四类分子摘帽问题答《人民日报》记者问

问：首先，想请你讲讲中共中央作出的这一英明决定有何重大意义。

答：我们党和政府对于地主分子、富农分子、反革命分子和其他坏分子，历来采取把他们放在群众之中，通过集体生产劳动监督改造的方针，目的在于把他们改造成为守法的、自食其力的劳动者。这是毛泽东同志为我们党制定的重大政策。在这方面，我们的基层组织和人民群众多年来做了大量的工作，取得了巨大的成绩。有相当一部分四类分子经过努力改造，已经陆续摘掉了帽子，恢复了公民政治权利。现有的四类分子，经过长期改造，绝大多数是老实守法的，在林彪、“四人帮”掀起反革命的疾风恶浪中，有破坏活动的四类分子为数极少，充分证明了党的改造四类分子政策的正确和成功。现在，党中央决定对绝大多数已经得到改造的四类分子一律摘掉帽子，完全符合四类分子改造的实际情况。解决好他们的摘帽问题，不仅解放了这部分人，而且使他们的家属子女能够放下家庭出身的包袱，轻装前进，这对于调动一切积极因素，加速实现社会主义的四个现代化，将起极大的积极作用。在全党工作着重点转移的新形势下，党中央决定采取这一重大措施，是大得人心的，全党和全国人民是热烈拥护的，必将进一步发展全国安定团结的大好政治局面。

问：中央决定中提到对至今确实没有改造好的极少数地、富、反、坏分子，要继续加强监督改造。这里讲的“极少数”，应当怎样掌握？

答：中央提出，凡是多年来遵守政府法令、老实劳动、不做坏事的，一律摘帽。应当说，目前绝大多数四类分子，都具备了这一条件。遵守政府法令，含意是很清楚的，不需要解释。老实劳动，是指那些有劳动能力的四类分子，能够做到积极参加力所能及的劳动；至于有些年老体衰已经丧失劳动能力的四类分子，就不能因为他们不参加劳动而影响摘帽。不做坏事，这是一个严格的政治标准，就是指没有搞阶级报复、没有搞打砸抢以及其他现行反革命和刑事犯罪活动。不要搞土政策，不要抓小辫子，例如把搞家庭副业说成“搞资本主义”，把提意见说成“乱说乱动”，等等。因此，不能摘帽、需要继续监督改造的四类分子，应该是极少数在林彪、“四人帮”横行时确实做坏事的人。这个极少数，是从四类分子的整体来说的，就一个具体地方、一个具体单位来说，这样的人可能有，也可能一个没有。没有就是没有。我们共产党人办事，要实事求是，一切从实际出发。只要是具备摘帽条件的四类分子，就应当一律给他们摘掉帽子，这样对党和人民的事业有好处，不要顾虑重重，怕这怕那。

问：本报收到不少读者来信，要求对错定为四类分子的人进行纠正，请你讲讲这个问题。

答：根据各地公安机关的调查，确实有错戴四类分子帽子的问题。这个问题，主要是这些年林彪、“四人帮”颠倒敌我关系、破坏党的政策造成的，也有少数是定性不准、工作中的差错。对错定为四类分子的人，不是摘帽的问题，而是必须本着“有错必纠”的原则，认真负责地予以纠正。即便是已经死亡了的，如果确实是错定为四类分子的，也应给以纠正。

问：对于摘了地、富、反、坏分子帽子的人，今后应当怎样对待？如果他们之中有人违法犯罪，是否需要重新戴上帽子？

答：四类分子摘掉帽子以后，应当按照他们从事的工作或职业，相应地称他们为社员、工人、教员等。他们应当享有我国宪法所规定的公民的一切基本权利，而不应当对他们有任何歧视或者变相歧视，不要再叫他们“摘帽地主”、“摘帽富农”、“摘帽反革命”、“摘帽坏分子”，更不能把他们继续列为“专政对象”。他们之中如果有人犯了错误，也应当运用处理人民内部矛盾的方法，给予批评教育。至于有人犯了罪，那就应当根据他们的犯罪事实，依照法律，犯了什么罪就按什么罪处理，而不应当再给戴上原来的帽子。

问：对于刑满释放或管制期满之后，现在还戴着反、坏分子帽子的人，应当如何处理？

答：刑满释放或管制期满的人，有的戴着反、坏分子的帽子，有的没有戴帽子，情况不尽一样。这些人中，现在还戴着帽子的，应当同其他戴帽四类分子一样，按照中央规定的条件，评议他们的摘帽问题。今后，刑满释放或管制期满之后，一律不要再戴反、坏分子的帽子。

问：对于极少数需要继续放在群众中监督改造的地、富、反、坏分子，如何实行给出路的政策？

答：对地、富、反、坏分子给出路，是我们党的一贯政策。对于这次还不能摘掉帽子的极少数四类分子，在改造过程中，一定要坚持同工同酬，按照他们参加集体生产中所付出的劳动，与同工种的其他社员、职工一样按劳分配，多劳多得，不得让他们搞无偿劳动。对于在生产劳动中作出成绩的四类分子，除不能享有荣誉奖以外，可以享受与其他社员、职工同样的超产物质奖励。在政治上，只要他们努力改造好了，就应摘掉他们的帽子。总之，对于这次还不能摘掉帽子的极少数四类分子，只要他们老实守法，加紧改造，他们的前途也是光明的。

问：对四类分子的子女落实政策，应当注意些什么问题？

答：对四类分子的子女，重在本人表现，这也是我们党的一贯政策。出身于地、富家庭从事各种社会职业的人,他们的父辈属于剥削阶级,他们自己是社会主义的劳动者。反、坏分子的子女,他们的父辈犯了罪,他们自己是无辜的。这本来是十分清楚的事情。四类分子家庭出身的子女受歧视的现象,是社会主义法制不健全,社会民主生活不正常的一种表现,必须坚决彻底地予以纠正。要按照党中央决定,全面地彻底地解决地、富家庭第二代定成分和第三代改出身的问题。今后,一定要坚决贯彻党的重在本人表现的政策,使出身于四类分子家庭的子女在入学、招工、参军、入团、入党和分配工作等方面,享有同工农家庭出身的人同样的待遇。

中宣部部长胡耀邦在电影界春节茶话会上向电影界提出要求

茶话会由中国电影工作者协会负责人袁文殊同志主持。电影演员、导演、编剧、摄影、美工、文艺界其他方面知名人士,文化、宣传部门领导同志等300多人出席了茶话会。香港著名电影演员夏梦也出席了茶话会。

中共中央政治局委员、中央宣传部部长胡耀邦同志应大家请求,首先在茶话会上讲话。他概述了我国电影发展过程以后说,回忆过去,我们有欢乐的年代;新中国成立后,在毛主席的文艺路线指引下,影坛上百花盛开。但也有悲愤的时刻,许多同志遭受林彪、"四人帮"迫害,还有不少人失去了生命。这些对影坛上做过贡献的同志,我们深深地怀念他们,深深地纪念他们。

胡耀邦同志认为,目前最重要的是放眼未来。他说,往后看,不是我们的目的,不是我们的方向。我们的党是掌握未来的,创造未来的。

胡耀邦同志说:今后的几十年要巩固和发展我们的党、国家、民族、人民安定团结的政治局面,要集中精力搞现代化建设,要使我们国家富强起来,不仅要生产丰富的物质财富,也要生产丰富的精神财富。怎样使我们电影创作繁荣起来?要走群众路线,要把思想搞得活跃一些。

胡耀邦同志的讲话不断被热烈的掌声和笑声所打断。

文艺界老前辈周扬、夏衍也在茶话会上先后发了言。他们用自己过去领导电影工作的经验和教训,鼓励电影工作者有信心去克服林彪、"四人帮"对电影事业的严重破坏所造成的困难,要加强团结,虚心学习,争取在较短的时间内赶上电影艺术的世界先进水平。

黄镇同志在即席讲话中指出,目前电影离党中央、人民群众的要求差距很大。我们承认落后,但不甘落后。我们要认真学习、贯彻党的十一届三中全会的精神,要发扬民主,开动机器,解放思想,在华国锋同志为首的党中央领导下,经过广大电影工作者的共同努力,一定会把电影搞上去,影坛上群星灿烂的年代一定会出现。

茶话会上,当黄镇同志宣布经党中央批准,夏衍同志为文化部顾问时,掌声四起,文艺工作者对这位文坛老将表示热烈欢迎。

著名相声演员侯宝林应邀参加了茶话会,他在热烈的掌声中,为大家说了一段名叫《和尚》相声,借以批判官僚主义。

全国人大常委会副委员长廖承志和夫人经普椿在北京会见并宴请香港著名电影演员夏梦和林葆诚

1月31日

国务院副总理邓小平在华盛顿6个美国团体联合举行的招待会上阐述中国对世界形势和中美关系以及台湾问题的立场和政策

当地时间1月30日,邓小平副总理出席了6个美国团体联合举行的招待会,6个美国团体是:外交政策协会、国立美术馆、美中关系全国委员会与中华人民共和国学术交流委员会、亚洲协会以及中国理事会。大约800名美国各阶层人士出席了这次招待会。

美中关系全国委员会理事会主席查尔斯·约斯特在招待会上向大家介绍了邓副总理。

邓小平副总理在招待会上说:"今天的世界很不安宁。在非洲、中东、西亚、东南亚,许多第三世界国家的独立和安全受到了威胁和侵犯。苏联全力支持下的越南对民主柬埔寨狂妄地进行着大规模的军事侵略。欧洲也笼罩着战争威胁的阴影。人们都可以看得很清楚,各个地区动乱的主要根源就是霸权主义的扩张。霸权主义如此猖狂地推行称霸世界的全球战略,不能不增加新的世界战争的危险。反霸已成为一切珍视独立、爱好和平的国家和人民的迫切任务。"

他说:中国属于第三世界。"为了国际和平与稳定的长远利益,我们将坚决地履行自己的国际主义义务,甚至不惜承担必要的牺牲。"他强调说:"中国人民坚定不移地站在柬埔寨一边,反对越南侵略者。"

邓小平副总理指出:"中国人民过去饱受战争的祸害。我们不希望打仗,除非别人把战争强加给我们。我们坚决反对新的世界战争。中国对外政策的一个出发点,就是努力延缓新世界战争的爆发。"

他说:"我们希望和平,这种和平应当是每一个国家的人民都可以按照自己的愿望取得发展和进步,不受侵略、干涉和欺负的真和平,而不是那种霸权控制下的假和平。我们赞成缓和,这种缓和应当是确实减少战争威胁,有利于保障各国安全的真缓和,而不是那种被某些国家利用来掩护扩军备战、侵略扩张的假缓和。”

邓小平副总理批驳了有些人宣传的“中国人好战”和中国是“世界战争的策源地”的谬论。他说:“中国的近代史是一部受侵略的历史,就是今天,中国也还是处于侵略的威胁之下。说到打世界大战,我们既没有理由,也没有资格。”

他接着说:“不错,我们经常谈到战争威胁。这并不是因为我们喜欢战争,而是因为战争的危险确实存在,这种战争的危险恰恰来自天天都在散布和平幻想与缓和假象的战争策划者。我们认为必须正视这个严峻的现实,不能像鸵鸟那样把头埋在沙里就自以为安全。令人欣慰的是,现在在美国国内也有越来越多有识之士看到了这种危险了。”

他说:“第二次世界大战就是在一片悦耳的‘和平’声中爆发的。这个惨痛的教训,对于我们这一代人应该是记忆犹新。我们之所以一再呼吁各国人民警惕新世界战争的危险,正是希望能够通过联合的努力,推迟战争的爆发。”

在谈到中美关系时,邓小平副总理说:“中美建交是两国关系中具有历史意义的重大转折。中美之间的关系从此进入了一个新阶段。联系我们两个国家的纽带的恢复,为促进中美人民的了解和接近,为进一步发展两国政治、经济、文化、科学、技术等领域的交流和合作,开辟了新的广阔前景。”

邓小平副总理在谈到中国为实现现代化所作的巨大努力时说,中美两国之间的经济往来,对于双方都有好处。

他说:“中美两国社会制度不同,意识形态也有根本区别。但是,在当今的世界上,我们之间有着不少共同点。我们两国人民的利益与世界和平的利益,都要求我们从世界的全局着眼,用长远的政治和战略观点来看待和处理中美关系。这是我们友好相处和广泛合作的重要基础。”

邓小平副总理说:“美国人民是伟大的人民。美国人民对人类的文明和世界的进步作出了杰出的贡献。中国人民对美国人民一向怀有友好的感情,对你们那种实干和创新的精神深为钦佩。你们有许多东西值得我们学习。中美两国人民的友谊是深厚的。今后,随着经济和文化交流的日益增多,友好往来的日益频繁,我们之间的友谊一定能够获得更大的发展。我祝愿中美两国人民千秋万代友好下去,共同为人类造福。”

邓小平副总理强调指出,中美关系的改善,毫无疑问将会大大有利于世界的和平与稳定。但是,他说,“当然,也有人感到不高兴,甚至认为中美建交是对他们的威胁。如果说它是一种‘威胁’的话,那只能是对霸权主义的威胁。”

他提请大家注意中美关于建立外交关系的联合公报重申了上海公报关于反对谋求霸权的各项原则。他说:“这对我们双方是一个约束,对各国人民是一个保证,对霸权主义是一个遏制。我们两国都信守自己的承诺,就可以对维护亚洲太平洋地区以至世界的和平与安全起到积极的作用。”

在谈到台湾问题时,邓副总理说:“我们知道,不少朋友关心台湾的前途。统一祖国,这是全体中国人民的夙愿。我想,曾经在100多年前经受过国家分裂之苦的美国人民,是能够理解中国人民统一祖国的民族愿望的。至于用什么方式解决台湾归回祖国的问题,那是中国的内政。按照我们的心愿,我们完全希望用和平方式来解决这个问题,因为这对国家对民族都比较有利,这在我们的全国人大常委会告台湾同胞书中已经说得很清楚了。应该说,中美关系正常化以后,这种可能性将会增大。当然,这并不完全取决于我们单方面的愿望,还要看形势的发展。”

参加这次招待会的中国客人还有国务院副总理方毅、外交部部长黄华、中国驻美联络处主任柴泽民和外交部副部长章文晋等。

中共中央 国务院决定在广东蛇口举办工业区并由香港招商局集资组织实施

冶金科技工作者研究成功钛铁分离新技术

新华社报道,我国钛铁分离的科研工作达到了国际先进水平。

钒钛磁铁矿是一种共生矿。矿石中有铁、钛等元素。用高炉冶炼钒钛磁铁矿,是炼铁技术上的一大难题。为了解决这个问题,国外进行了长期的研究,迄今没有重大突破。长期以来,国外冶炼钒钛磁铁矿时,炉渣中二氧化钛的含量只允许维持在10%左右,超过这个限度,冶炼就无法正常进行下去。

我国攀枝花地区拥有十分丰富的高钛型钒钛磁铁矿,其他地区也有不少这样的矿脉。为了充分利用这些资源,国家于1958年开始进行钛铁分离的科研工作。20年来,全国许多单位的冶金科技工作者团结协作,刻苦钻研,进行了大量的理论研究和高炉冶炼试验,在1965年取得重大技术突破,解决了用普通高炉冶炼攀枝花钒钛磁铁矿的问题,并且在选矿过程中,就能把尾矿中的一部分钛分离出来。1967年他们完成了工业试验,1970开始应用于工业生产。我国攀枝花钢铁公司目前已采用这种新技术来冶炼钒钛磁铁矿,冶炼时炉渣中二氧化钛含量达到 30%，铁渣仍然畅流，炉况良好。冶炼中的某些经济技术指标，比用同样品位的普通铁矿还要好一些。冶金工业部最近为此决定，除攀钢外，昆明钢厂、水城钢铁厂和重庆钢铁公司都要全部或部分采用钒钛磁铁矿炼铁。

地质部门决定按专业化分工原则改革管理体制

新华社报道，过去很长时间内，我国的地质工作基本上按照行政区划、行政方法从事经营管理，很不符合客观地质规律和经济规律。地质调查和探矿施工是两种性质不同的工作，但过去一直把它们扭在一起，用同一的行政方法管理，结果严重阻碍了地质科学技术的进步和劳动生产率的提高。按照行政区域划分地质工作范围，违背了矿产资源的分布规律，还造成了技术力量和资金使用上的不合理和浪费，同时也助长了主观主义瞎指挥，使地质事业的发展受到损失。

在国家地质总局最近召开的全国地质局长会议上，大家解放思想，开动机器，实事求是地总结了我国发展地质事业的经验教训，决定改变这些不合理的状况，按照专业化分工原则改革地质工作管理体制和管理方法。他们的具体改革方案是：把地质调查和探矿施工分开。地质调查工作按地质资源条件，成立地质调查所或地质队，这些单位属于事业单位，从事地质及矿产的调查，向国家提交各项地质报告和专题研究报告。探矿部分设立企业性的探矿公司，根据地质调查队的设计要求，承包钻探和山地工程任务。各地质所(队)以国家拨给的地质事业经费向探矿公司支付工程价款。探矿工程公司实行独立的经济核算。它除了从承包地质队工程价款中获得经费外，在完成任务的情况下，也可计价承包工厂企业的钻探和农业打井等任务，增加收益。同时，组建物资供应、地质机械仪器和其他服务性的专业公司为地质调查和探矿服务；以各省、自治区、直辖市地质局中心实验室为骨干，集中或分片组成实验中心，承担野外队的化验分析和测试任务。地质所(队)与各专业公司之间，以及各类专业公司之间，通过经济合同建立稳定的协作关系。在合同中，明确各自承担的经济技术责任。有关方面必须严格履行合同规定，不按规定执行合同或随意中断协作关系的要追究责任，并赔偿经济损失；违反合同的要受到经济制裁。在实行管理体制改革的同时，各单位还将采取一系列按经济规律办事的措施。各专业公司要实行严格的经济核算制度、企业基金制度和奖惩制度，积极实行民主管理，使企业基层有较大的自主权。

全国地质局长会议认为，实行专业化对我国地质事业的发展具有重要意义。这一改革将保证地质调查和勘探施工人员按照各自的专业方向，努力提高技术、管理水平，提高劳动生产率；推动各专业单位以经营效果来考核企业和职工，改变过去找到矿和找不到矿一个样，矿产储量交与不交一个样的“吃大锅饭”的情况。这一改革也有利于扩大企业基层的权限，减少行政层次，避免“长官意志”，提高职工的积极性，大大加速地质事业现代化的进程。

地质工作管理体制实行上述改革后，各省、自治区、直辖市地质局的主要任务是贯彻党的方针政策，调查研究，搞好规划，推广先进经验，主持各专业单位签订合同，监督合同的实施，仲裁执行合同中的纠纷等。

会议决定，最近先在四川、云南、湖南、北京、吉林、陕西、江西、安徽等省、市进行试点，取得经验后再全面推广。其他各省、自治区、直辖市的地质部门也将选择若干单位进行试点。

团中央和国家林业总局发出《青少年要成为建设“绿色万里长城”突击队》的通知

新华社报道，共青团中央、国家林业总局最近发出通知，要求广大共青团员和青少年，响应党中央的号召，在各级党委的统一领导下，积极投入北方防护林体系工程建设，为“绿色万里长城”的早日建成贡献自己的力量。

通知指出，各级团组织要把开展这一活动的宣传教育，同贯彻落实党的十一届三中全会精神和团的十大精神结合起来，大力宣传建设“绿色万里长城”的重大意义。在造林运动中，要根据青少年的特点，大力开展评思想、比贡献、选突击手、树标兵的社会主义劳动竞赛，使广大青少年成为建设这一宏伟工程的朝气勃勃的突击队。

《大众电影》《电影艺术》《电影技术》复刊

深受群众欢迎的《大众电影》(月刊)、《电影艺术》(双月刊)、《电影技术》(双月刊)在停刊 12 年之后，重新与读者见面。

复刊后的《大众电影》将继续发扬传统，通过新片评介、电影故事、电影欣赏、电影常识、电影歌曲、国内外电影消息、电影工作者动态、读者来信来稿等多种栏目和文章，帮助广大群众理解和欣赏影片，向读者介绍国内外电影界情况，密切电影观众和电影工作者的联系。

《电影艺术》是一个理论性刊物。它的任务是宣传党的文艺政策，探讨文艺理论，总结电影工作经验和艺术创作经验等。该刊第一期登载了周恩来同志 1961 年在文艺工作座谈会和故事片创作会议上的讲话等。

《剧本》和《人民戏剧》复刊改版

同读者阔别 30 年的《剧本》月刊，从 1 月起复刊。《人民戏剧》同时改版。

《人民戏剧》《剧本》都是戏剧专业刊物。改版后的《人民戏剧》以发表戏剧评论为主，并且刊载编剧、导演、演员以及舞台美术创作经验，开展艺术创作问题的讨论和争鸣，介绍国内外戏剧动态和各种戏剧流派及其代表人物。《剧本》月刊以发表作品为主，兼载戏剧文学评论及剧作经验等。

《人民戏剧》1979年第一期发表了为《海瑞罢官》平反的3篇文章，曹禺、赵寻同志同《于无声处》的作者宗福先的谈话，以及已故著名导演焦菊隐的《谈闭幕和台词的动作性》一文。

《学术月刊》杂志复刊

上海市哲学社会科学联合会主办的哲学社会科学综合性理论刊物《学术月刊》1月复刊。

复刊第一期围绕全党工作着重点的转移，发表了十多篇有关政治、经济、历史、文学等方面的学术文章。夏征农在题为《实现四个现代化与学术民主》的文章中，阐述了科学与民主和实现四个现代化的辩证关系。许涤新写的题为《有关社会主义政治经济学的几个问题》一文，论述了关于生产关系同生产力的相互关系、关于社会主义社会的剩余劳动、关于社会主义利润和社会主义积累的关系等重要问题。这一期的《学术月刊》还刊载了邢贲思等理论工作者写的一组论述实践是检验真理的唯一标准的文章；在《按照经济规律办事，加快实现四个现代化》的总题下发表了经济学工作者和业务部门的负责人撰写的一组笔谈。

2月1日

国务院副总理邓小平和美国总统卡特在华盛顿签署中美科技合作协定和文化协定

签字仪式于当地时间1月31日下午在白宫举行。

根据这项为期5年的科技合作协定，中国和美国将在平等、互惠和互利的基础上，在农业、能源、空间、卫生、环境、地学、机械等科技领域以及管理、教育和人员交流等方面进行合作。双方鼓励中美两国政府机构、大学以及其他组织和机构之间的联系和合作，并提供便利。中美将立即简化双方人员和设备的入境和出境手续。

这项协定规定，中美两国将成立科学和技术合作联合委员会，这个委员会将轮流在两国每年举行1次会议。

中国方面出席签字仪式的包括邓小平副总理的随行人员和中国驻美联络处官员。

美国副总统蒙代尔、总统国家安全事务助理布热津斯基以及一些内阁成员、参议员和众议员也出席了签字仪式。

在这之前，两国之间还签订了另外两项协定。一项是高能物理协定，由中国副总理兼国家科学技术委员会主任方毅和美国能源部部长詹姆斯·施莱辛格签字。另一项是领事协定，由中国外交部部长黄华和美国国务卿万斯签字。

此外，方毅同美国科学和技术政策局局长弗兰克·普雷斯还交换了文件，确定双方在农业、教育和空间技术领域内所达成的谅解，将此作为履行刚签订的科技合作协定的特别协议的一部分。

国务院副总理邓小平在华盛顿接受美国广播电视界采访

当地时间1月31日，邓小平副总理在华盛顿布莱尔大厦(国宾馆)接受美国广播电视界采访时，对他同卡特总统的会谈结果表示满意。

邓小平副总理说，他访问美国“肩负着三项使命：第一是向美国人民转达中国人民的情谊；第二是了解美国人民，了解你们的生活，了解你们建设的经验，学习一切对我们有用的东西；第三是同贵国的领导人就发展两国关系和维护世界和平与安全的问题广泛地交换意见”。

他说：“我可以告诉美国公众，我同卡特总统和其他美国领导人两天会谈的结果，是令人满意的。”他宣布，卡特总统和夫人已接受了华国锋总理的邀请，在他们认为适当的时候去中国进行正式访问。他们将在中国受到热情的接待。

他说，中美两国人民“一向是友好的。现在，中美实现了关系正常化，这就为我们两国之间的交流和合作开辟了美好的前景。中美两国人民的利益和世界和平的利益，都促使我们发展友好合作的关系”。

随后，邓小平副总理回答了广播电视评论员们提出的问题。他们是：哥伦比亚广播公司的沃尔特·克朗凯特，全国广播公司的戴维·布林克利，美国广播公司的弗兰克·雷诺兹和公共广播公司的吉姆·莱雷尔。

国务院副总理邓小平在华盛顿会见美国前总统理查德·尼克松

《人民日报》发表社论《坚持党委的集体领导原则》

三中全会决定，从中央到地方，各级党委都要真正地实行集体领导。在全会前的中央工作会议上，华国锋同志提出：“党中央是集体领导，希望今后各地区、各单位向中央作请示报告的时候，文件的抬头不要写华主席、党中央，只写党中央就可以了。中央党政军机关向下行文，也希望照此办理。也不要提英明领袖，称同志好。希望文艺作品多创作歌颂党、歌颂老一辈革命家与工农兵英雄事迹，不要宣传我个人。”华国锋同志的这个意见非常重要，这不仅是因为他在这里表现了作为一个领导人的谦虚美德，而且是因为他的提法符合马克思主义的原则，表明了我们党的生活正在恢复到应有的正常状态。这两次会议，坚持民主集中制，坚持党的集体领导，大家畅所欲言，热烈讨论，开展批评和自我批评，真正集中了正确的意见，做到了集思广益，确实为我们健全党的生活带了一个好头。我们一定要把这种优良风气坚持下去，推广到全党、全国。

集体领导是我们党的光荣传统。早在红军初创时期，处在频繁战争的环境中，我们党都是实行集体领导制度的。经过延安整风运动和党的第七次全国代表大会，全面总结了处理党内关系的正反两方面的经验，党内政治生活准则更加完备，集体领导制度更为健全。1948年，党中央作出了关于健全党委制的决定，对于加强党的集体领导，更是起了重大作用。1955年，毛泽东同志又着重指出：“鉴于种种历史教训，鉴于个人的智慧必须和集体的智慧相结合才能发挥较好的作用和使我们在工作中少犯错误，中央和各级党委必须坚持集体领导的原则。”但是，在一段时间内，由于民主集中制没有很好贯彻执行，使得林彪、“四人帮”得以横行，他们进一步把民主集中制这个原则践踏无遗。他们凌驾于党中央之上，一句话，就把一个人、一个单位、一个群众组织打成反革命；一张便条，就在全国掀起一场运动；在他们控制的地区、部门和单位，实行最黑暗最野蛮的法西斯专政。经过两年多揭批林彪、“四人帮”，整顿领导班子，党的集体领导的优良传统开始恢复和发扬。但是，林彪、“四人帮”造成的恶劣影响，并没有完全消除。在一些单位还存在着个人决定一切的现象。在那里，不是“群言堂”，而是“一言堂”，不是一元化领导，而是“一人化”领导。有的领导人，甚至称王称霸，听了一点不同意见，就火冒三丈。这种完全违反党的民主集中制和集体领导原则的做法，必须坚决纠正。

是不是坚持集体领导，这是关系我们党和国家性质的重大原则问题。无产阶级的党和国家，是按照民主集中制的原则建立起来的，它的领导机关，从中央到基层，都必须实行集体领导。我们党的事业是集体的事业，是千百万人民群众的事业。只有实行集体领导，才有利于集中广大群众的意志、智慧和经验，保证领导的正确和革命事业的胜利。一个人说了算，是不可能不犯错误的。毛泽东同志就曾经指出：“那有一个人说了就算数的道理呢？我这是指的大事，不是指有了决议之后的日常工作。只要是大事，就得集体讨论，认真地听取不同的意见，认真地对于复杂的情况和不同的意见加以分析。要想到事情的几种可能性，估计情况的几个方面，好的和坏的，顺利的和困难的，可能办到的和不可能办到的。尽可能地慎重一些，周到一些。如果不是这样，就是一人称霸。”一人称霸是不行的。因为任何个人的才能都是有局限性的。即使是经验比较丰富的领导同志，当他们脱离集体领导，脱离人民群众的时候，也必然会使自己的头脑僵化起来，不可避免地作出不合实际的错误决定。当然，实行集体领导，也难免出现某些错误，但是，只要这个领导集体是走群众路线的，是坚持集体领导原则的，这些错误就能够比较快地发现和纠正，而不会发展成全局性的、长时期的错误。

为了维护集体领导，要坚决实行三中全会决定的少宣传个人的方针。这也是对马克思主义的根本态度问题。马克思主义认为，人民群众是历史的创造者，对推动历史前进具有决定的作用，同时，也充分肯定杰出人物的活动对推动历史发展有重大作用。无产阶级和广大人民群众进行革命斗争，没有一批久经考验、最有威信的革命领袖来集中他们的意志，率领他们前进，组织他们战斗，要取得胜利是不可能的。我们党的历史雄辩地证明，中国革命的胜利，就是毛泽东同志、周恩来同志、朱德同志等老一辈无产阶级革命家卓越领导的结果，就是毛泽东思想指引的结果。否定和低估革命领袖们在革命事业中的重大作用，是极其错误的、有害的。把领袖神化，进行不符合实际的过分颂扬，夸大个人的作用，也是极其错误的，决不是马克思主义的观点。30年代以前，在国际共产主义运动中，突出宣传个人的现象很少。开始泛滥是在苏联，是赫鲁晓夫那伙人搞起来的。我们党突出宣传个人，30年代、40年代、50年代都不多。1949年，毛泽东同志就提议，禁止给党的领导者祝寿，禁止用党的领导者的名字作地名、街名、企业的名字。后来，林彪、“四人帮”出于篡党夺权的政治野心，大搞什么“大树特树”，宣扬什么“顶峰”、“最高最活”，鼓吹什么“三忠于”、“四无限”。这完全是反马克思主义的，是制造迷信。毛泽东同志当时就指出，“什么‘大树特树’，名曰树我，不知树谁人，说穿了是树他自己”，一针见血地揭露了他们的罪恶用心。可惜的是，毛泽东同志多次提出的少宣传个人的意见没有很好地得到执行。现在，华国锋同志重申毛泽东同志的一贯主张，我们应当认真领会，坚决贯彻。

应当指出，突出宣传个人的现象，从上到下都还存在。有些无原则的歌功颂德达到十分庸俗的地步。有的领导同志到下面转了一下，就说是什么“百忙之中，深入基层，亲临指导”。

同群众见了一次面，就说是什么“最大关怀，最大鼓舞”。随便讲几句话，就说是“重要指示”，“有重大的现实意义和深远的历史意义”。一讲成绩，都归之于主要领导人名下。宣扬先进单位，也是吹那里的第一把手。在不少单位的领导同志周围，总是有那么一些人，充当吹喇叭、抬轿子的角色。这种庸俗的吹捧，是对党、对领导干部的严重腐蚀。一些思想不健康的领导同志，不正是在这种阿谀奉承声中昏昏然、飘飘然，更加忘乎所以，飞扬跋扈吗！对领导人吹吹拍拍，说轻点是低级趣味，说重点是别有用心，应当坚决制止。各级领导同志都要力戒骄傲，谦虚谨慎，自觉地抵制封建阶级、资产阶级思想作风的侵蚀，对来自周围的赞扬保持清醒的头脑，特别要警惕那种怀有个人目的的肉麻的恭维。如果一个领导同志，只喜欢别人捧他，把他捧得越高，他越是美滋滋的，那就一定会从脱离实际、脱离群众的高空中摔下来。

实行集体领导，领导班子内部必须有充分的民主空气。在这方面，党委书记负有特别重要的责任。书记和委员的关系，决不是家长和家庭成员的关系，也不是上级和下级的关系，而是个人和集体的关系，实行少数服从多数，个人服从组织的原则。不能形式上也开党委会，但实际上还是书记一个人说了算，听不得相反意见，党委委员形同虚设。凡属涉及党的路线、方针、政策，工作任务的部署、检查和总结，负责干部的提拔、任免、调动和处理，以及群众利益方面的重大问题，都必须经过集体讨论，让到会委员充分发表意见，统一思想，形成决议，决不能由个人擅自决定。为了搞好集体领导，党委“一班人”要经常互通情况，交换意见，互相支持,互相帮助,互相监督,互相谅解。在党委内部,要健全民主生活,开展批评和自我批评,特别要强调书记的自我批评和委员对书记的批评,不断地总结经验,检查工作中的缺点错误。对于工作中出现的问题,发生的偏差,领导干部要先作自我批评,主动承担责任,不要互相推诿,更不能把责任推给下级,要注意保护下级干部的积极性。

集体领导必须建立在充分发扬党内民主和人民民主的基础上。正确的领导,是从群众中来,到群众中去的。我们讲集体领导,决不意味着仅仅依靠几个领导成员的个人智慧,而是通过每个领导成员广泛联系群众,反复调查研究,集中广大群众的聪明才智,充分反映他们的意见和要求。领导班子只能起加工厂的作用,原材料在人民群众中。如果领导成员不联系群众,不听取群众意见,几个人关在会议室里,闭门造车,那是造不出什么好产品来的。领导成员要经常深入基层,深入群众,要认真阅读群众的来信,接待群众来访,研究群众的意见和建议,重视大字报的意见。一些领导班子经常实行开门整风,让党内外的群众对自己的工作评头品足,批评建议,对改进领导工作作用很大。这个方法值得提倡。

集体领导和个人负责,二者不可偏废。我们实行的是集体领导下的个人分工负责制。重大问题要由党委集体讨论决定,具体工作应责成专人分头去办。不能把一些细小问题都拿到党委会上,使会议次数过多,时间过长,以致妨碍了对重大问题的研究。党委作出的决定,也要有人负责贯彻实施,落到实处。决不能把集体负责变成无人负责。要提倡勇于负责的精神,在集体领导下,每个领导成员都要充分发挥积极性和主动性,把自己分管的工作认真抓起来。不能事事都推给党委去讨论,都要第一书记点头或摇头。这种勇于负责的精神,各级党委都要有,都要在党中央总的路线、方针指导下,解放思想,大胆工作,敢于提出新问题,研究新问题,处理新问题,而不要把应当自己解决的问题向上推。

当前,全党正在实行工作重点的转移。加快社会主义现代化的建设,这是一个史无前例的崭新事业。虽然新中国成立已近30年了,但是在相当长的时间里,我们的主要精力用在政治运动方面,因而直到现在,许多同志对搞建设还是知识很不足,经验很缺乏,甚至是很陌生的,还存在很大的盲目性。要尽快地胜任领导这场伟大革命的职责,我们各级领导同志既要努力加强自身的学习和实践,更要十分注意充分发挥集体的智慧和力量,坚持集体领导的原则,使我们党的这个光荣传统在新的历史时期发挥更大的威力。

对外友好协会副会长楚图南在北京会见并宴请以德中友协主席格查·菲利浦为团长的德中友协代表团

2月2日

中美就国务院副总理邓小平访美发表联合新闻公报

中华人民共和国国务院副总理邓小平和夫人卓琳应美利坚合众国总统卡特和夫人的邀请从1979年1月29日至2月4日对美国进行正式访问。邓副总理和卡特总统在华盛顿就共同关心的问题进行了会谈。陪同邓副总理参加会谈的有方毅副总理和黄华外长等。陪同卡特总统参加会谈的有蒙代尔副总统、万斯国务卿和布热津斯基总统国家安全事务助理等。

双方的会谈是友好诚挚的、建设性的和富有成果的。双方回顾了国际形势,一致认为双方在许多方面有共同的利害关系和相似的观点。双方也讨论了彼此看法有所不同的方面。双方重申反对任何国家和国家集团谋求霸权或支配别国,决心为维护国际和平、安全和民族独立作出贡献。双方认为,两国社会制度不同不应妨碍彼此加强友好关系和合作。双方决心为此努力,并且深信,这种合作符合两国人民的利益,也有利于世界的和平与稳定、特别是亚洲和太平洋地区的和平与稳定。

邓小平副总理代表中华人民共和国政府、卡特总统代表美国政府签署了科技合作协定和文化协定。方毅副总理、普雷斯总统科学顾问签署了两国在教育、农业、空间方面的合作的谅解换文。方毅副总理、施莱辛格能源部部长签署了两国在高能物理方面合作的协议。黄华外长、万斯国务卿签署了关于建立领事关系和互设总领馆的协议。

双方同意为互派常驻新闻记者提供方便。

双方同意签订贸易、航空、海运协定。在迈克尔·布卢门撒尔财政部部长和朱厄妮塔·克雷普斯商务部部长访问中华人民共和国期间,双方将就此进行商谈。

邓小平副总理代表中国政府和华国锋总理邀请卡特总统在方便的时候访问中国。卡特总统接受了邀请。卡特总统邀请华国锋总理访问美国。邓小平副总理代表华国锋总理接受了邀请。两国最高领导人访问的具体时间将另行商定。

《人民日报》发表新华社记者述评《历史性会谈的巨大成果》

当地时间1月30日中午,在白宫西侧玫瑰园草坪上出现了一个历史性的动人场面:卡特总统和邓小平副总理笑容可掬地走出会议厅,向聚集在草坪的几百名世界各国记者愉快地宣布,中美两国领导人一致认为,两天的会谈是"影响深远、坦率、诚恳、亲切而和谐的、极其有益和有建设性的"。

当邓副总理握住卡特总统的手,向世界宣布"现在两国人民都在握手"的时候,这个世界同过去已经大不相同了。

两国领导人首次在华盛顿会晤,就迅速取得双方满意的重大成果,这充分反映了两国建交这一第二次世界大战以来国际关系史上的重大转折,是有着在许多问题上观点一致的坚实基础的。

当两国领导人在美国总统的椭圆形办公室坐下来会谈的时候,环境的确幽美安静,然而他们这两天讨论研究的当前世界局势却很不安宁,而且是越来越不安宁。因此,两天会谈的大部分时间用于讨论国际形势,也就并不使人感到意外了。

提起国际局势的不安宁,人们想到的当然是欧洲的严重的军事对峙,亚洲、太平洋地区苏联海、空军力量的大幅度增长,特别是从非洲、红海、中东到东南亚的无止无休的动乱,使全世界到处都受到威胁,而所有这些威胁都是来自北方。在邓副总理访美前出版的美国《时代》杂志,封面上刊登的就是一幅发人深省的漫画——一个虎视眈眈的北极熊觊觎着地球上的许多地区。其实,北极熊的爪子早已伸进了从印度洋到金兰湾的暖洋,柬埔寨受到赤裸裸的武装侵占,马六甲海峡成了左右夹击的对象,战争的因素在明显地增长。

这种形势不能不引起包括中美在内的各国的严重关注。正是在这种背景下,邓小平副总理在美国的多次讲话中指出,中美双方都是以长远的战略观点来看待两国关系的发展,两国应该加强对维护世界和平与稳定的责任感。卡特总统也多次强调,中美两国不是为了短暂的利益而建立这种新关系的。

"反对霸权主义"的原则七年前写进了上海公报,今天,在建交公报中,它又得到了重申。这是两国领导人的会谈能进行得如此顺利、融洽的基础。两国的社会制度不同,对国际形势中所有的具体问题的看法、做法不会也不可能完全一致。但是这无碍大局。通过邓副总理的这次访问,双方交流情况,交换意见,加深了相互的了解。当两国领导人再一次强调指出中美两国"有许多共同点"的时候,一切关心国际和平、安全和稳定的人都感到欢欣鼓舞。美国、欧洲、日本、中国和其他第三世界的国家联合起来,才能对付苏联霸权主义,这个世界才能比较和平、比较安全、比较稳定。

关于中美双边关系讨论的结果,同样令人鼓舞。建立双边关系的最大障碍——台湾问题,已经成为过去。美国政府按照上海公报的原则精神,采取了明智的果断的步骤,使两国关系得以实现正常化。中国政府既坚持了台湾问题是中国内政的原则立场,又采取了使台湾归回祖国,实现统一的合情合理的政策和办法。邓副总理这几天在会内会外各种场合进一步阐明了中国的立场;受到美国朝野各界人士的普遍欢迎。美国一个国会议员说,听了邓副总理的阐述,我觉得我们没有可说的了。现在,美国舆论普遍认为,让过去不愉快的事情过去吧,让我们大家都往前看。也正如邓副总理所指出的,中美两国和两国人民在各个领域,包括政治、经济、科技、文化等方面的合作和交流,都有着广阔的发展前途。

邓副总理的访问只不过是建交以后两国高级领导人会晤的开始,邓副总理已经代表华国锋总理邀请卡特总统访问中国,卡特总统欣然表示接受。邓副总理还邀请蒙代尔副总统访华,并希望万斯国务卿、布热津斯基博士等再去中国看看,卡特总统也正式邀请华国锋总理访问美国,邓副总理代表华总理也表示欣然接受。两国还决定在领导人之间建立经常的直接的磋商关系,这是一项极为重要的措施。

发展两国贸易对两国都极为有利,也是美国人民,特别是经济界十分关注的问题。在会谈中,双方对此采取积极态度,认为中美贸易应该有一个大的发展,两国可以签订规模远比现在为大的长期贸易协定。两国还决定建立联合经济委员会,负责研究和实施发展两国经济贸易合作的问题。

31日下午签署的中美两国科学技术合作协定、文化协定和在高能物理领域进行合作的执行协议,以及就确认过去已经达成的3项关于教育、农业和空间合作的谅解换文是这次中美高级会谈的第一批具体结果。它们将使中美两国科学技术合作的规模大为扩大,步伐大为加快。

邓副总理在29日晚上在为他举行的文艺晚会上发表简短讲话时,引用中国伟大的思想家鲁迅的话,说明艺术是使各国人民增进了解,消除隔阂的最好的办法。他告诉大家,作为发展两国文化交流的步骤之一,美国波士顿交响乐团将在3月份访问中国。观众的热烈掌声反映了美国人民在热切地期待着中美文化合作和交流的发展。

卡特总统几次强调,邓副总理这次专程访问对美国是最有历史意义的事情。应该说,对中国人民也是如此。不仅如此,两国领导人富有成果的会谈也是符合全世界爱好和平的国家和人民的利益的。因此,它必将受到普遍的重视和欢迎,这是毫无疑义的。

国务院副总理邓小平在华盛顿会见基辛格博士

全国人大常委会副委员长乌兰夫在北京接受科威特国新任驻中国特命全权大使穆罕默德·扎伊德·赫尔

比什递交的国书

交通部部长叶飞在北京会见泰国交通部副部长沙农·尼沙拉为团长的泰王国海运代表团

《诗刊》杂志社在北京召开全国诗歌创作座谈会

由《诗刊》杂志社召集的这次诗歌创作座谈会，是近30年来新中国诗歌界一次空前的盛会。出席座谈会的，有来自全国各地诗人和民间、民族歌手共100多人。

中共中央宣传部部长胡耀邦在会上讲了话。会议期间，王震同志和诗人们亲切见了面，勉励大家为实现四个现代化贡献出自己的热情和智慧。在座谈会上讲话的，还有中国社会科学院院长胡乔木、中国文联副主席周扬。在大会上发言和书面发言的诗人和业余诗歌作者、收集者，有冯至、臧克家、徐迟、李先辉、贺敬之、赵朴初、艾青、白桦、姜秀珍、雁翼、晓雪、韦丘、景晓东、韩瀚、刘章、孙友田、徐刚、孙静轩、金近、李舟生、朱子奇、克里木·霍加、巴·布林贝赫、鲁歌、苗得雨、田间、公刘、叶文福、梁上泉、丁力、李瑛、张志民、公木、芦芒、宁宇、肖岗、李季、张光年等同志。《诗刊》主编严辰，副主编邹荻帆、柯岩主持座谈会。

这次座谈会是在党的三中全会提出全党工作的着重点转移到社会主义现代化建设上来的新形势下召开的。出席座谈会的同志们认为，在这个伟大的转折中，诗人的神圣职责就是要为我们四个现代化伟大进军献出光辉的诗篇。这是一个必然的趋势：随着四个现代化的逐步实现，物质产品的日益丰富，人民也就要求精神产品的日益丰富。物质生产的劳动者为精神生产的劳动者提供丰富的原料，精神生产的劳动者给物质生产的劳动者以鼓舞、以信心、以崇高的精神境界。我们这两类社会主义的劳动者是互相帮助、互相促进的。我们的事业是共同的。

座谈会回顾了近30年的历史认为，“百花齐放，百家争鸣”这个方针，什么时候执行得好，成绩就大，什么时候执行得不好，我们就要吃苦头。林彪、“四人帮”肆意践踏“双百”方针，是摧残我们整个民族科学文化的罪魁。

座谈会回顾了我们党的历史和粉碎“四人帮”以来的实践，认为，我们党领导中国人民打败了日本帝国主义，推翻了“三座大山”，粉碎了林彪、“四人帮”，所有这些都说明，我们党是有民主的、传统的。粉碎“四人帮”以来，特别是党的三中全会以来，我们党以很大的力量、很大的决心来提倡恢复和发展我们党和国家的民主生活。我们的民主是人民民主，而不是个人民主。在中国的这块大地上，是共产党领导的、以马克思主义为指导的社会主义社会。我们的民主、自由不是离开我们的宪法去讲民主、自由，不是离开人民的整体利益去讲个人的民主、自由。我们的作家、诗人要弄通马克思主义的民主学说，教育人民去为健康地发扬我国的社会主义民主，巩固和发展我国的安定团结的政治局面，为保障四个现代化的胜利实现而奋斗。

座谈会认为，我们一定要充分发扬艺术民主。诗人的政治思想观点向谁负责？向党和人民负责——党和人民在根本上是一致的。在诗歌的题材方面，我们有无比广阔的天地。我们不能限制诗人只能写这种题材，不能写那种题材。在诗歌的形式方面，我们要提倡万紫千红，允许各种形式的自由竞赛。

座谈会讨论了文艺作品的审查问题。大家说，林彪、“四人帮”的审查，判决了许多作品的死刑，但是，人民要审查审查者，判决判决者。文艺作品的好坏、优劣是一种客观存在。讲审查，我们就要提倡实行内行加群众，要实行评议、评奖的办法。

围绕着诗歌如何为四个现代化服务这个中心问题，大家认为，五四以来的新诗是有成绩的。五四以后、延安文艺座谈会以后、新中国成立以后，新诗都有过大发展。“四·五”天安门诗歌运动是诗歌运动的又一个新发展。对新诗60年来的成绩不能一笔抹杀。新诗要继续发展，新诗60年的传统和经验，是发展我们今天的诗歌的最直接的营养和借鉴。

座谈会上的许多发言认为，我们的新诗有讲真话的传统，很多优秀诗篇抒发了诗人的真情实感，表达了人民的心声。我们的诗歌既要有歌颂，也要有暴露——歌颂我们人民的英雄，暴露我们人民的敌人。但是，无论是歌颂和暴露，都要讲真话，抒真情。但是，人民并不需要那种浮泛的、不符合实际的歌颂。我们的诗人要歌颂新的英雄、新的时代，要排击四化道路上的一切障碍，用投枪和匕首同人民一道披荆斩棘，共同前进。

座谈会还就诗歌界落实政策的问题进行了讨论。来自各地的诗人列举事实说明，诗歌界还有不少冤案、错案、假案至今仍然没有平反、昭雪，呼吁加快诗歌界落实政策的工作。

出席座谈会的诗人们认为，我们的诗人应该具备一种革命者的风格：要正确地对待自己——对自己的思想要严格要求，对自己的创作要以一种对人民严肃负责的精神精益求精；要正确地对待自己的诗歌同行——互相帮助，互讲友谊，既不要孤傲地互相轻视，也不要庸俗地互相捧场；要正确地对待兄弟艺术部门——和音乐、电影、戏剧、美术界的同行协同合作，创作出更多、更好的大型作品。

《世界历史》双月刊正式出版

《世界历史》以马克思列宁主义、毛泽东思想为指导,坚持百花齐放、百家争鸣的方针,提倡不同学术观点的自由讨论,为推动我国世界史的研究,实现社会主义的四个现代化服务。它在内容上,以世界近现代史为主,兼顾古代和中古史;以提高为主,兼顾普及。每期2/3的篇幅为学术论文,其余为史学述评、国内外史学动态、书评书讯、读史札记、史料选译、史学家和史学学派介绍、世界史教学辅导等。

《世界历史》双月刊由中国社会科学院世界历史研究所编辑,中国社会科学出版社出版。

2月3日

中共中央批准中央统战部《关于建议为全国统战、民族、宗教部门摘掉“执行投降主义、修正主义路线”帽子的请示报告》

报告指出,1962年、1964年对李维汉同志的批判是错误的,包括李维汉本人,都不存在执行一条所谓“投降主义、修正主义路线”的情况,凡是因为这个问题而受到牵连的同志,应一律平反,恢复名誉。

《人民日报》为本报记者文章《把有限的钱用到最急需的地方》配发编者按

今年10月是新中国成立30周年。怎样迎接和庆祝今年的国庆?应当用实干苦干的优异成绩来迎接和庆祝。中央决定:“1979年30周年庆祝活动不大搞。”这是中央领导同志对农林部关于拨款整修北京农业展览馆的请示报告的批语。中央这个决定,反映了人民群众的心愿,很值得各级各部门领导同志深思。

先念同志的批语说:“不要在这方面多花钱和物。”说得很正确。我们国家现在还很穷。粉碎“四人帮”之后,百废待兴,百乱待理。我们应该把主要财力用到加快现代化经济建设上来。本报曾收到不少人民来信,对有的地方过去搞庆祝活动铺张浪费很大,人民群众是很不赞成的。

小平同志的批语说:“要首先把钱花在农业科研和大专学校方面。”也说得很正确。整修农展馆,加强农业科研和农业教育,都必要。但比较起来,哪个更急需、更重要呢?当然是农业科研和农业教育。应该把有限的钱财花到最急需的地方去,要分个轻重缓急。

建议各地区、各部门切实检查一下,你那里是否也有想大搞庆祝活动,铺张浪费的打算?如果有,应当坚决纠正。

中共中央和国务院决定中央机关和军委在北戴河的休养区拨给旅游部门接待外宾使用

北戴河是驰名世界的避暑胜地,解放以来许多机关团体又建造了不少宾馆、招待所、疗养院,但设备很好的建筑物和风景区,大多为中央和河北省的许多单位所占有,利用率不高,而为外国朋友准备的旅馆、招待所却很少,供外宾游览的地段也不大。近年来外国朋友到北戴河去游览的日益增多,甚至发生外国朋友住不上设备较好的旅馆的情况。这一决定发出后中央国家机关就不再使用了。

《人民日报》发表评论员文章《解放思想 加快速度》

今年,全党工作的着重点转移到现代化建设事业上来,我们各项工作的步伐,都要大大加快。落实干部政策、知识分子政策的工作也必须抓紧进行,不能犹犹豫豫,久拖不决。把过去不应划为右派而错划了的同志,实事求是地改正过来,是落实干部政策、知识分子政策,调动人的积极因素的一个很重要的方面。时间不等人,今天可以办好的事,决不要拖到明天,更不能让这些历史遗留问题再遗留下去。

许多地区和部门,对这项工作是抓得紧的。但是,也有一些地区和部门,“只听楼梯响,不见人下来”,拖拖拉拉,行动迟缓,有的单位到目前为止,连一件错案也没有改正。所以出现这种不正常的现象,说来说去,还是一个“怕”字在作怪。怕什么呢?怕将来被戴上“右倾”、“为右派翻案”的帽子;怕“善门”难开,引起连锁反应;怕年深日久,不易查证,“自找麻烦”;怕否定自己,面子难看,下不了台;怕步子快了,又出差错,陷于被动。因此,他们给自己规定了一个不成文的方针;宁迟勿早,宁少勿多。个别地方甚至想拖它一年半载,最后不了了之。这种精神状况,与中央提出的“希各级党委认真负责,切实做好这项工作”的要求是背道而驰的,与当前各项工作加快速度的形势是不相符合的。

改正右派错案是“右倾”、“为右派翻案”吗?不是。把过去做错了的事坚决改正过来,这正是忠于实事求是原则、具有革命胆识的表现;正是体现了共产党人对革命、对人民高度负责的精神。如果在大是大非面前,不尊重事实,不坚持原则,知错不改,将错就错,那才是机会主义的态度!至于说翻案,如果确是错划右派的案件,就是应当翻,不翻不能正确评定一个人的功过是非,不能恢复历史本来面目,就是对党对人民不负责任的表现。

是“善门难开”吗?不是。所谓“善门”,应该理解为为人民、为革命做好事。为人民伸张正义,主持公道,为长期受屈的同志解除苦恼,恢复政治名誉,这样的好事为什么不应当做呢!应当是有多少做多少,善门能开多大就开多大,根本不需要怕什么连锁反应。

是“自找麻烦”吗？是的。革命工作本来就是“麻烦”的事，改正过去工作中发生的偏差和错误，的确是麻烦事。正因为有麻烦，有困难，才需要我们这些党员、干部去做工作。正确的态度应该是：只要对党对人民有利，再麻烦的事也应当去做，而且应当满腔热情、积极主动地去做。我们应当想一想，那些被错划为右派的同志和他们的亲属，20年来曾碰到多少麻烦。时至今日，难道能因为我们工作中有困难就撒手不管，或采取消极态度吗？

是“否定自己”吗？不对。共产党人襟怀坦白，大公无私，为了革命利益随时准备坚持真理，修正错误。如果过去错划右派确实与自己有关，那么，否定过去工作中的差错，主动进行改正，这是完全符合党性原则的，怎么能是否定自己呢！过去一些同志被错划为右派，是由于种种原因造成的，不应该、也不允许追究个人的责任。现在知道错了，就应实事求是地改正过来，这是义不容辞的责任。如果知错不改，一错再错，那就很不得人心，那才会否定自己。

总之，各级党委的领导同志，一定要解放思想，突破长期以来在落实政策工作中人为地设置的种种禁区，亲自动手，加强领导，具体帮助所属单位把这项工作认真抓起来，而且要抓紧抓好。光说空话，不解决具体问题，是不能取信于人的，反会在政治上造成不良影响。困难是有的，但主要的还是思想解放不解放，对党中央的这一重要政策的态度对不对。中央有规定，不少地方和单位已经作出了样子，有什么可怕的呢？只要发扬共产党人应有的求实精神，思想明确，态度端正，方法对头，工作中遇到的困难是会有办法克服的，改正右派错案的速度一定会加快。

中科院副院长钱三强在北京宴请欧文·谢恩校长率领的美国威斯康星大学代表团

2月4日

新疆荒地资源综合考察队查明塔里木北部荒地资源

新华社报道，新疆荒地资源综合考察队经过3年多的考察，查明了我国最大的盆地——塔里木盆地北部的荒地资源，为国家今后有步骤地合理开发这个盆地提供了科学依据。

考察队根据全国统一确定的研究课题，从1975年到1978年，对塔里木盆地北部的塔里木河、孔雀河、开都河流域的荒地、草场、原始森林、水利资源等，作了详细的调查，写出了几十万字的考察报告。报告表明，塔里木盆地北部宜农荒地面积相当于新疆现有耕地面积的1.5倍，原始胡杨林面积相当于新疆解放以来造林保有面积1.8倍。塔里木北部地区已被列为全国未来重点垦区之一。

为了因地制宜、合理开发利用塔里木盆地北部的荒地资源，考察队还对这一地区的部分国营农场和人民公社的垦荒经验，作了调查和总结，内容包括条田建设、灌溉和排水、盐碱地的改良、提高土壤肥力等方面，同时对今后开发提出了初步方案。

2月5日

《人民日报》发表评论员文章《要有“第一次吃螃蟹”的勇气》

鲁迅先生谈到社会改革问题时，说过一段发人深省的话：“譬如吃东西罢，某种是毒物不能吃，我们好像全惯了，很平常了。不过，这一定是以前有多少人吃死了，才知道的。所以我想，第一次吃螃蟹的人是很可佩服的，不是勇士谁敢去吃它呢？螃蟹有人吃，蜘蛛一定也有人吃过，不过不好吃，所以后人不吃了。像这种人我们当极端感谢的。”

重温鲁迅先生46年前的这段话，感到很有现实意义。当前，实现四个现代化是我们的总任务，很多新问题摆在我们面前，我们应该发扬第一次吃螃蟹的人的勇敢精神，勇于思考，勇于探索，勇于创新，及时地研究各方面的新情况，解决各方面的新问题，尤其要注意研究和解决管理体制、管理方法、管理制度等方面的问题。要大胆改革那种单纯行政的、小生产式的、甚至封建衙门式的官僚主义的管理方法。要大大精简一些政治、行政机构。要大大减少行政层次。泛泛的政治空谈，无穷的会议，没完没了的“参观”、“检查”，层层审批，公文旅行等等现象再也不能继续下去了，列宁说的“我们要少搞一点政治，多搞一点经济”的时代已经到来了。一定要按经济规律办事，要用经济的方法管理经济。工业战线上，像大庆这样一些先进单位，在新的历史条件下，也要解放思想，善于学习，防止僵化，大胆革新。要努力研究新问题，使思想适应已经变化的新情况。要继续坚持两分法前进，向一切先进单位、先进地区学习，向有经验的专家学习，向一切懂行的人学习，还要向外国的先进管理方法学习。既要总结和发扬过去好的经验，又要在实践中不断修正那些过了时的、不大科学的东西，以适应四个现代化的需要。

实现四个现代化是一场深刻的伟大革命，没有一大批不迷信，不守旧，不僵化，勇于创新的闯将，是不行的。不少同志前怕狼，后怕虎，犹犹豫豫，左顾右盼。他们突出一个“等”字，等中央拿出统一的改革方案，等其他地区拿出“样板”。总之，凡是本本上没有，文件上没写，领导上没讲，先进单位没干的，一律不想，不说，不干。他们怕搞错了，上级批评，群众埋怨。这些同志为什么就是不怕林彪、“四人帮”的流毒肃清不了？不怕四个现代化不能早日实现呢？归根到底，是他们对实现四化缺乏紧迫感，缺乏主人翁的责任感。

当然，任何改革方案、措施、办法也不可能一次完善，它要经过千百万群众的实践检验。在实践的过程中，错了改正，再错了再改，都是难免的。我们要允许不成熟的东西出现，要允许失败，允许犯错误。在这个问题上，各级领导同志要当促进派，不要当促退派。上级机关要鼓励和指导基层干部、职工群众，解放思想，开动机器，勇于探索，大胆改革。“怕”和“等”的思想是极其错误的。中央的统一方案从哪里来？还不是总结全国各地实践经验才能制订出来。离开千百万群众的实践，就变成无源之水、无本之木了。我们应该积极鼓励下面大胆试验，使我们改革的步子迈得快些、更快些。

最高人民法院在青岛市召开第二次全国民事审判工作会议

会议确定，民事审判工作的根本任务是正确处理人民内部纠纷，调整一部分同生产力发展不相适应的生产关系，发展安定团结的大好形势，为实现四个现代化服务。

会议认为，实现社会主义现代化，必须要有一个安定团结的局面。只有纠纷少，干扰小，才能人心齐，力量大。民事审判工作担负着处理一部分人民内部矛盾的任务，要处理大量的婚姻、家庭和财产方面的纠纷，一个案件往往涉及许多人。这些纠纷处理得及时、正确，就能够调整国家、集体和个人之间的关系，加强人民内部团结，化消极因素为积极因素，从而促进工农业生产的发展。

会议指出，随着社会主义现代化建设事业的发展，经济法将会逐步健全起来，国家、集体、个人之间发生的一些经济案件将要用法律手段来解决，海事、外贸、保险等方面的涉外案件也会增加。所有这些，都是摆在民事审判工作者面前的新课题。

为了加强民事审判工作，提高办案质量，这次会议统一了全国民事审判的程序制度，强调要坚持审判权由人民法院行使，杜绝外来的干扰和干涉；要便利和充分保护人民群众行使诉讼的权利；要认真执行公开审判、辩护、陪审、上诉等制度；要做好回访工作。会议重申了“依靠群众，调查研究，就地解决，调解为主”的民事审判工作方针，要求各级法院加强对调解工作的指导，把大量的人民内部纠纷消灭在萌芽状态。

中国人民银行在北京召开全国分行行长会议

在2月5日到28日召开全国分行行长会议期间，国务院副总理李先念、余秋里、谷牧、王任重、康世恩等同志听取了汇报，并讲了话。

与会代表认为，要把银行工作的着重点迅速转移到社会主义现代化建设上来，必须大大提高对银行作用的认识。人民银行既是国家的金融管理机关，又是办理信用业务的经济组织。它掌管货币发行，是全国资金活动的枢纽，联结国民经济的纽带。列宁说过，“没有大银行，社会主义是不能实现的”。(《布尔什维克能保持国家政权吗？》《列宁选集》第三卷第311页)许多事情通过银行来办，更有利于按经济办法管理经济。随着经济的发展和生产的专业化，银行的作用会愈来愈明显。十几年来，由于林彪、“四人帮”的干扰破坏，把人们对银行作用的认识搞乱了，似乎一提发挥银行的监督作用，就是资产阶级的“管、卡、压”；一提发挥银行利息的杠杆作用，就是搞修正主义。银行工作被搞得支离破碎，小手小脚，银行的作用大大降低了，实际上成了收收付付的会计出纳部门。银行工作的水平，比“文化大革命”前17年降低了，同世界上的银行工作水平比，差距也很大，急需迎头赶上。因此，会议认为，要更好地发挥银行在实现四化中的作用，就必须彻底批判林彪、“四人帮”推行的“左”倾机会主义路线在银行工作中的表现，肃清它的流毒。

会议认为，我国的国民经济受林彪、“四人帮”的干扰破坏，造成比例失调，银行应当发挥促进和监督作用，促进国民经济进行调整，有计划、按比例高速度发展。因此，会议决定：今后银行贷款工作要实行区别对待，择优扶植。要逐步做到根据国家的计划，按企业之间的经济合同发放贷款，没有经济合同的企业，在贷款上要加以限制。对完成国家计划和执行合同好、经营管理好、信用好的企业，应按优惠条件贷款；对积压物资多、资金周转慢的企业，从严掌握贷款，对产品质量好、销路好的企业要加以扶持；对产品质量差、没有销路的企业，银行有权减少贷款，或者拒绝贷款。另外，在贷款利率上也要有差别。占用贷款时间短的，利率要低些；占用贷款时间长的，利率要高，以促进企业精打细算，节约使用资金，减少物资积压。

在讨论中，有的同志担心银行这样做，少数企业会出现停工停产，这是不是“打击”生产。大家认为，对一部分经营管理不善的企业，银行通过这些办法暴露矛盾，促使它们整顿，提高产品质量，降低成本，增加盈利，提高管理水平，由后进转为先进，是对这些企业的促进和挽救。对少数产品质量低劣、根本没有销路、或者搞无米之炊的企业，就是要限制它们发展，促使它们改组，转产，这正是银行应当发挥的作用。

会议还认为,要充分发挥银行的作用,必须保障银行的自主权。过去银行贷款也有制度,但碰到“长官意志”,首长批条子要贷款,银行往往顶不住。会议要求各级银行经常向党政领导机关汇报工作,使他们了解银行的职能作用。对个别领导同志违反贷款规定,乱批条子,银行有权履行职责、坚决抵制。

会议还讨论了提高储蓄存款利率,为四个现代化组织更多资金;恢复中国农业银行;加强中国银行的机构和工作,扩大同各国银行的业务往来;改革信贷计划管理体制;在银行内部实行经济核算;加强银行干部职工队伍建设和试行技术职称等问题,并作了部署。

国家科委等4部委在西安联合召开西北黄土高原水土保持农林牧综合发展科研工作讨论会

2月5日至11日召开的这次讨论会,有陕西、甘肃、宁夏、山西、内蒙古、青海6个省、自治区以及中国科学院、北京农业大学、北京林学院等80多个单位的130多位领导干部、专家和技术人员参加。

西北黄土高原包括陕、甘、宁、晋、青和内蒙古6个省、自治区的大部或一部,共有200多个县,总面积约58万平方公里,人口近4000万。在这个广大的地区内,约有43万平方公里的地方水土流失严重,每年每平方公里的水土冲刷量,由几千吨到1万吨。这个地区耕地约2亿亩,由于长期水土流失结果,自然环境、生产条件遭到严重破坏,农业生产落后,部分地方亩产粮食只有30—50斤,农民生活困难。同时西北黄土高原的水土流失不只严重危害西北地区农业生产,而且严重威胁着黄河的安全。黄河下游河床每年升高,成为“悬河”,防汛任务很大。

国家科委副主任张承先在讨论会开幕时的讲话中指出,从整体看来,西北黄土高原的治理,20多年来做了不少工作,也有一定成绩,但是进展迟缓,成效不大。盲目开荒,广种薄收,靠天吃饭的局面仍在继续。越垦越穷,越穷越垦的恶性循环仍在发展。我们治理黄土高原20多年的经验教训是什么?今后,生产建设方针如何考虑?需要以实践是检验真理的唯一标准的原则,认真总结。要百家争鸣,各抒己见地为加速黄土高原的综合治理、合理开发献计献策。

会议对20多年来西北黄土高原建设工作作了回顾和总结,大多数同志认为,黄土高原面貌改变较慢,除了政治上的原因,特别是林彪、“四人帮”极左路线的干扰破坏外,从工作上检查,主要有3个原因:

第一,生产方针有问题,这个地区的大部分县本来适宜搞畜牧业和林业,却要求以粮为纲、集中力量抓粮食生产,由于生产不稳定,就一味扩大耕种面积,草场和林地不断遭到破坏,生产条件愈来愈差。

第二,治理水土流失的做法有问题。长期以来,一些有关领导部门认为水土流失是“慢性病”,水土保持工作见效慢,因而对它不够重视。同时有关业务部门之间也不够协调,讲的是工程措施与生物措施相结合,治沟与治坡相结合,实际上只注意工程措施,忽视生物措施。结果,工程保不住,一遇洪水,垮的很多,劳民伤财,收效甚少。

第三,科技工作者的意见没有得到应有的尊重。50年代和60年代前期,科技工作者在这里做了大量的考察工作,提出过许多建议和规划,没有引起足够的重视,实施的更少。实际工作中违反自然规律的错误做法长期得不到纠正,造成很大损失。

会议讨论西北黄土高原生产建设方针问题时,一些同志认为,整个黄土高原面积广阔,自然条件、社会经济情况差异很大,如果涉及整个黄土高原的生产建设方针,应是农林牧副渔全面发展,因地制宜,有所侧重,宜农则农,宜林则林,宜牧则牧。但是,对这个问题,会议中讨论不多。

会议讨论比较多的是黄河中游、丘陵沟壑、水土流失严重地区的生产建设方针问题。大家争论的中心议题是,在这一地区如何处理农林牧三者的关系,以什么为主?大体上可分为四家,以林牧为主,以牧为主,以农为主,以林为主。

会上,相当多的同志认为,西北黄土高原水土流失严重地区应当以林牧为主。其中有的同志跟童大林、鲍彤同志于1978年11月26日在《人民日报》上发表的见解差不多。

以中国科学院支农办公室主任石山为代表的许多同志,在会上进一步阐述了黄土高原水土流失地区应当以牧为主的意见。他认为,实行以牧为主的方针,大规模种草造林,发展畜牧业,兴牧促农,实现农林牧全面发展,是改变这个地区面貌的最有效的办法。至于有些县、社队自然条件好,适宜于搞农业的,仍应实行以农为主、全面发展的方针。但是,即使这些县、社队,其林牧业比重也应大大增加,改变单打一的不合理状况。

北京农业大学教授李连捷,发表了与上述不同的见解,认为,西北黄土高原是宜于发展农业的地方,主张在这个地区大力发展基本农田。他说,这个地区的特点是黄土,它含有较多的碳酸钙,土壤适宜于农业生产。气候也较适合,在北纬36度到40度之间的地带。没有把农业生产搞好,而改以牧业为主,是不恰当的。今后在综合生产和治理之下,可以逐步加大畜牧业在生产中的比重,但农业是基础,基本农田又是农业的基础。

他说,黄土高原或任何其他地方的水土流失,都有自然和人类活动两方面的原因。农业生产(种植业)不一定就是水土流失的主要原因。而畜牧业生产，如发生载畜量过重的情况，再加上牲畜践踏等，同样可破坏草场，引起严重的水土流失。陕北黄土高原农业搞得不够理想，原因不完全是生产方针不适应地区的自然特点或违反自然规律，而是因循守旧，先进的农业科学未真正进入这个地区。像减耕法、免耕法对水土保持的意义非常重大，似乎无人提倡。只要我们搞好科学实验，可以在一定程度上改造土壤，减少水土流失。

中国科学院西北水土保持生物土壤研究所工程师刘万铨，赞成童大林、鲍彤和石山等同志的"从长远来说，这个地区不宜以农为主，而宜于以牧为主，或以林牧为主"的观点。但他认为黄土高原许多地方，为了迅速而有效地把林牧业搞上去，目前更应当努力加快农田基本建设，特别是首先抓紧建成一人一亩旱涝保收高产稳产农田，以解决群众的吃饭问题。先搞林牧业，粮食不够，从外地长途调进，不是好办法。

出席会议的陕北、晋西的许多同志赞成粮食要自给的观点。

也有些同志，既不同意以农为主，也不同意以牧为主，建议以林为主。他们认为植树造林能彻底改变黄土高原水土流失的状况和恶劣的气候条件。树木在保持水土方面所起的作用也比草大得多，还能解决群众烧柴和用材问题。如没有树木涵养水源，种草也很难获得理想的效果。

陕西省农林科学院的黄德基、赵一庆、张永平、吴嘉本，强调丘陵沟壑区应实行以林为主、综合发展的方针。他们认为，陕北丘陵沟壑区宜林面积大，坡度在25度以上的土地约占60%。由于雨量较多，气温平均8摄氏度左右，一般不受风沙危害，发展林业条件优越。同时土层深厚，交通比较便利，人口较稠密，适于对林业实行集约经营，便于对林副产品实行综合利用。

张承先在总结讲话中，吸取与会同志的各种意见，认为在西北黄土高原建设上还是要有个总的方针，有个侧重点，以明确努力方向。对于占黄土高原相当大的面积、水土流失又是最严重的丘陵沟壑地区，他倾向于以林牧为主，农林牧全面发展，因地制宜，综合治理。这样提的好处是，一是抓住了主要矛盾；二是明确地改变了过去以农为主的做法；三是方向要求明确了，可以加速改变面貌。提以林牧为主，不是反对了一个单打一，又走向另一个单打一，所以还要"农林牧全面发展，因地制宜，综合治理"。当然，从广种薄收单一搞粮食到以林牧为主有个发展过程，要注意搞好基本农田建设，逐步退耕，解决吃饭问题。在粮食政策上，为支持发展林牧业，应免除粮食征购任务，有了大灾时，国家还要在吃粮上，给以必要的支援。

会议根据大家的要求，对西北黄土高原按不同的自然条件和社会经济状况，提出了四种类型的区划，在贯彻农林牧全面发展综合治理的总方针下，实行因地制宜、各有侧重的生产建设方针的建议：

一、农业区，包括渭北、陇东、晋中、延安市以南等一些地方。这个地区应主要发展农业，做到粮食自给有余，部分县应建成商品粮、棉、油基地。要积极营造护田林、护坡林，在塬面和丘陵缓坡地区适当种植牧草，发展养畜业。

二、林牧区，包括陇南、宁南、晋西北、延安市以北等地区的丘陵沟壑地带。这个地区应以植树种草，发展林牧业为主，在川台地及缓坡上适当修建基本农田，争取在常年情况下粮食自给。

三、牧区，包括陇中、宁南、晋西北、榆林北部、内蒙古北部的一些地方。这个地区应主要发展畜牧业，大力营造防风林、放牧林，适当发展农业，粮食争取基本自给。

四、林区，包括子午岭、黄龙山、崂山、乔山、六盘山、陇山附近各县的部分地区和吕梁山区的一部分地方。这个地区应以林为主，严格保护现有林区，积极发展水源林，以保障这个地区农牧业的发展。

全国水产工作会议提出扭转渔业生产被动局面的工作方针

2月5日至3月1日，在国家水产总局召开的全国水产工作会议上，来自各地的代表总结了经验教训，研究了水产工作的调整和着重点的转移问题，决定今后几年，加强水产资源的繁殖保护，大力发展养殖，搞好水产品的保鲜加工，认真落实渔业政策，尽快把渔业生产搞上去，改善市场供应，为国家提供更多的出口水产品。

长期以来，由于政治运动频繁，特别是林彪、"四人帮"极左路线的破坏，农林牧副渔五业并举方针执行不好，渔业一直摆不上位置，工作中违反客观规律，严重地障碍了我国水产事业的发展。当前突出的问题是：水产资源遭到严重破坏；人工养殖发展缓慢；渔业设备落后，技术水平低，捕捞的水产品质量差，腐烂损失严重；管理体制不适应，生产秩序混乱；经济政策不合理，许多渔业社队负债累累。

为了改变当前的被动局面，参加全国水产工作会议的代表认为，水产工作着重点的转移要从调整入手，首先把资源利用、生产发展方向、管理体制、政策措施等调整好，使水产事业的现代化建设有一个坚实可靠的基础。为此，会议提出了近期应该采取的方针是：大力保护资源，积极发展养殖，调整近海作业，开辟外海渔场，采用先进技术，加强科学管理，提高产品质量，活跃城乡市场。

与会代表认为，发展水产的有利条件很多，潜力很大。沿海可以进行人工养殖的浅海、滩涂达740万亩。内陆江河湖库塘堰总水面约有2.5亿亩，主要经济鱼类有50多种，可以进行人工养殖的面积达7500万亩。而目前，海水养殖已利用的面积不到1/7，淡水养殖面积也只利用一半多一点，水产资源的人工增殖工作基本上没有开展。

因此，会议决定1980年以前，把渔业生产秩序整顿好，近海捕捞产量维持或略低于现有水平，捕捞着重保护资源，提高产品质量，以较大的力量发展淡水海水养殖。1985年前，要逐步恢复近海资源，并努力增殖，进一步开发利用外海渔场，全面铺开养殖生产，建成一批商品鱼基地；基本消灭臭鱼烂虾现象，上市鱼货大部分改为鲜活鱼、冰鲜鱼、冷冻鱼或其他加工品。会议针对保护资源、发展养殖和提高水产品质量三项重点工作，制定了一系列具体措施，要求各地水产部门和有关单位切实贯彻执行。

代表们还指出，要实现水产工作着重点的转移，关键在于落实渔业的各项政策，把集体渔业生产搞上去，使几百万渔民逐步富裕起来。因此，会议提出了10条具体政策。其中主要的是：稳定渔业社队所有制，目前渔业公社大多数实行以大队为基本核算单位，是基本符合渔业生产的特点和现阶段生产力水平的，要积极巩固提高，不要轻易变动；现在实行生产队核算的，不要在条件不具备时匆忙过渡；认真执行“各尽所能，按劳分配”原则，加强定额管理，建立、健全奖惩制度；国家对集体渔业的水产品试行派购和议购相结合的政策，使社队有权处理一部分水产品；调整水产品的收购价格和支渔工业品的销售价格；渔业社队坚持以渔为主的经营方针，同时要因地制宜地开展多种经营；专业渔业社队（包括国营渔场）的养殖水面、滩涂、土地等，受国家法律保护，任何单位和个人不得侵犯；不允许以任何借口无偿摊派和平调渔业社队的劳力、产品和物资；妥善解决专业渔业社队新增劳力的口粮，专业渔民和国营渔场职工的家属口粮，等等，以确保渔业社队在生产发展的基础上，能够真正增加收入。

对外友协和驻苏丹临时代办分别在北京和喀土穆举行庆祝中国 苏丹建交20周年活动

中国人民对外友好协会在北京举行酒会，庆祝中国、苏丹建交20周年。

苏丹驻中国大使穆巴拉克和夫人，以及在京的苏丹朋友，应邀出席了酒会，对外友协会会长王炳南、外交部副部长何英等出席了酒会。中国、苏丹两国朋友祝愿两国人民之间的友谊不断发展。

中国驻苏丹大使馆临时代办李志谦2月5日在喀土穆举行招待会，庆祝中国和苏丹建立外交关系20周年。

解放军副总参谋长张才千在北京举行宴会欢迎巴基斯坦国防秘书吉拉姆·吉拉尼·汗中将为团长的巴基斯坦军事友好代表团

张千才副总长在欢迎以吉拉尼·汗中将为团长的巴基斯坦军事友好代表团的宴会上说，中巴友谊是建立在原则基础上的，不是权宜之计。在巴基斯人民和军队维护民族独立、捍卫国家主权、反对霸权主义的正义事业中，中国人民和军队永远是他们可靠的朋友。

他接着说，苏联霸权主义的扩张活动严重地威胁着亚洲地区国家的独立、主权和安全。特别是在苏联霸权主义的怂恿和支持下，越南这个地区霸权主义竟公然以武力粗暴地侵略一个主权国家，这彻底暴露了越南妄图在印度支那和东南亚地区称霸的狼子野心。但是，这只能擦亮更多人的眼睛。面对大小霸权主义的侵略扩张，亚洲人民和全世界人民将更加警惕，更加团结，形势将变得越来越好。

吉拉尼·汗中将在祝酒时强调巴中两国的友谊有助于促进这个地区的和平与世界和平。

他说，中国和巴基斯坦不仅是友好的邻邦，而且是亲密的朋友。我们不会忘记，中国政府和人民在我们困难的时候给予我们的可贵支持。

他说，我们这次访问，将会使巴中两国人民和两国军队之间关系的更加紧密。

质谱学研究应用和仪器研制有新进展

新华社报道，近年来我国在质谱学的研究应用和质谱仪器的研制方面有了很大进展。

质谱学是一门探索物质结构和成分的科学，在现代科学技术领域如等离子物理、原子能、激光、微波、微电子学、遗传工程、表面科学等的研究中，得到了广泛的应用。

我国已初步形成一支能够独立设计和制造质谱仪器的专业队伍。几年来，先后研制出表面分析离子探针、高分子有机无机双聚焦质谱仪、同位素质谱计、色谱质谱联用仪以及各种专用质谱仪，共几十个品种、近200台。质谱学的研究应用方面，也做了大量的工作，取得了新的进展。

2月6日

国务院副总理邓小平结束对美国访问在西雅图机场发表告别讲话

当地时间2月5日，邓副总理在结束对美国的正式友好访问时在西雅图机场发表了告别讲话。他说："我们当初是带着中国人民的友谊来的，现在是带着美国人民的情意回去的。我们亲自看到了美国山川的秀丽、土地的富饶、经济的发达，但是最使我们难以忘怀的是美国人民对中国人民的友情。"

他说："中美两国之间一度中断的联系恢复了。我们面前展现了两国人民广泛合作的前景。现在中美两国之间政府一级来往的障碍已经排除，人民之间的来往可以更加频繁、更加密切。我们很高兴卡特总统已经接受华国锋总理的邀请，在他方便的时候，到中国访问。他一定会受到热情的欢迎和接待。我们也希望美国各界朋友多多到中国来走走看看。中国的大门对一切朋友都是敞开的。"

他说："我们是抱着加强和平的愿望来的，我们的愿望并没有落空。"

他指出："我们同以卡特总统为首的美国政府领导人就我们共同关心的问题和当前国际形势进行了讨论，我们发现双方之间的共同点是不少的。自从1972年我们双方发表上海公报以来，我们双方就多次重申了反对霸权主义的立场。中国人民在反对全球霸权主义和区域霸权主义方面，将作出自己的努力。

我们毫不怀疑，中美关系的建立与发展必将对全世界的和平、稳定和安全产生深远的、有益的影响。"

他又说："我们感到我们的访问是成功的、圆满的。我们的工作是同全世界人民的希望相一致的。"

他说："我要再一次对卡特总统、美国政府和人民给我们的盛情款待表示感谢。""我还要特意谢谢美国新闻界的朋友们。你们迢迢万里详尽地报道了我们的这次访问，为增进中美两国人民的了解作了很大的努力。我相信今后你们为加强两国人民的友谊还会继续作出贡献。"他最后说："愿中美两国人民世世代代友好下去，永远在一起维护世界和平。"

国务院副总理邓小平和夫人卓琳在访美归国途中抵日本东京访问

这是邓小平副总理去年10月下旬到日本进行正式访问之后第二次前来日本。

国务院副总理方毅和夫人殷森、外交部部长黄华和夫人何理良以及外交部副部长章文晋等也同机到达。

日本外相园田直和夫人园田天光光到机场迎接。到机场迎接的还有美国驻日本大使曼斯菲尔德、日本外务省亚洲局局长柳谷谦介，日本公明党委员长竹入义胜，日本社会党国际局局长河上民雄、新自由俱乐部干事长西冈武夫和民社党国会对策委员长永末英一等。中国驻日本大使符浩也到机场迎接。

国务院发出《关于加强对社会集团购买力控制管理工作的通知》

《人民日报》发表社论《加快农业机械化的正确方针》

十一届三中全会号召全党和全国人民，集中主要精力把农业尽快搞上去，提出要集中力量打歼灭战，建设一批现代化农林牧渔业基地；并改革现行农机管理体制和管理方式，使上层建筑与农机化事业的发展相适应。这是加快农业机械化和现代化的重大措施。

农业机械化是农业现代化的重要内容。20多年来，我国农机化事业有了很大发展，农用工业初具规模，为各地农村提供了大量农机具；现在我国农村拥有的各种农业机械与60年代初期相比，增长了几倍到几十倍，对发展生产起了显著作用。我们有了一支相当大的农机化队伍；还积累了丰富的正反两方面的经验，为今后搞好农业技术革命打下了基础。但是，也应该看到，我国的农机化事业，无论在机器制造方面，在管理和使用方面，都还有不少严重问题，远远不能适应国民经济发展的需要。造成这种状况的根本原因，除了林彪、"四人帮"的严重干扰破坏之外，还在于我们过去受国内外条件的限制，未能全面认识什么是现代化农业，思想上还没有摆脱小生产习惯的束缚，没有按照客观经济规律办事。因此，三中全会针对目前我国农业机械化指导思想和实际工作中存在的问题，提出了新的方针和一系列政策措施。

集中力量打歼灭战，这不是一般工作方法的改变，而是加快农业机械化和现代化步伐的新方针。不能像过去那样，到处都办拖拉机厂，都抢着生产主机，全面铺开，各行其是，造成产品型号杂乱，质次价高，坑农害农。我国工业基础薄弱，要把有限的资金和材料有组织有计划地集中使用，搞好农机产品的标准化、系列化、通用化，保证以配套齐全、坚固耐用、物美价廉的现代化农业机器装备农业。农业机械也不能像过去那样，漫无目标地分散投放，又不保证供应配套农具和维修配件，以致农业机械不能充分发挥作用，劳动力解放不出来，加重社队的负担，达不到增产增收的目的。

我国幅员辽阔，各地自然条件和经济条件千差万异，要按照区域化专业生产的原则，做好机械化的区域规划。国家的农业投资，必须重点用于建设一批商品粮、经济作物、畜牧业、渔业和林业基地；特别要重视牧业基地的建设，改变过去重粮轻牧的片面观点。这些基地，可以是现有国营农场的扩大，可以是垦荒举办新的国营农场，也可以在人民公社联合的基础上兴办。这些基地，要装备先进的农业机械，集中使用，配套成龙，使之在生产上充分发挥作用；并且采取科学的生产方法和管理方法，力求做到省工高产。如果我们在几年之内，首先在辽宁、吉林、黑龙江、北京、天津、上海和其他各省的一些全盘机械化试点县、国营农场，因地制宜地分别建成一批劳动生产率和商品率都很高的农工商一体化联合企业，就可以依靠它们逐步解决城市人口用粮和副食品供应，大大减轻全国农民的负担，使他们有更多的余粮饲养鸡鸭猪牛羊和发展其他集体、家庭副业。这样，遭到“四人帮”严重破坏的我国农村经济，很快就会恢复过来。七亿农民经过一段时间休养生息，将以更大的积极性掀起建设农业现代化的新高潮。重点建设一批现代化的大农业企业，是迅速改变我国农业生产落后被动局面的一项重大措施，走了这关键性的一步棋，我国国民经济的全局就都活了。

改变过去全面铺开、撒胡椒面的做法，有计划有步骤地使一些重点地区在农业现代化建设方面和提高人民生活水平方面先走一步，将要在全国起极大的示范作用和促进作用，以点带面，一批又一批地相继实现农业机械化，这样波浪式地前进，我国就能以比过去快得多的步伐，有效地达到农业现代化的伟大目标。

集中力量首先建设好一批重点基地，不是说非重点的地区就不管了。重点基地毕竟数量有限，其他地区占了极大比重，如果这些地区的农业生产停滞不前，我国的农业依然上不去。因此，非重点地区都要抓紧解决好农业区域规划、农艺和农业机械化相适应等问题，抓好农机配件、配套农具供应和农机管理等工作，务必使现有拖拉机充分发挥作用。这些地区的农业机械化建设，还要发扬自力更生精神，发掘地方财政的潜力和集体经济的力量，根据各地的具体条件，因地制宜，量力而行，实事求是，力求做到花钱少，收益快，增产效果显著；切不可去搞那种好高骛远、劳民伤财、形式主义的机械化。还应当特别重视农机科研和教育工作，抓紧培养人才，这是什么时候都不能放松的一项重要任务。在一定时期内，有些地区还得靠半机械化和手工劳动进行生产，有关部门也应注意满足这些地区对半机械化农机具和小农具的需要。

几年来，我国农业机械化出现一些老大难问题，长期不能解决，一个重要原因，就是没有及时地改变与生产力发展不适应的生产关系和上层建筑。农机管理体制多头分散，没有形成统一的，不是空喊口号、而是实际办事的强有力的领导。在管理上单纯依靠行政命令，不按经济规律办事。一些急需解决的实际问题，往往被淹没在无休止的扯皮和公文旅行中。广大农民和农机部门的同志对这种状况很不满意，都迫切要求改变旧的农机管理体制和旧的管理方式。现在，党中央已经决定恢复农业机械部。这是加强全国农业机械化事业的一项重要措施，有利于消除目前存在的种种坑农、误农现象。我们要坚决执行党中央的这个决定，迅速而稳妥地完成管理体制和管理方式的改革，学会按照客观经济规律管理经济工作，彻底洗刷官僚主义，事务主义和文牍主义一类的腐朽作风，把我国的农业机械化水平进一步提高。

过去一段时期，我国人民公社的农业机械，主要是依靠集体经济的积累购买的。这充分显示了广大农民大办农业机械化的积极性。但是，我们还应该看到，目前我国集体经济的力量还不强大，单纯依靠农业积累来实现农业机械化，步子必然很慢。因此，中央决定，今后拖拉机站的建立，采取两种方式：一种是社队自己买机器，社队资金不足的，由国家贷款援助；一种是国家设立拖拉机站，为社队服务，收取合理的费用。这两种形式，目前还只能以第一种形式为主。这项改革必将进一步调动国家和集体两个积极性，使我国农业机械化的进度大大加快。

各地在试行中央决定的过程中，会遇到许多新的矛盾。只要我们解放思想，坚持实事求是，一切从实际出发，不从本本、条条出发，用马克思列宁主义、毛泽东思想作指导，脚踏实地去研究问题，解决问题、就一定能冲破各种阻力，克服困难，不断创造新的经验，取得新的胜利。

中央的方针政策能否得到贯彻，关键在于国务院和各省、自治区、直辖市有关部门如何组织落实。有些同志口头上也讲“集中力量”，干的却是“分散力量”。毛泽东同志说过：“集中兵力看来容易，实行颇难”，原因就在于领导者缺乏战略头脑，被复杂的环境所迷惑、支配、失掉自主的能力。要真正落实中央的方针，各级领导同志必须把“集中力量打歼灭战”提到战略高度来认识；还要克服说大话、空话的恶习。要从思想上、组织上、物质上采取有力措施，来保证三中全会提出的新方针和一系列政策的实现。

中国与朝鲜国境河流航运合作委员会第十八次会议协议书在朝鲜新义州签订

中央广播电视大学在北京举行开学典礼

中央广播电视大学教育部、中央广播事业局共同举办。

国务院副总理王任重，教育部部长蒋南翔，中国科学院副院长、全国科协代主席周培源，出席了开学典礼，并且在会上讲了话。

王任重在讲话中说，举办广播电视大学是提高广大群众的科学文化水平，扩大高等教育事业规模，加速培养各种专业人才的一个好办法，也是把现代化手段引进教育领域的一项措施。他希望各地、各部门和各有关方面共同努力把它办好。

蒋南翔在讲话中强调了提高教学质量的重要意义。他说,电视大学必须严格执行规定的教育计划,坚定不移地完成自己的培养目标,保证教学质量,不能任意降低要求。他指出,能不能保证教学质量,从来就是决定高等教育成败优劣的关键。对于广播电视教育来说,能不能巩固、发展,也取决于能不能保证毕业生应有的学业质量。

周培源对开办广播电视大学感到由衷的高兴。他期望有成就的科学家、教育家、教授和广大教师,都来关心广播电视大学的工作,以至于亲自给电视大学讲课,把自己的学识和经验传授给更多的青年人和成年人,为实现四个现代化培养出更多的青年人和成年人,为实现四个现代化培养出更多的优秀人才。

教师和学生代表也在开学典礼上讲了话。

出席开学典礼的还有教育部、中央广播事业局、国家计委、邮电部、四机部、商业部、全国总工会、共青团中央、全国妇联、北京市革命委员会的负责同志,讲授化学和英语第一课(即绪论课)的教授李苏、李赋宁,主讲本学期高等数学、化学、英语三门课的教师邵士敏、田荷珍、郑培蒂,以及中央广播电视大学的学生代表。

中共安徽省委召开常委会专门讨论包产到户问题

鉴于该省肥西县山南公社已经出现包产到户,常委会专门讨论包产到户的问题。省委第一书记万里说:过去批判过的东西,有的可能是正确的,有的也可能是错误的,必须在实践中加以检验。十一届三中全会制定的政策,也毫无例外地需要接受实践检验,我主张在山南公社进行包产到户试验。万里的意见得到省委的同意。此前,该省凤阳县小岗生产队农民也自发地采取了包干到户的做法。

2月7日

国务院副总理邓小平同日本首相大平正芳在东京首相官邸举行会谈

会谈中,邓副总理向大平首相通报了访美的情况,并在十分友好的气氛中就双方共同关心的国际形势、亚太地区以及双边关系等问题广泛交换了意见。

邓副总理说,我们这次同卡特总统的会谈是友好的、诚挚的,是富有成效的。大平首相说,听了邓副总理介绍访美情况后感到很高兴。

在座的园田外相对邓副总理访美获得圆满成功表示祝贺。他说,邓副总理访美所取得的成功是出乎意料的。邓副总理说,现在国际形势千变万化,两国经常交换意见是很好的。园田外相说,希望两国经常保持接触,特别是在四个现代化问题上,希望日中加强合作。

邓副总理代表中国政府再次邀请大平首相在他方便的时候访问中国,大平首相愉快地接受了这一邀请。大平首相也邀请华国锋总理访问日本,邓副总理愉快地代表华国锋总理接受了邀请。互访的日期由双方今后商定。

日本方面参加会谈的还有:内阁官房长官田中六助、副官房长官加藤紘一、外务审议官高岛益郎、外务省亚洲局局长柳谷谦介等。

中国方面参加会谈的有:国务院副总理方毅、外交部部长黄华、中国驻日本大使符浩、外交部副部长章文晋、特别助理浦寿昌、外交部礼宾司司长卫永清。

《人民日报》发表中央统战部研究室文章《发展为社会主义现代化建设服务的统一战线》

具有重大历史意义的党的十一届三中全会决定,要在新时期总路线和总任务指引下,把全党工作的着重点转移到社会主义现代化建设上来。在这个新的历史条件下,学习和运用毛泽东同志的统一战线思想,发展为社会主义现代化建设服务的统一战线,是党的一项重大的政治任务。

一、统一战线新的历史使命

毛泽东同志建立和发展统一战线的基本指导思想,就是要调动一切积极因素,尽量化消极因素为积极因素,把一切可能团结的力量都团结起来,为实现党的总任务而共同奋斗。在毛泽东同志这一思想的光辉指引下,我国统一战线经受了长期革命战争和革命斗争的锻炼和考验,显示出巨大的威力。在新民主主义时期,统一战线配合武装斗争,对推倒三座大山,建立中华人民共和国,发挥了重大的作用。毛泽东同志称它为党的三大法宝之一。进入社会主义时期,统一战线以强大的无产阶级专政为依靠,继续发挥着重要的作用。

周恩来同志在国内国际的革命斗争中,卓越地、创造性地运用了我们党这一法宝,为统一战线的建立和发展,立下了不朽的历史功勋。革命统一战线的发展壮大,步步浸透了周恩来同志的心血!朱德同志和其他老一辈的无产阶级革命家,也都曾经为统一战线的发展壮大作出了重大的贡献。我们应当十分珍惜这个成果,在新的形势下加以运用发展,使它更加发扬光大。

现在,华国锋同志为首的党中央高举毛泽东思想的伟大旗帜,率领我们向四个现代化进行新的长征。新的任务,要求我们进一步巩固和发展工人阶级领导的,以工农联盟为基础的,依靠和团结广大知识分子和其他劳动群众,团结爱国民主党派、爱国人士、台湾同胞、港澳同胞和国外侨胞的统一战线,组成浩浩荡荡的新长征大军,同心同德,鼓足干劲,向着一个统一的目标,为加快社会主义现代化建设而共同奋斗。

二、以实践为检验真理的唯一标准,分清是非,拨乱反正

实践是检验真理的唯一标准。毛泽东同志为我们党制定的统一战线的理论、路线、方针和政策,是从实践中来,又到实践中去,经过不断丰富和发展的革命实践经验的总结,是马列主义普遍原理和革命的具体实践相结合的典范。林彪、"四人帮"疯狂反对毛泽东同志的统一战线思想,恣意践踏党的统一战线政策,使统一战线遭到了一场灾难性的大破坏,在路线上、思想上、理论上造成了极大的混乱。

两年多来,在华国锋同志为首的党中央的坚强领导下,党的统一战线的方针、政策正在逐步贯彻落实,统一战线重新得到巩固和发展,取得了很大的成绩。但要看到,在统一战线问题上,林彪、"四人帮"散布的种种谬论,至今还有不少流毒和影响。为着使党的统一战线工作迅速转到为现代化建设服务上来,我们必须进一步分清是非,拨乱反正,明确认识以下几个问题:

调动一切积极因素,还是打倒一切?

调动一切积极因素,是我们党一贯的战略方针。毛泽东同志历来主张,要区分敌友,调动一切直接和间接的同盟军,组织最广泛的统一战线,把绝大多数人团结起来,去夺取革命和建设事业的胜利。在抗日战争时期、解放战争时期以及土地改革等运动中的统一战线,都是执行这个方针。林彪、"四人帮"疯狂反对党的调动一切积极因素的方针,刮起一阵阵打倒一切的妖风,从党内打到党外,对广大知识分子、各少数民族、各人民团体、各爱国民主党派、各界爱国人士、爱国的民族资产阶级分子和爱国的归侨、侨眷,对所有团结在统一战线内的人们,都随心所欲地进行迫害。在一个时期内,林彪、"四人帮"把统一战线在政治上搞臭了,思想上搞乱了,组织上搞垮了,造成了极其恶劣的政治影响,似乎共产党的政策变了,不要统一战线了。在那困难的日子,周恩来同志以伟大的马克思主义者的大无畏精神,力挽狂澜。他曾几次告诉当时中央统战部负责人:统一战线是毛主席一贯的思想。统战工作要搞下去,不要动摇,不要撒手。他尽心竭力保护统一战线,同林彪、"四人帮"的倒行逆施进行了坚决的针锋相对的斗争。在这之前,毛泽东同志也说过:"统一战线是否到了有一天要取消?我是不主张取消的。对任何人,只要他真正划清敌我界限,为人民服务,我们都是要团结的。"(《毛泽东选集》第5卷第68—69页)这是毛泽东同志为统一战线立下的一个规矩,党的这个政策是坚定不移的。

调动的一切积极因素和打倒一切,是两个根本对立的方针。历史经验告诉我们,人心向背是我们的革命和建设事业成败进退的决定因素。什么时候贯彻执行了调动一切积极因素的方针,团结了一切可能团结的力量,统一战线发展壮大,赢得人心向党,我们的事业就前进,就胜利;反之就受挫折,就受损失。这是长期实践反复证明了的一条真理。

无产阶级专政和统一战线是对立的吗?

林彪、"四人帮"别有用心地把统一战线和无产阶级专政对立起来,抛出反动的"对资产阶级的全面专政"论,实质上就是要专无产阶级和全国人民的政,就是要对统一战线从领导力量、基础力量到所有的同盟者都实行法西斯专政。

马克思主义认为:无产阶级专政的国家,并不是由无产阶级对其他一切阶级都实行专政,而是由无产阶级团结全体有公民权的人民,向着反动阶级、反动派和反抗社会主义改造、社会主义建设的分子实行专政。列宁说:"无产阶级专政是劳动者的先锋队——无产阶级同人数众多的非无产阶级的劳动阶层(小资产阶级、小业主、农民、知识分子等等)或同他们的大多数结成的特种形式的阶级联盟。"(《列宁全集》第29卷第343页)在我国无产阶级专政的具体历史条件下,参加这个联盟的同盟者,比列宁当时所讲的要广泛得多,无产阶级专政总是一定形式的阶级联盟,无产阶级专政和统一战线是密切联系、不可分割的。毛泽东同志指出:"无产阶级专政要靠广大的同盟军,单是无产阶级一个阶级不行。"(转引自叶剑英:《关于修改宪法的报告》)这就用简洁的语言,深刻地阐明了两者的关系。

要靠广大的同盟军,指的是哪些阶级、阶层、党派和人们呢?毛泽东同志说:"无产阶级领导的以工农联盟为基础的人民民主专政,要求我们党去认真地团结全体工人阶级、全体农民阶级和广大的革命知识分子,这些是这个专政的领导力量和基础力量。"(《毛泽东选集》第4卷第1326页)同时还要团结城市小资产阶级、爱国的民族资产阶级、爱国的民主党派和各方面的爱国人士。这是一个在工农联盟基础上的更广泛的联盟。这是我国无产阶级专政下统一战线的一个特点。

要靠广大的同盟军,这是无产阶级专政的性质和无产阶级专政的伟大历史任务决定的。有这样一个在党领导下的最广泛的统一战线,才能有社会主义的一切,才能最后过渡到共产主义社会。林彪、"四人帮"根本否定社会主义时期统一战线的重要地位和历史作用,力图搞垮和取消统一战线,其罪恶目的是要推翻无产阶级专政,由他们取而代之,这是一个大阴谋。

民族资产阶级是“专政对象”吗?

爱国的民族资产阶级参加过新民主主义革命,和我们有合作的历史。在社会主义时期,民族资产阶级的阶级地位发生了根本变化,已经成为将在社会主义革命中被逐步消灭的阶级之一。如何处理工人阶级同民族资产阶级之间的矛盾,这是一个很复杂的问题。由于历史条件所致,马克思、列宁的著作里没有现成的答案。毛泽东同志在理论上和实践上成功地解决了这个问题。他说:“在我们国家里,工人阶级同民族资产阶级的矛盾属于人民内部的矛盾。工人阶级和民族资产阶级的阶级斗争一般地属于人民内部的阶级斗争,这是因为我国的民族资产阶级有两面性。”“民族资产阶级和帝国主义、地主阶级、官僚资产阶级不同。”(《毛泽东选集》第5卷第365页)在回答无产阶级专政应当联合哪些阶级、压迫哪些阶级这个根本问题时,毛泽东同志又明确指出:“工人阶级应当联合农民阶级、城市小资产阶级、爱国的民族资产阶级,首先要联合的是农民阶级。”(《在扩大的中央工作会议上的讲话》)林彪、“四人帮”根本反对毛泽东同志对民族资产阶级的科学论断,把民族资产阶级作为专政对象,肆意打击、迫害,在理论上思想上、政策上造成了严重的混乱。

无产阶级专政不是要对资产阶级专政吗?对这个问题,我们党早已有过明确的回答。官僚买办资产阶级、反动资本家以及新生的资产阶级分子是专政对象,必须对他们专政。民族资产阶级属于人民范围,对他们则实行团结、批评、教育的政策。采取这样的政策,是不是就像林彪、“四人帮”诬蔑、攻击的那样,是取消阶级斗争、向资产阶级投降了呢?我们党一向公开指出,采取统一战线的方法处理同民族资产阶级的矛盾,决不意味着放弃阶级斗争。我们的目的就是要逐步消灭民族资产阶级,就是要使资产阶级、资本主义在中国绝种。逐步消灭民族资产阶级,一方面是所有制的改造;一方面是人的改造。毛泽东同志说:“资产阶级要灭掉,不是讲把人灭掉,是把这个阶级灭掉,人要改造。”(《毛泽东选集》第5卷第487页)毛泽东同志关于消灭民族资产阶级而改造民族资产阶级人们的伟大战略方针,是马克思关于无产阶级只有解放全人类才能解放自己的光辉思想的生动体现。

我们对民族资产阶级的生产资料,实行赎买的政策。赎买,是马克思提出来的。恩格斯说,马克思不止一次地提出在一定条件下可以对资产阶级实行赎买。但那时只能是一种设想。后来,列宁又提出来过,但在当时苏联的具体条件下由于资产阶级反抗苏维埃政权,而没有能够实现。毛泽东同志把马克思、列宁的这个伟大设想,付诸实践,取得了伟大的成功。我国废除资本主义所有制的这场社会主义革命,只用了6年多的时间就顺利地基本上完成了,而且社会安定,市场稳定,生产力不仅没有受到破坏,而且持续发展。毛泽东同志说:“这件事所以做得这样迅速和顺利,是跟我们把工人阶级同民族资产阶级之间的矛盾当作人民内部矛盾来处理,密切相关的。”(《毛泽东选集》第5卷第382页)这是无产阶级专政史上的一个伟大的创举。

民族资产阶级人们的改造,是由剥削者变为劳动者的经济地位和政治立场的根本改造,这比所有制的改造要更加复杂艰巨,当然需要很长的时间。令人高兴的是,随着社会主义革命和建设的深入发展,民族资产阶级中的大多数人是在接受社会主义改造的道路上逐步前进的,是跟着共产党走社会主义道路的。粉碎“四人帮”以来,民族资产阶级人们和全国人民一样,欢欣鼓舞,热烈拥护华国锋同志为首的党中央,积极投入揭批林彪、“四人帮”的斗争,表示要为四个现代化贡献自己的力量,爱国主义和社会主义的觉悟有显著的提高。这就有力地表明了对民族资产阶级人们的改造,也已经取得了巨大的成绩。

“斗争就是政策”吗?

林彪、“四人帮”鼓吹“斗争就是政策”,“斗争就是一切”。这是假左真右,假革命真反革命的口号。

又团结又斗争的政策,是毛泽东同志总结革命实践经验提出来的。他说:“只有斗争,不要团结,是‘左’倾错误;只有团结,不要斗争,是右倾错误。这两种错误我们党都犯过,经验很痛苦。后来我们总结了这两种经验,采取了‘又团结、又斗争’的政策。”(《毛泽东选集》第5卷第310页)实践证明,自从实行了这个政策,进行反“左”、反右两条战线的斗争,领导权牢牢掌握在无产阶级手中,统一战线一天比一天发展壮大,我们的事业就无往而不胜。

毛泽东同志提出正确区分和处理敌我之间的和人民内部两类不同性质的矛盾的伟大学说,为党的统一战线政策奠定了坚实的理论基础。处理人民内部矛盾,不能只讲斗争,不讲团结。又团结又斗争是对立的统一,就是说,从团结的愿望出发,经过批评或者斗争,分清是非,使矛盾得到解决,从而在新的基础上达到新的团结。

林彪、“四人帮”扯起“斗争就是政策”这面黑旗,帽子棍子满天飞,搞得人人自危,不敢讲话,扼杀人民民主,窒息革命生机,造成了极严重的后果。人民政治协商会议作为统一战线的组织,是联系各方面党外人士,广开言路,发扬人民民主的一个重要的纽带。毛泽东同志提出共产党同爱国民主党派长期共存、互相监督,就是为着充分发扬人民民主,把各方面的积极性都调动起来,广泛听取批评和建议,及时发现和纠正工作中的缺点错误,共同把我们的社会主义事业搞好。周恩来同志说:“有人说共产党是领导,民主党派怎么能监督共产党呢?这话不然。领导和被领导互相监督,就是社会主义民主。”周恩来同志一贯重视在党的统一战线工作中坚持民主协商的传统。1975年5月,他老人家在病榻上还对中央统战部的一个报告作了亲笔批示,殷切嘱咐要发扬“我们历来主张的民主协商精神”。我们一定要牢记周恩来同志的遗教,坚持不渝地贯彻执行。

在我国政治生活中民主党派发挥着重要的积极作用,是在中国共产党领导下为社会主义服务的一支政治力量。林彪、“四人帮”挥舞“斗争就是政策”的大棒,把爱国民主党派诬蔑为“反动党派”,肆意摧残民主党派组织,打击、迫害民主党派成员,不仅违反党的政策,也违反国家的宪法。林彪、“四人帮”对爱国民主党派和民主党派成员的一切诬蔑不实之词,必须全部推倒。对由于参加民主党派而受到迫害甚至造成冤案的,应予彻底平反。

过去在我们党的领导和推动下,各民主党派在一些会议中,也曾实行不抓辫子、不戴帽子、不打棍子的“三不主义”,采取自己提出问题、自己分析问题、自己解决问题的“三自方针”。经过集体的学习、讨论、分析、辩论,开展批评和自我批评,和风细雨深入细致地解决思想性质的问题,既发扬了民主,提高了认识,又增进了团结。这些会议开出了两个积极性,一个是自我改造的积极性,一个是为社会主义服务的积极性,收到了很好的效果。人们习惯地把这种会议叫作“神仙会”。“神仙会”是发扬民主、促进自我改造的一种好的形式,得到了毛泽东同志的肯定和赞扬。林彪、“四人帮”却用他们“斗争就是政策”的大棒,把“神仙会”诬蔑为“牛鬼蛇神会”,把会议的记录,把人们向党交心、检查思想的发言,作为批斗的依据,甚至作为“定罪”材料,这是决不能容许的。应该给“神仙会”恢复名誉。凡是根据“神仙会”的材料而作出的错误结论,应该一律推倒,彻底平反。

自我教育,思想改造,是毛泽东同志和周恩来同志一贯倡导的革命统一战线的一个好传统。林彪,“四人帮”鼓吹“斗争就是一切”,把思想改造搞成了惩罚的手段。今后我们要不遗余力地恢复和发扬党的这个老传统,以便使大家在新长征中更好地为现代化建设作出贡献。

“文化大革命”前17年的统一战线工作是“投降主义”吗?

林彪、“四人帮”对革命统一战线的种种无耻谰言,主要的一点,就是全盘抹杀“文化大革命”前17年统战工作的巨大成绩,根本否定毛泽东同志的革命路线在统战工作中的主导地位。并对统一战线工作加上“投降主义”、“修正主义”等罪名,对党的各级统战工作部门肆意诬蔑,横加摧残。

17年党的统一战线工作,是在毛泽东同志、周恩来同志的亲切关怀和直接领导下进行的。每一个重大的战略决策,每一项重大的方针政策措施,都是毛泽东同志为首的党中央决定的。在17年的统战工作中,毛泽东同志的革命路线始终居于主导地位。在执行统一战线方针政策方面,中央统战部是中央的有力助手,它和地方各级统战部门认真执行党中央、毛主席的各项政策,成绩是很大的,是主要的。大量事实证明,毛泽东同志为我们党制定的统一战线的理论、路线、方针和政策是成功的和正确的。

毛泽东同志、周恩来同志十分关心党的统战工作干部队伍的成长。17年中我们党培养了一支统战工作的干部队伍。他们经过长期革命斗争和工作的锻炼,特别是经受了林彪、“四人帮”残酷迫害的考验,证明绝大多数是好的和比较好的,是坚决执行毛泽东同志革命路线和政策的。党的统一战线工作的巨大成绩,也是他们努力工作、辛勤劳动的结果。林彪、“四人帮”强加于他们的种种诬蔑诽谤之词必须一律推倒。

还应当提出,党的统一战线工作的巨大成绩,也是同各爱国民主党派和各方面爱国人士的共同努力分不开的。许多老朋友长期在党的领导下工作,而且很早就在国民党统治区从事革命活动,对革命做过重要的贡献。但正是这些和我们党共过患难的朋友,特别受到林彪、“四人帮”的仇视和迫害。有些人被他们投入监狱,身心受到很大的摧残,有的甚至被迫害致死。所有强加在他们头上的种种罪名,理所当然地应该全部推倒。

三、调动一切积极因素,为加快社会主义现代化建设而奋斗

随着全党工作重点的转移,党的统一战线工作要转到为社会主义现代化建设服务这个新的历史任务上来。考虑问题,处理问题,都要以此为出发点。要进一步巩固和扩大统一战线,加强全国各族人民的大团结,把国内外一切积极因素充分调动起来,把整个中华民族一切有爱国心的人都团结和动员起来,维护和发展安定团结、生动活泼的政治局面,为巩固无产阶级专政,完成统一祖国大业,加速实现新时期总任务而共同奋斗。这就是新时期统一战线工作的中心任务。

当前,要进一步落实党的统一战线政策,落实党对民族资产阶级的政策,落实党的知识分子政策、民族政策、宗教政策、侨务政策等等。落实政策是当务之急,要加强党的领导,采取有力措施,抓紧进行。

工人、农民、知识分子是新长征的主力军,要全心全意地依靠这支主力军。要充分认识知识分子在实现

四个现代化中重要的地位和作用。要看到从旧社会过来的知识分子经过长期阶级斗争、生产斗争、科学实验三大革命运动实践的锻炼，绝大多数人的世界观已经发生根本转变，已经是工人阶级自己的知识分子。我们应该在政治上充分信任他们，在工作上放手使用他们，发挥他们的重要作用。就是对极少数世界观还没有得到根本改造的知识分子，也要热情地团结他们，关心和欢迎他们的进步，尊重他们的劳动，发挥他们的专长。

要充分发挥各级政协和各爱国民主党派的积极作用，围绕为现代化建设开展工作和活动，发扬民主，广开言路，广开才路。进一步加强国家机关、学校、企业中的共产党员和非党同志的共事合作关系，使党外干部真正做到有职、有权、有责。要把各界爱国人士以及台湾同胞、港澳同胞、国外侨胞的积极性最大限度地调动起来，把一切有用之才、可尽之力，千方百计地组织到实现四个现代化的伟大斗争中来。

要进一步调动民族资产阶级人们为现代化建设服务的积极性。应当充分估计他们的进步，信任和使用他们，发挥他们的积极作用。对有技术知识和经营管理经验的人，要用其所长；确有贡献的，要给予鼓励。要根据中央指示，退还被查抄的巨额存款和其他财物，恢复和补发被扣减的高薪，大力贯彻落实党对民族资产阶级的各项政策，促使他们继续加强自我改造。

必须坚持实事求是，有错必纠。对于受林彪、“四人帮”诬陷、迫害，被错定案、错处理的党外人士，必须彻底昭雪，公开平反，认真做好善后工作。对于已摘掉右派帽子的人员，要切实解决好他们的工作、就业和工资待遇等问题，做到量才使用，发挥所长。对于在反右派斗争中确实被划错了的，应实事求是地坚决加以改正。对起义人员应坚决贯彻落实既往不咎的政策。凡违反这个政策作了错误处理的，必须彻底纠正。

要根据爱国一家的精神，积极促进台湾归回祖国的爱国统一战线，争取和团结各方面的力量，为实现祖国的统一而作出努力。这是当前统战工作的一项重大任务。

为了适应新形势的发展，必须使我们的思想和工作来一个大转变。要重新努力学习和完整准确地领会毛泽东同志的统一战线思想，学习党的十一届三中全会的文件，结合实际，广泛深入地进行党的统一战线政策的再教育。要继续深入批判和肃清林彪、“四人帮”的流毒，彻底打碎精神枷锁，使我们的思想真正解放出来。这样才能使我们的工作跟上新长征的步伐，更好地担负起党交付给我们的历史任务。

国家林业总局造林局在成都召开南方11个省、区“四旁”绿化座谈会

新华社报道，最近召开的南方11省、自治区“四旁”绿化座谈会，有来自四川、广东、广西、浙江、福建、江西、湖南、湖北、云南、贵州、西藏等地的代表。他们认为，南方11个省、自治区大都气候温和，空气湿润，适宜树木生长，具有发展林业的广阔前景。林彪、“四人帮”横行期间，由于党的林业政策以及造林护林等制度遭到破坏，这些地区群众造林护林的积极性不高，植树造林数量减少，成活率很低，而且毁林开荒、乱砍滥伐成风。要使林业生产有个大的发展，关键是落实好党的林业政策，用政策把广大群众造林护林的积极性调动起来。据不完全统计，最近两年由于用政策调动了群众造林的积极性，已成片造林6000多万亩，“四旁”植树34亿多株，相当于1966年到1976年10年间这些地区成片造林和“四旁”植树保存数的总和。

在落实林业政策中，南方各省、自治区主要采取了以下做法：

一、贯彻“以社队集体造林为主，积极发展国营造林”的方针，鼓励社员个人植树，维护“国造国有，社造社有，队造队有，社员在房前屋后或在生产队指定地点植树归社员所有”的政策，保障林木所有权。

二、尊重社队的自主权，实行“宜农则农，宜林则林，适地适树”的种植原则。

三、坚持按劳分配原则，保证植树造林中多劳动者多得。许多地区按照植树造林的数量和质量评定工分，在造林护林中采取“三包”(包栽、包管、包活)、“五定”(定人员、管理地段、管理株数、成活率、工分报酬)的生产责任制。

四、国家从资金、物资等方面大力扶持社队发展林业生产。各省、自治区采取对社队发放贷款、种苗补助费、基地造林定额补助费等多种办法，帮助社队解决植树造林中资金不足的困难。对少数困难社队及重点江河地段、水利工程等，凡无树无林的，国家和地方财政以及有关部门还重点扶持。造林护林需要化肥、农药等物资的，尽快解决。许多省、自治区和地、县还建立了林业科研机构，实行科学造林、护林。不少省还新成立了树木种站或种子公司，负责组织树种的余缺调剂及良种的培育、推广、调运等工作。

五、切实执行有关林业生产的奖售、奖惩制度，积极鼓励社员多栽树，多造林，护好林。

卫生部部长江一真就农村合作医疗和赤脚医生等问题答《人民日报》记者问

问：合作医疗、赤脚医生是怎样发展起来的？它是不是在“文化大革命”期间才产生的？

答：合作医疗、赤脚医生，有一个萌芽成长的过程。早在解放初期，在农业合作化，扫除文盲、普及文化的过程中，社员群众实行交纳保健费的办法，自己组织了“农业社保健站”，培训了不脱产的卫生员、接生员。随着农业合作化的发展，保健站也逐步发展。人民公社化后，先后有十几个省、区的部分县、社办起“合作医疗”，有的叫“集体保健医疗”。在培训、提高卫生员的基础上，1965年，钱信忠等同志提出了培养“半农半医”人员的要求和具体培训内容，并经党中央、毛主席同意，随即在若干县的范围内进行培训“半农半医”的试点工作。“文化大革命”期间，在毛主席、周总理的关怀下，合作医疗，半农半医，按照群众的称呼叫赤脚医生，有了很大发展。“四人帮”为了否定17年，利用他们控制的舆论工具，歪曲历史，硬把合作医疗、赤脚医生说成是在“文化大革命”中才产生的。谁要是说明事实真相，他们就说是“为17年唱颂歌”，是“回潮”、“复辟”。这样，影响所及，使一些同志不能了解合作医疗、赤脚医生产生和发展的真实历史，有的人甚至误认为是“四人帮”搞起来的。这一点，必须予以澄清。

问：三中全会决定把全党工作的着重点转移到现代化建设上来，强调要加快发展农业，合作医疗、赤脚医生的工作怎样才能适应这一要求？

答：要把农业尽快搞上去，搞好农业现代化建设，就必须努力办好农村医疗卫生事业，以保护农业劳动力和广大社员的健康。在农村县、社队三级医疗网中，合作医疗站是最基层的卫生组织，赤脚医生是一支重要的力量，它与保护社员群众的健康有着最直接的关系。今后，对农村卫生工作的要求更高，合作医疗、赤脚医生担负的任务也越来越重。但是，由于“四人帮”的破坏，不少大队的经济十分困难，其中有些大队的合作医疗也跟着垮掉了，许多赤脚医生因缺乏培训，水平不能提高，远不能适应工作的需要。华主席在五届人大报告中指出：要“办好县、社两级医院，巩固和发展农村合作医疗事业，提高赤脚医生的医疗水平”；宪法中也明确规定了要逐步发展合作医疗。我们必须尽一切努力，恢复和巩固合作医疗。国家将给经济困难的社队的赤脚医生以少量补助费。要大力培训赤脚医生，提高他们的业务技术水平。要深入开展以除害灭病为中心的爱国卫生运动。总之，合作医疗要越办越好，才能适应加快农业发展的需要。

问：有人认为合作医疗是“一平二调”，这种看法对吗？

答：这种看法是不对的。合作医疗本来是在农业合作化运动中产生的，是在社员群众自愿的基础上，依靠自己的力量同疾病作斗争的过程中逐步发展起来的，它的物质基础是集体公益金的补贴，社员个人出的基金，以及赤脚医生采、种、制中草药的收入。这是群策群力，社员自己为自己谋福利的事业。最近有的地方的同志在研究减轻农民负担的问题时，曾问合作医疗算不算一平二调，群众回答说：“我们自己出钱给自己办事，又不是给你们看病，哪来的一平二调？”可见广大群众是不同意这种看法的。

问：有的地方认为赤脚医生属于非生产人员而把他减掉，这种看法和做法对吗？

答：赤脚医生是半农半医，既防病治病，又参加采、种、制中草药和其他一些农业劳动，不能算是非生产人员。目前，全国大多数地区对这个问题在认识上和做法上已经明确了，一度减少了赤脚医生的地方，很快又恢复了起来，而且进一步加强了领导。但是也还有少数地方仍然存在这个问题，赤脚医生仍在减少，合作医疗还在下降，希望这些地方尽快改变这种状况。

问：今后对赤脚医生工作应着重抓什么？

答：据统计，全国有赤脚医生180万名左右，这是一支重要的基层卫生队伍，应该抓紧提高他们的政治思想和业务技术水平。目前许多省、自治区、直辖市采取以县为基地办卫校，或县医院办学，组织短训班等形式，对赤脚医生进行培训，收效很好。希望每个县都办起一所专门培训赤脚医生的卫校或在县医院办这样一个学校或训练班，并逐步开展函授教育，编写适合当地情况的统一教材，制订教学计划和教学大纲，经过几年的努力，把大部分的赤脚医生提高到具有相当中级卫校毕业生的水平。最近，有的县在组织赤脚医生学习的基础上，进行了考核，合格的发给证书，不合格的学习后再考试，这种做法受到群众的欢迎，应当总结经验予以推广。总之，实践证明，凡是赤脚医生队伍比较稳定而又认真抓了业务技术培训的地方，赤脚医生为群众解除疾苦的能力提高了，群众基础就好，工作中遇到困难也就好解决，合作医疗也就容易巩固、发展。

苏振华逝世

中国共产党中央委员会委员、中共中央政治局委员、中共中央军委常委、中共海军委员会第一书记、中国人民解放军海军第一政治委员苏振华同志，因患心脏病医治无效，于下午6时42分在北京不幸逝世，享年67岁。

崔嵬逝世

无产阶级艺术家、著名的电影和戏剧导演、演员崔嵬同志，因病于2月7日逝世，享年66岁。

崔嵬同志18岁投身于中华民族、中国人民的解放事业。1932年参加了党领导的左翼戏剧运动。1937

年秋,积极地参与组织救亡演出队第一队,随即开赴抗日前线。他亲自编、导、演的《察东之夜》《放下你的鞭子》等新旧剧目,很快便传遍了大半个中国。1938年年初,崔嵬同志奔赴延安,并于同年加入中国共产党。1939年以后,崔嵬同志深入敌后,曾任冀中“火线剧社”社长。

1954年以后崔嵬同志专门从事电影工作,并于1959年调到北京电影制片厂任艺术委员会主任、导演。在这期间,崔嵬同志在《宋景诗》《红旗谱》《老兵新传》等影片中演出,塑造了宋景诗、朱老忠、老兵等人的艺术形象,是我电影艺术宝库中的珍品。崔嵬同志导演的故事片《青春之歌》《小兵张嘎》《天山的红花》等深为国内外观众所喜爱。崔嵬同志导演的《杨门女将》《野猪林》《穆桂英大战洪州》等戏曲艺术片自成流派,对戏曲艺术片的拍摄产生了深刻的影响。

他曾被选为第三届全国人大代表,第五届全国政协委员,中国文学艺术界联合会全国委员会委员,中国电影工作者协会常务理事。

2月8日

国务院副总理邓小平访美结束回到北京

邓小平副总理结束了对美国的8天正式访问,下午乘专机回到北京。

邓副总理和他的夫人卓琳走下飞机,华国锋、叶剑英、李先念、汪东兴等党和国家领导同志和他热烈握手,对他这次对美国具有历史意义的访问取得的圆满成功表示祝贺。

邓副总理和夫人卓琳在访美以后到日本进行了两天的访问。

前往机场迎接的还有:党和国家领导人王震、韦国清、乌兰夫、邓颖超、纪登奎、吴德、余秋里、张廷发、陈锡联、胡耀邦、耿飚、聂荣臻、倪志福、陈慕华、赛福鼎、谭震林、李井泉、廖承志、姬鹏飞、阿沛·阿旺晋美、周建人、许德珩、胡厥文、谷牧、王任重、康世恩;政协全国委员会副主席宋任穷、沈雁冰、史良、朱蕴山、康克清、季方、杨静仁、张冲、庄希泉、胡子昂、荣毅仁、童第周,以及各有关部门的负责人。

美国驻中国联络处副主任芮效俭和夫人,在北京访问的美国朋友,日本驻中国大使佐藤正二和夫人等也到机场迎接。

中国高级领导人到机场隆重迎接邓副总理访美归来,表明了中国对发展中美关系的重视和对邓副总理访美取得的重要成果表示满意。以邓副总理访美为开端,中美友好交往和各方面的关系预期将有新的发展。

方毅副总理和夫人殷森、黄华外长和夫人何理良以及章文晋副外长等也同机回国。

中国 葡萄牙发表建交联合公报

中华人民共和国政府和葡萄牙共和国政府决定自1979年2月8日起建立大使级外交关系,在3个月内互派大使。

两国政府将根据互相尊重主权和领土完整、互不干涉内政和平等互利的原则维持其外交关系。

葡萄牙共和国政府承认中华人民共和国政府为中国的唯一合法政府,台湾是中华人民共和国不可分割的一部分。葡萄牙共和国政府声明,早已自1975年1月起同台湾断绝外交关系。

中葡两国政府商定,在平等互利的基础上,根据国际惯例,在各自首都为对方的建馆及其执行任务提供一切必要的协助。

中华人民共和国 驻法兰西共和国 特命全权大使 韩克华	葡萄牙共和国 驻法兰西共和国 特命全权大使 安东尼奥·科英布拉·马尔丁斯

1979年2月8日于巴黎

国务院副总理王震在北京会见以日本长崎县县知事久保勘一为团长的日本长崎县友好访华团

国务院副总理谷牧在北京会见以泰王国交通部副部长沙农·尼沙拉为团长的泰王国政府海运代表团

全国人大常委会副委员长乌兰夫在北京接受希腊新任驻中国特命全权大使塞米斯托克莱斯·赫里桑索普洛斯递交的国书

全国人大常委会副委员长廖承志在北京会见由日本航空公司副总经理高木养根先生率领的日本航空公司代表团

全国故事片厂长会议在北京召开

会议于2月8日至24日举行,期间,中共中央宣传部多次听取情况汇报,胡耀邦同志并作了重要讲话。胡耀邦同志强调指出,电影事业的状况,长期以来同我们伟大的社会主义祖国很不相称,同党和人民群众的要求很不相称。要大幅度地、大踏步地、放手地发展我国电影事业。

会议代表们认为,粉碎“四人帮”两年多来,电影工作总的来说形势是好的,成绩是主要的。但是,电影工作和其他战线比仍是落后的,电影的创作和生产离党和人民群众的要求差距还很大,同向四个现代化进军的形势很不适应。影片题材狭窄,风格、体裁不多样,老是讲人家听烦了的故事,老是说人家听厌的话,人民喜闻乐见的东西还很少。现在群众对电影议论纷纷,是件大好事,说明全国人民关心电影事业,正在帮助我们总结经验,激励我们解放思想,千方百计地把电影搞上去。

会议确定,今后电影剧本的选定、影片的政治内容和艺术质量,主要由电影制片厂独立负责,充分发挥制片厂的主动性、积极性和创造性。代表们希望有关主管部门加强电影评论工作,经常地、广泛地倾听人民群众和专家们的意见,开展电影评奖活动,积极引导电影创作和生产沿着健康的方向发展。

中共内蒙古自治区委 自治区革命委员会作出《关于农村牧区若干政策问题的决定》

《关于农村牧区若干政策问题的决定》(以下简称《决定》)共10条:1.人民公社、生产大队和生产队的所有权和自主权必须受到国家法律的保护;2.减轻农民负担,严禁"一平二调";3.认真执行按劳分配、多劳多得的社会主义分配原则,克服平均主义,全面建立生产责任制,实行联产计酬;4.正确执行粮食政策;5.在巩固和发展集体经济的同时,鼓励社员发展家庭副业;6.开放农村牧区集市贸易;7.严禁开荒,保护牧场;8.积极发展社队企业;9.大力办好国营农牧场;10.充分调动广大农村基层干部的积极性。

2月10日,《内蒙古日报》将《决定》全文发表,公告全区,并配发了《狠批极左路线,坚决贯彻十项政策》的社论。

截至1980年年底,全区3673个牧业生产队实行了各种形式的生产责任制,占牧区生产队总数的96.7%。

2月9日

《人民日报》发表社论《举国上下同心同德搞四化》

党的十一届三中全会决定,把全党工作的着重点转移到社会主义现代化建设上来。这个重大战略决策,揭开了中国历史的新篇章。这确实是一个伟大的转变,是我们党、我们国家20多年来想实现而没有能够实现的历史性的转变。处在这个伟大历史转折关头的3000多万名共产党员、8亿名各族人民,欢欣鼓舞,精神振奋。我们一定要做好工作,善于引导,使全党、全国人民的心思和精力都集中到社会主义现代化建设上,真正做到同心同德,群策群力。这是顺利实现工作重点的转移、加快四个现代化进程的重要保证。

俗话说:"人心齐,泰山移。"过去我们推翻压在中国人民头上的帝国主义、封建主义和官僚资本主义三座大山,依靠在中国共产党领导下的几亿人民的同心协力。现在搞四个现代化,是要推翻仍然压在中国人民头上的另外两座大山,即经济落后和技术落后这两个大山,同样需要依靠全党、全国人民的同心协力。实现四个现代化,不只是生产力的大发展,而且是生产关系和上层建筑的广泛、深刻的改造,是一场名副其实的大革命,其艰巨性不亚于过去推翻三座大山,没有全党、全国人民心往一块想,劲往一处使,是不可能达到目标的。一切革命的人们、爱国的人们,一切立志改造中国的落后面貌的志士仁人,都要像抗日战争时期和解放战争时期一心想着如何打败凶恶的敌人那样,一心想着如何实现四个现代化,以实现四化为己任,把自己的全部聪明才智献给四个现代化的壮丽事业。

今天,全党工作重点所以能够转移到社会主义现代化建设上来,是因为我们粉碎了"四人帮",并在全国范围内进行了两年多的揭批林彪、"四人帮"的群众运动,取得了伟大的胜利。在中国的大地上,我们已经扭转了乾坤,这是我们能搞四个现代化最基本的条件。但是,也要看到,现在还只是乾坤始转、乾坤初转,还没有完全转过来。林彪、"四人帮"10多年来疯狂破坏和捣乱造成的损失、麻烦、问题有一大堆,并不是一两年就可以完全解决的;他们造成的外伤特别是内伤十分严重,并不是短时间的医治就可以完全康复的。我们既要看到抓纲治国取得的成绩,充满信心,又要对林彪、"四人帮"造成的困难有足够的估计。今后两三年内各条战线都要紧张作战,才能使政治局势、经济局势、意识形态局势(包括思想作风)进一步好转,为四个现代化打下更坚实的基础。我们对这一点要有一个清醒的认识、统一的认识,以便步调一致,作出艰巨的努力。

举国上下同心同德搞四化,就要正确处理向后看和向前看的关系。现在我们党正在用相当大的力量处理历史上遗留下来的一些问题,落实各项政策,纠正冤案、错案、假案。为什么要这样做?我们不是要集中精力搞四化吗?为什么要分一部分精力处理"文化大革命"期间以至以前遗留的问题呢?要知道,冤、错案件不纠正,一大批人含冤受屈,背着黑锅,更多的人由于受牵连也背上包袱,党内外广大群众对于那种是非不明、功过不明、赏罚不明的现象也心不平、气不顺,在这种情况下,怎么能够把大家团结起来,全心全意搞四化呢?处理历史遗留问题,就是调动人的积极性的问题,加强革命队伍团结的问题,实际上是解决现实问题。我们向后看,正是为了向前看。我们分一部分精力处理历史遗留问题,正是为了更好、更快地集中精力搞四个现代化。各级党委一定要从调动党内外、国内外一切积极因素为四个现代化服务这个基本点出发，抓紧落实干部政策、知识分子政策、少数民族政策、侨务政策、民族资产阶级政策，以及各项经济政策，认真负责、实事求是地纠正一切冤、错案件，包括错划为右派和四类分子的人的改正。不少地区纠正冤、错案件的工作量还很大，需要解放思想，加快速度，凡是能够尽快解决的问题，就要抓紧解决。要着重从政治上解决大是大非问题，而不要纠缠细微末节。落实政策、处理积案的工作不抓紧做好，工作重点的转移势必受影响。现在，绝大多数负责落实政策的干部正在辛勤努力地工作，我们要体谅他们的实际困难，各项政策都要落实，那么多的人要落实政策，总得有先有后，不可能一下解决，有些还得作一些调查研究，有些不能不推迟一些时日才能解决。一切受伤害的同志，也要坚持向前看。党的高、中级干部，尤其应当心胸开阔，放眼未来，以大局为重，以安定团结为重，只要是非功过分清了，诬蔑不实之词推倒了，就不计较个人恩怨，不对过去的委屈耿耿于怀。革命总是人多一点好，仇恨要集中在林彪、“四人帮”身上，为了进行新的长征，我们必须团结一切革命同志，包括那些犯了错误但愿意改正的同志。革命的道路正长，为了实现四个现代化，我们有多少工作要做，哪能为已经过去的事情再分散精力？想起那些被迫害致死的战友，我们就更感到责任的重大，唯有加倍努力，去实现包括他们在内的无数先烈的遗愿。

为了把广大群众的心思集中到社会主义现代化建设上来，我们要关心群众生产，切切实实解决有关群众切身利益的种种问题，从劳动就业、工资福利到柴米油盐，使大家各得其所，干劲充沛，工作起来减少后顾之忧。不关心群众疾苦，对群众切身利益漠不关心，对群众提出的合理要求充耳不闻，能解决的问题不去解决，对暂时不能解决的，又不去积极创造条件力争尽早解决，这种官僚主义态度，必须坚决纠正。但是，也不能不看到，由于林彪、“四人帮”的长期破坏，我们国家是百废待兴，百乱待理，就拿群众生活来说，也是问题成堆。要把多年积累下来的问题在一个早晨统统解决好，是不可能的。许多问题的解决，要有一定的物质条件，要有一个过程，要有一段时间。目前我国经济还很落后，生活改善的步子一时不可能很大。一个明明白白的道理是：只有发展生产，才能改善生活；只有迅速发展生产，才能显著改善生活。我们必须把有关的情况向人民说清楚，使大家懂得：不能离开生产讲生活，不能离开国家利益和集体利益讲个人利益。小局要服从大局。实现四个现代化，是全国人民的根本利益、最大利益，是大局。我们想问题、办事情都要考虑这个大局。今后还要不要提倡艰苦奋斗呢？还要提倡。艰苦奋斗，不但在经济上有重大意义，在政治上也有重大意义。这种精神是革命的传家宝，万万不可丢掉。搞四个现代化，不艰苦奋斗几十年是不成的。任何时候，总有比较艰苦的地区，比较艰苦的岗位，需要人们争挑重担。我们讲艰苦奋斗，是对全国人民说的，领导同志应该以身作则，带好这个头，要同干部中一切违反艰苦奋斗传统的言行作斗争。

举国上下同心同德搞四化，离不开民主生活的健全。健全民主生活，包括两个方面。一方面，要充分发扬民主，造成一种人人关心国家大事，个个为现代化建设献计献策的空气。在三中全会精神的鼓舞下，广大群众解放思想，开动机器，对党和国家大事议论纷纷，围绕着现代化，就如何改革不相适应的上层建筑，特别是如何健全民主和法制的问题，发表种种意见。提出种种建议。这是很可喜的现象，表明广大群众意识到“国家兴亡，匹夫有责”，把四个现代化当作切身的事业，真正行使当家做主的权利。健全民主生活的另一个方面，是要正确地行使民主权利。我们讲民主，不能离开集中，不能妨碍和破坏正常的工作秩序、生产秩序、社会秩序。民主和集中是对立的统一，这两个侧面任何时候都不能偏废。鉴于过去一个时期民主太少，当前这个时期特别需要强调民主，但决不是要否定集中。否定集中领导的民主，不受纪律约束的民主，并不是真正的人民民主，只能是无政府主义。林彪、“四人帮”横行时，我们吃无政府主义的苦头还没有吃够吗？现在是坚决肃清无政府主义的时候了。我们既要切实保障人民的民主权利，又要善于引导人们正确地运用民主权利，这样，民主生活才能得到健康的发展，有利于调动广大群众的积极性，有利于加强党、政府同人民的联系，有利于安定团结，有利于现代化建设。

实现四个现代化，关系到中国的命运和前途，关系到每个人的切身利益，关系到子孙后代的幸福，是我们在几十年内必须全力为之奋斗的总任务、总目标。现在，举国上下，党内党外，男女老少，都关心着、考虑着如何加快四个现代化的步伐。多年来，我们党、我国各族人民从来没有像今天这样思想一致、目标明确，从来没有像今天这样思想解放、信心充沛。我们的党是伟大的党，我们的军队是伟大的军队，我国各族人民是伟大的人民，我们的老一代是具有光荣革命传统的老一代，我们的青年是有志气有作为的青年，我们一定要紧密团结，努力奋斗。曾经对人类文明做过杰出贡献的伟大中国人民，必将经过不屈不挠的努力，稳步地达到自己的目的。到本世纪末，中国必将以社会主义现代化强国的崭新面貌出现在世界的东方。让我们把全身心投到现代化建设中去，为创造我们国家的灿烂前程而发出全部光和热！

国务院总理华国锋致电葡萄牙政府总理莫塔·平托祝贺中葡两国建交

里斯本

葡萄牙共和国政府总理

莫塔·平托阁下

总理先生：

值此中华人民共和国与葡萄牙共和国建交之际，我谨代表中国政府和中国人民向葡萄牙政府和葡萄牙人民表示热烈的祝贺。

中葡建交在我们两国关系史上揭开了新的一页，我相信它必将为中葡两国人民的友谊和两国良好关系的进一步发展开辟广阔的前景。

中华人民共和国国务院总理　华国锋

1979 年 2 月 9 日于北京

全国人大常务委员会委员长叶剑英电贺本·杰迪德·沙德利当选为阿尔及利亚总统

阿尔及尔

阿尔及利亚民主人民共和国总统本·杰迪德·沙德利阁下：

在阁下当选为阿尔及利亚民主人民共和国总统的时候，我代表中国政府和人民，并以我个人的名义，谨向阁下表示热烈的祝贺。祝阿尔及利亚民主人民共和国政府和人民在反对帝国主义和新老殖民主义，维护民族独立和国家主权，以及在建设自己国家的正义事业中，不断取得新的成就。祝中、阿两国人民的战斗友谊和两国之间的友好合作关系进一步巩固和发展。

中华人民共和国全国人民代表大会常务委员会

委员长　叶剑英

1979 年 2 月 9 日于北京

2 月 10 日

国务院总理华国锋致电巴基斯坦齐亚·哈克总统吁请给予布托先生以宽大处理

拉瓦尔品第巴基斯坦伊斯兰共和国总统齐亚·哈克将军阁下：

获悉贵国最高法院驳回布托先生的上诉，维持死刑原判。当然，这完全是贵国的内部事务。但中国是巴基斯坦的友好邻邦和朋友，我恳切地向阁下表示对此事的关切，吁请行使总统阁下的最高权力和影响，给予布托先生以宽大处理。

中华人民共和国国务院总理　华国锋

1979 年 2 月 10 日于北京

国务院颁布《水产资源繁殖保护条例》

第一章　总　则

第一条　根据《中华人民共和国宪法》第六条："矿藏，水流，国有的森林、荒地和其他海陆资源，都属于全民所有"和第十一条："国家保护环境和自然资源，防治污染和其他公害"的精神，为了繁殖保护水产资源，发展水产事业，以适应社会主义现代化建设的需要，特制定本条例。

第二条　凡是有经济价值的水生动物和植物的亲体、幼体、卵子、孢子等，以及赖以繁殖成长的水域环境，都按本条例的规定加以保护。

第三条　国家水产总局、各海区渔业指挥部和地方各级革命委员会，应当加强对水产资源繁殖保护工作的组织领导，充分发动和依靠群众，认真贯彻执行本条例。

第二章　保护对象和采捕原则

第四条　对下列重要或名贵的水生动物和植物应当重点加以保护。

(一)鱼类

海水鱼：带鱼、大黄鱼、小黄鱼、兰圆鲹、沙丁鱼、太平洋鲱鱼、鳓鱼、真鲷、黑鲷、二长棘鲷、红笛鲷、梭鱼、鲆、鲽、鳎、石斑鱼、鳕鱼、狗母鱼、金线鱼、鲳鱼、鮸鱼、白姑鱼、黄姑鱼、鲐鱼、马鲛、海鳗。

淡水鱼：鲤鱼、青鱼、草鱼、鲢鱼、鳙鱼、鲌鱼、红鳍鲌鱼、鲮鱼、鲫鱼、鲥鱼、鳜鱼、鲂鱼、鳊鱼、鲑鱼、长江鲟、中华鲟、白鲟、青海湖裸鲤、鲚鱼、银鱼、河鳗、黄鳝、鲴鱼。

(二)虾蟹类

对虾、毛虾、青虾、鹰爪虾、中华绒螯蟹、梭子蟹、青蟹。

(三)贝类

鲍鱼、蛏、蚶、牡蛎、西施舌、扇贝、江瑶、文蛤、杂色蛤、翡翠贻贝、紫贻贝、厚壳贻贝、珍珠贝、河蚌。

(四)河藻类

紫菜、裙带菜、石花菜、江篱、海带、麒麟菜。

(五)淡水食用水生植物类

莲藕、菱角、芡实。

(六)其他

白鳍豚、鲸、大鲵、海龟、玳瑁、海参、乌贼、鱿鱼、乌龟、鳖。

各省、自治区、直辖市革命委员会可以根据本地的水产资源情况，对重点保护对象，作必要的增减。

第五条　水生动物的可捕标准，应当以达到性成熟为原则。对各种捕捞对象应当规定具体的可捕标准(长度或重量)和渔获物中小于可捕标准部分的最大比重。捕捞时应当保留足够数量的亲体，使资源能够稳定增长。

各种经济藻类和淡水食用水生植物，应当待其长成后方得采收，并注意留种、留株，合理轮采。

第六条 各地应当因地制宜采取各种措施，如改良水域条件、人工投放苗种、投放鱼巢、灌江纳苗、营救幼鱼、移植驯化、消除敌害、引种栽植等，增殖水产资源。

第三章 禁渔区和禁渔期

第七条 对某些重要鱼虾贝类产卵场、越冬场和幼体索饵场，应当合理规定禁渔区、禁渔期，分别不同情况，禁止全部作业，或限制作业的种类和某些作业的渔具数量。

第八条 凡是鱼、蟹等产卵洄游通道的江河，不得遮断河面拦捕，应当留出一定宽度的通道，以保证足够数量的亲体上溯或降河产卵繁殖。更不准在闸口拦捕鱼、蟹幼体和产卵洄游的亲体，必要时应当规定禁渔期。因养殖生产需要而捕捞鱼苗、蟹苗者，应当经省、自治区、直辖市水产部门批准，在指定水域和时间内作业。

第四章 渔具和渔法

第九条 各种主要渔具，应当按不同捕捞对象，分别规定最小网眼（箔眼）尺寸。其中机轮拖网、围网和机帆船拖网的最小网眼尺寸，由国家水产总局规定。

禁止制造或出售不合规定的渔具。

第十条 现有危害资源的渔具、渔法，应当根据其危害资源的程度，区别对待。对危害资源较轻的，应当有计划、有步骤地予以改进。对严重危害资源的，应当加以禁止或限期淘汰，在没有完全淘汰之前，应当适当地限制其作业场所和时间。

捕捞小型成熟鱼、虾的小眼网具，只准在指定的水域和时间内作业。

第十一条 严禁炸鱼、毒鱼、滥用电力捕鱼以及进行敲舟古作业等严重损害水产资源的行为。

第五章 水域环境的维护

第十二条 禁止向渔业水域排弃有害水产资源的污水、油类、油性混合物等污染物质和废弃物。各工矿企业必须严格执行国家颁发的《工业"三废"排放试行标准》《放射防护规定》和其他有关规定。

因卫生防疫或驱除病虫害等，需要向渔业水域投注药物时，应当兼顾到水产资源的繁殖保护。农村浸麻应集中在指定的水域中进行。

第十三条 修建水利工程，要注意保护渔业水域环境。在鱼、蟹等洄游通道筑坝，要相应地建造过鱼设施。已建成的水利工程，凡阻碍鱼、蟹等洄游和产卵的，由水产部门和水利管理部门协商，在许可的水位、水量、水质的条件下，适时开闸纳苗或捕苗移殖。

围垦海涂、湖滩，要在不损害水产资源的条件下，统筹安排，有计划地进行。

第六章 奖惩

第十四条 对贯彻执行本条例有成绩的单位或个人，国家水产总局、各海区渔业指挥部和地方各级革命委员会应当酌情给予表扬或适当的物质奖励。

第十五条 对违反本条例的，应当视情节轻重给予批评教育，或赔偿损失、没收渔获、没收渔具、罚款等处分。凡干部带头怂恿违反本条例的，要追究责任，必要时给予行政或纪律处分。对严重损害资源造成重大破坏的，或抗拒管理，行凶打人的，要追究刑事责任。对坏人的破坏活动要坚决打击，依法惩处。

第七章 组织领导和职责

第十六条 全国水产资源繁殖保护工作由国家水产总局管理，有关部门配合。地方各级革命委员会应当指定水产行政部门和其他有关部门具体负责本条例的贯彻执行，并可以根据需要设置渔政管理机构。各海区渔业指挥部和省、自治区、直辖市应当配备渔政船只。

有些海湾、湖泊、江河、水库等水域，也可以根据需要，经省、自治区、直辖市革命委员会批准，设立水产资源繁殖保护管理机构或群众性的管理委员会。

第十七条 各级水产行政部门及其渔政管理机构，应当切实加强对水产资源繁殖保护工作的管理，建立渔业许可证制度，核定渔船、渔具发展数量和作业类型，进行渔船登记，加强监督检查，保障对水产资源的合理利用。

水产科研部门应当将资源调查、资源保护和改进渔具、渔法的研究工作列为一项重要任务，及时提出水产资源繁殖保护的建议，并为制定实施细则提供科学依据。

第十八条 凡是跨越本省、自治区、直辖市水域进行渔业生产的，必须遵守当地水产资源繁殖保护的有关具体规定。

因科学研究工作需要，从事与本条例和当地有关水产资源繁殖保护的规定有抵触的活动，必须事先报经省、自治区、直辖市水产行政部门批准。

第八章 附 则

第十九条 地方各级革命委员会应当根据本条例的规定，结合本地区的具体情况，制定实施细则，报上一级领导机关备案。

第二十条 本条例自颁布之日起施行。

《人民日报》发表社论《高举民族 民主 爱国统一战线的伟大旗帜》

柬埔寨人民抗越卫国战争的烽火正在全国各地熊

熊燃烧。柬埔寨革命军和广大人民正在自己神圣的国土上英勇抗击入侵之敌。一场抗击越寇的持久的人民战争已经开始。

一个多月前，越南反动当局依仗苏联社会帝国主义的支持，悍然向民主柬埔寨发动了闪电式的武装进攻。它出动十几万正规军和大量飞机、坦克，占领了柬埔寨首都金边以及许多城镇和交通要道。柬埔寨人民蒙受巨大的灾难，遭到暂时的挫折。但是，侵略者只能逞凶于一时，得势于一城一地，广大的农村、山区和丛林地带仍然在柬埔寨爱国军民手里。柬埔寨革命军保存了自己的有生力量，依托有利的广阔天地，开展了机动灵活的游击战争。越南侵略者困守一些点线，被动挨打，陷入了泥潭。柬埔寨人民抗击越南侵略的斗争进入了一个新的阶段。

在这历史的紧急关头，在大敌当前、民族存亡的严重时刻，民主柬埔寨政府于今年1月11日发表声明，庄严宣布全体柬埔寨人民将结成最广泛的民族的、民主的、爱国的统一战线，同越南侵略者战斗到底。这一声明表达了柬埔寨人民抗战到底的坚强决心和团结对敌的共同意志。民族、民主、爱国的统一路线的伟大旗帜，已在光荣的吴哥窟上空高高飘扬，成为整个柬埔寨民族同仇敌忾、消灭入侵之敌的有力保证。

由于越南的武装入侵，柬埔寨的国内形势发生了急剧的变化，越南地区霸权主义妄图以武力征服、吞并整个柬埔寨，把柬埔寨变成它的殖民地附庸国。柬埔寨大片国土已沦于越南侵略者的铁蹄之下，柬埔寨民族的生存正受到严重的威胁。在这种形势下，柬埔寨和越南侵略者之间的民族矛盾迅速上升为主要矛盾，而柬埔寨国内阶级间的矛盾和政治派别间的矛盾则降到从属的地位，变成次要和服从的东西。因此，根据新的形势，及时总结经验，调整政策，建立最广泛的民族、民主、爱国统一战线，就成为柬埔寨人民面临的迫切的任务。柬埔寨爱国的各个阶级、各个阶层和各种政治力量完全可以在抗击越寇、维护民族独立、主权和领土完整这个神圣的民族使命的大前提下团结起来。这样的民族大团结，对于柬埔寨人民取得抗击越南侵略者的最后胜利，无疑地具有极其重大的意义。

柬埔寨革命和各国革命经验证明，在全民族的抗击外来侵略的斗争中，在正确领导下的统一战线是取得胜利的一个法宝。在这条统一战线中，必须依靠广大工农群众，同时也必须团结一切可以团结的力量，组成浩浩荡荡的抗敌救亡的队伍。工农占人口的大多数，是主力军，这是没有疑问的。在战争的情况下，同样要十分关心他们的生活、注意工作方法，把他们爱国的积极性充分调动起来、组织起来。同时还必团结一切爱国的政治力量，共同肩负起抗越卫国的伟大使命。

在统一战线中，爱国知识分子是一支不可忽视的力量。柬埔寨广大的知识分子是热爱祖国的，他们在今后的斗争中将发挥其重要的作用。在中国人民进行民族解放战争时期，我们也有同样的经验。当时，我们党采取了大量吸收知识分子的方针，壮大了革命力量，发展了革命的统一战线。他们奔赴抗敌前线和各个根据地，参加政治、军事、经济、文化各个方面的工作，宣传和组织民众，为民族解决事业建立了功勋。目前，柬埔寨的爱国知识分子正在投身于新的民族斗争，他们必将对柬埔寨的抗越卫国战争作出积极的贡献。

民族、民主、爱国统一战线是非常广泛的，参加到这一统一战线的人越多越好。统一战线越广泛，力量就越浓厚。不仅要有工农，要有知识分子，而且要团结一切爱国的民族资产阶级和开明人士，团结各种愿意抗击越南侵略的力量。民主柬埔寨政府号召国内外全体柬埔寨人民团结起来进行抗击越南侵略的斗争，正是表达了一切爱国力量的共同心愿。只要正确地按照民族、民主、爱国统一战线的方针办事，并采取各项相应的政策，柬埔寨人民的抗越卫国斗争就一定能够打开一个崭新的局面，不断地取得胜利。

战争的伟力之最深厚的根源，存在于民众之中，把老百姓发动起来，就能陷敌于汪洋大海，就能使革命军队克服武器弹药方面的缺陷和其他一切困难，得到强大的支援。因此，柬埔寨革命军队同广大民众的团结，是坚持斗争、争取胜利的最可靠的基础。柬埔寨过去革命的经验已经证明，今后还将继续证明这一伟大的真理。

柬埔寨人民对于自己的正义斗争是充满信心的。越南侵略者虽然侵占了柬埔寨的许多城镇，但这只能预示着侵略者失败的开始。目前越南侵略军战线很长、兵力分散，后方空虚、供应匮乏，已陷入极大的困境。经过柬埔寨人民的长期抗战，越南侵略者必将从战略上的主动转为被动，从强向弱转化，而柬埔寨人民将会由被动转为主动，由弱转强。柬埔寨人民只要坚持长期的不屈不挠的人民战争，就一定能够打败越南侵略者，取得抗越卫国战争的胜利。

柬埔寨的抗越卫国事业是正义的，它不仅在国内得到广大人民的拥护和支持，而且在国际上也已得到一切爱好和平、主持正义的国家和人民的广泛同情与支持。谴责越南的侵略、要求越南侵略军撤出柬埔寨的呼声遍及全世界。中国人民坚决站在被侵略的柬埔寨人民一边，坚决反对霸权主义对弱小民族的侵略和奴役，并将给予艰苦奋战的柬埔寨人民以多方面的援助。我们坚信，越南侵略军被赶出柬埔寨神圣国土的日子一定会到来，一个独立的、主权的、领土完整的柬埔寨必将屹立在湄公河畔，柬埔寨人民必将荡涤尽越南侵略者所强加的一切耻辱,使古老的吴哥文化重放光芒。

《人民日报》发表评论员文章《基本建设必须按程序办事》

严格按照基本建设程序办事,这是多快好省地建设社会主义的一个大问题。在这方面,我们有成功的经验,也有反面的教训。实践证明:坚持基本建设按程序办事,建设的速度就快,成绩就大;否则,就会延缓建设的速度,就受损失。按不按基本建设程序办事,实际上是个是否尊重基本建设工作客观规律的问题。客观规律是不以人的意志为转移的,违反了它,就会受到惩罚。所以,按基本建设程序办事,是加快现代化建设的迫切需要,也是基本建设战线肃清林彪、"四人帮"流毒,拨乱反正的重要标志。

林彪、"四人帮"大搞唯心主义、形而上学,破坏国家的统一计划,随心所欲,乱铺摊子,乱上项目,想怎么干就怎么干。没有计划任务书,就搞设计;没有扩大初步设计,就把工程列入年度计划;没有搞清楚资源和水文地质情况,工程就仓促定点,开工兴建。这样,拉长了工程的建设周期,加大了工程造价,造成严重后果。第四个五年计划期间施工的项目,建设周期一般比过去长1倍左右;工程造价同第一个五年计划期间相比,建成1吨钢综合生产能力的投资提高80%,建成1吨煤开采能力的投资提高1倍多。工程造价的提高固然有建设条件变化等因素,但不按基本建设程序办事,是造成惊人浪费的重要原因。更严重的是,破坏了国家计划,使基本建设战线过长,力量分散,打乱仗,打消耗仗。粉碎"四人帮"以后,这种情况开始有所好转,但问题远没有得到真正解决。1978年列入国家计划的大、中型新建和扩建项目,其中有20项没有设计任务书,75项没有批准的扩大初步设计。列入1979年国家成套项目的工程,仍有20项没有批准的扩大初步设计。过去基本建设中遗留的问题就更多了。这个问题再不引起高度注意,后果将是十分严重的。

按基本建设程序办事,就是打有准备的仗,打有把握的仗。把握在哪里?关键在准备。勘察为设计做准备,设计为施工做准备,施工为投产做准备,一环接一环,紧张而有秩序,一项工程从头到尾,一气呵成。准备的重点是设计。设计是工程列入年度计划和列入成套项目的条件,是施工和工程建成后验收的依据。没有正确的设计,或者设计不精心,往往出现问题,造成损失。所以,在基本建设中,必须狠抓设计这个环节。

"工程重要","工期紧迫","领导重视",等等,常常是基建工程不按程序办事的借口。不按基本建设程序办事,就要打乱仗,打败仗;工程越重要,工期越紧迫,造成的损失可能越大。一个领导者对某项工程如果是真的重视,就应该严格按基本建设程序办事,科学地组织力量,把工程搞好。按基本建设程序要求,条件不具备或不完全具备,应当积极创造条件。如果单凭主观愿望,不顾客观情况,违反基本建设程序,仓促上马,名为"重视",实为瞎指挥。这种封建衙门式的长官意志,必须坚决反对。林彪、"四人帮"在这方面让我们吃的苦头太多了,决不允许再那样干。对于由国外引进设备的一些工程,我们应该在认真总结经验的基础上,把这些工程项目搞好,决不能掉以轻心。我们一定要按照基本建设程序办事,认真做好国民经济发展的规划工作,使基建项目有计划、有步骤地上马,上马一批,建成一批,力争使投资在最短的时间内发挥效益。在这方面,我们的工作还不适应当前国民经济迅速发展的需要,要努力快步赶上去。

基本建设涉及面广,环节很多,计划、设计、施工、设备等部门要层层把关,上下左右齐动作。要坚决反对那种不负责任、互相推诿、踢皮球、疲沓拖拉的坏习气,坚决反对在执行基本建设程序中表现出来的官僚主义作风。要严格岗位责任制,层层都要有人管。没有计划任务书,就不进行设计;没有设计,就不能列入年度计划,不能施工,不能供应设备。只有严格按基本建设程序办事,那些不切实际的乱说乱干的事情才能受到限制,那些片面求快的企图和行动才能受到约束,才能把基本建设工作做好。

去年国家计委、国家建委和财政部联合订出的《关于基本建设程序的若干规定》,是过去经验教训的总结,应该以这个规定为依据,认真检查一下基本建设战线按基本建设程序办事的情况。所有新上项目,要严格按基本建设程序办事,打歼灭战,打速决战,不战则已,战则必胜。对过去遗留下来的项目要认真整顿,把那些不重要或者不很重要,又违反基本建设程序的项目,坚决停下来,或暂缓建设;对那些确属急需,又符合基本建设程序的项目,就要开足马力,加快建设,争取上一个成一个,早建成,早见效。

外交部照会越南驻华大使馆强烈抗议越南当局又打死打伤中国边防人员和边民

2月11日

国务院总理华国锋在北京会见以国防秘书吉拉姆·吉拉尼·汗中将为团长的巴基斯坦军事友好代表团

华总理在谈话时表示对中巴两国友好关系顺利发展表示满意并请吉拉尼·汗中将向齐亚·哈克总统、巴基斯坦政府和人民转达中国政府和人民以及他本人的问候。他恳请哈克总统给予布托先生以宽大处理。他说,我们希望巴基斯坦内部团结,克服困难,繁荣强大起来。

吉拉尼·汗中将也转达了哈克总统对华国锋总理、中国军队和人民的良好祝愿。

巴基斯坦驻中国大使尤纳斯参加了会见。

会见时在座的有中国人民解放军副总参谋长张才千等。

国务院副总理李先念在北京会见以国防秘书吉拉姆·吉拉尼·汗中将为团长的巴基斯坦军事友好代表团

会见时,李副总理说:"越南在苏联霸权主义支持下对柬埔寨发动粗暴的侵略,同时在中越边境加紧军事挑衅活动,占领了中国的一些地方。中国人民对此十分愤慨。我们多次警告越南人,不要把我们的话当作耳边风。"

李副总理就进一步加强中巴两国的友好合作问题同吉拉尼·汗中将交换了意见。他指出,中巴两国的关系一直是很好的。

吉拉尼·汗中将就巴基斯坦关切的一些问题阐述了巴基斯坦的看法。在谈到代表团访华成果时,他说:"我们对此感到很满意。"他希望两国和两国军队之间的合作今后更加加强。

中国人民解放军副总参谋长张才千,巴基斯坦驻中国大使尤纳斯等参加了会见。

解放军空军党委用实践是检验真理的唯一标准观点总结去年抓纲治军经验

新华社报道,人民解放军空军党委最近为贯彻党的十一届三中全会和中央工作会议精神召开全会,用实践是检验真理的唯一标准这一马克思主义的观点,回顾总结去年抓纲治军的经验,研究制定今年大干快上的措施。与会同志认为,要保证工作着重点转移到社会主义现代化建设上来,必须继续发扬实事求是的优良作风,进一步扎扎实实地贯彻落实中央军委三个会议的精神。

空军党委全会指出,要加快工作着重点的转移,建设一支现代化的人民空军,各级干部的精神状态和领导作风必须来一个大的转变,尤其要注意克服官僚主义和主观主义。会议决定:今年第一季度在团以上机关再进行一次"三查三整",查斗志,查学习和工作,查贡献;整软懒散,整官僚主义,整主观主义。每个单位、每个人都要查一查过去一年为空军建设作出了什么贡献?思想、作风是否适应全党工作着重点的转移?领导干部和政治机关要带头查、带头整、带头改,打掉衙门作风,从会议、文件堆里解放出来,把坚持实事求是、一切从实际出发提到辩证唯物主义的思想路线的高度来对待。下部队,要直接看,动手帮,带头干,不能只听汇报,发空论,当"甩手掌柜";提任务,订指标,要从需要与可能两个方面去考虑。练兵要从实战需要出发,从难从严,不图虚名,不弄虚作假。只有这样,才能出速度,出成果,出人才,出战斗力。

空军党委第一书记张廷发、第二书记高厚良在会上说,是从实际出发,提出问题,解决问题,还是脱离实际,泛泛议论,这是能否实现工作着重点转移的关键。这就需要我们解放思想,开动机器,打碎林彪、"四人帮"的那套精神枷锁,打破思想僵化、半僵化的状态,把上头的指示和本单位的实际结合起来。

到会同志分析了目前部队中对于实现工作着重点转移存在的一种"等新章程、等新装备"的等待思想,指出这种思想不仅脱离实际,而且不利于当前正在进行的战略转移。大家谈到,军队工作的着重点怎么转移,章程已经有了,军委三个会议已为我军现代化建设制定了方针、原则,我们的任务就是从空军的具体情况出发,继续狠抓这三个会议精神的贯彻落实。至于装备,随着国家现代化建设的发展是会逐步得到改善的。因此,既要立足现有装备,着眼未来战争,随时准备用劣势装备战胜优势装备的敌人;同时也要看到军队现代化不仅仅是个装备问题,还要为掌握更现代化的武器装备做好一系列的准备。那种以为没有新装备就觉得无所做为的思想,那种稍有工作成绩就沾沾自喜的情绪,那种因循守旧,对现代战争知识和世界先进航空技术不学习、不研究,闭目塞听、坐井观天、夜郎自大的思想状态,必须迅速改变。

去年,空军在抓纲治军中已将教育训练提到战略位置上。不论是航空兵部队还是高炮、地空导弹、雷达等地面部队,都取得了历史上最好的训练成绩,并且培养出一大批年轻的飞行员;为加速空军现代化建设所进行的科学研究和训练改革也取得了很大成绩;电化教学也有了良好的开端。与会同志认为,今年要坚持以教育训练为中心开展各项工作,要对一切不适应现代战争要求的、不科学的训练内容、方法和制度进行大胆改革。要改革政治教育,反对脱离部队实际的形式主义的教育方法,使政治工作在现代化建设中真正发挥威力。还要采取各种形式广泛开展科学文化学习,为加速空军现代化建设积极创造条件。

2月12日

中共中央主席华国锋 全国人大常委会委员长叶剑英致电南斯拉夫铁托总统哀悼卡德尔逝世

贝尔格莱德南斯拉夫共产主义者联盟主席、南斯拉夫社会主义联邦共和国总统约·布·铁托同志：

惊悉爱·卡德尔同志不幸病逝，至为哀痛。卡德尔同志是南斯拉夫共产主义者联盟的久经锻炼的领导人和著名的理论家，南斯拉夫的杰出的国务活动家，他为南斯拉夫各族人民的解放事业、维护南斯拉夫独立和主权的斗争和南斯拉夫的社会主义建设作出了巨大的贡献。卡德尔同志在全面发展中南两党、两国关系方面也作出了积极的贡献。他的逝世是南斯拉夫共产主义者联盟和南斯拉夫各族人民的巨大损失。中国共产党、中国政府和中国人民对他的逝世表示深切的哀悼。请代向卡德尔同志家属表示我们的深切慰问。

中国共产党中央委员会主席　华国锋

中华人民共和国全国人民代表大会常务委员会

委员长　叶剑英

1979年2月12日于北京

中共中央批准撤销1968年对全国体育系统的"五·一二"命令

国家体委在北京召开4000多人的群众大会，宣读了党中央批准的国家体委党组关于建议撤销1968年5月12日对全国体育系统的命令的报告。

报告指出，1968年的"命令"诬蔑国家体委系统是什么"长期脱离党的领导，脱离无产阶级政治，钻进了不少坏人，成了独立王国"，这是林彪、"四人帮"为了篡党夺权而策划炮制的，是诬陷贺龙等同志，打击迫害体育战线广大干部和群众，破坏社会主义体育事业的一个阴谋。会上，揭发批判了林彪、"四人帮"破坏全国体育工作的严重罪行；宣布为受打击、迫害的荣高棠、李达同志彻底平反，恢复名誉；同时宣布为受株连的刘仁等同志彻底平反，恢复名誉。

中共中央政治局委员、国务院副总理余秋里、陈锡联，国务院副总理王任重，出席了大会。陈锡联同志在会上讲话说，现在，以华国锋同志为首的党中央，批准撤销1968年5月12日的命令，推倒强加给国家体委系统的"独立王国"的罪名，为体育战线的同志们彻底平反了，我们同你们一样，感到十分高兴。

他指出，"文化大革命"前17年的体育工作是取得了巨大成绩的。荣高棠同志、李达同志和体委其他几位负责同志，协助贺龙同志工作，花了许多心血，作出了很大的努力。体育战线的广大干部、教练员、运动员为发展社会主义体育事业，奋发图强，贡献很大。乒乓球队、登山队和各个项目的许多运动员为社会主义祖国争得了荣誉，增了光。我们的体育工作，对增强人民的体质，促进同各国人民的友谊，提高我国的国际地位和威望，起了重要的作用。毛主席、周总理和老一辈的无产阶级革命家对体育战线取得的成绩，都有高度的评价。

他说，国家体委系统揭批林彪、"四人帮"的斗争已经取得了很大的成绩，党中央、国务院希望体育战线的同志们解放思想，进一步发展安定团结的政治局面，发挥积极性和创造性，把体育事业更快地搞上去。

国家体委主任王猛在讲话中说，党中央批准撤销"五·一二"命令，彻底推翻了林彪、"四人帮"强加给体委系统"独立王国"的罪名，推倒了对贺龙同志、刘仁同志、荣高棠同志以及广大体育工作者和运动员的一切诬蔑不实之词，把他们制造的一起大冤案彻底平反了。让我们更好地团结起来，在华国锋同志为首的党中央领导下进行新的长征，随着全党工作着重点的转移，高速度发展体育事业，努力攀登世界体育高峰。

贺龙同志的夫人薛明，刘仁同志的夫人甘英，荣高棠同志，李达同志，出席了今天的大会。

《人民日报》发表评论员文章《坚决维护正常的社会秩序、生产秩序、工作秩序》

要把全党工作的着重点转移到社会主义现代化建设上来，有个重要的前提，就是必须有一个安定团结的政治局面，必须在发扬民主的基础上建立正常的社会秩序、生产秩序和工作秩序。对于这一点，广大群众是有切身体会的。

回顾"文化大革命"中的经验教训，林彪、"四人帮"为了篡党夺权，煽动无政府主义，搅得工厂停工，学校停课，火车不能运行，机关不能上班，社会秩序、生产秩序、工作秩序遭到严重破坏，国民经济濒于崩溃边缘，人民群众生活受到严重影响。有些地区、甚至弄得人们不能吃饭，不能睡觉，不能行路，不能工作。这种苦头人们已经吃够了，这种混乱情况人们厌恶透了。

两年多来，在华国锋同志为首的党中央领导下，揭批林彪、"四人帮"的斗争取得了伟大胜利，国民经济得到了恢复和发展，党的各项政策逐步落实，平反了一大批冤案、错案、假案。最近又全部摘掉右派分子帽子，摘掉改造好的四类分子的帽子，其他遗留问题也正在着手解决。所有这些都进一步调动了广大人民的积极性，化消极因素为积极因素，发展了全国安定团结的大好形势。这就为全党把工作着重点转移到社会主义现代化建设上来，准备了良好的条件。我们要十分珍惜这个安定团结的大好形势。

要发展安定团结的大好形势，还需要大力发扬民主和健全社会主义法制。必须说明，由于林彪、"四人帮"的长期干扰、破坏，在我们国家的政治、经济生活中，究竟怎样发扬民主，正当行使民主权利，还有待于实践中去解决。当前，我们首先必须注意的，是要充分发扬社会主义民主，保障人民享有充分的民主权利。

没有广泛的真正的民主，就不可能集思广益，调动全体人民的积极性，实现四个现代化。同时必须教育全党和全国人民，树立全局观念、整体观念，遵守国家宪法，遵守国家政策法令，遵守革命的纪律。没有民主基础上的高度集中，8 亿人民各行其是，也同样不可能实现四个现代化。民主与集中，自由与纪律，是对立统一的，是相辅相成的，失掉一方，它方就不存在。我们所需要的民主，必须有利于广大人民的利益，有利于社会主义的利益，有利于维护正常的社会秩序、正常的生产秩序和正常的工作秩序。一切违背人民的根本利益，破坏社会主义秩序的行为是人民所反对的。当前，个别地方，有极少数人利用党和国家发扬民主的机会，煽动人们闹事，重复“文化大革命”中出现过的冲击机关，阻塞交通，使正常的社会秩序、生产秩序、工作秩序受到严重影响，这是完全错误的。

我们要教育人们顾全大局，小道理服从大道理。我们国家的利益和人民的要求，根本上是一致的。但是，许多年来，特别是在林彪、“四人帮”干扰破坏下，我们国家遗留了大量老大难问题，这些问题关系到许多人的切身利益，党和国家也想尽快妥善解决，能够一个晚上解决岂不更好，但是目前国家的实际情况不可能一时全部解决。对这些问题，我们必须向群众说明白，相信群众会体谅国家的困难的。有些问题，是由于领导机关的官僚主义、拖拉作风所造成的。我们要敢于承认错误，接受意见，实事求是地果断地予以解决。对于群众的正当要求，要坚决支持。有些问题的解决，确实需要一定的时间，有的甚至要在发展生产的基础上，才有可能逐步得到解决。我们共产党人是为人民服务的。但是粉碎“四人帮”后，百废待兴，长期遗留的问题怎么可能一天都得到解决呢？只要解释清楚，部分同志的不满情绪是会消除的。我们也必须向一些同志说明，不管有什么委屈，有什么困难，都不应该采取敌对的态度、违法的方式，干扰社会主义的正常秩序。在华国锋同志为首的党中央领导下，特别是三中全会以后，全国安定团结，大干快上，实现四化，这是大局，是全国人民的根本利益所在。从维护这个大局的前提出发，还有什么问题不能通过正常的手续来解决呢？爱护和保卫公共财产，遵守劳动纪律，遵守公共秩序，尊重社会公德，保守国家机密，都是写在我们的宪法上的。违背了这些，就违背了国家大法，也违背了中国人民的根本利益。

这里应该特别指出，有少数人，他们一不是受“四人帮”迫害的无辜者，二不是无职无业的人，却故意制造借口，擅离生产岗位，向国家提出无理要求，以达到个人的目的。游游荡荡，无理取闹，已经成了他们的生活习惯。我们要正告这些人，你们代表不了群众，正如毛泽东同志说的：“在我们社会里，也有少数不顾公共利益、蛮不讲理、行凶犯法的人。他们可能利用和歪曲我们的方针，故意提出无理的要求来煽动群众，或者故意造谣生事，破坏社会的正常秩序。对于这种人，我们并不赞成放纵他们。”对于极个别确实别有用心，蓄意制造事端，造成严重恶果的人，应该给予法律制裁。这样做正是为了更好地发扬社会主义民主。有了正常的社会秩序、生产秩序、工作秩序，才能维护和发展安定团结的大局，比较顺利地把重点转移到四个现代化上来。

全国各族人民，全体共产党员，振奋革命精神，把心思放在现代化上。我们的口号是：胸怀全局，献身四化，奋发图强，改造中国！

《人民日报》发表评论员文章《保护好园林和风景区》

我国是一个历史悠久的文化古国，有艺术水平很高、独具一格的园林和丰富灿烂的文物古迹。我国地域辽阔，山河壮丽，风景名胜遍布各地，桂林、西湖、太湖、黄山、泰山等风景区，闻名中外，深为国内的广大人民和外国朋友所热爱和向往。

我们党和国家非常重视祖国的文化遗产和园林风景的保护。新中国成立以来，党和国家发布过一系列指示、条例和规定，花费了不少资金、材料和人力，维护整修了许多园林风景区以及名胜古迹，继承和发扬了祖国灿烂的园林艺术。古老的园林风景更加秀丽，新的园林不断出现。但是，在前些年林彪、“四人帮”疯狂推行法西斯文化专制主义和历史虚无主义，他们把祖国的园林风景统统诬蔑为“封、资、修”，把文物古迹统统说成是“四旧”，全部否定。在他们横行之时，侵占公园，毁花灭草，破坏风景名胜、文物古迹，乱砍树木等歪风盛行，许多著名的园林风景、文物古迹遭到严重的破坏。山水甲天下的桂林，风景园林用地被不少单位占用，著名风景点只剩少数可供开放游览；一些举世闻名的风景区，先后挤进了不少工厂、医院、休养所或改做居民住房。北京市公园绿地被占很多。杭州西湖风景区也被割去一角。南京市公园有半数被占用。广州越秀公园被占面积达 2/3。许多园林和风景区被分割蚕食，这里被划为“禁区”，那里被定为“重地”，“谢绝参观”、“闲人免进”的牌子比比皆是。被占用的园林风景，无人维护管理，建筑残破，树木枯萎，园容荒芜，目睹此种情景，广大群众无不痛心疾首。粉碎“四人帮”后，党中央和国务院三令五申要认真保护园林和风景区。但是，至今仍然有些地方的领导和单位，以种种借口，滥用职权，继续侵占园林风景区。群众意见纷纷，“拯救西湖”、“救救桂林山水”等呼声不断传来。

这种侵占破坏园林风景区的状况,必须坚决纠正。

园林风景是我国珍贵的文化艺术遗产和资源,必须切实加以保护。园林绿化和风景区的建设,是社会主义建设的一个组成部分,是建设现代化城市的一个标志。随着现代工业和城市的发展,园林绿化对改造环境、造福人类的重要性越来越显示出来。园林绿化,是城市文明的一种表现。许多经济发达的国家,都很重视园林风景区的建设。搞好园林绿化,可以调节气候,净化空气,遮阴覆盖,防风防尘,降低噪声,可以美化我国人民的劳动、工作、学习和生活环境,增进人民的身体健康,丰富人民的精神文化生活。同时,搞好园林风景,促进旅游事业的发展,为我国的社会主义建设积累资金。那种认为"园林风景,无非是花花草草,游山玩水,无关大局",是"为资产阶级老爷服务"的看法是错误的。各城市和有关部门,都要把保护和建设园林风景当作一件大事来抓,切实加强这项工作的领导。一些旅游城市,如杭州、苏州、桂林等地,要把旅游工作摆在重要地位。各城市和有关部门要支持园林部门的工作,解决他们的困难,对园林风景建设所需的资金、材料、设备和人力,要给予必要的保证。

园林和自然风景,是全国人民共同的财富,任何人都不得侵占。新宪法规定:社会主义的公共财产不可侵犯。国家禁止任何人利用任何手段,危害公共利益。国家保护环境和自然资源。国务院明确规定:对现有的园林、绿地、名胜、古迹和风景区,要加强管理,不得任意侵占,被非法侵占的,要一律限期退出。我们要坚决执行新宪法和国务院的规定。各地要认真清查园林风景区被侵占的情况,凡是非法侵占的,不管办了什么手续,不管是谁批准的,都必须迁出。领导机关、驻军单位更要带头迁出。被破坏的园林风景区、名胜古迹,要有计划有步骤地恢复和整修,争取尽早开放。破坏文物古迹的,要追究责任,严肃处理。广大市民对上述不良现象,应该发挥群众监督作用。

要制定和健全保护园林风景区的有关法令和规章制度,确定自然风景保护区。全国著名的风景名胜,有独特自然景观并具有相当规模的风景区,应列为国家自然风景区。各地还可以划定一批地方性的自然风景区。所有自然风景区都要保持完整的自然面貌。对风景区内的地形、地貌、水流、山石、动植物等要严加保护,特别是著名风景点、文物古迹、古树名木以及有保存价值的古建筑,更要精心维护。在保护区内,禁止毁林、狩猎、垦殖、开荒、放牧、开山凿石、任意开矿等破坏风景面貌的活动。电力线路、工程管网和道路,不得任意穿越园林风景区。园林、风景区附近的工厂、单位,凡有"三废"、噪声、恶臭污染的,必须限期治理。

园林风景区的建设,要有全面规划。各城市特别是旅游城市,要编制园林绿化规划,对公园、名胜、古迹和风景区的建设,要通盘安排,因地制宜,合理布局,各有特色。园林绿化规划,应纳入城市总体规划,逐年实施。要结合城市的建设和改造,有计划地扩大城市公共绿地,开辟新的园林。有碍环境的新建工厂、单位不要摆在园林、风景区附近。要大力提高园林的艺术水平。新建和扩建的园林,必须精心设计,精心施工。要认真研究继承我国优秀的园林艺术遗产,发扬民族的优良传统,同时要吸收国外园林艺术成就,努力创造具有我国民族形式和社会主义内容的园林艺术新风格,反对不顾艺术特点,单凭个人好恶和长官意志指导创作、确定方案的不良倾向。今后,新建旅馆及旅游设施,应当由城市规划部门统一安排,其建筑地点、建筑形式和体量,都必须与园林风景相协调,增加景色。

在实现四个现代化的新长征中,保护和建设好园林风景区,使它放出更加灿烂的光彩,使我们祖国的大地和城市变得更加美丽,让它为我国和世界各国人民服务。

国务院副总理谷牧会见以阿法银行联盟董事长阿布沙迪博士为团长的阿法银行联盟代表团。

阿法银行联盟成立于1970年,系由卡塔尔财政和石油部、阿拉伯国家的20多家银行和3家法国银行联合组成,总行设在巴黎。

会见时,谷牧副总理就中国银行同阿法银行联盟之间加强业务往来和合作同朋友们交换了意见。

阿拉伯国家驻中国外交使团团长、阿拉伯也门共和国驻中国大使阿卜杜·奥斯曼参加了会见。

会见时,中国银行董事长乔培新等在座。

教育部部长蒋南翔就学校体育工作答《体育报》记者问

新学期开始前,《体育报》记者走访了教育部部长蒋南翔同志,请他回答了当前学校体育工作方面的一些问题。

问:党的工作着重点转移,要求学校加速为国家培养建设人才,这一形势对学校体育工作有什么新的要求?

答:党本来就是重视体育工作的,重点转移还是要重视。毛主席讲了三好,还说过健康第一。当前学校讲着重点转移,就是不学习的要转到学习上来;不注意锻炼身体的,要注意锻炼身体;要建立正常的教学秩序。现在还是要三好。身体好是学校教育的三大目标之一,它不是一门功课,不是一门数学、一门化学……这些思想不是新的,现在要强调一下,太不注意了。身体好,是学校三大根本要求之一,是根本要求,不是普通要求！

过去我们提要为祖国健康地工作五十年，就是说学校不只是管学生在校的这一段，还包括以后有更强的劳动能力、工作能力，有更先进的思想。

问：请从学校的培养目标方面谈谈学校体育工作的重要性。当前有人认为抓好了文化课学习，就是提高了教育质量，这种认识对不对？

答：学校培养人才，还是要德育、智育、体育全面发展。不能重视了文化课学习，就不注意体育锻炼。应该说这是不矛盾的，搞得好是可以统一的，搞得不好就统一不了。身体好了，精力充沛，学习效率也高。体育锻炼和学习可以相得益彰，相辅相成，互相促进。把它们对立起来，不搞体育锻炼，那是陈旧、落后的教育观点。过去的私塾就是死读书，冬烘先生不让学生锻炼身体。我们先进的社会主义的学校完全应当做到身体好，学习也好。

教育质量的好坏，就是要德、智、体全面衡量。体育不好，就不能说是教育质量高。学校的会可以少开一点，青少年学生每天至少要有一小时体育活动。不重视体育，就是对学校工作还不入门。只要校长、党委书记重视，学校体育活动就能开展起来。1952年，我到清华大学时，每天下午5点，图书馆停止借书，动员学生到操场上去，开始不习惯，以后就慢慢习惯了。现在，有的学校不提倡，学生没有习惯，应该恢复过去的好传统。

问：现在有的学校把不积极参加体育锻炼、身体不好的学生评为三好学生，这种做法对吗？

答：把这样的学生评为三好学生，是假三好，是弄虚作假，是坏作风。

问：当前，一些重点学校存在只注意文化课，忽视学生体育锻炼的倾向。

答：重点学校不但应该是文化课教育的模范，也应是三好的模范，体育的模范。我们这样要求不是强迫命令，是有根据的。“文化大革命”前，有些工科院校的功课还是比较忙的，但体育运动照样开展得比较好。重点学校只注重文化课学习，忽视体育是错误的。越是重点学校、重点班，体育越要搞得好点，否则，就不配称作重点。

我们常说不能误人子弟，既指不能误人家孩子的学习，也包括不误人家孩子的身体。这是教育工作者的责任。

问：目前，体育教师数量不足，部分教师水平不高，不能适应学校体育工作的需要。这个问题如何解决？

答：解决体育师资问题，要两条腿走路：以后培养师资的学校招生，要适当增加体育师资的名额；地方、学校也要自已培训，这方面的好经验要注意总结推广。有些学校的优秀运动员，毕业后可以留校当教师，过去有些学校就这样做过。

对现有体育教师的工作，要给予应有的肯定和支持，好的应当提升为特级教师。轻视体育教师的思想要纠正。过去，对他们的工作肯定、承认得不够，认为当体育教师很容易，影响体育教师的积极性。马约翰原来是学化学的，他在上海圣约翰大学毕业后，最初是教化学和英语，由于爱好体育，他后来搞了一辈子体育教育工作。有些人受旧思想的影响，对体育教师的工作认识不足，重视不够，要大大提倡一下。

体育教师有的下放了，有的分散了，有的改行了，要归队。

体育教师的粮食和服装补助，应当尽快地合理解决。

问：您提到恢复好传统的问题，过去学校业余体育训练是很有成绩的。

答：学校不仅要普及体育活动，也要提高。我们有那么多学生，可体育还比较落后。搞了30年了，各项运动水平都应像乒乓球、羽毛球那么个地位，才能与我们国家的地位相称。

学校应该是出体育人才的地方，我国乒乓球运动水平高，与学校广泛开展这项活动分不开。青少年学生参加业余体育训练，把他们引导到健康、有益的活动方面来，不但可以改正学校的风气，同时还有改进社会风气的积极作用。林彪、“四人帮”把学校的风气搞坏了。他们搞的那一套是学生不读书，也不锻炼身体，整天搞夺权。还胡说17年的学生越学越蠢，身体搞坏了。事实上，从解放初到“文化大革命”前，虽然也有极少数学生身体搞坏了，但总的说来，学生的体质、学校的体育运动水平是上升的趋势。“四人帮”和迟群一伙与17年对着干，不要三好，不要身体锻炼，造成了极恶劣的影响。要解决以上这些问题，一定要肃清“四人帮”的流毒和影响。

广东省委省革委会作出严肃处理反彭湃烈士事件决定

据《人民日报》报道，经过认真清查，广东省海丰县10年前发生的一起反彭湃烈士的严重事件已经真相大白。中共广东省委和省革委会决定对这一事件严肃处理。被残酷迫害的彭湃烈士的亲属和大批革命群众，已彻底平反昭雪；纪念彭湃烈士的遗迹遗物，已全部恢复；在这一事件中犯有严重罪行的原汕头地委副书记孙敬业，已由国家专政机关逮捕；疯狂进行阶级报复、残酷杀害彭湃烈士侄儿彭科的反革命分子洪桂文和其他几个民愤极大的杀人凶手，交由专政机关依法严惩。

1966年春，孙敬业和支持他的几个人一起，在海丰大造舆论。他们制造材料，无限上纲，把95岁的彭湃烈士的母亲周凤打成“黑旗”。“文化大革命”开始，他们对彭湃烈士的母亲进行秘密监禁、施以人身摧残，使她受尽折磨，最后含冤死去。他们暗中组织“彭湃专案组”，四处收集黑材料，千方百计要把彭湃同志打成“叛徒”。

林彪、“四人帮”及其追随者，还把彭湃烈士著的、周恩来同志题写书名的《海丰农民运动》，以及新华书店发行的宣传彭湃烈士和海陆丰农民运动的书籍，统统诬为“黑书”，予以没收。

林彪、“四人帮”及其追随者的倒行逆施，激起了海丰人民的强烈反对。孙敬业等疯狂进行压制，他们秘密调动武装民兵进城，于1967年8月26日制造了骇人听闻的血腥镇压，随后进行了长达半月的“围剿”。在这次反革命事件中，有100多名干部和群众被杀害，400多人被打成重伤和残废，3000多人被打伤。彭湃烈士的亲属有5人惨遭杀害。在这次反革命事件中，有的烈士遗孤也被“斩草除根”。他们还通过“清理阶级队伍”，把过去跟随彭湃同志革命的老同志，大批地打成“叛徒”、“反革命”，把大革命时期牺牲的烈士家属打成“反属”。彭湃烈士的儿子彭洪，清队时被从广州揪回批斗，最后被迫害死在狱中。

在大反彭湃的反革命事件中，这伙反革命公然把矛头指向周总理和叶副主席。

1978年夏天，中共广东省委常委举行扩大会议，揭开了海丰问题的盖子。在揭批林彪、“四人帮”的斗争中，海丰人民彻底清查了这伙反革命的滔天罪行。

6月，广东省委公布了彭湃烈士家属的申诉。省委、省革委会同广州军区党委，派出联合工作组，协助汕头地委彻底清查海丰事件。海丰县委专门为烈士的母亲周凤作了平反决定，恢复和维护了她革命家庭的荣誉。为烈士的儿子彭洪同志平反昭雪，隆重举行了追悼会和骨灰安放仪式。全县平反的有3200多人，被开除出队和被迫退职的干部、教师、职工重新安排工作。

中共四川省委制定《关于扩大企业权利，加快生产建设步伐的试点意见》

中共四川省委在总结宁江机床厂、重庆钢铁公司等6家企业扩大企业自主权试点经验的基础上，制定《关于扩大企业权利，加快生产建设步伐的试点意见》（简称“14条”），提出，要使企业拥有利润提留权，扩大再生产权，联合经营权，外汇分成权，灵活使用奖金权。文件要求把企业的责权利结合起来，把国家、集体、个人三者利益结合起来，并且决定扩大试点范围，在100家企业中进行扩权试点。到1979年年底，84个试点工业企业比1978年总产值增长14.7%，利润增长33%，上交利润增长24.2%。

2月13日

《人民日报》发表评论员文章《发展党员必须按党章办事》

山东省东明县长兴公社党委的某些负责人，在发展党员的工作中，徇私枉法，贪赃受贿，明目张胆地拿“党票”做交易，严重地违反了党规党法。这是党的纪律绝对不能容许的。东明县委组织部的某些人，对此不仅不予制止，反而给以支持和纵容，甚至弄虚作假，错误也很严重。中共山东省委、菏泽地委和东明县委严肃处理这个问题，是完全必要的、正确的；不如此，就不能维护党规党法的严肃性。

长兴公社事件又一次告诉我们，对林彪、“四人帮”的严重危害决不能低估。各级党的组织应当紧密联系实际，深入揭批林彪、“四人帮”破坏党的建设的种种谬论和罪行，彻底肃清其流毒，坚决拨乱反正。对那些公然在发展党员工作中违反党章，用“党票”送人情，拿原则做交易的，要严肃处理。对那些为党的事业、为人民的事业奋斗的先进分子，党组织要给予关怀和接纳。对那些用不正常的手段纳进党内的人，要进行具体分析，划清无产阶级先进分子同一般群众的界限，把领导上的责任同本人的问题加以区别，根据不同情况，区别对待。

严格按照党章规定，做好发展党员的工作，是党的建设的一件大事。我们的党是无产阶级的先进部队。坚持按照无产阶级先进分子的标准发展党员，对于保持我们党的无产阶级先锋队的性质，夺取革命事业的胜利，有着十分重要的意义。党章对党员的条件已有明确的规定。我们应当按照党章规定的条件，教育和要求每个党员、每个争取入党的同志，努力做到从思想上入党。

为了保证发展党员的质量，党章对发展党员的手续，也作了具体的规定，应该严格执行，不得违反。特别是在支部大会通过和上级党委批准吸收新党员时，要认真实行党的民主集中制原则，充分听取党员的意见，尊重多数人作出的决定。任何个人和少数人无权接收党员。否则，势必给那些一心想利用执政党地位谋取私利的人以可乘之机，把一些不具备党员条件的人吸收进来，甚至使少数坏人和投机分子钻入我们党的队伍，造成严重的组织不纯。

我们党现在有3000多万名党员，其中近几年发展的新党员占相当大的数量。切实加强对党员的教育，使他们在各自的岗位上发挥应有的作用，是摆在我们面前的一项十分艰巨的任务。列宁说，徒有其名的党员，就是白给，我们也不要。世界上只有我们这样的执政党，才不追求党员数量，而注意提高党员质量，清洗党内那些只想从执政党党员的地位“捞到”好处而不愿为共产主义忘我工作肩负重担的人。当前，我们应大力加强对党员的教育工作，努力提高党员质量。在发展党员的工作中，应该严格按照党章办事，坚持党员条件，严格入党手续，不凑数字，不搞突击，成熟一个发展一个。各级党组织应该把发展党员纳入经常工作，切实加强领导。各级组织部门是各级党委在组织工作方面的办事机构，应当带头执行党规党法，自觉同一切违反党的原则的言行作斗争，为搞好党的建设贡献自己的力量。

《人民日报》发表社论《在发展生产的基础上逐步改善职工生活》

党的十一届三中全会指出：“城乡人民的生活必须在生产发展的基础上逐步改善，必须坚决反对对人民生活中的迫切问题漠不关心的官僚主义态度。同时，我国经济目前还很落后，改善生活的步子一时不可能很大。”各级领导干部任何时候都要关心群众疾苦，勤勤恳恳地研究和解决人民群众的生活问题。

粉碎“四人帮”以后，我国国民经济正在恢复和发展。在党中央、国务院关怀下，调整了部分职工的工资，开始试行奖励制度；遵照中央关于有步骤地解决职工宿舍问题的指示，一些城市采取有力措施，加快了城市住宅建设的速度；不少企业、事业单位在职工生活福利方面做了不少工作。但是，由于林彪、“四人帮”多年干扰破坏，加上我们工作中还存在一些缺点，目前广大职工生活问题不少，无论是劳动条件、居住条件和饮食、卫生等方面，都还有许多工作要做，还有很多问题需要解决。

自力更生、艰苦奋斗是我党和劳动人民的优良传统。在一个经济落后的国家里建设社会主义、实现四个现代化，更非自力更生、艰苦奋斗不可。我们必须把经济困难的有关情况，经常告诉人民，并在广大人民特别是青年中继续加强自力更生、艰苦奋斗的革命传统教育。同时，广泛深入地开展增产节约运动，努力把生产建设搞上去。不少老工人、老劳模说得好：幸福是从艰苦奋斗中得来的，而不会也不可能像凤凰那样从天上飞下来。改善生活增加福利，只能靠我们自己的双手创造条件。

近两年来，国民经济的发展虽然较快，但这种发展毕竟带有恢复的性质。我们的国家底子很薄，工农业生产还不发达。十多年积累下来的人民生活中的许多问题，不可能一下子解决，只能逐步地加以妥善处理。因此，工人生活不可能在短时间内有很大的改善，只能在生产增长特别是劳动生产率增长的基础上逐步改善。工人生活不能不改善，又不能超过可能去改善；不能不照顾，也不能超过可能去照顾。生产没有大的发展，劳动生产率没有大的提高，生活大改善是办不到的。当然，这决不能成为不关心工人生活的借口。在抗日战争最艰苦的年代里，毛主席还强调：“不提倡发展生产并在发展生产的条件下为改善物质生活而斗争，只是片面地提倡艰苦奋斗的观点，是错误的。”我们必须全面地理解这个方针，不能搞片面性。大庆的经验充分体现了在发展生产的基础上逐步改善工人生活的方针。在开发油田初期，当时我国正处于非常困难时期，他们发扬艰苦奋斗的精神，住的是帐篷，吃的是苞米。为了抢时间建成我国第一个大油田，他们艰苦奋斗，自力更生，生活福利设施因陋就简。随着石油生产的发展，职工生活逐步得到了改善，大庆举办的集体福利事业是全国闻名的。

解决职工的生活问题，根本的一条是增加生产。也就是说，在发展生产的基础上逐步改善人民生活。马克思、恩格斯说过：“人们为了能够‘创造历史’，必须能够生活。但是为了生活，首先就需要衣、食、住以及其他东西。因此第一个历史活动就是生产满足这些需要的资料，即生产物质生活本身。”不搞好生产，就无法改善生活。世界上任何人都无法享受还没有生产出来的东西，所以说发展生产是改善生活的前提。生产处于支配地位，生产决定生活。只有生产搞好了，有了可靠的物质基础，生活水平才能逐步提高。

四个现代化的步伐能不能加快，在很大程度上取决于发挥亿万劳动群众的积极性。没有一定必需的生活条件，人们吃不上饭、睡不好觉，生产积极性不高，就不可能一心一意地搞好四个现代化。生活改善了，劳动积极性提高了，就能促进生产的发展。我们一定要一面抓生产，一面抓生活。决不能片面地只管生产，不关心群众生活。发展生产和改善人民生活二者必须兼顾。不兼顾是错误的。提倡艰苦奋斗，同时也提倡关心群众生活。林彪、“四人帮”既破坏生产，又不管人民的死活。他们鼓吹国家越穷越好，人民生活越苦越好。他们辱骂物质奖励、物质利益，污蔑为群众谋福利是搞修正主义。按照他们的逻辑，只有穷和苦才是最革命的，才是社会主义。谁都知道，共产党人不怕牺牲，为社会主义而奋斗，目的就是要让劳动人民过最美好、最幸福的生活。我们一定要少说空话，多干实事，利用和创造一切可能的条件，认真解决工人生活中的具体问题。正如毛泽东同志指出的：“一切空话都是无用的，必须给人民以看得见的物质利益。”“福利不可不谋，不可多谋，不谋不行。”

每个生产单位的领导干部,都要在充分发动和依靠群众搞好生产的条件下,理直气壮地逐步改善广大职工生活,并把这两条作为办好企业的重要标志。每个机关、学校和事业单位的领导干部,都要在充分发动和依靠群众搞好工作和业务的同时,想方设法搞好集体福利事业,逐步改善大家的生活。各级领导干部要以身作则,同广大群众同甘共苦,奋发图强,把生产搞上去,把工作搞上去,把生活逐步搞上去。坚决反对少数干部搞特殊化,走后门,当官做老爷,不关心群众疾苦的官僚主义作风。

关心生活,搞好福利,不能理解为只是伸手向国家要钱。有的煤矿在抓好职工食堂、澡堂、宿舍过程中,遇到材料、人力不足等不少困难。矿党委依靠群众想方设法,终于战胜了困难。他们的经验又一次证明,只要认真依靠和发动群众,一些问题经过努力是完全可以解决的。我们一定要想尽各种办法,组织各方面的力量,开展群众性的互助互济活动,解决群众生活方面存在着的各种实际问题。改善工人生活,不能生产好的和生产坏的一个样。对于生产搞得好、对国家贡献大的企业,应当优先改善工人的生活、给职工群众以较多的福利;那些生产搞得不好的,对国家没有贡献甚至继续亏损,生产废品,吃社会主义的企业,拿什么去改善生活呢?有这样的企业,一方面大量亏损,一方面滥发奖金,他们还理直气壮地要求国家补贴。这些人难道不感到脸红吗?在发展生产的基础上改善职工生活,同样不应搞平均主义。

党和国家领导人李先念等前往南斯拉夫驻中国大使馆吊唁南斯拉夫共和国主席团委员 南共联盟中央委员会主席团委员爱德华·卡德尔逝世

国务院副总理方毅在北京会见联邦德国梅塞斯密特—波尔科夫—布罗公司代表团

全国妇联在北京举行宴会欢迎罗马尼亚全国妇女理事会副主席玛丽亚·博布为团长的罗马尼亚全国妇女理事会访华代表团

外交部部长黄华在人民大会堂宴请印度外长阿塔尔·比哈尔·瓦杰帕伊

《人民日报》摘要转载《电影艺术》杂志夏衍文章《前事不忘后事之师—祝〈电影艺术〉复刊并从中国电影的过去展望将来》

我认为,电影工作当务之急有二:一是继续深入揭批林彪、“四人帮”及其同伙的罪行,彻底肃清其流毒;二是总结过去电影工作中的正反两方面经验,从中吸取教训,改进今后的工作。前者,是拨乱反正的问题,就是抓纲治电影的纲;后者是正本清源的问题,就是必须从中国电影的历史来看我们的过去和今天。前一个问题,人们谈得很多了,我不再多说;后一个问题,目前还缺少认真的探讨。

在一次文艺界座谈会上,我曾说过,中国电影先天不足、后天失调的话。先天不足,指的是解放之前;后天失调,指的是解放以后。先天不足,就是中国电影根基浅,底子薄。根基浅,因为中国电影和其他姊妹艺术不同,它不像唐诗、宋词、元曲、明清小说那样,有悠久的历史传统和独有的民族风格;底子薄,因为中国电影也和昆曲、京剧不同,它没有一支科班出身的、血统师徒相传的基本队伍。中国电影历史很短,从第一个故事影片(1913年郑正秋导演的《难夫难妻》)算起,只有60多年的历史。从初步具有民主思想和社会主义思想的新文艺工作者参加电影工作算起,也只有40多年的历史。20年代以前,从事电影工作的人主要是章回小说家和文明戏演员;30年代以后,不论编剧、导演、演员,几乎全是业余话剧工作者和电影爱好者,真正有过基本训练的编剧、导演很少,因此,说中国电影先天不足,并不过分。

解放以后,中国电影得到了新生,开始建立了国营电影制片厂,有了一支专业电影队伍。但是,由于我们缺乏经验,在新中国成立初期只能向苏联电影学习。从1953年第一批苏联电影专家到来以后,我国电影生产的经营管理和规章制度完全袭用了苏联的一套办法。在当时的情况下,这是无可非议的,因为,有章可循总比无章可循更好一些。我们的缺点是一切照搬,而没有从中国实际出发,形成适合于中国实际的电影生产机构和制度。特别在电影的队伍方面,我们也创办了电影学院,但由于师资和教材的不足,成就不如理想。当然,在毛泽东文艺思想的指引下,在周恩来同志的亲切关怀下,中国电影确实也有了迅速的进步和发展。到50年代末60年代初,我们也产生了不少受人民群众欢迎的优秀影片,出现了不少优秀的电影编剧、导演和演员。可惜的是,到60年代中,和其他姊妹艺术一样,中国电影也受到了来自右的和“左”的干扰。回顾解放后近30年的历史,我觉得,有来自右的干扰,但更严重的是,来自假左真右的干扰。打倒“四人帮”以后,大家都说电影阵地是一个重灾区,但是我想,电影事业的受灾可以说在1966年以前就开始了。例如,从1958年起,一个后来当了林彪、“四人帮”两个反革命司令部的总顾问的人,看了长影、北影、上影的一些影片之后,在文化部作报告,点名把《梁山伯与祝英台》《青春的脚步》《花好月圆》《牧人之子》《地下尖兵》《球场风波》等影片说成是银幕上的白旗。这不仅造成了文化部和省、市制片厂之间，中央和省、市委之间的矛盾，而且迫使一批反映所有制改革和人民内部矛盾的剧本下马和改作。尽管在国庆10周年献礼片中产生了不少受到国内外好评的优秀影片；但是，到1964年以后，这个人利用他的权势，变本加厉地"枪毙"了已经公映受到群众欢迎的和尚未公映的大批影片，例如《怒潮》《红河激浪》《北国江南》《逆风千里》《革命家庭》《早春二月》《阿诗玛》《烈火中永生》，以及戏曲片京剧《尤三姐》和《秦香莲》等等。

后天失调，还有其他原因。1951年对于电影《武训传》的批判，以及对《我们夫妇之间》《关连长》的批评，在周恩来同志的指导和关怀下，主要批判了影片的错误和缺点，并没有给编剧、导演扣帽子，也没有追究他们的政治责任。但是，在1957年的反右派斗争中，情况就有所不同。这次运动时间短，波及面大，工作粗糙。不少人就因为把思想问题、学术问题和政治问题混淆起来，而造成不少错案，挫伤了电影工作者的积极性，直到今天，还成为一个难以解脱的"包袱"。这之后，文艺界电影界的运动此起彼伏，连绵不断，特别是前面说过的，1958年和1964年那两次所谓拔"白旗"和批"毒草"的运动，波及面就更广，不仅造成了错案，而且造成了冤案。经过1960年的全国第三次文代大会和影协代表大会，周恩来同志对电影工作者做了大量的思想工作，鼓励大家"放下包袱，轻装上阵"，并决定重新放映在1959年反右倾运动中被指为"毒草"而禁映的影片。这样，1962年以后，我们的电影在质量上又有了新的提高。但是，来自假左真右的干扰继续不断。到1966年，林彪、"四人帮"及其同伙把电影作为他们篡党夺权的第一个突破口，进行了大砍大杀，连周恩来同志亲自审定的好影片，如《红日》《兵临城下》《聂耳》《战上海》《抓壮丁》《东进序曲》等等，也作为公开批判的"毒草"片而被禁映。这样，使已经缩短了的中国电影和外国电影之间的差距又重新拉大。在林彪、"四人帮"肆虐时期，对中国电影作出过贡献的老一辈电影工作者无一幸免地遭到了残酷迫害，解放后成长起来的、本来可以大有作为的中年编剧、导演也几乎全部被迫停止了他们的创作活动，刚从电影学院毕业的、应当比他们的前辈作出更多建树的青年一代则整整10年荒废了他们的专业。

中国电影的先天不足，是历史遗留下来的问题，而后天失调，则像我这样从解放后就长期主管电影工作的人，应负有很大的责任。对这个问题，在我与世隔绝的10年间，想得很多。我觉得，我们这些人应负的责任有以下几点：第一，由于我们未能准确地完整地掌握马列主义、毛泽东思想、头脑里既有教条主义、本本主义，又有奴隶主义，因此顶不住来自右的、特别是"左"的干扰，以至在电影创作方面形成了各种各样的条条框框，清规戒律，写电影剧本，被认为有"触电"的危险。第二，我们在掌握政治与艺术的关系、数量与质量的关系等方面片面性严重。长期以来，就没有认真地、理直气壮地抓影片质量和创作人员的艺术技巧问题。尽管我也不止一次地传达过周恩来同志对这个问题的指示，例如1960年12月，我曾对在京的电影工作者传达过周恩来同志的一次讲话："我们的艺术品不能老是粗糙下去。业余的可以，对专业文艺工作者，我们就有权利要求你们提高水平，提高艺术质量。一个表演艺术家，演员，必须有一定的基本训练。现在，舞蹈演员、戏曲演员比较好一些，有一定的基本训练。但话剧演员、电影演员就很差，缺乏基本训练。这个问题我不知说过多少次了：话剧、电影演员台词说不清，咬字不准，许多电影演员缺乏基本训练，因此许多事情干不了。"周恩来同志关于提高电影质量问题不止讲过一次，我都传达过，但是，既没有具体措施，又没有定期考核，也就是"抓而不紧，等于不抓"。特别是运动一来，质量、技巧就无从说起。第三，对于队伍培养问题缺乏足够的重视。办了电影学院，起初是按照苏联专家那一套来培养学生，苏联专家走了以后，又没有提供足够的合格的有实践经验的师资。电影学院的教材也是残缺不全、质量不高的。这就是周恩来同志所批评的许多电影工作者缺乏基本训练的原因。第四，特别严重的是，我们还没有从实际出发，根据中国电影事业发展的需要和可能，制定出一套电影生产(主要是电影制片厂)的管理制度。50年代初，我们照抄了苏联电影生产的体制和规章制度。1956年后，我们已经感到这种体制和中国电影生产实际情况的矛盾，也曾派出过一个以蔡楚生、司徒慧敏同志为首的代表团，到东、西欧和南斯拉夫去考察。根据他们的调查报告，1957年年初，草拟了一个《关于改进电影制片工作若干问题》和附件《国外电影事业中可供参考改进的一些做法及对我国电影事业的一些建议》。但是，这个文件尚未下达试行，就被反右派斗争给冲掉了(这就是在"文化大革命"中被诬蔑为"资本主义复辟"典型例子的所谓"舍饭寺黑会")。1962年，我们又根据当时中共中央宣传部拟定的"文艺八条"，重新提出了电影生产体制改革的方案(即"电影三十二条")，同样也被1964年的来自假左真右方面的干扰所扼杀。接着，就是林彪、"四人帮"极其同伙对电影事业的疯狂破坏。这个问题现在就成了我们电影事业前进的最大障碍。积20多年的经验，从正反两方面来看，深感电影事业的发展，也和其他事业一样，需要有一个安定团结的局面。没有一个安定团结的局面，社会主义电影事业的发展是不可能的。电影生产是既要按艺术规律办事,又要按经济规律办事的一种事业。我们的电影生产,机构庞大,人员臃肿(生产人员与非生产人员的比例失当),生产周期长,成本高,也许可以说是举世无双的。无产阶级“文化大革命”之前,摄制一部重点影片,最多也不过一年时间,少的五六个月就可以了。而1966年以来,一个剧本定稿之后,谁也掌握不住要花多少时间才能拍摄出来。成本高这个问题,我们也抓过,同样是抓得不紧。1962年,我曾在上海讲过,一个制片厂一天不拍戏,等于把成把的金条丢进黄浦江。而近10多年来,由于林彪、“四人帮”煽起无政府主义、绝对平均主义,破坏了电影生产必需的一些规章制度,上面讲的这种情况不但没有改变,反而变本加厉了。电影要讲质量,我们当然不赞成粗制滥造,但是,讲求质量并不就等于要浪费国家资金。为什么欧洲、美国、日本,一部重点影片只要花几个月时间(据说在香港,拍一部影片只要几十天),而我们就不能学习一些人家的先进管理经验呢?我们要有懂业务又有事业心的厂长、经理和制片人,要有科学的管理方法、考核和奖惩制度。现在的情况是干与不干一个样,干多干少一个样,干好干坏一个样。非专业人员怕“触电”,而专业人员则捧着一个“铁饭碗”。最近工业生产方面强调质量,实行了考核、奖惩制度。对于产品质量低、经营管理差而又长期不改观的工厂,采取了停产整顿的措施。我认为,为了实现新时期的总任务,为了提高中国电影的产量和质量,电影生产也到了必须解决这些问题的时候了。

1979年是抓纲治国、三年大见成效的最后一年,也是中华人民共和国成立30周年。我们电影工作者肩负着用电影这一最富群众性的艺术武器,为宣传新时期的总任务、为极大地提高中华全民族的科学文化水平、为高速度地实现四个现代化服务的庄严任务。最近我重温了周恩来同志1959年11月在庆祝国庆10周年献礼片茶话会上、1960年11月对首都文艺界、1961年7月在香山招待影协代表午餐会上的讲话,真是思绪万端。周恩来同志离开我们已经3年了,他的亲切关怀和谆谆教导言犹在耳,我深以未能贯彻他的指示而感到内疚。但是,“前事不忘,后事之师”。只要我们热烈响应华国锋同志“思想再解放一点,胆子再大一点,办法再多一点,步子再快一点”的号召,团结一心,奋发图强,很好地总结过去30年来正反两方面的经验,肯定成绩,克服缺点,真正贯彻“百花齐放,百家争鸣”的方针,那么我们的电影事业一定会在不久的将来,大步前进,创作出无愧于我们这个时代的好作品的。

全国妇联发出纪念“三八”节通知

全世界妇女光辉的战斗节日——“三八”国际劳动妇女节即将到来。今年的“三八”节,对我们中国妇女来说,有着特别重大的意义。各族人民和妇女热烈响应党的十一届三中全会的号召,紧跟以华国锋同志为首的党中央,正在把全党、全国工作的着重点转移到社会主义现代化建设上来。中国妇女第四次全国代表大会以后,各级妇联、各条战线的妇女群众、妇女干部认真贯彻大会精神,妇运战线出现了朝气蓬勃的新气象,为妇女工作紧跟党的工作重点的转移,创造了良好条件。

为了适应新形势发展的要求,加快新长征的步伐,我国各族各条战线的妇女,要努力做到:

(一)积极参加实践是检验真理的唯一标准的讨论,大胆解放思想。

这场讨论是关系党和国家前途命运的大事,关系实现四个现代化的大事。我们广大妇女干部、妇女群众,都要分清两条思想路线的是非,坚持实践是检验真理的唯一标准,完整地、准确地掌握马列主义、毛泽东思想的科学体系,打破禁区,解放思想。我们要从林彪、“四人帮”的精神枷锁中解放出来,从安于现状、因循守旧的小生产的习惯势力中解放出来。从重男轻女的封建残余思想中解放出来。要打开眼界,开动脑筋,实事求是,从实际出发,勇于思考,勇于探索,勇于创新。抓住真理,所向披靡。

(二)在现代化建设中充分发挥“半边天”作用。

实现四个现代化,要求大幅度地提高生产力,特别是要求集中主要精力把农业尽快搞上去。我们妇女历来在物质生产的劳动大军中,在文教科技卫生等精神生产的劳动大军中占了“半边天”,现在更要以主人翁的姿态,积极参加现代化建设。工交财贸战线的女职工,要积极参加技术革新、技术革命,努力完成八项经济技术指标,完成和超额完成国家计划。农业战线的妇女,要完整地执行“以粮为纲,全面发展,因地制宜,适当集中”的方针,大搞科学种田,在抓紧粮食生产的同时,充分发挥妇女的特长,积极参加多种经营和社队企业生产,利用当地一切可以利用的资源和条件,靠山吃山,靠水吃水,大力发展猪牛、羊、兔、鸡、鸭、鹅、蚕、蜂等饲养业,从事编织、刺绣、采集等各种生产。在巩固和发展集体生产的同时,搞好家庭副业,为国家、集体创造更多的财富,使家庭生活日益富裕。

文教科技卫生战线的女同志,要刻苦钻研,勇攀高峰,为赶超国内外先进水平而努力。

后勤服务工作是社会主义现代化建设不可缺少的组成部分,同生产一样是崇高的事业。随着现代化建设事业的发展,后勤服务工作的范围必将不断扩大,质量要求提高。我们后勤战线上的女同志,要满腔热情地搞好食堂、托儿所、幼儿园、服务站和其他各项服务事业，减少各条战线男女劳动者的后顾之忧，积极促进家务劳动社会化、现代化。

各条战线的妇女都要以顽强的毅力，通过各种形式，抓紧一切时机，勤奋地学文化、学科学、学技术、学经济、学管理，学习一切先进经验，苦练基本功，努力掌握一两项为四个现代化服务的真本领。

（三）破旧立新，移风易俗。

我们要用社会主义思想处理好婚姻家庭关系，树立社会主义新风尚。反对包办、买卖和变相买卖婚姻，反对婚礼上的铺张浪费。实行婚姻自主，适当晚婚，喜事新办，计划生育。做到男女平等，尊老爱幼，精心培育革命后代，勤俭持家，建立民主和睦的社会主义新家庭。使千家万户、男女老少心情舒畅、精力充沛，为四个现代化建设贡献一切力量。

（四）做安定团结的促进派。

巩固和发展安定团结的大好局面，是实现四个现代化的重要保证。我们妇女要关心国家大事，正确行使宪法赋予的民主权利，分清大是大非，推动党的各项政策的落实。还要认识不能离开生产讲生活，不能离开国家利益、集体利益讲个人利益，小局要服从大局。大家要团结起来向前看，团结起来搞“四化”。

我们渴望早日和台湾的姐妹们团聚。欢迎台湾、港澳及海外侨胞姐妹们回到祖国内地观光游览、探亲访友，重叙手足之谊，为祖国统一和现代化建设事业继续作出贡献。

（五）增进同各国妇女的了解和友谊，发展国际妇女反霸反帝反殖统一战线。

我们要继续发展同各国妇女的友好往来，增进友谊和合作，向各国妇女学习有利于我国现代化建设的好经验。我们坚决反对大小霸权主义在世界各地横行霸道、侵略扩张，坚决反对苏联支持越南侵吞柬埔寨，坚决支持柬埔寨人民和妇女抗越卫国的正义斗争。强烈抗议越南当局侵犯我国领土和主权。

为了表彰对社会主义建设作出卓越贡献的各族各条战线的妇女群众和妇女干部，全国妇联拟在今年国庆30周年时，奖励1万名妇女先进人物和先进集体，分别授予“三八红旗手”和“三八红旗集体”的荣誉称号。凡是在生产、科技、文化、艺术、教育、卫生、国防等各项工作中有突出成绩的；对技术革新、技术革命作出重大贡献的；在托儿所、幼儿园、食堂以及各种后勤服务事业中有出色成绩的；在用社会主义思想处理好婚姻家庭关系、教育好革命后代方面起模范带头作用的；妇女干部和妇女组织的工作成绩显著的，只要具备以上条件中一项或几项的，均可被评选。我们殷切希望战斗在各条战线上的姐妹们，进一步鼓干劲、攀高峰，争当“三八红旗手”和“三八红旗集体”，以优异成绩向国庆30周年献礼。

为了适应党的工作着重点的转移，各级妇联组织要积极配合有关方面，落实政策，善始善终地彻底纠正林彪、“四人帮”制造的女干部、女劳模和妇女群众中的冤案、错案、假案。继续贯彻以生产为中心的妇女工作方针，努力为现代化建设服务。要大力发扬民主，密切联系群众，了解新情况，研究新问题，总结新经验，更好地团结各族各条战线的妇女，继续贯彻落实第四次全国妇女代表大会通过的新时期妇女运动的崇高任务。

今年“三八”节的纪念活动，可以根据各地的实际情况，采取灵活多样、丰富多彩、生动活泼、群众喜闻乐见的形式。力戒形式主义和铺张浪费，爱惜民力，讲求实效。

我们各族各条战线的妇女，要高举毛泽东思想的伟大旗帜，更加紧密地团结在以华国锋同志为首的党中央周围，同心同德，艰苦奋斗，群策群力，全力以赴，为加快社会主义现代化建设，为实现妇女彻底解放而努力奋斗。

《海瑞罢官》在北京重新上演

新华社报道，在粉碎“四人帮”以后第三个春天到来的时候，吴晗同志新编历史剧《海瑞罢官》由北京京剧院重新搬上了舞台，首都史学、戏剧等各界人士和广大观众无不为之拍手称快。

我国著名的历史学家吴晗于1959年至1961年年初，在写作论述海瑞罢官的文章之余，创作了新编历史剧《海瑞罢官》。1961年2月间这个戏上演，由著名京剧表演艺术家马连良和著名京剧演员裘盛戎主演，受到广大观众的热烈欢迎和赞扬。1965年，在野心家、阴谋家江青、张春桥密谋策划下，由反动文痞姚文元抛出了《评新编历史剧〈海瑞罢官〉》的反动文章，把《海瑞罢官》打成“反党反社会主义的大毒草”，制造了震动全国、株连各界的大冤案。“文化大革命”开始后，在林彪、“四人帮”的残酷迫害下，吴晗同志含冤惨死，扮演过海瑞的马连良也被残害致死，甚至连为这个戏说过几句公道话的普通观众也受到打击迫害。

粉碎“四人帮”以来，各界群众强烈要求为吴晗同志的新编历史剧《海瑞罢官》平反，呼吁把这个戏重新搬上舞台，让广大观众来评价。北京京剧院的演职员怀着对“四人帮”的强烈义愤和对吴晗同志、马连良先生的怀念之情，在春节之前的紧张演出中，开始排演这出戏。扮演海瑞、徐阶的都是青年演员，他们在排练中严肃认真，一丝不苟，虚心向老演员们请教，仅用了20多天，就把这个戏搬上了舞台。

2月14日

中共中央发出《关于对越进行自卫反击、保卫边疆战斗的通知》

通知指出：我们进行自卫反击的目的是求得我国边疆地区的和平与安定，以利于四个现代化的顺利进行。战斗的地区、时间和规模，都是极为有限的。我边防部队在广西、云南边境地区进行的自卫反击战自2月17日开始，在完成预定作战任务后，全部撤回中国境内。3月16日，对越自卫反击、保卫边疆战斗结束。

国务院总理华国锋致电伊朗临时政府总理迈赫迪·巴扎尔甘正式承认伊朗临时政府并祝贺他就任临时政府总理

德黑兰伊朗临时政府总理迈赫迪·巴扎尔甘先生阁下：

我谨通知阁下，中华人民共和国政府正式承认伊朗临时政府，并祝贺阁下就任临时政府总理。

祝愿中伊两国的友好关系，在互相尊重主权和领土完整、互不侵犯、互不干涉内政、平等互利、和平共处五项原则的基础上，继续巩固和加强，两国人民之间的传统友谊得到新的发展。

祝愿伊朗国家繁荣昌盛，人民幸福。

中华人民共和国国务院总理　华国锋

1979年2月14日于北京

全国人大常委会委员长叶剑英接见新华社记者谈法制建设

叶剑英委员长接见新华社记者时说："全国人民代表大会常务委员会已在着手组织有关方面的力量研究拟定或者修改刑法、刑事诉讼法、民法、婚姻法和各种经济法规等等，然后按照立法程序，分别提请全国人民代表大会或者它的常务委员会审议，尽快完善我国的法制，做到有法可依，有法必依，执法必严，违法必究。"

健全法制以保障人民民主，使民主制度化、法律化，是党的十一届三中全会为加速国家的社会主义现代化建设而采取的一系列重大措施之一。

叶剑英委员长说："我国的社会主义法制从新中国成立以来，还没有很好地健全起来。林彪、'四人帮'钻了这个空子，在所谓'加强无产阶级专政'的幌子下，想抓谁就抓谁，对广大干部和人民实行法西斯专政。这一教训使我们懂得，一个国家非有法律和制度不可。"叶剑英同志提到的完善法制的一些考虑有：

——这种法律和制度必须具有稳定性、连续性，它们是人民制定的，代表社会主义和无产阶级专政的最高利益，人人必须遵守和执行；

——它们一定要具有极大的权威，只有经过法律程序才能修改，决不能以任何领导人个人的意志为转移；

——检察机关和法院一定要忠实于人民利益，忠实于法律和制度，忠实于事实真相；一定要保持应有的独立性；

——一定要有一批大无畏的不惜以身殉职的检察官和法官，维护社会主义法制的尊严；

——一定要保证人民在自己的法律面前人人平等，不允许任何人有超于法律之上的特权。

叶剑英委员长在谈到民主与法制的关系时指出："只有在充分发扬民主的基础上，才能确立健全的社会主义法制，也只有认真贯彻执行社会主义法制，才能切实保障人民的民主权利。"叶剑英同志强调，必须在全党、全国造成浓厚的民主空气。他引用了列宁的话："胜利了的社会主义如果不实行充分的民主，它就不能保持它所取得的胜利。"

他指出："只有充分发扬民主，才能保障广大干部和群众有对领导实行监督和批评的权利，从而有可能及时发现和揭露像林彪、'四人帮'一类的阴谋家、野心家、两面派，巩固我们的政权，使我们的社会主义现代化建设事业有切实的保证。"

叶剑英委员长说："我们党的十一届三中全会总结了新中国成立以来经济建设的经验教训。近30年来的实践证明，要使我们的国民经济高速度地稳定地向前发展，就要保持必要的社会政治安定。而为了持久地保持安定团结的政治局面，就要充分发扬党内民主和人民民主，并要健全社会主义法制。"

叶剑英委员长说："无产阶级民主是人类历史上最广泛最实在的民主，因为它只对反抗的剥削阶级实行专政，对其他所有的人都保障他们享有空前未有的民主权利，保障占人口绝大多数的人民大众实行有物质保证的民主。而资本主义国家的民主，对无产阶级和劳动人民来说，在一些最根本的方面是虚假的。"叶剑英同志说："林彪、'四人帮'在民主问题上制造混乱，绝不是要反对什么资产阶级的民主，而是要剥夺无产阶级和劳动人民的民主，践踏党的民主集中制，我们绝不要再上这些封建法西斯分子的当。"

国务院副总理邓小平答印度记者问

邓小平副总理下午在会见印度外长瓦杰帕伊之前，同随同外长来访的20多位印度记者见面并回答他们提出的问题。

在回答中印双方怎样来改善两国关系的问题时，邓小平副总理说:“把确实有分歧的问题搁在一边,慢慢谈。做一些实际的事情来发展两国的关系。中国和印度在世界上是拥有人口最多的国家,不友好怎么行呢!”

邓小平副总理说:“国际形势不安宁,亚洲形势也不安宁。现在,霸权主义推行南下政策很积极,我们对此很关切。印支局势的发展令人十分担忧。解决这些问题,需要亚洲各国人民共同努力。没有这样的共同努力,要取得世界和亚洲的和平、安全和稳定是困难的。”

他接着指出,中国和印度都需要有一个和平的国际环境来建设各自的国家。中国希望在本世纪内不再发生世界大战。

在回答核大国限制无核国家发展核武器的问题时,邓小平副总理说:“我们赞成彻底销毁一切核武器。但是核大国无权阻碍无核国家拥有核武器,除非核大国承担完全销毁核武器或保证不首先使用核武器的义务。”

邓小平副总理在对记者谈话时,还重申了中国政府一贯支持柬埔寨人民抵抗越南侵略的正义斗争的立场,并强调了中国在实现四个现代化的进程中要虚心向外国的先进东西学习的重要性。

国务院副总理邓小平在北京会见印度外交部部长瓦杰帕伊

邓小平副总理下午在会见印度外交部部长瓦杰帕伊时说:“现在,我们要抓紧时间来改善我们两国的关系。”

瓦杰帕伊外长对邓副总理说,他这次就是为了探讨改善印中关系的可能性而来中国的。

邓副总理接着说:我们应该求同存异,至于我们两国的边界问题,可以通过和平协商来解决,这个问题不应该妨碍我们在其他方面改善关系。他指出,在国际问题上我们有不少共同的看法。我们两国领导人要多来往,逐渐增进相互了解。

瓦杰帕伊外长说,这两年来,印中两国已经有了不少接触,这对我们双方都是有益的。我们可以相互学习。

印度驻中国大使沙梯、外事秘书梅塔等参加了会见。

会见时在座的有:外交部副部长韩念龙,中国驻印度大使陈肇源等。

《人民日报》摘要转载《中国青年报》社论《青年要正确理解和运用民主权利》

《中国青年报》发表的题为《青年要正确理解和运用民主权利》的社论指出,近来在有的地方,发生了少数青年聚众冲击机关,阻拦火车的错误行为。他们把这种行为说成是自己的民主权利。这就提出了一个问题:应当怎样理解社会主义民主和运用民主权利?

社论说,我们国家是社会主义国家。社会主义公有制这种经济关系,决定了人民群众享有当家做主的权利。粉碎“四人帮”以后,扫除危害发扬民主的种种障碍,恢复和发扬党的民主传统,带来了许多新气象。广大人民群众心情愉快,畅所欲言,积极起来揭发和批判林彪、“四人帮”,反映各种问题,提出各种建议,发表各种意见,报刊上大力宣传党的政策,平反冤案错案,经常揭露侵犯民主权利和违法乱纪的事例,人民群众中被“四人帮”压抑的革命积极性重新焕发出来了,全国开始出现了生动活泼的政治局面。

社论说,现在,有许多青年为了加快实现四化,提出了不少意见和建议,还有些青年从自己的实际困难出发,提出了合情合理的要求,还有的青年针对某些不良现象,提出了尖锐的批评。这些都是很好的。但是也有极少数青年,为了达到个人的不正当要求,滥用民主权利,破坏社会秩序,阻拦火车就是一个例子。青年们一定要懂得,我们的民主权利是得来不易的。经过几十年艰难曲折的奋斗,无数革命先烈流血牺牲,才赢来了人民当家做主的权利,我们应该十分珍惜。只有像林彪、“四人帮”那样的反动派,才极力教唆青年闹事,把青年引向邪路。现在,粉碎“四人帮”已两年多了,全国人民渴望有一个安定团结的局面,同心同德搞四化。在这种形势下,任何破坏生产秩序、工作秩序和社会秩序的行为,都是错误的。

社论指出,我们提倡充分发扬民主,也主张要严格遵守纪律。不讲纪律,不讲法制,社会主义建设就根本无法进行,广大人民群众的生命和财产得不到保障,同时也不能正常地工作、学习和生活。

社论要求共青团组织要对广大青年进行民主与集中、自由与纪律的辩证关系的教育,既要讲民主权利,也要讲对国家应尽的义务。广大青年要充分发扬主人翁精神,努力为祖国劳动和工作,严格遵守国家的各项法律和制度。

国务院副总理方毅在北京会见美国公众事务组织主席拉尔夫·纳德和他的姐姐克莱·纳德

国务院副总理陈慕华在北京会见以南斯拉夫社会主义联邦共和国动力和工业委员会主席助理雅乃兹·托米纳茨为团长的南斯拉夫机械工业代表团

2月15日

**国务院总理华国锋在北京会见印度外长阿塔

尔·比哈里·瓦杰帕伊

华国锋总理说:“中国政府和我本人向德赛总理问候,邀请他在适宜的时候访问中国。”

他接着说:“中印两国领导人更多的接触,就能加深我们两国的相互了解和友谊。”

华总理说:“只要中印双方都遵循和平共处五项原则,我们之间的关系一定能发展得很好。我们在许多领域中发展合作的前景很广阔。中国愿意积极同印度发展友好合作关系。”

瓦杰帕伊外长向华国锋总理转达德赛总理的问候。他表示印度愿意在和平共处五项原则的基础上改善同中国的关系。他对华国锋总理说:“我同黄华外长的会谈是友好的、坦率的。会谈很有益处。”

印度驻中国大使沙梯、外事秘书梅塔等参加了会见。

会见时,外交部部长黄华,中国驻印度大使陈肇源等在座。

会见前,华总理见到来访的印度记者时对他们为发展中印友谊而来表示欢迎。

《人民日报》发表中央统战部研究室文章《正确理解和认真落实党对民族资产阶级的政策》

(一)

党的十一届三中全会决定,把全党工作的着重点转移到社会主义现代化建设上来,号召全党、全军和全国各族人民,为在本世纪内把我国建设成为社会主义的现代化强国而进行新的长征。为了实现我党这一历史性的重大战略决策,需要调动一切积极因素,团结一切可以团结的力量,发展工人阶级领导的,以工农联盟为基础的,依靠和团结广大知识分子和其他劳动群众,团结爱国民主党派、爱国人士、台湾同胞、港澳同胞和国外侨胞的统一战线。

建立和发展统一战线是党中央和毛泽东同志一贯的战略思想。民族资产阶级的政策问题,是统一战线工作中的一项重要内容。“文化大革命”前,我们党在这方面曾经取得不少成功的经验,但前些年党的这项政策却几乎被林彪、“四人帮”破坏殆尽。粉碎“四人帮”两年多来,在华国锋同志为首的党中央领导下,党的统一战线政策,包括对民族资产阶级的政策,逐步得到落实。最近,中央又就进一步落实对民族资产阶级的若干政策作出了决定,包括:退还被查抄的巨额存款和其他财物;恢复和补发被扣减的高薪;有步骤地退还被占用的住房;安排使用有技术专长和经营管理经验的资产阶级分子;组织他们和职工一起参加企业的劳动竞赛和评比活动;合理解决他们的生活福利待遇问题和正确对待资产阶级分子子女的政策问题,等等。认真落实这些政策,是肃清林彪、“四人帮”的流毒和影响的重要措施。它有利于发展安定团结的政治局面,调动一切积极因素,为新时期的总任务服务;有利于发展革命统一战线,巩固无产阶级专政,并将在国内外发生重大的政治影响。

(二)

中华人民共和国成立后,我国进入了无产阶级专政的社会主义历史时期。民族资产阶级在民主革命时期同我们党有过合作的历史。在社会主义革命时期,如何正确处理工人阶级和民族资产阶级之间的矛盾,采取什么方式和步骤来消灭私人资本主义所有制和民族资产阶级,这是我国社会主义革命中的一个重大问题。

党中央和毛泽东同志运用马克思主义的普遍真理,结合我国革命的具体实践,科学地分析了中国资产阶级有官僚买办资产阶级和民族资产阶级的区别。官僚买办资产阶级是无产阶级专政的对象,对它采取剥夺的方针。民族资产阶级在社会主义革命时期仍然具有两面性,“它有剥削工人阶级取得利润的一面,又有拥护宪法、愿意接受社会主义改造的一面”。毛泽东同志明确指出:“在我们国家里,工人阶级同民族资产阶级的矛盾属于人民内部的矛盾。工人阶级和民族资产阶级的阶级斗争一般地属于人民内部的阶级斗争”,并精辟地指出,在我国的具体条件下,工人阶级和民族资产阶级之间存在着的剥削和被剥削的对抗性矛盾,如果处理得当,可以转变为非对抗性的矛盾,可以用和平的方法加以解决。根据这一科学分析,我们党对民族资产阶级采取民主的方法和赎买的政策,逐步引导他们走上接受社会主义改造的道路,逐步实现改造直至消灭这个阶级的目的。

党对民族资产阶级的方针政策,主要包括以下内容:

(1)对资本主义工商业采取利用、限制、改造的政策,通过国家资本主义的形式,逐步地将私人资本主义所有制改变为社会主义全民所有制。

(2)对民族资产阶级采取赎买的政策。在1956年以前,对国家资本主义企业实行“四马分肥”。1956年全行业公私合营后,按照企业核定的私股,给以定息。定息一直延续到1966年9月停止。除定息外,保持资本家原有的高薪,也属于赎买政策的范围。

(3)对民族资产阶级分子给以宪法范围内的一切民主权利。对他们的工作、生活给以妥善安置。对他们的代表人物,给以适当的政治安排。

(4)把对企业的改造和对人的改造结合起来。对民族资产阶级分子实行团结、批评、教育的政策,采取说服教育而不是强制的方法,组织他们学习政治,改造思想，并且安排他们参加工作和劳动，逐步地把他们改造成为自食其力的劳动者。

我们党所以要对民族资产阶级采取上述的方针政策，这是因为：第一，民族资产阶级在新民主主义革命时期同我们党有过合作的历史，在革命胜利后，他们继续反帝爱国，表示愿意接受共产党的领导，接受社会主义改造。第二，在社会主义历史阶段，我们需要团结一切可以团结的力量包括民族资产阶级的人们在内，参加反对国内外敌人的斗争。第三，我国原来的经济十分落后，在全国解放后的一定时期内，还需要尽可能地利用私人资本主义经济的积极性，以利于国民经济的恢复和发展。第四，民族资产阶级掌握一定的现代科学文化知识，我们需要他们一切有用的技术专长和企业管理经验，为建设社会主义服务。第五，采取上述方针，还有利于在社会主义革命中减少阻力，顺利地实现对资本主义所有制和民族资产阶级人们的社会主义改造。同时，也有利于团结和稳定与民族资产阶级相联系的爱国民主党派、爱国侨胞和其他爱国民主人士，发展和巩固统一战线。

在全国革命胜利后，我国建立起强大的无产阶级专政的政权，我们又没收了占现代工业80%的官僚资本，掌握了国家经济命脉。我们党领导了几亿农民的土地改革和农业合作化运动，在社会主义的基础上巩固了工农联盟，逐步割断了城市资产阶级同农村的联系。这一切有利条件，都是我们党能够引导和迫使民族资产阶级接受党的政策、逐步走上社会主义改造道路的根本保证。

党中央和毛泽东同志制定的对民族资产阶级的方针政策，实践证明是完全正确的。对资本主义所有制的社会主义改造，仅仅用了6年多的时间，就在1956年基本上完成。在这场大变革中，保持了社会安定，市场繁荣，生产力不但没有受到破坏而且持续发展。实践证明，民族资产阶级的大多数人是在接受社会主义改造的道路上逐步前进的，是跟共产党走，愿意为社会主义建设贡献自己的力量的；坚持资产阶级反动立场、顽固抗拒社会主义改造的只是极少数。

（三）

林彪、“四人帮”出于篡党夺权、复辟资本主义的罪恶目的，推行一条反革命修正主义路线。他们否定对民族资产阶级的统一战线工作，鼓吹什么“全面专政”论，挥舞“黑线专政”论的大棒，并恶毒攻击党对民族资产阶级的方针政策是“投降主义”等，在实际工作中破坏极大，流毒很广，必须深入批判。

(1)林彪、“四人帮”抛出“全面专政”论，不仅把革命领导干部打成“党内资产阶级”，迫害广大工农和革命知识分子，而且打击、排斥无产阶级可以团结的一切朋友。他们对官僚买办资产阶级和民族资产阶级不加区别，对民族资产阶级中接受改造和反抗改造的也不加区别，把民族资产阶级当作专政对象。

一个在工人阶级领导下、以工农联盟为基础的、包括爱国的民族资产阶级在内的最广泛的统一战线，是巩固无产阶级专政、夺取社会主义胜利的一项绝不可少的重要武器。毛泽东同志在1962年扩大的中央工作会议上的讲话中明确指出：“工人，农民，城市小资产阶级分子，爱国的知识分子，爱国的资本家和其他爱国的民主人士，……都属于人民的范围。”毛泽东同志的讲话为我们批判林彪、“四人帮”的反动的“全面专政”论提供了锐利的思想武器。

(2)林彪、“四人帮”炮制“黑线专政”的反动谬论，全盘否定党中央、毛泽东同志的革命路线，否定新中国成立以来对民族资产阶级的统一战线工作取得的伟大成绩，为他们篡党夺权阴谋服务。

新中国成立17年来党的统一战线工作，是在毛泽东同志和周恩来同志的亲切关怀和直接领导下进行的，每一个重大的战略决策和重大的方针、政策，都是以毛泽东同志为首的党中央决定的。在执行统一战线方针政策方面，中央统战部是中央的有力助手，它和各级统战部门，是认真贯彻执行了党中央和毛泽东同志规定的方针政策的，成绩是很大的。党的统战工作所以能取得很大成绩，同各民主党派、工商联以及各方面的爱国人士的共同努力也是分不开的，他们的工作，成绩也是主要的。叶剑英同志在政协四届全国委员会第七次常委会上的讲话中指出：毛泽东同志的革命路线在统战工作中始终居于主导地位。叶剑英同志的讲话是对林彪、“四人帮”的“黑线专政”论的有力驳斥。林彪、“四人帮”诬蔑17年是“黑线专政”，蓄意混淆是非，把毛泽东同志的革命路线也作为修正主义来批，这是对党中央和毛泽东同志关于民族资产阶级的方针、政策的恶毒攻击和无耻诽谤。

(3)林彪、“四人帮”攻击党对民族资产阶级的赎买政策是“投降主义”，是“为资产阶级效劳”，这完全是为他们篡改、破坏党对民族资产阶级的方针、政策服务的。

无产阶级专政的历史任务，就是要消灭资本主义和资产阶级，建设社会主义，最终实现共产主义。这是马克思主义的根本原理。恩格斯曾经说过：马克思不止一次地提出在一定条件下对资产阶级实行赎买的设想。十月革命后，列宁曾经计划在俄国采取国家资本主义的办法和赎买政策消灭资本主义所有制，但是，由于俄国资产阶级同国际资产阶级勾结，反抗苏维埃政权，甚至进行武装叛乱，列宁的计划没有实现。毛泽东同志继承和发展了马克思、恩格斯、列宁的这些思想，在中国条件下付诸实践，取得了伟大的成功。周恩来同志曾经指出：“工人阶级对民族资产阶级的和平改造，实质上就是在无产阶级经过长期的武装斗争取得了国家政权的条件下，依靠强大的无产阶级专政，同资产阶级进行阶级斗争的一种特殊形式。”无产阶级对民族资产阶级付出一笔赎买金，从整个阶级斗争的战略观点上看，在经济上是为了促使他们交出企业，接受所有制的改造；在政治上是为了剥夺他们的政治资本，使他们没有理由不进一步接受社会主义改造。因此，对民族资产阶级的赎买，是无产阶级的坚定的阶级政策，是从无产阶级的根本利益出发的，完全符合广大劳动人民的利益。

（四）

当前，为了进一步落实党对民族资产阶级的政策，需要在广大干部和职工群众中进行统一战线政策的再教育，使人们增强政策观念，彻底肃清林彪、“四人帮”的流毒和影响。

(1)有的同志提出，退还资本家巨额存款，恢复和补发高薪，是不是右了？

资本家被查抄的存款，绝大部分是定息，是属于剥削所得，但是，这是国家按照既定的赎买政策付给的，属于宪法保护的合法收入。高薪也是赎买政策的一项重要内容。退还资本家的巨额存款、恢复和补发高薪，维护了党的政策的信用，维护了宪法的威信。关于退还资本家被查抄的其他财物和退还被占用的住房，也是同样的道理。我们党的赎买政策是有始有终的，说话是算数的。

(2)有的同志拿我们职工和资本家相比，觉得某些资本家“工资高，不合理，应该拉下来”。

我们给资本家一些高薪，是为了剥夺资产阶级的政治资本，有利于消灭这个阶级，改造这个阶级的绝大多数人成为自食其力的劳动者。付给这些人以高薪，在国家工资总额中只占极少一部分。所以高薪的赎买政策，无论从政治上或经济上看，对无产阶级都是有利的。

(3)有的同志提出，发还资本家的巨额存款，恢复高薪，对他们的改造是否有利？怎样对待他们的子女？

过去的实践证明，凡是遵照党的路线、方针、政策去做，就能促进对民族资产阶级人们的改造。只要我们在落实政策中注意做好政治思想工作，就能促进他们接受社会主义改造，调动他们为社会主义服务的积极性。

对出身于剥削阶级家庭的子女，党的政策历来是：“有成分论，不唯成分论，重在政治表现。”我们应该主要看子女本人的现实政治表现，在入党、入团、升学、就业、工作安排和使用等方面，凡符合条件的，应当和其他青年一样对待，不应加以歧视。

(4)有的同志提出，让资产阶级分子参加劳动竞赛和评比活动，会不会混淆阶级界限？

自从公私合营以来，在职的资产阶级分子就参加了生产劳动和工作，不少企业还组织他们参加了竞赛和评比。实践证明，这对资产阶级分子的团结教育改造是有利的，对提高生产技术、改进企业经营管理也是有积极作用的。因此，应当继续组织在职资产阶级分子和职工一起参加劳动竞赛和评比。对生产劳动和工作表现好的，应当实事求是地给予表扬和物质奖励。对政治上表现好、有突出贡献的，可以评为先进生产者或先进工作者。这样做，是为了进一步调动他们为社会主义服务的积极性，促使他们逐步转化为劳动者。只要我们注意全面执行党对民族资产阶级的团结、批评、教育的政策，就不会混淆阶级界限。

落实党对民族资产阶级的政策，要在党委统一领导下，各有关部门密切配合，依靠群众，加强调查研究，把工作做好。同时，要注意发挥民建会、工商联的积极作用，使它们协助共产党做好其成员的工作。

让我们更加紧密地团结在以华国锋同志为首的党中央周围，遵循党的十一大路线和三中全会的战略决策，落实党对民族资产阶级的政策，团结一切可以团结的力量，调动一切积极因素，为发展安定团结的政治局面，为加快实现新时期总任务而奋斗。

国务院副总理余秋里在北京会见奥地利埃森贝格集团董事长索·恩·埃森贝格

余秋里副总理对奥地利埃森贝格集团董事长索·恩·埃森贝格说，他对埃森贝格集团同中国方面就钢铁和铝、铜等有色金属生产合作的会谈取得的成果表示满意。

余副总理说，中国希望加强同埃森贝格集团之间的合作，引进它的先进技术。

埃森贝格先生正率领一个由技术、贸易等方面的专家组成的代表团在我国访问。他们同我国冶金等有关部门进行了富有成果的会谈。专家们在访问期间还到一些地方进行了现场考察。

埃森贝格先生在会见时说，埃森贝格集团和中国都有扩大合作的良好愿望，我们期待着取得更多的成果。

奥地利驻中国大使葛德乐参加了会见。

会见时在座的有冶金部部长唐克，贸促会主任王耀庭等。

全国人大常委会副委员长乌兰夫在北京接受喀麦

隆联合共和国新任驻中国特命全权大使雅各布·阿奇迪·基索布递交的国书

全国人大常委会副委员长谭震林在北京会见美国俄勒冈州美国众议员莱斯·奥科等人

中国常驻联合国代表陈楚写信给联合国安理会主席强烈抗议越南当局在中越边境地区疯狂进行武装挑衅

全文如下：

越南当局对柬埔寨发动侵略战争之后，正继续采取一系列行动，加剧东南亚和亚洲地区的紧张局势，特别是在中越边境地区猖狂进行武装挑衅，严重威胁中国南部边境的安全。

越南当局蓄意推行敌视中华人民共和国的政策，有组织、有计划地在中越边境地区制造争端，进行武装挑衅，蚕食中国领土，绑架和杀害中方人员，破坏中国边民的生活和生产。1978年1年内，越南武装入侵中国领土、挑起争端多达1100起以上，越方还越界埋设地雷，不断开枪开炮，打死打伤中方人员达数百人。这一时期，越南领导人不断叫嚣要以中国为作战对象，打一场"新的战争"，在全国煽动战争歇斯底里，加紧征兵扩军，频繁进行以中国为目标的军事学习。同时，越方还在靠近中越边境各省加紧所谓"清边"，沿中越边境部署大量军队，修筑工事，酝酿新的军事阴谋。

越南当局在大举入侵柬埔寨、不断向中国挑衅的同时，力图借用所谓"小国"的地位，大肆攻击诬蔑中国，叫嚷中国"威胁"越南，对越南"野心"等等。1979年2月10日越南外长阮维桢致安理会主席的电报就再次使用了这一卑劣手法。越南方面施展恶人先告状和倒打一耙的惯用伎俩，企图掩盖它向中国挑衅的真相，为进一步策划反华阴谋制造舆论，这完全是徒劳的。

目前中越边境地区出现的局势，完全是越南当局一手造成的。中国政府十分珍视中越两国人民的传统友谊，对越南当局近年来推行的反华政策和种种挑衅行动，一直采取克制态度，并为通过谈判和协商妥善解决两国间的争端作出了极大的努力。中国方面仍然希望并要求，为了中越两国人民的共同利益，为了本地区的和平与稳定，越南当局立即停止对中国的一切侵犯和武装挑衅，不要在错误的道路上继续走下去。

越南当局对外推行侵略扩张政策，严重威胁着东南亚和亚洲的和平与稳定。这理所当然地引起了亚洲和世界各国的关切和不安。我们衷心希望联合国能够主持正义，行使自己的职权，采取必要措施，使越南当局立即停止对中国的武装侵犯和挑衅，立即停止对柬埔寨的侵略和军事占领，从柬埔寨撤出全部越南军队，立即停止其他一切危害东南亚、亚洲及世界和平与安全的行径。

我谨请你将本信件作为安理会(联合国大会)正式文件予以散发。

苏振华同志追悼会在人民大会堂举行

党和国家领导人华国锋、叶剑英、邓小平、李先念、陈云、汪东兴、王震、韦国清、乌兰夫、方毅、邓颖超、纪登奎、吴德、余秋里、陈锡联、胡耀邦、耿飚、聂荣臻、倪志福、徐向前、陈慕华、赛福鼎、谭震林、廖承志、姬鹏飞、阿沛·阿旺晋美、周建人、胡厥文、谷牧、王任重、康世恩，中共中央军委常委粟裕，政协全国委员会副主席宋任穷、沈雁冰、史良、朱蕴山、康克清、季方、王首道、杨静仁、张冲、庄希泉、胡子昂、荣毅仁、童第周，最高人民法院院长江华，最高人民检察院检察长黄火青，参加了追悼大会。

党、政、军各部门负责人，中国人民解放军陆、海、空三军指战员，中共中央机关、中央国家机关和北京市的干部、群众代表2000人参加了追悼大会。

追悼大会由华国锋同志主持，邓小平同志致悼词

邓小平同志说，苏振华同志是湖南省平江县人，出身雇农，在少年时期就积极从事革命活动，1928参加了平江农民暴动。1929年8月加入共青团，1930年8月转为中国共产党党员。1930年6月，参加中国工农红军，历任红军战士、班长、排长、连政委、团政委、红军大学二科科长。他在历次反"围剿"中，英勇善战，多次负伤，曾荣获中央军委颁发的红星奖章。在1934年至1935年，跟随毛主席参加了举世闻名的二万五千里长征。抗日战争时期，他曾任抗日军政大学大队长、中共中央平原分局党校校长。在担任旅政委兼鲁西军区政委、冀鲁豫军区政委等职期间，他领导广大军民，多次粉碎了日寇的"扫荡"，对巩固和发展抗日根据地，赢得抗日战争的胜利，作出了贡献。解放战争时期，苏振华同志历任晋冀鲁豫一纵队政委、五兵团政委，在邯郸战役、南渡黄河、鲁西南战役、进军大别山、淮海战役、横渡长江、解放大西南等重大战役和战略行动中，功勋卓著。

中华人民共和国成立后，他担任贵州省委书记、贵州军区政治委员、司令员兼政委。1954年起，苏振华同志历任海军副政委兼政治部主任、政委、第一政委。

苏振华同志在党内曾任晋冀鲁豫中央局委员，西南局委员，八届候补中央委员，中央军委委员、军委副秘书长，十届中央委员、政治局候补委员。当选为四届、五届人大代表。并担任国防委员会委员。在第二次国内革命战争时期，当选为中华苏维埃第一次全国代表大会代表。

苏振华同志对毛主席、周总理、朱委员长等老一辈无产阶级革命家,怀有深厚的阶级感情。苏振华同志同林彪反党集团进行了坚决的斗争,遭到林彪及其死党长期的残酷迫害,精神和肉体都受到严重摧残。他重新工作后,对海军进行了全面整顿,使海军建设出现了新的面貌。苏振华同志对“四人帮”的倒行逆施进行了抵制和斗争。在粉碎“四人帮”的关键时刻,他坚决站在华国锋同志为首的党中央一边,积极协助华国锋、叶剑英同志,为粉碎“四人帮”作出了重大贡献。随后,他又受党中央的委托,承担了中共上海市委第一书记、市革委会主任的重任,团结和带领上海广大军民,迅速摧毁了“四人帮”在上海的帮派体系,稳定了局面,使上海的经济建设很快得到了恢复和发展,夺得了揭批林彪、“四人帮”斗争的重大胜利,作出了出色的贡献。

参加追悼大会的还有在北京的中共中央委员、候补委员:丁国钰、于桑、王平、王猛、尤太忠、孔照年、叶飞、冯铉、吕正操、朱光亚、朱穆之、伍修权、刘伟、刘震、杜义德、杨勇、苏静、李达、李水清、李葆华、萧克、宋时轮、张才千、张平化、张劲夫、陈再道、陈国栋、陈福汉、林乎加、林丽韫、罗青长、胡乔木、郝建秀、赵苍璧、赵辛初、姚依林、贺诚、秦基伟、钱之光、钱正英、唐克、黄华、黄镇、曹里怀、梁必业、韩光、韩英、程子华、蔡啸、马明、王六生、王尚荣、王金玲、刘西尧、刘振华、刘道生、杨俊生、李昌安、李耀文、肖寒、吴向必、吴冷西、邹家华、张震、张林池、周子健、袁宝华、顾秀莲、徐驰、徐立清、高厚良、唐亮、唐闻生、黄作珍、黄新廷、曹思明、康林、谭善和。

在北京的全国人大常委会委员、政协全国委员会常务委员、中央纪律检查委员会常务委员,中共中央和国务院有关部门,中国人民解放军各总部、各军兵种、国防科委、国防工办、军事科学院、各军事院校、北京部队、北京卫戍区、中共北京市委和北京市革委会的负责人以及苏振华同志的生前友好,也参加了追悼会。

参加追悼会的还有彭真、陆定一、薄一波、董其武、杜聿明、班禅额尔德尼·确吉坚赞、邓兆祥等。

下午,天安门广场、新华门、外交部下半旗为苏振华同志志哀。

根据苏振华同志生前愿望,苏振华同志的骨灰将撒在祖国的海洋里。

2月16日

党和国家领导人华国锋 叶剑英 邓颖超在北京会见并宴请诺罗敦·西哈努克亲王和宾努亲王

《人民日报》发表社论《发展旅游事业大有可为》

旅游事业有“无烟工业”之称。我国的旅游事业还是一座未被很好地开发的宝库。我国幅员辽阔,山河壮丽,富有驰名中外的名胜古迹、艺术宝库和革命圣地。数不清的旅游胜地,使世界上多少人心驰神往,渴望到中国来看一看,游一游。我国的旅游事业大有可为,我国的旅游事业亟待大力发展。

旅游事业投资少,利润大,收效快。这是近20多年来在世界上迅速发展起来的一个新兴的经济部门。有些国家每年接待几百万甚至上千万外国游客,旅游收入在国民总收入中占很大的比重。相比之下,我国每年接待的外国旅游者是微乎其微的。去年1年中,我国接待的外国旅游者只有10多万人,加上回国观光、探亲的华侨和港澳同胞,也只有六七十万人次。这种落后状况,同我们这个拥有如此优越的旅游条件的大国是太不相称了。

旅游是各国人民之间互相交往的一种好形式。接待更多的外国旅游者来我国游览,看看新中国,了解新中国,可以增进我国人民同各国人民的友谊,交流思想以至文化科学技术,帮助我们改进工作,这实际是对我国实现四个现代化的一种很好的支持。

为了加速实现四个现代化,我们需要大量的资金。资金从哪里来?当然要依靠我国勤劳智慧的人民创造巨大的物质财富,但同时也要下决心搞好那些容易搞的,能赚大量外汇的事业,尽可能多、尽可能快地为社会主义建设积累资金,不断增强我国在建设事业中对外支付的能力。大力发展旅游事业,就是多快好省地收取外汇的一个重要途径。这个“无形的贸易”,不但能多收外汇,而且将直接或间接地促进某些经济部门的发展,如民用航空、公路、铁路、邮电、饭店、饮食服务业、日用轻工业、工艺美术工业等等,都会相应地发展起来。同时也能促进我们各方面工作的不断改进,例如,把市政建设、环境卫生、绿化、公共秩序搞得更好,提高工作效率和服务质量,等等。

最近,中央领导同志一再提出要尽一切可能尽快地把旅游事业办大办好。但是,为什么总是不能大刀阔斧地打开局面呢?这里面确实有实际工作中的种种矛盾,也确实同我们一些同志思想上的“紧箍咒”没有彻底消除有关。两年多来,“四人帮”推行的一套“左”倾机会主义路线和反动谬论虽然受到了批判,但流毒远未肃清。什么旅游是搞“风景出口”呀,是“外汇挂帅”呀,是“为资产阶级服务”呀!这些谬论至今仍然箍住了一些同志的头脑,束缚住一些同志的手脚。“风景这边独好。”“风景出口”何罪之有?像我们这样一个有5000年悠久文化艺术、江山美丽如画的社会主义大国,让五大洲的外国朋友们来欣赏观光,有什么不好？为了早日实现四个现代化，我们正在辛辛苦苦、千方百计地把取之于大自然的原料、材料、农副土特产品等等出口或加工出口以换取外汇，为什么不可以把现成的、不需要花大力气的、得天独厚的大自然景色“出口”，以换取外汇呢？“四人帮”的反动逻辑是十分荒唐可笑的，我们现在就是要理直气壮地搞“风景出口”事业。至于说什么搞旅游是“外汇挂帅”，更是不值一驳。我们说，政治是统帅。什么是当前的政治？早日实现四个现代化，就是当前最大的政治。大力发展旅游事业，吸收更多的非贸易外汇收入，完全是为四个现代化服务，这本身就是一项重大的政治任务，怎么扯得上这是为资产阶级服务！我们要敢于冲破种种禁区，思想来个大解放，旅游事业的广阔前景就会展现在我们的眼前，实际工作中的矛盾也就好解决了。

在实际工作中，当前发展旅游事业的关键，是要积极地解决住房问题。我国现有的可以用来接待外宾的饭店、宾馆远远不能适应旅游事业大发展的需要。为此，我们需要立即动手新建一批设备现代化的高级饭店。利用侨资、外资来修建饭店的方针已经定了，当前的问题是要切切实实地得到落实，限期抓出成果来。当然，我们也不能光筹划将来，而忽视眼前，当务之急是要挖掘现有高级饭店、宾馆以及各个方面的潜力。在这方面潜力是很大的。香港地区现有床位比我们还要少一点，可是全年接待的旅游人数却比我们多十几倍。在这个方面，当前的一个根本问题是我们的高级饭店、宾馆的管理体制要来个大改变。要改变目前的行政管理方法，办成企业单位；要讲究工作效率和提高服务质量；要有上交利润指标和收汇指标，并实行外汇留成等等。一句话，要彻底摒除按行政的办法来办旅游事业，而把旅游事业真正办成吸收外汇的一个基地。目前，各地都有一批常年利用率不高的高级饭店、宾馆，有些只要稍加改造，就可以用来接待旅游外宾。党中央、国务院最近决定，中央机关和军委在北戴河的休养区拨给旅游部门接待外宾用，各地也都应当据此办理，千方百计地挖掘接待旅游者的潜力。在挖掘潜力方面，我们的思路应该更开阔些，如北京的故宫、颐和园，山东曲阜的孔府和其他地方的名胜古迹区，为什么不可以辟出一部分房屋加以修整来接待旅游者呢？为什么不可以开展狩猎、滑雪、登山、骑骆驼、睡蒙古包、睡竹楼等多种多样受游客欢迎的活动呢？在这些方面，我们要开动脑筋，放开手脚大干。

在开展旅游事业方面，我们还是个后进者，很缺乏经验，因此要加强旅游经济研究，学习运筹学；要拜能者为师，请懂行的人来办，请专家包括华侨和外国人来当顾问。我国工商界中有不少有用的人才，要大胆起用，发挥他们的长处，让他们为发展旅游事业作出贡献。

发展旅游事业需要全党重视，各级党委和政府部门一定要有人抓、有人管，纳入各级党委的议事日程上来。各方面要密切配合和协作，特别是航空、铁路、交通、商业服务行业、轻工业、文物出版等部门更要紧密配合。让我们大家共同关心这一事业，支持这一事业，力争我国的旅游事业能在短时期内面貌一新，突飞猛进。

全国轻工业局长会议确定搞好轻工产品质量升级和花色品种更新的具体措施

新华社报道，搞好轻工业产品的质量升级和花色品种更新，是轻工业社会主义现代化建设中一项十分紧迫的任务，也是轻工业部门完全彻底为人民服务的重要标志。最近在上海举行的全国轻工业局长会议着重研究了这个问题，并制定了相应的措施。

多年以来，由于“四人帮”的干扰破坏，也由于工作中没有认真按照客观经济规律办事，我国轻工业生产技术落后，多数轻工业产品还处在四50年代的水平。许多产品的款式陈旧，品种单调，装潢简陋。民用缝纫机、自行车、照相机、手表等，与国外同类先进产品比较，差距较大，有的落后了好几十年，保温瓶等日用品从30年代在我国市场问世以后，式样很少变化。广大消费者称之为“几十年一贯制”。有些出口轻工业产品，由于装潢不好，在国际市场上缺乏竞销能力。有些大路货，如上海出产的素色脸盆、玻璃机压杯、五磅印铁五金壳保温瓶等，去年在国内市场滞销，形成大量积压。

各地轻工业部门的负责人深深感到，在全党工作的着重点转移到社会主义现代化建设上来的时候，轻工业产品的这种落后状态再也不能存在下去了。当前，抓好轻工业产品的升级换代和新产品试制，不仅关系到轻工业本身的现代化，而且是关系到更好地满足人民生活需要，扩大出口，为社会主义建设提供资金的大问题。因此，他们决心从1979年起，一定要扭转重产值、产量，轻质量、品种的倾向，克服“管它老不老，反正有人要”的错误思想，把提高产品质量、增加花色品种作为中心任务抓紧抓好，切实抓出成效来。许多地方的实践证明，只要领导重视，措施得力，调动各方面的积极因素，是完全可以改变轻工业产品的落后面貌的。去年，江苏省轻工业局和上海市手工业局为发展新产品，大力开展群众性的创作设计活动。它们吸收大专院校、科研部门的科技人员和老艺人同企业的科技人员一道进行新产品设计，对设计、试制新产品成绩显著的技术人员和工人给予表扬和物质奖励。去年以来，江苏省轻工业局试制成功了折叠式家具、家用电冰箱、特种建筑纸板、自动调光眼镜等67种具有先进水平的新产品。上海手工业局系统去年用短短三个月时间就设计、试制成功了2300多种新产品、新品种、新花色。根据这些行之有效的经验，轻工业部提出，今明两年内，全国要增加300种以上轻工新产品，其中包括已经试制成功和已经投产的第三代石英电子表、高频自动双日历表、内变速自行车、轻合金电动多能缝纫机和自动洗衣机等。食糖、原盐、纸、卷烟、合成洗涤剂、乳制品、罐头、酒、皮鞋、家具、工艺美术品等，也要搞出一批优质产品和名牌产品。

实现轻工业产品升级换代，一定要积极开展企业的技术改造和技术革新活动。一方面充分发动群众，挖掘现有企业的潜力，同时也要有步骤、有选择地从国外引进生产线、单机和技术专利。上海牙膏厂利用国外引进的先进技术改造老企业，取得了成功的经验。这个厂从1964年以来，先后从国外引进9台先进设备，并且相应地制造大批配套设备，建成了10条软管自动化生产线和9台牙膏包装机，大大提高了劳动效率和产品质量。为了管好用好新技术，还必须在全国轻工业系统掀起一个学政治、学科学、学经济、学管理的热潮，争取在今明两年内，把工人的技术水平普遍提高一级至两级。对于引进项目，投产前就要把领导骨干、技术人员和工人培训好。

参加全国轻工业局长会议的同志们指出，实现产品升级换代要一抓到底，今年轻工系统的技术措施费主要应当用于重点产品的升级换代和新产品试制。对设计成功的新产品要及时组织试制，对经过鉴定合格的新产品要及时组织批量生产，及时投放市场，不能只搞“样品”、“展品”、“礼品”，要改变“橱窗里看得见，柜台上买不到”的状况。大家还指出，为了确保轻工业产品升级换代取得成果，必须实行优质优价、按质论价。各有关部门在原料、材料、设备上要给予保证和支持，要供、产、销密切协作。上海轻工业部门已决定建立新产品试销门市部，使生产部门直接同消费者见面，根据消费者的意见，不断改进产品质量。轻工业部决定于今年9月在北京举办全国轻工业新产品展销会，要求各地轻工部门认真组织技术协作交流，开展友谊竞赛，争取生产更多新产品，向国庆30周年献礼。

国务院副总理王震在北京会见日本“中国政治经济恳谈会”代表干事三冈健次郎

国务院副总理王任重在北京会见以伏伊伏丁那自治省执委会主席尼古拉·克梅集奇为团长的南斯拉夫伏伊伏丁那自治省执委会代表团

全国人大常委会副委员长乌兰夫在北京接受约旦哈希姆王国首任驻中国特命全权大使卡迈勒·哈穆德递交的国书

外交部部长黄华在北京会见以马吉德为团长的联合国纳米比亚理事会访问团

文化部邀请各国驻华大使和夫人及文化官员观看在中国美术馆展出的杨柳青年画和河北蔚县民间剪纸

外交部照会越南驻华大使馆抗议越南侵犯中国领土制造新的流血事件

解放军军事检察院召开驻北京各大单位检察长会议

2月16日至3月2日召开的会议传达学习第七次全国检察工作会议文件和《中华人民共和国逮捕拘留条例》，着重讨论了新时期军事检察工作方针和任务。

根据中央军委决定，军事检察院已重新建立，于1月25日开始正式办公。这次会议是重建后第一次会议。会上，同志们狠批了林彪、“四人帮”砸烂检察机关、破坏社会主义法制的罪行，更加深刻认识到，中央军委批准重新建立军事检察院是加强我军建设的一件大事，是揭批林彪、“四人帮”的一个重大胜利，是拨乱反正、加强社会主义法制的有力措施。

到会同志通过对第七次全国检察工作会议文件的学习讨论，明确了新时期检察工作的方针、任务。大家一致表示，要解放思想，开动脑筋，不等不靠，边建边学边干。要在各级党委和政治机关的领导下，在上级检察机关的监督下，遵照宪法和有关法律、法令，迅速地把审查批捕、审查起诉、支持公诉同严重违法乱纪作斗争等项工作开展起来，用社会主义法制，保护和发扬人民民主，加强对敌人的专政，为实现四个现代化而努力奋斗。

总政治部副主任黄玉昆同志在会上讲了话。他强调指出，重新建立检察院是当前法制建设的迫切任务之一，是同严重违法乱纪现象作斗争，保证民主集中制贯彻实施，保护全军指战员合法权益的需要，是巩固部队、提高部队战斗力的一个重要方面。军事检察院任务很重，必须紧紧围绕建设一支现代化的革命军队这个中心开展工作。

黄玉昆同志说，当前，首先要抓紧组织建设，按编制尽快配齐配好干部。要加强对部队进行社会主义法制的宣传教育，使广大指战员自觉地遵纪守法。他要求检察干部要实事求是，认真履行自己的职责，忠实于人民利益，忠实于法律和制度，忠实于事实真相，执法必严，违法必究，做一个大无畏和不惜以身殉职的检察官，为实现新时期的总任务作出贡献。

教育部确定1979年研究生招生计划

新华社报道，教育部在最近召开的1979年研究生招生工作会议上确定今年全国将有298所高等学校和100多个研究机构招收研究生。

出席这次会议的代表们在讨论落实1979年研究生招生计划时表示，为了顺利实现党的工作着重点的转移，加速社会主义现代化建设的步伐，有条件的高等学校和研究机构一定要积极招收研究生，为国家培养数量更多、质量更高的各种专门人才。

会议在总结交流去年经验的基础上，提出了今年研究生招生意见和简章，确定了今年的招生办法。

1979年招收研究生的办法是：凡高等学校本科毕业，或有同等学力，思想进步，业务优秀，身体健康，年龄在35岁以下(1944年1月1日后出生)，均可报考；对某些基础较好，有专业特长和一定科研能力的，年龄可放宽到38岁(1941年1月1日后出生)。成绩突出，确实具有研究才能的在校大学生，由学校严格挑选，可以报考；高等学校在校的进修生，经原单位同意可以报考；符合条件的台湾、港澳青年也可以报考。考生可填报相同专业、相近研究方向的两个招生单位。报名者一律在报名后进行体检，并由报名者所在单位进行政治审查，然后将体格检查表、政审意见寄送招生单位。招生单位在考试完毕后，根据德、智、体的条件全面衡量，择优录取。

今年研究生招生办法规定：报名日期自1979年4月2日起，至4月12日截止。考试日期定于6月2日、3日、4日3天进行。考试科目为政治理论课、外国语、基础课、专业基础课、专业课5门。考试一律采用闭卷笔试。一般不再进行复试。某些专业，招生单位认为确有必要的，可在完成原规定科目笔试的基础上增加复试。各学科各专业都要进行外国语考试，考试语种按招生单位的规定选择一种。

今年各招生单位最迟于8月30日前将录取通知书发给考生本人，并通知考生所在单位。研究生定于9月中旬开学。

会议号召各单位要从大局出发，积极支持符合报考条件的人员报考，努力为国家输送人才。

教育部副部长高沂在会上讲话，着重谈了恢复研究生制度和培养研究生的重要意义。他指出，为了实现四个现代化，赶超世界先进水平，一定要培养出一大批第一流的科学技术专家。他强调指出：招收研究生要确保质量，宁缺毋滥。

出席这次会议的，有全国29个省、自治区、直辖市文教办、教育(高教)局、招生办公室和中国科学院、中国社会科学院、中央有关部委的有关负责人，人民解放军总政治部、国防科委、国防工办的同志，部分重点高等学校的负责人和担任研究生指导教师的部分专家、教授。

2月17日

中共中央发出《关于为彭真同志平反的通知》

《关于为彭真同志平反的通知》指出：“文化大革命”中强加给彭真的种种罪名和一切不实之词，均应予以推倒。中央决定恢复彭真的党组织生活，分配工作。

中共中央 国务院发出《关于进一步加强全国安定团结的通知》

《关于进一步加强全国安定团结的通知》指出：在新的伟大的历史任务面前，必须进一步促进全国的安定团结，继续发扬社会主义民主，巩固无产阶级专政，建立和维护良好的生活秩序、工作秩序和社会秩序。

国务院发出《关于停办“五七”干校有关问题的通知》

第五届全国人大常委会第六次会议在北京举行

叶剑英委员长主持了上午的全体会议。他说，邓小平副总理对美国的访问，是中美关系正常化以后，我国领导人第一次访美，意义重大，影响深远，取得了重要成果。李先念副总理对坦桑尼亚、莫桑比克、赞比亚、扎伊尔和巴基斯坦的访问，增进了我国同这些国家的友好关系，获得圆满成功。

委员们在上午的会议上听取了外交部部长黄华关于邓小平副总理访问美国情况的报告和外交部副部长何英关于李先念副总理访问非洲四国和巴基斯坦情况的报告，下午进行了分组讨论；大家一致同意这两个报告。

黄华部长在报告中说，邓小平副总理对美国的这次历史性的访问，不仅扩大了我国的国际影响，促进了中美友好合作关系的发展，而且被国际舆论认为是“战后国际关系的一个转折点”，“促进亚洲与世界和平的里程碑”。

黄华说，在中美建交后，美国国内出现了对中国友好的新热潮，各界人士广泛期望中美之间在经济、文化、科技等方面的交流和合作有迅速的开展。邓副总理正是在这样一个历史背景下前往美国进行访问的，因而受到美国政府和人民的极大重视和热烈欢迎。

他说，邓副总理在美国同各方面的人士进行广泛的接触，不知疲倦地开展争取友谊和了解的工作。邓副总理除了同卡特总统和其他美国政府领导人就双边关系和国际问题进行多次会谈之外，还会见了数以百计的参众两院的议员，会见了许多州长、市长以及企业、文化、教育、科技等各方面的人士,包括尼克松、基辛格等一些有政治影响的老朋友,和多年为发展中美关系而做了不懈努力的美国朋友,美籍华人、华侨,在不同的场合向数千人直接发表讲话,深入地阐明了中国对当前国际事务和中美关系的立场。

黄华说,邓副总理同卡特总统举行了多次会谈,就当前国际形势和发展两国关系问题,广泛交换了意见。通过会谈,增进了相互理解,扩大了双方的一致点,建立了双方领导人密切磋商的关系。他说,邓副总理在会谈中代表华国锋总理邀请卡特总统访问中国,卡特总统也邀请华国锋总理访问美国,双方都已接受邀请,访问将在彼此认为方便的时候进行。两国政府首脑的互访,必将进一步增进两国的关系。

他说,作为邓副总理这次访美的具体成果,双方签订了科技、文化、领事等协定。会谈中所接触到的双边关系问题,有解决两国被对方冻结或征用的资产问题,签订长期贸易协定、航空协定和海运协定的问题,互派留学生和常驻记者等等问题。这些问题将由两国有关主管部门通过谈判具体解决。这次访问证实了,中美两国在政治、经济、文化、科学技术各方面进行合作的前景是宽广的。

黄华说,邓副总理回国时顺道到日本进行了两天访问,同日本政府的领导人大平首相等政界领导人和田中、福田等进行了会谈,对密切中日关系起了积极的作用,也扩大了这次访美的成果。

何英副部长在报告中说,李先念副总理正式访问了坦桑尼亚、莫桑比克、赞比亚和扎伊尔非洲4国,并于回程途中顺访了巴基斯坦,受到这些国家政府和人民热烈、友好、隆重的欢迎和接待。通过这次访问,揭露了敌人,团结和支持了朋友,进一步巩固和发展了我国同坦、莫、赞、扎4国以及巴基斯坦的友好合作关系,加强了国际反对苏联霸权主义的统一战线,访问取得了圆满的成功。

何英指出,当前非洲总的形势是好的。苏联在非洲的扩张和侵略,虽在若干地区得逞于一时,但它的霸权主义面目却日益暴露,激起了越来越多的非洲国家的谴责和反对。现实的斗争教育着人民,广大的非洲国家和人民日益清楚地认识到,为了维护民族独立和国家主权,发展民族经济和文化,在继续反对帝国主义、殖民主义、种族主义的同时,特别要反对苏联霸权主义,非洲国家要求团结一致、共同对敌,主张非洲事务由非洲人自己解决,反对一切外来势力的干涉,已成为当前非洲形势发展的主流。非洲国家是反对苏联霸权主义国际统一战线的一支极为重要的力量。

何英说,早在60年代非洲国家刚刚走上世界政治舞台的时候,我们敬爱的周总理曾不辞辛劳,万里跋涉,三次对非洲国家进行正式友好访问,还宣告了我国同非洲国家和阿拉伯国家发展关系的五项原则和我国对外援助的八项原则。这一切为我国发展同非洲国家的友好合作关系打下了广泛的坚实的基础,具有深远的影响。这次李副总理出访非洲,进一步巩固和发展了我国同非洲国家的友好合作关系。

全国人大常委会副委员长聂荣臻、乌兰夫、吴德、谭震林、邓颖超、赛福鼎、廖承志、姬鹏飞、阿沛·阿旺晋美、周建人、许德珩、胡厥文出席了今天的会议。

国务院副总理王任重、陈慕华,最高人民法院院长江华,最高人民检察院检察长黄火青列席了今天的会议。

政协全国委员会在京的副主席和常务委员,中共中央、国务院各部委和中国人民解放军各总部、各军兵种的负责人,也列席了今天的会议。

解放军边防部队在广西 云南边境被迫还击越南侵略者

新华社报道,战斗在我国广西的龙州、靖西和云南河口、金平地区展开。

国务院副总理王震在北京会见美国道格拉斯飞机公司总裁约翰·布里逊达因一行

国务院副总理谷牧在北京会见以法国国民议会财政经济与计划委员会主席罗贝尔—安德烈·维维安率领的法国国民议会议员团

全国人大常委会副委员长姬鹏飞在北京会见以阿赫迈德·伊斯马特·阿卜德尔·马吉德为团长的联合国纳米比亚理事会访问团

中国常驻联合国代表陈楚在纽约向联合国秘书长瓦尔德海姆和安理会本月主席阿卜杜拉·比沙拉递交新华社就中国保卫边疆反击越南侵略发布的声明

新华社受权就越南当局不断侵犯中国领土边防部队被迫奋起还击发表声明

全文如下:

越南当局无视中国方面的一再警告,最近连续出动武装部队,侵犯中国领土,袭击中国边防人员和边境居民,局势急剧恶化,严重威胁我国边疆的和平与安全。中国边防部队在忍无可忍的情况下,被迫奋起还击。

两年来,越南当局在猖狂反华排华的同时,不断在中国边境地区进行武装挑衅和敌对行动。中国方面一直以中越两国人民的友谊为重,采取克制和忍让的态度,再三向越南当局提出规劝和警告,以避免事态的扩大。但是,越南当局在苏联的支持下,自认为有恃无恐,把中国方面的克制与和平愿望视为软弱可欺,越来越肆无忌惮,对中国边境地区的武装侵犯行动不断升级。越南当局沿中越边境集结了大量武装部队,一再侵犯中国领土。他们公然在中国的土地上埋设地雷,修筑工事,任意开枪开炮,毁我村寨,杀我军民,抢我财物,袭我火车,酿成严重流血事件。仅最近半年,越南的武装挑衅就达700余次,打死打伤中国边防人员和边境居民300余人。越南当局这种猖狂侵略行动,就是要在中国南部边境激起军事冲突,加剧紧张局势,破坏中国的社会主义现代化建设。如果对越南的侵略行径不予制止,无疑也将危及东南亚甚至整个亚洲地区的和平与稳定。

中国政府和人民一贯的立场是,“人不犯我,我不犯人;人若犯我,我必犯人”。中国边防部队忍无可忍奋起还击,完全是正义的行动。我们要建设自己的国家,我们需要一个和平的国际环境,我们不愿意打仗。我们不要越南的一寸土地,也决不容许别人肆意侵犯我国领土。我们要的只是和平与安定的边界。在给予越南侵略者以应有的还击之后,中国边防部队将严守祖国的边界。我们相信,中国的这一立场将得到一切爱好和平与主持正义的国家和人民的同情和支持。

中越两国人民在长期的革命斗争中,互相同情,互相支援,建立了深厚的友谊。今天中越之间发生如此严重的武装冲突,完全是越南当局违背中越两国人民的意愿所一手造成的。中国政府和人民珍惜和维护中越人民的友谊。过去如此,今天如此,将来也如此。

中国政府严正要求越南当局立即停止对中国边境地区的武装入侵和一切挑衅、破坏活动,从非法占据的中国领土撤出一切越南武装人员,尊重中国的主权和领土完整。中国政府历来主张通过和平谈判,公正合理地解决两国之间的争端。由于越南方面毫无诚意,历次谈判都没有结果。现在,中国政府再次建议双方迅速在双方同意的任何地点举行适当级别代表的谈判,讨论恢复两国边境地区的和平与安宁,并进而解决有关边界和领土问题的争议。中国政府准备就任何能确保两国边境和平与安宁的建设性办法进行具体谈判。

在中国边防部队被迫还击越南武装入侵的时刻,中国政府呼吁越南当局,迷途知返,悬崖勒马,不要在错误的道路上继续走下去。

1979年2月17日

京通铁路建成通车

新华社报道,沟通我国华北和东北地区的第二条主要交通干线—京通铁路已经通车并开始临时运营。

这条铁路起自北京郊区昌平,经过河北隆化、辽宁赤峰,直抵吉林通辽。连同北京郊区怀柔至怀北、河北承德至隆化的两条联络支线,全长870公里。修建京通铁路(原设计为沙通铁路)以前,从东北到关内只有京沈铁路一条主要交通干线。京通铁路的建成,对于减轻京沈线的运输压力,加快社会主义现代化建设步伐,加强战备,有重要意义。京通铁路沿线地质复杂,有溶洞、暗河、流沙、泥石流。铁路通过的燕山山脉,又是我国东西走向的最大断裂带之一。这些,都给施工带来了困难。英雄的铁道兵和筑路民工,怀着为四个现代化开路的豪情壮志,在4年多的时间里凿通了110座隧道,架起了460座桥梁。目前,筑路部队正抓紧铁路后续工程的建设。

2月18日

《人民日报》发表社论《奋起还击保卫边疆》

我中国人民解放军边防部队被迫对不断武装侵犯我国边境的越南侵略者奋起还击。

我边防部队是在忍无可忍、万不得已的情况下采取这一行动的。为了把中国建设成为一个繁荣富强的社会主义国家,在本世纪末实现四个现代化的宏伟目标,中国人民迫切需要一个国际上和平稳定的局面。但是,“树欲静而风不止”。越南当局在苏联社会帝国主义的唆使和支持下,对中国的武装侵犯步步升级,达到了令人不能容忍的地步,迫使我们采取本来不愿采取的行动。

越南当局是民族扩张主义者。他们为了实现建立“印支联邦”、称霸东南亚的野心,一贯背信弃义,出尔反尔,侵略扩张,不择手段。他们一面接受中国人民节衣缩食、流血流汗提供的大量援助,一面却借古喻今,诬蔑一贯坚持无产阶级国际主义的社会主义新中国,煽动民族仇恨,甚至武装侵占中国的领土。近两年来,他们的扩张野心更加膨胀。他们公然践踏一切国际关系准则,明目张胆地侵略柬埔寨,同时变本加厉地疯狂反华。他们采取极其残暴的手段,迫害、掠夺、驱赶多年来同越南人民同甘苦、共患难的华侨和华裔越南人,其中被驱赶回中国的就达20万人。不仅如此,他们竟然把昨日口口声声称为“同志加兄弟”的中国,宣布为头号敌人,号召同中国打仗。他们在中越边境集结部队,不断寻衅,侵犯中国领土,制造流血事件,杀害我边民和边防人员,掠夺我财物,袭击我火车,破坏我生产。近半年来,越南武装人员对我边境的武装挑衅和入侵激增到700余次,打死打伤我方军民300余人。我国边境军民每天都有人惨遭伤亡,大量居民无法进行和平劳动,生命财产得不到保障。越南当局蓄意用这种不断侵犯中国边境的行径,使我国广大边境地区长期陷入不得安宁的紧张状态,威胁中国的安全,损害中国的主权和领土完整,破坏中国的社会主义现代化建设。

中国人民对于越南当局恣意侵犯中国领土,一直采取忍让克制的态度。长期以来,我边防部队奉命对越方的攻击不予还击,以避免事态的扩大。但是,他们在侵略的道路上越走越远。我国曾一再警告越南当局,人不犯我,我不犯人,人若犯我,我必犯人。越南当局依仗苏联的支持,一意孤行,在中越边界的挑衅和侵略,规模越来越大。事实证明,同越南当局打交道,委曲已经不能求全,忍耐反被认为可欺,呼吁、规劝、警告一概成了耳边风。他们欺人太甚,我们忍无可忍。在这种情况下,为了制止越南当局对中国的武装侵犯,保卫边疆,保卫边境地区人民的生命财产,保障祖国社会主义现代化建设的顺利进行,我边防部队不得不奋起还击。我们不要越南的一寸土地。我们要的只是和平与安定的边界。在给侵略者以必要的还击之后,我边防部队将严守祖国的边界。

中国人民同越南人民在长期的革命斗争中情同手足,互相支援,建立了深厚的友谊。不幸的是,这几年来,中越两国人民之间的这种友谊,受到了越南当局的蓄意破坏。这既给中国人民造成了损害,也加重了越南人民的苦难。中越之间有一条和平的边界,是两国人民的根本利益所在。中国人民将一如既往,继续为维护中越两国人民之间的友谊,为恢复中越边境的和平与安宁而努力。我国政府关于双方迅速举行谈判的建议,充分表明了中国政府和人民的诚意。

我边防部队的被迫还击,是保卫我国边疆的正义行动。这一行动有利于制止越南的侵略扩张,有利于维护东南亚和亚洲太平洋地区的和平与稳定。我们相信,我们的立场将会得到东南亚、亚洲太平洋地区和全世界一切主持正义和爱好和平的人民的同情和支持。

我国人民对越南当局猖狂侵犯我国,早已义愤填膺,热烈拥护我边防部队采取还击行动。当前,全国人民要更加紧密地团结在以华国锋同志为首的党中央周围,增加生产,搞好工作,提高警惕,加强战备,维护社会秩序,为实现祖国的社会主义现代化而努力奋斗。

国务院副总理王震会见以罗伊·吉布森为团长的欧洲空间局代表团

欧洲空间局是一个由欧洲11个国家组成的研究空间技术的机构。会见时,团长罗伊·吉布森先生向王震副总理介绍了代表团的10位团员,他们来自欧洲9个国家。罗伊·吉布森说:"我们希望同中国进行合作。"他把一本介绍欧洲空间局科学成就的相册赠送给王震副总理。

王震副总理赞赏欧洲有关国家在科学技术方面的联合。他说,我们要学习你们先进科学技术,增进同你们的来往。

会见时在座的有四机部副部长、中国电子学会副理事长刘寅等。

2月19日

《人民日报》转载2月19日《解放军报》社论《保卫我国边疆和平安定》

中国人民解放军边防部队已被迫在广西、云南边境的几处地方,对越南侵略者实行自卫还击。新华社奉我国政府之命就此发布声明,我们完全拥护,坚决支持。

越南当局欺人太甚。他们自恃有苏联社会帝国主义撑腰,疯狂反华,武装侵犯,月甚一月,日甚一日,使我边境地区不得安宁。过去,中国人民和中国人民解放军为了越南的民族解放,曾经尽自己一切努力做了最大的支援,在越南土地上流下了自己的血和汗。越南当局却背信弃义,把我国宣布为它的头号敌人,杀我军民,占我土地。尽管我们一再克制忍让,他们却加紧增兵,步步进逼,愈演愈烈。现在,委曲已经不能求全。我们的忍耐毕竟有个限度。我们不能眼看自己的战友、父老兄弟惨遭越南侵略者杀害而一直不还手。我们不能眼看我国领土遭受越南侵略者践踏而不卫护。我边防部队实在忍无可忍,没有别的选择,只有奋起还击。

中国人民解放军边防部队的神圣职责,就是保卫我国边疆不受侵犯。人不犯我,我不犯人,人犯若我,我必犯人,这是我们坚定不移的原则。越南的土地我们一寸也不要,我国的领土也决不容许别人肆意侵犯。现在越南侵略者打过来了,我们理所当然地应该把它赶回去,给予有力的还击。我们国家正在集中力量进行四个现代化建设,需要有一个和平与安定的边界。我们对越南侵略者被迫实行的自卫还击,正是为了求得我国边疆地区的和平与安定,保障我国四个现代化建设得以顺利进行。在完成了还击任务之后,我边防部队将严守祖国的边界。

我军边防部队保卫边疆的战斗,完全是正义的。我国边境地区人民热烈拥护,全力支援,早就盼望还击越南侵略者,保护他们的生命财产和从事和平劳动。光荣的广西、云南边防部队的指战员同志们,你们要发扬爱国主义和革命英雄主义精神,发扬我军英勇顽强、不怕困难、所向无敌的战斗作风,发挥我军政治工作的强大威力，密切军民关系，严格遵守军事纪律和政治纪律，狠狠地打击越南侵略者。干部战士要互相爱护，团结一致，在保卫边疆的战斗中建立功勋。全军同志向你们致以崇高的敬意，祝贺你们胜利，并且学习你们的榜样，发扬革命传统，刻苦训练，提高警惕，加强战备，随时准备歼灭一切敢于来犯之敌。我们要在华国锋同志为首的党中央和中央军委领导下，为加速把我军建设成为现代化的革命军队，为保卫和参加祖国社会主义现代化建设作出光荣的贡献！

《人民日报》发表社论《必须扩大企业的权力》

党的十一届三中全会公报指出："现在我国经济管理体制的一个严重缺点是权力过于集中，应该有领导地大胆下放，让地方和工农业企业在国家统一计划的指导下有更多的经营管理自主权。"这是我国经济战线为适应四个现代化所必须采取的一项重大改革。

用什么样的管理体制，处理中央和地方的关系，处理国家、生产单位和生产者个人之间的关系，这是生产关系是否适应生产力性质，上层建筑是否适应经济基础的问题，是解放生产力还是束缚生产力的问题。为了正确解决这个问题，毛泽东同志在《论十大关系》一文中，提出了扩大企业权力的原则。大庆油田所以开发得这么快，生产搞得这么好，一个重要的原因，就是石油部坚持了扩大企业权力的原则。无论是在油田基本建设方面，还是在原油生产方面，部里只抓几个主要指标，把相当大的权力下放给大庆油田。这就使得企业在国家的统一计划下有了自主权。10多年来，林彪、"四人帮"疯狂煽动无政府主义，严重地破坏了国家计划，使我们的经济管理体制处于一种极不正常的状态。在这种混乱状态下，也就无法扩大企业权力。由于我们工作中的严重缺点和错误，也使扩大企业自主权的工作没有做好。

扩大企业的权力，是民主集中制在经济管理体制上的具体运用。在经济战线只讲集中统一，把生产单位的权力搞得很小，权都集中在上级领导手上，事无巨细，部管的企业要行文进北京，省管的企业要到省会请示，有时也得上北京请示批准。中央的一个部，地方的一个省，所属的企业那么多，而且离得那么远，这么干，无论如何也管不过来，管不及时，往往闹得该管的没有管，不该管的又多管，以致高高在上发号施令的官僚主义盛行，公文旅行，会议成灾。什么都管，但又管不过来；被管的厂矿企业事事听上级指示，件件等上级批准，结果只能是思想越来越僵化，框框越来越多，行动越来越缓慢。被领导的企业由于上级管得太多太具体，应该发扬民主的地方，不能真正的发扬。如果走向反面，只讲民主，把企业的权力扩大到不适当的程度，也不符合民主集中制原则。社会主义经济是计划经济，只能在国家统一计划的指导下扩大企业的权力。我们提倡企业有自主权，是在集中指导下的自主权。目前总的情况是自主权太小，权力过于集中；当务之急是扩大企业的自主权。

企业是以生产活动为中心的经济组织，它的活动是由固有的经济规律所支配，不以人的意志为转移的。只有按照经济规律办事，才能有效率，有效能，有效果。我们把各项工作的重点转移到现代化的轨道上来，就是结合我国的实际情况，分别轻重缓急，有选择地采用世界上最新的科学技术成果，使各方面的工作达到现代先进的水平。权力过于集中，往往是落后的管理方法的防空洞；依靠"长官意志"，违背客观规律，不讲效率，不求效能，不问效果，往往由此产生。要加快实现四个现代化的步伐，就得下决心克服落后的管理方法。而把目前过于集中的经营管理权力，大胆下放给企业，让企业有更多的经营管理自主权，这正是克服落后的管理方法，加速四个现代化进程必不可少的一项重要措施。

扩大企业的权力，还能有效地把企业各方面的积极性、主动精神和工作热情调动起来。若干年来，由于经营管理的权力过于集中，在企业的上面设了一道又一道的关卡，实际上成为限制企业积极性的"婆婆"。这一层又一层的关卡，把企业的主动精神卡掉了，把抢时间争速度的积极性卡掉了。企业失去了主动性，只能是上级领导机关的一只算盘珠，拨一拨动一动，不拨就不动。这种情况，对我们面临的加快四个现代化的速度是十分不利的。实现四个现代化，要引进设备办新工厂，也要用现代技术改造我们原有的老企业。无论是建设新厂还是改造老厂，都需要发挥企业的领导干部、工程技术人员、各种管理人员、广大工人的积极性、主动精神和工作热情。搞现代化，是用目前我们还不了解、不熟悉、没有掌握的世界上许多崭新的科学技术成果，来武装我国国民经济的各部门。如果仍然像过去那样，以层层关卡束缚着工厂的手脚，削弱工厂经营管理的主动权，那么，大批勇于思考、勇于探索、勇于创新的闯将，就很难涌现出来。

扩大企业的权力，企业就有可能从本企业的实际情况出发，及时地实事求是地解决现代化过程中所碰到的各种问题。企业与企业之间，地区与地区之间，情况千差万别。用同一办法解决所有企业的复杂问题，是不可能的。我国这样一个大国，东西南北中，几十万个企业，如果权力过于集中，对这么多的企业实行"一刀切"，不产生主观主义才怪哩。既然情况是千差万别的，企业就应当根据国家制定的原则，从各自的实际情况出发，实事求是地处理自己的问题。

当前,企业迫切需要扩大哪些方面的权力呢?要给企业独立核算权。企业只应由一个主管单位领导,不能有一个指标就增加一个上级。上级不给企业必要的生产条件,企业有权拒绝接受任务。任何上级无权随意向企业布置计划外的生产任务。总之,属于企业职权范围内的事,上级要放手让企业去办,不得乱加干涉;属于上级办的事,上级要负责办好,不能推给企业。为了保证计划的完成和供产销的衔接,要普遍推行合同制度。违反经济合同的,要赔偿损失和交纳罚款。要扩大企业财务管理方面的权力。任何上级不准随意抽调和动用企业的资金、材料、设备、产品和人员。要建立资金交利息的制度,以提高资金使用效果。企业经营得好,国家得到好处,工厂和职工也应得到好处,而且经营得越好,工厂和职工得到的好处就应该越大。有了这个权力,就破了一个吃大锅饭的老观念、老习惯。我们决不能不管企业的经营管理状况如何,使各企业职工都享受同样的待遇。那样办是不利于鼓励先进的。按劳分配的原则,不仅要体现劳动者个人之间的差别,而且要体现企业之间的差别。职工的收入,不仅和个人的劳动情况相适应,而且和所属企业对国家的贡献相适应。企业有了自主权,就可以促使企业的领导干部和广大职工,千方百计地把自己的企业办成先进企业。把企业职工的福利和奖金的多少,同企业经营好坏联系起来,真正做到使劳动者从物质利益上关心企业的经营成果。

对扩大了的企业的权力,各企业必须正确地运用,决不要滥用,更不能违反国家的政策、法令、计划和有关规定,进行损害国家和人民利益的活动。这些和我们所说的扩大企业权力没有丝毫的共同之点。

扩大企业权力是一个新的问题,我们要在实践中不断总结经验。只要我们解放思想,开动机器,团结一致,同心协力,中央、地方、企业、工人四个方面的积极性,就一定可以充分发挥出来,为加快社会主义现代化建设作出更大的贡献。

国务院副总理邓小平在北京会见美洲国家组织秘书长亚历杭德罗·奥尔菲拉

国务院发出《关于制止滥发奖金和津贴的紧急通知》

通知指出:去年以来,各地区、各部门按照国家规定,实行了奖励制度,这对于贯彻按劳分配、多劳多得的原则,体现党和国家对群众生活的关怀,对于更好地调动广大职工的积极性,开展增产节约,起了一定的促进作用。但是,最近在执行中出现了一些偏向。有的部门、地区和单位,违反国务院规定,随意扩大奖金范围,提高奖金标准或奖金率,乱搞岗位津贴,乱发附加工资和劳保用品。凡是未经中央、国务院明文批准,自作主张,滥发奖金、实物,乱搞劳保用品的,应当迅速改正过来。

共青团中央在北京召开共青团省 自治区 直辖市委书记会议

2月19日至24日召开的会议,总结了团十大以来的工作,着重讨论了进一步落实团十大精神,切实把团的工作重心转移到社会主义现代化建设上来的问题,确定了今年工作的要点。中共中央政治局委员胡耀邦同志到会作了重要讲话。他明确指出,落实共青团十大提出的任务,团的工作就适应了全党工作重点的转移。团的干部要解放思想,转变作风,面向青年,面向基层,面向实际,到实践中去找办法,在工作中增长才干,努力完成共青团十大提出的我国青年的四项任务和共青团建设的四项任务。胡耀邦同志鼓励团的干部大胆工作,千方百计围绕四个现代化做好思想工作,开展丰富多彩的活动,使团的工作出现万紫千红的局面。

结合经济工作加强思想政治工作

到会同志经过讨论,一致认为,随着党的工作重心转移,团的思想政治工作不是可以削弱,而是需要加强;思想政治工作的任务不是减轻,而是更加艰巨。团的干部要学会结合经济工作一道去做政治工作,要钻研培养人的学问。会议指出,认真落实团十大精神,就是要引导青年坚持坚定正确的政治方向,用马列主义、毛泽东思想武装起来,掌握建设社会主义的真本领,用最先进的科学技术武装起来;培养严明的纪律,用民主集中制的原则武装起来,使青年成为又红又专的接班人。当前,各级团组织要认真做好大转变中的思想工作。

要对青年进行民主与法制教育

会议强调,要对青年进行民主与法制的教育。要继续充分发扬民主,反对违法乱纪、官僚主义和压制民主的行为;同时又要引导青年正确地行使民主权利,自觉遵守纪律,坚决维护生产秩序、工作秩序、社会秩序,维护安定团结的大局。10多年来,由于林彪、"四人帮"的破坏干扰,造成的问题堆积如山,许多事情都直接涉及青年。我们要满腔热情地关心青年的切身利益,调查研究,反映情况,协助党委解决青年中的实际问题。在解决这些问题的时候,要引导青年正确处理国家、集体和个人的关系,正确处理发展生产与改善生活的关系,以主人翁的态度为国家分担困难,学习老一辈革命家艰苦奋斗的精神,努力做好本岗位的工作,为四个现代化多做贡献。

共青团要成为青年之家，团干部要做青年的知心朋友

会议认为，我国青年的主流是好的，是大有作为、大有希望、完全可以信赖的一代，是新长征中最有生气的一支突击力量。对于青年中出现的一些新情况和新问题，要抱着关心爱护的态度，主动到他们中间去，认真倾听他们的意见，积极协助党委做好工作。许多同志说，只有爱护青年，才能教育青年；只有看到青年的主流，才能调动青年的积极因素，只有信任青年，才能引导他们前进。共青团一定要成为青年之家，团的干部一定要成为青年的知心朋友。

引导青年把主要精力放到提高劳动生产率上来

会议认为，适应全党工作重点的转移，团的工作不论活动内容、组织形式、工作方法和领导作风，都要有相应的转变，要把学四化、干四化作为新时期青年的主课。要从以参加政治运动为主，转到以参加生产建设为主，引导青年把主要精力放到提高劳动生产率上来；要从脱离生产、工作、学习单搞思想工作，转到结合生产、工作、学习的过程进行思想工作；要从一般化的活动转到深入细致的工作中来。

会议号召全国青年继续开展“争当新长征突击手”活动。各级团组织要动员和组织青年在生产中发挥突击作用，以优异成绩向“五四”60周年和新中国成立30周年献礼。团中央最近将向全国青年发出开展这一活动决定，准备在新中国成立30周年时，表彰万名“新长征突击手”，百名突击手标兵，十面突击队红旗。

与有关部门密切配合为青年积极创造学习条件

共青团应主动与有关部门密切配合，帮助青年提高文化技术水平。如举办各种业余学校，开办电视广播讲座，组织学习小组或岗位练兵等等，为他们积极创造学习条件，解决困难。农村团组织要突出抓好青少年的扫盲工作，特别注意边远山区和女青年的扫盲工作。学校团组织要以“三好”为目标，以学习为中心，培养德、智、体全面发展的人才。对于学生学习负担过重、健康下降，以及分快慢班后出现的一些问题，要协助党委和教育部门妥善解决；要加强对少先队的领导。

《人民日报》发表《新华社》记者述评《一部分农民先富起来应受到鼓励》

在烟波浩渺的渤海湾，有一个以渔业为主，渔业农业结合的海岛——长岛县。前些年，由于县委受林彪、“四人帮”“富则修”谬论的影响，不敢放手让社队“各显神通”。他们先后发出种种禁令，把富队社员的分配收入控制在一个固定的水平上。原本是想引导社员走“共同富裕”的道路，结果是把富队拖穷了，穷的更穷了。直到1977年，县委才摆脱了“富则修”的精神枷锁，取消了限制社员富裕的种种规定。从那时到现在，仅仅两年时间，情况大变。1978年，全县公社每人平均分配201元，比1976年增加了42元。最富裕的不必说了，收入最低的一个公社每人平均收入也达到176元，社员存款每户平均300元。

长岛县委从“限制社员富裕”到敢于“放手让社员富裕”的思想变化过程，很值得人们深思。

隍城公社是这个县最富裕的公社，早在1970年，社员每人平均分配收入就达203元。当时，有些人觉得再不加以限制，就会出现“暴发户”，造成“两极分化”了。基于这种考虑，县委作出了许多规定：不管增产多少，不能增加社员的分配，只能留作公共积累；任何一个单位不管生产任务完成情况怎样，分配最低不能少于最高的70%；渔船出海打鱼，以生产队计产量，船与船之间一律平等记工，等等。这样一来，“冒尖”的问题似乎是解决了，但与此同时，干部、社员的积极性被挫伤了。社员说：“干不干，三顿饭”，“迟睡、早睡，一块天亮。”那时人们虽然也照常出海撒网打鱼，但打多打少就不管它了。这样，严重阻碍了集体生产的发展，从1971年起的6年来，集体纯收入仅增加3万元，比限制前的一年的纯收入还少15万元。粉碎“四人帮”后，隍城公社注意拨乱反正，明确规定多劳多得、少劳少得，纠正干多干少一个样的平均主义。社员的积极性调动起来了，集体生产两年两大步，纯收入每年平均增加95万元。社员分配也“水涨船高”，达256元。

隍城公社近两年来生产飞速发展，社员生活显著提高的事实说明：企图通过限制一部分人先富裕起来的办法来建成社会主义，那不过是一种幻想。

允许和鼓励一部分集体收入高的社队的社员先富起来，会不会出现“两极分化”呢？首先要弄清楚什么叫“两极分化”。按“四人帮”的说法，一极，即富裕的单位或个人，由于越来越富，将会变成资本主义；另一极，就是暂时收入低一些、生活困难一点的单位或个人，将会越来越穷，终于到缺吃少穿和旧社会一样的地步。这种说法，不但在理论上十分荒谬，而且在实践中也不可能出现。

还是拿隍城公社来说吧。这两年，社员确实是越来越富裕，但他们的富裕是建筑在生产资料公有制的基础上的，是同生产的发展和对国家贡献的增加相一致的。他们没有剥削任何人，而是靠自己的辛勤劳动，从集体领取自己应分得的一切。世界上哪有这种不剥削他人的“资本主义”呢？我们搞社会主义，不是要限制或拒绝满足个人的需要，而是要不断改善和提高劳动人民物质和文化生活的需要，那种只空谈政治，闭口不谈人民物质利益的做法，决不是社会主义的原则。

只有大力发展生产，才能提供丰富的物质条件，改善和提高劳动人民的生活，而劳动人民生活的改善和提高，必将更加激发出他们的积极性，进一步巩固和发展社会主义建设事业。隍城公社两年来生产发展越来越快的事实，正是说明了这一点。至于说让一部分社员富裕起来以后，穷的将会越来越穷，这种看法也是不符合实际情况的。在社会主义公有制的情况下，一个单位、一个劳动者凭劳动收入多，先富裕起来，这决不是把自己的富裕建筑在别人的贫困和灾难之上。而且富队上去了，这对穷队还是一种鼓舞和推动。

长岛县作过一个统计：1974年，是“四人帮”限制所谓“资产阶级法权”最厉害的一年，也是长岛县在分配上卡富队卡得最多的一年，但是，就在这一年，长岛县收入最低的公社社员分配比收入最高的公社社员每人平均少91元，比全县平均水平少48元。而在取消限制、承认差别、鼓励富裕的1978年，每个人平均分配高达201元，收入最低的公社每人平均分配176元，和富裕公社之间的差距缩小到了80元，与全县平均水平仅差25元。

我们承认社会主义时期农民的收入分配有差别，并不是主张扩大这种差别，而是要努力逐步缩小这种差别。道路有两条：一条是倒退的道路，即“四人帮”叫嚷的那一套，用限制的手段，把富队压下去，在那里踏步不前，等穷队“赶上来”。其结果是差别往往不能缩小，即使缩小了，也只能缩小到“共同贫困”的死胡同里去。这一条道路不能走。另一条是前进的道路。首先承认差别，反对平均主义，允许和鼓励一部分集体收入高的先进单位社员分配多一些，生活好一些，为贫队带个头，作个示范，使贫队受到鼓舞，看到希望。同时，又积极扶持贫队学富队，赶富队；组织富队帮贫队，带贫队。贫队上来了又促富队。这样你追我赶，前呼后拥，大家就能逐步富裕起来，差别也逐渐缩小了。

中国联合国教科文组织全国委员会成立并召开第一次委员会议

中华人民共和国联合国教科文组织全国委员会今天成立，并于2月19日至20日召开第一次会议。

中国联合国教科文组织全国委员会由教育部、国家科委、文化部、中国科学院、中国社会科学院、外交部、外经部、财政部、水电部、国家文物事业管理局、国家出版事业管理局、新华通讯社、中央广播事业局、国家地质总局、国家地震局、国家海洋局、全国科协、全国文联、全国教育协会等单位组成，目前共有25名委员。李琦任主任，秦力生、姚仲明、武光、杨蕴玉、吴兴任副主任，杨蕴玉兼任秘书长、贾学谦为副秘书长。

这个委员会的主要任务是为我国政府、有关部门和出席联合国教科文组织大会的代表团提供有关联合国教科文组织的情况和咨询，负责协调我国有关部门涉及联合国教科文组织的工作，并负责与该组织秘书处和会员国全国委员会的联络工作。

在第一次委员会议上，讨论了如何进一步加强我国同联合国教科文组织的合作问题。会议认为，在新的形势下，全国委员会应进一步积极地参加联合国教科文组织在教育、科学、文化和交流领域的活动，以及区域性的活动。

李琦主持了这次会议，并讲了话。联合国教科文组织执行局委员杨蕴玉在会上介绍了该组织的工作情况。

应邀出席这次会议的还有有关各部委外事局的负责同志以及中国常驻联合国教科文组织大使衔代表钱李仁。

2月20日

第五届全国人大常委会第六次会议听取公安部部长赵苍璧关于修改《中华人民共和国逮捕拘留条例》的说明

叶剑英委员主持了会议。

赵苍璧部长说，我国的《逮捕拘留条例》，是1954年12月20日经第一届全国人民代表大会常务委员会第三次会议通过公布的。这个条例公布实施以来，对保护人民、打击敌人、保卫社会主义生产和社会主义制度，起了重要作用。但是，由于林彪、“四人帮”肆意践踏社会主义法制，残酷迫害革命干部和群众，大搞法西斯专政，把我国的社会主义法制破坏殆尽。在一段时间内，公检法被砸烂了，逮捕拘留条例被废弃了。不依法律，任意拘人捕人，搞什么“监护审查”、“隔离审查”、“群专学习班”等名目，侵犯公民的民主权利的现象十分严重，冤假错案到处发生。这种现象必须迅速纠正。

他说，为了加强社会主义法制，有效地保护人民，稳准狠以准为重点地打击敌人，促进安定团结，保障我国社会主义现代化建设的顺利进行，根据第五届全国人民代表大会制定的新宪法，结合工作中的实际情况，对原《逮捕拘留条例》主要作了四个方面的修改：

（一）关于《逮捕拘留条例》（以下简称《条例》）的指导思想。《中华人民共和国宪法》第十八条规定：“国家保卫社会主义制度，镇压一切叛国和反革命的活动，惩办一切卖国贼和反革命分子，惩办新生资产阶级分子和其他坏分子。”第四十七条规定：“公民的人身自由和住宅不受侵犯。”“任何公民，非经人民法院决定或者人民检察院批准并由公安机关执行，不受逮捕。”这两条的基本精神，就是要对人民的自由和民主权利坚决保护，对敌人实行镇压和改造。只有坚决镇压敌人，才能有效地保护国家和人民的利益，同时，只有人民的民主权利得到保障，才能不断地巩固和加强无产阶级专政。这两个方面是不可分割的。为了正确贯彻执行宪法的这两条规定，在《条例》中增写了一段话，即“根据《中华人民共和国宪法》第十八条和第四十七条的规定，为了有效地维护社会治安秩序，惩罚犯罪，保卫社会主义制度，保护公民的人身自由和住宅不受侵犯，特制定本条例”，作为条例的第一条。这是整个条例的依据和目的。这样有利于公安司法人员严格依法办事，提高贯彻执行《条例》的自觉性。

(二)关于逮捕人犯的条件。第三条第一段改写为“主要犯罪事实已经查清，可能判处徒刑以上刑罚的人犯，有逮捕必要的，经人民法院决定或人民检察院批准，应即逮捕”。这样改写明确规定了逮捕人犯必须具备三个条件：第一，“主要犯罪事实已经查清”，这就要求在逮捕人犯之前，必须作细致的调查研究工作，对主要罪行取得证据，体现了我们无产阶级专政的国家对待犯罪分子“重证据，重调查研究，严禁逼供信”的原则精神。第二，“可能判处徒刑以上刑罚”，在主要犯罪事实已经查清之后，其罪行还必须够判处徒刑以上刑罚的才能逮捕，罪不够判刑的，则不应逮捕，这就不仅分清了是非，而且分清了罪行的轻重，实行少捕人的原则。第三，“有逮捕必要的”，这就是说，虽然已经具备了前两个条件，如果介于可捕可不捕之间的，也不应逮捕，这是我国多年来实践证明的一条好经验。这样修改之后，就使逮捕人犯的条件更加明确。严格执行这一规定，有利于准确地打击敌人，可以最大限度地防止错捕错押。

(三)关于拘留人犯的范围和应具备的条件。第六条改写为：“公安机关对罪该逮捕的现行犯或重大犯罪嫌疑分子，如有下列情形之一的，由于情况紧急，可以先行拘留。”这一条中规定了7种情况，属于公安机关可以先行拘留的。公安机关拘留人犯，是在执行调查，侦查案件的工作中遇到正在实行犯罪或犯罪后逃跑的罪犯，情况紧迫，来不及办理逮捕手续而采取的一种紧急措施。在这种情况下，不把犯罪分子先行拘留起来，就会对社会治安造成新的危害。当然拘留的人犯必须是罪该逮捕的，如暴动、爆破、杀人、放火、放毒、抢劫、强奸等重大现行犯或重大嫌疑分子。如果不是情况紧急，则不应先行拘留。这样修改既有利于及时防范和制止现行犯罪，及时打击各种犯罪分子，也有利于严格控制公安机关对拘留手段的行使，防止把不该拘留的人也拘留起来。

(四)关于拘留的时间。原《条例》规定，公安机关应在24小时内将拘留的事实和理由通知人民检察院，人民检察院在48小时内作出逮捕或不逮捕的决定。根据多年来的实践证明，规定公安机关拘留人犯在24小时之内查清主要犯罪事实，将材料送人民检察院审批，实际上难以做到。这次把拘留时间改为公安机关拘留人犯要在3天内将犯罪事实和证据的有关材料送人民检察院审批，人民检察院在3天内作出决定。同时还考虑到有些案件情节比较复杂，或在交通不便的边远地区，3天之内难于查清主要犯罪事实，因此规定在特殊情况下，可以延长拘留时间，但不得超过4天。这样，既考虑到实际情况，又防止了任意拖延拘留时间。为了力求少出错误，还在第十二条里规定了拘留后的24小时以内进行讯问，发现不应当逮捕拘留的应立即释放。

赵苍璧提请委员们对《中华人民共和国逮捕拘留条例》修正草案进行审议。

乌兰夫、吴德、谭震林、邓颖超、赛福鼎、姬鹏飞、阿沛·阿旺晋美、周建人、许德珩、胡厥文副委员长出席了会议。

国务院副总理陈慕华、最高人民法院院长江华、最高人民检察院检察长黄火青列席了会议。

《人民日报》发表社论《轻工业要有较快的发展》

轻工业是关系人民吃、穿、用的部门。随着国民经济的发展，社会购买力将有很大的提高。轻工业要拿出质量好、花色品种对路、数量更多的产品来，才能适应群众的需要。为了实现四个现代化，由国外引进新技术，国家需要大量的外汇和建设资金。轻工业投资少、收效快、积累多，扩大出口的门路广，用汇少，换汇多，在这方面必须作出更大的贡献。农业、重工业、国防建设和文化教育事业的迅速发展，也要求轻工业提供更多的优质配套产品。这都说明，加快轻工业的发展，十分迫切，十分需要。

为了使轻工业发展得快，轻工业部门响应三中全会的号召，坚决把工作着重点转移到社会主义现代化建设上来。轻工业行业多，企业多，生产周期短，应该比其他部门转得快，转得好，早转出成绩来。由于林彪、“四人帮”的长期破坏，目前轻工业存在的问题是不少的，产品质量不好，数量不足，花色品种少，不少产品是多年“一贯制”，很少更新；生产设备落后，经济技术管理水平不高，劳动生产率低。这种状况如不迅速改变，国内市场需要难以满足，将会影响人民的需求，影响建设资金的积累；在国际市场上由于缺乏竞争能力，不能扩大出口，甚至有被挤出的可能。我们应当正视这种现状，加快轻工业现代化的步伐。

轻工业部门转移工作的着重点，应当结合自己的特点，先从几个方面做好工作。轻工业产品涉及千家万户，与人民生活息息相关，搞好产品质量十分重要。过去一个时期，由于产品少，供不应求，掩盖了产品质量低的问题。现在，轻工业部门必须从过去着重抓产量、产值转到着重抓质量、品种上来，在提高产品质量、发展新的品种上狠下功夫。各个企业之间，要有互相比赛、竞争的精神，在企业之间，实行质量好坏一个样，品种新旧一个样，盈利亏损一个样，消耗多少一个样的做法，是不利于生产发展的。在全民所有制(或集体所有制)的条件下，在国家统一计划的指导下，企业之间应该允许互相竞争，没有竞争就会变成一潭死水。在竞争过程中，淘汰极少数产品低劣、群众不满意、拖四个现代化后腿的企业，有什么不好呢？这是鼓励先进，反对落后。我们不能让极少数经营亏损的企业，长期躺在国家身上，吃社会主义大锅饭。

在自力更生的基础上，有计划地从国外引进新技术，这是实现轻工业现代化的重要途径。轻工业引进新技术，花费外汇少，投资见效快，偿付能力强，外汇收入多，应该大胆地办。这不仅有助于提高生产技术，改善经营管理，而且可以发挥以轻养重，以快养慢的作用。当然，轻工业行业多，不可能所有行业统统引进成套设备，齐头并进，而应该通过来料加工、来件装配、补偿贸易、合作生产、合作办厂等多种形式，根据实际需要，引进生产线、单机或技术专利。轻工业引进新技术，一定要注意同老厂的技术改造、技术培训、科学研究很好地结合起来，加以消化和发展、提高。

我国手工业品在国内和国际市场都享有较高的声誉，不仅现在，即使将来也不可少。在工作着重点转移的时候，要特别注意进一步落实党对手工业的各项方针政策，认真总结历史经验教训，无论如何不能因为强调实现现代化，而把手工业搞掉。不要忘记，手工业产品的最大特点，就是因为它有精湛的手工艺。

要使轻工业有较快的发展，不仅轻工业部门的广大职工要作极大的努力，还要有外部条件的配合，要有各方面的支援。大家知道，轻工业对国家的贡献是很大的。以 1977 年为例，它提供的积累，占全国财政收入的 20.1%，它换回的外汇，占整个外贸出口的 21.2%。可是，我国轻重工业的投资比例，在第一个五年计划时期，大致是 1∶8，那时市场供应的轻工业品是比较充裕的。1956 年，毛泽东同志研究了国内外的经验，在《论十大关系》中提出要适当提高轻工业投资的比重。但是，这个问题并没有解决，现在轻工业的投资比重反而下降了。应当说，轻工业这条腿是短的。我们应当为此大声疾呼。我们要从总的方针上来一个调整，先搞那些容易搞，上得快，能赚钱的。

在物资供应上，要照顾到轻工业生产和建设的需要。现在，有些地方对轻工业口头上是“不挤不让”，思想上是“可挤可让”，实际上是“又挤又让”。电少了，首先挤轻工业；必要的物资有了缺口，也多是留给轻工业。轻工业消耗的燃料、电力、原材料占整个工业的消耗比重其实很少，只要重工业节约一点，就可以为轻工业解决很大问题。

轻工业产品绝大部分是消费品，同商业的关系十分密切。沟通生产和流通之间的渠道，商业工作十分重要，搞好了，就能促进生产，指导消费，发挥纽带和桥梁作用；搞不好，就可能把生产和消费隔离开，妨碍生产，影响消费。这就需要很好地把计划经济同市场需要结合起来，用计划经济来调节市场，用市场需要来补充计划；还要很好地把生产和消费结合起来，用生产来满足消费，用消费来促进生产。轻工业要坚持按社会需要生产，在国家计划指导下，进一步加强计划性，克服盲目性。商业部门应该在国家计划指导下，树立为生产服务的观点，合理组织网点，改进商品调拨，积极扩大销售。今后应当采取多种形式，有些产品可以继续包销，有些产品可以由商业部门选购，有些产品可以由工业部门自销，新产品则由工业部门展销。产销环节不能搞得很死，要有利于生产的发展。改变目前轻工业出口产品产销脱节的最好办法，是实行工业和外贸合一。这样做，经营环节少，生产改进快，交货周期短，易于做到产销对路，可以多生产，多出口，多换汇。

当前，轻工业生产的形势很好，有利条件很多，全国人民对轻工业部门寄予很大的希望。我们相信，轻工业系统的干部和职工在实现四个现代化的伟大斗争中，将会作出更大的贡献。

全国人大常委会副委员长廖承志在北京会见日本众议员鲸冈兵辅一行

外交部部长黄华在北京会见欧洲委员会议会主席柯斯特

全国总工会在北京召开第九届第二次常委(扩大)会议

会议于 2 月 20 日至 27 日召开。会议深入讨论了把工会工作着重点转移到社会主义现代化建设上来所必须做好的几项工作，并作出了《加强安定团结，广泛深入地开展增产节约运动》的决议。

全国总工会主席倪志福主持了这次会议，副主席康永和在会上作了《跟上伟大转变，做好工会工作》的报告。

会议回顾了去年 10 月工会“九大”以来的工会

工作，认为工会“九大”制定的新时期工人运动的方针任务，同党的十一届三中全会精神是一致的。通过贯彻工会“九大”精神，广大职工和工会干部的思想认识有了提高，工会组织进行了整顿，工作上出现了新的气象，得到了各级党委的重视和各方面的支持。但是，必须看到，在前进道路上还存在不少问题。在思想、组织和工作上还有许多不相适应的地方，这种状况必须迅速改变。

会议经过讨论认为：工会要紧紧跟上全党工作着重点的转移，今年必须切实做好以下几方面的工作：

以生产中为心，广泛深入地开展增产节约运动

会议指出，全国解放以来，工会以生产为中心是有优良传统的，现在要在新的历史条件下坚持和发扬这个优良传统。工会工作以生产为中心，主要是不断组织广大职工广泛开展社会主义劳动竞赛，努力增加生产，厉行节约。会议专门讨论了如何在全国范围内开展增产节约运动的问题，并通过了《加强安定团结，广泛深入地开展增产节约运动》的决议。

会议指出，中共中央、国务院决定今年9月召开全国职工劳动模范代表大会，各级工会要积极配合有关方面做好这次大会的动员、评选和各项准备工作。要进一步做好落实劳模政策的工作，加强对劳动模范的管理。

围绕生产建设，加强政治思想工作

会议指出，当前职工群众思想活跃，关心党和国家大事，这是十分可喜的现象。越是在这种情况下，越需要强有力的政治思想工作。工会要发扬过去的优良传统，注意了解职工思想动向，运用多种形式，把政治思想工作做到生产过程中去，做到科学实验中去，做到日常生活中去，做到职工家属中去。要根据职工的思想情况，大力宣传全党工作着重点转移的伟大意义，进行远大理想、革命传统和时事政策教育，把广大职工的注意力引导到社会主义现代化建设上来。

发扬企业民主，建立和健全职工代表大会制

会议认为，实现全党工作着重点的转移，在企业中必须认真实行民主集中制。多年来的实践证明，党委领导下的职工代表大会制是个好制度。搞好职工代表大会，也是推动工会工作全面开展的关键。各企业都应当切实把职工代表大会制建立和健全起来。

企业的职工代表大会，是组织职工群众参加管理，监督干部，实行政治民主、生产技术民主、生活民主的权力机关。要使职工代表大会切实认真行使它的职权，避免形式主义。职工代表大会对企业的生产计划、资金使用、经营管理、人事安排、生活福利等重大问题都要经民主讨论，作出决定；要监督干部正确贯彻执行党的方针政策，评议干部，开展批评和自我批评，对工作卓有成效、贡献显著、关心群众的好干部，可以建议上级机关给予嘉奖、晋级，对有违法乱纪行为和严重失职的干部，可以建议上级机关给予行政处分。

职工代表大会的全部工作和活动必须在党委统一领导下进行，工会要积极认真地做好各项日常工作，要代表大多数工人的利益，替工人说话，支持工人正确的意见和合理的要求。同时要教育和引导职工，正确行使民主权利，自觉地维护生产秩序、工作秩序和社会秩序，遵守法制和劳动纪律，维护企业行政实行高度集中的领导和指挥生产的权威。

根据党中央的指示，在企业里实行民主选举车间主任、工段长、班组长，是搞好民主管理、办好社会主义企业的重要组织措施。工会“九大”以后，一些单位进行了试点。效果良好，调动了工人群众的积极性，提高了干部的光荣责任感。应该认真总结经验，逐步推广。

抓紧办好职工业余教育，努力提高职工的科学文化技术水平

到会同志一致认为，要在1985年以内使四分之一的工人达到7级工的技术水平，一般工人达到高中毕业的文化程度，这是一个具有战略意义的重大措施，各级工会要会同有关方面，迅速把这项工作抓起来。

当前凡是已经办学的企业，要扩大规模，没有办学的单位，要因陋就简，创造条件，赶快办起来。运用讲座、技术表演、技术练兵等多种办法，把职工群众组织到业余技术学习中去。有条件的企业，可以抽出一部分工人进行脱产、半脱产的学习，实行技术轮训。

做好群众生活工作，减少职工的后顾之忧

会议指出，由于林彪、“四人帮”长期干扰、破坏，当前职工生活方面存在的问题比较多，尤其是一些边远地区的职工面临的实际困难更多。工会必须积极主动地关心群众生活。要深入了解和反映工人群众的实际困难和要求，协同有关部门搞好工资改革工作，搞好福利制度的改革；建议并协助行政搞好职工住宅的修建和分配工作；努力办好职工食堂、托儿所、幼儿园和职工疗养院等集体福利事业；要注意关心和解决女职工在劳动、生活中存在的一些特殊问题；努力做好职工家属工作；在有条件的地方，应该学习大庆的办法，组织职工和家属搞好农副业生产。

到会同志一致指出，我国的经济还很落后，面临的许多实际困难不可能一下子全部解决，职工生活只能在生产增长特别是劳动生产率增长的基础上逐步改善和解决。对职工要进行自力更生、艰苦奋斗的革命传统教育，同时要发动群众开展互助互济活动。

全国总工会常委扩大会议认为。工会要紧紧跟上党的工作着重点的转移，必须继续搞好工会组织的思想建设。广大工会干部要解放思想，转变作风，改进工

作方法；要完整地准确地学习和掌握马列主义、毛泽东思想，学习业务和科学知识，学习企业管理知识；要坚持实践是检验真理的唯一标准这一马列主义的基本原则，发扬敢于思考问题，敢于提出问题，敢于解决问题的风格，进一步冲破林彪、“四人帮”设置的种种“禁区”，改变那种思想僵化、四平八稳、因循守旧、安于现状的精神状态。

这次常委扩大会议，还认真研究了工会历史上遗留下来的问题。大家认为，对工会过去的功过是非，要正确地评价，实事求是地作出结论，这是调动广大工会干部的积极性，做好工会工作必须解决的问题。

参加会议的有全国总工会副主席朱学范、马纯古、黄民伟、陈宇、宋侃夫、王崇伦、韩荣华、章瑞英和其他常委以及各省、自治区、直辖市总工会负责人。会议一致通过张维祯为全国总工会顾问、李望淮为全国总工会书记处书记。

中国红十字会第三次代表会议在北京举行

会议于2月20日至24日召开。会议选举了中国红十字会理事会理事46人。在第一次理事会议上，选出常务理事18人。钱信忠继续当选为中国红十字会会长，杨纯、沈其震、赵朴初、彭炎、熊天荆、龚普生、孟谦、王肇元、邓启修、魏龙骧、顾锦心、王仪、刘鹏飞、王敏等14人当选为副会长。

会议期间，国务院副总理陈慕华、全国人大常委会副委员长廖承志听取了代表们的汇报。他们在讲话中表示，希望中国红十字会的各级组织和广大会员在群众性的讲卫生、防病治病等方面积极开展工作，作出更大成绩。

卫生部副部长、中国红十字会会长钱信忠在会上作了关于《为新时期的人民卫生救护事业努力奋斗》的工作报告。

钱信忠在会上还号召台湾省红十字会的同事们为祖国统一大业作出贡献。他说，中国红十字会愿为台湾同胞与祖国内地的亲友联系和团聚提供帮助。会议还修改和通过了《中国红十字会章程》。章程规定，中国红十字会是中华人民共和国的全国性的人民卫生救护团体；救死扶伤，实行革命的人道主义，是中国红十字会进行国际和国内活动的崇高宗旨。

省、市红十字会和有关部门的代表出席了会议。

首都1000多名科学工作者隆重集会纪念爱因斯坦诞辰100周年

新华社报道，今年3月14日，是爱因斯坦诞辰100周年。中国科学技术协会、中国物理学会和中国天文学会联合举行的纪念大会在政协礼堂举行。

国务院副总理、国家科委主任方毅，全国政协和国家科委、中国科学院、教育部、中国科学技术协会、北京市科委、中国物理学会、中国天文学会的负责人蒋南翔、于光远、李昌、周培源、钱三强、严济慈、茅以升、裴丽生、白介夫、王淦昌、施汝为、张文裕、王竹溪、甘柏、汪德昭、张钰哲、王绶琯、萨空了等，出席了纪念大会。

德意志联邦共和国驻中国大使魏克德、德意志民主共和国驻中国大使馆参赞昆茨博士、瑞士驻中国大使馆临时代办杜克莱、美国驻中国联络处副主任芮效俭；在中国短期工作和讲学的原华盛顿天主教大学空间及气象学教授张捷迁和夫人张素坤，以及联邦德国科学工作者载泽罗特博士、鲍霍费尔博士，应邀参加了纪念会。

纪念大会由中国科学院副院长、中国物理学会副理事长钱三强主持。中国科协代主席、中国科学院副院长周培源和国家科委副主任、中国社会科学院副院长于光远，在会上作了报告。

《纪念爱因斯坦译文集》由上海科学技术出版社出版

新华社报道，为纪念伟大的科学家爱因斯坦诞辰100周年而赶译、赶印的《纪念爱因斯译文集》，已在2月由上海科学技术出版社出版，并在中国科学技术协会和中国物理学会、中国天文学会今天举行的“纪念伟大的科学家爱因斯坦诞辰100周年大会”上出售。

2月21日

国务院总理华国锋在北京会见由执委会主席尼古拉·克梅集奇率领的南斯拉夫伏依伏丁那自治省执委会代表团

华国锋指出，发展两国各方面的合作关系是双方的共同愿望。他对代表团在访华期间同中国有关方面会谈所取得的成果表示满意。

华国锋在谈话时还高度赞扬铁托总统为维护和促进不结盟运动的团结，坚持反帝、反殖、反霸原则所作出的贡献。他请尼古拉·克梅集奇同志向铁托总统转达他的问候。

尼古拉·克梅集奇团长指出，代表团在北京同中国方面的会谈是富有成果的，这将使南中两国在经济、科学技术、贸易方面的合作得到进一步的加强。

南斯拉夫驻中国大使奥斯托依奇参加了会见。会见时在座的有国务院副总理王任重，农林部部长杨立功，外交部副部长张海峰，外贸部副部长陈洁，外经部副部长魏玉明等。

《人民日报》发表特约评论员文章《认真做好发扬民主的引导工作》

去年12月初，某公司一位青年工人贴了一张大字报，表示他对1976年天安门事件的错误决定想不通，提出：周恩来同志病重期间，邓小平同志主持中央工作，为人民办事，替人民讲话，生产也上去了，为什么"四人帮"竟敢对邓小平同志打击、诬陷？在这张大字报中，还对毛主席说了一些误解的话，用的言辞也很不恰当。这位青年同志贴出大字报后，手捧宪法，坐等逮捕。

这张大字报在公司职工中引起了强烈的反应，发生了辩论。有的职工认为贴这样的大字报"是反革命行为"，将贴大字报的这位青年工人扭送到公司保卫处。保卫处负责同志劝走了扭送的人，然后同这位青年工人谈话，指出大字报上某些不当之处，让他回家考虑，同时将有关情况报告了公司党委和上级党委。上级党委研究后认为，写大字报对党和国家领导人提出意见，是人民群众的民主权利，应该受到保护，至于对大字报上的某些思想认识上的错误，应做好思想教育工作，妥善加以引导。公司党委认真执行上级党委的指示，一面向全体职工传达了党中央关于发扬民主问题的指示和邓小平同志会见外宾时的有关谈话；一面指派公司所属选冶厂党委书记、厂长和车间总支书记同这位青年工人一起学习中央指示和邓小平同志的讲话，耐心做思想工作。这位青年同志经过学习，弄清了许多问题，认识到大字报中有些内容确实不当。公司职工普遍反映，这件事处理得好。

党的十一届三中全会指出，鉴于过去一个时期内民主集中制没有真正实行，甚至破坏了民主集中制，民主太少，当前特别需要强调民主，强调民主与集中的辩证统一关系。三中全会以来，党内外民主生活日益活跃，越来越多的干部和群众思想解放、畅所欲言。粉碎"四人帮"以后，人们一直有话不敢说的单位，现在也开始打破了死气沉沉的局面。这是极大的好事。但是，现实生活告诉我们，还有相当一部分领导干部不习惯或不懂得尊重和保护人民群众的民主权利，也有一些干部和群众还不习惯和不懂得，都不利于党和国家的民主生活沿着健康的道路发展，保持持久安定团结的局面，不利于调动一切积极因素，齐心协力加快社会主义现代化建设，因而都需要运用马列主义、毛泽东思想，积极主动地做好引导工作。

为什么有的同志要把这位青年工人扭送保卫部门？为什么他自己在贴大字报后就准备公安机关来逮捕？这个问题，说到底，就是人民群众可不可以对重大政治事件发表自己的看法，可不可以批评党和国家领导人？其实，毛泽东同志对民主问题的一系列论述，党章和宪法有关党内民主和人民民主的规定，以及我们党的民主传统，对这个问题早已作了明确而肯定的回答。事情很清楚，我们的党是为人民服务的党，我们的国家是人民当家做主的社会主义国家，我们的干部是人民的公仆，如果人民不能表示自己对国家大事的意见，不能批评党和国家的工作人员，包括党和国家的领导人在内，社会主义民主岂不成为一句空话！然而，人民的这个基本权利，在过去的一个时期内实际上被否定了，它所产生的影响至今还在束缚着一些人的思想。在有些人看来，似乎在我们党和国家的政治生活中，只要是高级领导机关作出的决定，即使实践证明是错误的，或有缺点的，人民也不能表示异议；只要是身居要位的领导干部，不管其言行是否正确，人民就只能歌功颂德，无权提出批评。否则，就被视为违法犯罪，要受到追究，甚至逮捕判刑。这种想法和做法相沿成习，以致许多人对广开言路觉得不习惯，对犯颜直谏的人看不顺眼，对尖锐的批评意见感到不舒服，对错误的意见更是视若洪水猛兽。那位青年工人所以贴完大字报就等待逮捕，就是这种不正常状况的一种反映。

产生这种情况，原因是多方面的。从历史上看，我国经历了漫长的封建社会，封建专制主义统治了几千年，根本无人民民主可言。革命胜利以后，实行社会主义民主只有20几年，新的民主制度本来就不很健全，而人们头脑中残留的封建等级观念等旧思想，又不时地对新制度起着破坏作用。党的八大通过的党章，根据毛泽东同志的教导和党执掌全国政权后面临的新情况，对担负领导工作的党员接受群众的监督提出了较高的要求，但是，在实际政治生活中并没有真正实行。特别是林彪、"四人帮"大搞法西斯专政，破坏社会主义民主，在一个相当长的时间内，搞得党内迷信盛行，民主生活很不正常，工作中的缺点错误得不到纠正，大批刚直不阿的好同志遭受迫害，使我们的党和国家遭受了一场浩劫。另外，林彪、"四人帮"又大肆煽动无政府主义，动不动就冲击领导机关、揪斗领导干部，搞打砸抢，破坏工作秩序、生产秩序和社会秩序，毒害了很多人、特别是青年人的思想，鼓动他们的个人主义恶性膨胀，无法无天，无理取闹。这就告诉我们，没有真正的人民民主，不充分保证人民对国家大事的发言权，以及对党和国家各级领导干部的批评权，野心家、阴谋家就可能乘机捣乱破坏，造成严重的后果。这个公司的领导人及其上级党委，正确对待和处理那位青年工人贴大字报问题，说明他们是懂得这个用很大代价得来的教训的。那些至今还不习惯尊重人民群众行使宪法赋予的民主权利的同志，那些听说有人给领导同志贴大字报，就想找公安机关解决问题的同志，难道不应当冷静地想一想这个问题，使自己变得比较聪明一些吗！

人们发表意见，提出批评，有对的，也有不对的，这是很自然的现象。如果要求意见和批评都100%的正确，否则就“免开尊口”，那无异是不让人讲话，取消人民的民主权利。问题的关键，在于如何正确对待和处理发扬民主过程中出现的那些不正确的意见、不合理的要求、不妥当的做法。“我压你服”，这是愚蠢的做法，只有对真理失去信心的人才依靠它，而结果总是压而不服，使矛盾激化。“撒手不管”，这是对党和人民不负责任的表现，采取这种态度，有的是因为自己同情、支持错误的东西；有的是胆小怕事，当“好好先生”；也有的是心有余悸，害怕搞错。这样势必助长错误的东西，搞乱正常的生产秩序、工作秩序和社会秩序。“放长线钓大鱼”，让人家错误发展到顶点再来整治，这是对敌斗争的一种方法，如若用来对待自己人，必然混淆两类不同性质的矛盾，铸成大错。还有一种办法，叫作‘积极引导”。据说上古时期水患成灾，鲧“治水以堙”，用堵塞的办法，搞了13年没有治好。禹反鲧之道而行，‘治水以导”，就成功了。对民主生活中出现的某些错误的东西，也如同治水一样，不能“堙”，只能“导”，通过积极引导，帮助人们发展正确意见，克服错误意见。经验证明，凡是这样做的，效果都好。我们应该大力提倡这种方法。

当然，处理社会生活中的矛盾比治水要复杂得多。这里最关紧要的一条是，必须养成分析的习惯，善于针对不同情况，做耐心的思想工作。例如，人们因为所处地位的局限，对林彪、“四人帮”横行时斗争的复杂情况不了解，对党的领导人有怨言，或者对林彪、“四人帮”破坏造成的实际困难估计不足，对落后政策提出了一些不合理的要求，领导上就应该如实讲明情况，耐心做说服教育工作。如果群众要求合情合理，但长期得不到解决，采取了不恰当的行动，有关组织就应当首先解决问题，把党的政策落到实处，同时告之以正确行使民主权利的方法，不要多加指责。有些问题一时难以解决，应当把国家的困难向群众讲清楚，只能逐步加以解决。对于那些受林彪、“四人帮”煽动无政府主义毒害的人，更应该对他们加强教育，引导他们认识现在还采取这种错误做法的严重性。他们如果坚持搞无政府主义，违法乱纪，必须充分发动群众，取得广大群众的赞助，实行严肃处理。公安机关就是能随时随地制止社会上这种严重违法行为的强有力的工具。只有这样，才能有力地打击社会上的歪风邪气，教育广大群众正确地行使民主权利。总之，我们的态度是两个坚决：一是坚决发扬民主，支持干部和群众关于落实政策、平反冤案假案错案、反对官僚主义、反对违法乱纪等正当要求；二是坚决对那种无理取闹，想乘机捞一把的人，进行严肃的批评教育，及时地加以制止，对其中个别坚持不改的，则应进行必要的处理。这两个坚决，缺一不可，没有前者，群众的积极性会受到压抑；没有后者，也不能保障群众充分行使民主权利。因此，两者都是为党为人民利益着想的，有利于我们加速实现四个现代化。

“无产阶级文化大革命”中，林彪、“四人帮”借口大民主制造混乱的时候，毛泽东同志说过：要善于把我们队伍中的小资产阶级思想引导到无产阶级革命的轨道。各级党组织特别是负责同志，一定要学习和掌握有效地进行引导工作这样一种艺术。越是那些出了问题，发生了麻烦和困难的地方，越是需要领导同志亲自出马做好引导工作。我们共产党人是民主和集中的辩证统一论者。当前，我们要强调运用马列主义、毛泽东思想去引导群众，充分发扬人民民主，同时也要注意针对发扬民主过程中出现的种种问题，进行有力的集中指导，把这两方面的工作很好地结合起来。看到发生一点什么问题，就惊慌失措，以为是发扬民主坏了事，就想压，是不好的；明明存在着不利于人民民主健康发展的问题，不敢引导，或者认为给以正确指导是“领导高明论”，会妨碍发扬民主，也是不对的。

我们的党从诞生到现在，已经为争取人民民主权利而斗争了57年。反对帝国主义、封建主义、官僚资本主义的伟大胜利，粉碎林彪、“四人帮”反党集团的伟大胜利，从党和国家的政治生活方面说，也是人民民主的胜利，是党的民主传统的胜利。现在搞四个现代化特别需要充分发挥人民群众的社会主义积极性，因而也非常需要健全的民主生活。尽管林彪、“四人帮”干扰破坏给我们今天恢复和健全民主生活遗留了不少的问题、麻烦和困难，但是，党和人民都对如何实行民主集中制积累了正反两个方面的可贵经验。只要我们坚决按照三中全会的有关决定办事，勇于实践，善于学习，善于工作，我们就一定能够造成进行社会主义现代化建设所必需的生动活泼的政治局面。

冶金部在北京召开电话会议

冶金部部长唐克在讲话中强调要善始善终地结束揭批查工作。

唐克同志说，两年来，冶金战线揭批查运动是搞得好的，在工作的着重点转移到现代化建设上来的时候，一定要防止松劲情绪，真正做到善始善终。特别是少数运动走了过场、煮了“夹生饭”的单位，不把揭批查搞彻底，就不可能真正达到安定团结。

电话会议在回顾了今年以来冶金生产大好形势之后，对开展增产节约运动提出了要求。会议指出，必须坚持自力更生、艰苦奋斗、勤俭建国的方针，坚定不移地立足现有基础，继续搞好企业整顿，大搞挖潜、革新、改造，千方百计用四50年代的老设备打出70年代新水平。实现冶金工业现代化，引进先进技术装备，建设一批新厂，改革一批老厂是必要的。但是我们的出发点还是靠现有企业。我们既不能只靠引进来实现现代化，更不能坐等现代化。当前冶金工业转到现代化的轨道上来，最实际的和量大面宽的问题，就是要把现有的企业整顿好，增产节约，挖潜、革新、改造，做新贡献，做大贡献。

要在降低消耗、特别是在节约能耗上狠下功夫。降低消耗、节约能耗，是实现冶金工业现代化的一个重要标志。要狠抓降低烧结燃料比，炼铁焦比和燃料比，提高高炉热风温度和轧钢热锭温度。要积极地采取措施，减少高炉煤气、焦炉煤气的放散。要继续努力，消灭跑冒滴漏。要强调各个环节都要节约一切可以节约的油。

要进一步提高产品质量，扩大品种，拉长短线。去年以来，冶金产品质量全面回升。但多数质量指标还没有达到历史最好水平，质量低的状况还没有根本扭转。因此，要狠下决心，坚决把组织生产的重点放在提高质量，扩大品种上来。同时要努力增加收入，搞好扭亏增盈。基本建设要缩短建设周期，降低工程造价，提高投资效果。

国务院副总理耿飚在北京会见瑞典外交部秘书长莱夫兰德和夫人

国务院副总理王震在北京会见欧洲委员会议会主席柯斯特和夫人以及随行人员

国务院副总理谷牧在人民大会堂举行宴会欢迎欧洲共同体委员会主席罗伊·詹金斯和夫人

谷牧副总理首先在宴会上讲话。

他在讲话时赞扬詹金斯先生为西欧联合的事业所作出的积极贡献，并称他是西欧知名的政治家，也是中国人民的一位老朋友。

他说，詹金斯先生这次来中国访问，亲眼看一看我们国家发生的巨大变化，并就共同关心的国际问题和发展共同体与中国的关系交换意见，对促进我国同共同体的关系和增进我们之间的友谊都有重要意义。谷牧副总理指出："我们高兴地看到近年来西欧国家不但在经济联合方面有了新的进展，而且在政治上和防务上也在加强合作。我们为共同体在联合自强事业中所取得的每一个成就感到由衷的高兴。我们认为，一个联合、强大的欧洲有利于反对霸权主义的侵略扩张，有利于维护欧洲和世界的和平与安全。我们愿意看到欧洲共同体在国际事务中发挥更加积极和重要作用。"

詹金斯先生接着讲话。他说："在过去几年中，中华人民共和国和欧洲共同体之间的关系变得更加紧密和热烈了。"他指出，去年4月所签订的贸易协定成为欧洲共同体和中国之间加强和加深经济方面关系的实施手段。他说："中国和欧洲共同体关系的发展不仅出于共同利益的考虑，而且也建立在政治领导人之间和他们所代表的人民之间的谅解基础上。"

詹金斯先生说，这次对中国的访问"将导致我们之间更好地了解和进一步发展友谊。我希望进一步探索加深我们经济合作的可能性和给予我们去年所签订的贸易协定以更多的实质内容"。

出席宴会作陪的有谷牧副总理的夫人牟锋，外贸部部长李强和夫人，社会科学院副院长宦乡和夫人，外交部副部长章文晋，外贸部副部长王润生，教育部副部长浦通修，中国银行董事长乔培新，中国驻欧洲经济共同体大使康矛召和夫人等。

詹金斯主席的随行人员，欧洲共同体国家驻中国大使馆外交使节，也应邀出席了宴会。

拉萨重新开放大昭寺 哲蚌寺 色拉寺

新华社报道，拉萨最近向藏族群众开放了著名的拉萨八角街大昭寺和拉萨西郊的哲蚌寺、拉萨北郊的色拉寺。

拉萨大昭寺开放后，每天清晨就有不少藏族群众络绎不断地前往参观游览、朝佛。很多藏族群众看到佛堂里装了电灯，打扫得很干净，大小佛像不仅完整无损，而且装饰得焕然一新，壁画更加绚丽多彩，很受感动。

拉萨著名的寺庙过去被列为国家重点保护文物。林彪、"四人帮"横行期间，拉萨大昭寺等寺庙一度被关闭。粉碎"四人帮"后，这些寺庙经过一番修缮，现在又重新开放。

刘仁追悼会在北京举行

中国共产党第八届中央委员会候补委员、原中共中央华北局书记处书记、中共北京市委第二书记刘仁同志，因遭受林彪、"四人帮"一伙的诬陷和迫害，于1973年10月26日不幸逝世，终年64岁。刘仁同志追悼会今天在北京展览馆大厅举行。

中国共产党中央委员会送了花圈。华国锋、叶剑英、邓小平、李先念、陈云、汪东兴、王震、乌兰夫、吴德、余秋里、耿飚、聂荣臻、倪志福、谭震林、李井泉、廖承志、谷牧、王任重、宋任穷、童第周、江华、黄火青送了花圈。

送花圈的还有全国人大常委会，国务院，政协全国委员会，中共中央纪律检查委员会，中共中央办公厅、组织部、宣传部、统战部，中共北京市委、北京市革委会。刘仁同志生前友好彭真、万里、冯基平、范瑾、崔月犁等同志也送了花圈。

李先念、王震、乌兰夫、吴德、余秋里、耿飚、聂荣臻、倪志福、谭震林、廖承志、谷牧、王任重、宋任穷、童第周、江华、黄火青参加了追悼会。参加追悼会的还有党中央和国务院有关部门、有关省市委的负责同志，以及北京市干部、劳动模范、群众代表1500多人。

中共中央政治局委员、全国人大常委会副委员长聂荣臻主持追悼会，中共北京市委第一书记林乎加致悼词。

刘仁同志是四川酉阳县人，1927年加入中国共产党，在很长一段时间里从事党的地下工作，领导工人运动。在抗日战争和解放战争期间，刘仁同志历任中央党校秘书长兼班主任，晋察冀中央分局委员、秘书长、组织部副部长、城市工作委员会书记，晋察冀中央局城工部部长兼敌工部部长，中共中央华北局组织部副部长、城工部部长。新中国成立以后，刘仁同志在中共北京市委领导下，协助第一书记彭真同志长期主持市委日常工作，为首都社会主义革命和建设事业，献出了全部精力。

参加追悼会的还有刘仁同志的生前友好彭真、薄一波、胡乔木、姚依林、林铁、刘澜涛、安子文、田秀娟、张苏、钟子云、陆平、蒋南翔、武光、荣高棠、李葆华、郑天翔、陈克寒、赵凡、薛子正、程宏毅、廖沫沙、陈鹏、范儒生、张淮三、马玉槐、苏毅然、王逸伦、张友渔、王光美、丁一岚等。

中共北京市委、市革委会负责人杨俊生、刘绍文、叶林、赵鹏飞、毛联珏、李立功、王宪、王笑一、刘坚夫、刘祖春、白介夫、刘导生、佘涤清、吴烈、郭献瑞、王纯参加了追悼会。

2月22日

国务院总理华国锋电贺圣卢西亚宣布独立和约翰·康普顿就任总理

圣卢西亚卡斯特里圣卢西亚总理约翰·康普顿阁下：

在圣卢西亚宣布独立和阁下就任总理之际，我谨代表中华人民共和国政府和人民，向阁下，向圣卢西亚政府和人民表示热烈的祝贺。我愿借此机会通知阁下，中国政府决定承认圣卢西亚。我希望，我们两国关系及两国人民间的友谊将不断发展。

祝圣卢西亚人民在维护民族独立和建设自己国家的事业中取得成就。

中华人民共和国国务院总理 华国锋

1979年2月22日于北京

第五届全国人大常委会第六次会议听取国家林业总局局长罗玉川关于《森林法(试行)》和决定植树节的说明

罗玉川在关于《中华人民共和国森林法(试行)》(以下简称《森林法(试行)》)的说明中说，森林与国计民生关系极大。它不仅是国家建设和人民生活需要的重要资源，而且对于改造自然，调节气候，涵养水源、保持水土，保障农牧业高产稳产；对于保护环境，防治污染，以及防护国土、加强战备等方面，具有重要的作用。我们应当更有效地发挥森林的这些作用，为我国四个现代化服务。

他说，我国人口众多，森林资源少，每人占有森林面积只有2亩。而且我国森林主要分布在东北、西南等江河上游和边疆地区，不宜过量采伐，供需矛盾越来越尖锐。新中国成立以来，我国林业建设是有成绩的，但是长期以来，我们许多领导人员对于林业的重要性认识不足，对林业抓得不紧，重砍轻造的倾向没有根本纠正，特别是由于林彪、“四人帮”的干扰破坏，森林遭到破坏情况十分严重，林业仍然是国民经济中一个薄弱环节。林业建设如不加快步伐、迅速赶上去，就会影响工业，影响农业，影响人民生活，影响四个现代化。

他说，我们必须全党重视，全民动员，经过若干年的艰苦努力，把一切可能绿化的荒山荒地和“四旁”都种起树来，在气候适宜、自然条件好的地方，建设新的用材林和经济林基地，在农区和牧区，营造各种防护林，实行大地园林化。这是各级革命委员会的重要职责，是全国人民的光荣义务。现在，总结新中国成立以来林业建设正反两个方面的经验，吸取国外的有益的经验，把林业战线的具体工作路线、方针政策和重要的管理办法，用法律的形式固定下来，是非常必要的。

罗玉川说，《森林法(试行)》共7章43条，主要内容有以下几点：

一、关于林业方针任务和森林分类。林业建设要实行“以营林为基础，采育结合，造管并举，造多于伐，综合利用”的方针，并且明确地写入森林法(试行草案)，将有利于贯彻落实以营林为基础的方针，有利于全面地完成林业建设任务。在总则中，还按森林的不同效益，将我国森林划分为防护林、用材林、经济林、薪炭林和特种用途林五类，以便于因林制宜地采取经营管理措施。二、关于林业机构和林业企业。根据充分发挥中央、地方两个积极性的精神，结合林业建设的实际情况，在第二章中规定了在国家统一领导下，国营林业局、林场实行分级管理。重点国有林区的国营林业局，由国家林业主管部门或由所在省、区领导。大型国营林场，由省、市、区林业部门领导。为了管理好现有的林业企业和事业单位，在第二章中，规定国营林业局和国营林场全部实行企业管理。三、关于森林管理和保护。国有森林,由国营林业局、林场统一经营管理,国家早有明确规定,这次又明确地写入了《森林法(试行)》。根据过去行之有效的决定、条例和几年来的实践,对预防森林火灾、防治森林病虫害、制止乱砍滥伐和保护稀有和珍贵动植物资源等方面,也作了明确规定。四、关于植树造林。要改变我国森林资源少、分布不均的状况,必须大力植树造林,增加森林覆盖率,建设用材林和经济林基地,营造各种防护林。在第四章中,对这方面作了原则的规定。对于城市绿化,机关、部队、农场、牧场和工矿企业等单位的植树造林,对于采伐迹地更新以及加强森林抚育和改造低产林,也都作了相应的规定。五、森林采伐利用和育林基金。森林的采伐量和采伐方式是否得当,直接关系到合理利用森林资源和森林的再生产。在第五章中,规定国家和地方的木材生产必须全部纳入国家计划。国有林,由国营林业局、林场根据国家下达的计划进行采伐。集体所有林,由林业部门向社队实行订约采伐、订约收购。应当根据森林资源情况和国民经济实际需要,合理地确定每年的森林采伐量。为使育林基金更有保证,管理使用更加合理,这次根据各方面提出的意见对现行办法作了一些修改。六、关于奖励与惩罚。为了保证森林法的贯彻执行,必须加强社会主义法制,严明奖惩。对造林、育林和护林有功的予以奖励,对侵占、滥伐和毁林的予以处罚,以教育和约束人们守纪遵法,逐步树立爱林植树的社会风尚。

罗玉川在关于提请审议决定我国植树节的说明中说,为了动员全国各族人民积极植树造林,加速绿化祖国,建议以每年的3月12日为我国的植树节。各地要在植树节前后组织广大人民群众,广泛开展植树造林活动。从中央到地方,各级领导干部都要带头种树,同时对广大人民群众进行宣传教育,在全国逐步形成造林、育林、护林的良好风尚。

罗玉川作了两项说明后,提请委员们审议《森林法(试行)》和决定植树节。

下午,委员们对罗玉川局长的提请进行了讨论。乌兰夫副委员长主持了今天的会议。谭震林、赛福鼎、廖承志、姬鹏飞、阿沛·阿旺晋美、周建人、许德珩、胡厥文出席了会议。最高人民法院院长江华、最高人民检察院检察长黄火青列席了会议。

冶金战线钢铁生产1月份超额完成计划

《人民日报》报道,冶金战线坚持挖掘内部潜力,从节约中求增产,今年以来钢铁生产又获新胜利。1月份,钢、铁、钢材、铁矿石等8种有色金属产量超额完成国家计划。产品日产量超过了去年第四季度的水平,钢的月产量创历史最新纪录,产品质量也有提高。

今年以来,冶金战线生产取得新胜利的一个主要原因,是坚持挖掘内部潜力,从节约中求增产。广大冶金职工千方百计节约能源。上海冶金局各厂为了克服电力不足的困难,采取了灵活组织生产的办法,1月份,钢、铁、钢材产量都超过了计划。本钢1月份每天缺电四五十万度,他们发动群众提高自备电厂的出力,每天多发电48万度,保证了主要产品全面完成计划。全国电解铝厂、重点铁合金厂、特殊钢厂等这些"电老虎"1月份共节电1700多万度。包钢大力降低能源消耗,去年高炉煤气放散率由11%降到9.1%,今年又采取一项技术措施,使高炉煤气放散率降到了5%以下。首钢烧结厂使烧结矿燃料比下降了12%。1月份重点钢铁企业节约焦炭3.8万吨,钢铁料3.4万吨,重油1.7万吨。

冶金战线生产取得新胜利的另一个原因,是针对生产薄弱环节,积极组织攻关。初轧开坯是钢铁工业薄弱的环节之一,今年以来各初轧厂大搞技术革新,深挖潜力。1月份,初轧开坯产量创造了历史最高水平,不但吃掉了当月生产的全部钢锭,还吃了部分冷钢锭。去年以来,钢铁工业扭转了积压新钢锭的局面,做到钢必成材。

国务院副总理陈慕华在北京会见科威特新任驻中国大使穆罕默德·扎伊德·赫尔比什

《舰船知识》杂志创刊

这个杂志是传播舰船与航海方面科学技术知识的普及读物,暂定为双月刊,由邮局公开发行。主要读者对象是具有初中以上文化程度的工农兵群众、干部和青少年。徐向前同志为杂志题了刊名,全国科协副主席茅以升、中国造船工程学会理事会张有萱分别为杂志创刊写了文章。

又一座西汉大型木椁墓在长沙市郊出土

新华社报道,继长沙马王堆汉墓发掘之后,又一座距今约2100年的西汉大型木椁墓最近在长沙市郊出土。墓内保存的木质葬具,为研究我国西汉时期葬制提供了重要的实物资料。

这座墓建造在一座小山上,掘山为圹,墓穴长20余米、宽18米、深9米,是湖南省迄今发掘的一座最大的木椁墓。

据湖南省博物馆考古人员介绍,此墓是西汉景帝至武帝元狩五年(公元前118年)期间下葬的,其葬制为"天子之制"。这种葬制除帝王及其家族外,少数几个重要功臣国戚亦可赐用。据记载,汉景帝在前元二年(公元前155年)时封他的儿子刘发为长沙王。刘发在武帝元朔二年(公元前127年)去世,故墓主人可能与长沙王及其家族有关。此次发掘出土的还有许多陶器、丝织品、漆器和玉器。

翦伯赞追悼会在北京举行

著名的马克思主义史学家、原北京大学副校长翦伯赞,由于遭受林彪、"四人帮"的迫害,于1968年12月18日不幸逝世,享年70岁。

邓小平、王震、乌兰夫、方毅、吴德、胡耀邦、许德珩、沈雁冰、史良、朱蕴山、杨静仁送了花圈。送花圈的还有:全国人大常委会,政协全国委员会,中共中央组织部、宣传部、统战部,中央党校,国家民族事务委员会,文化部,教育部,国家文物事业管理局,北京大学,清华大学,中国人民大学,北京师范大学,中央民族学院,北京师范学院,内蒙古大学,中共桃源县委员会、桃源县革委会等。

王震、方毅参加了追悼会。

参加追悼会的,还有各有关方面负责人、首都教育界、史学界的知名人士、翦伯赞同志的生前友好胡乔木、黄镇、王冶秋、高沂、陆平、连贯、金城、包尔汉、刘春、于光远、周扬、夏衍、胡绳、刘仰峤、孙起孟、孙晓村、白寿彝、严信民、李普、杨西光、毛联珏、刘导生、周林、刘达、刘季平、萨空了、侯外庐、黎澍、夏鼐、翁独健、宗群、千家驹、雷洁琼、谢鹤筹、裴文中、胡华、贾兰坡、王力、朱光潜、陈岱荪等,以及翦伯赞同志的子女和北大师生员工近500人。

政协全国委员会副主席杨静仁主持追悼会,北京大学校长周培源致悼词。

翦伯赞同志是湖南省桃源县人,1898年生,维吾尔族,1937年5月加入中国共产党。早在1926年,翦伯赞同志就投身北伐战争。大革命失败后,翦伯赞同志开始运用马列主义研究中国社会的性质和中国历史。九·一八事变后,特别在抗日战争爆发后,翦伯赞同志写了大量著作,宣传党的坚持抗战、团结和进步的方针,揭露批判国民党反动派的投降阴谋和分裂倒退活动。1940年起,翦伯赞同志长期在周恩来同志的直接领导下,在重庆从事统一战线和理论宣传工作,以极大的努力完成了《中国史纲》第一、二卷和《中国史论集》等上百万字的重要著作。

中华人民共和国成立以后,他历任第一届全国政协委员,第一、二、三届全国人民代表大会代表,中央民族事务委员会委员,中国科学院哲学社会科学部学部委员。他协同郭沫若、范文澜等同志筹建了中国史学会,团结历史学家开展史学研究和史料编纂工作,取得了重大成绩。

翦伯赞同志是我国运用历史唯物主义科学地研究中国历史的老一代史学家之一,为在我国建立马克思主义历史科学作出了巨大的努力。他的大量著作,是他一生献身于革命、献身于马克思主义历史科学的珍贵成果。

2月23日

第五届全国人大常委会第六次会议在北京闭会

叶剑英委员长主持了下午的全体会议。

几天来,委员们分组审议了《中华人民共和国逮捕拘留条例》《中华人民共和国森林法(试行)》和关于决定我国植树节的提请,酝酿讨论了全国人民代表大会常务委员会设立法制委员会的问题和法制委员会名单,讨论了国务院总理华国锋关于设立国家农业委员会等机构、任免一批政府部门负责工作人员和驻外大使的建议,讨论了最高人民法院院长江华关于最高人民法院人事任命的提议和最高人民检察院检察长黄火青关于最高人民检察院人事任命的提议。

在今天下午的全体会议上,委员们听取了公安部部长赵苍璧关于《中华人民共和国逮捕拘留条例》的补充说明后,通过了《中华人民共和国逮捕拘留条例》;听取了国家林业总局局长罗玉川关于《中华人民共和国森林法(试行)》的补充说明后,原则通过了《中华人民共和国森林法(试行)》;决定了3月12日为我国的植树节;听取了乌兰夫副委员长关于设立全国人民代表大会常务委员会法制委员会的说明后,决定设立第五届全国人民代表大会常务委员会法制委员会,并通过了法制委员会名单;批准设立国家农业委员会、林业部、农业机械部,批准农林部改名为农业部,将水利电力部分设为电力工业部和水利部;任免了一批政府部门负责工作人员和驻外大使;任命了全国人大常委会副秘书长、最高人民法院副院长和最高人民检察院副检察长。

乌兰夫、吴德、谭震林、邓颖超、赛福鼎、廖承志、姬鹏飞、阿沛·阿旺晋美、周建人、许德珩、胡厥文副委员长出席了会议。

国务院副总理陈慕华、最高人民法院院长江华、最高人民检察院检察长黄火青列席了会议。

第五届全国人民代表大会常务委员会第六次会议下午举行全体会议,决定设立全国人民代表大会常务委员会法制委员会,协助全国人民代表大会常务委员会加强法制工作。会议一致通过彭真为法制委员会主任,胡乔木等10人为法制委员会副主任,王之相等69人为法制委员会委员。

会上,乌兰夫副委员长代表全国人大常委会就设立法制委员会一事作了说明。他说,中国共产党不久前召开的十一届三中全会决定,全党、全国工作的着重点,从今年起转移到社会主义现代化建设上来。为了保障人民民主和社会主义现代化建设事业的顺利进行,必须加强社会主义法制。因此,从现在起,应当把建立和健全法制的工作摆到全国人民代表大会和它的常务委员会的重要议程上来。为此,需要采取相应的组织措施,拟在全国人民代表大会常务委员会设立法制委员会,协助常务委员会加强法制工作。在前几天的分组讨论中,委员们对林彪、"四人帮"肆意破坏社会主义法制的罪行进行了深入批判,深感不加强社会主义法制,我国的人民民主和现代化建设事业就得不到保证。因此,在听取了乌兰夫副委员长的说明后,委员们一致通过了关于设立全国人民代表大会常务委员会法制委员会的决定,并在分组讨论酝酿的基础上,通过了法制委员会主任、副主任和委员名单。

全国人大常委会委员长叶剑英签署第五届全国人大第一号常委会令公布《中华人民共和国逮捕拘留条例》

《中华人民共和国逮捕拘留条例》已由中华人民共和国第五届全国人民代表大会常务委员会第六次会议于1979年2月13日通过,现予公布。

委员长 叶剑英

1979年2月13日

中华人民共和国逮捕拘留条例

第一条 根据《中华人民共和国宪法》第十八条和第四十七条的规定,为了保卫社会主义制度,维护社会秩序,惩罚犯罪,保护公民的人身自由和住宅不受侵犯,特制定本条例。

第二条 中华人民共和国公民非经人民法院决定或者人民检察院批准,不受逮捕。

第三条 主要犯罪事实已经查清,可能判处徒刑以上刑罚的人犯,有逮捕必要的,经人民法院决定或者人民检察院批准,应即逮捕。

应当逮捕的人犯,患有严重疾病,或者是正在怀孕、哺乳自己婴儿的妇女,可以改用取保候审或者监视居住的办法。

第四条 经人民法院决定或者人民检察院批准逮捕的人犯,由公安机关执行逮捕。

公安机关要求逮捕人犯的时候,由人民检察院批准。

第五条 公安机关逮捕人犯的时候,必须持有逮捕证,并且向被逮捕人宣布。逮捕后,除有碍侦查或者无法通知的情形外,公安机关、人民检察院或者人民法院应当把逮捕的原因和羁押的处所,在24小时以内告知被逮捕人的家属。

第六条 公安机关对罪该逮捕的现行犯或者重大犯罪嫌疑分子,如果有下列情形之一的,由于情况紧急,可以先行拘留:

(一)正在预备犯罪、实行犯罪或者在犯罪后即时被发觉的;

(二)被害人或者在场亲眼看见的人指认他犯罪的;

(三)在身边或者住处发现有犯罪证据的;

(四)犯罪后企图自杀、逃跑或者在逃的;

(五)有毁灭、伪造证据或者串供可能的;

(六)身份不明有流窜作案重大嫌疑的;

(七)正在进行打、砸、抢、抄和严重破坏工作、生产、社会秩序的。

第七条 对下列人犯,任何公民都可以立即扭送公安机关、人民检察院或者人民法院处理:

(一)正在实行犯罪或者在犯罪后即时被发觉的;

(二)通缉在案的;

(三)越狱逃跑的;

(四)正在被追捕的。

第八条 公安机关拘留的人犯,需要逮捕的,应当在拘留后的三天以内,把被拘留人的犯罪事实和证据材料通知本级人民检察院。在特殊情况下,拘留的时间可以再延长四天。人民检察院应当在接到通知后的三天以内,批准逮捕或者不批准逮捕;人民检察院不批准逮捕的,公安机关应当在接到通知后立即释放,并且发给释放证明。

公安机关或者人民检察院如果没有按照前款规定办理,被拘留的人犯或者他的家属有权要求释放被拘留人,公安机关或者人民检察院应当立即释放。

第九条 执行逮捕、拘留任务的人员,对抗拒逮捕、拘留的人犯,可以采取适当的强制方法,在必要的时候可以使用武器。

第十条 公安机关在逮捕、拘留人犯的时候,为了寻找犯罪证物,可以对人犯的身体、物品、住处或者其他有关的地方进行搜查;如果发现其他的人有隐藏人犯或者隐藏犯罪证物的嫌疑,也可以对他的身体、物品、住处或者其他有关的地方进行搜查。在搜查的时候,除紧急情形外,应当有公安机关的搜查证。

在搜查的时候,应当有邻居或者其他见证人、被搜查人或者他的家属在场。搜查后,应当写出搜查和扣押犯罪证物的记录,并且由邻居或者其他见证人、被搜查人或者他的家属、执行搜查的人员在记录上签名。如果被搜查人或者他的家属在逃,或者拒绝签名,应当在记录上注明。

第十一条 人民法院、人民检察院、公安机关对被逮捕、拘留人犯的邮件、电报,认为有扣押必要的时候,可以通知邮电机关加以扣押。

第十二条　人民法院、人民检察院、公安机关对被逮捕、拘留的人犯必须在逮捕、拘留后的24小时以内进行讯问；在发现不应当逮捕、拘留的时候，必须立即释放，并且发给释放证明。

第十三条　人民检察院对违法进行逮捕、拘留和搜查公民的负责人员，应当查究；如果这种违法行为是出于陷害、报复、贪赃或者其他个人目的，应当追究刑事责任。

第十四条　公安机关对于违反治安管理规则的公民所采取的行政处罚的拘留，不适用本条例的规定。

第十五条　本条例自公布之日起施行。1954年12月20日公布的《中华人民共和国逮捕拘留条例》即行废止。

第五届全国人大常委会第六次会议通过法制委员会名单

主　任　彭　真

副主任　胡乔木　谭　政　王首道　史　良(女)

安子文　杨秀峰　高克林　武新宇　陶希晋　沙千里

委　员(按姓氏笔画为序)

王之相　王从吾　王芸生　王昆仑　王建安

扎西旺徐　毛　诚(女)　丹　彤　甘祠森

甘重斗　石　林　叶笃义　白寿彝　邢亦民　戎子和

吕叔湘　庄希泉　刘　春　刘复之　刘　斐　刘镜西

许立群　芮　沐　严信民　杜润生　李　立　李波人

李金德　李焕昌　杨东莼　吴冷西　吴克坚　邱纯甫

沈　鸿　宋养初　张　苏　张稼夫　陈守一　陈此生

陈曾固　陈逸松　茅以升　林亨元　季　方　郑绍文

赵伯平　赵鹏飞　郝　苏　荣毅仁　胡启立　胡愈之

费孝通　贺崇升　聂　真　钱昌照　高文礼

曹冠群(女)　崔月犁　康永和　董其武　韩念龙

韩幽桐(女)　傅　钟　谢鹤筹　雷任民

雷洁琼(女)　谭生彬　谭惕吾(女)　薛暮桥

第五届全国人大常委会第六次会议通过关于设立国家农业委员会等机构和任免名单的决定

一、为了加强对整个农业工作的领导，设立国家农业委员会，任命王任重副总理兼国家农业委员会主任。

二、为了加强对林业工作的领导，设立林业部，任命罗玉川为林业部部长。

三、将农林部改名为农业部，任命霍士廉为农业部部长，免去杨立功的农林部部长职务。

四、为了加强对农业机械化工作的领导，设立农业机械部，任命杨立功为农业机械部部长。

五、为了加强对电力工业和水利工作的领导，将水利电力部分设为电力工业部、水利部，任命刘澜波为电力工业部部长，钱正英为水利部部长，免去钱正英的水利电力部部长职务。

六、任命王磊为商业部部长，免去姚依林的商业部部长职务。

七、任命曾生为交通部部长，免去叶飞的交通部部长职务。

八、任命郑天翔为第七机械工业部部长，免去宋任穷的第七机械工业部部长职务。

九、任命蒋南翔为教育部部长，免去刘西尧的教育部部长职务。

第五届全国人大常委会第六次会议通过任命名单

孔原为全国人大常委会副秘书长；

郑绍文为最高人民法院副院长；

陈养山为最高人民检察院副检察长。

第五届全国人大常委会第六次会议通过会关于植树节的决议

根据国务院的提议，为了动员全国各族人民植树造林，加速绿化祖国，决定3月12日为我国的植树节。

中华人民共和国森林法(试行)

第一章　总　则

第一条　森林是国家的重要资源，能够提供木材和各种林产品，满足国家经济建设和人民生活的需要；能够调节气候、涵养水源、保持水土、防风固沙，保障农业、牧业的发展；能够防治空气污染，保护和美化环境，增强人民身心健康。为了加快造林速度，加强森林保护管理，合理开发利用森林资源，特制定森林法。

第二条　森林资源包括林木、竹子和林地，以及林区范围内的植物和动物。

根据森林的不同效益，将森林划分为以下五类：

(一)防护林：以防护为主要目的的森林。包括水土保持林，水源涵养林，防风固沙林，农田牧场防护林，护岸林，护路林，国防林。

(二)用材林：以生产木材、竹材为主要目的的森林。

(三)经济林：以生产果品、食用油料、工业原料和药材为主要目的的林木。

(四)薪炭林：以生产燃料为目的的乔木林和灌木林。

(五)特种用途林：以保护环境、科学实验等特殊用途为主要目的的森林和林木。包括实验林、母树林、环境保护林、风景林、名胜古迹和革命圣地的林木，自然保护区的森林。

第三条 根据宪法关于现阶段生产资料所有制的规定，森林属于社会主义全民所有和社会主义劳动群众集体所有。

人民公社社员在房前屋后和生产队指定的地方种植的树木，归社员个人所有。

机关、团体、部队、学校、厂矿、农场、牧场等单位，在当地革命委员会指定的地方种植的林木，归本单位所有。

保障国家、集体和个人的林木所有权不受侵犯。不准将国有林划归集体和非林业单位，不准将集体所有林划归个人，不准平调社队和林木和社员个人的树木。

第四条 林区县和林区社队，实行以林为主、全面发展的方针。林区县和林区社队的确定，由省、自治区、直辖市革命委员会决定。

第五条 林业建设实行以营林为基础、造管并举、造多于伐、采育结合、综合利用的方针。

第六条 林业建设的基本任务：大力植树造林，不断增加森林覆盖面积和林木蓄积量；加强森林保护，坚持合理采伐，及时更新迹地；加速林区的开发建设，改善森林经营管理，提高森林生长量，合理利用森林资源；加强林业科学教育，培养林业技术人才，加强林业科学研究，加速林业生产现代化。

第七条 植树造林、爱林护林，是全国人民的光荣义务和权利。各地都要在每年植树节和各个适宜植树的时候，组织广大群众植树造林。

各级革命委员会要经常开展爱林护林宣传教育，发动广大群众保护森林和树木。

第二章 森林管理

第八条 国务院设立林业部，主管全国林业建设事业。各省、自治区、直辖市和自治州、县、自治县、市革命委员会设立林业管理机构，主管本地区的林业建设事业。

林业建设事业中的林木种子经营、调查规划设计、基本建设、木材生产、木材加工、林产化工、物资供应、机械设备制造和维修等，可以建立专业公司或者联合公司，实行企业管理。

第九条 国家检察机关，在林区县的林业部门、国营林业局和重点国营林场，各委任一名至三名不脱产的林业检察员，负责检察国家林业政策法令的贯彻执行。林业检察员的职责范围，由国家检察机关统一规定。

省、自治区革命委员会，应当根据实际需要，在重点林区设立公安局、派出所，配备森林警察，加强治安，保护森林。

第十条 各级革命委员会要加强森林的管理。国有林，由国营林业局、国营林场统一经营管理。机关、团体、部队、学校、厂矿、农场、牧场等单位营造的林木，由本单位经营管理。集体所有林，由社队林场、专业队，或者由社队指定的人员经营管理。

第十一条 国营林业局、国营林场实行分级管理。重点国有林区的国营林业局，由林业部或者由所在省、自治区林业部门领导。大型国营林场，由省、自治区、直辖市林业部门领导。

国营林业局、国营林场，全部实行企业管理。以造林为主的林场，在进入采伐利用以前的整个生产过程，包括采种、育苗、造林、抚育、保护，作为企业建设阶段，考核投资效果。

第十二条 各省、自治区林业部门，可以在集体所有林较多的地区建立林业专业公司，采取订立合同等经济办法，指导社队发展林业生产。

第十三条 国家和各级革命委员会，都要制定林业长远发展规划。

各级林业部门，要按照国家的规定，定期进行森林资源清查，掌握森林的消长变化情况。

国营林业局、国营林场，要根据林业长远发展规划，编制森林经营方案，报上级主管部门批准后实行。

各级林业部门要指导社队和机关、团体、部队、学校、厂矿、农场、牧场等单位搞好林业发展规划。

第十四条 在林区修筑工程设施和开采矿藏，必须伐开林木或者占用林地时，建设单位应当与森林经营管理单位协商，报省、自治区、直辖市革命委员会批准。占用林地面积在1000亩以上的，报林业部批准。采伐的林木，交给森林经营管理单位统一处理。占用的林地和毁林造成的损失，由建设单位给予补偿。

第十五条 为了提高森林经营管理水平，要加快林区的道路建设。国有林区的基本建设投资，应当优先用于修建道路。集体所有林区的道路建设，实行民办或者民办公助。

第十六条 为了适应林业生产周期长的特点，弥补历史上长期过伐所造成的森林资源的损失，从木材、竹子和林产品的售价中征收一定数额的育林费，建立育林基金制度。

育林基金主要用于迹地更新也可用于营造新林，由财政部门和银行监督使用。

育林基金分为国有林和集体林两种。国有林育林基金，由省、自治区、直辖市林业部门管理，林业部有权调剂使用。集体林育林基金的管理，由省、自治区、直辖市革命委员会规定。

煤炭和造纸工业部门，可以按照煤炭和纸张的产量提取一定数额的育林费，用于营造坑木林和造纸原料林。

征收育林基金的具体办法,由林业部和财政部制定。

第三章 森林保护

第十七条 各省、自治区、直辖市和林区县革命委员会,根据实际需要,组织有关部门建立护林指挥机构。林区的社队和国营林场、农场、牧场、厂矿等单位,要建立群众性基层护林组织。行政区交界的林区,要在各有关革命委员会的领导下,建立护林联防组织。

林区的社队和国营林场、农场、牧场、厂矿等单位,在县革命委员会领导下,划定森林保护责任区,配备专职或者兼职的护林人员。

护林人员的主要职责:

(一)进行巡察。

(二)制止一切可能引起破坏森林的行为。

(三)将引起森林火灾和其他破坏森林的违法分子,送交当地公安部门处理。

第十八条 各级革命委员会和各有关部门必须采取有效措施,防止森林火灾,保障森林的安全:

(一)要规定森林防火期。在森林防火期内,对林区野外一切用火和一切可能引起火灾的活动,必须规定安全措施,严加管理。

(二)在林区建设各种护林防火设施。在大面积国有林区,由民航部门建立航空护林专业队伍,进行航空护林。

(三)发生森林火灾,必须立即组织力量,全力扑救。当地驻军和商业、粮食、卫生等部门要大力支援。扑救森林火灾时,可以优先利用铁路、公路、水运、航空和邮电等部门的交通和通信工具。

(四)发生森林火灾,必须查明原因,调查损失,追究肇事责任,严肃处理。

(五)扑救森林火灾负伤或者死亡的人员,国家给予医疗或者抚恤。

第十九条 严禁毁林开荒、毁林搞副业。已经毁林的,限期由毁林单位或者毁林人员还林。

禁止在幼林地、封山育林区、防风固沙林和特种用途林内砍柴、放牧、采取砂石。

第二十条 国家和各省、自治区、直辖市革命委员会,应当在珍贵、稀有动物和植物的生长繁殖地区,划定自然保护区,建立机构,加强保护管理,开展科学研究。

第二十一条 进入林区的人员,必须遵守下列规定:

(一)在森林防火期,必须遵守护林防火的各项规定。

(二)不得破坏林木、道路、河流和为林业服务的工程设施。

(三)放牧的,必须加强看管牲畜,防止毁坏林木。

(四)狩猎的,必须遵守狩猎管理的规定。

第二十二条 各级革命委员会,应当根据实际需要,建立森林病虫害防治机构,积极防治森林病虫害,确定林木种苗的检疫对象,划定疫区和保护区,对林木种苗进行检疫,防止危险性的病虫害传播和蔓延。

第四章 植树造林

第二十三条 国家和各级革命委员会,按照下列规定制定规划,限期完成造林绿化任务:

(一)全国森林覆盖面积要达到30%。省、自治区、直辖市和自治州、县、自治县,都要计算森林覆盖面积,山区县一般达到40%以上,丘陵区县一般达到20%以上,平原区县一般达到10%以上。

(二)在农业和牧业区,在水土流失和风沙危害严重的地区,在铁路、公路两旁,在河渠两侧、水库周围、海岸和湖边,营造各种防护林。

(三)国家和各省、自治区、直辖市,应当有计划地建设新的用材林和经济林基地。少林的省、自治区,必须限期做到木材自给。

凡是有条件的生产大队、生产队,都要根据实际需要营造薪炭林。

(四)有条件的城市和工矿区,按照平均每人不少于5平方米绿化面积的要求,营造园林和环境保护林。

(五)植树造林要严格执行技术规程,保证成活成林。大面积的造林、更新,要注意更换树种和营造混交林。

第二十四条 各级革命委员会,对宜林荒山荒地,要作出规划,限期造林。在限期内没有完成造林而无正当理由的,国有的宜林荒山荒地,要追究有关领导的责任;集体所有的宜林荒山荒地,由国家安排造林,林木的收益归造林单位所有。

第二十五条 在铁路、公路两旁,河渠两侧,水库周围,工矿区,机关、学校、部队营房附近,以及农场、牧场经营地区,要按照当地革命委员会规定的期限,由各主管单位植树造林。

煤炭、造纸等厂矿企业,应当利用一切可能的条件,建立用材林基地。

第二十六条 森林采伐以后,必须执行人工更新为主的方针,在采伐的当年或者次年内,按照国家规定,及时更新。

第二十七条 国有林的抚育采伐和低产林的改造,要列入国家计划,因林制宜地采取经营措施,促进林木速生丰产。

第二十八条 各级林业部门要大力推广优质速生

树种,建立母树林和种子园,培育良种壮苗,实行林木良种化。

第五章 森林采伐利用

第二十九条 对森林要实行合理采伐。以县或者国营林业局为单位计算,每年的森林采伐量不得超过生长量。国家和地方的木材生产必须全部纳入国家计划,不准进行计划外的采伐。

国有林,由国营林业局、国营林场根据国家下达的计划进行采伐。集体所有林,在国家计划的指导下,由森林所有单位与林业部门订立合同,按照合同进行采伐。

社队在自己的森林内采伐自用木材,年采伐量超过10立方米的,必须报县革命委员会批准。机关、团体、部队、学校、厂矿、农场、牧场等单位在自己的森林内采伐自用木材,年采伐量超过100立方米的,必须报省、自治区、直辖市林业部门批准。

第三十条 森林采伐必须遵守下列规定:

(一)用材林,必须按照国家规定实行合理采伐,保证作业质量。

(二)防护林和环境保护林、风景林、母树林,只准进行抚育和更新性质的采伐。

(三)自然保护区的森林,严禁任何性质的采伐。

违反上述规定的,林业部门有权制止。

第三十一条 成批的竹、柴、炭和木竹制品、半成品,由林业部门设立专业公司,统一经营管理;或者由林业和供销部门根据保护森林资源和合理利用小材小料的原则,共同制订计划,报省、自治区、直辖市计划委员会批准,由林业部门负责组织生产,供销部门负责销售。其他任何单位和个人,不准进入林区进行采伐、加工和收购。

第三十二条 运输木材、竹子和木竹制品、半成品出县的,必须有县林业部门发给的运输证明,出省、自治区的,必须有省、自治区林业部门发给的运输证明。

第三十三条 积极发展木材综合利用,有计划地在林区建设木材加工工业和林产化学工业,提高森林资源和木材利用率。

第三十四条 建设用材要逐步实现标准化。林区的木材加工企业,实行按需加工,定点供应。城市木材加工企业,实行集中加工,统一供应。

第六章 奖励与惩罚

第三十五条 有下列先进事迹之一的单位,按照贡献大小,由国家或者各级革命委员会,给予精神鼓励或者物质奖励:

(一)认真贯彻执行林业方针政策,连续3年全面完成国家计划,主要经济技术指标达到国内先进水平的。

(二)保护森林成绩显著或者连续3年无森林火灾的。

(三)育苗产量高、质量好、成本低,连续3年完成任务的。

(四)造林投资少、质量高、速度快,提前完成全部造林绿化任务的。

(五)适时抚育林木,积极改造低产林,促进林木速生丰产,成绩显著的。

(六)坚持合理采伐,及时更新,成绩显著的。

(七)积极发展综合利用,节约木材,不断提高木材利用率,成绩显著的。

(八)林业教育和科学研究成绩显著的。

第三十六条 有下列先进事迹之一的个人,按照贡献大小,由国家或者各级革命委员会,给予精神鼓励或者物质奖励:

(一)在林业基层工作15年以上,热爱林业事业,成绩显著的。

(二)在林业生产、教学和科学研究上,有发明创造或者重大革新的。

(三)坚守生产岗位,遵守劳动纪律,完成林业生产任务成绩优异的。

(四)模范地执行林业政策法令,同违法行为作坚决斗争,有显著功绩的。

(五)扑救森林火灾,英勇顽强,奋不顾身,事迹突出的。

(六)防止和挽救事故有功,使国家和人民财产免遭重大损失的。

第三十七条 国家工作人员有下列失职行为之一的,按照情节轻重,分别给予不同的行政处分,直至开除公职:

(一)领导不力,经营管理不善,给林业生产造成损失的。

(二)违反林业政策法令、规章制度,使森林遭受损失或者造成木材严重浪费的。

(三)不按国家规定进行采伐和更新的。

(四)挪用育林基金的。

(五)弄虚作假,虚报成绩的。

第三十八条 毁坏城镇和村旁、路旁、水旁、宅旁树木的,毁坏1株要栽活3株,或者处以罚款。

第三十九条 违反森林法,有下列行为之一,情节较轻的,责令赔偿损失,或者处以罚款,并追回非法所得的财物;情节严重的,予以法律制裁:

(一)引起森林火灾的。

(二)毁林开荒、毁林搞副业和放牧损坏林木的。

(三)在幼林地、封山育林区、防风固沙林和特种用途林内砍柴、放牧、采取砂石的。

(四)违反自然保护区管理规定或者狩猎管理规

定的。

(五)擅自进入林区收购木材、竹子、柴、炭和木竹制品、半成品的。

(六)侵占、盗伐林木或者抢劫、盗窃木材的。

(七)进行木材投机倒把活动的。

(八)违反森林法,不听劝阻,殴打护林人员的。

(九)工作严重失职,使森林遭受损失的。

第四十条　蓄意纵火烧毁山林,聚众破坏森林或者杀害护林人员的,依法从严惩处。

第四十一条　凡是受本单位负责人指使,有违反森林法行为的,除追究本人的责任外,还应当追究负责人的责任,按照情节轻重,严肃处理。

第七章　附　则

第四十二条　森林法实施细则由林业部制定,报国务院批准。各省、自治区、直辖市革命委员会,根据森林法和实施细则,制定具体施行办法。

《人民日报》发表社论《抓紧时机 搞好春耕》

全党工作重心转移后的第一个春耕季节已经到来。春耕生产这一着抓得好,就会掌握全年农业生产主动权,加快农业发展速度,促进整个国民经济稳步前进。因此,必须把春耕生产作为压倒一切的中心工作,不失时机地集中全力抓好。这是当前一项极其重要任务。

夺取今年农业丰收的有利条件很多,但也存在一些不可忽视的困难。粉碎"四人帮"两年多来,广大农村已经出现安定团结的政治局面,特别是三中全会原则通过的《中共中央关于加快农业发展若干问题的决定(草案)》分清了在农业上的路线是非,明确了林彪、"四人帮"推行的是一条极左路线。深入贯彻中央《决定》的精神,对于正确认识和处理农村的阶级斗争,正确贯彻执行党在农村的各项行之有效的政策,进一步发展安定团结大好形势,调动群众的积极性,将发挥决定性的作用。随着整个国民经济的迅速好转,国家对农业的物质支持和技术支持,也比往年加强。我们搞好今年的春耕生产,夺取全年农业丰收,无论政治条件和物质条件,都比以往任何一年好。当然,我们也要足够估计到工作中存在的困难和问题。我国农业基础很弱,农村生产力很低,部分地区农民生活还比较困难;当前全国相当大的一部分地区旱情持续发展,严重威胁着夏季粮油作物的生长和春播春插工作;现有的物质条件同今年的增产任务还不相适应;有些经济作物如棉花、油料、糖料等的经济政策还需要抓紧研究落实;一些去年受灾减产的地区,群众生产、生活上的困难较多。我们既要看到大好形势,树立信心,鼓舞斗志,又要正视困难,扎扎实实地去解决农民群众生产、生活上存在的问题,决不能掉以轻心。

打好春耕生产这一仗,夺取今年农业丰收,关键是要加强领导,各级党政领导机关要切实抓好党的路线、方针和政策的贯彻执行,坚决按照客观经济规律和自然规律办事,坚决克服那种不从实际出发,不讲经济实效,不走群众路线的坏作风。要在春耕大忙以前,组织广大干部学习好《中共中央关于加快农业发展若干问题的决定(草案)》《农村人民公社工作条例(试行草案)》以及中共中央关于地主、富农分子摘帽问题和地主富农子女成分问题的决定,并广泛深入地传达,做到家喻户晓。要结合当地实际情况,发动干部、群众总结发展农业正反两方面的经验教训,正确认识农业的现状和历史,搞清一些带根本性的大是大非问题,从林彪、"四人帮"制造的极左"禁区"中解放出来。要统一认识,提高广大干部和群众加快发展农业的责任感,狠抓《决定》中提出的农业政策、农村经济政策和增产措施的落实。当前特别要在尊重生产队所有权和自主权的原则下,迅速落实生产计划和增产措施。要贯彻"以粮为纲,全面发展,因地制宜、适当集中"的方针,在抓紧粮食生产的同时,认真抓好棉花、油料、糖料等经济作物的生产,使农林牧副渔都有一个较大发展。这几年棉花连续减产,种植面积有减少的趋势,值得引起高度重视。我们要在做好思想政治工作的同时,利用价值规律的作用,保证国家计划的完成。凡事都要走群众路线,深入细致地解决落实种植计划中存在的问题。对不接受国家计划要求的社队,要调查研究具体原因,加强政治思想教育,放手发动群众,充分协商讨论,妥善处理国家、集体和个人三者的关系。根据生产计划确定的增产措施,也要及早落实,要做到符合当地的条件,遵守群众自愿的原则,决不能再搞强迫命令和瞎指挥。过去单纯依靠行政命令规定的一些生产措施,凡是不利于生产发展的,应该立即改正过来;一些好的增产措施,也要善于做工作,引导群众自觉自愿地去办。对于耕作制度、作物种类的调整,要积极、稳妥,做到从实际出发,有利于调动广大农民的积极性,有利于用地养地,一定要做到当年增产增收。

去年到今春,一些地区旱情严重,各级领导必须做好长期抗灾的思想准备和物质准备。我国自然灾害频繁,特别是旱灾和低温冻害,对农业生产威胁很大。多年的实践经验证明,抗不住灾害,保证不了稳产,更谈不上农业的高速度发展,去年由于许多地方遇到历史上罕见的大旱,水库、塘坝蓄水普遍减少,入冬以来又缺雨少雪,土壤墒情不足,对搞好春耕生产是一大障碍。这些地方发展农业的中心任务,首先是要把抗旱斗争抓好,切实做到抗旱保夏收、抗旱保春播、抗旱保春插。要把当前春旱的威胁、抗旱斗争的重要性和艰巨性向群众讲清楚,克服侥幸心理和畏难松劲情绪,牢固树立长期抗旱的思想。各地农田基本建设、作物布局、物资准备等都要围绕着战胜春旱、先发制旱,作出妥善安排。对正在施工的各项治水、改土工程,要分别轻重缓急,调整计划。凡经过努力可以完成的工程,一定要加强领导,保证如期完成。能在当前抗旱中发挥效益的工程,要优先照顾,集中必要的人力、物力、资金,采取打歼灭战的办法,保质保量加速完成。在加快水利建设的同时,还要加强管理,充分发挥现有水利工程的作用。要大搞蓄水、引水、提水,把可以利用的水源储备起来,做好节约用水和保水工作,千方百计扩大工程效益。随着抗旱斗争的不断发展,农村对电力、油料、钢材、水泥、机泵、管带等物资的需要量越来越多,各行各业要把农业工作摆在首位,按时按质完成抗旱物资的生产和调运计划。各地对国家支援的抗旱资金、物资,一定要管好用好,凡是任意挥霍、乱用以致危害抗旱斗争的,要负经济责任和法律责任。在做好抗旱工作的同时,对洪涝、低温、病虫等自然灾害也要高度警惕,做好防治准备。我们一定要把夺取今年农业丰收建立在抗旱抗灾的基础上,绝不可把丰收的希望寄托在自然恩赐的风调雨顺上。

要把亿万农民搞好春耕生产的积极性调动起来,必须端正社队内部的经济政策,搞好经营管理制度。要围绕春耕生产,加强劳动管理,建立和健全生产责任制,坚决克服责任不清、奖罚不明的现象。在劳动计酬方面,可以按定额记工分,可以按时记工分加评议,也可以在生产队统一核算、统一分配和统一使用劳动力的前提下,包工到作业组,联系产量计算劳动报酬,实行超产奖励,使干部和社员从物质利益上关心生产成果,克服平均主义。同时要纠正和防止以作业组为核算单位的错误倾向。只有这样,才能极大地调动农民的积极性,提高劳动效率和工作质量。今年有的地方在越冬作物管理上实行联系产量的责任制,社员在麦田中查苗补苗特别细致,水肥管理十分认真,各项行之有效的增产措施真正落实到地块,同过去无人负责和责任心不强的状况完全不同,深受群众的拥护和支持。要反对包产到户、分田单干。田间管理的个人责任制,只要耕、种、收等重要农活仍由集体进行,个人只负责田间管理或田间管理的某些活路,就不是单干。我们要在坚持社会主义方向的前提下,因地制宜地把各种形式的生产责任制迅速建立和健全起来,使其在春耕生产中充分发挥作用。各地情况不同,不要“一刀切”;采取什么办法,一定要经过社员群众讨论决定。各级领导干部要使自己的领导作风适应工作重心转移的需要,使自己的主观认识符合客观规律,把春耕生产领导好。从中央到地方的各级领导部门,要认真检查支援春耕的各项工作是否落到了实处,是否真正行动起来了。应该看到,在实际工作中,有些同志搞瞎指挥的那套作风并没有真正克服,有些同志还是习惯于凭“长官意志”办事,把民主与集中、群众与领导的关系对立起来,这种不正确的思想和做法要坚决改正。也有一些同志,在批判了瞎指挥以后,不知道应该怎样工作,而在那里犹豫观望。我们反对的“长官意志”,是指那些违反客观规律的、形而上学的错误指挥,联系实际,按照客观经济规律和自然规律办事的指挥,不仅不能削弱,而且要进一步加强。要学会群众路线的工作方法,不但敢于领导,而且善于领导。那种害怕搞瞎指挥而放松领导,这也不敢抓,那也不敢管,是不对的。

春耕季节不等人。各级领导要深入生产第一线,调查研究,解决问题,集中全力把春耕生产抓好。一切可能贻误春耕季节的工作都要暂时让路。各地处理错案、冤案、假案等遗留问题,力争春耕大忙前处理完。处理不完的,应向有关干部和群众说明情况,提出解决问题的时限和部署,放到春耕大忙后去办。要提倡顾大局,向前看。农田基本建设占用的劳力,除保留一部分和当前抗旱有关的工程外,都要及时收缩,以保证春耕生产第一线有足够的劳力。一切不解决问题、徒然耗费大量人力物力的会议、汇报检查、参观和各种公文旅行,都要坚决制止和反对,使各级干部从“五多”中解放出来,能够全力抓春耕。“一年之计在于春。”我们一定要把各方面的力量都集中起来,把各种积极因素都调动起来,适时地、高质量地完成春耕生产的各项任务,为夺取今年农业丰收打好基础。

国务院批转财政部 国家农垦总局《关于农垦企业实行财务包干的暂行规定》

规定指出:根据华主席的指示精神,从1979年到1985年,国家对农垦企业总的原则是实行独立核算,自负盈亏,亏损不补,有利润自己发展生产,资金不足可以贷款的财务包干办法。这是改革企业管理,办好农场的一项重大措施。

国务院发出通知决定恢复曾于1965年撤销的中国农业银行

中国农业银行作为国务院的一个直属机构,由中国人民银行代管。主要任务是,统一管理支农资金,集中办理农村信贷,领导农村信用合作社,发展农村金融事业。

中国参加亚洲再保险公司

中国驻泰国大使、中国常驻亚太经社委员会代表张伟烈代表中国政府在亚洲再保险公司创建协定上签字,中国从而成为亚洲再保险公司的第十个成员。

亚洲再保险公司是由亚太经社委员会发起成立的,它的宗旨是开展亚洲国家间的保险业务,从1977年起已先后有9个亚太经社委员会成员签字参加这个公司。

国务院副总理邓小平在北京会见欧洲共同体委员会主席罗伊·詹金斯和夫人及其随行人员

全国人大常委会副委员长廖承志在北京会见以田代由纪男参议员为团长的日本熊本县天草郡农业友好访华团

新华通讯社社长曾涛在北京举行宴会欢迎日本共同通讯社社长渡边孟次一行

冶金工业部部长唐克为团长的中国冶金工业代表团离开北京前往美国访问

中国常驻联合国代表陈楚在安理会讨论东南亚局势时发言揭露越南北欺中国西侵柬埔寨的真相

中国常驻联合国代表陈楚在23日晚联合国安理会讨论东南亚局势的会议上发言,强烈谴责越南侵略柬埔寨的严重罪行,要求安理会继续审议并采取认真对策;并揭露越南当局猖狂挑起中越边界冲突的真相,重申中国对越南侵略者进行自卫还击的严正立场。

陈楚说,安理会应民主柬埔寨的要求,在1月份曾举行紧急会议,讨论越南在苏联支持下武装侵略柬埔寨的严重事态。在会上,除苏联及其一小撮追随者外,发言的代表都对越南悍然武装侵略民主柬埔寨的严重罪行进行了强烈的谴责,并且严正驳斥了越南为了掩盖其武装侵略柬埔寨而炮制的所谓"柬埔寨内战"的荒谬言论,指出民主柬埔寨的独立、主权和领土完整绝对不容侵犯,要求越南当局必须立即停止侵略并毫不拖延地从民主柬埔寨撤出其一切侵略军队。安理会的不结盟成员国并为此提出了一项决议草案,只是由于苏联代表一意孤行地使用否决权,致使这个得到了13票压倒多数支持的决议草案没有获得通过,并从而使安理会在越南对一个主权国家、联合国成员国民主柬埔寨进行的赤裸裸的武装侵略和军事占领这一极其严重事态面前,处于无所作为的状态。在此之后,越南当局自认为有恃无恐,继续在苏联大力支持下,变本加厉地扩大对民主柬埔寨的侵略。越南侵略军侵占了柬埔寨大片国土,他们所到之处,奸淫烧杀,无恶不作。柬埔寨人民的家园被焚毁,生命遭涂炭,广大妇女和儿童也不能幸免。越南当局肆无忌惮地对民主柬埔寨抗战军民进行大规模的血腥屠杀,构成了对《联合国宪章》的极其粗暴的践踏和对国际法起码准则的根本破坏,它严重地威胁着东南亚各国以及亚洲太平洋地区和全世界的和平与安全,是对人类和平与正义事业的极其猖狂的挑战,也是对安理会及所有联合国成员国的猖狂挑战。全世界人民和一切主持正义的国家和人民对此都十分愤慨,面对越南侵略者的如此严重的侵略罪行,以维护国际和平与安全为其主要宗旨的安理会及联合国将何去何从,这是一个十分严肃的考验。我们认为,安理会如不对之继续进行审议并采取认真对策,就将意味着安理会的严重失职。为此,中国代表团坚决支持民主柬埔寨政府关于召开安理会紧急会议,继续审议越南侵略民主柬埔寨的正当要求,并且认为安理会应迅速采取有效措施,制止越南当局对民主柬埔寨的武装侵略,并且立即结束越南当局对民主柬埔寨的军事占领。

陈楚指出:越南当局企图吞并民主柬埔寨蓄谋已久,它对民主柬埔寨发动武装侵略是它建立"印度支那联邦",推行地区霸权主义的一个重要步骤。范文同与其在柬埔寨的傀儡签订的所谓"和平友好条约",也恰恰是越南要把柬埔寨正式编入它的"印支联邦体系",并进而以此为依托,向东南亚其他国家进行扩张的野心的又一次暴露。越南当局所以敢于如此明目张胆地疯狂对外进行扩张,推行地区霸权主义,是由于得到苏联霸权主义的唆使和支持。苏联想假手越南,控制东南亚。

陈楚说,中国代表团完全支持民主柬埔寨国家主席团主席乔森潘在1979年2月12日致各国元首函中所提出的四项呼吁。中国代表团主张安理会应根据乔森潘主席的四项呼吁,立即采取行动,严厉谴责越南当局的侵略罪行,责成越南当局立即停止其侵略民主柬埔寨的军事行动,并立即从柬埔寨领土上撤出其一切军事力量。

陈楚在谈到越南当局一手挑起中越边界冲突问题时首先强调指出:越南对民主柬埔寨发动大规模武装侵略,并且对柬埔寨实行军事占领,这同因为越南当局猖狂挑起中越边界冲突,迫使中国方面不得不为保卫边界进行有限度的自卫反击,是两个在性质上截然不同的问题。前者已经构成了对《联合国宪章》和国际法准则的粗暴践踏,构成了对国际和平与安全的严重威胁,而后者则是任何一个主权国家根据《联合国宪章》第五十一条所应采取的必要自卫行动。任何把两者混同起来,等量齐观的企图,都只能混淆是非界限,起到对真正的侵略者加以纵容的作用,因而也是绝对不能容许的。

陈楚在发言中介绍了越南如何猖狂挑起中越边界

冲突的事实真相，以及中国对有关问题的看法和主张。他说，当前，中越边界的严重局势完全是越南当局一手挑起和造成的。据不完全统计，越南在中越边界的挑衅事件1974年发生100多起，1975年增加到400多起，1976年剧增到900多起，1977年752起，1978年急剧增加到1108起，仅最近半年越南当局侵犯我国边境地段就达162处，向我国进行武装挑衅700余次，打死打伤我边境军民300多人。最近，越南当局又连续出动武装部队，侵犯中国领土，袭击中国边防人员和边境居民，严重威胁我国边疆的和平与安全，这是越南当局对中国的严重武装挑衅和侵略行动。

陈楚指出越南当局的侵略行径，是蓄谋已久的。越南在结束抗美战争，实现统一以后，迅速走上了对外侵略扩张的道路。它先是控制老挝，然后又对昔日的盟友柬埔寨发动了大规模的侵略战争，侵占柬埔寨的首都金边和大片领土，企图实现其建立"印度支那联邦"的狂妄野心。当前，越南侵略军正进一步把战火烧到柬泰边境，给整个东南亚和太平洋地区的和平与安全带来了极大的危害，使这一地区的国家和人民进一步受到苏、越霸权主义的威胁。越南当局如此肆无忌惮地对外进行侵略，理所当然地受到中国政府和人民的反对。越南当局把中国看成是它推行扩张主义的主要障碍。它背信弃义，把昨日信誓旦旦地称为"同志加兄弟"的中国当作它的"头号敌人"。因此，在它大举武装侵略柬埔寨的同时，不断挑起中越边境冲突，步步升级，越来越猖狂。越南当局这种猖狂的侵略行动，就是要在中国南部边境挑起军事冲突，加剧紧张局势，破坏中国的社会主义现代化建设。事实证明，越南对中国边境地区的入侵和骚扰是与它对印度支那邻国和东南亚的侵略扩张活动密切联系的。中越边界上所以形成如此严重的局势，其直接祸根就是越南当局。

陈楚揭露说，越南当局为了掩盖它地区霸权主义的嘴脸，推脱其对中国进行武装挑衅，以至发动进攻的罪责，别有用心地在所谓"小国"、"大国"问题上做文章，力图利用所谓"小国"地位，把自己装扮成"受害者"以混淆视听。越南当局以为，只要一说越南是个小国，不管它干什么坏事，人们自然都会同情它。一个国家是否有野心，是否进行侵略扩张，不是由它的大、小决定的，而是决定于它的政治路线和对外政策。有史以来，大国侵略和欺侮小国固然有之，"小国"侵略和欺侮大国的事例也不鲜见。小小的岛国古巴，不是由于投靠了苏联社会帝国主义，竟派出几万名雇佣军远涉重洋去充当苏联的打手吗？越南则正在步其后尘，而且有过之而无不及。它为了实现称霸印度支那和东南亚的野心，对其周围邻国，不管是大是小，一律都要欺侮。越南今天北欺中国，西侵柬埔寨，难道不是对它反诬中国的谬论的最有力的驳斥吗？

陈楚指出，越南当局的侵略行径，一直得到苏联的怂恿和支持，决不是偶然的，越南的对外侵略扩张活动和对中国的武装侵犯，完全适应了苏联大霸权主义的需要。

他指出，苏联要越南充当它在东南亚和亚洲建立势力范围和进行侵略扩张的马前卒和帮凶。越南则倚仗苏联，妄图通过武力组成所谓"印度支那联邦"，成为霸主，并支配整个东南亚地区。苏越大小霸权主义，狼狈为奸，互相勾结，是威胁和危害亚洲、太平洋地区和平与安宁的根源。

陈楚说，两年来，对越南当局不断在中国边境地区进行武装挑衅和敌对行动，中国政府和人民一直以中越两国人民的友谊为重，最大限度地采取了克制和忍让的态度，再三向越南当局提出规劝和警告，以免事态的扩大。正是由于如此，尽管越方气势汹汹地在中越边境多次动武，中国边境军民眼看自己的骨肉同胞惨遭杀伤，仍然长期严格执行命令，一不还手，二不还枪，委曲求全，期待着越南当局能够幡然悔悟，改弦更张。我们历来主张，国与国之间的争端，应该遵循联合国宗旨以及和平共处五项原则，通过平等协商求得合理解决，而不诉诸武力。但是，正如中国成语所说的"树欲静而风不止"，越南当局在苏联的支持下，自认为有恃无恐，把中国方面的克制与和平愿望误认为软弱可欺，把中国方面的婉言劝告和警告都当成了耳边风。反而变本加厉，得寸进尺，恣意妄为，对中国边境地区的武装侵略行动不断升级。事实证明，同越南侵略者打交道，委曲、忍让已不能求全。越南当局欺人太甚。中国边防部队是在实在忍无可忍的情况下，为了保卫边疆，制止侵略，才被迫进行有限度的自卫反击。

他指出，《联合国宪章》第五十一条规定，会员国在受到武力攻击时，有行使自卫之自然权利。中国边防部队忍无可忍被迫采取奋起还击的行动，完全是符合《联合国宪章》的原则和规定的，是正义的行动，这也是任何一个主权国家在面临同样情况下所不能不采取的行动。

陈楚表示：中国政府和人民一贯奉行的原则是："人不犯我，我不犯人；人若犯我，我必犯人。"中国人民是热爱和平的。我们要建设自己的国家，我们需要一个和平的国际环境，我们不愿意动干戈，我们不要越南的一寸土地，也决不容许别人肆意侵略我国领土。我们要的是和平与安定的边界。在给予越南侵略者以应有的还击之后，中国边防部队将回师严守祖国的边界。

陈楚说，中越两国人民同饮一江水，患难与共。中越两国人民在长期的革命斗争中，互相同情，互相支援,建立了深厚的友谊。中国政府和人民在毛主席和周总理的领导下,为越南人民的解放事业作出了举世公认的民族牺牲,战后又积极援助越南人民恢复经济、重建家园。今天中越两国人民在长期的革命斗争中建立起来的深厚友谊,不幸遭到越南当局的肆意破坏。这是使中国人民非常痛心的事情。然而,中国政府和人民仍然珍惜和维护中越人民的友谊。过去如此,今天如此,将来也如此。中国政府呼吁越南当局以中越两国人民的友谊为重,迷途知返,立即悬崖勒马,不要在错误的道路上走下去。

陈楚说,联合国的宗旨的维护国际和平与安全。面对越南当局的侵略行径所造成的威胁和破坏和平与安全的严重局势,安理会负有不可推诿的责任严正谴责越南当局的侵略行径,责令它立即停止对中国边境地区的一切武装入侵、挑衅、袭击和各种破坏活动,从中国领土撤出一切越南武装人员,并永远尊重中国的主权和领土完整。

他重申中国政府历来主张通过和平谈判,公正合理地解决两国之间的争端。由于越南方面毫无诚意,历次谈判都没有结果。现在,中国政府再次建议双方迅速在双方同意的任何地点举行适当级别的谈判,讨论恢复两国边境地区的和平与安宁,并进而解决有关边境和领土问题的争议。中国政府准备就任何能确保两国边境和平与安宁的建设性办法进行具体谈判。他说,中国政府的上述立场是完全合情合理的。我们相信,它必将得到一切爱好和平与主持正义的国家和人民的同情和支持。

2月24日

国务院总理华国锋在北京会见欧洲共同体委员会主席罗伊·詹金斯

华国锋总理会见时对罗伊·詹金斯先生说:"中国希望看到一个团结强大的欧洲,欧洲朋友也希望中国繁荣富强,这是中国同欧洲共同体发展关系的根本出发点。"

华总理指出,我们同欧洲共同体的关系越来越好。詹金斯主席这次对中国的访问进一步加深了我们之间的了解和友谊。

詹金斯先生对这次访问所取得的成果感到很高兴。他说,他同中国方面所进行的会见和会谈是很有意义、很有益处的。

在友好的交谈中,华总理说:"霸权主义不愿意看到中国实现四个现代化,因为它知道,中国实现了四个现代化,将是它谋求世界霸权的很大障碍。"他强调指出,中国实现四个现代化的过程中,要很好学习外国发展经济的先进经验和技术。他希望中国和欧洲共同体之间的贸易额能够进一步增长。詹金斯先生对华总理说:我们欧洲共同体非常强烈地希望中国取得进步,我们愿意作为友好的伙伴为中国实现四个现代化作出贡献。

会见在人民大会堂进行。华总理同詹金斯先生和夫人以及随行人员一一握手,并一起照了相。

参加会见的还有我国国务院副总理谷牧和夫人,外贸部部长李强,外交部部长助理宋之光,中国驻欧洲经济共同体大使康矛召和夫人等。

《人民日报》发表社论《解放思想,搞好综合平衡》

毛泽东同志指出,整个经济工作中,综合平衡是个根本问题。社会主义经济的一个主要特点是计划性。列宁指出,"经常地、自觉地保持平衡,实际上就是计划性。"综合平衡工作的好坏,关系到有计划、按比例地高速度发展社会主义经济的客观规律能否得到反映,关系到社会主义制度的优越性能否得到发挥。

不是任何一种简单保持经济平衡的比例关系都能高速度发展社会主义经济。需要找出发展国民经济的最优比例关系,它能够以最少的投资获得最大的经济效果,它能够充分利用现有的经济条件,最大限度地满足社会需要。社会需要和经济条件都不是一成不变的,最优比例关系也不是一成不变的。综合平衡工作既要适应于现实,又要有科学预见。当前计划和长远规划要结合好,没有对现实情况的透彻了解,或者没有远见,都搞不好综合平衡。

由于林彪、"四人帮"的长期破坏,国民经济濒于崩溃,生产在很大程度上陷入无政府状态,那个时候,根本谈不上什么综合平衡。粉碎"四人帮"以来,国民经济恢复和发展的步子快了,形势愈来愈好,但是,一些重大比例失调的状况还没有改变过来。既然有比例失调,就需要进行调整。不经过认真的调整,国民经济大发展的基础就不稳固,条件就不充分。现在我们已经有了调整经济搞好综合平衡的条件。但是,还有一方面的问题没有解决,即林彪、"四人帮"长期搞思想禁锢,在经济工作包括综合平衡工作中设立许多"禁区",搞得人们头脑僵化,不敢想,不敢说。要搞好综合平衡工作,迫切需要以马克思列宁主义、毛泽东思想为指导,大胆解放思想,冲破"禁区",敢于以实践为检验真理的唯一标准,总结30年来正反两方面的经验;敢于打开眼界,借鉴世界各国发展经济的经验;敢于面对现实,揭露矛盾,研究问题。党的三中全会指出,要改革经济管理体制,并对尽快把农业搞上去等问题,指出了方向,提出了措施。现在就是要把三中全会解放思想、发扬民主、实事求是、群众路线的好风气,扩大到经济工作的一切领域中来，搞好综合平衡。

在计划工作的指导思想上，是否可以只注意防止右倾保守的倾向，不注意防止急躁冒进的倾向？这里首先要说明，经济指标的高低，建设规模的大小，等等，一般地说，是认识问题、工作问题。通过调查研究和周密计算，拿出科学根据，是可以纠正一些认识上或工作上的偏向或错误的，不应当把经济工作中的不同见解轻率上纲，搞成路线斗争，搞成政治运动。从50年代后期起，在经济工作领域中只批右倾保守，不批急躁冒进。"文化大革命"中，林彪、"四人帮"又把困难时期党的"调整、巩固、充实、提高"的正确方针诬蔑为"下马风"，并且制造了"上马是方法问题，下马是路线问题"的谬论，造成了一种只怕保守、不怕冒进的"左"比右好的"恐右病"。直到现在，这种"恐右病"还在影响一些问题的彻底解决。例如高指标继续出现。而只要存在着高指标，大话、空话、假话就少不了。常常是说假话的人得了虚名，而国家和人民蒙受实祸。有的指标不产生于调查研究和计算之后，而是头脑发热轻率决定的。基本建设规模过大，超过了物力、财力的可能，建设周期愈来愈长，投资效果愈来愈差。很多项目没有进行建设的前期准备工作，就仓促上马，而且往往不是从实际条件出发，从经济效益上研究确定最优建设方案，而是盲目求大，盲目求快，不计工本，搞人海战术，以致浪费惊人。还有只算所谓"政治账"，不算经济账，等等。对这些问题，不少做经济工作的同志有意见不敢说，有时明知不可能，但怕被扣上"吹冷风"、"右倾机会主义"等帽子，不敢表示不同见解。

从30年以来经济工作的实践看，我们吃冒进的亏比吃保守的亏要大得多。1956年有过一次所谓"马鞍形"，实际上并未影响大局稳定，从经济生活中感觉不到它的不良影响。但是，从批判那次"马鞍形"之后，经济发展上出现了大起大落。这个经验教训，要很好总结记取。

有一种说法是：反保守是支持群众的积极性，反冒进是打击群众的积极性，是"泼冷水"。这是没有根据的。群众站在生产第一线，最讲究实事求是，反对形式主义。急躁冒进和右倾保守同样挫伤群众积极性，破坏综合平衡，造成比例失调，损害群众的根本利益，如不注意纠正，会更严重地长期地挫伤群众的积极性。

计划留有缺口，是否能够促进人们充分发挥主观能动性，经过努力实现"积极平衡"呢？我们认为这是不可能的。计划留有缺口，就会助长盲目性，采购人员满天飞，每个单位都力求有备无患、备而不用，宁肯库存积压，上级也调拨不动，人为地加剧物资紧张，结果造成以物易物、非法贸易风行。人们的盲目性导致无政府状态，冲击国家计划，这样只能扩大经济不平衡，造成比例失调，哪里还能有什么"积极平衡"？留有缺口的计划从来都是不可靠的计划，连完成计划的必要物资保证都不具备，这样的计划有什么实际意义呢？

能否以不平衡是绝对的、平衡是相对的作借口，为计划留有缺口进行辩护？不能。正是由于经济发展进程中会出现不平衡状况，我们才需要认真地经常地做好综合平衡工作，否则，就不能保证国民经济的协调发展，就不会有高速度。在安排计划的时候，不仅不应留有缺口，而且要留有余地。马克思多次指出，正常的再生产过程要求有经济后备，这是有客观必要性的。因为在生产建设过程中，总会出现意想不到的不平衡的情况。比如，一个行业的生产建设速度快了或者慢了，甚至发生了意外的灾害，等等。手里留有后备，就可以加快短线产品的生产，补充紧急的需要。

"以钢为纲"是发展工业的一成不变的指导思想吗？我们这么大一个国家，确实需要多一点钢，"以钢为纲"的口号是反映了这种迫切的愿望的。当着钢是发展工业的最突出的需要，是带动整个国民经济的中心一环时，提出"以钢为纲"的口号，有它的作用；但是"以钢为纲"决不是任何时候都要遵循的客观经济规律。而且，生产社会化的程度愈高，各部门、各经济区、各专业化环节之间的互相联系、互相依赖愈密切，任何一个环节出现生产停顿就会愈来愈广泛地涉及整个相互联系的生产体系。在整个工业生产中，指出任何一个部门或一项产品为"纲"，作为长期指导方针都是不符合客观规律的。当然，更不能把"以钢为纲"理解为可以不顾可能条件，随意规定钢的指标。由于钢铁的生产建设和一系列重工业部门的生产建设是协作配套的，钢的指标一高，必然会加大国民经济中重工业的比重，减少农业和轻工业的比重，破坏农、轻、重次序。但是，农业和轻工业投资省、见效快，是为人民生活所必需的。农业和轻工业被削弱，活跃不起来，整个经济就活跃不起来，钢实际上也上不去。

多年来，我们投在钢上的财力、物力、人力比重很大，但是见效很慢。一个重要原因是钢铁工业孤军突出。有的钢铁厂建立起来了，但是燃料、动力等协作配套条件上不去，发挥不了作用。而且钢的指标一高，往往重视产量，不注意品种、质量，造成一方面钢材短缺，一方面钢锭积压。当前在克服林彪、"四人帮"所造成的比例失调的一系列调整工作中，首先要把农业搞上来，把工业生产的短线煤、电、运输、建材搞上来，把人民物质、文化生活的急需如住宅、校舍等建设搞上来。为了积累资金，引进先进技术，加快建设速度，还要注意发展收效快、利润大、能创外汇、在国际市场上有竞争能力的行业。钢的投资比例要相对缩减，而且要认真总结多年来钢铁生产建设上经济效益不好的经验教训。

有计划按比例地发展国民经济，是社会主义经济的客观规律，搞好综合平衡，就是要使计划中的比例关系符合客观规律。怎样对待综合平衡工作中的“长官意志”，也是一个需要解决的问题。我们主张加强经济建设工作的领导。遇事推托、不敢负责、一无主张二无决断的无人负责现象是必须克服的。各级领导干部必须敢抓、敢管、敢于负责、敢于解决问题。我们所反对的引号里的“长官意志”，是指那些缺乏调查研究的主观主义的“意志”。往往一些重大经济问题，尤其是重大基本建设项目，一个“长官”或者几个“长官”轻易决定，既不按程序办事，又不听取各方意见。这种情况不改变，在综合平衡工作中既不可能有民主，也不可能有真正的集中，更不可能科学地反映客观经济规律。

为了给四个现代化打下良好的基础，更好地实现7年和22年的规划，今明两年仍然是恢复、调整、整顿时期。这样做的目的，是为今后的大发展做好充分的准备，我们要一面调整，一面前进。

飞机播种造林成效显著

《人民日报》报道，我国的飞机播种造林，取得了振奋人心的成果。全国已有22个省(自治区)、89个地区、458个县采用了飞机播种造林，播种面积达1.6亿多亩。经过地面普查和抽查，已经出苗成林的面积达6300多万亩，其中成材的面积在2200万亩以上。飞机播种造林保存面积，相当于全国28年来造林保存总面积的1/7。特别是广西、广州、四川、贵州等省、区，飞机播种效果尤为显著。以广西壮族自治区为例，从1961年开始飞机播种造林试验以来，18年累计飞机播种马尾松4280多万亩，出苗成林面积2200多万亩，相当于全自治区在新中国成立后造林保存面积的41%。

随着人们对飞机播种造林客观规律的认识的提高，近几年来，飞机播种造林的区域已扩展到干旱少雨的北方山区。从1974年开始，河北省的承德、保定、石家庄和张家口四个地区共飞机播种造林180多万亩，其中大部分播区的出苗成活率都在30%—50%。特别可喜的是，在风沙弥漫的陕北高原上，人们克服重重困难，终于在1975年飞机成功播种油松、侧柏和灌木以及多种草本植物。

大面积的飞播成林，正迅速改变着许多“穷山恶水”的自然面貌，促进了当地农牧业生产的发展。位于贵州南部高原上的独山县，长期以来是一个“荒山不见林，十年九歉收”的贫困山区。1965年开始采用飞机播种造林以后，14年绿化了45万多亩荒山，森林覆盖率从原来的18%上升到33%，气候发生了显著变化。许多省、区的典型调查说明，在飞机播种已经成林的地方，雨量都相应增多，湿度增大，水土流失减少，为农业增产创造了有利条件。

各地进行飞机播种造林的大量事实说明，这种造林方法具有速度快、费工少、成本低、效率高等优越性。目前，一架中型专业飞机，每个飞行日一般可播种造林6万—7万亩，相当于六七千个强劳力的工作量；一架小型专业飞机每个飞行日也可播种造林两三万亩。飞机播种造林的成本很低，除种子费以外，每亩作业费只要几角钱，相当于人工造林成本的1/10—1/20。

全国林业经济科学规划座谈会在黑龙江带岭举行

《人民日报》报道，全国林业经济科学规划座谈会最近在黑龙江省带岭举行。这个会议是由中国社会科学院、中国林业科学院、黑龙江省委宣传部等单位发起的。来自中央有关部门和13个省、区的代表80多人参加了会议。会上，总结交流了林业经济情况，制定了全国林业经济科学研究规划，成立了全国林业经济科学研究会。

会议着重讨论了林业经济科学研究的重要性和紧迫性；如何按客观经济规律办事，用经济手段管理林业，大力发展林业生产的问题。

会议认为，要大力发展林业生产，科学研究必须走在生产的前面，老老实实地按客观经济规律办事。过去由于违背了经济规律，致使当前林业经济存在很多严重问题：我国森林资源很少，但是还在遭受破坏，砍的多、造的少，更新长期欠账，新造林得不到抚育管理。我国木材供应严重不足，但是资源浪费很大，综合利用率极低，要改变这种现状，应该根据林业经济的特点和规律改革计划体制和计划指标体系。在国民经济中，真正的而不是口头上贯彻执行以农业为基础的方针，国家计划就应该改变重采轻造、轻综合利用的现状，使“以营林为基础”的方针在计划和实际生产中体现出来。有些林区和山区，由于违背农林牧三者互相依存的规律，片面推行“以粮为纲”的方针，毁林开荒，不仅破坏了森林资源，减少了社员收入，粮食生产也得不到保证。如果按自然规律，在山区大力发展木本油料和木本粮食，就会促进粮、油早日过关。

大家指出：改革林业管理体制，试办林业联合企业，扩大林业企业的自主权，鼓励全民造林的政策，加强制止破坏森林资源的法规，实行按劳分配，以及加速实现林业机械化和现代化等问题，都急需研究。

会议根据当前林业经济存在的问题和实现林业现代化的需要，制定了全国林业经济科学研究规划，提出了18项林业经济科学重点研究课题。

国务院副总理方毅在北京会见由教育部部长库汉

加率领的坦桑尼亚教育代表团

国务院副总理王震在北京会见英国钢铁公司主席查尔斯·维利尔斯爵士和英国戴维国际公司董事长约翰·巴克列爵士

国务院副总理陈慕华在北京会见南斯拉夫科学技术合作代表团和南中工业合作混合委员会南方代表团

会见时,陈慕华副总理同南斯拉夫科学技术合作代表团团长、联邦科教文技合作总局副总局长伊万·森克,南中工业合作混合委员会南方主席、南斯拉夫联邦动力和工业委员会副主席斯特万·戈伊西纳以及这两个代表团的其他南斯拉夫同志进行了亲切友好的谈话。

南斯拉夫驻中国大使奥斯托依奇参加了会见。

会见时在座的有外经部副部长魏玉明、冶金部副部长林泽生、一机部副部长祁田等。

会见以后,陈慕华副总理出席了中华人民共和国政府和南斯拉夫社会主义联邦共和国政府关于1979年科学技术合作议定书的签字仪式。

林泽生副部长和伊万·森克团长,分别代表本国政府在议定书上签字。

今天,魏玉明副部长和斯特万·戈伊西纳团长还签订了中南工业合作混合委员会第一届会议纪要。

全国人大常委会副委员长邓颖超在北京会见泰国友好人士乃讪·帕他努太和夫人及女儿、外孙

中国驻联合国副代表赖亚力向联合国安理会主席阿·雅·比沙拉递交关于安理会应采取必要措施制止越南对民主柬埔寨的侵略和消除其后果的决议草案

中国副代表要求安理会将这个决议草案作为安理会文件散发。

中国的决议草案说:"深信越南当局不顾安理会13个成员国关于越南撤退军队的严正要求,对民主柬埔寨继续进行军事侵略和占领,构成对国际和平与安全的严重威胁;确认安理会按照《联合国宪章》有责任采取必要的措施制止越南对民主柬埔寨的侵略和消除其后果;谴责越南对民主柬埔寨的武装侵略和军事占领。"

中国的决议草案要求越南立即停止对民主柬埔寨的一切军事行动,并立即从柬埔寨领土上撤出其一切武装部队及其有关人员,结束对该国的军事占领。

中国的决议草案说,中国"吁请所有国家尊重民主柬埔寨的独立、主权和领土完整;敦促越南和民主柬埔寨双方早日举行谈判解决柬越关系问题"。

中联部副部长申健率中国共产党代表团离开北京赴墨西哥参加革命组织党成立50周年庆祝活动

北京出版社决定重新出版《海瑞罢官》《燕山夜话》和《分阴集》

《人民日报》报道,历史剧《海瑞罢官》、杂文集《燕山夜话》和《分阴集》等书是北京出版社1966年以前出版的,出版以后受到广大读者的欢迎。1966年,"文化大革命"开始,在江青、张春桥、姚文元的直接策划下,吴晗、邓拓、廖沫沙3名同志被打成反党的"三家村"黑帮,北京出版社也被打成"三家村"黑货的批发部、反党反社会主义的工具。

为了给吴晗、邓拓、廖沫沙3名同志平反昭雪,恢复名誉,北京出版社作出了这个决定。

上海 北京等城市建立劳动服务公司安排按政策留城的待业青年和其他社会闲散劳动力就业

新华社报道,上海、北京、天津和辽源等城市的劳动部门最近先后建立了劳动服务公司或专业服务队(站),负责安排按政策留城的待业青年和其他社会闲散劳动力就业。目前,这些劳动服务公司和服务队(站)已经吸收两万多名劳动力,承担了一些生产单位的多种辅助性工作,并且举办了一些社会生活服务项目。国家劳动总局认为,这些城市初步实践的效果表明,劳动服务公司的形式比较好。这种形式机动灵活,服务项目综合多样,能够扩大城市就业面,应该在全国城镇推广。

劳动服务公司的主要任务,是把这些青年和劳动力组织起来,从事机关、学校和企业单位里临时性、季节性的工作和承担部分基建工程、房修任务,以及举办社会服务项目等等。有的城市劳动服务公司还开办了职业学校和职业训练班,积极为待业人员创造就业条件。

这几个城市的劳动服务公司和专业服务队(站)都由劳动部门领导,性质是大集体所有制企业,实行独立经营,自负盈亏。这些机构吸收的劳动力,一类分配到比较固定的专业服务队和比较稳定的生产和生活服务单位,作为一次就业,成为集体所有制企业的正式职工;另一类分配到临时性的专业队,只作为暂时的从业人员,在从业中创造就业条件,在适当的时候由公司推荐正式就业。目前,参加劳动服务公司和专业服务队(站)的人员,大都是领取日工资,劳动报酬按劳动强度大小、技术高低、贡献大小合理确定。

这些城市的实践表明,建立劳动服务公司对于工交企业改变"大而全"、"小而全"的状况,也有一定的促进作用。去年,上海梅林食品厂将汽车装卸任务发包给专业服务队，节约压缩厂内用工120多人。还有一些生产单位，将一些任务发包给服务队，改变了临时性和后勤性用工占用编制人员的做法。

2月25日

国务院副总理王震在北京宴请英国工业大臣瓦利

王震副总理在宴会上首先讲话。他在回顾去年他对英国的访问时说："你们在发展现代化工业和科学技术方面的成就，给我们留下了深刻的印象。"

他对近年来中英两国关系的发展表示满意，他说："在阁下的访问之后，英国外交大臣和贸易大臣等也将先后来我国访问，我们的卫生部部长、教育部部长以及高级军事代表团等也将去贵国访问。"

他说："我们还希望进一步加强与英国工业界和科学技术界的友好合作，加强两国贸易往来，开展多方面的交流活动，以便使我们两国在政治、经济、贸易、防务、科学技术和文化教育诸方面的关系，都能得到发展。我们十分欣赏英国政府在发展中英关系方面所作的努力。我深信，我们双方今后进行合作的前景是十分广阔的。"

瓦利大臣在讲话中说：今晚我们感到生活在老朋友中间。"这使我觉得，我的这次访问不是孤立的事件，而是在不断增加贸易和了解的发展进程中的一个阶段，而且是一个重要的阶段。"

他说："贵国正在从事伟大的事业，实现你们整个经济的现代化。我们欢迎和支持你们的目标。我们相信，一个强大和繁荣的中国的发展，是符合亚洲和世界稳定与和平的利益的。"他说，为了我们的共同利益，我们可以合作的领域是很多的。我们相信我们的合作，将使中英我们两国的贸易往来大大增加。希望我们之间的会谈，将使中英两国的贸易有一个广泛的、建设性的轮廓，并使我们的合作在许多具体项目上作出决定。

外交部部长黄华，外贸部部长李强，一机部部长周子健，三机部部长吕东，四机部部长钱敏，六机部部长柴树藩，国防工办主任洪学智，煤炭部部长肖寒，铁道部部长郭维城，国家计委副主任段云，外交学会副会长熊向晖等，出席了宴会。

英国驻中国大使柯利达和大使馆外交官员应邀出席了宴会。

国务院副总理王震在北京就中英合作和对越南自卫还击等问题答英国记者问

王震副总理在这里回答随同英国工业大臣访华的英国记者的提问指出，中英两国合作的领域是非常广阔的。双方对扩大合作很感兴趣。王震副总理说："我今天上午同埃里克·瓦利大臣就民用工业设备的技术合作问题广泛地交换了意见。双方认为，中英合作是两国的事情，不受任何第三国的干涉。"他指出："会谈涉及改造中国几个冶金企业，开采和提炼中国的有色金属等问题。"

在回答中越边界冲突时，王震副总理重申了中国的正义立场。他说："越南一年多来在中越边界骚扰、进攻，搞得我们很不安宁。我们被迫采取有限的行动，进行自卫还击，目的是为了保卫我们的边界的安宁，使它不要妨碍我们的和平建设。"

财政部部长张劲夫在北京举行宴会欢迎美国财政部部长沃纳·迈克尔·布卢门撒尔和夫人及其随行人员

国务院副总理余秋里出席了宴会。张劲夫部长在宴会上讲话时说，中美两国关系的正常化，为增进两国人民之间的了解和友谊，促进两国在各个领域的友好合作，开辟广阔的前景，也有利于亚洲和世界的和平与稳定。最近，我国领导人邓小平副总理访问了美国，同卡特总统进行了友好的会见。两国领导人的会谈是友好诚挚的，建设性的，成果是显著的。

他说，布卢门撒尔部长率领的访华代表团，是在中美关系实现正常化以后，第一个来中国访问的美国政府代表团。我们相信，通过双方的诚挚会谈，共同努力，对增进中美两国之间的经济关系和两国人民的友好情谊，必将取得积极的成果。

张劲夫部长在谈到中国边防部队保卫边疆、奋起还击越南侵略者时说，中国边防部队忍无可忍奋起还击，完全是正义的行动。我们不要越南的一寸土地，也决不容许别人肆意侵犯我国领土。

布卢门撒尔部长说："我们这次将在这里进行许多重要的讨论。我们双方这次进行的会谈将为我们两国之间的密切友好的经济和政治关系打下基础。"他指出，邓小平副总理最近对美国的访问是一个伟大的历史事件，是非常成功的。他和卡特总统的会谈为我们进一步的工作打下了基础。

他说，关系正常化提供了机会来为不断增长和对彼此有利的经济关系奠定基础。我们同意双方应当迅速解决过去遗留下来的问题。我们还要开始商讨美中间的贸易协定等问题。为了有益于我们两国人民，我们可以开始合作，扩大全面的贸易和商业关系。

布卢门撒尔部长在讲话中谈到了美国政府对东南亚局势的关切和他们的主张。

外交部副部长章文晋，外贸部副部长王润生，财政部副部长忻元锡、顾问谢明，中国银行董事长乔培新，出席宴会作陪。

美国驻中国联络处副主任芮效俭和夫人与联络处

外交官应邀出席了宴会。

解放军副总参谋长张才千为团长的军事友好代表团离开北京前往孟加拉国进行友好访问

于立群逝世

中国共产党党员、第五届全国人民代表大会代表、全国妇女联合会执行委员会委员、书法家于立群同志2月25日在北京逝世。

于立群同志是广西贺县人,1916年生,1938年加入中国共产党。抗日战争初期,于立群同志积极投入战地救亡工作。在武汉期间,于立群同志直接受到敬爱的周恩来同志的亲切教导,积极协助郭沫若同志从事抗日救亡工作。积极参加了群益出版社的创建,为在国民党统治区出版大量革命文艺书籍贡献了力量。

抗战胜利后,于立群同志和郭沫若同志一起,先后在上海、香港两地党组织的领导下,从事民主运动,继续从事革命书籍的出版工作,并筹备中国妇女联谊会香港小组,进行筹集经费、医药物品等支援解放战争。全国解放以后,于立群同志积极投入抗美援朝、土地改革等各项运动。多年来,她协助郭沫若同志做了许多国际友好工作。在此期间,她还精心研究书法,成为我国的女书法家之一。

郭沫若同志逝世后,于立群同志参加郭沫若著作编辑委员会,与同志们一起整理郭沫若同志的作品。

2月26日

国务院副总理邓小平在北京会见日本共同社社长渡边孟次一行

《人民日报》发表评论员文章《抓紧落实农村基层干部政策》

落实农村基层干部政策,是当前党在农村的一项重要任务,是调动一切积极因素,尽快把农业生产搞上去的迫切需要。必须克服各种阻力,坚决抓紧抓好这项工作。

许多地方的党委重视落实基层干部政策,已经在这方面做了很多工作,取得了显著成绩。但是,也有一些地方的党委对落实基层干部政策的重要性和迫切性认识不足,认为这项工作无关紧要,不影响大局,现在工作忙,顾不上抓;有的同志甚至认为农村基层干部不存在落实政策的问题。这种认识是不对的。

全国农村有68万个生产大队、480万个生产队,基层干部数以千万计。他们当中有不少人是土地改革、合作化和公社化时期的积极分子,有些还是抗日战争、解放战争时期的老干部、老党员。他们是党的干部队伍的一个重要组成部分,对我国农业的社会主义改造和生产的发展作出了重大贡献。但是,这些年来,连续不断的政治运动,基层干部常常首当其冲。特别是"文化大革命"以来,由于林彪、"四人帮"疯狂推行极左的修正主义路线,大批基层干部被揪斗、批判,有的被捆绑吊打、刑讯逼供、关押审查,有的被撤职、开除党籍,其中不少同志的家属子女受到株连。影响所及,人人自危,干部无心抓生产,群众的积极性也受到挫伤,有些地方出现"思想乱了,人心散了,班子瘫了"的严重局面。这是这些年来我国农业生产发展缓慢的重要原因之一。

农村基层干部处在农业生产第一线,是党在农村联系群众,贯彻执行党的路线和政策,带领群众进行新长征的骨干力量。认真落实农村基层干部政策,把他们当中存在问题解决好,将会有力地调动广大基层干部和社员群众参加社会主义现代化建设的积极性。这对加快农业的发展,促进四个现代化的早日实现,有很重要的意义。做好这项工作,对于拨乱反正,分清功过,分清是非,挽回林彪、"四人帮"推行极左的修正主义路线,打击迫害农村干部所造成的恶劣影响;对于搞好党风,恢复和发扬党的实事求是的优良传统,健全党的民主生活;对于增强干部队伍的团结,密切党群关系、干群关系,促进安定团结的大好形势,都会起很好的作用。因此,落实农村基层干部政策,决不是可有可无、无关紧要的事,而是一项事关大局的迫切需要抓紧完成的重要工作。

有些同志对抓这项工作有顾虑,怕说是翻案,怕犯右倾错误,怕以后运动来了挨整。翻案怕不怕?关键要看翻的是什么案。惩处坏人,定性和处理正确的案,当然不能翻。林彪、"四人帮"制造的冤案、假案、错案,就是要翻,非翻不可。不翻,是非不明,敌我不分;不翻,正气不能伸张,受冤枉的好人得不到解放。右倾,当然不好,但要弄清什么是右,不要把极左当成右。为受错误路线迫害的同志平反,是拨乱反正,是用马克思主义路线纠正林彪、"四人帮"的极左,这样做,完全正确,何右之有?这些年来,一再批"右",往往把正确的东西当作右来批,把马克思主义当作修正主义来批,人们被批怕了,恐"右"病相当流行。现在到了根治这种病的时候了。我们共产党人为真理而斗争,应当无所畏惧。党中央为了保持实现四个现代化所必要的社会政治安定,决定今后不再搞政治运动,我们更没有理由怕这怕那了。

还有一些同志过去参与搞了冤案、假案、错案,或者多少有些牵连,怕承担责任,怕否定自己,对落实政策思想抵触,甚至进行阻挠。这种态度是极端有害的。过去在极左路线的影响下,参与搞了冤案、假案、错案,伤害了同志，损害了党和人民的利益，现在就应幡然醒悟，从个人得失的小圈子里跑出来，以党和人民的利益为重，为遭受打击迫害的同志着想，毅然决然地落实党的政策，平反纠正冤假错案件。

对落实农村基层干部政策，党委的态度要坚决，决不能摇摇摆摆。对那些实事求是，坚持原则，坚决落实政策，积极平反纠正冤案、假案、错案的同志，要大力表扬，对那些设障碍，出难题，阻挠和破坏落实政策，情节严重的，或坚持错误不改的，或对要求落实政策的同志打击报复的，要严肃处理。清查工作不彻底，领导班子有严重问题的，首先要调整领导班子。领导班子不调整好，落实农村基层干部政策的工作就没有人抓，即使抓了，也不可能做好。要抽调立场坚定、党性强、作风正派、办事公道、有一定政策水平的干部负责这项工作，一般不要由原办案人员去主持。

对基层干部，当地群众是了解的，只要我们认识明确，方法对头，走群众路线，落实基层干部政策的工作就不难做好。凡是经过群众讨论，情况清楚，认识基本一致的，就应当尽快地解决问题，不要搞烦琐哲学。在落实基层干部政策的同时，对社员群众中的类似问题，也应妥善解决。要坚决克服互相推诿、踢皮球、拖拖拉拉的现象。要坚决按政策办事，引导干部和群众把千仇万恨集中到林彪、"四人帮"的身上。对少数搞阶级报复、挟嫌报复的坏人和打砸抢首恶分子要严肃处理，一般不要着重追究个人责任。要提倡顾大局，识大体，讲谅解，向前看，搞好人民内部的团结，不要计较个人恩怨，不要纠缠历史旧账。在工作中还要注意排除资产阶级派性和家族观念、宗派残余的干扰，使落实农村基层干部政策的工作健康发展。

《人民日报》为发表纪希晨文章《一场捍卫党的原则的伟大斗争——揭穿林彪、"四人帮"一伙制造"二月逆流"重大政治事件的真相》配发编者按

1967年春天，所谓资本主义复辟的"二月逆流"，是林彪、"四人帮"炮制的迫害老一辈无产阶级革命家的一个重大政治事件。其目的是打倒当时抵制他们的国务院副总理陈毅、李富春、李先念、聂荣臻、谭震林等同志和中央军委副主席陈毅、叶剑英、徐向前、聂荣臻等同志，进而打倒周恩来同志和朱德同志，架空毛泽东同志，为篡夺党和国家最高领导权扫清道路。

在这场关系党和国家命运的生死斗争里，老一辈无产阶级革命家们英勇捍卫马克思主义原则和党的传统。他们在关键时刻，挺身而出，力挽狂澜，同林彪、"四人帮"一伙进行了惊心动魄的斗争。他们坚持原则，光明磊落，无私无畏，表现了共产主义战士的崇高品质，为我们树立了光辉榜样。

以华国锋同志为首的党中央，最近再次郑重宣布不存在什么"二月逆流"，而是"二月正流"。

《人民日报》发表李毓峰文章《集中力量开发"北煤"才能见效快》并配发编者按

编者按：《集中力量开发"北煤"才能见效快》一文，值得一读。这篇文章列举大量材料，对"扭转北煤南运"的口号，提出了不同的看法。言之有据，发人深思。

前几年，批判了"南方无煤论"以后，南方许多省、区经过努力，先后发现和开发了一些煤田，工作是有成效的。但是，怎样才能解决煤炭的产需平衡呢？这篇文章从实际出发，敢字当头，提出了集中力量"开发北煤"的建议，这是煤炭工业建设的一个新主张。这种敢于思考，敢于探索的精神，煤炭工业战线需要，各行各业也都需要。

解放思想，不是提倡胡思乱想，而是提倡实事求是。实事求是，就要面向实际，调查研究，老老实实地尊重实际。那些束缚我们手脚，障碍我们前进的种种思想，有一个共同点，都是不符合实际情况的。因此，对它们用实际加以衡量，用实践加以检验，是非曲直就一清二楚了。矿藏资源分布情况是一个客观存在的自然现象，是不以人们的主观意志为转移的。有就是有，无就是无，多就是多，少就是少。"扭转北煤南运"的口号，它只是人们的良好愿望，但不符合煤炭资源分布的实际情况，实行起来，事倍功半，效果不好。认真加以分析，就能发现其不合理性。面对这种实际，提出集中力量开发"北煤"的主张，是非常现实的。当然，随着科学技术的发展，如果在南方发现大量煤炭储藏，那就另当别论了。

煤炭工业的新井投产规模怎样才能大一点，煤炭产量的增长速度怎样才能快一点？30年来煤炭工业的生产、建设的实践证明：在我国集中力量开发储量丰富、条件好的北方煤炭资源，是煤炭工业加快发展速度、见效快的根本途径。这本来是许多干部和工程技术人员都清楚的问题。但是有一个定论至今禁锢着人们的思想，这就是"扭转北煤南运"的口号以及批判"南方无煤论"的影响。

一、煤炭资源的地理分布决定了"北煤南运"

煤炭资源在地理上的分布是不均衡的，这是一个客观存在，世界煤炭资源和我国煤炭资源的分布都是如此。

世界煤炭资源的绝大部分埋藏在北纬30度以上地区，苏联、美国、中国3个国家占全世界煤炭资源的90%。苏联占有世界煤炭资源的1半还多，而苏联的15个加盟共和国中，只有7个共和国有煤炭资源。在东西部区域分布上,有 20% 的煤炭资源在苏联欧洲部分,有 80% 的煤炭资源在苏联亚洲部分。而苏联 80% 的工业和人口却集中在欧洲部分,因此苏联存在着东煤西运的问题。

美国拥有世界煤炭资源的 27%,煤炭资源的分布面积只占全国总面积的 13%。有 66% 的煤炭资源分布在西部地区,有 26% 的煤炭资源在东部地区。而美国的大部分工业和人口集中在东部地区,因此美国有一个西煤东运的问题。

我国煤炭资源经过 30 年来的地质勘探已基本上探明了储量、分布规律和特点。全国探明储量中,华北地区占 61%,西北地区占 10%,其他四个大区之和还不足 30%。山西省的探明储量占全国的 1/3,内蒙古的探明储量占全国的 1/4,而江南 8 省 1 市(两湖、两广、江苏、上海、浙江、福建、江西)探明储量仅占全国的 1.8%。而我国多数工业和人口却集中在南方 8 省 1 市,因此我国也有一个北煤南运的问题。

二、还是要靠北煤南运才能解决产需平衡

江南 8 省 1 市,在实现四个现代化的高速发展过程中,还是要靠北煤南运才能解决燃料的产需平衡问题。

江南 8 省 1 市的煤炭工业经过 30 年来的建设和发展,尤其是经过两次大建设、大发展(一次是 1958 年至 1960 年,一次是 1969 年至 1971 年),已形成具有与资源相当的生产能力,逐步提高了自给率,对本区工农业发展起了一定的促进作用。

至 1977 年,江南 8 省 1 市累计探明储量占全国的 1.8%,已形成生产能力占全国的 12%,原煤产量占全国的 13.6%,探明储量已利用 66.5%,在全国各省区中是最高的。

目前江南 8 省 1 市,在建的矿井规模仅占全国的 14%,而投入的地质勘探和施工力量却占全国的 1/3。今后 7 年还准备再上一大批矿井,占全国同期开工总能力的比重仍然很大。这些矿井绝大部分资源分散、埋藏深、又不太可靠,而且地质构造复杂,仅适于建设小型矿井。

江南 8 省 1 市,1977 年调入煤炭数量仍然很大,1980 年将比现在增加一倍多,1985 年随着本区农业的发展煤炭的缺口愈来愈大。由于本区煤炭资源的限制,再加大开发规模也难以满足本区国民经济迅速发展的需要,还是要靠北煤南运。因此,在当前投资、设备、材料不足,人力不可能大增的情况下,应该集中力量开发北煤才能赢得时间和速度。

三、开发南煤和北煤技术经济效果的对比

开发布局要着眼开发速度和经济效果,要考虑自己条件和劳动生产率。以江南 8 省 1 市与华北的山西相比较:

1. 煤炭的储量:江南 8 省 1 市的探明储量仅占全国的 1.8%,而且地质条件复杂。山西省的探明储量为江南 8 省 1 市的 17 倍,目前仅利用 8.3%。其中肥煤、主焦煤、瘦煤、无烟煤均占全国的 1/2。地质构造简单、埋藏浅,有利于发展机械化。

2. 地质勘探:江南 8 省 1 市平均每探明 1 亿吨工业储量约需钻探 20 万—25 万米,而在华北地区,尤其是山西获得同样储量的钻探工程量仅为江南的 1/7—1/8。

3. 投资效果:从 1950 年至 1977 年的 28 年中,江南 8 省 1 市共用基建投资占全国煤炭投资的 18.7%,累计开工矿井能力占全国的 21%,累计生产原煤仅占全国的 10.8%。山西省同期所用投资和开工矿井能力均为 8 省 1 市的 43%,而累计生产原煤为 8 省 1 市的 140%,原煤成本比前者低 40%—50%,全员效率比前者高 1—1.2 倍。

4. 矿井建设工期、工程量:江南 8 省 1 市由于地形地质条件复杂,井深水大,一般矿井都存在工程量大、投资高、工期长的特点。以两湖、两广、浙江、福建第四个五年计划期间以来设计的 22 处中小型矿井为例,这些矿井设计能力合计 348 万吨,井巷工程量合计 18.6 万米。这些矿井合计的设计能力比开滦钱家营矿井、大同燕子山矿井的能力还小,可是井巷工程量却是钱家营矿井的 2 倍多,是燕子山矿井的 3 倍。南方中小型矿井的建设工期一般要六七年,几乎等于北方大型矿井建设工期。而南方矿井吨煤投资一般要比北方高 30% 左右。

5. 损失的建设规模:江南 8 省 1 市由于煤田地质构造复杂,煤层变化大,矿井开工建设后因为地质资源等因素影响,造成矿井停建、缓建、核减能力、报废的数量很大。从 1950 年至 1977 年的 28 年中共损失建设规模占本区开工规模的 48.7%,占全国损失总规模的 28%。

28 年的生产和建设的实践充分证明,开发北煤尤其是开发山西煤田用同样的时间,同样的人力、物力、财力能够比江南 8 省 1 市取得两三倍的发展速度和技术经济效果。因此,开发北煤尤其是开发山西煤田,是煤炭工业加快发展速度、争取时间的根本途径。

由于煤矿建设周期长、投产慢,从现在起就应该在煤炭的开发布局上作战略的转移,在长远计划安排和地质勘探及施工力量的部署上都应作相应的调整。煤炭基本建设应该集中力量“突破山西”。江南 8 省 1 市的煤矿,根据资源条件和可能,由地方进行适当的建设和发展。

四、开发北煤的运输问题

世界上主要产煤国家,尤其是美国、苏联尽管煤炭资源比较丰富，也还是在几个条件好的大煤田集中开发。美国的阿巴拉契亚煤炭基地年产4.2亿吨，占美国总产量的62%；苏联的顿巴斯和库兹巴斯煤炭基地产量分别占全苏的1/3和1/5；波兰的上西里西亚煤炭基地产量占全国的97%；17联邦德国鲁尔基地的产量占总产量的82%。这些国家，并不把煤炭运输问题作为开发布局的一个决定因素，而是在技术上积极采取措施解决煤炭运输问题，从而使煤炭工业的生产和建设更经济、更合理，加快了煤炭工业的发展速度。

解决煤炭运输问题，国外有很多经验可以借鉴，有一些技术和装备可以引进。

1. 铁路运输。美国目前铁路运煤量4亿多吨，1985年将接近8亿吨，主要是用专列运煤。其特点是装备整齐、密集使用、循环直达，每列运煤1万吨，因而运输效率高，比用普通列车降低运价40%—50%。

2. 水陆联运。这比完全用铁路运输每吨运费低很多。

3. 用超高压输电线路往外送电。60年代以来，国外大量建设坑口电厂。美国目前烧硬煤坑口电厂总容量6000万千瓦以上，苏联即将建设中西伯利亚—哈萨克直流输电线路，送电距离可超过1000公里。

以上3种方法我国都可以借鉴和采用。总之，不能因为运输手段落后而不开发储量丰富的大煤田。

全国政协副主席荣毅仁谈发展旅游事业

《人民日报》报道，最近，荣毅仁向记者谈了关于发展这一新兴事业的见解和建议。

他说：我们国家办旅游业，条件是得天独厚的。江南的太湖、西子湖、雁荡山、黄山，固然都是好地方，就是那东北的千山、汤岗子，也都是理想的旅游地区啊！我去过新疆的天池。天山顶上终年积雪，而天池景色却随季变换，夏天可以避暑、划船，冬天可以滑雪，那真称得上是世界最大的天然滑雪场了！我们每一个省、自治区、直辖市都够开辟自己的旅游区，但是目前开放的游览地点是太少了！

荣毅仁在青年时代攻读过历史学，他把话题转到了历史。他说："我们伟大的祖先为子孙后代留下了数不尽的文物古迹，有许多古迹就可以辟为游览胜地。就说西安吧，已经开辟的旅游点，如半坡村、华清池、碑林、大雁塔等，也还有许多工作要跟上去。至于那秦始皇墓、武则天墓，以及南山的另一个杜甫草堂，都可以着手研究开放。遍布全国各地的许许多多古迹，具有民族特色，有重大的历史价值。我们既要珍视它，也要懂得利用它。

荣毅仁认为，当前，全党工作重点已转到四个现代化建设上来，各条战线都需要大量资金，办旅游业不能大手大脚，应该做到投资少，见效快。要开动脑筋，花较少的钱搞出许多有特色的游览区来。他举例说：房子不够，需要建筑一些。但从现有的情况来看，房子的潜力还是很大的。这几年，有的部门专门找风景区开会，看来人们的主要目的不是开会而是去旅游了。今后，会少开一些，就可以腾出相当多的房子来搞旅游。

荣毅仁建议不要在风景胜地盖高层建筑，因这样很不协调，反而煞风景。他说，我国是集各种建筑之大成的国家。有中国风格的窑洞、木板楼房、宫殿，北方有暖炕平房，南方有水榭竹楼，还有蒙古包等少数民族的住所，都可以用来接待游客。这样做，既花不了多少钱，又可以使外国游客领略我国各民族的生活情趣。当然，在这些建筑物里接待外宾，要添置一些必要的设施。

接着他谈到了交通问题。完善的交通设备，是发展旅游业的重要条件。他说，敦煌的壁画和雕刻艺术扬名全世界，许多外国友人都想前去观赏，他也曾几次想去参观，都因为交通不便而作罢。他说：修铁路不容易，我看可以先从兰州到敦煌开直升机，当天来回。一班不够，可以增设几班。荣毅仁非常赞美三峡风光，他认为在长江上增设一些新式游艇，世界各大洲的许多旅游者一定会慕名前来遨游。

这时，荣毅仁用直率的口吻说：讲老实话，人们来旅游是为了休息和娱乐，轻松一下脑子，恢复好精力。我们当主人的总要让客人乘兴而来，高兴而归。要做到这一点，仅仅具备接待游客的物质条件还不行，更重要的是，提高服务质量。旅游部门的领导同志，要认识旅游事业是我们社会主义建设事业中的一个重要部门，要以身作则热爱这一事业，并且要教育所在部门的工作人员热爱本职工作。我们要认真对待每一件具体、细小的接待工作，发扬中国人民热情好客的精神。做到这一点，即使物质条件差一些，客人们也会感到温暖和满意。否则物质设备条件再好，也会把工作做坏。

荣毅仁认为培训旅游工作人员应该重视外语训练。他说："大家觉得学外语难，如果方法对头，也不难。"他讲到自己过去学习外语的体会时说，如果由老师带了学生"隔离"起来学，大家只许用外语交谈，这样就可以逼上去。一般饭店用语大约学半年就可以掌握了。他提到解放前上海一些大饭店和大商场的服务员，文化程度不高，当时为了谋生，学着讲几句"洋泾浜"(似通非通的外语)。有的经过多年的实践，后来居然也讲得不错。他说：现在，我们的服务员有文化，又有学习条件，为什么不能要求他们更快更好地掌握一门或几门外语呢？

关于旅游业的体制问题，荣毅仁认为我国疆域辽阔，游览地区多，旅游业应该充分发挥中央和地方的积极性，成立几个区域性的旅游公司。他说："现在什么都是上面包下来的接待方法，实在是吃力不讨好。设立几个区域性的旅游公司，地区之间也可以有个比较，来个竞赛。旅游者今年游览了这个区，明年又想到那个区来观光，各地这样你追我赶，各显身手，事业也就必然兴旺起来……"

文化部党组作出为原文化部大错案彻底平反决定

文化部党组召开扩大会，讨论贯彻中央工作会议和三中全会精神，把文化部工作的着重点转移到抓社会主义文化建设、繁荣文化艺术生产上面来，使人民群众能够看到更多、更好的各种形式的文艺作品，使文化艺术工作更好地为实现新时期总任务、促进我国社会主义现代化建设服务。会议发扬民主，对当前工作和一些历史问题展开了热烈讨论。

与会同志一致指出，林彪、"四人帮"和那个所谓"理论权威"，为了篡党夺权的罪恶目的，互相勾结，利用和歪曲毛泽东同志对当时文化部工作中某些缺点的批评，给文化部扣上"为资产阶级服务的旧文化部"、"帝王将相部、才子佳人部、外国死人部"等等大帽子达十多年，把文化部彻底"砸烂"，打进十八层地狱，使各级文化部门的领导干部和群众、广大的文化艺术工作者和业余文化艺术工作者受到残酷的迫害。为此，文化部党组决定，并报经上级批准：公开为文化部这个大错案彻底平反。

解放后文化部的工作，在党中央和国务院的直接领导下，在周恩来同志的亲切关怀下，是积极贯彻执行了以毛泽东同志为首的党中央的革命文艺路线的，文化艺术各个领域的工作成绩是主要的，广大文化艺术工作者和文化艺术干部是好的或比较好的，根本不存在一条什么"文艺黑线"，根本不存在所谓以周扬、夏衍、田汉、阳翰笙同志为代表的所谓"黑线代表人物"问题。文化部党组宣布：凡是受到所谓"旧文化部"、"帝王将相部、才子佳人部、外国死人部"、"文艺黑线"这些大错案的牵连，受到打击、诬陷的同志一律彻底平反，一切诬蔑不实之词统统推倒。文化部希望广大文化艺术工作者、文化艺术干部和业余文化艺术工作者，更加紧密地团结在以华国锋同志为首的党中央周围，树雄心，立大志，团结战斗，奋勇争先，努力贯彻"百花齐放，百家争鸣"的方针，为繁荣文化艺术，创造更多、更好的精神产品，为社会主义代化建设作出更大贡献。

国务院副总理余秋里在北京会见美国财政部部长布卢门撒尔

国务院副总理陈慕华在北京宴请由南斯拉夫联邦执委会副主席布·伊科尼奇率领的南斯拉夫政府代表团

全国妇联名誉主席邓颖超在北京会见由罗马尼亚全国妇女理事会副主席玛丽亚·博布率领的罗马尼亚全国妇女理事会访华团全体成员

在北京的藏族群众举行晚会欢度藏历新年

穿着节日服装的1700多名在京藏族同志在政协礼堂举行联欢晚会，欢度藏历土羊年新年。

2月27日是藏历土羊年正月初一。

参加联欢晚会的各有关部门、学校的藏族同志，来自西藏高原、金沙江两岸、青海湖畔、甘南草原和阿坝等全国各藏族地区。

中共中央政治局委员、全国人大常委会副委员长、中共中央统战部部长乌兰夫，全国人大常委会副委员长阿沛·阿旺晋美，国家民族事务委员会主任杨静仁等，出席了晚会。

联欢晚会上，乌兰夫同志代表中共中央统战部、国家民委，向在京的藏族同志，向全国各地的藏族同胞，致以亲切的问候和热情祝贺。他说，我国有一句古话："每逢佳节倍思亲"。在欢度佳节的时候，我们十分怀念在国外的藏族同胞。我们相信，在国外的藏族同胞也在怀念祖国，怀念国内亲人。现在，在华国锋同志为首的党中央领导下，在祖国各地、在西藏，生产建设发展，人民安定幸福，民族团结和睦。在国外的藏胞受尽了流离之苦，这种不正常的状况已经到了应该结束的时候了。

他指出，党和国家的一贯政策是：爱国一家，爱国不分先后，既往不咎，宽大为怀。我们希望在国外的藏族同胞、希望达赖喇嘛早日回到祖国怀抱，同亲人团聚，参加祖国建设。

乌兰夫同志在讲话中强调指出，凡是愿意回来的，我们一律欢迎。回来不走，愿意在国内定居的，国家负责妥善安置。回来看看又要出去的，礼送出境。侨居国外愿意回国探亲访友的，准其来往自由，并且提供方便。我们党和国家向来是说到做到的。我们坚信，藏族同胞团聚的愿望一定能够实现。

晚会上，阿沛·阿旺晋美也讲了话。出席今天晚会的还有班禅额尔德尼·确吉坚赞。

联欢晚会是由中央民族学院、民族出版社、民族语文翻译局、民族文化宫、中央民族歌舞团全体藏族同志联合举办的。

出席晚会的有中共中央统战部、政协全国委员会、国家民委、部分高等院校、民族研究所等有关部门的负责人童小鹏、李贵、彭友今、萨空了、江平、胡嘉宾、谢鹤筹。在京的少数民族知名人士和有关同志包尔汉、阿沛·才旦卓噶、云丽雯、田富达、薛剑华、宗群、云北峰等出席了联欢晚会。

潘自力追悼会在北京举行

原驻苏联大使潘自力同志由于遭受林彪、"四人帮"的迫害，于1972年5月22日在山西含冤去世，终年68岁。潘自力同志追悼会下午在八宝山革命公墓礼堂举行。

邓小平、李先念、王震、耿飚、聂荣臻、廖承志、姬鹏飞、阿沛·阿旺晋美、杨勇、伍修权等同志送了花圈。国务院、中央军委、中央组织部、中国人民解放军总政治部、外交部及我驻苏联、朝鲜、印度大使馆也送了花圈。

李先念、乌兰夫、胡耀邦、耿飚、聂荣臻、姬鹏飞、康克清、伍修权等同志参加了追悼会。参加追悼会的还有有关方面负责人和外交部机关工作人员以及潘自力同志生前友好400多人。

追悼会由外交部副部长韩念龙主持，外交部部长黄华致悼词。

潘自力同志生于1904年，陕西省华县人，1923年参加革命，1926年参加中国共产党。1928年，他参加了陕西渭华暴动。1936年西安事变时，他在周恩来同志领导下，为解决西安事变作出了贡献。潘自力同志历任中共西安市委书记，陕西省委书记，川陕苏区省委宣传委员会副主任，陕西省委宣传部部长，晋察冀军区政治部宣传部部长、政治部主任，晋察冀野战军政治部主任，十九兵团政治部主任、副政委。全国解放后，他历任宁夏省委书记、省政府主席，西北局委员，陕西省委书记、省政府副主席，我驻朝鲜、印度、尼泊尔、苏联特命全权大使。他曾被选为中共第八届中央委员会候补委员、第一届和第三届全国人民代表大会代表。

2月27日

《人民日报》发表社论《评越南当局拒绝谈判》

为了保卫祖国边疆，制止越南当局对我国领土的猖狂侵犯，中国边防部队被迫对越南侵略军进行自卫还击。与此同时，中国政府再次建议中越双方在任何地点迅速举行适当级别代表的谈判，讨论恢复两国边境地区的和平与安宁，并进而解决有关边界和领土问题的争议。这个建议清楚地表明了中国方面谋求和平解决争端的诚意。但是，越南外交部副部长阮基石2月21日在河内举行的记者招待会上公然宣称，越南"根本不会接受谈判"，拒绝这个合情合理的建议。越南当局这种态度，表明他们坚持奉行反华仇华的反动政策，执意继续武装挑衅，在中国边境地区长期制造紧张局势。

中越两国人民曾经长期友好相处，中越边界曾经是一条友好的边界。中越之间全长1300多公里的陆地边界，是一条双方都承认了的已定界。越南当局出于民族扩张主义的野心，蓄意破坏这条友好的边界，近几年来在边境地区不断进行武装挑衅，侵犯中国领土。这种活动逐年增加，愈演愈烈。越南当局在边境制造的武装挑衅和入侵事件，1974年为121次，1975年为439次，1976年为986次，1977年为752次，1978年剧增到1108次，1979年头1个半月为129次。这就是说，从1974年到今年2月中旬为止，越南当局在我国边境制造的武装挑衅事件共达3535次之多。越南当局的频繁挑衅和侵犯使中国边境军民的生命财产遭到重大损失，迫使中国不得不进行自卫还击，保边安民，维护我们的主权和领土完整，保障我国社会主义现代化建设的顺利进行。即使我们被迫采取这一万不得已的行动，我们仍然主张同越南当局进行谈判，以求得一条和平安宁的边界。我们这个立场是始终不渝的。

现在，世界上绝大多数国家和公众舆论，都呼吁中越两国通过和平谈判，解决边境冲突。这种维护世界和平与国际关系准则的愿望，同中国政府的主张是一致的。苏联当局为了实现其霸权主义野心，竭力火上加油，煽动越南当局拒绝谈判，唯恐天下不乱。他们这种图谋，危害中越两国人民的利益，也威胁亚洲、太平洋地区的和平与稳定。

在我边防部队自卫还击一开始的时候，中国政府就郑重声明，我们不要越南一寸土地，在给予越南侵略者以应有的还击之后，中国边防部队将严守祖国边界。我们说的话是算数的。我们真诚希望越南当局能够认清形势，以越南人民的利益为重，以中越两国人民的友谊为重，接受迅速举行谈判的合理建议。中越边境冲突只能通过双方谈判来解决，其他道路是行不通的。

《人民日报》发表社论《宣传森林法 执行森林法》

全国人大常委会原则通过并颁布了《中华人民共和国森林法(试行)》，这是我国农林战线的一件大事，也是国民经济建设中的一件大事。我们要大力宣传森林法，认真执行森林法。

林业是国民经济的重要组成部分。森林为人类提供木材和其他林产品，还能涵养水源，保持水土，提高地力，防风固沙，巩固堤岸，调节气候，减少旱、涝等自然灾害，对保障农牧业的高产稳产，保护和美化人们的生活环境，防治污染，都有重大的作用。新中国成立以来，我国林业的发展曾经是较快的，但后来由于极左路线的影响，特别是近10多年来，由于林彪、"四人帮"煽动无政府主义，有些人目无社会主义法制，践踏国家的林业政策、法令，加上有些领导同志片面强调发展粮食生产,以致许多地方出现了乱砍滥伐、毁林种粮的现象,使林业遭到一次时间很长、极为严重的破坏。当前我国林业的情况是:森林资源少,森林覆盖率只有12.7%,大大低于世界各国覆盖率的平均水平,而且分布极不均匀。林业落后,农业必然落后。林业的落后使我国有些地区经常干旱,土地沙化,农业产量低而不稳,木材和林产品的供应也严重不足。如不迅速有效地改变这种落后状况,就会继续影响农业,影响工业,影响人民生活,影响四个现代化,甚至遗患子孙后代!

我们要广泛宣传林业的重要性,提高人们对林业的认识;同时要采取正确的方针、政策和有力的措施,并把这些方针、政策和重要措施用法律形式固定下来,以法治林。要教育与法治相结合。在林彪、"四人帮"的干扰破坏下,我国林业有法不依,有令不行,管理混乱,迫切要求我们制定一部森林法,用以裁决林业工作中出现的各种纠纷和案件,打击破坏森林的坏人坏事,保障和促进林业的发展。不加强社会主义法制,林业是不可能发展的。目前世界上一些农业发达的国家,为了制止乱砍滥伐、破坏森林资源,都曾经制定森林法,采取法律措施保障林业。根据国内外发展林业的经验教训,我们制定和颁布森林法,是完全必要的。

我们要按照客观规律办事,依法保护森林,发展林业。我国封建社会时间特别长,缺少民主的传统,往往根据这个"长官"或者那个"长官"的意志行事。如果这个"长官"比较重视林业,这个地方的林业就好一些;那个"长官"不重视林业,那个地方的林业就差一些甚至遭到破坏。要形成法律高于任何"长官意志"的社会风气,制定森林法,进而制定各项规程、细则,使林业工作有一套完整的法规。这样,我们才能避免因"长官意志"的错误而影响工作,保证林业在任何情况下都能正常发展。

现在森林法颁布了,我们要大力宣传,让广大群众都知道,都来掌握。森林法的贯彻,不能看作只是林业部门的事情,也不能看作只是政法部门的事情,而是全国人民的事情。离开群众的支持和执行,任何法律都是没有力量的。要通过宣传,使森林法在广大群众中生根开花。要在全国人民中广泛开展爱林护林教育,树立护林光荣、毁林可耻的新风尚。

要认真执行森林法,有法必依,执法必严,违法必究,维护法律的严肃性。各级领导干部和党政军机关,都要模范地带头遵守森林法。我国过去有"刑不上大夫"的说法,充分反映了封建制度的不合理。现在,有些党政军机关破坏森林的情况很值得注意,其中有的是认识问题,有的是依仗"官势",知法犯法,执法犯法。社会主义法制不是光治老百姓的。法律面前必须人人平等。今后不管是谁,凡是违犯森林法的,一律要依法追究。贯彻森林法,除了要做大量的宣传教育和说服工作外,也一定要对那些无视法律的人、事进行坚决的斗争。法纪必须严明,护林有功者奖,毁林者罚,破坏森林的重大案件和犯罪分子要严厉打击。各级革委会,政法部门要会同林业部门,把执行森林法的事管起来。有法不依、有令不行的无政府局面,在林业战线上必须结束了。

这部森林法是我国第一部林业大法,是保护和发展我国林业的强有力的武器。它不仅是为了保护森林资源,而且是为了扩大森林资源;不仅是为了制止乱砍滥伐,而且是为了加强经营管理,做到采育结合,永续利用;不仅是为了惩罚破坏森林的坏人坏事,而且是为了鼓励广大群众植树造林、爱林护林、发展林业。这是一部社会主义的经济法典,我们要在实践中,通过调查研究,不断完善它。可以肯定,森林法的颁布,必将进一步调动亿万人民绿化伟大祖国的积极性,促进我国林业的大发展。

国务院副总理邓小平在北京会见美国财政部部长布卢门撒尔和夫人及其随行人员

布卢门撒尔部长对邓副总理说,不久前,你对美国的访问是很重要、很成功的。他转达了卡特总统对邓副总理最良好的祝愿。他说,3月1日美中两国将正式建立大使馆,这标志着美中两国关系进入了新的历史阶段。这一历史性的转变,将为扩大两国商业、科学、文化关系创造机会,以利于两国。

邓小平副总理说,中美两国关系正常化和两国大使馆即将开始正式工作,标志着两国关系的新的开始。这不仅对两国人民有利,而且对国际关系将产生深远的影响。他请布卢门撒尔部长转达华国锋总理和他本人对卡特总统、蒙代尔副总统的最衷心的问候。

会见时,双方还就印度支那局势问题交换了意见。

美国驻中国联络处副主任芮效俭参加了会见。

会见时在座的有财政部部长张劲夫、副部长忻元锡,外交部副部长章文晋等。

国务院副总理余秋里在北京陪同美国财政部部长布卢门撒尔和夫人及其随行人员观看文艺晚会节目

国务院副总理方毅在北京会见美国麦迪逊威斯康星大学校长欧文·谢恩教授率领的威斯康星大学代表团一行

国务院副总理陈慕华在北京会见美国前哈佛大学医学院院长罗伯特·埃伯特教授和斯贵宝药厂总经理丹尼斯·菲尔一行

中国常驻联合国代表陈楚在联合国安理会辩论东南亚局势会上驳斥苏联和越南代表对中国的无端攻击和诬蔑

陈楚指出,苏联代表硬把霸权主义和扩张主义的帽子扣在中国头上,这是徒劳的。中国代表历述一年多来国际事态的发展,指出,搞扩张主义和霸权主义的正是苏联社会帝国主义。中国代表指出,利用外籍雇佣军为它火中取栗,已成为苏联当前对外侵略扩张的一个重要手段。许多地区、许多国家动荡不已,背后都有苏联的插手。苏联为了推行全球霸权主义,恣意践踏别国的独立和主权,威胁国际和平与安全。苏联社会帝国主义是新的世界大战的最危险的策源地,是世界各国人民独立和安全的最凶恶的敌人。

陈楚说,至于讲到亚洲地区,作为苏联全球战略的一个组成部分,它加紧利用越南当局在东南亚和太平洋地区积极进行扩张,也是众所周知的。他说,国际舆论曾指出:苏联领导集团是以"友好合作条约"战略作为展开长期世界战略的核心,苏联的"友好合作条约"的洋伞已笼罩在横跨从东南亚到中东、非洲大陆的"要塞上"。去年11月苏越缔结的所谓"友好合作条约"就是这样一个活的标本,它直接纵容和支持了亚洲的古巴的霸权行径,同时它把越南变成了苏联向东南亚扩张的"前哨"阵地和在东南亚的一个战争策源地。苏联正是利用了越南当局的黩武主义和地区霸权主义,作为它推行全球霸权主义的工具。

谈到中越边境冲突时,陈楚指出:"这是由于越南当局不顾中国方面的多次劝说和警告,长期肆意在中国边境地区不断侵犯和蚕食中国领土,进行武装挑衅,杀害中国人员,制造流血事件,迫使中国边防部队在忍无可忍的情况下,为保卫祖国边疆而采取的自卫还击行动。这是任何一个主权国家根据《联合国宪章》第五十一条所应采取的必要措施。"他说,苏联代表企图利用中越边境冲突问题来掩盖越南当局侵略民主柬埔寨的罪行,只能证明在这场肮脏的侵略战争中苏联社会帝国主义是越南当局的后台老板。

中国代表在发言中还驳斥了越南代表对中国的攻击、诬蔑,他说,越南代表硬说是中国而不是越南挑起中越边界冲突的。究竟是谁挑起边界冲突,还是应该让事实讲话。陈楚列举了大量事实说明中越边境冲突罪责在越南当局。他说:"越南当局不顾中国方面的多次劝告和警告,蓄意挑起边界冲突,大量的人证物证俱在,这是无法抵赖的。这是包括越南人民在内举世皆知的事实。"

陈楚说:"越南代表在发言中还一再提及中国的领土西沙群岛的问题。事实上正是越南当局向中国提出无理的领土要求,甚至采用了派兵强占的做法。越南政府以及苏联政府过去一直公开承认西沙群岛、南沙群岛属于中国。越南总理范文同的正式文件和越南过去出版的地图和教科书也一直肯定这一点。只是在1974年以后,它自食前言,并且公然向中国提出对这两个群岛的领土要求,并强行占领了南沙群岛的一些岛屿,侵犯中国的领土主权,加紧推行民族扩张主义。"

陈楚指出,越南当局在经历了30年战争之后,不图休养生息,医治战争创伤,而是穷兵黩武,实行对外武装扩张。其所以如此,一方面是由于越南当局自身的民族扩张主义作怪,他们为战争的胜利冲昏了头脑,自己吹嘘是世界上第三大军事强国,认为由它来称霸东南亚的时机已到,不能轻易放过;同时这也是由于它得到了苏联社会帝国主义的多方鼓励、唆使和支持。苏越勾结,一主一仆,狼狈为奸,为害亚太地区。

陈楚最后说,"关于中越边境冲突,中国政府已一再声明,我们不要越南的一寸土地,在我边防部队被迫进行自卫还击的任务完成以后,将回师严守祖国的边界。我们的话历来是算数的。现在的问题是,越南当局能否也作出承诺,从柬埔寨撤出它的一切入侵部队?如果越南当局拒绝这样做,那就将进一步无可辩驳地证实,真正的侵略者不是别人,而正是越南当局。对此,安理会及各国人民当然不能坐视不顾。"

中国驻美国联络处副主任韩叙离任回国

2月28日

国务院总理华国锋在北京会见美国财政部部长布卢门撒尔及其随行人员

华国锋总理说,发展中美友好关系,是两国人民的共同愿望,对两国人民都有利。他指出,中美友好关系会一步一步地向前发展。他相信,布卢门撒尔部长的这次访问,将会把中美两国的友好关系和经济贸易往来继续推向前进。

布卢门撒尔部长说,几天来,我们的会谈进展良好。我们已经就密切美中两国的经济关系奠定了基础。布卢门撒尔部长转达了卡特总统对华国锋总理的特别问候和最良好的祝愿。

华总理请布卢门撒尔部长回国后转达他对卡特总统、蒙代尔副总统和其他美国朋友的亲切问候。

美国驻中国联络处副主任芮效俭参加了会见。

会见时在座的有国务院副总理余秋里,财政部部长张劲夫,外交部副部长章文晋等。

国务院副总理邓小平在北京会见并宴请埃及总统萨达特的特使哈桑·穆罕默德·图哈米

邓小平副总理下午会见埃及总统萨达特的特使、

负责总统府事务的副总理哈桑·穆罕默德·图哈米，同他就中东形势、国际形势和一些重大国际问题广泛地交换了意见。黄华外长、何英副外长参加了会见。

晚上在欢迎埃及总统萨达特的特使哈桑·穆罕默德·图哈米副总理的宴会上，邓小平副总理重申中国政府和人民始终不渝地站在埃及、巴勒斯坦和其他阿拉伯人民一边，坚决支持他们为收复失地和恢复巴勒斯坦人民的民族权利而进行的正义斗争；强烈谴责以色列犹太复国主义坚持侵略的顽固立场。

邓副总理在祝酒时谈到图哈米副总理1977年访问我国一年多来国际形势的巨大变化。他指出，同1977年相比较，世界形势不是更缓和而是更紧张了。新的不安和动乱不断出现，尽管情况错综复杂，但是，只要稍加注意，人们总是可以发现那个超级大国谋求霸权主义是世界动乱不安的总根子。他强调说：一年来的事实更加清楚地告诉人们，霸权主义是世界最危险的战争策源地，是危害世界和平、安全和稳定的根源。

他指出，埃及政府和人民在萨达特总统领导下，为维护国家主权、尊严和阿拉伯民族权利，同霸权主义处心积虑要分裂阿拉伯民族、孤立埃及的阴谋进行了艰巨的斗争。他说：最近，萨达特总统重申了埃及政府拒绝单独解决中东问题的一贯立场，给惯于挑拨离间、企图浑水摸鱼的霸权主义及顽固坚持侵略立场的犹太复国主义以沉重的打击。我们高度赞赏萨达特总统和埃及政府这种照顾大局、以阿拉伯民族利益为重的可贵立场。

他说：中国人民和埃及人民都面临着霸权主义的挑衅和威胁，是同一条战线的战友。一年来，两国的友谊不断增进，两国的合作日益扩大，这不仅符合我们两国人民的愿望和根本利益，也有利于阿拉伯人民和第三世界各国人民的正义事业。

图哈米特使接着祝酒。他在谈到埃中关系时说，埃及欢迎在友谊和共同利益的基础上加强同中国和中国人民的全面关系，共同努力来应付错综复杂的局势，保护我们自己不受外来控制，阻止对我们领土的渗透。

埃及驻中国大使萨拉姆·陶菲克应邀出席了宴会。黄华外长、何英副外长出席宴会作陪。

国务院副总理邓小平在北京会见美国阿拉斯加州州长杰·哈蒙德和夫人一行

全国政协在北京会召开纪念台湾省人民"二·二八"起义三十二周年座谈会

首都各界人士和在北京的台湾籍同胞200多人在人民大会堂台湾厅举行座谈会，纪念台湾省人民"二·二八"起义三十二周年。

今年的"二·二八"纪念座谈会，是在中美关系实现了正常化，台湾归回祖国，完成祖国统一的大业已经提到具体日程的新形势下召开的，具有新的重大意义。到会的各界人士和台湾籍同胞欢聚一堂，畅谈当前国内国际的大好形势，决心与1700万名台湾同胞紧密地团结在一起，为早日完成祖国统一的大业而共同奋斗。

中共中央政治局委员、全国人大常委会副委员长、政协全国委员会副主席乌兰夫，中共中央政治局委员、全国人大常委会副委员长邓颖超，全国人大常委会副委员长廖承志、阿沛·阿旺晋美、周建人，政协全国委员会副主席史良、朱蕴山、康克清、季方、王首道、张冲、庄希泉、胡子昂、荣毅仁，出席了座谈会。

座谈会是政协全国委员会召开的，由政协全国委员会副主席许德珩主持。

中共中央委员、全国人大常委会副委员长廖承志在会上讲话。

接着，有各界代表和台湾同胞9人在会上发言或作书面发言。

许德珩最后代表政协全国委员会讲话。他说，统一祖国，人人有责。为了增进台湾和大陆同胞的相互了解，推进台湾归回祖国的神圣事业，中国人民政治协商会议全国委员会邀请台湾各界人士来大陆参观、访问，同时也准备组织大陆上的各界人士代表团去台湾参观、访问，双方就统一祖国问题交换意见，进行协商，共同对实现祖国统一的大业作出应有的贡献。

参加座谈会的还有：

中共中央和政府有关部门、中国人民解放军各总部、工青妇组织和其他有关方面的负责人武新宇、罗青长、王涛江、平杰三、薛子正、童小鹏、李贵、方知达、张海峰、凌云、迟浩田、黄玉昆、李耀、聂真、林丽韫、马纯古、周鹏程、彭友今、杨思德、刘光甫、路金栋、王笑一；

在京的部分全国人大常委会委员和政协常务委员、其他爱国人士、北京市有关人士王昆仑、刘斐、陈此生、陈逸松、陶峙岳、楚图南、王芸生、甘祠森、刘仲容、孙承佩、孙起孟、孙晓村、严信民、苏子蘅、李纯青、吴茂荪、宋希濂、郑洞国、屈武、胡子婴、侯镜如、费孝通、钱昌照、徐伯昕、黄维、程思远、刘芸生、黄鼎臣、庄明理、赵君迈、张学铭、覃异之、许志猛、李奇中、宋伟斌、赵明哲、赵子立、溥杰、王克俊、何思源、郭翼青、黄晚霞、罗西欧、郭秀仪、林玲玉、韩咏华、李铁铮、李俊龙、焦实斋、聂轰、王家桢、刘瑶章、许宝騤、沈性元、文强、杜建时、郑庭笈、史林峰、李恕、张克明、夏翔、浦洁修、雷洁琼、丁贡南、孙孚凌、傅学文；

台盟和在京台湾籍同胞田富达、徐萌山、陈炳基、沈扶、蔡子民、陈木森、陈丁茂、王瑞丰、田中山、吴国祯、陈文彬、吴克泰、林盛中、钱福星、吴英辅、王碧云、何斌、林栋、李河民、洪进山、李国仁、李玲虹、蔡速风、林明美、李碧琴、林丽芳、王华昱、魏正明、王茂胜、傅尧箕、王阿雄、江重光、翁肇祺、叶纪东、吴河、李克世、纪朝钦、林仲琡、傅力力、彭克巽、王万得、谢文雄、郑洪溪、廖雅章、林思平、康大川、林冈、林荣栋、陈仲颐、张秋海、林紫云、杨焫林、蔡云莲、朱华定、林德惠、叶宝一、胡扬、杨国光、谢秋成、林青春、楷东罗、蔡云雀。

全国人大常委会副委员长廖承志在纪念台湾省人民“二·二八”起义三十二周年座谈会上的讲话

亲爱的台湾同胞们，朋友们，同志们！

今天是台湾省人民“二·二八”起义三十二周年纪念日。在中美关系实现了正常化，台湾归回祖国，完成祖国统一的大业已经提到具体日程的新形势下，我们在人民大会堂台湾厅隆重集会，纪念这个英雄的日子，具有新的重大意义。我们以兴奋的心情向台湾的父老兄弟姐妹表示亲切的关怀和问候！我们怀着崇敬的心情向参加起义的烈士表示诚挚的悼念！

台湾自古就是中国不可分割的一部分。台湾同胞和祖国大陆同胞都是黄帝的子孙，都是伟大的中华民族的儿女。台湾同胞具有热爱祖国，反侵略，反压迫的光荣革命传统。为了维护祖国的统一和领土完整，台湾同胞曾进行了长期的英勇不屈的斗争。32年前的“二·二八”起义，是一场轰轰烈烈的爱国民主运动，它直接配合了当时祖国大陆上的解放事业。多年来，台湾同胞不断掀起反对政治压迫、争取民主自由的正义斗争，并对台湾的经济发展作出了宝贵的贡献。对于台湾同胞这种爱国主义的光荣传统和英勇斗争的精神，我们表示赞佩，并给予深切的同情和支持。

自1949年台湾同祖国处于分离状态以来，我们同台湾同胞之间的来往断绝，音讯不通，亲友不能团聚。但是，台湾同胞一贯心向祖国，大陆同胞与台湾同胞心连心，互相思念之情与日俱增。广大台湾同胞和海外侨胞渴望台湾归回祖国，实现祖国统一。为了早日结束这种不幸的分裂局面，祖国政府和包括台湾同胞在内的全国人民曾进行了长期的努力，做了大量艰苦的工作，特别是许多台湾同胞和海外侨胞，克服种种困难，不远千里回到祖国来探亲访友，参观访问以及组织团体来参加各种活动，受到了政府和人民的热烈欢迎。他们为统一祖国的事业做了大量的工作。通过这些活动，增进了我们同台湾同胞的相互了解和深情厚谊，加强了爱国大团结，发展了爱国统一战线。但是，由于种种原因，台湾同胞的正当愿望，未能得到实现。

现在，中美关系实现了正常化，邓小平副总理对美国具有历史意义的访问又取得圆满成功。这不仅有助于亚洲与世界和平事业，也为台湾归回祖国，实现祖国统一，创造了更好的条件。我们更加需要并肩携手，为加速完成历史赋予我们的神圣使命而努力。

毛泽东主席和周恩来总理生前为台湾归回祖国和完成祖国统一的大业，制定了一系列根本方针政策。他们两位老人家对台湾同胞十分关怀，他们早就提出，在解决台湾问题时要同台湾同胞商量，尊重台湾同胞的意见。华国锋主席和中央其他领导人根据毛主席和周总理的遗愿，一再申明：在解决祖国统一问题的时候，尊重台湾的现状和现行制度，重视台湾各界人士的意见，实行合情合理的政策和办法，不使台湾人民蒙受损失，不改变台湾现有的生活方式，不降低台湾人民的生活水平，随着祖国生产建设的发展，台湾同胞的生活水平必将逐步提高。

今年1月1日，全国人大常委会发表的《告台湾同胞书》，体现了我们对台湾归回祖国和实现祖国统一的大政方针和基本立场、基本态度。这完全符合台湾人民的根本利益，代表了包括台湾同胞在内的全国各族人民的共同心愿，受到了热烈拥护，也得到了国际舆论的支持。“爱国一家”，“统一祖国，人人有责。”台湾归回祖国，实现祖国统一，我们寄希望于1700万名台湾人民。我们欢迎台湾各界人士来参观、访问，台湾当局也应该允许在大陆上的各界人士到台湾去参观、访问，双方就统一祖国的问题交换意见。中国人民政治协商会议全国委员会也应该在这方面起到应有的作用。为了改变目前由于台湾和祖国长期隔绝的不幸局面，增进同台湾同胞互相了解，开辟同台湾同胞的自由往来，直接接触的道路，在《告台湾同胞书》发表以后，我们提出了相互通商、通航、通邮，进行经济、科学、文化、体育等方面的交流和互派代表团参加各种活动等建议。我们希望这些积极的建议能够早日实现。实现祖国统一，我们同时也寄希望于台湾当局。如果台湾当局能以民族利益为重，台湾归回祖国就能够比较顺利地实现。这对国家、对民族都是有利的，也是完全符合台湾人民根本的利益的。我们愿与台湾同胞一道，敦促台湾当局认清形势，顺应历史潮流，尊重人民的意愿，以民族大义为重，早下决心，为完成祖国统一大业作出贡献。

今天，我国的工作着重点已经转移到社会主义现代化建设上来，这是因为我们粉碎了“四人帮”，并在全国范围内进行了揭批林彪、“四人帮”的群众运动，取得了伟大胜利。由于祖国政府采取了果断措施，肃清林彪、“四人帮”造成的危害，拨乱反正，已经和正在落实知识分子、起义人员、民族资产阶级和华侨等各方面的政策，纠正历史上的一切冤、错案件，调动了各方面的积极性。在祖国出现了工农业生产、科学文化、国防建设事业迅速发展和安定团结的大好局面。现在，举国上下，同心同德，正在全力为实现四个现代化这个总任务、总目标而努力工作。中国地大物博，资源丰富，人口众多，人民勤劳勇敢，具有聪明才智。台湾同胞对祖国的生产建设也很关心。如果能够早日实现祖国统一，全国同胞包括台湾同胞在内的力量早日汇合在一起，就可以更快地把祖国建设成为一个伟大的现代化强国，共同创造我国空前未有的光辉灿烂的历史。

亲爱的台湾同胞们！台湾归回祖国是人心所向，大势所趋，是我们中华民族的根本利益所在。统一祖国的历史巨流，是任何力量不能阻挡的。现在条件已经具备，时机已经成熟，让我们紧密地团结在一起，为早日完成统一祖国的大业而共同奋斗。

《人民日报》发表社论《正确认识农业 全面发展农业》

正确认识农业，全面发展农业，是加速我国农业现代化的一个关键问题。党的十一届三中全会指出：我国农业近 20 年来发展不快的原因之一是：农林牧副渔全面发展的方针得不到重视，执行得很不好。目前农业内容的构成，偏重粮食种植业，忽视经济作物种植业和林牧副渔各业，整个农业生产的发展很不平衡、很不合理，农业这个国民经济的基础很薄弱，同人民需要和四个现代化的需要之间存在着极其尖锐的矛盾。在实现四个现代化的新的历史时期，我们必须尽快地有计划地改变这种状况。

多年来，由于我国人口逐年增多，对粮食的需要增大，大家都毫不松懈地抓紧解决人民的吃饭问题；更由于林彪、“四人帮”极左路线的干扰破坏，形而上学猖獗，我们有些领导同志也错误地认为，搞农业就是单纯地搞粮食。他们不分地点、条件，片面地抓粮食指标，又根据虚假的指标压粮食征购任务；新闻报道也片面地宣传这里粮食“上纲”了，那里“过河”、“过江”了，至于这些地方农业生产的其他方面搞得怎样，却很少过问。一个时期，粮食产量的高低成了衡量一个地方农业搞得好不好的唯一标志。于是，有的牧区弃牧种粮，有的林区毁林开荒，有的经济作物区被迫改种粮食作物，有的湖区盲目围湖造田，有的在宜林宜牧的山坡地盲目修梯田，致使森林被乱伐，草原被滥垦，土地沙化发展，山林植被损坏，水土流失严重，破坏了自然界的生态平衡。群众批评这些做法是“以粮为纲，全面扫光”，不仅使整个农业生产下降，而且粮食作物本身也由于缺少林业、畜牧业和多种经营项目的结合，发展也很缓慢。如不加以严重注意，必将继续受到大自然的惩罚。我们在农业生产上的这个教训是很沉痛的，现在是实事求是地总结历史经验的时候了。

农业是一个有机的整体，它需要农林牧副渔五业以及各个方面的结合。一部农业生产发展史，就是农业各部门特别是农林牧三者互相结合、互相促进的历史。农业必须有林业和畜牧业的结合。林业不仅为人们提供木材，而且能保持水土、涵养水源、调节气候、防风固沙，对农牧业的高产稳产有重大的保证作用，并能保护和美化广大人民的生活环境。畜牧业不仅为人们提供肉食品、奶制品，改善人们的食物构成，而且为农业提供不可缺少的有机肥料。草原对防止土地沙化、保护环境，也有重要作用。目前世界上一些农业发达的国家，森林覆盖率一般占国土总面积的 30% 以上，畜牧业产值占农业总产值的 50% 以上；除了大规模的林区和牧区外，农区也是农林牧交错分布，紧密结合，为农业生产的发展创造了较好的自然条件。国内外农业生产的实践都证明：农林牧结合是农业生产持续稳定发展和农业经济全面发展的基础。粮食生产关系到全国人民的吃饭问题，关系到备战备荒，我们在任何时候都要抓得很紧。但是，如果认为农业就只是搞粮食，那是十分褊狭的、有害的。为了解决吃饭问题，把眼睛只盯在粮食作物上，结果其他各业都被削弱了，人们吃的肉、蛋、鱼和油、糖等食物少了，对粮食的压力就会越来越大，食物的营养也很差。从另一方面来说，五业并举，还能为我国对外贸易提供不断增长的货源，为国家增加外汇收入，为农村增加积累、实现农业现代化广辟财源。五业并举，搞好位于边疆的林区、牧区生产，才能逐步改善这些地区少数民族人民的生活，加强我国各族人民的团结，巩固边防。

全面发展农业，首先要解放思想。各级领导干部要敢于实事求是，从实际出发，因地制宜，按照自然规律安排和组织农业生产。我国地形地貌、气候土壤、水域分布多种多样，有 30 多亿亩可利用的草原，还有大片宜林的山区和大量水面，当前耕地面积只有 15 亿亩。如果只在现有的耕地上打主意，农业的路子就会越走越窄，人口多耕地少的矛盾永远也解决不了。我们为什么不能解放思想，把搞农业的眼界扩大一下，开动脑筋，在 960 万平方公里的土地上多想办法呢？常言说：“靠山吃山，靠水吃水。”我们为什么不能按照各地的实际情况，因地制宜，趋利避害，宜农则农，宜林则林，宜牧则牧，宜渔则渔，把全国土地资源尽可能充分地利用起来，向生产的广度和深度进军呢？我们为什么不能在统一规划下，就地取材，综合利用，大力发展社队企业，使农、林、牧、渔和工、副业紧密结合，协调发展，生产出大批以农产品为原料的工业品来呢？林彪、“四人帮”横行时期，对开展多种经营，动辄扣上“以钱为纲”、“资本主义”的大帽子，扼杀了农业的全面发展，摧毁了因地制宜的多种经营，使得民受其害，国受其害。我们要冲破极左路线在农业生产上设置的条条框框,解放思想,正确地认识农业的综合构成,让农业有一个全面发展,使我们的国家、集体和人民逐步富裕起来。

布局要合理。农业合作化以来,我国以自给自足的小生产为基础的落后的农业结构发生了很大变化。但是,由于我们缺乏经验,特别是由于林彪、“四人帮”的干扰破坏,一些地方不尊重科学、瞎指挥成灾,造成目前农业布局很不合理的局面。全面发展农业,必须建立合理的农业结构,这是农业现代化的一个重要内容。现代化的大农业,要求在较高的生产水平和管理水平上实行区域化、专业化生产,不断提高农业的社会化水平。我们要吸取国内外的先进经验,结合实际情况,有计划地进行自然资源普查和农业经济区划,使农、林、牧、副、渔全面发展,使粮、棉、油、麻、丝、茶、糖、菜、烟、果、药、杂都能各得其所,建立起一个全国范围的、适合农业生物生态的最优的生产结构。要把长远规划和当年规划、地区规划和社队规划结合起来。要从当前着手,从基础做起,扎扎实实地工作。当前,从全国来说,要集中力量建设一批商品粮、经济作物、畜牧业、渔业和林业基地,使国家所需要的商品粮食、棉花、油料、糖料、果品、畜产品、水产品和林产品等,有一个可靠的保证。这是建设社会主义大农业的一项重大战略措施,我们一定要集中精力把它办好。

政策要兑现,措施要落实。三中全会原则通过的《农村人民公社工作条例(试行草案)》中指出:“要尊重人民公社基本核算单位的自主权。在坚持社会主义方向、接受国家计划指导的前提下,基本核算单位有权因地因时制宜地进行种植,有权决定增产措施,有权决定经营管理方法,有权分配自己的产品和现金,有权抵制任何领导机关和领导人的瞎指挥。”这些有关政策对全面发展农业具有极为重大的意义,各级党政领导机关要切实贯彻执行。要认真落实促进农林牧副渔各业发展的政策规定,关心广大农民、牧民、渔民的物质利益,充分发挥他们发展各业的积极性。要保证经济作物区、林区、渔区社队的口粮标准不低于附近产粮区,牧区社队的口粮标准要保证适当的定量,使他们安心搞好主业。政策要保持稳定,不能朝令夕改。各部门的支援都要保证说到做到,取信于民。这些地区的粮食供应和征购任务的调整,要具体研究,及时解决。物资供应、产品收购、税收制度、交通运输、市场管理等各个方面都要有相应的安排,不能互相脱节,贻误农时。

要用唯物辩证法指导农业全面发展。党中央提出,在贯彻执行“农林牧副渔并举”和“以粮为纲,全面发展,因地制宜,适当集中”的方针时,特别强调要实事求是,因地制宜。领导农业的同志,在安排工作、制订计划时,对农业的内容一定要有一个广义的理解和全面的考虑。进行农业基本建设,制定农业机械化规划和在财政、信贷、物资供应上,都应包括农林牧副渔各业。要全面反映和考核农林牧副渔各业的成果,不能再片面地追求粮食指标而忽视其他各业。基本核算单位在安排种植计划时,要发动群众,依靠老农,集思广益,坚决克服主观主义;要把国家计划指导和因地制宜两个原则结合起来,不要只顾一头。对农业先进单位也应该全面考察,不能只看粮食指标。目前,春耕季节已经到来,各地要统筹安排,搞好今年各项生产和种植计划的落实工作。

我国地处温带和亚热带,幅员广大,有适合发展种植业的辽阔平原,有适合发展用材林和经济林的连绵群山,有适合发展畜牧业的大片草原和草山、草坡,有适合发展渔业的浩瀚的江河湖海,资源丰富,山河壮阔,祖国大地处处是生机。只要我们的方针政策对头,把亿万农民、农村干部、农场职工和广大农业科技人员的积极性充分发挥出来,国家、集体、个人一齐上,我们的农业前景是无限美好的。

共青团中央发出开展“争当新长征突击手”的活动号召

一、我们伟大的祖国已经进入社会主义革命和社会主义建设新的发展时期。党的十一届三中全会决定,从今年起把全党工作的着重点和全国人民的注意力转移到社会主义现代化建设上来。实现四个现代化,是全国人民的根本利益和迫切愿望,是我国青年的美好理想和历史责任。在党中央的号召下,全国各地和各条战线的青年正在和全国人民一道,同心同德,群策群力,向这个伟大而艰巨的目标英勇进军。

为了进一步调动广大青年大搞社会主义现代化建设的积极性,激发革命英雄主义精神,在高速度发展国民经济中充分发挥突击作用,使共青团组织紧紧跟上全党工作重心的转移,以四化为中心把团的工作活跃起来,共青团中央决定,在全国青年中广泛深入地开展“争当新长征突击手”的活动。

二、新长征突击手,应是各条战线上为实现四个现代化作出优异成绩的又红又专的青年先进人物。具备以下条件之一者,均可被评为新长征突击手:(1)在工农牧业生产、科技、教育、卫生、体育、文化、艺术、商业、服务及各项工作中有较大贡献,在全国或本地区、本行业作出第一流成绩者;(2)努力学习掌握现代科学技术和文化知识,刻苦钻研技术业务,在技术革新、技术革命和科学实验中有重大成果或发明创造者;(3)在保卫祖国和边疆建设中有出色功绩者;(4)在维护正常的社会秩序、生产秩序、工作秩序和同损害国家损害人民利益的行为作斗争中有突出贡献者;(5)热爱共青团、少先队工作并作出显著成绩的团干部、辅导员。大、中学校要按照以"三好"为目标,以学习为中心的要求,评选德、智、体全面发展的"三好学生"。

三、新长征突击手每年评选一次,分级表彰命名,对有特殊贡献者随时给予表彰。在全国范围内命名的新长征突击手,由各省、自治区、直辖市团委负责评选,由共青团中央批准。

在今年新中国成立30周年时,团中央将命名万名新长征突击手、百名新长征突击手标兵、十面新长征突击队红旗,授予他们荣誉称号,颁发奖章、奖状、奖旗和奖品。

四、开展争当新长征突击手活动,是共青团围绕党的中心,适合青年特点的一项重要活动,它必将有力地动员全国广大青年发扬老一辈的光荣革命传统,以极大的热情投身于社会主义现代化建设。各级团组织应在党委领导下,切实把这一活动抓紧抓好。一定要充分发扬民主,坚持实事求是,坚持条件,保证质量。要把主要精力放在日常的思想工作和组织工作上,深入实际,调查研究,总结新经验,及时解决新问题,把活动不断引向深入。要从实际出发,因时因地制宜,定出本地区、本单位的具体条件和措施,把争当新长征突击手的活动具体化。要把经历不同、进步快慢不同、兴趣爱好不同的青年都吸引和组织到活动中来,人人争当新长征突击手,个个为四化献青春。要认真培养典型,树立标兵,表彰先进,掀起一个你追我赶,奋发向上,"比、学、赶、帮、超"的竞赛热潮,把这一活动既轰轰烈烈又扎扎实实地开展起来、坚持下去。

决定最后说,共青团中央热烈希望:全国共青团员和各族青年,高举毛泽东思想的伟大旗帜,紧密地团结在以华国锋同志为首的党中央周围,心往一处想,劲往一处使,胸怀全局,献身四化,奋发图强,改造中国,做一名光荣的新长征突击手,把青春和全部聪明才智献给四个现代化的壮丽事业!

国务院副总理余秋里在北京会见约旦王国首任驻中国大使卡迈勒·哈穆德

国务院副总理康世恩在北京会见美国财政部部长布卢门撒尔

外交部部长黄华同埃及总统萨达特特使哈桑·穆罕默德·图哈米举行会谈

联合国副秘书长唐明照从纽约离任回国

3月1日

国务院总理华国锋在北京会见埃及总统特使哈桑·穆罕默德·图哈米

华国锋总理说："我们期待着萨达特总统在他认为方便的时候来我国访问。"

他在同图哈米特使谈话时表示，中国政府和人民坚决支持埃及人民、巴勒斯坦人民和阿拉伯各国人民收复失地、恢复民族权利的正义斗争。

图哈米特使向华总理转达了萨达特总统的口信和诚挚的问候。他说，萨达特总统对中国在世界上所起的作用表示赞赏。

华总理也请图哈米特使转达中国政府和他本人对萨达特总统、穆巴拉克副总统的问候。

国务院副总理邓小平在北京出席埃及总统特使哈桑·穆罕默德·图哈米举行的告别宴会

国务院副总理李先念在北京会见英国工业大臣埃里克·瓦利一行

外交部照会越南驻华大使馆再次建议越南政府尽快谈判

越南社会主义共和国驻华大使馆：

中华人民共和国外交部向越南社会主义共和国驻华大使馆致意，并申述如下：

1979年2月17日，中国政府郑重声明，建议中越双方迅速举行谈判，讨论恢复两国边境地区的和平与安宁，并进而解决有关边界和领土问题的争议。遗憾的是，中国方面这个建议没有得到越南方面的积极响应。

但是，中国政府仍然希望通过和平谈判解决两国之间的争端。为此，中国政府愿意向越南政府再次建议：中越双方各派出外交部副部长级的代表，在双方都同意的一个地点，尽快举行会晤，就结束当前两国边境冲突以及任何能确保中越两国边境和平与安宁的建设性办法进行具体谈判，并进而解决两国间的边界和领土问题的争议。中国方面欢迎越南方面对双方谈判的级别、地点等问题提出自己的意见。

中国政府这一建议，符合中越两国人民维护和平友好关系的意志和利益，也符合世界上多数国家和国际舆论希望中越两国停止边境冲突、确保两国和平的热切愿望。我们希望越南政府对中国政府的真诚建议加以认真考虑，并作出积极的响应。

顺致崇高的敬意。

中华人民共和国外交部

1979年3月1日于北京

中国驻美国首任特命全权大使柴泽民在白宫向美国总统吉米·卡特递交国书

递交国书仪式之后，卡特总统和柴泽民大使进行了友好谈话。卡特总统对两国关系的巨大进展感到高兴。他说，今天双方互换大使并在双方首都建立大使馆，是美中关系具有历史意义的日子。

柴泽民大使表示，将努力发展两国的友好合作，促进两国人民的了解和友谊。

递交国书时在场的美国官员有：负责国家安全事务的总统助理兹比格纽·布热津斯基，负责东亚和太平洋事务助理国务卿理查德·霍尔布鲁克，国务院礼宾司司长伊迪丝·多贝尔，国家安全委员会高级工作人员米歇尔·奥克森伯格。

中国驻美国大使馆在华盛顿举行正式建馆仪式

中国政府特使、冶金工业部部长唐克，中国驻美国首任大使柴泽民出席了仪式。

中国驻美国大使馆全体外交官员和工作人员，同前来表示祝贺的旅美华侨和中国血统美国人的代表一起，热烈欢庆中国大使馆正式成立并参加了大使馆的升旗仪式。

升旗仪式于1点开始，中华人民共和国国旗随着雄壮的国歌声冉冉升起。五星红旗迎风招展。出席仪式的全体人员列队在大使馆门前热烈鼓掌。

在这同时，大使馆的工作人员把闪亮的刻有"中华人民共和国大使馆"的中英文铜牌挂在大门外。

中国政府特使唐克，在仪式上讲了话，对中国驻美国大使馆的建立表示祝贺。

在建馆仪式最后举行的酒会上，宾主相互祝酒。中国外交官员表示，在大使馆建立之后他们将为进一步发展中美两国各个领域的合作、增进两国人民的了解和友谊，作出更大的努力。许多朋友表示，他们将加强同中国大使馆的合作，对大使馆的工作积极支持和协助，为促进两国人民的交流，为亚洲和世界的和平与安全作出贡献。

中国驻美国首任特命全权大使柴泽民在华盛顿举行庆祝中国驻美大使馆开馆招待会

中国政府的特使唐克部长参加了晚上举行的招待会。

出席招待会的700多名来宾中有：美国商务部部长克雷普斯，副国务卿纽瑟姆和本森，负责东亚和太平洋事务助理国务卿霍尔布鲁克，国务院礼宾司司长多贝尔，国家安全委员会高级工作人员奥克森伯格。

杰克逊、贾维茨、芬德利等国会议员参加了招待会。

一些国家驻华盛顿的使节也出席了招待会。

柴泽民大使在祝酒时说："中美建交和邓小平副总理的访问，使中美关系进入一个新时期。我们将恪守建交联合公报规定的各项原则，促进两国在政治、经济、科技、文化等各方面友好合作关系的不断发展。我们将为进一步加强两国人民的友谊，为世界的和平、稳定和人类的进步事业而共同努力。"

柴泽民大使最后说："中国大使馆的建立，为中美两国政府和人民间的友好交往架起了一座新的桥梁。在今后的工作中，我殷切期待继续得到美国政府、人民和各界朋友的大力支持和协助。"

唐克特使祝酒时说："这个日子在中美关系史上意义重大，值得我们热烈祝贺。我代表中国政府祝愿中美友好合作关系在政治、经济、贸易、科技和文化等各个领域里不断扩大和发展，祝愿两国人民之间的了解和友谊不断增进。"

克雷普斯部长在致辞时，对中国在美国建馆和柴泽民出任首任驻美大使表示祝贺。她相信，中美建交和互设大使馆为进一步发展两国在各个领域的关系奠定了坚实的基础。她说，中美友好与合作的继续发展有助于世界和平与稳定。

克雷普斯部长接着说，她正期待着对中国进行访问并与中国官员举行有成果的会谈。她希望此行将进一步发展两国的经济和贸易关系。

出席招待会的还有美中人民友好协会以及一些美中贸易组织、文化界、新闻界和工商界的代表。

任之恭、牛满江、李振翩、吴京生等中国血统的美国人和旅美华侨的代表也参加了招待会。

中共中央 国务院电贺全国青年造林大会召开

亲爱的同志们！

在揭批林彪、"四人帮"的斗争取得伟大的胜利，全国工作的着重点开始转移到社会主义现代化建设上来的重要时刻，你们在革命圣地延安召开全国青年造林大会，这是一项具有深远意义的活动。借此机会，中共中央、国务院谨向你们表示热烈的祝贺。

林业是国民经济中一项很重要的事业。森林可以涵养水源，保持水土，防风固沙，调节气候，减少自然灾害，保障农牧业生产；可以提供木材和其他林产品，解决国家建设和人民生活的需要；还可以保护环境，防止大气污染，有益于人民身心健康。毛主席、周总理和华主席为首的党中央都很重视林业建设。新中国成立以来，植树造林取得了很大的成绩，森林覆盖率由解放初期的8%提高到12.7%。但是，由于林彪、"四人帮"的干扰破坏，林业的发展很缓慢，森林资源贫乏和分布不均的状况改变不大。有些地区乱砍滥伐的现象严重，林业资源遭到很大破坏。特别是西北、华北和东北西部地区森林覆盖率很低。这是我国自然灾害频繁，农业生产低而不稳的一个根本原因。为了迅速改变这种状况，适应四个现代化的需要，必须大力植树造林护林，加速绿化祖国，尤其要抓好"三北"防护林的建设。这是摆在全国人民面前的一项紧迫的战斗任务。

青年是我国社会主义建设中的一支生力军。过去在植树造林运动中曾发挥过突击作用，作出了很大成绩。中央希望，全国青年们，紧急动员气来，继承毛主席、周总理的遗志，响应华主席"植树造林，绿化祖国"的伟大号召，为扩大森林覆盖面积，彻底改变我国自然面貌，为四个现代化的早日实现作出应有的贡献。

中共中央 国务院

1979年3月1日

《人民日报》发表社论《保卫四化建设的一支重要力量》

随着全党工作着重点的转移，公安工作的重心也正在转移到保卫社会主义现代化建设上来。维护正常的社会秩序、生产秩序和工作秩序，保持安定团结的政治局面，是实现四个现代化的一个基本条件。公安人员是保卫四化建设的一支重要力量，在这方面负有重要的责任。

光荣的公安人员，同光荣的人民解放军一样，是祖国和人民利益的忠诚保卫者。当工人在做工，农民在种田，知识分子在工作，学生在上课，售货员在营业的时候；当人们在欢度节日假期的时候，我们的公安人员，包括交通民警、消防民警、户籍民警、刑事民警、武装民警、边防民警等，不管严寒酷暑，不论晴雨风雪，日日夜夜坚守在各自的岗位上。他们勤勤恳恳，埋头苦干，不图名利，不计报酬，为保卫生产建设和人民群众的安全而操劳、战斗。在党和政府的领导下，他们依靠人民群众，为巩固无产阶级专政作出了重要的贡献，赢得了人民的喜爱，也为敌人所惧怕。在林彪、"四人帮"一伙猖狂进行反革命活动期间，广大公安人员遭受了深重的灾难。林彪、"四人帮"一伙为了篡党夺权，掀起了"彻底砸烂公检法"的反革命妖风，乘机篡夺了公安机关相当大的一部分领导权。他们倒转专政矛头，大抓所谓"叛徒"、"特务"、"走资派"，疯狂追查所谓"反革命谣言"，血腥镇压悼念周总理的革命群众，制造了一大批冤案、错案和假案，用封建法西斯的残暴手段，对付革命干部和人民群众。对林彪、"四人帮"一伙的倒行逆施，广大公安人员不信邪，不怕压，奋起进行坚决的抵制和斗争。不少同志被关进监狱，甚至被迫害致死，更多的同志被撵出公安机关。就拿北京市公安局来说，仅仅因为反对“四人帮”一伙镇压参加天安门事件的革命群众，遭到打击迫害的公安人员即达数百人之多。广大公安人员同其他战线的革命干部和人民群众一样，含冤受屈，吃尽了林彪、“四人帮”一伙的苦头。毋庸讳言，当时在林彪、“四人帮”一伙的把持下，除了极个别品质恶劣、卖身投靠、参与阴谋活动的人以外，也还有一些公安人员，他们既是受害者，又办过一些错事，犯了这样那样的错误。对后一种情况，我们应该放在当时特定的历史条件下进行具体分析。他们有的是出于服从组织，执行命令，迫不得已而违心干的；有的是不了解事实真相，受了蒙骗而盲目随从的。对于这些同志，我们要满腔热情地帮助他们总结经验教训，继续前进，不要揪住不放，不要追究个人责任。大家要团结起来向前看，把千仇万恨集中到林彪、“四人帮”一伙身上，进一步增强警民团结，同心协力，积极支持公安人员履行他们的职责。

粉碎“四人帮”两年多来，各地公安机关经过揭批林彪、“四人帮”的极左路线及其反革命罪行，调整充实了领导班子，整顿了公安队伍，清除了坏人，许多受迫害的公安人员重新回到了工作岗位，公安工作的优良传统正在恢复和发扬。广大公安人员的精神面貌和工作面貌发生了根本的变化。今天的公安机关同林彪、“四人帮”一伙横行的时候已经有了原则的区别。各级公安机关和广大公安人员，在党和政府的领导下，依靠人民群众，坚决打击反、坏分子的破坏活动，整顿社会治安秩序，实事求是地解决“文化大革命”期间和以前遗留的一些重大问题，认真落实党的政策，平反了一批冤案、错案、假案，做了很多好事，获得了党和人民的信任。当然也要看到，公安工作和公安队伍中还有不少问题需要继续研究解决，尤其是平反冤案、错案、假案，落实党的政策的工作量还很大，需要加快步伐，抓紧解决。

在全党工作着重点转移到社会主义现代化建设上来以后，广大公安人员所从事的工作，一部分是处理敌我矛盾，大量的是处理人民内部矛盾。因此，坚持调查研究、实事求是，严格区分和正确处理两类不同性质的矛盾，对于进一步发扬人民民主，加强公安工作和社会主义法制，具有更加重要的意义。公安人员在人民群众中间进行工作的时候，在处理各种人民内部矛盾问题的时候，必须坚持民主的说服教育的方法，进行耐心细致的工作，决不允许采取官僚主义、命令主义的错误方法。对宪法规定的公民权利，必须坚决保障，任何人不得侵犯；侵犯了就是违法，就要受到法律制裁。只有花大力气把群众工作做好了，把人民内部矛盾问题处理好了，才更加有利于孤立和打击极少数敌视和破坏社会主义现代化建设的反革命分子和刑事犯罪分子，更加有利于保障广大人民的民主权利，有利于调动全体人民的社会主义积极性，加速实现四个现代化。同时也要看到，“在我们社会里，也有少数不顾公共利益、蛮不讲理、行凶犯法的人。他们可能利用和歪曲我们的方针，故意提出无理的要求来煽动群众，或者故意造谣生事，破坏社会的正常秩序。对于这种人，我们并不赞成放纵他们。相反，必须给予必要的法律制裁。惩治这种人是社会广大群众的要求，不予惩治则是违反群众意愿的”。公安人员履行自己的职责，到有人群活动的地方去维持公共秩序，维护社会治安，这是宪法赋予的权力，是完全正当的。公安机关依法惩治极少数反、坏分子和其他严重破坏社会秩序的人，坚决制止他们的违法犯罪活动，正是为了保障广大人民的民主权利和人身安全不受侵犯，保证各级领导机关可以集中主要精力抓好社会主义建设，保证广大工人、农民、知识分子和干部可以专心致志地为实现四化而劳动、工作和学习。这样做，一定会得到人民群众的拥护和支持。如果对此畏首畏尾，束手束脚，不敢大胆履行国家和人民赋予的职责，那么，人民就会不满意、不赞成。

维护社会治安，维护安定团结，保卫四化建设的顺利进行，这是国家和人民的根本利益所在。广大公安人员应当进一步增强光荣感和责任感，使自己的思想和工作适应全党工作着重点转移后的新形势，在党和政府的领导下，坚决贯彻专门工作和人民群众相结合的方针，振奋革命精神，大力做好社会治安工作，消除一切有碍社会治安秩序和安定团结的不利因素，既不放纵坏人，也不伤害好人。要发扬公安人员守纪律、讲政策、爱人民的好传统好作风，全心全意为人民服务，自觉接受党的监督、群众监督和法律监督，执法守法，坚决制止违法乱纪。人民群众和有关部门都要从维护安定团结这个大局出发来考虑和处理各方面的问题，共同向一切破坏社会治安秩序的违法犯罪行为作斗争，群策群力，同心同德，为加速实现四个现代化作出积极的贡献。

国务院提高18种主要农产品收购价格

根据党的十一届三中全会的建议，国务院从3月份起，陆续提高18种主要农产品的收购价格。

这18种主要农产品是：粮食、油脂油料、棉花、生猪、菜牛、菜羊、鲜蛋、水产品、甜菜、甘蔗、大麻、苎麻、蓖麻油、桑蚕茧、南方木材、毛竹、黄牛皮、水牛皮。

提价的幅度是：粮食从1979年夏粮上市时起，全国平均提高统购价格20%。农村人民公社生产队在完成统购粮食任务以后，超计划出售给国家的那一部分粮食，在提价20%的基础上再加价50%。不同地区和不同的粮食品种，提价的幅度有所不同。

油脂、油料统购价格，全国平均提高25%，超购部分加价50%。

棉花统购价格，全国平均提高15%，超购部分再加价30%，或者每超购1斤皮棉奖给1斤商品粮。北方大部分省、自治区、直辖市棉花单产低，收益少，这些地区棉花的收购价格除提价15%外，再补贴5%。

生猪收购价格平均提高26%。其他菜牛、菜羊、鲜蛋、甜菜、甘蔗、大麻、苎麻、桑蚕茧、水产品、黄牛皮、水牛皮、南方木材、毛竹等，收购价格提高20%—50%不等。

国务院决定提高农产品收购价格的同时，还降低了农用塑料薄膜等一部分农业生产资料的价格。

据国家物价总局计算，以上18种主要农产品的收购价格，平均提高24.8%；由于提价，预计今年可使全国农民增加收益约70亿元。

这一重大经济措施，受到了全国人民的热烈拥护。它对于缩小工农产品的交换差价，调动8亿名农民的积极性，加快农业发展速度，促进国民经济更好地按比例高速度发展，都起了积极的作用。

解放军海军领导机关举行纪念“重庆号”巡洋舰起义30周年茶话会

新华社报道，人民解放军海军领导机关为纪念原国民党“重庆号”巡洋舰光荣起义30周年，最近在北京举行茶话会。

参加茶话会的有当年组织、发动、领导起义的“士兵解放委员会”的20多名成员和原“重庆号”舰长、现任海军北海舰队副司令员邓兆祥，还有原国民党第二舰队和“长治号”起义人员的代表。

中共海军党委第一书记、海军第一政治委员叶飞以及海军其他领导人卢仁灿、梅嘉生、王昕、邓楚白等出席了茶话会。

大家在茶话会上重温毛主席、朱总司令当年的电文，心情格外激动，一致表示，紧密地团结在以华国锋同志为首的党中央周围，在各自的岗位上，加强战备，增加生产，为加速实现四个现代化而努力奋斗。

茶话会上，原“重庆号”人员对台湾的学友们表示了深切的关怀。他们说，在纪念“重庆号”起义30周年的日子里，我们又想起了在台湾海军的老学友们。我们已经分别30年了，彼此音信不通，来往断绝，祖国不能统一，亲人无法团聚，我国同胞无不盼望早日结束这种令人痛心的局面。希望在台湾的老学友们以祖国的统一大业为重，为使台湾早日回到祖国的怀抱作出自己的贡献。

国务院副总理方毅在北京会见联邦德国科学交流中心秘书长沙伊贝

国务院副总理王震在北京会见希腊新任驻中国大使塞米斯托克莱斯·赫里桑索晋洛斯

国务院副总理谷牧在北京会见联邦德国巴伐利亚联合银行代表常务董事赖姆佩尔一行

财政部部长张劲夫表示中美财长会谈取得了重要成果

张劲夫部长向新华社记者说，中美双方对布卢门撒尔财长的这次访问都很重视。我受中国政府的委托，就财政经济方面共同关心的问题同布卢门撒尔财长举行了会谈。

他说，通过一系列的会谈活动，我们双方在增进了解与友谊、增进贸易经济合作等方面达到了预期的目的。双方为解决两国之间过去遗留下来的私人资产问题，取得了重大进展。双方对中美联合经济委员会开展工作的问题，达成了原则上一致的意见。双方还就有关两国签订贸易协定的内容，交换了意见，并商定了下一步的工作计划。所有这些都说明，我们在加强中美两国经济贸易合作方面又迈出了新的一步。

张劲夫说，我们高度评价布卢门撒尔财长这次访华获得成功。双方会谈的结果是令人满意的。

外贸部部长李强在北京举行宴会欢迎斯里兰卡粮食和合作社部部长西·班·赫拉特和由他率领的斯里兰卡粮食代表团

轻工业部部长梁灵光在北京宴请以服部一郎为团长的日本精工舍集团钟表代表团全体成员

全国经济科学规划会议在北京召开

中国社会科学院于3月1日至10日在北京召开了全国经济科学规划会议。会议指出，经济科学在实现四个现代化中有重要的作用。随着全党工作着重点的转移，经济科学面临许多新的课题，要深入地探索客观经济规律，正确认识和运用经济规律，为加速实现四个现代化作出贡献。会上，大家对社会主义经济发展规律，社会主义经济管理体制和各门经济学科中的许多重大理论问题和实际问题进行了讨论。

会议通过的全国经济科学三年和八年规划，是从去年年初起陆续举行的6个大区经济科学规划会议和一些专业规划会议讨论的基础上制定的。它包括30来个学科，几百个专题，其中经济数学方法、生产力经济、旅游经济、环境保护经济等，是为了适应四个现代化建设的需要而增设的。

会议要求，经过七八年的努力，全国要建立一个门类齐全、布局合理、协调发展的经济科学研究体系，培养出一支人数较多的又红又专的经济理论队伍。

3月2日

中共中央主席华国锋在北京会见南斯拉夫联邦执委会副主席布·伊科尼奇

华国锋同志指出，中南两国在经济、科学和技术方面的合作正在开步走。他说："我们要不断总结经验，不断前进。"

布·伊科尼奇同志说，自从华国锋同志访问南斯拉夫以来，我们两国之间的友好合作关系大大地扩大和发展了。他向华国锋同志转达了铁托同志的问候。

华国锋同志得知铁托同志身体健康着实喜悦。他说，铁托同志身体很好，这不仅使南斯拉夫人民高兴，中国人民也很高兴。我们祝他健康长寿。

南斯拉夫驻中国大使奥斯托依奇参加了会见。

会见时在座的有国务院副总理陈慕华，外交部副部长张海峰，外贸部副部长陈洁，外经部副部长魏三明，国家农业委员会副主任何康，冶金部副部长林泽生。

全国青年造林大会在延安召开

这次会议由共青团中央和林业部联合于3月2日至5日召开。会议的目的是动员亿万青少年站到植树造林、绿化祖国的最前列，争当突击手。用辛勤的汗水染绿祖国的山山岭岭，用勤劳的双手建设"绿色万里长城"，为彻底改变我国的自然面貌作出贡献。

会场设在原陕甘宁边区参议会礼堂——延安大礼堂。参加大会的有来自全国各地的各族共青团干部、林业干部和造林先进集体代表、先进个人，共800人。

国务院副总理兼国家农业委员会主任王任重，共青团中央第一书记韩英，林业部部长罗玉川，中共陕西省委书记姜一，出席了会议。

共青团中央书记高占祥致开幕词。韩英同志宣读了中共中央、国务院给全国青年造林大会的贺电。

王任重同志在大会上讲话。他谈了青年们应该如何继承革命传统，发扬延安精神，艰苦奋斗建设社会主义的问题，谈了植树造林、绿化祖国的重要性，以及今后林业建设的任务。王任重同志说，实现四个现代化是一场伟大的革命，需要付出艰苦的劳动。他号召青年到边疆去，到艰苦的地方去，为绿化祖国，为建设社会主义现代化强国，贡献自己的力量。

韩英同志在大会上作了题为《青年们行动起来，为加速绿化伟大祖国而奋斗》的报告。他在报告中说，我国青年有着植树造林的优良传统。他说，植树造林，绿化祖国，是改造自然，造福人民，建设美好幸福生活的一项伟大事业，也是我们青少年为四化做贡献，在实践中经受教育和锻炼的重要战场。各级团委要广泛组织青年造林突击队，开展造林日、造林周突击活动。每年植树节前后，都要组织青少年开展大规模的植树造林活动。要组织和帮助青少年学好造林技术。要教育青少年发扬艰苦奋斗、自力更生的精神，自采种，自育苗，自造林，自护林；要当护林的哨兵，保护祖国的森林资源。

韩英同志说，从造林、育林到成林，得花费几年、十几年，甚至更长的时间，要付出辛勤的劳动和坚持不懈的努力才能成功。青年们应该有这样的决心，我要和自己栽的树一起成长，十年树木，也十年树人，当树苗成长为建设的有用之材时，自己也成长为实现四化所需要的人才。

韩英同志在报告中还要求各级团组织加强对这一工作的领导，要有专人分管这方面的工作，并注意总结经验，培养典型，表彰先进，树立标兵。团的干部要以身作则，成为植树造林的实干家和带头人，不断推动植树造林、绿化祖国的事业向前发展。

中共陕西省委书记姜一和中共延安地委书记冯怀亮也在大会上讲了话。

国务院副总理谷牧在北京会见以藤岛克己为团长的日本广播协会技术专家代表团

全国人大常委会副委员长乌兰夫在北京接受新西兰新任驻中国特命全权大使哈尔·弗里曼·格林递交的国书

全国人大常委会副委员长廖承志在北京会见由井奥贞雄和麻生太郎率领的日本青年会议所代表团全体成员

中国和南斯拉夫在北京签订合作协议

中国政府和南斯拉夫政府科学和技术合作协定，关于兽医合作协定，关于中南经济、科学和技术合作委员会首届会议议定书，在北京签字。

国务院副总理陈慕华和南斯拉夫联邦执委会副主席布·伊科尼奇，分别代表本国政府在协定和议定书上签字。

中国援建塞内加尔的打井工程移交仪式在达喀尔举行

中国驻塞内加尔大使馆经济参赞李宫萍和塞内加尔装备部水利和乡村设备总局局长穆萨·迪安分别在移交证书上签字。在仪式上,迪安总局长和李宫萍参赞发表讲话,共同赞扬塞中两国之间的合作,并表示希望进一步发展这一合作。

这项包括20口装配井、10口钻孔井、30口水井的打井工程,于1977年6月开始动工,1978年12月底完成。

解放军总政治部作出为"总政阎王殿"平反决定

总政党委决定:一、为"总政阎王殿"等一系列冤、假、错案彻底平反,为案中受到打击迫害的人彻底平反,恢复名誉,为被迫害致死的人平反昭雪。二、召开平反大会,在《解放军报》上公布平反决定。三、档案中的污蔑不实材料一律清理销毁。四、认真迅速处理好落实干部政策中遗留问题。五、直属单位的冤、假、错案平反问题由各单位作出决定,并召开平反大会。

西沙群岛挖出古代石碑再次证明其自古就是中国的神圣领土

新华社报道,驻守在祖国西沙群岛东岛的人民解放军海防部队,最近在这个岛的东北角海滩礁盘附近,挖出一块长方形石碑。碑上刻有两行汉字:"视察纪念"、"大清光绪二十八年。"碑长78厘米,宽28厘米,厚6厘米,重61斤。

据史料记载,明、清两代,我国政府多次派遣水师到西沙、东沙和南沙群岛巡海,并且在一些主要岛屿上留下刻有"视察纪念"等字样的石碑。我国人民在西沙群岛曾陆续出土过这种石碑。仅1974年3月至5月,我国考古工作者就在西沙群岛北岛发现两块清代光绪二十八年的石碑。这次在西沙群岛东岛挖掘出的我国古代石碑,再次证明西沙群岛自古以来就是我国的神圣领土。

安徽探明一个大型磁铁富矿

新华社报道,经过安徽和兄弟省、市3000多名地质工作者两年来的紧张工作,安徽省探明了一个大型磁铁矿。这个大型磁铁矿已经探明的储量达5亿多吨,其中含铁品位在50%以上的富铁有1亿多吨。

这个大型磁铁矿坐落在安徽省西南部的庐(江)、枞(阳)地区、它前临长江,背靠大别山,位于武钢和马钢两大钢铁工业基地之间,交通方便,地位很重要。

这个大型磁铁矿是安徽省地质局三二七地质队发现的。

3月3日

公安部发出通知要求各级公安机关认真执行逮捕拘留条例

新华社报道,最近,公安部向各省、自治区、直辖市公安局发出通知,要求各级公安机关认真执行《中华人民共和国逮捕拘留条例》,对执行逮捕、拘留和预审、看守工作进行一次全面的检查整顿。

通知说,《中华人民共和国逮捕拘留条例》(以下简称《条例》)的公布实施,是保护人民民主权利和加强社会主义法制的一件大事。各级公安机关要组织全体公安干警认真学习,增强法制观念,切实贯彻执行。

通知说,逮捕、拘留人犯,要严格执行逮捕拘留条例的规定。捕人、拘留人必须坚持逮捕拘留条例中规定的条件。被拘留人的羁押时间,从限制被拘留人的人身自由开始时起算,不得超过《条例》规定的时限。逮捕人犯,一律要报请本级人民检察院批准。拘留人犯,需经县和县以上各级公安机关领导批准。对逮捕、拘留的人犯和对隐藏人犯或隐藏犯罪证物的嫌疑人的搜查,需经县以上公安机关领导人批准,并持搜查证。严禁非法搜查,不准抄家,以保障人民的合法权益。

通知要求,看守所收押人犯,必须凭逮捕证、拘留证。其他任何人的批条或口头"指示",都不能作为收押凭证,一律拒绝收押。要把刑事拘留的人犯和受行政拘留处罚的人员分开关押。

通知说,对看守所在押的人犯既要严加看管,又要实行革命人道主义。一般不要单人关押。严禁虐待和侮辱人格。严禁利用戒具搞变相肉刑和逼供信。戒具只适用于拒捕、逃跑、行凶、暴动和宣布死刑的犯人。执行任务完毕或危险消除,应立即解除戒具。除紧急情况外,使用戒具都必须经县公安局局长或省、专预审处、科长批准。要保障犯人申诉的权利,任何人不得阻止刁难。对预审、看守工作人员的违法乱纪行为,要容许犯人控诉,并认真处理,情节严重的要依法惩处。

通知强调,预审工作要实事求是,重证据,重调查研究,坚决反对逼供信。预审结案,要有真凭实据。办案中必须充分发扬民主,允许发表不同意见,不戴帽子,不抓辫子,不打棍子。冤、假、错案要及时纠正。不管是谁批的,也不管是什么文件上规定的,凡是错了的都要实事求是地纠正,坚持全错的全平,部分错的部分平,没有错的不平。作平反结论时,凡立案根据已经否定,在审理中发现的其他问题又构不成犯罪的,就不要写入结论,不要抓辫子、留尾巴。新收案件,要做到随收、随审、随结,不积压。

通知规定,县、市武装民警中队,要切实担负起逮捕、押解、看守犯人的任务。任何单位、任何个人都不准动用武装民警做其他事情。

通知要求各省、自治区、直辖市公安局对执行逮捕拘留条例和整顿预审、看守工作的情况及时向公安部报告。

中国企业管理协会在北京成立

这个协会是由有关工业部门、工矿企业、研究单位、高等院校的学者、教授和有实际工作经验的同志组成的群众性研究团体。它的主要任务是研究国内外企业管理的理论、制度、技术、方法和经验,为提高我国的企业管理水平,加快实现四个现代化服务。

康世恩副总理出席了成立大会,并在会上讲了话。协会秘书长张彦宁介绍了筹备经过,宣读了协会章程。章程规定,中央和地方工业、交通、建筑企业,有关高等院校的财经专业和科研单位,以及对企业管理有专门研究和在实际工作中有一定管理经验的个人,都可以自愿参加这个协会为会员。工业集中的城市,可自愿组成中国企业管理协会的分会,吸收本地区符合条件的单位和个人为会员。会员可以参加协会组织的有关活动,可以随时向协会反映情况、意见,要求协会帮助解决企业管理和研究企业管理工作中存在的问题,并可向协会提交学术报告和研究成果。

这个协会将协助国家经委训练干部,办好培训各级经委领导干部的企业管理研究班,协助有关部门搞好企业管理的试点工作,并将开展有关企业管理问题的国际交流活动。

大会宣布了中国企业管理协会理事会组成人员。常务理事34人。协会会长为袁宝华,顾问邓力群,副会长叶林、张淮三、孙友余、薛仁宗、陈宇、邓存伦、周璧、马洪、胡林昀。

国家经委举办的企业管理研究班在北京开学

这个研究班是国家经委为了适应全党把工作着重点转移到社会主义现代化建设上来,提高经济工作干部的管理水平,切实改进企业管理工作而举办的。

研究班将分期分批培训各省、自治区、直辖市和部分工业城市的经委主任或副主任,部分重点企业的厂(矿)长,以及国务院工交各部负责企业管理的领导干部。这批干部是工交战线的主要领导力量,提高他们的企业管理水平,对于把我国企业管理从落后的靠行政命令的管理方式,转到合乎现代化大生产的科学管理上来具有重大作用。

参加第一期研究班的学员共107人。在一个多月的学习时间里,他们将坚持理论和实践相结合的原则,学习有关经济理论问题,听专家、学者讲课,弄清社会主义经济规律的内容,提高理论水平;听取一些出国考察团和外国有关代表团的报告,了解和学习国外现代化管理的经验;还要学习企业管理方面的基础知识和国内先进的企业管理经验,并在学习研究的基础上,总结我国自己的企业管理经验,分析探讨当前经济管理特别是企业管理上存在的问题,提出改革的建议。

国务院副总理方毅在北京会见瑞典皇家科学院秘书长卡·古·本哈德教授和夫人以及由他率领的瑞典皇家科学院代表团

国务院副总理谷牧在北京会见由粮食和合作社部部长西·班·赫拉特率领的斯里兰卡粮食代表团

国务院副总理陈慕华离开北京前往澳大利亚 新西兰 斐济 西萨摩亚进行正式友好访问

3月4日

国务院总理华国锋在北京会见英国工业大臣埃里克·瓦利一行

华总理同英国朋友就进一步发展中英两国的经济合作关系以及当前的一些重大国际问题,广泛地交换了意见。

华总理说,我们同英国的关系越来越好。我们可以互相学习,互相帮助。他对英国在同中国发展关系中所持的不容许第三国干涉的立场,表示赞赏。

瓦利大臣说,我们这次来中国访问非常成功。英中之间存在着的长期的友好合作关系,得到了进一步的发展和加强。

英国驻中国大使柯利达参加了会见。

会见时在座的有国务院副总理王震,外贸部部长李强,国家计委副主任段云,国家经委副主任马仪,中国银行董事长乔培新,外交部部长助理宋之光。

国务院副总理李先念在北京会见以编辑局局长为乡恒淳为团长的日本《读卖新闻》访华团

会见时,李副总理回答了日本新闻界朋友提出的有关中日经济贸易关系、中越边境冲突以及我国国内和国际形势等问题。

我国外交部新闻司副司长王珍参加了会见。

全国工商行政管理局长会议在北京召开

工商行政管理工作在注意制止资本主义活动、打击投机倒把的同时,要更好地着眼于支持工农业生产,促进商品流通,活跃市场和方便群众。这是3月4日到3月12日在北京举行的全国工商行政管理局长会议提出的指导方针。

国务院副总理李先念、余秋里、王任重听取了这次会议的汇报,并且向到会代表讲了话。

这次会议主要讨论了工商行政管理工作的重点如何转移和当前工作的安排问题。会议指出,近10多年来,由于林彪、“四人帮”的干扰破坏,有的地方工商行政管理工作瘫痪,市场混乱,违法活动增加;有些地方受极左路线的影响,限制过严,管理过死,打击面过宽。凡此种种,都严重地阻碍了生产,脱离了群众。因此,当前的一项重要工作,就是要肃清林彪、“四人帮”极左路线的流毒,纠正部分干部中存在的宁“左”勿右的错误思想。工商行政管理工作要重视抓住经济领域里的阶级斗争,但决不能脱离促进生产发展的目的去搞阶级斗争。今后工商管理工作要从全局出发,按照客观经济规律办事,更好地着眼于支持工农业生产,促进商品流通,活跃市场和方便群众。要保护合法交易,制止资本主义活动,打击投机倒把。

会议指出,农村集市贸易和城市农副产品市场的管理,要正确贯彻执行管而不死、活而不乱的方针,保护正当交易,取缔非法活动,疏通流通渠道。对农村集市贸易必须切实加以保护,制止任何人乱加干涉。纠正限制过多,管理过严的做法。城市开放农副产品市场的范围宜小不宜大,管理宜紧不宜松,要指定地点,不要设在市中心区。

会议认为,在当前新形势下,工商行政管理部门必须加强企业登记、商标管理和合同管理,以维护国家计划,坚持社会主义企业的方向,促进企业提高产品质量,避免盲目发展。今后一切工商企业都要按照国家规定,向工商行政管理部门登记,领取营业证照;没有营业证照的,银行不予开户。那些原材料和动力没有来源、产品没有销路的企业,不准开业。要通过工商登记,制止任意转产改行、撤并网点的现象。要管理企业招牌,恢复国际、国内卓有声誉的企业名称。要经常检查、及时纠正企业违反国家政策法令的行为,制止粗制滥造、降低质量、抬高物价、短尺少秤、以次充好等不正当的经营活动,必要时根据情况给予警告、罚款乃至勒令停业等处分。会议决定,要进一步加强商标统一注册制度,鼓励企业创名牌,保名牌,不断提高产品质量。对达到国内外最好水平的优质名牌商品,可以在商标上标明优质标志,并授予荣誉商标奖状。

会议指出,工商行政管理部门还要管好工商之间和农商之间的购销合同、加工订货合同,协调产销关系,监督检查合同执行情况,调解仲裁纠纷。

中英两国政府经济合作协定在北京签字

国务院副总理王震,英国驻中国大使柯利达参加了签字仪式。

外贸部部长李强和英国工业大臣瓦利分别代表本国政府在协定上签字。

教育部部长蒋南翔在北京设宴欢迎荷兰教育科学大臣派斯博士和夫人一行

派斯博士一行将同我有关部门商谈互换留学生问题,并就两国科学教育领域的交流交换意见。

不久前,中国已有20名留学生到荷兰学习。

蒋南翔部长在宴会上祝酒时说,荷兰在发展工业、农牧业、航运和水利方面积累了丰富的经验,有独特的长处。荷兰的科学教育在战后荷兰经济的恢复和发展中取得令人钦佩的成就。你们的经验值得我们学习。

派斯大臣在祝酒时说,我们这次对中国的访问将起到加强我们同中国友好关系的桥梁作用。我们两国学生和科学家的交流将有助于加强两国的了解和友谊。

3月5日

《人民日报》发表社论《遵循周总理的遗愿纪念周总理》

今天是周恩来同志诞辰81周年,4月5日是北京群众悼念周总理、反对“四人帮”的天安门革命活动3周年。中共中央已经发出了关于今年纪念周恩来同志的通知,着重提出:“纪念和学习周恩来同志,一定要体现周恩来同志的遗愿和作风。”根据这个精神,中央决定经过调整和充实了的周恩来同志纪念展览,在中国革命博物馆正式展出;并决定着手编辑周恩来同志文集,明年年初开始出版。关于为周恩来同志和其他在党的历史上贡献最大的老一辈革命家合建纪念堂的计划,中央也在继续研究妥善方案。中央的这些决定,反映了亿万人民的心愿,我们热烈拥护,坚决支持。

周恩来同志是伟大的马克思主义者。他同毛泽东同志、朱德同志等老一辈的无产阶级革命家一起,领导中国无产阶级和中华民族的优秀儿女,缔造了我们的党、我们的军队、我们的人民共和国。他是我们党和国家久经考验的卓越的领导人。在长期的革命生涯中,周恩来同志是毛泽东同志不可缺少的助手,是毛泽东同志最亲密的战友。50余载,鞍前马后,南征北战,同治山河,共理九州,周恩来同志对中国革命和中国社会主义建设事业,对加强国际无产阶级和世界人民的团结,开展反对霸权主义的斗争,推动国际共产主义运动的发展,作出了不可磨灭的贡献。周恩来同志把毕生的精力献给了党和人民,在中国共产党内、在中国人民中和在国际上,都享有崇高的威望。全党全军全国各族人民衷心爱戴他,全世界的人民衷心尊敬他。周恩来同志是中国共产党的骄傲,是中华民族的骄傲。

周恩来同志在中国共产党和中国人民中有巨大的感召力。1976年震惊中外的天安门事件,就是中国人民保卫周恩来同志、申讨"四人帮"的一场波澜壮阔的革命群众运动。周恩来同志是"四人帮"篡夺党和国家最高领导权的不可逾越的障碍。生前,"四人帮"恶意诋毁周恩来同志;死后,"四人帮"不准悼念周恩来同志。"四人帮"的倒行逆施,激起了全国人民的愤慨。大海咆哮了,火山爆发了。天安门前,纪念碑下,中华儿女用绚丽的花圈和犀利的诗词,表达了人民的爱憎,作出了历史的审判,敲响了"四人帮"的丧钟,为以华国锋同志为首的党中央领导的十月斗争的胜利,奠定了思想基础和群众基础。现在,天安门革命群众运动的主要目标——打倒"四人帮",维护周总理,发扬党的民主传统,结束全国的动乱,着手建设四个现代化的社会主义强国,都已胜利实现,变成了我们生活中的现实。周恩来同志的精神,则将永远同我们在一起,中国人民中蕴藏着极大的纪念周恩来同志、学习周恩来同志的热情。这是一笔巨大的精神财富,只要妥善地加以引导和组织,必能转化为巨大的物质力量。

周恩来同志一生不愿意宣传自己,尤其不愿意人们离开群众、离开党、离开党中央和毛泽东同志而突出地宣传他个人。他生前一再嘱咐不要为了纪念他而花费国家的钱财和人民的时间,希望把国家的财力物力和人民的全部精力都用到建设社会主义强国上去。这是周恩来同志的美德。我们在纪念周恩来同志的活动中,要注意切勿把周恩来同志生前不愿意的做法强加给他,损害他的形象。正是根据这种考虑,根据我们党几十年来直至最近十一届三中全会所提倡的作风,对很多群众提出的为周恩来树铜像、命名周恩来公园等建议,中央认为不宜采纳。这是需要向群众解释清楚的。纪念周恩来同志最好的方法,就是认真学习周恩来同志的革命精神,像周恩来同志那样去工作、去生活。我们要学习他坚持实事求是的精神,把马克思主义、毛泽东思想同具体情况相结合;学习他无限热爱和忠于人民,全心全意为人民服务的崇高品质;学习他的民主作风,谦虚谨慎,艰苦朴素,遵守纪律,以身作则。全党全军全国各族人民,全国青少年,特别是党政军各级领导干部,都要以周恩来同志为榜样,为建设四个现代化的社会主义强国努力奋斗。

今天,在新的长征路上,我们学习周恩来同志,特别要提倡像周恩来同志那样顾全大局。周恩来同志的一生,高瞻远瞩、深明大义,处处以大局为重,事事从大局出发。他文能治国,武能安邦,功盖中华,誉满天下,从不居功。他光明磊落,忍辱负重,严于责己,宽以待人。他为了团结同志,稳定大局,宁肯自己受委屈、受责难,从无半句怨言。他大公无私,把自己毕生的精力都献给了社会,从不向社会索取任何私利。有了周恩来同志,在林彪、"四人帮"横行无忌的大灾难中,才保存了党的一部分精华,维系了亿万人心,使党和国家避免了一次大分裂。今年是我们党把工作着重点转移到社会主义现代化建设的第一年,各方面需要解决的问题很多,困难不少,很需要我们的干部和群众学习周恩来同志顾全大局的崇高品德,正确处理整体和局部,国家、集体和个人的相互关系。我国经济现在刚刚好转,还需要经过一段调整的时间,才能迈开大步。我们的人民生活还很贫困,特别是多年艰苦奋斗的几百万上山下乡的知识青年的工作和生活问题,还有待于妥善安排,他们的合理要求,应该给予解决,但在短时期内还不可能都得到解决。乾坤初转,百废待理,只有加快四化的进程,使国民经济迅速走上正轨,才能在生产不断发展的条件下,逐步解决人民生活中这样那样的困难。这是8亿人民根本利益的所在,是大局。离开了四化这个大局,是什么问题也解决不了的。我们要像周恩来同志那样识大体、顾大局,忍辱负重,发愤图强。经过举国上下,同心同德,团结奋斗,我们的国家才能富强,我们的生活才能改善。

学习周恩来同志,要像周恩来同志那样发扬民主。周恩来同志是我们党内民主作风的表率。他密切联系群众,注意调查研究,勤于体察民情,善于吸取民意。经常是哪里的群众生活遇到困难,哪里的工作出了问题,群众有意见,他就到那里去听取群众的呼声,帮助群众解决困难。他是虚心进行自我批评的模范,工作中出了问题,他总是勇于承担责任,他不把责任上推下卸,更不把责任推给群众。现在不少领导同志,在这方面做得不够。有些同志很少到群众中去,很少听取群众的批评建议,甚至害怕群众,躲避群众。这种状况,应当坚决改过来。天安门革命群众运动告诉我们,群众是真正的英雄。我们共产党人不应该害怕群众,而应该深入群众;不应该害怕民主,而应该发扬民主。我们应当欢迎群众的批评,以取得群众的帮助;也应当把工作中的困难告诉群众,以取得群众的谅解。要相信,绝大多数群众是通情达理的。图一己之利,强领导之难,只是极少数人。绝大多数群众跟你站在一起,少数人的工作就好做了。"四五"运动的锋芒是对着"四人帮"的。这一点,我们每一个人都应该很清楚。现在,"四人帮"被打倒了,他们的资产阶级帮派体系被摧毁了。各级领导班子经过多次调整、充实、改组,已经不是"四人帮"那时候的班子了。这一点,是我们不应该忽视的。我们要发扬"四五"的民主精神,关心国家大事,行使宪法赋予我们的监督国家机关工作人员的权力,也要支持他们的工作,注意遵守纪律,维护正常的生产秩序、工作秩序和社会秩序。没有秩序,各行其是,这不叫民主,这叫无政府主义。现在,越南的地区霸权主义者在我边境猖狂挑衅,我正被迫自卫还击。这场自卫还击战虽然即将胜利结束,但保卫边疆却是一个长期的严重的任务。在国内,也还有阶级斗争,还有阶级敌人。我们决不能做亲者痛、仇者快的事情。

学习周恩来同志,要像周恩来同志那样以身作则。周恩来同志言行一致,要求别人做到的,自己首先做到,要求别人不做的,自己坚决不做。他艰苦朴素,廉洁奉公,一尘不染,坚决同各种特殊化作斗争。他实事求是,不尚空谈,不说大话,脚踏实地,任劳任怨,总是把荣誉归于别人,把重担加于自己。他苦在人先,乐在人后,坚持同群众同甘苦、共命运。周恩来同志这种以身作则的精神,是每一个革命干部、首先是领导干部决不可少的。领导言行不一,说得好听,做得差劲,就没有威信,说话没有人听。现在,人人都痛切地感到林彪、"四人帮"把我们的社会风气败坏了。而要转变社会风气,必先转变党内风气;转变党内风气,必先从领导干部开始。上行下效,领导作风正了,党风好了,社会风气就会蒸蒸向上,四个现代化的宏伟目标就能稳操胜券。

周恩来同志离开我们3年多了。他没有遗产,没有嗣息,没有坟墓,也没有留下骨灰,他似乎什么也没有给我们留下,但是他永远活在我们心里。他的精神是不朽的,他的美德是长存的,他的光辉形象鼓舞着我们争分夺秒,埋头苦干,把我们全副精力都用在努力生产,努力工作,努力学习上去,一心一意扑在四个现代化上,以优异的劳动成绩、工作成绩、学习成绩,促进四个现代化的实现。

周恩来同志纪念展览在中国革命博物馆正式公开展出

这个展览自1977年1月8日经中央批准内部预展以来,已经接待了400多万名观众,其中包括党的十一大代表、五届人大代表、五届政协委员和各种全国性会议的代表,同时还接待了华侨和港澳同胞数万人。两年多来,这个有教育纪念意义的展览,已成为人们瞻仰周总理的遗物,寄托无限怀念周总理的心情的纪念馆,成为缅怀周总理光辉业绩,学习共产主义精神的课堂。一位战士在来信中说:"展览前言第一句话就写上了周总理是伟大的马克思主义者,这说出了人民心中对周总理的崇高评价。"一位来自新疆的哈萨克族同志在留言簿上写道:"我们为有周总理这样的老一辈无产阶级革命家做光辉典范而感到自豪,周总理是中华民族的骄傲。"外国朋友普遍认为,这个展览增加了他们对伟大国家的伟大总理的了解。

这个展览开始筹备于1976年1月。周总理逝世之后,中国革命博物馆的同志怀着万分悲痛的心情,举办了一个纪念周总理的小型展览以寄托哀思。粉碎"四人帮"不久,为了满足群众的强烈要求,在中央领导同志的关怀下,该馆全力以赴,用最快的速度,办起了周恩来同志纪念展览。在预展期内,这个不到2000平方米陈列面积的展览,每天观众都达到饱和的程度,两年一直如此,这是我国展览史上前所未有的。现在中央正式决定开放这个展览,长期展出,这完全符合全国各族人民的共同心愿。

根据党的三中全会精神,展览已经作了调整和充实。修改后的展览着重表现以下4个方面:一、周恩来同志是伟大的马克思主义者,是理论与实践相结合的典范。展览中增加了他的一些论著、报告、批件和文摘,如旅欧期间一些理论著作,对欧洲革命的考察报告和通讯,以及社会主义时期的一些重要报告和批件等。二、周恩来同志是党和国家卓越的领袖之一。展览中充实了大革命失败后,他在上海党中央工作期间为恢复和发展党的事业进行艰苦卓绝斗争的有关材料,以及他和毛泽东等同志密切合作制定党和国家主要政策的材料等。三、周恩来同志是维护团结、顾全大局的光辉榜样。展览特别充实了他在"文化大革命"中顶住林彪、"四人帮"的疯狂破坏,力挽狂澜,保卫党和社会主义事业,保全党内外的干部等材料。四、周恩来同志谦虚谨慎、辛勤工作、艰苦奋斗、鞠躬尽瘁的共产主义精神。展览以大量感人的材料,引导人们以周恩来同志为榜样,脚踏实地为实现四个现代化而埋头苦干。

中共中央批转解放军总政治部《关于萧劲光同志问题的复查报告》

报告提出:萧劲光同志是受林彪、"四人帮"打击迫害的,所谓"上了林彪贼船"的问题完全是张春桥蓄意制造的一桩冤案,应当予以彻底平反。

中央有关部门召开改正错划右派工作经验交流会

新华社报道,最近中央有关部门召开的改正错划右派工作经验交流会上,通过总结前一阶段工作,到会同志体会到:改正错划右派是一件顺乎民情、大得人心的事情,它对恢复党的实事求是的优良传统,发扬人民民主,健全社会主义法制,调动广大干部和群众的社会主义积极性,有着重要的作用。

改正错划右派的工作,是根据中央指示精神,于去年9月前后相继在全国各地展开的。党的十一届三中全会精神的传达贯彻,加快了这一工作的步伐。目前,绝大多数中央直属机关和国家机关都已基本结束或即将基本结束。各省、自治区、直辖市的与会同志都表示一定要把这一工作抓紧抓好。

参加这次会议的同志指出,从已经复审过的大量案件来看,反右派斗争扩大化,教训是深刻的。他们说,1957年确实有一小撮右派分子乘党整风的机会向党进攻,妄图推翻无产阶级专政。但是,由于不恰当地估计了当时阶级斗争的形势,运动过程中出现了不实事求是的做法,伤害了不少好同志和一些曾经和我们党长期合作的朋友,搞得许多人再也不敢提出和领导不同的意见,妨碍了民主集中制的贯彻,造成党内和国家政治生活不正常。

会上,同志们用大量事实,说明改正错划右派的工作展开后,在社会上引起了强烈反响,得到了广泛的同情和支持。群众赞扬我党"实事求是,光明磊落"的精神,"具有无产阶级应有的气魄和品质"。

在总结交流前一阶段改正错划右派的工作经验时,大家认为,基本经验有两条。

一、解放思想,实事求是。二、领导重视,走群众路。

为了使改正错划右派的工作善始善终,到会同志提出要把改正以后的一系列善后工作抓紧抓好。要本着人尽其才,各得其所,统筹兼顾的精神,做好安置工作,使那些确有真才实学的人能充分发挥作用,把党的政策落实到每一个被错划为右派的同志和受株连人的身上。

国务院副总理方毅在北京会见喀麦隆新任驻中国大使雅各布·阿奇迪·基索布

国务院副总理康世恩在北京会见即将离任的阿根廷驻中国大使费德里科·德尔索拉尔·多雷戈

国务院副总理陈慕华到达澳大利亚开始正式友好访问

全国人大常委会副委员长廖承志在北京会见以笹野好男为团长的日本全国石油业协同组合访华团

中共中央政治局委员邓颖超在北京会见以池在龙委员长为团长的朝鲜社会主义劳动青年同盟代表团

外交部部长黄华在北京会见美国首任驻中国特命全权大使伦纳德·伍德科克

外贸部部长李强一行离开北京前往泰国 马来西亚和新加坡进行友好访问

中国常驻联合国代表陈楚在联合国总部向联合国秘书长瓦尔德海姆和本月份安理会主席哈里曼(尼日利亚)递交新华社奉中国政府之命3月5日发布的声明

新华社受权就边防部队开始全部撤回境内发布声明

全文如下:

由于越南侵略者不断对我国进行武装挑衅和入侵,中国边防部队自2月17日起,被迫自卫还击,现已达到预期目的。中国政府宣布,自1979年3月5日起,中国边防部队开始全部撤回中国境内。

中国政府重申,我们不要越南的一寸土地,也决不容许别人侵犯我国领土。我们要的只是和平与安定的边界。我们希望中国政府的这一正义立场,将受到越南政府和世界各国政府的尊重。我们正告越南当局,在中国边防部队撤出以后,不得再对中国边境进行任何武装挑衅和入侵活动。中国政府郑重声明,如果出现上述情况,中国方面保留继续自卫还击的权利。

我们一贯主张,国与国之间的争端应当通过谈判和平解决。中国政府再次建议,中越双方迅速举行谈判,讨论确保两国边境地区的和平与安宁,并进而解决有关边界和领土问题的争议。我们诚恳地希望越南方面对此作出积极的响应。凡是有助于保障边境地区和平安宁、解决有关争议的建议,中国政府都愿意予以认真考虑。

中越两国人民具有传统的友谊。这种友谊不但符合我们两国人民的利益,也符合全东南亚、全亚洲和全世界各国人民的利益。中国人民十分珍视同越南人民的这种友谊。虽然近几年内这种友谊受到了令人痛心的破坏,我们仍然殷切地希望它得到恢复。我们希望越南当局以两国人民的根本利益为重,停止反华仇华政策,使中越两国人民能够世世代代友好下去。

我们相信,中国的这种积极的建设性的立场,必将得到国际上的广泛同情和支持。同时,我们希望全世界一切爱好和平与主持正义的国家和人民,采取措施,促使越南当局立即停止对柬埔寨的侵略行动,并将其入侵柬埔寨的全部武装力量撤回本国境内,以利于东南亚和亚洲地区的和平、安全和稳定。

1979年3月5日

我国边防部队对越南侵略者进行自卫还击达预期目的奉命开始撤回

2月17日,中国边防部队自广西龙州、靖西和云南河口、金平地区开始自卫还击战斗。16天来,我边防部队在同登、谅山地区,高平、七溪地区,老街、柑糖地区，给越南武装力量以歼灭性打击，现已经达到预期的目的，奉命自1979年3月5日起开始全部撤回中国境内。

解放军副总参谋长张才千为团长的中国军事友好代表团受到孟加拉国总统齐亚·拉赫曼接见

教育部和全国科协欢迎首批美国进修生

新华社报道，教育部、全国科协最近举行招待会，欢迎首批来华学习的美国进修生。这批美国进修生将在中国高等院校的历史、文学和中国语言专业进修1年至2年。

教育部副部长李琦、全国科协代主席周培源同中美两国师生以及正在我国访问的美中全国学术交流委员会的朋友们一起，祝贺中美两国文化交流的良好开端。

依照邓副总理访美期间签订的中美文化合作协定，1979年学年度将有500名以上中国学者、研究生、留学生到美国各大学学习美国先进的科学技术，美国也将有60多名学者、进修生来华学习中国语言、历史和文学专业。

全国体育总会四届二次会议在北京举行

中华全国体育总会第四届委员会第二次会议于3月5日至9日在北京举行。

国务院副总理陈锡联到会讲了话。国家体委主任王猛向会议介绍了国家体委粉碎"四人帮"两年多来的工作情况。

会议选举了体总主席、副主席，调整、增补了常务委员、委员和其他成员；通过了体总工作报告和举办第四届全国运动会事宜；讨论了修改体总章程的意见；批准了各单项协会组织机构。

出席这次会议的有体总第四届委员140多人，他们中许多人是对我国体育事业作出了贡献的老体育工作者、老运动员和教练员。在粉碎"四人帮"后的今天，他们精神振奋，决心在有生之年，继续为发展祖国的体育事业贡献力量。

钟师统代表体总第四届委员会作了工作报告。他说，中华全国体育总会是在毛主席、周总理、朱委员长和贺龙同志等老一辈无产阶级革命家的关怀下建立和发展起来的，1952年6月10日，毛泽东同志为体总题了词："发展体育运动，增强人民体质。"体总成立30年来，工作取得了很大成绩。但是，"文化大革命"中，林彪、"四人帮"强加给国家体委"独立王国"的罪名，株连了广大体育工作者，体总也被打入十八层地狱，各单项协会的活动也受到严重干扰破坏。粉碎"四人帮"两年多来，我国体育工作有了很大的恢复和发展，在一些国际、国内比赛中创造了一批好成绩。

钟师统说，体育工作必须适应全党工作着重点的转移，把注意力集中到高速度发展体育事业上来。努力攀登世界体育高峰，为加速实现社会主义祖国四个现代化服务。本世纪内一定要努力做到：城乡群众体育大普及，全国人民体质大增强，拥有第一流的体育队伍、世界第一流的运动技术水平、现代化的体育设施，成为世界上体育最发达的国家之一。

会议进一步明确了中华全国体育总会的职责：一、广泛宣传积极开展群众性的体育运动，增强人民体质，提高运动技术水平。二、团结全国体育工作者和体育爱好者，协同各有关部门，调动一切积极因素，为发展体育事业作出贡献。三、举办或同有关部门联合举办全国性的体育竞赛和运动会。四、加强与国际体育组织的联系，开展与各国的体育交流，举办和参加国际比赛。

这次会议还一致通过了中华全国体育总会致台湾体育工作者、教练员、运动员的信。

会议选举钟师统为中华全国体育总会主席，杜前、李梦华、张青季、荣高棠、黄中、王崇伦、王耀东、刘建章、李海峰（女）、林丽韫（女）、张之槐、张汇兰（女）、张联华、陈先、韩复东、夏翔、黄健、傅蕴珧、梁焯辉、潘多（女）、路金栋、魏明、李琦为副主席（为台湾省保留一位副主席名额），宋中为秘书长。

全国青年造林大会倡议书

亲爱的同志们：

在全党工作着重点向社会主义现代化建设转移的第一个春天，我们来自全国各省、自治区、直辖市的800名代表，出席了在革命圣地延安召开的全国青年造林大会。党中央、国务院致大会的贺电，给我们巨大的鼓舞和力量。全国青少年们，我们要积极响应党中央、国务院的号召，紧急行动起来，为加速绿化伟大祖国而奋斗。为此，向全国青少年倡议：

一、树立不建成"绿色万里长城"非好汉，不绿化祖国不罢休的雄心壮志。绿化祖国是实现四个现代化的迫切需要，建设北方"绿色万里长城"是改变我国这一地区自然面貌和农牧业生产条件的重大战略措施。我们要继承和发扬艰苦奋斗的延安精神，以当年红军"不到长城非好汉"的英雄气概，心怀全局，献身四化，发愤图强，改造中国，为绿化祖国大地而贡献力量。

二、争当绿化祖国的突击手。在绿化祖国的伟大事业中，我们每个青少年都要大显身手，在各级党委的统一领导下，按照林业部门的规划和要求，组织青年造林突击队，向荒山进军，向沙漠进军，向一切可以绿化的地方进军。每年植树节前后，要大规模地进行植树造林，大搞“四旁”绿化。在有条件的地方，青少年要造“青年林”、“少年林”，“三北”地区青年要和广大群众一起，以完成和超额完成今年造林600多万亩任务的实际行动，打响建设“绿色万里长城”的第一炮。城镇的青少年，要按照城市建设规划的要求，积极把本单位宜绿化的闲散土地都种上树、栽上花或铺上草皮，绿化和美化我们的工厂、学校、机关、街道，把城市打扮得更加美丽。

三、努力学习科学造林技术和先进经验。做到精心种植，包栽保活，力争速生丰产。战斗在林场、林业专业队中的青年，要大力开展林业科研活动，积极学会使用新的机械装备，努力使自己成为又红又专的林业行家，在发展我国林业建设中起骨干作用。

四、积极搞好优良种子采集和育苗。要自力更生，自己动手采种、育苗。每年要开展一次或几次采集种子的活动。凡是有条件的地方，都要建立“青年苗圃”、“红领巾苗圃”，培育大苗壮苗，为大规模植树造林打下物质基础。

五、当好护林的哨兵。要大力宣传和认真贯彻执行《中华人民共和国森林法(试行)》和国务院《关于保护森林制止乱砍滥伐的布告》。树立护林光荣、毁林可耻的新风尚。要同一切毁坏林木的行为作不懈的斗争，坚决保卫祖国的森林资源。

青少年们，党中央、国务院已经向我们发出了战斗的号令，向大自然进军的战鼓已经擂响，建设北方“绿色万里长城”的序幕已经揭开，春季造林的黄金季节已经到来，我们要站在绿化祖国的最前列，开展一个植树造林的大竞赛，看谁育苗育的多，看谁造林面积大，看谁植树质量好，看谁绿化速度快。用我们辛勤的汗水染绿祖国大地，用我们的智慧和双手创造光辉灿烂的未来，和全国人民一道，把我们伟大祖国建设成为一个美丽富饶、繁荣昌盛的乐园。

全国青年造林大会全体代表

1979年3月5日于延安

民政部召开的全国优抚工作座谈会圆满结束

新华社报道，民政部召开的全国优抚工作座谈会最近圆满结束。会议着重交流了边开展优抚对象普查工作，边落实党的优抚政策的经验。程子华部长在会上讲了话。

参加这次会议的各省、自治区、直辖市民政局负责人在会上介绍了普查工作情况。从贯彻民政部发出的《关于做好优抚对象普查工作的通知》以来，江西、山东、辽宁、河南、安徽、广西、云南、河北、吉林、陕西、北京、上海等省、自治区、直辖市进展较快，取得了初步经验。许多地区的民政部门依靠党委和基层干部及广大群众，对优抚对象进行了登记、注册、存档，对冤、假、错案作了平反昭雪，并检查调整了优待和补助。

这次座谈会，在民政部副部长卓雄的主持下，还认真讨论了妥善安置部队即将退伍的伤病残战士的问题。

程子华部长在会议上讲话指出，优抚工作要大力加强和改进，更好地为加快社会主义现代化建设服务。当前正在开展的优抚对象的普查工作，对巩固安定团结，鼓舞部队士气，调动优抚对象的积极性，加速我国现代化建设的步伐，具有重要的现实意义。各地民政部门一定要在党委领导下，组织好力量，将这项工作迅速地全面铺开，做到善始善终。他还要求各地抓紧时间，认真进行搜集整理革命先烈事迹的工作。他说，这对发扬革命传统，教育青年一代作用很大。

3月6日

《人民日报》发表社论《加速绿化祖国 实现林茂粮丰》

全国人大常委会原则通过了《中华人民共和国森林法(试行)》，并决定3月12日为我国的植树节。这是我国林业史上的一件大事。我们一定要从全党工作重心转移后的第一个春天开始，来一个全党全民动员，加速绿化祖国，逐步实现林茂粮丰，为四个现代化作出贡献。

林业问题就是农业问题。森林具有调节气候、涵养水源、保持水土、防风固沙、防止环境污染等改变自然条件、保持生态平衡的生物效能。一片森林就是一座绿色水库，就是农作物的一道天然屏障。我们发展农业生产，必须按照经济规律办事，按照自然规律办事。发展林业，提高森林覆盖率，就是顺乎自然规律，改变自然面貌，保证农业高产稳产的一项根本性战略措施。没有林业的发展，也就没有农业的高产稳产。对于发展林业的迫切性和重要性，我们一定要有充分的认识。

我们伟大的祖国幅员辽阔，历史上是以农业为主的国家。但是，我国目前的农业状况还相当落后，风沙旱涝等自然灾害频繁，农作物产量低而不稳，同四个现代化的需要存在着尖锐的矛盾。造成我国农业多灾低产的原因是多方面的，其中一个重要原因就是森林少，而且分布不平衡，森林覆盖率很低，不到世界平均水平的一半，有的地区的覆盖率只有百分之一、二。由于农作物缺乏应有的森林植被保障，抵御不了自然灾害的侵袭，严重影响农业的发展。一些经济发达国家的情况说明，一个国家的森林覆盖率达到30%以上，而且分布均匀，才能起到调节气候，防御自然灾害，保证农业稳定发展的作用。我国在历史上本来是个多林的国家，由于历代反动统治阶级的破坏和毁林垦荒，逐步变成一个少林的国家。我国西北就是一个典型的地区，很早以前这里曾经是森林茂密、水草丰足的地方，所以黄河流域成为我国文化的发源地。后来，由于森林受到破坏，"失去了森林，也就失去了水分积聚和贮存的中心"，使这个地区的很多地方变成了荒原。这种情况同恩格斯在《自然辩证法》中论述的美索不达米亚、希腊、小亚细亚在历史上曾经由于毁林使一些地方成为荒芜不毛之地的情况是很相似的。全国解放以后，我国的林业建设虽然有一定的发展，但是，十多年来，由于林彪、"四人帮"严重的干扰破坏，一些地方乱砍滥伐林木，毁林开荒，以及一些林业部门重采轻造，又使森林资源遭到严重破坏，给农牧业和其他事业造成严重的恶果。不论古今中外，由于毁林而受到大自然惩罚的事例是很多的，我们应该认真地总结这方面的经验教训，统一思想，提高认识，加速林业建设的步伐。

我国林业发展缓慢的另一个重要原因，是我们的一些同志至今对于林业同农业的密切关系缺乏正确的认识，特别是对森林能改善自然条件，保障农作物稳定生长的生物效能和毁坏森林的严重恶果，还没有高度重视。农林关系好比鱼水关系，养鱼不能没有水，务农不能没有林。可是有的人往往把发展农业和发展林业对立起来，说什么"粮食不过关，林业顾不上"、"造不造林无关大局"、"造林影响农业"。这些都主观片面、目光狭窄的看法，是违背自然规律的。毛泽东同志早就强调指出："农、林、牧三者互相依赖，缺一不可，要把三者放在同等地位。"我们发展农业，如果只是单纯抓粮食，粮食是上不去的；即便一时上去了，也不能持久，遇到自然灾害就会掉下来，这样的教训是不少的。这种情况说明，不从造林这个根本性的措施做起，农牧业的生产条件就不能从根本上得到改善，发展农牧业就是一句空话。我国耕地15亿亩，只占国土面积的十分之一；未绿化的宜林荒山荒坡就有十几亿亩。我国许多地方山多田少，有的省、区是七分山、八分山，只有二三分田，如果我们的眼睛只是盯着那几分田，丢掉更多的山，那就把农业的范围看得狭小了。如果把一切荒山逐步绿化起来，把一切可以植树的地方都栽起树来，不仅能够改善自然条件，还可以生产出更多的木材、燃料、饲料和多种林副产品，为社队办企业广开原料来源；在山上大量栽植油茶、油橄榄、核桃等木本油料树和枣、栗、柿等木本粮食树和水果树，不与农田争地，就能为群众增加更多富有营养的食物。我们祖国大地处处有生机，大有潜力可挖，大有发展前途。如果是真想使粮食持续高产稳产，就应该积极地把林业搞上去。

还有一种说法："改土治水上得快，造林受益慢，'远水不解近渴'。"这也是妨碍林业发展的一种片面思想。农田基本建设包括治水改土的工程措施和植树造林等生物措施，搞治水改土工程是必要的，对植树造林等生物措施也不可偏废。从取得木材的角度来看，树木生长周期较长，这是事实。但从林业对农业的防治风沙、涵养水源等作用来看，只要栽上树，受益的程度就会逐年增加。同时，远和近也是相对的。"千里之行，始于足下。"随着时间的推移，远会逐渐变成近。在旧社会各地都有这样的事例：有些老农民，总想趁有生之年多植一些树，为自己的儿孙造福。决心为共产主义事业而奋斗的共产党人，为什么这样目光短浅，不为人民群众的长远利益着想，而只顾眼前呢？况且治水改土工程也离不开生物措施的保障作用。有的水库上游林木很少，一遇大雨，巨大的径流就会把坝、埝、水库等工程冲毁，造成大灾。一些地区森林植被很少，又不重视植树造林，水土严重流失，水库修起来了，很快被淤沙填满，不能发挥蓄水的作用。这种情况是不乏其例的，我们一定要引以为戒。

要实现绿化祖国这个伟大的历史使命，跟上四个现代化的步伐，林业必须有一个大发展。这就要求各地各级领导同志全面认识林业的重要性，广泛宣传植树造林的重大意义，真正把林业放在与农业同等的地位。要把林业建设作为农田基本建设的一项重要内容，因地制宜，因害设防，适地适树，搞好调查规划。要大造防护林、用材林、经济林、薪炭林和特种用途林。要认真贯彻执行林业政策，实行国造国有、社造社有、队造队有、社员在房前屋后和生产队指定的地方植树归社员个人所有，把各方面的积极性都充分调动起来，国家、集体、个人一起上。周总理生前曾指示：从中央到地方，每个负责同志，除年老有病的外，每年都要带头种种树，要养成一种风气，并对此事作出相应的规定。我们要从今年起，认真实行起来，坚持下去。各级领导要带头亲自动手植树造林。从中央到地方，从领导到群众，从城镇到农村，从高山到平原，人人动手，坚持年年不懈，逐步把荒山秃岭、荒漠、农田牧场边缘、城镇、村庄、路旁、江河湖泊沿岸、机关、厂矿、学校、部队营房等等，总之，凡是可以植树的地方都栽起树来，把山山水水都绿化起来。既要集中力量，又要长期坚持；既要开展广泛的群众性植树造林运动，又要有专业队伍；既要速度快，又要质量好；既要造好，又要管好，保证成活成林。林业部门和国营林业企业，要起模范带头作用，彻底扭转重采轻造的错误做法，尽快更新过去的采伐迹地，做到造多于伐，还要向干部群众宣传造林意义，传授林业科学技术。

广大青少年是植树造林的一支巨大力量，要把他们充分动员和组织起来，担当起绿化祖国的重任。全国青年造林大会发出了倡议书，希望全国青少年积极响应，树立不建成“绿色万里长城”非好汉，不绿化祖国不罢休的雄心壮志，组成浩浩荡荡的造林队伍，开展造林竞赛，人人争当绿化祖国的突击手，当好护林的哨兵，为彻底改变我国的自然面貌贡献自己的力量。植树节也快到了，让我们积极行动起来，大力植树造林，尽快绿化祖国！

上海市公安局发布关于维护社会政治安定加强社会主义法制的通告

通告规定，集会游行时必须听从民警指挥，不准拦截火车，不准冲击机关，不准煽动闹事，除指定地点外不得在公共场所、建筑物任意张贴标语、海报、大字报，不准印制出售反动书刊画册。

通告指出，凡违反这六条规定，广大人民群众有权协助公安机关进行劝告和制止。对极少数坚持不改的，公安机关将依照宪法和《中华人民共和国治安管理处罚条例》《城市交通规则》予以传讯；并根据情节轻重，分别给予警告、拘留，直至追究刑事责任。通告还号召广大人民群众警惕、揭露反革命分子和坏分子的捣乱破坏活动。对极少数有现行破坏活动的罪犯，要依法坚决予以打击。

国务院副总理王震在北京会见英国克朗菲尔德理工学院副院长亨利·切尔弗爵士一行

国务院副总理陈慕华在堪培拉谈对外政策

正在澳大利亚访问的中国副总理陈慕华在这里说：“中国对外政策的一个出发点，就是努力维持世界和平，延缓新的世界战争的爆发。”

她说：“为此，我们要加强同第三世界国家的团结，联合一切受霸权主义大国侵略、颠覆、干涉、控制和欺侮的国家，结成最广泛的统一战线，与霸权主义进行针锋相对的斗争，打乱它的部署。”

陈慕华副总理是在澳大利亚全国记者俱乐部发表讲话时这样说的。她还说：“中国人民过去饱受战争的祸害，现在，我们面临着社会主义建设、实现四个现代化的宏伟任务，迫切需要一个长期的和平环境。我们不希望打仗，除非别人把战争强加给我们，我们坚决反对新的世界战争。”

陈慕华说：“我们希望和平，但这种和平应当是真和平，而不是那种霸权主义者控制下的假和平。”她强调，“中国属于第三世界国家，坚决反对霸权主义的扩张侵略政策，中国人民在反对全球霸权主义和地区霸权主义方面，将作出自己的努力。”

她指出：“我们经常谈到战争威胁，并不是我们喜欢战争，而是因为战争的威胁确实存在。我们必须把严峻的现实告诉各国人民，只有各国警惕新世界战争的危险，加强戒备，并且通过联合的努力，才能推迟战争的爆发。”

陈慕华在谈到中越边境武装冲突时说：“我们是在越南当局不断进行疯狂挑衅和侵入我们的边界之后才被迫进行自卫还击的。在达到了还击的目的之后，中国边防部队已从3月5日开始全部撤回中国领土。”她指出，中国边防部队撤回中国领土不是以越南侵略军撤出柬埔寨为先决条件的，但是，既然越南军队仍然占领着柬埔寨，世界各国人民和国家就应该从不同的角度对越南施加压力，迫使它从柬埔寨撤军。

她表示相信，世界所有主持正义的国家和人民将会同情和支持中国的正义立场，并敦促越南当局为了东南亚和整个亚洲地区的和平、稳定和安全的利益，立即停止对柬埔寨的侵略，并从柬埔寨撤出它的全部部队。

中国代表团团长陈辛仁在马尼拉举行的联合国亚太经社委员会第三十五届会议上发言支持亚太国家加强团结维护独立发展民族经济

他说，近十几年来，亚太地区发展中国家努力发展民族经济，实现国家工业化，取得了可喜的成就。它们不仅在政治上站起来了，而且在经济上也开始兴起。它们在国际经济事务中正发挥着越来越大的作用。

他说，近些年来，亚太各国，特别是这一地区的发展中国家之间的双边和多边、区域和分区的经济技术合作不断扩展，团结合作、联合斗争的趋势不断发展。东盟是一个区域合作组织，是发展中国家间集体自力更生的又一种形式。它正在发挥日益重要的作用，受到广泛的重视。南太平洋地区各国通过南太平洋论坛等合作机构，加强了团结合作，共同维护经济权益，发展民族经济，不断取得新的成果。

他说：“我们也高兴地注意到：本地区的一些发达国家正采取积极和现实的态度，在平等的基础上开展同发展中国家的合作关系。亚太国家之间日益发展经济技术合作，联合起来，团结自强，促进经济发展和加强国防力量，正在成为抵制霸权主义的扩张和渗透的一股重要力量。”

他指出，在一些主要发达国家中，保护主义大大发展，严重地影响亚太发展中国家的经济发展和工业化进程。亚太发展中国家对此严重关切和强烈不满，这是理所当然的。这种保护主义政策是向发展中国家转嫁经济危机的一种重要手段。中国坚决反对对发展中国家出口的制成品采取限制性措施。

他指出："从六届特别联大到现在，已四年有余，但由于超级大国的阻挠和破坏，关于世界经济秩序破旧立新的各项国际谈判，至今没有取得多少实质性进展。我们希望本地区发展中国家团结起来，联合一切可以联合的力量，坚持六届特别联大的正确方向和原则，为建立新的国际经济秩序而继续努力。"

他说，制定第三个发展十年国际发展战略是当前第三世界国家十分重视的一个问题，也是现阶段国际经济领域破旧立新斗争的一个重要组成部分。新战略应当充分体现六届特别联大宣言和行动纲领的基本精神和正确原则，彻底改变建立在不平等、控制和剥削基础上的旧的国际经济关系，为发展中国家独立自主地发展民族经济创造必要的外部条件。经济发展是发展中国家的当务之急，不应取决于任何外部因素的限制。将"全球经济增长"作为这一发展的前提，违背了国际发展的规律，颠倒了发展顺序，已遭到理所当然的拒绝，而所谓"发展取决于缓和、裁军"的主张，实质上要把发展推至遥遥无期，更是不能接受的。

他说："当我们亚太各国代表聚集一堂，回顾亚太经济形势，共商区域发展大计之时，不能不注意到一个超级大国在亚太地区到处插手，为其称霸全球的战略计划寻求新的立足点，扩大势力范围，造成和加剧了本地区的动荡不安。印度支那的形势尤其引起了普遍的关注。在这个超级大国的支持下，一个邻国对柬埔寨公然发起了大规模的侵略战争，使一个主权国家的独立遭到肆意蹂躏和践踏。这一事态严重威胁着亚太地区的和平与邻近国家的安全，如不加以制止，亚太地区将后患无穷，无和平与安宁可言。"

他说："中国是个发展中的社会主义国家，属于第三世界。我们和广大第三世界国家及世界上绝大多数国家一样，热爱和平、需要和平、反对新的世界战争。为了维护国际正义，为了亚洲和世界的和平与稳定，我们愿意贡献自己的一份力量，和大家一道为反对霸权主义的侵略扩张政策进行坚决的斗争。"

在谈到中国边防部队还击越南侵略者后开始撤回中国境内时，陈辛仁说："中国边防部队是被迫对(越南)不断发动武装挑衅和入侵中国的行动进行自卫还击。我们宣布，我们不要别人的一寸领土，我们所希望的是和平与稳定的边境，我们说话是算数的。中国政府再次建议(中越)两国的争端应当通过谈判解决，并且表示希望这一建议将会得到积极的响应。"

《人民日报》发表新华社电讯稿《风沙紧逼北京城》

春天到来，生活在首都北京的人们，总想出去观赏一下明媚的春光。可是，这时的北京却常常是风沙"迷"人。大风一起，大街小巷尘土飞扬，扑面而来的风沙吹得人睁不开眼睛。一旦尘暴袭来，首都上空更是一片灰黄，白昼如同黄昏。在城外，人们可以看到，永定河北岸，大红门以南，已经出现了一片沙丘。这些情况表明，风沙已经在紧逼北京，大有"兵临城下"之势。

最近，我们走访了北京市气象台，他们提供的资料证实，近几年来北京的风沙确是在趋于严重。60年代，这里平均每年8级以上的大风日数为26.9天，扬沙日数为17.2天，而1971年至1978年，平均每年的大风日数和扬沙日数，分别增加到36.6天和20.5天。

北京是伟大祖国的首都，风沙如此猖獗，不能不引起国内外有关方面的关切和注视。我国著名的生态学家阳含熙告诉我们，1977年8月，以联合国秘书长名义在肯尼亚首都内罗毕召开的世界沙漠化会议，已经把北京划入受沙漠化威胁的范围之内。

北京的风沙为什么会趋于严重呢？中国林业科学院环境保护室主任马杏绵谈了自己的见解。他说，这些年来，北京的西北方，从河北省张家口地区坝上直到内蒙古草原的广大地区，草原和森林植被遭到严重破坏，沙漠戈壁面积不断扩大，生态平衡严重失调，这是风沙危害加重的主要原因。据内蒙古自治区伊克昭盟统计，从1957年到1972年间，由于大面积滥垦牧区草场，乱砍树木，全盟沙化面积已达1800万亩。乌兰察布盟、锡林郭勒盟、晋西北、河北坝上等地区，也存在类似问题。这些地方常年多西北风，风刮沙移，流沙便越来越逼近北京。

今年2月下旬，我们特意到首都北大门——张家口地区坝上的张北、沽源和康保等县进行了一次实地观察。陪同我们的地区林业局副局长、"老坝上"孙毓瀛，一路指点着光秃秃的原野告诉我们，50年代，坝上是一派"风吹草低见牛羊"的草原风光。当年贺龙、聂荣臻、罗瑞卿等中央领导同志到此视察时命名的"张北马"驰誉全国，一年一度的骡马大会迎接过无数南来北往的客人。如今，大片大片的草场已被开垦为耕地，剩下的零星草场，生长最好的牧草也高不盈尺，就是不刮风，地里跑的黄鼠也看得清清楚楚。俗话说，"寸草遮丈风"。草场的破坏，使大片沙质土壤失去了植被的保护，不少地方每年被风蚀的表土竟达一寸，结果农业搞不上去，有的地方甚至连种子也收不回来。

被开垦的草滩沙化、盐碱化，畜牧业遭到破坏，风沙干旱也更加严重，小片浮沙已经到处可见。在张北县城西边的中心林场，我们看到40多年前，冯玉祥将军所部在此栽下的一小块残林，积沙达2米多厚。

张北气象站也记下了如下的数据，1960年到1969

年,平均每年大风日数为56.7天,沙暴日数为13.6天。而1970年到1978年,大风日数和沙暴日数分别增加到64.7天和16.2天,相对湿度则比前10年降低了1.4%。如果没有新中国成立后坝上地区营造的120多万亩防护林,程度不同地起到了降低风速、防沙护田的效果,风沙危害肯定会比这还要严重。坝上地区与北京只相距约500里,这里气候恶化,与北京风沙趋于严重是有着直接关系的。

北京市的绿化工作进展缓慢,也是造成市内风大沙多的一个原因。"文化大革命"前全市营造的4万多亩公园绿地,这些年来被人为地破坏了6450亩。市郊农田防护林至今也没有完全形成。这样,西北方向的大风沙刮来,便势不可当,平常市内刮风也易就地起沙。

据科学工作者考察,一般城市1公顷的地面上,1年内大约可降落3吨尘土。树木多了,就可以阻挡黏附尘土,成为防御风沙的天然屏障。

中国林业科学院环境保护室的科研人员,在北京郊区对防护林的效能进行过观测,发现防护林背风面在相当树高25倍的范围内,风速降低25%,水分蒸发量减少14%,空气相对湿度提高4%左右。林木、草坪还有净化空气、吸收噪声等作用。城市每人平均有20平方米的绿地,环境就会变得清新宁静。无怪乎国外学者把公园称为"城市的肾脏",绿化地带是"控制市民神经和感情的调节器官"。

目前,世界上许多国家都十分重视"都市林业"。如美国的华盛顿每人平均有绿地40多平方米,而北京平均每人占有绿地仅3.9平方米,包括水面在内,也只有5平方米。城内许多空地至今还裸露着。不少单位在搞清洁卫生时,甚至把庭院空地上的青草,当作一"害"除掉了。其结果当然更易平地起沙。

怎样才能防止北京变成沙化城市呢?专家学者和林业科学工作者提出了许多好的看法和建议。他们说,实现四个现代化,要有一个现代化的环境。科学技术和先进设备可以进口,使人心旷神怡的优美自然环境只能靠我们的双手来创造它。而创造优美的自然环境的有效措施之一,就是造林、种草。"十年树木",时间紧迫,必须立即着手进行。

去年11月,国家已经正式批准,在西北、华北、东北风沙危害和水土流失严重地区,建设"绿色万里长城"。这不仅是改变这些地区贫穷落后面貌的重大战略措施,也是防止首都沙化的根本措施。我们一定要扎扎实实、按规划保质保量地完成,层层设防,防风固沙。要保护现有的森林草原植被,严禁滥垦滥伐滥牧,并积极做好退耕还林、还牧的工作。北京郊区也要尽快实现农田林网化和荒山绿化,市区要广栽树木,多多种草,加大市区绿化面积。北京名胜古迹如潭柘寺、妙峰山、西山、樱桃沟等地,也应通过造林绿化把它们装扮起来,使之既能防风挡沙,也可吸引游人发展旅游业。

全国妇联主席康克清谈调动农村妇女积极性

"三八"节前夕,《人民日报》记者就如何调动农村妇女的积极性,夺取今年农林牧副渔全面丰收,加快农业发展速度问题,访问了全国妇联主席康克清同志,请她发表谈话。

康克清同志说,加快农业发展速度,是保证实四个现代化的根本条件。党的十一届三中全会作出了《中共中央关于加快农业发展若干问题的决定(草案)》和《农村人民公社工作条例(试行草案)》,制定了党在农村的各项政策和措施,得到了广大男女社员的拥护。现在我国3亿名农村劳动力中,妇女占了一半。她们是农业战线上一支强大的主力军,对于农业生产的发展有着举足轻重的影响。为了调动农村妇女的积极性,我们在贯彻落实党在农村的各项政策中,特别要重视解放与妇女关系密切的一些问题。

贯彻落实男女同工同酬政策

康克清同志指出,同妇女切身利益密切相关的政策,首先是男女同工同酬政策,这是各尽所能、按劳分配原则的一个组成部分,是宪法赋予妇女的合法权利,是当前调动妇女劳动积极性的一个极为重要的问题。这些年来,由于林彪、"四人帮"推行极左路线,破坏了按劳分配政策,加上长期以来残留的重男轻女的封建思想的影响,大部分地区没有很好地执行男女同工同酬政策,有些地方不问男女劳动数量、质量如何,死分死记,"男十分,女六分",有些地方一讲同工同酬,就要男女拼体力。这种做法是不对的,会挫伤妇女的劳动积极性。我们认为,男女体力上的差别,不能成为同工不同酬的理由。男女同工同酬政策是男女劳动力从事同样数量和质量的劳动时,给予同样的报酬。多年实践证明,在农业生产中,有很多适合妇女干的农活,她们干得好、干得快。男女社员各有所长,只要领导重视,分工得当,就能充分发挥男女社员的长处。目前各地正在实行的定额管理,按照劳动的数量和质量付给报酬的形式,使贯彻男女同工同酬政策有了良好的基础。希望农村各级干部,在加强定额管理时,要重视落实男女同工同酬政策。各级妇联要关心和重视这个问题。

从实际出发恰当安排妇女劳力

康克清同志说《中共中央关于加快农业发展若干问题的决定(草案)》中,强调了农林牧副渔全面发展的问题。希望各地在发展工副业生产中,要从妇女的劳动特长、生理特点和家务负担等实际情况出发,取其所长,避其所短,尽量把她们分配在适合妇女劳动的工副业岗位上,充分发挥妇女的积极作用。她还说,目前有些社队因地制宜地发展多种经营,并注意吸收妇女参加社队办的工业、副业、畜牧业、养殖业及编织刺绣等手工业生产;同时,鼓励妇女搞好家庭副业,养好家畜家禽,壮大了集体经济,为农业机械化积累了资金,提高了社员的生活水平,发挥了妇女的聪明才智,进一步促进了妇女的解放。但是有些地方,却不注意恰当地安排妇女劳力,影响了妇女的劳动积极性,减少了社队收入。希望广大妇女解放思想,开动脑筋,千方百计,搞好一切有利于增加国家、集体财富又能增加个人收入的各种生产活动,使农林牧副渔各种产品大大丰富起来,这样我们妇女作出的贡献就更大了。

用文化科技知识武装广大妇女

康克清同志指出,目前妇女文化科学技术水平低,不能适应农业现代化的需要。人们反映,农村妇女是"地里一大片,技术不沾边,科学靠边站"。这说明了妇女文化科学方面底子薄;而农村基层干部对培养妇女也不够重视。她说,我们的目标,是要在未来的20多年中,使我国全体农民都经过中等农业技术学校的培训,成为有各种专业知识和一定技术等级的劳动者。建议农村各级党委、各级妇联积极配合有关方面,为广大妇女群众和妇女干部参加各种专业的和业余的技术学校、各级农科网、训练班等创造条件,尽快扫除妇女中,特别是女干部、女青年中的文盲和半文盲,有计划地培养大量女农机手、女技术员和女管理人员。广大妇女要认识到学习文化科学技术的重要性,认识到不用文化科学技术知识武装起来,妇女就不可能在农业现代化中发挥应有的作用。希望广大妇女从小生产的狭隘观念中解放出来,打破自卑感,迎着困难上,以顽强毅力坚持不懈地勤奋学习,使自己成为有政治觉悟的、有文化科学知识的、有才能的社会主义新型妇女。

合理调整某些妇女专业队

康克清同志还谈到妇女专业队的组织形式问题。她说,近几年来在农村社队中为了突击完成某一项生产任务,为了打破束缚妇女参加生产的旧习惯,为了创造新经验,涌现了各种形式的以妇女为主的专业队。她们在增加农业生产,促进农业机械化,进行科学种田方面作出了显著的成绩,对破除男尊女卑的封建思想,树立妇女的自豪感和自信心,培养妇女骨干方面,起了良好的作用。大部分专业队的农活是适合妇女干的,能发挥妇女特长的,是能长期坚持的。但是,目前也有某些专业队,劳动过重,不利于保护妇女劳动力和保持妇女持久的劳动热情。对这些专业队不要勉强坚持,要在肯定成绩、爱护妇女积极性的前提下,合理地加以调整。

康克清同志最后说,春耕生产已经到来,摆在我们面前的任务是要夺取农林牧副渔全面丰收。希望各地注意合理安排妇女劳力,加强妇女劳动保护,办好托幼组织,帮助妇女减轻家务负担,使妇女劳力各得其所,各尽其才。广大农村妇女和妇女干部,要积极行动起来,努力贯彻执行党的各项政策,加快农业发展的速度,响应全国妇联纪念"三八"国际劳动妇女节通知中发出的号召,开展争当"三八红旗手"和"三八红旗集体"的活动,以搞好生产和学习的优异成绩,向新中国成立30周年献礼!

上海市评选出"三八红旗手"和"三八红旗集体"

新华社报道,"三八"国际劳动妇女节前夕,上海市评选4113名"三八红旗手"和484个"三八红旗集体"。

1960年、1964年和1966年,上海市曾3次开展过"三八红旗手"、"三八红旗集体"的评选活动。这一活动因受林彪、"四人帮"干扰中断了10多年。随着揭批林彪、"四人帮"运动的深入,去年10月上海市妇联发出了争当"三八红旗手"和"三八红旗集体"的通知,各行各业涌现出大批妇女先进人物和先进集体。不少老标兵作出了新贡献,许多女工、女社员、女科技人员、女教师刻苦钻研技术业务,在新长征中作出了显著成绩。在被评为市"三八红旗手"的先进人物中,还有台湾籍同胞、归侨、侨眷、工商业者家属和少数民族妇女。

评选活动进一步调动了上海各条战线妇女参加社会主义现代化建设的积极性。中国科学院上海冶金研究所副研究员张敏所在的研究小组,绝大部分是女同志。她领导全组经过几百次的试验,去年8月研制成功密度高、取数快的双层布线的大规模集成电路,填补了我国电子科学技术的空白。这次她被光荣选为市"三八红旗手"。

3月7日

《人民日报》发表社论《热烈祝贺自卫还击战斗的重大胜利》

我中国人民解放军广西、云南边防部队,肩负祖国人民的重托,完成了对越南侵略者自卫还击的光荣任务,完满地达到了预期的目标,现已奉命从3月5日起开始全部撤回我国境内。我们热烈祝贺中国人民英雄的子弟兵在抗击侵略、保卫边疆战斗中所取得的重大胜利。

在这次战斗中,我边防部队指战员发扬大无畏的革命英雄主义精神，英勇顽强，机智果敢，狠狠打击了越南侵略者，为捍卫祖国边疆，保护边境地区人民的生命财产安全，保障社会主义现代化建设的顺利进行，建立了卓越的功勋。我国边境地区的民兵、民工和各族人民积极支援前线，为自卫还击战的胜利，作出了出色的贡献。我们向英勇的人民解放军边防部队全体指战员、广大民兵、民工和所有为这次光荣战斗的胜利作出贡献的同志们，致以崇高的敬礼和亲切的慰问。

中国向来是说话算数的。当越南当局肆无忌惮地骚扰和侵犯我国边境的时候，我们曾经一再提出规劝和警告，希望他们悬崖勒马，停止武装侵犯和挑衅活动，不要把中国方面的警告当作耳边风。但是，越南当局自以为有苏联的支持，忘乎所以，猖狂之极，硬是听不进去。在我边防部队被迫进行自卫还击之时，中国政府又向全世界郑重宣告，这次还击战斗的目标、范围和时间都是有限的。我们不要越南的一寸土地。我们要的只是和平与安定的边界。我们是这样说的，也正是这样做的。我边防部队在给了越南侵略者以应有还击之后，现正班师回防，并将严守祖国的边界。如果越南当局在我边防部队撤回中国境内以后，不再向我边境进行武装挑衅和侵犯，那么，可以指望，中越边界将会是一条和平与安定的边界。如果越南当局今后继续对我边境进行武装挑衅和侵犯，我边防军民遵循"人不犯我，我不犯人，人若犯我，我必犯人"的原则，将坚决予以还击。

中国人民不愿意、也不需要同越南打仗。中越边境的武装冲突完全是越南当局一手挑起的。近几年来，越南当局在苏联的怂恿下，对我边境进行的武装侵犯和挑衅日益升级，严重威胁我国的安全，损害我国的主权和领土完整，闹得我边境地区不得安宁。这种情况是任何一个独立国家不能容忍的。如果对这种侵略行径听之任之，就会鼓励侵略者，我们的社会主义现代化建设事业也将难以顺利进行。因此，中国人民的自卫还击行动是完全正义的，受到全国人民一致热烈的拥护。我边防部队自卫还击的胜利，对实现新时期的总任务，把我国建设成为社会主义现代化强国，将产生重大的积极影响。

我边防部队自卫还击的正义行动，打击了越当局嚣张的侵略气焰，戳穿了"亚洲古巴"不可战胜的神话，使苏联向东南亚的侵略扩张计划遭受沉重的打击。中国人民和世界人民都不能容忍大小霸权主义侵犯各国的独立和主权，威胁和破坏世界和平。霸权主义者的挑衅和恫吓，吓不倒伟大的中国人民。中国人民神经并不衰弱。我们的决策是深思熟虑的，是从战略全局考虑的，是从维护国际关系基本准则的立场出发的。历史和现实都雄辩地证明，维护独立和主权，必须反对侵略；保卫和平，必须反对霸权主义。现在，越南十几万侵略军仍然占领着柬埔寨，这是对《联合国宪章》和国际法准则的粗暴践踏。越南侵略军必须全部从柬埔寨撤走。这是全世界一切爱好和平与主持正义的国家和人民的强烈要求。越南侵略军不撤出柬埔寨，柬埔寨人民决不会答应，亚洲和全世界人民也不会答应。

中越两国人民之间有着传统的革命友谊。在越南人民争取民族独立斗争期间，中国人民节衣缩食，不惜承担最大的民族牺牲，全心全意地从各个方面给予越南人民以巨大的支援，把辽阔的中国土地作为越南人民的可靠后方。我们一直把对越南人民的援助，看作是自己应尽的国际主义义务，从不宣扬，别无他求。本来，经过多年的战火，越南人民迫切需要医治战争创伤，重建家园。然而越南当局违背越南人民的意愿，却热中于穷兵黩武，大搞对外侵略扩张。他们背信弃义，煽动民族仇恨，把中国当作"头号敌人"，疯狂反华排华。他们甘愿充当苏联全球战略棋盘上的小卒，为苏联拼凑"亚安体系"效劳。他们一心想实现其"大印度支那联邦"的野心，在东南亚称王称霸。越南当局的倒行逆施，给越南人民带来了深重的灾难。中国人民对越南人民的这种处境深表同情。历史证明，中越友好对两国人民都有利。我们希望并深信，被越南当局损害了的中越友谊终有一天会得到恢复。中越两国人民一定要世世代代地友好下去。

中国政府一贯主张对中越两国之间的争端，通过谈判谋求和平解决。我们这一立场是始终不渝的。中国政府在今年2月17日建议双方迅速举行谈判。3月1日，中国政府又一次建议，尽快举行外交部副部长级的会谈。我们真诚希望，越南当局能以中越两国人民的友谊为重，以越南人民的根本利益为重，对中国政府提出的建议作出积极的响应。

现在，我国各族人民正满怀激情，准备热烈欢迎胜利归来的英雄儿女们。全国各族人民要向解放军学习，向所有参战的同志们学习，学习他们的爱国主义和革命英雄主义精神，学习他们不怕牺牲、赤胆忠心、为祖国为人民献身的精神。全国各族工人、农民、知识分子同志们，让我们在自卫还击战斗胜利的鼓舞下，紧密团结在以华国锋同志为首的党中央周围，维护和发展安定团结的大好局面，奋发图强，忘我劳动，保持警惕，加强战备，为保卫社会主义祖国，早日实现四个现代化的宏伟目标而努力奋斗。

《人民日报》为发表张广友文章《农业劳动报酬联系产量计算的调查》配发编者按

《中共中央关于加快农业发展若干问题的决定(草案)》谈到人民公社各级经济组织必须认真执行各尽所

能、按劳分配原则时，指出："也可以在生产队统一核算和分配的前提下，包工到作业组，联系产量计算劳动报酬，实行超产奖励。"这一规定适应一些地区当前生产力水平和农民群众思想水平，是贯彻按劳分配原则，克服平均主义，进一步发挥农民群众集体生产积极性的一项有效措施。一些生产队把劳动计酬与产量联系起来，劳动效率和农活质量大大提高，增产显著，得到广大社员的赞扬。

各地的社队集体经济水平不同，社员群众的思想水平不同，把劳动计酬与产量联系起来，实行产量责任制，一定要从实际出发，因地制宜，不能搞"一刀切"。要相信群众，尊重群众的意见，实行这种计酬方法或那种计酬方法，要根据"决定"的精神，由生产队的社员群众讨论决定。对于实行产量责任制过程中出现的这样那样的矛盾和问题，要加强领导，做深入细致的工作，切实地加以解决。

天津机场扩建后正式开航

新华社报道，中国民航天津机场的扩建工程已经基本完工，最近正式开航。

扩建后的天津机场是目前国内大型机场之一，也是首都机场的备降机场。这一机场原来只有一条2000米长的跑道，停机坪面积狭小，候机室只能容纳30人，机场设备陈旧，航行调度指挥系统比较落后，只能起降中小型客机。扩建后，主跑道长3200米，宽50米；停机坪长、宽各240米，可以同时停留7架大型客机。机场还备有3200米长、27米宽的滑行道和6条联络道。航行调度指挥系统也比较先进。此外，还新建了候机大楼和外宾旅馆等设施。

扩建后的天津机场，每星期有10个航班，分别经过北京飞往桂林、南京、福州、南昌、长沙等地。以后还要陆续增加航班。

国务院副总理方毅在北京分别会见以泰国总理府次长比差·科颂班为团长的泰国访华代表团和荷兰教育科学大臣派斯博士和夫人一行

国务院副总理王震在北京会见英国48家集团访华代表团

外交部部长黄华在北京举行宴会欢迎科威特内阁事务国务大臣阿卜杜勒·阿齐兹·侯赛因及随行人员

教育部制定1979年高等学校和中等专业学校招生工作意见

教育部关于1979年招生工作的意见，是3月7日至24日在北京召开的全国高等学校招生工作会议上讨论制定的。

会议认为，今年的招生工作，必须正确贯彻执行德、智、体全面考核，择优录取的原则，确保招收新生的质量，把优秀青年选拔上来，为实现四个现代化培养大批又红又专的专门人才。

会议在总结最近两年招生工作经验的基础上，对今年的招生工作提出了改进意见。今年高等学校的招生条件和对象是，报考青年必须拥护中国共产党，热爱社会主义祖国，努力学习，热爱劳动，遵守纪律，具有高中毕业或相当于高中毕业的文化水平。未婚。年龄一般不超过25周岁(1954年9月1日后出生)。考虑到十多年来被林彪、"四人帮"剥夺了上大学权利的青年的上学愿望，凡是学习成绩优秀的未婚青年，经单位证明，年龄可放宽到28周岁(今后将逐步降低报考青年的年龄)。报考外语院校或专业的，一般不得超过23周岁。电视大学(仅限在职职工)、共产主义劳动大学、七·二一工人大学、五·七大学等脱产和半脱产学制在2年以上的在校学生不能报考。中等专业学校和技工学校的应届毕业生、在校生以及无正当理由退学的学生不能报考，在这些学校毕业后工作满2年的(至今年9月1日止)，可以报考对口院校或专业。国家和集体企业事业单位的职工(包括中、小学公办教师)须经所在单位批准方可报考。去年已被高等学校录取不服从分配的，不能报考。

全国统一考试定于7月7日至9日举行。统考由教育部统一命题，省、自治区、直辖市组织考试、评卷。文史类考政治、语文、数学、历史、地理、外语；理工农医类考政治、语文、数学、物理、化学、外语。外语考试的成绩，报考重点院校的(报考外语院校或专业的除外)，今年按考试分数的10%计入总分。今后将逐年提高外语考试成绩计入总分的比例。报考一般院校的，今年外语考试的成绩暂不计入总分，录取时作为参考分。报考外语院校或专业的，除外语笔试外，还须进行外语口试；外语笔试成绩计入总分，数学成绩作为参考分。

考试成绩今年仍将向考生公布。考生如对本人的考分有疑问，要求查阅试卷的，可在规定的时间内，向县(区)招生委员会申请，由招生委员会办公室负责办理。

录取新生要切实贯彻德、智、体全面考核、择优录取的原则，即在政治审查和身体健康检查合格的条件下，从高分到低分，参照考生所填志愿顺序，适当注意相关科目的成绩，分段择优录取。为了优先保证重点院校的新生质量，全国重点院校最低录取分数线由教育部统一划定。一般院校最低录取分数线由省、自治区、直辖市划定。解放军考生报考地方院校的，由省、自治区、直辖市军区归口,参加当地的考试,按统一标准录取。工龄五年以上的国家职工,从今年招收的新生起,在校学习期间实行职工助学金制度,不再由原单位照发工资。

会议对政审和体检工作进行了认真的讨论,并且修订了相应的文件。会上强调指出,要切实保证新生的政治质量。政审工作要坚决贯彻执行党的主要看本人政治表现的政策。考生所在单位应该认真地、实事求是地对考生的政治态度、思想觉悟和道德品质作出全面的鉴定。

会上同时讨论了中等专业学校的招生工作。会议提出,鉴于目前高中毕业生数量很大,今年中等专业学校除招收初中毕业生外,可以招收高中毕业生。招收初中毕业生,年龄为15周岁至18周岁(1964年9月1日前出生至1961年9月1日后出生),学习年限为3年至4年。招收高中毕业生,年龄不超过22周岁(1959年9月1日后出生),学习年限一般为2年。会上强调指出,高中毕业生报考中等专业学校,必须坚持自愿的原则,由本人填写志愿,否则不能录取;中等专业学校招收的高中毕业生,在校学习期间和毕业后的待遇,与招收的初中毕业生相同。这一点,事先要同报考者讲明。

会议指出,必须坚决反对和抵制徇私舞弊和"走后门"等不正之风,特别是各级领导和参加招生工作的人员,必须执法守法。对群众揭发检举的徇私舞弊和"走后门"等事件,要严肃认真地调查处理。情况属实的,坚决不予录取,已入学的要取消入学资格,对徇私舞弊和"走后门"的人,视其情节给以批评教育和处分,情节恶劣的,给以党纪、国法惩处。为了杜绝舞弊行为,保证新生质量,新生入学后,学校应认真进行考核复查,发现不合格的,学校有权令其退学。对于坚持原则,敢于抵制不正之风的人员,要给以支持和表扬。对于捏造罪名、诬陷好人的,也要认真查处,追究责任。

会议认为,招生工作是涉及各行各业和千家万户的一项极其复杂的工作,必须依靠各级党委的领导,争取各部门、各方面的积极支持。各级党委要加强领导。要加强招生的宣传工作,宣传党的招生政策,进行专业介绍和升学指导,要鼓励青年报考农林、煤炭、石油、地质等专业。教育青年正确对待升学问题,特别是对大量未被录取的青年,更要做好细致的思想工作。会上强调指出,为了建立正常的教学秩序,按时完成教学计划,进而使学校各项工作都能顺利进行,今年高等学校和中等专业学校应该按时开学。会议决定,全国重点高等学校的新生要在9月1日入学,其他院校的新生于9月10日前入学。全国中等专业学校的新生不得迟于9月15日前入学。

会议还研究落实了高等学校和中等专业学校的招生计划。

全国妇联致信台湾省各妇女团体和妇女同胞

台湾省各妇女团体亲爱的台湾姐妹们:

春回大地,祖国河山万紫千红。在这美好的时光,我们迎来了全世界妇女的盛大节日——"三八"国际劳动妇女节。我们中华全国妇女联合会谨代表全国各族各界妇女姐妹,向你们致以亲切的问候,并祝你们家庭幸福!

台湾自古以来就是祖国不可分割的一部分,台湾人民从来就是中华民族的炎黄子孙。在中华民族悠久的历史中,就记载着台湾人民同祖国人民为维护国家的统一,并肩抗击外敌入侵的光辉篇章。台湾同胞的心永远是向着祖国的。但是由于人为的原因,台湾同祖国长期分离至今,亲人之间音讯不通,无从团聚,备受骨肉分离之苦,无不盼望早日结束这种违背我们民族利益的局面。

台湾姐妹们!今天在新中国,妇女在政治、经济、文化、社会、家庭生活等各方面,都享有同男子平等的权利,广大妇女几千年来被压抑的智慧和力量得到了解放。她们活跃在工业、交通、农业、教育、文艺、卫生、科技各条战线上,起了"半边天"的作用。从今年起,祖国大陆的工作着重点已经转移到四个现代化的建设上来。全国各族妇女更是英姿飒爽,辛勤工作,为早日完成这一关系到国家的繁荣富强,关系到子孙后代幸福的宏伟事业而努力奋斗。我们伟大祖国的前程似锦!我们深信,具有强烈的民族感情和爱国心的台湾姐妹们,在这一方面是抱有同我们共同的心愿的。我们热切地盼望你们同我们携起手来,为使祖国早日进入世界先进国家之列,使中华民族自立于世界民族之林,共同作出贡献。为此,我们应该马上采取行动,互相往来。我们衷心希望台湾省各妇女团体和妇女姐妹来祖国大陆参观游览,访亲问友,交流有益于祖国现代化建设的工作经验。无论是团体来,还是个人来,我们都热烈欢迎,以礼相待,以诚相见,保证来去自由。我们也非常愿意到祖国的宝岛台湾去看望父老兄弟姐妹,增进互相了解。如果能得到你们的邀请,我们一定欣然应邀前往,共叙骨肉之情。

台湾姐妹们!现在国内外形势大好。中日和平友好条约的签订和中美建交,邓小平副总理对美国具有历史意义的访问,已经为台湾归回祖国,实现祖国统一,创造了更好的条件,让我们同心同德,紧密团结,为早日完成统一祖国的大业,共同创造我国空前未有的光辉灿烂的历史而共同奋斗!

中华全国妇女联合会

1979年3月7日

北京 天津妇联表彰一批“三八红旗手”和“三八红旗集体”

北京市妇联举行大会，表彰北京市各条战线涌现出的大批为四个现代化建设作出贡献的先进妇女，给1032名“三八红旗手”和168个“三八红旗集体”分别授予了奖章和锦旗。

全国妇联和中共北京市委、市革委会负责同志出席大会。市委第一书记林乎加同志在会上讲了话。

天津市妇联在天津市各界妇女纪念“三八”国际劳动妇女节大会上，表彰了全市各条战线的840名“三八红旗手”和160个“三八红旗集体”，市委、市革委领导同志向她们发了奖旗、奖状和纪念品。

在表彰大会上，市“三八红旗手”和“三八红旗集体”向全市妇女发出了倡议书。

3月8日

《人民日报》转载《解放军报》社论《严守祖国边界》

中国人民解放军广西、云南边防部队胜利完成还击越南侵略者的任务，已经奉命开始撤回。我边防部队班师回防之后，将严守祖国的边界。

中国政府和中国人民说话是算数的。对于越南当局恣意侵犯我国领土，我们曾经一再提出警告：人不犯我，我不犯人；人若犯我，我必犯人。而在越南当局把我克制当作软弱，忍让视为可欺，变本加厉地猖狂侵犯，我边防部队被迫发起自卫还击的时候，我国政府声明：我们不要越南的一寸土地，我们要的只是和平与安定的边界。我们说得到也做得到。越南侵略者现在应该懂得了：中国人民是不能欺侮的；以为有苏联社会帝国主义撑腰，就可以横冲直撞，胡作非为，那是不行的。

保卫祖国边疆的和平安定，这是我边防部队的神圣职责。我们已经取得了自卫还击、保卫边疆战斗的重大胜利，但是，我们决不能松懈自己的战斗意志。今后，越南侵略者如果继续在我边境进行武装挑衅和侵犯，我们就将再一次给予沉重的打击。

我英雄的边防部队圆满完成了自卫还击任务，沉重地打击了越南侵略者的嚣张气焰，保卫了祖国的神圣边疆，鼓舞了亚洲和世界各国人民反对苏联霸权主义的斗志。这次自卫还击作战证明，我们的部队攻必克，守必固，战必胜，具有强大的战斗力，不愧是一支英雄的军队，优秀的人民子弟兵。

在这次自卫还击、保卫边疆的战斗中，干部、战士不怕疲劳，不怕牺牲，连续作战，勇往直前，坚决果敢，机智灵活，涌现出了许多英雄人物和英雄集体。我们的部队纪律严明，把越南人民同越南当局严格区别开来，爱护越南人民，维护中越两国人民的传统友谊。我们的军事指挥员和政治干部亲临前线，身先士卒，指挥得好，政治工作做得及时有力。我们的后勤人员不辞辛劳，努力保障前线的需要。步兵、炮兵、坦克兵，参战的各个部队密切协同，紧密配合，互相爱护，团结一致，赢得了胜利。英雄的参战部队的同志们，你们打得好，打得漂亮，为保卫边疆，保卫边境人民生命财产与和平劳动，保卫祖国现代化建设的顺利进行，建立了新的功勋。全军同志向你们热烈祝贺！

广西、云南边境地区党、政府和各族人民群众对这次自卫还击作战，给了大力支援。民兵同志踊跃参战，配合部队英勇歼敌；群众积极支前，运送弹药物资，抢救医护伤员，到处是一片军队保护人民、人民爱护军队的生动景象。这次战斗的胜利，再一次显示了军政、军民团结的强大威力。我们向广西、云南边境地区的党、政府和各族人民群众致以崇高的敬意！

这次自卫还击作战的胜利，对加强我军现代化建设是一个有力的推动。我们要大力表彰自卫还击作战中的英雄模范，认真总结经验。全军同志都要向这次参战部队学习，学习他们敢于同任何侵略者作斗争的战斗意志，学习他们献身祖国的革命英雄气概，学习他们发扬官兵一致、军民一致的优良传统，学习他们宝贵的作战经验。我们要居安思危，继续提高警惕，保卫边疆。我们要在以华国锋同志为首的党中央、中央军委的领导下，发扬爱国主义和革命英雄主义精神，敢于斗争，敢于胜利，谦虚谨慎，戒骄戒躁，同心同德，为加快军队现代化建设，加强战备，保卫祖国，建设伟大的社会主义现代化强国而英勇奋斗。

陈云同志写出题为《计划与市场问题》的讲话提纲

他指出：60年来，无论苏联或中国的计划工作制度中出现的缺点是，只有计划按比例这一条，没有在社会主义制度下还必须有市场调节这一条。所谓市场调节，就是按价值规律调节，也就是经济生活中的某些方面可以用“无政府”、“盲目”生产的办法来加以调节。现在的计划太死，包括的东西太多，结果必然出现缺少市场自动调节的部分。因为市场调节受到限制，而计划又只能对大路货、主要品种作出计划数字，因此生产不能丰富多彩，人民所需日用品十分单调。

他还指出，整个社会主义时期的经济必须有两个部分：1. 计划经济部分（有计划按比例的部分），这部分是基本的主要的；2. 市场调节部分（即不作计划，让它根据市场供求的变化进行生产，即带有“盲目”性调节的部分），这一部分是从属的、次要的，但又是必需的。问题的关键是要有意识地认识到这两部分经济同时并存的必然性和必要性，弄清这两部分经济在不同部门应占有不同的比例。忽视了市场调节部分的一个后果是忽视价值规律。

他还提出：我国社会经济的主要特点是农村人口占 80%，而且人口多，耕地少。

全国妇联举行庆祝“三八”节联欢会

3000 多名中外妇女出席了全国妇联在人民大会堂举行的联欢会，欢庆“三八”国际劳动妇女节。

联欢会上洋溢着我国各族妇女和各国妇女大团结的欢乐气氛。大家喜气盈盈地握手、拥抱，亲切交谈，互致节日的祝贺。老一辈的无产阶级革命家，红军女战士，战斗在各条战线的女劳动模范、先进工作者和女科学家们，今天欢聚一堂，互相勉励，决心在实现四个现代化的新长征中，作出新的贡献。

中共中央政治局委员、全国人大常委会副委员长、全国妇联名誉主席邓颖超，中共中央委员、政协全国委员会副主席、全国妇联主席康克清和西哈努克亲王夫人、宾努亲王夫人一起在主桌席上就座。她们向大家致以诚挚的问候，并向来自五大洲的女朋友和前来我国帮助工作的女专家们、同志们表示衷心的感谢。

康克清同志在热烈的掌声中首先代表全国妇联向出席联欢会的各国朋友们、姐妹们，向我国各族各界的姐妹们致以最热烈的节日祝贺。她们说，今年这个节日，对中国妇女来说，有着特别重大的意义。我国各族妇女正在以华国锋同志为首的党中央领导下，全力以赴地为实现四个现代化多做贡献。她在讲话中表示，我们不会忘记，在我国社会主义建设事业中，在政治、经济和科学技术等各个方面，各友好国家给了我们不少支援，许多外国朋友给了我们热情的帮助。

康克清同志说，在欢庆我们妇女的节日的时候，我们更加怀念台湾的姐妹们。昨天，我们全国妇联给台湾各妇女团体和姐妹们发了一封公开信，殷切希望和她们共叙骨肉之情，携手并进，为早日完成统一祖国大业，为把祖国建设成为伟大的现代化强国而共同奋斗。

康克清同志说，我国人民和妇女愿同世界各国人民和妇女友好相处，我们将继续发展同各国妇女的友好往来，增进相互了解，增加相互之间的友谊与合作。她表示，为了加速实现我国的四个现代化，要继续向各国人民和各国妇女学习。为了发展国际反霸、反帝、反殖统一战线，为反对霸权主义的侵略扩张，为维护和真正实现国际关系的基本原则，为保护妇女和儿童的权益，为保卫世界的和平与稳定，愿同全世界人民和妇女加强团结，共同努力。

出席今天联欢会的还有各条战线各方面的女同志。

应邀出席联欢会的外宾有：各国驻华使节夫人，女外交官，外交官夫人，各国女专家，专家夫人，各国驻中国的女记者，记者夫人，正在北京访问的女外宾以及女留学生等。

首都文艺工作者在联欢会上为大家表演了精彩的文艺节目。

国务院副总理方毅在北京分别会见美国实业界人士叶南及夫人 文字改革学者袁晓园和以西川哲治教授为团长的日本高能物理访华代表团

全国人大常委会副委员长阿沛·阿旺晋美在北京会见以乔格·梅赫尔·施瑞斯塔为团长的尼泊尔中国友好协会代表团

3月9日

国务院总理华国锋电贺穆罕默德·本·艾哈迈德·阿卜杜勒·加尼就任阿尔及利亚民主人民共和国总理

阿尔及尔阿尔及利亚民主人民共和国总理穆罕默德·本·艾哈迈德·阿卜杜勒·加尼阁下：

在阁下就任阿尔及利亚民主人民共和国总理的时候，谨向阁下表示热诚的祝贺。

祝中阿两国人民的深厚友谊和两国的友好合作关系不断加强和发展。

祝阿尔及利亚繁荣昌盛、人民幸福。

中华人民共和国国务院总理　华国锋

1979 年 3 月 9 日

《人民日报》发表社论《开展增产节约运动》

全国人民响应党中央的号召，都在为实现四个现代化而奋斗。我国广西、云南边防前线的英勇战士，为保卫四个现代化建立了新的功勋。捷报传来，工交战线职工无不振奋。我们要以新的一代最可爱的人为榜样。要学习边防战士的革命精神，为实现四个现代化而献出全副力量，展开社会主义劳动竞赛，争当劳动英雄，迎接中共中央和国务院将在今年 9 月召开的全国社会主义建设的突击队和职工劳动模范代表大会。最近，许多地区和部门的增产节约运动正在蓬勃开展，全国范围内的增产节约运动高潮正在逐步形成。

增加生产，厉行节约，是我们建设社会主义的基本方针。在全党工作着重点转移到社会主义现代化建设上来的时候，开展增产节约运动具有更大的现实意义。实现四个现代化，这是全国人民的根本利益。努力增产，降低消耗，增加盈利，才能解决实现四个现代化所需要的大批资金和技术装备。只有生产发展了，才能积累更多的资金,引进先进技术,加快现代化建设步伐。只有生产发展了,才能提供更多的消费品,繁荣市场,满足人民群众日益增长的需要。只有生产发展了,才能不断增强我国国防实力,保卫四个现代化。我们搞四个现代化,归根到底是为了发展社会生产力,改变我国经济、技术落后面貌,使我国人民能过富裕的生活。开展增产节约运动,是关系到我们全体劳动者当前和长远利益的大事情,人人都要投入增产节约运动。

开展增产节约运动,一定要依靠广大群众,充分发扬民主。各级领导干部要深入到基层,到生产第一线,认真听取职工的意见,和群众在一起,根据具体情况,从增产和节约两个方面制定明确的奋斗目标。有的要侧重增产,有的要侧重节约。要有所保有所不保,有所增产有所限产。每个企业都要提高产品质量、增加产品品种,坚决反对片面追求产值、产量,图虚名招实祸的做法,再也不能干那种边生产、边积压、边削价处理的蠢事。工业、商业部门要密切协作,改变那种一面市场商品脱销,一面工厂开工不足;一面商品大量积压,一面继续盲目生产的现象。社会主义企业是经济组织,必须实行严格的经济核算,尽可能多给国家提供利润,决不允许长期亏损,靠国家补贴过日子。长期亏损单位是今明两年扭亏增盈的重点。对它们要分类排队:凡是原材料、动力有来源,产品有销路的,要迅速改善经营管理,降低成本,有计划有步骤地进行技术改造,逐步扭亏为盈;凡是产品质量差,消耗大,成本高,亏损多的,要限期整顿好,扭转亏损;凡是原材料没有保证,长期搞"无米之炊"的,要根据当地条件进行调整。

开展增产节约运动,必须切实加强企业管理。社会主义企业要为国家生产优质产品,增加盈利,提供积累。近两年来,许多企业经过整顿,企业管理有了加强。但是,前一段主要还是政治上、组织上的整顿,管理上的整顿仅仅是开始。由于林彪、"四人帮"长期干扰破坏,我们的企业在生产、建设过程和经济活动中,人力、物力、财力浪费现象十分严重,现在是彻底改变这种现象的时候了!各级干部都要敢抓、敢管、敢于负责,切实把管理工作搞上去,抓出成效来。要坚持少花钱多办事,处处精打细算,节约财政支出;办事要按计划,花钱要讲效益。要正确贯彻执行党委领导下的厂长负责制,坚决改变那种党政不分,以党代政的现象。所有企业都要建立、健全强有力的生产指挥系统,厂长是企业的行政领导人,对全厂的生产工作实行统一指挥,对全厂的经济活动负全部责任。要配备好总工程师、总会计师和副厂长,严格实行领导干部的岗位责任制。要实行民主管理,定期召开职工代表大会,民主选举车间和班组干部,尊重和维护工人群众参加企业管理的民主权利。要搞好企业的各项基础工作,建立、健全以岗位责任制为中心的各项规章制度,加强原始记录和计量工作,修订各项定额,进行经济核算,促使企业不断提高产品质量,减少消耗,降低成本,做到多快好省。

开展增产节约运动,必须同大搞技术革新和技术革命结合起来。目前,工业、交通、基本建设战线很多企业的燃料、动力、原材料消耗高,浪费大。与此同时,燃料、动力、原材料供应不足,又是工业生产建设中突出的薄弱环节,尤其是电力供应更为紧张。增产节约必须抓住这个重点。一方面要积极增产,一方面要努力节约,以节约求增产。实践证明,开展技术革新和技术革命,是增产燃料、动力、原材料,降低生产中的各种消耗,节约燃料、动力、原材料和辅助材料的最好办法。在增产节约运动中,我们一定要把注意力移到技术革新和技术革命上来。

开展增产节约运动,一定要实事求是,讲究实际效果。要切实防止一讲增产,就单纯追求数量;一讲节约,就粗制滥造的现象发生。我们要学习外国先进技术,但不能一哄而起,连国内能制造的设备也要到外国去买。我们要实行按劳分配,物质鼓励,但不能滥发资金、实物,搞平均主义。这些年来,形而上学盛行,这是林彪、"四人帮"的流毒,必须彻底肃清。节约光荣,浪费可耻,贪污有罪。坚决制止挥霍国家资财和铺张浪费的现象,对于假公济私、贪污盗窃、削价私分产品、违反财经纪律的人,一定要严肃处理。

在实行工作着重点转移、开展增产节约运动的时候,有些揭批"四人帮"运动还落后的地区和单位,一定要把运动抓紧抓好,善始善终,这是实行工作着重点转移的政治前提。还要继续搞好领导班子的整顿,这是实行伟大转变的组织保证。现在全国范围的大规模的揭批林彪、"四人帮"的群众运动结束了,但是,批判林彪、"四人帮"修正主义路线的斗争还要继续下去,还要肃清其流毒,这是保证开展增产节约运动,顺利实行伟大转变的思想条件。否则,一抓生产,有的人又认为"唯生产力论"又来了,思想不解放,步子怎能迈得开呢?

全体党员、干部和全国人民要立即行动起来,广泛深入地开展增产节约运动。要采取多种形式,迅速掀起比学赶帮超的社会主义劳动竞赛,把生产搞上去,把建设搞上去,把潜力挖出来,大力增产,降低消耗,增加盈利,为完成和超额完成今年的国民经济计划作出新贡献。

中联部发出《关于为所谓"三和一少"、"三降一灭"问题平反的通报》

通报指出:康生、"四人帮"等人强加于中联部和整个外事战线的所谓“三和一少”、“三降一灭”修正主义路线的罪名,应予平反;强加于王稼祥等同志身上的一切诬陷不实之词,应该推倒。

国务院副总理李先念在北京会见科威特内阁事务国务大臣阿卜杜勒·阿齐兹·侯赛因及其随行人员

四川省委就当前经济领域的理论问题召开座谈会

新华社报道:中共四川省委领导同成都地区部分理论工作者座谈,就当前经济领域内的一些理论问题进行探讨。与会者在讨论中提出,计划经济和市场经济这两个概念不是绝对对立的,是可以结合的;在计划经济指导下,有一定范围的市场经济作补充,很有必要。

内蒙古自治区党委宣布内蒙古三大冤案彻底平反

新华社报道,最近,内蒙古自治区党委向全区各族人民宣布:对内蒙古各族人民危害深重的三大冤案——“乌兰夫反党叛国集团”、“内蒙古二月逆流”和“新内人党”,经党中央批准,已彻底平反。

林彪、“四人帮”以及中央文革的那个顾问,在“文化大革命”初期插手内蒙古。他们颠倒黑白,混淆敌我,全盘否定自治区19年来的工作,制造了一系列骇人听闻的冤案、错案、假案。在内蒙古涉及全区,影响大、危害深的就是所谓“乌兰夫反党叛国集团”、“内蒙古二月逆流”和“新内人党”这三大冤案,各族干部群众强烈要求平反昭雪。去年4月,“新内人党”冤案已获平反。今年1月,自治区党委贯彻党的十一届三中全会精神时,又把其他两大冤案的平反意见报告党中央,党中央很快作了批复,并对“文化大革命”以前的19年内蒙古革命和建设成就给以全面肯定。这些,充分反映了各族干部和群众多年的心愿。

内蒙古三大冤案的平反昭雪,是自治区党委第一书记周惠最近在全区有线广播大会上宣布的。周惠同志在讲话中指出,当前内蒙古自治区的主要任务是,首先把农牧业生产搞上去,使人民的生活有显著改善。在以华国锋同志为首的党中央的领导下,内蒙古的广大干部和各族群众解放思想,开动机器,实事求是,团结一致,一定能够在社会主义现代化的新长征道路上,不断取得新的成就;同时,还要经常提高警惕,坚持战备,胜利完成保卫祖国北部边疆的光荣任务。

国务院批转中国人民银行总行《关于农贷豁免权应属中央的请示报告》

据《财贸战线》报道,国务院最近批转了中国人民银行总行《关于农贷豁免权应属中央的请示报告》,要求各地区、各部门贯彻执行。

中国人民银行的报告说,现在,全国各地都有一批积欠贷款过多、债务负担过重的社队。造成这种情况的原因是多方面的,情况是复杂的。为了整顿农村信用,加强农贷管理,改进支农工作,我们计划在三四月份把各地对农贷资金进行检查清理的试点情况,进行分析研究,尽快提出农贷积欠悬案的处理意见,报请党中央、国务院审批,为此,提出以下意见:

一、农贷豁免是个大问题,情况比较复杂,要慎重对待。这项工作由人民银行进行调查研究,提出处理意见,经党中央、国务院批准后执行。农贷豁免权属于中央。对目前确实无力偿还的贷款可以缓收。

二、现行的农业贷款政策和“有借有还,到期归还”的贷款原则,仍要贯彻执行。对有偿还能力的社、队(社员),应当说服动员他们坚守信用,主动归还到期贷款,以免减少今年各省的可用农贷资金。

三、1979年的农贷指标,已经分配下达,要充分发挥农贷资金使用效果。各地要统筹安排,合理使用,及时发放,讲求实效。

上海恢复商品广告业务

新华社报道,上海电视台转播的一场国际女子篮球赛实况中间,荧光屏幕上出现了著名男子篮球运动员张大维和他的战友们,在一场激战后喝着新生产的饮料:“幸福可乐。”这是上海电视台今年拍摄的我国第一批电视广告片的一个镜头。

从今年春节开始,上海《解放日报》《文汇报》和上海人民广播电台相继恢复了中断10多年的商品广告。到3月10日止,上海市美术公司已承接了近百家客户的广告业务。第一批准备竖立在上海市中心和郊区城镇的65块路牌广告,和市内4个高层建筑的霓虹灯广告,也已被客户订完。杂志上的广告、商店橱窗的广告、柜台上的立牌广告、电影院的银幕广告、船舱里的广告、实物广告等,也都在积极恢复中。

被称为国际贸易桥梁的进出口商品广告也已恢复。承担这项业务的上海广告公司,现在已同世界五大洲的几十个国家和地区的100多家报纸、杂志建立了业务联系。国内已有20多家进出口公司委托它们向国外刊登了一批商品广告。日本、美国、英国、西德、荷兰、瑞典等国的企业家也纷纷发来函电,进行业务磋商。

全国人大常委会副委员长阿沛·阿旺晋美在北京会见以班格德尔副院长为团长的尼泊尔皇家文学院代表团

教育部部长蒋南翔在北京会见并宴请美国约翰·霍普金斯大学应用物理研究中心副主任 清华大学名誉教授任之恭博士和夫人

首次出现彭德怀艺术形象的话剧《保卫延安》在西安上演

新华社报道,根据作家杜鹏程的同名小说改编的7场话剧《保卫延安》,最近由陕西省话剧团在西安公演,受到观众的欢迎。这个话剧里出现了彭德怀同志的艺术形象,这在我国戏剧舞台上是第一次。

长篇小说《保卫延安》,第一次在小说中塑造了我军高级指挥员——中国人民解放军副总司令彭德怀同志的艺术形象。1958年,这部小说改编为话剧。1959年春节前夕话剧上演,受到群众的欢迎。但是到了1967年,话剧和小说一样,被宣判为“反党大毒草”,编剧和导演受到了打击迫害。

随着小说《保卫延安》的平反,彭德怀同志恢复名誉,这个剧跟观众重新见面。

全国体育总会致信台湾省体育工作者

全文如下:

亲爱的台湾省体育工作者、教练员、运动员:

中华全国体育总会第四届委员会第二次会议,于1979年3月5日到9日在北京举行,体总委员中的绝大多数,都是从事体育工作数十年的老一辈体育工作者,有的已年逾八旬。在我们欢聚一堂,畅谈发展祖国体育事业的时候,我们十分想念台湾的体育界的同仁们。我们代表祖国大陆全体体育工作者、教练员、运动员向你们致以亲切的问候。

抚今追昔,感慨万千。昔日被人讥之为“东亚病夫”的中国,而今人民体质日益增强,运动技术水平大为提高。大陆与台湾的运动健儿在国际体坛上均创造了良好成绩,为我中华民族赢得荣誉。然而同属中华儿女的中国运动员,却由于人为的原因,音讯不通,断绝往来;昔日同为祖国体育事业共事多年的好友和师生,于今隔居大陆和台湾无从团聚;而新一代的运动员,虽近在咫尺,却不能互相切磋,共同提高。体育界人士每谈及此,无不深为惋惜,希望能够尽早结束这种与民族利益、人民意愿相违背的局面。

我们深感:为进一步发扬我中华民族光辉灿烂的文化,建设繁荣昌盛的伟大祖国,使我国的体育事业在国际体坛上大放异彩,大陆与台湾体育界的力量合到一起,对我中华民族体育事业的发展与贡献将不可限量。为此:

一、中华全国体育总会第四届委员会第二次会议与会委员,一致同意为台湾体育界同仁保留一名体总副主席和若干名常委、委员名额。请你们推荐人选,参加体总工作。

二、全国人民和国际体育界人士都希望大陆与台湾的运动员组成一个统一的代表团参加国际比赛。两地运动员今后如何参加国际比赛,我们诚恳地希望就此问题同你们进行协商,你们来北京、我们去台北或在你们认为方便的地点商谈,都是可以的。我们很愿意听听你们的意见。国际间的一些重大问题尚可通过协商解决,难道骨肉同胞之间还有什么不能协商之事吗?

三、我们希望两地的体育界人士、教练员、运动员能互相观摩训练、交流教学经验、举办学术讲座、进行友谊比赛等活动。祖国大陆的体育院、系欢迎你们来讲学或进修、学习。我们也愿意组织大陆体育界人士,去台湾参观、学习。我们还期望能在近期组织台湾与邻近省埠如福建、浙江、广东运动队之间的单项友谊比赛,项目、时间和地点均可由你们选定。

四、今年将举行第四届全国运动会,我们热烈地期望你们前来北京和全国各族同胞、运动员一起参加这一体育盛会。我们也希望能参加在台湾举行的体育活动,进行观摩和比赛。

对来自台湾体育界的同胞,我们一定热诚欢迎,以礼相待,相见以诚,保证来去自由,提供方便。我们也渴望去祖国的宝岛台湾探望体育界的同行,共叙骨肉同胞之情。我们希望台湾当局能为体育界同行来往访问提供方便。

亲爱的台湾体育界同胞们,统一祖国的历史潮流滚滚向前,让我们共同努力,携起手来,使祖国的体育界实现统一,打破长期分裂的局面,为尽快完成统一祖国大业作出贡献!

中华全国体育总会

1979年3月9日

3月10日

《人民日报》发表社论《解开疙瘩 增强团结》

当前,全党工作的着重点和全国人民的注意力,正在转移到社会主义现代化建设上来。围绕工作重点的转移,大家认真总结经验教训,积极献计献策。全党全国人民一个共同的认识是:实现四个现代化,必须实行民主集中制,造成一个安定团结的政治局面;如果不搞民主集中制,没有安定团结,也就没有四个现代化。这是我们经过多年动乱,付出了很大代价得来的真知灼见。全党同志、各族人民从来没有像今天这样深切感到安定团结之可贵,深刻认识安定团结对于我们国家兴旺发达之重要。

要在全国保持安定团结,关键是加强全党的团结。早在抗日战争前夕,毛泽东同志就指出:“只有经过共产党的团结,才能达到全阶级和全民族的团结,只有经过全阶级全民族的团结,才能战胜敌人,完成民族和民主革命的任务。”后来,毛泽东同志又说:“中国共产党内部的团结,是团结全国人民争取抗日胜利和建设新中国的最基本的条件。”那时候,我们党还不是全国范围的执政党。现在我们要领导8亿人民建设社会主义现代化强国,毫无疑问,更需要加强全党的团结,以便经过共产党的团结达到整个工人阶级和全国各族人民的团结,完成历史赋予我们的光荣而艰巨的任务。我们号召举国上下同心同德搞“四化”,首先要求全党上下同心同德搞“四化”。党心不齐,军心、民心就不会齐。没有全党的坚强团结,全国就不能保持和发展安定团结的政治局面。

总的说来,现在我们党是很团结的。党的十一大路线,党提出的新时期总任务,党作出的实现工作重点转移的战略决策,反映了3600万名党员的共同愿望,受到全党同志的衷心拥护。党中央坚决拨乱反正,全面落实政策,实事求是地解决历史遗留问题,纠正冤案、错案、假案,深得党员之心。十多年来,以至20年来,我们党的内部团结还没有像现在这样好。但是,也要看到,由于在相当长的时间内阶级斗争扩大化,特别是林彪、“四人帮”的疯狂破坏,党的团结遭到严重损害,党内不少同志之间存在疙瘩,甚至有相当大的隔阂。林彪、“四人帮”对党的肌体造成的这个内伤,至今并没有完全医治好。要把我们党的团结恢复到延安时期、解放战争时期或者解放初期那样,还要经过认真的努力。全党同志,首先是党的各级干部,都要自觉地做好解开疙瘩、消除隔阂的工作,为增强党的团结而奋斗。这个工作做得越好,越有利于全国局势的稳定,有利于工作重点的转移,有利于现代化建设的进行。

增强党的团结,一定要把揭批林彪、“四人帮”的群众运动结束好,做到善始善终。现在不少地区和单位的揭批查运动是“成绩很大,尾巴不小”,要下决心把扫尾工作做好。少数后进地区和单位,更要抓紧时间,搞深搞透。揭批查搞不好,大是大非分不清,政治上、思想上、组织上许多重要问题没有解决,是谈不上增强党的团结的。扫尾阶段,要更好地贯彻党的政策,扩大教育面,缩小打击面。经过两年多的拨乱反正,大量事实教育了那些犯错误的同志,很多人痛感自己错误的严重,决心改正错误,将功补过。对这些同志,我们不要嫌弃,不要过于追究个人责任,而应当团结他们搞四化。也有少数犯错误的同志至今执迷不悟,有的人甚至趁运动结束之机,在确凿的证据面前,采取不承认主义,群众对他们信不过,不放心,甚至很义愤,这是有理由的。因为这样,就失去了团结的基础。对这些同志必须进行严肃的批评,同时给以耐心的帮助,促使他们尽快转变立场,正视错误,改正错误,同大家一起投入新长征的行列。

在搞好揭批查的前提下,增强团结,还应当注意一些什么问题呢?

顾大局,向前看。今天全党、全国最大的大局,就是四个现代化。这是我们国家和人民在现阶段的最高利益,没有什么别的利益比实现四个现代化的利益更高了。顾大局,就要以四个现代化为重,以安定团结为重。这些年来,林彪、“四人帮”一伙拼命制造分裂,不只是把大批好干部好党员打成叛徒、特务、走资派,而且由于他们的挑动,你斗过来,我斗过去,党内斗争错综复杂,一些被人错整过的同志也曾错整过别人。因此,不少同志之间产生积怨,有一些历史旧账。怎样对待这个问题?账,只能算在林彪、“四人帮”身上,他们对我们党、我们国家犯下滔天罪行,欠账累累,这个账非算不可,流毒一定要清除。至于同志之间的历史旧账,就不要去纠缠了。对那些伤害过自己的同志,只要他们认识了错误,总结了经验教训,就要同他们讲团结。毛泽东同志说得好:“所谓团结,就是团结跟自己意见分歧的,看不起自己的,不尊重自己的,跟自己闹过别扭的,跟自己作过斗争的,自己在他面前吃过亏的那一部分人。至于那个意见相同的,已经团结了,就不发生团结的问题了。问题就是那个还没有团结的。”京剧《将相和》为什么长时期来那样脍炙人口?就因为它生动地表现了蔺相如深明大义,以国家利益为重,不计较个人恩怨,主动团结自己的对立面廉颇的高尚风格。2000多年前的古人能够做到的。难道今天具有共产主义世界观的革命者不能做到吗?我们共产党人是面向未来、掌握未来的。我们要向前看,不要老向后看;有时候我们向后看,也是为了向前看。展现在我们面前的,是四个现代化的瑰丽前景。为了实现这个宏伟的目标,作为中国人民的中流砥柱的共产党人,必须团结一致,同心协力,还有什么个人的委屈、个人的恩怨、个人的得失不能忘怀,不能抛弃呢?

求大同,存小异。对于各级领导班子来说,这一点尤为重要。现在各级领导班子里面,有经验丰富的老干部,也有“文化大革命”中成长起来的新干部,有的地区和部门还有部队支“左”留下来的干部;有原来就在这个地区、这个单位工作的干部,也有经过调整从其他地区和单位调来的干部;有粉碎“四人帮”前就在台上的干部,也有落实政策后安排工作的干部。不同来源、不同情况的干部在一起工作,看问题的角度不同,意见并不总是一致,这是可以理解的,也是正常的现象。为了搞好团结,需要求大同,存小异。就是说,在事关思想政治路线的问题上，在原则问题上，在大是大非的问题上，必须求得认识一致。有了统一认识，才有统一政策、统一计划、统一指挥、统一行动，才能顺利实现工作重点的转移。一人一把号，各吹各的调，领导核心形不成一个拳头去作战，那是什么事情也办不成的。当然，求大同的“求”，不是搞“班长”的一言堂，不是我说你服，我打你通，而是广泛发扬民主，经过充分讨论、研究、商量，达到在马列主义、毛泽东思想基础上的思想一致。至于在非原则问题上，在小是小非问题上，就要善于妥协，勇于让步，甚至放弃自己的意见，而不要固执己见，争论不休，不要因为一些小问题弄得大家疙疙瘩瘩，闹得彼此不愉快。总之，搞好党内相互关系，就一般情况说来，担负主要领导职务的同志，责任更大一些；在老干部和新干部之间，老干部对自己的要求应该更严格一些；在一贯当权的干部和新当权的干部之间，一贯当权的干部应该多承担责任；在原有干部和新来干部之间，原有干部应该多负一些责任。

讲党性，去派性。林彪、“四人帮”给我们党造成的最大祸害之一，就是派性泛滥。现在“四人帮”的资产阶级帮派体系是被粉碎了，但是他们挑起的派性并没有完全消除。它像一个幽灵一样，在某些地方和单位的党组织里面继续纠缠着一些人。那些被派性缠住的共产党员，总是戴着有色眼镜看人，对多年来同一个观点的就相亲，对不同观点的人总感到不顺眼，自觉不自觉地还在那里搞团团块块，意气用事。他们分析问题和处理问题，往往摆不脱派性的框框，有意无意地说些挑起派性的话，做些引起派性的事。有些地方党的政策落实得不好，同志之间总是疙疙瘩瘩，总不那么协调和谐，原因之一就是派性作怪。我们吃够了派性的苦头，再也不能容忍它继续损害党的团结和统一，腐蚀党员的思想，削弱党的战斗力了！时至今日，一个共产党员如果还搞派性，就是没有党性，没有良心。在我们党内，一切派别组织、派别活动都是非法的。我们不只是不能搞派性，还要防止和克服任何宗派主义倾向。例如在干部问题上，一定要搞五湖四海，决不可以任人唯亲，不能搞“一朝天子一朝臣”。要坚持党管理干部的原则，干部的任免必须经过组织部门的考核，充分征求群众意见，由党委集体讨论决定，任何人都不能把干部当作自己的私有财产。

讲谅解，讲友谊。我们共产党人既讲斗争，又讲团结。打开《毛泽东选集》，有多少篇文章讲加强党的团结、党和人民的团结、国内的团结、国际的团结。毛泽东同志提出的“团结——批评——团结”的公式，是我们处理党内矛盾和人民内部矛盾经过长期实践检验的正确方针。斗争不是我们的目的。开展党内斗争，决不能随便上纲上线，非搞得你死我活不可。斗争是为了达到更好地团结，以便战胜敌人，战胜自然。凡不能促进和增强党内团结的斗争，都是错误的党内斗争。林彪、“四人帮”搞的“残酷斗争，无情打击”就是这样，斗的结果，把我们党搞得离心离德，四分五裂，几乎断送了我们党。这个教训，我们永远不要忘记。今后还要不要开展党内斗争呢？有矛盾就会有斗争。但是，一定要按照正确的方针行事。当前，为了消除林彪、“四人帮”造成的恶果，为了胜利进行新的长征，我们要特别强调团结，有问题摆到桌面上来，经过批评和自我批评，经过讨论，消除分歧，增进团结，不要当面不说，背后乱说，不能增加误解，伤害感情。在党内尤其是各级领导班子内要讲互相谅解、互相支持、互相配合。毛泽东同志在《党委会的工作方法》中指出：“‘班长’和委员还要能互相谅解。书记和委员，中央和各中央局，各中央局和区党委之间的谅解、支援和友谊，比什么都重要。这一点过去大家不注意，七次代表大会以来，在这方面大有进步，友好团结关系大大增进了。今后仍然应该不断注意。”今天重温这一段话，多么切中时弊呵！为了增强团结，不仅要在大是大非问题上统一思想，强调团结的基础；而且要讲究团结的方式方法，要善于将心比心，互相照顾，为了同志间的团结，不惜自己受一些委屈，吃一些亏，这也是一种值得提倡的高尚品德。

如何认识和解决党内矛盾，如何处理党内的相互关系，如何开展批评和自我批评，正确进行党内斗争，在这些问题上，我们党是有一套好的做法的，是形成了好的传统的。延安整风运动，就是正确处理党内矛盾、开展党内斗争的典型。历史经验证明，坚持党内斗争的好传统，我们党就团结，就兴旺发达；违背、破坏这个好的传统，我们党的团结和统一就受损害，党的事业就受挫折。今天我们讲增强团结，就是要把正确处理党内矛盾、开展党内斗争的优良传统恢复起来。经过党的长期教育的老同志，可不能忘记党的这个传统。不仅自己不能忘记，还要向不熟悉党的传统的年轻同志进行宣传，并且身体力行，作出好样子。党内斗争的优良传统，如同实事求是、群众路线等传统作风一样，是我们党的无价之宝，一定要世世代代地传下去。

我们党经历了半个多世纪的战斗历程。在大部分时间里，党的团结都是好的。正因为如此，我们党才能领导亿万人民战胜无数艰难险阻，把中国革命不断推向前进。近十多年来，党的团结遭到很大破坏。但是，党员之心是要团结的。经过正反两方面的教育，中国共产党人更加珍惜团结。粉碎“四人帮”后，党的团结显著地加强了。为了建设社会主义现代化强国，我们要继续消除不团结的因素，使党的队伍更加整齐，步调更加一致。“人心齐，泰山移。”这是中国人民长期流传下来的有益格言。过去,我们团结全党,团结全国人民,移掉了压在我们头上的三座大山。现在,我们要:团结起来向前看,团结起来搞四化——这就是我们的口号,我们的信念,我们的决心。

国务院副总理李先念在北京会见以威廉·休伊特为团长的美国联合国协会全国研究美中关系政策小组访华团

访华团的成员中有不少人是研究中国问题的专家。李副总理在谈话中赞扬他们为发展中美关系做了很好的工作。李副总理还愉快地回答了美国朋友所提出的问题,包括中美关系的发展前景、中国对外经济贸易政策和印支局势等。

美国驻中国大使伍德科克参加了会见。

会见时,中国人民外交学会秘书长谢黎在座。

国务院副总理王任重在北京会见以瑞典外交部新闻司司长贡纳·洛纳尤斯为团长的瑞典新闻代表团

王任重副总理回答了瑞典记者所提出的问题,其中包括中国怎样实现农业现代化、中国引进外国先进技术和设备同自力更生的关系,以及印支局势等问题。

瑞典驻中国大使比耶尔克参加了会见。

会见时在座的有《人民日报》副总编辑秦川、秘书长郭渭。

全国人大常委会副委员长宋庆龄在北京会见美国泰勒书社社长 米契尔·比兹莱出版公司美国编辑主任弗兰克·泰勒先生

全国人大常委会副委员长姬鹏飞在北京会见以尼齐加马·马西蒂斯为团长的布隆迪工人联合会代表团

外交部部长黄华在北京会见阿曼苏丹国首任驻中国特命全权大使易卜拉欣·哈穆德·苏卜希

外交部副部长何英在北京会见埃及《今日消息报》副主编穆罕默德·坦塔威

外交部副部长韩念龙在北京约见老挝驻华大使抗议老挝当局追随苏越加剧反华活动

外交部副部长韩念龙约见老挝驻中国大使塔汶·西扎伦,强烈抗议并驳斥老挝政府追随苏联、越南制造谣言,对中国进行恶毒攻击,郑重奉劝老挝政府能以中老两国人民的根本利益和传统友谊为重,不再做有损于两国人民友谊的事情。

韩念龙副外长说:"3月6日,老挝政府发表声明,对中国进行恶毒攻击,造谣说中国在老挝边境集结部队,威胁老挝,派遣特务破坏老挝安宁,反对老挝政府的路线、政策,干涉老挝内政。在此以前,老挝外交部办公厅主任苏班约见中国驻老挝大使,也毫无根据地指责中国向中老边界老方一侧打炮,造谣诬蔑中国援助贡勒部队准备进攻老挝等等。中国政府严正声明,老挝政府的上述指责,纯属无稽之谈,完全是无中生有、凭空捏造。3月7日,老挝政府又单方面撕毁协议,强要我停建上寮公路和撤回专家。对于老挝方面所有这一切恶化两国关系的行为,中国政府感到十分愤慨,向老挝政府提出强烈抗议。"

韩念龙副外长指出:"老挝政府的上述做法是有预谋的行动,也是企图挑起中老两国争端、破坏中老两国人民友谊的严重步骤。几天来,老挝方面一再散布中国在中越边界的自卫还击行动'威胁老挝的安宁',并在群众中大搞反华宣传,煽动老挝人民'随时准备战斗'。在老挝政府上述声明之前,苏联政府和越南政府就已发表声明,叫嚷中国准备'入侵老挝'。由此可见,老挝的上述反华行动是由苏越策划,苏越老密切配合进行的。老挝当局追随苏越加剧反华活动,破坏中老两国人民的传统友谊,只能损害老挝人民的根本利益。"

韩念龙副外长说:"中老两国是山水相连的友好邻邦,中老两国边界一直是和平安宁的边界,中国政府和中国人民一贯珍视和维护两国人民的友谊。中国人民对于老挝人民历来是怀有深厚感情的。长期以来,在老挝革命和建设事业中,中国本着无产阶级国际主义精神,向老挝提供了力所能及的援助。我们从来没有做过任何对不起老挝人民的事情。过去一段时间,由于某种原因,老挝对我采取了一些不友好的做法,我们总是谅解老挝的困难处境,甚至老挝公开影射攻击中国,我们也一直采取克制的态度。现在,老挝政府竟然在别人的压力下采取反华严重步骤,而且把中老关系恶化的责任推到中国头上,这不能不引起中国政府的严重关注。我们郑重地奉劝老挝政府,能以中老两国人民的根本利益和传统友谊为重,不再做有损于两国人民友谊的事情。"

3月11日

《人民日报》发表社论《扫除官商作风,学会做生意》

新中国成立已经30年了。30年搞经济建设的实践,证实了恩格斯指出的一个真理,国家权力可以帮助经济发展得比较快,但也可以沿着相反的方向起作用,这样,政治权力就会给经济发展造成巨大的损害,并能引起大量人力物力的浪费。成都市中药材大量霉烂的事件就是一例。采用这种官僚衙门式的方法来办社会主义的经济事业，必然成为阻挡四个现代化航船前进的礁石，现在是彻底加以清除的时候了。

在党的领导下，财贸战线的广大职工，贯彻执行“发展经济、保障供给”的方针，坚持马克思主义的政治观点、生产观点和群众观点，为社会主义建设作出了重大的贡献。我们在经商方面积累了不少好的经验，这是必须肯定的，然而也确有很多弱点需要努力克服。我们的上层建筑、生产关系的许多方面还不完善，我们的政治制度和经济制度的许多环节还有缺陷，这些同实现四个现代化的要求是不相适应的，是束缚生产力、阻碍生产力发展的。管理水平低，经营中的官商作风，归根到底就是这样一个性质的问题。由于不尊重客观经济规律，以行政命令代替客观经济规律，以行政办法而不是经济办法管理经济，往往在生产以及交换的调节方面造成很大的盲目性。我国社会发展进程中，封建社会持续了几千年，那种凭“长官意志”办事和封建衙门作风的流毒既深且广。现在，有些在财贸部门做领导工作的同志，不是把财贸工作当成整个社会再生产环节中的一个重要环节，而是当成一级衙门，热衷于在办公室里签署文件，靠批条子办事，这是十足的官商作风。他们不体察下情，不了解市场，以行政命令代替计划，以个人意志代替经济规律，给国家和人民造成许多严重的损失，有时实际上形成了犯罪的行为。我们是共产党人，我们应当坦率地承认这一点，只有认识了我们当前经济工作中的缺点和错误，才能有所改进，才能有一个好的新起点。

扫除官商作风，必须在全党倡导一种浓厚的学习经济、按照经济规律办事的风气。由于林彪、“四人帮”的干扰，我们党在相当长的一段时间里，没有把经济工作提到重要议事日程上来，使我们一大批本来可以从长期的经济工作中锻炼成为专家的干部，荒废了大好的时光。有的干部长期甘于当外行，甚至对上当收发，对下当传达，对自己担负的工作缺少责任感。要改变这种状况，有许多工作要做。当务之急是对广大干部进行按经济规律办事的教育，提高全党领导经济工作的水平。要在全党造成按经济规律办事的风气，使经济部门的干部逐步成为经济专家。各级党委应该为实现这个目标创造条件。财贸部门的各级领导干部，更要下决心学会做生意，要善于向一切懂行的专家学习经营管理的经验和知识。

扫除官商作风，还必须对我们的干部制度作某些相应的改革。对于从事经济工作的干部，要检查他们领导的那个部门的经济效果，要根据他们对人民贡献的大小来安排工作。对那些官商作风严重，玩忽职守，给国家造成重大经济损失的人员，要给予必要的处分，直至追究经济的和法律的责任。对那些掌握经济大权，却不能为人民办好事的领导干部，要从领导岗位上调换下来。工作能力差的，要安排他们做力所能及的工作；知识水平低的，要为他们创造学习条件。总之，要采取果断措施，选拔那些具有清醒头脑和实际本领的人员到领导岗位上来，决不能让“败家子”继续糟蹋广大工人、农民、知识分子创造的社会财富。在各级领导干部中，要恢复和发扬坚持真理的优良作风。在经济工作中，经济规律就是真理。违反经济规律办事就是违反真理；坚持真理就要按经济规律办事。对那些不计经济效益，不按经济规律办事的“长官意志”，任何人都有权抵制，甚至提出控诉，以保证国家财产不受损失。

扫除官商作风，还必须对我国的经济体制作某些必要的改革。计划经济对保证我国社会主义性质起了重大作用。但是，实践已经证明，国家计划不能包罗万象。如果弄得不好，还会把整个经济搞得很死。特别在财贸领域，市场情况千变万化，商品生产千门万类，流通形式千差万别，这些复杂的经济活动，单靠计划部门很难统筹安排。对有些问题，计划工作无能为力，在实际中已得到证实。许多计划内的商品，一方面积压，一方面脱销；一方面市场不需要，一方面又大量生产。造成这种现象的一个重要原因，是国家对生产部门和商业部门卡得太死。工厂生产的产品，商业包收包销；商业是独家经营，赔赚不论，又不存在好坏优劣的比较。市场、商业、工厂之间的联系不是建立在经济关系的基础上，而是建立在领导部门的行政命令上。而行政命令的正确与否，完全取决于下达行政命令的人员对客观事物的判断是否准确。为什么在商品的品种、数量、质量、价格等方面存在着大量的矛盾，出现大量人力和物力的浪费？其根本原因就在这里。在这方面，我们必须自觉地认识和运用价值规律，使它在生产和流通领域中起一定的调节作用；作计划一定要考虑价值规律的作用，如果忽视了这一点，甚至违反它，必然会受到“惩罚”。我们提倡在生产部门之间、商业部门之间开展竞争，真正做到质次价高的商品没有人要，对所有的工厂、商店产生一种压力，在这种压力的推动下，各个行业、各级领导就会发挥自己的主动性和创造性，认真研究经济规律，努力改善经营。这样，我们经济领域的面貌就会大大改观；那种违反经济规律的行政命令、官商作风就会到处碰壁，受到抵制。

在财贸工作领域中，扩大企业的自主权也是一个亟待解决的问题。成都市的中药材大量霉烂，一个重要原因是仓库没有自主权，仓库的上级单位——成都中药材站也没有决定自己经营什么、经营多少的权力。因此，在仓库塞满，药材仍源源不断地调进来的情况下,仓库除了向上级反映以外,只有眼睁睁地看着药材霉烂。如果站、库等单位有一定的自主权,有一定数量的资金来修建仓库设备,有权拒绝接受自己无法经营的药材,抵制官僚主义的行政命令,那么,情况就会大不一样。在这些方面,我们应该尽快地采取措施,扩大企业的自主权,给予基层单位能够按照客观经济规律办事的必要条件。

官商作风危害严重。对这个问题的认识,我们已经交付了巨大的"学费",有许多惨痛教训。现在,确实是到了彻底加以扫除、学会做生意的时候了。在这方面,让我们有关的同志和部门,来一个革命的竞赛!

国务院副总理邓小平在北京会见即将离任的泰王国驻中国大使格森·格森西和夫人

会见谈话中,邓小平副总理称赞格森·格森西大使在任职期间,为发展中泰两国的友好关系和加强两国人民的友谊所作出的贡献。会见时在座的有外交部副部长韩念龙、亚洲司司长沈平、礼宾司司长卫永清。

国务院副总理邓小平 李先念和全国人大常委会副委员长邓颖超出席西哈努克亲王家宴

诺罗敦·西哈努克亲王和夫人晚上举行家宴,招待我国领导人。

应邀出席的有邓小平副总理和夫人卓琳,李先念副总理和夫人林佳楣,邓颖超副委员长。宾努亲王和夫人出席宴会作陪。宴会充满亲切、欢乐的气氛。

西哈努克亲王在宴会上讲话,他感谢中国自1975年4月17日到现在不断在各方面积极地给予柬埔寨人民以巨大的、多种形式的帮助和无可比拟的支持。

他说:"我们谴责越南社会主义共和国肆意侵略、入侵我国,并使其殖民化。

"我们要求越南尽快尊重柬埔寨的独立、主权和领土完整。我们要求恢复柬埔寨人民过去所享有的全部尊严,并使柬埔寨人民重新获得表示意见和享受自由的权利(其中包括个人自由)。

"我们坚决支持中华人民共和国对越南人在中越边界不断进行的蛮横、好战的挑衅所采取的公正决定。"

邓小平副总理在讲话中说,不久以前西哈努克亲王亲自率领柬埔寨代表团赴联合国,为了柬埔寨的独立和尊严,反对越、苏霸权主义,进行了坚决的斗争,有力地揭露了越、苏侵略的丑恶面目,取得了极为重要的胜利。我们始终对西哈努克亲王的崇高的爱国主义立场和坚持正义斗争的精神表示十分钦佩。

应邀出席宴会的还有外交部部长黄华、副部长韩念龙等。

解放军三总部联合发出通知要求部队积极参加植树节活动

新华社报道,解放军总参谋部、总政治部、总后勤部最近联合发出通知,要求全军指战员热烈响应全国人大常委会和国务院的号召,积极参加植树节活动。

通知说,在3月12日我国植树节前后,全军机关、部队除执行战备执勤任务者外,都要积极参加和支援地方统一组织的植树造林活动,还要搞好营区植树绿化工作。

通知要求各单位要组织部队认真学习森林法,检查遵守情况,认真贯彻执行。对好的单位和个人要大力表扬奖励,对违犯森林法的行为要及时严肃处理。

3月12日

党和国家领导人到京郊植树

我国第一个植树节,党和国家领导人同1000多名干部、群众一起,在北京市大兴县庞各庄公社薛营大队参加了植树造林活动。

下午4时,中共中央主席华国锋、副主席邓小平、李先念以及党和国家其他领导人乘车来到南郊薛营大队,同群众一起走向植树造林场地。

党和国家领导人同当地的干部、社员和北京市的一些少先队员一边栽树,一边亲切地拉话。

参加今天植树节活动的党和国家其他领导人有:王震、韦国清、乌兰夫、方毅、纪登奎、吴德、张廷发、陈锡联、胡耀邦、耿飚、倪志福、赛福鼎、姬鹏飞、阿沛·阿旺晋美、许德珩、谷牧、王任重、康世恩。

政协全国委员会副主席朱蕴山、康克清、王首道、杨静仁、庄希泉、胡子昂,最高人民法院院长江华,也参加了今天的植树节活动。

植完树以后,党和国家领导同志由林业部部长罗玉川和中共北京市委第一书记林乎加陪同,观看了挖坑机的挖树坑操作表演。

前往参加植树的还有,中共中央和政府部门、中国人民解放军各总部、全国总工会、团中央、全国妇联和北京市革委会的负责人。

北京等四地举行纪念孙中山先生逝世五十四周年仪式

首都各界人士上午在香山碧云寺孙中山先生纪念堂举行纪念仪式,纪念孙中山先生逝世五十四周年。

民革中央常务委员陈此生主持纪念仪式。

薛子正代表政协全国委员会,平杰三代表中央统战部,朱蕴山代表民革中央委员会,李恕代表政协北京市委员会,侯镜如代表民革北京市委员会,分别在孙中山先生坐像前献了花篮。

有关方面负责人童小鹏、彭友今、万景光、郭彤、焦琦、王奋、聂真、李霄路参加了纪念仪式。

参加纪念仪式的还有：

在京的民革中央常委、中央委员和候补中央委员王昆仑、朱学范、屈武、甘祠森、吴茂荪、刘仲容、钱昌照、许闻天、孙越崎、苏从周、李文澜、李平衡、李俊龙、聂轰、焦实斋、张克明、陈建晨、吴秀峰、王枫、李觉、邵恒秋、覃异之；

全国人大常委会委员董其武、楚图南、陈逸松、茅以升；

政协全国委员会常务委员孙起孟、孙晓村、胡子婴、徐伯昕、萨空了、杜聿明、黄鼎臣、孙承佩、黄维、程思远、宋希濂、郑洞国、谷春帆、李纯青；

全国人大代表、政协全国委员会委员和其他爱国人士田富达、严信民、韩权华、刘芸生、葛志成、赵子立、李铁铮、王家桢、刘瑶章、何思源、许宝骙、陈铭德、郭翼青、黄晚霞、罗西欧、沈性元、张学铭、陈修和、张知行、张丰胄、林玲玉。

参加纪念仪式的还有北京市有关单位负责人和各界人士史林峰、王春平、郑炳然、吴维诚、陆宗达、莫艺昌、毛之芬、方荣欣、李毅、司徒擎、李贻赞、傅学文。

在京的美籍人士袁晓园也参加了纪念仪式。

上海、南京、广州、武汉各界人士也分别举行仪式，纪念孙中山先生逝世五十四周年。

国家农委召开座谈会讨论建立 健全农业生产责任制问题

3月12日至24日，国家农委邀请广东、湖南、四川、江苏、安徽、河北、吉林7省农村工作部门和安徽全椒、广东博罗、四川广汉3县的负责人召开座谈会，讨论建立、健全农业生产责任制问题。

会上围绕联产计酬特别是包产到户问题进行了热烈争论，最后达成折中的意见：目前多数地方，还是实行包产到组、定额计酬；不许包产到户；深山、偏僻地区的孤门独户，可以包产到户；现在春耕已到，不论采用什么形式的责任制，都要很快定下来，以便全力投入春耕。

京津唐电网枢纽变电站建成运行

新华社报道，京津唐电网22万伏大型枢纽变电站最近在天津市北郊建成，并已正式投入运行。

这座变电站通过一条22万伏高压线路同新建的北大港电厂相连接，使大港电厂的强大电流源源不断地输送到京津唐地区。它的建成对于调节京津唐地区的电力供应，改进电网结构，进一步提高电网安全运行水平，都将发挥重大作用。

国务院副总理陈慕华及其一行结束对澳大利亚1周访问到达新西兰访问

全国人大常委会副委员长廖承志在北京会见以服部敏幸为团长的日本讲谈社友好访华团

廖承志副委员长同他们进行了亲切友好的谈话。

日本讲谈社将与我国人民美术出版社合作出版《中国的旅行》五卷画册，11日在北京签订了协议书。

会见时，国家出版局副局长许力以、人民美术出版社社长邵宇等在座。

中国和墨西哥在墨西哥城签订两国科学技术合作代表团第四次会议议定书

中国代表团团长、石油工业部副部长闵豫和墨西哥外交部部长圣地亚哥·罗埃尔代表两国政府分别在议定书上签字。

双方根据议定书决定1979年将在去年科技交流的基础上，在各个方面，特别是在农业方面，增加科学和技术交流。今年，墨西哥将派科学家到中国研究农业生产、林业、渔业、断肢再植、外科学和中草药等。中国方面也将派科学家到墨西哥研究棉花种植、林业、捕虾和利用地热发电。墨西哥还将向中国提供粮食、蔬菜、黑纳金树和其他经济作物的种子等。

张玺骨灰重新安放仪式在北京举行

中国共产党第八届中央委员会候补委员、原国家计划委员会副主任张玺同志的骨灰重新安放仪式，在北京八宝山革命公墓礼堂举行。

李先念、吴德、余秋里、胡耀邦、谷牧、王任重、康世恩、宋任穷、康克清等同志，参加了仪式。

张玺同志因病于1959年1月8日在北京逝世。"文化大革命"中，林彪、"四人帮"及其同伙制造了"六十一人集团"的重大错案，张玺同志就是61人中的一员，他的骨灰被强行移出革命公墓。现在，"六十一人集团"错案已经平反昭雪，张玺同志的骨灰重新安放到八宝山革命公墓。

余秋里同志主持张玺同志骨灰重新安放仪式。

张玺同志1931年加入共产主义青年团，1934年转为中国共产党党员。1932年，张玺同志被国民党逮捕入狱。他在狱中同国民党反动派进行了顽强的斗争，坚决拒绝履行敌人的反省出狱手续，表现了共产党人崇高的革命气节。

3月13日

国务院副总理李先念在北京会见美国美洲银行行

长克劳森一行

会见时，克劳森行长对李副总理说：中国的建设计划很宏伟。美国人民对美中关系正常化是非常高兴的。我们期待着有互相帮助的机会。我们希望在北京建立美洲银行代表处，以利于加强同中国的联系。

李副总理说，我们两国虽然社会制度不同，但是可以加强往来，我们两国之间可以合作得很好。我们欢迎美洲银行在北京设立代表处。

会见时在座的有中国银行董事长乔培新。

美洲银行是目前资本主义世界最大的商业银行。

《人民日报》发表评论员文章《渔区要以渔为主》

在我国漫长的海岸线上，在江河湖泊之滨，有许多历史上久已形成的渔区、渔岛、渔村。这些地方发展生产应该以什么为主？毫无疑问，应该以渔为主。

但是，在过去相当长一段时期，在林彪、"四人帮"的干扰破坏下，渔区以渔为主，居然成了一大罪状，抓渔 = 抓钱 = 资本主义，这个反动荒谬的公式，打击陷害了不少干部和群众。今天，拨乱反正，错案必须平反，错误思想要进一步澄清。

发展农业首先要把粮食搞上去，这是件大事。像我们这样 8 亿人口的大国，粮食问题确实应该抓得很紧很紧。但是，人除了吃粮外，还要吸收动物蛋白质和其他多种营养。据科学家估计，世界上约有 90% 的动物蛋白存在于海洋中，鱼和其他水产品势必成为人类取得动物蛋白的主要来源。副食吃多了，粮食自然就吃少了。为了把农业全面搞上去，为了更好地解决吃饭问题，不仅渔区要理直气壮地以渔为主，就是在整个农业中，"渔"字也必须得到应有的位置，要做到农林牧副渔五业并举。

渔区以渔为主，必须保证渔区领导的主要精力放在抓渔上。这里，往往有来自上下两方面的阻力。有些上级机关的领导人，思想上重粮轻渔，行动上搞"一刀切"，瞎指挥，没有给"渔"以应有的位置，群众批评他们是："开会不讲渔，检查不抓渔，总结没有渔，开会要吃鱼，市场紧张就追鱼。"上级机关如此，下级机关、基层单位很难不受影响。有些海岛县和渔业社队的领导，明明身在"渔"中，却不把主要精力放在抓"渔"上。衡量渔区生产好坏的主要标志应该是渔。希望这些同志能把屁股真正坐到渔业上来，对于那种挤掉渔业位置的现象要敢于斗争，对于那种瞎指挥的"长官意志"要敢于抵制。

渔区以渔为主，还必须保证水面不受非法侵犯。鱼儿离不开水，没有水也就谈不上什么"渔"。围垦海涂、湖滩，一定要在不损害水产资源的条件下，统筹安排，有计划地进行。"向鱼塘要粮"之类口号是错误的，盲目围海造田、围湖造田的行为必须制止。我们在与大自然作斗争中，一定要按自然规律办事，一定要尊重千百万群众的实践经验。大大小小的湖泊池塘。本是天然的蓄水池，旱能灌，涝能排；又是天然的聚宝盆，既产鱼，又长芦苇、莲藕、菱角等多种水生植物，如果不问情由瞎围一通，不但损害了水产和其他资源，而且破坏了自然界的生态平衡，削弱了抗旱防洪能力。权衡利弊，我们能再干这种得不偿失的蠢事吗？凡是有条件的地方，应该有计划有步骤地退田还湖。对于那些以围海围湖为手段，弄虚作假，夸大粮食亩产数字的人，应该给以批评，情节严重的还要追究责任。

渔区以渔为主，必须十分注意落实各项渔业政策。目前集体渔业产量占总产量的 80% 以上，是我国水产生产的主体。这些年，有些渔区被林彪、"四人帮"搞得竟要靠国家贷款过日子，渔业社队在扩大生产和进行技术改造方面都存在一些困难，渔民的生活也需要得到改善。我们要下功夫做好调查研究，稳定渔业社队所有制，贯彻执行按劳分配原则，实行合理的收购政策、价格政策、渔需物资供应政策等，妥善解决渔民及其家属的口粮问题，壮大集体经济，使几百万渔民的积极性充分调动起来。政策落实不落实，是关系到渔业生产的恢复和发展速度、关系到能否很好解决人民群众吃鱼问题的一件大事，切不可等闲视之。

经国务院批准"国际单位制推行委员会"成立

新华社报道，为进一步统一我国的计量制度，贯彻落实《中华人民共和国计量管理条例(试行)》第三条中关于"逐步采用国际单位制"的规定，使我国的计量制度适应四个现代化的需要，经国务院批准，最近成立了"国际单位制推行委员会"。

"国际单位制推行委员会"共由 20 人组成，赵东宛任主任，岳志坚、李正亭、钱学森、周建南任副主任。3 月 9 日，委员会召开了第一次会议，讨论推行国际单位制的意义、推行步骤，以及今年的工作部署等。决定采取积极慎重的方针逐步推广国际单位制，今年首先对拟定的《计量单位名称、代号方案》广泛征求意见，并开始进行试点工作。

国务院批转中国人民银行《关于改革中国银行体制的请示报告》

《关于改革中国银行体制的请示报告》说，为了更好地发挥中国银行在新时期的职能作用，有必要适当扩大中国银行的权限，并在体制上进行改革：建议设立国家外汇管理总局授权管理国家外汇；将中国银行从中国人民银行分设出来，直属国务院领导，由中国人民银行代管。

外贸部部长李强及其一行对马来西亚进行友好访问

云南边防部队领导机关授予李成文等3人英雄称号

新华社报道，云南边防部队领导机关最近决定授予某部战士李成文、陶少文以“董存瑞式的战斗英雄”称号，授予某部傣族战士岩龙以“孤胆英雄”称号，并号召边防部队全体指战员学习他们的爱国主义和革命英雄主义精神。

李成文是某部三连四班副班长。在还击老街西北坝洒县新良寨越军的战斗中，为了摧毁一个炮火不易击中、又难于安放炸药包的敌碉堡，他毅然手托炸药包靠在碉堡壁上拉燃炸药包的导火索，用自己的生命为战友们打开了冲锋的道路。

陶少文是某部九连副班长。当部队攻打越南老街东北50公里的木桑高地时，遭到敌暗堡里轻重机枪和火箭筒的袭击。陶少文在紧急关头挺身而出，紧握爆破筒跃到敌人地堡前，在即将爆炸的瞬间用力把爆破筒塞进去摧毁了敌人的地堡。部队前进的障碍扫除了，陶少文为保卫祖国边疆光荣牺牲。

被授予“孤胆英雄”称号的岩龙是某部五连四班傣族战士。在一次激战中，他机动灵活地利用地形地物，只身巧妙地转到敌人后侧，一个人先后歼敌20名。在攻打朗多越军时，他又奋不顾身地猛冲猛打，为祖国、为人民光荣献身。

3月14日

李先念 陈云就财经工作致信中央建议在国务院下设立财政经济委员会

他们就财经工作提出重要意见：1. 前进的步子要稳。不要再折腾，必须避免反复和出现大的马鞍形。2. 从长期来看，国民经济能做到按比例发展就是最快的速度。3. 现在的国民经济是没有综合平衡的。比例失调的情况是相当严重的。4. 要有两三年的调整时期，才能把各方面的比例失调情况大体上调整过来。5. 钢的指标必须可靠。钢的发展方向，不仅要重数量，而且更要重质量。钢的发展速度，要照顾到各行各业发展的比例关系。6. 借外债必须充分考虑还本付息的支付能力，考虑国内投资能力，做到基本上循序进行。

《人民日报》发表评论员文章《要把棉花种足种好》

棉花是我国主要经济作物，棉产品是国计民生的一项重要物资。近几年来，不少棉区加强领导，发动群众，保证棉花面积，提高棉花单产，多产棉，多卖棉，为国家作出了很大贡献。但是，就多数棉区来说，棉花生产徘徊不前，有的还严重下降，影响了国家生产计划的完成，以致棉花生产成为农业生产中突出的薄弱环节之一。据各地反映：今年不少地区棉花种植面积有下降的趋势，值得引起有关领导高度重视。我们要充分发动群众，做好工作，落实植棉计划，保证把棉花种足种好。

党和国家一向重视发展棉花生产，周总理在世的时候，每年亲自主持召开棉花会议，总结经验，表彰先进，给棉区干部和群众极大的鼓舞，促进了棉花生产的发展。我们要进一步对棉区的干部和群众进行识大体、顾全局的教育，要从国家需要，人民需要，战备需要来考虑，坚决落实国家植棉计划。同时，对于发展棉花生产中的一些问题，要根据实际情况加以解决。棉花生产是商品生产，价值规律起着重要作用。为了保证实现国家生产计划，要制定合理的价格政策，安排好必需的生产和生活物资供应，使种棉花和种植其他作物一样能够得到合理的物质利益。今年，国家已经决定提高棉花收购价格，对棉籽油、棉短绒也适当提高收购价格；对保证棉农口粮和必需的生产资料供应也采取了措施，体现了国家对棉农切身利益的关怀。但是，由于林彪、“四人帮”的多年破坏，我国的经济存在许多问题，包括发展棉花生产中的一些问题，需要逐步调整解决。这一点，应该向广大棉区干部群众讲清楚。群众是通情达理的，只要我们做好工作，棉区广大干部群众会积极把棉花生产搞好。

在棉花生产的领导工作中，要正确处理落实国家种植计划和尊重生产队自主权的关系。最近，各地注意反对单纯依靠行政命令，只按“长官意志”办事的错误领导方法，强调尊重生产队自主权，生产队有权因地制宜安排生产，这是很对的。今后要坚持这样做。但在一些地方，出现了不顾国家计划，放任自流的倾向。正确的做法，应该把国家计划的指导和尊重生产队自主权统一起来。国家安排的棉花种植计划，既考虑了国民经济的要求，又注意到各地的自然条件和经济条件。安排各省、市、区的植棉面积，是经过多年调整、逐步稳定下来，现在的历史形成的棉田布局，是基本合理的。比如，我国棉花种植面积，绝大部分安排在黄河流域和长江流域的一些省份。这些地方，大多数是老棉区，自然条件适宜种棉，群众有多年的植棉经验，棉花加工、收购网点形成了体系，多数又在纺织工业中心的周围。在这些棉区中，又有一批棉田面积比较集中的县，在我国棉花生产中起着骨干作用。一定要保持这些地区棉田面积的相对稳定。近几年来，这些棉区中，有些社队反映棉花单产低，要求少种。其实，这些社队棉花单产低，一般不是由于自然条件不适于种棉，而是某些人为的原因造成的。很多地区的实践证明，只要认真落实棉区经济政策，调动起群众植棉积极性，加强管理，讲究科学植棉，是完全可以做到高产稳产的。

棉花播种时节已经快到了，许多地方已先后召开了棉花生产会议，对棉花生产作了部署。棉区各级领导部门要进一步加强领导，积极贯彻国务院关于提高棉花收购价格和保证棉农口粮供应的通知，落实种植计划，搞好劳动组织，建立和健全生产责任制，不失时机地抓好棉田的备耕和播种工作。各级领导还要组织有关部门，努力解决棉区生产中的各种困难，切实搞好种子调剂和化肥、农药、农械等生产资料的生产和供应，把各行各业的力量动员起来，同心协力，夺取今年棉花丰收。

全国人大常委会副委员长乌兰夫在北京接受阿曼苏丹国首任驻中国特命全权大使易卜拉欣·哈穆德·苏卜希递交的国书

中联部部长姬鹏飞在北京会见由克拉斯·布勒尔率领的瑞典共产党中央代表团

国家体委主任王猛在北京会见朝鲜体育指导委员会副委员长李昌善及其随行人员

北京市和东京都正式结为友好城市

在北京签署的关于北京市和东京都结成友好城市的议定书中指出：为了贯彻中日和平友好条约规定的原则精神，进一步加强两国人民的友好往来，北京市同东京都正式结成为友好城市，其目的是通过友好城市间的来往，为中日友好事业不断作出新的贡献。议定书还规定，北京市和东京都将在经济、文化艺术、教育、体育、科学技术、市政管理和城市建设等方面，采取多种形式进行广泛的交流与合作。

全国人大常委会副委员长、中日友协会会长廖承志出席了在人民大会堂北京厅举行的签字仪式。北京市革命委员会主任林乎加和东京都知事美浓部亮吉在议定书上签了字。

日本驻中国大使佐藤正二和夫人，东京都议会议长河野一郎以及由美浓部亮吉知事和河野一郎议长率领的东京都友好代表团，出席了签字仪式。

外交部副部长何英，北京市革命委员会副主任叶林、王笑一、白介夫，中日友协副会长赵朴初、王芸生、孙平化等，也出席了签字仪式。

3月15日

国务院总理华国锋在北京会见日本东京都友好代表团

这个代表团是由东京都知事美浓部亮吉和东京都议长河野一郎率领的。华总理同他们谈话时指出，在两国缔结了和平友好条约之后，这次北京市和东京都又结成友好城市，这将有利于进一步加深两国人民之间的相互了解和友谊，发展两国的友好关系。他说，中日两国之间友好合作有着广阔的发展前景。

美浓部亮吉知事介绍了东京都的市政建设情况。他希望北京市在建设现代化城市时要事先考虑防止污染，把北京市建设得更美丽。

华总理感谢他提出有益的建议。

北京市革委会主任林乎加、副主任王笑一，外交部副部长何英，中日友协副会长孙平化，参加了会见。

国务院副总理谷牧在北京会见并宴请瑞士联邦委员 经济部部长弗里茨·霍纳格一行

谷牧副总理在宴会上祝酒时说：今天下午，我同霍纳格部长进行了坦率的有益的会谈。我们满意地回顾了10个月以来中瑞两国关系和经济贸易关系的顺利发展和取得的可喜成果，展望了扩大和加深双方友好合作的美好前景。他表示深信，霍纳格部长一行的来访，对进一步增进中瑞两国的了解和友谊，对巩固和发展两国在许多领域中的友好合作，必将作出新的积极的贡献。

霍纳格部长在祝酒时谈到了谷牧副总理去年对瑞士的访问所取得的成果，他说：你的访问有助于加深和发展瑞中两国的友好关系和合作。在瑞士，对中国提出的伟大任务的理解无疑是在增长。我们的工业还要作出更大的努力来加强同中国富有成果的业务关系。他表示希望就继续发展和扩大双方有利的经济合作进行会谈。

瑞士驻中国大使席望南应邀出席了宴会。

《人民日报》发表读者张浩的来信并配发编者按《“三级所有，队为基础”应该稳定》

编者按：我们向读者特别是农村干部、社员推荐张浩同志这封来信，希望大家认真读一读，想一想，议一议。当前，我国从南到北陆续进入春耕春播大忙季节。我们要在稳定“三级所有，队为基础”制度的前提下，认真执行各尽所能，按劳分配原则，搞好劳动计酬工作，把社员群众的积极性充分调动起来，适时地、高质量地完成春耕生产的各项任务。

为贯彻按劳分配原则，搞好劳动计酬工作，可以按定额记工分，可以按时记工分加评议，也可以在生产队统一核算、统一分配和统一使用劳动力的前提下，包工到作业组，联系产量计算报酬，实行超产奖励。这里讲的包工到组，主要是指田间管理，这是坚持“三级所有，队为基础”的一种劳动计酬方法，可以使干部、社员从物质利益上关心生产成果，有利于克服平均主义。但是，这同“分田到组”、“包产到组”完全是两回事。人民公社现在要继续稳定地实行“三级所有，队为基础”的制度，不能在条件不具备的情况下，匆匆忙忙地搞基本核算单位的过渡；更不能从“队为基础”退回去，搞“分田到组”、“包产到组”。我们认为，张浩同志的意见是正确的。

已经出现“分田到组”、“包产到组”的地方，应当认真学习三中全会原则通过的《中共中央关于加快农业发展若干问题的决定(草案)》，正确贯彻执行党的政策，坚决纠正错误做法。吉林省南崴子公社的经验说明，只要群众真正了解了中央精神，都不会同意以作业组为核算单位的做法。至于在劳动计酬上采取哪种方法，还是要从实际出发，听取群众的意见，尊重生产队的自主权。

最近，我到河南出差，在洛阳地区看到、听到一些有关“包产到组”的情况，介绍如下：

据有关大队、生产队干部和社员群众说，洛阳地区的不少县社，已经、正在或将要搞“包产到组”(也看到一个队正在酝酿分组)。即采取自找对象、自由结合的办法，把生产队分成若干个组，每组40—45人，按每户六七人计，约6—8户为1组。然后将生产资料，即土地、农具、大牲畜分到各组，包种、包产。有的社队还把生产队的库存粮食也按组分光了。他们说，这是第一步，下一步还要分田到户，包产到户。听说有个地方还召开了推行“包产到组”的现场会，会后县社催得很紧，责令快分，说这是调动社员积极性的一项重要措施。我到的一个大队和十几个生产队，除个别队顶着不愿分外，其余都已经分开了。

干部和群众对此做法持怀疑态度，他们称这种组为“互助组”。他们知道我是在甘肃“省上”工作的，推想可能我会清楚，非常关切地向我打听：“分田到组、包产到组”是不是党中央的“新精神”？“上头”有没有通知？你们甘肃省这样搞了没有？河南省是不是各处都这样搞了？等等。

我没有看到和听到党中央有此精神或文件，就照实说了，并说甘肃省没有这样搞。他们听了很满意。有的还说：“我就想中央不会发这样的文件，肯定是咱们这里的土办法。”

我看农村干部、群众很关心这事，有意想听听他们的看法。我问了两个大队干部(一个支部副书记、一个支委)，两个生产队干部(一个队长、一个保管员)和不同出身的社员。两个大队干部说：“现阶段人民公社的‘三级所有，队为基础’制度已经20来年了，实践证明是符合农村实际情况的，群众也都惯了。分田到组、包产到组肯定会削弱和动摇队为基础。”他们表示很不理解“上头”为什么要让这样干。他们还说：“公社化刚搞起来时，吃大锅饭、一平二调，步子快了，那是错了。后来实行生产队为基本核算单位，实际上是人民公社的形式、高级社的内容。再退到组，就又错了。”

两位生产队干部担心分田到组、包产到组以后，生产队将无法实行有效管理，生产计划、劳动调配不好做，现金、实物也不好分配，还可能带来混乱。他们说：“这个组产量是500，那个组是400，这个组工值是1元，那个组是5角，拉平分配肯定通不过，各分各的岂不是以组为核算单位了吗？用这个办法来调动积极性，我们看不中啊！”贫下中农社员直截了当地说：“这样分田到组，怎么能搞农业机械化、现代化？”一位60来岁的富裕中农说：“这样搞也许能行，就是拖拉机可使不上了。拖拉机也包给个人。1台‘四〇’拖拉机，1年向队里上交5000块钱。包给个人跑去了，还能使上吗？”

我认为：如果从便利管理，加强责任心着眼，划分作业组是可以的，在很多地方证明是行之有效的。但作业组只是一种劳动组织形式，像上述分田到组、包产到组的组，已不是作业组，而有点像一级核算单位了。现在实行的“三级所有，队为基础”，符合当前农村的实际情况，应充分稳定，不能随便变更。在条件不成熟时，轻易地搞大队核算，是脱离群众、不得人心的，会挫伤干部、群众的积极性，给生产造成危害。另外，轻易地从“队为基础”退回去，搞分田到组、包产到组，也是脱离群众、不得人心的。同样会搞乱“三级所有，队为基础”的体制，搞乱干部、群众的思想，挫伤积极性，给生产造成危害，对搞农业机械化也是不利的。那些干部、群众的怀疑和担心是有道理的，顶着不分是对的，应该重视并解决这个问题。

甘肃省档案局　张　浩

外交部就老挝政府单方面无理撕毁两国政府协议照会老挝外交部

外交部亚洲司司长沈平约见老挝驻中国大使塔汶·西扎伦，向他面交了中国外交部给老挝外交部的一项照会。照会就老挝政府要求中国方面暂时停建孟南巴至琅勃拉邦市公路并撤回全部中国筑路工程技术人员这一事件指出，这是老挝政府在别国压力下破坏中老两国人民传统友谊而采取的又一步骤。中国政府对老挝政府此项片面无理行动表示极大的遗憾，奉劝老挝政府不要在反华的道路上继续走下去。

照会说：“孟南巴至琅勃拉邦市公路是根据中老两

国政府1974年10月3日协议,由中方承担援建工程项目之一。孟琅公路自1977年开始施工以来,中国工程技术人员在老挝当地群众的帮助下,克服各种困难,努力完成工程任务,受到老挝人民的赞扬,为加强中老两国人民的友谊作出了贡献。现在老挝政府以上寮地区'目前的困难危机'为借口,突然单方面撕毁两国政府协议,要求中方暂时停建这一项目,并撤回全部工程技术人员。这是老挝政府在别国压力下破坏两国人民传统友谊而采取的又一步骤。中国政府对老挝政府此项片面无理行动表示极大的遗憾。"

照会说:"鉴于老挝政府已经作出上述决定,中国政府不得不被迫暂时停止孟南巴至琅勃拉邦市公路的建设,撤回全部中国工程技术人员和施工设备。中国政府要求老挝政府为中国工程技术人员和施工设备的撤回提供方便和协助,并保障上述人员和设备的安全。为了使这项工作顺利进行,中国政府建议老挝政府,指定有关部门协助中国驻老挝大使馆的官员,去上寮地区就上述撤回事宜进行具体安排。"

照会最后说:"中老两国人民在长期的革命斗争中建立了深厚的友谊。中国政府相信,任何破坏这种友谊的做法在老挝人民中是通不过的,我们奉劝老挝政府不要在反华的道路上继续走下去。"

文化部 教育部 全国科协联合召开科教电影事业规划会议

新华社报道,最近,由文化部、教育部、全国科协联合召开的科教电影事业规划会议指出,全党工作的着重点转移到社会主义现代化建设上来以后,对科教电影事业提出了更多、更高的要求。科教电影对实现四个现代化,提高全民族的科学文化水平将起越来越大的作用。我们应当重视和加强对科教电影事业的领导,使科教电影事业大幅度地发展,大踏步地前进,大力提高质量,增加产量,真正成为向广大群众普及科学知识,推广先进技术,进行科学教育的有力工具。

会议认为,发展科教电影事业,应当采取两条腿走路的方针。一方面,要充实加强现有专业科教片厂,使其成为骨干力量,其中包括上海科学教育电影制片厂、北京科学教育电影制片厂、农业电影制片厂;同时积极创造条件,把长春电影制片厂、珠江电影制片厂、西安电影制片厂、峨眉电影制片厂现有的科教片室分出来,建立4个独立的科教片专业厂;加快教育部所属中央教育电影制片厂的建设,力争早出片,多出片。另一方面,要充分发挥各部门、各地方拍摄科教片的积极性,多方面地反映我国社会主义现代化建设前进的步伐和科学技术发展的新成就。今后,还要进一步开展外国各类科教片的引进、译制工作,以增进我国人民对世界科学技术发展情况的了解。

会议认为,科教电影要贯彻为四个现代化服务,为提高整个民族科学文化水平服务的方针。在这个方针指导下,要解放思想,扩大题材,包括天文地理、古今中外、花鸟鱼虫等等。但是,要有重点,要有先后。如古和今,以今为主;基础科学和应用科学,以应用科学为主;各行各业,以农业为主;高精尖的和普及的,以普及为主。会议强调科教片要提高质量,既要有严格的科学性,又要注意形式上的生动活泼,引人入胜。

科教电影的发行放映问题,在这次会议上反映比较强烈。许多同志指出,由于拷贝供应和发行没有很好解决,使目前有限的科教片也不能充分发挥作用,有些甚至长期睡在仓库里。代表们总结了20多年来科教电影发行放映的经验指出,今后随着科教片的大幅度发展,更需要加强发行工作的领导,充实发行力量,广开渠道,采取多种形式,对口对路进行发行放映。会议提出,要继续做好电影院加片放映,积极主动地开展专场放映,利用放映队深入农村、工矿普及放映;要积极发展各级科协系统的专业放映队和管理站,大力进行科教片的宣传、放映工作;要发挥各级工会的作用,通过科教电影向广大工人普及科学知识,推广先进技术;要充分利用电视播送科教片。会议要求中国电影公司和各省、自治区、直辖市电影公司,以及各级电影管理站,要同各方面紧密协作,积极主动地向需要单位介绍、提供科教片。会上特地组织介绍了湖北省黄石市电影公司、山东省章丘县电影管理站以高度的革命责任感,对口对路开展科教电影发行放映工作的先进经验。

关于科教电影领导体制,实行专业化协作,培养又红又专的科教电影队伍等问题,会上也展开了热烈讨论。

文化部、全国科协还在会议上作出一项决定,授予上海科学教育电影制片厂编导叶永烈以"先进科学普及工作者"的光荣称号,并发给他奖状和奖金。

会议号召广大科教电影工作者向叶永烈同志学习,积极向上,勤学苦练、锲而不舍,为普及科学知识、繁荣我国科教电影事业多做贡献。

学术研究丛刊《文史》复刊

新华社报道,《文史》丛刊"文化大革命"前曾出过四辑,在学术界有一定的影响,最近复刊出版了第五辑。编辑部在复刊之际表示,不仅欢迎国内的学术研究者为《文史》撰稿,而且也欢迎台湾、港澳同胞中对祖国文学、历史素有研究的有识之士投稿,以促进学术文化交流。

《文史》目前不定期出版,但大致每年出3—4辑,每辑 30 万字左右。

复刊的《文史》丛刊由中华书局编辑、出版。

《象棋》月刊复刊

新华社报道,深受读者喜爱的《象棋》月刊最近在广州复刊。复刊后的《象棋》月刊第一期的主要内容是选评 1978 年全国象棋赛对局。

《象棋》月刊创刊于 1956 年 5 月,1966 年被迫停刊。

复刊后的《象棋》月刊,由原正副主编杨官磷、陈松顺和象棋名宿覃剑秋等人组成编委会负责编辑。

全国宗教学研究会议在昆明举行

新华社报道,最近在昆明举行的全国宗教学研究会议是我国第一次召开这样性质的会议,100 多名学者、教授、教师和领导干部参加了会议。

不少学者在会上提出了自己研究佛教、喇嘛教、道教、伊斯兰教和基督教的成果,并提出对宗教学研究的意见和建议。在会上提出的研究论文和学术报告中,比较重要的有:《关于宗教研究的若干问题》《大乘佛教的起源》《中国佛学的等级特权思想》《近年来国外宗教方面的若干问题》《原始基督教神学思想的起点》《历史上的耶稣》《伊斯兰教产生的历史前景》等。这些学术论文都有独到的见解。

会议充满了百家争鸣的气氛。

中国社会科学院规划局局长梅益、世界宗教研究所所长任继愈以及一些著名专家在会上发了言。

会议还讨论制定了 1979 年到 1985 年全国宗教学研究的规划。会议成立了中国宗教学学会,选出赵朴初任名誉理事长,任继愈任理事长。

3 月 16 日

《人民日报》发表社论《国营农场要走在农业现代化前列》

我国农业现在存在着两种社会主义所有制。必须把集体所有制的人民公社和全民所有制的国营农场的潜力充分发挥出来,把广大农民和农垦战线职工的积极性充分调动起来,才能迅速恢复遭受林彪、"四人帮"严重破坏的农业生产,逐步实现农业现代化,促进整个国民经济的发展,提高人民的生活。

国营农场是全民所有制的农业企业,应当而且有条件走在农业现代化的前列。这是因为:国营农场自然资源丰富,耕地面积的总和相当一个大省;有一支几百万人的由复员转业军人、农民和知识青年组成的农业工人大军;国营农场的经营规模较大,机械化程度较高;科学研究和技术力量较强,职工的文化水平较高。在这些方面,国营农场比人民公社具有更多的优越条件。但是,这些年来,由于林彪、"四人帮"的干扰破坏以及我们工作中的缺点和错误,国营农场的优越性并未得到应有的发挥。去年,各级党委认真贯彻国务院召开的全国国营农场工作会议精神,加强了对农场的领导,进行了必要的整顿,使农场的生产有了很大的增长,亏损显著下降,为农场进行现代化建设创造了有利条件。

实现农业现代化的目的,是要提供日益丰富的商品粮和其他商品农产品,以满足整个社会不断增长的需要。国营农场在这方面应当作出更大的贡献,拿出更多的商品。去年,黑龙江省友谊农场五分场二队引进美国先进的农业机械,创造了我国粮食生产最高的劳动生产率。用国产机械装备的黑龙江省拉布达农牧场星火生产队,劳动生产率也很高,全队粮食的商品率达到 70% 多。但就全国农场而言,劳动生产率还相当低,商品率只有 30% 左右。这说明农场的生产水平还很落后,也说明潜力确实很大。如果国营农场的商品率提高一倍,达到 60%,国家一年能多掌握几十亿斤粮食,就可以相应地减少对农民的征购,这对于保证广大农民休养生息,恢复和发展集体经济,将发挥很大的作用。因此,把国营农场办好,不仅是关系到国营农场本身发展问题,也是关系整个农业生产发展的全局性问题,意义十分重大。

十一届三中全会决定国家的农业投资重点用于建设一批商品粮、经济作物、畜牧业、渔业和林业基地。建设商品农产品基地,应当充分发挥国营农场的作用,扩大现有的国营农场,或者垦荒举办新的国营农场,把它们办成劳动生产率和商品率都很高的现代化大农业企业。这是建设社会主义大农业的一项重大战略措施,我们一定要像管理重大的工业建设项目一样,用很大精力来把它们办好。农垦部门要协同各地制定出这方面的切实规划。

要把国营农场办成现代化的企业,必须加快农业机械化的步伐。国家决定制造和引进先进技术设备来装备国营农场,是必要的。但是,这需要有一个过程。在一定时期内,多数农场还要充分利用现有的设备进行生产。有关部门应当集中力量分期分批地把现有农机具的配套搞好,加强管理,提高利用率和完好率,进一步发挥设备的潜力。

国营农场要有科学的生产方法和管理方法,向着农工商一体化联合企业的方向发展。这是我国农业生产的一项重大变革,要求打破千百年来对农业生产的传统观念,对不适应生产力发展的生产关系和上层建筑作适当的调整。在这方面,必须弄清以下几个问题:

第一,要打破自给自足的小生产观点。有许多农场什么作物都种一点,什么牲畜都养一点。产生这种落后的经营方法的原因是多方面的,我国生产的社会化和商品交换不够发达,农场需要的多种食品、副食品得不到供应,这是客观原因。有的地方不适当地要求农场什么都要自给,例如要求畜牧场和生产橡胶等经济作物的农场也要做到粮食自给,这是主观原因。有些先进农场的经验证明,只有实现专业化,才便于实现机械化,提高劳动生产率和商品率。国营农场应当根据因地制宜、适当集中、一业为主、多种经营的原则,宜农营农,宜林营林,宜牧营牧,确定经营重点,向着专业化生产的方向发展。当然,实现专业化要有个过程,要创造条件,同时要有关方面密切配合。

第二,要打破农场只能种田的片面观点。这种观点的长期存在,是许多国营农场处于单一经营状态的重要原因。新中国成立以来,有些国营农场因地制宜地办了工业和商业,对国营农场的发展起了重要作用。如原新疆生产建设兵团的工业产值,曾占到全自治区工业总产值的1/3,到1974年止,兵团累计基本建设投资20多亿元,其中的一半是靠自办的工商业利润提供的。

国营农场发展工业生产,应当从本身的资源条件出发,大力发展农产品加工工业,把自产的农、畜产品加工成成品或半成品。在有其他资源的地方,也可以因地制宜地发展采矿、电力、建筑等工业。在大城市附近的农场,可以发展为大工业服务的工业,大城市的某些工业也可以扩散到农场去。但是,国营农场发展工业生产,决不能搞无米之炊,也不能搞"大而全"或"小而全"。

第三,要打破不讲经济核算的供给制思想。有些农场长期亏损的原因,一方面是一些农场的领导干部存在着"国家出钱,农场种田"的吃"大锅饭"思想,不讲效率,不计成本,不搞经济核算,管理十分混乱。另一方面是某些国家机关和地方机关不是把农场当成企业来办,而是单纯用行政办法来管理国营农场,不尊重国营农场的自主权,随意改变农场的计划,把一些社会性负担硬加给农场,有的地方甚至任意侵占农场的土地和其他财物。我们要积极改变这种状况,要推行财务包干制,实行经济核算,改善经营管理,发挥经济组织和经济手段的作用,克服那种"用钱向上要,亏损向上报"的"等、靠、要"思想,消除企业之间干好干坏、赔钱赚钱一个样的平均主义现象,努力把农场办好。

总之,要把国营农场办成现代化的企业,必须按照客观经济规律和自然规律办事,不能靠"长官意志"办事,不能单纯用行政办法来管理企业。有的同志把不搞"长官意志"看作是不要对生产实行领导和管理,这是一种误解。要办好国营农场,必须克服无政府主义,加强劳动纪律,维持正常的工作秩序、生产秩序和社会秩序;坚持按劳分配,合理计酬,克服平均主义,做到有奖有惩,赏罚分明。另外,必须充分发扬民主,使工人真正行使当家做主的权利。国营农场的重大问题,要由职工大会或职工代表大会讨论。农场的领导人要听取职工的批评和意见。职工大会或职工代表大会有权向上级建议撤换和处分某些失职、违法乱纪、作风恶劣的领导人和管理人员。国营农场的领导人要发扬党的优良传统,坚持群众路线,有事同群众商量,关心职工生活,特别要满腔热情地关怀知识青年的成长,安排好他们的物质生活和文化生活。

在全党全国工作重点转向四个现代化建设的时候,国营农场应当积极行动起来,在实现我国农业现代化的过程中真正发挥带头和示范作用。

外交部部长黄华宣布中国边防部队已从越南全部撤回

外交部部长黄华在北京宣布:中国人民解放军广西、云南边防部队对越南侵略者的自卫还击战斗已达到了预期的目的,今天从越南全部撤离完毕,回到我国境内。

黄华外长指出,在这次自卫还击战斗中,我边防部队打下了谅山、高平、老街等省城和20多个越南边境城镇、战略要地,给了这些地区的越南武装力量以歼灭性打击,打击了越南侵略者的狂妄气焰,打破了它的不可战胜的神话。

黄华外长是在今晚举行的中外记者招待会上讲这番话的。

黄华外长重申了中国通过谈判解决中越两国争端的一贯主张。他说:"中国政府已多次建议,中越双方应迅速举行谈判,讨论确保两国边境地区的和平与安宁,并进而解决有关边界和领土问题的争议,恢复两国的正常关系。如果越南当局依仗苏联霸权主义的撑腰,今后继续对我边境进行武装挑衅和侵犯,我边防部队将坚决予以还击。"

他说:"现在越南政府也表示同意谈判,这是应该欢迎的。我们认为,只要越南方面真有诚意,谈判是能够很快举行的,问题也是不难解决的。"

黄华外长指出,越南方面为谈判预先设置了种种障碍。他说,在中国方面宣布撤军之后,越南方面公然发布全国总动员令,叫嚷要同中国继续打下去;他们还捏造中国边防部队在越南的所谓"暴行",疯狂煽动反华仇华情绪;他们还提出要中国边防部队全部撤到所谓"双方商定和尊重的历史边界线之后"才同意谈判,又制造了毫无根据的所谓中国边防部队搬动界碑的诸言。他说,人们不能不怀疑越南当局对通过谈判解决两国之间的争端究竟有没有诚意。

黄华外长说:"中国说话是算数的,我们不要越南一寸土地,也不在越南驻一兵一卒,我们要的只是一条和平与安宁的边界。我们信守自己的诺言,撤回了全部边防部队。事实揭穿了苏越当局散布的所谓中国'侵略'、'扩张'的谰言。"

黄华外长说:"现在,全世界都看到正是越南在苏联的怂恿和支持下,派遣了十几万军队占领了柬埔寨,至今还赖在那里不走。越南这种赤裸裸的侵略行径粗暴地践踏了《联合国宪章》和国际关系的基本准则,是全世界主持正义的国家和人民所不能容忍的。"他强调说,"越南从柬埔寨全部撤走其侵略军,这是全世界各国人民的一致要求,越南当局必须作出回答。"

中央统战部在政协礼堂召开统战系统干部大会

大会由中共中央统战部第一副部长、政协全国委员会秘书长刘澜涛主持。

中共中央政治局委员、中央统战部部长乌兰夫在大会上宣读了中央统战部关于建议为全国统战、民族、宗教工作部门摘掉"执行投降主义、修正主义路线"帽子的请示报告。他在讲话中说,中央批准了中央统战部的这个请示报告。这是贯彻执行党的十一届三中全会精神,恢复党的实事求是的优良传统,解决统战系统遗留问题的一件大事,是揭批林彪、"四人帮"极左路线、拨乱反正的一项重大成果,对于进一步调动全国统战系统干部和党外人士的积极性,做好各方面的统一战线工作,发展安定团结的政治局面,把统一战线工作着重点顺利地转移到四个现代化建设上来,具有十分重要的意义。

他指出,新中国成立以来,党的统战工作是在毛主席、周总理的亲切关怀和直接领导下进行的,重大的方针政策都是以毛泽东同志为首的党中央决定的。中央和各级统战、民族宗教工作部门是认真贯彻执行了党的方针政策的,是党在实现总任务的伟大事业中一个方面的有力助手,成绩是很大的,毛主席的革命路线在统战工作中占主导地位。在全国统战系统工作的干部,绝大多数是好的和比较好的。因此,加在统战系统的"执行投降主义、修正主义路线"的帽子应当摘去,为全国统战系统平反、恢复名誉。

乌兰夫说,1962年,中央统战部开展政策思想检查,对李维汉同志进行了不点名的批判。这次批判所形成的"专题报告"对实际工作和干部思想产生了不良的影响。1964年,中央统战部向中央作了《关于李维汉同志问题的报告》,这个报告违背了党的实事求是的原则,是个错误的文件,中央已经批准撤销这个报告,现在正式宣布:在全国统战、民族、宗教工作部门,包括李维汉同志本人,都不存在执行一条所谓的"投降主义、修正主义路线",凡是因这个问题而受到牵连的同志,一律平反,恢复名誉。

乌兰夫说,林彪、"四人帮"出于篡党夺权的反革命目的,把中央统战部打成"修正主义司令部",并蓄意颠倒敌我关系,对广大知识分子和各方面的爱国人士进行残酷迫害和打击,把同党长期合作的党外人士普遍作为"专政对象",把知识分子诬蔑为"臭老九"、"反动学术权威",把民主党派诬蔑为"反动党团",把归侨、侨眷的海外关系视为"敌特关系"。许多为民主革命、为社会主义革命和建设做过贡献的知识分子和爱国人士被打成"特务"、"间谍"、"反革命",制造了大量的冤案、假案、错案。他们鼓吹"黑线专政"的谬论,全盘否定党的统一战线工作和民族、宗教、侨务工作的伟大成就,否定统一战线在社会主义时期的作用。他们挥舞"投降主义"的大棒,把各级统战部门和民族、宗教工作部门打成"牛鬼蛇神庇护所"、"资本主义复辟部"、"投降部",恣意摧残各级统战工作干部,砸烂统战工作组织机构,对党的统战工作造成了一场空前的大浩劫。我们每个做统战、民族、宗教工作的同志都要吸取这个教训,牢记不忘。

乌兰夫说,新中国成立以来,党的统一战线工作取得了很大成绩。开国之初,在党的领导下筹备召开了具有重大历史意义的中国人民政治协商会议,使我国各族人民和一切爱国力量形成了空前未有的大团结,我国革命统一战线更加扩大了。新中国成立后最初几年,我们党推动和组织了广大知识分子、各界爱国民主人士和民族资产阶级工商业者,积极投入土改、镇反、抗美援朝、思想改造和"三反"、"五反"运动,对于尽快地恢复国民经济,巩固和发展革命统一战线,进行反对国内外敌人的斗争,都发挥了重大的作用。在过渡时期总路线的指引下,全面贯彻执行了党的一整套改造资本主义工商业的方针政策,在短短几年内就顺利地实现了对资本主义所有制的社会主义改造,并且保持了社会安定,市场繁荣,生产力不但没有受到破坏,而且持续发展。在社会主义革命和建设的过程中,加强了对各民主党派、各界爱国人士、民族资产阶级分子和民族、宗教上层的团结、教育、改造工作,在各级人民代表大会、各级政协和机关、学校、企业中安排了大量党外人士,改进了党同党外人士的合作共事关系,促使他们在社会主义建设事业中贡献力量,在社会主义改造的道路上不断前进,并在近十多年的斗争实践中,经受了严峻的考验。在民族工作方面,我们党执行了民族区域自治政策,实现了各民族一律平等,维护了祖国的集中统一,并且根据各个民族地区不同的民族特点和地区特点,采取不同的方法包括和平协商改革的方法,胜利地进行了民主改革和社会主义改造,逐步发展了民族地区的经济文化事业,使许多比较落后的少数民族跨越一个或几个社会发展阶段,过渡到社会主义。

我国各兄弟民族团结友爱、互助合作的新型关系不断得到发展。在宗教工作方面,我们党全面贯彻了宗教信仰自由政策,团结教育了广大的信教群众和宗教界爱国人士,开展反帝爱国运动,使教会割断了同帝国主义的联系,进行了宗教制度的民主改革,废除了封建特权和压迫剥削制度。在团结爱国华侨,加强对台湾和港澳的工作中,在支援国际反霸统一战线方面,也做了大量的工作,发挥了重要的作用。

乌兰夫说,林彪、“四人帮”疯狂迫害革命干部。中央统战、民委系统李维汉、徐冰等一批领导干部被扣上“反革命修正主义分子”、“走资派”、“叛徒”、“特务”等各种罪名加以迫害。这些同志都是好同志,为革命工作了数十年,在毛主席、周总理的直接领导下,他们对发展我国革命统一战线做了大量工作,是有贡献的。一些党内的老同志和一些为社会主义事业作出贡献的爱国民主党派负责人,如徐冰、张经武、高崇民、吴晗、车向忱、阎宝航等同志,被迫害致死。林彪、“四人帮”强加给他们的一切诬蔑不实之词,应一律推倒,为他们彻底平反,恢复名誉。对中央和各级统战、民委系统中,凡是遭到林彪、“四人帮”诬陷、迫害的其他领导干部和党内外工作人员,也一律平反,恢复名誉,并对所有被林彪、“四人帮”迫害致死的同志的家属子女致以亲切的慰问。

乌兰夫最后说,我们面临的工作任务是非常繁重的,统战系统的全体同志要紧张地动员起来,进一步团结起来,顾全大局,加紧工作,用实际行动发展安定团结的政治局面,在华国锋同志为首的党中央领导下,朝着四个现代化的宏伟目标,同心同德,群策群力,奋勇前进。

中共中央统战部顾问李维汉同志也在会上讲了话。他说,我怀着十分激动的心情,拥护中共中央批准这个报告和乌兰夫同志的讲话。我感谢华国锋同志为首的党中央把统战系统十多年来被颠倒了的是非颠倒了过来,使错案得到了纠正,冤案得到了昭雪。这是党的实事求是原则的胜利。

李维汉说,我想借此机会提几点建议:第一,要有全局观点,要从大局出发,要把仇恨记在林彪、“四人帮”身上,要把心血倾注在加强安定团结、实现四个现代化建设上来。第二,力戒骄傲。我们既不要背受林彪、“四人帮”迫害的包袱,也不要背工作成绩的包袱。我们要多想想自己的缺点和错误,多想想工作中还有什么任务和问题需要解决。第三,要消除隔阂、加强团结。由于林彪、“四人帮”的挑拨和陷害,在一些同志之间存在着这样或那样的隔阂,这个账要算在林彪、“四人帮”身上。解决这个问题却要靠我们自己。第四,统战工作,包括民族、宗教工作,是一门科学,我们要认真总结经验,摸到规律,有所发现,有所创造,有所前进。

全国人大常委会副委员长阿沛·阿旺晋美、许德珩、胡厥文,政协全国委员会副主席史良、朱蕴山、季方、王首道、杨静仁、胡子昂,出席了大会。

出席大会的还有中共中央和国务院各部委、各群众团体、中国人民解放军有关单位负责统战工作的领导干部,各爱国民主党派负责人,有关机关的干部、群众,共1300多人。

农垦系统为实现工作重点转移采取有力措施

《人民日报》报道,去年,农垦系统认真贯彻全国国营农场工作会议精神,深入揭批林彪、“四人帮”,对各级领导班子进行了调整,抓紧了冤、假、错案的平反工作,整顿了企业管理,初步贯彻执行了按劳分配、多劳多得的政策,调动了职工群众的社会主义积极性,生产建设得到了恢复和发展。粮豆总产比上年增长14%,上交粮食增长21%;棉花总产增长18%;干胶增长10%;肥猪出栏增长18%;工副业产值增长17%。盈利单位显著增多,亏损额大幅度减少。尤为可喜的是出现了一批平均每个农业工人1年生产粮豆5万斤到10万斤的连队。从国外引进现代化农业机械的试点工作,也收到了好效果。这些为农垦系统实现工作重点的转移打下了基础。

今年开始,各省、区农垦部门积极贯彻三中全会精神,联系农场实际,总结经验教训,采取有力措施,抓紧实现工作重点的转移。各级领导认真抓好揭批查的收尾工作,妥善处理各类遗留问题。对错划右派的改正工作和地富分子摘帽工作,在加紧进行。

一些农垦部门尊重农场和连队的经营自主权,在保证完成国家生产计划和上交任务的前提下,使农场和连队在安排作物比例,确定种植计划,制定增产措施,使用自筹资金和设备更新等方面,有了更多权利。今年,各省、市、区的农场普遍实行财务包干制,改变过去长期沿用的“盈利往上交,亏损向上要”的收支两条线的管理方式,扭转了吃大锅饭的现象。一些省、区的农垦部门还开始实行企业专业化,在培育良种、化肥和农药供应、饲料配制、机械维修、农田建设、工程建筑以及为职工生活服务等方面,着手从上而下建立专业机构。新疆石河子垦区,京、津、沪、哈尔滨、湛江以及四川、湖南、湖北、江苏、河北、陕西等省、市、区的农垦部门,解放思想,大胆实践,积极试办生产、加工、销售一条龙的农工商联合企业。

许多农场,加强了知识青年工作,引导他们以安定团结为重,胸怀全局,献身四化,组织他们学习农业科学技术。对工作、生活中存在的实际问题,采取措施,加以解决。许多在农场有贡献的青年得到表彰,有的还被提升为工程师、技师或担任了领导职务。目前,各地国营农场部分回家探亲的知识青年,已陆续返回农场,积极投入春耕生产。

许多农垦部门还开展了对干部的培训工作,以提高他们的管理水平和技术水平。

农垦系统的各级领导目前正加强对备耕春耕的领导,深入生产第一线调查研究,正确地指挥生产。许多农场抓紧了机车农具检修和抗旱工作,保证不失时机地搞好春耕春播。

江苏淮安抽水枢纽两台大型抽水机组建成投产

新华社报道,最近建成投产的这两台大型抽水机组安装在淮安抽水二站,是我国目前出水量最大的抽水机组。

这两台抽水机组是一机部为南水北调工程机泵选型试制的新产品。抽水机组建成投产后,淮安枢纽的抽水能力增加两倍。滔滔不尽的江水从这里北上,可解决近200万亩水田或600万亩旱地灌溉用水。

国务院副总理谷牧在北京会见联邦德国德意志经济东方委员会主席奥托·沃尔夫一行

对外友协副会长楚图南和谢邦定在北京宴请以马尔科姆·麦克唐纳会长为首的英中文化协会执委会代表团

外交部部长黄华约见美国驻华大使伍德科克就美国国会参众两院分别通过关于美台关系立法议案表明中国政府的态度

黄华外长指出,中美建交时,美方明确承诺,承认中华人民共和国政府是中国的唯一合法政府,台湾是中国的一部分,美国人民将同台湾人民保持非官方关系。同时,美方还承认,解决台湾归回祖国,是中国的主权问题。可是,美国会参众两院通过的关于美台关系的立法议案,却在一系列问题上违反两国建交时双方同意的原则以及美方的承诺,实质上是企图在某种程度上保持美蒋"共同防御条约",继续干涉中国内政,使美台未来关系具有官方性质。对此,中国政府当然不能同意。如果这些立法议案按照目前的措辞获得最后通过,并经签署生效,这对中美两国刚建立的新关系是很有害的。

黄华外长最后表示,美国政府有责任运用自己的影响和职权,确保在处理美台关系的立法调整上不出现任何违反两国建交协议的事情。

文化部在北京饭店设宴欢迎美国波士顿交响乐团

文化部部长黄镇等同乐团团长小泽征尔、副团长托马斯·莫里斯,美中关系全国委员会会长阿瑟·罗森,美国驻中国大使伍德科克和夫人等,在宴会上进行了热情的交谈。

姚仲明副部长在祝酒时代表文化部和首都音乐界、文化界对波士顿交响乐团的来访表示热烈欢迎。他说,美国音乐家来华访问演出,必将为中美两国文化交流的进一步发展产生积极作用。小泽征尔团长说,波士顿交响乐团为这次来华访问演出感到非常兴奋。乐团很乐意同中国的同行们一起排练互相学习。

美国波士顿交响乐团3月15日在上海举行访问中国的首场演出。音乐家们在小泽征尔的指挥下,为上海听众演奏了欧洲古典乐曲,获得成功。

中国美协正式恢复工作

新华社报道,最近在北京举行的美协常务理事扩大会议宣布:中国美术家协会正式恢复工作。与会同志座谈了新中国成立30年来美术战线的经验,以及当前美术创作的情况和问题。对于美术工作如何为四个现代化服务的问题进行了热烈的讨论。大家满怀信心地指出,经受了"文化大革命"严峻考验的美术队伍,必须团结起来向前看,朝着四个现代化的宏伟目标阔步前进,在新的长征路上多做贡献。

《人民日报》发表文章《保护学生健康是一件大事——卫生部部长江一真答〈新体育〉记者问》

问:随着党的工作着重点的转移,各级学校正在加强教学工作。全国亿万学生都在为祖国实现四个现代化奋发学习。在这种大好形势下,我们想请您谈谈保护学生健康的重要性。

答:保护学生的健康,是我们各级各类学校和卫生部门都应当十分重视的一件大事。这个问题之所以重要,就在于这是涉及四个现代化的实现和我们培养什么样的接班人的问题。青少年时期既是长知识也是长身体的时期,不注意他们的"身体好",他们就不能健康地成长。一个青少年学生即使思想好,热爱科学,力求上进,如果身体不好,在校时,会严重影响他们去掌握现代科学知识,难以做到学习好;出了学校,走上工作岗位,也难以很好地完成党和国家交给的任务。这样的人怎能承担建设祖国、保卫祖国的艰巨任务呢?怎能接好四个现代化的班呢?因此,我们大家都要关心学生的健康问题,切不可等闲视之。

问：学生健康问题确实很重要，但与当前学校抓教学质量的提高，是否有矛盾呢？

答：我认为处理好是不会有矛盾的，而且实际上是互相促进的。只有保护好学生的健康，才能使学生精力旺盛，生气勃勃地学好各门功课。

为了适应四个现代化的需要，为国家多出人才，快出人才，学校狠抓教学，使青少年学生能多学一点，学好一点，这是完全正确的。对学校领导来说，应该是学生学习越紧张，越要关心和注意学生的身体健康，才能把这种高涨的学习积极性保持和巩固下去。有的学校贴过这样一副对联，上联“清晨书声琅琅”，下联“晚上灯火辉煌”，横批是“再掉一身肉”。上下联表达了学生高涨的学习情绪，但横批的提法就不妥，应该改成“注意身体健康”。提高学生的学习效果和学习成绩的办法，主要是改进教学方法，提高教学质量，而不能单靠给学生增加学时和增加作业。单纯增加学时和作业的办法效果是不好的，只能造成学生负担过重，得不到适当休息，影响学生的健康。根据一些学校反映，目前不少学生的体质下降，这个问题应该引起有关领导的高度重视。我们希望学校的领导同志，一定要注意青少年的生理和心理特点，一定要把长身体同长知识统一起来，做到一起抓。如果忽视长身体这一方面，就会造成严重的不良后果。我们一定要从国家的长远利益来看待这个问题。

问：要使学生“身体好”，为什么既要做好体育工作，又要做好卫生工作？

答：要使学生“身体好”，必须从加强学生身体锻炼和注意卫生保健两方面着手。体育是增加学生的体质，卫生是保护学生的健康，两者是互相促进的，只有从两方面着手，才能使学生做到身体好。卫生工作是预防疾病、增强学生体质的一个重要手段，从教学卫生、环境卫生、营养卫生、卫生教育以及传染病防治等各个方面来保护学生身体健康。现在有些地区学生近视、沙眼、龋齿、蛔虫、鼻炎、脊柱侧弯、神经衰弱、肝炎、结核等发病率有所上升，这些都影响着学生身体健康。因此学校领导必须同时抓好体育和卫生两个方面的工作，使它们密切配合，互相促进，更有效地增进学生健康。

问：对学校卫生工作有哪些具体要求呢？

答：学校卫生工作涉及的领域很广，有许多工作要做。如：要定期对学生进行体格检查，建立健康卡片，掌握学生的健康状况，采取各种措施，促进学生的身体发育成长；要切实做好学生中常见病和传染病的预防工作；要为学生创造良好的学习环境，美化校园，提供安静、通风、照明良好的学习条件，改进课桌椅、黑板、幻灯、电视和其他教学设备；要办好学生集体食堂，进行卫生监督和营养指导；要开展对体育课和课外锻炼的医务监督等等。

但在目前，首先要加强卫生教育，培养学生讲卫生的良好习惯。一个人的卫生习惯必须从小养成，这不但对预防疾病、保障健康有重要意义，而且对改变我们国家和民族的卫生面貌也有极其深远的意义。

其次，要加强保护视力工作，创造条件，降低近视眼发病率，校医，医院的眼科医生都要深入学校指导学生如何保护视力，学校领导、教师、家长都要督促学生注意用眼的卫生习惯。

最后，还要注意学生的睡眠问题。现在有些学生学习紧张，睡眠不足，患头痛、神经衰弱的不少。过去国务院有过规定，大学生每天要睡眠8小时，中学生8—9小时，小学生9—10小时。这个规定要认真贯彻执行。

问：怎么才能搞好学校卫生工作呢？

答：首先要拨乱反正，把“文化大革命”前行之有效的规章制度，如合理安排学生日常学习及生活的时间，改善学生伙食管理，定期体格检查，搞好学校清洁卫生等，国务院及有关部委早已有明确的规定，各单位要结合实际情况认真贯彻执行。

各级卫生防疫部门要切实加强学校卫生工作，选派有经验的医师从事这项工作，要协助学校配备、培养校医和保健教师。在政治上、业务上、生活上关心他们，保护这支队伍的稳定性。

各级医院要坚持“以医疗为中心扩大预防工作”的方针，主动关心学校的防病工作，尤其要做好预防近视和龋齿的工作。

学校的校医、保健教师要面向学生，认真贯彻“预防为主”的方针，开展卫生教育活动，实施卫生监督，做好预防接种、加强传染病管理、定期体格检查等工作，保障学生身体健康。

保证青少年学生的健康，与家庭的关系也很大，学生家长要同学校密切配合，为培养健康的新一代尽到自己的责任。

这里，我还要特别提到的是，应该关心和重视广大教师的健康问题。教师的责任很重，工作很辛苦，中年以上的教师，不少人健康状况不好。各级卫生部门要会同教育部门做好他们的保健工作。

最后祝全国学生身体健康，学习进步！

马纯古逝世

全国人民代表大会常务委员会委员、中华全国总工会副主席马纯古同志因病逝世，终年72岁。

马纯古同志是湖北省武汉市人，1927年1月参加中国共产党。解放前，历任中共北京朝阳大学支部干事和工人运动委员会委员，上海社会科学者联盟常委、党团书记，全国总工会上海执行局秘书，中共江苏省委工人运动委员会委员，中共上海纱厂临时工作委员会书记，中共上海工人运动委员会委员、书记，中央职工运动委员会委员，《中国工人》周刊、月刊责任编辑，中央民众运动委员会委员，中国共产党第七次全国代表大会代表，中共上海工人运动委员会副书记，中共上海市委副书记，中华全国总工会第六届执行委员会委员。全国解放后，历任中共上海市委委员、市人民政府委员会委员、市劳动局局长，上海市总工会执行委员，中华全国总工会国际部部长、书记处书记、副主席、党组副书记，第三、四、五届全国人民代表大会常务委员会委员。

3月17日

《人民日报》发表社论《中越争端的症结何在》

我广西、云南边防部队在完成自卫还击战斗任务之后，已于3月16日全部撤回到我国境内。全国人民同广西、云南边境地区各族人民一起，热烈欢迎祖国英雄儿女们胜利归来，并向他们致以崇高的敬意和亲切的慰问。

我边防部队的自卫还击，是在越南武装力量不断侵犯我国边境的情况下被迫进行的，是为保卫主权和领土完整而采取的正义行动。我们在自卫还击开始的时候，就公开宣布，这次行动是有限度的。我边防部队在战斗中打下了谅山、高平、老街等越南重要城镇，打击了越南侵略者的狂妄气焰，打破了它的不可战胜的神话。现在，我边防部队已全部撤回到我国境内。这个事实又一次向全世界证明，中国说话是算数的。我们不要越南的一寸土地，也不在越南留驻一兵一卒。我们要的只是一条和平与安宁的边界。

中越两国之间的边界是历史上早就划定了的，长期以来是一条和平与安宁的边界，本来不存在多大的争议，并不难解决。中越关系之所以急剧恶化，以至发展到如此严重的边境冲突，完全是越南当局在苏联社会帝国主义的支持下，奉行民族扩张主义和反华仇华政策的结果。这是问题的症结所在。

我们一贯主张，中越两国之间的争端应当通过谈判和平解决。在中国方面一再提出和平谈判建议之后，越南当局最近表示愿意谈判，这是应当欢迎的。但是人们注意到，越南当局在我宣布撤军之时，反而颁布了全国总动员令，强化战时体制，大造战争气氛。他们不断袭扰我后撤部队，炮击我边境地区，捏造种种无稽谎言，恶毒污蔑中国，疯狂煽动反华仇华情绪，叫嚷要同中国继续打下去。越南当局这些违反越南人民根本利益和愿望的倒行逆施，使人不能不怀疑它对通过谈判解决问题，究竟抱有多大的诚意。

中国人民是热爱和平的人民。中国信守诺言，撤回自己的边防部队，受到世界公众舆论普遍欢迎和赞扬，有力地揭穿了苏越大小霸权主义者散布的所谓中国“侵略”的谰言。全世界都看到，正是越南在苏联的怂恿和支持下，派遣十几万军队占领柬埔寨，至今赖在那里不走。越南对柬埔寨的赤裸裸侵略，粗暴地践踏了《联合国宪章》的国际关系的基本准则。全世界主持正义的国家和人民普遍要求越南侵略军从柬埔寨全部撤走，以保障印度支那地区各国的独立、主权和领土完整，维护东南亚的和平、安全和稳定。

中越之间的争端应当通过谈判解决，中越两国之间的关系应当恢复正常。这是中越两国人民的根本利益所在，也是东南亚和世界爱好和平的人民的共同愿望。为了达到这些目标，中国已经并将继续尽自己的努力，现在就看越南当局的态度。我们希望越南当局能够改弦易辙，放弃反华仇华立场，停止侵略扩张政策。如果越南当局坚持这种立场和政策，继续武装侵犯中国边境，我边防部队将坚决予以还击。越南当局何去何从，人们将拭目以待。

国务院在人民大会堂举行宴会欢迎布隆迪总统让—巴蒂斯特·巴加扎上校和夫人一行

李先念副总理和夫人林佳楣，乌兰夫副委员长，黄华外长等出席了宴会。李先念副总理主持了宴会，并在宴会上首先讲话。他赞扬布隆迪人民在前进道路上所取得的成就。他说，近两年来，布隆迪政府和人民在总统阁下的领导下，对外奉行不结盟政策，积极维护非洲团结，强调睦邻友好，反对外来势力干涉非洲事务，支持南部非洲人民的解放斗争和亚非各国人民的正义斗争；对内，布隆迪政府致力于国家的稳定和人民的团结，强调发展民族经济和民族文化，重视发展农业生产，取得了可喜的成就。

他指出，非洲大陆是一个战斗的、朝气蓬勃的大陆。目前，已独立的国家正致力于维护民族独立、发展民族经济和文化，建设自己的国家；南部非洲未独立地区人民反对种族主义、争取民族解放的斗争也正在胜利发展。但是非洲以外的大小霸权主义者在非洲不断地进行干涉、侵略、扩张和渗透，破坏非洲国家之间的团结，制造紧张局势，严重地干扰了非洲国家的和平建设和民族解放斗争。他说，严峻的现实已经使非洲国家警觉起来。越来越多的非洲国家正在加强团结、协调行动、反对外来干涉，要求让非洲人自己在非统范围内和平解决非洲的内部事务。团结反霸已经成为当前非洲形势的主流。他重申中国政府坚决支持非洲人民的正义斗争和正义立场。

李先念副总理说，巴加扎总统曾两次访华，早已是中国人民所熟悉和尊敬的老朋友。总统阁下这次访华，必将进一步巩固和发展我们两国的友好合作关系和两国人民之间的宝贵友谊。

巴加扎总统在讲话中说，中国人民30年来掌握了自己的命运，光荣地朝着经济、社会发展纪元向前迈进。我们相信，贵国一定能实现农业、工业、国防和科学技术的四个现代化，并在本世纪末建设成为强大、繁荣的社会主义国家。

他说，布中两国之间的合作是在良好的条件下进行的，双方互相尊重主权，这对我们两国人民都有利。我们对布中合作的进展感到高兴。我们相信这一合作将会进一步发展，以利于我们两国人民。

巴加扎总统的随行人员，布隆迪驻中国大使西蒙·萨宾博纳和夫人以及大使馆外交官员，应邀出席了宴会。

出席宴会作陪的有：政府有关部门、北京市革命委员会、全国妇联和对外友协的负责人何英、何正文、李克、陈洁、陶琦、李代耕、寿汉卿、胡昭衡、杨蕴玉、林默涵、李青川、张瑞霭、金照、李庄、刘敬之、王笑一、林丽韫、罗士高，中国驻布隆迪大使史梓铭和夫人。

国务院副总理邓小平 全国人大常委会副委员长宋庆龄出席美国波士顿交响乐团北京首场演出

演出是在红塔礼堂举行的。美国音乐家演奏了美国现代作曲家乔治·格什温的《一个美国人在巴黎》、中国作曲家吴祖强、王燕樵、刘德海的琵琶协奏曲《草原小姐妹》以及法国古典作曲家柏辽兹的《幻想交响曲》。在听众的热烈要求下，美国音乐家们加演了柏辽兹的拉科齐进行曲和中国的《白毛女》组曲选段。当琵琶协奏曲《草原小姐妹》演奏结束时，小泽征尔和刘德海，在全场观众的热烈掌声中紧紧拥抱。

邓小平副总理和宋庆龄副委员长在演出休息时，会见了乐团团长小泽征尔和乐团副团长托马斯·莫里斯、阿瑟·罗森等乐团主要负责人以及小泽征尔的母亲，同他们进行了亲切的交谈。

邓小平副总理和宋庆龄副委员长对波士顿交响乐团这次前来我国访问演出表示热烈欢迎。邓副总理说，这是中美两国关系正常化以后美国第一个艺术团到中国访问，表明中美两国人民间的交往在日益增多，这将有助于增进中美两国人民之间的了解和友谊。我们为此感到高兴。

小泽征尔团长说，邓副总理在美国肯尼迪中心宣布邀请波士顿交响乐团来访，我们对此感到非常高兴。我们到中国来，不仅为了演出，而且为了同中国音乐家一起工作，更重要的是两国音乐家之间能够进行交流，我们希望这种交流能继续下去。

美国音乐家今晚的演出，博得全场听众一阵阵长时间的掌声。演出结束时，邓小平副总理、宋庆龄副委员长等走上舞台，同小泽征尔以及美国音乐演奏家们亲切握手，祝贺他们演出成功。

文化部向波士顿交响乐团赠送了花篮。

出席今晚音乐会的还有有关部门的负责人黄镇、刘复之、周巍峙、姚仲明、章文晋、曾涛、毛联珏、吕骥、林林等。

国务院副总理方毅在北京会见以法国外交部顾问德·博斯为团长的法国大学校长代表团

国务院副总理王任重在北京会见美国农业部副部长戴尔·哈撒韦为团长的美国合作者计划代表团

全国妇联主席康克清在北京会见以布隆迪总统让—巴蒂斯特·巴加扎夫人以及其他随同来访的女贵宾

中国驻印度大使陈肇源就柯西金在印度猖狂反华挑拨中印关系向印度外交部提出交涉

新华社报道，最近，苏联部长会议主席柯西金利用访问印度的机会，在印度国土上猖狂反华，在印度议会、招待他的宴会、德里市民招待会、印度电视台等场合，多次公开指名谩骂中国“侵略”越南，并乘机挑拨中印关系。

中越关系的恶化，以至发展到如此严重的边境冲突，完全是由越南在苏联的支持下造成的。

柯西金对中国的谩骂，其目的无非是为了转移人们的视线，妄图掩盖苏越两个大小霸权主义者勾结起来在印度支那地区进行侵略和扩张的面目。

中国驻印度大使陈肇源在3月13日，在会见印度外交部联合秘书伦格纳坦时，已就印度允许苏联在印度国土上大肆反华一事向印度方面表示了遗憾。

西藏自治区司法机关决定宽大处理参加西藏叛乱的全部服刑人员

在拉萨市举行的宽大处理1959年参叛人员大会上，西藏自治区高级人民法院刑事审判庭庭长井玉章宣布西藏自治区司法机关决定宽大释放1959年参加原西藏上层反动集团发动的武装叛乱的376名罪犯；同时宣布，刑满就业后继续戴叛乱分子帽子和在社会上戴叛乱分子帽子监督改造的6000余人，一律摘掉帽子，发给摘帽通知书，并当场将印有藏汉两种文字的释放证发给在拉萨地区服刑的149人。这一天,昌都、日喀则和山南行政专署也召开大会,各行政专署中级人民法院也宣布宽大释放1959年参叛人员。至此,1959年在西藏服刑的参叛人员全部得到人民政府的宽大处理。

西藏自治区革委会决定对宽大释放的罪犯和摘帽人员一律给予公民权,安置就业,并发给每个释放的罪犯一套新衣服、必要的生活用品和一些零用钱,还组织他们参观农村、牧区、工厂和文物古迹。

西藏自治区革委会副主任洛桑慈诚主持了大会,自治区革委会副主任热地在会上讲了话。他说,西藏司法机关宽大处理参叛人员,这充分体现了党和政府对罪犯实行改造政策的胜利,也显示了社会主义祖国西南边疆的安定团结。

西藏自治区和拉萨市党政军负责人,全国政协副主席帕巴拉·格列朗杰,出席了大会。

《十老诗选》出版

新华社报道,由叶剑英同志题写书名的《十老诗选》,最近已由中国青年出版社出版,印数30万册,3月下旬开始在北京和全国各地新华书店发行。

这本诗集共选入10位革命老前辈的诗350余首。10位革命老前辈是:朱德、董必武、林伯渠、吴玉章、徐特立、谢觉哉、续范亭、李木庵、熊瑾玎、钱来苏。他们的诗,都是根据自己的亲身经历写成的,反映了革命前辈们在旧民主主义革命及其以后各个历史时期的革命活动。这本诗集既是文艺作品,又是我党我军的一部分宝贵历史资料。对广大青年读者比较生疏的续范亭、李木庵、熊瑾玎、钱来苏4老的情况,诗集都分别作了简要介绍。

《十老诗选》是中国青年出版社于1962年在董必武同志的热情赞助和具体指导下,着手选编工作的。其中朱德、吴玉章、徐特立、谢觉哉、熊瑾玎5位同志的诗是由作者自选的,董必武、钱来苏两位同志的诗是由有关同志选后经过本人核定的;林伯渠同志的诗是由家属初选后,经董老补充核定,陈毅同志过目的;续范亭、李木庵同志的诗是由家属选定的。周振甫同志为本书所作的注释,都经过作者本人或选诗同志改定。最近正式出版发行前,中国青年出版社又请有关同志或作者家属作了一些必要的修订。

中国运动员在东京获第一届世界业余围棋锦标赛前三名

在东京举行的第一届世界业余围棋锦标赛中,中国运动员聂卫平、陈祖德、陈嘉锐分别获得冠、亚军和第三名。

27岁的聂卫平是在先后战胜日本著名运动员安井一、南朝鲜运动员林宣根和中国运动员陈祖德后取得冠军的。

日本运动员村上文祥获得第四名,中国女运动员孔祥明获得第五名。

中央爱卫会在北京召开会议讨论1979年爱国卫生运动计划要点

1979年爱国卫生运动计划要点中强调指出,今年是新中国成立30周年,也是实现全党工作着重点大转变的一年,爱国卫生运动必须根据党中央的要求,认真组织和调动党政军民学各条战线、各个部门的积极性,进一步发动群众,开展以除害灭病为中心的爱国卫生运动,为我国的社会主义建设作出新的贡献。今年要集中力量抓好以下几项工作:

一、认真贯彻落实烟台会议精神,显著改变城乡卫生面貌,迎接国庆30周年。

在城市,主要搞好环境卫生,重点抓好垃圾粪便的无害化处理。京津沪、省市区所在地和对外开放的大中城市都要在今年国庆前,基本上改变脏、乱、臭的不卫生状况,其他城市也要做到基本清洁。其中,工业、饮食和学校卫生要作为城市卫生的重要环节来抓。

农村要坚持搞好"两管五改"为中心的卫生基本建设,重点搞好水改和粪管。农业、水利和物资供应部门要把这项工作列入各自的规划,有计划有步骤分期分批地改良厕所、水井、畜圈、炉灶和环境。一切有条件的地方都要大办沼气,推广三联通式沼气池。一时无建池条件的地区要逐步做到粪便无害化处理。此外,也要注意开展边疆和少数民族地区的爱国卫生运动。

二、除害灭病,保护劳动力的健康。必须采取治标兼治本为主的原则,紧密结合预防疾病进行。要集中力量抓好对人民健康威胁较大的传染病和地方病的防治工作。

会议由中央爱卫会副主任委员江一真主持。副主任委员康世恩、康克清、杨勇以及委员们也出席了会议。

3月18日

《人民日报》发表社论《全党要十分重视提高银行的作用》

银行工作是一门大学问。银行职工的责任重大,工作复杂。在实现全党工作着重点的转移中,充分发挥银行的职能作用,对于调整和发展国民经济具有十分重要的意义。新中国成立以来,银行广大职工辛勤劳动,做了大量的工作,为促进国民经济的发展,作出了应有的贡献。人们比喻银行为国民经济的“寒暑表”,全国的产品生产和分配的计算机关,是有道理的。但是,十几年来,由于林彪、“四人帮”极左路线的干扰破坏,银行的工作大大削弱了,银行的作用大大降低了。不少领导同志不懂银行工作的重要性,把银行看作是一个办理收收付付的“大钱库”,需要钱的时候才想到银行,有的甚至把财政资金和信贷资金混同起来,靠行政手段办事,做了许多违反经济规律的事。这种状况需要迅速改变,否则必然成为四个现代化的障碍。

我国的人民银行是国家管理金融的行政机关,又是办理信用业务的经济组织。它是国民经济的一个综合部门,是党和国家管理经济的重要杠杆之一。随着全党工作重点的转移,必须按照国家计划,充分发挥银行对各项经济活动的促进和监督作用,而银行的这种重大作用,是要通过银行工作人员的调查研究、综合反映以及加强信贷、现金、结算、外汇等管理工作来实现的。银行供应资金、组织结算等日常业务活动,必须结合各个经济发展阶段的特点,才能发挥有效的促进和监督作用。目前一部分工矿企业存在着占用资金过多,周转缓慢,原材料超储积压,产品销路不畅等问题。针对这些问题,银行应该加强信贷、结算管理,通过严格的管理,使银行的工作像一条坚韧的纽带,把国民经济的各个部门连贯起来。银行的业务活动愈开展,愈有力,它的职能作用越能更好地发挥出来,成为促进国民经济按比例高速度发展的有力工具。

银行和国民经济各部门有极为密切的关系。各种经济活动的变化,势必引起银行信贷、现金和结算情况的变化,并在银行的资金往来中反映出来。因此银行要通过自己的各项金融管理工作,为国民经济各部门服务,促进其发展,同时为国家守计划、把口子。银行对国民经济活动发挥这样的促进和监督的作用,从根本上来说,就是要按照客观经济规律办事。现在,林彪、“四人帮”的流毒和影响还要继续清除,银行工作要加强,银行职工要坚决按照经济规律办事,发挥支持生产的作用,再也不能掩盖生产、流通和财政收支中的矛盾,给国民经济的发展带来损害。例如,一些地方和部门,只顾局部利益,不顾全局利益,乱拉资金,乱搞摊派,用来搞计划外基本建设,拉长了基建战线,破坏了国民经济的综合平衡;一些生产企业,不计成本,粗制滥造,盲目生产,产品质量低劣,甚至根本没有使用价值,造成资金、物资、人力的巨大浪费;一些市场不适销的商品长期大量积压,生产部门还要继续盲目生产,商业部门还要继续收购,商品销不出去,大量资金不能周转,损失浪费惊人,等等。像这样一些企业单位,也要银行无条件地贷款支持,这怎么行呢?当然,对于这些企业和单位,我们的基本方针是促进,银行要同企业密切合作,主动帮助企业解决问题,促进企业改善经营管理,提高产品质量,扭转亏损,增加盈利。但是,对于那些做了工作以后情况仍然没有改进的企业,就必须运用经济手段给予必要的制裁。这样做的目的,是要先进的企业更先进,落后的企业赶上来,为社会多创造物质财富,这是真正的支持生产。我们必须下决心充分发挥银行这个强有力的杠杆作用,把我们工农业生产以及整个国民经济活动中的矛盾暴露出来,然后通过调整和整顿,改变那种看着一大批企业亏损而毫无办法的状况。

社会主义银行要充分发挥经济组织和经济手段的作用,一定要根据企业的不同情况,实行区别对待,择优扶植的原则。对完成国家计划好,执行合同好,经营管理好,信用好的企业单位,要按优惠条件贷款;对经营管理混乱,不按国家计划和经济合同办事,生产和收购不适销、不适用的产品,以及物资积压又不积极处理的企业单位,银行要管紧贷款,直至停止发放贷款。银行还要充分发挥利率这个经济杠杆的作用。目前,我国银行的利率不能充分体现出国家鼓励什么,限制什么,这方面的工作急需改革。我们要充分利用利率为国家筹集更多的资金,促进企业和银行加强经济核算,提高资金使用的经济效果。

为了有效地提高银行的作用,还必须相应地改革银行的管理体制。各级领导必须充分尊重银行工作的自主权,更好地调动银行职工的积极性。银行管理体制的改革,应当有利于银行对各项经济活动实行有效的促进和监督,有利于银行本身的经济核算,有利于银行干部的稳定。我们还要加强银行干部的业务学习,培养大批懂得业务的专家。要把熟悉银行业务的人才发掘出来,信任他们,让他们在工作中充分发挥作用。没有一大批懂行的专家,要充分发挥银行在整个国民经济中应有的作用是不可能的。

各级党委都要支持银行的工作。这些年,银行工作屈从于某些“长官意志”,对违反财经纪律和违背经济规律的事抵制不住,有人说银行像“豆腐”一样,这确实反映了一些地方的实际情况。我们认为,整个国民经济是“一盘棋”,各地区、各部门、各单位,包括银行在内,都必须严格遵守客观经济规律,严格执行国家计划,以全局利益为最高利益。正确的领导意见,银行要坚决保证实现。今后,不管是谁,包括任何领导人在内,如果不顾全局利益,任意破坏国家计划,违反财经纪律,都要受到抵制。在四个现代化建设中,银行职工要解放思想,敢于和善于同形形色色的官僚主义和违法乱纪行为作斗争,有效地保证国家的经济建设按照客观经济规律顺利进行。

中科院声学所副所长马大猷建议迅速订出改善城市噪声污染办法

新华社报道，马大猷在早些时候出席我国首次举行的全国环境声学学术交流会期间对新华社记者说，目前，北京的汽车辆数只有日本东京的1/15。工厂也不如东京多。可是，以交通噪声和工业噪声为主造成的城市噪声，北京却高于东京。这种现象极应引起重视，亟待订出改善的办法。

环境声学是国际上在70年代发展起来的一门新兴科学。它是一门把过去孤立进行的噪声控制、心理声学、生理声学研究内容有机地联系起来，形成研究噪声污染规律及其对人体健康的影响和噪声的产生、传播与控制的学科。在广州召开的全国环境声学学术交流会共收到我国各方面提供的学术论文和调查报告157篇。代表们认为，有的研究工作，如微穿孔板吸声结构的理论与设计应用，阻塞喷注湍流噪声理论与小孔、纱网消声器设计等，我国已达到国际水平，但从整个环境声学来看，与世界先进水平差距还很大。随着全党工作的着重点转移到社会主义现代化建设上来，我国环境声学的科研任务愈来愈重，必须迎头赶上。

根据许多国家的调查研究结果，交通噪声是城市环境噪声的主要来源，约占70%。我国各个有关科研单位，近年来对北京、上海、天津等城市交通噪声进行调查的结果表明，我国城市的噪声污染，已发展到相当严重的地步。这些城市的车辆数量、飞机来往数量都远低于纽约、伦敦、罗马、东京等城市，可是交通噪声却普遍高于这些外国城市。代表们反映，在上海、北京等大城市，环境保护单位收到的群众投诉信件当中，有关噪声污染的告状信件占了首位。北京有关部门1978年收到的群众有关噪声投诉信件，比1977年增加了1倍。同时，我国纺织、机械、冶金、造船、石油化工等行业的工业噪声也普遍偏高，都应加以重视，设法解决。

代表们在讨论中认为，只要各方面重视，噪声是可以较快地受到控制的。他们说，要清除林彪、“四人帮”施行“愚民政策”的流毒，使噪声污染的危害普遍为广大干部、群众所了解，在现代化建设中，共同为创造一个比较安静、美好、舒适的工作和生活环境而努力。

代表们指出，我国噪声降低的潜力很大。例如各城市把交通秩序管理好了，汽车不乱按喇叭，交通噪声的水平就可以下降6—7分贝。这在交通噪声控制上是很可观的。此外，随着社队企业的发展，不仅在城市，而且在农村，都将有愈来愈多的人依3班制的时间作息。不言而喻，这就不允许各单位随便安置高音喇叭，以利降低某些地方的环境噪声污染，保证夜班工人白天睡好觉。

代表们建议政府健全各级环境保护机构，制定环境保护法，颁布有关环境噪声各项标准和噪声控制的条例。

3月19日

中共中央转发教育部党组《关于建议中央撤销两个文件的报告》

《关于建议中央撤销两个文件的报告》指出，1971年8月13日中央转发的《全国教育工作会议纪要》提出的对教育战线17年的“两个估计”(即“文化大革命”前17年教育战线是资产阶级专了无产阶级的政，是‘黑线专政’；知识分子的大多数世界观基本上是资产阶级的，是资产阶级知识分子”)，是“四人帮”强加在广大教育工作者身上的精神枷锁，影响极坏。1974年1月31日中央转发的《河南省唐河县马振抚公社中学情况简报》，是“四人帮”出于篡党夺权的需要炮制的，并由此制造了许多冤案。

中央同意教育部党组的建议，决定撤销这两个错误文件，并要求肃清其流毒和影响。

国务院总理华国锋在北京会见布隆迪总统让—巴蒂斯特·巴加扎上校及其随行人员

李先念副总理参加了会见。

华国锋总理向巴加扎总统介绍了新中国成立前后的变化情况。他说：“布隆迪人民、非洲各国人民和中国人民，都是聪明勤劳的。只要他们摆脱帝国主义、殖民主义的侵略、剥削和压迫，自己掌握自己的命运，就一定能够在工业、农业、科学技术等方面，赶上发达的国家。”

华国锋总理指出，我们要争取一个和平的国际环境来进行经济建设，但这不完全取决于我们。我们需要提高警惕，必须坚决同霸权主义的侵略扩张行径进行斗争。让步和害怕是不行的。你越怕它，它就越得寸进尺。

华国锋总理说：非洲人民是已经觉醒了的人民。他希望非洲国家进一步加强团结，反对霸权主义插手非洲国家的事务。

华国锋总理说，中布两国的关系发展得很好，我们要进一步互相学习、互相帮助、互相支持。

巴加扎总统向华国锋总理介绍了帝国主义和殖民主义的长期压迫和掠夺给布隆迪人民所带来的深重灾难，以及布隆迪独立后的情况。他说：“在建设国家的事业中，布隆迪应该自力更生，任何外界力量都不能顶替我们自己。我们欢迎在尊重我们各项原则的基础上同朋友们发展合作，这有利于加快我们的建设。我们认为，中华人民共和国是我们的朋友。”

参加会见的布隆迪贵宾有：外交和合作部部长爱德华·恩赞比马纳中校，最高革命委员会委员欧仁·辛津卡约少校、洛朗·恩达巴内泽少校、西普里安·尼荣盖科准校，总统府秘书长塔尔西塞·鲁维基拉上尉，布隆迪驻中国大使西蒙·萨宾博纳等。

会见时在座的还有：我国外交部副部长何英，中国人民解放军副总参谋长何正文，外经部副部长李克，中国驻布隆迪大使史梓铭等。

国务院副总理邓小平在北京会见瑞士联邦委员 经济部部长弗里茨·霍纳格一行

会见时，邓副总理对瑞士朋友说，瑞士是同中国建交最早的国家之一，我们两国的政治关系很好，在发展经济合作方面也有着广阔的前景。邓副总理还阐述了我国的对外经济政策。

霍纳格部长表示，瑞士愿意同中国进行更密切和有成效的经济合作。

瑞士驻中国大使席望南参加了会见。

会见时在座的有，一机部部长周子健，外贸部副部长周化民，国家计委副主任甘子玉，贸促会主任王耀庭，中国驻瑞士大使李云川。

国务院副总理李先念在北京出席中国 布隆迪两国政府经济技术合作协定签字仪式

中华人民共和国政府和布隆迪共和国政府经济技术合作协定，下午在北京签字。

布隆迪总统让—巴蒂斯特·巴加扎上校和国务院副总理李先念等出席了签字仪式。

外交部部长黄华和布隆迪外交和合作部部长爱德华·恩赞比马纳中校，分别代表本国政府在协定上签了字。

国务院副总理李先念在北京出席布隆迪总统让—巴蒂斯特·巴加扎上校和夫人举行的答谢宴会

全国人大常委会副委员长乌兰夫、李先念夫人林佳楣等也应邀出席了晚上举行的宴会。

巴加扎总统和李先念副总理在宴会上讲了话。

巴加扎总统在讲话中对于他同中国高级领导人进行了建设性的友好会谈表示满意。他说："我们的会谈是在相互谅解和信任的气氛中进行的，这使中国人民和布隆迪人民的兄弟关系进入了更有决定意义的新阶段。"他说："我们对国家生活的看法和对重大国际问题的立场的吻合构成了这种相互协调的基础。"

巴加扎总统说："通过这次访问，我们亲眼看到了你们在各方面取得的巨大成就，同时也看到伟大的贵国人民为了国家的现代化已充分动员起来。"他说，"全世界正在关注着你们为建设一个社会主义现代化强国而进行的巨大变革。"

李先念副总理在讲话中指出，3天来，双方就共同关心的国际重大问题和进一步加强中布两国的友好合作关系进行了诚挚的友好会谈，取得了圆满的结果。他说："我们高兴地看到，我们两国在许多重大问题上都持有共同的或相似的观点。我们双方已签署一项新的经济技术合作协定。毫无疑问，总统阁下的这次访问对进一步发展两国友好合作关系，增进两国人民之间的友谊，作出了宝贵的贡献。"

应邀出席宴会的还有政府有关部门、北京市革命委员会、全国妇联和对外友协的负责人何英、何正文、李克、陈洁、陶琦、李代耕、寿汉卿、胡昭衡、杨蕴玉、林默涵、李青川、张瑞霭、金照、李庄、刘敬之、王笑一、林丽韫、罗士高，中国驻布隆迪大使史梓铭和夫人。

朝鲜民主主义人民共和国、非洲一些国家驻中国的外交使节，也应邀出席了宴会。

巴加扎总统的随行人员，布隆迪驻中国大使西蒙·萨宾博纳和夫人，出席了宴会。

《人民日报》发表评论员文章《苏越霸权主义不得人心》

3月16日，联合国安理会审议了东盟国家提出的关于东南亚局势的决议草案。东盟五国的这项提案，要求目前在东南亚地区发生冲突的有关各方把它们的军队撤回本国境内，立即停止所有的敌对行动，并按照尊重国家主权、领土完整和独立的原则，用和平手段解决争端。东盟国家的提案反映了它们对维护东南亚的和平与安全、防止霸权主义的侵略扩张的正当要求。这项提案获得安理会成员国压倒多数的支持，表决结果是13票对2票。由于苏捷两国投了反对票，特别是由于苏联再次滥用否决权，这项提案遭到无理否决。

苏联在安理会上滥用否决权，庇护越南侵略者，这是第二次了。今年1月15日，在安理会紧急会议上，孟加拉等7个不结盟国家提出的呼吁外国军队撤出柬埔寨的提案，也获得了安理会压倒多数13个成员国的赞成，但却遭到苏联的否决。安理会上两次13:2的投票结果，苏联的两次否决，充分说明苏越大小霸权主义者坚持侵略扩张，在世界上是何等的不得人心，它们的处境又是何等的孤立。苏越大小霸权主义者在全世界面前，用自己的实际行动，在它们自己放到东盟国家、不结盟国家、联合国大多数成员国和全世界人民的对立面。这是它们在政治上、道义上的又一次破产。

东盟五国提案尽管有其不足之处，但它的主旨是要求有关冲突各方把它们军队撤回本国境内；在中国信守诺言、已经从越南全部撤回自己的边防部队的情况下,这实际上就是要求越南侵略者从柬埔寨撤出其侵略军,而这正是坚持侵略的越南当局和它的后台老板苏联最为害怕的。东盟五国提案在安理会得到压倒多数成员国的支持。这个事实本身说明,世界上大多数国家和人民站在柬埔寨人民一边。这对于正在英勇抗击越南侵略者的柬埔寨人民,在政治上是一个有力的鼓舞。

苏联在安理会上一再否决不结盟国家和东盟国家提出的有关东南亚局势的提案,表明它蓄意无视这些国家维护国际和平与安全,维护民族独立和国家主权、领土完整的正义要求,一味追求苏联自己和它的走卒越南在东南亚的侵略扩张的利益。

越南民族扩张主义者和地区霸权主义者在苏联大力支持下,侵略柬埔寨,控制老挝,拼凑"大印度支那联邦",充当"东方的古巴",为苏联建立"亚安体系"效劳。越南的侵略行径,绝不是一个孤立的局部的问题,而是苏联以越南为基地,加紧向亚太地区扩张的一个严重步骤,是同苏联在西亚、波斯湾地区的推进互相配合的,是苏联争夺世界霸权和全球战略优势的重要一环。"东方的古巴"的这种侵略势头如果不加制止,势必会直接危及东盟各国自身的独立与安全,危及东南亚和亚太地区的和平与稳定。因此,越南侵略柬埔寨,引起了东南亚国家的严重不安。

越南对柬埔寨的武装侵略,也是对不结盟运动基本原则的根本违背和破坏。严格尊重各国的主权平等和领土完整,不干涉别国事务,不允许任何国家对其他主权国家进行武装干涉和侵略,是不结盟运动的基本原则。民主柬埔寨是一个拥有完全独立和主权的不结盟国家。如果容许自称是不结盟国家的越南侵略和兼并柬埔寨,并且通过侵略把柬埔寨纳入越南同苏联结成的军事同盟之内,不结盟运动的基本原则将被破坏无遗。这理所当然地引起不结盟国家的严重关切。

东盟五国提案虽然被苏联悍然否决,但是公理正义自在人心。苏联否决不了世界各国人民要求制止越南侵略柬埔寨的共同愿望,否决不了东盟国家、不结盟国家、联合国大多数成员国维护《联合国宪章》的宗旨、原则和公认的国际关系准则的坚强意志,更否决不了柬埔寨人民反抗越南侵略者的不可动摇的战斗决心。越南当局如果不早日把它的侵略军撤出柬埔寨,那么,毫无疑义的是,英雄的柬埔寨人民将在世界各国人民的同情和支援下,用人民战争的铁拳把侵略者一个不剩地从柬埔寨国土上赶出去。

国务院副总理陈慕华离开新西兰到斐济进行正式访问

外交部照会越南外交部建议举行中越副外长级谈判

照会说:"一、越南社会主义共和国外交部3月15日的照会,捏造谎言,恶毒诬蔑中国边防部队,并甚至无端诽谤中国方面移动界碑、改变'历史边界线'。谈判还未举行,越南方面就肆意制造种种离奇谎言疯狂煽动反华仇华情绪,为谈判设置严重障碍,对越南方面这种缺乏诚意的态度,中国方面深表遗憾。

"二、为了解决两国间存在的争端,恢复两国的正常关系,和确保中越边境地区的和平与安宁,以利维护中越人民的传统友谊,中国政府曾一再建议中越双方迅速举行谈判。现在越南方面同意谈判,我们表示欢迎。

"中国政府具体建议:中越双方副外长级的谈判于3月28日左右开始,谈判地点可在两国首都北京和河内轮流举行,为了表明中国方面的诚意,第一轮谈判可以先在河内进行。中国方面将派出以外交部副部长韩念龙为首的中华人民共和国政府代表团。建议双方讨论有关恢复两国关系正常化、维护两国人民传统友谊的措施,商谈确保两国边境地区的和平与安宁;并进而解决有关边界和领土问题的争议;解决存在于两国之间的其他争端。

"三、中国政府一贯十分珍视和努力维护中越两国人民之间的传统友谊,主张通过谈判解决争端。中国方面希望,越南方面能以中越两国人民的传统友谊为重,改变反华仇华的错误政策,停止对中国的武装挑衅和入侵活动,以利于谈判的进行。"

外贸部部长李强在新加坡受到新加坡总统本杰明·亨利·薛尔思和总理李光耀接见

教育部部长蒋南翔在北京会见并宴请美国华盛顿天主教大学张捷迁教授和夫人

中美两国音乐家在北京联合演出

中美两国217位音乐家在小泽征尔指挥下,联合演奏了贝多芬的c小调第五交响曲,使波士顿交响乐团对中国为期一周的访问演出在激动人心的热烈气氛中圆满结束。

国务院副总理方毅,外交部部长黄华,文化部部长黄镇等在一片欢呼声中走下主席台,同小泽征尔指挥和波士顿乐团第一小提琴约瑟夫·西尔沃斯坦,以及中美两国音乐家热情握手,对于他们出色的演出表示热烈的祝贺。

出席音乐会的还有文化部副部长周巍峙、贺敬之、王阑西、姚仲明,北京市革委会副主任白介夫,对外友协副会长侯桐，中央乐团团长李凌等。

美国驻中国大使伍德科克和夫人，小泽征尔的母亲，也出席了音乐会。

3月20日

《人民日报》发表评论员文章《对人的处理要慎重》

我们党历来主张，对人的处理要慎重、稳妥，缩小打击面，扩大教育面，团结大多数。

在"文化大革命"中，各地都有一些干部，由于种种原因，程度不同地犯过这样那样的错误。粉碎"四人帮"后，经过两年多来的揭批查运动，犯错误的干部受到了深刻的教育，绝大多数有了不同程度的进步，已经或正在回到党的正确路线上来。这是值得欢迎的。现在，全党工作的着重点正在转移到社会主义现代化建设上来。为了团结一切可以团结的力量，加速实现四个现代化，各级党组织应当坚决按照党中央的方针政策，慎重、稳妥地把犯错误干部的问题处理好。

对人的处理要慎重，首先要坚持实事求是的原则，在充分调查研究、弄清事实的基础上，严格区分两类不同性质的矛盾。对于证据确凿，罪行严重，不肯悔改的"四人帮"死党，以及其他进行破坏活动的反革命分子，民愤很大的刑事犯罪分子，一定要给以坚决打击，不能心慈手软。这是十分必要的。但这种人只是一小撮。而对于犯有路线错误的干部，则应当一看二帮，坚持"惩前毖后，治病救人"的方针。这里有两种不同的情况，一种是违背"三要三不要"基本原则，参与了林彪、"四人帮"篡党夺权阴谋活动的人，以及严重违法乱纪的人，这是少数，错误的责任主要在他们自己；另一种是由于主要领导人在路线上出了问题，跟着犯了错误的人，这是多数，责任主要在领导。即使是前者，只要不是坚持错误、不可救药的分子，也要着重于教育和挽救。如果犯思想错误、路线错误的同敌我矛盾性质的一时分不清楚，宁可先按人民内部问题对待，留有余地，掌握主动，决不可"宁'左'勿右"，以感情代替政策，把自己人和可以争取改造的人推到敌人一边。林彪、"四人帮"把一些同志的个别错误随意夸大，无限上纲，甚至硬打成反革命，混淆敌我，打击一大片，给党的事业造成严重损害，这个教训应当牢牢记取。

对人的处理要慎重，就要坚持马克思主义的科学分析方法。延安整风期间，毛泽东同志在我们党清算王明路线时指出，处理历史上的路线斗争问题，应着重于分析当时的环境，当时错误的内容，当时错误的社会根源和思想根源，而不应着重于一些个别同志的责任方面。我们党同林彪、"四人帮"的斗争十分尖锐复杂，许多同志的错误是在特殊的历史条件下产生的，今天处理这类问题，尤其应当注意全面地细心地分析当时的历史情况。凡是迫于当时的形势，违心地做过错事，或者思想被搞乱了，跟着犯了错误的同志，对他们不是追究个人责任的问题，而是着重帮助他们分清路线是非，总结经验教训的问题。同时还要注意，各人的地位、处境和条件不同，所犯错误的情况也各不相同，一定要具体分析，区别错误大小，情节轻重，态度好坏，作出合乎实际的判断和处理。对每一个犯错误的同志，特别是对那些革命几十年的老同志，那些有能力、有干劲、有成绩也有错误的同志，一定要分析他们的全部历史和全部工作，全面衡量其功过是非。不能单凭一时一事的表现，就否定一个干部的一切，而只应否定错误的东西。历史经验证明，只有采取这种实事求是、具体分析、区别对待的态度和方法，才能做到合情合理地解决问题，既使犯错误的同志口服心服，又使大家受到教育，真正达到弄清思想、团结同志的目的。

我们是共产党人，对待一切危害党和人民利益的错误东西，应当是无情的、严肃的，但是，对待犯错误、摔跤子的同志则应当是有情的，重在教育，也就是要实行"惩前毖后，治病救人"的方针。懂得这个辩证法，才能自觉地按照允许犯错误、允许改正错误的原则办事；在组织处理时，对犯错误的好人采取宽恕的态度，实行从宽的政策。凡是可处分可不处分的，不处分；可轻可重的从轻处分。特别是涉及定什么"分子"，开除党籍、公职，逮捕法办，以及降级降薪的，更要慎之又慎。毛主席、党中央处理王明、张国焘和高岗、饶漱石问题的做法，为我们正确处理犯错误干部提供了十分成功的范例。这些人的问题的性质是很严重的，但只要犯错误的人善于自处，不走绝路，愿意悔改，都一律给予在实践中认识错误、改正错误的机会和时间。事实证明，这样做，有助于调动一切积极因素，对党、对犯错误的干部本人都是有益的。但是，这些年来，党对犯错误干部的传统政策，受到了林彪、"四人帮"的严重破坏，有些老同志忘记了，许多新同志又不了解。现在，我们一定要把党的这个好的传统恢复和发扬起来，坚决摒弃林彪、"四人帮"采取的那种动辄双开除，把人一棍子打死的错误政策。犯了错误的同志，只要诚恳检讨，决心改正，我们就应当欢迎，热情帮助他们尽快地从错误中解脱出来，鼓励他们继续大胆工作。有的人错误确实很严重，一时难以取得群众谅解，可以调出来学习，或者免职下放，其中身体较好的，可以一面参加适当体力劳动，一面做点基层工作；有些来自生产岗位不久、又不适宜做领导工作的，可以回到生产中去。对这部分干部暂时先这样处理，过一段时间以后，再根据本人表现和新的情况作最后的结论处理，比现在匆忙作组织处理,效果会好得多。

对犯错误的干部实行这样的政策,是不是放弃原则,不分是非,宽大无边呢?不是。思想批判从严,组织处理从宽。我们党对犯错误同志的组织处理,历来是在严肃的思想斗争的基础上进行的。无论对什么人,以前的错误一定要揭发,一定要用科学的态度进行分析批判,决不讲情面,决不含糊敷衍。这样做的目的,是为了促使犯错误的同志“泌然汗出,霍然病已”。在揭批查运动中,许多地方和单位联系实际开展整风,开展“三大讲”,要求犯错误的同志说清问题,就是这样做的。当然,思想批判从严,决不是无限上纲,乱扣帽子,乱打一顿,而是坚持摆事实,讲道理,以理服人。要求犯错误的同志老老实实地检讨错误是应该的,但也要允许人家说明情况,提出自己的看法。如果一听到申辩和保留意见,就不问青红皂白,一概斥之为“态度不老实”,这无助于弄清问题,也达不到对症下药、治病救人的目的。当然,犯错误的同志应当虚心接受组织和同志们的教育和帮助,认真检查和改正错误。

谨慎稳妥地处理犯错误干部的问题,是一项十分严肃的工作,要努力做好,不可做坏。各级党委,特别是主要负责同志,一定要加强领导,走好群众路线,避免官僚主义。解决每一个犯错误干部的问题,都要重证据,重调查研究,正确执行政策,注意商量办事,做到处理得当,切不要一个人或少数几个人说了算。要把过细的思想工作贯穿于解决问题的始终,特别要教育每个犯错误的同志,自觉进行自我批评,认真总结经验教训,不要文过饰非,不要讳疾忌医。问题解决了,包袱放下了,就应当振奋精神,努力工作,在建设社会主义的现代化强国的斗争中,为党为人民立新功,补旧过,不辜负党组织和同志们的期望。

经国务院批准广东宝安县珠海县 分别改为省辖市——深圳市 珠海市

国务院副总理王震在北京会见以赫尔曼·约尔丹教授为团长的联邦德国航空航天研究试验院访华团

国务院副总理康世恩在北京会见以中安闲一为团长的日本三和企业集团友好访华团

访华团是由三和企业集团的16家大企业的主要负责人组成。

会见时,双方探讨了扩大贸易关系和经济技术合作的可能性。

会见时在座的有贸促会主任王耀庭、副主任李川等。

全国人大常委会副委员长廖承志在北京会见由院长安内·因突波提率领的泰国社会福利院代表团

全国总工会主席倪志福在北京会见以索马里工会总联合会主席马哈茂德·阿里·阿哈迈德率领的索马里工会代表团

外交部副部长韩念龙前往孟加拉国驻中国大使馆代表中国政府吊唁孟加拉国高级部长马希·拉赫曼逝世

国家体委主任王猛在北京会见法国国际奥委会委员埃尔佐克

四机部副部长 中国电子学会副理事长刘寅在北京会见并宴请以加拿大通信部 无线电与雷达分部总主任巴林顿为团长的加拿大电波传播代表团

中国新任驻土耳其大使王越毅在安卡拉向土耳其总统法赫里·科鲁蒂尔克递交国书

社会学研究会在北京成立

新华社报道,最近举行的社会学科研人员座谈会上,社会学界知名人士和来自北京、上海、广州、南京、成都等地的社会学工作者60余人,经过认真讨论,一个新的群众性学术团体——社会学研究会宣告成立。

我国的社会学的教研工作,从1952年高等学校院系调整时被撤销,1957年反右派斗争中又受到批判,中断了20多年。

中国社会科学院院长胡乔木、副院长于光远出席座谈会,并讲了话。胡乔木说,否认社会学是一门科学,用粗暴的方法禁止这门科学的存在和发展是错误的。他强调指出,马克思主义关于历史唯物主义的学说,为我们研究社会生活、社会现象、社会发展,在广大的范围内提供了根本的观点、原理和方法。但是,历史唯物主义并没有也不能代替各种社会科学。各种具体的社会科学还是要专门研究的。他说,社会学要研究的东西很多,既要研究实际的问题,又要研究理论的问题,不仅要研究本国当前的社会问题,还要研究外国的社会问题,但就研究的迫切性来说,实际问题的研究更重要一些,应放在更重要的地位。他告诉到会同志,中国社会科学院决定成立社会学研究所,并希望有条件的大学设立社会学系。他鼓励大家为发展我国的社会学研究而努力工作。

这次座谈会讨论通过了《社会学研究会工作条例(草案)》,确定了今后的工作方针和计划。并选举费孝通为社会学研究会会长,田汝康、杜任之、陈道、李正文、罗青、林耀华、雷洁琼等为副会长,理事30余人;还聘请陈翰笙、吴文藻、李景汉、洪廉、吴泽霖、言心哲、柯象峰、李安宅等为顾问。

《故宫博物院院刊》复刊

新华社报道,深受有关专业工作者和广大读者喜爱的《故宫博物院院刊》,已于最近复刊。由文物出版社出版,国内版由全国各地新华书店发行,国外版由国际书店发行。

全国科教电影展览在北京开幕

科教电影工作者、科学家、有关方面负责人,以及首都各方面科教电影爱好者1000多人出席了开幕式。开幕式由文化部电影局负责人钱筱章主持。文化部副部长司徒慧敏、农业部副部长朱荣先后讲话,全国科协副主席茅以升、北京科学教育电影制片厂编导李昭栋也讲了话。

这次全国科教电影展览是由文化部、农业部、全国科协联合举办的。展览期间,全国城乡将集中放映50多部近年来摄制的比较优秀的科教片。城市以科学普及片为主,展览1周左右;农村以农业技术推广片为主,配合春耕生产,放映活动将进行1个月。

大型色彩《实用解剖图谱》四肢分册上册由上海科学技术出版社出版

新华社报道,即将出版的这部色彩解剖图谱,是用逼真的颜色绘制的人体各种结构状态及各部位之间互相关系和作用的画面集。这种图谱是供医生临床诊断和治疗疾病使用的工具书,是我国第一部大型色彩实用解剖图谱。

长期以来,我国都是使用黑白线条图谱或沿用国外的色彩图谱,不能满足教学和医疗的需要。中国医科大学图谱编写组根据我国的人体形态结构编绘的色彩《实用解剖图谱》,包括头颈、躯干、四肢3个分册,每个分册又分上下2册,共6册。即将出版的是整个图谱的第一册,共有658幅图稿,描绘的是人体上肢部位。另5册将陆续出版,预计在1985年出齐。参加审稿会的一些医学家认为,这部图谱的编绘出版是我国医学科学领域里的又一重大成果。

这项编绘工作是从1975年年初开始的。中国医大图谱编写组的同志为了考查和研究我国人体形态结构,先后查阅了大量国内外文献,多次解剖了新鲜材料。同时,他们走访了北京、上海、湖北、湖南、河南、河北、吉林等省、市的30多个医科院校和医院,获得了这些单位多年积累的切片、照片、X光片等珍贵资料。

这个图谱编写组在编绘这部大型图谱前,还编绘了《人体解剖图谱》普及本,于去年荣获全国科学大会颁发的重大科研成果奖状。

江西瑞金举行万人大会纪念中央革命根据地创建50周年

参加大会的有来自全省各地的军民代表,红军老战士、老干部代表,原中央革命根据地所属福建、江西21个县的代表,以及瑞金县的干部、群众共1万多人。

在纪念大会上,中共江西省委书记杨尚奎讲了话。他热情赞颂了党和毛泽东同志用马列主义建设党,建设人民军队,建设中央革命根据地的丰功伟绩。

北京市9个路口试行交通自动指挥

北京市在北新桥、东四十条西口、东四、灯市东口、东单、崇文门、花市、蒜市口、红桥9个路口,开始试行“交通自动指挥仪”信号灯指挥交通。

交通自动指挥,是把“红、黄、绿”三色信号灯放灯时间的比例调好之后,由指挥仪定时自动变换灯色指挥交通。实行这种自动指挥,路口停车等绿灯的时间大大缩短。

3月21日

中共中央政治局召开会议讨论1979年计划和国民经济调整问题

3月21日至23日,中共中央政治局召开会议,讨论1979年计划和国民经济调整问题。此前,中央领导人和有关部门已经对这一问题作了比较充分的酝酿。针对1979年计划中留有很大物资缺口的问题,陈云曾于1月1日和5日两次批示:“我认为不要留缺口,宁肯降低指标,宁可减建某些项目。”“有物资缺口的,不是真正可靠的计划。”1月6日,邓小平批示:“我们要从总方针上来一个调整。”“今年计划有些指标要压缩一下,不然不踏实,不可靠。”根据陈云和邓小平的意见,国家计委会同有关部门对1979年国民经济计划进行了调整。对这个调整过的计划,政治局会议进行了讨论。陈云提出:我们搞四个现代化,要讲实事求是,先要把“实事”搞清楚。我国有9亿多人口,80%在农村,革命胜利30年了还有要饭的,需要改善生活。我们是在这种情况下搞四个现代化的。现在比例失调的情况相当严重,最好有3年的调整时间。23日,邓小平在会上发表讲话。针对在“左”的指导思想影响下,两年来国民经济比例失调更加严重的情况,邓小平指出:中心任务是3年调整。这是个大方针、大政策。经过调整,会更快地形成新的生产能力。这次调整,首先要有决心,东照顾、西照顾不行,决心很大才干得成。

要看到困难，把道理讲清楚，把工作做充分。过去提以粮为纲、以钢为纲，是到该总结的时候了。一个国家的工业水平，不光决定于钢。钢的水平，也不光是由数量决定的，还要看质量、品种、规格。钢铁要抓质量，抓尖端的。谈农业，只抓粮食不行，还是要因地制宜，农林牧副渔并举。人口增长要控制。争取到1985年把人口增长率降到10‰以下，降不到这个水平不行，国家负担不起。在这方面，应该立些法，限制人口增长。邓小平还说：我同外国人谈话，用了一个新名词：中国式的现代化。到本世纪末，我们大概只能达到发达国家70年代的水平，人均收入不可能很高。会议原则同意了国家计委对1979年国民经济计划进行的修改和调整，决定用3年时间调整国民经济。

中共中央 中央军委同意解放军总政治部《关于为“总政阎王殿”等冤案彻底平反的请示》《关于为“总政阎王殿”冤案彻底平反的决定》和《关于为“谭政反党宗派集团”冤案彻底平反的决定》

所谓“总政阎王殿”等案件，是林彪、“四人帮”为了实现其反军乱军、篡党夺权的目的，在解放军总政治部制造的冤案。

4月2日，解放军总政治部召开了平反大会。

国务院副总理邓小平在北京会见以会长马尔科姆·麦克唐纳率领的英中文化协会执委会代表团

邓小平副总理上午会见英中文化协会执委会代表团时，就中国实现四个现代化、民主集中制以及一些国际重大问题，同英国朋友们进行了广泛的交谈。

邓小平指出：我们定的目标是在本世纪末实现四个现代化。我姑且用个新说法，叫作中国式的四个现代化。现在我们的技术水平还是你们50年代的水平。如果本世纪末能达到你们70年代的水平，那就很了不起。我们的方针是大量吸收引进西方先进技术，甚至资金，这样做发展可能快一些。我们还要善于吸收，善于使用，善于管理。还指出：我们的原则是民主集中制。过去一个时期，确实发扬民主不够，不利于调动人民的积极性。因此，在一个时期内，要着重强调发扬民主这一面。这方面也会出现问题，而且已经有些问题，这是预料到的，并不奇怪。我们不能因为出现这些问题就不发扬民主。另一方面，我们也要加强法制，做广泛的教育工作。任何一个国家没有法制是不行的。

78岁的麦克唐纳先生多次访问中国。英国驻中国大使珀西·柯利达参加了会见。会见时在座的有对外友协副会长楚图南、谢邦定，外交部部长助理宋之光。

国务院副总理耿飚在北京会见阿曼苏丹国首任驻中国特命全权大使易卜拉欣·哈穆德·苏卜希

国务院副总理康世恩在北京会见以雷诺国际公司主席吉·路易斯为团长的美国雷诺国际公司代表团

团中央 全国科协 教育部号召全国少年儿童响应常州市少先队员提出在全国少年儿童中开展“我们爱科学”活动的倡议

新华社报道，最近团中央等3部门发出的通知说，实现四个现代化，关键是科学技术现代化。少年儿童是发展我国科学技术事业的后备力量，抓好对他们的科学普及教育工作，是培养大批科技人才的重要一环。开展“我们爱科学”活动，可以丰富和活跃少年儿童的课外生活，有助于德、智、体全面发展。常州市少先队员倡议的“我们爱科学”活动是一项意义深远的活动。因此，各有关部门要密切配合，加强对活动的领导；要根据少年儿童的特点，注意区别城市和农村的不同情况，因地制宜，提出切实可行的要求；要做好少年儿童科技图书的供应工作，开辟活动场所，解决活动资料和科技制作材料，为开展活动创造条件，使“我们爱科学”活动在少年儿童中广泛开展起来。

《中华文史论丛》发表胡适关于《水经注》校本研究的部分论著和书札

新华社报道，这些论著和书札，保存在上海图书馆馆长顾廷龙手里已有30年了，国内从未发表过，最近，顾廷龙把这些资料献给了《中华文史论丛》编辑部。

《水经》是我国古代第一部记述河道水系的科学专著，对研究我国的历史、地理以及文学有着重要作用。北魏的郦道元在《水经》的基础上撰成《水经注》，明清以来从事《水经注》研究的人很多，出现了各种版本。胡适晚年主要致力于《水经注》版本的考证。有关人士认为，他的某些见解，有独到之处。这次发表的是胡适离开祖国大陆前（1948年至1949年春）写的6篇学术论著。同期发表的还有胡适关于研究《水经注》版本写给徐森玉、顾廷龙（赵潜）、陈垣（援庵）先生的8封书札，共计4.8万余字。

3月22日

《人民日报》发表社论《地质工作要以找矿为中心》

在社会主义现代化建设中，地质工作是一项具有战略意义的工作。无论兴建铁路、水利工程，还是建设冶金、建材、化工以及燃料、动力等重大工业项目，首先都要地质部门查明地下情况，探明矿产资源。正如毛泽东同志所指出的：地质部门是个侦察部门——地下情况的侦察部门。

30年来，社会主义建设实践证明，地质工作必须比生产建设提早5年或10年。到本世纪末实现四个现代化，还有22年的时间，但对地质部门来说，为本世纪末实现四个现代化找到足够的资源，就必须在10年或者略多一些时间内完成。在这个时间内，需要完成比过去30年大几倍、十几倍的任务。随着全党工作着重点的转移，经济建设的步伐加快，已经探明的矿产资源不能满足建设需要的矛盾更突出了。地质战线的广大职工一定要提高认识，团结一致，勤奋努力，多找矿，找大矿，找富矿，以尽可能快的速度，改变地质工作与现代化建设不相适应的局面。

全党工作的着重点转移到社会主义现代化建设上来，从地质战线来说，就是要以找矿为中心，提高地质调查研究程度为基础，多快好省地取得地质成果为目的，保证为实现四个现代化提供充足的矿产资源和地质资料。这是地质工作者的根本指导思想。前些年，由于林彪、“四人帮”的干扰破坏，在地质部门刮起了一股批判所谓“地质技术业务中心”论的歪风，胡说这是妄图把地质队伍引向只顾业务、不问政治，只管生产、不问阶级斗争的邪路。流毒所及，许多地质领导部门不敢抓业务技术，地质队不敢讲基本任务是找矿，技术人员不敢钻研地质科学技术。这种状况，严重地影响了地质工作的正常进行，损害了国家的社会主义建设。地质部门离开寻找矿产资源和提供地质资料这个中心工作而谈政治，是货真价实的“空头政治”。地质部门的各级领导要坚定、果断地把地质工作转移到以找矿为中心上来。要用5/6的时间和精力抓地质技术、业务工作，建立强有力的生产指挥系统，第一把手要亲自抓，所有领导成员不论分管哪一方面工作，都要关心和熟悉地质业务，使自己逐步成为内行。

地质工作是对地下情况和矿产资源进行调查研究。各个地区的地质条件和矿产储存情况是客观存在的自然现象，一个地区有没有矿，有这种矿还是那种矿，是不以人们意志为转移的。人们只能通过实践，逐步发现它，认识它，利用它。在林彪、“四人帮”横行的日子里，有的地区和单位动辄乱批“无矿论”，单凭主观愿望和“长官意志”，要求在指定的地区找到指定的矿产，只能说有，不能说无，只能说大，不能说小。结果，坚持实事求是的受打击，说假话、说大话、搞浮夸的受表扬。这就使得不少有才学的地质技术人员有话不敢讲，有意见不敢提，在一些没有什么成矿希望的地区，长期投入大批人力、物力；在有希望的地区的工作，却长期上不去。这种劳民伤财、得不偿失的蠢事，要永远引以为鉴。地质工作的探索性很强，在规律没有摸清、矿产没有查明之前，即使水平很高、经验丰富的人，也可能一度作出不符合客观实际的推断，动不动就给人家戴上一顶“无矿论”的帽子，有碍于发扬技术民主，繁荣地质科学，这是完全错误的。

我们要在广大地质工作者中，提倡做艰苦细致的工作，严格按照地质工作的客观规律办事，坚持实事求是地评价矿藏，不要在工作程度不够的情况下，轻率地作出肯定或否定的评价。要认真分析研究不同地区的成矿地质条件，做好主要矿种的成矿远景区规划，因地制宜地部署地质工作，把地质工作的任务、计划安排，建立在客观地质条件可能的基础上。要反对任何领导机关和任何人瞎指挥，基层组织和群众对瞎指挥有权抵制。对由于瞎指挥所造成的损失，有关人员一定要承担经济和法律责任。

把地质工作转到以找矿为中心上来，当前很重要的一点，是要改革地质工作的管理体制和管理方法，用科学方法和经济手段管理地质部门的经济活动，使管理体制和管理方法适应地质工作的特点，符合客观经济规律，讲究经济效果。长期以来，我国地质部门基本上是用行政手段进行管理，地质机构按行政区划设置，而大地构造单元和矿产的分布却不以行政区划划分，过去的做法，使地质工作“画地为牢”，束缚了地质工作者的手脚，影响了地质事业的发展。在地质部门内部，把工作性质各异的地质调查研究和探矿工程施工扭在一起，也严重影响了地质科学技术的进步和劳动生产率的提高。这些问题都亟待解决。有些问题，地质工作内部适当加以调整就能够解决；有些重大问题，则需要国家有关部门和省、市共同研究解决。还要按照专业化分工的原则，改组地质队伍，筹建有关专业公司，以适应地质工作高速度发展的需要。

地质工作要为四个现代化多做贡献，必须加强地质队伍的建设。要按照现代化建设的要求，充实各级领导班子，把有实践经验、又红又专的优秀人才，特别是在业务技术上有专长的专家和技术干部，大胆地提拔到各级领导班子中来。在党委成员中增加精通业务技术的内行和专家的比重。地质部门广大科技人员，常年从事野外作业，跋山涉水，艰苦奋斗，既是脑力劳动者，又有很多体力劳动，他们在地质工作中起着主导作用，是重要依靠对象。林彪、“四人帮”批判的所谓“专家路线”，纯属诬蔑。我们一定要充分发挥广大地质科技人员和专家的作用，注意倾听他们的意见，向他们学习，为他们创造较好的工作条件。实现地质工作现代化，必然会遇到许多新课题，要在地质战线全体职工当中，树立找矿光荣、钻研技术光荣的思想，形成学习地质技术业务的风气，并在时间和物质条件上给予保证。各级领导干部应该十分关心地质职工的生活，对于他们生活中的实际问题，要切切实实地逐步解决，使广大职工无后顾之忧，把更多的精力集中到找矿上来。要逐步引进一些新的技术装备，开展国际地质科技交流，加紧培训人员，逐步改变我国地质科学理论和技术装备落后的局面。

为社会主义现代化建设提供足够的矿产资源和地质资料，是地质工作的根本任务，是地质部门最大的政治。地质战线广大职工，要安心这个事业，热爱这个事业，进一步解放思想，勇于实践，勇于创新，努力学习和掌握现代科学技术和现代管理方法，为实现四个现代化作出更大的贡献。

全国妇联在北京召开四届二次常委扩大会议讨论工作重点转移问题

会议于3月22日至3月28日在北京举行。各省、自治区、直辖市妇联主任列席了会议。

中共中央政治局委员、全国人大常委会副委员长、全国妇联名誉主席邓颖超在会后接见了参加会议的同志。她勉励大家好好学习，为加速四化贡献力量。会议由全国妇联主席康克清主持，并作了重要讲话。

会议认为当前抓好政治思想工作，对把妇女的注意力转移到社会主义现代化建设上来，是非常必要的。各级妇女组织要继续全面深入地宣传三中全会精神，宣传全党工作着重点转移的伟大意义；宣传“四个现代化需要妇女，妇女需要四个现代化”。要教育妇女坚持社会主义道路，热爱社会主义，充分认识社会主义的优越性，认识只有社会主义才有新中国，只有社会主义才能解放妇女。教育妇女坚持无产阶级专政，正确运用宪法赋予公民的民主权利和义务，加强法制观念，严格遵守法纪，向一切破坏“四化”的行为作斗争。教育妇女充分认识党的领导是我们夺取革命胜利和实现“四化”的根本保证，要自觉拥护中国共产党，坚定不移地在党的领导下，为实现“四化”，保卫“四化”而英勇奋斗，忘我劳动。教育妇女坚持马列主义、毛泽东思想，努力学习马列、毛主席著作，进一步肃清林彪、“四人帮”的流毒。还必须教育妇女珍惜当前的大好形势，从全局利益出发，向前看，做安定团结的促进派。

为了加速四个现代化的进程，各级妇女组织必须对广大妇女加强自力更生、艰苦奋斗、勤俭节约的教育；在学习外国先进科学技术的同时，必须抵制形形色色的资本主义思想和腐朽颓废的生活方式，发扬社会主义的道德风尚。我们妇女干部要身体力行，还要教育自己的子女和广大青年。教育广大妇女懂得发展生产和改善人民生活的辩证关系，正确处理好国家、集体和个人的关系，以利于加速国民经济的发展。

大家还建议，各级妇联组织要向全国妇女宣传对越南自卫还击战中，涌现出的大批英雄模范人物的爱国主义事迹，进行爱国主义的教育，发扬我国妇女拥军优属的好传统，做好烈、军属的工作。

会议确定，各级妇联在紧跟党的工作着重点的转移中，必须继续贯彻全国第四次妇女代表大会制定的我国妇女运动的崇高任务，以生产为中心的方针，协助各有关部门，认真落实同妇女关系密切的各项政策，注意妇女的生理特点和生产特长，恰当地安排好妇女劳动力，充分发挥妇女的作用。

会议强调，切实做好提高妇女的文化、科学、技术水平，扫除妇女中的文盲，是一项十分艰巨而又紧迫的任务。它是关系到全国妇女能不能更好地为四个现代化贡献力量的大问题。各级妇联组织，要在党委的领导下，深入基层，调查研究，摸清妇女在这方面有什么要求和困难，协助各部门把吸收妇女学文化、学科学、学技术知识列入各部门、各单位的扫盲、培训技术骨干、普及科学技术知识的计划之中，积极建议有关单位，切实帮助妇女解决参加学习的实际困难。

会议对加速发展托儿所、幼儿园的工作进行了研究。

会议还对如何更好地开展“三八红旗手”、“三八红旗集体”的评选活动，开展经常性的用社会主义思想处理好家庭婚姻关系问题，如何协助有关单位在农村贯彻好男女同工同酬等政策，进行了讨论。

国务院副总理耿飚在北京会见新西兰新任驻中国大使哈尔·弗里曼·格林

国务院副总理康世恩在北京会见以机械协会主席萨沃里斯为团长的比利时机械协会代表团

国务院副总理王任重在北京会见即将离任的马里驻中国大使西纳利·泰拉

全国书籍装帧艺术展览在北京举行

国家出版事业管理局、中国美术家协会在中国美术馆联合举办全国书籍装帧艺术展览，这次展览于3月22日至4月10日在京举行后，还将去杭州、长沙、西安3市巡回展出。举办这样大规模的书籍装帧艺术展览，是新中国成立以来的第一次。

这次展出的作品，包括书籍1100种，书籍封面和插图的原稿400幅。

3月23日

中共中央主持召开理论工作务虚会第二阶段会议

3月23日至4月3日,理论工作务虚会第二阶段的会议由中共中央主持召开。3月30日,邓小平在理论工作务虚会后一阶段的会议上讲话指出:过去搞民主建设,要适合中国情况,走毛泽东同志开辟的农村包围城市的道路。现在搞建设,也要适合中国情况,走一条中国式的现代化道路。要使中国实现现代化,至少有两个重要特点是必须看到的:一是底子薄;二是人口多,耕地少。针对拨乱反正过程中出现的错误思潮,邓小平着重讲了政治思想方面的问题,宣布:中央认为,要在中国实现四个现代化,必须在思想政治上坚持四项基本原则。这是实现四个现代化的根本前提。四项基本原则是:第一,必须坚持社会主义道路;第二,必须坚持无产阶级专政;第三,必须坚持党的领导;第四,必须坚持马列主义、毛泽东思想。邓小平的讲话强调:我们必须一方面继续肃清"四人帮"散布的极左思潮的流毒(这种思潮是从"左"面来反对四项基本原则的);另一方面用巨大的努力同从右面来怀疑或反对四项基本原则的思潮作坚决的斗争。至此,十一届三中全会以社会主义现代化建设为中心,坚持改革开放,坚持四项基本原则的思想开始形成。

国务院副总理谷牧在北京会见联合国环境规划署副执行主任撒切尔

全国人大常委会副委员长廖承志在北京会见日本朋友今野良藏等

教育部 中国社科院在北京联合召开全国教育科学规划会议

教育部、中国社会科学院3月23日至4月13日在北京联合召开的全国教育科学规划会议,是新中国成立30年来第一次开这样规模的会。这是一次向教育科学进军的动员大会。

会议认为,要把我国教育事业搞上去,必须掌握教育的客观规律,大力开展对教育科学的研究工作,提高对开展教育科学研究工作重要性和迫切性的认识,给教育科研工作以应有的重要地位。

大家说,实现四个现代化,科学技术是关键,教育是基础。教育事业办得好坏,不仅关系到国家的前途,而且也关系到千家万户的切身利益。现在,全国大、中、小学学生约有2.1亿多人,教职员工也有1000多万人。由于林彪、"四人帮"的干扰破坏,我国的教育事业受到严重摧残,当前教育工作的现状同社会主义现代化建设的客观需要极不适应。最近十多年,我国教育科学研究工作中断了,机构被撤销,人员被拆散。不少从事教育工作的干部、教师没有学过教育理论,不懂得教育科学。有的甚至连怎么当校长,怎样搞好各科教学,怎样当班主任的常识都不具备。这样的问题不解决,教学质量就很难提高,教育工作也很难搞好。与会代表强烈呼吁:要大力开展教育科研工作,在全国教育工作者中扫除教育科学的"科盲"。各级教育工作干部和广大教师必须学习教育科学,掌握教育工作的客观规律,变外行为内行。广大的教育理论工作者要尽快写出通俗的教育学知识、父母须知等读物,普及教育科学知识,提高教育科研水平。

会议期间,代表们根据党的工作重点转移到社会主义现代化建设上来的战略决策,讨论和落实了1978年至1985年的全国《教育科学发展纲要规划(草案)》,提出了建立教育科学研究基地的初步设想。

会议期间,中国社会科学院副院长于光远、教育部副部长张承先、董纯才先后在会上讲了话。教育部部长蒋南翔会见了大会主席团全体成员,并出席了闭幕大会。

张承先在讲话中代表教育部为"心理学批判"问题和所谓批判"母爱教育"问题彻底平反。他说,曾经波及全国的"心理学批判运动",把心理学打成"伪科学",把一些心理学家当作"白旗"拔,由此而批判了一些同志,这些做法是完全错误的,必须彻底平反,并为受批判和受牵连的同志恢复名誉。曾在全国范围内批判以全国著名模范教师斯霞同志为代表的所谓"母爱教育",也是错误的。教师爱护学生是完全应当的、正确的,把"母爱"当作资产阶级人性论加以批判,这就混淆了是非,在教育界造成极其恶劣的后果,必须彻底平反。张承先强调指出,我们一定要在现有的人力、物力、财力的条件下,克服多年来由于林彪、"四人帮"的干扰破坏所造成的教育质量严重下降的状况,千方百计地为提高教育质量而努力。他要求教育科学工作者奋发努力,使教育科研机构真正成为领导教育工作的参谋部,取得丰硕的成果,为实现四化作出贡献。

出席这次会议的有教育界的专家、学者、优秀教师、学校领导干部,以及各省、自治区、直辖市教育行政部门的负责同志260多人。会议期间还选举成立了群众性的学术性科研团体——中国教育学会。

中国历史学规划会议在成都举行

会议于3月23日至4月2日召开,出席会议的有来自全国的280多位代表。会上本着百家争鸣的方针,进行了学术交流,讨论了实现1978年至1985年中国史学发展的问题。这是10多年来我国史学界空前的一次盛会。

教育部负责人就1979年研究生招生问题答新华社记者问

问:今年有哪些单位、哪些专业招收研究生?

答:按照国家规定,只有具备培养研究生条件的高等学校和科学研究机构,才能招收研究生。经过各有关主管部门批准,今年招收研究生的单位,全国有200多所高等学校,100多个科学研究机构。中国科学院、中国社会科学院所属各科研所,部分中央部委所属科研院或科研所,少数条件较好的省、自治区、直辖市的科研所,以及一些军事院校和军事科学研究机构,今年都招收研究生。凡未经批准的,均不得招收研究生。

目前招收研究生的单位,对所招研究生的专业、研究方向、学习年限、指导教师、考试科目,以及考试的主要参考书目或范围,都已确定。各省、自治区、直辖市和有关部门,已将上述各项汇编成研究生招生专业目录,正在发送各县(区)招生办公室。凡符合报考条件的考生,经所在单位或公社介绍,可于报名日期(1979年4月2日至12日)内到所在县(区)招生办公室查阅。

问:今年除了招收脱产研究生以外,是否还招在职研究生?

答:今年招在职研究生。所谓在职研究生,是指不脱离工作岗位,边工作、边做研究生,每年用1/3—1/2的工作时间进行学习和研究,到做毕业论文时一般可脱产1年。在职研究生只限于招收本单位或本地区的人员。至于哪些单位、哪个专业招收在职研究生,可查阅招收研究生专业目录。

问:研究生的学制有哪几种?各种不同学制的具体要求是什么?

答:研究生的学制有二年制、三年制、四年制3种。三年制的研究生,既要完成课程学习任务,又要完成毕业论文。二年制的研究生,主要完成课程学习任务,并进行一定的科学研究能力的训练。四年制的研究生是根据国家需要和招生单位的条件,从两年制毕业的研究生中择优选拔,再培养两年,着重进行科学研究和写作论文。在职研究生的学习期限为3—5年。各招生单位和专业的具体学制详见专业目录。

问:报考条件中的"同等学力"是什么含义?

答:"同等学力"是指虽然没有上过高等学校,但具有相当于高等学校本科毕业的文化水平。

问:在职人员报考研究生是否要经过本单位同意;高等学校在校进修生如何报考研究生?

答:按照规定,凡在职人员报考研究生、高等学校的在校进修生报考研究生,都必须征得原单位的同意;由于报名时间较短,后者可事先征求原单位意见,凭原单位同意报考的公函报名,并附在报考登记表上,不必再将报考登记表寄回原单位。

考生所在单位要从大局出发,在工作可以离开的情况下,积极支持符合报考条件的人员报考,努力为国家输送人才。

问:研究生入学考试考些什么科目?

答:考试科目为政治理论课、外国语、基础课、专业基础课和专业课5门。为了全面考核考生掌握科学文化知识的深度和广度,考试门数不得任意减少。考试的试题,由各招生单位自行命题。有些科目,如政治理论课、外国语和基础课,也可以由地区或部门统一命题。基础课、专业基础课和专业课的具体考试科目因专业不同而异,由各招生单位自行确定,并在招生专业目录中规定。外国语的考试成绩要计入总分。考哪种外国语语种,由各招生单位根据专业的需要确定,这一点已在招生目录中注明。

问:今年政治理论课的考试范围是什么?

答:政治理论课的考试,是要着重检查考生对马列主义基本理论的掌握程度。要求考生掌握哲学、政治经济学、科学社会主义的基本原理,掌握中国共产党领导中国革命和建设的基本理论;领会党的十一届三中全会公报的精神,批判林彪、"四人帮"篡改马列主义、毛泽东思想的种种谬论。

问:今年外国语考试的要求是什么?

答:为了便于入学后的深入学习和研究,要求研究生在入学前即能掌握一门外国语,达到相当水平。一般来说,要求能掌握基本的语法知识,并具有一定的翻译能力。因此,今年的外国语入学考试也分为语言基础和短文翻译两部分,时间约各占一半。基础部分是检查考生掌握基本语法的程度;翻译部分,对考理、工、农、医各类专业的,要求能通顺地翻译国外大学基础课教科书或科普杂志的中等难易程度的短文;文科各专业的,要求能通顺地翻译国外文科刊物的中等难易程度的短文。在进行外国语考试时,不得携带字典或辞典。

问:今年研究生录取工作如何进行?

答:今年研究生的录取工作要贯彻确保质量、宁缺毋滥的精神,德、智、体全面衡量,择优录取。录取名单由招生单位审慎确定,并经主管单位批准后,于8月底前发出录取通知书。在录取工作中,要坚持录取标准,不得降低质量要求。要坚决防止和反对徇私舞弊、"走后门"等不正之风。一经发现,除取消其资格外,应视情节轻重,严肃处理。研究生入学3个月内,由招生单位认真进行政治、文化、健康复查。经复查,不符合条件的,取消其学籍。

3月24日

《人民日报》发表社论《在前进中调整 在调整中前进》

基本建设是扩大再生产的重要手段，是国民经济的重要组成部分。这条战线工作得好坏，直接关系到整个国民经济能否稳定地持续地高速度发展，关系到四个现代化能否顺利实现。怎样把基本建设搞得更好一些？应该采取那些重大的切实的措施？这是基本建设战线上的一件大事，也是全党和全国人民十分关心的一个问题。

20多年来基本建设出现“两快两慢”的事实，要求我们认真总结经验教训，以便更好地前进。仅以基本建设形成的固定资产为例，第一个五年计划时期，新增固定资产占投资的比重为83.7%；贯彻执行“调整、巩固、充实、提高”八字方针时期，比重为87.1%。这两个时期，基本建设投资效果比较好，主要原因就是搞了综合平衡，计划没有缺口，注意成套建设和按基本建设程序办事。但是，第二个五年计划时期和林彪、“四人帮”横行的十年间，新增固定资产占投资的比重分别下降为71.4%和59.9%。这两个时期投资效果差，主要原因是林彪、“四人帮”的破坏，以及我们工作中的缺点，如只看需要、不看可能，只讲敢想敢干、不讲科学态度。实践证明，基本建设速度是快是慢，归根到底看你按不按客观经济规律办事。什么时候采取老老实实的态度，讲求科学，循序而进，什么时候就能真正做到多快好省。与此相反，什么时候只凭主观愿望，不顾客观实际，一拥而上，“万马奔腾”，结果必然是欲速不达，想快反而慢。在实现伟大转变的时候，必须记取历史的经验教训，一定要把基本建设工作放在切实可靠、循序而进的基础上。

把基本建设工作放在切实可靠、循序而进的基础上，必须正视现实情况，从实际出发，认真解决目前存在的问题。由于林彪、“四人帮”的破坏干扰，形而上学猖獗，唯心主义盛行，基本建设集中力量打歼灭战的问题多年来没有解决。战线过长，力量分散，管理工作混乱，浪费严重的状况长期存在。粉碎“四人帮”以来，基本建设战线拨乱反正，取得了很大成绩。但是，“长、散、乱、费”的毛病仍未得到根治。去年年初订的基本建设计划，战线已经不短，下半年又追加投资，扩大了计划缺口，计划建成投产的大中型项目和单项工程完成的情况很不理想，战线越拉越长。“长、散、乱、费”，仍然是当前基本建设战线的主要问题。要搞好调整，循序而进，必须从解决“长、散、乱、费”这个“老大难”问题入手。今明两年一定要认真贯彻落实调整的方针，切实把基本建设的调整工作做好，一面调整，一面前进，在前进中调整，在调整中前进。

如何调整？就基本建设来说，调整就是有上有下，有增有减，分清轻重、缓急、主次、先后，根据客观实际需要和可能，重新进行合理部署，以便集中力量打歼灭战。为了有效地执行调整方针，切实缩短基本建设战线，真正做到集中力量打歼灭战，当前的紧迫任务就是要大刀阔斧地坚决清理和整顿在建项目。在弄清实际情况的基础上，坚决停建一批。要把那些水文地质、工程地质、资源条件没弄清楚的，没有设计、工艺不过关的，建设材料、设备、资金、施工力量不落实的，建成后燃料动力、原材料、水源、运输没有保证的，技术落后、消耗过大的和污染问题没有解决的建设项目坚决停下来。停下一批半截子工程，的确是个浪费。但是，据初步估算，包括一千几百个大中型项目在内的全国几万个在建项目，如不停下一批，要全都搞上去，就得全部用掉几年的基本建设资金，其中又有相当一批项目建成后不能形成综合生产能力，或者建成后已经是属于需要淘汰的落后技术，或者建成后没有燃料动力和原材料，那样浪费就会更大。两者相比，停建、缓建一批，浪费要小得多。林彪、“四人帮”把“调整、巩固、充实、提高”八字方针诬蔑为“下马风”，弄得人们只能讲“上马”，不能说“下马”。我们要实事求是，该上则上，该下则下。“下马”是为了更好地“上马”。实现四个现代化，一些七八十年代的新技术骨干项目非上不可。一些煤、电、油、运、通信、建材等短线项目，与市场供应、人民生活密切相关的轻工、纺织、住宅、市政公用设施等等，以及出口加工项目、与发展旅游事业有关的设施，亟须创造条件保上去。如果该“下马”的不“下马”，新的又一拥而上，那就根本不可能做到集中力量打歼灭战，国民经济比例失调的状况也就不能改变。退一步是为了进两步。只有卸掉沉重的包袱，才能轻装快步前进。

要搞好调整，循序而进，必须从基本建设的计划、设计、施工、验收到生产准备等各个环节，切切实实地进行整顿，认真加强基本建设前期工作，严格执行基本建设程序。基本建设程序反映了基本建设的客观规律，是必须遵守的。忽视基本建设前期工作，是造成“长、散、乱、费”的一个重要原因。许多项目长期建不成，或者建成了也不能投产，大部分原因在于不按基本建设程序办事。而违反基本建设程序的问题，多数出在忽视前期工作上。辽宁有个电厂工程，前期工作没有做好，施工后三移厂址，八改规划，十变设计，拖长了建设工期，浪费了巨额资金。我们一定要加强前期工作，坚持按基本建设程序办事。今后新建大中型项目，特别是那些大型骨干项目，要十分慎重，不能轻率“上马”，盲目铺摊子，一定要编制前期工作计划，并且建立开工报告制度，前期工作没有做好的，一律不准开工。

基本建设管理体制和管理方法要进行大的改革。基本建设投资以银行贷款办法代替国家预算拨款，就是一大改革。新中国成立以来，基本建设投资一直实行由国家预算拨款、建设单位无偿使用的制度。这种办法在社会主义建设初期曾经起了积极作用，但是随着基本建设规模越来越大，项目越来越多，日益暴露出许多弊病，主要是助长了“吃大锅饭”思想和“长官意志”。反正是无偿使用，不少地区和部门就热衷于争项目，争投资，争材料设备，而不讲经济核算和投资效果，以致助长了基本建设战线长、进度慢、造价高、浪费大的严重情况。将国家预算拨款改为银行贷款，变无偿使用为有偿使用，就能把基本建设同建设单位的经济责任、经济利益联系起来，促使大家关心投资效果。恢复承发包、签订合同制度，对改变目前基本建设中的混乱状况，建立正常的生产秩序，讲究经济效果，有着很大作用，对改进工作和进行体制改革也是很有好处的，应积极组织试点，逐步加以推广。总之，一切规章制度、办法、措施，无论涉及管理体制还是管理方法，只要有利于发展生产力，就要坚持下去；反之就要大胆进行改革。经过调查研究看准了的，又是经过努力能够办到的，就不要等，就要快速前进。

认真做好先进技术和设备的引进工作。不能一讲引进就什么都引进，搞一窝蜂。必须考虑如何引进更合理、更经济、更有利。要根据调整方针，注意引进什么，不引进什么，优先引进什么，然后引进什么。要把过去那种买“蛋”不买“鸡”的做法改过来，改为买“鸡”不买“蛋”或少买“蛋”；如果买“鸡”也不要重复地买，这是引进的一个重要方针。引进先进技术和设备必须同科研、试制工作结合起来，同现有企业的技术改造结合起来，同提高国内的机械制造水平和产品的标准化、系列化、通用化结合起来，同建设配套能力和消化能力结合起来。要组织专门力量从事引进技术的消化、改造。在考虑引进工作时，还要贯彻出口第一、进出结合、量出为进、进出平衡的方针。各地区、各部门要共同努力，千方百计把出口事业搞上去，力争在短期内有个较大的发展，从而以出养进，更多、更好地引进先进技术和设备。

各级领导干部都要带头学好马克思主义经济理论，学习科学技术和现代化管理知识。产生“长官意志”的原因之一是领导干部缺乏科学知识，不懂业务，不讲综合平衡，搞瞎指挥。有人说，知识少、权力大是最危险的。这话说得十分深刻，每一个担任领导工作的同志要引以为戒。长期甘居外行，不学无术，必定难以胜任工作，有被淘汰的危险。只有下苦功夫学习，不断提高领导水平，才能在新的长征路上带领群众阔步前进。

中共中央批准许德珩加入中国共产党

全国人大常委会副委员长、全国政协常委会副主席、九三学社主席许德珩同志的入党介绍人是邓颖超、乌兰夫同志。

许德珩同志参加过辛亥革命。1919年，他在北京大学毕业后，赴法国勤工俭学。1926年回国，先后在中山大学、黄埔军校、暨南大学、北京大学等校任教。为了救国，为了民族解放，他先后积极地投入“五四”运动、“一二·九”运动以及以后的抗日活动和民主运动，并且组织了民主科学社(后改名九三学社)，是当时一位著名的民主教授。新中国成立后，他积极参加社会主义革命和社会主义建设，从严要求自己，争取做一个共产党员。50多年来的切身经历，使他清楚地认识到，没有中国共产党，就没有社会主义的新中国。正如他所说的：中国共产党是伟大的、光荣的、正确的无产阶级政党，是全中国人民的领导核心。只有中国共产党能够救中国。

粉碎“四人帮”以后，许德珩同志高兴地看到党的优良传统和作风得以恢复和发扬，党内许多老同志好同志重新挑起革命的重担，以华国锋同志为首的党中央，把毛泽东、周恩来同志所倡导的四个现代化付诸实施。这些，成为一种巨大力量鼓舞着他提出入党申请。他说，我已经89岁了，我受党的关怀和教育50多年，尚未能参加组织，成为党的一员，更好地为党工作，深感惭愧和焦急。我虽然年事已大，但身心甚健，历经波折，意志弥坚。他表示，加入中国共产党后，要尽力做好党给他的一切工作，努力改造思想，为共产主义事业，生死以之，奋斗到底。

国务院 中央军委批转解放军总后勤部《关于军队退还占用地方房屋和处理产权纠纷问题的意见》

国务院副总理陈慕华从苏瓦到达阿皮亚对西萨摩亚进行正式友好访问

这是中国领导人第一次访问这个岛国。

我国西南地区目前最大的一座水电站——龚咀电站胜利建成

龚咀电站是第一期大型水利枢纽工程之一。该站发电能力为75万千瓦。

胜利油田三二三九钻井队创钻井全国纪录

新华社报道，胜利油田的三二三九钻井队最近用一个国产喷射式聚晶人造金刚石刮刀钻头连续钻井进尺达3018米创造了1项全国新纪录。

三二三九钻井队是去年10月才建立起来的一支新队伍,绝大部分是新工人。全队工人发扬“铁人精神”,献身石油事业,团结协作,勤学苦练,认真学习、推广钻井新技术。从去年10月21日第一口井开钻以来,连续几次创造出较好成绩。

喷射式聚晶人造金刚石刮刀钻头,是胜利油田与郑州磨料磨具磨削研究所共同研制成功、并由胜利油田生产的。从1974年以来,胜利油田已经用这种钻头7次创造了单只钻头钻井进尺的全国纪录。

3月25日

《人民日报》发表社论《切实加强党的纪律检查工作》

本报发表了经党中央批准的《中共中央纪律检查委员会第一次全体会议通告》。这是一个极其重要的文件,它实事求是地总结了党的纪律检查工作的经验教训,深刻地阐明了在无产阶级专政下加强党的纪律和纪律检查工作的必要性和重要性,规定了纪律检查工作的任务和纪律检查工作应当遵循的重要原则。这是我们党的政治生活中的一件大事。认真贯彻执行中纪委第一次全体会议的精神及其作出的各项重要规定,切实加强党的纪律检查工作,对于加强我们党在思想上、组织上和作风上的建设,保证全党工作重点的顺利转移,充分发挥党实现新时期总任务中的战斗司令部的作用,发扬共产党员的先锋模范作用,有着十分重大的意义。

我们党自从1949年成为全国范围的执政党以来,担负着领导全国人民改造半殖民地半封建的旧中国,建设社会主义新中国的伟大而艰巨的历史任务。我们党的状况如何,我们的千百万党员的状况如何,是不是保持和发扬党在战争年代培育起来的一整套优良传统和作风,是一个直接关系到党员和干部能否密切联系群众的问题,是一个关系革命成败的大问题。因此,早在1949年3月党的七届二中全会上,毛泽东同志就向全党敲起警钟,谆谆告诫全党同志务必继续保持谦虚、谨慎、不骄、不躁的作风,务必继续保持艰苦奋斗的作风。1949年11月,党中央决定建立中央和地方各级纪律检查委员会,并在这以后一再强调加强对党员的纪律教育,强调加强党的纪律检查工作,坚决同违反党纪的各种不良现象作斗争。对许多重大事件进行了严肃处理,使我们党更加赢得了全国人民的衷心爱戴。在新中国成立后的一段相当长的时间内,由于我们比较正确地处理了党内的关系,并且执行了正确的纪律检查的路线、方针和政策,党内和人民内部的政治生活是正常的,广大党员和人民群众的革命积极性空前高涨,从而使我们能够比较顺利地完成民主革命的扫尾任务,特别是完成了三大改造的历史任务,社会主义革命和建设蓬勃发展。

但是,也正如中纪委第一次全体会议通告所指出的,在我们党成为执政党以后,由于地位和环境的变化,一部分党员干部滋长了居功自傲、脱离群众的不良作风,党的民主集中制在一定程度上遭到破坏,党的纪律检查工作受到干扰,一些党员、特别是党的领导干部违反党纪的现象不能及时得到纠正,以致破坏了党内的正常生活准则,既影响了发扬党内民主,也影响了发扬人民民主,挫伤了广大党员和群众的革命积极性,使党和人民的事业受到损失。到了“文化大革命”期间,林彪、“四人帮”出于篡党夺权的反革命需要,疯狂地破坏我们党,不但摧毁了我们党的纪律检查机构和纪律检查工作,而且煽起了一股猖獗一时的极端民主化和无政府主义思潮,使党纪国法遭受严重破坏,使各种歪风邪气大肆泛滥,几乎毁坏了我们的党,毁坏了我们的国家。这个极其沉痛的教训从反面告诉我们,党在取得全国政权以后,党的民主集中制和纪律检查工作不但不能丝毫削弱,而且必须认真加强;否则,无产阶级的政党就会变质,无产阶级专政就会变成资产阶级专政。

我们党是按照民主集中制的原则建立起来的,党有着极其严格的组织纪律。过去,我们党能够领导全国人民推翻三座大山,夺取全国政权,是靠党的路线的正确,靠共产党员的先锋模范作用和坚强的组织纪律性。我们党在取得全国政权以后,要继续发挥无产阶级先锋队的领导作用,同样要依靠党的路线的正确,依靠党员的先锋模范作用和坚强的组织纪律性。路线虽然正确,如果党员缺乏坚强的组织纪律性,党的正确路线也就无法贯彻执行。列宁在《共产主义运动中的“左派”幼稚病》一书中曾经十分尖锐地指出:“谁要是把无产阶级政党的铁的纪律哪怕是稍微削弱一点(特别是在无产阶级专政时期),那他事实就是帮助资产阶级来反对无产阶级。”我们党的经验也一再证明,作为执政党的党员,特别是党的领导干部,他们的一言一行都会在群众中发生影响,所有违反党纪的现象,所有违反党的优良传统和作风的现象,都会损害人民的利益,不利于党的事业。因此,对于任何违反党的纪律的现象,决不能听之任之,而必须坚决与之斗争,对其中情节严重恶劣者,必须由纪律检查机关检查处理。只有这样,才能维护党规党法的尊严,才能保护党员的正当权利,才能不断巩固我们党,巩固无产阶级专政。

当前,我们全党工作的着重点正在转移到社会主义现代化建设上来。我们党能不能担当起这一新的伟大而艰巨的历史任务，一个带关键性的问题，就是要看我们能不能把党整顿好、建设好。而其中一个很重要的方面，就是一定要健全党规党法，整顿党风，严肃党纪，把被林彪、“四人帮”破坏了我们党的优良传统作风恢复和发扬起来。一定要看到，林彪、“四人帮”对我们党的破坏是极为严重的，他们在党内拉帮结派，大搞封建法西斯专政，制造了大量的冤、假、错案，粗暴地践踏了党内生活的一切准则，严重地败坏了我们的党风。经过揭批“四人帮”的斗争，大力拨乱反正，党风开始有所转变，但是问题远远没有解决。在一些地方和单位，党的纪律废弛、党风不正的现象仍然相当严重，党员、干部违法乱纪的事件仍然不时发生。这种种现象的存在，涣散了我们党的组织，破坏了党和群众的亲密联系，降低了党在群众中的威信，值得引起我们高度重视。同时这也就说明，加强党的纪律检查工作，维护好的党风，是一件刻不容缓的重要任务。为了党和人民的利益，为了使党的工作重点顺利转移，我们一定要整顿党风，向违反党纪国法的不良倾向作斗争，重视纪律检查工作，把它作为巩固党、巩固无产阶级专政的一件大事来抓紧抓好。

要使党的纪律检查工作真正起到巩固党的作用，一定要认真总结历史的经验教训，正确对待党内斗争。半个多世纪以来，在以毛泽东同志为首的党中央领导下，我们党在这方面积累了丰富经验，逐步形成了一整套进行党内斗争的正确原则。在一个很长的时期内，我们党内的斗争虽然也发生过某些偏差和错误，但是由于贯彻执行了这些正确的原则，偏差和错误很快得到纠正，党内斗争一般是正常的、健康的，成为团结全党同志的一个极其重要的因素。但是，后来党内逐渐发生了破坏这些正确原则的倾向，特别是在林彪、“四人帮”横行不法的时期，这些正确的原则完全被破坏了，严重地混淆了党内错误和反革命活动的界限，混淆了党内是非的界限，采取了逼、供、信等多种多样的法西斯式的野蛮手段，因而扩大了打击面，伤害了大批好同志，破坏了党内的团结。粉碎“四人帮”以来，通过广泛深入的揭发批判，党内斗争的好传统好经验开始得到恢复，但是也应该看到，林彪、“四人帮”的极左路线在这个问题上的流毒，还远没有彻底肃清，致使落实党的政策，平反冤、假、错案的工作遇到不少阻力。这次，中纪委第一次全体会议，根据历史的经验教训，规定了纪律检查工作应当遵循的重要原则，这是完全必要的。各级党委和纪委应当组织党员、干部认真学习，深刻领会，并且把它们贯彻到我们党的日常生活中去。

党的纪律检查机关担负着光荣而又繁重的任务，既有大量的冤、假、错案的平反和错划右派的改正工作需要做，又要协助党委密切结合典型事件的处理，对党员加强党的纪律和党的传统优良作风的教育，搞好党风。很显然，仅仅依靠纪委本身的力量，是不可能完成这些任务的。各级党委都应该重视和支持他们的工作，尽可能为他们的工作提供方便的条件。要选派党性强、作风正派、有经验的同志担任这项工作，把各级纪委机关建设为精干、得力和作风好的单位。如果纪委机关原则性不强，不勇于负责，敷衍了事，办事拖沓，衙门习气很浓，那就有负于党的委托，不可能完成党交给他们的任务。我们相信，在党中央和地方各级党委的正确领导下，广大从事党的纪律检查工作的同志，一定会积极响应中纪委的号召，依靠全党同志，协助各级党委，为整顿好党风，为加强党的纪律检查工作作出应有的贡献！

中共中央 全国人大常委会 国务院 中央军委给广西 云南边防部队和民兵 民工发出慰问信

广西、云南边防部队指战员同志们、民兵和支前民工同志们：

在对越南侵略者进行自卫还击的作战中，你们英勇战斗，卓越地完成了任务，达到了预期目标，我们热烈欢迎你们胜利归来，并向你们表示最亲切的慰问和最崇高的敬意！

这次自卫还击战，是在忍无可忍的情况下进行的。我国的广西、云南地区，一直是越南人民进行解放斗争的可靠基地和后方。为了帮助越南人民的解放事业，我国人民不惜节衣缩食、流血流汗。但是，越南当局出于其民族扩张主义的狂妄野心，背信弃义、认友为敌，把我国当作“头号敌人”，不断挑起边境冲突，严重地威胁和破坏我国边境地区的和平与安全。我们多次郑重提出劝告、警告，越南当局一概当成耳边风。万不得已，我们才对侵略者实行自卫还击。这次作战的胜利，表明中国人民是不可侮的，中国的领土主权是不可侵犯的，霸权主义者的挑衅和恫吓，永远吓不倒伟大的中国人民。

在这次战斗中，你们始终保持和发扬了解放军的光荣传统。你们以大无畏的革命英雄主义精神，不怕牺牲，顽强战斗，攻必克，战必胜。在你们的行列里，有身经百战的老同志，也有初上战场的青年。领导干部身先士卒、冲锋在前，战士们舍生忘死、前仆后继。各部队密切协同，正确运用人民军队的战略战术，克服了地形复杂、情况多变等困难，因地制宜，发挥了我军灵活机动的战术特长和武器装备的效能。你们官兵一致，军民一致，亲密团结战斗。军队挺进到哪里，后勤供应到哪里，人民支援到哪里。抬担架，救伤员，送弹药，运物资，不怕艰难困苦。你们坚决执行命令、服从指挥，严格遵守三大纪律、八项注意。你们爱护越南人民，模范执行我军宽待俘虏的政策。你们的战斗，为我军50多年的光荣历史写下了新的篇章，再次证明中国人民解放军具有压倒一切敌人的强大威力，永远是一支战无不胜的钢铁队伍，永远是保卫祖国的坚强柱石。

这次自卫还击战，捍卫了祖国的神圣领土和主权，保护了边境地区人民生命财产的安全，对保卫我们国家的社会主义现代化建设，作出了重大的贡献。通过这次战斗，锻炼了我们的军队，涌现了大批卓越的领导干部和英雄战士，对于推动国防现代化建设，提高我军的政治素质和军事素质，也有着重大的意义。

这次自卫还击战，戳穿了“亚洲古巴”不可战胜的神话，打击了苏联、越南侵略柬埔寨、控制老挝、拼凑“印支联邦”、向东南亚国家侵略扩张的野心，对维护东南亚以及整个亚洲和太平洋地区的和平与安全，将产生深远的影响。你们的行动，得到了世界上爱好和平与主持正义的人们广泛的同情和支持。你们的胜利，鼓舞了世界上所有备受霸权主义者欺凌、压迫的人民联合起来，进行斗争。

我国人民是热爱和平的。我国的四个现代化建设需要一个和平的国际环境。我们一如既往维护中越两国人民的传统友谊，力争通过谈判解决中越两国间的争端。我们希望越南当局改变反华仇华政策，使被损害了的两国人民的友谊得以恢复，使两国之间有一条和平安宁的边界。如果越南当局倚仗苏联霸权主义撑腰，竟然继续对我边境进行武装挑衅和侵犯，我们就坚决予以还击。

亲爱的同志们，祖国南北，到处传颂着你们的英雄业绩，全中国都为有你们这样忠于祖国和人民的战士感到自豪。全党、全军、全国各族人民都在向自卫还击战的英雄们学习，向参战部队的指战员、民兵、支前民工们学习。希望你们总结经验，发扬成绩，谦虚谨慎，戒骄戒躁，百倍警惕，严守边界。希望在这场战斗中光荣负伤的同志们安心治疗，早日康复，重返战斗岗位。对在这场战斗中为国献身的烈士们，全国人民永远铭记他们的功勋。我们要认真做好烈士家属的优抚工作。

亲爱的同志们，让我们紧紧团结在以华国锋同志为首的党中央周围，发扬爱国主义和革命英雄主义精神，努力生产，努力工作，努力学习，为建设一个强大的现代化的社会主义中国而奋斗。

中共中央　全国人大常委会

国务院　中央军委

1979年3月25日

中央慰问团分赴广西 云南慰问自卫还击凯旋的边防部队和民兵

带着党中央的亲切关怀和全国各族人民的深情厚谊，中共中央政治局委员、国务院副总理王震、方毅同志率领的中央慰问团，乘专机分赴广西、云南，慰问还击越南侵略者胜利归来的边防部队指战员、民兵和支前民工。

中央慰问团代表党中央、全国人大常委会、国务院、中央军委、政协全国委员会，将热情隆重地慰问英雄的边防部队指战员、民兵和支前民工，并向他们宣读慰问信、赠送慰问品和纪念章，表彰他们的英雄模范事迹，热烈欢迎他们胜利归来，并向他们表示最亲切的慰问和最崇高的敬意！

前往机场欢送慰问团的有中共中央政治局委员、全国人大常委会副委员长韦国清、乌兰夫，中共中央政治局委员、国务院副总理余秋里，中共中央政治局委员、中共中央宣传部部长胡耀邦，政协全国委员会副主席宋任穷。

前往机场欢送的还有中共中央、政府各部门、中国人民解放军、全国人大常委会、全国政协、全国总工会、共青团中央、全国妇联以及北京市有关方面负责人。

赴广西的中央慰问团团长是王震，副团长是人大常委会副委员长姬鹏飞、政协全国委员会副主席季方、王首道、文化部部长黄镇、中国人民解放军总政治部副主任朱云谦、中国人民解放军总后勤部政委王平、六机部部长柴树藩、全国人大常委会委员董其武、商业部顾问曾传六、中共中央组织部副部长曾志(女)、中共广西壮族自治区委员会第三书记覃应机、中共广东省委书记郭荣昌、民政部副部长刘景范、全国妇联副主席郝建秀(女)、全国总工会副主席陈宇(其中有的成员已在广西)。

赴广西的慰问团团员共58人。慰问团秘书长是黄镇(兼)、副秘书长是王伏林、胡峨亭、张东川；

赴云南的中央慰问团团长是方毅，副团长是全国人大常委会副委员长阿沛·阿旺晋美，政协全国委员会副主席杨静仁、胡子昂，民政部部长程子华，中国人民解放军副总参谋长李达、中共中央纪律检查委员会常委王建安、全国人大常委会委员胡愈之、中共云南省委书记刘明辉、外交部顾问曾涌泉、中共中央统战部副部长平杰三、中共中央联络部副部长区棠亮(女)、共青团中央书记刘维明(其中有的成员已在云南)。

赴云南的慰问团团员共43人。慰问团秘书长是程子华(兼)、副秘书长是孙勇、周巍峙、彭飞。

随慰问团进行慰问的还有文艺团体和文艺工作者，在慰问期间，他们将为边防部队和民兵、支前民工演出许多丰富多彩的戏剧和文艺节目，其中有京剧、越剧、沪剧、评剧、豫剧、川剧、粤剧、晋剧、汉剧、吕剧、滇剧、河北梆子、彩调剧、花鼓戏、黄梅戏、柳琴戏和话剧、歌舞、曲艺、杂技等。参加慰问演出的各剧种、文艺团体的著名演员、演奏员、歌唱家、舞蹈家有李和曾、常香玉、陈伯华、关肃霜、王昆、郭兰英、侯宝林、马季、张云溪、张春华、赵燕侠、杨秋玲、吴素秋、徐玉兰、王文娟、陈书舫、周企何、王艾艾、丁是娥、阿依吐拉、莫德格玛、戴爱莲、斐艳玲、刘淑芳、赵青、韩芝萍、邓玉华、王宝珍、秦斌、成连玉等,其中有的正在广西、云南进行慰问演出,有的已分批到达目的地,积极参加慰问活动。

以王震为团长的中央慰问团抵达南宁后,到机场热烈欢迎的有中国人民解放军广州部队司令员许世友、政治委员向仲华,广州部队副司令员江燮元、吴忠、欧致富、刘昌毅,副政委杨树根、单印章、谷景生,广西军区司令员赵欣然,政治委员王泮文、郭质甫和广西边防部队负责人。

到机场欢迎的还有广西边防部队战斗英雄代表蒋凤生、杨松坚、侯满厚、夏柱玉、潘细腊、李万余、杨朝芬和民兵模范代表梁月香。

中共广西壮族自治区委员会第一书记、自治区革委会主任乔晓光,自治区党委第二书记、区革委会副主任刘重桂,自治区党委书记赵茂勋,自治区党委书记、区革委副主任杜易,自治区党委书记肖寒,自治区党委书记、区革委副主任周光春,自治区革委副主任廖生东,自治区政协副主席钟枫、石兆棠等,也到机场欢迎。

方毅为团长的中央慰问团到达昆明后,昆明部队第一政委刘志坚,副司令员张铚秀,副司令员兼云南省军区司令员张海棠,副政委李克忠、胡荣贵、史景班、刘炎田等到机场热烈欢迎中央慰问团。

中共云南省委第一书记、省革委会主任安平生,省委书记、省革委会副主任李启明、赵增益,政协全国委员会副主席、省革委会副主任张冲等,也到机场热烈欢迎。

中央慰问团副团长、中共云南省委书记、省革委会副主任刘明辉和先期到达的慰问团副秘书长彭飞,也到机场欢迎。

文化部决定1979年7所高等艺术学院招收研究生

新华社报道,为了培养高水平的各种艺术专门人才,文化部决定中央音乐学院、上海音乐学院、中央戏剧学院、上海戏剧学院、中央美术学院、浙江美术学院、中央工艺美术学院7所面向全国的高等艺术学院今年招收研究生。

高等艺术学院研究生招生的对象和条件,与教育部规定的一般院校相同,只是报考中央音乐学院提琴、钢琴专业考生的年龄,不能超过30岁。报名日期:中央音乐学院为4月2日至15日,中央美术学院为4月2日至22日,其他5个学院为4月2日至12日。考试时间定于6月初。有关高等艺术学院的研究生招生简章,可向招生院校索阅。

3月26日

《人民日报》发表社论《向英雄们致敬》

祖国的西南边疆,春光灿烂、凯歌高奏。中央慰问团满载着全党、全军、全国各族人民的深情厚谊,分别到达广西、云南,亲切慰问对越自卫还击作战的参战部队指战员、民兵和支前人员。参加这次作战的同志们,为保卫祖国的边境,保卫祖国的荣誉,保卫祖国的四个现代化建设,作出了巨大的贡献,在中国人民的革命斗争史上写下了新的壮丽篇章。他们的爱国主义和革命英雄主义精神,鼓舞着全国人民团结一致、同心同德、排除万难,朝着建设现代化的社会主义强国的宏伟目标阔步前进。全党、全军和全国各族人民向参战的英雄们表示最亲切的慰问和最崇高的敬意。

这次对越南侵略者进行自卫还击,我们是在忍无可忍的情况下进行的。我国与越南接壤的边界,很长一段时间内,是一条友谊的边界。我国的广西、云南地区,一直是越南人民进行解放斗争的可靠基地和后方。为了帮助越南人民的解放事业,我国人民节衣缩食,流血流汗,作出了举世公认的贡献。但是,越南当局在苏联社会帝国主义的怂恿和支持下,背信弃义,疯狂反华排华,不断对我边境进行武装侵犯和挑衅,严重地破坏我国边境地区的和平与安全。我广西、云南边防部队的广大指战员和民兵、支前民工同志们,肩负保卫祖国的重任,以大无畏的革命英雄主义精神,英勇战斗,机智果敢,沉重打击了越南侵略者,打击了苏联霸权主义向东南亚扩张的狂妄野心。全世界都看到,中国人民是不可侮的;中国的领土和主权是不容侵犯的;敢于斗争、敢于胜利的中国人民,在任何霸权主义的挑衅面前决不会是无所作为的。我们希望越南当局同意早日举行谈判,解决争端,使两国边界地区保持和平与安宁。

中国人民热爱和平。党的三中全会以后,全国工作的着重点已经转移到社会主义现代化建设上来,我们的建设事业,需要一个和平的国际环境和安定的边界。我们希望至少有20年或者更多时间的和平。但是,我们要清醒地看到苏联霸权主义的存在,看到在我们身边有个早已把中国当成“头号敌人”的“东方古巴”。尽管我们的建设需要和平的环境,我国人民有着和平的愿望,但是,打还是不打,不能单由我们一方来决定。我们不能关起门来,埋头搞四个现代化。从现在起到本世纪末,还有21年时间。在我国人民进行新长征的整个历史时期,国际上总是不会安宁的,边境上也不会是完全平安无事的。居安思危,有备无患。我们必须始终保持高度的警惕,随时准备击退任何来犯之敌,保卫边境安全,保卫社会主义现代化建设。我们有了准备,大小霸权主义想动手,就得考虑考虑。全党、全军、全国各族人民都有这样的战略思想在胸,我们就主动了。在庆祝自卫还击战胜利结束的时候,我们希望广西、云南边防部队的同志们认真总结经验,发扬成绩,继续提高军政素质,严守祖国边疆;也希望全党、全军、全国人民把社会主义现代化建设和保卫现代化建设密不可分地结合起来。这是一项长期任务,需要对广大干部和群众进行经常性的教育,组织人民和领导人民敢于斗争、善于斗争,坚持不懈地保卫社会主义现代化建设的胜利实现。

这次自卫还击作战,充分证明我们的党、我们的军队,我们举国上下,是团结一致的。这是对越自卫还击战能够在很短的时间内完满地达到预期目标的一个根本原因。今后,我们要进一步加强全党、全军、全国各族人民的团结,发展安定团结的局面。这是保卫边境、粉碎大小霸权主义侵扰的需要,也是建设现代化的社会主义强国的需要。十多年来,林彪、"四人帮"蓄意破坏全国的安定团结,挑起"全面内战",严重阻碍了我国国民经济的发展。我们的苦头已经吃够了,这种痛苦的教训决不能再重复了。现在,乾坤初转。由于林彪、"四人帮"的长期破坏,我们确实还有许多问题有待于解决,还有许多已定的政策有待于落实。每个党员、每个干部、每个有爱国心的人,都应当十分珍惜粉碎"四人帮"以后出现的安定团结的局面,把全部精力和聪明才智用在实现四个现代化上。对越自卫还击战,考验了我们,也教育了我们,使我们更加深刻地懂得,和平环境来之不易,安定团结极为宝贵。我们要巩固和发展安定团结的大好局面。这是国家安危之所系、民族福祸之所系,是大局,是大道理。一切小局都要服从这个大局,一切小道理都要服从这个大道理。广大党员和干部,特别是领导干部,一定要以身作则,要深入群众,关心群众疾苦,听取群众意见,切实了解情况,做深入细致的工作,逐步解决群众的合理要求。同时,也应当把我们当前的困难如实地告诉群众,帮助群众了解,我们面临的很多问题,只有在实现四化的进程中,在发展经济、搞好生产的基础上才有可能逐渐解决。实现这种可能,必须有一个安定团结的局面。只有安定团结,实现四化,才能国强民富,使霸权主义不敢轻举妄动,使人民生活从根本上得到改善。这是我们从对越自卫还击战中,应该得到的一个共同的认识。

这次自卫还击战的胜利,激励了党心、军心、民心,鼓舞了全国人民的斗志,对于加快四个现代化的进程,具有重大意义。参战部队的指战员和边境地区的民兵、支前人员和广大群众,为了保卫边境的和平与安全,为了保卫社会主义现代化建设,英勇奋斗,流血流汗,甚至献出宝贵的生命。他们不愧是中华民族的优秀儿女,应当受到全国人民的尊敬和爱戴。他们的爱国主义和革命英雄主义精神,是我们搞四个现代化极其宝贵的精神财富。他们的高贵品质,深刻地教育了全国人民。同他们的光辉形象相比,那些闹无政府主义、闹个人主义、搞资产阶级派性、官僚主义的人,是多么渺小啊!这样的同志难道不应该以参战的英雄作为镜子,照一照自己,洗去自己身上的污浊吗?我们全体共产党员、全体干部、全军指战员和全国人民,都应该认真地向参战的英雄们学习。学习他们为党、为祖国、为人民、为社会主义献身的崇高品质;学习他们把革命利益放在第一位,关心国家和民族比关心个人为重,关心战友和群众比关心自己为重,为了祖国的荣誉和民族的尊严而奋不顾身、不怕牺牲的崇高品质;学习他们遵守纪律、听从指挥,坚决完成战斗任务,严格执行三大纪律、八项注意的崇高品质。一句话,学习他们高尚的爱国主义和革命英雄主义精神,并且把这种学习同自己的本职工作结合起来,在社会主义现代化建设中,作出实实在在的贡献。

我们坚信,在党的三中全会精神指引下,在中越边界自卫还击战英雄们的光辉榜样鼓舞下,我国人民建设祖国、保卫祖国的伟大事业一定要胜利,一定能胜利!

国务院副总理邓小平在北京会见美国民主党众议员 众议院筹款委员会主席艾尔·厄尔曼和夫人以及由厄尔曼率领的美国议员团

在双方友好的交谈中,厄尔曼先生说,邓小平副总理不久前对美国的访问赢得了美国人民的心。他指出,筹款委员会这次组成的代表团的成员来自美国各地,他们期望增进美中两国间的了解和友谊。他说,我认为我们两国的贸易有着不可限量的潜力。我们间可以建立公平、互利的贸易关系。我们这次来是为建立这种有来有往的合作打下基础。

邓副总理说,中美两国关系正常化,只是两国发展贸易关系的新开始。今后我们在政治、文化和贸易等领域有许多具体事情要做。

美国驻中国大使伍德科克参加了会见。

会见时在座的有中国人民外交学会会长郝德青,外交部美大司司长韩叙等。

中央慰问团在南宁 昆明分别举行慰问边防部队民兵和支前民工大会

中央赴广西慰问团下午在南宁市广西体育馆隆重

举行慰问大会，热烈慰问参加自卫还击作战的广西边防部队指战员、民兵和支前民工，向他们转达党中央和全国各族人民最崇高的敬意。参加大会的边防部队指战员、民兵、支前民工和战斗英雄代表，有5000多人。

大会由中央慰问团副团长、广西壮族自治区党委第三书记覃应机主持。

中央慰问团副团长黄镇宣读了中共中央、全国人大常委会、国务院、中央军委的慰问信。中共中央政治局委员、国务院副总理、中央慰问团团长王震在讲话中，首先向参战部队的指战员、民兵、支前民工和边防公安干警致以最崇高的敬礼和最亲切的慰问。他说，你们在还击越南侵略者的战斗中，表现了高度的爱国主义、革命英雄主义精神和无产阶级觉悟，给了越南侵略者以沉重的打击，胜利地完成了党和人民交给你们的光荣任务。你们为保卫边境地区人民生命财产的安全，保卫祖国的边疆，保卫社会主义现代化建设，发扬了人民解放军的光荣革命传统，建立了卓越的功勋。你们不愧是祖国的钢铁长城，不愧是英雄的人民子弟兵，不愧是我们新一代最可爱的人。中国人民以有这样伟大的人民解放军而感到光荣自豪。

王震同志说，越南反动当局靠着苏联社会帝国主义撑腰，大搞地区霸权主义，横行霸道，充当“东方古巴”。你们在自卫还击作战中，狠狠地打击了越南侵略者的嚣张气焰，戳穿了它“不可战胜”的神话，大大鼓舞了世界人民反霸的信心。

王震同志着重指出，人民解放军是社会主义现代化建设的坚强保卫者，党中央希望你们认真总结经验，努力提高军事政治素质，加紧训练。要提高警惕，严守边界。如果越南侵略者胆敢卷土重来，进行侵扰，就叫他们有来无回，受到更加严厉的惩罚！

王震同志最后说，现在，全国各族人民正在认真贯彻党的十一届三中全会的精神，把全党工作的着重点转到社会主义现代化建设上来。我们要学习边防部队指战员的高尚爱国主义和革命英雄主义精神，珍惜和维护安定团结的大好局面，加强军民团结和各族人民的团结。只要我们同心同德，团结一致，就一定能够战胜任何敌人，克服任何困难，胜利实现党在新时期的总任务。

中国人民解放军广州部队政治委员向仲华代表广西边防前线全体指战员、民兵、支前民工，衷心感谢党中央、全国人大常委会、国务院、中央军委、全国政协和全国人民的亲切关怀，向中央慰问团表示热烈的欢迎。

他在介绍了我广西边防部队、民兵、支前民工在自卫还击作战中英勇战斗的经过情况后说，这次自卫还击作战的重大胜利，是在党中央、中央军委的正确领导和指挥下取得的，胜利应当归功于党中央、归功于中央军委。这一重大胜利，是在全国各族人民，尤其是广西壮族自治区各族人民的积极支援下取得的。事实说明，战争的伟力之最深厚的根源存在于民众之中。胜利应当归功于全国人民，归功于广西各族人民。

向仲华同志说，我们是人民的子弟兵，我们一定谦虚谨慎，戒骄戒躁，认真贯彻执行党的各项方针政策，虚心向全国人民学习，加强军政、军民团结。我们一定要认真总结作战经验，搞好战评，开展向英雄模范人物学习的活动，更加激发爱国热忱和革命英雄主义精神，加强军政训练，进一步提高部队的战斗力。越南当局胆敢再次侵犯我国边境，我们就给它以更加沉重的打击，用战斗来保卫祖国边疆的安全，保卫祖国的四个现代化建设。

中共广西壮族自治区委员会第一书记、自治区革委会主任乔晓光也在大会上讲了话。他代表广西区党委、区革委会、广西军区和全区各族人民，对中央慰问团表示热烈的欢迎，向为祖国、为人民建立卓越功勋的参战部队全体指战员和民兵、支前民工，表示热烈的祝贺和最崇高的敬意。

战斗英雄代表、边防部队某部副师长李万余和民兵英雄代表、广西凭祥市友谊公社前进大队民兵梁月香，也在大会上讲了话。

中央慰问团团长王震，副团长姬鹏飞、季方、王首道，向参战部队指战员、民兵、支前民工赠送了慰问品。

出席今天大会的还有中央慰问团副团长朱云谦、王平、柴树藩、董其武、曾传六、曾志、郭荣昌、刘景范、郝建秀、陈宇，以及慰问团全体成员。

出席大会的还有人民解放军广州部队负责人许世友、江燮元、吴忠、欧致富、刘昌毅、杨树根、单印章、谷景生、周德礼、王淳，和广西军区负责人赵欣然、王泮文、郭质甫等。

广西壮族自治区党政负责人刘重桂、赵茂勋、杜易、肖寒、周光春、廖生东、梁华新、张声震、罗立斌和南宁市委、市革委会的负责人王祝光等，也出席了慰问大会。

慰问大会结束后，随中央慰问团的文艺团体为参战部队指战员、民兵、支前民工演出了精彩的文艺节目。

中央赴云南慰问团下午在昆明隆重举行慰问大会，亲切慰问对越自卫还击作战的云南边防部队指战员、民兵和支前民工。来自边防前线的指战员和昆明市各族各界代表4500多人参加了大会。

大会在庄严的国歌声中开始。然后，全体起立，向在自卫还击作战中光荣牺牲的烈士默哀。

穿着各族鲜艳的民族服装的少女向参战部队和民兵、支前民工的51名英雄模范代表，献花并披红。慰问大会由中央慰问团副团长、中共云南省委书记、省革委会副主任刘明辉主持。

中央慰问团副团长程子华在会上宣读了中共中央、全国人大常委会、国务院、中央军委的慰问信。

中共中央政治局委员、国务院副总理、中央慰问团团长方毅讲话。他首先代表中共中央、全国人大常委会、国务院、中央军委向参加作战的云南边防部队全体指战员,向全体民兵,向支前民工,向云南各族人民,表示最亲切的慰问和最崇高的敬意。

方毅同志热烈祝贺云南边防部队在自卫还击战中取得的重大胜利。他说,在党中央和中央军委的领导下,云南边防部队指战员们执行了全国各族人民的意志,严厉地教训了越南地区霸权主义者,使他们受到了应得的惩罚!你们保卫了祖国的神圣边疆,维护了祖国的安全、荣誉和尊严,建立了卓越的功勋。你们伟大的业绩,必将载于我们祖国的光荣史册。边疆各族人民、全国的工人、农民、知识分子和各界爱国人士热爱你们、尊敬你们、热烈地感谢你们,以有你们这样的优秀儿女而感到欣慰,感到自豪!

方毅同志指出,你们用英勇战斗的实践证明了一条真理:对待大小霸权主义者,决不能退让示弱,必须有所作为!老虎屁股是可以摸的!霸权主义是可以顶的!只要联合一切可以联合的力量,做好充分的准备,及时挫败它的每一个战略部署,坚决反对绥靖主义,那么,霸权主义的侵略阴谋是完全可以粉碎的!

方毅同志希望云南边防部队的指战员认真总结这次实战中取得的极其可贵的经验,抓紧搞好国防现代化建设,加强军事训练,努力提高部队的军事素质,提高警惕,严守边界。如果越南侵略者胆敢卷土重来,进行侵扰,就叫他们有来无回,受到更加严厉的惩罚!

方毅同志赞扬参战民兵和支前民工在这次自卫还击战斗中出色地完成了任务。他最后指出,现在,参战部队已成为全国人民学习的榜样,希望你们要戒骄戒躁,做新长征的先锋,做维护安定团结的模范。他说,加强军队和人民之间的团结,加强各兄弟民族之间的团结,9亿人民同心同德,就一定能够战胜任何敌人,胜利实现党的十一届三中全会提出的各项任务。

昆明部队第一政委刘志坚代表参战部队指战员讲话,衷心感谢党中央和全国人民的亲切关怀。他说,这次自卫还击战的重大胜利,首先应归功于党中央、中央军委的英明决策和正确指挥;归功于全国和云南各族人民的支援。我们一定要认真总结经验,努力学习,谦虚谨慎,戒骄戒躁,提高警惕,随时准备歼灭敢于来犯的敌人,保卫祖国边疆,保卫社会主义现代化建设。

中共云南省委书记、省革委会副主任赵增益在讲话中代表参加自卫还击战的民兵、边防公安部队、支前民工和全省各族人民,向党中央致以崇高的敬意和衷心的感谢。他说,越南反动当局反华,云南深受其害,党中央决定自卫还击,反映了全省各族人民的心愿。如果越南侵略者胆敢继续对我进行侵犯,云南各族人民誓作边防部队的后盾,再次给予严厉的惩罚。

云南边防部队某部四连战士、一等功臣兰方虎代表参战部队指战员讲话。他请中央慰问团转告党中央和全国人民:边防战士坚决站好岗、放好哨,如敌人胆敢再次侵犯我国,我们就坚决把它消灭掉。

方毅同志代表中央慰问团,向51位英雄模范代表,赠送了慰问品。慰问品上写着:"自卫还击、保卫边疆胜利纪念。"

出席今天慰问大会的有中央慰问团副团长阿沛·阿旺晋美、杨静仁、胡子昂、程子华、李达、王建安、胡愈之、刘明辉、曾涌泉、平杰三、区棠亮、刘维明以及慰问团全体团员。

出席慰问大会的还有,昆明部队负责人张铚秀、徐其孝、张海棠、李克忠,胡荣贵、史景班、刘炎田。

中共云南省委、省革委会的负责人安平生、李启明也出席了大会。

董存瑞式的战斗英雄李成文的父亲李兴参加了大会。大会结束后,随慰问团的文艺团体和文艺工作者进行了慰问演出。

外交部照会越南外交部指出越南当局设置严重障碍阻挠谈判举行

照会说:"1979年3月21日,越南外交部复照中国外交部,继续重复对中国方面的种种诬蔑和攻击,并且对双方业已同意举行的中越两国副外长级谈判设置严重障碍,使谈判有不能于最近开始的危险。中国政府对此不能不表示极大的遗憾。"照会说:"越南方面在复照中说什么中国军队仍然驻扎在越南的十几个地点,说什么中国方面挪动界碑,出动武装力量侵犯越南领土。所有这些说法,都是无中生有、凭空捏造的谎言。越南当局以这种莫须有的借口来阻挠谈判的举行,显然出于其对内对外的需要。这就是,对内继续煽动反华仇华的歇斯底里,实施全国军事总动员,加强军国主义统治,以便进行镇压和转移人民的不满;对外,蒙蔽国际舆论,转移世界各国政府与人民强烈要求越南从柬埔寨撤出其侵略武装的注意力,以便加紧吞并民主柬埔寨的军事行动,实现其'印支联邦'的计划。"照会说:"应当指出,最近,越南军队正频繁向中越边境地区调动和集结,构筑工事,在若干地区还不断向中国境内开枪打炮,进行武装挑衅;越南军方高级负责人甚至公然叫嚷,要对中国采取'反击'行动。越南当局蓄意在中越边境地区长期保持紧张局势,究竟是为了什么,对越南人民有什么好处？这不能不引起中国人民和世界各国人民的严重怀疑和关切。”

照会强调说：“中国政府郑重重申，中国边防部队早于3月16日就已全部撤回中国境内，没有在越南领土上留驻一兵一卒。中国已经认真实现了自己的诺言。现在，越南方面横生枝节，出尔反尔，阻挠谈判，这只能进一步暴露越南当局仍要继续制造紧张局势，而对于通过谈判解决争端并无诚意。中越两国副外长级谈判如因此而不能在近期举行，责任完全在越南方面。”

照会最后说：“我们希望，越南当局珍视越南人民的根本利益，珍视中越两国人民的传统友谊，不要在穷兵黩武、反华仇华、为他人火中取栗的道路上继续走下去，还是通过谈判解决问题为好。中国政府真诚希望迅速举行谈判。我们已就谈判的时间、地点、议题等提出了合情合理的建议，并委派了代表团团长。我们等待越南方面对中国方面所提各项具体建议作出积极的答复。”

中国常驻联合国代表陈楚致信联合国秘书长瓦尔德海姆进一步说明中国和老挝关系的事实真相

信件说：“最近，老挝当局不断捏造中国在中老边境集结军队，进行演习，‘威胁’老挝，‘侵占’老挝领土等一系列谎言，对中国进行恶毒的诬蔑和攻击。与此同时，老挝当局连续在多处组织大规模反华集会，并单方破坏协议，停止中国对老挝的援建工程，要中国撤回技术专家，蓄意恶化两国关系。对老挝当局的上述行径，中国外交部在3月10日给老挝外交部的备忘录中已经阐明了中国政府的立场，现在，中国方面认为有必要进一步阐明事实真相，以正视听。

“中国和老挝是友好的邻邦，中老两国边界一直是一条友好的边界。长期以来，两国边境居民相互帮助，相互支持。两国边境从来没有发生过争议和纠纷。中国在老挝没有一兵一卒。中国政府和中国人民一贯支持老挝人民反对帝国主义、争取民族独立和解放的斗争，并为老挝的建设事业提供了自己力所能及的援助。去年以来，随着越南军队进驻老挝，老挝当局采取了一些不利于两国友好关系的行动。中国政府谅解老挝当局的困难处境，一贯采取克制的态度。但是，最近一个期间，老挝当局反华活动突然升级，公开恶毒攻击中国，甚至无中生有地说中国‘准备侵略’老挝。1979年3月21日，老挝代外长坎派·布法写信给联合国秘书长，重复了他们编造的离奇谎言。中国方面早已郑重声明，老挝当局对中国的攻击完全是凭空捏造、别有用心。最近，不少公正的国际舆论纷纷指出，‘看不到中国入侵老挝的情况’，老挝的说法‘不可相信’，这就给那些谎言制造者以当头一棒。

“老挝当局一再造谣攻击中国，究竟原因何在？众所周知，越南当局为了实现其民族扩张主义的野心，派出了数万名军队占领老挝，派去成千名所谓专家、顾问控制老挝政府部门，使老挝在军事、政治、经济、文化宣传等各个方面实际上完全处于越南支配之下。苏联也加紧对老挝进行渗透和扩张。老挝近来的反华行动正是在苏、越策划下进行的，苏、越两国政府率先捏造所谓中国‘威胁’老挝的谎言，发表声明大造舆论，就是有力的明证。当前，越南的十几万名侵略军仍然霸占着柬埔寨，国际上要求越南从柬埔寨撤军的呼声越来越强烈，苏、越大小霸权主义者为摆脱其孤立处境，竟然使用造谣诬蔑的卑鄙手法，妄图以此来转移人们的视线，掩盖他们在印度支那加紧侵略、扩张行动。最近，正是在老挝当局追随苏、越攻击诬蔑中国的同时，越南向中老边境地区增派部队，极力制造战争气氛，这不能不引起人们的关注。

“中国政府一贯反对侵略扩张，为维护东南亚、亚洲以及全世界的和平、安全与稳定作出不懈努力。我们希望联合国和世界公正舆论严重注意苏、越当局侵占和控制老挝在这一地区制造紧张局势的冒险行动。我们要求联合国继续作出自己的努力，迫使越南立即从柬埔寨撤出全部侵略军，迫使越南和苏联立即停止对老挝的控制和干涉，从老挝撤出越南占领军，以消除这一地区紧张局势的根源，从而有利于东南亚、亚洲及世界的和平、安全与稳定。”

陈楚请示秘书长把这封信件作为联合国的正式文件予以散发。

中国地质学会在北京召开第四次会员代表大会

大会于3月26日至30日召开。参加大会的200多名地质学家满意地回顾了学会从去年3月恢复活动以来的工作。大会在研究学会今后活动时指出，一定要把学会办成科学工作者之家，要贯彻百家争鸣的方针，发挥学术民主，提倡各个不同学派之间团结协作和互相学习。大会决定，在今年要更大规模地开展学术活动，要注意做好向青少年普及地质科学知识的工作和同各国地质科学家之间的学术交流。

大会讨论修改了学会章程，选举了中国地质学会第三十三届理事会。大会决定给台湾地质科学工作者保留2个理事会名额。

全国优秀短篇小说评选发奖大会在北京举行

评选委员会主任、中国作协主席茅盾把印有鲁迅头像的纪念册和奖金，发给了得奖的25篇短篇小说的作者。

得奖作品是：刘心武的《班主任》，王亚平的《神圣的使命》,莫伸的《窗口》,邓友梅的《我们的军长》,周立波的《湘江一夜》,王愿坚的《足迹》,成一的《顶凌下种》,李陀(达斡尔族)的《愿你听到这支歌》,宗璞的《弦上的梦》,卢新华的《伤痕》,张洁的《从森林里来的孩子》,张承志(回族)的《骑手为什么歌唱母亲》,张有德的《辣椒》,贾大山的《取经》,贾平凹的《满月儿》,王蒙的《最宝贵的》,陆文夫的《献身》,肖平的《墓场与鲜花》,刘富道的《眼镜》,孔捷生的《姻缘》,祝兴义的《抱玉岩》,关庚寅(满族)的《"不称心"的姐夫》,齐平的《看守日记》,于土的《芙瑞达》,童恩正的《珊瑚岛上的死光》。

在粉碎"四人帮"以来的两年多时间里,全国各地涌现出大批为群众所喜爱的短篇小说,仅是群众推荐参加评选的就有1000多篇,这次得奖的25篇优秀短篇小说就是从中评选出来的。它们无论在思想内容或艺术表现上都有新的突破,提出了并回答了广大人民普遍关心的问题,发挥了短篇小说特有的战斗作用。得奖作品的作者中,有知名的老作家,更多的是近年来涌现出来的中年和青年作者,最年轻的王亚平只有23岁。

年逾八旬的老作家茅盾在会上热情鼓励作者深入生活,总结经验,博览群书,学贯中西,在创作方面取得更大的成就。他希望在他们当中产生出未来的鲁迅、郭沫若。

中国作协副主席周扬也在会上讲了话。他说,作家要独立思考,要写自己所看到的、所感受到的和所相信的东西,要说出人民要说的心里话,对党、对人民、对自己都要负责。现在,我们正处在新的历史时期,处在一个历史的转折关头,短篇小说要起侦察兵、探索者和开路先锋的作用。

刘心武代表得奖作者在会上讲了话。他说,我们要把党和人民给予的奖励,当作前进的动力,谦虚谨慎,戒骄戒躁,更积极地投身到为实现四个现代化而奋斗的时代激流中去。我们要更自觉地运用马克思主义的立场、观点、方法,去观察、体验、研究、分析社会生活,更刻苦努力地提高艺术修养和写作技巧,争取写出更能传达时代脉搏、表达人民愿望的新作品来,更好地发挥文学轻骑兵的作用。

1978年全国优秀短篇小说评选活动是由《人民文学》杂志社举办的,得到全国各地读者包括海外侨胞的广泛支持。从去年10月开始到今年2月10日止,共收到读者"评选意见表"两万多份,来信1万多件。许多来信热情颂扬了两年多来短篇小说的新收获,对作者们挣脱"四人帮"制造的精神禁锢,冲破各种文学"禁区"的勇气和胆识表示钦佩,对于他们在艺术上刻苦探索、努力创新的精神表示赞扬,为短篇小说新作者的大量涌现而感到由衷的高兴。各地报刊、出版社、图书馆、文化馆也热情地支持评选活动。河南省图书馆专门开辟了宣传专栏;举办了短篇小说阅读周,把近两年来全国各地出版的文艺刊物专门陈列出来,为读者评选提供条件。

这次评选采取专家与群众相结合的办法。评选委员会由茅盾、周扬、巴金、刘白羽等23位著名作家和文艺评论家组成。在群众评选的基础上,经评选委员会反复讨论,最后选出了其中的25篇。广大读者认为开展这种群众性的评选活动,是充分发扬艺术民主,评定、推荐优秀文学作品的好方法,也是发现和鼓励有才能的新作者,发展和壮大文学创作队伍的好方法。

得奖的25篇优秀短篇小说将由人民文学出版社编辑成册,不久即将出版。

评选发奖大会由《人民文学》杂志社主编李季主持。出席大会的还有林默涵、沙汀、欧阳山、陈荒煤、谢冰心、严文井、草明、孔罗荪、唐韬、魏巍、袁鹰等文艺界知名人士、文联所属各协会负责人,共200多人。

3月27日

中共中央决定在国务院下设立财政经济委员会

财政经济委员会是研究制定财经方针政策和决定财经工作中的大事的决策机关。陈云任主任,李先念任副主任,姚依林为秘书长。

国务院副总理康世恩在北京会见以日本海洋开发产业协会理事长李家胜二为团长的日本海洋开发技术交流访华团

外贸部部长李强在北京举行欢迎香港总督麦理浩爵士和夫人一行宴会

对外友好协会副会长林林一行3人赴日本别府市参加郭沫若先生诗碑揭幕式

3月28日

中共中央发出《关于为"杨、余、傅事件"公开平反的通知》

通知指出,中央已经查明,所谓"杨、余、傅事件",纯系林彪、"四人帮"反党集团出于反军乱军、篡党夺权,推行反革命修正主义路线的需要制造的冤案,对杨成武、余立金、傅崇碧的一切污蔑不实之词,都应予以推倒;受株连的一律平反,恢复名誉;被迫害致死致残的,要公开平反昭雪。

《人民日报》发表社论《集市贸易要管而不死，活而不乱》

党的十一届三中全会精神贯彻以后，随着农村各项经济政策的落实，各地集市贸易进一步活跃起来，许多城镇也开放了农副产品市场。各地普遍反映，农副产品上市量增加，成交额扩大，市场价格下落。事实证明，集市贸易搞得好的地方，都在不同程度上起了调剂余缺、方便群众的作用，补充了国营商业的不足，活跃了农村经济，促进了农副业生产，生产者高兴，消费者也高兴。

当前，公开反对集市贸易的人已经不多了。但是，由于林彪、"四人帮"的流毒并未完全消除，有些同志对集市贸易的性质、作用以及现阶段存在的必要性也认识不足，错误地认为集市贸易是滋生资本主义的温床，是发展农业生产的绊脚石。他们只看到它有可能产生消极作用的一面，看不到只要我们进行正确领导，它的积极作用的一面。对于消极作用，也看不到在党的政策引导下能够得到限制。这些错误认识，如果不加以纠正，集市贸易就不能很好地开放，农村经济就不可能活跃起来。

三中全会公报指出："社员自留地、家庭副业和集市贸易是社会主义经济的必要补充部分，任何人不得乱加干涉。"实践证明，集市贸易在人民经济生活中是不可缺少的。目前，我国农村集体经济生产力水平还不高，农民还保留有自留地和家庭副业，他们自己生产的和从集体分得的农副产品，无论是数量上和品种上都有所不同，需要通过集市贸易来调剂余缺。农民生活的需要也是多方面的，各种商品的收购和供应不可能全部纳入国家计划，国营商业也不可能全部包下来。尤其是蔬菜、鱼虾、仔猪、菜秧等鲜活商品，要求中转环节越少越好，产销见面越快越好，对此，国营商业还难以完全做到。国家包不了，又不许农民自己互通有无，那么，集市贸易只能是关了明的，出现暗的，关了集中的，出现分散的，你要管也管不了，反而给资本主义势力以可乘之机。事情很明显，堵塞不如开导，堵塞只能搞死，只有因势利导才能使集市贸易繁荣活跃，走上正轨。

国家向社员个人收购农副产品，主要用经济的方法，靠工业品去交换，靠合理的价格政策。显然，社员个人生产的东西，自用有余，如果不许他们卖，就没有人愿意多生产了。限制社员个人出售自用有余的东西，只会把农村经济搞死。在这方面，我们一些地区有深刻的教训。在巩固和发展集体经济的同时，应当鼓励和引导农民经营家庭副业，增加个人收入，活跃农村经济。前几年某些农副产品收购情况不好，并不是开放集市贸易的过错，主要是农村各项经济政策遭到破坏，多种经营、家庭副业被"割资本主义尾巴"这根大棒打下去了。

历史经验证明，集市贸易正常开放，市场活跃的时期，往往是国家对农副产品收购情况比较好的时期。去年第四季度，据一些省、区调查，很多农副产品的收购量和集市贸易上市量都比前一年同期有所增加，价格也比较平稳。这说明集市贸易的开放促进了农副产品的生产，只有生产发展了，国家收购农副产品才有一个可靠的充足的来源。

开放集市贸易和加强对集市的管理是不可分割的政策，对于集市贸易的管理，在任何时候都不能放松。目前，有少数地方出现了不敢管理的现象。特别是一些过去管得过严、关得太死的地方，一时走向了反面，采取了放任自流的错误态度。这是一种值得注意的倾向。集市贸易有两重性，任何一面都不可忽视。多年来的实践证明，"管而不死，活而不乱"是管理集市贸易的正确原则，应当坚持实行。"管而不死，活而不乱"，就是说，既要充分发挥集市贸易的积极作用，活跃农村经济，方便人民生活；又必须加强管理，加强教育，限制它的消极作用。我们的集市贸易，是在国家管理下有组织地进行的，不是资本主义自由化的市场。国家对上市的人员、上市的商品品种和上市时间都有一定的规定，国家要通过行政管理，保护正当的交易活动，取缔非法交易，打击投机倒把行为。那种认为"既然允许开放，就不用管理"的看法是不对的。我们要加强思想教育工作。要教育农民树立全局观念，正确处理国家、集体和个人的关系，首先要积极完成国家的统购、派购任务；要反对弃农经商，在进行集市贸易时，要自觉遵守市场管理的政策和法令。要坚决打击投机倒把分子，取缔不正当的交易，保护集市贸易的正常进行。

《人民日报》发表评论员文章《严格按照〈逮捕拘留条例〉办事》

全国人大常委会于今年2月23日公布实行《中华人民共和国逮捕拘留条例》(以下简称《逮捕拘留条例》)以后，广大群众和干部热烈拥护，各级公安机关、检察机关和人民法院正在采取切实措施，认真贯彻执行。

《逮捕拘留条例》的公布实行，是保障人民民主，加强社会主义法制的一件大事。我国公民的人身自由，得到法律的可靠保障。一切危害国家和人民利益的犯罪分子，都要受到法律的制裁。这个条例，根据宪法的有关条款，总结了新中国成立30年来正反两个方面的经验，特别是针对林彪、"四人帮"无法无天、搞法西斯专政的惨痛教训，明确规定了执行逮捕拘留人犯的机关及其权限,逮捕人犯的条件,拘留人犯的范围、时间以及各项法律程序。它充分体现了马列主义、毛泽东思想关于无产阶级专政的原则精神,是我们国家保护人民、打击敌人、惩罚罪犯的有力武器。严格按照条例的规定办事,对于充分发扬人民民主,维护社会秩序,促进安定团结,保卫社会主义现代化建设,必将发挥极其重要的作用。

逮捕拘留人犯是一项十分严肃的工作。现在公布实行《逮捕拘留条例》,逮捕拘留人犯就有了准绳,执法就有了依据。在有法可守、有法可依的情况下,我们一定要守法、要依法办事。如果有法不守、有法不依,那就等于无法,再好的法律也不过是一纸空文。在这方面,全党同志、全国人民都有切身的体验,决不许林彪、"四人帮"那样践踏法制、残害人民的历史悲剧重演。要拨乱反正,就必须严格按照《逮捕拘留条例》办事。这需要各方面的积极努力。广大人民群众和干部,首先是各级党委负责同志和政法机关工作人员,要认真学习、广泛宣传、严格遵守《逮捕拘留条例》的各项规定,坚决做到有法必依,执法必严,违法必究,同一切违法行为作不懈的斗争。

公安机关、检察机关和人民法院,是国家授予执行逮捕拘留权力的特定的机关,对贯彻实行《逮捕拘留条例》负有艰巨而光荣的任务。执法必须懂法,懂法就要学法。政法工作人员要认真学习和正确理解条例的指导思想和各项规定,树立牢固的法制观念,自觉地执法、守法和护法,使犯罪分子受到应得的法律制裁,使公民的人身自由和民主权利得到切实的保障。政法机关今后逮捕拘留人犯,必须严格按照条例规定,依法办事。对主要犯罪事实已经查清,可能判处徒刑以上刑罚的人犯,有逮捕必要的,经人民法院决定或者人民检察院批准,公安机关应即予以逮捕。对罪该逮捕的现行犯或者重大犯罪嫌疑分子,由于情况紧急,公安机关应依法先行拘留。对逮捕拘留的人犯,既要实行革命人道主义,不打骂,不虐待,又要提高警惕,按照党的政策和监管制度,认真严格管理,决不允许他们乱说乱动,无理取闹。至于过去积压下来的在押的逮捕拘留人犯,应当按照条例的规定,抓紧进行清理,同时要对预审、看守工作进行一次全面的检查整顿,加强监管工作。处理历史遗留下来的问题,情况比较复杂,工作量也很大,需要有一定时间和一个过程,但是,有关方面一定要采取认真负责的态度,抓紧解决。公安机关、检察机关和人民法院审理案件,都要以事实为依据,以法律为准绳,在这个大前提下,分工负责,各司其职,互相配合,互相制约,真正做到忠实于法律和制度,忠实于人民利益,忠实于事实真相。为了进一步加强社会主义法制,切实执行《逮捕拘留条例》,还必须抓紧检察机关的重建工作。我国宪法赋予检察机关对国家机关、国家机关工作人员和公民是否遵守法律的检察权,应该很好行使。现在许多检察机关的组织状况与担负的任务不相适应,必须尽快配备精干的人员,健全组织机构,开展正常工作,使其发挥应有的作用。

贯彻实行《逮捕拘留条例》,直接关系到每个公民的人身自由和民主权利,必须动员和依靠人民群众的共同努力。各地区、各部门要采取各种形式,向广大群众和干部广泛开展《逮捕拘留条例》的宣传教育,形成革命舆论,做到家喻户晓,人人明白,使大家懂得:每个公民享有充分的民主权利,这种权利是受到法律和政法机关保护的;同样,每个公民遵守法律,积极支持和协助政法机关行使法律规定的职责,是自己应尽的义务。无论什么人,守法才能受到法律的保护,违法就要受到法律的制裁。大家增强了法制观念,维护法律的尊严,就会自觉地维护正常的社会秩序、生产秩序和工作秩序,有利于保持安定团结的政治局面;就会伸张正气,打击邪气,抵制和揭露各种违法犯罪活动,使犯罪分子不能逍遥法外。人民群众还应当正确运用民主权利,加强对公安机关、检察机关和人民法院的监督。对违法进行逮捕、拘留和搜查公民的负责人员,人民群众有权提出批评、控告,检察机关应当予以查究。如果这种违法行为是出于陷害、报复、贪赃或者其他个人目的,应当追究刑事责任。严禁任何团体、单位和个人非法拘捕、搜查、侵犯公民的人身自由,决不允许任何人有超于法律之上的特权。

加强党委领导,是贯彻实行《逮捕拘留条例》的重要保证。各级党委要进一步加强对政法机关在贯彻执行党的路线、方针、政策方面的领导,通过政法机关的党组织,教育干部民警模范地执法守法,指导他们总结经验,改进工作,使政法工作完全纳入依法办事的轨道。实践证明,政法机关服从党委领导和执法守法是一致的。这样做,对于保证政法机关严格按照《逮捕拘留条例》办事,正确地履行保护人民、打击敌人、惩罚犯罪的职责,是十分重要的。

为了适应社会主义现代化建设的需要,在《逮捕拘留条例》公布实行之后,我国立法机关还将很快制定刑法、刑事诉讼法和修订治安管理处罚条例等一系列重要法律,使社会主义法制逐渐完备起来。这就要求我们在贯彻实行的过程中,不断研究新情况新问题,认真总结实践经验,使其更好地为保卫四化建设服务,为巩固无产阶级专政服务。

国务院副总理康世恩在北京会见由英国金属学会主席迈克尔·弗雷德里克·道丁率领的英国金属学会访华代表团

全国人大常委会副委员长廖承志在北京会见由泰国立法议会议员他逸·社尼翁·纳·阿育他耶率领的泰国友好访华团

3月29日

国务院副总理邓小平在北京会见香港总督麦理浩爵士一行

麦理浩此次来访转达了英国政府希望与中国政府接触,了解中国政府对确定1997年后香港地位的态度。

邓小平在会见时表示:我们历来认为,香港主权属于中华人民共和国,但香港又有它的特殊地位。香港是中国的一部分,这个问题不用讨论。但可以肯定的一点,就是到了1997年解决这个问题时,我们也会尊重香港的特殊地位。这就是在本世纪和下世纪初相当长的时期内,香港还可以搞它的资本主义,我们搞我们的社会主义。就是到1997年香港政治地位变了,也不影响他们的投资利益。到1997年解决这个问题时,无非一个是收回,一个是保持现状。不管哪种政治解决,都不影响投资者的利益。

此次谈话后,中国政府把解决香港问题提上了议事日程。

《人民日报》发表社论《把纺织工业提高到一个新水平》

在全党工作着重点转移到社会主义现代化建设上来的时候,必须调整我国国民经济发展的比例关系。毛泽东同志早就指出,要按农、轻、重的次序安排计划。现在党和国家对发展农业已经采取了一系列重要措施,对发展轻工业也摆上了重要议事日程。因此,在建设方针上要来一个调整,先搞那些容易搞、上得快、见效快、能盈利、换汇多的行业。这样做,还可以更多地容纳劳动力,对改善人民生活也有利。发展纺织工业,就是这样一个事关重大的问题。

纺织工业对于繁荣城乡市场的商品供应、保证人民生活需要、增加财政收入、发展对外贸易,具有十分重大的作用。这里有三笔账可以算:纺织品在我国城乡市场商品零售总额中占1/5;纺织系统提供的利润和税收,近年在国家财政收入中占1/10;纺织品出口换汇,近年在全国出口换汇总额中占1/5以上。从这几个数字,可以得出一个结论:加速发展纺织工业是实现四个现代化的重要一环。

纺织工业要把为国家四个现代化做更大贡献,同纺织工业本身的更大发展,辩证地统一起来。这就是说,要在努力多做贡献的过程中,取得本身的发展壮大和实现现代化。要充分发挥现有企业的作用,把生产搞得多快好省,把经营管理搞得卓有成效,为城乡市场和出口外销提供数量更多的高质量纺织产品,为国家积累更多的资金,增加更多的外汇收入。只有我们的经济底子逐渐雄厚,国家支付能力逐渐增强,才有可能逐渐增加对国民经济各部门的投资。纺织工业作为一个积累资金多、换外汇多用外汇少的工业部门,必能在国家的投资安排中取得应有的份额,加速本身的建设步伐和现代化进程。新中国成立以来,纺织系统的一些老基地,如上海市和江苏省常州、无锡、南通等市的许多纺织企业,正是这样走过来的。一些为市场和用户服务得好、积累资金多、出口换汇多的企业,往往是设备技术面貌变得快的企业。为国家作出贡献,企业本身也取得发展;作出更大贡献,取得更大发展。如果有更多的工业部门和企业都这样做,我国国民经济的发展速度将会愈来愈快。

坚决按照农、轻、重次序安排计划的建设方针,为纺织工业的更大发展提供了有利条件。为了适应新形势的需要,纺织战线必须解决一系列新出现的问题,在方针、政策、体制以至经营方式等方面进行一系列的改革。纺织系统应该抓住纺织工业生产、建设的关键,从实际出发,在当前和今后一段时期内,全力抓好三件事。一是把纺织品的质量、品种、花色不断提高到新水平,更好地适应国内外市场的需要,使全国城乡市场绚丽多彩,把出口商品搞得好上加好。抓住了这一环,就抓住了纺织企业各项工作的"牛鼻子",就能把企业的生产技术、经营管理、科学研究、技术革新和工艺设备的改善带动起来了。二是把扩大纺织品出口换汇的任务迅速落到实处,为了增强国际支付能力,必须尽快地抓出成效,纺织工业本身也能从中得到更快的发展。三是有效地对现有企业进行"挖潜、革新、改造",抓好了这一条,纺织工业的发展壮大和现代化建设就有了巩固的"根据地"。此外,对于纺织科学技术现代化和管理现代化以及人才培养等工作,也要抓紧抓好。

各地纺织工业的发展,都要从本地资源、市场、能源等因素出发,力求做到经济合理,不能离开经济效果,片面地强调地区的自给自足。

为了取得纺织工业的更快发展,必须摒弃单纯用行政手段管理经济的做法,改用经济办法管理经济。一切生产、建设和经营管理的方案,都要进行周密的经济比较,用较少的劳动耗费取得较大的经济效果。"吃大锅饭"的现象再也不能继续下去了。要下决心把公司、企业真正办成拥有必要的经营管理权的经济组织,明确各级的经济责任。要解放思想,开动脑筋,采用经济手段促使企业改善生产经营工作。以促进纺织企业提高产品质量、增加花色品种为例,就可以采取一系列经济手段：对于提高质量和增加新品种、新花色有突出成就的企业，在给予政治鼓励的同时给予经济奖励；完不成质量指标的企业，不得提取企业基金；实行优质优价，低质低价；从价格政策上鼓励企业创名牌、保名牌；普遍采用商标，并允许做广告，进行竞争，等等。在促进企业提高劳动生产率，降低原材料、动力消耗，增加盈利等方面，也都要研究、采用相应的经济手段。

发展纺织工业是国民经济中的一个重要问题。能否按时保质保量完成纺织生产计划，对于国家市场商品的供需和货币流通的平衡，有举足轻重的影响。那种认为纺织工业“可挤可让”的观点，不利于国民经济的迅速发展，只会促使比例失调。为了大力发展纺织工业，除了纺织系统全体职工积极努力外，国家对于纺织工业计划内需要的动力和各种原材料，首先是电，应该给予保证。近年来，电力供应跟工农业生产需要的矛盾很大。现在国家规定，在权衡各种得失因素时，即使在用电供需矛盾很大的情况下，也要保证纺织工业用电。要把“可挤可让”改变“重点保证、优先供应”。这样安排，对国民经济全局有利，各地区和各部门要确保落实执行。

纺织工业为国家积累资金、换取外汇很多，可以说像一棵“摇钱树”。但这棵“摇钱树”需要多方面的培育。要使纺织工业生产上得快，必须建立良好的工商关系，并在财政、税收、信贷等方面采取一系列正确的政策。这也就是常常说的，“将欲取之，必先予之”。特别是当前，工业、财贸各部门都在实行工作重点的转移，改进管理方式方法，许多新问题、新矛盾需要工商之间相互帮助，商量解决，而不能各行其是。当务之急，是要解决好产销衔接问题。纺织企业要努力做到产品适销对路，千方百计提高竞争能力。商业部门对纺织企业内的合格产品，要按计划收购。纺织企业超产部分或试制的新产品，商业部门选购后，多余的部分允许纺织企业在国家统一价格下自销或委托商业代销。为了迅速扩大纺织品的出口换汇，工贸之间应该通力合作，共同制定出口方针，共同进行对外谈判、签约，共同进行国际市场商情的调查研究，共同扶植出口基地和专厂，共同把生意做活。

让纺织工业的生产建设搞得多一点，快一点，这是根据近 30 年我国国民经济发展的历史经验所得出的正确结论。抓轻工业，以轻养重，这同按照农、轻、重的次序安排计划的方针基本上是一致的。这样做，重工业的发展不会慢，反而会更快。我国人口多，市场大，而工业的底子薄，资金积累有限，不这样搞，工业的速度快不了。我们要扩大国际上的经济交流，引进先进技术，更要走这条路。只有这样，才能扩大出口，多换外汇，增强支付能力。

中国和日本在东京就延长中日长期贸易协议期限和扩大协议贸易金额问题达成协议

中国中日长期贸易协议委员会主任刘希文、日本日中长期贸易协议委员会委员长稻山嘉宽在东京就延长中日长期贸易协议的期限和扩大这一协议的贸易金额问题，达成协议。双方委员会在东京日本经济团体联合会会馆举行了“会谈纪要”签字仪式。“会谈纪要”指出：“双方一致同意将 1978 年 2 月 16 日在北京签订的中日长期贸易协议有效期延长至 1990 年”，并将这一协议“规定的有效期内双方各自出口总金额由 100 亿美元左右扩大 1 倍到 2 倍(200 亿—300 亿美元)”。

“会谈纪要”还指出：“双方一致同意于 1981 年内双方再商定自 1983 年以后中国方面对日本方面出口原油、煤炭数量。关于增加中国方面对日本方面出口商品的品种，将于以后适当时候，双方再行商定。双方一致同意自 1979 年起，将中国技术进口总公司从日本引进的各项技术设备全部列入中日长期贸易协议。”

日本经济团体联合会会长土光敏夫、日本通产省通商政策局局长宫本四郎和日本日中长期贸易协议委员会的日本经济界人士出席了签字仪式。

中国驻日本大使符浩、商务参赞吴曙东和中国中日长期贸易协议代表团全体成员出席了签字仪式。

中国贸促会在北京宴请由克莱默率领的美中贸易咨询者代表团一行 38 人

中国国际贸易促进委员会主任王耀庭为美国朋友举行了宴会。他在宴会上指出，这是贸促会接待的第一个美国大型贸易代表团。他说，我们欢迎在平等互利基础上同美国朋友进行友好合作。克莱默先生在宴会上表达了代表团所有成员愿同中国加深友谊、进行贸易合作的愿望。

美国驻中国大使伍德科克参加了宴会。

中国常驻联合国代表陈楚向联合国秘书长递交中国外交部的两个照会

陈楚递交的一个是 3 月 19 日的照会，另一个是 3 月 26 日的照会。前一个照会建议中越双方举行副外长级的谈判；后一个照会重申了中国政府的严正立场，揭露了越南政府对中国的建议制造障碍的阴谋。这两个照会作为联合国正式文件予以散发。

教育部部长蒋南翔在北京谈做好青年学生思想政治工作的问题

蒋南翔部长对北京 60 多所理、工、农、医各类高等院校和分校的近 300 名共青团干部作报告，着重谈了做好青年学生思想政治工作的问题。

蒋南翔同志说，经过揭批林彪、“四人帮”的斗争，学校的思想政治工作是有很大成绩的。但是，林彪、“四人帮”在学校造成的创伤很深，流毒很广。现在，学生中有一些思想问题，还有待解决。有的人思想、生活作风不大健康，学习态度不够端正；还有少数学生存在无组织无纪律和闹无政府主义的问题；有的人个人主义发展到严重地步，作出了有损党和国家利益的事情。我们对林彪、“四人帮”腐蚀、毒害青年思想所造成的危害不能低估。我们要搞好安定团结，把工作的着重点转移到四个现代化建设上来，就必须高举马列主义、毛泽东思想的旗帜，做好思想政治工作。高等学校的共青团组织，应当在党的领导下，结合教学进行深入细致的、经常的思想政治工作，教育和引导共青团员和全体学生，关心社会主义祖国的前途和人类的命运，端正学习目的，遵守学校纪律，努力做到又红又专。

蒋南翔同志说，当前思想政治工作，首先要认真学习、贯彻党的十一届三中全会精神。我们要运用实践是检验真理的唯一标准这个锐利武器，解放思想，分清是非，使我们的工作沿着正确的方向迅速前进。

蒋南翔同志指出，“四人帮”抛出反动的“两个估计”，鼓吹“朝农经验”，实践证明他们这一套是完全错误的。“文化大革命”以前的17年，我们坚持社会主义方向和道路，坚持又红又专、德智体全面发展的方针，我们办的学校无论从教育质量、科学研究水平，还是从学生的思想面貌、健康水平上来看，都是旧中国学校不可比拟的。我们就是要沿着自己走过的正确道路继续前进。

蒋南翔同志强调说，共青团组织要向青年学生宣传共产党的伟大的领导作用，使他们懂得没有共产党的领导，就没有中国革命的胜利。要组织青年学习近代革命历史，回顾我国革命的历程，认识我国革命是在党的领导下才从一个胜利走向又一个新胜利的。要教育青年懂得：党的领导是我们夺取革命胜利的根本保证，是实现四个现代化的根本保证。

蒋南翔同志说，共青团的干部要做团结的模范，要做青年的先锋，要在重大原则问题上立场坚定，旗帜鲜明，坚决贯彻执行党的方针政策，对青年要进行思想政治教育。共青团干部要起模范带头作用，要成为青年的“益友”，要严格要求自己，做又红又专、全面发展的模范。

蒋南翔同志说，共青团要注意对青年进行革命传统教育和共产主义道德品质的教育。要教育青年学生以雷锋为榜样，刻苦学习，德、智、体全面发展，力争成为“三好”学生。

中国人民保卫儿童全国委员会在人民大会堂举行全体会议

会议决定加强保卫儿童的工作，并积极支持联合国关于1979年为国际儿童年的决议。

中国人民保卫儿童全国委员会是1951年年底成立的。1960年保委会响应中央精简节约的号召，将机构撤销，工作并入全国妇联。现在，根据形势和工作的需要，保委会又恢复了独立机构。

会议通过了经过协商产生的保卫儿童全国委员会主席、副主席名单。人大常委会副委员长、全国妇联名誉主席宋庆龄为主席，廖承志、史良、康克清、崔月犁、诸福棠、董纯才、杨蕴玉为副主席。

宋庆龄主席出席了今天的会议，并讲了话。她说：培育儿童，是关系到祖国前途和革命未来的大业。培育儿童的工作，涉及整个社会。关心儿童，人人有责。

她指出，我国社会主义制度为保卫儿童提供了根本条件。但是，由于中国的经济、文化、科学技术条件比较落后，尽管我们的儿童工作者尽了很大的努力，离我们所求的目标还有很大的差距。我们要加速实现四个现代化，为儿童创造较好的物质和精神生活条件。

宋庆龄主席在讲话中对台湾儿童表示热切的关怀，并向台湾的儿童工作者致以热烈的问候，希望和他们一起，为台湾早日归回祖国，实现祖国统一而努力。

她在谈到今年国际儿童年时说：我们支持和赞助联合国的这一决议。我们要和各国儿童工作者增进友谊，互相学习，共同努力，反对侵略和压迫，争取一个国际的和平环境。

康克清副主席在讲话中强调，必须大力宣传儿童工作的重要意义，呼吁、争取全社会各方面的力量重视儿童工作。要实事求是、因地制宜、根据儿童年龄特点做好儿童工作。

保卫儿童全国委员会秘书长张淑义在关于保委会的工作报告中回顾了保委会从1951年到1960年的工作概况，指出保委会贯彻执行了毛主席的革命路线，“文化大革命”前17年中儿童工作欣欣向荣。报告揭露了林彪、“四人帮”疯狂破坏儿童工作的罪行，提出今后工作要以促进实现社会主义四个现代化为重点，把保委会的工作做好。

中国人民保卫儿童全国委员会由105名委员组成。这些委员是由包括妇女、青年、医药卫生、教育、科学、文化艺术、体育、司法、救济福利、宗教及兄弟民族等各界经过协商产生的。会议上，团中央、卫生部、教育部、国家出版局等部门的同志发了言。

中国仪器仪表学会在北京成立

成立大会于3月29日至4月5日在北京举行。大会后召开了第一次理事会议，讨论了今后学会的工作，选举产生了常务理事和理事长、副理事长。大会期间，交流了140多篇学术论文。会议决定，今后每两三年举行1次全国性学术年会。

3月30日

《人民日报》发表辛生 卢家丰的文章《正确看待联系产量的责任制》并配发编者按

编者按：本报3月15日发表张浩同志的《"三级所有，队为基础"应该稳定》的来信，并加了"编者按语"，目的是对一些地方出现的分队现象和影响春耕生产的不正确做法加以制止。其中有些提法不够准确，今后应当注意改正。有不同意见可以继续讨论。

贯彻按劳分配原则，搞好责任制和劳动计酬工作，是件很复杂的事情。党的政策规定：可以按定额记工分，可以按时记工分加评议，也可以在生产队统一核算和分配的前提下，包工到作业组，联系产量计算劳动报酬，实行超产奖励。有的地方把后一种做法简称为"包产到组"或"定产到组"。实际上，包工到组、联系产量计算劳动报酬，并不一定要包产或定产到组。有的只把田间管理包工到组，收获前田头估产评比，决定奖惩。而包产或定产到组，当然也是联系产量计酬的一种形式。各地管理水平、领导经验、群众觉悟各不相同，自然条件、经济情况、种植制度千差万别，怎样搞好责任制，采用哪种计酬办法，应当在发挥集体经济优越性这个大前提下，和当地干部群众商量，切不可搞"一刀切"，更不能强调某一种形式，否定或禁止另一种形式。

包工到组、联系产量是一种新的计酬办法，在试行中出现这样那样的问题是难免的。只要坚持生产队统一核算和统一分配这个前提，不搞包产到户和分田单干，就可以试行。至于具体做法，各地可以因地制宜，有所不同。包工到组、联系产量这种办法，一些地方实践证明同样是行之有效的，不要因推行中出了点毛病就轻易否定，也不要不看具体条件而硬行推广。要注意防止把已经很小的队，再划小或把作业组变成一级核算单位。

当前，有些地方由于对政策规定掌握不准，或领导不力、措施不当，在实行包工到组、联系产量计酬这种办法的时候，争土地、争牲畜、争农具，个别地方出现分队现象。有的已经对春耕生产发生了不良影响，不能不引起严重的注意。春耕大忙期间，集中力量搞好春耕是当务之急，不管用哪种劳动计酬形式和办法，不要再经易变动。保持生产的稳定局面，对夺取今年丰收有重要意义。

《人民日报》3月15日头版头条刊登的张浩同志的来信和"编者按"，在我们这里造成了混乱。已经搞了以组作业、联系产量责任制的干部和群众，担心又要挨批判了。原来害怕党的政策有变化的人，现在疑虑更大了。有的人看到报纸好像找到了新论据，把联系产量责任制说得一无是处。

党中央关于农业问题的两个文件和群众见面以后，受到热烈的拥护。为了把农业生产搞上去，他们特别关心农业生产责任制问题，有的实行或进一步完善了定额管理、小段包工的办法，有的实行按时记工加评议的办法，还有许多地方在坚持生产队统一核算、统一分配的前提下，实行了包工到组，联系产量的责任制。

实行这种办法也有多种形式。有的是分组作业，定产到组，以产计工，超产奖励；有的是将某种作物（例如棉花、高粱、玉米、花生等）定产到田，责任到人，超产奖励；也有的是上述两种办法兼而用之。生产队实行分组作业后，有的将耕牛、农具由队统一管理使用，也有的包给作业组管理使用。对于超产部分，有的提成奖励也有的全奖全赔。对于这些不同的做法，按党的政策我们这里都是允许的。

从安徽各地实践情况来看，实行包工到组、联系产量评定奖惩的责任制，效果很好：一是可以防止定额管理中出现的只讲数量，不讲质量，只顾千分，不顾千斤的倾向，有利于提高劳动效率，提高农活质量；二是职责明确，便于检查、验收、考核劳动成果，实行合理奖惩，做到多劳多得；三是能够使社员把个人利益和集体生产紧密结合，从而更加关心集体生产，充分发挥劳动积极性。

实行包工到组、联系产量的责任制，会不会划分生产队形成一级核算单位呢？会不会滑到分田单干呢？关键在领导。只要我们严格按照党的政策办事，坚持几个统一，一般是不会的。因为：第一，土地、耕畜、农具、机械等生产资料仍归生产队所有。有些地方虽然把耕牛农具固定到作业组，但作业组只有使用权，并没有所有权，不能说这是改变了所有制。而且，生产资料定到作业组使用也不是一成不变的，生产队可以根据作物布局、生产条件、生产资料的变化，以用耕作制度的改革，随时进行调整。第二，由于种植计划归生产队统一安排，产品和现金统一分配，作业组仅仅是劳动管理的一种形式，无权决定生产计划和收益分配。超产奖励部分数量很少，不会构成一级核算，也不会改变"三级所有，队为基础"的体制。（扩四固定，包产到组，全奖全赔的，实际上变成了以作业组为核算单位——编者），只要加强领导，出现一些问题也不难解决。全椒县有91%的生产队搞了包工到组、联系产量责任制，并没有出现大的偏差。

我们认为，"包产到组"和"包工到组，联系产量计算报酬,实行超产奖励”并不完全是“两回事”。因为作业组要联系产量计算报酬,就必然要分给一定的田块,确定一定的产量。联系产量就是定产,而定产必须按田定,也可以叫包产,只是说法不同。不这样,怎么联系产量呢?如果只划分作业组,只包工分,不划分田块,不定产量,联系产量计算报酬又从何做起呢?我们认为,《人民日报》在“编者按”中那样解释,增加了下边的混乱。

事实上,“包产到组”和“包工到组,联系产量计算报酬,实行超产奖励”并没有什么本质不同,它既不改变所有制性质,也不改变生产队基本核算单位,又不违背党的政策原则,为什么现在却把它当作“错误做法”,要“坚决纠正”呢?在“四人帮”横行时,“包”字被视若洪水猛兽,不仅不准包产到组,就连小段包工也被批判,“四人帮”虽然被粉碎两年多了,但余毒未除,至今还禁锢着一些人的思想。有的明明是包产到组,却偏说是定产到组,好像“包”就是资本主义,一“包”就改变所有制性质,集体经济马上就要瓦解了,这种看法实在是站不住脚的。

目前,推行包工到组、联系产量的责任制,大多属于试验性的,群众结合自己的情况提出各种各样的办法,这些办法能不能促进生产,需要经过实践的检验。应该相信大多数群众是有鉴别力的,只能划个大杠杠,不能硬要群众只能采用这种办法,而不能采用另一种办法。

春耕大忙季节已到,我们认为,凡是已经实行了包工到组、联系产量责任制的,应当先稳定下来,以后总结经验。(这样做我们是赞成的——编者)不管哪种办法,不要变来变去,引起不必要的波动。

中央军委决定颁发战时英模奖章和立功奖章

新华社报道,根据这个决定,中国人民解放军总政治部最近通知有关单位,对参加中越边境自卫还击作战的有功人员分别授予英雄模范奖章和立功奖章。

奖章是由中国人民解放军总政治部统一制作的,分英雄模范奖章和立功奖章两类。

英雄模范奖章分一级、二级两种,都是铜质镀金。一级英模奖章直径为4.4厘米,中间以表示科学技术现代化的图案为背景,上为鲜红的中国人民解放军军徽,周围是金色的光芒;二级英模奖章直径为4.2厘米,中间的图案是天安门,天安门上空是鲜红的“八一”军旗。两种奖章的图案象征着英雄的人民解放军保卫祖国,保卫社会主义现代化建设的光辉业绩。

立功奖章分一、二、三等功3种,直径比英模奖章略小。一等功奖章也是铜质镀金;二等功奖章的五角星是铜质镀金,光芒系铜质镀银;三等功奖章为氧化铝质。这3种奖章都以五角星为主体,上有象征国防现代化的图案。

英模奖章和立功奖章都配有色彩鲜艳的略章和绶带。

凡由中央军委授予英雄模范称号的个人,授予一级英雄模范奖章;由大军区和军、兵种授予英雄模范称号的个人,授予二级英雄模范奖章;立一、二、三等功的个人,分别授予一、二、三等功奖章。对获得英雄模范奖章和立功奖章的人员,同时发给中国人民解放军总政治部统一印制的奖章证书。

为了纪念中越边境自卫还击作战的重大胜利,还将发给所有参战人员和直接为作战服务的人员以自卫还击保卫边疆纪念章。在对参加中越边境自卫还击作战的有功人员颁发英模奖章和立功奖章的工作中,中国人民解放军总政治部要求各部队进行广泛深入的宣传,教育全体指战员发扬我军的优良传统和作风,为保卫伟大的社会主义祖国,保卫四个现代化建设立功,争当英雄模范。同时教育受奖人员,谦虚谨慎,戒骄戒躁,发扬革命传统,争取更大光荣。

全国地名工作会议在北京召开

新华社报道,最近,中国地名委员会在北京召开了新中国成立以来第一次全国地名工作会议。会上研究了地名工作如何迅速跟上四个现代化建设的需要,讨论了全国地名工作的近期和长远规划,审议了《我国地名命名、更名的暂行规定》和《外国地名汉字译写通则》两个立法性的文件草案。

会议指出,地名工作关系到国家领土主权和民族团结,关系到经济建设、国防建设,关系到国际交往以及人民生活。地名工作是一项政治性、政策性和科学性都很强的工作。

新中国成立以来,政府曾发布了一系列关于地名工作的指示和文件。1977年7月,我国政府批准成立了中国地名委员会,各省、自治区、直辖市也相继建立了地名工作领导机构和办事机构,在地名标准化和国内外地名译写规范化方面,做了大量的工作。

地名工作的任务是:地名工作要立法,要努力实现地名标准化,做到地名的读音和书写符合正音和正字的规定,含意健康,命名、更名严格履行一定的批准手续,要进一步调查、搜集、整理、审定、储存国内外地名资料

中国环境科学学会在成都宣布成立

李超伯当选为学会理事长,李苏、钱信忠、马大猷、曾呈奎、曲仲湘、过祖源、刘东生、陈西平被选为副理事长;陈西平兼任秘书长。学会设立了学术委员会、编辑委员会和科学普及、教育工作委员会。

大会通过了中国环境科学学会章程。学会理事会和各工作委员会认真讨论了今后的工作规划。大会还进行了热烈而广泛的学术交流活动。

联合国环境规划署副执行主任撒切尔专程到会祝贺学会的成立。

童第周逝世

中国人民政治协商会议全国委员会副主席、第五届全国人民代表大会常务委员会委员、民主同盟中央常务委员会委员、中国科学院副院长童第周同志,因病在北京逝世,享年77岁。

童第周同志1902年生于浙江省鄞县,早年参加过北伐军,曾在比利时留学得博士学位。解放前曾任山东大学、中央大学医学院、同济大学、复旦大学教授,中国心理生理研究所研究员,英国剑桥大学、美国耶鲁大学研究员。全国解放后,历任山东大学教授、副校长,中国科学院生物学学部委员、主任、实验生物研究所副所长、海洋研究所所长、动物研究所所长等职,并曾当选为第一、二、三、四届全国人民代表大会代表,第三、四届全国人民代表大会常务委员会委员。

童第周同志是我国著名的生物学家、优秀的教育家和卓越的实验胚胎学家,是我国实验胚胎学的主要开创人。在他将近50年的科学生涯中,一直从事发育生物学的研究,先后发表科学论文、专著70余篇,使他领导的研究工作居于国际同类研究的先进行列。童第周同志早期在脊索动物、鱼类和两栖类动物卵子发育能力的研究方面,有独特的发现,为国际上这方面的研究提供了系统的重要文献,并为进一步确定文昌鱼在动物分类学上的地位提供了重要证据。60年代后,他主要研究了脊索动物鱼类和两栖类的细胞核和细胞质在个体发育、细胞分化和性状遗传中的相互关系,取得了创造性的成绩。同时,在与国民经济建设关系密切的海洋有害生物的防治、经济水产动物的人工养殖、开拓培育经济鱼类新品种的新途径等方面也都作出了很大的努力和贡献。他热心培养技术人才,重视科学普及工作,积极促进国际间的科学交流与合作。他培养了不少优秀科技教育人才,为发展我国的科学教育事业作出重要贡献,受到了广大科学教育工作者的爱戴和敬重。

3月31日

全国人大常委会委员长叶剑英电唁马来西亚最高元首端古·叶海亚·佩特拉逝世

吉隆坡马来西亚代最高元首苏丹·哈吉·艾哈迈德·沙·穆斯泰因·比拉·伊卜尼·马胡姆·苏丹·阿布·巴尔卡·阿雅都丁·穆阿扎姆·沙陛下:

惊悉马来西亚最高元首端古·叶海亚·佩特拉·伊卜尼·马胡姆·苏丹·易卜拉欣陛下不幸逝世,我谨代表中国政府和中国人民向陛下,向马来西亚政府和人民,表示深切的哀悼。

最高元首陛下曾为中马两国关系的发展作出了十分有益的贡献。这将长留在我国人民的记忆中。

请向最高元首的家属转达诚挚的慰问。

中华人民共和国全国人民代表大会
常务委员会委员长　叶剑英
1979年3月31日于北京

全国化工局长会议提出化学工业要在调整中前进

新华社报道,在最近举行的全国化工局长会议上,一些同志认为,从化工部门的生产建设来看,问题比较突出的是两个方面:

一是现有企业由于缺乏资金、设备、原材料而不能得到更新改造,不能充分利用,发挥作用。可是占用大量资金、设备、原材料的基本建设项目却越来越多,工期越拖越长,迟迟不能形成生产能力。据统计,全国化工部门在建的大中型项目多达120个,其中建了6年以上的有56个。要使这些工程全部竣工投产,需要的投资比1978年化工部门的整个投资还多2.5倍,不算现在的引进项目,也要到1982年才能搞完。

二是消耗低、质量好、盈利多的许多企业由于缺乏燃料、动力和原材料而开工不足,可是那些消耗高、质量差、亏损大的企业却在盲目发展,大量浪费燃料、动力和原材料。

会上,化工部的领导同志研究了各种正在建设的化工项目的情况,初步确定:对那些多年上不去的"胡子工程",短时间内又没有可能上去的,要停下来;对那些即使能上去,但原料、燃料、水、电、运输不落实的,也要坚决停建或缓建;有的项目虽属急需,但资金、设备、材料安排不上的,也要让一让路。腾出来的设备、材料、施工力量、生产人员要集中起来保证重点,扎扎实实地打歼灭战。部分省、市化工部门的同志根据具体情况、分别对待的原则,对那些消耗高、质量差、亏损大的企业提出了调整意见。比如胶鞋厂、染料厂,数量超过了实际需要,有些产品又不对路,其中一部分应该停办。遍布各地的小氮肥厂,由于农业需要大量化肥,总的说应该办好开足,充分利用,但是对少数消耗太高、质量太差、亏损太大的企业,也理应采取关、停、并、转措施。现在总的形势很好,我们是在前进中搞调整,一面整顿,一面前进,通过整顿更好地前进。从这一点着眼,就可以全面地借鉴历史经验,也避免某些不适当的做法,把我们的工业搞得好一些,加快进行现代化建设。

全国油田开发技术座谈会提出加强政治思想工作促进现代化建设

新华社报道，最近召开的全国油田开发技术座谈会提出，在新的历史时期，政治思想工作不仅不能削弱，而且必须大大加强；现在不是要不要政治思想工作的问题，而是如何在新形势下做好政治思想工作的问题。

会议对新时期政治思想工作的地位和作用进行了讨论，提出当前要从3个方面去认识和加强这项工作：

第一，全党工作重点的转移，就包括政治思想工作重点的转移。动员群众、组织群众为实现新时期的总任务而奋斗，就是新时期政治思想工作的中心内容。有的政工干部说，搞现代化了，我们没事干了。这说明还存在“四人帮”的流毒，他那个政治工作还没有以生产为中心，没有为生产服务。政治工作必须结合着经济工作一道去做。一定要把政治思想工作的重点转移到促进生产建设、技术革命上来。

第二，今后不搞妨碍四个现代化的政治运动了，不等于不要政治思想工作了。我们有的同志只把政治运动看成是政治工作，习惯于搞运动，一不搞运动，就感到无事可做。这是林彪、“四人帮”破坏党的政治工作造成的后遗症，要纠正过来。搞社会主义现代化建设这场伟大的革命，有大量的政治思想工作要做。当前，在工作着重点转移的过程中，人们思想活跃，提出各种各样的新问题，要求我们很好地去了解、分析、解决，进行正确的引导。至于经常性的政治思想工作，更是一时一刻不能放松。共产党的一项重要任务，就是要用共产主义思想教育人、改造人。不宣传共产主义，怎么为共产主义奋斗！青年要教育，中年、老年同样要学习提高。特别要做好青少年的政治思想工作，进行革命理想和共产主义道德的教育，使他们健康成长。

第三，实行物质鼓励，代替不了政治思想工作。我国还是贫穷落后的国家，广大农村生活比较艰苦，职工的工资待遇、奖金不可能太高，就是奖金很多，也还是要十分重视政治鼓励。奖励能够调动广大群众的积极性，但是评奖本身就有思想矛盾，还要做政治思想工作。只有把具有高度政治觉悟的人同现代科学技术结合起来，才能形成强大的力量。不论从哪一个方面来说，对政治工作的要求不是低了，而是更高了，政治工作的任务不是轻了，而是更重了。我们一定要坚定不移地做好政治思想工作，为搞好生产建设，为实现四个现代化的宏伟目标而努力奋斗。

全国基建工作会议提出当前基建战线的主要任务

新华社报道，这次全国基建会议是国家建委3月份在北京召开的。

会议认为，今后两三年内基本建设战线的重要任务是，坚决贯彻执行中央关于调整国民经济的方针，认真搞好基本建设的调整、整顿和改革工作，促进基本建设工作稳步前进。为此，会议提出要抓好下列4件事。

第一件事要抓缩小基本建设规模。办法是两条：一是要认真抓好在建项目的清理。要大刀阔斧地把那些资源和水文地质不清，工艺技术不过关，燃料动力、原材料没有保证，污染问题没有解决，以及经济上不合理的项目停下来，缓下来。清理项目，不能“推平头”，上什么下什么要体现中央调整国民经济的方针，长线缩下来，短线保上去。二是要严格控制新项目上马。新项目上马要特别慎重，必须有利于国民经济比例的调整，必须经过认真的综合平衡，决不能一面清理，一面又上不合理的项目。

第二件事要抓调整投资方向。要根据调整国民经济方针的要求，通过调整基本建设的投资方向，来逐步协调国民经济、特别是工业内部的各项比例关系。要优先把煤、油、电、运、通信、建材等薄弱环节搞上去，把那些见效快、积累多、创汇多的项目搞上去，把当前改善人民物质文化生活、科研、教育必不可少的建设项目搞上去。

第三件事要抓整顿基本建设管理和基本建设企业的管理。首先，要求各级领导同志要有科学的态度和民主精神，尊重客观规律，带头按照基建程序办事，不要随意批项目，提过急要求。其次，提项目的单位要坚持实事求是的原则，按照程序规定，事先扎扎实实把工作做够。在建设过程中，要认真讲究经济效果。综合部门要认真把关，搞好综合平衡。上下左右，要一致努力，把基本建设工作纳入按科学规律办事的轨道。

第四件事要抓改革管理体制。基本建设和管理体制改革涉及许多方面，但不能等，要尽快开步走。当前要着重抓好基本建设投资由财政拨款改为银行贷款的试点工作。这是基本建设体制的一项重大改革。把由国家预算拨款改为银行贷款，有助于把基建的好坏同建设单位的经济责任、经济利益联系起来，促使大家自觉关心投资效果。

怎样才能把基本建设战线的调整工作做好？代表们认为，首先要充分认识做好调整工作的积极意义。大家指出，进行调整不是消极的，而是积极的措施。下马一批项目，是为了把一批具有七八十年代技术水平的骨干项目搞上去，是为了把林彪、“四人帮”造成的严重比例失调状况改变过来，是为了适当改善人民生活。只有这样做，才有可能进行更大规模的现代化建设,加快国民经济的发展。这次调整是在前进中的调整。要引导职工向前看,既要看清当前存在的困难,也要看到光明的前途,树立坚强的信心。当然,有时也要向后看一看,但这不是为了追究个人责任,而是为了总结经验,继续前进。在讨论中,许多代表把这次的调整看作是我国经济起飞前的振翅滑翔,是为了一跃的后退。他们说,把调整工作做好了,一定会带来国民经济的大发展,一定会加快四个现代化的进程。

代表们指出,要搞好调整,就得进一步解放思想。林彪、“四人帮”制造的种种谬论把一些人的思想束缚住了,什么下马是路线问题,大计划比小计划好,高指标比低指标好等等,这些都是宁“左”勿右的流毒作怪。因此,要彻底解决基建战线“长、散、乱”和投资效果不好的问题,就必须在思想上彻底肃清“左”比右好的流毒,发扬党的从实际出发,实事求是的优良传统,使基本建设真正做到循序前进。

代表们说,基本建设的调整工作涉及的面很广,调整工作中肯定会碰到许多阻力和困难,对此我们要有足够的估计。我们要发扬敢想、敢说、敢做的革命精神,要敢于坚持原则,不怕得罪人。在调整中要坚持唯物辩证法,坚持对具体事物进行具体分析,反对形而上学,反对大呼隆。清理项目,停什么,缩什么,上什么,要一个一个项目地进行分析研究,确定具体方案,决不能大而化之,草率决定。上要上得有准备,下要下得有秩序,要深入细致地做好思想工作和组织工作。

代表们认为,“长官意志”盛行是造成基本建设“长、散、乱、费”的一个重要原因。他们说,我们这些参加全国基建工作会议的同志,可以说都是大大小小的“长官”,手中都有或多或少的权力。在现代化的建设中,我们怎样才能作动力而不作阻力,把事情办得更好,这是值得我们深思的一个问题。

会议结束前,国务院副总理李先念、余秋里、耿飚、谷牧、王任重、康世恩等同志听了会议情况的汇报,并作了重要指示。

会议期间,谷牧同志几次到会参加座谈,给代表作了有关调整基本建设的重要讲话。

全国人大常委会副委员长廖承志在北京宴请日本心脏病科专家和田浩美和牙科专家小川洋等日本朋友

中国社科院院长胡乔木在北京会见以吉川幸次郎教授为团长的日本中国文学研究者访华团

以中国社科院副院长于光远为团长的中国社科院代表团应日中文化交流协会邀请赴日本进行友好访问

外贸部部长李强在北京会见由英国伦敦商会中国组主席巴克曼率领的伦敦商会代表团

外贸部部长李强在北京会见美国凯泽工程有限公司第一副总经理杰西·泰勒和海因斯海外有限公司副总经理理查德·勃瑞安等美国朋友

外交部照会越南外交部指出越方应该消除为谈判设置的障碍

照会说:“为恢复中越两国间的正常关系,确保两国边境地区的和平与安宁,进而解决有关边界和领土问题的争议以及其他争端,中国政府已一再声明愿同越南政府迅速举行谈判,为促成谈判提出了合理的建议,并组成以韩念龙副外长为团长的中国政府代表团,随时准备前往河内举行会谈。但是,在此期间,越方却横生枝节,在中国撤军问题上凭空捏造大量谎言,说什么中国边防部队没有撤到两国边界线中国一侧,并提出先决条件,一再阻挠谈判的举行。越南外交部3月27日的来照,再次重复对中国的粗暴攻击和诬蔑,坚持无理的先决条件,并妄图推诿拖延谈判的责任。对此,中国政府不能不感到十分遗憾和愤慨。”

照会说:“必须指出,在中国撤回边防部队、努力促进双方谈判的同时,越南方面却仍在中越边境地区进行武装挑衅和骚扰,企图挑起新的军事冲突。越南方面还凭空捏造中国‘集结重兵威胁老挝’的谎言,极力挑拨中老两国关系。越南方面玩弄这些伎俩,用心极为险恶,其目的是妄图损害中国的形象,并掩盖其加紧控制老挝、侵略柬埔寨的罪恶行径。显然,这是徒劳的。”

照会说:“越南方面为了阻挠谈判的举行,一再编造‘中国军队仍然驻扎在越南的一些地方’的谎言。越方一会儿说中国军队驻扎在越南的地点有10多处,一会儿又说有30多处,3月27日的来照又列举了10个地点,信口开河,前后矛盾,态度极不严肃,手法极为拙劣。中国方面一再明确重申,中国边防部队早在3月16日就已全部撤回我国境内,中国在越南领土上没有一兵一卒。越方3月27日来照所列举的地点,有些地点根本就没有中国军队,有中国军队的地点,都在两国边界线中国一侧,并历来为中国所管辖。如果越南方面对其中某些地段的边界线走向持有异议,也应通过谈判谋求解决,越方竟然以中国撤出这些地点作为先决条件,是完全没有道理的。”

照会指出:“越南方面在来照中还诬蔑中国方面‘阴谋用所谓维持边界现状占领越南领土’,这完全是对中国解决边界问题正确立场的肆意歪曲和诽谤。应该说,不是别人,正是越南自己,在所谓恢复历史边界线原状的幌子下，单方面强行改变1957年至1958年中越两党中央就边界问题换文时的双方管辖现状，不断蚕食和侵占中国领土。越南方面这种颠倒是非、加罪于人的做法，实在令人吃惊。”

照会最后说：“中越两国人民有着悠久的传统友谊。两国过去同受帝国主义、殖民主义的奴役和压榨。今天，两国人民都希望能够和平相处，以利于各自国家的建设。如果越南方面具有谈判的诚意，并愿保持一个和平与安宁的边界，那么，就应该消除你们为谈判设置的障碍，对于中国方面一再提出的谈判建议，作出积极的响应。而任何阻挠举行谈判，继续保持和加剧两国边境紧张局势的做法，都同中越两国人民和世界各国人民的意愿背道而驰，因而肯定是行不通的。”

中央军委批准为郭兴福平反

新华社报道，中共中央军委最近批准人民解放军南京部队党委关于为优秀教练员郭兴福同志彻底平反的决定。遭受林彪、“四人帮”残酷迫害的郭兴福同志，如今已恢复军籍、党籍，被任命为南京部队步兵学校战术教研室副主任。

郭兴福同志原是南京部队一位优秀的基层指挥员，具有丰富的连队训练工作经验。他继承和发扬了我军的练兵传统，于1961年至1964年期间，创造了一套先进的把兵练活的教学方法，受到叶剑英、罗瑞卿等中央军委领导同志的赞扬。叶剑英同志亲自总结了他的教学方法，向毛主席作了报告。毛主席亲自批准了这个报告。中央军委作出决定，在全军推广郭兴福教学方法，对推动当时大练兵运动，提高部队战斗力，起了积极的作用。1965年郭兴福被调到南京部队步兵学校当教员。1966年，林彪、“四人帮”出于篡党夺权的目的，疯狂破坏部队建设，妄图通过把郭兴福打成“黑榜样”、“黑干将”，全盘否定1964年的大练兵运动，大整中央军委领导同志。郭兴福因此受到残酷迫害。如今，郭兴福同志的十几年沉冤，终于得到了昭雪。

在为郭兴福同志平反的大会上，南京部队政治委员杜平讲了话，愤怒揭发批判林彪、“四人帮”这伙阴谋家、野心家危害党、危害军队、危害干部和群众的滔天罪行。杜平同志勉励郭兴福同志振作精神，谦虚谨慎，发挥特长，努力工作。郭兴福同志激动地表示，要把对林彪、“四人帮”的仇恨化为力量，努力为部队现代化建设作出贡献。

以张廷发为团长的解放军空军友好代表团在拉瓦尔品第拜会巴基斯坦代理国防部部长哈龙

中共上海市委为上海地下党冤案彻底平反昭雪

新华社报道，中共上海市委为林彪、“四人帮”制造的大冤案——上海地下党案件彻底平反昭雪。数以千计的遭到残酷迫害的原上海地下党党员和被株连的同志，都恢复了政治名誉，已经由各有关部门落实了政策，安排了工作。

中共上海地下党组织在抗日战争和解放战争中，为中国人民解放事业立下了不可磨灭的功绩，到上海解放前夕，上海地下党组织已建立了500多个党支部，共有8000多名党员，其中有许多党员后来成为上海各级党组织的领导骨干，有不少同志到中央和军队担任了领导工作。

在“文化大革命”中，林彪、“四人帮”为了篡党夺权，全盘否定上海地下党。1967年，张春桥、王洪文之流就多次诬陷上海地下党是“国民党”、“潜伏特务”、“叛徒集团”。其后，他们对原上海地下党建立了39个中心专案组和845个卫星专案组，立案审查的竟达3600多人，甚至株连到在中央部门和外地工作的党员干部。“文化大革命”前担任区、县、局以上领导职务的99名原上海地下党员全部靠边站，其中有65名被拘留或隔离审查，有4名被迫害致死。

粉碎“四人帮”以后，在中共上海市委领导下，各有关单位着手对林彪、“四人帮”搞的所谓上海地下党专案，逐一仔细地进行了复查，经过一年多的努力，对这个大冤案已全部予以平反昭雪。

今年3月，中共上海市委正式发出文件，要求全市各级党委对因地下党案件遭受迫害的干部、群众和受株连的家属，要进一步落实政策，做好善后工作。许多原上海地下党员心情激动，决心努力工作，为四化多做贡献。

中共辽宁省委召开大会为张志新平反昭雪

2000多人参加的平反大会上，宣读了《中共辽宁省委关于为张志新同志彻底平反昭雪，追认她为革命烈士的决定》。省委书记徐少甫同志讲了话，高度评价张志新烈士的革命品质，号召全省党员向她学习。烈士的家属、亲属也出席了大会，受到省委领导同志的亲切接见和慰问。

张志新同志原是中共辽宁省委宣传部的一名干部。面对林彪、“四人帮”的封建法西斯暴行，她挺身而出，公开阐明自己的观点，揭露和反对林彪、江青一伙残害干部、篡党夺权的阴谋活动，竟被“四人帮”及其在辽宁的死党一伙定为“现行反革命”，于1969年9月把她逮捕入狱，加给她精神上、肉体上难以容忍的摧残和折磨。张志新同志在牢狱中、法庭上、刑场上，坚持一个彻底唯物主义者应有的态度，大义凛然，坚贞不屈，于1975年4月惨遭“四人帮”杀害。

中国社科院新闻研究所答复招生问题

《人民日报》报道,中国社会科学院新闻研究所负责同志,就考生来信来访和电话中提出的一些问题,作了答复,希望各地招生办公室和考生参照办理。

一、新闻研究所今年有3个专业招生,人数百余名。

二、"新闻业务"专业的研究方向是国内新闻采访和编辑。考试科目中的"史地"是中外历史和地理。

三、"国际新闻报道"专业的研究方向是:培养国际新闻报道的人员和驻国外记者。考试科目是:政治、外语、世界历史(包括国际关系史近代和现代部分)、世界地理、作文(中文新闻写作)。主要参考书目:①《现代国际关系史》(世界知识出版社1958年版),②《简明世界史》近代和现代部分(人民出版社1974年版),③《第二次世界大战简史》(上海人民出版社1975年版),④《世界地理》(商务印书馆1977年版)。

四、"英语新闻写作"专业考试科目中的"中外史地",应为"中外历史"、"中外地理"两个科目。

五、"备注"栏的规定撤销,3个专业的考生报考时一律不交论文。

已发送到各地招生办公室的招生专业目录,照以上各项说明改正。

六、北京市考生报名地点是原北京地质学院(海淀区成府路东口)和北京师范大学化学系(西城区东官房)。报名处备有新闻研究所招生专业目录,考生经所在单位介绍,可以查阅。考生填好报名登记表,由所在单位签署意见后,在信封上注明报考第一志愿的专业名称,于4月15日以前直接寄到本市金台西路2号中国社会科学院新闻研究所。外地考生按原规定到所在县(区)招生办公室办理报名手续。

4月1日

第五届全国人大常委会举行第七次会议听取外交部部长黄华关于当前国际形势和对外关系的说明

《人民日报》发表评论员文章《革命者要向前看》

在中央工作会议和十一届三中全会上,党中央指出,要团结起来向前看。这是向全党发出的同心同德、改造中国的伟大战斗号召。

每一个革命者,任何时候都有自己的过去和未来。过去,我们有欢乐的年代,有悲愤的时刻;有壮怀激烈的战斗,有千回百折的征途。前事不忘,后事之师。每走一段路,回过头来想一想,总结经验,以史为鉴,可以激励人们更好地前进。

这次中央工作会议和十一届三中全会,实事求是地解决了"文化大革命"期间发生的一些重大政治问题,也解决了"文化大革命"前遗留下来的某些历史问题,分清了功过是非。这对于进一步巩固安定团结的局面,实现全党工作中心的转变,使全党、全国人民万众一心,为实现四个现代化而努力奋斗,是非常必要的。

向后看,是为了向前看。作为一个革命者,更重要的是放眼未来。我们的党,是以不断变革社会、变革自然为己任的,是着眼未来,掌握未来,创造未来的。而未来,对人们是陌生的,需要去探索,去钻研,去研究新情况,解决新问题,需要去改造社会,扭转局势。

在我们面前,摆着两方面的问题。一方面是,把国民经济搞上去,为实现四个现代化奠定基础。另一方面是,把历史上的大是大非搞清楚。既要放眼未来,又要总结过去。两方面的关系应当怎么摆?需要有个统一的认识。

我们必须总结历史经验,分清功过是非。这是统一全党思想的需要,是促进安定团结的需要。总结过去的实践经验,正是为了看清未来的方向。我们的原则是,凡属实践证明是正确的东西,都应加以肯定;凡属实践证明是错误的东西,都应加以纠正。三中全会公报提出工作重点的转移,就是总结历史经验得出的结论。但是,进一步深入地科学地总结历史经验,需要相当长的时间。解决问题也要看条件。既要看客观条件,也要看主观条件。条件不成熟,不能加以解决。一方面的条件成熟了;另一方面的条件不成熟,也不能勉强解决。要看什么时候解决,才有利于全局。不能匆匆忙忙,要求在一个早晨,把所有问题统统加以澄清,统统作出结论。

我们现在强调向前看,原因有两条。

第一,做事情,要有个主次、轻重、缓急。这不仅是一个重要的工作方法,也是一个马克思主义的战略思想。建国之初,毛泽东同志讲的不要四面出击,就是这种战略思想的体现。

我们已经取得伟大的胜利。但是,我们面前还有许多问题尚待解决。我们的力量是有限的。这就要求我们,要分主次,分轻重,分缓急。正像毛泽东同志所说:"必须在一个方面有所让步,有所缓和,集中力量向另一方面进攻。"(《毛泽东选集》第五卷第24页)

什么是我们当前的"主"?是把国民经济搞上去,是实现四个现代化。这是我们的党,我们的民族,我们的国家胜败兴亡之所系。一般说来,在过去两年多揭批林彪、"四人帮"的斗争中,我们是以破为主,用破带立;在全党工作的着重点转移到社会主义现代化建设的今天,我们应当以立为主,立中有破,破为了立。立,就是立现代工业,现代农业,现代国防,现代科学技术。这就是大局,是我们的主攻方向,是我们应当全力解决的主要问题。每个革命者,都应当着眼于这个大局,胸中装着这个大局。其他一切问题的解决,包括历史问题的解决,都要服从这个大局。凡是有利于这个大局的事情,就做;凡是不利于这个大局的事情,就不做。凡是促进四个现代化的东西,就坚决维护;凡是妨碍四个现代化的东西,就坚决克服。

第二,总结经验,评价历史,是一件重大的事情,要严肃对待,谨慎从事,要允许有个过程。

这里所谓过程,包括两方面的意思。

一方面,人们对事物的认识要有个过程。在我们的队伍中,对某些重大历史问题的看法,是不尽相同的。有这样那样的不一致,这是很难避免的事情。强求一致是不可能的。应当允许人们的思想有一个在实践中不断发展、不断深化的过程。只要大家都放眼未来,把主要精力用于四个现代化,共同语言就会越来越多,对过去问题的认识就会随着历史的发展趋于一致。这就是在前进中解决问题的态度和方法。

另一方面,客观事物的本质和意义的充分显示,也要经历一个历史过程。1921年,列宁在谈到十月革命时曾经指出:"这个伟大的日子离开我们愈远,俄国无产阶级革命的意义就愈明显,我们对整个实际的工作经验也就了解得愈深刻。"(《列宁选集》第四卷第565页)列宁的这个论断,适用于观察任何历史事件。要对我们党的历史经验作出系统的科学的总结,在重大问题上作出完整的正确的评价,决不是一件轻而易举的事情,需要运用马列主义、毛泽东思想的基本原理,进行认真的而不是马虎的、全面的而不是片面的、缜密的而不是粗疏的研究工作,需要更长一点的时间。切忌主观武断,切忌只凭一孔之见,仓促行事。经过若干年的实践和认识，到那时，再来说明这些事情，可能会比我们今天说得更好，更完善。这是党对待历史所应当采取的严肃、郑重的态度。

当前，我们从四个现代化的大局出发，把有些问题适当放一放，集中精力，放眼未来，搞好团结，搞好建设，把国民经济搞上去，把人民生活搞上去，使问题在我们的事业大步前进中逐步得到解决，这是全党全国人民根本利益所需要的。

我们应当坚持实践是检验真理的唯一标准这个马克思主义最基本的原则，实事求是，解放思想。解放思想，也要立足于向前看。运用马列主义、毛泽东思想，去研究新情况，解决新问题。理论研究，思想工作，一定要引导人们向前看，并努力使自已的工作走在实际的前头。解放思想的主要目的，是为了把马克思主义的普遍真理同四个现代化的实践更好地结合起来，是为了把我们的事业不断推向前进。

“牢骚太盛防肠断，风物长宜放眼量。”

今天，向四个现代化进军的号角已经吹响，举世瞩目，人民所急，不容懈怠。在未来的历史舞台上，我们演出的是不是威武雄壮的活剧？这是我们面临的新的历史考验。奋发图强，放眼伟大前程，才能勇于思考，勇于探索，勇于创新，才能有所发现，有所发明，有所作为。我们应当振奋起来，作披荆斩棘，创造未来的战士。

第十七次全国邮电工作会议在北京召开

会议向邮电职工提出了今后的工作任务。

会议认为，邮电部门既是党和国家的通信服务部门，又是社会生产力的重要组成部分。它把社会生产的各个环节联系起来，缩短空间和时间，间接地为社会增加财富。随着社会主义建设的发展，国民经济各部门要求以快速、高效、优质的通信手段，去实现科学管理，组织社会化的大生产、大协作、发展社会生产力。因此，必须充分认识邮电通信的重要作用，大力发展邮电通信事业，以适应四个现代化的需要。

代表们在回顾了解放30年我国邮电事业取得的成绩后指出，近10多年来，由于林彪、“四人帮”极左路线的干扰破坏，邮电通信严重落后于国民经济的发展，成为国民经济中一个突出的薄弱环节。以1977年与1949年相比，全国工业总产值增加30倍以上，而邮路和长途电话电路仅增长7倍，市内电话仅增长5倍。通信阻塞情况日趋严重，大中城市的市内电话普遍紧张。邮电通信内部各个环节的发展也不协调。如京沪杭中同轴电缆1800路载波和以北京为中心连通全国20多个省、自治区、直辖市的微波通信干线建设不配套，不能充分发挥作用。邮政生产作业场地狭小与报刊发行的迅猛增长矛盾突出，运输能力弱，服务网点不足等等。这种比例不协调，已经成为邮电事业高速度发展的障碍。

会议提出了今后邮电工作的方针任务。会议认为，邮电工作在今后3年内必须立足于现有基础，边调整，边前进，在调整中前进，在调整中提高，把各项邮电事业的发展比例逐步协调起来，为进一步高速度地发展邮电通信事业打下切实可靠的基础。

为了更好地执行这一方针，邮电部门首先要立足于现有基础，进行挖潜、革新、改造、补齐，迅速增加通信能力。在长途通信方面，要着重做好对京沪杭中同轴电缆和以北京为中心连通各省、自治区、直辖市微波干线的整治和改造工作，尽快攻克技术关，搞好补缺配套，充分发挥其通信能力。对省内通信网路，要进行调整，采取多种办法，增加电路。在电缆、微波通达的省会城市，要相应地扩充长途电话交换设备和长途电话、市内电话之间的中继设备，增开人工、半自动、全自动电路，省内要积极发展长途简易半自动电话交换机。同时，要在北京、上海、广州等国际电路出口局扩充国际长途台和国际用户电报。在市内电话方面，实行中央和地方共同投资，并组织用户投资等方式，积极增加市内电话交换设备和电缆生产，发展脉冲编码设备，争取3年内使省会所在地、重点工业城市和重要港口市内电话紧张的情况有所改善。要狠抓边防海防通信网路的调整和建设，对农村通信也要进行调整和加强。在邮政通信方面，要着重解决报刊发行作业场地和转运、分拣场地等问题，继续抓好铁路干线邮运的装卸搬运机械化，迅速实现邮运汽车和邮政机械设备的定型和配套，并进一步挖掘邮政运输的潜力。

在挖掘现有企业潜力的同时，对邮电部门的基本建设也要加以调整。要坚决清理和整顿在建项目，分别轻重缓急和可能条件，集中力量保一批当前通信急需而条件较好的在建工程和补缺配套项目，使其早日投产，迅速形成生产能力，同时下决心停建、缓建一批项目。今后对基本建设要严格控制，认真考核投资效果，严格按基建程序办事。

会议强调，安定团结是搞好调整和整顿工作的前提。一定要在各级党委领导下，把揭批查运动中遗留的问题认真处理好，做到善始善终，不留尾巴，特别要消除那些对工作着重点转移有影响的不安定因素。要认真落实党的各项政策，把广大干部、工人和工程技术人员的积极性引导到调整工作上来，充分发挥各自的聪明才智，为实现邮电通信现代化贡献全部力量。

会议期间，国务院副总理余秋里、王震、谷牧接见了出席会议的全体代表。

中国人民银行提高城乡居民和华侨人民币定期储

蓄存款利率

经国务院批准,中国人民银行从4月1日起,提高城乡居民和华侨人民币定期储蓄的存款利率,并增加半年、三年、五年三种定期存款。

各种以月息计算的定期存款利率调整情况是:城乡居民零存整取储蓄定期1年从2.7厘提高到3厘;定期1年的从2.7厘提高到3.3厘。定期半年的3厘;定期3年的3.75厘;定期5年的4.2厘。华侨人民币定期储蓄1年的从3.3厘提高到3.9厘。定期半年的3厘;定期3年的4.2厘,定期5年的4.5厘。

农村信用社吸收个人储蓄存款的利率,也按照人民银行的利率进行调整。

活期储蓄存款仍保持原有利率。

国家物资总局积极采取措施利用积压物资加快物资周转

新华社报道,国家物资总局决定采取3项措施,进一步推动清仓利库工作,尽快地把库存积压物资利用起来,以加快生产建设的速度。

他们采取的第一项措施是,在制订物资供应计划时,先利用企业的库存物资,然后再组织订货,安排有关工厂生产,坚决改变以往许多单位存在的那种一面库存积压,一面又提出申请订货的现象。在今年的全国工交企业预拨订货会议上,已经开始执行这个原则,利用了一大批库存积压的金属材料和机电设备,取得了成绩。

第二项措施是,加强调度调剂工作。各地物资部门准备经常召开调度调剂会议以及组织门市展销、到工厂农村推销等种种办法,及时调剂余缺,变死物为活物,变呆滞为流通。国家物资总局金属材料公司、机电设备公司、燃料公司、化工公司、木材公司将要分别建立全国物资调度中心和调度网,对全国的社会库存资源组织调剂利用。

第三项措施是,大力开展修配改制工作。据有关部门调查,目前工交部门仓库中的积压物资,还有一部分因为品种规格不对路、质量不合格、零件不齐全,不能使用的材料和设备,其中大多数只要经过修配改制,还是可以利用的。因此,国家物资总局决定,凡是本企业、本地区、本部门能够修复改制的,由企业、地区、部门修复利用,凡是需要原制造厂修复改制的,由原厂修配改制,负责到底。1978年以后出厂的产品,凡属质量不合格,或缺零件、不配套、不能使用的,都要退回原生产厂,实行包退、包修、包换的制度。为了使这项工作切实开展起来,有些地区的物资部门已经建立起修旧利废车间,有的地区还帮助工交企业建立修旧利废车间、班组,为进一步开展修配改制库存积压物资创造条件。

太焦铁路建成通车

沟通我国华北和中南地区的又一条铁路干线——太(原)焦(作)铁路全线通车,正式开始办理客、货营业运输。

太焦铁路北起太原以南的同蒲路修文车站,南到河南焦作,全长近400公里,它同焦(作)枝(城)铁路和枝(城)柳(州)铁路相连,形成连接华北、中南两个地区,同京广铁路平行的沟通我国南北的又一条交通大动脉。这条铁路的建成,使同蒲、京包、石太、京广、陇海等主要铁路干线互相沟通,这对改善我国铁路交通布局,提高山西煤炭外运能力,发展地方经济,促进祖国社会主义建设都具有重大意义。

太焦铁路南端五阳到焦作间的188公里,已在60年代建成通车。为了使全线贯通,70年代初,国家决定修建修文至五阳间的铁路。这段铁路大部分贯穿太行、太岳山区,沿线山峦起伏,沟壑纵横,209公里线路就有隧道56座,桥梁88座。桥隧的总长达34.5公里,占整个线路的近六分之一。沿线地质复杂,工程比较艰巨。

《法学研究》创刊号出版

为了适应我国四个现代化建设的需要,适应我国加强立法工作的新情况,《法学研究》定于1979年4月正式创刊。《法学研究》是面向我国政法工作者、政法院系师生和法学研究工作者的学术理论刊物。

根据党的十一届三中全会决议的精神,创刊号将围绕发扬社会主义民主和健全社会主义法制问题,配合当前的国家立法工作,刊登十余篇反映法学基础理论、宪法、刑法、诉讼法和法制史等方面的研究成果的论文。

《法学研究》是双月刊,每逢双月出版。

《上海戏剧》复刊

综合性的戏剧艺术刊物《上海戏剧》,是中国戏剧家协会上海分会主办的,暂定为双月刊。

复刊后的第一期《上海戏剧》,刊登理论探讨文章、话剧剧本共15篇。上海越剧院院长、著名的越剧演员袁雪芬的《笑貌长存,光照环宇》一文,结合越剧院最近演出的《忠魂曲》《三月春潮》两个歌颂毛主席、周总理的越剧剧目,回顾了越剧发展的历史,总结了越剧改革的经验。

4月2日

国务院副总理邓小平在北京会见阿根廷前海军司

令埃米略·爱德华多·马赛拉海军上将及其夫人

《人民日报》发表评论员文章《一切从国家和人民的根本利益出发》

关心并维护国家和人民的根本利益，是每个共产党员、每个革命同志的神圣职责，是我们全体党员和人民群众想问题、办事情的出发点和归宿。我国是社会主义国家，国家和人民的利益是完全一致的。我们在任何时候、任何情况下，都不能损害国家和人民的根本利益；一切违背这个原则的言论和行动，都应当受到大家的抵制和反对。

当前，我们国家和人民的根本利益，就是尽快地把我国建设成为社会主义的现代化强国。这是中国人民100多年来梦寐以求的伟大理想，是毛泽东同志、周恩来同志、朱德同志等老一辈革命家和无数革命先烈为之奋斗终生的宏伟目标，是我们举国上下、男女老少、各族人民的共同心愿，是我们当前最大的政治。我们现在要解决的一切重大问题，无论是增强经济力量和国防力量，巩固无产阶级专政，还是从根本上改善人民的物质生活和文化生活，哪一桩，哪一件，都不能离开加快社会主义建设的步伐。早日实现四个现代化，不仅关系到我们这一代人的切身利益，而且关系到我们的子孙后代的利益，关系到中华民族今后能不能自立于世界民族之林。林彪、“四人帮”的干扰破坏，使我们失去了十多年的宝贵时间。现在，我们恨不得一天有48个小时来“追科学”、“争飞跃”，一时一刻也不能耽搁了。三中全会号召我们，迅速实现工作着重点的转移，立即动员起来，鼓足干劲，群策群力，进行新的长征。每一个关心祖国前途和命运的同志，每一个关心8亿人民根本利益的同志，都要发扬为四化献身的精神，百倍努力地学习、生产和工作，把自己的全部精力毫无保留地倾注在社会主义现代化建设事业上。

大家都关心国家和人民的根本利益，人民的暂时困难是不是不关心，不解决了呢？不。这两年多来，以华国锋同志为首的党中央和国务院，十分关心人民群众的疾苦，对群众中迫切需要解决的问题，如各项政策的落实，冤、错案件的平反，劳动就业的安排，工资福利的调整，等等，都用极大的力量，尽可能地设法解决。各级党委和革委会，根据党中央指示，都做了大量的工作。这是大家都能亲身体会到的。当然，并不是所有的问题都解决了，同群众的要求也还有相当大的距离，群众中间存在的困难问题还很多，我们还要继续作极大的努力。但是，也要看到我们的国家原来的底子就很薄，“一穷二白”，加上人口众多，十多年来，受到林彪、“四人帮”的严重破坏，经济曾走到崩溃的边缘。现在，摆在国家面前的问题不仅成堆，而且成山，只能有计划有步骤地加以解决。有些问题，限于条件，短期内还难于解决，随着四化的逐步实现，生产发展快了，国家积累多了，才比较容易得到解决。我们的国家，被林彪、“四人帮”疯狂摧残，内伤外伤十分沉重，现在很像一个大病初愈的人，身体还很虚弱，冷了不行，热了也不行。我们要像孩子对待久病的母亲那样，精心护理，让她快些恢复元气。国家是8亿人的国家，不是哪一个人的国家，不是几个当家管事的人的国家。国家的困难，就是我们大家的困难。我们要为国家分担忧虑，分担困难，体谅国家力不从心、不能同时迅速彻底解决一切问题的苦衷，不要提出国家一时难以办到的过高要求，不要做任何增加国家困难的事情。

是不是顾全大局，是衡量我们每个人政治觉悟高低的一个重要标志。毛泽东同志说：“事情有大道理，有小道理，一切小道理都归大道理管着。”在我们党内，在党领导的革命队伍内，一直有那么一条原则、一个规矩，就是个人利益服从集体利益，局部利益服从整体利益。没有这条原则、这个规矩，革命事业的胜利是不可能的。我们的许多革命前辈，为了国家和人民的利益，不惜牺牲个人的一切，直至贡献出自己的生命；这次保卫边疆、自卫还击的战争中，许多英雄战士，为使祖国实现四个现代化能有个安宁和平的环境，献出了鲜血和宝贵的生命，他们是我们的榜样。今天我们向四个现代化进军，是进行一次新的长征，是进行又一场艰巨的革命，同样需要我们正确地处理大局和小局的关系。有些事情从局部来看不无道理，从大局来看则行不通或不恰当，那就要自觉地以小局服从大局。如果要大局服从小局，就会损害国家和人民的整体利益，到头来也会损害你这个局部的利益。当前，如果损害四化的利益，延缓四化的步伐，最终会损害了每个人的利益。特别在我们经济生活上还面临一系列困难，还需要进行一系列调整的时候，更要强调个人利益服从集体利益、局部利益服从整体利益、暂时利益服从长远利益的道理。只有党内党外、上上下下都这样做，我们才能够顺利地克服困难，夺取四个现代化的胜利。

林彪、“四人帮”极力煽动打砸抢抄抓，把损害国家和人民利益的恶劣行径封为“革命行动”，它造成的一个极大恶果，就是败坏了社会风气。在一些人的心目中，什么遵守革命的组织性纪律性，遵守公共秩序，尊重社会公德，爱护公共财产，都没有了。我们每一个人都有责任，要把这种坏风气扭转过来。要造成一种强大的社会舆论，发扬正气，压倒邪气，人人都来关心和维护国家和人民的根本利益。要大力提倡识大体，顾大局，艰苦奋斗，埋头苦干，服从革命需要，勇挑革命重担，为四个现代化的实现多做贡献。这种社会风尚的树立，要靠大量的深入的思想政治工作。这个工作，党组织应当做,政府部门应当做,共青团、工会、妇联应当做,每个做父母的对自己的子女也要认真地做。要教育自己的子女,有志气,有抱负,四海为家,迎着困难战斗。青年人多吃一点苦,多经受一点锻炼,对他们成长为优秀的无产阶级革命事业接班人,是大有好处的。

为了保证早日实现四个现代化的伟大目标,我们还必须继续调动一切积极因素为四化服务。要充分发扬民主,坚决落实各项政策,继续纠正冤错案件,坚决反对官僚主义,认真关心群众生活。对于群众合情合理的要求,凡是有条件解决的,应当立即着手解决;一时不能全部解决的,应当分期分批解决;条件暂时不具备,解决有困难的,应当积极创造条件予以解决。这些都是我们坚定不移的方针。但是,应当看到,在大规模落实政策的时候,会有人患得患失,斤斤计较,打自己的小算盘;在大力发扬社会主义民主的时候,会有人搞无政府主义,闹极端民主化。这种现象的出现,是不奇怪的。事情总有两个方面,正作用和副作用、主流和支流总是联系在一起的。我们决不能因为有支流就不看主流。但是,对支流也不要忽视,而应当多做工作,积极引导。要向广大人民特别是青年讲清楚,我们过去对民主宣传得不够,实行得不够,制度上有许多不完善,因此要着重强调发扬民主。我们所需要的民主,只能是社会主义民主或人民民主,而不是资产阶级的个人主义的民主。一定要把民主和专政、民主和集中、民主和法制、民主和纪律、民主和党的领导结合起来。如果离开社会主义道路,离开无产阶级专政,离开党的领导,离开马列主义、毛泽东思想,抽象地空谈民主,那就会导致无政府主义,导致安定团结的彻底失败,导致四个现代化的彻底失败。那样,我们同林彪、"四人帮"的十年斗争就等于白费,中国就将重新陷于混乱、分裂、倒退和黑暗,中国人民就将失去一切希望。应当指出,近来一些地方,有极少数人为了达到个人目的闹事,甚至采取损害公共利益的手段进行要挟,严重破坏工作秩序、生产秩序和社会秩序。有些坏分子公然提出耸人听闻的反动口号,打出反革命标语,进行蛊惑人心的煽动。这些事件诚然是极少数,并且受到绝大多数人民的抵制,但是值得严重注意。我们必须进行深入细致的思想政治工作,把受蒙蔽的群众特别是那些天真无邪的青年同反革命分子、坏分子分离开来。同时,按照法律,对那些反革命分子、坏分子实行严肃的惩处。

我国正处在一个伟大的历史转变关头。我们是不是能够迅速地实现工作重点的转移,全国人民的注意力和革命热情是不是都能及时地集中到社会主义现代化建设上来,关系着四个现代化的进程。在这个转折时期,我们每一个革命同志,都要关心国家大事,关心国家和人民的根本利益,胸怀全局,献身四化,用我们勤劳的双手,争取我国的四个现代化的早日实现。

共青团中央发出纪念五四运动60周年活动的通知

今年是伟大的五四运动60周年,也是中国青年节四十周年。共青团中央向全国共青团组织发出通知,将在青年中开展纪念活动。

通知强调,纪念活动要以党的十一届三中全会精神为指导,教育各族、各界青年继承"五四"光荣传统,献身社会主义现代化建设的伟大事业。

通知说,我们要在新的历史条件下,发扬五四运动的科学精神、民主精神和爱国主义精神,像老一辈革命家和五四运动先驱者那样,以天下为己任,以祖国繁荣富强为己任,紧紧跟上全党工作着重点的转移,同心同德搞四化。我们要坚持社会主义方向,坚持无产阶级专政,坚持党的领导,坚持马列主义、毛泽东思想,百折不挠地去实现社会主义四个现代化,人人争当新长征的英勇突击手。这就是我们纪念五四运动60周年的主题,也是全体共青团员、一切爱国青年应该确立的中心思想。

通知说,纪念五四运动60周年,要高举马列主义、毛泽东思想旗帜,密切联系当前实际,加强对青年的思想政治工作。要着重在青年中进行为革命理想艰苦奋斗的教育,鼓舞青年献身"四化",志在四方,安于平凡劳动,热爱本职工作。要对青年进行社会主义民主与法制的教育。要注意引导青年正确地有分析地对待来自资本主义社会的东西,学习先进的科学技术知识和管理方法,抵制资产阶级腐朽的生活方式和唯利是图的思想作风。要继续学雷锋,树新风,培养共产主义道德,切实搞好社会风气。

通知要求各地结合纪念"五四",普遍地开展一次保卫祖国、保卫边疆、保卫"四化"的宣传教育活动,把青年一代的爱国主义和革命英雄主义精神提到一个新的高度。要组织参加广西、云南边境自卫还击战的战斗英雄、民兵和支前民工向青年作报告,使这次自卫还击作战成为教育青年反对霸权主义、反对侵略战争的生动教材。

通知要求通过"五四"纪念活动,进一步推动各行各业青年学文化、学科学、学技术,提高青年建设社会主义现代化强国的本领。要因地、因时、因人制宜,采取多种形式,把青年组织到学习中去。各行各业青年都要把工作与学习结合起来,既向书本学习,又向实践学习,努力精通本行业务。学校团组织要以"三好"为目标,以学习为中心,帮助青少年循序渐进地、牢固地掌握知识,培养德智体全面发展的人才。

通知说,各省、自治区、直辖市团委可在党委统一领导下,配合有关部门举行纪念会、报告会或座谈会,也可以召开表彰新长征突击手大会。

基层团委应在“五四”前后,组织各种各样小型分散的纪念活动、教育活动和联欢活动。可以邀请“五四”等爱国运动参加者、劳动模范、战斗英雄与青年见面。可以举行时事报告会、科技讲演会,理论讨论会,也可以搞诗歌朗诵、音乐欣赏、游园联欢、体育表演、艺术展览等。要通过纪念“五四”,把工厂俱乐部的活动活跃起来,把学生文娱社团活动开展起来,把农村的“青年之家”逐步建立起来,推动青年战线到处出现万紫千红的生动局面。

全国人大常委会副委员长廖承志和外交部部长黄华前往马来西亚驻中国大使馆吊唁马来西亚最高元首端古·叶海亚·佩特拉·伊卜尼·马胡姆·苏丹·易卜拉欣逝世

中国社科院负责招生人就1979年招收研究生问题对《人民日报》记者发表谈话

中国社会科学院1979年招收研究生的有73个专业,目录已发各地。今年招收研究生的原则和去年一样,教育部对此已有各项规定;社会科学院根据指导教师意见,各专业招收研究生的办法也有若干不同的特点。

中国社会科学院新建立的马列主义毛泽东思想研究所,今年由于光远、王惠德等担任指导教师,拟招收40名研究生。由于该所的任务是研究马、恩、列、斯著作和毛主席著作及他们的生平、事业,以马克思列宁主义和毛泽东思想作为对象进行系统的深入的研究,对研究生培养目标是能够胜任这些方面的资料工作和文献研究工作。在研究生结业时,对马克思、恩格斯著作主要使用的语言——德文,和列宁、斯大林著作主要使用的语言——俄文,至少能掌握一种,而以英、法等语言作为辅助的外语工具。同时要求埋头苦干、钻研马克思主义经典著作,熟悉他们活动和从事著作的历史背景,并有较强的思想能力,学会独立地分析问题。

今年政治经济学专业招收研究政治经济学社会主义部分的5名研究生,由于研究政治经济学社会主义部分这门学科的特殊要求,于光远同志提出的考试办法,是在报名时先交1篇有自己独立见解的、有论据有分析的、文字通顺的论文,根据这篇论文发准考证。考试科目有政治、外语、语文逻辑、政治经济学基础、数学和常识。指导教师主张政治课要考试,内容不是考应试者的记忆,而是要求他们按照自己的真实思想就国内外某个政治问题或社会问题发表自己有科学根据的见解。这种考试不评分,只作为录取时的一个参考。学习政治经济学应该懂得外语,而且最好多懂得几种外语,所以应试者可以同时申请考试几种外语,以便了解考生外语程度;但为了个别同志可能在其他方面学识特别优异,只是外语准备较差不致失去参加考试的机会,也可以申请免试。考试语文逻辑是为了了解应试者的语文表达能力和逻辑思维能力。由于经济学的研究要求定性而且要求定量,数学对于经济学研究者是必要的知识。数学考试可以选考初等数学,包括经济问题研究中常用的四则运算、代数、几何、三角、图表、统计方法等等,也可以选考高等数学,包括某些研究经济问题时常用的高等分析、高等代数等等。也可以同时选考初等和高等数学。常识这个考试科目为的是测验应试者的知识面,包括自然科学、社会科学、文学、历史、地理等各方面的知识。经过这样的考试后,再就考生所交论文和考卷进行口试。

中国社会科学院对举办研究生院十分重视,他们在从事研究工作的同时用很大的力量培养研究生。我国著名学者侯外庐、夏鼐、顾颉刚、季羡林、黎澍、尹达、贺麟、裴文中、任继愈等,都抱着多为国家培养人才的目的积极招收研究生。

陶承的革命回忆录《我的一家》由人民文学出版社再版

新华社报道,《我的一家》1956年由工人出版社出版,受到广大读者特别是青少年的欢迎,影响很大。后来陶承同志遭到诬陷、迫害,书也被查禁停售。“四人帮”被粉碎后,陶承同志得到平反昭雪,回忆录《我的一家》也由人民文学出版社最近重新印行。

4月3日

第五届全国人大常委会第七次会议一致通过不延长中苏友好同盟互助条约的决议

全国人大常委会副委员长乌兰夫主持了会议。

全国人大常委会副委员长宋庆龄、聂荣臻、吴德、韦国清、邓颖超、赛福鼎、廖承志、周建人、许德珩、胡厥文出席会议。

国务院副总理耿飚、最高人民法院院长江华列席了会议。

1950年2月14日在莫斯科签订、同年4月11日生效的中华人民共和国与苏维埃社会主义共和国联盟友好同盟互助条约将于1980年4月11日期满。鉴于国际形势已发生重大变化,中苏友好同盟互助条约由于并非中国方面的原因遭到践踏而早已名存实亡,中华人民共和国第五届全国人民代表大会常务委员会在1979年4月3日举行的第七次会议上通过决议,决定条约期满后不延长。

中华人民共和国外交部部长黄华于1979年4月3日会见了苏联驻华大使伊·谢·谢尔巴科夫,将上述决定通知苏联方面,并重申中国政府一贯主张,中苏之间的原则分歧,不应妨碍两国在互相尊重主权和领土完整、互不侵犯、互不干涉内政、平等互利、和平共处五项原则的基础上,保持和发展正常的国家关系。为此,中国政府向苏联政府建议,中苏双方就解决两国间悬而未决的问题,改善两国关系举行谈判。

第五届全国人大常委会第七次会议通过任免决定

一、为了加强对建筑材料工业的领导,设立建筑材料工业部,任命宋养初同志为建筑材料工业部部长。

二、任命钱信忠同志为卫生部部长,免去江一真同志的卫生部部长职务。

全国农业自然资源调查和农业区划会议在北京举行

4月3日至7日举行的会议宣布,经国务院批准,正式成立全国农业自然资源调查和农业区划委员会,由国务院副总理兼国家农委主任王任重任主任委员。各省、自治区、直辖市也将建立相应机构。这次会议是经国务院批准,由国家农委、国家科委、农业部、中国科学院联合召开的。参加会议的有全国各省、自治区、直辖市农办、科委的负责人,国务院各有关部门和有关科研单位的代表和专家,共260多人。

国务院副总理王任重在会上讲了话。他说,农业自然资源调查和农业区划工作,是实现农业现代化的一项基础工作。做好这项工作,对发展农业生产,逐步实现农业现代化有重大意义。他指出,实现农业现代化,必须从我国的实际情况出发,必须农林牧副渔全面发展;要研究如何做到投资少、见效快、收益大;要抓住重点地区;要加强农业科学研究工作;要加强农业教育工作。他要求尽快把农业区划搞出来,中央和地方分头搞,利用现有资料先搞个轮廓,在区划的基础上再搞长远的农业发展规划。有了一个比较接近实际的区划和规划,就可以正确地领导农业生产,减少瞎指挥。他希望大家响应党中央号召,团结起来向前看,同心同德,为实现农业现代化做好工作。

会议认为,农业自然资源调查和农业区划工作很重要,它为合理地开发利用农业自然资源,因地制宜地规划和指导农业生产,实现我国社会主义农业现代化提供科学依据。

会议肯定了过去开展农业自然资源调查和农业区划工作的成绩,交流了经验。新中国成立以来,各有关部门和各省、自治区、直辖市,以及有关的科研、教学单位,对我国许多地方,特别是边远地区的农业自然资源进行了大量的调查研究,开展了第一次全国土壤普查,积累了丰富的资料,为国民经济建设提供了科学依据。全国和大多数省、自治区、直辖市也曾开展了农业区划工作。会上,介绍了江苏省、广东省东莞县搞好农业区域工作的经验。

各地代表指出:由于林彪、"四人帮"极左路线的干扰,农业自然资源调查和农业区划工作遭到严重破坏,机构撤销,队伍解散,资料散失,甚至许多热心于此项工作的同志受到冲击和迫害,造成了目前我国农业自然资源调查和农业区划工作基础薄弱的局面。因此,开展这项工作,是一项紧迫而又长期的任务。

农业自然资源调查和农业区划研究是全国科学大会制定的《1978年至1985年全国科学技术发展规划纲要(草案)》重点科学技术研究项目的第一项。这次会议讨论制定了这个项目的研究计划要点,要求各有关部门和各省、自治区、直辖市也制订出相应的具体工作计划,加强领导,按期、按质、按量地完成任务。

会议确定近两三年内应着重抓好以下几项工作:在农业自然资源调查方面,一是土地资源调查。二是对目前资源开发利用问题较多、农林牧用地矛盾比较突出的地区(如西北黄土高原、黑龙江的三江平原、海南岛、西双版纳、沿海滩涂等)农业自然资源,进行综合研究,尽快提出合理开发利用的方案。各省、自治区、直辖市对本地近期开发利用的重点地区也要组织力量,进行综合考察,提出开发利用方案。三是全国土壤普查,以县为单位,搞好试点,由点到面,逐步铺开。四是对全国已建和拟建的自然保护区,提出布局、规划和对稀有珍贵动植物保护的方案。在农业区划方面,为了满足当前规划和指导农业生产的急需,打算在今年集中一批力量,利用现有资料进行分析研究,提出初步的简明的全国综合农业区划和农业机械化区划。农业机械化区划方面,要求分区阐明实现农机化的条件和特点,以及重点、步骤和方法。

会议还认为,为了探索农业现代化的途径,目前各有关部门和各省都部署了一批农业科学实验基地或试点,但布局上不尽合理,应按农业区划来统一布点,以便集中力量办好样板。

代表们还对健全机构、加强专业队伍建设和培养专业人才、采用先进技术手段等,提出了不少建议。

全国统计局长会议提出从6个方面改进和提高统计工作

新华社报道,最近举行的全国省、自治区、直辖市统计局长会议,讨论了如何把统计工作的着重点转移到为社会主义现代化服务的问题。会议指出,在新形势下,统计工作必须坚持实事求是,准确、及时、全面、系统地为四化提供数据资料,充分发挥统计的监督作用，当好党和政府的“耳目”和“参谋”。

参加会议的代表们认为，社会主义统计，是认识社会的一个有力武器，是制订国民经济计划、经济政策和加强经济研究、经济管理的重要依据，是对国民经济实行科学管理和检查监督的重要手段。因此，必须充分认识统计工作的重要意义，大力加强统计工作，以适应新形势发展的需要。

怎样才能迅速加强统计工作，提高统计数字质量和分析研究水平呢？会议认为，首先必须继续深入批判林彪、“四人帮”的极左路线，认真肃清其流毒，才能在统计工作中做到坚持实事求是，如实反映情况，完成党和国家赋予统计部门的光荣任务。

会议期间，代表们反映，有不少统计人员因为坚持实事求是，按照国家规定的统计制度办事，抵制弄虚作假行为而遭到打击迫害。他们认为，为这些同志进行平反，是统计战线拨乱反正的一个重大问题。代表们一致要求各级主管领导部门要认真清理这类案件，根据“实事求是，有错必纠”的原则，全部错的，全部平反，部分错的，部分平反；对于模范地执行国家统计制度，如实反映情况，敢于同弄虚作假行为作斗争的统计人员，要给予表扬和奖励。

代表们提出，统计工作要真正做到实事求是，如实反映情况，不仅各级统计部门要过细地工作，努力提高科学水平，把统计数字搞准确，而且还需要各方面给以必要的保障。他们要求：一是要充分发扬民主，提倡讲老实话。二是要有法治，保障统计人员坚持实事求是的权利，对打击报复，违反党纪国法的，要追究法律责任。

会议指出，当前统计工作基础还很薄弱，不能适应社会主义现代化建设的需要。为了改变这种状况，会议提出要在现有基础上，从6个方面改进和提高统计工作：一是统计部门的领导精力，要从目前主要抓好统计报表、搞准统计数字的基础上，逐步做到着重抓经济的分析研究。二是统计资料，要从目前主要反映生产建设进度，逐步做到更全面地反映计划执行情况，反映经济效果和比例关系。三是统计内容和指标，要努力加以改进，逐步形成一套能够更好地反映社会主义现代化建设要求的科学的指标体系。四是统计方法，要从目前基本上靠全面统计报表一种方法，逐步做到多种方法互相结合，灵活运用。五是统计资料的收集，要在进一步做好国内资料收集工作的同时，逐步加强国外统计资料的收集整理工作。六是计算工具，要从目前基本上靠手工计算，逐步做到处理大量数据主要用电子计算机计算。

为了实现上述目标，会议对今明两年如何整顿和加强统计工作做了具体安排，提出今明两年要一面整顿，一面前进，加强统计机构，充实统计人员，建立一支又红又专的队伍，保证统计工作顺利进行。

《人民日报》发表评论员文章《把奖励制度搞得更好》

各地区、各部门实行奖励制度已经一年了。实践表明，在加强思想政治工作的同时，实行奖励制度，贯彻精神鼓励与物质鼓励相结合，以精神鼓励为主的原则，对于调动广大职工的积极性起了促进作用。同时，在实行奖励的过程中也发生了一些问题，出现了一些缺点。当前的问题，是要总结经验教训，把奖励制度搞得更加完善，把错误做法纠正过来。

奖金是劳动报酬的一种必要的辅助形式。实行奖励制度，为的是更好地贯彻多劳多得的原则，鼓励先进，推动落后，调动广大职工的积极性，促进生产的发展。凡是搞得好的单位，它的效果是很好的。但是，有些企业的领导，不考虑奖励的目的和作用，不讲经济效果，不做调查研究，不走群众路线，不顾国家规定和财经纪律，巧立名目，乱发奖金，在群众中造成不良影响。合理地发放奖金的作用之一，是使职工从物质利益上关心企业的生产。发奖的前提是企业和个人为国家多做贡献，多创造财富。对于那些经营不好继续亏损的企业、生产不好没有相当贡献的个人也发奖金，这不是鼓励搞平均主义、吃“大锅饭”吗？

实行奖励制度不能开“大锅饭”。过去，林彪、“四人帮”破坏按劳分配原则，搞绝对平均主义，造成了干多干少、干好干坏、干与不干一个样。实行奖励制度，就是要克服这种不合理的现象。有的单位在执行过程中违背这个目的，不考虑生产好坏，不问贡献大小，不分先进落后，一律照发奖金。这样吃“大锅饭”、搞平均主义，职工们很有意见。国家花了钱，不但得不到应有的效果，还造成一种不良风气。实践证明：这样搞平均主义非失败不可。

发放奖金开“大锅饭”的根本原因，是平均主义思想根深蒂固，平均主义做法习惯难改。当前，许多同志对平均主义的危害性还认识不足。毛泽东同志一贯反对绝对平均主义思想，早就指出“它的性质是反动的、落后的、倒退的”。以后还严肃地告诫说，搞平均主义，“就要亡国亡党”。这些年来，我们吃平均主义的苦头吃够了。千百年来，我国是一个小农经济占绝对优势的国家，这种平均主义实际上是农业社会主义思想的反映。不能独立地增加新的社会生产力，只是要求对现有的社会财富进行平均分配，必然导致社会生产力的破坏和倒退。实践给了我们深刻的教益，如果再搞平均主义，不管企业盈亏，不分个人勤惰，继续开“大锅饭”，就会造成一种不争贡献只争奖金，吃社会主义的不良风气,怎么能调动广大职工的积极性,全力搞四个现代化呢?我们要在实践中摸索经验,积极创条件,逐步建立一套把职工个人的物质利益同企业经营好坏直接联系起来的奖励制度。目前,应该力求合理使用奖金,十分注意鼓励先进,防止平均主义倾向。各级财政、银行部门,对各单位的开支,要严格监督,不符合规定的,坚决拒绝拨款。凡有经济指标可以考核的单位、行业或工种,要依靠群众,制定先进的定额标准,把对职工劳动成果的考核具体化,使评奖有可靠的客观依据。企业的各级领导,要真正做到实事求是,坚持原则,主持公道,赏罚分明,务使先进者得到鼓励,暂时后进者也有奔头。

在实行奖励的过程中,要切实做好思想教育工作。由于林彪、"四人帮"形而上学的影响,要么一提起奖励就认为是"修正主义",不敢沾边,继续搞空头政治;要么就认为"有钱好办事",动辄发奖金,放松思想教育,这都是错误的。我们一定要坚持精神鼓励和物质鼓励相结合而以精神鼓励为主的正确方针,二者不能偏废,不能割裂。在评奖、发奖中没有思想工作做保证,评奖、发奖就失去正确方向。有的人不加分析,把某些单位发生的滥发奖金等错误现象归罪于奖励制度本身,正如不能因为游泳淹死了人就归罪于游泳一样。为什么有些单位评奖中互不服气,争多嫌少,甚至把评奖搞得庸俗化了?为什么有些单位实行奖励后,鼓舞了人们的上进心、进取心,生产和学习的劲头更大了?同样的事情得到不同的结果,原因之一就在于抓不抓思想教育。

为了鼓励广大职工为四个现代化多贡献力量,既要坚持物质奖励,更要提倡革命精神。广大职工要发扬胸怀全局、献身四化、奋发图强、改造中国的革命精神,比干劲,比贡献,比艰苦朴素,为多快好省地发展生产,加快社会主义建设而努力。要向在中越边界自卫还击作战中,为国家为人民建立卓越功勋的边防战士学习,学习他们大无畏的英雄气概,树立为四个现代化献身的革命精神,脚踏实地地做好自己的工作。

国务院副总理余秋里在北京会见即将离任的墨西哥驻中国大使马丁内斯

国务院副总理谷牧在北京同新加坡共和国副总理吴庆瑞会谈

国务院副总理王任重在北京会见由安大略省教育部部长 加拿大教育部部长理事会主席贝特·潘格莉夫人率领的加拿大教育代表团

4月4日

国务院总理华国锋在人民大会堂会见新加坡共和国副总理吴庆瑞和夫人一行

宾主一起合影以后,华国锋总理同吴庆瑞副总理进行了亲切友好的谈话。华总理说,虽然我们两国尚未建交,但我们之间的关系发展得很好。我相信,吴庆瑞副总理这次对我国的访问,必将为进一步加强中新两国的友好合作关系和增进两国人民之间的友谊作出贡献。华总理还向贵宾们介绍了中国的国内形势和在中国实现四个现代化的设想。

吴庆瑞副总理代表新加坡政府和人民祝愿中国政府和人民在华国锋主席的领导下,在实现四个现代化的过程中取得成功。

参加会见的吴庆瑞副总理的随行人员有环境发展部长林金山和夫人,外交部高级政务部长达纳巴兰等。

国务院副总理谷牧和夫人牟锋,外交部副部长韩念龙等,也参加了会见。

中组部 中宣部 文化部 全国文联在北京联合召开全国文艺界落实知识分子政策座谈会

新华社报道,最近召开的全国文艺界落实知识分子政策座谈会,是粉碎"四人帮"以来专门研究落实文艺界知识分子政策的一次重要会议。到会的有各省、自治区、直辖市党委组织部、宣传部,各省、自治区、直辖市文化局、文联的负责同志和国家计委、财政部、民政部、劳动总局等有关部门的同志,共100多人。

会议认为,粉碎"四人帮"以来,在党中央、各级党委和革委会的领导下,各地对落实文艺界知识分子政策做了大量工作,特别是党的三中全会以后,加快了步伐,成绩是很大的。但是各地进度很不平衡。有的地方领导不够重视,思想不够解放,方法不够对头,工作中还有阻力,全国仍有一批文艺工作者其中包括一些全国知名作家、艺术家和艺人的政策没有落实。因此,必须继续抓紧做好文艺界落实知识分子政策的工作,团结起来向前看,同心同德搞四化。

会议要求按照实事求是、有错必纠的原则,切实加快冤案、假案、错案的平反昭雪工作。不管是什么时候、什么情况下搞的,不管是哪一级组织、什么人定的、批的,只要是不实之词都要推倒,不正确的结论和处理都要纠正,全错的全平,部分错的部分平,不错的不平。凡在林彪、"四人帮"推行极左路线时,因所谓"文艺黑线专政"、"30年代文艺黑线"、"四条汉子"、《海瑞罢官》、"三家村"、"黑戏"、"黑会"、"黑画"、"黑线回潮"等等而受审查、点名批判、被错误处理或被株连的，一律平反昭雪，不留尾巴。在“文化大革命”前历次政治运动，包括1964年文艺整风中，受到批判、处理，被戴上“反党反社会主义”、“资产阶级右派”、“右倾机会主义”、“修正主义”，以及各种“集团”等的政治帽子，经过复查，确实搞错了，也坚决予以平反改正。林彪、“四人帮”一伙在残酷迫害文艺工作者的同时，还把很大一批文艺作品和理论著作错误地打成“毒草”，打入冷宫，另外，“文化大革命”以前也批错了一些文艺作品，在给作家、艺术家和文艺工作者落实政策的时候，对于他们的作品被当作“毒草”批错了的，也都应该平反。

会议认为，落实政策不仅要在政治上平反昭雪冤、假、错案，还要对受害者的工作安排、生活困难等实际问题给以足够的重视和关心，在顾全大局的前提下，根据可能的条件积极地给以解决。

各地还有一些散处在社会上的有名望有成就的作家、艺术家、翻译家、艺人，对于他们落实政策的问题，会议要求各省、自治区、直辖市的文化局和文联进行调查，分别情况，由省、地、县文化部门分级分工管起来，妥善解决他们的问题。

各地到会同志在交流经验中指出，文艺界在落实政策中必须坚持马列主义、毛泽东思想，做好思想政策工作。应该向群众讲清楚，文艺界历史遗留问题比较多，涉及的面比较大，情况又比较复杂，解决问题必须有先有后，分个轻重缓急。对那些应该解决而又容易解决的问题，必须尽快解决。除政治上的问题要迅速解决以外，其他有的问题，目前解决还有困难，就需积极创造条件逐步解决。要告诉被落实政策的同志顾大局，识大体；要个人利益服从集体利益，局部利益服从全局利益，暂时利益服从长远利益。只要向大家讲清情况，讲清顾全大局的道理，大家是会理解国家困难，正确对待的。对于有些提出不合理过高要求的人，则必须进行教育，不能迁就。至于个别人借落实政策混水摸鱼，无理取闹，更要严肃批评，情节严重的要给予必要的处分。

会议还讨论了在揭批查运动中妥善处理犯错误的人的问题。在查清事实的基础上，严格区分两类不同性质的矛盾。有些文艺工作者当时说了错话，办了错事，写了不好的文章、作品等，对此要全面地、细致地分析当时的历史情况，分析他们的全部工作，处理时要实事求是，该解脱的要尽快解脱，该分配工作的要分配工作，已经解脱了的，都要允许他们继续发表作品，参加演出，从事文艺活动。

会议结束的时候，胡耀邦同志讲了话，再次强调了落实人的政策的重要性。他说，平反冤、错、假案，落实各种人的政策，是我们全党一件大事，是我们国家的一件大事，必须坚决把它办好。要调动一切积极因素，更好地为四个现代化而奋斗。

黄镇同志在会议开始时讲了话。

中央批准中组部 甘肃省委和冶金部党组为白银公司错案彻底平反的决定

新华社报道：在“四清”运动中曾经通报全国的所谓“以黄罗斌为首的地主资产阶级篡夺白银公司领导权”事件，现已查明是个错案。最近党中央批准了为这个错案彻底平反的决定。

白银有色金属公司是在1960年部分建成投产的大型联合企业。在3年经济困难时期，这个公司在组织生产和干部特殊化等方面出现过一些缺点。1963年开展“四清”运动时，“四清”工作团违背实事求是的原则，抓住这些缺点无限上纲，把这个公司定为“被地主资产阶级篡夺了领导权”的单位。原甘肃省委常委、甘肃省副省长黄罗斌同志在公司筹建之初任公司党委书记兼经理，1958年就已调离白银公司。工作团在向党中央写报告时，为了找一个所谓的代理人，就硬把黄罗斌同志说成是这个“地主资产阶级集团”的“祸首”。后来，这个事件被通报全国，从此，白银公司成了闻名全国的“和平演变”的典型。这件错案影响到白银公司上上下下几百名干部、群众遭到打击和迫害。

最近，白银公司召开了落实政策平反大会，公开宣布平反，推倒加在黄罗斌、李子奇、常耀华、崔国权等同志身上的一切诬蔑不实之词，撤销对他们原来所作的处分，恢复名誉，恢复党籍、厂籍和原工资级别，妥善安排他们的工作。

《人民日报》发表社论《充分发挥统计监督作用》

在最近召开的全国省、自治区、直辖市统计局长会议上，就统计工作如何适应全党工作重点的转移，更好地为社会主义现代化建设服务的问题，进行了认真地讨论，并且着重讨论了如何充分发挥统计监督作用的问题。我们相信，随着会议精神的传达和贯彻，我国统计工作将会出现一个崭新的局面。

新中国成立以来，我国统计工作是有很大成绩的。但是，这些年来，由于受到林彪、“四人帮”的干扰破坏，统计工作存在不少问题。概括起来说，一是实事求是作风受到破坏，一是没有发挥统计的监督作用，这两个问题是互为表里的。统计工作必须实事求是，才能真正发挥统计监督作用。列宁说过：“有决定意义的事情，就是在产品的生产和分配上建立最严格的全民计算和监督”。(《列宁选集》第三卷第499页)列宁的话涵义很广，举凡计划经济、经济核算、劳动管理、价格政策、市场和货币管理、工资政策等都要体现全国的计算和监督。这些当然不是统计工作都能够做到的。在社会主义国家,监督的手段很多,财政、银行、工会、党的纪律检查委员会、人民检察院都是。但在所有这些监督的手段中,统计监督具有十分重要的意义。统计是用数字语言来表述事实的。统计所提供的准确的数字,成为各种监督手段的重要依据。如果说全部国民经济机构是一整架不断运转的大机器,那么,统计是起着“仪表”的作用。这架大机器的运转是否正常,是否发生故障,可以从统计这个“仪表”中全面地、准确地、及时地反映出来。

对统计监督的重要作用,并不是所有的人都承认的。但所有不承认统计监督的人,都会受到客观规律的惩罚。毛泽东同志早就指出,办事情必须从实际出发,做到胸中有“数”,必须注意基本的统计、主要的百分比,注意决定事物质量的数量界限,否则,一定要犯错误。进行社会主义现代化建设,必须坚持实事求是,严格按照经济规律办事。统计是监督国民经济是否按照经济规律办事的必不可少的手段。按照经济规律办事,首先要遵守有计划、按比例的规律。一旦比例失调,统计就会铁面无私地反映出来。这十几年来,比例失调的苦头我们是吃够了。

按照经济规律办事,还必须遵守价值规律。我们的经济管理和企业管理是否体现了价值规律的要求?是否用最小的劳动消耗取得了最大的经济效果?这些都可以从统计数字上得到反映和检验。衡量经济效果需要通过各种指标,弄不清产量、品种、质量、成本、物资消耗、利润、劳动生产率、资金利润率等,就无法进行经济核算,对国民经济进行科学管理也就无从谈起。

统计监督,对于保证国家的整体利益,对于加强各地区、各部门、各单位贯彻执行党的经济政策和完成国家计划的责任心,对于维护财经纪律,同违法乱纪行为作斗争,保持正常的经济工作秩序,都是不可缺少的。如果没有在群众的积极支持下,对生产、流通、分配、积累、消费等情况实行严格的统计监督,搞不清哪个该奖,哪个该罚,就不可能把企业经营的好坏同职工的物质利益结合起来,保证国家、企业和劳动者个人利益的统一。统计工作也要依靠群众,实行群众运用统计,群众监督统计,使劳动群众能够及时了解本单位生产成果中人力、物力、财力的消耗情况,以便研究和比较各企业间的业务成绩,从而推动企业的经营管理工作。由此可见,统计是加强经济民主,发动广大群众参加管理国家经济的必要手段。

鉴于统计监督工作的重要性,早在建国初期,党就提出要发挥统计监督的作用。1952 年,朱德同志《在第二届全国统计工作会议上的讲话》中明确提出,统计工作“要担负起监督作用”,“要负责监督检查各种计划的完成状况”。但是,后来有的同志把发挥统计的监督作用说成“同党委唱对台戏”而把它否定了。林彪、“四人帮”对统计工作的破坏,更是到了无以复加的地步。只许讲服务,不能讲监督,谁讲监督,谁就是不要党的领导。这种流毒至今没有完全肃清。

统计必须为社会主义建设服务,这是毫无疑问的。为适应全党工作重心转移的需要,统计的服务作用不但不应该削弱,而且应该大大加强。统计在国民经济中的监督作用,是通过准确地反映社会主义建设的实际过程和结果,反映各地区、各部门、各单位执行党在经济方面的方针政策情况,并通过对国家计划实际完成情况的检查来实现的。为此,必须维护统计数字的真实性,保证国家统一规定的统计方法、制度在全国范围内的贯彻执行,严肃统计纪律,以充分发挥统计监督的作用。统计服务和统计监督,是统计工作不可分割的两个方面。离开统计工作的服务作用,统计监督就会受到影响;离开统计工作的监督作用,统计服务也就失去了应有的意义。

有的同志一听说实行统计监督,就发生某种反感,责备统计部门向党委闹独立性。这是完全错误的。加强统计监督,是为了按照经济规律办事,加速社会主义现代化建设。这是党的要求,人民的要求,根本不存在“向党委闹独立性”的问题。再说,统计监督,是在党领导下的一种监督手段,由党和人民交给统计部门和统计人员来运用。当然,说统计监督是党领导下的一种监督手段,并不意味着党委某些领导人可以按照自己的主观意志任意干预这项工作。如果不经过调查研究,单凭主观意志,“要你数字大你就得大,要你数字小你就得小,不按我的意见报,就是对党委闹独立性”,很明显,这种做法是极端错误的,它同党对统计工作的领导丝毫没有共同之处。

说实话和党的领导是统一的。如果说对党委闹独立性,那决不是坚持统计监督、说真话报实数的统计部门和统计人员,而是推行“长官意志”者自己。要充分发挥统计监督作用,必须继续发扬党的实事求是的作风,坚决反对按“长官意志”办事。同时要扎扎实实地搞好统计基础工作,企业和农村社队,都要建立、健全计量工作、原始记录、基层台账、班组核算等项制度,使统计数字从基层做起,做到有根有据,切实可靠。统计数字的真实性是统计工作的生命,各级统计部门必须负责抓住统计数字。各级党委要保证统计数字的真实性,不能任意改变统计部门的数字,不能搞上下两本账。对于虚报、瞒报统计数字的行为,统计部门和统计人员有权抵制,并向上级反映,任何人不得阻挠,更不准打击报复。弄虚作假和对坚持如实反映情况的统计人员进行打击报复的,要绳之以法,共产党员要受到党的纪律的制裁。对于维护统计数字真实性作出贡献的人员,要给以表扬和奖励。对过去由于坚持如实上报统计数字而遭受打击迫害的同志,一定要平反昭雪,切实落实党的政策。

统计是一门科学。要把大量的复杂的社会经济现象用数字反映出来,没有一套科学的统一的统计方法、制度是不行的。必须维护全国统一规定的统计方法、制度的严肃性。凡统计制度中规定的统计范围、统计指标、统计目录、计算方法、计算价格、报送期限等,各地区、各部门、各单位必须严格执行,不得擅自修改。

各级党委要进一步加强对统计工作的领导,经常督促、检查统计工作,帮助他们解决工作中的实际困难,充分发挥统计工作在社会主义建设中的作用。广大统计人员要在各级党委的领导下,努力提高政治水平和业务水平,完成党和国家交给的光荣任务,为社会主义现代化建设作出贡献。必须看到,统计工作是随着经济的发展而发展的。我们缺乏管理现代化大生产的经验,也缺乏运用统计搞现代化建设的经验。一切外国好的对我们适用的东西都要学习,统计也不例外。我们一定要牢记:经济越发达越要重视统计。

国务院批准恢复南京农学院

《人民日报》报道,具有悠久历史的南京农学院,最近经国务院批准正式复校。

南京农学院的校址,最早在南京城里丁家桥,1958年,经党中央批准,搬到市郊卫岗。经过十多年的建设,成为我国具有相当规模的重点农业院校之一。由于"四人帮"极左路线的干扰,1971年年底该院被迫迁到扬州,与苏北农学院合并,改为江苏农学院。合并后,教学、科研、生产以及生活,都发生了很大困难。

最近,国务院批准南京农学院在原址复校。农业部党组和江苏省委还拟订了具体措施,迅速恢复南京农学院,继续办好江苏农学院。

国家经委副主任袁宝华就工业学大庆运动的问题对记者发表谈话

新华社报道,最近,袁宝华同志就工业学大庆运动的一些问题对《工人日报》记者说,去年,开展工业学大庆、普及大庆式企业的群众运动,主要抓了以下几项工作:一是深入揭批林彪、"四人帮",在肃流毒、治内伤上下了功夫;二是突出抓了企业整顿工作,特别是把一批大型骨干企业促上来了;三是各行业、各地区基本上都有了影响较大的排头兵——自己的大庆,社会主义劳动竞赛更加蓬勃开展;四是三大革命一起抓,推动了生产的持续增长;五是加快了普及大庆式企业的步伐。总的来看,去年工业学大庆、普及大庆式企业的群众运动,成绩很大,发展是健康的,主流是好的。

袁宝华同志说:1978年开展工业学大庆运动的主要经验是:第一,学大庆运动必须紧密围绕党的中心工作,把企业各项工作捆起来,形成统一的群众运动,推动力强,效果好。第二,必须把整顿企业作为普及大庆式企业的基础来抓。第三,抓领导班子的整顿和建设,是整顿好企业的关键。第四,学大庆必须突出重点,抓好典型。第五,领导作风必须有一个大的转变。他还谈到,过去一年,在实际工作中,也出现了一些问题和缺点,主要是两个方面。一是有些单位有急于求成和降低标准的倾向。二是有些单位出现某些形式主义的东西,主要表现是会议多,检查多,参观多,条块结合不好,重复太多,增加了企业不应有的负担,分散了企业领导的精力。有的单位学大庆没有很好结合自己的实际,提出"大庆怎么办,我们就怎么办",这就有点绝对化了。对大庆的基本经验,都应当学;对大庆的具体经验,要看本单位的实际情况,不能照搬。

袁宝华同志指出,随着全党工作着重点转移到社会主义现代化建设上来,根据党中央和国务院关于调整工作的统一部署,工业学大庆运动的指导思想和实际工作都要适应新的形势。总的要求是,以生产为中心,以企业管理为重点,继续深入开展工业学大庆、普及大庆式企业的群众运动,推动和加快社会主义建设的步伐。为此,要抓好以下几项工作:一、坚持学习大庆的基本经验,扎扎实实地把普及大庆式企业的工作做好。大庆的基本经验,如"两论"起家的基本功,自力更生、艰苦奋斗的精神,实事求是、"三老四严"的作风,革命化统帅工业化,建设一个好班子、好队伍,实行严格的科学管理,以及多快好省发展生产等经验,决不能丢掉。二、继续整顿企业,加强企业管理,大力提高企业管理水平。三、抓好按专业化协作原则改组工业和企业性公司的组织试办工作,总结交流试办的经验。四、加强干部培训。五、加强政治工作。六、继续抓好社会主义劳动竞赛。

国务院副总理康世恩在北京会见以克莱默为团长的美中贸易咨询者代表团

全国人大常委会副委员长乌兰夫在北京会见由索马里工会总联合会主席马哈茂德·阿里·阿哈迈德率领的索马里工会代表团

全国人大常委会副委员长廖承志在北京会见以美国"中国人律师协会"主席余永寿为团长的美国"中国人律师协会"访华团

中国海洋湖沼学会恢复活动

中国海洋湖沼学会召开恢复大会及学术讨论会，15个省市从事海洋、湖泊、沼泽科研和教学单位的代表出席了会议。

“文化大革命”中，中国海洋湖沼学会被迫停止活动十余年。现在当我国工作重点转移到四个现代化的时候，学会恢复了活动，科学家们精神振奋，决心充分施展自己的才能，为发展我国的海洋湖沼科学努力奋斗。

《现代化》杂志出版

《人民日报》报道，为适应全党工作着重点转移的新形势，普及现代科学技术知识，中国科学技术协会创办了科学普及刊物《现代化》杂志，由科学普及出版社出版。

《现代化》杂志的读者对象，主要是具有中等文化程度的干部，也可供同等学力的工农兵、学生、教师和科技人员阅读。《现代化》杂志旨在帮助读者开阔眼界，增长知识，结合实际，活跃思想，奋起赶超世界先进水平，为加速实现四个现代化而贡献力量。

《现代化》杂志为月刊，4月起由各地新华书店出售。从下半年起，由各地邮局发行。

4月5日

中共中央在北京召开工作会议讨论经济调整问题

会议4月5日至28日在北京召开。会议针对在“左”倾指导思想影响下，造成国民经济比例严重失调的严重情况，决定对整个国民经济实行“调整、改革、整顿、提高”的方针。李先念代表党中央和国务院在会上作了《关于国民经济调整问题》的重要讲话。论述了调整比例关系的原则措施等几个重大问题。

会议一致同意，集中三年时间，认真搞好调整，同时进行改革、整顿、提高的工作，以巩固和发展粉碎“四人帮”以来经济工作的成就，纠正前两年工作中的失误，消除经济工作中长期存在的“左”倾错误造成的影响，使整个国民经济进一步纳入持久的、按比例的、高速发展的轨道。

会议确定了调整比例关系的12条原则和措施，并提出了改革现行经济管理体制的任务。

国务院副总理邓小平在北京会见新加坡副总理吴庆瑞和他的随行人员

《人民日报》发表社论《发扬天安门的革命精神》

去年，在具有重大历史意义的中央工作会议和三中全会期间，华国锋同志为首的党中央为天安门事件彻底平反，肯定她是一场伟大的革命群众运动。4月5日，是一个战斗的、光辉的节日。

在实现四个现代化的征途中，喜看今日大好形势，回顾当年峥嵘岁月，我们对社会主义祖国的前途更加充满了信心。3年前，我们祖国正处于危亡关头：国民经济到了崩溃的边缘，毛泽东同志重病在身，周恩来同志不幸离世，邓小平同志横遭迫害，“四人帮”飞扬跋扈，加快了篡党夺权的步伐，亡党亡国已经不是耸人听闻的危言。人们在忧虑中度日，在沉默中思索，在悲愤中秣厉。当着“四人帮”公开发出反对周总理的反革命叫嚣时，早已积怒在胸的中国人民愤然而起。从首都的天安门广场到南京的雨花台，从太原的五一广场到西安的钟楼，从郑州的二七广场到杭州的西子湖畔，祖国大地到处燃起了保卫周总理、反对“四人帮”的烈火。这场人民保卫社会主义的爱国运动，虽然被“四人帮”镇压了，但人民群众的血和泪没有白流。她，揭露了国贼，教育了群众，检阅了人民的力量，显示了人民群众高度的政治觉悟，为我党胜利粉碎“四人帮”准备了最重要的条件——亿万人民进一步地觉醒。

天安门革命群众运动也称四五运动，她的主要目标——打倒“四人帮”，维护周总理，结束全国的动乱，着手建设四个现代化的社会主义强国，今天都已经胜利实现，变成了我们生活中的现实。在纪念天安门革命群众运动三周年的时候，我们一定要继承和发扬四五运动的革命精神，团结一致，同心同德，努力实现毛泽东同志、周恩来同志的遗愿，发展粉碎“四人帮”以后出现的安定团结的大好局面，把我们国家建设成为现代化的社会主义强国。

天安门革命群众运动是一场维护周总理、反对“四人帮”的政治运动。周恩来同志忠于党、忠于人民，把毕生的精力献给了祖国的社会主义事业，鞠躬尽瘁，死而后已。丙辰清明，神州凭吊，不尽人流朝天安门广场滚滚而来，深切悼念周总理，表达亿万人民的决心：决不允许“四人帮”把我们马列主义的党变为法西斯党，把社会主义中国变为封建专制主义中国。曾记得当时有一首《满江红》，下阕是这样几句：“寒流滚，妖雾浓，群情愤，怒潮涌。有主席思想，8亿民众。赤县岂让群小舞，神州哪容鬼横冲。承马列，战旗有人展，宇宙红。”这种誓言，在那难忘的四五运动中，不是到处可以听见吗！当时，正是“四人帮”最猖狂的时候，也是我国无产阶级专政历史上受挫折的时期。但是，人民群众并没有因为“四人帮”的倒行逆施，对马列主义、毛泽东思想，对党，对无产阶级专政，对社会主义产生动摇。相反，尽管“四人帮”把社会主义糟蹋得不像样子，人们仍然坚信只有社会主义才能救中国，挺身而出保卫社会主义。尽管“四人帮”破坏社会主义民主，把无产阶级专政变成对无产阶级的专政，人们仍然坚信无产阶级专政是我们安身立命的根本，挺身而出保卫无产阶级专政。尽管“四人帮”把我们党搞得乌烟瘴气，人们仍然坚信我们党是伟大、光荣、正确的党，挺身而出保卫中国共产党。尽管“四人帮”肆意歪曲和篡改马列主义、毛泽东思想，人们仍然坚信马列主义、毛泽东思想是指引我们从胜利走向胜利的伟大旗帜，挺身而出保卫马列主义、毛泽东思想。反对“四人帮”的斗争，就是坚持社会主义道路，坚持无产阶级专政，坚持党的领导，坚持马列主义、毛泽东思想的斗争。是坚持还是背离这四个基本原则，决定着中国向何处去，决定着我们这一代和子孙后代的命运。天安门事件之所以完全是革命行动，能够永放光彩，正是由于坚持了这四个基本原则。今天，继承和发扬天安门精神，最重要的，就是要坚持社会主义道路，坚持无产阶级专政，坚持党的领导，坚持马列主义、毛泽东思想。离开了这四个坚持，也就离开了天安门精神。

“总理的遗志我们继承，四个现代化日，我们一定设酒重祭。”这是四五运动提出的响亮口号。四个现代化的宏伟蓝图，是周恩来同志根据毛泽东同志的指示为我们制定的。她是中华民族希望之所在，是中华儿女幸福之所系。不搞四化，没有雄厚的物质基础，就不可能国强民富，不可能使我国无产阶级专政真正巩固，我们还要被动挨打。“四人帮”诬蔑四个现代化实现之日，就是“资本主义复辟之时”，充分暴露了他们是一小撮颠覆无产阶级专政、破坏民族利益、置人民于水火的社会公敌。为什么丙辰清明，有那么多同志冲破禁令，涌向天安门广场？就是因为他们有着强烈的爱国爱民之心，想到的是如何使我们的国家富强起来，使人民的生活一天天好起来。一位普通工人说得好：“我热爱我们社会主义的祖国，希望我们的祖国强大，强大到足以抗御苏修霸权主义的侵略；我热爱我们的人民，希望我们的人民能够过上真正幸福的生活；我热爱我们的民族，希望我们中华民族真正为人类作出巨大的贡献。”这是多么宽阔的胸怀！当年，“四害”横行，多少人家破人亡，多少人含冤受屈，但是没有一个人在天安门广场诉述个人的不幸。他们共同担心的是党和国家的命运，要求的是铲除国贼，实现四化。现在某些人背离天安门的革命精神，沿用天安门事件时的某些活动方式，向国家提出只顾自己不顾整体利益的不合理的要求，这是对天安门革命群众运动的歪曲。继承和发扬天安门的革命精神，就要胸怀全局，处处以国家利益为重，以实现四化为己任，把精力、心思用在四化上。我们要有这样的决心，一定要在本世纪末全面实现四化，到那时再捧出美酒告慰毛主席、周总理，告慰先烈，我们才能问心无愧，倍感自豪。

四五运动是广泛的民主运动。在“四人帮”的高压下，群众没有议政的自由，就用花圈、诗词、誓言来表达；没有倾诉的地方，就汇集在悼念周总理的场所。没有谁去组织，却是那样井井有条。没有统一的口径，却是那样的异口同声。人们正是在这样的地方，用这种特殊的斗争方式，行使民主权利，宣传真理，伸张正义，打击敌人，真是扬眉吐气啊！人们从反抗“四人帮”的镇压、捍卫社会主义民主的斗争中，更加清醒地认识到：如果没有人民民主，不能集中群众的意见，不能实行群众的监督，党会变质，国会变色。在“四人帮”横行的时刻，四五运动不是那一个人发动的，也不是党直接领导的，而且遭到“四人帮”的阻挠和镇压，从这个意义上讲，它是自发的革命群众运动。但是，参加四五运动的同志，都受过我们党多年的教育，其中很多骨干力量是共产党员和党的干部，是共青团员和优秀青年，而且许多党组织支持和直接组织了群众的斗争，从这个意义上讲，四五运动如果离开了党的领导就不可能发挥那样巨大的威力。党的领导，主要靠党的路线、方针、政策的正确，靠党员的模范作用。在当时，“四人帮”的极左路线虽然严重干扰着我们的革命路线，但是广大干部和群众，还是坚决拥护党的革命路线，我们优秀的党团员还是模范地为捍卫和贯彻党的革命路线而英勇奋斗。我们评价四五运动，不能只看到它自发性的一面，而忽略党的领导作用。现在，有的人不要党的领导，崇拜自发性的活动，认为想干什么就干什么才是民主，其实，这不是什么民主，而是极端民主化！我们提倡的是社会主义民主，是绝大多数人的民主，是集中指导下的民主。如果允许个人想干什么就干什么，剥夺了大多数人的民主权利；也就妨碍了大多数人的利益。在“四人帮”横行时期，他们煽动“踢开党委闹革命”，结果闹出一个什么“革命”，大家都很清楚。今天，如果什么人想要“踢开党委闹民主”，将会闹出一个什么“民主”，难道还不同样清楚吗？继承和发扬天安门的革命精神，就要继续发扬民主，这是坚定不移的，但是我们所要追求的是社会主义的民主，只能在共产党的领导下才能实现。我们不少同志至今还缺乏真正民主知识和民主的习惯。有些同志总怕民主多了会带来麻烦，甚至把现在社会上的某些不良现象，归罪于宣传民主太多。有的同志一说要发扬民主，就放弃领导，撒手不管，不敢引导，任其自流。因而，对干部和群众正确地进行民主教育，是当前一项必须抓紧的任务。

在四五运动中十分可喜的是，青年一代奋勇崛起。他们有较高的政治觉悟，能够在复杂的历史环境下，敏锐地看到“四人帮”的狼子野心，能够分清真假马列主义。他们有着“天下兴亡，匹夫有责”的抱负，关心国家大事,抓住真理,所向披靡,英勇战斗,成为四五运动的先锋力量。粉碎"四人帮"以后,青年一代在拨乱反正的斗争中,也是思想解放,敢于冲决禁区的。这充分显示了毛泽东同志、周恩来同志等老一辈无产阶级革命家开创的革命事业兴旺发达,后继有人。现在,我们要教育、鼓励青年,继承和发扬天安门革命精神,为四化建设献身。要看到,我们这一代青年,是在极其复杂的政治斗争中长大成人的。他们受到革命斗争的洗礼,也受过"四人帮"的毒害。我们要特别关心青年一代,正确看待青年一代。要看到他们的优点,这是主要的;也要看到他们的弱点和他们的不足之处,善于加以教育、引导、帮助和爱护。要充分发挥青年们富有理想、勤于思考、敢想敢干的优点,使他们大有作为。要教育他们继续和保持艰苦朴素、勤勤恳恳、公而忘私的高贵品德。当国家、集体利益与个人利益发生矛盾又一时难以解决时,我们应该教育青年们顾全大局,个人利益服从国家、集体利益,眼前利益服从长远利益,局部利益服从整体利益,体谅国家的苦衷,不要搞个人主义和极端民主化。各级共青团组织,要经常研究青年的思想动向,抓好思想政治工作,调动广大青年的社会主义积极性,使青年成为新长征的突击队。

怎样继承和发扬四五精神,是一个很重要的问题。毛泽东同志在回顾五四运动时曾经指出:"五四运动的发展,分成了两个潮流。一部分人继承了五四运动的科学和民主的精神,并在马克思主义的基础上加以改造,这就是共产党人和若干党外马克思主义者所做的工作。另一部分人则走到资产阶级的道路上去,是形式主义向右的发展。"这个历史的经验,值得我们借鉴。粉碎"四人帮"两年多的事实说明,广大群众继承发扬了四五运动的精神,对揭批"四人帮"的斗争,对破除现代迷信,解放思想以适应四个现代化的需要,都起了积极作用,这是主流。但是,也有极少数人打着继承四五运动的旗号,散布不要信奉马列主义、毛泽东思想,不要共产党领导,不要无产阶级专政,不要社会主义。这种苗头,尽管刚刚出现,很值得注意。

在四五运动三周年来到之际,我们向参加这场斗争的同志们致意,希望你们在新的长征中,再立新功。我们深信,全国人民在党中央的领导下,一定会以优异的劳动成绩、工作成绩、战斗成绩和学习成绩,为建设社会主义和保卫社会主义作出贡献,迎接中华人民共和国建国30周年。

全国法学规划会议在北京举行

新华社报道,由中国社会科学院法学研究所召开的全国法学规划会议最近在北京举行,讨论通过了《1979——1985年全国法学研究发展规划纲要(草案)》。

到会同志认为,为了适应全国工作着重点的转移,法学研究工作必须把我国社会主义法制建设,特别是立法工作和司法工作中提出的各种迫切需要解决的重大理论问题和实际问题放在首位。要认真总结新中国成立以来法制建设的经验,并不断研究法制建设中的新情况、新问题,为保卫四个现代化作出贡献。会议指出,要根据"古为今用,洋为中用"的原则,认真研究法的历史,研究外国法;同时按照普及与提高相结合的方针,要做好法学基本知识的普及宣传工作。在会议讨论通过的规划中,具体拟定了法学理论、宪法、刑法、民法、经济法、国际法、法制史等方面的一批研究课题,并分别落实到各有关单位,要求按时拿出研究成果。

四五革命运动优秀摄影作品授奖大会在北京举行

1976年清明节前后,有近千名业余和专业的摄影工作者置个人安危于不顾,在天安门广场拍摄了数以万计的珍贵照片,从各个不同角度记录了四五运动这场伟大斗争的真实面貌。一等奖获得者吴鹏,从1976年1月8日周恩来总理逝世,他先后拍了近几百张照片,这次得奖的作品《团结战斗到明天》,便是其中的一幅。

这次获得一等奖的摄影作品,还有王立平的《让我们的血流在一起》,罗小韵的《力挽狂澜》、鲍乃镛的《白花献给周爷爷》和陈比纲的《怒斥小丑》。

另外,还有10幅作品获得了二等奖,30幅作品获得了三等奖。

全国文联副主席阳翰笙颁发了奖状和奖品。他在大会上讲话说,今天的授奖活动,不仅是鼓励反映四五革命运动的优秀摄影作品,而且更重要的是表彰在四五运动中人民的摄影工作者高度的革命责任感,和不怕流血牺牲、坚持真理、坚持正义的革命精神,表彰他们继承和发扬党的摄影工作的优良传统所取得的十分宝贵的经验和成绩。

中国摄影学会筹备组组长徐肖冰和得奖作者代表王立平,也在会上讲了话。

出席今天授奖大会的,有全国文联及各协会的负责人,四五运动优秀摄影作品评选委员会委员,以及首都摄影界人士共1000多人。

全国人大常委会副委员长廖承志在北京会见联合国儿童基金会考察团

考察团是由联合国儿童基金会的官员和亚洲六国(孟加拉、印度、尼泊尔、菲律宾、斯里兰卡、泰国)代表组成的,共21人。会见时,廖承志副委员长代表中国人民保卫儿童委员会主席宋庆龄欢迎各国朋友来中国交流儿童工作经验。他同代表团团长拉尔夫·埃克特先生和各国朋友们进行了友好的谈话。

会见时在座的有卫生部副部长、中国人民保卫儿童委员会副主席崔月犁,全国妇联副主席黄甘英等。

全国人大常委会副委员长廖承志在北京会见由水野毅一和奥山忠率领的东京青年会议所代表团全体成员

外交部部长黄华在北京举行宴会欢迎索马里外长阿卜杜拉赫曼·贾马·巴雷博士一行

中国造船工程学会在北京举行第二届全国代表大会

新华社报道,最近举行的代表大会,修改了学会会章,制定了学会的专业学术委员会、编辑委员会、科学普及工作委员会和国际学术交流部的组织条例,讨论确定了今后工作要点,举办了有关学术报告,选举产生了学会新的领导机构。张有萱当选为理事长,杨槱、沈岳端、程望、陈佑铭、王西萍、邓永清、林毅、李奔当选为副理事长,梁民桓当选为秘书长。

中国人民大学为纪念五四运动60周年举行科学讨论会

这是人民大学复校以后举行的第一次大型科学讨论会。举行这次科学讨论会,是师生们为了继承发扬五四运动革命精神,用实际行动实现学校工作重点的转移;同时又为全国性有关的社会科学的科学讨论会做准备。讨论会分三个阶段进行:第一阶段,从4月5日至4月10日,讨论经济管理问题,主要是计划与市场问题;第二阶段,4月30日,宣读纪念五四运动60周年的文章和报告;第三阶段,5月中、下旬,讨论政治理论方面的若干问题。

校党委书记、校长成仿吾在开幕式上讲话,要求全校师生员工认真贯彻党的十一届三中全会精神,扎扎实实地把学校工作重点转移到教学、科研上来,使教学、科研更好地为加速实现四个现代化服务。

大型文献纪录片《扬眉剑出鞘》即日起在全国城乡陆续上映

《扬眉剑出鞘》辑录了许多珍贵的文献资料,真实地反映了1976年清明节前后在天安门广场发生的伟大革命群众运动,并展示了以华国锋同志为首的党中央一举粉碎"四人帮"后,人民群众云集天安门广场欢庆10月胜利的欢乐情景。和这部大型文献纪录片同时映出的,还有上海电影制片厂摄制的彩色故事片《于无声处》和北京电影制片厂摄制的彩色故事片《报童》。

4月6日

共青团中央在沈阳召开全国青工工作座谈会

座谈会是于4月6日在沈阳开始,13日在北京结束。出席座谈会的有各省、自治区、直辖市团委负责人以及全国部分厂矿和商业部门的团干部。

我国工交、基建、财贸战线有40多万个团支部,28岁以下的青年职工约占全国职工总数的四分之一。去年10月以来,他们响应共青团十大的号召,积极投入了"争当新长征突击手"的活动。参加这次座谈会的各地团干部互相交流了开展这一活动的经验,并且研究了当前青年工作中出现的新情况、新问题。大家认为,要实现四个现代化,必须在青年中加强思想政治工作,引导青年坚持社会主义道路,坚持无产阶级专政,坚持党的领导,坚持马列主义、毛泽东思想。教育青年树立为实现四个现代化而献身的崇高革命理想。

辽宁省团委副书记在座谈会上介绍了全省各级团组织引导广大团员、青年想四化、学四化、干四化的经验。共青团重庆市委的同志在会上介绍了重庆市开展"为四化献青春"活动的情况。长春第一汽车制造厂团委在会上介绍了他们在新长征中,组织青年开展立功活动,培养青年的革命英雄主义收到的效果。上海纺织局的团干部在会上介绍了上海纺织系统青年职工的成长。

座谈会认为,为了进一步调动广大青年的社会主义积极性,引导青年为四个现代化建设而奋斗,必须把开展"争当新长征突击手"的活动推向高潮。要在青年中广泛开展增产节约运动,号召青年出全勤、干满点、创纪录、多贡献,实现优质、高产、低消耗,创造第一流成绩。要积极组织青年参加技术革新和技术改造活动,攀登科学技术高峰。要开展节约原材料、修旧利废、综合利用等活动,使国家有限的财力、物力最大限度地发挥作用。要围绕生产任务,发动青年搞突击,解决生产关键,突破薄弱环节。要组织必要的义务劳动,如擦洗机器、回收废旧物资、整顿厂容、绿化环境,开展"植树种草又种花,爱厂爱店胜似家"等活动。财贸战线要以提高服务质量为重点,开展适合青年特点的革命竞赛活动,引导青年做新长征的好后勤和全心全意为人民服务的"排头兵"。总之,要按照青年成长的规律和特点,引导青年把劲使在四化上,造成人人争当新长征突击手、个个为四化献青春的浓厚气氛。

国务院副总理康世恩到会讲了话。他向青年们介绍了粉碎"四人帮"之后我国国民经济的大好形势,以及为了更快地前进必须进行适当调整的道理。他勉励青年们要有雄心壮志，要依靠我们的双手建设现代化的社会主义强国，要有为实现四个现代化而献身的高尚品德。他提出要对青年们进行思想教育，向青年们讲一讲历史。他说：在中国沦为帝国主义的殖民地、半殖民地的一百多年历史中，有多少仁人志士想要学习西方资本主义国家，走资本主义道路，搞资产阶级革命救中国，实现了吗？没有。只有马列主义传到中国后，毛主席把它和中国革命的具体实践相结合，在共产党领导下，搞无产阶级革命，走社会主义道路，才救了中国。要结合青年的思想实际，宣传这些根本的道理，用马列主义、毛泽东思想来统一思想，为实现四化努力奋斗。

团中央书记胡启立、李海峰也在会上讲了话。

外交部照会越南外交部驳斥越方的再次诬蔑攻击

外交部4月6日照会越南外交部，坚决驳斥越南方面在4月4日照会中再次就中越边境武装冲突事件对中国进行极其粗暴的诬蔑和攻击，并指出：如果越南方面不再节外生枝，以韩念龙副外长为团长的中国政府代表团将于4月14日抵达河内。

照会说："越南方面的照会颠倒是非，歪曲事实，再次就中越边境武装冲突事件对中国进行极其粗暴的诬蔑和攻击。对此，中国政府坚决予以驳斥。"

照会说："中国政府和人民一贯珍视中越两国人民之间的传统友谊。中国政府为维护中越两国之间的友好关系，和平解决两国之间的争端，曾经尽了最大的努力。但是，越南当局出自反华仇华、对外侵略扩张的既定政策，对中国边境地区大大加剧了武装挑衅、侵犯中国领土和种种破坏活动，从而导致了两国边境地区局势的急剧恶化。中国边防部队忍无可忍，为保卫祖国边疆和人民生命财产的安全，被迫行使自卫权利，奋起还击，这完全是正义的行动。中国边防部队在完成自卫还击任务之后，即已全部撤回中国境内。与此同时，中国方面谋求谈判解决两国争端的努力从未间断。就是这次谈判，也是中国方面首先提出倡议的。中越之间发生严重武装冲突，完全是越南方面一手造成的。是非曲直，全世界一切爱好和平与主持正义的国家和人民自有公论。这不是越南方面任何诽谤、谩骂、诡辩所能掩盖和改变得了的。"

照会强调说："越南方面的照会再次重复所谓'中国军队仍未全部撤出'的滥调，而且公然歪曲中国方面3月31日照会的内容，其手法之卑劣实在超出人们的想象。中国政府早已宣布，中国不要越南的一寸土地，中国边防部队早已全部撤回中国境内，中国在越南领土上没有一兵一卒。中国外交部3月31日的照会也明确指出，凡是有中国军队的地点，都在两国边界线中国一侧，并历来为中国所管辖。越南方面不顾事实，硬要喋喋不休地重复早已被戳穿的谎言，只能进一步暴露其企图在中越边境地区制造新的紧张局势的险恶用心。"

照会最后说："中国政府愿意重申，中国方面真诚希望中越两国能够早日举行谈判，共同寻求切实可行的措施，确保两国边境地区的和平与安宁，恢复两国正常关系，进而解决两国间边界和领土问题的争议以及其他争端，以便为东南亚和亚洲地区的和平、安宁和稳定作出贡献。中国方面注意到，越南方面在来照中不再坚持原先为谈判提出的无理先决条件。如果越南方面不再节外生枝，以韩念龙副外长为团长的中国政府代表团将于1979年4月14日抵达河内。"

国务院副总理陈慕华及其随行人员结束对澳大利亚新西兰斐济和西萨摩亚访问回到北京

外交部部长黄华同索马里外交部部长阿卜杜拉赫曼·贾马·巴雷博士在北京举行会谈

文化部在北京举行宴会欢迎由里昂市市长柯隆勃率领的法国里昂交响乐团

中国考古学会在西安成立

中国考古学会4月6日到12日在西安举行成立大会。

大会讨论通过了中国考古学会章程，选举王冶秋、容庚、于省吾、徐中舒、商承祚、陈邦怀为名誉理事，夏鼐为理事长，裴文中、尹达、苏秉琦为副理事长，王仲殊为秘书长。同时，一致通过，为台湾省的考古工作者保留若干理事名额。大会期间，还召开了全国考古学规划会议。

河南出土一套音质最好的铜编钟和一件珍贵的石排箫

新华社报道，最近，考古工作者从河南淅川县一座春秋时期的墓葬中，发掘出一套目前我国音质最好的铜编钟和一件十分珍贵的石排箫。

铜编钟是我国古代的一种乐器。这次出土的铜编钟共9件，都呈直纽形状。最大的高21.1厘米，钟的大小依次递减，最小的高11.5厘米。

同时出土的乐器还有一件石排箫和一套石磬。用坚硬的白色石料雕刻成的石排箫，模样和竹排箫相似，形如凤翼，共有13个音管。最长的管150毫米，长度依次递减，最短的管长30毫米。用这件石排箫现在还可以吹奏乐曲。石磬共有13枚。

4月7日

国务院总理华国锋在北京会见索马里外交部部长阿卜杜拉赫曼·贾马·巴雷

会见交谈中,华国锋总理和贾马·巴雷外长对近几年来中索友谊的发展表示满意。华国锋总理希望索马里在西亚德总统领导下日益繁荣富强。

贾马·巴雷外长转交了西亚德总统给华国锋总理的信件,并向华国锋总理、中国政府和人民转达了西亚德总统、索马里政府和人民的问候。华国锋总理请贾马·巴雷外长转达他对西亚德总统的问候。

索马里驻中国大使卡欣、驻联合国大使穆罕默德·谢里夫·马哈茂德,索外交部亚洲和社会主义国家司司长法杜马·伊萨克·比希夫人,参加了会见。

会见时,外交部副部长何英、外交部非洲司司长何功楷等在座。

国务院总理华国锋致电斐济马拉总理对斐济部分地区遭到飓风袭击表示慰问

苏瓦斐济政府卡米塞塞·马拉总理阁下:

惊闻贵国东南部几个岛屿最近遭到飓风袭击,造成人命财产的损失。我代表中华人民共和国政府和人民谨向总理阁下和贵国灾区人民表示深切的慰问和同情。我相信,在总理阁下为首的斐济政府的领导下,灾区人民定能克服暂时困难,重建家园,恢复正常生活。

中华人民共和国国务院总理 华国锋

1979年4月7日

《人民日报》发表社论《党的领导是实现四化的根本保证》

今年以来,十一届三中全会关于全党工作着重点转移的决定,得到了全党3000多万名党员、全国8亿人民的热烈拥护和积极响应,全国上下同心同德,正在把主要精力集中到实现四个现代化上来,党的领导是实现四化的根本保证。要顺利实现这个重大的战略转移,一定要坚持和加强党的民主集中的统一领导。任何脱离和削弱党的领导的言行,都是极其有害的,必须坚决纠正。

自有国际共产主义运动以来,无产阶级先锋队,即无产阶级政党的作用,就是十分明显的。没有无产阶级的党,就不会有国际共产主义运动。特别是十月革命以来,更加证明没有共产党对于无产阶级和全体劳动群众的领导,就不可能有无产阶级专政,不可能有社会主义革命,不可能有社会主义建设。正如列宁曾经指出的那样:"只有工人阶级的政党,即共产党,才能团结、教育和组织成无产阶级和全体劳动群众的先锋队,也只有这个先锋队才能抵制这些群众中不可避免的小资产阶级动摇性,抵制无产阶级中不可避免的种种行会狭隘性或行会偏见的传统和恶习,并领导全体无产阶级的一切联合行动,也就是说在政治上领导无产阶级,并且通过无产阶级领导全体劳动群众。"(列宁《俄共(布)第十次代表大会》,《列宁全集》第32卷第233页)

无产阶级政党对于无产阶级和全体劳动群众的领导作用,在我国现代革命历史上,是革命成败的决定性因素。自从1842年鸦片战争失败时起,中国的先进分子和志士仁人,为了外御列强,复兴国家,不畏艰辛困苦,寻找革命真理。但是,在这以后的70多年的时间内,中国人民的反帝、反封建革命斗争一次又一次遭到了失败。辛亥革命虽然推翻了中国最后一个封建王朝,但是由于资产阶级的软弱性和动摇性,也以失败而告终。十月革命的胜利,对我国、对世界发生了巨大影响,中国无产阶级登上政治舞台,中国破天荒地有了无产阶级的政党——中国共产党。从此,中国革命的面貌焕然一新。特别是当我们党确立了毛泽东同志的正确领导,学会了把马列主义的普遍真理同中国的具体实际相结合,中国革命就不断地战胜艰难险阻,从胜利走向胜利,终于推倒了压在中国人民头上的"三座大山",在1949年宣告中华人民共和国的成立。新中国成立后,我们党领导全国人民迅速恢复和发展了国民经济,基本上完成了社会主义改造,取得了社会主义革命和建设的一系列伟大胜利。人们从切身的经验中,认识到没有共产党就没有社会主义的新中国这一真理。过去,我国人民把自己对于前途的一切希望,寄托在党的领导上;今天,我国人民把建设现代化社会主义强国的希望,同样寄托在党的领导上。100多年的历史反复证明,在中国,除无产阶级及其先锋队共产党,没有任何一种力量,能够领导革命到胜利,能够从根本上改变我们国家贫穷落后的面貌。过去是这样,今后仍然是这样。如果离开了党的领导,我们社会主义的经济、政治、军事和文化由谁来组织?我们的四个现代化由谁来组织?这些,都是不堪设想的。

当然,正像任何人和任何组织都不会没有缺点、错误一样,我们党的领导也会有缺点,也会犯错误。这并不奇怪。尤其是当我们党取得执政党地位之后,怎样才能实施正确和有效的领导,还是一个必须经常总结经验教训的问题,但是,这决不能成为要求削弱甚至摆脱党的领导的理由。我们党代表人民群众的根本利益,而没有任何私利可图。党的这一性质,决定了我们敢于揭露和纠正自身的缺点和错误。批评与自我批评,就是我们党依靠自身的力量来纠正自己的缺点和错误的锐利武器。50多年以来，我们党经历过多次错误，每次都是依靠党而不是离开党纠正了自己的错误。粉碎“四人帮”以后，在华国锋同志为首的党中央领导下，我们大力拨乱反正，努力恢复和发扬党的优良传统和作风，各方面的工作都取得了很大的成绩。在前不久召开的中央工作会议和三中全会上，我们党又花了很大的力量，实事求是地解决了过去遗留下来的一些重大问题，坚决纠正了过去所犯的一些错误，进一步分清了党内是非，使全党和全国人民受到极大的鼓舞和教育。本着向前看的精神，纠正了过去所犯的错误，我们党更加紧密地团结一致，更加坚强有力，一定会大踏步地前进。这是毫无疑义的。

坚持党的领导，是我们同林彪、“四人帮”斗争的一个根本之点。林彪、“四人帮”为了实现反革命的复辟，首先和主要把攻击的目标指向我们党，千方百计地破坏我们党，妄图推翻我们党的领导。他们炮制了所谓“民主派、走资派”的反革命政治纲领，妄图打倒一大批坚持马克思主义的领导干部，公然歪曲和篡改马列主义、毛泽东思想的建党学说，疯狂鼓吹“踢开党委闹革命”，大肆煽动极端民主化和无政府主义思潮。他们的罪恶目的，就是要从思想上、政治上、组织上把我们党彻底摧垮。他们的这种倒行逆施，激起了全国人民的义愤，遭到了全国人民的坚决反对。1976年的天安门广场群众运动，虽然不是我们党有组织地领导的运动，但它却是一个坚决拥护党的领导、反对“四人帮”的运动。群众的革命觉悟同党多年来的教育是分不开的，他们中间主要的积极分子正是党团员。我们发扬天安门革命精神，就要坚决拥护党的民主集中的统一领导，在党的领导下坚持走社会主义道路，为在本世纪内实现四化而献身。

揭批林彪、“四人帮”的斗争，实质上是一场伟大而深刻的整党运动。两年多来，经过同林彪、“四人帮”的激烈斗争，我们已经基本上摧毁了他们的反革命势力，我们党已经回到了马列主义、毛泽东思想的科学基础上，党在思想上、组织上和作风上都得到了改进和加强，党和政府恢复了正常的工作秩序，全国出现了安定团结的大好形势。这是来之不易的，必须十分珍惜。林彪、“四人帮”搞“踢开党委闹革命”，把我们经过三年调整、得到迅速发展的国民经济，闹到了崩溃的边缘。现在，我们正把国民经济引向迅速发展的道路，当然不能让什么人再踢开党委闹什么“革命”、什么“民主”。对此，各级党委必须有清醒的认识，不能因为闹事的人是极少数而掉以轻心，放弃领导。粉碎“四人帮”以来，绝大多数党委的领导得到了加强。但是，也有一些地方的党委，在歪风邪气面前表现得轻弱无力，左盼右顾，顾虑重重，不能实施坚强的领导。这种状况，不符合广大人民的愿望，同实现四化的要求也是很不适应的。各级党委一定要负起自己的责任，按照民主集中制的原则，既大胆领导，又善于引导，做好深入细致的思想政治工作，带领群众同破坏社会主义法制、危害国家和人民利益的现象进行坚决的斗争。

经过两年多的努力，我们的国家发生了根本的变化，全党、全军和全国各族人民对祖国的前途重新充满了无限的希望和信心。但是，也一定要看到，在我们的面前还有许多的困难，林彪、“四人帮”欠下的债，留下的毒，在很多方面还在起作用。例如，各种经济比例严重失调，必须进行必要的调整；落实各项政策，平反冤案、假案、错案，要继续抓好；随着工作着重点的转移，大量的思想政治工作要求我们去做。所有这些问题，没有强有力的民主集中的统一领导和严格的组织纪律性，是不可能解决的。这就要求我们以毛泽东同志的建党学说为指导，重视和加强党在思想上、组织上和作风上的整顿和建设，特别是要抓好各级领导班子的整顿和建设，不断提高领导水平和领导艺术，教育党员增强党的观念，发挥党员的先锋模范作用。

实现四个现代化，是一项复杂而繁重的任务。这是全党今天面临的最大的新情况和新问题。我们相信，在以华国锋同志为首的党中央领导下，我们一定能够运用马列主义、毛泽东思想的基本原理，去研究新情况，解决新问题，团结和带领广大群众把我国的社会主义革命和建设事业继续推向前进。

国务院副总理李先念在北京会见西德联邦议院外交委员会主席格哈德·施罗德和夫人

国务院副总理康世恩在北京会见以日本特许厅长官熊谷善二为团长的访华代表团

国家农垦总局表彰一批先进国营农场和个人

新华社报道，国家农垦总局最近对全国农垦系统402个先进国营农场和419个先进个人发给奖状，还对其中36个先进农场授了红旗，表彰他们在向农业现代化进军中取得显著成绩。

在这次授予红旗的先进集体中，有一些是以生产粮食为主、机械化程度比较高的农场，这些农场积极挖掘生产潜力，注意发挥现有机械效能，使用先进的科学技术，实行科学种田，每个农业工人生产粮食2万多斤，商品率在50%以上。有一些农场以生产橡胶、柑橘、人参等经济作物为主。还有许多农场贯彻“一业为主，多种经营”的方针，农工牧副渔全面发展。

在受到表扬的先进生产者中，有勤勤恳恳、艰苦奋斗几十年如一日的老模范、老工人;有一心搞科研,为农场现代化做贡献的科技人员、知识青年。

中国奥委会秘书长宋中在蒙得维的亚就中国在国际奥委会代表权问题发表声明

国际奥委会第八十一届会议决议容许在这个国际组织中存在两个"中国奥林匹克委员会",决定:"一、承认在北京的中国奥林匹克委员会;二、继续承认在台北的中国奥林匹克委员会。"决议还说:"有关名称、国歌、旗帜和章程的一切有关问题将作为研究和求得达成协议的题目,这些工作应尽快完成。"

对此,宋中的声明说:"国际奥委会第八十一届会议关于中国代表权问题所作出的决议,按其现在这样的内容,我们是不能接受的。我们重申只有一个中国,即中华人民共和国,台湾是中国的一部分。中国代表权问题的唯一解决办法是承认我们的奥林匹克委员会为全中国的国家奥林匹克委员会。作为一种临时性的措施,台湾的体育组织可以以'中国台湾奥林匹克委员会'的名义留在国际奥委会,但一切所谓'中华民国'的标志都不得使用。只有符合上述条件的解决办法,我们才能接受。"

声明说:"我们准备就恢复中国奥林匹克委员会在国际奥委会的地位继续同国际奥委会执委会进行讨论。"声明最后说:"我们向支持我们原则立场的朋友们致以真诚的谢意。"

4月8日

全国人大常委会副委员长邓颖超率领全国人大代表团前往日本进行友好访问

到机场为代表团送行的有:国务院副总理邓小平、耿飚、陈慕华,全国人大常委会副委员长乌兰夫、廖承志,政协全国委员会副主席康克清,外交部部长黄华、副部长韩念龙,全国人大常委会委员荣毅仁、罗叔章、武新宇、王昆仑、陈逸松等。日本驻中国大使佐藤正二和夫人,大使馆外交官员和在北京的其他日本朋友也到机场送行。

邓副委员长是继邓小平副总理之后我国第二位国家领导人访问日本,这个代表团是我国人大第一个访问日本的代表团。在为时12天的日程里,代表团将访问日本东京、京都、奈良和大阪等地,同日本政界以及其他各界新老朋友进行友好交流,还将参加建于京都岚山的周总理纪念诗碑的揭幕仪式。

代表团副团长是全国人大常委会委员、人大常委会副秘书长罗青长和全国人大常委会委员、全国妇联副主席林丽韫,团员有朱学范、谢铁骊、袁雪芬、胡立教、屈武、赵朴初、陆惟善、陈昊苏。

中国人大代表团下午4点到达东京羽田机场,中国驻日本大使符浩登上飞机迎接邓副委员长一行,并陪同走下舷梯。日本众议院议长滩尾弘吉、副议长三宅正一、外务省政务次官志贺节、保利茂夫人保利丰子、园田外相夫人园田天光光,日本公明党委员长竹入义胜、日本社会党书记长多贺谷真稔、民社党代表永末英一、新自由俱乐部代表田川诚一、社会民主联盟代表田英夫、日中友好议员联盟会长滨野清吾、日中友好协会会长黑田寿男、日本国际贸易促进协会会长藤山爱一郎、日中文化交流协会副理事长宫川寅雄、日中经济协会常任顾问冈崎嘉平太和著名友好人士西园寺公一、萩原定司、小川平四郎等到机场迎接邓副委员长。

周恩来总理生前曾经希望在《中日和平友好条约》签订后的一个樱花开放的时节,重访他青年时代曾经留学过的日本,看望这个国家的各界朋友们。周总理逝世后,日本国会和各界朋友多次邀请邓副委员长访日。在《中日和平友好条约》签订后第一个春天,邓副委员长踏上了日本的国土,实现了周总理的遗愿。日本各界朋友的愿望也得到了实现。

在机场贵宾室里举行了欢迎仪式。滩尾议长致欢迎词,对由邓颖超副委员长率领中国人大代表团访问日本表示由衷的欢迎。

邓副委员长致答词,对滩尾议长和其他日本朋友们对代表团的热烈欢迎表示衷心感谢。

东京华侨总会副会长陈焜旺、横滨华侨总会会长马伟鸿、台湾省民会会长刘启盛等以及200名日本朋友和华侨也到机场迎接邓副委员长一行。

《人民日报》发表社论《要打歼灭战》

多年来,基本建设战线年年要求集中力量打歼灭战,实际上却年复一年地打消耗战。这种状况很不适应四个现代化的要求。随着全党工作的着重点转移到社会主义现代化建设上来,基本建设战线应当彻底改变这种状况,坚决打歼灭战,不打消耗战。这样,在两三年内,我们经过调整、整顿、改革,就能够稳步前进,逐步实现四个现代化。

毛泽东同志常说不打无准备之仗,不打无把握之仗,集中优势兵力,力求速决全歼。基本建设战线也是这样,集中力量打歼灭战,才能实现多快好省。但是,这些年来,基本建设集中力量打歼灭战的问题没有解决好。许多工程项目旷日持久地打消耗战,一不能按计划如期投入生产,为国家增加物质财富;二不能及早收回投资,加快建设资金周转。由于工期拖长,国家支付了大量额外费用,物资和人工消耗也普遍加大。据有关部门统计测算,全国在建项目工期如果拖长1年,仅工资1项国家就要多支出几十亿元。

打歼灭战,不打消耗战,能不能做到?回答是肯定的。50年代长春第一汽车制造厂只用了三年时间,就迅速建成投产;60年代的大庆油田,70年代的一批港口建设,以及引进的化肥装置,都是打歼灭战的典型例子。上海市去年基本建设任务很重,但是,市建委和有关部门全面分析了每项工程的实际情况,按照国家计划要求,确定主攻目标,狠抓竣工投产,对一大批工程项目打了歼灭战,1978年成为20年来建设项目竣工投产最多、新增生产能力最多、新建住宅最多的一年。这足以说明,只要有坚决打歼灭战的决心,实事求是地弄清楚打消耗战的种种原因,积极采取有力措施,就一定能够做到集中力量打歼灭战。对此持怀疑态度,信心不足,是没有根据的。

要打歼灭战,必须切实缩短基本建设战线。基本建设战线越长,越容易被迫打消耗战。在一定时期内,国家的财力物力总是有限的。目前全国在建项目几万个,其中包括大中型项目1000余个,要是齐头并进,"万马奔腾",全要搞上去,那就只能继续打消耗战。因此,彻底清理和整顿在建项目,是基本建设战线的当务之急,是做到打歼灭战的一项重大措施。只有缓建、停建一批,才能使具有70年代先进水平的技术骨干项目搞上去。各地区、各部门都要分别轻重缓急,根据需要与可能,坚决有力地实行调整、整顿方针,采取停、缓、并、转、缩的办法,将一批停建、缓建项目的资金、材料、设备和人力抽调出来,集中到那些容易上、见效快、国家急需的项目上去。要有进有退,有取有舍,有所为有所不为。要下这个决心,不能犹豫观望,不能动摇。否则,欲速则不达,消耗战没完没了,国家受的损失会更大。

打歼灭战,必须适当缩短基本建设战线,这一点现在谁都承认,谁也不反对。但在具体落实过程中,往往出现"你下我不下"的思想阻力。这就需要认真做好思想政治工作,树立全局观点。要摆事实讲道理,充分认识打消耗战的危害性,只强调需要的一面,不讲实际可能条件,这不是实事求是的科学态度。也许有人认为,我自愿承担资金、材料缺口,力争项目不停。这种做法同样是不妥当的。无数事实表明,到处去自筹材料、设备,到头来仍是挤了应该上的重点项目,挤掉生产、生活和市场上需要的物资。我们办一切事,都要从实际出发,坚持实事求是。根据客观实际情况和条件,经过综合平衡,凡是应当停、缓的项目,都应当停建、缓建;寻找借口,制造理由,不停、不缓都是不应该的。

打歼灭战,必须抓好资金、材料、设备、设计、施工力量"五落实"。这是打歼灭战的重要保证。这五项是基本建设必需的、缺一不可的物质条件。在施工力量大于投资、材料小于施工力量的情况下,必须按照"五落实"的要求,一个项目、一个项目地进行排队,进行落实。条件不具备的,坚决不开工。只有这样,才能变被动为主动,真正打歼灭战。

为了保证国家急需上的项目"五落实",集中力量打歼灭战,必须排除阻力,大力加强物资调剂和生产调度工作。停建、缓建项目的资金和材料设备,续建项目的多余库存,各级基本建设主管部门有权统一调配。要树立全国一盘棋的思想,加强物资调度,可以先按隶属关系,在本地区、本部门内部调剂余缺,然后逐步扩大范围。

认真组织建设单位和施工单位、物资供应单位签订经济合同,积极推行合同制度,这是扭转当前基本建设秩序混乱状况,集中力量打歼灭战的有效措施。一个建设项目,即使"五落实"了,如果施工队伍到了,材料未到,或者相反,都会出现建设秩序混乱。合同制就是责任制。通过签订合同,把各方面的经济联系和经济责任固定下来,确定统一的进度。这样,各有关单位既明确奋斗目标,又明确自己的责任,有效地结成一个有机的整体,更好地协同作战。在推行合同制过程中,对于执行合同好的单位,要按合同规定进行奖励;对执行合同不好的单位,同样应按合同规定予以处罚。责任明确,赏罚严明,才能促使基本建设顺利进行。

建筑行业是个加工部门,工业建筑项目工程成本,材料费用占70%左右。当前,由于企业管理不善,工地材料的损失浪费现象十分严重。合理使用材料,降低材料消耗,就能用同样多的东西兴建更多的项目。要深入开展增产节约运动,在提高工程质量、加快建设进度的同时,狠抓节约材料这个重点。要在广大职工群众中,树立节约光荣、浪费可耻的风尚,实行节约有奖的制度。广泛组织职工开展增产节约劳动竞赛,在竞赛中结合本地区本部门实际情况,认真推广北京市第六建筑公司一工区的"全优综合奖"和上海市建筑工程局的"全优工程降低成本奖"的经验。

国务院副总理康世恩在北京会见国际古生物协会主席泰克特和夫人等一行

全国人大常委会副委员长廖承志和国务院副总理谷牧在北京出席法国里昂交响乐团音乐会

里昂交响乐团是法国优秀乐团之一。在访华的首场音乐会上,法国演奏家首先演奏了俄罗斯作曲家斯特拉文斯基在法国居住时创作的《火鸟》,还和中国著名钢琴演奏家刘诗昆合作演出了匈牙利作曲家李斯特的《降E大调第一钢琴协奏曲》。

乐团演奏法国作曲家柏辽兹的《幻想交响曲》的

时候,演奏家们充分表现了这部作品和乐队的特色,受到全场观众的长时间的鼓掌欢迎。乐团还加演了法国作曲家比才的《卡门序曲》、柏辽兹的《拉科齐进行曲》和中国民间乐曲《二泉映月》。

乐团指挥塞尔日·博多是享有国际声誉的音乐家,曾先后指挥过巴黎、米兰、维也纳、纽约等歌剧院的乐队。

演出休息时廖承志副委员长、谷牧副总理会见了里昂市市长、乐团团长柯隆勃和夫人,以及乐团指挥博多、副指挥西尔万·康布勒兰,首席小提琴米朗·博埃等,同他们进行了亲切的交谈。

演出结束时,廖承志副委员长、谷牧副总理等登上舞台同法国音乐家们热情握手,祝贺他们演出成功。出席音乐会的还有有关方面负责人姚仲明、周而复、章文晋、王笑一、曾涛、阳汉笙、吕骥、侯桐和中国驻法国大使韩克华等。

法国驻中国大使克洛德·阿尔诺和夫人等也出席了音乐会。

4月9日

《人民日报》发表社论《一定要搞好标准化》

标准化是组织现代化生产的重要手段,是科学管理的重要组成部分。搞好标准化,对于高速度发展国民经济,提高工农业产品和工程建设质量,提高劳动生产率,都有重要作用。为适应四个现代化建设的需要,适应国民经济在调整中前进的要求,搞好标准化是一件刻不容缓的大事。

现代化生产是建立在先进技术、严密分工与广泛协作基础上的高效率生产。许多工业产品和工程建设往往涉及几十个、几百个,甚至上千个企业,涉及企业内部的许多部门和生产技术环节,这就要求整个社会的生产活动必须保持高度统一,协调一致。要做到这一点,标准化起着不可缺少的技术纽带作用。它通过制定和贯彻各种技术标准,从技术上把生产建设部门,把科研、设计、生产、流通和使用等方面有机地联系起来,形成一个统一的整体,保证现代化生产建设有条不紊地进行。标准化水平是衡量一个国家的生产技术水平和管理水平的尺度,是现代化的一个重要标志。从这个意义上说,没有标准化,现代化生产就无法进行。没有标准化,就没有专业化,就没有高质量、高速度。

新中国成立以来,我国标准化工作,从无到有,从小到大,逐步建立和发展起来,对社会主义建设作出了积极的贡献。但是,近十多年来,由于林彪、"四人帮"的严重干扰和破坏,人们的思想被搞乱了,机构被拆散了,队伍被搞垮了,规章制度被破坏了,标准化工作处于停滞状态。粉碎"四人帮"以后,标准化工作虽然有了恢复和发展,但仍然是生产技术管理工作中的一个薄弱环节,必须迅速改变这种状况,才能适应生产建设的要求,否则,就会拖四个现代化的后腿。

但是,有不少主管生产的同志对这个问题的重要性还没有足够的认识,至今没有把标准化工作摆到议事日程上来。有些同志由于受小农经济思想的影响,墨守成规,认为"标准可有可无",抓不抓关系不大。目前,我们正在按照专业化协作原则改组工业,标准化是组织专业化协作生产的技术基础和重要前提。通过标准化,合理简化品种规格,扩大生产批量,为专业化生产提供前提条件。引进技术和设备,也要搞好标准化。实践证明,搞好标准化和专业化,就能几倍、几十倍地增加产量。我国生产的紧固件实现了标准化和专业化,采用先进的生产工艺,生产效率提高80多倍,材料利用率提高二三倍,生产成本降低75%,产品抗拉强度提高20%多。由此可见,标准化不是可有可无,而是非有不可。只有搞好了标准化,才能组织好专业化大生产,才能进行大批量、高质量、高速度的生产。

"产品有人要就是标准"。这种说法是错误的。标准化是提高产品质量、提高竞争能力的技术保证。要把工业生产转到质量第一的轨道上来,必须按照规定的技术标准生产。目前许多产品因暂时短缺,即使质量不好,用户也不得不用,群众也不得不买,这是一种不正常的状况。如果认为某些产品暂时供不应求,就违反标准,粗制滥造,以次充好,给国家和人民造成损失,这是绝对不能容许的。经过国家批准的技术标准是技术法规,必须严格执行,不得随意改动,不得擅自降低标准。要加强法制教育,对那些擅自违反标准,降低质量,弄虚作假,欺骗国家和用户的,要追究责任,情况严重的要依法制裁。

"强调标准的统一性,会影响产品的花色品种"。这是一种误解。恰恰相反,认真搞好产品规格系列化和零部件通用化,可以用尽可能少的产品系列满足各个方面的需要,用尽可能多的通用件装配出不同的产品。例如,闹钟采用全国统一机芯后,既便于大批量生产,便于维修使用,又为增加花色品种创造了有利条件,闹钟的外形、款式由原来的20多种发展到现在的100多种,更好地满足了国内外市场的需要。

搞好标准化工作,当务之急,就是要加速技术标准的制定工作。现在,我国的技术标准数量少,水平低,统一性差,制定标准的速度慢,这种状况严重影响产品的整顿和组织专业化生产,影响配件的供应。

今后两三年内,国家标准的数量必须有一个较大的增长。凡是正式批量生产的产品,没有技术标准的,或者标准已经落后的,特别是对国民经济关系重大的重要产品标准,要抓紧制定和修订出来。有了技术标准,才能有法可依,违法必究。制定技术标准,要坚持群众路线,实行科研、生产、使用“三结合”,实行领导、技术人员、工人“三结合”。技术标准要充分考虑使用部门的要求和消费者的利益,做到技术先进,经济合理。在制定标准的工作中,要克服本位主义思想,搞好协调工作,不能只强调本部门的特殊性,不能各搞各的标准。秦始皇都能统一度量衡,难道我们共产党人还做不到吗?!要树立全局观点,处理好整体与局部,当前与长远,生产与使用等方面的关系,凡是需要又有可能在全国统一的标准,必须在全国范围内统一,以利于提高生产技术水平。

要尽快建立全国标准化和产品质量监督检验网,组织一支强有力的队伍,这是搞好标准化工作的基础。要把各级标准化人员、专业检验人员和工厂质量检验人员组织起来,把现有的各种检验仪器设备合理组织和充分利用起来,在全国逐步形成一个比较完备的、有权威的、有效率的标准化和产品质量监督检验网,把标准化和产品检验、质量管理大大提高一步。各级标准化管理部门要同工厂广大质量检验人员建立直接联系,共同把好质量关。

当前,全党工作的着重点正转移到现代化建设上来,迫切要求搞好标准化,有关部门和各省、自治区、直辖市,结合实际,加强对这一工作的领导,迅速把标准化工作搞上去。

国务院副总理康世恩赞扬上海手帕十二厂为“四化”建设作出贡献

新华社报道,国务院副总理康世恩前几天在国家经委召开的工交各部门负责人会议上,赞扬这个工厂为四化建设作出了积极贡献。

康世恩同志在会上介绍了上海手帕十二厂改进出口产品的成绩。这个厂注意调查国际市场的需求,不断改进设计,增加花色品种,使他们的产品成为国际市场上的畅销货。1977年这个工厂为国家提供的利润和税金相当于本厂固定资产的4倍,1978年出口生产又有了新的发展。上海手帕十二厂在1年之中平均每个工人为国家创造外汇7000多美元。

在这次会议上,江苏省的两个提高换汇率的好典型也受到了赞扬。康世恩副总理指出:我们的工厂企业都应该学习这几个厂的做法,努力使自己的产品在国际上有竞争能力,为国家创造更多的外汇。

国务院批转《中国人民银行全国分行行长会议纪要》

纪要提出,要把银行工作的着重点迅速转移到社会主义现代化建设上来。人民银行既是国家的金融管理机关,又是办理信用业务的经济组织。它是全国资金活动的枢纽,连接国民经济的纽带。随着经济的发展和生产的专业化,银行的作用会愈来愈显著。全党必须十分重视提高银行的作用,努力学会运用银行的经济手段,促进国民经济的高速度发展。

国务院批转轻工业部《关于轻工业工作着重点转移问题的报告》

报告向各地政府及财经部门指出,轻工业具有投资少,见效决,积累多,换汇率高的特点。把轻工业工作着重点转好,可以加快轻工业的发展速度,改善人民生活,繁荣城乡市场,扩大对外贸易,为国家增加资金积累和外汇收入,从而加速整个国民经济的发展。

国务院副总理陈慕华在北京会见索马里外交部部长阿卜杜拉赫曼·贾马·巴雷

全国人大常委会副委员长乌兰夫在北京会见由朝鲜职业总同盟副委员长文炳禄率领的朝鲜职业总同盟代表团

最高人民检察院副检察长张苏在北京会见奥地利宪法法院院长艾尔文·麦立卡和奥地利最高法院院长弗朗茨·柏林等

外交部副部长章文晋在北京会见联邦德国科伦城新闻报记者西格弗雷德·库宾克父子

中国佛教协会负责人赵朴初在东京探望日本菅原惠庆长老

正在日本访问的中国全国人大代表团团员、中国佛教协会负责人赵朴初,前往探望病中的日中友好宗教者恳话会前会长菅原惠庆长老。

赵朴初向菅原长老转达了邓颖超副委员长的问候,并对他多年来为促进日中友好事业所作出的贡献表示敬意。

菅原长老指着挂在墙上的赵朴初书赠的毛主席的词句“世上无难事,只要肯登攀”说:“只要日中两国国民继续努力,两国的友好关系就一定会更加发展。”

赵朴初为了祝愿菅原长老早日康复,特赋诗相赠:“枣寺玄中尘不隔,祝翁杖履四时春。”

探望时,日中友好宗教者恳话会理事长西川鉴海、该会已故原会长西川景文的夫人西川春惠在座。

上海京剧界整理研究周信芳 盖叫天表演艺术

新华社报道,上海京剧界正在整理研究我国已故的杰出京剧表演艺术家周信芳和盖叫天在长期的艺术实践中各自形成的麒派和盖派表演艺术，努力把他们优秀的京剧艺术遗产继承下来。

麒派和盖派的表演艺术，继承和发扬了我国戏曲艺术现实主义的传统，强调了人物的性格刻画和舞台动作、舞台布局的美，为我国戏曲事业的发展作出了宝贵的贡献。

在中国戏剧家协会上海分会的积极倡导下，曾经和周信芳、盖叫天同台演出过的演员，麒派和盖派的弟子，以及一些戏剧理论家们，今年分别成立了麒派和盖派艺术研究小组。这两个研究小组每周定期开展活动，结合周信芳、盖叫天两位艺术家演过的戏，对他们的表演艺术进行回忆、记录和整理。研究小组还准备开展教学活动，把这两派艺术传授给青年演员。

解放军"八一"男子篮球队战胜来华访问的美国国家男子篮球队

他们是中美两国建交以后第一个来华访问的美国体育队伍。

这次来我国访问的美国国家男子篮球队有13名队员，他们是来自10所大学的学生，平均年龄不满21岁，平均身高2.1米，其中2米以上的队员有8名。

比赛在首都体育馆进行。解放军"八一"男子篮球队以104比96胜美国国家男子篮球队。

国家体委主任王猛、美国驻中国大使馆外交官员等观看晚比赛。

4月10日

国务院副总理耿飚在北京会见阿尔及利亚新任驻华大使阿卜杜拉维·阿里

全国人大常委会副委员长廖承志在北京会见并宴请已故原国民党驻日本代表团团长商震先生的夫人安田作子及其儿子商伟立

电影导演谢铁骊和中日友好协会副会长赵朴初受全国人大代表团团长邓颖超委托在东京看望病中的日中文化交流协会理事长中岛健藏先生

外贸部部长李强在北京举行宴会欢迎智利经济开发和建设部长罗伯特·凯利·巴斯克斯和夫人一行

《延安报》正式复刊

《延安报》是中共延安地委的机关报，创刊于1950年4月10日。在"文化大革命"中，由于林彪、"四人帮"的干扰破坏，于1967年停刊。在广大干部和群众的要求下，经中共陕西省委批准，终于复刊。复刊号上，刊登了习仲勋同志为祝贺《延安报》复刊所写的《发扬延安作风，向四个现代化进军》的文章。

4月11日

《人民日报》发表社论《实现四个现代化是最大的政治》

我国大规模的急风暴雨式的阶级斗争过去后，我们当前和今后相当长的一个历史期间的主要任务是什么？党的三中全会明确宣告，就是领导全国人民，团结一致，同心同德，把我们的国家建成四个现代化的强国。抓住了这个主要任务，就是抓住了马克思主义的根本，就是高举毛泽东思想伟大旗帜的根本，这就是最大的政治。我们干工作、想问题，都要围绕着四个现代化。不从这个实际出发，就是脱离马克思主义，就是空头政治家。全体党员，每一个爱国的公民，都必须在党和政府的领导下，克服一切困难，千方百计地为实现四个现代化贡献一切力量。

有人问：多少年来你们天天谈阶级斗争，现在，怎么实现四个现代化变成了最大的政治？我们认为，有这种想法并不奇怪，主要原因是由于林彪、"四人帮"长期造成的思想混乱，在一部分同志中没有彻底澄清。他们觉得最大的政治只能是阶级斗争和政治运动，而四个现代化主要是经济建设，怎么能说是最大的政治呢？

如何理解政治？根据对马列主义、毛泽东思想完整、准确的理解，政治应该是经济的集中表现。在阶级社会里，经济利益是各个阶级最基本的利益。各个阶级为了维护自己的经济利益，彼此之间必然展开激烈的阶级搏斗。阶级斗争成了经济的集中表现的重要形式。因此，列宁和毛泽东同志在谈到跟敌对阶级进行斗争时，都曾经说过，政治就是各阶级之间的斗争。但是他们从来没有把阶级对阶级的斗争，看成是政治的唯一的、全部的内容，特别是在无产阶级夺取了政权之后。1920年年末，当苏联人民反对国内外阶级敌人的军事斗争即将结束的时候，列宁果断地提出，要"使斗争的重心逐渐转向经济方面的政治"。列宁认为，"现在我们主要的政治应当是：从事国家的经济建设，收获更多的粮食，供应更多的煤炭，解决更恰当地利用这些粮食和煤炭的问题，消除饥荒，这就是我们的政治。就应当根据这些来安排整个鼓动工作和宣传工作。应当少说空话，因为空话不能满足劳动人民的需要。"（《列宁选集》第4卷第370—371页）列宁的话说得极其深刻、极其鲜明。他清楚地告诉我们，在无产阶级专政的国家里，虽然还存在着阶级斗争，但其主要的政治，是从事社会主义建设事业。这就是无产阶级基本经济利益的集中表现。

以实现四个现代化为中心，这是毛泽东同志留给我们的遗愿。早在新民主主义革命取得全国胜利的前夕，毛泽东同志就曾指出："党的工作重心由乡村移到了城市"，"从我们接管城市的第一天起，我们的眼睛就要向着这个城市的生产事业的恢复和发展"，城市中的其他工作，"都是围绕着生产建设这一个中心工作并为这个中心工作服务的。" 我们今天高举毛泽东思想的旗帜，很重要的一个内容，就是要认真总结新中国成立 30 年来正反两方面的经验，让各项工作，包括党的政治工作，都以现代化建设为中心，紧紧地为这个中心服务。四个现代化靠空谈是谈不出来的，我们应该力戒空谈，坚决把政治落实到生产、业务、技术工作当中去。各条战线都应该看到，我们当前所做的各项工作，都是为实现四个现代化服务的，都具有极其重要的政治意义。从这个角度来说，多出油就是石油战线的政治，多产煤就是煤炭工人的政治，多打粮食就是农民的政治，保卫边疆就是战士的政治，努力学习就是学生的政治。"政治教育的成果，只有用经济状况的改善来衡量。"（《列宁全集》第 33 卷第 60 页）我们必须坚持实践是检验真理的唯一的标准，以工作的实际效果、本职工作的状况，来衡量一切单位和个人政治水平的高低。

列宁曾经号召过，多谈些经济，少谈些政治。按照当前我们的实际情况，这句话仍然适用。林彪、"四人帮" 却把经济建设诬蔑成不要政治，而搞那种脱离经济建设的"空头政治"。列宁说过："在资产阶级世界观的概念中，政治好像是脱离经济的。"（《列宁选集》第 4 卷第 370 页）这些年，林彪、"四人帮" 大肆发展资产阶级世界观的概念，鼓吹什么"突出政治"、"政治可以冲击其他"，把政治和经济完全割裂开来，对立起来。所谓"阶级斗争抓好了，就是颗粒无收也不要紧"；"只要路线正确，不出煤也要开庆功大会" 等胡言乱语，就是明显的例证。他们搞的一套，从根本上否定了社会主义建设，否定了四个现代化，是对马克思主义的篡改和歪曲。

根据客观实际情况决定方针、政策和工作任务，这是无产阶级政党率领人民群众不断夺取胜利的重要保证。在新民主主义革命阶段，我们国内的主要矛盾是人民大众与帝国主义、封建主义、官僚资本主义的矛盾，当时的最大政治是推翻"三座大山"，建立人民民主专政的新中国。新中国成立以来，经过土地改革和基本完成生产资料所有制的社会主义改造之后，毛泽东同志明确指出："革命时期的大规模的急风暴雨式的群众阶级斗争已经基本结束"，"我们的根本任务已经由解放生产力变为在新的生产关系下面保护和发展生产力。" 这就是说，我们国家的最大政治，已转变为社会主义建设。后来由于这样那样的原因，特别是由于林彪、"四人帮" 的干扰破坏，使得这种转变没有完成。通过两年多揭批林彪、"四人帮" 的政治大革命，扫除了阻挡我们前进的巨大障碍，三中全会及时地、果断地作出决定，把全党的工作着重点转移到社会主义现代化建设上来，这完全符合客观规律发展的要求，反映了全国亿万人民的心愿。我们说实现四个现代化是最大的政治，并不是说不坚持无产阶级专政，不坚持阶级斗争了。党的十一届三中全会公报明确指出："我们国内现在还存在着极少数敌视和破坏我国社会主义现代化建设的反革命分子和刑事犯罪分子，我们决不能放松同他们的阶级斗争，决不能削弱无产阶级专政。" 问题是对于阶级斗争要有一个正确的估价，既不能够缩小，也不能够扩大。

我们实现四个现代化是有明确的政治方向的。我们的目标是建成社会主义的现代化强国，创造条件争取将来实现共产主义的伟大理想。这是全国人民实现四个现代化共同前进的胜利之路。有许多东西，诸如科学技术、先进的管理制度等等，我们要向外国学习。但是，这种学习是为了加快我国社会主义现代化的速度。我们反对"全盘西化" 要走中国式的现代化道路。现在有极少数人散布所谓社会主义不如资本主义的议论，对这种谬论要彻底驳倒。只有社会主义才能救中国，这是中国人民从五四运动以来 60 年的切身体验中得来的历史教训。中国离开社会主义就必然退回到半封建、半殖民地。这在蒋介石统治时期已证明过了，在林彪、"四人帮" 横行的时候也在某种程度上证明过了。中国绝大多数人民决不允许资本主义复辟。社会主义国家的制度和资本主义国家的制度哪个好？当然是社会主义国家的制度好。资本主义制度无论如何不能改变百万富翁巧取豪夺、剥削劳动群众的本质，不能摆脱经济危机，不能避免各种极端严重的犯罪、堕落、绝望。我们反对林彪、"四人帮" 搞封建法西斯专政，就是为了防止资本主义复辟。社会主义社会在前进中，仍然带有旧社会的痕迹，还有反革命分子，贪污盗窃、投机倒把分子，刑事犯罪分子，对他们仍然必须专政。我们要坚持党的领导。谁都知道，没有中国共产党，就没有社会主义的新中国。我们必须坚持马列主义、毛泽东思想。毛泽东思想过去是中国革命的旗帜，今后也将永远是中国社会主义事业和反霸权主义事业的旗帜，我们将永远高举毛泽东思想的旗帜前进。

目前时期是我们党和国家历史上的一个重大转折时期。我们党已经领导全国人民胜利地渡过了"四人帮" 给我们设下的重重难关，把一个混乱的国家变成了一个很有秩序和进步很快的国家。实现四个现代化的伟大前景激动着、鼓舞着、引导着我们全党全军和全国各族人民。广大干部、群众都在争着为这个光明前途贡献力量。实现四个现代化是最大的政治,对各条战线提出了全新的要求,各级党委一定要不断研究新情况,解决新问题,切实引导广大干部和群众团结起来向前看,同心同德,埋头苦干,把全部精力用到四个现代化上去。

国务院总理华国锋电贺沙阿·阿齐祖尔·拉赫曼就任孟加拉人民共和国总理

达卡孟加拉人民共和国总理沙阿·阿齐祖尔·拉赫曼阁下:

在阁下就任孟加拉人民共和国总理的时候,请接受我衷心的祝贺。祝中孟两国人民的友谊和两国政府间的友好合作关系不断发展。

中华人民共和国国务院总理　华国锋

1979年4月11日于北京

全国人大常委会委员长叶剑英电贺米尔扎·吴拉姆·哈菲兹就任孟加拉国国民议会议长

达卡孟加拉人民共和国国民议会议长米尔扎·吴拉姆·哈菲兹阁下:

在阁下就任孟加拉国国民议会议长的时候,请接受我衷心的祝贺。祝中孟两国人民间的传统友谊不断巩固和发展。祝阁下健康、幸福。

中华人民共和国全国人民代表大会常务委员会委员长　叶剑英

1979年4月11日于北京

全国木材生产首季计划超额完成

新华社报道,我国木材生产超额9%完成第一季度计划。不仅产量超过去年同期,而且伐区作业质量有了较大的提高,供货合同也完成得比去年好。

党的十一届三中全会后,黑龙江省林业总局组织2000多名干部深入生产第一线,开展了质量大检查和供货合同兑现月的活动。2月份每公顷伐区丢失木材由1月份的1.41立方米降为1.26立方米;在供货上今年一季度基本上做到分清材种,按合同外运。

过去,由于森林无法律保护,林业职工多年的辛勤劳动极易被极左思潮、无政府主义毁于一旦;各地方、各行业对林业的看法也不一致,往往互相抵消力量,对林业的发展造成危害。

今春我国第一部《森林法》颁布后,各地都积极贯彻执行,加强了森林保护工作。

随着党在农村的经济政策的进一步落实,许多林区纠正了林彪、"四人帮"极左路线影响下的"一平二调"的错误做法,生产队生产木材的收入不再被层层克扣,社员也得到了比较合理的收入。这就调动了林区社队干部的和群众的积极性,今年一季度社队向国家交售的木材比去年同期增加了10%以上。目前正值春季造林季节,各林区积极组织森林更新造林大会战,力争在近几年内把砍伐和营造之间的不平衡逐步调整过来。

东北电网超额完成首季发电供电计划

新华社报道,东北电网千方百计挖掘增产节约潜力,抓紧新企业、新设备的基建收尾工程,今年第一季度超额2亿多度完成了国家的发电供电计划。与去年同期相比,发电量增长了18.3%,发电煤耗降低了2.5%,上交利润增长了13%,节约煤炭14.2万吨。

东北电网的主力电厂辽宁清河发电厂和吉林前郭热电厂,由于狠抓了收尾配套工程,今年一季度的发电量分别比去年同期增长86%和64%。

全国人大常委会副委员长廖承志在北京会见以泰国《中华日报》总编辑詹海清为团长的泰国华文报纸记者访华团

全国政协副主席荣毅仁为团长的全国政协代表团前往联邦德国参加汉诺威博览会开幕式并对西德进行访问

解放军副总参谋长伍修权在北京会见并宴请濑岛龙三等日本朋友

中央军委授予戴志敏"爱民模范"称号

新华社报道,中共中央军委最近发布命令:授予人民解放军广州部队某部三营炮兵连七班长、共产党员戴志敏同志以"爱民模范"荣誉称号,号召全军指战员学习戴志敏舍己救人的共产主义精神,为保卫社会主义现代化建设而奋斗。

1979年1月4日上午,戴志敏同志带领全班战士在广西大新县太平公社公益大队黑水河岸进行训练时,为救落水壮族儿童光荣牺牲。

中国航海学会在广州成立

新华社报道,中国航海学会最近正式成立。在广州举行的中国航海学会第一次代表大会暨1979年年会上,来自交通、海军、水产、海洋和气象等138个单位的200多名代表,带来了近百篇学术论文和学术报告,在船舶驾驶、船舶机电、导航通信、水运管理等专业方面进行了学术交流，并选出了中国航海学会第一届理事会。

中国微体古生物学会在长沙成立

新华社报道，中国微体古生物学会最近在湖南长沙正式成立。微体古生物学是研究个体微小的古生物、古代生物的器官或微细构造的一门学科。这门学科对地质调查以及石油、煤炭等矿产资源的勘探，对探索生命起源、生物系统演化、板块构造、成矿规律等理论问题具有重要意义。学会举行了第一次学术会议。

西藏佛教研究会在北京成立

这个研究会是中国共产党领导下的群众性学术团体。研究会将结合西藏地区的实际，系统、深入地研究西藏佛教的教理、历史和现状。研究会目前的工作，是调动广大学术工作者的积极性，大力加强藏文资料的整理和翻译工作，积极开展各种学术活动，并出版《西藏佛教研究》刊物。研究会的成立，对于宗教学研究、民族学研究和西藏佛教研究，都将起推动作用。

研究会有23名理事和常务理事，任继愈当选为研究会会长，牙含章、东噶、洛桑赤列、法尊法师、于道泉为副会长，王尧、李冀诚为正副秘书长。

4月12日

全国人大常委会委员长叶剑英在西安视察并赋七绝诗

叶剑英同志视察西安期间，在中共陕西省委书记于明涛、李尔重等同志陪同下访问了他43年前工作过的地方——八路军西安办事处（即“国民革命军第十八集团军驻陕办事处”）旧址。这里已辟为纪念馆。叶剑英同志触景生情，欣然命笔，题七绝一首。

（1979年4月12日雪后，与明涛、尔重同志访办事处志感）

西安捉蒋翻危局，内战吟成抗日诗。
楼屋依然人半逝，小窗风雪立多时。

叶剑英于西安

《人民日报》发表社论《加强煤矿建设的正确方针》

煤炭是我国的主要能源，当前又是国民经济的一个薄弱环节，扎扎实实地把煤炭搞上去，适应国民经济发展的需要，是实现四个现代化的重要课题。

全国煤炭战线职工，从国家需要出发，努力增产煤炭，这些年来，持续地保持着较高的发展速度，尤其是1975年、1977年、1978年，每年都增长5000万吨以上，成绩是很大的。但是，由于林彪、“四人帮”的干扰破坏和我们工作中的缺点，煤炭工业10多年来积累的问题很多，突出的表现是比例不协调，基础不牢靠。煤炭工业矿井建设的规模、速度同国民经济发展的需要不协调，部分矿井采掘比例也不正常。面对煤炭工业这个现实，加强煤矿建设的正确的方针，应该是一面前进，一面调整，在前进中搞好调整。

国民经济各部门存在着一定的比例关系，调整，就是把不符合客观要求的比例关系，调整为符合客观要求的比例关系，把国民经济切实引导到有计划按比例发展的轨道，发挥社会主义计划经济的优越性。新中国成立以后，我国经济建设有两段时间赢得了高速度的发展，一段是从1949年到1957年，一段是从1962年到1966年。在这两段时间里，都比较注意国民经济有计划按比例发展的问题。事实证明：只有按比例，才有国民经济发展的高速度。当前只有搞好调整，才能使国民经济不协调的比例关系，变成协调的比例关系。煤炭工业与整个国民经济有比例关系问题，煤炭工业内部也有比例关系问题，加强煤炭工业的发展，就要下定决心调整好煤炭工业内外各方面的比例关系，为煤炭工业的持续发展创造坚实可靠的条件。

搞好煤炭工业的调整，首先要加强煤炭工业的基本建设，使煤炭工业的发展同国民经济发展的需要相适应。当前，为加强煤炭工业而采取的措施仍然不够有力，不能从根本上扭转局面，改变不了这些年来煤炭基本建设规模较小造成的后果。我们要使煤炭工业增长速度保持稳定，决不让它拖四个现代化的后腿。怎样改变这种严重局面呢？煤炭工业领导部门首先要做好工作，安排整个国民经济的时候，要把煤炭工业基本建设摆到应有的重要位置上来，从财力、物力、人力等方面保护矿井建设。只有把煤炭工业的生产能力迅速扩大，煤炭工业不适应国民经济发展需要的矛盾才能解决。

煤炭工业基本建设战线落后，是造成煤矿建设慢的另一个原因，为改变这种状况，必须集中兵力打歼灭战。据不完全统计，在煤炭基本建设力量不足的情况下，去年有若干掘进队窝工，有的搞了无效进尺。这样严重的人力浪费，主要是工程部署不当和不按基本建设程序办事造成的。集中兵力打歼灭战，要重新调整部署，认真清理在建项目，有取有舍，有上有下，把力量集中用到那些条件好、见效快的项目上去，务求尽快发挥投资效果。对山西、豫西的煤炭要加快开发。要大力加强地质和设计工作。设计要有依据，施工要有设计，循序而进，严格按程序办事，不搞无准备和准备不充分的施工，这样，混乱现象就不难克服，基本建设速度就会加快。此外，在搞好重点矿井建设的同时，还要改造一些小矿井，建设一些中小平硐、斜井和露天矿，争取快建成早出煤，满足国家的需要。在加强矿井建设的同时，要安排好机械制造、科研教育、安全设施、职工生活等等建设项目。多年来，这些方面欠账很多，也有个比例失调的问题，也要在调整中逐步加以解决。

煤炭企业内部的比例关系也要注意调整。首先要充分发挥现有煤炭企业的作用，凡是资源好的老矿，要继续挖潜、革新、改造，出大力。这几年煤炭增产幅度大，部分矿井开拓延伸工程没有跟上，有的矿井采煤吃肥丢瘦，浪费资源，出现了采掘关系不平衡的状况，造成煤炭生产的被动。要尽快解决这个问题，才能更好地挖掘现有企业的潜力。从整个煤炭战线的实际情况看，不是减少产量，而是增产幅度要适当，既要考虑国家的需要，又要照顾到实际可能。从局部来说，如果计划指标不适当，就要加强调整，使企业能够腾出时间和精力，搞好采掘平衡和其他方面的调整工作。通过调整，既增加产量，又提高质量，搞好安全，实现长期的持续的稳产高产。

煤炭工业在调整中，要认真抓好科学管理，把基础打牢靠。目前要以技术管理为重点，搞好各个煤炭企业的定员、定额、定岗位，建立、健全各级责任制；恢复正规循环作业，科学地组织生产；狠抓设备维修质量、工程质量和产品质量，把质量标准化作为煤炭工业基础工作的中心环节切实抓好。要加强经济核算，认真落实经济政策。只要政治工作、管理工作、技术工作扎实了，管理体制逐步进行改革，煤炭工业基础牢靠了，生产就能更多、更好。

煤炭工业是先行工业，通过调整，使煤炭工业的比例协调起来，基础工作得到加强，就可以为煤炭生产准备更充足、更广阔的战场。这就是说，一面前进，一面调整，在前进中搞好调整的方针是积极的。有关部门和省、自治区、直辖市要支持煤炭工业的发展。广大煤矿职工是开发能源的尖兵，在调整中的任务不是减轻了，而是更加艰巨和光荣。要继续发扬特别能战斗的革命精神，胸怀全局，勇挑重担，多作贡献，在新长征路上当好开路先锋。

国务院副总理余秋里在北京会见智利经济、开发和建设部长罗伯托·凯利·巴斯克斯和随同来访的外交部副部长罗伯托·索托·马凯雷上校

国务院副总理耿飚在北京会见美国泛美航空公司董事长威廉·西威尔率领的董事会国际顾问委员会访华团

国务院副总理方毅在北京会见美籍学者牛满江教授

全国人大常委会副委员长邓颖超在东京拜会日本前首相田中角荣

邓颖超副委员长一行上午拜会了日本前首相田中角荣。田中先生和夫人以及30多位众、参议员站在田中私邸门前热烈欢迎中国朋友的到来。

在客厅里，田中夫妇以及西村英一、二阶堂进、江崎真澄、桥本龙太郎、金井元彦、山下元利、德永正利同邓颖超副委员长，罗青长、林丽韫副团长，符浩大使和全体团员进行了亲切交谈。

邓副委员长转达了华国锋总理、叶剑英委员长、邓小平副总理对田中先生和夫人的问候。她说，田中先生是铺设日中友好关系大道的政治家，对田中先生的勇气、智慧和政治远见表示钦佩和敬意。

田中先生说，周恩来总理是伟大的政治家，周总理在日本读书的那年正是我出生之年。我和周总理一见如故。1972年日中建交后，我曾希望周总理尽可能早地访问日本，看看神田町的旧书店和上野公园，但是没有能够实现，使我非常遗憾。今天我看到邓颖超副委员长，就像迎接周总理一样，实现了我的宿愿。

全国人大常委会副委员长廖承志在北京会见濑岛龙三等日本朋友

外交部部长黄华在北京会见肯尼亚新任驻中国特命全权大使乔舒亚·希丹巴西·奥丹加

外贸部部长李强在北京会见马达加斯加贸易代表团

中国教育学会在北京成立

这个学会是全国群众性的学术团体。它的宗旨是：在马克思列宁主义、毛泽东思想的指导下，组织、团结全国广大教育科学工作者、教育学科专业人员和教育工作者，开展教育科学研究活动和普及活动，为不断提高教育质量、发展社会主义教育事业、加速实现四个现代化贡献力量。中国教育学会是我国建国30年来，第一次成立的教育科学研究团体。

学会成立大会还通过了《中国教育学会章程(草案)》。

4月13日

中共中央 国务院批转国家建委党组《关于改进当前基本建设工作的若干意见》

《关于改进当前基本建设工作的若干意见》指出：当前一项迫切的任务，就是要对那些不急需和不具备条件的建设项目，实行停、缓、并、转、缩，以便腾出人力、物力、财力，加强薄弱环节和直接关系人民生活设施的建设，使国民经济的发展逐步协调起来。

国家经委在北京召开座谈会讨论企业管理体制改革问题

国家经委召集首都钢铁公司、天津自行车厂、上海柴油机厂等8家企业和有关部门负责人在北京召开座谈会，讨论企业管理体制改革问题，决定在这8个企业进行扩大经营管理自主权的改革试点，允许它们在完成国家计划的前提下，根据市场需要安排生产，并在人、财、物方面拥有相应的自主权。5月25日，国务院转发了会议纪要。

全国人大常委会副委员长廖承志在北京会见以香港市政局议员陈普芬为团长的香港市政局议员团

全国人大常委会副委员长乌兰夫在北京会见"欧洲运动"国际执行主席乔治·贝图安和夫人

全国总工会主席倪志福在北京会见以德国工会联合会主席海因茨·奥斯卡尔·费特尔为团长的德国工会联合会代表团

外交部照会越南驻华大使馆抗议越派遣武装船侵入西沙领海挑衅

照会说："1979年4月10日上午9时许，越南当局派遣配有火箭筒、轻机枪、冲锋枪等武器和电台的武装军人驾驶船只3艘，侵入我国西沙群岛海域距岸500米处进行侦察活动，并向我巡逻艇射击挑衅，不但蓄意侵犯我国领海，并严重威胁我海岛安全。对此，中国政府向越南政府提出强烈抗议。"

照会指出："最近以来，越南方面接连不断在中越边界进行武装挑衅，制造紧张局势，并一再为中越副外长级谈判设置障碍，阻挠谈判的举行。现在，两国副外长级谈判即将开始，越南当局除继续在中越陆地边界加紧武装挑衅外，又公然派遣军人驾驶武装船只侵犯中国西沙群岛领海，进行侦察活动，甚至向中国巡逻艇射击寻衅。这不能不使人怀疑，越南当局这样蓄意制造事端，毒化谈判气氛，究竟要把即将开始的谈判引向何处。中国方面严正要求越南当局对此次侵犯中国领海和进行侦察挑衅等非法活动承认错误和道歉，并保证以后不再重犯；同时立即停止在中越陆地边界和海上的一切挑衅行动，以利于中越两国副外长级谈判的进行。"

卫生部在北京召开全国卫生局长会议

新华社报道，最近召开的全国卫生局长会议上，国务院副总理余秋里、王任重听取了会议汇报并讲了话。卫生部部长钱信忠在会上作了报告。

会议认为，为了把卫生工作着重点转移好，应当充分地估计成绩和清醒地看到困难。新中国成立以来，党中央和毛泽东同志十分重视卫生工作，为卫生工作制定了"面向工农兵，预防为主，团结中西医，卫生工作与群众运动相结合"的四大方针。在党中央、国务院的领导下，我们在旧中国一穷二白的基础上建设了一个初具规模的城乡医疗卫生网，在防病治病方面进行了大量工作，培养造就了一支医药卫生技术队伍，创建了一批科研、教育基地和药品、器械生产基地。到60年代中期，我国医学科学与世界先进水平的差距已逐步缩小，某些项目居于领先地位。事实证明，"文化大革命"前17年，各级卫生部门和广大干部、医药卫生人员努力执行党的路线和方针政策，作出了很大成绩。我们的医药卫生队伍是一支有觉悟的队伍，即使在林彪、"四人帮"阴谋篡党夺权，大搞"打倒一切"、"全面内战"的时候，我们的医院也始终没有中断医疗业务。粉碎"四人帮"后，两年多来，在华国锋同志为首的党中央领导下，卫生系统揭批林彪、"四人帮"的群众运动已经基本结束，党的政策逐步落实，广大医药卫生人员被压抑禁锢多年的积极性开始调动起来了，在预防、医疗、科研、教育等方面又作出了不少新的成绩。我们应当充分估计新中国成立以来卫生工作的成绩，以坚强的信心向医药卫生现代化进军。同时，我们也要清醒地看到林彪、"四人帮"干扰破坏给卫生部门造成严重的外伤特别是内伤，看到面临的困难。我们需要采取这样的科学态度，切实抓好当前的调整、整顿、改革工作，为今后稳步前进打下扎实的基础。

会议指出，进行医药卫生现代化建设，一定要从我国的实际情况出发，走我国自己发展的道路。我们要搞的医药卫生现代化，是中国式的现代化，是贯彻卫生工作四大方针，重点放到农村，实行中西医结合的现代化。我们应当根据我国目前底子尚薄，人口多，而医学遗产又很丰富等的特点，进行医药卫生的现代化建设。当前，要在国民经济发展的现有水平上，在卫生事业的现有基础上着手做起：第一，对现有基础较好的医疗、卫生、科研、教育单位，进一步加强管理，加强队伍的技术建设，改造和充实技术设备，逐步提高现代化水平；第二，用现代的技术设备首先建立少数医疗、卫生、科研中心，起示范作用；第三，大量的是因陋就简，充分发挥中西医药卫生人员的作用，提高技术水平，改善服务态度，解决广大群众的防病治病问题，同时大搞技术革新和技术革命，在我国医药工业发展的基础上，逐步改善和充实技术设备。在医学科学方面，要在发展中医、西医的同时，充分看到祖国医药学是一个伟大的宝库，把中西医结合工作搞得更好，逐步创造我国统一的新医学新药学。代表们说，现代化不是等来的，也不是买来的，而是靠我们自力更生、艰苦奋斗干出来的。勤劳勇敢的中国人民有志气，有能力，只要我们奋发图强，有一股很大的干劲和严格的科学态度，医药卫生现代化是一定能够实现的。

会议要求今后三年要继续抓好整顿，首先使各级医疗、卫生、科研、教育等单位的工作达到或是超过历史最好水平。我们要普遍整顿，全面提高，重点建设，在调整中前进，在整顿中求得提高和发展。人才培养是实现医药卫生现代化的关键。为此，要切实整顿和建设好中等和高等中西医药院校，要培训提高在职人员的医药卫生科学技术水平和管理水平。在发展中医、西医队伍的同时，要继续发展具有高水平的中西医结合队伍，在人力、物力、财力上给予优先照顾。要积极整顿城乡医疗卫生网，培训赤脚医生，提高他们的业务水平。

对于今年的卫生工作任务，会上做了具体的安排。

4月14日

国务院总理华国锋在北京会见南斯拉夫经济联合会主席伊利亚·瓦基奇、南斯拉夫工业展览会主任米洛拉德一行

华主席表示，南斯拉夫工业展览会在北京展出，和南斯拉夫同志在中国的参观访问，将有助于增进相互之间的了解，扩大两国的贸易和经济合作关系。

瓦基奇同志表示相信，南中两国的贸易和经济合作关系在双方努力下将会进一步发展。

南斯拉夫驻中国大使奥斯托依奇参加了会见。

会见时在座的有外贸部部长李强，外交部副部长张海峰，外经部副部长汪道涵，中国国际贸易促进委员会主任王耀庭等。

《人民日报》发表社论《为农业全面规划做好基础工作》

当前，在贯彻执行三中全会原则通过的《关于加快农业发展若干问题的决定(草案)》，抓紧落实发展农业生产的各项政策和措施的同时，还应搞好调查研究，认真学习国内外的一切先进经验，对全国农业发展作好全面规划。全国科学大会制定的《1978年至1985年全国科学技术发展规划》，把农业自然资源调查和农业区划的研究列为重点项目的第一项。这是制定农业发展全面规划、实现农业现代化的基础工作，是因地制宜指挥农业生产、实行科学管理的一个基本功。

农业生产的对象是生物，不论是植物栽培、植树造林、动物饲养或者水产养殖，都受自然条件、社会经济条件的深刻影响和制约，具有强烈的地域性。我国幅员辽阔，农业自然资源丰富，东西南北中的自然条件和社会经济条件差异很大。为了充分地合理地发掘自然生产力和社会经济潜力，我们必须查清各地自然条件和农业自然资源(土地资源、水资源、气候资源、生物资源等)，以及农业经济条件(人口、劳动力、畜力、农产品加工工业、农业技术装备、交通运输条件等)；在这一基础上，按照农业生产条件地域差异的客观规律，根据国民经济发展的需要，划分不同类型、不同等级的农业区域。这对于因地制宜、科学地指导农业生产，具有十分重要的意义。毛泽东同志说过："我们指导农业，要依各种不同地区而采取不同方法，……不但在大的区域之间要有分别，就是在一县、一区、有时甚至在一乡之内，也要有这种分别。"还说："周密研究客观情况，根据不同地方与不同时间，提出确定的要求，解决增产的条件。"(《经济问题与财政问题》)开展农业自然资源调查，摸清资源的分布、数量和质量，一方面直接为当前农业生产建设服务；一方面划分农业区域，找出不同地区发展农业的不同的方向和途径。这是农业生产的一项重要的基本建设，我们应当充分重视。

农业自然资源调查和农业区划工作不是一项新的工作。在我国第一个五年计划期间和在"文化大革命"前，有关部门曾经组织队伍开展过这项工作，取得了不少成绩。后来，由于林彪、"四人帮"煽动极左思潮，这项工作被扣上"修正主义"、"复辟资本主义"等等莫须有的罪名，遭到全盘否定。这方面的机构被撤销，队伍被解散，资料被销毁，许多热心于这项工作的领导干部和科研工作者被批斗。一些地方的负责人员，无视客观规律和资源特点，搞瞎指挥，严重破坏了农业自然资源和生态系统的平衡，破坏了农业的合理布局。这是多年来我国农业生产发展缓慢的一个重要原因。我们应当接受教训，尊重科学，按照客观规律办农业。把农业自然资源调查和农业区划工作开展起来，我们就可以摸清情况，为作好农业生产规划和正确地安排农业生产，提供系统的资料和科学依据，减少盲目性，增强科学性。

实现农业现代化的宏伟任务，对农业自然资源调查和区划工作提出了新问题和新要求。无论是机械化、水利化、电气化、化学化，都要求进行新的农业区划，以便分区规划、分类实施。现代化农业生产要逐步实行种植的区域化和生产的专业化，提高生产的社会化水平，大幅度地提高土地生产率和劳动生产率。为了避免在大范围内违反自然规律和经济规律，破坏自然资源和自然界生态平衡，引起巨大损失，必须对自然生态系统经人们改造利用后可能引起的近期和远期的变化进行科学预测、预报和动态监测,以便在大范围内掌握因地制宜原则,考虑自然条件的适合性和社会经济条件的适合性。当然,农业区划要远近结合,首先要从现实出发,为当前生产服务,然后在现有基础上逐步完善。就当前来说,要在普遍查清资源的情况下,研究每个地区如何正确地完整地贯彻执行"农林牧副渔同时并举"和"以粮为纲,全面发展,因地制宜,适当集中"的方针,确定主要是发展农业还是林业、牧业、渔业,或者农林牧并举。发展农业,要研究主要种什么作物,施什么肥料,采取什么灌溉方式,实行什么耕作制度和使用什么农业机械。要集中力量研究如何建设好一批商品粮、经济作物、畜牧业、渔业和林业基地。要运用社会主义经济有计划按比例发展的规律,使农林牧副渔有一个合理的比例关系和地区布局,促进粮、棉、油、麻、丝、茶、糖、菜、烟、果、药、杂全面发展。通过对整个农业的调整,逐步建立起全国范围的和各地的适合农业生物生态环境和社会经济条件的最优的生产结构。

要走我国自己实现农业现代化的道路。为了实现农业现代化,开发利用农业自然资源和进行农业现代化的区划工作,要认真学习和吸取国外的经验教训。有些国家过去在农业上也曾发生过乱垦滥伐、破坏资源、恶化生态系统的现象,但在遭到自然界的惩罚后,他们已经接受教训,重视这方面的基础工作,注意资源的调查、保护、合理利用和更新,注意创造良好的生态系统,并为此建立了一套相应的科研机构和行政机构,制定了一系列保护资源的经济法规。这些国家农业区域的形成,对发展农业生产力、提高农业生产社会化水平,也起了重大作用。这些都值得我们学习。当然,我国的自然条件、资源情况、农业生产的历史状况,和他们不尽相同;我国的社会制度和他们不同;我国人口多,耕地少,家底很薄,社会经济条件和他们也不同。因此,对外国的任何先进经验,无论是区域化、专业化还是机械化,等等,都不能不加分析地照搬,而必须根据我国自然和社会两个方面的具体情况,走一条中国式的农业现代化的道路。

当前开展农业自然资源调查和农业区划工作,首先要把队伍重建和组织起来。这个工作涉及自然、经济、技术多方面的内容,综合性很强,要在党委和政府的领导下,组织一支多学科的队伍,才能进行多兵种的联合作战。各学科之间要协调步骤,密切配合,共同研究,避免单一学科研究的局限性。要大兴调查研究之风,虚心向当地群众请教,溯根追源,实事求是,摸索规律。区划工作的步骤,要全面安排,突出重点,由粗到细,由近及远,逐步深入,分阶段出成果。要有鲜明的生产观点,在近期内,可以利用和整理现有资料,先搞出一个简明的初步的区划方案,以应生产计划部门的急需,使统一的规划任务合理地分配落实到各地。要对多年来已经变化的情况,进行系统、深入的调查研究,预示远景发展方向。要实地调查与资料分析相结合,全面调查与典型深入相结合,单项研究与综合研究相结合。

我们一定要充分认识自然规律对农业生产的重大作用,但也必须看到人们认识自然、改造自然的主观能动性,避免从一个极端走到另一个极端。恩格斯曾经精辟地指出,我们对自然界不能像征服者统治异民族那样一味掠夺,这会遭到自然界的报复;人属于自然界,存在于自然界,但人同其他动物最后的本质的区别,在于能够认识和正确运用自然规律,支配自然界,使它为我们的目的服务。这是人类和自然的辩证关系。从事农业资源调查和区划工作的同志的任务,就是认识和正确运用自然规律和经济规律,为改造自然、加快农业发展制定正确的战略蓝图,为广大人民服务,为子孙后代造福!

搞好农业自然资源调查和农业区划工作,关键在于各级党委和政府的领导。由于林彪、"四人帮"的干扰破坏,多年来,农业的发展缺少全面的有科学根据的区划方案,以及根据区划方案制定的发展规划,这在全国是如此,在各省(自治区、市)、地、县也是如此。现在,国务院成立了全国农业自然资源调查和农业区划委员会,各地也将成立相应的组织,上下结合,同时开展工作。实现四个现代化,是全党全国人心之所向。各级领导要通过这项工作,学会用严格的科学态度指挥农业生产,赢得领导现代化农业的主动权。

外交部副部长韩念龙率中国政府代表团到河内同越南方面进行副外长级谈判

韩念龙副外长临行前在机场答复记者的提问时说,中国政府代表团希望通过双方的共同努力,这次谈判能够取得积极的成果。

代表团副团长杨公素和邵天任同机离开北京。

中国政府代表团团长韩念龙下午在到达河内机场时说:"我们是为了通过和平谈判恢复中越两国的正常关系,维护两国人民的传统友谊和解决中越两国的争端而来的。"

韩念龙说:"我们一贯珍视中越两国人民传统的友谊,历来主张本着和平共处五项原则和友好协商、互谅互让的精神,通过谈判解决国与国之间的分歧与争端。中国方面为促成这次两国政府间的谈判,作出了最大的努力。中国政府代表团这次首先来到河内,是中国政府真诚希望通过谈判解决两国争端的又一个证明。"

韩念龙还说:"我们相信,只要我们双方能以两国人民的友谊为重,双方都抱有解决问题的诚意,通过友好商谈,两国的争端和问题,是不难得到解决的。"

中国政府代表团到达河内时,越南外交部副部长、越南政府代表团团长潘贤和副团长阮进到机场迎接。

中国驻越南大使馆临时代办鲁明也到机场迎接。

国务院副总理耿飚 陈锡联在北京接见即将前往朝鲜首都平壤参加第三十五届世界乒乓球锦标赛的中国乒乓球代表团

代表团团长是徐寅生,副团长是张钧汉、郑敏之。

耿飚副总理和陈锡联副总理勉励代表团坚持"友谊第一,比赛第二"的方针,在本届锦标赛中团结合作,打出风格,打出水平,为祖国争光,为促进世界各国人民和运动员之间的友谊、促进乒乓球运动的发展,作出新的贡献。

4月15日

国务院副总理邓小平在北京会见美籍物理学家李政道教授和夫人

李政道教授是应中国科学院邀请来中国进行为期3个月的讲学、访问的。会见时,邓副总理同他进行了亲切的谈话,对他为中国科学的发展作出的贡献表示感谢。

国务院副总理方毅,中国科学院副院长钱三强等参加了会见。

国务院副总理李先念在北京会见联邦德国联邦议院社会民主党议会党团副主席霍斯特·埃姆克和夫人

公安部在广州召开全国城市交通管理工作座谈会

新华社报道,最近召开的城市交通管理工作座谈会上,北京、上海、沈阳和广州等8个城市的代表介绍了整顿城市交通秩序、加强城市交通安全教育、开展城市交通控制自动化试点的做法和经验。代表们还参观了广州市50个路口初步实现交通控制自动化和道路分离的设施。

参加座谈会的同志一致认为,迅速改善当前城市交通面貌,逐步实现城市交通管理现代化,是广大人民群众的迫切愿望和要求,也是适应全党工作着重点的转移,实现四个现代化建设的需要。当前一定要下力气采取切实措施来改善城市交通面貌。具体要求:一是搞好城市交通秩序,充分利用现有道路,积极搞好人与车、机动车与非机动车的交通分离设施,实行各行其道;二是解决路口堵塞问题,改善路口管理,实行交通自动控制,提高车辆通行能力;三是减少交通事故,特别是预防重大伤亡事故的发生,保证人民生命财产和交通运输安全。

大家在座谈会上还研究了采用新技术,加速城市交通管理现代化问题。大家认为,这是一项长期、艰巨的任务,现在就要着手有计划、有步骤地去办,要求各大中城市根据需要和可能,同有关工厂、科研单位密切配合,积极进行研究和试制,逐步推广,不断提高,争取在几年内把城市交通管理的自动控制设备和各种器材生产完善起来。

为了逐步实现交通管理现代化,各地必须进一步把交通民警队伍建设好。各地公安机关认真做好对交通干警经常性的思想政治工作,实行岗位责任制,认真做到纠正违章先敬礼,进一步密切警民关系。

曾经出国考察城市交通情况的同志,在这次座谈会上介绍了国外一些城市交通管理的做法和经验。

大家在讨论时认为,搞好现代化城市交通管理,不是单纯的指挥交通、维持秩序的问题,这涉及城市规划布局、城市道路建设使用、发展公共交通事业,以及科学研究和交通器材生产等一系列问题,必须综合治理,统筹解决。要把现在分散管理的有关城市道路规划建设、公共交通和科研、生产、施工等部门组织起来,实行统一领导,统一规划,把综合治理的任务落实到各有关职能部门。

国务院副总理王震在北京会见冰岛外交部司长海尔吉·奥古斯特松率领的冰岛新闻代表团

这是来我国访问的第一个冰岛新闻代表团。

王震副总理在回答冰岛朋友的问题时介绍了中国当前的政治、经济形势和对外贸易、经济政策。赞扬冰岛政府和人民主持正义,为维护世界和平作出了贡献。

奥古斯特松团长说,冰岛人民以极大兴趣注视着中国取得进步,相信中国人民沿着英明的毛主席指出的方向,一定能够把中国建设成发达、繁荣的国家。

《人民日报》副总编辑安岗参加了会见。

《教育研究》杂志创刊号出版

由中央教育科学研究所编辑、人民教育出版社出版的《教育研究》双月刊杂志创刊号正式出版,由天津市邮局在全国各地发行。

《教育研究》是新中国成立以来,第一个教育科学的理论刊物。它的办刊方针是:以马列主义、毛泽东思想为指导,解放思想,实事求是,贯彻百家争鸣的方针,活跃学术空气,坚持实践是检验真理的唯一标准,推动我国教育学的研究,为实现四个现代化服务。

创刊号发表了《周恩来同志关于基础科学和理科教育的论述(摘编)》。这个摘编是周荣鑫同志1975年主持教育部工作时布置编辑的两个摘编之一(另一摘编是《毛泽东同志关于教育工作的指示》)。在当时的历史情况下,这一摘编只打印了5份,供教育部内负责同志借阅。可是,“四人帮”竟以此作为“罪证”,诬陷周荣鑫同志“反对毛主席”、“分裂党中央”,将周荣鑫同志残酷迫害致死。

创刊号还发表了周荣鑫同志1975年10月20日在铁道部人事局教育座谈会上的著名讲话《教育要适应四个现代化的需要》,周培源的《继承周恩来同志遗志,加强基础科学研究,提高理科教育质量》等文章。

4月16日

《人民日报》发表社论《建材工业必须先行》

发展国民经济,实现四个现代化,燃料电力要先行,交通运输要先行,还有一个先行,是我们过去没有充分认识到的,这就是建筑材料工业。

大家都知道,搞四个现代化,进行大规模的经济建设,需要修建大量的工厂、矿山、铁路、公路、港口、电站和农田水利建设工程,城乡各地还要广泛兴建住宅、学校和各种公共建筑。所有这些建筑,都需要大量建筑材料,及时地为实现四化提供数量多、质量好、花色品种齐全的建筑材料,是摆在我们面前的一项迫切任务。

建筑材料工业先行是经济规律本身所决定的。没有电力、燃料,机器不能开动。没有建筑材料,不能搞基本建设,现代化的工业生产也就无法进行。世界上许多国家在工业化过程中,建材工业的发展速度,一般都高于整个国民经济的发展速度;在经济大发展时期,更是如此。50年代,我国开始进行大规模建设时,建材建设基本上是按比例的,发展速度高于整个国民经济发展速度,保证了基本建设的顺利进行。60年代,在建设攀枝花钢铁基地及其他重点项目时,也都首先安排了电厂和水泥厂的建设,保证了基地建设的需要,并且节省了大量材料运费,经济效果很好。由于林彪、“四人帮”的干扰破坏以及我们工作中的缺点,近十几年来,国民经济比例失调,建材工业发展缓慢,产品供需矛盾十分尖锐,致使许多建设项目建建停停,长期不能竣工投产。许多城市,职工需要住宅,本来可以加快速度,多建一些,但因建筑材料不足,不能安排更多的建房任务。这种严重状况如不尽快改变。将会极大地影响四个现代化建设和人民住房问题的解决。因此,我们必须千方百计把建材工业促上去,使建材工业真正成为先行工业。

建材工业能够向基本建设和其他工业部门提供多少产品,是决定基本建设规模和速度的一个重要因素,也是决定国民经济发展快慢的一个重要因素。我们不仅要在思想上重视建材工业,而且要在长远规划和近期计划上,把它放在先行的地位。如果我们不能在这几年内把建材工业促上去,那么,到几年以后国民经济更大发展的时候,建材工业仍将是薄弱环节,各种建筑材料仍将是短线,对四个现代化的影响就更大了。因此,当务之急,必须有计划按比例地发展建材工业。按比例才有高速度。这几年,国民经济发展存在某些薄弱环节,其中一个方面,就是建筑材料和基本建设的比例关系严重失调。因此,在调整中,建材工业不是退而是进,不是下而是上。按比例的客观规律,决定了建材工业必须先行。

建材工业要先行,必须认真做好建材工业本身的调整、整顿和改革工作。现在,我们已经有了几万个建材企业,但除部分骨干企业外,绝大部分都是小型企业。总的来说,整个建材工业的技术、装备、管理水平都很落后。当前的首要任务,就是要用一段时间,作一番认真的而不是草率的调查研究,针对建材工业的现状和特点,贯彻中央的调整方针,区别不同情况,分清轻重缓急,进行调整、整顿和改革。例如,目前全国有3400多个小水泥厂,多数是受农民欢迎的,也能就地取材。这个情况同小钢铁、小化肥有所不同。我们应从实际出发,对具体事物进行具体分析,区别对待,不要“剃平头”。由于整个建材工业水平还很落后,必须有计划有步骤地进行企业改造,全面提高技术和管理水平,特别注意提高质量,降低消耗,提高劳动生产率。还应当注意到,我国建材原料丰富,可以大力发展出口产品的生产,为国家多收外汇。

建材工业要先行,必须抓紧抓好建材的基本建设工作,努力扩大生产能力。十几年来,建材工业新增的生产能力很少,这是当前建材产品供不应求的重要原因。为了保证建材先行,今年建材工业的基本建设投资比去年增加了1倍。我们必须更好地发挥投资效果。要选择一批资源丰富、运输条件较好的企业进行扩建。要有计划地新建一批骨干企业,力争在近几年内使建材生产能力有较大幅度的增长。建材工业矿山的比重很大,要采取切实措施,大力加强地质勘探工作,及早为建材基本建设提供更多的资源。此外,还要按照专业化原则,统一规划,把建材机械制造力量组织起来,增强配套能力,扩大大型、精密设备制造力量,以更多的先进设备武装建材工业。

许多建材企业技术落后,手工劳动比重还很大,我们必须加强科学技术工作,广泛采用新技术、新工艺、新材料,并且学习和引进外国的先进技术。当前,特别要大力发展新型墙体建筑材料。我们必须从我国的现状出发,一方面,积极发展高强、轻质的新型材料,同时对老材料要积极改革和提高。这就是说,我们搞四个现代化,一定要从中国的特点出发。我们国家的底子薄,人口多。因此,先进的、用人少的现代化科学技术,我们要尽量采用;中间的、不那么先进、用人比较多的技术设备,在一定时间内也要保存利用,做到两方面兼顾。我们就是要走中国式的现代化道路。

国务院副总理邓小平在北京会见美国众议院军委会主席梅尔文·普赖斯率领的美国众议院军委会议员团

议员团是由14名民主党议员、7名共和党议员,以及他们的随行人员组成。

在同美国议员们的交谈中,邓小平副总理指出,当前国际局势发展的趋势要求我们中美两国加强交往和合作。我们双方都要以世界局势这个大局为重,改善和发展我们之间的关系。美国客人也表示了要进一步加强美中关系的愿望。

邓小平副总理还坦率地回答了客人们提出的有关当前国际问题和双边关系问题。

会见结束时,美国客人热烈鼓掌对邓小平副总理会见他们表示感谢。

美国驻中国大使伍德科克参加了会见。

会见时在座的有中国人民外交学会会长郝德青,外交部美大司司长韩叙等。

国务院副总理余秋里在北京会见以德国工会联合会主席海因茨·奥斯卡尔·费特尔为团长的德国工会联合会代表团

国务院副总理谷牧在北京会见以联邦德国钢铁协会主席胡夫纳格尔为团长的联邦德国钢铁协会代表团

国务院副总理康世恩在北京会见由首席总经理罗司率领的澳大利亚布洛肯山公司钢铁技术代表团

学前教育学教材讨论会在北京举行

由北京师范大学和南京师范学院学前教研组发起的这个讨论会上,全国妇联主席康克清说,办好幼儿园,抓好儿童学前的教育,是广大群众的迫切愿望,也是社会主义建设的需要。她希望各级党组织要重视这项工作,要采取多种多样的办法,使更多未到上学年龄的儿童能够受教育;从事幼儿教育工作的同志要团结起来,把年轻一代培养好,使他们身心健康,茁壮成长。

会议围绕《学前教育学》(初稿)教材,着重讨论了儿童学前教育的基本规律以及体育、德育、智育的特殊性等问题。大家一致认为,学前教育对年轻一代身心的健康成长具有奠基的意义。今后务必要大力加强幼教的科研工作,使幼教园地结出光辉灿烂的硕果。

4月17日

中共中央主席华国锋致电南共联盟主席南斯拉夫总统铁托就南斯拉夫发生强烈地震表示慰问

贝尔格莱德南斯拉夫共产主义者联盟主席、南斯拉夫社会主义联邦共和国总统约瑟普·布罗兹·铁托尊敬的铁托同志:

惊悉南斯拉夫黑山共和国发生强烈地震,造成不少居民的伤亡和巨大的物质损失,我谨代表中国共产党、中国政府和中国人民,并以我个人的名义向你,并通过你向南斯拉夫共产主义者联盟、南斯拉夫政府和南斯拉夫人民表示深切的同情和衷心的慰问。我深信,灾区人民在南共联盟和南斯拉夫政府的领导下,在南斯拉夫各族人民的大力支援下,一定能够战胜这次地震灾害,把黑山共和国建设得更加美好。

请你向死难者的家属和受伤者转达我的诚挚的慰问。

华国锋

1979年4月17日于北京

国务院副总理邓小平在北京会见美国芝加哥大学历史系教授全美华人协会副会长何炳棣先生

何炳棣教授早年研究西洋史,后从事中国明、清史的研究。他的著作在美国史学界有一定的地位和影响。这次是他第4次来中国访问,主要了解中国的经济问题。

会见时,邓小平副总理同何炳棣教授亲切交谈。邓小平副总理说:"当前我们调整经济计划,主要是想把我国经济发展搞得稳一点、快一点。我们要搞中国式的四个现代化。"何炳棣教授说:"我非常支持中国搞适合自己国情的四个现代化建设的想法。"

会见时在座的有何炳棣先生青年时代在清华大学求学时的老同学姚依林,以及岳贷衡、劳辛。

随同来访的何炳棣教授的儿子何可约也参加了会见。

共青团中央在北京举行纪念五四运动60周年和中国青年节40周年座谈会

座谈会4月17日和18日在人民大会堂连续举行。参加座谈会的有全国人大常委会副委员长许德珩,国家地质总局负责人许杰,北京大学校长周培源、副校长冯定,清华大学副校长张光斗,全国总工会副主席王崇伦,以及魏巍、方玄初、李瑞环、张秉贵、杨乐、张广厚、刘心武、韩茶仙、杜宝荣等。

在五四运动中,曾经参加火烧赵家楼的许德珩,向青年们叙述了五四运动的详细经过。他说,60年的历史证明了:只有在共产党领导下,走社会主义道路,才能救中国。只有坚持无产阶级专政,才能有最广大的人民民主。只有马列主义、毛泽东思想,才能引导中国革命走向胜利。

北京大学副校长冯定强调说,我们社会主义的新中国来之不易,是无数革命先烈用鲜血换来的。我们这些老一代的同志要结合自己的亲身经历,帮助青年同志懂得过去。冯定同志热切地希望青年继承五四光荣传统,追求真理,热爱真理,为真理而献身。要树立无产阶级世界观,把个人的命运和全人类的命运联系在一起来考察,要解放自己就要解放全人类。

清华大学副校长张光斗教授向青年们恳谈了应该树立革命的理想、志气和情操的问题。

作家魏巍说,青年一定要有坚定正确的政治方向。几十年来,我国青年在历次革命运动中,总是站在斗争的最前列,具有慷慨献身的精神,富有光荣的革命传统。从刘胡兰、董存瑞到黄继光,从雷锋到这次对越自卫还击战的英雄,都是我们学习的榜样。

我国著名的物理学家周培源和青年数学家杨乐、张广厚等相继在座谈会上发言,勉励青年同志在社会主义祖国的四个现代化建设中,一定要加强学习,做到又红又专。

著名劳动模范和先进生产者王崇伦、李瑞环在发言中强调,一定要加强政治思想工作,提倡艰苦奋斗的革命精神,引导青年多想国家大事,把注意力集中到四个现代化的建设上来,争当新长征的突击手。

与会的数十名首都青年代表表示:决不辜负老一代革命同志对青年一代的关怀和希望。一定要继承和发扬五四光荣传统,贯彻党的十一届三中全会精神,以实现祖国四个现代化为己任。一定要把自己锻炼成又红又专的接班人,为祖国和人民作出更大的贡献。

《人民日报》发表评论员文章《莫斯科有什么理由暴跳如雷?——评苏联政府声明和〈真理报〉文章》

我国人大常委会于4月3日一致通过决议,鉴于国际形势已发生重大变化,《中苏友好同盟互助条约》由于并非中国方面的原因遭到践踏而早已名存实亡,决定中苏友好同盟互助条约期满后不延长。中国方面在将这一决定通知苏联政府时,重申了我国政府的一贯主张,即中苏之间的原则分歧不应妨碍两国在和平共处五项原则的基础上保持和发展正常的国家关系,并建议双方就解决两国之间悬而未决的问题,改善两国关系举行谈判。任何一个持客观态度的人都可以看到,中国方面为维护中苏人民友谊,改善两国关系,采取了积极的建设性的立场。

可是,苏联方面对待中国这一合情合理的立场采取什么态度呢?他们在4月4日发表政府声明,4月7日发表《真理报》署名亚历山德罗夫的文章,并在此后发表一些文章,对我国不延长中苏条约的决定进行无理的攻击。他们完全不顾事实,任意歪曲中苏关系的历史真相,恶毒诬蔑中国的对外政策,甚至用威胁的口吻,声称要中国方面"承担全部责任",扬言要"作出相应的结论"。既然苏联当局讲了那么多极不严肃、极不负责的话,这就使得我们不得不作出回答。

人所共知,《中苏友好同盟互助条约》是新中国成立初期毛泽东主席、周恩来总理同斯大林同志谈判签订的。由于双方的共同努力,在50年代前期,这个条约对于保障中苏两国的安全,发展两国人民的友谊和两国的建设事业,对于维护远东和世界和平以及促进人类进步事业,曾起过重要的积极作用。这一事实在史册上自将占有应有的地位。但是,后来,国际形势发生了重大变化,中苏关系也发生了重大变化。这个条约由于遭到苏联方面的践踏,早已名存实亡。中国方面考虑到这个条约已经不符合变化了的国际形势,不符合两国关系的实际情况,因此决定于明年期满后不予延长。苏联当局其实也完全明白,这不过是确认一个早已存在的、举世公认的客观现实,怎么谈得上是对苏联的什么"敌对行动"呢?苏联当局理应懂得,这个条约是由两个独立、平等的主权国家签订的。苏联当局对条约期满后延长或终止,并不拥有独家决定的权利。中国政府根据变化了的形势和条约的规定作出期满不延长的决定,完全是中国主权范围内的事情。如果中苏条约在期满后只能延长,不能终止,否则就是针对苏联的"敌对行动",苏联就有权进行威胁,这难道是符合国与国之间关系准则的吗?莫斯科如此出言不逊、暴跳如雷,难道不正好向全世界揭示了苏联当局的霸权主义逻辑和心理状态吗?

《中苏友好同盟互助条约》是1950年2月14日在莫斯科签订,并于同年4月11日批准生效的。在当时的历史条件下,条约以"共同防止日本帝国主义之再起"为其主要目标。在这之后,苏联和中国同日本的关系都发生了变化。苏联早在1956年就同日本发表联合宣言,宣布结束战争状态,建立了外交关系。近几年来,苏联一再提出要同日本缔结睦邻友好合作条约。中日两国于1972年9月实现关系正常化之后,1978年8月又签订了中日和平友好条约,表达了两国人民世世代代友好相处的共同愿望。在这种情况下,苏联当局居然振振有词、硬要继续保持这一目标主要针对日本的条约,这不仅是荒谬的,而且暴露了苏联当局满口"睦邻"、"友好"是多么的伪善。

谁都知道,国际形势20多年来经历了一个大动荡、大分化、大改组的过程，发生了翻天覆地的巨大变化。在所有这些变化中的一个重大变化，就是莫斯科领导集团背叛了马克思列宁主义和无产阶级国际主义，把社会主义的苏联蜕变为社会帝国主义，把爱好和平的苏联变成当代新战争的最危险的策源地，把苏联同中国人民友好的政策变成与中国人民为敌的政策。苏联领导这种政治上的蜕变，不能不给全世界被压迫民族和被压迫人民的斗争和国际工人运动带来十分不利的影响。在中苏关系上，他们粗暴地践踏中苏条约的文字和精神，导致两国关系的日益恶化。一桩桩、一件件的事实，不容置辩地证明，中苏关系的"复杂化"和遭到破坏，是由于苏联领导堕落到了超级大国霸权主义和扩张主义的立场所引起的。这方面的事实，不胜枚举。

60年代初，正值我国遭受自然灾害的困难时刻，苏联政府用突然袭击的手段，单方面宣布撤走全部在华苏联专家，撕毁两国签订的几百个协议和合同，给我国的经济建设事业带来了严重的破坏。这难道能说是对待一个盟国的友好互助行为吗？

苏联方面曾在我国边境省份制造暴乱，一再侵入中国境内，挑起武装冲突。苏联方面还不断对我进行颠覆活动，增加在中苏边境的武装力量，同蒙古签订矛头针对中国的军事条约，派兵进驻蒙古，对中国进行武力威胁，这难道是"恪守"条约"各种义务"的表现吗？

近年来，苏联当局策动和支持越南当局反华排华，向中国提出领土要求，挑起边境武装冲突。去年年底，苏联同越南当局签订了带有军事同盟性质的"友好合作条约"，使越南当局有恃无恐地发动侵略柬埔寨的战争，加紧对中国边境的武装侵犯。在我边防部队被迫对越南侵略者进行有限的自卫还击以后，苏联当局对中国人民进行恶毒的诬蔑和赤裸裸的恫吓。中国人民不是神经衰弱的人。我们没有理睬你们这一套。请问苏联领导，当你们口口声声叫嚷要援引苏越条约对付中国的时候，你们心目中还有一丝一毫中苏条约的淡淡的影子吗？

有必要指出，苏联方面在声明和文章中用了不小的篇幅，吹嘘苏联如何在50年代"保卫中国在国际舞台上的利益"以及在朝鲜战争中和中国建国初期经济建设方面给予援助。言外之意无非是，没有苏联的保护，中国就无法活下去了。这种把《中苏友好同盟互助条约》说成是苏联保护中国条约的论调，是典型的帝国主义、大国沙文主义的表现。我们从没有忘记，在斯大林同志领导下，苏联政府和人民曾经给予中国人民以援助，但是硬要把这种援助描绘成单方面的恩赐，起什么"决定性"作用，那就是对历史的粗暴歪曲。援助从来是相互的。就拿朝鲜战争来说，朝中两国人民并肩作战，不仅仅是为了保家卫国，而且在当时历史条件下，也是为了捍卫包括苏联在内的社会主义阵营的安全。众所周知，在这场战争中，朝鲜人民和中国人民付出了生命和鲜血，苏联向中国提供了一部分武器，但并不是无偿的。苏联当局后来趁中国经济困难时期，向中国逼债。中国人民提前付清了全部本息。苏联政府声明说什么"有必要提一提真实情况"，为什么对这方面的真实情况却讳莫如深呢？

还必须指出，尽管苏联当局决心破坏中苏关系，中国方面为维护中苏两国人民的友谊和两国的正常关系，曾经作过多次认真的努力，只是由于苏联当局顽固地坚持错误，没有取得什么结果。在1956年苏共二十大以后的相当长时期中，我们曾多次通过内部途径向苏联领导提出规劝，希望他们不要在错误的道路上走得太远。1964年赫鲁晓夫下台后，周恩来同志率党政代表团赴莫斯科，苏联领导却粗暴地宣称丝毫不改变赫鲁晓夫的反华政策。1969年，中苏两国总理在北京就维持边界现状、避免武装冲突、双方武装力量在争议地区脱离接触，达成了谅解。中国方面根据这一谅解提出的维持边界现状协定草案，包括了后来苏联1971年提出的关于不使用武力条约和1973年提出的关于互不侵犯条约的基本内容。但是，令人遗憾的是，十年时间过去了，苏联方面始终不愿履行两国总理达成的谅解。

这些重要事实充分说明，应对中苏友好同盟互助条约名存实亡以及期满后停止生效"承担全部责任"的，不是中国而是苏联领导。

苏联当局现在装出一副要保留和延长中苏条约的样子，与此同时，他们却又给中国加了一大堆吓人的罪名，什么"反苏主义"、"大国霸权主义"、"扩张主义"，"背叛了""革命、和平与社会主义"，建立了"军人官僚专政"，等等。试问，你们声称要同这样"十恶不赦"的国家保持"友好、同盟、互助"的关系，难道不感到言不由衷吗？显然，你们要延长条约是假，欺骗人民，借题反华是真。

中国人民一贯珍视中苏两国人民之间的传统友谊，并为维护这种友谊作出不懈的努力。这次我国人大常委会在作出期满后不延长《中苏友好同盟互助条约》决定时，对中苏关系采取了严肃、负责的态度，没有纠缠历史旧账。我们坚持两国原则分歧不应影响双方保持和发展正常的国家关系的一贯主张，并且提出了就解决两国悬而未决的问题，改善两国关系举行谈判的建议。我们的主张和建议是完全符合中苏两国人民的共同愿望和根本利益的。事态究竟如何发展，取决于苏联当局。

《人民日报》发表评论员文章《认真繁殖保护水产资源》

水产资源是水产生产的物质基础，没有丰富的水产资源就谈不上水产的发展。新中国成立以来，我们在海洋水产资源的利用和繁殖保护上大致经历了3个阶段。解放初期和第一个五年计划期间，在生产安排上比较注意水产资源的繁殖保护。国务院颁发了《关于渤海、黄海及东海机轮拖网渔业禁渔区的命令》，对一些严重损害水产资源的作业进行严格取缔，对从业人员进行了妥善安排，这些都收到了良好效果，水产量逐年上升。后来，在一些地方出现了按“长官意志”行事，搞瞎指挥，违反自然规律和经济规律，在渔业生产上提出“变淡季为旺季”，“淡季不淡，旺季更旺”，“集中力量打歼灭战”等错误口号和做法；有些地区满足于随心所欲地增船添网，醉心于信口开河的高产指标，破坏了水产资源休养生息的成长规律，结果是大鱼小鱼一网打尽，严重地破坏了水产资源。到了林彪、“四人帮”横行时期，无政府主义泛滥，酷渔滥捕更趋严重，幼鱼稚虾更遭戕害，有关保护水产资源的法令法规形同一纸空文，许多经济鱼类遭到毁灭性的破坏。这种违反自然规律的做法，已经受到大自然的惩罚。现在，像大黄鱼、小黄鱼、墨鱼等经济鱼类产量逐年显著下降。在内陆水域，由于拦河筑坝、隔断鱼蟹洄游通道；围湖造田，使水面大量缩小，鱼虾产卵场遭到破坏；水域污染日益严重，有的江河鱼已绝迹，淡水捕捞产量大幅度下降。渔民们说：这种杀鸡取卵、竭泽而渔的做法，是吃子孙饭。资源遭到破坏，市场没有好鱼、大鱼，消费者也不满意。这个历史教训是十分深刻的，我们的头脑应该清醒起来。

国务院最近颁布的《水产资源繁殖保护条例》，是经过多年试行并在总结了新中国成立30年正反两方面的经验基础上制定的，是按照客观规律指导今后发展水产生产的一个重要文件。当然，在执行过程中，还要解决许多思想认识问题和实际问题。有人认为有水就会有鱼，不相信水产资源竟然还能枯竭；也有人说：“水是流的，鱼是游的，你不捕他捕，这省不捕那省捕，保护资源谈何容易。”这是水产资源得不到保护，违捕事件越来越严重的思想根源。这种说法实际上反映了一些地区只顾眼前利益，不顾长远利益，只顾局部利益，不顾全局利益的错误倾向。这种思想如果不彻底转变，继续酷渔滥捕，其结果势必害了自己更害了国家。我国是一个社会主义国家，只要认真规划、全面安排，资源的合理利用是完全可以做到的。我们要大张旗鼓地开展繁殖保护水产资源的宣传教育，让千百万渔民群众和水产职工都重视这项工作，自觉地遵守和执行国务院颁布的《水产资源繁殖保护条例》，树立全局观念，严己律人。同时要对违法滥捕的人进行批评、教育或必要的经济制裁；后果严重和屡教不改的要进行法律制裁；违犯条例的，不得评为先进单位和个人。我们还要下大力气，认真做好许多具体工作。沿海省、自治区、直辖市和重点渔业地区都应该结合本地区特点制定实施细则，认真贯彻执行。海上渔业生产要加强领导和管理，整顿海上生产秩序。要建立和健全海区和省渔政管理机构，实行统一领导，分级管理。内陆主要江河湖库也要设置必要的管理机构和渔政船。要尽快建立渔船登记、作业登记和渔业许可证制度，避免生产中的盲目性和无政府状态。

对于已经形成的损害资源的生产作业，要积极进行调整。调整工作中，对经济上确有困难的社队，应给予适当补助。拖网作业要减少，机动拖网船应到禁渔区外作业，现有小马力拖网渔船要逐步转向养殖和其他产生。对一些重要经济鱼虾，要逐个制定保护措施，共同遵守。要加强水产资源调查和科学研究工作，建造一批适合外海作业的船只，积极发展外海捕捞生产，并着手发展远洋渔业。要逐步开展水产资源增殖工作。

水产资源的繁殖保护工作，需要各部门各单位密切配合。围湖填塘要切实制止，已经围垦得不偿失的要退田还湖。围海造田要统筹规划，不得破坏水产资源。兴修水利必须解决救鱼措施，设置鱼蟹洄游通道。厂矿企业要严格执行国家有关环境保护的政策法令。公安司法部门对于毒鱼、炸鱼、偷鱼、抢鱼等不法行为，要采取得力措施坚决制止。商业部门要贯彻执行按质论价、优质优价的原则，运用价值规律，促使渔民打大鱼、打好鱼。

水产生产是关系到全国人民日常生活的一件大事，水产资源的繁殖保护必须引起全国人民的重视，引起全党重视，使水产资源得以恢复和增殖，使水产生产得以调整和发展，力争在一个不太长的时期内，使市场上水产品供应状况有较大的改善。

国务院副总理耿飚在北京会见濑岛龙三等日本朋友

国务院副总理方毅在北京会见由校长罗伯特·休登巴克教授率领的美国圣·巴巴拉市加利福尼亚大学代表团

全国人大常委会副委员长廖承志在北京会见以吉川幸次郎教授为团长的日本中国文学研究者访华团

国家科委给予人工合成大面积氟金云母和新型的脱氧催化剂两项重要科研成果发明奖

发明评选委员会举行第一次会议，发明者在会上作了说明。

中国科学院上海硅酸盐研究所合成云母研究小组的科研人员，拿出他们研制的有32开书本那样大、可以完整地剥离的氟金云母大单晶，报告了他们生长这种大单晶的晶体生长技术，其中包括原料处理、晶种安置、特殊设计的以大型硅钼棒为发热体的晶体生产炉、热工制度，以及长期稳定可靠的精密温度控制和供电系统等一套操作工艺。

中国科学院山西煤炭化学研究所的科研人员，报告了他们研制成功的一种新型脱氧催化剂。这种催化剂在脱氧反应上，经过大量实验室工作和生产应用，证明它的处理能力可以比国内或进口的催化剂提高100倍以上，成本不到进口价格的1%，并且具有制备简易、强度良好、抗水等的优点，为我国强化催化过程的理论研究和新型催化剂的广泛应用开辟了新的途径。

发明评选委员会经过评选认为，用工业方法生产全部完整的大片氟金云母，根据现在掌握的材料，前人还没有作过。这项发明在国际上是领先的，解决了我国电子工业和国防尖端科学不可缺少的绝缘和介电材料的需要，建议有关部门尽快安排投产。根据国务院颁发的《发明奖励条例》，决定给予发明者何崇藩、詹岳、蒲芝芬、谭月罴等二等发明奖，其中包括荣誉奖：发明证书、奖章；奖金：5000元。

评选认为，新型脱氧催化剂的重要技术指示达到了国际水平，根据《发明奖励条例》，决定给予发明者杨学仁、彭少逸三等发明奖，其中包括荣誉奖：发明证书、奖章；奖金：2000元。

全国世界史学科规划工作会议在北京举行

会议于4月17日至24日举行。出席这次会议的有来自全国18个省市社会科学研究机构、高等院校和有关出版社的54位代表。

中国社会科学院副院长邓力群同志出席会议作了重要讲话。中国社会科学院顾问陈翰笙同志就编写世界通史的问题作了发言。中国社会科学院世界历史研究所所长刘思慕同志作了会议的总结发言。

这次会议探讨了世界史研究如何为我国社会主义现代化建设服务的问题；审议了《1978年至1985年世界史学科发展规划(草案)》；酝酿成立全国世界史学会筹备委员会。

代表经过民主协商，原则通过了学会筹备委员会及其工作小组人员名单。会议责成筹备工作小组积极筹备，并在适当时候正式召开学会成立大会。

全国高等院校《现代汉语》教材(第一方案)编审会在兰州召开

新华社报道，最近召开的编审会，审定了供全国高等院校试用的《现代汉语》课本，并讨论了有关的学术问题。

来自各地高等院校和出版等单位的同志，在编审这部教材的过程中，各抒己见，畅所欲言，从而解决了一些长期没有解决的学术问题。

这次会议还决定编写《现代汉语使用说明及练习答案》《现代汉语资料汇编》和《现代汉语知识丛书》3种辅助教材。

《竺可桢文集》由中国科学院编辑出版

新华社报道，这是我国第一部以文集形式集中反映一位现代科学家的学术观点与研究成果的出版物，即将由新华书店和国际书店在国内外发行。

《竺可桢文集》共收有我国卓越的科学家、教育家竺可桢的文章79篇，约70万字。全书除选收作者的主要学术论文外，还包括他在新中国建立以后，在各种报刊、会议上所发表的重要文章、报告、讲演以及为一些专门著作所撰写的序言等，可以相当全面地了解作者的学术思想和研究工作成就，特别是他为发展我国科学事业所作的贡献。

辽宁省盖县梁屯公社社员徐忠诚交出保藏30多年的8件古代名家手笔书画

新华社报道，最近，辽宁省文化局和营口市文化局联合召开表彰大会，给徐忠诚颁发了荣誉奖状和奖金5000元。

徐忠诚交出的这批文物珍品中，有署款“垂拱二年”(武则天年号)的《孙过庭书千字文第五本》一卷，有出自北宋文学家王岩叟等4人手笔的《宋四贤尺牍》一卷；有北宋名画家米芾手书《天马赋》一卷；有《宋人书大方广佛华严经》一卷；有元代杨维祯、张适等《为周文英题诗志传三种》一卷；有清代王原祁《层峦茂树图》和刘统勋书《御制舟行杂兴三十首》(乾隆下江南在船上作的三十首诗)各一卷；还有一件清代王峻所题《明太祖仁宗宣宗三帝书》的《跋》(残卷)。这些保藏了几百年到一千多年的传世文物，分别盖有历代鉴赏家、收藏家、艺术家王铣(宋)、倪瓒(元)、姚广孝(明)等人的印章或题跋。

考古工作者在河北省平山县发现距今2200多年前的酒

新华社报道，最近在河北省平山县的一座战国时期的墓葬中，考古工作者发现了距今2200多年前的酒。这件事在学术界引起轰动。我国虽然出土过大量的古代酒器，但是古时候的酒还从来没有见到。专家们说，千年古酒的发现，充分反映了我国古代劳动人民的聪明才智，对于研究我国酿酒的历史和古代人民的社会生活有着重要价值。

古酒有两种，原来分别盛在一个圆形和一个扁形的青铜壶（古代的酒器）里。一种是翡翠绿的颜色，液体清澈透明，很像现在的竹叶青酒。出土时，壶里的酒装得有七八成，重达10多斤；酒中还泡着一块直径为5厘米大小的饼状物。另一种酒，颜色呈黛绿色，只半壶，也有几斤重。

贵州高原汪家寨煤矿发现一种距今两亿年的古生物化石——"煤核"

新华社报道，最近发现的"煤核"呈深棕色，里面含有种子、花粉、孢子、枝叶等植物碎片。这种"煤核"在我国还是第一次发现。

4月18日

国务院副总理邓小平在北京会见美国众议院政府工作委员会主席杰克·布鲁克斯率领的美国众议院议员团

邓小平副总理对美国客人的来访表示欢迎。他说："中美两国需要相互合作的事情很多。要发展我们之间的关系就必然增进相互了解。"邓小平副总理回答了美国客人提出的问题。在回答有关我国经济建设的问题时，他说："目前我国正在进行的国民经济计划的调整，只是我们内部经济比例关系的调整，这丝毫不影响我们引进外国的先进技术和资金，发展同友好国家的经济贸易关系。"

美国驻中国大使伍德科克参加了会见。会见时在座的有中国人民外交学会会长郝德青、秘书长谢黎，外交部美大司司长韩叙等

中国与越南副外长级谈判在河内举行首次全体会议

越南政府代表团团长潘贤主持了今天的会议，并首先在会上发言。潘贤在发言中用了很长的篇幅对中国和中国领导人进行诬蔑和攻击。他一方面说，越南方面"不希望再次发生战争，并且始终如一地希望同中国人民团结友好，不希望两国间有敌对关系"，一方面却恣意歪曲事实，把越南当局推行反华仇华和民族扩张主义政策导致中越关系严重恶化的责任硬推给中国。潘贤颠倒是非，把中国边防部队在忍无可忍的情况下，对越南武装挑衅进行自卫还击的正义行动说成是对越南进行"侵略战争"。他重弹早已破产的滥调，造谣说"中国军队仍然占据着越南领土的十多个地点"。

潘贤在他的发言中还提出了越南方面"关于两国关系中问题的解决办法的主要原则和内容"。

韩念龙在潘贤发言后严正驳斥了越方的诬蔑。他说："谈判刚开始，在第一次全体会议上，越南方面就对中国方面和中国领导人进行了攻击和诽谤，我感到十分惊讶。越南方面在发言中恣意颠倒是非，歪曲事实，甚至无中生有，凭空捏造，硬把中越边境武装冲突的责任强加于中国。这只能恶化谈判气氛，妨碍谈判的顺利进行。令人非常遗憾。"他指出，"这种做法不能不使人怀疑越南方面对谈判究竟有无诚意。"

中国代表团团长最后说："我相信，真理只有一个，事实胜于雄辩，是非自有公论。对越方的发言，我们将在下次会议再详细评论。"

中越两国谈判的第一次全体会议在中午结束。

韩念龙团长会后向各国记者发表了谈话。他说："我们抱着真诚的愿望来到河内同越南政府代表团举行谈判。我们希望通过谈判恢复两国的正常关系，确保两国边境地区的和平与安宁，并进而对东南亚地区和世界的和平与稳定作出贡献。"

韩念龙说，越南方面在会谈中把中越边境武装冲突的责任强加给中国，这是不公正的，也是不能同意的。"这对谈判只会起消极和阻碍作用。我们对此感到非常遗憾。"他强调说："尽管如此，中国代表团将继续努力，为谈判解决中越两国争端进一步作出贡献。"

外交部照会越南外交部回应对方就坠机事件对中国的毫无道理的指责

照会说，"1979年4月15日下午，中国人民解放军空军某部进行飞行训练时，30398号飞机因技术故障，失去控制，该机偏离预定航线，不幸坠落在越南境内。我们希望越南方面理解这确实是一起不幸的飞行事故。但是越南方面竟借此对中国进行诬蔑、提出抗议，是毫无道理的。"照会说："中国方面希望越南方面提供方便，允许中国驻越南大使馆人员前往飞机失事现场察看，并希望尽快将飞行员尸体、遗物和坠毁的飞机残骸尽可能交还给我方。希望越南方面尽早予以答复。"

国务院副总理王任重在北京会见由院长马斯鲁尔·哈桑·汗率领的巴基斯坦文官学院代表团

全国人大常委会副委员长中日友协会会长廖承志在北京会见并宴请以日本少林寺拳法联盟管长宗道臣为团长的日本少林寺拳法访华代表团

**外贸部部长李强在北京会见以阿根廷经济部计划和经济协调国务秘书克莱因为团长的阿根廷经济贸易

代表团

全国哲学规划会议在济南举行

4月18日至26日举行的这次会议，主要讨论和落实了全国8年(1978年至1985年)哲学规划，使哲学研究工作适应党的工作着重点转移的新形势，更好地为实现四个现代化服务。

会议经过充分讨论，初步确定了我国八年哲学规划的120多个研究项目，其中绝大部分已经落实到了有关单位和人。会议还根据目前我国哲学研究队伍的实际状况，确定逐步建立一个门类全、布局合理和有相当深度的哲学研究体系，健全与建立哲学研究队伍和机构，发挥各地、各单位和个人的特点，把目前哲学领域中的许多空白点迅速填补起来。

这次会议是中国社会科学院哲学研究所召开的。有来自全国各地137个单位的250名代表参加了会议。

《大阪上海友好城市书法交流展览会》在沪开幕

在上海市与大阪市结成友好城市五周年的日子里，《大阪上海友好城市书法交流展览会》在上海美术展览馆开幕。

这个展览会，共展出书法和篆刻作品130件。其中，有老一辈书法家篆刻家的创作，也有中青年的作品。整个展览风格多样，给人以艺术享受。

这个展览会是由对外友协上海市分会和大阪市日本书艺院联合举办的。在上海展出后，5月10日将在大阪继续展出。

上海市革命委员会副主任王一平，对外友协上海市分会副会长马飞海和上海市的书法家共200多人出席了开幕式。

以日本书艺院理事长村上三岛为团长的大阪市书法访华团专程来上海参加了开幕式。日本驻上海总领事浅田泰三和夫人也出席了开幕式。

4月19日

国务院致电阿尔巴尼亚部长会议就阿尔巴尼亚发生强烈地震向阿尔巴尼亚政府和灾区人民表示同情和慰问

地拉那阿尔巴尼亚社会主义人民共和国部长会议：

惊悉阿尔巴尼亚斯库台、莱希等地发生强烈地震，使人民的生命、财产遭受严重损失。对此，中国政府、中国人民向阿尔巴尼亚政府和灾区人民表示深切的同情和慰问。

中华人民共和国国务院

1979年4月19日

《人民日报》发表社论《四化需要强有力的思想政治工作》

全党工作的重点转移到社会主义现代化建设上来以后，思想政治工作的作用如何，要不要加强，怎样加强，这是目前大家议论较多的一个问题，也是实际工作中亟待解决的一个问题。正确地解决这个问题，不论对于当前工作重点的转移还是今后长期的四化建设，都是至关重要的。

我们共产党人做任何事情，都坚持一条，就是重视思想教育，提高人的觉悟。没有革命的理论，就不会有革命的运动。不用革命的思想、革命的道理、革命的理想、革命的精神武装人们的头脑，也就不会有革命的行动。这个革命思想、革命精神武装人们头脑的工作，就是思想政治工作。思想政治工作，在党的全部工作中占有突出的地位。重视思想政治工作，是我们党的传统。革命战争年代，我们依靠坚强的思想政治工作，动员群众，组织群众，积极投入战争，在极其艰难的条件下，战胜了强大的敌人，取得了革命战争的胜利。进入社会主义时期，无论是进行三大改造，还是恢复国民经济和开展有计划的经济建设，我们同样充分发挥思想政治工作的威力，保证了这些任务的胜利完成。几十年的经验证明，我们党领导的任何一场革命斗争、任何一项革命工作的成功，都离不开思想政治工作。越是历史的转折关头，越是面临艰巨复杂的任务，越要加强思想政治工作。

但是，在当前党的工作重点转移的时候，却有一些同志认为，既然今后以生产建设为中心，不搞什么政治运动，思想政治工作就不那么重要，甚至可有可无了；既然今后强调按经济规律办事，用经济手段管理经济，思想政治工作就无所作为了。有的单位为了从实际情况出发，改进政治工作而取消了政治部，有些同志就以为思想政治工作也可以取消了。思想政治工作还灵不灵，还要不要，似乎成了问题。在有些地方、有些部门，党的思想政治工作也确实削弱了，对重点转移产生了不利的影响。这种情况说明，林彪、"四人帮"破坏党的政治工作的传统，歪曲政治工作的作用，歪曲政治和经济的关系的流毒还没有肃清；也说明我们某些同志对于在新的历史时期做好思想政治工作的必要性和重要性认识不足。

这次党的工作重点转移，是我们党由战争环境转到和平环境、由农村进入城市以来又一次伟大的历史性转折。实现四个现代化，不但要求大幅度地提高生产力，而且要求多方面地改变同生产力不适应的生产关系和上层建筑，要求改变一切不适应的管理方式、活动方式和思想方式。这种改变涉及包括经济、政治、文化在内的社会生活的各个方面，涉及各行各业，涉及每一个人。这是一场名副其实的广泛而深刻的大革命。在这样一个新的历史时期,必然会出现许许多多新情况、新课题、新矛盾,也必然会在人们的思想上引起各种不同的反映。思想政治工作决不是可有可无,而是十分重要,不但不能减弱,而是更要加强。

华国锋同志指出:“我们要在全国人民群众中进行广泛的宣传和教育,动员群众,组织群众,为实现新时期的总任务而奋斗。这是我们党在新时期的一切思想政治工作的中心内容。”具体来说,就是要通过宣传教育,使人们的思想适应工作重点的转移,动员和组织群众一心一意搞四化,同心同德搞四化。

人们说得好,实现工作重点转移,首先要求思想转移。思想落后于形势,是经常会发生的,在形势急剧发展的时候尤其如此。党的工作重点转移到现代化建设上来,大家都是拥护的。但是有些同志由于没有完全打破林彪、“四人帮”的精神枷锁,由于小生产习惯势力的影响,由于思想不够解放,不善于研究新情况、新问题,他们虽然赞成重点转移,却不能适应这种转移。例如,过去熟习的搞政治运动的一套东西,现在用不上了,有人就感到迷惘。过去一些说惯了听惯了的口号和提法,要随着形势的变化而改变,有人就觉得不好理解。一些经过实践证明为正确而被林彪、“四人帮”当作谬误加以批判的方针、政策要恢复起来,还要根据新的情况采取一系列的新政策和新措施,有人就心存疑虑。那些反映了落后生产方式的规章制度、体制机构,要用新的更能促进生产力发展的规章制度、体制机构加以代替,有人就感到不习惯。在某种改革牵涉到某些个人或局部的利害关系的情况下,甚至会产生一些阻力。这就要求我们进行理论联系实际,有充分说服有力的思想教育工作,解决好干部群众在转移中出现的各种思想问题,特别是思想僵化半僵化问题,把大家的认识统一到三中全会的精神上来,引导人们坚定不移地沿着党的路线前进。

毛泽东同志说过:“马克思列宁主义的基本原则,就是要使群众认识自己的利益,并且团结起来,为自己的利益而奋斗。”按照这个原则,新时期的思想政治工作,就是要教育群众、动员群众、组织群众一心一意搞四化,同心同德搞四化。我们一定要使广大群众认识,实现四个现代化,是我们国家、我们民族、我国八亿人民的根本利益、根本出路。在当今的世界上,像我们这样一个大国,不搞现代化,是站不住脚的。不尽快实现四化,国家的富强、民族的独立、人民的幸福,包括我们子孙后代的幸福,全都谈不上。实现四化,是八亿人民的切身事业,是我们的历史责任。每一个共产党员、共青团员、爱国的公民都要以实现四化为己任,想四化,学四化,干四化,一心扑在四化上,把自己的全部智慧和力量毫无保留地贡献给这个伟大的事业。一定要使广大群众认识,实现四化必须保持长时期的安定团结。这就要求举国上下同心同德。党、政府和人民要同心同德,领导和群众要同心同德,全党要同心同德,人民群众之间要同心同德。没有安定团结这一条,实现四化是没有指望的。在当前这个时候,党的工作重点正在转移,林彪、“四人帮”造成的成堆困难尚待克服,国民经济在前进中还要进行涉及面很广的调整,尤其要强调上下一致,同心同德;强调国家关心人民疾苦,人民体谅国家困难;强调顾大局,识大体,朝前看,以便我们的现代化建设在刚开始的时候,就能迈出稳健有力的步伐。

我们是社会主义国家,我们实现现代化,必须坚持四项基本原则,这就是:坚持社会主义道路,坚持无产阶级专政,坚持共产党的领导,坚持马列主义、毛泽东思想。做到这四个“坚持”,没有强有力的思想政治工作来保证是不行的。在新的历史时期,思想政治工作仍然要坚持兴无灭资的方针。我们反对把阶级斗争扩大化,反对林彪、“四人帮”散布的阶级斗争越来越尖锐的一派胡言,但是并不是说阶级斗争已经没有了。我们不仅要看到现在社会上确实还有极少数敌视和破坏社会主义现代化建设的反革命分子和刑事犯罪分子,而且要看到意识形态领域阶级斗争的存在,看到两种思想争夺青年的斗争的存在,看到随着国际交往的扩大,资产阶级思想和生活方式的影响也会增强,看到社会上总会有极少数人散布怀疑和反对上述四项基本原则的思潮。两个阶级、两条道路的矛盾,是一个客观存在,必须如实地看待它。当然,这种矛盾,只有极小部分属于敌我矛盾,对于罪证确凿的敌人要坚决实行专政的。而大量的属于人民内部矛盾,这就要靠加强思想政治工作来解决。兴无灭资还将是思想战线上长期的任务,我们对广大群众的政治思想教育决不可以放松。要用无产阶级思想克服资产阶级思想和一切剥削阶级思想,用马克思主义战胜各种错误思潮和反动思潮,用正气压倒邪气,善于把小资产阶级思想引导到无产阶级轨道上来。只有这样,才能坚持正确的政治方向,保证四个现代化沿着社会主义方向前进。

为了高速度发展国民经济,必须按照经济规律办事,扩大经济手段的作用,实行按劳分配和奖励制度,保证多劳多得。这是完全必要的,是我们坚定不移的方针。

但是采用经济手段,实行奖励制度,决不意味着可以取消或削弱思想政治工作。把思想政治工作和经济手段结合起来,才能充分地调动人们的生产积极性。我们既要坚持按劳付酬、多劳多得,又要强调各尽所能,教育劳动者树立不计时间、不计报酬的共产主义劳动态度。否定物质利益原则,不讲物质鼓励,不是马克思主义;否定精神的力量、精神的作用,不重视用先进思想掌握群众,也不是马克思主义。人是要有一点精神的。人是要有理想的。人是要讲风格的。唐代诗人杜甫在《望岳》一诗中写道:“会当凌绝顶,一览众山小。”站在泰山之巅往下看,周围的群山就显得矮小了。进行思想政治工作,就是向人们灌输革命的思想,开阔人的眼界,提高人的精神境界,使人站得高,看得远,能够从全局、从整体、从长远利益和根本利益上来考虑问题。在我们这样一个底子薄、人口多的国家,要在不太长的时间内实现四个现代化,是一个十分艰巨、十分繁重的任务。还是要讲胸怀祖国,要讲艰苦奋斗、奋发图强,要讲振奋革命精神,要讲争挑重担,要讲勇攀高峰,要讲不怕牺牲、排除万难。只有把思想政治工作与经济手段结合起来,才能提高人们的思想觉悟,并且保证经济手段的正确实施和收到好的效果。

斯大林说过:“在生活中,在实践中,政治和经济是分不开的。两者共同存在,共同起作用。谁想在我们的实际工作中把经济和政治分开,以削弱政治工作为代价来加强经济工作,或者相反,以削弱经济工作为代价来加强政治工作,那他一定要碰钉子。”多年来,对于政治和经济的关系,我们有处理得好的时候,也有处理得不好的时候。特别是林彪、“四人帮”横行时期,把政治和经济的关系弄得混乱不堪,使我们吃了很大的苦头。现在我们要认真总结正反两方面的经验,更自觉地处理好两者的关系。新的历史时期对思想政治工作提出了新的更高的要求。思想政治工作一定要结合着经济工作一道去做,要渗透到经济工作中去。“政治和经济的统一,政治和技术的统一,这是毫无疑义的,年年如此,永远如此。”这就是我们应当坚持的唯一正确的方针。

国务院副总理邓小平在北京会见美国参议院外交委员会主席弗兰克·丘奇率领的美国参议院外交委员会访华团

邓小平副总理在1个星期之内会见了3批美国国会议员。他对在中美建交后,有这么多的美国议员陆续来访感到高兴。邓小平副总理就广泛的国际问题和中美两国人民的友好关系问题,同美国客人交换了意见。

美国驻中国大使伍德科克参加了会见。

会见时在座的有我国外交部副部长章文晋,外交学会秘书长谢黎等。

全国人大常委会副委员长邓颖超率领的全国人大代表团结束对日本的访问回到北京

邓副委员长的这次访问在日本人民中间引起了热烈反响,取得了圆满成功,为增进中日两国人民的友谊作出了新的贡献。她的这次具有历史意义的访问,将载入中日两国的友好史册,永远留在两国人民的美好记忆中。

下午,代表团乘坐的专机降落在首都机场。邓小平副总理等我国领导人同邓颖超副委员长热情握手,祝贺她这次访问取得丰硕成果。

到机场欢迎代表团的还有:全国人大常委会副委员长乌兰夫、廖承志、姬鹏飞,国务院副总理耿飚、陈慕华,全国妇联主席康克清、副主席黄甘英,外交部副部长张海峰、仲曦东,全国人大常委会委员罗叔章、武新宇、王昆仑、陈逸松等。日本驻中国大使馆的外交官员也到机场欢迎。

远洋货轮“柳林海”号首航抵达美国西雅图港

我国远洋货轮“柳林海”号经过20多天航行后于当地时间18日上午到达美国西北部的西雅图港,这是30年来中国货轮首次抵达一个美国港口。

美国运输部长布罗克·亚当斯在欢迎仪式上致辞。他说,美国人民十分高兴地看到中美两国开始通航。他希望“柳林海”号回国时,不仅载去货物,而且带去美国人民对中国人民的友谊。

正在美国访问的中国交通部副部长彭德清和中国驻美大使柴泽民也在欢迎仪式上讲了话。

美国方面出席欢迎仪式的还有海运局代理局长尼姆罗,参议员沃伦·马格纳森和美中贸易全国委员会主席克里斯托弗·菲利普斯等。

国务院副总理方毅在北京会见美国企业领导人代表团

参加今天会见的代表团成员中,有电子、机械、化学、农林、食品、银行等方面的一些大公司的领导人以及美国国务院和参议院的官员共20多人。

国务院副总理谷牧在北京会见日本国土厅事务次官下河边淳一行

谷牧副总理对日本朋友说:“你们对国土进行管理、开发利用,我们国家同样有这个问题。在这些方面我们以后要多来往,交流经验。这对我们双方都有好处。”

下河边淳次官向中国主人介绍了他们对国土的综合开发、管理利用的情况。他说:“中国的国土要比日本大许多倍,如果中国对国土的管理经验能够同我们进行交流,这对日本来说是非常有意义的。”

会见时在座的有国家建委副主任吕克白，国家经委副主任袁宝华等。日本驻中国大使馆公使伴正一参加了会见。

中国和南斯拉夫就互免签证和免除签证费在北京达成协议

中华人民共和国外交部部长助理张灿明和南斯拉夫社会主义联邦共和国驻华大使奥斯托依奇于当日互换了协议文本。该协议经双方履行各自法律手续后，从通知对方之日起第31天生效。

青海省革命委员会主任谭启龙为团长的中国农牧业代表团赴澳大利亚新西兰进行专业考察和友好访问

《人民日报》发表记者述评《医学科学现代化要坚持中西医结合的道路》

在卫生部最近召开的中西医结合座谈上，代表们反映了一些值得注意的情况：近来有些医院举办中西医结合学术会议，参加者寥寥无几；很多西学中的同志学完以后弃而不用；过去有些主治医师学中医争先恐后，现在却推来让去。

为什么会出现这些情况？代表们认为，有政策方面的原因，也有工作上的问题，但归根结底是由于思想认识不一致。一部分同志，甚至某些卫生行政领导干部，对我国医学科学现代化要走什么道路缺乏正确的认识，对于祖国医学仍然存在着不少糊涂看法。正是这些糊涂认识阻碍着中西医结合工作的开展。

有人说：现在要向2000年进军，实现医学科学现代化，研究中医中药，岂不是向2000年前倒退了吗？代表们认为，这种把研究中医中药同现代化对立起来，把"古"同"落后"、"倒退"等同起来的看法，是错误的。中医中药，在中医的总体思想中，有许多合理的东西，它虽"古"，但并不落后。现代医学发展的不少"热门"，都可以从祖国医学中找到根据。如近年来国外医学科学杂志报道，人的头发中微量元素的异常浓度，可以帮助诊断某些疾病。这可谓新了。然而，它在祖国医学文献中却是屡见不鲜。《医学入门》中就记载："血盛则发润，血衰则发衰，血热则发黄，血败则发白"。又如，过去西医比较重视人体内各个脏器的研究，较少注意脏器之间的互相联系，直到近代，对神经、内分泌学的研究有了较大发展以后，这个问题才逐渐成为国内外医学科学工作者研究的重要课题。可是，2000多年前，春秋战国时期产生的《黄帝内经》中，关于中医的五行学说、脏象学说，就把人体内五脏六腑不可分割、相互关联的辩证关系，作了阐述。直到现在，许多中医仍用它来指导临床实践。代表们还介绍了国外的一些医学科学家们，积极从事中国医学研究工作的情况，比如日本用电子计算机研究中医的"四诊"；美国用电子仪器配合气功，提出了"生物回收"的新疗法。

当然，这决不是说祖国医学和近代医学完全是一回事。祖国医药学中合理的思想，具有朴素的辩证唯物论的特点。正因为它是朴素的，所以它在某些具体内容上难免精华与糟粕并存，需要我们按照毛主席关于取其精华、去其糟粕的思想加以发掘、整理。近20多年的实践证明：中、西医专家凡是结合自己的临床实践，研究祖国医学，吸取其精华的，都有所前进。例如，急性阑尾炎、急性胃肠穿孔等急腹证，过去，西医一般采取手术疗法，哪儿有病变，在哪儿做手术切除。现在采取中西医结合疗法，以针刺为主，调整人体功能，增强人体内在的抗病因素，消除局部炎症，并根据祖国医学"六腑以通为用"、"不通则痛，通则不痛"的观点，采用"通里攻下"、"理气开郁"的方药治疗，大大降低了急腹症的手术率和死亡率。据天津南开医院不完全统计，20年来，他们收治的急腹症病人非手术率达70%。这究竟是"前进"，还是"倒退"，不是很清楚吗？

还有人说：中医有临床经验，没有理论；中药是好的，中医理论不行。有人还说：中医理论虚无缥缈，不可捉摸。

参加中西医结合座谈会的同志对这些看法进行了驳斥。他们说，毛主席早就指出，"中国医药学是一个伟大的宝库。"宝在何处？宝就在中医基础理论。有些西医治不好的病，中医能治好，就跟中医理论指导有很大关系。全国解放初期，河北省石家庄市发生流行性乙型脑炎，老中医根据病人临床表现和当年气候变化，诊断为"暑温症"，按"暑温症"治疗，效果很好。第二年，北京地区也流行"乙脑"有人仍以上法治疗，效果不好。经老中医诊断，原来当年北京雨水较多，湿气较重，病人临床表现为"湿邪"症状，便按"湿温症"治疗，效果果然很好。第三年，广州又流行"乙脑"有人用上述两法治疗，效果都不好。再请老中医诊断，原来当年广州不仅多雨，而且气候酷热，病人临床表现为"湿热"症状，便按"湿热症"治疗，疗效也很好。代表们回顾了这一事例，指出：中医有"天人相应"之说。这种理论认为，人体的各个方面，人与自然界，都是一个有机的整体；自然界的变化和人体的变化息息相关。在临床治疗中，要因人、因地、因时制宜，对具体情况作具体分析，可以"异病同治"，也可以"同病异治"。这就是中医理论中极为可贵的整体观念和辨证论治的观点，也是"乙脑"在不同地区、不同气候条件下，需要用不同方药治疗的理论基础。离开中医理论孤立地谈论中药，企图废医存药，不仅治不好病，还会把宝丢掉。

由于历史条件的限制,中医理论在古代不可能得到科学的验证,拿不出科学的数据。但我们不能因此就武断地把它说成"虚无缥缈"、"不可捉摸"的东西。新中国成立以来,特别是1959年以来,北京、上海、天津、广东、四川等地一些研究中西医基础理论的专家、教授,在自己临床实践的基础上,用近代科学方法,从生化、内分泌学角度,研究中医的阴阳学说,结果证明,中医在临床中所谓"阴虚"、"阳虚",在人体内是有物质基础的,是可以找到科学数据和指标的。因此,中医的阴阳学说并不是不可捉摸的,只是还需要用现代科学来阐明。代表们认为,科学总是在不断发展的。我们对暂时还没有认识的东西,不应该轻易地否定或抛弃它。随着现代科学特别是边缘科学的发展,中医理论必将越来越多得到科学验证。

代表们还谈道,在现实生活中确有极少数江湖骗子,冒充中医招摇撞骗,把自己吹得神乎其神。这种人不能代表中医界,也无损于祖国医学的光辉。

代表们认为,正因为有些同志对中医药学存在着糊涂看法,就把发展祖国医药学、实行中西医结合同实现医学科学现代对立起来,说什么现在要实现医学科学现代化,哪里顾得上研究中医中药和中西医结合工作?中西医结合难上难,国外的医学科学已经先进了,引进过来,岂不省事!持这种看法的同志对于引进、留学特别感兴趣,但对发展中医中药、中西医结合工作,始终是嘴上说说,纸上写写,或者是你吹你的号,我唱我的调,不积极创造条件予以扶植。

代表们严肃指出:实现中国的医学科学现代化,当然需要引进国外先进的科学技术和装备,学习人家的长处,但引进和学习一定要结合中国的实际。中国医学科学的现代化要有中国的特点,要走中国式的道路。这个特点,就是我们有历史悠久并在长期医疗实践中行之有效、深受人民欢迎的祖国医药学;这条道路,就是毛主席为我们制定的、周总理十分关切的中西医结合的道路。因此,我们既要认真学习现代化医学科学技术,努力发展和提高现代医学科学技术水平,也要努力继承和发扬祖国医药学遗产,运用近代科学知识和方法,研究、整理祖国医药学,把它提高到现代化科学的水平,并在中西医共同发展、互相结合的过程中,取长补短,逐步达到融会贯通,实现毛主席、周总理关于创造我国统一的新医学、新药学的遗愿。这个统一的新医学、新药学既有高度现代化的水平,又有鲜明的民族特色,是古代没有,外国没有,我们独有的。这个统一的新医学、新药学,就是我国医学科学现代化的根本标志。

代表们举出许多事例说明,目前在国内外引起人们广泛注意的我国医学科学研究成果,如针刺麻醉、非手术疗法治疗急腹证、骨折及软组织损伤的疗法、大面积烧伤以及活血化瘀的研究等等,统统都是中西医结合的研究成果。这些成果源于中西医而又高于中西医,有新疗效、新方法,有的还提出了新理论。这些中西医结合的研究成果,正是统一的新医学、新药学的幼芽,我们不应该视而不见,而应该认真扶植,促其成长。

代表们还谈道,从卫生行政领导部门来说,从总体上说,我们的方向是中西医结合。对这一点,各级卫生行政领导部门一定要坚信不疑,坚定不移;但从个体来说,从每一个中医或西医来说,就不应该要求人人都要掌握中医和西医两套本领。卫生行政领导部门要允许并鼓励一些西医刻苦钻研现代医学科学技术,成为西医专家;也要允许并鼓励一些中医刻苦钻研祖国医药学,成为中医专家。现在我国这两方面的专家不是太多,而是太少了,中医更是后继乏人。实践证明,有了大批西医专家和中医专家,中西医结合才有雄厚的基础,也才能真正加快步伐,早日创造出我国统一的新医学、新药学。

全国总工会发出关于"五一"国际劳动节纪念活动的通知

通知说:今年纪念"五一"节,要检阅我们工人阶级从粉碎"四人帮"以来所取得的伟大胜利,认识我们面临的新的战斗任务,巩固和发展安定团结的大好局面,发扬艰苦奋斗的革命精神,进一步开展增产节约运动,为加速实现四个现代化作出新的贡献。

通知要求各级工会在党委统一领导下,结合本地情况,组织各种形式的纪念活动。

一、要结合当前职工思想实际,集中进行一次关于中国工人阶级的革命传统教育,通过这个活动,使广大职工牢固树立我们的事业必定要胜利的信念,以早日实现四个现代化为已任,紧紧跟上全党工作着重点的转移,胸怀大局,解放思想,奋发图强,在各自的岗位上作出新贡献。

二、纪念"五一"国际劳动节,最好的实际行动是进一步开展增产节约运动。要召开职工大会和职工代表大会,学习、宣传和贯彻党中央关于发展国民经济的方针和措施,从本企业的实际出发,讨论制订或修订增产节约计划,把党中央的重大决策变成职工群众的自觉行动。

三、要大力宣传好人好事,表扬先进,树立正气。特别要大力开展向对越自卫还击战中的英雄学习的群众运动,学习他们那种为社会主义祖国英勇献身的爱国主义和革命英雄主义的高尚品德。要把思想政治工作做到生产、生活中去,做到职工家属中去,以优异的成绩迎接中华人民共和国成立30周年,迎接全国职工劳动模范代表大会的召开。

4月20日

高崇民平反昭雪大会在北京举行

高崇民同志是中国共产党党员，第四届政协全国委员会副主席、第三届全国人民代表大会常务委员会委员、中国民主同盟中央委员会副主席，因受林彪、"四人帮"的迫害，于1971年7月29日在北京逝世，终年81岁。

党和国家领导人王震、乌兰夫、胡耀邦、阿沛·阿旺晋美、周建人、许德珩、胡厥文、谷牧，政协全国委员会副主席宋任穷、朱蕴山、康克清、季方、王首道、杨静仁、胡子昂，参加了政协全国委员会召开的平反昭雪大会。

大会由全国人大常委会副委员长、全国政协副主席、中共中央统战部部长乌兰夫主持，全国政协秘书长刘澜涛宣布经党中央批准的中共中央统战部关于高崇民同志的平反决定，政协全国委员会副主席、中共中央组织部部长宋任穷讲话。讲话说，林彪、"四人帮"怀着罪恶的目的，炮制了一个所谓"东北叛党集团"，把高崇民、吕正操、刘澜波、张学思、阎宝航、于毅夫等一批对革命有贡献的老同志，诬陷为"反革命"、"特务"，而且株连了一大批人。高崇民同志在林彪、"四人帮"的长期残酷迫害下，含冤而死。以华国锋同志为首的党中央，为高崇民同志平了反，高崇民同志的政治名誉应予恢复，多年的沉冤得到了昭雪。

高崇民同志是辽宁省开源县人，早年参加过孙中山先生领导的同盟会。"九一八"事变后参与组织了"东北民众抗日救国会"，"复东会"。1936年12月在西安，高崇民同志参与张学良、杨虎城两将军发起的西安事变，对团结东北军、西北军逼蒋抗日，和平解决西安事变，作出贡献。高崇民同志1941年在重庆加入中国民主同盟，并秘密组织了"东北民主政治协会"。他1946年加入中国共产党，曾任安东省主席、东北行政委员会副主席兼司法部长。新中国成立后，他历任政协第一届全体会议代表，中央人民政府委员，东北人民政府副主席兼司法部部长，最高人民法院东北分院院长，第一届、第二届全国人民代表大会常务委员会委员，第二届、第三届政协全国委员会常务委员，中国民主同盟东北总支部主任委员等职。

国务院副总理耿飚同尼日利亚最高司令部参谋长谢胡·穆萨·亚拉杜瓦少将在北京举行会谈

全国人大常委会副委员长姬鹏飞在北京会见以希迪克·阿布杜拉·阿明为团长的伊拉克新闻代表团

外贸部部长李强在人民大会堂举行宴会欢迎爱尔兰工商能源部长德斯蒙德·奥马利率领的爱尔兰政府贸易代表团

中国新任驻匈牙利特命全权大使冯于九向匈牙利人民共和国主席团主席洛松齐·帕尔递交国书

4月21日

国务院总理华国锋在北京会见尼日利亚最高司令部参谋长谢胡·穆萨·亚拉杜瓦少将

亚拉杜瓦少将转交了尼日利亚国家元首奥卢塞贡·奥巴桑乔将军给华国锋总理的信件。

华国锋总理赞扬尼日利亚发展国民经济和加强同非洲国家团结的政策，请亚拉杜瓦少将转达他对奥巴桑乔将军的问候。

双方还就共同关心的国际问题交换了看法。

尼日利亚外交部部长阿德福佩少将和亚拉杜瓦少将的其他随行人员、尼日利亚驻中国大使馆临时代办奥努奈耶参加了会见。

会见时在座的有国务院副总理耿飚，外交部副部长何英，外经部副部长石林等。

全国人大常委会委员长叶剑英在北京会见已故商震先生的夫人安田作子和她的儿子商伟立

叶剑英委员长对商震先生的夫人第三次来我国访问表示热情的欢迎，并且同她进行了亲切的谈话。

会见时，叶剑英委员长给商震先生的夫人和儿子赠送了礼品。

会见以后，叶剑英委员长设宴招待了安田作子女士等。

《人民日报》发表特约评论员文章《当前落实政策要注意的三个问题》

平反冤、假、错案，落实党的干部政策和对其他人的政策，是全党的一件大事，也是我们国家的一件大事。粉碎"四人帮"已经两年多，这件事现在做得怎么样了？应当说，成绩很大，效果很好。一大批冤、假、错案得到了平反、昭雪，许多长期遭受诬陷和迫害的同志恢复名誉，重新走上工作岗位，历史遗留下来的一些重大问题已经或正在得到解决，由于过去工作上的失误而处理不当的问题也正逐步改正。这一切，对于恢复和发扬党的实事求是的优良传统，活跃党内外正常的民主生活，增进全党和全国人民的安定团结，调动一切积极因素，巩固无产阶级专政，具有十分重要的意义，为全党工作着重点的转移提供了必要的条件，全党高兴,全国人民高兴。但是,也要看到,这件大好事还没有做完,要达到预期的要求,还有许多艰苦的工作要做。我们既不能为已经取得的成绩而松懈下来,也不能因面临的困难而畏缩不前,应当始终保持清醒的头脑,再接再厉,扎扎实实地把这件大事抓紧做好。

要进一步认识落实政策的重大意义

一个时期以来,各级党委和有关部门,以及许多从事落实政策工作的同志,本着对党对人民负责的精神,日夜辛劳,在落实各种人的政策方面做了大量工作,是有很大成绩的。但是,由于落实政策的工作量很大,头绪纷繁,要求又严,不少同志感到负担过重,特别是一些党委和部门的领导同志,因为还担负着其他方面的领导责任,更感到很吃力。他们说:“一浪未过,一浪又来,招架不住啊!”担子重要求严,这是事实。应当怎样认识和解决这个问题呢?

工作量大,头绪纷繁,这是客观存在。应当看到,林彪、“四人帮”在党内和革命队伍里,翻手为云,覆手为雨,颠倒是非,混淆黑白,长达十年之久,制造了很多混乱,加上我们过去工作中的某些失误,全党全国需要清理、复查的案件和问题,数量是巨大的。这些案件和问题,涉及各个方面、各时期的人和事,情况十分复杂,不仅要从政治上分清是非,作出正确的结论,而且要在工作安排、善后工作等方面作出妥善处理。这些是要耗费极大精力的。但是,我们也要想到,那些多年含冤不白的同志,在政治上和精神上承受着多么大的折磨!如果有错不纠,是非就不清,好坏就不分,功过就不明,好人好事得不到尊重和支持,坏人坏事得不到抵制和惩戒,安定团结就还不牢靠。有错不纠,正义就不得伸张,沉冤就不得昭雪,无辜的好人受压制,优秀的人才被埋没,广大干部、群众就心不平,气不顺,积极性又何从调动?明知有错,坚持不改,就不是实事,怎么能取信于民,活跃党内外正常的民主生活?又怎么恢复和发扬党的优良传统作风?可见,落实各种人的政策,决不是可做可不做的一件小事,而是直接关系到能否搞好党风,能否把亿万人民的社会主义积极性调动起来,同心同德搞四化的一个很大的政治问题。对待这个问题,我们只能是实事求是,有错必纠。工作中压力大一点,是好事,不是坏事。历史的发展要求我们把这种压力变为动力,我们不可能有别的选择,只能知难而上,把这个艰巨的任务承担起来。

要求把落实政策的工作抓得紧一点,尽可能搞得快一点,对不对呢?是对的。既然拨乱反正,就要有一种势如破竹的气势,不能慢慢腾腾。当然,这决不是要求“一个早晨把所有的好事都办完”,更不是说可以草率从事,敷衍塞责,或者来个“一风吹”。工作必须做细、做扎实,不能含糊,不能打折扣。只要安排得当,方法对头,步伐迈得快一点,不是不可以做到的。做一切事情都要从实际出发,落实人的政策也应当从本地区、本部门的具体情况出发,分清主次和轻重缓急,通盘安排,有计划有步骤地分批分期进行。农村的落实政策工作,尤其要注意不误农时,密切和生产结合进行。要善于走群众路线,合理组织力量,争取有关部门紧密配合,简化烦琐手续,努力提高办案效率。这就需要及时总结经验,不断改进工作方法。

落实政策要有一个基本要求

冤、假、错案怎样就算平反、昭雪了?政策怎样就算落实了?应当有一个基本要求,也就是要有一个标准。去年上半年,中央有关部门根据党中央指示精神,曾经提出过五条基本要求:一、过去受审查需要做结论而没有结论的,要尽快作出正确结论。二、已做结论处理但不正确的,要改正过来,一切诬蔑不实之词应予推倒。三、可以工作而没有分配工作的,要尽快分配适当工作;已分配工作的,要尽快分配适当工作;年老体弱不能工作的,要妥善安排,在政治上生活上给予关怀和照顾。四、对受审查期间死去的同志,要实事求是地作出结论,并把善后工作做好。五、无辜受牵连的家属、子女、亲友、身边工作人员中应予解决的问题,要妥善解决。实践证明,这些基本要求是符合实际的,因而是正确的和可行的。执行政策的同志和落实政策的对象,都应当按这五条办事。

所谓作出正确结论,就是要做到事实清楚,定性准确,处理恰当。事实是结论的基础,必须首先查证清楚,有就有,没有就没有,不能夸大,也不能缩小。冤、假、错案一定要平反昭雪,诬蔑不实之词一定要统统推倒。历史上遗留下来的问题,凡属实践证明确实搞错了的,也要区别不同情况,实事求是地改正过来。我们的方针是“有反必肃,有错必纠”。全错的全部纠正,部分错的部分纠正,不错的不纠正。有错不纠,硬要牵强附会,无限上纲,这不是实事求是。明明没有搞错,硬要强词夺理,要“一风吹”,甚至要把过去早已查证无误、本人也多次检查交代过的问题一笔勾销,这也不是实事求是。对一个人的功过是非,必须进行全面的历史的分析,不但要看他的一时一事,而且要看他的全部历史、全部工作,以及他在各方面的一贯表现,不能感情用事,凭想当然作出判断。党组织对一个人作出的结论或处分决定,必须同本人见面。在通过处分决定的时候,如无特殊情况,应通知本人出席会议,允许申诉,允许保留意见。党组织要认真考虑本人意见,正确的要采纳,不正确的要耐心解释和进行说服教育,不能一听到不同意见就反感,说人家态度不好。当然,也决不应放弃原则,抛开客观事实和党的政策,按照本人不合理的要求去做结论。对于确实犯有严重错误而拒不承认，并且无理取闹的人，党组织要理直气壮地进行批评教育，严肃处理。这样做，才是坚持实事求是，才符合事物的本来面目，符合党的政策，经得起历史的检验。

所谓适当安排工作，是指按照党和国家的政策规定应当安排工作的那一部分同志，在平反、改正以后，要根据本人的德才条件和身体状况，分配适当工作，尽可能做到人尽其才，才尽其用。至于工作安排在哪里，担任什么职务，应从全局出发，从现有状况和条件出发，主要根据工作需要来考虑，而不是单纯按个人的愿望和要求来决定。应当看到，由于林彪、“四人帮”多年的干扰破坏，我们的国家百乱待理，百废待兴，各方面的工作正处在一个调整的过程中，加之各方面落实政策以后，需要安排的人员数量相当大，如果都要求按照各自的愿望和要求来安排，不仅是不可能的，也是不应当的。安排这些同志的工作，是为了使他们重新获得为建设社会主义贡献力量的机会和条件，不应当把它视为对个人待遇的某种补偿，不应当在这个问题上挑挑拣拣。

凡是能就地安排的应尽可就地安排，需要安排什么就安排什么职务。个人服从组织，小道理服从大道理，历来是我们共产党人对待和处理问题的一项基本原则。党的干部，特别是高级干部，应当无一例外地按这个原则办事，起模范带头作用。有人认为安排工作就是要一律官复原职，回原单位，到大城市，不但自己“还原”，而且所有的子女也都要调到自己身边，这才叫“适当”，才叫“落实”。这显然是不正确的。许多同志离开原来的工作岗位已经多年了，各方面的情况，包括本人的情况，都有很大的变化，硬要一切“还原”，强组织之所难，结果必然脱离实际，脱离群众，对党不利，对国家不利，对自己也不利。

所谓妥善处理善后，是指对那些在林彪、“四人帮”横行期间受迫害的同志，特别是被害致死、致残的同志，在政治上平反昭雪之后要在政策规定的范围内，合情合理地解决好有关家属子女和生活方面的实际问题。有关档案材料也要按规定加以处理。至于“文化大革命”前被错误处理的，主要着重从政治上解决问题，分清是非，个别生活确有困难的，可酌情帮助解决。应当看到，多少年前的旧账，情况复杂，很难一一清理，主要是非分清了就可以了；这也是这一部分同志中的最大多数人和广大人民所要求所希望的；我们国家底子薄，如果什么都要国家拿钱出来解决问题，是不恰当的，也是很难办到的。对这类问题，不能就事论事，只讲一面的道理，要看到大局，要从实际出发。应该照顾和解决的问题，久拖不办是不对的；明明不应当、也不可能照顾或解决不了的问题，偏要强求也是不对的。我们的干部和群众是通情达理的，只要把道理讲清楚，他们是会谅解的。

平反冤、假、错案，落实人的政策，是一项严肃的政治任务，必须结合各种具体问题的处理，认真做好思想政治工作，有的地方落实政策，只是开个大会，宣布一下了事，其他什么问题也没有解决。有的地方虽然做了不少工作，也解决了具体问题，但被落实政策的同志思想没有得到提高，精神状态还不那么振作，积极性没有调动起来，少数人甚至节外生枝，无理取闹。问题在哪里呢？一个很重要的原因，就是在落实政策过程中，只注意抓具体工作，就事论事，忽视了做思想政治工作，或者抓得很不得力。各级党组织和做落实政策工作的同志，要以满腔的政治热情和高度的负责精神，对待每一个需要复查的案件，既认真解决实际问题，又善于做思想政治工作。要教育被落实政策的同志讲党性，顾大局，团结起来向前看。这项工作做好了，有助于加快落实政策的步伐。

被落实政策的同志要有正确态度

在林彪、“四人帮”滥施淫威的时候，许多同志含冤受屈，受尽折磨，有的甚至被夺去生命。广大干部和群众对这些同志是同情和关怀的。粉碎“四人帮”以后，以华国锋同志为首的党中央，用了很大力量排除干扰，拨乱反正，下决心为受害同志平反昭雪，并在党和国家仍然有许多困难的情况下，努力安排受害同志的工作和生活。同时，对历史上被错处、重处的一些人，也已经或正在实事求是地改正。绝大多数被落实政策的同志，对党和人民的关怀爱护满怀感激心情，更加坚定了将革命进行到底的决心。他们严格要求自己，把过去吃的苦头当作对自己的考验和锻炼，把党和人民的利益时刻放在心头，想“四化”，朝前看，一切服从党和国家的需要。他们对林彪、“四人帮”满腔革命义愤，对同志满怀阶级情谊，对曾经错整过自己或反对过自己的同志，总是采取体谅和帮助的态度，主动团结他们一道工作。这种胸怀全局，一心为公，奋发向上的精神境界和高尚风格，赢得了普遍的赞扬和信任。

可是，也有少数同志不是这样。他们在组织结论、工作安排、生活照顾、善后工作等方面，提出一些过高的、不合理的要求，甚至闹个人主义。有的不顾历史事实，有错不认错，强求组织按照自己不正确的意见修改结论；有的不顾自己的工作能力和身体条件，分配工作时讨价还价，甚至伸手要官要权；有的不顾国家困难，在住房、坐车、医疗、工资、补助和子女安排等问题上，斤斤计较，只要组织照顾，不要组织纪律；有的不但自己闹，还纵容、指使家属子女闹，个别人已经闹到很不像话的地步。他们这样做，给本来就很繁重的落实政策的工作增加了新的困难，甚至给某些坏人进行捣乱破坏以可乘之机，在群众中造成不好的影响。

毛泽东同志生前一再教导我们：共产党员和革命干部应当有政治远见，富于牺牲精神，无论何时何地都不应把个人利益放在第一位，而应当以个人利益服从民族和人民的利益，忠诚地为人民服务，鞠躬尽瘁，死而后已。当前，我们的国家正在从林彪、“四人帮”造成的灾难中恢复起来，前途无限光明。但是，也应看到，目前仍有不少困难等待我们去克服，如果我们没有政治远见和牺牲精神，只看到自己鼻子下面的一点私利，计较个人得失，怎么能继承毛泽东同志和周恩来同志关于实现四个现代化的遗志，又怎么对得起广大人民群众对我们的殷切期望呢！在林彪、“四人帮”的法西斯统治下，许多同志被剥夺了革命的权利。那时候，大家痛心的是亿万人民的疾苦，忧虑的是党和国家的命运，就盼着有一天拨开云雾见天日，甩开膀子大干社会主义。现在这一天已经来到。我们一定要珍惜这来之不易的胜利，把眼光放远一点，把心思和精力用到四个现代化上，为党争气，为牺牲的战友和亲人争气，为子孙后代争气，把失去的时间坚决夺回来，全心全意地努力完成党在新长征中交给自己的任务。

“敌存灭祸，敌去招过。”我们的同志，特别是那些经过落实政策已经担负了领导工作的同志，要清醒地想到这一点。我们一定要继续保持谦虚谨慎、戒骄戒躁的作风，保持艰苦奋斗的作风，保持同人民群众经常的密切的联系，勤奋学习，一辈子做好事，不做坏事，一贯的有益于广大群众，一贯的有益于革命。当前，就是要坚定不移地按照党的十一届三中全会的精神和各项方针政策办事。只有如此，我们的同志才能立于不败之地，党的各项工作，包括落实政策的工作，才能做好，我们的事业才是不可战胜的。

卫生部部长钱信忠率领中国卫生代表团一行前往丹麦进行友好访问

4月22日

国务院副总理李先念在北京会见奥古斯塔斯·霍金斯众议员率领的美国众议院教育和劳工委员会议员团

李先念副总理回答了美国客人提出的关于中美贸易往来和文化交流以及当前国际形势等方面的问题，并向他们介绍了我国劳动就业情况和经济形势。

美国驻中国大使伍德科克参加了会见。

会见时在座的有中国人民外交学会秘书长谢黎、外交部美大司司长韩叙。

《人民日报》发表评论员文章《永远保持共产党人的高贵品质》

一个党员干部处理问题，是从人民的利益出发，全心全意为人民服务，还是专为自己着想，甚至侵犯人民利益，这是衡量这个干部有无党性，是共产党作风还是国民党作风的一个重要标志。河北省军区顾问郑旭煜同志占据私人住宅，长期不还，情节恶劣。北京军区和河北省军区根据中央有关文件和地方的强烈要求，多次做工作，要郑旭煜同志退还住房，但他置若罔闻，拖了7年之久，至今不退。这种只管自己方便，不顾党纪军令，不顾党的政策，不顾群众疾苦的坏作风，激起群众的强烈义愤。从这件事情看，郑旭煜同志丧失了共产党人应有的全心全意为人民服务的高贵品质，给党的威信造成了很不好的影响。

郑旭煜同志是长期做政治工作的领导干部，对于落实党的政策，归还私人住宅，应该是明白的，但为什么拒不执行呢？说穿了，无非是以为自己参加革命时间长，资格老，职位高，别人不能把我怎么样。不错，郑旭煜同志是个参加革命时间较长的老同志，对革命有过贡献。正因为如此，党和人民给了他一定的地位和荣誉。但是，作为党教育多年的老同志，能以此作为资本，违背党的优良传统，做有损于群众利益和有损于党的威信的事吗？

毛泽东同志说：“你资格老，几十年，那是真的。可是，你有一天办了一些糊涂事，讲了一篇混账话，人民还是不谅解你。”毛泽东同志的话，很值得大家，特别是有这种错误的同志深思。老干部是党和国家的宝贵财富，在过去的战争年代，出生入死，为人民的解放事业作出了重要贡献，这是人民群众永远不会忘记的。但是，这些老干部决不能把自己的光荣历史当作包袱背起来，忘记为人民服务的宗旨，靠老资格吃饭。粉碎“四人帮”以后，在新的征途上，他们更应当恢复和发扬党的光荣传统，严以律己，坚持原则；不要前半生是艰苦奋斗的，后半生不那么艰苦，不那么奋斗了。保持晚节，对任何一个老干部都是重要的。我们党的干部，特别是领导干部和老干部，要以身作则，以自己的模范行动教育和影响周围的同志。只要我们党的干部坚持党的优良作风，言行一致，表里如一，就会得到群众的拥护。毛主席、周总理、朱委员长等老一辈无产阶级革命家为我们作出了光辉的榜样，我们应该向他们学习，无限热爱人民，热爱党，活到老，学到老，改造到老，为人民做一辈子好事。

林彪、“四人帮”一伙践踏党纪国法，严重败坏了我们党的优良作风，损害了党的威信，削弱了党的战斗力，这是沉痛的历史教训。我们进行四化建设的一个重要的问题，就是整顿党风，严肃党纪，把党风搞正。1942年，毛泽东同志在《整顿党的作风》的报告中指出:"只要我们党的作风完全正派了,全国人民就会跟我们学。党外有这种不良风气的人,只要他们是善良的,就会跟我们学,改正他们的错误,这样就会影响全民族。"毛泽东同志这些话的重大意义,人们不会忘记,郑旭煜同志理应有所领会。

党风要正,必须从领导干部,特别是从高级领导干部做起。党的领导干部作出好样子,风气正了,一般党员的不正之风就容易纠正。全党的风气正了。民风才能正,社会风气才能正,实现四个现代化的宏伟目标才能有可靠的保证。我们殷切希望郑旭煜同志珍重自己的战斗历程,总结自己的经验,幡然悔悟,改正错误,同大家一起来维护群众的利益,维护党规党法,纠正不正之风。

《人民日报》转载4月21日《中国青年报》社论《敬告父母们不要贻误子女前途》

天下做父母的谁不疼爱自己的子女。高尔基说过:"爱孩子,这是母鸡也会的事。可是,要善于教育他们,这就是国家的一桩大事了。这需要有才能渊博的生活知识。"我们的孩子是革命的后代,究竟怎样才是真正的疼爱?这里有两种截然不同的回答。

一种是爱子又教子,让自己的子女在艰苦的环境和条件下经受各种锻炼和考验,使他们了解人民的疾苦,体会人民的思想感情,激励他们奋发图强的革命精神,培养他们坚忍不拔的顽强意志,增长他们解决实际问题的才干。这样,才是真正的疼爱,才能造就大有出息的革命后代。我们老一辈的无产阶级革命家从来就是这样做的。毛主席40年代把儿子毛岸英送到农村劳动,向农民学习,50年代又支持岸英到战火纷飞的朝鲜抗击美帝国主义侵略,最后英勇牺牲。周总理要侄女周秉建到基层去,到农村去,他说:"我自己没有孩子,但要教育侄子侄女走这一条路。"董老给孩子写下了"我意亦云然,世为农人好"的诗句。陈毅同志也教育儿子"人民培养汝,一切为人民"。

还有另一种态度,就是一味地让子女吃好的、穿好的,尽量给子女以舒适的环境和条件,让子女守在自己的身边,认为这样就是疼爱。至于自己的子女能不能做个革命的好后代,却不去操心,结果使子女滋长骄娇二气,吃不了苦,受不得挫折,没有实际的能耐。

很早以前,古人就总结造就人才的经验。孟子说:要使一个人能够担当重大的任务,"必先苦其心志,劳其筋骨,饿其体肤"。在阶级社会里,教育总是为一定的阶级服务的,然而封建阶级的某些教育方法,仍然有借鉴的价值。"院子里蹓不出千里马,温室里长不成栋梁材。"这是符合客观规律的,是有根据的。古今中外,一些有杰出成就的政治家、科学家、艺术家,无不经过艰苦的磨炼和考验。唐代大诗人杜甫不屈服于李林甫、杨国忠这帮欺上压下的奸臣,结果连做微小的谏官也被革职,根本不能实现自己的政治抱负。穷困的生活没有挫伤他的意志,倒是成了杜诗丰富内容的源泉,鲁迅先生因为抨击国民党的反动统治,政治上生活上都受到迫害,他不屈不挠地坚持战斗,使自己从一个进化论者变成一个共产主义者。被誉为"发明之王"的美国大科学家爱迪生,从小家里很穷,做过报童,曾被车长打聋了一个耳朵。可是他孜孜不倦地搞科研,发明了电灯。到他去世,他搞的发明创造已经超过一千种。

甚至少数较有远见的封建王朝的统治者和资产阶级政治家,也是让子女出去经霜傲雪,闯出自己的生活道路来。破格连续四次当选美国总统的罗斯福,在得知他儿子放弃许多生活上的权利参加空军部队后,提议全家为这个儿子干杯:"他是我们家中第一个人对美国所受的威胁加以严肃而清醒的考虑,而毅然去投军的。我们都为他感到光荣。"当然,在剥削阶级统治的社会里,这种事例都是个别人的行动,普遍的现象是"一人得道,鸡犬升天"。父母权势越大,钱财越多,子女越骄奢淫逸,胡作非为,最后完蛋了事。

无产阶级以及它的政党中国共产党和所有剥削阶级迥然不同,肩负着创造新世界的伟大历史使命。民主革命胜利之日,只是社会主义革命和建设开始之时,无产阶级革命事业方兴未艾。它的接班人也必须一代胜过一代。过去,在枪林弹雨的戎马生涯中,在新中国成立后大搞三大革命运动的日子里,党锻炼和造就了大批卓越的无产阶级革命战士,积累了丰富的经验。经验集中到一点,就是要使青年在三大革命运动中锻炼成长,把青年的培养教育与锻炼,同国家民族为了改变自己命运的斗争紧密结合在一起。

这里特别要提一下干部子弟。绝大多数干部子弟是好的。"文化大革命"中,许多干部子弟因为父母被关进"牛棚",横遭迫害,严峻的事实使这些青年看清了林彪、"四人帮"摧残革命老干部、妄图复辟资本主义的罪恶行径,于是毅然走向生活,深入群众,使自己的脉搏和人民群众的脉搏跳动在一起,思想觉悟有了较大提高。许多干部子弟,或者在反对林彪、"四人帮"的斗争中冲锋在前,或者在各条战线上作出了可喜的贡献,或者在最近的中越边境自卫还击战中表现了高度的革命英雄主义,为祖国和人民立了功劳。他们在斗争和考验中茁壮地成长起来。可是有些同志,包括一些粉碎"四人帮"后恢复职务和工作的同志,却把已经去农村、基层、边远地区的子女一个一个全都弄回大城市,弄回自己身边。为什么不能让有些子女继续在艰苦的岗位上开花结果,为人民创业立功呢?在我们社会主义社会里,当然不准许搞封建世袭那套名堂。

但世袭制度思想的残余，却还在某些同志的头脑里作祟。他们总想利用自己的权力和影响，为子女安排一个舒适的小天地。这里，我们不由得记起周总理曾经用清朝贵胄子弟（即八旗子弟）的故事，谆谆告诫干部子弟：这些贵胄都是立有战功的清朝开国功臣，自小骑马射箭，能征善战，以后带兵灭了统治中国200多年的明朝，建立起清帝国。可是到八旗子弟就不行了，他们从小娇生惯养，不骑马了，要坐轿，整天提着鸟笼子东游西窜，游手好闲。他们坐吃俸禄，不劳而获，过着骄奢淫逸的生活，堕落成了一群腐败无能的大烟鬼。后来，在帝国主义列强的侵略面前，他们束手无策，一败涂地，屈膝投降，最后丢了天下。周总理这段话今天读来还是那样亲切，对干部子弟和疼爱子女的革命干部，都很有教益。

现在我国正处在伟大的历史转折时期。林彪、"四人帮"横行，耽误了我们十年大好时光，拉大了我国科学技术与一些发达国家的差距。我们要举国上下、同心同德，克服林彪、"四人帮"造成的困难，建设社会主义现代化强国，让古老的大地焕发绚丽的青春。最终完成这个任务，还是要寄希望于青年一代，培育千百万革命事业接班人。革命道路总是崎岖曲折的，只有不畏艰险，勇攀高峰，才能受到锻炼，适应革命的需要。广大青年要志在四方、艰苦创业。当年早就把自己的一切献给党的革命干部，要教育子女继承和发扬这种崇高的献身精神，自觉地抵制特殊化作风。如果一定要说干部子弟有什么特殊，那就应该像周总理教导的这样："你们就只能在多做工作这一点上特殊。"通过不合法途径把子女调回城市，安排称心如意的工作，只能使子女磨灭革命意志，助长特殊化思想，看似爱，实是害，既贻误子女前途，又损害党和人民的利益，给社会造成很坏的影响。

我们热忱地希望父母们，特别是身为革命干部的父母们发扬光荣传统，疼爱子女要以革命利益为重，支持他们服从国家统一分配，哪里需要就到那里去；教育他们永远和人民群众同甘苦；引导他们关心国家大事，为实现四化贡献自己的一切力量。这是子女们的前途所在，也是社会主义事业的前途所在。

建材部部长宋养初谈如何加快发展建材工业的问题

新华社报道，最近新华社记者就加快发展建材工业问题访问了宋部长。

问：发展建材工业对国民经济有哪些重大意义？

答：建材工业是国民经济的一个重要原材料工业部门和基础工业部门。它不仅为工农业基本建设、国防建设、城乡人民的住房提供主要建筑材料，而且为国民经济各部门以及国防尖端工业提供许多必需的非金属材料。

目前，由建材部归口管理的产品有300多种。它们大体可分三大类：第一类是建筑材料，如水泥、平板玻璃、建筑卫生陶瓷、油毡、砖瓦灰砂石和各种砌块、加气混凝土、石膏板等新型建筑材料，以及水泥压力管、水泥电杆、水泥轨枕等产品。第二类是非金属矿及其制品，如石棉和石棉制品，云母和云母制品，金刚石、石墨、石膏、滑石、瓷土等。第三类是各种新型非金属材料，如玻璃纤维、玻璃钢、工业技术玻璃、防弹玻璃、石英玻璃、人工合成晶体、铸石、特种陶瓷等。这些产品分别具有抗腐蚀、耐高温、耐摩擦、强高度、体轻、使用寿命长等优点，在一定范围内使用效果优于钢铁、木材和棉麻制品，因此不仅可以代替钢铁、木材和棉麻丝毛，而且是发展冶金、电机、化工、石油和国防工业等部门必不可少的原材料。

要搞四个现代化，建设大量的矿山、工厂、电站、铁路、公路、港口、农田水利工程以及各种文化、教育和生活福利设施等等，这就需要大量的各种各样的建筑材料。目前我国建材工业还很落后，建材产品无论在数量、质量和品种上，都远远不能满足经济建设的需要，供需矛盾十分突出。许多重要建设工程由于缺乏建筑材料而延迟了进度；由于水泥、砖瓦、平板玻璃等产品严重短缺，影响了城乡居民住宅的建设。因此，大力发展建材工业，是促进工农业生产和建设的需要，改善人民生活的需要，也是加强我国国防建设的需要。这是直接关系到四个现代化的大问题。

问：大力发展建材工业，必须采取什么措施？

答：以华国锋同志为首的党中央和国务院，对建材工业十分关怀，十分重视，明确指出：发展国民经济，实现四个现代化，燃料、电力要先行，交通运输要先行，建筑材料工业也必须先行。中央这一指示，高度概括了建材工业在整个国民经济中的重要地位和作用。建材工业必须先行，这是新中国成立三十年社会主义建设经验的科学总结，是客观经济规律的反映，是不以人们的意志为转移的。

要使建材工业做到"先行"，我们希望国家在编制发展国民经济的年度计划和长远规划时，要充分考虑到建材工业发展的需要，也希望有关部门大力支持。就我们本身来说，要做的工作很多。一是要继续大搞革新、改造、挖潜，充分发挥现有企业的作用。凡是没有达到设计能力的大中型企业，都要尽快努力达到。所有建材企业都要发动群众，采取有效措施，努力加强经营管理，不断提高技术水平和管理水平。要大力开展以提高质量为中心的增产节约运动，大抓经济核算，讲求经济效果，努力提高劳动生产率，不断降低成本，扭亏增盈。二是要在扩大再生产上大做文章，即狠抓建材基本建设。按照国家计划,建设一批骨干大厂,同时改造一批小厂,迅速扩大新增生产能力。新建大型企业,要尽量采用新工艺、新设备。凡改造、扩建的小型企业,可采取逐步填平补齐的办法,而且务必有可靠的资源条件。基本建设一定要集中力量打歼灭战,并切实做好地质、设计、材料、设备、施工力量、生产准备等方面的准备工作,严格按基建程序办事,以确保按计划建成投产,并迅速发挥生产能力。

为了多快好省发展建材工业,还要有计划地引进一些必要的先进技术装备和专利,以提高我们的产品质量和技术水平,同时也为我们自力更生制造建材机械创造条件。

问:建材工业怎样贯彻"调整"的方针?

答:由于林彪、"四人帮"的干扰破坏,造成我国国民经济比例严重失调,致使建材工业长期上不去,成为国民经济中一个突出的薄弱环节。在调整期间,要尽快改变建材的落后面貌。当前,建材产品仍然是有缺口的,所以要加快发展的步伐,同时为了适应调整以后国民经济发展的要求,更要使建材工业先行一步,以保证基本建设和其他工业的需要。

建材工业是一个多品种、多行业部门。我们一定要根据实际需要和可能,重新合理部署建材工业的生产和基本建设。凡国家特别急需而缺口较大的产品,如水泥、平板玻璃和国防尖端用的各种新型非金属材料等,要在生产、建设条件上给予优先保证。特别要大力推广和采用各种新型墙体屋面材料,这是实现我国建筑业现代化的必由之路。目前我国墙体屋面材料的构成中,老材料仍占绝大部分。因此,要大大加快新型材料的发展速度,尽快建成一批新型材料的生产基地。

在基本建设方面,要对现有项目进行一次全面清理。凡是资源条件不落实的,建成后燃料、动力、运输没有保证的项目,坚决停建。这样做,有利于集中力量打歼灭战,使一批重点项目尽快建成投产,形成生产能力。

地方办的小水泥厂是"五小"工业之一,近年来发展很快,目前产量已占全国水泥总产量的60%以上,对支援农田水利和地方工业建设起了很大作用。但发展中也存在一些问题,主要是有一些企业产品质量低,成本高,亏损严重;还有些缺乏原料资源,运输条件很差。对这些小水泥厂要区别不同情况加以调整、整顿。凡是各方面条件都好,有发展前景的小水泥厂,要积极加以改造,在工艺设备上成龙配套,使之不断扩大生产能力,提高质量,降低成本。

问:建材工业能不能增加出口产品?

答:能。为了给国家多创外汇,我们要努力扩大建材产品的出口。

我们建材产品出口潜力很大。生产水泥、玻璃、建筑卫生陶瓷等出口建筑材料所用的原料,我国到处都有,储量十分丰富。国际市场所需的非金属矿原料,如石棉、滑石、石膏、石墨等,我国的储量也很丰富,都占世界首列。我国大理石储量和花色品种之多,更占世界首位。只要扩大开采和加工,就能有充足的货源。

建材产品换汇率高,扩大出口很合算。按换汇率折算,1平方米大理石相当于100斤苹果;1吨石棉相当于1吨白糖或1.5吨橘子;1吨石棉制品相当于1吨猪肉。扩大建材产品出口不会影响人民生活,对国家、对人民都是很有利的。目前建材产品的出口还不到国家总出口额的1%,比例还很小,应该再增大一些。

总之,出口建材产品是大有可为的。我们希望各省、自治区、直辖市建材主管部门切实重视起来,争取各有关部门的支持,采取有力措施,把这项工作抓好。我们也正考虑和一些友好国家的企业采取补偿贸易或合资经营的办法,开办企业,扩大出口。

教育部在北京召开全国中小学思想政治教育工作座谈会确定加强思想政治教育工作任务

教育部4月22日至5月7日召开的全国中小学思想政治教育工作座谈会期间,中共中央政治局委员、国务院副总理方毅到会同代表们进行座谈,并且作了重要讲话。中共中央政治局委员、中共中央宣传部部长胡耀邦听取了会议情况的汇报,并对加强中小学思想教育工作,提出了重要意见。

会议期间,代表们分析了当前全国中小学,特别是中学生的思想状况。大家认为,粉碎"四人帮"以来,经过一系列的工作,我国广大青少年的思想政治面貌发生了很大变化,中小学生学习积极性提高了,组织纪律性加强了,学雷锋、争"三好"、做好事的人多了,学校的正常教学秩序初步恢复了;绝大多数中小学生在思想政治方面的表现是积极向上的、健康的。发展趋势越来越好,这是主流。但另一方面也必须看到,当前在有些青年学生中,由于"四人帮"的流毒尚未肃清,和社会上的一些不良风气的影响,思想问题较多。个别的人甚至违法犯罪。这表明,在意识形态领域里,仍然存在着无产阶级思想和资产阶级思想争夺青少年一代的斗争,必须引起各方面的高度重视和认真对待,并且要抓紧解决。会议强调指出,这些问题解决得如何,对青少年的成长,关系极为重大。这一代青少年再过10年、15年或更长一段时间,将成为无产阶级革命事业的接班人、建设四个现代化的主力军。能否把他们培养成具有坚定正确的政治方向、德智体全面发展、又红又专的人才,是关系到社会主义现代化建设,关系到党和国家前途命运的大问题。青少年学生思想比较活跃，愿意思考问题，有它积极的一面。同时，青少年的思想还没有定型，具有可塑性。只要我们加强教育，循循善诱，重在启发引导，按照青少年思想发展规律办事，一定能够把青少年的教育工作搞好。

会议认为，当前，我国中小学思想政治教育的任务是：坚持兴无灭资的方针，保证党的教育方针的贯彻执行，使学生在德、智、体三方面都得到全面发展，形成勤奋学习、遵守纪律、热爱劳动、助人为乐、艰苦奋斗、英勇对敌的革命风尚，把青少年培养成为热爱社会主义祖国、忠于无产阶级革命事业，有远大革命理想，有共产主义道德品质的一代新人。会议明确指出，目前中小学思想政治教育的重要内容，就是要对中小学学生集中地进行坚持社会主义道路，坚持无产阶级专政，坚持党的领导，坚持马列主义、毛泽东思想的四项基本原则的宣传教育，并结合进行革命理想和共产主义道德品质教育。

会议指出，加强中小学的思想政治工作，必须建立一支坚强的队伍。现在，我国中小学已经有了一支以政治课教师、班主任、团干部和少先队辅导员为骨干的思想政治教育工作队伍。他们和广大教师、干部一起，为教育好青少年一代，付出了辛勤的劳动，在工作中作出了优异的成绩，受到了人民群众的赞扬。但是，由于林彪、“四人帮”的长期破坏，这支队伍不同程度受到了影响，现在需要充实、加强和提高。代表们认为：中小学生的思想政治教育工作，不但要依靠专门队伍去做，而且必须依靠全体教师、干部、人人动手去做；不仅教育部门要做，而且各有关部门、社会各个方面和每个家庭都应该去做。会议希望，在各级党委领导下，共青团、工会、妇联、青少年校外教育组织，文化、出版、体育、卫生、公安等部门，以及有关的报刊，能够通力合作，积极配合，从不同的方面支持、协助教育部门和学校做好中小学思想政治教育工作，为培养和造就具有社会主义觉悟的一代新人共同努力。

会议期间，代表们总结、交流了中小学思想政治教育工作的经验；研究了在全党工作着重点转移的新形势下，如何恢复和发扬革命的优良传统，改进和加强思想政治教育工作的要求和措施；讨论了《中学生守则》和《小学生守则》的草稿。

教育部部长蒋南翔在会议讲话中，谈了当前中小学教育工作中应当注意的问题。蒋南翔说，应当联系华国锋同志提出的要极大地提高整个中华民族的科学文化水平这一伟大历史任务，全面理解中小学教育的培养目标。中小学承担着双重任务。它既要为高一级学校输送合格的学生，又要为整个社会输送优良的劳动后备力量，二者不可偏废。他说，现在有不少学校单纯追求升学率，把生分为“快”、“慢”班，对“快”班加学时、加重负担，造成师生过分紧张，对“慢”班放任自流、不负责任，这种只面向小部分学生，忽视大部分学生的做法，是不符合党的教育方针的。评价一个学校，不仅看它的升学率高低，更要看它培养的绝大多数学生是否成为优良的劳动后备力量。蒋南翔还讲了学校教育要坚持“三好”原则的问题。他说，既要教育学生认真学习，又要注意中小学生正是长身体的时候，不要过分加重负担影响学生的健康。应当教育学生努力做到思想好、学习好、身体好。蒋南翔最后强调，应当尊重教师的工作。他还殷切希望全体教师要进一步解放思想，在教学工作中充分发挥主导作用，不断提高革命责任感，提高自己的政治和业务水平，既教书，又教人，为提高全民族科学文化水平的光荣事业作出应有的贡献。

各省、自治区、直辖市教育局主管思想政治教育工作的负责人，部分中小学的党支部书记、校长、教师以及一些基层干部出席了这次座谈会。教育部副部长张承先主持了座谈会，并在会议开幕、闭幕时讲了话。

渡江胜利纪念碑落成典礼在南京举行

南京部队和江苏省、南京市党政机关干部、各界群众共1万多人，参加了为纪念中国人民解放军渡江战役胜利30周年而兴建的“渡江胜利纪念碑”落成典礼落成典礼。

渡江胜利纪念碑坐落在南京城西的热河路广场。纪念碑造型像一艘乘风破浪、奋勇前进的帆船。邓小平副主席题写的“渡江胜利纪念碑”7个金色大字，镶嵌在碑座南面的花岗石上。碑座北面，镌刻着鎏金的毛主席的《七律·人民解放军占领南京》一诗手迹。

南京部队第一政委廖汉生、中共江苏省委书记胡宏等参加了纪念碑落成典礼。南京部队司令员聂凤智，江苏省书记、南京市委第一书记储江在落成典礼上讲了话。

参加纪念碑落成典礼的，还有当年参加渡江战役的战斗英雄和支前民工。于1949年4月23日率部队起义的原国民党海军第二舰队舰长、现任中国人民解放军海军指挥学校副校长吴建安也参加了落成典礼。

4月23日

国务院副总理李先念在北京会见爱尔兰工商能源部长德斯蒙德·奥马利率领的爱尔兰政府贸易代表团

李先念副总理对爱尔兰共和国第一个官方代表团的来访表示热烈欢迎。奥马利部长告诉李副总理，他在北京就发展爱中两国之间的贸易关系和其他方面的友好关系同外贸部部长李强和外交部部长黄华进行了非常有益的讨论。李副总理表示中国愿意同爱尔兰发展友好合作关系。他还向爱尔兰朋友介绍了中国的情况。我国外贸部副部长崔群等参加了会见。

会见后，李先念副总理接受了随同代表团来访的爱尔兰新闻记者的采访，回答了他们提出的问题。

《人民日报》发表评论员文章《坚持社会主义 打击贪污盗窃》

王守信和她的一伙，是破坏社会主义，走资本主义道路的罪犯。这个案例是很典型的。为什么在这么长的时间内这一伙能够肆无忌惮地横行不法，鲸吞国家财产达数十万元之多？又为什么从省到地、县各级领导机关，都有人为这个大贪污盗窃犯开绿灯，使她通行无阻，甚至同她上下其手，里应外合呢？这是很值得深思的。我们应当从这个贪污集团案件中吸取深刻的教训：要坚持社会主义道路，就要同资本主义破坏活动进行斗争。

第一，必须认真整顿党风，解决党内思想不纯的问题。

由于林彪、“四人帮”的干扰破坏，十几年来党风不正，社会风气被败坏了。一些人口头上讲阶级斗争，实际上忘记了坚持社会主义道路；有些人头脑里仍然是“私”字当头，什么共产主义理想，什么大公无私，什么党和人民利益高于一切，早已抛弃了，办事不讲党的方针政策，不讲原则，而是讲关系，讲面子，讲人情，讲私利。请客送礼成了办事的公开手段，行贿受贿既不受谴责、制止，也得不到党纪国法制裁。艰苦奋斗、廉洁奉公、遵纪守法这些党的优良传统和共产党员固有的品德，在一些人的观念中日益淡薄了，而资产阶级“金钱万能”、“有钱能使鬼推磨”一类的市侩哲学，竟然在我们共产党内和革命队伍里有了市场。有的领导干部对王守信打来的糖衣炮弹，不是坚决顶回去，而是心安理得地欣然接受，甚至还厚颜无耻地伸手去要，这就为王守信这类资产阶级分子提供了非法活动的条件。

难道不是这样吗？王守信事件中，有的领导干部，为什么中了糖衣炮弹呢？不正是一种贪图安逸、追求享受的资产阶级思想作祟吗？“一想自己二想家，三想孩子干点啥”，心里老在盘算：怎样吃得好一点，住得舒服一点，把孩子安排得顺心一点。王守信就是抓住这种心理状态，投其所好，送其所需，然后牵住你的鼻子为她所用。你想吃得好吗？鸡、肉、鱼、蛋、名酒好烟都给你送到家里；或者请你到山清水秀的白石港，专门招待你吃鲜鱼、野味，临走还给你塞满汽车；你想住得舒服吗？这里有房子，还有成套的新式家具供给你使用；你想给孩子找个好出路吗？那就把孩子转到特种知青点来，可以“曲线回城”、“定向安排”。王守信就是采取这种“掏心战”，把一些干部拉下了水。王守信成了他们的座上客，他们成了王守信的保护伞。我们可以看到，资产阶级糖衣炮弹对我们党的肌体，对我们的革命队伍，有多么严重的腐蚀作用，危害性又是多么的大！如果我们丧失警惕，不经常注意进行反腐蚀的斗争，像王守信这样的“癌细胞”就会不断地扩散，其后果将不堪设想！

第二，必须加强党的建设，解决组织不纯的问题。

王守信在旧社会是个生活放荡，很不正派的女人，为什么“文化大革命”中竟能混进我们党内，窃取了一个社会主义企业的领导权，十年中，全家6人入党，7人当官，成了一个拥有万贯家财的暴发户？这难道不是暴露了我们组织工作方面存在着严重的问题吗？王守信是在林彪、“四人帮”的极左路线下，靠“造反”起家的。她凭借帮派势力打开局面，并得到县委一个主要负责人的支持，夺了燃料公司的领导权，取得合法身份，被突击入党、突击提干。在她把持了燃料公司领导权后，排除异己，培植亲信，进行家长式统治。

王守信这个家伙成为暴发户，是帮派势力代替了党组织、“长官意志”代替了党的原则、歪风邪气代替了党的优良传统作风的产物。它暴露了我们有的组织、人事、纪检、政工部门严重不纯，有的混进坏人，有的被人腐蚀，助纣为虐，使王守信这一类不法分子得以钻进党内，掌握了一些部门的实权，从而互相包庇，互相利用，犯罪活动逐步升级，越来越猖狂，最后达到登峰造极的地步。

第三，必须反对官僚主义作风，倾听人民群众的意见和呼声，解决作风不纯的问题。

1972年以来，群众曾写过大量的检举信，揭发王守信贪污、行贿和挥霍浪费等问题。对人民群众的这些检举揭发材料，县委都是书记批给主管主任，主管主任批给科室，谁也不提具体意见，也没有人过问，最后都是不了了之。这种情况暴露了我们有些党组织对人民群众的意见和呼声，采取了多么不能容忍的玩忽态度！

尤其令人愤慨的是，有些领导干部还对检举人压制和打击，支持和纵容王守信对检举人进行报复。1976年秋，有一封没有署名的信，揭发王守信一伙送礼、行贿的问题，县纪律检查委员会的一个副主任，竟把这封检举信交给王守信本人。王连夜查对笔迹，在公司内查找检举人，把所怀疑的6个人送进反省室，施行体罚，最后还“清洗”了10名职工。像这类干部把持纪检大权，人民群众的民主权利怎能得到保障，王守信这类坏人怎能不越来越嚣张呢！

此外，从经济工作方面来看，我们的企业如果不认真进行整顿，如果不能有效地解决经营管理上的混乱，真是不得了。王守信案件的形成，也是林彪、“四人帮”破坏企业管理的一个恶果。这个公司从王守信当权以来，班子乱，管理乱，账目乱，物价乱，所属三个门市部，收入不下账，固定资产不登记，煤炭随意赊销，资金任意支取。王守信一伙就利用这个，乱中抓钱。同案犯孙锡印，既开票，又收款，又记账，又付煤，一人身兼4职，为所欲为。王守信把持下的燃料公司门市部，以次充好，“出口成价”，把贪污的巨款转嫁到用户头上。在长达7年的时间内，财政、银行部门对这个公司的财务工作没有进行过认真检查。这个公司近8年来有80万元的现金没有向银行回笼；在查获的赃款中，竟有60多捆是没有打开过的新票，共5.6万元。由于各个环节上也存在不少管理混乱、漏洞百出的情况，给了王守信一伙以可乘之机。这些问题如不解决，类似的事情还有可能发生，我们应当引起高度的警惕。

中联部部长姬鹏飞在北京会见以比利时“一切权力归工人”中央委员会主席吕多·马顿斯为团长的比利时代表团

中宣部部长胡耀邦在北京会见以罗马尼亚广播电视台总台长瓦列留·波布为团长的罗马尼亚广播电视代表团

中国意大利在罗马签订经济合作协定

中国外贸部部长李强和意大利外贸部部长斯塔马蒂分别代表本国政府在协定上签字。

中国驻意大利大使张越参加了签字仪式和会谈

解放军副总参谋长伍修权在北京设宴欢迎由巴基斯坦国防学院教务主任赛义德·穆拉德·阿罕默德·凯立率领的巴基斯坦国防学院代表团

文化部在北京设宴欢迎由埃及教育文化和科研部长哈桑·伊斯梅尔率领的埃及文化代表团

4月24日

《人民日报》发表特约评论员文章《打开思想政治工作的新局面》

在全党工作着重点转移之后，还要不要加强思想政治工作？怎样做好思想政治工作？议论这些问题的人越来越多。

不久前，有位从事技术工作的同志，给一家报纸写了一篇文章，倾诉了自己对思想政治工作的关心，提出了改进的意见。他说：“很希望今后在蓬勃开展的现代化经济建设中，出现生动活泼的受群众欢迎的思想政治工作。”

这话讲得好，反映了群众的愿望和呼声。在新长征中，我们党的思想政治工作，不是可以削弱，而是应当做得更生动活泼，做得更好，更有成效。

我们要批判林彪、“四人帮”对政治工作的破坏，而不是否定政治工作本身

政治工作是党的一切工作的生命线。我们的思想政治工作在广大群众中历来有很高的威望。但是，在一个时期里，政治工作却令人望而生畏，听而生厌。这是为什么？就是由于林彪、“四人帮”的破坏。

林彪这个野心家就是以“突出政治”起家的。他自称“兴趣在政治”，以政治工作的权威自居，拼凑了一套唯心主义形而上学的体系。林彪垮台以后，“四人帮”把林彪“突出政治”的衣钵全盘继承下来，并且加以发展。他们的“政治工作”，一条是搞反动政治，整干部，整群众；另一条是搞空头政治，冲击一切社会主义事业。由于林彪、“四人帮”的破坏，政治工作的优良传统被抛弃了，政治工作的崇高声誉被糟蹋了。这是党和军队政治工作方面极其惨痛的教训。

粉碎了“四人帮”，党的政治工作也得到了挽救。只有彻底批判林彪、“四人帮”的反动政治和空头政治，才能恢复政治工作的优良传统，使政治工作在新的长征中发挥出更大的威力。如果以为批判了林彪、“四人帮”，政治工作就不“吃香”了，或者以为工作重点转移到现代化建设上来，思想政治工作就不那么重要了，都是极端错误的。

在社会主义现代化建设中，我们面临多方面的复杂繁重的任务，思想政治工作应当在团结全党和动员全国人民实现四化方面发挥强大的威力。我们集中精力搞四化，决不是说从此就天下太平，没有任何斗争了。就国内来说，阶级斗争还存在。思想领域兴无灭资的斗争，还将是长期的任务。个人利益和集体利益，局部利益和整体利益，眼前利益和长远利益，还会常常发生矛盾。官僚主义、主观主义、无政府主义和小生产的习惯势力都会影响四化的进程。就是工人阶级自身，也“不能用神术，不能遵照圣母的意旨，不能遵照口号、决议、法令的意旨，一下子摆脱自己的小资产阶级偏见”。(《列宁全集》第31卷第95页)党的路线、方针、政策的贯彻，社会改革、经济改革、工作方式和生活方式的改革，都会遇到以各种不同形式出现的阻力。社会主义建设仍将是在充满着矛盾和斗争的复杂条件下进行的。这种矛盾和斗争，大量的是属于人民内部的是非问题，属于思想问题，最主要地要通过强有力的思想政治工作去解决。

林彪、“四人帮”鼓吹“精神万能”，说什么精神力

量可以“代替”甚至“超过”物质力量，因而政治可以冲击一切。这是错误的、反动的。但是，不能因此就走向另一个极端，认为精神的作用微不足道，思想工作可有可无。我们批判唯心论，是为了坚持辩证唯物论。为了调动人们的社会主义积极性，必须把社会主义事业同个人的物质利益联系起来，实行按劳分配、多劳多得的原则；同时必须坚持政治挂帅，思想领先，培养人们的共产主义劳动态度。我们不能完全不顾物质条件，完全离开实际问题的解决，去空谈思想觉悟，但也不能用单纯的物质鼓励去代替思想工作。人总是要有一点精神的。我们搞社会主义，没有远大的理想，没有宽阔的胸怀，没有自我牺牲精神，怎么行呢？这次广西、云南边防部队对越南侵略者进行自卫还击作战中，涌现出大量可歌可泣的事迹。广大指战员、民兵和支前民工不怕牺牲的革命英雄主义精神，是这次战斗取得伟大胜利的重要保证。保卫祖国需要这种精神，建设祖国也要提倡这种精神。我们思想政治工作的重要任务，就是要使浩浩荡荡的建设大军始终保持高昂的斗志，把自己的勇敢、智慧都贡献给宏伟壮丽的社会主义事业。

有的同志一谈到加强政治工作，就想到政治机关要大，政治工作人员要多，政治教育时间要长。如果机关精简了，人少了，时间短了，就认为政治工作不重要了。这是一种糊涂观念。当然，就全党来说，做好政治工作需要一定数量的专门人员，需要一支又红又专的政治工作队伍。但是，今天更需要的是调动各方面的力量，广泛发动群众来做思想政治工作。毛泽东同志说：“思想政治工作，各个部门都要负责任。共产党应该管，青年团应该管，政府主管部门应该管，学校的校长教师更应该管。”(《毛泽东选集》第5卷第385页)这个基本精神当然是普遍适用的。如果把政治工作锁在狭隘的小圈子里，只靠政治机关，只靠少数政工人员，不依靠群众，组织群众一起来做，那必然是冷冷清清、软弱无力的。所以，那种认为只有人多、机关大才显得政治工作重要的同志，恰恰是自己把政治工作看成是少数人的事，因而把它的地位降低了。

新时期思想政治工作的任务和方法

党的政治工作的任务，只能根据一个时期革命和建设的基本任务和当前的具体任务去规定，不能在此之外再有所谓政治工作的独立任务。现在，我们党的工作着重点已经转到社会主义现代化建设上来。因此，动员群众，组织群众，为实现四个现代化而奋斗，就成了党在新时期的一切思想政治工作的中心内容。在这个问题上，我们同样必须坚持实践是检验真理的唯一标准这个马克思主义的原则。

一个部门，一个地区，一个单位，思想政治工作是否有成效以及成效大小，不是看你用了多少人力，搞了多少花样，费了多少时间，而是看那里的群众是否真正动员起来，组织起来，扎扎实实搞好本职工作，看是否有一个安定团结的局面，同心同德搞四化。离开了社会主义现代化建设，思想政治工作就是脱离了最大的实际，就“言不及义”，就会走偏方向。

思想政治工作要紧紧围绕实现四化这个中心，这一点越来越多的同志明确了。当前的问题，是如何紧密结合业务工作把思想政治工作真正做得细致一些，扎实一些，使它真正成为推动四化前进的巨大力量。这是摆在政治工作人员和全党面前的课题。

要深入到群众中去，坚持群众路线。党的思想政治工作，就是做群众的工作。哪里有群众，就把思想政治工作做到那里去。从思想政治工作的方针任务到具体的工作作风、工作方法，都要考虑到群众的根本利益，群众的觉悟程度，群众的迫切愿望。这样才能把思想政治工作做到群众的心坎里，才能使我们的思想政治工作在群众斗争的肥沃土壤中生根、开花、结果。

在社会主义建设过程中，思想政治工作经常的大量的事情是处理人民内部矛盾。“什么叫正确解决人民内部矛盾？就是实事求是，群众路线。归根到底就是群众路线四个字。”(《毛泽东选集》第5卷第454页)我们思想政治工作的优良传统之一，就是善于走群众路线，发动各方面的力量做思想政治工作，依靠群众的力量做思想政治工作。领导干部和政治工作人员要经常深入群众，了解群众的思想情绪如何，他们在想什么，关心什么，他们工作和生活上遇到什么问题和困难，群众和领导之间、群众和群众之间的关系上有哪些不正常的因素，等等，及时加以解决。这样的政治工作，群众怎么会不鼓掌欢迎呢？如果成天待在办公室里，不到实践第一线去，不同群众交朋友，不了解群众脉搏的跳动，思想政治工作就一定要脱离实际，无的放矢，不仅不能把群众中的积极因素调动起来，把消极因素化为积极因素，有时还会适得其反，把群众的积极性和生气勃勃的创造力给挫伤了、压抑了。群众讨厌这种思想政治工作，是可以理解的。

要实事求是，对具体问题具体分析。思想政治工作是做人的工作，要有的放矢，要对症下药。人的思想是复杂的，一个人把自己的思想问题和盘托出，也不那么容易。所以，做思想工作首要的基本功，是善于了解和分析思想。主观主义、想当然，就违反了做好思想政治工作的起码要求。

解决思想问题，要采取多种多样的方法，要作报告、上大课，还要特别注意做个别人的工作。同样性质的问题，发生在不同人的身上，都会表现其特殊性；犯同类性质的错误，不同的人也会有不尽相同的原因，因此，要具体分析，区别对待。领导同志和政治工作人员，要经常同群众个别谈话,促膝谈心,交流思想,这是我们的好传统。1929年12月中国共产党红军第四军第九次代表大会决议案中就专列了“个别谈话”一项,针对每个人的具体情况,做深入细致的工作。可是多年以来,这种好的做法渐渐丢掉了,个别谈心少了,一般化、形式主义成了一种通病,这是我们思想政治工作不能发挥应有效力的重要原因之一,现在是下决心改变这种状况的时候了。

思想工作中确实有个反倾向的问题。经常注意研究思想动向,透过现象抓住问题的本质,及时加以纠正,这是思想政治工作非常重要的任务。但是,当我们确定一种思潮的性质的时候,是指这种思潮的总的倾向。而对于每一个有这样那样错误思想的人,则一定要作具体分析。不要动不动就上纲上线,就说人家是什么“主义”,什么“分子”。对于思想上或工作上的问题,更要作具体分析,是缺点就是缺点,是错误就是错误,不要轻易说成是什么“左”倾或右倾,更不要随便当作错误路线去反对。林彪、“四人帮”破坏了思想政治工作的优良传统,混淆两类不同性质的矛盾,大搞极左,它的恶劣影响之一,就是在一部分同志中形成了一种习惯势力,遇到问题不动脑子,不作具体分析,而是任意上纲,以为这样就是“原则性强”。其实恰恰相反,丢掉了实事求是这个马克思主义的根本原则,还有什么原则性可言?在实际生活中我们看到,一些本来很简单的问题搞复杂化了,一些本来是非对抗性的矛盾搞成对抗性的了。我们一定要总结和吸取这方面的经验教训。

要善于做好引导工作。无产阶级是最有前途的阶级。我们的目标是在全世界实现共产主义,它不仅是人类最美好的理想,而且是社会发展不可抗拒的客观规律。所以,恩格斯说:“未来是属于我们的。”(《马克思恩格斯全集》第36卷第310页)列宁说:“我们是未来的党。”(《列宁全集》第11卷第338页)面向未来,为实现伟大理想而奋斗,这是我们无产阶级世界观的基本特征。我们的思想政治工作,就是要通过各种形式,经常不断地教育群众,引导大家向前看,把群众的注意力吸引到朝着共产主义的远大目标,为完成各个时期党和政府提出的工作任务上来。从一定意义上说,思想工作就是引导工作。

在建设四化的过程中,我们要坚持社会主义道路,坚持无产阶级专政,坚持党的领导,坚持马列主义、毛泽东思想,当前我们要对国民经济进行调整,都需要做大量的思想引导工作。一个时期要做什么,怎么样去做,提倡什么,反对什么,都要通过我们的思想工作,使大家非常清楚。列宁说:“我们不赞成用棍子把人赶上天堂”(《列宁全集》第20卷第58—59页),实际情况确是如此。如果没有深入细致的思想工作去引导,单靠简单的行政手段,甚至强迫命令,是不可能使群众自觉自愿、同心同德为党的事业而奋斗的。

思想工作经常使用的方法,一个是表扬,一个是批评,这都是从不同的角度去做引导工作。对群众中的错误思想,落后的思想,应当进行批评,但是要把着眼点放在教育引导上,满腔热情,循循善诱,既批评了缺点,又保护了革命的积极性,既纠正了错误,又团结了同志。气可鼓不可泄。毛泽东同志说过:“群众也可能犯错误。他犯错误的时候,我们要好好讲道理,好好讲他不听,就等一下,有机会又讲。”(《毛泽东选集》第5卷第452页)这种耐心的引导工作,做起来要费点事,但是它很奏效。如果急躁,图省事,以粗暴的批评代替说理,那就会把好事办糟。

思想政治工作中的学问很多。有的同志说思想工作是一项艺术,是有道理的。在新的长征中我们的思想政治工作是大有可为的。只要我们充分发挥自己的积极性创造性,不仅党的政治工作的光荣传统会在新的历史条件下大放异彩,而且一定会创造出更多新的成功经验。

政治工作干部要发挥模范作用

做好新时期的思想政治工作,是全党的事情。受党的委托专门从事政治工作的同志,更负有特殊重要的责任,要学习的东西很多,要做的工作很多。这里,应当着重提一下政治工作人员本身的模范作用问题。

我们思想政治工作的威力来自两个方面。一个是,我们坚持用马列主义、毛泽东思想来回答和解决各种思想问题。还有一个,就是我们做思想政治工作的同志本身的模范作用。榜样的力量是无穷的。我们的政治工作干部不仅用革命道理去教育别人,而且首先是以马克思主义的理论和党的原则要求自己,指导自己的言行。要求别人做到的,自己首先做到,即使一时不能完全做到,也要努力去做。这样一种实际的行动,对群众是很有影响力的。我们的思想工作不能使群众信服,产生实际的效果,有时候是我们的道理讲得不对,或讲得不深透,不全面,或者结合实际不够,缺乏针对性;有时候则是我们少数领导干部、政治工作人员模范作用很差,甚至政治机关本身的问题就很多,因而你讲的道理再多,再好,群众也不愿听,听了也不信服。身教重于言教。今天,我们要做好广大群众的思想工作,发挥政治工作的威力,既要注意解决前一个方面的问题,更要解决好后一个方面的问题。

我们党的政治工作,在群众中历来有很高的威信。这种威信,是同我们政治工作人员所具有的优良品质和作风密切相关的。一谈到党的政治工作干部,人们的脑子里很自然地就会浮现出许多生动感人的形象:

在战场上,他们冲锋在前,退却在后,身先士卒,不怕牺牲;在平时,他们吃苦在先,享受在后,联系群众,处处作表率。他们是团结的模范,学习的模范,执行政策和遵守纪律的模范。通过他们的工作,群众感受到党组织对自己政治上的爱护,生活上的关怀。人们也把"群众的贴心人"、"政治上的良师益友"一类的赞语献给他们。我们党正是依靠了这样一大批优秀的政治工作干部的辛勤努力甚至流血牺牲,培育了政治工作的崇高威望。可惜,这种声誉,在林彪、"四人帮"横行的时期,被相当程度地毁坏了。正因为这样,今天发挥政治工作干部的模范作用,更有特殊重要的意义。

过去革命战争和社会主义事业的胜利,都浸透着政治工作人员的心血,党和人民是不会忘记这一点的。今天,在向四个现代化进军的征途中,党对政治工作人员的要求不是低了,而是高了,责任不是轻了,而是重了。我们应该勇敢地肩负起自己的担子,我们要以自己榜样的力量,用群众所需要、所欢迎的实际工作,创造出思想政治工作的崭新局面。

国产电视机产量增加质量提高

新华社报道,记者最近从商业部门和生产部门两方面了解到,我们国产电视机的质量有进步了。

全国电视机的产量,1978年增长了90%,今年第一季度又比去年增长了1倍多,产品的质量普遍提高。电视机的主要部件显像管,现在的寿命比1年前增加了1倍以上。

不久前对全国11家电视机厂11个牌号电视机的测试检验结果表明,它们的元器件、装配质量和图像质量、伴音质量都有提高,选择性、抗干扰能力有了进步,其中一些电视机的图像清晰度接近和达到了国外先进水平。

随着质量的提高,有些牌号的国产电视机在用户中开始享有一定的声誉。比如上海无线电四厂的凯歌牌,上海无线电十八厂的飞跃牌,南京无线电厂的熊猫牌,北京东风电视机厂的昆仑牌,苏州电视机厂的孔雀牌,佛山无线电五厂的金鹿牌,天津无线电厂的北京牌。

目前,我国产电视机数量供不应求,质量上还存在不少问题,稳定性较差,显像管和一些关键元器件的质量指标亟待进一步提高。

国务院副总理耿飚在北京会见由玻利维亚全国记者联合会负责人瓦尔特·蒙特罗率领的玻利维亚新闻代表团

会见时,耿飚副总理对来自西半球的朋友表示热情欢迎。他说:"百闻不如一见。欢迎你们来我国看看,这将促进和加深中玻两国人民间的友谊。"耿飚副总理表示相信,中玻两国的友好关系将进一步发展。

会见时在座的有《人民日报》副总编辑秦川等。

国务院副总理方毅在北京会见以法国国家空间研究中心主任西亚尔为团长的法国空间科学代表团

全国人大常委会副委员长宋庆龄在北京会见并宴请联邦德国友好人士安娜利泽博士

安娜利泽博士于1936年来华,曾在中国福利会等机构工作,为中国人民的解放事业做过许多工作。新中国成立后,她对增进中德两国人民的了解和友谊,继续作出有益的贡献。

全国人大常委会副委员长廖承志在北京会见以三重县贸易振兴会会长县知事田川亮三为团长的日本三重县贸易振兴会友好访华团

中国新任驻黎巴嫩特命全权大使许文益在贝鲁特向萨尔基斯总统递交国书

《自然·社会·人》艺术摄影在北京展出

《人民日报》报道,最近,"四月影会"在首都中山公园举办了自己拍摄的《自然·社会·人》艺术摄影展览,受到观众的称赞。

展出照片共300幅,内容有人物的活动,自然的风光,植物的生长,动物的习性等。拍摄者思想解放,大胆进行了摄影艺术的探讨。许多照片选材新颖,构图别致,从生活的真实中,提炼主题,突破了以往摄影中的一些框框,别开生面,使人看了耳目一新。

"四月影会",是首都一些业余摄影爱好者组织起来的民间摄影小组,成员是年轻人。他们曾在1976年四五运动中,冲破阻力,冒着危险,拍摄了大量的珍贵的历史照片。粉碎"四人帮"后,这些年轻人继续了新的实践,《自然·社会·人》的作品,就是一次很好的尝试。尽管少数作品艺术上还有缺陷,但业余作者们为繁荣我国摄影艺术所做的努力,是很可贵的。这个展览得到了摄影、美术界等同志的帮助、支持。

4月25日

《人民日报》摘要转载《体育报》社论《大兴社会主义体育比赛之风》

我国体育是社会主义体育。我们的体育比赛一向具有良好的传统和道德风尚。但是,要在体育阵地上彻底扫除资本主义的歪风邪气,还要经过长期的坚持不懈的斗争。前一时期,在部分赛区球类比赛中,就出现了场里场外打群架,围攻和打骂裁判,运动员同观众吵架斗殴等严重问题,以及其他一些不良现象。这些问题虽然发生在少数人身上,但影响极坏。这些歪风邪气,是同我国社会主义体育的性质格格不入,甚至背道而驰的。

体育比赛是推动普及、促进提高的重要手段,也是对人民群众进行社会主义、共产主义思想和品德教育的一个重要途径。为此,就要坚持无产阶级政治挂帅,用政治统帅技术,统帅比赛,大兴社会主义体育比赛之风,大灭资本主义的歪风邪气。立爱国主义、国际主义、集体主义和革命英雄主义,破锦标主义、个人主义、本位主义和小团体主义;立"友谊第一,比赛第二"的方针和互助合作、团结友爱、相互促进、共同提高的体育道德,破只要成绩、名次、不顾集体,不顾大局,不顾国家荣誉,损人利己,相互拆台的不良思想;立奋发有为,艰苦奋斗,敢于斗争,敢于胜利的革命志气,破胸无大志,委靡不振,目光短浅,胜骄败馁的精神状态;立遵守纪律,讲究礼貌,服从裁判,尊重观众的良好风尚,破目无组织,目无群众,无视法纪,自由散漫的恶劣习气。只有这样,我们的体育比赛才能发挥应有的积极作用,我们的体育工作才能坚持社会主义方向。这对于树立一个好的社会风气,巩固和发展安定团结的政治局面,都会产生重要的影响。

怎样才能大兴社会主义体育比赛之风呢?前一时期赛区出现的一些问题,给我们提供了深刻的教训和启示。

政治是统帅,是灵魂。思想政治工作任何时候都不能放松,要以马列主义、毛泽东思想教育运动队伍,使大家懂得社会主义体育的性质、任务,社会主义体育和资本主义体育的区别,继承和发扬我国体育比赛的优良传统。在当前实现工作重点转移,把注意力集中到抓业务、抓训练的情况下,更要加强思想政治工作。当社会上的错误思潮和不良倾向反映到体育战线上来的时候,要保持政治上的敏感,及时对运动队加以教育和引导,增强他们的识别和抵制能力。要抓紧经常性的思想政治工作,进行深入的调查研究,及时掌握群众的思想脉搏,特别是在重大比赛和关键场次的时候,要把工作做在前面,见微知著,防患于未然,有针对性地解决思想问题,不要等捅了娄子,问题成了堆,才去做总的解决。

运动队各级领导,要充分认识到自己的责任,敢于领导,勇敢负责。目前,有些运动队的领导,本身党的观念就淡薄,头脑中只有胜负、成绩、比分,缺少无产阶级政治,或者存在一些私心杂念,因而对运动队平时不认真教育,不严格管理,把队伍带得松松垮垮。一旦出了问题,又不敢正视,大事化小,小事化了,甚至文过饰非,曲意掩盖,推诿责任。这种状况应该迅速改变。

运动场上场下的恶劣作风和不良倾向,多数是属于思想性质的问题,世界观的问题,主要应该用讨论的方法、批评的方法、说服教育的方法去解决。但是,对于那些情节严重、性质恶劣、影响很坏者,必须区别不同情况给予一定的处分。不如此,就不能发扬正气,刹住歪风。

全国城乡储蓄存款一季度大幅度增加

新华社报道,中国人民银行从4月1日起提高城乡居民和华侨人民币定期储蓄存款利率,并增设较长的定期存款后,全国城乡群众踊跃参加储蓄,存款大幅度增加。据北京、上海、天津三大城市统计:4月份头20天增加储蓄存款达1.23亿元;广州、西安、太原、石家庄、哈尔滨五个市和福建省的不完全统计,4月头10天储蓄存款比去年同期分别增加了1倍到4倍多。

这次储蓄存款增长的一个显著特点是三年、五年定期存款所占的比重很大。据一些大中城市的不完全统计,新开的三年、五年定期存款户数占新开户总数的54%—70%多。金额占69%—80%。

粉碎"四人帮"以来,全国各地储蓄存款是一直上升的。今年近4个月,全国城镇储蓄存款的增加幅度比去年同期更大,第一季度比去年同期的增长额增加164.9%,超过了历史最高水平。

国务院副总理方毅在北京会见由埃及教育文化和科研部长哈桑·伊斯梅尔率领的埃及文化代表团

全国人大常委会副委员长邓颖超在北京会见亨利·基辛格博士和夫人

全国艺术院校提前单独招生

新华社报道,教育部、文化部最近联合决定,今年全国艺术院校招生工作,仍将在其他高等院校之前单独进行,于5月初开始。

今年面向全国招生的艺术院校有:

上海音乐学院:今年招生的有作曲、指挥、管弦、钢琴、声乐和民族音乐作曲理论、民族器乐、民族声乐等专业;附属的中专,今年招生的有管弦、钢琴、民族器乐等专业。在上海、北京、广州设招生点招考。

中央戏剧学院:招收话剧导演专业,考生一律向北京该院报名,外地的考生可函报。考试地点设在北京、长春、南京、长沙、成都5处。

中央美术学院:该院附中今年招生,在北京、杭州、广州设招生点。除中南大区考生向广州招生点报名外,其他大区考生均向北京该校报名。

北京舞蹈学院：招收中专芭蕾舞专业，在北京、上海、青岛、苏州、杭州、无锡、长沙、武汉、广州、大连、丹东设招生点招考。

中国戏曲学院：京剧表演专业招插班男生，在北京、天津、济南、长春设招生点招考。

中央工艺美术学院：今年招生的有工业美术、装潢、染织、陶瓷、特种工艺等专业。该院今年同无锡轻工业学院、四川美术学院、广州美术学院、鲁迅美术学院（院址沈阳）和陕西艺术学院等联合招生。报名办法：除华北大区和河南、山东的考生向该院直接报名外，其他大区的考生均向所在大区的上述学校报名。

为了便于各地考生报考艺术院校，不设招生点的地方的考生，可向设有艺术学院招生点的地方跨省、跨区报考。

今年面向大区招生的院校有：四川音乐学院、四川美术学院、沈阳音乐学院、鲁迅美术学院、陕西艺术学院、湖北艺术学院（音乐专业）、广州美术学院和这些学校的附属中专。天津艺术学院和上海舞蹈学校今年也在所在大区招生。

内蒙古艺术学校和延边艺术学校除在本自治区（州）招生外，其他省、自治区的蒙古族、朝鲜族考生，也可向这两所学校报考。

中国人民解放军艺术学院已经恢复，今年开始在地方招生。这个学院共设5个系。今年除文学系暂不招生外，戏剧系（话剧表演专业）、音乐系（声乐、管弦专业）、美术系（国画、油画和舞台布景专业）、舞蹈系将分别在北京、上海、天津、哈尔滨、青岛、旅大、杭州等考区招生。

中国乒乓球代表团参加在朝鲜平壤举行的第三十五届世界乒乓球锦标赛

第三十五届世界乒乓球锦标赛4月25日至5月6日在朝鲜平壤举行。

中国乒乓球代表团成员有：领队沈积长；教练员李富荣、庄家富、梁友能、林慧卿、张燮林、孙梅英、胡炳权；女运动员张立、张德英、葛新爱、曹燕华、童玲、杨莹、魏力捷、黄锡萍、阎桂丽、杨艳群；男运动员郭跃华、梁戈亮、黄亮、李振恃、施之皓、王会元、卢启伟、鲁尧华、陆元盛、张厚生。

在一共7个项目的比赛中，中国选手共获得4项冠军、4项亚军和7个并列第三名。

田汉追悼会在北京举行

田汉同志是中国共产党党员，第一届、第二届全国人民代表大会代表，政协第一届全体会议代表、政协第四届全国委员会委员，中国文学艺术界联合会副主席，中国戏剧家协会主席、党组书记。田汉同志因受林彪、“四人帮”的残酷迫害，于1968年2月10日含冤逝世，终年78岁。

田汉同志追悼会，下午在北京八宝山革命公墓举行。

华国锋、叶剑英、邓小平、李先念、陈云、宋庆龄、王震、韦国清、乌兰夫、方毅、邓颖超、余秋里、胡耀邦、耿飚、赵紫阳、谷牧、谭震林、李井泉、廖承志、姬鹏飞、阿沛·阿旺晋美、周建人、许德珩、聂荣臻、宋任穷、沈雁冰、史良、康克清、庄希泉、粟裕等，送了花圈。

全国政协，中纪委，中共中央办公厅、中组部、中宣部、中央统战部，中国社科院，文化部，总政文化部，对外友协，全国文联，文联下属各协会，以及中共湖南省委、省革委会，中共长沙市委、市革委会，各省、自治区、直辖市文化局、剧协分会、文联以及一些文艺团体，也送了花圈。

宋庆龄、王震、方毅、邓颖超、胡耀邦、耿飚、赵紫阳、周建人、许德珩、宋任穷、康克清、庄希泉参加了追悼会。

中共中央、国务院、人民解放军有关部门负责人，政协全国委员会常委、委员，对外友协和一些省、自治区、直辖市负责人，文艺界知名人士，以及田汉同志生前友好共1000多人参加了追悼会。

全国人大常委会副委员长廖承志主持追悼会。全国文联副主席沈雁冰致悼词。

田汉同志是湖南长沙人。“五四”运动起，他投身于反帝反封建的新文化运动。1920年起，开始他的戏剧事业。田汉同志1932年参加中国共产党，任“左翼戏剧家联盟”党团书记，中国共产党上海中央局文化工作委员会委员。他为左翼剧联领导的各剧团写了大量话剧和歌剧，以鲜明的革命立场和强烈的爱国主义精神鼓舞人民进行革命斗争。他和聂耳合作的《义勇军进行曲》后来成为新中国的国歌。田汉同志还参加编写拍摄了许多进步电影。抗日战争时期，田汉同志曾参加组织上海文化界救亡协会，以后又参加以郭沫若同志为首的政治部第三厅。抗战胜利后，田汉同志在上海又创作了揭露国民党黑暗统治的戏剧和电影剧本。1948年他转入华北解放区。新中国成立后，田汉同志历任中央人民政府政务院文化教育委员会委员，文化部戏曲改进局局长，艺术事业管理局局长等职。

4月26日

国务院总理华国锋在北京会见亨利·基辛格博士

会见时，华国锋总理对基辛格博士说：“欢迎您第十次来中国访问。您为发展中美关系作出了贡献，是中国人民的老朋友。”

华总理向基辛格博士介绍了自他1975年那次访华以来，中国所经历的几次重大事件以及当前中国国内的情况。华总理还就广泛的国际问题同基辛格博士交换了看法。

在谈到当前总的国际形势时，华总理指出，由于苏联霸权主义在世界各地的侵略和颠覆，近年来，总的国际局势不是更加缓和，而是更加紧张了。基辛格博士在谈话中谈到了进一步发展美中关系的重要性。

基辛格博士的随行人员温斯顿·洛德先生、威廉·海兰先生和彼得·罗德曼先生参加了谈话。

谈话时在座的有我国外交部部长黄华、美大司司长韩叙等。

谈话前，华国锋总理同基辛格博士和夫人以及随行人员一起合影留念。

中午，文化部部长黄镇设便宴招待了基辛格博士和夫人一行。美国客人今天还进行了参观游览。

《人民日报》发表评论员文章《联合运输势在必行》

当前，交通运输是国民经济中的一个薄弱环节。要解决这个问题，除了加强基本建设外，最现实的办法，是大搞挖潜、革新、改造，让老设备为国家提供更多的运输能力。进一步开展联合运输业务，就是一项切实可行的重要措施。

50年代初期，在华东等地区运输部门之间，就开展过铁路与公路的联运业务。其后，铁路与港口、航运部门，又开办了水陆联运业务。50年代后期，秦皇岛车站、港口和开滦煤矿，进一步组织了“一条龙”运输大协作，把联合运输推向一个更高的阶段。这些经验在全国许多地区推广后，取得了良好的成绩，受到托运部门和广大旅客的赞扬。但是，从总的情况看，联合运输工作进展是迟缓的，不少地区办办停停，停停办办，几起几落。所以出现这种状况，一个很重要的原因，是对联运的意义认识不足。

人们都清楚，每一种运输工具，都有它的局限性。要把一种物资运送到目的地，往往需要调换几种运输工具。而各种运输工具或运输方式之间，又都有个衔接过程。实行联合运输，就是搞好衔接工作的一种手段。通过这一手段，把不同的运输工具联为一体，使之畅通无阻。这样，不仅可以减少中转环节，加快物资周转，降低流通费用，提高运输质量，而且可以进一步促进计划运输和合理运输，为国家节省大量运输能力。

联合运输为长途旅客提供的方便，更是显而易见的。比如，北京同天津、大连等地开展铁路、公路、水路联运业务后，旅客在北京车站一次就能买到去天津站的火车票，到天津港的汽车票，到大连、烟台、龙口港的船票，下船后到附近各县去的长途汽车票。全程一次购票，分段坐车、乘船，“环环相扣，一线相连”，使广大旅客既节省了时间、金钱，又减少了许多麻烦。旅客称颂这是“辛苦几个人，方便一大群”。

随着工农业生产日益社会化，联合运输越来越显示出它的优越性。在一些工业发达的国家，联运不仅在本国内普遍实行，国与国之间也有了迅速的发展。近年来，由于集装箱运输的广泛采用，更为国际联运业务开辟了广阔远景。从我们自己多年的实践和国外的情况都说明：联合运输确实大有可为，势在必行。

目前，我国各地出现的联合运输形式，大致有两类：一类是运输部门之间的，如铁路、水路联运，铁路、公路联运，铁路、水路、公路联运，江河直达联运，江海直达联运，以及地区与地区运输部门之间互为对方配载的联运，等等；另一类是由产、供、运、销各部门组成的运输大协作。不论哪一类，都需要好几个部门互相配合。因此，要把联运广泛开展起来，参加联运的每一个部门，都必须树立全局观点，反对本位主义。如果互不协调，彼此脱节，就不可能联成一个整体。什么是全局？在当前就是实现四个现代化。联运有了这个共同的目标，发生矛盾也就容易解决了。实际上，各个部门都顾“全局”，保“全局”，也必将进一步促进各个部门的工作。铁路部门如果没有公路运输的衔接和短途搬运的配合，就谈不到“成组装车”、“挂车装车”；公路运输和短途搬运要实现自己的运输计划，也离不开铁路的配合。

要搞好联合运输，必须严格按照经济规律办事。不论是各运输企业内部铁路、公路、水路、搬运之间的联运业务，还是运输部门和厂、矿之间组织运输大协作，都应逐步推行经济合同。在合同中，要把经济责任划分清楚，违反合同的，必须承担经济责任。同时，还要把完成任务的好坏，同企业和职工个人的经济利益密切结合起来，奖罚分明，是非清楚。

开展联合运输业务，涉及部门多、环节多，根据一些地区的经验，要把这一工作组织好，必须建立和健全运输指挥系统和联合办事机构。最近，国家经委、铁道部、交通部、人民银行总行和北京市经委，在北京市召开了联合运输现场会，介绍了北京、济南、青岛、上海、大连等地组织联合运输的先进经验，并要求各级工交领导部门，加强领导，不断总结经验，使联合运输工作搞得更快更好。这种做法值得各地参考。

中国政府代表团团长韩念龙在河内举行的中越两国副外长级谈判第二次会议上就处理中越两国关系问题提出八项原则建议

韩念龙团长指出，中国政府代表团本着真诚解决问题的愿望,为了维护中越两国人民的传统友谊,为了中越两国和两国人民的共同利益和促进印度支那、东南亚和亚太地区的和平与稳定,提出这八项原则建议。这些建议是:

"一、双方在互相尊重主权和领土完整、互不侵犯、互不干涉内政、平等互利、和平共处五项原则的基础上,恢复两国的睦邻友好关系。有关两国关系中存在的争端和问题,双方通过和平谈判谋求合理解决。

"二、任何一方都不应在印度支那、东南亚和其他地区谋求霸权,每一方都反对任何其他国家或国家集团建立这种霸权的努力。

"任何一方都不向外国派驻军队,已派驻在外国的军队必须撤回本国。任何一方都不参加旨在反对对方的军事集团,不向外国提供军事基地,不利用别国领土和基地向对方或其他国家进行威胁、颠覆和武装侵犯。

"三、双方尊重中法界约划定的中越两国边界线,并以中法界约为依据,谈判解决边界领土争议问题。在边界问题解决之前,双方都应严格维持1957年、1958年中越两党中央换文时的边界现状,不以任何方式和借口单方面强行改变边界实际管辖范围。

"四、双方互相尊重对方12海里的领海主权,并根据当前国际海洋法的有关原则,公平合理地划分两国在北部湾和其他海域的经济区和大陆架。

"五、西沙群岛和南沙群岛历来是中国领土不可分割的一部分。越南方面应当回到承认这一事实的原来立场,尊重中国对这两个群岛的主权,并从所占据的南沙群岛岛屿上撤走一切人员。

"六、任何一方居住在对方境内的侨民都应遵守所在国的法律,尊重当地人民的风俗习惯,为所在国的经济、文化建设作出贡献;他们在所在国有关居住、旅行、谋生就业等方面的正当权益以及人身安全和合法所得的财产,所在国政府应予以保障。

"任何一方对居住在本国境内的对方的侨民,均应友好相待,不得进行迫害和非法驱赶出境。

"七、为了满足被越南当局强行驱赶到中国境内的越南公民重返家园的正当要求,越南政府应当尽早把他们接回越南,并给以妥善安置;中国政府愿意为他们早日回国提供一切方便。

"八、关于恢复两国间的铁路运输和贸易、民航、邮电等方面的关系,将通过两国有关部门协商解决。"

外交部副部长仲曦东在北京举行中外记者招待会介绍中国政府代表团在中越副外长级谈判第二次会议上提出的八项原则建议

他说,这一原则建议"是根据中越两国关系当前实际情况提出来的。这些建议属于中越两国关系的根本性问题,是解决两国争端和恢复两国正常关系的根本办法,是符合中越两国人民的根本利益以及东南亚和世界人民的愿望的"。

他说,如果越南方面有真正解决问题的愿望,就不应回避这些建议,而应采取严肃认真的态度,作出积极的响应。

仲曦东向记者们介绍了当前中越两国政府代表团谈判的情况。他说:由于中国政府一再建议和作出巨大努力,克服了越南方面设置的重重障碍,中越两国政府间的副外长级谈判,于4月18日在河内举行了第一次会议。中国政府代表团团长韩念龙在首次会谈中,再次表明了中国政府对这次谈判的严正态度和真诚愿望。

他说,但是,在第一次会谈中,越南政府代表团团长连篇累牍地对中国和中国领导人肆意进行诽谤和攻击,妄图把恶化和破坏中越两国人民友好关系的责任硬加在中国头上。"利用会谈场合进行造谣攻击,这显然是越南当局力图要达到的目的。也是它一贯的做法。"

仲曦东说,在这次会议上,越方提出的"中越两国关系问题的三点解决办法","回避了中越两国关系的根本性问题。特别值得指出的是,越方一面提出建议,一面却沿中越边境地区集结部队,频繁地派遣武装部队和特工人员侵犯中国边境,继续制造和加剧边境紧张局势。与此同时,更进一步加强反华宣传和战争叫嚣。越方这种行动,怎能同它所提出的建议相协调?"

仲曦东在回答记者提出的问题时说,我们认真研究了越方的建议后认为,中越关系应当从越南放弃反华仇华政策等根本问题上去解决,不从根本上去解决两国关系的问题,而单单提出所谓建立"非军事区",搞什么"联合委员会",只不过是一个骗局而已。他说,我们可以回顾一下不太远的历史经验,就在去年2月,当越南进攻柬埔寨遭受挫折之后,也曾提出过所谓双方军队后撤、互不侵犯、不搞颠覆活动等解决办法,结果怎样呢?大家都是很清楚的。

越南政府代表团在第一次会议上提出的关于中越两国关系问题的三点建议的主要内容有:一、双方武装力量从1979年2月17日前的"实际控制线"各自后撤3—5公里,这个地区成为"非军事区",并由双方组成一个监督实施的"联合委员会"。二、恢复两国正常关系。三、解决两国边界和领土问题。

全国人大常委会副委员长邓颖超在人民大会堂会见美国友人洛伊斯·斯诺夫人和她的朋友英格·米勒夫人

外交部部长黄华在北京会见葡萄牙共和国驻中华人民共和国大使馆临时代办若昂·德德斯·拉莫斯

中央军委授予姚虎成“雷锋式好干部”称号

基建工程兵领导机关在北京举行命名大会，基建工程兵副主任黎原宣读了中央军委关于授予在修筑天山公路中英勇献身的基建工程兵某部副区队长姚虎成以“雷锋式好干部”荣誉称号的命令。

国务院副总理、基建工程兵政委谷牧，新疆维吾尔自治区党委第一书记、新疆军区第一政委汪锋，国家建委副主任谢北一、李景昭、李超伯，交通部副部长程堃，基建工程兵负责人张孔修、王森等出席了大会。姚虎成的亲属和姚虎成家乡的代表应邀参加了大会。参加大会的还有基建工程兵各部队指战员代表共1600多人。

姚虎成是陕西省城固县人，入伍前是模范社员和先进工作者。1971年入伍后，他多次立功受奖，被评为学雷锋标兵和雷锋式好干部，先后当选为第四届全国人民代表大会代表和党的第十一次全国代表大会的代表。1978年4月9日，在修筑天山公路中因雪崩光荣牺牲。

傅雷追悼会在上海举行

著名翻译家傅雷同志因遭受林彪、“四人帮”极左路线的迫害，于1966年9月3日含冤去世，终年58岁。

傅雷同志的追悼会，在上海龙华革命公墓大厅举行。

中共中央宣传部，文化部，教育部，国家出版局，中国作家协会，中共上海市委宣传部，统战部，政协上海市委员会，中国民主促进会上海市委员会，上海市文联送了花圈。

江华、黄镇、陈丕显、魏文伯、胡乔木、周巍峙、林默涵、周而复、刘述周、周扬、夏衍、阳翰笙、王一平、张承宗、巴金、王效中、赵祖康、周谷城、刘靖基等送了花圈。

上海市委宣传部和上海市文化部门负责人、文艺界知名人士洪泽、贺绿汀、王维、孟波、钟望阳、赵超构、刘海粟、丁善德、周小燕、吴强、包文棣、姜椿芳、楼适夷等，以及傅雷同志生前友好共200多人参加了追悼会。

追悼会由上海市出版局局长马飞海主持，上海市电影局顾问、电影工作者协会上海分会副主席柯灵致悼词。

傅雷同志生于1908年，上海市南汇县人。1927年赴法留学。1931年秋返回祖国。新中国成立后，傅雷同志满腔热情地参加各项政治运动，曾被选为第一、二届全国文代会的代表，先后担任政协上海第一届委员会委员，中国作家协会上海分会理事、书记处书记等职务。

傅雷同志从30年代初期开始从事翻译工作，共翻译了32部外国文艺名著，约500万字。60年代后，傅雷同志以其研究与翻译巴尔扎克著作的卓越成就，被吸收为法国巴尔扎克研究协会会员。

上海市文学艺术界联合会和中国作家协会上海分会郑重宣布：一、为傅雷同志平反昭雪，林彪、“四人帮”强加给傅雷同志的一切诬陷不实之词，统统予以推倒；二、傅雷同志1957年所写的文章和在会上的发言不是右派言论，被定为“右派分子”是错误的，根据政策，应予改正，恢复其政治名誉。

傅雷同志的骨灰盒由其亲属护送至上海龙华革命公墓安放。

4月27日

国务院副总理邓小平在北京会见并宴请亨利·基辛格博士

会见时邓小平副总理同亨利·基辛格博士进行了友好的谈话。他们的谈话涉及当前国际形势中的一些问题。

基辛格博士的部分随行人员参加了会见。

会见以后，邓小平副总理设宴招待基辛格博士和夫人一行。美国驻中国大使伍德科克和夫人也应邀出席了宴会。

我国外交部部长黄华、副部长章文晋等参加了会见和宴会。

中共中央副主席李先念在北京会见由团长奥马尔·萨拉德·埃勒米率领的索马里革命社会主义党干部代表团

代表团是在索马里革命社会主义党和西亚德总统的关怀下组成的，成员中包括了索马里全国各州党的主要负责人。会见时，李先念副主席同代表团成员进行了亲切友好的谈话。

全国人大常委会副委员长、中联部部长姬鹏飞参加了会见，并在会见后设宴招待代表团全体成员。姬鹏飞副委员长和埃勒米团长在宴会上先后祝酒。姬鹏飞副委员长说，我们愿意同世界各国的马列主义党和争取民族解放的革命政党建立友好的关系。他指出，代表团这次来访，双方相互学习，交流经验，增进了彼此的了解和信任。埃勒米团长说，我们在贵国访问中高兴地看到你们的人民在中国共产党中央委员会的领导下的团结和艰苦工作，你们为把中国建设成一个社会主义强国而制定的四个现代化政策，正在迅速得到贯彻执行。他说，在访问中通过双方的恳切会谈，我们两党的相互了解和友谊得到了增进。

参加会见和宴会的有中联部副部长吴学谦,索马里驻中国大使卡欣等。

《人民日报》发表评论员文章《理直气壮地宣传社会主义好》

社会主义好还是资本主义好?倘若在十几年前提出这个问题,人们会毫不犹豫地回答:当然是社会主义好!然而在今天,有些同志回答这个问题时,似乎有点理不直、气不壮,好像社会主义真的失去了光彩。这种奇怪的现象很值得人们深思。

让我们先回顾一下历史吧。当社会主义出现在东方地平线上的时候,我们可爱的中国跳出黑暗的深渊,步入了阳光灿烂的新天地。饱经苦难忧患的中华民族,在亚洲大陆重新崛起。当牛做马的奴隶,第一次获得了当家做主的权利。那时,谁能不从心底发出"社会主义好"的欢呼?随着社会主义建设高潮的到来,我国面貌日新月异,国民经济以资本主义国家、以旧中国不可比拟的速度发展,人民群众的生活水平逐步提高。"社会主义好,社会主义好,社会主义国家人民地位高;反动派,被打倒,帝国主义夹着尾巴逃跑了。全国人民大团结,掀起了社会主义建设高潮"。这首歌是怎样拨动人们的心弦,唱出了人们赞颂社会主义的心声!

社会主义在中国,已经深深扎根于人民群众的沃土之中。那么,今天为什么有人竟对社会主义的优越性产生了怀疑呢?有人说是因为前一段发扬民主太多了,解放思想过头了,拨乱反正拨歪了。这种认识显然是错误的。发扬民主也好,解放思想也好,拨乱反正也好,都是为了分清是非,坚持真理,修正错误。社会主义比资本主义好,这是颠扑不破的真理。民主生活愈健全,思想愈符合客观实际,拨乱反正愈彻底,这个真理就越昭明。因此,现在有极少数人怀疑社会主义好,这原因决不能找到发扬民主、解放思想、拨乱反正上去,而应该从林彪、"四人帮"身上去找。

《红楼梦》上有句诗写得好:"假作真时真亦假,无为有处有还无"。这些年来,林彪、"四人帮"篡改马列主义、毛泽东思想,篡改科学社会主义的理论,把封建主义、资本主义、法西斯主义统统贴上社会主义的标签,大肆兜售,强令推行。他们发动全面内战,鼓吹打倒一切,似乎越乱越是社会主义;他们不顾客观实际,超越阶段地搞什么"穷过渡";他们脱离物质基础,讲所谓"限制资产阶级法权";他们破坏社会主义按劳分配原则,鼓吹什么"过军事共产主义生活";他们违背社会主义经济规律,用政治冲击一切,用"革命"取代生产。这样一来,科学社会主义理论被搞得面目皆非,好端端的社会主义江山被搞得乌烟瘴气,国民经济被搞到崩溃的边缘,人民群众的生活得不到提高。他们搞的这种"社会主义",实质上是以极左面目出现的普遍贫穷的假社会主义。林彪、"四人帮"以假乱真,致使有些同志真假不辨,受骗上当,误把假社会主义造成的恶果归罪于社会主义制度,以为社会主义就是如此。这才是一些同志对社会主义好产生怀疑的真正原因。北京部队装甲兵某团组织干部战士把科学社会主义同林彪、"四人帮"的假社会主义分析对比,进行"社会主义好"的教育,取得了较好的效果。他们的经验值得重视。

我们说社会主义好,并不等于说我国的社会主义制度已经十分完善了。毛泽东同志指出:"社会主义生产关系已经建立起来,它是和生产力的发展相适应的;但是,它又还很不完善,这些不完善的方面和生产力的发展又是相矛盾的。除了生产关系和生产力发展的这种又相适应又相矛盾的情况以外,还有上层建筑和经济基础的又相适应又相矛盾的情况。"毛泽东同志在20多年前讲的这段话,仍然适合今天的情况。这些年来,由于林彪、"四人帮"的干扰,使我国的社会主义制度本来可以完善的方面无法完善,甚至还遭到了破坏。我们的国家底子薄、人口众多,在建设社会主义的道路上,还会出现新的情况,新的问题。阶级斗争的存在,资产阶级意识形态的存在,国家机构和工作人员中某些官僚主义作风的存在,国家制度中某些环节上缺陷的存在,都是和社会主义经济基础相矛盾的。旧的思想方式、活动方式,阻碍着社会主义现代化大生产的进行。所有这些矛盾和问题,并不是社会主义制度固有的缺陷,而是前进中的矛盾和问题,是可以在社会主义制度条件下加以调节和解决的。因此,我们坚信,只要我们坚持社会主义道路,正确地解决前进中出现的新问题,社会主义制度的优越性就能更加充分地显示出来。

目前,我国正处在一个重大历史转变时期。理直气壮地宣传社会主义好,教育广大群众、特别是青年,坚定不移地循着社会主义道路前进,是各级党、团组织一项十分重要的思想政治工作。要结合群众和青年的思想实际,采取生动活泼的有效形式,教育群众和青年懂得社会主义必然战胜资本主义的客观规律,把建设社会主义,实现共产主义,作为自己终身的志向和奋斗目标。这样,才能使青年一代不为社会上的错误思潮所左右,不为资本主义国家的某些表面现象所迷惑,不为资产阶级的腐败风气所侵袭,承担起实现四个现代化的历史重任。

全国人大常委会副委员长姬鹏飞在北京会见由团长法维奥·皮内达率领的哥伦比亚自由青年全国联合

会代表团

中国将把“阿波丸”号死难者遗骨遗物送交日本

新华社报道，交通部所属中国救助打捞公司在我国福建省沿岸海域进行清除渔场水下障碍物的作业中，发现了第二次世界大战末期沉没的日本船只“阿波丸”号残骸，并打捞出一批死难者的遗骨和私人遗物。最近访问日本的中国交通部代表团团长、交通部副部长彭德清会见日本外务省园田外相时介绍了中国救助打捞公司收集的遗物情况并提供了有关资料。彭德清表示，我方愿意本着中日两国人民世世代代友好和人道主义精神，通过适当手续将这批死难者的遗骨和私人遗物交给他们的家属。日方对我国政府的友好措施表示感谢。

4月28日

《人民日报》发表社论《充分发挥农村基层干部的积极性》

我国人民公社的各级基层干部，是一支拥有1000多万人的宏大队伍。他们是农业第一线的指挥员，大多数又是直接参加农业劳动的战斗员。他们是党联系几亿农民，建设社会主义农业的主要依靠力量。现在，全党全国正在把工作的着重点转移到现代化建设上来，首先要集中力量把农业尽快搞上去。实现这个战略转变，有大量工作要依靠农村各级基层干部去做；党的三中全会制定的有关农业的一系列方针、政策，要通过他们去贯彻落实。我们要调动亿万农民的积极性，首先要把广大农村基层干部的积极性充分调动起来，使他们在新长征中发挥带头作用。

十多年来大风大浪的考验，证明我们的农村基层干部队伍，如同我国整个干部队伍一样，绝大多数是好的和比较好的。在林彪、“四人帮”疯狂迫害农村干部，破坏农村经济政策和农业生产的那些日子里，广大农村基层干部坚守岗位，和群众一起，顶住了林彪、“四人帮”的倒行逆施，坚持组织群众生产，捍卫了社会主义集体经济，使得农业仍然保持了一定程度的发展。这就表明，我们的农村干部队伍，是一支有社会主义觉悟的可以信赖的队伍。

我们党历来重视对农村基层干部的培养和教育，把这项工作列为党的干部队伍建设的一个重要方面。在国内革命战争年代和解放后的土地改革、合作化时期，党对斗争中涌现出来的积极分子，有计划地进行政治、思想和文化教育，使他们逐步成长为有社会主义觉悟和一定工作能力的干部。对一些有缺点和错误的干部，除了极少数混入干部队伍的坏分子和不可救药的分子以外，总是按照党的“惩前毖后，治病救人”的一贯方针，进行耐心的帮助和教育。50年代中期，湖北农民干部刘介梅忘本回头的故事，就是当年广为流传的一个很有代表性的例子。但是，在以后相当长的一个时期里，党的这个好传统遭到了破坏。特别是林彪、“四人帮”横行时期，极左路线祸及基层，“有枣没枣打三竿”，农村干部也成为挨整的对象。“四人帮”每搞一次所谓“路线斗争”，总要一气折腾到基层，层层揪斗，大批农村基层干部横遭迫害，制造了许多冤案、错案、假案，有的被戴上“老右倾”、“老保守”的帽子，长期靠边站，使我党在长期斗争中培养出来的这支宝贵力量，遭到了令人痛心的摧残。

当前，我们要把广大农村基层干部的积极性调动起来，一项重要工作，就是要落实农村基层干部政策，妥善处理好历次政治运动中遗留下来的问题，使这些干部放下包袱，开动机器，心情舒畅地投入新的战斗。两年来，许多地区在这方面做了很多工作，得到广大干部和社员的衷心拥护。凡是这项工作做得好的地方，那里就出现了干群团结齐心搞建设的新气象，生产和工作面貌迅速改观。也有些地区，由于种种原因，这项工作进展不快。落实农村基层干部政策是促进安定团结，实现农业大上的一个动力，我们一定要下决心把这项工作搞好。当然，由于历史遗留问题积累太多，要在短时间内全部立即处理完是有困难的，这就要有计划地作出安排，根据既要解决问题，又要稳定局势的方针，分步分批去完成。在工作中，我们要注意教育老干部和年轻干部，识大体，顾大局，同心协力，团结一致向前看。

由于林彪、“四人帮”搞乱了人们的思想，败坏了党的作风和社会风气，加上我们忽视对基层干部的教育，社队干部里，存在着思想不纯、作风不纯甚至组织不纯的情况。有些地方，少数干部不关心群众疾苦，多吃多占，为非作歹，造成干部与群众的关系紧张。对这个问题应当采取什么态度呢？第一要正视，第二要分析。群众对这些干部有气，意见很大，不去正视它，解决它，我们就会脱离群众，就会损害团结，影响工作。但对这个问题，必须采取慎重态度，要严格分清两类不同性质的矛盾。对极少数违法乱纪、民愤很大的犯罪分子，要给以党纪国法的制裁，决不能姑息和包庇。对绝大多数人，则是一个教育的问题，是一个提高觉悟的问题。我们一定要恢复党的传统作风，对于犯有错误甚至严重错误的干部，要贯彻教育为主的方针，严肃地热情地帮助他们提高思想觉悟，认真检查和改正错误，取得群众的谅解，切不可重犯过去那种动辄就把人“一棍子打死”的错误做法。特别要保护那些工作积极负责，有能力，有干劲，但在工作作风和方法上有缺点和错误的基层干部,不要出了点毛病,就把人全盘否定,说得一无是处。

过去,基层干部工作中许多违背党的政策和瞎指挥的错误,主要是由于中央和上级规定的任务、要求和措施不适当或不明确造成的,应当由中央和上级多承担责任。华国锋同志在中央工作会议上的讲话中曾经指出:“对于工作中出现的问题,发生的偏差,领导上要多作自我批评,主动给下边的同志承担责任。”但是,有些领导干部没有注意作具体分析,缺乏这种风格,基层工作中发生了问题,只是指责社队干部,这是一个教训。实际上,农村工作中发生的大量问题,例如生产上的瞎指挥、强迫命令、虚夸作风等等,不是都和上级领导机关的错误政策和指挥不当有关的吗?一味指责下边做具体工作的同志,既不公正,也不能真正解决问题。工作作出了成绩得不到鼓励,出了问题就挨批,这怎么能调动基层干部的工作积极性和主动性呢?我们的领导机关应当认真改进作风,少作些一般号召,多走到下边去,直接和群众见面,帮助基层干部总结经验,同欢乐,共患难,共同提高领导水平,搞好工作。

由于林彪、“四人帮”的破坏,多年来,农村干部像走马灯似的换个不停,加上派性作祟,造成有些地方“台上”干部与“台下”干部之间不团结,闹对立,影响了党的统一领导和各项政策的贯彻执行。因此,根据党中央的指示,我们要在大忙季节以后的空隙时间,分批整顿农村基层的领导班子,通过思想整顿,弄清大是大非,团结起来,同心同德搞四化。至于组织上的调整,干部的任留,上级领导机关可以根据情况提出意见,但最终要取决于群众,取决于社员的民主选举。发扬社会主义民主,健全农村基层单位的民主集中制,是使农村基层干部始终保持和群众的密切联系,做好各项工作的最重要保证。多年来,“四人帮”大搞封建法西斯专政,农村基层民主制度也被破坏无遗,社员不能行使应有的民主权利,干部失去了群众的监督,这就带来了种种祸害。我们一定要吸取这个教训,建立和健全社员代表大会制度。公社、大队、生产队各级干部,都要坚持按期由社员代表大会或社员大会选举。广大群众所不满的干部,社员代表大会和社员大会有权随时撤换。

各项经济账目要按时公布。在社队坚持民主管理的基础上,实现基层干部队伍的相对稳定。

农村基层干部目前面临的另一个矛盾,是政治、业务、文化水平,与新时期总任务很不适应。有关领导机关要有计划地轮训社队干部,组织他们学政治,学文化,学科学,学技术,学管理。我们要像土地改革和合作化时期培养农村干部那样,下大决心,花大力气,培养出一支能够正确执行党的方针、政策,密切联系群众,搞农业现代化的基层干部队伍。农村干部工作比较劳累,他们的工资待遇和生活福利比较低,物质生活和文化生活条件比较差,我们要在提倡艰苦奋斗、一心为公的共产主义风格的同时,从生活方面多关心他们,有计划地帮助他们解决一些实际困难。要建立基层干部的考核制度和奖惩制度,经营管理搞得好,增产显著的,经过社员评议,应当给予奖励。

人民公社各级干部长年累月和农民群众在一起,顶风冒雨,战天斗地,十分辛劳。他们是走在农业现代化前列的带头人。把这支先头部队组织好,训练好,士气旺盛,战斗力强,加快我国农业的发展就有了一个重要保证。

全国人大常委会副委员长邓颖超 全国政协副主席康克清在北京会见联邦德国友好人士安娜利泽博士

中国驻阿尔巴尼亚特命全权大使温宁向阿尔巴尼亚人民议会主席团副主席谢夫切特·佩奇递交国书

共青团中央和中国科协在北京政协礼堂举行纪念“五四”运动60周年报告会

中国科协代主席、中国科学院副院长、北京大学校长周培源作了《继承和发扬“五四”光荣革命传统,为实现四个现代化而努力奋斗》的报告。

周培源在报告中回顾了“五四”运动发生的经过和他个人在“五四”时期的经历。他说,“五四”时期的青年,面对整个黑暗的旧中国,敢于向强大的帝国主义和封建势力挑战。今天的青少年学习和继承“五四”运动的革命传统,最重要的就是要树立远大的革命理想,为实现四个现代化贡献青春。

他在谈到本世纪内实现四个现代化的有利条件时说:我一生经历过清朝政府、袁世凯称帝、北洋军阀政府、国民党政府。我到过美国、欧洲,也到过苏联。从亲身经历和对比中,我深深地感到我们有优越的社会主义制度,有党中央的正确领导,这是非常幸福的。尽管林彪、“四人帮”干扰破坏,但并没有搞垮我们的党和国家,我们认真总结了经验教训,可以更快地前进。我作为老一辈的科学和教育工作者,对在本世纪内实现四个现代化充满了信心。我今年已经77岁了,还希望能够亲眼看到这一天,并希望在自己的有生之年能为四个现代化贡献出自己的一点微薄力量。青少年一代更加应该充满信心,让四个现代化的伟大事业在你们这一代的手中实现。

周培源希望青少年为革命而刻苦学习,努力学习马列主义、毛泽东思想,学习科学技术,做到又红又专;要树立艰苦奋斗的革命精神,自觉抵制资产阶级思想的侵蚀；要努力做到三好，立志成为无产阶级革命事业的接班人。

团中央书记胡德华在讲话中指出，我们纪念“五四”，要发扬“五四”的民主精神、科学精神和爱国主义精神，以天下为己任，以祖国繁荣富强为己任，紧紧跟上全党工作着重点转移的步伐，人人争当新长征的突击手，为建设社会主义现代化的强国作出贡献。北京第二毛纺织厂团委书记徐月明、北京二中学生刘韶华在发言中表示，要继承和发扬“五四”光荣革命传统，以“五四”时期青年为榜样，把个人命运同国家命运联系在一起，把壮丽的青春献给伟大的新长征。

今天的报告会是由中国科协副主席刘述周主持的。团中央和中国科协负责人李海峰、张维，以及首都青年1400人参加了报告会。

马恒昌小组坚持优质高产30年

新华社报道，全国著名的先进集体马恒昌小组，在他们小组建组30周年的日子，向党和人民汇报了他们30年来坚持优质高产的优异成绩。

马恒昌小组继承和发扬革命传统，30年来如一日，坚持大干、苦干加巧干，年年季季超额完成国家生产计划，30年等于干了45年的活，实现技术革新840多项，产品合格率一直稳定在99.4%以上。今年第一季度，他们又超额33%完成了工作定额，产品合格率达到99.6%。

马恒昌小组是齐齐哈尔第二机床厂的一个车工组，全组现在有24名工人。他们小组始终是一个团结战斗的集体。

马恒昌小组由于一贯优质高产，1977年被一机部命名为“质量信得过的班组”，1978年又在全国机械工业学大庆会议上获得“三大革命斗争的英雄集体”的光荣称号。他们的13任组长中，有12人曾被评为全国、省和市的劳动模范。第一任组长马恒昌同志曾经13次受到毛主席的接见。现在他担任厂级领导工作。

4月29日

《人民日报》发表评论员文章《像这样牵牛鼻子》

在增产节约运动中，各地根据实际情况，分别提出了增产量，提高质量，减少消耗，降低成本，增加盈利，完成和超额完成国家计划的奋斗目标。但是，应当从何抓起呢？天津拖拉机制造厂工人对这个问题的回答，很有普遍意义。

由于林彪、“四人帮”严重的干扰破坏，多年来，人力、物力、财力的浪费现象，在工业、交通、财贸、基本建设等战线的企业事业单位中，相当普遍地存在，有的情况十分严重。天津拖拉机制造厂便是一个例子。各种损失浪费的发生，是多方面原因造成的。从天津拖拉机制造厂的经验看来，抓住了反浪费这个环节，就可以推动其他各项工作的改进和加强。发动群众揭露各种浪费现象，能够使广大干部和群众受到深刻的教育，使勤俭建国、勤俭办企业的方针，得到顺利的贯彻；使艰苦奋斗、奋发图强的革命传统，得到恢复和发扬。通过对各种损失浪费现象的深入揭露，对造成损失浪费的原因的分析，可以充分暴露企业各项工作中的漏洞和薄弱环节，从而采取有效措施，认真进行整改，把增产节约运动和整顿企业结合起来。俗话说，牵牛要牵牛鼻子。在增产节约运动中，一定要牵住反浪费这个牛鼻子。

现在有不少同志对浪费现象司空见惯，习以为常。他们认为，对贪污盗窃依法惩处，理所当然；至于浪费又不是装在私人腰包里，可以原谅。其实，浪费对国家财产造成的损失，给人民利益造成的危害，往往更加严重。我们进行新的长征，实现四个现代化所需的大量资金，只能靠我们自己艰苦的劳动，一点一滴地积累起来，别无其他出路。对国家财产的任何浪费，不管动机如何，在客观上都起着破坏现代化建设的作用。说浪费就是极大的犯罪，一点也不过分。各条战线上的职工，都要发扬国家主人翁精神，人人动手，堵塞各个方面的浪费漏洞。点一把反浪费之火，照亮所有厂矿企业的各个角落，把一切浪费现象烧个精光。否则，节约之风兴不起，浪费邪气压不住，四个现代化将会有落空的危险。

浪费现象能不能反掉？有人说，现在是浪费成风，反掉浪费很不容易，对此缺乏信心。诚然，反掉一种坏的习气，树立一种好的风尚，的确很不容易。但是，只要我们下定决心，共同努力，奋发图强，那种浪费恶习是可以改变的，节约的风气是能够树立起来的。勤劳、勇敢、节俭，是中国劳动人民的优秀品质，是我们民族几千年来的优良传统。为了实现四个现代化，为了国家和民族的前途和命运，振起我们的精神，“节约光荣，浪费可耻”的社会新风尚是不难形成的。浪费是能够杜绝的。

有人说：“浪费，现象在基层，关键在领导，漏洞在管理，根子在思想。”这话说得符合实际，很有道理。反对浪费，领导干部应当身体力行，同广大职工一起，勇于向各种浪费现象开火。从反浪费入手，把增产节约运动深入一步！

外交部部长黄华在欢迎联合国秘书长库尔特·瓦尔德海姆先生和夫人的宴会上强调越南必须从柬埔寨

撤出全部侵略军

黄华外长在宴会上讲话中谈到了当前世界动荡不安的形势。他说,目前,印度支那局势的发展引起举世关切。在一个大霸权主义的全力支持下,越南发动了大规模的武装侵略,妄图消灭民主柬埔寨。由于这一侵略是超级大国霸权主义为推进其全球争霸计划而策动与支持的,它不仅危及到一个联合国会员国的生存权利,也严重威胁着亚洲和太平洋地区各国的和平与安全。

他指出,现在这个超级大国竟然到处施加压力,妄图把韩桑林傀儡政权塞进联合国,真是狂妄已极。

黄华强调说,我们认为,必须维护民主柬埔寨在联合国的合法权利,越南侵略者必须从柬埔寨领土上撤出其全部侵略军队。只有这样,才有利于维护《联合国宪章》的宗旨和原则,维护印度支那、东南亚、亚太各国的安全和世界和平。

在谈到中越两国之间的争端时,黄华说,我们提出了处理中越关系的八项原则建议。这是为解决中越争端和恢复两国关系正常化提出的重大倡议。它提供了解决争端、处理两国关系的坚实基础。如果越南方面有谈判解决问题的诚意,就应该对此作出积极的响应。

黄华还谈到了发展中国家维护自然资源主权,发展民族经济问题。他表示希望即将举行的联合国贸易和发展会议和联合国科学技术发展会议将沿着第六届特别联大规定的正确方向,为推进建立新的国际经济秩序作出贡献。

瓦尔德海姆秘书长在讲话中对当前印度支那和东南亚形势的发展表示关切。他说,除非马上采取紧急措施来消除目前的危局,否则局势将进一步恶化,其后果将远远超出这一地区。因此有必要作出一切努力,谋求符合《联合国宪章》原则的解决办法,特别是尊重各国领土完整、独立和政治主权,不干涉别国内政,不使用武力的原则。我相信中国同我一样对这件事感到关注并将尽一切努力解决当前存在的问题。

瓦尔德海姆秘书长在谈到当前世界上的一些其他问题之后说:"我非常珍视中国对促进国际间谅解而作的努力所给予的支持。我完全相信,我的这次访问将进一步加强贵国同联合国之间的紧密而亲切的关系。"

瓦尔德海姆先生的正式随行人员、随行新闻官员和记者应邀出席了宴会。应邀出席宴会的还有奥地利驻中国大使葛德乐和夫人,巴基斯坦驻中国大使尤纳斯和夫人,以及法国和美国的外交官员。

外交部副部长章文晋,联合国前任副秘书长唐明照等,出席宴会作陪。

4月30日

国务院发出《关于准许退职回城青年回原单位复工的通知》

最近,一些盲目退职回城的知识青年,提出回原单位复工的要求,应该准许。现就有关问题通知如下:

一、国营农场的知识青年,下乡插队后已安排在工矿企业和其他事业单位工作的知识青年,以及"文化大革命"前的支边青年,采取退职的方式返回城市的做法是不妥当的,应该制止。已退职回城的,应返回原单位,并退还所发的退职金。确有特殊困难需要调动的,国营农场的知识青年,按照中央〔1978〕74号文件的规定办理;下乡插队后已安排在工矿企业和其他事业单位工作的知识青年,以及文化大革命前的支边青年,可按照人事、劳动部门关于干部、工人调动的有关规定办理,事先要征得调入地区有关部门的同意。

二、已办理退职的上述人员,原单位要欢迎他们复工,不得歧视,并报销返回的路费。原所在的地区,要允许落户。本人回原单位后,退职期间的工资不补发,但生活确实困难的,可酌情给予补助。

各地在贯彻执行本通知时,不要简单从事,必须注意加强思想教育,切实做好青年和家长的思想工作。

中央统战部部长乌兰夫接见少数民族参观团代表

乌兰夫下午接见了"五一"节少数民族参观团的代表,亲切地同他们进行了谈话。

被接见的有22个省、自治区少数民族参观团团长、副团长和54个少数民族的代表,以及在对越自卫还击战中荣立战功的少数民族代表。

乌兰夫同志对来自祖国边疆的少数民族代表表示热烈欢迎。他说,通过参观学习,互相交流经验,将有助于进一步加强全国各族人民的大团结,促进边疆安定团结和社会主义现代化建设。

国家民委主任杨静仁,中共中央统战部副部长刘澜涛、李贵,国家民委副主任杨东生、江平、胡嘉宾等参加接见。

《人民日报》发表新华社记者来信《我国自然保护区工作急待加强》

记者最近参加国家农委、国家科委、农业部、中国科学院召开的全国农业自然资源调查和农业区划会议,听到许多科学家和农林工作者谈到我国自然保护区数量既少,又遭到破坏,他们强烈要求切实加强自然保护区工作。

新中国成立以来，我国自然保护区工作有一定的发展。自1956年第一届全国人民代表大会第三次会议通过在全国各省(区)划定天然森林禁伐区，保存自然植被以供科学研究需要的提案以来，全国已划自然保护区41处，总面积达1950多万亩。其中，有保护自然生态系及其珍贵稀有动物植物资源的吉林省长白山，四川省汶川县的卧龙、陕西省秦岭太白山；有保护珍贵稀有动物为主的四川省平武县的王朗；广东省东方县的大田等；有保护红松母树林的黑龙江省伊春林区的丰林；保护格氏栲和米槠林的福建省三明市的莘口；有保护自然风景为主的四川省南坪县的九寨沟；还有保护蛇类的辽宁省蛇岛，保护水禽的青海湖鸟岛和黑龙江省齐齐哈尔市的扎龙。

自然保护区，是要保存珍贵动物、植物和自然景物的本来面貌，为丰富、发展和扩大利用自然资源创造有利条件。它对改善人类环境，促进科学研究、文化、教育、旅游等事业的发展具有重要作用。建立自然保护区，等于建立天然资源的大仓库和大银行。据联合国环境规划委员会估计，目前全世界约有1000万个物种，有些正在以惊人的速度绝灭，仅热带地区，每天至少就绝灭1个物种，其中有不少是珍贵稀有的动物和植物。鉴于这种情况，世界上许多国家都很重视区划和管理自然保护区。第三世界的菲律宾、斯里兰卡、肯尼亚、坦桑尼亚，自然保护区分别占到国土面积的5.6%—25%；第二世界的英国、西德、日本，分别占到4%—13.5%。而我国只占0.14%。

我国自然保护区不仅数量少，面积小，而且管理得不好，特别是林彪、“四人帮”猖獗时期，对自然保护区的破坏非常严重。不少单位和个人随意进入自然保护区从事狩猎、采伐、开垦、挖药、采石、烧炭、割漆，甚至搞建设项目等，致使保护区遭到严重破坏。云南省西双版纳傣族自治州原有4个保护区，其中大勐龙保护区已被全部开垦，其余3个也因农场、社队毁林开荒，保护区面积已由85.8万亩，缩小到68.7万亩。小勐养保护区今年3月底一场森林火灾，又烧毁4.5万亩。我国仅产于西双版纳的望天树、龙脑香树和白颊长臂猿、白喉犀鸟、棕颈犀鸟、孔雀雉等珍稀动植物已濒于绝迹。我国特产的世界闻名的大熊猫，由于产地四川、陕西、甘肃的自然保护工作做得不好，森林大面积采伐，环境日益改变，特别是前几年岷山地区箭竹大面积开花枯死，大熊猫缺食而大量死亡，仅发现的尸体就有138只。不少地区乱捕滥猎仍然十分严重。如西双版纳今年又打死大象两三头，现在只剩下30来头大象了。吉林省汪清、珲春等县近两年连续发生猎杀有名的东北虎事件而得不到处理和制止。有的商业、供销、外贸部门和动物园等仍在收购珍贵、稀有的动物或产品，甚至有的外贸部门仍在出口珍稀动物或产品，情况是很严重的。我国珍稀动物四不像(麋鹿)、野马、高鼻羚羊、白臀叶猴、豚鹿、黄腹角雉等已经或基本绝迹。还有长臂猿、海南坡鹿、野象、老虎、白鳍豚、儒艮(人鱼)、朱鹮、黑颈鹤、扬子鳄等20多种正趋向绝迹。

20多年来，我国自然保护区工作仅由林业部设一两个人管理。41个保护区中，只有20个有管理机构。国家对自然保护区没有统一规划，自然保护区的科学研究工作也非常薄弱。因此，许多科学家和农林工作者呼吁：必须重视自然保护区，采取切实措施，加强自然保护区的工作，好让它为四个现代化服务。他们建议：应该成立国家自然保护区管理局(或委员会)，专门管理这项工作。自然保护区所需编制、经费、物资、设备等，应该纳入国家计划，不解决这个问题，工作就无法开展。要做好全国自然保护区规划工作，森林、草原、荒漠、湖泊、沼泽、海边红树林等，都应有自然保护区，在全国有计划地分期分批建立。应该颁发《自然保护区条例》，切实保障自然保护区不受破坏。应该把自然保护区的科学研究工作，纳入国家科研计划，并由科研部门来组织和指导有关科研工作。

国务院副总理王震在北京会见日本九州大学名誉教授大桥育英和夫人大桥贞子

全国人大常委会副委员长邓颖超在北京会见原日本乒乓球协会会长已故后藤钾二的夫人后藤铃子和她的女儿等一家

全国人大常委会副委员长姬鹏飞在北京会见以恩佐·比阿季为团长的意大利记者访华团

外交部部长黄华同联合国秘书长库尔特·瓦尔德海姆在北京举行会谈

外交学会会长郝德青在北京设宴欢迎由安德烈·马尔蒂中将率领的法国国防高等研究院代表团

中科院在北京设宴欢迎以有山兼孝教授为团长的日本日中科学技术交流协会代表团

日中科技交流协会自1977年年底成立以来，热心致力于加深日中科技界的了解和友谊，发展日中两国间的科技交流，这次来访的代表团是该协会正式派遣来的第一个代表团，团长由该协会会长、日本著名物理学家有山兼孝教授担任、顾问是该协会常任理事、日本农学会会长越智勇一教授。全团17名成员均是日本各学术界的知名科学家和教授。

中国科学院副院长李昌、周培源,以及我国科学家施汝为、胡晗、冯康、王守武、邹承鲁等同日本朋友在宴会上欢聚交谈。

西泠印社在杭州恢复传统聚会活动

我国著名的印字研究团体——西泠印社,在西子湖畔恢复了传统的聚会活动。

参加这次春季聚会活动的书画篆刻家,有的挥毫题诗,有的泼墨作画,有的操刀刻石,十分高兴。聚会中,书画篆刻家们还就西泠印社今后的工作提出了许多建议。

5月1日

首都万名群众在人民大会堂举行庆祝“五一”国际劳动节联欢晚会

华国锋同志、邓小平同志、李先念同志、汪东兴同志出席了联欢晚会。

当华国锋同志、邓小平同志等同诺罗敦·西哈努克亲王和夫人、宾努亲王和夫人来到联欢会场时，全场起立热烈鼓掌。

出席联欢晚会的党和国家领导人还有：王震、韦国清、乌兰夫、方毅、邓颖超、纪登奎、吴德、余秋里、张廷发、陈永贵、陈锡联、胡耀邦、倪志福、陈慕华、赛福鼎、李井泉、姬鹏飞、许德珩、胡厥文、王任重、康世恩。政协全国委员会副主席宋任穷、朱蕴山、康克清、季方、王首道、杨静仁、庄希泉、胡子昂，最高人民法院院长江华，有关方面负责同志彭真、薄一波、胡乔木、姚依林、黄华也参加了联欢晚会。

叶剑英同志、陈云同志和许世友、李德生、彭冲等同志也分别在外地同群众一起欢度节日。各省、自治区、直辖市也都举行了庆祝活动。

首都的联欢晚会是由文化部和北京市革命委员会联合举办的。参加晚会的有工农业等各条战线的劳动模范、先进工作者，对越自卫还击战中的战斗英雄，少数民族参观团，港澳同胞，归国华侨，以及党、政、军机关的工作人员。

在雄伟的万人大会堂，中国京剧院三团演出的京剧《白蛇传》，不断博得观众一阵阵的掌声；在灯火辉煌的宴会厅里，参加联欢的群众跳起了欢乐的舞蹈。

应邀出席联欢晚会的还有联合国秘书长瓦尔德海姆和夫人，以及正在北京访问的各国政界、友好团体、科技、教育、新闻、医疗卫生、体育等方面人士，各国驻华使节和帮助我国进行社会主义建设的各国专家。

国务院总理华国锋在北京会见联合国秘书长库尔特·瓦尔德海姆

会见时，华总理指出：中国愿意同联合国合作，为促进东南亚和太平洋地区的和平而努力。

华总理说：从今年起，我们的工作重点已经转移到社会主义四个现代化建设上来。我们需要一个和平的国际环境，来建设自己的国家。

华国锋总理同瓦尔德海姆秘书长就人们普遍关心的国际问题交换了看法。华总理希望联合国在维护世界和平与反对霸权主义的斗争中作出贡献。

瓦尔德海姆秘书长的随行人员拉弗丁·阿哈迈德、梅伊霍夫·格伦布海尔、弗朗索瓦·吉里安尼参加了谈话。

谈话前，华国锋总理会见了瓦尔德海姆秘书长和夫人一行，同他们一起合影留念。

章文晋副外长等参加了谈话和合影。

国务院副总理邓小平在北京会见联合国秘书长库尔特·瓦尔德海姆和夫人一行

《人民日报》发表社论《工人阶级要带头打好重点转移第一仗》

今年“五一”，是全党工作着重点转移到社会主义现代化建设上来的第一个国际劳动节。我国工人阶级和劳动人民，满怀着向四个现代化进军的战斗豪情，热烈庆祝全世界无产阶级和劳动人民团结战斗的光辉节日。

实现全党工作着重点的转移，是党的十一届三中全会重大的战略决策。4个多月来，三中全会的精神传遍了祖国大地，激发了亿万人民建设四化的热情。各地区、各部门学习三中全会的榜样，加快了落实政策的步伐，纠正了一大批重大的冤案、假案、错案，解决了许多历史上遗留下来的重要问题。党内外的民主生活进一步活跃，干部和群众的思想进一步解放，党的思想政治工作得到加强，全国安定团结的政治局面有了更好的发展。三中全会关于农业问题两个重要文件的贯彻执行，使全国农村热气腾腾。尊重生产队的自主权，实行有利于发展生产力、巩固集体经济的多种形式的生产责任制，提高农产品收购价格，落实农村基层干部政策，得到广大社员和农村干部的普遍拥护，极大地调动了他们的积极性。今年春耕生产和群众生活的情况比前几年好，广大社员群众正在为夺取今年农业丰收进行紧张的劳动，农村经济形势的进一步好转大有希望。工业方面，粉碎“四人帮”以后，生产的恢复是很快的，许多部门从瘫痪、半瘫痪状态走向稳步发展的道路，许多重要产品的产量超过了历史最高水平。三中全会公报指出：“由于林彪、‘四人帮’的长期破坏，国民经济中还存在不少问题，一些重大的比例失调状况没有完全改变过来。”这几个月里，中央和地方的一些领导同志遵循三中全会的精神，对我国的经济情况进行了比较深入的调查研究，对国民经济比例失调的严重性有了更清楚的认识，心中更踏实、更有数了。这是我们经济工作大进一步的表现。所有这些都充分证明，三中全会所作出的重大决策和确定的方针、政策是正确的。三中全会的精神日益深入人心，正在有力地推动着各条战线和各项工作胜利前进。

为了像三中全会所要求的那样，切实做到综合平衡，以便为国民经济迅速发展奠定稳固的基础，我们要拿出一定的时间调整国民经济的比例关系,同时着手经济体制的改革,继续进行现有企业的整顿,把整个经济工作的水平大大提高一步,使我国国民经济进入持久的、按比例的、高速度发展的轨道。这是我们在新长征的路上迈出的第一步。这一步走好了,向四个现代化进军,就取得一个带有战略意义的胜利。

历史的经验告诉我们,凡是综合平衡搞得比较好,比例关系比较协调的时候,国民经济发展就快;否则,发展就慢,甚至下降倒退。解放后经过了3年的恢复,第一个五年计划期间有秩序地展开了大规模的经济建设,比例关系处理得比较恰当,整个国民经济的发展是快的。1958年以后,比例关系失调,使我国国民经济在50年代末和60年代初遭受了严重的挫折和困难。1961年开始执行调整、巩固、充实、提高的方针,把比例失调纠正过来,又出现了1965年、1966年国民经济蓬勃发展的大好形势。现在我们调整国民经济的比例关系,同60年代初的那次调整不尽相同。60年代初的调整是"先退够,再前进",工业生产和基本建设的总规模都大大缩小了。现在,我们农业情况比当年好,工业基础也雄厚得多。这次调整是有进有退,有上有下。退是为了进,下是为了上。总的生产建设在调整中是要稳步前进的,国民经济是要保持一定的增长速度的,而且在经济效果上还要求达到更高的水平。因此,我们是边调整边前进,在调整中前进,在调整中提高。这是一个积极的方针,扎扎实实前进的方针。可以相信,经过一段时间的努力,在基本上完成国民经济的调整任务以后,我国的社会主义建设事业一定能够以更快的速度向前发展。这一点,连资本主义国家的有识之士也看到了。

当前,摆在我国工人阶级和劳动人民面前的一项光荣使命,就是要在全国范围内,在各行各业中,广泛地、深入地、持久地开展大规模的群众性的增产节约运动。经过30年的努力,我们已经建设了几十万个全民和集体的工业企业。其中有一部分是用现代化的技术装备起来的,有一部分的技术装备是比较先进的,也有一部分装备比较陈旧、比较落后。这是我们实现四个现代化的主要阵地,是我们前进的出发点。为了实现四个现代化,建设一批新的工矿企业是完全必要的,但是我们的立足点还是应该放在现有企业上,主要靠现有企业的挖潜、革新和改造。大量的事实证明,把现有企业的挖潜、革新和改造工作搞好了,就能够出速度,生产更多、更好的产品,为国家作出更大的贡献。忽视现有企业的潜力,忽视增产节约,都是错误的。两年半来,许多企业,如大庆油田,鼓足干劲,挖掘潜力,不断地创造优质高产的新成绩。也有不少企业学习大庆艰苦创业的革命精神,狠抓增产节约,在很短的时间内,各项经济指标恢复和超过了历史最好水平,进入先进行列。但是,确实也有相当一部分企业忽视增产节约,产品质量差、成本高,不受群众欢迎,浪费严重,甚至长期亏损,至今得不到纠正。可见,增产节约抓和不抓大不一样。我们的企业究竟还有没有潜力?为什么挖不出来?怎样才能挖出来?每个职工,每个工程技术人员,每个共产党员,每个共青团员,都有权提出这类问题,也都有责任去钻研和解决这类问题。只要我们发动群众,揭露矛盾,抓住关键,提出切实可行的办法,认真加以解决,蕴藏在企业内部的巨大潜力就可以充分发挥出来。

开展增产节约运动,要从本地区、本部门、本企业的实际情况出发。不同的地区、部门、企业,增产节约运动应该有不同的要求和侧重点。燃料、动力、交通运输、建材,当前仍然是薄弱环节,这些部门的职工要千方百计挖掘潜力,按质按量尽快地把生产搞上去。轻工、纺织、手工业关系到人民生活和出口任务,这些部门的职工也要千方百计努力增加生产。生产任务饱满的企业,要在提高产品质量的基础上,加强新产品试制,增加产品品种,做到适销对路。产品质量没有过关的企业,要集中力量组织质量攻关,尽快改变质量低、次品多、废品率高的局面。要大力开展技术革新活动,推广新工艺、新技术,努力使产品升级换代,精益求精。原材料、燃料、动力供应不足的企业,要特别注意搞好革新挖潜,降低消耗,从节约中求增产。各种消耗过高,潜力没有挖掘出来的企业,应当着重降低消耗,采取有力的技术措施,加强企业管理,努力把消耗降下来。对于那些产销脱节,搞"无米之炊",货不对路,质次价高,长期亏损的企业,要实行必要的调整和整顿。所有的厂矿企业,都要全面贯彻执行多快好省的方针,从好省中求多快,决不能拼设备、吃老本。要从片面追求数量、产值转到把品种质量放到第一位,从不计成本、不计消耗转到加强经济核算、讲求经济效果上来。要勇敢地同一切危害国家利益、贪污浪费和官僚主义恶习进行斗争。

中国工人阶级具有光荣的革命传统,具有踏踏实实的苦干精神,这是举世公认的。粉碎"四人帮"以后,广大职工中迸发出极大的建设社会主义现代化强国的积极性,我们要全心全意地依靠工人阶级,不断增强全体职工的团结,把他们的智慧和力量充分调动起来。要学习那些效率高、质量好、消耗低、贡献大的先进企业、先进个人,扎扎实实地组织比、学、赶、帮、超活动。群众干劲越大,越要关心群众生活,注意安全生产,注意实效,使广大职工的社会主义积极性结出实实在在的经济之果。

广泛深入地开展增产节约运动,是调整国民经济,使我国的社会主义现代化建设稳步前进的重要措施。全国工人同志们，让我们奋发图强，努力工作，带头打好全党工作着重点转移的第一仗，以增产节约的优异成绩促进国民经济按比例发展，迎接建国30周年，迎接四个现代化的光辉前景。

中国与埃及1979年至1981年文化合作执行计划在北京签订

文化部部长黄镇和埃及教育、文化和科研部长哈桑·穆罕默德·伊斯梅尔分别代表本国政府签字。

这一计划是两国政府根据1956年4月在开罗签订的文化合作协定，为进一步发展两国的文化往来和加强两国的友好关系而签订的。计划内容包括教育、卫生、文化和艺术、新闻、广播、电视、体育和青年等方面，有关交流教学经验、互派留学生、考察地方病和流行病学、互派文化艺术、体育团、队，并交换新闻和广播电视节目等。

埃及驻中国大使陶菲克，文化部副部长姚仲明等参加了签字仪式。

《中国史研究》杂志创刊

《人民日报》报道，《中国史研究》季刊是由中国社会科学院历史研究所创办，专以刊登中国古代史研究成果为主的学术性刊物。

创刊号刊登了《毛泽东同志给郭沫若同志的信》的手迹，同时还发表了郭沫若同志给李镜池同志的《有关“易经”的信》和陈垣同志的《治史遗简及晋长沙王乂卒年考》。

该期以《批判封建主义，为实现四个现代化而奋斗不懈》为题，发表评论员文章。文章列举了封建主义的种种表现，揭露和批判了林彪、“四人帮”进行篡党夺权的罪恶勾当。同时还登载了周年昌等写的《“四人帮”神化秦始皇驳议》，刘重日等写的《清官海瑞》、李贵海的《论农民的皇权主义思想》等文章。

《百科知识》丛刊第一辑出版

《百科知识》丛刊第一辑，开始正式出版，由新华书店在全国发行。

《百科知识》丛刊是由中国大百科全书出版社编辑、出版的，是一个具有高中以上文化程度的青年、干部阅读的知识性刊物。《百科知识》丛刊每一两个月出版一辑，内容包括哲学、社会科学和科学技术的基本知识及其最新成就的报道，同时选登《中国大百科全书》编写过程中的一些试写条目和有关的参考资料等。

5月2日

中共中央批转解放军总政治部《关于建议撤销一九六六年二月部队文艺工作座谈会纪要的请示》并发出通知

解放军总政治部在请示报告中指出，纪要是林彪、“四人帮”篡党夺权阴谋的一个步骤，推行的是林彪、“四人帮”极左的机会主义路线，它的贯彻和执行带来的是灾难性的后果。中央在通知中指出，对受纪要影响被错误批判、处理的人员和文艺作品，应实事求是地予以平反。

国务院总理华国锋 副总理邓小平和夫人卓琳到首都机场欢迎来华访问的马来西亚总理达图·侯赛因·奥恩和夫人

到机场欢迎的还有：外交部部长黄华、副部长仲曦东，外贸部副部长贾石，交通部副部长陶琦，民航总局副局长吕正哲，中国驻马来西亚大使叶成章和夫人张琬。

去年11月，邓小平副总理访问马来西亚时曾经表示，热切地期望在今年春暖花开的时候，欢迎侯赛因总理和夫人访问中国。今天，侯赛因总理和夫人在这生机勃勃的春天来到中国进行正式友好访问，将会使中马两国友好关系得到进一步发展。

随同侯赛因总理和夫人来访的成员有：已故前总理拉扎克的夫人敦·哈贾赫·拉哈，外交部部长东古·艾哈迈德·里陶丁和夫人，工程和公用事业部长达图·李三春和夫人，运输部长坦·斯里·马尼卡华沙甘，政府部门的其他高级官员、沙捞越州和沙巴州的高级官员，侯赛因总理的妹妹和女儿等，以及随行记者共70多人。

到机场欢迎的还有马来西亚驻中国大使达图·阿卜杜·拉赫曼·贾拉尔和夫人以及大使馆外交官员。

国务院副总理方毅在北京会见由法国计量局秘书长德内哥尔率领的法国政府计量代表团

国务院副总理方毅在北京会见日本著名农艺化学家田村三郎一行

中联部部长姬鹏飞在北京会见以马克斯·克吕佐总书记为团长的法国革命共产党(马列)中央委员会代表团

解放军副总参谋长迟浩田在人民大会堂举行宴会欢迎由扎伊尔国防和领土安全部国务秘书埃卢基·蒙

加·昂杜准将率领的扎伊尔军事代表团

中国社科院纪念五四运动60周年学术讨论会在北京举行

5月2日至5月9日举行的讨论会，有来自中央和全国各省、自治区、直辖市社会科学研究机关、部分高等院校及有关部门的代表264人。这次讨论会共收到论文156篇。

中国社会科学院副院长周扬同志在开幕式上作了《三次伟大的思想解放运动》的报告。黎澍、王若水、侯外庐、胡绳、周培源、杨超、齐振海、吴家麟、李秀林、温济泽、彭明、张岱年、楼宇烈、蔡尚思、李锐、胡华、张静如、步平、陈善学、阮铭、丁守和、胡曲园、孙昌熙、王瑶、陈涌、钟敬文、叶水夫、夏鼐、赵复、钟沛璋、罗琼、陈碧笙、廖盖隆、马沛文等同志向大会交了论文，或者在会上介绍了自己的论文，或者在会上发了言。此外，"艾思奇同志文稿整理小组"还送来了艾思奇同志没有发表过的遗稿《五四运动前后两种世界观的斗争》，这篇论文也引起了到会代表的重视。

周扬同志所作《三次伟大的思想解放运动》的报告，是讨论会上一篇最主要的学术报告。到会同志对这个报告给予了很高的评价。一致认为周扬同志对五四运动以来的3次思想解放运动所作的理论概括，符合历史实际，有很大的现实意义。目前我国正在进行的思想解放运动，是五四运动和延安整风运动的合乎规律的继承和发展，它对实现社会主义现代化将产生巨大的推动作用。我们一定要在马列主义、毛泽东思想指导下，把这个伟大的思想解放运动继续推向前进。思想解放的方针，也就是"放"的方针，这是长期性的方针，而不是临时性的方针。马列主义、毛泽东思想是人类最解放的思想，它反对一切教条、一切偏见，一切想要建立最终思想体系的企图。坚持马列主义、毛泽东思想，就要坚持它的根本——理论和实践的统一。理论要通过实践的检验而不断地改正、补充、丰富和发展。在当前来说，解放思想，就是要坚持三中全会精神，把马列主义、毛泽东思想的普遍真理，同在中国实现社会主义现代化这个新的革命实践，紧密结合起来，走出一条中国式的实现四个现代化的道路。

到会同志认真分析了当前社会上存在的两种思潮，认为对于那股怀疑和否定四项基本原则的错误思潮，我们应该足够重视，作坚决的斗争。同时更要清醒地看到，那种由于林彪、"四人帮"的流毒尚未肃清，思想仍处于僵化和半僵化状态而产生的怀疑和否定三中全会精神的错误思潮，更带欺骗性。为了排除这两种错误思潮干扰，我们要继续肃清林彪、"四人帮"流毒和影响，充分肯定三中全会以来各条战线取得的伟大成果，防止把思想解放和坚持四项基本原则对立起来。

到会同志充分讨论了五四时期提出的民主和科学的口号，认为这是当时推动思想解放的锐利武器，在历史上起过巨大的革命作用。五四运动后，民主和科学的口号为我们党所继承和发展，并形成了优良传统。但是在林彪、"四人帮"横行时期，这个传统受到很大破坏。我们要用很大的努力把它迅速恢复和发扬起来。发扬民主是促进科学不断繁荣发展的前提条件。没有民主，就没有科学。在社会科学研究中，民主精神首先表现为以平等的态度进行自由讨论，不能少数服从多数，下级服从上级，只能一切服从真理。同时，民主精神也表现为科学研究的对象不应受到任何限制，"科学无禁区"。做不到这些，也就没有真正的科学研究。到会同志还对民主和专政，民主和法制，政治民主和学术民主等问题，发表了自己的看法。

有的组对五四时期历史人物的评价问题，着重进行了讨论。大家认为，按照历史唯物主义，历史地、实事求是地评价历史人物是思想解放的一个内容，也是学术研究中坚持科学态度的一个表现。五四时期曾经存在着好就一切都好、坏就一切都坏的形式主义偏向，六十年来这种偏向并未彻底克服，它对实事求是地评价历史人物造成很大困难。在小组会上，同志们对李大钊、陈独秀、胡适、吴虞等历史人物的评价问题，展开了热烈讨论。有的组还着重讨论了"五四"时期新文化运动的主将鲁迅先生，认为多年来林彪、"四人帮"神化鲁迅、歪曲鲁迅、利用鲁迅搞阴谋，这些流毒尚未肃清，对研究鲁迅是不利的。我们必须尊重历史，尊重事实，坚持无产阶级党性和科学性一致的原则，这样才能对历史人物作出客观的、实事求是的评价。有些组还对五四运动历史问题、文学问题等进行了热烈的讨论。

9日下午的最后一次全体会议，由中国社会科学院副院长邓力群同志主持。副院长于光远同志在会上讲了话。会上还一致通过了关于征集五四运动历史文物的倡议和重修李大钊烈士陵墓的倡议。

《五四运动回忆录》《五四爱国运动》由中国社会科学出版社出版

新华社报道，为纪念五四运动60周年，中国社会科学院近代史研究所编辑的《五四运动回忆录》和《五四爱国运动》，已由中国社会科学出版社出版，即将由新华书店在全国发行。

《五四运动回忆录》一书，辑录了毛泽东、周恩来、朱德、陈毅等同志回忆他们在五四运动前后的思想和活动的谈话、通信、日记，并收入了其他老一辈革命家吴玉章、邓颖超、邓中夏等同志回忆五四运动的文章。

五四时代的一些有代表性的人物,如陈独秀、李大钊、鲁迅以及胡适等过去发表的文章,也辑录了一部分。这本书还收入了大量反映五四运动在北京、天津、上海、广州和湖南、浙江、四川等地区发生发展情况的回忆文章或访问记录。

《五四爱国运动》一书系五四运动资料类编,曾收入《近代史资料》。这次重印,新增加了周恩来同志在学生时代写的珍贵文献《警厅拘留记》和《检厅日录》。

5月3日

纪念五四运动60周年大会在北京隆重举行

由共青团中央举办的纪念五四运动60周年大会,下午在人民大会堂隆重举行。

中共中央主席华国锋,中共中央副主席邓小平、李先念、汪东兴出席了今天的大会。

共青团中央第一书记韩英致辞。他说,今天的盛会,表明了党中央和革命前辈对我们青年一代的无比信赖和殷切期望。表明了我们青年一代继承光荣革命传统,誓把无产阶级革命事业推向前进的坚强决心。他号召广大青年人人都来奋勇争当新长征的突击手,人人都在伟大的新长征中创造出无愧于革命前辈、无愧于伟大时代的光辉业绩!

华国锋同志代表中共中央,向全国各族青年和在座的全国青联委员、全国学代会代表致以热烈的节日祝贺。

华国锋同志在讲话中高度评价了五四运动在我国革命史上的重要地位。

对越自卫还击战一等功荣立者海水干代表全国青联、全国学联,北京大学团委书记王丽梅代表首都青年在会上发了言。

五四运动的参加者许德珩同志也在大会上讲了话。

出席今天大会的还有党和国家其他领导人王震、韦国清、乌兰夫、方毅、邓颖超、纪登奎、吴德、余秋里、张廷发、陈永贵、陈锡联、胡耀邦、耿飚、聂荣臻、倪志福、陈慕华、赛福鼎、姬鹏飞、许德珩、胡厥文、谷牧、王任重、康世恩,政协全国委员会副主席宋任穷、沈雁冰、矢蕴山、康克清、季方、王首道、杨静仁、庄希泉、胡子昂,最高人民法院院长江华、最高人民检察院检察长黄火青,有关方面的负责同志彭真、薄一波、胡乔木、姚依林、杨勇、林乎加,中共中央和国务院各部委、各群众团体、中国人民解放军各总部负责人。

中共中央主席华国锋在纪念五四运动60周年大会上的讲话

同志们!

在今天纪念五四运动60周年的大会上,我代表中共中央,向全国各族青年,向在座的全国青联委员和全国学代会代表,表示热烈的节日祝贺!

整整60年前,在帝国主义、封建主义重重压迫下的黑暗的中国,广大青年学生发动了五四革命运动,这个运动在中国革命史上具有重要的历史地位。它开辟了中国历史的新时期,成为从旧民主主义革命到新民主主义革命的转折点。五四时期的先进分子和革命群众不畏强暴,敢于斗争,坚持不懈地寻求救中国的正确道路,立志要为改造旧中国而奋斗,这种革命精神是永远值得纪念的。

在伟大的五四革命运动中,几十万青年学生起了先锋作用。在以后的历次革命运动中,青年始终是党和人民可以信赖的一支英勇善战的队伍,为中国革命和建设事业作出了巨大贡献。60年来,我们祖国的面貌已经发生了天翻地覆的变化。现在,我国正处在全党工作着重点转移到社会主义现代化建设上来的新时期,全国人民开始了向四个现代化进军的新长征。

在纪念五四运动60周年的时候,党和人民希望青年站在时代的前列,继承和发扬五四运动的光荣革命传统,成为新长征的突击队。

五四运动是一个彻底地不妥协地反对帝国主义和封建主义的革命运动。五四运动以前,资产阶级、小资产阶级革命派领导过中国的革命运动。他们的目的是要建立资产阶级共和国。虽然他们做了很大的努力,但是失败了。帝国主义和封建主义统治中国的势力是很强大的,为了战胜它们,必须团结最广大的人民群众,团结工人群众、农民群众和一切爱国力量共同战斗。五四运动以后,工人阶级登上历史舞台,马克思主义开始广泛传播,诞生了中国共产党。中国人民最广泛的团结,是在有了中国共产党以后才实现的。在中国共产党领导下,中国人民的革命事业虽然遭受过挫折,经历过曲折的道路,但总的说来,是一个由胜利走向胜利的过程。五四运动以来的历史表明,共产党是在中国唯一能够提出正确的革命纲领和政策,领导中国人民取得胜利的党。这个党具有理论联系实际,密切联系群众,进行批评和自我批评的优良作风。没有共产党的领导,不可能推翻帝国主义和封建主义的统治,不可能使黑暗的旧中国变成社会主义的新中国,不可能造成中国人民用自己的双手来建设自己国家的局面。当前我们所要进行的社会主义现代化建设的事业,是一个宏伟的革命事业。由于旧中国遗留下来的是极端贫穷落后的状态,由于我们是一个人口众多的大国,现代化建设的困难程度不下于打倒帝国主义和封建主义。为了完成这个事业,必须加强党的领导,团结最广大的人民群众进行长期的艰苦努力。我们相信,全国青年一定能够继承和发扬五四运动的革命精神,紧密地团结在党中央周围,为现代化事业贡献力量。

五四运动是伟大的爱国运动,也是伟大的新文化运动。当我国处在半殖民地半封建社会,民族灾难极其深重的紧要关头,革命青年奋起反对帝国主义和卖国政府,争取民族的独立和解放,争取国家的进步和富强,并且为此而努力提倡民主与科学。这个光荣传统是十分可贵的。五四运动以来的历史提供了一条颠扑不破的真理:只有社会主义能够救中国,只有社会主义才能使我国跳出黑暗的深渊,展开无限光明的前景。正因此,有不少本来相信资产阶级民主主义,或者以为只要靠发展科学、振兴实业就能救中国的爱国者,根据自己的切身体验,转而接受马克思主义的道理,他们懂得了离开社会主义讲民主,离开社会主义讲发展科学、振兴实业是行不通的,是不能达到救国的目的的。我国社会主义制度的建立,使人民能够真正当家做主,也为科学事业和文化事业的发展创造了政治保证和物质基础。社会主义制度在本质上具有资本主义制度所不可比拟的优越性,但要充分发挥社会主义制度的优越性,还需要我们严格按照社会发展的客观规律进行正确有效的努力。我们必须不断地清除旧制度的残余,不断地克服同社会主义格格不入的旧思想和旧习惯势力,并且随着社会生产力的发展使社会主义制度在各方面日益健全起来。发扬党内民主和人民民主,是我们党坚定不移的方针。没有人民民主,就没有社会主义,就没有四个现代化。我们应当按照民主集中制的原则,正确地处理民主与集中、民主与法制、自由与纪律的关系。我们相信,全国青年一定能够坚定不移地走社会主义道路,以高度的爱国热忱,辛勤劳动,为建设祖国的锦绣河山而奋斗,为进一步巩固无产阶级专政,发扬社会主义民主,健全社会主义制度而奋斗,为勇攀自然科学、社会科学和文化艺术的高峰,创造光辉灿烂的社会主义新文化而奋斗。

中国人民为了寻求革命真理,经历过千辛万苦,付出过巨大的代价。过去中国人民是不知道马克思列宁主义这个真理的。五四运动以后,开始了一次伟大的马克思列宁主义宣传运动。从此,马列主义成为改造中国,进行革命斗争的思想武器。但是,有了这个武器,还有一个如何运用的问题。不会运用,运用得不好,不能把理论同中国实际情况相结合,革命仍然不会成功。以毛泽东同志为代表的中国共产党人,创造性地把马列主义的普遍真理和中国革命的具体实践相结合,解决了中国革命遇到的许多新问题。在马列主义、毛泽东思想的指引下,中国人民的革命和建设事业才取得了一个又一个的胜利。我们一定要万分珍惜这一宝贵的历史经验。在社会主义现代化建设中,我们还会不断地遇到许多新情况和新问题。如果我们离开了马列主义、毛泽东思想的基本原理,那就会迷失方向,走入邪路;如果我们把马列主义、毛泽东思想当作一成不变的教条来背诵,那就同样解决不了任何问题,同样是走邪路。理论联系实际,是毛泽东同志一贯提倡和培养的学风。我们要发扬这种学风,在马列主义、毛泽东思想的基本原理指导下,从实际出发,解放思想,研究新情况,解决新问题。青年同志们学习的任务是很重的,要刻苦地学习各种科学技术,学习各种专业知识,但是仍然都有必要认真学习马列主义、毛泽东思想。马列主义、毛泽东思想是中国革命的胜利旗帜。我们一定要永远高举马列主义、毛泽东思想的伟大旗帜奋勇前进。

我们国家正处在历史上的一个重大转折时期。社会主义现代化建设的前景极大地鼓舞着全党和全国人民。尽管在前进的道路上还有许多困难,但是我们建设社会主义现代化强国的决心是坚定不移的,也是必然会胜利实现的。党和人民完全相信,广大青年一定能够树立坚定正确的政治方向,发扬艰苦奋斗的作风,加强组织性纪律性,勤奋学习,敢想敢做,勇于创造,担当起时代赋予的重任,把老一辈无产阶级革命家所开创的革命事业进行到底。未来属于永远站在时代前列的青年!

国务院副总理邓小平在北京出席欢迎侯赛因总理宴会

邓小平副总理和侯赛因总理在充满友好气氛的宴会上先后发表了热情的讲话。

邓小平副总理在讲话中着重谈到了东南亚局势。他说:“我们热爱和平。但是,当今世界是一个多事之秋。大小霸权主义狼狈为奸,互相勾结,在东南亚地区大大加快了扩张的步伐。它们公开践踏国际准则,充分暴露了它们所作的诺言和保证的虚伪性,从而引起人们的严重关切和警惕。”

邓小平副总理说:“马来西亚和其他东盟国家主持公道,反对用武力占领一个主权国家,要求外国军队撤出柬埔寨,这完全是正当的行为,无可非议。中国政府和中国人民一如既往,坚决支持东盟各国为保卫国家独立和主权而作出的一切努力,并希望看到,东盟各国加强团结和协调,为捍卫亚洲和东南亚地区的和平作出更大的贡献。”

邓小平副总理说,5年前,马来西亚已故的敦·拉扎克总理前来我国访问,与已故的周恩来总理一起签署了《中马建交联合公报》,从而实现了中马关系正常化。在中马建交五周年之际,达图·侯赛因总理阁下前来我国进行正式友好访问,这在中马关系史上有着新的重要意义。

他指出,尽管中马两国的社会制度不同,但我们都认为,发展中马关系,是符合两国人民根本利益的。中马两国面临着类似的任务和问题。我们都致力于维护亚洲和东南亚地区的和平,反对外来势力的干涉;主张建立新的国际经济秩序,保护发展中国家的合理经济权益。可以说,中马两国之间的合作领域是很广阔的。

邓小平副总理说:"当前,我们正在进行国民经济计划的调整,使经济建设的步子迈得扎实一些,速度更快一些。中国经济建设的总方针并没有改变。我们要根据中国的特点和具体情况,走自己的现代化建设道路。我们愿意同一切友好国家进行经济、贸易和技术合作。我们也希望从外国,当然也包括马来西亚,学到一些有益的建设经验。"

侯赛因总理在讲话时说:"我们马来西亚和东盟国家都对印支地区的冲突和紧张局势深感忧虑。我们非常关心由于有其他成员的介入而扩大冲突。我们要不惜任何代价避免这一冲突。"他说:"东盟外长曾发表声明呼吁撤出所有的外国军队,用和平的方案解决冲突。东盟在联合国安全理事会提出了一个可被接受的方案,来恢复这一地区的和平与安定。"

侯赛因总理说,邓小平副总理去年11月对马来西亚的访问,为进一步加强我们两国的友好关系开辟了道路。我们今天上午的讨论同我们在吉隆坡一样,是本着诚挚的精神进行的。

他在谈到已经存在于马中两国的良好贸易关系时说:"我们两国的贸易和经济关系将继续得到发展和加强。正当中国推进它的现代化计划,马来西亚加快它的工业化计划的速度的时候,双方扩大贸易往来的机会增加了。"

他说,中国在国际经济关系中发挥作用,实现国际经济的新秩序,是我们的愿望。中国作为一个亚洲国家在发展这一地区国家公平的贸易关系中可以发挥有益的作用。我们之间的经济关系必须本着相互帮助和合作的精神,目的在于实现一个公平的经济体系,给所有亚洲国家受惠。

侯赛因总理的随行人员,马来西亚驻中国大使达图·阿卜杜·拉赫曼·贾拉尔和夫人,大使馆外交官员,应邀出席了宴会。

邓小平副总理的夫人卓琳,王任重副总理,外交部部长黄华,文化部部长黄镇,出席宴会作陪。

出席宴会的还有政府其他有关部门、全国妇联、北京市革命委员会和对外友协的负责人仲曦东、贾石、石林、陶琦、郁文、于步血、黄甘英、李普、王若水、郝平南、吕正哲、王笑一、林林、中国驻马来西亚大使叶成章等。

党和国家领导人华国锋 邓小平 李先念 汪东兴在人民大会堂接见出席全国青联第五届委员会第一次会议全体委员和全国学联第十九次代表大会的全体代表

参加接见的党和国家其他领导人有:王震、韦国清、乌兰夫、方毅、邓颖超、纪登奎、吴德、余秋里、张廷发、陈永贵、陈锡联、胡耀邦、耿飚、聂荣臻、倪志福、陈慕华、赛福鼎、姬鹏飞、许德珩、胡厥文、谷牧、王任重、康世恩,政协全国委员会副主席宋任穷、沈雁冰、朱蕴山、康克清、季方、王首道、杨静仁、庄希泉、胡子昂,最高人民法院院长江华、最高人民检察院检察长黄火青也参加了接见。

当党和国家领导人来到接见大厅时,来自全国各地、各民族的900多名青联委员和学代会代表顿时欢腾起来。他们热烈鼓掌,高呼口号,向华国锋同志为首的党中央致敬。

共青团中央、全国青联和全国学联负责人也参加了接见。

全国青年联合会第五届委员会第一次会议在北京开幕

这次会议的任务是:确定全国青联在新的历史时期的工作方针和任务;修改全国青联章程;选举全国青联第五届委员会主席、副主席、常务委员。

全国青联是1949年5月成立的,她是在中国共产党的领导下,以共青团为核心力量的各青年团体的联合组织。她从诞生之日起,在开展各项工作中,认真贯彻执行了党的方针政策,成为党团结、联系、教育各族各界青年不可缺少的有力纽带和重要渠道。林彪、"四人帮"为了篡党夺权,复辟资本主义,全盘否定青联工作,迫使青联工作中断了10多年。粉碎"四人帮"后,青联工作才又蓬勃开展起来。参加这次会议的,共有460名委员,包括54个民族。他们当中有工农业生产中的革新闯将和突击手;有英勇保卫祖国和在这次对越自卫还击战中建立功勋的战斗英雄和支前民兵;有在科学技术工作中取得卓越成就的青年科学家、工程师;有辛勤工作、成绩显著的模范教师、青少年教育工作者、作家、艺术家、医生、运动员;有上山下乡、把青春献给祖国农村建设的知识青年;有在平凡的岗位上作出不平凡业绩的炊事员、服务员、售货员、驾驶员;有为四化勤奋学习、德智体全面发展的优秀学生;有工商界、宗教界的代表;有来自海外的爱国华侨、港澳同胞和旅美台湾省籍青年等。这次会议充分显示了全国青年的革命大团结,显示了青联工作生机勃勃的崭新景象。

大会执行主席杨乐致开幕词。

全国青联第四届委员会副主席胡启立代表第四届常委会向会议作了《胸怀祖国，献身四化》的工作报告。报告提出，在新的历史时期，各级青联必须适应新的形势，把自己的全部工作纳入实现四个现代化的轨道。要在党的领导下，取得共青团的帮助，团结、教育、动员全国广大青年，坚持走与工农相结合的道路，不断提高政治觉悟，充分发挥社会主义积极性，为建设社会主义伟大强国贡献力量。

全国学联第十九次代表大会在北京开幕

这次大会的中心任务是高举马列主义、毛泽东思想的伟大旗帜，贯彻执行党在新时期的总路线和总任务，落实党的教育方针，引导和带领广大同学继承"五四"革命传统，立志献身祖国四化，做德、智、体全面发展的好大学生。

会议由上届全国学联副主席曹小冰主持，北京大学学生会主席袁纯清致开幕词。袁纯清说，全国学联从1919年诞生，到现在已经60个年头了。无论是在新民主主义革命中，还是在社会主义革命和社会主义建设中，全国学联在党的领导下，在共青团的帮助下，积极组织和动员学生参加各个时期的革命运动，并努力为党和国家培养有用人才，方向是对头的，工作是有成绩的，在国际斗争、国内工作中都发挥了应有的作用。这次大会有着广泛的代表性，它体现了我国各族学生的大团结，展示了我国学生在新长征中的新风貌，它必将成为我国学生运动转入社会主义现代化建设的重要里程碑。

上届全国学联主席伍绍祖在会上作了题为《继承"五四"传统，立志献身四化，做德、智、体全面发展的大学生》的报告。他在报告中回顾了自1919年6月16日第一次全国学生代表大会以来，我国广大学生在各个革命历史时期的重要作用，批判了林彪、"四人帮"破坏学联工作、毒害学生的罪行，总结了全国学联工作的经验，号召全国广大学生高举马列主义、毛泽东思想的旗帜，为把祖国建设成为社会主义现代化强国而努力奋斗！

会上，大会秘书长王炽昌作了关于修改《中华全国学生联合会章程》的说明。

共青团中央第一书记韩英，团中央书记处书记周鹏程、高占祥应邀参加了大会。

林业部上海会议提出大力发展人造板工业是解决木材供不应求的一条重要途径

新华社报道，林业部最近在上海召开的全国人造板企业的会议上，着重讨论了这个问题。

前些年由于林彪、"四人帮"的干扰破坏，林区被乱砍滥伐，木材供不应求的矛盾显得比较突出。目前我国木材利用率也比较低，大约只占60%左右，也就是说有40%的原木在采伐、造材、加工过程中作为废料白白浪费了。利用这部分木材废料发展人造板，可以大量节约木材资源，增加木材供应。使用实践证明，1立方米人造板，可以代替3立方米原木制成的板材，因此，多生产人造板可少采伐，保护森林资源。

会上各地提供的材料表明，我国发展人造板生产的潜力很大，而且十分经济。近几年，我国建造了一批生产2000吨纤维板的小型工厂。每个厂投资约200万元左右，需要职工仅70多人，只要一年多时间便可以建成，投资后3年左右就能收回全部投资。而发展原木生产所需要的时间，就要长得多。

国务院副总理兼国防部部长徐向前在北京会见由美国国防大学校长罗伯特·小加德中将率领的美国国防大学旅行团一行

国务院副总理王震在北京会见以高波惇为团长的日本的中国政治经济恳谈会第三次访华团

国务院副总理谷牧在北京会见日本前任驻中国大使小川平四郎和夫人

国务院副总理陈慕华在北京会见澳大利亚中国理事会主席杰弗里·布雷尼教授和执行主任梅卓琳博士

国务院副总理陈慕华在北京会见以农业部部长穆罕默德·达乌德为团长的埃及农业代表团

全国人大常委会副委员长姬鹏飞在北京会见以南斯拉夫"人民技术"联合会主席斯·贝兹丹诺夫博士为团长的南斯拉夫"人民技术"联合会代表团

自卫还击保卫边疆影展在北京展出

中国人民解放军广西、云南边防部队自卫还击保卫边疆摄影展览，于5月3日至31日在中国革命博物馆中央大厅展出。

这次展出的摄影作品有230幅。其中，有些照片有力地揭露了越南当局指使武装部队侵犯我领土，毁坏我村庄，杀害我军民等暴行。大部照片是反映我边防部队指战员在还击越南侵略者的战斗中的英雄事迹的。还有许多照片反映了战场上我军生动活泼的政治思想工作，严格遵守群众纪律，宽待俘虏，边疆各族人民踊跃支前，以及我军在达到预期目的后主动全部撤回国内,受到祖国人民热情欢迎、亲切慰问的动人情景。

这些作品的作者大部分是部队的摄影工作者。许多照片是在战斗第一线拍摄的。广西边防部队某部摄影干事李永安在战斗中一直活跃在第一线,运用他手中的武器——照相机,生动地记录了我军战斗胜利的情景和越军痛遭歼灭的可耻下场。我军攻克谅山南市区占领省府大楼的图片,就是他跟随巷战的战士冲到省府大楼前拍摄下来的。为表彰李永安勇敢战斗的精神,部队特为他记了二等功。

这次展览是中国摄影学会筹备组、全军摄影展览办公室、中国革命博物馆联合举办的。

5月4日

国务院总理华国锋在北京会见马来西亚总理达图·侯赛因·奥恩

会见时华总理强调说:反对霸权主义在我们这一地区的侵略和扩张,是符合中国和包括马来西亚在内的东盟国家的共同利益的。

华总理在谈话中赞赏东盟国家为解决印支问题在联合国安全理事会上提出的提案。他说:"我们要团结起来打破霸权主义在我们地区的侵略扩张的部署。当前,东南亚是不是能有和平与稳定,焦点集中在柬埔寨问题上。"

侯赛因总理对华总理说:"我们同你们一样,非常关心东南亚的和平与稳定。"

当谈到中马两国关系时,华总理指出,马来西亚贵宾在北京同我们举行了很好的会谈。会谈的结果表明,中马两国的关系会发展得越来越好。他说:"侯赛因总理的这次来访必将对增进中马两国和两国人民之间的相互了解和友谊作出很大的贡献。"

华总理还向马来西亚贵宾介绍了我国工农业生产的发展情况。

参加谈话的马来西亚贵宾有:外交部部长东古·艾哈迈德·里陶丁,工程和公用事业部长达图·李三春,运输部长坦·斯里·马尼卡华沙甘,沙捞越州副首席部长达图·东斯坦·恩达维,沙巴州副首席部长达图·詹姆斯·翁基利,外交部秘书长坦·斯里·扎卡里亚·阿里,马来西亚驻中国大使达图·阿卜杜·拉赫曼·贾拉尔等。

谈话时在座的有:我国外交部部长黄华、副部长仲曦东,外贸部副部长贾石,中国驻马来西亚大使叶成章等。

国务院副总理邓小平在北京同马来西亚总理侯赛因会谈

会谈时双方就发展中马两国友好交往和合作关系交换了意见。

马来西亚方面参加会谈的有:外交部部长东古·艾哈迈德·里陶丁,工程和公用事业部长达图·李三春,运输部长坦·斯里·马尼卡华沙甘,沙捞越州副首席部长达图·东斯坦·恩达维,沙巴州副首席部长达图·詹姆斯·翁基利,外交部秘书长坦·斯里·扎卡里亚·阿里,马来西亚驻中国大使达图·阿卜杜·拉赫曼·贾拉尔,内政部秘书长坦·斯里·穆·奥斯曼,初级产品工业部秘书长达图·黄毓明,总理府政务次长沙赫里尔·阿卜杜勒·萨马德,总理府副秘书长艾哈迈德·宾·穆·优素福等。

中国方面参加会谈的有:外交部部长黄华、副部长仲曦东,外贸部副部长贾石,交通部副部长陶琦,中国驻马来西亚大使叶成章等。

第五届全国政协常委会举行第三次会议

会议由政协副主席乌兰夫主持,外交部副部长张海峰作了关于国际形势的报告。

文化部在北京举行招待马来西亚总理侯赛因和夫人的文艺晚会

侯赛因总理和夫在晚会中,欣赏了中国的音乐、舞蹈和传统京剧节目。

文化部部长黄镇和夫人朱霖,外交部副部长仲曦东,中国驻马来西亚大使叶成章等陪同马来西亚贵宾观看了演出。

晚会上,东方歌舞团演出了马来西亚舞蹈"巴用"(伞舞)、"尼鲁"(簸箕舞),瓦乌布兰(风争舞),这是他们去年访问马来西亚时向当地艺术家学习的。他们满怀深情的精湛表演,受到了贵宾们的热情鼓掌欢迎。

马来西亚驻中国大使贾拉尔和夫人也应邀出席了文艺晚会。

中国政府代表团团长韩念龙在河内中越谈判第三次会议上驳斥越方代表对中国的攻击和诽谤

中国政府代表团团长韩念龙在上午举行的中越两国副外长级谈判第三次会议上发言时,着重地谈到了反对霸权主义的问题。

他指出,霸权主义是破坏中越关系和恶化印度支那与东南亚局势的根源。他揭露苏越合谋向东南亚侵略扩张、威胁东南亚和亚洲的和平与安全。他谴责越南控制老挝和侵略柬埔寨,拼凑"印支联邦"。他还驳斥了越南当局为它侵略柬埔寨辩护的谬论。

越南政府代表团团长潘贤主持今天的会议,并在会上首先发言。他在发言中又一次放肆地攻击中国的内外政策。他还对中国政府代表团提出的关于处理中越两国关系的八项原则建议进行了诽谤,尤其对中国的建议中关于反对谋求霸权的第二项最为恼火。他说，中国的建议中这一项提出任何一方都不向外国派驻军队，这是"妄图要越南放弃它崇高的国际主义义务，首先是对老挝和柬埔寨人民的国际主义义务"。潘贤这番话清楚地表明，越南当局不顾世界人民的强烈谴责，顽固地坚持对柬埔寨和老挝的军事占领。

潘贤要求在今后中越谈判中"只讨论和解决两国关系中的问题"。他还要求在第四次会议上，集中讨论越方提出的三点建议的第一点，即所谓保障两国边境地区和平稳定的"紧急措施"。

韩念龙在即席发言中驳斥了潘贤在今天的发言中对中国的攻击和诽谤。他还指出，潘贤在第二次会议中发言中歪曲中越两国几十年来友好相处的革命历史；篡改柬埔寨人民、老挝人民同中国人民的友好关系的历史。

韩念龙说："中国政府和中国人民对越南革命、越南人民抗法、抗美斗争的全力支持和无私援助以及支援柬埔寨、老挝人民正义斗争的坚定立场，是有目共睹，举世公认的。""究竟是谁以怨报德，翻脸无情，把中国作为'头号敌人'呢？究竟是谁克扣中国对老挝和柬埔寨的大批援助物资，挑拨和破坏中老和中柬人民的关系呢？究竟是谁以'特殊关系'作幌子，侵占柬埔寨，控制老挝，推行地区霸权主义呢？究竟是谁背弃中越两党协议，残酷迫害对越南革命和建设做过贡献的广大华侨，并把几十万华侨和越南公民强行驱逐出境、向世界各国输出难民呢？究竟是谁以前公开声明西沙群岛、南沙群岛是中国的领土，后来又背信弃义，占领中国的岛屿，向中国提出领土要求呢？究竟是谁对东南亚各国软硬兼施，两面三刀，挑拨这些国家同中国的关系，并积极为一个超级大国的南下战略效劳呢？任何一个尊重客观事实的人，都不难从上述的事例中分清谁是谁非，谁对谁不对。"

韩念龙要求越南方面面对现实，认真研究一下中国方面提出的八项原则建议，以便从根本上解决两国关系中存在的各种问题。

关于遣返被俘人员问题，韩念龙建议双方达成下列口头协议，即："中越双方同意尽早遣返中越边境武装冲突中双方全部被俘人员，有关事宜由两国红十字会具体商谈和办理。"越方虽曾一再宣传要使被俘人员"尽早同家庭团聚"，但对中国方面这一切实可行的建议拒不表示态度。

韩念龙指出，越方口口声声说对被俘人员实行"人道主义"，但却不让国际红十字会的代表同被俘的中国人员见面，又拒绝同中国方面达成协议。由此可见，越方说要实行"人道主义"，只不过是为了达到宣传目的而已。

中国政府代表团团长韩念龙在河内举行记者招待会

韩念龙下午在河内举行记者招待会上介绍了中越两国副外长级谈判的情况。他指出，中越谈判迄今未能取得进展，责任完全不在中国方面。中国政府代表团将努力排除障碍和困难，继续为促使谈判取得进展作出贡献。

韩念龙强调指出，中国政府代表团进出的八项原则建议"是解决中越关系问题的根本途径"。中国方面的八项原则建议"将和平共处五项原则和反对霸权主义的原则放在首要地位"。它是从中越关系的现实情况出发的，并且符合国际关系的基本准则和《联合国宪章》的原则，既合情合理，又切实可行。

他说："如果回避基本原则问题，就会把中越谈判引入歧途，不但现有的争端不能得到真正解决，而且新问题还将不断产生，中越关系将愈益恶化。现在有人力图把谈判纳入错误的轨道，这一情况正在引起国际舆论的关注。"

在谈到越南方面提出的三点建议时，韩念龙指出，越南方面避而不谈根本性的问题，在实际行动上连和平共处五项原则都不遵守，并且一直拒绝承担反对谋求霸权的义务，拒绝承担不向外国派驻军队、已派驻在外国的军队必须撤回本国的义务。他说："这样的三点建议，究竟有多少实际的价值呢？""它只不过是越南方面用来欺骗世界舆论的手段而已。"

韩念龙说："事情已经越来越清楚，越南方面是在利用谈判大造反华舆论，为在中越边境加紧军事部署，为进一步恶化中越关系制造口实，同时转移世界人民对他们加紧侵略柬埔寨和控制老挝的注意力。"

他最后表示希望越南方面作出相应的努力，停止一切有损于谈判正常进行的言行，严肃认真地研究中国方面的八项原则建议，切勿辜负中越两国人民以及东南亚和世界各国人民的期望。

韩念龙还回答了记者们提出的问题。

国务院副总理耿飚在北京会见即将离任的阿富汗驻中国大使阿齐姆

国务院副总理王震在北京会见由团长米内山义一郎率领的日本中国农业农民交流协会访华团

全国人大常委会副委员长姬鹏飞在北京分别会见美国国际电话电报公司董事会执委会主席帕特里克·兰纳一行和由科摩罗外交部代表阿里·穆拉海里率领的科摩罗友好代表团

**中国新任驻肯尼亚大使杨克明在裂谷省首府纳库

鲁的国家宫向肯尼亚总统莫伊递交国书

北京大学在首都体育馆举行纪念五四运动60周年大会

五四运动的发祥地——北京大学的1.5万名师生员工上午在首都体育馆隆重集会纪念五四运动60周年。

中共中央政治局委员、国务院副总理方毅，全国人大常委会副委员长、五四运动时的北京大学学生领袖许德珩出席了大会。

北京大学党委书记周林同志致辞后，教育部部长蒋南翔在会上讲了话。他希望60年前五四运动中起了榜样作用的北大，能够按照党中央的要求，卓有成效地把学校建设成为既是教育中心，又是科学研究中心，成为新长征中全国学校的一个榜样。他指出，为了搞好教育中心科学研究中心的建设，当前必须认真地坚决地贯彻执行党的十一届三中全会的精神，在学校的各项工作中，必须坚持马列主义、毛泽东思想的根本原理，坚持实践是检验真理的唯一标准，进一步解放思想，进一步发扬民主，进一步搞好安定团结。

蒋南翔在讲三中全会以来全国出现的大好形势时说，思想解放还远远不够，还必须继续努力克服思想上的僵化、半僵化状况。要解放思想，就要坚持发扬民主。当然，我们今天强调民主，和五四时期大不相同。五四运动时期的先辈们火烧赵家楼，是为了破坏旧世界；我们今天发扬民主，是为了建设新中国。五四时期提倡的民主，主要还是属于资产阶级民主的范畴。我们今天需要的是社会主义民主，或者叫无产阶级民主，也就是集中指导下的民主和民主基础上的集中，而不是个人的自由放任。个人自由放任的极端民主化，导致无政府状态，不符合人民的利益，不利于四个现代化的建设。蒋南翔强调说，社会上确实有极少数敌视社会主义事业、攻击党的领导的反革命分子。对他们的反革命言论行动，必须进行坚决的不调和的斗争。只有这样，才能保障最广大的人民群众——工人、农民、知识分子及其他爱国人士充分行使自己的民主权利。当然，要真正充分发扬民主也还需要继续努力。现在不过刚刚开了一个头，不能说“思想解放过了头，发扬民主过了头”。

蒋南翔说，要实现四个现代化，先决的问题是全国范围的安定团结。他勉励北京大学师生员工加强团结，艰苦奋斗，把北京大学办好。

教职工代表郑淑蕙、学生代表张炜在会上先后发言。他们一致表示，要继承和发扬五四精神，保证为四个现代化教好、学好，为完成党和国家交给的任务而努力，决不辜负党中央和全国人民的期望。

今天的大会是由北京大学校长周培源主持的。

参加大会的还有：中央有关部门和北京市委有关部门负责人张承先、高沂、黄辛白、胡启立、刘祖春；曾在北京大学工作和学习过的区棠亮、熊向晖、朱光亚、冯至、周游等；部分北京高等院校负责人；在北京大学任教的外国专家和来校讲学的外国学者。

中央乐团和中央歌舞团为大会演出了文艺节目。

中国社科院在人民大会堂召开“五四”时期老同志座谈会

应邀参加座谈会的有邓颖超、许德珩、茅盾、李维汉、胡愈之、傅钟、杨秀峰、叶圣陶、严济慈、杨东莼、许杰、潘菽、杨晦、顾颉刚、冯至、俞平伯、刘弄潮、李汝祺、初大告、唐铎、张鸿浩、易礼容、王一知等。

座谈会由中国社会科学院副院长邓力群主持。会上，许多老同志相继发言，兴奋地回顾当年参加五四运动的切身体会，畅谈五四运动对于中国革命的伟大意义，纷纷表示，要以自己的有生之年，为党的工作着重点转移和实现四个现代化贡献力量。

邓颖超同志在会上说，社会科学研究，要抓根本，这个根本就是马克思列宁主义、毛泽东思想。马克思主义的核心是辩证唯物主义与历史唯物主义。应该大大提倡社会科学工作者学习辩证唯物主义与历史唯物主义。学好了唯物论和辩证法，人就更加聪明，观察事物才有正确的立场、观点、方法，才能克服主观主义和夜郎自大的不良作风，做老实人，说老实话，办老实事，在实现四个现代化的新长征中更好地发挥自己的才智。

李维汉同志在发言中强调指出，搞历史研究，应该提倡毛泽东同志一贯倡导的实事求是的态度。他建议社会科学工作者趁“五四”时期的一部分老人还在世时，把五四运动、党的建立、北伐战争这三个历史时期的资料尽快搜集整理出来。他还建议把“五四”以来的许多革命烈士的资料整理出来，以便对广大群众和青年进行革命传统教育。

杨东莼同志勉励广大青年社会科学工作者发扬五四运动的光荣革命传统，为实现四个现代化勤奋学习，认真读书。他指出，四个现代化的重任已经历史地落到了今天的青年身上。他希望青年们把主要精力用在为建设社会主义祖国而学习文化科学知识上。

在座谈会上发言的还有许德珩、茅盾、胡愈之、傅钟、杨秀峰、初大告、唐铎等同志，刘弄潮、王一知作了书面发言。

纪念五四运动60周年电影周开幕式在北京首都剧场举行

电影周是共青团中央、文化部联合举办的，电影周从 5 月 4 日起至 5 月 10 日止。电影周期间，全国各大城市将上映 12 部影片，其中有反映五四运动及其历史背景的纪录片《划破黑暗的曙光》；有反映各个不同历史时期青年一代斗争生活的故事片《家》《革命家庭》《青春之歌》《怒潮》《董存瑞》《在烈火中永生》等。

5 月 5 日

国务院总理华国锋致电联合国贸易和发展会议第五届会议主席祝贺联合国五届贸发会议召开

马尼拉联合国贸易和发展会议第五届会议主席：

值此联合国贸易和发展会议第五届会议在菲律宾共和国首都马尼拉召开的时候，我谨代表中国政府和中国人民向会议表示祝贺。

联合国贸易和发展会议是讨论国际经济贸易问题的重要场所，对发展中国家维护民族独立和发展经济，对推动建立新的国际经济秩序作出了有益的贡献。

我们希望，本届会议能够在已有成就的基础上，对讨论和解决国际经济贸易中存在的重大问题取得积极成果。预祝会议成功。

中华人民共和国国务院总理　华国锋

1979 年 5 月 5 日于北京

《人民日报》发表社论《解放思想，走自己的道路——纪念五四运动 60 周年》

正当我们把工作重点转移到四个现代化上来，提倡解放思想，发扬民主精神和科学精神的时候，纪念五四运动 60 周年，具有特殊的意义。

五四运动是伟大的爱国运动，也是伟大的新文化运动，它是一次思想大解放。从五四运动前几十年的鸦片战争开始，帝国主义的枪炮，打开了老大帝国的门户。严重的民族危机和阶级矛盾，威胁着“天朝”的统治。闭关自守的政策无法继续下去了，欧风美雨的袭来，又加速了封建制度的瓦解。中国究竟向何处去？这是每一个关心国家命运的中国人不能不考虑的问题。一部分顽固派死抱住封建主义不放，大喊大叫要保存“国粹”，维护孔孟之道的正统地位，顽固地拒绝一切新事物、新思想，拒绝一切外国的文化。一部分知识分子则向西方寻找真理，学来了进化论、天赋人权论和资产阶级民主主义。然而，旧的封建主义文化固然破产了，西方的资产阶级文化也证明此路不通。人们在怀疑和彷徨中。正在这时，在五四运动前两年，十月革命震撼了全世界，于是，先进的中国人才把眼光投向俄国，并且经过俄国学到了马克思主义。五四运动促进了马克思主义在中国的传播，从此，中国人民找到了出路，那就是：以俄为师，走十月革命的道路。

发现这条道路，是解放思想，破除迷信的结果。当然，不是所有五四时期的新人物都走上了这条道路。其中一部分人把五四精神发展到了反面，他们反对了老教条，引来了洋教条；破除了旧迷信，产生了新迷信。资产阶级学者胡适就是这样的代表。他认为中国一切都不好，西方一切都好，公然提出中国要“全盘西化”。以毛泽东同志为代表的中国共产党人继承了五四运动的科学和民主精神，并在马克思主义的基础上加以改造，既反对了封建主义的老教条，又反对了资产阶级的洋教条，坚持了十月革命的道路。但是，在这条道路上，又发生了新的偏向。在以王明为代表的“左”倾机会主义者看来，走俄国人的路就意味着盲目照搬马列的书本和苏联的经验，迷信斯大林和共产国际所说的一切，根本不需要结合中国的实际，也不需要实践的检验。这样，他们就使马克思主义变成了它的反面，变成了教条主义。教条主义在党内的统治，曾经给革命事业带来极大的危害。这种错误思想，在延安整风运动中被克服了。延安整风运动是又一次思想解放运动，是“五四”精神的继承和发展。

中国革命，从根本上说，是走十月革命的道路。但是，历史证明，简单照搬俄国的经验也是不行的，我们需要把马克思主义的普遍原理和中国革命的实际相结合，这个结合的产物，就是毛泽东思想。农村包围城市，对民族资产阶级又团结又斗争，这些都是新创造，是俄国革命经验所没有的。从这个意义上说，我们的革命又是走自己的道路。这条道路在 1949 年取得了胜利，恰好是五四运动的 30 年以后。从那时到现在，又是 30 年的时间过去了。这后 30 年的经验又进一步告诉我们：搞社会主义建设，搞四个现代化，同样要走自己的路。

在建国初期，我们对社会主义建设没有经验。我们唯一的榜样是苏联，要学习苏联，这是肯定的。但是怎样学？是盲目照搬，还是有分析有批判地学？这个问题，又是毛泽东同志最早提出来的。1956 年，我们党发表了《论无产阶级专政的历史经验》。同年，毛泽东同志写了《论十大关系》，其中指出：“最近苏联方面暴露了他们在建设社会主义过程中的一些缺点和错误，他们走过的弯路，你还想走？过去我们就是鉴于他们的经验教训，少走了一些弯路，现在当然更要引以为戒。”毛泽东同志在这篇文章中还专门写了“中国和外国的关系”这一节，全面地论述了学习外国的问题。1957 年，毛泽东同志又发表了《关于正确处理人民内部矛盾的问题》，这篇著作和《论十大关系》一起，都是吸收了苏联的经验教训，为我们自己的社会主义道路指明了方向。

可以说，从 1956 年起，我们就开始探索中国式的现代化道路。这个探索经历了一个曲折的过程。一方面,苏联的经验哪些是正确的,适合我国情况的,哪些是不正确的,不适合我国情况的,这需要比较长时间的实践检验才能辨别。另一方面,当时我们国家还处在被封锁的地位,我们还没有机会广泛接触外国的实际,多方面寻求知识。因此,有许多事情,我们只能强调自己去创造经验,加上一些工作中的缺点错误,这就免不了走一些弯路。在"文化大革命"当中,林彪、"四人帮"大搞文化专制主义,大搞愚民政策和现代迷信。他们一面把马列主义、毛泽东思想的片言只语当作宗教教条,一面盲目排斥一切外国的东西,"崇洋媚外"、"洋奴哲学"的帽子满天飞,闭眼不看世界的变化,关起门来自吹自擂。他们的倒行逆施,使得我们国家和世界先进国家的差距拉大了,国民经济濒于崩溃边缘。以华国锋同志为首的党中央执行了人民的意志,粉碎了"四人帮",从此开始了一个新时期。现在,我们党正在实现工作重点的转移,正在开始新的长征。与此相适应,我们需要继续破除迷信,解放思想,继续发扬五四运动的爱国主义精神、科学和民主精神。

我们现在有条件向各国学习,我们必须有正确的学习态度,既不迷信自己,也不迷信外国。迷信自己和迷信外国,都是思想不解放的表现。夜郎自大和盲目崇洋,都是错误的。毛泽东同志说过:"一切民族、一切国家的长处都要学,政治、经济、科学、技术、文学、艺术的一切真正好的东西都要学。但是,必须有分析有批判地学,不能盲目地学,不能一切照抄,机械搬运。他们的短处、缺点,当然不要学。"不仅如此,即使是外国的好东西,在学习的时候也要考虑如何适应中国的情况。这才是洋为中用。

五四运动的爱国主义精神,对我们具有巨大的现实意义。爱国主义在不同的历史时期有不同的内容。今天,爱国主义应该表现为热爱社会主义,坚持社会主义道路。现在有一股小小的怀疑社会主义的思潮,这除了阶级敌人的煽动以外,主要是由于林彪、"四人帮"长期搞普遍贫穷的假社会主义,败坏了社会主义的名誉,搞乱了人们的思想。许多人分不清什么是社会主义,什么是资本主义。要解决这个问题,我们必须继续肃清林彪、"四人帮"的流毒,大力宣传科学社会主义的思想。另一方面,我们还要加强对科学社会主义的理论研究。社会主义的原则,社会主义的道路,这是不能动摇的,但是社会主义的具体形式,这是需要研究的。我们要认真总结新中国成立30年来的实践,虚心学习别的社会主义国家的经验,使马列主义的普遍真理同中国社会主义建设的具体实践密切结合起来。我们也要虚心学习一切先进国家发展科学技术的经验,走出一条中国式的现代化道路。这是我们的历史任务。

五四时期科学和民主的口号,对我们仍有巨大的现实意义。我们需要科学,我们也需要民主。没有民主就没有社会主义,没有民主也没有四个现代化。搞社会主义建设,向四个现代化进军,必须依靠广大群众,必须调动亿万人民的积极性,这就必须发扬民主。人民群众处在生产建设的第一线,他们最有实践经验,最了解情况。党必须倾听群众的意见,研究群众的经验,据以制定路线、方针和政策,再反过来把路线、方针、政策变成群众的自觉行动,并在群众的实践中加以检验。历史是人民创造的,中国式的社会主义的现代化,也要人民群众在党的领导下来建设和创造。我们讲发扬民主,当然是指社会主义民主,不是资产阶级民主。社会主义民主是绝大多数人的民主,是比资产阶级民主更民主千万倍的民主。应当承认,我们今天的社会主义民主制度还不完备。民主化也和现代化一样,是一个过程,要一步一步来,但我们一定要坚定不移地朝这个方向前进。

要实现把我国建设成现代化的社会主义强国这个历史任务,必须坚持马列主义、毛泽东思想的指导。毛泽东思想是马列主义同中国革命实践相结合的结晶,它指导我们党取得一个又一个伟大的胜利。在新的长征中,我们要把马列主义、毛泽东思想同我国四个现代化的实践相结合,在它的指导下研究新问题,解决新问题。这就需要我们有勇气去打破一些陈旧的框框,改变一些陈旧的观念。解放思想是为了寻求真理,真理的标准是实践,因此,解放思想应当是和实事求是一致的。马克思主义认为一切理论都来自实践,并接受实践的检验,包括马克思主义理论本身在内。凡是实践证明正确的,我们都要坚持;凡是实践证明错误的,我们都要修正。这是最彻底的科学态度。五四运动到现在的60年,就是马克思主义的普遍真理同中国的具体实践不断结合的过程。

五四运动时期,我国青年发挥了先锋作用。60年来,在党的领导下,我国青年在长期斗争中继承了五四运动的光荣传统,对革命作出了重大的贡献。今天,我们面临着建设社会主义、实现四个现代化的伟大的历史任务,我们有充分的根据,期待青年同志在新的斗争中贡献出自己的全部聪明才智,发挥突击队的作用。让我们继承和发扬"五四"的精神,奋勇前进!

国务院副总理邓小平在北京会见法国国防高等研究院院长安德烈·马尔蒂中将率领的法国国防高等研究院代表团

会见时邓小平副总理指出,在当前国际局势动荡的时刻,中法两国需要加强交换意见和合作。

邓副总理说,中法两国的关系发展是很好的。我们对这种发展是满意的。

会见时，邓小平副总理回答了法国朋友的问题，就当前国际形势的一些重大问题和有关国内问题谈了他的看法。

马尔蒂中将说，代表通过这次访问，增进了对中国和中国人民的进一步了解，这将有助于加强两国之间的友好合作关系。

这个代表团由100多人组成。

法国驻中国大使阿尔诺参加了会见。会见时在座的有外交学会会长郝德青等。

国务院副总理邓小平在北京出席马来西亚总理侯赛因举行的告别宴会

邓小平副总理和夫人卓琳，陈慕华副总理，外交部部长黄华，以及政府其他有关部门、北京市革委会和对外友协的负责人，应邀出席了宴会。

侯赛因总理首先在宴会上祝酒。他对有机会同华国锋总理、邓小平副总理就国际形势中的重大问题以及东南亚形势和双边友好关系进行讨论和交换意见感到荣幸。他说："我相信，马中两国友好关系将会得到发展。""我们必须采取勇敢的态度面对现实，我们都希望和平与稳定。"他说，我们将把这次访问中留下的美好记忆带回去。

邓小平副总理在讲话中说："几天来，我们双方在诚挚坦率的气氛中就进一步发展两国友好合作关系和共同关心的国际问题进行了有益的会谈，广泛地交换了意见。在许多问题上，我们有着共同的看法，无疑这将有利于我们在国际事务中的相互合作和支持"。他说："我们对当前的国际形势，特别是东南亚局势表示深切的关注，都愿意为维护一个和平、稳定的东南亚而进行不懈的努力。巩固和发展两国友好关系是我们的共同意愿，我们深信：在总理阁下访华后，中马两国人民的友谊将得到进一步加强；双边的经济、文化体育往来将会日益增多。"

邓副总理祝愿马来西亚政府和人民在建设自己国家的事业中，在加强东南亚国家联盟的团结和合作，实现东南亚中立化的努力中，不断取得新的成就。

国务院副总理方毅在北京会见以日中科技交流协会会长有山兼孝教授为团长 日本农学会会长越智勇一教授为顾问的日本日中科技交流协会代表团

国务院副总理谷牧在北京会见美国托尔国际公司董事长赛勒斯·伊顿一行

国务院副总理陈慕华在北京会见肯尼亚新任驻中国大使乔舒亚·希丹巴西·奥丹加

5月6日

《人民日报》摘要转载《解放日报》评论员文章《当前思想政治工作的迫切课题——再论坚持四个原则，促进重点转移》

我们在开展四个基本原则的宣传教育活动，用巨大的努力，来战胜社会上那股怀疑否定四个原则的错误思潮的时候，还要对产生错误思潮的原因有个正确的分析，对发扬民主、解放思想、拨乱反正、落实政策同四个坚持的关系有个正确的认识。

第一，我们不能把发扬民主，解放思想，同坚持四个基本原则对立起来。发扬民主，解放思想，是粉碎"四人帮"以后，以华国锋同志为首的党中央坚定不移的方针。它同坚持四个原则决不是矛盾的，而是相辅相成、互为促进的。发扬民主，解放思想，必须在坚持四个原则的前提下进行，同样地，也只有认真地发扬民主，解放思想，才能更好地坚持四个基本原则。党的十一届三中全会的公报，就既阐明了民主与集中，发扬民主与加强党的集中统一领导的辩证统一关系，也阐明了解放思想与坚持马列主义、毛泽东思想指导的辩证统一关系。应该说，前一阶段我们发扬民主、解放思想的工作，成绩是主要的。试想一下，如果不是前一阶大力发扬民主，解放思想，我们怎么能冲破林彪"四人帮"设置的重重禁区，把被颠倒了的一系列路线是非、思想是非、理论是非重新颠倒过来？我们又怎么能使一大批冤案、假案、错案得到平反昭雪，恢复了党的实事求是的优良传统？我们又怎么能充分调动起广大干部群众的积极性，使举国上下出现了同心同德搞四化的生动活泼的政治局面？所有这些重大的成果，难道不都大大有利于四个原则的坚持和发扬光大？怎么能说是发扬民主、解放思想过了头，现在需要"纠偏"呢？又怎么能把社会上那股错误思潮的出现，归咎于发扬民主，解放思想呢？诚然，社会上确实有些人崇拜自发性，把发扬民主，解放思想看成是搞自由化，看成是想说什么就可以说什么，想怎样干就可以怎样干，但这是他们对发扬民主，解放思想的歪曲，同我们所讲的发扬民主，解放思想，毫无共同之处。应该承认，在宣传中，在实际工作中，确实发生过某些矫枉过正的情况，但决不能据此否定发扬民主、解放思想的重大成果。为了进一步动员广大干部群众奋发图强，献身四化，为了更好地做到四个坚持，我们必须继续坚定不移地发扬民主，解放思想。当前，在我们的实际生活中，还存在官僚主义和衙门作风，党内外的民主生活还不够健全；同时，林彪、"四人帮"设置的有些禁区还没有完全冲破，有些同志的思想还处于僵化和半僵化状态；特别是，我们要搞中国式的四个现代化，有大量的新情况新问题有待我们去研究，去探索，去解决。在这样的情况下，我们不继续发扬民主，解放思想，行吗？当然，我们所要发扬的民主，是社会主义民主，不是资产阶级民主，也不是个人主义的民主。我们提倡解放思想，是要求在马列主义、毛泽东思想的指导下，开动机器，实事求是，敢于提出问题，解决问题，并把重点放到研究四化的新情况，解决四化的新问题上来，决不是要你背离四个原则，去胡思乱想。在任何情况下，我们都要防止一个倾向掩盖另一个倾向。

第二，我们不能把以华国锋同志为首的党中央所采取的拨乱反正，落实政策的一系列措施，同坚持四个基本原则对立起来。粉碎“四人帮”以来，党中央为了拨乱反正，先后采取的一系列重大的政策措施，例如，彻底推倒林彪、“四人帮”强加给各条战线的种种诬蔑不实之词；为一批冤案、假案、错案平反昭雪；贯彻按劳分配、多劳多得的原则，实行以精神鼓励为主、物质鼓励为辅的奖金制度；贯彻以自力更生为主、争取外援为辅的方针，有计划地引进外国的先进技术，等等。与此同时，还恢复或重申了党的干部政策、知识分子政策、对待民族资产阶级分子的政策，侨务、民族、宗教政策，发出了为右派分子全部摘帽、做好错划右派的改正工作，以及为改造好了的地富分子摘帽的指示。所有这些措施，有的本来就是毛泽东同志为我们党制定的一贯政策，有的则是依据马列主义、毛泽东思想的基本原理，适应客观情况的变化而制定的，符合我国人民群众的根本利益。这些政策措施的实施，对于巩固无产阶级专政，加快社会主义现代化建设，已经产生并将继续产生巨大的作用。由此可见，党的现行的各项政策措施，无不有力地体现了四个原则。认为拨乱反正，落实政策不符合四个原则的同志，只要冷静地分析一下这些年来林彪、“四人帮”破坏党的政策，是怎样地危害了我们的工作，怎样地损害了我们党和毛泽东同志的威信，又是怎样地弄得党无宁日，国无宁日，就一定能够进一步认识到落实党所一贯坚持的政策，该是具有多么重大的意义！当然，在拨乱反正、落实政策的过程中，由于缺乏经验，缺点也总会有的。

但是这是执行中的问题，不是政策本身有什么问题，只要我们及时注意，不断总结经验，是不难改进的。我们在那么短的时间里，要解决林彪、“四人帮”多年来造成的那么多问题，要医治那么深重的创伤，发生一点缺点或不足，是并不奇怪的。如果我们看到那么一点缺点或不足，就对一系列现行政策和措施产生怀疑、动摇，甚至责怪、埋怨，那就不是一个革命者应有的正确态度了。

第三，我们不能把实践是检验真理的唯一标准问题的讨论，同坚持四个基本原则对立起来。应该看到，这场大讨论的出现决不是偶然的。正是粉碎“四人帮”以后的客观形势和实现四个现代化的伟大任务，把这个问题的讨论提到了全党和全国人民面前。党的十一届三中全会高度评价了关于实践是检验真理的唯一标准问题的讨论，认为这对于促进全党同志和全国人民解放思想，端正思想路线，具有深远的历史意义。这场讨论不但不是什么离开了四个原则，正是更好地坚持四个原则的需要。现在有些同志埋怨这场讨论是“砍旗”，还说“大讨论带来了大混乱”，这是错误的，我们认为，讨论这个问题决不是什么“砍旗”，恰恰是按照马列主义和毛泽东同志的教导办事，是捍卫了马列主义、毛泽东思想的纯洁性，是真正高举了马列主义、毛泽东思想的旗帜。不是别人，正是毛泽东同志，历来教导我们要尊重实践，坚持实践是检验真理的唯一标准。林彪、“四人帮”打着假高举的旗帜，肆意篡改、歪曲马列主义、毛泽东思想。在他们那里，什么是真理，是不需要通过实践检验的，只要他们说一句，就可以把谬误变成真理。我们在粉碎“四人帮”以后，及时开展了真理标准问题的讨论，就是为了恢复被林彪、“四人帮”搞得混乱不堪的马列主义、毛泽东思想的科学面貌。实践证明，通过这场讨论，马列主义、毛泽东思想更加发出了真理的光辉，马列主义、毛泽东思想更加鲜艳夺目。怎么能说这场讨论是“砍旗”呢？怎么能说“大讨论带来了大混乱”呢？如果说讨论这个问题是“砍旗”，那么岂不是只有坚持“凡是”观点。才是高举？如果这样，那只能把马列主义、毛泽东思想糟蹋成僵硬的教条，堵塞人们认识真理的道路。党的十一届三中全会公报说得好：“一个党，一个国家，一个民族，如果一切从本本出发，思想僵化，那它就不能前进，它的生机就停止了，就要亡党亡国。”我们相信，只要大家再好好学一学三中全会公报精神，一定会对这个问题进一步取得一致的认识。我们也相信，随着历史的推移，大家也一定会越来越体会到这场讨论的重大意义和深刻影响。

党的十一届三中全会以来，本市同全国一样，形势是很好的。当前虽然有那么一股错误思潮，但只要我们认真对待，是不难战胜的。对于卷入错误思潮的人，也要作分析，煽动错误思潮的人是极少数，附和错误思潮的人绝大多数是认识问题。我们在处理这些问题时，一定要严格区分两类不同性质的矛盾。毛泽东同志说过，思想斗争同其他的斗争不同，它不能采取粗暴的强制的办法，只能用细致的说理的方法。对于人民内部的认识问题，我们一定要坚持正面教育，做好深入细致的思想教育工作。要认真地研究产生错误思潮的根源，分析它错在哪里，说明什么是正确的，循循善诱，以理服人，决不能搞简单化。有些青年人当他们开始懂事的时候，听到的是被林彪、“四人帮”歪曲篡改了的马列主义、毛泽东思想，看到的是被林彪、“四人帮”糟蹋破坏，使国民经济濒于崩溃边缘的假社会主义，因而产生了一些模糊认识，这并不奇怪。有些同志在党的会议上为了研究探讨问题，发表了这样那样的意见，包括了某些不妥的甚至是错误的意见，这是党章允许的，要坚持实行三不主义。总之，宣传四个原则，决不能把四个原则当作四根棍子，一听到人家发一些怪议论，就一棍子打下去，这是什么问题也不能解决的，相反还可能造成某些不良后果。至于对社会上极个别的害群之马和反革命分子，则一定要采取坚决的、必要的措施，决不能有任何的姑息和迁就。他们恶毒地攻击毛泽东主席，攻击党中央的其他领导同志，反对四个基本原则，广大人民群众早就对之义愤填膺。对于他们，应该由政法部门根据其触犯刑律的情节，依法处理。

可以深信，只要我们真正发扬了党的思想政治工作的优良传统，扎扎实实地去做工作，发扬思想政治工作的巨大威力，使大家深刻领会坚持四个基本原则的重要性，在一些重大问题上取得一致的认识，我们就一定能够彻底战胜错误思潮，克服各种思想障碍，保证我们步伐一致地沿着正确的政治方向，把中国式的四个现代化的宏伟事业顺利地推向前进。

国务院副总理王震在北京会见以阿尔内为团长的挪威新闻代表团

国务院副总理康世恩在北京会见由美中贸易全国委员会采矿委员会主席威廉·切尔罗恩斯率领的美国采矿工业代表团

全国人大常委会副委员长邓颖超在北京会见美籍物理学家李政道教授和夫人

外贸部部长李强在人民大会堂举行宴会欢迎美国商务部部长朱厄妮塔·克雷普斯以及随同人员

全国医药工作会议在北京举行

新华社报道，最近在北京举行的全国医药工作会议，是国家医药管理总局成立后召开的第一次全国医药工作会议。

国务院副总理陈慕华、卫生部部长钱信忠到会讲了话。

会议回顾了新中国成立30年来医药事业发展的成就。现在，我国已经建立起一定规模的比较配套的医药工业基础，同时在城乡建立起比较完整的医药供应网。我国自力更生地发展医药事业，到1978年，已经能够生产化学原料药近900种，制剂3000多种，中成药约3000个品种规格，医疗器械2000多种；药品、医疗器械、化学制剂、中药材、中成药的收购总额比1955年增长9倍多，销售额增长7倍。中药材生产有了很大发展。医药工业的科学技术水平有了显著提高。但由于原来底子薄、基础差，加上林彪、“四人帮”的干扰破坏，目前，我国医药事业无论同世界先进技术水平相比，还是同我国人民防病治病的要求比，都还有很大差距。

会议认为，党中央、国务院决定成立国家医药管理总局，把中西药品和医疗器械的生产、供应、使用统一管理起来，并相应地把医药器材的科研设计、设备制造、基本建设等统一管理起来，这是我国医药管理体制的一次重大改革，也是实现医药事业现代化的一项重大措施。过去，医药事业在产、供、用各方面所取得的成就，是同农业、化工、机械、商业、卫生等部门的具体领导和支持分不开的，但由于在体制上多头领导，分散管理，已不能适应医药事业现代化的要求。国家医药管理总局成立后，各省、自治区、直辖市也都相应地成立或筹备成立统一的医药管理机构，积极地开展工作。医药事业实行统一管理好处很多，可以使药品和医疗器械的生产、供应、科研进一步适应防病治病、备战备荒的需要，使医药生产和供应计划、管理制度更加适应不同于一般商品的特殊要求，并且同使用更好地结合起来，使医药生产建设所必需的原材料、资金、设备等进一步得到保证。对于统一管理后的体制机构问题，会议进行了深入讨论，认为管理体制的改革是件大事，工作涉及各个方面，必须改革，但步骤又要稳妥，应当按照全国经济管理体制改革的要求和进程，加强调查研究，争取各方面的支持和配合，在实践中不断总结经验，积极把工作做好。

会议指出，由于林彪、“四人帮”的干扰破坏，各地出现乱办药厂、粗制滥造药品和医疗器械的现象，造成了布局不合理和比例失调，必须加以调整和整顿。今年要对所有药品进行一次鉴定，质量好、疗效高的产品将发给生产许可证，同时取缔伪劣药品，淘汰落后产品。对那些不符合国家规定的药厂和生产未纳入国家计划、产品质量不能保证的药厂，将不再供给原料、材料，不收购其产品。对未经批准而违法生产药品的单位，要进行严肃处理。

会上还对当前医药产品的产销衔接问题，对于医药事业的科研、教育等方面的工作，进行了认真地讨论。

5月7日

全国政协第五届常委会第三次会议在北京结束

会议在听取了外交部副部长张海峰关于国际形势的报告后，又听取了国家经委副主任马仪关于工业交通形势的报告；听取了政协全国委员会秘书长刘澜涛关于政协第五届全国委员会第一次会议以来的工作情况和今年工作意见的报告；对政协第五届全国委员会第二次全体会议的筹备工作进行了协商；通过了政协第五届全国委员会第二次会议会务报告起草小组名单和人事任免事项。

政协全国委员会副主席乌兰夫、宋任穷、沈雁冰、许德珩、朱蕴山、康克清、季方、王首道、杨静仁、张冲、帕巴拉·格列朗杰、周建人、庄希泉、胡子昂，政协全国委员会秘书长刘澜涛，全国人大常委会副委员长、政协常委胡厥文等150多人出席了会议。中共中央、全国人大常委会、国务院等有关部门的负责同志列席了会议。

刘澜涛秘书长在政协工作报告中说，中国人民政治协商会议自1978年3月举行第五届全国委员会第一次会议以来，在华国锋同志为首的中共中央的正确领导下，高举毛泽东思想伟大旗帜，坚持中国共产党的十一大路线，贯彻中共中央的各项方针、政策，对发展安定团结的政治局面，调动一切积极因素，发展革命统一战线，为社会主义现代化建设服务，发挥了积极作用。一年多来，通过各种学习，对林彪、"四人帮"在政治上、理论上、思想上推行的极左路线，进行了深入的揭发批判，对于完整地、准确地掌握马列主义、毛泽东思想的科学体系，对于贯彻执行党的十一大路线和三中全会精神，都收到了积极的效果。

报告说，为了胜利实现社会主义现代化这一历史任务，我们一定要继续解放思想，坚持社会主义道路，坚持无产阶级专政，坚持中国共产党的领导，坚持马列主义、毛泽东思想，进一步发挥革命统一战线组织的作用，在中国共产党的领导下，团结一切可以团结的力量，调动一切积极因素，为社会主义现代化建设服务，为国民经济的调整、改革、整顿、提高服务，为国民经济持久的、按比例的、高速度发展服务。

乌兰夫副主席在讲话中说，这次会议对几个报告进行了认真地讨论，大家各抒己见，畅所欲言，提出了不少宝贵的意见和建议，会议开得生动活泼，发扬了毛主席、周总理为我们树立的民主协商的优良传统。我们一定要发挥政协在国家政治生活中的作用，要在中国共产党的领导下，团结各少数民族、各民主党派、各界爱国人士、台湾同胞、港澳同胞和国外侨胞，团结一切可以团结的力量，调动一切积极因素，坚决贯彻执行党的三中全会确定的方针、政策，为实现工作重点的战略转移，为加快社会主义现代化建设的步伐共同奋斗。

《人民日报》发表评论员文章《越南当局的霸权主义逻辑》

究竟谁在印度支那和东南亚地区搞霸权主义，大量的事实已经回答了这个问题。

在中越谈判第二次全体会议上，中国方面出于从根本上改善中越关系的诚意，提出了包括和平共处五项原则和反霸原则的八点原则建议。但是越南方面拒绝认真研究中国方面的建议，反而诬蔑中国"疯狂推行扩张主义和霸权主义"。会后越方代表又在记者招待会上颠倒黑白，吹嘘什么越南的逻辑是"保卫独立、主权和领土完整的人的逻辑"，诬蔑中国的逻辑是"侵略者、扩张主义者和大国的逻辑"。越南方面妄图用这种手法把霸权主义者的帽子强加给中国，而把自己装扮成霸权主义的受害者和反霸权的英雄。但是，事实胜于诡辩。人们只要观察这些年来越南和中国在印度支那半岛和东南亚地区干了些什么，就可以明白事情的真相。

在老挝，越南派驻了五万名军队和大量"顾问"，控制了老挝的政治、经济、军事和外交等一切部门，把老挝变成了越南的事实上的殖民地和附属国。

在柬埔寨，越南从1975年起，就侵占柬埔寨的威岛，拒绝撤出抗美战争期间在柬埔寨东部领土上建立的"庇护所"，不断对柬埔寨革命政权进行颠覆活动，并且背弃诺言，从要求改变柬越边界现状，进而侵犯柬埔寨边境，直到出动十几万军队，悍然大举侵略柬埔寨，扶植傀儡政权，妄图吞并柬埔寨，把柬埔寨也变成越南的殖民地和附属国。

在越南本国，越南当局在战争结束以后，继续扩军备战，横征暴敛，走上了军国主义化的道路。它疯狂反华排华，把20多万越南公民和华侨的财产掠夺殆尽，然后把他们驱赶到中国来。它在中越边界上大搞净化边境，集结重兵，布雷埋桩，蚕食中国领土，杀害中国军民，挑起武装冲突，直至公然侵犯中国边境。

在整个印度支那半岛，越南在所谓印支三国"紧密团结"的幌子下，通过越南同老挝建立"特殊关系"的所谓"友好合作条约"，同金边傀儡的所谓"和平、友好和合作条约"，和老挝同金边傀儡的"联合声明"，实际上已经用这样一条三角形的锁链建立起由越南一手操纵的"印支联邦"。

在东南亚，越南妄图组成一个"东南亚联邦"，由越南充当核心和盟主。抗美战争结束以后，越南曾经企图通过颠覆东南亚国家的合法政府来实现这个目的，因此它大肆攻击东盟是“帝国主义的工具”。侵略柬埔寨的战争开始以后，越南为了麻痹东南亚国家，改而采取“微笑”战术，游说东盟同它搞所谓“区域合作”，并且把东盟国家的“和平、自由、中立区”的主张别有用心地改头换面，要求建立所谓“真正独立、和平、中立区”。

作为这个“东南亚联邦”计划的一个环节，越南对中国领土南沙群岛和西沙群岛提出了领土要求，并派兵侵占了中国南沙群岛的一些岛屿。越南还把它在金兰湾和岘港等地的海空军事基地交给苏联使用，为利用苏联海空军事力量向东南亚侵略扩张进行准备，从而为虎作伥，把苏联社会帝国主义的侵略势力引进到了东南亚地区。

作为实现这个“东南亚联邦”的一个步骤，越南已经把它的军队通过侵略柬埔寨和控制老挝，推进到了泰国边界，并且开始对泰国收起笑脸，进行露骨的战争威胁。同时，越南在允许所谓“难民”离开越南的掩护下，正在把大批装扮成“难民”的间谍特务派往东南亚国家，让他们在那里潜伏下来，伺机而动。

在印度支那半岛和东南亚这些年来发生的这一系列触目惊心的事情，就是越南当局在东南亚侵略扩张，谋求地区霸权的活生生的证据。这是越南当局怎么也抵赖不了的。

越南当局把自己的霸权主义帽子戴到中国头上，岂不是张冠李戴吗？中国在这些年里对印度支那各国和东南亚干了些什么，全世界有目共睹。在越南抗美战争结束以后，中国并没有因为曾经提供过几百亿人民币的援助而向越南要求过军事基地、资源或者任何其他东西作为报酬。相反，中国向越南、柬埔寨和老挝三国人民无条件地继续提供了大量经济援助，帮助他们恢复战争创伤，重建家园。只是在柬埔寨遭到越南肆无忌惮的武装侵略以后，中国本着反对侵略、支持反侵略的正义战争的一贯立场，才给予柬埔寨以军事物资的援助。也只是在越南对中国边境的武装侵犯达到了忍无可忍的地步，中国边防部队才不得以进行了有限度的自卫还击，并且在完成还击任务以后立即全部撤回本国境内。对于东南亚国家，中国一贯支持东盟国家“和平、自由、中立区”的主张，并在和平共处五项原则基础上同东南亚国家发展友好合作关系。无论在印度支那半岛还是在东南亚，中国都没有派驻一兵一卒，也没有进行任何颠覆活动。这一切，难道能说明中国是在谋求霸权吗？难道不正是中国维护和平共处五项原则、坚持维护各国的独立、主权和领土完整的活生生的证据吗？

越南当局说到逻辑，不错，各种不同质的事物是有它自己的逻辑发展过程的。越南当局今天在印度支那半岛和东南亚的所作所为，正是它的民族沙文主义和扩张主义的合乎逻辑的发展结果。

越南当局一贯认为越南民族是印度支那半岛以至整个东南亚的优等民族，甚至认为越南是人类发源地之一。他们认为，像老挝这样“土地不大，人口不多，经济发展缓慢”的国家，理应接受越南的“领导”。他们早就梦想组织一个在越南领导下的“印支联邦”，控制整个印度支那半岛。抗美战争结束以后，越南当局自认为兵强马壮，成了“世界第三军事强国”，野心大大膨胀，渴望向东南亚伸手，而实现“印支联邦”就成为他们向东南亚跨出去的十分重要的第一步。

越南当局对东南亚的野心，是有据可查的。1976年2月，越南劳动党机关刊物《学习》杂志曾经发表文章，表述了越南当局对东南亚的馋涎欲滴的心情。这些文章认为，东南亚“地大人多，资源丰富”，“具有重要战略地位”，而越南则“在东南亚具有重要地位”，“拥有一支英雄的武装力量”和“相当大的经济力量”，是印度支那和东南亚的“堡垒”。这些文章说，越南这样一个“新的强国”的诞生，“今后将对世界这一地区产生巨大的影响”，而“大力加强”印度支那三国的所谓“团结”，是“越南对东南亚政策的十分基本的一点”。越南的报纸也一再强调“一个强大的越南国家的出现”，“肯定”将“为使……东南亚地区的政治局面发生深刻变化作出贡献”。

如果说这些言论对越南的野心说得还不够具体的话，那就不妨再看看越南一些领导人是怎么说的。1974年10月，越南劳动党中央委员、越南《人民报》总编辑黄松，在对一位泰国记者谈话中透露，越南打算同包括斯里兰卡和8个东南亚国家在内的十个国家签订“利用海底资源协定”，并且说，“中国不属这个地区的国家，中国不应该拥有中国所说的那样广阔的海域”。越南副总理兼外长阮维桢1975年在《学习》杂志上撰文说，“依靠得到全面加强的潜力，依靠越南革命的政治威望”，越南将为东南亚“争取真正和平、独立和中立”作出“积极的贡献”。1978年1月，在阮维桢访问泰国的时候，越南代表团中的一个成员向法新社记者透露，越南希望“建立一个从斯里兰卡一直延伸到河内”的“大集团”，“包括缅甸、泰国、印度尼西亚、菲律宾、新加坡和马来西亚”。泰国的《民族评论》当时一针见血地指出，阮维桢访问东盟国家，“是为相当遥远的将来成立某种东南亚联盟或联邦进行试探”，“河内相信，时机一到，它就要当领导，因为越南确信自己要比其他东南亚国家优越得多。”

打开地图便可以看到，越南策划的这个“大集团”，横跨赤道两侧，陆地和海洋的总面积将超过1000万平方公里，人口超过3亿，而越南和中国的南海诸岛正处于这个“大集团”的中心位置。这就是越南称霸东南亚的蓝图。听听黄松之流的话,看看这个地理形势,越南当局为什么要背信弃义,对中国领土南海诸岛提出领土要求,为什么要控制老挝、侵略柬埔寨,为什么要向东南亚国家兜售越南牌的“真正独立、和平、中立区”,就都不言自明了。

越南当局要推行这个称霸东南亚的计划,就必然要走上反华的道路,这是因为中国政府和中国人民坚持奉行和平共处的五项原则,主张维护和尊重各国独立、主权和领土完整,坚决反对大小霸权主义和扩张主义。在美国侵略越南的时候,中国人民坚决站在越南人民这一边,全力支持越南人民反对侵略的正义斗争。今天,越南当局侵略柬埔寨,中国同样毫不犹豫地支持柬埔寨人民反对越南侵略的正义斗争。中国的这个坚定不移地反对霸权主义和侵略扩张的原则立场,使得越南当局把中国视作它在印度支那和东南亚地区推行霸权主义的最大障碍,把中国当作它的不共戴天的“最危险的敌人”。

越南当局要推行地区霸权主义、反华仇华,就必然要同苏联社会帝国主义勾结在一起。否则它是一事无成的。它们在向东南亚侵略扩张上相互利用,狼狈为奸。越南当局指望苏联做它反华仇华、鲸吞印度支那、侵略东南亚的后台,苏联则利用越南的野心,假越南之手向东南亚扩张渗透,推行“亚安体系”,把越南变成苏联南下战略的“前哨”。苏越大小霸权主义勾结起来,进行侵略扩张,这是当前印度支那地区的和平遭到破坏、东南亚的安全和稳定受到威胁的根源所在。

因此,反对霸权主义,既是妥善处理中越关系的一个不能回避的原则问题,也是关系到东南亚和亚太地区和平与安全的一个重大问题。中国方面在八项原则建议中,主张中越双方都不在印度支那和东南亚以及其他地区谋求霸权,每一方都反对任何其他国家或国家集团建立这种霸权的努力。如果越南真的不想谋求地区霸权的话,那它对此完全应当欣然同意。越南当局不是在大喊大叫反对中国的“霸权主义”吗?不是在高唱要保卫国家的“独立、主权和领土完整”吗?中国方面提出的共同遵守和平共处五项原则和反对霸权的原则建议,不是正好符合越南当局的要求吗?可是奇怪得很,越南当局嘴里反对中国的“霸权”,一到中国要同它一起承担不谋求霸权的义务的时候,它却坚决不能同意了。这岂不是不打自招地供认,越南是要谋求霸权的,而且是不许任何人反对的吗?越南当局在谈判桌上还要这种霸权主义态度,却反咬中国一口,诬蔑中国的八点原则建议是什么“谈判桌上的霸权主义”。我们要正告越南当局,你们的这种诬蔑绝对抹不掉你们向印度支那和东南亚侵略扩张的言行。你们的地区霸权主义蓝图是你们自己清清楚楚勾画出来的,不是任何人强加于你们的。如果你们继续坚持奉行霸权主义的政策,对谈判缺乏诚意,不从根本上改善中越关系,那么谈判的不能进展,中越关系的难以迅速改善,其责任全在你们方面。

中共中央政治局委员余秋里在北京会见以罗共中央经济与社会活动工人监察委员会第一副主席鲁强·德勒古茨为团长的罗马尼亚党的工作者代表团

国务院副总理耿飚在北京会见马耳他—中国友好协会全国委员会委员利诺·卡莱亚以及查尔斯·法鲁加

国务院副总理方毅在北京会见以华盛顿州国际贸易协会主席迪恩·克里格为团长的美国华盛顿州国际贸易协会访华团

国务院副总理陈慕华在北京会见澳大利亚内政部长埃利科特和夫人一行

全国人大常委会副委员长姬鹏飞在北京会见以马赛尔·纳维尔为团长的红十字国际委员会代表团

中联部部长姬鹏飞在北京会见以罗共中央经济与社会活动工人监察委员会第一副主席鲁强·德勒古茨为团长的罗马尼亚党的工作者代表团

中共中央政治局候补委员陈慕华在北京会见以罗共阿尔巴县委第一书记县人委主席尼古拉·胡尔贝昂为团长的罗马尼亚友好参观团

中央党校副校长胡耀邦在北京会见以布拉图·珀翁副院长为团长的罗马尼亚共产党中央“斯特凡·乔治乌”学院代表团

外贸部部长李强在北京同美国商务部部长朱万尼妮塔·克雷普斯举行会谈

“中日友好之船”离沪去日本访问

我国第一艘“中日友好之船”上午在上海港起航,去友好邻邦日本进行为期1个月的访问。

停泊在黄浦江边的绿白两色相间的“明华”号万吨远洋客轮,高挂着“中日友好之船访日团”巨大横幅。码头上举行了热烈的欢送仪式。

“中日友好之船”访日团团长是全国人大常委会副委员长、中日友好协会会长廖承志,最高顾问是全国人大常委委员粟裕，副团长是李颉伯、曾志、王西萍、姚进、刘毅、郭献瑞、孙平化。他们同前来送行的上海市革命委员会主任彭冲、副主任严佑民、韩哲一、赵行志，交通部副部长彭德清和日本驻上海代理总领事田熊利忠一一握别后登上甲板。上午10时，“明华”号在热烈的欢呼声中徐徐离开码头，乘风破浪，向东海驶去。

船上载着600位友好使者，其中有我国各条战线的先进工作者，有在长期革命斗争中经过考验的老一辈革命家，有基层干部、科学家、工程师、大学和中小学教师、文艺工作者，还有工会、妇女和青年工作者。

他们来自中央各部门和北京、上海、天津等15个省、自治区、直辖市。访日团的团员们带着我国各族人民的嘱托，表示要在日本各地广泛的接触中，了解和学习日本人民。

“明华”号将在海上航行两天，在日本停泊的第一个港口是下关市。

《红楼梦》英文全译本由外文出版社分3册陆续出版

新华社报道，这部中国古典文学巨著，是由65岁的著名翻译家杨宪益和夫人、英国专家戴乃迭合作翻译的，并由画家戴敦邦绘制了彩色插图。《红楼梦》流传版本很多，为了选择更接近曹雪芹原著的版本，译者请教了吴世昌等著名红学家。经过慎重研究，译本前八十回依据北京图书馆珍藏的抄本“脂京本”，后四十回依据“程甲本”。全书译毕后，曾由吴世昌审阅和校正。

《红楼梦》中诗词较多，还有许多典章制度、文物和中药名称，翻译时颇费周章；译者请教了国内有关专家，查找了许多翔实可靠的资料。在翻译诗词时，他们的原则是尽可能使译文保留中国古典诗词的风格，力求信、达、雅。对一些双关语也作了必要的注释。

南开大学黄扶先献出周恩来在日本留学时代写的两封亲笔信

新华社报道，献出信的黄扶先是冯文潜的夫人，已经70多岁了。这两封信已送交中国历史博物馆珍藏。

两封信分别写于1917年12月19日和1918年4月3日，都是写给当时在美国留学的老同学冯文潜的。冯先生曾任南开大学图书馆馆长，于1963年去世。

周恩来同志第一封信共430多字。信中表达了他对老同学“时系翘望”、“殷殷属念”的怀念之情，还谈到了初到日本时的情景。据南开大学有关同志说，这封信是人们看到的记录周恩来同志留日情况的最早的资料。

第二封信共150多字。从信中所说对“新思潮尤所切望”，可以看出周恩来同志当年在日本留学时对于马克思主义学说的渴望和追求。这封短信还谈到“弟在此甚好，每日自行饮食，持废止朝食、不食荤食两主义”等内容，从中可以看出周恩来同志在日本留学时过着十分艰苦的生活。他的每日饭食非常节俭，早晨不吃早餐，平日只吃素菜。

5月8日

《人民日报》发表社论《既要积极又要慎重》

我国要在本世纪末实现社会主义现代化，必须根据我国的特点和需要，积极利用当前世界各国取得的技术成果，引进必要的先进技术和设备。一年多来，各有关部门和地区同许多国家的工业、农业、科技、金融界进行了广泛的接触，签订了一批进口项目，还有一些项目正在进行考察、技术交流。我们在国际经济技术交流方面开始打开了局面。

引进外国技术和设备，是一项关系重大又很复杂的任务，必须积极而又谨慎地进行。引进什么，不引进什么；先引进什么，后引进什么，要从我国的实际情况出发，实事求是，全面安排，循序前进，前后衔接。所谓全面，就是既要看到需要，又要看到可能。引进先进技术，是提高我国的生产、科学研究和管理水平，把我国国民经济尽快地转到现代新技术基础上来的一个重要条件。但是，也要看到，我们国家的底子还很薄，财力、物力有限，技术力量和管理水平还不高，引进多了消化不了。一拥而上，看起来好像快，实际上欲速则不达，如果各方面的工作跟不上去，就容易造成损失。当前，引进技术和设备的重点，应该是那些国家急需的，投资少，见效快，能赚钱的项目，这有利于积累建设资金，有利于改善人民的生活，有利于国民经济的发展。当然，有些关键部门的先进技术，也要引进，否则，对实现四个现代化不利。有些暂时可以放慢一些，或者可以不引进的，要下决心放慢进度或不再引进。这样，才能使引进工作与国民经济调整的方针相适应，才能真正加快社会主义建设事业的速度。

实现社会主义现代化靠什么？主要靠自力更生，艰苦奋斗，靠现有的基础。引进技术，把世界上的最新技术拿过来，为我所用，正是为了增强自力更生的能力。我们一定要把立脚点放在自力更生、放在现有基础上。经过30年的努力，我们已经初步建成了独立的、比较完整的国民经济体系，现有基础不小，潜力很大，这是我们继续前进的阵地。过去，我们在国民党遗留下来的烂摊子的基础上，依靠自己的力量，造成了原子弹、氢弹、人造卫星；现在，依靠现有的基础，许多设备完全有能力制造出来。我们任何时候不能轻视这个基础，不能把希望完全放在引进和新建上。在引进技术和设备的工作中，要反对那种认为外国设备总比自己的好，什么都想引进、看不起自己的思想；要反对大手大脚的败家子作风。不能搞盲目性，一讲引进，国内能制造的也要向国外买；自己能制造一部分设备的，也都要进口成套设备；已经有了进口设备的，还要重复进口。实现四个现代化，要靠我们自力更生、艰苦奋斗干出来，不能靠“买”来，不能靠“借”来。要保持和发扬埋头苦干、艰苦创业的革命精神，把有限的外汇用在急需的地方，用在刀刃上。引进先进技术，要算经济账，要有目的性。先进是相对的，因时间、地点、条件变化而有所变化。适合我国的情况，能解决问题，经济效果好的，就是先进。我们不能脱离实际情况，一味追求所谓的先进。我们要在现有企业的挖潜、革新、改造上多花力气。有些企业，依靠广大群众的积极性和创造性，用四五十年代的设备，生产出七十年代的新产品，这种精神值得提倡和学习。

要好好学习和消化引进的新技术。首先要认真地学习，很好地应用，加以消化、掌握，然后有所改进，有所创造，这才能赶超世界先进水平。如果只引进设备，不很好地学习消化，不加以提高、发展，在目前世界科学技术日新月异的条件下，有些先进技术，四五年后也可能变得落后了。要认真总结引进技术的正反两方面经验，不断改进引进工作；要检查对引进设备的学习和使用情况，把他管好用好。要解决好买制造技术和买设备的关系问题。我们应当根据实际需要多买专利、买制造技术，把自己的力量培养起来，加强我国机械制造和科研工作，把自己的机械工业搞上去，逐步为国民经济各部门提供成套现代化装备。

引进技术，要贯彻进出结合，量出为进，综合平衡的方针。在进口和出口的关系上，要把出口摆在第一位。各部门、各地区在考虑引进时，首先要考虑偿付能力，在出口上大做文章。我国地域辽阔，资源丰富，有大量的劳动力，完全有条件扩大出口。领导干部要亲自抓出口工作，千方百计地采取各种形式，把出口贸易做大、做活，多创外汇。各部门、各地区要完成规定的出口任务，主管部门要有检查，好的表扬，不好的批评。要逐步将原料出口改变为制成品出口，要提高经营管理水平，加强对市场的调查研究和预测，使产品的质量、花色品种、包装装潢等能够适应国外市场的需要，增强产品的竞争能力。要大力发展旅游事业，增加国家外汇收入。总之，要广开门路，增加出口，为我国社会主义建设提供更多的资金。

为适应引进和扩大出口的需要，要改革进出口管理体制。目前，我们的管理体制领导多头，渠道很多，部门之间、地区之间互不通气，办事效率低，往往贻误时机，造成不必要的损失。这种状况，与在新形势下扩大对外贸易的需要很不适应，必须在调查研究的基础上进行改革。要建立统一的领导机构，加强领导，分工负责，改进作风，建立岗位责任制，提高工作效率。要研究并逐步建立利用外资、开展补偿贸易、协作生产、合资企业，以及银行贷款的财务处理等方面的法规。各部门之间、各部门与地区之间要互通情况，分工协作，密切配合。引进技术和设备，是一项新的复杂的工作，在这方面我们缺乏经验，要善于学习，学会做生意，并在实践中不断积累和总结经验，不断提高业务水平和领导水平，努力把引进工作做得更好。

《人民日报》发表评论员文章《继续发挥工商行政管理的作用》

在社会主义建设过程中，工商行政管理工作始终是发展和巩固社会主义经济的一项重要工作。新中国成立以来，工商行政管理部门在改造资本主义工商业、管理城乡市场、稳定物价、保卫社会主义公有制等方面做了大量的工作，取得了显著的成绩。当前，在实现全党工作着重点转移的进程中，我国国民经济要调整、改革、整顿、提高，管理体制和经营管理方法也要整顿和改革，都需要继续发挥工商行政管理工作的作用。

为了加强工商行政管理工作，必须提高有关人员对它的任务和作用的认识。有些同志认为，工商行政管理工作在对资本主义工商业进行社会主义改造时期曾经起过重要的作用，在改造任务完成以后，它的作用就不那么大，甚至是无足轻重的了。这种认识是不正确的，也不符合实际情况。我们国家在今后相当长的一个历史时期中，还存在着商品生产和商品流通。社会主义商品的生产和流通，主要是按照国家计划进行的。随着客观情况的变化，国家计划在执行过程中，总会出现这样那样不平衡的状况。解决这些问题，需要从各方面协调社会主义经济内部的各种关系。运用工商行政管理的手段，就是一个重要方面。它对已经纳入计划的经济活动进行必要的监督和制约，防止违反计划的行为；通过企业登记、核定资产，可以防止随意办厂、随意转产而造成设备重复、互争原料和产供销脱节的现象；通过商标注册可以监督产品质量，防止冒用名牌商标粗制滥造、变相提价等行为，保障生产者和消费者的经济利益。在现阶段，我国还存在着集市贸易，也需要加强对它的管理，以利于打击投机倒把等不法行为，维护正常的社会秩序。因此，这对促进国民经济高速度按比例地向前发展，是必不可少的。

最近，国务院在确定工商行政管理总局任务的时候明文规定：“工商行政管理部门对于违反国家有关工商行政管理政策、法令的行为，有权处理。任何单位和个人都要尊重它的职权,服从它的管理。”广大工商行政管理人员应当看到自己肩负的重大责任。这些年来,由于林彪、“四人帮”极左路线的影响,在工商行政管理工作中,也出现了脱离生产,脱离群众,宁“左”勿右,限制过严,管理过死的情况。有些地方不恰当地强调了经济领域的阶级斗争,把工作的注意力只是放在打击投机倒把活动上,而对于如何支持工农业生产,促进商品流通,活跃市场,方便群众方面,想得少,做得差;有些地方在行使工商行政管理职权的时候,搞不清什么是资本主义,往往把自发倾向当作投机倒把去打击,把正当的购销活动当作非法交易取缔,把正当家庭副业、集市贸易当作资本主义对待;甚至随心所欲,想没收商品就没收,想罚款就罚。这些错误的做法,不利于活跃城乡经济,促进工农业生产的发展,也不利于发展安定团结的大好形势。各级工商行政管理干部要进一步肃清极左路线的流毒和影响,拨乱反正,弄清是非,统一认识。

加强工商行政管理工作,是维护社会主义法制的必要措施。工商行政管理部门对那些不服从工商行政管理规定以及投机倒把的行为,不论是什么人或什么单位,都必须坚持原则,严肃处理。为了适应社会主义经济的发展,工商行政管理部门,应当在调查研究、总结经验的基础上,制定各项管理法规,做到有法可依,有法必依,执法必严,违法必究。

工商行政管理工作,牵涉到国民经济的各个部门,同人民群众的生活又有着密切的关系,工商行政管理部门必须依靠党委的领导,依靠群众的支持,同各方搞好协作,以便协调经济关系,畅通物资交流,促进生产发展,把工商行政管理工作提高到一个新的水平。

国务院副总理方毅在北京会见欧洲核子研究中心总主任阿达姆斯和夫人一行

欧洲核子研究中心由 12 个西欧国家组成,是世界上最大的高能物理基地之一。阿达姆斯总主任一行这次来访,主要是同我有关方面商谈科技合作,并了解我国高能物理的进展和高能基地建设的情况。

会见时,方毅副总理同欧洲朋友就进一步加强我国同欧洲核子研究中心的合作关系,进行了友好的交谈。

会见时在座的有中国科学院副院长钱三强、国家科委副主任赵东宛等。

全国人大常委会副委员长姬鹏飞在北京会见叙利亚复兴先锋组织副主席艾哈迈德·阿布·穆萨率领的叙利亚复兴先锋组织领导人代表团

中美科技情报合作议定书等 4 个文件在北京签字

《中华人民共和国国家科学技术委员会和美利坚合众国商务部科技管理和科技情报合作议定书》,下午在北京签字。

国务院副总理、国家科委主任方毅和美国商务部部长朱厄妮塔·克雷普斯,分别在议定书上签了字。

这个有效期为 5 年的议定书规定:双方同意在平等、互利和互惠的基础上进行交流和合作活动。

根据议定书规定,双方在工业科学技术管理领域的合作包括:交换与提供工业科学技术管理方面的出版物和文献;交换工业科学技术管理专家和学者进行讲学;交换培训工业科学技术管理人员;联合组织学术会议、讨论会和培训班等。在科学技术情报领域,双方合作包括:交换和提供各种已有的科学技术情报;为使用已有的情报系统和数据库提供方便,为发展和改进这些数据库和情报系统进行合作;交换培训人员等。

中美双方还签署了大气科学技术合作议定书、海洋和渔业科学技术合作议定书和计量和标准合作议定书。

这 4 个文件是根据 1979 年 1 月 31 日在华盛顿特区签订的中华人民共和国政府和美利坚合众国政府科学技术合作协定的精神而产生的。

文件签署以后,方毅副总理和克雷普斯部长发表了讲话。

方毅副总理在讲话中说,今天中美双方的代表签订了四个领域的科学技术合作议定书,这是我们共同努力的成果。他说,短短 3 个月中,我们两国政府和人民,在科学技术合作方面取得了较大的进展。我们深信,今后在各项议定书的执行过程中,双方合作的范围将不断发展和扩大。这将对于两国科学技术的进步,对于两国人民友谊的加深,产生重大的作用。

克雷普斯部长在讲话中祝贺这 4 项议定书的签订。她说,中美两国科学家已有多年没有合作了,科学就因此受到损失。这种新的合作关系对我们两国人民的利益是多方面的和相互的。我们期望在这些议定书规定的范围之内,建立一种长期的、密切的和有成效的关系。

中国政府和菲律宾政府民用航空运输协定草签仪式在马尼拉举行

中菲民航运输协定是中国和东盟国家的第一个航空协定。

中国政府民航代表团团长、中国民航总局第一副局长张瑞霭,菲律宾政府代表团团长、外交部副部长何塞·英格莱斯分别代表本国政府在协定上签了字。

英格莱斯在草签仪式后向报界发表书面声明说:

“菲中民航运输协定是政府协定，而马尼拉和台北之间的航运业务是非政府的和地区性的。”声明还说：“菲律宾政府不承认台湾飞机上的旗帜标记是‘国旗’标记，不承认台湾的中华航空公司是国家航空公司。”

共青团中央发出开展向对越自卫还击作战英雄学习活动的通知

通知说，共青团、少先队要把学习英雄的活动，作为加强青、少年政治思想工作的一项重要内容来抓，积极引导青、少年学习英雄的思想，走英雄的道路，创英雄的业绩。要像英雄们那样，把坚定正确的政治方向放在第一位，永远坚持社会主义道路，坚持无产阶级专政，坚持党的领导，坚持马列主义、毛泽东思想；要像英雄们那样，胸怀共产主义远大理想，忠于党，忠于人民，热爱伟大祖国，立志献身“四化”；要像英雄们那样，无私无畏，不怕牺牲，以革命利益为第一生命，关心国家和民族比关心个人为重；关心战友和群众比关心自己为重；要像英雄们那样，艰苦奋斗，勇往直前，吃大苦，耐大劳，战胜前进道路上的一切困难；要像英雄们那样，自觉服从组织，遵守纪律，一切行动听指挥，党指向哪里就打到哪里；要像英雄们那样，提高警惕，常备不懈，严防大小霸权主义的侵犯，用鲜血和生命保卫“四化”，保卫祖国。

通知要求各级团委在组织向自卫还击作战英雄学习的活动中，做好以下工作：

一、通过各种形式，广泛、深入地组织团员、青少年学习英雄们的事迹，做到尽人皆知。

二、紧密联系当前工作，在青少年中开展学英雄、见行动、争当新长征突击手的活动。

三、学英雄的活动要结合青少年的思想实际，做到心中有数，有的放矢，讲求实效，防止形式主义。

四、各级共青团的干部和少先队辅导员，要带头向英雄们学习，热爱和做好团和队的工作。

“鲁迅研究学会”在北京召开第一次筹备会议

在茅盾和周扬联合发起成立的“鲁迅研究学会”第一次筹备会议上，周扬在会上发了言。

他说：伟大的文学家、思想家和革命家鲁迅，在他光辉的战斗的一生中，为中国新文化的发展，为中国人民的解放事业，建树了不朽的功勋，留下了极其丰富的文学遗产。毛主席曾给予鲁迅高度赞扬和科学的评价，并号召我们学习鲁迅的榜样。然而，鲁迅活动的年代我们党还处于幼年时期，当时的左翼作家联盟的领导人由于没有很好学习鲁迅，没有正确认识和估价鲁迅，工作中又存在着相当厉害的宗派主义和教条主义，因此当时在和鲁迅的关系上曾经犯过错误。尽管如此，从要求改革旧社会、创造新社会这一共同的革命愿望上，左翼作家联盟的领导人同鲁迅仍然是站在一起的战友。可是，林彪、“四人帮”出于篡党夺权的罪恶目的，他们在“纪念鲁迅”、“研究鲁迅”的幌子下，肆意歪曲鲁迅，践踏鲁迅的文学遗产，似乎鲁迅的伟大功绩不是反帝反封建，不是奠定了中国新文化的基础，而是反对了“四条汉子”，从而给鲁迅研究工作带来了混乱。因此，今天有必要重新学习鲁迅，重新认识鲁迅。

周扬说，学习鲁迅的彻底革命精神，必须用辩证唯物主义和历史唯物主义的态度来研究鲁迅的思想发展过程。只有研究了鲁迅从进化论者转变为阶级论者、从民主主义者转变为共产主义者、从启蒙主义者转变为无产阶级革命家的三个转变过程，才能认识鲁迅之所以伟大，正是在于他坚持不懈地和旧思想、旧势力、旧习惯作斗争，不遗余力地为新事物开路；正是在于他勇于解剖自己，不断革命，不断前进。而“四人帮”却把鲁迅神化，把鲁迅当成天生的圣人，其用心不是学习鲁迅，而是利用鲁迅来打击革命力量，篡党夺权。

周扬希望正筹备成立的鲁迅研究学会，遵循党的“百花齐放、百家争鸣”的方针，团结全国各地鲁迅研究工作者，组织和推动有关鲁迅研究的学术活动，争取在1981年鲁迅诞生100周年之前，使鲁迅研究工作达到一个新的水平，出现一个新的局面。

出席这次会议的有周建人、胡愈之、林默涵、阳翰笙、冯至、戈宝权、沙汀、陈荒煤、唐弢、李何林、钟敬文、姜椿芳、梅益、许杰、温济泽、王子野、徐伯昕、冯牧、陈白尘、李季、萧军、楼适夷、周海婴等以及文学研究所鲁迅研究室的人员。

鲁迅研究学会筹备小组成员是茅盾、周扬、林默涵、巴金、曹靖华、沙汀、陈荒煤。学会章程（草案）中说：鲁迅研究学会是从事鲁迅研究的专业和业余工作者组成的学术性团体，任务是组织和推动有关鲁迅研究的学术活动，编辑、出版《鲁迅研究集刊》，交流鲁迅研究成果，协同有关单位搜集、整理、交流和出版鲁迅研究资料，开展与各国从事鲁迅研究的组织或个人的学术交流活动；会员分团体会员和个人会员两种。

全国高校体育专业提前招生

新华社报道，教育部、国家体委最近发出联合通知，决定今年全国高等学校体育专业从5月起提前招生。联合通知提出，今年高等学校体育专业的招生工作必须执行党的招生政策，认真贯彻德、智、体全面考核，择优录取的原则，还要注意克服单纯技术观点，逐步提高招收新生的文化水平。

体育专业的招生工作在各级招生委员会领导下进行。采取提前考试体育，文化科目参加全国统一考试，提前录取的办法。有条件的省、自治区、直辖市也可单独提前招生，在同一省、自治区、直辖市招生的体育院、系，实行联合招生。

体育考试的科目为100米跑、纵跳和专项技术。文化考试的科目，考生可根据志愿，参加理工科或文科的考试。

今年面向全国招生的有北京体育学院、北京师范大学体育系。北京体育学院今年招生的有运动系、体育系和基础理论系。面向大区招生的有上海、武汉、西安体育学院体育系，以及华中师范学院和吉林师范大学体育系。其他体育院校和体育系均在本省、市、区招生。

5月9日

《人民日报》转载《解放军报》特约评论员文章《对干部的处理要着眼于教育》

粉碎“四人帮”以后，全军按照党中央、中央军委的统一部署，充分发动群众，开展揭批查运动，认真地清查了同“四人帮”篡党夺权阴谋活动有牵连的人和事，摧毁了“四人帮”的资产阶级帮派体系，被“四人帮”搞乱了的思想、理论、路线是非，已经和正在逐步澄清。这对广大干部是一次极为深刻的教育，对犯了错误的干部教育更加直接，更为深刻。目前，全军范围揭批“四人帮”的群众运动已经基本结束，如何按照党的方针、政策，做好对犯错误的人的处理工作，是一个需要提起注意的问题。

对人的处理，要采取严肃、慎重的态度，扩大教育面，缩小打击面。严肃，就是要严格按照党的方针、政策办事。对那些证据确凿，罪行严重，有民愤，死不改悔的“四人帮”死党、骨干分子，该打击的一定要打击。对犯了错误，包括犯了严重错误的同志，只要他们态度好，愿意接受教育，认识错误，改正错误，就要认真帮助，不要轻易处分；对少数错误严重、情节恶劣而又态度很坏的人，应给予必要的党的纪律处分。慎重，就是要严格掌握和准确区分两类不同性质矛盾的界限。对敌我矛盾要尽量少划，可划可不划的坚决不划。对犯了错误，包括犯了严重错误的同志，要着眼于教育，可处分可不处分的不给处分。介乎敌我矛盾和人民内部矛盾一时不易分清的，按人民内部矛盾处理。决不能颠倒敌我关系，混淆两类不同性质的矛盾。要做到严肃、慎重，就必须认真细致地调查研究，坚持实事求是的原则，即要看问题的性质，又要看认识和改正错误的态度，还要看历史上的一贯表现。总之，要从实际情况出发，对一个人的问题进行全面的、历史的分析，严格按照党的政策结论定案处理，做到事实清楚，证据确凿，定性准确，处理恰当。

对人的处理是重在教育，还是采取惩办主义，这是不同的路线采取的两种截然相反的政策。我们党的一贯主张是重在教育，反对惩办主义。凡是人民内部问题，都要采取“团结——批评——团结”、“惩前毖后，治病救人”的方针，以同志式的态度，耐心帮助。有一些同志，跟着“四人帮”犯了错误，只要有悔改表现，愿意改正错误，就要欢迎。有些人对自己的错误认识不足，要一看二帮，不要犯了错误就一棍子打下去，不给改正的机会。应当看到，经过揭批查运动，犯了错误的同志普遍受到了深刻教育，绝大多数是愿意悔改的，要团结他们为实现社会主义四个现代化共同战斗。

处理敌我矛盾性质的问题，同样不可忽视教育改造的方针。即使是敌我矛盾和要依法惩办的，也要长期进行教育改造，化消极因素为积极因素。有的人参与了“四人帮”篡党夺权的阴谋活动，即使问题严重，能挽救的还是要教育挽救，不要轻易开除党籍，不要轻易法办。“四人帮”的死党和参与“四人帮”篡党夺权阴谋活动的骨干分子是极少数，对他们的处理，也要把那些愿意悔改，积极揭发“四人帮”罪行，与“四人帮”划清界限的人，同继续顽抗的死硬分子严格区别开来，实行坦白从宽、抗拒从严和给出路的政策。

必须肯定，粉碎“四人帮”以后，我们党拨乱反正，恢复和发扬了实事求是的优良传统，对林彪、“四人帮”的揭批查运动是正确的、健康的、稳妥的。这与林彪、“四人帮”推行极左路线，打击迫害干部有原则区别。在揭批查的基础上进一步做好对人的处理工作，是关系到全军的思想建设、组织建设和巩固揭批“四人帮”斗争胜利成果的一件大事。决不能因为揭批查运动已经结束，党的工作着重点正在转移到社会主义现代化建设上来，而对这项工作有任何忽视。少数运动开展比较晚的单位，以及个别运动搞得不好的单位，对那些与“四人帮”有牵连的人和事，没有查清的要继续查清。对运动中遗留的问题，要列为党委、政治机关的经常工作，组织专门力量，认真加以解决。那种认为运动已经结束而放松结论定案处理工作，不了了之，草率收兵的做法是不妥当的，是有害的。

应当指出，当前确有极少数跟着“四人帮”犯了严重错误，干了大量坏事的人，对于“四人帮”的垮台并不甘心，他们的根本立场没有转过来，在事实面前不老实。有的紧跟“四人帮”另搞一套，错误本来十分严重，但却拒绝教育，不肯认错。有的人虽然在确凿的证据面前认了账，写了检讨，可是竟然借口落实政策、发扬民主，趁机翻案。有的甚至把自己打扮成受害者，到处申诉告状，无理取闹，招摇撞骗，甚至伸手要名要利。这种现象不是孤立的、偶然的，而是“四人帮”的反动思想体系还没有受到深入批判的表现。对于这样一些人,必须批判教育,严肃对待。对确实犯有严重错误、拒不承认而又无理取闹、屡教不改的,要维护党的纪律的严肃性,加重给以处分,否则达不到教育的目的。此外还要教育大家,包括犯了错误的同志在内,都应注意那些没有被揭露出来或继续坚持反动立场的"四人帮"帮派分子的动向,对他们的捣乱破坏活动保持警惕,随时揭露,不要上当。

干部是党的宝贵财富。对犯了错误的同志,在作组织处理的时候,必须坚持实事求是,坚持思想批判从严、组织处理从宽的原则,恢复和发扬党的优良传统。在"文化大革命"运动中,由于林彪、"四人帮"推行打倒一切、打击一大片的反动政策,使党的干部队伍遭受了严重的破坏,干部的革命积极性受到了很大挫伤。特别是林彪、"四人帮"制造了大批冤案、假案和错案,使我们不得不拿出很大的精力和时间,忙于解决这类问题,这是一个严重的教训。一方面,我们要坚决肃清林彪、"四人帮"散布的所谓"宁'左'勿右",对人的处理只讲严不讲宽的流毒和影响;另一方面,也要坚决反对取消思想斗争,不要党的纪律,对人的处理只讲宽不讲严的偏向。对犯了错误的同志决不能姑息迁就,大事化小,搞一风吹。只有是非分明,赏罚分明,才能有效地伸张正义,也才有助于教育干部。

为了实现党的工作着重点的转移,调动各方面的积极因素,对犯错误的干部要多做教育工作。特别是领导干部要亲自过问,十分重视对犯错干部的批评教育和帮助。那种一犯错误就没人管,只搞批判斗争不注意帮助教育,甚至一犯错误就要"划清界限",老死不相往来的现象,不是我们党的传统和作风,要坚决纠正。我们要求各级党组织对犯了错误的同志,要进行合情合理的批评教育,作出实事求是的结论,结论要同本人见面,听取本人的意见,合理的要采纳,不合理的要坚持,作好解释,本人要求保留的意见应当上报。我们也希望犯有错误的同志要有一个端正的态度,要实事求是,有错认错,错了就改,从犯错误中吸取经验教训,振奋精神,将功补过。只有这样,才可以达到教育干部、增强团结的目的。

国务院副总理余秋里在北京会见美国商务部部长朱厄妮塔·克雷普斯和她的部分随行人员

余秋里副总理对美国客人说:"中美两国政府都应该采取积极的态度来发展我们两国的贸易往来和经济合作。这样做对我们两国人民都是有利的。我们愿意在平等互利的基础上同美国进一步加强这些方面的关系。"

余秋里副总理介绍了中美在经济贸易方面可以进行合作的广阔领域。

克雷普斯部长在谈话中表示了美国愿意同中国发展经济贸易关系的愿望。

我国外贸部副部长陈洁等参加了会见。

国务院副总理王震在北京会见以美国土木工程师学会主席布莱西为团长的美国土木工程师学会代表团

在中国期间,美国朋友们在北京、成都、南京、上海参观了中国建筑和工程项目,并提出了一些建设性建议。会见时,王震副总理同美国朋友们进行了友好的谈话,并对他们提出的建议表示赞赏。

全国人大常委会委员、中国土木工程学会理事长茅以升,铁道部副部长、中国土木工程学会副理事刘建章参加了会见。

全国人大常委会副委员长邓颖超在北京会见哥伦比亚众议员孔苏埃洛·耶拉斯和她的丈夫里卡多·桑佩尔

全国青联第五届委员会第一次会议在北京闭幕

会议通过了胡启立同志代表全国青联第四届常委会所作的工作报告,通过了新的《中华全国青年联合会章程》,选举了全国青联第五届委员会主席、副主席、常务委员。

会议期间,委员们热烈讨论了华国锋同志在纪念五四运动60周年大会上的讲话,讨论了四届常委会的工作报告,审议了《关于修改全国青联章程的说明》,明确了新时期青联工作的方针、任务。有20位委员在会上作了口头或书面发言,介绍了自己成长的体会,交流了经验。委员们怀着崇敬的心情,瞻仰了毛主席遗容,参观了《周恩来同志纪念展览》。

中华全国青年联合会章程

第一章　总　则

第一条　中华全国青年联合会是在中国共产党领导下,以中国共产主义青年团为核心力量的各青年团体的联合组织。

第二条　本会的基本任务是:高举毛泽东思想伟大旗帜,团结教育各族各界青年,努力学习马克思列宁主义、毛泽东思想,提高爱国主义、社会主义觉悟,努力学习现代科学技术和文化知识,为在本世纪内把我国建设成为具有现代农业、现代工业、现代国防和现代科学技术的社会主义强国而奋斗;为使台湾早日归回祖国,完成统一祖国的大业而奋斗;为发展同各国青年的友好合作,坚决反对帝国主义、殖民主义和霸权主义,支持各国人民和青年的正义斗争,维护世界和平而奋斗。

第二章　会　员

第三条　本会实行团体会员制，由中国共产主义青年团、中华全国学生联合会、中华基督教青年会全国协会、中华基督教女青年会全国协会和各省、自治区、直辖市青年联合会等联合组成。

第四条　会员的权利和义务：

(一)对本会工作有讨论、建议和批评的权利。

(二)会员团体选派的代表都有选举权和被选举权。

(三)有遵守本会章程和执行本会决议的义务。

(四)有向本会报告团体会务和反映青年要求的义务。

第五条　会员有退会的自由，退会前应向本会提出书面申明。

第六条　会员如有违反本会章程的行为，经全国委员会或常务委员会议决，得给以适当处置。

第三章　组织和职权

第七条　本会的组织原则是民主集中制。

第八条　本会的最高权力机关是全国委员会，全国委员会闭会期间由常务委员会负责领导会务。

第九条　全国委员会由各会员团体选派的代表和特别邀请参加的个人组成。常务委员会由全国委员会选出委员若干人组成。

第十条　全国委员会每届任期四年。会员团体认为有必要的时候，可以对自己选派参加全国委员会的代表，进行撤换和递补。

每届全国委员会的名额由上届全国委员会常务委员会决定。

第十一条　全国委员会设主席一人，副主席若干人。主席、副主席由全国委员会全体会议选举产生。全国委员的主席和副主席同时是常务委员会的主席和副主席。

第十二条　全国委员会的职权：

(一)听取和审查常务委员会的工作报告。

(二)讨论和决定本会的工作任务。

(三)修改本会章程。

(四)选举全国委员会主席、副主席和常务委员会委员。

第十三条　全国委员全体会议每二年举行一次，常务委员会认为有必要时可以提前或延期召开。

第十四条　本会常务委员会下设秘书长一人，副秘书长若干人，协助主席、副主席处理会务。

第十五条　本会常务委员会得根据工作需要，设立工作机构，必要时可在各地设立办事处。

第四章　经　费

第十六条　本会经费来源为：会员团体的会费、事业收入和其他资助。

全国青联第五届委员会主席、副主席、常务委员名单

主席：胡启立

副主席：刘维明　徐寅生　周鹏程　杜近芳(女)　高占祥　李海峰(女)　伍绍祖　李寿葆　刘厚明　杨　乐　曲钦岳　嘉木样·洛桑久美·图丹却吉尼玛

常务委员：马　季　马宝玉　王尔中　木哈买提·祖农　叶永烈　曲钦岳　朱善卿　伍绍祖　刘心武　刘汉良　刘纯朴　刘厚明　刘维明　闭文明　孙家昶　严洪华　杜近芳(女)　李寿葆　李淑兰(女)　李海峰(女)　杨　乐　吴英辅　何光岳　张树勋　阿古拉　陈大斌　陈国基　陈家祺　陈裕忠　武　进(女)　旺　堆　竺苗龙　金竹花(女)　周鹏程　郑达真(女)　荣鸿仁　胡启立　胡松华　钟沛璋　姜伯驹　徐寅生　殷明连　高占祥　陶斯亮(女)　戚烈云　崔　毅　康北笙(女)　傅庭栋　蔡德泰　嘉木样·洛桑久美·图丹却吉尼玛　潘璟琍(女)

秘书长：殷明连

副秘书长：朱善卿　王纪德　李　一　胡焕章

全国学联第十九次代表大会在北京闭幕

大会上，通过了伍绍祖同志代表上届全国学联作的报告，通过了新的《中华全国学生联合会章程》，选举产生了全国学联第十九届委员会。

这次代表大会是一次动员全国学生以"三好"为目标、以学习为中心，做德、智、体全面发展的好大学生的誓师大会。会上20名代表的口头和书面发言以及分组讨论，充分反映了粉碎"四人帮"以来学生会工作的成绩和广大学生的进步，显示了高等学校学生工作的新面貌。

代表们学习和讨论了华国锋同志在纪念五四运动60周年大会上的讲话，一致表示要坚持社会主义道路，坚持无产阶级专政，坚持共产党的领导，坚持马列主义、毛泽东思想，团结广大同学，为建设四化、保卫四化贡献青春。

会议期间，代表们瞻仰了毛主席遗容，参观了《周恩来同志纪念展览》。

中华全国学生联合会章程

第一章　总　则

第一条　中华全国学生联合会是全国高等学校学生会的联合组织，简称全国学联。

第二条　本会的任务：在中国共产党的领导下，高举马列主义、毛泽东思想的伟大旗帜，团结全国同学，贯彻执行党在社会主义新时期的总任务和党的教育方针，不断提高社会主义觉悟，刻苦学习科学文化知识，坚持实行和工农群众相结合，努力使同学在德智体诸方面生动活泼地主动地得到发展，成为社会主义革命和社会主义建设需要的又红又专的人才，为把我国建设成为一个具有现代农业、现代工业、现代国防和现代科学技术的伟大的社会主义强国而奋斗；坚决支持各国人民和学生的反帝、反殖、反霸斗争，加强同各国学生和学生组织的友谊与合作，为发展广泛的国际反霸统一战线，为世界和平与人类的进步事业，作出应有的贡献。

第三条　本会参加中华全国青年联合会为团体会员。

第二章　会　员

第四条　本会实行团体会员制。凡赞成本会章程的高等学校的学生会，均可为本会会员。

第五条　会员的权利和义务是：

(一)对本会工作有讨论、建议和批评的权利；

(二)有选举权和被选举权；

(三)有遵守本会章程、执行本会决议的义务。

第三章　组织和职权

第六条　本会的组织原则是民主集中制。

第七条　本会的最高权力机关是全国学联代表大会。代表大会每四年举行一次。在特殊情况下，可以提前或推迟。

全国学联代表大会的职权是：

(一)听取和审查全国学联委员会的工作报告；

(二)讨论和决定本会的工作任务；

(三)修改本会章程；

(四)选举产生全国学联委员会。

第八条　全国学联委员会由当选委员的团体会员组成。当选单位各派出一名代表参加委员会的会议。委员单位认为必要的时候，对自己所选派的代表可以更换。

全国学联委员会的职权是：

(一)选举主席和若干副主席；

(二)筹备和召集全国学联代表大会；

(三)在全国学联代表大会闭会期间讨论和决定本会有关工作；

(四)审查主席团的日常工作和决定；

第九条　当选主席和副主席的团体会员分别派出一名代表任主席、副主席组成主席团。在全国学联委员会闭会期间，由主席团主持日常工作。主席团聘任秘书长、副秘书长，协助工作。

第四章　校学生会和地方学生联合会

第十条　高等学校学生会的任务：在学校党委的领导和共青团组织的帮助下，以“三好”为目标，以学习为中心，开展同学们喜闻乐见的、生动活泼的学习、科学、文体、公益等多种活动，引导广大同学不断提高政治觉悟，学好专业知识，增进身心健康；要关心同学的切身利益，经常反映同学的建议、意见和要求，促进同学之间、同学与教职员工之间的团结，协助学校创造良好的教学秩序和学习、生活环境。

第十一条　高等学校的学生会是大学生自己的群众组织。凡在校中国学生不分民族、性别、宗教信仰，均可为学生会会员。学生毕业后，仍在学生会担任专门职务的，在一定时期内，仍可保留会员资格。全校学生代表大会(或全校学生大会)1—2年举行一次，审查和决定学生会的工作，选举学生会委员会。学生会委员会设主席一人、副主席若干人主持日常工作。

第十二条　各省、自治区、直辖市由本会各团体会员组成省、自治区、直辖市学生联合会，其委员会由各团体会员选举产生。

它的职责是协助各学校学生会进行工作，组织有关群众性的学生活动。

省、自治区、直辖市学生联合会选举主席、若干副主席主持日常工作。

省(区)以下学联组织的设置，由各省(区)学联按本会章程，根据具体情况决定。

全国学联第十九届委员会在北京举行第一次会议

会议选出担任主席的单位是清华大学，担任副主席的单位是上海交通大学、中国科技大学、北京大学、哈尔滨工业大学、中山大学、中央民族学院、上海师范大学、天津大学、东北工学院、厦门大学、江西共产主义劳动大学、武汉大学、四川大学、云南大学、西安交通大学、新疆大学。当选单位派出代表组成主席团，名单如下：

主席：伍绍祖

副主席：吴学范　俞贵麟　袁纯清　杜松岩　王胜洪　齐宝林(蒙古族)　楼志豪　韩建敏(女)　崔　丽(女)　黄鸣奋　许为扬　胡树祥　王济川　张荐华　郭汝艳(女)　艾尔肯·斯迪克(维吾尔族)

5月10日

《人民日报》发表社论《现有企业是向四化进军的主要基地》

在向四个现代化进军中，全党同志，特别是各级领导同志，都有必要牢固地树立这样一个战略思想：实现工业现代化，必须充分发挥现有企业的作用；现有企业，是我们实现现代化的出发点和立足点，是向四化进军的主要基地。

近30年来，我国建立起一个布局比较合理、物质基础相当雄厚、包括几十万个工矿企业在内的工业体系。这几十万个企业虽然大部分设备比较落后，但其中仍然有很多是比较先进的，有一些甚至是十分先进的。与此同时，我国产业工人也由解放前的几百万人增加到几千万人，而且锻炼出一支具有相当丰富经验的干部队伍和工程技术人员队伍。我们有了自己比较完整的工业体系。这在我国工业发展史上是极其辉煌的一页。如果看不到这一点，看不到我们的基础，而妄自菲薄，觉得自己这也不是，那也不行，甚至抛开现有企业，希图从外边买进一个现代化来，那就要犯绝大的错误。

依靠现有企业搞四化，不是我们主观上愿意不愿意的问题，而是非此不可，别无他途。我们共产党人办事情，想问题，只能实事求是，从实际出发。想搞四化，又要抛开现有企业这个基地，就犹如抓住自己的头发要离开地球一样。当然，依靠现有企业，并不排除从国外引进一些必要的先进技术设备，用以提高我国自力更生、实现四化的能力。但是引进技术设备所需的资金哪里来？所需的管理干部、技术人员、熟练工人哪里来？仍然要靠现有企业这个主要基地。要前进，就要有出发点和立足点，我们的出发点和立足点就是现有企业。

现在，少数同志存在着一种心理，就是等。等什么？等国家拨给投资，等引进成套设备，等上级拿出实现四化的具体办法。大好时光，往往就这样被白白“等”掉了。道理很清楚，四化既买不来，更等不来，只能靠我国人民用自己的聪明智慧和勤劳的双手干出来。各部门、各地区、各企业的领导干部，要结合自己的实际情况，考虑从现有企业这个基地出发如何前进，不能干什么都等待上边拿出具体办法。每个同志都应该利用自己掌握的主客观条件，想方设法，敢想敢干，奋发有为，大显身手。

以现有企业为主要基地向四化进军，是大有文章可做的。例如，如果燃料动力能够充分供应，保证现有设备都开动起来，目前的工业生产就可以大大提高增长速度。但是，在一些工厂里，燃料动力的浪费现象，却达到使人吃惊的程度。我们能量的利用效率，平均只有30%左右。据初步估算，如果我们工业企业的电力消耗指标，都降到历史最好水平，每年节约的电力，就相当于全年发电量的10%以上；如果都能降到国内先进水平——更不要说降到国外的先进水平了，那么，我们电力紧张的状况就可以大大缓和。在其他经济领域里，也存在类似现象。当然，潜力并不等于现实。不过，它却有力地说明，现有企业的潜力是很大的，是可以大有作为的。一个想为四化献身的人，凭着现有企业这个“舞台”，是可以导演出许多有声有色威武雄壮的活剧来的。

我国现有工业企业，从目前的经济效果来看，大体上可以分为三类。第一类是产品对路、质量好、消耗低、盈利多的企业。第二类企业，是产品对路，但由于客观或者主观的种种原因，有的生产不正常，有的质量低、品种少，有的消耗大、成本高、利润少甚至有亏损。这类企业在目前占大多数，经过努力，国家再给以必要的帮助，是可以很快赶上第一类企业的。我们搞四化，主要是依靠上述两类企业。现在的突出问题，是原料、材料和燃料、动力供应不足，生产能力不能充分发挥。第三类是产品没有销路，而且质量低劣、消耗很高、长期亏损的企业。这类企业中有很多是“电老虎”、“煤老虎”、“油老虎”，天天吃掉很多本来供不应求的电、煤、油，但是收不抵支，对国家和人民没有多少贡献，却长期要国家财政补贴。对这一类企业，要分别不同情况，采取果断措施，进行调整和整顿。

要使现有企业在向四化进军中充分发挥作用，必须进一步贯彻毛泽东同志提出的“生产节约并重”的原则，一手抓增产，一手抓节约。要解决燃料、动力不足问题，一方面电力工业要抓好现有发电、供电设备的填平补齐和成龙配套工作，采取各种措施提高发电量；另一方面，也是目前最主要的，是解决一些工厂、特别是中小型工厂由于技术落后、管理不善而造成的燃料、动力消耗过多的问题。我国的中小型钢铁厂，全国平均每吨钢的耗电量，比技术先进的国家高两三倍，比国内先进企业也高一两倍。改善这类企业的经营管理，提高它们的技术水平，降低能源消耗，是解决燃料、动力供不应求的一个重要途径。各个企业要力争在短期内使原材料消耗指标，降低到历史最好水平。目前，我国机械行业的钢材利用率只有50%—60%，有的只达到百分之二三十；木材利用率全国平均只有50%左右。这就是说，有40%—50%的钢材，有50%左右的木材未能物尽其用。1吨钢材从矿石到炼铁、炼钢、轧材要花多大的成本？1立方米木材从育苗到采伐要用多少人劳动？白白浪费掉多么使人心痛！有的地方，甚至还有将又粗又直的云杉当作燃料烧掉的。这种严重浪费的行为，可以说是“吃祖宗的饭，造子孙的孽”，必须坚决地制止。

一定要把质量、品种搞上去。质量不好是最大的浪费。钢铁工业在国民经济中占着很重要的地位，当前要把发展的重点放到搞好质量、品种上来，努力适应国民经济各部门的需要。轻纺工业要充分利用老厂，适当改建、扩建，改善经营管理，挖掘潜力，在增产的同时，要加快产品的质量升级和品种换代，创造一批轻工、纺织、电子等高档、优质、名牌产品，补上一批缺门产品，满足人民生活需要，增强出口竞争能力。

一定要讲求经济效果。有些同志思想上还有一种糊涂观念,就是认为一个企业只要能完成生产任务就算不错了。这种观念是多年形成的,现在必须转变。一个企业不仅要完成国家生产计划,还必须十分重视为国家提供积累,用通俗的话说,就是要给国家赚钱,多为国家创造物质财富。正当的盈利越大,对社会贡献越大。企业要产量多、质量好、效率高、成本低,要以最少的消耗,取得最大的经济效果。一个企业发生亏损,它的收入抵偿不了消耗,不但不能扩大再生产,连简单再生产也维持不了,这就是吃社会主义,拖四个现代化的后腿。工厂是生产单位,是经济组织。一个工厂生产出来的东西,创造出来价值,还不如它消耗浪费的东西多,对社会来说,这到底是生产呢,还是浪费呢?这样的企业如果不整顿,不改进,那还有什么存在的价值呢?没有它,不是更好一些吗?

充分发挥现有企业的作用,一定要领导干部亲自动手,依靠广大共产党员和共青团员,依靠广大职工,广泛深入地开展增产节约运动。要教育职工发扬艰苦奋斗、勤俭建国的光荣传统,反对铺张浪费、大手大脚、挥霍国家财产的恶习。每一个领导干部都要严格要求自己,不搞特殊化,不浪费和挥霍国家的资金,哪怕是一分钱,也要用到对社会主义建设有用的地方。领导干部一定要带好头,坚持树立好风尚。不如此,一切都是空话。要发动职工大搞挖潜、革新、改造,用50年代的设备,生产出具有70年代水平的优质产品。今年以来,很多企业在提高质量、增加品种、降低消耗方面取得了一些进展。上海市纺织局大打质量进攻战,一季度试制成功4000多种新的花色品种,比去年同期增长30%以上,并且试制出一批出口新产品。当前,需要特别注意的是,在企业里发扬经济民主,让广大职工对经济工作中一切不合理的现象,敢于想问题,敢于提意见,敢于批评,敢于同不良倾向作斗争。有的企业为什么产品长期成本高,质量差,没有销路,大量积压在仓库里呢?有的企业为什么产品总是老样子,群众不欢迎,还是照常生产呢?有的企业为什么设备增加了,条件改善了,劳动生产率反而下降了呢?有的企业为什么主要经济指标到现在还没有达到历史最好水平呢?有的部门、地区经济领导机关的同志,为什么对此视而不见,听之任之呢?所有的职工,所有的共产党员,所有的共青团员,都有权提出这样的质问和意见。对于那些长期不能解决的重大问题,所有职工,特别是共产党员、共青团员,有权向上级组织直至向中央如实反映。总之,对于这些问题,一切企业的党组织和领导干部都要发动群众,揭露矛盾,抓住关键,献计献策,认真加以解决。

向四化进军的长征途中,不会是一帆风顺的,不是没有困难的。但是,天大的困难也难不倒掌握了马列主义、毛泽东思想的中国人民。我们解决困难只有一个办法,就是依靠群众,团结起来,同心协力,千方百计战胜困难。什么叫千方百计呢?毛泽东同志说:“千方者,就是999方加1方,百计者,就是99计加1计”。只要我们把几千万职工群众的聪明才智充分发挥出来,人人动脑筋,个个想办法,群策群力,还有什么样的艰难险阻不能跨越呢?我们相信,工业战线百花争艳的春天,即将到来。

国务院副总理邓小平在北京会见美国商务部部长朱厄妮塔·克雷普斯

邓副总理同克雷普斯部长就进一步扩大中美之间的经济贸易关系交换了意见。双方表示要为保持中美经济贸易关系发展的势头作出努力。

会见在愉快的气氛中进行。当克雷普斯部长谈到,今天的见面,使她亲切地回想起邓副总理对美国的访问时,邓副总理说:“我在美国时,您专程陪同我访问了亚特兰大城,那次访问给我留下了很好的印象。”克雷普斯部长转达了卡特总统对华国锋总理和邓小平副总理的热情问候。邓小平副总理请克雷普斯部长回国后转达华国锋总理和他本人对卡特总统和蒙代尔副总统的良好祝愿。

美国国务院负责经济事务副国务卿理查德·库伯和克雷普斯部长的其他随行人员,美国驻中国大使馆临时代办芮效俭等,参加了会见。

会见时在座的有我国外贸部部长李强、副部长陈洁,国家科委副主任江明等。会见后,邓副总理回答了随同克雷普斯部长来访的美国记者提出的问题。在回答有关美苏第二阶段限制战略武器协议的问题时,邓副总理说:“我在以前说过,不要把希望放在协议上,任何协议都约束不了苏联。”关于中美贸易是否会由于中国国内经济的调整而削减的问题,他说,目前我国进行的经济调整工作,是中国内部的事情,不会影响中美之间的贸易关系。

国务院副总理余秋里在北京会见英国米兰银行董事长阿姆斯特朗勋爵和助理首席总经理泰勒

国务院副总理耿飚在人民大会堂举行宴会欢迎新西兰副总理布赖恩·托尔博伊斯和夫人一行

耿飚副总理在宴会上首先讲话。他说:“新西兰政府关心世界和本地区的和平与安全,反对霸权主义的扩张野心,努力促进南太平洋的区域合作,重视发展同世界各国的友好关系,在国际事务中正在发挥日益重要的作用。”

他说："发展中、新两国的友好关系是我们双方的共同愿望。的确，这几年来，在双方共同努力下，两国关系有了可喜的发展。两国政府和民间交往不断增多，贸易有了扩大。"

他在谈到当前的国际形势时还指出："印度支那的严重局势，使全世界人民深感不安。越南侵略军对柬埔寨实行军事占领，大肆镇压屠杀柬埔寨人民。中国人民坚决反对大小霸权主义横行霸道，坚决支持柬埔寨人民反对越南侵略、保卫国家主权和领土完整的正义斗争。"

耿飚副总理说："中越争端也是当前大家关心的问题。我国政府针对中越两国关系恶化的症结所在，抱着消除争端、切实改善两国关系的真诚愿望最近在中越谈判中提出了关于处理中越关系的八点原则建议。这是解决中越争端和恢复两国正常关系的根本而又切实可行的办法，也是维护和促进印支和东南亚地区和平、安全和稳定的重要措施。这完全符合中越两国人民的根本利益以及东南亚和世界人民的愿望。我们对越南政府至今仍拒绝中国方面的合理建议感到遗憾。"

托尔博伊斯副总理接着讲话。他说，这次是我第二次访华，随同我来访的有13名新西兰经济主要部门的领导成员。我们大家都有一个共同的希望：我们想同你们会谈，了解中国，寻找共同感兴趣的方面并找出发展两国互利的经济、商业和其他关系的方法。

托尔博伊斯副总理指出，新西兰人一直以极大的兴趣注视着中国的现代化的进程。他说："无疑你们将会成功，中国人民的新长征一定会达到目的。我们相信这不仅仅对于中国而且对于本地区和全世界都是重要的。中国的经济发展能在亚洲地区和平与稳定的环境中不断前进，对大家都有好处。"

他说："我们还相信，中国决心现代化扩大了它同像新西兰这样的国家之间的合作范围，它将为中、新两国人民进行更广泛的往来和更好的互相了解提供机会，而且它将促进我们双方贸易的发展。它还将为发展我们在文化和科技领域里的交往提供机会。"

新西兰驻中国大使弗里曼·格林和夫人以及大使馆外交官员应邀出席了宴会。

外交部部长黄华同新西兰副总理兼外交海外贸易部部长布赖恩·托尔博伊斯在北京举行会谈

中美互办贸易展览会协议在北京签字

外贸部部长李强和美国商务部部长朱厄妮塔·克雷普斯分别代表本国政府，签署了《中华人民共和国政府和美利坚合众国政府关于举办贸易展览会的协议》。

协议规定：双方同意在对方国家举办贸易展览会。中国同意美国于1980年在北京和以后在北京以及中国其他城市举办展览会。美国同意中华人民共和国于1980年5月至10月在纽约、芝加哥和旧金山举办"中华人民共和国经济贸易展览会"和以后在这些城市以及美国其他城市举办展览会。

协议说，双方相信举办展览会将大大有助于双边贸易关系的发展。

中国代表团团长刘希文在联合国贸发会议上发言

出席联合国第五届贸发会议的中国代表团团长、对外贸易部副部长刘希文在会议进行一般性辩论时发言说："旧的国际经济关系已经不能适应当前形势发展的需要。它不仅妨碍着发展中国家经济发展的进程，而且严重地影响世界经济的恢复和发展。因此，当前对旧的国际经济关系进行彻底改革，有重大的迫切性。"

刘希文说："自上届贸发会议以来，国际经济领域的一个鲜明特点是广大发展中国家在维护民族独立和国家主权的同时，加强了发展中国家间的经济合作，大力发展民族经济，取得了可喜的成就。一些国家的农业生产有了较快的发展，民族工业和科学技术水平逐步提高，对外贸易有不同程度的增长，人民生活有所改善。"

他在列举了发展中国家之间进行多边的和地区性经济合作的情况后说："所有这些对于改革旧的国际经济关系，建立新的国际经济秩序，对于第三世界发展民族经济都是有积极作用的。"

他说："近几年来，有些发达国家在处理某些国际经济问题中，采取现实的态度，对发展中国家的要求不同程度地作出响应，发展了彼此之间的合作关系"，"十几个发达的债权国取消了一部分最不发达国家欠的债务，为南北对话创造了有利的气氛。"

刘希文指出："但是，必须看到，三年来有关建立新的国际经济秩序的各项谈判只取得了有限的进展。商品综合方案共同基金的谈判，今年3月才就几个原则问题达成一揽子协议，今后还有起草协定的艰巨任务。单项商品协定的谈判，除天然橡胶外，大都进展缓慢，整个商品谈判的时限一延再延。制成品贸易，技术转让行动守则等谈判都遇到了困难。"他指出："一些发达国家，特别是超级大国为了摆脱困境，极力转嫁经济危机，严重地影响了第三世界的经济发展，使穷国与富国的差距进一步扩大。1978年贸发秘书处的资料表明，发展中国家由于贸易条件的恶化所蒙受的损失达300多亿美元，对外负债总额已达3000亿美元之巨。旧的国际经济关系已经不能适应当前形势发展的需要。它不仅妨碍着发展中国家经济发展的进程，而且严重地影响世界经济的恢复和发展。因此，当前对旧的国际经济关系进行彻底改革，有重大的迫切性。”

他说：“建立新的国际经济秩序是广大发展中国家的共同愿望和要求，已经成为不可阻挡的历史潮流。同时，也必须看到斗争的艰巨性和复杂性。超级大国是不甘心放弃对国际经济、贸易体系的垄断和控制的，它们仍在千方百计对发展中国家的合理要求进行阻挠。以成立共同基金为例，它们或者是长期反对，只在第三世界国家联合斗争的压力下，才被迫原则接受；或者是口头上虽表示支持，实际上对资金来源等重要规定，不承担义务。那种口是心非的行径，理所当然地引起越来越多的发展中国家的不满和反对。”

刘希文表示中国支持今年2月77集团第四次部长级会议通过的《阿鲁沙集体自力更生纲领和谈判纲要》并认为这个文件是77国集团对本届会议作出的贡献，赞同把它作为本届会议讨论的基础。他说这个纲领“分析了当前国际经济形势，重申建立新的国际经济秩序的方针，强调发展中国家加强团结合作的重要性，并就解决当前国际经济、贸易、金融、航运、科学技术等一系列重大问题提出了积极的建议。阿鲁沙文件提出的集体自力更生的主张，不仅有利于发展中国家增强自身的力量，也会加强发展中国家同发达国家在谈判中的地位，有利于推动建立新的国际经济秩序。”

刘希文说：“随着广大发展中国家政治上取得独立和国际经济领域发生的变化，旧的国际经济、贸易的规则已不能适应当今时代的要求，应该加以改革。我们认为，在新情况下，制定公平合理的、有利于世界经济繁荣和发展的新规则、新原则是十分必要的。”

刘希文表示中国支持发展中国家要求限制发达国家推行保护主义政策，建立商品综合方案和共同基金，改变不合理的国际货币制度，制定国际技术转让行动守则等一系列正当要求。他说：“中国政府一贯支持发展中国家的正义立场，并且已决定将参加正式达成协议后的共同基金协定，据此承诺认缴资金。大家知道，中国对外贸易额现在在世界贸易总额中所占比重是很小的，但是我们仍然愿意在力所能及的范围内以实际行动为第三世界团结合作，改革旧的国际经济、贸易关系的共同事业作出自己的贡献。”

他说：“我们支持制定一项以执行《建立新的国际经济秩序宣言和行动纲领》为中心的联合国第三个发展10年国际发展战略，并采取行动来增加发展中国家对世界经济事务的决策权力。”

刘希文说：“我们将坚定不移地执行独立自主，自力更生的方针，但决不是闭关自守，我们要学习外国的好经验，引进外国的先进技术和设备，积极开展经济交流和经济技术合作，采用国际上的习惯做法，在平等互利的基础上大力发展对外贸易。我们这样做，是为了全面执行自力更生的方针。我们的建设任务是宏伟的，也是艰巨的，中国人民有信心、有决心克服前进道路上的任何困难，实现我们的宏伟目标，争取对人类作出较大贡献。”

中央统战部部长乌兰夫在北京民族文化宫同出席全国青联学联会议的少数民族青年代表联欢

出席联欢会的还有5个自治区参加这两个会的全体代表以及在北京工作的少数民族青年代表。

首都文艺界为联欢会表演了精彩的文艺节目。

西安京都友好人民公社在西安成立

在西安、京都结为友好城市五周年前夕，一个象征着两市人民友好关系新发展的“西安京都友好人民公社”正式成立。西安市革命委员会主任陈元方和日本京都市市长船桥求己参加了在王莽公社举行的命名大会。

《读书》杂志第一期出版

新华社报道：生活·读书·新知三联书店新创办的刊物《读书》第一期已经出版，由新华书店北京发行所发行。

《读书》是以书为主题的评论刊物。它在马列主义、毛泽东思想指导下，要坚决贯彻“百花齐放、百家争鸣”的方针，要解放思想，敢于打破条条框框，敢于接触多数读者所感所思的问题，为提高全民族的科学文化水平努力作出贡献。

《读书》的主要内容有：文化思想问题的评论，《笔谈》，图书评议，新书序跋，《书讯》，作者介绍，读书札记，回忆录，出版消息，国外书刊动态，书摘，装帧评价，以及有关的知识性文章等。《读书》第一期刊载了30多篇文章。

《历史学》杂志创刊

《人民日报》报道，《历史学》季刊最近创刊。

《历史学》季刊是中国社会科学院历史研究杂志社编辑的一种学术性刊物，每季出版一册，向国内外发行。

创刊号发表了范文澜的遗作《经学史讲演录》，系统地论述了儒家经学的起源、发展和演变的历史。文章比较详细地阐述了汉、魏、晋今文经学与古文经学的斗争，宋代采用儒家思想反对佛家的宋学的兴起，以及明、清以后经学的演变和出现的各种流派。

翦伯赞的遗作《秦汉史上的若干问题》，提出了对秦始皇和焚书坑儒的看法,对王莽和王莽改制作了评价,并对两汉的官私奴婢、土地制度、抑商政策进行了分析,对张鲁、董仲舒等人也做了研究。

本期还发表了顾颉刚、刘起釪近年来研究《尚书》的新成果《〈盘庚〉3 篇校释译论》,汪熙的《论晚清的官督商办》,崔连仲的《关于古代印度土地私有制问题》,罗尔纲的《答关于一封石达开信的受信人问题》,吴江的《社会主义和民族问题》,等等。

舒绣文追悼会在北京八宝山革命公墓礼堂举行

著名表演艺术家、共产党员、北京人民艺术剧院演员舒绣文,因受林彪、“四人帮”摧残迫害,于 1969 年 3 月 17 日不幸逝世,终年 54 岁。

党和国家领导人王震、乌兰夫、邓颖超、胡耀邦、聂荣臻送了花圈。

宋任穷、康克清和政协全国委员会、中共中央宣传部、国务院有关部门、全国妇联、全国文联及其所属协会、北京市革委会、中共北京市委宣传部、中国人民解放军一些部门的负责人和代表,以及文艺界知名人士、文艺工作者和舒绣文同志的生前友好共 500 多人,参加了追悼会。

香港电影界的一些朋友也发来唁电,并送了花圈。

追悼会由邓颖超同志主持,曹禺同志致悼词。

舒绣文同志 1915 年出生于安徽安庆。青年时期就参加了我党领导的“五月花剧社”、“春秋剧社”、“上海业余剧人协会”等团体,献身于进步戏剧事业。1941 年舒绣文同志参加了我党组织的“中华剧艺社”,宣传团结抗战,先后参加演出了《棠棣之花》和《天国春秋》。抗战胜利后,她参加拍摄了优秀影片《一江春水向东流》。新中国成立后,她更意气风发地投身于新中国的电影和戏剧事业。1958 年 4 月,舒绣文同志加入了中国共产党。

她先后当选为第二届全国政协委员、第二届和三届全国人民代表大会代表、第三届全国妇联执行委员会委员、中国剧协和影协常务理事、中国文学艺术界联合会全国委员。

5月11日

党和国家领导人华国锋 邓小平 汪东兴接见“五一”节少数民族参观团

华国锋、邓小平、汪东兴同志下午接见“五一”节少数民族参观团全体成员,同他们一起照了相。

这次少数民族参观团成员,包括 22 个省、自治区的 54 个少数民族代表和在少数民族地区工作多年的汉族干部 560 多人。他们当中有在自卫还击战中荣立战功的少数民族代表;有基层干部、劳动模范、先进工作者,以及各条战线的代表。

参加接见的党和国家其他领导人有:韦国清、乌兰夫、邓颖超、吴德、余秋里、张廷发、陈锡联、胡耀邦、耿飚、聂荣臻、倪志福、徐向前、陈慕华、赛福鼎、李井泉、姬鹏飞、周建人、胡厥文。

政协全国委员会副主席朱蕴山、季方、王首道、杨静仁、张冲、帕巴拉·格列朗杰、庄希泉、胡子昂,最高人民法院院长江华,最高人民检察院检察长黄火青,以及彭真、薄一波、刘澜涛、杨勇同志也参加了接见。

《人民日报》转载《光明日报》特约评论员文章《分清两条思想路线 坚持四项基本原则》

党的三中全会总结了我党在粉碎“四人帮”以来所作的巨大工作,提出了从今年起全党的工作重点转移到实现四个现代化的社会主义建设上来。这是一个伟大的历史性的转折。为了顺利实现四个现代化,我们必须坚定不移地贯彻执行三中全会提出的解放思想,开动机器,实事求是,团结一致向前看的方针,坚定不移地坚持四项基本原则,即坚持社会主义道路,坚持无产阶级专政,坚持党的领导,坚持马列主义、毛泽东思想。

四项基本原则是我们党一贯坚持的。粉碎“四人帮”以来,直至三中全会以来,党中央所实行的一系列方针政策,一直是坚持这四项基本原则的。林彪、“四人帮”是四项基本原则的凶恶敌人。他们口头上说要坚持社会主义道路,实际上搞的是假社会主义;他们天天喊着加强无产阶级专政,实际上搞的是封建法西斯专政;他们也讲党的领导,实际上却是“踢开党委闹革命”,煽动派性,鼓吹无政府主义,以帮代党;他们表面上高喊马列主义、毛泽东思想,实际上是歪曲、篡改、割裂和伪造马列主义、毛泽东思想,玷污和毁坏这面伟大旗帜。我们党进行的揭批“四人帮”的政治大革命,毫无疑义,也是一场捍卫和坚持四项原则的伟大斗争。

林彪、“四人帮”为了篡党夺权的需要,竭力推行唯心主义形而上学的思想路线。在他们长期破坏下,人们的思想被封闭在假马克思主义的禁锢圈内,实事求是的马克思主义原则被遗忘了,理论是非、路线是非、政策是非分不清了,甚至公然被颠倒,出现了迷信盛行、思想僵化的局面。为了排除林彪、“四人帮”制造的混乱,在全党和全国人民中恢复和发扬毛泽东同志一贯倡导的辩证唯物主义的思想路线,去年在我国思想理论界开展了关于实践是检验真理的唯一标准问题的讨论。三中全会高度评价了这场讨论。全会公报指出:这场讨论“对于促进全党同志和全国人民解放思想,端正思想路线,具有深远的历史意义。一个党,一个国家，一个民族，如果一切从本本出发，思想僵化，那它就不能前进，它的生机就停止了，就要亡党亡国”。

实事求是，一切从实际出发，理论联系实际，是无产阶级世界观的基石。过去我们搞革命，靠实事求是，按照中国的情况，走毛泽东同志开辟的农村包围城市的道路，才取得了胜利；现在我们搞建设，也要靠实事求是，适合中国情况，走一条中国式的现代化道路，才能取得胜利。

当然，要坚持实事求是的思想路线，并不是一件容易的事情，会遇到各种各样的阻力。这些阻力既来自尚未肃清的林彪、“四人帮”的流毒，也来自资产阶级思想的影响，来自官僚主义、小生产习惯势力的束缚等等。因此，分清两条思想路线，坚持四项基本原则，进行这方面的教育，是我们思想战线上的一个长期的艰巨的任务，是当前政治思想工作的主要内容之一。我们要结合真理标准问题的讨论，认真研究我们党同林彪、“四人帮”进行两条思想路线斗争的经验，研究国际共产主义运动史上两条思想路线斗争的经验，把这些经验作为具体的生动的教材，教育我们的干部和群众，使他们不断提高识别两条思想路线的能力，自觉地坚持四项基本原则，用马克思主义的思想路线去指导自己的实际工作。

历史的回顾

两条思想路线的斗争，不是现在才发生的，它一直存在于共产主义运动当中。

当马克思主义刚刚形成，还只是国际工人运动中的一个派别的时候，马克思和恩格斯就指出，国际工人运动中，有两种根本不同的运动：一种是无产阶级的阶级运动，一种是少数人的宗派运动。马克思主义者所进行的斗争是阶级运动，它的理论、路线、方针和策略，是从无产阶级斗争的实际出发，为无产阶级的阶级斗争服务的。马克思主义以外的其他派别，例如蒲鲁东主义、巴枯宁主义、拉萨尔主义等等，它们的活动是宗派运动，而“任何宗派都有宗教的性质”（《马克思恩格斯选集》第4卷第371页）。这种宗派运动不是以客观实际作为理论的根据，而是以人们头脑中编造的某种教条式的处方来指导运动。无论是蒲鲁东还是巴枯宁、拉萨尔，都以“救世主”自居，宣称他们“口袋里装有一个能在地上建成天堂的现成药方”。正如马克思批判蒲鲁东时所指出的，“在他看来，现代各种问题不是解决于社会行动，而是解决于他头脑中的辩证的旋转”，“历史是由学者，即由有本事从上帝那里窃取隐秘思想的人们创造的。平凡的人只需应用他们所泄露的天机。”（《马克思恩格斯选集》第4卷第329页）马克思主义从一开始，就和这种带有宗教性质的宗派运动进行了坚决的斗争。尽管革命实践一次又一次地宣告那些“万应灵丹”的破产，但是，这种思潮实际上并没有因此就销声匿迹。马克思主义在国际工人运动中取得统治地位以后，两条思想路线的斗争就主要在马克思主义内部展开了。

马克思和恩格斯在领导国际工人运动的过程中，特别注意在情况不同的国家中如何运用马克思主义的问题。他们曾经在许多书信中，责备侨居美国的德国社会主义者把马克思主义变成了教条，变成了“刻板的正统思想”。责备他们不从实际情况出发，看不见在他们周围发生的、理论上虽然很弱但生命力旺盛的工人运动。恩格斯在给弗·阿·左尔格的信中说：“德国人一点不懂得把他们的理论变成能推动美国群众的杠杆；他们大部分连自己也不懂得这种理论，而用学理主义和教条主义的态度去对待它，认为只要把它背得烂熟，就足以应付一切。对他们来说，这是教条，而不是行动的指南。”（《马克思恩格斯选集》第4卷第456页）

马克思和恩格斯自己作出了榜样，坚持理论与实践相结合，不断地使他们的理论接受实践的检验，从而得到丰富、补充、修正和发展。

到了列宁的时代，怎样对待马克思主义就成为更加尖锐的问题了。这不仅因为俄国的情况与欧洲各国有很大不同，而且因为资本主义已经进入了帝国主义阶段。当时，机会主义者从“左”、右两方面来反对马克思主义。列宁一方面坚决揭露伯恩施坦对马克思主义学说的攻击和修正，一方面强调指出，对待马克思主义不能“只忠于学说的字面”，“背诵过去的结论”，而应该“忠于学说的精神”，“用马克思主义的研究方法来分析新的政治局势”（《列宁全集》第6卷第417页）。列宁严厉地批评说：马克思和恩格斯说过，我们的理论不是教条，而是行动的指南，考茨基“这类‘享有专利权的’马克思主义者的最大错误和最大罪恶，就是他们不懂得这一点，不善于在无产阶级革命最紧要的关头运用这一点”（《列宁选集》第4卷第226页）。列宁正是在同第二国际的机会主义者和俄国孟什维克的尖锐斗争中，坚持辩证唯物主义的思想路线，把马克思主义推向前进，领导俄国人民夺取无产阶级革命的胜利。

历史已经雄辩地说明，如果列宁不是坚持马克思主义的思想路线，而是为马克思主义的某些字句所束缚，那么，马克思主义理论就会衰退，俄国无产阶级革命就不可能取得胜利。

列宁逝世后，斗争又集中地表现在究竟怎样才是真正地捍卫列宁的旗帜这个问题上。托洛茨基、季诺维也夫等借口维护列宁的旗帜，不管实践如何发展，宣称对于马克思、恩格斯、列宁的指示都不许有任何改变和补充，否则就是“修正主义”。斯大林指出，托洛茨基、季诺维也夫是“想以叫嚷列宁同志的天才来掩护他们离开列宁的行为，同时来强调列宁同志的学生们的弱点”(《斯大林全集》第6卷第32页)。斯大林说：“在季诺维也夫看来，凡是使马克思或恩格斯的旧公式或个别原理更加完善，更加精确，尤其是用适合新情况的公式代替它们的都是修正主义。”“由此看来，我们有一个关于修正主义的新的季诺维也夫的标准，这个标准使马克思主义思想在修正主义罪名的威胁下必然陷于停滞不前的境地”(《斯大林全集》第9卷第86—87页)。

历史经验告诉我们，机会主义者对马克思主义的攻击和修正，有时表现为直接否定马克思主义的基本原理和科学体系，有时也表现为以片言只语代替马克思主义的精神，把马克思主义变成僵死的教条，以阻碍马克思主义向前发展。前一种形式是公开地打起反马克思主义的旗号，后一种形式则是在反修正主义的旗帜下，推行修正主义。

在我们中国，把马克思主义普遍真理和具体革命实践相结合的杰出代表，是毛泽东同志。毛泽东同志从中国的实际出发，运用马克思列宁主义，找到了在中国进行革命的正确道路，领导中国人民推翻三座大山，建立了新中国。

这个胜利来之不易。它是经过和“左”右倾机会主义路线的反复斗争才取得的。陈独秀的右倾机会主义，放弃无产阶级对民主革命的领导权，导致了大革命的失败；王明的“左”倾机会主义，脱离中国革命实际，照抄照搬，也几乎断送了中国革命。无论“左”倾机会主义还是右倾机会主义，他们的思想路线是一致的，都是主观与客观相分裂，理论与实践相脱离。他们都没有从中国革命的实际出发，都看不到农民的力量。特别是以王明为代表的教条主义者，他们不是把马克思列宁主义当作指导革命的行动指南，而是以正统的马克思主义权威自居，攻击从中国革命实际出发进行活动同志是“背弃马克思主义”，说什么“山沟里出不了马克思主义”。为了清算这条唯心主义形而上学的思想路线，需要长时间的斗争。我们党从1935年遵义会议到1942年延安整风，直到1945年党的“七大”，用了整整10年的时间，才算完成了对这条思想路线的清算任务。毛泽东同志写了《矛盾论》《实践论》，从认识论的高度批判了这条思想路线。整风运动是马克思主义的教育运动，它着重教育全党分清两条思想路线，使马克思主义的思想路线在全党占了统治地位，使全党在毛泽东思想的基础上团结一致，保证了民主革命的伟大胜利。

半个多世纪以来我国的革命实践充分证明：要战胜一切艰难险阻，取得革命和建设的伟大胜利，必须坚持毛泽东思想。毛泽东思想是马克思主义普遍真理同中国革命具体实践相结合的产物，它的根本点就是实事求是。只有坚持实事求是的原则，我们才能够真正坚持社会主义道路、无产阶级专政和党的领导。这就是说，我们不仅要有一条马克思主义的政治路线，而且要有一条马克思主义的思想路线。

两条思想路线的大讨论

关于真理标准问题的讨论，自去年5月开始到现在，已经有一年时间了。这场讨论涉及政治、经济、军事、文化、教育、科学等各个领域的拨乱反正的根本问题。它是和深入揭批林彪、“四人帮”，实现全党工作重心的转移紧密联系在一起的。尽管这场讨论还有待于普遍、深入，但就其社会影响来说，超过了新中国成立以来思想战线上任何一次理论问题的讨论。可以说，它是延安整风之后又一次具有深远意义的马克思主义教育运动和思想解放运动。

这场讨论，一开始就以尖锐的形式出现在人们面前。讨论的中心问题，是承认不承认实践是认识的基础，承认不承认一切认识、一切主观世界的东西，包括理论、路线、方针、政策、决议、计划、报告、批示等等，都必须接受实践的检验。也就是说，是坚持实事求是、一切从实际出发、理论和实践相结合的马克思主义的原则，还是坚持主观主义、一切从现成的本本甚至片言只语出发、理论和实践相脱离的反马克思主义的原则。

为什么在深入揭批林彪、“四人帮”的过程中，会发生这样一场震动社会各个领域的两条思想路线的大讨论？为什么在实践是检验真理的唯一标准这个马克思主义的基本原理上会发生根本的分歧？这不是偶然的。必须从十几年来我们党同林彪、“四人帮”之间一直进行的实践论和天才论两种思想的斗争谈起。

十几年来，林彪、“四人帮”为了达到篡党夺权的罪恶目的，疯狂推行唯心主义的天才论。他们利用毛泽东同志的崇高威望，制造迷信。他们还采用摘引片言只语的手法，任意歪曲、肢解和篡改毛泽东思想。他们把毛泽东思想的科学体系变成了脱离革命实践的僵死的教条，又把这种教条作为衡量一切事物、判断一切是非的唯一标准，不准人们实事求是地思考问题、分析问题和解决问题，从而使人们的思想方法、思维方式严重地陷入了僵化或半僵化的状态。

粉碎“四人帮”之后，我们党领导全国人民开展了揭批林彪、“四人帮”的政治大革命。这场革命不仅要彻底揭露他们篡党夺权的阴谋活动，粉碎他们的帮派体系，清算他们的政治路线和组织路线，而且要彻底清算他们的唯心主义形而上学的思想路线，打碎他们强加给人们的精神枷锁，澄清被他们颠倒了的理论是非、路线是非、政策是非，使我们的理论、路线、政策重新回到马列主义、毛泽东思想的轨道上来，使广大干部、党员和群众的思想获得真正解放。但是,正当运动逐步深入的时候,党内和社会上出现了一种倾向。它的特征,就是主张一切都从本本出发,从马列主义、毛泽东思想的个别词句出发,认为只有书上写过的、领导人讲过的或者文件上提过的才算数,凡是过去写过的、讲过的,不管是否适合当时情况或后来条件发生了怎样的变化,都不能稍许变动,一切都要照抄照搬。概括起来说就是这么两句话:过去的一切不许动,今后的一切都照搬。

这种倾向的存在和出现,严重地阻碍着各条战线、各个领域的拨乱反正工作的进行。既然是过去的一切不许动,当然也就不允许人们按照实事求是的原则,去冲破林彪、"四人帮"用种种借口(包括过去文件上写过的、领导人讲过的或画了圈的等等)设置的禁区,纠正被颠倒的各种是非,推倒一切冤、假、错案,谁这样做,就是搞修正主义,就是触犯律令,就是犯了弥天大罪。很清楚,这实际上是在自觉不自觉地维护林彪、"四人帮"那一条给党和人民带来了深重灾难的极左路线。

显然,不克服这种倾向,揭批林彪、"四人帮"的斗争就不可能进行到底,工作重点的转移就难以实现,向四个现代化进军的障碍就不可能扫除,社会主义制度的优越性就无法发挥,无产阶级专政就不能巩固,党的领导就有失去人民群众拥护的危险。问题就是这样尖锐地摆到了人们的面前。究竟什么是检验真理的标准,是千百万人民的实践,还是本本、语录和权力?这样一个关于马克思主义的基本原理问题的讨论,就是在这种政治背景下,适应现实斗争的需要,不可避免地展开了。

恩格斯曾经解释,为什么"社会存在决定社会意识"这个历史唯物主义的基本原理的提出,会引起19世纪哲学界和整个思想界的巨大震荡和深刻革命?他指出:"人们的意识决定于人们的存在而不是相反,这个原理看来很简单,但是仔细考察一下也会立即发现,这个原理的最初结论就给一切唯心主义,甚至给最隐蔽的唯心主义当头一棒。关于一切历史性的东西的全部传统的和习惯的观点都被这个原理否定了。"(《马克思恩格斯选集》第2卷第117—118页)实践是检验真理的唯一标准,或者像列宁所说"理论符合于现实是理论的唯一标准"(《列宁选集》第1卷第30页),同样是一个"很简单的原理",或者像人们所说的是一个"常识",但是,只要我们稍微考察一下这场讨论的情况就会立即发现,这个"常识"问题的重新提出,恰好从根本上打中了林彪、"四人帮"的唯心主义思想路线的要害。在这个简单原理面前,一切假马克思主义的东西,一切过时的、错误的东西统统站不住了。正是因为这样,真理标准问题的讨论,不能不使长期深受林彪、"四人帮"干扰破坏的思想领域和其他各个领域,发生强烈的反响和深刻的变化。

这场讨论具体涉及的范围很广,内容很多,而最基本的分歧在于,对马列主义、毛泽东思想究竟应该采取什么态度,怎样才算是坚持马列主义、毛泽东思想。

有的同志认为,坚持实践是检验真理的唯一标准,就是怀疑和否定马列主义、毛泽东思想,就是"砍旗"、"丢刀子"。这种责难是根本不能成立的。

马克思主义是科学。它提供的不是现成的教条,而是行动指南。要科学地对待马克思主义,就必须善于把马克思主义的字句和它的实质区别开来,善于把它的个别结论和科学体系区别开来,善于在各种历史条件下运用马克思主义的理论来解决革命斗争中的实际问题。马列主义、毛泽东思想的立场、观点和方法,它的基本原理,是绝对不能动摇的,背离了,就会迷失方向。但是,马克思主义理论是从实践中抽象出来的,它又必须回到实践中去指导革命。这种指导不是把理论当作现成的公式,去限制、剪裁和宰割无限丰富飞速发展的革命实践,而是使普遍真理和具体实际相结合,这种结合的过程,也就是在理论的指导下研究客观实际,形成路线、方针,反过来指导实践并接受实践检验、在实践中发展的过程。随着实践的变化和发展,马克思主义的某些个别公式和个别结论,由于不再适合新的历史条件而变得陈旧过时,必然要代之以新的公式和新的结论。一些个别的适合一定时期的口号或具体工作方针,当然更是如此了。真正的出于公心的马克思主义者,当然不会因为看到这种旧公式、旧结论的更新,旧口号、旧方针的改变,而对马克思主义的基本原理、科学体系产生怀疑和动摇;同样,当然也不会因为肯定这种更新和改变,而认为是什么"砍旗"、"丢刀子",不管这种更新和改变同自已有什么样的切身关系。恰恰相反,这种更新和改变正是马列主义、毛泽东思想具有无比生命力的表现。马列主义、毛泽东思想作为无产阶级革命的科学,不会也不可能停滞不前,而是不断发展和不断完善的。这种不断发展和完善的动力和基础,不是别的,正是千百万人民群众的社会实践。

有的同志把理论和实践对立起来,把理论摆到超乎实践的地位,否认马列主义、毛泽东思想必须接受实践的检验。表面看来,他们似乎十分尊重理论,十分坚持马列主义、毛泽东思想。实际上,他们是把马列主义、毛泽东思想弄成像宗教教义那样的僵死的教条,因为只有宗教教义才自以为是不必受实践检验的东西。只有"把理论导致神秘主义方面去的神秘东西"(马克思语),只有"虚伪的马克思主义"(列宁语),才害怕实践的检验。真正的马列主义、毛泽东思想,从不害怕和拒绝实践的检验。毛泽东思想之所以称为毛泽东思想,如前所说,正是由于它不拘泥于马列主义的个别旧结论,它使马列主义在中国革命实践中受检验,并且用新鲜的经验去丰富它。如果毛泽东同志对马克思、恩格斯、列宁的话抱"照抄照搬"的态度,认为"句句是真理",一句也不敢动,照搬城市武装起义的道路,不敢提出农村包围城市的道路,那就根本不会有毛泽东思想,也当然不会有中国革命的胜利。同样,如果列宁对待马克思、恩格斯的话也抱"照抄照搬"的态度,认为"句句是真理",一句也不敢动,照搬社会主义革命只能在各先进资本主义国家同时发生的理论,不敢提出一个国家首先取得胜利的新理论,那就根本不会有列宁主义,也当然不会有俄国十月革命的胜利。不论是列宁还是毛泽东同志,都曾经遭到攻击,被说成是背离了马克思主义。但是历史早已证明,真正坚持和高举马克思主义旗帜的正是列宁和毛泽东,而不是那些口头上千百遍地叫喊"高举",实际上毫无马列主义气味的机会主义者们。

有的同志还认为,坚持实践是检验真理的唯一标准,就会损害和破坏安定团结的政治局面。这种责难也是完全站不住脚的。

坚持社会政治的安定,维护党和人民的团结,是实现四个现代化的根本保证。粉碎"四人帮"以后,我们赢得了安定团结的政治局面。一切革命的人们,都应当十分珍惜这种政治局面,损害它,也就是损害现代化建设。但是,怎样实现和巩固安定团结的局面呢?实践反复证明,要实现和保持安定团结的政治局面,不仅必须依靠正确的政治路线、组织路线,还必须依靠正确的思想路线。革命的团结要建立在同群众实践保持紧密联系的活生生的马列主义、毛泽东思想基础上。离开这个基础,割断马列主义、毛泽东思想和群众实践的联系,囿于本本主义、片言只语的圈子里,不管情况和条件的变化,"坚持"旧的、过时了的结论、口号、决定等,碰到千变万化的新情况新问题也不准研究,那就形不成共同语言,因而也就不会有革命的团结。坚持这种错误思想路线的人,必然要发展到搞小团体、小宗派的邪路上去。30多年前,毛泽东同志在总结我们党同王明机会主义作斗争的经验时早就指明了这一点。他说:"我们说的马克思主义,是要在群众生活群众斗争里实际发生作用的活的马克思主义,不是口头上的马克思主义。把口头上的马克思主义变成为实际生活里的马克思主义,就不会有宗派主义了。"(《毛泽东选集》第3卷第815页)口头上的教条式的"马列主义、毛泽东思想"的盛行,正是导致"乱"的重要原因,必然造成破坏安定团结的派性活动的猖獗。我们同林彪、"四人帮"斗争的事实再一次证明了这个真理。那些习惯于照抄照搬照转,热衷于本本主义的同志,不正是恰恰忘记和抛弃了这个真理吗?他们说是要维护安定团结,实际上却是在保存和培植不安定的因素。

事实上,我们已经清楚地看到,迎来一个安定团结的政治局面,是同坚持实践标准,坚持实事求是的原则,分清路线上、理论上、政策上的大是大非,坚决平反林彪、"四人帮"制造的冤案、假案、错案等等分不开的。不这样,安定团结的局面就无从形成。我们还必须看到,林彪、"四人帮"的破坏四项基本原则,"踢开党委闹革命"、搞派性分裂活动、制造和宣传现代迷信、以假"高举"骗人等流毒,并未完全肃清,这些是破坏安定团结的因素,我们一定要继续努力加以克服。

两年多来的实践充分说明,要彻底清算林彪、"四人帮"的政治路线和组织路线,就必须彻底批判他们那条唯心主义形而上学的思想路线。这种批判决不可少。只有这样,才能分清什么是真马克思主义,什么是假马克思主义,什么是真"高举",什么是假"高举";才能真正坚持马列主义、毛泽东思想,真正消除危害安定团结的因素;才能解放思想,充分发挥人民群众的历史主动性和创造性,加快现代化建设的步伐。我们说,真理标准问题的讨论关系到党和国家的前途和命运,其基本道理就在这里。

实践的观点本身要求向前看

坚持实践的观点,就要坚持发展的观点。因为实践本身就是不断发展的,人们的认识也要随着实践的发展而发展,并且要反转过来指导实践(接受实践的检验)。实践、认识,再实践、再认识,这是能动的生气勃勃的过程。实践的观点,是与停滞、倒退的观点不相容的,它本身的要求,就是向前看。

无产阶级是"掌握未来的阶级",它的利益是和社会发展的进程相一致的。无产阶级所处的历史地位和肩负的光荣使命,都决定着它能够而且必须向前看。向前看,这是无产阶级政党观察客观世界,制定战略和策略的重要原则。早在一百多年前,马克思和恩格斯就在《共产党宣言》中明确指出:"共产党人为工人阶级的最近的目的和利益而斗争,但是他们在当前的运动中同时代表运动的未来。"(《马克思恩格斯选集》第1卷第284页)这就告诉我们,在对待过去和现在的问题上,一个自觉的马克思主义者,一个真正的共产党人,应当把眼光放得更远一些。不要仅仅看到过去和现在,不要在过去和眼前的问题上停留下来,而要向前看,看到运动的未来。未来是属于无产阶级的。

但是,马克思还告诉我们,"新思潮的优点就恰恰在于我们不想教条式地预料未来"(《马克思恩格斯全集》第1卷第416页)。无产阶级所以能够掌握未来,并不是建立在主观的信念上面，也不只是建立在社会发展史的现成的结论上面，而是建立在对历史经验的科学总结上面。离开了这一点，我们就不仅不能掌握未来，而且连现在也不能掌握。这是早已被工人运动的革命实践所证明了的。列宁在讲到1905年至1907年俄国革命以后的形势时说，经过了一场剧烈的革命斗争以后，革命政党“不免要停顿一下，不免要回转去复习基本问题，不免要经过一番新的准备工作，好‘消化’那些极其丰富的教训”。列宁说，这样做的目的是，“使无比广大的群众能够更坚决、更自觉、更自信、更坚定地再向前进。”(《列宁全集》第17卷第25页)由此可见，正确地总结历史经验并不是为了向后看，而是为了向前看，为了使广大人民群众更坚定地再向前进。

总结历史经验，当然包括失败的经验和错误的经验。无产阶级政党和任何其他政党不同的特点之一，就是它勇于公开承认自己的错误。这是因为它是用辩证唯物主义世界观武装起来的政党，因为它能够向前看，因为它对未来充满信心。从错误的经验中学习应该怎样改变我们的活动方式，这是我们胜利前进的可靠保证之一。如果我们不善于从昨天的经验教训中认识到旧的错误的方法，那么，我们今天也就不能学会用新的方法来解决自己的任务，也就不能顺利地实现工作重点的转移，夺取四个现代化的胜利。

无产阶级政党从实际出发，运用马克思主义理论，总结革命实践经验，分析现实政治经济形势，确定行动的方针和目标，形成了党的路线。党的路线一旦形成以后，是不是就可以停止下来，不再接受实践的检验，不再在贯彻当中继续不断地加以补充、修正、丰富和发展呢？不是的。党的路线同党的一切决议一样，总是要在实践中受检验的。不能认为有关党的路线或决议的一种提法一经党的代表大会通过，就不能对它的适当性作任何讨论，否则下次代表大会怎么会提出新的提法呢？事实也是如此。党的十一大制定的路线，经过一年多的实践，证明是正确的。但是它的某些局部，也由于实际情况的变化和我们党认识的发展，已经由历届中央全会特别是三中全会作了一些必要的补充、调整。这是完全正常的。我们党的许多次大会都有这种经验。列宁在领导俄国革命的时候，就十分重视这种检验。他说：“必须尽可能经常地根据新的政治事变来检验已经通过的策略决议”。列宁认为，这种检验无论在理论上或在实践上都是必要的。“从理论上来说是为了实际了解已经通过的决议是不是正确，决议通过以后发生的政治事变要求我们对决议做哪些修改；从实践上来说，是为了真正学会贯彻这些决议，善于把它们看作是应当直接运用到实际中去的指示”(《列宁全集》第9卷第132页)。

党的路线、决议是这样，领导机关和领导干部的指示更应当这样。斯大林说得好：“领导——这并不等于写决议和发指示。领导——这就是检查指示的执行情况，不仅检查指示的执行情况，而且检查指示本身，从生动的实际工作的观点来检查这些指示是正确的还是错误的。”斯大林说，“如果以为我们所有的指示都100%的正确，那就可笑了”(《斯大林全集》第11卷第52页)。

我们的国家正处在历史上的一个重大转折时期。我们要走出一条中国式的现代化建设的道路，这是一件十分艰巨的任务，决不是照搬老模式老办法老经验所能解决的，更不是凭想当然去发号施令所能够解决得了的。为了使我们的工作经得起实践的检验，我们就得虚心学习，努力使我们的工作尽可能地符合于客观规律。

实现四个现代化，必须坚持向前看的方针。坚持四项基本原则，也要贯彻这个方针。因为四项基本原则也是要随着实践的发展而发展的。我们如果不联系今天的现实情况，只是一般地讲老道理，说空话、陈话、套话，从概念到概念，就不能说服人，不能达到真正坚持四项原则的目的。只有在向四化的进军中，抓住新情况，解决新问题，用新的丰富事实对坚持四项原则作出有说服力的论证，才能使四项原则保持强大的生命力。在我们面前有大量的经济理论问题(包括工业理论问题，农业理论问题，商业理论问题，管理理论问题等等)，哲学理论问题和其他一系列理论问题，需要我们在新的实践基础上认真探讨和研究，作出新的贡献。这是需要耗费大量心血的崇高的创造性的科学工作。

理论工作要引导人民向前看，首先就要努力使自己走在实际斗争的前列。列宁在《革命教导着人们》这一篇著作中写道：“我们不能满足于我们的策略口号跟在事变后面一瘸一拐地走，在事后再去适应事变。我们应当力求做到这些口号能够引导我们前进，照亮我们以后的道路，使我们能够看得比当前的迫切任务更远。”(《列宁全集》第9卷第139页)让我们用革命导师的这个教导来鞭策我们的理论工作吧！我们相信，经过大家同心同德的一致努力，经过关于两条思想路线的普遍、深入的讨论，必将使全党的马列主义、毛泽东思想水平大大提高一步。1942年党的马克思主义教育运动，迎来了一个生气勃勃的新中国。今天，通过新的马克思主义教育运动，也必将迎来一个繁荣昌盛的现代化的社会主义强国。

外交部副部长仲曦东举行记者招待会宣布将首先单方面释放遣返一批越被俘人员

仲曦东说：“为了使双方被俘人员能早日同家人团

聚，中国政府准备随时遣返全部被俘的越南武装人员，同时要求越南方面释放全部被俘的中国人员。中国红十字会将建议越南红十字会派出代表在5月19日到友谊关至同登公路零公里处接收中国释放的越南被俘武装人员，并商谈遣返双方全部被俘人员问题。”

仲曦东指出：“在中越谈判中，中国政府代表团已一再建议中越双方就此问题达成原则协议，然后交由两国红十字会具体商谈和办理遣返被俘人员有关事宜。但是，越南方面对中国方面的建议却不予置理。我们希望越南方面能积极响应中国的这一主动行动，尽快释放遣返中国被俘人员；并对中国红十字会提出的建议作出答复。”

仲曦东对中越两国副外长级谈判至今没有取得任何进展表示十分遗憾。他说：“尽管如此，中国政府仍决定主动首先释放一批被俘的越南武装人员。我们相信，中国方面的这一主动行动，必将受到世界公正舆论的广泛同情和支持。”

仲曦东说，中越两国副外长级谈判已经举行了三次会议。中国政府代表团提出了处理中越两国关系的八项原则建议。但是，越南方面一再回避两国关系中重大的原则和本质问题，不仅不认真严肃进行谈判，反而利用双方谈判的场合，对中国进行恶毒的诽谤和攻击。仲曦东驳斥了越南方面反诬中国搞“霸权主义”的论调。

他说：“反对霸权主义，中越双方都不在印度支那、东南亚和其他地区谋求霸权，每一方都反对任何其他国家和国家集团建立这种霸权等等，是关系到东南亚和亚太地区和平与安全的一个重大问题，也是处理中越关系的一个不能回避的根本原则问题，如果越南当局真的不想谋求霸权，它就完全应该响应中国的建议，和中国一起承担不谋求霸权的义务。”

仲曦东在招待会上回答了记者们提出的问题。他说，中国方面原来打算第一批多释放一些越南被俘人员，但是由于交通关系，第一批将首先在广西释放一百多名，并准备继续分批释放。

他指出，中国方面采取这一主动行动，是为了促进双方能尽快地全部遣返被俘人员。

中国红十字会致电越南红十字会建议派代表接收获释越俘

中国红十字会致越南红十字会电报河内越南红十字会：

中国红十字会受中国政府的委托，办理遣返双方被俘人员事宜。现在，中国政府已决定于5月19日首先释放遣返一批被俘的越南武装人员中的伤、病员。中国红十字会建议越南红十字会派出代表，佩带红十字标志，于1979年5月19日10时(北京时间)到达友谊关至同登公路零公里处与中国红十字会代表举行会晤，接收获释的被俘越南武装人员，并商谈遣返双方全部被俘人员问题。中国红十字会期待着越南红十字会的答复。

中国红十字会

1979年5月11日于北京

全国妇联举行茶话会招待全国青联学联女代表

全国妇联主席康克清在会上勉励广大青年妇女要有远大的革命理想，还要把革命理想和脚踏实地的革命精神结合起来，学习文化、科学知识，为实现中国式的现代化作出贡献。她还号召青年妇女用社会主义思想处理好恋爱婚姻和家庭问题，自觉抵制那种追求金钱、地位的资产阶级腐朽的思想和风气。

全国妇联副主席郝建秀、阿沛·才旦卓嘎向大家介绍了她们在广西、云南慰问对越自卫还击战英雄们的时候所听到的英雄事迹。

参加茶话会的200多名代表，情绪活跃，许多代表即席发言，表示要向老一辈无产阶级革命家学习，向对越自卫还击战的英雄们学习，为祖国的四化贡献出自己的青春。

国务院副总理耿飚在北京会见以泰国法政大学校长巴博·威猜教授为团长的泰国法政大学 兰甘亨大学教授讲师访华团

全国人大常委会副委员长姬鹏飞在北京会见马达加斯加前军事领导委员会主席吉尔·安德里亚马哈佐将军和夫人

全国人大常委会副委员长胡厥文 全国政协副主席王首道等观看英国伦敦节日芭蕾舞团在北京的首次演出

英国伦敦节日芭蕾舞团晚上在北京首次演出了古典大型芭蕾舞剧《吉赛尔》。

全国人大常委会副委员长胡厥文，政协全国委员会副主席王首道，文化部部长黄镇等同首都1500名观众，一起欣赏了英国艺术家精彩的芭蕾舞艺术。

《吉赛尔》是法国的传统古典舞剧，1841年在巴黎初次上演，100多年来成为各国人民喜爱的著名芭蕾舞节目之一。这次演出的舞剧是由芭蕾舞艺术家玛丽·斯基平改编的。

胡厥文副委员长、王首道副主席等在演出休息时，会见了艺术指导贝里尔·格雷、行政主任戴维·里斯和主要演员。

出席观看演出的还有文化部副部长周巍峙、姚仲明、周而复，外交部部长助理宋之光，对外友协副会长谢邦定，北京市革命委员会副主任白介夫等。

英国驻中国大使柯利达和夫人，大使馆外交官员也出席观看了演出。

中美两国政府关于解决资产要求的协议在北京正式签字

国务院副总理余秋里参加了签字仪式。

我国财政部部长张劲夫和美国商务部部长朱厄妮塔·克雷普斯分别作为本国政府的代表在协议上签字。

这项协议是中美两国政府为了在平等互利的基础上并按照中美建立外交关系的联合公报的精神，发展双边经济和贸易关系、完成关系正常化的进程而达成的。

签字后，张劲夫部长和克雷普斯部长先后讲了话，认为这项协议的签订是发展两国双边经济贸易关系的重要步骤。

中国新任驻马里特命全权大使杜易在巴马科向马里全国解放军事委员会主席国家元首兼政府总理穆萨·特拉奥雷递交国书

中国古代文学理论学会在昆明成立

《人民日报》报道，最近召开的成立大会上，讨论通过了中国古代文学理论学会章程，选举周扬为名誉会长，郭绍虞为会长，吴组缃、杨明照、程千帆、王文生、张文勋、吴文治、敏泽为常务理事。理事会并选举王文生为秘书长，还讨论了学会今后活动规划，决定筹办不定期的会刊。

5月12日

国务院总理华国锋在北京会见新西兰副总理布赖恩·托尔博伊斯和陪同访华的新西兰贵宾

会见时，华国锋总理同托尔博伊斯副总理进行了友好的谈话。华总理说，近年来我们两国的关系越来越好。你们的来访对进一步发展中新两国的关系很有好处。华总理请托尔博伊斯副总理回国后转达他对马尔登总理的问候。

托尔博伊斯副总理说，我也带来了马尔登总理对您的问候。他说，新西兰很愿意同中国发展经济、贸易和文化关系。

华总理同托尔博伊斯副总理还就当前的国际形势，特别是印支和东南亚形势交换了意见。

新西兰方面参加会见的还有：挑战有限公司董事长罗纳德·特罗特，新西兰驻中国大使弗里曼·格林，外交部副秘书记长马尔科姆·坦普顿，贸易和工业部负责贸易政策的助理秘书长爱德华·伍德菲尔德等。

外交部部长黄华，外贸部部长李强，外交部部长助理张灿明等，会见时在座。

国务院副总理邓小平 徐向前在北京会见由扎伊尔国防和领土安全部国务秘书埃卢基·蒙加·昂杜准将率领的扎伊尔军事代表团

埃卢基准将对能同两位副总理亲切会见表示高兴，他说，这再次体现了扎中两国人民和两国军队间存在着十分良好的关系。

在谈话中，邓副总理表示希望中扎两国友好关系不断加强。

扎伊尔驻中国大使图马·瓦库，大使馆武官芒布·恩辛加少校参加了会见。

会见时在座的有中国人民解放军副总参谋长迟浩田等。

《人民日报》发表评论员文章《严格遵守基本建设审批制度》

社会主义的计划经济和基本建设的自身特点，要求对每一个基本建设项目的计划任务书、厂址选择、工矿区规划、工程设计以及开工报告，都要按照隶属关系，实行对党对人民认真负责的审批制度。实践证明，建设项目文件审批制度能否严格遵守和坚决执行，各项审批工作搞得是否正确，是否合理，关系到国民经济能否有计划按比例地高速度发展，关系着四个现代化建设步伐能否加快。

由于林彪、“四人帮”的破坏干扰，形而上学猖獗，唯心主义盛行，多年来不少基本建设项目没有严格遵守规定的审批制度，不按照基本建设程序办事，造成了基建周期拖长，工程造价提高，工程质量下降，甚至根本不能正常生产等严重后果。基本建设战线越拉越长，投资效果越来越差，国家的财力物力浪费惊人，甚至国民经济出现比例失调，都与未能严格遵守建设项目审批制度、认真搞好审批工作有着很大关系。一个大型水电工程，或输油输气管道，或钢铁联合企业，或铁路，或机器制造工厂等等，如果不严格遵守和执行应有文件审批制度，不搞好审批工作，不按基本建设程序办事，循序而进，只凭主观愿望，轻率、仓促上马，那就会使价值几亿甚至更大数量的国家财富付诸东流。迄今为止，这种事例当然不是一个两个、三个五个。可是应当想到，浪费1亿元究竟意味着什么？搞经济工作的，就得要算账。浪费1亿元，等于10亿斤粮食被倒入大海，等于200万人1年的口粮被火焚毁，等于两三万建筑工人辛辛苦苦干1年所完成的工作量，等于2万户职工住宅被废掉。算算这样的账，或许会使经办建设项目审批工作的一些同志，特别是那些情况不明决心大的领导同志们深思。

严格遵守基建项目的审批制度，切实搞好审批工作，首先要求所有建设部门和单位必须按照基本建设的客观规律办事，认真做好基本建设的前期工作。事先要做好经济调查和综合平衡，在落实资源、原材料、燃料、动力和交通运输等协作配合条件的基础上，认真编制建设项目的计划任务书。在提出厂址选择报告之前，要组织力量进行预选，经过深入细致的调查研究和技术经济综合分析，进行多方案比选，决不能草率决定。凡是送请上级领导机关审批的计划任务书、厂址选择报告、工矿区规划、工程设计和开工报告，在文件内容、深度等方面必须符合国家规定要求。一定要防止和坚决纠正那种违背审批制度要求的现象。没有查清资源，就定了建设规模，动工兴建；不经认真调查研究和比较，不考虑城市规划要求，就仓促定点；原材料、燃料、动力、交通运输等协作条件不落实，就盲目编制计划任务书；没有全面研究建设方案，没有报批计划任务书，就仓促签订合同；等等，都是十分有害的。

严格遵守建设项目审批制度，搞好审批工作，需要层层努力，层层把关，各级有关领导同志的责任更大。审批一个建设项目的文件，会有一个过程。但是，最后往往由有关领导同志来决定。重大的项目，在领导同志下决心时，最好采取"几堂会审"、集体决定的办法，不采用个别打圈同意的办法。批一个"同意"，或者画一个圈，就是一个判决。而这个判决符合不符合客观经济规律，是否有利于四个现代化建设，是否有利于社会主义事业，要靠客观实践的检验。在文件上批一个"同意"、画一个圈，是一种责任制。工人有责任制，农民有责任制，技术人员有责任制，领导干部也有责任制。领导干部的责任，就是在调查研究的基础上，决定一件件事情，解决一个个问题。各级有关领导同志在审批建设项目文件、最后画圈时，要冷静地考虑各方面情况，尊重科学，深思熟虑，对党和人民绝对负责。切不可头脑一热，心血来潮，切不可存在侥幸心理，切不可图本位、徇私情，切不可固执己见，一板定案。

搞好建设项目文件审批工作，要发扬民主，走群众路线，实事求是。无论在编制建设项目送审文件或者在领导部门审批的过程中，都要反对那种不作调查研究，脱离实际，脱离群众，不按客观规律办事的瞎指挥。群众是真正的英雄。群众路线是我们做好一切工作的重要保证。应当承认，林彪、"四人帮"多年干扰破坏，什么都被搞乱了，要恢复和发扬党的群众路线、实事求是的优良传统，是需要一个过程的。同样，恢复和贯彻基本建设工作中的各种章法、制度，也是需要一个过程的。搞好基本建设项目文件审批工作，还要有一定的实践经验。但是，基本建设搞了20多年，正反两方面的经验可说是已经不少了。我们一定要尽可能地利用国内外的经验，充分利用工人、农民、工程技术人员的实践经验。他们的经验对领导上正确处理问题有极大用处。有些大中型项目定了以后，许多群众来信来访提出了不少宝贵意见和合理主张，这就是个证明。在包括审批建设项目各项文件在内的整个基本建设前期工作过程中，永远不要忘掉请教群众和各方面的科学技术专家。还要特别注意听取不同意见。兼听则明，偏信则暗。只有充分发扬民主，走群众路线，善于听取各种不同意见，才能坚持实事求是，把审批工作越做越好。当然，即使这样做了，也还有可能出现某些偏差和错误，造成一定的损失和浪费，仍需付出一点"学费"。但是，这种"学费"总是越少越好。决不能以为总得付出"学费"，就不作深入细致的工作，轻率决定。

不少事实表明，不遵守基本建设程序，不严格执行建设项目文件审批制度的，一个主要表现形式是用专题专项报告代替基本建设程序规定的审批文件。这种专题专项报告，内容往往比较简单，不完全符合建设项目审批文件的规定要求，会带来不应有的错误和损失。中央一再号召艰苦奋斗、勤俭建国，国务院三令五申严格控制兴建楼堂馆所，可是一些大礼堂、办公楼、招待所仍在不断地兴建。有的规模越搞越大，标准愈来愈高。可见，非得坚决维护和遵守基本建设程序，严格执行建设项目文件审批制度不可。我们自己制订的基本建设章程、制度，自己立的法，切不可自己去破坏。

严格执行审批制度，切实搞好审批工作，各级有关部门都要把好关，注意调查研究，加强综合平衡。许多事情，从一个方面看，有道理，需要办，而从全面综合平衡看，就不一定办得通，就没有条件办那么多。这就要求综合部门。既要考虑各方面的需要，又要根据各种条件的可能，加以妥善安排。

今后，凡是新建项目，包括引进项目，不论是中央和地方哪位领导同志批的，计划部门有权进行综合平衡。能办的就办，不能办的就提出意见。要按照制度办事，否则，一拥而上，看起来好像快，实际上欲速则不达。

《人民日报》发表评论员文章《坚持"言者无罪，闻者足戒"的原则》

党的十一届三中全会针对目前的实际，明确指出："当前这个时期特别要强调民主"。

我们说的民主，是在党的领导下实行的社会主义民主、人民民主，决不是资产阶级的、个人主义的民主。

这种民主是工人、农民、知识分子和其他劳动者所共同享受的民主，是历史上最广泛的民主。它和“那些似乎是全民的、全民族的、普遍的、超阶级的民主”，而实际上“不过是为剥削者的利益服务”的所谓民主，是截然不同的。要发扬党内民主和人民民主，就要让人讲话，真正做到“知无不言，言无不尽，言者无罪，闻者足戒，有则改之，无则加勉”。只要出以公心，有利于社会主义，有利于四个现代化，不管言词多么尖锐、激烈，都要持欢迎的态度。即使批评过了头，讲错了话，也必须实行“言者无罪”的原则。

按照党章规定，党员对党的方针、政策、决议有不同意见，对党的任何一级组织和领导人有意见，都可以在党的会议上提出，可以向上级党委直至中央作口头的或书面的报告。这既是党员应有的民主权利，也是我们党的传统作风。可是，这些年来，由于林彪、“四人帮”横行不法，不要说在群众中，就是在党内，民主权利也被剥夺了，民主生活被践踏了。谁对他们那一套稍有异议，就会遭到打击迫害。两年多来，经过揭批“四人帮”的斗争，党内和人民内部的政治生活逐步恢复正常，人们敢讲话了，对党和国家的工作提出许多有益的批评和建议，这对稳定局势，恢复和发展国民经济起了很大作用。这是十分可喜的。但是，在一些地方和单位，党内和人民内部的民主生活依然很不正常，党员、群众还是不敢讲话。究其原因，主要是有些领导干部缺乏民主作风，不喜欢听逆耳之言，甚至有一种害怕群众的心理，怕党员、群众提意见。还有个别品质不好的人，专横跋扈，有时虽然也故作姿态地表示欢迎群众提意见，然而你若真的给他提点意见，他却又别是一副面孔，火冒三丈，甚至借机打击报复。这都不符合党章的规定，都有背于共产党员应有的民主作风。

我们共产党人是无产阶级的先锋战士，全心全意为群众谋利益是我们的唯一宗旨。我们要有为人民的利益勇于听取各种意见，勇于改正自己的错误和缺点，改进自己的工作的胸怀和气魄。古语说得好：“千人之诺诺，不如一士之谔谔。”要懂得那些恭维你的人，不一定真心拥护你，而那些敢于批评你的人，倒有可能是真心爱护你的。只有让人讲话，鼓励自己的下级、党员、群众对自己的工作提出不同意见，敢于批评自己，才能防微杜渐，防止政治微生物侵蚀我们的肌体，使我们少犯错误，少走弯路；也才能有效地防止那种品行不端、专靠吹拍奉迎的人骗取信任，窃取领导高位，危害党和人民的事业。特别在我们党处于执政地位，领导全国人民开始新长征的今天，尤其要注意发扬民主，充分发挥人民群众当家做主的积极性和主动性。这样，才能充分调动一切可以调动的积极因素，组成浩浩荡荡的大军，万众一心地奔向四个现代化的宏伟目标。

为了切实保障党员群众的民主权利，不但要广泛听取各种不同的意见，而且要对这些意见做认真的分析和处理。凡属正确而又切实可行的，都应当在工作中尽快加以落实。意见虽然正确，但一时难以办到的，要向提意见的人讲清道理。只要不是蓄意反党反社会主义的言论，即使意见提错了，也不应抓辫子、扣帽子、打棍子。任何同志提出的意见如果确有错误，确实需要批评的，必须实事求是地进行批评，是什么性质什么程度的错误就是什么性质什么程度的错误，不允许夸大，任意“上纲上线”。在这里，特别要注意区别反对某个同志的某个意见，不等于反对这个同志；反对某个领导组织的某个同志，不等于反对这个组织，不等于反对领导，更不等于反党。如果任意给自己不满的同志“穿小鞋”、“装材料”，任意加上“反党”、“反领导”、“恶毒攻击”、“犯路线错误”等罪名，用这些办法整人，是违反民主制度和缺乏革命道德品质的表现，是党的纪律所不允许的。如果领导干部利用职权对下级同志因挟嫌而实行打击报复，甚至诬告陷害，是严重违反党纪国法的行为，必须严肃处理。必须坚持“言者无罪，闻者足戒”，这是多年来、特别是“文化大革命”以来党内政治生活经验教训的总结。认真贯彻执行党内政治生活的这一准则，就为发扬党内民主，从而也为发扬人民民主作了组织上的保证。

要真正做到“言者无罪，闻者足戒”，恢复和发扬我党的优良作风，需要全党同志做极大的努力，特别是领导同志要切实身体力行，做党员群众的表率。有些同志受党的教育多年，至今仍然缺乏应有的民主知识和民主习惯，唯恐民主多了，群众敢于讲话了，天就会塌下来。这些同志应加强学习，切实改变思想作风。有些人特别要除掉闻过则怒、闻过则跳的恶习。领导这样做了，党内和人民内部的民主生活就会大大活跃起来。

国务院副总理余秋里在北京会见新西兰副总理布赖恩·托尔博伊斯一行

国务院副总理耿飚离开北京前往瑞典 挪威 芬兰冰岛四国进行正式访问

到机场送行的有国务院副总理余秋里，国务院秘书长金明、副秘书长郑思远，外交部副部长章文晋，冶金部副部长刘学新等。瑞典、挪威、芬兰驻中国的外交使节也到机场送行。

国务院副总理陈慕华在北京出席新西兰副总理布赖恩·托尔博伊斯和夫人举行的告别宴会

外交部部长黄华和夫人、部长助理张灿明，外贸部部长李强和夫人、副部长贾石,北京市革委会副主任王笑一,也应邀出席了宴会。

托尔博伊斯副总理首先在宴会上讲话,他对这次富有成果的访问感到满意。他说:"新中两国之间的联系是密切的。1972 年以来,我们之间关系的发展是令人十分满意的。我们之间的贸易在不断增长。对当前重大的国际问题上,我们的观点又经常是颇为一致的。"

他说:"由新西兰工商业界各个方面组成的经济代表团充分地参加了我们的双边会谈。除了这种会谈以外,我们还同中国领导人就国际形势特别是对亚洲和西太平洋的事态发展进行了富有启发性的交换意见。"他还说,新西兰"十分关切在东亚和东南亚所发生的事情。我们愿意尽力为恢复这个地区的和平与安定作出我们的贡献"。

陈慕华副总理在讲话时说:"托尔博伊斯副总理阁下的这次访问,无论对增进双方的友谊和推动两国关系的发展都有重要的意义。"她还说:"由于双方的努力,我们之间的相互了解和友谊加深了。我们两国关系现在已经有了良好的基础。我们相信,两国在各个领域中的交流和来往必将日益发展,两国的友好关系必将得到进一步的巩固和加强。"

全国人大常委会副委员长乌兰夫在北京接受马里共和国新任驻中国特命全权大使塞古·阿尔马米·高雷西递交的国书

中国政府代表团团长韩念龙在中越谈判第四次会议上揭露越方无理纠缠使谈判仍无进展

中国政府代表团团长韩念龙在河内举行的中越两国副外长级谈判第四次全体会议上阐明了中越边界领土争议问题的真相,指出中国的八项原则建议是针对中越两国关系恶化的根源和两国争端的实际情况提出来的,再次希望越南方面予以认真地研究。然而,越南政府代表团团长潘贤却继续就谈判方式问题纠缠不休,结果使谈判未能取得顺利进展。

韩念龙在发言中指出:一、越南当局在苏联支持下推行地区霸权主义和领土扩张政策,是产生中越边界领土问题的根源;二、越南当局背离了 1957 年、1958 年中越两党换文确认的维持边界现状的原则,不断破坏边界现状;三、由于越南当局的阻挠破坏,1974 年、1977 年中越关于划分北部湾海域问题和边界问题的两次谈判未能取得成果。

韩念龙再次表示希望越南方面积极响应中国方面提出的八项原则建议,使谈判能有所前进。

越南政府代表团团长潘贤在今天的会议上继续要求,今后的会议轮流讨论中国八项原则建议的第一条和越方三点建议的第一条。

对此,韩念龙在即席发言中说,在上次会议上,中国代表团已经指出,越南方面关于谈判方式的建议回避了两国关系中的主要问题和实质性问题,这是不合适的。但是在今天的会议上,越南方面再次企图把他们提出的谈判方式强加于中国方面,这是无理的,也是中方所不能接受的。他说:"你方建议根本不像你们所说的那样是为了'使谈判顺利进行',其用意是力图抹杀中方八项原则建议中的反霸内容。""这不利于谈判的进展,无助于两国关系的正常化,只会把谈判引入歧途。"

韩念龙强调说,越方口口声声要求讨论越方建议的第一条,即维护两国边境和平稳定的"紧急措施",实际上越方武装人员不断在中越边境进行武装挑衅。"你们口头上大谈要一条和平、友好和安宁的边界,实际上却在中越边境不断进行武装挑衅,这难道不是莫大的讽刺吗!"

韩念龙指出,越南利用谈判桌作为反华讲坛,对中国一再进行无中生有、蛮横无理的诬蔑与攻击,使谈判不能顺利进展。他说,中越谈判至今未能取得成果,责任完全在越南方面。

中国新任驻苏丹大使宋寒毅在喀土穆人民宫向苏丹总统尼迈里递交国书

中国和约旦政府贸易协定在北京签字

著名科学家张香桐和陈世骧加入中国共产党

《人民日报》报道,著名神经生理学家、中国科学院上海生理研究所一级研究员、中国科学院学部委员、全国五届人大代表张香桐,老科学家、中国科学院动物研究所所长陈世骧,最近分别被中国科学院上海生理研究所和动物研究所党组织批准加入中国共产党。张香桐和陈世骧入党后分别向党组织和同志们表示:要为四化出力,为人民献身,为共产主义事业奋斗终生。

5月13日

解放军第四届体育运动大会在北京开幕

华国锋主席,邓小平副主席,出席了开幕式。

中共中央、中央军委、国务院其他领导人徐向前、陈锡联、韦国清、张廷发也出席了开幕式。

人民解放军驻京部队指战员和首都工人、社员、学生、机关干部 3.5 万多人参加了开幕式。

这届运动会是检阅全军体育工作成就的一次盛

会。来自北京、沈阳、济南、南京、福州、广州、武汉、成都、昆明、兰州、乌鲁木齐各部队和海军、空军、第二炮兵、工程兵、铁道兵、基建工程兵以及军委直属队的3000多名运动员,决心在比赛中创造优异成绩,推动部队体育运动的蓬勃开展,促进部队的革命化、现代化建设

开幕式在北京南口装甲兵靶场举行。9时半,在《运动员进行曲》的乐曲声中,裁判员、运动员的队伍跟随举着"八一"军旗的前导队,步伐整齐地进入会场。

全军第四届体育运动大会主席团主任杨勇致开幕词。

中央军委副主席徐向前发表讲话。他说,粉碎"四人帮"反党集团以来,我国的社会主义革命和建设事业取得了显著的成就。我军的建设也取得了很大的成绩。在新的历史时期,要全面贯彻落实中央军委关于加强我军建设的方针和任务,认真总结和学习自卫还击作战的宝贵经验。坚持以革命化统帅现代化,加强政治思想工作,努力搞好教育训练,提高部队军政素质,保证现代化建设的顺利进行。要提高警惕,加强战备,随时粉碎来自任何方面的侵略,使我们的国家有个和平安宁的环境,为保卫"四化"作出贡献。

在部队建设中,要把发展体育运动作为提高部队战斗力的一个重要方面,要抓好体育训练,积极开展群众性体育活动,努力培养又红又专又健的干部、战士,加强运动员队伍的建设,努力攀登体育高峰,以适应四个现代化建设和反侵略战争的需要。

徐向前说,全军第四届体育运动大会,是对我军体育运动成就的一次检阅;是对我军体育工作新的推动。

全军体育先进单位代表陈德州、运动员代表董湘毅在会上讲了话。

开幕式上进行了军事表演。

出席开幕式的还有人民解放军各总部负责人张才千、傅钟、黄玉昆、朱去谦、张震、王平,外交部部长黄华,国家体委副主任李青川,中华全国体育总会主席钟师统,以及中共中央、国务院各部门、各群众团体、人民解放军各军兵种、国防科委、国防工办、各军事院校、北京部队和北京市负责人。

参加这届运动会观摩表演、交流经验的全军78个体育先进单位的代表出席了开幕式。

各国驻华使馆的武官和夫人应邀出席了开幕式。

北京市举行七届人大二次会议补选彭真 薄一波 安子文 陶希晋 林乎加为五届全国人大代表

北京市第七届人民代表大会第二次会议在人民大会堂举行。北京市革命委员会主任林乎加在会上作了形势和任务的讲话。他说,粉碎"四人帮"两年多来,特别是党的十一届三中全会以来,北京市各条战线形势都很好。北京市的大好形势充分证明,三中全会所作出的重大决策和一系列方针政策是正确的,得到了广大干部、党员和群众的拥护,正在有力地推动着各条战线的工作胜利前进。

林乎加指出,在充分肯定成绩的同时,还必须清醒地看到,由于林彪、"四人帮"多年的干扰破坏,在我们的经济工作中还存在不少问题。为了实现四个现代化,我们必须坚持马列主义、毛泽东思想,按照实践是检验真理的唯一标准,认真研究经济理论问题,总结社会主义经济建设的经验,找出规律性的东西用来指导我们的行动。他还强调要加强思想政治工作,要求全市广大干部、党员和群众增强全局观念,加强组织性和纪律性,团结一致向前看,团结一致搞四化。

出席会议的1076位代表,以无记名投票的方式,补选了彭真、薄一波、安子文、陶希晋、林乎加为第五届全国人民代表大会代表。

这次会议经过审议,还一致通过:追认林乎加为北京市革委会委员、主任,贾庭三为北京市革委会委员、副主任,白介夫为北京市革委会副主任;追认郭步岳为北京市高级人民法院院长,薛光华为北京市中级人民法院院长,林彤为北京市人民检察院检察长。

全国人大常委会副委员长邓颖超在北京会见由京都市长船桥求己率领的日本京都市友好代表团

全国人大常委会副委员长邓颖超在北京观看日本歌剧《夕鹤》

邓颖超副委员长和首都1000多位观众一起,在民族文化宫欣赏了日本《夕鹤》。

邓副委员长会见了日本歌剧《夕鹤》访华团团长团伊玖磨和夫人团和子,以及主要演员。她赞扬日本艺术家们的精彩演出。

日本驻华大使佐藤正二和夫人,以及团长的夫人团和子,陪同邓副委员长观看。

团长团伊玖磨亲自指挥中央歌剧舞剧院歌剧团管弦乐队为演出伴奏。

出席观看演出的还有文化部部长黄镇、对外友协会长王炳南,以及有关方面负责人何英、姚仲明、张香山、王笑一、林林、赵宏博等。

对外友协向日本艺术家们赠送了花篮。

5月14日

国务院总理华国锋在北京会见孟加拉国总统齐

亚·拉赫曼的特使穆罕默德·赛福尔·拉赫曼

赛福尔·拉赫曼特使转交了齐亚·拉赫曼总统给华国锋总理的信。

华国锋总理对此表示感谢。他说,“中孟两国关系的发展是很好的。我们在不少国际问题上有共同语言。我们两国的利益是一致的。”他请赛福尔·拉赫曼特使转达他对齐亚·拉赫曼总统的问候,并祝孟加拉国繁荣昌盛。

赛福尔·拉赫曼特使说,华国锋总理会见我,表明了孟中之间存在着深厚的友谊。“我们很重视这种伟大友谊的价值。”

孟加拉国驻中国大使莫明参加了会见。

会见时在座的有外交部副部长仲曦东等。

国务院副总理邓小平在北京会见西班牙国王胡安·卡洛斯一世的父母巴塞罗那伯爵夫妇一行

会见时,邓小平副总理同巴塞罗那伯爵殿下进行了友好的谈话,并请巴塞罗那伯爵殿下回国后转达他本人对胡安·卡洛斯国王的问候。邓副总理还表示,希望今后更多的西班牙朋友来访,以增进彼此的了解和友谊。

巴塞罗那伯爵说,在中国实现四个现代化进程中,我们希望扩大西中两国间的合作。

西班牙驻中国大使德拉莫莱纳和夫人参加了会见。

会见时在座的有中国人民外交学会会长郝德青等。

国务院下达国家计委《关于1979年国民经济计划的安排》

文件提出:今后3年的主要任务,就是要进行国民经济的调整,把严重失调的比例关系基本上改变过来。同时,着手经济体制的改革,继续进行现有企业的整顿,并且以极大的努力,提高我们的经济管理水平和科学技术水平。

《人民日报》发表评论员文章《把理论研究的空气进一步活跃起来》

中国社会科学院召开的纪念五四运动60周年学术讨论会,是一次成功的会议。参加会议的同志围绕着解放思想、民主和科学等问题,进行了自由的、切实的讨论,发表了不少好的意见。这是可喜的现象。

解放思想,这是党中央的号召。去年年底召开的三中全会和这以前的中央工作会议,就是解放思想,发扬民主,实事求是的会议,正因为这样,会议才能促进全党工作重点的转移。这个重大决策的提出,也给理论工作提出了一系列的问题。三中全会以后,北京和许多地方召开了各种理论讨论会,根据三中全会的精神,就实践是检验真理的唯一标准、民主和法制、社会主义时期的阶级斗争等问题,展开了热烈的讨论,既重温了一些重大的历史经验教训,又研究了新时期的新情况、新问题。这对于提高全党的理论水平,有很大的意义。很显然,探讨这些理论问题,是客观现实的需要。在这些讨论会上,尽管是大家各抒己见,自由讨论,但在拥护三中全会精神这一点上,却是一致的。应该说,这种活跃的理论讨论会是多少年来没有的。继自然科学工作者之后,社会科学工作者也迎来了自己的春天。

多年来,林彪、“四人帮”的那一套假马克思主义盛行,上当受骗的人很多,理论研究工作遭到严重摧残,理论学习受到很大破坏。粉碎“四人帮”以后,在揭批林彪、“四人帮”的斗争中,很多同志对理论的重要性有了更深切的认识,理论工作也越来越活跃。去年五月开始的关于真理标准问题的讨论,引起了很多党政军负责干部的重视。三中全会高度评价了这个讨论,指出:“这对于促进全党同志和全国人民解放思想,端正思想路线,具有深远的历史意义。一个党,一个国家,一个民族,如果一切从本本出发,思想僵化,那它就不能前进,它的生机就停止了,就要亡党亡国。”

科学无禁区。在理论问题上,大家以马列主义、毛泽东思想为指导,解放思想,实事求是,敢于提出新问题,敢于发表新意见,这是思想活跃的表现。有不同看法,可以继续讨论。真理是愈辩愈明的。有些问题一时难于判断,也可以留待实践去检验。我们一定要坚持百花齐放,百家争鸣的方针,坚持三不主义。只有这样,真理才能得到发展。

三中全会指出,实现四个现代化,也就必然要求改变一切同生产力发展不适应的活动方式和思想方式。现在还有不少同志头脑僵化,思想落后于实际。我们的实践已经进入一个新时期了,他们的认识却还停留在旧阶段。新时期向我们提出了许多新问题,其中有的是在书本里找不到现成答案的。这就需要我们把马列主义、毛泽东思想的普遍原理同四个现代化的具体实践相结合,得出新的结论。这才是真正坚持马列主义、毛泽东思想。但某些同志却认为,“坚持”就是原封不动,一切照搬。林彪、“四人帮”的“句句照办”,“按既定方针办”的流毒,还在他们头脑里作祟。我们还需要继续宣传实践是检验真理的唯一标准这个马克思主义的基本原理。至今还有一些地方对这个问题没有认真组织学习讨论。我们希望这些地方能补上这一课。

理论是行动的指南。重视理论学习,加强理论研究,展开理论讨论,已经成为一项刻不容缓的重大任务。希望各地和各部门的党委把这个工作抓起来，使理论研究的空气进一步活跃起来。

中美两国政府分别在北京和广州草签《中华人民共和国和美利坚合众国贸易关系协定》

协定规定，为了使两国贸易关系建立在非歧视性基础上，缔约双方相互给予最惠国待遇。双方同意，采取一切措施，促进两国贸易持续和长期的发展。

中国外贸部部长李强和美国商务部部长朱厄妮塔·克雷普斯分别在北京和广州代表本国政府在协定上签字。

全国人大常委会副委员长姬鹏飞在北京会见以阿·卡巴索为团长的赞比亚青年代表团

国务院副总理陈慕华在北京同孟加拉国总统齐亚·拉赫曼的特使穆罕默德·赛福尔·拉赫曼举行会谈

《人民日报》副总编辑李庄为团长的《人民日报》代表团离开北京前往朝鲜进行友好访问

5月15日

《人民日报》发表评论员文章《坚决反对搞特权》

在我们社会主义国家，各级领导干部都是人民的勤务员，只有勤勤恳恳为人民服务的义务，没有在政治上、生活上搞特殊化的权利。领导干部搞特殊化，不符合我们党的性质，败坏我们党的作风，破坏党和人民群众的联系，是使我们党和国家变质的毒菌，是实现社会主义现代化的严重障碍。当前，为了切实整顿好党风，全党上下，必须严格禁止和坚决反对领导干部违反制度规定搞特殊化的行为。

搞特殊化，是腐朽没落的剥削阶级的一种恶习，它同共产党员应有的品德是水火不相容的。一切剥削阶级都以出人头地、奢侈豪华为人生的乐趣和荣耀。为了得到这一切，他们巧取豪夺，损人利己，无所不用其极。共产党员以为最大多数人求解放、谋幸福为己任。在革命战争年代，无数革命先辈艰苦奋斗，大公无私，不惜抛头颅、洒热血，他们的模范行动赢得了全国人民的拥护，这是我们党取得革命胜利的极其重要的原因之一。全国解放后，绝大多数领导干部，继续保持和发扬党的这一光荣传统，勤勤恳恳地为人民服务，使我们党在群众中继续享有崇高的威望，使我们的社会主义革命和建设取得了伟大的胜利。

但是，执政党的地位也使得一些领导干部容易滋长特权思想，并成为一个很值得重视的问题。特别是林彪、“四人帮”横行时期，党的光荣传统受到了空前严重的摧残。林彪、“四人帮”一伙集一切剥削阶级腐朽没落思想之大成，穷奢极欲，挥霍无度，把特权风扩展到他们所把持及其影响所及的地方和单位。他们是披着共产党员的外衣干这种坏事的，因此，不能不严重地损害了我们党的威信，使我们党的事业受到极大的损失。这个教训，值得我们牢牢记取。

粉碎“四人帮”以来，党中央三令五申禁止任何形式的特殊化，有些情节恶劣的人受到了党纪国法的制裁，情况开始有所好转。但是，特殊化这种歪风并没有完全刹住。有的领导干部利用职权，拉亲结派，排斥异己，顺者昌，逆者亡；有的领导干部严重脱离群众，当官做老爷，动辄训人、骂人；有的领导干部，利用职权，非法调用人力、资金和物资，大兴土木，为个人扩建或新建华丽的高级住宅；有的领导干部不仅自己向党伸手要官要权，还千方百计为其儿女及亲属谋求理想的工作岗位和舒适的生活条件；有的领导干部慷国家之慨，巧立名目，大吃大喝，铺张浪费。这一切，群众都看在眼里，气在心上。他们说：你们这样干，叫我们的党怎样取信于民呢？国家还没有实现现代化，你们个人的生活先现代化了，这是领导干部应有的品德和作风吗？事实证明，哪里的领导干部搞特权，哪里的党组织和领导干部就没有威信，哪里的群众积极性就不可能充分调动起来，哪里的工作着重点的转移就会碰到很大的障碍。

恩格斯在总结巴黎公社经验时曾经指出：无产阶级在建立了自己的政权后，还必须采取有效措施，防止自己的国家工作人员“追求升官发财”，“由社会公仆变为社会主人”。列宁进一步解释说，所谓防止“由社会公仆变为社会主人”，就是要“防止这些人变成官僚”。而所谓官僚，按照列宁的定义，就是“脱离群众、站在群众头上的特权者”。恩格斯、列宁的这些教导，值得所有党员干部、特别是那些好搞特殊化的领导干部深思再深思：你是“社会公仆”还是“社会主人”？是人民的勤务员，还是“脱离群众、站在群众头上的特权者”和官僚？这是一个很尖锐的问题，每个担负领导职责的共产党员，都要用行动作出回答，想回避也是回避不了的。

毛泽东同志生前经常教育我们：“我们一切工作干部，不论职位高低，都是人民的勤务员”，“我们共产党人不是要做官，而是要革命”。我们党历来认为，在党的工作、国家的工作和社会生活中，只有分工的不同，没有尊卑贵贱的区别。在社会主义社会中，任何劳动岗位都有一定的职责和权限，一个服务员、一个农民和一个高级党政军负责人的权限虽有不同，但他们在各有权限这一点上是完全平等的，谁也不是高人一等的贵族或低人一等的奴隶。因此,一个下级工作人员的权限应当受到他的上级的尊重,不应受到侵犯。一个高级领导干部也决不可任意超越自己的权限,侵犯别人的权限,不以平等态度待人,为所欲为。那些好搞特殊化的领导干部,恰恰忘记了毛泽东同志的这些教导,忘记了我们党的党规和党法,甚至忘记了自己的过去。在他们看来,革命已经成功了,该享受享受了。他们没有看到,我们的国家比起一些发达的国家来还很穷、很落后。当前,我们要实现工作着重点的转移,还有许许多多的困难,需要全党、全国上下同甘共苦、艰苦奋斗。如果我们的领导干部先止步不前,一心追求个人的享受,不顾国家和广大群众的根本利益,我们的党、我们的国家就会改变颜色,我们过去几十年努力奋斗的成果就将前功尽弃!这是危言耸听吗?绝对不是,历史的经验值得我们重视。

还有的同志认为,他们受了林彪、"四人帮"的压,吃了不少苦头,受了不少委屈,现在该扬眉吐气,好好享受享受了。这种思想也是极为错误的。受林彪、"四人帮"迫害的干部,很多是敢于坚持真理,坚持党的原则和党的优良传统的,因此就更应该唾弃贪图享受、搞特权的那一套腐朽作风,带头艰苦奋斗,努力为广大人民群众造福,为广大人民群众和子孙后代树立一个将革命进行到底的榜样,这才是革命干部应有的胸怀和品德。

许多领导干部正是这样做的,他们不计较个人得失,不顾年事已高,忘我地为党工作,他们不愧是党员、群众学习的榜样。

要制止少数领导干部的特殊化行为,一方面,党委要重视向这些同志进行党的传统和党的奋斗目标的再教育,号召他们"以革命的名义,想想过去",焕发革命的青春,自觉地洗刷头脑中的某些腐朽的封建特权思想,自觉地杜绝特殊化行为,遇事讲党性、守纪律,把革命进行到底。另一方面,要考虑广大群众的呼声和要求,对一些有关领导干部物质生活待遇的规定,重新加以审查,对其中某些不恰当的规定,应本着和群众同甘共苦的精神,逐步加以改革。

尤其重要的是,必须动员广大党员和人民群众对各级领导干部实行革命监督,大力宣传和严格执行党规党法,不容许党内有特殊党员。上级在自己的职权范围内可以而且应当指挥下级,但这种指挥如果是违背党纪国法搞特权,下级就有权利和义务按照民主集中制的原则提出批评和建议,拒绝承认这种特权,并且同这种行为进行斗争。同时对那些阿谀奉迎,诱使领导干部破坏党规党法、违反制度的人,也要进行批评以至处分。各级党组织和各级党的纪律检查委员会,要大力支持和保护敢于挺身而出同特殊化作斗争的党员和群众。

当然,我们反对的只是领导干部搞特殊化,并不是反对对领导干部的必要的照顾。一些同志过去对革命有过贡献,或者当前担任了较繁重的工作,给他们的生活和工作提供一些适当的、不违反合理规定的便利条件,是情理之中的事,广大群众是完全理解的。绝大多数群众是不会主张搞平均主义的。平均主义是手工业和小农经济的产物,它涣散和分裂革命队伍,不利于党和人民的事业。

为了保证党的工作着重点的顺利转移,必须整顿党的作风。如不整顿党的作风,要充分调动广大党员和群众的社会主义积极性,要克服当前的困难,要实现社会主义的现代化,都将是困难的。而要改进党的作风,领导干部的模范作用特别重要。我们热切希望各级领导干部,拿出革命战争年代那种吃苦在前、享受在后的革命精神,以自己艰苦奋斗、忘我献身的模范作用,身先士卒地率领广大党员和人民群众向四个现代化的伟大目标前进!这是党的希望,人民的希望!

中日银行在东京签订开发资金贷款协议

中国银行和日本输出入银行为开发中国的石油和煤炭资源,促进中国向日本出口石油和煤炭,就向中国贷款问题进行了多次友好会谈后,在东京正式签订了开发资金贷款协议——贷款基本事项备忘录。

代表中国银行在备忘录上签字的是中国银行副董事长兼总经理卜明,代表日本输出入银行在备忘录上签字的是日本输出入银行总裁竹内道雄。

春季广交会在广州闭幕

这届交易会的出口成交额比去年春季交易会增长28%,这预示我国对外贸易今年可望比去年有较大的增长。

来自世界五大洲104个国家和地区的客商参加了这届交易会。还有大批外国朋友、海外华侨、港澳同胞参观了交易会。许多外国朋友对我国实现四个现代化给予了热情的关注和支持。

这届交易会的出口贸易中原料性商品销路较好,其他如水海产品、手绣抽纱、优质地毯、各种皮制球、皮手套、草席、柳制品、微型轴承和一些纺织品等也都很畅销。一些新商品,如古瓷首饰、古画摹本、涤纶花、高拉力螺纹钢等,也有成批订货。只有小部分商品由于质量较次、花色品种陈旧或包装装潢不引人注目等原因,销售比较呆滞。在这次交易会上,有一部分工业部门代表与外贸部门的工作人员一起与客商洽谈贸易,交换看法,征询意见,使出口商品的生产、销售更适合用户、消费者的愿望,提高出口竞争能力。交易会客商对这一改革普遍表示赞赏。

这届交易会上继续广泛地采用国际上通用的来料加工、来件装配、来样和定牌订货等灵活的贸易做法。上届交易会首次开展的中、小型补偿贸易业务，这届交易会上也有了新的发展。有些项目已初步达成协议。

为了适应我国国民经济发展的需要，这届交易会也进口了一批工农业生产发展中必需的原料以及农药、机械、仪器、医药等产品。

为庆祝这届交易会胜利闭幕，交易会为来宾们举办了文艺晚会，上海芭蕾舞团和广东省粤剧院分别演出了精彩的文娱节目。

全国省市自治区农机局长会议在北京召开

新华社报道，会议最近由农业机械部在北京召开。国务院副总理、国家农业委员会主任王任重在会议上讲话。

农机工业的调整，是这个会议的中心议题。代表们结合我国农业机械化事业的若干重大政策问题和今年的工作部署，进行了热烈讨论，一致拥护王任重同志提出的对农机工业进行调整的方针。

会议指出，农机工业的调整，要针对我国农机工业的现状和存在的问题，根据统一规划，各具特点，分级管理，合理分配的原则来进行，要对现有企业大力进行改组，逐步实现专业化协作，大批量生产，提高质量，降低成本，要把品种不对路、质量差、成本高的产品停下来，对某些物资消耗大、浪费严重、长期亏损的企业进行整顿，保证那些产品对路、质量好、成本低、盈利大的企业开足马力生产。要依靠我国现有的农机科技人员，加强农业机械科学研究，改进老产品，发展新产品，并且有计划、有选择地引进国外的新技术。做好这些工作，将加快我国农机工业现代化的步伐。

会议中间，代表们听取和讨论了王任重副总理和农业机械部部长杨立功的报告，大家对农机工业调整的重要意义有了进一步认识。他们决心在党中央的领导下，同心同德，团结一致，认真做好这一工作，使农机工业在调整中前进，真正成为实现农业机械化的强大后盾。

国务院副总理陈慕华在北京举行宴会欢迎罗共中央政治执行委员会委员政府副总理保罗·尼古列斯库率领的罗马尼亚政府代表团

在充满友好情谊的宴会上，陈慕华同志和尼古列斯库同志先后祝酒。他们指出，第一次中罗经济技术合作委员会会议的召开，必将有力地推动两国友好合作关系的进一步发展。

陈慕华同志说，中罗两国政府协商决定成立政府间的经济技术合作委员会，具有重大的意义。它有利于统筹安排两国间的贸易和经济技术合作问题，有利于促进两国国民经济的发展。去年我们两国最高领导人互访期间商定的一系列协议，扩大了合作范畴，丰富了合作内容。她说，我们十分珍惜我们两国友好合作关系的不断发展，我们双方都在为此而作出不懈的努力。

尼古列斯库同志说，罗中经济技术合作委员会是我们两党和两国领导人齐奥塞斯库同志和华国锋同志共同达成的谅解和决议的成果。我们两党和两国领导人的会晤所取得的成果是罗中两国之间进行长期而广泛合作的纲领。他说，罗中合作关系是建立在互相尊敬和信任，坚定不移地遵循独立、民族主权、平等互利、同志式的团结和帮助的原则基础上的。他表示相信，这次会议将取得圆满成功。

罗马尼亚驻中国大使杜米特列斯库和夫人，以及大使馆外交官员，应邀出席了宴会。

我外交、外贸、外经、计委、化工、轻工、冶金、煤炭、石油、文化等部门的负责人出席宴会作陪。

全国人大常委会副委员长姬鹏飞在北京会见以埃·夸利亚里埃罗教授为团长的意大利国家研究委员会代表团

中国驻美国大使柴泽民和夫人举行晚宴招待美国副总统蒙代尔和夫人

出席宴会的还有总统国家安全事务助理布热津斯基、负责东亚和太平洋事务的助理国务卿霍尔布鲁克、国家安全委员会工作人员奥克森伯格和夫人以及其他白宫官员。

宾主双方热烈欢迎由中国外贸部部长李强和美国商务部部长朱厄妮塔·克雷普斯草签的中美贸易关系协定。在友好和无拘束的气氛中，他们就共同感兴趣的广泛问题进行了活跃的交谈。

解放军副总参谋长伍修权在北京宴请泰国国防学院副院长苏功·奔雅奈少将率领的泰国国防学院访华团

出席联合国裁军委员会首届会议的中国代表团团长赖亚力在委员会全体会议上阐述中国政府在裁军问题上的立场

赖亚力说："去年5月裁军特别联大以来，国际形势有了新的发展，不是趋向缓和，而是更加紧张，战争因素继续增长，整个世界更加动荡不安。这种演变的标志，是两个超级大国继续加紧军备竞赛。苏美两国的军事开支年复一年的上升，1978年两国军费都在

1000亿以上美元的基础上又有较大幅度的增长，超过了其他150多个国家军事开支的总和。目前，双方以分导式多弹头导弹为中心的战略核武器竞赛空前激烈，一年内两国分别增加战略核弹头1000多枚，苏联还大量部署包括ＳＳ—20在内的新型导弹和战略轰炸机。它们在加速更新和发展新的一代战略武器，拼命争夺核优势。美苏两国最近就第二阶段限制战略武器条约达成的协议，和以前的同类协议一样，不能掩盖、更不能限制它们之间加紧进行的核军备竞赛。它们同时又都在继续扩充和更新常规武器，竞相研制新型大规模毁灭性武器和化学武器。总之，超级大国的核武库和常规武库都在急剧膨胀。裁军特别联大决议墨迹未干，而超级大国的新的一轮军备竞赛又在加紧进行。”

赖亚力说：“国际形势急剧动荡的另一个标志，是超级大国依仗它们庞大的军事实力，加紧推行侵略和扩张政策。那个叫嚷推行全球‘进攻性战略’的大国，扩张势头更加凶猛。它到处伸手，加快了争霸全球的战略部署，在加强对欧洲的军事威胁的同时，大力推行南下政策；在非洲和中东地区寻求突破口，企图从侧翼迂回包围欧洲。它还在南亚和东南亚进行一系列扩张活动，以实现它建立‘亚安体系’的野心。它从策划颠覆阴谋、分化控制、进行代理人战争直到明目张胆地支持武装侵略和长期军事占领，无所不用其极。”

赖亚力说：“这一切表明，由于超级大国推行霸权主义政策形成的战争危险，正日益严重地威胁着全世界人民。”

赖亚力说：“我们认为，在当前的形势下，全世界人民必须把争取裁军的斗争同反侵略、反扩张、反霸权的斗争结合起来。我们应当要求超级大国承担裁军的义务。同时，我们应当在其他方面，做很多扎扎实实的工作，同超级大国的侵略扩张政策，进行不断的斗争。只有这样，才能防止世界战争，保卫国际和平与安全。”

赖亚力说：“中国政府和中国人民一贯赞成真正的裁军。我们坚决支持广大中小国家提出的一切合理的裁军主张。我们不仅提出过一系列积极的裁军建议，而且采取了许多符合世界人民愿望和利益的实际行动。我们过去是这样做的，今后仍将这样做。”

赖亚力把中国代表团《关于综合裁军方案主要内容的建议》(以下简称《建议》)提交会议审议，并且当场宣读了《建议》的全文。他还就中国代表团《建议》中提出的若干重要原则，作了一些补充说明。

赖亚力最后说：“中国是爱好和平的国家，中国人民是热爱和平的人民。和世界各国人民一样，中国人民坚决反对新的世界战争。这绝非权宜之计，而是我国对外政策的一项根本原则，是由我国的社会主义制度决定的。现在我国人民正在为实现四个现代化的宏伟目标努力奋斗，更需要有一个长期稳定的国际和平环境。维护和平与进行社会主义建设是我国各族人民的目标，我们将尽一切力量来实现它。同时，我们也清醒地看到，世界战争的危险依然存在。我们决心同全世界一切爱好和平的国家和人民一道，为世界和平与人类进步的事业而共同奋斗！”

中国代表团团长赖亚力在联合国裁军委员会首届会议上提出《关于综合裁军方案主要内容的建议》

全文如下：

一、综合裁军方案的目标：

综合裁军方案的目标在于制定合理的裁军原则和切实有效的裁军措施，以促使裁军取得实际进展，反对新的世界战争以及一切武装侵略，维护国际和平与安全。

二、综合裁军方案应包括以下主要原则：

(一)为了维护国际和平与安全，各国之间的关系应建立在互相尊重主权和领土完整、互不侵犯、互不干涉内政、平等互利、和平共处原则的基础上。任何国家都不得在世界任何地区谋求任何形式的霸权，不得对别国进行侵略、干涉、颠覆、扩张和控制。一切裁军措施都不得损害各国的主权、独立和安全。

(二)为了促进各国的普遍安全，两个拥有最庞大的核军备和常规军备的国家对裁军负有主要责任，应首先裁军。在它们大量裁减其核军备和常规军备，使之同其他核国家和军事上重要国家之间的巨大差距得以消除后，后者也应按照合理比例和它们一起裁减军备。

(三)必须实现全面禁止和彻底销毁核武器，以真正消除核战争的威胁。在审议核裁军的同时，还必须把裁减超级大国日益扩充的常规军备放在同等重要地位，并结合起来进行。对禁止和销毁生物、化学武器和其他大规模破坏性武器也应给予充分重视。

(四)裁军的实际进展应有助于各国的经济和社会发展。超级大国耗费巨额资金进行军备竞赛，不仅增加战争的危险，危害国际和平与安全，而且妨碍新的国际经济秩序的建立。它们的军费开支占世界军费总额的2/3，理应要求它们首先大量削减军费，并对援助发展中国家作出真正贡献。

(五)任何裁军措施不得妨碍各国利用现代科学技术成就促进经济发展的权利。必须防止超级大国借裁军和防止核扩散的名义剥夺别国为和平目的利用核能和发展核工业的权利。

(六)在制定较全面的裁军措施的同时，也应重视局部措施，包括区域性的措施。应根据世界各地区的具体情况和各地区国家的愿望,建立和平区和无核武器区。在这些地区之内,应反对超级大国的争霸活动,取消一切形式的外国军事存在,取消对外国领土的一切武装侵占,排除直接或间接的武装干涉和武力威胁。所有核国家应无条件地承担不对这些地区使用或威胁使用核武器的义务。

(七)裁军问题关系到世界各国的安全和利益,应由所有国家在平等的基础上参加审议和解决。裁军机构的组织和程序应民主化,摆脱超级大国的操纵和控制,充分反映世界各国的要求和愿望。

(八)应加强联合国在裁军领域的作用。一切双边和多边裁军谈判的进展情况应向联合国大会报告。参加谈判的各方应认真考虑和尊重联合国大会提出的建议和要求。

(九)裁军协议应规定严格有效的国际监督措施,以保证其切实执行。各种监督核查措施不得损害各国的主权和安全。

(十)应使世界人民充分了解超级大国加紧军备竞赛、战争危险增长和裁军缺乏进展的真实情况,以便广泛争取人民积极参加裁军和维护世界和平的斗争。

三、综合裁军方案应规定以下主要措施:

(一)核裁军

1. 核裁军的最终目标是全面禁止和彻底销毁核武器及其运载工具。

2. 在核国家达成不使用核武器协议前,所有核国家,特别是两个拥有最大核武库有国家应无条件地承担不向无核武器国家和无核武器区使用或威胁使用核武器的义务。

3. 两个拥有最大核武库的国家应立即停止核军备竞赛,停止改进核武器质量和增加其数量的一切活动,并着手分阶段裁减和销毁其核武器。在它们销毁核武器取得重大进展,消除了同其他核国家之间的巨大差距,使多数国家能感到满意后,其他核国家应同它们一起谈判彻底销毁核武器问题。

(二)裁减常规武器

1. 作为裁减常规武器的先行步骤,两个拥有最大规模常规军备的国家,不得对别国进行直接的或间接的军事干预和武力威胁,并撤回在国外的全部驻军,撤销在国外的一切军事基地。

2. 两个拥有最大规模常规军备的国家,应首先大量裁减其常规武器和装备。裁减常规军备可先从裁减重型装备,如坦克、飞机、军舰和大炮的数量开始。在它们的裁减真正取得重大进展后,其他军事上重要的国家应按照合理比例,同它们一起裁减常规军备。

(三)禁止化学武器和生物武器

1. 应全面禁止和彻底销毁一切化学武器和生物武器。在实现此目标前,各国应明确承担不使用一切化学和生物武器的义务。

2. 尽速谈判缔结全面禁止和彻底销毁一切化学武器和生物武器的公约。

(四)禁止任何新型大规模破坏性武器

两个超级大国应立即停止研究、发展和生产任何新型大规模破坏性武器并不得使用这种武器。

(五)建立和平区

1. 应按照东南亚地区国家的要求,将该地区建成为和平、自由、中立区。制止任何国家在该地区谋求任何形式的霸权,撤走一切外国驻军,撤销一切外国军事基地,消除一切外国侵略、扩张、干涉和控制。

2. 关于印度洋和平区的主张应得到各国,特别是两个超级大国的尊重。应制止超级大国的争霸活动,严格尊重沿岸和内陆国家的独立和主权,不得以任何形式对这些国家进行军事威胁和侵略扩张。

3. 应按照地中海地区国家的愿望,把该地区建成和平区。

(六)关于无核武器区

1. 所有核国家应尊重无核武器区的地位,并无条件地承担不对这些地区使用或威胁使用核武器的义务。

2. 拉美无核区的地位应得到各国的尊重。

3. 根据各地区国家的共同愿望,建立中东、非洲和南亚等无核武器区。

《人民日报》发表刘铮和邬沧萍的文章《人口非控制不行》

我国革命是在一个有5亿多人口的半封建、半殖民地的大国里成功的。在旧中国,由于三大敌人的残酷压迫和剥削,严重地束缚了社会生产力的发展,经济十分落后,人民生活极为贫困。人口再生产完全处于无政府状态,表现为高出生率,高死亡率,低自然增长率。

有人估计旧中国人口自然增长率约为10‰,如果从鸦片战争时期算起,人口自然增长率只有2.6‰,人口增长速度很低。解放后,我国人口增长速度比解放前大大加快。由于生产发展了,人民生活改善了,医疗卫生事业普及了,人口死亡率大幅度下降,由解放前的28‰左右下降到目前千分之六七左右。另一方面,人口出生率在70年代初以前未得到应有的控制,仍保持旧中国的水平,即30‰—40‰之间;致使人口增长速度大大加快,在相当长时期内一直在2%。人口基数大,增长速度又快,因而人口增加很多,由解放初的5亿人口猛增到现在的九亿,增加了几亿人。一方面是人口增长快,一方面,我国底子薄,显然,不控制人口的增长，就不能促进四个现代化的实现。

控制人口增长才有利于提高劳动生产率

我国现有劳动年龄人口几乎相当于第一、第二世界所有国家劳动年龄人口的总和。9亿人口是我们建设的本钱，但是也不是说劳动力愈多愈好。我国农业劳动力已由50年代的2亿增加到3亿。耕地面积却由解放初的16亿亩减到不足15亿亩，按人口平均的耕地面积由近3亩降到1.5亩；按农业劳动力计算，耕地面积也只有5亩，比日本还少。日本一个人平均有7分耕地，一个农业劳动力有13亩耕地。随着农业现代化的实现，今后还可以节约出大量劳动力。

社会生产的发展历史表明，随着科学技术的发展，社会生产对劳动力的需要相对愈来愈少，在农业中已绝对减少，在其他生产部门，随着生产自动化的发展也呈现绝对减少的趋势。国民经济中其他部门，如科学、文教、卫生以及各种社会服务部门，今后会吸收相当数量的劳动力，但吸收的数量还是有限的。由于过去人口增长快，解放后出生的小孩已陆续进入劳动年龄，现在每年约有1000万以上进入劳动年龄的人口，需要国家、集体安排升学或就业。如果增加的大量劳动年龄人口，没有相应的足够的生产资料供他们使用，就不能充分发挥劳动力的作用，不仅不能大大地提高劳动生产率，甚至会导致劳动生产率下降。我国底子薄，做到使新参加劳动的人口都有相当的装备水平有很大的困难。从我国目前的情况看，劳动力的增加已超过国民经济发展的需要。在实现四个现代化过程中，一方面要尽量使生产发展适应我国劳动力多这一特点，充分发挥劳动力的有效作用，达到生产资料和劳动力的最有效的结合。同时，大力控制人口增长比过去更加重要、更加迫切。

控制人口增长才能为实现四个现代化积累更多的资金

我国社会主义建设资金只能靠我国内部积累，而积累的提高却受到人口多、人口增长快的很大限制。我国按人口平均的国民收入在世界上是属于最低之列，在第三世界中也是较低的。生产力低，积累的水平不可能高，因为国民收入用于满足人口的基本生活需要以后，剩余部分已为数不多。光是用于抚育解放后出生人口到16岁成为一个普通劳动力就用去了我国国民收入中相当大的一部分；如果再加上原有人口的消费，整个国民收入中能用于积累的部分是不很大的。积累规模的大小和积累速度的快慢在相当大的程度上受到人口增长的规模和速度的限制，特别是我国生产力水平较低的情况下，更是如此。如果我国在第一个五年计划后就像70年代那样控制人口增长，那就可节省出相当一部分抚育费用于积累，肯定会对发展我国生产力起到巨大促进作用。

现在我国人口基数比过去更大，而且育龄人群比过去多；如果人口控制得不力，今后每年出生的人数要比前二三十年每年出生的人数多得多，而且从现在起出生的这一代人到本世纪末，绝大多数都是被抚养人口，要消费大量社会财富，影响资金积累非常大。人口增长多了势必严重地妨碍四个现代化的进程。相反地，如果能降到1%以下，那么，由于少出生人口而可能由消费转化为积累的国民收入额将是很可观的。因此，控制人口增长对增加积累所起的作用决不能等闲视之。

控制人口增长才能适应科学技术现代化的需要

我国解放前科学文化就很落后。“文化大革命”前的17年在这方面我们做了大量的工作，同先进国家的差距有所缩小；但是，中学还未完全普及，受高等教育的人数在人口中的比例，在世界上属于最低之列，在同一个年龄人口中只占1%。近10年来，由于林彪、“四人帮”推行反革命的“愚民政策”和法西斯的文化专制主义，我国教育科学文化事业遭到空前的浩劫，提高整个中华民族的科学文化水平任务更加迫切。我国老一代的科学文化技术总的来说已经比较落后，而受“四人帮”摧残的年轻一代则受害很深，在文化知识、科学技术专业知识等方面都要补课。因此，我国需要提高科学文化水平的不是个别人、少数人，而是一两代人。由于过去20多年来人口增长快，现在光是这一代人合计起来就数以亿万计。

提高全民族的科学文化水平要耗费相当大的人力、物力和财力。我国生产力水平低、人口多，国民收入中用于满足我国庞大人口的基本生活需要和生产性积累后，能用于发展教育科学文化方面的余地已经不很大。人口增长快了，用于教育的资金，势必要受到影响。国民收入中用于教育的份额太少了，就难免“僧多粥少”，结果不是影响培养的数量，就是要影响培养的质量。

四个现代化的关键是科学技术现代化。科学技术现代化要求在本世纪内在教育普及和科学普及的基础上，培养出成千上万能掌握现代科学技术知识、能操作先进技术和能管理现代化工业、农业的工人、农民和知识分子，其中还必须拥有一批具有世界先进水平的科学家、工程技术人员和管理干部。

科学技术现代化要求的人才，在数量上是庞大的，质量上是要受过严格的专业技术训练的，这种人才的培养费用比普及教育要高出几倍到几十倍。我国底子薄，每年教育费用有限，人口增长多了，普及教育的费用就不得不增加，因而用于培养专业人才的费用就会相应减少。按我国普及中学教育的要求，平均每年中小学在校学生人数几乎就是过去10个年份出生人数的总和(这里还未算上学前教育两三年)。由于解放后人口盲目增长,10年累计出生人数当以亿计,所需的教育费用数目很大。如果现在不大力控制人口增长,出生人数继续盲目增加,普及教育的任务更重,培养高级人才的任务更会受到妨碍。

控制人口增长才能适应广大人民对生活水平提高的要求

人是生产者,也是消费者。但生产者只是人口中适合劳动那一部分人口(要发挥作为生产者的作用,还必须有充足的生产资料);但不论男女老少,所有人口都是生活资料的消费者,否则人们就不能生存下去。所以,人口增长不仅作为劳动力来源来看,要与四个现代化发展对劳动力的需要相适应,而且作为消费者,也必须与社会生产所能提供的生活资料相适应,以保证人民生活逐步有所改善。

我国的农业基础薄弱,耕地面积有限,农业生产水平很低,一个农业劳动力平均每年只生产2000斤粮食,除自身需要外,能供养的人口很少,能供其他国民经济部门需用的粮食更少。解放后,我们粮食产量比解放初增长不少,但由于人口增长速度快,每年增加粮食中有相当一部分被新增人口吃掉了。能够用来提高全部人口的粮食消费水平和发展工业部门的部分很有限。其他如棉花、油料等农副产品的增长都满足不了人口增长的需要。

人口增长快对轻工产品需求量很大。一个几亿人口大国,对任何一件轻工产品,平均每人只要增加一点需要,其总量就十分惊人。解放后轻工业产品绝对量增长不算少,但由于人口增长快,平均到每个人的产品产量增长并不多。应该说,现在许多农副产品实行计划供应办法是物资不足的反映,也是人口增长过快造成对产品需要的压力的反映。

城市人口增长快,对住宅、交通、医疗机构、生活服务和文化娱乐设施等都提出日益增加的需要。而另一方面,城市住宅建设慢,交通设备增加少,服务性设施建设也少,使得人口数目和物质设施的差距愈来愈大,妨碍了人民生活的改善。

我国农村人口增长比城市更快。现在一些生产大队或生产队经过艰苦努力获得的增产成果,常常由于人口增长过快而被抵消了,平均每人实物产量或平均每人收入增长甚微,人民生活改善很慢。

以上情况的发生,主要是林彪、“四人帮”极左路线的干扰和破坏,使农业和轻工业受到了很大的破坏,生活资料的生产满足不了人民生活的需要。此外,多年来人口增长快,也是造成生活资料满足不了人民生活需要的一个重要原因。

社会主义要求在发展生产的基础上,逐步提高人民的物质和文化生活水平。我国按人口平均的许多基本生活资料的消费水平在世界上属于最低之列,同发达国家的差距很大。因此,除在先进技术的基础上高速度发展生产外,必须控制人口增长。

控制人口增长,决非权宜之计,而是一项战略任务。我国宪法明文规定:“国家提倡和推行计划生育”。70年代以来,我国计划生育工作取得了很大的成绩,经过短短的几年就把人口增长率降低了几乎近一半。这样的人口降低的速度在世界上是罕见的。实践证明,控制人口增长是符合我国国家、集体、家庭和个人的根本利益的,经过全党全民长期不懈的努力,这项历史任务是完全可以实现的。

5月16日

国务院副总理邓小平在北京会见由社长大畑忠义率领的日本时事通讯社代表团

日本时事通讯社代表团是首次访问我国。会见时,邓副总理回答了日本朋友提出的问题,就中国实现四个现代化和一些重大国际问题谈了他的看法。在谈到当前国民经济调整时,邓副总理指出,所谓调整,是调整农业和工业、工业内部的比例关系。这将有助于经济有计划按比例地发展,有助于加速四个现代化的实现。

新华通讯社社长曾涛、副社长刘敬之参加了会见。

国务院副总理余秋里在北京会见丹麦前首相哈特林

哈特林先生任丹麦首相期间,曾于1974年访问中国,同中国人民建立了友好情谊。会见时,余秋里副总理同哈特林先生进行了友好的谈话。

中国人民外交学会副会长柯柏年等参加了会见。

国务院副总理徐向前在北京举行宴会欢迎马里全国解放军事委员会副主席 财贸部长阿马杜·巴巴·迪亚拉上校和夫人一行

徐向前副总理和巴巴·迪亚拉上校在宴会上讲话。

徐向前副总理在讲话中满意地指出,中、马建交以来,两国在政治、经济、贸易等领域的交流和合作得到顺利发展。他说:“我们双方都十分珍视我们两国已经存在的良好关系。不断巩固和加强中马友谊不仅符合我们两国人民的根本利益,也有利于第三世界人民团结反帝、反殖、反霸事业。”

徐向前副总理说,近几年来,马里人民在国家元首穆萨·特拉奥雷主席的领导下,为维护民族独立和国家主权,发展民族经济和文化进行了不懈努力,取得了可喜的成就。马里政府奉行反帝、反殖和不结盟的对外政策,坚决支持南部非洲人民反对白人种族主义、争取民族解放的正义斗争,坚持反对外来势力对非洲事务的干涉,为非洲的团结反帝事业作出了有益的贡献。

他说,中国人民正满怀信心,紧密团结在以华国锋同志为首的党中央周围,克服前进道路上的一切困难,为在本世纪内实现四个现代化的宏伟目标而努力奋斗。“在对外关系上,我们坚决遵循和平共处五项原则,同一切国家建立良好的关系,我们坚决反对帝国主义和大国霸权主义的侵略政策和战争政策,支持一切被压迫民族和被压迫人民的正义斗争,为争取一个和平的国际环境而努力奋斗。”

巴巴·迪亚拉上校在讲话中说:“我们两国人民遭受过殖民统治,并为争取解放和建设一个繁荣的社会进行了相似的斗争。在这一斗争中,我们两国人民始终相互团结、相互同情,这构成了中马关系的基础。”

巴巴·迪亚拉上校说:“马里是不结盟国家运动的创始国之一,它坚持不结盟国家运动的原则,并为这一运动的团结和这一运动的目标得到实现而进行不懈的努力。”

他说,我们今天生活在一个深刻动荡的世界上,而非洲无疑是创伤最深的大陆。马里将继续坚定不移地支持南部非洲的英勇的自由战士,直至殖民主义、种族主义和种族隔离被完全从非洲大陆上根除。

他说,我们两国之间的友谊和合作有将近20年的历史了。我们在和平共处各项原则的基础上,在各个方面和各级水平进行了交流。他希望马中两国进一步加强友好合作关系。

出席宴会作陪的有国务院副总理陈慕华,外交部副部长何英,外贸部副部长贾石,外经部副部长程飞,水利部副部长刘向三,财政部副部长陈如龙,北京市革委会副主任白介夫等。马里驻中国大使高雷西和大使馆外交官员应邀出席了宴会。

保卫儿童全国委员会等11单位联合发出庆祝“六一”国际儿童节的通知

1979年的“六一”国际儿童节即将来临,这是全党工作着重点转移以后的第一个“六一”国际儿童节,又是少先队建队30周年,也是联合国规定的国际儿童年,庆祝今年的“六一”国际儿童节,具有更为重要的意义。

一、通过庆祝“六一”国际儿童节,要广泛深入地宣传培养教育儿童和少年新一代的重大意义。儿童和少年是我们的希望和未来,是无产阶级革命事业的接班人。现在的儿童和少年是本世纪末建设社会主义现代化强国的生力军。培养教育儿童和少年是百年大计,是关系到革命事业后继有人的具有深远战略意义的重大任务。我们要继承和发扬我党关心爱护下一代的优良传统。要继续肃清林彪、“四人帮”干扰破坏儿童和少年工作所造成的流毒;克服那些轻视儿童和少年工作的错误思想和糊涂观念,把儿童和少年的培养教育工作做得更好,以适应实现四个现代化的需要。

二、要大力动员各部门、社会各方面都来重视关心和支持儿童和少年的培养教育工作。各厂矿企业、机关、学校、城镇街道、农村社队,都要为本地区或本单位的儿童和少年解决一些迫切需要解决的问题和困难。要想方设法,依靠群众,因陋就简,因地制宜地扩大托儿所、幼儿园的收托量,建立儿童俱乐部、校外活动站等少先队的活动阵地,给这些单位添置一些设备。凡占用少年宫等校外活动场所和托儿所、幼儿园房屋的,都应当积极退还,或采用其他办法迅速予以解决。

医疗卫生部门和有关部门要采取切实可行的措施,研究和指导儿童和少年的营养,做好儿童和少年的保健工作和主副食品等供应工作。教育部门要创造多种条件,吸收学龄儿童入学和更多的幼儿入园,采取各种形式培训保教人员,提高保教质量,为托儿所、幼儿园提供教材、教具、玩具。文化艺术部门要为儿童和少年提供更多、更好的读物、电影、戏剧。

广大教育工作者、少先队辅导员、托幼保教人员,特别是家长,要起表率作用,要用正确的思想、方法教育影响儿童和少年。我们热切希望少年儿童文学家、画家、音乐家、剧作家,创作更多、更好的作品,丰富儿童和少年的精神生活。希望科技工作者多写科普读物,并关心支持少先队的“我们爱科学”活动。希望新闻、宣传单位经常报道培养教育儿童和少年的工作情况和先进经验。

有关部门要认真研究一下这方面的工作,订出切实可行的计划和措施。

三、要加强儿童的政治思想教育,以党的十一届三中全会精神为指导,采取适合儿童和少年年龄特点的方法,对他们进行革命传统教育,教育他们继承毛主席、周总理、朱委员长等老一辈无产阶级革命家的遗志,树立革命远大理想。教育他们爱祖国、爱人民、爱劳动、爱科学、爱护公共财物。教育他们学英雄、学雷锋,树新风,关心集体,助人为乐,尊敬师长,遵守纪律,勤劳节俭,懂礼貌,讲卫生,维护社会公德。培养他们的共产主义道德品质,为他们形成无产阶级世界观打下良好的基础,使他们成为德、智、体全面发展的无产阶级的新一代。

四、今年“六一”国际儿童节的庆祝活动和宣传报道工作要比往年搞得更好,与国际儿童年活动相呼应。要宣传在党的领导下,我国儿童和少年工作取得的巨大成就,宣传少先队工作的成绩。宣传我国儿童和少年一代努力学习、奋发向上的精神面貌。宣传保教人员、小学教师、少先队辅导员和儿童医务工作者、儿童文艺工作者、科普工作者、教育子女好的家长以及一切热心儿童工作的社会人士的模范事迹。

在"六一"节前,各有关单位可分别召开所属的儿童工作者座谈会,交流经验,听取意见,并对他们作出的贡献进行表扬鼓励。

各地的庆祝活动应因地制宜,多种多样,勤俭节约,讲究实效。可以举行庆祝会,可以邀请英雄模范人物和儿童、少年见面联欢。可举办适合儿童和少年特点的绘画比赛、科技作品展览、文艺表演、营火晚会、运动会和象征性"新长征火炬接力"赛跑。可举行少先队检阅、新队员入队式等。各地电影院、剧院要为儿童和少年上映演出适合儿童和少年的影片和戏剧。各公园等游艺场所,应免费招待儿童和少年。要使广大儿童和少年愉快而又有意义地欢度自己的节日。

各有关部门接此通知后,要立即召开会议,对本通知所提各项要求,进行研究,具体落实。

中国人民保卫儿童全国委员会
中国共产主义青年团中央委员会
中华全国妇女联合会
中华全国总工会
中华人民共和国科学技术协会
中国文学艺术界联合会
中华人民共和国文化部
中华人民共和国教育部
中华人民共和国卫生部
中华人民共和国体育运动委员会
国家出版事业管理局
1979年5月16日

北京电视台起用六频道开始试播

电视台现阶段举办的电视节目主要有两项:一、电视教学。每星期1至星期6下午4点20分到6点为电视教学时间。五六月份举办《数理化中学教材专题电视教育讲座》,7月份开始举办《教师进修电视教育讲座》。二、综合电视节目。单日晚上7点到10点为综合电视节目,内容主要有:配合形势组织电视讲话;播放文艺节目和科教、故事影片等。

5月17日

国务院总理华国锋在北京会见美籍物理学家李政道教授和夫人及其儿子儿媳

李政道教授是应中国科学院邀请前来为中国科技大学研究生院讲学的。华国锋同志对李政道教授前来我国讲学付出辛勤劳动表示衷心感谢。

华国锋同志说:"中国要提高全民族的科学文化技术水平,要培养科技的骨干力量,还要经过艰苦的努力。"

华国锋同志向李政道教授介绍了中国正在进行的国民经济调整、改革、整顿、提高的情况。他还说,我们提倡独立自主、自力更生,也要学习外国的先进科学技术。

李政道教授对中国高能物理研究和培养人才问题提出了有益的建议。

中国科学院副院长李昌、钱三强等参加了会见。

《中国和突尼斯贸易协定》在北京签字

贸易协定规定:缔约双方同意在两国贸易方面互相给予最惠国待遇。

根据协定,中国将向突尼斯出口茶叶、轻纺和化工产品等;突尼斯将向中国出口三料过磷酸钙、软木、原油、铅锭等。

我国外贸部部长李强和突尼斯贸易部部长萨拉赫丁·穆巴拉克,分别代表本国政府在协定上签了字。

国务院副总理康世恩离开北京前往巴西和美国进行正式访问

陪同康副总理前往访问的,有石油部部长宋振明,电力部副部长李锐以及外交部、国家计委、石油部、电力部有关司局的负责人和工程师等。

国务院副总理余秋里和有关部门的负责人前往机场送行。前往送行的还有巴西驻中国大使阿卢伊济奥·纳波莱昂,美国驻中国大使馆临时代办芮效俭。

国务院副总理陈慕华在北京同马里全国解放军事务委员会副主席 财贸部长阿马杜·巴巴·迪亚拉上校举行会谈

全国妇联主席康克清在北京会见西德北威州技术大学社会学院旅华团一行

全国妇联副主席罗琼、林丽韫,书记处书记吴全衡、董边,中国旅游总局副局长丁克坚等,参加了会见。

根据西德客人提出的有关中国妇女的问题,康克清主席等全国妇联负责人向他们介绍了新旧中国妇女地位的根本性变化以及妇联组织的作用。在介绍中,康克清主席等对客人们说,中国妇女从旧社会被压迫、被奴役的地位中解放出来,成为新中国的主人,这是中国妇女同男人一起,在中国共产党的领导下,经过长期革命斗争和参加社会主义建设中得来的。

《人民日报》发表社论《把今年的高校招生工作抓细、抓好》

全国高等学校1979年的招生工作即将开始。高等院校的招生工作，是为四个现代化选拔人才的工作，历来为考生、教师和考生家长所注目，整个社会也都很关心。抓细、抓好这项工作，不仅对教育战线建立正常的教学秩序，提高教育质量，具有重要的意义，而且对促进全国的安定团结，建立正常的生产秩序、工作秩序和社会秩序，也有重大的影响。

粉碎"四人帮"以来，在党中央的领导下，教育战线深入揭批了林彪、"四人帮"一伙推行的毁灭教育、摧残人才的极左路线，推翻了反动的"两个估计"，进行了一系列拨乱反正的工作，改革了高等学校的招生制度。为了夺回林彪、"四人帮"造成的巨大损失，多培养一些人才，党和国家对教育战线十分重视，加强了领导。各大专院校也挖掘潜力，在极其困难的条件下积极扩大招生，去年招生人数已经超过了历史上的最高峰。招生制度的改革，受到人民群众的欢迎。林彪、"四人帮"横行时期被埋没的一大批优秀青年，得到了上大学深造的机会。青少年努力读书学习，钻研科学技术，改变了不重视学习的社会风气。教育事业迎来了自己的春天。

为了适应全党工作重点的转移，巩固和发展前两年的招生成果，进一步搞好今年的招生工作，教育部最近召开了全国高等学校招生工作会议，要求各地在今年的招生工作中，认真地贯彻执行党的招生政策，继续坚持德、智、体全面考核，择优录取的原则，确保招生质量，选拔优秀的青年上大学，为实现四个现代化培养又红又专的各类专门人才。

报考人数多，招生数量有限，是高等学校招生工作在一个相当长时期中的主要矛盾，今年将更加突出。因为今年全国应届高中毕业生约有700万人，加上社会上的知识青年，一部分在职职工，报考高等学校的人数将比去年增多，而今年大学的招生人数却不可能有较大的增长，无法满足大多数青年升学的愿望。为了搞好今年的招生工作，促进全国安定团结的大好局面，有必要说明情况，讲清道理。

教育是上层建筑的一个组成部分，教育事业的发展是受整个国民经济状况制约的。目前，我们国民经济在进行调整、改革、整顿、提高，要国家对发展教育事业投入更多的资金是不可能的。国家有困难，学校也有困难。教育战线是受林彪、"四人帮"破坏极其严重的一个重灾区。粉碎"四人帮"以后，教育战线恢复了生机，但现在仍处于恢复、调整阶段，就像一个大病初愈的人一样，还不能以百米赛的速度疾跑，还需要一个休养生息的时期。如校舍需要维修扩建，师资队伍需要培训提高，图书仪器等教学设备需要配备补充等。拿校舍来说，1965年全国高等学校的校舍容纳当时在校的67万余名学生已经感到紧张。可是，去年全国高等学校的在校生已达85万余人，比1965年增加了18万人，而由于部分校舍被占用，至今没有全部退还，校舍总面积反而比1965年少。这种状况与多招收学生的要求，形成了尖锐的矛盾。现在，各大学普遍感到教室不足，学生宿舍拥挤，图书、实验室不够。去年扩大招生时，有些地方不得不占用一部分中学的校舍。长此下去，势必削弱中等教育，这是不行的。

历史的经验告诉我们，学校招生工作和其他事业一样，必须遵循事物发展的客观规律，如果违背客观规律，非碰钉子不可。解放以来，我国高等学校的招生工作，曾经有过两次大起大落。一次是1956年，从1955年的9.8万人，一下子增加到18.5万人，超过了当时学校的最大负荷，1957年就下降到10.5万人；另一次是从1958年到1960年，连续3年大量招生，分别猛增到26.5万人，27万人，32万人。到1961年、1962年又跌了下来，分别为16.9万人和10.7万人，又回到了1957年的水平。招生工作的这种大起大落，并没有为我们多培养人才，相反，由于学生人数增加过快，师资和校舍等跟不上，致使学校元气大伤，教学秩序混乱，师生情绪波动，教育质量下降。

与此相反，从1963年到1965年，高等学校的招生人数稳步增长。从1962年的10.7万人，分别增长到13.3万人，14.7万人，16.4万人，平均每年递增10%以上。这3年，招生人数和校舍、师资的增长比例比较协调，教学秩序良好，教育质量提高，科研成果也多。

前后两个时期的鲜明对比，使我们清楚地看到，高等教育的发展，招生人数的确定，必须注意满足国家需要，但一定要与国民经济的发展相适应，还要考虑学校的实际负担能力，把需要和可能统一起来。此外，教育有一个周期，确定招生计划时既要考虑当年，又要考虑几年以后的情况，把当前和长远统一起来。坚持这"两个统一"，才能使教育稳步发展。如果新中国成立30年来，高等教育不发生两次大幅度的摆动，以1952年招收的8万人为基数，每年递增10%，那么1979年的大学招生人数，将比现在增加好几倍。实践证明，只有按照发展教育事业的规律办事，坚持"两个统一"的观点，有计划、按比例地增加招生人数，才能高速度地发展高等教育事业，确保教育质量。不然，只能适得其反，欲速则不达。

在考生多、招生人数有限的情况下，今年的招生工作一定要严格按照党的招生政策办事，做到公平合理，真正把优秀的人才选拔出来。应当看到，由于考生多，时间紧，工作量大，往往容易产生工作粗糙的毛病，影响择优录取。这就要求我们从报名、考试直到录取,在各个环节上都认真抓细、抓好。

由于考生多,录取人数有限,必然有大量的青年不能被录取。因此,各地要对青年做好思想教育工作。粉碎"四人帮"以后,广大青年迫切要求上大学,这个愿望是可以理解的。学校和家长在努力帮助他们复习好功课的同时,要教育他们对报考大学持一个正确态度,做到"一颗红心,两种准备"。要教育青年们顾全大局,个人利益服从国家利益,局部利益服从整体利益,体谅国家和学校的困难。

我国的中等教育历来肩负着双重任务。向全日制大学输送合格的学生,在一个相当长的时期内,只能是极少数;大量的,是为农业、工业、财贸等各条战线培养有社会主义觉悟的有文化的劳动后备军。因此,各地党团组织、教育部门、中学领导和广大教师对毕业班进行教育时,不要只顾升学这一头,而要统筹兼顾,全面考虑:既要鼓励学生认真学习,迎接高考,接受祖国的挑选;又要教育他们在考不取时,服从国家的统一安排。对大量未被录取的青年,更要做好细致的思想工作。我国优越的社会主义制度,为广大青年的才能和智慧的发展开创了广阔的天地,不论在哪条战线都可以为祖国的四个现代化作出自己的贡献。重要的是,要有远大的理想和实干的精神。掌握人类丰富的文化科学知识,途径是多方面的,走自修和业余学习的道路,同样可以攀登科学技术的高峰。时代赋予我们的任务,是实现四个现代化,把我国建设成为社会主义强国。青年们不论从事什么行业,都和实现四个现代化有关系,前途都是光明灿烂的。"好儿女志在四方",学校和家长应鼓励青年们服从国家的分配,到祖国最需要的地方去。

招生是一项极其复杂、政策性很强的工作。搞好今年的招生工作,关键在于党的领导。各级党委一定要重视今年的招生工作,切实加强领导,早动手,认真抓好。所谓抓好,标准有两条:一是按招生政策办事,保证招生质量;二是统筹兼顾,促进安定团结。这样,招生工作就能受到广大群众的拥护和欢迎。

近两年的招生实践表明,加强党的领导,还表现在各级领导干部以身作则的模范作用上。招生工作涉及千百万人的切身利益。特别是今年考生比较多,招生数量有限,各级党委更要注意教育党员和干部模范地遵守党纪国法,杜绝一切不正之风。国家有困难,绝大多数群众是通情达理的,关键是要严格按照政策办事,做到公平合理。应当看到,时至今日,在粉碎"四人帮"之后的第三个年头,如果有人还在招生工作中营私舞弊,"走后门",就是破坏安定团结,破坏四个现代化,必须给予严肃惩处。

我们相信,只要各级党委重视,加强领导,把招生工作抓细、抓好,今年的招生工作一定会比前两年做得更好。

教育部负责人谈1979年高校和中专招生问题

教育部负责人对新华社记者发表谈话,对今年的招生规定作了一些说明。他说,为了有利于各企业事业单位的生产与工作,今后在职职工应该主要通过业余教育的途径进行学习。教育部门要会同各有关部门,对职工业余教育工作进行规划和部署,大力加强夜校、函授广播和电视教育。在职职工要求报考全日制大学的,须经所在单位批准。从今年招收的新生起,工龄满五年的职工,恢复职工助学金制度,不再由原单位照发工资。前两年,为了广开才路,招生对象的年龄放宽到30周岁。从高等教育的规律考虑,招生对象的年龄不宜过大。今年规定考生一般不超过25周岁。鉴于10多年来被林彪、"四人帮"剥夺了上大学权利的青年,很多人已经超过了这个年龄,他们入学的要求又很迫切,为了不埋没人才,今年又规定,学习成绩优秀的未婚青年,经单位证明,年龄可放宽到28周岁。今后再逐步降低报考青年的年龄。

教育部负责人强调指出,认真贯彻执行德智体全面考核、择优录取的原则,确保招收新生的质量,是高等学校提高教育质量,培养合格人才的前提。今年要切实保证招收新生的政治质量,既要考核马列主义、毛泽东思想的理论水平,又要全面地历史地看本人的政治态度、思想觉悟和道德品质。在政审工作中,要继续肃清林彪、"四人帮"推行的反动"血统论"的流毒;但对考生本人的政治表现,不应放松要求。考生对自己的鉴定,一定要忠诚老实;各基层单位要实事求是地对考生的政治态度、思想觉悟和道德品质作出负责的鉴定。

全国重点高等院校担负着培养攀登科学高峰的高级专门人才的重要责任。为了保证全国重点高等院校的招生质量,这些院校今年仍由教育部根据考试成绩,统一划定最低录取分数线;如果某些地区在统一分数线以上的考生数录取不足时,招生院校可以把名额调到其他成绩较好的地区录取。一般院校的最低录取分数线,仍由省、自治区、直辖市划定。这样做,既保证了全国重点高等学校的招生质量,又照顾了各地的实际情况。

为了提高大学生的外语水平,并推动中小学的外语教学,今后将逐步把外语考试成绩计入总分。但是,考虑到目前许多中学还没有开设外语课的实际情况,今年规定:报考重点院校的考生,外语成绩按考试分数的百分之十计入总分,今后将逐年提高计分比例。报考一般院校的,外语成绩今年暂不计人总分,录取时作为参考。

鉴于目前高中毕业生数量很大,今年中等专业学校除了招收初中毕业生外,也可以招收高中毕业生。今后,随着中等教育结构的改革,将逐步改变这种状况,只招收初中毕业生。高中毕业生今年报考中专必须自愿。既是中专学生,就执行中专的教学计划,在校学习期间和毕业以后,也享受中专生的待遇。这一点事先要同报考者讲明。

教育部负责人强调指出,在高等和中等专业学校招生中,考生多,录取数少,将是长期存在的矛盾。大多数考生落选,这是正常情况,对他们决不应歧视。各有关方面从报名开始到录取之后,都要针对考生思想情况,认真做好思想工作,特别要做好落选考生的思想教育工作。我们希望,全体考生和家长,都要正确处理个人利益和国家利益的关系,"一颗红心,两种准备"。应该看到,在今后相当长的时期内,上全日制大学的只能是少数,绝大多数青年要走自修和业余学习的道路。考上大学固然好,考不上大学,通过自修和业余学习,同样可以提高文化科学水平,为实现"四化"作出贡献。

教育部负责人指出,高等学校招生考试与中学毕业考试的要求不同。高考的主要任务是从大量已经具备高中毕业文化水平的考生中,选拔极少数学习较好的青年,因此,从选拔人才的需要出发,高考试题难度较大,考生及格的可能较少,这是正常的。

今年全国统一的文化考试,主要是考核考生对中学基础知识的掌握情况和综合运用这些知识的能力。我们希望,广大考生在复习中应注意掌握和理解所学的基础知识,在提高分析、解决问题的能力上下功夫,不要死记硬背和猜题。

教育部负责人说,继承和发扬党的优良传统、坚决反对和杜绝徇私舞弊和"走后门"等不正之风,是搞好招生工作的重要原则。这种不正之风,违背了择优录取的原则,为广大群众所深恶痛绝。两年来的实践说明,这种不正之风虽然是个别的,但在群众中造成的影响却很坏。各级招生委员会都必须继续采取有效措施,坚决杜绝"走后门"等不正之风。各级领导同志和招生工作人员更要执法守法,以身作则,坚持原则,严格按规定办事。对"走后门"和徇私舞弊的人,必须视其情节给以批评教育或处分,情节恶劣的要依法惩处。为了杜绝舞弊,新生入学后,学校应该认真进行考核复查,不合格的,学校有权令其退学。

5月18日

国务院总理华国锋在北京会见马里全国解放军事委员会副主席 马里人民民主联盟副总书记 财贸部长阿马杜·巴巴·迪亚拉上校

巴巴·迪亚拉副主席转交了马里全国解放军事委员会主席、国家元首、政府总理穆萨·特拉奥雷将军给华国锋总理的信。

华总理对此表示感谢,他说,中马两国都遭受过帝国主义的侵略和压迫,我们在许多方面有共同语言,我们有进一步合作的政治基础。

巴巴·迪亚拉副主席指出,马中两国人民是老朋友。我们为马中两国卓有成效的合作感到骄傲。他希望马中两国友好合作关系不断发展。

华总理请巴巴·迪亚拉副主席转达他对特拉奥雷主席的问候。他说,我们期待着特拉奥雷主席再次来我国访问,以便进一步加深我们两国相互了解和友谊。

马里驻中国大使高雷西参加了谈话。

谈话时在座的有国务院副总理陈慕华,外交部副部长何英,外经部副部长程飞等。

谈话前,华国锋总理同巴巴·迪亚拉副主席和夫人以及马里友好访问团的其他贵宾一起照了相。

《人民日报》转发《财贸战线报》特约评论员文章《正确地执行按劳分配的奖金制度》

去年,一些地区和单位在实行奖金制度中,认真贯彻按劳分配原则,正确发放奖金,对于调动广大职工的社会主义积极性,完成和超额完成全年国家计划以及各项经济技术指标,起了很好的作用。

但是,在实行奖金过程中也出现了一些问题,特别是去年年终有些地区和单位以发年终奖为名,滥发现金和实物,结果是国家花了很多的钱,却没有收到奖励先进、鞭策后进、增加生产的效果。相反,还人为地制造了许多矛盾,使得不少企业生产费用上升、利润下降,有的因此亏损;增加了国家财政负担;冲击了市场。广大职工对此很不满意。

为什么会出现这种不良后果呢?是关于按劳分配包括奖金制度的宣传过多了吗?是按劳分配的奖金搞过头了吗?完全不是!事实表明,这恰恰是理论上对于必须贯彻执行按劳分配原则,以及必须按此原则正确实行奖金制度宣传得不够,实践中误解或者曲解了奖金的性质、背离了按劳分配原则的结果。

奖金是实现按劳分配所采取的一种劳动报酬形式。它的实质是对超额劳动的报酬。所以,奖金应当与超额劳动相联系,并且从超额劳动所创造的价值中提取,然后按照劳动者超额劳动的多少来支付。实行奖金的目的和作用是为了奖励超额劳动,超额劳动是奖金存在的前提和奖金数量的尺度。就一个劳动者来说,是否应该获得以及获得多少奖金,只能以其是否提供了超额劳动以及提供的多少为依据；就一个企业来说，是否应该发放奖金，也只能以这个企业是否由于经营管理得好、职工提供了超额劳动为依据。我们评判一个单位是否正确地实行了奖金制度，不在于它发的“奖金”数量的大小，也不在于发的是现金或实物，关键在于它奖励的是不是超额劳动。离开了对超额劳动的奖励，“奖金”就不成其为奖金，也就不能起到社会主义企业奖金所应起的鼓励先进、促进生产的作用。

去年年终，奖金的发放，在单位与单位之间开的是“大锅饭”。经营管理好、完成或超额完成生产计划的企业发了奖；经营管理差、没有完成生产计划的企业，甚至连有的经营管理很糟糕、以致不但不能向国家上缴利润，而且亏损的企业，也发了奖。对于本来不应发而发了的“奖金”来说，本质上不是奖金。

在企业内部奖金的支付，平均主义的现象相当普遍而且严重。提供了超额劳动、贡献大的职工发了奖；劳动不好、没有提供超额劳动、没有相应贡献的职工也发了奖。有些单位的年终奖，不问劳动好坏、贡献大小，人人有份，大家均等。年终奖成了“人头奖”。有些单位的年终奖，虽然也分了一、二、三等，但差别很小，接近平均。

这些吃“大锅饭”、平均主义的做法，使那些真正提供了超额劳动的人得不到应有的补偿，而一些没有提供超额劳动的人则占有了别人的劳动。这在实际上只能起打击先进，奖励落后，挫伤职工群众的积极性的作用。这种“奖金”发得越多，矛盾就越尖锐，消极作用就越大，同我们贯彻执行按劳分配的本意大相径庭。我们不久以前刚刚有过把奖金改变成附加工资的平均主义的经验教训，这次实行奖金制度，在实践中又有不少企业和单位把奖金搞成了变相的附加工资，以致尽管发了“奖金”，却对于克服干多干少一样、干好干坏一样、干与不干一样这种状况，并没有起应有的作用。我们应当避免重复这种情况。

超额劳动不仅是奖金存在的前提和奖金数量的尺度，而且是奖金的物质基础和来源。从超额劳动创造的价值中按一定比例提取奖金，不会增加国家的财政开支；发出的奖金也有充足的物资保证，不会造成市场上流通的货币量与商品供应量之间的不平衡。所以，从超额劳动创造的价值中提奖，是符合客观经济规律的，因而也是稳妥的和切实可行的。去年年终奖金从根本上说，正是因为脱离了这个物质基础，所以才出现了诸如这样一些问题：多用了工资基金；挪用了生产费或管理费，以致提高了成本；占用了劳保费；不合理地动用了福利费等等。有的单位甚至严重违反财经纪律，向银行套款。有的为了逃避国家对集团购买力的限制，“开后门”、“拉关系”，不择手段地套购物资来分。这些做法，说穿了是变相地私分国家财产，“吃社会主义”。诸如此类的现象，如不坚决纠正，就势必挫伤广大职工的积极性，影响生产的发展，败坏作为按劳分配的劳动报酬形式的奖金的声誉。

为了真正做到按照按劳分配的社会主义原则实行奖金制度，应当改变按一定比例从职工标准工资总额中提取奖金的做法，因为这个办法本身就包含着平均主义的因素。按照这种提奖办法，人多奖金也多，人少奖金也少，奖金总额与企业经济效果没有直接联系。经营管理得好、经济效果大的企业，不能多提取奖金；经营管理得差的企业，奖金也不少提。它使得人们形成这样一种观念，人人都该有他的一份奖金，似乎不提供超额劳动者也该有他的一份。这对于克服平均主义是很不利的。

总之，去年年终发奖中出现的这些问题，很值得引起大家的注意，说明了按劳分配的奖金制度没有得到真正的贯彻实行。造成这种情况的原因是多方面的，应当加以分析。有的单位在发放奖金的做法上出现这样那样的缺点，就其主观动机来说，也是可以理解的。但是任何违背客观规律的善良动机，都不会带来有益的效果。有的同志未加分析，就把去年有些企业和单位发放年终奖金中出现的问题归咎于按劳分配的奖金制度，甚至因噎废食，借此来否定和取消按劳分配和奖金。在我们的企业中，贯彻按劳分配，实行合理的确能鼓励先进的奖金制度，职工的积极性就能得到显著的提高，生产就能很快地上去，这已经是实践所反复证明了的。贯彻按劳分配，实行奖金制度，这是不能有丝毫动摇的。现在的问题，就是要认真总结去年正反两方面的经验教训，正确地实行奖金制度，调动职工的积极性，以便更好地为实现四个现代化服务。

我们应该着手研究如何使奖金能够与超额劳动直接联系起来，在多种可供选择的具体做法中，选择最优的做法。在价格合理，即符合价值规律的情况下，超额劳动所创造的价值能够由超额利润接近准确地表现出来，从超额利润中提取奖金是简单易行的。但是，目前由于价格方面的问题还很多，而这些问题又需要有比较长的时间来逐步解决。价格不合理直接影响企业盈利的多少，不能比较准确地表现其经济效果，也不能表现职工是否提供了超额劳动以及提供的数量。在这种情况下，实行从超额利润中提取奖金，有实际困难。目前似可考虑先采取一些变通的办法，如根据不同部门和行业的产品价格的不同情况，分别规定不同的奖金提取比例。去年上海市 14 个企业试行的超计划利润提成奖，就比从工资基金中的提奖进了一步。它们的办法是：企业在完成国家下达的产量、质量、品种和利润 4 项主要经济指标的前提下，根据各企业产品利润高低和获取超计划利润的难易,在超计划利润中提取3%—20%作为奖金,多超多奖,少超少奖,不超不奖。奖金在企业内部根据职工贡献大小来支付。有的行业和部门则按超额劳动创造的产品数量和质量提奖,煤炭工业中一些企业已这样做。以上这些做法,把奖金与超额劳动直接联系起来,促使职工从物质利益上关心生产的成果,效果显著,应当引起我们的重视,认真加以总结和提高。

正确地实行奖金制度,必须认真切实地加强企业管理,特别要做好劳动定额管理工作。正确制定和执行劳动定额,就能比较准确地反映职工提供超额劳动的情况,这是实行奖金的重要条件。定额管理搞好了,定期公布职工完成定额的结果,谁劳动得好,谁劳动得差,谁的贡献大,谁的贡献小,就一目了然,发奖就有了可靠的依据。谁该得,谁不该得,谁多得,谁少得,干部、群众心里有了一本账,就可以使评奖工作简便和顺利得多。正确地制定和执行劳动定额的重要性,还在于可以制约奖金的数量的变化,避免过高或过低。现在许多企业的定额还是十几年前规定的,不少已经不符合当前的实际情况。有的企业,由于采用了先进技术,更新了设备,或者工人的熟练程度提高了,如果再沿用原来的定额,就显得偏低,不能代表平均先进的水平,容易造成没有付出超额劳动的人,也得到了奖金。有的企业,生产工具基本上同过去一样,没有什么改进,老的技术工人年迈力衰,青年工人尚未熟练掌握技术,如果沿用原来的定额,就显得偏高,这样会不符合平均先进定额要求,容易造成付出了超额劳动的人,不能得到应有的奖金。在这两种情况下,都会挫伤职工的积极性。我们要在调查研究的基础上,尽快制定出新的平均先进的定额,并在实践中使它逐步完善起来。只有搞好定额管理工作,不断提高企业管理水平,才能保证奖金制度发挥应有的作用。

正确实行奖金制度,必须大力加强思想政治工作。企业的思想政治工作的一个重要任务,就是要保证贯彻执行按劳分配原则,当然也就包括保证正确实行奖金制度。奖金直接关系到每个人切身的物质利益,关系到如何正确对待国家、集体、个人三者的关系。在实行奖金过程中,一定会出现各种各样的思想,有正确的,有错误的,有先进的,有落后的。任何制度和办法都是要人去执行的。如果放松了思想政治工作,任凭错误的、落后的思想泛滥起来,那么即便是最好的奖励制度和办法,执行起来也会受到歪曲,不能收到预期的效果。

当前,为了正确实行奖金制度,我们的思想政治工作的内容之一,就是要引导职工认真学习按劳分配的理论。要使企业领导干部和广大职工都懂得,社会主义按劳分配是一个客观规律,违反了它,就要犯错误。要使大家都懂得奖金的本质、来源和作用,懂得奖金和超额劳动的关系。要继续批判林彪、"四人帮"对按劳分配和奖金的攻击诬蔑,进一步肃清其流毒。要大力表扬那些胸怀全局,忘我劳动,献身社会主义事业,发挥首创精神,进行技术革新和发明创造,积极为国家多作贡献的先进集体和模范人物。要批评教育那些不比贡献比奖金,一心想着少劳多获或不劳而获的错误思想和行为。要引导职工正确认识发展生产和改善生活的关系。生产决定分配,大家努力劳动,生产发展了,职工生活的改善才有了牢靠的保障。而且我们是在一个经济落后、人口众多的国家里搞四个现代化,强调只能在生产发展的基础上逐步地改善人民生活,就更为重要。我们要急国家之所急,继续发扬艰苦奋斗的革命精神。

在今后一个相当长的时期内,思想政治工作的另一个重要任务就是要继续反对平均主义。由于林彪、"四人帮"的多年煽动,平均主义流毒很广很深,至今还有很大的市场。平均主义危害很大,不仅直接破坏按劳分配,而且远远超出这个范围,严重地损害我们的社会主义建设事业。不分贡献大小平分奖金,这种奖金发得再多,也不能起到奖金的作用,只能起相反的作用。我们要引导群众认识平均主义思想是倒退的、反动的性质,充分认识它的危害性,并自觉地起来与平均主义作斗争。我们应该坚决克服平均主义,承认差别,做到多劳多得,少劳少得。同时,应当允许一部分企业,一部分职工由于主观努力对国家贡献大,收入先多起来,生活先好起来,以带动其他企业、其他职工向他们学习。这样,才能充分调动劳动群众的积极性,推动整个国民经济迅速发展,最后使大家都富裕起来。

国务院副总理余秋里在北京会见加拿大出口发展公司董事长麦克唐诺副董事长麦凯一行

国务院副总理余秋里在北京会见突尼斯贸易部部长萨拉赫丁·穆巴拉克一行

全国人大常委会副委员长邓颖超在北京宴请了诺罗敦·西哈努克亲王和夫人 宾努亲王和夫人

全国人大常委会副委员长乌兰夫在北京会见以克莱德·卡梅伦为团长的澳大利亚工党议员团

外交部部长黄华在人民大会堂举行宴会欢迎巴基斯坦外交顾问阿迦·夏希

中国新任驻上沃尔特特命全权大使周敏在瓦加杜古向上沃尔特共和国总统桑古尔·拉米扎纳递交国书

中国政府代表团团长韩念龙在河内举行的中越两国副外长级谈判第五次全体会议上发言

全文如下：

越南社会主义共和国政府代表团团长潘贤阁下，越南政府代表团的同事们：

中越两国政府代表团之间的谈判，到今天已经举行五次全体会议。令人十分遗憾的是，谈判没有取得进展。中国方面为使谈判取得进展，进行了不懈的努力，这是有目共睹的事实。但是，越南方面在上一次会议的发言中却硬说"中国方面必须对谈判没有取得进展承担全部责任"。这完全是颠倒是非，推卸越南方面阻挠谈判顺利进行的责任。这是枉费心机的。

众所周知，中国政府代表团是抱着恢复两国正常关系、维护两国人民传统友谊、和平解决两国争端的真诚愿望，来到河内同越南政府代表团进行谈判的。这一个月来，中国政府代表团本着实事求是的态度，回顾了近年中越关系的演变过程，对中越两国目前存在的各项重大问题作了明确的、客观的阐述，并且列举大量不可辩驳的事实，指出了导致中越关系急剧恶化和发生边境武装冲突的深刻背景及根本原因。在4月26日的第二次全体会议上，中国政府代表团提出了关于处理中越两国关系的八项原则建议。我们的建议包括了中越关系中的各个主要方面，提出了应该着重解决的基本原则问题，首先是双方共同遵循和平共处的五项原则以及不谋求霸权的原则。这一建议切合目前中越两国关系的实际情况，为中越谈判指出了正确的方向，完全是合情合理和切实可行的。只要我们双方就这些基本原则取得一致意见，我们的谈判就有了解决各项具体问题的指导方针，使中越争端从根本上得到解决，从而为两国关系正常化打下坚实的基础。中国政府这一重要建议不仅符合中越两国人民的根本利益，并且符合印度支那和东南亚人民要求维护本地区的和平与稳定的强烈愿望。因此，受到全世界各国人民和公正舆论的广泛同情和支持。

在谈判中，中国方面本着平等协商的精神，仔细地听取了越南方面的意见，认真地研究了越南方面的各项建议，并且作出了实事求是的评论。

遗憾的是，越南方面对中越谈判采取的完全是另外一种态度。你们对中国方面的建设性意见和建议，不但没有作出积极响应，反而进行无理攻击。4月18日谈判一开始，越南方面在首次发言中，就恣意颠倒黑白，歪曲事实，对中国大肆攻击和诽谤，把破坏中越友好关系和挑起边境武装冲突的责任硬加在中国身上。在以后的历次会议上，越南方面无不重复这类反华谰言，而且谣言造得越来越荒诞，语言越来越恶毒，甚至对中国领导人进行了恶毒攻击，并扬言要把这些谰言"永远重复下去"。越南当局信口编造谣言，胡说什么中国"在60年代阻止越南南方进行武装斗争"，"破坏印度支那三国人民的团结"，曾经"准备承认朗诺政权"，"成立了东南亚解放军联合司令部"等等，诸如此类的谣言和诬蔑性的所谓质问达数十个之多。你们居然还把前些时候越南当局编造的、当时即已被国际舆论戳穿了的中国"在老挝接济王宝"之类的谣言，重新拣起来拿到谈判桌上诬蔑中国。你们真是当面造谣不脸红。中国对越南抗法、抗美战争，特别是越南南方人民的反侵略斗争的全力支持，是有目共睹的。直到前几年，越南领导人还多次向中国领导人表示，如果没有中国的支援，越南的胜利是不可能的。如果越南方面不是患了政治健忘症，总应该还记得有关事实，而不至于如此完全颠倒是非。中国对柬埔寨、老挝两国人民反帝斗争的一贯支持也是举世皆知的，这是任何谎言都无法歪曲的事实。人们都清楚地记得，当中国大力支持柬埔寨人民反对朗诺集团的正义斗争的时候，一直在金边保持大使馆的，不是别人，而是你们的盟主苏联。印度支那三国人民在取得反帝斗争的胜利之后，要求休养生息，本来可以致力于各自国家的建设，但是，越南当局地区霸权主义野心膨胀，力图建立"印度支那联邦"，首先派遣大批军队进占老挝，全面控制；对不肯丧权辱国的民主柬埔寨，悍然发动大规模武装侵略，并用刺刀扶植一个由越南走狗和柬埔寨卖国贼拼凑起来的傀儡政权。破坏印度支那三国人民革命事业的罪魁祸首，正是越南当局自己。你们使印度支那三国人民重新陷入严重的灾难。越南方面凭空捏造几十个问题，对中国造谣中伤，当场就遭到我们的严正驳斥。但是，越南方面并不感到自己的卑劣手法可耻，反而到处招摇撞骗，叫嚷中国方面"欠"越南方面几十个问题没有作出"答复"，对中国大力诽谤和诋毁。但是，你们这样做，既蒙蔽不了印度支那三国人民，也欺骗不了世界舆论，更无损于中国的国际声誉。这只能进一步表明，越南当局为实现侵略扩张的野心，为苏联全球战略的南下政策充当"亚洲的古巴"，疯狂反华仇华，已经达到了不择手段的地步。越南方面的所作所为，充分说明你们是蓄意把严肃的谈判会议当作恶毒攻击中国的讲坛，根本不打算认真讨论和解决存在的争端。

关于越南方面在谈判中指出的"解决两国关系问题的三点主要原则和内容"，我们经过认真的研究，并且对照了你们的言行，我们不得不指出，它是虚伪的。三点建议回避了中越关系中的重大问题和实质问题，对不谋求霸权的原则尤其讳莫如深，不敢触及。你们一听到反对霸权主义就坐立不安，急忙拿出“干涉内政”、“超出双边关系范畴”等等借口，极力企图阻止中国严正维护反对霸权主义的原则。可见你们回避不谋求霸权的原则是心虚理亏，是要坚持推行民族扩张主义和地区霸权主义政策的自我暴露。必须指出，在中越谈判期间，越南当局继续向中老边境地区增派军队，加紧进攻坚决抵抗越南侵略的柬埔寨爱国军民，并且利用柬埔寨傀儡集团和强迫老挝共同反华。越南当局的侵略扩张活动，已经发展到从柬泰边境向泰国进行武装挑衅，从老挝向泰国派遣间谍的严重地步。同时，越南当局还向苏联提供海空军基地，并让苏联在越南的金兰湾建造电子窃听站。越南当局推行民族扩张主义和地区霸权主义政策，是中越两国关系恶化的重要原因，也是印度支那和东南亚地区的局势恶化和紧张的根源。对反对霸权主义这样一个重大原则问题，越南方面在中越谈判中是回避不了的。同时，我们也要忠告越南方面，不要利用中越谈判和三点建议作为手段，掩盖你们妄图扑灭柬埔寨军民抗越卫国武装斗争、加强对老挝的全面控制、建立“印支联邦”的侵略扩张行径。

越南当局在中越谈判期间，会内会外紧密配合，大肆煽动反华仇华歇斯底里，加剧边境紧张局势，恶化谈判气氛。你们一方面在三点建议中提出停止一切战争挑衅行动和敌对活动，“在和平共处的原则基础上恢复两国正常关系”，但在实际行动中，你们加强在边境地区的军事部署，不断向中国境内开枪打炮，派遣武装部队和特工人员越境侵扰，严重威胁中国边境地区的和与写安宁，破坏中国边境地区的生产建设。从3月17日至5月初，越南方面对中国的武装挑衅和入侵事件近400起，打死打伤我边防人员和边境居民数十人。越南当局还继续从边境和海上驱赶越南公民和华侨进入中国境内，仅4月份被驱赶入境的已达2万多人。同时，越南当局动员了报刊、电视、电台等全部舆论工具，继续展开大规模的反华宣传，煽动反华、仇华民族情绪，并且不断发出战争叫嚣，制造紧张气氛。反华战争空气笼罩越南全国各地。在这样的现实情况下，越南方面不是立即停止反华仇华的敌对活动，采取根本措施确保中越边境的和平与安宁，却一味宣扬三点建议中关于“紧急措施”的第一点的“迫切性”，千方百计地要把这一点列为首要议题。这就不能不使人怀疑越南方面的用心何在。你们这样喋喋不休地宣扬这个建议，立即使人联想起，越南当局在第一次大规模武装侵略柬埔寨之后，曾在1978年2月也提出过一个所谓解决越柬关系的三点建议，其中包括双方武装部队各自后撤五公里，以及互不侵犯、不搞颠覆活动等。但是，越南当局在这个“和平建议”的掩盖下，加强军事部署，加紧颠覆活动，在同年年年年底就卷土重来，用更大规模的突然袭击，武装侵占柬埔寨。人们不能不记住历史的教训。我们要听其言，观其行。我们希望越南方面用行动来证实自己的和平诚意。

越南方面在谈判中粗暴地攻击中国方面“对谈判提出了先决条件”。这完全是混淆黑白，歪曲事实。我在谈判会议上说，“要使中越两国关系正常化，越南当局必须停止反华仇华、改变民族扩张主义和地区霸权主义政策。”这完全是切合实际的，是着眼于从根本上解决中越两国关系问题，使两国关系真正能恢复正常。试问：越南当局如果像现在这样坚持反华仇华，继续推行民族扩张主义和地区霸权主义政策，那么，中越关系怎么可能正常化呢？中越人民的传统友谊怎么能不受到破坏呢？中越边境的和平与安宁怎么能得到保障呢？印度支那和东南亚的和平与稳定怎么能得到维护呢？越南方面把中国方面提出的敦促越南停止反华仇华、改变民族扩张主义和地区霸权主义的政策，以及从柬埔寨撤军等正当要求，说成是“对谈判提出了先决条件”，是“要越南改变自己独立自主和国际团结的路线”。这是你们自己把反华仇华、推行民族扩张主义和地区霸权主义政策以及军事占领柬埔寨与越南的“独立自主和国际团结的路线”等同起来的。你们却攻击中国“强加于人”，这除了贻笑于天下，还能掩盖得了你们反华仇华、推行侵略扩张政策的真面目吗？正是越南当局把军事占领和殖民统治强加在柬埔寨人民和老挝人民身上。你们居然还说，这是越南的“崇高的国际主义义务”，是“正当的合作，符合《联合国宪章》，符合不结盟运动的目标和原则，符合万隆会议的原则”。这是赤裸裸的霸权主义者的态度，是对《联合国宪章》、不结盟运动和万隆会议原则的明目张胆的歪曲和恣意践踏，柬埔寨人民、老挝人民和全世界人民是绝对不能接受和容忍的。

越南方面在最近的几次会议上，一再提出今后会议讨论的“方式”，进行纠缠。我们已经明确指出，你们的讨论“方式”，不论在形式上作什么样的改变，其目的都是妄图回避中越关系中存在的重大和实质问题，阻止讨论不谋求霸权的原则。你们的讨论方式，不利于谈判的进展，无助于两国关系的正常化，只会把谈判引入歧途，因而是不可取的。我们认为，要使谈判真正取得成果，中越正常关系切实得到恢复，就必须从根本性问题入手，首先使和平共处五项原则和不谋求霸权的原则得到恪守，这些原则是恢复中越正常关系和维护中越人民传统友谊的最基本的原则。为了尽早遣返中越边境武装冲突中双方全部被俘人员，中国政府代表曾在谈判中一再建议中越双方就此问题达成原则协议，有关事宜由两国红十字会具体商谈和办理。越南方面虽然口口声声说遣返被俘人员是“迫切的”问题,需要采取“紧急措施”,但是,对中国方面的合理建议,却一直不予置理。为了使被俘人员能早日同家人团聚,中国政府5月11日宣布决定近期释放遣返一批被俘的越南武装人员,并再次建议中越两国红十字会尽快会晤,以便商谈和办理有关遣返双方全部被俘人员的具体事宜。在这之后,越南政府代表团团长才于5月12日发展声明,终于同意中国方面的建议;同时却又对中国方面充分体现革命人道主义精神的行动横加指责,这是完全没有道理的。

综上所述,这一轮谈判的过程充分说明,中国方面为了促进谈判取得成果,作出了巨大的努力。但遗憾的是,中国方面合情合理的建议未能得到越南方面的积极响应。相反地,越南方面却玩弄各种卑劣的手法,避开两国关系中的根本问题,歪曲事实、无中生有地提出一大堆荒诞的问题进行纠缠,阻挠谈判的顺利进行。事实表明,谈判没有取得进展是越南方面没有诚意造成的,其责任完全在越南方面。中越两国人民和东南亚以及世界各国人民都希望中越谈判取得进展。我们希望越南方面不要再辜负他们的殷切期望。

中越谈判经过五次全体会议,双方各自提出了自己的建议,阐述了各自的观点,表明了各自的立场。根据中越双方关于谈判轮流在河内和北京举行的协议,我们建议,在河内举行的这一轮谈判到此结束,下一轮谈判在北京举行。有关下一轮谈判的具体事宜,双方通过外交途径商定。中国政府代表团将于日内离开河内回国。我们欢迎越南政府代表团到北京继续谈判。尽管中越双方存在着重大的原则分歧,中国方面将一如既往,不断克服各种障碍和困难,努力促进谈判取得成果,为恢复中越正常关系和巩固两国人民传统友谊,确保两国边境的和平与安宁,维护印度支那、东南亚和全世界的和平与稳定作出积极的贡献。同时,我们诚恳地希望,越南方面能够放弃蛮横无理的态度,真正对谈判抱有诚意,认真、严肃、实事求是地考虑中国方面的八项原则建议,为谈判取得进展作出应有的努力。

中越两国副外长级谈判的第一轮会议在河内结束

中国政府代表团团长韩念龙说:“中越谈判经过五次全体会议,双方各自提出了自己的建议,阐述了各自的观点,表明了各自的立场,根据中越双方关于谈判轮流在河内和北京举行的协议,我们建议,在河内举行的这一轮谈判到此结束,下一轮谈判在北京举行。有关下一轮谈判的具体事宜,双方通过外交途径商定。”

韩念龙欢迎越南政府代表团到北京继续谈判。同时,他诚恳地希望,越南方面能够放弃蛮横无理的态度,对谈判抱有诚意,认真、严肃、实事求是地考虑中国方面的八项原则建议,为谈判取得进展作出应有的努力。

越南政府代表团团长潘贤主持今天的会议,并且首先发言。他竭力推卸越方阻挠谈判顺利进行的责任,并继续在今后会议讨论的方式问题上无理纠缠。

潘贤在发言中承认:“经过四次会议,各方都阐述了自己的总的观点和建议。”他在韩念龙发言后再次发言时也承认,中越双方已商定谈判轮流在河内和北京举行。然而,他还是对中国方面提出的关于结束谈判的第一轮会议的建议进行无理攻击,说什么越方的意见“还未谈完”,并要中国方面对结束第一轮会议“负责任”。

韩念龙在即席发言中驳斥了潘贤的攻击。他说:“中越双方早已商定中越谈判轮流在河内、北京两地举行。越方还有意见,可以在北京继续谈,没有人限制你们讲话。”谈判在两国首都轮流举行是公平合理的。越方提出什么“责任”问题,是毫无道理的。

经过韩念龙驳斥后,潘贤说,关于在北京举行第二轮谈判,“我们将加以考虑,并随后发表意见,通过外交途径进行商讨。”

全国中医学术会议在北京交流学术经验

会议于5月18日至24日举行,来自全国各地的380多名代表交流了学术经验。

会议期间,华国锋同志、陈慕华同志听取了代表们的意见。华国锋同志还同与会专家们一起研究如何加快中西医结合的步伐,创造我国统一的新医药学等问题。

这次学术会议是中医发展史上一次空前的盛会,是对近几年来中医和中西医结合学术成果的一次检阅。会议收到各省、自治区、直辖市送来的学术论文1300多篇。

有五篇论文反映了作者整理研究古代中医文献和大量出土医药文物的成果,以及整理研究藏族、蒙古族、维吾尔族等少数民族医学史的成果,充分证明了具有几千年发展史的祖国医药学有其独特的完整的理论体系,确实是一个急待发掘的伟大宝库。广大中西医务人员过去几年在中西医结合临床研究方面做了大量工作,取得了很多防治经验。上海中风预报协作组从“预防为主”出发,运用现代医学的诊断方法和中医辨证论治相结合,对心血管疾病进行诊断预报,提出了中风前兆的一系列指标和治疗方法。他们的论文,受到与会代表的赞扬。

用现代科学知识和方法研究祖国医学,已从临床研究开始深入到对中医基础理论的研究。上海第二医学院内分泌学专家邝安堃教授的论文，用现代科学知识和方法论证了祖国医学基本理论“阴阳学说”，从现代细胞分子水平的高度提出了中医阴虚、阳虚的某些客观指标。此外，北京、上海、广州、重庆等地用现代科学知识和方法，对中医的寒热、虚实、气血以及肾和命门、脾胃、脏腑等学说进行了研究，用现代科学指标探讨其本质。有关这方面的论文，也都引起了与会代表的极大兴趣。

会上交流的有关针灸针麻方面的论文共六篇，其中《循经感传现象的观察》和《经络阴滞现象的研究》，用现代科学方法验证了经络的客观存在。另几篇论文说明，针灸在临床上用以治疗菌痢、冠心病和胆结石症，针麻用于剖腹产等都取得了一定的疗效。

这次为时 1 周的全国中医学术会议，是卫生部主持召开的。大家交流经验，相互切磋，各抒已见，整个会议洋溢着学术上“百家争鸣”的热烈气氛。

5 月 19 日

国务院总理华国锋在北京会见巴基斯坦外交顾问阿迦·夏希

华总理向来自巴基斯坦的老朋友表示热烈的欢迎。他说，中巴两国人民有着悠久的传统友谊，我们两国的关系一直很好。华总理在谈话中希望巴基斯坦繁荣昌盛。

夏希先生感谢华国锋总理会见他。他说，我为能成为中国的老朋友而感到高兴。

夏希先生转达了哈克总统对华总理的问候。华总理也请夏希先生转达他对哈克总统的问候。

巴基斯坦驻中国大使尤纳斯参加了会见。

外交部部长黄华、副部长仲曦东等会见时在座。

《人民日报》发表刘澜波的文章《电力工业必须变落后为先行》

电力必须先行，这是整个国民经济发展的一条客观规律。由于林彪、“四人帮”的干扰破坏，现在全国缺电已进入第 10 个年头，电力由先行变成落后。工农业及人民生活用电得不到保证，经济上损失很大。我们必须下定决心，把这种局面逐步扭转过来。

怎样才能改变电力工业这种落后的局面呢？电力部门以及其他有关部门需要从哪些方面努力呢？

第一，在国民经济计划的安排上，今后若干年内，需要逐步加大电力工业投资的比重。

1966 年到 1978 年的 13 年中，电力建设投资在整个国民经济总投资中所占的比例比较小，发电装机少了，而工农业用电却增长快了，这是造成电力工业与国民经济严重失调的根本原因。1977 和 1978 两年情况好一点，但还远没有还清旧账。

在今后 3 年期间，通过整个国民经济的调整、整顿，电力工业在调整中前进，在前进中调整，缺电的紧张情况会有所缓和。但 3 年调整以后，国民经济必将有一个大的发展，工农业用电也将大幅度上升。因此，在调整期间，就要抓紧时间为电力工业以后能够大上做好准备，否则届时还是谈不上电力先行，还会出现电力工业与国民经济失调的现象。这一点，在计划安排上必须及早注意。

第二，从我国的实际出发，应当多搞水电。

我国电力工业的能源政策是：水火并举，因地制宜。华国锋同志和中央其他领导同志，一再指出要多搞水电。我国水力资源极其丰富(理论蕴藏量约为 5.8 亿千瓦)，已经开发的不过是 2.5%。水力资源远比地下矿藏容易查清。有很多“富矿”，即投资省、见效快的水电资源，亟待我们去开发。据新安江、盐锅峡、新丰江、柘溪等水电站的建设经验，只要做好勘测设计等前期工作，类似规模的水电站建设期限一般可做到三四年左右开始发电，只是稍长于火电。水电成本低，利润高，投资可以较快收回。只要国家对水电的建设项目、投资、物资安排得当，不发生过去那种时上时下、停停打打的状况，水电建设的速度是可以大大加快的。加快水电建设也是缓和燃料、运输紧张的战略措施，而且是干净的能源，甚至可以借此发展旅游。因此我们必须想方设法增加水电投资。世界上工业发达的国家，如美、法、日、瑞士、瑞典、加拿大、联邦德国等，都是优先发展水电，水力资源利用已达 40%—98%。

第三，加速建设煤炭和电力的联合基地。

火电要立足于煤，不是油更不是铀，这是我国丰富的煤炭资源所决定的。煤、电要比肩发展，火电发展速度取决于煤炭发展速度。今后火电建设的重点是坑口电站，要在煤炭基地建设电站群，形成大型电力基地。当然这也要从实际情况出发，要考虑水源等问题。为了加快煤炭和电力的建设，我们认为应把煤炭开发的重点放在那些资源丰富，埋藏浅，热量高，投资少，收效快的地方。这样的地方很多，如山西、内蒙古、河南、陕西、宁夏等地，应加速开发；变北煤南运为北电南送，更为经济合理。煤炭部和电力部应进一步密切协作，在全国重点煤矿区建设大型煤电联合基地。

第四，积极发展大型发电机组的制造。

发电设备的供应必须立足国内，以自力更生为主，进口必要的国外设备为辅。目前，我国发电设备的制造能力和单机容量都偏小，电力部应与一机部紧密配合，迅速改变这种状况。发电设备的引进，也要处理好“买鸡与买蛋”的关系。我们应积极地引进新的技术。

希望国内相应的几个制造厂通力合作，抓紧大型机组的改造和已经定型机组的大批量生产，以及相应的大型送变电设备的制造。这是加速我国电力建设的可靠保证。

第五，抓紧做好电力建设的前期工作，水电能否加快，尤其取决于此。

当前电力建设上一个突出的问题是前期工作落后，特别是水电。这是10年来拆散、下放、砸烂勘测设计和科研机构所造成的严重后果。大批技术人员被轰散了，大量技术资料也被烧毁了，水电建设的前期工作受到了严重的影响。为了扭转这种情况，水、火电勘测设计院必须适当调整、集中、充实和加强，采用先进的勘测设计手段，以加速前期工作；同时，为调动广大勘测设计人员的积极性，迫切需要为他们创造必要的工作条件和生活条件。过去下放、分散、改行的技术人员，希望各地区、各部门支持他们归队。

为了在深山峡谷地区进行大规模水电建设，需要提前2年至3年甚至更长一些时间修筑道路，运进设备，进行野外勘测工作，这是顺利进行施工的基础。不做好勘测设计，仓促上阵，就难免在施工中出现这样那样的问题，做不到多快好省，这些年是有过很大教训的。为保证严格执行基建程序，用于前期工作的费用，应提前拨付，在数量上要满足起码要求。根据长期经验，水电建设项目必须有一定的“储备”，即规划、设计和施工中的项目比例，至少应为4:2:1。我们应当努力争取尽快达到这一目标。

第六，要搞好整顿工作，加强企业管理，充分发挥现有设备能力，保证安全发电、供电。

全国已有的发电设备，是我们的前进基地。这些年来，老设备由于过分使用(我国火电设备利用小时在世界上是最高的)，甚至还提倡什么“一厂变一厂半”，以致失于维修。新设备由于制造质量有缺陷和配套设备不全，以及上煤、除灰、供水等基建工程未完，还有一部分出力不足，经过两年的努力，情况已大有好转，我们打算今年把这部分设备的能力基本完善化。这里顺便提一下，这两年天旱水枯，水电发得少一些，有的同志就说水、火电比例失调了，火电搞少了。其实，根本问题是水、火电发电装机太少了，没有一点储备。为了多发电，全国有许多水电站的水库没能合理利用，寅吃卯粮，甚至在死水位以下还长时间大量发电，浪费了很多水能，使水库失去了正常调度，破坏了综合效益，也给设备带来损失，这种做法，后果十分严重，必须下决心逐步扭转。

现有输变电能力严重不足。约有几十万千瓦发电能力送不出去。同时，由于过负荷，电压低，加大了送配电线路的损失，估计每年多损失了几十亿度电量。这都是必须加以整顿的。

严格执行计划用电。电力分配一定要从全局出发，保证重点，兼顾一般，同类产品要择优供电。新建的项目，必须有供电协议，否则不应列入建设计划。现在很多地方由于超分、超用，使电网周波和电压下降，损坏了发电设备，损坏了用电设备，也严重影响产品质量。如果这种做法改变，总有一天会发生电网解裂、大面积停电的恶性事故。对于这种情况，请各地党政领导机关予以充分的重视，坚决制止不严格执行计划用电的状况。要狠抓节煤、节电的工作。1978年全国煤耗，平均每度电为434克，仅比历史最好水平442克，降低了8克，仍然偏高。我们打算在3年调整期间，经过努力，逐年降低六至七克，或者更多一些，这样每年可以节煤数百万吨。

1978年全国送电线路损失和厂用电约占发电量的16%—17%，我们打算在3年调整期间，经过努力，降低到15%以下，这样可节电几十亿度。

各行各业都要厉行节约用电。这方面的潜力是很大的。电力部门要抓，全党全国要抓，要发动群众抓，各地都有不少很好的经验，一定要抓出成效来。

要做好以上的这些工作，最重要的还是要依靠广大电业职工，加强政治思想工作，高举毛泽东思想的旗帜，结合新形势、新任务，深入细致地进行“四个坚持”的教育，认真调整、充实和加强各级领导班子，敢抓敢管，狠抓队伍建设，克服无政府主义，消除派性干扰。恢复和加强培训工作，提高职工的技术、业务和管理水平，恢复和健全各种规章制度。这个任务是很重的，各级电力部门要决心下大力气，依靠群众，扎扎实实地一件件办好。

最后，谈谈加强电网的统一管理的问题。

发展电网。电网愈来愈大，产(发电)、供(送变电)、销(配电营业)高度统一管理，是世界各国的共同经验，西欧、东欧的电网都早已跨过世界。新中国成立以来，也一直是这样做的。实践证明，不论大范围、小范围的电网统一管理，可以得到以下一些好处：按照经济地理状况，合理利用能源，互相补充；充分发挥设备能力；加快建设速度(创造了使用大机组的条件)；降低燃料消耗，保证安全发电、供电；地区之间互通有无，互相支持；在战时受到破坏时也可使电源恢复较快。林彪、“四人帮”以批判“条条专政”为名，否定大电网的优越性，破坏大电网的集中统一管理体制；又由于各地区严重缺电，有的电网被拆散了，一些电网管理削弱了，给电力工业和用户造成了许多不应有的损失。1975年国务院明文规定电网统一管理，这是合乎经济规律的。由于遇到干扰，这个正确的重大措施未能得到贯彻执行。我们一定要拨乱反正，正本清源，国务院文件所规定的原则，应当认真贯彻执行。最近国家计委提出的“跨省区的和一个省区范围内的电网由电力部统一管理，电力由国家统一分配供应”的意见，是完全正确的。在有关省、市的协助下，电力部门应当管好电网，把两个积极性拧在一起，把事情办好。

我们相信，在华国锋同志为首的党中央正确领导下，经过毛泽东思想哺育成长的广大电业职工的努力，和其他有关部门的支持与帮助，同心协力，坚持四个原则，解放思想，走中国式四个现代化的道路，在新的长征途中，鼓足干劲，力争上游，努力增产，厉行节约，任何困难都是可以克服的，电力工业一定能够变落后为先行，为实现我国四个现代化作出应有的贡献。

中国人民银行发行首套精装纪念金币

为庆祝中华人民共和国成立30周年，国务院授权中国人民银行将发行一套精装纪念金币。这套纪念金币共四枚，正面图案均为中华人民共和国国徽，并铸有“中华人民共和国成立30周年”字样和“1949—1979”年号；背面图样分别为天安门、人民英雄纪念碑、人民大会堂、毛主席纪念堂。这套即将发行的金币，是中华人民共和国成立以来发行的第一套纪念金币，现在精工铸造。

国务院副总理陈慕华在北京会见美国麻省州立大学数学系教授程毓淮和夫人

全国人大常委会副委员长邓颖超在北京会见希腊朋友海伦·卡曾扎基夫人以及法国朋友雅克琳·玛泰夫人和瑞士朋友雅纳·罗夏夫人

海伦·卡曾扎基夫人是希腊已故著名进步作家、中国人民的老朋友尼古拉斯·卡曾扎基的妻子，她本人也是作家，对中国人民一贯热情友好。长期以来，她为向世界宣传新中国作了不懈的努力。会见时，邓颖超副委员长欢迎海伦·卡曾扎基夫人和她的两位朋友来我国访问，并同她们进行了亲切友好的谈话。

会见时，中国人民对外友好协会副会长林林等在座。

全国人大常委会副委员长乌兰夫在北京会见以伊斯梅尔·穆罕默德·法德勒为团长的苏丹工人工会联合会代表团

全国人大常委会副委员长姬鹏飞在北京会见以日本青年团协议会会长西井勇为团长的日本青年团协议会访华团

中国与阿尔及利亚签署两国政府长期贸易协定

外贸部部长李强和阿尔及利亚商业部长阿克比·阿卜德加尼，分别作为本国政府的代表在协定上签字。

这项长期贸易协定是这两位部长在上午的会谈中最终达成的。协定的有效期为3年，如缔约的一方在协定到期前3个月没有书面通知另一方，此协定的有效期将顺延3年。

5月20日

国务院副总理邓小平在北京会见巴基斯坦外交顾问阿迦·夏希

国务院副总理余秋里在北京会见阿尔及利亚商业部长阿克比·阿卜德加尼

《红楼梦学刊》编委会在北京正式成立

这次学刊编委成立大会是文艺界、红学界一次团结的盛会。出席大会的老一辈红学家、作家有顾颉刚、俞平伯、叶圣陶、吴世昌、吴组缃、吴恩裕、周汝昌、王利器、端木蕻良等，中青年红学家有冯其庸、李希凡、蓝翎、郭豫衡、廖仲安、戴不凡、张毕来、蔡义江、邓绍基、刘世德、陈毓罴、李厚基、朱彤、张锦池、刘梦溪、周绍良、周雷、胡文彬、陈玉刚、陶建基等，还有《红楼梦》英文版全译本的著名翻译家杨宪益夫妇。

贺敬之在讲话中希望红学家们团结起来，以《红楼梦学刊》为阵地，广泛团结国内外《红楼梦》研究者和爱好者，充分调动红学界的积极性，把红学研究的学术水平提到一个新的高度。

《红楼梦学刊》主编之一冯其庸向编委们报告了学刊筹备的经过(另一主编王朝闻因在国外访问，未能到会)。他说，在红学研究中，过去曾有过不同学术观点的原则争论，这是好事。但也曾有门户之见，应进一步加强团结。今天是老中青红学家们济济一堂，这个事实在红学研究中是具有历史意义的，它标志着红学研究必将进一步得到发展。

中国文联筹备组组长林默涵也讲了话。

《红楼梦学刊》是我国首次出版大型专门研究红学的刊物。

5月21日

《人民日报》发表评论员文章《要从实际出发》

提倡实事求是，一切从实际出发，按照实际情况办事，是马列主义、毛泽东思想的一条重要原则，也是我们贯彻党的方针政策和完成国家任务最根本的思想方法和工作方法。做好农村工作,也必须如此。

粉碎“四人帮”以后,农业战线不少同志敢于根据实际情况,考虑和处理问题了。特别是在党的三中全会以后,贯彻加快我国农业发展的两个文件,实事求是的精神得到很大发扬,生产面貌正在改变。今天本报发表的山东胶南县铁山公社的调查,就是明显的例子。但是,由于林彪、“四人帮”形而上学的流毒很深,党的光荣传统长期被破坏,至今在农村工作中,特别是在落实农业政策和指导农业生产方面,不按中央文件精神办事,不实事求是,不从实际出发的主观主义和脱离群众的做法,仍然严重存在,比如:

前两年,有些地方本来条件不具备,硬搞“穷过渡”,以致生产受影响,社员有意见;在纠正时,有些搞得好的大队,也要人家退回到生产队核算。建立和健全生产责任制,按政策本来可以因地制宜,实行多种计酬形式,有些地方不顾实际情况,强行推行一种;有些地方听说纠正“分队风”,又把本来搞得很好的作业组,强行合并起来搞大呼隆。这些做法,既违背了党的方针政策,又脱离了实际情况。

在指导农业生产中,这种不从实际出发、不因地制宜的状况,仍然在一些地方出现。如有的水稻产区,听说四川省有“水路不通走旱路”的经验,明明水库有水,却硬要“走旱路”,不种水稻种玉米,造成减产,丰年成了歉收年。有些地方本来地广人稀,林木茂密,宜林宜牧;可是生搬硬套外地的经验,偏要在缓坡地上修梯田,在山头造小平原,结果林粮俱伤,既破坏了生产,又损害了干部和群众的积极性。

搞农业是人和自然打交道的事。我们要想取得改造自然的重大胜利,促使农业生产有个高速度发展,就更要注意从实际出发。我们国家有960万平方公里,自然条件和工作条件各不相同,有热带寒带,有平原丘陵,有山川河流;有的地方人均几分田,有的地方人均十几亩;有的地方机械化程度高,有的地方机械化程度低;有的领导班子好,能力强,有的就比较差。就是在一社一队小范围内,生产条件、领导班子的情况也不一样。总之,情况千差万别,指导农业生产就必须适应这些差别,根据当地条件,确定具体的方针。如这些差别和条件有了改变,对策也就要相应地改变。不久前召开的全国农业自然资源调查和农业区划会议,就是从全国范围解决如何按照自然规律发展农业的问题。在一个地区一个县的范围内,同样要进行调查研究,根据本地的实际情况制定规划,加强对农业的具体指导。

面对实际,从实际出发,说来容易,办起来就不那么简单。为什么有些同志至今还不断干那些不符合实际情况的蠢事呢?其中原因比较复杂。从主观上说,主要是领导思想上形而上学。有些是机械、片面地认识和执行上级的规定,强调一面而忽略了另一面;有的是对某些概念含糊不清,政策上划不清界限;有的是主观愿望超越了客观条件,硬要去办一时办不到的事情。但根本原因还在于缺乏对具体事物的具体分析。列宁曾经说过:“为了能够分析和考察各个不同的情况,应该在肩膀上长着自己的脑袋。”(《共产主义运动中的“左派”幼稚病》《列宁全集》第31卷第50页)尊重客观实际,从客观实际出发,必须对客观事物进行具体分析。而客观实际又是十分复杂的,要做到从实际出发,不仅要有政治上的坚定性,而且要懂得和运用辩证法,而最根本的一条,就是要走群众路线。

实际在哪里?在千百万实践着的革命群众中。深入群众才能深入实际,了解群众才能了解实际,如果脱离群众,必然脱离实际。高高在上,自以为是不行;单凭热情,把感想当政策也不行。群众最怕那些不尊重客观实际而又坚持指手画脚的领导,形容他们是“情况不明决心大,心中无数办法多”。解决这个问题最有效的办法,就是领导干部经常到群众中去了解下情,听听群众在想些什么,有些什么意见和要求,集中起来,坚持下去,以调动广大农民和农村干部的积极性,把事情办得又快又好。

在我国农业生产发展的过程中,由于某些领导同志不从实际出发,又不倾听群众的意见,因而导致农业减产、事业失败的事例太多了。特别是林彪、“四人帮”形而上学猖獗时,有些基层干部既不敢从实际出发,又不敢讲心里话,被迫办了一些违心的事情。这方面的教训是深刻的。今天,我们贯彻三中全会精神,解放思想,发扬民主,就要坚持实事求是,勇于从实际出发,把对党负责和对人民负责统一起来。共产党的干部要对人民负责,为了大多数人民的利益,应该敢于实事求是,坚持真理,修正错误。

要把农业尽快地搞上去,我们面前的任务十分艰巨繁重。只要我们用实事求是、从实际出发的精神去研究、分析新情况、新问题,坚决贯彻党的三中全会精神,贯彻党中央关于农业问题的两个文件,我们的工作一定会越做越好,取得预期的成绩。

国务院副总理余秋里在北京会见以罗伯特·弗罗歇局长为团长的美国国家航空与宇航局代表团

国务院副总理陈慕华在北京会见以朝鲜劳动党开城市委员会书记金振祥为团长的朝鲜友好参观团

全国人大常委会副委员长乌兰夫接受泰王国新任驻中国特命全权大使沙贡·瓦纳比沙递交的国书

中国方面在广西释放第一批在自卫还击战斗中俘获的越南武装人员伤病员120人

中国红十字会代表团与越南红十字会代表团在友谊关至同登公路零公里处进行了会晤并办理了交接手续，我方红十字会代表团将《交接越方被俘武装人员名册》一份和《俘虏残废证明书》41份交给越方红十字会代表团。越南红十字会代表团将定于今天释放的43名《被俘的中国士兵和伤病员名单》(越文)一份，交给我方红十字会代表团。

释放时，我方用救护车和客车把这批越方被俘武装人员伤病员从开到凭祥市隘口车站的铁路卫生专列上接运到友谊关口，遣返的越方被俘武装人员下车后，由越南红十字会代表团接收。越方红十字会代表在交接书上签了名。

这批越方武装人员在被俘期间，得到中国医护人员的精心治疗，生活上得到良好的照顾，使许多垂危的伤病员转危为安，其他伤病员也迅速恢复了健康。他们被释放时，一再向我方医护人员表示感谢。

应中国红十字会的邀请，红十字国际委员会委派的代表多米尼克·保海尔今天到零公里处现场，观看了交接过程。

释放越方被俘武装人员后，我方红十字会代表接收了越方释放的被俘中国伤病人员43名。

外交部副部长韩念龙为团长的中国政府代表团在河内结束中越两国副外长级谈判第一轮会议之后乘专机回到北京

《人民日报》发表评论员文章《批透极左路线 贯彻“双百”方针》

在全党和全国人民认真贯彻执行党的十一届三中全会精神，实现工作着重点转移之际，文艺工作应该怎样适应这个新形势，为社会主义现代化建设作出更大的贡献？当前贯彻执行“双百”方针，调动文艺工作者的积极性，把社会主义文艺创作搞上去，还有没有阻力？阻力在哪里呢？

林彪、“四人帮”多年来推行极左的文艺路线，至今流毒未肃清，是我们贯彻“双百”方针、繁荣社会主义文艺的巨大障碍。林彪、江青在1966年2月合伙炮制的“文艺黑线专政”论那一套，完全违反马列主义、毛泽东思想的根本原理和我国文艺战线的实际，篡改了无产阶级文艺的党性原则。它在“破除迷信”和“彻底革命”的旗号下，排斥一切中外古典文学的优秀遗产，全盘否定了我国30年代革命文艺的重大成就，彻底践踏了“五四”以来新文化运动和无产阶级革命文艺运动的光荣传统，贬黜了从马克思主义创始以来的无产阶级文艺，推行反动的文化虚无主义和封建蒙昧主义。它完全排斥文学艺术事业本身固有的规律，设置了许多唯心主义、形而上学的禁令，完全抛开毛泽东同志提出的“百花齐放、百家争鸣”这一发展社会主义文学艺术的根本方针和党领导文艺的一系列无产阶级政策。文艺上这条极左的路线，造成了灾难性的后果。他们任意陷害打击革命同志，任意把艺术问题说成政治问题，把香花说成毒草，把人民内部矛盾说成反党、反社会主义、反革命，造成了大量的冤案、错案、假案。由于他们推行这条极左路线，文学艺术上的百花齐放完全没有了，科学研究上的百家争鸣完全没有了。一句话，社会主义的文学艺术被推进了一条死胡同。

粉碎“四人帮”以后，全国人民和广大文艺工作者奋起批判林彪、“四人帮”的反革命修正主义路线和“文艺黑线专政”论那一套，对于落实党的各项文艺政策，解放人们的思想，调动文艺工作者的积极性，起了很好的作用。但是，由于林彪、“四人帮”推行极左的文艺路线时打的是革命旗号，有许多革命的伪装，因此在相当长的时期内，欺骗了许多人，直到现在，还常常成为有形无形的枷锁束缚着一些人的头脑。有的同志中毒过深，至今仍然自觉或不自觉地在按照极左路线的观点对待和分析文艺上的许多问题；有的同志在落实政策时顾虑重重，行动迟缓，唯恐被指责为右；在拨乱反正时禁忌多端，这个不敢去碰，那个不敢去摸，思想仍然处于僵化或半僵化状态；在贯彻“双百”方针时缩手缩脚，听到风就是雨，见人家说了不同意见或讲了点错话，就认为“放糟了”，“解放思想过头了”，想慌忙压下去…… 总之，在文艺问题上还是抠得太死，限制太严，而且还有棍子。这是不利于贯彻“双百”方针，不利于调动文艺工作者的积极性，不利于发展社会主义文艺的。改变这种局面，办法只有一条，就是坚决把文艺上的极左路线批深批透，切实总结经验教训，在实际上而不是口头上贯彻执行“双百”方针，真正使我们的文艺战线活跃起来。

狠批林彪、“四人帮”的极左文艺路线，认真贯彻“双百”方针，就是在文艺战线高举毛泽东思想的旗帜。有的同志分不清两条不同的思想路线，担心批判林彪、“四人帮”的极左文艺路线会把革命的正确的东西批了，还担心贯彻“双百”方针会把错误的、反动的东西给“放”出来。这种担心是不必要的。林彪、“四人帮”的极左路线，从根本上说，是反对社会主义道路，反对无产阶级专政，反对党的领导，反对马列主义、毛泽东思想。我们批判他们的极左的文艺路线，就是要从政治上、思想上、理论上，剥掉他们革命的伪装，还其反革命的本来面目。把这条极左路线批深批透了，就能黑白分明，看清究竟什么是真“高举”，什么是假

"高举"。也只有批透了这条极左路线,党的"双百"方针才能顺利地贯彻执行。"双百"方针的着重点,是在坚持四项基本原则的前提下,在人民内部采取放的方针。我们应该在三中全会精神指引下,坚定不移地批判林彪、"四人帮"一伙的极左路线,贯彻执行党的"双百"方针,不管有什么人吹什么风,都不应该动摇这个决心。

毛泽东同志早就说过:"运动在发展中,又有新的东西在前头,新东西是层出不穷的。研究这个运动的全面及其发展,是我们要时刻注意的大课题。"三中全会号召全党同志和全国人民在马列主义、毛泽东思想的指导下,解放思想,在实现工作重点转移中,努力研究新情况、新问题,大力改革同生产力发展不相适应的生产关系和上层建筑。林彪、"四人帮"一伙在文艺上推行的那一套极左的东西,严重地破坏和阻碍社会主义文艺的发展,我们必须坚决地破,彻底地破。在拨乱的过程中要反正,在破的过程中要有立。一定要根据马列主义、毛泽东思想的基本原则,在研究新情况、总结新经验的基础上,提出促进我们社会主义文艺向前发展的新办法,使我们的文艺迅速繁荣起来!

5月22日

国务院总理华国锋在北京会见由罗共中央政治执行委员会委员政府副总理保罗·尼古列斯库率领的罗马尼亚政府代表团

华主席同尼古列斯库副总理就当前的国际形势和双边关系交换了意见。他们对近年来中罗友好关系的迅速发展感到满意。

尼古列斯库同志首先向华国锋同志转达了齐奥塞斯库同志对他的问候,并转达了齐奥塞斯库同志对中国人民在社会主义建设中取得新成就的祝愿。

华国锋同志向罗马尼亚同志介绍了我国国民经济建设的情况。他对罗马尼亚人民在社会主义建设中所取得的巨大成就感到高兴。华国锋同志请尼古列斯库副总理回国后转达他对齐奥塞斯库同志的亲切问候。

罗马尼亚驻中国大使杜米特列斯库参加了会见。

会见时在座的有,中共中央政治局候补委员、国务院副总理陈慕华,外交部副部长余湛,外贸部副部长陈洁。国家计委副主任金熙英等。

《人民日报》摘要转载5月21日《解放军报》评论员文章《坚定不移地继续贯彻三中全会精神》

文章论述了党的十一届三中全会以来,全国的大好形势,并且指出了当前出现的一些思想认识问题。文章要求部队要重新学习三中全会文件,正确解决这些思想问题。文章还提出,部队要抓紧补上关于实践是检验真理的唯一标准问题的讨论这一课。

文章指出:历史是不断向前发展的。既然向前,就会不断提出和需要不断解决前进中的问题。最近我们党重申了坚持四项基本原则的问题,进一步讨论研究了国民经济调整的问题。如同在任何一个问题面前总会有各种议论一样,这一次在四项基本原则和经济调整问题上,也有各种各样的反映。有的觉得完全是新问题。有的说,早一点提出来就好了。有的则认为,现在要纠偏了。诸如此类的看法正确吗?

文章引用三中全会公报,说明从粉碎"四人帮"以来,直至三中全会以来,党中央实行的一系列方针政策,一直是坚持四项基本原则的,三中全会精神包含了四项基本原则。国民经济调整的问题,三中全会也讲到了,全会通过的关于农业问题的两个文件,就是着重调整工农比例的重大失调。

文章指出,值得注意的是,我们有些同志并没有很好学习三中全会的文件,领会三中全会的精神。明明三中全会已经讲了的问题,由于他没有学习,他就觉得是个新问题。许多政策措施,只要好好学习三中全会文件,本来是可以搞通的,他却至今还老是不理解。看到社会上存在错误思潮,就认为四项基本原则早提出来就好了,以为提出四项基本原则就是再不能解放思想了,这种看法所以会在一部分同志中发生,难道不是同没有好好学习三中全会文件大有关系吗?这种对三中全会精神没有很好领会的情况,已经使一些同志的思想跟不上发展的形势,影响到工作和对问题的处理。所以我们现在应该提出重新学习三中全会文件的问题。本文一再引用三中全会公报,目的在希望引起注意。

文章着重指出,去年理论界和一些地方包括我们军队的一些单位,热烈讨论实践是检验真理的唯一标准问题,对促进思想解放,打破林彪、"四人帮"的精神枷锁,端正思想路线,具有深远的历史意义。但是,这个讨论在我们部队许多单位没有怎么进行。为什么我们要讨论真理标准的问题?为什么检验真理的标准不能是别的只能是实践?为什么我们要解放思想,开动机器,如果思想僵化,从本本出发,党、国家、民族的生机就要停止?这些问题是怎么提出来的,有过什么样的斗争?我们军队许多同志没有把它好好弄清楚。三中全会对真理标准问题的讨论作了高度评价,明确提出了解放思想,开动机器,实事求是,团结一致向前看的方针。我们军队的同志要抓紧补上实践是检验真理唯一标准这一课,要重新好好学习三中全会文件。

中国罗马尼亚政府经济技术合作委员会首次会议

议定书签字

中共中央政治局候补委员、国务院副总理、中罗政府经济技术合作委员会中方主席陈慕华和罗共中央政治执委会委员、政府副总理、罗中政府经济技术合作委员会罗方主席保罗·尼古列斯库,分别代表本国政府在议定书上签字。

《人民日报》发表评论员文章《中越谈判为何毫无进展?》

中越谈判第一轮会谈经过五次全体会议,历时30天,已于5月18日在河内结束。尽管中国方面为使谈判取得成就作出了真诚的努力,但是由于越南方面别有用心,蓄意阻挠,谈判毫无进展。

这次中越谈判是在中国方面再三建议下举行的。中国方面希望通过谈判解决中越争端,恢复两国正常关系,确保两国边境地区的和平与安宁,维护东南亚地区的和平与稳定。中越关系恶化到今天这个地步,不是一朝一夕的事情。它是越南当局长期以来为了推行地区霸权主义而反华仇华的结果。两国关系要得到真正的改善,必须采取治本而不是治标的办法,从基本原则上着手。两国关系中的基本原则解决了,具体问题就可以迎刃而解。正是本着这个诚意的立场,中国方面提出了处理中越关系的八项原则建议。这八项建议既符合国际公认的正确处理国家关系的基本准则,又符合当前中越关系的实际状况。它是合情合理、切实可行的,体现了中国方面对待谈判的真诚而严肃的态度,为谈判开辟了正确的途径。如果越南当局真想和平解决中越争端并珍爱越南人民根本利益和中越人民的传统友谊,它就没有任何理由不认真考虑中国的八项原则建议,并作出积极的反应。

在谈判期间,中国政府还单方面主动宣布释放和遣返被俘的越南武装人员,再次表现了中国方面谋求改善中越两国关系的诚意。

然而,从谈判一开始,越南方面就蓄意毒化气氛,破坏谈判。越方代表把严肃的谈判会议当作他们进行反华宣传的场所,在发言中大肆攻击、诬蔑中国的内外政策和国家领导人,对中越关系恶化的过程信口雌黄,歪曲真相,无中生有,造谣惑众,完全缺乏起码的严肃态度。为了掩饰自己的毫无诚意,越方抛出了所谓"解决两国关系"的"三点建议",说什么"为了消灭战争,为了两国之间的和平,除了越南的建议外没有其他办法"。

越南方面的所谓"三点建议"的第一点,也是整个"建议"的核心,是要在中越两国边境设立一个所谓"非军事区",似乎只要有这么一个"非军事区"把双方军队隔开,中越关系就可以万事大吉。这纯粹是欺人之谈。中越争端并非仅仅起因于越南对中国边境的侵扰,这是谁都知道的。在中国边防部队由于越南不断武装侵犯中国边境而被迫自卫还击以前,越南当局早已层出不穷地干了许多破坏中越关系的事情。中国倡议同越南举行谈判,不光是为了解决边境局势问题,而是要解决存在于中越之间的各种争端,改善中越关系。这是越南方面同意了的。仅仅一条"非军事区"是不可能解决中越之间的一切问题的。1978年年初,由于越南军队入侵柬埔寨而发生越柬武装冲突以后,越南也曾经提出过设立"非军事区"的建议。但是在它做好了充分战争准备以后,越南侵略军就向柬埔寨发动了更大规模的军事进攻。可见,越南方面的所谓"三点建议",丝毫不能证明越南当局对谈判具有诚意。恰恰相反,它是越南当局无意真正解决中越关系问题的赤裸裸的自供状。

对于中国方面提出的八项原则建议,越南方面不仅拒不考虑,而且大肆攻击诬蔑,说什么这是"一个阴谋",是"强加于人",是利用谈判桌来"推行扩张主义和霸权主义政策",是"蓄意要越南改变其路线"……等等。这种诬蔑是十分荒唐可笑的。请问:中国方面把八项原则建议光明正大地放到谈判桌上同越南方面讨论,这怎么是"一个阴谋",是"强加于人"呢?八项原则建议提到在两国关系中奉行和平共处五项原则和自己不称霸、也反对霸权主义,这怎么是"推行扩张主义和霸权主义政策"呢?难道越南当局奉行破坏和平共处五项原则和称霸的路线是正当的吗?俗话说,有理走遍天下,无理寸步难行。越南当局如果认为它侵略柬埔寨、称霸印度支那和东南亚是有道理的,那就尽管讲嘛!拿不出任何经得起检验的事实,任何经得起推敲的论据,想凭着三寸不烂之舌,胡言乱语,造谣诽谤,诋毁中国的八项原则建议,那是徒劳的。

为了欺骗世界舆论,越南方面玩弄了一个花招,提出所谓"交叉讨论"论,即:这次讨论中国的一条建议,下次讨论越南的一条建议,不断轮换,交叉进行。这种把严肃的谈判视为儿戏的无聊做法,说穿了,无非是想把谈判无限期地拖下去,变成一场毫无意义的争吵。在谈判期间,越南当局在国内变本加厉地煽动反华,扩军备战,向中越边境大量增兵,继续对中国进行挑衅活动,制造新的边境紧张局势。同时,越南加紧侵略柬埔寨,控制老挝,威胁泰国。这一切说明,越南当局虽然坐到谈判桌上来,"醉翁"之意却不在"酒"而在"山水之间"。它不过是想用谈判来掩护它继续反华仇华、搞地区霸权主义、加紧进行战争部署和对柬埔寨的侵略。这就是中越谈判没有取得任何进展的根本原因。

越南当局对谈判竟敢如此玩弄诡计,是由于有苏联在背后给它撑腰打气。在中越谈判开始前,莫斯科就散布所谓中国对谈判“缺少诚意”,中国“要对越南重新发动侵略战争”等谎言,阻挠谈判进行。在谈判过程中,莫斯科同河内的宣传喉舌遥相呼应,紧密配合,大肆攻击中国,替越南当局出谋划策,为越南破坏谈判大造舆论、开脱罪责。同时,苏联的大量武器源源运到越南。苏联的“顾问”、“志愿人员”大批来到越南和柬埔寨。苏联还公开承认根据苏越之间的军事“合作”密约,苏联的海空军已正式使用越南的海空基地。这一切都是为了鼓励越南当局与中国为敌到底,继续猖狂反华,放胆向东南亚扩张。而越南在这个地区的所作所为,也是为苏联大霸权主义推行南下政策和拼凑“亚安体系”服务的。

现在,中越第一轮谈判已经结束,下一轮谈判将在北京举行。在未来的谈判中,中国方面将一如既往,坚持通过谈判和平解决两国争端的原则立场,继续采取放眼未来,不念旧恶的态度,为谈判取得令人满意的进展尽最大的努力。我们也希望越南当局悬崖勒马,回心向善,以中越两国人民的根本利益为重,以东南亚和平与稳定的利益为重,改变态度,拿出诚意,认真考虑中国方面的八项原则建议,为解决两国争端、改善两国关系,切切实实地做些有益的事情。

中国政府代表团团长韩念龙就中越谈判在北京举行记者招待会

韩念龙在中外记者招待会上说,尽管中越双方存在着严重的分歧,但是中国方面仍然真诚地希望通过谈判能解决两国的争端,改善两国的关系。

韩念龙在记者招待会上介绍了中越副外长级谈判第一轮会议的情况。

他说:“中国代表团是怀着解决问题的真诚愿望去河内的。我们提出的八项原则建议,就是针对中越关系急剧恶化的症结,针对中越两国争端的实际情况,同时又是为了维护东南亚和太平洋地区的和平与稳定而提出来的。”“我们本来期望经过谈判双方对这些问题的观点能够逐步接近,进而取得协议,为切实改善两国的关系,为促进印度支那和东南亚地区的和平与稳定作出贡献。”

“但是,令人遗憾的是,越南方面没有诚意,他们谋求的不是和平与友好,而是继续反华仇华。在会谈中,他们对中国和中国领导人肆意进行恶毒的攻击和诽谤,对中方的八项原则建议恣意歪曲,横加指责;尤其反对中方建议的第二条,即反对霸权主义的原则,不肯承担不谋求霸权的义务,千方百计要把这项原则排除在谈判之外。”

韩念龙指出:“越南方面提出的三点建议回避了两国关系的主要问题和实质问题,坚持要求双方首先在中越边境建立‘非军事区’,似乎有了‘非军事区’天下就可以太平了。其实谁都知道,中越边境武装冲突就是越南方面一手挑起的。只要越南方面一天不放弃推行民族扩张主义和地区霸权主义政策,不放弃反华仇华政策,即使有了‘非军事区’,武装冲突再起的土壤还是始终存在的。1978年年初,越南当局提出在越南柬埔寨边界设立非军事区的事例,就是一个很好的证明。因此,中越之间的关系不是建立一个‘非军事区’就能够解决的。”

他说,不仅如此,越南当局就在它提出停止一切挑衅活动和敌对活动,建议设立“非军事区”的时候,却向中越边境大量增加军队,不断向中国境内挑衅入侵;继续向中国境内驱赶华侨和越南公民;甚至扬言准备“同中国爆发另一次战争”;大肆煽动反华仇华的情绪。“可见,越南方面提出的三点建议,只是为了欺骗国内外舆论,蒙蔽那些不明真相的人。”

他说:“由于越南方面缺乏诚意,自始至终都把谈判桌作为反华宣传的场所,根本不愿严肃认真地谈判解决两国关系中的主要问题,所以,尽管我们做了极大的努力,第一轮谈判仍然没有取得进展。”

关于越南方面在谈判中的表现,韩念龙还指出:“我们曾参加过多次国际谈判,这次河内谈判我们感触很多,同越南人确实很难打交道。主要是他们不顾事实,不讲信用。在谈判桌上,越南方面可以随意信口开河,当面扯谎;他们编造的谣言离奇古怪,荒诞无稽。”“就连有些小事,例如5月11日中国红十字会致越南红十字会的电报,越南电报局在当天下午14时09分已确认收到,越方也要抵赖。在5月12日会谈桌上,越南代表团团长竟然一口咬定,越方没有收到该电报”。“越南代表团把他们领导人讲过的话完全置于脑后,竟然攻击中国要对越南的分裂‘负责’,攻击中国‘没有支持’越南南方的武装斗争。歪曲事实,篡改历史到了如此程度,确实在国际间是罕见的。”

韩念龙接着强调指出,越南当局积极推行反华仇华、民族扩张主义和地区霸权主义的政策,都是在苏联这个超级大国的支持和怂恿下有计划、有步骤、有目的的行动。“就在中越谈判期间,苏联的舰艇、飞机在金兰湾和岘港进进出出。可见,越南同苏联是相互抱得很紧的。这种情况,正在越来越严重地威胁这个地区的和平与稳定。”

他说:“现在,中越之间的第一轮谈判已经结束,按照双方的协议第二轮谈判将在北京举行。尽管中越双方存在着严重的分歧,双方的距离还很大。但是,我们仍然真诚地希望,通过谈判能解决两国的争端,改善两国的关系,我们将为此作出不懈的努力。同时,我们也希望,越南方面能面对现实,严肃、认真地进一步研究中国方面的八项原则建议,同我们一道推动谈判的进展,不要辜负中越两国人民、东南亚各国人民和世界人民的殷切期望。”

韩念龙在答复记者提出的问题时说,中越副外长级谈判下一轮会议何时在北京举行,将由中越双方通过外交途径商定。

中越红十字会代表团在中国友谊关口岸举行首次会谈

双方达成协议,中国方面将于5月28日在友谊关至同登公路零公里处释放被我云南边防部队俘获的118名越南武装人员伤病员。越方也表示同一天将释放20名中国被俘人员。这将是双方释放的第二批被俘人员。

双方还达成协议,第二次会谈将于5月26日北京时间10时,在友谊关至同登公路零公里处越南境内一侧举行,双方将讨论全部释放被俘人员的计划、时间等问题,并互相交换全部被俘人员的名单。

会谈中,中国红十字会代表团团长刘鹏飞通知越方,为了加速双方被俘人员全部早日获得释放,中国方面准备于5月25日释放被我云南边防部队俘获的越南武装人员中的118名伤病员,并建议在中国云南河口至越南老街之间双方协商的地点进行交接。

越方代表提出,老街到河口之间的桥梁已坏,建议交接地点仍在中国友谊关至越南同登公路零公里处。中国红十字会代表团为了尽快释放被俘的越南武装人员伤病员,让他们早日与家人团聚,考虑到越方提出的具体困难,同意越方的上述要求。越南红十字会代表团团长阮文泰说:“对中国方面关心到我们的条件,我们表示感谢。”

由于从我国云南运送越南被俘武装人员伤病员到广西友谊关,铁路、公路运输需要几天时间,经过双方协议,我云南边防部队俘获的118名越方武装人员伤病员,定于5月28日北京时间上午10时,在友谊关至同登公路零公里处交接。

中越双方红十字会代表团今天的会谈,是在北京时间11时至14时10分进行的。中国红十字会代表团对越南红十字会代表团到中国境内会谈表示欢迎。

国家民族事务委员会第一次委员(扩大)会议在天津召开

参加会议的除本届国家民委委员外,还有各有关省、自治区、直辖市党政领导干部和民族事务工作部门的负责人,中共中央、国务院有关部门以及国家民委系统的负责同志,共300多人。

国家民委主任杨静仁,副主任杨东生(藏族)、江平、胡嘉宾、谢鹤筹(壮族)、布赫(蒙古族)、铁木尔·达瓦买提(维吾尔族)、伍精华(彝族)出席了会议。

西藏自治区党委书记、自治区革委会副主任天宝(藏族)也出席了会议。

国家民族事务委员会委员名单:

云丽文(女,蒙古族)　色音巴雅尔(蒙古族)
云北峰(蒙古族)　乌力更(蒙古族)
萨空了(蒙古族)　布　赫(蒙古族)　杨静仁(回族)
苏　冰(女,回族)　张　杰(回族)　白寿彝(回族)
马惠亭(回族)　金浪白(回族)　马卓洲(回族)
年得祥(回族)　杨东生(藏族)　扎喜旺徐(藏族)
钦　绕(藏族)　德　吉(女,藏族)　多　巴(藏族)
铁木尔·达瓦买提(维吾尔族)
色的汉巴拉提(女,维吾尔族)
买买提明(维吾尔族)
阿木冬·尼牙孜(维吾尔族)　谢鹤筹(壮族)
黄　荣(壮族)　罗运通(壮族)
陆卫东(女,壮族)　文正一(朝鲜族)
金珂珉(女,朝鲜族)　金永顺(女,朝鲜族)
项朝珍(苗族)　石玉珍(女,苗族)　伍精华(彝族)
李桂英(女,彝族)　施嘉明(彝族)　王秉鋆(布依族)
秦吉芬(女,布依族)　刀国栋(傣族)
关山复(满族)　金宝生(瑶族)
伊尔哈里(哈萨克族)　陈文兴(哈尼族)
吴通行(侗族)　王越丰(黎族)　马　曜(白族)
向和友(土家族)　萨义尔(达斡尔族)　德　林(锡伯族)
田富达(高山族)　周礼成(羌族)　孙雨亭　江　平
薛剑华　蒙定军　翁独健　费孝通　傅懋勣　胡嘉宾
于　超　宗　群　荆国良　杨　纯　刘仲侯　孙靖韬
高富有　刘三源　王真吾　伍坤山　司徒慧敏
史怀璧　郭洪涛　王克东　田一农
(以上23人均为汉族)

杨静仁同志在开幕时讲了话。他说:这届民委委员有73人,包括23个民族成分,来自16个省和自治区,还有中央和国务院有关单位的负责同志。本届民委委员的民族成分和人数,较之过去都增加了1倍多,是代表性最广泛的一届委员会。

杨静仁同志在讲话中着重谈了社会主义现代化建设时期民族工作的任务。他说:全党工作着重点的转移,是党的历史上一次战略性的转移,具有划时代的意义。我们民族工作部门也相应地把工作的重心转向为社会主义现代化建设服务,为坚决贯彻执行新时期党和国家对国内民族工作的任务而奋斗。

新时期党和国家对民族工作的任务是什么?这就是:高举毛主席的伟大旗帜,贯彻执行新时期的总路线总任务,坚持四项基本原则,坚持贯彻党的民族政策,加强民族团结，巩固祖国统一，维护边疆、少数民族地区的安定，充分调动各少数民族人民的社会主义积极性，把我国建设成为社会主义现代化强国而奋斗。

他强调说，我们的现代化必须是适合中国特点的中国式的现代化。四个现代化和少数民族的关系，用两句话来概括：现代化非常需要少数民族，少数民族也非常需要现代化。我国的各少数民族人口虽然只占全国总人口的6%，但他们所居住的面积约占全国总面积的50%—60%，资源十分丰富。而占总人口94%的汉族，居住在40%—50%的土地上，平均每人只有一亩多一点耕地。

他指出，由于少数民族居住地区具有地大物博这方面的优势，特别是我国草原、森林和许多种地下矿藏大部在少数民族地区这样的优势，所以现代化非常需要少数民族的积极支持和参加。如果离开少数民族和少数民族地区，要实现四个现代化是不可能的。说少数民族非常需要现代化，这是因为许多少数民族在解放前长期停滞在资本主义以前的落后状态。解放后，这些少数民族在党和国家的领导下，经过汉族老大哥的帮助，在短短的十几年内，废除了农奴制等封建制度、奴隶制和原始公社制的浓厚残余，跨越一个或几个历史发展阶段，和那些社会经济结构与汉族大体相同的少数民族一道过渡到社会主义。这是一个超越了几百年甚至几千年的巨大的飞跃。但是少数民族的经济、文化还比较落后或者还很落后，长期历史形成的事实上的不平等还明显存在。加以林彪、“四人帮”的破坏，使各少数民族17年在经济、文化发展方面所取得的一些成就又受到了灾难性的摧残。所以，光有上面所讲的那个大飞跃还不够，还必须在今后几十年中再来一个大的飞跃，国家在实现四个现代化的过程中，大力帮助各少数民族在自力更生的基础上加速经济、文化的发展，逐步消除历史上遗留下来的事实上的不平等，使他们能够赶上或接近汉族的发展水平。因此，各少数民族非常需要现代化，迫切需要现代化。

杨静仁在讲话中着重指出：一定要把民族工作战线的思想统一到三中全会精神上来。他说：党中央决定，在全党工作着重点已经转移到四个现代化建设上来之后，要从今年起认真进行调整、改革、整顿、提高。因为只有做好这一步工作，才能把整个国民经济纳入持久的、按比例的、高速度发展的轨道，为加快四个现代化奠定稳定的基础，更好地向四个现代化的伟大目标前进。

这是继续贯彻执行三中全会决议的一个积极的方针，鼓劲的方针。决不能作消极的理解，决不能松劲，更不允许进行歪曲。民族工作方面，也应这样。特别需要指出的是：现在，有极少数人以在贯彻执行三中全会精神过程中所产生的个别缺点和社会上出现的一些错误思潮为借口，摆出极左的面貌怀疑和反对三中全会的精神。我们一定要保持清醒头脑，排除极左的和右的思想的干扰，把民族工作战线的思想继续坚持统一到三中全会精神上来。

他强调说：实现四个现代化，需要有一个安定团结的国内环境。过去由于林彪、“四人帮”的严重破坏，各方面的团结都受到了很大的破坏，民族间的团结也遭到了浩劫。林彪、“四人帮”全盘否定17年来民族工作所取得的伟大成就，诬蔑各级民族工作部门“执行了一条又粗又长的修正主义、投降主义路线”；他们否定社会主义时期民族问题的存在，说什么“都社会主义了，还有什么民族问题不民族问题”；他们歪曲篡改党的民族政策，分裂民族团结，破坏各民族地区的社会主义革命和建设；他们既把民族问题同民族斗争混为一谈，又把民族问题同阶级斗争完全等同起来，说什么“民族问题就是阶级斗争问题”，人为地扩大民族问题方面的阶级斗争，任意煽动乱打、乱斗、乱没收，制造了许多冤案、假案和错案，残酷地打击和迫害大批的少数民族干部和群众，造成的后果极为严重。在林彪、“四人帮”的干扰、破坏下，民族工作机构被撤销，民族院校被关闭，在好多年中，实际上取消了民族工作。林彪、“四人帮”推行的封建法西斯的民族政策，给少数民族和民族工作战线造成了极大的灾难。

清除“四人帮”后，经过一系列拨乱反正的工作和措施，随着安定团结大好局面的出现，民族团结也得到了加强。安定团结，政治稳定，政策稳定，各种建设才能得到发展，这已经是经过实践检验出来的真理。因为有了安定团结的大好局面，我们才有可能开始向社会主义现代化进军。安定团结是得来不易的，我们必须十分珍惜它、维护它、发展它。

去年以来关于真理标准的大讨论，是两条思想路线的一场大斗争，它涉及政治、经济、军事、文化、教育、科学等各个领域拨乱反正的根本问题，对于促进全党和全国各族人民解放思想，端正思想路线，对于安定团结政治局面的形成，都起了十分重要的作用。实践证明，这场大讨论对于我们民族工作方面的拨乱反正同样具有极为重大的意义。正是实践充分证明我们党在解放后坚持从我国各民族的实际情况出发，在解决民族问题上所制定和采取的方针、政策，是完全正确的，我们实行了适合我国情况的民族区域自治制度，而没有搬用外国的自治共和国等制度；在一部分少数民族地区的社会改革中，我们采取了适合当地民族情况的和平协商改革的方式，而没有照搬一般地区的经验；在对少数民族的其他工作中，我们党也一贯强调照顾少数民族的特点。反对脱离少数民族实际的错误做法。

所有这些方针、政策,都遭到了林彪、"四人帮"的全盘否定和严重破坏。在拨乱反正以后,要不是坚持用实践来检验,民族工作战线许多被颠倒了的是非能够纠正过来吗?强加在民族工作部门头上的"修正主义、投降主义"大帽子能够摘掉吗?民族地区的许多冤案、假案和错案能够平反吗?如果不坚持实事求是的原则,不坚持实践是检验真理的唯一标准,这一切都是办不到的。今后,我们仍然必须坚持贯彻正确的思想路线,进一步分清民族工作方面的是非,做好落实政策工作,巩固和发展包括民族团结在内的安定团结的政治局面。

他接着谈到落实政策的情况。他说:落实政策工作已经取得很大成绩,但是还要看到,由于林彪、"四人帮"的影响还未肃清,一些地方还存在阻力,有些同志思想僵化,不去实事求是地研究情况和问题,分不清路线、政策是非,致使落实政策的工作进展很慢;有些同志心有余悸,不敢认真抓落实政策工作;有些同志过去曾参与对一些案件的错误处理,现在考虑个人得失,怕纠正这些错案会否定自己,因而推推拖拖,态度很不端正。以上种种情况都直接影响着党的政策的落实。当然,个别干部对给自己落实政策斤斤计较,也是不对的。这些思想阻力都需要认真加以克服,以便善始善终地做好和完成落实政策的工作。

杨静仁同志强调指出:国家的统一,人民的团结,国内各民族的团结,是我们的事业必定要胜利的基本保证。今天,它也是我们胜利实现四个现代化的基本保证。

我们要实现四个现代化,必须把少数民族方面的地大物博同汉族方面的人力和技术的优势,在更大的规模上和更加紧密的程度上很好地结合起来。因此,民族间的团结互助更加重要了,民族政策更加需要在多方面贯彻落实了。同时,要看到苏修亡我之心不死,在我北部边界陈兵百万,在它的指使下,越修不断在我南部边境捣乱。为了搞好边防建设,保卫神圣的祖国边疆,保卫国家的四化建设,使我国的边防和边疆成为真正的铜墙铁壁,就更需要做好少数民族的工作。华主席和叶副主席都指出:我国边疆地区绝大多数是少数民族地区,要做好边疆工作,主要是做好少数民族群众的工作。这是很重要的指示,我们必须坚决贯彻执行。在对越自卫还击作战中,许多少数民族的战士、民兵,充分发扬了爱国主义和革命英雄主义精神,打得很勇敢,很顽强,很机智,荣立了战功,创造了许多可歌可泣的英雄事迹,成为各族人民学习的好榜样。例如傣族战士岩龙,被授予"孤胆英雄"的称号;苗族战士陶少文,被评为"董存瑞式的战斗英雄";拉祜族战士罗正和,被评为"活的黄继光";壮族战士覃毅忠,被称为"壮族人民的好儿子";哈尼族战士山达,被誉为"哈尼雄鹰";彝族战士阿尔子日和回族连长刘连荣,等等,也都是战功卓著,多次受到部队和报纸的表扬。在支前方面,无论广西,或是云南,各民族的民工和人民,都是争先恐后,踊跃向前,作出了很大成绩,充分显示了各民族团结一致,共同对敌,坚决保卫祖国边防的爱国主义精神。这些事实,生动地证明了做好少数民族工作的重大意义。

杨静仁同志最后还强调讲了进一步深入进行民族政策再教育问题。他说,1973年,伟大领袖毛主席指出,要进行民族政策再教育。但是,由于林彪、"四人帮"的干扰破坏,毛主席的这个重要指示没有很好执行。清除"四人帮"以后,华主席在五届人大第一次会议的政府工作报告中,又重申了党的民族政策,指出进行民族政策再教育的必要性。1年多来进行民族政策再教育,结合实际,深入揭批"四人帮",肃清其流毒和影响,取得了很大的成绩。但是工作的发展是不平衡的,整个情况大体上是两头小、中间大,即进行得好的和差的都占少数,一般的占多数。有些地区和单位没有普遍深入进行,或者没有结合实际、认真解决问题。值得提出的是:有些同志认为,民族政策再教育,只需要在民族地区和民族工作部门进行,其他地区和单位不一定要进行。甚至有些同志似乎认为,只需要在少数民族中进行,不需要在汉族中进行;只需要在一般干部和人民群众中进行,不需要在领导干部中进行,等等。必须克服和纠正这些不正确的和错误的思想认识,把民族政策再教育普遍地深入、持久地开展起来。

陕西发现两处西周早中期宫殿建筑遗址

新华社报道,经过考古工作者3年多的发掘,在陕西省岐山县和扶风县发现了2处西周早、中期宫殿建筑遗址。西周时期这样的宫殿遗址在我国还是首次发现。其中一处是我国迄今发现最早的比较完整的中国廊院式建筑遗址,也是我国迄今发现的最早使用瓦的建筑物。这两处遗址的发现,对于研究西周的社会制度和中国建筑史具有重大意义。

焦菊隐追悼会在北京八宝山革命公墓礼堂举行

杰出的戏剧艺术家、著名导演、北京人民艺术剧院第一副院长焦菊隐,因受林彪、"四人帮"摧残迫害,于1975年2月28日含冤逝世,终年69岁。

追悼会上,党和国家领导人乌兰夫、胡耀邦、聂荣臻、廖承志等送了花圈。宋任穷、彭真等也送了花圈。送花圈的还有:全国政协,中共中央宣传部、统战部,中国社会科学院,文化部,全国文联及所属协会,北京市委及北京市革委会有关单位。

宋任穷和全国政协、国务院有关部门、全国文联及其所属协会、北京市革命委员会、中共北京市委宣传部、人民解放军一些部门的负责人和代表，以及文艺界知名人士、文艺工作者和焦菊隐同志的子女、生前友好共600多人，参加了追悼会。

日本文化艺术界一些朋友发来了唁电。

追悼会由全国文联副主席阳翰笙主持，全国剧协副主席、北京人民艺术剧院院长曹禺致悼词。

焦菊隐同志1905年12月11日出生于天津市，中学时期曾积极参加五四运动；大学时期参加进步学生运动和秘密读书会，在法国巴黎大学获得文学博士学位，1938年回国，他翻译了大量的进步文艺、戏剧作品和理论著作，先后创办了北平艺术馆和校友剧团，从事进步戏剧活动。

焦菊隐同志1948年9月赴解放区参加革命。全国解放后他把自己的全部才能贡献给社会主义戏剧事业。焦菊隐同志长期担任北京人民艺术剧院第一副院长、总导演兼艺术委员会主任，先后导演了《龙须沟》《明朗的天》《耶戈尔·布雷乔夫》《茶馆》《智取威虎山》《虎符》《关汉卿》《蔡文姬》《武则天》《胆剑篇》《三块钱国币》等20多出中外古今话剧。

焦菊隐同志曾当选为第二、三、四届全国政协委员，北京市第一至五届人民代表大会代表，全国文联委员，中国戏剧家协会常务理事、艺术委员会主任。

5月23日

《人民日报》发表评论员文章《加强劳动保护 搞好安全生产》

今年以来，我国工业、交通、基本建设战线广大职工，在增产节约运动中，认真贯彻党的安全生产方针，取得了成绩，一季度各种事故下降幅度之大是多年来少有的。但是，少数地区和部门的安全生产情况仍然不够好，职工伤亡事故屡屡发生。一些企业尘毒危害没有控制住，矽肺病和职业中毒还有上升趋势。不少地方“三废”污染严重，危害着人民群众的安全和健康。

华主席为首的党中央、国务院多次指示，要求各地区、各单位重视安全生产，加强劳动保护。不少部门和地方认真抓紧了这项工作。但是，有些部门和单位只是在会上讲讲，嘴上说说，没有认真采取有效措施。少数单位的领导人，对工人的安全、健康漠不关心，对不好的劳动条件熟视无睹，既不采取发生事故的防范措施，事故发生后又不认真检查原因，严肃处理，以致同类事故重复发生。事实证明，大量的伤亡事故并不是由于技术上不能解决的问题引起的，主要是由于工作上严重不负责任造成的。个别部门重大伤亡事故不断重复发生，更应当引起高度重视。

劳动保护和安全生产情况的好坏，反映出一个企业的管理水平，也是国家科学技术水平高低的一个重要标志，同实现四个现代化是紧密相连的。加强劳动保护工作，搞好安全生产，是我们党的一贯方针，是社会主义企业的根本原则。不断改善职工的劳动条件，防止事故和职业病，搞好安全生产，是一项严肃的政治任务，各地区、各部门要把这一工作列入重要议事日程，认真抓好。

工业交通部门各级领导，要深入基层，深入实际，认真倾听职工群众意见，一经发现问题，就要采取有效措施，改善劳动条件，防止伤亡事故。要坚决杜绝煤炭部门特别是地方小煤矿的重大瓦斯爆炸事故，以及杜绝交通、铁道等部门的重大恶性事故的发生，尽快把伤亡事故降到本部门历史上最低的水平。开展安全卫生检查，是劳动保护工作走群众路线的一条基本经验，应该坚持下去。在检查中要广泛开展宣传教育，发动群众查隐患，提措施，搞革新，防止搞形式、走过场，更不要因检查而劳民伤财。对一些切实可行的技术、安全措施，马上可以办的，要抓紧办，经过努力可以办的，要督促办，暂时办不到的，要作出规划，逐步解决。要争取在今后两三年内，集中力量基本解决矽尘和铅、苯、汞等对职工的危害，然后进一步解决常见的尘毒危害问题。各有关部门对改善劳动条件要给予必要的经费和物资保证。要大力解决环境污染问题，有关地区和部门对那些严重危害职工健康又严重污染环境的生产作业，必须制定措施，限期解决。不能解决的企业，应坚决停产或转产。

要严格执行国家的安全生产和劳动保护法规，迅速建立、健全各级安全生产责任制度，做到职责明确，赏罚严明。据了解，很多事故是因为无章可循、有章不循或者瞎指挥、违章作业造成的。我们必须强调遵守安全制度的严肃性。过去，出了事故只是国家花钱善后和处分当事者，很少追查有关部门和单位领导人的责任。今后，一个企业单位发生了重大伤亡责任事故，首先要追查厂长、党委书记的责任。一个部门、一个地区事故多，伤亡严重，要追查部门和地区领导人的责任。各部门、各地区要抓住典型事故，大张旗鼓地进行处理，以教育广大干部和群众。对安全、防尘防毒做得好的，要表扬和奖励。

要严格执行国家的有关规定，凡新建、改建、扩建的工矿企业和革新、挖潜的工程项目，必须有保证安全生产和消除有毒有害物质的设施，而且一定要与主体工程同时设计、同时施工、同时投产，不得削减。正在建设的项目，没有采取相应设施的，一律要补上。劳动、卫生和环境保护部门要参加设计审查和竣工验收工作,凡不符合安全、卫生规定的,不准施工和投产。对有尘毒危害的工厂要进行必要的整顿,把治理尘毒危害作为企业改造的一项重要内容,结合企业的挖潜、革新、改造,基本做到消除尘毒危害。随着现代化生产建设的发展,将不断出现新技术、新工艺、新材料,给劳动保护带来许多重大的科学技术问题。各级领导必须对劳动保护的科学研究工作加以足够的重视。

劳动保护工作关系到广大职工群众的安全和健康。各级领导要把这一工作当作一件大事来抓,扎扎实实在解决存在的问题,努力为增产节约运动的持续开展创造安全、卫生的良好条件。

国务院副总理陈慕华在北京分别会见泰国警察总监蒙猜·攀空仓上将一行和瑞士邮电总局长雷德里和夫人一行

全国人大常委会副委员长宋庆龄在北京会见由团长朱庆祖率领的美国外交政策全国委员会访华团

全国人大常委会副委员长姬鹏飞在北京会见罗马尼亚友好人士达维德·杨固医生和夫人

杨固医生是中国人民的老朋友。在我国抗日战争期间,他曾受罗马尼亚党和人民的委托于1939年随国际医疗队来我国帮助抗战,为中国人民的抗日事业做了许多有益的工作。

教育部共青团中央联合发出通知强调做好高校毕业生思想政治工作

新华社报道,教育部、共青团中央最近联合发出通知,要求各地有关部门采取切实措施,大力加强今年高等学校毕业生的思想政治教育工作。

通知说,我国普通高等学校1979年和延期到1980年毕业的学生共有16万多名。加强对这些毕业生的思想政治教育工作,使他们的思想适应新时期总任务的要求,是当前毕业生工作中的一项重要任务。

通知指出,要通过教育,使毕业生懂得服从国家需要,听从组织分配,是对毕业生最基本的要求,是衡量一个毕业生组织性强不强、政治觉悟高不高的一个标志。每个毕业生都要做到个人利益服从集体利益,小道理服从大道理,无条件地服从国家需要,决心把自己的青春和才智全部贡献给社会主义的壮丽事业。

通知指出,对毕业生进行思想政治教育,要紧密结合当前形势。目前,对毕业生要着重进行"坚持四项基本原则"的教育,要教育毕业生树立坚定正确的政治方向,正确处理政治与业务的关系,走又红又专的道路。还要结合毕业生的思想实际,对他们进行革命理想教育、共产主义道德品质教育、艰苦奋斗革命传统教育和民主与法制的教育。要教育毕业生具有远大的革命抱负,要树雄心,立壮志,发扬老一辈无产阶级革命家艰苦创业的精神,学习自卫还击战英雄们为党、为人民献身的共产主义崇高品质。教育毕业生正确理解民主和集中、自由和纪律的辩证关系,正确行使民主权利,自觉执行各项纪律,珍惜和维护安定团结的局面。

通知要求各地主管毕业生调配工作部门、教育行政部门、共青团组织和高等学校,要在当地党委统一领导下,密切配合,大力抓好毕业生的思想政治教育工作。要根据这一届毕业生毕业时间先后不一、分配时间有早有晚的情况,及早动手,做好安排,把经常教育和集中教育很好地结合起来,把政治理论课与毕业分配教育很好地结合起来。要发挥党团组织的作用,支持和帮助政治工作干部做好工作。要做好学生家长的工作,特别是身为负责干部的学生家长更要起模范作用,积极支持自己的子女服从国家需要。

5月24日

国务院副总理邓小平和全国人大常委会副委员长邓颖超在北京会见即将离任的日本驻中国大使佐藤正二和夫人

中国政府和马里国政府经济技术合作议定书在北京签字

国务院副总理、对外经济联络部部长陈慕华和马里全国解放军事委员会副主席、财贸部长阿马杜·巴巴·迪亚拉,分别代表本国政府在议定书上签字。

国务院副总理余秋里在北京会见埃及科学技术研究院院长阿布·阿兹姆教授为首的埃及科学代表团

全国人大常委会副委员长乌兰夫在北京会见日本长崎县知事久保勘一等

中联部部长姬鹏飞在北京会见并宴请由多哥人民联盟政治局委员常务主任艾伊泰·加欣·米维多率领的多哥人民联盟代表团

全国人大常委会副委员长姬鹏飞在北京会见以谷伍平市长为团长的日本北九州市友好访华代表团

中华全国中医学会在北京正式成立

具有几千年历史的中医第一次有了自己的学术

组织。

来自全国各地的中医专家、中西医结合专家以及藏医、蒙医、维吾尔医等代表参加了这次成立大会。会议讨论通过的学会章程指出，学会的基本任务是贯彻落实党的中医政策，努力发掘和整理提高中国医药学，坚持中西医结合的方针，积极开展中医中药中西医结合的科研、学术交流和科学普及工作，为创造中国的新医学、新药学，实现四个现代化作出贡献。

出席会议的300多名代表经过充分协商、酝酿，选举产生了学会的领导机构。选出学会理事180名，常务理事48名。卫生部部长钱信忠讲了话。

中华全国中医学会针灸学会也于同一天在北京正式成立。

5月25日

《人民日报》发表关于优秀共产党员 中共辽宁省委宣传部干部张志新烈士同林彪“四人帮”英勇斗争事迹的报道

国家经委等六部门发出通知确定在京津沪8个企业(首钢、上汽等)进行企业管理改革试点

试点工作在京、津、沪3市革委会领导下，由市经委会同有关部门具体负责进行。国家经委要会同有关部门积极协同3市抓好这一工作。中国企业管理协会、科研单位和大专院校要派出人员帮助企业运用国内外科学的管理方法和管理手段，并帮助他们总结经验。

国务院副总理王震在北京举行宴会欢迎索马里第一副总统兼国防部部长萨马特尔中将率领的索马里军事友好代表团

王震副总理在祝酒时指出，中索两国人民和军队的友好合作关系得到了令人满意的发展。这次索马里军事友好代表团来访是中索两国人民和军队友谊不断发展的又一象征。他热情称赞索马里政府和人民在西亚德总统领导下，十分重视加强军队和国防建设，在捍卫民族独立和国家主权，发展民族经济和民族文化方面取得的显著成果，对索马里政府、人民和军队在国际事务中所持的正义立场表示赞赏。

王震副总理谈到了当前动荡不安的国际形势时说，那个打着社会主义招牌的超级大国，到处伸手，挑拨离间，制造事端，给非洲、中东以及亚洲许多国家的和平、安全与稳定，带来了严重的威胁。严峻的现实已经使受到霸权主义威胁和侵略的各国人民警觉起来。我们深信，只要他们加强团结，进行不屈不挠的斗争，就一定能够挫败大小霸权主义的阴谋。

萨马特尔副总统在讲话中盛赞索、中两国和两国人民之间的友好关系。他指出，这种关系是建立在共同的愿望和共同信念的基础上。这就是两国都反对大小霸权主义，主张国家无论大小，都要相互尊重独立、国家主权和所有人民都有自由决定自己命运的权力。他说，我们两国人民的友谊是真挚的，两国之间友好关系的发展是令人满意的，而且正在稳步进展。

他说，索马里民主共和国主张，国际关系应该建立在真正尊重政治独立，国家主权，不干涉别国内政，和平共处和维护和平与安全的基础上。他指出，当今时代存在着一种把世界重新划分为势力范围，推行帝国主义、殖民主义、强权政治的紧张趋势。他说，越南在一个超级大国的支持下，对柬埔寨进行了赤裸裸的侵略。在非洲之角，形势依然十分紧张、严重。索马里人民正以坚定决心为人类尊严而进行斗争。他说，索马里在西亚德总统领导下，正沿着国家独立和发展的道路稳步前进。

索马里驻中国大使卡欣和夫人应邀出席了宴会。出席宴会的有中国人民解放军副总参谋长何正文，总政副主任朱云谦，总后副政委白相国，外交部副部长何英，以及各军种、兵种的负责人。

全国人大常委会副委员长姬鹏飞在北京会见以美国邮政总局长威廉·鲍尔格为团长的美国邮政代表团

《人民日报》发表评论员文章《加强中小学的思想政治教育工作》

我国中小学生约有2.1亿，做好中小学的思想政治教育工作，造就德、智、体全面发展的无产阶级的新一代，是关系到国家未来的大事。

粉碎“四人帮”以来，中小学校的文化教育得到普遍的重视，中小学生的思想面貌也发生了显著的变化：许多青少年从认为“读书无用”，不读书，转到为实现四化而勤奋学习；从大反所谓“师道尊严”，转向尊敬老师；从打玻璃，毁桌椅，转向遵守纪律，爱护公物，为学校、为集体、为社会争做好事，一个勤奋学习，遵守纪律，热爱劳动，助人为乐，艰苦朴素的革命风尚正在形成。在短短两年多的时间里，被林彪、“四人帮”破坏得那么严重的中小学校发生如此的变化，是很不容易的。这是一个很大的成绩，很大的进步。这是教育战线批判林彪、“四人帮”的极左路线，拨乱反正的成果，是我们党和整个社会关怀青少年健康成长的成果，是学校里的党支部和校长、教师、共青团干部、少先队辅导员对学生进行了大量思想政治教育的成果。对此，我们应当充分肯定。看不到这一点，抹杀、低估这些成绩的议论和看法都是错误的。

强调成绩,决不能掩饰和不正视存在的问题。当前,中小学校的学生,主要是青年学生中确实存在着一些不可忽视的问题。如部分高年级学生缺乏革命理想和正确的政治观点,对一些政治原则问题分不清是非;还有少数学生受社会上不良倾向的影响,向往资产阶级生活方式,有的在坏人的引诱和教唆下,走上了犯罪道路。这种情况应当引起我们的严重注意。

学生中出现的这些问题,从根本上来说,是林彪、"四人帮"毒害青少年一代的后遗症的反映。林彪、"四人帮"摧残了教育和文化事业,使广大青少年在一个相当长的时间里,在学校受不到正常的教育,在校外又没有正当的文化生活。林彪、"四人帮"大搞极左,在思想上、政治上、理论上鼓吹许多反动观点,把是非善恶搞颠倒了,把社会风气也搞坏了,毒害了不少青少年的灵魂,这种"内伤",至今还未完全消除。林彪、"四人帮"使整个国民经济濒于崩溃的边缘,造成一批青年升学和就业的困难,也使一些人产生了消极的不健康的思想。当前社会上的一些错误思潮和不良风气,对青年学生也有一定影响。另外,我们对新时期如何做好青少年的思想政治教育工作,在认识上和工作上没有很好地跟上去,也是一个原因。

有的同志认为,由于学校提"以教学为中心"或"以教学为主",因而抓教学多了,削弱了思想政治工作。这种看法对不对呢?不对。虽然学校的思想政治教育工作也确实有做得不够的地方,但这决不是由于抓教学过了头所引起的。许多学校针对林彪、"四人帮"破坏教育事业,造成学生科学文化知识水平惊人下降的状况,集中精力抓教学,大力提高教学质量,完全正确。而且在这一方面,我们还做得不够。就学生的学习而言,还有为数不少的学生学习不够努力,需要继续帮助他们提高学习的自觉性。就教学质量看,目前中小学的教学质量的提高还是有限的,学生的科学文化水平也还没有恢复到过去比较好的水平,还需继续努力。特别需要指出的是:前一个时期,为解决由于林彪、"四人帮"的破坏,学生文化水平相差过分悬殊的问题,许多学校实行了分快、中、慢班教学,这是必要的。但是在一些地区和学校,比较注意快班学生的学习和提高,自觉不自觉地放松甚至放弃了慢班和普通班学生的学习和提高。这个问题需要切实加以解决,使中小学教育面向全体学生,既抓好对学习成绩好的学生的教学,也抓好对学习成绩差的学生的教学。总之,正是因为学校"以教学为中心",整顿教学秩序,才使学校的混乱局面迅速扭转。林彪、"四人帮"一伙在学校提出许多反动的极左口号,蛊惑人心,使学校到底是干什么的这样一个常识性的问题都给搅糊涂了。学生以学习科学文化知识为主,学校的工作理所当然地应当"以教学为主"或者"以教学为中心"这是天经地义的道理。如果不是这样,学生还叫什么学生,学校还叫什么学校呢?因此,学校的思想政治教育工作,一定要紧紧地围绕着、结合着教学工作来进行,真正把政治落实到业务上去,决不能把思想政治教育工作拉回到林彪、"四人帮"那一套政治"冲击一切"的邪路上去。

但是,我们也不能认为,学校要"以教学为中心"、"以教学为主",思想政治教育工作就可有可无了。我们的教育方针,决定了我们要培养德、智、体全面发展的一代新人。培养的学生,要以"三好"为原则。为此,就离不开思想政治教育工作做保证。离开了思想政治教育工作,就容易迷失方向,培养的学生,就达不到无产阶级的要求。当前,随着全党工作重点的转移,对学校的思想政治教育工作的要求,不是降低了,而是更高了。我们既要认真地总结历史的经验,发扬我们党思想政治教育工作的好传统,又要深入实际,研究当前青少年的特点,研究新问题。比如,现在有许多青年,思想比较活跃,愿意思考各种问题,积极探求真理,这是好事。但是由于他们没有受到马列主义、毛泽东思想基本观点的教育,不了解中国的旧社会,也不了解资本主义社会的历史和现状,对当前新出现的一些问题,难于作出正确的回答。这就要求我们有针对性地正确地加以解决。要对他们普遍进行一次坚持四项基本原则的教育,满腔热情地引导他们、帮助他们明辨是非,树立坚定正确的政治方向。要坚持以正面教育为主,善于运用民主讨论的方式,一次讲不清,二次、三次,循循善诱,决不能采取粗暴的方法,动辄打棍子,扣帽子。对一些思想上毛病较多的学生,也要积极采取各种办法,帮助他们肃清流毒,治好"内伤"青年人接受新鲜事物快,有热情,敏感,可塑性大,他们的世界观还正在形成的过程,这是我们进行思想政治教育工作的有利条件。我们一定要学会和青少年谈心,和他们心连心,善于从他们身上发现积极因素,尽量开展各种适合青少年特点、为青少年所喜闻乐见的生动活泼、丰富多彩的教育活动。

进行思想政治教育工作,政治教材的建设是一个大问题。新中国成立以来,我们的中小学思想政治教育是怎样进行的,有什么教材,效果如何,有什么经验教训,需要我们很好地回顾和总结。在总结过去经验教训的基础上,要写好政治课本。基本的东西,如马列主义、毛泽东思想的基本原理,中国社会的发展,帝国主义对中国的侵略,中国革命与中国共产党,社会主义的现代化建设,社会主义民主,社会主义法制,等等,都要学。中小学还要上共产主义品德课,要让每个人都懂得我们新中国的公民必须受的品德教育是什么。这样,对造成良好的社会风尚,会有极大的意义。编写出一套政治课、品德课的课本，是一项基本建设，要集中人力，抓紧时间，立即着手，下大力量抓好。因为没有课本就没有章法，谁愿意讲什么就讲什么是不行的。写好的教材，要稳定下来。根据情况，适当增补一些可以，但不能随意变。要搞好中小学生守则，以便大家共同遵守。此事也要当成大事来搞，搞好了，大有益处。

加强中小学的思想政治教育工作，必须加强思想政治教育工作队伍的建设。这支队伍，应当像我党我军的模范政治工作者一样，既懂政治，又懂业务。希望中小学校的政治工作干部、政治教师，通过刻苦学习，使自己对一门、两门或者数门主要课程能有所了解，达到可以和学生交谈讨论、给学生辅导的水平。这样，就会和学生有更多的共同语言，使思想政治教育工作的质量大大提高一步。这样做固然有点困难，但只要肯于下功夫，是可以做到的。对于思想政治教育工作队伍的建设，各级领导要予以重视，在听传达报告，看资料文件方面给以照顾，要体谅他们工作中的困难，帮助他们提高。

加强中小学的思想政治教育工作，是一个很大的社会问题。各机关、企业、事业单位，各群众团体、文化教育和新闻出版部门、学生家长要一起配合。特别是各级党委的宣传部，要把学校青少年的思想政治教育列入重要的议事日程，认真地扎扎实实地抓起来。学校是专门的教育机关，学校的党支部、教师、共青团、少先队，负有更重大更直接的责任。不这样提出和认识问题，就降低了教育工作者的责任。战斗在教育战线的同志要动员起来，真正忠诚于党的教育事业，肩负起光荣的使命，努力把我们党进行思想政治教育工作的光荣传统发扬光大，并把它提高到一个新的水平，为实现四个现代化造就德、智、体全面发展的又红又专的新一代，贡献出你们全部的聪明和才智！

解放军第四届体育运动会在北京闭幕

闭幕式在首都体育馆举行。中共中央、中央军委、国务院领导人徐向前、陈锡联、韦国清、张廷发出席了闭幕式。

全军第四届体育运动大会主席团成员和三总部负责人，分别向打破纪录的运动员及其教练员、获得各项团体比赛名次的代表队和全军78个体育先进单位代表发奖。

这次全军体育盛会，取得了良好成绩。年轻选手高庆在女子小口径标准手枪60发慢加速射击中成绩超过世界纪录，射击名将杜宁生平了这个项目的世界纪录；张志欣、王丽君、梁虹、董贤林、郭玉、王强、孙宣生、李广兴、唐天富13次打破8项全国纪录，还有许多运动员和代表队刷新了一大批全军纪录。在运动会举行的游泳、专用枪射击表演赛中，广州部队梁虹以1分6秒6的成绩打破女子100米蝶泳1分7秒3的全国纪录；广州部队宋连卿以387环的成绩平小口径步枪对跑猪射击(混合速度)的世界纪录；由唐天富、宋连卿、倪庆华、王建伟组成的联一队和由向继明、王建民、陈国光、王昆组成的联二队，分别以1500环和1489环的总成绩，打破小口径步枪对跑猪射击(标准速度)1480环的团体全国纪录。参加今天闭幕式的3000多名运动员，决心再接再厉，继续勇攀高峰。在以后的比赛中努力为祖国创造出更好的成绩。

全军第四届体育运动大会主席团副主任、副总参谋长李达致闭幕词。他说，这届体育运动大会开得精彩，圆满地完成了预定的任务。当前，全党全军全国各族人民正在奋发图强，努力工作，搞好经济调整，向四个现代化进军，军队体育工作也要有相应的发展和提高。希望大家把大会的好思想、好作风、好经验带回去，进一步推动体育工作的普及和提高，加速我军革命化、现代化建设，在实现社会主义四个现代化的新长征的道路上，夺取更大的胜利。

闭幕式上，北京市和驻京部队的文艺工作者，表演了音乐、曲艺、杂技等文艺节目。

出席闭幕式的还有人民解放军各总部负责人杨勇、张才千、伍修权、迟浩田、傅钟、黄玉昆、王平、范子瑜、谭政、王建安、国家体委副主任徐寅生、李青川，北京市负责人白介夫，以及中共中央、国务院有关部门、各群众团体、人民解放军各军兵种、国防科委、国防工办、各军事院校、北京部队负责人。

太平天国史学术讨论会在南京召开

由北京太平天国历史研究会和南京史学会联合举办的太平天国史学术讨论会，于5月25日到6月2日在南京举行。

全国各地研究太平天国史的专家、学者以及有关史学工作者260多人出席了这个会议。应邀参加这次会议的还有外国研究太平天国史的和有关的专家、学者。会上共收到中外学者和与会代表提供的学术论文217篇。这些论文涉及太平天国政权的性质、人物评价、战略问题、会党以及太平天国起义期间各地区的农民起义等等，在一定程度上反映了粉碎“四人帮”以来我国史学界的初步繁荣的面貌。

这次会议贯彻了百花齐放、百家争鸣的方针，开得非常活跃，做到了畅所欲言。

南京是当年太平天国的首都天京，100多年前，太平天国的英雄们曾经在这里建立了太平天国政权，和清封建王朝以及外国侵略者浴血奋战达十多年之久。太平天国运动和历史上许多农民战争一样，不可避免地失败了，但是，太平天国运动给中国人民留下的历史经验和教训，却是十分宝贵的。对这份珍贵的历史遗产，是需要进行认真总结的。与会者围绕着太平天国运动的指导思想、太平天国政权的性质以及有关太平天国的人物评价问题，展开了热烈讨论。

"青史任人评是非"。在有关历史人物的讨论中，与会者集中讨论了对洪秀全、杨秀清、石达开、李秀成的评价。许多代表在发言中对"四人帮"神化洪秀全进行了驳斥，认为对洪秀全必须作出实事求是的评价。有的在发言中指出，洪秀全在太平天国革命初期，特别是在思想理论方面是有重要贡献的，对于太平天国运动来说，洪秀全无疑是一面旗帜；但是洪秀全在建都南京以后，却过着腐化的生活，特别是1856年天京事变，居然纵容韦昌辉诛杀了杨秀清及其部众几万人。天京事变后，洪秀全重用佞臣，排斥异己，逼走石达开。太平天国走向失败和洪秀全的错误是分不开的。对杨秀清、石达开、李秀成的评价，各种意见分歧很大，但是，讨论会自始至终都是摆事实讲道理，据理力争，以理服人。

会议期间，外国学者吴卫平(美国)、魏克德(西德)、小岛晋治(日本)、克拉克(澳大利亚)、黄宇和(澳大利亚)分别在会上作了学术报告。这些报告所阐明的观点和引用的史料，引起了与会者极大兴趣。

会议期间，中外学者进行了广泛的接触，就太平天国史研究中的许多问题进行认真的探讨。外国朋友还把他们珍藏多年的珍贵书籍和资料赠送给北京太平天国历史研究会，其中有小岛晋治赠送的《外邦太平记》《满清记事》等等，黄宇和赠送的太平军"供词"两份，柯文南赠送的冯云山"供词"3份，克拉克提供的有关"汉会"与郭士立的资料。这不仅为太平天国的研究提供了新的史料，同时也表明外国学者对中国学者的深厚友谊。

5月26日

全国人大常委会副委员长邓颖超离开北京前往朝鲜访问

应朝鲜劳动党中央委员会总书记、朝鲜民主主义人民共和国主席金日成邀请，中共中央政治局委员、全国人大常委会副委员长邓颖超，上午乘专机离开北京前往朝鲜进行正式友好访问。邓副委员长这次对朝鲜访问，将进一步增进中、朝两党两国和两国人民用鲜血凝成的战斗友谊和团结。

到机场送行的有党和国家领导人邓小平、乌兰夫、聂荣臻、陈慕华、姬鹏飞，政协全国委员会副主席、全国妇联主席康克清，外交部部长黄华、副部长仲曦东，中联部副部长乔石，全国人大常委会副秘书长武新宇等。朝鲜民主主义人民共和国驻中国大使全明洙和夫人也到机场送行。

邓颖超副委员长的随行人员韩念龙副外长等同机离开北京。

农业部发出通知要求发展向日葵增加食用植物油来源

新华社报道，农业部最近发出的通知指出，向日葵是一种很好的油料作物，适应性广，抗逆力强，含油量高。一般油用向日葵含油量40%—50%，仅次于芝麻，比大豆高，降低胆固醇的作用比玉米油还大。近些年来，世界上不少国家很重视发展向日葵生产。在世界植物油中，1960年向日葵油名列第四位，在大豆、花生、棉籽油之后。1974年以来已上升为第二位。

农业部在通知中强调要求有条件的地区要把向日葵列为重点油料作物，集中成片种植，逐步建成向日葵基地。同时要努力推广良种，把油用向日葵良种繁育工作，列入各地的种子工作计划，建立向日葵原种基地，以适应发展向日葵生产的需要。

中国红十字会与越南红十字会第二次会谈达成交换战俘协议

中国红十字会代表团与越南红十字会代表团举行的第二次会谈，交换了全部被俘人员的名单，并达成协议，这些被俘人员共分5批释放完，交接地点都在中国广西友谊关至越南同登公路零公里处。

我方交给越方的被俘人员名单是1638人，越方交给我方的被俘人员名单是240名。双方被俘人员分5批释放交接的具体时间和人数是：第一批已于5月21日完成，我方释放越南伤病俘120名，越南释放我方伤病俘43名；第二批将于5月28日进行，我方释放118名越南伤病俘，越南释放我方20名被俘人员；第三批将于6月5日进行，我方释放越南487名被俘武装人员，越南释放我方55名被俘人员；第四批将于6月13日进行，我方释放越南558名被俘武装人员，越南释放我方65名被俘人员；第五批将于6月22日进行，我方释放越南355名被俘武装人员，越南释放我方56名被俘人员。

会谈中，我方代表竭尽诚意，毫无保留地把被俘的越南武装人员名单全部交给了越方代表，并把13名越南武装人员伤残俘的死亡证明书也交给了越方。这13名越南伤残俘是经中国医护人员大力抢救无效，在医院中死亡的。当越方代表把240名我方被俘人员名单交给我方代表时，说明其中1人已经死亡，但没有向我方代表提交死亡证明书。在我方代表催问下，越方代表答复说，在双方人员下次会晤时再交。我方代表还当场声明：我方对越方提交的中国被俘人员名单是否是全部中国被俘人员名单保留核实的权利。对此，越方代表没有表示异议。

中越双方红十字会的会谈，是在北京时间11时至13时55分，在中国广西友谊关至越南同登公路零公里处数百米远的越方一侧进行的。

5月27日

《人民日报》发表社论《大家都在增产节约上狠下功夫》

现在已经到了5月下旬，1年三分之一多的时间过去了。我们的经济形势怎样呢？总的说很好。在党的三中全会精神指引下，全国安定团结的局面进一步巩固和发展，国民经济正在扎扎实实地稳步前进。农村形势喜人，广大农民的社会主义积极性进一步调动起来，今年夏熟作物长势很好，经过坚持不懈的努力，可望有一个较好的收成。工业战线形势也是好的。今年1月至4月，许多地区、部门和企业，生产建设取得了新的成绩。形势的发展，对工交战线提出了新的要求：要放手发动群众，迅速掀起增产节约高潮。大家都在增产节约上狠下功夫，用最大的努力降低物资消耗，增产国家和人民急需的产品，保证完成和超额完成今年国家计划。

开展增产节约，首先要求工交战线各级领导把主要精力放到生产建设上来。目前要做的事情很多，但是做工作要抓住中心。解决燃料动力和原材料不足的问题，要靠增产节约。增加财政收入，多办一些事情，要从增产节约中想办法。增加市场供应，改善人民生活，也只有在生产确实增长的基础上才能实现。总之，就是要增加生产，厉行节约，努力提高产品质量，降低消耗，以更多的燃料动力和品种对路的原材料以及机械产品，供应国民经济各部门，以更多、更好的轻纺工业品供应城乡市场和出口，并且为国家提供更多的财政收入。这就是中心。如果忙这忙那，国家和人民急需的产品却没有抓上去，许多问题的解决就失去了物质基础。各级领导应当对工作进行通盘部署，务必集中主要力量抓增产节约。领导干部亲自上生产第一线，那里有困难，那里问题多，就到那里解决问题。现在，有些地区、部门和企业生产增长不快，各项经济技术指标完成得不够好。有些单位的领导还没有把工作重心转移到生产建设上来，有的精神状态不对，强调困难，缩手缩脚，没有采取积极措施解决生产中的问题。这种状况，同工业交通战线担负的任务很不适应，应当迅速改变。

要做好深入细致的思想政治工作，把广大干部和群众的社会主义积极性充分调动起来。搞社会主义建设，实现四个现代化，没有一股蓬蓬勃勃的朝气，没有很大的革命干劲，没有强烈的光荣感、责任感和迫切感，是不行的。现在有一些不利于开展增产节约的错误认识，应当加以纠正。

有的同志认为，现在国民经济进行调整，就是减任务、减指标，甚至连短线产品的指标也要减下来。这是对中央调整方针的错误理解。调整的目的，是要使国民经济协调地更好地向前发展，更好地向四个现代化迈进。有些条件不具备、不切合实际的过高的指标应当降下来，没有销路、严重积压的长线产品应当减下来；那些生产建设迫切需要、市场供不应求的短线产品，不是什么减，而是增，是要创造条件，千方百计地搞上去。这样，才有利于比例关系的调整。为了保持燃料动力供需的平衡，有些产品生产的数量指标虽然做了适当压缩，但是在提高质量和降低消耗上却提出了更高的要求，生产这些产品的企业，任务不是减轻而是更重了。各个单位都应当根据自己的实际情况，提出增产节约的奋斗目标和具体措施，振奋革命精神，扎扎实实地干，决不能有丝毫的放松。

有的同志认为，调整比例关系，就得提高本行业的投资比重，在那里争投资、争项目。为了加强薄弱环节，适当提高某些行业的投资比重是需要的。但是，不能把调整比例关系仅仅理解为调整投资比例。应当指出，生产发展的快慢，取决于多种因素。有些行业生产发展不快，不是由于投资少，而是由于没有把企业现有的生产能力和潜力充分发挥出来，已经给的投资也没有用好，不能发挥应有的经济效果。凡是存在这种情况的地方，那里不是什么投资不足的问题，而是那里领导不力，劳动纪律不好，干劲不足，精神状况不振，政治思想工作薄弱。如果说是什么失调，那是你拥有的生产能力和国家给的物质条件，同你的干劲和对国家的贡献失调。这些单位的领导同志，确实应当认真调整一下这方面的关系，努力改变这种状况。

有的同志一提增加生产，就叫喊燃料动力和原材料不够。燃料动力和原材料供应紧张，这是事实。造成这种状况，有生产不足的问题，也有调配不当的问题，但在很大程度上是存在着严重浪费。现在有些企业一方面叫喊燃料动力和原材料不足，另一方面却在那里大量地浪费。据粗略估算，工业生产由于管理不善，1年多消耗电力二三百亿度，煤炭几千万吨。不把过高的消耗降下来，就没有高速度。这些单位应当迅速采取有效措施，把高消耗降下来。所有企业都应当发动群众好好查一查，你那里浪费有多大，节约工作做了多少？都应当好好在挖潜、革新、改造上狠下功夫。

在增产节约上狠下功夫。对于那些确实需要优先照顾的企业,如轻纺工业,应当在燃料动力和原材料等方面给以保证,促进它更快的发展。

掀起增产节约高潮,要采取多种形式,广泛开展社会主义劳动竞赛。各级工会、共青团、妇女组织,要在党委统一领导下,认真组织群众积极参加到社会主义劳动竞赛中来,开展群众性的技术革新。瞄准效率高、质量好、消耗低、贡献大的先进企业、先进个人,扎扎实实地开展比、学、赶、帮、超活动。要广泛地在企业之间和企业内部开展评比,选模范,树标兵,表扬先进,把生产建设搞得热气腾腾。各项经济工作都要抓好的典型,认真总结和推广先进经验。各个部门、各个单位要从全局出发,互相支持,互相配合,发扬把困难留给自己、把方便让给别人的高尚风格。

国务院副总理邓小平在北京会见由阿卜拉·侯赛因·哈拉里率领的阿拉伯也门共和国民间合作发展机构代表团

邓副总理同远道来访的朋友们进行了亲切友好的谈话。他说:"中国和阿拉伯也门两国的关系历来是深厚的。我们在国际问题上的观点基本上是一致的。我们确实够得上是朋友。"

哈拉里团长说:"我们高度赞赏中国政府和人民支持阿拉伯人民和各国爱好和平人民斗争的正义立场。阿拉伯也门人民十分关注中国人民实现四个现代化的伟大进程和各方面取得的进步。"

邓副总理指出:"你们那个地区过去是今后相当长的时期内仍将是国际局势动荡的中心之一。超级大国霸权主义的争夺,给阿拉伯人民带来了灾难。我们相信,你们的斗争尽管还有曲折,但最终将取得胜利。我们希望阿拉伯也门和整个阿拉伯世界好起来。"

阿拉伯也门驻中国大使阿卜杜·奥斯曼参加了会见。

会见时在座的有对外友协副会长楚图南等。

中越边境自卫还击作战英模报告团到达北京

报告团乘专机到达北京后,党和国家领导人王震、韦国清、方毅、胡耀邦、姬鹏飞以及驻京陆、海、空三军指战员、公安干警和首都群众3000多人的热烈欢迎。

自卫还击作战英模报告团一行80人。他们当中有"穿插英雄营"、"能攻善守英雄连"、"英雄炮兵连"、"英雄工兵连"、"英雄汽车连"和日夜守卫祖国南疆领海、领空的海、空军部队英雄集体的代表,有英雄坦克手、爆破英雄、孤胆英雄、民兵英雄、支前模范,还有白衣女战士和常年战斗在我国广西、云南边境的英雄公安干警。他们在京期间,将分别向中央直属机关、国务院各部委、驻京部队和北京市的广大军民作报告。

到机场欢迎英模报告团的还有人民解放军各总部负责人杨勇、李达、黄玉昆、朱云谦、王平,中央办公厅副主任李质忠,国务院秘书长金明,北京市负责人陈鹏、白介夫,北京部队副司令员傅崇碧,公安部、全国总工会、共青团中央、全国妇联的负责人,以及人民解放军各军兵种、国防科委、国防工办和各军事院校的负责人。

国务院副总理兼国防部部长徐向前在北京会见并宴请索马里第一副总统兼国防部部长萨马特尔中将率领的军事友好代表团

王震副总理参加了会见和宴会。

会见时,徐向前副总理对索马里贵宾来访表示热烈欢迎。他说,中索两国人民有着反帝、反殖、反霸的共同任务,我们的友谊将不断加强和发展。

萨马特尔第一副总统代表索马里人民和军队向中国人民和军队致以战斗敬意。

参加会见和宴会的还有中国人民解放军副总参谋长何正文、总政副主任朱云谦、总后副政委白相国,外交部副部长仲羲东,以及索马里驻中国大使卡欣等。

萨马特尔第一副总统等索马里贵宾上午由何正文副总参谋长陪同访问了中国人民解放军北京部队装甲兵某部,并游览了长城。贵宾们观看了装甲兵某部的军事表演,并受到指战员们的热烈欢迎。

国务院副总理余秋里在北京会见由罗伯特·福陆率领的美国福陆公司代表团

国务院副总理陈慕华在北京会见由肯尼亚住房和社会服务部长扎·奥尼翁卡率领的肯尼亚政府代表团

这是近年来访问我国的第一个肯尼亚高级代表团。会见时,陈慕华副总理同肯尼亚贵宾们进行了亲切友好的谈话。双方表示,将为进一步发展两国的友好交往、加强两国间经济和贸易关系作出努力。

会见以后,陈慕华副总理设宴欢迎肯尼亚贵宾。

肯尼亚驻中国大使乔舒亚·希丹巴西·奥丹加参加了会见并应邀出席了宴会。

全国人大常委会副委员长乌兰夫在北京会见丹麦王子彼得

全国人大常委会副委员长姬鹏飞在北京会见以高知县知事中内力为团长的高知县青年之翼访华团

全国总工会主席倪志福在北京举行宴会欢迎由坦桑尼亚工人联合会主席姆维利马率领的坦桑尼亚工会代表团

贸促会在北京宴请美国总统贸易谈判特别代表罗伯特·施特劳斯大使和夫人一行

中国国际贸易促进委员会主任王耀庭出席宴会。

王耀庭主任在宴会上祝酒时说，施特劳斯大使是继美国财长和商务部部长访问中国之后，美国政府派遣来访的又一个重要官员。他的访问必将进一步推动中美两国经济贸易关系的发展。

施特劳斯大使在祝酒时指出，他这次来访是为了寻求发展美中两国良好的、公正的贸易关系。他希望美中双方能够本着信任和合作的精神，使正在北京进行的美中纺织品谈判取得成功。

宴会在人民大会堂举行。美国驻中国大使伍德科克和夫人也应邀出席了宴会。出席宴会作陪的有国家计委副主任顾明、外贸部副部长陈洁等。

施特劳斯大使是应贸促会的邀请前来我国进行访问。随同他来访的有美国政府官员和企业界领导人共30多人。

解放军总政治部发出通知号召全军结合部队实际掀起学英雄见行动热潮

中国人民解放军总政治部向全军发出关于进一步学习中越边境自卫还击作战英雄模范事迹的通知。要求各级党委和政治机关抓紧时机，在全军和全体民兵中掀起学英雄、见行动的热潮。

通知说，开展学习英模事迹活动，要学英雄，见行动，紧密结合部队实际，以英雄们为榜样，坚决贯彻执行党的三中全会和中央工作会议精神，推动军委扩大会议、军委会议和全军政治工作会议精神进一步贯彻落实。教育部队高举马列主义、毛泽东思想伟大旗帜，坚持四项基本原则，提高执行党的路线、方针、政策的自觉性，保持坚定正确的政治方向。教育部队顾大局，识大体，正确处理个人利益与国家利益、眼前利益与长远利益的关系，奋发图强，艰苦奋斗，全心全意为人民服务。教育部队进一步加强同志之间、上下级之间，兄弟单位之间的团结，进一步加强军政、军民之间的团结，巩固和发展安定团结的大好形势。教育部队解放思想，开动机器，实事求是，认真学习、研究自卫还击作战的宝贵经验，坚持用革命化统帅现代化，继承和发扬我军的光荣传统，改革教育训练的内容和方法，改进军事工作、政治工作、后勤工作和民兵工作。

教育部副部长张承先在答《人民音乐》记者问时提出中小学应加强音乐美术教育

张承先在答问中提出，中小学校应该加强对青少年的音乐、美术教育，教育部门要加强对中小学音乐、美术教育的领导。

张承先说，音乐在青少年的生活中，占有重要位置。通过音乐教育活动，可以对学生进行爱国主义、国际主义和革命传统教育；可以培养学生共产主义的品德和情操；使学生获得音乐的基础知识和唱歌的基本技能，鼓舞学生努力学习，奋发向上。总之，音乐教育对青少年身心的健康发展，对学生茁壮成长，有着重要的意义和不可忽视的作用。

他在回答该刊记者提出的究竟应该怎样认识音乐课和其他文化课的关系时指出，音乐课是德育不可缺少的内容。在培养学生的过程中，音乐课与其他文化课是相辅相成、相得益彰的，特别是优秀的歌曲，能激励学生勤奋学习的意志，能调剂学习情绪，提高学习效果，启发形象思维，发展想象能力。因此，决不能因为学校强调学习文化课而轻视音乐课。

在谈到美育对中小学学生的重要性时，张承先说，音乐和美术是培养美育的重要手段。德、智、体三方面都包含着美育的成分，美育贯穿在德育、智育、体育的过程之中，也是培养学生德、智、体全面发展的重要组成部分。美育的目的是逐步培养学生对自然美、社会生活美和艺术美的感受、爱好，使他们具有辨认什么是美丑的能力。10多年来，由于林彪、“四人帮”的严重干扰和破坏，无产阶级的美育教育不能进行，资产阶级思想得以泛滥，使一些青少年香臭不辨，美丑不分，个别的甚至精神颓废，思想空虚，走入歧途。经验证明，音乐、美术教育对青少年的健康成长和共产主义世界观的形成，起着潜移默化的作用。

张承先说，教育部准备采取以下一些措施，加强对中小学的音乐、美术教育：一、制定音乐、美术教学大纲。这个大纲即将印发给学校讨论试行。二、编写音乐、美术教材。教育部已委托上海市教育局编写，明年秋季可供使用。条件具备的省、自治区、直辖市，也可以根据教学大纲自行编写教材。三、教育部门和学校要提高认识，加强对音乐、美术教育的领导。要按照教学大纲培训师资，改进教学方法，提高教学质量。教学计划规定的音乐、美术课的教学时间，其他学科不得占用，要积极开展多种形式的课外音乐、美术活动。

张承先最后希望音乐家、美术家为青少年创作更多的适合他们年龄特点、为他们所喜闻乐见的音乐、美术作品，为更好地全面贯彻党的教育方针，提高整个中华民族的科学文化水平，造就一代新人，共同努力。

北京积水潭医院治疗电烧伤有新突破

《人民日报》报道，最近，北京积水潭医院的医务人员，为触电造成前臂和腕部深度烧伤的病人进行了血管移植，重建了血液循环，恢复了手的功能，避免了截肢，为治疗上肢电烧伤找到了新的途径。今年3月在美国举行的一次烧伤专业会议上，他们的论文受到了与会者的高度评价，认为这是过去尚未涉及的新课题，而中国医生却在临床治疗上有了突破，取得新的成绩。

5月28日

全国人大常委会委员长叶剑英电贺卡斯滕斯当选联邦德国总统

波恩德意志联邦共和国卡尔·卡斯滕斯阁下：

在阁下当选为德意志联邦共和国总统的时候，我谨向阁下表示热烈祝贺。祝我们两国关系和两国人民之间的友谊进一步发展。

中华人民共和国全国人民代表大会常务委员会

委员长　叶剑英

1979年5月28日于北京

《人民日报》发表社论《让英雄之花开遍祖国大地》

全国人民盼望已久的中越边境自卫还击作战英模报告团，昨天来到北京。他们将在首都，并将到全国各地，向部队指战员，向广大干部和群众，巡回报告作战情况。这是我国人民当前政治生活中一件很重要的事情。我们怀着崇高的敬意，热烈欢迎英模报告团的到来。

英模报告团的同志们，带来了这次作战中涌现出的许多可歌可泣的英雄模范的光辉事迹，带来了极其可贵的实战经验。这是全国军民极为宝贵的精神财富。正当我们努力排除由于林彪、“四人帮”的长期破坏留下的重重困难，向着四个现代化的宏伟目标进行新的长征的时候，这种精神财富显得特别珍贵。经过报告团同志们的巡回报告，自卫还击战英雄们那种爱国主义的崇高品质，那种敢于战胜任何艰险、压倒一切敌人的革命英雄主义气概，那种坚决执行党中央和中央军委的英明决策，一切听从党指挥的模范行动，那种军民一致、官兵一致、各方协同、相互支援的团结战斗精神，必将进一步在全国各条战线广为传颂，成为推动我国各族人民搞好社会主义现代化建设的巨大鼓舞力量。这次战斗中实行多兵种联合作战、集中优势兵力打歼灭战和充分发挥政治工作威力等丰富的实战经验，也将在我军的革命化、现代化建设和其他各项建设事业中充分地得到借鉴和推广。

这次自卫还击作战，对我们的党、我们的军队、我们的国家，是一次考验。我们的国家被林彪、“四人帮”糟蹋了10年，百废待兴；我们党经过艰巨的拨乱反正，刚刚宣布把全党工作的着重点转移到现代化建设上来。在这种情况下，越南地区霸权主义凭恃苏联大霸权主义的支持，以为有机可乘，在侵略柬埔寨、破坏东南亚和平的同时，欺侮到我们头上来。在自卫还击战开始前的半年中，越南侵略者就向中国边境进行了700多次军事挑衅和侵犯，挑衅和入侵的地段达162处，打死打伤我边境居民和边防人员300多人，气焰嚣张，不可一世。中国人民忍无可忍，被迫还击。但是，这一仗能不能达到预期目的？会不会影响四个现代化建设？不少朋友有这种疑问，不少同志也有这种担心。实践作出了明确的回答。我们的党、我们的军队、我们的国家、我们的人民是敢于斗争和善于斗争的，是经得起任何风浪的考验的。我们的党中央、中央军委，对情况的判断是准确的，决策是英明的，部署是周密的，指挥是正确的。我人民解放军广西、云南边防部队和边境民兵，一声令下，神速反击，攻必克，守必固，战必胜，给越南侵略军以沉重的打击，完满地达到预期的目的，取得了重大的胜利，在我军历史上写下了新的篇章。在整个作战期间，全国人民紧密地团结在党中央周围，万众一心，同仇敌忾，特别是边境人民，为支援作战作出了巨大的贡献，谱写了一曲曲各族军民团结战斗、保卫边疆的胜利凯歌。我们的国家用这一仗向全世界表明，中国说话是算数的。人不犯我，我不犯人；人若犯我，我必犯人。大小霸权主义胆敢侵犯我们，我们决不手软。16天的作战，用铁的事实雄辩地证明：我们的党不愧为伟大的党，我们的军队不愧为伟大的军队，我们的人民不愧为伟大的人民，我们的国家不愧为伟大的国家。

在这次自卫还击作战中，参战部队指战员、民兵和支前民工表现出来的高尚的爱国主义和革命英雄主义精神，是全国各族人民学习的榜样，是推动我们努力搞好现代化建设的巨大力量。这次作战地形复杂，山岳纵横，坡陡路窄，草深洞多，雾大水急，加上越南当局早就以中国为敌，设置重重明碉暗堡，可以说困难是很大的。为什么我们的边防部队能够战胜这样的艰难险阻，以摧枯拉朽、风卷残云之势，给越南侵略者以应有的惩罚呢？其中很重要的一条，就是我边防军民有一种高度的爱国主义和革命英雄主义精神。他们热爱党，热爱祖国，热爱人民，热爱社会主义。他们懂得，我们伟大的祖国近百年来受尽了帝国主义的侵略、欺侮和凌辱，是中国共产党领导中国人民前仆后继，英勇战斗，才推翻了“三座大山”，建立了人民当家做主的社会主义新中国。他们看到,"文化大革命"中,可爱的祖国又饱受林彪、"四人帮"的祸害,华国锋同志为首的党中央领导全国军民迅速医治"全面内战"的创伤,开始了四个现代化建设的新长征。他们同全国军民一样,对祖国的美好前景充满无限的希望。当越南侵略者把战火烧到我国边境,叫嚷"要使中国的现代化的希望变为泡影"时,我边防军民义愤填膺。他们把对人民的爱,对繁荣富强的社会主义祖国的向往,和对敌人的恨,变成了战胜一切困难、压倒一切敌人的英雄气概,变成了攻则无坚不摧,守则坚如磐石的英勇行动。他们用自己的鲜血打开前进的通道,把生的希望留给同志,把死的危险留给自己,不惜献出自己的生命保卫祖国的边疆。这种爱国主义和革命英雄主义精神,是多么值得我们学习啊!全党同志,全军指战员,全国人民,要认真学习他们为党、为祖国、为人民、为社会主义献身的崇高品质,认真学习他们把革命利益放在第一位,关心国家和民族比关心个人为重,关心战友和群众比关心自己为重的崇高品质;认真学习他们遵守纪律,听从指挥,坚决完成战斗任务的崇高品质;要把这种学习和自己的本职工作结合起来,在社会主义现代化建设中,作出实实在在的贡献。

通过这次作战,可以看到,我们的老将革命锐气不减当年,又建奇功。他们保持和发扬了我军的优良传统,身先士卒,沉着勇敢。许多高级指挥员亲临最前线,率领尖刀分队杀入敌阵。各级指挥所一再靠前,到第一线指挥战斗。老将们熟练地运用毛泽东同志的战略战术,并与现代战争的实际紧密结合,表现了很高的领导艺术和指挥才能。这次自卫还击作战说明,我们绝大多数老同志是过得硬的。这些身经百战和历经无数次革命斗争考验的老英雄,是我们学习的榜样。同他们相比,那些搞官僚主义,刮不正之风,闹特殊化,革命意志衰退的人,难道不应该感到羞愧,不应该痛下决心洗刷自己身上的污垢吗?

参加这次作战的,绝大多数是青年同志。他们生在新社会,长在红旗下,没有经历过旧社会的苦难,更没有经历过战争考验。但是为了保卫祖国的边疆,保卫现代化建设,他们精神饱满,斗志昂扬,舍生忘死,不畏艰险。这充分说明,我们的青年一代是大有希望的一代。他们的崇高思想境界和优秀品质,是党和人民长期教育的结果,也是老一辈无产阶级革命家和在长期革命斗争中涌现出来的英雄人物熏陶的结果。我们要正确地看待青年一代。林彪、"四人帮"对他们的毒害,不能小看;但党和人民引导和教育他们的力量,更要有足够的估计。青年一代的本质是好的,主流是健康的。我们应当相信青年一代,相信这支新长征路上的生力军,相信在党的领导下,青年必将在建设四化的过程中,发出更多的光和热,作出更大的贡献。

各级党委要十分重视、切实抓好这次英模报告团的活动,向人民群众进行一次广泛深入的爱国主义和革命英雄主义的教育。这种教育不仅群众需要,青年需要,各级党的领导干部也同样需要。用反侵略战争的英雄模范事迹教育干部和群众,是开展生动活泼的政治思想教育的一种重要形式,也是我们党的优良传统。当年,在轰轰烈烈的抗美援朝运动中,中国人民志愿军就曾一再派出归国报告团,向全国广大干部和群众介绍他们的英雄模范事迹,使人们受到深刻的教育和巨大的鼓舞,极大地推动了当时的革命斗争。这次,中越边境自卫还击作战英模报告团到首都和各地巡回报告,也必将起到革命播种机的作用。让我们把英雄们的革命精神传遍五湖四海,让英雄之花开遍祖国大地,鼓舞我们朝着社会主义现代化的宏伟目标奋勇前进。

农业部科学技术委员会在北京成立

新华社报道,农业部最近在北京召开了农业部科学技术委员会成立大会。农业部科学技术委员会的主任委员是金善宝,委员有70多人,他们是从事农牧业科学技术工作的老专家、老教授、劳动模范和科技管理领导干部。

这个科学技术委员会的任务主要是:对农牧业科学技术的长远规划和年度计划进行审议;对农牧业的科技成果和奖励进行审查和评议;对农牧业技术政策、体制及规章制度进行审议和提出建议;对技术推广、科学技术干部培养和对外科技交流计划进行审议等。

会议还讨论和审议了全国农牧业发展规划、农牧业科技成果管理试行办法和技术改进奖励条例试行细则等文件,并对中国农科院、北京农业大学和兽医药品监察所3个单位报请奖励的1978年的技术改进成果进行了评议。

国务院副总理方毅在北京会见南斯拉夫外交部部长助理佩基奇·沃依斯拉

外贸部部长李强在北京会见美国总统贸易谈判特别代表罗伯特·施特劳斯大使和夫人一行

中国红十字会代表就越方武装挑衅蓄意破坏释俘工作向越方提出抗议

中越两国红十字会代表团在办理释放第二批双方被俘人员的时候,越南武装人员于上午9时28分,在友谊关至同登公路距零公里处400多米的越方一侧高地上鸣枪两发。上午10时55分,一名越南武装人员持手枪,潜入中国湘桂铁路友谊关地段200多米处,距零公里处直线距离约600多米的地方进行挑衅。

中国红十字会代表团代表李杰为此向越方代表提出抗议,他指出,越方这一挑衅行动威胁了我红十字会代表团的安全,破坏了中越双方交接被俘人员的工作。越方必须对由此产生的一切后果负责。

今天中越两国第二批战俘交接工作结束后,越南红十字会代表团代表方文垂采用恶人先告状的手法,从口袋中拿出一份事先准备好的稿子,竟然"抗议"所谓中方于27日在零公里处中方一侧打枪,并说什么"中国武装人员威胁了越南红十字会代表团的安全。"中国红十字会代表团代表李杰当即给予驳斥,他质问越方代表,"27日中越两国红十字会代表团并没有进行工作,你们来这里干什么?"李杰在列举越南武装人员今天破坏交接工作的事实以后,严正指出破坏交接工作的正是越南方面。越方代表被驳得理屈词穷,最后不得不表示下次交接被俘人员的工作仍按原计划于6月5日继续进行。

5月29日

国务院总理华国锋致电毛里塔尼亚国家元首萨莱克对毛里塔尼亚总理布塞夫逝世表示沉痛哀悼

努瓦克肖特毛里塔尼亚伊斯兰共和国国家元首、救国军事委员会主席穆斯塔法·乌尔德·穆罕默德·萨莱克阁下:

惊悉毛里塔尼亚伊斯兰共和国总理、救国军事委员会第一副主席艾哈迈德·乌尔德·布塞夫和他率领的代表团成员不幸逝世,深感悲痛。我谨向阁下、贵国政府和人民表示沉痛的哀悼,并对布塞夫总理和其他遇难者的家属表示亲切的慰问。

中华人民共和国国务院总理 华国锋

1979年5月29日于北京

国家经委负责同志向新华社记者谈工业改组试点情况和意见

新华社报道,当前在转移工作重点、调整国民经济的时候,工业战线的干部、职工很关心一个问题:如何按专业化协作原则搞好工业改组,以便更好地发挥现有企业的作用,加快工业发展速度?对这个问题,国家经委负责同志最近向新华社记者介绍了一些地区和部门改组工业试点的情况,提出了进一步搞好这项工作的意见。

工业改组势在必行

早在"文化大革命"以前,我国工业部门就按照专业化协作的原则试办过一些专业公司,取得了一定成效,但后来由于林彪、"四人帮"的干扰破坏,被迫停办。粉碎"四人帮"后,特别是去年以来,不少地区和工业部门拨乱反正,按专业化协作原则改组工业的试点工作陆续展开。为了取得经验,国家经委根据党中央、国务院的部署,重点抓了北京、上海、天津和辽宁改组工业的试点工作。1年多来,3市1省工业部门先行一步,做了4项工作:

第一,组织力量对本地区工业的现状进行认真的调查研究,做到心中有数。

第二,按行业梳成辫子,调整部分企业的隶属关系,实行归口管理,统一领导,组建不同类型的专业生产公司、总厂,开始解决多头领导、管理分散的问题。

第三,在公司内进一步按照专业化协作的要求制订改组规划,逐步按产品、零部件、工艺、技术后方组织专门生产,改变"小而全"、"大而全"的状况。

第四,试办一批企业性质的专业公司,对所属工厂实行人财物、产供销统一管理。

这些工作,各地进展不同,收效不一,凡是搞得好的,对生产的发展都起了良好的促进作用。如北京市缝纫机行业、上海市电视机行业等,只是对现有企业进行了合理的改组,不需增加什么设备、投资、人力、生产能力就提高了百分之二三十,或者更多。从这里不难看出,按专业化协作的原则合理地组织我们的工业企业,对于解放生产力,加快工业发展的步伐,具有何等重要的意义。

长期以来,我国工业管理落后,不少地区和部门习惯于按照行政层次、行政区划、行政方式办事,领导多头,机构臃肿,"大而全"、"小而全"的工厂很多。在一个地区,往往是几个工厂生产同一种产品,各搞一套,自成体系,物力、人力大量浪费,劳动生产率很低。这种状况,同现代工业所要求的按专业化协作方向发展的规律很不相称,严重地阻碍着技术的进步和生产的发展。

列宁指出:"要把制造整个产品的某一部分的人类劳动的生产率提高,就必须使这部分的生产专业化。"随着工业的发展,经济发达的国家一般都是按产品、工艺或零部件把有关企业联合起来,搞专业化的生产。以西欧一些国家为例,20年前这些国家生产铸锻件的专业工厂有150家左右,其中联邦德国35家。后来专业化程度高了,生产铸锻件的工厂由150家左右减少为15家,其中联邦德国只剩下4家。我国一些试点单位的情况也说明,只有按专业化协作的原则很好地改组工业,才能冲破落后的组织管理的羁绊,适应现代化建设的要求。

工业改组要从我国实际情况出发

工业生产的专业化协作,是社会劳动分工的必然结具。工业愈发达,分工愈细,专业化程度也越高。我国是一个发展中的社会主义国家,先进的工业和落后的工业同时并存,总的来说水平不高,各个地区和部门之间发展又很不平衡。因此,按专业化协作原则改组工业,必须实事求是,从我国工业的实际出发,着眼于我们工业发展的现状和不同地区、部门的特点,确定在多大范围内、采用什么方式搞专业分工、协作,决不能搞"一刀切"。

当前要注意抓好工业比较集中的大、中城市的工业改组工作,并且把重点放在这些城市的机械、电子、轻工、纺织等加工工业上。对加工工业的改组,首先抓好通用的工艺和基础零部件的改组工作,例如,我们绝大多数拖拉机厂、机床厂、柴油机厂都有自己的铸工、锻工、机修和工具车间,技术力量分散,设备利用率不高,劳动生产率很低。把它们分类集结,组织起来,成立专门的工厂、公司进行生产协作,就能很快见效,起到解放生产力的作用。但是,即使这类工厂也不能搞一刀切。有些地方,工业基础比较薄弱,工厂企业比较分散,现在就不必硬把它们组织到一个公司里。对不同的企业来说,进行改组时也要具体分析,讲求实效:一般说来,产品通用化程度较高而本厂自用量不大、生产能力长期不能发挥的车间,只要生产、生活设施具备条件,可以独立出来建立专门的工厂;生产能力已经充分发挥,技术上、产品上又有特殊要求的车间,不宜独立成厂;还有些车间,能力虽未充分发挥,产品自用量也不大,但生产布局、生活设施、辅助场地等条件不具备,也不要急于独立成厂,而应积极创造条件,逐步过渡。总之,搞工业改组,要有利于管理,有利于发展生产,不要单纯追求成立了多少个专业厂、专业公司,而要看通过改组能取得多大的经济效果。

当前改组工业必须贯彻国民经济调整、改革、整顿、提高的方针,不能脱离这个方针去进行。具体地来说,工业改组要同现有企业挖潜、革新、改造相结合;同制订发展工业的长远规划相结合;同发展外贸、引进技术和组织来料、来样加工,搞好装配业务相结合;同解决城市"三废"污染,噪声干扰和改善工业布局相结合;同扩散产品、有计划地发展县、社队工业相结合;同采用新技术、进行技术改造相结合;同加强科学研究、培训和壮大技术力量相结合,等等。

领导干部要当促进派

按专业化协作原则改组工业,是工业管理的重大改革。在改革过程中,不但一些工业企业的产品方向和品种、规格要变,而且生产的组织形式、管理方法以至于整个管理体制也要相应地改变。由于涉及面广,政策性强,情况复杂,工作量很大,每前进一步都会遇到若干实际困难和思想阻力。所以,各级党组织必须加强领导,各级领导干部也要适应新情况,研究新问题,冲破小生产的狭隘眼界,改变用行政方法管理经济的老习惯,积极主动地当工业改组的促进派。

拿已经成立的专业公司来说,进一步改革的任务就很重。目前这些公司绝大多数也还是行政性的管理机关,它本身没有多少自主权。大事上面有局管,小事下面有厂管,上上下下依旧是原来的老样子。成立起这样的公司,工厂反映多了个"婆婆",主管的工业部门认为多了一层"障碍",公司自己也感到是多了一个"摆设"。人们强烈要求改变这种状况,使专业公司真正成为企业性的经济组织,即统管所属企业的人财物、产供销,做到统一计划,统一调度,统一原材料供应,统一产品销售、经营,独立进行经济核算。而要做到这一步,上级主管部门就要下放权力给公司,工厂的管理机构也要相应地改革。所有这些,同现行的一些体制是矛盾的,需要有关的领导干部在思想上、习惯上、管理方式上破旧立新。现在有些领导干部,一般地讲专业化协作他们是赞成的,但是当专业化协作要求他们破除旧的思想、习惯,特别是在碰到一些实际困难的时候,却又思想不通,甚至产生抵触情绪。不改变这种"叶公好龙"的态度,是不可能搞好工业改组的。

进行工业改组,还涉及中央、地方和企业的关系问题。比如中央或省、市工业部门要上收一些工厂,组建全国性或地区性的专业公司,就同有些地方发生矛盾。在企业之间,当改组时研究到谁是主机厂,谁是配套厂?安排哪个工厂扩大,哪个工厂简缩?确定哪家向哪家抽调设备、人力等问题时,矛盾也是比较多的。为了解决这些矛盾,上级工业部门要尊重地方、企业的意见,注意发挥它们的积极性;地方和企业的领导干部也要树立全局观念,做到局部利益服从整体利益,眼前利益服从长远利益,这样上下左右拧成一股绳,才能把工业改组搞好。

国家经委负责同志最后指出,按专业化协作原则改组工业是一项新的工作,我们还缺乏经验。各级领导干部对这项工作既要积极,又要慎重。在改组过程中,不要把集体所有制的企业改变为全民所有制企业,对于管理体制的改革也不要随意作出决定。不同地区和部门应该如何搞专业化协作,组建企业性的专业公司需要什么条件,公司的权限是什么,怎样管理企业,已有的行政性的公司如何向企业性的公司过渡,这些问题都需要进一步实践、摸索,总结经验。我们要坚持进行试点,搞好调查研究,改革时要先易后难,扎扎实实,一步一个脚印,切不可一哄而起,一哄而散,力求少走弯路,真正通过改组把我国工业推向前进。

《人民日报》发表评论员文章《为电力的增产节约

算算账》

在日益高涨的增产节约运动中,如何采取切实有效的措施,增产电力,节约用电,这是电力部门应当努力奋斗的目标,也是应当引起各行各业极大注意的事情。

解决电力供应紧张问题,这是全国工农业生产战线一致的呼声。不少地区,因为严重缺电,许多工厂至今仍开工不足。有的新建企业,因为缺电,长期不能投产,发挥不了效益。据一些省、自治区、直辖市的调查,如果电力供应充足的话,用不着投资铺新摊子,光是现有企业,产量即可提高20%或30%。

粉碎"四人帮"以后,电业战线的广大干部、工程技术人员、工人做了大量的工作,取得了显著成绩。两年来,新增加的发电装机就有800多万千瓦,发电量增长了534亿度。每度电的耗煤量,比历史最好水平还低八克。在1978年增产300多亿度电的基础上,今年以来发电量持续上升,比去年同期增长了11.8%,做到了旬旬、月月超额完成国家计划。在供电质量方面,全国大部分电网都恢复了正常周波运行。在发电的煤耗方面,今年头4个月已节约煤炭165万吨。电业战线的广大职工对缓和电力紧张形势作出了巨大贡献。

要从根本上改变电力的紧张状况,出路何在?从长远来说,要加快电力基本建设的速度,多装,快装,装好一批发电机组,以解决发电设备同用电设备之间的矛盾。从眼前来说,就是在加快本年度基建速度的同时,要埋头苦干,要大力开展电力的增产节约。装机30万千瓦的重庆电厂,由于受"四人帮"的干扰,一度跌到只有5万千瓦出力;经过动员,大干设备检修,大干安全发电,30万千瓦的发电设备,恢复到了满出力。辽宁清河电厂,装机110万千瓦,是目前全国最大的火力发电厂,投产后只能发30多万千瓦,大厂变成了小厂。去年经过整顿,全厂职工的精神面貌焕然一新,在安装单位的配合下,设备的填平补齐、发电机组的检修等五个方面,都取得了好成绩,110万千瓦的设备基本上做到了安全满发。在去年以前,全国发电设备中有400万千瓦的发电设备发不出电来。经过电力部门从上到下认认真真地干了1年,就有240万千瓦恢复了出力。仅这1项,1天就增加4000万度电。这么多电,用来炼钢的话,可以冶炼8万多吨,用来采煤,可以采125万多吨。由此可见,只要振奋精神,埋头苦干,措施扎实,同样的设备就能发出更多的电。

缓和当前的电力紧张局势,一方面是抓开源,另一方面是抓节流。抓住节约用电不放,把各种产品的单位耗电量降下来。

节约用电,可以使劲的地方很多,油水也很大。目前,工业用电,农业用电,生活用电都有很大的浪费。大家算了一笔账,很值得重视。

据统计:全国钢铁工业每产1吨钢的综合耗电量,1965年为665度,1977年为1012度;重点煤矿每产1吨煤的耗电量,1965年为21.4度,1977年为31.9度;化学工业每万元产值的耗电量,1965年为5378度,1977年为8453度。同是一种产品,耗电高的和耗电低的差距很大。1978年重点企业30项主要电力消耗指标,还有20项没有达到历史最好水平。消耗定额的上升,虽然有电气化水平提高等不可比的因素,但是由于技术落后,经营管理不善,浪费了大量的电力,这是无可否认的事实。如果全国重点企业的电力消耗指标,都达到历史最好水平,就可以节约电力120亿度。

我国电力建设不配套,管理水平低,厂用电多,线路损耗大,特别是农村用电线路和设备问题更多,乱接线、乱建站和大马拉小车的情况很普遍。农村输电线路线损耗一般在20%以上。如果电力部门的自用电和供电线路的损耗率达到历史最好水平,仅此一项又可节约几十亿度电。

在生活用电方面,就数量来说,占全国用电的比重是不大的,但在提倡节约风尚方面,意义是重大的。现在的情况是,凡是采用"包灯"或"公家部分和全部补贴电费"办法的,比起按电表收费来,用电量往往要高出二三倍,甚至几十倍、上百倍。在这方面,我们要大讲节电光荣,浪费可耻。要让大家都知道,在当前由于缺电,许多企业开工不足的情况下,浪费了电力,不仅是浪费了能源,而且也影响到国民经济发展的速度。在每个住家户或用电单位,节约1度电并不太难,但把它用在发展工农业生产方面却可以收到很好的效果。1度电可以织20尺布,采60斤煤,浇半亩地。在发展国民经济中,1度电可以创造2.55元产值。在生活用电问题上值得特别提出的是,不论哪个单位和哪一级干部,都必须用多少电,交多少费,不能在用电问题上搞特殊化,或者慷国家之慨,用电来搞职工福利。这是有关继承和发扬党的艰苦奋斗、密切联系群众优良传统的重要问题,应当引起注意。

要把有限的电力真正用在刀刃上,必须注意合理使用电力,采取择优供电的办法。目前,有些地方的小化肥厂、小钢铁厂电耗比大厂高出一两倍,甚至三四倍,而且产品质量又差,原料既无来源又无保证。对这样的企业,如果对它们进行适当的调整,腾出电力来给大厂用,不是可以取得更大的经济效果吗!

增产电力,节约用电,这是各行各业取得发展必不可少的物质保证。有了电,整个国民经济就活了。这是关系全局的大问题。全体电业战线的广大职工要抖起精神,把电力搞上去。

电力工业增产节约取得成绩

新华社报道，电力工业战线广大职工积极开展增产节约运动，夺得了既增产又节约的好成绩，特别是五月中旬以来，电力生产持续上升，多次刷新日发电量的全国最高纪录。今年以来，全国发电量旬旬、月月超额完成国家计划。1月至5月中旬的发电量比去年同期增长11%以上，比国家计划多发30亿度电。发电煤耗大幅度降低，到4月底止，全国火力发电厂每发1度电比计划少耗煤14克，共节约原煤165万吨；厂用电也显著下降，到目前已节电2.35亿度。供电质量也有明显改善，大部分电网恢复了正常周波运行。

在增产节约运动中，全国电力企业普遍对职工进行了形势教育，加强了思想政治工作，使广大职工进一步认识到电力工业在实现四个现代化中的重要作用，看到在当前贯彻国民经济工作调整、改革、整顿、提高的方针中，电力工业仍是一个薄弱环节，应当千方百计加速电力工业的发展，以适应国民经济发展的需要。广大职工振奋革命精神，努力克服燃料供应紧张、部分水电站严重枯水和有的地区出现大风雪灾害等困难，开展社会主义劳动竞赛，挖掘现有企业潜力，保证电力生产安全、经济、稳发、满发。北京热电厂、高井电站、河北陡河电站、邯郸电厂、辽宁抚顺电厂、阜新电厂、吉林电厂、陕西户县电厂、山东白杨河电厂等单位，过去各项经济指标一直处于全国电力行业的先进行列，今年在增产节约运动中又把各项经济指标提高到了一个新的水平。全国135个重点火力发电厂，有100个电厂的发电煤耗和83个厂的厂用电都比去年有较大幅度的降低。

狠抓现有电厂的填平补齐、工程结尾和设备配套，大力开展技术革新，推广先进经验，这是电力工业部门在增产节约运动中采取的重要措施。电力工业部门围绕着省煤节电工作还开展了一系列技术革新活动。

5月16日，国家经委召开增产节约电话会议后，电力工业部所属各电网、电业局和有关企业，立即组织学习讨论，制订新的措施，进一步掀起了增产节约高潮。5月中旬以来，全国电力生产迅猛上升。5月中旬比5月上旬平均每天增加发电量达5000万度，16日到24日的9天中，有5天刷新了日发电量最高纪录。

电力工业战线在增产节约方面虽然取得了成绩，但电力供应还不能适应国民经济各行各业的需要；电力工业内部还存在着种种不协调现象，必须在贯彻调整、改革、整顿、提高的方针中，不断调整电力工业内部的种种比例关系，继续深入开展增产节约运动，使电力工业更好地发挥先行官的作用。

中国与芬兰经济工业和科技合作协定在赫尔辛基举行签字仪式

中国外交部部长助理宋之光和芬兰外交部国务秘书马蒂·托维宁分别代表各自政府在协定上签字。

芬兰总理毛诺·科伊维斯托和中国副总理耿飚出席了签字仪式。

国务院副总理康世恩在华盛顿受到美国总统卡特接见

美国总统卡特上午在白宫接见了正在这里访问的中国国务院副总理康世恩并同他进行了友好谈话。

康副总理向卡特总统转达了叶剑英委员长、华国锋总理和邓小平副总理的问候。卡特总统表示感谢，并对康副总理的来访表示欢迎。他说，康副总理访美期间不仅应该讨论两国能源合作问题，还应讨论其他互相关心的问题。他希望康副总理访问愉快，并取得成果。

中国石油部部长宋振明、电力部副部长李锐接见时在座。

美国总统国家安全事务助理布热津斯基和能源部部长施莱辛格接见时在座。

全国政协副主席 全国妇联主席康克清在北京会见并宴请罗马尼亚社会主义团结阵线全国委员会副主席 全国妇女理事会副主席达玛拉·多布林一行

外交部部长黄华在北京会见美国总统贸易谈判特别代表罗伯特·施特劳斯大使及其部分随行人员

外交部司长约见日本驻华使馆临时代办就日政府在钓鱼岛修建机场一事进行交涉

中华人民共和国外交部亚洲司司长沈平上午约见日本驻中国大使馆临时代办伴正一，就日本政府最近派巡视船“宗谷号”载运人员和器材登上中国钓鱼岛修建临时直升机场并将进而派出调查团和测量船一事，进行交涉。

钓鱼岛等岛屿自古以来就是中国的领土，1971年12月30日，中国外交部曾就此发表声明。但是，中日双方在钓鱼岛等岛屿的领土归属问题上有争议。中日邦交正常化和缔结和平友好条约时，双方从中日友好的大局出发，同意将此问题留待以后解决。

据此，沈平司长指出：“日方显然是违背了双方间的上述谅解，我们不能不对日方的行为表示遗憾，并声明不承认这一行为具有任何法律价值。”沈平司长还表示：“我们希望日本政府从大局出发，遵守两国领导人关于钓鱼岛问题所达成的谅解，并采取措施制止这种有损于两国友好和睦邻合作关系的一切行为。”

中国生物化学学会在杭州成立

400多名代表,出席了这次成立大会。应邀出席这次大会的还有美国籍和加拿大籍的一些科学家和研究工作者。会议认真讨论了深入研究生物化学领域的科研重点和人才培养问题。会议期间,还举行了全国第三次生物化学学术讨论会。

会议选出了49名理事,王应睐当选为理事长,曹天钦、邹承鲁、张龙翔、梁植权为副理事长。老科学家万昕、陶慰荪和侯祥川被聘请为名誉理事。会议还为台湾省保留了一名副理事长和两名理事的名额。

5月30日

国务院副总理邓小平在北京会见美国总统贸易谈判特别代表罗伯特·施特劳斯大使和夫人一行

邓小平副总理和夫人访问美国期间,施特劳斯大使和夫人受卡特总统的委托,全程陪同邓小平副总理和夫人参观访问。今天,他们在交谈时愉快地回忆起那时在一起所度过的日子。宾主还就发展中美两国经济贸易关系交换了意见。中国国际贸易促进委员会主任王耀庭,美国驻中国大使伍德科克等,参加了会见。

《人民日报》发表评论员文章《对犯错误的同志要注意掌握政策》

目前,全国范围内大规模的揭批林彪、"四人帮"的群众运动已经基本结束。如何按照党的政策正确对待犯错误的人,既严肃又慎重地做好对他们的处理工作,使揭批查运动做到善始善终,是一个很重要的问题。

在以华国锋同志为首的党中央正确领导下,绝大多数地方和单位坚决贯彻执行党的政策,揭批林彪、"四人帮"运动的发展是健康的,工作做得很好,很得人心。在清查过程中,对犯错误的同志开展积极的思想斗争,把问题摆到桌面上,旗帜鲜明地分清大是大非,这是完全必要的。特别是对那些跟着林彪、"四人帮"干了一些坏事,犯了路线错误的同志,在他们对自己的错误还没有认清,态度还没有端正之前,更应当毫不含糊地进行严肃的揭发批判,"击一猛掌",促其醒悟,使他们正视和认真地检查自己的错误。当然,这种批判必须实事求是,以理服人,而不能无限上纲,乱批一通。现在到了作处理结论的时候,更要慎重,要进行历史的全面的分析,采取宽大方针。不但要看他一时一事的表现,而且要看他十几年、几十年的全部工作和一贯表现,不能只看坏不看好,只看过不看功。一犯错误就否定一切,就打倒,不给改正错误的机会,这不是无产阶级的政策,不符合实事求是的原则,不是我们党的传统。

事实证明,我们的同志犯错误,除极少数人是明知故犯以外,多数带有很大的盲目性,是后来才知道错了的。经过严肃批评,耐心帮助,绝大多数人是可以改正的,坚持不改的是极少数。同时,还应该看到,我们党同林彪、"四人帮"的这场斗争,是在极其错综复杂的条件下进行的,时间长,反复多,涉及面广,犯错误的人相当多,而且这些错误大都是在党内生活极不正常的情况下产生的。因此,处理这类问题,不应着重于一些个别同志的责任,而应着重从思想上、政治上分清大是大非,总结经验教训,以提高全党马列主义、毛泽东思想的水平。这样,才能达到既弄清思想又团结同志的目的。这样分析和处理问题,正是坚持了延安整风的优良传统,摈弃了林彪、"四人帮"残酷斗争、无情打击的恶劣作风,才能经得起历史的检验。

看待一个犯错误的同志,正确的态度应该是:既要看到他有错误的一面,又要看到他有愿意改正错误、继续为党工作的一面。因此,我们对犯错误的同志一定要采取辩证的方法,一方面,对错误的东西,应该是无情的,要坚持原则,严肃批评;另一方面,对犯错误的同志,应是有情的,好心帮助他增强改正错误的决心和信心。这里,最需要的是满腔热情。要敢于接近他们,了解他们,同他们谈心,允许他们讲话,诚心诚意帮助他们总结经验教训,耐心细致地下功夫做好思想转化工作,把他们从错误中挽救过来,振奋精神,继续为党工作。不要动不动就开群众性的批斗大会,不要不经一定的审批手续就隔离审查、限制人身自由,或者疏远、歧视他们,使他们感到孤立无助,没有出路。林彪、"四人帮"横行时期,一个同志犯了错误,就被抛在一边,对他冷若冰霜,谁去接近他,就被斥之为"界限不清"、"立场有问题"。我们一定要改变这种不好的风气。

一个犯错误的人,只有在实践中才能验证他是否真正认识和改正了错误。这就需要给犯错误的同志提供必要的条件。在清查收尾工作中,凡是主要问题说清楚了的,该解脱的要尽快解脱,该恢复组织生活的要恢复组织生活,该分配工作的要分配适当工作,该阅读什么文件就阅读什么文件,不要长期让他们靠边站,脱离集体,脱离政治生活。特别是对那些本质好、有能力、有干劲、有成绩,但又犯了某些错误甚至严重错误的同志,更要注意保护他们的革命积极性,在帮助他们取得群众谅解以后,鼓励他们大胆工作,为革命多做贡献。对那些尚在进行审查的人,要按照党的政策,抓紧清理,不能久拖不决。对确实处理过重或处理错了的,要实事求是地改正过来。

应该指出,我们对犯错误的同志实行这种宽大的方针,决不是不作处理,也决不是姑息、迁就他们的错误,而是为了更好地使他们认识错误、改正错误。因此,在处理犯错误的同志的时候,不能有任何含糊,也不容许任何借口讲政策而搞翻案的行为。搞翻案,既是党的政策所不能容许的,而且对本人取得群众谅解,早日回到正确的道路上来,也没有丝毫好处。现在有极少数跟着“四人帮”犯了严重错误、干了大量坏事的人,继续坚持反动立场,拒绝党和群众的挽救和教育,不肯认错,甚至搞翻案活动。这是“四人帮”反动思想体系还没有受到深入批判的表现,必须引起我们的高度警觉。对错误严重、证据确凿,却又无理取闹、屡教不改的,要加重给予处分,以严肃党纪,教育本人。我们相信,在党的政策的巨大威力下,绝大多数犯错误的同志,包括犯了严重错误的同志,终将会站在党和人民的一边,清查工作定会做到善始善终,从而团结一切可以团结的力量,为社会主义现代化建设服务。

胜利油田三二六九三钻井队创单只钻头进尺新纪录

胜利油田的三二六九三钻井队从5月3日到5月30日,用一只黑色金刚石喷射式三刮刀钻头,钻穿了7组地层,进尺3135.78米,创造了单只钻头进尺的全国新纪录。今年3月,这个油田的三二三九钻井队曾创单只钻头进尺3018米的当时全国最高纪录。

三二六九三钻井队在创造这项新纪录时,使用的是国产大庆一型钻机,采用了高压喷射优质泥浆等新技术和78型黑色金刚石钻头。这种钻头是胜利油田钻井采油工艺研究院在兄弟单位协助下研制出来的。

国务院副总理王震在北京会见由粮农部部长穆罕默德·法兹尔·詹朱阿率领的巴基斯坦农业代表团

国务院副总理王震在北京会见由伊拉克农业最高委员会成员农业土改部次长萨马勒·迈吉德·法尔基博士率领的农业代表团

国务院副总理陈慕华前往毛里塔尼亚驻中国大使馆吊唁毛里塔尼亚总理布塞夫不幸逝世

国务院总理华国锋送了花圈,花圈的白色缎带上写着:“献给毛里塔尼亚伊斯兰共和国总理、救国军事委员会第一副主席艾哈迈德·乌尔德·布塞夫中校”。

送花圈的还有外交部、外经部和北京市革命委员会。

外交部副部长何英、外经部副部长魏玉明和北京市革命委员会副主任王笑一,也前往吊唁。毛里塔尼亚驻中国大使巴·穆罕默德·阿布杜拉希吊唁时在场。

国务院副总理方毅在北京会见美国环境保护局副局长巴巴拉·勃伦姆一行

周小舟追悼会在广州举行

中国共产党第八届中央委员会候补委员、原中国科学院中南分院副院长周小舟同志,因遭受林彪、“四人帮”的迫害,于1966年12月26日不幸逝世,终年54岁。

中共中央、国务院送了花圈。华国锋、叶剑英、邓小平、李先念、陈云、汪东兴、王震、韦国清、邓颖超、刘伯承、胡耀邦、耿飚、聂荣臻、徐向前、谭震林、赵紫阳、王任重、王首道、宋任穷送了花圈。

送花圈的还有:中共中央纪律检查委员会、中共中央办公厅、中共中央组织部、中国科学院、中共广东省委、广东省革委会、中共广州军区委员会、广州部队、中共湖南省委、湖南省革委会。

广东省、广州部队、广州市的党政军负责人习仲勋、杨尚昆、刘田夫、李坚真、叶健民、郭荣昌、晏福生、王全国、赖春风、吴南生、龚子荣、王德;湖南省党政军负责人孙国治、尹子明、周新林、罗其南以及周小舟同志生前友好参加了追悼会。

中共广东省委第二书记杨尚昆主持追悼会,中共广东省委第一书记习仲勋致悼词。

周小舟同志是湖南湘潭人,1927年加入中国共产主义青年团,1935年加入中国共产党。周小舟同志曾任毛主席的秘书,北京市委常委、宣传部部长,华北局宣传部副部长、湖南省委宣传部部长,湖南省委第一书记兼湖南省军区政委,中南军区党委常委。

周小舟同志的骨灰,6月1日由中共广东省委书记龚子荣和周小舟同志的家属乘飞机护送到北京,安放在八宝山革命公墓。

5月31日

党和国家领导人华国锋 邓小平 汪东兴等在北京接见英模报告团全体成员

中共中央主席华国锋,中共中央副主席邓小平、汪东兴,以及党和国家其他领导人,下午在人民大会堂接见了中越边境自卫还击作战英模报告团的全体成员,同他们一起照了相。

被接见的还有参加国家民委第一次委员(扩大)会议的代表。

参加接见的党和国家其他领导人有王震、韦国清、乌兰夫、方毅、纪登奎、吴德、张廷发、陈永贵、陈锡联、胡耀邦、聂荣臻、倪志福、徐向前、陈慕华、赛福鼎、谭震林、李井泉、姬鹏飞、周建人、胡厥文。

政协全国委员会副主席朱蕴山、康克清、季方、杨静仁、张冲、胡子昂、荣毅仁，最高人民检察院检察长黄火青，以及有关方面负责人薄一波、姚依林、杨勇等，也参加了接见。

国务院副总理邓小平在北京会见日本自民党众议员铃木善幸

邓副总理时指出，面对着霸权主义在亚太地区的扩张，中国和日本需要进一步发展友好关系和各自加强自己的力量。

铃木先生说，日本对亚洲的稳定给予最大的关注。他指出，亚洲的和平与稳定是建立在力量均衡基础上的。日本和中国加强合作，对亚洲的安全将发挥作用。

邓副总理回答说，反对霸权主义的力量需要联合起来。

邓副总理在谈到实行国民经济的调整时说，中国需要引进外国先进技术和吸收外国资金，这个做法不变。在这方面，中国希望同日本更多地合作。

参加会见的日本朋友还有池田行彦、中西启介、原田升左右、今井勇、材津昭吾。

日本驻中国大使馆临时代办伴正一参加了会见。

会见时在座的有中日友协副会长张香山等。

《人民日报》转载1979年第8期《儿童时代》宋庆龄文章《孩子们，好啊！——祝1979年“六一”国际儿童节》

在今年的“六一”国际儿童节到来的时候，我深情地向你们说：“孩子们，好啊！”

我的意思，不是一般地向你们问个好，也不仅仅是向你们致节日的祝贺，而是对你们寄予殷切的希望。希望你们在各方面都能达到“好”的要求，成为中华民族的好后代，共产主义事业的好接班人，新长征的好接力手。

怎样才能达到“好”的要求呢？

第一件事，就是要勤奋学习。这个世界对你们说来是非常新鲜的，你们正在从各方面认识这个世界。你们已经看到或是听到了一些事情，但是还没有看到和听到的事情比这些要多无数倍。你们头脑里有一大堆“为什么”，但一时还得不出答案。你们有许多美好的想象，常常想着要做些了不起的事情，但眼前的小事情有时还做不好。因此，你们的第一个任务就是要学习，要学习科学文化知识。科学文化知识是改造自然、改造社会的武器。要发展生产、改造自然、改造社会，就需要把我们的头脑和双手武装起来。华国锋主席提出要极大地提高整个中华民族的科学文化水平。这是实现四个现代化的需要。没有现代的科学技术，没有丰富的文化知识，就等于赤手空拳去打仗，那是要吃败仗的，是搞不成四个现代化的。在向现代化进军的新长征路上，横着一座科学文化山，这座山攀登起来可不容易。准备走上新长征的孩子们，就要认真学习，打好基础，不但要学好各门功课，还要阅读一些课外读物。眼界开阔了，思想才能更加活跃，不但能掌握前人创造的知识，还能大胆设想一些前人没有想过的事情或是没有解决的问题。要从小爱科学、学科学、用科学，将来还要创造发明，开辟科学的新天地。

其次，要练好身体。你们正处在长身体的时期，一定要把身体练得健壮、灵敏，将来才能吃苦耐劳，挑得起重担。等待你们去完成的工作是非常艰巨的，要攀高山、涉大海、深入地层、飞向宇宙。这决不是一个体弱多病的人办得到的。一个身体健康的人，精神往往是愉快的、乐观的，能够适应任何环境，而不会被困难吓倒。身体要从小锻炼，积极参加各种体育活动，例如游戏、远足、爬山、游泳等等，不但增强了体质，也锻炼了意志。还要特别注意生活习惯，如讲究卫生，预防疾病，保护眼睛等等。总之，新的建设任务，要求一代健壮的新人来接班，这就要求你们身体好。

第三件事是要成为有教养的人，就是有文化修养和文明行为的人。要学习雷锋助人为乐的精神，提倡有礼貌，守纪律，尊敬师长，热爱劳动，维护社会秩序，爱护公共财物，保护绿化等好风尚。要敢于同破坏社会秩序、破坏纪律的人和事作斗争。

最后，也是最要紧的是要有理想，有志气。我们敬爱的周恩来总理在青年时期，怀着救中国的志愿，东渡日本，给他的母校临别赠言写道：“愿相会于中华腾飞世界时。”几十年来，老一辈的革命家，艰苦奋斗，英勇牺牲，就是为了实现中华腾飞于世界的理想。现在我们祖国正在腾飞，但是把我国建设成社会主义现代化强国，还有一段艰难曲折的路，还要艰苦奋斗几十年。这就要求你们这一代人有远大理想，有革命志气，继承革命传统。学习老一辈革命家的无私无畏的奋斗精神，学习新长征突击手的忘我劳动的精神，学习自卫还击战中战斗英雄们的榜样。从小学习为人民服务，为多数人谋幸福，而不是单单为了个人利益，更不能损害别人的幸福。你们应该成长为有益于人民的人，成长为对四个现代化作出贡献、对人类的前途作出贡献的人。

以上这些要求，是每一个好孩子能够做到也应该做到的。我对你们抱着极大的希望，希望你们像跨上火箭一般向2000年飞奔，到那时用你们辉煌的成绩向祖国和人民汇报。

让我满怀信心地再说一句：

“孩子们，好啊！”

《人民日报》发表评论员文章《必须搞好环境

保护》

我国许多地区的环境污染与自然资源被破坏的情况相当严重。据有关部门的监测调查,大部分工业城市的空气质量没有达到国家规定的标准;主要江河湖泊和地下水源遭到不同程度的污染,不少地区的土壤、农作物含有某些有害物质;不合理的开发矿产、森林、土地、水源等自然资源,干扰了自然生态系统,破坏了资源的再生能力,一些地区甚至出现了“生态危机”。这些都对工农业生产的发展和人民身体健康,造成了相当大的危害,广大人民群众反映十分强烈。环境污染已成为我国社会主义现代化建设中急待解决的一个重大问题。

我们党和国家十分重视保护环境。敬爱的周总理在世时,针对资本主义国家出现的严重公害问题,一再要求我们要吸取资本主义国家的经验教训,在搞工业建设的同时,就应该抓紧解决工业污染问题,绝对不作贻害子孙后代的事。粉碎“四人帮”以后,党和国家的领导人又多次指出要认真解决污染问题。当前,我们应当切实解决保护环境和自然资源问题,为国民经济的发展创造条件。

环境和自然资源是社会生产的基本条件。人类的生产活动,一方面利用自然资源生产某种产品,另一方面会排出一定数量的排泄物。对排泄物的利用和净化处理,是整个生产工艺的一个不可分割的组成部分,在制订国民经济发展计划时必须统筹兼顾,全面安排。如果只注意生产,不注意排泄物的处理,任其排入大气和江河,就会污染和破坏自然环境,遭到自然界的报复。恩格斯曾经深刻地揭露了资本主义的生产活动造成环境污染与破坏的根源,指出资本家为了追求直接利润,都只在于取得劳动的最近的、最直接的有益效果。那些只是在以后才显现出来的、由于逐渐的重复和积累才发生作用的进一步的结果,是完全被忽视的。我们的社会主义制度实行计划经济,可以自觉地按照规律,将工业和其他生产要素包括环境要素,进行综合平衡,有计划按比例地发展,避免走资本主义先发展生产后治理污染的弯路。然而,在实际工作中,人们对这一客观规律认识不足,特别是主管经济的部门和工矿企业的领导人员,往往只从本单位局部的、近期的生产效果考虑,而不从全局的、长远的生产效果考虑。搞生产,只强调本部门的产品产量,不注意排泄物的治理,把大自然当作排泄物的垃圾桶,任意污染环境;搞基本建设,只强调扩大本部门产品的生产能力,不注意研究资源的综合利用和对环境的不良影响;搞经济核算,只计算本单位的费用和利益,不计算社会的费用、社会的损失和社会的利益;研究新产品新工艺,也往往只强调增加产量和品种,不研究产品可能对环境的危害及防治措施,等等。这种种思想和做法,是不符合社会主义原则的,只会导致环境污染的加重与自然资源的破坏。

“现在是集中力量发展生产,环境保护要花钱,慢慢来。”这是开展环境保护工作的主要思想障碍。实现四个现代化,要求高速度发展生产,但发展生产的目的是为人民造福。保护环境就是保护人民健康。只顾生产,不顾污染,危害人民健康,这就违背了社会主义发展生产的根本目的。把生产和环境保护分割开来,对立起来,忽视生产排泄物的处理,到头来必然会影响生产,阻碍生产的发展。这一问题在我国的建设中已经愈来愈明显了。仅以北京市的地下水污染为例,北京市地下水的硬度逐年增高。水质硬度增高,锅炉容易结垢,增加了煤耗,缩短了锅炉寿命,也影响了食品、纺织品的质量,增加了水处理费用,造成很大的经济损失。不仅如此,而且北京市地下水水位每年正在下降半米至1米,有的地方已下降了10多米,如果再不注意保护水源,水源就有枯竭的危险,后果不堪设想。大量事实说明,只顾生产,不顾环境保护,已经给工农业生产和人民的健康带来严重的恶果,必须引起高度的注意。

要使发展生产和保护环境协调地进行,必须切实把环境保护纳入国民经济计划。新中国成立以来,我们兴建了大量的企业,这些企业绝大部分没有防污染设施,在建设时把这部分必需工艺不合理地节省掉了。有些大中型企业在建设时虽然也有防污染设施,但以后扩大生产能力时,往往只上了主体工程,没有相应地扩大防污染设施,以致经济发展和环境保护之间的比例失调现象越来越突出了。环境保护这笔钱总是要花的,如果现在舍不得花,待到将来再去治理,花钱就会更多,损失会更大。我们要认真总结经验,吸取国内外的教训,充分发挥社会主义制度的优越性,正确地按照客观规律发展经济,在国民经济调整中,把过去遗留的防治污染工艺补上去,适当提高环境保护的投资比例,有计划、有步骤地解决环境污染问题。

为了加快污染的治理和预防可能带来的污染危害,要大力加强环境管理工作。各级环境保护部门必须切实负起监督检查的职责,逐步建立起合乎科学的环境管理体系。去年,国家计委、国家经委和国务院环境保护领导小组,联合下达了167个限期治理污染的企业,各省市、各部门应当切实帮助这些解决在治理污染中存在的实际问题,包括投资、材料、设备的落实。环境保护部门要组织检查,凡是有条件治理而在限期内不积极治理的,要追究主管人员的责任。这一批项目治理好了,将为今后开展全面治理积累经验。对于一些布局极不合理、污染严重、居民反映强烈的中小企业，要结合工业调整，采取有效措施加以解决。今后，对新建项目，一定要做好全面规划，合理布局。在建设前要进行环境影响评价的科学调查，采取有效防治措施，并经环境保护部门同意后才能进行建设。凡污染问题没有解决的，坚决不准兴建，宁可少上几个项目，也要先把污染治理好。要抓紧制订保护环境的法令和条例，逐步做到有章可循，有法可依。还要通过调查研究，逐步试行排污收费、奖励综合利用等经济办法，促进治理污染和综合利用。

先进的科学技术和先进的管理方法，是推进环境保护工作的两个轮子。搞好环境保护，还必须大力开展环境科学研究和环境监测工作。环境科研和环境监测上不去，治理总带有一定的盲目性，不能收到多快好省的效果。要充分调动广大工人和科技人员的积极性，尽快突破量大面广的污染物的综合利用和防治技术。在开展环境的自然科学研究的同时，要开展环境的经济学、法学、哲学等社会科学研究，努力创造出我国的环境科学理论和治理污染的技术体系。

解决好环境污染问题，是百年大计，关系广大人民的健康，各级领导机关一定要高度重视，把这项工作列入议事日程，认真抓好。我们要千方百计地争取在两三年内控制住污染，为人民造福。

全国海关工作会议认为海关工作的重点应当转移到为社会主义现代化建设服务上来

新华社报道，不久前在北京举行的全国海关工作会议指出：由于四个现代化的需要，我国的对外关系、对外贸易、对外科学技术交流和旅游事业必将迅速发展。世界上许多国家也都希望加强与我国在经济贸易、科学技术、文化教育和人员等方面的友好往来。在大好形势下，要保证国际正常交往的顺利进行，同时也要警惕国内外阶级敌人对我进行各种破坏，防止少数不法分子乘机进行走私违法活动。因此，海关工作应当做到“依法监管征税，方便合法进出，制止走私违法，保卫促进四化”。

会议指出，海关处在口岸第一线，要注意各个领域的阶级斗争，但是不能片面夸大。要坚持无产阶级专政和社会主义道路，但应严格区分两类不同性质的矛盾，不能混淆敌友我的界线，不能把携带和邮寄进口属于正常合理需要范围的物品，看成资本主义倾向。要防止资产阶级腐朽没落思想文化的侵蚀，但不能把正常的文学艺术交流看成封资修的思想渗透。要分清合法与违法，但不能为了防范少数不法分子的违法活动，而妨碍绝大多数人的正常往来，甚至伤害好人。

会议指出，必须进一步肃清林彪、“四人帮”极左路线的流毒，加强社会主义法制观念，要恢复、建立和健全必要的海关规章制度。

会议还指出，必须坚持必要的制度，采取必要的措施，堵塞漏洞，制止少数不法分子的走私违法行为，更有效地打击重大的经济政治破坏活动，保卫四化。

国务院副总理余秋里在北京会见由董事长罗伯特·艾博特率领的美国芝加哥第一国民银行董事会代表团一行

国务院副总理余秋里在北京会见会见以向坂正男为团长的日本日中经济协会调查委员会访华代表团

国务院副总理方毅在北京会见以阿尔及利亚高等教育与科学研究部秘书长穆罕默德·萨拉赫·顿布里教授为团长的阿尔及利亚科学代表团

全国人大常委会副委员长乌兰夫在北京会见由菲律宾广播协会主席雷内·埃斯皮纳率领的菲律宾广播电视代表团

《儿童电影展览》在北京举行开幕式

为庆祝“六一”国际儿童节，共青团中央、文化部、教育部联合举办的《儿童电影展览》，上午在首都剧场举行开幕式。

在《以革命的名义》里扮演列宁、捷尔任斯基的周正、于是之，扮演苏联儿童瓦夏、彼嘉的覃琨、方掬芬，在《报童》里扮演周恩来同志的王铁成，扮演报童石雷的李若君，在《黄河少年》里扮演赵志雁的刘继忠，在《小兵张嘎》里扮演胖墩的吴克勤，在开幕式上和小朋友们亲切会面，受到小朋友们热烈的欢迎。

《儿童电影展览》期间，将放映儿童故事片《报童》《以革命的名义》《园丁之歌》《英雄小八路》；动画片《大闹天宫》（上下集）、《骄傲的将军》《小蝌蚪找妈妈》；木偶片《孔雀公主》《小哥儿俩》；剪纸片《狐狸打猎人》《熊猫百货商店》等40多部影片。

在开幕式上，为首都少年儿童放映了《以革命的名义》和《熊猫百货商店》两部影片。

为了加强对广大少年儿童的教育和丰富他们的精神生活，促进少年儿童的身心健康，全国各省、自治区、直辖市也将举办《儿童电影展览》。

《知识就是力量》杂志复刊

新华社报道，著名的科学普及刊物《知识就是力量》最近复刊。

这个刊物是50年代创办的，它以通俗活泼、饶有兴味的形式传播科学知识，受到广大读者的欢迎。周恩来总理对这个刊物极为关怀，亲自题写刊名，并把编辑部原拟的“知识即力量”译文改为“知识就是力量”。复刊后继续用周总理题写的刊名。复刊的第一期，发表了编辑部写的一篇记述周总理关怀科学普及工作的专文。

这期刊登了著名科学家茅以升写的《没有不能造的桥》；还以较大篇幅介绍了美国“阿波罗”飞船的第一次登月飞行。

6月1日

中共中央主席华国锋 全国人大常委会副委员长宋庆龄等党和国家领导人与小朋友们在人民大会堂共庆“六一”国际儿童节

首都近万名少年儿童和在京的外国小朋友一起，下午欢聚在人民大会堂，庆祝“六一”国际儿童节。

下午3点，中共中央主席华国锋，全国人大常委会副委员长、中国人民保卫儿童全国委员会主席宋庆龄，以及党和国家其他领导人来到人民大会堂，向孩子们祝贺节日。

大会司仪、12岁的少先队员、三好学生隋鹏宣布大会开始。

宋庆龄在大会上讲话。她说，在这个欢乐的节日里，从你们的笑脸上、歌声里，从无数的象征祖国红旗一角的鲜红的领巾上，看到了朝气蓬勃的革命新一代，看到了我们伟大祖国的未来和希望。我们年老的一辈人心中感到多大的安慰啊！

她说，祖国和人民把希望寄托在你们身上。你们应该怎样回答祖国和人民呢？我想：你们都知道，我们的祖国正在新长征的道路上前进。作为无产阶级革命事业的接班人，你们要热烈地响应党中央的号召，为实现社会主义四个现代化做好准备，要争取做一个新长征的小尖兵；要热爱集体，尊敬师长，遵守纪律，艰苦朴素，勤奋学习，天天向上。

宋庆龄说，今年10月是少先队建队的30周年。我希望在少先队建队的50周年的时候，也就是在本世纪末，你们每个人都能说：“我为祖国的社会主义四个现代化作出了贡献！”

她说，今天，趁着庆祝节日的机会，我再一次向保教人员、小学教师、少先队辅导员和儿童医务工作者、儿童文艺工作者、科普工作者、教育子女好的家长，以及一切热心儿童工作的社会人士，致以热切的慰问和崇高的敬意！正是这些可尊敬的同志们，用自己大量的心血和汗水，培育了“祖国的花朵”，使我们的孩子们不断受到革命传统的教育，帮助他们树立远大的革命理想，培养共产主义的道德品质，逐渐成长为德、智、体全面发展的无产阶级新一代。在这里，我还要向参加节日活动的中越边界自卫还击战的战斗英雄、科学家、教育家、文学家、艺术家们，以及各条战线上的劳动模范们致敬！是他们用自己的英雄模范行为和创造性的劳动作出了光辉的榜样，启发、影响和教育了我们的少年儿童，使他们的思想从少年时代起，就开始进入崇高的境界，逐渐成长为社会主义的革命战士和建设者。

宋庆龄最后说，今年纪念国际儿童节更有意义的是，联合国决定1979年是国际儿童年。对于这个美好的倡议和富有意义的活动，我们给予热情的支持和赞助。我们还在全国各地开展一系列的活动，进一步加强儿童的福利、丰富儿童的文化生活和普及科学知识，并进一步加强中国少年儿童和世界各国少年儿童的友谊和团结。今天，在各国儿童共同的节日里，我以中国人民保卫儿童全国委员会的名义和个人的名义，向世界上正在遭受苦难的儿童表示深切的同情。我们相信，各国人民一定会通过反对新老殖民主义和霸权主义，反对社会剥削和压迫的不懈斗争，为我们各国的孩子们争取一个美好幸福的未来！

大会司仪代表小朋友们邀请华主席讲几句话。

华主席说，我们中央部分同志很高兴地来参加你们的节日盛会。我代表中共中央、国务院向今天到会的中外小朋友，和全国的小朋友、少先队员们致以节日的祝贺，向一切从事少年儿童和学龄前幼儿工作的同志们致敬。希望亲爱的小朋友们、少先队员们努力学习，茁壮成长。

北京第一实验小学三年级学生、少先队员朱红，代表首都少年儿童和少先队员在大会上朗诵一首长诗，表达他们高兴、激动的心情。

大会结束时，团中央第一书记韩英领呼少先队呼号：“准备着：为共产主义事业而奋斗！”少先队员们响亮地回答：“时刻准备着！”

出席今天大会的还有王震、方毅、纪登奎、张廷发、陈永贵、胡耀邦、聂荣臻，倪志福、谭震林、周建人，政协全国委员会副主席、全国妇联主席康克清，政协全国委员会副主席张冲、荣毅仁，中共北京市委第一书记林乎加。

会后，北京市少年儿童和文艺工作者演出了音乐舞蹈节目。

《人民日报》发表社论《关心下一代的健康成长》

今天是“六一”国际儿童节，又是中国少年先锋队建队30周年。在这个具有重要意义的欢乐的节日里，我们向全国的少年儿童致以节日的祝贺！向为培育祖国的新一代而辛勤工作的少年儿童工作者、幼儿工作者、保育工作者致以衷心的慰问和崇高的敬意！

儿童是人类的希望和未来。“六一”儿童节是全社会都应当关心的一个节日。教育好祖国的新一代，是我们国家的一件大事。党中央号召我们，要在本世纪末实现四个现代化的宏伟目标。今天的少年儿童，20年后就是建设社会主义的生力军。我们今天培养教育祖国新一代，具有特别重要的意义。

两年多来，在党中央的亲切关怀下，少年儿童工作排除林彪、“四人帮”造成的破坏，得到了恢复和发展。

少年先锋队重新恢复了活动，1亿多少年儿童喜气洋洋地戴上了红领巾；广大教师和儿童工作者因为落实了党的政策，积极性调动起来了，他们的劳动受到了社会的尊重；许多地方的幼儿园、托儿所恢复和发展起来，各种儿童读物，也相继恢复出版。全国的少年儿童工作，又出现了欣欣向荣的新局面。只要我们热情关怀，持续努力，不断解决工作中出现的新问题，一代新人一定会更加生气勃勃地成长起来。

爱护新一代是我们党的优良传统。从我们党诞生那一天起，就对少年儿童工作给予热情关怀。在革命战争最艰苦的年代里，在革命根据地，党总是十分重视照顾少年儿童，尽一切可能使他们受到很好的教育，同时改善他们的生活条件。新中国成立以后，在老一辈无产阶级革命家的关怀下，进一步把少年儿童的培养、教育工作放在重要地位。今天，我们要大力发扬党的优良传统，从各方面创造条件，加强对少年儿童的教育，特别是社会主义品德的教育。要采取孩子们乐于接受的生动活泼的形式，启发他们爱祖国、爱人民、爱劳动、爱科学、爱护公共财物，引导他们学英雄、学雷锋，关心集体，助人为乐，尊敬师长，遵守纪律，讲卫生，懂礼貌。我们一定要切切实实做好这项工作，更好地教育少年儿童都有一个远大的革命理想，树立起新的道德风尚。

许多地区和单位的领导同志，对少年儿童工作是重视的。他们关怀儿童的福利，关怀少年的教育。但是有些地区和单位的领导同志，很不重视培育下一代的工作。有一种说法："农业不抓不打粮，工业不抓不出钢，孩子不管照样长。"在这种错误思想支配下，有些应当解决也不难解决的问题，却长期得不到解决。有些地区的有关单位，没有积极地用一切办法解决缺乏校舍和教师的问题，致使一些应当入学的孩子不能上学。有些地方少年儿童的校外活动无人组织，又缺乏活动场所，任凭孩子们到处游荡。有些企业、事业单位的领导，不注意解决孩子入托儿所、幼儿园这类问题，或者虽有托儿所、幼儿园，但办得非常不好，仍不能解除职工的"后顾之忧"，因而不能更好地集中精力到工作上来。有的地区和单位甚至强占少年宫、幼儿园、托儿所，至今不肯退还。这一切都大大不利于少年儿童工作的进行和开展，不利于新一代的健康成长。

各级党委务必把培育少年儿童的工作放到重要议事日程上。在考虑改善人民生活条件的时候，要十分重视改善少年儿童的生活。厂矿企业、事业单位、机关、城镇街道和农村社队，都要为搞好本单位的少年儿童工作，解决些迫切需要解决的实际问题。例如，凡是占用了少年宫等校外活动场所的单位，应当迅速退还给他们，或者采用其他妥当办法，迅速加以解决。农村里要依靠群众，因陋就简，积极解决校舍不足等困难，让更多的农村少年儿童能够入学或升学。卫生部门要努力改进儿童保健工作。教育部门应当重视少年和幼儿的教育，努力改进学校教育，做到不使孩子们的学习负担过重，通过开展有利于他们身心健康的各种文体活动，使他们茁壮成长。儿童文学工作者要多为孩子们创作一些好的作品。多年来儿童电影过少的情况，应当迅速改变。

当前，要加强少年儿童工作，还必须继续肃清林彪、"四人帮"极左路线的流毒。多年来，林彪、"四人帮"严重败坏社会风气，毒害少年的身心，使极少数少年沾染恶习，有的甚至走上犯罪道路。少年儿童是纯洁天真的，缺乏辨别是非的能力，很容易受到不良影响。我们应以满腔的热情，关怀正在成长的少年儿童，教育他们认清林彪、"四人帮"的毒害，不沾染这样那样的恶习。

我们热切希望广大教育工作者，少先队辅导员，幼儿工作者，保育工作者，热爱自己的本职工作，努力学习，以自己的表率作用，教育和影响少年儿童。父母们切不要贻误自己的子女，要主动积极配合学校、社会，做好教育孩子的工作。家长本身的模范行为对孩子尤其有示范作用。学校、社会、家庭都要把关心少年儿童的成长当作一件大事来抓，并且认真抓好。

培育祖国的新一代，是一项无上光荣的事业，关系到我们党、我们国家是否后继有人，是一项具有战略意义的重大任务。我们对未来的事业充满着信心，对孩子们的成长也满怀着希望。列宁说："我们比我们的父辈奋斗得好。我们的子女将比我们奋斗得更好，他们一定会胜利。"我们一定要继承和发扬我党关心下一代的优良传统，关心孩子，爱护孩子，为孩子们的健康成长尽自己的责任，做最大的努力。

中越边境自卫还击作战英模报告团在北京举行报告会

报告团分别在首都体育馆、首都剧场、北京航空学院礼堂、北京石油化工总厂礼堂、人民解放军政治学院礼堂、总后勤部礼堂等20个场地向中共中央直属机关、国家机关、驻京部队、北京市的广大军民5万多人报告我广西、云南边防部队自卫还击作战的情况和英雄模范事迹，受到极其热烈的欢迎。

中直机关、国家机关、驻京部队、北京市的领导同志分别出席了报告会。

经国务院批准宁波港重新对外开放

这意味着外籍轮船可以出入宁波港，世界各地货物可以通过宁波港往来运输。曾经作为"五口通商"

口岸的宁波港，从这一刻起重新向世界敞开了胸怀，宁波对外开放由此起航。

全国人大常委会副委员长邓颖超及其随行人员结束对朝鲜民主主义人民共和国的正式友好访问回到北京

党和国家领导人邓小平、乌兰夫、陈慕华、姬鹏飞，以及朝鲜民主主义人民共和国驻中国大使全明洙和夫人等，前往机场热情迎候邓颖超副委员长等。

国务院副总理余秋里在北京会见由肯尼亚住房和社会服务部长扎·奥尼翁卡率领的肯尼亚政府代表团

国务院副总理王震在北京会见日本社会党众议员全日本农民组合联合会副会长松泽俊昭一行

全国针灸针麻学术讨论会在北京举行

中华医学会和中华全国中医学会6月1日至5日联合召开全国针灸针麻学术讨论会，来自全国各地的300多名从事针灸针麻临床或理论研究的专家、教授、医生出席了会议。

应邀出席这一学术会议的，还有30多个国家和地区的150多位国外医学专家和热心针灸针麻学术的友好人士。他们来自奥地利、澳大利亚、比利时、缅甸、加拿大、丹麦、朝鲜、芬兰、法国、西德、加纳、希腊、印度、印度尼西亚、日本、马来西亚、墨西哥、尼日利亚、巴基斯坦、菲律宾、罗马尼亚、斯里兰卡、瑞典、瑞士、叙利亚、泰国、土耳其、英国、美国、南斯拉夫、新加坡等。应邀出席这次会议的还有香港学者。

卫生部部长、中华医学会会长钱信忠致开幕词。国务院副总理方毅，中华全国中医学会会长崔月犁，全国针灸针麻学术讨论会学术委员会主任委员、著名神经生理学家张香桐，世界卫生组织总干事马勒和副总干事兰波的代表、世界卫生组织传统医学规划处主任巴纳迈，即将召开第六届世界针灸大会主席、法国的沙茨博士，出席了开幕式并讲了话。

在主席台上就座的还有国务院副总理陈慕华，印度的巴苏医生，日本的木下晴都教授和马海德、李肇特、黄羡明、邱茂良、辛育龄等中外医学专家，以及我国有关方面负责人。

钱信忠部长在开幕词中说：这次学术讨论会的主要任务是总结和交流新中国成立以来我国针灸针麻科学研究工作的经验，检阅科研成果，加强这一研究领域的国际交流，增进我国医学界和世界各国医学界之间的友谊和合作，使针灸针麻这一古老而又是新兴的医学科学更快地发展，为世界人民和中国人民造福和为我国的四个现代化服务。他在讲到我国针灸针麻科研工作的成就以后说，自古以来，中医针灸就是中国人民同各国人民进行文化交流合作的一项重要内容，先辈们已经开展起来的这一学术交流活动，今后必将继续下去并进一步发展起来。

方毅副总理代表中国政府和中国人民预祝这次学术讨论会圆满成功，并对远道前来参加这次学术盛会的外国和香港的朋友们表示热烈欢迎。他说，任何科学成就都是人们共同劳动的结果。广泛开展科学交流是促进科学发展的重要因素。这种交流不仅需要在一个国家内进行，更需要开展国际间的广泛的学术交往，以利于互相学习，取长补短，团结合作，共同提高。

巴纳迈和沙茨在讲话中对针灸学给予了高度的评价，并对这次大会表示祝贺，深信通过这次学术讨论会必将进一步促进世界医学科学的交流和发展。

我国和印度、日本、瑞典、美国、加拿大一些著名学者在全体大会上宣读的25篇学术论文，比较集中地反映了针灸针麻这一科研领域的新成果。

会议还分成6个分会场，由中外学者就针灸针麻的临床应用、针麻原理的研究（包括中枢神经系统、体液、神经介质、外周神经等）以及经络理论等专题进行学术交流。各国学者在这些会场上宣读200多篇论文。另有300多篇论文经摘要后作为书面发言印发给了各国代表。

学术讨论会共收到学术论文1000多篇，其中在会上宣读或交流的有中国学者的学术论文500多篇，国外医学专家的学术论文50多篇。

讨论会收到美国、南斯拉夫、日本和中国香港的一些同行和医学组织发来的贺信、贺电。

中西医结合进行针灸针麻科研和临床应用有很大发展

新华社报道，我国中西医结合进行针灸针麻科学研究和临床应用，有很大的发展，发现了许多新的穴位，创造了许多新的针灸方法，针灸疗法推广应用到300多种病症，针灸针麻基础理论研究也有新的发展。

卫生部部长钱信忠在全国针灸针麻学术讨论会期间发表书面谈话，概述了30年来、特别是近一些年来，我国针灸针麻科学研究和临床应用的进展情况。他说，针灸治疗冠心病，针灸治疗急性细菌性痢疾，针灸治疗胆石症，以及引起中外医学界广泛兴趣的用灸法矫正异常胎位等，都是针灸临床应用的新成果。

我国医务工作者在针刺镇痛的临床实践基础上，创造出来的针麻技术，近一些年来通过大量的临床研究，已经由小手术推广到大手术，从简单的手术推广到难度较大的手术。现在针麻应用范围已扩大到100多种大小手术,其中,约有二三十种手术效果比较稳定,如甲状腺切除术、剖腹产等;有几种颅脑手术、全喉截除、前列腺切除、半月板摘除、肺叶切除等,针麻已被列为首选的麻醉方法。1972年以来,我国还用针麻进行体外循环心内直视手术,效果也较满意。到现在为止,全国用针麻进行外科手术,已达200余万例,积累了丰富的经验、资料。近几年,为了提高针麻临床效果,我国医学界还组织了全国规模的大协作,在寻找有效穴位,改进针刺方法,变更刺激参数,合理应用辅助药物,改进手术操作和手术器械,以及提高术前预测水平等方面,进行了大量研究探索,发展了针灸学,促进了外科手术的改革。

他说,我国医务工作者在大量临床实践的基础上,对针灸、针麻作用原理进行了研究,神经、体液观点和经典的经络理论两个方面都有可喜的进展。特别是关于针刺镇痛作用机理的研究进展最快。这次提交讨论会的一批论文,初步阐明了针刺镇痛的作用机理,应用电生理学等方法,揭示了中枢神经系统参与针刺镇痛过程的概貌。提交这次讨论会的论文中关于内源性吗啡样物质与针刺镇痛关系的论述,是引起医学科学工作者普遍兴趣的问题。这项研究工作是我国医学和科学工作者在短短两三年的时间里完成的,他们已经建立了内源性吗啡样物质的分离、提取和测定方法,合成了亮氨酸脑啡肽和甲硫氨酸脑啡肽。动物实验证明,针刺穴位时,脑内吗啡物质的含量明显增加,因此发生镇痛作用。并在人脑内发现了另一种可能是新的吗啡样物质。

近年来,我国医学科学工作者运用经络理论研究了循经感传现象、针刺作用传导途径、内脏与体表相关、经络的形态学基础等几个方面,取得了大量资料。

钱信忠最后说,20世纪科学技术的发展日新月异。我国成立了全国性的或地区性的针灸针麻专题协作组,开展了社会主义大协作。专题协作组内经常进行交流,举行报告会、讨论会。从1959年开始,又先后召开了十多次有关针灸、针麻、经络问题的全国性学术会议,这次举行的全国针灸针麻学术讨论会,是一次规模较大的学术交流活动。

6月2日

中共中央主席华国锋在北京会见以多哥人民联盟政治局委员常务主任艾伊泰·加欣·米维多为团长的多哥人民联盟代表团

会见时,宾主就双边关系和共同关心的其他问题进行了亲切友好的交谈。

华主席指出,中多两国人民有着共同的历史遭遇,我们在争取国家独立、民族解放的过程中经过了斗争。今后,我们发展民族经济和文化,保卫胜利成果,也同样要进行斗争。

米维多团长说,代表团这次访问中国,主要是进一步加深两国人民之间业已存在的悠久的和巩固的友谊。

多哥驻中国大使馆临时代办埃索·高非参加了会见。

会见时在座的有全国人大常委会副委员长、中联部部长姬鹏飞,中联部副部长吴学谦等。

国务院总理华国锋在北京会见索马里第一副总统兼国防部部长穆罕默德·阿里·萨马特尔中将率领的索马里军事友好代表团

华总理说:中国和索马里在反霸斗争中互相支持、互相帮助,两国关系的发展是很好的。我们祝愿索马里繁荣和强大。

萨马特尔中将向华总理介绍了索马里当前的国内形势和对一些国际问题的看法。他说,索马里赞赏中华人民共和国的对外政策和支持第三世界人民革命斗争的立场。他希望索中两国人民的友谊今后在斗争中不断发展。

谈话以前,华总理同由萨马特尔中将率领的索马里军事友好代表团全体成员一起照了相。

索马里驻中国大使卡欣参加了会见。

会见时在座的有国务院副总理王震、外交部副部长何英、中国人民解放军副总参谋长何正文、国防部外事局局长柴成文等。

国务院副总理方毅在北京会见美国国际商业机器公司沃森研究中心范季融博士以及他的夫人和女儿

全国人大常委会副委员长乌兰夫在北京会见哥伦比亚议员团一行

哥伦比亚是拉丁美洲国家,同我国尚未建立外交关系。这次由议会朝野两党组成议员团访华系首次。会见时,乌兰夫副委员长向哥伦比亚的客人们介绍了中国当前的国内形势。双方认为,议员团此次访问将有助于增进中、哥两国人民的了解和促进两国关系的发展。

外交学会秘书长谢黎等参加了会见。

煤炭部领导同志谈煤炭工业如何在调整中增产超额完成国家计划

新华社报道,煤炭工业部领导同志就这个问题向中央人民广播电台记者和新华社记者发表谈话，他强调指出，必须在调整中突出前进的精神，也就是要"骑在马上"调整，一面调整，一面前进。煤炭部领导同志说，煤炭工业的现状和整个国民经济发展不协调，长期以来一直是个薄弱环节，供需年年紧张。这几年虽然连续大幅度增产，由于基建规模小、建设速度慢，新矿井投产能力小，仍然远远不能满足国民经济发展的需要。煤炭工业内部的比例关系也存在不协调的现象，基础工作不牢靠。这些问题如得不到很好解决，煤炭工业就不能稳步前进，大干快上。

他说，煤炭工业要贯彻调整、改革、整顿、提高的方针，必须在调整中突出前进的精神，也就是要"骑在马上"调整，一面调整，一面前进。在调整期间，煤炭产量不但不能降下来，而且还要以适当的幅度增长；基本建设规模不但不能缩小，而且还要力求有相当程度的扩大，以适应整个国民经济调整以后，对煤炭越来越大的需要。

煤炭部领导同志说，煤炭工业一方面要调整，一方面要把生产、建设搞上去，两副重担一起挑，困难是很多的。正因为这样，就更需要我们各级领导干部带头抖起精神，讲党性，顾大局，加强责任感和紧迫感，既搞好调整，又抓好当前生产、建设。决不能一说调整，就要求减任务，减指标，夸大困难，"失调"的帽子抢着戴，连有条件上的也不肯多承担任务。现在把煤炭多搞一点，不但为其他工业按计划调整提供了条件，而且从煤炭工业本身来说，也只有把生产、建设搞上去，我们才能取得主动，才能有足够的精力去抓好调整工作。

煤炭部领导同志谈到煤炭工业的调整任务时，强调要把基本建设作为调整的首要任务来抓。要集中力量打歼灭战，确保计划今年建成的年生产能力为1420多万吨的27处矿井，保质保量地按时建成投产。要通过革新改造充分发挥现有企业潜力，调整好采掘关系，修理好失修巷道和机电设备，并把其他方面的比例关系调整好。

这位领导同志强调，在搞好基本建设的同时，要深入发动群众，千方百计完成今年的煤炭生产计划。他说，确保今年煤炭生产计划的完成和超额完成，不仅是煤炭工业顺利完成调整任务的需要，也是整个国民经济调整比例关系对煤炭工业的要求。在煤、油、电、运的增产中，煤是关键，只有煤保住了，增产了，电才能稳住，其他方面的计划才好安排。我们必须从国民经济全局出发，努力把煤炭搞上去。

怎样才能完成今年的生产、建设任务？他提出，要加强政治思想工作，继续学大庆、赶开滦，迅速掀起增产节约运动新高潮。当前，要结合职工的思想实际，进行坚持四项基本原则的教育，把广大干部、群众的思想统一到党的十一届三中全会的精神上来。要广泛深入开展社会主义劳动竞赛，包括采掘队上"纲要"竞赛、各项技术经济指标冠军赛、质量升级赛、百日红赛等等，通过这样多种形式的竞赛，使各个部门、各个工种的各项指标都提高到一个新水平。要努力提高产品质量、设备维修质量和工程规格质量，通过抓质量标准化这个中心，使整个企业的管理面貌有较大的改善。与此同时，必须反对浪费，厉行节约，大力扭亏增盈，清仓利库，降低消耗。煤炭企业要带头节省用煤，降低自用煤的数量。

煤炭部领导同志最后说，关键在于领导，在于有一个很大的干劲。各级领导干部要保持和发扬艰苦奋斗的作风，深入实际，调查研究，埋头苦干，扎扎实实地解决实际问题。煤炭部将组织若干工作组下去，各省煤炭局和矿务局的领导同志，也都要深入下去狠抓薄弱环节，把调整的任务落实到基层，把增产节约运动引向深入。

国家体委和教育部发出3个文件强调搞好学校体育教育

为了进一步搞好学校体育教育，增强学生体质，培养体育人才，适应四个现代化建设的需要，国家体委和教育部最近发出了《少年儿童业余体校章程》《全国学生体育运动竞赛制度》和《关于在学校中进一步广泛施行〈国家体育锻炼标准〉的意见》3个文件，要求各省、自治区、直辖市体委和教育部门结合本地区的实际情况，参照执行。

国家体委和教育部在《关于在学校中进一步广泛施行〈国家体育锻炼标准〉的意见》中说：经国务院批准颁布的《国家体育锻炼标准》是我国体育的一项重要制度，是党和国家对青少年增强体质的基本要求。学校培养人才，要德、智、体全面发展。身体好是学校教育的三大目标之一，不搞体育锻炼，是陈旧、落后的教育观点。体育不好，就不能说是教育质量高。这个文件要求各地各级体委和教育部门提高认识，全面贯彻党的教育方针，采取有效措施，保证《国家体育锻炼标准》的顺利实施，搞好《国家体育锻炼标准》的测验；加强领导，全面安排施行《国家体育锻炼标准》和学校其他体育工作。

6月3日

《人民日报》发表评论员文章《采取特殊措施把轻纺工业搞上去》

按照农轻重次序办事，把轻纺工业放在应有的位置上，这已是一个老问题了。现在是到了解决这个问题的时候了。

建设社会主义现代化要从我国的实际情况出发。我国的实际情况是什么？一是我们是一个9亿人口的大国，农民占80%，城乡市场对生活资料的需求量大，人民生活水平低；二是我们国家底子薄。大力发展轻纺工业，可以改善人民生活，繁荣城乡市场，扩大对外贸易，为国家增加资金积累和外汇收入，加速整个国民经济的发展。据统计，1950年至1977年，轻纺工业提供的利润、税金，占国家财政收入的29%，占国家基本建设投资总额的70%，等于国家给轻纺工业基本建设投资的13倍。所以，在四化过程中，多办点轻纺工业，“以轻养重，以快养慢”，是完全正确的。

毛泽东同志在《论十大关系》一文中指出：“我们现在的问题，就是还要适当地调整重工业和农业、轻工业的投资比例，更多地发展农业、轻工业。”20多年来，尽管也讲要贯彻农轻重的方针，但在实际工作中并不重视轻纺工业。正如有的地方所反映的，口头上说的是“不挤不让”，思想上想的是“可挤可让”，实际上做的是“又挤又让”。这就影响到轻纺工业长期处于落后状态，成了国民经济的短线。比如，近十几年来，全国家具供应一直比较紧张，甚至有些青年结婚买不到家具；文化教育、出版事业要发展，而纸张的生产同实际需要相差很大。再以棉布为例，1977年同1957年相比，全国平均每人的消费量没有增长。这种状况亟应改变。当然，就社会生产两大部类的投资而言，重工业的投资比重总要大于轻纺工业的，任何时候都不能把两者搞颠倒了。但是，这绝不是说可以不给轻纺工业以应有的地位。毛泽东同志在三十几年前讲：“你对发展重工业究竟是真想还是假想，想得厉害一点，还是差一点？你如果是假想，或者想得差一点，那就打击农业轻工业，对它们少投点资。你如果是真想，或者想得厉害，那你就要注重农业轻工业，使粮食和轻工业原料更多些，积累更多些，投到重工业方面的资金将来也会更多些。”这段话值得我们很好学习和领会。

为了满足国内外市场的需要，当前应采取特殊措施，把轻纺工业搞上去。要在燃料动力、原料材料的安排上，确实给以保证，使轻纺工业生产出国家和人民急需的、质量好的产品。有关部门也应从自己的实际条件出发，生产一些工艺相近，产品对路的日用工业品供应市场。要给轻纺工业安排一些技术措施费用，以利于技术革新、技术改造的开展。一些技术水平、管理水平较高的老基地、老企业，只要给点投资，填平补齐，增加点新型的技术装备，就可以大幅度提高生产能力，发展短线产品。例如：国际市场很需要宽幅棉布、绸缎，而发展宽幅织物，技术上并没有什么困难，设备国内也能制造，只要在财政上稍加支持，就可以迅速上马，有效地增加出口，多换外汇。

这些年来，轻纺工业战线存在这样一种现象：一方面，一些拥有现代化技术装备，有条件、有能力生产出高质量产品，如卷烟、肥皂、缫丝、棉纺的厂，往往由于原料不足而让加工能力白白放空，造成许多内外销的高中档产品货源不足；另一方面，一些低质量、高消耗、高成本的企业，却往往占用了大量的上好原材料，生产出许多背时、滞销商品。这种不合理的现象，不应该再继续下去了。应当采取原材料择优供应、产品优质优价的政策，并且在税收、信贷等方面采取措施，促使那些受到市场欢迎的商品和经营管理好的企业更快地发展。各有关部门和轻纺工业部门共同把这一条措施抓好了，市场上适销对路的商品就会多起来。

上海益民食品五厂出口产品连年大幅度增长的实践说明，提高产品质量，增加品种花色，大有文章可做。轻纺工业在开展增产节约运动中，要继续把重点放在这方面。要认真抓好轻纺产品的升级换代，把许多日用工业品设计多年“一贯制”的局面扭转过来。积极采用新技术，继续解决棉布防缩整理、涤棉布树脂整理等关键的质量问题。要大力创名牌、创优良产品。要从商业外贸经营体制、原材料供应渠道等各个方面，积极促进名牌优良产品的生产。

要加快发展轻纺工业，必须抓好轻纺工业生产能力的建设和原材料资源的发展。要有计划地新建一批骨干企业，扩建、改造一批老企业，填平补齐，成龙配套，力争在近几年内使轻纺工业的综合生产能力有较大幅度的增长。要广开门路，增加原料资源；根据因地制宜、合理布局、适当集中的精神，认真建设一批轻纺工业的农业原料基地。要按专业化的原则，统一规划，把轻纺机械制造能力进一步组织起来，增强配套能力，扩大大型、精密设备的制造能力，使轻纺工业的发展建立在扎实可靠的基础上。

为了把国民经济迅速搞上去，党和国家对轻纺工业寄予很大希望。战斗在轻纺工业战线的广大职工，一定要鼓足干劲，再接再厉，为加快轻纺工业的发展和实现四个现代化，作出更大的贡献！

中央统战部部长乌兰夫在北京接见参加国家民族事务委员会第一次委员（扩大）会议全体代表并讲话

他首先肯定了这次会议开得好。他说：“我同意杨静仁同志的讲话。你们认真反映了少数民族人民的呼声，感谢你们在民族工作上作出了成绩，我向战斗在祖国边疆的各族干部、群众表示亲切慰问！”

他指出：关于马克思主义者应当如何对待少数民族问题，马列主义关于民族问题的理论，马克思、恩格斯、列宁、斯大林和毛主席早就讲了；我们党的民族政策，党和国家早已有明文规定，毛主席有明确指示；为适应新时期总任务的要求，我们党在民族工作方面的方针任务，以华国锋同志为首的党中央也有重要指示。总之，理论、方针和政策，都是清清楚楚的了，现在的问题在于如何认真贯彻执行，在于是否照办。就是一条，要做，要真贯彻。

他说，有人担心：关于民族工作方面的会议开了，文件也发了，就怕不能认真执行。这种担心是有一定道理的。关键在于各级党委的主要领导同志对民族工作是否重视；在于各有关省、自治区、直辖市党委和各部门是否真正认识到少数民族问题在实现四个现代化和巩固祖国统一的大业中的重要性；在于他们是否真正认识到边疆少数民族地区的建设工作，既是经济问题，也是重大的政治问题和国防问题。这件事情必须抓好。

他指出，有人对民族工作，还心有余悸。这是可以理解的。林彪、"四人帮"疯狂地推行封建法西斯主义的反动的民族压迫政策，制造了大批冤案、错案和假案，严重地摧残少数民族的干部和群众，破坏少数民族地区的建设。对这样一种灾难，少数民族和做民族工作的干部至今余悸犹存。要消除这种余悸，一方面要靠继续深入肃清林彪、"四人帮"的流毒和影响，并认真落实党的各项政策；另一方面，要靠我们共同努力，普遍深入地进行民族政策再教育，做好有关少数民族的各项工作，调整民族关系，加强民族团结。

乌兰夫同志说，以华国锋同志为首的党中央十分重视民族工作，并多次接见少数民族和少数民族地区的代表。我们坚信党的民族政策一定能够贯彻执行。谁要是抵制和破坏党的民族政策，以华国锋同志为首的党中央是决不会容许的，全国各族人民也决不会答应的。

我们党的民族工作的重点应迅速转移到实现四个现代化上来。为了实现四个现代化，做好民族工作的意义更加重大。党的民族政策能不能真正贯彻执行，在座的同志负有重大责任，一切从事民族工作的同志都责无旁贷。有一些同志，多年从事民族工作，在民族地区的实践经验也相当丰富，但就是不善于总结经验教训，不能把实践经验，提升到理论的高度上来。

乌兰夫同志指出，有些共产党员，在民族问题上实际是没有多少马克思主义味道的。列宁在《关于民族问题的批评意见》一文中说："谁不承认和不坚持民族平等和语言平等，不同各种民族压迫或不平等作斗争，谁就不是马克思主义者，甚至也不是民主主义者。"(《列宁全集》第20卷第11页)请同志们以列宁的这段话来衡量一下一些人的所作所为，就会发现在民族平等这个原则问题上，他们确实连民主主义者也不够格。还有些同志嘴上说得好听，实际做的是另一回事。我们要注意，在民族问题上要听其言而观其行。不尊重民族平等，不执行党的民族政策，那是同共产党员的称号不相称的。希望这些同志从林彪、"四人帮"的精神枷锁中解放出来。

乌兰夫同志强调指出，在民族工作上，特别需要发扬民主和解放思想，要尊重少数民族的平等自治权利，要坚持少数民族地区的工作必须从实际出发，照顾地区特点和民族特点。要敢于同假马克思主义的民族观作斗争；要敢于同不执行民族政策的人作斗争；要敢于同破坏祖国统一和民族团结的行为作斗争；要敢于同那些在少数民族地区不按实际办事的人作斗争。

乌兰夫同志还向与会代表提出具体要求：一、要向各族人民转达以华国锋同志为首的党中央对少数民族的关怀，对民族工作的重视，并向各级党委汇报和传达这次会议精神。二、协助各级党政机关认真贯彻党的民族政策和边疆建设方针。三、过去中央发过一系列关于民族工作的条例、规定，如《民族区域自治实施纲要》《关于推行民族区域自治经验的基本总结草案》等，请你们回去以后协助各级党委扎扎实实地检查总结研究一下，哪些适用，哪些不适用；哪些已经贯彻了，哪些还没有贯彻，今后如何贯彻等等，把情况报上来。四、如果贯彻党的方针、政策有阻力，或者有人抵制和破坏党的民族政策，你们有责任向中央反映，向中央纪律检查委员会控告。只要你们所反映的情况确实有理有据，中央一定会支持你们，会帮助你们解决问题的。

参加接见的有中共中央统战部、国家民族事务委员会和有关方面负责人李维汉、刘澜涛、杨静仁、平杰三、薛子正、童小鹏、熊向晖、李贵、方志达、彭友今、杨东生、江平、胡嘉宾、谢鹤筹、铁木尔·达瓦买提、伍精华、陈林。

中共西藏自治区党委书记、西藏自治区革委会副主任天宝也参加了接见。

国务院副总理方毅在北京会见美国洛杉矶市市长特别助理比·坎特伯里·莱弗里夫人

国务院副总理王震在北京出席索马里第一副总统兼国防部部长穆罕默德·阿里·萨马特尔中将举行的答谢宴会

萨马特尔讲话中指出，双方进行的会谈"是积极的、真诚而富有成效的，为扩大两国之间牢固的纽带关系作出了巨大的贡献"。

这位将军说："我再一次强调，在所有方面加强第三世界国家之间的团结，使他们联合起来，以对付大国的野心与阴谋，是极为重要的。"

王震副总理在讲话中说："我们十分了解你们同苏

联社会帝国主义侵略扩张活动进行的斗争。在这一正义斗争中,中国人民和军队将永远是索马里人民和军队可靠的朋友。”

中国运动员在东京举行的亚洲田径运动会上打破4项亚洲纪录赢得7项冠军

6月4日

全国政协第五届常委会第四次会议在北京举行

中国人民政治协商会议第五届全国委员会常务委员会第四次会议,上午开始在北京举行。这次会议主要研究将在近期召开的政协第五届全国委员会第二次会议的筹备工作。

政协全国委员会副主席乌兰夫主持今天的会议。会议听取了关于政协全国委员会常务委员会工作报告的说明和关于增补政协全国委员会委员名单的说明。

外交部部长黄华和副部长章文晋在北京会见以伦纳德·马克斯为团长的美国外交政策协会理事会代表团全体成员

高能实验物理讨论会在北京举行

新华社报道,国家科委和中国科学院最近在北京召开了高能实验物理讨论会。

来自全国13个高等院校和11个科研单位的100多名科学家、教授、工程技术人员和领导干部,参加了这次讨论会。会上探讨了我国正在建造的第一台500亿电子伏特质子同步加速器上的实验工作的方向,讨论了动员和组织各方面力量共同关心和参加高能物理实验中心建设的问题。

会议期间,科学技术人员结合国内外高能物理理论研究和实验工作的动向,以及500亿电子伏特加速器上可能开展的物理实验工作,作了7个综合性报告和25个专题发言。

方毅副总理参加会议并作了重要讲话。他说,党中央对我国高能物理实验中心的工程建设很重视。在工程的建设过程中,我们要在战略上藐视困难,在战术上重视困难。每一个步骤都要深思熟虑,尽量少花钱多办事,尤其是各级领导干部一定要深入到每个工段、车间,要作出榜样,不要光议论,不动手。他希望大家努力发扬艰苦创业的精神。

6月5日

国务院总理华国锋 副总理方毅 陈慕华在北京会见全国针灸针麻学术讨论会的外国学者和国内各地代表

参加这次讨论会的外国学者来自30多个国家和地区,共100多位。华国锋总理和方毅、陈慕华副总理同外国学者一一热情握手,感谢他们为增进各国人民同中国人民的友谊和加强彼此之间的学术交流所作出的贡献。

国务院总理华国锋电贺塔帕就任尼泊尔首相

加德满都尼泊尔王国政府首相苏里雅·巴哈杜尔·塔帕阁下:

在阁下就任尼泊尔王国政府首相的时候,我向你表示热烈的祝贺。祝尼泊尔日益繁荣、进步。祝中尼两国的传统友谊和友好合作关系进一步巩固和发展。

中华人民共和国国务院总理　华国锋

1979年6月5日于北京

国务院副总理邓小平在北京会见以萨里先生为团长的美中贸易全国委员会代表团

邓小平副总理在同美国客人的交谈中指出,中美双方要多找一些门路来扩大两国之间的经济贸易关系。目前,中国在同美国贸易中出现的很大逆差的状况应该改变。美方应该赞助更多的中国商品进入美国市场。

萨里先生说,作为贸易界人士,我们充分懂得,贸易必须有来有往的重要性。美国只有增加进口才能扩大出口。美中贸易全国委员会将尽一切努力,使两国贸易在尽可能平衡的基础上得到发展。

中国国际贸易促进委员会主任王耀庭,美国驻中国大使伍德科克等参加了会见。

全国政协五届常委会第四次会议继续举行

上午,委员们分组讨论了常务委员会工作报告和增补委员名单(草案)。下午举行全体会议,经过讨论,通过了常务委员会工作报告并推定许德珩副主席为报告人;通过了五届二次会议议程;通过了五届二次会议提案审查委员会名单,并商定了提案截止日期;通过了增补委员名单。

中国人民政治协商会议第五届全国委员会增补委员名单(109人)

陆定一　刘澜涛　平杰三　张执一　帅孟奇(女)
李楚离　马辉之　郑绍文　杨献珍　赵毅敏　张磐石
李运昌　阳翰笙　张友渔　徐迈进　牛佩琮　李　立
杨尚昆　王孝慈　贺敏学　文正一　舒　同　章夷白
左　叶　刘尊棋　郑伯克　王光美(女)

丁 玲(女) 李一夫 于占彪 马 载 马佩勋
宋 黎 杜瑞兰(女) 蒙定军 李慕愚 吴英恺
唐方雷 张水华 赵 沨 艾 青 江 丰 史 永
黄玠然 于 刚 张承宗 陈乃昌 叶宝珊 梁翕章
童宪章 卢宗澄 蒋兆和 庆承道 张楚琨 黄育贤
唐生明 桑热嘉措 章名涛 李连捷 吴汉家
李嘉仲 王 越 安春山 博彦满 都周颖(女)
胡一声 金宝善 邓昊明 程星龄 何柱国
邓季惺(女) 徐诵明 叶笃义 王光英 程绍迥
武和轩 钟兆琳 徐采栋 罗章龙 俞恩瀛 刘亚哲
张 权(女) 刘海粟 廖运周 郑效洵 严镜清
邝 明 沈 扶 莫 雄 陈瑞铭 许乃波 郑正仁
杨高坚 赵复三 徐斌洲 王 匡 金少英
贾 琏(女) 贺子珍(女) 千家驹 于开泉
徐逸樵 倪海曙 张申府 郭秀珍(女)
汤蒂因(女) 李月华(女) 韩 英 胡启立

《人民日报》发表评论员文章《搞好夏收预分 发展农村大好形势》

我国农村夏季形势喜人。虽然很多地区今春遇到了低温、阴雨、干旱等灾害,但夏熟作物依然是好收成的形势。目前,各地正在进行或准备进行夏收预分,我们要认真抓好这件与亿万农民切身利益有关的重要工作。

去年,全国各地深入批判林彪、"四人帮"极左路线对农业的严重破坏,落实农村的各项经济政策,使农业夺得了一个比预期要好的收成。在局部地区发生了严重旱灾的情况下,全国农业总收入和粮食总产量,都有较大增长。各地根据党的十一届三中全会提出的要减轻农民负担、增加农民收入的精神,正确执行了分配政策,全国大多数地区,农民的分配收入和口粮,都比1977年有所提高。这是多年来没有过的事。有些灾区,由于采取了减轻农民负担、帮助受灾社队开展多种经营等措施,灾情大为缓和,社会秩序和群众情绪稳定。广大地区的农民喜气洋洋,干劲大增,今年的春耕生产搞得既快又好。这充分证明,三中全会关于加快发展农业的各项方针政策是正确的,它反映了亿万农民的愿望。

为搞好今年的夏收预分,我们要继续坚定不移地执行三中全会的方针,正确处理国家、集体和社员三者关系。一定要注意国家利益,表彰那些生产搞得好、对国家贡献多的社队。要提倡在增产增收的情况下,胸怀全局,对国家多贡献。也一定要注意群众利益,让农民的收入能够随着生产的发展而增加。要让那些困难较多地区的农民,能够继续休养生息。我们既要看到农村形势明显好转的一面,也要看到目前还存在的许多困难。就全国来说,去年社员平均收入虽有增加,但很不平衡。有些地区增加得多,有些地区增加得少,甚至没有增加。农村中穷队还占着一个不小的比重。许多社队这两年农业有了恢复和发展,但毕竟还只是开始,集体经济的底子还薄。我们要从这个实际出发,正确地执行分配政策,调动农民的积极性,处理好夏收预分中的问题,做到兼顾国家、集体和社员的利益。切不可置群众利益于不顾,重复购"过头粮"一类的错误。

夏收预分工作政策性强,牵涉各方面的利益,一定要做好思想政治工作。要进一步学习、宣传三中全会关于农业的政策文件,向群众宣传当前国内外的好形势,鼓舞农民的干劲,去夺取农业的全年丰收。要进一步贯彻执行按劳分配、多劳多得的分配原则。有些社队,粮食增产了,对国家贡献增多了,就要允许社员适当多分一些,使他们从切身体会中,进一步认识到党和国家对农民的关怀,再接再厉搞好生产。有些生产条件比较差、困难比较大的生产队,更要安排好社员生活,尽可能做到使他们的生活有所改善。为了缩小工农业产品交换的差价,国家将要根据三中全会的建议,从今年夏粮上市的时候起,提高粮食的收购价格。党的这个重大政策措施,顺民意,得人心,全国农民热烈拥护。我们要教育干部和社员,深刻领会和正确贯彻执行党中央的这项重大决策。集体收入增多了,要注意勤俭节约,防止浪费。要正确处理积累和分配的关系,既要改善群众生活,又要从长远着眼,为扩大再生产积累必要的资金。

经营管理工作落后,是目前人民公社的一个严重薄弱环节。夏收预分,实际上是半年生产的小结。我们要结合夏收预分,总结经验,整顿经营管理,特别要整顿财务管理,清理一下账目、现金、物资、工分,把家底好好查一查。要向社员公布账目,让社员民主审核,一切不合理的浪费开支,要坚决堵塞。凡查出有贪污盗窃的,要严肃处理。干部、职工和社员的超支欠款,要动员他们积极归还,今后不准再乱借乱支。要一面进行清理,一面建立或健全各项规章制度,把人民公社民主办社、民主理财的传统恢复起来。

夏收预分,是农村全年战斗里程中的"加油站"。按照党的三中全会的精神,扎扎实实地把这项工作搞好,必将有利于实现"以夏促秋",激发农民更高的生产热情,夺取全年农业的好收成,进一步发展农村的大好形势。

国务院副总理方毅在北京会见由美籍数理逻辑学家王浩教授和夫人陈幼石女士率领的美国纽约州立大学奥尔巴尼分校访华团

国务院副总理王震在北京宴请英国坎德公爵殿下

王震副总理今天中午在欢迎英国坎德公爵殿下的宴会上表示,中国领导人同英国新政府的领导人一样,有着继续发展中英关系的愿望。

欢迎宴会在人民大会堂举行。他在讲话时说:"我们高兴地注意到,最近,贵国新政府的领导人作了继续发展中英关系的友好表示,我们对此表示赞赏,我们也具有同样的愿望。我相信,在双方的共同努力下,我们两国在各方面的关系将会得到进一步的发展。"

王震副总理说:"近年来,两国领导人互访增多,我们在政治、经济、贸易、科技和文化诸方面的关系都得到了发展。继去年签订中英科技合作协定后,今年我们又签订了经济合作协定,这为我们两国的经济科技合作提供了更为有利的条件。"他说:"坎德公爵殿下是来我国进行友好访问的第一位英国王室成员。我相信,殿下这次访华将有助于进一步加强我们两国之间的现存友谊。"

坎德公爵殿下在讲话中说,他很早就希望访问中国,这次他能作为英国王室第一个成员访问中华人民共和国,实现了多年以来的愿望,感到自豪。

他说,这次访问的主要目的之一是参加明天就要开幕的英国能源展览会。坎德公爵殿下说:"展览会显示了英国要为中国已经开始进行的四个现代化伟大事业作出贡献的决心。但是我希望我的访问会有更深远的意义。我希望我的访问将反映出最近几年英中两国关系的发展经过以及现在两国政府和人民的伟大友谊和了解。我相信,我的访问也将会对加强我们之间的许多和多方面的联系作出贡献。"

英国能源展览会主席纳尔逊勋爵,英国驻中国大使柯利达,坎德公爵殿下的随行人员,应邀出席了宴会。出席宴会作陪的有:中国国际贸易促进委员会主任王耀庭,外交部副部长章文晋,外贸部副部长崔群,石油部副部长秦文彩等。

坎德公爵是英国女王伊丽莎白二世的堂弟。他这次是前来我国主持即将在北京举行的英国能源展览会开幕式并进行友好访问的。

外交部部长黄华在北京举行宴会欢迎澳大利亚外长安德鲁·皮科克一行

黄华外长在宴会上的讲话中指出,澳大利亚关心世界,特别是本地区的和平与稳定,强调各国独立主权应受尊重,反对侵略扩张,努力发展同世界各国的关系,积极促进南太平洋国家的友好合作,在国际事务中发挥着日益重要的作用。

他说,中澳建交以来,在双方的共同努力下,两国关系取得了可喜的发展。两国政府和人民的友好往来日益频繁。两国贸易持续扩大,科技、文教和体育等方面的交流迅速增长,这一切都大大促进了中澳两国和两国人民之间的了解和友谊。

黄华外长指出,在我们这个地区,人们特别关心印度支那的局势。越南当局为了实现其地区霸权主义的野心,力图凭借武力实现"印支联邦"计划。越南当局的侵略扩张行动,得到了社会帝国主义的大力支持。它企图以"印支联邦"为基础,向东南亚扩张,建立它梦寐以求的所谓"亚安体系",因此,印支的军事冲突和紧张局势不是什么偶然的地方性事件,而是它推进太平洋南下战略的一个重大步骤。包括澳大利亚在内的亚太地区广大爱好和平的国家,对此日益不安和反对是理所当然的。

皮科克外长说:"由于世界和本地区的形势日益复杂并易于受到迅速而深刻变化的影响,澳中两国的共同利益正在日益扩大。"他说:"澳中两国的贸易和合作正在明显地增长,这说明两国的友谊已经结出丰硕的果实。另外,这种友谊也正在加强我们对世界趋势和本地区发展的了解。我们本星期举行的会谈将在这两方面作出贡献。"

澳大利亚驻中国大使伍达德应邀出席了宴会。

外交部副部长章文晋,外贸部副部长崔群,农业部副部长朱荣,教育部副部长刘仰峤,国家科委副主任江明,中国科学院副院长钱三强等,出席宴会作陪。

人口理论座谈会在北京召开

新华社报道,最近,国务院计划生育办公室、社会科学院经济研究所、中国人民大学人口理论研究所、《经济研究》编辑部联合召开了人口理论座谈会。

到会的同志们认为,在人口理论研究工作中,必须解放思想,打破禁区。现在一提起人口理论,提起有计划地控制人口,许多人往往联想到马尔萨斯的人口论。马尔萨斯人口论是什么货色呢?他离开社会政治经济制度去谈人口规律,把资本主义制度造成的失业、贫困,归罪于劳动人民生育子女。他公然提出战争、瘟疫和饥荒是使人口与生活资料相适应的决定因素。我们探讨人口理论和计划生育,同马尔萨斯的人口论毫无共同之处。在研究人口理论和进行计划生育宣传的时候,我们决不能因为害怕别人的无理攻击而缩手缩脚。我们要总结实际经验,阐明社会主义社会的人口规律,为实现四个现代化作出贡献。

我国是世界上人口最多的国家。解放后,人口增长很快,这反映了我国人民生活水平的提高,医疗卫生条件的改善,显示出社会主义制度的优越性。但是,人口的增长对国民经济也带来很大困难。

人口发展实质上是劳动力的再生产,但是人并不能一生下来就成为劳动力。邬沧萍同志在会上指出:一个人从婴儿成长为劳动力,需要16年到17年的时间。就我国目前的生活水平粗略估计,把婴儿抚育成人,在农村需要抚养费1600元,在城镇约需4800元,在城市约需6900元。按这样的标准计算,我国解放以来出生人口的抚育费用,要占解放后累计的国民收入总额的相当大的比重。人们要进行生产劳动,必须具备一定的生产资料,有劳动能力的人口的增长要和生产资料生产的增长相适应。就我国目前的技术构成来看,装备一个生产工人约需1万元左右,人口增长过快,缺乏充分的生产资料,劳动力就不能得到充分利用,在城市就会出现待业人口,在农村就会加深人口多与耕地少的矛盾。人口增长还要和生活资料的增长相适应。人口增长过快,吃饭、穿衣、住房等方面都会紧张,妨碍人民物质生活和精神文化生活的改善。因此,研究人口规律,控制人口增长,对实现四个现代化,高速发展国民经济,提高人民生活水平和科学文化水平,具有十分重要的意义。

刘铮同志在发言中说,人口再生产的规模和速度,受现有人口年龄结构的影响,有其自身的发展规律。我们只有正视历史形成的客观现实,按客观规律办事,因势利导,用长期坚持不懈的努力,才能控制人口的增长,不能凭主观想象,想增就增,想减就减。例如,决定生产率的育龄妇女人数和生育率这两个因素,我们能改变生育率,而不能改变育龄妇女的人数。如果育龄妇女数量增大,在生育率不变的情况下,人口生长率就会不断增高,而现有育龄妇女人数是多年前人口状况决定的,是我们今天无法改变的客观现实。因此,人口控制要有一个过程。我们要对人口的数量和人口的年龄构成进行研究,要对人口的发展趋势进行预测,这样才能高瞻远瞩,做到胸中有数。

李宗正同志认为,在人口问题方面要克服理论宣传工作中的片面性。过去公开发表的文章,都只讲人多、议论多、热气高的一面,不讲也会带来困难的一面。有的论述人口与人手的文章也带有很大的片面性,缺乏科学的、实事求是的态度。他指出,人口规律固然可以从医学、社会学等方面去研究,但是人口是政治经济学重要的研究对象。马克思是把自然人口放在资本论中劳动力一章去研究的。

王维志同志说,解放后对人口问题有两次大的宣传活动:一次是50年代,主要是反右派和批判马尔萨斯;一次是60年代初,批判“新人口论”。这种批判,给人一种印象,似乎增加人口只有积极的一面。此外,当时还给许多研究人口学的学者戴上了政治帽子,妨碍了学术上的讨论。

林森木同志说,人口理论研究带有综合性质,涉及面比较广,现在我们把问题搞得很狭窄,似乎人口问题只是一个计划生育问题,人口理论就是计划生育理论。对吃饭问题、就业问题,许多研究者都不敢去涉及。目前有一种比较流行的看法,认为人口有计划增长是社会主义人口规律。按照这种说法,人口有计划地增长同计划生育是一回事,是同义语的反复。为了论证这个规律,一些同志引用恩格斯在1881年2月1日给考茨基信中的话,其实这段话并不能说明问题。在那封信里,恩格斯说的是:如果说共产主义社会在将来不得不像已经对物的生产进行调整那样,同时也对人的生产进行调整,那么正是那个社会,而且只有那个社会才能毫无困难地做到这点。恩格斯这里说的“不得不”,不是一种客观必然性。总之,不能把计划生育和社会主义人口规律混为一谈。

胡开华同志就城市规划中的人口问题发表了意见。他说,城市合理的人口规模,城市人口的年龄构成的预测,城市人口构成和劳动构成,城市人口中职工和眷属的比例,都是值得研究的课题。例如,劳动年龄组的人口比重对城市规模有直接关系;未成年年龄组的人口比重,直接关系中小学校、幼儿园的教育和福利设施;老年组人口比重,对休养机构和医疗机构的发展有密切关系。制定城市规划必须研究人口年龄构成。城市基本人口和服务人口的比例也对生产和生活有直接影响。城市人口中职工与眷属的比例关系也要适当。职工家属进城过多,造成许多人吃闲饭,需要防止;但两地分居太多,又会造成探亲路费和探亲期巨额工资的支出,以及因探亲缺勤带来生产上的损失。

同志们认为,我国成立了人口办事机构以后,控制人口工作取得了很大成绩。1971年以来,每年以千分之一点四的速度下降,人口自然增长率下降了一半,这样控制人口发展速度,在人类历史上是罕见的,使人感到控制人口是权宜之计。为此,建议成立一个常设的人口委员会来统筹我国人口发展,拟订人口规划,贯彻执行人口政策,开展各种有关人口问题的调查研究,总结我国人口发展的经验。目前,发表人口学研究成果的园地太少,人口统计资料缺乏,也希望认真解决,以利于开展研究工作。

6月6日

国务院副总理邓小平在人民大会堂会见澳大利亚外交部部长安德鲁·皮科克一行

在亲切友好的气氛中,双方就共同关心的国际问题和发展双边关系问题进行了交谈。

邓副总理说,中国和澳大利亚处在一个地区,面临着共同的问题，有共同担心的问题，也有共同欢乐的事情。在处理亚洲、太平洋地区和国际事务中，我们两国的观点在很大程度上是一致的。

皮科克外长同样认为，我们之间的确有着许多共同点。他说，由于两国地理上的接近，对中国开始进行的四个现代化建设，澳大利亚比其他国家更为关心。我们愿意为中国的现代化建设计划作出贡献。

澳大利亚驻中国大使伍达德参加了会见。

外交部部长黄华、副部长章文晋，中国驻澳大利亚大使林平等，会见时在座。

会见前，外贸部部长李强同皮科克外长进行了友好的会见。

全国政协第五届常委会第四次会议继续举行

在上午的全体会议上，通过了五届二次会议委员分组办法和小组召集人名单，听取了荣毅仁副主席关于政协代表团访问联邦德国等国情况的报告。

荣毅仁副主席在报告中说，中国人民政治协商会议全国委员会代表团于4月11日至5月14日访问了联邦德国，顺访了瑞士和法国。这是新中国成立以来政协第一次组织代表团出国访问。代表团的这次出访，又是在粉碎“四人帮”两年多后，国内外一片大好形势下进行的，因此，引起了国外的重视。联邦德国等国政府和许多工矿企业的有关人士，包括代表团成员在国外的亲属，给了我们很好的安排和热情的接待。

荣毅仁说，代表团的这次出国访问，主要任务是：结交朋友，增进外国朋友对我国的了解，进一步发展我国同联邦德国等国家和人民之间的友好合作关系；了解联邦德国等国家发展经济的一些情况，学习这些国家先进科学技术和企业管理经验，以利于我国进行四个现代化的借鉴。通过30多天的活动，可以说，代表团带着我国人民对联邦德国等国人民的友谊而去，满载着这些国家人民对我国人民的友谊而归；带着了解这些国家发展经济情况的心情而去，带着有益于我国四化建设的一些值得借鉴的经验而归，圆满地完成了这次访问的任务。

他说，我们这次出国访问深深体验到，联邦德国等国的政府和人民对我国的发展、前途和有关政策十分关心，期望我国在国际上发挥更大的作用，进一步发展两国之间的政治、经济关系。代表团在所到之处，广泛地宣传了我国当前的情况和我国的有关政策。对此，他们对我国稳固的安定团结局面表示乐观，对我国调整国民经济的方针表示理解。他们有些人还就我国在调整国民经济时期如何加强对外经济合作问题，提供了许多有益的建议。我们在同联邦德国等国朋友的接触交谈中，大家表达的共同愿望就是要不断发展友谊和合作。我们通过这次出国访问深深体会到：我国的革命外交路线，我国关于在国际上结成最广泛的反霸统一战线，是受到各国人士普遍欢迎的。

他说，我们在西德许多城市和工矿企业参观，看到了联邦德国在战后发展起来的新貌，了解了他们发展经济的一些情况。他们在经营企业的若干方面是值得我们借鉴的，如不断地提高科学技术水平和经营管理水平；充分发挥现有企业的作用，对老企业进行改造，对老设备进行改革，使它们发挥更大的作用。

荣毅仁在讲到发展旅游事业争取外汇资金时说，这里，着重报告一下我们在瑞士所见开展旅游业的一些情况。瑞士去年1年就接待了世界各国旅游者1500万人，全年的旅游收入高达60多亿瑞士法郎。他们开展旅游业的主要经验有：加强旅游事业机构；做好全面开展旅游业的基础工作，搞好游览区的交通条件和交通工具、通讯设施、物资供应；对游览区有计划地一个地区一个地区地开辟好；修建旅馆实行高级的和中小型的并举，以中型为主，新建和改建并举，既节约投资又缩短修建时间；培训好从事旅游业的管理、服务、导游、翻译等各类工作人员，提高服务质量。我们认为，只要我们不断总结经验，并学习外国开展旅游业的一些可取经验，认真地抓好，我们就一定能够发展旅游业，为国家吸取外汇资金，有利于四个现代化的发展，为加强我国同世界各国人民的友好往来作出更大的贡献。

荣毅仁最后说，战后，联邦德国人民面临着城市被毁、饥饿、贫困等非常严重的困难，而他们发扬了勤奋耐劳的民族性格，为恢复和发展经济顽强地劳动和工作。就在当前，我们所看到的联邦德国人民那种珍惜时间、紧张劳动和严谨的态度，给我们留下了深刻的印象。我们中国人民，从来是以勤劳勇敢而闻名于世界的。中国人民是有志气，有能力自立于世界民族之林的。我们有华国锋主席为首的中共中央的领导，有优越的社会主义制度，只要我国人民本着自力更生的方针，同时虚心学习各国人民的长处，继续发扬奋发图强、艰苦奋斗的光荣传统，我们一定能够实现四个现代化的宏伟目标。下午，委员们分组讨论了荣毅仁副主席的报告。

国务院副总理余秋里在北京会见美国弗吉尼亚州州长约翰·多尔顿和夫人一行

国务院副总理方毅在北京会见即将离任的阿拉伯埃及共和国驻中国大使萨拉姆·陶菲克

外交部部长黄华同澳大利亚外交部部长安德

鲁·皮科克在北京草签中澳两国政府科学和技术合作协定

“中日友好之船”访日代表团回到青岛

当廖承志团长、粟裕最高顾问率领代表团团员走下舷梯时，山东省和青岛市党政军负责同志白如冰、李子超、熊作芳、刘众前等迎上前来热情问候，祝贺代表团访日成功。

“中日友好之船”是5日中午离开日本长崎港的，受到当地的热烈欢送。“明华”轮离开日本后，在海上不断收到日本朋友拍来的祝贺访问成功，预祝归程顺利的电报。

国务院正式承认基诺为单一的少数民族

新华社报道，国务院最近正式承认基诺为我国的一个单一的少数民族。

基诺族，原称基诺人，共1万余人，聚居于云南省西双版纳傣族自治州景洪县的基诺洛克公社。他们有本民族的共同语言，属汉藏语系藏缅语族的一种语言。在经济和文化习俗上有自己特点，也有自己共同的心理状态。

基诺洛克公社是气候温和、物产丰富的亚热带山区。基诺山，自清初以来，就是著名的“普洱茶”六大茶山之一。基诺族人民勤劳勇敢、热爱祖国，与当地汉、布朗等各族人民，共同开发了祖国西南边疆富饶的基诺山区。他们为了反抗国民党的反动统治，曾经进行过可歌可泣的英勇斗争。解放后，基诺族人民在中国共产党的领导下，跨越几个历史发展阶段，由原始社会末期的农村公社飞跃到社会主义社会，社会面貌发生了翻天覆地的变化。

6月7日

国务院总理华国锋在北京会见英国坎德公爵殿下

华国锋总理对坎德公爵前来我国访问并主持英国能源展览会开幕，表示热烈欢迎。他说：你的访问将为加强中英两国的相互了解和友谊，发展两国的科技合作和经济贸易关系作出积极的贡献。坎德公爵说：近几年来，我们两国的关系越来越密切、越来越热烈，我们为此感到鼓舞。

英国驻中国大使柯利达参加了会见。会见时在座的有：我国外贸部部长李强，中国国际贸易促进委员会主任王耀庭，外交部部长助理张灿明等。

第五届全国人大常务委员会第八次会议在北京举行

这次会议的主要任务是为召开五届人大第二次会议做准备。

全国人大常委会法制委员会主任彭真在会上作了关于《中华人民共和国刑法(草案)》和《中华人民共和国刑事诉讼法(草案)》的说明。会议将对这两个法律草案进行讨论。

全国人大常委会副委员长宋庆龄、聂荣臻、乌兰夫、吴德、韦国清、谭震林、李井泉、赛福鼎、姬鹏飞、周建人、胡厥文，出席了今天的全体会议。

国务院副总理王震，最高人民检察院检察长黄火青，最高人民法院副院长何兰阶，列席了会议。

全国政协第五届常委会第四次会议结束

上午，委员们听取了农业部部长霍士廉关于农业问题的报告。

霍士廉部长在报告中说，粉碎“四人帮”，把我国国民经济从崩溃的边缘挽救回来。两年来，在中国共产党的领导下，广大农村开展了揭批“四人帮”的群众运动，对“四人帮”帮派体系进行了认真的清查工作，肃清其极左路线的流毒。1978年的农业生产，就是在这样的政治形势下，战胜了严重的自然灾害，取得了全面的丰收。他说，去年农业生产取得这些成绩，是以华国锋同志为首的党中央，粉碎“四人帮”后，两年来抓纲治国、大治天下的成效。具体分析，有以下几个因素：首先是，揭发批判林彪、“四人帮”极左路线，农村的经济政策逐步落实，调动了广大干部、群众的社会主义积极性。五届人大重申了农村的一系列政策。以后又展开了实践是检验真理唯一标准的讨论，解放了思想，推动了农村经济政策的落实，加强了农村安定团结的政治局面，提高了生产积极性。其次，国家对农业的物质支援的增加，多年来兴修的农田水利建设工程，科学种田水平的提高，也对去年的农业增产起了重要的作用。

霍士廉说，中国共产党十一届三中全会，决定从今年起，把工作着重点转移到社会主义现代化建设上来，同时，原则通过了《中共中央关于加快农业发展若干问题的决定(草案)》和《农村人民公社工作条例(试行草案)》两个重要文件。三中全会公报和两个关于农业问题的文件在农村传达贯彻，受到极其热烈的欢迎。广大农村干部和社员群众，莫不欢欣鼓舞，称两个农业问题的文件为多年来没有的好文件。三中全会精神进一步解放了人们的思想，实事求是、群众路线的优良传统进一步恢复和发扬，按经济规律办事、按自然规律办事的思想深入人心，林彪和“四人帮”推行极左路线所造成的冤、假、错案陆续平反昭雪。正确的经济政策的贯彻，使干部群众感到有了奔头。4月初，中共中央又转发了国家农委《关于农村工作问题座谈会纪要》，对进一步发展大好形势，起到了积极的作用。霍士廉说，今年农业生产形势是好的。但是，要完成和超额完成今年的农业生产计划，必须立足于抗灾夺丰收，艰苦奋斗，不能掉以轻心。

他说，在国民经济调整当中，国家将有计划地增加对农业的基本建设投资，并且逐步调整工农业产品的价格，为农业的加快发展创造必要的条件。今后3年，在加强政治思想工作，坚持四项基本原则，继续批判林彪、"四人帮"极左路线的前提下，农业工作主要的任务是：密切协同水利部，继续搞好农田基本建设，建设旱涝保收、高产稳产农田；协同有关部门，搞好全国农业自然资源调查和农业区划；配合有关部门，抓农牧业生产基地的建设；改变低产缺粮地区的贫穷面貌；协同农机部，搞好农业机械化的工作；抓好科学种田，提高单位面积产量；大力发展社队企业；整顿农村人民公社。霍士廉部长最后说，加快发展农业，是十分重要而又艰巨的任务，作为农业工作者，我们深感责任重大。恳切希望政协常委会各位委员，对农业工作随时提出批评和建议，督促我们前进，使我们尽可能少犯错误，以加快农业的发展。

下午，委员们分组座谈了霍士廉部长的报告。

中国银行卢森堡分行正式开始营业

卢森堡分行是中华人民共和国成立以后中国银行在国外建立的第一个分行。卢森堡政府有关部门、当地银行界朋友对分行的建立表示热烈欢迎，并且提供了必要的援助。

中国银行是中国政府指定的外汇银行，卢森堡分行将进行通常的国际银行业务。

卢森堡已经成为欧洲日益重要的银行中心，据悉，到1978年年底，在卢森堡登记营业的银行有98家。

全国首次牧区畜牧业经济理论研究会在成都举行

新华社报道，最近举行的这次会议是由农业部畜牧总局、中国社会科学院和四川省革委会的有关部门联合举办的。

会议认为，畜牧业经济是整个国民经济中一个不可缺少的重要组成部分。大力发展畜牧业，对于充分利用我国丰富的自然资源，为农业提供肥料和畜力，为轻工业提供原料，增加外贸出口，为我国四个现代化建设积累资金，进而提高人民的生活水平，都具有非常重要的意义。

为加快我国畜牧业经济的发展，会议经过协商，拟把全国牧区畜牧业经济研究会，改为全国畜牧业经济研究会，以利于广泛交流和研究畜牧业经济理论方面的问题，推动全国畜牧业经济工作的开展。

国务院副总理余秋里在北京会见日美欧委员会日方委员长渡边武一行

国务院副总理方毅在北京会见以联邦德国巴伐利亚州经济交通部部长安东·约曼率领的联邦德国巴伐利亚州经济代表团

全国人大常委会副委员长姬鹏飞在北京会见以青年事务和就业部副部长加米尼·阿图柯拉拉为团长的斯里兰卡青年代表团

中国外交部照会越南外交部欢迎越南政府代表团来北京同中国政府代表团继续进行两国副外长级谈判

中国外交部的照会是对越南外交部5月28日来照的答复。来照说，越南方面将派以外交部副部长丁儒廉为团长的越南政府代表团到北京继续谈判。

中国外交部的照会说："按照中越双方关于中越两国政府代表团之间的谈判轮流在河内和北京举行的协议，第二轮谈判在北京举行。中国方面欢迎以外交部副部长丁儒廉为团长的越南政府代表团于1979年6月25日来北京，同中国政府代表团继续进行谈判。中国方面将一如既往，竭尽自己的努力，促使谈判取得进展。"

中国驻越南大使馆照会越南外交部就越南当局派人非法闯入中国大使馆进行破坏活动一事向越南方面提出强烈抗议

事情的经过是：6月5日上午10时30分，一个名叫冯文强的越南史学院干部，在越南当局的指使下，非法闯入中国驻越南大使馆，企图进行不可告人的活动，当场被中国大使馆人员抓住。随后，中国大使馆于10时40分打电话将此事通知越南外交部领事司，要求越方立即派人把此人领回。然而，越南外交部领事司在故意拖延了近4个小时之后，才派代表前往中国大使馆认领此人。在认领时，越南方面对中国大使馆这一正确的做法进行恶毒攻击。当天晚上，越南当局还开动宣传机器，倒打一耙，诽谤中国大使馆，说什么这个人自称是"新华社的工作人员"，中国大使馆经过"事先安排"，让这个人"潜入"中国大使馆，等等。

新华社驻河内分社的4位翻译雇员已于1978年12月下旬以前全部辞职离开新华社河内分社，他们的辞职是经过越南外交人员服务局办理的手续。越南外交部和公安机关对此是很清楚的。事隔将近半年之后，越南当局竟又造谣说闯入中国大使馆的这个人是所谓"新华社的工作人员"，这种拙劣捏造，实在令人哑然失笑。而且，中国大使馆的大门白天黑夜都有好几个越南公安人员把守,如果没有越南公安人员的许可,这个人又怎么能进入中国大使馆呢?

事实很明显,这个名叫冯文强的人非法闯入中国大使馆,完全是越南当局事先安排的破坏中国大使馆的正常工作、威胁中国大使馆安全的阴谋活动。中国大使馆的照会要求越南方面不再制造类似事件,以保证中国大使馆的安全。

国家农委 国家科委在无锡召开全国农业现代化科学实验基地座谈会

我国有关部门在不同类型地区建立的14个农业现代化综合科学实验基地,一年来工作取得了较大的成绩。这是国家农委、国家科委最近召开的全国农业现代化科学实验基地座谈会所作的一个总的估计。

14个农业现代化综合科学实验基地的70多位代表,在江苏无锡县举行的全国农业现代化科学实验基地座谈会上,交流了工作经验,并对建立农业现代化科学实验基地的目的、任务、指导思想进行了讨论。

会议认为,实现农业现代化,必须坚持四项基本原则,从我国的实际出发,走中国自己的道路。建立农业现代化科学实验基地,是为了研究探索不同类型地区农业现代化的具体途径、内容、方法及其规律,总结提出成套的科学技术措施和经营管理措施,以及改进有关经济体制等方面的建议和依据;同时树立典型,以点带面,发挥示范作用。建立农业现代化科学实验基地,是建设社会主义现代化农业的客观需要,也是适应开展农业现代化综合科学实验的一种好的组织形式。江苏省吴县越溪公社一大队,是一个已经搞了5年的科学实验基点,他们从1年3熟制高产地区的实际出发,在农业机械的选型配套和与机械作业相适应的农田基本建设、耕作栽培技术体系,以及利用当地资源发展多种经营等方面,进行了一系列科学实验,取得不少科研成果,生产建设也有很大发展,已成为这一类型地区的先进典型之一。

会议指出,搞农业现代化科学实验基地,必须从实际出发,实事求是,因地制宜。要根据不同地区的自然资源、自然条件和社会经济条件,以及农业生产特点,来决定农业现代化科学实验和生产建设的目标与任务。我国人口多,耕地少,幅员广阔,资源丰富。搞农业现代化科学实验,要研究提出在提高单位面积产量的基础上,大幅度提高劳动生产率的整套措施;同时要注意研究充分开发利用当地的资源,全面发展农林牧副渔业,实行农副工综合发展的途径和方法,以达到增产、增收、增贡献、降低成本的目的。

会议认为,搞农业现代化科学实验,要把学习外国的先进技术和我们的独创结合起来。对引进的一些外国先进技术和装备,要通过试验作出有科学数据的鉴定,明确那些是适用的,那些是不适用的,取其所长,为我所用。在此基础上,和总结我们自己的经验结合起来,研究出适应我国特点的路子。

建设现代化基地县需要大量的资金。解决这个问题,主要是依靠艰苦奋斗,自力更生,把立足点放在发展集体经济、增加集体积累上,这就要大办社队企业,综合发展农副工业生产。要坚持两条腿走路。用先进工业装备农业,充分利用现有基础,挖潜与改造相结合,机械化与半机械化并举。在一些基点进行科学实验,起点应该高一些,争取尽快掌握现代化的科学技术,同时也要充分注意总结提高群众的生产经验,积极示范推广近期见效的各种技术措施,促进生产建设的发展。

会议还强调指出,农业现代化科学实验,涉及面广,综合性强,要搞好科学实验基地,关键在于基地所在的省、地、县委加强领导。要发动各有关部门一起来搞。要组织科研协作,实行多种学科的综合研究。要加强专业科研机构和四级农科网的建设,专业研究与群众运动相结合。

在座谈会的过程中,代表们参观了江苏省无锡县、吴县的一些科学实验基点。他们看到了高标准的农田基本建设,精耕细作的科学种田,一定程度的机械化作业,丰富多彩的多种经营,发达的社队企业,坚持得好的四级农科网,欣欣向荣的新农村建设。大家广开眼界,深受启发,信心倍增,表示一定吸收兄弟基地的经验,把科学实验基地办好,为实现农业现代化作出贡献。

广东选手陈伟强在上海举行的全国举重达标赛56公斤级挺举比赛中以151.5公斤的成绩打破世界纪录

射击运动员林波在第四届全运会射击预赛中平一项满环的世界纪录

在第四届全国运动会射击预赛郑州赛区上,陕西队青年射击运动员林波,在男子小口径自选步枪3×40项目40发卧射比赛中,以400环的优异成绩,平了这个单项满环的世界纪录,打破了1项国家纪录。

6月8日

中共中央转发中央组织部《关于陆定一同志问题的复查报告》

《关于陆定一同志问题的复查报告》指出,原中央专案审查小组认定陆定一同志为"阶级异己分子"、"反党分子"、"内奸嫌疑"问题,是错误的,应予以平反。

《人民日报》发表特约评论员文章《改造社会风气是全党的任务》

两年多来，我们取得了揭批林彪、“四人帮”政治斗争的伟大胜利，被他们败坏了的社会风气也随之大有好转。社会秩序、工作秩序和生产秩序比较正常，青年中勤奋学习、艰苦劳动、遵守法纪、关心四化、热爱祖国的良好空气日益浓厚。但是，要肃清林彪、“四人帮”的流毒，恢复和发扬50年代那种社会主义的优良风尚，还需要做艰巨的努力。目前整个社会风气特别是青少年的风气问题仍然引起普遍的关切和焦虑。新中国成立以后，我国的社会风气，我国青少年的精神面貌，曾经受到国际上的普遍赞誉。许多资本主义国家中寻求社会出路和社会进步的有识之士，从中国青少年的身上看到了新世界，受到了很大的鼓舞。而现在一些外国友好人士看到某些不良现象，开始为我国青少年担忧起来。

怎么看社会风气的这种变化，怎样改变这种状况？

社会风气不是孤立的问题，而是社会政治、经济、文化状况的综合反映。目前社会上的歪风邪气是林彪、“四人帮”连续10年对我国政治、经济、文化大破坏造成的恶果。在这十年浩劫中，他们颠倒敌我，混淆是非，把我们的党搞乱了，国家搞乱了，各种群众组织搞乱了，很多社会法纪、道德规范、行为准则搞乱了。真正的革命战士和善良的人们横遭摧残迫害，反革命势力以“革命”的名义干尽坏事，旧社会的渣滓乘机泛起，青少年一代受到严重的腐蚀毒害。同时，整个国民经济濒临全面崩溃，在几千年优秀文化遗产基础上发展起来的社会新文化被全盘否定，人民的物质生活和精神生活陷于普遍匮乏和贫困。大批青年难以升学和就业，苦闷彷徨，对前途缺乏信心。这种大破坏是如此严重，尽管两年多来我们已经把祖国从危亡的边缘抢救过来，但还只能说是“乾坤始转”，还需要我们用相当长的时间和十分艰巨的努力来进行各方面的调整和整顿。只有这样，整个社会风气才能从根本上改造过来。

社会风气的改造，是整个社会改革的一个部分。我们要彻底改变目前的社会风气，从根本上说，首先需要把国民经济搞上去，搞四个现代化。当前，就是要按照党中央的决定，动员全党、全军和全国各族人民，有步骤地对国民经济进行调整、改革、整顿、提高，使之纳入持久的、按比例的、高速度发展的轨道。在生产发展的基础上，逐步改善人民的物质生活和文化生活。新中国成立以来的实践证明，什么时候生产力发展比较快，国民经济蒸蒸日上，社会风气就比较好；反之，生产停滞不前，就业问题不能解决，大批闲散人口在社会上游荡，歪风邪气就很容易蔓延开来。现在各个城市都有很多留城待分配青年和社会闲散青年，出路无着，生活困难，精力无处使，精神空虚，这是影响一些青年走上犯罪道路，造成社会不安定的一个重要原因。要千方百计，广开门路，积极地满腔热情地解决他们的就业问题。除了政府的劳动部门和知青办以外，还要发动整个社会，包括企业、街道、学校等各方面共同努力，统筹兼顾，全面安排，采取多种形式，安置就业。一时不能就业的，应当组织他们参加城市建设、市政工程、绿化工作、房屋修缮、短途运输，以及街道工厂、手工业和各种服务性行业的临时工作。暂时还不能安排事做的，也要把我们在前进道路上遇到的暂时困难坦率地告诉广大群众和青年，告诉他们造成困难的原因和克服困难的办法，使他们看到前途光明，增强信心。同时，开办各种各样的技术学习班和读书班等，积极组织他们参加学习。

在同样的物质条件下，我们的思想政治工作的状况如何，对社会风气具有很大的影响。要把宣传单位、政府部门、群众团体各个方面的力量都组织起来，密切配合，有计划有步骤地进行移风易俗的艰苦工作。当前，这项工作要紧密结合全面地深入地贯彻党的十一届三中全会的精神去做。要把整顿社会风气同各地正在进行的坚持四项基本原则的宣传教育活动结合起来；把提倡社会主义新风尚同深入揭批林彪、“四人帮”，肃清他们的流毒结合起来；把广泛的宣传教育工作同整顿法纪，重点打击刑事犯罪分子结合起来。

改造社会风气，要着重于青少年一代共产主义道德品质的培养教育。青少年是我们的未来。这一代青少年的道德风尚如何，关系到社会主义现代化建设事业的成败。青少年处于可塑性很大的成长时期，他们有强烈的求知欲、模仿性、好奇心和充沛的精力，要善于引导，加强正面教育，用生动具体的事例帮助青少年识别什么是真善美，什么是假丑恶。要把共产主义道德品质的教育同广泛地发动青少年参加社会主义现代化建设的实际斗争，参加各种为人民服务的公益活动密切地联系起来，使他们从理论和实践的结合上，正确理解国家建设和青年前途、发展生产和改善生活、整体利益和个人利益、民主与法制、自由与纪律、权利与义务等等的辩证关系，逐步树立起爱国家、爱集体、爱学习、爱劳动和自觉遵守法纪、维护社会公德的新风。要以表扬为主，善于调动青年中的一切积极因素。对于青年中个别屡教不改的害群之马和触犯刑律的分子，特别是那些教唆犯，要坚决绳以法纪，给予打击，不可姑息迁就。但也要注意使大多数青年从中受到教育，不宜一抓了事，流于单纯的惩办主义。我们国家现阶段还存在着阶级斗争,加之同国际上交往大大增加,国内外资产阶级的意识形态和腐朽的生活方式不断地腐蚀我们的青年。我们现在所说的社会风气问题,本质上是一场长期的腐蚀和反腐蚀的斗争。我们要教育青年自觉地抵制资产阶级的腐蚀,但光有这种愿望是不行的,还要有正确的政策和方法。不能设想,采取单纯的行政命令和简单搞禁令的办法,就可以把青少年关进"红色保险箱",杜绝资本主义细菌的入侵。相反,这样做还很可能徒然地引起部分青年的对立情绪。我们要敢于让青年经风雨,见世面,不要怕让青年接触一点反面的东西。当然,这不是说在这方面可以放任自流,重要的问题是抓紧思想政治工作。

要使青少年不被资产阶级的歪风邪气所侵蚀,必须建立强大的社会主义思想文化阵地。要把广大青少年吸引拢来,组织他们参加各种各样促进身心健康的文化、科技、体育和娱乐活动。

要让青少年宫、科学馆、展览馆、俱乐部、图书馆、阅览室、影剧院、体育场等充分发挥作用。各级青年团组织要出头组织和举办各种报告会、讲座、学术讨论会、科技表演、音乐会、诗歌朗诵会、歌咏比赛、体育比赛……不要轻视一场优美的音乐会或者舞蹈表演的作用,它可以激励、鼓舞人们更好地去战斗,去生活、去迎接美好的未来。另外,青少年是向往创造英雄业绩的,是向往各条战线的先进模范人物的,我们也可以组织著名的科学家、作家、音乐家、演员、战斗英雄、劳动模范同广大群众和青少年会见。把各种各样活动搞得丰富多彩,引人入胜。要支持群众中健康优美的精神文化生活和男女之间的正当交往以及正当的生活爱好,包括同外国友人的正当交往。这些年,林彪、"四人帮"在思想文化方面实行禁锢、封锁和愚民政策,搞蒙昧主义。现在一旦开放,有的人什么东西都想接触一下。在这方面,也要加强指导。但是,决不可因噎废食,不可由于出了点毛病,又用那些落后的、封建的清规戒律,把青少年的头脑闭塞起来,把他们的手脚捆得死死的。

各界各部门,特别是政府部门要努力为开展各种文化活动创造和提供可能做到的必要条件。像北京这样的城市却没有一个青年宫,一些体育场也不向群众开放,有的城市竟把少年宫改成了少年犯管教所,这类状况应该尽快改变。政府要尽可能为举办各种文化事业提供必要的资助和经费。把钱和精力首先应花在这方面,而不应单单花在抓捕、关押和管教等方面。文艺界要努力创作数量更多、质量更好的电影、戏剧、诗歌、小说,以满足青少年在这方面如饥似渴地需要。

对于违法犯罪的青少年,应当按照毛泽东同志的指示,主要不是依靠法庭,而是依靠学校、社会、街道等,基本依靠社会组织来进行教育。既然已经有了一些青少年犯罪,如何做好促使他们转化的工作和落实给出路政策,就是十分迫切的问题。对于有一般违法犯罪行为的青年,应坚持留在学校、工厂、本单位教育改造,不要轻易开除。少年犯解除管教后,要安排好他们的就学就业;解除劳教的,原工作单位要负责接收安置,不得歧视。现在有些城市解除管教后重新犯罪的青少年很多。其重要原因之一,就是解除管教后没有给予适当的出路和安排。只要他们改造好了,不再重犯,就不能因为"进过公安机关的门",影响升学和就业,这要作为一个制度定下来。学校、社会和家庭对这些人冷漠、歧视,使有些决心改恶从善的青少年犯感到灰心绝望,有的甚至走上自杀的道路。要动员社会各方面,包括居民委员会、民警等都来热情地做争取浪子回头的工作,还要尽快恢复和开办工读学校,集中教育那些处于犯罪边缘、难以留在学校的学生,要增强工读学校的教学力量。北京市去年11月以来,教育部门分区举办了8所工读学校,第一批招收了800多名学生,由于加强教育管理,坚持正面教育,取得了显著成效。

改造社会风气是一项需要全党动员,下大决心,花大气力去做的重大任务。在我们社会主义国家,社会风气的好坏,在很大程度上取决于党风的好坏。党风整顿好了,必然对整个社会风气和青少年风气起着极大的影响作用。新中国成立初期,为什么我们能够迅速地荡涤旧社会遗留的污泥浊水,树立起崭新的社会风尚?一个重要的原因就是党风好。三年困难时期,为什么我们能够同心同德克服困难,物质生活的降低并没有削弱我们的斗志,社会风气保持着一种健康朴素、乐观向上的状况?一句话,还是党风好。共产党员,特别是党的高级干部艰苦朴素,廉洁奉公,吃苦在先,享受在后,以身作则的模范带头作用激励、教育了广大人民和青年。共产党在群众中享有崇高的威信。由于林彪、"四人帮"对党的优良传统和作风的大破坏,对社会和青少年风气产生了严重影响,使党的威信受到了严重损害。现在党风不正的表现是多方面的,其中尤以依仗职权搞特殊化之风,影响最为恶劣。有些党员干部,包括党、政、军的有些高级干部在内,不但自己追求享受、待遇,而且挖空心思给自己的子女家属安排入党、进城、升学、出国以及找房子等等,甚至不择手段,大走后门,违法乱纪,贪污受贿,继续败坏党的威信。他们忘记了自己是一个共产党员,忘记了自己是受党的教育多年的高级领导干部。"人生在世,及时行乐"、"有权不用,过期作废"这些资产阶级的以及林彪、"四人帮"的反动人生哲学的魔影,在他们的思想中游荡。他们的脑子里甚至还存在着相当浓厚的封建伦理思想和封建世袭思想,向往着在有生之年能够享受封建社会那种几世同堂的天伦之乐。他们把子女当作私有财产,留在家庭小天地里朝夕厮守在一起,不愿意把子女送到农村、边疆社会大学堂里去经风雨、见世面。应该看到,少数干部特别是少数高级干部中的这种腐败习气,严重损害了党在人民群众中的崇高威信,败坏了党的优良传统作风,对社会风尚危害甚烈。青少年问:应该相信谁?向谁学习,向谁看齐?那些走后门的违法乱纪行为,可以使经年累月艰苦的思想政治工作前功尽弃。因此,抓紧党风的整顿,特别是各级党员领导干部作风的整顿,对改造社会风气和青少年风气将起巨大的作用。每个共产党员,特别是党的高级干部,都要发扬党的优良传统,时时警惕、战胜资产阶级以及封建阶级思想的进攻。要严格要求自己和自己的子女,在各个方面要起表率作用,使自己真正无愧于一个共产党员的光荣称号。

国家广播电视工业总局在济南召开电视接收机质量工作会议

《人民日报》报道,最近召开的这个会议,以12英寸黑白电视接收机为重点,进一步分析研究存在的质量问题,制定了提高质量的规划和措施,分别组织质量攻关。会议要求树雄心,立壮志,下决心提高电视机的质量。

去年以来,经过开展群众性的全国第一次质量月活动,以质量管理为中心进行企业整顿,以及进行全国首届电视接收机评比等工作,电视机的质量有了明显提高。去年第四季度,四机部第三研究所选择有代表性的11个工厂出产的12英寸黑白电视机,抽查了66台整机,做了常温电声性能测试,机械、气候环境试验,500小时高温负荷试验以及外形结构和工艺分析,结果表明,经过质量整顿后的电视机质量确有明显提高。接收机的开箱收看率(指接收机开箱后能正常收看的比例),已经达到96.7%,比去年年初9英寸电视机开箱收看率提高了15%。

许多企业在提高产品质量方面积累了不少经验。北京市东风电视机厂去年狠抓企业整顿,针对检验制度不健全、工艺管理不完善、均衡生产无保证等主要问题,落实整改措施,加强企业管理,黑白电视机的月产量比1976年增长10倍,而返修率稳定在15%左右,一次合格率达到74.5%,去年12月曾经上升到90%;开箱收看率也有很大提高。苏州电视机厂的孔雀牌电视机,过去质量太差,群众说它不是“孔雀”,而是“乌鸦”。去年,这个厂下决心停产整顿之后,产品质量逐渐好转。丹东电视机配件厂对高频头产品的结构进行了改进,高频头的寿命比过去提高了两倍,成本下降,去年两次主动降价。

会议认为,目前电视机质量方面仍然存在不少问题,其中突出的是可靠性和稳定性差。针对这些问题,提出了六项质量要求:一、图像和伴音质量即电、光、声性能,全面达到部标要求,接近国外普及型电视机水平。二、可靠性方面,平均无故障间隔时间至少1000小时。三、各企业要创造条件,开展整机和元器件高温负荷试验以及寿命试验工作。四、整机组装生产线的产品一次交验合格率不低于80%,开箱收看率不低于95%。五、国产显像管的寿命不低于几千小时。六、整机优质品平均无故障间隔时间要达到5000小时。

国务院副总理余秋里 王震在北京参观英国能源展览会

国务院副总理方毅在北京会见美国国立费米实验室前主任阿·威尔逊教授和夫人

威尔逊教授是国际知名的高能加速器专家。他对我国高能物理的发展曾经提出有益的意见,并为中美两国的高能物理合作起了促进作用。威尔逊教授这次来访,是为帮助我国进行500亿电子伏高能加速器的设计工作。

会见时,方毅副总理同威尔逊教授和夫人进行了友好的谈话,并在会见后同他们共进晚餐。

会见时在座的有国家科委副主任赵东宛等。

国务院副总理王震在北京会见以日本第一劝业银行董事长西川正次郎为团长的第一劝业银行集团“三金会”访华代表团

国务院副总理王震在北京出席英国柯利达大使为坎德公爵访华举行的宴会

为英国坎德公爵殿下访问中国,英国驻中国大使柯利达在大使馆举行晚宴。

坎德公爵殿下在宴会上祝酒时说:“从我同中国国家领导人和部长们的交谈中,我了解到,正如我们英国人一样,你们也致力于进一步发展我们两国之间富有成果的合作,这使我很受鼓舞。”他说,英国人民支持中国人民为实现现代化计划正在作出的巨大努力。坎德公爵说:“英国热切希望在贸易和技术协作方面,以及在教育、文化和其他方面增进同中国的合作关系。”

王震副总理在祝酒时表示,中国政府欢迎英国王室其他成员在他们方便的时候访问中国。他请坎德公爵殿下回国以后向英国人民转达中国人民的友好情谊。

王震副总理说,正在北京展出的英国能源展览会给中国观众留下了深刻的印象。他接着指出:“我们主张自力更生,但对学习外国的先进技术,加强国际经济技术交流为我国的现代化建设服务,也是十分重视的。我们要根据需要和可能,既积极而又慎重地引进外国先进的技术和设备。”他说:“多年来,我们向英国和其他西欧国家有着良好的经济贸易关系,今后我们还要保持并发展这种关系。”

柯利达大使也在宴会上祝酒。他对中国方面给予坎德公爵殿下以十分热情的款待表示感谢。

中国代表团团长赖亚力在联合国裁军委员会首届会议闭幕式上就会议将要通过的文件中的几个问题提出保留意见

赖亚力指出,在这次会议上,绝大多数国家的代表认真审议了综合裁军方案的组成部分。为了争取会议通过较好的文件,不结盟国家和其他许多国家的代表作出了巨大的努力。会议将通过的关于综合裁军方案组成部分的建议重新肯定了特别联大《最后文件》中的一些正确原则和内容,反映了各国人民在裁军问题上的一些合理要求和公正主张。

他说:“与此同时,我们也看到,对超级大国来说,这个具有广泛代表性的委员会的设立,并不那么称心如意。由于它们的百般阻挠,包括中国在内的许多国家代表团指出的有些正确主张和建议,在会议文件中可能得不到应有的反映,而且还可能被塞进了一些消极的东西。”

他说:“要求两个超级大国首先裁军的原则,反映了绝大多数国家的正当要求,也是维护国际和平与安全的绝对需要。许多国家的建议和发言中都指出,两个超级大国同其他国家‘截然不同’,存在着‘空前悬殊的差距’,它们的军事优势严重威胁着所有其他国家的安全,因而‘任何裁军过程都必须从它们开始’,裁减它们的‘超级军火库’。这个原则,在文件中未能充分反映出来,在裁军措施中没有规定超级大国应实行的具体裁军措施。有的人还把超级大国同处于它们威胁下的其他国家不加区别,相提并论,甚至要它们承担同样的裁军责任,这是极不公平、极不合理的。”

他指出,有的超级大国的代表唯一感兴趣的是维护自己的军事优势和霸权。它们炮制的“核不扩散”和“核停试”条约,它们鼓吹的“停止生产核武器”,“安理会常任理事国冻结常规军备和军队”等等“建议”,都是以假乱真的花招,目的都不过是巩固自己的霸主地位而已。对此我们一向是持反对态度的。超级大国炮制的种种所谓裁军的国际条约和协定,正如不少代表所指出的,都带有明显的欺骗性、歧视性,具有不平等的性质。妄想把这些东西强加给其他国家是徒劳的。

赖亚力说,事实已经证明,裁军问题与安全有着密切的联系,任何裁军措施都应确保各国的独立、主权和安全不受损害。不少代表指出,“裁军措施必须适应当前的形势”,超级大国的侵略扩张威胁其他国家的安全。因此,各国之间的关系应建立在相互尊重主权和领土完整、互不侵犯、互不干涉内政、平等互利、和平共处的原则基础上,任何国家不得对别国进行侵略扩张,不得谋求霸权。我们认为,根据世界各地区国家的愿望,建立和平区和无核区,无疑有助于这些原则的实现。许多国家代表提出,要求“消除一切形式的外国占领和外国统治”,解散军事集团,撤出一切外国军队,拆除外国军事基地,解决“灰色区域”的核威胁,等等。但是,这些重要的原则和迫切问题,在会议文件中没有得到应有的反映。

赖亚力说,我国历来主张,在国际关系中,国家不分大小,应一律平等。我们一贯反对超级大国垄断国际事务。这一原则同样适用于裁军领域。所有国家,不论大小、强弱,也不论是否有核武器,都有权以平等地位参加裁军问题的解决。会上不少代表也提出了类似的原则和主张。对于这些正确主张,超级大国一再制造各种借口,玩弄各种手法,加以阻挠和破坏。

赖亚力最后说,在达到实现真正裁军的道路上,还存在着许多障碍。中国将同所有爱好和平的国家一起,继续努力,争取克服这些障碍,对维护世界和平作出贡献。

6月9日

中国人民银行总行负责人就收集整理历史货币问题对新华社记者发表谈话

新华社报道,这位负责人说:我国是世界上使用货币最早的国家,早在3000年前的殷、周时代就使用了贝类货币和铜币,到春秋战国时期,各类铜币已广泛流通。之后,各个封建朝代都铸造发行过金、银、铜、铁等多种金属铸币。宋、金、元、明、清等朝代,发行了多种纸币。太平天国和辛亥革命后的各届政府也都发行了货币。中国共产党诞生以后,许多革命老根据地和老解放区都发行过各种纸币,个别地区还铸造发行了金属货币。这些历史货币,是我国宝贵历史文物遗产中的一个重要部分。它们作为商品交换的流通手段和本身具备的铸造、印刷工艺价值,集中记录了当时社会的政治、经济和科学文化状况。研究某一历史时代货币,可以为了解当时社会经济结构、商品生产以及政治局势的演变提供重要资料,研究货币的铸造、印刷技术,可以看到当时科学文化的水平。国家银行统一收集、整顿历史货币,能够为科学研究和文化交流提供系统的丰富的实证资料。同时经国家允许还可以将多余的部分,同外国开展文化交流,使死物活用,以支援社会主义经济建设。

中国人民银行收集、整顿历史货币,包括各种古钱古币、各种金属硬币、一般有价值的纸币以及制造这些货币、纸币的范、模和原版。

这位负责人还介绍了收集历史货币的方法:(一)接受货币收藏者的捐献。中国人民银行根据其捐献的品类、数量和历史价值、珍贵程度,对捐献者给予一定的精神鼓励或物质鼓励。(二)收藏者愿作价转让的,可以经过评议,作价收购。

这位负责人最后强调指出:目前有的地区或单位,对收集历史货币还不够重视,甚至将有价值的金属历史货币熔化或将历史纸币作废纸处理的。这种现象应该立即制止。

国务院副总理方毅在北京会见美国物理学家李政道教授和夫人

国务院副总理方毅在北京会见联邦德国"夫琅和费"应用研究促进学会主席克勒尔博士率领的代表团

国务院副总理陈慕华在北京会见罗马尼亚老年病研究所所长安娜·阿斯兰教授和她的助手波贝斯库·雷蒂齐娅

全国人大常委会副委员长谭震林在北京会见斐济国会议员教育部部长塞梅萨·西基武为团长的斐济议员团全体成员

6月10日

中越边境自卫还击作战英模报告团9个分团离京分赴各地巡回报告

中越边境自卫还击作战英模报告团组成10个分团,除1个分团继续留在首都作报告,其余分团开始分别乘坐飞机、火车离开北京,分赴人民解放军北京、沈阳、济南、南京、福州、武汉、成都、兰州、乌鲁木齐部队,向部队指战员作巡回报告;同时,向这些部队驻地的省、自治区、直辖市人民群众作报告。

自卫还击作战英模报告团在京期间,先后向首都军民作报告170多场,直接听了报告的军民共达40余万人。

国家经委等4部委在北京联合召开全国沼气办公室主任会议

国家经委、国家科委、国家农委和农业部最近在北京联合召开了全国沼气办公室主任会议,总结了近年来各地农村沼气建设的经验,提高了对于开发利用沼气这种生物能源重要性的认识,研究了继续大力推广沼气的具体措施。

会议期间,中共中央政治局委员、国务院副总理王震、余秋里同志和国务院各有关部委的负责同志会见了全体代表。余秋里同志还就进一步综合利用生物能源,搞好我国农村沼气建设问题讲了话。

余秋里同志说,办沼气是对能源建设的一个重要补充。沼气一能多用,既能解决农村的生活燃料和一部分农用机械动力问题,又能给农作物提供经过加工的有机肥料;有利于管理污水、粪便,改善环境卫生;还可以进一步把沼气用作烘干机的燃料,以减少收获季节因天雨霉变给粮食造成的损失。我国人多地大,生物能源资源很丰富。办沼气就地取材,就地供应,成本很低,效果很好。余秋里同志强调指出,沼气是个新生事物,我们要为它大喊大叫,大力支持,广泛而积极地推广;要制定有关政策,把大办沼气列为国家能源政策的一项重要内容,认真贯彻落实。我们要在各级党委和革委会的领导下,发动群众,采取土法生产和洋法生产相结合的方式,闯出一条农村能源建设的新路子。这件事情搞好了,对于加速四个现代化建设,对于发展经济,特别是对于发展农业的意义是重大而深远的。代表们听了余秋里同志的讲话,进一步增强了大办沼气的信心。

从这次会议汇集的情况来看,目前我国农村沼气建设形势很好,成绩很大。近几年来,沼气的制取利用已经由试验示范进入到有计划地成片推广的新阶段。到1978年年底,全国共建成沼气池700多万个,有21个县、1300多个公社、1.7万多个大队、13.89万多个生产队基本上普及了沼气。许多地方不仅将沼气用于农家的炊事和照明,还为机电动力找到了廉价的新能源。据不完全统计,全国已经建成小型沼气动力站560个(共6400多马力)、小型沼气发电站150个(装机容量共1600多千瓦)。沼气池既是生物能源库,又是有机肥料库。全国现有的700多万个沼气池,每年大约可以提供优质有机肥料4000万吨左右。在基本普及了沼气的地方,由于粪便、污水的密闭处理,大大有利于防止疾病传染,保障人畜健康。

会议认为,农村沼气建设能否既快又好地发展,关键在于领导。四川、山东、江苏、浙江、湖南、湖北等省,由于领导重视,有人负责,建立了专门的沼气管理机构,工作抓得紧,措施得力,政策落实,方法对头,农村沼气建设发展较快。

会议对今年继续大力推广沼气的工作进行了认真的研究,提出了以下一些具体措施:首先要求各级领导充分认识大办沼气的重要性，建立、健全专门的沼气管理机构，落实人员编制，把沼气建设纳入国家经济建设计划，切实保证必需的经费和物资。对于一些穷队和困难户，要本着自力更生为主、国家和集体扶持为辅的原则，在建池上给予必要的支援。生物能源科研要走在农村沼气建设的前头。各有关部门要密切配合，相互协作，共同努力，办好沼气。当前要狠抓管理，保证质量，稳步前进。要把现有的700多万个沼气池管好用好，提高利用率和产气率，正确处理集体生产用肥同个人生活用气的矛盾，制定管理办法，落实管理政策，让沼气充分发挥效益；新建沼气池要讲求实效，建好一个，管好一个，用好一个。

在这次会议上，农业部部长霍士廉，国家农委副主任兼农业部副部长何康分别作了报告和总结。

世界羽联第一届羽毛球世界杯赛和第二届世界羽毛球锦标赛在杭州开幕

18个国家和地区的羽毛球代表团参加了这次羽毛球比赛的盛会。

开幕式在浙江省体育馆举行。出席开幕式的有世界羽联名誉主席霍英东、第一副主席朱仄、副主席肯特、理事李竞达、浙江省革委主任铁瑛、国家体委副主任于步血，这次比赛的组织委员会主任王芳。

出席开幕式的还有17个国家和地区代表团的团长和领队。加纳代表团将于日内到达杭州。

开幕式上，当各个国家和地区的运动员、教练员列队先后步入场地时，5000多名观众长时间地鼓掌，表示热烈欢迎。随后，组委会主任王芳致开幕词。

他说，世界羽联第一届羽毛球世界杯赛和第二届世界羽毛球锦标赛的举行，是为了进一步促进羽毛球运动的健康发展，不断提高运动技术水平，增进各国和地区运动员之间的友谊和团结。他表示相信，在世界羽联领导人的指导下，经过朋友们的共同努力，本届比赛一定能为推动世界羽毛球运动的发展作出积极的贡献，并将载入世界羽毛球运动史册。

开幕式前，铁瑛等会见了世界羽联负责人，以及各国家和地区的代表团团长、领队。

6月11日

国务院副总理邓小平和方毅在北京会见中美高能物理联合委员会美方成员

会见时，邓小平、方毅副总理对美国朋友前来我国表示欢迎，并就扩大两国科技合作的问题同他们进行了友好的谈话。

会见时在座的有：国家科委副主任赵东宛，中美高能物理联合委员会中方主席、中国科学院高能物理研究所所长张文裕教授以及联合委员会中方成员。

美国驻中国大使伍德科克和夫人参加了会见。

中美高能物理联合委员会第一次会议在北京举行

这次6月11日至12日举行的会议，是根据今年1月邓小平副总理访问美国期间，方毅副总理和美国能源部长施莱辛格签订的《中华人民共和国国家科学技术委员会和美利坚合众国能源部在高能物理领域进行合作的执行协议》召开的。

中美高能物理联合委员会是中美签订科技合作协定后组成的第一个科学技术专业联合委员会。

会议期间，中美双方就高能物理领域里的合作和交流，进行了广泛认真的讨论。会议充满了热情友好的气氛。中国方面表示将在自力更生的基础上，建造第1台500亿电子伏特质子同步环形加速器，同时尽量吸收世界各国包括美国在内的先进技术和经验。美国方面表示赞赏中国方面的这一立场，并将尽力提供技术协助。双方还就两国在高能物理领域进一步开展合作的问题，做了有益的探讨。

方毅副总理和国家科委赵东宛副主任分别宴请了双方与会的全体人员。

美方出席这次会议的有中美高能物理联合委员会美方主席、美国能源部能源研究办公室副主任李斯教授；联合委员会成员：哥伦比亚大学李政道教授，斯坦福实验室所长潘诺夫斯基教授，费米实验室荣誉所长威尔逊教授(代表该所所长莱德曼教授)，布鲁克海文实验室副所长劳教授，劳伦兹伯克利实验室负责人哈德绍教授，阿贡实验室负责人费尔兹教授。

出席这次会议的美方工作人员有：美国能源部高能物理局局长瓦里曼教授，能源部国际事务技术合作办公室主任范德林，布鲁克海文实验室袁家骝教授，以及能源部律师丹尼博士。

中国方面出席会议的有中美高能物理联合委员会中方主席、中国科学院高能物理研究所所长张文裕教授；联合委员会成员：国家科委副局长、高能物理实验中心总工程师林宗棠，高能物理研究所副所长朱洪元教授，北京大学胡宁教授，高能物理研究所谢家麐教授和肖健教授。

中国围棋协会名誉主席方毅在北京会见以大洼一玄为团长的日本围棋访华团

文化部举行文艺晚会招待各国驻华使节和夫人

东方歌舞团、中央歌舞团和中国歌剧舞剧院的文艺工作者为客人们演出了中国和世界一些国家音乐舞蹈节目。他们的精彩表演不断激起全场一阵阵热烈的掌声。

6月12日

第五届全国人大常委会第八次会议结束

会议决定，第五届全国人民代表大会第二次会议将于6月18日在北京召开。会议通过了五届人大第二次会议议程草案。

会议还通过了全国人大常委会工作报告和将提请五届人大二次会议审议的《中华人民共和国刑法》《中华人民共和国刑事诉讼法》《中华人民共和国中外合资经营企业法》和其他几个法律草案。

全国人大常委会法制委员会主任彭真、国家计划委员会副主任顾明就几个法律草案作了说明。

会议听取了王震副总理关于设立国务院秘书长、农垦部、粮食部的说明。

会议通过了关于设立国务院秘书长、农垦部、粮食部和任免名单的决定。

任命金明为国务院秘书长、高扬为农垦部部长，陈国栋为粮食部部长，牛荫冠为全国供销合作总社主任；免去陈国栋全国供销合作总社主任的职务。

共青团中央在北京召开座谈会

6月12日至17日，共青团中央在北京召开了北京、上海、天津、南京、杭州、沈阳、广州、哈尔滨、武汉、西安、太原、重庆12个城市共青团的负责人和教育、公安、文化部门的同志参加的座谈会。会议讨论了加强对青少年的思想政治工作，搞好共产主义道德教育的问题。

中共中央政治局委员胡耀邦同志到会和大家一起共同研究了如何搞好这一工作。他指出：在青少年中进行共产主义道德教育，首先要从少年儿童抓起，从大处着眼，小处着手。风气是一点一滴抓起来的，要坚持长期抓下去才能有成果。

会议认为，青少年的道德风貌，往往是整个社会风尚的一个缩影。林彪、“四人帮”给人民带来的灾难，给经济方面的破坏，是人所共知的，而对他们败坏社会风气，毒害青少年所造成的恶果，也越来越为人们痛切地感受到了。

这不仅关系到青少年一代的健康成长，而且关系到我们国家和民族的命运，已成为全党关心、全国人民瞩目的一件大事。为了进一步贯彻党的三中全会精神，巩固和发展安定团结的大好形势，为同心同德搞四化创造良好的社会环境，必须加强对青少年的道德风尚的教育。北京等12个城市，人口集中，抓好这项工作，能够影响和推动全国青少年树立良好的道德风貌。

会议认为，我们必须坚持四项基本原则，加强青少年的思想政治工作，进一步肃清林彪、“四人帮”的流毒，以正面教育为主，抓好典型，促进后进转化，在青少年中形成热爱劳动、勤奋学习、文明礼貌、遵守纪律、助人为乐、关心集体、讲究卫生、诚实谦虚的革命风尚，把青少年培养成热爱社会主义祖国，忠于党和人民，有远大理想，有共产主义道德品质的一代新人。

会议要求各级团组织要和有关部门密切配合，广泛开展宣传，制定具体措施。团支部、少先队组织要把遵守社会公德作为共青团员、少先队员组织生活的一项基本内容，作为考察团员、队员和评选先进团支部、优秀团员、新长征突击手、三好学生的一个条件。同时，要把经常教育和集中开展活动结合起来。目前，对越自卫还击作战英雄报告团已赴各地活动，要发动青少年学习英雄的革命精神，走英雄成长的道路，创英雄的业绩。要继续深入开展“学雷锋，树新风”的活动。要组织青少年向党的好女儿张志新同志学习。在“七一”、“八一”时，对青少年进行继承革命传统的教育。“十一”可以开展“祖国颂”活动，对青少年进行热爱祖国，热爱社会主义的教育。各级团组织还可以组织青少年开展共产主义道德风尚“活动月”、“活动周”等活动。

会议要求各地团组织在开展这项工作的过程中，做好调查研究，对青少年的学习、工作、就业、业余生活等方面的实际问题，提出切实可行的解决办法，及时向党委汇报，在党委的领导下配合有关部门加以解决。会议强调，进行共产主义道德风尚教育，涉及许多方面，各城市要在市委的统一领导下，共青团、教育局、公安局等有关部门要密切配合，定期交流情况，研究和解决实际问题，共同把这一工作抓好。

教育部、文化部的负责干部也到会讲了话。他们表示，要大力支持和积极配合共青团，抓好青少年共产主义道德教育。

国家科委和美国能源部在高能物理领域进行合作的执行协议附件在北京签字

国务院副总理方毅、国家科委副主任赵东宛出席了签字仪式。

中美高能物理联合委员会中方主席、中国科学院高能物理研究所所长张文裕教授和联合委员会美方主席、美国能源部能源研究办公室副主任李斯教授，分别在执行协议的附件上签字。

出席签字仪式的还有参加中美高能物理联合委员会第一次会议的中美双方成员，以及美国驻中国大使伍德科克和夫人。

黄河防汛总指挥部在郑州召开会议

新华社报道,最近,黄河防汛总指挥部在郑州召开山东、河南、陕西、山西四省黄河防汛会议,与会同志对在黄河滩区筑起的生产堤迟迟未能废除反映强烈。会议要求务必在汛前把生产堤彻底废除,以确保黄河安全。

黄河滩区生产堤是1958年以后搞起来的。20年的实践证明,滩区修筑生产堤是利少弊多,尤其对黄河防汛极为不利。因为生产堤阻水,中、小洪水漫不了滩,这样泥沙只淤槽不淤滩,天长日久,槽高滩低,形成二级悬河,一旦汛期生产堤决口,大股洪水直冲大堤,很可能造成洪水破堤的危险局面。同时滩地排水困难,耕地碱化,对发展生产也很不利。鉴于上述情况,国务院1974年就明文规定"从全局和长远考虑,黄河滩区应迅速废除生产堤,修筑避水台,实行'一水一麦''一季留足群众全年口粮的政策。'"但直到现在,生产堤不仅没有废除,而且越修越大,有的地方还修了新的生产堤。究其原因,关键是政策没有得到落实。与会同志建议,滩区粮食减征指标应由省里直接解决,对确因一季留不足全年口粮和少数一麦也种不上的社队,吃粮标准不应低于非滩区社员口粮的平均标准,而且要有一定比例的细粗粮。

河南省委负责同志对废除生产堤的决心很大,提出,滩区免征购,淹了救济。认为生产堤非废除不行。生产堤不废除,严重影响黄河堤防,直接威胁江、淮、京、津等地的安全,要坚决按国务院指示办事。

国务院副总理王震在北京会见并宴请美国宾夕法尼亚大学教授顾毓琇和夫人王婉靖

76岁的顾毓琇教授专长线性和非线性控制系统的分析与设计(包括现代控制理论),在学术上有较深造诣。1973年他来华探亲时,周总理曾会见过他。这次他是应上海交通大学和西安交通大学的邀请前来进行讲学的。会见时,王震副总理同顾毓琇教授和夫人进行了亲切友好的谈话。

参加会见和宴会的有教育部部长蒋南翔,六机部副部长刘放,科学院副院长、北京大学校长周培源和夫人王蒂徵等。

国务院副总理谷牧在北京会见由日本新日本钢铁公司总经理斋藤英四郎率领的日本新日铁公司代表团

斋藤英四郎先生首先向谷牧副总理表示,新日铁公司决心同中国方面更好地进行合作。他说,我们要像建设自己的钢厂一样对待中国的上海宝山钢铁总厂,并尽自己最大的努力把它建设得更好。

谷牧副总理在谈话中表示赞赏稻山嘉宽先生和斋藤英四郎先生等日本朋友对执行合同方面所持的友好合作态度。会见时在座的有外贸部副部长崔群,冶金部副部长李非平,中国技术进口总公司总经理彭润民等。

国务院副总理康世恩结束访美回国

康世恩副总理在结束对美国的访问时说,他对美的这次访问是愉快的,有成果的。康世恩副总理及其一行已在今天下午乘飞机离开阿拉斯加州的安克雷奇回国。

11日,康副总理一行参观访问了普拉德霍湾油田。普拉德霍湾油田位于阿拉斯加北部的北极圈内,是美国至今发现的最大的油田,油的蕴藏量达13亿吨,还有大量天然气。这个油田从1968年开始投产,几乎全年都在冰雪弥漫的条件下工作。职工有2000人。去年石油产量为5000万吨。康世恩一行还参观了阿拉斯加湾的一些近海油田的钻井平台和基奈半岛的液化天然气工厂。

康世恩副总理一行在这次访问中行踪遍及美国12个州,同联邦和地方各界人士就两国间的政治、经济关系和能源合作、企业管理等方面的问题作了广泛、细致的交谈。卡特总统曾经在5月29日接见了康世恩副总理。

在访问期间,中国石油、天然气勘探开发公司同美国几家石油公司签订了在南中国海进行地球物理勘探的4个协议。美国舆论认为,这将为两国进一步的能源合作开辟道路。

中国棉花学会在上海成立

新华社报道,最近在上海举行的中国棉花学会成立大会,有来自全国19个产棉省、自治区、直辖市的代表、植棉专家、教授、劳动模范共140多人参加。会上讨论和提出了关于加强我国棉花科技工作和实现我国棉花生产现代化的意见和建议,进行了学术交流。大会选举产生了第一届理事会。

6月13日

全国人大常委会副委员长廖承志在北京会见以冈崎嘉平太为顾问 安西正道为团长的全日本空输公司访华团

全国人大常委会副委员长姬鹏飞在北京会见冰岛议会外交委员会主席恩纳尔·奥古斯特松和夫人

全国人大常委会副委员长谭震林在北京会见由日

本名古屋市市长本山政雄率领的日本名古屋市友好代表团

全国总工会 商业部 供销合作总社联合批复广东省关于在集体所有制合作商店建立工会组织的报告

新华社报道,中华全国总工会、商业部、全国供销合作总社最近联合批复了广东省总工会、商业局、供销合作社关于在合作商店里建立工会的请示报告。同意在集体所有制的合作商店建立工会组织,吸收合作商店职工包括原来的小商小贩入会。

批复中指出,合作商店的职工包括原有的小商小贩,是社会主义商业职工队伍中一支重要的力量。会员资格按照工会章程和全国总工会有关工会会员资格和会籍处理的有关规定办理。

6月14日

全国政协第五届常委会第五次会议通过全国政协五届二次会议日程

在政协第五届全国委员会常务委员会第五次会议上,决定政协第五届全国委员会第二次会议于6月15日举行。

会议通过了政协第五届全国委员会第二次会议的日程,日程中包括:听取并通过政协第五届全国委员会常务委员会工作报告;列席第五届全国人民代表大会第二次会议;通过提案审查委员会关于提案的审查报告和决议;增选政协第五届全国委员会副主席、秘书长、常务委员,以及其他事项。

会议还协商通过了增补五届政协委员的事项。

今天的会议由政协全国委员会副主席乌兰夫主持。

出席会议的有政协全国委员会副主席沈雁冰、许德珩、史良、朱蕴山、康克清、季方、王首道、杨静仁、帕巴拉·格列朗杰、周建人、庄希泉、胡子昂、荣毅仁。

《人民日报》发表评论员文章《发展商业和服务业》

商业、服务业是国民经济的重要组成部分,同工农业生产和广大人民群众的生活息息相关。在向四个现代化进军的新长征中,党和人民对商业、服务业提出了更多更高的要求。发展商业和服务业,更好地支援工农业生产,安排好亿万人民的生活,是全国人民的殷切希望。

两年多来,在华国锋同志为首的党中央领导下,商业、服务业和其他战线一样,批判林彪、"四人帮"的极左路线,积极进行整顿和改革,开始发生了一些变化。不少地区对解决新长征路上的吃饭问题、穿衣问题、住房问题、家务劳动社会化等问题,采取了一些措施,做了一些安排,受到广大人民的欢迎。当然,在这些方面还只是个开头,还有许多工作要去做。

目前,有些领导干部,对发展商业和服务业的重要性和迫切性,还是理解不深、认识不够的。他们往往只是强调把生产搞上去,对同人民群众生活密切相关的商业、服务业,却不管或者管得很少。这种轻视商业和服务业的思想,实质上是还不懂得生产和生活的辩证关系。社会生产的总过程是由生产、分配、交换,消费这几个紧密联系的环节组成的。在这个总过程中,生产是根本,是决定的因素。生产越发展,提供给社会的产品越多,人们对改善生活的要求越来越高,商业、服务业就越要扩大。没有强大的商业、服务业网,现代化的大生产就无法进行,也不能满足人民要求逐步改善生活的愿望。

要发展商业和服务业,首先应充分发挥和挖掘现有企业的潜力。现有企业是发展商业和服务业的基地。有些从事商业、服务业工作的同志,从本企业设法解决问题想得比较少,而伸手向国家要钱要人的事想得比较多。在不少商店里,人们可以看到这样的怪现象:顾客在柜台外面排队,售货员在柜台里面"排队"。有的商场10多年营业额增加不多,而人员增加了两三倍。试问,为什么不多想想生产建设和人民群众的需要,走出柜台,分片设点,使商业、服务业网点更加合理,把服务工作做得更好呢?在这些方面,有些小店做得要好些,他们推车挑担,深入田间地头、工矿车间,以至服务到家,开展收购、销售、修理相结合的业务。广大群众非常欢迎这种服务方式。当前一个十分重要的问题,就是要打掉官商作风,认真考虑群众的要求。商业、服务业的天地十分广阔,该做的事,可做的事,能做的事是很多的。北京市去年在一些街道增设了两百多个饮食亭,花钱不多,方便了群众,营业额大幅度上升。这说明充分利用现有的人力、物力,对现有企业进行革新、改造、挖潜,是大有可为的。

整个国民经济正在按照四个现代化的需要进行调整、改革、整顿、提高。在这个过程中,由于商业、服务业是个薄弱的环节,所以,只能加强、发展,而不能削弱、缩小。有些地方,在调整基建项目时,把商业、服务业的急需项目调整掉了,这是值得引起重视的。也有一些地方,口头上承认商业、服务业重要,但在安排建设项目时,对商业、服务业的基建项目,既不拨工,又不拨料,仍然是"骨""肉"严重脱节,群众对此很有意见。针对这一情况,各地一定要联系工农业的发展,人民生活的需求,以及社会的发展趋势,来安排商业和服务业,把商业、服务业摆在应有的位置上。

依靠群众，自力更生，因地制宜地兴办一些集体所有制的商店、服务公司和各种类型的企业事业单位，是发展商业、服务业的重要途径。我们国家人多底子薄，搞四个现代化用钱的地方很多，在短期内，要求国家拿出很多钱来发展商业和服务业，是不行的。而群众中蕴藏着很大的潜力。最近，北京、上海、天津、广州、福州、吉林等城市，广开门路，安排城市待分配青年就业，为扩大商业、服务业开辟了广阔的前景。各地商业、服务业对这项工作要热情赞助、大力支持。这样的劳动服务组织和行业，面向群众，面向生产，面向生活，做到拾遗补缺，见缝插针，小型多样，灵活方便。各地组织集体所有制的单位，要发扬自力更生精神，实行自负盈亏、按劳分配的原则，并建立相应的管理机构。我们相信，扎扎实实地抓好这件工作，一些城市中"事多无人做，人多无事做"的状况就会较快改变。有些青年人看不起商业、服务业，不愿意到这些行业工作。这一方面是由于千百年来剥削阶级偏见的影响；另一方面也是因为确实存在一些实际问题没有解决好。我们在进行思想教育工作的同时，应当提高商业、服务业人员的社会地位，逐步改善他们的物质生活和文化生活。有的领导人有严重的官僚主义，不关心群众疾苦，不了解群众的要求和愿望，也不关心商业、服务业的职工，甚至因为自己的衣食住行安排好了，就把群众的衣食住行扔在脑后。这同我们党的传统和作风水火不相容，必须迅速改变这种情况。

发展商业和服务业，需要做的事情很多，问题很复杂，困难也不少。各级党政领导部门一定要加强领导，全面规划，具体安排，抓紧落实，力争在较短的时期内，把商业、服务业搞上去。

国务院副总理方毅在北京会见美国约翰·霍普金斯大学应用物理研究中心顾问任之恭教授和夫人陶葆柽

教育部部长蒋南翔，清华大学副校长张维等会见时在座。会见以后，方副总理同任之恭教授和夫人共进晚餐。任教授是一位微波物理学家，也是清华大学的名誉教授。

全国人大常委会副委员长姬鹏飞在北京会见由坦桑尼亚工人联合会主席姆维利马率领的坦桑尼亚工会代表团

北方昆曲剧院恢复并在北京上演《李慧娘》

新华社报道，十几年前曾经在观众中引起广泛兴趣的昆剧《李慧娘》，最近再度同首都观众见面。这是今年1月重新恢复建制的北方昆曲剧院新近上演的剧目之一。

在"文化大革命"中，这出戏被打成"反党坏戏"，编剧孟超、导演白云生被迫害致死，有关人员受到株连，北方昆曲剧院被迫解散。今天，北方昆曲剧院得到恢复，冤案平反昭雪了，剧院同志决心更加努力地继承和发展昆曲艺术，为祖国实现四个现代化热情服务。

6月15日

全国政协五届二次会议在人民大会堂开幕

第五届全国政协2015名委员中有1734人出席了今天的大会。这是政协成立30年来人数最多，范围最广泛的一次大会。新增补的110名委员中，许多是受林彪、"四人帮"迫害而现在得到平反昭雪的革命老干部、民主党派成员、知识分子和爱国人士，有的是从海外归来的爱国侨胞。

大会由政协全国委员会副主席乌兰夫主持。军乐团高奏国歌后，邓小平主席在热烈的掌声中，致开幕词。

接着，大会一致通过了五届政协二次会议的议程和会议日程；通过了提案审查委员会名单和提案截止日期。

政协全国委员会副主席许德珩在会上作了《中国人民政治协商会议第五届全国委员会常务委员会工作报告》。

许德珩副主席说，我们一定要遵照党的十一届三中全会精神，在中国共产党的正确领导下，充分发挥政协这个统一战线组织的作用，为国民经济的三年调整整、改革、整顿、提高服务，为国民经济持久的、按比例的、高速度发展服务，为胜利实现我国社会主义现代化这一历史任务服务。

他提出今后政协的工作必须努力实现以下几点：第一，要发展安定团结的政治局面，为四个现代化创设良好的前提条件。第二，要发扬社会主义民主，实行充分的民主协商，在民主的基础上集中大家的智慧和经验，为实现四个现代化调动各方面的积极性。第三，要贯彻党同民主党派"长期共存、互相监督"的方针，放手让各界人士对党和国家的工作提意见、作批评，以宪法为共同准则，广开言路、集思广益。第四，挖掘一切为四个现代化服务的潜力，做到人尽其才，才尽其用，第五，加强思想教育工作，使我们的思想和工作适应形势发展的要求。

许德珩说，我们要进一步发挥各民族、各民主党派、各界爱国人士和各方面委员在国家政治生活和社会主义建设中的积极作用，推动和协助他们为社会主义现代化事业贡献更大的力量，要充分发挥政协在监督宪法和法律的实施方面的积极作用，加强社会主义民主和法制的宣传，听取委员和各界人士的意见，及时向中央和有关部门反映，协助党和政府进一步落实各项政策，特别是统一战线方面的政策，如知识分子政策、工商业者政策、民族政策、宗教政策、侨务政策、起义和投诚人员政策等，认真解决历史遗留问题，调整好各方面的关系。

他说，我们要继续组织委员和各界爱国人士在自愿的基础上，学习马列主义、毛泽东思想和时事政治；要继续发扬实事求是的优良学风，坚持实践是检验真理的唯一标准，提倡敞开思想，畅所欲言，摆事实，讲道理，明辨是非，以理服人。在党的领导下实行"三自"，即自己提出问题，自己分析问题，自己解决问题；实行"三不"，即不抓辫子，不扣帽子，不打棍子。

许德珩说，要大力开展对台湾同胞、港澳同胞和国外侨胞的工作，积极扩大爱国统一战线。台湾归回祖国，是大势所趋，人心所向。全国人大常委会发表的《告台湾同胞书》，是我们解决台湾问题的立场和原则。我们寄希望于1700万台湾人民，也寄希望于台湾当局。今后，要进一步做好对台湾各界人士的团结工作，增加同台湾骨肉同胞的联系和交往，欢迎他们来大陆探亲访友，参观访问。台湾人民在爱国主义的旗帜下，一定能够为台湾归回祖国的神圣大业建树新功。对台湾当局，我们希望你们顺应历史潮流，以民族大义、国家利益为重，响应祖国的召唤，为台湾早日归回祖国做有益的工作。希望你们早下决心，争取做中华民族统一的功臣。

他说，港澳同胞和国外侨胞中的绝大多数是热爱祖国的，不少人学有专长，掌握先进的科学技术知识，有比较广泛的社会联系，要把他们的积极性调动起来，引进先进技术设备和科学知识，为实现祖国四个现代化服务。

许德珩说，在国际事务上，我们要坚决支持一切被压迫人民和被压迫民族的革命斗争，加强同社会主义国家和世界各国人民的团结，发展国际反霸统一战线，推迟世界战争爆发，维护世界和平，为我国的社会主义现代化建设争取一个和平的国际环境。

许德珩说，中国人民政治协商会议是伟大导师毛泽东同志和敬爱的周恩来同志亲手创立的，今年是政协成立30周年。我们要继承毛主席和周总理的遗志，认真总结人民政协的宝贵经验，发扬人民政协的优良传统，在新的历史时期，作出新的更大的贡献。

许德珩在报告开始时，总结了五届政协第一次会议闭幕以来的工作。他说，一年多来，我国各族人民在以华国锋同志为首的中共中央正确领导下，各条战线都取得了巨大的成就，形势发展之好、之快，有目共睹，举世公认。多年来被林彪、"四人帮"严重破坏的人民政协重新恢复活动，工作渐趋活跃；党的各项统一战线政策，已经和正在贯彻落实，各民族、各民主党派、各界爱国人士和各方面委员为社会主义现代化服务的积极性进一步调动起来，我国的革命统一战线得到进一步巩固和扩大。他指出，我们在前进的道路上还有许多困难和问题，但是在中国共产党的正确领导下，四个现代化的宏伟目标一定能够实现。

出席今天大会在主席台就座的还有：政协全国委员会副主席韦国清、宋任穷、沈雁冰、史良、朱蕴山、康克清、季方、王首道、杨静仁、帕巴拉·格列朗杰、周建人、庄希泉、胡子昂、荣毅仁和政协全国委员会常务委员。

列席今天大会的有中共中央、国务院、中央军委各部门主管统战工作的负责人，以及各民主党派、各人民团体的负责人。

全国政协主席邓小平在全国政协五届二次会议上致开幕词

各位委员，各位同志：

中国人民政治协商会议第五届全国委员会第二次会议现在开幕。

我们这次会议，是在中共中央决定把党和国家的工作重点转移到社会主义现代化建设上来以后召开的。这次会议的目的，就是要进一步动员、团结全国各族人民和一切爱国力量，促进社会主义现代化建设的发展。

今年是伟大的中华人民共和国成立30周年，也是中国人民政治协商会议成立30周年。我们的国家进入了以实现四个现代化为中心任务的新的历史时期，我们的革命统一战线也进入了一个新的历史发展阶段。

在这30年中，我国的社会阶级状况发生了根本的变化。我国工人阶级的地位已经大大加强，我国农民已经是有30多年历史的集体农民。工农联盟将在社会主义现代化建设的新的基础上更加巩固和发展。我国广大的知识分子，包括从旧社会过来的老知识分子的绝大多数，已经成为工人阶级的一部分，正在努力自觉地为社会主义事业服务。

我国各兄弟民族经过民主改革和社会主义改造，早已陆续走上社会主义道路，结成了社会主义的团结友爱、互助合作的新型民族关系。各民族的不同宗教的爱国人士有了很大的进步。在实现四个现代化进程中，各民族的社会主义一致性将更加发展，各民族的大团结将更加巩固。

我国的资本家阶级原来占有的生产资料早已转到

国家手中,定息也已停止13年之久。他们中有劳动能力的绝大多数人已经改造成为社会主义社会中的自食其力的劳动者。我国资本主义工商业社会主义改造的胜利完成,是我国和世界社会主义历史上最光辉的胜利之一。这个胜利的取得,是由于中国共产党领导全体工人阶级执行了毛泽东同志根据我国情况制定的马克思主义政策,同时,资本家阶级中的进步分子和大多数人在接受改造方面也起了有益的配合作用。现在,他们作为劳动者,正在为社会主义现代化建设事业贡献力量。

我国各民主党派,在民主革命中有过光荣的历史,在社会主义改造中也作了重要的贡献。这些都是中国人民所不会忘记的。现在它们都已经成为各自所联系的一部分社会主义劳动者和一部分拥护社会主义的爱国者的政治联盟,都是在中国共产党领导下为社会主义服务的政治力量。

台湾同胞、港澳同胞和国外侨胞心向祖国,爱国主义觉悟不断提高,他们在实现统一祖国大业、支援祖国现代化建设和加强国际反霸斗争方面,日益发挥着重要的积极作用。

上述各个方面的变化表明,我国的统一战线已经成为工人阶级领导的、工农联盟为基础的社会主义劳动者和拥护社会主义的爱国者的广泛联盟。新时期统一战线和人民政协的任务,就是要调动一切积极因素,努力化消极因素为积极因素,团结一切可以团结的力量,同心同德,群策群力,维护和发展安定团结的政治局面,为把我国建成现代化的社会主义强国而奋斗。

为了实现四个现代化,必须发扬社会主义民主和加强社会主义法制。人民政协是发扬人民民主、联系各方面人民群众的一个重要组织。中国的社会主义现代化建设事业,继续需要政协就有关国家的大政方针、政治生活和四个现代化建设中的各项社会经济问题,进行协商、讨论,实行互相监督,发挥对宪法和法律实施的监督作用。我们要广开言路,广开才路,坚持"三不主义",把各方面的意见、要求、批评和建议充分反映出来,以利于政府集中正确的意见,及时发现和纠正工作中的缺点、错误,把我们的各项事业推向前进。

为了实现四个现代化,在坚持对极少数反社会主义分子实行无产阶级专政的同时,需要在人民内部广泛地加强思想政治教育。政协在这一工作中无疑将继续发挥重要作用。统一战线和人民政协要发扬自我教育、自我改造的传统,按照团结——批评——团结的公式,继续进行思想改造的工作,帮助各方面的人士和群众在为社会主义服务的共同基础上不断增强团结,取得新的进步。

目前国际国内形势对实现祖国统一大业十分有利,我国政府已经明确宣布了对台湾归回祖国的大政方针。人民政协应当积极开展工作,促进台湾早日归回祖国、实现祖国统一大业的爱国统一战线。同时,要积极开展人民外交活动,加强同国际朋友的友好往来,为发展国际反霸统一战线作出自己的努力。

在新的历史时期,人民政协作为统一战线组织,任务是十分光荣的,工作是大有可为的。让我们在马列主义、毛泽东思想的旗帜下,在以华国锋同志为首的中共中央领导下,沿着社会主义的道路,为实现四个现代化的宏伟目标团结前进!

预祝大会圆满成功!

中共中央转发四川省委《关于落实政策工作中应注意的几个问题的通知》

中央批语指出,各级党委要继续把落实政策工作抓紧抓好,要坚持实事求是的原则,全错全平,部分错部分平,不错不平。在解决历史遗留问题时,一定要始终贯穿团结起来向前看的精神,要提倡顾全大局,做到在政治上分清是非,思想上解开疙瘩,组织上增强团结。

《人民日报》发表薛暮桥文章《怎样进行国民经济的计划管理》

社会主义国家由于建立了生产资料的社会主义公有制,全民所有制经济在国民经济中占有巩固的领导地位,因此有可能也有必要建立国民经济的计划管理制度。社会主义国家为着满足全国人民日益增长的生活需要,必须高速度、按比例地发展生产,并把各种社会产品在社会成员和各生产、建设部门之间进行合理分配。为了做到这点,国家必须建立专门机关,来计算全国生产的社会产品和国民收入,根据国家建设和人民生活需要来规定积累基金和消费基金的比例关系,规定积累基金(其中的基本建设投资)在各物质生产部门和非物质生产部门之间的分配,消费基金在各社会集团(主要是职工和集体农民)之间的分配,为国家建设和人民生活提供各种必要的物资保证,使各类产品大体上保持供求之间的平衡。

社会主义国家必须制订科学的、严密的、统一的国民经济计划。有了这样的计划,才能动员和组织全国人民为一个共同目标而奋斗。但是,这并不是说,计划必须包罗万象,把各种指标硬性地下达到各基层单位去执行。这在实际上是做不到的。

首先,社会产品有几万种、几十万种,如按不同的规格、花色计算那就为数更多,不可能都列入国家计划。我国现在由国家计委直接管理的产品只有几百种(按产值计算占全部产值的半数以上),其中真正经过精确计算的只有几十种,其他都只进行大体上的估算,与实际情况出入较大。就连经过精确计算的产品,也不可能规定它的各种规格、花色(例如棉布、钢材等),这些都只能由各业务部门、或者通过供给和需要单位商量着去具体安排。而且各类产品(特别是不同的规格、花色)的生产和需要时常发生变化,上级机关规定得越具体,就越难保障它们供求之间的平衡。

其次,我国现在由于生产力(特别是农业)的发展水平还很低,全国人民还有80%左右在集体所有制经济中生活。集体所有制经济要自负盈亏,要考虑如何使自己的劳动能够得到比较多的收益。国家不能强制规定它们的生产计划,而只能够让各生产单位参考国家计划来自己规定生产什么,生产多少,以及怎样进行生产。过去,由国家机关向公社、大队、生产队层层下达各种作物的种植面积,甚至种植方法,侵犯了公社、大队、生产队的自主权。由于不能因时因地制宜,使许多生产单位收入减少,农民的积极性下降,农业生产增长很慢。显然,这是由于违反了经济发展的客观规律所受到的惩罚。应该明确指出,国家所规定的各类农产品的生产计划都是参考性的计划,国家可以把这些计划分配下去,层层协商,但最后决定权属于各生产单位。经验证明,只要我们工作做好了,集体经济是能够保证国家计划的实现的。

我们给各集体经济单位以充分的自主权,那么怎样来保证完成各类产品的生产计划呢?主要依靠价值规律,也就是说利用价格政策。新中国刚成立的时候,我们各种农产品(包括粮食在内)都是敞开供应,并没有发生供不应求的情况。从第一个五年计划开始,由于城市人口增加,粮食供应逐渐紧张,后来副食品的供应也逐渐紧张,于是逐步建立统购、派购制度。当时这样做是必要的。它保障了城市、经济作物区和缺粮地区的供应。但是,有的年份粮食收购多了,闹得农村人人谈粮食,户户谈统购。现在,我们还在实行粮食和其他主要农产品的统购、派购,短时间内还不可能取消。但应当看到这种办法有消极作用。有些地区征购、派购过多,农民种了粮食吃不饱饭,养了猪吃不到肉,他们生产的积极性下降,妨碍农业生产的发展,反过来又增加城市供应的困难。我们必须学会利用价值规律调节农业生产。这样,会不会引起农产品价格的上升呢?有可能,但这种上升是合理的。我国农产品的价格,不但远低于发达的资本主义国家,而且也低于许多发展中国家。当然,我们同它们有许多不可比因素,但可以肯定,我们的农产品价格低了。今年,我们已经大幅度地调高了农产品价格,以后还可能要继续调价。如果我们坚决执行等价交换的原则,农产品价格合理,农民有了积极性,农业生产会发展更快,是可以满足全国人民的生活需要的。

在遇到战争或者特大自然灾害,以致农产品供求严重不平衡的时候,暂时采取统购、派购的政策是必要的。但是,第一,这不应当是长期采取的办法;第二,不能无限制地扩大征购、派购的范围和数量。经验告诉我们,在我们粮食征购过多的年份,下一年粮食就减产;反之我们减少了征购任务,下一年粮食就增产。我们对肉、蛋等的派购过严,这些产品就减少;减少或者取消派购,改用议价收购办法,就迅速增产。价格政策对于农业生产的调节作用非常明显。第一个五年计划时期为着增产棉花,我们曾经大幅度地提高棉价。结果棉花增产过多,挤了粮食,不得不稍稍降低价格。至于肉、蛋、蔬菜等副食品,调整价格所起作用就更加显著。现在许多地区这些副食品的集市贸易价格,比国营商店只高10%—20%,质量新鲜,很受顾客欢迎。有些城市新开放集市贸易,价格比国营商店高50%上下;但经过一两个月,上市量增加,价格就逐渐降下来了。许多同志担心利用价值规律来调节价格会引起物价普遍上升,这是缺乏经济常识的看法。物价普遍上升是币值跌落的结果,而币值跌落是通货膨胀,社会购买力超过商品供应量所产生的。只要我们严格控制货币流通数量,保持社会购买力同商品供应量平衡,各类商品的价格不会普遍上升,只会有升有降,升降的结果使我们各类商品的价格比较接近它的价值,也就是说,使我们的经济工作比较符合于经济发展的客观规律,这有什么不好呢?

过去20多年,由于我们对一部分生活必需品长期采取统购、派购以及定量供应办法,使我们发生一种错觉,认为这是社会主义国家必须采取的制度,否则就不能保持供求的平衡。其实有些社会主义国家并没有采取这种制度,有的采用过一个时期,东西一多,就取消了。它们比较注意缩小工农业产品价格的"剪刀差",近些年农业增长比较快,有些国家按人口平均的粮食产量比我国高一两倍,肉蛋乳等供应的倍数更多,所以能够做到各种农产品敞开供应。我们采取统购、派购和定量供应等办法来保证供求平衡,起过好的作用,但由于我们没有很好地利用价值规律,这些年来,工农产品价格的剪刀差扩大了,使许多社队增产不增收,挫伤了农民的生产积极性,结果供求之间的矛盾愈来愈大,迫使我们不得不进一步扩大征购、派购、定量供应的范围,造成恶性循环。现在,我们许多种重要农产品还不可能立即取消统购、派购等办法,但必须认识这不是国民经济计划管理的正常办法,正常办法应当是借助于价值规律来促进供求之间的平衡。我国虽然人口多、耕地少,保证供应有一定的困难,但农业增产的潜力还是很大,充分发挥现有的生产能力,许多低产地区增产一两倍是完全可以做得到的。日本按人口平均的耕地面积虽然比我们少一半，但它这几年农业发展比较快，虽然进口一些小麦、玉米，大米已经过剩，需要限制生产(这同日本的食品结构变化有关)。人家做得到的，为什么我们就做不到呢？

对全民所有制的企业如何进行计划管理？这个问题也应当从根本上来研究。我国有几十万个国营企业，生产和经营的产品至少有几十万种，由行政机关来层层管理肯定是管不好的。你要求它完成产量产值指标，它就不顾提高质量，不顾节省成本，也不顾产品的品种、规格、花色是否符合于用户和市场的需要。我们的国家这样大，统一管理必然是层次多，手续繁，一天半天能够办得完的一些事情，公文旅行几个月还办不完。这样严重的官僚主义现象，同要求高效率的现代化是格格不入的。所以同样必须大大精简行政机关和行政手续，扩大企业的自主权，凡是企业自己能办的事，尽可能让企业自己去办。国家对国营企业的生产、销售等等计划，大多数应当是参考性的计划，同企业进行协商，主要由企业自己决定。取消财政上的统收统支办法，让企业对自己的财务收支享有一定的权利，负担一定的责任。在产销关系方面，对有关国计民生和规格简单的产品，如棉布、煤炭、食糖等等，继续实行统购包销，以便保证供应、稳定市场；对品种繁多的日用百货，逐步停止统购包销而改用选购办法。现在按生产计划定收购计划，按收购计划定销售计划的做法必须改变。应当按照市场需要来定收购计划，按照收购计划来定生产计划。不是由生产计划来决定市场销售，而是由市场需要来决定生产计划。商业部门对生产单位的产品可以自由选购，商业部门不选购的产品，生产单位有权自己销售。

扩大企业的自主权后，企业如果不按国家计划生产，破坏供求平衡，采取什么办法予以限制？办法多得很。第一是税收政策，需要限制生产的增税，需要奖励生产的减税免税。第二是价格政策，需要限制生产的减价，需要奖励生产的提价。第三是物资供应政策，对需要发展的企业充分保证原材料和燃料、电力的供应，对需要限制甚至淘汰的企业限制甚至取消供应。第四，投资政策，对需要发展的行业或企业增加投资，对需要限制的减少甚至不给投资。第五是信贷政策，对需要发展的行业或企业多给贷款，降低利率；对需要限制的少给甚至不给贷款。总之，我们要尽量少用行政命令来干涉企业的经济活动，多用经济手段来调节企业的经济活动。这样做有什么好处呢？好处多得很。对领导机关来说，可以大大减少主观主义、官僚主义。对企业来说，可以督促它们开动脑筋，多想办法，不至于奉命办事，而是面向市场，面向用户，面向人民。可以使企业能够按照自己的情况，来改进经营管理，用较少的劳动和物资消耗取得较大的经济效果。

我们过去国民经济的计划管理制度，是 50 年代初期从苏联学习来的。在生产资料所有制的社会主义改造完成以前，在社会主义国营经济以外，还有大量的私营、公私合营经济和个体经济来作补充，所以有较大的灵活性，生产的品种、花色很多，流通渠道也比较多，比较能够满足市场和人民的需要。在“三大改造”完成以后，特别是在 1958 年实行企业合并改组以后，生产单位和流通渠道大大减少，国营商业部门继续用管理私营工业的办法来管理国营工业，生产和需要之间的矛盾就逐渐尖锐起来。

在生产资料的供应方面，由于受生产资料不是商品而不应该在市场流通的理论的影响，管得更死，生产的品种规格往往不适应用户的需要。因此，一方面物资供应不足；另一方面库存积压物资不断增加。必须改变物资管理制度。目前由于物资供应还有缺口，不能不暂时保留某些物资的统一调拨制度。将来随着比例关系的调整，有必要逐步放松对生产资料的计划管理。物资部门可以考虑少实行计划调拨，多利用市场交换，设立各种物资的专业公司来随时供应用户的需要。还可以准许某些行业组织专业公司自己销售产品，准许产销双方自己签订供销合同，采取多种多样的流通办法。

总之，社会主义国家对国民经济的计划管理，必须有严密的国家计划，来调整国民经济各方面的比例关系，规定今后国民经济的发展方向，使生产不至于陷入无政府状态。如果我们仅仅强调保障集体经济的自主权，强调扩大国营经济的自主权，而不采取种种措施，把它们的经济活动纳入国家计划的轨道，那将使国民经济陷入混乱状态。反之，如果认为国民经济的计划管理，就是使一切经济活动都由国家计划来具体规定，一切基层企业甚至集体经济单位都只能够按照国家计划办事，取消它们的自主权和主动性，这样将使国民经济陷于僵死状态，生产和需要互相脱节的现象永远无法解决。特别是在我们这样国土大、人口多的国家，这种一竿到底的计划管理，显然是同我国的具体情况格格不入的。

国民经济各部门的情况是很复杂的，必须采取多种多样的管理方法。像银行、铁路、航空、邮电、远洋航运等等，需要全国统一管理，也可以分设若干区域性的机构各自进行核算。跨省市的交通运输机构、大电网，少数供应全国需要的大钢铁厂、大油田、大煤矿等，可以分设专业公司或联合公司，直接归中央管理。一般工厂应当归地方分级管理，也可以组织专业公司、联合公司，进行跨行业、跨省市的活动。生产日用百货的工业应当由各地分散经营，产品可以归国营商业部门销售，也可以组织联合的销售机构自己销售。手工业更应当归县、公社、小城镇或者大城市的街道分散经营，多数企业可以采取合作社的形式，自负盈亏，产品可以归国营商业、供销合作社销售，也可以自产自销(就地销售部分)。即使在实现了现代化以后，仍然必须大中小并举，仍然会有半机械化生产和手工业生产，因此经济管理仍然必须采取多种多样的形式。

社会主义国家的国民经济如何实行计划管理，这是一门新兴科学，要大力研究，决不能安于现状，墨守成规。实践已经证明，过去我国的经济管理制度(其他社会主义国家也有这种现象)不能充分发挥社会主义制度的优越性，在某些方面(如技术革新和适应市场需要)反而不如发达的资本主义国家。不要以为只要我们建立了生产资料的社会主义公有制，社会主义的优越性就一定能够自己发挥出来。我们的社会主义生产关系必须适合于生产力的发展水平，国民经济的计划管理制度也必须适合于生产力的发展水平。50年代初期苏联的国民经济管理制度，在苏联当时也是有缺点的，把它照搬到中国来问题就更多。我们必须进行改革，保存和发展它的起积极作用的方面，改变它的起消极作用的方面，全盘肯定或者全盘否定，都是不妥当的。

国务院副总理谷牧在北京会见以副主编欧文为团长的英国《金融时报》记者团

会见时，谷牧副总理回答了英国记者提出的有关中国国民经济计划的调整情况以及今年来的工农业生产形势等问题。

谷牧副总理说，今年来我国的国民经济形势很好。我们的调整方针是党中央决定的，是一项积极的方针。它是为了加快我国四个现代化建设的步伐，提高人民的生活水平。他指出，调整并不影响我国继续同外国发展经济合作关系。

全国人大常委会副委员长宋庆龄在北京会见美中友协全国代表大会组委会委员贾尼斯·政冈为团长的美国知名妇女访华团

这个访华团是应全国妇联邀请在中美建交后第一个来访的美国妇女代表团，她们中有州议员、教授、法官、政府职员、作家、医生、演员、售货员，年龄最大的是69岁的作家梅·利普顿·卡明斯，最年轻的是代表团团长贾尼斯·政冈，她是27岁。

宋副委员长见到美国朋友们很高兴，并向她们一一热情问候。随后，宋副委员长同美国客人进了愉快、友好的谈话。

会见时在座的有全国妇联主席康克清、副主席黄甘英等。

外交部照会老挝驻中国使馆揭露老挝当局限制中国驻老挝使馆人数蓄意恶化两国关系

中国外交部亚洲司司长沈平，约见老挝驻中国大使塔汶·西扎伦，向他面交了中国外交部的一件照会。照会指出：老挝当局无理限制中国驻老挝大使馆人数，完全是一种歧视性措施，是老挝当局蓄意损害中老关系的又一新的严重步骤。

照会说："6月1日，老挝人民民主共和国外交部照会中华人民共和国驻老挝大使馆，借口根据目前两国关系实际情况和老挝驻华使馆人数，要求中国驻老挝大使馆至迟在6月底前，将人员减至12人，无理提出在12人中不要有武官和各种军事干部。这是老挝当局恶化中老两国关系的又一行动，对此，中国政府表示极大的遗憾。

"中老两国自1961年开始建立外交关系，两国政府历来是根据各自的实际需要派出驻对方使馆的工作人员。中国驻老挝大使馆为促进中老两国和两国人民的友谊作出了自己的努力。近年来，老挝当局在越南霸权主义者唆使下，采取了种种反华行动，大肆诬蔑、攻击中国，不断恶化两国关系。老挝当局继1978年7月无理要求中国方面撤销中国大使馆经参处驻孟赛代表处之后，又突然单方面宣布停建由中国承担援建的孟南巴至琅勃拉邦市公路，强令中方限期撤回筑路工程技术人员和其他应聘在老挝工作的中国专家；停止新华社万象分社工作，赶走中国记者。这就完全断绝了中老两国间的经济、技术合作关系，严重损害了两国人民的友谊。现在，老挝当局又进一步无理限制中国大使馆人数，要求撤销大使馆武官处，并强行要中国大使馆人员限期离开老挝，这完全是一种歧视性措施，是老挝当局蓄意损害中老两国关系的又一新的严重步骤。老挝当局必须对由此而产生的后果负全部责任。"

6月16日

全国政协五届二次会议开始进行分组讨论

1700多名委员分成52个小组，认真、深入地讨论了邓小平主席在政协第五届全国委员会第二次会议上的开幕词和许德珩副主席关于政协全国委员会常务委员会的工作报告。

国务院财政经济委员会召开全体会议讨论批准有关宝钢建设的问题

6月16日至29日，会议连续召开了四次。会议认为，宝钢是实现四个现代化进程中引进的第一个特大项目,本应用更多一点时间,听取更多方面的意见来考虑决定。现在看来,决定得匆促了,这是由于我们对大规模的工业建设经验不足所致。中央既已决定建设,就应统一全党认识,协力同心,勇往直前,一干到底。建设期限可以延长一两年,所用外汇也适当调减。

国务院副总理方毅在北京会见美国芝加哥市立大学化学系系主任倪英伟副教授

国务院副总理谷牧在北京会见加拿大麦吉尔大学教授林达光和夫人

全国人大常委会副委员长中日友协会长廖承志在北京会见由日本国际贸易促进协会会长藤山爱一郎率领的日本国际贸易促进协会经济贸易代表团

全国政协副主席康克清在北京会见并设宴招待由米·兹维采尔率领的南斯拉夫劳动人民社会主义联盟代表团

全国人大常委会法制委员会主任彭真在北京会见由日本法务大臣古井喜实率领的日本法界代表访华团

这是彭真担任全国人大常委会法制委员会主任职务以来第一次会见外宾。他对古井喜实大臣率访华团来我国访问表示热烈欢迎。古井大臣说,今天能够同你见面,看到你很健康,我感到非常高兴。他说,日中两国是友好邻邦,我们要沿着友好的道路走下去。

彭真主任说,我们两国的友好合作关系越来越好。我们要共同努力,使中日两国人民世世代代友好下去。

全国人大常委会法制委员会副主任胡乔木、杨秀峰、高克林,最高人民法院副院长何兰阶,全国人大常委会副秘书长邢亦民等,会见时在座。

古井喜实法务大臣等日本贵宾是应全国人大常委会法制委员会的邀请前来我国进行友好访问,于今天下午乘飞机到达北京的。胡乔木、杨秀峰、高克林、何兰阶、邢亦民等到机场欢迎。

外交部发言人发表声明呼吁国际上坚决制止越南输出难民

全文如下:

最近以来,越南当局变本加厉地从越南、柬埔寨和老挝输出难民,迫使数十万人倾家荡产,背井离乡,流入邻国,给东南亚和其他一些国家造成严重的经济问题、社会问题和政治问题,成为国际灾难。大批无辜人民流离失所,挣扎于死亡线上,成千成万的老弱妇孺抛尸荒郊或葬身大海,令人惨不忍闻。越南政府这种反人民、反人道的暴行和给邻国制造灾祸的政策,引起了世界公愤,遭到各国舆论的严正谴责。

印度支那难民问题,归根结蒂,是越南政府推行侵略政策和战争政策所一手造成的。越南当局在抗美战争结束之后,为了拼凑"印支联邦",称霸东南亚,不去医治战争创伤,着手经济建设,却不顾人民死活,穷兵黩武,侵略柬埔寨,控制老挝,强迫青年充当炮灰,对人民敲骨吸髓,搜刮战争经费,造成经济凋敝,民不聊生,大批越南居民因此被迫逃亡。其次,越南当局蓄意煽动民族仇恨,排除异己。它不仅残酷迫害世代居住于越南的华裔越南公民、华侨和当地少数民族,断绝他们的生计,以强制手段驱赶他们出越南,而且凡对越南当局残酷统治表现不满或不为越南当局所信任者,也逃脱不了被驱赶的命运。在柬埔寨,越南侵略军所到之处,烧杀掳掠,无恶不作,他们用坦克和刺刀将大批柬埔寨和平居民驱逐出境。令人愤慨的是,越南当局对被迫流亡的难民除没收房地财产外,还要敲诈勒索,规定每个难民必须交纳黄金数两到20余两才准离境。越南当局从难民身上榨取了大笔黄金外汇。越南当局已成为当代最大、最卑鄙的人口贩子。越南当局奉行的这种侵略政策,民族歧视政策和贩卖人口政策,完全撕下了它标榜的和平、民主、睦邻友好和社会主义的外衣。

苏联社会帝国主义支持和怂恿越南政府对印支地区进行侵略扩张,充当了越南当局难民输出政策的帮凶。

越南政府大量输出难民,使一些亚洲国家深受其害,中国首当其冲。1年多来,被从越南驱赶至中国境内的难民累计已达23万多人,并且还有成批难民继续不断被迫越界进入中国。中国政府对于入境难民,不分民族和国籍,均予救济,并安置了20万难民。中国政府为了救济和安置难民承受了财力和物力的巨大负担。中国政府和人民对印度支那难民的悲惨遭遇,寄予深切同情,本人道主义的精神尽最大努力给予救助。

越南当局一手制造的印度支那难民问题已经成为严重的国际问题。但是,越南当局对国际公正舆论不仅充耳不闻,反而利用邻近国家和人民人道主义的善意,继续肆无忌惮地制造和输出大批难民。越南政府代表最近在雅加达讨论越南难民的国际会议上公然提出今后每月向外国输出难民1万人的计划。中国政府认为,为了保护越南、柬埔寨和老挝各族人民的生存权利,为了减轻印支难民对各国人民特别是东南亚国家所造成的巨大困难,国际组织和一切主持正义的国家有必要采取行动,促使越南当局立即停止继续推行制造和输出难民的野蛮政策。中国政府呼吁联合国、各国政府和各国人民严厉谴责和坚决制止越南当局违反《联合国宪章》和人道原则，抹杀人类基本生存权利，推行侵略政策和民族歧视政策；严厉谴责和坚决要求越南当局立即停止制造和输出难民的犯罪行为。

上海交大庆祝建校83周年活动在上海举行

国务院副总理、上海交大校务委员会主任王震在庆祝会上讲话时，希望交大师生发扬交大前辈校友爱国、爱校、好学、勇于攀登科学高峰的精神，培养出更多的又红又专的科学技术人才。

王震副总理说：这所历史悠久的大学对于我国近代科学事业的繁荣，现代工业、交通的发展，科技人才的培养造就，作出了卓越的贡献。不仅在中华人民共和国社会主义建设的许多方面有交大培养出来的人才，而且世界许多地方都可以看到交大校友。

国务院有关部委和中共上海市委、上海市革委会负责人参加了庆祝大会。还有30位交大美国校友会的代表和外国学者参加了交大校庆活动。

上海交通大学创办于1896年。解放以后有了很大发展，已成为一所多学科的理工科大学。

中国考古研究所所长夏鼐在东京学术报告会上说中日人民往来可追溯到旧石器时代

夏鼐在东京的一次学术报告会上说，“周口店的北京猿人文化与日本的旧石器时代文化有共同点，中日两国的人民往来可以追溯到旧石器时代”。

夏鼐是在东京的国学院大学作《最近中国在考古学上的新发现》为题的学术报告中，介绍中国著名的古人类学家裴文中在最近发表的论文中提出这个新的论点时讲这番话的。夏鼐还说：“这个问题虽然还有许多不清楚的地方，但是这是个十分有兴趣的论点。”

据日本《读卖新闻》报道，夏鼐指出，生活于65万年到大约10万年前的北京猿人的周口店文化同日本8万年到3万年前的旧石器时代文化，所使用的石器的材料和技术都非常相似，其他方面还有许多的共同点。

裴文中新发表的科学论文说，从脊椎动物化石的共同点来看，在第四纪时日本同大陆是连接一起的。有许多动物是从中国的华北地区通过当时还未变成海洋的黄海东部与东海，跑到日本来的。周口店附近出土的化石同东京邻近地区的鹿，枥木、山口、福冈县等出土的犀、虎等化石完全相同。

《读卖新闻》报道，日本的学者对这个问题寄予很大的关心。日本东北大学教授、考古学家芹泽长介发表谈话说：“周口店文化同我参加发掘的早水台、星野遗址等旧石器时代遗物相同，日本旧石器的渊源是在中国，这是我很久以来的想法。我完全同意裴文中先生的见解。”

举重运动员吴数德在匈牙利德布勒森举行的第五届世界和欧洲青少年举重锦标赛上以107.5公斤的成绩打破52公斤级青少年抓举世界纪录

6月17日

五届全国人大二次会议在人民大会堂举行预备会议

根据预备会议一致通过的议程，华国锋总理将向第二次会议作政府工作报告，国务院副总理兼国家计委主任余秋里作关于1979年国民经济计划草案的报告，财政部部长张劲夫作关于1978年国家决算和1979年国家预算草案的报告。全国人大常委会法制委员会主任彭真作关于法律草案的说明。这次提请会议审议的法律草案有：地方各级人民代表大会和地方各级人民政府组织法、全国人民代表大会和地方各级人民代表大会选举法、人民法院组织法、人民检察院组织法、刑法、刑事诉讼法和中外合资经营企业法。会议还将审议全国人大常委会、最高人民法院和最高人民检察院的工作报告。会议将增选全国人大常委会副委员长，决定增补国务院副总理人选，决定中国科学院院长人选和通过五届人大民族委员会人选。

叶剑英委员长主持了预备会议。

预备会议选举了第五届全国人民代表大会第二次会议主席团和秘书长。

会议通过了增补的五届人大代表资格审查委员会主任委员、副主任委员和委员名单，胡耀邦担任主任委员。会议还通过了五届人大预算委员会、法案委员会和五届人大第二次会议提案审查委员会主任委员、副主任委员和委员名单，薄一波、彭真、张启龙分别担任这3个委员会的主任委员。

预备会议结束后，五届人大第二次会议主席团由叶委员长主持，举行了第一次会议，推选了主席团常务主席。被推选为常务主席的是：叶剑英、宋庆龄、聂荣臻、刘伯承、乌兰夫、吴德、韦国清、陈云、谭震林、李井泉、张鼎丞、蔡畅、邓颖超、赛福鼎、廖承志、姬鹏飞、阿沛·阿旺晋美、周建人、许德珩、胡厥文。

主席团第一次会议还通过了五届人大第二次会议日程、执行主席分组名单和代表资格审查委员会关于代表情况和补选的代表资格的审查报告；决定了五届人大第二次会议副秘书长人选、列席人员名单和提案截止日期。

主席团第一次会议之前，代表资格审查委员会举行了会议，讨论通过了关于代表情况和补选的代表资格的审查报告。

五届全国人大二次会议主席团和秘书长名单

主席团(235名,按姓氏笔画为序)

于光远　才旦卓玛(女)　万　里　马　力　马文瑞
马恒昌　马浩谦　王　平　王必成　王芸生　王冶秋
王昆仑　王建安　王首道　王恩茂　王　铎　王淦昌
王　谦　王瑞昌　王耀花(女)　天　宝　韦国清
区棠亮(女)　贝时璋　毛文书(女)　毛迪秋
毛致用　乌兰夫　巴一恺　巴　金　邓初民　邓典桃
邓颖超(女)　玉　荣(女)　甘渭汉
石钟琴(女)　卢盛和　叶圣陶　叶剑英　叶洪海
田富达　史来贺　史　良(女)　白如冰　白寿彝
朴春子(女)　毕　肯(女)　吕玉兰(女)
吕叔湘　吕　骥　朱光亚　朱学范　朱蕴山　乔晓光
伍　禅　任仲夷　任　荣　华罗庚　向仲华
向腊玉(女)　庄希泉　刘子厚　刘田夫　刘伯承
刘　斐　关山月　江渭清　安子文　许世友　许　杰
许涤新　许家屯　许德珩　那木拉　严佑民　严济慈
严家安　芦国俊　克尤木·买提尼牙孜　苏步青
杜星垣　李人林　李井泉　李亚敏(女)
李　贞(女)　李　昌　李庭桂　李瑞山　李福忠
李聚奎　李德生　杨东莼　杨永青(女)　杨成武
杨易辰　杨　勇　杨得志　肖　华　吴先锋　吴克华
吴冷西　吴承清　吴　德　吴耀完　汪月霞(女)
江东兴　沙千里　沈雁冰　宋　平　宋任穷
宋庆龄(女)　张文裕　张正桃　张平化　张廷发
张启龙　张秉贵　张金榜　张桂珍(女)　张爱萍
张鼎丞　张福财　阿沛·阿旺晋美　阿依吐拉(女)
陈　云　陈中伟　陈玉娘(女)　陈丕显　陈再道
陈此生　陈孝顺　陈逸松　陈景润　陈登科　陈福汉
范忠志　茅以升　林一山　林巧稚(女)　林乎加
林兰英(女)　林丽韫(女)　林依平　林　铁
林慧卿(女)　罗青长　罗叔章(女)
帕巴拉·格列朗杰　季　方　岳美中　金如柏
周占鳌　周叔弢　周建人　周海婴　孟继懋　赵永焕
赵朴初　赵辛初　赵忠尧　赵增益　赵燕侠(女)
郝树才　荣毅仁　胡子昂　胡立教　胡乔木　胡绩伟
胡　绳　胡厥文　胡愈之　胡耀邦　奎　璧　段苏权
侯占友　侯宝林　洪学智　祝星发　费彝民　秦和珍
秦基伟　袁任远　聂荣臻　莫文骅　钱三强　钱学森
铁木尔·达瓦买提　铁　瑛　倪志福　倪谷音(女)
高厚良　郭凤莲(女)　郭兰英(女)　郭林祥
唐克碧(女)　海玉琛　陶峙岳　姬鹏飞
措　姆(女)　萧劲光　黄志刚　黄秉维
黄菊香(女)　常香玉(女)　盛　婉(女)
康克清(女)　梁必业　梁吉泉　彭　真　董天祯
董其武　惠世恭　粟　裕　焦林义　曾思玉
谢冰心(女)　谢　明　谢铁骊　瑞　板　楚图南
裔式娟(女)　雍文涛　蔡　畅(女)　裴昌会
廖汉生　廖志高　廖承志　赛福鼎　谭启龙　谭　政
谭善和　谭震林　潘　多(女)　薄一波　戴念慈

秘书长　乌兰夫

五届全国人大代表资格审查委员会主任委员、副主任委员 委员名单

主任委员　胡耀邦

副主任委员　宋任穷　朱蕴山　康克清(女)
杨静仁　梁必业　李　强

委员(按姓氏笔画为序)

于明涛　王芸生　天　宝　任仲夷　庄希泉　孙国治
孙起孟　严佑民　杜心源　李　贵　武新宇　茅以升
林丽韫(女)　季　方　周占鳌　郑天翔　奎　璧
钱信忠　铁木尔·达瓦买提　郭凤莲(女)
康永和　梁吉泉　蒋南翔　楚图南

五届全国人大预算委员会主任委员 副主任委员 委员名单

主任委员　薄一波

副主任委员　胡子昂　许涤新

委员(按姓氏笔画为序)

于光远　于　克　王世泰　王宽诚　王崇伦
巴　桑(女)　邓典桃　伍觉天　华罗庚　刘田夫
刘念智　严仁英(女)　杜聿明　巫方安(女)
李庭桂　李瑞山　吴贻芳(女)　沈兹九(女)
张　震　张震寰　陈此生　陈烈民　陈福汉　范　权
罗秋月(女)　金贞淑(女)　周北峰　周叔弢
蚁美厚　袁美莲(女)　黄志刚　曹菊如　梁成业
韩哲一　裔式娟(女)　蔡子民　裴昌会　熊应栋

五届全国人大法案委员会主任委员 副主任委员 委员名单

主任委员　彭　真

副主任委员　胡乔木　谭　政　王首道
史　良(女)　安子文　杨秀峰
高克林　武新宇　陶希晋　沙千里

委员(按姓氏笔画为序)

王芸生　王昆仑　王建安　石　林　白寿彝　吕叔湘
庄希泉　刘　斐　关　建(女)　严信民　杨东莼
吴冷西　沈　鸿　张稼夫　陈此生　陈逸松　茅以升
季　方　赵鹏飞　荣毅仁　胡愈之　高文礼　康永和
董其武　傅　钟

五届全国人大二次会议提案审查委员会主任委员副主任委员 委员名单

主任委员 张启龙

副主任委员 罗青长 赵辛初 洪学智 严济慈 李世璋 黄 荣 秦力生

委员(按姓氏笔画为序)

丁光训 马志杰 马恒昌 王丙乾 扎西拉姆(女)
区棠亮(女) 方志纯 巴图巴根 巴 金
邓力群 申纪兰(女) 史怀璧 成仿吾 成盛三
任新民 华凤翔 华煜卿 庄明理 刘 毅 李富荣
肖隽英 吴国祯 吴学周 吴耀宗 何 贤 张平化
陆榕树 阿衣奴拉·阿皮孜(女) 林巧稚(女)
林兰英(女) 林佳楣(女) 金明汉 周 里
周谷城 郑 英 赵发生 赵朴初 赵廷光 赵祖康
赵喜明 郝德青 施嘉明 莫乃群 贾庭三 钱三强
徐伯昕 徐眉生 凌 云 郭棣活 浦洁修(女)
陶峙岳 彭迪先 惠浴宇 傅秋涛 童少生
曾 志(女) 谢冰心(女) 谢鑫鹤

全国人大常委会副委员长姬鹏飞在北京举行的中外记者招待会上介绍五届全国人大二次会议主要任务

全国人大常委会副委员长兼秘书长姬鹏飞对中外记者说,五届人大第二次会议的主要任务是讨论和决定国民经济的调整、改革、整顿、提高,以及加强社会主义民主和社会主义法制的问题。

姬鹏飞副委员长在五届人大第二次会议预备会议结束后3小时举行记者招待会,介绍将于明天开幕的五届人大第二次会议的情况。这次会议距去年3月召开的五届人大第一次会议1年零3个月。根据我国宪法规定,全国人民代表大会会议每年举行一次。

姬鹏飞副委员长在详细介绍了这次会议的议程后说:"我相信第五届全国人民代表大会第二次会议对实现全国工作着重点的转移,胜利进行社会主义现代化建设,加强社会主义民主与社会主义法制,发展全国安定团结的政治局面,加强反对霸权主义、维护世界和平的斗争,都将发挥重大的作用。"

接着,姬鹏飞副委员长回答了外国记者提出的问题。在回答关于我国领导人是否将有变动的问题时,他说,这次会议只是增选全国人大常委会副委员长、增补副总理人选,不存在落选的问题。大家很关心彭真同志,他已被提名为全国人大常委会副委员长的人选。

姬鹏飞副委员长说,因为这次会议要讨论和决定的问题较多,会议大约要进行两个星期。他说,全国人民代表大会代表共有3471人,除因病因事不能参加这次会议者外,已经报到的代表有3299人。

在回答有关法律条款与宪法相抵触如何处理的问题时,姬副委员长说,这次会议将讨论通过关于县级以上的地方各级人民代表大会设立常务委员会,将地方各级革命委员会改为各级人民政府,将县、自治县人民代表大会代表改为由选民直接选举,将各级人民检察院的关系由监督改为领导的决议。这四个问题都涉及宪法条文的修改,都要提交大会讨论。

他解释说,县以上的地方各级人民代表大会设立常务委员会作为权力机构,而各级人民政府则是执行机构,把二者分开,这样,民主更充分一些,便于权力机构更好地监督执行机构的工作。为了保证司法的独立,充分发挥司法机关监督违法乱纪,维护社会治安的职能,检察院过去上下级是监督关系,现在准备改为领导关系,不属于各级政府,而属于各级人大常委会,这样在执法上更民主、更妥善,法制更能加强,民主更能扩大。这次提请会议审议的各级人民代表大会选举法,规定将县、自治县人民代表大会代表改为由选民直接选举,县一级以上的人民代表大会代表仍采用间接选举。各级代表的选举仍采用无记名投票的方法。中国共产党、各民主党派、各人民团体和选民都可以推荐代表候选人,候选人的人数多于应选名额,甚至可以多达1倍。

姬鹏飞副委员长说,这次会议由于议程较多,没有时间来修改宪法,而由会议就这四个问题作出决议,与宪法有抵触的地方,先按这个决议执行,宪法条文暂时不动。

有记者提出这次提交讨论的刑法是否保证被告的权利的问题,姬鹏飞副委员长说,被告可以请律师,他的亲属、朋友、工作单位都可以为他辩护,他也可以上诉。不经检察机关批准,公安机关无权逮捕人。

政协全国委员会秘书长刘澜涛出席了记者招待会。

五届全国人大二次会议提案办公室开始办公

新华社报道:在五届全国人大二次会议开幕前夕,记者走访会议的提案办公室,看到一种印有"中华人民共和国全国人民代表大会代表提案"红色字样的提案纸。这种供代表们反映人民意愿的提案专用公文纸,已经分发到各代表团。提案办公室的工作人员,也已编成工业、农业、财贸、文教和综合等小组,开始办公。

人民代表所提的提案,在会议期间将由提案审查委员会提出审查处理意见,随后送交有关部门承办,以保障人民代表行使民主权利。

国务院办公室为此向各部委、各直属机构发出通知,抽调了30多名熟悉业务的司局级干部参加提案办公室的工作。通知还要求,国务院各部门指定1名副部长或办公厅主任,负责处理代表们在提案中提到的与本部门有关的问题。各部委、各直属机构,在收到提案审查委员会行将送来的代表提案征求意见时,要认真研究,及时提出处理意见,保证不压不误。

国务院副总理李先念在人民大会堂设宴招待泰国副总理他威·尊拉塞一行

他威·尊拉塞副总理是出席在杭州举行的世界羽联第一届羽毛球世界杯赛和第二届世界羽毛球锦标赛的活动后,从杭州乘飞机到达北京进行短暂访问。

李先念副总理在祝酒时说,中泰两国是友好的邻邦,两国在广泛领域内的友好合作关系日益紧密。他指出,当前,印支局势的发展严重地威胁着东南亚地区的和平与稳定。李先念副总理说:"我们十分赞赏以江萨总理为首的泰王国政府旨在维护国家的独立、主权和领土完整的独立自主的外交政策。我们坚决支持泰国和东盟国家为维护东南亚和平、防御霸权主义和地区霸权主义的侵略和扩张的斗争。"

他威副总理在祝酒时说,泰中两国有着悠久友好的历史,泰中两国人民是友好的。中国把泰国当成亲戚看待。泰中两国人民应该团结一致,友好相处,互相支援。他指出,当前印支形势对泰国是一个威胁。某个国家企图控制东南亚,很清楚它是依靠另一个国家的支持。现在最重要的是泰国人民要动员起来,抵制外来的侵略。

泰国驻中国大使沙贡·瓦纳比沙和夫人应邀出席了宴会。外交部副部长韩念龙,国家体委副主任于步血、路金栋,中国驻泰国大使张伟烈等出席作陪。

国务院副总理李先念在北京会见以日本社会党副委员长下平正一为团长的社会党友好访华团和以赤松康稔为团长的社会党活动家访华团

李先念副总理今天对即将在维也纳签署的美苏第二阶段限制战略武器条约能否限制核武器竞赛表示怀疑。

他指出,苏美两家过去搞过几次限制战略核武器条约,但并没有限制住苏联核武器的增加。"我怀疑苏联这次会放下屠刀,立地成佛。"

他接着说:"我们不反对他们搞限制战略核武器条约,但是,我们对此不寄予希望。"

李先念是在会见日本社会党两个访华团时回答他们的问题过程中,讲到这些话的。

在历时1个半小时的会见中,双方就一些重大国际问题和双边关系广泛地交换了看法。

下平先生在谈话中说:我们仍然坚持社会党第六次访华团同中日友协发表的联合声明中关于反对超级大国霸权主义的原则。他指出,日本是苏联霸权主义的受害者。苏联的武装力量已扩张到齿舞、色丹。

李副总理回答说:"中国很同情你们。"

李副总理在谈到双边关系的问题时说,我们对中、日两国关系的发展感到满意。他说,中国在进行经济调整,但是中日之间的贸易不会受影响,相信会不断发展。

中国社会科学院哲学研究所理论座谈会参加者建议把真理标准问题的讨论推广到基层

新华社报道,最近在北京举行的一次理论座谈会的参加者建议,把关于实践是检验真理的唯一标准的讨论深入到实际工作中去,深入到基层群众中去。

座谈会是中国社会科学院哲学研究所召开的,邢贲思主持。参加会议的30多位哲学、经济学、法学理论工作者和新闻工作者认为,继续开展关于真理标准的讨论,特别是在基层单位开展真理标准的讨论,是一次马克思主义的思想路线的普及教育,对于正确贯彻党的十一届三中全会的精神,排除"左"的和右的错误思潮的干扰,进一步发展大好形势,搞好党的工作着重点的转移,推进四个现代化的建设,将是非常有益的。

与会同志回顾了1年前开始的这场真理标准的大讨论在我国思想理论领域和实际生活中产生的巨大影响。他们指出,这是一次大规模的、生动活泼的马列主义、毛泽东思想教育和思想解放运动。这场讨论,揭穿了林彪、"四人帮"搞的那一套假马克思主义的思想路线,从根本上澄清了他们在理论上制造的混乱,恢复了马列主义、毛泽东思想科学体系的本来面目。大家把这场讨论比喻为一把钥匙,打开了林彪、"四人帮"禁锢人们头脑的精神枷锁,破除了他们制造的现代迷信,使人们敢于从实际出发,实事求是地思考问题,正确地去探讨、总结我国社会主义革命和社会主义建设正反两方面的经验教训。这场讨论,对于拨乱反正,正本清源;对于贯彻执行以华国锋同志为首的党中央的一系列重大决策和各项方针政策,调整国民经济,以及为一大批冤、假、错案平反,发展安定团结的局面,恢复和发扬党的传统和党内外民主生活等等,都起了非常有益的作用。某些人指责这场关于马克思主义的一个最基本问题的讨论是什么"致乱之源",实践证明这一指责是很错误很荒谬的。党的十一届三中全会高度评价了实践是检验真理的唯一标准的讨论,认为这场讨论对于促进全党同志和全国人民解放思想,端正思想路线,具有深远的历史意义。

座谈会上许多理论工作者指出,关于真理标准的讨论,发展还不平衡,还有待进一步深入到群众中去。他们说,随着党的工作着重点的转移,国民经济的调整,理论工作和实际工作中出现了许多新的情况、新的问题，迫切需要人们进一步端正思想路线、解放思想，理论联系实际的进行探讨和回答；也为了坚定不移地贯彻党的三中全会精神，排除来自极左的和右的错误思潮的干扰，明辨是非，判别真伪，分清主流与支流，都迫切需要继续深入地开展真理标准问题的讨论。

座谈会上还讨论了坚持四项基本原则同坚持实践是检验真理的唯一标准的关系。大家认为，我们党历来所坚持的四项基本原则来自实践，并且在实践中不断接受检验，不断丰富和发展。林彪、“四人帮”的极左路线，给我国的社会主义事业造成了严重的危害，人们记忆犹新，实践证明他们是破坏四项基本原则的最凶恶的敌人。以华国锋同志为首的党中央在粉碎“四人帮”以后，采取了一系列适应新情况的新方针、新政策，把我们的国民经济从崩溃的边缘挽回到社会主义持续发展的道路上来，大大加强了党的领导作用，巩固了无产阶级专政，恢复了马列主义、毛泽东思想的本来面目，使我们有可能完整地、准确地运用马列主义、毛泽东思想来解决新时期的问题，这才是真正坚持了四项基本原则。

粉碎“四人帮”以后出现的这场思想解放运动和关于真理标准问题的讨论，正是形势发展的必然结果，也正是为了进一步肃清林彪、“四人帮”的流毒，更好地坚持四项基本原则。这两年半是我党十几年来坚持四项基本原则最好的一段。

与会者指出，在当前形势下，我们要同那种来自右的和“左”的两种错误倾向进行斗争，特别要注意防止极少数人以极左面貌出现，歪曲、篡改四项基本原则的内容，用来反对思想解放，反对以实践作为检验真理的唯一标准的讨论，反对党的十一届三中全会的伟大决策。大家认为，坚持什么样的思想路线，这是关系到党和国家前途命运的根本问题。“一个党，一个国家，一个民族，如果一切从本本出发，思想僵化，那它就不能前进，它的生机就停止了，就要亡党亡国。”三中全会的这个光辉论断十分重要，它指明了坚持唯物主义的思想路线的极端重要性。

到会同志热切希望各行各业的实际工作者、思想理论工作者，特别是基层单位的干部和广大工农兵群众，在马克思主义的基本原理指导下，继续深入开展关于真理标准的大讨论，进一步解放思想，结合各项实际工作和各门学科的实践，总结自己所在单位所在地区正反两方面的具体经验。凡实践证明为正确的就坚持，凡实践证明为错误的就纠正。与会同志还建议宣传工作者、理论工作者以多种形式广泛进行实践是检验真理的唯一标准的宣传，例如撰写通俗短文，作通俗讲话，同群众一起开座谈会等等，使这一马列主义、毛泽东思想的基本原理深入人心。在讨论中要贯彻百家争鸣方针，提倡对不同意见进行同志式的争论。

国务院副总理耿飚在北京会见即将离任的挪威驻中国大使安达

国务院副总理陈慕华在北京会见罗马尼亚共产党和革命民主运动历史博物馆馆长尼古拉·乔洛尤

中国运动员孟凡爱在日本北海道带广举行的中日射箭友谊赛女子70米单轮比赛中以321环的成绩打破世界纪录

6月18日

第五届全国人民代表大会第二次会议在人民大会堂开幕

3279名人大代表出席了会议。

下午3时半，大会执行主席叶剑英宣布五届全国人大二次会议开幕。军乐团奏中华人民共和国国歌。

叶剑英委员长致开幕词。

接着，华国锋总理受国务院的委托，在会上作了政府工作报告，提请大会审议。

大会执行主席还有宋庆龄、聂荣臻、乌兰夫、吴德、韦国清、陈云、谭震林、李井泉、蔡畅、邓颖超、赛福鼎、廖承志、姬鹏飞、阿沛·阿旺晋美、周建人、许德珩。

在大会上，全国人大常委会作了书面的工作报告。报告回顾了自第五届人大第一次会议以来，全国人大常委会根据形势发展的需要和要求，开展各项工作的情况。全国人大常委会还把五届人大一次会议以来所召开的八次会议上通过的决议案和任免案，提请各位人大代表审查。

五届人大代表资格审查委员会向大会作了关于代表情况和补选的代表资格审查的书面报告。报告说，第五届全国人民代表大会代表3497人中，有30人在第一次会议到第二次会议期间逝世，有1人因违法乱纪，搞打击报复，已由安徽省撤销了代表资格。北京市第七届人民代表大会第二次会议补选了彭真、薄一波、安子文、林乎加、陶希晋5人为全国人大代表，经代表资格审查委员会审查，确认他们的代表资格有效。现在第五届全国人民代表大会共有代表3471人。

参加五届政协第二次会议的全体委员，国务院、最高人民法院、最高人民检察院、中共中央和国务院直属机构、中国人民解放军等方面的负责人，列席了会议。

全国人大常委会委员长叶剑英在五届全国人大二次会议致开幕词

各位代表：

今年是全国工作着重点转移到社会主义现代化建

设方面来的第一年。第五届全国人民代表大会第二次会议在这时候举行，具有特别重要的意义。

这次会议，将听取和审议国务院总理华国锋同志所作的政府工作报告，审查和批准国务院提出的1979年的国民经济计划和1978年的国家决算、1979年的国家预算。

这次会议，要制定几个法律，这就是：中华人民共和国地方各级人民代表大会和地方各级人民政府组织法、中华人民共和国全国人民代表大会和地方各级人民代表大会选举法、中华人民共和国人民法院组织法、中华人民共和国人民检察院组织法、中华人民共和国刑法、中华人民共和国刑事诉讼法、中华人民共和国中外合资经营企业法。

这次会议，还要审议全国人民代表大会常务委员会的工作报告、最高人民法院和最高人民检察院的工作报告，还要作出有关人事安排的若干决定。

各位代表：

充分发扬民主，集中人民群众中的正确意见，广泛地发动人民群众的积极性，是做好我们的国家工作和政府工作的根本保证，是顺利地推进我国的社会主义现代化建设事业的根本保证。我相信，各位代表一定能够充分地反映全国的工人、农民、知识分子和一切爱国人士的意见，本着"知无不言，言无不尽"的精神，对于政府的各项工作，国家的各项工作，提出批评和建议。

广大人民群众要求加强和完善我国的社会主义法制。有了完善的法制，就能使宪法所规定的人民的民主权利得到有效的保障，就能不断地发展安定团结、生动活泼的政治局面，以利于社会主义建设的进行。随着经济建设的发展，我们还需要有各种经济法。全国人民代表大会一定要经过认真的调查研究和慎重的讨论，陆续制定各项必要的法律，使这些法律能够真正代表广大人民的意志，反映社会主义和无产阶级专政的最高利益，符合社会主义经济建设发展的需要。在法律颁布后，一定要坚决贯彻执行。全国人民代表大会和地方各级人民代表大会都要为维护社会主义法制的尊严起重要的作用。

我们这次会议的任务是很繁重的。全国人民高度重视这次会议。我们一定要使这次会议得到使人民满意的成果。

国务院总理华国锋在五届全国人大二次会议上作政府工作报告

各位代表：

现在，我受国务院的委托，向全国人民代表大会报告政府工作。

一、伟大的历史性转变

从去年3月第五届全国人民代表大会第一次会议闭幕到我们这次会议召开，已经1年零3个月了。这是团结战斗的1年零3个月，是波澜壮阔的1年零3个月，是成效卓著的1年零3个月。经过这段期间的继续努力，全国范围的大规模的揭批林彪、"四人帮"的群众运动已经基本上胜利完成，抓纲治国已经大见成效。国务院根据去年12月中国共产党第十一届中央委员会第三次全体会议的决策，从今年起，把全国工作的着重点转移到社会主义现代化建设方面来。这是一个伟大的历史性转变。

在上一次会议上，我们总结了粉碎"四人帮"以后所取得的胜利。从那时以来，在执行上一次会议提出的各项战斗任务的进程中，特别是在中共十一届三中全会所确定的解放思想、开动机器、实事求是、团结一致向前看的方针和所采取的一系列重大的政治、经济、组织措施的推动下，我们在各条战线上大大地发展了这些胜利。

在政治和思想方面，全国人民在中国共产党的领导下，对林彪、"四人帮"的帮派体系进行了认真的清查工作，把这股猖獗10年、给中国人民带来深重灾难的反革命政治势力基本上摧毁了。党政军的组织经过整顿，领导权已经基本上掌握在人民可以信赖的干部手中。对林彪、"四人帮"推行的反革命路线，从各方面进行了比较深入的批判。全国规模的关于真理标准的讨论，有力地促进了广大干部和广大群众解放思想，打碎了林彪、"四人帮"强加给他们的精神枷锁，使毛泽东同志长期倡导的实事求是、一切从实际出发、理论联系实际的学风得到恢复和发扬。对林彪、"四人帮"造成的大批冤案、假案、错案进行了大规模的平反工作。从中央到基层的受迫害的广大干部，各条战线的受迫害的劳动模范、专家和群众，已经或正在恢复名誉。"文化大革命"中一系列重大政治是非问题基本解决。遭到林彪、"四人帮"严重破坏的干部政策、知识分子政策、民族政策、宗教政策、侨务政策、对原工商业者的政策，对原国民党起义投诚人员的政策，政府都已经采取措施，陆续加以落实。摘掉右派分子帽子的工作已经全部完成，属于错划的部分大都已经改正。改变长期劳动守法的地主富农分子成分的工作也已经进行。人民的团结加强了，扩大了。社会主义民主正在发扬，社会主义法制正在健全，各级国家机关和基层组织的民主集中制和群众路线的工作作风正在恢复和发展。这样，我们就清除了造成长期政治动乱和分裂的祸根，初步实现了人民渴望已久的安定团结、生动活泼的政治局面。当前的政治形势，不仅同林彪、"四人帮"横行时期截然相反，而且在国家民主生活的发扬和人民思想的解放的许多方面，已经出现了前所未有的新气象，这种新气象现在正在稳定地向前发展。

在经济方面，由于清算了林彪、“四人帮”的极左路线，落实了党和政府的各项正确的政策，并且制定了一些适合情况的新政策，形势正在迅速好转。农业生产在连续遭到比较严重的自然灾害的情况下，1978年仍然夺得了丰收。粮食按人口平均占有量超过了新中国成立以来的最高水平，总产量达到3.0475亿吨，比上一年增产2200万吨，即7.8%。这样的增长幅度是30年来所不多见的。油料、糖料、棉花等经济作物的产量都比上一年有较大增长。中共十一届三中全会通过的《中共中央关于加快农业发展若干问题的决定(草案)》和《农村人民公社工作条例(试行草案)》下达到全国农村以后，全国农民和农村干部热烈欢迎，广大农村呈现出多年未见的欢欣鼓舞的景象。工业总产值1977年比1976年增长14.3%，1978年又比1977年增长13.5%。这两年中，钢产量由2046万吨增加到3178万吨，增长55.3%；原煤由4.83亿吨增加到6.18亿吨，增长28%；原油由8700万吨增加到1.04亿吨，增长19.5%；发电量由2030亿度增加到2565亿度，增长26%；化肥(按有效成分计算)由524万吨增加到869万吨，增长66%；化学纤维由14.6万吨增加到28.5万吨，增长95%；铁路货运量由8.2亿吨增加到10.7亿吨，增长30.5%。随着生产的恢复和发展，国内外贸易和财政收入也迅速增长，城乡人民生活都有所提高。这两年中，社会商品零售总额增长16%，进出口总额增长53.7%，财政收入增长44.4%全国农民从集体分得的平均收入增加了17.7%；全国60%的职工不同程度地增加了工资。基本建设方面，一批重大的工程项目或者已经建成投产，或者正在开工兴建；1978年全国建成交付使用的职工住宅面积共达3700多万平方米，比上一年增长33%。这两年中，我们在引进先进技术和利用国外资金方面逐步打开了局面，取得了积极的效果。整个经济战线的这种蒸蒸日上的可喜形势，是过去十多年来所没有过的。尽管在经济方面我们还有不少困难，工作中需要解决的问题还很多，但是同刚刚粉碎“四人帮”的时候的严重局势相比，我们经济的恢复和发展确实已经取得很大成效。这是有目共睹的，也是来之不易的。

在科学教育文化方面，全国科学大会的召开和《1978—1985年全国科学技术发展规划纲要(草案)》的制定，推动了广大科技界和全国广大人民、广大青年钻研科学技术的热潮，并且取得了一些初步成果。高等学校招生制度的改革，对于“文化大革命”前17年教育工作的所谓“两个估计”的批判，带动了整个教育工作的整顿，迅速扭转了林彪、“四人帮”造成的严重混乱局面，基本上树立了正常的秩序，调动了亿万学生和广大教师的积极性。随着对于所谓“文艺黑线专政”论的否定，一大批遭到林彪、“四人帮”长期禁锢的优秀电影、戏曲和其他中外作品重新和群众见面了，各种文艺创作逐步活跃，出现了一批受到群众欢迎的好作品，整个文艺园地百花齐放的繁荣前景已经在望。社会科学研究围绕历史经验的总结和社会主义现代化建设问题的探讨，正在百家争鸣方针的指引下日益走向兴盛，广大群众对理论问题的热烈关心达到了新中国成立以来的高潮。新闻、广播、电视和出版事业的发展生动活泼，欣欣向荣。卫生、体育和其他各项文化工作，都有了重要的成就。

总之，经过粉碎“四人帮”以来两年多的努力，我国各条战线，包括军事、外交战线，都取得了巨大的胜利，整个国家的形势已经发生了根本的变化。中国共产党第十一次全国代表大会和第五届全国人民代表大会第一次会议提出全国人民在新时期的总任务，预告了全党全国的工作着重点将要转移到社会主义现代化建设上来。现在，由于全国人民团结一致的积极努力，实现这个伟大的历史性转变的时机已经成熟了。

无产阶级和全体劳动人民在夺取了国家政权，确立了自己的政治统治以后，就必须把经济建设的任务提到首要地位。毛泽东同志在建国初期，特别在社会主义改造基本完成以后，再三指出要把工作中心转到经济方面和技术革命方面来。在毛泽东同志和周恩来同志的卓越领导下，我们在胜利开展生产资料所有制的社会主义改造、思想政治战线上的社会主义革命和农村社会主义教育运动的同时，在社会主义建设方面取得了重大的成就，很快地把我国建成为一个有相当水平的工业—农业国家。我国国民经济在这段时间里的发展速度，不但为旧中国所望尘莫及，也高出于同时期的许多资本主义国家。这种发展速度固然与我们原来的基础低有很大关系，但它无论如何是社会主义制度优越性的一个证明。当然，同世界的工农业先进国家比，我们的经济文化水平仍然是很低的。1964年年底，在第三届全国人民代表大会上的政府工作报告中，周恩来同志根据中共中央和毛泽东同志的意见，第一次正式地向全国人民提出了在本世纪末实现农业、工业、国防、科学技术四个现代化，使我国国民经济走在世界前列的宏伟纲领。但是由于林彪、“四人帮”所进行的长时期破坏，这个纲领一直没有能够形成规划和计划，当然更不可能全面实施。1975年的第四届全国人民代表大会上，周恩来同志重新提出了这个纲领，“四人帮”又猖狂反扑，再一次造成国民经济的严重混乱。他们极力诋毁和攻击现代化，说什么“四个现代化之日，就是资本主义复辟之时”。由此可见，不粉碎

“四人帮”,不摧毁林彪、“四人帮”的反革命势力,不清算他们的极左路线,我们就不可能实现工作着重点的转移,不可能真正着手实现四个现代化。

当前以及今后相当长一个历史时期,我们的主要任务,就是有系统、有计划地进行社会主义现代化建设。能不能在本世纪内实现四个现代化,决定着我们国家和民族的命运。我国各族人民在中国共产党的领导下,在伟大领袖毛泽东同志和他的亲密战友周恩来同志、朱德同志等老一辈无产阶级革命家的领导下,艰苦奋斗,英勇牺牲,在半个多世纪内相继进行了新民主主义革命和社会主义革命,根本目的就是解放被帝国主义、封建主义以及资本主义和小生产制度所束缚的生产力,使它迅速发展,使中国成为现代化的社会主义强国,使全国人民的物质文化生活水平不断提高。我国建国已经快30年了,主要由于林彪、“四人帮”的破坏,也由于我们在个别时期工作指导上发生过一些错误,社会主义的优越性没有能始终一贯地和充分有效地发挥出来,我们远远没有能够得到本来应该得到的成就。我们已经损失了不少时间,这个损失了的时间必须赶紧抢回来。现在我们终于取得了有利于我们迅速开展和平建设的国内外环境,如果再不抓紧目前这个难得的宝贵时机,全力以赴地、千方百计地加快我国社会主义现代化建设,我们这一代人就对不起国家民族,对不起中国和世界的社会主义事业,对不起革命先烈和子孙后代。因此,安定团结地发展现代化建设,这是我国各民族全体人民的根本利益,是全国的大局,是当前和今后一个相当长的历史时期内的最大的政治。我相信,全国人民代表大会的这一次会议,一定会号召和团结全国人民,万众一心,为有计划地完成这个伟大的历史任务作出最大的努力。

这里有必要简单地谈谈大家所关心的我国内部的阶级状况和阶级斗争问题。实际生活无可否认地表明,在我们国家里(除台湾外)由于采取了为全国绝大多数人民所拥护的正确的合理的步骤,已经消灭了封建剥削制度和资本主义剥削制度,改造了小生产制度,社会主义制度已经经历了严峻的考验而确立了自己的稳定的统治。作为阶级的地主阶级、富农阶级已经消灭。资本家阶级在我国的历史条件下是中华人民共和国人民的一部分,我国政府对他们采取了正确的赎买政策,顺利地改造了资本主义工商业,作为阶级的资本家阶级也已经不再存在。经过近30年的斗争和教育,这些阶级中间有劳动能力的绝大多数人已经改造成为社会主义社会中的自食其力的劳动者。这个社会主义社会的主人翁,是社会主义的工人,社会主义的农民,社会主义的知识分子,以及其他拥护社会主义的爱国者。在他们中间还有这样那样的矛盾,但是没有根本的利益冲突,建设和发展社会主义事业是所有这些人的共同利益。这些是我们已经取得的伟大的历史性胜利,这些伟大的历史性胜利是不容置疑的客观事实。当然,我国还有反革命分子和敌特分子,还有各种严重破坏社会主义秩序的犯罪分子和蜕化变质分子,还有贪污盗窃、投机倒把的新剥削分子。“四人帮”的某些残余,没有改造好的极少数地主富农分子和其他旧剥削阶级的某些残余,也还会继续坚持反动立场,进行反社会主义的政治经济活动。并且,国内阶级斗争又同国际阶级斗争密切地联系着。所以,各种阶级敌人还将长期存在,我们还必须对他们实行无产阶级专政。尽管他们人数很少,我们决不能够麻痹大意,放松警惕。在人民内部,资产阶级意识形态和封建阶级意识形态的影响也还将长期存在,针对这些影响还必须进行长期的斗争和教育。我们要在实现四个现代化,大力发展社会生产力,提高劳动生产率的同时,继续正确地进行经济上、政治上和思想上的阶级斗争,保证“使资产阶级既不能存在,也不能再产生”。这些也都是不容置疑的客观事实。从这两方面的基本事实出发,我们认为,我们需要采取的方针应该是:

第一,承认阶级斗争还没有结束,同时承认今后再不需要也再不应该进行大规模的急风暴雨式的群众阶级斗争。认为阶级斗争已经熄灭的观点和把阶级斗争扩大化的观点,都不符合我国现阶段的客观实际,因此也违背全国人民的心愿。按照毛泽东同志的教导,社会主义社会的基本矛盾,仍然是生产关系和生产力之间的矛盾,上层建筑和经济基础之间的矛盾,不过社会主义社会的这些矛盾,同旧社会的生产关系和生产力的矛盾,上层建筑和经济基础的矛盾,已经有根本不同的性质和情况。在社会主义制度下,我们的根本任务已经由解放生产力变为在新的生产关系下面保护和发展生产力。无产阶级专政的目的已经是为了保卫全体人民进行和平劳动,将我国建设成为一个具有现代农业、现代工业、现代国防和现代科学技术的社会主义强国。现在,我国的生产力发展水平还很低,远远不能满足人民和国家的需要。在本世纪内实现四个现代化,把我国目前很低的生产力水平迅速提高到现代化水平,为此而改革我国目前生产关系和上层建筑中那些妨碍实现四个现代化的部分,扫除一切不利于实现四个现代化的旧习惯势力,这就是我国现阶段所要解决的主要矛盾,也就是全国人民在现阶段的中心工作。为了完成这个中心工作,必须坚持无产阶级专政,坚持阶级斗争。但是,阶级斗争已经不是我国社会目前的主要矛盾,我们进行阶级斗争应该围绕着社会主义现代化建设这个中心工作并为这个中心工作服务。当然,发展社会主义现代化建设的目的,最终是为了实现

“各尽所能、按需分配”的共产主义的伟大理想,我想我们在座的各位代表对于这一点是不会有疑问的。

第二,承认社会主义社会还有敌我矛盾和人民内部矛盾,必须严格区别和正确处理这两类矛盾,解决敌我矛盾用专政的方法,解决人民内部矛盾用民主的方法,团结——批评——团结的方法。无论处理哪一类矛盾,都必须充分依靠人民群众,严格遵守社会主义法制。

这样,我们就能够长时期地保持安定团结的革命秩序,而不致造成妨碍社会主义现代化建设的混乱。毛泽东同志认为,除了特殊的、局部的、暂时的现象以外,社会主义社会的矛盾不像资本主义社会的矛盾那样表现为剧烈的对抗和冲突,它可以通过社会主义制度本身而得到解决。为了充分发挥社会主义制度的这个优越性,我们应该继续努力提高人民特别是青年的马克思列宁主义、毛泽东思想的政治觉悟,继续努力加强社会主义民主和社会主义法制。

我们必须做到这一切,也一定能够做到这一切。因为我们国家和社会的主宰者,即我国人民和人民授以各项职责的绝大多数的工作人员,包括老年、中年和青年,经历了旧社会和新社会的种种变化,有了多方面的经验,知道国家的根本利益是什么,应该怎样去实现、发展和保卫,国家的根本危险是什么,应该怎样去避免和防止。我们将不断地完善和巩固我们的社会主义国家制度和民主集中制的政治制度,使任何少数人没有可能以任何方式强制大多数人,而只能服从大多数人,服从大多数人的利益和意志。十几年来的斗争已经证明,实现四个现代化是我国现阶段的最高利益,是全国人民和全国青年的不可动摇的意志,没有任何力量能够阻止我们和我们的下一代始终不渝地为实现、发展和保卫社会主义四个现代化的伟大事业而奋斗。

二、打好四个现代化的第一个战役

中共十一届三中全会以后,国务院全面地分析了我国经济建设的现状,认为必须在前两年多经济恢复和发展取得巨大成就的基础上,从今年起集中3年的时间,认真搞好国民经济的调整、改革、整顿、提高,把它逐步纳入持久的按比例的高速度发展的轨道。这是我们把工作着重点转移到社会主义现代化建设上来之后,实现四个现代化的第一个战役,必须努力打好。

在我国这样一个9亿多人口的大国实现四个现代化,是一件非常艰巨复杂的工作,进一步打好基础是今后顺利发展的重要前提。我们在建国以后的长时期努力中,已经为工业打下了重要的基础;农业的发展,在我国人口多耕地少的条件下,同样取得了很大的成绩。我们过去两年多经济恢复和发展工作的收获,也比我们的预料要好得多。但是,林彪、“四人帮”10年破坏的严重后果是不可能在短时间内消除干净的。我们对于这一点曾经有些估计不足,工作中采取的某些步骤也不够稳妥。目前,我们面临的突出问题是,我国农业的增长还不能适应工业增长的需要,有时甚至难于满足人口增长的需要。轻纺工业的许多重要产品数量不够,质量不高,品种不多,市场供应不充分。煤炭、石油、电力工业和交通运输业的发展虽然比较快,仍然落后于国民经济发展的需要。各个工业部门内部和相互间也有许多不协调的方面。基本建设同时进行的项目过多,以至许多工程长期不能形成新的生产能力。我国的经济管理体制和企业管理体制都存在着明显的缺陷,严重地妨碍着职工、企业、地方、中央部门积极性的发挥,妨碍着劳动力、设备、流动资金的使用效率的提高。全国重点企业的主要工业产品质量指标和原材料消耗指标分别有43%和55%没有恢复到历史最高水平,有24%的国营工业企业存在着程度不同的亏损。这些情况说明,用3年时间集中力量进行国民经济的调整、改革、整顿、提高,是完全必要的。

我们讲调整,就是要针对林彪、“四人帮”长期干扰破坏所造成的经济比例严重失调的状况,自觉调整比例关系,使农轻重和工业各部门能够比较协调地向前发展,使积累和消费之间保持合理的比例。调整、改革、整顿、提高四方面的任务是互相联系、互相促进的,但是调整是目前国民经济全局的关键。经过3年调整,我们要努力达到下列几项主要要求:(一)要使粮食生产和其他农副产品生产的发展同人口的增长和工业的发展比较适应。(二)在轻纺工业方面,要使它们的增长速度赶上或略高于重工业的增长速度,使主要轻纺产品的增长大体上同国内购买力的增长相适应,并大量增加出口。(三)要经过努力增产和厉行节约,使目前燃料动力和交通运输的紧张局面有所缓和。冶金、机械、化工等重工业部门,要在增加生产的同时,着重提高质量,增加品种。(四)基本建设要坚决缩短战线,集中力量打歼灭战,提高工程质量,降低工程造价,缩短建设周期。(五)在发展生产的基础上,要使全国农民从集体分得的平均收入和全国职工的平均工资继续有所提高。

我们讲改革,就是要对现行经济管理体制坚决地有步骤地实行全面改革。目前我们经济管理体制的要害问题,就是在不少方面程度不等地违背了客观经济规律,在生产和流通领域中忽视了商品生产的价值法则,在分配领域中不能很好地体现按劳分配的原则。经过3年坚持不懈的探索、试验和实践,要制定一套办法,使工业、农业、交通运输业和商业等企业单位拥有必要的自主权,能够主动按照社会需要安排生产经营活动，使产品的生产一方面同原材料的供应密切结合，一方面同产品的销售密切结合，改变目前供产销三者互相脱节的状态。要切实贯彻执行各尽所能、按劳分配的原则，把企业收入和职工收入的高低同他们对国家贡献的大小直接联系起来，坚决纠正干好干坏、干多干少一个样的平均主义倾向。要有计划有准备地成立各种企业性的专业公司和联合公司，逐步改变目前许多企业"大而全"、"小而全"、经济效率很低的落后状况，逐步改变目前由许多臃肿、重叠、效率很低的行政管理机构来管理经济的落后状况。要在中央的集中统一领导下，适当扩大地方在计划、基建、财政、物资、外贸等方面的权限，使各地方能够按照社会化大生产的要求和经济有效的原则，因地制宜地发展国民经济。这样，我们就能够使生产关系同生产力发展的需要比较适应，使上层建筑同经济基础的需要比较适应，使社会主义制度的优越性比较有效地发挥出来。

我们讲整顿，就是要把现有企业特别是一部分目前管理混乱的企业坚决整顿好。我们要实现四个现代化，当然要建设一批必要的新企业，但是主要必须依靠对大量的现有企业实行挖潜、革新、改造，使它们逐步接近或达到现代化的水平。对于这一点不能有任何动摇。而为了这个目的，我们就必须用极大的力量对现有企业进行整顿。在3年内，所有企业都要建立起在政治上和业务上强有力的、有技术专家参加并能真正发挥作用的领导班子，坚决实行党委领导下的厂长负责制，使厂长确实成为统一指挥全厂生产工作的主要行政领导人。要把新中国成立以来一直行之有效的各项规章制度统统恢复和健全起来，使所有企业从上到下都有明确的责任制度，每项工作都有人负责，建立起合理的、有效率的、文明的生产秩序和工作秩序。要根据新时期的经验和要求，陆续制定全国统一的关于企业的各种法规。各地区、各部门必须对所属管理不善的企业分别提出限期整顿的具体要求，如果在限期内仍然整顿不好，要坚决改组那些企业的领导班子。凡是因为经营管理不善而长期亏损的企业，都必须在今后一年内扭亏为盈，否则就坚决实行停产整顿，政府不给补贴，银行不给贷款。经过整顿，一定要使所有后进企业的各项经济技术指标都达到和超过本企业的历史最高水平。这样，我们经过30年的努力建立起来的具有相当规模的现有企业，才能不辜负国家和人民的殷切期望，才能在向四个现代化进军的事业中发挥强有力的作用。

我们讲提高，就是要大大提高生产水平、技术水平和管理水平。要使那些各项工作已经走上正轨的企业、包括工业、建筑业、交通运输业、农林牧渔业、商业和各项服务业，在改进产品质量和劳务质量、创造新产品和增加品种规格、降低物资消耗、提高劳动生产率和资金利用率等方面，都能努力按照现代化的要求，向前大大迈进一步。要使各级经济管理机关和经济工作人员，都能够显著提高组织和领导社会化大生产的能力，提高科学管理和业务技术的水平，力求在自己的职务上逐步成为专家。经过3年的努力，我们要通过学习、引进和我们自己的革新创造，使我国主要行业有一批企业的关键性生产工艺，在采取世界先进技术方面取得显著的成绩。要使关系国计民生的重要行业，在采取现代化管理方法方面，创造出若干个先进的典型企业。这样，我国人民就可以从现实生活中看到越来越多的逐步实现现代化的榜样及其实际效果，从而为此后在全国范围内的推广和继续提高打下基础。

由此可见，调整、改革、整顿、提高的方针，是一个保证我国现代化事业真正能够脚踏实地地向前发展所必须采取的完全积极的方针。在实行这个方针的过程中，我们要继续执行积极引进先进技术和利用国外资金的既定政策。那种认为这个方针是消极后退方针的观点，或者认为实行这个方针就要停止引进的观点，都是完全错误的。为了在3年内实现这个方针所提出的各项要求，必须付出极其紧张的努力。这次大会之后，国务院将逐项制订实施方案，坚定地、有条不紊地组织好各方面的力量，毫不动摇地向着预定的目标前进，争取新长征路上这个重大战役的全面胜利。这一仗打好了，我们就会具备比较有利的条件，促使国民经济逐步走上按比例地高速度发展的轨道。

国务院认为，根据上述方针，当前我们发展国民经济的主要任务，是要着重抓好以下的10项工作。

第一，坚持贯彻以农业为基础的指导思想，集中力量把农业搞上去。农业是整个国民经济的基础。农业在适合我国的条件下逐步实现现代化，将为我国的城镇和厂矿人口提供丰富的商品粮、肉食品和其他副食品，为轻纺工业和国内外市场提供越来越多的经济作物和其他原料，为整个工业提供日益繁荣的广阔市场，并且使农业、工业和科学技术日益相互依赖、相互融合地向前发展。为了逐步实现农业现代化，首先要充分发挥八亿农民的积极性、创造性和集体经济的优越性，继续发扬自力更生、艰苦奋斗的精神，争取农业生产有一个持续的大幅度的增长。我们要继续肃清林彪、"四人帮"极左路线的流毒，稳定三级所有、队为基础的制度，保护和尊重社队的所有权和自主权，因地制宜地实行有利于发展生产、巩固集体经济的各种形式的责任制度，坚持各尽所能、按劳分配的原则，允许社员经营少量自留地和经营家庭副业，允许正当的集市贸易。长期的实践证明，这些基本政策符合广大农民的愿望和利益，有利于促进农业生产力的发展，因此，国务院认为，这些政策应该长期稳定不变，在全国严肃认真地贯彻执行，不得违反。在坚持执行各项农村政策的同时，政府要增加对农业的投资和信贷，适当提高农副产品的收购价格，减免部分经济条件较差的地区的农业税收和社队企业税收，加强对农业的物质和技术支持，发展农业税收和社队企业税收，加强对农业的物质和技术支持，发展农业科学研究和技术推广事业，继续促进农业的机械化，加快商品粮基地和国营农场、林场、牧场、渔场的建设。今年政府对农业的投资比重由去年的10.7%提高到14%，加上用于农业的其他各项资金，总额达到174亿元，明后两年还将适当增加。各级农业部门和农村社队要切实改进经营管理，使得用于农业的资金和物资得到合理的使用，发挥最大效益。

目前我国亿万农民的生产积极性空前高涨，我们要不失时机地加强组织领导，搞好全国人民公社和公社以上各级的农业发展规划。国务院已经着手进行全国农业自然资源的普查和研究制定发展农业的区域规划。全国所有的县一级政府，都要指导和推动人民公社、生产大队和生产队，从当地实际情况出发，通过社员民主讨论，制定全公社逐步实现农业、林业、牧业、渔业现代化的规划。在这个基础上，经过综合平衡，依次制定县、省和中央三级的农业现代化规划，并组织有关方面通力协作，扎实地有步骤地加以贯彻执行。我们一定要继续大力进行农田基本建设，增加高产稳产农田，有计划地开垦荒地；普遍开展植树造林，切实保护和合理开发森林资源；大力加强草原建设、积极改良畜种；更好地保护水产资源，发展海洋捕捞和海水、淡水的养殖业；采取适合当地条件的各种方式，大力推广农村沼气；在符合经济合理的原理下，充分利用当地资源，积极发展农村社队企业，使农林牧副渔各业都得到全面的高涨。这样，农业这个国民经济的基础就能够比较快地得到加强，我国八亿农民就能够比较快地陆续富裕起来。

《农村人民公社工作条例(试行草案)》在经过试行以后，将在明年提请本届全国人民代表大会第三次会议审议通过。

第二，采取坚决有力的措施，加快轻纺工业的发展。轻纺工业投资少，积累快。多发展轻纺工业，既能满足人民生活和对外贸易的需要，又能为现代化建设积累资金。我们一定要采取坚决有力的措施，迅速改变目前轻纺工业的落后状况。轻纺生产所需要的燃料动力和原材料，必须优先保证供应。今年国家提高了对轻纺工业的投资比重，增加了用于发展轻纺生产的外汇，今后还将适当增加，轻纺工业部门要千方百计把这些资金用好，使它们充分发挥效益。轻纺工业部门正在兴建的一些现代化骨干企业必须抓紧建设，保证按期投入生产。同时要以更大的努力抓好现有企业的革新改造，挖掘潜力，增加生产，提高质量，增加花色品种。我们一定要努力创造出一大批优质名牌产品，以满足国内市场和出口的需要。我们要大力加强对手工业的领导，充分发挥手工业企业在生产日用工业品和工艺美术品方面的作用。重工业各部门的许多企业不仅要努力为轻工业提供越来越多的设备和原材料，还要注意利用一切可能的条件，生产出国内外市场需要的高质量的日用工业品。军工企业在保证按质按量完成军用产品生产任务的前提下，也要尽可能多生产一些民用产品，特别是耐用消费品。

第三，切实加强煤炭、石油、电力、交通运输和建筑材料工业，努力克服国民经济中的这些薄弱环节。为了尽快改变燃料动力严重不足的状况，我们必须一手抓增产，一手抓节约。一方面，煤炭工业要努力改变部分矿井采掘接替紧张甚至采掘失调的状况，搞好现有矿井的技术改造，加快新井建设；石油工业必须加强地质普查和勘探，大力增加后备资源，使开采量和储量之间保持合理的比例；电力工业要搞好现有发电设备的配套和完善化，加快新电站的建设，在积极发展火电的同时多搞水电。另一方面，各行各业都要努力降低消耗，节约使用能源，杜绝浪费，这是当前以至今后若干年内缓和燃料动力供应紧张状况的最主要、最可靠的途径，必须千方百计地坚定不移地精打细算，雷厉风行，有奖有罚，非要得到显著的效果不可。政府要实行电力的统一分配供应制度，并且准备尽快拟订能源法案。据有关部门初步估算，工业交通企业目前一年大约多耗电二三百亿度，多耗煤几千万吨。我们要求各地区、各部门在各企业今年计划定额的基础上节约煤和电2%—3%，节约油5%—10%，这个目标经过努力是完全可以达到的。国务院责成各级计委严肃负责地根据燃料动力和原材料的供应可能，严格审查和控制每一新企业的建立，并且坚决把一些产品没有销路和质量低劣、消耗过高、长期亏损的企业停下来，保证那些产品为社会所急需、质量好、消耗低、盈利多的企业开足马力生产，使有限的燃料动力和原材料得到合理的使用，发挥出更大的作用。在交通运输方面，必须加快主要铁路干线的技术改造，提高运输能力；在积极修筑新公路的同时，努力改造现有公路；加快沿海港口的建设，大力发展内河航运；切实加强邮电通讯的建设。建筑材料工业要迅速改变目前的落后状况，加快发展速度，特别要重视研制和生产新型的建筑材料。

地质工作应该先行，目前也是一个薄弱环节。要大力开展地质调查和矿产普查勘探，努力提高找矿效果，为现代化建设提前找出各种资源和准备好地质资料。

冶金工业去年胜利地结束了我国钢铁生产多年来的徘徊局面，这3年要把重点放在提高质量和增加品种规格上，积极努力提高冶炼和轧制技术的水平，多炼优质钢、合金钢，坚决把那些短缺的、稀有的钢材和有色金属搞上去，为国家作出更大的贡献。机械工业要尽量多生产为国家急需的高质量的农业、轻工、纺织、矿山、石油、电力、冶金、化工、建材等机械设备，车辆、船舶、通信器材、精密机床、大型机床以及其他设备和零配件，努力适应国民经济发展的需要。电子工业在现代化建设中占有很重要的地位，要积极加以发展。

第四，坚决缩短基本建设战线、努力提高投资效果。我们必须根据国家财力物力的可能合理安排基本建设规模，集中力量打歼灭战，加快现代化建设的速度。各地区、各部门一定要从全局出发，坚决把那些当前不急需和不具备建设条件的项目停下来，保证那些为国家急需的工程加快建设，按时投入生产。要优先把农业、轻工业、燃料动力工业、交通运输、建筑材料和冶金工业方面的重点项目保上去，并且适当安排好其他方面的建设，促使国民经济协调地向前发展。基本建设一定要认真搞好合理布局，综合平衡，这样才能取得较好的投资效果，否则就要造成极大的浪费。所有基本建设工程，都要严格按照基本建设程序办事，坚决纠正那种边设计、边施工、边生产的错误做法。新建工程必须解决好环境保护问题，现有企业的环境污染问题也要认真负责地有步骤地切实解决。基本建设战线的广大职工要鼓足干劲，群策群力，努力缩短建设周期，降低工程造价，确保工程质量完全合格，提高新增固定资产占投资额的比例。在这些方面作出优异成绩的单位和个人，要给以特别的表扬和奖励。总之，我们一定要坚决克服基本建设中目前存在的严重浪费现象，使全国人民经过辛勤劳动创造出来的建设资金在现代化事业中充分发挥巨大的作用。

第五，积极发展科学教育文化事业，加速培养建设人才。我国科学技术人才和经营管理人才本来就不足，由于林彪、“四人帮”的长期破坏，目前更出现了青黄不接的严重状况。我们必须在加快经济建设的同时，相应地加快科学、教育、文化事业的发展。我们一定要继续恢复、加强和新建一批重点科研机构，充实一批重点大学的实验室，在重视基础理论研究的同时，用更大的精力努力解决现代化建设中迫切需要解决的科技课题。各经济部门和一切生产企业，都应该大力开展技术革新，发展科学研究，尽量采用适合实际需要的先进生产技术和管理技术。要努力有计划地加强中间试验、工业试验和技术推广工作。教育方面，要在前两年多高等院校整顿取得显著效果的基础上，继续花很大的力量，积极发展大学教育和高等专科教育。中等教育要有计划地多举办各种门类的中等职业教育，这是社会主义建设的多方面的迫切需要，同时也有利于解决大量中学毕业生的就业问题。继续扫除文盲和普及小学教育十分重要。这个任务本来早就接近完成，由于林彪、“四人帮”的破坏倒退了多年。我们一定要依靠各省、自治区、直辖市的负责领导和教育部门的积极配合，切实解决工作中的具体困难，组织各方面的力量来加快完成这个任务。要十分重视发展托儿所、幼儿园，加强幼儿教育。各级各类学校，要努力提高教育质量。新闻、广播、电视、出版、图书馆、博物馆、文艺、卫生、体育等各项事业，都要适应形势的需要和根据国家财力物力的可能，统筹安排，有一个新的发展。

为了普遍地提高全国企业的管理水平和技术水平，提高全民族的科学文化水平，必须对在业人员进行业余的和离职的科学技术、经济管理和文化知识的教育。各部门、各地方和有条件的企业，从上到下，都要开办各种类型的训练班、研究班，分期分批对领导干部、管理人员和技术人员普遍进行轮训，同时把职工的文化学习和技术培训工作切切实实地开展起来。每一期的轮训或培训完毕后，都要进行严格的考试，作为衡量是否称职、提拔使用和晋职升级的重要依据。工业、交通运输、基本建设战线要这样做，农业、商业、科学教育文化等各条战线也要这样做。

第六，继续做好技术引进工作，积极利用国外资金，努力扩大出口。世界各国之间开展经济交流，相互引进技术，是各国经济技术发展的必不可少的重要途径。发展中国家要赶上经济发达的国家，更需要有计划地引进先进技术。我们为了加快实现四个现代化，必须在坚持独立自主、自力更生的前提下，努力学习一切外国的好东西，有选择地引进我们迫切需要的先进技术，决不能闭关自守。无论在3年经济调整期间或今后的长时期内，我国都将积极发展对外贸易，发展对外经济合作和技术交流，并且采取国际上通用的各种合理的形式吸收国外资金。这是我国政府坚定不移的重要政策。《中华人民共和国中外合资经营企业法》已经由全国人大常委会提请本次会议审议；随后，国务院将制定有关扩大经济技术交流的条例和具体办法。这里需要着重说明的是，有计划地引进外国先进技术和利用国外资金，同我国最近3年内实行的调整、改革、整顿、提高的方针，不但没有矛盾，而且有互相促进的重要作用。我们要加强国民经济的薄弱环节，改造和提高我们的现有企业，当然要做好先进技术的引进工作。同外国合理地进行生产技术合作，开展补偿贸易，举办合资经营的企业，将会促进我国企业的改革、整顿、提高。我们积极引进先进技术无疑必须从我国的实际出发，统筹安排，分清轻重缓急。进口必要的成套设备是重要的，更重要的是引进先进的制造技术和工艺。无论在哪种情况下，都要特别注意认真组织广大技术人员和工人学习、消化和掌握国外先进技术，切实搞好国内的配套工作，不断提高我们自己的设备制造能力，努力做到学习外国和自己的独创相结合，这才能够赶超世界先进水平。要想多引进一些外国先进技术，就得努力增加自己的偿付能力，这里最可靠、最主要的途径，就是积极扩大出口。国务院进出口领导小组和外贸部要督促和帮助每一个部门、每一个地方制订近期和长期的出口计划，认真地增加品种，提高质量，改进设计和包装。计划制订了，必须切实检查执行情况，保证按质按量按时地完成。与此同时，还要大力开展旅游事业。

第七，采取坚决的态度和积极稳妥的步骤，认真做好经济管理体制的改革工作。经济管理体制的改革工作关系国民经济的全局，涉及的范围很广。国务院有关部门在前一段调查研究的基础上，已经就其中几个最迫切的问题，初步拟定了有关扩大企业自主权的若干试行办法、职工奖惩试行条例、财政体制初步改革方案、外贸管理和外汇分成的规定、基本建设投资逐步改由银行贷款的办法等文件。希望各位代表对这些文件提出改进的意见。这次会议以后，这些改革办法经过在各地的试行和修订，将由国务院正式颁布。与此同时，国务院和各省、自治区、直辖市将组织各有关方面的力量，对经济管理体制改革的其他问题继续进行专门的调查研究和试点工作，努力及时提出切实可行的改革方案。

第八，在保持物价基本稳定的前提下，对某些不合理的价格作必要的调整，同时切实加强物价管理。我们的物价，一定要保持基本稳定，否则会引起经济生活的紊乱；也要及时进行必要的调整，否则也不利于生产的发展。今年国务院决定较大幅度地提高粮、棉、油、猪等主要农副产品的收购价格，满足了8亿农民的多年愿望，这对于发展农业生产，改善市场供应，促进整个国民经济的高涨，必将起持久的巨大作用。因此，从全局说，这是对全国所有人民都有利的。今年在提高了农副产品收购价格以后，国家仍然尽可能地拨出一笔资金用于改善职工和城镇居民的生活，但是由于国家的财政收入有限，用于这方面的支出不可能很多。这方面的困难希望全国职工和城镇居民加以谅解。农副产品收购价格提高以后，粮食、食油在城镇的销售价格不动，有些农副产品的销售价格要作适当调整，政府将采取相应的增加职工收入的必要措施，除了供养人口较多的极少数职工的家庭生活暂时难免稍受影响以外，保证绝大多数职工和城镇居民的实际生活水平不致下降。物价变动牵涉到千家万户，一定要十分慎重。调价的范围、幅度要严格按照国务院的规定办，各地方、各部门不得自行其是。我们一定要加强物价管理，严禁随意提高销价和变相涨价。

第九，在发展生产的基础上，逐步提高人民的生活水平。今年由于提高了农副产品的收购价格，减免了部分地区的农业税收，加上农业生产的发展，农村社队和农民的收入估计将增加130亿元左右。1年内社队和农民的收入以这样大的幅度增加，这在历史上是空前的，它将大大激发广大农民的劳动积极性，也大大增加全国工商业部门和银行部门在满足农民要求方面的任务。怎样指导农民有计划地正确地用好这笔钱，使它成为多方面繁荣农村社会主义经济的动力，也是各公社、大队和生产队面前的一个重大课题。对于一部分城镇职工，今年计划适当提高工资，同时继续推选奖励制度，对劳动好、贡献大的工人、科学技术人员和干部进行精神鼓励和物质鼓励，并且切实纠正滥发奖金的现象。全国将用30亿元建设职工住宅(企业自建的在外)，竣工面积可达3000多万平方米。地方财力用于发展公用事业、文教卫生事业和其他福利事业的费用，也将比去年有所增加。

劳动就业问题是当前的一个突出问题。由于林彪、“四人帮”的干扰破坏，过去10多年中经济事业和各项事业发展缓慢，使需要就业的人员超过了能够提供的就业岗位。对于待业人员的劳动和生活问题，政府十分关心，将按照统筹兼顾的原则，妥善地加以安排。我们要广开就业门路，积极发展手工业、修缮业、商业、服务业、养殖业、饮食业、旅游业、城市公用事业、园林绿化事业和其他有需要有条件发展的企业事业，使待业人员逐步得到适当的安置。今年计划在全民所有制和集体所有制单位安排700多万人就业，同时还要拨出一些资金，在全国大、中城市办好劳动服务公司，通过多种形式，陆续把待业人员全部组织起来进行就业训练和劳动服务。不少城市在这方面已经取得很成功的经验，应该迅速在全国推广。对于应该下乡的知识青年，要继续动员他们到农村去，农村和有关各方面要安排好他们的生活，关心他们的学习和成长，积极鼓励和帮助他们为建设社会主义农村贡献力量。

今年政府在改善人民生活方面已经做了极大的努力，以后仍然要按照财力、物力的可能，继续作出适当的安排。目前我们的困难还比较多，人民生活方面多年积累下来的问题不可能一下子全部解决，而只能随着生产的发展逐步解决。我们现在把情况向各位代表和全国人民讲清楚，相信大家是会理解的。

第十，进一步做好计划生育工作，切实控制人口的增长。70年代以来，我们在控制人口的增长方面取得了显著的成绩，但目前的人口增长率还需要进一步降低。由于50年代后期和60年代后期出生的人口比较多，进入结婚、生育年龄的男女人数在本世纪最后20年内还将有不小的增长。进一步努力降低人口的增长率，对于加快实现四个现代化，增进整个民族的健康和福利，具有重大的战略意义，丝毫不能放松。全国各方要认真做好思想教育工作、卫生技术工作和幼儿保健工作，使广大群众自觉自愿地和安全有效地实行计划生育。要订出切实可行的办法，奖励只生一个孩子的夫妇，对无子女的老人逐步实行社会保险。在农村的口粮分配上要坚持按年龄分等定量的制度，在城市住房分配和职工福利方面要规定有关的适当措施，使社会经济政策有利于计划生育的开展。正确的办法是能够收效的。1971年到1978年的人口自然增长率，四川省由29‰降到6.1‰，上海市由7‰降到5.1‰，他们的经验应该在全国城乡推广。今年我们要力争使全国人口增长率降到10‰左右，今后要继续努力使它逐年下降，1985年要降到5‰左右。

除以上10项工作以外，前面已经说过的关于整顿、提高的各项要求，当然要坚决实现。

各位代表！根据调整、改革、整顿、提高的方针，国家计划委员会已经对去年制订的1979年国民经济计划作了修订。今年是工作着重点转移的第一年，又是我们伟大的社会主义祖国建国30周年，完成和超额完成今年的计划具有更重要的意义。让我们大家一致动员起来，立即在全国范围内和各行各业中，广泛深入地开展一个以高产优质多品种低消耗为中心的增产节约运动，开展群众性的社会主义劳动竞赛和合理化建议运动，努力完成和超额完成今年的计划。全国各地区、各部门、各企业，都要根据自己的情况提出增产节约的明确目标和具体措施。在增产节约运动中，各级政府领导机关和领导干部都要做群众的表率，加强思想政治工作，带领全国人民大力发扬艰苦奋斗、勤俭建国的光荣传统，大力发扬大庆人、大寨人自力更生、艰苦创业的革命干劲，大力发扬自卫还击战英雄们有我无敌、奋不顾身、前仆后继的大无畏精神，你追我赶，争先恐后，为增产节约运动和实现四个现代化作出优异的成绩。所有企业事业单位和行政机关都必须雷厉风行地采取各种节约措施，同那种铺张浪费、大吃大喝、请客送礼、摆阔气讲排场、挥霍国家财产的剥削阶级可耻行为作毫不留情的斗争。

国务院在努力做好当前发展国民经济的各项工作的同时，正在充分研究前两年多的实践经验和我国的实际情况，对原订的10年规划纲要进行必要的补充和修订。在1981年举行的五届人大四次会议上，国务院将提出1981年到1985年发展国民经济的第六个五年计划，请大会审议。我们相信，到那个时候，我们将能宣告调整、改革、整顿、提高的任务已经取得重要成果，我国国民经济将能以更健全的步伐和更高的速度向前发展。

三、加强社会主义民主和社会主义法制

为了巩固我国由工人阶级领导的全体劳动人民当家做主的社会主义国家制度，巩固我国安定团结地进行社会主义现代化建设的政治基础，充分发扬全体人民在现代化建设中的积极性创造性，并且努力保证我国在政治制度上再不存在林彪、“四人帮”一类阴谋家可以利用来进行反革命复辟的严重漏洞，迫切要求我们加强社会主义民主和社会主义法制。

社会主义民主问题首先是社会主义国家的国家制度问题。社会主义民主，或人民民主，就是全体人民在共同享有对生产资料的不同形式的所有权、支配权的基础上，享有管理国家的最高权力。这是社会主义制度的不可动摇的政治原则，对于这个根本政治原则的背离，就是对于社会主义国家性质的破坏。我们把四个现代化叫作社会主义现代化，这就是说，我们是在社会主义制度下而不是在资本主义制度下实行农业、工业、国防、科学技术的现代化的，因而我们的现代化，作为一种社会过程，它的目标、道路、步骤和方法，将必然具有社会主义的特点，首先具有社会主义民主的特点。这就是说，我们不能离开广大人民的需要和利益、广大人民的意愿和奋斗来实现现代化。中共中央号召全国人民在实现现代化的事业中要坚持四项基本原则，即坚持社会主义道路，坚持无产阶级专政，坚持共产党的领导，即坚持马克思列宁主义毛泽东思想，这四项原则都不能离开社会主义民主。在我国，没有政治上的高度民主化，不在高度民主的基础上群策群力，并在这个基础上实行必要的高度集中，就不可能实现社会主义经济持久的按比例的高速度发展，就不可能实现四个现代化。只有充分发扬民主，才能使全国人民思想解放，心情舒畅，发挥主人翁的责任感、积极性、首创精神和奋不顾身的自我牺牲精神，勇于研究和解决国民经济各方面的问题，勇于提出各种切合实际的创造性建议并百折不挠地加以实现，勇于进行各种需要顽强努力的重大的创造、发明和发现，从而推动各项经济事业和文化事业日新月异地发展。只有充分发扬民主，才能实现广大群众对领导机关和领导干部的批评监督，克服官僚主义和保守习气，及时揭露可能出现的蜕化变质分子、贪污盗窃分子、反革命分子、刑事犯罪分子，巩固我们的社会主义事业和社会主义国家。总之，社会主义民主愈发展，实现现代化就愈顺利，而现代化事业愈前进，社会经济文化水平和人民政治觉悟水平愈提高，社会主义民主也愈健全。

五届人大一次会议以来，我们在加强民主和法制

的建设方面已经采取了一系列措施。我们不但基本上清除了那些骑在人民头上的“四人帮”帮派骨干分子，而且开始实行了由群众选举企业事业单位的基层领导人员的办法，使劳动者管理国家、管理经济文化事业的民主权利逐步扩大。我们在各项工作中努力实行群众路线，努力发展人民群众的言论自由，努力听取并且支持在报刊上发表各方面的建议和负责任的、有真凭实据的批评，加强对群众来信来访的接待处理工作，增强人民对政府工作和各级干部的民主监督。大家知道，全国人民关心的立法工作已经开始在全国人大常委会主持下加紧进行，这次代表大会将讨论通过几项重要的法律。这些法律颁布以后，我们的各级政府工作人员要切实维护，坚决执行。同时，执行宪法和法律的原则，政府各部门和各级地方政府也颁布了并将继续颁布一些规章条例。

但是，应该承认，我国封建主义的历史很长，经济文化比较落后，加上我们过去对民主的正确宣传和正确实行不够，制度上也不完善，在这种情况下，专制主义、官僚主义、特权思想、家长作风以及无政府主义很容易滋长。正是由于这种情况，我们的国家才被林彪、“四人帮”一类阴谋家钻了空子。林彪、“四人帮”打倒了，但是他们的流毒，特别是派性和无政府主义的流毒，还不容低估。我们的管理体制、管理方法还存在很大缺陷。在一些地区和部门，人民的积极性、创造性还受到不同程度的压抑，人民的民主权利、人身自由和合法的经济权益有时还得不到可靠的保障，危害社会主义政治和经济、危害人民民主权利和民主集中制的行为有时还受不到有效的制止和追究。这一切表明，要充分实现社会主义民主，要使社会主义民主制度化、法律化、秩序化、纪律化、还需要我们进行巨大的努力。既然实现四个现代化必须同时实现政治民主化，那么在发展生产、提高人民物质文化水平的同时，继续不断地扩大和发扬民主，健全民主集中制，就是我们各级政府和各级干部今后长时期内应该坚定不移地贯彻执行的方针。

就政府工作来说，要扩大和发扬社会主义民主，首先应该使各级政府的负责干部真正认识到人民才是国家的主人，而自己只是人民的公仆，任务只是把人民授予自己的权力努力运用来为人民谋利益。四个现代化是一项崭新的事业，为了少犯错误，少使国家和人民的利益受到损失，我们尤其需要坚决实行毛泽东同志的教导：“放下臭架子、甘当小学生”。各级政府要坚决尊重群众，信任群众，依靠群众，从政治上和物质上保证人民群众拥有各种渠道和手段来行使管理国家的权利。要真正向各级人民代表大会负责，定期报告工作，认真听取人民代表的批评和建议，对人民代表提出的各种质询作出负责的说明和答复。为了保证人民代表有效地执行自己的职务，例如视察工作，听取选民对政府工作的意见，各级政府要尽量提供便利条件，决不允许对人民代表进行封锁和欺骗。在日常工作中，政府各部门和各企业事业单位的重要决策和重要工作，都要注意集思广益，广泛征求合理化建议，特别要注意充分发挥熟悉业务和技术的专家的作用。

在这次会议上将要审议全国人大常委会提出的中华人民共和国地方各级人民代表大会和地方各级人民政府组织法草案。实行这个组织法是扩大和发扬社会主义民主的重大措施。县以上地方各级人民代表大会设立常务委员会，不但将大大提高地方各级人民代表大会的作用，而且将大大加强人民对各级地方政府的管理和监督。地方各级革命委员会改为各级地方人民政府，这个改变将使地方各级行政机构的独立工作得到重要改进。在这项组织法经过会议审议通过以后，各地方政府应该遵照会议的决定，迅速完成改组的工作，在改组中间一定要坚决做到机构精简，人人职责权限明确，使工作效率显著提高。

要扩大和发扬社会主义民主，各级政府必须十分重视提高我国少数民族的地位，维护和实现各少数民族的民主权利。林彪、“四人帮”对少数民族犯了不少的严重罪行，制造了不少骇人听闻的冤案、假案、错案，这些现在虽然大都已经获得了平反，但是我们仍然要用极大的努力来迅速医治各种遗留的创伤，普遍深入地进行民族政策的再教育，切实加强各民族间的团结。各少数民族地区的领导干部，特别是汉族干部，一定要坚决贯彻执行党和政府的民族政策和宗教政策，尊重少数民族的风俗习惯，努力培养和提拔各民族自己的干部，尽一切力量使各少数民族地区的经济文化得到迅速的恢复和发展。

要扩大和发扬社会主义民主，各级政府还必须十分重视提高妇女和青年的地位，维护和实现他们的权利，特别是同工同酬的权利。要十分注意从妇女中间和从青年中间不断提拔优秀的人才到各级领导职位上来。由于林彪、“四人帮”的破坏，我们的各级领导干部都多少不等地存在着青黄不接的现象，因此特别注意培养和提拔青年和中年干部是各级政府的紧迫任务之一。

要扩大和发扬社会主义民主，各级政府还要十分重视加强各级行政机关和企业事业单位内部的民主生活。我们要在各企业中推行职工代表大会制度，企业负责人要定期向大会报告工作并听取大会的意见。我们要推广和改善干部的选举制度，不仅农村人民公社的各级领导人员要实行群众选举，工矿企业、商店等企业事业单位的基层领导人员，也要逐步实行群众选举，并且按照需要和可能，逐步扩大选举的范围。在不宜于实行选举的单位，也可以试行定期(例如每年年终)的民意投票，借以对领导干部的工作进行群众性的评定和考核。采取这些措施，有利于把大公无私、精通业务、办事效率高和有组织才能的优秀分子选拔到领导岗位上来，而把那些严重脱离群众、严重失职甚至违法乱纪的领导人员，及时加以调动或处理。我们要广泛研究国内外的经验，建立和完善对干部的考试制度、考核制度、监督制度、奖惩制度、罢免制度、轮换制度、退休制度，坚决改变那种工作好坏无人考核、赏罚不明、能上不能下、能进不能出的“铁饭碗”办法，严格防止我们的干部从人民公仆变成骑在人民头上的老爷。各级政府机关和企业事业单位的领导人一定要倾听群众的呼声，关心群众的疾苦，亲自审理群众的来信来访。我们要继续鼓励广大群众揭露政府机关、企业事业单位及其工作人员在工作中的错误和违法乱纪现象，伸张正气，打击邪气。

民主的原意就是多数人的统治，社会主义民主是历史上从未有过的绝大多数人有名有实的统治。如果少数人、个别人可以不服从大多数人的决定，不服从忠实地代表大多数人的组织所规定的纪律，下级可以不服从上级，那就根本不是社会主义民主，而是社会主义民主所必须纠正和制止的反民主行为、反社会行为。鉴于在我们的国家中还存在阶级斗争，林彪、“四人帮”所传播的派性和无政府主义的流毒还没有肃清，当前在坚持发展社会主义民主的过程中，各级政府要注意教育干部和群众，正确认识和处理民主与专政、民主与集中、自由与纪律等方面的关系。

必须坚持对人民民主和对敌人专政的统一，这两个方面不允许混淆和颠倒，也不允许割裂。各级政府任何时候都要坚定不移地保护人民，决不允许对人民实行专政。在人民内部要坚决实行毛泽东同志一再宣布的不抓辫子、不扣帽子、不打棍子的“三不主义”方针，广开言路，严禁给发表不同意见的群众“穿小鞋”和实行其他的压制打击。

事实上，只有坚持人民民主，才能团结人民有效地打击敌人，巩固我们的无产阶级专政。对于各种反社会主义分子的阴谋破坏，必须坚决镇压，否则就不能保障社会主义民主和社会主义建设。当然，打击敌人一定要准确，要严格遵守国家法制，要尽量避免犯错误，发现了错误要迅速纠正。

在人民内部，在上级和下级、领导和群众的关系上，必须坚持民主与集中的统一，坚持反对官僚主义和无政府主义。

按照民主集中制，各级负责干部在实事求是、群众路线的基础上作出各种决定，包括日常工作中的个人负责的决定，这是完全必要的。人民把各种职责委托给我们，就是要求我们坚守岗位，勇于负责，敢于同各种无纪律、无效率的现象作斗争，努力克服各种困难，任劳任怨、废寝忘食地为人民做好工作。这样的干部是社会主义民主的忠诚战士，是社会主义社会的栋梁。这样的干部愈多，我们的社会主义民主就愈发展，四个现代化就愈有希望。相反，遇事不负责任，怕得罪人，互相推诿，饱食终日，无所作为，或者借口民主，议而不决，决而不行，把一切淹没在政治空谈和公文旅行之中，那只能给人民的事业带来无穷的祸害。这种现象同社会主义民主的要求是根本不相容的，它是对人民严重失职的官僚主义的一种形式。官僚主义的另一种形式是凌驾于组织之上，独断专行，不按客观规律办事，主观主义地瞎指挥。不同这两种官僚主义作坚决斗争，社会主义民主就发扬不了，社会主义制度的优越性就发挥不出来，人民群众从事现代化建设的积极性就要受到压抑。为了扫除官僚主义这个障碍，我们要采取有效的措施，坚决改变各级机构层次重叠、办事拖拉的严重现象，从上至下地严格执行民主集中制和集体领导下的个人分工负责制，不允许重大问题一个人说了算，不允许任何人称王称霸，也不允许任何人不负责任。对于那些严重失职、渎职给国家和人民的利益造成巨大损失的官僚主义分子，一定要追究行政责任、经济责任和法律责任。

社会主义民主要求我们坚决维护人民政府的集中统一领导，维护体现人民意志的政策、法令，维护执行人民意志的领导者和管理者的权威，维护人民的工作秩序、生产秩序、生活秩序。没有这一切，社会主义民主就不可能实现。“四人帮”竭力煽动无政府主义思潮，反对任何必要的集中和权威，把危害国家利益和危害人民生命财产当作个人的所谓“自由”，曾经在我们国家许多地方实行打砸抢、冲击机关、破坏生产和交通，造成了极其严重的灾难。这种无政府主义的流毒仍然是当前破坏安定团结的一个重要因素，是社会主义民主的一个不容忽视的大敌。为了巩固安定团结，发展社会主义民主，我们必须同形形色色的无政府主义祸害继续进行坚决的斗争。

民主与集中的统一，在很大程度上也就是自由与纪律的统一。公民在享受和行使人身、言论、通信、出版、集会、结社、宗教、信仰等项自由权利的时候，只要不违反宪法和根据宪法制定的专门法律的规定，都应该受到政府的保护，不得限制。这种个人自由的充分实现同遵守必要的纪律是完全一致的。没有一定的秩序，一定的纪律，任何个人的自由都得不到保障。自由与纪律的一致实质上也就是权利与义务的一致。马克思说得好，没有无义务的权利，也没有无权利的义务。

很清楚,谁要享受自己的人身自由,他就必须尊重别人的人身自由;谁要享受言论自由的权利,他就必须遵守不诽谤别人,不造谣惑众的义务;谁要享受劳动的权利、从社会领取工资的权利,他就必须遵守劳动纪律,服从管理人员的指挥,执行操作规程的规定。一个享受自由权利的公民,必须是一个对社会、对别人负责任的公民。正是在这个基础上,我们才能建立和发展社会主义社会的公共道德、公共秩序、公共利益。因此,我们的各级政府一方面保障公民的权利,一方面维护社会的秩序和工作的纪律,这正是正确地执行了政府的职责,因而也得到了全国人民的拥护。

我们的政府工作人员绝大多数是好的和比较好的,他们艰苦奋斗,遵纪守法,努力为人民服务。但是也有某些人认为,义务和纪律只是为老百姓规定的,而干部特别是高级干部,却只有权利,没有义务,可以不守纪律。这是完全错误的。这是一种封建秩序,而决不是社会主义秩序。按照社会主义的原则,任何普通劳动者都有他不可侵犯的权利,任何领导干部都有他必须遵守的义务和纪律。事实上,如果我们允许某些领导干部不遵守义务和纪律,那我们也就不可能要求人民普遍地遵守义务和纪律。我们虽然早已彻底消灭了封建阶级的统治,但是主要是封建秩序所遗留的特殊化、走后门、压制民主等歪风邪气,至今还相当严重地存在着。这些歪风邪气严重地腐蚀着我们国家机关的健康肌体,损害着政府同人民的血肉联系,挫伤着人民群众的社会主义积极性。因此,我们一定要对所有的政府工作人员进行遵纪守法的教育,大力表扬好人好事,并且对各种歪风邪气进行严肃的持久的斗争。

为了有效地同各种歪风邪气作斗争,迫切需要使我们的社会主义法制尽快完备起来。除了人民代表大会和人大常委会制定的各种法律、法令以外,各级政府要在自己的权限范围内制定各种必要的具有法律效力的规章条例,使行政机关和企业事业单位遇事有章可循,尽可能严密各项制度、标准和手续,而且各级政府要把这些制度、标准和手续向群众广为宣传,以便在群众的监督和支持下加以严格遵守。只有我们的政府机关和工作人员以身作则地遵守法律和制度,我们才能真正发动和带领广大群众,同破坏社会主义民主和法制、危害国家和人民利益的坏人坏事进行坚决斗争。

我们加强了社会主义民主和社会主义法制,加强了同官僚主义、派性、无政府主义和各种歪风邪气的斗争,我们就一定能够进一步发展我国的安定团结、生动活泼的政治局面,进一步保证我国各民族的工人、农民、知识分子和其他爱国者心情舒畅、干劲十足地献身于社会主义现代化建设的伟大事业。

四、反对霸权主义、维护世界和平

随着揭批林彪、"四人帮"运动的不断深入,毛泽东同志和周恩来同志制定的外交路线得到了更好的贯彻。从五届人大一次会议以来,我国在对外工作中,高举反对霸权主义、维护世界和平的旗帜,打开了新的局面,取得了显著成就。

一年多来,我国领导人访问了五大洲的50多个国家。我们也接待了30多个国家的领导人来访。通过这些相互访问,发展了我国同各国的友好合作关系。我们同一系列国家加强了在平等互利基础上的贸易往来,开展了科技、文化交流和合作,同一些国家签订了长期贸易协定和文化科学技术合作协定。我们和各国的民间友好往来,也有了显著的发展,增进了我国人民和各国人民的相互了解和友谊。

我们高兴地看到,我国同社会主义国家的团结更加紧密了,在各个领域的合作有进一步的发展。我国同亚洲、非洲、拉丁美洲以及其他地区的许多第三世界国家的友谊得到了加强,同东南亚和南亚许多国家增进了睦邻关系。我国同西欧、北美、大洋洲一些国家的关系也有了显著的发展。

我国同日本和美国的关系取得了新的重大进展。去年8月,中国和日本经过长期的共同努力,签订了和平友好条约。这个条约反映了中日两国人民世世代代友好相处的愿望,为两国的友好睦邻关系建立了良好的基础。中国和美国在经历了20多年的隔绝和对立之后,在今年1月1日建交,使两国关系进入了一个新的阶级。中日和平友好条约和中美建交公报都列入了反对霸权主义的内容,这在当前世界形势下具有重要的意义。

我国对外工作的开展和取得的成就,对国际形势的发展起了积极的作用,为各国人民反对帝国主义、殖民主义、霸权主义、维护独立、主权和世界和平的事业作出了有益的贡献,也为我国的社会主义现代化建设创造了有利的国际条件。

一年多的国际形势发展变化很大,总的来看,是更动荡更紧张了。两个超级大国加紧争夺世界霸权,战争危险的因素仍然在增长。社会帝国主义在这一时期表现了更大的冒险性。它在欧洲不断增强进攻性的军事力量,对西欧国家进行威胁讹诈。在非洲、中东、海湾和南亚地区,它利用代理人,组织雇佣军,采取渗透、颠覆直至策动武装进攻和军事政变等手段,力图抢占战略要地,攫取战略资源,控制海洋通道,以达到支配这一地区并从外线包围,窒息欧洲的目的。这一时期,它也加紧了在亚洲太平洋地区的扩张步伐,增强海空力量,寻求和建立新的军事基地,不断炫耀武力。它唆使、支持和直接介入越南当局控制老挝、侵略柬埔寨、拼凑“印支联邦”的活动,企图以印度支那为基地,逐步实现它建立“亚安体系”的迷梦。大小霸权主义在印度支那地区的侵略扩张,远远不是一个局部性的问题,而社会帝国主义争霸世界的全球战略的一个组成部分。种种事实表明,社会帝国主义是当前国际紧张局势的主要根源。

在动荡不定的世界局势中,各国人民,首先是第三世界各国人民反对帝国主义、殖民主义、霸权主义、争取政治独立、经济发展、社会进步和世界和平的斗争,有了新的发展。具有广泛基础的不结盟运动作为反帝、反殖、反霸的一支重要力量,在国际事务中发挥了重大的作用。非洲人民坚决反对外来干涉,主张非洲事务由非洲人自己解决。南部非洲人民坚持争取民族解放的斗争,使帝国主义、殖民主义、种族主义日益陷于困境。阿拉伯各国和巴勒斯坦人民为谋求全面公正地解决中东问题,对以色列的侵略扩张政策和超级大国在这一地区的争夺进行着不懈的斗争。民主柬埔寨军民英勇抗击地区霸权主义的侵略,在极其艰苦的条件下,不断给越南侵略军以打击。面对霸权主义日益严重的军事威胁,西欧和日本都在重视加强自己的防务能力,维护国家的安全。西欧国家之间还在努力加强经济联合、政治协调和军事合作。世界各国人民从各自不同的情况出发同霸权主义进行各种形式的斗争,对于遏制霸权主义的侵略扩张、维护世界的和平作出了积极的贡献。

维护世界和平,反对侵略战争,是各国人民的共同愿望和迫切要求。历史的经验和当前的现实都告诉我们,和平不能用祈求来取得,战争不能用退让来防止,对侵略者委曲求全,往往只是加速战争的到来。限制战略武器谈判达成的协议,并不能制止军备竞赛,更不可能从根本上解决维护和平的问题。只有通过大量艰苦的、扎扎实实的工作,才能有效地打击战争势力。这样的工作包括:把战争的危险如实地告诉人民,以提高警惕,做好反击侵略者的准备;采取切实措施和步骤,不断打乱战争策划者的扩张计划;反对绥靖主义的政策,在必要时对侵略者采取针锋相对的行动。我们相信,全世界一切爱好和平的国家和人民加强团结,共同努力,互相配合,推迟战争的爆发是有可能的。

我国一贯奉行和平外交政策,坚定不移地为维护世界和平,发展各国人民之间的友好合作和促进人类进步的事业而努力。我们坚持无产阶级国际主义,支持一切被压迫民族和被压迫人民反帝反殖反霸、争取解放和社会进步的斗争。我们遵循毛泽东同志关于三个世界的论断,要加强同世界工人阶级和进步力量的团结,加强同社会主义国家的团结,加强同第三世界各国的团结,联合世界上一切可以联合的力量,共同反对霸权主义的侵略政策和战争政策。我们愿意在互相尊重主权和领土完整、互不侵犯、与不干涉内政、平等互利、和平共处五项原则的基础上同各国建立和发展关系。我们永远不称霸,永远不做超级大国。

朝鲜的和平统一对远东的和平具有重大的意义。朝鲜民主主义人民共和国为打开南北对话,提出了四点新的建议,再一次表现了它对实现祖国自主和平统一的诚意,也再一次证明了根本不存在所谓来自北方的威胁。中国政府和中国人民坚决支持朝鲜人民这一新的重大努力。

大小霸权主义在印度支那的侵略扩张,已经成为当前国际紧张局势的焦点之一,并且由于日益严重地威胁着东南亚各国的安全,引起了各国人民的密切关注。我们坚决要求越南当局从柬埔寨撤出它的全部军队,停止对邻国的一切干涉、控制、侵略和威胁,停止大规模制造和强迫输出难民。我们坚决支持柬埔寨人民捍卫国家独立、主权和领土完整的正义斗争。我们坚决支持东南亚国家联盟关于建立“和平、自由、中立区”的主张,支持它们为捍卫国家独立和本地区的和平而采取的措施。

我们始终不渝地支持阿拉伯各国人民和巴勒斯坦人民的正义斗争,重申不同侵略阿拉伯国家土地、不承认巴勒斯坦民族神圣权利的以色列政府发生关系。我们反对超级大国偏袒、纵容以色列和在阿拉伯国家之间进行挑拨离间,反对以色列阻挠中东问题全面解决的蛮横态度。阿拉伯被占领土必须收复,巴勒斯坦民族权利,包括重返家园和建立自己国家的权利,必须实现。只有这样,中东问题才能真正得到解决。为了实现这一解决,需要依靠阿拉伯人民团结一致的伟大力量。我们衷心盼望阿拉伯世界各方能够互相谅解,恢复团结,共同对敌,从而加速自己的胜利的到来。

我们坚决反对南非和罗得西亚的殖民主义和种族主义统治,坚决支持阿扎尼亚、纳米比亚和津巴布韦人民争取民族解放的斗争。

第三世界国家强烈要求改变旧的国际经济关系,建立新的国际经济秩序。我们愿意同其他第三世界国家一起,为实现这一目标而进行持续不断的努力。

我们高度评价不结盟运动奉行独立、自主和非集团的政策,支持它反帝、反殖、反对一切形式的外来统治和霸权的正义立场。一个超级大国竭力施加压力,利用它的个别走卒从中策动,妄图分裂、破坏不结盟运动,改变它的政治方向。我们相信,在广大不结盟国家的共同努力下,不结盟运动将维护团结,排除外来干扰,沿着既定的方向不断胜利前进。

我们认为,在平等互利的基础上开展国际间的经济、技术、科学、文化交流和合作,有利于增进各国间的友好关系,有利于维护世界和平。我国将一如既往,按照平等互利的原则,继续发展同世界各国的贸易往来、经济合作和技术文化交流。

中国和越南过去同受帝国主义、殖民主义的奴役和欺凌,两国人民在长期的革命斗争中互相支援,结成了传统的友谊。中国政府和人民一贯为维护同越南人民的友谊竭尽自己的努力。但是,越南当局竟然仗恃社会帝国主义的支持,在向印度支那和东南亚地区推行霸权主义的同时,大肆反华排华,向我国提出荒谬的领土要求,进行猖狂的武装挑衅,严重破坏我国西南边境的安全。我们在忍无可忍的情况下,被迫进行了有节制的自卫还击。尽管如此,我们仍然主张通过谈判解决两国之间的问题,并且在谈判中提出了八项原则建议。霸权主义是破坏中越关系、恶化印度支那和东南亚局势的根源,要恢复中越正常关系,就不能离开这个根本问题。越南当局对邻近国家贪得无厌的霸权主义,不但是中国人民所不能容忍的,也是东南亚国家和亚洲、太平洋许多国家所不能熟视无睹的。这个问题不解决,而要中越关系正常化,岂不是要中国为越南当局的霸权主义效劳?中国人民要建设自己的国家,越南人民经历了30年的战争破坏,也需要建设自己的国家。我们奉告越南当局以中越两国人民长远的根本利益为重,以东南亚各国的和平共处的根本利益为重,认真考虑中国方面的八项原则建议,使谈判能够取得成果。

中美建交使两国关系展现了新的前景。两国在各个领域的合作和交流将得到进一步的发展。我们希望,美国方面能够严格执行中美建交协议的各项原则,消除在发展两国正常关系过程中的某些障碍,不要做有损于我国领土台湾归回祖国的事情,以保证两国关系继续朝着两国人民所希望的方向发展。

中国和苏联曾经是友好邻邦,中国人民对苏联人民始终怀有友好的感情。中苏关系的恶化是谁造成的,中国边境今天处在谁的威胁之下,这是尽人皆知的。苏联领导人完全了解,怎样才能以实际行动而不是以任何言词使两国被破坏的关系恢复正常。我们在宣布早已名存实亡的中苏友好同盟互助条约期满后不延长的同时,提出了就解决两国间悬而未决的问题和改善两国关系举行谈判的建议,再一次表明了我们的原则立场。苏联政府现在表示同意举行谈判,甚至表示愿意把反对霸权主义的原则包括在谈判范围之内。但是,这是否改变了事情的实质呢?反对霸权主义有它众所周知的不容任意解释的客观含义,究竟是否反对霸权主义,只能用实际行动来衡量。在这个重大的原则问题上,不允许有任何的含糊。中国政府过去坚持原则,今后仍然坚持原则。中苏谈判的前途如何,将取决于苏联政府的立场是否有实质的转变。

我们的社会主义现代化建设需要一个长期的和平国际环境。我们的国防力量,是一贯服务于维护世界和平与保卫我国社会主义建设的。尽管有时我们被迫做了些我们本不愿做的事情,但是举世共知,我们从来不要求别人的一寸土地,也不在别人的土地上驻扎一兵一卒。当然,我们也不允许别人侵占我们的一寸土地。在目前动荡的世界局势下,我国人民解放军要努力继承和发扬优良传统,并且适应新的情况,努力加强军事、政治训练和科学文化教育,提高部队的战斗力,积极参加和保卫我国社会主义现代化建设,努力在国民经济现代化的基础上实现国防现代化。

各位代表!毛泽东同志说过:“国家的统一,人民的团结,国内各民族的团结,这是我们的事业必定要胜利的基本保证。”我们一定要加强全国各族人民的大团结,进一步发展工人阶级领导的以工农联盟为基础的社会主义劳动者和拥护社会主义的爱国者的革命统一战线。这个统一战线是一个非常广泛的政治联盟,它包括各个民主党派,包括广大的台湾同胞、港澳同胞和国外侨胞,包括一切热爱祖国的人们。我们要充分发挥统一战线的作用,调动一切积极因素,团结一切可以团结的力量,来保证我们光荣而艰巨的社会主义现代化建设事业的胜利。

在当前国际国内的大好形势下,在全国人民团结一致为祖国的兴旺发达而发愤努力的时候,我们十分想念在台湾的骨肉同胞。目前形势对台湾归回祖国、实现国家统一的大业,十分有利。今年1月1日,全国人民代表大会常务委员会的《告台湾同胞书》,宣告了我们对台湾归回祖国的大政方针。这个方针反映了包括台湾人民在内的全国人民的热切愿望。我们希望台湾当局顺应民心,认清形势,积极响应《告台湾同胞书》的号召,为台湾早日归回祖国,共同发展四个现代化的建国大业,作出宝贵的贡献。我们希望尽早实现祖国大陆和台湾的通邮、通航、通商和经济、科学、文化、体育等方面的交流。我们欢迎台湾各界人士和旅居海外的台湾同胞,回祖国大陆参观、访问、探亲、访友,保证来去自由,提供方便,以礼相待。对一切爱国的和愿意回到爱国立场上的人们,祖国的大门是时刻敞开着的。

各位代表!以上我报告了政府过去一年多以来所进行的主要工作和今后工作中的主要方针,请大会审议批准。我希望在大会讨论通过以后,各位代表能把政府的工作和方针广泛地传达给全国人民,这将是对于政府工作的巨大帮助。你们代表着全国九亿多人民,你们对政府工作的信任和支持将可靠地保证全国人民对政府工作的信任和支持,从而使我们在建设和保卫祖国的伟大斗争中获得无穷的力量和信心。

让我们万众一心,共同紧密地团结在马克思列宁主义、毛泽东思想的旗帜下,共同紧密地团结在中国共产党中央委员会的周围,为把我国建设成为农业现代化、工业现代化、国防现代化、科学技术现代化的社会主义强国而奋勇前进!

《人民日报》发表社论《同心同德　共商四化大计》

第五届全国人民代表大会第二次会议今天在北京开幕,五届政协第二次会议也同时进行。这是中国人民在全国工作着重点转入社会主义现代化建设以后,共商四化大计的重要会议。我们热烈祝贺这两次会议的召开。

从五届人大第一次会议闭幕,到现在已经1年零3个月了。这一年多来,我国各条战线都取得了一系列新的胜利。全国范围大规模的揭批林彪、"四人帮"的群众运动已经基本上胜利完成。对林彪、"四人帮"的极左路线,从各方面进行了比较深入的批判。关于实践是检验真理的唯一标准的讨论,有力地促进了广大干部和群众解放思想,打破了林彪、"四人帮"制造的种种精神枷锁。对林彪、"四人帮"造成的冤案、错案、假案,进行了大规模的平反工作。遭到林彪、"四人帮"严重破坏的干部政策、知识分子政策、民族政策、宗教政策、侨务政策、对原工商业者的政策、对原国民党投诚起义人员的政策,都已采取措施陆续加以落实。摘掉右派分子帽子的工作已经全部完成,属于错划的部分大都已经改正。改变长期劳动守法的地主富农分子成分的工作正在迅速进行。人民的团结加强了,人民的民主权利重新得到保障,中国人民渴望已久的安定团结、生动活泼的政治局面初步实现了。经济方面,由于清算了林彪、"四人帮"的极左路线,强调按经济规律办事,落实社会主义的经济政策,已取得很大成效,形势继续朝好的方面发展。特别是党的三中全会关于农业问题的两个文件同群众见面以后,受到热烈欢迎,广大农村呈现出多年来未见的欢欣鼓舞的景象。科学教育文化事业也有很大的恢复和发展。这1年多来,我国外交工作也打开了新的局面。我国同日本和美国的关系取得了新的重大进展。我国领导人访问了遍及五大洲的50多个国家,又接待了30多个国家的领导人来访,增进了相互的友谊和了解。我国对外工作的开展,对国际形势的发展起了积极的作用,为各国人民反对霸权主义、维护世界和平的事业作出了有益的贡献。国内外的这种大好形势,为我国工作着重点转移,进行四化建设准备了很好的条件,现在并已有了良好的开端。

把全国工作的着重点转移到社会主义现代化建设上来,这是一个伟大的历史性转变。当前和今后相当长的一个时期,全国人民的中心任务就是实现四个现代化。把我国建设成社会主义的现代化强国,是半个多世纪以来中国人民前仆后继,流血牺牲,梦寐以求的理想,是决定我们国家和民族命运的大事。中国人民越来越深刻地认识到,离开了四化,中国是没有出路的,个人也是没有前途的。林彪、"四人帮"的破坏,使我国原来就很低的生产力更远远落后于人民和国家的迫切需要。从根本上改变这个状况,是我国现阶段的中心任务。除此以外,不能有别的中心。我们的各项工作都要围绕着这个中心任务,为这个中心任务服务,而不能削弱、贻误这个中心任务。现在全国各族人民最关心的、议论最热烈的,就是如何坚决实行工作着重点转移,更好更快地实现四化。

为了实现全国人民的这一意愿,党的三中全会以后,党中央、国务院全面分析了我国经济建设的现状,认为必须在前两年多经济恢复和发展所取得巨大成就的基础上,从今年起集中一段时间,认真搞好国民经济的调整、改革、整顿、提高。万丈高楼先从地基筑起,国民经济持续的高速度发展只有在比例协调的基础上才能实现。粉碎"四人帮"以后,经济工作恢复很快,但是,正如三中全会指出的,由于林彪、"四人帮"的长期破坏,"一些重大的比例失调状况没有完全改变过来。生产、建设、流通、分配中的一些混乱现象没有完全消除,城乡人民生活中多年积累下来的一系列问题必须妥善解决"。只有拿出几年时间逐步解决这些问题,才能做到综合平衡,为迅速发展奠定稳固的基础。新中国成立近30年的经验证明,有了按比例,才有高速度。因此,调整、改革、整顿、提高的方针,完全是一个上的方针,进的方针,积极的方针。这是我们在新的长征路上迈出的重大的一步,是实现四个现代化的第一个战役。我们相信,经过这次会议,必将进一步统一全国人民的思想,调动起广大群众的积极性,同心同德,努力贯彻"八字方针",全面完成国民经济计划,使我国的四个现代化建设更快地前进。

全国各族人民最关心的、议论最热烈的另一问题,就是发扬民主和加强法制。这是实现四化的重要保证。粉碎"四人帮"以后,痛定思痛,举国上下深感不可没有民主,不可没有法制。没有社会主义民主,没有社会主义法制,坏人当道,好人遭殃,哪里还有什么社会主义?哪里还有什么四个现代化?这次会议将讨论并通过《中华人民共和国刑法》《中华人民共和国刑事诉讼法》《中华人民共和国全国人民代表大会和地方各级人民代表大会选举法》等重要的法律。这是加强社会主义民主和社会主义法制的一件大事,是全国人民盼望很久的事。它对巩固我国由全体劳动人民当家做主的社会主义国家制度,保障社会主义现代化建设的顺利进行，避免林彪、“四人帮”篡夺国家领导权的悲剧重演，将作出重大贡献。

全国人民代表大会是我国最高权力机关，全国政治协商会议是团结各界人士的革命统一战线组织。我们希望人民代表和政协委员能够充分反映人民的意见，充分发扬共同协商的传统，把五届全国人大二次会议和五届政协二次会议开好。怎样把国民经济搞上去，怎样从中国的实际情况出发搞好社会主义现代化建设，怎样发扬社会主义民主，怎样健全社会主义法制，在工人当中、农民当中、知识分子和各界人士当中，都有很多想法，也有很多批评和建议。人民代表和政协委员有责任把这些意见带到会上去，开展民主的讨论。这样，才能把会开好，才能不辜负全国人民的希望和重托。去年年底召开的中国共产党十一届三中全会和中央工作会议，充分发扬民主，解放思想，在中国人民的政治生活中产生了深远的影响。我们希望经过到会代表和委员们的努力，五届全国人大二次会议和全国政协五届二次会议都能开得生动活泼，开得热气腾腾，成为我们国家民主生活的典范，成为促进四个现代化的典范。

中华人民共和国成立近30年了。30年来，我们夺得了很大的胜利，也走过了曲折的道路，取得了十分宝贵的经验教训。现在，粉碎了“四人帮”，我们的国家重新回到马列主义、毛泽东思想的轨道上来，是我们用加倍的努力来弥补过去的损失，迎头赶上的时候了。我们相信，五届人大二次会议和五届政协二次会议，一定能肩负起历史的重任，进一步动员全国人民，万众一心，在华国锋同志为首的党中央领导下，为打好实现四个现代化的第一个战役，为把我国建设成社会主义的现代化强国而奋斗。

国务院副总理邓小平在北京会见泰国副总理世界羽毛球联合会主席他威·尊拉塞

邓副总理和他威副总理曾多次见面，是老朋友。今天他们在北京再次见面感到非常高兴。两位副总理在愉快的气氛中，就当前国际局势和发展双边关系的问题，进行了亲切友好的交谈。

随同他威副总理来访的泰国羽毛球协会秘书长扁塞·苏苏提功，泰国驻中国大使沙贡·瓦纳比沙，参加了会见。

会见时在座的有外交部副部长韩念龙，国家体委副主任于步血，中国驻泰国大使张伟烈等。

中共中央政治局委员胡耀邦在北京会见以罗共中央委员罗共布勒依拉县委第一书记扬·卡特里内斯库为团长的罗马尼亚党的工作者代表团

胡耀邦同志扼要地向罗马尼亚同志介绍了我国国内情况。他说，即将在今天正式开幕的五届人大第二次会议的重要议题之一是通过几个法案。他指出，我国的民主和法制遭到了林彪、“四人帮”的严重破坏。他接着说，今后，我国的民主和法制要进一步加强，以巩固国家的稳定。全国人民要求长期的安定团结，强烈要求把国民经济搞上去。我们要同心同德，团结一致搞“四化”。

会见时，宾主进行了亲切友好的谈话。双方对中、罗两党、两国和两国人民之间友好关系的发展表示满意，并希望这种关系日益加强。

会见以后，胡耀邦同志设宴招待罗马尼亚同志。

全国人大常委会副委员长廖承志在北京会见并宴请日本法务大臣古井喜实率领的日本法界代表访华团

全国妇联主席康克清在北京会见以平川晓子为团长的日本妇女科学家代表团

《人民日报》发表本报记者文章《电影工作者的意见和呼声——长春电影制片厂部分同志座谈纪要》并配发编者按

编者按：长春电影制片厂的同志，就怎样把电影搞上去的问题，敞开思想，各抒己见，发表了许多不同的看法。从这里可以感到他们对我国电影事业的关切心情，也可以看到文艺界出现的思想解放、热烈争鸣的生动活泼局面。

发展电影事业，不仅是电影工作者的事情，而且是全党、全国人民都关心的事情。大家都来发表意见，七嘴八舌，议论纷纷，大有好处。众人拾柴火焰高。众多的意见，有助于启发思想，也有助于研究和解决存在的问题，促使有关方面更加有的放矢地去做好工作。对一个问题有不同看法，是正常现象。只许发表一种意见，不准发表别的意见，是错误的。一种意见正确与否。不能由一个人或少数人说了算，要经过实践的检验，由实践去做结论。贯彻党的“百花齐放，百家争鸣”的方针，放手让大家讲话，就能促进文艺事业的发展。

最近，本报记者在长春电影制片厂，分别邀请了20多位同志，座谈怎样把电影搞上去的问题。参加座谈的有厂领导、导演、副导演、编剧、演员、编辑、美工师、总编室主任、制片主任和演员剧团团长。座谈中，同志们对当前电影发展的形势，把电影搞上去的关键和有关问题，广泛地发表了许多看法。

一、怎样看待当前电影的现状

有的同志认为，粉碎“四人帮”以来，电影的发展状况与全国人民的要求不相适应，离人民的要求还有相当的差距。电影的艺术质量不高，有的存在着“四人帮”

的帮风、帮味，群众不爱看；有的影片脱离生活，作者闭门造车，拍出来的电影虚假，观众不满意。电影的数量也不多，好电影更少。有的同志举例说，1959 年，长春电影制片厂全年生产了近 30 部电影。那时全厂只有 1600 人。现在全厂 2400 多人，影片的数量和质量却比那时少了低了。电影发展不快，跟不上形势发展的节拍是事实，人民对电影发展的现状不满，是理所当然的。

有的同志认为，当前我国电影的状况的确离人民的要求还有距离。电影工作者应当努力，尽快去缩短这段距离，满足人民的要求。但是，对于当前电影发展的现状，要有一个正确的估计，要有一个辩证的、实事求是的分析。粉碎“四人帮”以来，我国的电影的实际情况是逐渐有所发展，有所提高。从目前各厂已拍摄完毕和正在拍摄的一些影片来看，今年全国拍摄的影片，不仅数量有所增加，而且质量也有所提高。今年全国可以生产 52 部影片，其中有一些影片质量较高，有的剧本基础较好。

有的同志认为，电影要上去，需要有一个过程，不承认这个过程，片面要求快上，是不妥当的。电影战线是一个重灾区，它受到林彪、“四人帮”的破坏是严重的。第一是电影队伍破坏严重。过去有成就的导演、编剧、演员，死的死，老的老，病的病，所剩不多了；年轻的这些年又极少实践。第二是创作思想破坏严重。许多创作人员思想受到种种束缚，创作路子很窄。第三是电影厂的生产制度破坏严重，影响了电影生产的周期，影响了影片质量的提高。在这样的基础上，要求电影很快搞上去，是不切实际的。

有的同志认为，目前我国电影并不落后于诗歌、小说、话剧和歌剧。粉碎“四人帮”以来，好的小说，和戏剧，都受到电影工作者的重视，并努力把它们搬上银幕。光把板子打在我们电影界身上，不合适。有的人拿外国电影和我国电影比较，其实，目前在我国放映的一些外国电影，有的是从一个国家的成千上万部电影里挑出来的，有的是从几十年或整整一个时期中的许多电影中精选出来的，它的比例是很小很小的。如果按照这样的比例去挑，我国也能挑出一些好的来。有的同志说，中国的电影，应当有中国自己的标准，有的题材，外国可以那样拍，中国就不能那样拍。有的同志认为，电影落后于形势发展的需要，这是客观事实。不承认落后是不对的，把自己的电影事业说得一无是处，也是不对的。新中国成立以后，在党中央和毛主席、周总理的亲切关怀下，生产过不少好影片，也培养了一大批电影工作者。但是，“四人帮”给电影事业带来了空前的浩劫和灾难，使电影和人民的需要脱节了，和国外的先进水平的差距拉大了。当前，党中央的期望，广大群众的要求，电影工作者的愿望，其实都是一致的。加倍努力，尽快把电影搞上去，这既是人民的希望，也是广大电影工作者的心愿。

二、把电影搞上去的关键何在

多数同志认为，要把电影搞上去，关键在于领导。这些年来，电影工作出现了种种问题，没有正确的领导，就不可能把问题解决好。而正确的领导，主要就是认真地、坚决地贯彻党的文艺方针、政策。有的同志认为，重要的是各级领导中，要由一些既懂行、又能干的干部去抓电影工作。有的同志则认为，重要的是领导要按照艺术规律去领导文艺，发扬艺术民主，充分调动电影工作者的积极性。而领导问题的关键又在于领导思想的解放。领导思想不解放，怕这怕那，左一条戒律，右一条戒律，不敢放手让电影工作者去大胆创造，要把电影搞上去是困难的。

有的同志认为，要把电影搞上去，关键在于解决创作思想。要有好电影，必须先有好的电影剧本，然后要有好导演，好演员，好摄影等。而剧本作者、导演和演员，他们的创作思想，都程度不同地受了林彪、“四人帮”极左路线的毒害。林彪、“四人帮”在文艺理论上制造的混乱，有一些至今还没有澄清，因而影响了编、导、演的创作。有一些“禁区”，至今也还不敢去突破。由于“四人帮”造成的“内伤”还没有得到很好的治疗，因而创作中缺乏探索的勇气。有的人还自觉或不自觉地运用“主题先行”、“三突出”一类的理论去指导自己的创作。这就造成了当前电影创作中的新的“雷同化”和新的“概念化”的倾向。因此，当前的一项重要工作，就是创作人员解放思想，摆脱妨碍电影创作的种种思想束缚，放开手脚进行创作。

有的同志认为，要把电影搞上去，关键在于生活实践和艺术实践。这两个实践，对于我们的编剧、导演和演员来说，都很缺。这是林彪、“四人帮”造成的恶果。一是艺术实践。由于“四人帮”的干扰破坏，老一代的电影工作者没有多少实践的机会，他们的艺术、技术生疏了。许多有成就的导演、编剧、演员，正当身强力富、创作精力旺盛的时期，业务工作停下来了，有的根本没有事干了。新的一代电影工作者，如“文化大革命”前夕从电影学院毕业的导演，许多人从没有拍过片子。二是生活实践。这是一个更为重要的实践。我们现在的一些电影，就是缺乏生活。有的作者，搞“主题先行”那一套，关起门来编剧本、凑剧本，怎么能行呢？没有生活，就不能了解时代精神，写出来的作品也就没有生活气息，没有时代感。有的作者长期深深地扎根于生活之中，应当表扬这样的同志，他们坚持的是一条正确的创作道路。现在有些人确实是对深入生活不重视，甚至不大愿意到艰苦的地方去。因此，要给电影工作者更多的艺术实践的机会，要多拍片，才能拍出好片。

同时,电影创作人员要积极地投身到火热的生活中去。电影要上去,电影剧本作者要下去!

有的同志认为,要把电影搞上去,关键在于抓好电影制片厂这个重要环节。要重视和加强电影制片厂的工作。如同汽车要上去必须抓好汽车厂的工作,石油要上去必须抓好油田的建设,农业要上去必须抓好生产队的建设一样,电影要上去也必须抓好电影制片厂的工作。领导部门要下大功夫指导各电影厂的工作。既要注意从方向、路线、政策和方针方面领导,又要关心各电影厂的发展,要经常了解和解决各电影厂职工在生产过程中的问题和要求,包括他们的工作和生活条件,不能仅仅发号召,还要为他们创造条件,采取有效的措施。要尊重各制片厂的权力,适当给予自主权。要积极支持各制片厂的工作,要体谅他们的困难,不能光是埋怨和责备。

三、有关的问题

甲、改革管理体制和方法。

有的同志认为,对电影事业的管理体制和管理方法,我们过去没有很好地总结经验教训,也不注意吸取外国行之有效而又适用于中国的管理体制和方法。电影制片厂是一个企业单位,它既受艺术规律的制约,又受经济规律的制约。但我们电影厂的管理方法,有的违背艺术规律,有的违背经济规律,有的既违背艺术规律,也违背经济规律。管理衙门化,也容易滋长官僚主义。要把电影搞上去,一定要改革那些不符合艺术规律和经济规律的管理体制和方法。要很好地研究和改革现行的影片出厂后所得利润的分成办法。要建立和健全各种有利于电影事业发展的规章制度。

乙、改进审查办法。

有的同志认为,审查电影,还是不要太多“婆婆”为好。婆婆太多,不利于电影的发展。婆婆多,束缚创作人员的思想,一些作者怕审查时通不过,把作品写得平平的,有的新问题不敢提,有的条条框框不敢打破。婆婆多,也确曾使许多作品折腾来、折腾去,弄得作者无所适从,影响了作品的质量。婆婆多,拖长了电影生产的周期。一部电影,审查来审查去,有时很耽误时间。最近,电影的审查权已原则上下放到电影厂,实践已经证明,这种做法是有利于电影事业的发展的。

有的同志认为,审查电影,婆婆还是得要,婆婆多不见得不好,婆婆少不见得就好。如果是个搞“一言堂”的婆婆,一个也够呛!审查制度不能不要,列宁就说过电影要审查。拍一部电影不比发表一篇小说、一个剧本,它要花费好几十万甚至上百万元费用,有好婆婆把好关,可以避免大量人力、物力、财力的浪费。

丙、要学习,要借鉴。

所有参加座谈的同志,对此都有强烈的要求。同志们认为,中国电影要走民族化的道路,要发展中国人民所喜闻乐见的艺术风格,要使我们的电影成为真正的中国化的电影。中国电影要发展,必须学习和借鉴我们自己过去的成就,也要学习和借鉴外国电影的成就。目前,中国电影工作者学习和借鉴外国电影的机会很少。不搞电影的常看电影,搞电影的倒看不到电影,这种不正常的现象,使电影工作者消息闭塞,视野狭窄,不了解外国电影发展的动向,也不知道外国电影艺术的发展水平。同志们说,国际上的先进水平都不知道,我们怎么赶?怎么超?许多同志呼吁,有关主管部门,应该向电影工作者提供条件,使他们有更多的学习机会,从而迅速地提高业务水平。

丁、要整顿,要提高。

许多同志都感到,目前我国的电影工作,存在着许多急待解决的问题,许多环节中的不正常现象妨碍着电影事业的迅速发展。一些同志认为,要提高电影的质量,就要上下一致,各方面密切合作(包括有关胶片厂的合作)。一切都要从质量出发,要防止和纠正有碍电影质量提高的不正之风。电影剧本的采用,演员的挑选,导演的配备,都不能拉私人关系,搞不正之风。当前,要进行一次思想整顿,加强思想政治工作,要把风气搞正,提高劳动的自觉性,提高工作效率,造成一个人人关心电影,个个下功夫提高电影质量的良好空气。这样,我国的电影就一定大有希望。

中国医生参加在巴黎召开的第六届世界针灸大会

大会6月18日至22日召开。大会期间,来自各国的针灸医生总结了在针灸的治疗作用和基础理论的研究方面所取得的经验。中国针灸医生举行了两次报告会,引起其他国家同行的巨大兴趣。

中国医生应邀在法国针灸协会所在地进行了针灸治疗表演。

中国是第一次派代表团参加世界针灸大会。

6月19日

价值规律问题讨论会在无锡召开

《人民日报》报道,由中国社会科学院经济研究所、国家计委经济研究所和江苏省哲学社会科学研究所联合举办的关于社会主义经济中价值规律问题的讨论会,不久前在无锡召开。参加会议的有全国各地的经济理论工作者和实际工作者380多人。会议收到学术论文和资料近百篇。薛暮桥、孙冶方同志分别向会议作了学术报告。会上,与会同志各抒己见,畅所欲言,着重讨论了我国经济管理体制改革的方向和运用价值规律的问题。

一、关于扩大企业的权限问题。在讨论中,与会同志一致认为,社会主义企业是商品生产的经济组织,确认企业的相对独立性,适当扩大企业的权限,是价值规律的客观要求。实践证明,要正确地运用价值规律,就要给企业从生产到销售的一定的权力,使全民所有制企业之间能以商品生产者的关系来相互对待,实行等价补偿和等价交换原则,以自己的收入抵偿自己的支出,取得最好的经济效果。

许多同志还认为,从扩大企业权限入手,客观上必然要涉及对计划、物资、财政、劳动工资、价格政策和基建等方面的管理体制进行必要的改革,从而也有利于国民经济的调整,加速社会主义经济的发展。还有的同志认为,扩大企业权限,是改革经济管理体制的一个重要措施,态度要积极,但方法、步骤一定要稳妥可靠。

二、社会主义经济的计划和市场关系。社会主义经济是有计划发展的经济。长期以来,流行着这样一种看法,把社会主义经济的计划和市场关系看作两种截然对立的东西。这不但在实践上造成了很大的危害,而且在理论上也是十分错误的。

一种意见认为,社会主义经济是计划经济,尽管目前存在着许多问题,如计划统得过细、过死,脱离实际等,但这只是计划工作中的毛病。因此需要认真总结计划工作经验,改革经济管理体制,而不是削弱计划经济。在我国国民经济恢复时期、第一个五年计划期间和60年代的调整时期,国民经济发展较快,主要是比较重视综合平衡,加强计划工作的结果。他们认为,只有在计划管理不到的地方,市场机制才会起作用,这样才符合社会主义经济的本质。

另一种意见认为,社会主义经济既是计划经济,又是在生产资料公有制基础上的商品经济,因而应当实行计划调节和市场调节相结合。这是社会主义经济关系本质所决定的一种内在的、有机的结合。有的同志认为,我国经济建设中几次遭到破坏,都是既违背了计划规律又违背了价值规律的结果。根据已有的经验,今后应以计划调节为主,同时尊重价值规律,充分利用市场的作用。

在讨论中,与会同志还就如何利用市场的问题提出建议。有的同志认为,在实行计划经济的条件下利用市场,就是要使社会拥有物力、财力和人力资源,按照社会的需要,得到合理分配和节约使用。因此,在物力资源方面,要解决好商品的产供销问题,以销定产、按产定供,做到产需结合;在财力资源方面,要逐步实行企业的财务自理和自负盈亏,实行资金的有偿占用和按经济效果投资的原则;在人力资源方面,要实行择优录用,容许一定程度的自由择业。还有的同志提出,要利用市场,就必须做到:(1)对一般性的、对国计民生不起决定作用的生产单位和工业产品,国家可以采取直接计划和间接计划相结合;(2)建立真正用经济办法管理经济的专业公司,充分发挥价格、利润、税收、信贷等经济杠杆的作用;(3)在全民所有制内部,逐步用商品交换来代替产品调拨和直接分配制度。总之,要使企业按照自己的情况和市场的需要,来改进经营管理。

三、关于社会主义计划价格的理论基础问题。我国现行的计划价格,基本上是由部门中等成本加“合理利润”(按部门平均成本利润率计算的利润)和税金形成的,在讨论中,大家一致认为,价值规律是通过价格起作用的,因此,必须研究价格形成的理论基础。

这次会议,主要是讨论计划价格中利润部分如何确定的问题。经济学界曾有过三种不同意见,即按平均工资利润率、按平均资金利润率和按平均成本利润率来确定。通过讨论,很多同志认为,这三种主张各有利弊,到底哪一种好,目前还难以作出结论。因此,可以按某一种主张为主,参考和吸收其他主张的长处,以便进一步研究和改进计划价格的问题。

中国和南斯拉夫签订广播电视合作协定

这项协定规定:双方互相交换各种广播、电视节目及有关资料;互派代表团访问,派记者采访及派广播电视编辑技术人员互访和参加对方的有关活动;双方还将共同制作广播、电视节目。中国广播电视代表团团长、中央广播事业局副局长金照和南斯拉夫广播电视代表团团长、南斯拉夫广播电视组织劳动共同体国际合作委员会主席斯·迪莫夫斯基在协定及执行计划上签字。

侯宝璋追悼会在北京八宝山革命公墓礼堂举行

侯宝璋教授是在林彪、“四人帮”极左路线摧残下,因心肌梗死,医治无效,于1967年3月12日不幸在北京逝世,享年74岁。

全国人大常委会副委员长廖承志、国务院副总理陈慕华、卫生部部长钱信忠等参加了追悼会。党和国家领导人叶剑英、乌兰夫、邓颖超等送了花圈;政协全国委员会、中共中央统战部以及卫生部等也送了花圈。

追悼会由卫生部副部长王伟主持,卫生部副部长郭子恒致悼词。悼词中宣布,林彪、“四人帮”强加于侯宝璋教授的一切诬蔑不实之词应予推倒,并彻底恢复名誉。

参加追悼会的约有400人。

侯宝璋教授生前曾任第四届全国政协委员、原北京中国医科大学副校长兼病理教研室主任、中华医学会理事、中华病理学杂志副总编辑等。侯宝璋教授是国内外著名的病理学家,曾任英国皇家病理学会终身会员，国际癌学会委员会委员，美国病理学会会员等。

6月20日

国务院总理华国锋参加五届全国人大二次会议人大代表小组讨论会

华总理分别参加西藏、青海、台湾、北京的人大代表小组讨论会。

西藏代表在发言中表示，在本世纪末实现四个现代化，这是我国56个民族的共同事业。由于历史原因，边远地区经济基础差，为了加速西藏的经济建设和提高人民的生活水平，尽快修建通向西藏的铁路，改善公路交通运输，十分重要。

华总理仔细询问了西藏建设的情况，并同大家一起探讨通往西藏的铁路走向。华总理指出，在目前交通不便的情况下，西藏要先从发展中小型工程做起，然后再搞大的。他在谈到干部问题时，强调要首先注意培养当地的藏族干部。

华国锋同志同青海代表一起讨论了开发柴达木盆地的设想。他说：柴达木盆地大有希望，青海地广人稀，潜力很大，大有希望。

华总理向台湾代表解答了他们在审议政府工作报告中所提出的问题。

华国锋总理作为北京市的代表，参加了北京代表的小组会。在讨论发展城市集体所有制企业的问题时，华国锋同志说，积极发展城市集体所有制企业，可以使待业人员得到适当的安置。华国锋同志还谈到调整物价的问题。他说，今年提高主要农副产品的收购价格和减免农业税，可以使每个农民平均1年增加收入10多元，这对发展农业和整个国民经济有好处。收购价格提高后，有些农副产品的销售价格就要作适当调整。政府将采取相应措施增加城镇职工的收入，保证绝大多数职工和城镇居民的实际生活不致下降。

华国锋同志说，物价问题是一个应当非常慎重对待的问题，不能随意提高，一定要经过认真研究，由国家统一批准。

国务院副总理李先念在北京会见由日本国际贸易促进协会会长藤山爱一郎率领的日本国际贸易促进协会经济贸易代表团

在谈话中，李副总理对82岁高龄的藤山先生再次亲自率领代表团访问我国表示欢迎。他说，日本国际贸易促进协会不仅为开展中日两国的经济贸易关系做了许多工作，而且为增进两国人民的友谊作出了贡献。

藤山先生表示，他要为扩大日中经济贸易关系继续贡献力量。日本驻中国大使馆公使伴正一参加了会见。

中国国际贸易促进委员会主任王耀庭、副主任王文林会见时在座。

国务院副总理王震在首都机场观看美国麦克唐纳·道格拉斯公司制造的DC-9飞机飞行表演

这是麦克唐纳·道格拉斯公司为向中国推销此种类型的飞机从日本租用这架DC-9来中国表演的。

三机部部长吕东、民航总局局长沈图以及道格拉斯公司副总裁郭洛克斯一起观看了表演。麦克唐纳·道格拉斯公司和中国有关部门将进一步探讨该公司向中国出售DC-9飞机和双方合作在中国生产此种飞机的可能性。

国务院副总理谷牧在北京会见美籍建筑学家陈宣远

谷牧副总理晚上会见前来商谈同中国合作在北京建造和经营旅游饭店的美籍建筑学家陈宣远一行。

即将建造的这幢旅游饭店经济实用，舒适美观，具有国际水平现代化设施，地点选在北京建国门外，准备尽快动工，争取明年建成。这将是中国同外国合作建造和经营的第一个旅游饭店。

谷牧副总理在同陈宣远先生谈话时指出，中国有许多风景优美的地方，有保存完好的历史文物和古迹。中国发展旅游事业的条件是很好的。我们希望在这方面加强同外国朋友合作，发展中国的旅游业。会见时在座的有旅游总局局长卢绪章等。

会见以后，谷牧副总理和陈宣远先生一行共进晚餐。

全国人大常委会副委员长乌兰夫在北京接受日本新任驻中国特命全权大使吉田健三递交的国书

全国人大常委会副委员长邓颖超 廖承志在北京会见日本日中友好议员联盟会长滨野清吾一行

中日友协会会长廖承志在北京会见由日本医师会会长武见太郎率领的日本医师会代表团

全国人大常委会副委员长谭震林在北京会见以日本全国地域妇女团体联络协议会会长大友世富为团长日本“全地妇联”代表团

代表团是由“全地妇联”全国和地方分会的负责人组成的，日中友协全国本部总务部长斋藤纪江为顾问，大多数成员都已六七十岁。会见时，77岁的谭副委员长同日本妇女朋友们进行了亲切友好的谈话。双方表示要为进一步增进中日两国人民的友谊继续努力。

会见时在座的有全国妇联主席康克清、副主席黄甘英等。

中国代理常驻联合国代表赖亚力通知联合国秘书长瓦尔德海姆中国政府支持召开联合国专门会议讨论印度支那难民问题的建议

这一建议是英国首相玛格丽特·撒切尔提出的。

赖亚力是在写给瓦尔德海姆秘书长的信中宣布中国政府的这一决定的。他还向秘书长递交了中国外交部发言人6月16日发表的关于制止越南当局制造的输出难民的声明。

赖亚力在信中说："中国政府并望在您的高级办公室主持下的这一会议能够对越南当局违反《联合国宪章》,推行战争扩张、民族歧视和输出难民的政策进行谴责和制裁,以制止印支难民问题的恶化,并进而着手彻底解决印度支那难民问题。"赖亚力要求秘书长将这封信以及所附声明作为联合国大会和安理会正式文件予以散发。

世界羽联第一届羽毛球世界杯赛和第二届世界羽毛球锦标赛在杭州闭幕

第一届羽毛球世界杯赛上,中国运动员获得男女团体赛冠军;第二届世界羽毛球锦标赛上,中国选手韩健获得男子单打冠军,韩爱萍获得女子单打冠军,孙志安和姚喜明获得男子双打冠军,中国香港选手吴俊盛和陈念慈获得混合双打冠军。比赛结束后,世界羽联名誉主席霍英东,浙江省革委会副主任、本届比赛组委会主任王芳,世界羽联第一副主席、本届比赛组委会副主任朱仄,世界羽联副主席肯特,世界羽联名誉副主席巴拉,分别给获得5个单项前三名的运动员颁发了奖杯和奖章。

6月21日

五届全国人大二次会议在人民大会堂举行全体会议

会上,国务院副总理兼国家计委主任余秋里作了关于1979年国民经济计划草案的报告,财政部部长张劲夫作了关于1978年国家预算和1979年国家预算草案的报告。

大会执行主席宋庆龄主持了今天的会议。

最高人民法院院长江华和最高人民检察院检察长黄火青,分别向大会提交了最高人民法院和最高人民检察院的书面工作报告。

大会的执行主席还有:邓颖超、许德珩、胡耀邦、薄一波、粟裕、万里、王恩茂、毛致用、乔晓光、任荣、刘子厚、杜星垣、铁木尔·达瓦买提、林乎加、胡立教、奎璧、秦和珍、惠世恭、王耀花。

参加五届政协第二次会议的委员和党政军各方面的负责人列席了会议。

国务院副总理余秋里在五届全国人大二次会议上作关于1979年国民经济计划草案的报告

各位代表:

我受国务院的委托,现在向大会提出关于1979年国民经济计划草案的报告,请予审议。

一、1978年国民经济发展的新胜利

在报告1979年国民经济计划草案之前,先说一说1978年计划的完成情况。

1979年,我国各族人民在中国共产党的领导下,认真贯彻执行党的十一大和五届人大一次会议提出的新时期的总任务,揭批林彪、"四人帮"的政治斗争取得了伟大胜利,全国安定团结,国民经济在1977年迅速恢复和发展的基础上,取得了新的巨大的成绩。

农业生产,尽管许多地区遭受了严重的干旱和其他自然灾害,仍然获得了丰收。农业总产值1459亿元,完成计划的102.7%,比上年增长8.9%。粮食产量达到3.0475亿吨,比上年增长7.8%,全国除少数省、区外,大多数都有不同程度的增产。棉花产量达到316.7万吨,比上年增长5.8%。油料产量达到521.8万吨,比上年增长30%。粮食、油料的产量突破了历史最高水平,粮、棉、油、麻、丝、茶、糖、菜、烟、果、药、杂12个字全面增产,是1978年农业发展的显著特点。

工业生产大幅度增长。工业总产值4231亿元,完成计划的101.6%,比上年增长13.5%。许多重要工业产品的产量有了新的突破。其中,原煤产量突破了6亿吨,原油产量突破了1亿吨,发电量突破了2500亿度,钢产量突破了3000万吨,铁路货运量突破了10亿吨。水泥、化肥、农药、橡胶、矿山设备、冶金设备、发电设备、拖拉机、化学纤维、呢绒、丝织品、糖、纸、合成洗涤剂等的产量都有很大增长。多数产品的质量比上年有所提高,物资消耗和产品成本有所降低。

基本建设,国家预算内投资完成395亿元,比上年增长34%。地方自筹投资完成84亿元,比上年增长20%。全国建成大中型项目99个,大中型项目的单项工程297个。交付使用的固定资产356亿元,比上年增长37%。地质勘探工作进展较快,铁、煤、铜、铝、石油等主要矿产探明的储量都有增加。

国内外贸易有较大发展。社会商品零售总额1527.5亿元,比上年增长8.3%。粮、棉、油、布、煤等人民生活必需品的价格继续保持稳定。进出口贸易总额达到355亿元,比上年增长30.3%。新技术引进和设备进口的工作迅速展开,同国外签订了一批重大项目的合同。一些矿山的补偿贸易项目,也开始进行谈判。来料加工、来样加工和装配业务等,都有了新的发展。全年外汇收支平衡,略有结余。

随着工农业生产的发展,城乡人民的生活有了改善。全国农村社员平均每人从集体分得的收入,由上年的65元增加到73.9元,增加8元9角,增长13.7%。城镇的就业人数有了增加,全民和集体所有制单位的职工总数达到9499万人,比上年增加387万人。职工工资总额达到569亿元,比上年增加54亿元。由于1977年第四季度有40%的职工提高了工资级别,另有20%的职工不同程度地增加了工资收入,1978年全民所有制单位职工平均工资,由上年的602元增加到644元,增加42元,增长7%。城市的住宅建设和公用事业有了较大的增加。

科学、教育、文化、卫生等事业,都有了进一步的发展。

回顾刚刚粉碎"四人帮"的时候,生产停滞、运输阻塞、整个经济遭到严重破坏的那种状况,我们可以清楚地看到,在这短短的两年中,经济战线发生了多么深刻的变化。我们之所以能够取得这样大的成绩,最根本的是在各条战线上深入批判了林彪、"四人帮"的极左路线,认真落实了党和政府的各项政策,并在各方面进行了初步的调整和整顿,把广大工人、农民、知识分子长期被"四人帮"压抑的社会主义积极性调动起来了。大家在把"四人帮"耽误的时间和造成的损失夺回来的口号鼓舞下,奋发图强,辛勤劳动,在农业战线上战胜了严重的自然灾害,在工业战线上克服了燃料动力和原材料供应不足的困难,比较有效地利用我们多年建设所创造的物质条件,推动了国民经济的迅速恢复和发展。这个事实充分说明,粉碎"四人帮"以后,党和政府执行的路线是完全正确的,所采取的各项方针、政策和一系列措施是切实有力的,各行各业、各条战线的工作是卓有成效的。

应当指出,1978年国民经济计划执行中也还存在着一些问题。部分地区由于灾情较重,粮食减产;有些畜产品的产量增长较慢,水产品的产量还有所下降。许多工业产品的质量、消耗没有达到计划的要求,有些还低于历史上曾经达到过的最好水平。基本建设投资追加较多,但投产项目和有些产品的新增生产能力没有完成计划。新技术的引进和设备的进口,由于缺乏经验,有的进口项目的谈判同国外信贷的谈判没有结合好,国内的准备工作也不适应。物资和商品的流通环节过多、周转慢,加上有些产品的生产有盲目性,致使库存积压增加。我们工作中还有不少缺点,主要是综合平衡工作做得不够好,对林彪、"四人帮"干扰破坏造成的恶果在有些方面估计不足,对经济恢复和发展过程中出现的若干新情况、新问题,研究不够,采取的措施不及时。这就使有些应当解决的问题没有能够很好地解决。两年来,我们取得了很大的成就,但是,不可能把林彪、"四人帮"长期破坏造成的问题都加以解决。国民经济中一些重大比例失调的状况,还没有从根本上改变过来。生产、建设、流通、分配中的一些混乱现象,还没有完全消除。人民生活中不少问题有待于解决。我们要继续努力,改进工作,采取切实有效的措施,正确地、有步骤地解决经济生活中存在的问题,促进国民经济更好地向前发展。

二、1979年国民经济计划的安排

在全国的工作着重点转移到社会主义现代化建设上来以后,经济工作的第一步要抓什么?国务院全面地分析了我国当前的经济情况,确定要在前两年经济恢复和发展取得巨大成就的基础上,从今年起,用3年时间,进行国民经济的调整、改革、整顿、提高,逐步把国民经济纳入持久的按比例的高速度发展的轨道。这是一个从实际出发、积极推动四个现代化稳步前进的重要决策。

根据这个决策,在国务院的主持下,对去年拟打的1979年国民经济计划作了修订。修订后的计划,重点是加快农业的发展,加快轻纺工业的发展,加强煤、油、电、运和建材的生产建设。同时,按照燃料动力供应的可能,安排其他工业的生产;按照财力、物力的可能,安排基本建设,努力提高生产和建设的经济效果。增加商品供应,扩大对外贸易,以活跃城乡交流、国内外交流。积极发展科学、教育、文化、卫生等各项事业。在生产发展的基础上,使城乡人民的生活继续有所改善。

1979年计划的总轮廓是:

农业生产比去年增长4%。

工业生产比去年增长8%,其中轻工业增长8.3%,重工业增长7.6%。这个计划速度,比前两年低了一些。这是因为,前两年的增长带有很大的恢复性质,今年是在过去两年大幅度增长的基础上向前发展的,而且考虑到工业内部要作必要的调整,适当调低一些是正常的。从国际上许多国家工业发展的历史看,在一般的情况下,工业生产增长8%的速度是不算低的。

国家预算内直接安排的基本建设投资360亿元,加上利用外汇贷款安排的基本建设,总数为400亿元,保持去年的实际水平。

社会商品零售总额1750亿元,比去年增长14.6%。

进出口总额440亿元,比去年增长24%。

现在就计划安排中的几个主要方面作如下说明。

(一)集中主要力量把农业发展搞得快一点。

把农业尽快搞上去,是今后三年调整国民经济的首要任务。1979年计划要求,粮食在去年增产2200万吨的基础上增产775万吨,达到3.125亿吨,即增长2.5%;棉花比去年增产23.3万吨,达到240万吨,增长10.8%。其他经济作物的生产和林、牧、副、渔业都要争取有一个新的发展。这里说明一下,1979年的农业生产指标,基本上是去年九十月间在1978年计划完成情况预计的基本上拟订的,实际执行的结果,1978年粮食等的产量超过了当时的预计。这次为了留有余地,我们只对1979年计划指标做了少量的调整,因此,粮食等的增长速度显得低了一些。我们要努力做好工作,争取超额完成。

实现今年的农业生产计划,最根本的是要继续认真贯彻执行党的十一届三中全会通过的关于发展农业问题的两个文件,进一步落实党在农村的各项政策,把8亿农民、3亿农村劳动力的社会主义积极性调动起来,更有成效地开展农田基本建设,实行科学种田,发展多种经营。同时,在计划安排上,采取如下一些扶持农业生产的重大措施。

首先,较大幅度地提高农副产品的收购价格和减免农村税收。从1979年夏粮上市时起,把粮食的统购价格提高20%;超购部分,在这个基础上再加价50%。棉花、油料、猪等农副产品的收购价格也要相应提高。18种主要农副产品的收购价格,平均提高24.8%。1979年农产品提价总金额计划为65亿元。这样大幅度地提高主要农副产品收购价格,是解放以来没有过的。加上国家减免部分经济条件较差地区的农业税收和社队企业税收,1979年农村社队和农民将受益70多亿元。1年间使农民和社队增加这么多的收入,对调动广大社员的积极性,促进农业生产的发展,将起重要的作用。大幅度地提高农副产品收购价格,这是对工业和农业之间,国家、集体和个人之间经济关系的一个大调整,是按农轻重次序安排计划的一个重要措施,它对促进整个国民经济协调地向前发展,具有很大的意义。

其次,增加农业资金。国家预算内农业投资额占基本建设投资总额的比重,由去年的10.7%,提高到14%。加上国家预算内的农业事业费和支援农业支出,加上农业贷款,以及扶持农业的其他资金,总数为174亿元。农业资金使用的重点是,加强商品粮基地、经济作物基地、牧业基地、海洋渔业基地的建设,扶持低产缺粮地区生产的发展。

最后,加强工业对农业的支援,因地制宜地稳步发展农业机械化。计划生产化肥957万吨(按含有效成分100%计算),比去年增加88万吨。同时,增加高效低毒农药的生产。计划生产拖拉机9.5万台。农机产品要着重提高质量,搞好配套农具和零配件的生产供应,宁肯少些,但要好些。

总的说来,1979年国家计划安排用于农业方面的财力、物力是不少的,在当前的条件下是尽了最大努力的。各个方面都要认真改进工作,把这些资金和物资管好、用好,避免造成浪费。国家举办的各项农业事业,要逐步尽可能地改为企业化,实行独立的经济核算,认真考核经济效果。

(二)千方百计加快轻纺工业的发展。

1979年要努力把轻纺工业的发展搞得快一点,增产更多、更好的轻纺产品,供应城乡市场和外贸出口,为国家多提供财政收入。计划规定,化学纤维增长5.3%,合成洗涤剂增长8%,自行车增长10.8%,缝纫机增长8.6%,手表增长12.7%,电视机增长1倍以上,照相机增长23%。为了保证轻纺工业生产的增长,需要采取一些有力的措施:

第一,优先保证轻纺工业生产所需要的燃料动力和原材料的供应。按定额核定轻纺企业的用电指标,保证给足,供应落实。物资供应和交通运输部门对轻纺工业生产用的煤、油、原材料,要按订货合同,保质、保量,组织均衡送货。清仓查库清理出来的原材料,凡是适用的,优先调给轻纺工业部门。

第二,适当增加轻纺工业生产所需要的原材料的进口。1979年计划用于这方面的外汇,折人民币,比去年增加3.2亿元,增长17%。

第三,大力提高轻纺工业产品的质量,增加花色品种。轻工业部今年要抓83种产品质量的提高和评比工业,对优质产品颁发优质奖。纺织工业部今年要解决一批产品质量中的关键问题,创出一批名牌优良产品,增产一批市场适销的短缺产品,改产一批滞销产品。

第四,加强工商协作,扩大产品销售。商业、外贸部门要协助生产企业按照需要安排好生产,并按计划收购产品。商业、外贸不收购的,允许轻纺工业部门按照国家规定的价格政策,开展自销。

第五,动员重工业部门,从自己的条件出发,充分利用富余的生产能力,利用自己的边角余料和库存物资,尽可能多地生产一些工艺相近、产品对路的日用工业品,供应市场和出口。

(三)从增产和节约两个方面采取措施,逐步缓和能源供应的紧张状况。

燃料动力供应紧张,是当前国民经济发展中的一个突出问题。我国的煤炭、石油、水力资源是很丰富的,但是勘探和开发这些资源要有个过程。近几年石油、煤炭的增长幅度很大,而石油资源的勘探和煤矿新井的建设跟不上，为了调整油田和煤矿内部的比例关系，今年计划生产原油1.06亿吨，比去年增长1.9%；煤炭6.2亿吨，略高于去年水平，其中统配矿3.54亿—3.66亿吨，比去年增长3.5%—7%。在这个基础上，安排发电量2750亿度，比去年增长7.2%。为了减轻对燃料动力的压力，腾出一些燃料动力用于轻纺工业，计划安排今年产钢3200万吨。钢铁工业发展的重点，放在提高产品质量，增加短线品种方面。

燃料动力供应紧张的状况，将会继续一个相当的时期。针对这种情况，我们从现在起，就要从增产和节约两个方面采取切实有效的措施。要努力加强燃料动力的生产建设。煤炭要搞好老矿的挖潜、革新、改造，部分有掘进欠账的矿井，要边生产边有计划地补还欠账；加快在建矿井的施工进度，有计划地扩大新井建设规模，争取几年后新增生产能力有一个较大的增加。石油要搞好地质普查和勘探，力争尽快地拿到更多的石油储量。电力要搞好原有发电设备的配套和完善化，积极发展火电，多搞水电。在努力增加燃料动力生产的同时，当前更加迫切的是，采取切实有效的办法，降低燃料动力的消耗，节约使用能源，从节约中求增产，求速度。

第一，坚决实行择优供应的办法，使那些产品对路、质量好、消耗低、赢利多的企业尽可能吃饱、开足马力生产。对于那些产品没有销路和质量差、消耗高、有亏损的企业，要进行整顿，有的要停产，或者合并、转产。对于停产企业的职工，要妥善安排，有的可以调到其他企业去，有的可以组织技术训练。中央企业、地方企业和社队企业，都要实行这个办法。

第二，所有企业都要彻底改变那种不计消耗、不讲质量、品种，片面追求产量、产值的状况。严格实行按定额供应燃料动力和原材料的制度。超过消耗定额的，要检查原因。消耗超过计划的，不能提取企业基金。所有企业都要搞好热平衡，搞好余热利用，大力节约能源的消耗。这方面将由有关部门作出具体规定。

第三，逐步地把现有的烧油发电机组改为烧煤，首先把原来烧煤、后来改为烧油的机组改回来，以便把烧掉的原油用煤顶替出来。要积极发展大容量的高温高压机组，并有计划有重点地对现有中低压机组的电厂，进行更新改造，以节约燃料。

第四，实行电力统配制度。跨省区的和一个省区范围内的电网，由电力工业部统一管理，电力由国家统一分配供应。任何部门和地区都必须在国家分配的电力范围内，安排生产建设，不得超计划用电。

第五，有计划地发展加工工业，加强短线，控制长线的发展。现在全国用电设备的容量，远远高出发电装机容量，这是造成电力供应紧张的一个重要原因。要实现燃料动力的供需平衡，在增加燃料动力供应的同时，必须控制用电、用煤、用油单位的增加。今后，任何地方和部门建设新的企业，都必须有确实的燃料动力来源，并由主管部门签字。以油、气为原料的建设项目，在油、气的供应来源没有落实以前，不得开工。

第六，迅速制定能源法，规定各种能源的合理开发、综合利用和节约能源的标准，以及相应的奖惩制度。

铁路运输能力不足和沿海港口吞吐能力落后，也是当前国民经济中的一个突出薄弱环节。我们正在采取措施，逐步加强京包、京广、陇海等主要铁路干线薄弱区段的改造，加强公路和港口的建设，加强邮电通信的建设，争取经过几年的努力，使运输和通讯的紧张局面有所缓和。

(四)坚决缩短基本建设战线，切实提高投资效果。

根据国家财力、物力的可能，合理安排基本建设规模，妥善分配投资，努力提高投资效果，是搞好调整工作的一项重要内容。1979年国家预算内直接安排的基本建设投资，加上利用外汇贷款安排的基本建设，合计为400亿元。此外，地方、部门自筹资金搞的建设以及其他建设，还有近100亿元。投资虽然作了压缩，但总规模还是不小的。只要用得好，可以办不少事情。

国家预算内投资的分配，重点是农业、轻工业、燃料动力、建材和运输，适当增加科学文教的投资和补一些生活设施方面的欠账，积极扶持边疆地区和少数民族地区经济的发展。

农业，投资比重由去年的10.7%提高到14%，计划建设的主要项目有：大中型水利工程65项，水产11项。畜牧业、林业、开垦荒地的投资，都比去年有适当的增加。

轻工业，投资比重由去年的5.4%提高到5.8%，计划建设的主要项目有：日处理甘蔗五百吨的糖厂12个，日处理甜菜五百吨的糖厂11个，日产纸50吨以上的造纸厂7个，拥有10万棉纺锭、3000台布机的棉纺织厂3个，以及天津石油化纤厂、四川长寿维尼纶厂和甘肃、广西、云南维尼纶厂等。

重工业，投资比重由去年的54.7%降低为46.8%。在重工业投资中，重点安排煤、油、电和建材等的建设。计划建设的主要项目有：年采煤1000万吨以上的山西古交矿区、大同矿区、河北峰峰矿区、辽宁铁法矿区、安徽两淮矿区、山东兖州矿区等8个矿区；装机容量100万千瓦以上的湖北葛洲坝水电站、青海龙羊峡水电站和大同新电厂、唐山陡河电厂等6个火电厂；年产水泥100万吨的徐州淮海水泥厂等。

其他方面的投资，有增有减。

计划建设的大中型项目初步安排987个，计划建成投产的大中型项目118个,单项工程258个。这些项目和单项工程竣工投产以后,可以新增原煤开采能力1360万吨,原油开采能力800万吨,发电装机容量468万千瓦,氮肥生产能力87万吨,原木采运能力147万立米,水泥生产能力212万吨,制糖能力25万吨,沿海港口吞吐量1160万吨。

当前基本建设中迫切需要解决的问题是,项目多,效果差,占用了大量的财力、物力,不能及时为国家提供新的生产能力。为了集中力量打歼灭战,提高投资效果,必须下决心大大压缩基本建设项目。对于正在建设和计划新开工的项目,由主管单位一个一个地进行严格审查,凡是国家不急需和建设条件不具备的项目,以及建成后燃料动力和原材料没有保证的,要坚决停建或者推迟进度。这样做,有利于集中财力、物力,迅速拿下一批国家急需的项目,增加一大批新的生产能力。当然,一批在建项目停建缓建,也会带来一些损失,比如有一部分施工队伍要窝工,已经安排生产的设备有一些要积压起来。我们要清理设备订货合同,调整生产计划,调剂施工力量,做好停缓建项目的工程维护等工作,尽量减少损失。

从今年开始,对于所有基本建设项目都提出了更高的要求。主要是:严格按照基本建设程序办事;施工前的准备工作要做充分;努力提高施工效率,确保工程质量,降低工程造价;实行严格的预决算制度和检查验收制度。对计划完成情况要进行认真考核。

环境污染,在一些地区已经成为一个值得严重注意的问题。不论是新建项目,或者是原有企业,都要搞好综合利用和废水、废气、废渣的处理,保护环境卫生,保护人民健康。国家已经规定,新建项目的“三废”处理工程必须和主体工程同时设计、同时施工、同时投产。这个规定要严格执行,不得违反。

要加强地质工作,为国家建设提供更多的矿产资源和准确的地质资料。

(五)大力增加出口,进一步发展对外贸易。

在坚持独立自主、自力更生的基础上,积极扩大对外贸易,引进先进技术,利用国外资金,是加快我国四个现代化进程的一个重大决策。1979年计划规定,出口192亿元,比去年增长14.7%;进口248亿元,比去年增长32.4%。在进口总额中,新技术和成套设备当年付款47.3亿元,增长2.2倍。

为了实现今年的进出口计划,搞好外汇平衡,要千方百计增加外汇收入。各地方、各部门都要努力抓出口,抓外汇收入,并由得力的领导干部负责这项工作。对列入今年计划的出口商品货源,各有关部门和地区要千方百计予以保证。出口商品生产所需要的燃料动力、原材料和运输,以及出口商品所需要的包装物料,要优先安排落实。各地方、各部门都要充分发挥自己的有利条件和特长,开辟更多的出口门路,在保证完成上调任务和按计划供应本地市场的前提下,采取多种灵活的形式,增加出口,增加外汇收入。超过计划出口的部分,实行外汇分成。要大力发展旅游事业,搞好与之相适应的城市建设,努力增加非贸易外汇收入。我国资源丰富,工业有了一定基础,增加出口的潜力很大。只要我们加强对国际市场的调查研究,产销部门密切配合,把工作做活,积极提高产品质量,增加适销的花色品种,改进包装装潢,及时交货,重合同,守信用,外汇收入是可以大大增加的。

今年为了扶持国内生产,增加市场供应,计划中适当增加了一般物资和消费品的进口,要严格按计划办事。从明年起,凡是国内能够供应的物资和商品,要逐步减少进口,以便把新增加的外汇收入较多地用于引进新技术。

新技术引进和成套设备进口,要搞好调查研究,统筹安排,循序前进。要先搞那些投资少、见效快、创汇多的项目,并且尽可能同现有企业的改造结合起来。部门和地方在申请引进新技术和进口设备时,必须提出偿还外汇的计划,并确实落实国内的配套能力。要多买制造技术,尽可能少买成套设备,凡是国内可以制造供应的,就不要进口,以节省外汇,促进国内设计、制造水平的提高。要多搞一些加工装配、补偿贸易、合作生产,举办一些合资经营的企业。所有引进项目,都要实行严格的责任制,保证按照签订的合同开展工作,按期建成投产,发挥投资效益。

(六)努力增加商品供应,安排好国内市场。

由于提高农产品收购价格和在改善人民生活方面采取了一些措施,今年社会购买力将比去年有较大增长。搞好商品供应,保证商品供应量同购买力的平衡,稳定市场,这是一项十分重要的任务。为了实现这项任务,要采取以下一些办法:

第一,确保轻纺工业生产计划的实现,力争多生产一些适销的轻纺产品供应市场。

第二,扩大城乡交流。积极组织工业品下乡,今年增产的缝纫机、自行车、暖水瓶等农村适销的轻工业品,要基本上供应农村。适当增加农村供销社的收购点,增加农副土特产品的收购额。

第三,大力清理内外贸仓库。多余的库存,要拿出来供应市场。一些日用工业品可以随到随卖,不要惜售。外贸的滞销商品,要及时转为内销。

第四,合理组织商品供应。努力减少流通环节,降低商品储运中的损耗,节约流通费用。有计划地增加商业服务网点,发展修理行业,方便群众。

第五,在保持物价基本稳定的前提下,有计划地审慎地调整某些不合理的价格。加强物价管理,严禁随意涨价和变相涨价。

(七)积极发展科学事业和文教卫生事业。

正确处理经济建设和文化建设的关系,努力发展科学事业和教育、文化、卫生事业,是加快四个现代化进程的一个极其重要的问题。根据国家财力的可能,1979年计划适当增加了科学、教育、文化、卫生等方面的经费和基建投资,争取这些事业有一个新的发展。

在科学研究方面,要注意基础理论的研究,同时用更大的精力,围绕当前生产建设的需要,加强应用科学的研究。扩大中间试验、工业试验,尽快把科研成果应用到生产上去。要恢复、加强和新建一批重点研究机构,加强我国自己的科学仪器研制力量。努力搞好科技刊物的印刷出版工作。

在教育方面,要大力办好重点的大学、中学和小学。继续努力提高教育质量。普通高等学校1979年计划招生27万到30万人。积极办好厂办大学和中专、技工学校。进一步发展电视、广播、函授等业余教育。通过多种途径,加速人才的培养。要采取切实措施,逐步解决校舍不足的问题。

在文化、卫生、广播、体育事业方面,要多拍故事影片,扩大文艺演出,继续组织开放内部礼堂、俱乐部,增加影剧院、放映队,解决群众看戏、看电影的问题。加强出版工作,努力提高出版物的质量。加强医院和基层卫生组织的整顿和建设,提高医疗技术和服务质量。医院病床,1979年计划增加8万张。要大力开展爱国卫生运动。改善体育设施。办好广播、电视事业。

切实搞好计划生育。1979年要力争使全国人口自然增长率降到10‰左右。各级领导要把这项工作当作一件大事来抓,认真做好宣传教育、技术指导和科研工作。

(八)在发展生产的基础上使人民生活继续有所改善。

在工农业生产发展和劳动生产率提高的基础上,逐步改善人民生活,这是我们党一贯的方针,也是这次调整工作必须解决的一个迫切问题。1979年由于提高农产品收购价格、减免部分地区农业税收和社队企业税收,加上农业生产的发展,农村社队和农民的收入估计将增加130亿元左右。与此同时,国家准备提高部分职工的工资级别,实行奖励制度,扩大就业面,这样,今年城镇居民的收入将增加70多亿元。城乡人民收入的增长幅度都是比较大的。在城市中,国家还将适当增加职工住宅和公用事业的建设。

在劳动力的安排方面,计划在全民所有制和集体所有制单位中,安排750万人。要广开就业门路,积极发展集体所有制的手工业、修理业和各种各样的服务行业,使城镇待业人员逐步得到适当安置。各级领导要把安置劳动力这件事情认真地抓起来,既要采取积极的步骤,切实解决问题;又要严格按国家政策办事,不能各行其是。

三、团结一致,鼓足干劲,完成和超额完成1979年计划

各位代表!调整后的1979年国民经济计划,各方面的比例关系安排得比原来好了一些。但是,总的建设规模还大了一点,主要物资的分配还有一些缺口。国民经济的比例关系不是一年能够调整好的,现在存在的问题,有些可以在计划执行中努力加以解决,有些要在明后两年继续调整中加以解决。我们已经着手拟订1980年、1981年两年的计划,并研究制订第六个五年计划。

今年已经过去5个多月了。从这5个多月经济发展的情况来看,总的是好的。不少地区的夏收作物已经获得较好的收成。如果不发生特大的自然灾害,今年的农业生产是可以获得丰收的。工业总产值1月至5月累计完成年计划的38.8%,比去年同期增长4.7%。

许多产品生产计划完成情况较好。有一部分产品,由于调整生产内部的关系,或者由于燃料动力供应不足,以及整顿品种、质量等原因,生产增长较慢。少数企业整顿工作没有搞好,企业管理混乱,生产没有完成国家计划。国务院已经采取了必要的措施,解决当前生产中的问题,特别是解决增加煤炭生产和轻纺工业生产的问题。除了动员这些战线广大职工努力增产以外,还规定在物资供应和运输条件上给予优先保证,在产销渠道上给以妥善安排,使它们在今后6个多月内有较大的增长。这些措施,现在已经开始见效。

要完成今年的国民经济计划,关键是把目前已经广泛开展起来的群众性的增产节约运动不断地深入下去,取得实实在在的成果。现在各方面增产和节约的潜力很大。比如,据冶金、电力等8个行业的400多个重点企业统计,去年的燃料、电力消耗指标,还有2/3没有恢复到历史最好水平,如果全部达到历史最好水平,就可节约各种燃料100万吨、电力120亿度。合成氨的煤、电消耗,浙江全省41个小氮肥厂,今年第一季度1吨合成氨的煤耗已降到1924公斤,电耗降到1296度,而全国相当多的小氮肥厂的煤耗还在4吨以上,电耗在2000度以上。机械工业重点企业的钢材利用率,去年为65.8%,如果提高到70%左右,即可节约钢材近50万吨。木材的利用率,目前全国平均为百分之五六十,杭州市实行木材统一加工供应的办法,利用率达到90%以上,如果全国都达到杭州市的水平,1年就可节约木材几百万立方米。各级领导必须深入

生产第一线,发动群众,揭露矛盾,抓住关键,采取切实可行的挖潜、革新、改造的办法,努力采用新技术,把生产中的高消耗降下来;搞好清产核资、清仓查库,把过多的库存物资利用起来。这样,就可以用现有的燃料动力和原材料,生产更多、更好的产品,创造更多的财富,加快国民经济的发展速度。每个部门、每个企业都要发动群众,学习和发扬大庆人、大寨人自力更生、艰苦创业的革命干劲,广泛开展社会主义劳动竞赛和合理化建议运动,在增产和节约两个方面作出优异的成绩。

搞好增产节约,必须继续抓紧企业的整顿工作。要加强领导班子和职工队伍的建设,严格以岗位责任制为中心的各种规章制度,加强组织纪律性,健全各项基础工作,真正建立起一个有权威的、效率很高的生产指挥系统,一个井井有条的、良好的生产秩序和工作秩序,一个整齐清洁的、有利于生产进行和职工健康的生产环境。只有这样,才能使企业生产的质量、品种、消耗、劳动生产率、成本、利润等各项经济技术指标得到显著的改进,完成和超额完成国家计划。

改革经济管理体制,对搞好国民经济的调整和企业的整顿,加快四个现代化的步伐,有重要的促进作用。我们要在国务院的统一部署下,积极而又有步骤地开展这项工作。

各位代表!全国工作着重点转移到社会主义现代化建设上来以后,经济战线上的新的战斗已经开始了。我们对胜利完成调整、改革、整顿、提高的任务,推进四个现代化的事业,充满了信心。党的十一大和五届人大一次会议以来,特别是党的三中全会以来,全国安定团结、生动活泼的政治局面进一步巩固和发展,为加快四个现代化的进程提供了最根本的政治前提。我们有九亿多勤劳勇敢的各族人民,有各种丰富的自然资源。经过30年的努力,我们已经建立起来了相当的工业基础,许多工厂的设备是不错的。我们说,我们有条件在本世纪内实现四个现代化,其中就包括有这样一个前进的基地。只要把全国各族人民动员起来,解放思想,实事求是,充分发挥我们的有利条件和长处,发挥我们社会主义制度的优越性,同时注意吸收国外的先进技术和经验,不断提高我们的技术水平和管理水平,我们是可以大有作为的,是可以在本世纪内使国民经济走在世界前列的。

让我们紧密地团结在华国锋同志为首的党中央周围,鼓足干劲,扎扎实实地努力工作,为完成和超额完成今年的国家计划,加速社会主义现代化事业的发展而奋斗!

财政部部长张劲夫在五届全国人大二次会议上作关于1978年国家决算和1979年国家预算草案的报告

各位代表:

我受国务院的委托,现在向大会提出关于1978年国家决算和1979年国家预算草案的报告,请予审查。

一、1978年国家决算

从去年3月第五届全国人民代表大会第一次会议到现在,已经1年多了。这个期间,全国各族人民遵循党的十一大和五届人大提出的新时期的总任务,认真贯彻党的三中全会精神,揭批林彪、"四人帮"的群众运动已经基本结束,安定团结、生动活泼的政治局面初步形成,各条战线的工作都取得了巨大成绩。

1978年国民经济在1977年迅速恢复的基础上,又获得了新的发展。这一年的农业生产遭受了严重的自然灾害,但是经过紧张的抗灾斗争,除少数地区外,全国绝大部分地区都获得了很好的收成。粮食产量比上年增加2200万吨,增长7.8%。油料、糖料、棉花等经济作物的产量和牲畜饲养量也有不同程度的发展。工业生产比上年增长13.5%,钢铁、煤炭、原油、发电量、化肥、棉纱、化纤、纸等几十种主要产品的产量和铁路货运量,都完成和超额完成了国家计划,并有较大幅度的增长。随着生产的发展,国内外贸易迅速扩大。社会商品零售额比上年增长8.3%,进出口贸易总额增长30.2%。在经济迅速恢复和发展的基础上,国家财政情况进一步好转,城乡人民生活也有所改善。过去这一年,形势发展之好,经济上升之快,财政收入增加之多,是多年来没有过的。它证明了粉碎"四人帮"以来,党和政府实行的路线、方针、政策是完全正确的,也显示了广大人民群众冲破"四人帮"强加的精神枷锁之后,迸发出来的社会主义积极性是威力巨大的。

1978年国家决算的情况是:全年财政总收入为1121.11亿元,财政总支出为1119.93亿元,收支相抵,结余10.18亿元。同上年相比,财政收入增长28.2%,财政支出增长31.7%。

1978年的财政收入,在上年收入大幅度增长的基础上,又增加了204亿元(按两年决算数比较,增加246亿元;按可比口径计算,增加204亿元,增长23.4%)。全年收入大于支出,并略有结余。应当说,经过1977年和1978年两年的努力,我们已经由四害横行时财政收入停滞下降的情况,转变为收入大幅度增长;由国家财政困难重重,每况愈下,转变为财源不断扩大,能够基本上保证生产建设发展的需要。这是国家财政经济状况迅速好转的综合反映,是抓纲治国3年大见成效的重要标志。这个重大胜利是在华国锋同志为首的党中央的领导下,各地区、各部门、各单位贯彻执行党和政府的各项方针政策的结果,是全国扩大工人、农民、知识分子和其他劳动人民辛勤劳动,共同努力的结果。

1978年财政收入的大量增加，是在工农业生产迅速恢复和发展的情况下取得的，也是整顿企业、狠抓企业扭亏增盈工作取得的成果。这一年，随着生产的恢复和发展，全国工商税收上升为451亿元，比上年增长12.5%。国营工业企业收入上升为440亿元，比上年增长35%。全国工业、交通、商业、农业企业中的亏损企业，1977年减少亏损26亿元，1978年又减少亏损32.5亿元。

在工农业生产发展和国家财政收入增加的基础上，城乡人民生活有所改善。广大农村逐步落实各项经济政策，农副业生产发展很快，社员从集体分得的收入，全国平均比上年增加了13.7%。城镇方面，全国40%的职工提高了工资级别，另有20%的职工不同程度地增加了工资，许多职工还得到了奖金收入。城镇就业人数有了增加，全国职工总人数达到9499万人，比上年增加387万人。关于职工工资的调整，国务院曾在1974年到1976年连续3年作过安排，要给部分低工资的职工增加工资，由于"四人帮"捣乱破坏，原定措施未能实现。粉碎"四人帮"以后，随着财政经济情况的好转，1977年10月采取了调整工资的措施。到1978年年底，通过调整工资，全国职工约增加收入27.5亿元。广大职工群众对此基本上是满意的。

1978年的财政总支出中，几项主要支出的情况是：基本建设投资395亿元，加上地方预算用预备费和其他机动财力投入基本建设的款项，以及基本建设储备资金，拨款总数为451.92亿元，比上年增长50.2%；企业挖潜改造资金（用于厂房、机器设备等固定资产的更新和技术改造）、流动资金、地质勘探费和工业、交通、商业事业费等支出167.78亿元，比上年增长22.6%；支援农村人民公社支出和各项农业事业费76.95亿元，比上年增长51.8%文教、卫生、科学事业费112.66亿元，比上年增长24.9%；国防战备费167.84亿元，比上年增长12.6%；行政管理费49.08亿元，比上年增长13.3%。

财政支出的增加，支持了生产建设和各项事业的发展。通过基本建设，全年新增的生产能力主要有：钢112万吨，原煤1151万吨，原油999.6万吨，发电机组容量505万千瓦，铁路铺轨里程806公里。农业方面，全国农村新增大型与中型拖拉机9万台，手扶拖拉机28万台，农业机械动力2017万马力。由于旱情严重，去年除地方拨付的经费以外，国务院还先后增拨了抗旱经费12亿多元，支持抗旱保丰收的斗争。据江苏、安徽、湖北等旱情严重的11个省统计，去年引水、提水、蓄水共1700多亿立方米，浇灌面积达5.8亿亩。在文教卫生方面，大专学校招生29.3万人（不包括地方扩大招收的10.7万人），中等专业学校招生44.7万人，中学招生近2700万人，医院新增病床7.9万张。科学事业也有了新的发展，恢复和新建了一批科研机构，加强了科学研究工作。

对于各项非生产性的开支，各地区、各部门按照国务院通知的精神，注意了控制和节约。1978年全国各机关、团体、部队、企业、事业单位在市场上购买公用物品的开支，即社会集团购买力，共计143亿元，比上年增加6亿元，增长4.4%。"四人帮"横行的时候，社会集团购买力平均每年增加十几亿元。去年各方面的事业恢复与发展很快，社会集团购买力却增加不多，工作是有成效的。

1978年的工作中也有缺点。我们在财政收入增长很快的情况下，对有利条件看得比较多，对存在的问题和困难估计不足，基本建设投资追加得多了一点，引进国外新技术搞得急了一点，步子不够稳。职工奖金的发放范围和标准掌握得不够好，有些地方和单位搞了平均主义。这些都是需要总结经验，改进工作的。

各位代表：这两年我国国民经济的恢复和发展，取得了很大成绩，但是，我们也清楚地看到，林彪、"四人帮"对我们国民经济的破坏十分严重，其恶果不可能在很短的时间里消除。目前我们面临的问题不少，在前进中还有不少困难需要继续克服。国民经济中的一些重大的比例失调状况还未从根本上改变过来，农业、轻工业不能适应工业发展和人民生活改善的需要，燃料动力、建筑材料的供应和交通运输都很紧张。基本建设规模过大，战线过长，超过了国家财力和物力的可能，投资效果很差。积累在国民收入中所占的比例，超过了合理的界限。劳动就业、职工工资、公用事业、职工住宅、环境保护和文教卫生等关系到人民生活的遗留问题还很多。在一些生产单位和非生产单位中，管理混乱和损失浪费现象还相当严重。所有这些问题，都直接或者间接地反映到财政上来，需要统筹兼顾，全面安排，逐步解决。过去一个时期，我们对这些问题和困难认识不足。经过两年多来的实践，问题和困难看得越来越清楚，认识也越来越深刻了。我们一定要在党中央和国务院的领导下，本着积极而又慎重的态度，继续采取切实有效的措施，有计划有步骤地解决这些问题。

二、1979年国家预算草案

我国国民经济正面临着繁重的调整任务。最近国务院提出，在全党全国的工作着重点转移到社会主义现代化建设上来之后，要在前两年经济恢复和发展取得巨大成就的基础上，从今年起集中3年的时间，认真搞好国民经济的调整、改革、整顿、提高，把它逐步纳入持久的按比例的高速度发展的轨道。按照这个方针和部署，1979年国家财政的任务是：在大力整顿企业、发展生产的基础上，进一步挖掘潜力，开辟财源，增加财政收入；结合国民经济的调整，合理安排各项支出，加强农业和轻工业，加强煤、电、油、运和建材等薄弱环节，加强文教、卫生、科学事业，加强国防战备，并逐步改善人民生活；通过财政工作的整顿，切实搞好财政收入和支出的管理，坚持量入为出，力争收支平衡；本着坚决的、积极而又稳妥的精神，着手改革财政管理体制和企业财务制度，充分发挥中央、地方、企业和职工群众的积极性。

提交这次代表大会审议的1979年国家预算草案，总收入和总支出各安排1120亿元，收支平衡。

1979年国家预算总收入，相当于上年决算数的水平，原因是在1979年的收入中，已经扣除了提高农副产品价格、调整部分职工工资、减免一部分农村税收等影响收入的因素，扣除了扩大劳动就业和试行企业基金制度等所需的资金，这些共需减少收入166亿元。如果按上年的可比口径计算，则1979年的总收入应当是1286亿元，比上年决算数增长14.7%。总的看，1979年的预算收入是安排得相当积极的。

现在，就收入中的一些重要情况，以及同收入有关的几个政策性问题，作如下说明：

（一）1979年国家预算收入的安排，充分考虑了增产增收，挖掘潜力的有利条件。按照1979年国民经济计划草案，农业总产值比上年增长4%，工业总产值比上年增长8%。1979年国家预算总收入，按可比口径计算，增长14.7%。在一般情况下，财政收入的增长速度略低于工业总产值的增长速度，而去年和今年则高于工业总产值的增长速度，这主要是因为财政收入中还包含了降低工业生产成本和商品流通费用，以及扭转企业经营性亏损所能增加收入的因素。根据扭转企业亏损、增加盈利的工作部署，1979年要求工业亏损企业的亏损额减少30%，商业亏损企业的亏损额减少15%。目前有相当一部分企业产品不对路、消耗大、质量差、利润少、甚至发生亏损，必须进行整顿和改组，发动职工群众，扎扎实实地做好扭亏增盈的工作。

（二）为了调整农轻重的比例关系，促进农业生产的发展，国务院决定采取一项重大的政策性措施，即：粮食统购价格从1979年夏粮上市的时候起，提高20%，超购部分在这个基础上再加价50%。棉花、油料、生猪等农副产品的收购价格，也分别情况，逐步作相应的提高。同时，为了支援农业，减轻农民负担，国家还减免一部分农业税收和社队企业的税收。这次农副产品提价的幅度和范围都是空前的，减免农村税收也是历史上少有的。采取这些措施，估计农村社队今年可以受益70多亿元。前些年，由于林彪、"四人帮"的干扰破坏，农村各项经济政策得不到贯彻落实，8亿农民辛勤劳动1年，从集体分得的收入几乎没有什么增加，今年国家采取这些措施的结果，全国平均，每个农民当年就可以大体增加收入9—10元。这将使积累与消费的比例关系逐步趋向合理，大大有利于调动广大农民的社会主义积极性，把农业生产很快地搞上去。从国家财政来说，采取这些措施，暂时要减少若干收入，但从长远看，只要农业生产上去了，整个经济就能更快地发展，财政收入的增长也就有了更加可靠的基础。因此，这一重大决策，是非常必要的。它已经得到了全国人民特别是广大农民的支持和拥护。

（三）在生产发展的基础上，适当改善城乡人民的生活。1979年国家计划适当提高一部分职工的工资，同时，按照统筹兼顾的方针，还将有步骤地扩大劳动就业。根据国民经济计划草案的安排，1979年全国新安排就业人数共750万人。提高职工工资，扩大劳动就业，逐步改善人民生活，历来是人民政府关心的一件大事。最近两年多来，国家陆续采取了一些措施，使许多职工特别是低工资的职工，收入水平有所提高。由于这方面多年积累下来的问题很多，许多欠账不可能一下子全部解决。现在国家在经济上还有不少困难，提高职工工资和扩大劳动就业，只能根据生产发展的情况和国家财力、物力的可能，逐步解决。我们把情况向人民讲清楚，相信广大职工群众是会谅解的。生活问题关系到亿万群众的切身利益，政策性很强。我们一方面要十分关心人民生活，采取积极的态度，认真解决；另一方面又要统筹兼顾，全面安排，照顾到左邻右舍，不能各行其是，引起新的矛盾。

（四）为了扩大企业的自主权，以利于调动企业和广大职工增产节约的积极性，1978年11月，国务院决定在国营企业中试行企业基金制度。即：凡属全面完成国家计划的企业，可以按一定的比例，从本单位实现的利润中提取企业基金，用于举办职工集体福利设施和社会主义劳动竞赛奖金等开支。此项基金一年大约有17亿元。这个办法试行以来，对调动职工的积极性，起了一定的作用。但从试行的情况来看，有的规定还不够合理，需要研究改进。

1979年的国家预算总支出1120亿元，已经根据调整国民经济的方针、任务和各项要求，作了具体分配。各类主要支出的情况如下：

（一）基本建设拨款390亿元。其中基本建设投资360亿元，基本建设储备资金等30亿元。基本建设拨款在国家预算总支出中所占的比重，由上年的40.7%，降为34.8%。这里需要说明的是，每年国家分配给地方的预备费和其他机动财力，有相当一部分是用于基本建设方面，因此，年度终了时，基本建设拨款占国家预算支出的比重，要比年初预算中的数字高一些。

1979年的基本建设拨款，是按照农轻重的方针和缩短基本建设战线的要求安排的。农业投资的比重，由上年的10.7%提高到14%；轻纺工业投资的比重，由上年的5.4%提高到5.8%。国家还准备通过小型技术措施货款等途径，拿出一部分资金和外汇，用于发展轻纺工业的生产建设。今年在优先安排农业、轻纺工业投资的同时，对燃料动力工业和交通运输的投资作了重点保证。基本建设的投资比重调整以后，建设项目必须作相应的调整，必须保一批，缓一批，停一批。这样才能把那些国家急需的重点项目迅速搞上去，大大有利于集中力量打歼灭战，提高投资效果，并使国民经济中的各种比例关系逐步协调起来。

（二）企业挖潜改造资金29亿元，新产品试制费27亿元。这都是国家预算中直接安排的部分。按照我国现行的管理制度，企业的挖潜、革新、改造，主要靠自己提留的基本折旧基金来解决。1979年国营企业的基本折旧基金大约有160亿元，除中央财政和地方财政集中一部分，有重点地使用外，大部分都由各企业和主管部门自行分配使用。现有企业是我们多年来建设起来的基础，是发展国民经济的前进阵地，在这方面多花一些钱，把它们的生产搞上去，比新建企业，时间要短得多，投资要省得多，见效要快得多。我们把立足点放在现有企业的挖潜、革新、改造上，这对加速实现四个现代化是完全必要的。

（三）增拨企业流动资金43亿元，增拨银行信贷资金6亿元。这两项资金都比上年减少。目前生产和流通领域里占用的流动资金很多，物资积压严重，资金周转缓慢，问题比较突出。就工业企业来说，粗略估算，大约多占用了25%左右。一定要督促企业积极处理多余的物资，加速资金周转，挖掘资金潜力，提高资金使用效果，克服积压浪费现象。

（四）支援农村人民公社支出和各项农业事业费70.5亿元。加上基本建设投资、企业流动资金和社会救济费中用于农村方面的支出78亿多元，以及银行增加的农业贷款25.5亿元，1979年国家用于农业的资金共174亿多元。如果再加上国家提高农副产品收购价格和减免农村税收使社队和农民受益的部分70多亿元，总共是240多亿元。国家一年拿出这么多的资金，用于发展农业，这是新中国成立以来没有过的。这方面的资金一定要认真管好用好，充分发挥效用。

（五）文教、卫生、科学事业费120.8亿元。今年高等院校计划招生27万到30万人，中等专业学校计划招生52万人，中学和小学也要招收一大批新生。医院病床计划增加8万张。科学事业和各项文化事业也将有新的发展。这里要说明的是，预算中所列的科学事业费6.19亿元，只是拨给科学院和国家科委系统的事业经费，加上国家拨给他们的基本建设投资和其他部门用于科学研究的经费和投资，总数约为58.7亿元，比上年增长10%左右（基层企业用于科学研究的费用，因缺乏统计，没有计算在内）。从四个现代化的要求来说，目前文化教育卫生科学事业还远远不能满足需要。这些事业经费的增加，归根到底，要取决于经济发展的水平。今后，我们要随着生产的发展，财政收入的增加，继续增加这方面的支出。

（六）国防战备费202.3亿元。今年二三月间，我国被迫对越南进行有节制的自卫还击战，增加了一些军费开支。同时，边防建设需要进一步加强。因此，国防战备费在国家预算总支出中的比重有所提高，这是完全必要的。

（七）对外援助支出10亿元。目前我国还是一个发展中的国家，对外援助只能量力而为。但我们的工作要积极做好。

（八）国家预备费编列16亿元。按照现行财政体制的规定，今年地方财政还有分成收入29.6亿多元，这笔钱，连同地方预备费在内，主要是用于发展农业生产和文教卫生等事业。

上述国家预算收支的安排，是基本上符合调整国民经济的方针的。概括起来说，第一，调整了农轻重的比例关系，加强了对农业的支援。第二，在工业内部，重点突出了轻纺工业、燃料动力工业、建材工业和交通运输。第三，调整了积累与消费的比例关系，在发展生产的条件下，继续改善人民生活。这个预算是进一步发展国民经济的预算，是巩固和发展当前大好形势的预算。但是应当承认，这个预算也是安排得很紧的：预算总收入1120亿元，需要经过很大的努力才能实现；预算支出在国民经济调整的过程中，可能还会遇到一些事先难以预料的问题。因此，必须狠抓增产节约、增收节支的工作，必须努力搞好综合平衡，力争全年财政收支任务的完成。可以肯定，只要能够胜利地实现这个预算，就一定能使国民经济的3年调整有一个良好的开端，就一定能促进国民经济逐步走上持续的按比例的高速度发展的轨道。

这里，还要向各位代表报告一下如何结合国民经济的调整工作，积极而又稳妥地改革财政管理体制和扩大企业财权的问题。现行的财政管理体制，在中央财政与地方财政的关系上，尚未真正做到分级管理，各级财政的权责不清，该集中的没有集中，该分散的没有分散，总的是集中过多，不利于发挥中央和地方两个积极性。在国家与企业的关系上，一方面有统得太多、管得太死的弊病；另一方面又存在着管理混乱，自作主张，滥支滥用，分散浪费国家资金的情况。为了逐步解决这些问题，我们曾采取了一些局部性的改进措施。

在财政体制上，对一些地区，分别地试行了“比例包干”（即：按地方财政支出占财政收入的比例，实行中央和地方分成，包干使用）和“增长分成”（即：地方财政收入每年增长的部分，按一定的比例，实行中央和地方分成）的办法。在扩大企业财权上，试行了国营企业提取企业基金的制度。明年打算再前进一步，对地方财政试行“收支挂钩，全额分成，比例包干，3 年不变”的办法，对部分企业试行利润留成等制度，并结合这些改革，对工商税收制度作一些局部性的改进。全面改革财政体制、企业财务管理制度和税收制度，必须以整个经济管理体制的改革为前提。我们必须作深入的调查研究，进行探索、试验和实验，并配合计划、物资、基建、企业等管理体制的改革，然后再提出比较成熟的方案。

三、增加生产，厉行节约，为实现 1979 年国家预算而奋斗

今年已经过去 5 个多月了。从 1 月至 5 月份财政收支的情况来看，实现全年预算的任务十分艰巨。从现在到年底，必须把增收节支的工作抓得很紧很紧，决不能掉以轻心。

目前全国政治经济形势很好，实现今年国家预算的有利条件是很多的。党和政府的各项农村政策逐步落实，广大农村呈现欣欣向荣的气象，社员群众的生产积极性进一步提高。许多地区的夏收作物已经获得较好收成，副业生产发展很快。工业生产和交通运输的情况也是好的，广大工人群众努力增加生产，许多产品的产量比去年同期继续增产，质量也有所提高。我们一定要充分运用各种有利条件，广泛深入地开展群众性的增产节约运动，在生产进一步发展的基础上，把财政收入搞上去，把财政支出控制在预算指标以内，并且要努力提高资金的使用效果。

我们国民经济各部门增加生产、厉行节约的潜力是很大的。到 1978 年年底，全国重点企业主要工业产品的质量指标，低于历史最好水平的占 43%，消耗指标没有恢复到历史最好水平的占 55%。国营工业企业每百元销售额提供的利润，比历史最好水平还低 1/4 左右。国营工业企业的亏损面，还占 24%。流通领域中环节多，周转慢，物资严重积压。我们开展增产节约运动，首先就是要在广大干部和群众中发扬勤俭建国的革命精神，同贪污盗窃、铺张浪费的行为进行坚决的斗争，并且反对那种对挥霍国家资财漠不关心，对严重损失浪费熟视无睹的官僚主义作风和自由主义态度。在经济上，就是要通过增产节约运动，充分挖掘现有企业的潜力，用较少的人力、物力和财力，生产更多、更好的产品，获得更多的盈利，取得更大的经济效果；就是要在一切领域中提倡勤俭节约，用较少的钱办较多的事，并且把事情办得更好。广泛地深入地发动群众，全面地开展增产节约运动，不仅对于实现今年国家预算有决定性的作用，而且对于教育干部和群众，发扬党的艰苦奋斗、奋发图强的光荣传统，具有深远的政治意义。

在增产节约运动中，首先要抓好农业和轻工业的增产。要认真贯彻落实党和国家关于发展农业的各项方针政策，充分发挥 8 亿农民的积极性，搞好农田基本建设，实行科学种田，夺取农业丰收，并使林、牧、副、渔生产也有一个新的增长。要大抓轻工业产品的增产。轻工业投资少、收效快、利润大，同扩大市场供应和增加外贸出口也有很大关系，一定要抓紧搞快一些。轻工业所需的燃料和动力占全国工业耗用量的比重很小，煤只占 7%，电只占 13%，要优先保证供应。钢铁等重工业生产不仅不能挤轻工业，还要为轻工业让点路。对工业生产中的某些薄弱环节也要抓紧。煤炭、石油等采掘工业要搞好矿井的掘进和老矿的改造，实现稳产高产。所有的工业部门都要抓好企业的调整、整顿工作。一切产品适销、消耗低、质量好、盈利多的企业，要开足马力生产。生产任务饱满的企业，要进一步加强管理，提高产品质量，增加品种。对那些搞“无米之炊”的，产销脱节的，以及质次价高、长期亏损的企业，要采取切实有效的措施，限期转变，有的要转产或者停产。

节约是社会主义经济的一个基本原则。我们在增产节约运动中，既要努力增产，又要厉行节约，增产与节约并重。当前，一方面是原材料、燃料、动力供应紧张；另一方面是煤电油和一些原材料又存在着大量超耗和浪费现象。在生产建设中，一些单位由于瞎指挥，不尊重科学，不讲经济核算，严重不负责任，造成工程损失、产品报废、物资霉烂等，动辄就是几百万、几千万元，使人触目惊心，不能容忍。毛泽东同志曾经说过：“贪污和浪费是极大的犯罪”。现在，对贪污有罪，人们比较清楚，但是对浪费有罪，有些人就认识很差。特别是对经济建设中的一些重大损失浪费事件，有些人往往寻找各种理由，解释辩护，大事化小，小事化了，好像只是“贪污有罪”，“浪费无妨”。这只拦路虎不打倒，四个现代化就难以实现。今后对于重大损失浪费事件，不管他官有多大，地位多高，都要像处理辽宁省旅大市和河南省驻马店地区严重违反财经纪律的案件那样，查明情况，严肃处理。

一切企业都要坚持勤俭办企业，讲究经济效果，克服浪费现象。过去林彪、“四人帮”干扰破坏，说什么要算政治账，不要算经济账，反对经济核算，不仅破坏了社会主义经济，而且破坏了勤俭节约的社会风尚。我们一定要彻底肃清这方面的流毒和影响。一切生产企业都要精打细算，加强经济核算。要做到在增产中讲节约，在节约中求增产。各项消耗指标没有达到历

史最好水平的，要力争尽快地达到；已经达到的要赶超本行业的最好水平，并进而努力赶超国外的先进水平。一切企业单位都要针对本单位生产上的薄弱环节，发动群众，揭露矛盾，采取措施，努力挖掘潜力。产品质量没有过关的，要集中力量攻关，尽快改变质量低、次品多、废品率高的状况。消耗高、潜力还没有挖出来的，要加强企业管理，采取有力措施，把消耗降下来。要建立和健全各项管理制度，不断地改善经营管理。要切实加强各个环节的岗位责任制，真正做到责任到人，有奖有惩。今明两年要全面开展一次清产核资工作，在此基础上，进一步搞好企业管理工作。今年国家规定的产量、质量和品种指标，成本、利润和流动资金指标，必须层层落实到企业，发动群众，努力完成，力争超过。

一切基本建设单位和施工企业都要坚持集中力量打歼灭战的原则，努力提高投资效果。根据国民经济计划的安排，今年的基本建设项目是有上有下，有取有舍的。凡属国家急需、建设条件具备、已经列入计划的项目，要坚决把它保上去。资金要保证供应，材料设备要优先安排，施工力量要满足需要，务使这些项目能够按质、按量、按时地完成国家计划，尽快竣工投产，形成生产能力。当然，列入国家计划的项目，也必须严格按基本建设程序办事，精心设计，精心施工，注意节约，合理地降低工程造价，不能大手大脚。凡属条件不具备、计划确定停建或者缓建的项目，要认真进行清理。除人员工资和必要的工程维护等费用外，停止一切拨款。停建与缓建项目的工程要妥善维护，设备、材料和施工力量要调给急需的单位，防止损失浪费。

一切事业单位，以及机关、团体和部队，也必须坚持勤俭的原则，节约一切可以节约的开支。现在我们的事业规模很大，单位很多，开支的数额也很大，工作抓得紧一点，几亿、十几亿元就能够节省下来。工作放松了，这里浪费一点，那里浪费一点，全国就是一个不小的数额，而且花钱大手大脚，还会腐蚀干部的思想，败坏党的作风。现在仍然有一些单位，讲排扬、摆阔气、铺张浪费、大吃大喝成风。有的领导干部搞特殊化，严重脱离群众，游山逛水，挥霍公款，利用职权，化公为私，多吃多占，或者为自己新建、扩建高级住宅，群众意见很大。所有这些不正之风，一定要坚决纠正。情节严重的，必须给以纪律处分。同时，对开支标准、生活待遇等有关制度，要作必要的审查修订。

在增产节约运动中，要紧密依靠群众，把广大群众的社会主义积极性充分调动起来。一切企业、事业、机关、团体和基本建设单位，都要发动群众，献计献策，厉行增产节约，广泛地开展“比、学、赶、帮、超”的社会主义劳动竞赛。要把群众性的增产节约活动同加强管理、健全制度结合起来，把加强思想政治工作同严格的经济核算结合起来，使职工群众人人关心生产，关心收入，监督消耗，监督支出。要有奖有惩，赏罚分明。对增产节约作出显著成绩的，要给予表扬和奖励；对工作不负责任造成损失浪费的，要查明情况，严肃处理；对贪污盗窃国家资财的，要根据情节轻重，依法惩处。

各级财政部门和广大财政干部，要积极投入增产节约运动，紧密配合各部门、各单位，完成各项增产节约任务。

要坚定不移地贯彻执行“发展经济，保障供给”的总方针，在工作中牢固地树立政治观点、生产观点和群众观点，切实做好本职工作，更好地为生产建设服务，为人民生活服务。要认真学习国家关于调整国民经济的各项方针、政策，了解各部门、各单位的情况、问题和困难，满腔热情地支持它们照国家确定的政策和计划，把生产建设事业搞上去，实现增产又增收，并合理地节约支出。财政干部一定要防止那种就财政论财政，离开经济的发展，只是在收支上打圈子的单纯财政观点。同时，也要依靠广大群众，切实加强财政监督，同一切违反财经纪律的行为作斗争。各级财政部门还要健全财政制度，培训财政干部，加强政治思想工作，搞好本部门的思想建设、组织建设和制度建设。今年的财政收支任务十分繁重，希望各级地方党委和政府进一步加强对财政工作的领导，支持广大财政干部更好地完成党和国家交付的任务。

各位代表：当前全国政治形势很好，经济形势也很好。一个群众性的增产节约运动的高潮正在兴起。我们相信，在马克思主义、列宁主义、毛泽东思想的指导下，在华国锋同志为首的党中央的领导下，认真贯彻党的三中全会和这次全国人民代表大会的精神，依靠全国各族人民，依靠工人、农民、知识分子和其他劳动人民，以及各民主党派、爱国人士和爱国侨胞，团结一致，共同努力，1979年的国家预算一定能够胜利实现。

五届全国人大二次会议提案审查委员会收到近500项提案

按照内容，这些提案共分为工业、农业、财贸、文教、综合5类，涉及的问题十分广泛。其中，属于综合方面的有：要求明确人大代表的权利和义务，改革国家干部制度，防止领导干部特殊化，精简机构等；属于工业方面的有：要求大力发展燃料、动力工业，制定企业法，扩大企业自主权，防止环境污染，制定环境保护法等；属于农业方面的有：建议加快农业机械化，兴修水利工程，治理沙漠，降低农机、农药、化肥价格，改革国营农场管理体制，以及农业科学的普及和提高等。属于财贸方面的有：关于做好物价工作，重视出口食品工艺研究等；属于文教方面的有：要求制定计划生育法、保护文物法、创造发明法,落实文艺人员政策,加强对青少年教育,加强印刷出版事业,防治地方病等。

为了充分反映人民群众的意见和要求,许多代表在来京之前,就广泛征求了所在地区和单位群众的意见。会议期间,许多代表为了尽快草拟提案,常常牺牲休息时间,有的甚至写到深夜。

提案审查委员会的委员们工作十分认真。有一些委员已是70岁以上的高龄,但仍不知疲倦地坚持参加审查提案的会议。有些小组连开3小时的会不休息。提案办公室的同志,为了使代表们的提案能得到及时处理,有时一天要工作十几个小时。

国务院各部门对人民代表提出的提案十分重视。当提案办公室给各有关部门送去代表们的提案时,这些部门的负责同志都很快召集有关人员进行研究,对提案作出认真答复,并把答复的意见及时送到提案办公室。

国务院副总理邓小平在北京会见内维尔·马克斯韦尔率领的牛津大学英联邦研究所和伊丽莎白皇后学院农村发展考察团

邓小平副总理在同来自英国的一批研究中国农村发展问题的学者谈话时指出,当前中国农村的情况很好,农民的积极性普遍调动起来了。

邓小平会见的是由《印度对华战争》一书作者内维尔·马克斯韦尔率领的牛津大学英联邦研究所和伊丽莎白皇后学院农村发展考察团。他们于6月11日到京后曾前往河北农村进行了实地考察。会见时,邓副总理回答了他们提出的一些我国当前农村政策方面的问题。谈话历时1个半小时。

中国社会科学院副院长宦乡等参加了会见。

国务院副总理方毅在北京会见日本科学技术会议代表团全体成员

方毅副总理对日本朋友们说,中日两国是友好的邻邦,在文化上又有共同之处,因此,在科学技术方面要加强合作,日本的一些先进技术也是值得我们学习的。

日本科学技术会议是日本首相科学技术问题的最高咨询机构,会议议长由首相兼任。这次来访的代表团团长是该会议员、东京大学名誉教授藤井隆博士,团员由科技厅、通产省、外务省、文部省、自治省、农林水产省等负责科技工作的官员组成。这是日本政府迄今为止派往我国第一个规模最大的综合性科技考察团。

藤井隆团长对方毅副总理说,日中友好有着深远意义,本着这一信念,我们要为加强日中友好作出自己的努力。他说,中国根据自己的特点和实际情况搞现代化,给他留下了深刻印象。

日本驻中国大使馆公使伴正一、泉孝健参加了会见。

会见时在座的有国家科委副主任武衡等。

《中国端砚展览》在北京展出

《中国端砚展览》6月21日至7月30日在北京中国历史博物馆展出。

端砚是我国著名传统实用工艺品,驰名中外,早在初唐,广东肇庆(古端州)的劳动人民就开采砚石,称作端砚。由于端砚石质优美,磨墨无声,贮水不耗,发墨而不坏笔,故历代文人把端砚与湖笔、徽墨、宣纸并称"文房四宝"。

这次由广东省轻工业局、中国历史博物馆主办的《中国端砚展览》,展出了部分古代端砚,以及300多方端砚新作。这些新作继承了唐宋以来的优秀传统,题材、立意、造型、构图、雕工又有新的发展。

端砚的价值主要用"石品"来衡量。石品名贵的砚石上有鱼脑冻、蕉叶白、猪肝色、金银线、石眼等不同花色。展品中的喜跃龙门砚、七星洞天砚、羚峡风光砚、神龟朝天砚等作品,都是选用上乘石品,因材施艺,刀法精湛,具有较高艺术价值,在预展中获得中外观众的好评。

这次展出的300多方端砚,砚式新颖,各有特色。画家李苦禅看过展览说:"我喜爱端砚,一辈子也才看了100多方,今天一下子看了这么多,真是大饱眼福啊。"

6月22日

全国人大代表和全国政协委员讨论国民经济计划草案报告和预决算报告

五届人大第二次会议进行分组讨论,审议关于1979年国民经济计划草案的报告和关于1978年国家决算和1979年国家预算草案的报告。

五届政协第二次会议也分组讨论了这两个报告。

国务院副总理方毅在北京会见美国卫生 教育和福利部长小约瑟夫·卡利法诺一行

卡利法诺一行中有卫生、教育和社会福利三方面官员和专业人员。

会见时,双方就进一步加强两国教育、科技交流和合作问题进行了友好的交谈。

美国驻中国大使伍德科克参加了会见。

会见时在座的有卫生部部长钱信忠等。

国务院副总理方毅在北京会见美国纽约大学科兰

特研究院计算机科学系主任斯瓦茨教授和纽约斯坦顿岛学院计算机技术系主任冀中田副教授

斯瓦茨教授是美国科学院院士，是美国计算机科学方面最著名的学者之一，在国际上负有盛名。冀中田副教授是美国哥伦比亚大学数学博士。他们都是应清华大学的邀请前来我国讲授电子计算机科学知识的。

中联部部长姬鹏飞在北京设宴招待以南斯拉夫共产主义者联盟中央主席团执行书记斯维托扎尔·杜鲁托维奇为团长的南共联盟考察团

中央统战部部长乌兰夫在人民大会堂台湾厅会见并宴请从美国回国定居的缪云台先生和夫人赵佩玲女士

会见时，乌兰夫同志同缪云台先生等进行了亲切的谈话。乌兰夫同志对缪云台先生回国定居表示欢迎。缪云台先生说，回到祖国很高兴，真正过上了社会主义生活。乌兰夫同志说，只有社会主义才能救中国。解放后，国家经过社会主义建设，发生了很大变化。但由于林彪、“四人帮”的干扰、破坏，近10年来我国的经济发展受到了影响。粉碎“四人帮”以后，方针对了，路线对了，今后的发展是会很快的。缪云台先生说，旧中国是我亲身经历过的，现在比过去变化很大，好多了。

参加会见和宴会的有，有关方面负责人罗青长、童小鹏、薛子正、熊向晖、吴志渊、高富有、郭达凯、马正信，缪云台先生在京的老友胡子昂夫妇、钱昌照夫妇、杜聿明夫妇和龙泽汇等。

缪云台先生的外甥朱希贤和夫人杨美云参加了会见和宴会。

全国人大常委会副委员长宋庆龄在北京观看美国小提琴家艾萨克·斯特恩演出

享有国际盛誉的美国小提琴家艾萨克·斯特恩这里举行的独奏音乐会获得巨大成功。

宋庆龄副委员长同首都群众200多人一起欣赏了斯特恩先生的演奏，并在休息时同斯特恩先生和他的夫人、子女，以及青年钢琴家戈卢布先生亲切会见。

宋副委员长向斯特恩先生表示祝贺。她说：“我们很欣赏你的演奏。”

斯特恩先生从6岁就开始学音乐，他向中国听众显示了他50多年来在小提琴演奏方面所达到的艺术造诣。在近3个小时内，美国音乐家演出了德国作曲家贝多芬的《F大调第五小提琴、钢琴奏鸣曲〈春天〉》、勃拉姆斯的《D小调第三提琴、钢琴奏鸣曲》，法国作曲家德彪西的《小提琴、钢琴奏鸣曲》和佛朗克的《A大调小提琴、钢琴奏鸣曲》。

戈卢布先生在独奏会上担任钢琴的演奏。

演出结束时，宋庆龄副委员长、黄华外交部部长等在美国驻华大使馆公使衔参赞芮效俭和夫人的陪同下，走上舞台再次向斯特恩先生和戈卢布先生表示祝贺，并一起摄影留念。

全国人大常委会副委员长谭震林在北京会见突尼斯文化部部长穆罕默德·雅拉维

驻外使节回国开会坚持勤俭节约

新华社报道，最近在北京举行的我国驻外使节会议，外交部负责后勤事务的同志曾经在一些宾馆中物色过开会的适当场所；但是他们粗略地计算了一下，租用宾馆卧室、会议室及其他各种费用，总共要花几万元。为此，会议筹备组建议在部里开会，省下这笔钱用到“四化”建设上去。外交部领导表示完全赞同，指出这样做不只是节省了钱，更为重要的是，继承和发扬了周总理和陈毅副总理当年领导外交部时反复强调的“勤俭办外交”的优良传统。

于是，这次会议便决定在外交部办公楼会议厅里举行。有关司的同志们积极配合，腾出一些大办公室，供大会分组讨论时使用。桌椅不够，向几家大饭店去借。饭店大力支持，免费借给桌椅。会议过程中，与会者往返于会场与住所之间，尽量乘坐大轿车；集体去剧场看戏、看电影，也是自己掏钱买票。大使们深切怀念我国外交战线上功绩卓著的老领导人——敬爱的周总理和陈毅副总理。同志们说，我们应该永远以老一辈革命家为榜样，以身作则，发扬艰苦朴素、廉洁奉公的光荣传统。

中国红十字会代表团团长刘鹏飞在广西同越南红十字会代表团举行的第三次会谈上抗议越南方面无理扣压一名中国被俘人员

在今天双方交接第五批被俘人员时，越南一名被俘人员许开良拒绝遣返。刘鹏飞说，许开良拒绝遣返完全出于他本人意愿。中国方面一再声明可由越方派代表向他本人询问，越方都不敢派人询问，却一再对中国方面进行诬蔑。而几十分钟之后，越方又匆忙制造了中国被俘人员刘玉“拒绝遣返”的把戏。越南不让中国方面向刘玉询问，而由一名越南翻译代念“发言稿”，这显然是越方采取的卑劣的报复行动。

刘鹏飞说，中国方面对越方交来的240名中国被俘人员名单保留核查的权利，对中国被俘人员郭庆福的死亡要进一步查明，同时要求越方在适当时候把他的骨灰交还中国方面。

由于双方红十字会代表团的工作已告一段落,会谈中商定今后如有必要,两国红十字会将通过函电进行联系。

中国释放最后一批越南被俘武装人员

中国方面在广西友谊关至越南同登公路零公里处按照计划释放越南被俘武装人员355名。其中一名叫许开良的越南高平市被俘民兵,在中国方面准备把他遣返越南时,在交接现场坚决拒绝遣返,恳切地要求留在中国。在许开良拒绝遣返后,越南方面采取了卑劣的报复行动,竟无理扣留了一名中国被俘人员。但是他们不敢让那名中国被俘人员讲话,而是由越南人员代读了一项所谓"声明"。中国红十字会代表团代表对越南方面这一卑劣行动提出了强烈抗议。

中国红十字会代表团这次接收了越方释放的中国被俘人员55名。

从5月21日开始,中国方面分五批释放了被俘的越南武装人员共1636人,并交给越方14份被俘武装人员死亡证明书;同时,接收了越方遣返的238名中国被俘人员和一份死亡说明书。

中国突尼斯两国政府在北京签订文化合作协定

中国文化部部长黄镇和突尼斯文化部部长穆罕默德·雅拉维在协定上签字。

突尼斯驻中国大使穆罕默德·梅米也出席了签字仪式。

卫生部和美国卫生 教育和福利部《医药卫生科技合作议定书》在北京签字

陈慕华副总理出席了签字仪式,并会见了美国卫生、教育和福利部长小约瑟夫·卡利法诺一行。

卫生部部长钱信忠和小约瑟夫·卡利法诺部长分别在议定书上签字。

这个为期5年的议定书是为执行中、美两国政府科技合作协定而签订的。

议定书规定的双方开始合作和随后合作的15个领域中,有传染病和寄生虫病、癌症、心血管病、公共卫生及卫生服务研究等。

中国和爱尔兰建立外交关系联合公报在纽约签署

全文如下:

中华人民共和国政府和爱尔兰政府决定建立大使级外交关系并互派大使。

爱尔兰政府承认中华人民共和国政府为中国的唯一合法政府。

两国政府同意在互相尊重主权和领土完整、互不干涉内政、平等互利包括促进贸易的原则基础上发展两国之间的友好合作关系。

两国政府商定,在平等互利的基础上,根据国际惯例,在各自首都为对方建馆及其执行任务提供一切必要的协助。

中华人民共和国	爱尔兰
代理常驻联合国代表	常驻联合国代表
特命全权大使	特命全权大使
赖亚力	保罗·约·杰·基廷

1979年6月22日于纽约

6月23日

党和国家领导人叶剑英 聂荣臻 彭真在北京会见并宴请印度巴苏医生

巴苏医生对叶剑英委员长说:"我这次是前来中国参加针灸针麻学术讨论会的。您现在很忙,还抽出时间来会见我,很感激。"叶委员长说:"你是国际主义战士,应该欢迎。"

参加会见和宴会的还有在抗日战争时期曾经同巴苏医生一起帮助中国人民抗日、现在担任卫生部顾问职务的马海德,以及卫生部部长钱信忠,对外友协副会长楚图南等。

《人民日报》摘要转载6月22日《北京日报》评论员文章《进一步推广关于真理标准问题的讨论》

北京市前一阶段对真理标准问题的讨论还很不平衡,不少单位甚至还没有开展这一讨论,缺了重要的一课。这一课一定要补上,而且要补好。最近,市委党校领导干部班学习真理标准问题的经验证明,这样做是完全必要的,有益的。这个经验,值得全市各级党政机关、企业、农村、学校和各级党校、训练班学习。我们要结合着各项实际工作,把关于真理标准问题的讨论推广到全市各级领导干部和基层群众中去,使更多的人接受一次马克思主义的思想路线的普及教育,把思想路线搞端正。

林彪、"四人帮"的唯心主义形而上学思想路线的流毒确实还在严重禁锢着一些人的思想。我们要把北京市全体干部群众的思想统一到三中全会精神上来,就决不能忽视端正思想路线这个十分重要的任务。我们只有用唯物主义的认识论去武装广大干部和群众的头脑,使他们自觉地坚持用实践作为检验一切理论、观点的标准,正确的就肯定、就坚持,错误的就否定、就纠正,才能使他们辨别真伪,弄清是非,排除"左"的和右的干扰,减少盲目性。

在继续进行关于真理标准讨论的时候，各级党组织要加强领导，发扬这种深入细致地做政治思想工作的好办法，理论联系实际的好学风。要提倡解放思想，认真读书，弄清理论，联系实际，提高觉悟。要提倡百家争鸣，各抒己见。即使对于一些不正确的认识，也要允许人家充分发表意见，进行同志式的讨论，坚决实行"三不"主义。这样，才有利于发扬民主，统一大家的认识，扎扎实实地把讨论引向深入。

马克思曾经指出，理论一经掌握群众，就会变成物质力量。我们希望北京市各条战线的广大干部、党员和群众，在马列主义、毛泽东思想的指导之下，结合调整国民经济和各项实际工作，把关于真理标准的讨论继续广泛深入地开展下去，把思想路线搞端正。这对首都的各项事业一定会起到巨大的推进作用，思想解放的威力一定会在四个现代化建设的物质成果上充分地显现出来。

城建总局副总局长顾康乐和中国建筑科学研究院总建筑师戴念慈就加快城市住宅建设提出建议

五届人大代表、城建总局副总局长顾康乐和中国建筑科学研究院总建筑师戴念慈在分组讨论审议华国锋总理所作的政府工作报告时，就如何加快城市住宅建设问题发表了意见。

顾康乐说，我国现有城镇3400多个，人口由解放初期的3000多万增加到现在的1.1亿，其中设市的城市192个，人口7680多万。新中国成立以来，住宅建设虽然取得了很大成绩，但是现在居民的平均居住水平仍然很低。据1978年年底统计，192个城市平均每人居住面积仅有3.6平方米，比解放初期还低。居民中缺房户还相当多。现有住房的失修失养情况也十分严重。

为了尽快把城市住宅建设搞上去，顾康乐提出了如下建议：

(一)把住宅建设列入国家基本建设的长远规划和年度计划。规划中应明确提出每人平均居住面积达到的指标，建设住宅的面积和投资额。

(二)住宅建设投资要安排一个合理的比例。从目前我国经济条件出发，看来住宅投资需占基建投资总额的百分之十以上。

(三)解决现有职工的住房问题，要和企业完成计划的情况联系起来。凡是生产搞得好，盈利多的企业，可给予一定的利润留成，用于建设住宅，允许他们住得宽些、好些。

(四)国家要制定一个合理的住宅分配标准和办法。按不同的职务确定不同的分配数量，防止搞平均主义和特殊化。

(五)改变把房屋作为福利经营的制度。对现行的房屋租金制度应进行改革，制定统一的租金标准和实施办法。房屋是商品，就应该按客观经济规律办事。

顾康乐还建议国家可以考虑成立住宅建设总公司，由银行贷款，分期归还。建成的住宅出售给需要的单位，从中收取一定的利润，不上交，用以扩大住宅的建设，减轻国家在这方面的负担。在社会主义阶段，城市人民的住房由国家完全包下来是困难的。可以提倡个人节衣缩食，积累资金买住宅。在县镇，凡有条件建设自住房的，应该支持，但一定要按规划进行建设。

戴念慈代表同意顾康乐代表的意见。他补充说：对城市人口的增长率，要有个全面的切合实际的估计。只有这样，才能正确估计住宅需要量。

戴念慈认为，在增加新建住宅的同时，抓好节约，潜力是存在的。他列举的潜力，一是降低房屋造价，一是提高建筑使用面积。据他说，他曾试作了一些提高使面积的设计。按照这种设计，1万平方米本来解决1000人的住房，可以增加到1200人至1250人，多解决20%—25%。戴念慈还谈到了节约基建用地的问题。

国务院副总理余秋里在北京会见泰国新任驻中国大使沙贡·瓦纳比沙

文化部要求一些大中城市恢复和建立儿童电影院

新华社报道，文化部最近发出通知，建议各大中城市原来有儿童电影院的，应即恢复；原来没有儿童影院，但影院较多、有条件改建儿童电影院的，应加以调整，以便为儿童服务。文化部在通知中还向各地儿童电影院推荐了可供上映的儿童片名目。

6月24日

国务院副总理李先念在北京会见美国卫生 教育和福利部长小约瑟夫·卡利法诺一行

卡利法诺先生说，我在北京的访问是有成果的。双方签订了一个内容广泛的议定书。

李先念副总理接着说：在这方面，中美双方可以进行合作，互相学习。

美国驻中国大使伍德科克参加了会见。

会见时在座的有卫生部部长钱信忠，中国驻美国大使柴泽民。美国朋友将于今晚离京赴昆明继续访问。

五届全国人大二次会议和全国政协五届二次会议的台湾省籍代表 委员和部分爱国人士在人民大会堂举行座谈会

80多人出席座谈会，他们议形势、谈任务，决心与包括台湾人民在内的全国各族人民一起，为在本世纪内实现祖国的四个现代化事业和台湾早日归回祖国贡献力量。

座谈会由台盟总部负责人、政协全国委员会副秘书长蔡啸主持，林丽韫、张克辉、朱学范、叶仁寿、吴英辅、杜聿明、江水生、钱昌照、陈文、陈玛玲等在会上发了言。他们在发言中畅谈了粉碎"四人帮"后，特别是五届人大一次会议和五届政协一次会议以来，祖国各条战线所取得的伟大成就；表达了他们看到祖国安定团结，上下一致，同心同德搞四化的欣喜心情；殷切希望台湾同胞、港澳同胞、海外侨胞进一步发扬中华民族的爱国光荣传统，和大陆各族同胞一起，为实现祖国的四个现代化事业和台湾早日归回祖国，作出自己的贡献。他们希望台湾当局顺应历史潮流，为祖国的统一大业尽到自己的责任。他们表示，听了华国锋总理的政府工作报告和邓小平主席的开幕词后，决心更大、信心倍增。他们坚信，和台湾骨肉同胞欢聚的日子不会太远了。

中共中央统战部第一副部长、政协全国委员会秘书长刘澜涛最后讲了话。他说，美丽富饶的台湾岛是伟大祖国不可分割的一部分，就如同台湾厅是庄严的大会堂的一部分一样。在这五届人大二次会议和五届政协二次会议开会的大喜日子里，我们向亲爱的台湾同胞致以亲切的问候。他说，促进台湾归回祖国，这是中华民族每个子孙的历史责任，我相信台湾归回祖国的日子一定不远了。

中共中央统战部副部长平杰三、薛子正、童小鹏，政协全国委员会副秘书长聂真，参加了座谈会。

外交部部长黄华在北京会见日本自民党参议员中山太郎

6月25日

五届全国人大二次会议和全国政协五届二次会议继续进行小组讨论

小组讨论继续审议《关于1979年国民经济计划草案的报告》和《关于1978年国家决算和1979年国家预算草案的报告》，并开始对《中华人民共和国刑法》《中华人民共和国刑事诉讼法》等法律草案，进行审议。

全国政协五届二次会议今天也继续进行小组讨论。

《人民日报》发表社论《英雄的人民 伟大的胜利》

6月25日是朝鲜祖国解放战争纪念日。中国人民满怀崇敬的心情和战友的情谊，同英雄的朝鲜人民一道，隆重纪念这一历史性的日子。

29年前的今天，美帝国主义对朝鲜发动了侵略战争，接着，用武力侵占了中国的神圣领土台湾省。在朝鲜人民伟大领袖金日成主席和朝鲜劳动党的英明领导下，朝鲜人民前仆后继，浴血奋战，终于取得了祖国解放战争的伟大胜利，博得了世界人民的敬佩，对国际形势的发展产生了深刻的影响。朝鲜人民敢于斗争、敢于胜利的英雄气概，为全世界被压迫人民和被压迫民族反帝反殖、争取独立和解放的斗争树立了生动的榜样。

朝鲜停战以后，朝鲜人民在非常困难的情况下，以惊人的毅力，忘我的劳动，迅速医治了战争创伤。接着，朝鲜人民遵循金日成主席提出的"政治上自主、经济上自立、国防上自卫"的方针，艰苦奋斗，积极开展思想、技术、文化三大革命运动，以千里马的速度，把朝鲜民主主义人民共和国建设成为拥有现代工业、农业和灿烂的民族文化的社会主义国家。今年是朝鲜人民实现宏伟的第二个七年计划的第二年。目前，朝鲜主要经济部门正在为提前完成第二季度的生产计划而努力奋斗。中国人民对兄弟的朝鲜人民所取得的巨大成就感到由衷的高兴，深信朝鲜人民一定能把自己的国家建设得更加繁荣昌盛。

朝鲜人民在努力建设和保卫自己国家的同时，高举无产阶级国际主义的旗帜，不断加强同世界各国人民特别是第三世界国家和人民的团结，大力支持被压迫人民和被压迫民族争取解放的斗争，积极支持不结盟运动，反对帝国主义、殖民主义和支配主义，为世界人民革命事业作出了应有的贡献。今天，朝鲜民主主义人民共和国在国际事务中起着越来越大的作用，国际地位日益提高。

尽快结束朝鲜的人为分裂状态，统一祖国，这是全体朝鲜人民最大的民族愿望和强烈要求。它得到全世界人民广泛深切的同情和支持。朝鲜停战至今已有26年。朝鲜民主主义人民共和国为早日完成和平统一祖国的大业，长期以来进行了不懈的努力，提出了各种建设性的方案和合理的主张。但是美国支持朴正熙集团继续推行分裂朝鲜的反动政策，策划"交叉承认两个朝鲜"、"同时加入"或"单独加入"联合国的阴谋，鼓吹朝鲜南北双方"缔结互不侵犯条约"的谬论，妄图使朝鲜的分裂固定化、永久化。这当然是朝鲜人民所决不能容忍的。在世界舆论的压力下，美国曾多次表示要逐步撤走其在南朝鲜的全部地面部队。但是，美国的所谓"撤军计划"并没有付诸实施。今年3月，美国和朴正熙集团又在南朝鲜举行了历来规模最大的联合军事演习。这是对朝鲜人民的挑衅。任何加剧朝鲜半岛紧张局势和制造"两个朝鲜"的反动行径，都是不得人心,注定要失败的。朝鲜人民统一祖国的历史潮流是不可阻挡的。美国政府必须改弦更张,放弃分裂朝鲜的政策,从南朝鲜撤走它的全部侵略军队和军事装备,停止干涉朝鲜,让朝鲜人民在没有外来势力干涉的情况下,自己解决统一问题。

中国人民始终不渝地支持朝鲜人民自主和平统一祖国的正义事业,支持金日成主席提出的三项原则和五点方针。我们坚信,朝鲜三千里江山一定会统一、南北骨肉同胞一定要团聚。一个统一、富强的朝鲜必将屹立在亚洲的东方。

金日成主席在谈到中朝友谊时说:"朝中友谊的历史由于悠久的传统和无数难忘的动人事迹而光辉灿烂,是无产阶级国际主义的生动典范。"华国锋主席说:"这样的友谊在世界历史上是罕见的。中国人民永远珍视我们之间的友谊。"去年,华国锋主席和邓小平副主席先后访问朝鲜,在中朝友谊史上写下了新的篇章。在纪念朝鲜祖国解放战争二十九周年的日子里,我们衷心祝愿用鲜血凝成的中朝友谊与日俱增,两国人民的战斗团结和革命情谊万古长青。

国务院副总理陈慕华在北京会见以罗共苏恰瓦县委组织书记格依那·瓦列里阿为团长的罗马尼亚友好参观团

全国人大常委会副委员长廖承志在北京举行宴会欢迎日本松下电器产业公司最高顾问松下幸之助一行

全国人大常委会副委员长谭震林在北京会见以众议员藤波孝生为团长的日本自民党新生俱乐部友好访华团

新生俱乐部是日本自民党内超派系的政策集团,于1977年8月成立,成员有众、参议员44人。这次访华团是该俱乐部成立以来首次出国访问的代表团。

会见时,谭震林副委员长就中国国民经济计划的调整情况和当前的国际形势,回答了他们提出的问题。

藤波孝生团长说,通过在北京、上海、苏州的访问,我们看到了中国在近两三年来发生了很大的变化。

日本驻中国大使馆公使伴正一参加了会见。中日友协副会长孙平化等会见时在座。

上海市与意大利米兰结成姐妹城市

邓汉祥逝世

政协第五届全国委员会委员邓汉祥在参加政协五届二次会议期间,因病医治无效,北京逝世,终年91岁。

邓汉祥先生是贵州盘县人,辛亥秋在武昌参加起义,历任北洋政府秘书长等职,参与过反蒋活动。1949年12月,他随刘文辉、邓锡侯、潘文华诸先生在四川彭县起义,为四川省的解放作出了有益的贡献。全国解放后,邓汉祥先生历任政协四川省第一、二、三届委员会委员、政协第四届全国委员会委员。他热情响应周恩来总理要各方面人士撰写近代史料的号召,以亲身经历,撰写了十余万字的史料,为研究我国现代史提供了有用的资料。

6月26日

7个法律草案提交全国人大审议

五届全国人大二次会议下午举行全体会议。彭真在会上就提交这次大会审议的7个法律草案作了说明。这7个法律是:地方各级人民代表大会和地方各级人民政府组织法、全国人民代表大会和地方各级人民代表大会选举法、人民法院组织法、人民检察院组织法、刑法、刑事诉讼法、中外合资经营企业法。

彭真建议地方各级人民代表大会和地方各级人民政府组织法、选举法特别是刑法、刑事诉讼法在这次大会通过公布后,都从明年1月1日正式施行。

彭真接着就7个法律草案的主要精神作了具体说明。

彭真作完说明后,大会执行主席聂荣臻请代表们对7个法律草案进行审议。同时他还请大家对全国人大常委会提出的关于修正宪法若干规定的议案,一并进行讨论。今天会议的执行主席还有:乌兰夫、阿沛·阿旺晋美、彭真、宋任穷、王廉、任仲夷、刘田夫、严佑民、杨易辰、宋平、陈丕显、林丽韫、赵增益、铁瑛、黄志刚、廖志高、谭启龙、李庭桂。出席五届政协第二次会议的委员、党政军等方面的负责人,列席了今天的会议。

全国人大常委会法制委员会主任彭真在第五届全国人大第二次会议上作关于7个法律草案的说明

全文如下:

各位代表:从今年开始,全国工作的着重点转移到社会主义现代化建设方面来。随着这个历史性的转变,我国必须认真地加强社会主义民主和社会主义法制。没有健全的社会主义法制,就很难实现健全的社会主义民主。华国锋同志在政府工作报告中指出:"我国封建主义的历史很长,经济文化比较落后"。"四人帮"的流毒也还没有肃清。在这种情况下,专制主义、官僚主义、特权思想、家长作风以及小资产阶级个人主义、自由主义、无政府主义,很容易滋长。现在有些地方和单位，人民的积极性和创造性还受到压抑，人民的人身权利、民主权利和其他权利有时还得不到可靠的保障。这一切表明，要充分实现社会主义民主，必须逐步健全社会主义法制，使 9 亿人民办事有章可循，坏人干坏事有个约束和制裁。因此，"人心思法"，全国人民都迫切要求有健全的法制。正如叶剑英同志在开幕词中所说："广大人民群众要求加强和完善我国的社会主义法制。有了完善的法制，就能使宪法所规定的人民的民主权利得到有效的保障，就能不断地发展安定团结、生动活泼的政治局面，以利于社会主义建设的进行。"

这次提交大会审议的 7 个法律草案，是由全国人大常委会法制委员会分别和有关部门共同研究修订的。大多数法律草案的原稿经过了长时间的酝酿准备。几个组织法和选举法草案是分别由最高人民法院、最高人民检察院、全国人大常委会办公厅和民政部的同志经过长期调查研究和总结过去经验，修订提出的。刑法草案在"文化大革命"以前已有 30 多稿。1957 年的第 22 稿曾提交一届四次人大会议征求代表意见并授权全国人大常委会审议修改。1963 年的第 33 稿，曾经中共中央政治局常委和毛泽东同志原则审查过。这次提出的草案是以第 33 稿为基础，根据十几年来的经验和新的情况、新的问题，由法制委员会会同各有关部门共同做了补充和修改。刑事诉讼法草案也是在"文化大革命"前的多次修正稿的基础上修订的。中外合资经营企业法草案是国家计委主管这方面工作的同志主持，和各有关部门的同志研究起草的。当然，这些草案都还难免有这样那样的考虑不周的地方，请各位代表审议修正。

现在把这次提出的 7 个法律草案的主要精神报告一下。

一、关于《中华人民共和国地方各级人民代表大会和地方各级人民政府组织法(草案)》和《中华人民共和国全国人民代表大会和地方各级人民代表大会选举法(草案)》

为了扩大人民民主，加强和健全社会主义法制，保证和便于 9 亿人民管理国家大事，同时进一步发挥地方的积极性，适应全国工作着重点的转移和经济体制改革的需要，这次提出的两个草案，对地方政权组织和选举制度，做了一些重要改革。主要是：

第一，县以上地方各级人民代表大会设立常务委员会，由主任和副主任、委员若干人组成。地方各级革命委员会改为人民政府，并相应地恢复省长、市长、自治区主席和州长、县长等职称。地方人民代表大会及其常务委员会是地方的国家权力机关，地方人民政府是地方的行政机关。地方人民政府的组成人员由地方人民代表大会及其常务委员会分别选举、罢免或者任免。地方人民政府对地方人民代表大会及其常务委员会负责并报告工作。由于这个改革，在全国县以上各级地方范围内，人民经过自己的代表、代表大会和它的常务委员会，将大大加强对县以上地方各级人民政府的管理和监督，大大加强自己行使管理国家的权利。

第二，根据中共中央和毛泽东同志多次强调要扩大地方权力，发挥中央和地方两个积极性的思想，按照我国的实际情况和长期以来进行政治、经济、文化改革和建设的经验，这次提出的草案，规定省、自治区、直辖市人民代表大会及其常务委员会根据本行政区域的具体情况和实际需要，在和国家宪法、法律、政策、法令、政令不抵触的前提下，可以制定和颁布地方性法规。

第三，保障人民自由行使选举权利和罢免权利，是人民当家做主、管理国家的重要保证，也是实行民主集中制的重要基础。这次提出的选举法(草案)规定：(1)实行自下而上、自上而下、充分民主地提候选人的办法。在提候选人过程中，中国共产党、各民主党派、各人民团体和任何选民或者代表(只要有三人以上附议)，都可以提出代表候选人。候选人正式名单应由参加选举的选民或者代表反复酝酿讨论，民主协商直至在必要时举行预选决定。(2)将候选人和应选人等额选举的办法改为候选人的名额多于应选人的名额。

第四，把直接选举人民代表大会代表的范围扩大到县一级。在一个县的范围内，群众对于本县国家机关和国家工作人员的情况是比较熟悉和了解的，实行直接选举不仅可以比较容易地保证民主选举，而且便于人民群众对县级国家机关和国家工作人员实行有效的监督。

第五，规定地方各级人民代表大会代表有向人民代表大会和它的常务委员会反映群众的意见和要求的权利和义务。在人民代表大会举行会议的时候，代表有权向本级人民政府，或者本级人民政府所属各工作部门提出质询，经过大会主席团提交受质询的机关，受质询的机关必须在会议中负责答复。为了保证代表能够充分行使代表职权，规定县级以上地方各级人民代表大会代表非经本级人民代表大会常务委员会同意，不受逮捕或者审判。

二、关于《中华人民共和国刑法(草案)》

刑法是国家的基本法之一。刑法(草案)是以马列主义、毛泽东思想为指针，结合我国实行无产阶级领导的、工农联盟为基础的人民民主专政即无产阶级专政的具体经验制定的。它的任务是"用刑罚同一切反革命和其他刑事犯罪行为作斗争"，以利于保护人民和国家的利益，巩固和发展安定团结、生动活泼的政治局面，保证社会主义现代化建设的顺利进行。

第一，刑法的重要任务之一是保护社会主义社会的公共财产和个人合法财产。草案规定:要保护全民所有的财产和劳动群众集体所有的财产,同时也要保护私人所有的一切合法财产,包括公民的合法收入、储蓄、房屋和其他生活资料,以及依法归个人、家庭所有或使用的自留地、自留畜、自留树等生产资料。

第二,刑法(草案)明确规定"保护公民的人身权利、民主权利和其他权利,不受任何人、任何机关非法侵犯"。规定严禁刑讯逼供,严禁聚众"打、砸、抢",严禁非法拘禁,严禁诬告陷害。凡捏造事实诬告陷害他人(包括犯人)的,参照他所诬陷的罪行的性质、情节、后果和量刑标准给以刑事处分。在"文化大革命"中,由于林彪、"四人帮"大搞刑讯逼供、打砸抢,非法拘禁和诬陷、迫害、造成了大批冤案、假案、错案,后果极为严重。因此,在刑法中规定"严禁"这些罪行是符合群众愿望的,也是完全必要的。

刑法(草案)规定,"以暴力或者其他方法,包括用'大字报'、'小字报',公然侮辱他人或者捏造事实诽谤他人,情节严重的,处3年以下有期徒刑或者拘役"。当然,我们必须继续坚持不抓辫子、不扣帽子、不打棍子的"三不主义",保护工作中的批评和反批评,讨论问题时不同意见的相互反驳,以及对领导、对工作提出的批评建议的权利,这些必须同诽谤、侮辱严格加以区别。国家既不允许以刑法(草案)的这个规定为借口压制批评、压制民主,也不允许以民主为借口对他人进行侮辱诽谤。

第三,刑法的打击锋芒是针对反革命和其他犯罪行为的。刑法(草案)对于现行的重大的反革命罪和那些情节恶劣、危害社会后果严重、群众痛恨的刑事犯罪,规定了较重的刑罚。对于反革命罪中情节特别恶劣、对国家和人民危害特别严重的,以及对于杀人、抢劫、放火、决水、爆炸、投毒等后果严重的,规定了可以判处死刑。

为了防止罪名的滥用,关于反革命罪,刑法(草案)明确规定限于"以推翻无产阶级专政的政权和社会主义制度为目的危害中华人民共和国的行为",对其他各种刑事犯罪也作了比较明确的规定。对没有明文规定的犯罪,严格限制了类推的应用,规定类推的使用应一律报请最高人民法院核准。

第四,我国现在还不能也不应废除死刑,但应尽量减少使用。早在1951年,中共中央和毛泽东同志就再三提出要尽量减少死刑。现在,新中国成立将近30年,特别在粉碎"四人帮"以后,全国形势日益安定,因此刑法(草案)减少了判处死刑罪的条款。

为了贯彻少杀的方针和力求避免发生不可挽救的冤案、假案、错案,这次恢复了死刑一律由最高人民法院判决或者核准的规定。同时,还保留了我国特有的死刑也可以缓刑的规定。

第五,刑法既要充分保护人民行使民主权利,又要切实维护社会秩序、生产秩序、工作秩序、教学科研秩序和人民群众生活秩序。因此,草案规定"禁止任何人利用任何手段扰乱社会秩序"。我们决不应给任何反革命分子、敌特间谍分子和人民的其他敌人以任何危害人民、破坏社会主义事业的自由和权利。

第六,刑法的任务限于处理刑事犯罪问题。不能把应按党纪、政纪和民法、行政法、经济法处理的并不触犯刑法的问题,列入刑法,追究刑事责任。因此,这类问题都不列入刑法。

第七,刑法(草案)规定,本法自颁布施行之日(1980年1月1日)起生效。颁布实行以前历史上遗留的问题和案件,按照党和国家过去一贯的方针、政策、法律、法令处理。

三、关于《中华人民共和国刑事诉讼法(草案)》

刑事诉讼法的任务,是从司法程序方面保证刑法的正确执行。需要说明以下5点:

第一,公安、检察、法院三机关的工作关系是在党的领导下,遵照宪法、刑法和其他法律的规定,为了共同维护社会主义法制而在工作中实行分工协作和互相制约,以保证准确地打击反革命和其他刑事犯罪行为,保护人民。刑事诉讼法(草案)从程序方面规定三机关的职权和工作关系。对刑事案件的侦查、拘留、预审,由公安机关负责。批准逮捕和检察(包括侦查)、提起公诉,由检察院负责。公安机关对检察院的决定有不同意见,可以要求复议。案件的审判由法院负责,检察院对法院判决不同意,可以提出抗诉。

第二,刑事诉讼法(草案)规定,除公安机关、检察院、法院依法分别行使侦查、拘留、预审、批准逮捕、检察、提起公诉和审判权以外,其他任何机关、团体和个人都无权行使这些权利。同时,根据司法机关在工作中要保持应有的独立性的精神,刑事诉讼法(草案)规定法院、检察院和公安机关办案"必须以事实为根据,以法律为准绳"。这是当然的道理,现在特别加以申明,是为了防止滥行逮捕拘留,诬陷和侵犯干部、群众的人身权利、民主权利和其他权利。

第三,被告人除自己行使辩护权以外,有权按照自己的意愿委托律师、亲属、监护人、人民群众团体或所在单位推荐的辩护人为他辩护。被告人没有委托辩护人的,人民法院有义务为他指定辩护人。辩护人的责任是维护被告人的合法权益,帮助法院避免审判中的错误。

第四,从诉讼程序方面严防诬告和伪证。针对前些年发生诬告、伪证的恶劣现象,除在刑法(草案)中规定了诬陷罪、伪证罪和诽谤罪外,在刑事诉讼法(草案)

中又规定了法院、检察院和公安机关在接受控告、检举时，应当向控告人、检举人说明诬告、捏造证据应负的法律责任，告诉他们不要捏造事实。在询问证人时，要告诉他应当如实地提供证据、证言；如有意作伪证或者隐匿罪证要负法律责任。并规定，法院认为证人有意作伪证或者隐匿罪证时，可以依法处理。

第五，刑事诉讼法(草案)规定："要重证据，重调查研究，不轻信口供"。要注意收集能够证实被告人有罪或者无罪，犯罪情节重或者轻两个方面的证据。"严禁刑讯逼供和以威胁、引诱、欺骗以及其他非法的方法收集证据"。"证据必须经过查证属实，才能作为定案的根据"。"证人证言必须在法庭上经过公诉人、被害人和被告人、辩护人双方讯问、质证，听取各方证人的证言并经过查实以后，才能作为定案的根据。"刑事诉讼法(草案)还规定：只有被告人供述，没有其他证据的，不能认定被告人有罪和处以刑罚；没有被告人供述，证据充分确实的，可以认定被告人有罪和处以刑罚。

四、关于《中华人民共和国人民法院组织法(草案)》和《中华人民共和国人民检察院组织法(草案)》

这两个法都是在1954年制定的法院、检察院组织法的基础上修改的。对于法院组织法，这次原则修改较少，除了重申法院独立进行审判，只服从法律等原有的重要规定以外，还在任务、辩护制度、人民陪审和对已发生法律效力的错案纠正等问题上，做了若干补充和修改。对于检察院组织法，这次做了较大的修改。

第一，确定检察院的性质是国家的法律监督机关。列宁在十月革命后，曾坚持检察机关的职权是维护国家法制的统一。我们的检察院组织法运用列宁这一指导思想，结合我们的情况，规定：(1)检察院"独立行使检察权，不受其他行政机关、团体和个人的干涉"。(2)地方各级人民检察院检察长由地方各级人民代表大会民主选举产生，并报上级人民检察院检察长提请该级人民代表大会常务委员会批准。省、自治区、直辖市的人民检察院检察长、副检察长、检察委员会委员，在本级人民代表大会或它的常务委员会选举产生或任命以后，都要报经最高人民检察院检察长提请全国人民代表大会常务委员会批准。(3)各级人民检察院都设立检察委员会，实行民主集中制，讨论决定重大案件和其他重大问题。

第二，把检察院上下级关系由原来的监督关系改为领导关系，地方各级人民检察院对同级人民代表大会和它的常务委员会负责并报告工作，同时受上级人民检察院领导，以保证检察院对全国实行统一的法律监督。

第三，检察院对于国家机关和国家工作人员的监督，只限于违反刑法，需要追究刑事责任的案件。至于一般违反党纪、政纪并不触犯刑法的案件，概由党的纪律检查部门和政府机关去处理。

五、关于《中华人民共和国中外合资经营企业法(草案)》

国务院为了在平等互利的基础上，吸收外国投资，扩大国际经济合作和技术交流，决定与外交合营某些双方认为有利的企业，这就需要有相应的法律。关于现在提出的法律草案，这里说明以下3点：

第一，依法保护外国合营者按照经中国政府批准的协议、合同在合营企业的投资和其他合法权益。

第二，外国合营者作为投资的技术和设备，必须确实是具有世界先进水平和适合我国需要的。

第三，合营企业应遵守中华人民共和国法律、法令和有关条例规定从事活动。

为了便于本法的顺利实施，今后还将制定具体实施条例，并将陆续制定和实施有关的其他经济立法。

各位代表：

法律制定出来以后，能不能贯彻实行？怎样做到"有法必依，执法必严，违法必究"呢？

(一)我们的法律经过全国人民代表大会通过，就表明了它是全国各族9亿人民共同利益和意志的集中表现，一旦为全国9亿人民所掌握，就会变成维护社会主义民主和法制的强大力量。毛泽东同志讲过："代表先进阶级的正确思想，一旦被群众掌握，就会变成改造社会、改造世界的物质力量。"把法律交给9亿人民掌握，使他们运用这个武器监督国家机关和任何个人依法办事，对任何违法行为，进行揭发、检举和斗争，就可以有力地保证法律的贯彻执行。

因此，为了把法律交给9亿人民，使他们能够掌握，在实施前必须在干部和群众中广泛进行宣传教育。这几个法公布后，要有一段准备施行的时间。建议地方各级人民代表大会和地方各级人民政府组织法、选举法、刑法、刑事诉讼法、人民检察院组织法和人民法院组织法在这次大会通过公布后，都从明年1月1日正式施行。在这个期间，要在全国人民中普遍深入地开展社会主义民主和社会主义法制的学习和宣传，使刑法、刑事诉讼法、选举法和几个组织法逐步做到家喻户晓，人人明白。今后还需要经常进行有关民主和法制的宣传教育，加强干部和群众的法制观念，使大家学会使用法制武器。同时，我们的国家大，各省、自治区、直辖市和各民族的政治、经济、文化发展不平衡，工作情况也不相同，各省、自治区、直辖市需要根据自己的情况，作充分的准备，在统一部署下，有条不紊地实施。

(二)9亿人民掌握和贯彻执行法律，必须有自己的健全的专门机关作为武器，必须有一支强大的专业的执法队伍搞这方面的工作。人民公安机关，人民检察院和人民法院就是执行法律，特别是执行刑法和刑事诉讼法的专门机关，是无产阶级专政用以保护人民，打击敌人的有力工具。新中国成立以后，我们建立了自己的司法机关，建设了一支坚强的公、检、法队伍，虽然在工作中也有这样或那样的缺点、错误，但是他们坚定地卓有成效地完成了人民交给他们的打击敌人、保卫人民的光荣任务。大家知道，人民的这支执法队伍后来被林彪、"四人帮"残酷地破坏了。粉碎"四人帮"以来，我们恢复了检察院，整顿和加强了公安机关和法院，但是还远不能适应当前和今后加强和健全社会主义法制的需要。为了使刑法和刑事诉讼法能够全面地贯彻执行，首先要从政治思想上加强公、检、法的建设，要用国家关于加强社会主义法制的方针、政策和这次代表大会通过的法律，特别是刑法、刑事诉讼法、检察院组织法和法院组织法，整顿和统一公、检、法广大干部和民警的思想，恢复和发扬我国司法工作中实事求是、调查研究、群众路线、专门机关的工作和群众路线相结合、重证据而不轻信口供等优良传统和作风。要普遍地轮训干部和组织干部、群众学习。其次，要迅速健全公、检、法的机构，充实干部队伍，需要从各条战线选拔和输送足够数量的，办事公正、热心为人民服务、热心社会主义事业的劳动模范、先进工作者等老、中、青优秀分子到公安机关、检察机关和法院去工作。这些人虽然缺乏专业知识和经验，但是有其他社会实践经验和知识，经过定期训练，就可以在工作中边学习边提高，逐步成为司法工作的内行。此外，还可以从法学院系毕业生中吸收大批优秀分子，充实司法队伍。希望全国人民，全国各条战线都关心、支援、加强公、检、法这支保护人民、镇压敌人的专业队伍。在中国共产党的领导下，9亿人民群众和比较健全的公、检、法专门机关相结合，加强和健全我们的社会主义法制也就有了可靠的保障。

（三）共产党员、革命干部要在守法、执法上起模范带头作用。我们的法律是在中共中央领导下，按照人民民主专政、民主集中制这个根本制度，在广泛发扬民主的基础上，由人民代表大会制定的，它既代表了全国人民的利益和意志，也集中反映了党的政策和主张。因此，共产党员、干部首先应当严格遵守，带头执行。党员干部遵守和执行法律，就是服从全国人民的意志，就是服从党的领导，就是维护人民的利益。反对和破坏法律，就是违背全国人民的意志，违背党的领导，亦即损害全国人民的利益。毛泽东同志1957年1月对党的省、自治区、直辖市党委书记同志们特别指出："一定要守法，不要破坏革命的法制。法律是上层建筑。我们的法律，是劳动人民自己制定的。它是维护革命秩序，保护劳动人民利益，保护社会主义经济基础，保护生产力的。"在法律面前人人平等，是我们全体人民、全体共产党员和革命干部的口号，是反对任何人搞特权的思想武器。共产党员和革命干部，在法律面前只有带头、模范地遵守法律的义务，决没有可以不守法的任何特权。对于违法犯罪的人，不管他资格多老，地位多高，功劳多大，都不能加以纵容和包庇，都应该依法制裁。在我们社会主义国家里，不允许言行不符，不允许有任何超越法律之外或者凌驾于法律之上的特权。特权思想实质上是几千年来骑在人民头上作威作福的封建统治者思想的反映，是使我们的干部腐化堕落的思想，是毁灭我们干部的思想，是破坏革命法制的思想，甚至可以发展为破坏我们国家和党的思想，我们必须批判它和肃清它。

我们这次代表大会将要审议通过的法律和它们的贯彻执行，迈出了加强和健全我国社会主义法制的一大步。今后，更巨大的任务还在我们面前。随着经济建设的发展，我们还要经过系统的调查研究，陆续制定各种经济法和其他法律，使社会主义法制逐步完备起来。加强社会主义法制，必然要经过复杂的激烈的斗争，要克服封建主义、资本主义、修正主义和"四人帮"帮派残余分子的各种抵抗和阻力。我们只要紧密地团结在以华国锋同志为首的党中央的周围，在党中央领导下，依靠社会主义的工人，社会主义的农民，社会主义的知识分子，以及其他一切拥护社会主义的爱国者，调动一切可以调动的积极因素，就一定能够逐步健全我国的社会主义法制，从而保障和促进我国社会主义现代化建设的顺利进行。

全国人大常委会向五届全国人大二次会议提出修正宪法若干规定的议案

全国人民代表大会常务委员会今天向五届人大二次会议提出了一项关于修正宪法若干规定的议案。这个议案建议在县和县级以上的地方各级人民代表大会设立常务委员会，将地方各级革命委员会改为地方各级人民政府，将县一级的人民代表大会代表改为由选民直接选举，将人民检察院上下级关系由原来的监督关系改为领导关系。全国人大常委会就这些修正的必要性作了下列4点说明：

一、随着我国工作着重点的转移，地方各级特别是县级以上的地方政权机关担负着社会主义现代化建设的繁重任务，有必要将权力机关同行政机关分开，在县和县级以上的地方各级人民代表大会设立常务委员会。在人民代表大会闭会期间，常务委员会行使本级人民代表大会常设机关的职权。这必将有利于扩大人民民主，加强社会主义法制，健全人民代表大会制度，保障和促进社会主义现代化建设事业的顺利进行。

二、"文化大革命"中成立的革命委员会,已不适应我国社会主义现代化建设新时期的需要,将地方各级革命委员会改为地方各级人民政府,不仅有利于加强民主和法制,发展安定团结的政治局面,保障和促进社会主义现代化建设,而且能鲜明地体现出我国人民政府与人民群众之间的密切联系,这也是广大干部和人民群众的共同意愿。

地方各级革命委员会改为地方各级人民政府以后,地方各级人民政府正副职负责人的职称分别为省长、副省长,自治区主席、副主席,市长、副市长,州长、副州长,县长、副县长,区长、副区长,人民公社管理委员会主任、副主任,镇长、副镇长。

三、1953年公布的全国人民代表大会及地方各级人民代表大会选举法规定,县以上各级人民代表大会代表都实行间接选举,分别由下一级的人民代表大会选举。考虑到20多年来我国的实际情况有了很大变化,人民的政治、文化水平已大为提高,为了扩大人民民主,逐步完善我国的选举制度将实行由选民直接选举的政权单位扩大到县一级,已经成为必要和可能的了。因此,将县一级人民代表大会代表的选举由间接选举改为由选民直接选举。

四、为保持检察机关应有的独立性,有利于执行检察任务,将各级人民检察院现在的监督关系改为由最高人民检察院领导地方各级人民检察院和专门人民检察院的工作,上级人民检察院领导下级人民检察院的工作,是必要的。

上午举行的五届人大二次会议主席团第二次会议决定将全国人大常委会的这个议案提请大会审议。

五届全国人大二次会议主席团举行第二次会议通过关于政府工作报告决议草案等文件

五届人大二次会议主席团,上午在人民大会堂举行第二次会议。

叶剑英委员长主持了会议。

会议听取了姬鹏飞副委员长作的关于代表们讨论政府工作报告的情况说明。

姬鹏飞说,在讨论中,代表们各抒己见,从各个方面审议了华国锋总理的政府工作报告。代表们认为,政府工作报告全面地、系统地总结了五届人大一次会议以来在各方面所取得的巨大成就,提出了工作着重点转移到社会主义现代化建设上来之后的第一个战役的方针、政策、要求和措施,是当前搞好社会主义现代化建设的纲领性文件。

姬鹏飞说,代表们一致赞成报告中提出的调整、改革、整顿、提高国民经济的"八字方针",以及根据这个方针所确定的经济工作的十项任务,并且认为"八字方针"完全是一个积极的方针、前进的方针。代表们指出,报告强调了发扬社会主义民主和加强社会主义法制的极端重要性。他们认为,只有这样,人民当家做主的权利才能得到保障,四个现代化才能实现,国家民族才有希望。代表们在讨论中一致表示完全赞同报告中阐述的我国政府的外交路线和政策。

姬鹏飞说,代表们在充分肯定一年多来政府工作取得巨大成绩的同时,也提出了不少宝贵的批评和建议。譬如,对机构臃肿、人浮于事,脱离群众的官僚主义作风;对基建战线太长,不按程序办事,给国家造成的巨大浪费;对企业管理中的一些混乱现象,对经济管理体制中存在的许多问题,对物价管理中存在的某些随意提价、变相涨价等情况,都提出了批评和改进的建议。对有些国家干部,特别是高级干部的特殊化、走后门、压制民主等不正之风,不少代表提出了严肃的批评,提出必须采取坚决的措施加以纠正。有些代表提出,加强对干部的考核和监督,解决干部工作中的"铁饭碗"问题,要尽快拿出具体办法。

姬鹏飞说,代表们对政府工作提出的批评意见,将转给国务院和政府有关部门认真处理。

会议接着听取了五届人大预算委员会主任委员薄一波作的1978年国家决算和1979年国家预算的审查报告。他说,预算委员会通过讨论和审查,认为1978年国家财政收支执行的情况是良好的。在短短期间,我国的财政工作,就有这样成绩,尤为可喜。

他指出,1979年国家预算是一个贯彻国民经济调整、改革、整顿、提高方针的预算,是一个推动增产节约运动、进一步发展国民经济、克服薄弱环节的预算,是一个加速四个现代化建设的预算。预算委员会建议五届人大二次会议批准1978年国家决算和1979年国家预算。

薄一波说,为了圆满地完成1979年国家预算,预算委员会建议全国人民代表大会向全国提出如下要求:把增产节约运动继续深入持久地开展下去;努力增产轻纺工业产品,增加商品供应,安排好国内市场;贯彻勤俭建国、艰苦奋斗的方针,坚决反对讲排场,摆阔气,铺张浪费的行为;切实加强财政经济管理工作,提高经济效果;坚持量入为出、收支平衡的原则,力求收入尽可能多收一些,支出尽可能多节约一些,少花钱多办事,把事情办好;财政部门要积极为生产建设事业服务,为人民生活服务,坚决防止那种离开经济发展,只是在收支上打圈子的单纯财政观点。会议通过了关于政府工作报告的决议草案,关于1979年国民经济计划、1978年国家决算和1979年国家预算的决议草案。

会议通过的其他文件还有:关于全国人民代表大会常务委员会工作报告的决议草案;关于最高人民法

院工作报告和最高人民检察院工作报告的决议草案。

会议决定将今天通过的各项决议草案提请五届人大二次会议全体会议通过。会议还决定将五届全国人大常委会提出的关于修正宪法若干规定的议案提请大会审议。

中共中央北方防治地方病领导小组召开会议决定加快防治北方地方病的步伐

新华社报道,中共中央北方防治地方病领导小组会议最近在沈阳召开。会议根据党的三中全会精神,讨论研究了在新形势下,如何加快防治北方地方病的步伐,更好地为四个现代化服务。

中共中央政治局委员、中共中央北方防治地方病领导小组组长李德生主持会议并讲了话。

会议认为,地方病的防治是关系亿万人民健康的事,北方16省、自治区、直辖市各级党委和有关部门应加强领导,依靠群众,加快防治地方病的步伐。

会议指出,1977年制定出北方防治地方病长远规划,并付诸实施以后,已经取得成就。据北方10个省、自治区、直辖市的统计,单只过去1年多,就治愈地方甲状腺肿患者300多万人。有75.7%的病区人口吃上了碘盐,许多地区已基本控制了甲状腺肿病的发展;急型和亚急型克山病的发病率、死亡率都降到了历史最低水平。地方性氟病的普查工作进展很快,许多地区改水防氟取得了明显效果。

会议要求各地提出今、明两年防治工作的目标和具体措施,加快防治地方病的步伐。会议总结各地经验,提出三点要求:第一,要求各级领导要亲自到病区进行调查研究,倾听人民的呼声,采取切实有效的办法解决病区人民生活中和防病、治病中的问题,推动地方病防治工作出现新局面。第二,建立、健全各级地方病防治领导小组及其办事机构,做到组织上有保证。第三,在党的一元化领导下,把有关部门的力量组织起来,互相配合,协同作战,提高工作效率。

会议指出,防治地方病的科学研究工作要走在前面,力争防治工作不断有新的突破;要继续加强科研队伍,提高科研水平,对病因不清、危害较大的病种,集中力量尽早攻破。

国务院总理华国锋在北京会见巴基斯坦劳工和人力部长法伊兹·阿里·奇斯蒂率领的巴基斯坦劳工代表团

会见时,华总理同奇斯蒂部长就进一步发展中巴关系和中东、南亚、东南亚局势进行了友好的交谈。

奇斯蒂部长转达了穆罕默德·齐亚·哈克将军对华国锋总理的问候。他说,哈克将军希望中国尽快实现四个现代化,繁荣昌盛起来。

华总理请奇斯蒂部长转达中国政府和人民以及他本人对哈克将军的问候。他说,中巴两国关系发展是很好的。我们希望巴基斯坦强大起来。

巴基斯坦驻中国大使尤纳斯参加了会见。

会见时在座的有国家劳动总局局长康永和等。

谈话前,华总理同代表团全体成员一起照了相。

国务院副总理方毅在北京会见并宴请以美国圣玛利亚大学校长 洛克菲勒基金会主席西奥多·赫斯伯格为团长的美国科学技术政策代表团

全国人大常委会副委员长谭震林在北京会见澳大利亚工党议员阿米塔奇和夫人一行

《实践是检验真理的唯一标准》一书由新华出版社出版

新华社报道,这是一本供基层干部和工农群众阅读的哲学通俗讲话,是新近成立的新华出版社出版的第一部读物,将由新华书店发行。

全书共分24讲,每篇讲一个问题。主要内容有:关于真理标准这场讨论的由来和它的重要意义;真理的客观性和怎样认识真理;批判林彪、“四人帮”的实用主义真理观和“有权就有真理”的谬论,分析他们鼓吹的“句句是真理”为什么是错误的;理论对实践的指导作用和理论为什么不能作为检验真理的标准;革命导师是坚持实践标准的光辉典范;揭露林彪、“四人帮”怎样搞假高举,阐明怎样才是真正高举毛泽东思想的伟大旗帜;实事求是是毛泽东思想的根本,以及坚持实践标准与坚持四项基本原则的关系,等等。

6月27日

最高人民法院院长江华向五届全国人大二次会议提交书面工作报告

最高人民法院院长江华在向五届人大二次会议提交的书面工作报告中说,各地人民法院要争取在今年内把“文化大革命”中判处的冤、假、错案纠正过来,基本完成复查任务。

报告要求从复查纠正中吸取经验教训,改进工作,真正做到准确地打击敌人,有效地保护人民,保障社会主义现代化建设顺利进行。

报告强调一定要把思想统一到三中全会的精神上来,按照全错全平,部分错部分平,不错不平的原则进行复查工作。

根据29个省、自治区、直辖市统计,到今年5月底,各地已复查纠正冤、假、错案 16.4 万多件。

最高人民法院的书面工作报告指出，“文化大革命”期间，林彪、“四人帮”破坏社会主义法制，践踏社会主义民主，对广大干部群众实行封建法西斯专政。在这期间判处的反革命案件中，冤错的比例一般占 40% 左右，有些地区竟达 60% 或 70%，数量之大，比例之高，后果之严重，是新中国成立以来仅有的。

报告说，各地复查工作的实践证明，纠正冤、假、错案深得人心，对促进安定团结，调动广大群众搞四化的积极性，起了一定的作用。广大群众齐声赞扬党的实事求是的优良传统又恢复了，毛主席的政策又回来了。

报告说，坚持真理，修正错误，是一个马列主义者应有的基本态度。我们党历来有一条规矩，就是对于人的处理要持慎重态度，一旦发现了错误，就立即纠正。这在封建社会办不到，在资本主义社会办不到，就是在社会主义社会，如果是错误路线领导，也不可能办到。我们今天复查纠正冤、假、错案，正说明了社会主义制度的优越，说明了社会主义司法制度的优越。

报告指出，各地人民法院复查工作虽然已取得很大成绩，但工作进展不平衡，还有部分地区抓得不紧，复查任务还很重。因此，需要进一步解放思想，排除来自各方面的干扰，用大力把这项工作进行到底。有的地方有人认为前段复查工作搞过了头，要“收”了，因而对复查工作犹豫观望，他们生怕搞复查冒了“尖”，又来个反右倾。有人甚至认为复查案件同坚持四项基本原则有矛盾，把社会秩序方面出现的一些问题也归咎于复查冤、假、错案。这些说法都是错误的。应当肯定，前段复查工作是符合党的三中全会精神的。

报告说，当前，思想不解放，该纠正的不纠正，抓辫子、留尾巴的错误倾向，仍然是主要的，应该给予足够的重视。当然，也要注意防止另一方面的不实事求是，把不该纠正的纠正了。报告指出，无产阶级的法律、法令是无产阶级政权镇压阶级敌人、保障人民民主的重要武器。人民法院审判刑事案件，必须按照法律的规定，严格区分敌我矛盾和人民内部矛盾，严格划清罪与非罪、反革命罪与普通刑事罪的界限，实行惩办与宽大相结合的政策。特别要注意防止对敌斗争扩大化，要强调少杀，可杀可不杀的，坚决不杀。

报告说，依法办事，还必须严格执行宪法和法律规定的公开审判、陪审、辩护、合议等项审判制度，以及公、检、法分工协作、互相制约的诉讼程序。

报告强调说，人民法院审判案件，必须坚持实事求是，切实做到忠实于法律和制度，忠实于人民利益，忠实于事实真相。一切公民在适用法律上一律平等，不允许任何人有超越法律之上的特权，也不应该因为当事人的出身、历史有问题而予以歧视，滥施刑罚。要在审判人员中提倡刚正不阿，不畏权势的革命精神。

最高人民检察院检察长黄火青向五届全国人大二次会议提交书面工作报告

报告中说，要充分发挥检察机关的职能作用，继续加强对敌人的专政，大力保障人民民主，巩固和发展安定团结的政治局面。

报告中说，我们要坚定不移地发扬社会主义民主，但是我们决不能给反革命分子以进行破坏活动的自由。否则，就不能巩固安定团结的大好局面，就不能实现社会主义现代化的伟大任务。

报告指出检察机关在新时期的方针任务是，通过行使检察权，镇压一切叛国的和分裂国家的犯罪活动，打击反革命分子和其他犯罪分子，维护国家的统一，维护无产阶级专政制度，维护社会主义法制，维护社会秩序、生产秩序、工作秩序、教学科研秩序的人民群众生活秩序，保护社会主义的全民所有的财产和劳动群众集体所有的财产，保护公民私人所有的合法财产，保护公民的人身权利、民主权利和其他权利，保卫社会主义现代化建设的顺利进行。

报告指出，一年多来，各级检察机关坚持执行毛泽东同志提出的依靠群众实行专政，少捕、矛盾不上交的方针，即防止不适当地扩大阶级斗争的范围和规模，又防止忽视现实阶级斗争的思想。

报告指出，实现安定团结，必须惩治坏人。前一个时期，极少数坏人利用发扬民主，造谣生事，破坏工作秩序、生产秩序和社会秩序。有的甚至公然要推翻社会主义制度，颠覆无产阶级专政。广大群众对这些阶级敌人和极少数“害群之马”的破坏活动非常气愤，强烈要求对他们绳之以法。北京、上海等地的检察机关，根据公安部门的提请和广大群众的要求，批准逮捕了违法犯罪分子，维护了革命秩序，受到了群众的拥护。

报告说，各级人民检察院还积极开展了反对违法乱纪的斗争，参与了复查平反冤、假、错案的工作，保障了人民的民主权利。据不完全统计，到今年 3 月底，各地人民检察院共查处了 2000 多件严重违法乱纪案件。认真加强同各种违法乱纪行为的斗争，仍然是人民检察机关今后 1 项严重的任务。报告说，重建检察机关 1 年多来，人民来信来访很多，说明群众敢于讲话。到今年 3 月底，各级人民检察院共处理人民来信来访 27 万多件。各级人民检察院负责干部亲自处理重要的来信来访，对于群众反映的一些严重违法乱纪案件，有的由领导同志亲自带队，会同有关部门，共同调查处理。

国务院计划生育领导小组成员同出席五届全国人大二次会议的各省市自治区代表团团长和有关人员就

计划生育工作座谈

华国锋总理在政府工作报告中指出，搞好计划生育，控制人口增长，“具有重大的战略意义”，并把这个问题列为贯彻调整、改革、整顿、提高方针，必须抓好的10项工作之一。许多代表表示同意这个意见。他们提出，现在是到了拿出抓生产建设那样的劲头来抓控制人口增长的时候了。

人口一定要控制

代表们在讨论中列举大量事实说明，在一定的生产水平下，人口增长速度的快慢，直接影响着经济发展的快慢和人民生活水平的高低。

来自云南的代表赵增益告诉人们，这个省1978年的农业生产取得了新中国成立以来少有的大丰收，但是每人平均占有的粮食比22年前的1956年反而减少了94斤，为什么呢？原来在这个期间，全省的粮食产量平均每年递增了1.7%，而人口的递增率却达到了2.4%，人口的增长率超过了粮食的增长率。

四川省代表高未龙在会上介绍的情况，则完全不同。这个省的什邡县的人口自然增长率，由1970年的32‰逐步下降到1978年的2.64‰，8年间少出生5.6万多人。把生产发展的因素除外，去年只是由于少生了这么多人，全县按人口平均占有的粮食就增加了128斤。

为了探讨人口增长的幅度对发展国民经济、提高人民生活水平的影响，有些代表仍以粮食生产为例，进一步算了下面这样两笔账：

第一是我国每人平均占有粮食的数量同经济发达的美国和法国之间差距的变化账。我国1950年每人平均占有的粮食为479斤，分别相当于美国的23.9%和法国的59.1%。26年以后的1976年，我国的粮食总产量增长了117%，美国只增长了94%，法国只增长了98%。按照这样的增长比例，我国每人平均占有的粮食应该是同这些国家的差距缩小了，但实际情况相反，差距却更大了。到1976年，我国每人平均占有粮食614斤，只相当于美国的22.3%，法国的48.6%。发生这种反常的变化，原因出在人口上：这26年间，我国人口增加了69%，而美国只增了41%，法国只增加了27%。如果这期间我国人口不是增加这么多，而是像法国那样，只增加27%，那么1976年我国的人口就不是9.3亿多而是只有7亿多一点，当年每人平均占有的粮食也不是614斤，而是817斤，同美、法两国的差距可以缩小许多，人民的吃饭问题比现在就要好办得多了。

第二是今后一段时间我国粮食的生产和分配账。到1985年，全国粮食总产量计划8000亿斤，即比1978年增产1905亿斤，这是需要经过艰苦努力才能实现的。但是，如果不控制人口，即使实现了8000亿斤的目标，平均每人的粮食消费量并不见得能增加多少，因为我国人口，如果按目前人口自然增长率推算，到1985年全国将累计增加8400万人。按每人500斤口粮计算，这些人就要吃掉420亿斤，那就等于把增产粮食的22%吃掉了。相反，要是坚决控制人口，使人口的自然增长率每年递减1‰，1985年降低到5‰，这个期间则可以少生2900万人，1年少消费145亿斤粮食。

这里写的只是代表们讨论中讲到的人口增长速度同粮食增长速度的关系。实际上，代表们还从积累、就业、教育、住房、改善生活等很多方面，讨论了大量增加人口给国家、集体、家庭带来的沉重负担，给实现四化造成一系列困难。大家结论是：为了社会主义现代化的伟大事业，为了中华民族的健康和福利，人口非控制不可。

思想一定要澄清

新中国成立30年来，我国先后出生了6亿多人，扣除死亡的2亿人，总人口由5.4亿多发展到9.75亿多，增加得太多了。这中间有什么可以记取的教训呢？北京市人大代表辛育龄在小组会上说，解放初，当我国还是5亿多人口的时候，有的同志就提出了“节制人口”的主张。回过头来看，如果那个时候就采纳这个意见，采取相应的措施，我国今天很可能只有六七亿人，各方面就不会像现在这么紧张。可惜，这个意见不仅没有被采纳，反而被说成是“马尔萨斯人口论”，遭到了批判。结果，我们今天不得不承受盲目发展人口的惩罚。辛育龄提出，什么叫马尔萨斯人口论？马尔萨斯把资本主义制度造成的失业、贫困，归罪于劳动人民生儿育女，公然主张用战争、瘟疫、饥荒等残忍的手段减少人口，使人口同生活资料的增长相适应。这种反动货色同上面讲的“节制人口”的意见毫无共同之处。现在我们要完成控制人口增长的战略任务，必须总结历史的经验教训，重新研究人口理论，使马克思主义的人口理论为我国的现代化建设服务。

人大代表陈慕华也认为，澄清人们过去在人口问题上的混乱思想，对我国有效地控制人口，加快实现四个现代化，很有必要。她引述恩格斯的话说，社会生产，“一方面是生活资料即食物、衣服、住房以及为此所必需的工具的生产；另一方面是人类自身的生产，即种的繁衍”。(《马克思恩格斯选集》第4卷第2页)这说明，在贯彻“八字方针”、实现四个现代化的过程中，既要对物质资料生产进行调节，也要对人类自身的生产进行调节，使两者比例恰当，有计划地发展。有人讲控制人口是什么“见口不见手，忽视人手的创造作用”。陈慕华代表针对这种议论，从3个方面分析了手和口的辩证关系。

——手和口的关系，实质上是人作为物质生产者和消费者的关系问题，两者既有统一的一面，又有矛盾的一面，是对立的统一。过去只强调人作为生产者的作用，讲人多生产多，而忽略了人还有一张口，人多消费也多。在我国生产力水平还很低的今天，人作为消费者的一面显得更突出，人们生产的东西除自身消费和抚养家口以外，能够供给社会的剩余产品是不多的。

——人从出生到成长为能给社会创造财富的生产者，需要十几年以至三十多年。他们在这个期间是消费者，是国家、集体、家庭抚养的对象。人口增长越快，这部分需要抚养的青少年占的比例越大。不加分析地说"人越多生产者越多"是不符合事实的，而只能说人越多，潜在的生产者越多，现实的消费者越多，给国家、集体、家庭带来的负担越大。

——我们讲的物质生产者，是指有一定生产经验和劳动技能的人，而且他要从事生产，要有先进的劳动工具和充分的劳动对象，否则也不能充分发挥物质生产者的作用。我们控制人口增长，正是为了积累更多的资金，使人民受到更好的教育，以便用更多、更好的劳动工具、更丰富的科学技术知识把劳动者武装起来，充分发挥人"手的创造作用"。

措施一定要得力

人大代表钱信忠分析说，我国今后每年进入婚育年龄的青年男女都在1000万对上下，如果按现在的人口增长速度计算，到本世纪末全国就要有13亿人。如果增加那么多人口，我们将不得不把很大一部分财力、物力用于抚养新增人口，那样势必会延缓四个现代化的进程。即使每对夫妇只生2个孩子，1年就要出生2000万人，扣除600万人自然死亡的部分，本世纪末仍然要增加到12亿人。如果1985年把人口增长率降低到5‰左右，当年净增的人口才能降到500万左右。这就要求一对育龄夫妇只生一个孩子，钱信忠建议各级政府一定要重视这件大事。他强调说，现在是到了要像抓生产建设那样来抓计划生育，控制人口的时候了。

康克清、罗秋月、刘云波、耿飚、诸懋午等代表，也都提出要切实控制人口的增长，每对夫妇"最好生一个"的意见。有些代表还说明，只要采取得力措施，这个目标是可以实现的。天津代表俞霭峰在讨论会上告诉大家，这个市今年1月明文规定要给只生一个孩子的父母以适当的奖励和生活上的照顾以后，市区生过一个孩子的育龄妇女自愿不生第二胎的人数，就由去年年底的12%增加到了今年一季度末的40%。

代表们认为，为了控制人口的增长，需要在领导上、政策上、法律上和卫生工作上都采取得力的措施。比如鼓励只生一个孩子，目前在国家还不富裕的情况下，给予的物质奖励还不可能很多，但决不能因为有困难而不给予适当的奖励和照顾。有的代表匡算了一下，实行物质奖励以后，如果城市1年少生100万人口，按把小孩从1岁抚养到16岁计算，16年累计下来，国家就少支出20多亿元，家庭就少支出四五十亿元，而奖励少生孩子支出的钱，最多不过几亿元。所以，这样做，从长远来看，花钱不多，却有利于加速实现四个现代化，提高人民的生活水平，为我们中华民族的子孙后代造福。

大家认为，搞好计划生育方面的立法，推广计划生育工作的先进经验，是实现华国锋总理在政府工作报告中提出两项控制人口增长指标的重要保证。

据了解，国务院计划生育领导小组已拟定出《计划生育法》草案，鼓励每对夫妇只生一个孩子。草案规定，对只有一个孩子的夫妇发儿童保健费、奖励工分、年老加发退休金。草案还规定，在城镇住房和农村自留地分配等方面，对只有一个孩子的父母要给予照顾。这个草案待广泛征求群众意见修改后，将尽快提交全国人大常委会讨论决定。

国务院计划生育领导小组组长陈慕华在中央党校讲计划生育课

听课的有党校学员、工作人员及有关单位的同志，共2500多人。

陈慕华同志讲了4个问题。即：控制人口增长是一项战略任务；控制人口增长是实现四个现代化的重要条件；控制人口增长的目的和措施；谈谈几个认识问题。

陈慕华同志在讲课中用大量数据分析了我国的人口现状与发展国民经济的关系，并同一些先进国家的人口状况、经济状况作了对比。她指出，我国人口多，耕地少，底子薄，现有人口9.58亿多(不包括台湾省)，如果人口增长过快将会延缓我国四个现代化的进程。因此，长期地、自觉地、有计划地控制人口增长是社会主义四个现代化的客观要求。她说，计划生育工作要把重点转移到最好生一个上来，今后计划生育工作的要求是"晚婚、晚育、少生"，一对夫妇只生一个孩子；坚决刹住3胎，到1985年人口自然增长率是能够降到5‰左右的。搞好计划生育工作，将会加速我国四个现代化的进程。为了迅速将人口增长率进一步降下来，中央正在制定《计划生育法》，在生育上实行有奖有惩，以奖为主的政策，鼓励只生一个孩子的夫妇，严格控制多胎，争取到2000年全国人口自然增长率降到零。

陈慕华同志最后说，迅速控制我国人口的增长是当务之急，对今年的任务不能有定局的思想，还有工作可做，要力争把增长率降到10‰左右。希望同志们立即行动起来，最好先写个信回去，把工作抓上去。

国家统计局发表《1978年国民经济计划执行结果的公报》

1978年，我国各族人民在中国共产党和人民政府的领导下，认真贯彻执行新时期的总任务，揭批林彪、“四人帮”的斗争取得了伟大胜利，国民经济有了进一步的恢复和发展。工农业生产、交通、邮电、基本建设、国内外贸易都取得了新的成绩；科学技术、教育、文化、广播、出版、卫生、体育事业进一步发展。工农业总产值达到5690亿元，完成计划的101.9%，比上年增长12.3%。国民收入在1977年增长8%的基础上，1978年又增长了12%。

国民经济主要部门计划执行情况如下：

一、工业

1978年，工业总产值为4231亿元，超过计划1.6%，比上年增长13.5%。在80种主要产品产量中，原煤、原油、发电量、钢材、生铁、钢、木材、水泥、化肥、汽车、棉纱、纸、糖等69种完成和超额完成了计划，渔轮、照相机等11种没有完成计划。

主要产品产量增长情况如下：

	1978年产量	1977年产量	1978年比1977年增长%
原煤	6.18亿吨	5.5亿吨	12.4
原油	10405万吨	9364万吨	11.1
发电量	2565.5亿度	2234亿度	14.8
钢材	2208万吨	1633万吨	35.2
生铁	3479万吨	2505万吨	38.9
钢	3187万吨	2374万吨	33.9
木材	5162万立方米	4967万立方米	3.9
水泥	6524万吨	5565万吨	17.2
硫酸	661万吨	537.5万吨	23.0
纯碱	132.9万吨	107.7万吨	23.4
烧碱	164万吨	138.6万吨	18.3
化肥(按100%有效成分计算)	869.3万吨	723.8万吨	20.1
农药	53.3万吨	45.7万吨	16.6
乙烯	38.03万吨	30.27万吨	25.6
塑料	67.9万吨	52.4万吨	29.6
化学药品	4.07万吨	3.52万吨	15.6
发电设备	483.8万千瓦	318.1万千瓦	52.1
机床	18.3万台	19.9万台	-8.0
汽车	14.91万辆	12.54万辆	18.9
拖拉机	11.35万台	9.93万台	14.3
手扶拖拉机	32.42万台	32.05万台	1.2
内燃机	2818万马力	2741万马力	2.8
机车	521台	293台	77.8
货车	16950辆	6396辆	165.0
钢质船舶	86.59万吨	63.43万吨	36.5
化学纤维	28.46万吨	18.98万吨	49.9
棉纱 (折238万吨)	1328万件	1229万件	8.1
棉布 (折102.86亿平方米)	11029亿米	101.51万米	8.6
机制纸及纸板	439万吨	377万吨	16.4
食糖	226.7万吨	181.6万吨	24.8
原盐	1953万吨	1710万吨	14.2
合成洗涤剂	32.4万吨	25.7万吨	26.1
自行车	854万辆	743万辆	14.9
缝纫机	486.5万架	424.2万架	14.7
手表	1351万只	1104万只	22.4

1978年多数工业产品的质量比上年有所提高，物资消耗和成本有所降低。但是，全国重点企业主要工业产品质量指标有43%没有恢复到历史最好水平；燃料、动力和原料、材料消耗指标，有55%没有恢复到历史最好水平。全国工业系统的全民所有制企业中，还有24%的企业存在不同程度的亏损。一部分工业产品品种、规格不对路，质量不合格，形成积压。

二、农业

1978年，我国不少地区遇到了严重干旱和其他自然灾害，经过广大农民群众的顽强斗争和各方面的有力支援，农业生产仍然获得了丰收。农业总产值1459亿元，超过计划2.7%，比上年增8.9%。在12种主要产品产量中，黄红麻、甘蔗、茶叶完成和超额完成了计划，粮食接近完成计划，其余没有达到计划指标。农村副业发展较快。

主要产品产量增长情况如下：

	1978年产量	1977年产量	1978年比1977年增长%
粮食	30475万吨	28275万吨	7.8
棉花	216.7万吨	204.9万吨	5.8
油料	521.8万吨	401.5万吨	30.0
甘蔗	2111.7万吨	1775.3万吨	18.9
甜菜	270.2万吨	245.6万吨	10.0
黄、红麻	108.8万吨	86.1万吨	26.4
蚕茧	22.8万吨	21.6万吨	5.6
茶叶	26.8万吨	25.2万吨	6.3
猪(年末数)	30129万头	29178万头	3.3
羊(年末数)	16994万只	16136万只	5.3
大牲畜(年末数)	9389万头	9375万头	0.1
水产品	466万吨	470万吨	－0.9

1978 年粮食生产增长幅度较大，是新中国成立以来所不多见的。油料的产量超过了历史最高水平，棉花、甜菜的产量还没有达到历史最高水平。

国营农场经过整顿，生产显著上升。1978 年粮食产量比上年增长 14%，棉花产量比上年增长 19%，油料产量比上年增长 22%。经营管理有了改善。

全国造林面积 449.7 万公顷，比 1977 年减少 6.2%。

1978 年全国农业机械拥有量、化肥施用量都有较大幅度的增长。大中型拖拉机达到 55.7 万台，比上年增加 9 万台；手扶拖拉机达到 137 万台，比上年增加 28 万台；农用排灌动力机械达到 6558 万马力，比上年增加 553 万马力。有些农业机械质量差，修理工作没有跟上，利用率不高，拖拉机的完好率平均只有 70% 左右。平均每公顷耕地施用化肥（按 100% 有效成分计算）89 公斤，比上年增加 25 公斤。

气象预报准确率有所提高，对 1978 年的大旱，各地气象站一般都作了预报。

三、基本建设

1978 年，全国基本建设交付使用的固定资产达到 356 亿元，比上年增长 37%。

一年来建成投产大中型项目 99 个，大中型项目的单项工程 297 个。主要工业部门都有一批大中型项目建成投产。新增的生产能力，主要有：煤炭开采 1151 万吨，原油开采 999.6 万吨，发电机组容量 505 万千瓦，钢 112 万吨，水泥 189 万吨，糖 12 万吨，铁路铺轨 806 公里。

1978 年国家投资和自筹投资建成交付使用的住宅面积 3700 多万平方米，比上年增长 33%。

1978 年全国完成基本建设投资总额 479 亿元，其中国家投资 395 亿元，自筹投资 84 亿元。

由于战线长，施工项目过多，财力物力使用分散，1978 年基本建设的投资效果没有达到计划要求。国家投资追加较多，但建成投产的大中型项目只完成计划的 70%，建成投产的单项工程只完成计划的 82%。在 39 种主要产品新增生产能力中，煤炭开采、轧钢、铁矿石开采、纯碱、化学纤维、乙烯等 26 种没有完成计划。

1978 年地质勘探工作进展较快，取得了新的成果。铁、煤、铜、铝、磷、硫铁矿等 21 种主要矿产新增储量都超额完成了国家计划。其中，铁矿石新增储量 22 亿吨，煤炭 88 亿吨。此外，新增加储量的还有铌、钽、稀土、钴、银等 40 多种矿产。全年完成地质钻探进尺 1500 万米，发现新的矿产地有近百处。石油勘探工作也取得了新的成绩。

四、交通、邮电

1978 年，我国交通、邮电事业有了较快的发展。全国铁路通车里程达到 5 万多公里，比上年增加约 900 公里；公路通车里程 89 万公里，比上年增加约 3.5 万公里；民用航空航线长度达到 14.9 万公里，比上年增加 1.7 万公里；内河通航里程 13.6 万公里。

随着生产建设的发展，货物周转量有显著增长。1978 年铁路货物周转量 5333 亿吨公里，比上年增长 17%；公路货物周转量 274 亿吨公里，比上年增长 9.2%；水运货物周转量 3779 亿吨公里，比上年增长 36.8%；空运货物周转量 9700 万吨公里，比上年增长 27.8%。沿海主要港口吞吐量 2 亿吨，比上年增长 25%。1978 年全国邮电业务总量 11.7 亿元，比上年增加 5000 万元。

五、国内商业

1978 年，商品的收购和销售都有显著增加。商业部门收购商品总额 1740 亿元，比上年增长 11.1%。其中，工业品 1280 亿元，增长 11%；农副产品 460 亿元，增长 11.3%。社会商品零售总额 1527.5 亿元，比上年增长 8.3%。主要消费品的零售量比上年都有不同程度的增加。猪肉比上年增长 15%；食糖增长 19%；棉布增长 4.3%；各种化纤布增长 13.9%；机制纸增长 20.5%；煤炭增长 4.5%。自行车、手表、缝纫机、收音机、电视机等耐用消费品零售量增长速度更快。

商品供应状况虽然有所改善，但是，肉、禽、蛋和水产品等主要副食品的供应仍然比较紧，日用工业品花色品种少，不能适应人民生活日益增长的要求。

1978 年，粮、油、肉、布、煤等重要商品和人民生活必需品的零售价格继续保持稳定，部分干鲜果、蔬菜等商品的零售价格略有上升，部分日用塑料制品和国产手表等的零售价格有所降低。

六、对外贸易

1978 年，我国对外贸易有较快发展。全年进出口贸易总额 355 亿元，比上年增长 30.3%。其中，出口 167.6 亿元，增长 20%；进口 187.4 亿元，增长 41.1%。进口大于出口 19.8 亿元。1978 年非贸易收入大于支出 21 亿元。全年外汇收支平衡，略有节余。

七、劳动工资

1978 年年底，我国职工总数达到 9499 万人，比上年增加 387 万人。其中，全民所有制单位职工实有人数达到 7451 万人，比上年增加 255 万人；城镇集体所有制单位职工 2048 万人，比上年增加 132 万人。

1978 年在部分企业试行计件工资和奖励制度，多数单位又发了年终奖金，加上从 1977 年第四季度起，部分职工提高了工资级别，因此，工资总额增加较多。全年职工工资总额达到 569 亿元，比上年增加 54 亿元。其中，全民所有制职工工资总额为 469 亿元，比上年增加 43 亿元；城镇集体所有制职工工资总额为 100 亿元，比上年增加 11 亿元。

1978年全民所有制职工平均工资为644元，比上年增加42元。

1978年全民所有制工业企业全员劳动生产率比上年提高12.3%。

八、科学技术、教育、文化

1978年，全国取得重大科学技术研究成果六百多项。攀枝花、包头、金川3个大的多金属共生矿综合利用的科学试验，获得全面进展，并且正在进行工业性试验的建设。通过广泛栽培试验，对杂交水稻的环境适应性有了新的认识，杂交组合和制种技术都有新的发展，全国杂交水稻种植面积达到430多万公顷，平均每公顷增产700多公斤。我国第一台每秒运算500万次的集成电路计算机已投入运行，还试制成功几种生产大规模集成电路的设备和检测仪器，初步研制成功高速随机存储器的大规模集成电路。初步研制成功铜钢复合板、大面积合成云母、光学纤维面板、纯铁等多种新材料，以及石油炼制和石油化工方面的多种新催化剂。在结构化学、理论数学等某些分支学科方面的基础理论研究，也取得了新的重大成果。针刺麻醉临床应用及其理论研究达到了新的水平。

全国各类学校经过调整和整顿，教育质量有所提高。全国高等学校达到598所，比上年增加近200所，在校学生85万人，比上年增加23万人，其中当年招收学生40万人(包括地方扩大招收的学生10.7万人)，比上年增加13万人。中等专业学校在校学生88万人，比上年增加20万人。中学在校学生6548万人。小学在校学生1.4624亿人。在幼儿园受教育的儿童787万人。厂办大学和业余大学在校学生55万人。业余中等、初等学校在校学生6800多万人。全年高等学校毕业生16.5万人。

1978年，全国共生产故事片46部，约比上年增加1倍；发行各种新片(长片)76部，恢复放映故事片375部；各类放映单位有11万多个。全国共有艺术表演团体3100多个，上演剧目600多个。全国共有文化馆2700多个，公共图书馆1256个。广播电台93座，发射台和转播台455座，农村装置有线广播喇叭的农户已占到总农户的63%；电视中心台32座，1千瓦以上的电视发射台和转播台227座。全国性和省一级地方性报纸全年发行109.4亿份，比上年增长3.8%；各类杂志出版7.6亿册(份)，比上年增长36.3%；图书出版42.6亿册(张)，比上年增长28.9%。

九、卫生、体育

1978年，卫生事业有了新的发展，全国医院病床达到185万张，比上年增长4.5%。全国专业卫生技术人员共有246万人，比上年增长5.3%。其中，中医25万人，西医师35万人，西医士42万人。全国农村80%左右的生产大队实行了合作医疗，赤脚医生达到160多万人。

1978年运动技术水平有了新的提高。体育运动员打破世界纪录4项；打破青少年世界纪录1项；打破国家纪录166项。群众体育活动日益广泛开展，已有2200多万青少年达到了国家体育锻炼标准；全年举办县以上各级运动会1.9万多次。

十、人口

1978年年底，全国人口为9.7523亿人。人口自然增长率为12‰。

注：公报中全国人口数字，包括台湾省。经济文化建设数字，暂未包括台湾省。

著名劳模谈依靠群众积极性和创造精神搞“四化”

出席五届人大二次会议的一些著名老劳模在讨论如何实现四化任务时，一致认为，合理化建议活动，是发挥广大工人群众积极性、创造性，推动社会主义建设事业迅速发展的一种有效形式。一定要在全国范围内把这一活动重新开展起来。

著名的革新能手王崇伦，在当年鞍钢开展的合理化建议活动中一马当先，曾经创造成功有名的“万能工具胎”，把加工矿山凿岩机件的效率提高3倍多，一年干了4年的活。哈尔滨机车车辆厂老工人苏广铭，从50年代以来，先后提出合理化建议数百条，其中已采纳实现的革新项目300多条，为国家增加了大量财富。今天，这两位老劳模作为全国人民代表大会的代表来到首都共商四化大计，回顾当年热气腾腾的情景，都很高兴和激动。他们说，实践证明，广泛发动工人、干部、技术人员开展合理化建议活动，依靠大家想绝招、找窍门，献计献策搞革新，的确是调动工人群众社会主义积极性的好办法。50年代我们开始搞建设，条件比现在差得多。那时候，工人们成天都在琢磨着提合理化建议，搞革新。有些人吃饭、走路，都在开动脑筋想办法。遇到生产技术上的关键问题，领导上张榜招贤，或者摆开擂台比武，大伙争相参加，各显神通。许多难题，就是靠着大伙的这股干劲解决的。如今，我们要搞四个现代化，条件比那时好得多，要是能把群众发动起来，大家都来出谋划策，革新改造，那对加速社会主义建设的步伐，会起多大的作用啊！

王崇伦不久前曾到日本进行过考察。他说：“看了日本的工业情况，我对咱们国家搞四化更有信心了。日本确实搞了不少现代化的新工厂，但也有许多老厂，厂房很旧、很小，设备是三四十年以前的老牌货，但是他们经过革新、改造，用这些老设备生产出了现代化的产品。现在，我们有些人一说搞现代化，就想同老设备‘打离婚’，这是不对的。全国现有的几十万个企业是实现四个现代化的前进基地，我们完全可以通过开展合理化建议活动，把这些企业的工人、干部、技术人员发动起来，大搞革新、改造、挖潜，让这些老厂、老设备为四化作出新贡献。”

来自上海的人大代表、上海电机厂工人工程师朱恒，50年代因为善于提合理化建议和革新技术，曾被人们誉为“智多星”。这次他也建议把群众性的合理化建议活动重新广泛地开展起来。去年上半年，朱恒参加了由上海200多名能工巧匠组成的专业攻关组，主要利用业余时间到一些工厂进行“技术会诊”，解决生产难题，在半年时间里就攻克了900多项技术关键，帮助不少工厂提高了生产技术水平。他联系这件事说：“群众里头‘诸葛亮’可多啦！现在执行调整国民经济的八字方针，生产上、技术上、管理上有一大堆新问题要研究解决，更需要把每个人的本事都献出来。如果成千上万个‘诸葛亮’都来大显身手，打好实现四化的第一仗也就有了切实的保证。”

谈到开展群众性的合理化建议活动，一些劳动模范特别提到工厂企业和有关部门对此加强领导和支持的重要性。四川代表、重庆钢铁公司副总工程师黄荣昌，回顾自己的亲身经历说，解放初他是重钢木工车间一个普通工人，最初提合理化建议，要搞机械化刨木机时，少数人讽言冷语出难题。是车间领导为他撑腰，支持他把这项革新研制成功。后来，他建议在整个木工车间搞机械化，遇到了缺少文化科学知识的难题，又是公司党委派专人帮他学文化、学科学，使他有可能和工人们一起把车间的机械化搞成功。黄荣昌说，那时候，对于技术革新和合理化建议活动，不但工厂领导重视，上级领导机关也很关心，报纸、电台也大造舆论，所以大家干起来真是越干越来劲。河南省的人大代表、纺织行业的女革新能手盛婉对这个问题也有同感。她认为，近10多年来，由于林彪、“四人帮”的干扰破坏，把想搞好生产的工人害苦了。现在要把群众性的合理化建议活动开展起来，更加需要得到领导的重视和支持。

劳动模范们的这一倡议，受到人大代表中的一些工厂领导同志的欢迎。他们认为，在当前举国一心奔四化的重要时刻，这些老劳模倡议开展合理化建议活动，确实十分重要。作为工厂的领导干部，应该认真改进自己的思想作风，大力支持群众的革新创造精神。

上海石油化工总厂第一期工程胜利建成验收

我国现代化的大型石油化工纤维联合企业——上海石油化工总厂第一期工程胜利建成投产。在下午举行的国家验收大会上，国家建委副主任、国家验收委员会主任委员李超伯，将一册有验收委员会全体成员签字的《上海石油化工总厂一期工程验收证书》发给了工厂。

上海石油化工总厂是我国的一项重点建设工程，位于上海市金山县境杭州湾畔。它拥有化工、合成纤维、塑料等6个生产厂和水、电、机修、污水处理等四个辅助厂，还有包括原油码头、黄浦江大桥、铁路支线等一整套水陆交通和辅助设施，以及职工宿舍、文教卫生、市政工程、商业服务网点等比较齐全的生活区。

这个引进国外先进技术同自力更生相结合建设起来的大型企业，是近几年来我国建设速度较快、工程质量优良和投资效果较好的一个重点工程。总厂有18套装置，其中9套装置是分别从日本和西德引进的，另外九套装置和大量辅助设备都是国内制造的，从1972年6月开始筹建，到1977年7月试生产拿出合格产品，前后共花了5年时间。按设计要求，这个厂年产腈纶、维纶、涤纶等合成纤维10.2万吨、塑料树脂6万吨以及部分化工原料、油品共280万吨。每年生产的合成纤维就相当于225万亩棉田所产的棉花纤维。

上海石油化工总厂一期工程国家投资21.87亿元，从试生产到今年5月底，全厂总产值已达到24亿元，为国家提供积累9.2亿元，已超过引进设备和技术专利所花的投资，充分显示了轻纺工业投资少，收效快的特点。这个厂还积极组织塑料、醋酸、丙烯腈等化工原料出口，到目前为止，已为国家换回外汇160多万美元。

5月25日到27日，由国家建委、国家计委、国家经委、纺织工业部等21个部、委、总局和上海市革委会28个有关部门的52名成员组成的国家验收委员会，对整个工程进行了全面检查。他们听取了上海石油化工总厂关于建厂情况和经验的汇报后，分组深入车间、工段现场，了解情况，检查了主要生产设备，考核了辅助工程，对财务、生产、劳动保护、生活福利设施以及“三废”治理等方面，逐项进行检查，并且进行了充分的讨论。验收委员会认为，这个工程的总体设计、土建、安装和引进设备质量均为优良，国内配套设备接近和达到国内先进水平，符合设计要求。试生产证明，生产情况正常，产品质量达到设计标准，消耗定额正在不断下降，“三废”治理基本上达到国家规定的标准，同意验收。

参加国家验收大会的1800名代表，绝大多数都是这项工程的建设者。

李超伯同志在国家验收大会上讲了话。

上海市革命委员会副主任、国家验收委员会副主任委员陈锦华，国家计委副主任、国家验收委员会副主任委员顾秀莲，纺织部副部长、国家验收委员会副主任委员李正光也在大会上讲了话。

国务院副总理李先念在北京会见日本新任驻中国大使吉田健三

李副总理在同大使谈话时介绍了正在举行的五届人大二次会议的情况。他说，这次大会讨论的主要问题有加速经济建设，实现四个现代化和加强民主和法制，巩固安定团结的政治局面。他指出，大会要通过的投资法将保证扩大中国同外国的经济合作。

吉田大使说，日本方面很关心中国的政策，特别是三年调整时期的经济政策。我们希望日中两国进一步扩大政治、经济、社会、文化等各方面的合作关系。

李副总理说，我国的经济调整是个积极的方针，是为了使国民经济更有计划、按比例地发展。

国务院副总理王震在人民大会堂会见马里共和新任驻中华人民共和国特命全权大使塞古·阿尔马米·高雷西

国务院副总理耿飚在北京会见即将离任的刚果人民共和国驻中国大使桑巴

全国人大常委会副委员长邓颖超在中南海西华厅会见以公明党委员长竹入义胜为团长的日本公明党第八次访华

国家文物局答复李宪章来信《不要毁坏长城》

李宪章同志反映的长城被破坏的情况属实。

这些年大规模拆毁长城的活动，是由当地驻军开头的，这便助长了社员拆用城砖。据北京市文物管理部门现场调查，从1970年年底到1974年年底，古北口段长城被拆毁达3000米，主要是当地驻军拆的。为了修建营房，有一个营把地面的砖拆光了，还拆挖了埋在土里的墙基础砖。1974年他们还被上级作为“就地取材”、“自力更生”修造营房的典型，准备在那里召开经验交流会。后因砸死了一个人，才未开成。据滦平县文物保管所调查，在古北口一带的二寨南沟生产队库房、牲口棚、羊圈和社员的房，几乎全部用长城青砖修建。前几年，涝洼红旗煤矿为修建工人宿舍，竟定价收购长城条砖，形成群众性的拆长城卖砖风，使当地二道边关门附近的城墙几乎荡然无存。

关于长城的保护问题，1976年粉碎“四人帮”后，即有不少群众写信给文物管理部门和报社呼吁抢救。1977年八月，北京市文物管理部门曾派人到古北口一带全面调查，向市领导写了情况汇报，建议加强长城保护工作，但迄未得到批复。1977年12月，中央领导同志对“长城不能毁”的群众来信作了批示后，1978年2月，北京市委、市革委会给中央写了《关于长城的毁坏情况和保护长城措施的报告》，提出坚决制止毁坏长城的三项措施，经中央批准同意。当时北京市革委会用电话向各县传达了中央领导同志的指示，同时责成北京市文物管理处代市革委会草拟了《关于加强对长城保护管理的通知》，但到目前为止，这个通知尚未下达。

北京市在给中央报告中提出的坚决制止破坏长城的三项措施，设想是很好的。我们已于1978年5月在向14个省市区发出的《加强对长城保护的通知》中抄转各地参考。河北省文化局曾据此要求各县对长城保护情况进行一次全面的调查，并制定保护措施。河北省滦平县及时责成县文物保管所对全县境内的长城进行了普查，并广泛宣传国家文物保护政策，采取了保护措施，决定在长城沿线建立和健全保护组织，发展护林员、畜牧员为长城义务保护员，效果较好。为了解中央领导同志关于保护长城的批示下达后的情况，我们还派人会同北京市文物部门再次到古北口一带调查过。

目前大规模的人为破坏已基本制止，但零星的破坏活动依然存在。

我们决定最近召开一次长城保护工作会议，研究提出一些坚决制止破坏长城的措施。鉴于古北口长城是万里长城的重要组成部分，我们认为这段被毁长城应当恢复，建议由原来拆城部队承担施工任务。当地驻军的一位负责同志曾向前往调查的北京市文物管理部门的同志表示：“我们应当承担修缮任务。”

破坏长城事件是林彪、“四人帮”极左路线造成的严重后果之一。但这种情况至今在有些地区仍然没有纠正。作为国家文物管理部门，抓得不紧，措施不力，是有责任的。但也确有一些单位无视国家保护文物古迹的政策法令，抗拒上级决定，坚持错误。对这种情况，文物管理部门也无能为力。希望各级党委支持文物管理部门的工作。对那些明知故犯、任意破坏文物古迹而又坚持不改的，要追究责任，严肃处理。情节特别严重的，应依法惩处。

国家文物事业管理局

6月28日

华国锋 叶剑英 邓小平 徐向前 聂荣臻等中央领导同解放军人大代表讨论军队建设等问题

华国锋、叶剑英、邓小平、徐向前、聂荣臻等同志，下午参加出席五届人大二次会议的中国人民解放军代表团讨论会，同大家一起研究在新长征路上军队建设等问题。

叶剑英同志在讨论会上说，我们军队已有52年光荣而又悠久的历史。我们国家要实现四个现代化，军队工作同经济工作一样，也要在3年内做好调整、改革、整顿、提高的工作，来消除林彪、“四人帮”的流毒和影响。我们要在调整、改革、整顿的基础上，把我们军队的战斗力提高到现代化的水平。

叶剑英同志希望部队老干部认真总结经验，把自己一生中积累的丰富经验贡献出来，做好传帮带的光荣工作。他说，在几年内把我们的军队搞得更好，这是我们大家、特别是老同志的历史任务。

华国锋同志接着讲话。他指出，我们希望有一个和平的国际环境来建设我们的国家。但和平不能靠乞求，要通过斗争来取得。我们要看到霸权主义者在世界争夺越来越激烈这个现实。因此，我们一定要提高警惕，把我们的国家建设好，把我们的军队建设好。我们必须加强军队建设，来保卫我们社会主义祖国，保卫我们国家四个现代化的建设。

中共中央邀请民主党派无党派人士举行民主协商会

中共中央上午邀请各民主党派的负责人和无党派人士，在人民大会堂举行民主协商会，就增补和调整全国人大常委会副委员长、国务院副总理和政协全国委员会副主席的人选等问题进行协商。

中共中央主席华国锋，副主席叶剑英、李先念出席了会议。

华国锋同志在会上说，毛主席、周总理生前曾多次召开有各方面代表人士参加的最高国务会议和有各民主党派和无党派人士参加的座谈会，就国家政治生活中的重大问题进行民主协商，广泛听取各方面的意见。这些会议对于加强团结，做好工作，很有好处。后来，由于林彪、“四人帮”的干扰破坏，这样的会很久不开了。今天召开这样规模的民主协商会，“文化大革命”以来还是第一次。今后凡属重大的问题，我们都要同大家商量。

他说，五届人大二次会议和五届政协二次会议正在继续进行，大家畅所欲言，会议开得生动活泼，开得很好。两个大会的最后一项议程，是增补和调整全国人大常委会副委员长、国务院副总理、政协全国委员会副主席。中共中央对这个问题作了仔细研究，提出了一个名单草案，先同大家商量，然后分别提请五届人大二次会议主席团和政协全国委员会常务委员会审议，再分别提交两个大会选举、决定。他请大家对这个名单提出意见。他还请大家就如何使两个大会更完满地结束发表意见。

各方面人士胡子昂、阿沛·阿旺晋美、沈雁冰、荣毅仁、胡子婴、朱学范、严济慈、许德珩、周谷城、董其武、王芸生、蔡啸、李文宜、严信民、罗叔章先后在会上发言。大家高兴地表示，党中央召开今天这样的会，充分体现了民主协商的精神，对加强党内外团结，发展革命统一战线，都具有极为重大的意义。各民主党派和无党派人士的责任更加加重了。他们一致同意中共中央建议的名单草案。大家还就如何完满结束人大、政协这两个会议提出了积极的建议。

华国锋同志感谢大家提出的很好的意见。他说，我们一定要恢复和发扬毛主席、周总理为我们树立的同党外人士民主协商的优良传统。今后，民主协商会还要召开。华国锋同志还表示要同各方面的同志进行更多的接触。

出席民主协商会的还有：

中共中央政治局委员韦国清、乌兰夫、邓颖超、吴德、胡耀邦、聂荣臻，政治局候补委员赛福鼎；

全国人大常委会副委员长谭震林、李井泉、姬鹏飞、周建人；

政协全国委员会副主席宋任穷、史良、朱蕴山、康克清、季方、王首道、杨静仁、帕巴拉·格列朗杰、庄希泉；

各民主党派的负责人和无党派人士王昆仑、陈此生、屈武、胡愈之，楚图南、孙起孟、孙晓村、叶圣陶、徐伯昕、黄鼎臣、潘菽、孙承佩、沙千里、吴雪之、赵朴初；

有关方面负责人姚依林、赵振清、朱穆之、武新宇、罗青长、刘澜涛、平杰三、薛子正、童小鹏。

国务院副总理邓小平在北京会见以竹入义胜委员长为团长的日本公明党第八次访华团一行

邓副总理同他们进行了长时间的、内容广泛的交谈。

日本驻中国大使吉田健三参加了会见。

会见时在座的有中日友协副会长张香山、孙平化等。

第五届政协常委会第六次会议在北京政协礼堂举行

政协全国委员会副主席乌兰夫主持了会议。

会议听取了刘澜涛秘书长关于五届政协二次会议开幕以来分组讨论情况的汇报。

刘澜涛说，这次会议的最重要特点是提出了新时期统一战线、人民政协工作的性质和任务。大家认为，我国统一战线和人民政协，任务更重，作用更大，前途光明，大有可为。

他说，会议中，委员们政治热情高涨，对国家大事进行充分民主协商，解放思想，畅所欲言，献计献策，真正出现了生动活泼的政治局面。这在政协历史上是少有的。

委员们对中共中央和国务院提出的路线、方针、政策和措施一致表示同意。大家认为把四个现代化的宏伟蓝图变为现实，完成三年调整的任务，关键在于贯彻落实。对林彪、“四人帮”摧残社会主义民主和法制，为患十年，后果严重，要有足够的估计。为了维护社会主义民主和法制，必须大力纠正不正之风，恢复和发扬党的优良传统和优良作风。这是实现“四化”、调动群众积极性的重大问题。社会主义民主要制度化、法律化。社会主义法制要健全，法律面前人人平等。要从制度上采取有效措施，使干部特别是高级干部真正成为人民公仆。

刘澜涛说，这次会议大家踊跃提出提案，截至25日，共收到提案817件，比以往提案最多的1962年三届政协三次会议还多350多件。这些提案，对党、政府和政协各方面的工作提出了积极建议和批评；对部分干部的官僚主义、特权思想，甚至违法乱纪的行为，提出了尖锐的批评。他说，委员们对政府工作报告提出的一些修改意见，各小组对几个法律草案提出的有关具体条文和文字上的修改意见，已转交有关单位处理。对政协工作提出的意见，将在大会之后认真研究、处理。

会议通过了第五届政协全国委员会第二次会议政治决议草案，第五届政协全国委员会第二次会议关于常务委员会工作报告决议草案。

会议通过了增补刘宁一为全国政协委员。

会议还通过了关于增补第五届政协全国委员会副主席、秘书长、常务委员候选人名单草案。

会议决定将今天通过的各项决议草案和候选人名单草案提请五届政协二次会议通过。

全国人大提案审查委员会共收到代表提案1890项

五届人大二次会议的提案多，是这次会议开得生动活泼的显著特点之一。已经收到的代表提案总数，比起历史上提案最多的一届人大四次会议，还多6倍以上。为了在会议期间使代表们的提案做到件件有着落，提案审查委员会做了大量的工作，国务院各部门的负责同志也以分秒必争的精神，组织有关人员进行研究、处理，负责作出答复。许多部门每天24小时都有人值班，星期日不休息，提案一到马上处理。

在大会提案办公室里，可以看到很多像卫生部这样的提案答复书。各部门送来的答复意见都抄写得工工整整，并有各部门负责同志的亲笔签字。有些答复对提案中所提问题的历史和现状作了介绍，说明了政府部门对解决这个问题的考虑和打算；有的部门在答复提案时，还附上了过去这些部门解决这个问题的有关文件和简报。

从代表们的提案和政府工作部门的答复意见来看，有一个显著的特点，那就是代表们提出的问题，绝大多数也都是党和政府正在考虑和研究解决的问题，这说明，政府和人民想到一起了。例如，来自甘肃省的樊玉珍等代表在提案中建议要大力精简机构，国务院办公室编制小组答复说，国务院已经决定恢复国家编制委员会，现在正在积极组建。我们将结合提案所提的办法，研究制定必要的措施，报请国务院批准，首先刹住随意增设机构、增加人员之风，然后逐步加以调整。

国务院各部门和有关单位在处理代表们的提案中深切地感受到，代表们的提案来自实际，反映了群众的呼声，集中了群众的智慧。政府只有充分相信和依靠群众，集中群众中正确的意见，办事情才能得到最广大人民群众的拥护和支持，各项事业才能蓬勃发展。

中国标准化协会首次全国代表会在杭州举行

大会6月28日至7月4日在杭州市举行。大会学术空气十分活跃，收到标准化学术论文和专题报告共120多篇。

参加中国标准化协会第一次全国代表大会代表的共同倡议，重视标准化工作，努力提高标准化的科学技术水平，让标准化工作更好地为国民经济的调整、改革、整顿、提高方针服务，为实现四化服务。

会议讨论了中国标准化协会的工作，并经过充分协商讨论，通过了《中国标准化协会章程》，选举了理事会。国家经委副主任兼国家标准总局局长岳志坚当选为理事长。

国务院副总理康世恩在北京会见日本松下电器产业公司最高顾问松下幸之助先生一行

全国人大常委会副委员长谭震林在北京会见以及川孝平为团长的日本全国渔业协同组合联合会访华团

中越第二轮谈判在北京开始举行

中国政府代表团团长韩念龙在会上首先发言。他重申中国方面在第一轮谈判第二次会议上提出的“关于处理中越两国关系问题的原则建议”，并强调指出：“这个建议集中体现了中国方面谋求两国关系正常化的诚意和决心，是中国政府为促进谈判顺利进行而采取的一个重大步骤。”他说，中国方面希望越南政府代表能够改变在第一轮谈判中一味谩骂诬蔑、极力回避实质性问题的做法，认真研究和考虑中国方面的八项原则建议。

丁儒廉接着发言。他一面空谈越方的“谈判诚意”

和"越中友谊",同时重弹反华滥调。他硬说中国提出的八项建议"体现了大国扩张主义和霸权主义政策",是"妄图要越方放弃自己独立自主和国际团结的正确政策"。他继续要中方接受越方在第一轮谈判中提出的三点建议,另外还建议越中两国政府代表团"就停止两国边境武装挑衅行动达成协议",双方分别对自己的武装力量下令停止武装挑衅行动。

韩念龙在评论越方今天提出的建议时说,中越关系所以恶化到今天这种地步,是越南当局推行地区霸权主义,向外侵略扩张,竭力反华仇华而造成的。越南当局如果不停止反华仇华以及向中国的武装挑衅,如果不停止向老挝和柬埔寨推行霸权主义,中越关系的改善是难以实现的。越南方面想回避关键问题而提出所谓双方"停止武装挑衅",这是我们不能同意的。

韩念龙指出,中越边境的紧张局势完全是越方的武装挑衅造成的。他说,从中越谈判第一轮会议结束以来,越方不断派遣武装部队侵扰中国边境地区,杀害中国边民。韩念龙强调说,只要越方停止对中国的武装挑衅,中越边境的和平与安宁就不会有问题。1974年以前,中越边界一直是和平的边界。

为了驳斥丁儒廉反诬中国推行"扩张主义和霸权主义政策"的谬论,韩念龙严正指出,中国在国外没有一兵一卒,而越南在老挝和柬埔寨却驻有数10万占领军。上述铁的事实已清楚地表明,究竟是谁执行扩张主义和霸权主义政策。

针对越方喋喋不休地声称它抱有"谈判诚意",中国代表团团长说,在我们结束第一轮谈判离开越南后,越南副外长潘贤公开宣称,越南政府代表团准备到北京谈5年甚至更长的时间。他还说,越南有的是时间和副部长。韩念龙指出,潘贤这番话的意思就是不想真正同中国通过谈判解决问题,而是想把谈判长期拖下去。今天越方团长的发言同样也表明越方不想真正解决问题。

韩念龙最后说:"我们仍然诚恳地希望越南政府代表团认真考虑中国方面提出的、从根本上解决中越关系问题的八项建议。"

韩念龙举行记者招待会介绍中越谈判情况

中国政府代表团团长韩念龙下午在中外记者招待会上指出,越南政府代表团团长丁儒廉在中越副外长级谈判第六次会议上提出所谓"停止两国边境地区武装挑衅协议草案",无非是企图掩盖它继续在中越边境制造紧张局势的行径,掩盖它在东南亚的侵略扩张。

韩念龙团长说:"越南方面想把自己打扮成一个'和平天使',可是却又在中越边境地区向中国境内打枪打炮,加紧控制老挝,强化侵略柬埔寨的战争,威胁泰国和东南亚各国。显而易见,越南方面的建议,只不过是蒙骗世界舆论的一个花招而已,我们是不会上当的。"

韩念龙向记者们介绍了今天两国副外长谈判的情况,并回答了记者们提出的问题。他在谈到越南大量制造和输出难民的问题时指出,越南当局的这一行径,已经给邻近的国家和地区造成了沉重不堪的负担,中国是主要受害国之一。他说:"1年多来,被从越南驱赶到中国境内的难民累计已达23万多人,其中有大量越南公民,也包括一些越南少数民族。中国已尽了最大努力安置了20万人。越南当局居然妄图把它一手蓄意制造的这场惨无人道的灾难归罪于中国,这简直是对人类常识的愚弄和鄙视。在中越谈判开始举行第二轮会议的时候,越南当局采取这种不顾事实、信口开河的做法,只不过是有意继续恶化两国关系,毒化谈判气氛,除此以外,很难作出其他解释。"

韩念龙说:"我们希望越南当局能老老实实,改变自认为很聪明、实则自我暴露的愚蠢做法,为谈判创造一种比较有利的气氛。"

越南政府代表团团长丁儒廉今天下午也在越南驻华大使馆举行了记者招待会。他在会上极力宣扬越南方面今天上午提出的新建议,但是外国记者对它不感兴趣,没有人对此提出问题。一些外国记者提出了越南当局是否打算把所有在越南的中国人都赶走等问题,丁儒廉在回答时支支吾吾,说这些问题同中越谈判无关而加以回避。

外交部部长黄华在北京会见委内瑞拉新任驻华大使雷古洛·布雷利·里瓦斯时就尼加拉瓜局势发表谈话

黄华外长在会见时就尼加拉瓜局势发表谈话说,最近,大家都很关心尼加拉瓜事态的发展。他指出,尼加拉瓜人民为推翻索摩查反动独裁统治进行了长期的英勇斗争,取得了重大的胜利。中国人民一向同情和支持尼加拉瓜人民的正义斗争。

黄华外长说:"我们认为,尼加拉瓜人民根据自己的意愿选择自己的政府,这是神圣不可侵犯的权利,不容任何外力阻挠。我们赞赏委内瑞拉、墨西哥等拉美国家为支持尼加拉瓜人民正义斗争而进行的努力。"

黄华外长最后表示深信,尼加拉瓜人民在拉美各国人民的声援下,团结一致,坚持斗争,排除外来势力的干涉,一定能够取得斗争的胜利!

中国常驻日内瓦联合国办事处临时代办易素之在联合国难民事务高级专员方案执行委员会会议上呼吁国际社会有效制止越南输出难民

他说,中国是受越南输出难民影响最重的国家之一。1年多来,总共有23.49万多难民被越南当局驱赶到了中国领土。中国政府本着人道主义的精神,已经安置了20万难民,承受了巨大的经济和物质上的负担。

他指出,印度支那的难民问题完全是由越南政府在一个超级大国的支持下一手制造的。中国政府呼吁国际社会和国际组织采取有效措施,制止越南当局输出难民。

他指出,中国政府支持英国首相撒切尔夫人提出的召开一次关于印支难民问题的国际会议的建议,但是反对召开只讨论安置难民问题、而不讨论印支难民外流的根源及其解决办法的会议,因为这只会鼓励越南当局更大胆地驱赶难民。

全国妇联在北京举行茶话会

出席五届人大二次会议的女代表和五届政协二次会议的女委员以及首都的一部分妇女干部共1000多人出席。

全国妇联主席康克清主持茶话会,宋庆龄、邓颖超、陈慕华出席了茶话会。

宋庆龄副委员长首先在热烈掌声中讲话,她希望各条战线的妇女们,珍惜当前来之不易的大好形势,贯彻执行国民经济的调整、改革、整顿、提高的方针,充分发挥自己的聪明才智;发扬艰苦奋斗、勤俭建国、勤俭持家、勤俭办一切事业的好传统,教育好后代。她说,我们一定要同台湾同胞、港澳同胞和海外侨胞一起,为实现祖国的统一大业和实现四个现代化的事业贡献力量。

邓颖超副委员长在讲话中说,从人大、政协这两个会的召开,可以看出我国人民的政治生活已经走上正轨。希望大家回去后在各自的岗位上,在四化建设中发挥妇女“半边天”的作用,特别是发挥妇女的特殊作用,在家庭里、在兄弟姊妹之中,起到促进安定团结,向四化进军的模范作用。

政协全国委员会副主席、全国妇联主席康克清讲话,她首先转达了全国人大常委会副委员长、全国妇联名誉主席蔡畅对大家的问候和祝贺。她说,蔡畅同志预祝大家在实现四化中作出新的贡献。

康克清在讲话中对女代表、女委员提出了以下3点希望:一、大会以后,要把政府的方针、政策带给群众,通过深入传达贯彻会议的精神,使政府工作的方针、政策,变为群众的自觉行动,变为巨大的物质力量。二、做发扬民主的模范,促进安定团结的模范,宣传法律和遵守法律的模范。三、要刻苦学习,努力工作,积极劳动,不断提高自己的政治思想和文化科学水平,把自己锻炼成为精通业务,大公无私,办事效率高,有组织能力的优秀干部。协助政府深入了解女干部的情况,帮助政府选拔和推荐优秀女干部到领导岗位上。

她还要求各位女代表、女委员深入细致地做好计划生育工作,重视儿童保育教育工作。她勉励大家同心同德,共同努力,在奔向四个现代化的新长征路上作出新的贡献。

林兰英、裔式娟、张秋香、马寿喜、林敏敏、张国清、卓碧玉等在会上作了口头或书面发言。她们在发言中都表示,听了政府工作报告和中央领导同志的讲话后,对于在本世纪内实现祖国四个现代化的决心更大了,信心更足了。她们表示大会以后,一定积极宣传大会的精神,要做好本职工作,团结全国各族广大妇女,做促进安定团结的模范、遵纪守法的模范、增产节约的模范、教育子女的模范、大干四化的模范。

茶话会上,常香玉、牡兰、郭兰英、才旦卓玛、石慧等还分别演唱了精彩的文艺节目。

丰子恺骨灰安放仪式在上海举行

我国著名的美术家、文学家丰子恺先生的骨灰安放仪式,在上海龙华革命公墓举行。

丰子恺先生曾任全国第三、四届政协委员、中国美术家协会常务理事、上海市文学艺术界联合会副主席、上海中国画院院长。因遭到林彪、“四人帮”残酷迫害,于1975年9月15日去世,终年78岁。

丰子恺先生在数十年的美术教育和创作活动中,对我国新文艺运动作出了重要贡献,在国内外都有较大影响。

经中共上海市委批准,对林彪、“四人帮”强加给丰子恺先生的一切诬陷不实之词,已予推倒,为丰子恺先生彻底平反,恢复了名誉。

6月29日

国务院副总理邓小平在北京会见日本松下电器产业公司最高顾问松下幸之助先生一行

会见时,邓副总理同松下先生就加强企业管理问题进行了详细的交谈。松下先生提出了一些有益的建议。邓副总理对此表示赞赏。

松下先生说,我来到中国的4天中接触了各方面的人士,我感觉到他们对现代化建设的热情很高,中国的四个现代化目标一定能够实现。

日本驻中国大使吉田健三参加了会见。

中央统战部设便宴招待参加五届全国人大二次会议和全国政协五届二次会议的港澳代表和委员

全国人大常委会副委员长、政协全国委员会副主席、中共中央统战部长乌兰夫在祝酒时说，港澳同胞是爱国统一战线的一个组成部分，是建设我们伟大祖国的一支重要力量。在新的历史时期，港澳同胞将肩负更加光荣的责任。他相信，港澳同胞必将同全国人民一道，群策群力，为建设繁荣昌盛的伟大祖国而努力。

政协全国委员会常务委员、香港《大公报》社长费彝民代表出席招待会的港澳同胞讲了话。

中央统战部负责人刘澜涛、平杰三、薛子正、童小鹏、熊向晖、李贵等出席了招待会。

国务院宗教局邀请出席五届人大二次会议和政协五届二次会议的宗教界代表和委员举行座谈会

国务院宗教事务局昨天下午邀请出席五届人大二次会议、出席政协五届二次会议的宗教界代表和委员举行座谈会，重申党和国家的宗教政策，动员宗教界人士为祖国的四个现代化建设贡献力量。

座谈会由国务院宗教事务局副局长乔连升主持，国务院宗教事务局局长肖贤法讲了话。他在肯定了各民族不同宗教的爱国人士的进步之后说，公民有信仰宗教的自由和不信仰宗教的自由，这是党和国家的一项长期的根本的政策。前些年，这项政策曾受到林彪、“四人帮”的严重破坏。粉碎“四人帮”后，我们在落实宗教政策方面做了一些工作，如修复和开放了一些寺庙，平反昭雪了林彪、“四人帮”在宗教界制造的一些冤案、假案、错案，受到宗教界人士和信教群众的欢迎。现在，我们重申党和国家的宗教政策，希望宗教界朋友和信教群众进一步发扬爱国光荣传统，为祖国的四个现代化事业作出自己的努力。

班禅额尔德尼·确吉坚赞、马明基、玉赛音阿吉、嘉木样·洛桑久美·图丹却吉尼玛、张家树、丁光训、亚米力哈等在座谈中发了言。他们说，实现祖国四个现代化也是宗教界人士和信教群众的迫切愿望，听了华国锋总理的政府工作报告和其他领导同志讲话后，感到肩上的担子更重了，对祖国的美好前景更加充满了信心。大家表示，回去以后，一定努力维护安定团结的大好局面，正确地、全面地宣传党和国家的民族政策和宗教政策，团结信教群众，在以华国锋主席为首的中共中央领导下，为祖国的四个现代化建设作出积极的贡献。

国务院副总理徐向前在北京会见以马塞尔·比热尔主席为团长的法国国民议会国防和武装部队委员会代表团

双方就当前一些共同关心的国际问题交换了看法。法国驻中国大使馆临时代办马腾、武官博肃礼中校参加了会见。会见时在座的有外交学会会长郝德青，中国驻法国大使馆武官时心仁等。

国务院副总理方毅在北京会见加拿大麦吉尔大学化学系教授陈德恒和曼尼托巴大学化学系教授黄超明和夫人

两位教授是应中国科学院邀请前来参加我国举办的有机化学暑假讲习班的。全国有40多个化学研究机构及大学的教师和研究人员400多人听了他们讲课。

会见时，方毅副总理同陈德恒教授和黄超明教授进行了亲切的谈话，对他们不辞辛劳前来讲课表示衷心的感谢。

全国人大常委会副委员长乌兰夫在北京会见由吉·佩利会长率领的哥伦比亚—中国友好协会代表团

全国人大常委会副委员长谭震林在北京会见由意大利外交部新闻司处长奥尔托纳率领的意大利新闻代表团

谭震林副委员长同客人们进行了友好的谈话，并回答了他们提出的问题。

《人民日报》副总编辑秦川会见时在座。意大利驻中国大使馆参赞史高福参加会见。

代表团中有安莎社总编辑约迪切，以及意大利一些报社的负责人、记者。他们是应首都新闻界的邀请前来我国访问的。

外交部部长黄华在北京举行宴会欢迎斯里兰卡外交部部长阿·卡·萨·哈米德和夫人一行

黄华外长在讲话中说，中斯两国人民在反对帝国主义、反对殖民主义、反对各种形式的外来统治和霸权及建设自己国家的共同斗争中，互相学习，互相帮助，两国友好合作关系得到了令人满意的发展。在不久之后，我们将接待贵国总理普雷马达萨阁下，对此我们感到荣幸。

他说，近两年来，斯里兰卡政府和人民在贾亚瓦德纳总统阁下的领导下，对内采取各种措施，促进了国民经济的发展；对外奉行独立自主、和平中立的不结盟政策，为第三世界国家的团结反帝、反殖、反霸事业作出了积极的贡献。

黄华外长说，作为南亚各国的近邻，我们高兴地看到，过去两年来南亚各国的关系普遍有了改善。我们希望，南亚各国人民继续努力，加强团结，排除外来势力的干扰，为本地区的和平与稳定作出贡献。

哈米德外长在讲话中对斯中两国关系的发展表示满意。他说，最近两年来，斯中两国领导人互访频繁起来了，两国的关系的发展和两国人民之间的相互了解正在日益加深。

哈米德外长说,今天,不结盟运动是国际事务中的一支很重要的力量。他指出,不结盟运动中碰到了一些问题,存在一些严重分歧。斯里兰卡认为不结盟运动应该加强团结,维持不结盟运动的性质。

哈米德外长最后祝中国实现四个现代化取得成功。

斯里兰卡驻中国大使德辛哈和夫人应邀出席了宴会。

6月30日

《人民日报》发表社论《伟大的斗争任务召唤着我们》

今年七月一日,是伟大的中国共产党诞生五十八周年纪念日,全党3000多万名党员和全国各族人民,在我国社会主义革命和社会主义建设新的历史时期,在实现四个现代化的新的长征路上,纪念党的生日。

全党全国人民十分关心的第五届全国人民代表大会第二次会议,即将胜利闭幕。我们党提出的把工作着重点转移到社会主义现代化建设上来的战略决策,提出的国民经济调整、改革、整顿、提高的方针,提出的加强社会主义民主和社会主义法制的一系列措施,得到全国人民代表大会的赞同,受到全国人民的拥护。我们的国民经济将更加扎扎实实地前进,四个现代化建设将迈出更加稳健的步伐。我国的民主化也和现代化一样,正在一步一步地前进。

“领导我们事业的核心力量是中国共产党。”没有共产党就没有新中国,没有共产党就没有社会主义事业的胜利。这是中国人民经过长期革命斗争得出的一条真理。尽管在过去10多年里林彪、“四人帮”疯狂破坏我们党,践踏党的优良传统,败坏党的声誉,损害党与群众的联系,但是广大人民群众始终认为那不过是暂时的现象,光明终将战胜黑暗,真理终将战胜邪恶。即使在那样困难的情况下,亿万人民也没有失去对我们党的信念,对社会主义道路的信念。粉碎“四人帮”以后,我们党用很大的力量清除林彪、“四人帮”的流毒,整顿组织,端正思想作风,坚持完整地准确地掌握马列主义、毛泽东思想的科学体系,恢复和发扬党内民主和党的实事求是、群众路线、批评和自我批评的优良作风。我们清算了林彪、“四人帮”推行的极左路线,总结了30年来社会主义革命和建设的经验教训,采取坚决措施克服过去工作中的缺点错误,解决历史上遗留的许多重大问题,制定符合实际情况的一系列方针政策。党的生机重新恢复起来,党的战斗力又逐步提高。列宁说过,一个郑重的党不是不会犯错误的党,而是勇于承认错误、改正错误的党。实践又一次证明,按照马克思列宁主义的革命理论和革命风格建立起来的中国共产党,是一个郑重的党,是对工人阶级和全体人民高度负责的党,是勇于坚持真理修正错误的党,是善于总结自己正反两方面的经验、继续前进的党。正因为我们的党是这样一个党,全国人民把实现四个现代化的希望寄托在党的领导上。同中国人民一起战斗了半个多世纪、与广大群众建立了血肉联系的我们党,决不能辜负9亿人民的信赖和期望。当前以及今后一个相当长的时期,全党的中心任务,就是领导全国各族人民坚持不懈地进行社会主义现代化建设。我们要牢牢掌握这个中心而不能稍微偏离这个中心,要紧紧依靠人民群众而不能丝毫脱离人民群众,要为加强我们党的思想建设和组织建设而进行艰苦细致的工作,而不能有任何消极松懈情绪。这样,才能弥补林彪、“四人帮”给我们党、我们国家和民族造成的损失,实现历史赋予我们的光荣而艰巨的任务。

我们党要担负起对现代化建设的领导重任,必须进一步发扬党内民主,并且大力推进人民民主。三中全会的一个伟大的历史功绩,就是恢复和充分发扬了民主,并把加强民主的问题突出地提到全党全民的面前。华国锋同志在五届人大二次会议上所作的政府工作报告中指出:“为了巩固我国由工人阶级领导的全体劳动人民当家做主的社会主义国家制度,巩固我国安定团结地进行社会主义现代化建设的政治基础,充分发扬全体人民在现代化建设中的积极性创造性,并且努力保证我国在政治制度上再不存在林彪、‘四人帮’一类阴谋家可以利用来进行反革命复辟的严重漏洞,迫切要求我们加强社会主义民主和社会主义法制。”现在全国人民对于我们党寄予很大的期望,十分关心党的纯洁和巩固,关心党的正确路线怎样才能始终一贯地得到实施而不至于再被林彪、“四人帮”这样的反革命两面派干扰破坏。在还存在阶级敌人和阶级斗争的条件下,党内混进个别阶级异己分子、资产阶级阴谋家野心家是难以完全避免的。但是像林彪、“四人帮”那样,在相当长的时间内凌驾于广大党员甚至党中央之上,为非作歹,横行不法,而广大党员只能看在眼里、恨在心上,这不能不说是因为我们党内民主太少了,民主集中制很不健全。为了党的纯洁和巩固,党内必须有充分的民主生活和健全的民主制度,包括真正体现党员意志的选举制度和党员有权建议撤换或罢免不称职的或作风恶劣的领导干部的制度。这样,才能保证党的各级领导机构真正掌握在广大党员所信任、在群众中有威信的优秀分子手中,才能做到“使任何少数人没有可能以任何方式强制大多数人,而只能服从大多数人,服从大多数人的利益和意志”,才能有效地堵塞“林彪、‘四人帮’一类阴谋家可以利用来进行反革命复辟的严重漏洞”。

我们说加强党的领导，一个重要条件，就是要充分发扬民主。没有民主，不可能有正确的集中，也就不可能有正确的领导。我们国家进行社会主义建设将近30年了。30年来，凡是党内民主比较充分、民主集中制比较健全的时候，党对经济工作的领导就比较切合实际，即使出现一些问题，也容易发现和纠正，因而社会主义经济就发展得快；反之，党内缺乏民主，大家不敢讲话或不敢讲真话，瞎指挥盛行，党对经济工作的领导往往不符合实际情况，不符合客观规律，社会主义经济就发展缓慢，甚至停滞、倒退。我们党是执政党。党内民主是否充分，党的干部有没有民主和法制观念，直接影响到人民民主的状况。要使人民民主健全起来，首先要把党内民主健全起来。要在全国造成生动活泼的政治局面，首先要在党内造成生动活泼的局面。我们要按照三中全会的方针，坚定不移地继续扩大和发扬党内民主，借以推动人民民主。实现四个现代化，离不开政治民主化。对于我们党来说，领导现代化和领导民主化，是两个互相密切关联的任务。

毛泽东同志早在抗日战争时期就说过，所谓领导权，不是要一天到晚当作口号去高喊，也不是盛气凌人地要人家服从我们，而是以党的正确政策和自己的模范工作去说服和教育群众，使他们愿意接受我们的建议。这就是说，实现党的领导，一要靠路线和政策的正确，二要靠党员的模范作用。没有正确的路线和政策，固然得不到群众的拥护；而没有广大党员以自己的模范行动去影响群众、团结群众、带动群众，党的路线和政策再正确，也不可能得到贯彻执行，变为亿万人民的行动。在长期的革命斗争中，广大共产党员总是英勇奋斗，不怕牺牲，辛勤劳动，不计报酬。哪里有困难，哪里有危险，哪里就有共产党员。广大群众正是从党员的这种模范行动中理解了党的路线和政策，拥护党的主张，自觉接受党的领导，为党提出的任务而英勇奋斗。现在我们党制定的实现四个现代化的总路线是正确的，采取的一系列方针政策也是切合实际的，这些都是得人心的。我们能不能领导人民顺利地实现四化，在很大程度上，就看广大党员、特别是党的领导干部能不能像在过去革命斗争中那样起模范作用。我们把实现四个现代化同过去的二万五千里长征相比，称它为新的长征，一方面是说这是一桩十分英勇豪迈的事业，另一方面是恰当地估计它的艰巨程度。目前我们正在着手进行的国民经济调整，是实现四个现代化的第一个战役。这次调整工作和60年代初期那一次调整相比，有许多有利的条件，但是由于林彪、“四人帮”10年捣乱所欠下的债和留下的毒，也存在一些过去所没有的困难。为了完成我们面临的复杂繁重的任务，共产党人必须更加自觉地发挥先锋作用和模范作用。

——要做全心全意搞四化的模范。实现四个现代化，是现阶段中国人民的根本利益和最高利益。共产党员全心全意为人民服务，就是要全心全意为四化服务。要为四化毫无保留地贡献出自己的力量和智慧，发出全部的光和热。实现四化，是全国的大局。共产党员考虑和处理一切问题必须顾全这个大局，以局部利益服从全局利益，以个人利益服从整体利益。实现四化过程中有许多困难要克服，有许多高峰要攀登，共产党员要不怕耗尽自己的心血，不怕在必要时作出牺牲。只是在口头上要为实现四化奋斗，不肯付出巨大的努力，没有一点献身精神和自我牺牲精神，那是不符合全心全意为人民服务的宗旨的。

——要做贯彻执行和捍卫党的路线和方针政策的模范。当前就是要继续坚定不移地落实三中全会的精神和各项决定，这是进一步发展安定团结、生动活泼的政治局面，团结一切可以团结的力量，调动党内外一切积极因素，搞好工作着重点转移和国民经济调整工作的关键。每一个共产党员都要以实际行动认真地全面地落实三中全会的精神；不只是自己带头贯彻执行，而且要在力所能及的范围内宣传和动员广大群众坚决贯彻执行。对党的路线和方针政策不努力贯彻，对违背三中全会精神的言行不进行斗争，或者阳奉阴违，自行其是，是缺乏党性的表现。

——要做解决思想、实事求是的模范。勇于接受新事物，是共产党员应有的品质。四个现代化是一项崭新的事业，尤其需要我们从实际出发，运用马列主义、毛泽东思想研究新情况，解决新问题。要坚持用实践的标准去总结过去的经验，勇于和善于把马列主义、毛泽东思想的基本原理同现代化的实践结合起来，真正走出一条中国式的现代化的道路。共产党员在这方面应该成为革命的闯将，敢想敢干，而不应该思想僵化，因循保守，一切按老框框想问题、按老规矩办事。

——要做坚持民主集中制、遵守党纪国法的模范。共产党员特别是担任领导工作的党员，一定要牢固树立做人民公仆的思想，要有民主作风，善于团结党内外同志，虚心倾听群众的意见，自觉接受群众的监督，决不允许压制民主，打击报复；在集体领导中要遵守少数服从多数的原则，决不能搞“一言堂”、家长制。同时要坚决维护党和政府的集中统一领导，维护党纪国法，维护劳动纪律和公共秩序，并且以自身的行动起带头作用。

——要做努力工作、精通业务的模范。共产党员无论在什么岗位，都要把本职工作同实现四化的远大目标联系起来，朝气蓬勃，奋发有为，反对精神不振，得过且过，疲疲沓沓，不负责任。要认真学习马列主义、毛泽东思想，同时刻苦钻研业务，做到又红又专。担任领导工作的党员，尤其要努力成为本行业的专家。外行领导内行是在一定的意义上说的，不能心安理得，长期甘当外行。“以其昏昏，使人昭昭”是不行的，终究要在四化建设中被淘汰。

——要做艰苦奋斗的模范。四个现代化将从根本上改善我国人民的物质生活和文化生活，但是实现四化还要靠艰苦奋斗。“一要勤，二要俭，不要懒，不要豪华。”毛主席这个教导值得我们牢记。共产党员必须埋头苦干，克己奉公，吃苦在先，享受在后，决不能贪图安逸，铺张浪费，化公为私，多吃多占。在目前群众生活还有许多困难的情况下，尤其不能任意挥霍国家资金，谋求过高的生活享受。更不容许利用职权为子女和家属走后门，搞特殊化。

总之，新的历史时期对党员提出了新的更高的要求。只有全体共产党员迸发出火一般的革命热情，发挥出最大的积极性，才能激起亿万人民的积极性和创造力，使四个现代化顺利地实现。

充分发挥党员的模范作用，实际上就是要坚持和发扬党的优良传统和作风。粉碎“四人帮”以后，在华国锋同志为首的党中央领导下，党风确实有很大的好转。但是由于林彪、“四人帮”造成的内伤的严重性，还不能说党的优良传统和作风已经恢复到建国初期、解放战争时期或者延安整风时期的状况。

个人主义、主观主义、宗派主义、官僚主义等不正派的思想作风和工作作风，在某些党员和党组织身上还相当严重。一些情况表明，剥削阶级思想，不仅是资产阶级思想，而且是封建思想，触目惊心地侵蚀着党和国家机关的肌体。正如华国锋同志在政府工作报告中所指出的：“我们虽然早已彻底消灭了封建阶级的统治，但是主要是封建秩序所遗留的特殊化、走后门、压制民主等歪风邪气，至今还相当严重地存在着。这些歪风邪气严重地腐蚀着我们国家机关的健康肌体，损害着政府同人民的血肉联系，挫伤着人民群众的社会主义积极性。”不正之风也是一种不安定的因素，不加以纠正，我们讲安定团结实际上也安定团结不了。十分明显，党风非整顿不可。但这并不是要离开四化这个中心，开展一个运动，而是要求广大党员认真学习马列和毛泽东同志的有关论述，学习三中全会公报和华国锋同志的政府工作报告，学习党内政治生活的若干准则，联系思想和工作，提高觉悟，增强党性，增强做一个党员的光荣感和责任感，自觉地抓紧世界观的改造。同时要健全党的组织生活，经常开展批评和自我批评，并切实加强党的纪律检查工作，大力表扬模范党员的先进事迹，对少数党员的严重违法乱纪行为进行坚决斗争和严肃处理。

搞好党风，关键在领导。我们既要言教，又要身教，身教重于言教。“喊破嗓子，不如做出样子。”周恩来同志1961年6月在对文艺界同志的一次讲话中指出：“我们要造成民主风气，要改变文艺界的作风，首先要改变干部作风；改变干部作风首先要改变领导干部的作风；改变领导干部的作风首先从我们几个人改起。”周恩来同志在这里用了3个“首先”，讲得多好呵！他讲的是造成民主风气的问题，党的各项优良传统和作风的恢复和发扬，哪一项不是如此？要求党员转变作风，首先要求干部转变作风；要求干部转变作风，首先要求领导干部转变作风；要求领导干部转变作风，首先从高级领导干部做起。周恩来同志正是这样身体力行的，在他身上集中体现了我们党的优良传统和作风，因此受到了全党全国人民衷心的爱戴和景仰。各级领导同志都要认真学习周恩来同志的榜样，严以律己，以身作则，带头把党的好传统好作风进一步恢复和发扬起来。领导作风搞好了，党员的作风就会好起来；党内作风搞好了，社会风气存在的问题就不难解决。搞好党风就是这样一件关系到整个社会移风易俗的大事。

毛泽东同志说过：“我们国家要有很多诚心为人民服务、诚心为社会主义事业服务、立志改革的人。我们共产党员都应该是这样的人。”实现四个现代化，把落后的中国改造成为繁荣富强的中国，是无数革命先烈遗留下来的未竟事业，是时代交给我们的神圣使命，是全体共产党员不可动摇的意志。伟大的斗争任务召唤着我们。光明的四化前景鼓舞着我们。英雄的九亿人民激励着我们。肩挑历史重担的中国共产党人，努力呵！

五届全国人大二次会议主席团在人民大会堂举行第三次会议

五届全国人大二次会议主席团，下午在人民大会堂举行了第三次全体会议。

会议在叶剑英委员长主持下，一致通过了中共中央提议的增补五届全国人大常委会副委员长候选人名单草案，通过了华国锋总理提请任命的国务院副总理和中国科学院院长的人选名单。并将这两个名单交全体代表讨论以后，分别提请大会选举和决定。

会议还通过了以下文件：第五届全国人民代表大会民族委员会主任委员、副主任委员、委员名单（草案）；五届人大二次会议提案审查委员会关于提案的审查报告；关于修正《中华人民共和国宪法》若干规定的决议草案；法案委员会关于7个法律草案的审查报告和7个法律草案。

提案审查委员会主任委员张启龙和法案委员会副主任委员胡乔木分别在会上作了关于提案的审查报告

和关于7个法律草案的审查报告。

张启龙说，五届人大二次会议开幕以来，代表们带着全国各族人民的重托，向大会提出了各种提案，充分反映了举国上下、万众一心，向四个现代化进军的大好形势。到6月25日为止，共提出了1890件提案，数量之多是空前的。这些提案的内容，涉及工业交通、农业、财贸、科学、文教、卫生、人民生活、政法、国防、外事等各个方面。

张启龙说，这次大会的提案，代表性非常广泛。许多提案是代表们事先征求了群众的意见提出来的，有些是代表们共同商议后联名提出来的。这充分体现了代表们当家做主的高度责任感和积极性。

张启龙说，提案审查委员会组成了工业、农业、财贸、文教、综合5个专业审查组，认真地审理了代表们提出的提案，并在征求了各有关部门的意见后，根据提案的具体情况，分别提出了审查意见。张启龙建议把各项提案分别交由全国人大常委会、国务院、最高人民法院、最高人民检察院，以及国务院各有关部门进行处理，并将处理情况和结果，随时向全国人大常委会报告，由全国人大常委会向下一次大会提出报告。

胡乔木在审查报告中说，五届人大二次会议全体代表对7个法律草案和彭真主任关于法律草案的说明，进行了认真的讨论和审查，对这7个法律草案一致表示赞同。他说，代表们认为这些法律反映了全国各族人民的意愿，总结了我国近30年来实行社会主义民主和法制的历史经验，符合社会主义经济建设发展的需要。

胡乔木说，法案委员会根据代表们的意见，对7个法律草案作了审查，除法院组织法、检察院组织法和地方各级人民代表大会和地方各级人民政府组织法等草案没有什么修改或者只做了文字修改外，对刑法、刑事诉讼法、全国人民代表大会和地方各级人民代表大会选举法、中外合资经营企业法4个法律草案都做了一些修改和补充。

胡乔木向会议介绍了法案委员会根据代表们意见对这4个法律草案修改和补充的情况。

他说，法案委员会建议将修改后的法律草案提交五届人大二次会议通过并公布。

胡乔木说，除中外合资经营企业法自公布之日起实行以外，其他6个法律都自1980年1月1日起施行。

五届全国政协常委会举行第七次会议

会议听取了第五届政协全国委员会第二次会议提案审查委员会关于提案的审查报告，通过了提案审查报告和关于提案审查的决议草案。

这个报告和决议将提请第五届政协全国委员会第二次会议通过。

会议还听取了五届政协第二次会议分组讨论关于政治决议草案、常委会工作报告决议草案和增补政协五届全国委员会副主席、秘书长、常务委员的情况汇报。

政协全国委员会副主席乌兰夫主持今天的会议。

提案审查委员会副主任蔡啸在会上作了关于提案审查情况的说明。

国家经委颁发《中华人民共和国优质产品奖励条例》

经国务院批准，国家经济委员会于1979年6月30日颁发了《中华人民共和国优质产品奖励条例》，全文如下：

一、总则

第一条　为了鼓励工业企业不断提高产品质量，努力生产优质产品，适应我国社会主义现代化建设和人民生活水平不断提高以及扩大出口的需要，国家决定对工业产品中的优质品，颁发国家质量奖。

第二条　国家质量奖每年评选、审定、颁发一次。分甲、乙两种，甲种为金质奖章，乙种为银质奖章。

二、获奖条件

第三条　荣获国家质量奖的优质产品，必须具备下列各项条件：

1. 适用可靠，用户满意，畅销国内外市场，享有好的声誉；

2. 各项质量指标高于现行各级技术标准的规定，达到或接近国际同类产品的先进水平，或具有独特风格，优美传统的特色；

3. 在国内同类产品质量竞赛评比中，取得最佳成绩；

4. 已定型批量生产，质量持续稳定上升。

三、评选审批

第四条　获得国家质量奖的优质产品，先由企业提出申请，省、自治区、直辖市革委会召集有关单位研究同意，国务院主管部门在全国范围内评选鉴定，国家标准总局、工商行政管理总局核报国家质量奖审定委员会审批。

第五条　国家质量奖的评选、审批，要坚持高标准严要求的原则，严禁弄虚作假。违者，视其情节轻重严肃处理。

四、奖励

第六条　国家质量奖一般在每年“质量月”期间，统一由国家经济委员会颁发。

第七条　颁发国家质量奖，是鼓励发展优质产品的一项重要政策，必须采取严肃认真的态度。各地区、各部门、各单位不再对任何工业产品颁发奖章、奖牌、奖杯。

五、荣誉标记

第八条　荣获国家质量奖的产品,企业可在该产品、产品说明书及商标上标明优质品和奖章的荣誉标记。

第九条　凡获得国家质量奖的产品,其质量只能提高,不能降低。凡不符合优质品获奖条件者,一律不得使用国家质量奖的标记。

第十条　凡获得国家质量奖的产品,如果质量下降,企业应立即停止使用国家质量奖标记,并及时向有关领导部门提出报告,经采取措施,达到原有质量水平后,企业可向有关部门提出申请恢复。

六、附则

第十一条　对优质产品实行优质优价和择优供应原材料、燃料、电力的政策。

第十二条　颁发国家质量奖所需经费,由国家财政列专款解决。

第十三条　本条例解释权,归国家经济委员会。

第十四条　本条例自发布之日起施行。

《人民日报》转载《工人日报》任仲夷在五届全国人大二次会议分组讨论会上的发言《吸取历史教训,健全社会主义法制——谈张志新同志被害这种冤案产生的原因和有关问题》

这次人大会议关于七项法律的讨论、制定,将使我国在加强社会主义民主、健全社会主义法制方面,进入一个新的阶段。这对保证我国四个现代化的顺利进行,对于肃清历史遗留下来的封建主义影响,特别是对于肃清林彪、"四人帮"的法西斯流毒,都具有极为重要的意义。

林彪、"四人帮"十几年来践踏社会主义民主,破坏社会主义法制,曾给我们国家带来奇灾大祸,其教训是极为沉痛的。许多优秀的共产党员和革命战士付出了鲜血和生命的代价。党的好女儿张志新同志就是其中突出的一个典型。从张志新同志被害事件中,人们更加深刻地认识到,没有健全的社会主义民主和社会主义法制,无产阶级专政就会变成法西斯专政。

张志新同志的事迹是非常了不起的。她公开说出自己的观点而被揪斗的那一年,才只有38岁。这样一位年轻的同志,在当时那种错综复杂的斗争中,能够对大是大非问题认识得那样深刻,表现了那样高的马列主义水平、那样英勇无畏的斗争精神,确实是伟大的。我们党一向提倡"五不怕"精神,张志新同志是真正做到了的。她为了坚持真理,被开除了党籍,抓进了监狱,抛开了家庭,最后被杀了头。这一切都未能使她在真理的立场上后退一步,未能使她屈服。她的光辉形象,同历史上的许多英雄人物相比,毫无逊色。

张志新同志的唯一"罪名"就是公开说出并坚持自己的正确观点,而且这些观点是对组织讲的。

张志新同志被害的冤案不是孤立的。江华同志在最高人民法院工作报告中讲:"文化大革命"期间判处的反革命案件中,冤错的比例一般占40%左右,有些地区竟高达60%或70%。冤错案件这样多,除了林彪、"四人帮"恣意横行这个根本原因以外,还说明在我们的社会主义法制中有严重的缺陷和漏洞。现在,张志新同志的冤案虽然昭雪了,但是,如何从根本上杜绝这种悲剧的发生,仍然是有待深入研究和解决的问题。总的来讲,我们必须进一步健全和加强社会主义民主和社会主义法制,这正是这次人大会议所讨论的一大议题。在研究这个问题的时候,我们应当从张志新同志被害这种震动全国的大冤案中总结吸取一些非常重要的教训。

第一,我们的专政制度,应当在法律上明确地分清罪与非罪的界限,并把政治思想反动与有行动的刑事犯罪区别开来。人们思考问题、发表和保留意见,不应视为犯罪,而是党章和宪法都保障的基本权利。如果坚持这一条,就不难判断,张志新同志是完全无罪的。张志新同志本人就是严格按照党的原则和法制观点来看待这个问题的。她在法庭上和牢狱中,始终认为自己无罪。她说:"检点言行,没越过党纪国法的规范,""我是一个共产党员,提出我的看法,我认为是符合原则。""我那些看法谈不到犯罪。"我们的法律应当体现张志新烈士的这个思想:不能仅仅根据一个人的思想观点来定罪。即使政治上确实反动的,只要没有破坏行动,也应当区别于刑事犯,也不能处死刑。毛主席早就说过:"机关、学校、部队里面清查反革命,要坚持在延安开始的一条,就是一个不杀,大部不捉。"并进一步解释说:"什么样的人不杀呢?胡风、潘汉年、饶漱石这样的人不杀"。但是,毛主席在同一篇讲话中又说:"假使有人丢个炸弹,把这个屋子里的人都炸死了,或者一半,或者三分之一,你说杀不杀?那就一定要杀。"在这里,毛主席通过具体事例给我们说明了不杀与可杀的界限,把政治思想反动同搞行动破坏区别开来了。今后,我们对证据确凿的杀人、放火、流氓、强奸等刑事犯罪分子,仍然要依法进行坚决的打击,特别严重的要处死刑。打击那些对群众造成威胁的刑事犯罪分子,是得人心的,而放纵他们则是不得人心的。但是,对于政治思想范围的问题,就不同了。在历史上,凡是滥抓滥杀"思想犯"的,无不留下恶名,滥抓"思想犯"还容易伤害好人和社会的优秀分子。特别是"文化大革命"这十来年,许多一时认定的政治思想犯罪,经过时间的考验,有的被证明不仅是无罪的,而且是正确的。因反对林彪、“四人帮”而被定罪的人，有很多都是勇于坚持真理的优秀共产党人和革命者。张志新同志就是一个杰出的代表。我们从这段反反复复的历史中应当吸取两点教训：一是不要抓“思想犯”，二是一定要坚持毛主席提出的“机关肃反实行一个不杀的方针”。

第二，对敌人专政，也要严格照法律程序办事，也要采取合法的手段。“四人帮”及其死党，是在违犯基本法律规定的情况下，给张志新同志定罪并判处死刑的。不论是按照机关肃反的方针，还是根据张志新同志案件的具体情况，都不应判处死刑。不公开宣判，不让本人看判决书，不让上诉，头天宣判第2天立即执行，这都是违反起码的法律程序的。在林彪、“四人帮”极左思想的影响下，有些人还认为，只要是对“敌人”，怎么做都不过分，越严厉越好，什么手段都可以用。张志新同志临刑前被惨无人道地切断了气管。过去有的同志曾对切断犯人气管的做法表示不赞成。有人议论说：“这不是共产党的刑法，这样做太不人道。”但有的领导干部却批评这种议论，说什么：“人都要处死了，割一刀有什么了不起。”那时候，一个人一旦被认定为“阶级敌人”(事实证明，这些年来常常认定得不对)，就失去了法律的任何保护。只要是对“敌人”，怎样做都不许说“过火”。人们只能和他划清界限，而不能根据事实为之作丝毫辩护。历史经验证明，对敌斗争的扩大化，在审讯中搞逼供信甚至采取极不人道的法西斯手段，必然在革命队伍内部引起紧张、恐怖和人人自危，造成大批冤假错案。“文化大革命”中大搞所谓“横扫一切牛鬼蛇神”，大搞所谓“红色恐怖”，“刮十二级台风”，结果怎样呢？事实证明，被打击和伤害的很多都是无辜的党员、干部和无辜的群众。华国锋同志在政府工作报告中正确地总结了这一历史经验，提出在敌我矛盾和人民内部矛盾中，“无论处理哪一类矛盾，都必须充分依靠人民群众，严格遵守社会主义法制。”也就是说，即使是处理敌我矛盾，即使是对待真正的敌人，也要严格遵守社会主义法制，严禁刑讯逼供，坚决废除法西斯式的审查方法。这决不是什么右倾，恰恰相反，这是无产阶级力量强大的表现，也只有这样做才符合无产阶级的根本利益。

第三，要加强社会主义民主和社会主义法制，党内生活必须正常化。党是整个社会的表率。党内民主空气如何，影响到整个社会的民主风气。党规党法是否得到严格遵守，影响到整个社会的法制秩序。林彪、“四人帮”破坏民主和法制，是从破坏党内民主和践踏党章开始的。张志新同志的冤案所以发生，首先是因为当时党内已无正常民主生活可言，而是形成了一种不准讲真话，不许议论问题，动不动就把人打倒在地再踏上几只脚的恐怖气氛。现代迷信和一味盲从的蒙昧主义盛行一时。在那种情况下，张志新同志坚持独立思考，敢讲真话，不做两面派，并为捍卫真理而英勇献身，是特别难能可贵的。应当看到，当时不少党员没有她那样的水平，也没有她那样的勇气。对张志新同志判处死刑的决定，竟然轻易通过，这个惨痛的教训是很值得认真思考和总结的。“四人帮”的死党及其亲信要置张志新同志于死地，这不奇怪。但是，其他人为什么也没有表示反对？这只能联系当时的历史条件来分析。无非是有这样几条原因：一是在“四人帮”横行的时候，党内缺乏实事求是的空气，张志新同志案件的全部真实情况(特别是不利于定罪的情况)，不会摆到会议桌上来议论；二是由于“四人帮”极左思想的统治，我们有些同志的头脑中那时也有很多“左”的东西，因而不能理解张志新同志的正确观点，不认为那是无罪的；三是在“四人帮”死党的法西斯淫威下，一些同志缺乏政治勇气，对“四人帮”及其党羽的倒进逆施，往往保持沉默，有的甚至随声附和。历史教训告诉我们，为了健全社会主义法制，不再发生像张志新同志那样优秀的共产党员被处死而无人表示反对这种可悲的情况，党内必须有正常的民主生活，必须有实事求是、言者无罪的健康风气。对每个共产党员来说，则应学习张志新同志解放思想、独立思考、坚持真理并不惜为真理而献身的革命精神。如果广大的党员都有这样坚强的党性和无私无畏的风格，党内又有正常的民主生活，那就不会再发生这样的悲剧。

第四，最根本的是必须防止林彪、“四人帮”一类阴谋家篡夺党和国家的领导权。一旦这样的人物上了台，什么党章、宪法，统统等于废纸。世界上有不少国家，宪法写得很好，一旦发生政变，立法机构可以解散，宪法可以宣布停止生效。我们原来的党章、宪法也是很好的，但林彪、“四人帮”得势之后，统统“不宣而废”，毫无作用。所以，光是把法律写得很严密、很好，还不行。当然，科学严密的法律规定是很重要的。但更重要的是，必须采取实际措施，保证党和国家的领导权掌握在真正的马克思主义者手里，掌握在忠于人民的领导者手里。华国锋同志为首的党中央一举粉碎“四人帮”，以及此后党中央在政治上、经济上采取的一系列战略决策，就是保证党和国家不变颜色的根本性的实际措施。其中重要的一条，就是在事实上而不只是在纸面上实行了党内生活和国家政治生活的民主化、正常化。当然，今后还有很多工作需要继续做。为了从根本上防止林彪、“四人帮”一类野心家、阴谋家上台，我们必须照华国锋同志政府工作报告中所讲的，不断地完善和巩固我们的社会主义国家制度和民主集中制的政治制度，“使任何少数人没有可能以任何方式强制大多数人，而只能服从大多数人，服从大多数人的利益和意志。”从而堵住林彪、“四人帮”一类阴谋家可以用来进行反革命复辟的漏洞。政治制度和民主制度的完善，同人民群众的科学文化水平和政治觉悟水平的提高是分不开的。如果人民处于文盲、无知的状态，先进的社会主义民主制度是建立不起来的。林彪、“四人帮”所以要推选愚民政策，就是因为人民越愚昧，就越便于他们实行封建法西斯统治。人民的科学文化水平，又是和社会生产发展的水平相联系的。华国锋同志在政府工作报告中说得好：“现代化事业愈前进，社会经济文化水平和人民政治觉悟水平愈提高，社会主义民主也愈健全。”我们由此应当得出的结论是：为了防止林彪、“四人帮”一类阴谋家上台，为了健全和巩固社会主义民主和社会主义法制，我们必须万众一心，加速实现四个现代化。

国家计委 国家经委 劳动总局联合发出通知要求切实执行国务院发布的劳动保护法规

新华社报道，三部委最近联合发出的通知说，1963年国务院发布的《关于加强企业生产中安全工作的几项规定》和1956年国务院发布的《工厂安全卫生规程》《建筑安装工程安全技术规程》《工人职员伤亡事故报告规程》，是多年生产实践的总结，经验证明是行之有效的。

通知提出，各地区、各部门、各单位，要按照这些规程和规定的要求，从领导到职工建立严格的安全生产责任制，建立和健全各项安全生产规章制度，充实安全机构，加强监督检查，加强劳动保护科学研究工作，有计划地改善劳动条件，采取有效措施，杜绝一切可以避免的事故，防止和减少尘毒危害，以保障职工的安全和健康，促进生产，为加速社会主义现代化建设作出贡献。

通知强调指出，各单位发生伤亡事故和职业病，一定要认真找出原因，对干部、职工进行教育，制定出防范措施，进行严肃处理。对于那些玩忽职守，不顾工人死活，强令工人违章和冒险作业，因而造成伤亡事故的领导人，一定要给予纪律处分，严重的应该依法惩办。对于有险情和尘毒严重危害的作业，劳动部门和卫生部门有权制止。对新建企业进行验收，应有劳动部门、卫生部门和工会组织参加。

农村集市贸易恢复迅速

新华社报道，据工商行政管理总局的统计，截至6月底，全国农村集市已恢复到33527个，接近1965年的统计数字。辽宁、河北、山西等省还恢复了传统的物资交流会、骡马大会。在各地的集市上，粮、油、猪肉、禽、蛋、蔬菜、土特产品的上市量不断增加，一般中等规模的集市，上市的商品都在100种以上。多年不见的甲鱼、活虾、野味、木耳、冬笋等也在集市上重新出现了。过去，木桶、木盆、石磨、荆柳条编制品在北方一些集市上很少能买到，现在大量上市。据28个省、自治区、直辖市206个集市点的统计，今年上半年成交金额达到2.0284亿元，比去年同期增加49%。四川、湖北、江西等省许多集市成交额成倍增长。

农村集市上的商品价格稳中有降。据上述206个集市统计，今年6月底的小麦、玉米、食用植物油、仔猪、猪肉价格，都比去年同期下降。其中粮食价格下降20%，达到近年来最低水平，有些地区已和国营牌价相差不多。浙江、江苏、山东、河南、湖南、四川、安徽、江西等省的一些集市，猪肉、活鸡、蔬菜、日用杂品的价格，已经接近或低于国营牌价。

农村集市开放以后，促进了农业生产和社员家庭副业的发展。福建省晋江石狮镇集市，3月份1个月就调剂猪苗800多头，小鸡、小鸭近2万只，菜苗、地瓜秧、甘蔗种和饲料900多万担，耕牛几百头。河北省赵县盛产苇箔，“文化大革命”中不准苇箔上市，农民盖房买不到苇箔；集市开放以后，苇箔大量上市，今年头4个月仅城关集市就成交苇箔1.2万领，秫秸箔5500多领。湖北省宜都县开放集市以后，社员家庭副业收入显著增加，去年全县平均每个社员从集市出售产品收入10元到20元。

随着集市贸易的恢复和发展，各地工商行政管理部门普遍建立、健全市场管理制度，加强市场管理，保护正当交易，打击投机倒把活动。税务部门也加强了税务管理。有些地方的供销社还在集市上开展议购议销活动，用经济手段领导集市贸易，取得了很好的效果。

国务院副总理耿飚在北京会见斯里兰卡外长阿·卡·萨·哈米德和夫人

国务院副总理方毅在北京会见美国纽约大学医学系教授保罗·埃森曼一行

全国人大常委会副委员长邓颖超 国务院副总理康世恩出席松下幸之助在北京举行的答谢宴会

在热烈友好气氛的宴会上，松下幸之助先生祝酒说，我在中国所看到的情况，与我原来所想象的很不相同。中国人民正在为建设四个现代化热情地工作着。世界人民对中国的现代化建设很关心，我就是世界人民当中的一员。我祝愿中国繁荣昌盛。

邓颖超副委员长说，松下先生来到中国的5天中，不顾年高，为增进中日友好积极地工作着。我们各方面的人士感觉到松下先生对帮助中国进行现代化建设的热情很高。对此，我们很感谢。她指出，中日友好合作一定能够使我们两国更加繁荣昌盛。

日本驻中国大使馆公使伴正一出席了宴会。

应邀出席宴会的还有轻工业部部长梁灵光、四机部部长钱敏、外交部副部长韩念龙、外贸部副部长崔群和中日友协等有关方面的负责人。

周士第逝世

第五届全国人民代表大会常务委员会委员、中国人民解放军总参谋部顾问周士第同志，因病医治无效，于6月30日在北京逝世，享年79岁。

周士第同志是广东省海南岛琼海县人。1924年参加中国共产党，同年在黄埔军官学校第一期毕业后，参加了由我党领导的、周恩来同志亲自组织的革命武装——铁甲车队，先后任副队长、队长。1926年，以铁甲车队为骨干，组建叶挺独立团，他先后任营长、参谋长、代理团长，在北伐战争中，参加和指挥了汀泗桥、贺胜桥、攻克武昌等著名战斗。1927年，他率领国民革命军七十三团等部队参加了举世闻名的南昌起义，任二十五师师长。1934年，他参加了震惊中外的二万五千里长征，任军委干部团“上干队”队长。到达陕北后，任红十五军团参谋长，协助指挥了直罗镇战斗。1936年春，红军东征时，他任河口渡河司令员，先后参加和组织了多次战斗。同年冬，任红二方面军参谋长。抗日战争爆发后，历任八路军一二〇师参谋长兼抗大七分校校长，晋绥军区参谋长，晋绥军区副司令员等职。解放战争时期，历任晋北野战军司令员兼政委和晋绥军政干部学校副校长，华北第一兵团副司令员兼副政委，太原前线指挥部副司令员，十八兵团司令员兼政委等职。全国解放以后，历任川西军区司令员兼成都市军管会副主任、成都市市长，西南军区副司令员，参加组建军委防空军并任司令员，后又担任训练总监部副部长兼军外训练部部长等职。他曾被选为党的七大、八大代表，第一届、四届、五届全国人民代表大会代表，第三届、四届政协全国委员会常务委员，还担任过中共中央监察委员会委员，第一届、二届、三届国防委员会委员。

7月1日

五届全国人大二次会议在人民大会堂闭幕

这次为期两周的会议,经过充分的讨论,一致赞成为加速我国社会主义现代化建设而提出的国民经济调整、改革、整顿、提高的方针,并在今天的大会上通过决议,批准了华国锋总理的政府工作报告,批准了1979年国民经济计划和余秋里副总理的报告,批准了1978年国家决算、1979年国家预算和财政部部长张劲夫的报告。会议还通过了关于修正若干规定的决议、通过了7个重要的法律,迈出了加强和健全社会主义民主和法制的一大步。

在今天的全体会议上,增选了彭真、萧劲光、朱蕴山、史良为人大常委会副委员长;通过了华国锋总理的提议;任命陈云、薄一波、姚依林为国务院副总理,方毅为中国科学院院长。陈云担任国务院副总理后,就不再担任人大常委会副委员长。

大会执行主席叶剑英主持了今天的会议。今天的大会执行主席还有:宋庆龄、聂荣臻、乌兰夫、吴德、韦国清、谭震林、李井泉、邓颖超、赛福鼎、姬鹏飞、阿沛·阿旺晋美、周建人、许德珩。

这次大会报到的3312名代表中,有3265人出席了今天的大会。

叶剑英委员长在热烈的掌声中致闭幕词。

大会还通过了关于全国人民代表大会常务委员会工作报告的决议和关于最高人民法院和最高人民检察院工作报告的决议。

大会通过的7个法律是:《中华人民共和国地方各级人民代表大会和地方各级人民政府组织法》《中华人民共和国全国人民代表大会和地方各级人民代表大会选举法》《中华人民共和国人民法院组织法》《中华人民共和国人民检察院组织法》《中华人民共和国刑法》《中华人民共和国刑事诉讼法》《中华人民共和国中外合资经营企业法》。大会还通过了提案审查委员会关于提案的审查报告。

大会选举了由81名各族代表组成的五届人大民族委员会。阿沛·阿旺晋美任主任委员。

列席今天大会的有:参加五届政协二次会议的委员,国务院、最高人民法院、最高人民检察院、中共中央和国务院直属机构、中国人民解放军等方面的负责人。

全国人大常委会委员长叶剑英在五届全国人大二次会议致闭幕词

各位代表:

中华人民共和国第五届全国人民代表大会第二次会议,由于全体代表的共同努力,已经胜利地完成了各项任务。

各位代表对华国锋总理作的政府工作报告,对余秋里副总理关于1979年国民经济计划的报告和张劲夫部长关于1978年国家决算和1979年国家预算的报告,对人大常委会、最高人民法院和最高人民检察院的工作报告,都进行了认真的审议。会议批准了这些报告,并且作出了相应的决议。

代表们畅所欲言,充分讨论了我们国家各个方面的工作,既肯定了从五届人大一次会议以来我们国家工作取得的进步,也指出了存在的问题。大家一致认为,华国锋总理所作的政府工作报告,科学地分析了我国的阶级状况、当前形势和现阶段的主要矛盾,正确地提出了全国工作着重点转移之后的政治、经济、外交等各条战线的方针和任务,这个报告是当前指导我国人民进行社会主义现代化建设的纲领性文件。

从今年起,用3年时间进行国民经济的调整、改革、整顿、提高,是符合我国目前实际情况的一个积极的方针。在当前国际国内的形势下,争取时间,少走弯路,加快现代化建设的速度,是一个极其重要的问题。坚决地有效地贯彻执行调整、改革、整顿、提高的方针,将保证我们的国民经济在可靠的基础上持续地高速度地向前发展。为了在执行这一方针的第一年,努力完成和超额完成发展国民经济的年度计划,我们一定要在全国范围内,在农业、工业和其他各行各业中,放手发动群众,广泛深入地开展增产节约运动。让我们全国上下一条心,人人动脑动手,用增产节约的巨大成就,来迎接我们伟大社会主义新中国诞生30周年。

这次会议在加强社会主义民主和健全社会主义法制方面,取得了重要的成果。会议一致通过了关于修正宪法若干规定的决议,通过了七项重要法律。这次会议之后,人大常委会还将根据许多代表提出的意见,组织各方面的力量,抓紧民法、民事诉讼法、婚姻法、计划生育法以及工厂法、劳动法、合同法、能源法、环境保护法等各项法律的制定工作。国务院和地方各级人民代表大会、地方各级人民政府也要在自己的权限范围内制定各种必要的规章条例。各级领导机关的财务制度必须严格执行,各级领导人员的生活条件标准要尽快作出切实的规定。一定要做到全国一切行政机关、一切企业事业单位在工作中都有法可依,有章可循,有制度可遵守。

我们在制定法律和规章条例时应该广泛听取群众的意见,充分考虑各种具体情况,比较复杂的还要经过试点或试行。法律和规章条例一经制定,就要有稳定性和连续性,要有极大的权威,只有经过法定的程序才能修改,而不能以任何领导人的个人意志为转移。社会主义法制的完善和加强，有利于保障人民群众行使管理国家的权利和其他各项民主权利，调动广大干部和群众的社会主义积极性，提高各级领导机关的工作效率，促进社会主义现代化建设的发展。

国家的法律是人人必须遵守的。一切公民，无论是党内党外、上级下级，无论是什么社会地位和社会成分，在法律面前一律平等。凡是合法的行为都受法律的保护，凡是违法的行为都受法律的追究。各级领导干部，不论职位多高，都是人民的公仆，只在勤勤恳恳为人民服务的义务，决不允许有超越于法律之上的特权。共产党员中的领导干部，尤其要以身作则，模范地遵守国家法律，接受群众的监督。我们的积极领导干部绝大多数是好的和比较好的，但也确实有少数人无视国家的法律和制度，或者利用法制的某些方面还不完善的情况，滥用人民给予他们的职权，假公济私。对于官僚主义、特殊化、走后门、压制民主等歪风邪气，党和政府必须采取切实有效的措施，加以纠正。对于情节严重，造成国家和人民重大损失的，必须给以纪律处分以至法律处分。同样，我们也不允许闹无政府主义和派性，使工作秩序、生产秩序、社会秩序松弛和混乱。国家工作人员在自己的工作岗位上忠于职守，坚决抵制各种违法乱纪行为的，应当受到表扬和奖励。对于那些打击迫害同违法乱纪行为作斗争的干部和群众的人，必须依法严惩。

在我们社会主义国家，制定法律的权力属于人民，贯彻执行法律也要依靠人民。人民有监督法律实施和维护法制尊严的权利和责任，也有遵守社会主义法制的义务。我们必须切实加强民主和法律的宣传教育，让人民群众了解和熟悉国家的法律和制度。我们相信，人民群众将能够通过实际生活养成正确行使民主权利和遵纪守法的习惯，养成同违法乱纪的行为作斗争的风气。为了保证法制的执行，我们要进一步加强司法战线。我们的法院和检察机关应当绝对地忠实于国家的法律和制度，忠实于事实真相，独立地进行审判工作和检察工作。我们必须调集足够数量的优秀干部充实司法部门。我们要求司法机关的干部密切联系群众，加强调查研究，成为大公无私、刚正不阿、大无畏的司法战士。

为了发展社会主义民主，保证人民真正当家做主，必须不断地加强和健全我国人民代表大会的制度，充分发挥各级人代会及其常设机构作为国家权力机关的作用。我们这次会议决定县一级人民代表大会的代表由选民直接选举，县级和县级以上的人民代表大会设立常务委员会作为自己的常设机关，这对于发扬人民民主，加强人民群众对政府、法院和检察机关的监督，是很重要的步骤。全国县级和县以下人民代表的普选工作，一定要有充分准备的基础上切实做好，保证把真正能够代表人民利益的优秀人物选出来，做到广大人民群众都满意，这将是我国人民政治生活中的一件大事。我们对人民代表怎样与选民建立经常联系，怎样充分行使自己的取权，各级人代会如何定期开好会议，常委会如何建立真正有权威的有效工作，都要在严格贯彻执行这次会议通过的各级人代会的选举法和组织法的过程中，不断地总结经验，陆续作出适当规定，使之逐步制度化和完善化。

在我们的国家里，一个以工人阶级为领导的、工农联盟为基础的社会主义劳动者和拥护社会主义的爱国者的广泛联盟正在日益巩固和发展。人民所渴望的安定团结、生动活泼的政治局面已经初步形成。这是在粉碎“四人帮”之后国家的政治生活的巨大进步。华国锋同志的政府工作报告和邓小平同志的五届政协二次会议开幕词，对我国阶级状况所作的合乎实际情况的马克思主义的深刻论述，对于进一步统一全国人民的思想，肃清林彪、“四人帮”极左路线的流毒，对于调动一切积极因素，安定团结地进行现代化建设，无疑将会产生巨大的作用。对破坏社会主义事业的各种阶级敌人，我们决不能丧失警惕，要有效地对他们实行无产阶级专政。对人民内部矛盾，一定要采取和风细雨的方式，按照团结——批评——团结的方针去解决，决不能残酷斗争、无情打击。人民内部的团结和社会政治的安定，是发展社会主义现代化事业的首要前提，是全国人民的根本利益。我们的一切行动、一切工作都要从这个根本利益出发。我们相信，经过全国人民的共同努力，一定能够不断地巩固和发展已经形成的安定团结的局面。

我国现阶段的中心任务就是实现四个现代化，这是一场十分艰巨的斗争。在前进的道路上还会遇到这样那样的困难，还有许多新的问题需要我们解决，有许多新的工作需要我们学习。我国各民族的工人、农民、知识分子是有社会主义的思想觉悟的，是顾全大局，是勤劳勇敢、不怕困难的。我们各民族的广大青年是怀抱远大革命理想的。各级领导干部要像革命战争时期那样，善于倾听群众意见，全心全意为人民服务，和群众同甘共苦，和群众一起研究新问题，学习新本领，一起为实现四个现代化进行坚持不懈的斗争。全国人民一定要长期奋斗，把我们社会主义祖国逐步建设成为繁荣富强、有高度文化和高度民主、永远坚持社会正义和国际正义、不断向共产主义前进的革命堡垒。

这次大会以后，各位代表把大会的精神广泛深入地传达到全国，对广大人民必将是很大的鼓舞，我们相信，全国各族人民紧密地团结在马列主义、毛泽东思想的旗帜下，紧密地团结在以华国锋同志为首的中共中央周围,一定能够贯彻落实这次会议所确定的各项方针、任务,一定能够在社会主义现代化建设事业中不断地取得新的胜利。

现在我宣布,第五届全国人民代表大会第二会议胜利闭幕。

全国人民代表大会发布公告

中华人民共和国第五届全国人民代表大会第二会议于1979年7月1日补选第五届全国人民代表大会常务委员会副委员长名单如下:

副委员长 彭 真

副委员长 萧劲光

副委员长 朱蕴山

副委员长 史 良(女)

中华人民共和国第五届全国人民代表大会

第二次会议主席团

1979年7月1日于北京

全国人民代表大会发布公告

中华人民共和国第五届全国人民代表大会第二次会议于1979年7月1日通过了关于修正《中华人民共和国宪法》若干规定的决议,现予公布,自1980年1月1日起施行。

中华人民共和国第五届全国人民代表大会第

二次会议主席团

1979年7月1日于北京

第五届全国人民代表大会第二次会议通过关于修正《中华人民共和国宪法》若干规定的决议

中华人民共和国第五届全国人民代表大会第二次会议审议了第五届全国人民代表大会常务委员会提出的关于修正《中华人民共和国宪法》若干规定的议案,同意县和县以上的地方各级人民代表大会设立常务委员会,将地方各级革命委员会改为地方各级人民政府,将县的人民代表大会改为由选民直接选举,将上级人民检察院同下级人民检察院的关系由监督改为领导,决定对《中华人民共和国宪法》的有关条文作如下修改:

一、第二章第三节的标题修改为:"地方各级人民代表大会和地方各级人民政府。"

二、第三十四条第一款修改为:"省、直辖市、县、市、市辖区、镇设立人民代表大会和人民政府;人民公社设立人民代表大会和管理委员会。"

第二款修改为:"人民公社的人民代表大会和管理委员会是基层政权组织,又是集体经济的领导机构。"

第三款修改为:"省人民政府可以按地区设立行政公署,作为自己的派出机构。"

三、第三十五条第二款修改为:"省、直辖市、设区的市的人民代表大会代表,由下一级的人民代表大会经过民主协商,无记名投票选举;县、不设区的市、市辖区、人民公社、镇的人民代表大会代表,由选民经过民主协商,无记名投票直接选举。"

增加如下一款作为第四款:"县和县以上的地方各级人民代表大会设立常务委员会,它是本级人民代表大会的常设机关,对本级人民代表大会负责并报告工作,它的组织和职权由法律规定。"

原第四款作为第五款,修改为:"地方各级人民代表大会会议每年至少举行一次。县和县以上的地方各级人民代表大会会议由本级人民代表大会常务委员会召集,人民公社、镇人民代表大会会议由人民公社管理委员会、镇人民政府召集。"

原第五款作为第六款。

四、第三十六条第三款修改为:"地方各给人民代表大会选举并且有权罢免本级人民政府的组成人员。县和县以上的地方各级人民代表大会选举并且有权罢免本级人民代表大会常务委员会的组成人员、本级人民法院院长和本级人民检察院检察长。"

第四款修改为:"地方各级人民代表大会代表有权向本级人民政府、人民法院、人民检察院和人民政府所属机关提出质询。受质询的机关必须负责答复。"

五、第三十七条第一款修改为:"地方各级人民政府,是地方各级人民代表大会的执行机关,是地方各级国家行政机关。"

第二款修改为:"地方各级人民政府的组织由法律规定。"

第三款修改为:"地方各级人民政府执行本级人民代表大会的决议和上级国家行政机关的决议和命令,县和县以上的地方各级人民政府并且执行本级人民代表大会常务委员会的决议。地方各级人民政府依照法律规定的权限,管理本行政区域的行政工作,发布决议和命令。县和县以上的地方各级人民政府依照法律的规定任免国家机关工作人员。"

第四款修改为:"地方各级人民政府对本级人民代表大会和上一级国家行政机关负责并报告工作,县和县以上的地方各级人民政府在本级人民代表大会闭会期间,对本级人民代表大会常务委员会负责并报告工作,都受国务院统一领导。"

六、第三十八条第一款修改为:"自治区、自治州、自治县的自治机关是人民代表大会和人民政府。"

第二款修改为:"民族自治地方的人民代表大会和人民政府的产生、任期、取权和派出机构的设置等,应当根据宪法第二章第三节规定的关于地方国家机关的组织的基本原则。”

第四十二条第三款修改为：“最高人民法院对全国人民代表大会和全国人民代表大会常务委员会负责并报告工作。地方各级人民法院对本级人民代表大会和它的常务委员会负责并报告工作。”

八、第四十三条第二款修改为：“最高人民检察院领导地方各级人民检察院和专门人民检察院的工作，上级人民检察院领导下级人民检察院的工作。”

第三款修改为：“最高人民检察院对全国人民代表大会和全国人民代表大会常务委员会负责并报告工作。地方各级人民检察院对本级人民代表大会和它的常务委员会负责并报告工作。”

第五届全国人民代表大会第二次会议批准华国锋总理代表国务院所作的政府工作报告

一、会议对五届人大一次会议以来的政府工作表示满意。

二、会议认为，在中共十一届三中全会作出的把全党全国工作着重点转到社会主义现代化建设上来的决策和解放思想、开动机器、实事求是、团结一致向前看的方针指导下，国务院提出的当前政府工作的各项任务和采取的一系列政策措施，是正确的。政府工作报告运用马克思列宁主义、毛泽东思想的基本原理，对我国阶级斗争形势的变化和现阶段的主要矛盾作出了符合客观实现的分析，并根据这个分析采取了正确的方针。这对长期保持我国社会政治的安定团结，对加速实现四个现代化，具有重大的意义。

三、会议认为，从今年起，集中3年时间对我国国民经济进行调整、改革、整顿、提高，是一个必要的、正确的和完全积极的方针。会议要求各级政府坚决落实政府工作报告中提出的各项经济工作任务，在全国范围内和各行各业中深入持久地开展大规模的增产节约运动，努力完成和超额完成今年的国民经济计划。

四、会议认为，为了从根本上巩固我国的社会主义国家制度，充分发挥全国各族人民在社会主义现代化建设中的积极性和创造性，必须加强社会主义民主和社会主义法制。当前，要十分注意加强立法和司法工作，使社会主义法制逐步完善，同时要大力加强各级政府的独立工作，大力加强各行政机构、企业事业单位的工作纪律和提高工作效率。要从制度上和措施上保障人民群众行使管理国家权利和其他各项民主权利，并且坚决地、有效地同各种破坏社会主义民主和法制的歪风邪气作斗争。

五、会议认为，政府工作报告对当前国际形势的分析是正确的。会议完全赞同我国政府的外交路线和政策，完全赞同我国政府在处理中越、中美、中苏关系问题上所采取的立场和方针。

六、会议号召，全国各民族的工人、农民、知识分子和一切拥护社会主义的爱国者，紧密团结在马克思列宁主义、毛泽东思想的旗帜下，紧密团结在华国锋同志为首的中国共产党中央委员会周围，万众一心，坚决打好工作着重点转到社会主义现代化建设上来的第一个战役，为加快把我国建设成为社会主义的现代化强国而努力奋斗。

第五届全国人民代表大会第二次会议批准1979年国民经济计划1978年国家决算和1979年国家预算的报告

中华人民共和国第五届全国人民代表大会第二次会议批准1979年国民经济计划和国务院副总理兼国家计划委员会主任余秋里所作的关于1979年国民经济计划草案的报告。会议根据预算委员会的审查报告，批准1978年国家决算和1979年国家预算，并且批准财政部部长张劲夫所作的关于1978年国家决算和1979年国家预算草案的报告。

大会认为，1978年国民经济计划和国家预算执行情况是良好的。国民经济在1977年迅速恢复和发展的基础上，又取得了新的巨大胜利。这个胜利，证明党和政府粉碎“四人帮”以来所执行的路线和方针是完全正确的，采取的各项措施是切实有效的。1979年国民经济计划和国家预算体现了调整、改革、整顿、提高的要求，各项指标是积极的。实现这个计划和预算，将为打好全国工作着重点转移到社会主义现代化建设上来之后的第一个战役，创造良好的开端。

大会指出，完成1979年国民经济计划和国家预算，任务是艰苦巨的，需要作出很大的努力，进行扎扎实实的工作。大会号召，全国各族人民在中国共产党和人民政府的领导下，团结一致，鼓足干劲，解放思想，实事求是，深入开展增产节约运动，以优异的成绩迎接伟大祖国成立30周年的光辉节日，为争取胜利实现1979年国民经济计划和国家预算而奋斗。

第五届全国人民代表大会第二次会议通过提案审查委员会关于提案的审查报告

中华人民共和国第五届全国人民代表大会第二次会议开幕以来，代表们带着全国各族人民的重托，向大会提出了各种提案，充分反映了举国上下，万众一心，向四个现代化进军的大好形势。

截至6月25日止，共提出了1890件提案。数量之多是空前的，涉及的面是很广的。

属于工业交通和人民生活方面的有636件，其中包括方针政策、计划安排、增产节约、体制改革、环境保护、经济立法、加快少数民族地区生产建设以及城市建设、职工住宅、劳动就业、工资奖励、职工福利等内容；

属于农业方面的有209件，其中包括进一步贯彻以农业为基础的方针、加快农业生产基地的建设、健全农业科研体系、发展林牧渔业、开垦荒地、改造沙漠、兴修水利、加快农业机械化、加强革命老根据地和山区建设等内容。

属于财贸方面的有119件，其中包括改革财政管理体制、调整税收政策和物价政策、发展对外贸易、增设商业网点、加快商品流转等内容；

属于科学、文教、卫生方面的有468件，其中包括改革教育制度和学制、提高教学质量、发展中等技术教育、加强对青少年的教育，搞好计划生育工作、做好卫生保健，加强科学技术工作、改革科研体制，加强出版工作、培养文艺创作队伍、活跃城乡文化生活、发展体育事业、加强文物保护等内容；

属于政法、国防、外事等方面的有458件，其中包括继续发展社会主义民主、健全民主生活、保证人民代表行使权利、加强法制、维护社会治安、树立社会新风尚、精简机构、反对干部特殊化，加强国防现代化建设、妥善安排复员转业军人的工作、做好优抚工作、发展旅游事业、落实民族政策和侨务政策等内容。

这次大会的提案，代表性非常广泛。许多提案是代表们事先征求了群众的意见提出来的，有些是经过代表们共同商议后联名提出来的。这说明了人民代表来自人民，代表人民，表达了人民最迫切的愿望和要求，充分体现了代表们当家做主的高度责任感和积极性。

提案审查委员会组成了工业、农业、财贸、文教、综合5个专业审查组，认真审理了代表们提出的提案。各专业审查组对提案都征求了各有关部门的意见，进行了认真的研究，提出初步审查意见，然后提交提案审查委员会全体会议讨论通过。

人大常委会、国务院、最高人民法院、最高人民检察院以及国务院各部门，都非常重视大会提案工作，热烈欢迎代表们对自己的工作提出建议，认真地及时地研究了代表们的提案，向提案审查委员会提供了有关的情况和处理提案的建议。

提案审查委员会根据提案的具体情况，分别提出了以下审查意见；凡是有关部门正在办理的或者计划办理的，以及应当办理而又可能办理的，都交由各该部门办理；凡是牵涉方面较多需要有关部门通盘考虑或者需要积极创造条件逐步实施的，都交由各该部门研究办理；凡是提案案情需要有关部门经过全面调查和深入了解之后才能肯定能否办理的，都交由各该部门进行调查研究。建议按照上述审查意见，把各项提案分别交由人大常委会、国务院、最高人民法院、最高人民检察院以及国务院各部门进行处理，并将处理情况和结果，随时向人大常委会报告，由人大常委会向下一次大会提出报告。

第五届全国人民代表大会第二次会议批准关于全国人民代表大会常务委员会工作报告

中华人民共和国第五届全国人民代表大会第二次会议批准最高人民法院和最高人民检察院工作报告

中华人民共和国第五届全国人民代表大会第二次会议批准江华院长的最高人民法院工作报告，批准黄火青检察长的最高人民检察院工作报告。大会对第五届全国人民代表大会第一次会议闭幕以来，人民法院和人民检察院的工作表示满意。大会认为，随着全国工作着重点的转移，社会主义法制的逐步加强和完善，人民法院和人民检察院应当进一步发挥审判机关和法律监督机关的职能，忠实于法律和制度，切实做到执法必严，违法必究，准确地打击敌人，惩罚其他刑事犯罪分子，有效地保护人民，维护社会主义法制的尊严，保障我国社会主义现代化建设事业的顺利进行。

全国人大常委会举行第九次会议决定设立国务院财政经济委员会

全国人民代表大会常务委员会举行了第九次会议，决定设立国务院财政经济委员会，以加强对财政经济工作的统一领导。会议根据华国锋总理的提议，任命陈云副总理兼主任，李先念副总理兼副主任，姚依林副总理兼秘书长，余秋里、王震、方毅、谷牧、薄一波、王任重、陈国栋、康世恩、张劲夫、金明为委员。

全国人民代表大会发布公告

中华人民共和国第五届全国人民代表大会第二次会议于1979年7月1日根据国务院总理华国锋的提议，决定任命国务院副总理名单如下：

副总理　陈　云

副总理　薄一波

副总理　姚依林

中华人民共和国第五届全国人民代表大会

第二次会议主席团

1979年7月1日于北京

全国人民代表大会发布公告

中华人民共和国第五届全国人民代表大会第二次会议于1979年7月1日根据国务院总理华国锋的提议决定任命方毅为中国科学院院长。

中华人民共和国第五届全国人民代表大会

第二次会议主席团

1979年7月1日于北京

第五届全国人民代表大会第二次会议通过第五届全国人民代表大会民族委员会主任委员 副主任委员委员名单

主任委员 阿沛·阿旺晋美(藏)

副主任委员 张 冲(彝) 白寿彝(回)

李 贵(汉) 杰尔格勒(蒙古)

杜 易(壮)

阿木冬·尼牙孜(维吾尔)

吴运昌(苗) 赵南起(朝鲜)

伊尔哈里(哈萨克)

委员(按姓氏笔画为序)

马克苏米(女,保安) 马烈孙(回)

王岩刚(崩龙) 王美恭(女,回) 王越丰(黎)

牙合甫·大毛拉(维吾尔) 文合图(锡伯)

方国瑜(纳西) 孔瑞荣(独龙) 巴 岱(蒙古)

巴 桑(女,藏) 艾尼·司的克夫(塔塔尔)

田富达(高山) 兰爱花(女,畲) 司拉山(景颇)

召存信(傣) 达 吉(珞巴) 乔生春(土)

许明月(女,朝鲜) 克尤木·买提尼牙孜(维吾尔)

苏呷沙且(彝) 杜玉琴(女,达斡尔)

杜路博(女,傈僳) 李和才(哈尼)

李娜体(女,拉祜) 杨靖洲(布依) 吴通明(苗)

何国柱(满) 何淑云(女,赫哲)

库尔班江(塔吉克) 闵成龙(东乡)

张 杰(回) 陆琼英(女,水)

阿依吐拉(女,维吾尔) 孜娜西(女,哈萨克)

陈批鲁(哈尼) 拉布吉(裕固) 果基木古(彝)

岩 养(布朗) 罗周文(京) 金宝生(瑶)

周理荣(女,羌) 郑建宣(壮) 官保加(蒙古)

孟庆海(鄂伦春) 降央伯姆(女,藏) 胡二千(普米)

哈斯托雅(女,鄂温克) 保洪忠(佤)

秦学英(女,怒) 夏茸尕布(藏)

爱新觉罗·溥杰(满) 措 姆(女,门巴)

黄天佑(壮) 黄绍臣(苗) 黄菊香(女,黎)

曹自芹(女,阿昌) 盘代乾(瑶) 盘佐杰(壮)

清格尔泰(蒙古) 梁顺模(仡佬)

塔衣尔·买买提力(柯尔克孜) 彭昌松(土家)

彭官恕(土家) 韩乙卜拉(撒拉) 覃永吉(仫佬)

覃绍英(女,侗) 瑞 板(傣) 谭凤仙(毛南)

潘训英(女,白)

穆娜瓦尔汗·依不拉音(女,乌孜别克)

国务院总理华国锋在北京会见斯里兰卡外长阿·卡·萨·哈米德

华国锋总理晚上会见斯里兰卡外长阿·卡·萨·哈米德时高兴地说:"我和中国政府正期待着斯里兰卡总理拉纳辛哈·普雷马达萨不久前来我国访问。"

华总理在谈话中对中、斯两国关系的发展表示满意。他向哈米德外长介绍了五届人大二次会议的情况。

当谈到国际问题的时候,华总理指出,越南当局强制输出大批难民,已经成为东南亚和许多其他国家关注的一个重大而迫切的问题。邻近越南的国家已经无法承受这一不断增加的沉重负担,对这一严重局势越来越感到不安。

他说,中国政府和人民十分关切和同情这些难民的悲惨遭遇。尽管我们有困难,我们还是接受了23万多来自越南的难民。我们认为,国际社会应当关心越南难民的救济和安置工作,同时更重要的是应当设法使越南停止推行强制大量输出难民的非人道政策。中国政府支持最近东盟国家外长会议对越南难民问题所采取的立场。中国政府也支持由联合国召开国际会议研究和解决这个问题。

哈米德外长向华总理祝贺五届人大二次会议取得圆满成功。他希望斯中两国的友谊关系越来越密切。

斯里兰卡驻中国大使德辛哈参加了会见。

会见时在座的有外交部部长黄华、中国驻斯里兰卡大使孙盛渭等。

《人民日报》发表特约评论员文章《搞好党风是党领导人民实现四化的根本条件》

今年7月1日,是打倒"四人帮"后第三个党的生日。近3年来,党领导全国人民做了足以载入史册的几件大事。第一,摧毁了"四人帮"的反革命帮派体系,巩固了无产阶级专政。第二,解决了一大批历史遗留问题,加强了全党全民族的团结。第三,展开了"实践是检验真理的唯一标准"的讨论,开始端正了思想路线,敢于面向实际,研究新情况,解决新问题,恢复了马列主义、毛泽东思想的生命力。第四,调整了农村经济政策,为我国农业大发展、从而为四个现代化奠定了新的良好基础。第五,坚持反对大小霸权主义,为实现四个现代化争取到一个比较安定的国际环境。这一系列具有远见卓识和革命胆略的重大决策的成功,极大地提高了党在全国人民和世界人民中的威望。实践证明,我们的党不愧是伟大的党,我们的党在战胜林彪、"四人帮"这伙凶恶的内部敌人以后,是能够大有作为的,是有信心有能力领导全国人民继续前进的。

党风迫切需要整顿

从今年起,全国工作重心已经转移到现代化建设上来。现阶段党肩负的历史使命，就是领导全国人民同心同德实现四个现代化。这个目标能不能顺利达到，决定性的条件是要有一个好的党风。正像毛泽东同志指出的："中国的改革和建设靠我们来领导。如果我们把作风整顿好了，我们在工作中间就会更加主动，我们的本事就会更大，工作就会做得更好。我们国家要有很多诚心为人民服务、诚心为社会主义事业服务、立志改革的人。我们共产党员都应该是这样的人。"

现在我们的党风迫切需要整顿。应当看到，林彪、"四人帮"对党的作风的破坏是非常严重的，他们的反革命复辟活动使党的肌体受到极大的损伤。我们党有一半党员是在林彪、"四人帮"横行的十年间入党的。我们的新党员和年轻干部大多数是好的，但一部分同志在思想上作风上不同程度地受到林彪、"四人帮"的假马克思主义的影响，这是一个必须严肃对待的问题。我们的老党员和老干部，大多数在同林彪、"四人帮"斗争时表现是好的，恢复工作以后继续保持艰苦朴素、联系群众的作风，得到人民的拥护。但也确有少数人辜负了人民的期望，没有正视自己的缺点，没有接受必要的教训，不严格要求自己，忘记了党的优良传统，染上这样那样的不正之风，损害党和人民的关系，挫伤人民群众的社会主义积极性。对于这方面的问题，人们不是没有议论和忧虑的。有的群众甚至因此对实现四化失去信心。群众的这种担忧和议论，应当引起我们全党的警惕。我们一定要以最大的决心和最大的勇气，依靠广大人民群众，扫除一切障碍，把整顿党风这件事办好。这是关系到我们的党能否团结和率领广大人民群众同心同德搞四化，能否永远保持无产阶级先锋队性质的问题。

同甘共苦才能同心同德

党风问题，归根到底是党和人民群众的关系问题。无产阶级政党要领导人民走向胜利，一要靠正确的路线和政策，二要靠好的作风。制定出符合人民根本利益的马克思主义的路线和政策，这是党团结人民争取胜利的政治基础。没有正确的路线和政策，人民事业必定遭到挫折，这是毫无疑义的。然而仅仅制定了好的路线和政策，没有广大党员和干部到人民群众中去进行艰苦卓绝的工作，把党的路线和政策变成广大人民群众的自觉行动，人民事业照样不能成功，这也是毫无疑义的。所以一个马克思列宁主义的政党，必须把党和人民群众的关系问题，摆到党的建设的首位。每一个共产党员都要懂得，无论搞革命或搞建设，只能依靠亿万群众的同心同德。这是我们力量的唯一源泉，也是我们党最基本的历史经验。

58年前，中国诞生了共产党。中国人民在党的领导下，经过长期的艰苦奋斗，终于推翻了"三座大山"，建立了社会主义的新中国。人民歌颂党是灯塔，是北极星，是贴心人，党教育党员和干部，不要忘记人民是母亲，我们是人民的勤务员。在战争年代里，常常是党派一个党员或几个党员和干部到某一地区去开辟革命工作。他们和那里的人民群众打成一片，在那里生根、开花、结果。那时候的党群关系，真正是鱼水关系。离开了群众，不要说工作无法开展，连自己的生存也没有保障。人民群众深深知道，党的干部是为了劳苦人民的解放而献身的，他们带来了革命的真理，给人民指明出路，群众信赖他们，拥护他们。正是这种千百万真心实意地拥护革命的人民群众，筑成了真正的铜墙铁壁，使得任何强大的敌人，都压不倒我们，而我们却战胜了一切敌人。

在长期的艰难困苦的斗争中，我们党在毛泽东同志和许多优秀的领袖人物的倡导和培育下，形成了一整套优良作风，包括实事求是的作风，群众路线的作风，民主的作风，谦虚谨慎、艰苦奋斗的作风，全心全意为人民服务的作风等等。集中的就是毛泽东同志所概括的著名的三大作风，即：理论和实践相结合的作风，和人民群众紧密地联系在一起的作风，批评和自我批评的作风。历史已经证明，正是我们党的这一整套优良作风，保证了党和人民的血肉相连，使我们党朝气蓬勃，保持了无产阶级政党的革命本色，因此赢得了亿万人民群众真心实意的拥护。同心同德，这是由血肉相连、同甘共苦而得来的。

执政党遇到的严峻考验

马克思恩格斯早就严肃地提出，无产阶级在夺取政权，建立了自己的国家后，要防止自己的国家工作人员追求升官发财。新中国成立三十年来的实践告诉我们，这是一个无法回避的问题。

当我们党夺取了政权成为执政党以后，保持无产阶级政党的革命本色就遇到了新的考验。这是因为地位不同了，过去没有权，现在处于当权地位了。是做社会的公仆，还是社会的主人？还是像农民革命的英雄们那样，采取"彼可取而代之"的态度？这个问题对于像中国这样一个经过长期封建制度统治、经济文化十分落后的国家，对于一个小资产阶级成分占着相当巨大的比重的我们的党，就更加是一个严峻的考验。

列宁曾经深刻地分析过，在俄国的社会条件下，大批浸透了小资产阶级思想的分子进入工人政党是不可避免的。这并不是什么坏事，无产阶级的任务就是要锻炼、教育、改造他们。"但是要做到这一点就需要使无产阶级改造这些出身于小资产阶级的人，就需要使无产阶级影响他们，而不是他们影响无产阶级。"(《列宁全集》第16卷第49页)十月革命以后，列宁采取了种种措施，使非党工人"看到共产党吸收新党员并不是使他们利用执政党的地位来谋利"，教育党员通过模范作用来提高党在工人阶级中的威信(见《列宁全集》第30卷第174页)。毛泽东同志同样足够地估计了这个问题的严重意义。在延安整风运动中，他把郭沫若同志论明末农民领袖李自成的论文《甲申三百年祭》，作为全党的整风文件，要求全体党员特别是领导干部，以李自成的失败为戒。这是很值得我们深思的。

在全国胜利前夕和新中国成立初期，毛泽东同志又反复告诫全党，要警惕因为胜利而冲昏头脑，因为条件变了而受到侵蚀以至于蜕化变质，重演历史悲剧。由于党所做的大量思想教育工作，特别是1951年冬至1953年春开展的反贪污、反浪费、反官僚主义的重大斗争深刻地教育了全党，使得党的威信在全国人民的心目中牢牢地树立起来。但是，解决这样的问题，当然不是一劳永逸的。斗争在继续着，剥削阶级的尸体在腐烂发臭。整整十年，林彪、"四人帮"的破坏使党的元气大伤，特别是败坏了党的传统作风。粉碎"四人帮"以来，党的优良作风虽然有所恢复，但党内的各种歪风邪气至今仍然广泛存在。

一是官僚化。忘记了自己的权力是人民给的，忘记了共产党员为人民服务的神圣职责。把自己主管的单位或地方视为独立王国，独断专行，压制民主，破坏法制，侵犯人民的民主权利和人身权利；或者做官当老爷，把自己主管的单位或地方变成一潭死水，无所用心，不关心人民痛痒，遇事不负责任，不分是非，对好人好事不支持，对坏人坏事不处理。

二是特殊化。为自己和亲属谋求特权，违犯财经纪律，挥霍国家大量资金满足私欲，有的甚至走上贪污、盗窃、受贿、腐化堕落的道路。

三是走后门。不顾国家法律和制度的规定，为自己、为子女、为亲友谋私利，把旧式官场营私舞弊的腐朽作风带进党内。

四是搞派性。把党的原则包括党的组织原则置诸脑后。按派性办事，不按党性办事。用各种形式继续搞派性活动，打击一些人，包庇一些人。有的领导干部甚至利用派性来巩固自己的领导地位。

还有其他一些不正之风。

这些问题虽然只表现在少数人身上，但值得我们严重注意。为什么会有这种歪风邪气呢？林彪、"四人帮"的破坏当然是一个重要原因，但却不是唯一的原因。还应该从社会根源，从自身的思想状况和我们工作制度上的某些环节的漏洞上去检查。在我们的社会里，职务的不同，本来是革命的分工，这个道理是谁都知道的，但是因为有权，如果思想不正，就可能把革命当成做官，由公仆变成老爷。我们的权力是人民群众给的，这个道理也是谁都能说的，但是因为人民群众的民主权利没有切实的保障，就容易在实际上变成是上级给的，或者是某一个有权者给的。正是在这种情况下，林彪、"四人帮"的"有权就有一切"才能乘虚而入，扩散它的毒素。既然"有权就有一切"，那又何必去理睬那些无权的群众呢？只要在权的上级满意就行了。在这种思想的腐蚀下，有的人为了追求个人利益或保全个人的既得利益，精心研究的不是马列主义，而是《红楼梦》里说的那个护官符和腐朽的登龙术，以便有利时机有人提拔，出了问题有人保护。有些人也搞调查研究，但调查研究的不是群众的疾苦或者工作中的问题，而是"上面"的气候以及上级的爱好，以便汇报合乎"精神"，送礼符合尺寸。这样的人，对上奉迎，对下欺压。他们没有本事只靠压服，不干工作专会吹牛；对于社会主义建设耳目不灵，在官场上应付却八面玲珑。这哪里还有一点共产党员的气味？有人滥用职权，违法乱纪，挥霍无度，大兴土木。穷奢极欲的豪华排场，即使在封建社会里，也是要遭到非难的。唐人白居易写《伤宅》，所讽刺的也不过是"累累六七堂"，"一堂费百万"而已，哪里比得上当今有些人的"气派"？

试想，党内存在着这样严重的歪风邪气，如果我们没有决心和勇气及时加以解决，能够率领广大群众同心同德地去实现四化吗！

下定决心把党风整顿好

为了抓住实现四个现代化的整个链条，今天有两个环子必须不失时机地紧紧抓住：一个是改革经济，一个是整顿党风。这两个环子，将要在物质生活和精神生活方面越来越显示出它们在实现四个现代化的整个链条中的决定性作用。一个改革，一个整顿，都会遇到来自各个方面的非难和阻力，没有很大的决心和很大的勇气，是办不成的。此外，还要有妥当的方法。有了决心和勇气，方法不对头，事情也办不好。

在整顿党风方面，我们的方法，一是做好思想工作。整顿党风，首先是思想整顿。各级党组织要有领导有步骤地普遍地进行一次整顿党风的思想教育，以中央纪律检查委员会拟定的《关于党内政治生活的若干准则》为主要教材。这个文件总结了我们党粉碎"四人帮"以来的新鲜经验，丰富了马列主义、毛泽东思想关于党的建设的理论，是我们整顿党风的指导思想和基本法规。学习这个文件，要联系全党、本单位和个人的实际，实事求是地开展批评与自我批评，边学边议边改。大大发扬密切联系群众、发愤图强、艰苦朴素、埋头苦干、认真思考、争挑重担、勇于负责的革命风格，兢兢业业地把党的事业搞好。

二是加强党员和人民群众的监督作用。事实证明，只靠个人的自觉性是不够的，还要创造必要的条件，保障党员对党的组织和领导干部，人民群众对党和国家干部行使监督权。一切阻止党员和群众进行监督的种种借口，都应该废止。

三是坚决地而又慎重地检查处理违犯党规、党法、败坏党风的案件，打击歪风邪气。同时，要表扬那些保持党的优良作风的好同志。要铁面无私。公民在法律面前一律平等，党员在党的纪律面前一律平等，决不允许有超越法律和党纪之外、凌驾法律和党纪之上的特殊公民和特殊党员。任何党员和干部，不管职位多高，功劳多大，资格多老，"后台"多硬，只要违犯党纪国法，都必须按法予以制裁。

四是健全党的各项制度。如党的民主集中制，党的各级代表大会、各级党委员会的选举制度和工作制度，党的集体领导和分工负责制度，党的纪律检查制度，党员的权利和义务等等，都应当按照党章和《关于党内政治生活的若干准则》所规定的原则，采取措施，并使之制度化。特别是党的纪律检查制度，一定要坚决执行，不打折扣。只有这样，才能真正堵塞滋生各种歪风邪气的漏洞。

我们相信，只要党的作风整顿好了，全国人民就会跟我们学，就会影响全民族，全国人民就一定会在党的领导下，同心同德搞四化。党风一定要整好，四化一定要实现。这是我们的信念，也是全国人民的共同愿望。

《人民日报》发表新华社记者文章《人心思法 人心思治——人大代表、政协委员谈法律草案》

全国人大常委会法制委员会主任彭真，在五届人大二次会议上，作了关于《中华人民共和国刑法》和《中华人民共和国刑事诉讼法》等7个法律草案的说明。出席会议的代表把立法当作自己的神圣的职责，几天来正在对这次提出的各项法律草案进行认真的讨论和审议。

人心思法，人心思治。在吃尽了林彪、"四人帮"造成的十年动乱的苦头之后，我国人民终于迎来了一个健全社会主义民主与法制的新时期，这是我国社会主义制度进一步巩固和发展的重要标志。代表们说：盼望法治早就成了我国人民的共同愿望。集中全国人民的意愿，逐步建立和健全一套适合我国情况的法典、制度，这对进一步发展我国的安定团结政治局面，促进社会主义现代化建设事业的顺利进行，将是一个重要保证。

代表们在分组讨论审议中，高度评价庄严的全国人民代表大会作为我国最高立法机关制定的这一系列法典，代表了9亿多人民的利益和意志。他们说：

有了法，亿万人民办事就会有章可循；

有了法，坏人坏事就会受到约束和制裁；

有了法，人民就能享有充分的民主；

有了法，就能安定团结搞四化。

3200多名人大代表，1700多名政协委员讨论着这些从斗争中诞生的法律条文，感到无比欣慰，感慨万千。

1949年3月，谢觉哉同志在听了当时东北行政委员会加强司法部门的工作汇报后，曾经引用过郭沫若同志写的这首诗章，借以控诉蒋介石的封建法西斯统治，歌颂人民法律的诞生。此时此刻，当代表们在讨论新的法律条文时，有人情不自禁地重新吟诵起郭老当年的这首诗，并且举出大量事实愤怒地控诉了林彪、"四人帮"践踏社会主义法制的罪行。

人民永远不会忘记，林彪、"四人帮"搞法西斯专政，给我们国家和人民带来的深重灾难。参加讨论的人大代表和政协委员，许多人都是当年的受害者，他们就是这段历史的见证人。

那时候，中华人民共和国宪法被踩得粉碎，酝酿和起草了多年的刑法和刑事诉讼法草案，没有来得及讨论，就被戕杀在母腹之中。凭着林彪、"四人帮"的一句话、一张字条、一个电话，就可以随意抄家、抓人、甚至处死好人。

严佑民、凌云两位代表，"文化大革命"前长期担任公安部副部长，对于人民治安作出了贡献。可是，正是他们，却在一夜之间，被无辜地关进了自己领导修起的狱室。上海代表、青年工人陆国梁，1976年曾经写了一份题为《邓小平同志的讲话同马列指示对照是正确的》的材料，正大光明地交给了车间党支部。他天真地认为，这样做，既合党纪，又合国法。可是他想也没有想到，只隔了九天，就因此开始了铁窗生活。

代表们说，林彪、"四人帮"践踏法制，制造的各种冤案，何止千万件。一位画家，把太阳画成红黄颜色，竟被认定是诬蔑毛泽东思想"暗淡无光"，以反革命罪投入监狱；一名工人，在一座土窑西侧劳动，因为刮东风，窑里冒烟弄得他满身烟灰。他开玩笑说："要刮西风就好了。"结果竟被说成是有意与"东风压倒西风"的语录唱反调，判处管制3年。至于把说错话、写错字、读错语录、喊错口号，把精神病者的胡言乱语，把做过结论的一般政治历史问题等等，都当作反革命加以处刑镇压的事例，更是不胜枚举。他们不仅肆无忌惮地对人民进行残酷的政治迫害，而且还打着"批资"、"批修"的旗号，无视宪法和党的政策的规定，明目张胆地破坏全民和集体所有制的制度，侵占私人的合法财产。一些农民代表谈起这些事情气愤地说，那时候，光是一条所谓"割资本主义尾巴"的鞭子，就把几亿农民抽打得几乎活不下去。党的政策明明规定农民可以有点自留地、自留树、自留畜，他们就是要收、要砍、有些地方就连老太太养了几只鸡，他们也要动员民兵半夜三更地去摸人家的鸡笼子。在党的政策许可下用自己的双手劳动，会有罪，会犯法。这一点，勤劳朴实的农民怎么也想不通。

代表们痛定思痛，乱后思治。大家历数着10年来留下的这些伤痕，都在思考着一个问题：为什么我们这样一个9亿多人口的国家会在几个骗子面前，束手无策？大家说，还是叶剑英同志说得好："我国的社会主义法制从新中国成立以来，还没有很好地健全起来。林彪、'四人帮'钻了这个空子，在所谓'加强无产阶级专政'的幌子下，想抓谁就抓谁，对广大干部和人民实行法西斯专政。"现在，国家逐步建立和健全社会主义法制，人民手中就有了强大的武器。这样，如果再出现野心家、阴谋家掌了权，骑在人民头上拉屎屙尿，人民就有武器抵制它，制裁它。所以代表们在讨论中，高兴地把立法称作是给人民的"护身符"，"定心丸"。

有了法律条文，并不等于就是法治。真正的法治，必须做到"有法必依，执法必严，违法必究"。代表们围绕着这个问题展开的讨论中，着重指出，要维护社会主义法制的尊严，必须坚持人民在法律面前人人平等的马克思主义原则，不允许任何人凌驾于法律之上搞特权。

古往今来，广大劳动人民从来就是盼望着在法律面前人人平等的。政协委员、89岁的法学专家王之相说，"法"字产生的时候，就反映了人民要求用法铲除不平的美好愿望。但是，在一切少数人压迫和剥削多数人的社会里，实质上是做不到的。只有在代表着绝大多数人民利益的社会主义制度下，"法律面前人人平等"这个口号，才有可能成为真正的现实。

干部犯法，同样治罪，这是我们党的优良传统。在新中国成立初期的"三反"、"五反"斗争中，我们党就依法严惩了身居要职的贪污犯刘青山、张子善，人民热烈称赞我们的党纪国法严明，上下一律。大家说，这样的好传统，我们一定要世世代代传下去！一位老红军代表回顾我党我军的光荣传统，对目前个别领导干部高踞于群众之上，滥用职权，胡作非为，提出了尖锐的批评。他说，当前在我们党内，确有少数人，违法乱纪，或者徇情枉法。对于这些人，必须按照党纪国法给以制裁，决不能罚不当罪，大事化小，小事化了，失信于民。

许多代表指出，执法要严，在司法机关里还要培养出千千万万个敢于坚持原则的无产阶级的包公、海瑞和况钟。代表们说，过去我们有许许多多这样的司法干部。即使是在林彪、"四人帮"的高压下，也还有一批坚持真理，刚直不阿的司法人员。大家十分称赞贵阳市中级人民法院女审判人员吴精娴和内蒙古阿巴嘎旗公安人员邹士魁。1976年清明节，贵阳市署名为"后盾"的两位同志，因为张贴标语声援首都人民在天安门广场的革命行动，被当作现行反革命分子逮捕。此案是经过上面大人物亲自定了性的。当时负责审理这个案件的吴精娴同志，以《惩治反革命条例》为依据，冒着遭受打击、迫害的风险，坚持原则，毅然宣判"后盾"无罪。邹士魁在对错判死刑者快要执行枪决时，发现与事实不符，立即挺身而出，提出不同意见，终于帮助自治区司法部门将原判死刑的3人和被判十年徒刑的一人全部平反释放。人们称他为"尊重事实真相，刀下留人的好干部"。

代表们说，历史的经验证明，法的根本力量在群众之中，没有人民的力量，法是空的。我们的法律一旦为亿万人民所掌握，就会变成维护社会主义民主和法制的强大力量。我们一定要加强社会主义法制的宣传，使之家喻户晓，人人明白。人民掌握法律武器，就能监督国家机关和任何个人依法办事，敢于同任何违法行为作斗争。这是从根本上防止林彪、"四人帮"一类骗子践踏法律、涂炭人民的历史悲剧重演的重要途径，也是促进我们社会主义制度不断巩固、发展的根本保证。

中共中央 国务院发出通知决定自今日起恢复内蒙古自治区1969年7月前的原行政区划

通知说，为了进一步落实党的民族区域自治政策，加强民族团结，促进少数民族地区经济建设和文化教育事业的发展，加强国防建设，中共中央、国务院决定恢复内蒙古自治区1969年7月前的原有行政区划。

通知指出，将原来划属辽宁省的昭乌达盟，吉林省的哲里木盟和科尔沁右翼前旗、突泉县，黑龙江省的呼伦贝尔盟和鄂伦春自治旗、莫力达瓦达斡尔族自治旗，甘肃省的额济纳旗、阿拉善右旗，宁夏回族自治区的阿拉善左旗，从1979年7月1日起划回内蒙古自治区。

通知中，对内蒙古自治区恢复原行政区划后，在工矿企业建设上，如何注意照顾历史形成的协作关系和物资供应渠道，实行经济管理的原则，以及关于党、政、财、文等工作的具体交接事项，等等，都分别作了一些具体规定。

新长征火炬接力活动点燃火炬仪式在上海举行

由共青团中央、国家体委、中华全国体育总会联合举办的第四届全国运动会"新长征火炬接力"活动点燃火炬仪式，在党的诞生地——上海中国共产党第一次代表大会会址举行。

中共中央政治局委员、国务院副总理王震参加了仪式。参加仪式的还有上海市委、国家体委、共青团中央等有关方面负责人以及参加过上海三次武装起义的老工人等。

晚7时,国家体委副主任黄中宣布“新长征火炬接力”活动点燃火炬仪式开始。王震、胡启立同志先后在仪式上讲话。上海市“新长征突击手”毛仪群代表上海青少年发了言。

讲话以后,参加过红军二万五千里长征的王震同志把火炬授予毛仪群;并亲自点燃火炬。毛仪群为各支火炬队接火后,中共上海市委书记、上海市革委会副主任王一平宣布火炬队伍出发。王震同志来到队伍中,带领大家起跑。九支火炬队在锣鼓车、红旗车的带领下,跑向上海市体育馆。

火炬接力从上海开始,将经过浙江、江西、湖南、广东、广西、贵州、四川、甘肃、宁夏、陕西、湖北、河南、山西、河北、北京共16个省、自治区、直辖市的上百个城镇,全程1万多公里,历时72天,于9月10日下午将火炬送到第四届全运会开幕式会场。

国家体委表彰5名优秀运动员及其教练员

国家体委在北京召开电话会议,表彰了今年以来在举重、射击、射箭等项目打破4项世界纪录、平1项世界纪录的陈伟强、高庆、孟凡爱、林波、吴数德5名运动员以及他们的教练员。国家体委号召全国各省、自治区、直辖市和人民解放军的广大运动员、教练员向他们学习,努力创造新的、优异的成绩。

电话会议上,国家体委副主任徐寅生宣读了国家体委向优秀运动员陈伟强等5人和他们的教练员颁发体育荣誉奖章的决定。国家体委副主任荣高棠讲了话。

荣高棠说,今年以来,全国各地运动员、教练员为迎接第四届全运会,勤学苦练,有新的进步。除陈伟强等5人外,我国田径运动员邹振先、叶佩素、申毛毛、李晓惠分别打破了三级跳远、女子5项全能、男子标枪、女子铁饼的亚洲纪录;上半年还有113人、183次打破田径、游泳等项目的72项全国纪录。我国乒乓球队、羽毛球队以及体操、击剑、排球、网球、围棋、象棋运动员,在国际比赛中也获得很好的成绩。荣高棠同志号召运动员继续解放思想,树雄心立壮志,把我国体育运动水平大大提高一步。

《健康报》正式复刊

《健康报》是一份全国医药卫生战线的专业性报纸,复刊后,将根据新时期的总任务,组织和动员广大医药卫生工作人员发扬光荣传统,进行医药卫生现代化建设,为提高全国各族人民的健康水平而奋斗。《健康报》暂定为周刊,每星期日出版,每期对开4版。

7月2日

全国政协五届二次会议在人民大会堂闭幕

历时18天的中国人民政治协商会议第五届全国委员会第二次会议,圆满完成了各项任务,上午在人民大会堂闭幕。

大会通过的政治决议表示热烈拥护邓小平主席的开幕词,热烈拥护叶剑英委员长在五届人大二次会议上的开幕词、华国锋总理的政府工作报告以及其他报告和法律草案,并保证坚决贯彻执行。

政治决议指出,邓小平主席的开幕词是我国实现四个现代化的新时期统一战线和人民政协的行动纲领。

政治决议确定人民政协在新的历史时期的任务是:“要调动一切积极因素,团结一切可以团结的力量,努力化消极因素为积极因素,同心同德,群策群力,维护和发展安定团结的政治局面,充分发扬社会主义民主,加强社会主义法制,巩固无产阶级专政,为把我国建成现代化的社会主义强国而奋斗。”

政治决议还强调,人民政协要就有关国家的大政方针、政治生活和四个现代化建设中的各项社会经济问题进行协商、讨论,实行互相监督,发挥对宪法和法律实施的监督作用;要为台湾早日归回祖国贡献力量;要加强同各国人民的友好往来,为发展国际反霸统一战线作出更大的贡献。

上午十时,邓小平主席宣布大会开始。韦国清副主席主持了大会。

乌兰夫副主席致闭幕词。

大会增选了刘澜涛、陆定一、李维汉、胡愈之、王昆仑、班禅额尔德尼·确吉坚赞为五届政协全国委员会副主席,刘澜涛为秘书长(兼),还增选了40名常务委员。朱蕴山、史良已由五届人大二次会议增选为人大常委会副委员长,不再兼任政协全国委员会副主席。

大会通过了关于常务委员会工作报告的决议,一致同意许德珩副主席的工作报告,并对1978年3月五届政协一次会议以来政协常务委员会的工作,表示满意。会议希望全体委员,为争取完满实现工作报告中所提出的各项任务而奋斗。

大会还通过了五届政协二次会议提案审查委员会关于提案的审查报告。报告说,五届政协二次会议共收到提案924件,数量之大,涉及范围之广,都超过了政协历次会议。提案审查委员会对这些提案,都认真地进行了分析研究,逐案讨论决定审查意见,交由政协全国委员会常务委员会或者建议国务院交有关部门研究办理。会议通过了决议,同意提案的审查报告和审查意见。

大会在完成各项议程后宣布胜利闭幕。军乐团奏国歌。全场热烈鼓掌。

出席今天大会的还有政协全国委员会副主席宋任穷、沈雁冰、许德珩、朱蕴山、康克清、季方、王首道、杨静仁、帕巴拉·格列朗杰、周建人、庄希泉、胡子昂、荣毅仁。

出席今天大会的委员有1708人。

列席大会的，有中共中央、国务院、中央军委各部门主管统战工作的负责人，以及各民主党派、各人民团体的负责人。

全国政协副主席乌兰夫在全国政协五届二次会议上致闭幕词

各位委员，各位同志：

我们这次大会共开了18天，现在已经圆满地结束了各项议程。

在这次会议上，同志们畅谈粉碎“四人帮”以来各条战线取得的巨大成就，认为整个国家的形势已经发生了根本的变化。一致表示拥护中共十一届三中全会关于把全国工作着重点转移到现代化建设上来的伟大战略决策和所采取的一系列方针政策，今后应该继续坚定不移地贯彻执行。大家以国家主人翁的姿态，对3年调整国民经济的任务，对发扬社会主义民主和加强社会主义法制的问题，对新时期统一战线和人民政协面临的新形势和新任务，进行了认真、热烈的讨论，提出了许多宝贵的意见、批评和建议。大家解放思想，畅所欲言，会议开得生动活泼，热气腾腾，充分体现了我们举国上下安定团结，一心一意搞四化的大好局面。这次会议增补了111位委员，40位常委，6位副主席，加强了全国政协的领导力量，反映了统一战线的扩大和巩固。这是一次团结动员的会议，是一次发扬人民民主的会议，是一次实行互相监督的会议，也是一次团结向前进、一心奔四化的会议。

经过30年的发展，我国社会阶级状况发生了根本变化，我国的统一战线和人民政协进入了新的历史发展阶段。我们要进一步加强全国各族人民的大团结，进一步发展工人阶级领导的以工农联盟为基础的社会主义劳动者和拥护社会主义的爱国者的统一战线。这个统一战线是一个非常广泛的政治联盟，它包括各个民主党派，包括广大的台湾同胞、港澳同胞和国外侨胞，包括一切热爱祖国的人们。新的形势和任务，对人民政协、各民主党派、各人民团体、各界爱国人士和各方面委员的工作，提出了新的更高的要求。我们要把这次会议的精神和任务贯彻落实到各方面的工作中去，贯彻落实到各自的工作岗位上去。我们要认真学习马列主义、毛泽东思想，结合实际，继续改造思想，努力做好工作，这样才能更好地适应新的形势和要求，负起国家主人翁的责任，作出新的贡献。我们要把人民政协的工作进一步开展起来，更加活跃起来，发挥它在国家政治生活中和国际活动中应有的重要作用。我们要进一步调动一切积极因素，努力化消极因素为积极因素，把一切爱国力量都团结和动员起来，维护和发展安定团结、生动活泼的政治局面，为争取台湾早日归回祖国、完成祖国统一大业，为建设现代化的社会主义强国而共同奋斗！

政协第五届全国委员会第二次会议通过政治决议

中国人民政治协商会议第五届全国委员会的全体委员，听取并讨论了邓小平主席的开幕词，列席了五届人大二次会议，听取并讨论了叶剑英委员长的开幕词，同时听取并热烈地讨论了华国锋总理的政府工作报告以及其他有关的报告和法律草案。全体委员共聚一堂，协商国家大政方针，取得满意成果，大家感到欢欣鼓舞，对报告、文件一致表示热烈拥护，保证坚决贯彻执行。

会议满意地指出，在以华国锋主席为首的党中央的英明领导下，经过全国各族人民的共同努力，抓纲治国已经大见成效，整个国家形势，发生了根本的变化。我们的国家，从今年起进入了以实现四个现代化为中心任务的新的历史时期，我国的革命统一战线也进入了一个新的历史发展阶段。

会议一致认为叶剑英委员长的开幕词，对于开好人大和政协的会议都起了重大的动员和指导作用。华国锋总理的政府工作报告具有重大的历史意义，它充分反映了全国人民的共同愿望和根本利益，是指导我国人民共同行动的指针。

邓小平主席的开幕词是我国新时期统一战线和人民政协的行动纲领，它明确地指出，我们这次大会的目的，就是要进一步动员、团结全国各族人民和一切爱国力量，促进社会主义现代化建设的发展。我国经过多年的发展变化，表明我国的统一战线已经成为工人阶级领导的、工农联盟为基础的社会主义劳动者和拥护社会主义的爱国者的广泛联盟。

在这新的历史发展阶段，我们人民政协的任务，就是要调动一切积极因素，团结一切可以团结的力量，努力化消极因素为积极因素，同心同德，群策群力，维护和发展安定团结的政治局面，充分发扬社会主义民主，加强社会主义法制，巩固无产阶级专政，为把我国建成现代化的社会主义强国而奋斗。

人民政协是发扬人民民主，联系各方面人民群众的一个重要的统一战线组织。中国的社会主义现代化建设事业，继续需要人民政协就有关国家的大政方针、政治生活和四个现代化建设中的各项社会经济问题进行协商、讨论，实行互相监督，发挥对宪法和法律实施的监督作用。

人民政协对于台湾归回祖国的统一大业，肩负着重要的神圣职责，要为台湾早日归回祖国贡献力量。

人民政协要积极主动地开展人民外交活动，加强同各国人民的友好往来，为发展国际反霸统一战线作出更大的贡献。

在新的历史时期，人民政协的任务是重大而光荣的，我们的工作是大有可为的，让我们在以华国锋主席为首的党中央的英明领导下，解放思想，实事求是，团结一致，坚持社会主义道路，坚持无产阶级专政，坚持共产党的领导，坚持马列主义、毛泽东思想，为实现祖国四个现代化的宏伟目标，奋勇前进！

第五届全国委员会第二次会议通过增补副主席秘书长 常务委员名单

副主席　刘澜涛　陆定一　李维汉　胡愈之　王昆仑
　　　　班禅额尔德尼·确吉坚赞

秘书长　刘澜涛(兼)

常务委员

马辉之　王　匡　王再天　王孝慈　王克俊　牛佩琮
文正一　平杰三　帅孟奇　申伯纯　戎子和　刘亚雄
刘宁一　刘澜涛　阳翰笙　李　立　李运昌　李铁铮
李楚离　杨尚昆　杨献珍　何柱国　张友渔　张执一
张磐石　陆定一　易礼容　郑绍文　赵君迈　赵毅敏
胡启立　贺敏学　聂　真　徐迈进　徐逸樵　徐斌洲
韩　英　舒　同　缪云台　薛子正

中共中央主席华国锋在北京会见由南斯拉夫共产主义者联盟中央主席团执行书记斯维托扎尔·杜鲁托维奇率领的南共联盟考察团

华主席同南斯拉夫同志进行了内容广泛的交谈，向他们介绍了我国国内政治、经济形势和中国对当前一些重大国际问题的看法。

南斯拉夫驻中国大使奥斯托依奇参加了会见。

会见时在座的有中共中央政治局委员、国务院副总理纪登奎，中联部副部长刘新权、乔石等。

全国政协主席邓小平在北京会见缪云台先生和夫人

缪云台先生是五届政协第二次会议上新增选的常务委员。

会见时，邓小平同志对缪云台先生和夫人回来表示热烈欢迎。缪云台说，五届人大和五届政协两个大会的精神很好，参加会议的人都很认真严肃，有大团结的气氛。有了团结，四化建设就有力量。

中共中央政治局委员、中共中央统战部部长、政协全国委员会副主席乌兰夫，政协全国委员会副主席、中共中央统战部第一副部长刘澜涛，中共中央统战部副部长童小鹏参加了会见。

政协全国委员会在北京政协礼堂举行常务委员座谈会

座谈会由政协全国委员会副主席韦国清主持。

政协全国委员会副主席乌兰夫在会上说，我们人民政协今后的任务主要是贯彻落实五届人大二次会议和五届政协二次会议的精神和决议，完成党和国家交给我们的光荣任务。

他说，华国锋同志在中共中央最近召开的民主协商会上，强调要恢复和发扬毛主席、周总理为我们树立的民主协商的优良传统。这对加强党内外团结，发展革命统一战线，发展人民政协的工作，都具有十分重大的意义。今后我们要把这个精神贯彻到人民政协的各项工作中去。

乌兰夫说，促进台湾早日归回祖国，实现祖国统一大业的爱国统一战线，是人民政协的一项重大政治任务。我们要通过各种渠道积极开展工作。不论任何人，只要热爱祖国，只要他愿意回到爱国立场上来，我们都是欢迎的。我们希望尽早实现祖国大陆和台湾同胞的通邮、通航、通商和经济、科学、文化、体育等方面的交流。我们欢迎台湾各界人士和旅居海外的台湾同胞回祖国大陆参观、访问、探亲、访友，保证来去自由，提供方便，以礼相待。

他说，我们要发扬各民族一律平等，团结进步的传统。各民族都是中华民族大家庭的一员，都对祖国的历史发展、对祖国的革命和建设作出了光荣的贡献。民族不论大小，都应一律平等。我们必须充分尊重各兄弟民族的政治地位和民主权利，尊重各民族不同的风俗习惯和宗教的信仰自由权利。我们要注意反映各民族和宗教界人士的意见、要求，协助党和政府宣传、贯彻民族政策和宗教政策，为加强各民族的大团结，为各民族的共同繁荣、进步，作出自己的努力。

胡子昂、胡愈之、王昆仑、班禅额尔德尼·确吉坚赞、缪云台、费彝民、木沙也夫、吴贻芳、董其武、赵朴初、关瑞梧、黄汲清、汪德昭、酆云鹤等在座谈会上先后发言。他们畅谈了参加五届政协二次会议和列席五届人大二次会议的感想，对今后如何进一步做好统一战线和人民政协的工作提了许多宝贵建议。他们认为，当前我们最重要的是进一步巩固和发展全国安定团结的大好形势，最迫切的是尽快实现祖国的四个现代化。

他们表示,一定要在各自的工作岗位上做好工作,为祖国的社会主义建设和祖国的统一大业竭尽心力。

全国政协委员中的一些老法律工作者表示要为社会主义法制建设贡献力量

新华社报道,出席政协五届二次会议的政协委员中的一些老法律工作者,对于这次人大会议为健全社会主义法制所取得的显著进展充满了喜悦的心情。他们在讨论各项法律草案的过程中,不仅积极发表修改意见,而且发挥自己在这方面的专长,抓紧时间著书立说,或酝酿个人写作规划,表示要为社会主义的法制建设作出贡献。

原北京政法学院副教务长、政协常委雷洁琼认为,要很好地执行这次人大所立的几项重要法律,重要的一条就是要加快培养一大批懂行的政法干部。她说,解放以后,我国先后建立了四所政法学院,还在四个综合大学里设置了法律系,曾经培养出一大批政法人才。十多年来由于林彪、"四人帮"的干扰破坏,这些专门的法律院系几乎被摧残殆尽。为了适应新的情况的需要,应当尽快恢复和发展法律教育机构。74岁高龄的雷洁琼委员,还利用会议休息的时间,放弃看电影等娱乐活动,赶写出一篇专门论述社会主义民主和法制建设的文章,寄给了有关刊物,期望为宣传法制建设的重要意义出点力。

"人心思法,我们这些法律战线上的老兵感到肩上的担子更重了。"原中国科学院哲学社会科学部副主任、法学研究所所长张友渔委员,谈到健全法制,感慨万千。他在解放后曾经担任北京市副市长和第一任政法委员会主任。他说,有了法,就要抓紧对干部和群众进行法制教育,使法律做到家喻户晓,人人明白,提高大家遵守法律的自觉性,也使司法机关在执行法律时能得到广大人民的监督。他在1963年曾经写过一本《法学基础知识讲话》。现在,他正根据这次人大会议制定的几个法律的基本精神对这本普及读物进行修改补充,争取早日和读者见面,为法制宣传尽一点责任。

来自广西的汤松年委员特别强调要加强对青少年一代的法制教育。他建议,按照这次人大通过的几个法的原则,赶快编写出一套中小学法律教育用的教材,争取在暑假中完成,下个学年开始,就能在学校讲授。暨南大学外文系主任曾昭科委员,早年曾留学日本和英国,研究过资产阶级国家的法律。他把人大制定的刑法和西方的同类法律加以对照,高兴地说,这个法充分体现了社会主义制度下劳动人民的根本利益,又兼具国外法律的长处,是一部好法。曾昭科委员经常接待外国朋友和港澳同胞。他说,我国有了明确的法律,今后他就可以向中外朋友多做些宣传,让外国朋友和海外侨胞更好地了解我国的社会主义法制原则。

古稀之年的林亨元委员,解放前曾在重庆、上海等地和沈钧儒、沙千里联合开办"平正法律事务所",是我国著名的老律师之一,解放后担任过最高人民法院刑庭副庭长。这次,他参加了人大法制委员会的工作,他说,这次立法,重申被告人可以行使辩护权的规定,这是十分需要的,为此应该尽快恢复律师制度。我们老一点的法律工作者应该挺身而出,消除顾虑,大胆工作,总结过去的经验,在实践中带出一批又红又专的新律师。

全国人大法制委员会副主任沙千里谈恢复和健全律师制度

新华社报道,全国人大代表、人大常委会法制委员会副主任沙千里,是我国老一辈的法律界知名人士,解放前曾从事律师工作几十年。他说,恢复和健全律师制度,对于巩固和发展我国安定团结的大好形势,促使我国实现四个现代化和政治民主化,有着重要意义。他指出,我国法律所规定的辩护制度(包括律师辩护),是社会主义法制民主原则的重要体现,是民主制度化、法律化的一项内容。董必武同志在党的八大会议上的发言中指出,律师制度是"审判工作中保护当事人诉讼权利不可缺少的制度","应该予以加速推行"。董老的话是极其正确的。

沙千里指出,在我国,律师是人民群众的法律顾问和国家法律的宣传员。长期以来,由于我们很少对群众进行法律方面的宣传教育,群众中有许多人对法律的重要性缺乏认识,或者不熟悉法律。有了律师,人民遇到有关法律的问题,就可以请求他们解答,代写诉状和其他法律文件,进行诉讼、辩护等。律师通过解答法律问题和代写法律文件,从事实上和法律上告诉当事人什么是合法的,什么是非法的,支持群众正当的合理的要求,使他们的权利和合法利益得到保护;同时,律师可以从事实上法律上说服某些当事人,放弃无理的或违法的要求,减少诉讼以及群众之间的纠纷。所以恢复和健全律师制度,对于正确处理一部分社会矛盾,促进安定团结,大有好处。

沙千里说,律师帮助刑事被告人行使辩护权,有利于保护当事人的合法权益,协助法院正确处理案件。他指出,控诉和辩护是刑事诉讼活动中互相对立而又互相联系的两个方面。有控诉,就有辩护。在我国司法实践中,对刑事案件的辩护,可以由被告人自己行使。这是应当的。但是,由于被告人处在受审的特殊地位,被告人自行辩护有很大的局限性。被告人的近亲属和监护人,也往往由于不懂法律,或害怕株连,而不愿出庭辩护,即使出庭辩护,实际作用也很小。而律师，由于比较熟悉法律，具有一定的办案经验；他有独立的诉讼地位，享有比较广泛的权利。比如，律师有权查阅全部案卷材料，有权经过调查、补充新证据和提供新证人等等。因此，律师可以保护被告人能够更好地行使辩护权，保证当事人按照法律规定的民主程序进行诉讼，做到有冤能伸，有理能辩。同时，从对被告人有利方面提出事实和理由，实际上也就可以协助法院全面查清案情，确定被告有罪还是无罪，罪重还是罪轻，应当适用什么法律，从而作出正确的判决，避免或减少冤错案件的发生。

沙千里说，随着我国社会主义现代化建设的日益发展和国家经济立法的陆续颁布，用经济手段和法律手段来调整、解决国家、企业、工厂、集体、个人之间发生的经济纠纷，将日益增多。在行政管理、生活管理和有关经济合同等方面，也都涉及许多法律问题。这就需要有律师为他们当法律顾问，从法律上进行帮助。

沙千里说，我们的律师还要参与涉外案件的诉讼，维护国家主权和经济权益，保证公民、华侨的合法利益，同时也有利于增进国际的友好交往。

在谈到当前恢复和健全律师制度急需解决的问题时，沙千里强调指出，首先，对律师为刑事被告人辩护要有政治上、法律上的保证，要明确律师的地位、作用、权利和义务，使律师在自己的职权范围内，为维护社会主义法制而大胆放手地工作。同时，要培养和壮大人民的律师队伍，采取各种办法，不断为国家输送合格的律师人才。要坚持律师的条件，保证律师队伍的质量。

全国人大代表就当前就业问题提出建议

出席五届人大二次会议的代表们对华国锋总理提出在调整国民经济的第一年，能够安排700多万人就业表示满意，并且围绕这一问题提出了许多积极建议。

代表们指出，当前和今后一个相当长的时期，就业的主要出路是集体所有制企业。集全所有制企业容纳的人员多，而不需要国家多少投资，不需要增加工资支出，在经营管理上自负盈亏，不吃“大锅饭”，产品或服务项目一般也容易对路，所以发展起来比较容易。代表们说，最近几年，不少城市百分之七八十的待业人员是靠集体所有制企业安排就业的。

代表们认为，各级领导干部，应当把解决就业问题，看作是贯彻“八字方针”的一项重要内容，需要“点头”时，热情支持；需要解决困难时，出把力气。

对于城市就业的安排问题，代表们比较倾向于大力发展商业、服务等行业。人大代表、国家劳动总局局长康永和说，不久前，他们对城市各行各业职工的构成作了调查。据北京、广州、齐齐哈尔等10个城市的统计，工业职工由1957年占职工总数的44%，上升到1977年的56%；在同一时期，商业、服务业职工占职工总数的比例，却由14.5%下降到9.5%。这个变化，实际上是国民经济不协调的反映。由于商业、服务业人员和商店、服务网点少，跟不上城市发展的需要，给人民生活带来了很多不便。所以，大中城市的商业、服务行业，劳动就业门路广阔，在这些部门多安排一些人员，会特别受欢迎。

最近，北京市只用两个月时间，就组织4万名待业青年参加了1200多个生产服务合作社或小组。其中有400多个小组分散在家里加工或生产，既不需要厂房，又可照料家务，从业人员很满意。

有些代表反映，小城镇和大城市不同，商业、服务业容纳不了多少人。解决就业问题，要从本地的实际情况出发，不能搞“一刀切”。因此，除了在城镇安排就业以外，还要注意面向农村，办好农场、林场、牧场、渔场和副食品生产基地，发展农工商联合企业。

代表们强调指出，我国许多城市的人口已经到了饱和状态，再要大量安排就业困难很大。对比之下，在农村这个广阔的天地里，是可能开拓出很多就业门路的。

这两年，党和国家下了很大力量来解决这个问题。光是今年计划安排就业的人数，就超过了解放后头9年安置就业的总人数的近1倍。这在我国历史上是没有过的。代表们还指出，应该看到，我国经济落后，人口众多，彻底解决劳动就业问题，还是一项长期的艰巨的任务。

国家民委为人大和政协会议闭幕举行茶话会

出席五届人大二次会议的少数民族代表、五届政协二次会议的少数民族委员和首都民族工作者共560多人，在国家民委举行的茶话会上欢聚一堂，热烈庆祝两个会议的胜利闭幕和五届人大民族委员会的成立。

全国人大常委会副委员长阿沛·阿旺晋美，政协全国委员会副主席帕巴拉·格列朗杰、刘澜涛、班禅额尔德尼·确吉坚赞，最高人民法院院长江华等出席了茶话会。

茶话会由国家民委主任杨静仁主持。他在会上讲话时祝贺这两个会议取得了圆满成功。他说，实现四个现代化是我国各族人民共同的根本利益，得到了各族人民的衷心拥护，我国各民族人民要同心同德，为国家四个现代化这个根本任务而奋斗到底。在当前实现四个现代化的第一个战役中，我们一定要注意调整民族间的经济关系，认真照顾少数民族地区的特点和需要，迅速治愈林彪、“四人帮”的破坏给少数民族经济、文化事业所造成的创伤，尽力加速发展少数民族地区的经济和文化建设。

他说,华国锋同志在《政府工作报告》中提出,要普遍深入地进行民族政策的再教育,切实加强各民族间的团结。我们对此一定要认真贯彻执行。要克服一切违反党的民族政策的错误做法,扎扎实实地做好民族工作,使我国社会主义的新型的民族关系,在四化建设中不断得到发展。

阿沛·阿旺晋美在茶话会上讲话说,人大和政协这两个会议,是进一步加强全国各族人民的革命大团结,动员全国各族人民同心同德为实现四个现代化而奋勇前进的盛会。他说,在我国各族人民欢欣鼓舞、万众一心地为实现四化而团结战斗的时候,我们怀念着在国外的藏族同胞,怀念着台湾省高山族等各族同胞,希望他们早日回到祖国的怀抱,为建设繁荣富强的社会主义现代化祖国,为祖国的统一大业,作出自己的贡献。

班禅额尔德尼·确吉坚赞、台湾高山族代表田富达、少数民族科技界代表赵仲修(纳西族)也讲了话。

出席茶话会的还有中共中央统战部、国家民委和有关方面负责人平杰三、薛子正、童小鹏、熊向晖、李贵、方知达、金城、杨东生、胡嘉宾、谢鹤筹等。有关省、自治区的负责人汪锋、任荣、天宝、扎喜旺徐、王铎、王耀华等也出席了茶话会。

人大代表、政协委员中的文艺工作者在会上演出了文艺节目。

中共中央政治局委员纪登奎在北京会见由南斯拉夫共产主义者联盟中央主席团执行书记斯维托扎尔·杜鲁托维奇率领的南共联盟考察团

国务院副总理耿飚在北京会见以副总编辑安杰尔·巴纳斯基夫为团长的罗马尼亚《火花报》代表团

国务院批转国家计委《关于1979年全国普通高等学校毕业生分配问题的报告》

新华社报道,国务院最近在批转国家计委关于今年全国普通高等学校毕业生分配问题的报告时,要求各地区、各高等学校认真贯彻党的三中全会精神,坚持四项基本原则,做好应届毕业生的思想政治工作。要教育毕业生树立共产主义的远大理想,学习老一辈无产阶级革命家为中国人民解放事业奋斗终生的崇高品德,发扬党的优良传统,向各条战线的先进人物学习,特别要学习中越边境自卫还击作战英雄们为党、为祖国、为社会主义献身,把革命利益放在第一位的崇高革命精神。要反对"走后门"等不正之风。各级领导干部要以身作则,教育、支持子女自觉地服从国家需要,愉快地接受分配,到艰苦的地方去,到祖国最需要的地方去,为加速实现四个现代化贡献自己的力量。毕业生到达工作岗位后,各单位要关心他们政治上和业务上的进步,使他们能够继续得到提高,迅速成长。

国家计委在报告中说,我国普通高等学校1979年和延期到1980年毕业的学生共有16.2万多人。这一届毕业生是1976年选送入学的,多数来自工农兵,大部分是党团员。他们经过揭批林彪、"四人帮"的斗争和学校的培养教育,政治思想觉悟提高很快,掌握了一定的专业知识,其中不少人成绩比较优秀,是一批可贵的财富。必须珍惜和爱护他们,把他们分配好,使用好,真正做到人尽其才,才尽其用,使他们在社会主义革命和建设中发挥更大的作用。

国家计委的报告提出,对今年大学毕业生将采取适当集中、重点配备、保证特殊急需、兼顾一般需要的分配方针,同时,还要注意专业配套与贯彻学用一致的原则,进行统筹安排。在分配毕业生时,要继续坚持面向工矿、面向农村、面向基层、面向边疆,加强生产第一线的方针。大学毕业生可以分配到全民所有制单位,也可以分配到集体所有制单位。但是,不论分配到什么单位,做什么工作,都应当享受国家规定的大学毕业生的待遇,由人事部门按干部管理。要教育毕业生愉快地服从分配,到祖国最需要的地方去,与工农相结合,走又红又专的道路,为社会主义现代化贡献自己的青春。

北方地方病科学委员会在沈阳正式成立

新华社报道,最近成立的北方地方病科学委员会是一个学术性组织,也是中共中央北方防治地方病领导小组和卫生部领导地方病科研工作的咨询机构。它由从事北方地方病科研工作的不同专业、不同学科的99名科技工作者组成。哈尔滨医科大学副校长于维汉教授任主任委员,天津医学院院长朱宪彝教授、中国医学科学院副院长吴征鉴教授、西安医学院副院长谢景奎教授等11人任副主任委员。委员会下设克山病、大骨节病、地方性甲状腺肿、地方性氟病、地方病环境等7个专题研究组。这个科学委员会今、明两年的主要任务,是集中力量猛攻病因不清的大骨节病、克山病以及其他地方病防治工作的技术关键问题。

7月3日

《人民日报》发表社论《脚踏实地　奋勇前进》

第五届全国人民代表大会第二次会议胜利闭幕了。这次会议通过了华国锋总理的政府工作报告,一致赞同把全国工作的着重点转移到社会主义现代化建设上来,赞同从今年起集中3年时间搞好国民经济的调整、改革、整顿、提高,赞同加强社会主义民主和社会主义法制。正如叶剑英委员长在会议闭幕词中所说的:“大家一致认为,华国锋总理所作的政府工作报告,科学地分析了我国的阶级状况、当前形势和现阶段的主要矛盾,正确地提出了全国工作着重点转移之后的政治、经济、外交等各条战线的方针和任务,这个报告是当前指导我国人民进行社会主义现代化建设的纲领性文件。”会议还通过了《关于修正〈中华人民共和国宪法〉若干规定的决议》,审议并通过了《中华人民共和国地方各级人民代表大会和地方各级人民政府组织法》等7个重要法律。这次会议,标志着我们伟大的祖国在现代化的道路上迈开了重要的一步,也标志着我国的社会主义民主和社会主义法制进入了一个新阶段。它必将对我国9亿人民的政治生活和经济生活产生积极的深远的影响。

这次会议和同时举行的五届政协二次会议,反映了我国阶级关系的新变化和安定团结的政治局面的新发展。五届人大一次会议以后的一年多来,由于揭批查运动的深入发展,林彪、“四人帮”的反革命政治势力已经基本上被摧毁了。长期被他们中断、破坏的一系列行之有效的无产阶级政策重新得到贯彻执行。我国工人阶级的领导地位大大加强了。我国农民已经是有20多年历史的集体农民。随着现代化的进展,工农联盟将在新的基础上更加巩固和发展。我国广大的知识分子,包括从旧社会过来的老知识分子的绝大多数,已经成为工人阶级的一部分。作为阶级的地主阶级、富农阶级已经消灭,作为阶级的资本家阶级也已经不再存在。经过长期的斗争和教育,这些阶级中有劳动能力的绝大多数人,已经改造成为自食其力的劳动者。社会阶级关系的这种根本变化,决定了我国安定团结的政治局面有着牢固的社会基础,不是一个暂时的现象,也不是任何人能够轻易破坏的。现在,在我们的国家,除了极少数反革命分子和其他犯罪分子,占人口绝大多数的社会主义工人、社会主义农民、社会主义知识分子和其他拥护社会主义的爱国者,都是心情舒畅、对自己的生活和前途充满着信心。尽管他们中间还有这样那样的矛盾,但是没有根本的利害冲突。建设社会主义的现代化强国,是全国9亿人民的共同愿望,也是全国9亿人民的最高利益。在实现这个历史任务的过程中,各种矛盾都不难得到解决。正是这种阶级关系的变化和安定团结的政治局面的发展,使我们不仅有可能把全国工作的着重点转移到社会主义现代化建设上来,而且坚信我们和我们的下一代能够坚持不渝地为实现社会主义四个现代化的伟大事业而胜利进军。

我们学习五届人大二次会议的文件,宣传会议的精神,贯彻执行会议提出的方针和任务,首先要把我国的阶级关系和现阶段的主要矛盾搞清楚,这才能够对实现工作着重点的转移这个伟大的历史性转变,有一个深刻的认识。由于长期以来,林彪、“四人帮”歪曲、篡改马克思主义关于阶级、阶级斗争和无产阶级专政的理论,大搞阶级斗争扩大化,我们有些同志至今心有余悸。他们拥护工作着重点的转移,又生怕这种转移有朝一日会被说成是“阶级斗争熄灭论”。思想上将信将疑,行动上必然犹豫不决。这次会议通过的华国锋总理的政府工作报告,可以说是一个“安民告示”。它深刻地分析了我国内部的阶级状况和阶级斗争问题,论述了我国现阶段所要解决的主要矛盾,使我们看到了实现工作着重点的转移,是历史的合乎逻辑的发展。在这个问题上,我们不能再有丝毫的犹豫。通过学习和宣传五届人大二次会议的精神,我们一定要把全国人民进一步动员起来,同心同德,坚定地朝着建设四个现代化的社会主义强国的宏伟目标稳步前进。

这次会议,批准了对国民经济实行调整、改革、整顿、提高的“八字方针”。用3年时间贯彻执行这个方针,是工作着重点转移以后,实现四个现代化建设的第一个战役。这一仗打好了,我国国民经济就将进入持久的、按比例的、高速度发展的轨道。马克思主义的政治经济学告诉我们,社会化的大生产要求国民经济各部门的发展保持一定的比例关系。通过自觉地调整比例关系,使农轻重和工业各部门能够比较协调地向前发展,使积累和消费之间保持合理的比例,是社会主义制度的一个优越性。新中国建立以来,我们有过两次通过调整取得国民经济大发展的成功经验。第一次是新中国成立初期,在3年国民经济恢复时期,我们大力调整国营经济、合作社经济、农民和手工业者的个体经济、国家资本主义经济、私人资本主义经济的关系,使旧中国遗留下来的经济烂摊子得到初步改造,国民经济得到迅速恢复和发展,为以后进行有计划的社会主义建设打下了坚实的基础。第二次是60年代初期,为了克服国民经济严重失调带来的重重困难,我们实行了“调整、巩固、充实、提高”的“八字方针”,采取果断措施,迅速扭转了被动局面,出现了1965年、1966年国民经济蓬勃发展的大好形势。现在这次调整,比之前两次,情况大不相同。经过多年的建设,我们的物质基础比较雄厚,前两年多,我们的经济恢复和发展也取得了巨大的成就,借以前进的基地大大加强了。现在,尽管我们还有这样那样的困难,但这是前进中的困难,摆在我们面前的,不是一个大家都要下的为难局面,而是一个大家争着上的兴旺局面,问题是谁先谁后,孰重孰轻。因此,这一次的调整,既不同于3年恢复时期的调整,也不同于3年困难时期的调整,而是在我国进入社会主义革命和社会主义建设的新时期以后,在新的长征开始的时候,为了持久地高速度前进而自觉地进行调整。它意味着我们在经济工作上有了一个很大的进步，更清楚地懂得了必须按客观经济规律而不是按主观愿望办事，它必将取得比前两次调整更显著的成就，意义也更为重大。

华国锋总理在政府工作报告中，提出了调整国民经济的五项要求，提出了贯彻执行"八字方针"要着重抓好的十项工作。

我们要集中力量把农业搞上去，使粮食生产和其他农副产品生产的发展同人口的增长和工业的发展比较适应；要采取坚决有力的措施，加快轻纺工业的发展，使它们的增长速度赶上或略高于重工业的增长速度；要切实加强煤炭、石油、电力、交通运输和建筑材料工业，努力克服国民经济中的这些薄弱环节；要坚决缩短基本建设战线，把那些当前不急需和不具备建设条件的项目停下来，保证那些为国家急需的工程加快建设，按时投入生产，发挥投资效益；要在发展生产的基础上，使全国农民从集体分得的平均收入和全国职工的平均工资继续有所提高。这些，都是需要付出极其紧张的努力才能做到的。我们要通过学习和宣传五届人大二次会议的精神，使全国各行各业的同志都懂得自己这个行业、这个单位，在实现四个现代化的第一个战役中处于什么地位，国家有什么要求，自己担负着什么任务，从而把所有的积极性都调动起来。

这次会议，在发扬社会主义民主，加强社会主义法制，保证行使人民当家做主的权利方面，也是一个新转变。来自祖国四面八方的人民代表，带来了全国各个阶层、各个民族的意见、要求、批评和建议。大会设立提案审查委员会，恢复了"文化大革命"以前历届人代会的做法，接受了数以千计的提案，生动地反映了人民群众管理国家大事的积极性。在提案上和在发言中，代表们还对那些搞特殊化、走后门、压制民主，丧失"社会公仆"本色的干部提出尖锐的批评；对严重失职的官僚主义和普遍存在着办事不讲效率的现象表示不满；对充分行使人民代表的职权、发挥人民代表的作用，提出了很好的建议。这次会议表明，人民代表大会制度，将在我国的政治生活中发挥越来越大的作用。会议通过的《中华人民共和国地方各级人民代表大会和地方各级人民政府组织法》《中华人民共和国全国人民代表大会和地方各级人民代表大会选举法》，规定在县和县级以上的地方各级人民代表大会设立常务委员会，规定将县一级的人民代表大会代表改为由选民直接选举。这些都是健全人民代表大会制度，保障人民管理国家权利的重要措施。现在，从全国范围来看，民主的空气正在活跃起来，民主生活正在逐步健全。通过这次会议，加强了社会主义民主和社会主义法制，全国人民所希望的民主制度化、法律化正在实现。这种受到法制保护的政治上的民主化，必将有力地促进经济上的现代化。

社会主义现代化，我们想了多久，盼了多久！这个过去想干而不能干的伟大事业，今天终于踏踏实实地干起来了。现在新长征的部署已定，让我们以首战必胜的决心，万众一心，意气风发地投入全党全国工作重点转移后的第一个战役，用增产节约的巨大成就，来迎接我们伟大社会主义新中国诞生30周年。

中央纪委发出《关于不准干扰大学毕业生分配工作的通报》

通报说，据有关部门反映，经中央纪委调查核实，北京某大学在今年毕业生分配工作中，一些在党政军机关担任领导职务的学生家长以"工作需要"为名，要求将自己的子女或亲友安排在北京或其他大城市，干扰大学生的分配。问题虽然发生在少数干部身上，但是影响很坏。大学毕业生是国家培养的专门人才，由国家按计划实行统一分配，共产党员和党的各级干部理应带头遵守这个制度。但是，有的领导干部，不仅不对子女进行服从国家分配的教育，反而带头干扰国家分配制度。这种损坏党风的行为，是党的纪律所不能容许的。

现在，全党、全军和全国人民，正在为我国实现社会主义现代化而努力奋斗，决不容许危害我们事业的各种不正之风的蔓延。在高等学校毕业生分配工作中的不正之风，必须坚决加以纠正。为此，中央纪律检查委员会要求各省、自治区、直辖市党委纪律检查委员会会同有关部门，对本地区今年大专院校毕业生的分配工作，进行一次认真的检查。对其中利用职权和影响，营私舞弊，情节恶劣，影响很坏的典型，要认真追究，严肃处理。

今后大专院校毕业生的分配工作，应按照国务院的有关规定办理，任何人不得干扰。对那些利用职权和私人关系，营私舞弊，干扰破坏毕业生分配工作的机关和人员，学校应该加以抵制，并向有关部门提出控告。

第五届全国人民代表大会民族委员会在北京举行第一次会议

由来自54个民族81人组成的民族委员会，是五届人大第二次会议的全体会议上选举产生的。

全国人大常委会副委员长、民族委员会主任委员阿沛·阿旺晋美主持了今天的会议。民族委员会副主任委员李贵在会上讲了话。他指出，我国是个多民族的国家，加强各兄弟民族的团结，对实现我国社会主义四个现代化是非常重要的。他希望民族委员会的委员们很好地担起责任，为贯彻执行党的民族政策而做好工作。

全国侨联在北京民族文化宫召开二届二次常委扩大会

全国侨联主席庄希泉在扩大会议上，要求各地侨联要坚决响应五届人大二次会议和五届政协二次会议的号召，立即行动起来，进一步动员、团结全国归侨、侨眷和国外侨胞，与全国各族人民一道，在中国共产党的领导下，同心同德，群策群力，为促进安定团结，打好实现四个现代化的第一个战役，为建设强大的社会主义现代化祖国，作出更大的贡献。

许多参加人大和政协会议的侨联常委说，在这次人大和政协会议上，国务院负责人向代表们报告了全部家底，今后的任务非常明确，真是浑身是劲，而且知道有劲往那里使了。

在这次全国侨联常委扩大会议上还决定设立全国侨联宣传委员会。它当前的任务，就是动员归侨、侨眷认真学习和宣传五届人大二次会议和五届政协二次会议的文件，明确奋斗目标，坚持四项基本原则，继续解放思想，发扬民主，排除来自“左”的和右的干扰，进一步促进安定团结，同心协力，为实现祖国的统一和四个现代化而努力。

这次侨联扩大会上还决定在首都筹建华侨活动场所。侨联已故前任主席陈嘉庚曾在1960年倡议在祖国首都筹建华侨历史博物馆，并首先认捐人民币50万元。当时，周恩来总理已经批准同意，后因林彪、“四人帮”横行，搁置至今。这次会议决定，以陈嘉庚先生捐助的款项为基础，逐步筹建一个华侨活动的场所。有些常委还在会上提出要搜集、编写华侨史料，建立图书馆，并以马列主义，毛泽东思想为指导，研究华侨问题，编写华侨史，还要大力支持、配合文艺界，反映华侨热爱祖国及与当地人民友好的事迹。

国务院副总理陈慕华在北京会见日本厚生大臣桥本龙太郎和由他率领的日本政府派遣的领取“阿波丸”沉船死难者遗骨访华团

会见时，桥本龙太郎对中国方面即将把“阿波丸”死难者的遗骨移交给日本，表示感谢。陈慕华副总理说，这是中日两国人民友谊不断发展的又一体现。宾主还就进一步发展中日两国在卫生事业方面的合作交换了意见。

日本驻中国大使吉田健三参加了会见。

卫生部部长钱信忠，交通部副部长彭德清，中国红十字会副会长杨纯等会见时在座。

全国人大常委会副委员长邓颖超在北京会见健田忠三郎市长率领的日本奈良市友好访华团

会见时，日本奈良市长健田忠三郎向邓颖超副委员长发了奈良市特别名誉市民证书和特别名誉市民章。健田市长还向邓副委员长赠送了一把奈良市钥匙。

健田市长宣读了证书，证书说：已故周恩来总理总对日本国奈良市寄以深切的理解，您继承总理的遗志，为友好亲善，来访奈良时，答应愿作奈良市特别名誉市民。今借此访华机会，谨赠以奈良市特别名誉市民的称号，感谢您的友情，并祝愿日中两国的友好关系世世代代发展下去。

会见时在座的有北京市革委会副主任王笑一、西安市革委会副主任阎明、对外友协副会长孙平化等。

《法学研究》等刊物编辑部就如何宣传7项法律问题召开座谈会

《法学研究》《民主与法制》《人民公安》《人民检察》《人民司法》5个刊物编辑部邀请在京的一些政法部门和政法院系的人员联合举行座谈会。

发言的同志一致认为，五届人大二次会议通过了7个法律，这是新中国成立以来从未有过的，说明这次大会真正贯彻了党的三中全会关于加强民主与法制的决定精神。当前，迫切需要开展法律宣传工作，把法律这个保护人民、打击敌人的有力武器交给人民，以发挥法律的威力。大家认为，为了提高广大干部、群众对法律的认识，当前应当动用各方面的宣传力量，采用多种形式进行法律宣传，真正做到家喻户晓。特别要多搞一些通俗性的、知识性的读物。报刊可以开辟法律问题解答专栏，选登一些典型案例。中小学生可开设法律课。

一些同志认为，法律执行得如何，在很大程度上取决于各级党委是否懂法、重视法、依法办事。宣传法律，首先就要向各级领导干部做宣传。他们建议各地党校也应开设法律课。

7月4日

全国人大常委会委员长叶剑英签署第一号委员长令公布修正的《中华人民共和国地方各级人民代表大会和地方各级人民政府组织法》

中华人民共和国第五届全国人民代表大会第二次会议于1979年7月1日通过了修正的《中华人民共和国地方各级人民代表大会和地方各级人民政府组织法》，现予公布，自1980年1月1日起施行。

中华人民共和国全国人民代表大会常务委员会

委员长　叶剑英

1979年7月4日

中华人民共和国地方各级人民代表大会和地方各级人民政府组织法

第一章　总　则

第一条　省、自治区、直辖市、自治州、县、自治县、市、市辖区、镇设立人民代表大会和人民政府。

人民公社设立人民代表大会和管理委员会。

第二条　县级以上的地方各级人民代表大会设立常务委员会。

第二章　地方各级人民代表大会

第三条　地方各级人民代表大会都是地方国家权力机关。

第四条　省、自治区、直辖市、自治州、设区的市的人民代表大会代表由下一级的人民代表大会选举；县、自治县、不设区的市、市辖区、人民公社、镇的人民代表大会代表由选民直接选举。

地方各级人民代表大会代表名额和代表产生办法由选举法规定。各行政区域内的少数民族应当有适当的代表名额。

第五条　省、自治区、直辖市的人民代表大会每届任期5年。自治州、县、自治县、市、市辖区的人民代表大会每届任期3年。人民公社、镇的人民代表大会每届任期2年。

第六条　省、自治区、直辖市的人民代表大会根据本行政区域的具体情况和实际需要，在和国家宪法、法律、政策、法令、政令不抵触的前提下，可以制定和颁布地方性法规，并报全国人民代表大会常务委员会和国务院备案。

第七条　县级以上的地方各级人民代表大会行使下列职权：

(一)在本行政区域内，保证宪法、法律、政策、法令、政令和上级人民代表大会决议的遵守和执行，保证国家计划和国家预算的执行；

(二)审查和批准本行政区域的国民经济计划和预算、决算；

(三)讨论、决定本行政区域的政治、经济、文化、教育、卫生、民政、民族工作的重大事项；

(四)选举本级人民代表大会常务委员会的组成人员；

(五)决定省长、副省长，自治区主席、副主席，市长、副市长，州长、副州长，县长、副县长，区长、副区长的人选；

(六)省、自治区、直辖市的人民代表大会选举本级人民法院院长和中级人民法院院长；

自治州、县、自治县、市、市辖区的人民代表大会选举本级人民法院院长；

(七)省、自治区、直辖市的人民代表大会选举本级人民检察院检察长和人民检察院分院检察长；

自治州、县、自治县、市、市辖区的人民代表大会选举本级人民检察院检察长；

选出的人民检察院检察长，须报经上级人民检察院检察长提请该级人民代表大会常务委员会批准；

(八)选举上一级人民代表大会代表；

(九)听取和审查本级人民代表大会常务委员会的工作报告；

(十)听取和审查本级人民政府和人民法院、人民检察院的工作报告；

(十一)改变或者撤销本级人民政府的不适当的决议命令；

(十二)改变或者撤销下一级人民代表大会的不适当的决议和下一级人民政府的不适当的决议的命令；

(十三)保护社会主义的全民所有的财产和劳动群众集体所有的财产，保护公民私人所有的合法财产，维护社会秩序，保障公民的人身权利、民主权利和其他权利；

(十四)保障人民公社基本核算单位应有的自主权；

(十五)保障少数民族的权利；

(十六)保障妇女同男子有平等的政治权利、劳动权利、同工同酬和其他权利。

第八条　人民公社、镇的人民代表大会行使下列职权：

(一)在本行政区域内，保证宪法、法律、政策、法令、政令和上级人民代表大会决议的遵守和执行；

(二)在职权范围内通过和发布决议；

(三)根据国家计划，决定本行政区域的经济、文化事业和公共事业的建设计划；

(四)决定本行政区域民政工作的实施计划；

(五)选举人民公社主任、副主任、管理委员会委员，决定镇长、副镇长的人选；

(六)听取和审查人民公社管理委员会、镇人民政府的工作报告；

(七)改变或者撤销人民公社管理委员会、镇人民政府的不适当的决议和命令；

(八)保护社会主义的全民所有的财产和劳动群众集体所有的财产，保护公民私人所有的合法财产，维护社会秩序，保障人民的人身权利、民主权利和其他权利；

(九)保障人民公社基本核算单位应有的自主权；

(十)保障少数民族的权利；

(十一)保障妇女同男子有平等的政治权利、劳动权利、同工同酬和其他权利。

少数民族聚居的人民公社、镇的人民代表大会在行使职权的时候,应当采取适合民族特点的具体措施。

第九条　地方各级人民代表大会有权罢免本级人民政府的组成人员。县级以上的地方各级人民代表大会有权罢免本级人民代表大会常务委员会的组成人员和由它选出的人民法院院长、人民检察院检察长。罢免人民检察院检察长,须报经上级人民检察院检察长提请该级人民代表大会常务委员会批准。

第十条　县级以上的地方各级人民代表大会会议由本级人民代表大会常务委员会召集。

人民公社、镇的人民代表大会会议由人民公社管理委员会、镇人民政府召集。

第十一条　地方各级人民代表大会会议每年至少举行1次。

经过五分之一代表提议,可以临时召集本级人民代表大会会议。

第十二条　地方各级人民代表大会举行会议的时候,选举主席团主持会议。

县级以上的地方各级人民代表大会会议设秘书长1人,副秘书长若干人。秘书长的人选由人民代表大会会议通过;副秘书长的人选由主席团决定。

第十三条　地方各级人民代表大会举行会议的时候,可以设立代表资格审查委员会、议案审查委员会和其他需要设立的委员会,在主席团领导下进行工作。

第十四条　地方各级人民代表大会举行会议的时候,主席团、常务委员会、本级人民政府和代表(有3人以上附议),都可以提出议案。

向地方各级人民代表大会会议提出的议案,由主席团提请人民代表大会会议讨论,或者交付议案审查委员会审查后提请人民代表大会会议讨论。

第十五条　地方各级人民代表大会进行选举和通过决议,以全体代表的过半数通过。

第十六条　省长、副省长,自治区主席、副主席,市长、副市长,州长、副州长,县长、副县长,区长、副区长,镇长、副镇长,人民公社管理委员会的组成人员,县级以上的地方各级人民代表大会常务委员会的组成人员和人民法院院长、人民检察院检察长的人选,由本级人民代表大会主席团或者代表联合提名。候选人名额一般应多于应选人名额。如果所提候选人名额过多,可以进行预选,根据较多数人意见,确定正式候选人名单。

选举采用无记名投票方式。代表对于确定的候选人,可以投赞成票,可以投反对票,可以另选其他任何选民,也可以弃权。

第十七条　地方各级人民代表大会举行会议的时候,本级人民政府所属各工作部门负责人员和人民法院院长、人民检察院检察长可以列席。

第十八条　地方各级人民代表大会举行会议的时候,代表向本级人民政府和它所属各工作部门以及人民法院、人民检察院提出的质询,经过主席团提交受质询的机关。受质询的机关必须在会议中负责答复。

第十九条　县级以上的地方各级人民代表大会代表,非经本级人民代表大会常务委员会同意,不受逮捕或者审判。如果因为是现行犯被拘留,执行拘留的机关必须立即报请该级人民代表大会常务委员会批准。

第二十条　地方各级人民代表大会代表在出席人民代表大会会议和执行代表职务的时候,国家根据需要给以往返的旅费和必要的物质上的便利或者补贴。

第二十一条　地方各级人民代表大会代表应当和原选举单位或者选民保持密切联系,宣传法律、法令和政策,协助本级人民政府推行工作,并且向人民代表大会和它的常务委员会、人民政府反映群众的意见和要求。

省、自治区、直辖市、自治州、设区的市的人民代表大会代表可以列席原选举单位的人民代表大会会议。

县、自治县、不设区的市、市辖区、人民公社、镇的人民代表大会代表分工联系选民,有代表3人以上的居民地区或者生产单位可以组织代表小组,协助本级人民政府推行工作。

第二十二条　省、自治区、直辖市、自治州、设区的市的人民代表大会代表受原选举单位的监督;县、自治县、不设区的市、市辖区、人民公社、镇的人民代表大会代表受选民的监督。

地方各级人民代表大会代表的选举单位和选民有权随时撤换自己选出的代表。代表的撤换必须由原选举单位以全体代表的过半数通过,或者由原选区以选民的过半数通过。

第二十三条　地方各级人民代表大会代表因故不能担任代表职务的时候,由原选举单位或者由原选区选民补选。

第二十四条　自治区、自治州、自治县的自治机关除行使本法规定的职权外,依照法律规定的权限行使自治权。

第三章　县级以上的地方各级人民代表大会常务委员会

第二十五条　省、自治区、直辖市、自治州、县、自治县、市、市辖区的人民代表大会设立常务委员会。

县级以上的地方各级人民代表大会常务委员会是本级人民代表大会的常设机关,对本级人民代表大会负责并报告工作。

第二十六条　县级以上的地方各级人民代表大会常务委员会由本级人民代表大会在代表中选举主任一人、副主任若干人和委员若干人组成。

常务委员会的组成人员不兼任本级人民政府、人民法院、人民检察院的组成人员。

常务委员会组成人员的名额：

（一）省、自治区、直辖市35人至65人，人口特多的省不超过85人；

（二）自治州、市13人至35人，人口特多的不超过45人；

（三）县、自治县、市辖区11人至19人，人口特多的县，市辖区不超过29人。

第二十七条 省、自治区、直辖市的人民代表大会常务委员会在本级人民代表大会闭会期间，根据本行政区域的具体情况和实际需要，在和国家宪法、法律、政策、法令、政令不抵触的前提下，可以制定和颁布地方性法规，并报全国人民代表大会常务委员会和国务院备案。

第二十八条 县级以上的地方各级人民代表大会常务委员会行使下列职权：

（一）领导或者主持本级人民代表大会代表的选举；

（二）召集本级人民代表大会会议；

（三）讨论、决定本行政区域的政治、经济、文化、教育、卫生、民政、民族工作的重大事项；

（四）根据本级人民政府的建议，决定对本行政区域国民经济计划和预算的部分变更；

（五）监督本级人民政府、人民法院和人民检察院的工作，联系本级人民代表大会代表，受理人民群众对上述机关和国家工作人员的申诉和意见；

（六）改变或者撤销下一级人民代表大会的不适当的决议；

（七）在本级人民代表大会闭会期间，决定副省长、自治区副主席、副市长、副州长、副县长、副区长的个别任免；在省长、自治区主席、市长、州长、县长、区长因故不能担任职务的时候，决定代理的人选；

（八）决定本级人民政府秘书长、厅长、局长、主任、科长的任免，报经国务院或者上一级人民政府批准；

（九）按照人民法院组织法和人民检察院组织法的规定，任免人民法院副院长、庭长、副庭长、审判委员会委员、审判员，任免或者批准任免人民检察院副检察长、检察委员会委员、检察员；

（十）在本级人民代表大会闭会期间，补选上一级人民代表大会出缺的代表和撤换个别代表；

（十一）决定授予地方的荣誉称号。

第二十九条 常务委员会会议由主任召集，每两个月至少举行1次。

常务委员会的决议，由常务委员会以全体组成人员的过半数通过。

第三十条 常务委员会根据工作需要，设立办事机构。

第四章 地方各级人民政府

第三十一条 地方各级人民政府，是地方各级人民代表大会的执行机关，是地方各级国家行政机关。

第三十二条 地方各级人民政府都对本级人民代表大会和上一级国家行政机关负责并报告工作。县级以上的地方各级人民政府在本级人民代表大会闭会期间，对本级人民代表大会常务委员会负责并报告工作。

全国地方各级人民政府都是国务院统一领导下的国家行政机关，都服从国务院。

第三十三条 省、自治区、直辖市的人民政府分别由省长、副省长，自治区主席、副主席，市长、副市长和秘书长、厅长、局长、委员会主任等组成。

自治州、县、自治县、市、市辖区的人民政府分别由州长、副州长，县长、副县长，市长、副市长，区长、副区长和局长、科长等组成。

镇人民政府设镇长、副镇长。人民公社管理委员会由主任、副主任和委员若干人组成。

第三十四条 省、自治区、直辖市的人民政府每届任期五年。自治州、县、自治县、市、市辖区的人民政府每届任期3年。人民公社管理委员会、镇人民政府每届任期两年。

第三十五条 县级以上的地方各级人民政府行使下列职权：

（一）执行本级人民代表大会和它的常务委员会的决议，以及上级国家行政机关的决议和命令，规定行政措施，发布决议和命令；

（二）领导所属各工作部门和下级人民政府的工作；

（三）改变或者撤销所属各工作部门的不适当的命令、指示和下级人民政府的不适当的决议、命令；

（四）依照法律的规定任免和奖惩国家机关工作人员；

（五）执行经济计划和预算，管理本行政区域内的经济、文化建设和民政、公安等工作；

（六）保护社会主义的全民所有的财产和劳动群众集体所有的财产，保护公民私人所有的合法财产，维护社会秩序，保障公民的人身权利、民主权利和其他权利；

（七）保障人民公社基本核算单位应有的自主权；

（八）保障少数民族的权利和尊重少数民族的风俗习惯，省人民政府并且帮助本省各少数民族聚居的地方实行区域自治，帮助各少数民族发展政治、经济和文化的建设事业；

（九）保障妇女同男子有平等的政治权利、劳动权利、同工同酬和其他权利；

（十）办理上级国家行政机关交办的其他事项。

第三十六条　人民公社管理委员会、镇人民政府行使下列职权：

（一）执行本级人民代表大会的决议和上级国家行政机关的决议和命令，发布决议和命令；

（二）领导本级人民代表大会代表的选举；

（三）召集本级人民代表大会会议；

（四）管理本行政区域内经济、文化建设和民政、公安等工作；

（五）保护社会主义的全民所有的财产和劳动群众集体所有的财产，保护公民私人所有的合法财产，维护社会秩序，保障公民的人身权利、民主权利和其他权利；

（六）保障人民公社基本核算单位应有的自主权；

（七）保障少数民族的权利和尊重少数民族的风俗习惯；

（八）保障妇女同男子有平等的政治权利、劳动权利、同工同酬和其他权利；

（九）办理上级人民政府交办的其他事项。

第三十七条　省长、自治区主席、市长、州长、县长、区长、镇长分别主持地方各级人民政府的工作。人民公社主任主持公社管理委员会的工作。

第三十八条　地方各级人民政府根据工作需要和精干的原则，设立必要的工作部门。

省、自治区、直辖市的人民政府的厅、局、委员会等工作部门的设立、增加、减少或者合并，由本级人民政府报请国务院批准。

自治州、县、自治县、市、市辖区的人民政府的局、科等工作部门的设立、增加、减少或者合并，由本级人民政府报请上一级人民政府批准。

第三十九条　各厅、局、委员会、科分别设厅长、局长、主任、科长，在必要的时候可以设副职。

办公厅、办公室设主任，在必要的时候可以设副主任。

省、自治区、直辖市、自治州、设区的市的人民政府设秘书长1人，副秘书长若干人。

第四十条　省、自治区、直辖市的人民政府的各工作部门受人民政府统一领导，并且受国务院主管部门的领导或者业务指导。

自治州、县、自治县、市、市辖区的人民政府的各工作部门受人民政府统一领导，并且受上级人民政府主管部门的领导或者业务指导。

第四十一条　省、自治区、直辖市、自治州、县、自治县、市、市辖区的人民政府应当协助设立在本行政区域内不属于自己管理的国家机关、企业、事业单位进行工作，并且监督它们遵守和执行法律、法令和政策。

第四十二条　省、自治区的人民政府在必要的时候，经国务院批准，可以设立若干行政公署，作为它的派出机关。

县、自治县的人民政府在必要的时候，经省、自治区、直辖市的人民政府批准，可以设立若干区公所，作为它的派出机关。

市辖区、不设区的市的人民政府，经上一级人民政府批准，可以设立若干街道办事处，作为它的派出机关。

全国人大常委会委员长叶剑英签署第二号委员长令公布修正的《中华人民共和国全国人民代表大会和地方各级人民代表大会选举法》

中华人民共和国第五届全国人民代表大会第二次会议于1979年7月1日通过了修正的《中华人民共和国全国人民代表大会和地方各级人民代表大会选举法》，现予公布，自1980年1月1日起施行。

中华人民共和国全国人民代表大会
常务委员会委员长　叶剑英
1979年7月4日

中华人民共和国全国人民代表大会和地方各级人民代表大会选举法

第一章　总　则

第一条　根据中华人民共和国宪法，制定全国人民代表大会和地方各级人民代表大会选举法。

第二条　全国人民代表大会的代表，省、自治区、直辖市、设区的市、自治州的人民代表大会的代表，由下一级人民代表大会选出。

不设区的市、市辖区、县、自治县、人民公社、镇的人民代表大会的代表，由选民直接选出。

第三条　年满18周岁的中华人民共和国公民，不分民族、种族、性别、职业、社会出身、宗教信仰、教育程度、财产状况和居住期限，都有选举权和被选举权。

依照法律被剥夺政治权利的人没有选举权和被选举权。

第四条　每一选民在1次选举中只有1个投票权。

第五条　人民解放军单独进行选举，选举办法另订。

第六条　华侨代表的产生办法另订。

第七条　全国人民代表大会常务委员会主持全国人民代表大会代表的选举。省、自治区、直辖市、设区的市、自治州的人民代表大会常务委员会主持本级人民代表大会代表的选举。在地方人民代表大会常务委员会成立以前，由地方行政机关主持。

不设区的市、市辖区、县、自治县、人民公社、镇设立选举委员会，主持本级人民代表大会代表的选举。不设区的市、市辖区、县、自治县的选举委员会受本级人民代表大会常务委员会的领导。人民公社、镇的选举委员会受人民公社管理委员会、镇人民政府的领导。

第八条 全国人民代表大会和地方各级人民代表大会的选举经费，由国库开支。

第二章 地方各级人民代表大会代表名额

第九条 地方各级人民代表大会代表的名额，由各省、自治区、直辖市的人民代表大会常务委员会，按照便于召开会议、讨论问题和解决问题，并且使各民族、各地区、各方面都能有适当数量的代表的原则自行决定，并报全国人民代表大会常务委员会备案。

第十条 自治州、县、自治县人民代表大会代表的名额，由本级人民代表大会常务委员会按照农村每一代表所代表的人口数四倍于镇每一代表所代表的人口数的原则分配。人口特少的人民公社、镇，也应有代表参加。

第十一条 直辖市、市、市辖区的农村每一代表所代表的人口数，应多于市区每一代表所代表的人口数。

第十二条 省、自治区人民代表大会代表的名额，由本级人民代表大会常务委员会按照农村每一代表所代表的人口数5倍于城市每一代表所代表的人口数的原则分配。

第三章 全国人民代表大会代表名额

第十三条 全国人民代表大会的代表，由省、自治区、直辖市的人民代表大会和人民解放军选举产生。

全国人民代表大会代表的名额不超过3500人。名额的分配由全国人民代表大会常务委员会根据实际情况决定。

第十四条 省、自治区、直辖市应选全国人民代表大会代表的名额，由全国人民代表大会常务委员会按照农村每一代表所代表的人口数8倍于城市每一代表所代表的人口数的原则分配。

第十五条 全国少数民族应选全国人民代表大会代表，由全国人民代表大会常务委员会参照各少数民族的人口数和分布等情况，分配给各省、自治区、直辖市的人民代表大会选出。人口特少的民族，至少也应有代表1人。

第四章 各少数民族的选举

第十六条 有少数民族聚居的地方，每一聚居的少数民族都应有代表参加当地的人民代表大会。

聚居境内同一少数民族的总人口数占境内总人口数百分之十以上的，每一代表所代表的人口数应相当于当地人民代表大会每一代表所代表的人口数。

聚居境内同一少数民族的总人口数不及境内总人口数百分之十的，每一代表所代表的人口数，可以少于当地人民代表大会每一代表所代表的人口数，但不得少于二分之一。人口特少的民族也应有代表1人。

第十七条 自治区、自治州、自治县和有少数民族聚居的人民公社、镇的人民代表大会，对于聚居在境内的其他少数民族和汉族代表的选举，适用本法第十六条的规定。

第十八条 散居的少数民族应选当地人民代表大会的代表，每一代表所代表的人口数可以少于当地人民代表大会每一代表所代表的人口数。

自治区、自治州、自治县和有少数民族聚居的人民公社、镇的人民代表大会，对于散居在境内的其他少数民族和汉族代表的选举，适用前款的规定。

第十九条 有少数民族聚居在境内的市、市辖区、县、人民公社、镇的人民代表大会代表的产生，按照当地的民族关系和居住状况，各少数民族选民可以单独选举或者联合选举。

自治区、自治州、自治县和有少数民族聚居的人民公社、镇的人民代表大会，对于居住在境内的其他少数民族和汉族代表的选举办法，适用前款的规定。

第二十条 自治区、自治州、自治县制定或者公布的选举文件、选民名单、选民证、代表候选人名单、代表当选证书和选举委员会的印章等，都应当同时使用当地通用的民族文字。

第二十一条 少数民族选举的其他事项，参照本法有关各条的规定办理。

第五章 选区划分

第二十二条 不设区的市、市辖区、县、自治县、人民公社、镇的人民代表大会的代表名额分配到选区，按选区进行选举。选区应按生产单位、事业单位、工作单位和居住状况划分。

第六章 选民登记

第二十三条 选民登记按选区进行。

无法行使选举权和被选举权的精神病患者，不列入选民名单。

第二十四条 选民名单应在选举日前30天公布，并发给选民证。

第二十五条 对于公布的选民名单有不同意见的，可以向选举委员会提出申诉。选举委员会对申诉意见，应在3日内作出处理决定。申诉人如果对处理决定不服，可以向人民法院起诉，人民法院的判决为最后决定。

第七章 代表候选人的提出

第二十六条 全国和地方各级人民代表大会的代表候选人，按选区或者选举单位提名产生。

中国共产党、各民主党派、各人民团体，可以联合或者单独推荐代表候选人。任何选民或者代表，有三人以上附议，也可以推荐代表候选人。推荐时，应向选举委员会介绍候选人的情况。

第二十七条　全国和地方各级人民代表大会代表候选人的名额，应多于应选代表的名额。

由选民直接选举的代表候选人名额，应多于应选代表名额的二分之一至1倍；由地方各级人民代表大会选举上一级人民代表大会代表候选人的名额，应多于应选代表名额的五分之一至二分之一。

第二十八条　由选民直接选举的人民代表大会代表候选人，由各选区选民各单位提名推荐。选举委员会汇总各方面推荐的代表候选人名单和各候选人情况，在选举日前20天公布并由各该选区的选民小组反复讨论、民主协商，如果所提候选人名额过多，可以进行预选，根据较多数选民的意见，确定正式代表候选人名单，并在选举日前5天公布。

县级以上的地方各级人民代表大会在选举上一级人民代表大会代表时，由各该级人民代表大会主席团汇总大会代表和中国共产党、各民主党派、各人民团体提出的代表候选人名单，组织全体代表反复讨论、民主协商，如果所提候选人名额过多，可以进行预选，根据较多数代表的意见，确定正式代表候选人名单。

第二十九条　县级以上的地方各级人民代表大会在选举上一级人民代表大会代表时，代表候选人不限于各该级人民代表大会的代表。

第三十条　各党派、团体和选民，都可以用各种形式宣传代表候选人。但在选举日须停止对代表候选人的宣传。

第八章　选举程序

第三十一条　在选民直接选举人民代表大会的代表时，各选区应设立投票站或者召开选举大会进行。投票站或者选举大会由选举委员会主持。

第三十二条　县级以上的地方各级人民代表大会在选举上一级人民代表大会代表时，由各该级人民代表大会主席团主持。

第三十三条　全国和地方各级人民代表大会代表的选举，一律采用无记名投票的方法。

选民如果是文盲或者因残疾不能写选票的，可以委托他信任的人代写。

第三十四条　选举人对于代表候选人可以投赞成票，可以投反对票，可以另选其他任何选民，也可以弃权。

第三十五条　选民如果在选举期间外出的，可以书面委托其他选民代为投票，但事先须经选举委员会认可。

第三十六条　投票结束后，由选民推选的监票、计票人员和选举委员会的人员将投票人数和票数加以核对，作出记录，并由监票人签字。

第三十七条　每次选举所投的票数，多于投票人数的无效，少于投票人数的有效。

每一选票所选的人数，多于规定应选代表人数的作废，少于规定应选代表人数的有效。

第三十八条　各级人民代表大会的代表候选人，获得选区全体选民或者选举单位的代表过半数的选票时，始得当选。

获得过半数选票的代表候选人名额超过应选代表名额时，以得票多的当选。如遇票数相等不能确定当选人时，应当就票数相等的候选人重新投票。

获得过半数选票的代表候选人名额少于应选代表名额时，对不足的名额，另行选举。

第三十九条　选举结果由选举委员会或者人民代表大会主席团根据本法确定是否有效，并予以宣布。

第九章　对代表的监督、罢免和补选

第四十条　全国和地方各级人民代表大会的代表，受选民和原选举单位的监督。选民或者选举单位都有权罢免自己选出的代表。

罢免代表，由选民直接选出的，须经原选区过半数的选民通过；由各级人民代表大会选出的，须经各该级人民代表大会过半数的代表通过，在代表大会闭会期间，须经常务委员会过半数的委员通过。被罢免的代表可以出席上述会议或者书面申诉意见。罢免的决议，须报送上一级人民代表大会常务委员会备案。

第四十一条　任何公民或者单位对违法乱纪或者严重失职的代表，都可以提出罢免的要求。

公民或者单位要求罢免代表时，可以向各级人民代表大会常务委员会提出。受理机关必须及时组织调查，并应听取被指控代表的申辩。

对代表的指控经查证属实后，提交原选区或者原选举单位罢免。

第四十二条　代表在任期内，因故出缺，由原选区或者原选举单位补选。

县级以上的地方各级人民代表大会闭会期间，可以由本级人民代表大会常务委员会补选上一级人民代表大会代表。

第十章　对破坏选举的制裁

第四十三条　为保障选民自由行使选举权和被选举权，对有下列违法行为的，应当依法给予行政处分或者刑事处分：

(一)用暴力、威胁、欺骗、贿赂等非法手段破坏选举或者妨害选民自由行使选举权和被选举权的；

(二)伪造选举文件、虚报选举票数或者有其他违法行为的；

(三)对于控告、检举选举中违法行为的人，或者对于提出要求罢免代表的人进行压制、报复的。

第十一章　附　则

第四十四条　省、自治区、直辖市的人民代表大会常务委员会根据本法可以制定选举实施细则，报全国人民代表大会常务委员会备案。

国务院下发试行《关于发展社队企业若干问题的规定(草案)》

为鼓励社队企业的发展，草案提出今后新办的小工厂从开办起免税三年；对边境和少数民族地区的县(旗)、社队企业，从1979年起免征所得税五年。

国务院副总理王震在上海会见并宴请美国加利福尼亚州伯克莱大学工学院院长葛守仁博士和夫人周碧天以及他们的两个儿子

国务院副总理康世恩在北京会见由美国休斯敦商会会长路易·韦尔什率领的休斯敦商会代表团

国务院副总理陈慕华在北京会见莎拉玛西娜公主率领的西萨摩亚友好人士访华团

全国人大常委会副委员长邓颖超在北京会见以日本参议院议员自由民主党妇女局长安西爱子为团长的日本自由民主党妇女部友好访华团

全国人大常委会副委员长姬鹏飞在首都剧场观看美国著名喜剧演员鲍勃·霍普及其一行的演出

中央组织部部长宋任穷为团长的中国共产党党的工作者代表团前往南斯拉夫和罗马尼亚进行友好访问

外交部副部长韩念龙在北京会见并宴请以朝鲜外交部报道局局长朴勇世为团长的朝鲜外交部报道局代表团

日本"阿波丸"死难者遗骨交接仪式在上海举行

日本"阿波丸"沉船死难者遗骨、私人遗物交接仪式在上海举行。

这次移交的遗骨和遗物，是中国救助打捞公司在清除我国沿海渔场水下障碍物的作业中，于1977年和1978年从日本"阿波丸"沉船的残骸里打捞起来的。经中日双方核定，确认遗骨为158具，私人遗物61项、384件。

上海市红十字会副会长白备伍代表中国红十字会受中国政府的委托，将遗骨和私人遗物移交给由日本厚生省大臣桥本龙太郎率领的日本政府派遣的领取"阿波丸"沉船死难者遗骨访华团。他并向死难者家属表示慰问。

桥本大臣说，中国政府本着日中友好和人道主义的精神，把"阿波丸"沉船的遗骨和遗物交给我国，我代表我国政府表示深切的感谢。

交接仪式是由我国卫生部、交通部、上海市革委会、中国救助打捞公司和中国红十字会联合举行的。

7月5日

全国人大常委会委员长叶剑英签署第三号委员长令公布修正的《中华人民共和国人民法院组织法》

中华人民共和国第五届全国人民代表大会第二次会议于1979年7月1日通过了修正的《中华人民共和国人民法院组织法》，现予公布，自1980年1月1日起施行。

中华人民共和国全国人民代表大会
常务委员会委员长　叶剑英
1979年7月5日

中华人民共和国人民法院组织法

第一章　总　则

第一条　中华人民共和国人民法院是国家的审判机关。

第二条　中华人民共和国的审判权由下列人民法院行使：

(一)地方各级人民法院；

(二)专门人民法院；

(三)最高人民法院。

地方各级人民法院分为：基层人民法院、中级人民法院、高级人民法院。

专门人民法院包括：军事法院、铁路运输法院、水上运输法院、森林法院、其他专门法院。

第三条　人民法院的任务是审判刑事案件和民事案件，并且通过审判活动，惩办一切犯罪分子，解决民事纠纷，以保卫无产阶级专政制度，维护社会主义法制和社会秩序，保护社会主义的全民所有的财产、劳动群众集体所有的财产，保护公民私人所有的合法财产，保护公民的人身权利、民主权利和其他权利，保障国家的社会主义革命和社会主义建设事业的顺利进行。

人民法院用它的全部活动教育公民忠于社会主义祖国，自觉地遵守宪法和法律。

第四条　人民法院独立进行审判，只服从法律。

第五条　人民法院审判案件，对于一切公民，不分民族、种族、性别、职业、社会出身、宗教信仰、教育程度、财产状况、居住期限，在适用法律上一律平等，不允许有任何特权。

第六条 各民族公民都有用本民族语言文字进行诉讼的权利。人民法院对于不通晓当地通用的语言文字的当事人，应当为他们翻译。在少数民族聚居或者多民族杂居的地区，人民法院应当用当地通用的语言进行审讯，用当地通用的文字发布判决书、布告和其他文件。

第七条 人民法院审理案件，除涉及国家机密、个人隐私和未成年人犯罪案件外，一律公开进行。

第八条 被告人有权获得辩护。被告人除自己进行辩护外，有权委托律师为他辩护，可以由人民团体或者被告人所在单位推荐的或者经人民法院许可的公民为他辩护，可以由被告人的近亲属、监护人为他辩护。人民法院认为必要的时候，可以指定辩护人为他辩护。

第九条 人民法院审判第一审案件实行人民陪审员陪审的制度，但是简单的民事案件、轻微的刑事案件和法律另有规定的案件除外。

第十条 人民法院审判案件，实行合议制。

人民法院审判第一审案件，由审判员和人民陪审员组成合议庭进行，但是简单的民事案件、轻微的刑事案件和法律另有规定的案件除外。

人民法院审判上诉和抗诉的案件，由审判员组成合议庭进行。

合议庭由院长或者庭长指定审判员一人担任审判长。院长或者庭长参加审判案件的时候，自己担任审判长。

第十一条 各级人民法院设立审判委员会，实行民主集中制。审判委员会的任务是总结审判经验，讨论重大的或者疑难的案件和其他有关审判工作的问题。

地方各级人民法院审判委员会委员，由院长提请本级人民代表大会常务委员会任免；最高人民法院审判委员会委员，由最高人民法院院长提请全国人民代表大会常务委员会任免。

各级人民法院审判委员会会议由院长主持，本级人民检察院检察长可以列席。

第十二条 人民法院审判案件，实行两审终审制。

地方各级人民法院第一审案件的判决和裁定，当事人可以按照法律规定的程序向上一级人民法院上诉，人民检察院可以按照法律规定的程序向上一级人民法院抗诉。

地方各级人民法院第一审案件的判决和裁定，如果在上诉期限内当事人不上诉、人民检察院不抗诉，就是发生法律效力的判决和裁定。

中级人民法院、高级人民法院和最高人民法院审判的第二审案件的判决和裁定，都是终审的判决和裁定，也就是发生法律效力的判决和裁定。

第十三条 死刑案件由最高人民法院判决或者核准。死刑案件的复核程序按照中华人民共和国刑事诉讼法第三编第四章的规定办理。

第十四条 各级人民法院院长对本院已经发生法律效力的判决和裁定，如果发现在认定事实上或者在适用法律上确有错误，必须提交审判委员会处理。

最高人民法院对各级人民法院已经发生法律效力的判决和裁定，上级人民法院对下级人民法院已经发生法律效力的判决和裁定，如果发现确有错误，有权提审或者指令下级人民法院再审。

最高人民检察院对各级人民法院已经发生法律效力的判决和裁定，上级人民检察院对下级人民法院已经发生法律效力的判决和裁定，如果发现确有错误，有权按照审判监督程序提出抗诉。

各级人民法院对于当事人提出的对已经发生法律效力的判决和裁定的申诉，应当认真负责处理。

第十五条 人民法院对于人民检察院起诉的案件认为主要事实不清、证据不足，或者有违法情况时，可以退回人民检察院补充侦查，或者通知人民检察院纠正。

第十六条 当事人如果认为审判人员对本案有利害关系或者其他关系不能公平审判，有权请求审判人员回避。审判人员是否应当回避，由本院院长决定。

审判人员如果认为自己对本案有利害关系或者其他关系，需要回避时，应当报告本院院长决定。

第十七条 最高人民法院对全国人民代表大会和全国人民代表大会常务委员会负责并报告工作。地方各级人民法院对本级人民代表大会及其常务委员会负责并报告工作。

下级人民法院的审判工作受上级人民法院监督。

各级人民法院的司法行政工作由司法行政机关管理。

第二章 人民法院的组织和职权

第十八条 基层人民法院包括：

(一)县人民法院和市人民法院；

(二)自治县人民法院；

(三)市辖区人民法院。

第十九条 基层人民法院由院长一人，副院长和审判员若干人组成。

基层人民法院可以设刑事审判庭和民事审判庭，庭设庭长、副庭长。

第二十条 基层人民法院根据地区、人口和案件情况可以设立若干人民法庭。人民法庭是基层人民法院的组成部分，它的判决和裁定就是基层人民法院的判决和裁定。

第二十一条　基层人民法院审判刑事和民事的第一审案件，但是法律、法令另有规定的案件除外。

基层人民法院对它所受理的刑事和民事案件，认为案情重大应当由上级人民法院审判的时候，可以请求移送上级人民法院审判。

第二十二条　基层人民法院除审判案件外，并且办理下列事项：

(一)处理不需要开庭审判的民事纠纷和轻微的刑事案件；

(二)指导人民调解委员会和人民公社司法助理员的工作；

(三)在上级司法行政机关授予的职权范围内管理司法行政工作。

第二十三条　中级人民法院包括：

(一)在省、自治区内按地区设立的中级人民法院；

(二)在直辖市内设立的中级人民法院；

(三)省、自治区辖市的中级人民法院；

(四)自治州中级人民法院。

第二十四条　中级人民法院由院长 1 人，副院长、庭长、副庭长和审判员若干人组成。

中级人民法院设刑事审判庭、民事审判庭，根据需要可以设其他审判庭。

直辖市的中级人民法院和省、自治区辖的市中级人民法院应设经济审判庭。

第二十五条　中级人民法院审判下列案件：

(一)法律、法令规定由它管辖的第一审案件；

(二)基层人民法院移送审判的第一审案件；

(三)对基层人民法院判决和裁定的上诉案件和抗诉案件；

(四)人民检察院按照审判监督程序提出的抗诉案件。

中级人民法院对它所受理的刑事和民事案件，认为案情重大应当由上级人民法院审判的时候，可以请求移送上级人民法院审判。

第二十六条　高级人民法院包括：

(一)省高级人民法院；

(二)自治区高级人民法院；

(三)直辖市高级人民法院。

第二十七条　高级人民法院由院长 1 人，副院长、庭长、副庭长和审判员若干人组成。

高级人民法院设刑事审判庭、民事审判庭、经济审判庭，根据需要可以设其他审判庭。

第二十八条　高级人民法院审判下列案件：

(一)法律、法令规定由它管辖的第一审案件；

(二)下级人民法院移送审判的第一审案件；

(三)对下级人民法院判决和裁定的上诉案件和抗诉案件；

(四)人民检察院按照审判监督程序提出的抗诉案件。

第二十九条　专门人民法院的组织和职权由全国人民代表大会常务委员会另行规定。

第三十条　最高人民法院是国家最高审判机关。

最高人民法院监督地方各级人民法院和专门人民法院的审判工作。

第三十一条　最高人民法院由院长 1 人，副院长、庭长、副庭长和审判员若干人组成。

最高人民法院设刑事审判庭、民事审判庭、经济审判庭和其他需要设的审判庭。

第三十二条　最高人民法院审判下列案件：

(一)法律、法令规定由它管辖的和它认为应当由自己审判的第一审案件；

(二)对高级人民法院、专门人民法院判决和裁定的上诉案件和抗诉案件；

(三)最高人民检察院按照审判监督程序提出的抗诉案件。

第三十三条　最高人民法院对于在审判过程中如何具体应用法律、法令的问题，进行解释。

第三章　人民法院的审判人员和其他人员

第三十四条　有选举权和被选举权的年满 23 岁的公民，可以被选举为人民法院院长、或者被任命为副院长、庭长、副庭长、审判员和助理审判员，但是被剥夺过政治权利的人除外。

第三十五条　地方各级人民法院院长由地方各级人民代表大会选举，副院长、庭长、副庭长和审判员由地方各级人民代表大会常务委员会任免。

在省内按地区设立的和在直辖市内设立的中级人民法院院长，由省、直辖市人民代表大会选举，副院长、庭长、副庭长和审判员由省、直辖市人民代表大会常务委员会任免。

在民族自治地方设立的地方各级人民法院的院长，由民族自治地方各级人民代表大会选举，副院长、庭长、副庭长和审判员由民族自治地方各级人民代表大会常务委员会任免。

最高人民法院院长由全国人民代表大会选举，副院长、庭长、副庭长、审判员由全国人民代表大会常务委员会任免。

第三十六条　各级人民法院院长任期与本级人民代表大会每届任期相同。

各级人民代表大会有权罢免由它选出的人民法院院长。在地方两次人民代表大会之间，如果本级人民代表大会常务委员会认为人民法院院长需要撤换，须报请上级人民法院报经上级人民代表大会常务委员会批准。

第三十七条　各级人民法院按照需要可以设助理审判员，由司法行政机关任免。

助理审判员协助审判员进行工作。助理审判员，由本院院长提出，经审判委员会通过，可以临时代行审判员职务。

第三十八条　有选举权和被选举权的年满23岁的公民，可以被选举为人民陪审员，但是被剥夺过政治权利的人除外。

人民陪审员在人民法院执行职务期间，是他所参加的审判庭的组成人员，同审判员有同等权利。

第三十九条　人民陪审员在执行职务期间，由原工作单位照付工资；没有工资收入的，由人民法院给以适当的补助。

第四十条　各级人民法院设书记员，担任审判庭的记录工作并办理有关审判的其他事项。

第四十一条　地方各级人民法院设执行员，办理民事案件判决和裁定的执行事项，办理刑事案件判决和裁定中关于财产部分的执行事项。

地方各级人民法院设法医。

各级人民法院设司法警察若干人。

第四十二条　各级人民法院的设置、人员编制和办公机构由司法行政机关另行规定。

全国人大常委会委员长叶剑英签署第四号委员长令公布修正的《中华人民共和国人民检察院组织法》

中华人民共和国第五届全国人民代表大会第二次会议于1979年7月1日通过了修正的《中华人民共和国人民检察院组织法》，现予公布，自1980年1月1日起施行。

中华人民共和国全国人民代表大会

常务委员会委员长　叶剑英

1979年7月5日

中华人民共和国人民检察院组织法

第一章　总　则

第一条　中华人民共和国人民检察院是国家的法律监督机关。

第二条　中华人民共和国设立最高人民检察院、地方各级人民检察院和专门人民检察院。

地方各级人民检察院分为：

(一)省、自治区、直辖市人民检察院；

(二)省、自治区、直辖市人民检察院分院，自治州和省辖市人民检察院；

(三)县、市、自治县和市辖区人民检察院。

省一级人民检察院和县一级人民检察院，根据工作需要，提请本级人民代表大会常务委员会批准，可以在工矿区、农垦区、林区等区域设置人民检察院，作为派出机构。

专门人民检察院包括：军事检察院、铁路运输检察院、水上运输检察院、其他专门检察院。

专门人民检察院的设置、组织和职权由全国人民代表大会常务委员会另行规定。

第三条　各级人民检察院设检察长1人，副检察长和检察员若干人。检察长统一领导检察院的工作。

各级人民检察院设立检察委员会。检察委员会实行民主集中制，在检察长的主持下，讨论决定重大案件和其他重大问题。如果检察长在重大问题上不同意多数人的决定，可以报请本级人民代表大会常务委员会决定。

第四条　人民检察院通过行使检察权，镇压一切叛国的、分裂国家的和其他反革命活动，打击反革命分子和其他犯罪分子，维护国家的统一，维护无产阶级专政制度，维护社会主义法制，维护社会秩序、生产秩序、工作秩序、教学科研秩序和人民群众生活秩序，保护社会主义的全民所有的财产和劳动群众集体所有的财产，保护公民私人所有的合法财产，保护公民的人身权利、民主权利和其他权利，保卫社会主义现代化建设的顺利进行。

人民检察院通过检察活动，教育公民忠于社会主义祖国，自觉地遵守宪法和法律，积极同违法行为作斗争。

第五条　各级人民检察院行使下列职权：

(一)对于叛国案、分裂国家案以及严重破坏国家的政策、法律、法令、政令统一实施的重大犯罪案件，行使检察权。

(二)对于直接受理的刑事案件，进行侦查。

(三)对于公安机关侦查的案件，进行审查，决定是否逮捕、起诉或者免予起诉；对于公安机关的侦查活动是否合法，实行监督。

(四)对于刑事案件提起公诉，支持公诉；对于人民法院的审判活动是否合法，实行监督。

(五)对于刑事案件判决、裁定的执行和监狱、看守所、劳动改造机关的活动是否合法，实行监督。

第六条　人民检察院依法保障公民对于违法的国家工作人员提出控告的权利，追究侵犯公民的人身权利、民主权利和其他权利的人的法律责任。

第七条　人民检察院在工作中必须坚持实事求是，贯彻执行群众路线，倾听群众意见，接受群众监督，调查研究，重证据不轻信口供，严禁逼供信，正确区分和处理敌我矛盾和人民内部矛盾。

各级人民检察院的工作人员，必须忠实于事实真相，忠实于法律，忠实于社会主义事业，全心全意地为人民服务。

第八条　各级人民检察院行使检察权，对于任何公民，在适用法律上一律平等，不允许有任何特权。

第九条　人民检察院依照法律规定独立行使检察权，不受其他行政机关、团体和个人的干涉。

第十条　最高人民检察院对全国人民代表大会和全国人民代表大会常务委员会负责并报告工作。地方各级人民检察院对本级人民代表大会和本级人民代表大会常务委员会负责并报告工作。

最高人民检察院领导地方各级人民检察院和专门人民检察院的工作，上级人民检察院领导下级人民检察院的工作。

第二章　人民检察院行使职权的程序

第十一条　人民检察院发现并且认为有犯罪行为时，应当依照法律程序立案侦查，或者交给公安机关进行侦查。侦查终结，人民检察院认为必须对被告人追究刑事责任时，应当向人民法院提起公诉；认为不需要追究刑事责任时，应当将原案撤销。

第十二条　对于任何公民的逮捕，除人民法院决定的以外，必须经人民检察院批准。

第十三条　人民检察院对于公安机关要求起诉的案件，应当进行审查，决定起诉、免予起诉或者不起诉。对于主要犯罪事实不清、证据不足的，可以退回公安机关补充侦查。

人民检察院发现公安机关的侦查活动有违法情况时，应当通知公安机关予以纠正。

第十四条　人民检察院对于公安机关移送的案件所作的不批准逮捕的决定、不起诉或者免予起诉的决定，公安机关认为有错误时，可以要求人民检察院复议，并且可以要求上级人民检察院复核。上级人民检察院应当及时作出决定，通知下级人民检察院和公安机关执行。

第十五条　人民检察院提起公诉的案件，由检察长或者检察员以国家公诉人的身份出席法庭，支持公诉，并且监督审判活动是否合法。

第十六条　人民检察院起诉的案件，人民法院认为主要犯罪事实不清、证据不足，或者有违法情况时，可以退回人民检察院补充侦查，或者通知人民检察院予以纠正。

第十七条　地方各级人民检察院对于本级人民法院第一审案件的判决和裁定，认为有错误时，应当按照上诉程序提出抗诉。

第十八条　最高人民检察院对于各级人民法院已经发生法律效力的判决和裁定，上级人民检察院对于下级人民法院已经发生法律效力的判决和裁定，如果发现确有错误，应当按照审判监督程序提出抗诉。

按照审判监督程序审理的案件，人民检察院必须派人出席法庭。

第十九条　人民检察院发现刑事判决、裁定的执行有违法情况时，应当通知执行机关予以纠正。

人民检察院发现监狱、看守所、劳动改造机关的活动有违法情况时，应当通知主管机关予以纠正。

第三章　人民检察院的机构设置和人员的任免

第二十条　最高人民检察院设置刑事、法纪、监所、经济等检察厅，并且可以按照需要，设立其他业务机构。

地方各级人民检察院和专门人民检察院可以设置相应的业务机构。

第二十一条　最高人民检察院检察长由全国人民代表大会选举和罢免。

最高人民检察院副检察长、检察委员会委员和检察员由最高人民检察院检察长提请全国人民代表大会常务委员会任免。

第二十二条　省、自治区、直辖市人民检察院检察长和人民检察院分院检察长由省、自治区、直辖市人民代表大会选举和罢免，副检察长、检察委员会委员和检察员由省、自治区、直辖市人民检察院检察长提请本级人民代表大会常务委员会任免。

省、自治区、直辖市人民检察院检察长、副检察长和检察委员会委员的任免，须报最高人民检察院检察长提请全国人民代表大会常务委员会批准。

第二十三条　自治州、省辖市、县、市、市辖区人民检察院检察长由本级人民代表大会选举和罢免，副检察长、检察委员会委员和检察员由自治州、省辖市、县、市、市辖区人民检察院检察长提请本级人民代表大会常务委员会任免。

自治州、省辖市、县、市、市辖区人民检察院检察长、副检察长和检察委员会委员的任免，须报省、自治区、直辖市人民检察院检察长提请本级人民代表大会常务委员会批准。

第二十四条　省一级人民检察院和县一级人民检察院设置的工矿区、农垦区、林区人民检察院检察长、副检察长、检察委员会委员和检察员，均由派出的人民检察院检察长提请本级人民代表大会常务委员会任免。

第二十五条　各级人民检察院检察长的任期，与本级人民代表大会每届任期相同。

第二十六条　全国和省、自治区、直辖市人民代表大会常务委员会根据本级人民检察院检察长的建议，可以撤换下级人民检察院检察长、副检察长和检察委员会委员。

第二十七条　各级人民检察院设助理检察员和书

记员各若干人。经检察长批准,助理检察员可以代行检察员职务。书记员办理案件的记录工作和有关事项。

助理检察员、书记员由各级人民检察院检察长任免。

各级人民检察院根据需要可以设司法警察。

第二十八条　各级人民检察院的人员编制由最高人民检察院另行规定。

中共中央 国务院批转财政部党组《全国财政工作会议汇报提纲》并发出通知

通知指出:全党必须统一思想,正视当前已经出现的财政入不敷出的情况,立即扭转那种光想办好事,开口子,减收增支的主意多、增收节支的措施少的现象。解决财政问题的根本途径是增产节约。

根据全国财政工作会议提出的改革设想,7月13日,国务院发出《关于试行"收支挂钩、全额分成、比例包干、三年不变"的财政管理办法的通知》,决定从1980年起,对各省、自治区、直辖市开始试行这项办法。

《人民日报》发表社论《加强法制 发扬民主 促进四化》

第五届全国人民代表大会第二次会议是一次共商四化大计的会议,也是一次重要的立法会议。华国锋总理在政府工作报告中提出了许多加强社会主义法制的措施,强调提出:"为了巩固我国由工人阶级领导的全体劳动人民当家做主的社会主义国家制度,巩固我国安定团结地进行社会主义现代化建设的政治基础,充分发扬全体人民在现代化建设中的积极性创造性,并且努力保证我国在政治制度上再不存在林彪、'四人帮'一类阴谋家可以利用来进行反革命复辟的严重漏洞,迫切要求我们加强社会主义民主和社会主义法制。"这是我们新中国成立三十年来无产阶级专政历史经验的总结,也是我们在新的历史时期建设社会主义现代化事业的必由之路。人大常委会向会议提交了《中华人民共和国地方各级人民代表大会和地方各级人民政府组织法》《中华人民共和国全国人民代表大会和地方各级人民代表大会选举法》《中华人民共和国人民法院组织法》《中华人民共和国人民检察院组织法》《中华人民共和国刑法》《中华人民共和国刑事诉讼法》《中华人民共和国中外合资经营企业法》共7项法律草案,人大常委会法制委员会彭真主任向会议作了说明。这7项法律已经会议审议通过,陆续公布,将定期实行。这是我国人民政治生活中的一件大事。我们的国家在民主和法制的道路上迈开了很大的一步。

我国老一辈无产阶级革命家,在建立社会主义法制方面,倾注了大量的心血,作出了不可磨灭的贡献。新中国成立以来制定的各种法律、法令和其他法规,对于保障人民的民主权利,保障社会主义革命和社会主义建设事业的胜利进行曾经起了重要的作用。但是,由于林彪、"四人帮"的破坏,我国社会主义法制遭到严重摧残。上至按照合法程序选举产生的各级政府领导人,下至平民百姓,都吃够了无法无天的苦。粉碎"四人帮"以后,广大人民群众热切盼望健全和完善社会主义法制,切实保障宪法所规定的人民民主权利。人大常委会及其法制委员会为此进行了积极而有成效的工作。五届人大二次会议通过的7个法律,是吸取了以往法制建设的经验教训,经过反复讨论,集思广益制定的。它们体现了我国9亿人民的共同利益和愿望,体现了实行社会主义民主、巩固无产阶级专政的历史要求,体现了法律作为上层建筑,要很好地为经济基础服务的职能。这7项法律的颁布和实施,一定会大大促进我国的政治民主化,促进我国的四个现代化建设。

我们是社会主义国家,巩固我国由工人阶级领导的全体劳动人民当家做主的社会主义国家制度,是我们加强法制的一个根本指导思想。这就要求我们通过法律,保障全体人民管理国家的权利。长期以来,不少同志仅仅把民主看作是一个作风问题,有些同志甚至把民主看作是一种点缀,可多可少,可有可无。这显然是错误的。民主是一种国家制度,社会主义民主问题首先是社会主义国家的国家制度问题。实行社会主义民主,就是要让全体人民享有管理国家的最高权力,这是社会主义制度不可动摇的政治原则。背离了这个原则,就是对于社会主义国家性质的破坏。这个原则决定了在我们这样的社会主义国家里,应该有比过去任何时代更广泛、更高度的民主,应该是历史上从未有过的绝大多数人有名有实的统治。我国封建主义的历史很长,新中国是直接从半封建半殖民地社会脱胎而来,专制主义、官僚主义、家长作风等封建意识形态、伦理道德观念影响深重,又由于林彪、"四人帮"的肆意破坏,加上我们认识和工作上的缺点和错误,我国的民主制度是很不完善的。这是我国上层建筑与经济基础不相适应的一个亟待改变的重要方面。这次会议通过的法律,对于扩大人民民主,保证和便于9亿人民管理国家大事,作了明确的规定。地方人民代表大会和人民政府组织法以及人民代表大会选举法,对地方政权组织各选举制度作了一些重要改革:将权力机关同行政机关分开,县和县以上地方各级人民代表大会设立常务委员会;地方各级革命委员会改为地方各级人民政府;县一级人民代表大会代表由间接选举改为直接选举。这些改革将加强人民对县以上各级地方政府的管理和监督，有利于人民自由行使选举权利和罢免权利，是人民当家做主的重要保证。

安定团结地发展现代化建设，是我国各民族全体人民的根本利益。我们的法律要保障人民的这个根本利益，巩固和发展安定团结的政治局面，调动人民群众建设社会主义的积极性、创造性，促进四化建设的发展。新中国成立以来的实践表明：什么时候法制受到尊重，民主生活比较正常，政治局面就比较安定，经济发展就比较快；什么时候法制遭到破坏，民主生活不正常，政治局面就不那么安定，经济发展就很缓慢，甚至停滞、倒退。没有健全的社会主义法制，人民的民主权利和其他权利得不到法律的保障，各种侵犯人民权利、损害人民利益的行为得不到法律的约束和制裁，人民群众的积极性就受到打击，安定团结的局面就遭到破坏，现代化建设也就没有保证。

这次通过的刑法是国家的基本法之一，它明确规定，保护全民所有的财产和劳动群众集体所有的财产，同时也保护私人所有的一切合法财产，包括公民的合法收入、储蓄、房屋和其他生活资料，以及依法归个人、家庭所有或使用的自留地、自留畜、自留树等生产资料；还规定保护公民的人身权利、民主权利和其他权利不受任何人、任何机关非法侵犯。打击敌人，保护人民，是一个问题的两个方面。在我国，大规模的急风暴雨式的群众阶级斗争已经结束了，但是还有反革命分子和其他刑事犯罪分子。为了保护人民和国家的利益，必须用刑罚同一切反革命和其他刑事犯罪行为作斗争。刑法对反革命罪，危害公共安全罪，破坏社会主义经济秩序罪，侵犯公民人身权利、民主权利罪，侵犯财产罪，妨害社会管理秩序罪，妨害婚姻、家庭罪以及渎职罪，都作了相应的规定。根据这些规定，广大人民群众深恶痛绝的刑讯逼供、"打砸抢"、诬陷等罪行，都要依法制裁，这是深得人心的。依法惩处犯罪活动，保障人民的合法权利，保障正常的社会秩序，这就使我国的社会主义现代化事业能够顺利进行。

努力保证我国在政治制度上再不存在林彪、"四人帮"一类阴谋家可以利用来进行反革命复辟的严重漏洞，是我们健全社会主义法制要解决的一个根本问题，也是全国人民寄希望于法制的最主要之点。为什么林彪、"四人帮"能够为非作歹，横行达10年之久？为什么那些南征北战，叱咤风云，无敌于天下的老将，面对这几个小丑的诬陷只能含恨于九泉？为什么具有光荣革命传统的中国人民在四害猖獗的那些岁月里，只能把"四人帮"的罪行看在眼里，记在心上？原因很多，其中一个重要原因，就在于缺乏民主和法制，不能制止身居高位的阴谋家横行于国法之外。这十年动乱，给了中国人民以血的教训，使我们痛切感到：民主和法制，对于社会主义国家的人民，是如同布帛菽粟一样的不可须臾离开的东西。没有民主，没有法制，就没有社会主义，就没有国家的富强和人民的幸福。前事不忘，后事之师。为了巩固无产阶级专政，为了防止林彪、"四人帮"篡夺国家领导权的悲剧重演，归根到底，是要加强社会主义民主和社会主义法制，而没有健全的社会主义法制，就很难实现健全的社会主义民主。这次会议立了几项法，还不够，要有几十项，几百项法。立法以后，党的领导要确实保证法制的实施，保护法律的有效性，过去叫作"执法如山"。这次颁布的刑事诉讼法规定了法院、检察院和公安机关办案"必须以事实为根据，以法律为准绳"，"对于一切公民在适用法律上一律平等，在法律面前，不允许任何特权"。人民法院组织法重申法院独立进行审判，只服从法律。检察院组织法也规定，检察院"独立行使检察权，不受其他行政机关、团体和个人的干涉"，并且把上下级检察院的关系由原来的监督关系改为领导关系。这些对于维护社会主义法制的尊严，防止林彪、"四人帮"一类阴谋家践踏法制，为非作歹，是十分重要的。

随着这批法律的颁布，我们要大张旗鼓地开展关于加强社会主义民主和法制的宣传活动，深入广泛地进行遵守法律的教育。只有广大人民群众和政府机关一切工作人员，都来学习法律，懂得法律，掌握法律，切实遵守法律，法律的实施才有可能，我们的司法机关才能得到最强有力的支持和必要的监督。司法干部更要以身作则，执法守法。在进行守法教育中，应该大力表扬好人好事，并且同各种破坏社会主义民主和法制、危害国家和人民利益的坏人坏事进行坚决的斗争。要做到有法必依，执法必严，违法必究。如果容许"刑不上大夫"的封建特权的存在，那还有什么社会主义法制可言！政府机关的一切工作人员，特别是共产党员、领导干部应该在遵守法律上起模范带头作用。不管是什么人，职位多高，权力多大，违反了法律，都应该绳之以法。只有这样，才能做到功过分明、赏罚分明，伸张正气，打击邪气。只有这样，才能维护社会主义法制的尊严。

五届人大二次会议在加强社会主义民主和社会主义法制方面作出了重要的贡献。我们相信，这次会议以后，社会主义民主必将进一步发扬，社会主义法制必将逐步健全，全国人民必将在社会主义现代化建设中发挥更大的积极性和创造性，我国的社会主义现代化事业一定能胜利实现。

铁道部召开全路领导干部会议

新华社报道，最近召开的全路领导干部会议提出，在调整当中，铁路部门的当务之急是改造旧线，集中力量提高现有铁路的运输能力。大家认为，这是一个从实际出发的调整措施，认真落实这个措施，一定会较快地改变铁路运输紧张的现状，更好地适应国民经济发展的需要。

为什么改造旧线是当务之急呢？这是因为旧线运输能力和承担的运输任务不相适应，已成为铁路部门当前的一个突出矛盾。新中国成立以来，我国新建了不少铁路，1978年的通车里程，比解放初期增长了1.4倍。但是，在这同时期的货运量却增长了9.7倍。新建的铁路，75%分布在京广铁路以西的广大地区，这对改善我国的铁路网布局、加强内地建设是必要的。但是，目前我国的工业仍大部分集中在京广铁路以东的沿海地区和东北地区，这些地区的路网骨架，主要还是解放前留下的和解放初期改造加强的几条铁路。它们承担的货运量，占了全国铁路总运量的85%以上。加之多年来对旧线改造抓得不紧，措施不力，致使旧线的运输能力提高很慢，在运量大幅度增加的情况下，矛盾越来越突出。

目前，京广、津沪、京沈、哈大、陇海、胶济、沪杭、浙赣等线路的许多区段，运输能力已经达到饱和状态，其中一些薄弱区段，运输能力只能满足当前实际需要的50%左右。钢材、煤炭、矿石、进出口物资和生活物资的运输都受到限制，有的列车要排队等线通过，有的要改道绕行。因此，能否尽快提高这些线路的运输能力，已经成为发展我国国民经济的一个急待解决的紧迫问题。

现在，铁路部门已经认识到改造旧线的紧迫性，他们决心把铁路基本建设的重点转移到旧线改造上来。同时，在几条老干线之间修建必要的联络线，以便为繁忙的老干线分流。在调整期间，要集中力量在旧线上修建复线、扩建枢纽、建设电气化区段，进行一系列技术改造工程。目前，正在抓紧修建津浦、京广、京包和东陇海等复线，对石太、京包、陇海等线进行电气化改造，并加速扩建北京、郑州、石家庄等枢纽站，以便尽快地大幅度提高旧线的运输能力，加快山西煤炭外运和河南、陕西煤炭东运，改善沿海港口到内地运输紧张的状况，为调整国民经济作出积极贡献。铁路部门的这个调整措施，抓住了铁路建设中的主要矛盾，反映了各方面的要求，是一个很好的措施。大家都希望他们能够认真贯彻下去，切实抓出成效来。

建材工业超额完成上半年生产计划

新华社报道，今年上半年，我国建材工业生产取得了新的成绩。水泥、平板玻璃、玻璃纤维、水泥压力管、水泥电杆、卫生陶瓷、陶瓷釉面砖、墙地砖、石棉、石棉制品、石膏、石墨、滑石、金刚石、油毡、大理石板材、花岗石板材、水磨石等主要建筑材料及非金属矿产品产量都超额完成了生产计划，实现了时间过半完成任务过半，并且有多数产品创造了历史同期的最新水平。

全国大中型水泥企业的水泥产量，上半年不仅完成国家计划过了半，而且比去年同期增长9.8%。各大中型平板玻璃企业的平板玻璃产量，上半年也完成了全年计划的53.9%，比计划多生产了57万箱，比去年同期增长两成以上。这两项产品产量都超过了历史同期最高水平。

今年上半年，各项建材产品质量普遍有新的提高，生产成本和原材料、燃料消耗不断下降，劳动生产率和企业盈利上升，企业各项经济技术指标也都完成得比较好。

国务院副总理李先念在北京会见董事长坎贝尔为首的美国《新闻周刊》负责人代表团和美国《读者文摘》杂志总编辑爱德华·汤普森一行

李先念副总理今天在会见美国新闻界人士时说，我们希望有一个和平的国际环境进行现代化建设，但是我们要警惕霸权主义的扩张政策和战争阴谋。他还回答了美国朋友提出的一些国际问题。

会见时在座的有外文出版局负责人罗俊，外交部新闻司司长钱其琛。

国务院副总理方毅在北京会见由美国麻省理工学院行政校长保尔·格雷教授率领的麻省理工学院代表团

中越谈判第七次全体会议在北京举行

越南代表团团长丁儒廉主持今天的会议，在会上首先发言。他硬说中国"大国霸权主义最明显的标志是对越、老、柬的政策"。他不顾世界公众要越南从柬埔寨和老挝撤退它的占领军的强烈要求，顽固地表示越南要继续对柬、老实行军事占领。他说什么"越南武装力量驻在柬埔寨和老挝是完全正义的，符合《联合国宪章》和不结盟运动的原则"，扬言越南不会"放弃自己正确的国际义务"。

中国政府代表团团长韩念龙说："中华人民共和国政府一贯恪守和平共处五项原则，一贯反对任何形式的霸权主义，为亚洲和全世界的和平、稳定和安宁，为同各邻国建立和平友好睦邻关系做了不懈的努力。这些，不是任何人靠一派胡言乱语所能抹杀得了的。全世界都看得很清楚，无数事实早已作出了结论。"

他指出："正是越南当局推行地区霸权主义，为社会帝国主义充当帮凶，造成了中越两国目前的紧张局势和印度支那、东南亚地区的紧张局势，成了该地区动乱和战争的祸根。

"你们企图编造谎言,颠倒是非,欺骗世界舆论。你们这套惯用的手法早已为世人所识破看穿,早已没有市场了。"

韩念龙在驳斥越方谬论后宣读他的正式发言,着重揭露越南当局制造和输出难民问题。

他在发言中批驳越方提出的所谓双方停止武装挑衅的"协议草案"时指出,这个草案纯粹是为了欺骗国内外舆论,是一个圈套。中国方面当然不能同意。

韩念龙说:"大量确凿的事实充分证明,中越边境地区的紧张局势完全是越南当局蓄意制造的。只要越南当局放弃侵略扩张、反华仇华的政策,停止对中国边境的武装侵犯和挑衅活动,停止向中国驱赶难民,中越边境地区的紧张局势自然就会消除。"

他说:"越南当局以为用停止武装挑衅的所谓'协议草案',就可以掩盖它准备反华战争,加紧控制老挝,强化侵略柬埔寨战争的真相,掩盖它对泰国和东南亚其他国家的狂妄野心,逃避世界各国对越南输出难民的强烈谴责。这些都只能是枉费心机!"

韩念龙说:"目前,印度支那难民问题已成为举世瞩目的国际事件。这是越南当局推行地区霸权主义政策的一个重大步骤,也是破坏中越边境地区安宁稳定和恶化两国关系的一个严重问题。"

他说:"越南当局有计划有组织有步骤地大量制造和输出难民的犯罪行为,激起了世界的公愤。然而,越南当局不但没有任何收敛,反而变本加厉又从它凭借军事力量控制的老挝和侵占的柬埔寨驱赶大批难民。同时,还打算继续大规模地制造和输出越南难民。越南当局这种违反《联合国宪章》、惨无人道的法西斯暴行,其凶狠残暴简直和当年希特勒迫害犹太人的惊人暴行同样臭名昭著,为当代文明人类所无法容忍。"

韩念龙说:"印度支那难民问题来自越南当局反动的内外政策。""为了镇压人民的不满,转嫁经济困难,越南当局煽动民族仇恨,不仅迫害在越南长期生活的华侨,也迫害华裔越南公民和少数民族,而且还迫害不赞成其反动政策的其他越南人,通过各种卑鄙手段断绝生路,把他们强行驱赶出境。越南当局还把这种野蛮的政策搬到了老挝和柬埔寨。"他说,"越南当局大规模地输出难民还有一个险恶的目的,就是给周围邻国制造动乱,破坏这些国家的社会秩序,便于它在东南亚推行地区霸权主义政策。"

他说:"越南当局大量输出难民,中国首当其冲,深受其害。至今还有大批难民从海上或陆地不断地被赶来中国。越南当局在靠近中国的河宣、黄连山、莱州等省的许多县、乡,大肆迫害当地的苗族、沙族、瑶族和侬族等越南少数民族,迫使他们大量涌进中国境内,并且正在策划把几十万边民驱赶到中国。越南当局这种罪恶行径,无疑将加剧中越边境的紧张局势,进一步恶化两国的关系。在这种情况下,越南方面任何愿意同中国恢复正常关系、同邻国友好相处的言词,都是难以使人相信的。"

中国代表吴震在联合国印度洋沿岸国和内陆国会议上驳斥越南代表对中国的恶毒攻击

中国代表吴震在使用答辩权时说,越南代表使用"贼喊捉贼"的伎俩,恶毒地诽谤和攻击中国,妄图"回避国际舆论对越南当局的一致谴责"。

在揭露了越南对邻国的侵略扩张罪行以后,中国代表指出:"越南当局不断制造和输出大批难民是同它的穷兵黩武的侵略扩张政策密切相关的,而且是有组织、有计划地进行的。"他说:"越南当局为了称霸东南亚,四处发动侵略战争,在国内则对人民敲骨吸髓,迫使大批居民外逃。"他继续说:"更加令人愤慨的是,它们还采取十分野蛮残酷的手段,从它们制造的所谓'难民'身上搜刮大量黄金、外汇,用以偿付苏联向它们提供的武器弹药,以便进一步扩大对该地区的侵略扩张。"他说:"越南当局所奉行的种族灭绝和贩卖人口的政策是文明人类所决不能容忍的。"

中国代表吴震最后要求越南当局立即停止制造和输出难民的犯罪行为。他说:"这也是同实现印度洋和平区的目标,保证东南亚地区的和平、稳定直接相关的。"

解放军总政治部向全军各部队发出学习《政府工作报告》等重要文件的通知

新华社报道,人民解放军总政治部最近发出通知,要求全军各部队认真学习五届人大二次会议和五届政协二次会议的文件,把干部战士的思想统一到党的三中全会和五届人大二次会议的精神上来。

通知要求各级党委和政治机关,要引导干部战士认清党的三中全会以来的大好形势,鼓舞斗志;认清我国国内的阶级状况和阶级斗争的特点以及我国现阶段的主要矛盾和无产阶级专政的目的,提高工作着重点转移的自觉性;认清调整国民经济的必要性和重要性,正确理解调整国民经济的方针、任务,切实执行党的各项经济政策和制度;认清加强社会主义民主和社会主义法制的重要性,坚决贯彻执行五届人大二次会议通过的各项法律,反对特权思想,做到人人奉公守法;认清霸权主义者在世界争夺越来越激烈的现实,提高警惕,加强战备,力争在3年内做好我军的调整、改革、整顿和提高的工作,消除林彪、"四人帮"的流毒和影响,进一步加强教育训练,改进党风、军风,增强军内外团结。

《当代》杂志创刊

《当代》杂志由人民文学出版社编辑出版，每期50万字左右，将在国内外发行。它以注意反映当代生活、实行百花齐放、活跃读者思想、开阔读者眼界为特点。编辑部表示将积极扶植新生力量，注意发表新作家的作品；每期还要用一定篇幅，选载当代外国作家的作品。

《当代》第一期辟有"剧本"、"短篇小说"、"报告文学"、"长篇小说选载"、"散文回忆录"、"诗歌"、"台湾省文学作品选载"、"杂文小品"、"外国文学"、"文艺论坛"等栏目，包括了10多位新老作家的作品，内容丰富多彩。

7月6日

全国人大常委会委员长叶剑英签署第五号委员长令公布《中华人民共和国刑法》

中华人民共和国第五届全国人民代表大会第二次会议于1979年7月1日通过了《中华人民共和国刑法》，现予公布，自1980年1月1日起施行。

中华人民共和国全国人民代表大会
常务委员会委员长　叶剑英
1979年7月6日

中华人民共和国刑法

第一编　总　则

第一章　刑法的指导思想、任务和适用范围

第一条　中华人民共和国刑法，以马克思列宁主义毛泽东思想为指针，以宪法为根据，依照惩办与宽大相结合的政策，结合我国各族人民实行无产阶级领导的、工农联盟为基础的人民民主专政即无产阶级专政和进行社会主义革命、社会主义建设的具体经验及实际情况制定。

第二条　中华人民共和国刑法的任务，是用刑罚同一切反革命和其他刑事犯罪行为作斗争，以保卫无产阶级专政制度，保护社会主义的全民所有的财产和劳动群众集体所有的财产，保护公民私人所有的合法财产，保护公民的人身权利、民主权利和其他权利，维护社会秩序、生产秩序、工作秩序、教学科研秩序和人民群众生活秩序，保障社会主义革命和社会主义建设事业的顺利进行。

第三条　凡在中华人民共和国领域内犯罪的，除法律有特别规定的以外，都适用本法。

凡在中华人民共和国船舶或者飞机内犯罪的，也适用本法。

犯罪的行为或者结果有一项发生在中华人民共和国领域内的，就认为是在中华人民共和国领域内犯罪。

第四条　中华人民共和国公民在中华人民共和国领域外犯下列各罪的，适用本法：

（一）反革命罪；

（二）伪造国家货币罪（第一百二十二条），伪造有价证券罪（第一百二十三条）；

（三）贪污罪（第一百五十五条），受贿罪（第一百八十五条），泄露国家机密罪（第一百八十六条）；

（四）冒充国家工作人员招摇撞骗罪（第一百六十六条），伪造公文、证件、印章罪（第一百六十七条）。

第五条　中华人民共和国公民在中华人民共和国领域外犯前条以外的罪，而按本法规定的最低刑为3年以上有期徒刑的，也适用本法；但是按照犯罪地的法律不受处罚的除外。

第六条　外国人在中华人民共和国领域外对中华人民共和国国家或者公民犯罪，而按本法规定的最低刑为3年以上有期徒刑的，可以适用本法；但是按照犯罪地的法律不受处罚的除外。

第七条　凡在中华人民共和国领域外犯罪、依照本法应当负刑事责任的，虽然经过外国审判，仍然可以依照本法处理；但是在外国已经受过刑罚处罚的，可以免除或者减轻处罚。

第八条　享有外交特权和豁免权的外国人的刑事责任问题，通过外交途径解决。

第九条　本法自1980年1月1日起生效。中华人民共和国成立以后本法施行以前的行为，如果当时的法律、法令、政策不认为是犯罪的，适用当时的法律、法令、政策。如果当时的法律、法令、政策认为是犯罪的，依照本法总则第四章第八节的规定应当追诉的，按照当时的法律、法令、政策追究刑事责任。但是，如果本法不认为是犯罪或者处刑较轻的，适用本法。

第二章　犯　罪

第一节　犯罪和刑事责任

第十条　一切危害国家主权和领土完整，危害无产阶级专政制度，破坏社会主义革命和社会主义建设，破坏社会秩序，侵犯全民所有的财产或者劳动群众集体所有的财产，侵犯公民私人所有的合法财产，侵犯公民的人身权利、民主权利和其他权利，以及其他危害社会的行为，依照法律应当受刑罚处罚的，都是犯罪；但是情节显著轻微危害不大的，不认为是犯罪。

第十一条　明知自己的行为会发生危害社会的结果，并且希望或者放任这种结果发生，因而构成犯罪的，是故意犯罪。

故意犯罪，应当负刑事责任。

第十二条　应当预见自己的行为可能发生危害社会的结果，因为疏忽大意而没有预见，或者已经预见而轻信能够避免,以致发生这种结果的,是过失犯罪。

过失犯罪,法律有规定的才负刑事责任。

第十三条 行为在客观上虽然造成了损害结果,但是不是出于故意或者过失,而是由于不能抗拒或者不能预见的原因所引起的,不认为是犯罪。

第十四条 已满16岁的人犯罪,应当负刑事责任。

已满14岁不满16岁的人,犯杀人、重伤、抢劫、放火、惯窃罪或者其他严重破坏社会秩序罪,应当负刑事责任。

已满14岁不满18岁的人犯罪,应当从轻或者减轻处罚。

因不满16岁不处罚的,责令他的家长或者监护人加以管教;在必要的时候,也可以由政府收容教养。

第十五条 精神病人在不能辨认或者不能控制自己行为的时候造成危害结果的,不负刑事责任;但是应当责令他的家属或者监护人严加看管和医疗。

间歇性的精神病人在精神正常的时候犯罪,应当负刑事责任。

醉酒的人犯罪,应当负刑事责任。

第十六条 又聋又哑的人或者盲人犯罪,可以从轻、减轻或者免除处罚。

第十七条 为了使公共利益、本人或者他人的人身和其他权利免受正在进行的不法侵害,而采取的正当防卫行为,不负刑事责任。

正当防卫超过必要限度造成不应有的危害的,应当负刑事责任;但是应当酌情减轻或者免除处罚。

第十八条 为了使公共利益、本人或者他人的人身和其他权利免受正在发生的危险,不得已采取的紧急避险行为,不负刑事责任。

紧急避险超过必要限度造成不应有的危害的,应当负刑事责任;但是应当酌情减轻或者免除处罚。

第一款中关于避免本人危险的规定,不适用于职务上、业务上负有特定责任的人。

第二节 犯罪的预备、未遂和中止

第十九条 为了犯罪,准备工具、制造条件的,是犯罪预备。

对于预备犯,可以比照既遂犯从轻、减轻处罚或者免除处罚。

第二十条 已经着手实行犯罪,由于犯罪分子意志以外的原因而未得逞的,是犯罪未遂。

对于未遂犯,可以比照既遂犯从轻或者减轻处罚。

第二十一条 在犯罪过程中,自动中止犯罪或者自动有效地防止犯罪结果发生的,是犯罪中止。

对于中止犯罪,应当免除或者减轻处罚。

第三节 共同犯罪

第二十二条 共同犯罪是指2人以上共同故意犯罪。

2人以上共同过失犯罪,不以共同犯罪论处;应当负刑事责任的,按照他们所犯的罪分别处罚。

第二十三条 组织、领导犯罪集团进行犯罪活动的或者在共同犯罪中起主要作用的,是主犯。

对于主犯,除本法分则已有规定的以外,应当从重处罚。

第二十四条 在共同犯罪中起次要或者辅助作用的,是从犯。

对于从犯,应当比照主犯从轻、减轻处罚或者免除处罚。

第二十五条 对于被胁迫、被诱骗参加犯罪的,应当按照他的犯罪情节,比照从犯减轻处罚或者免除处罚。

第二十六条 教唆他人犯罪的,应当按照他在共同犯罪中所起的作用处罚。教唆不满18岁的人犯罪的,应当从重处罚。

如果被教唆的人没有犯被教唆的罪,对于教唆犯,可以从轻或者减轻处罚。

第三章 刑 罚

第一节 刑罚的种类

第二十七条 刑罚分为主刑和附加刑。

第二十八条 主刑的种类如下:

(一)管制;

(二)拘役;

(三)有期徒刑;

(四)无期徒刑;

(五)死刑。

第二十九条 附加刑的种类如下:

(一)罚金;

(二)剥夺政治权利;

(三)没收财产。

附加刑也可以独立适用。

第三十条 对于犯罪的外国人,可以独立适用或者附加适用驱逐出境。

第三十一条 由于犯罪行为而使被害人遭受经济损失的,对犯罪分子除依法给予刑事处分外,并应根据情况判处赔偿经济损失。

第三十二条 对于犯罪情节轻微不需要判处刑罚的,可以免予刑事处分,但可以根据案件的不同情况,予以训诫或者责令具结悔过、赔礼道歉、赔偿损失,或者由主管部门予以行政处分。

第二节 管 制

第三十三条 管制的期限,为3个月以上2年以下。

管制由人民法院判决,由公安机关执行。

第三十四条　被判处管制的犯罪分子,在执行期间,必须遵守下列规定:

(一)遵守法律、法令,服从群众监督,积极参加集体劳动生产或者工作;

(二)向执行机关定期报告自己的活动情况;

(三)迁居或者外出必须报经执行机关批准。

对于被判处管制的犯罪分子,在劳动中应当同工同酬。

第三十五条　被判处管制的犯罪分子,管制期满,执行机关应即向本人和有关的群众宣布解除管制。

第三十六条　管制的刑期,从判决执行之日起计算;判决执行以前先行羁押的,羁押1日折抵刑期2日。

第三节　拘　役

第三十七条　拘役的期限,为15日以上6个月以下。

第三十八条　被判处拘役的犯罪分子,由公安机关就近执行。

在执行期间,被判处拘役的犯罪分子每月可以回家1天至2天;参加劳动的,可以酌量发给报酬。

第三十九条　拘役的刑期,从判决执行之日起计算;判决以前先行羁押的,羁押1日折抵刑期1日。

第四节　有期徒刑、无期徒刑

第四十条　有期徒刑的期限,为6个月以上15年以下。

第四十一条　被判处有期徒刑、无期徒刑的犯罪分子,在监狱或者其他劳动改造场所执行;凡有劳动能力的,实行劳动改造。

第四十二条　有期徒刑的刑期,从判决执行之日起计算;判决执行以前先行羁押的,羁押1日折抵刑期1日。

第五节　死　刑

第四十三条　死刑只适用于罪大恶极的犯罪分子。对于应当判处死刑的犯罪分子,如果不是必须立即执行的,可以判处死刑同时宣告缓期2年执行,实行劳动改造,以观后效。

死刑除依法由最高人民法院判决的以外,都应当报请最高人民法院核准。死刑缓期执行的,可以由高级人民法院判决或者核准。

第四十四条　犯罪的时候不满18岁的人和审判的时候怀孕的妇女,不适用死刑。已满16岁不满18岁的,如果所犯罪行特别严重,可以判处死刑缓期2年执行。

第四十五条　死刑用枪决的方法执行。

第四十六条　判处死刑缓期执行的,在死刑缓期执行期间,如果确有悔改,2年期满以后,减为无期徒刑;结果确有悔改并有立功表现,2年期满以后,减为15年以上20年以下有期徒刑;如果抗拒改造情节恶劣、查证属实的,由最高人民法院裁定或者核准,执行死刑。

第四十七条　死刑缓期执行的期间,从判决确定之日起计算。死刑缓期执行减为有期徒刑的刑期,从裁定减刑之日起计算。

第六节　罚　金

第四十八条　判处罚金,应当根据犯罪情节决定罚金数额。

第四十九条　罚金在判决指定的期限内1次或者分期缴纳。期满不缴纳的,强制缴纳。如果由于遭遇不能抗拒的灾祸缴纳确实有困难的,可以酌情减少或者免除。

第七节　剥夺政治权利

第五十条　剥夺政治权利是剥夺下列权利:

(一)选举权和被选举权;

(二)宪法第四十五条规定的各种权利;

(三)担任国家机关职务的权利;

(四)担任企业、事业单位和人民团体领导职务的权利。

第五十一条　剥夺政治权利的期限,除本法第五十三条规定外,为1年以上5年以下。

判处管制附加剥夺政治权利的,剥夺政治权利的期限与管制的期限相等,同时执行。

第五十二条　对于反革命分子应当附加剥夺政治权利;对于严重破坏社会秩序的犯罪分子,在必要的时候,也可以附加剥夺政治权利。

第五十三条　对于被判处死刑、无期徒刑的犯罪分子,应当剥夺政治权利终身。

在死刑缓期执行减为有期徒刑或者无期徒刑减为有期徒刑的时候,应当把附加剥夺政治权利的期限改为3年以上10年以下。

第五十四条　附加剥夺政治权利的刑期,从徒刑、拘役执行完毕之日或者从假释之日起计算;剥夺政治权利的效力当然施用于主刑执行期间。

第八节　没收财产

第五十五条　没收财产是没收犯罪分子个人所有财产的一部或者全部。

在判处没收财产的时候,不得没收属于犯罪分子家属所有或者应有的财产。

第五十六条　查封财产以前犯罪分子所负的正当债务,需要以没收的财产偿还的,经债权人请求,由人民法院裁定。

第四章　刑罚的具体运用

第一节　量　刑

第五十七条　对于犯罪分子决定刑罚的时候,应当根据犯罪的事实、犯罪的性质、情节和对于社会的危害程度,依照本法的有关规定判处。

第五十八条 犯罪分子具有本法规定的从重处罚、从轻处罚情节的,应当在法定刑的限度以内判处刑罚。

第五十九条 犯罪分子具有本法规定的减轻处罚情节的,应当在法定刑以下判处刑罚。

犯罪分子虽然不具有本法规定的减轻处罚情节,如果根据案件的具体情况,判处法定刑的最低刑还是过重的,经人民法院审判委员会决定,也可以在法定刑以下判处刑罚。

第六十条 犯罪分子违法所得的一切财物,应当予以追缴或者责令退赔;违禁品和供犯罪所用的本人财物,应当予以没收。

第二节 累 犯

第六十一条 被判处有期徒刑以上刑罚的犯罪分子,刑罚执行完毕或者赦免以后,在3年以内再犯应当判处有期徒刑以上刑罚之罪的,是累犯,应当从重处罚;但是过失犯罪除外。

前款规定的期限,对于被假释的犯罪分子,从假释期满之日起计算。

第六十二条 刑罚执行完毕或者赦免以后的反革命分子,在任何时候再犯反革命罪的,都以累犯论处。

第三节 自 首

第六十三条 犯罪以后自首的,可以从轻处罚。其中,犯罪较轻的,可以减轻或者免除处罚;犯罪较重的,如果有立功表现,也可以减轻或者免除处罚。

第四节 数罪并罚

第六十四条 判决宣告以前1人犯数罪的,除判处死刑和无期徒刑的以外,应当在总和刑期以下、数刑中最高刑期以上,酌情决定执行的刑期;但是管制最高不能超过3年,拘役最高不能超过1年,有期徒刑最高不能超过20年。

如果数罪中有判处附加刑的,附加刑仍须执行。

第六十五条 判决宣告以后,刑罚还没有执行完毕以前,发现被判刑的犯罪分子在判决宣告以前还有其他罪没有判决的,应当对新发现的罪作出判决,把前后两个判决所判处的刑罚,依照本法第六十四条的规定,决定执行的刑罚。已经执行的刑期,应当计算在新判决决定的刑期以内。

第六十六条 判决宣告以后,刑罚还没有执行完毕以前,被判刑的犯罪分子又犯罪的,应当对新犯的罪作出判决,把前罪没有执行的刑罚和后罪所判处的刑罚,依照本法第六十四条的规定,决定执行的刑罚。

第五节 缓 刑

第六十七条 对于被判处拘役、3年以下有期徒刑的犯罪分子,根据犯罪分子的犯罪情节和悔罪表现,认为适用缓刑确实不致再危害社会的,可以宣告缓刑。

被宣告缓刑的犯罪分子,如果被判处附加刑,附加刑仍须执行。

第六十八条 拘役的缓刑考验期限为原判刑期以上1年以下,但是不能少于1个月。

有期徒刑的缓刑考验期限为原判刑期以上5年以下,但是不能少于1年。

缓刑考验期限,从判决确定之日起计算。

第六十九条 对于反革命犯和累犯,不适用缓刑。

第七十条 被宣告缓刑的犯罪分子,在缓刑考验期限内,由公安机关交所在单位或者基层组织予以考察,如果没有再犯新罪,缓刑考验期满,原判的刑罚就不再执行;如果再犯新罪,撤销缓刑,把前罪和后罪所判处的刑罚,依照本法第六十四条的规定,决定执行的刑罚。

第六节 减 刑

第七十一条 被判处管制、拘役、有期徒刑、无期徒刑的犯罪分子,在执行期间,如果确有悔改或者立功表现,可以减刑。但是经过一次或者几次减刑后实际执行的刑期,判处管制、拘役、有期徒刑的,不能少于原判刑期的二分之一;判处无期徒刑的,不能少于10年。

第七十二条 无期徒刑减为有期徒刑的刑期,从裁定减刑之日起计算。

第七节 假 释

第七十三条 被判处有期徒刑的犯罪分子,执行原判刑期二分之一以上,被判处无期徒刑的犯罪分子,实际执行10年以上,如果确有悔改表现,不致再危害社会,可以假释。如果有特殊情节,可以不受上述执行刑期的限制。

第七十四条 有期徒刑的假释考验期限,为没有执行完毕的刑期;无期徒刑的假释考验期限,为10年。

假释考验期限,从假释之日起计算。

第七十五条 被假释的犯罪分子,在假释考验期限内,由公安机关予以监督,如果没有再犯新罪,就认为原判刑罚已经执行完毕;如果再犯新罪,撤销假释,把前罪没有执行的刑罚和后罪所判处的刑罚,依照本法第六十四条的规定,决定执行的刑罚。

第八节 时 效

第七十六条 犯罪经过下列期限不再追诉:

(一)法定最高刑为不满5年有期徒刑的,经过5年;

(二)法定最高刑为5年以上不满10年有期徒刑的,经过10年;

(三)法定最高刑为10年以上有期徒刑的,经过15年;

(四)法定最高刑为无期徒刑、死刑的,经过20年。

如果20年以后认为必须追诉的,须报请最高人民检察院核准。

第七十七条　在人民法院、人民检察院、公安机关采取强制措施以后,逃避侦查或者审判的,不受追诉期限的限制。

第七十八条　追诉期限从犯罪之日起计算;犯罪行为有连续或者继续状态的,从犯罪行为终了之日起计算。

在追诉期限以内又犯罪的,前罪追诉的期限从犯后罪之日起计算。

第五章　其他规定

第七十九条　本法分则没有明文规定的犯罪,可以比照本法分则最相类似的条文定罪判刑,但是应当报请最高人民法院核准。

第八十条　民族自治地方不能全部适用本法规定的,可以由自治区或者省的国家权力机关根据当地民族的政治、经济、文化的特点和本法规定的基本原则,制定变通或者补充的规定,报请全国人民代表大会常务委员会批准施行。

第八十一条　本法所说的公共财产是指下列财产:

(一)全民所有的财产;

(二)劳动群众集体所有的财产。

在国家、人民公社、合作社、合营企业和人民团体管理、使用或者运输中的私人财产,以公共财产论。

第八十二条　本法所说的公民私人所有的合法财产是指下列财产:

(一)公民的合法收入、储蓄、房屋和其他生活资料;

(二)依法归个人、家庭所有或者使用的自留地、自留畜、自留树等生产资料。

第八十三条　本法所说的国家工作人员是指一切国家机关、企业、事业单位和其他依照法律从事公务的人员。

第八十四条　本法所说的司法工作人员是指有侦讯、检查、审判、监管人犯职务的人员。

第八十五条　本法所说的重伤是指有下列情形之一的伤害:

(一)使人肢体残废或者毁人容貌的;

(二)使人丧失听觉、视觉或者其他器官机能的;

(三)其他对于人身健康有重大伤害的。

第八十六条　本法所说的首要分子是指在犯罪集团或者聚众犯罪中起组织、策划、指挥作用的犯罪分子。

第八十七条　本法所说的告诉才处理,是指被害人告诉才处理。如果被害人因受强制、威吓无法告诉的,人民检察院和被害人的近亲属也可以告诉。

第八十八条　本法所说的以上、以下、以内,都连本数在内。

第八十九条　本法总则适用于其他有刑罚规定的法律、法令,但是其他法律有特别规定的除外。

第二编　分　则

第一章　反革命罪

第九十条　以推翻无产阶级专政的政权和社会主义制度为目的的、危害中华人民共和国的行为,都是反革命罪。

第九十一条　勾结外国,阴谋危害祖国的主权、领土完整和安全的,处无期徒刑或者10年以上有期徒刑。

第九十二条　阴谋颠覆政府、分裂国家的,处无期徒刑或者10年以上有期徒刑。

第九十三条　策动、勾引、收买国家工作人员、武装部队、人民警察、民兵投敌叛变或者叛乱的,处无期徒刑或者10年以上有期徒刑。

第九十四条　投敌叛变的,处3年以上10年以下有期徒刑;情节严重的或者率众投敌叛变的,处10年以上有期徒刑或者无期徒刑。

率领武装部队、人民警察、民兵投敌叛变的,处无期徒刑或者10年以上有期徒刑。

第九十五条　持械聚众叛乱的首要分子或者其他罪恶重大的,处无期徒刑或者10年以上有期徒刑;其他积极参加的,处3年以上10年以下有期徒刑。

第九十六条　聚众劫狱或者组织越狱的首要分子或者其他罪恶重大的,处无期徒刑或者10年以上有期徒刑;其他积极参加的,处3年以上10年以下有期徒刑。

第九十七条　进行下列间谍或者资敌行为之一的,处10年以上有期徒刑或者无期徒刑;情节较轻的,处3年以上10年以下有期徒刑:

(一)为敌人窃取、刺探、提供情报的;

(二)供给敌人武器军火或者其他军用物资的;

(三)参加特务、间谍组织或者接受敌人派遣任务的。

第九十八条　组织、领导反革命集团的,处5年以上有期徒刑;其他积极参加反革命集团的,处5年以下有期徒刑、拘役、管制或者剥夺政治权利。

第九十九条　组织、利用封建迷信、会道门进行反革命活动的,处5年以上有期徒刑;情节较轻的,处5年以下有期徒刑、拘役、管制或者剥夺政治权利。

第一百条　以反革命为目的,进行下列破坏行为之一的,处无期徒刑或者10年以上有期徒刑;情节较轻的,处3年以上10年以下有期徒刑:

(一)爆炸、放火、决水、利用技术或者以其他方法破坏军事设备、生产设施、通信交通设备、建筑工程、防险设备或者其他公共建设、公共财物的;

(二)抢劫国家档案、军事物资、工矿企业、银行、商店、仓库或者其他公共财物的;

(三)劫持船舰、飞机、火车、电车、汽车的;

(四)为敌人指示轰击目标的;

(五)制造、抢夺、盗窃枪支、弹药的。

第一百零一条 以反革命为目的,投放毒物、散布病菌或者以其他方法杀人、伤人的,处无期徒刑或者10年以上有期徒刑;情节较轻的,处3年以上10年以下有期徒刑。

第一百零二条 以反革命为目的,进行下列行为之一的,处5年以下有期徒刑、拘役、管制或者剥夺政治权利;首要分子或者其他罪恶重大的,处5年以上有期徒刑:

(一)煽动群众抗拒、破坏国家法律、法令实施的;

(二)以反革命标语、传单或者其他方法宣传煽动推翻无产阶级专政的政权和社会主义制度的。

第一百零三条 本章上述反革命罪行中,除第九十八条、第九十九条、第一百零二条外,对国家和人民危害特别严重、情节特别恶劣的,可以判处死刑。

第一百零四条 犯本章之罪的,可以并处没收财产。

第二章 危害公共安全罪

第一百零五条 放火、决水、爆炸或者以其他危险方法破坏工厂、矿场、油田、港口、河流、水源、仓库、住宅、森林、农场、谷场、牧场、重要管道、公共建筑物或者其他公私财产、危害公共安全,尚未造成严重后果的,处3年以上10年以下有期徒刑。

第一百零六条 放火、决水、爆炸、投毒或者以其他危险方法致人重伤、死亡或者使公私财产遭受重大损失的,处10年以上有期徒刑、无期徒刑或者死刑。

过失犯前款罪的,处7年以下有期徒刑或者拘役。

第一百零七条 破坏火车、汽车、电车、船只、飞机,足以使火车、汽车、电车、船只、飞机发生倾覆、毁坏危险,尚未造成严重后果的,处3年以上10年以下有期徒刑。

第一百零八条 破坏轨道、桥梁、隧道、公路、机场、航道、灯塔、标志或者进行其他破坏活动,足以使火车、汽车、电车、船只、飞机发生倾覆、毁坏危险,尚未造成严重后果的,处3年以上10年以下有期徒刑。

第一百零九条 破坏电力、煤气或者其他易燃易爆设备,危害公共安全,尚未造成严重后果的,处3年以上10年以下有期徒刑。

第一百一十条 破坏交通工具、交通设备、电力煤气设备、易燃易爆设备造成严重后果的,处10年以上有期徒刑、无期徒刑或者死刑。

过失犯前款罪的,处7年以下有期徒刑或者拘役。

第一百一十一条 破坏广播电台、电报、电话或者其他通讯设备,危害公共安全的,处7年以下有期徒刑或者拘役;造成严重后果的,处7年以上有期徒刑。

过失犯前款罪的,处7年以下有期徒刑或者拘役。

第一百一十二条 非法制造、买卖、运输枪支、弹药的,或者盗窃、抢夺国家机关、军警人员、民兵的枪支、弹药的,处7年以下有期徒刑;情节严重的,处7年以上有期徒刑或者无期徒刑。

第一百一十三条 从事交通运输的人员违反规章制度,因而发生重大事故,致人重伤、死亡或者使公私财产遭受重大损失的,处3年以下有期徒刑或者拘役;情节特别恶劣的,处3年以上7年以下有期徒刑。

非交通运输人员犯前款罪的,依照前款规定处罚。

第一百一十四条 工厂、矿山、林场、建筑企业或者其他企业、事业单位的职工,由于不服管理、违反规章制度,或者强令工人违章冒险作业,因而发生重大伤亡事故,造成严重后果的,处3年以下有期徒刑或者拘役;情节特别恶劣的,处3年以上7年以下有期徒刑。

第一百一十五条 违反爆炸性、易燃性、放射性、毒害性、腐蚀性物品的管理规定,在生产、储存、运输、使用中发生重大事故,造成严重后果的,处3年以下有期徒刑或者拘役;后果特别严重的,处3年以上7年以下有期徒刑。

第三章 破坏社会主义经济秩序罪

第一百一十六条 违反海关法规,进行走私,情节严重的,除按照海关法规没收走私物品并且可以罚款外,处3年以下有期徒刑或者拘役,可以并处没收财产。

第一百一十七条 违反金融、外汇、金银、工商管理法规、投机倒把,情节严重的,处3年以下有期徒刑或者拘役,可以并处、单处罚金或者没收财产。

第一百一十八条 以走私、投机倒把为常业的,走私、投机倒把数额巨大的或者走私、投机倒把集团的首要分子,处3年以上10年以下有期徒刑,可以并处没收财产。

第一百一十九条 国家工作人员利用职务上的便利,犯走私、投机倒把罪的,从重处罚。

第一百二十条 以营利为目的。伪造或者倒卖计划供应票证,情节严重的,处3年以下有期徒刑或者拘役,可以并处、单处罚金或者没收财产。

犯前款罪的首要分子或者情节特别严重的,处3年以上7年以下有期徒刑,可以并处没收财产。

第一百二十一条 违反税收法规,偷税、抗税,情节严重的，除按照税收法规补税并且可以罚款外，对直接责任人员，处3年以下有期徒刑或者拘役。

第一百二十二条　伪造国家货币或者贩运伪造的国家货币的，处3年以上7年以下有期徒刑，可以并处罚金或者没收财产。

犯前款罪的首要分子或者情节特别严重的，处7年以上有期徒刑或者无期徒刑，可以并处没收财产。

第一百二十三条　伪造支票、股票或者其他有价证券的，处7年以下有期徒刑，可以并处罚金。

第一百二十四条　以营利为目的，伪造车票、船票、邮票、税票、货票的，处2年以下有期徒刑、拘役或者罚金；情节严重的，处2年以上7年以下有期徒刑，可以并处罚金。

第一百二十五条　由于泄愤报复或者其他个人目的，毁坏机器设备、残害耕畜或者以其他方法破坏集体生产的，处2年以下有期徒刑或者拘役；情节严重的，处2年以上7年以下有期徒刑。

第一百二十六条　挪用国家救灾、抢险、防汛、优抚、救济款物，情节严重，致使国家和人民群众利益遭受重大损害的，对直接责任人员，处3年以下有期徒刑或者拘役；情节特别严重的，处3年以上7年以下有期徒刑。

第一百二十七条　违反商标管理法规，工商企业假冒其他企业已经注册的商标的，对直接责任人员，处3年以下有期徒刑、拘役或者罚金。

第一百二十八条　违反保护森林法规，盗伐、滥伐森林或者其他林木，情节严重的，处3年以下有期徒刑或者拘役，可以并处或者单处罚金。

第一百二十九条　违反保护水产资源法规，在禁渔区、禁渔期或者使用禁用的工具、方法捕捞水产品，情节严重的，处2年以下有期徒刑、拘役或者罚金。

第一百三十条　违反狩猎法规，在禁猎区，禁猎期或者使用禁用的工具、方法进行狩猎，破坏珍禽、珍兽或者其他野生动物资源，情节严重的，处2年以下有期徒刑、拘役或者罚金。

第四章　侵犯公民人身权利、民主权利罪

第一百三十一条　保护公民的人身权利、民主权利和其他权利，不受任何人、任何机关非法侵犯。违法侵犯情节严重的，对直接责任人员予以刑事处分。

第一百三十二条　故意杀人的，处死刑、无期徒刑或者10年以上有期徒刑；情节较轻的，处3年以上10年以下有期徒刑。

第一百三十三条　过失杀人的，外5年以下有期徒刑；情节特别恶劣的，处5年以上有期徒刑。本法另有规定的，依照规定。

第一百三十四条　故意伤害他人身体的，处3年以下有期徒刑或者拘役。

犯前款罪，致人重伤的，处3年以上7年以下有期徒刑；致人死亡的，处7年以上有期徒刑或者无期徒刑。本法另有规定的，依照规定。

第一百三十五条　过失伤害他人致人重伤的，处2年以下有期徒刑或者拘役；情节特别恶劣的，处2年以上7年以下有期徒刑。本法另有规定的，依照规定。

第一百三十六条　严禁刑讯逼供。国家工作人员对人犯实行刑讯逼供的，处3年以下有期徒刑或者拘役。以肉刑致人伤残的，以伤害罪从重论处。

第一百三十七条　严禁聚众“打砸抢”。因“打砸抢”致人伤残、死亡的，以伤害罪、杀人罪论处。毁坏或者抢走公私财物的，除判令退赔外，首要分子以抢劫罪论处。

犯前款罪，可以单独判处剥夺政治权利。

第一百三十八条　严禁用任何方法、手段诬告陷害干部、群众。凡捏造事实诬告陷害他人(包括犯人)的，参照所诬陷的罪行的性质、情节、后果和量刑标准给予刑事处分。国家工作人员犯诬陷罪的，从重处罚。

不是有意诬陷，而是错告，或者检举失实的，不适用前款规定。

第一百三十九条　以暴力、胁迫或者其他手段强奸妇女的，处3年以上10年以下有期徒刑。

奸淫不满十四岁幼女的，以强奸论，从重处罚。

犯前两款罪，情节特别严重的或者致人重伤、死亡的，处10年以上有期徒刑、无期徒刑或者死刑。

二人以上犯强奸罪而共同轮奸的，从重处罚。

第一百四十条　强迫妇女卖淫的，处3年以上10年以下有期徒刑。

第一百四十一条　拐卖人口的，处5年以下有期徒刑；情节严重的，处5年以上有期徒刑。

第一百四十二条　违反选举法的规定，以暴力、威胁、欺骗、贿赂等非法手段破坏选举或者妨害选民自由行使选举权和被选举权的，处3年以下有期徒刑或者拘役。

第一百四十三条　严禁非法拘禁他人，或者以其他方法非法剥夺他人人身自由。违者处3年以下有期徒刑、拘役或者剥夺政治权利。具有殴打、侮辱情节的，从重处罚。

犯前款罪，致人重伤的，处3年以上10年以下有期徒刑；致人死亡的，处7年以上有期徒刑。

第一百四十四条　非法管制他人，或者非法搜查他人身体、住宅、或者非法侵入他人住宅的，处3年以下有期徒刑或者拘役。

第一百四十五条　以暴力或者其他方法，包括用“大字报”、“小字报”，公然侮辱他人或者捏造事实诽谤他人,情节严重的,处3年以下有期徒刑、拘役或者剥夺政治权利。

前款罪,告诉的才处理。但是严重危害社会秩序和国家利益的除外。

第一百四十六条 国家工作人员滥用职权、假公济私,对控告人、申诉人、批评人实行报复陷害的,处2年以下有期徒刑或者拘役;情节严重的,处2年以上7年以下有期徒刑。

第一百四十七条 国家工作人员非法剥夺公民的正当的宗教信仰自由和侵犯少数民族风俗习惯,情节严重的,处2年以下有期徒刑或者拘役。

第一百四十八条 在侦查、审判中,证人、鉴定人、记录人、翻译人对与案件有重要关系的情节,故意作虚假证明、鉴定、记录、翻译,意图陷害他人或者隐匿罪证的,处2年以下有期徒刑或者拘役;情节严重的,处2年以上7年以下有期徒刑。

第一百四十九条 隐匿、毁弃或者非法开拆他人信件,侵犯公民通信自由权利,情节严重的,处1年以下有期徒刑或者拘役。

第五章 侵犯财产罪

第一百五十条 以暴力、胁迫或者其他方法抢劫公私财物的,处3年以上10年以下有期徒刑。

犯前款罪,情节严重的或者致人重伤、死亡的,处10年以上有期徒刑、无期徒刑或者死刑,可以并处没收财产。

第一百五十一条 盗窃、诈骗、抢夺公私财物数额较大的,处5年以下有期徒刑、拘役或者管制。

第一百五十二条 惯窃、惯骗或者盗窃、诈骗、抢夺公私财物数额巨大的,处5年以上10年以下有期徒刑;情节特别严重的,处10年以上有期徒刑或者无期徒刑,可以并处没收财产。

第一百五十三条 犯盗窃、诈骗、抢夺罪,为窝藏赃物、抗拒逮捕或者毁灭罪证而当场使用暴力或者以暴力相威胁的,依照本法第一百五十条抢劫罪处罚。

第一百五十四条 敲诈勒索公私财物的,处3年以下有期徒刑或者拘役;情节严重的,处3年以上7年以下有期徒刑。

第一百五十五条 国家工作人员利用职务上的便利,贪污公共财物的,处5年以下有期徒刑或者拘役;数额巨大、情节严重的,处5年以上有期徒刑;情节特别严重的,处无期徒刑或者死刑。

犯前款罪的,并处没收财产,或者判令退赔。

受国家机关、企业、事业单位、人民团体委托从事公务的人员犯第一款罪的,依照前两款的规定处罚。

第一百五十六条 故意毁坏公私财物,情节严重的,处3年以下有期徒刑、拘役或者罚金。

第六章 妨害社会管理秩序罪

第一百五十七条 以暴力、威胁方法阻碍国家工作人员依法执行职务的,或者拒不执行人民法院已经发生法律效力的判决、裁定的,处3年以下有期徒刑、拘役、罚金或者剥夺政治权利。

第一百五十八条 禁止任何人利用任何手段扰乱社会秩序。扰乱社会秩序情节严重,致使工作、生产、营业和教学、科研无法进行,国家和社会遭受严重损失的,对首要分子处5年以下有期徒刑、拘役、管制或者剥夺政治权利。

第一百五十九条 聚众扰乱车站、码头、民用航空站、商场、公园、影剧院、展览会、运动场或者其他公共场所秩序,聚众堵塞交通或者破坏交通秩序,抗拒、阻碍国家治安管理工作人员依法执行职务,情节严重的,对首要分子处5年以下有期徒刑、拘役、管制或者剥夺政治权利。

第一百六十条 聚众斗殴,寻衅滋事,侮辱妇女或者进行其他流氓活动,破坏公共秩序,情节恶劣的,处7年以下有期徒刑、拘役或者管制。

流氓集团的首要分子,处7年以上有期徒刑。

第一百六十一条 依法被逮捕、关押的犯罪分子脱逃的,除按其原犯罪行判处或者按其原判刑期执行外,加处5年以下有期徒刑或者拘役。

以暴力、威胁方法犯前款罪的,处2年以上7年以下有期徒刑。

第一百六十二条 窝藏或者作假证明包庇反革命分子的,处3年以下有期徒刑、拘役或者管制;情节严重的,处3年以上10年以下有期徒刑。

窝藏或者作假证明包庇其他犯罪分子的,处2年以下有期徒刑、拘役或者管制;情节严重的,处2年以上7年以下有期徒刑。

犯前两款罪,事前通谋的,以共同犯罪论处。

第一百六十三条 违反枪支管理规定,私藏枪支、弹药,拒不交出的,处2年以下有期徒刑或者拘役。

第一百六十四条 以营利为目的,制造、贩卖假药危害人民健康的,处2年以下有期徒刑、拘役或者管制,可以并处或者单处罚金;造成严重后果的,处2年以上7年以下有期徒刑,可以并处罚金。

第一百六十五条 神汉、巫婆借迷信进行造谣、诈骗财物活动的,处2年以下有期徒刑、拘役或者管制;情节严重的,处2年以上7年以下有期徒刑。

第一百六十六条 冒充国家工作人员招摇撞骗的,处3年以下有期徒刑、拘役、管制或者剥夺政治权利;情节严重的,处3年以上10年以下有期徒刑。

第一百六十七条 伪造、变造或者盗窃、抢夺、毁灭国家机关、企业、事业单位、人民团体的公文、证件、印章的，处3年以下有期徒刑、拘役、管制或者剥夺政治权利；情节严重的，处3年以上10年以下有期徒刑。

第一百六十八条　以营利为目的，聚众赌博或者以赌博为业的，处3年以下有期徒刑、拘役或者管制，可以并处罚金。

第一百六十九条　以营利为目的，引诱、容留妇女卖淫的，处5年以下有期徒刑、拘役或者管制；情节严重的，处5年以上有期徒刑，可以并处罚金或者没收财产。

第一百七十条　以营利为目的，制作、贩卖淫书、淫画的，处3年以下有期徒刑、拘役或者管制，可以并处罚金。

第一百七十一条　制造、贩卖、运输鸦片、海洛因、吗啡或者其他毒品的，处5年以下有期徒刑或者拘役，可以并处罚金。

一贯或者大量制造、贩卖、运输前款毒品的，处5年以上有期徒刑，可以并处没收财产。

第一百七十二条　明知是犯罪所得的赃物而予以窝藏或者代为销售的，处3年以下有期徒刑、拘役或者管制，可以并处或者单处罚金。

第一百七十三条　违反保护文物法规，盗运珍贵文物出口的，处3年以上10年以下有期徒刑，可以并处罚金；情节严重的，处10年以上有期徒刑或者无期徒刑，可以并处没收财产。

第一百七十四条　故意破坏国家保护的珍贵文物、名胜古迹的，处7年以下有期徒刑或者拘役。

第一百七十五条　故意破坏国家边境的界碑、界桩或者永久性测量标志的，处3年以下有期徒刑或者拘役。

以叛国为目的的，按照反革命罪处罚。

第一百七十六条　违反出入国境管理法规，偷越国（边）境，情节严重的，处1年以下有期徒刑、拘役或者管制。

第一百七十七条　以营利为目的，组织、运送他人偷越国（边）境的，处5年以下有期徒刑、拘役或者管制，可以并处罚金。

第一百七十八条　违反国境卫生检疫规定，引起检疫传染病的传播，或者有引起检疫传染病传播严重危险的，处3年以下有期徒刑或者拘役，可以并处或者单处罚金。

第七章　妨害婚姻、家庭罪

第一百七十九条　以暴力干涉他人婚姻自由的，处2年以下有期徒刑或者拘役。

犯前款罪，引起被害人死亡的，处2年以上7年以下有期徒刑。

第一款罪，告诉的才处理。

第一百八十条　有配偶而重婚的，或者明知他人有配偶而与之结婚的，处2年以下有期徒刑或者拘役。

第一百八十一条　明知是现役军人的配偶而与之同居或者结婚的，处3年以下有期徒刑。

第一百八十二条　虐待家庭成员，情节恶劣的，处2年以下有期徒刑、拘役或者管制。

犯前款罪，引起被害人重伤、死亡的，处2年以上7年以下有期徒刑。

第一款罪，告诉的才处理。

第一百八十三条　对于年老、年幼、患病或者其他没有独立生活能力的人，负有扶养义务而拒绝扶养，情节恶劣的，处5年以下有期徒刑、拘役或者管制。

第一百八十四条　拐骗不满14岁的男、女，脱离家庭或者监护人的，处5年以下有期徒刑或者拘役。

第八章　渎职罪

第一百八十五条　国家工作人员利用职务上的便利，收受贿赂的，处5年以下有期徒刑或者拘役。赃款、赃物没收，公款、公物追还。

犯前款罪，致使国家或者公民利益遭受严重损失的，处5年以上有期徒刑。

向国家工作人员行贿或者介绍贿赂的，处3年以下有期徒刑或者拘役。

第一百八十六条　国家工作人员违反国家保密法规，泄露国家重要机密，情节严重的，处7年以下有期徒刑、拘役或者剥夺政治权利。

非国家工作人员犯前款罪的，依照前款的规定酌情处罚。

第一百八十七条　国家工作人员由于玩忽职守，致使公共财产、国家和人民利益遭受重大损失的，处5年以下有期徒刑或者拘役。

第一百八十八条　司法工作人员徇私舞弊，对明知是无罪的人而使他受追诉、对明知是有罪的人而故意包庇不使他受追诉，或者故意颠倒黑白做枉法裁判的，处5年以下有期徒刑、拘役或者剥夺政治权利；情节特别严重的，处5年以上有期徒刑。

第一百八十九条　司法工作人员违反监管法规，对被监管人实行体罚虐待，情节严重的，处3年以下有期徒刑或者拘役；情节特别严重的，处3年以上10年以下有期徒刑。

第一百九十条　司法工作人员私放罪犯的，处5年以下有期徒刑或者拘役；情节严重的，处5年以上10年以下有期徒刑。

第一百九十一条　邮电工作人员私自开拆或者隐匿、毁弃邮件、电报的，处2年以下有期徒刑或者拘役。

犯前款罪而窃取财物的，依照第一百五十五条贪污罪从重处罚。

第一百九十二条　国家工作人员犯本章之罪，情节轻微的，可以由主管部门酌情予以行政处分。

中共中央 国务院在北京召开全国农田基本建设会议

会议 7 月 6 日到 11 日召开。

华国锋同志出席了会议。他向大家讲了今年下半年的工作安排，要求各省、自治区、直辖市贯彻这次人代会的精神，把工作重点切实地转过来，集中力量抓好国民经济。他说，农田基本建设很重要，应该重视。他特别强调了因地制宜，扎扎实实干，干就要干好，干出成效。

这次会议以三中全会通过的两个农业文件为指导，根据我国多年来农田基本建设的经验和一些国家的情况，探讨了我国农业现代化和农田基本建设的关系，研究了在我国发展农业生产和农田基本建设所必须遵循的客观规律，对 3 年调整期间的农田基本建设任务作了初步安排。

通过讨论，大家认识到：农田基本建设是我国农业现代化的组成部分。

会议在研究如何使农田基本建设扎扎实实地开展起来这一问题时，强调了一定要按自然规律和经济规律办事。农田基本建设要大干，但决不能蛮干，一定要因地制宜，量力而行，讲究实效。互助协作，一定要坚持自愿互利、等价变换的原则，不能搞一平二调。会议还指出，搞农田基本建设既是当年增产的需要，又是一项劳动积累，因此，还要处理好这项积累同农民可能负担的能力之间的关系。根据目前许多地方工程尾工多，配套差，险、病水库多的情况，会议提出 3 年调整期间农田基本建设的任务是，在兴修小型工程和改土的同时，以搞好现有工程的续建和配套为主，做好险、病水库的加固处理工作，并加强水利工程的管理，使现有工程充分发挥效益。同时，在有水力资源的地区，结合农田基本建设发展小水电。

李先念同志主持这次会议，并作了总结发言。余秋里、陈永贵同志参加了会议。会上，江苏、山东、湖南、安徽、黑龙江、湖北、河南、四川、天津、广东、甘肃、河北、吉林等省、市的负责同志谈了他们那里农田基本建设的经验。事实说明，农业要上去，就必须搞好以治水改土为中心的农田基本建设。许多同志说，一要大干，二要注意政策，三要有科学的规划，四要有一个密切联系群众的好作风。

出席这次会议的还有中共中央和国务院有关部门的负责人和农业经济专家。

国务院副总理李先念在全国农田基本建设会议讲话中提出争取今冬明春掀起农田基建新高潮

李先念副总理说，经过 30 年的努力，从江河治理到农田基本建设都取得了很大的成绩，提高了农田抗御自然灾害的能力。

李先念同志说，去年，全国人民战胜了严重的自然灾害，粮食产量突破 6000 亿斤，增产幅度达到 7.8%。今年夏粮又获丰收，秋粮长势总的说来也不错。

在当前农村大好形势下，党中央和国务院在五届人大二次会议期间，就决定人代会一结束，立即召开这次会议，作出明确的部署，来一次新的发动。

李先念同志说，不大搞农田基本建设，不争取农业的高产稳产，就解决不了我国的农业过关问题。我国农业要过关，从根本上来说，必须向世界上经济发达的国家那样，走农业现代化的道路。但是，我国实现农业现代化，必须从我国自己的特点出发。我国人口多，耕地少，可开垦的荒地不多，而且自然灾害又比较频繁。因此，我们必须发扬精耕细作的传统，实行科学种田，大力提高各种农作物的单位面积产量，从而大大提高总产量，提高按人口平均的占有量，使农业提供的各种产品，逐步满足工业发展和人民生活改善的需要。而要大幅度提高单位面积产量，首先要努力改善现有耕地的生产条件，提高抗御自然灾害的能力，做到旱涝保收，高产稳产。

在谈到如何搞好农田基本建设时，他指出，一定要讲究实效，强调政策，尊重客观规律，坚持科学的态度，还要发扬艰苦奋斗、自力更生的精神。

李先念说，过去我们搞农田基本建设，亿万农民战天斗地，取得了伟大的成绩。我们不仅有了许多社队的经验，有了一些县和专区的经验，还有了更大范围的经验。但是，农田基本建设中存在的问题也很多。这些问题，概括起来，主要表现在两个方面：违反自然规律，有的地方搞了不少无效工程，有的破坏了生态平衡；违反经济规律，搞一平二调，增加了农民的不合理负担。这些都挫伤了群众的积极性。

李先念说，我国地方大，南方北方，山区平原，这个省那个省，无论在气温、雨量、土壤、地形、作物等等方面，都有很大的差别。搞农田基本建设一定要因地制宜，坚持一切从各地自然条件千差万别的实际情况出发，不能搞“一刀切”。无数事实说明，不注意这一条，就会受到大自然的惩罚。

李先念说，许多农田基本建设工程需要在较大范围内进行互助协作。这里就有一个尊重客观经济规律的问题。从历史的经验来看，最重要的是要坚持自愿互利、等价交换的原则，处理好尊重社队自主权和加强互助协作的关系，不能搞一平二调。他说，许多地方在这方面积累了一些好经验，一般是采取“换工还工，推磨转圈,先后受益,大体平衡”的办法。“推磨转圈”轮一遍的时间,一般是3年左右。凡是这样做的,群众都较满意。对于那些长期出工而不受益的社队,有的地方根据他们的实际需要,组织被支援社队的劳力进行还工,帮助他们安排修建工程,或者在一定时间内不调他们的劳动力到外地搞工程,或者国家在投资、贷款、材料或农机设备上给以适当照顾。这样做的结果,也体现了互助互利的原则,群众是满意的。当然,要处理好这方面的问题,无论在思想上还是在组织上,都需要做大量的细致的工作,这比起简单地搞一平二调,的确要麻烦得多。但我们必须这样做。

在谈到怎么样才能处理好农田基本建设同农民可能负担的能力之间的关系时,李先念说在劳动力安排上,首先要保证当年生产有足够的劳动力,同时根据农事季节的忙闲,安排投入农田基本建设的劳动力。他指出,就全国来说,农田基本建设冬春突击上工的劳动力以占农村总劳动力的30%左右为宜,常年施工的劳动力以占农村总劳力的5%左右为宜。各地情况不同,可以因地制宜地安排本地区的出工比例和出工时间。

李先念指出,按照自然规律和经济规律办事,关键是要制定一个切合实际的受到群众欢迎的好规划。他指出,制定这样一个规划,需要掌握以下几点:一、社队和县、省和地区都要有规划,国家对大江大河的治理也要统一的规划。各级的规划要互相衔接。二、农田基本建设的规划,要同农业的区域规划相结合,要同治理江河的流域规划相结合,要同商品粮基地、经济作物基地和林、牧、渔业基地的建设相结合。三、规划要切合实际,因地制宜,有科学的基础,充分走群众路线。四、规划要体现山、水、田、林、路综合治理的原则,有明确的主攻方向,有分期分批实施的步骤和措施。

李先念在讲话中十分强调发扬艰苦奋斗、自力更生精神的重要性。他说,我国幅员辽阔,人口众多,农业的底子薄,农业要实现现代化,农田基本建设要搞好,都必须依靠艰苦奋斗、自力更生这个传家宝。我国农村有3亿劳动力,我们应该在正确的政策指导下,充分发挥人力资源的潜力、尽可能多办一些事情。有人认为搞农业现代化,可以不再艰苦奋斗、自力更生了,这种看法是不对的。我们提倡学大寨,就是要在全国农村发扬艰苦奋斗、自力更生的精神。

李先念同志在谈到加强对农田基本建设的领导时,要求领导干部走上第一线,参加劳动,调查研究,指挥作战。做好深入的思想政治工作和组织工作,关心群众生活,注意解决好劳逸结合的问题。他说,各级领导干部要有一股不怕苦,不怕累,不怕耗费心血,不怕出大力的劲头和决心。同时,要认真学习,钻研业务,树立科学态度,改进领导方法,使领导工作更加切实有效。李先念特别谈到战斗在农村的广大基层干部。他说,他们常年风里来雨里去,工作是很辛苦的,他们同农民群众一起,为发展农业生产作出了很大贡献。希望他们努力提高思想水平和工作水平,继续前进。

国务院总理华国锋在北京会见菲律宾总统夫人伊梅尔达·罗穆亚尔德斯·马科斯

华总理同马科斯夫人讨论了当前东南亚局势。马科斯夫人说,现在我们在东南亚遇到了许多麻烦和动荡。她表示,在这困难的时刻,菲中两国要加强接触。华总理说,苏联和越南搞得东南亚很不安宁。苏联和越南互有需要,苏联霸权主义者要利用越南在东南亚搞扩张;越南要搞地区霸权主义,就要苏联做它的靠山。

在谈到越南驱赶难民给其他国家增加困难时,华总理说,要解决难民问题,必须找到它的根子,就是要采取措施,制止越南制造和出口难民。中国支持最近东盟国家外长会议发表的公报中所表示的立场。

在交谈中,双方对近几年中菲之间友好关系的发展表示满意。华总理说,我相信,我们之间的关系一定会越来越好。马科斯夫人希望,她的这次访问会进一步加强菲中两国在政治、经济、贸易、文化等方面的关系。华总理祝愿菲律宾和其他东盟国家日益繁荣昌盛。马科斯夫人也希望中国更加强大。

华总理还向马科斯夫人介绍了近几年我国国内的情况。在谈到最近闭幕的五届人大第二次会议的情况时,华总理说,这次大会开得很好,是一个动员全国人民向四个现代化进军的大会。

会见时,马科斯夫人转达了马科斯总统和菲律宾人民对华国锋总理的问候,并转交了马科斯总统给华总理的信。马科斯总统在信中热情邀请华总理去菲律宾进行国事访问。华总理对马科斯总统和菲律宾人民表示感谢,并答应在适宜的时候去菲律宾访问。华总理请马科斯夫人转达中国人民和他本人对马科斯总统和菲律宾人民的问候。

李先念副总理参加了谈话。

参加谈话的菲律宾客人有:旅游部部长何塞·阿斯皮拉斯,工业部部长维森特·帕特尔诺,预算署署长海梅·拉亚部长,总统经济顾问鲁文·安切塔,菲律宾航空公司董事长兼总经理小罗曼·克鲁斯,菲律宾驻中国大使纳西索·雷耶斯,礼宾司长拉法尔·冈萨雷斯大使,前任驻中国大使馆公使鲁道夫·塞维里诺大使。

我国外交部副部长韩念龙,中国驻菲律宾大使陈辛仁也参加了谈话。

国务院副总理李先念在北京迎接并宴请菲律宾总

统夫人伊梅尔达·罗穆亚尔德斯·马科斯一行

菲律宾总统夫人伊梅尔达·罗穆亚尔德斯·马科斯今天下午3时乘专机抵达首都机场,开始了她对中国的第3次访问。李先念副总理和夫人林佳楣到机场热烈欢迎马科斯夫人。

马科斯夫人这次是应中国政府的邀请前来进行为期一个星期的访问。随同马科斯夫人来访的有:首任驻中国大使、现任驻联合国大使本哈明·罗穆亚尔德斯省省长,旅游部部长何塞·阿斯皮拉斯,工业部部长维森特·帕特尔诺,预算署署长海梅·拉亚部长,总统经济顾问鲁文·安切塔,菲律宾航空公司董事长兼总经理小罗曼·克鲁斯,临时国民议会议员,最高法院法官,高级军官等100多位菲律宾客人。

到机场欢迎的还有外交部副部长韩念龙,外贸部副部长陈洁,全国妇联副主席黄甘英,全国人大常委会委员李贞、李瑞环,民航总局副局长张瑞霭,旅游总局副局长庄炎林,中国驻菲律宾大使陈辛仁和夫人等。

先期抵达北京的本哈明·罗穆亚尔德斯省长,菲律宾驻中国大使纳西索·雷耶斯和夫人,以及大使馆的外交官员,也到机场迎接。

到机场迎接的还有马来西亚、泰国等一些国家驻中国的外交使节。

国务院副总理李先念晚上在人民大会堂举行宴会,热烈欢迎菲律宾总统夫人伊梅尔达·罗穆亚尔德斯·马科斯以及随同来访的菲律宾贵宾。

李先念副总理和马科斯夫人先后在宴会上讲话。

李先念副总理在讲话中说,马科斯夫人作为菲律宾政府和人民的友好使者,是第三次来中国了。马科斯夫人一直关心中菲友谊的发展,对增进两国的友好合作关系作出了积极的贡献。我们高兴地看到,两国在政治、经济、文化和科技等领域的合作,近年来都有了迅速的发展。

李副总理在谈到东南亚局势时指出:“这个地区的形势之所以恶化到今天的地步,完全是由于大霸权主义同小霸权主义相互勾结、严重地破坏和践踏国与国之间所必须遵循的和平共处五项原则和加紧进行侵略扩张活动所造成的”。他说:“中国政府高度赞赏菲律宾和其他东盟国家为维护东南亚地区的和平作出的积极努力。在激烈动荡的东南亚局势下,我们相信东盟国家必能加强团结,提高警惕;面对霸权主义的侵略扩张,必能加强自卫能力,保卫区域安全。东盟已经成为维护东南亚和平与稳定的一支重要力量,赢得了世界越来越多国家的尊重。”

李副总理重申:中国政府和人民,将一如既往,坚决支持东盟国家为保卫东南亚和平,捍卫国家的独立、主权和领土完整的正义斗争。

他说,我们将同东盟和其他第三世界国家一道,为改革旧的国际经济、贸易关系的共同事业而努力奋斗。

李副总理称赞菲律宾人民在发展经济、建设国家的事业中取得了可喜的成果,积累了许多好的经验。他说,中菲两国人民在前进的道路上,可以互相学习,互相帮助。可以预计,两国的友好合作关系一定会取得更好更广泛的发展。

马科斯夫人在讲话中说,你们把我们作为好友和近邻来欢迎,我们也作为你们的好友和近邻来到你们国家访问。我再次来中国访问是为了维持和培育我们之间的友谊和重申我们两国人民继续蓬勃发展友好关系的共同愿望。

她说,中国人民主要通过自己的努力创造了一个团结的、强大的国家。“中国已开始了新的长征,这是坚定不移地朝着工业、农业、科技和国防现代化前进的长征。通过这次访问,我期待着亲眼看看在这一长征中,中国所迈出的迅猛步伐,看看中国正在经历的巨大变化。”

马科斯夫人说,在马科斯总统领导下,菲律宾已从一个外国特权和统治的庇护所转变为一个真正独立的国家。

她说:“我们知道,我们全国为我国人民的幸福所做的努力,只能在本地区和平与稳定以及邻国友好合作的气氛中取得成果。”

她说:“我们相信,我们双边关系的稳步发展对创造这样的气氛极为有利。我们两国之间交往的增多,有助于在我们两国人民间建立谅解的桥梁,驱散笼罩在我们这一地区的猜疑的乌云。我们间不断扩大的贸易使维护和平成了我们两国人民的共同利益。”

她说,我们为扩大、加深我们两国间的友好合作关系而作出的努力,不仅是为了在感情上找到寄托,而是表明我们长期的文化传统。因为加深两国关系具有紧迫的现实意义。

全国人大常委会副委员长阿沛·阿旺晋美,全国人大常委会委员李贞、李瑞环,交通部部长曾生,文化部部长黄镇,外交部副部长韩念龙,最高人民法院副院长何兰阶,全国妇联副主席黄甘英,李先念副总理的夫人林佳楣,中国驻菲律宾大使陈辛仁,以及有关方面负责人,出席了宴会。

菲律宾驻中国大使纳西索·雷耶斯和大使馆外交官员,应邀出席了宴会。

水利部在北京召开全国水利会议

新华社报道,最近,水利部召开全国水利会议,提出3年国民经济调整时期水利工作的主要任务是:要管好用好现有水利设施,搞好现有水利工程的续建、配套和病险水库的加固处理,大力发展小型水利,并积极做好勘测设计等项基本工作，为水利建设的更大发展做好准备。

这次会议总结了多年来水利工作的经验。大量事实表明；水利不仅是农业的命脉，而且关系到国民经济各个方面。多年来，从江河治理到农田基本建设，由于发动了农村广大群众，国家给予了大力支持，成就是巨大的。各地无数事实反复证明，哪里水利搞得好，哪里的农业就稳得住，上得快。相反，哪里的水利不过关，哪里就只能“大灾大减产，小灾小减产，风调雨顺增点产”。在今后3年调整中，要进一步巩固和发展已有的成果。

出席会议的代表认为，这次国民经济调整的重点，是把失调的工农业比例调整过来，集中力量加强农业这个短线。作为农业工作中重要组成部分的水利建设，同加快农业和整个国民经济发展的要求，还很不适应，水利建设发展的速度还不够快，抗御水旱灾害的能力还不高，旱涝保收、高产稳产的农田还太少。因此，要加快农业的发展，就必须在落实党的政策的基础上，大力搞好水利，搞好农田基本建设。他们分析了我国水利建设的实际，认为当前存在的问题主要是：一、工程尾工多，配套差，管理乱，现有水利基础不够巩固，没有充分发挥效益。二、基本工作薄弱，不能适应进一步发展的需要。水利工作要大上，就是针对这些问题，把现有工程的续建、配套搞上去，把管理搞上去，把基本工作搞上去。据水利部门的估算，把现有工程续建好、配套好，至少可以增加灌溉面积近1亿亩。续建、配套工程一般省工、省料、花钱少，效益大，是3年中多快好省发展水利的办法。

会议要求在调整时期，一定要根据人力、物力、财力的可能，对工程进行排队，逐个研究。本着集中力量打歼灭战的办法，保证尽快受益，防止全面开花。续建、配套、除险、加固工程任务大的省、自治区、直辖市，在未完成任务之前，原则上不再上新的大的项目。那种盲目追求上新项目的倾向一定要加以纠正。同时，会议要求对已有的各种工程，包括大中小工程都要加强技术管理、计划管理和经济管理，确保工程安全，发挥设计效益。

这次会议还着重研究了对改变农业生产条件具有重要作用的农田基本建设问题。治水是农田基本建设的中心内容之一。多年来，我国农田基本建设取得很大成就，这是应当充分肯定的。在今后3年调整时期中，应当继续把它作为一项伟大的社会主义事业来办。代表们指出，我国人多地少，旱涝等灾害频繁，要提高农田抗御自然灾害的能力，就必须建设旱涝保收、高产稳产的农田。同时，农田基本建设也是农业现代化的重要组成部分，必须扎扎实实搞上去。

为了适应农业现代化的需要，会议还提出了要综合开发利用水力资源，在有条件的地方大力发展小水电，把治水与办电结合起来。要求已建的水库、灌区，有发电条件的要装机发电，新建工程一定要注意综合利用，充分利用水力资源。同时，根据谁建、谁有、谁管、谁受益的原则，发动群众，自力更生，实行县、社队三级办电。

这次全国水利会议结合3年调整时期的任务，从水利建设、管理到水利科研、水文、规划等工作进行了全面的研究讨论。同时，进一步明确了水利建设的方针，农田基本建设的政策和任务等，为今后调整水利工作，大干农田基本建设创造了条件。

国务院副总理余秋里在北京会见以美国俄亥俄州长詹姆斯·罗兹为团长的美国俄亥俄州贸易代表团

国务院副总理方毅在北京会见加拿大不列颠哥伦比亚大学化学系教授林慰桢和夫人刘树章

中联部部长姬鹏飞在北京举行宴会欢迎澳大利亚共产党(马克思列宁主义)主席爱德华·弗·希尔和夫人

7月7日

全国人大常委会委员长叶剑英签署第六号委员长令公布《中华人民共和国刑事诉讼法》

中华人民共和国第五届全国人民代表大会第二次会议于1979年7月1日通过了《中华人民共和国刑事诉讼法》，现予公布，自1980年1月1日起施行。

中华人民共和国全国人民代表大会
常务委员会委员长　叶剑英
1979年7月7日

中华人民共和国刑事诉讼法

第一编　总　则

第一章　指导思想、任务和基本原则

第一条　中华人民共和国刑事诉讼法，以马克思列宁主义毛泽东思想为指针，以宪法为根据，结合我国各族人民实行无产阶级领导的、工农联盟为基础的人民民主专政即无产阶级专政的具体经验和打击敌人、保护人民的实际需要制定。

第二条　中华人民共和国刑事诉讼法的任务，是保证准确、及时地查明犯罪事实，正确应用法律，惩罚犯罪分子，保障无罪的人不受刑事追究，教育公民自觉遵守法律，积极同犯罪行为作斗争，以维护社会主义法制，保护公民的人身权利、民主权利和其他权利，保障社会主义革命和社会主义建设事业的顺利进行。

第三条 对刑事案件的侦查、拘留、预审,由公安机关负责。批准逮捕和检察(包括侦查)、提起公诉,由人民检察院负责。审判由人民法院负责。其他任何机关、团体和个人都无权行使这些权力。

人民法院、人民检察院和公安机关进行刑事诉讼,必须严格遵守本法和其他法律的有关规定。

第四条 人民法院、人民检察院和公安机关进行刑事诉讼,必须依靠群众,必须以事实为根据,以法律为准绳。对于一切公民,在适用法律上一律平等,在法律面前,不允许有任何特权。

第五条 人民法院、人民检察院和公安机关进行刑事诉讼,应当分工负责,互相配合,互相制约,以保证准确有效地执行法律。

第六条 各民族公民都有用本民族语言文字进行诉讼的权利。人民法院、人民检察院和公安机关对于不通晓当地通用的语言文字的诉讼参与人,应当为他们翻译。

在少数民族聚居或者多民族杂居的地区,应当用当地通用的语言进行审讯,用当地通用的文字发布判决书、布告和其他文件。

第七条 人民法院审判案件,实行两审终审制。

第八条 人民法院审判案件,除本法另有规定的以外,一律公开进行。被告人有权获得辩护,人民法院有义务保证被告人获得辩护。

第九条 人民法院审判案件,依照本法实行人民陪审员陪审的制度。

第十条 人民法院、人民检察院和公安机关应当保障诉讼参与人依法享有的诉讼权利。

对于不满18岁的未成年人犯罪的案件,在讯问和审判时,可以通知被告人的法定代理人到场。

诉讼参与人对于审判人员、检察人员和侦查人员侵犯公民诉讼权利和人身侮辱的行为,有权提出控告。

第十一条 有下列情形之一的,不追究刑事责任,已经追究的,应当撤销案件,或者不起诉,或者宣告无罪:

(一)情节显著轻微、危害不大,不认为是犯罪的;

(二)犯罪已过追诉时效期限的;

(三)经特赦令免除刑罚的;

(四)依照刑法告诉才处理的犯罪,没有告诉或者撤回告诉的;

(五)被告人死亡的;

(六)其他法律、法令规定免予追究刑事责任的。

第十二条 对于外国人犯罪应当追究刑事责任的,适用本法的规定。

对于享有外交特权和豁免权的外国人犯罪应当追究刑事责任的,通过外交途径解决。

第二章 管 辖

第十三条 告诉才处理和其他不需要进行侦查的轻微的刑事案件,由人民法院直接受理,并可以进行调解。

贪污罪、侵犯公民民主权利罪、渎职罪以及人民检察院认为需要自己直接受理的其他案件,由人民检察院立案侦查和决定是否提起公诉。

第一、二款规定以外的其他案件的侦查,都由公安机关进行。

第十四条 基层人民法院管辖第一审普通刑事案件,但是依照本法由上级人民法院管辖的除外。

第十五条 中级人民法院管辖下列第一审刑事案件:

(一)反革命案件;

(二)判处无期徒刑、死刑的普通刑事案件;

(三)外国人犯罪或者我国公民侵犯外国人合法权利的刑事案件。

第十六条 高级人民法院管辖的第一审刑事案件,是全省(直辖市、自治区)性的重大刑事案件。

第十七条 最高人民法院管辖的第一审刑事案件,是全国性的重大刑事案件。

第十八条 上级人民法院在必要的时候,可以审判下级人民法院管辖的第一审刑事案件,也可以把自己管辖的第一审刑事案件交由下级人民法院审判;下级人民法院认为案情重大、复杂需要由上级人民法院审判的第一审刑事案件,可以请求移送上一级人民法院审判。

第十九条 刑事案件由犯罪地的人民法院管辖。如果由被告人居住地的人民法院审判更为适宜的,可以由被告人居住地的人民法院管辖。

第二十条 几个同级人民法院都有权管辖的案件,由最初受理的人民法院审判。在必要的时候,可以移送主要犯罪地的人民法院审判。

第二十一条 上级人民法院可以指定下级人民法院审判管辖不明的案件,也可以指定下级人民法院将案件移送其他人民法院审判。

第二十二条 专门人民法院案件的管辖另行规定。

第三章 回 避

第二十三条 审判人员、检察人员、侦查人员有下列情形之一的,应当自行回避,当事人及其法定代理人也有权要求他们回避:

(一)是本案的当事人或者是当事人的近亲属的;

(二)本人或者他的近亲属和本案有利害关系的;

(三)担任过本案的证人、鉴定人、辩护人或者附带民事诉讼当事人的代理人的;

(四)与本案当事人有其他关系,可能影响公正处理案件的。

第二十四条　审判人员、检察人员、侦查人员的回避,应当分别由院长、检察长、公安机关负责人决定;院长的回避,由本院审判委员会决定;检察长和公安机关负责人的回避,由同级人民检察院检察委员会决定。

对侦查人员的回避作出决定前,侦查人员不能停止对案件的侦查。

对驳回申请回避的决定,当事人可以申请复议一次。

第二十五条　本法第二十三条、第二十四条的规定也适用于书记员、翻译人员和鉴定人。

第四章　辩　护

第二十六条　被告人除自己行使辩护权以外,还可以委托下列的人辩护:

(一)律师;

(二)人民团体或者被告人所在单位推荐的,或者经人民法院许可的公民;

(三)被告人的近亲属、监护人。

第二十七条　公诉人出庭公诉的案件,被告人没有委托辩护人的,人民法院可以为他指定辩护人。

被告人是聋、哑或者未成年人而没有委托辩护人的,人民法院应当为他指定辩护人。

第二十八条　辩护人的责任是根据事实和法律,提出证明被告人无罪、罪轻或者减轻、免除其刑事责任的材料和意见,维护被告人的合法权益。

第二十九条　辩护律师可以查阅本案材料,了解案情,可以同在押的被告人会见和通信;其他的辩护人经过人民法院许可,也可以了解案情,同在押的被告人会见和通信。

第三十条　在审判过程中,被告人可以拒绝辩护人继续为他辩护,也可以另行委托辩护人辩护。

第五章　证　据

第三十一条　证明案件真实情况的一切事实,都是证据。

证据有下列六种:

(一)物证、书证;

(二)证人证言;

(三)被害人陈述;

(四)被告人供述和辩解;

(五)鉴定结论;

(六)勘验、检查笔录。

以上证据必须经过查证属实,才能作为定案的根据。

第三十二条　审判人员、检察人员、侦查人员必须依照法定程序,收集能够证实被告人有罪或者无罪、犯罪情节轻重的各种证据。严禁刑讯逼供和以威胁、引诱、欺骗以及其他非法的方法收集证据。必须保证一切与案件有关或者了解案情的公民,有客观地充分地提供证据的条件,除特殊情况外,并且可以吸收他们协助调查。

第三十三条　公安机关提请批准逮捕书、人民检察院起诉书、人民法院判决书,必须忠实于事实真相。故意隐瞒事实真相的,应当追究责任。

第三十四条　人民法院、人民检察院和公安机关有权向有关的国家机关、企业、事业单位、人民公社、人民团体和公民收集、调取证据。

对于涉及国家机密的证据,应当保密。

凡是伪造证据、隐匿证据或者毁灭证据的,无论属于何方,必须受法律追究。

第三十五条　对一切案件的判处都要重证据,重调查研究,不轻信口供。只有被告人供述,没有其他证据的,不能认定被告人有罪和处以刑罚;没有被告人供述,证据充分确实的,可以认定被告人有罪和处以刑罚。

第三十六条　证人证言必须在法庭上经过公诉人、被害人和被告人、辩护人双方讯问、质证,听取各方证人的证言并经过查实以后,才能作为定案的根据。法庭查明证人有意作伪证或者隐匿罪证时,应当依法处理。

第三十七条　凡是知道案件情况的人,都有作证的义务。

生理上、精神上有缺陷或者年幼,不能辨别是非、不能正确表达的人,不能作证人。

第六章　强制措施

第三十八条　人民法院、人民检察院和公安机关根据案件情况,对被告人可以拘传、取保候审或者监视居住。

被监视居住的被告人不得离开指定的区域。监视居住由当地公安派出所执行,或者由受委托的人民公社、被告人的所在单位执行。

对被告人采取取保候审、监视居住的,如果情况发生变化,应当撤销或者变更。

第三十九条　逮捕人犯,必须经过人民检察院批准或者人民法院决定,由公安机关执行。

第四十条　对主要犯罪事实已经查清,可能判处徒刑以上刑罚的人犯,采取取保候审、监视居住等方法,尚不足以防止发生社会危险性,而有逮捕必要的,应即依法逮捕。

对应当逮捕的人犯,如果患有严重疾病,或者是正在怀孕、哺乳自己婴儿的妇女,可以采用取保候审或者监视居住的办法。

第四十一条　公安机关对于罪该逮捕的现行犯或者重大嫌疑分子，如果有下列情形之一的，可以先行拘留：

(一)正在预备犯罪、实行犯罪或者在犯罪后即时被发觉的；

(二)被害人或者在场亲眼看见的人指认他犯罪的；

(三)在身边或者住处发现有犯罪证据的；

(四)犯罪后企图自杀、逃跑或者在逃的；

(五)有毁灭、伪造证据或者串供可能的；

(六)身份不明有流窜作案重大嫌疑的；

(七)正在进行“打砸抢”和严重破坏工作、生产、社会秩序的。

第四十二条　对于下列人犯，任何公民都可以立即扭送公安机关、人民检察院或者人民法院处理：

(一)正在实行犯罪或者在犯罪后即时被发觉的；

(二)通缉在案的；

(三)越狱逃跑的；

(四)正在被追捕的。

第四十三条　公安机关拘留人的时候，必须出示拘留证。

拘留后，除有碍侦查或者无法通知的情形以外，应当把拘留的原因和羁押的处所，在 24 小时以内，通知被拘留人的家属或者他的所在单位。

第四十四条　公安机关对于被拘留的人，应当在拘留后的 24 小时以内进行讯问。在发现不应当拘留的时候，必须立即释放，发给释放证明。对需要逮捕而证据还不充足的，可以取保候审或者监视居住。

第四十五条　公安机关要求逮捕人犯的时候，应当写出提请批准逮捕书，连同案卷材料、证据，一并移送同级人民检察院审查批准。必要时，人民检察院可以派人参加公安机关对于重大案件的讨论。

第四十六条　人民检察院审查批准逮捕人犯由检察长决定。重大案件应当提交检察委员会讨论决定。

第四十七条　人民检察院对于公安机关提请批准逮捕的案件进行审查后，应当根据情况分别作出批准逮捕，不批准逮捕或者补充侦查的决定。

第四十八条　公安机关对被拘留的人，认为需要逮捕的，应当在拘留后的 3 日以内，提请人民检察院审查批准。在特殊情况下，提请审查批准的时间可以延长 1 日至 4 日。人民检察院应当在接到公安机关提请批准逮捕书后的 3 日以内，作出批准逮捕或者不批准逮捕的决定。人民检察院不批准逮捕的，公安机关应当在接到通知后立即释放，发给释放证明。

公安机关或者人民检察院如果没有按照前款规定办理，被拘留的人或者他的家属有权要求释放，公安机关或者人民检察院应当立即释放。

第四十九条　公安机关对人民检察院不批准逮捕的决定，认为有错误的时候，可以要求复议，但是必须将被拘留的人立即释放。如果意见不被接受，可以向上一级人民检察院提请复核。上级人民检察院应当立即复核，作出是否变更的决定，通知下级人民检察院和公安机关执行。

第五十条　公安机关逮捕人的时候，必须出示逮捕证。

逮捕后，除有碍侦查或者无法通知的情形以外，应当把逮捕的原因和羁押的处所，在 24 小时以内通知被逮捕人的家属或者他的所在单位。

第五十一条　人民法院、人民检察院对于各自决定逮捕的人，公安机关对于经人民检察院批准逮捕的人，都必须在逮捕后的 24 小时以内进行讯问。在发现不应当逮捕的时候，必须立即释放，发给释放证明。

第五十二条　人民检察院在审查批准逮捕工作中，如果发现公安机关的侦查活动有违法情况，应当通知公安机关予以纠正，公安机关应当将纠正情况通知人民检察院。

第七章　附带民事诉讼

第五十三条　被害人由于被告人的犯罪行为而遭受物质损失的，在刑事诉讼过程中，有权提起附带民事诉讼。

如果是国家财产、集体财产遭受损失的，人民检察院在提起公诉的时候，可以提起附带民事诉讼。

人民法院在必要的时候，可以查封或者扣押被告人的财产。

第五十四条　附带民事诉讼应当同刑事案件一并审判，只有为了防止刑事案件审判的过分迟延，才可以在刑事案件审判后，由同一审判组织继续审理附带民事诉讼。

第八章　期间、送达

第五十五条　期间以时、日、月计算。

期间开始的时和日不算在期间以内。

法定期间不包括路途上的时间。上诉状或者其他文件在期满前已经交邮的，不算过期。

第五十六条　当事人由于不能抗拒的原因或者有其他正当理由而耽误期限的，在障碍消除后五日以内，可以申请继续进行应当在期满以前完成的诉讼活动。

前款申请是否准许，由人民法院裁定。

第五十七条　送达传票、通知书和其他诉讼文件应当交给收件人本人；如果本人不在，可以交给他的成年家属或者所在单位的负责人员代收。

收件人本人或者代收人拒绝接收或者拒绝签名、盖章的时候，送达人可以邀请他的邻居或者其他见证人到场，说明情况，把文件留在他的住处，在送达证上记明拒绝的事由、送达的日期，由送达人签名，即认为已经送达。

第九章 其他规定

第五十八条 本法下列用语的含意是：

(一)侦查是指公安机关、人民检察院在办理案件过程中，依照法律进行的专门调查工作和有关的强制性措施；

(二)"当事人"是指自诉人、被告人、附带民事诉讼的原告人和被告人；

(三)"法定代理人"是指被代理人的父母、养父母、监护人和负有保护责任的机关、团体的代表；

(四)"诉讼参与人"是指当事人、被害人、法定代理人、辩护人、证人、鉴定人和翻译人员；

(五)"近亲属"是指夫、妻、父、母、子、女、同胞兄弟姊妹。

第二编 立案、侦查和提起公诉

第一章 立 案

第五十九条 机关、团体、企业、事业单位和公民发现有犯罪事实或者犯罪嫌疑人，有权利也有义务按照本法第十三条规定的管辖范围，向公安机关、人民检察院或者人民法院提出控告和检举。

公安机关、人民检察院或者人民法院对于控告、检举和犯罪人的自首，都应当接受。对于不属于自己管辖的，应当移送主管机关处理，并且通知控告人、检举人；对于不属于自己管辖而又必须采取紧急措施的，应当先采取紧急措施，然后移送主管机关。

第六十条 控告、检举可以用书面或者口头提出。接受口头控告、检举的工作人员，应当写成笔录，经宣读无误后，由控告人、检举人签名或者盖章。

接受控告、检举的工作人员，应当向控告人、检举人说明诬告应负的法律责任。但是，只要不是捏造事实，伪造证据，即使控告、检举的事实有出入，甚至是错告的，也要和诬告严格加以区别。

控告人、检举人如果不愿公开自己的姓名，在侦查期间，应当为他保守秘密。

第六十一条 人民法院、人民检察院或者公安机关对于控告、检举和自首的材料，应当按照管辖范围，迅速进行审查，认为有犯罪事实需要追究刑事责任的时候，应当立案；认为没有犯罪事实，或者犯罪事实显著轻微，不需要追究刑事责任的时候，不予立案，并且将不立案的原因通知控告人。控告人如果不服，可以申请复议。

第二章 侦 查

第一节 讯问被告人

第六十二条 讯问被告人必须由人民检察院或者公安机关的侦查人员负责进行。讯问的时候，侦查人员不得少于二人。

第六十三条 对于不需要逮捕、拘留的被告人，可以传唤到指定的地点或者到他的住处、所在单位进行讯问，但是应当出示人民检察院或者公安机关的证明文件。

第六十四条 侦查人员在讯问被告人的时候，应当首先讯问被告人是否有犯罪行为，让他陈述有罪的情节或者无罪的辩解，然后向他提出问题。被告人对侦查人员的提问，应当如实回答。但是对与本案无关的问题，有拒绝回答的权利。

第六十五条 讯问聋、哑的被告人，应当有通晓聋、哑手势的人参加，并且将这种情况记明笔录。

第六十六条 讯问笔录应当交被告人核对，对于没有阅读能力的，应当向他宣读。如果记载有遗漏或者差错，被告人可以提出补充或者改正。被告人承认笔录没有错误后，应当签名或者盖章。侦查人员也应当在笔录上签名。被告人请示自行书写供述的，应当准许。必要的时候，侦查人员也可以要被告人亲笔书写供词。

第二节 询问证人

第六十七条 侦查人员询问证人，可以到证人的所在单位或者住处进行，但是必须出示人民检察院或者公安机关的证明文件。在必要的时候，也可以通知证人到人民检察院或者公安机关提供证言。

询问证人应当个别进行。

第六十八条 询问证人，应当告知他应当如实地提供证据、证言和有意作伪证或者隐匿罪证要负的法律责任。

第六十九条 本法第六十六条的规定，也适用于询问证人。

第七十条 询问被害人，适用本节各条规定。

第三节 勘验、检查

第七十一条 侦查人员对于与犯罪有关的场所、物品、人身、尸体应当进行勘验或者检查。在必要的时候，可以指派或者聘请具有专门知识的人，在侦查人员的主持下进行勘验、检查。

第七十二条 任何单位和个人，都有义务保护犯罪现场，并且立即通知公安机关派员勘验。

第七十三条 侦查人员执行勘验、检查，必须持有公安机关的证明文件。

第七十四条 对于死因不明的尸体，公安机关有权决定解剖，并通知死者家属到场。

第七十五条 为了确定被害人、被告人的某些特征、伤害情况或者生理状态，可以对人身进行检查。

被告人如果拒绝检查，侦查人员认为必要的时候，可以强制检查。

检查妇女的身体，应当由女工作人员或者医师进行。

第七十六条　勘验、检查的情况应当写成笔录，由参加勘验、检查的人和见证人签名或者盖章。

第七十七条　人民检察院审查案件时，对公安机关的勘验、检查，认为需要复验、复查时，认为需要复验、复查时，可以要求公安机关复验、复查，并且可以派检察人员参加。

第七十八条　为了查明案情，在必要的时候，经公安局长批准，可以进行侦查实验。

侦查实验，禁止一切足以造成危险、侮辱人格或者有伤风化的行为。

第四节　搜　查

第七十九条　为了收集犯罪证据、查获犯罪人，侦查人员可以对被告人以及可能隐藏罪犯或者犯罪证据的人的身体、物品、住处和其他有关的地方进行搜查。

第八十条　任何单位和个人，有义务按照人民检察院和公安机关的要求，交出可以证明被告人有罪或者无罪的物证、书证。

第八十一条　进行搜查，必须向被搜查人出示搜查证。

在执行逮捕、拘留的时候，遇有紧急情况，不另用搜查证也可以进行搜查。

第八十二条　在搜查的时候，应当有被搜查人或者他的家属，邻居或者其他见证人在场。

搜查妇女的身体，应当由女工作人员进行。

第八十三条　搜查的情况应当写成笔录，由侦查人员和被搜查人或者他的家属，邻居或者其他见证人签名或者盖章。如果被搜查人或者他的家属在逃或者拒绝签名、盖章，应当在笔录上注明。

第五节　扣押物证、书证

第八十四条　在勘验、搜查中发现的可用以证明被告人有罪或者无罪的各种物品和文件，应当扣押；与案件无关的物品、文件，不得扣押。

对于扣押的物品、文件，要妥善保管或者封存，不得使用或者损毁。

第八十五条　对于扣押的物品和文件，应当会同在场见证人和被扣押物品持有人查点清楚，当场开列清单一式二份，由侦查人员、见证人和持有人签名或者盖章，一份交给持有人，另一份附卷备查。

第八十六条　侦查人员认为需要扣押被告人的邮件、电报的时候，经公安机关或者人民检察院批准，即可通知邮电机关将有关的邮件、电报检交扣押。

不需要继续扣押的时候，应即通知邮电机关。

第八十七条　对于扣押的物品、文件、邮件、电报，经查明确实与案件无关的，应当迅速退还原主或者原邮电机关。

第六节　鉴　定

第八十八条　为了查明案情，需要解决案件中某些专门性问题的时候，应当指派、聘请有专门知识的人进行鉴定。

第八十九条　鉴定人进行鉴定后，应当写出鉴定结论，并签名。

第九十条　用作证据的鉴定结论应当告知被告人。如果被告人提出申请，可以补充鉴定或者重新鉴定。

第七节　通　缉

第九十一条　应当逮捕的被告人如果在逃，公安机关可以发布通缉令，采取有效措施，追捕归案。

各级公安机关在自己管辖的地区以内，可以直接发布通缉令；超出自己管辖的地区，应当报请有权决定的上级机关发布。

第八节　侦查终结

第九十二条　对被告人在侦查中的羁押期限不得超过二个月。案情复杂、期限届满不能终结的案件，可以经上一级人民检察院批准延长1个月。

特别重大、复杂的案件，依照前款规定延长后仍不能终结的，由最高人民检察院报请全国人民代表大会常务委员会批准延期审理。

第九十三条　人民检察院侦查的案件，侦查终结后，应当作出提起公诉、免予起诉或者撤销案件的决定。

公安机关侦查的案件，侦查终结后，应当写出起诉意见书或者免予起诉意见书，连同案卷材料、证据一并移送同级人民检察院审查决定。

第九十四条　在侦查过程中，发现不应对被告人追究刑事责任的，应当撤销案件；被告人已被逮捕的，应当立即释放，发给释放证明，并且通知原批准逮捕的人民检察院。

第三章　提起公诉

第九十五条　凡需要提起公诉或者免予起诉的案件，一律由人民检察院审查决定。

第九十六条　人民检察院审查案件的时候，必须查明：

(一)犯罪事实、情节是否清楚，证据是否确实、充分，犯罪性质和罪名的认定是否正确；

(二)有无遗漏罪行和其他应当追究刑事责任的人；

(三)是否属于不应追究刑事责任的；

(四)有无附带民事诉讼；

(五)侦查活动是否合法。

第九十七条　人民检察院对于公安机关移送起诉或者免予起诉的案件，应当在1个月以内作出决定，重大、复杂的案件，可以延长半个月。

第九十八条　人民检察院审查案件，应当讯问被告人。

第九十九条　人民检察院审查案件，对于需要补充侦查的，可以自行侦查，也可以退回公安机关补充侦查。

对于补充侦查的案件，应当在1个月以内补充侦查完毕。

第一百条　人民检察院认为被告人的犯罪事实已经查清，证据确实、充分，依法应当追究刑事责任的，应当作出起诉决定，按照审判管辖的规定，向人民法院提起公诉。

第一百零一条　依照刑法规定不需要判处刑罚或者免除刑罚的，人民检察院可以免予起诉。

第一百零二条　免予起诉的决定，应当公开宣布，并且将免予起诉决定书交给被告人和他的所在单位。如果被告人在押，应当立即释放。

对于公安机关移送起诉的案件，人民检察院决定免予起诉的，应当将免予起诉决定书送公安机关。公安机关认为免予起诉的决定有错误的时候，可以要求复议，如果意见不被接受，可以向上一级人民检察院提请复核。

对于有被害人的案件，决定免予起诉的，人民检察院应当将免予起诉决定书送被害人。被害人如果不服，可以在收到后7日内向人民检察院申诉。人民检察院应当将复查结果告知被害人。

第一百零三条　对于免予起诉的决定，被告人如果不服，可以在7日内向人民检察院申诉。人民检察院应当作出复查决定，通知被告人，同时抄送公安机关。

第一百零四条　被告人有本法第十一条规定的情形之一的，人民检察院应当作出不起诉决定。

本法第一百零二条的规定适用于不起诉的决定。

第三编　审　判

第一章　审判组织

第一百零五条　基层人民法院、中级人民法院审判第一审案件，除自诉案件和其他轻微的刑事案件可以由审判员1人独任审判以外，应当由审判员1人、人民陪审员2人组成合议庭进行。

高级人民法院、最高人民法院审判第一审案件，应当由审判员1人至3人、人民陪审员2人至4人组成合议庭进行。

人民陪审员在人民法院执行职务，同审判员有同等的权利。

人民法院审判上诉和抗诉案件，由审判员3人至5人组成合议庭进行。

合议庭由院长或者庭长指定审判员1人担任审判长。院长或者庭长参加审判案件的时候，自己担任审判长。

第一百零六条　合议庭进行评议的时候，如果意见分歧，应当少数服从多数，但是少数人的意见应当写入笔录。评议笔录由合议庭的组成人员签名。

第一百零七条　凡是重大的或者疑难的案件，院长认为需要提交审判委员会讨论的，由院长提交审判委员会讨论决定。审判委员会的决定，合议庭应当执行。

第二章　第一审程序

第一节　公诉案件

第一百零八条　人民法院对提起公诉的案件进行审查后，对于犯罪事实清楚、证据充分的，应当决定开庭审判；对于主要事实不清、证据不足的，可以退回人民检察院补充侦查；对于不需要判刑的，可以要求人民检察院撤回起诉。

第一百零九条　人民法院在必要的时候，可以进行勘验、检查、搜查、扣押和鉴定。

第一百一十条　人民法院决定开庭审判后，应当进行下列工作：

（一）确定合议庭的组成人员；

（二）将人民检察院的起诉书副本至迟在开庭7日以前送达被告人，并且告知被告人可以委托辩护人，或者在必要时为被告人指定辩护人；

（三）将开庭的时间、地点在开庭3日以前通知人民检察院；

（四）传唤当事人，通知辩护人、证人、鉴定人和翻译人员，传票和通知书至迟在开庭3日以前送达；

（五）公开审判的案件，先期公布案由、被告人姓名、开庭时间和地点。

上述活动情形应当写入笔录，由审判人员和书记员签名。

第一百一十一条　人民法院审判第一审案件应当公开进行。但是有关国家机密或者个人隐私的案件，不公开审理。

14岁以上不满16岁未成年人犯罪的案件，一律不公开审理。16岁以上不满18岁未成年人犯罪的案件，一般也不公开审理。

对于不公开审理的案件，应当当庭宣布不公开审理的理由。

第一百一十二条　人民法院审判公诉案件，除罪行较轻经人民法院同意的以外，人民检察院应当派员出席法庭支持公诉。

出庭的检察人员发现审判活动有违法情况，有权向法庭提出纠正意见。

第一百一十三条 开庭时，审判长查明当事人是否到庭，宣布案由；宣布合议庭的组成人员、书记员、公诉人、辩护人、鉴定人和翻译人员的名单；告知当事人有权对合议庭组成人员、书记员、公诉人、鉴定人和翻译人员申请回避；告知被告人享有辩护权利。

第一百一十四条 公诉人在审判庭上宣读起诉书后，审判人员开始审问被告人。

公诉人经审判长许可，可以讯问被告人。

被害人、附带民事诉讼的原告人和辩护人，在审判人员审问被告人后，经审判长许可，可以向被告人发问。

第一百一十五条 审判人员、公诉人询问证人，应当告知他要如实地提供证言和有意作伪证或者隐匿罪证要负的法律责任。当事人和辩护人可以申请审判长对证人、鉴定人发问，或者请求审判长许可直接发问。审判长认为发问的内容与案件无关的时候，应当制止。

第一百一十六条 审判人员应当向被告人出示物证，让他辨认；对未到庭的证人的证言笔录、鉴定人的鉴定结论、勘验笔录和其他作为证据的文书，应当当庭宣读，并且听取当事人和辩护人的意见。

第一百一十七条 法庭审理过程中，当事人和辩护人有权申请通知新的证人到庭，调取新的物证，申请重新鉴定或者勘验。

法庭对于上述申请，应当作出是否同意的决定。

第一百一十八条 法庭调查后，应当由公诉人发言，被害人发言，然后由被告人陈述和辩护，辩护人进行辩护，并且可以互相辩论。审判长在宣布辩论终结后，被告人有最后陈述的权利。

第一百一十九条 在法庭审判过程中，如果诉讼参与人违反法庭秩序，审判长应当警告制止；情节严重的，可以责令退出法庭或者依法追究刑事责任。

第一百二十条 在被告人最后陈述后，审判长宣布休庭，合议庭进行评议，根据已经查明的事实、证据和有关的法律规定，作出被告人有罪或者无罪、犯的什么罪、适用什么刑罚或者免除刑罚的判决。

第一百二十一条 宣告判决，一律公开进行。

当庭宣告判决的，应当在5日以内将判决书送达当事人和提起公诉的人民检察院；定期宣告判决的，应当在宣告后立即将判决书送达当事人和提起公诉的人民检察院。

第一百二十二条 判决书应当由合议庭的组成人员和书记员署名，并且写明上诉的期限和上诉的法院。

第一百二十三条 在法庭审判过程中，遇有下列情形之一影响审判进行的，可以延期审理：

（一）需要通知新的证人到庭，调取新的物证，重新鉴定或者勘验的；

（二）检察人员发现提起公诉的案件需要补充侦查，提出建议的；

（三）合议庭认为案件证据不充分，或者发现新的事实，需要退回人民检察院补充侦查或者自行调查的；

（四）由于当事人申请回避而不能进行审判的。

第一百二十四条 法庭审判的全部活动，应当由书记员写成笔录，经审判长审阅后，由审判长和书记员签名。

法庭笔录中的证人证言部分，应当当庭宣读或者交给证人阅读。证人在承认没有错误后，应当签名或者盖章。

法庭笔录应当交给当事人阅读或者向他宣读。当事人认为记载有遗漏或者差错的，可以请示补充或者改正。当事人承认没有错误后，应当签名或者盖章。

第一百二十五条 人民法院审理公诉案件，应当在受理后1个月内宣判，至迟不得超过1个半月。

第二节 自诉案件

第一百二十六条 人民法院对于自诉案件进行审查后，可以按照下列情形分别处理：

（一）犯罪事实清楚，有足够证据的案件，应当开庭审判；

（二）必须由人民检察院提起公诉的案件，应当移送人民检察院；

（三）缺乏罪证的自诉案件，如果自诉人提不出补充证据，经人民法院调查又未能收集到必要的证据，应当说服自诉人撤回自诉，或者裁定驳回；

（四）被告人的行为不构成犯罪的案件，应当说服自诉人撤回自诉，或者裁定驳回。

第一百二十七条 人民法院对自诉案件，可以进行调解；自诉人在宣告判决前，可以同被告人自行和解或者撤回自诉。

第一百二十八条 自诉案件的被告人在诉讼过程中，可以对自诉人提起反诉。反诉适用自诉的规定。

第三章 第二审程序

第一百二十九条 当事人或者他们的法定代理人，不服地方各级人民法院第一审的判决、裁定，有权用书状或者口头向上一级人民法院上诉。被告人的辩护人和近亲属，经被告人同意，可以提出上诉。

附带民事诉讼的当事人和他们的法定代理人，可以对地方各级人民法院第一审的判决、裁定中的附带民事诉讼部分，提出上诉。

对被告人的上诉权，不得以任何借口加以剥夺。

第一百三十条 地方各级人民检察院认为本级人民法院第一审的判决、裁定确有错误的时候，应当向上一级人民法院提出抗诉。

第一百三十一条　不服判决的上诉和抗诉的期限为10日,不服裁定的上诉和抗诉的期限为5日,从接到判决书、裁定书的第二日起算。

第一百三十二条　当事人通过原审人民法院提出上诉的,原审人民法院应当在3日以内将上诉状连同案卷、证据移送上一级人民法院,同时将上诉状副本送交同级人民检察院和对方当事人。

当事人直接向第二审人民法院提出上诉的,第二审人民法院应当在3日以内将上诉状交原审人民法院送交同级人民检察院和对方当事人。

第一百三十三条　地方各级人民检察院对同级人民法院第一审判决、裁定的抗诉,应当通过原审人民法院提出抗诉书,并且将抗诉书抄送上一级人民检察院。原审人民法院应当将抗诉书连同案卷、证据移送上一级人民法院,并且将抗诉书副本送交当事人。

上级人民检察院如果认为抗诉不当,可以向同级人民法院撤回抗诉,并且通知下级人民检察院。

第一百三十四条　第二审人民法院应当就第一审判决认定的事实和适用法律进行全面审查,不受上诉或者抗诉范围的限制。

共同犯罪的案件只有部分被告人上诉的,应当对全案进行审查,一并处理。

第一百三十五条　人民检察院提出抗诉的案件或者第二审人民法院要求人民检察院派员出庭的案件,同级人民检察院都应当派员出庭。第二审人民法院必须在开庭十日以前通知人民检察院查阅案卷。

第一百三十六条　第二审人民法院对不服第一审判决的上诉、抗诉案件,经过审理后,应当按照下列情形分别处理:

(一)原判决认定事实和适用法律正确、量刑适当的,应当裁定驳回上诉或者抗诉,维持原判;

(二)原判决认定事实没有错误,但适用法律有错误,或者量刑不当的,应当改判;

(三)原判决事实不清楚或者证据不足的,可以在查清事实后改判;也可以裁定撤销原判,发回原审人民法院重新审判。

第一百三十七条　第二审人民法院审判被告人或者他的法定代理人、辩护人、近亲属上诉的案件,不得加重被告人的刑罚。

人民检察院提出抗诉或者自诉人提出上诉的,不受前款规定的限制。

第一百三十八条　第二审人民法院发现第一审人民法院违反法律规定的诉讼程序,可能影响正确判决的时候,应当撤销原判,发回原审人民法院重新审判。

第一百三十九条　原审人民法院对于发回重新审判的案件,应当依照第一审程序进行审判。对于重新审判后的判决,当事人可以上诉,同级人民检察院可以抗诉。

第一百四十条　第二审人民法院对不服第一审裁定的上诉或者抗诉,经过审查后,应当参照本法第一百三十六条、第一百三十八条和第一百三十九条的规定,分别情形用裁定驳回上诉、抗诉,或者撤销、变更原裁定。

第一百四十一条　第二审人民法院审判上诉或者抗诉案件的程序,除本章已有规定的以外,参照第一审程序的规定进行。

第一百四十二条　第二审人民法院受理上诉、抗诉案件后,应当在一个月以内审结,至迟不得超过1个半月。

第一百四十三条　第二审的判决、裁定和最高人民法院的判决、裁定,都是终审的判决、裁定。

第四章　死刑复核程序

第一百四十四条　死刑由最高人民法院核准。

第一百四十五条　中级人民法院判处死刑的第一审案件,被告人不上诉的,应由高级人民法院复核后,报请最高人民法院核准。高级人民法院不同意判处死刑的,可以提审或者发回重新审判。

高级人民法院判处死刑的第一审案件被告人不上诉的,和判处死刑的第二审案件,都应当报请最高人民法院核准。

第一百四十六条　中级人民法院判处死刑缓期2年执行的案件,由高级人民法院核准。

第一百四十七条　最高人民法院复核死刑案件,高级人民法院复核死刑缓期执行的案件,应当由审判员三人组成合议庭进行。

第五章　审判监督程序

第一百四十八条　当事人、被害人及其家属或者其他公民,对已经发生法律效力的判决、裁定,可以向人民法院或者人民检察院提出申诉,但不能停止判决、裁定的执行。

第一百四十九条　各级人民法院院长对本院已经发生法律效力的判决和裁定,如果发现在认定事实上或者在适用法律上确有错误,必须提交审判委员会处理。

最高人民法院对各级人民法院已经发生法律效力的判决和裁定,上级人民法院对下级人民法院已经发生法律效力的判决和裁定,如果发现确有错误,有权提审或者指令下级人民法院再审。

最高人民检察院对各级人民法院已经发生法律效力的判决和裁定,上级人民检察院对下级人民法院已经发生法律效力的判决和裁定,如果发现确有错误,有权按照审判监督程序提出抗诉。

第一百五十条　人民法院按照审判监督程序重新审判的案件,应当另行组成合议庭进行。如果原来是第一审案件,应当依照第一审程序进行审判,所作的判决、裁定,可以上诉、抗诉;如果原来是第二审案件,或者是上级人民法院提审的案件,应当依照第二审程序进行审判,所作的判决、裁定,是终审的判决、裁定。

第四编　执　行

第一百五十一条　判决和裁定在发生法律效力后执行。

下列判决和裁定是发生法律效力的判决和裁定:

(一)已过法定期限没有上诉、抗诉的判决和裁定;

(二)终审的判决和裁定;

(三)最高人民法院核准的死刑的判决和高级人民法院核准的死刑缓期 2 年执行的判决。

第一百五十二条　第一审人民法院判决被告人无罪、免除刑事处罚的,如果被告人在押,在宣判后应当立即释放。

第一百五十三条　最高人民法院判处和核准的死刑立即执行的判决,应当由最高人民法院院长签发执行死刑的命令。

被判处死刑缓期 2 年执行的罪犯,在死刑缓期执行期间,如果确有悔改或者有立功表现应当依法予以减刑的,由执行机关提出书面意见,报请当地高级人民法院裁定;如果抗拒改造情节恶劣、查证属实,应当执行死刑的,高级人民法院必须报请最高人民法院核准。

第一百五十四条　下级人民法院接到最高人民法院执行死刑的命令后,应当在 7 日以内交付执行。但是发现有下列情形之一的,应当停止执行,并且立即报告最高人民法院,由最高人民法院作出裁定:

(一)在执行前发现判决可能有错误的;

(二)罪犯正在怀孕。

前款第一项停止执行的原因消失后,必须报请最高人民法院院长再签发执行死刑的命令才能执行;由于前款第二项原因停止执行的,应当报请最高人民法院依法改判。

第一百五十五条　人民法院在交付执行死刑前,应当通知同级人民检察院派员临场监督。

指挥执行的审判人员,对罪犯应当验明正身,讯问有无遗言、信札,然后交付执行人员执行死刑。在执行前,如果发现可能有错误,应当暂停执行,报请最高人民法院裁定。

执行死刑应当公布,不应示众。

执行死刑后,在场书记员应当写成笔录。交付执行的人民法院应当将执行死刑情况报告最高人民法院。

执行死刑后,交付执行的人民法院应当通知罪犯家属。

第一百五十六条　对于被判处死刑缓期 2 年执行、无期徒刑,有期徒刑或者拘役的罪犯,应当由交付执行的人民法院将执行通知书、判决书送达监狱或者其他劳动改造场所执行,并且由执行机关通知罪犯家属。

判处有期徒刑、拘役的罪犯,执行期满,应当由执行机关发给刑满释放证。

第一百五十七条　对于被判处无期徒刑、有期徒刑或者拘役的罪犯,有下列情形之一的,可以暂予监外执行:

(一)有严重疾病需要保外就医的;

(二)怀孕或者正在哺乳自己婴儿的妇女。

对于监外执行的罪犯,可以由公安机关委托罪犯原居住地的公安派出所执行,基层组织或者原所在单位协助进行监督。

第一百五十八条　对于被判处徒刑缓刑的罪犯,由公安机关交所在单位或者基层组织予以考察。

对于被假释的罪犯,在假释考验期限内,由公安机关予以监督。

第一百五十九条　对于被判处管制、剥夺政治权利的罪犯,由公安机关执行。执行期满,应当由执行机关通知本人,并向有关群众公开宣布解除管制或者恢复政治权利。

第一百六十条　被判处罚金的罪犯,期满不缴纳的,人民法院应当强制缴纳;如果由于遭遇不能抗拒的灾祸缴纳确有困难的,可以裁定减少或者免除。

第一百六十一条　没收财产的判决,无论附加适用或者独立适用,都由人民法院执行;在必要的时候,可以会同公安机关执行。

第一百六十二条　罪犯在服刑期间又犯罪的,或者发现了判决时所没有发现的罪行,监狱和劳动改造机关应当移送人民检察院处理。

被判处管制、拘役、有期徒刑或者无期徒刑的罪犯,在执行期间确有悔改或者立功表现,应当依法予以减刑、假释的时候,由执行机关提出书面意见,报请人民法院审核裁定。

第一百六十三条　监狱和劳动改造机关在刑罚执行中,如果认为判决有错误或者罪犯提出申诉,应当转请人民检察院或者原判人民法院处理。

第一百六十四条　人民检察院对刑事案件的判决、裁定的执行和监狱、看守所、劳动改造机关的活动是否合法,实行监督。如果发现有违法的情况,应当通知执行机关纠正。

国务院副总理邓小平在北京会见菲律宾总统夫人伊梅尔达·罗穆亚尔德斯·马科斯

在愉快的交谈中,邓小平副总理和马科斯夫人一起回忆了1975年马科斯总统和夫人访问中国的情景。邓小平副总理和马科斯夫人还对两国建交后友好合作关系的迅速发展表示满意,并就双方关心的本地区和国际问题交换了看法。

邓小平副总理还请马科斯夫人转达他本人向马科斯总统的问候。

外交部部长黄华参加了谈话。

谈话前,邓小平副总理同马科斯夫人以及她的部分随行人员一起照了相。

国务院副总理李先念在北京同菲律宾总统夫人伊梅尔达·罗穆亚尔德斯·马科斯举行会谈

农业部在湖南召开全国种子"四化一供"试点县会议

农业部在湖南省东安县召开全国种子"四化一供"(即种子生产专业化、加工机械化、质量标准化、品种布局区域化和以县为单位统一组织供种)试点县会议,总结去年试点工作经验,部署今年再搞64个县的试点工作。

1978年,根据国务院的指示精神,农业部和有关省(市)在河北省的正定、湖南省的东安、辽宁省的新民、江苏省的武进、黑龙江省的青冈等12个县进行了"四化一供"的试点。这些试点县的经验证明,实行种子"四化一供"好处很多。他们的试点工作虽然时间不长,但是已初见成效。各试点县普遍成立了种子公司,办起了种子基地,增加了良种的数量,提高了种子质量,并且做到当年受益,促进了大田增产。实行种子"四化一供",可以逐步改变我国种子工作的落后状况,克服过去分散制种的弊病,解决品种"多、乱、杂"的问题;便于吸取国外种子工作的长处,摸索出一条中国式的种子工作现代化的道路。会议总结推广了这12个试点县开展种子"四化一供"的经验。

会议对如何搞好今年64个试点县的种子"四化一供"工作进行了认真的讨论,落实了基本建设计划。

会议对今年开展种子"四化一供"的试点县提出了要求,必须做到一手抓基建,一手抓种子繁育和基地建设。首先要搞好种子"四化一供"的工作规划。在作规划时,必须考虑到各县的自然区划,品种去向。对种子基地的设置、仓库建设等要相对集中,不宜过于分散。设计方案既要立足当前,又要考虑长远,防止因为计划不周而造成浪费。

会议要求去年的试点县再接再厉,积累经验,走在这项工作的前面。

这次会议还研究了中国种子公司的种子基地建设和管理的有关问题,讨论了棉花种子"四化一供"试点县的工作

中国种子公司负责人就种子"四化一供"试点工作答新华社记者问

新华社报道,河北省正定县、北京市通县等12个县从去年开始实行种子"四化一供"试点以来,取得了显著成绩,引起各级领导和农村干部、社员的关注。记者访问了中国种子公司负责人,请他谈谈有关搞好种子"四化一供"的问题。

问:什么是种子"四化一供"?

答:"四化一供"是指种子"生产专业化、加工机械化、质量标准化、品种布局区域化,以县为单位统一组织供种"。具体地说,种子生产专业化就是根据各种作物用种的需要,确定专门的单位、耕地、人员,配备专门的设备,专门进行种子生产;种子加工机械化,就是把专业化生产出来的"半成品"种子,从烘干、预清、基本清理、精选分级到拌药消毒等,全部采用机械加工处理;种子质量标准化,就是供应社队大田生产用的种子,必须符合国家原种、良种规定的标准;并保证定期更换新种子;品种布局区域化,就是按照作物品种不同的区域适应性,合理安排品种的布局,使之在一个自然区划内,粮油等作物实现一个品种当家,一个品种配搭,棉花在一个自然区划内一个品种;以县为单位统一组织供种,就是要改变过去生产队种田又制种的现象,做到生产队种田不留种,用种全部由县统一组织供应。

问:为什么要实行:"四化一供"?它和目前我国多数地区实行的"四自一辅"、"三有三统一"有什么不同?

答:回顾一下我国种子工作发展的几个不同阶段,这个问题就清楚了。解放初期,当我国农业还处在一家一户分散经营的时候,只能是"家家种田,户户留种"。农业合作化、特别是公社化以后,全国各地逐步建立了以县良种场为骨干,公社良种场为桥梁,生产队种子田为基础的三级良种繁育推广体系。这种主要靠生产队"自选、自繁、自留、自用,辅之以调剂"的留种形式,就是我们所说的"四自一辅",它对发展农业生产起了积极作用。但是,随着农业生产的发展,生产条件的改善,特别是杂交玉米、杂交高粱、杂交水稻的普遍推广,以生产队种子田为基础的"四自一辅"留种办法,越来越不适应需要了,它有许多矛盾不好解决,繁育范围太小,隔离条件不完善,生产设备和技术条件差,因此很难保证种子的纯度,于是"1年纯,2年杂,3年就退化"的现象普遍存在。为了解决这个问题,近

几年来各地又出现了一些大队建立种子队或公社良种场,实行有专门人员、专门的生产基地、专门的保管仓库,全大队或全公社统一繁育、统一保管、统一供应大田生产用种(即"三有三统一")的新形式。

粉碎"四人帮"两年多来,为了从根本上改变分散制种,克服品种"多、乱、杂"的现象,适应农业发展的需要,农业部总结了我国种子工作的经验,吸取国外种子工作的优点,充分发挥我国社会主义制度优越性,决定在12个县实行种子"四化一供"的试点。

问:实行"四化一供"有哪些好处?

答:去年这12个县的实践证明,实行种子"四化一供"是加速农业现代化的一项重要措施,它有以下一些好处:(一)有利于提高制种产量,保证种子纯度。过去分散制种,不便于技术指导,生产队种田又制种,一心二用,顾此失彼。因此,每年制种田废弃面积都在20%左右。现在集中制种,种子队集中力量,一个心思搞种子,产量高,质量好。以正定县为例,1977年,全县8100亩杂交玉米制种田,分散在1644块地里,由于隔离条件差,到收获时能作种子用的只有5400亩,平均亩产189斤。去年,以县为单位实行专业化生产,把3100亩杂交玉米制种田集中在两个公社连片制种,结果没有1亩废弃,平均亩产323斤,比上一年增加134斤。(二)有利于提高种子的质量,减少每亩用种量,节约人力、物力、财力。种子经过机械加工精选,可以除去秕粒、虫蛀粒和杂质,比人工筛选效率高,质量好,节约大量劳动力。据测定,机械精选的种子净度可以提高到98%以上,发芽率比未精选的种子提高2%—10%,每亩用种量减少5斤左右,去年,这12个县因用机械精选提高了种子质量,减少用种量达207万斤。如果全国都实现种子用机械加工精选,每年就可以节约六七十亿斤粮食。(三)实现品种布局区域化,可以避免因品种不适应而造成减产,确保优良品种高产。

问:实行种子"四化一供"需要做哪些工作?

答:第一,要建立、健全种子机构,组织专业化队伍。那些试点的县都在原种子站的基础上,扩建成立了县种子公司,多数县并按照不同自然区划、作物布局、耕地面积和交通条件,建立了中心种子站。中心种子站直属县种子公司领导,负责本片良种繁殖、推广,技术指导,种子加工、检验,以及良种收存、供应工作。由对种子工作热心,具有一定农业科学技术和管理水平的领导干部和熟悉种子繁育等技术知识的技术人员、农业工人,组成一支专业化的种子生产队伍。第二,要建立一批种子生产基地,这是搞好"四化一供"的基础。选择种子基地时,要本着因地制宜、适当集中的原则,坚持在领导力量强,种子工作基础好,农田基本建设好,科学种田水平高,自然隔离条件好,交通方便的社队建立。种子基地要相对固定,要妥善解决被特约为种子生产基地的社队社员口粮、饲料粮、燃料等问题,贯彻优质优价的政策,调动制种单位的积极性。第三,要搞好种子公司、中心站的基本建设。目前,国际上许多农业发达的国家种子工作已成为一种新兴的工业,从种子生产、加工、保管,全部专业化、机械化。我国种子生产、加工、保管从分散到集中,这就要求搞好包括仓库、晒场、加工车间、检验室、检验仪器、运输工具、种子加工处理机械在内的一整套基本建设,为逐步实现种子生产工业化创造条件。目前,我国的种子"四化一供"工作还处于试点阶段,就这12个县来说,县种子公司还没有力量把全县所有作物所需要的种子全部承担起来,因此,这些县的首要任务是抓好杂交种子的统一供种工作。对大田生产所需要的常规品种,县公司加强技术指导,帮助社队继续搞好种子的提纯复壮和供应工作。就全国来说,现在多数县还没有条件马上实行种子"四化一供",因此,各地要继续抓好"四自一辅"、"三有三统一"的种子繁育推广工作,巩固提高大队种子田或公社良种场制种质量。

中美两国政府在北京签署《中华人民共和国和美利坚合众国贸易关系协定》

国务院副总理余秋里出席了签字仪式。

外贸部部长李强和美国驻中国大使伍德科克代表本国政府在协定上签字。

李强部长在签字以后的讲话中指出,中美贸易协定是双方共同努力的成果。它将有助于推动两国经济贸易关系和友好关系的发展。他说:"我们希望在协定签署之后,双方为尽快完成协定生效的必要法律手续而继续努力,为促进双边贸易的相互扩大发挥实际的作用。"

伍德科克大使说:"我们希望和期待贸易协定将为两国间的来往贸易继续有秩序地、迅速地发展打下坚实基础,这是符合中美两国人民共同利益的。这将为进一步密切两国的长期经济关系扫除障碍,铺平道路。"

美国商务部部长朱厄妮塔·克雷普斯从美国打电报给李强部长,对中美贸易协定签字表示祝贺。她说:"今天签署这一协定是一个重要事件,它将加强我们两国的经济联系。"她在电报中表示,她期待着李强部长不久访问美国,"继续我们在北京开始的如何发展贸易的商谈。"

国务院副总理方毅在北京会见加拿大麦吉尔大学教授林达光和夫人陈恕

全国人大常委会副委员长谭震林在北京会见由日本民社党书记长众议员冢本三郎率领的民社党第三次访华团

教育部 共青团中央联合发出切实安排好今年中小学生暑假生活的通知

教育部、共青团中央最近联合发出通知，要求各地教育部门、共青团组织积极主动取得社会各方面的支持、配合，切实安排好1979年中小学生的暑假生活，以促进中小学生德、智、体生动活泼地发展。

通知说，今年暑假工作总的精神是在有利于中、小学生很好休息的前提下，积极开展一些文化、娱乐、体育、科技、思想品德教育的活动；布置学生的暑假作业，分量要适当。中小学教师除参加必要的暑假工作和学习、进修外，要保障他们能很好地休息。

通知要求，通过各种生动活泼的活动，对学生进行坚持四项基本原则的教育，革命理想教育，共产主义道德风尚教育。暑假活动的安排，应根据城市、农村的不同情况进行，要以基层为主，提倡开展有思想性、知识性和趣味性的小型多样的活动。如队会、班会、团日活动、营火晚会、乘凉故事会、诗歌朗诵会、音乐歌舞演出、体育比赛、科技表演、读一本好书等。学校也可就地举办地质考察、标本采集、"体育之日"、"家乡风光观赏"等生动活泼的1日或2日夏令营。有条件的地方可举办省、市级的夏令营。地方和学校还可举办时事、科技或英雄事迹报告会，组织学生同英雄模范、新长征突击手、革命前辈、科学家、作家、艺术家会见，开展"我们爱科学"活动，还可适当组织学生参加一些力所能及的社会公益劳动。

通知要求学校在放暑假前要普遍对学生进行一次安全和纪律教育，帮助团支部，少先队中队、小队制订活动计划。

通知建议广播电台、电视台要为中小学生播放暑期专题节目；各地青少年宫、图书馆(室)、影剧院、体育场、公园、书店等，要为中小学生开展活动提供方便；各机关、部队、工厂、社队、街道要因地制宜，因陋就简，多给中小学生开辟一些活动场所，并有专人负责安排本单位、本地区中小学生暑假活动。

中国社会科学出版社出版《实践是检验真理的唯一标准问题讨论集》

《哲学研究》编辑部选编的这个文集，是具有深远历史意义的思想路线大讨论的真实记录。全书共分两集，第一集即将在全国发行。

第一集收编了1978年全国报刊上关于真理标准问题讨论的一些报道和文章，其中也包括少数未公开发表过的讲话材料。主要内容有，中国共产党第十一届三中全会公报和邓小平同志在全军政治工作会议上讲话的节录；《光明日报》特约评论员的《实践是检验真理的唯一标准》《解放军报》特约评论员的《马克思主义的一个最基本的原则》、邢贲思的《关于真理的标准问题》，未公开发表过的邓力群、周扬、汪子嵩等在中国社会科学院哲学研究所、《哲学研究》编辑部召开的理论与实践关系问题讨论会上的讲话，全国各省、自治区、直辖市和各大军区主要领导同志谈实践是检验真理的唯一标准的报道等。此外，还收录了谭震林的《井冈山斗争的实践与毛泽东思想的发展》一文。

正在排印中的第二集收编了1978年全国报刊上60多篇关于实践是检验真理的唯一标准问题的理论文章。

全国高等学校进行统一招生考试

1979年全国高等学校统一招生考试于7月7日至9日进行。

今年全国有近470万人报考高等学校。据初步统计，在全体考生中，应届高中毕业生约占67%；文科考生占37%。有580名台湾、港澳、华侨考生，参加了今天的高校招生考试。目前评卷工作已在全国各地紧张进行，预计7月底以前全部考生试卷可以评阅完毕，全国重点高等院校将于8月下旬发出1979年高考录取通知书，9月1日入学。

国务院副总理方毅、教育部部长蒋南翔、副部长刘雪初、黄辛白、杨蕴玉等到北京市一些考场视察；各省、自治区、直辖市的领导同志，也到考场看望考生和监考人员，了解考试情况，指导工作。

今年各地对搞好高等学校统一考试工作十分重视。高考前，各地专门召开会议，力求把准备工作做早、做细、做好。商业、交通等部门热情支持统考工作，从各方面方便考生。

7月8日

全国人大常委会委员长叶剑英签署第七号委员长令公布《中华人民共和国中外合资经营企业法》

中华人民共和国第五届全国人民代表大会第二次会议于1979年7月1日通过了《中华人民共和国中外合资经营企业法》，现予公布施行。

中华人民共和国全国人民代表大会
常务委员会委员长　叶剑英
1979年7月8日

中华人民共和国中外合资经营企业法

第一条　中华人民共和国为了扩大国际经济合作

和技术交流，允许外国公司、企业和其他经济组织或个人(以下简称外国合营者)，按照平等互利的原则，经中国政府批准，在中华人民共和国境内，同中国的公司、企业或其他经济组织(以下简称中国合营者)共同举办合营企业。

第二条　中国政府依法保护外国合营者按照经中国政府批准的协议、合同、章程在合营企业的投资、应分得的利润和其他合法权益。

合营企业的一切活动应遵守中华人民共和国法律、法令和有关条例规定。

第三条　合营各方签订的合营协议、合同、章程，应报中华人民共和国外国投资管理委员会，该委员会应在三个月内决定批准或不批准。合营企业经批准后，向中华人民共和国工商行政管理总局登记，领取营业执照，开始营业。

第四条　合营企业的形式为有限责任公司。

在合营企业的注册资本中，外国合营者的投资比例一般不低于25%。

合营各方按注册资本比例分享利润和分担风险及亏损。

合营者的注册资本如果转让必须经合营各方同意。

第五条　合营企业各方可以现金、实物、工业产权等进行投资。

外国合营者作为投资的技术和设备，必须确实是适合我国需要的先进技术和设备。如果有意以落后的技术和设备进行欺骗，造成损失的，应赔偿损失。

中国合营者的投资可包括为合营企业经营期间提供的场地使用权。如果场地使用权未作为中国合营者投资的一部分，合营企业应向中国政府缴纳使用费。

上述各项投资应在合营企业的合同和章程中加以规定，其价格(场地除外)由合营各方评议商定。

第六条　合营企业设董事会，其人数组成由合营各方协商，在合同、章程中确定，并由合营各方委派和撤换。董事会设董事长1人，由中国合营者担任；副董事长1人或2人，由外国合营者担任。董事会处理重大问题，由合营各方根据平等互利原则协商决定。

董事会的职权是按合营企业章程规定，讨论决定合营企业的一切重大问题：企业发展规划、生产经营活动方案、收支预算、利润分配、劳动工资计划、停业，以及总经理、副总经理、总工程师、总会计师、审计师的任命或聘请及其职权和待遇等。

正副总经理(或正副厂长)由合营各方分别担任。

合营企业职工的雇用、解雇，依法由合营各方的协议、合同规定。

第七条　合营企业获得的毛利润，按中华人民共和国税法规定缴纳合营企业所得税后，扣除合营企业章程规定的储备基金、职工奖励及福利基金、企业发展基金，净利润根据合营各方注册资本的比例进行分配。

具有世界先进技术水平的合营企业开始获利的头2年至3年可申请减免所得税。

外国合营者将分得的净利润用于在中国境内再投资时，可申请退还已缴纳的部分所得税。

第八条　合营企业应在中国银行或者经中国银行同意的银行开户。

合营企业的有关外汇事宜，应遵照中华人民共和国外汇管理条例办理。

合营企业在其经营活动中，可直接向外国银行筹措资金。

合营企业的各项保险应向中国的保险公司投保。

第九条　合营企业生产经营计划，应报主管部门备案，并通过经济合同方式执行。

合营企业所需原材料、燃料、配套件等，应尽先在中国购买，也可由合营企业自筹外汇，直接在国际市场上购买。

鼓励合营企业向中国境外销售产品。出口产品可由合营企业直接或与其有关的委托机构向国外市场出售，也可通过中国的外贸机构出售。合营企业产品也可在中国市场销售。

合营企业需要时可在中国境外设立分支机构。

第十条　外国合营者在履行法律和协议、合同规定的义务后分得的净利润，在合营企业期满或者中止时所分得的资金以及其他资金，可按合营企业合同规定的货币，通过中国银行按外汇管理条例汇往国外。

鼓励外国合营者将可汇出的外汇存入中国银行。

第十一条　合营企业的外籍职工的工资收入和其他正当收入，按中华人民共和国税法缴纳个人所得税后，可通过中国银行按外汇管理条例汇往国外。

第十二条　合营企业合同期限，可按不同行业、不同情况，由合营各方商定。合营企业合同期满后，如各方同意并报请中华人民共和国外国投资管理委员会批准，可延长期限。延长合同期限的申请，应在合同期满六个月前提出。

第十三条　合营企业合同期满前，如发生严重亏损、一方不履行合同和章程规定的义务、不可抗力等，经合营各方协商同意，报请中华人民共和国外国投资管理委员会批准，并向工商行政管理总局登记，可提前终止合同。如果因违反合同而造成损失的，应由违反合同的一方承担经济责任。

第十四条　合营各方发生纠纷，董事会不能协商解决时，由中国仲裁机构进行调解或仲裁，也可由合营各方协议在其他仲裁机构仲裁。

第十五条　本法自公布之日起生效。本法修改权属于全国人民代表大会。

国务院副总理李先念同菲律宾总统夫人伊梅尔达·马科斯在人民大会堂签署有关中菲两国政府友好合作4个文件

华国锋总理出席了签字仪式。

中菲两国政府签订的4个文件是：长期贸易协定、文化协定、民用航空运输协定和关于合作建造旅游饭店谅解备忘录。

长期贸易协定为期7年，到1985年止。根据协定，在协定有效期间，两国贸易进出口总额达20亿美元。文化协定规定，双方将提供一切便利，以增进彼此在文化、艺术、教育、体育方面的了解和交流。民用航空运输协定规定，北京——马尼拉将直接通航。

国务院副总理李先念 全国人大常委会副委员长阿沛·阿旺晋美等应邀出席马科斯总统夫人在北京举行的告别宴会

菲律宾总统夫人伊梅尔达·罗穆亚尔德斯·马科斯晚上在人民大会堂宴会厅举行告别宴会。

国务院副总理李先念和夫人林佳楣，全国人大常委会副委员长阿沛·阿旺晋美，外交部部长黄华，外贸部部长李强，交通部长曾生，文化部部长黄镇，应邀出席了宴会。

马科斯夫人在宴会上首先讲话。她说，在北京同中国领导人的会谈，加深了我们之间的相互了解，肯定了我们之间有着共同的目标。我们的亲切会谈和推动我们会谈成功的谅解精神，再一次证明了我们全面的、深刻的友好关系。

她说，在我们访问中所达到的看法一致以及利益和目的的一致，在今天我们签订的4个协定中得到了具体的体现。

她说，这次访问和访问所取得的成果，将进一步加强我们的关系和加深我们的友谊，并有助于使危急的东南亚形势大大得到缓和。

李先念副总理在讲话中说，两天来，我们双方在诚挚坦率的气氛中进行了会谈，就进一步发展两国关系和共同关心的国际问题广泛地交换了意见。我们深信，我们对当前国际形势中的许多重大问题的共同看法将有助于我们两国在国际事务中进行更好的合作和支持。

他指出，马科斯总统曾经把中菲两国建立外交关系比喻为架设两国之间的友谊桥梁。今天，崭新的中菲"空中桥梁"的架设和文化、长期贸易协定的签订，无疑将为进一步加强和促进两国人民的传统友谊，为两国之间在政治、经济、文化和科学技术等各个领域的广泛合作创造更加美好的前景。我们期待着马科斯夫人为发展两国友好合作关系作出更多的新贡献。

他请马科斯夫人回国后向尊敬的马科斯总统阁下转达中国政府和人民的亲切问候和良好祝愿，祝菲律宾共和国繁荣昌盛、人民幸福，中菲友谊万古长青。

在宴会进行过程中，随同马科斯夫人来访的菲律宾艺术家和中国艺术家演出了精彩的音乐舞蹈节目。应邀出席宴会的还有全国人大常委会委员李贞、李瑞环，外交部副部长韩念龙，最高人民法院副院长何兰阶，全国妇联副主席黄甘英，对外友协会会长王炳南，民航总局局长沈图，旅游总局局长卢绪章，中国驻菲律宾大使陈辛仁，以及有关方面负责人。

一些国家驻中国的外交使节也应邀出席了宴会。

菲律宾驻中国大使纳西索·雷耶斯，陪同马科斯总统夫人来访的菲律宾朋友，出席宴会作陪。

国务院批准成立中国国际信托投资公司

中国国际信托投资公司的主要任务是：接受各部门、各地方的委托，根据中华人民共和国中外合资经营企业法和有关法令，主要是引进外国资本和先进技术、设备，共同举办合资企业。

国务院决定中国国际信托投资公司由荣毅仁、雷任民、吴志超负责。

全国铁路和交通部直属水运部门完成上半年任务

新华社报道，到6月底，我国铁路部门超额完成了今年上半年的客货运输任务。全路共发送旅客4.3亿多人次，运送货物5.4亿多吨，实现了时间过半，完成全年任务过半。煤炭、石油、化肥、粮食、轻纺工业品和农用物资等重点物资的运输任务，都完成得很好。五六月份客货列车正点率分别达到95%和90%以上，这是10多年来较好的成绩。全国铁路1月至6月份超轴牵引货物3900多万吨，相当于1.99万多个列车的运量。

今年上半年，呼和浩特、西安、济南铁路局和郑家屯、襄樊等39个铁路分局，都曾创造了连续100天无行车重大事故或大事故的好成绩。

交通部直属水运部门的职工今年上半年取得了新成绩，港口吞吐量完成1.45亿多吨，水运货运量完成6600多万吨，分别比去年同期增长12%和12.6%，胜利完成了国家计划。上海、天津、大连、秦皇岛、烟台、连云港、黄浦、湛江、汕头等港口和中国远洋运输总公司，都实现了时间过半、完成全年任务过半。煤炭、石油、粮食、矿石、木材等重点物资的运输，基本做到了随到随运，快装快卸。

今年上半年,交通部直属水运部门广泛开展了群众性的增产节约运动,许多企业在增产、增收、节约开支方面已初见成效。

今年以来,我国沿海各港口积极采取措施,主动与铁路、外贸等有关部门搞好协作,使港口压船、压货情况有所好转。

商业部在北京召开全国商业局长座谈会

会议7月8日到26日召开。根据五届人大二次会议提出的国民经济调整的任务,进一步安排商业工作。

会议认为:华国锋总理在五届人大二次会议上提出的国民经济调整任务,将大大有利于增加商品生产和改善市场供应,从根本上加强商业。我们应当努力工作,为完成这一任务作出积极贡献,协同全国各条战线,打好四个现代化的第一个战役。

会议指出,在国民经济调整期间,商业工作要密切配合工业部门搞好生产调整,促进轻纺工业有一个大的发展;切实加强副食品收购和工业品下乡工作,支援农副业生产发展;改革商业管理体制,按商品流通客观规律办事;加强商业自身建设,以适应国民经济的发展和人民生活的需要。

会议认为,发展轻纺工业是调整国民经济的一个重点。我们商业部门要同有关部门配合,根据市场供需情况和今后的发展趋势,提出工业布局和调整生产的意见,采取有力措施,共同把轻纺工业搞上去。当前,要下功夫协助生产部门挖掘潜力,增产市场适销商品,特别是广大农村需要的商品。

会议指出:积极做好收购工作,搞好产销计划衔接,是商业支持生产、保证供应的关键一环。对一、二类计划产品,要签订合同,坚持按计划收购。有些产品即使暂时多收购一些,只要适合群众需要,质量合格,便于保管,也要收进来,发挥商业一、二级站的"蓄水池"作用。有些暂时还不合标准的产品,只要有销路,也要按质论价进行收购,投放市场。要特别注意与手工业系统搞好产销衔接,尽量多生产、多供应一些适销的各类小商品,以丰富市场。商业部门不收购的产品,允许轻纺工业部门按照国家规定的价格进行自销,也可以委托商业部门代销。为了便于工商双方推销三类商品,要恢复和建立小商品批发市场,恢复和建立信托公司,开展代购代销业务。

会议分析了当前市场特别是农村市场形势,提出了大力组织工业品下乡的措施。要求各地商业部门要使农村需要的商品,真正供应到农民手里,不准层层扣留。同时还要认真做好边境、少数民族地区的商品供应工作。会议对商业部门如何积极支援出口等方面,也提出了许多积极的建议。

全国人大常委会副委员长邓颖超在住所接待菲律宾总统夫人伊梅尔达·马科斯

在住所前,邓颖超副委员长伸出双手迎接马科斯夫人。邓副委员长说,我非常高兴邀请您到我家里来做客。马科斯夫人说,能够见到您,我感到十分高兴。尤其在你家里见到您,这更有意义。

邓副委员长同马科斯夫人和随同前来做客的菲律宾朋友一起照了相。

随后,宾主走进客厅,亲切交谈。马科斯夫人说,我上两次访问,很荣幸地见到了毛主席、周总理、朱委员长。这次来访,这三位杰出领导人都不在世了,这使我们非常怀念他们。她还深情地回忆了周恩来总理同马科斯总统签署两国建交公报的情景。

邓副委员长对马科斯夫人充满友好情谊的话表示感谢。她说,尽管毛主席、周总理、朱委员长已经离开了我们,但是以华国锋同志为首的党中央和中国政府继承了毛主席和其他老一辈革命家的遗志,执行他们生前制定的方针、政策,不断加强中国和菲律宾之间的友好关系。我相信,我们之间的关系只会增进,不会削弱。邓副委员长称赞马科斯总统全家为发展菲中友谊所作出的积极贡献,并向他一家人问好。

随同马科斯夫人到邓副委员长家里做客的有:本哈明·罗穆亚尔德斯省长,何塞·阿斯皮拉斯部长,维森特·帕特尔诺部长,海梅·拉亚部长等。

我国外交部副部长韩念龙,李先念副总理的夫人林佳楣,中国驻菲律宾大使陈辛仁也在场。

7月9日

国务院总理华国锋到北京机场迎接来华访问的缅甸总理吴貌貌卡

缅甸联邦社会主义共和国总理吴貌貌卡及其一行,今晚乘飞机到达北京,对我国进行正式友好访问。

国务院总理华国锋、副总理耿飚,外交部部长黄华,外贸部副部长陈洁,外经部副部长魏玉明等,到机场迎接缅甸贵宾。

吴貌貌卡总理的随行人员有外交部部长吴敏貌、矿业部部长丹丁准将等政府高级官员。

缅甸驻中国大使吴塔吞和大使馆外交官员,以及一些亚洲国家驻中国的外交使节,也到机场迎接。

中国驻缅甸大使莫燕忠专程到昆明迎接吴貌貌卡总理一行,并陪同到京。

国务院总理华国锋致电基里巴斯共和国总统耶雷

米亚·塔巴伊祝贺基里巴斯共和国独立

电报全文如下：

塔拉瓦基里巴斯共和国总统耶雷米亚·塔巴伊阁下：

在基里巴斯共和国宣布独立和阁下出任共和国总统之际，我谨代表中华人民共和国政府和人民，向阁下，向贵国政府和人民表示热烈祝贺。我还愉快地通知阁下，中国政府决定承认基里巴斯共和国政府。

祝中国、基里巴斯两国的友好关系和两国人民的友谊不断发展，祝基里巴斯共和国国家繁荣，人民幸福。

中华人民共和国国务院总理　华国锋

1979年7月9日于北京

全国供销合作总社在北京召开会议决定加快发展农村饮食服务行业

新华社报道，全国供销合作总社最近在北京召开了全国农村饮食、服务工作会议，决定加快发展农村饮食、服务行业，以适应当前农村的大好形势。

会议指出，我国农村地域广阔，人口众多，粉碎“四人帮”后，特别是党的三中全会以来，农村经济政策落实，生产得到恢复和发展，农民购买力提高。但是，为农村服务的饮食、服务行业发展很慢，网点很少。华北、东北、西北有些地区平均两个公社才有一个饭店，有的平均10个公社才有1个饭店。许多地方除县城外，农村没有照相馆。这几年农村自行车、钟表、收音机大量增加，但修理网点增加却不多。这种状况，与目前农村形势的发展很不适应。

会议要求各地供销合作社，按照农村经济发展的要求，适应人民生活水平提高的需要，努力办好农村饮食、服务行业。要克服那种以为供销社只要抓好商品购销业务就行了，抓不抓饮食、服务行业关系不大的片面想法，按照有利生产、方便群众、符合核算、因地制宜的原则，有计划、有步骤地合理增设网点。争取几年内做到每一个基层供销社都有必要的饮食、服务网点，较大集镇的交通要道一般应设立饭店、旅店、照相、理发、修理等网点，还应根据需要与可能，搞些浴池、洗染和冷饮等。对受群众欢迎的项目，如饮食业以生换熟、来料加工、代烩代热干粮，照相、修理下乡流动服务，旅店业的各种代办服务项目等，都要继续保持和发扬。农村饮食、服务业的原料，一般由国家统一安排，如果不能满足需要，可以到集市上采购一些。

会议指出，目前农村饮食、服务业中，合作商店占整个农村饮食业网点总数的45%，从业人员占53%。供销社要帮助他们安排好原料的供应，解决他们的困难，积极支持他们扩大经营，充分发挥合作商店的作用。

国务院副总理方毅在北京会见美籍物理学家袁家骝教授

全国人大常委会副委员长姬鹏飞在北京会见由塞拉利昂国会议员拉布尔夫人率领的塞拉利昂妇女代表团

中国图书馆学会成立大会和第一次图书馆学科学讨论会在太原举行

成立大会和讨论会于7月9日至16日在山西太原举行。大会提出要把图书馆工作的着重点转移到为社会主义现代化服务上来，加快现代化图书馆网的建设，开展图书馆学理论研究。会议期间，还举办了“图书馆学书刊资料展览”。

图书馆学是研究图书馆事业发展规律的学问。在我国，古代的图书馆叫藏书楼，曾为保存古代文化遗产和珍贵图书资料起过重要作用。新中国成立后，在党的领导下，图书馆事业得到了迅速的发展。但在近10多年，由于林彪、“四人帮”的疯狂破坏，图书馆事业遭到严重的摧残，广大青少年和科技人员深深感到“书籍的贫乏”。粉碎“四人帮”以后，广大图书馆工作者积极响应华国锋同志关于“发展各种类型的图书馆，组成为科学研究和广大群众服务的图书馆网”的号召，为迅速改变我国图书馆事业的落后面貌，奋发图强，努力工作。近1年来，全国图书馆学会筹委会进行了大量准备工作，各省、自治区、直辖市图书馆学会相继成立，并举行了科学讨论会。全国图书馆事业呈现出春回大地、蓬勃发展的大好形势。

出席这次大会的，有来自全国29个省、自治区、直辖市图书馆学会(筹委会)和北京地区科研系统、高等院校图书馆学会的代表200人，在北京的台湾省籍图书馆工作者也参加了会议。

中国社会科学院副院长于光远在会上讲了话。

大会讨论通过了《中国图书馆学会章程》，民主选举出第一届理事会。北京图书馆馆长刘季平当先为理事长。学会给台湾省图书馆工作者保留了两名理事名额。学会还讨论成立了相应的研究机构。学会将出版会刊《图书馆学通讯》以及图书馆学著(译)作。学会还讨论了1980年计划开展的学术活动。

图书馆学科学讨论会上交流了174篇学术论文，并就总结我国图书馆事业30年的经验教训，建设现代化图书馆网等问题进行了热烈讨论。

7月10日

国务院副总理邓小平在北京看望缅甸总理吴貌

貌卡

邓副总理说,我们都是老朋友了,欢迎你们来访。他请吴貌貌卡总理转达他对吴奈温总统的问候。吴貌貌卡总理也热情地转达了吴奈温总统对邓副总理的问候。

国务院副总理耿飚,外交部部长黄华,中国驻缅甸大使莫燕忠;缅甸外交部部长吴敏貌,矿业部部长丹丁准将,缅甸驻中国大使吴塔吞等在座。

全国人大常委会副委员长邓颖超和全国政协副主席康克清在人民大会堂会见政协全国委员会常务委员缪云台先生和夫人赵佩玱女士

邓颖超、康克清同志赞扬了缪云台夫妇的爱国热情,对他们回国参加四个现代化建设表示热烈欢迎,并询问了缪云台夫妇回国后的身体和生活情况,鼓励他们按照五届人大二次会议和五届政协二次会议精神为祖国建设作出自己的贡献。缪云台夫妇对她们的鼓励和关心表示衷心感谢。

会见后,康克清同志宴请了缪云台夫妇。

参加会见、宴请的有政协全国委员会副主席胡子昂和夫人李月华,全国人大常委会副秘书长罗青长,中共中央统战部副部长、政协全国委员会第一副秘书长薛子正,中共中央统战部副部长童小鹏,缪云台先生的友好钱昌照和夫人沈性元等。

《人民日报》发表评论员文章《搬掉浪费这只大拦路虎》

华国锋同志在《政府工作报告》中指出:"实现四个现代化的第一个战役,必须努力打好。"我们已经争得了打好这个战役的十分有利的条件。同时,在前进的道路上,还会有这样那样的困难需要克服,还会遇到各色各样的拦路虎需要搬掉。浪费,就是必须搬掉的一只大拦路虎。不反掉浪费,国民经济的调整工作就做不好,四个现代化也难以实现。"浪费不除,四化无期。"这是广大群众针对某些方面存在的难以容忍的浪费现象发出的正当呼声。

毛泽东同志早在第二次国内革命战争时期就说过:"应该使一切政府工作人员明白,贪污和浪费是极大的犯罪。"人们对贪污有罪是比较清楚的,有些人对浪费有罪则认识得很差。对经济建设中的一些重大浪费事件,有的人甚至寻找各种理由,制造种种借口,解释辩护,大事化小,小事化了。这是当前需要引起高度重视的一个问题。贪污和浪费,在性质上当然有所不同,但它们所造成的后果,糟蹋人民的血汗,危害人民的利益,破坏社会主义建设,却没有什么两样。而且,在现实生活中,有些浪费所造成的损失,往往比贪污要严重得多。我们只举若干事例,就会令人吃惊。

在基本建设中,一些单位由于瞎指挥,不尊重科学,不按基建程序办事,严重不负责任,造成的工期拖长,造价超支,质量低劣,甚至工程报废,动辄就是几百万、几千万,甚至上亿元。拿工期拖长来说,建成一个大中型重工业工程项目,过去平均只要五六年,现在却要十来年。建成一个大中型轻纺工程项目,过去平均要二三年,现在却要四五年。就是说,现在全国基本建设项目的工期一般比过去拖长1倍以上。按照现有的基建规模,如果竣工时间拖长1年,意味着什么呢?别的不说,仅工资费用1项,全国就要多花50亿元左右,大体相当于1000万低工资职工1年的工资。还有在兴修水利工程中,不认真调查研究,不按客观规律综合治理,而凭"长官意志"办事,张书记说主要是排涝,于是调大批民工,花几千万元,挖河开渠。天旱了,李书记说主要是抗旱,又堵河蓄水,引水灌溉。排水不畅了,王书记说主要是治碱,又大修台田。"书记换,方针变",挖了填,填了挖,这种劳民伤财的事,是曾经不止一次发生过的。

在工业生产中,我们往往看到这样一种矛盾的情况:一方面原材料、燃料、动力供应紧张,许多消耗低、质量好、盈利多的企业吃不饱;另一方面,又存在着大量超耗和浪费原材料、燃料、动力的现象,那些消耗高、质量差、亏损大的企业却在盲目发展。不少企业,产品不对路,质量低劣,废品很多,损失惊人。质量差,不仅生产时浪费掉大量人力和物资,而且在产品使用过程中继续造成浪费。这对消费者来说,实际上是变相的涨价。

在商品流通领域中,我们同样看到这样一种矛盾情况:一方面不少商品供应紧张,物资短缺;另一方面,大量滞销商品超储积压,或者质次价高,削价处理,造成严重损失浪费。由于仓库保管不善,商品霉烂变质,报废损失的情况也是惊人的。

在机关、团体、部队、事业单位中,我们也可看到类似的矛盾情况:一些单位,一方面向上喊经费紧、钱不够花;另一方面,又讲排场,摆阔气,铺张浪费,甚至大吃大喝。有的领导干部利用职权,搞特殊化,化公为私,或多吃多占,或游山玩水,或为自己新建、扩建高级住宅,败坏党的作风,严重脱离群众。

问题不仅在于存在着巨大浪费现象,更为严重的还在于面对一些重大浪费事件,特别是经济工作中一些严重浪费事件,有的人不去抓,有的人不敢抓,有的人不会抓,有些人甚至习以为常,见怪不怪,熟视无睹!

"浪费是严重的,但是我们是想把建设搞得多一些、快一些,还是出于好心啊!"这种离开效果讲动机的说法,是不能成立的。我们是辩证唯物主义的动机和效果的统一论者。社会实践及其效果是检验主观愿望或动机的标准。一个人做事只凭动机,不问效果,等于一个医生只顾开药方,不问病人死活,试问这是好心吗?我们搞经济建设,什么是好心?好心,就是全心全意为人民服务,一切对人民负责,真正做到多快好省。明明知道基本建设战线长,浪费很大,口头上也年年喊要缩短,实际上却年年在拉长,默认甚至助长浪费,这能说是好心吗?明明知道没有勘探,就没有正确的设计,没有正确的设计,就不能施工,实际上却违背这些基本常识,继续搞边勘探、边设计、边施工,继续浪费和糟蹋有限的物力和财力,这能说是好心吗?说“出于好心”,不过是推诿责任,为浪费辩解而已。

“浪费是事实,但是并没有化公为私,装入自己的腰包呀!”这是为浪费辩解的另一种借口。对这一点,我们要做具体分析。比如,由于计划失算,不按基建程序办事造成的浪费,确实没有装入自己的腰包。但能否以“没有装入自己的腰包”就觉得“浪费有理”呢?当然,装入自己的腰包,同没有装入自己的腰包,性质上是有区别的。但是,决不能用这来谅解给人民事业造成的损害。相反,有些“没有装入自己的腰包”的浪费,往往比装入自己的腰包的贪污数量大得多,造成的损失也大得多。

“我们现在搞大规模的建设,经验不足,浪费一点难免。”应当说,由于缺乏经验,计算不周,有一点浪费,付一点学费,是难免的。但是,付了学费就要吸取经验教训,不能年年付学费,年年不长进,年年用“难免论”来为自己造成的浪费辩护。这里要着重指出,有些浪费不是没有经验的问题,例如,在基本建设中,违反常识,“边勘探、边设计、边施工”变成“边建、边拆、边迁”,这难道是不可避免的吗?在工业生产和商品流通中,拿宝贵的燃料、动力和原材料去生产不对路、不适销的产品,大量积压起来,甚至一方面削价处理,一方面继续生产,这难道也是不可避免的吗?广大群众响应党的号召,厉行增产节约,许多企业从节约一寸线、一丝棉、一根针、一个扣子做起,为国家节约大量的资金。人民群众辛辛苦苦点滴积累下来的钱,有些干部漫不经心,大手大脚浪费掉了,难道这种行为不是犯罪行为,不应当大张旗鼓地反对吗?

厉行节约,反对浪费是当务之急,是执行国民经济调整方针的需要,是实现四个现代化的需要,也是保持和发扬党的艰苦奋斗优良传统的需要。在当前正在深入开展的增产节约运动中,我们一定要把反对浪费这个重要环节抓得很紧很紧,一定要把浪费这只大拦路虎搬掉。首先,领导机关和领导干部要带好头。“其身不正,虽令不行”,“以身教者从,以言教者讼”。要反对那种对挥霍国家资财漠不关心,对严重损失浪费熟视无睹的官僚主义和自由主义态度。事实证明,官僚主义往往是许多重大浪费事件的温床,凡是浪费厉害的地方,也是官僚主义严重的地方。反对浪费,必须反对领导机关和领导干部的官僚主义,把官僚主义反掉了,才有可能从根本上杜绝浪费。其次,要加强计划的科学性和严肃性。多年来的经验证明;计划的节约是最大的节约,计划的浪费是最大的浪费。一切计划都要体现客观经济规律的要求,力争做到讲求科学,符合实际。计划一经确定,就要严格执行。再次,要严守党纪国法。要建立和健全社会主义法制,保护国家和人民的财产。节约有奖励,浪费要处罚。对于重大浪费事件,不管当事人官有多大,地位多高,都要查明情况,依法处理。最后,要实行经济民主,加强群众监督。这是从各方面杜绝浪费的重要保证。要发动群众无情地揭露和制止各种浪费行为。群众的眼睛是雪亮的,群众的力量是强大的,只要善于依靠群众,发动群众,把群众组织起来,对浪费实行有效的监督,就可以把浪费置于“过街老鼠,人人喊打”的境地。

当前,全国人民在党的十一届三中全会精神指引下,在五届人大二次会议精神的鼓舞下,解放思想,意气风发,奋勇前进,群众性的增产节约运动正在广泛深入地开展。我们一定要在增产节约运动中,把反对浪费当作一件大事,抓紧抓好抓出成果来。只要各级干部重视,深入实际,认真作调查研究,又善于依靠和发动群众,我们就一定能够大大减少浪费,一定能够把有限的资金用到刀刃上,一定能够胜利完成调整国民经济的任务,大大加快四个现代化的进程。

《人民日报》发表程子华文章《保障人民行使管理国家权利的重要法律》

《中华人民共和国全国人民代表大会和地方各级人民代表大会选举法》(以下简称《选举法》),已经第五届全国人民代表大会第二次会议通过,这是保障人民行使当家做主、管理国家权利的重要立法。它的公布施行,是我国人民政治生活中的一件大事。

我国社会主义的选举制度,是全国人民在中国共产党的领导下,经过长期革命斗争所取得的一个胜利成果。1953年,经周恩来总理、邓小平副总理主持制定、毛泽东主席以中央人民政府命令颁布了我国第一部选举法,开展了规模巨大的选举运动,普遍选举各级人民代表,组成从地方到中央的各级国家权力机关,在全国范围内全面、系统地建立了人民民主政治制度。这对于调动亿万群众的积极性,推进社会主义改造和社会主义建设,巩固无产阶级专政,都发挥了重要的作用。正当我国开始社会主义现代化建设,需要进一步发扬民主、健全法制的时候，却遭到林彪、“四人帮”十年的严重破坏。他们为了篡党夺权，无视宪法的规定，猖狂推行封建法西斯主义，恣意践踏人民民主和破坏选举制度，在政治上、经济上给国家和人民带来了深重灾难。在这场浩劫中，广大人民群众更加深切地体会到民主和法制的可贵。以华国锋同志为首的党中央粉碎了“四人帮”，我们恢复和发展人民民主制度和建设社会主义法制有了根本保证，也使我们能够进一步建设和发展我国社会主义的选举制度。

1953年颁布的选举法，是根据马列主义、毛泽东思想关于无产阶级专政和人民政权建设的理论，结合我国的具体实际制定的。它规定，除极少数依法被剥夺政治权利的人以外，年满18周岁的公民，都有选举权和被选举权，没有像资本主义国家那样对劳动人民享受选举权利的种种限制，充分体现了选举权的普遍性；规定每一选民只有一个投票权，体现了选民的民主权利是平等的；规定各级行政区域内不是完全按人口平均分配代表名额，而是城市多于农村，少数民族多于多人口的民族，这表现出的不平等，在现阶段是必需的；规定选举经费由国库开支，对破坏选举的实行制裁，从物质上、法律上保证了选举的正常进行；也根据当时的实际情况，规定了行之有效的民主形式。20多年来，从理论到实际都证明，这是一部好的选举法，它的基本精神至今仍然适用。这次修订、公布的《选举法》，既保持了原选举法的基本精神，又适应我国社会主义发展新时期充分发扬民主和健全法制的要求，在以下几个方面有了提高。可以说，这部《选举法》是1953年选举法的继承和发展。

把直接选举的范围扩大到县一级

由选民按照自己的意志直接选举代表，组成各级国家权力机关，这是人民行使当家做主、管理国家权利的一个重要方面；逐步扩大直接选举的范围，是社会主义选举制度向完备发展的重要步骤。周恩来同志1957年在《政府工作报告》中指出：“在条件成熟的时候逐步地在县以上的各级也实行直接选举。”20多年来，我国在政治、经济、文化等方面都有很大发展，人民群众的政治水平和文化水平都有较大提高，我国社会的物质条件也有较大改善。直接选举不能再停步在不设区的市、市辖区、人民公社、镇的范围，应该有所扩大；但因林彪、“四人帮”严重破坏民主选举制度，目前还缺少必要的经验，不可能在全国各级都实行直接选举；而在县一级，人民对本县的国家机关和国家机关工作人员比较熟悉和了解，已具备了实行直接选举的条件。因此，《选举法》规定，把直接选举的范围扩大到县、自治县一级，这就使我国的选举制度向前进了一步。为了做好县一级的直接选举工作，各省、自治区、直辖市人民代表大会常务委员会，可先选择几个县进行直接选举的试验，以便取得实践经验，为在县一级全面开展直接选举做好必要的准备。

县、自治县实行直接选举，是适应当前形势发展的需要，具有重要的现实意义。我国现在仍然是农民占绝大多数的国家。农业是我国国民经济的基础。调动我国广大农民群众的社会主义积极性，加快农业生产的发展，逐步实现农业现代化，就能有力地支援和推动我国整个社会主义现代化建设。县级政权在我国政权体系中是一个重要的环节。人民直接选举县人民代表大会的代表，并由人民代表选举县人民代表大会常务委员会和县人民政府，置县一级政权于人民群众的直接选举和监督之下，有利于健全民主集中制。不难设想，全国2000多个县、自治县的国家政权机关都在充分发扬人民民主的基础上得到健全和加强，必将把八亿农民的社会主义积极性充分调动起来，团结一致，同心同德，来加快农业的发展，加快县内各方面社会主义建设事业的发展，必将大大促进全国整个国民经济的发展。

充分发扬民主，保障人民自由行使选举权

对待选举制度，我们历来主张注重民主实质和尽可能完备的民主形式的统一，以保障人民自由行使选举权。《选举法》按照充分发扬民主的精神，对于选举程序作了一些新的规定。

改等额选举制为不等额选举制。过去各级人民代表大会代表的产生，都是采用等额选举的办法（即代表候选人人数同应选代表名额相等），在选举中曾起过积极作用，群众也满意。后来，林彪、“四人帮”为培植篡党夺权的反革命帮派势力，实行封建法西斯专政，盗用选举名义，把“等额选举”变成了强加于人、强奸民意的手段，使选举变成一种形式、走过场，实际上剥夺了群众的选举权，造成十分恶劣的影响。在揭批林彪、“四人帮”的过程中，1978年有的地方就废除了这类“指选”、“派选”的做法。如四川省重庆市郊澄江人民公社的选举，就作出了很有说服力的榜样。这个公社人民代表大会应选代表名额是142人，他们放手让选民提代表候选人名单，第一轮全社80个选民小组就提出760名代表候选人；经过三上三下的民主讨论，按照最多数选民的赞同意见，确定和公布488名正式代表候选人名单，多于应选代表名额的3倍；最后按规定名额选出的代表，票数十分集中，其中得选票在90%以上的126人，得选票在80%—90%的15人，得选票72%的只有1人。选举后，人们满意地说这次选举是经过“四把筛子筛出来的，是花中选花选出来的，这样的人当代表我们信得过”。《选举法》正是总结了多年来选举中正反两个方面的经验，规定各级人民代表大会

"代表候选人的名额,应多于应选代表的名额"。其中直接选举的,代表候选人名额多于应选代表名额的二分之一至1倍;间接选举的,代表候选人名额多于应选代表名额的五分之一至二分之一。这条规定的好处是:可以使选举人在选举中有所选择,选出自己最满意的人当代表;选举结果,在代表候选人中势必出现当选和落选两种情况,这又可以激励代表加强群众观点,把对上负责和对群众负责更好地结合起来,自觉地同原选区选民或原选举单位保持经常的联系,全心全意为人民服务。

采用充分民主的办法提出代表候选人名单。这是选好代表的重要环节。《选举法》规定:中国共产党、各民主党派、各人民团体和任何选民或者代表有3人以上附议,都可以提出代表候选人;选举委员会或代表大会主席团汇总各方面的提名,交选举人反复讨论;如果所提出的候选人过多,可以进行预选;根据较多数选举人的意见确定正式代表候选人名单。同时规定,除推荐时必须认真地介绍代表候选人情况外,各党派、人民团体和选民都可以用各种形式宣传代表候选人。这些规定,使选举人能够充分了解代表候选人的真实情况,对选好代表是非常必要的。

一律采用无记名投票。解放初期的基层选举,由于选民多不识字,因此大部分地区采取了举手的办法,当时这样做是适当的。但以后实践证明,这种公开的举手选举的办法,远不如秘密的无记名的投票更便于选民充分表达自己的意志、自由地行使选举权。《选举法》规定"一律采用无记名投票的方法","可以投赞成票,可以投反对票,可以另选其他任何选民,也可以弃权",并且规定少数文盲各因残疾等不能写选票的人"可以委托他信任的人代写"。这样,选举人可以完全按照自己的意志选举代表。

选区的划分和选举的方式也做了改变。目前我国现实的情况是:在农村,农民早已成为人民公社的社员;在市、镇,大多数选民已经成为全民所有制或集体所有制单位的成员,街道组织也比较健全。不论农村或市、镇,选民个人的利益和所在单位的利益是基本一致的。《选举法》按照列宁"按生产单位(工厂)划分"选区的主张,规定"按生产单位、事业单位、工作单位和居住状况"来划分选区。过去基层选举的实践说明:召开选举大会,有时同生产或工作有矛盾,往往到会的人数和时间都很不齐,特别是在市、镇召开选举大会困难更大;有不少地方只设投票站进行选举,方便选民,不影响生产或工作,而且参加选举的比例高。《选举法》把设立投票站的方法放在第一位,但也不否定召开选举大会的方式,如有些地方能利用生产空隙召开选举大会进行选举,当然是可以的。

新增了人民对代表行使监督权和罢免权的专章

选举权、被选举权和监督权、罢免权,是人民群众行使民主权利不可分割的一个整体。马克思、恩格斯在总结巴黎公社经验时,就提出了要防止国家公职人员由"社会公仆"变成"社会主人"这个十分重要的问题。列宁更明确指出:"任何由选举产生的机关或代表会议,只有承认和实行选举人对代表的罢免权,才能被认为是真正民主的和确实代表人民意志的机关。"(《罢免权法令草案》,《列宁全集》第26卷第341页)在革命战争年代以至新中国成立以后,毛泽东同志一贯教导我们的干部要当人民的勤务员,要全心全意地为人民服务,一刻也不脱离群众。我们大多数干部保持了勤勤恳恳为人民服务的作风,做到了如宪法规定的置于人民监督之下。但也要看到;我国虽然早已彻底消灭了封建阶级的统治,但封建社会所遗留下来的专制主义、官僚主义、特权思想、家长作风等还严重地存在着,特别是在林彪、"四人帮"横行期间,民主被窒息,法制遭扼杀,严重败坏了我们党的优良作风。因此,我们决不能忽视我们干部队伍中的某些人,特别是领导干部中的某些人,抵制不了旧社会官僚衙门遗毒的侵蚀,经不起人民给予他权力的考验,竟利用职权搞特殊化,严重脱离群众,做官当老爷,变成站在人民头上的官僚。这已经严重地腐蚀着我们国家的健康肌体,损害着政府与人民的血肉联系,挫伤着人民群众的社会主义积极性。对此,必须进行严肃的持久的斗争。

总结新中国成立以来正反两个方面的经验,《选举法》新添"对代表的监督、罢免和补选"的专章,正是适应这个需要的立法。它明确规定了原选区选民或选举单位有对自己所选代表的监督权和罢免权,并具体规定了人民罢免代表的程序,同时规定对被指控的代表进行查证和听取本人的申诉,做到严肃认真地按照民主方法和法律程序行使罢免权。这一专章规定的积极意义在于:它敦促人民代表更加密切同人民群众的联系,倾听、反映群众的意见和要求,增强责任心,忠实履行"社会公仆"的职责;可以发挥人民群众监督各级国家权力机关和国家行政机关的作用,有利于克服官僚主义,有利于克服封建家长制;并且通过行使罢免权的实践,可以增强广大人民群众在社会主义制度中的国家主人翁的思想和地位,更加激发他们参加国家管理的积极性,万众一心地去搞好四个现代化,把我国建设成伟大的社会主义强国。

从今年起全党全国工作的着重点已转到社会主义现代化建设方面来。实现四个现代化必须同时实现政治民主化。毛泽东同志1962年《在扩大的中央工作会议上的讲话》中指出:如果没有民主,就"不可能有正确的集中","就不可能建立社会主义经济","政权会不稳”。华国锋同志也指出：“没有人民民主，就没有社会主义，就没有四个现代化。”社会主义的民主选举制度来之不易，我们必须十分珍视它，正确使用它，认真建设它，使它真正能够在实现四个现代化的战斗中发挥积极的推动作用。

斯大林1936年3月在同美国罗易·霍华德的谈话中曾经把社会主义的选举制度比作人民手中的鞭子，可以用它去鞭策工作做得不好的政权机关，将对一切机关和团体起督促作用，促使它们改善自己的工作。按照《选举法》的规定，今后我国各级人民代表大会每届一度的选举，特别是不设区的市、市辖区、县、自治县、人民公社、镇人民代表大会代表的直接选举，必将是广大人民群众对人民代表和国家工作人员的一次大鉴定，人民将以赞成票表彰真正为群众办事的“社会公仆”，以反对票淘汰不称职的代表和干部，有利于克服官僚主义、命令主义和反对违法乱纪，更加发扬党的实事求是和群众路线的优良作风，加强国家机关和人民群众的密切联系。这种选举还将是广大人民群众对国家权力机关、国家行政机关工作的大检查，它将促使国家机关和领导干部认真地去总结工作中的经验教训，改进工作，有利于加速我国四个现代化建设的进程。今后的普选运动，结合选民资格的审查，确保每一个选民的选举权和被选举权，包括已经摘掉地主、富农分子帽子的人，同时也不允许一个依法被剥夺选举权的人窃取庄严的选举权。我们也还要看到：林彪、“四人帮”的流毒还存在，特别是派性和无政府主义还有很大的破坏性、腐蚀性，这是安定团结的大敌，决不能对之掉以轻心。因此，在实施《选举法》的过程中，要特别注意防止某些人利用派性和无政府主义来破坏选举、破坏安定团结。要教育群众提高识别力，提高警惕，决不允许派性人物掌握选举工作，更不允许派性人物利用选举钻进各级国家权力机关。我们一定要根据中央重申的必须坚持社会主义道路、必须坚持无产阶级专政、必须坚持共产党的领导和必须坚持马列主义、毛泽东思想四项基本原则，教育群众团结起来向前看，进一步发展安定团结、生动活泼的政治局面。

全国人民代表大会通过的《选举法》和其他几个法律，都是全国人民共同利益和意志的集中表现。为了把法律交给群众，并为广大人民群众所掌握，在实施前需要进行广泛深入的宣传教育。我们要发动群众认真讨论，弄清社会主义民主和资本主义民主的根本区别，弄清民主实质和民主形式的辩证关系，认清政治民主化对加速四个现代化的积极作用，统一思想，统一行动，把《选举法》全面地贯彻下去，付诸实施，并形成制度，保证全国各民族人民行使管理国家的权利，为实现新时期的总任务而努力奋斗！

全国工业交通增产节约工作会议在成都召开

这次会议从7月10日开始至23日结束。各省、自治区、直辖市主管工业交通的负责同志和中央各有关部门的负责同志出席了会议。

康世恩副总理在会上指出：在3年内，对国民经济进行调整、改革、整顿、提高，是实现四化的第一战役，而搞好今年的增产节约，保证完成和超额完成1979年的国民经济计划，就是这个战役极其重要的一仗，我们一定要打好。

康世恩就如何把工业交通企业的调整工作同增产节约运动紧密结合起来，提出了以下10点做法：

——根据当地的资源条件和企业增产情况，调整“五小”工业；

——一面补采掘失调的欠账，一面抓煤炭增产；

——根据国民经济调整的要求，把质量、品种调上去，把消耗调下来，千方百计提高盈利水平；

——根据专业化协作的原则，把现有的增产能力合理地组织起来，求得更好的经济效果；

——在行业内部按照截长补短的原则，合理调整生产布局；

——根据社会需要，调整企业的产品方向；

——积极创新，大力增加适销对路的花色品种；

——在调整中加强工贸协作，变产品积压为畅销；

——协调工商关系，搞好产品产销计划的衔接，以销促产；

——在调整中变“坐商”为“行商”，从“等食吃”到“找食吃”。

康世恩还谈道，集体所有制企业和全民所有制企业都是社会主义企业，在政治上要一视同仁，在经济上要体现多劳多得的原则。凡经营好、收入多的集体所有制企业，允许其职工的工资收入和集体福利，超过同行业的全民所有制企业。要打破集体所有制企业职工的待遇一定低于全民所有制的这个框框。

康世恩特别强调，从国务院有关各部门到地方各级有关部门，领导都要下决心把主要精力转到生产建设上来，转到增产节约上来。

康世恩副总理在会议总结中指出：今年的国家计划和财政预算，是近20年来第一次由全国人民代表大会讨论通过，正式公布的。今年又是全党工作着重点转移到生产建设上来的第一年，是3年调整的第一仗。计划能不能完成，对国际国内都有重大影响。今年只剩下5个月了，时间紧迫，任务繁重。关于这次会议精神的贯彻，不要再层层开会传达，最好一竿子插到底，直接和群众见面。首先要把这次会议确定的增产节约的指标和其他各项任务，具体落实到企业，把工作落到实处。要使广大干部和群众人人明白开展增产节约运动的重大意义。领导干部要立即深入生产第一线，调查研究，抓好典型，帮助解决实际工作中的问题。

会议经过充分地研究、讨论和计算，认为发动工业战线全体职工进一步努力开展增产节约运动，实现今年工业生产增长8%的速度是完全可以做到的。

民航系统超额完成上半年国家规定的运输计划

与去年同期相比，航空运输总周转量增长40%，运输总收入增长46%，运送旅客数量增长34%，专业飞行小时增长51%，完成利润增长200%。同时，还圆满完成了3290多架次的加班、包机任务。

国务院在人民大会堂举行宴会欢迎缅甸总理吴貌貌卡及其随行人员

耿飚副总理主持了宴会。

陈慕华副总理，黄华外长和文化部部长黄镇，以及政府其他有关部门的负责人仲曦东、陈洁、魏玉明等，出席了宴会。

耿飚副总理和吴貌貌卡总理先后发表了热情的讲话。

耿飚副总理在讲话中说，中缅两国的友好合作关系，是建立在相互信任和相互谅解基础上的。在风云变幻的国际形势中，它经受了时间的考验，并不断获得发展。他说，中国政府和人民高度评价吴奈温总统阁下为发展中缅友好作出的贡献。他在谈到近年来两领导人对共同关心的问题交换意见时指出，双方对国际形势中一系列重大问题有共同的看法，对两国关系的发展感到满意。

耿飚副总理说，当前激烈动乱的印支局势的发展，对亚洲一些国家，尤其是东南亚各国构成了现实的严重威胁。我们认为，印支和东南亚地区所以不得安宁，完全是大小霸权主义相互勾结，相互利用，肆意进行侵略扩张的结果。他重申了中国政府和中国人民一贯支持东南亚各国为捍卫民族独立和国家主权，反对一切外来侵略势力的严正立场。他说，中国政府和人民高度赞赏吴奈温总统阁下和缅甸政府长期奉行独立的外交政策，积极改善和发展同邻国的关系，坚持在没有外来干涉的情况下，通过友好协商解决国家之间的争端，反对帝国主义和霸权主义。

吴貌貌卡总理在讲话中说，我们两国都是奉行和平共处原则的国家。基于这个原则，中缅两国有着友好睦邻的关系。对这种有利于双方的关系，不只我们这一代、而且世世代代都要永远保持下去。这种良好的愿望是两国人民的意愿，也符合两国人民的利益。

他说，在实现我们两国共同利益时需要我们相互谅解、怀有诚意和合作。我认为，缅中两国之间存在着这种正确的态度，所以我们两国相互了解对方的困难并给予了帮助。

缅甸总理强调说，缅中两国是友好国家，也是和睦相处的邻邦。我们一定要进一步加强由两国领导人培育起来的日益发展着的这种胞波友谊。我们两国领导人、两国政府和两国人民正在各个方面进行努力使两国之间牢固的胞波友谊进一步获得发展。

缅甸驻中国大使吴塔吞和夫人，大使馆外交官员应邀出席了宴会。

全国政协致电朝鲜各政党和社会团体支持他们6月24日联名致世界各国政党社会团体和爱好和平人民的呼吁书

电报说："我们以中国各政党、社会团体和中国人民的名义，坚决支持你们的呼吁书中所阐明的严正立场和合理主张。"

电报说："早日实现祖国的统一，是全体朝鲜人民最大的民族愿望，朝鲜民主主义人民共和国为此而进行了长期的坚持不懈的努力。但是，由于美帝国主义继续霸占南朝鲜，由于朴正熙集团实行法西斯统治，顽固阻挠统一事业，朝鲜仍处于人为分裂的状态。这种逆历史潮流的反动行径，制造(两个朝鲜)的罪恶阴谋，都是不得人心，注定要失败的。朝鲜的统一问题，应当由朝鲜人民自已解决，任何外部势力都不得干预。美国政府必须改弦更张，从南朝鲜立即无条件地撤走它的全部侵略军队和军事装备。"

电报说："我们始终一贯地坚决支持朝鲜人民争取祖国自主和平统一的正义事业，坚决支持金日成主席提出的三项原则和五点方针。我们坚信，在金日成主席的英明领导下，经过朝鲜人民的坚韧斗争，以及朝鲜南北双方一切有识之士的共同努力，一个统一的朝鲜必将以崭新的面貌出现于世界的东方。"

世界经济研究学科规划会议在北京举行

这次会议是由中国社会科学院委托世界经济研究所于7月11日至20日在北京召开的。参加会议的有来自全国有关科研单位、高等院校和实际工作部门从事世界经济研究工作的专家、教授和理论工作者共172人。会议由中国社会科学院世界经济研究所所长钱俊瑞主持，中国社会科学院副院长于光远、宦乡、马洪，外经部副部长汪道涵、教育部副部长刘仰峤，分别在会上就当前搞好世界经济研究工作的有关重要问题和目前世界经济形势讲了话。

参加全国世界经济研究学科规划会议的经济理论工作者们提出，大力提倡百家争鸣，坚决实行"三不主义"，解放思想，实事求是，研究新情况、新问题，提出新看法、新论点，是使世界经济研究工作更好地为四个现代化建设服务的一个重要前提。

会议着重讨论和修改了1985年前的世界经济学科规划草案。规划草案中提出了包括世界经济领域的一些基本理论问题和直接为四个现代化服务的重要课题。这些重要研究课题是：(一)各国实行经济现代化的道路、方法和特点；(二)从一个部门，一个方面，一个问题的角度，研究各国实现经济现代化的经验和教训；(三)未来国际政治经济形势的发展和变化。

会议对研究机构的设置、研究人员的培养以及实现规划的重要措施等交换了意见，成立了全国世界经济学会筹备小组。

《大众摄影》杂志正式复刊

《大众摄影》杂志由中国摄影学会主办，是一本普及和提高相结合，艺术和技术并重，以文字为主、图文并茂的综合性摄影刊物。内容包括摄影理论、评论和创作经验，摄影技术、技巧、技法和各类专业摄影常识，选登摄影家和摄影爱好者的作品，报道国内外摄影动态，评介国内外摄影名家、名作和流派，定期举办摄影评奖活动，开辟摄影讲座专栏等。《大众摄影》暂定为双月刊。

7月11日

《人民日报》发表特约评论员文章《提倡同干部谈话》

同干部谈话，是我们党的一个好传统，也是各级领导同志、特别是组织部门的同志必须经常做好的一项重要工作。在长期革命斗争中，发扬这个好传统对我们了解干部、培养干部，增强内部团结，深入掌握情况，丰富领导思想，实行正确指导，起了很好的作用。可惜，在林彪、“四人帮”横行时期，这个好传统被严重破坏了。他们肆意践踏党内生活准则，大搞法西斯专政，整得人们有话无处讲，见面难交心，哪还有什么话好谈！直到今天，这种恶劣影响在人们当中投下的阴影，还没有完全消除。

当前，举国上下一心奔“四化”，有许多工作需要我们去做。为了把广大干部的积极性充分调动起来，帮助他们更自觉地投入当前最主要的战斗中去，很有必要提倡领导同志主动到广大干部当中去，同干部谈话，把我党这个好传统恢复和发扬起来。从中央到地方的各级领导干部，都应当这样做。现在有些同志，对于同干部谈话这件事不重视，不习惯，甚至感到厌烦，这不好。人家有一肚子话想说，有一些积极的建议要提，有许多不明白的问题要问，满怀希望地找上门来，这是对你的尊重和信任。如果你“人难见，脸难看，别人意见听不进”，那就势必脱离群众，难以做好工作。

同干部谈话究竟有什么好处呢？至少有以下几个好处：

第一，有利于直接掌握第一手材料，集思广益，正确处理问题。任何一个人的认识，都会有局限性，避免这种局限性的有效办法之一，就是广泛接触干部、群众，了解下情。现在全国有几千万脱产的和不脱产的干部，绝大多数日夜战斗在第一线，直接联系着几亿人民。上级机关的干部，特别是领导干部，经常同这些同志谈话，就可以吸取到丰富的营养，熟悉许多你看材料、听汇报难以得到的东西，发现某些你原先毫无所知的新情况、新问题，弄明白那些过去明若暗的事情。这对于防止和克服主观性、片面性，及时修正、补充原先工作中不符合实际的部分，保证工作质量，提高工作效率，很有好处。

第二，有利于增长见识，打开思路，防止思想僵化。搞中国式的现代化，是一个日新月异的历史进程，需要我们及时掌握层出不穷的新情况、新问题，并懂得如何正确解决这些问题。因此，必须把自己置身于新的历史潮流之中，同战斗在各条战线上的干部、群众保持密切联系，经常交流思想，而不要把自己长期关在办公室、会议室里，脱离生气勃勃的现实。否则天长日久，必然思想老化、僵化直至枯竭。到那时，“江郎才尽”，守业都很困难，创业更谈不上了。

第三，有利直接考察和识别干部，更好地做到知人善任。干部在有默默无闻的贤才，也有名副其实的庸人；先进单位的干部不一定都先进，后进单位的干部也不是都差劲；好干部可能变坏，犯过错误的干部也是能改好的。因此，要正确任用干部，做到人尽其才，不了解干部不行，一知半解也不行。看档案，看鉴定，找群众调查，固然是考察了解干部的重要方法，但是同干部本人谈话，也是考察了解干部的一种很重要的方法。百闻不如一见，百见不如一谈，同干部本人进行认真的交谈，取得感性认识，无疑是更直接更具体的考察，有助于得出比较符合实际的认识。

第四，有利于沟通思想，增进了解，消除不安定团结的因素。既然大家都是为党、为人民工作的同志，彼此有什么想法和意见，就应当谈出来，互相启发，共同研究。“鸡犬之声相闻，老死不相往来”，总不好。多年来，政治运动不断，反复较多，上下左右之间，难免有些隔阂或不愉快的事，如果主动谈谈心，许多疙瘩就可以解开。大家心情舒畅了，把精力集中在搞四个现代化上，事情就会好办得多。

第五，有利于恢复我们党关心、爱护干部的传统，克服官僚主义。无产阶级取得政权以后，地位变了，对我们的干部提出了更高的要求。各级领导同志尤其要自觉注意这一点,经常主动同下面的干部谈话,了解他们在怎样工作、学习、生活,在想些什么,有哪些困难和问题,并给以同志的关怀。否则,就会脱离群众,滋长官僚主义,机关风气也很难搞好。

总之,同干部谈话好处很多。正因为如此,许多同志特别是一些长期做党务工作的领导同志,已经在实践中养成了找干部谈话的“癖好”。他们善于抓住一切可能的机会,同各方面的干部交谈,一次一个、几个、十几个,请到办公室、会议室以至自己家里谈,每次谈一两个问题,大家各抒己见,畅所欲言。至于送上门来的谈话对象,他们更是热情欢迎,自己实在抽不出时间,也要委托适当的同志去接谈。他们已经把找干部谈话视为生活的必需,而把失去一次谈话机会视为工作上的一次损失。这是一种有益于党和人民事业的好“癖好”,应当大大提倡。

有些同志虽然从道理上懂得同干部谈话的好处,但不能坚持,有时甚至裹足不前,原因何在呢?主要有两个问题没有解决:一是有思想障碍,二是不大得法。

提倡同干部谈话,要扫除那些思想障碍呢?主要是认为“工作忙,没时间”,“太麻烦,费时间”,也有的是怕“得罪人”,怕“沾边”。我们现在既要解决历史遗留的一大堆问题,又要研究和解决建设中的新情况新问题,工作无疑是很忙的。然而,你闭目塞听,好的意见和建议听不到,成天瞎忙,工作抓不到点子上,决不会忙出好结果。再说,人家的意见、要求、困难你不关心,怎么发挥大家的积极性?千斤重担只好让你一人挑。即使你“三头六臂”,还是个“孤家寡人”,工作照样推不动、搞不好。只有精心做好思想工作,包括经常广泛地同干部谈话,让大家都围绕一个中心任务忙起来,事情才好办。可见,同干部谈话也是工作,而且是很重要的工作,越忙越要把这个工作做好。至于“麻烦”,总是有的。有麻烦,恰恰说明需要找人谈,如果有人申诉冤案,你不接谈,有人提出不适当的要求,你又怕谈,一拖再拖,使矛盾激化,带来的麻烦就更大更多。反之,看来似乎很麻烦的事,你凭党性办事,该支持的支持,该劝说的劝说,推心置腹地谈一、两个钟头,麻烦也就可能转化为不麻烦。个别人无理纠缠的情况是会有的,这也不可怕,他越无理,你就越有理,越居于促进对方转化的有利地位,费点时间和唇舌,也就可以去掉麻烦了。这样的辩证法,在我们的生活中是不少的。

怕“得罪人”,怕“沾边”的想法,更是共产党人不应当有的。一个同志有了糊涂想法,或做了错事,犯了错误,需要的是帮助。找他谈话,把问题摆到桌面上来,给以实事求是、人情入理的批评和分析,使其放下包袱,轻装前进,就是一种很好的帮助。个别人可能暂时想不开,但当他醒悟过来时,对组织对你不但无怨言,而且肯定是会怀着感激的心情来激励自己的。特别应当指出,一个同志犯了严重错误的时候,也正是最需要亲近他、帮助他的时候,如果此时此刻,把他甩到一边,要求谈话也不理睬,还美其名曰“划清界限”,这能叫与人为善吗?又怎么能达到“惩前毖后,治病救人”的目的呢?

解决了同干部谈话的思想问题,还要解决一个谈话的态度和方法问题,才能收到应有的效果。在这方面,也是有许多经验教训可以总结的。

第一,要广交朋友,不要老是在熟面孔当中兜圈了。不论是党内干部还是非党干部,是老干部还是新同志,是意见相同的还是意见不同的,只要广泛接触,都会“开谈有益”。最好是经常找一些能够给自己指出缺点的同志谈话,获益就会更大。如果只喜欢找意气相投的人谈话,见面后无非人家捧一阵场,自己在歌颂中陶醉一番,这对你的进步和党的事业都毫无好处。

第二,要以平等态度待人,不要摆架子。我们的干部,不论担任什么职务,做什么工作,都是平等的同志关系,都有同等的发言权。有的同志对下级,尤其对有毛病的同志,谈起话来,架子大,板面孔,气很粗,让人望而生畏。你说十句,人家未必能听进去一半,即使讲得对,人家不买账,还是解决不了问题。要当先生,先当学生,这是个真理。向干部做工作,只有先尊重干部,倾听人家的意见,把情况弄清楚,然后才能有的放矢地给以说服教育,提出妥善解决问题的意见。这样,人家也才会尊重你,信赖你,愿意向你交心。有了这种关系,谈话双方都会收益甚多,促进问题的解决。

第三,要具体问题具体分析,以理服人,不要以势压人。我是领导,你属我管,我说你服,这是靠不住的。干部找你,总是带着一定的问题和看法来的,目的是求得帮助。如果讲得不对,你就得说服他,摆事实,讲道理,作出马克思主义的具体分析。只要抓住了人们精神世界中的要害,讲的符合实际,真有道理,言之有物,一般是可以奏效的。有的同志一开口就打官腔,说不服人就扣帽子,结果不欢而散,一次如此,两次如此,以后谁还敢再登门求见!有的同志只责怪别人不虚心,唯独不认真总结经验,反省自己,这是不好的。一定要努力提高自己的理论水平和谈话艺术,使每一次谈话,对人对己都成为一次生动具体的马克思主义教育课。

第四,既要有原则性,又要有灵活性。同干部谈话,一定要讲党性原则。拉拉扯扯,吹吹拍拍,言不及义,好行小惠,都是无原则的表现,应当坚决反对。无论对什么干部,都应当一视同仁,公道正派,是就是,非就非。对错误的东西,你迁就,它就更坏;批评了,大家都按原则办事,情况就会好起来。只要自己行端坐正,真理在握，就不要怕争论，怕反驳。被人家驳倒了，说明你不在理，那就认输，服从真理。当然，人家错了，批评也要留有余地。一个同志有错误，批评是对的，但也应有必要的谅解。

第五，要有耐心，一次谈不成，就多谈几次。人们接受正确的，改正错误的，有个过程，应当允许。所以，要在谈话中做过细的思想工作，循循善诱，像春雨润万物那样，沁人心脾。一次谈不好，就让人家想一想。靠三言两语去解决思想问题，往往欲速不达。在干部中，也有多次劝说帮助仍然固执错误的，这是另外一种情况，可以交给所在党组织去讨论。错误严重、坚持不改的，要绳之以党纪。但应当注意，这也决不能放弃事前的苦口婆心。

国务院副总理方毅在北京会见美国普林斯顿大学教授程心一和夫人辛华珍

全国人大常委会副委员长邓颖超在人民大会堂会见缅甸总理吴貌貌卡

全国人大常委会副委员长姬鹏飞在北京会见以亨利·儒尔为团长的法马列共《红色人道报》代表团

全国医疗器械展览在北京举行

国家医药管理总局、中国医疗器械工业公司主办的全国医疗器械展览7月11日至20日在北京展览馆举行。

展品包括全国22个省、自治区、直辖市研制和生产的核子同位素仪器、医用化验设备、各种医院设备、专科手术器械、医用光学仪器、人造脏器等，共计10多个类别、420个品种。陈慕华副总理和卫生部、国家医药管理总局领导同志9日参观了预展。

中共中央副主席叶剑英在北京会见部分国画家并即兴赋诗

叶剑英副主席在颐和园一个树林荫翳的庭院里，会见了来自北京、上海、天津、黑龙江、四川、广西和南京市的部分国画家。

当88岁的上海老画家朱屺瞻同叶副主席握手时，叶副主席对着这位童颜鹤发的老画家兴奋地说：“你比我健康，我真高兴！”朱屺瞻以不老松为画题，挥笔画了一棵耸立挺拔的劲松，上题黄庭坚的诗句：“青松出涧壑，十里闻风声”，祝愿叶副主席健康长寿。老画家、中央美术学院院长吴作人，也即席绘出了一幅《池趣》，表达了人民领袖热爱人民，人民敬爱人民领袖的鱼水之情。

叶副主席兴致勃勃地健笔为画家们写下了寓意深切的七绝一首：“画家渔叟喜相逢，明媚湖山写意浓，清代兴亡昨日事，匠心钩出万山松。”

会见时在场的文化部部长黄镇和刘复之、周巍峙等同志，还向叶副主席汇报了中国画创作组的筹建情况，听取了叶副主席的意见。

参加这次会见的画家，还有李可染、冯健吾、应野平、肖淑芳、覃绍殷、邓柯、李亚、郑伊农等。

7月12日

国务院总理华国锋在北京会见缅甸总理吴貌貌卡

华国锋总理在会见缅甸总理吴貌貌卡时，对缅甸政府坚持独立自主、不结盟政策表示赞赏，并高兴地接受了访问缅甸的邀请。

华总理说，我们同样期待着吴奈温总统再次访问中国。

两国总理在谈话中就进一步发展双边关系问题交换了意见。

华国锋总理指出，中缅两国关系一直是很好的。两国在国际问题上有很多共同的观点。

吴貌貌卡总理同意华国锋总理对缅中关系的评价。他还说，我同耿飚副总理的会谈是很成功的。

缅甸外交部部长吴敏貌、矿业部部长丹丁准将，缅甸驻中国大使吴塔吞等，参加了会见。

会见时在座的有耿飚副总理、外交部部长黄华、外经部副部长魏玉明、中国驻缅甸大使莫燕忠。

中缅政府经济技术合作协定在北京签字

国务院总理华国锋和缅甸总理吴貌貌卡，下午签署了《中华人民共和国政府和缅甸联邦社会主义共和国政府经济技术合作协定》。

耿飚副总理参加了签字仪式。

中国社科院为800多名科研人员和干部恢复名誉

中国社会科学院1年多来清理冤、错、假案和历史遗留问题的工作取得了重大成绩。全院800多名科研人员和党、政干部丢掉了林彪、“四人帮”强加在身上的政治包袱，心情舒畅。全院出现了安定团结的大好局面，为把工作着重点转移到科研上来创造了有利的条件。

中国社会科学院的前身中国科学院哲学社会科学部，是在党中央和毛主席、周总理的亲切关怀下建立起来的思想理论工作阵地。可是，“文化大革命”期间，林彪、“四人帮”却别有用心地给扣上“资产阶级分子的一统天下”，“资产阶级专了无产阶级的政”等大帽子。当时只有2000多人的哲学社会科学部，立案进行审查的达556人；加上在清查运动中受过审查的486人，两项合计约占总人数的50%。其中有的人被迫害致死。此外，还存在一些历史上遗留下来的问题。

从1977年年底开始，在院党组的领导下，建立了专门班子，对林彪、“四人帮”造成的冤案、错案、假案进行清理；并从去年下半年起对错划右派也着手进行改正。经过1年多的努力，现在这两项工作都已基本结束。全院过去立案审查的人员，除极少数由于问题比较复杂，暂时尚未作出结论外，有539人的复查工作已全部结束。清查运动中受过审查的人员中，经过清理，已把473人的材料进行了销毁。以上两项共计1012人，占应复查人数的97%强。同时，对过去划为右派分子的，经过复查，除1人外，已有44名得到改正。

杨献珍、张友渔、邵荃麟、杨述等10位同志，原被错定为叛徒，现已改正。孙冶方、刘大年同志，被错定为反革命修正主义分子，现已改正。原被定为历史反革命或因历史问题被定为敌我矛盾，属于错定现已改正的，有沈佩麟、刘寿林等15位同志；原定性准确仍维持“文化大革命”前结论的有7人。

原被错定为现行反革命分子，现已改正的有4位同志。

原被诬陷逮捕审查的杜任之、赵洵、林利3位同志，现已得到纠正，恢复了名誉。陈冷同志曾被那个所谓“理论权威”恶毒诬陷，进行批判，含冤死去，现也恢复了名誉。

原被错定为反动学术权威的俞平伯、罗尔纲同志；原被错定为资产阶级世界观未得到改造的知识分子吕叔湘、丁声树、翁独健、陆志韦、钱钟书、严中平、朱谦之等同志；原被错定为资产阶级史学家的顾颉刚同志，都已得到纠正，恢复了名誉。还有被错定为犯有执行修正主义路线错误的关山复、刘导生、姜君辰、何其芳、黎澍、尹达、夏鼐、冯至、唐棣华、石明远、韩幽桐、解铁光等59位同志，也得到彻底纠正，恢复了名誉。

在受到林彪、“四人帮”迫害的同志当中，杨献珍、杨述、孙冶方、侯外庐、邵荃麟、何其芳、黎澍、刘大年、陈冷、骆耕漠、罗尔纲、蔡美彪、林里夫、顾准等14位同志曾被戴上各种帽子，在报纸上公开点名进行批判，这些都属于不实之词，已予以推翻。

在这次复查的案件中，有421人由于社会关系、出身成分以及参加反动党团等问题而受到审查。对于这类问题，经过复查，其中原作结论不实而全部改正的有158人；原作结论不准确而重新作了结论的有101人；“文化大革命”前作过结论，现维持不变的有162人。

原被错划为右派分子，现已得到改正的有徐懋庸、林里夫、荣孟源、杨思仲、陈梦家、孙毓棠、许良英、李德齐、赵中立、吴其玉、顾准、荒芜、章有义等44位同志。

《人民日报》发表评论员文章《在经济工作中坚持分类指导的方法》

区别不同情况，分类进行切合实际的具体指导，是当前卓有成效地领导增产节约运动的一个重要方法，也是改进经济领导工作的一个重要问题。

分类指导，是实事求是的马克思主义的科学方法。我们做任何工作、特别是做领导工作，必须坚持实事求是的原则，一切从实际出发。客观实际是复杂的，事物发展是不平衡的。因而任何时候都不仅需要一般的普遍的号召，以便把群众广泛地动员起来，而且需要具体的分类指导，以便分别不同情况，将一般号召具体贯彻实施。没有分类指导，一般号召或者文不对题，流于形式，或者生搬硬套，削足适履，都会给工作造成不应有的损失。可惜的是，这种一般化、“一刀切”的做法，在我们的领导工作中，多少年来相当普遍地存在着。特别是林彪、“四人帮”横行时，一些地方更是发展到十分荒谬的地步。不少领导机关，或者只是一般地提出任务，笼统地提出要求，空话大话，连篇累牍，与实际情况毫不沾边，对实际工作并无切实的领导；或者是作出一个又一个死硬的规定，不顾千差万别的客观实际，要求所有单位千篇一律地贯彻执行，结果扼杀了因地制宜的多种生机，禁锢了各个方面的积极因素，束缚了广大干部和群众的积极性、创造性。这种状况今天是否有了改变呢？有了改变，但很不够。事物是复杂的、不断发展的，而我们一些同志思考问题和处理问题的方法往往是简单的，形而上学的。用这样的思想方法和工作方法，怎么能做好工作呢？我们党领导各项事业，历来讲究分类指导。解放战争时期参加过农村工作的同志都还记得，当时党中央是怎样领导土地改革斗争的。1948年2月，毛泽东同志针对那时存在着三种解放区，即日本投降以前的老解放区，日本投降至大反攻这两年内解放的地区和大反攻以后新解放的地区，明确地提出了在不同地区实施土地法的不同策略，切实有效地开展了不同地区的农村反封建斗争。我们在各项工作中，实行这种分类指导的方法，都受到广大基层干部和群众的欢迎。基层干部和工农群众战斗在第一线，最了解实际情况，最懂得怎样解决实际问题。党发出每一项号召，他们都要考虑如何结合实际情况贯彻实施，在这里一切空话都是无用的，切合实际情况的具体指导才是有效的。做领导工作的同志一定要力戒空谈，避免一般化，不搞“一刀切”，学习和推广我们党历来提倡的、行之有效的、深受基层干部和广大群众欢迎的分类指导的方法。

当前，国民经济的调整、改革、整顿、提高，工矿企业增产节约运动的发展，都迫切需要我们推行分类指导的工作方法。调整、改革、整顿、提高的八字方针，对国民经济各个部门提出了不同的要求。农业要集中力量搞上去，使粮食生产和其他农副产品生产的发展同人口的增长和工业的发展比较适应；轻纺工业要采取坚决有力的措施加快发展，使增长速度赶上或略高于重工业，使主要轻纺产品的增长大体上同国内购买力的增长相适应，并大量增加出口；重工业要切实加强煤炭、石油、电力、交通运输和建筑材料工业，使目前这些方面的紧张局面有所缓和；基本建设要坚决缩短战线，把那些当前不急需和不具备建设条件的项目停下来，保证那些国家急需的工程加快建设，按时投入生产。各行各业，情况不同，要求不同，离开了具体指导，怎么能够贯彻“八字方针”呢？今年的增产节约运动，总的说来以高产优质多品种低消耗为中心。但是，根据“八字方针”，不同的企业，增产节约的侧重点也有所不同。有的企业产品质量高、消耗低、销路广，应该充分挖掘潜力，努力增加生产；有的企业产品没有销路，应该及时更换社会需要的品种，否则盲目增产，只能造成积压；有的企业产品质量低劣，应该在提高质量上下功夫，只有质量提高了，增产才有意义，否则越增产越浪费。节油，节煤，节电，节约原材料，是所有企业的共同要求，特别是那些消耗量大、消耗率高的企业，更要集中力量降低物资消耗，在节约中求增产。这多种多样的情况，需要有各种不同的、适合自己情况的增产节约的明确目标和具体措施。这也不是一般号召所能做到的，只有分类指导的方法，才能给各种不同的企业指出各自增产节约的不同途径。在这样的问题上，过去的教训是很多的。一搞增产节约，就大轰大嗡，层层加码，不问需要和可能，不问实际的经济效益，盲目追求产值，甚至不惜拼设备、吃老本。我们应该总结这方面的经验，用分类指导的方法来避免盲目性。

搞好分类指导，就要认真进行调查研究。不仅作出正确的分类，要靠调查研究；分类解决实际问题，更要靠调查研究。许多领导同志，没有或缺乏认真的调查研究，情况不明，胸中无数，却在那里指导工作，怎么可能不搞一般化、“一刀切”呢？在当前经济工作中，要正确地进行分类指导，必须对各类企业内部和外部的各种情况进行多方面的调查研究。既要了解产、供、销的状况和整个国民经济调整的需要，又要研究企业各个环节的状况，找出问题的症结。各个地区、各个部门的领导同志要下决心组织力量，分类解剖典型，分类抓点，以点带面。这样，我们认识事物、解决问题的能力就大大提高了，就有了真正的发言权，有了工作的主动权，能够对纷繁复杂的客观事物进行切实有效的领导。

实行分类指导，与切实转变领导作风是分不开的。现在，仍有不少领导同志习惯于坐在办公室听汇报，作指示。有的还很忙，整天泡在会议室里，埋在文件堆里，缠在事务圈子里，就是没有在调查研究上下苦功，对实际情况不甚了了。这种作风不改变，是不可能正确地进行分类指导的。在当前极其繁重艰巨的经济工作中，关在房子里是不可能看清问题的，更不用说一个一个类型、一项一项地把工作做好。我们应当走出办公室，深入到群众中去，深入到实际中去，尽可能快地改变我们对经济建设不懂不熟的状况，把经济工作越做越细。

我国外贸进出口总额上半年比去年同期大幅增长

新华社报道，随着国民经济不断发展，上半年我国对外贸易发展较快。1月至6月累计，进出口总额达213亿元，比去年同期增长43.2%。其中出口完成95亿元，增长26.8%，进口完成118亿元，增长59.9%。

上半年不少主要商品进口到货比去年同期有较大增长。

上半年全国各地区、各有关部门大力发展出口商品生产，积极增加适合国际市场需要的货源，上半年外贸部门收购额比去年同期增长26.2%。

国务院副总理耿飚在北京会见以日本民社党书记长冢本三郎为首的日本民社党第三次访华团

中科院院长方毅在北京会见美国坦普尔大学生物系教授牛满江和夫人张葆英

国务院副总理方毅在北京会见美国哥伦比亚大学董事会副董事长玛塔·缪斯女士及其友人阿德莱德·布雷迪夫人

国务院副总理王震在北京会见由教务长乔治·马斯拉奇率领的美国加利福尼亚大学伯克莱工程学院访华团

国务院副总理谷牧在北京会见联邦德国汉堡世界经济文献研究所所长阿尔明·古托夫斯基教授及其助手沃尔夫冈·克兰纳尔博士

全国人大常委会副委员长乌兰夫在北京接受尼日利亚新任驻中国特命全权大使爱德华·奥卢索拉·萨努递交的国书

**全国人大常委会副委员长阿沛·阿旺晋美在北京会见印度《教徒报》副编辑拉姆和《欢喜市场报》主编

阿维克·沙卡尔等

阿沛·阿旺晋美副委员长回答了印度记者提出的一些问题,并介绍了西藏民主改革后在政治、经济、文化等方面发生的巨大变化。

阿沛·阿旺晋美副委员长在谈到关于达赖喇嘛回国的问题时说,这是中国的一贯政策,即爱国一家,爱国不分先后。我们从祖国统一团结的大局出发欢迎达赖回来。当然,这是要达赖真心诚意地作为中国国民回到祖国怀抱。

7月13日

中共中央发出《关于对被定为右倾机会主义分子的平反、改正问题的通知》

通知指出:中央关于对1959年以来被定为右倾机会主义分子(或右倾机会主义错误)的甄别问题,在1961年和1962年7000人大会以后,曾经进行了大量的工作,有不少人已得到平反、改正。但是在八届十中全会以后,由于提出了反对“右倾翻案风”,致使这一工作实际上停止下来了。在1959年以来的“反右倾”斗争中,许多被定为右倾机会主义分子的同志,他们的意见大多数是正确的,把他们定为右倾机会主义分子或作为右倾机会主义进行批斗是错误的。通知决定,在1959年以来的“反右倾”斗争中,因反映实际情况或在党内提出不同意见,被定为右倾机会主义分子或犯右倾机会主义错误的人,一律予以平反改正,妥善落实政策。

中共中央 国务院向溧阳地震灾区发出慰问电

慰问电说,1979年7月9日,江苏溧阳县发生6级地震,使当地人民的生命财产遭受很大损失,以华国锋同志为首的党中央极为关怀,向受到地震灾害的人民群众致以亲切的慰问。

慰问电说,当前,全党、全军和全国人民正在深入贯彻五届人大二次会议的精神,意气风发地投入四个现代化的第一个战役,形势很好。中央相信,灾区人民在江苏省委和省革命委员会的领导下,一定能够发扬艰苦奋斗的革命精神,奋发图强,自力更生,发展生产,重建家园,迅速战胜地震灾害。

中央号召灾区的共产党员、共青团员,一定要发挥先锋模范作用,团结广大群众向自然灾害作斗争。一面抗震救灾,一面抓好生产,夺取农业全面丰收。让我们紧密地团结在华国锋同志为首的党中央周围,高举马克思列宁主义、毛泽东思想的旗帜,为实现四个现代化而努力奋斗。

国务院发出《关于按照五个改革管理体制文件组织试点的通知》

这5个文件是:《关于扩大国营工业企业经营管理自主权的若干规定》《关于国营企业实行利润留成的规定》《关于开征国营企业固定资产税的暂行规定》《关于提高国营工业企业固定资产折旧率和改进折旧率使用办法的暂行规定》《关于国营工业企业实行流动资金全额信贷的暂行规定》。

这5个文件是经各有关方面的反复酝酿而制定出来的,在今年4月举行的中央工作会议上进行了讨论,原则通过;后来又在五届人大二次会议上征求了意见,最后才由国务院批准下达。

关于贯彻执行这5个文件的一些具体问题,国家经委和财政部已共同作出了规定。

这些文件把经济利益、经济效果、经济责任结合起来,把国家、企业和个人三者的利益结合起来,扩大了企业的自主权,特别是财权,使企业的手脚能够放得开一些,可以办更多的事情。这对于调动企业和职工的积极性,把工业生产、交通运输搞得更活,使经济效果更好;对于推动经济体制的改革,都有重要的意义。

由于工业交通企业清产核资工作尚未进行完毕,在国家经委和财政部作规定中确定:固定资产征税和流动资金全额信贷,从明年起才在试点企业实行。但是,所有企业都应当在今年内抓紧核定固定资产需用量和流动资金定额。

国务院领导同志指出:这5个文件还是不完善的,国家经委和财政部所作相应规定,也不一定很切合实际。要使这些文件完善起来,使国家经委和财政部所作相应规定也完全切合实际,真正起到调动企业和职工积极性的作用,就得通过试点,取得实践经验,使之得到不断的修改、补充和提高。

国务院发出《关于试行“收支挂钩、全额分成、比例包干,3年不变”财政管理办法的若干规定》的通知

通知指出:财政部根据中央关于改革经济管理体制的原则,并经征求各地区、各部门的意见,拟定了改革财政管理体制的两种方案:一种是“划分收支、分级包干”的办法,另一种是“收支挂钩、全额分成、比例包干、3年不变”的办法。前一种办法,是比较彻底的改革方案,但考虑到实行这种办法,必须以经济管理体制的改革为前提,必须同计划、企业、基建、物资等方面的管理体制相衔接,而这些体制目前都还没有进行改革,实行这种办法不具备条件。为此,国务院决定,从1980年起,对各省、市试行“收支挂钩、全额分成、比例包干、3年不变”的办法,以此作为过渡。同时由财政部会同有关部门在四川省进行“划分收支、分级包干”

办法的试点，总结经验。

全国马克思列宁主义毛泽东思想研究规划会在旅大举行

新华社报道，不久前在旅大市举行了全国马克思列宁主义、毛泽东思想研究规划会。会议的主要议题有四项：修改马列主义、毛泽东思想研究规划(草案)；讨论马列主义、毛泽东思想研究的近期设想；成立马恩列斯著作研究会；座谈“马克思主义在今天”这样一个大家认为重要的题目。

经过讨论，与会者认为，马列主义、毛泽东思想研究的任务，是要对马列主义、毛泽东思想本身进行现状的、理论的和历史的研究，并且要从实际出发，研究马克思主义者如何对我国和世界面临的一系列新的重大问题，作出科学的答案。多年来，我国在马列主义、毛泽东思想的研究方面取得了一定的成绩。但是，整个说来，这方面的研究工作还远远不能适应客观形势的发展。因此，制定马列主义、毛泽东思想的研究规划，明确这门学科的努力方向、具体步骤和措施，很有必要。这个规划要求对马克思主义经典著作的内容作深入的研究，弄清楚其重要论述的本来意思，对某些具有重大指导作用而没有被人充分注意的重要论述，更要结合当前具体实际加以阐发；同时规划也要求对当前世界和中国的现实问题，进行充分的调查和研究，根据实事求是的原则作出新的马克思主义的概括和解释。与会者认为，后一个方面的要求更为重要。与会者还认为，研究马克思主义，不仅要研究马恩列斯毛的著作，还要注意研究他们同时代其他马克思主义者的著作，研究历史上、中外书刊上用马克思主义观点探讨哲学、政治经济学、科学社会主义重大问题的著作。

会议在讨论马列主义、毛泽东思想研究的近期设想时，提出了一系列当前需要研究的重要问题。提出要研究关于当代帝国主义的问题，当代不发达国家的问题，研究这些国家社会经济的基本情况，社会中各种矛盾，研究它们发展的趋势，研究在这些国家社会主义革命取得胜利的客观规律性。提出要研究无产阶级革命取得胜利，建立起无产阶级的政权和社会主义的公有制之后，社会经济进一步发展的客观规律性的问题；研究从资本主义到社会主义过渡时期的理论；研究社会主义的经济制度和经济规律；研究无产阶级专政时代阶级和阶级斗争变化的客观规律性问题。还要研究马克思主义关于国家的学说，关于资产阶级民主和无产阶级民主的学说，关于法制学说等等。

会议围绕着“马克思主义在今天”这个总题目进行了热烈的座谈。有关同志介绍和交流了国内外出版和研究马恩列斯毛著作的情况。由于近20年来，世界各种力量对比的变化和科学技术的飞速发展，世界上出现了许多新情况，要求马克思主义作出科学的分析，出现了许多新问题，要求马克思主义者作出科学的解答。现在，马克思主义面临着新的挑战和考验，这就要求我们马克思主义者作出特别的努力。

经过这次会议，与会者更加深刻地认识到“科学无禁区”，认识到科学研究是探索未知的工作，只有认真贯彻“百家争鸣”的方针，进行自由的、切实的讨论，才能对所研究的问题作出科学的回答。研究一切科学问题都要坚持马克思主义的科学态度，研究马克思主义更要求如此，要敢于发现前人没有发现的真理，提供新的事实和资料，用新的论证丰富和发展马克思主义。解放思想，发扬民主，是推动马克思主义发展的保证；教条主义、思想僵化，将扼杀马克思主义的生机。马克思主义研究者应该站在思想解放的第一线。

会议讨论和通过了以下一些事项：一、修改马列主义、毛泽东思想研究规划草案。二、通过马列著作研究会章程，成立马列著作研究会，推选了该会的临时干事会，并准备出版该会会刊。三、筹备成立毛泽东著作研究会。四、会后立即抓好以下工作，尽快在北京举行马克思主义书展，广泛收集国内外出版的有关马列主义、毛泽东思想的书籍报刊，编出书目，选择重点书刊和资料进行编译和作出提要；出版研究马克思主义的刊物和资料；举行学术讨论会，第一次将在本年年底或明年年初举行。

这次会议参加者有来自北京和各地的53个单位的代表110人。中国社会科学院副院长兼马列主义、毛泽东思想研究所所长于光远同志主持了这个会议。参加会议的同志本着“科学无禁区”的精神，解放思想，发扬民主，各抒己见，畅所欲言，会议充满了生动活泼的气氛。

最高人民法院在北京举行全国高级法院和军事法院院长会议

会议于7月13日至30日举行。最高人民法院院长江华在会议开始时讲了话。他指出，五届人大二次会议通过的7个重要法律，它标志着我国社会主义法制建设进入了一个新阶段。这些法律的制定和公布，对司法工作是一次极大的推动，它要求司法工作人员必须依法办事。而要依法办事，就必须学法，懂法。如果不学、不懂而去执法，那就必然要违法。江华同志强调说，要学法、懂法、执法，必须端正思想路线，继续解放思想，坚持实事求是的原则，肃清林彪、“四人帮”极左路线的流毒和影响。

这次会议联系当前司法战线的实际情况，研究了如何进一步加强社会主义法制建设，以及如何为明年施行几个重要法律做好准备工作的问题。

全国人大常委会副委员长、法制委员会主任彭真，到会跟同志们进行了座谈，并发表了重要讲话。

到会同志回顾了去年第八次全国人民司法工作会议以来，各级人民法院在党的领导下开展工作的情况。在这期间，各地人民法院贯彻党中央的指示精神，复查、纠正了一大批冤案、假案、错案，取得了显著效果。据不完全统计，截至今年6月底，各地人民法院复查了“文化大革命”中判处的刑事案件78.8万多件，纠正了冤案、假案、错案16.6万多件。对于因为反对林彪、“四人帮”，以及为邓小平同志遭诬陷鸣不平而被判刑的案件，已基本复查结束。

会议提出，要进一步整顿和加强司法干部队伍。在今年下半年内，要先调配一批优秀干部，充实和加强法院审判力量，以应急需；以后再根据编制方案和实际情况，分期分批调进。要加强司法干警的学习，重新教育干部，争取从今年下半年起，3年之内，把助理审判员以上的干部轮训一遍。办法主要是靠各省、自治区、直辖市自己搞，如办业余大学、业余讲座、短期训练班等。各地的政法院校也要尽其所能地为法院培养一部分干部。目前，中央政法干校正在为各省、自治区、直辖市培训一部分师资，并编写刑法、刑事诉讼法教材。

会议指出，要善始善终地做好复查纠正冤案、假案、错案的工作。要继续抓紧，在今年内结束这项工作。对于各地法院都有的一批刑事民事积案，也要在今年下半年内分期分批，抓紧清理。

会议强调，各级人民法院要健全组织机构，成立审判委员会。

国务院副总理方毅在北京会见以英国内阁办公室首席科学家阿什沃思教授为团长的英国科技代表团

中科院院长方毅在北京会见并宴请美籍教授张捷迁和夫人张素坤

全国人大常委会副委员长姬鹏飞在北京会见全印前进同盟中央委员西孟加拉邦政府渔业与合作部长巴克蒂·布山·曼德尔

外交部照会越南外交部抗议越南当局武装入侵挑衅

照会说：“近1个月来，越南当局在中越边境地区继续制造紧张局势，在许多地点多次用迫击炮、轻、重机枪射击中国境内的村庄，毁坏房屋多处，打死、打伤中国和平居民多人。同时，越南方面还多次派遣武装人员潜入中国云南、广西境内，进行侦探、侦察活动，威胁中国边境的安全。对于越南方面上述武装挑衅行动，中华人民共和国外交部向越南社会主义共和国外交部提出强烈抗议。要求越南当局立即停止威胁与破坏中国边境安全的一切挑衅行动。”

照会指出：“上述侦探、侦察和武装挑衅活动，显然是越南当局推行反华、仇华政策的有计划的行动。越南方面在中越边境地区继续制造紧张局势的事实，完全证明了越南方面对中越谈判的虚伪态度。”

照会指出：“越南当局在向中国广西那坡县境内进行武装袭扰之后，居然捏造谎言，向中国提出抗议，中国方面断然拒绝越方抗议并愿严正指出：越南方面这种贼喊捉贼的故伎除了进一步暴露它的奸诈面目以外，不可能有任何效果。越南当局必须对由它入侵中国领土进行武装挑衅所引起的后果承担全部责任。”

申伯纯逝世

政协第五届全国委员会常务委员、文史资料研究委员会顾问申伯纯同志，长期患病，医治无效，在北京逝世，享年81岁。

申伯纯是北京丰台区人，1934年参加革命。在周恩来同志和西安地下党组织的领导下，他积极参加了有伟大历史意义的“西安事变”的斗争。1937年3月加入中国共产党，长期从事统一战线等工作。全国解放后，申伯纯同志曾任中共中央统战部交际处长、政务院秘书厅主任、政务院机关事务管理局副局长，政协第二届、第三届、第四届全国委员会委员兼副秘书长、文史资料研究委员会副主任委员。

7月14日

国务院总理华国锋电贺非统组织第十六届国家元首和政府首脑会议召开

全文如下：

蒙罗维亚非洲统一组织国家元首和政府首脑会议：

值此非洲统一组织第十六届国家元首和政府首脑会议胜利召开之际，我代表中国政府和中国人民，向会议表示热烈的祝贺。

一年来，伟大的非洲国家和人民在反对帝国主义、殖民主义、种族主义和霸权主义以及以色列侵略、扩张的斗争中不断前进，胜利地捍卫了民族独立和国家主权，并且在发展民族经济、建设国家的事业中取得了新的成就。津巴布韦、纳米比亚和阿扎尼亚人民争取民族解放的斗争深入发展，给予南部非洲的种族主义统治日益沉重的打击。广大非洲国家坚持团结，反对一切外来干涉，主张非洲事务由非洲人自己解决的正义立场，赢得了国际上日益广泛的同情和支持。中国政府和中国人民为伟大的非洲兄弟们所取得的胜利和成就感到由衷的高兴，并且将一如既往地继续支持伟大的非洲人民的正义斗争。

祝会议取得圆满成功！

祝中国人民和非洲人民的友谊、中国和非洲国家的友好合作关系日益巩固和发展！

中华人民共和国国务院总理　华国锋

1979 年 7 月 14 日于北京

国务院决定恢复北京农业大学

为了加速培养农业科学技术人才，适应农业现代化的迫切需要，国务院决定将“文化大革命”中迁出北京、后来改名为华北农业大学的原北京农业大学迁回北京旧址，并恢复原校名。

全国检察工作座谈会在北京召开

最高人民检察院于 7 月 14 日至 8 月 2 日在北京召开了全国检察工作座谈会。参加座谈会的包括最高人民检察院和有关部门负责同志，各省、自治区、直辖市人民检察院的负责同志，以及军事检察院的负责同志，共 130 多人。

参加全国检察工作座谈会的同志和在京开会的其他司法部门的同志一道，在 7 月 28 日听了全国人大常委会副委员长、法制委员会主任彭真同志的重要报告。彭真同志还到检察工作座谈会与同志们一起座谈，并作了重要讲话。彭真同志在座谈会上着重阐述了以法治国和各级人民检察院独立行使检察权的重要意义。他强调指出，《中华人民共和国人民检察院组织法》规定，检察院独立行使检察权，不受其他行政机关、团体和个人的干涉。这样做的目的，就是为了保证全国任何地方、任何人都统一服从法律，严格依法办事、依法办案，在法律面前不允许有任何特权。各级检察院必须充分发挥法律监督的职能，维护法律的统一，从法制方面保证全国各族人民的团结和国家的统一。彭真同志说，如果检察机关不能很好地独立行使检察权，就是渎职。现在党和国家已经把这个权交到你们手上，你们不应该再心有余悸了，而应该余勇可贾。

最高人民检察院检察长黄火青同志在座谈会上作了总结报告。他说，人民检察院作为国家的法律监督机关，对于维护社会主义法制，保障法律的统一实施，居于重要的地位，负有特殊的责任。现在，全国各级检察院已经基本上建立起来，检察工作正在恢复和发展。摆在各级人民检察院面前的迫切任务是：大力加强思想建设、组织建设和业务建设，早日建设起一支有足够数量的思想革命化的精通业务的检察干部队伍，全面展开检察业务，健全检察制度，实现有法必依、执法必严、违法必究的要求，为巩固和发展安定团结、生动活泼的政治局面，保卫四化建设作出应有的贡献。

黄火青同志说，为了迎接检察机关面临的新任务，必须用党中央关于加强社会主义民主和法制的指导思想和五届人大二次会议精神，武装广大检察干部的思想，统一检察干部的行动。他要求全体检察干部要认清当前的大好形势和检察机关的艰巨而光荣的任务，振作精神，团结一致，努力奋斗。要继续批判和肃清林彪、“四人帮”极左路线的流毒。要正确开展两条战线的斗争，坚持四项基本原则，反对“左”、右两种错误思潮。要用实践是检验真理的唯一标准这个马克思主义的基本原则对待一切，继续破除迷信，解放思想。要充分估计到来自派性、特权以及旧的习惯势力的阻力，提倡执法不阿，大公无私，准备为社会主义法制而献身的革命精神，坚持依法独立行使职权的原则和在法律面前一律平等的原则，敢于斗争，善于斗争，取得胜利。

黄火青同志指出，为迎接从 1980 年 1 月 1 日起全面实施几个新法律，各级人民检察院必须全力以赴，加紧做好下列准备工作：(一)采取紧急措施充实干部，健全机构；(二)认真学习法律，普遍训练干部，提高业务水平；(三)大张旗鼓地开展法制宣传工作，为检察工作的顺利开展大造舆论；(四)积极参加彻底清理积案，抓紧复查平反冤案、假案、错案，争取在年底前基本完成；(五)认真做好业务上的准备，抓住重点，取得经验；(六)切实解决为开展检察工作所必需的各项工作条件，如办公用房等等。

黄火青同志最后说，加强法制的关键在于党的领导。法律规定检察机关依法独立行使职权，并没有减轻党委领导检察机关的责任。相反地，由于检察机关面临的任务十分艰巨和繁重，由于依法独立行使职权会遇到很大的阻力和困难，现在比任何时候都更加迫切需要党委加强对检察工作的领导。要请党委在路线、方针和政策方面加强领导。要请党委监督检察机关严格执行法律，依法办事，为检察机关排除各种干扰，以保证检察机关依法独立行使职权，使法律生效。还要请党委为检察机关挑选、输送和培训优秀的干部，以及为完成检察工作任务提供必要的物质条件。总之，如没有各级党委的领导和支持，检察工作是搞不好的。座谈会充分发扬民主，大家精神振奋，畅所欲言。许多同志表示，一定要作守法执法的模范，时刻想到党和人民的利益，抛开个人得失，同那些无视法制，或者以言代法、个人说了算的行为作坚决斗争，决不辜负党和人民的重托和希望。一定要坚决履行好检察机关的光荣职责，为推动四个现代化贡献自己的一切。

工人日报社在北京举行纪念创刊30周年集会

中共中央政治局委员、国务院副总理余秋里,中共中央政治局委员、中华全国总工会主席倪志福和中共中央宣传部副部长朱穆之到会祝贺,并讲了话。国家经委副主任郭洪涛、全国总工会领导同志朱学范、康永和、顾大椿、张维祯、陈宇、宋侃夫,以及曾在《工人日报》工作过的负责人也出席祝贺。

《工人日报》于1949年7月15日创刊,是中华全国总工会的机关报。1966年12月31日,在林彪、"四人帮"的唆使下,报纸被查封,停刊达12年之久。1978年10月6日,经党中央批准,正式复刊。华主席和叶副主席为《工人日报》复刊题了词。1979年2月,经党中央和国务院领导同志批准,由国家经委参加对《工人日报》的领导,《工人日报》成为在国家经委党组、全总党组领导下,以工交战线广大职工为对象,以宣传工业经济建设为主要内容的综合性报纸。

纪念大会由全国总工会书记处候补书记、《工人日报》总编辑邢方群主持。

余秋里同志在讲话中对报纸宣传提出了4点要求:一、要坚定不移地宣传党的路线、方针、政策,使它为广大群众所接受,变成自己的实际行动;二、要永远宣传艰苦奋斗的光荣传统;三、要密切联系群众;四、要多报道先进单位、先进典型、先进人物。

余秋里同志说:报纸宣传要注意调动广大群众建设四化的积极性,形成一个热气腾腾、蒸蒸日上、朝气蓬勃、欣欣向荣、人人为四化争做贡献的大好局面。

《中国古代建筑技术史》编写完成

新华社报道,由中国科学院自然科学史研究所主持编写的《中国古代建筑技术史》一书,最近全部完成,将分别出版发行中文及外文数种版本。

《中国古代建筑技术史》内容丰富,共有100多万字1600多幅图片和照片。它向读者展开了一幅绚丽多彩的中国古代建筑的长卷画面,勾画了中国古代建筑的发展轮廓,指出了古代建筑技术中许多有价值的东西。

全书分为原始社会、奴隶社会和封建社会三个历史时期共十五章。封建社会时期,是我国古代建筑技术发展集其大成的时期。本书以十二个专章,分述了土工建筑、木构建筑、砖石建筑技术,材料生产和加工技术,装饰技术,防护技术,城市建设工程,园林工程技术,少数民族建筑技术,设计及施工技术,建筑著作及匠师等广泛的内容。本书还附有建筑技术史大事年表。

7月15日

中共中央 国务院批转广东省委和福建省委关于对外经济活动实行特殊政策和灵活措施的两个报告

这两个报告是根据当年4月邓小平在同习仲勋、梁灵光等人的一次谈话中提出的利用沿海有利条件,创办特区的意见起草的。

中共中央和国务院决定:对广东、福建两省的对外经济活动给以更多的自主权,以充分发挥两省的优越条件,扩大对外贸易,抓紧当前有利的国际条件,先走一步,把经济尽快搞上去。原则同意两省试行在中央统一领导下大包干的经济管理办法,在计划、物资供应、物价政策等方面也实行新的经济体制和灵活政策。同时决定,先在深圳、珠海两市划出部分地区试办出口特区,待取得经验后,再考虑在汕头、厦门设置特区。中共中央认为,这是一个重要的决策,对加速我国的四个现代化建设,有重要意义。

《人民日报》发表评论员文章《努力增加出口 发展对外贸易》

我国国民经济正在调整中前进。各条战线都在增产节约上狠下功夫,力求在调整中把国民经济纳入持久的、按比例的、高速度发展的轨道。在这种形势下,对外贸易应当怎么办?这是一个需要在指导思想和政策措施上认真加以解决的重大课题。

目前,我国的出口贸易是低水平的,这和加速实现四个现代化的形势要求不相称,也和我国的国际地位不相称。为了改变这种情况,就要认真贯彻执行"出口第一,进出结合,量出为进,进出平衡"的外贸方针。这个方针,是新中国成立30年来发展对外贸易经验的总结,并根据新时期总任务的要求赋予了新的内容。"出口第一"是指出口与进口的关系而说的。"出口第一,进出结合",把扩大出口和进出结合的重要性和迫切性,更明确、更响亮地提了出来,应该引起人们对它足够的重视。

牵牛要牵牛鼻子。在进口与出口这一对矛盾中,出口是处于支配地位的。要加速四个现代化的进程,引进一些国外先进技术和设备,利用一些外国资金,是十分必要的。但引进也好,利用外资也好,归根到底都要用外汇来偿付。积极扩大出口,是增加我们偿付能力最可靠的途径。出口贸易越发展,外汇收入越多,引进和利用外资的实力就越雄厚,我们在对外贸易上的主动权就越大。重视出口,用出口所得外汇来支付进口,这也是贯彻执行自力更生为主、争取外援为辅方针的重要措施,各部门、各地方都要切实做到进口首先想到出口,用汇首先想到创汇,真正把出口放在第一位。

增加出口货源,是扩大出口的关键。我国地大物博,经济已经有了相当的基础,增加出口货源的潜力是很大的。首先要挖掘传统商品、名牌商品的生产潜力。这些商品在国际市场上一向享有盛誉,深受国外消费者的欢迎。林彪、“四人帮”横行期间,许多传统商品、名牌商品被加上了所谓封、资、修等等罪名,使得一些名牌货的生产大受影响,许多传统货被斩断了。现在的一个重要任务,就是大力恢复并发展名牌、传统出口商品,让它们在国际市场上重放光彩,并力争多创新的名牌货。二是在产品的质量、花色品种、款式、包装装潢方面下功夫。多年来对外推销、对外成交的经验表明,好货、对路货最有竞争能力,销得快;质量差、花色旧、样子老、包装简陋、货不对路的商品则经常滞销,有些只好长期压在仓库里。比如,今年春季广州交易会上,质量好的宽幅纺织品一周内就成交一空,而窄幅的纺织品则不太受人欢迎。窄幅纺织品变宽幅纺织品,关键在于要用宽幅织绸机、织布机来替代窄幅机。我们要根据国际市场的需要,大力改进设备,改进工艺,改进经营管理,落实经济政策,革“十年一贯制”、“二十年一贯制”产品的命,使滞销货变成畅销货。三是要开辟新的生产领域。当今世界生产技术、科学研究的发展十分迅速,国际市场的需求日新月异,我们不但要搞好原有的出口商品,还要发展新的出口品类和高级精密的出口产品。这样做,有利于改变我国出口商品结构,逐步增加工矿产品在出口中的比重,增加外汇收入。我国精密机械制造部门已在今年春季广交会上初露头角,这是个很好的苗头,应该让它茁壮成长。四是挖掘资源的潜力。我国到处有未被很好利用和开发的资源,不少东西弃之为废,用之为宝,应该解决一系列实际问题,让它们为“四化”创汇。

总之,只要广开门路,向生产的深度和广度进军,出口货源是可以逐步增多起来的,我国的出口贸易,完全可以经过一个时期的努力,大幅度地搞上去。

在充分挖掘国内出口货源的同时,我们还要积极利用国外原材料和技术,发挥国内生产潜力,利用国内充裕的劳动力,开展“以进养出”的业务。这是把出口贸易做大做好做活、增加外汇收入的一项行之有效的办法。有些国家和地区,本身并没有多少原材料,也没有多少能源,为什么出口增加得那样快,获得了大量外汇?一个重要的原因,在于他们进口原材料、半成品和燃料,加工成成品出口。这种“以进养出”的办法是值得我们借鉴的。我们要从本国的特点出发,努力把这项工作搞好。

办好农副产品的出口综合基地和单项产品基地,办好出口工业品的专厂、专矿、专车间的工作也不容忽视。基地和专厂、专矿、专车间在扩大出口中的重要作用日益显示出来,应该给予高度的重视和支持,让这些基地发挥作用,为国家创造更多的外汇。

现行的外贸体制应该改革,使之能推动我国对外贸易的大发展。我们要在执行中央的统一政策统一计划的条件下,充分调动各部门、各地方、各基层单位的积极性。怎样做到统而不死,活而不乱,有赖于不断总结经验。改革外贸体制要积极慎重,先搞试点,逐步推行。要善于总结新中国成立30年来的经验教训,花大力气来解决存在的矛盾。要注视国际贸易的发展动向,吸取国外的经验教训。外贸是和外国做生意,明于知己、暗于知彼是不行的。只有知己知彼,才能把生意做活做好。一般说,出口商品实行分级经营出口,有利于调动各方面的积极性。但分级经营出口不等于各自为政,各搞一套。各部门、各地方都要维护统一对外的原则,协调动作,避免由于对外不一致而造成经济的损失和政治上的损失。现在有些无组织无纪律的征兆,很值得引起重视。

贯彻“出口第一,进出结合,量出为进,进出平衡”的方针,对外贸部门来讲,担子不是轻了,而是重了。外贸部门要充分发挥主观能动性,当好参谋和助手,参与生产,指导生产,研究国际市场的变化趋势,通报国外商情和价格资料,引进国外样品,并举办国外商品展览,便于生产部门研究和借鉴。对外联系、洽谈、成交和推销业务活动中,要讲究效率,避免差错,尽快地提高工作水平。

我们相信,只要全党重视,各方面努力,同心同德,协调一致,就一定可以使我国的外贸事业开创出一个全新的局面。

国家测绘总局副局长李廷赞就国家永久性测量标志的若干问题答新华社记者问

新华社报道,最近在成都召开的中国测绘学会第二届全国代表大会上,代表们对我国永久性测量标志遭到严重破坏一事非常关注。适逢《中华人民共和国刑法》公布,其中第一百七十五条规定:“故意破坏国家边境的界碑、界桩或者永久性测量标志的,处3年以下有期徒刑或者拘役。”记者就此事访问了前来参加这一会议的国家测绘总局副局长、中国测绘学会理事长李廷赞。

问:什么是永久性测量标志?

答:国家测量机关在全国各地进行测量所建立的各种测量觇标(木质的、钢质的)、埋在地下的各种测量标志(三角点、水准点、重力点、天文点)以及近来设立的人造卫星观测站,都属于永久性的测量标志。新中国成立以来,我国已在全国各地建立了数以十万计的永久性测量标志,大部分属于高精度的。我国广大测绘工作者为此付出了辛勤的劳动,有的甚至付出了生命。

问:请谈谈这些测量标志的用途。

答:它是进行各种测量和绘制地图的依据,也是农业、工业等生产建设和国防建设以及开展科学研究必不可少的依据。

测量的最终结果,表现为数据、资料、地图以及存在于地面上和地下的永久性标志。标志如果被破坏,与它相应的数据、资料就将失去意义。这些标志是国家基本建设的项目,需要对这些点反复测量、长期使用,保存的时间越长,其价值越大,因此必须永久保存。

问:目前这些标志的保存情况如何?

答:新中国成立以来,党和各级人民政府很重视对这些标志的保护工作。1955年,周总理亲自签发了《国务院关于长期保护测量标志的命令》。测绘部门根据命令的精神,委托地方基层组织派专人保管。1960年以后,各省、自治区、直辖市成立了测绘管理处,其职责之一,即保护测量标志。当时情况还比较好。近十年来,有近半数的标志遭到了不同程度的破坏。

问:你认为今后应怎样加强对永久性测量标志的保护?

答:刑法所指的故意破坏者毕竟是少数人,大多数人是属于对永久性标志的重要性不了解。这些标志精密度高,稍一移动即失去作用。因此,我们希望政府有关部门能够重申国务院关于长期保护测量标志的命令;加强对刑法第一百七十五条的宣传教育;希望执法部门严明法纪,确保这一条文的贯彻执行。我们测绘部门则应加强领导,健全制度,组织力量及时检查维护,发现破坏迅速追查责任和原因,确实保护好永久性测量标志。

国务院副总理李先念在北京会见日本每日新闻社社长平冈敏男率领的《每日新闻》代表团

会见时,李副总理回答了日本记者提出的问题。他说,五届人大二次会议开得很成功。我国对国民经济进行调整、改革、整顿、提高,是很有必要的。贯彻这一方针将使我国经济持久地按比例地高速度发展,同时又能照顾到逐步提高人民生活水平。这一方针受到了广大人民的拥护。

李副总理说,我们现在确实是在扎扎实实地做些事情,把我国经济搞好。要搞好四个现代化建设,国内就要安定团结,也要有一个和平的国际环境。我们要维护世界和平,反对霸权主义。平冈敏男社长认为,中国人民正精神饱满,信心充足地进行四化建设,他对此感到钦佩。

全国人大常委会副委员长谭震林在北京会见日本日中渔业协议会会长德岛喜太郎一行

《民族团结》杂志在北京复刊

《民族团结》杂志由国家民族事务委员会主办。复刊后的《民族团结》的任务,将根据新时期党和国家在民族工作方面的任务,进行民族政策再教育,加强民族团结,动员全国各族人民同心同德实现四个现代化。

《民族团结》复刊后的第一期内容有乌兰夫在国家民族事务委员会第一次委员(扩大)会议上的讲话摘要,国家主任杨静仁的《社会主义新时期民族工作的任务》论文,以及《各族人民团结起来,为实现新时期民族工作的任务而奋斗》的社论。

中央慰问团在溧阳县地震灾区进行慰问

由中共中央、国务院派出的中央慰问团,上午到江苏省溧阳县地震灾区进行慰问活动。

乌兰夫团长、程子华副团长和慰问团全体成员来到位于震中地区的上沛、上兴公社,察看了受灾现场,深入到公社集镇的临时居民住宅区,在街头路旁防震棚内,在社员的床头、灶边,同受灾群众亲切交谈,询问地震发生时的情景和所受到的损失,了解当前生产、生活情况,以及在抗震救灾斗争中取得的成绩和存在的困难。

下午,在溧阳县举行了慰问大会。会上中央慰问团副团长程子华宣读了中共中央、国务院的慰问电,乌兰夫团长代表党中央、国务院向受灾地区的广大干部和群众,向战斗在抗震救灾第一线的人民解放军指战员、医务工作者和地震科学研究工作者致以亲切的慰问。镇江地委、溧阳县委、竹箦公社党委负责同志在会上发言表示,决不辜负党中央、国务院的亲切关怀,一定要团结群众,艰苦奋斗,尽快医治好地震造成的创伤,做到“震灾面前不低头,抗灾大干夺丰收”,以优异的成绩向党中央汇报。

“新体育杯”围棋邀请赛在北京开赛

这次“新体育杯”围棋邀请赛是由《新体育》杂志社举办的。比赛于7月15日至8月4日举行。参赛的有来自全国各地的男女围棋名手,北京市各区的一些围棋选手,以及首都新闻单位的围棋爱好者。

黑龙江选手聂卫平获得冠军,上海的陈祖德获得亚军。获得这次比赛第三名的是北京青年选手常振明。安徽选手王汝南获得第四名。

7月16日

中联部部长姬鹏飞在北京会见并宴请以塞内加尔

国民议会财务监督委员会主席穆萨·迪亚洛为团长的塞内加尔社会党代表团

高校社会主义文艺创作方法学术讨论会在西安举行

新华社报道,全国各省、市的98所高等学校,最近在西安举行社会主义文艺创作方法学术讨论会,这是继去年11月份在上海举行的"典型问题学术讨论会"之后的又一次规模较大的研究文艺理论的盛会。

这次学术讨论会共收到论文29篇。会上,代表们就社会主义文艺创作方法问题展开了热烈的讨论,发表了各种不同的意见。第一种意见认为,"两结合"的创作方法全面地解决了文艺作品中理想与现实的关系,是最好的创作方法,要大力提倡。第二种意见与之针锋相对,认为现实主义与浪漫主义是既有联系,又有本质区别的两种不同的创作方法,是不能水乳交融地结合的。在文艺创作实践中,要么是基本上属于现实主义的创作方法,要么是基本上属于浪漫主义的创作方法,古今中外,还找不到哪一部作品是"两结合"创作方法的产物。第三种意见认为,社会主义文艺应该提倡多种多样的创作方法,无论是哪种创作方法,只要能写出好作品,就应该允许存在和提倡,不能"独尊"一种、排斥其他。在讨论中,大家敞开思想,各抒己见,充满着民主讨论的活跃气氛。

在讨论会即将结束的时候,经过全体与会代表的充分酝酿讨论,成立了以周扬为名誉会长,陈荒煤为会长,黄药眠、陈白尘、徐中玉为副会长,秦牧、蒋孔阳、纪怀民、楼栖、张怀瑾、景生泽为常务理事的高等学校文艺理论研究会。此外,还决定聘请文艺界一部分知名人士担任该研究会的顾问,并设理事若干人。

第四届全国运动会组织委员会成立

名单如下:

主　任　陈锡联

副主任　王　猛　荣高棠　钟师统

委　员　李　达　傅　钟　王　平　刘雪初　崔月犁　高文礼　周巍峙　任泉生　谢鑫鹤　王达成　郭维城　王崇伦　林丽韫　李海峰　刘敬之　左漠野　郑思远　白介夫　白　桦　尹　喆　王文章　王　铎　李　荒　庄彝尊　李剑白　孙作宾　杨植霖　马万里　李庶民　巴　岱　张树德　许道琦　刘亚南　杨康华　徐其海　杨　恺　宫维桢　商景才　胡开明　张格心　马继孔　徐雷健　刘海泉　张玉芹　张海棠　乔加钦　荣高棠　徐寅生　于步血　李青川　李梦华　陈培民　黄　中　路金栋　尹忠尉　宋　中　陈玉娘　王　凌　徐　才　张联华　陈　先　王耀东　刘建章　杜　前　李　琦　张之槐　张汇兰　张青季　夏　翔　黄　健　梁焯辉　韩复东　傅蕴珖　潘　多　魏　明

秘书长　荣高棠

副秘书长

黄　中　韩复东　高富有　陈忠义　袁晋修　魏　明　张联华　徐　才　张之槐

7月17日

国务院副总理李先念在北京会见以韦尔登·吉布森博士为团长的美国工业研究人士代表团

李先念副总理对几位美国客人说,中国欢迎外国公司到中国投资和合营办工厂。

他在会见美国工业研究人士代表团时指出,中国在同外国公司合作时坚持平等互利的原则,使他们有利可图。

李先念副总理指出,中国在这方面经验不够,因此五届人大二次会议通过的投资法还不完备。但是,它是中国的意向声明。它表明了中国欢迎外国朋友同中国合作。他说,中国进行社会主义建设,主要靠自己的努力,我们执行独立自主、自力更生的政策,但我们也吸收外资和外国先进技术。我们要派人出去学习,也请外国朋友进来传经。

李先念副总理接着就外国朋友很关心的投资比例、时间、利润等问题作了解释。他说,中国不拘泥于国际上传统的51%对49%的做法。外国公司的投资比例可以高于50%。时间也可以10年、20年或者更长。关于利润问题只要符合中国的法律和税收制度,利润可以汇出中国。

他说,这些问题都可以通过中国有关部门同外国朋友们友好协商予以解决。

美国朋友对李先念副总理的谈话表示满意。

这个代表团是由美国斯坦福国际咨询研究所组织的。代表团团长、该研究所常务副所长韦尔登·吉布森博士对李先念副总理说,代表团这次访问是及时的,因为中国刚刚通过了投资法。他指出,代表团同中国有关部门进行了卓有成效的讨论。迷对密切双方的联系和友谊是有益的。

斯坦福国际咨询研究所是一个研究和咨询机构,有专业人员3000余人,分属于包括工业经济学、经济计划、工业计划、管理科学、工程科学等100多个专业。

《人民日报》发表特约评论员文章《经济工作要坚持实事求是》

华国锋同志在《政府工作报告》中指出:"全国规模的关于真理标准的讨论,有力地促进了广大干部和广大群众解放思想，打碎了林彪、‘四人帮’强加给他们的精神枷锁，使毛泽东同志长期倡导的实事求是、一切从实际出发、理论联系实际的学风得到恢复和发扬。”我们做任何工作，都要实事求是，从实际出发。做经济工作，搞现代化建设，更需要如此。我们搞现代化，只能不断地总结自己的实践经验，同时吸取国外一切对我们有用的经验，走出一条自己的现代化道路。走中国式的现代化道路，就要坚持实事求是，从我国情况这个实际出发，解决好一系列方针政策问题。

（一）

我国是个大国，穷国，人口多，底子薄。经过将近30年的建设，虽已具有相当规模的工业基础，但毕竟还是个经济不发达的国家。农业人口占全国人口总数的80%以上，农业生产在整个社会生产中占很大比重。这就是我们建设四个现代化的出发点。为把我国建设成为一个强大的社会主义国家，毛泽东同志在《论十大关系》中，以苏联为鉴戒，总结我国经验，提出了适合我国情况的多快好省地建设社会主义的基本思想。首先在重工业和轻工业、农业的关系上，毛泽东同志强调指出，重工业是我国建设的重点。但是决不可以因此忽视生活资料尤其是粮食的生产。如果没有足够的粮食和其他生活必需品，首先就不能养活工人，还谈什么发展重工业？片面地注重重工业，忽视农业和轻工业，市场上货物就不够，货币就不稳定。抓了农业，发展了农业，就能保证发展工业所需要的粮食和原料。现在的问题，就是要适当地调整重工业和农业、轻工业的投资比例，更多地发展农业、轻工业。实行按照农轻重次序安排国民经济的方针。

但是，20多年来，以农轻重为次序的正确方针，在我们的经济工作中，一直贯彻执行得不够好。目前，我国国民经济中存在一些比例失调，从根本上讲，是林彪、“四人帮”10年大破坏的恶果。这10多年，我国国民经济实际上处于半计划、无计划状态。“四人帮”横行时，那里谈得上计划，他们嘴上说的就是计划。明明国民经济处于崩溃边缘，还得说形势大好。从我们主观方面看，在经济工作的指导思想、工作方法上也不是没有缺点错误的。往往嘴上喊的是“农轻重”，而实际行动却是“重轻农”。我们经济工作中的一个大毛病，就在于没有真正花力气认真解决农民问题、农业问题，按农轻重次序安排计划。没有认真贯彻执行以农轻重为次序的方针，对我们来说教训是十分深刻的，现在是该觉悟的时候了。

过去打仗，搞武装斗争，要适合中国情况，走毛泽东同志开辟的农村包围城市的道路。现在搞现代化建设，也要适合中国情况。农业是国民经济的基础。农民问题，始终是革命和建设中的首要问题。“农轻重”问题，实际上就是人民生活的问题。农民生活没有多大提高，购买力较低，买不起化肥、拖拉机，国内市场不活跃，还谈得上什么经济建设呢？职工生活水平不高，城市住宅面积增加不多，这怎么能行呢？斯大林说过，资本主义工业化是从轻工业开始的，而苏联的工业化是从重工业开始的。这话是有苏联当时的历史条件的，并不是普遍的经济规律。我国有我国的具体情况。有人提出，中国应该先发展使用劳动力多、技术比较简单、花费投资少的工业部门，从这里开始积累资金，然后逐步向技术要求高、用人少、投资大的部门发展。这个意见不是没有道理的。当然，我们不是说不要发展重工业，不要搞钢铁。而是说，必须有适当的比例，要按农轻重的次序来安排。

切实贯彻执行以农轻重为次序的方针，认真处理好农轻重关系，有一系列的政策问题需要解决，其中包括投资比例必须安排好。但是，解决思想认识问题是必要的前提。现在公开反对以农轻重为次序安排方针的，可以说是没有了。然而，以各种借口、种种形式违背甚至抵制这个方针的，却还有人在。他们似乎并不反对农业轻工业上，但对重工业却不愿意适当地下。这种思想认识，显然是不切实际的。在一定时期内，国家的财力物力总是有限的。各行各业齐头并进，万马奔腾，看起来似乎快，实际上反而慢，欲速则不达。齐头并进，万马奔腾，等于没有比例，而没有比例就没有高速度。这是已被30年来的历史事实和经验教训证明了的。要高速度地发展国民经济，加快现代化建设，必须坚持实事求是，从我国实际出发，认真贯彻执行以农轻重为次序安排计划的方针。

（二）

高指标，是我们经济工作不从实际出发，不实事求是的一个突出表现。也是我们长期吃亏而至今没有得到解决的一个大问题。毛泽东同志说过，做计划要“长袖善舞”，要留有充分的余地。但是，多年以来，我们总是没有很好地做到这一点。计划指标往往高于实际可能。明明是有缺口的计划，还说是“积极的平衡”，“经过努力完全可以实现的”。在林彪、“四人帮”的干扰破坏下，“左”的思想倾向在我们经济工作中十分严重。我们经济工作中的又一个大毛病，就是夸大人的主观能动作用，把人的潜力说成是无限的。只看需要，不看可能，只凭主观意志，不看客观条件。因此，坚持实事求是，从实际出发，高速度地发展国民经济，加快现代化建设，必须认真解决高指标这个问题。

高指标的问题，归根到底是承认不承认经济发展有其自身的客观规律问题。从我们的主观愿望来说，谁都希望社会主义经济发展得越快越好，这真可说是人同此心。但是，我们的社会主义经济究竟能以多快的速度向前发展，这决不是单凭人们的主观意愿所能决定的。

对经济发展的客观可能性，我们应该有科学的研究，冷静的估计，从而使经济计划指标，订得比较切合实际，不仅没有缺口，而且留有充分的余地。

马克思说过，按比例分配劳动，这是任何社会都必须遵循的经济规律，而且是首要的经济规律。违反这个客观规律，必然会受到应有的惩罚。实践经验证明，一搞高指标，就谈不上综合平衡，就谈不上按比例。所以在经济发展速度上，我们要求的应当是稳定的、持续的、均衡的增长，而不能期望甚至追求短期内出现什么奇迹。就整个国民经济或者一个大的经济部门来说，两三年"翻一番"之类的口号，实践证明是很危险的，实际上也是做不到的。即使勉强做到了，也是虚假的成分多，实际的效果少。有的战线前几年搞"翻番"，有些单位有成绩，但不少单位勉强搞，却带来了许多后遗症。从长期的观点看，这样做，速度并非快了而是慢了。

社会主义经济在实际发展进程中，是有起伏的，有些波浪的。但是，我们应该力求平稳地上升，不要出现大起大落的大波浪。一出问题，就要及时进行调整。这也就是说，在我们主观方面，在指导思想上，不能要求过急，急于求成。当然，这不等于说指标越低越好。客观上能办到的事情不去办，那也是错误的。如有这种倾向出现，也要及时纠正。

（三）

基本建设战线越拉越长，集中力量打歼灭战的问题长时期没有解决好，这是我们经济工作中不实事求是，不从客观实际出发的又一个突出表现。这个问题过去年年讲，开会就讲，讲得很多、很凶，但做得很少、很差。这个带有灾难性的问题，如果再不切实解决，势必延缓国民经济的发展，拖四个现代化的后腿。

如何解决这个问题？从造成基本建设战线过长而又长期缩短不了的种种原因看来，有两点必须注意。首先，必须有一个稳定的切合实际的长期计划。由于林彪、"四人帮"干扰破坏，10多年来长期计划订不起来，年度计划定得较晚，而且多变，给基本建设带来了严重的危害。基本建设周期一般都比较长，单有年度计划是不行的。显而易见，设备制造前一年已经安排了，年度计划一变，造出的设备使用不上；一个项目，去年开工，今年停下；如此等等，基本建设战线怎么不越拉越长呢？其次，缩短基本建设战线是当务之急，各级领导要下决心，组织力量，打好这一恶仗。一定要坚持实事求是，从实际出发，在摸清一个个在建项目真实情况的基础上，按照党的方针政策，该上则上，该下则下，加以妥善处理。不能一说项目多了，要压缩，就把很多项目捆在一起，蒙混欺骗；一说要压投资，就不分主次来一个剃平头，只减投资，不减项目，不减工程内容，甚至把设备、材料缺口留在重点工程上。各地区、各部门都要组成得力的班子，将各方面的力量组织在一起，形成拳头，对人力、物力、财力进行统一调度，统一安排。不然，基本建设战线还是缩短不了。

整个经济工作，由于清算了林彪、"四人帮"的极左路线，落实了党和政府各项行之有效的政策，制定了一些符合实际情况的新政策，经济形势正在迅速好转。各地应把工作重点迅速转移过来，集中力量抓好国民经济，同心同德，振作精神，坚决做好华国锋总理在《政府工作报告》中要求着重抓好的十项工作，打好四个现代化的第一个战役，为实现四个现代化作出贡献。

全国邮电部门上半年各项业务量比去年同期增长

新华社报道，我国邮电部门深入开展增产节约运动，较好地完成了各项邮电服务工作。

上半年全国邮电企业完成的业务总量比去年同期增长7.4%，实现利润2670多万元，增长55.6%。各项通信质量指标都有明显提高，其中电报逾限率、长途电话服务差错率，比去年同期分别下降13.4%—70.9%。

中共中央政治局委员耿飚在北京举行宴会欢迎以朝鲜劳动党中央政治委员会委员党中央委员会书记金焕为团长的朝鲜劳动党友好参观团

全国人大常委会副委员长、中联部部长姬鹏飞等出席宴会作陪。

耿飚同志首先在宴会上讲话。他热情赞扬朝鲜劳动党和朝鲜政府为了实现国家统一所进行的长期的坚持不懈的努力。他说，最近朝鲜十八个政党和社会团体发表了呼吁书，朝鲜外交部发言人就美国和朴正熙提出的"三方当局会议"，阐明了自己的原则立场，提出了合理的建设性建议。中国共产党和中国政府对此表示坚决支持。

他说，美国应当响应朝鲜民主主义人民共和国提出的同它对话的建议。美国政府必须从南朝鲜撤走其全部侵略军队和军事装备，放弃制造"两个朝鲜"的政策。至于朝鲜的统一问题，应当按照金日成主席提出的三项原则和五点方针，由朝鲜人民自己解决，外部势力不得干预。中国人民坚决支持朝鲜人民争取祖国自主和平统一的正义斗争。我们坚信，内外分裂主义者制造"两个朝鲜"的任何企图都必将遭到可耻失败，一个统一富强的朝鲜必将屹立于世界的东方。

耿飚同志说，中朝两党两国人民都信守革命道义，都珍视伟大的中朝友谊。中国人民一定要把中朝友谊世世代代传下去。今后，无论世界上发生什么事情，中国共产党和中国人民将同朝鲜劳动党和朝鲜人民团结战斗,共同前进。

金焕同志在讲话时指出,由于美国和南朝鲜当权者策划民族分裂永久化,今天,三分之一世纪的时间已过去了,我们民族还处于分裂状态。祖国统一仍然是全体朝鲜人民的最大任务。

他说,要实现我国的统一,美国必须响应有关从南朝鲜撤出美军,把停战协定换成和平协定的呼吁;南朝鲜当权者必须停止企图把像国家统一这样重大的民族内部问题交给外国主子垄断的反民族阴谋活动,尽快诚实地出席北方和南方的对话会议。

金焕同志说,我们党和人民珍惜同中国党和人民的友谊和团结。今后,我们将像过去一样同中国同志们紧密携手,为反对帝国主义、殖民主义、争取社会主义和共产主义事业的胜利,坚决斗争下去。

朝鲜民主主义人民共和国驻中国大使全明洙应邀出席了宴会。

国务院副总理王震在北京会见日本参议院议员秦丰和夫人以及航空杂志社社长青木日出雄和夫人

全国人大常委会副委员长谭震林在北京会见由远藤胜已率领的日本共同社丝绸之路采访组

国务院副总理谷牧在北京会见以罗·登曼爵士为团长的欧洲经济共同体混合委员会代表团和以陈文心为团长的欧洲经济共同体纺织品协定谈判代表团

谷牧副总理会见时指出,中国认为,发展同共同体的关系不仅具有经济意义,而具有政治意义。

谷副总理说,一年多来,中国和共同体的关系发展是很好的,双方的贸易有了很大的增长。

罗·登曼爵士对谷副总理说,共同体经过内部的协商和同成员国的协商,已经决定从1980年开始给予中国普遍优惠制。

他指出,共同体已经采取了一些措施,扩大从中国自由进口商品货单和增加进口中国商品的配额。

谷副总理对共同体的这个决定表示欢迎。他指出,共同体给予中国的普遍优惠制仍有一些限制,因此,中国希望共同体对中国的待遇应当同对其他发展中国家一样。谷副总理最后希望,双方在符合自己的利益的基础上谈判取得圆满成功,尽早签署协定。

全国政协副主席班禅额尔德尼·确吉坚赞在北京会见由克·里奥波德主席率领的瑞典—中国友好联合会代表团

会见时,班禅额尔德尼·确吉坚赞副主席向瑞典朋友介绍了西藏民主改革后发生的巨大变化。他说,西藏在共产党领导下从推翻农奴制走向社会主义道路,是完全正确的,这符合西藏人民的根本利益。西藏人民目前坚定不移地同各兄弟民族一起建设社会主义现代化的祖国。

他说,20年前达赖喇嘛跑到国外,背叛祖国,是完全错误的。前一时期,达赖曾表示要回到祖国,我对此表示高兴。我相信,只要达赖作为中国国民回来,党和政府、西藏人民肯定会欢迎他的。

7月18日

中共中央副主席李先念在北京会见以朝鲜劳动党中央政治委员会委员党中央委员会书记金焕为团长的朝鲜劳动党友好参观团

国家计委经济研究所所长薛暮桥就城镇劳动就业问题向记者发表谈话

谈话纪要如下:

我国是有9.7亿人的大国,人口多,底子薄,怎样解决劳动就业,是一项十分艰巨的工作。因为种种原因,主要是生产发展不快,今年待分配的劳动力就有700多万人。这个问题不解决,全国的安定团结会受到相当大的影响。

今年,有些地方试图解决就业问题,办法之一是号召未达到退休年龄的职工提早退休,允许子女顶替。结果许多有熟练技术的老职工退休了,换上一批不懂技术的青年,其中许多人原来在学校上学,有的是在农村劳动,真正城市待业青年就业不多。许多老职工退休后,又被其他单位招收去了。职工人数增加了,待业人数没有显著减少。

过去劳动工资制度管得太死,职工就业都要由劳动部门统一分配。企业没有用人的自主权,职工没有选择职业的权利。这个问题不解决,“各尽所能”就会变成一句空话。更加严重的是,国家必须严格控制新增职工总数,待分配的青年比国家招工指标多好几倍。国家既不能对待业青年每人发一个“铁饭碗”,又不准他们自己用一定的集体方式组织起来,从事社会迫切需要的劳动,待业人员就越积越多。

我国解决劳动就业问题不是没有经验的。全国刚解放时,城市中失业者有三四百万人,同当时公私企业职工总数大体相等。我们采取两条办法:一是“生产自救”,要他们自找门路,国家帮助他们解决生产中的困难;二是“以工代赈”,国家用低工资举办一些公共事业。在一两年时间内,把这个问题基本上解决了。在第一个五年计划时期,我们实际上仍然受到失业的威胁,解决办法是“三个人的饭五个人吃”,低工资,多就业。实行的结果,是“三个人的活五个人干”,工厂中劳动生产率低,机关中工作效率更低。现在已经到了需要改革的时候了。

50 年代初期,待业人员可以自找门路。全行业公私合营以后,特别是公私合营商业(开始时有大量的公私合营商业自负盈亏)上升为国营商业,手工业合作社上升为合作工厂以后,全部职工完全由劳动部门管起来,统一分配。原来的手工业者和小商贩网点多,生产和经营的花色品种齐全。现在是网点大大减少,花色品种不全,许多种别有风味的土特产消失了。过去北京的东安市场商店林立,各有特长;现在的东风市场统一经营,变成第二个百货大楼,特长没有了。1956 年党的八大第一次会议上陈云同志有个发言,建议公私合营商店和合作社不要合并太多,要保存产品的多样性和经营的灵活性。但是,1958 年以后把自负盈亏的公私合营商店和手工业合作社几乎一扫而光。许多种土特产品长期缺货,无人生产,无人经营,服务性行业大大减少了。一方面大量的社会迫切需要的工作没有人干;另一方面又有大量的劳动者找不到适当的工作。不是没活干,而是要等国家统一分配,而城市全民所有制企业的容纳量又有限。这样,待业青年越积越多。

最近华国锋同志在五届人大二次会议上所作的政府工作报告中提出要用 3 年时间进行国民经济的调整、改革、整顿、提高,并提出当前发展国民经济的十项工作,其中第九项工作就提到劳动就业是当前一个突出问题。劳动就业是应当当作一个重要问题来抓。不解决这个问题,不但浪费大量的劳动力,也影响安定团结。而且,现在不下决心找寻办法解决这个问题,将来的负担会越来越重。(现在我国大工厂的劳动生产率,同发达的资本主义国家比较,相差 5—10 倍)在国民经济现代化进程中,我们要提高工人的劳动生产率,现有企业的劳动力一定会大大富余。现在许多机关机构臃肿,人浮于事,提高工作效率,也需要实行精简。农业现有 3 亿劳动力,如果实现了机械化,只需要几千万人,其余的人除向生产的深度和广度进军以外,也要另找出路。这些问题我们必须预先看到,预作筹划。现在我们的城市养不了这样多人,农民自己生活还有困难,农村能容纳的人也很有限。解决劳动就业问题的根本办法还是发展生产,广开就业门路。要广开就业门路,重要一条是要改变劳动管理制度。

现在待业青年都由劳动部门统一分配工作,这个制度已经无法维持下去了。国家给每人发一个“铁饭碗”,不但“碗少僧多”,而且领到“铁饭碗”后,就只能进不能出,只能升不能降。在现代化过程中,提高劳动生产率与安排劳动就业发生矛盾。企业实行经济核算,要精简一批多余的和工作不称职的职工,交给劳动部门去另行安排。劳动部门为着安排待业青年,要求企业把自己职工的子女包下来。双方都有困难。为着解决自己的困难,都把困难推给对方。为着实现现代化,前一种要求是合理的,后一种要求是不合理的。劳动部门必须另想办法。办法只有一个,包不了的事情不要包办,准许待业青年用一定方式自己组织生产,我们不但不应下禁令,而且应当加以帮助,加以组织领导。现在城市里就业的门路多得不可胜数,问题是许不许自己找。北京市委有位负责同志告诉我,北京市的所谓“资本主义漏洞”多得堵不胜堵,农民进城干零活一天赚两三块钱是很容易的。过去,市委把这些被认为是“走资本主义道路”的农民赶回去,许多机关、工厂、商店等等又把他们找回来。农民进城自然应该限制。是不是可以把这些“漏洞”向城市待业青年开放呢?

有的同志说,这些“漏洞”只有农民肯钻,城市待业青年是不肯钻的,我们分配他们去干服务性行业,他们就是不干。这是“捉了老鸦做窝”所产生的结果。如果把学有专长的知识青年去搞用非所学的服务业,有些人自然不愿意干。我听说有一个服务性行业招收几十名职工,报考的人数比招考的人数多几倍。只要把“父母之命,媒妁之言”改为“自由恋爱”,问题自然容易解决。这样做,招工的企业可以择优录取,报考的青年也可以如愿以偿。过去双方都不准自由选择,企业想要的人要不到,不想要的人硬塞进来;待业青年想干的事不让干,不想干的事逼着他们去干。这样的劳动分配制度如何能够继续保持下去呢?

劳动部门要控制职工工资总额,不能只在国营企业、国家机关等方面找出路。劳动部门安排了就是国家职工,“铁饭碗”,干不干都不能解雇。如果让待业人员自己去干,组织成合作社或合作小组,自负盈亏,不但不要国家发工资,而且劳动者的积极性高,服务态度好,一个人可以顶几个人,劳动收入也不会低于三四级工。这样的事情,有什么理由一定要禁止呢?这样做,不但可以解决一大批人劳动就业问题,而且大有利于方便城市人民生活,真是一举两得。

城市中要找人干的工作多得不可胜数。例如运输业,国家连长途运输都安排不好,哪有力量管市内短途运输。现在靠农民开拖拉机进城搞运输,很不方便。如果国家办运输公司,又是“铁饭碗”,找他们像进衙门一样困难。解放前上海的祥生出租汽车公司,还有搬家公司等等,办得都很好,居民十分方便。50 年代北京还能找到一辆板车搬家,现在连板车也找不到了。车站、机场过去有人帮助搬行李,现在也没有了。一位外国公主愿出十元美金请人提一件行李,就是没有,她走遍全世界还是第一次自己提小皮箱。顺便提一下,过去许多车站都有人卖各地特产,如德州和符离集的烧鸡,无锡肉骨头,枫泾酱蹄子等等。前几年一扫而光,现在恢复一点,还是太少。解放前上车站卖东西的小贩要领执照,每天一块钱。不但小贩收入很大,车站也收入不少。旅客不但可以少挤餐车,而且可以买到各地的特产赠送亲友,真是一举数得。这样的好事为何做不得呢?

城市的建筑业也很紧张。能不能准许待业人员组织一些集体所有制的建筑队伍?听说最近北京市有一些退休的建筑工人自动组织一个包工队,工程质量好,施工时间大大缩短,很受人欢迎。当局因为他们领了退休金,下令取缔,但就是取消不了。因为许多机关、工厂、学校争着请他们去包工。能不能准许这些老工人带上一批青年人组织合法的包工队,解决房屋建筑和修理的困难呢?这里又要顺便提到一个问题,现在看病这样困难,想找退休的老医生,但是国家规定退休的老医生不准看病开药方,因为他们已经领了退休金。大家知道,不少退休的老医生比大医院的实习医生高明得多,为什么一定要使他们有力无处使呢?

饮食业、修理业、服务业的缺乏是众所周知的,不知道使职工浪费了多少宝贵的时间。最近北京市准备增设饭店,而且要几个大饭店设夜宵部。但夜宵部的服务员多于顾客,为什么呢?因为居民花一毛钱吃一碗小馄饨、赤豆粥,不会跑到大饭店去。能不能奖励一些人在街头巷尾自设像"馄饨侯"那样的小食铺呢?修理业的问题也很大。铺子里补一双鞋子要等一个星期,摆一个小摊子可以当场取货。衣服破了找不到人缝补,桌椅坏了找不到人修理;为什么就不能让大家设些小铺子、小摊子来为居民服务呢?在城市修理业方面,应当向上海学习。还有一个多年来被大家忽略的行业,就是洗衣作。解放前许多大中城市每一个居民区都有洗衣作,连大学中学都有人每天去收洗衣服。机关职工一般都用不着自己洗衣。现在洗衣是仅次于吃饭的沉重负担。如果恢复洗衣作,配备一些洗衣机,职工、学生就可以增加许多学习和休息的时间,不至于搞得星期天比上班还累了。

以上讲的都是城市中需要增设的行业。过去有些人把它当作"资本主义漏洞",堵不胜堵。现在需要把"漏洞"改成大门,发展集体所有制企业。宪法规定允许"从事法律许可范围内的,不剥削他人的个体劳动",这一条也应当实行。这样做,城市就业问题是不难解决的。最近北京市崇文区在搞试点,据说很有效果。有人担心,城市中搞集体所有制,自负盈亏,有些人的收入比五六级工还多,会不会犯路线错误?他们希望理论界多写几篇文章,证明城市发展集体所有制不是走资本主义道路。我以上所列举的都是手工劳动,对于手工劳动,我认为集体所有制有可能比全民所有制更加优越。生产关系一定要适合生产力的性质,认为全民所有制在任何条件下(例如手工劳动的条件下)一定比集体所有制优越,这不是马克思主义。现在城市中不但集体所有制还要提倡,连个体劳动(如游街串巷的磨刀、补鞋)也不应当完全砍光。这不但有利于扩大就业,而且方便居民。只要把住一个关,只准自食其力,不准剥削雇佣劳动,是决不会产生新的剥削分子的。

中科院高能物理所和北京重型电机厂研制成功我国第一台500亿电子伏特质子同步加速器的第一块模型磁铁

新华社报道,参加建造高能加速器的工人和科技人员给将制造的磁铁起名为"BM-1"。他们利用国产材料,用自己的设备和力量,克服重重困难,经历了23个昼夜的奋战,中国第一台高能加速器的第一块模型磁铁诞生了!

磁铁是加速器的重要部件。我国第一台高能加速器需要几百块巨型磁铁。将来要把这几百块磁铁放在地下隧道里排成一个环,使它产生电磁场,让带电的粒子沿着磁铁间隙内的真空盒运动、加速,然后以巨大的能量向着预定的目标撞击。科学家们通过一整套复杂精密的探测器、电子学设备和快速电子计算机传来的信息,探索粒子世界的奥秘。因此对磁铁性能的要求是非常高的。

正在北京参加中美高能物理联合委员会第一次会议的专家和教授们,也闻讯赶来祝贺。科学家们从各种角度给这块大磁铁照了相。和中国科技人员、工人一道参加制造"BM-1"磁铁,并提出过很好意见的美国著名加速器专家威尔逊教授,赞扬中国工人和科技人员的聪明才智,赞扬他们不畏困难、苦干实干的精神。他说:"BM-1"磁铁的诞生,是中国建造高能加速器的一个纪念碑。

中国政府代表团团长韩念龙在中越谈判第八次会议上强调改善中越关系必须解决越南地区霸权主义问题

韩念龙指出:"中国身受越南地区霸权主义的危害,眼看着中越关系遭到严重破坏,中国的和平与安全受到威胁,完全有理由、有权利要求越南停止推行地区霸权主义。"

韩念龙说:"越南当局推行地区霸权主义,向外侵略扩张,使这一地区许多国家的安全受到严重威胁。然而,越南方面却说这与别国毫无关系,在中越谈判中不能加以讨论,试问天下哪有这样的道理?"

他指出:"越南当局反华仇华政策是它整个对外侵略扩张计划的一个有机组成部分。它搞'印支联邦',

就是要在中国南部边境建立反华基地，威胁中国的安全，破坏中国的社会主义现代化建设事业。”

他说：“通过越南对柬埔寨的战争，人们可以清楚地看出，越南当局的霸权主义行径在造成印度支那和东南亚紧张局势的同时，怎样急剧破坏了中越两国的正常关系。

越南当局为了反对中国，为了逃避世人对越南侵柬战争的谴责，转移舆论视线，在靠近中越边界地区大搞所谓‘净化边境’，部署重兵，构筑工事，频繁进行武装挑衅和入侵，大规模迫害、驱赶华侨、华裔越南人和其他越南公民，在中越两国之间制造紧张局势。越南的一些领导人还一再到靠近中越边境的各军区、各省市进行反华战争动员。就是在这种情况下，中越边境局势才日趋紧张，两国关系急剧恶化。”

韩念龙说：“大量事实充分说明，越南当局在印度支那和东南亚地区疯狂推行地区霸权主义，这绝不是越南的什么‘内政’，而是事关中国、老挝、柬埔寨、泰国和其他东南亚各国的一个严重问题。”“中越谈判恰恰只有从反对霸权主义这个问题着手，才能触及问题的症结。否则，恢复中越正常关系也好，维护印支和东南亚地区的和平与稳定也好，都只能是一句空话。如果不商谈解决这一原则问题，中越之间的谈判只会起到掩饰越南的霸权主义，甚至替越南霸权主义效劳的作用。这是在任何情况下，中国方面都不能同意的。”

进入中国境内的越南难民已达25万多人

新华社报道：截至7月上旬，被越南当局驱赶到我国境内的难民已达到25.1万余人。尽管国际公正舆论大力谴责越南当局的反人道行径，目前越南当局驱赶难民的势头仍在继续。

今年3月中旬以来，短短的4个月间，被驱赶到我国境内的难民就有4.9万多人。

越南当局大量制造和输出难民，给我国的人力、物力带来了很大的困难。

在这些被驱赶而来的越南难民中，绝大多数都是华裔越南人、越南少数民族和越南京族人。难民们揭露：越南当局所采取的方针是：凡是中国血统的人，与华裔有亲属关系的人，以及越南的少数民族居民和主张同中国友好的人，都必须离开越南。

国务院副总理耿飚在北京会见委内瑞拉新任驻中国大使雷古洛·布雷利·里瓦斯

耿副总理在谈话中表示，中国希望在石油生产方面加强同委内瑞拉交流经验和合作。布雷利大使说，委内瑞拉愿意发展同中国人民的友好关系。我将为此而努力。

国务院副总理谷牧在北京会见即将离任的法国驻中国大使克洛德·阿尔诺

全国人大常委会副委员长姬鹏飞在北京会见孟加拉青年代表团

中国驻外使节会议结束

华国锋主席和中央其他领导同志会见了出席会议的我国驻外使节，并同他们进行了亲切的交谈。

在会议期间，邓小平副主席、李先念副主席和中央其他领导同志向会议讲了话。使节们列席了五届人大第二次会议，对把全国工作着重点转移到社会主义现代化建设方面来的新的历史任务，进行了认真的学习和讨论。会议研究了当前国际形势，讨论了如何进一步贯彻执行我国的外交政策，支持各国人民反对霸权主义、维护世界和平的正义事业和完成各项外交任务的问题。

“实践”号和“向阳红09”号调查船完成首次全球大气试验观测任务回到广州

国家海洋局“实践”号和“向阳红09”号两艘海洋科学调查船，在浩瀚的太平洋上，艰苦奋战了6个多月，胜利完成了首次全球大气试验观测任务，于7月18日和22日先后回到广州。

首次全球大气试验，是一次大规模的国际科研协作活动，由联合国世界气象组织负责组织实施，有149个国家和地区参加，采用了各种最新的观测和通信手段。这次试验，对于研究全球大气结构、建立有效的气象观测网等，有着重要意义。

根据分工，我国这次除了提供国内常规气象观测资料外，还派“实践”号和“向阳红09”号两艘船到赤道附近的太平洋海区，进行高空气象、海面气象及水文观测工作。我国的海洋、气象科技人员又乘风破浪，冒着酷热，穿越赤道南北，共航行6万多海里，胜利完成了这次观测任务。总计完成了168个站点的调查作业，向世界气象组织拍发了1178次观测电报，寄送了607盘高空气象观测记录磁带。世界气象组织有关大气试验负责人在来函中，赞扬了这两艘船的观测质量，对他们获取的资料表示满意。

7月19日

全国人大常委会委员长叶剑英和国务院总理华国锋电贺侯赛因就任伊拉克总统和总理

电报全文如下：

巴格达伊拉克共和国总统和总理萨达姆·侯赛因阁下：

在阁下就任伊拉克共和国总统和总理的时候，我们谨代表中国政府和人民向阁下表示热烈的祝贺。祝伊拉克共和国政府和人民在阁下的领导下，在反对帝国主义、新老殖民主义、以色列的侵略和扩张，以及捍卫国家主权和发展民族经济的崇高事业中，不断取得新的成就。

祝中、伊两国人民的友谊和两国友好合作关系日益巩固和发展。

中华人民共和国全国人民代表大会
常务委员会委员长　叶剑英
中华人民共和国国务院总理　华国锋
1979年7月19日

《人民日报》发表社论《手工业大有可为》

我国手工业历史悠久，技艺精湛，许多名牌产品誉满中外，深受欢迎。毛泽东同志早就说过："手工业的各行各业都是做好事的。吃的、穿的、用的都有。"并且指出："手工业中许多好东西，不要搞掉了。王麻子、张小泉的刀剪一万年也不要搞掉。"手工业担负着提供日用工业品和工艺美术品的重要任务，是加快社会主义建设、实现四个现代化的一支重要力量。据统计，手工业的产值，占全国工业总产值的10%以上，占整个轻纺工业总产值的将近40%；手工业产品换回的外汇，占全国外贸出口总额的14%，占整个轻工业产品外贸出口总额的将近80%；手工业产品的销售额，占全国产品零售总额的17%。由此可见，手工业生产的好坏，对于国计民生关系极大。那种认为手工业生产"可有可无"、"无关紧要"的观点，是非常错误的。在调整国民经济的过程中，一定要把手工业摆在重要的位置上，只能加强不能削弱。

手工业生产是扩大社会就业的一条广阔途径。当前全国城镇有一批青年等待分配工作，解决这个问题有两条途径，一是根据国家的需要和可能，安排一部分青年进入全民所有制企业事业单位。从目前的情况来看，这条途径安排的人数不可能很多。另一条途径，是组织和发展集体所有制企业事业，进一步扩大社会就业面。发展集体所有制手工业企业，就是一条重要的门路。手工业行业多，范围广，组织生产灵活，能够容纳较多的城镇待业青年。十几年来，由于林彪、"四人帮"的干扰破坏，手工业成了轻纺工业这条短腿中的短腿。好些产品品种减少，产量不足，而社会需要量越来越大，市场供应比较紧张，群众生活需要不能满足。近两年来，这种状况虽有好转，但仍然没有根本改变。积极把手工业生产搞上去，已成为当前一个紧迫的问题。

发展手工业生产，必须认真贯彻执行党和国家的方针、政策，注意保护、扶持、发展集体所有制手工业。林彪、"四人帮"在经济建设中推行极左路线，大刮"割资本主义尾巴"的妖风，给手工业造成很大的破坏。关于手工业的所有制问题，中共中央早有规定，明确指出，我国的手工业，在整个社会主义阶段应该有三种所有制：全民所有制，集体所有制，社会主义经济领导下的个体所有制。在这三种所有制当中，集体所有制是主要的，它对于大多数手工业来说，最适应生产力的发展水平和手工业工人的觉悟程度。全民所有制只能是部分的，过多地过早地过渡到全民所有制，于生产反而不利。社会主义经济领导下的个体手工业，是社会主义经济的必要补充和助手。林彪、"四人帮"把人们的思想搞乱了，好像只要把集体所有制改作全民所有制，就是革命，就是先进，而不必考虑是否有利于发展生产，提高质量、增加品种，是否有利于满足人民生活需要。实践是检验真理的唯一标准，有些集体所有制手工业过早地过渡到全民所有制，结果生产遭受了损失，质量降低了，品种减少了，名牌没有了，给人民生活带来了很多不便。同时，也助长了一些人"吃大锅饭"的思想，服务态度得不到改进，劳动效率得不到提高。正反两方面的经验证明，在目前时期，从全国范围来说，集体所有制是手工业的主要组织形式。全民所有制和集体所有制都是社会主义公有制，是一架车子的两个轮子，没有根本性质的不同。经验证明，集体所有制手工业实行自负盈亏，常常有利于纠正不讲经济核算的"吃大锅饭"做法，有利于克服依赖国家包下来的"铁饭碗"思想。城镇家庭手工业，是整个手工业的一个组成部分，应该积极发展。可以由商业部门加工订货，统一领导，分散生产，发原料，收成品。手工业企业的规模不宜过大，行业不宜混杂，组织起来不等于必须集中生产。经营方式应该多种多样，可以固定设点，可以流动服务，也可以走街串巷。生产名牌产品的技术工人，已经改行转业的应该归队。应该大力培养手工业的新生力量，做到后继有人。提倡尊师爱徒、师傅带徒弟，充分发挥老工人的作用，教育青年勤恳老实地向老工人学习技艺。在劳动部门的统一安排下，鼓励手工业工人带自己的子女学艺，允许个体手工业者自己收徒弟。师傅带徒弟，应该给予一定的补助，带得好的，应该给予奖励。学徒必须达到规定的技术水平，学得好的提前转正，学得不好的适当延长。手工业的工资制度，必须实行按劳分配，多劳多得，反对平均主义。手工业产品应该实行"优质优价，分等论价"不能不分好坏一个价，更不能以次货充好货。手工业企业要恢复过去行之有效的民主制度，民主选举管理干部，一切重大问题都要经过民主讨论决定。要认真提高产品质量，恢复和提倡包退、包换、包修的传统做法。为了有利生产，方便用户，要恢复和提倡“前门设店、后边设厂”的传统经营方式。

林彪、“四人帮”流毒所及，某些地方至今还用对小业主甚至对资本主义工商业的办法，对待现在的手工业企业，在产供销等方面加以限制，对其干部和工人，在政治上不是一视同仁，在经济上不给予合理待遇；有的任意平调手工业企业的资财，侵犯手工业企业的经济自主权；有的不顾人民生活需要，随意把日用工业品生产企业划归其他部门，改产转业。要充分调动手工业系统广大职工的积极性，真正把手工业生产抓起来，必须纠正上述错误做法。应该认识，目前我国的集体所有制手工业企业，已经完全不同于“三大改造”以前的手工业。“三大改造”前的手工业，是小业主经营的私有企业，存在着一定程度的剥削关系，现在的手工业完全废除了这种生产关系，因而根本不是什么“资本主义的尾巴”。手工业企业，不论是全民所有制企业，还是集体所有制企业，都是社会主义经济的组成部分。手工业系统680万职工，是我国工人阶级的一个重要方面军。战斗在这条战线的全体职工，同样是光荣的社会主义劳动大军，是实现祖国四个现代化的突击部队。集体所有制手工业企业，具有旺盛的生命力，有着广阔的发展前景。对它不仅不能排挤和缩小，而是要日益扩大和发展。在城市工业改组中，不能随意划走生产日用工业品以及为其配套的企业；农村手工业划归人民公社领导和管理，须按国家有关规定办理。要维护和尊重集体所有制手工业企业的所有权和自主权。不得以任何形式，抽调、挪用和摊派手工业的集体资财。凡属巧立名目平调走的，都要退回。企业办得好的，福利可以多一些；企业办得差的，福利应该少一些。不能不管企业办好办坏，硬性规定工人福利一个样。要打破集体所有制企业职工的劳动所得不得高于全民所有制企业的老框框。有的集体所有制企业经营得好，职工福利待遇可以而且应该高于那些办得不好的全民所有制企业。

手工业企业一般比较分散、产品小、品种多。目前，手工业产品纳入轻工业部和省、自治区、直辖市计划的，约占总产值的百分之四十，加上商业、外贸来料加工部分，约占百分之五十左右。各级有关部门要切实帮助解决手工业的生产、建设、物资、劳动、工资、科研、设备等问题。手工业产品有些是三类小商品，但使用的不少原材料是一、二类物资，由国家统一分配，如果不帮助解决，它们就可能要搞“无米之炊”。分配给生产手工业品的原材料，不得挤占挪用。再也不能像过去有些地方所发生的那样：“上边按块砍，下边保重点，轮到手工业，只剩一点点。”为了补充国家分配原材料的不足，手工业部门可以因地制宜、自力更生地发展一些原材料生产，自产自用，国家要在政策上予以保护，在财力、物力、交通运输上予以支持。要进一步密切工商协作、工贸协作，根据社会需要，搞好产销衔接。手工业企业要保证产品质量好、品种多，商业、外贸部门要积极主动地做好收购工作，积极克服当前存在的工厂积压、市场脱销的现象。商业包销、选购以外的产品，手工业部门和企业可以自销。

手工业企业要进一步发扬勤俭办企业的优良传统，广开生产门路，大搞增产节约。要发动广大职工对老企业、老设备进行技术革新、技术改造，积极采用新技术、新工艺，同时要注意继承和发扬传统的优良生产方法。要不断挖掘生产潜力，努力提高劳动生产率。注意搞好综合利用，降低消耗，使有限的物资发挥更大的作用。要把提高产品质量，增加花色品种放到第一位。对于已经丢掉的产品，凡是人民需要的，都要迅速恢复生产；传统名牌产品，更应当恢复和发展。要不断创新，努力发展新兴行业，促进产品升级换代。二轻工业比较发达的大中城市，更应该积极主动地发展中、高档新产品以扩大出口，填空白，补缺门，发展新门类，赶超国内外先进水平。工艺美术品要加强创作设计，努力做到适销对路，进一步扩大出口，多创外汇。

发展手工业是人民的需要，建设社会主义的需要，实现“四化”的需要；它的许多门类需要很高的技艺，从业人员要不断提高文化科学知识。手工业企业遍布祖国城镇，有着非常广阔的发展前途，都有英雄用武之地。希望城市中的广大待业青年，踊跃地投身到这条战线中，发挥自己的聪明才智，为我们国家的四化事业作出重大贡献。

华国锋同志在《政府工作报告》中指出：“要大力加强对手工业的领导，充分发挥手工业企业在生产日用工业品和工艺美术品方面的作用。”各级领导对手工业要有足够的认识，真正把它摆在重要的议事日程上来。要建立、健全各级手工业管理机构，已经撤销或合并的要予以恢复，以加强对手工业的领导。一定要把手工业生产抓好，手工业大有可为。

国务院副总理李先念在北京会见法国工业部部长吉罗率领的法国工业部访华团

在友好的交谈中，吉罗部长说，华国锋总理今年内将访问法国，法国政府和人民对这次访问很重视。

李先念副总理说，戴高乐将军和毛泽东主席在世时建立起来的中法友谊，今天在不断发展。我相信，随着中国经济的调整和发展，两国的经济贸易合作和友好关系将进一步加强。

关于经济合作问题，吉罗部长说，法中经济贸易合作是建立在友谊的基础上的。法国愿意同中国在煤炭、石油、电子信息、冶金机械等方面进行合作。

四机部部长钱敏，法国驻中国大使阿尔诺等参加了会见。

国务院副总理陈慕华在北京会见国际红十字会协会秘书长亨利·毕尔

会见时，陈副总理向毕尔先生介绍了我国卫生工作的发展情况。她说，随着经济建设和卫生事业的发展，中国红十字会的工作也将得到加强。她对毕尔先生就我国开展红十字会工作提出的建议，表示感谢。

毕尔先生说，中国红十字会注重在基层开展卫生工作，这是很好的。这方面的工作很重要，其他国家可以借鉴。

在谈到难民问题时毕尔先生指出，当今世界人道主义面临的最严重问题是印支难民问题。它是越南制造的，必须从政治上根本解决，红十字会的工作只是安置、救济难民的生活。

中国红十字会会长钱信忠等会见时在座。

外贸部部长李强在北京会见以欧洲经济共同体委员会对外关系司总司长登曼为团长的贸易混合委员会代表团

中国造币公司为国际儿童年铸造金币

中国造币公司同美国拉蒙铸币公司在北京签订协议，为国家儿童节铸造5.05万枚金币，其中500枚是厚金币。

协议规定，金币的含金量为90%，直径为27毫米。金币分两种：一为普通金币，重17.17克，价值人民币450元；一为厚金币，重34.34克，价值人民币900元。金币图案，正面是中国国徽，背面是两个中国儿童浇花以及国际儿童年的标章和国际儿童基金会的标章。

铸造金币是国际儿童基金会发起的国际儿童年活动项目之一。

7月20日

国务院副总理李先念在北京会见孟加拉国商业部部长穆哈默德·赛福尔·拉赫曼和夫人一行

《人民日报》发表评论员文章《立志改革》

华国锋总理在五届人大二次会议的《政府工作报告》中，提出从今年起，集中3年时间，认真搞好国民经济的调整、改革、整顿、提高。这次会议还通过了修改宪法的若干规定的决议和7个重要法律。这是立志改革的中国共产党人和中国人民在实现社会主义现代化的道路上，在加强社会主义民主和社会主义法制方面，迈出的重要的一步。

1957年，毛泽东同志就曾说过："我们国家要有很多诚心为人民服务、诚心为社会主义事业服务、立志改革的人。我们共产党员都应该是这样的人。"(《毛泽东选集》第5卷第411页)在这里，毛泽东同志把为社会主义事业服务同改革连在一起，是很值得深思的。可以说，不懂得改革的人，就不懂得社会主义，不愿意进行改革的人，也就不可能很好地为社会主义事业服务。30年来，我国的社会主义事业走过了曲折的道路，正反两方面的经验使我们深深地懂得，改革对于社会主义事业是多么重要。现在，我们在人民代表大会制度、在行政管理体制、在经济管理体制等方面的改革都已经开始。这是一个极其重要的开端。我们共产党员，特别是党的领导干部，要做立志改革的人，做改革的促进派，决不能做阻拦改革，妨碍改革的顽固分子。

人类社会在不断的改革中前进

新陈代谢，先进战胜落后，新生取代腐朽，是事物发展的客观规律。人类社会也是在不断的改革中前进的。没有改革，就没有历史的发展。

即便是在封建统治阶级中，也不乏看到改革的必要，实行各种形式的改革的人物。他们适应时代的潮流，代表当时人民的愿望和要求，对历史起着进步和推动作用。被列宁称为"中国十六世纪的改革家"的王安石，领导了我国历史上一次著名的社会经济、政治、军事诸方面的变法运动，振兴了濒于颓倾的赵宋王朝。尽管由于历史的复杂原因，这次变法归于失败，但是在推动生产力向前发展上，王安石变法的成效，王安石作为一个改革者所发挥的作用，都是显而易见的。

自然科学的发展，也是在不断的改革中实现的。不敢背叛因袭的传统，推翻习俗的观念，任何一个自然科学的真理也是难以确立的。作为科学文化"巨人"的哥白尼，当他提出关于太阳系的学说之时，正是中世纪的黑暗时期，基督教的教义被奉为神明，经院哲学支配一切，荒谬的"地球中心说"是所谓"永恒"的"真理"。但是，哥白尼勇敢地向这些庞然大物挑战。虽然他意识到实行这个巨变是"很困难的、几乎是解决不了的"，但他仍然不懈地为建立新宇宙体系而奋斗，最终"使自然科学从神学中解放出来"。

事情就是这样，改革，才能打破停滞；改革，才能带来生机。社会的发展要在不断改革中实现，历史的前进是在不断改革中完成。任何一个时代，都需要而且产生着一批批立志改革的先行者。他们敢于怀疑，勇于探索，大胆否定，组织变革，向旧思想、旧事物、旧制度挑战。如果不实行改革，没有一批立志改革的人，包括人类文明的一切，都是无从谈起的。

我们无产阶级，是历史上最先进的一个阶级。她坚持彻底的唯物主义，没有任何剥削阶级的偏见，因而也是彻底的无所畏惧的改革者。在我国，以毛泽东、周恩来同志为代表的共产党人，就是一批伟大的改革者。当着辛亥革命失败，孙中山先生"改革中国恶劣政治"的理想无法实现，我国进一步陷入殖民地、半殖民地苦难深渊中的时候，他们抱定对旧社会"必须再造之"的决心，高举起马列主义的旗帜，唤起和组织民众，终使天地翻覆，黑暗的旧中国迈入了光明的新路。这是暴力的改革，是用社会主义制度代替剥削制度的改革。

社会主义制度也要在不断的改革中完善

无产阶级夺取全国政权，建立了社会主义制度，并不是改革的终止，社会主义制度还要在不断的改革中逐步完善。马克思主义告诉我们，社会主义不是一个可以到处套用的模式，而是一个需要千百万群众在实践中加以创造、使之逐步完善的崭新的事业。无论在政治制度上还是在经济制度上，我们所建树的一切，都不是永恒不变的，而是需要接受实践检验，不断改革，不断完善的。有了这种不断的改革，社会主义才不是一潭死水，而是生机勃勃，奔腾向前的江河。

毛泽东同志在《关于正确处理人民内部矛盾的问题》等著作中，深刻地分析了社会主义社会的矛盾，指出："我国的社会主义制度还刚刚建立，还没有完全建成，还不完全巩固。"(《毛泽东选集》第5卷第374页)"社会主义生产关系已经建立起来，它是和生产力的发展相适应的；但是，它又还很不完善，这些不完善的方面和生产力的发展又是相矛盾的。除了生产关系和生产力发展的这种又相适应又相矛盾的情况以外，还有上层建筑和经济基础的又相适应又相矛盾的情况。"后来毛泽东同志还指出：上层建筑一定要适合经济基础和生产力发展的需要。政府各部门所制定的各种规章制度是上层建筑的一部分。8年来积累起来的规章制度许多还是适用的，但是有相当一部分已经成为进一步提高群众积极性和发展生产力的障碍，必须加以修改，或者废除。

正是根据这种认识，50年代后期和60年代初期，我们总结了新中国成立以来正反两方面的经验，对政治、经济、科学、教育各方面的制度进行了一系列的改革，制定了许多著名的条例。特别是在经济方面，强调用经济的办法管理经济，组织专业公司，重视价值规律，实行按劳分配，使社会主义制度从还不完善走向比较完善。但是，由于林彪、"四人帮"的破坏，这些卓有成效的改革被污蔑为"搞修正主义"、"搞资本主义"。这空前的浩劫，不仅使我们在政治、经济等方面需要改革的课题无法进行，而且把我们通过改革确立的一些正确的东西破坏殆尽，严重危害了我国社会生产力的发展。严峻的现实在提醒和敦促我们，不进行必要的改革，四个现代化是根本不能实现的。

华国锋同志在这次人代会的政府工作报告中指出："在本世纪内实现四个现代化，把我国目前很低的生产力水平迅速提高到现代化水平，为此而改革我国目前生产关系和上层建筑中那些妨碍实现四个现代化的部分，扫除一切不利于实现四个现代化的旧习惯势力，这就是我国现阶段所要解决的主要矛盾，也就是全国人民在现阶段的中心工作。"

把改革生产关系和上层建筑中那些妨碍实现四个现代化的部分，作为我国现阶段所要解决的主要矛盾提出来，把它列入全国人民现阶段的中心工作，充分说明了改革之重要。只有立志改革，我们的社会主义制度才能日臻完善，四个现代化才有希望。

改革是一场艰巨的斗争

改革妨碍实现四个现代化的那部分生产关系和上层建筑，这是势在必行、人心所向的大事情，也是一场复杂的艰巨的斗争。我们这个国家，经历了2000多年的封建社会，又走过了一段殖民地、半殖民地的道路，旧社会的遗迹很多，旧思想的烙印很深。那种率由旧章、因循保守、满足现状、墨守成规的"国粹"很难一下子清除。新中国成立之初，由于缺乏社会主义建设的经验，我们把苏联的一套"拿来"了，成了我们几十年沿袭不变的条条框框。这一系列的问题，根深蒂固，纵横交错，形成了一层层阻碍我们进行改革的绊脚石，使我们每向前迈进一步都很困难。许多事情，明明不合理，也不难改革，从上到下，都有议论，但就是难以办到，有的是"千呼万唤始出来"，有的甚至是"千呼万唤不出来"。

粉碎"四人帮"以后，拨乱反正，本来应该大刀阔斧地革弊兴利，但仍有不少同志视改革为畏途。林彪、"四人帮"这伙野心家、阴谋家，曾经接过"改革"的口号，唱着革命的高调，把矛头指向老一辈无产阶级革命家，好像他们才是真正的"革新者"，别人都是"保守派"。这种是非的颠倒，至今流毒犹在。一谈到改革，有些同志就惶惶然，生怕影响安定团结，影响四个现代化。在他们看来，夺取政权之前，讲改革无可非议，绝对正确；夺取政权以后，搞社会主义30年了，还提"改革"，就大有"离经叛道"的味道。而且有些制度，多少年习以为常，做顺了手，走顺了腿，好像已是天经地义、不可缺少的。至于其中哪些是合理的，促进生产力发展的，哪些是不合理的，阻碍生产力发展的；哪些是社会主义的，哪些是非社会主义甚至是封建式、小生产式的，就不予过问了。所以，一提改革，他们就有抵触，至少是不习惯，不舒服。这种思想上的僵化、半僵化，是改革的大敌。得了这种僵化症,总觉得现行的一切不管有多少弊病,都是可以容忍的;将兴的一切不管说得多么好,难免没有新的弊病,都是不足取的。这就恰如鲁迅批评过的"那些维持现状的先生们","貌似平和,实乃进步的大害。最可笑的是他们对于已经错定的,无可如何,毫无改革之意,只在防患未然,不许'新错',而又保护'旧错',这岂不可笑。"(《鲁迅全集》第10卷第147页)

从某种意义上说,改革是权力和利益的调整。例如,我们要适当扩大地方在计划、基建、财政、物资、外贸等方面的权限,要保证企业的自主权,要使企业收入和职工收入的高低同他们对国家贡献的大小直接联系起来。这一部分人的权力和利益增加了,相对说来,另一部分人的权力和利益可能不变或者减少了。因此,改革当中,在种种迟疑和犹豫的背后,都可能有着权力和利益的考虑。我们是共产党人,我们要诚心为人民服务,诚心搞四个现代化,这是我们的最高利益,人民给予我们的一切权力只能为这个最高利益服务。当年,我们为人民流血奋斗,把暴力的改革看作是至高无上的正义旗帜,今天,在新的改革中仍然要发扬那种革命精神,决不能让局部利益、甚至个人的一些考虑,蒙蔽我们的眼睛。

古往今来,任何一种改革,都要走过艰巨曲折的斗争道路。我们应该有坚忍不拔的斗志,有坚持改革的决心,决不半途而废。历史上各式各样的改革,遇到阻碍和压力,中途夭折的太多了。像清末的"戊戌变法",带头"公车上书"的康有为,仅仅是试图走一条改良主义的道路,就遭到以慈禧为首的封建反动势力的打击,在"大臣挠之"、"旧僚攻之"下,妥协了事,康有为最后也滚到保皇党的泥坑里去了。这种一遇阻力就动摇、倒退的"改革",实在不足为训。六君子之一的谭嗣同曾慷慨激昂陈言:"各国变法,无不从流血而成,今日中国未闻有因变法而流血者,此国之所以不昌也。有之,请自嗣同始"。他大义凛然,题下"我自横刀向天笑"的诗句,为这个很不彻底的"改革"抛洒了一腔热血。虽然谭嗣同同样是"有心杀贼,无力回天",但是他那种力图使祖国昌明强盛,致力变革,至死不变的品格,值得后人钦敬和效仿。(见《谭嗣同》)毛泽东同志曾讲过:"在从前,在旧中国,讲改革是要犯罪的,要杀头,要坐班房。但是在那些时候,有一些立志改革的人,他们无所畏惧,他们在各种困难的条件下面,出版书报,教育人民,组织人民,进行不屈不挠的斗争。"(《毛泽东选集》第5卷第411页)我们是无产阶级的改革者,我们的同志更应该胜于前人。这就需要我们像毛泽东同志所希望的那样,把改革作为一种志向牢固地树立起来,无所畏惧、百折不挠,生生不已、勇往直前。

每一个共产党员、革命干部,每一个有志于改造中国、建设中国的同志,让我们在新长征中都来做立志改革的人,投身于改革的伟大事业。祖国四个现代化的希望,正在这里。

全国夏粮产量超过历史最高水平

新华社报道,今年全国夏粮产量超过历史最高水平的1978年。全国亿万农民正满怀丰收喜悦心情向国家交售夏粮。到7月15日,已交售夏粮193.3亿多斤,超过征购任务6.1%。浙江、江苏、安徽、湖北分别超额40%到80%以上。

国务院决定从今年夏粮上市开始,粮食统购价格提高20%,超购部分再加价50%。农民们本着国家、集体、个人三兼顾的原则,积极多卖余粮、好粮,支援国家四个现代化建设。许多地方的粮食部门对职工进行了政策、业务和技术培训,合理摆布入库网点,改进征购粮接收办法,努力做到优质优价。

国务院副总理王震在北京会见日本东京大学校长向坊隆教授一行

全国人大常委会副委员长许德珩在北京会见以小学馆社长相贺彻夫为团长的日本出版代表团

中国代表团团长章文晋在日内瓦举行的讨论印度支那难民问题国际会议上提出解决越南难民问题5点建议

中国代表团团长、外交部副部长章文晋发言时指出,越南当局对外侵略扩张,对内实行军事专政和种族灭绝政策,这就是印支难民问题的根源所在。他呼吁,国际社会在对已输出的难民给予救济和安置的同时,必须迫使越南当局放弃其制造和输出难民的政策。

章文晋团长说,中国代表团认为,对已经输出的难民给予妥善救济和安置,是十分迫切与必要的,为了使难民问题得到积极有效的解决,中国代表团提出下列建议:

一、流落在东盟各国和香港难民的救济和重新安置问题,是当前国际社会刻不容缓地应予优先解决的问题。呼吁世界各国尤其是发达国家,根据各自不同的社会、经济条件,在重新安置难民、设置收容中心和提供财政物资援助方面,作出更大的贡献。敦促接收难民定居的国家与联合国难民事务高级专员办事处密切合作,简化手续,加快安置的步伐。

二、目前流落在外的难民中凡自愿重返越南者,越南政府有不可推卸的义务予以收容,保证他们的生命财产安全,并给予妥善的安置。对于因种种迫不得已的原因要求离境的人,越南政府负责保证他们有秩序地离境。越南政府承诺与联合国难民事务高级专员办事处合作,在越南境内的适当地点设立若干离境者收容站,处理上述人们的离境事务。

三、所有国家的船只都有义务救援在公海上遇险的"船民",并设法转送至难民转运站或难民营暂时收容。联合国难民事务高级专员办事处将根据难民自己的意愿在最短时间内安排他们到第三国定居。

四、为了弥补救济和安置难民的经费不足。建议有关国家的政府和国际组织提供捐款,并暂时停止对越南的经济援助,把这些款项转用于救济和安置印支难民,直到越南政府改变其导致难民外流的政策为止。

五、敦促越南政府对国际社会采取合作态度并改变制造和输出难民的政策,停止对越南少数民族和其他民族,包括华侨、华裔越南人的歧视和迫害。

章文晋团长最后说:"中国政府认为,对这样一个涉及践踏《联合国宪章》、违反人道原则的严重问题,有必要继续在其他适当的重要国际场合予以审议,并采取有效措施,切实克服越南当局造成的灾难。为了维护正义和人道,国际社会负有庄严的责任,反对越南当局迫害和输出难民,直到这种行径确实得到终止。中国政府将决心继续同一切关心印支难民命运、主持正义和人道的国家一道,为彻底消除这场国际灾难作出不懈的努力。"

《红旗飘飘》丛刊复刊

新华社报道,被迫停刊17年之久的《红旗飘飘》丛刊最近复刊。复刊后的头一集——《红旗飘飘》第十七集已经出版。

《红旗飘飘》是专门刊登革命回忆录和革命烈士传记的不定期丛刊,创刊于1957年,受到广大读者特别是青年读者的热烈欢迎,成为进行革命历史和革命传统教育的生动教材。但1962年9月却被那个"理论权威"强令停刊,已经印好并将发行的30万册《红旗飘飘》第十七集也遭销毁。文章作者、刊物编辑受到打击、迫害。

现在出版的第十七集《红旗飘飘》中,登载有黄树则、蒋秦峰、李维汉、张启龙等写的回忆毛泽东同志革命活动的文章,有戈宝权、韦杰、刘昂、师哲、宁干等写的回忆周恩来、朱德、董必武和彭德怀同志的文章。这一集还刊登了伍云甫的遗稿《战士的伟大榜样——记朱德同志》、李天佑的遗稿《广西剿匪记》以及薄一波、童小鹏、夏衍等写的革命回忆录。

7月21日

中共中央副主席邓小平在上海接见中共上海市委常委

邓小平在接见时说:大问题是接班问题,任何地方、任何部门都有这个问题。现在就要有意识地选一些比较年轻的人,这是党的战略任务、根本任务。现在老同志要注意,要任人唯贤,选真正好的,不能论资排辈。讲解放思想,这是最大的解放思想。如果说,三中全会解决了思想路线问题,这次就是解决组织路线问题。现在的问题,在一部分干部中一种是崇拜西方世界,反对四个坚持;一种是利用毛主席旗帜,坚持"两个凡是",这个问题是大量的,这个问题不搞清楚,是非就搞不清楚。思想路线不解决,政治路线是搞不清楚的,必然是摇摇晃晃的。我们的根本问题是要搞四个现代化,提高人民生活水平。不能搞穷过渡、穷社会主义。否则你吹有什么用。思想路线解决了,政治路线才容易贯彻。归根到底,是制定正确的路线、方针、政策。所以三中全会的意义不能低估,这是根本建设,是毛主席延安路线的继续。组织路线,有党规党法问题,有组织纪律问题,但现在最迫切的是班子问题,是找接班人的问题。

全国人大常委会副委员长乌兰夫在北京会见并宴请由苏丹议会监督阿卜杜勒·哈密德·萨利赫率领的苏丹议会代表团

中国教育学会在北京举行纪念陶行知先生创办的育才学校建校四十周年座谈会

胡愈之、沙千里、戴伯韬、朱智贤、方明、葛志诚,和原育才学术的部分师生、当年生活教育社的一些成员,以及陶行知先生的亲属、生前友好200多人出席了座谈会。

中国教育学会副会长张健主持座谈会。

中国教育学会会长董纯才和原育才学校师生代表,在座谈会上讲了话。他们说,育才学校是陶行知先生1939年在国民党反动派统治下的重庆创办起来的一所进步学校。育才学校效法延安学校的办学精神,学生们除了学文化,学专业外,还学习革命理论,进行生产劳动,开荒种地。育才学校的地下党支部,是该校的战斗堡垒,她团结全校师生员工,克服种种困难,把学校办得生气勃勃,给大后方的人民带来希望。

1946年,育才学校由重庆迁到上海。为纪念陶行知先生,育才学校解放后改名为行知中学。育才学校办学的40年中,为中国人民的解放事业输送了一大批人才。

1979年全国体操比赛在济南举行

这次比赛从7月21日至31日在济南南郊新建的

山东体育馆举行。比赛有规定动作和自选动作。各省、自治区、直辖市的体操队参加了这次比赛。

北京男子体操队获得男子团体冠军，“八一”女子体操队获得女子团体冠军；黑龙江的黄玉斌获得男子个人全能冠军，北京的刘亚军获得女子个人全能冠军。

获得男女子团体第二至第六名的队是：

男子——广东、湖南和江苏(并列第三)、“八一”、黑龙江；

女子——湖南、浙江、广西、山东、河北。

获得男女个人全能第二至第六名的运动员是：

男子——蔡焕宗(福建)、熊松良(广东)、许仲旋(广东)、彭亚平(湖南)、王小明(北京)；

女子——李翠玲(内蒙古)、何秀敏(“八一”)、马文菊(河北)、王萍(山东)、冯春(湖南)。

7月22日

《人民日报》发表杨静仁文章《搞好民族团结，胜利向四化进军》

为了搞好民族团结，胜利向四化进军，必须进一步普遍深入地进行民族政策再教育。早在1973年，伟大领袖毛主席就指出：需要进行民族政策的再教育。由于林彪、“四人帮”的干扰破坏，毛主席的这个重要指示没有怎么执行，有不少地方根本没有执行。清除“四人帮”以后，华国锋同志在五届人大第一次会议的政府工作报告中，又重申了党的民族政策，指出要进行民族政策再教育。各地结合实际深入揭批林彪、“四人帮”破坏民族团结事业的反革命罪行，肃清其流毒和影响，宣传和落实党的民族政策，平反冤案、假案和错案，解决民族关系上存在的问题，取得了很大成绩。但是工作的发展是不平衡的，有些地区和不少单位没有普遍深入进行民族政策再教育，或者没有结合实际，认真解决问题。值得提出的是，在进行民族政策再教育方面，还存在一些思想障碍。有些同志认为，民族政策再教育，只需要在民族地区和民族工作部门进行，其他地区和单位不一定要进行；有些同志甚至认为，只需要在少数民族中进行，不需要在汉族中进行；只需要在一般干部和人民群众中进行，不需要在领导干部中进行，等等。这些不正确的认识如果不克服，民族政策再教育就很难进一步普遍深入地开展起来。

最近，华国锋同志为首的党中央，再次强调了民族政策再教育问题，并且指出这一教育要同检查民族政策执行情况结合起来进行。这是完全正确和必要的，必须坚决贯彻执行。

这次教育要广泛、深入地进行，做到家喻户晓，人人明白。教育的重点是各族干部，特别是各级领导干部，同时也要教育各族人民群众，并且要重视对青少年的教育。要利用各种宣传工具，采取多种形式，提供学习民族政策的材料，各类学校的课本中也要增加民族团结和民族政策的内容。

这次民族政策再教育，实际上是一次无产阶级民族观的再教育。经过这次教育，要使人们弄清楚什么是无产阶级民族观，什么是资产阶级的民族观和民族主义。真正懂得列宁所说的：“谁不承认和不坚持民族平等和语言平等，不同各种民族压迫或不平等作斗争，谁就不是马克思主义者，甚至也不是民主主义者。”(《列宁全集》第二十卷第11页)懂得各民族的无产阶级和一切劳动人民的联合和团结，是无产阶级革命事业胜利的基本保证。懂得“人对人的剥削一消灭，民族对民族的剥削就会随之而消灭。民族内部的阶级对抗一消失，民族之间的敌对关系就会随之消失。”(《马克思恩格斯全集》第四卷第488页)正确理解民族与阶级的关系问题，防止和克服“左”和右的思想认识。懂得革命胜利了的先进民族的无产阶级在解决国内民族问题上，帮助落后的民族发展政治、经济、文化，消除历史遗留下来的事实上的不平等，是自己应尽的历史性的革命义务。懂得对少数民族的一切工作，都必须充分尊重少数民族大多数人民的意愿，照顾他们的需要，适合于他们的特点，决不能不照顾这一切，强加于人，违背恩格斯关于“胜利了的无产阶级不能强迫任何异族人民接受任何替他们造福的办法，否则就会断送自己的胜利”(《马克思恩格斯全集》第三十五卷第353页)的教导。懂得民族是一个历史范畴，经过社会主义革命，各民族必然要改造、发展成为社会主义民族，在阶级和国家消亡之后，各民族必然要融合为一体。

在我国各民族之间的关系上，我们应当大力提倡互相尊重，互相学习，互相友爱，互相帮助。关键是克服大汉族主义，同时也要防止和克服地方民族主义。各民族人民要经常警惕苏联社会帝国主义、帝国主义和国内反革命分子挑拨民族关系，分裂我国各民族的伟大团结的罪恶阴谋。尽人皆知，苏联社会帝国主义继承沙皇俄国的衣钵，对内强迫各民族实行俄罗斯化，把苏联重新变成了“各民族的牢狱”；在全世界推行霸权主义，直接、间接对别的主权国家进行干涉、颠覆、破坏和军事侵略，成为当今世界上最危险的战争策源地。但他们却把自己装扮成“马列主义者”和“国际主义者”，并不断恶毒挑拨我国各民族的大团结，疯狂攻击我国的民族政策。这只能是更加暴露他们的狼子野心，更加激起我国各民族人民的鄙视和愤慨。

我国各族人民必将继续肃清林彪、“四人帮”的流毒和影响，在华国锋同志为首的党中央领导下，不断加强和发展团结互助事业，进一步把我国边疆少数民族地区筑成铜墙铁壁，赢得社会主义现代化建设的伟大胜利！

中国红十字会总会致电台湾红十字会负责人表示愿为台湾同胞和内地亲友联系提供帮助

电报说，大陆和台湾之间来往断绝，音讯不通，已30年。台湾同胞和大陆同胞长期失去联系，相互隔绝，是很不正常的。这种状况不应继续下去。电报说，希望查找亲朋下落，是台湾和大陆骨肉同胞的共同愿望。为此，中国红十字会总会建议同台湾红十字会就查人和家人团聚、探亲等问题进行商谈。

电报说："出于红十字的人道主义原则，出于骨肉同胞的情谊，相信你们也是愿意这样做的。"

国务院副总理余秋里在北京会见由法国参议院经济和计划委员会副主席罗贝尔·洛库尔内率领的法国参议院经济和计划委员会访华团

国务院副总理王震在北京会见以美国哈佛大学副教务长瓦特士为团长的美国哈佛大学企业管理研究院访华团

外交部照会越南外交部强烈抗议越方打死打伤我国和平居民

照会说："1979年7月以来，越南军队分别从四号界碑和老山附近不断用迫击炮、机关枪向中国云南省马关县金厂公社上田房、都龙公社东瓜林等村寨狂轰滥射；7月22日再次集中向该处射击，损坏房屋多处，打死、打伤中国和平居民多人。我当地民兵被迫予以还击。这次事件完全是由越南当局一手挑起的，由此而产生的一切后果应由越南方面负完全责任。对于越南方面的上述挑衅行动，中华人民共和国外交部向越南社会主义共和国外交部提出强烈抗议，要求越南当局立即停止对中国边境的一切武装挑衅活动。"

7月23日

国务院转发《关于尽快把国营农场办成农工商联合企业的座谈纪要》

《关于尽快把国营农场办成农工商联合企业的座谈纪要纪要》要求先选择一些国营农场进行试点。《关于尽快把国营农场办成农工商联合企业的座谈纪要纪要》指出，以国营农场为基础办的联合企业，在各省、自治区、直辖市革委会的统一领导下，由农垦部门归口管理。联合企业是独立的经济单位，实行独立核算，自负盈亏。在遵守国家政策、法令和完成国家计划的前提下，有独立经营的自主权。

《人民日报》发表特约评论员文章《排除干扰，坚持党对犯错误干部的政策》

全国范围的揭批林彪、"四人帮"的群众运动已经基本上胜利完成。两年多来，各地按照中央的部署，对林彪、"四人帮"的帮派体系，认真进行了清查，基本上摧毁了这一股长期祸国殃民的反革命政治势力，对极少数罪行严重，民愤很大，坚持反动立场的林彪、"四人帮"的死党，进行了必要的惩处。大多数受审查人员，经过组织和群众的批评帮助以至必要的斗争，说清了问题，并积极揭露林彪、"四人帮"的罪行，总结经验教训，同极左路线划清界限，得到了群众的谅解。不少同志在解脱以后，服从组织安排，愉快地走上工作岗位，振作精神，努力工作，立新功，补旧过，为现代化建设作出贡献，重新取得了党和群众的信任。事实证明：党中央有关清查工作的政策是正确的；它吸取了历次政治运动正反两方面的经验，恢复了处理党内路线斗争问题的好传统，严格区分两类矛盾，对犯错误的同志实行"团结——批评——团结"的方针。因此，运动进行得很有秩序，很稳妥，很成功，是解决路线斗争问题的新典范。

但也有少数受审查的干部表现不好，对自己的问题缺乏老老实实、实事求是的态度。有的错误属实，原已承认，现在又矢口抵赖，拒不认账；有的无理狡辩，硬要把严重政治错误说成只是一般说错话、做错事，百般为自己开脱；有的在解脱以后，不服从组织分配的工作，借故拒不上班；有的不仅不承认错误，反而把自己打扮成"受害者"，要组织上向他说清楚，给他"落实政策"；还有的拉拢一些人找组织无理纠缠，或者对一些认错态度好、认真悔改的同志冷嘲热讽，找清查积极分子的办案人员进行挑衅、要挟；个别人甚至同社会上的"害群之马"结合在一起，煽动闹事，扰乱正常的工作秩序、生产秩序和社会秩序。这些情况，对于正确执行党对犯错误干部的政策，保证清查工作的善始善终，发展安定团结搞四化的大好形势，都是一种不可忽视的干扰，应当引起我们的警惕。

一个犯错误的人，在检查、认识错误的过程中，有时出现反复，这是不奇怪的。这次受审查的人员中，也有少数人或者由于受林彪、"四人帮"的毒害较深，至今糊涂观念不少，是非界限不清；或者由于私心杂念较重，护短怕痛，患得患失，总想把自己的问题大事化小，小事化了，思想上也曾出现反复。就其中多数人来说，主要还是认识问题、觉悟问题。对这些同志，党组织和群众应当继续做好思想教育工作，耐心细致地帮助他们分清是非，提高觉悟，正视错误，接受教训，向好的方面转化，决不要因为他们思想上一时不通，就采取厌弃的态度，用简单粗糙的方法去解决问题。

需要注意的是另外的极少数人，他们大多是曾经积极推行林彪、“四人帮”极左路线，现在政治立场和思想感情还没有真正转变过来，其中个别人本来就是林彪、“四人帮”的帮凶、余孽。在党的三中全会以后，他们错误估计形势，同社会上刮起的那股错误思潮配合起来，利用我们党提倡解放思想、发扬民主和落实政策的机会，兴风作浪，妄图否定粉碎“四人帮”以来的一切成就，否定三中全会，干扰全党全国一心一意奔四化。这少数人的恶劣表演从反面告诉我们：林彪、“四人帮”的帮派体系虽然在很多地方基本上摧毁了，但是在有些地方还没有摧毁；而要从思想上彻底改造那些曾经把自己的命运同林彪、“四人帮”的反革命路线拴在一起，惯于看风使舵、纵横捭阖、招摇撞骗的人，还需要做艰巨的工作，才有可能使他们幡然悔悟，改过自新。这也是一种改造和抵制改造的斗争。这种斗争，在今后一个时期内，仍将是不可避免的，我们对此要有足够的估计，千万不能掉以轻心。

有的人本来就是竭力推行过林彪、“四人帮”的反革命路线，干了不少坏事，现在又出来否定揭批查运动，干扰正常工作，散布混淆黑白、颠倒是非的谬论，在某些地方起了一点点迷惑人的影响。对此，必须据理驳斥，以正视听，这样既可帮助受他们影响的那些同志及早醒悟过来，又有利于按照党的政策，使运动真正做到善始善终。

有人说什么“我是执行问题，不能算我的账”。理由是他们当时是按照文件办事的，现在党中央已经撤销了这些文件，他的错误也不能算了，应当“一风吹”。对这个问题要做具体分析。如果当时仅仅是因为执行上级的指示而犯了错误，当然，不能追究下级和个人的责任。即使如此，错误终究是错误，作为执行者，特别是就一个共产党员来说，把当时执行的情况和造成的后果，实事求是地向组织和群众讲清楚，提高思想认识，认真总结经验教训，自觉进行适当的自我批评，仍然是必要的。现在的问题是，有的人不仅是“执行”，而且还投靠林彪、“四人帮”参与了某些阴谋活动，出卖原则，颠倒黑白，主动搜集诬陷老一辈无产阶级革命家的黑材料，搞刑讯逼供，制造冤、假、错案，搞乱了一个地区和部门，使革命和生产遭受严重损失。这种丢掉党的原则、专为个人打算的恶劣行为，难道仅仅是“执行”问题吗！这笔账难道不该清一清、查一查吗！

有人强调他参加工作多年，不应该因为一段时间里搞了林彪、“四人帮”那一套而处理他。我们说，对待干部的功过是非，党历来主张不但要看一时一事的表现，而且要看他的全部历史和全部工作。但是，这决不是说对干部所犯的错误，可以因历史上有良好的表现而一笔勾销，可以采取姑息迁就的无原则态度，该批判的不批判，该处理的不处理。必须指出：按照实事求是的原则，对犯错误的人进行必要的批判和合情合理的处理，这本身就是一种帮助和教育，也就是我们党所说的“惩前毖后、治病救人”，这丝毫不意味着否定干部的全部历史和全部工作。何况林彪、“四人帮”横行时期的这一段历史，不是普普通通的历史，如果你真的珍惜过去为党和人民做过好事的历史，那么，就应当真正以一个共产党员的标准，正视自己的问题，深挖犯错误的思想根源，深刻吸取教训。用过去历史上如何如何来原谅自己，对自己犯的错误采取不承认主义，能得到群众谅解吗？对自己有好处吗？对别人有启发教育作用吗？

有人得到组织上的从宽处理以后，反而责问：为什么过去要批判我，应当给我说清楚。这个问题是可以讲清楚的。思想批判从严，组织处理从宽，是我们党对犯错误干部的一贯政策。在清查工作中，只要把自己的问题检查交代清楚了，有改正错误的表现，得到群众的谅解，组织上就按照党的政策，从宽处理，免予处分。要是因此就认为自己没有问题，就否定以前受到的批判、教育、这是很错误的。

批判从严，处理从宽，是一个完整的政策，只有从原则的高度对错误作出实事求是的科学分析，进行严肃认真的批判，才能促使犯错误的人猛省，认真接受教训，痛改前非。也只有使犯错误的人弄清思想，分清是非，才能为处理从宽创造必要的条件，团结这些同志才会有共同的巩固的思想基础。这两者之间的关系是辩证的统一的关系。你受批判时认了错，现在又借口处理从宽来否定批判从严，只能说明当时的批判对你还没有起到应有的教育作用，还需要进一步帮助。

有人抓住清查工作中某些个别缺点，想否定对他的审查。我们这次清查工作，强调了严格按照党的方针政策、历来的传统和规矩办事，这是有目共睹的事实。至于个别地方的清查工作，由于派性作祟或其他原因曾经发生过这样那样的缺点或偏差，一经发现以后，大都得到纠正或正在进行纠正。对这类问题，从善意出发，提出意见和建议，是可以的，应当妥善解决；但是，谁要抓住运动中某些非本质、非主流的个别现象，抓住已经解决了的问题来否定组织和群众对自己的审查、批判，甚至以此来否定整个清查工作，那就很难同党在粉碎“四人帮”这个伟大斗争问题上有共同语言，也就很难同党同心同德奔向四个现代化。

这次清查工作，最重要的是要彻底解决林彪、“四人帮”的帮派体系的问题，消除隐患。否则，就会留下动乱的祸根，贻害人民。当前，清查工作已普遍进入结论处理阶段，要特别注意做好审查人员的思想工作，排除各种干扰，坚定不移地、正确地、不折不扣地执行党对犯错误干部的方针政策。对于一切背离党的路线、政策，背离党的三中全会精神，不利于善始善终地结束揭批查运动的错误思想，一定要坚持原则，坚决予以纠正。无论在什么情况下，凡是涉及对具体人的处理，一定要严格区分两类不同性质的矛盾，尽可能缩小打击面，扩大教育面。定案材料必须反复核实，切实做到证据确凿，定性准确，结论合理，处理恰当，手续完备，经得起历史的检验。如果发现有不确实的材料或者原来结论处理不当的，应当实事求是地改正过来。结论宁可留点余地，也不要过头。对于受审查人员的申诉，要作具体分析，合理的意见应当采纳，不要一听到申诉，就不加区别地指责人家态度不老实。对不合理的意见，应进行说服教育。证据确凿、本人不承认的，可以根据事实予以结论。对个别坚持错误，无理纠缠的，应当摆事实，讲道理，严肃批评教育。对问题严重，屡教不改，目无党纪国法的，要从严处理。主要问题已经查清楚的，要及时解脱，不要抓住枝节问题不放，并分别情况，妥善安排工作，不可久拖不决。

两年多来，参加清查工作的同志在各级党委领导下，为查清林彪、“四人帮”的帮派体系，消除10年来政治动乱、不安定团结的祸根，教育挽救犯错误的同志，做了大量工作。这些同志立场坚定，旗帜鲜明，认真贯彻执行党的方针政策，恢复和发扬党的实事求是、群众路线的好作风，工作兢兢业业，任劳任怨。他们的工作成绩是得到党和人民充分肯定的。各级党组织，特别是清查工作第一线的同志，要总结经验，避免失误，再接再厉，乘胜前进，把揭批查收尾工作做扎实，做完善，把一切能够团结起来共同工作的同志，都团结到社会主义现代化建设的伟大斗争中来。

国务院副总理李先念在北京会见以奥地利农林部长龚特尔·海顿为团长的奥中友协代表团

在交谈中，李先念副总理指出，目前中奥关系很好，两国经济合作领域很广泛，奥地利在发展工业、农业、林业、牧业方面的好经验值得我们学习。海顿部长介绍了奥地利在发展经济，特别在发展林业方面的经验。他说，奥地利明文规定，树要生长到一定年龄才能砍伐，并且砍伐一棵至少要种上一棵新树。这样，我们国家的森林覆盖面积现在保持在占全国面积的百分之四十四。他说，中国具有发展国民经济的许多有利条件。奥地利愿意同中国合作。

这次来访的奥中友协代表团的成员中有政府高级官员、国会议员、农业专家等。朋友们在这次访问期间，赠送了一台能精选粮食作物、经济作物、蔬菜等各种种子的种子精选机和一些树种。会见时，李先念副总理感谢朋友们给中国人民的礼物。他请海顿部长转达华国锋总理和他本人对鲁道夫·基希施莱格总统和布鲁诺·克赖斯基总理的问候。

奥地利驻中国大使葛德乐参加了会见。

会见时在座的有中国人民对外友好协会会长王炳南，林业部副部长杨珏，中国驻奥地利大使俞沛文等。

国务院副总理王震在北京会见即将离任的塞拉利昂共和国驻中国大使兰德尔

全国人大常委会副委员长乌兰夫在北京接受阿根廷新任驻中国特命全权大使保利诺·丹尼尔·阿曼多·穆萨基约递交的国书

中联部部长姬鹏飞在北京举行宴会欢迎由赞比亚联合民族独立党中央农村发展委员会主席卡巴萨·马卡萨率领的赞比亚联合民族独立党代表团

长篇小说《第二次握手》由中国青年出版社正式出版

新华社报道，最近正式出版的《第二次握手》约25万字，是一部描写我国老一代科学家的事业、生活和爱情的长篇小说，“文革”期间曾经以手抄本形式在社会上广为流传。

记者最近在北京结核病医院病房里访问了《第二次握手》的作者、下乡知识青年张扬。他说：“这部小说的书名本来不叫《第二次握手》，是叫《归来》。我是在1970年写成初稿的，当时只有六七万字。在传抄过程中，热心的读者把书名改为《第二次握手》，以后就以这个书名流传开了。我修改定稿以后，尊重读者的意见，采纳了这个书名正式出版。”

作者张扬今年35岁，湖南长沙人，1965年到湖南浏阳县中岳公社插队。这部小说是1963年他在长沙七中高中读书时开始创作的。下乡插队以后，他在劳动之余6易其稿。这部小说以手抄形式流传以后，反动文痞姚文元下令搜捕这部小说的作者，于1975年1月7日以“利用小说进行反党活动”的罪名将张扬逮捕入狱，并在全国搜查销毁小说的手抄本，一些传抄者也遭到迫害。1979年1月18日，正义得到伸张，冤案得到平反，张扬得以出狱。

在监狱的四年中，张扬始终认为他的作品不是反党的，他是无罪的，在狱中困难条件下继续进行创作。出狱以后，张扬不顾重病在身，对流传的手抄稿进行了认真的修改，故事情节也有所发展、扩充。

我国5名运动员创造一项航模世界纪录

第四届全运会航空模型比赛成都赛区，在橡筋动力水上模型飞机直线距离第一轮纪录飞行比赛中，湖北选手鲍文彬、广东选手王超荣、四川选手赵济和、贵州选手郁惟方、云南选手戴自熙，分别以678.93米、534.52米、424.69米、329.33米、265.15米的成绩，超过了捷克斯洛伐克运动员赫拉迪克在1978年创造的100.7米的世界纪录。

《中国妇女》杂志社在人民大会堂举行纪念创刊40周年茶话会

《中国妇女》杂志于1339年6月在延安创刊。1949年7月在北京改名为《新中国妇女》。1956年改为《中国妇女》。毛泽东同志曾3次为《中国妇女》题词、题字。1967年1月，《中国妇女》在林彪、“四人帮”极左路线的干扰破坏下，被迫停刊。1978年7月正式复刊。复刊后受到广大群众特别是妇女群众的欢迎。

《中国妇女》是全国妇联领导下的一个政治性、群众性、综合性月刊。

参加茶话会的有全国妇联主席康克清、中共中央宣传部副部长朱穆之、《人民日报》总编辑胡绩伟、中国社会科学院副院长于光远、国家出版局代局长陈翰伯、中央党校教育长宋振庭以及新闻、文化、教育、科技、理论，出版等各界负责人。

7月24日

《人民日报》发表评论员文章《捍卫真实性 反对假报道》

新闻必须完全真实，这是我党新闻工作的基本原则，也是无产阶级新闻学的起码常识。我们的报纸、通讯社和电台从创办的第一天起，就在“为报道真实新闻而奋斗”。讲真话，写实事，不弄虚作假，是我们新闻战线在长期革命斗争历程中形成的优良传统，是每个新闻工作者严肃的职责，也是我们克敌制胜、取信于民的力量之所在。

虚假浮夸的报道，违反新闻必须真实的原则，为我们历来所反对。早在延安整风时期，反对“客里空”，维护真实性，就是整顿文风、改进报纸工作的重要内容之一。当时延安《解放日报》发表《新闻必须完全真实》的社论，至今仍不失为讨伐假报道的锐利武器。粉碎“四人帮”后，随着新闻战线拨乱反正的步步深入，不少报纸把反对弄虚作假当作一件重要的事情来抓，恢复和发扬了党报实事求是的优良传统和作风。现在，口头上未必还有人会公然反对真实性，虚假浮夸的报道也已大为减少，但是在实践中，虚假的或部分失实的报道，仍然不时出现在报纸上，像绿茵茵的稻田里混杂的稗草，令人生厌，理所当然地引起读者的责备和反对。这很值得我们警惕！

此类“稗草”，共同之点，是与客观事实不相符合；细察其状，却也可以分为几类：

一是捕风捉影，虚构情节，以假冒真。今年2月22日，本报刊登的《安徽以引江井为中心大兴水利》一稿，就有多处失实：把只是部分完工的水利工程，说成是已经全面建成；把临时性工程同基本建设工程混为一谈；把不是“去冬今春”干的事，也记在“去冬今春”的账上，夸大“去冬今春”水利建设的成绩。其中有一段说：“从去年12月下旬起，4万多民工和工程技术人员又冒着严寒在无为县凤凰颈开始建设永久性的大型排灌站。”其实，当时这个工程尚未开工，又何来“4万多民工和工程技术人员”？本报去年11月15日登的《起家的“秘诀”》一稿，提到江苏无锡县东湖塘公社“用麦秸制成了硝化棉”，“生产出了各种赛璐珞产品”。外地的读者看了报道颇感兴趣，千里寻访，追根究源，原来竟是虚报。这个公社只不过在“玻璃瓶里搞了点试验”，至于生产“各种赛璐珞产品”，连试验者都说：“那是吹牛。”

主要事实报道失实，影响极坏；细节报道失实，也带来不好的影响。尤其是涉及革命先烈、老一辈无产阶级革命家的斗争经历，更应字斟句酌，决不能把道听途说当作定论写进去。《壮族儿女继续长征》(载本报1978年12月13日)关于韦拔群烈士牺牲的情节就违反历史事实。通讯是这样描写的：“临刑前，他勉励妻子要坚信党的事业必将胜利，坚持斗争下去。说完，他轻轻摘下自己胸前的一颗扣子，托付妻子交给党，作为自己最后的党费，昂然走向刑场……”事实上，韦拔群同志是在病中被叛徒枪杀牺牲的。这种离开事实的“艺术渲染”，在通讯报道中是根本不允许的。

二是以偏概全，以点代面，以局部为全局。明明是正在进行的工作，却描绘得“善始善终”了；明明是八分成绩，却硬要说得“十全十美”；明明是有增有减，却偏要写成“社社队队都增产”；明明是偶尔几天市面上蔬菜多一点(有的甚至是为了迎接“检查团”、“参观团”光临，或是为了迎接记者采访临时摆出来的)，却被渲染成“淡季不淡”、“一派兴旺景象”；明明只在几个点上进行了某项工作，有的同志一下子就写成全县、乃至全省普遍这样做了。这种只有个别例子就作全面文章的现象，在综合报道中更是屡见不鲜。本报今年2月7日刊登一篇新闻，报道某县发动全县人民讨论农业现代化的60个问题。其中说道：“县委正发动全县各行各业、各个社队本着实事求是的精神，总结正反两方面的经验进行讨论。”还说“这次讨论生动活泼，群众情绪热烈”,“全县人民的注意力正被这一讨论集中到如何实现农业现代化的问题上来”。其实,这个县委提出的那些问题,不过是在社、局领导干部中和个别公社讨论过,并没有在全县群众中广泛讨论。消息发表后,引起了不少议论,有的公社干部说:60 个问题是啥内容,我们怎么不知道? 去年 1 月 8 日,本报发表报告文学《唱支歌儿给党听》,介绍解放军某部一医助用针灸治好了聋哑病人,由于部分重要情节失实(针治技术不成熟),使很多远道求医的病人高兴而来,扫兴而去。因来者日甚一日,部队政治处不得不要求登报通告读者,停止来部队求医。这类夸大其实、刻意拔高的报道,在当地群众和广大读者中引起强烈不满,宣传效果适得其反。

三是报喜不报忧,把虚说成实,甚至将缺点报作成绩。例如,有的工厂用拼设备的方法完成了生产任务,或者仅仅是达到数量指标,完成了产值任务,就不顾其他几项经济指标完成得如何,登报表扬,甚至大作“开门红”、“献厚礼”的文章。又如,一项工程虽然已经竣工,或者因为动力不足,或者因为原料不够,或者因为其他原因,不能正常投入生产,发挥效益,这本来应该吸取教训。但是一到报纸上,就只见竣工的喜讯,不见难以投产的教训了。再如,本来倒也确有其事,如实写来,读者自然乐于接受。只因添油加醋,发挥引申,滥用了一些“高级形容词”,反而弄巧成拙。广大人民群众是最有发言权、最讲实事求是的,赞扬自己的话讲过了头,变得不真实了,他们也不爱听。

诸如此类虚假的、或者不尽真实的报道,在其他报纸的版面上和电台的广播中,也是有的。

新闻报道虚假浮夸,给党的事业带来的损害是十分严重的。它败坏党的作风,影响党的信誉,危害党的事业,我们吃它的苦头实在太多了。林彪、“四人帮”横时,无产阶级新闻真实性的原则遭到肆无忌惮的践踏。他们继承“新闻就是谎言”的法西斯衣钵,公开打出“不说假话办不成大事”、“事实要为政治服务”的反动口号,大搞为他们篡党夺权服务的“造谣新闻”、“阴谋通讯”。在他们掌管的报纸上,假典型、假事件、假经验不胜枚举。这个历史教训,我们永远不应该忘记。

这两年多来,新闻战线发生了根本的变化。整个报纸宣传工作林彪、“四人帮”的控制,在反对假报道方面已经有了明显的改进。广大读者对我们每一点进步都予以肯定,表示欢迎。但是,我们必须清醒地看到,捍卫真实性、反对假报道仍然是摆在我们面前的艰巨任务。

它同医治林彪、“四人帮”造成的创伤一样,并非一举手之劳,而需要我们进行坚韧的战斗,作出不懈的努力。特别值得注意的是,随着全党工作着重点的转移,经济宣传在报纸上的比重越来越增加,保证经济宣传的真实性,杜绝经济宣传的假报道,成为一个十分重要的问题。现在,全国正在开展增产节约运动。过去报纸宣传增产节约运动是有成绩的,但也有教训。教训之一,就是夸大典型,虚张声势,大轰大嗡,助长盲目性。我们应该很好地总结这方面的经验教训,按照调整、改革、整顿、提高的方针来组织经济宣传和增产节约运动的宣传,为打好全党全国工作重点转移后第一个战役,鼓实劲,传真经。

为了纠正弄虚作假的歪风,要进一步肃清林彪、“四人帮”的流毒,大力加强新闻必须真实的宣传和教育。出现虚假报道,作为新闻工作者本身来说,有不可推卸的责任。在新闻战线,至今仍有一些同志对“什么是新闻”、“应该怎样写新闻”了解不多,对新闻必须真实缺乏深切的感受,搞不清写报道与搞创作的区别,甚至用虚构情节、“合理想象”来弥补材料之不足。也有些同志对客观事物的复杂性缺乏足够的认识,采访当中浅尝即止,偏听偏信。更值得注意的是有人明知故犯。有的为了一鸣惊人,沽名钓誉,信手写来,只求见报,不顾事实。有的“帮八股”流毒尚在,随“风”为文的恶习未改,只要一听上面有了“新精神”,就赶快找印证,套例子,往事实上贴标签;“风向”一变,又赶快“扭角度”、“改路子”。于是,同一件事,今天被说成是在这个思想指导下取得的成绩,明天又被说成是贯彻执行那个精神的成果。事实就像一块胶泥,由他们随心所欲地捏来捏去。在处理稿件的过程中,编者该调查的不调查,应核实的不核实,凭主观臆想,大笔一挥,随意增删,也是造成新闻失实的一个原因。这些,都需要我们通过认真整顿作风加以解决。

反对假报道,不光是新闻工作者的事情,它也与党的各级领导密切相关。文风反映党风,文风不正,正是党风不正的一种表现。有些虚假报道,不是记者或者通讯员写虚假了,而是有关常委的某些领导人有意弄假。他们喜欢隐恶扬善,总愿报喜不报忧,对记者、通讯员写本地区的成绩,不管抬得多高都同意,对报道本地区的缺点、错误,总是找各种理由不让登报。他们把新闻报道作为自我吹嘘、骗取荣誉的手段。有的得知上级要来检查,记者要来采访,就事先打招呼,精心作安排,看什么现场,介绍什么情况,早就布置好了,使你“不识庐山真面目”。有的见不到报纸上登自己单位有成绩的新闻,就对搞通讯报道的同志施加压力,甚至示意手下的“笔杆子”弄虚作假。当某一假报道被读者揭发出来,报社派人进行调查时,有的不是知错改错,而是一再留难。庇护错误,希图“大事化小、小事化了”,结果一错再错。特别使我感到棘手的是,有些地方派性严重。他们不是站在党和人民的立场上组织宣传报道,而是从“派”的利益出发决定写什么稿,发什么稿。编辑部不可能了解每一个地区、每一个单位的详细情况,有时就表扬了不该表扬的单位,批评了不该批评的单位;当编辑部派人去调查,要根据事实进行更正时,他们又设法阻挠,不愿把真像告诉读者。有的领导同志,说了错话,做了错事,明明是自己叫记者、通讯员把错事写成了好事,经读者揭发以后还坚持错误,不准更正。类似这样的问题,值得引起全党的重视和警惕。

我们承认有与事实不符的假报道,并且不留情面地在报纸上公开揭露和批判弄虚作假的坏作风,这是我们应有的对人民负责的态度,也是我们区别于资产阶级新闻观的重要标志。各级党组织和广大读者对报纸的爱护和监督,是帮助我们新闻队伍扫除这种不正之风的极其重要的条件。《人民日报》热忱地欢迎各级党组织、各兄弟新闻单位和广大读者,一如既往地给我们以支持、帮助和监督,协助我们把反对假报道、维护新闻真实性的工作做得更好。让我们共同努力防止假报道,力求杜绝假报道,像农民除草那样,把假报道从新闻园地里不断铲除,连根锄掉。

外交部照会苏联驻华大使馆强烈抗议苏军在新疆边境打死打伤我国公民

照会全文如下:

苏联驻华大使馆:

1979 年 7 月 16 日,20 余名全副武装的苏联边防军人,在新疆维吾尔自治区塔城县铁尔沙地地区中苏边界上设伏,对我前往该地察看草场、进行正常生产活动的塔城县五星牧场干部李宝勤和兽医布荣布提格 2 人开枪射击,当场将李宝勤打死,将布荣布提格打伤,然后侵入中国境内,将李的尸体和受伤的布荣布提格劫往苏境,制造了一起严重的挑衅和流血事件,对此,中国政府向苏联政府提出强烈抗议。

事件发生后,苏联方面采取恶人先告状的卑劣手段,于 7 月 17 日向中国驻大使馆提出口头声明,反诬中方人员越界,这完全是歪曲事实,颠倒黑白。应该指出,该地段边界是清楚的,并非争议地区。每年放牧季节,中国牧民在这一地区边界线中国一侧从事放牧活动,苏方是了解这种情况的。这次苏联边防军人预谋设伏、突然开枪袭击在自己领土上活动的中国公民,以及随后苏方迅速采取的外交行动证明,这次严重挑衅和流血事件,完全是苏方蓄意制造的。

还必须指出,今年入夏以来,苏联军人入侵中国领土干涉破坏中国牧民生产活动时有发生。例如,6 月 30 日,苏联军用直升机侵入中国新疆维吾尔自治区阿合奇县乌宗图会河河源地区低空盘旋,驱赶中国畜群。苏方还拆除了中国牧民在该地区的住房、羊圈等生产生活设施。中国方面均通过边防会晤向苏方提出交涉。这说明苏方所有这些活动都不是孤立的、偶然的,而是有意制造紧张局势,威胁中国边境居民生命安全。

至于苏方在口头声明中说什么在中苏边界的其他地段中国军人掩护牧民越界放牧,都是无中生有的捏造。

中国政府严正要求苏联政府必须停止在边境地区入侵挑衅活动,立即交回被苏联边防军人打伤和劫走的中国公民布荣布提格,惩办铁尔沙地流血事件的肇事凶手,赔偿死者和伤者一切损失,并且采取切实措施,保证今后不再发生类似事件。

在中苏双方正为两国关系举行谈判磋商具体安排的时候,苏方蓄意制造边界挑衅和流血事件,这不能不引起中方的严重注意。

中华人民共和国外交部

1979 年 7 月 24 日于北京

文化部决定在直属艺术表演单位实行考核制度

新华社报道,文化部最近决定,1979 年内,先在文化部直属艺术表演单位的文艺专业人员中进行考核试点,以取得经验。然后制定全国文化艺术考核评奖制度,1980 年在全国范围内普遍推行。以后,每年定期考核一次。

文化部直属艺术表演单位文艺专业人员试行考核办法指出,根据党中央关于各行各业人员都要实行考核精神,应当有准备地在全国文化艺术单位实行定期考核制度,通过考核,普遍奖励对国家文化艺术事业作出贡献的文化艺术工作者,鼓励有志之士,发现和选拔优秀的文艺人才,促进广大文艺工作者积极向上,钻研业务,努力工作,在实践中充分发挥自己的聪明才智,在四个现代化建设中作出贡献。同时,通过考核制度的建立,认真贯彻执行各尽所能、按劳分配的原则,改革管理体制,促进文艺单位和领导管理部门按照艺术规律和经济规律办事,改进领导方法,提高管理水平,从思想上和制度上克服官僚主义、平均主义,坚决改变那种干与不干、干多干少、干好干坏一个样,赏罚不明,能上不能下,能进不能出的不正常现象。

考核办法规定,考核内容包括业务考核和工作考核两个方面。业务考核,主要是考核本人目前的实际业务能力和业务水平。工作考核,主要是考核本人在粉碎“四人帮”后这几年工作上完成任务的情况,包括数量和质量,也要联系历史上的贡献和政治思想上的表现。经过考核,对每个文艺专业人员当前的实际业务水平、工作表现及其历史贡献作出鉴定或恰当评价。

然后，分别不同情况，明确其业务职称，确定其工作岗位，在国家今后安排升级时，按国家分配的升级指标，逐步调整其级别待遇。

对于少数在业务上有突出成就或卓越贡献，在文艺界或戏剧、音乐、舞蹈等一方面有较大影响的知名艺术家，可以破格提拔。现在工资级别过低，在待遇上明显不合理的，可以越级提升。

对于这些年来业务上有提高，工作上有成绩、有建树而待遇较低的，应适当调整其待遇，予以晋升。其中，业务水平较高，工作成绩较大的，可优先提拔。

对于业务上原来有一定基础，由于长期没有获得艺术实践的机会，或本人不努力，因而业务荒疏，工作上表现一般的，暂时不动，不升也不降。对于这些同志，可在今后一年两年的再次考核中，视其业务水平和工作情况，对其职称或级别待遇再作适当的调整。

对于个别在业务上原来就没有基础，完全不能适应所担任的文艺专业工作的，应另行分配工作。

在实行考核制度的同时，辅以评奖。结合年终总结评选本单位的优秀创作和演出，先进集体和个人给以奖励。突出优秀的创作和成绩优异的集体与个人，由文化部另行奖励。

文化部的决定强调，对艺术表演单位文艺专业人员进行考核，是新中国成立以来的第一次，因此，一定要做好考核前的各种准备工作，制定各类艺术表演人员的业务职称，各项业务和工作的考核标准，有关的各项实施细则；特别要做好思想政治工作，要使全体文艺专业人员理解，实行考核是办好文艺事业的积极方针，是为了鼓励文艺工作者在文艺创作事业中发挥更大的作用，不是消极的权宜之计，而繁荣文艺事业的一项重大改革。在做法上，一定要走群众路线，采取领导、专家、群众相结合的方法，不能少数人说了算，更要注意排除派性干扰。在考核前，要给文艺专业人员以比较充裕的准备时间。

首都剧场举行墨西哥电影周开幕式

电影周是根据中墨两国文化协定的规定举办的。从 7 月 25 日到 31 日，北京、上海、天津、广州、武汉、西安、成都、沈阳 8 个城市将同时放映 3 部墨西哥故事影片《叶塞尼娅》《玛丽娅》和《冷酷的心》。

《现代汉语词典》正式出版公开发行

新华社报道，《现代汉语词典》最近已由商务印书馆正式出版公开发行。

这部词典是由中国社会科学院语言研究所词典编辑室编的。它供中等以上文化程度的读者使用，特别注意汉语规范化的要求。词典所收字、词、词组、熟语、成语等，共约 5.6 万多条，总计 273 万多字。

全国托幼工作会议在北京召开

经中共中央批准，由教育部、卫生部、国家劳动总局、全国总工会和全国妇联联合举办的全国托幼工作会议于 7 月 24 日至 8 月 7 日在北京召开。

中共中央政治局委员、国务院副总理方毅在会上作了重要讲话。卫生部部长钱信忠、教育部副部长董纯才、全国总工会副主席章瑞英、全国妇联副主席李宝光，也先后在会上讲了话。

会议指出，新中国诞生以来，在党和政府的领导下，全国托幼工作坚持自力更生，勤俭办园办所，坚持公办和民办并举的“两条腿走路”方针，在培养祖国的幼苗和为生产服务、为人民生活服务方面，起了积极的作用。“文化大革命”中，林彪、“四人帮”推行极左路线，大批优秀的保教工作者被扣上“福利主义”、“培养修正主义苗子”等帽子，遭到批斗。许多幼儿园、托儿所被解散，房屋被挤占，设备被破坏，幼儿师范等培训保教人员的机构几乎被全部砍掉，托幼事业受到严重摧残。粉碎“四人帮”两年多来，托幼工作在逐步恢复和发展。上海、江苏、山东、福建省泉州、吉林省和龙县等省、市、地、县的婴幼儿入所入园率，已超过了“文化大革命”以前的水平。全国已有五所大专师范院校恢复了学前教育专业，恢复和新建的幼儿师范学校已达 18 所。但是，大多数城乡的托儿所和幼儿园恢复和发展都比较缓慢。

会议认为，托幼工作恢复和发展缓慢的主要原因，是不少领导干部对托幼工作的重要意义认识不足，重视不够。有些同志认为政府只要管好生产就可以了，孩子的事政府可以不管。有的甚至把办好托幼工作和发展生产对立起来。参加会议的许多同志根据科学论据和实践经验提出，就一个人的健康成长的全过程来说，婴幼儿时期是奠基时期，在这个时期，做好保教工作，对孩子们今后德、智、体的发育和发展有极大的关系。今天的婴幼儿到公元 2000 年，就是建设社会主义的生力军。因此，一定要从关心国家民族的前途出发，把做好婴幼儿的保健和教育工作当作一项战略任务来抓。大家还认为，做好托幼工作，是体现党和国家关心群众疾苦，减轻职工和社员家务拖累，使他们能够集中精力干四化的一项重要措施。做好托幼工作，对于搞好计划生育，彻底解放妇女，也有重要的意义。到会同志们希望能将托幼工作纳入国家计划和各级政府的议事日程。各级领导机关和社会舆论，对托幼工作应当给以足够的重视。

会议就如何加强托幼工作领导，各有关部门如何分工合作，怎样尽快恢复、发展、巩固、提高各类园所，以及培训保教队伍、提高保教质量和经费来源等问题，进行了认真的讨论，并且提出了一些解决办法、建议和要求。

中共中央政治局候补委员、国务院副总理陈慕华，中共中央委员、政协全国委员会副主席，全国妇联主席康克清，以及各有关部门、团体的领导同志出席了会议。

7月25日

中共中央主席华国锋在北京会见以朝鲜劳动党中央政治委员会委员党中央书记金焕为团长的朝鲜劳动党友好参观团

《人民日报》摘要转载7月19日《解放日报》评论员文章《正确认识我国阶级状况的根本变化》

文章指出，能不能正确认识我国阶级状况的根本变化，对于能不能正确认识我们党的工作着重点的转移，能不能正确理解现阶段党的路线和一系列方针、政策，能不能自觉地贯彻执行五届人大二次会议的精神，具有重大的意义。

文章说，华国锋同志关于我们国家里(除台湾外)，作为阶级的地主阶级、富农阶级已经消灭，作为阶级的资本家阶级也已经不再存在的论断，符合我国的实际状况，是科学的马克思主义的分析。要正确认识我国阶级状况的根本变化，首先要弄清楚什么是阶级，在什么情况下一个阶级才会消亡。马克思主义认为，“阶级的存在仅仅同生产发展的一定历史阶段相联系”。“所谓阶级，就是这样一些大的集团，……由于它们在一定社会经济结构中所处的地位不同，其中一个集团能够占有另一个集团的劳动。”毛泽东同志在《中国社会各阶级的分析》《怎样分析农村阶级》等著作中，也根据人们经济地位的不同，把人们划分为不同的阶级。拿马克思主义关于划分阶级的标准来看我国当前的实际，历史上那种完整形态的地主阶级、富农阶级、资本家阶级已经不再存在了。

文章说，有些同志读了《政府工作报告》，对华国锋同志关于我们阶级状况发生根本变化的论断感到突然，感到不可理解。在他们看来，似乎地主、富农、资本家这些剥削阶级永远不会发生变化。这是一种形而上学的观点。我们有些同志之所以对我们阶级状况的根本变化感到迷惑不解，原因之一是长期受了林彪、“四人帮”极左路线的影响。林彪、“四人帮”为了推行其极左路线，在关于社会主义历史阶段阶级和阶级斗争的问题上，歪曲客观事实，作出了主观唯心主义的阶级估量。似乎两个阶级、两条道路的斗争愈来愈尖锐，愈来愈激烈。他们那个顾问还肆意歪曲篡改马克思主义关于划分阶级的标准，鼓吹什么阶级不仅是个经济范畴，也是个政治、思想范畴，在社会主义社会，划分阶级主要看思想倾向、政治态度，而不是根据人们的经济地位、人们对生产资料的关系。这就把社会主义社会的阶级关系问题搞得混乱不堪。林彪、“四人帮”这种唯心主义的阶级估量，流毒极深。我们一些同志多少年来听的是这一套，学的是这一套，总认为把阶级斗争的弦绷得紧紧的才是马列主义，把地主、富农、资本家打倒在地踏上一只脚才是革命。于是，对党中央提出为已改造好的地富分子摘帽，宣布作为阶级的地主、富农、资本家阶级不再存在，就感到突然，不可理解。我们这些同志一定要从林彪、“四人帮”唯心主义阶级估量的精神枷锁中彻底放出来。

文章说，我国阶级状况的根本变化，是我们党的无产阶级政策的伟大胜利，也是社会主义革命的伟大胜利。我们党在社会主义历史阶段的基本纲领，就是要逐步消灭资产阶级和一切剥削阶级，用社会主义战胜资本主义，最终实现共产主义。我们经过了长期的革命斗争，依靠强大的无产阶级专政，依靠工人阶级和贫下中农，终于在我们祖国的大地上，把地主、富农、资本家这些剥削阶级消灭了；这不是一个历史性的胜利吗？对于我们党取得的这个伟大胜利，广大工人、农民、知识分子和干部无不欢欣鼓舞。但是，也有一些同志对此抱怀疑态度。他们说，现在地主、富农、资本家人还在，怎么能说这些阶级已经消灭了呢？提出这样问题的同志，主要是对阶级的消灭和对人的改造之间的辩证关系缺乏应有的认识。毛泽东同志一再指出，剥削阶级要消灭，人要改造。我们要消灭剥削阶级，不是要把这些阶级的成员从肉体上统统消灭掉，而是要把他们逐步改造成为自食其力的劳动者。今天，当我们已经把这些阶级中的绝大多数人改造成为新人的时候，那么，这些阶级作为一个整体来说，不是就不存在了吗？

文章说，有些同志看到不久前给资本家退还存款和恢复高薪，就认为资本家还在剥削，怎么能说资本家阶级已不再存在了呢？我们认为，这是对党的赎买政策缺乏应有的认识。无产阶级专政的历史任务，是要消灭资本主义和资产阶级，但是采取什么方式消灭资本主义所有制，马克思主义从来没有束缚自己的手足。毛泽东同志运用马克思主义的普遍真理结合我国革命的实践，科学地分析了我国资产阶级有官僚买办资产阶级和民族资产阶级的区别。我们可以把工人阶级和民族资产阶级的矛盾当作人民内部矛盾来处理，对民族资产阶级采取民主的方法和赎买的政策，逐步引导他们走上接受社会主义改造的道路，最后达到消灭这个阶级而改造这个阶级的人们的目的。文章在叙述了我国由于实行一系列正确的政策，才使资本家阶级通过和平改造的道路而被消灭之后指出，诚然，我们不久前退还给他们的存款，绝大部分是定息，是属于剥削所得，但是，这不是国家在1966年停止付给资本家定息以后发给他们的，而是在这之前，国家按照既定的赎买政策付给他们的，是属于宪法保护的合法收入。林彪、"四人帮"违反毛泽东同志一贯坚持的政策，违反宪法，把人家的存款、财物查抄了，我们怎么能承认他们的这种违法行为呢？坚决把这些存款退还给资本家，是维护党的政策的严肃性，维护宪法的威信，消除林彪、"四人帮"造成的恶果。这样做，我们政治上主动，符合无产阶级的根本利益。而他们拿了这笔钱，一般也只能用于生活消费，不允许作为资本再进行剥削，所以不存在还在剥削的问题。高薪也是赎买政策的一个内容。我们过去给资本家高薪，促进了他们的改造，今天考虑到历史的因素，也仍以不动为好。由于我们的国民经济还落后，国家还不富裕，广大职工的工资水平还不高，因此，有些同志拿我们职工的工资水平和资本家的高薪相比，觉得想不通。这是可以理解的。但是，我们工人阶级是以解放全人类为己任的先进阶级，我们要有改造社会、改造人的宽广胸怀，我们应该自觉地维护和坚持党和毛泽东同志所一贯坚持的政策，并深刻领会其政策精神。

文章在进一步阐述正确认识我国阶级状况根本变化的重要意义时指出，我国阶级状况的根本变化，是我们党可以把工作着重点转移到社会主义现代化建设上来的客观依据。只有正确地认识我国阶级状况的根本变化，才能使我们的思想跟上当前这个伟大的历史性转变。随着我国阶级状况的变化和国内外形势的发展，迅速把全党工作的着重点转移到社会主义现代化建设上来，是我们党的一贯指导思想。为什么这个转变在实际生活中迟迟未能实现？这里有这样那样许多复杂的原因，其中很重要的一条，就是后来我们对我国的阶级状况作了不大符合实际的估计，对阶级斗争的形势估计得严重了，因此政治运动一个接着一个。特别是林彪、"四人帮"横行了整整十年。他们把阶级斗争说成高于一切。他们颠倒敌我，混淆是非，到处人为地制造阶级斗争，甚至把搞生产建设视为"唯生产力论"而横加批判，把四个现代化的设想视为复辟资本主义的"总纲"而大加讨伐。这样，哪里还谈得上什么转移呢？对于阶级的状况一定要有一个正确的符合实际的估计，这就是我们回顾这一段过程所应该得出的重要的经验教训。

文章最后强调正确认识我国阶级状况的根本变化是正确认识和处理我国现阶段的阶级斗争问题的前提，分析了我国现阶段阶级斗争的一些特点，并且指出要反对两种倾向：既要反对阶级斗争熄灭的观点，又要反对阶级斗争扩大化。

中央统战部副部长李贵在马寅初家中宣布为其平反恢复名誉的通知

新华社报道：7月中旬的一个上午，中共中央统战部副部长李贵来到北京东总布胡同三十二号马寅初先生家中拜访了这位98岁的著名经济学家。

李贵副部长说："今天我受党的委托通知马老：1958年以前和1959年年底以后这两次对您的批判是错误的。实践证明，您的节制生育的新人口论是正确的，组织上要为你彻底平反，恢复名誉。希望马老能精神愉快地度过晚年，还希望马老健康长寿。"马老兴奋愉快地回答说："我很高兴。""20多年前中国人口并不多，现在太多了。要尽快发展生产才行啊！"

国务院副总理耿飚在北京会见澳大利亚前总理威廉·麦克马洪爵士和夫人

全国人大常委会副委员长谭震林在北京会见由美中人民友协组织的以文金堂为团长的美中关系访华团

韬奋纪念馆在上海重新开放

关闭了10多年的韬奋纪念馆，在纪念邹韬奋同志逝世35周年时重新开放。

现在经过整理重新开放的韬奋纪念馆，增加了一些实物照片和油画，突出了邹韬奋同志思想演变过程以及他同党的关系，说明在党的影响下，邹韬奋同志如何从一个资产阶级民主主义者转变为共产主义者。

7月26日

国务院总理华国锋电贺尼加拉瓜人民推翻索摩查独裁政权

电报全文如下：

马那瓜尼加拉瓜民族复兴政府：

在尼加拉瓜人民推翻索摩查独裁政权的斗争获得胜利的时候，我谨代表中国政府和中国人民，向贵国政府和英雄的尼加拉瓜人民表示热烈的祝贺。

我愿借此机会通知：中华人民共和国政府决定承认尼加拉瓜民族复兴政府。我希望，中、尼两国的关系及两国人民间的友谊将会获得发展。

祝尼加拉瓜人民在民族复兴政府的领导下，在维护国家主权和重建自己祖国的事业中取得成就。

中华人民共和国国务院总理 华国锋

1979年7月26日于北京

《人民日报》发表社论《下半年要努力抓好经济工作》

今年上半年已经过去了，下半年贯彻执行《政府工作报告》提出的任务，第一件事要抓好民主与法制，进行民主与法制的教育。第二件事要抓好国民经济。从中央到省市地县各级领导干部，都要集中力量认真抓好工农业生产。这里，我们着重谈谈发展工业生产的问题。

今年上半年，工交战线的工作是有成绩的。主要表现在产品质量有所提高，品种有所增加，消耗有所下降，产值逐月上升。特别是在提高产品质量方面，有些地区、行业，出现了十分可喜的现象。四川、湖北、湖南、浙江、福建、上海等省市成绩显著。但是，也应该看到，上半年工业生产增长速度缓慢，没有达到预期的要求。财政收入情况也不理想。因此，下半年工交战线的任务非常艰巨。为了保证完成今年工业增长8%的国家计划，下半年工业增长速度必须达到11%以上。在提高产品质量、增加品种方面也还要做大量工作。今年社会购买力同商品可供量之间有较大差额，要采取特殊措施，把轻工、纺织等市场适销产品搞上去，否则下半年供需矛盾将越来越突出。要狠抓煤、油、电、运等薄弱环节。煤炭要贯彻采掘并重、掘进先行的方针，保证完成计划的高限指标，并力争多超产。铁路运输要进一步提高"卡脖子"区段的通过能力，抓好上海、天津、黄埔等港口改造，组织好合理运输和水陆联运。要努力完成出口任务，增加外汇收入。要加强工贸协作，工厂要成为外贸部门的后盾，外贸部门要积极扶植工厂的生产。要协调工商关系，搞好产销衔接，以销促产，互通情况，密切配合。

我们集中3年时间，进行国民经济的调整、改革、整顿、提高，从现在来说，只有两年多时间了。下半年必须认真地而不是马虎地、切实地而不是敷衍地贯彻执行"八字方针"。首先要搞好基本建设和工交企业的调整工作。当前一个值得注意的问题，是有些同志对调整的必要性和重要性认识不足，特别是有些领导干部思想不通。有的同志认为，过去两年工业发展不是很快吗？继续大干快上好了，何必调整呢？有的同志认为，调整就是"刮下马风"，他要接受历史教训坚决顶住。有的同志认为他这个企业是多年辛辛苦苦搞起来的，关别人的可以，停自己的不行。有的同志不愿正视比例失调的现实情况，基本建设战线很难缩短。工交战线每个干部，都要深刻认识"八字方针"的重大意义，提高按照客观经济规律办事的自觉性。我们所说的调整，有上有下，有进有退。只有该下的下了，该退的退了，该上的才能上去，该进的才能前进。如果在3年调整中不能改变战线长、效果差、浪费惊人的状况，我们的经济就不能高速度地按比例发展，广大群众就不会谅解。我们国家建设规模的大小，必须和财力物力相适应，这是经济能否稳定的界限。要承认我们现有的燃料、动力、原材料"养活"不了现有的35万个工业企业这个基本事实。如果还是"三个人的饭五个人吃"，就会造成"谁也吃不饱，那个也干不好"。如果继续打消耗战，就不可能有高速度。要认真搞好工交企业的调整工作，把增产节约运动和调整工作结合起来。调整"五小"工业，已经说了几年了。要根据当地的资源条件和生产情况区别对待。那些盲目发展起来的并非生产必需，消耗高得出奇的"煤老虎"、"电老虎"；那些重复设厂，产品供过于求的加工工业；那些盲目发展起来的原材料没有来源，同大工业争原料的企业；那些产品质量低劣、没有销路、长期亏损的企业，都要采取果断措施进行调整。在行业内部，要按照截长补短的原则，合理调整生产布局，把长线产品调下来，把短线产品调上去。要根据社会需要调整企业的产品方向。要积极创新，增加花色品种。

改革有很多工作要做。国家财经委员会正在组织做理论工作和做实际工作的同志，调查研究改革经济体制、经济结构问题。凡是改革中的重大问题，中央批准后再实行。对于一般问题，现在已经看准了的，哪怕改革得还不彻底，或者会出现新的矛盾，也要抓紧改革。首先要扩大企业自主权，这方面的潜力很大，据估计，只要解决了这个问题，企业不增加什么设备，就可能增加百分之几十的产值。四川搞了100个企业试点，效果相当显著。作为改革中的突出问题，扩大企业自主权试点的步子要再快一点。这是一个大政策，势在必行。这样做，能够更好地把国家、企业和职工个人的利益结合起来，贯彻多劳多得的原则，解决目前许多企业中存在的干多干少一个样、干好干坏一个样、盈利亏损一个样的问题。有些地区和部门的领导同志，思想不够解放，担心扩大企业自主权会带来很多问题。四川省试点的经验证明，这种担心是多余的。没有进行试点的地区，应该积极准备，进行试点；开始试点并且取得成效的地区，应该认真总结经验，扩大试点范围。扩大企业自主权的试点，涉及各个方面，没有大家的支持是搞不好的。有的地方，对这个问题的试点，不是八方支援，搞个试点实施细则，公文旅行几个月还定不下来；有的地方是"只打雷，不下雨"，空喊要搞试点，不见实际行动，这些都是不对的。要像四川那样，赶紧行动起来。

为了搞好经济工作，当前一个重要问题，是要把物资工作搞活。当前物资工作中存在的问题是：一方面供应紧张，一方面积压浪费严重。造成这种情况的原因，主要是物资计划缺乏综合平衡，留有缺口；产需衔接不好，货不对路；只靠行政办法，管得死，效率低。这些问题必须在国民经济调整中认真加以解决。值得注意的是，不少企业的领导同志对库存多少满不在乎，看见东西就抓，抓住就往库里存。有的企业订购物资，根本不是本企业用，就是为了同其他企业交换。这种思想不改变怎么行？现在钢材库存大部分都在企业里。今年开展了清仓利库工作，可是各地钢材的库存，不仅没有减少，反而越来越增加，如不采取果断措施，库存可能还要增加。对这个问题，我们决不能听之任之、麻木不仁。要研究一些经济办法，使这项工作的好坏同企业和职工的切身利益结合起来。要加强物资管理，一方面钢材大量积压，一方面大量进口钢材，这种极不正常的现象，再也不能继续下去了。

时间是紧迫的，今年只剩下5个多月。各级党委领导同志一定要有高度的紧迫感和责任感。越是时间紧迫、任务艰巨，越要注意均衡生产、产品质量、设备维修、降低成本、减少事故。增产节约必须讲求实效，决不能再干那种图虚名、招实祸的蠢事，更不能弄虚作假。

下半年的生产任务虽然很重，但是，我们的有利条件很多。从现在开始，各级党委领导要把主要精力转到抓经济工作、抓生产建设上来。在经济建设战线上，广大职工的贡献是很大的，对于全国的劳动模范和先进企业，应该大张旗鼓地进行表扬。广大职工要振作精神、鼓起干劲把生产建设搞上去，努力完成今年的国家计划，迎接国庆30周年。

《人民日报》发表侯学煜文章《对发展我国农业的一些意见》

中国自然条件的优越性

中国的自然条件同美国相比，两国面积相差不大（中国960万平方公里，美国940万平方公里），两国相处纬度大体相当，都以温带为主，中国稍偏南一些。但是两国还有很大的差别。

从地形来说，中国山多、平原少，东北、华北、江汉这三大平原只占全国总面积10%。美国山少、平原多，海拔五百米以下的平原占56%。

山多是好事还是坏事？要一分为二。平原多，当然便于粮食作物的耕作，有利于机械化。但是，山多也有它的优越性：第一，同样一块地，山愈高，它的表面积比平原愈大；第二，山上有森林，森林就是动植物资源库；第三，山地宜于发展多种经营，生长许多平原所没有的用材林、木本油料和其他经济作物；第四，山的本身又是“水库”，山上有森林的地方，雨水落到森林里流入地下，形成“生物储水库”。

中国西部的沙荒地带，虽是干旱地区，雨量极少，有的地方全年无雨，却有绿洲存在，还有成片的森林和大面积草原。这是因为有天山、昆仑山、祁连山、阿尔泰山等高山山脉这些固体水库的积雪融化而来的水源。美国的荒漠地区和世界著名的非洲撒哈拉沙漠，都没有高山，也就没有这个好条件。美国荒漠地区的灌溉和饮水全靠深层地下水。目前一些荒漠地区的城市饮水非常紧张。地下水枯竭了，城市也就无法生存了。

中国地形还有一个特点，就是山脉多是东西走向，起着抵御寒潮南侵的作用，冻灾大为减少。美国的山脉则大多是南北走向，从北冰洋袭来的寒潮，可以长驱直入，直至南部的亚热带。所以美国种柑橘的地方，每棵树都有一个煤气烟管，以防霜冻。1960年最大的一次寒潮把最南部的许多树木都冻死了。我国因有东西走向的秦岭、大巴山，阻挡冬季北来的寒潮，使四川和长江以南免受寒潮的侵袭。所以我国广大面积的亚热带到处适宜种植柑橘，也不需要防霜冻措施。

就气候来说，中国的降雨量不像美国多而均匀，容易发生旱涝灾害，这是不足之处。但也有有利的一面。雨量集中于夏季，正是植物生长需水量最多的季节。多水和高温十分有利于作物生长。雨量集中，还给我国东部三大平原的盐碱地带来一个好处，就是在植物生长季节雨水可把土壤中的盐碱冲洗掉，作物就能正常地生长发育。不论是美国还是苏联中亚的盐碱地都没有这个条件。那里夏旱冬雨，作物在生长旺盛季节由于盐分过重而生长发育困难。

中国所处纬度低于美国，因而亚热带面积大一些，并有部分热带。全国大部地区无霜期比美国长。两广、福建、云南等省区南部基本上全年无霜，因而出现了与马来亚相似的热带作物和天然植被。这是美国显然不如我们的。

中国的亚热带（长江以南、南岭以北），与同一纬度的北非、西亚和中美北部相比，也是得天独厚。后三个地区全年干旱，形成干旱的荒漠。我国的亚热带却是雨量充沛，气候温湿，四季常青，是中国也是全世界的一块宝地。这一地区，至今还生存着其他地区早已成为化石的动植物，如大熊猫、金丝猴，长臂猿、银杏、金钱松、水杉等等，叫作“活化石”。在美国的同纬度地区，西部是干旱区，东南部虽属季风气候的亚热带，但面积很小，土层浅薄，排水困难，而且常受寒潮影响，一年只种一季作物，更谈不上像我国亚热带这样丰富的植物资源了。

农业现代化，如何走我国自己的道路，首先就是要克服各地区的不利因素，充分发挥我国自然条件的优越性。

发展农林牧副业必须符合生态规律

发展农、林、牧、副业，主要是发展植物生产和动物饲养。动物靠植物生活。植物离不开一定的阳光、温度、水分、土壤等物质,这就是直接的生态条件。各种植物都要求一定的生态条件,因此,从发展农林牧副业出发,分析地区特征,必须从植物的生态条件来考虑。即不能孤立地谈地区特点,也不能单纯强调植物种类,必须把两者结合起来考虑,这就是因地制宜。

所谓肥土或瘦土、高产作物或低产作物、良种或劣种,都不能孤立地去看,而是要同一定的条件联系起来看。适于某种作物的土壤,对这种植物来说是肥土;反之就是瘦土。同一种作物,种在适宜的土壤上是高产作物;反之就是低产作物。例如,我国东部亚热带,有大量红壤和黄壤,长期以来被称作“低产田”。说它是低产田,实际上是在缺乏石灰和其他肥料的情况下,对水稻、玉米、小麦、黄豆等作物而说的,但对茶叶、油茶、花生、烟草、红薯等来说,在少量施肥的情况下反而是好土。同样,在玉米、水稻生长良好的土地上如种茶叶、油茶等,却不能正常生长,甚至死亡。在北方大家都说盐碱地不好,其实轻质盐碱对甜菜、红花等作物却是好地。毛竹在亚热带生长茂盛,到热带就不行,因为它怕热;到温带也不行,因为它怕冷。

从植物生态学的观点出发,有些地方搞“人造平原”、“改土”、造林单一化等做法,是值得考虑的,或者根本就应当制止。

1975年,南京郊区的一个生产队,动员了成百上千的群众,铲丘陵和低山,大搞“人造平原”。其实,在那些低山和丘陵上种用材林,栽果树,或者造梯田搞水旱轮作,不是很好吗?这样的“愚公移山”实在没有必要。

1963年,在川北丘陵地区,也曾看到成千上万的人在那里挖山填土,搞所谓“改土”,每改1亩的成本是1000元至3000元。“改土”以前,丘顶上种植要求排水好、适应薄土层的花生、甜薯,丘坡上种小麦和玉米,丘底下栽水稻和小麦,基本上适应作物的生态条件。改成稻田以后,在没有拦水的条件下,只能变成“望天田”。这样做,既不讲经济核算,又不符合生产实际。

今年2月我到广西调查,看到某些山区,长期以来,根据上级农业部门的指示,“砍了杂木种杉木”,强调要“成片种杉,种杉必须全垦”,把原有的一些珍贵的阔叶树一砍而光。杉木,作为速生树木,是要在亚热带土层深厚、比较阴湿的山区,才能长好。而在其他生态环境,特别是两广一带的南部就不行。因此,那里种了10年的杉木都成了一棵棵“小老树”。而且,由于破坏了原来的森林结构,搞单一化,对土地养分循环大大不利,而全垦又引起了水土的严重流失。这种做法必须制止。

中国的自然条件,比美国、苏联和加拿大等国都复杂得多。即使在一个不大的范围内,例如一个县,一个社,甚至一个大队,同时就有不同性质的各种土壤,千差万别,错综复杂。同一座山的山顶、山坡、山脚的土质就大不一样,这为开展多种经营、种植多种作物提供了有利条件。因此,不能在生产指导上搞“一刀切”。从发展农、林、牧、副业的生态规律的角度来说,“以点带面”的口号是不正确的,容易使人们不顾具体、复杂的生态条件而生搬硬套,这方面我们已经吃过很多、甚至是很大的苦头。应当以“点面结合”这个比较确切的口号代替“以点带面”的口号。总之,自然界的山、水、气候、田、土、动物、植物之间都是互相联系、互相制约的,形成一个生态系统。破坏了其中一个环节,就会发生一系列连锁反应。我们在规划和发展农林副各业的时候,一定要根据生态规律,正确处理它们之间的相互联系。

几个具体意见

一、要重视开发我国东部亚热带地区

我国的亚热带,特别是它的东部地区,是一块宝地。但我们对这一地区的山地和丘陵红壤地区是重视不够的。我们对我国西部地区的自然情况了解得比较多,做了较多的实地考察。但对人烟稠密、自然条件优越的东部地区考察了解却很不够。其实,在江西、湖南、广西、广东等省(区)的宜垦荒地,虽然每一地块不如西北那样大,但小块连成大块,总面积就可观了。那里雨量丰富、无霜期长,一年可种两季或三季作物;而且红壤土层深厚,只要施用石灰和其他肥料,粮食就能高产。特别是灌溉后绝对不会发生土壤盐碱化或风沙危害的反作用。从近期来说,不宜强调往西北移民,以免破坏畜牧用的草场,造成土壤碱化和沙化。要接受过去因滥垦而发生不良后果的教训。目前先把东部地区的荒地开发起来。虽然农场规模小些、人数分散些,却可以收到事半功倍的效果。

二、如何开发西北

(一)在土地利用的方向上,在大部分地区应以畜牧业为主。

(二)农业只应限于绿洲有条件灌水、排水的地方,不宜过分扩大。有些已垦的盐碱地或沙土,应当尽可能地退耕还牧。

(三)西北有许多耐旱的经济作物,应加强研究,如有特殊用途,可变野生为栽培。这几年,美国在荒漠地区发现一些可做橡胶、工业用油、食用油等的经济价值很高的野生植物。它们耐旱力强,需水很少,已变野生为栽培。同样,我国西北地区经过深入调查研究后,也可能把某些野生经济植物变为家生。

(四)关于改造沙漠,应分别不同情况,采取不同的方针:对半干旱地区人为造成的沙漠,应大力治理;对干旱地区的某些边缘地带进行小规模治理是必要的，但是对全国10多亿亩沙漠的大规模治理，既没有必要，也没有可能。在一望无际的沙漠中，大片大片的沙丘，鳞次栉比，高的100多米，一般的都有50米，近期是无法改造的。例如，南疆塔克拉玛干沙漠是世界上著名的大沙漠之一，雨量一般在50毫米以下，甚至全年无雨，就不能改造。

三、三北地区防护林带的建设问题

在东北、华北、西北地区营造防护林带，对保护农牧业的发展和人民生活，作用极大。但是三北地区地域辽阔，自然条件非常复杂。造林必须根据具体的自然条件，首先是水和土壤的条件，考虑到植树能否成活。有些地方既无水，土壤中又含有大量盐碱，甚至全是石膏层，树木根本无法生长。1958年，甘肃省动员万人在戈壁滩上造林，一棵未活。所以，一定要因地制宜，能搞则搞，不能搞的则不搞，免得劳民伤财。有的地方可以搞“带”，更多的地方要搞成“体系”。不能图形式，强求一律。解放初期东北搞类似“绿色万里长城”的防护林，因未考虑生态条件而失败的教训，应当记取。苏联的斯大林改造自然的大规模营造防护林带的计划，在我国解放初期曾大力宣传过，我们虽然看到画在图纸上很好看，却没有看到真正的林带，这个经验也值得借鉴。“绿色万里长城”的提法，会引起误解，可能会使人们不顾自然条件，强求搞连续不断的“长城”，事实上这是不可能的。所以我很赞同建设“防护林体系”的提法。

三北地区营造防护林，当前第一期工程应放在东部（东北、内蒙古、宁夏一线）农、牧地区最需防护的地带。

要注意保护沙漠里原有的植被。准噶尔盆地的梭梭林大都被砍光了。首先要把已被破坏的林、灌、草恢复起来，或进行人工培植。要选种耐旱树种。栽树要节约用水，注意水分平衡。在水源很缺的农、牧地区，栽树面积不宜过大，以免夺去农作物和牧草用水，影响农、牧业。应当全面考虑农林牧副业的发展。

《人民日报》发表新华社记者和本报记者述评《首都建设中的无政府状况急待改变》并配发编者按

编者按：城市建设中的无政府现象，首都北京和其他大、中城市普遍存在。相当多的城市至今没有一个长远的建设总体规划，有些城市即使有个规划，也没有权威机构去执行，这就使城市建设中出现了不少严重问题，直接影响人民群众的生活和生产建设。这是同实现四个现代化关系极大的一个问题，需要引起有关部门的高度重视。

在全国工作着重点转移到社会主义现代化建设上来的今天，如何把首都的城市建设搞得更好？首都人民、全国人民以及许多外国朋友都很关心这个问题。

解放30年来，首都的城市建设取得了很大成绩。新建房屋面积相当于旧北京原有建筑面积的3倍半，工业总产值相当于解放初期的170多倍，北京已经由一个消费城市转变为生产城市。粉碎“四人帮”以后，在党中央的关怀和北京市委的领导下，加快了城市建设的步伐。但是，由于多年来极左路线的干扰破坏，加上我们对现代化城市建设缺乏经验，首都建设中存在着不少严重问题，有的同志把它概括为长、散、乱、费几个字。

长，就是基本建设战线越拉越长，建设周期越拖越长。长期以来，每年的建设计划大于施工力量，施工力量又大于建筑材料的供应能力。全市每年的基建项目有上千个之多，大家都唯恐自己上不去，结果是你挤我，我挤你。据去年普查，在京各类建设项目达4300多个，其中投资500万元以上的就有196个，除已投资的部分外，要全部完成这些项目，还需投资65亿元。

散，就是各单位自行其是地分散建设，造成“骨头”和“肉”的比例关系严重失调。住房紧张，交通拥挤，商业、服务、医疗、文化等生活公用设施严重不足，水、电、煤气、热力等供不应求。由于市政建设不配套，去年有几十万平方米的新建住宅，不能交付使用，不少工厂由于限水、限电、限制煤气和蒸气，生产能力得不到充分发挥。

乱，就是一些单位，不执行全市统一的建设规划，不听从规划部门的管理，强占地皮，乱搞建筑，破坏城市的合理布局和建筑风格的协调美观。据1973年到1975年的不完全统计，全市违章建筑达100万平方米，平均每年有30多万平方米。这种现象至今仍然不断发生。全市本来不多的公共绿化地，近十几年来竟被挤占了430公顷，相当于20个中山公园的面积。铺设地下管道，由于投资、材料缺乏统一计划和综合平衡，上下水管道、煤气、热力、电力、电讯等各方面往往不能同时配套建设，以致马路修了挖、挖了修，重复施工，难怪有人说：“我们的马路该装上条拉锁。”

这些混乱现象，造成了人力、物力、财力的很大浪费。由于考虑不周，有的重大建设项目，设计好了又另选新址；有的耗水量很大的企业建在缺水地区，不得不花费大量投资远距离引水；有些单位在人口稠密地区乱设污染和噪声严重的工厂，影响市容和居民健康，不得不迁往郊区。前些年，有关部门盖了150万平方米的简易楼房，质量很差，用者叫苦，拆之可惜。

首都城市建设的无政府状态，已经造成了很大的浪费和严重的后果。今后，高层大型建筑、现代化的企业和科研设施日益增多，基建投资动辄就是几百万、几千万元，建设中的这种无政府状态如不赶快纠正，后果将更加严重，解决起来就更加困难了。这是一个急待引起高度重视的问题。

造成无政府状态的主要原因是什么，如何解决这些问题？一些多年从事城市规划和建设管理的同志认为：

第一，要有一个具有法律效力的首都城市建设总体规划，作为各项建设发展和城市管理工作的依据。本来，北京市早在解放初期就开始研究，并于1957年拟订出首都城市建设总体规划的初步方案。但是，近十几年来，由于林彪、“四人帮”的干扰破坏，这个规划方案被停止执行，规划管理机构一度被取消，许多规划资料被销毁，致使城市建设中的无政府状态日趋严重，违章建筑急剧增加。事实证明，城市建设如果没有一个总体规划，各项建设就无章可循，必然盲目发展。这个教训，现在人们看得越来越清楚了。北京是祖国的首都，又是世界闻名的文化古城。在实现四个现代化的过程中，如何搞好首都的现代化建设，这是一个直接关系人民群众生活和生产建设发展的大问题。目前，北京市有关部门正在抓紧修订这方面的规划。总体规划一经制定，就应成为指导首都城市建设的权威性文件，在执行过程中必须支持其严肃性和连续性。同时，还要制定有关城市建设的法规和管理制度，保证总体规划的实施。

第二，必须有个权威机构，把首都城市建设统管起来。首都的城市建设，涉及中央党、政、军、民各个领导机关，单靠北京市来管理，困难很多。北京主管这项工作的城市规划管理局，对于那些不符合首都总体规划的新上项目和违章建筑，无力改变和制止。如果没有一个有权威的首都建设规划管理机构，城市建设的混乱状况是很难改变的。只有建立一个强有力的领导机构，才能做到统筹规划，严格把关，使首都各项建设严格按照总体规划有计划地进行。

第三，要逐步改革现行的基建计划体制，实行统一建设。造成首都城市建设中的无政府状态，还有一个主要原因，就是目前的基建投资办法，是按条条下达，分散建设。这同首都城市建设的统一规划产生很多矛盾。现行的基建投资办法，各单位由于受资金、材料、地皮和种种条件的限制，很容易形成只想局部，不顾全局；只为眼前，不思长远。由于见缝插针进行建设，既影响了首都建设的统一规划，又不利于旧城的逐步改造。在北京城区的2800万平方米的住房中，解放后新建的占一半以上，但大多藏在旧房之中，成街成片的新楼群不多见。这就是撒胡椒面式的分散建设造成的后果。目前，由于分散建设，许多单位搞的建设项目自成体系，大而全，小而全，一组办公用房，围成一个大院，既有礼堂、食堂，又有医务室、招待所、幼儿园。这种搞法，同现代化城市格格不入，同社会化背道而驰，也造成很大浪费。因此，不改变现行的基建计划体制，不解决统一规划与分散建设的矛盾，就很难搞好首都的现代化建设。1975年国务院关于北京市城市建设的一份文件中曾经明确指出：在北京进行的各项建设，都应该接受北京市的统一管理，执行统一的城市建设规划。一般民用建筑，实行统一投资、统一建设、统一分配，并逐步实行统一管理。根据这一指示的精神，首都的基本建设应当实行规划、设计、投资、建设、分配、管理“六统一”。在北京的民用建筑投资和相应的建筑材料应集中起来，结合改造旧城和发展郊区小城镇，由北京市统一规划、统一建设，建成后分配给各单位作用。如果采用这种办法，首都的城市建设将会收到多、快、好、省的效果。

第四，要从根本上改变首都城市建设中的无政府状态，还要加强对现代化城市建设和管理的研究。现代化城市的建设和管理是一门科学。比如，市政工程、民用住宅、商业服务网点和文化、医疗等公用设施的投资、建筑面积，在城市建设中各占多大比例？在旧城改造中，如何保护名胜古迹，把现代化建筑同北京文化古城的特点、建筑艺术的风格巧妙结合起来？又比如，首都市区和郊区小城镇的建设，怎样合理布局、协调发展？如何从北京的特点和资源条件出发，有选择地发展北京的工业生产和各项事业，等等。我们应该就这些问题，总结多年来的经验和教训，吸取外国城市建设的经验和教训，作为今后制定首都城市建设总体规划和加强管理工作的科学依据。

总之，首都的城市建设，涉及在京各部门、各单位，不论是中央机关、驻京部队，或是市属单位，都要从搞好首都现代化建设这个全局出发，凡不必建在北京的工程，不要在京建设；被批准建在北京的，都要严格服从统一的规划和管理。只要加强集中统一的领导，有一个权威性的切实可行的总体规划，加上各个方面同心协力，把首都逐步建设成为现代化城市就大有希望。

国务院副总理耿飚在北京会见以爱德华·迈尔教授为团长的奥地利新闻团

国务院副总理方毅在上海会见由哥伦比亚大学副校长麦格勒·苏文率领的美国哥伦比亚大学代表

邓洁逝世

原第二轻工业部党组成员、副部长邓洁同志，受林彪、“四人帮”反革命路线摧残成疾，患癌症医治无效，于1979年7月26日在北京逝世，终年77岁。

邓洁同志是湖南省安乡县人，1922年加入中国社会主义青年团，1923年转为中国共产党党员。邓洁同志曾先后被选为中国共产党第五届、第七届、第八届、代表大会的代表，全国政协第三届、第四届委员会委员。

7月27日

全国人大常委会法制委员会主任彭真在全国公检法会议上作重要讲话

全国人大常委会副委员长、法制委员会主任彭真，就当前公、检、法三机关的任务以及加强社会主义民主和社会主义法制建设等问题，向参加全国公、检、法有关会议的同志作了重要讲话。

彭真同志说，政法战线当前面临的任务，就是要从法制方面巩固和发展安定团结、生动活泼的政治局面，保障社会主义现代化建设的顺利进行。他说，根据党的十一届三中全会的决策和五届人大二次会议的决定，从今年起，全国工作的着重点已经转移到社会主义现代化建设方面来。华国锋同志在五届人大二次会议上的《政府工作报告》中指出："当前以及今后相当长一个历史时期，我们的主要任务，就是有系统、有计划地进行社会主义现代化建设。"这就是全国人民在现阶段的中心工作。政法战线的任务就是要围绕这个中心工作，为实现四个现代化服务，通过健全和加强法制来保障社会主义现代化建设的顺利进行。如果做到了这一条，就是比较好地完成了我们的任务。

彭真同志说，没有社会主义法制，就没有社会主义民主；而没有民主，没有民主集中制，也就没有社会主义。林彪、"四人帮"既破坏了民主，又破坏了集中，破坏了社会主义法制，破坏了无产阶级专政。这次五届人大制定的几个法，比如地方各级人民代表大会和地方各级人民政府组织法，会国人民代表大会和各级人民代表大会选举法，刑法和刑事诉讼法等，就是本着向前看的精神，从法制方面防止各种坏人坏事兴妖作怪的。彭真同志说：林彪、"四人帮"所以能够横行一时，一个原因是我们的法制不健全，被他们钻了空子。现在要使我们的社会主义法制逐步完备起来，使好人办事有章可循，坏人干坏事受到约束和制裁。刑法、刑事诉讼法规定了只有公、检、法三机关才有依法进行侦查，拘留，预审，批准逮捕，提起公诉，审判等权力，其他任何机关、团体、个人都没有这些权力；规定了严禁刑讯逼供，严禁打、砸、抢，严禁诬告、公然侮辱和捏造事实诽谤他人；规定了被告人有充分的辩护权和重证据的诉讼程序。谁违反了这些规定，就要受到法律制裁。有了这样一些法律规定，只要公、检、法机关坚决做到有法必依，执法必严，违法必究，林彪、"四人帮"一类野心家、阴谋家再要兴风作浪就不那么容易得逞了。

彭真同志回答了会上反映的一个问题：法大，还是那一位首长、那一级党委大？彭真同志明确地回答：法大。他说，法律是党中央的方针、政策定型化的表现，是把经过实践证明比较成熟的党的方针、政策用法律形式固定下来。这几个法律草案是经过中共中央政治局原则批准的，又是经过国家最高权力机关——全国人民代表大会审议通过的，体现了全党和全国人民的意志，代表了全国人民的共同利益。你再大还比党中央大，比全国人民代表大会大？当然，法大并不是说法就永远不可以修改了。随着形势的发展，情况的变化和我们的经验更加丰富，法是可以修改的。但是在没有修改以前必须遵守；修改只能按照一定的法律程序，由原来制定法律的机关——全国人民代表大会或者全国人民代表大会常务委员会决定修改，不是任何人、任何机关可以修改的。

彭真同志在讲到党委领导和检察院、法院独立行使职权的问题时说，检察院、法院独立行使职权，这是党中央、全国人民代表大会，也就是全国人民赋予他们的职责，是他们一项光荣繁重的任务。规定两院独立行使职权，在法律面前人人平等，这并不是新的东西，而是1954年制定我国第一部宪法和检察院、法院组织法时就明确规定了的，是毛泽东同志为首的党中央和全国人民代表大会早就明确规定了的，是我们一贯的主张。资产阶级所谓"法律面前人人平等"，是虚假的，实质上不过是资本的平等。只有我们社会主义国家才能真正做到在法律面前人人平等。法院独立审判，只服从法律，以事实为根据，以法律为准绳，不管你是什么人，都要遵守法律，在法律面前不承认任何人有任何特权。服从法律，就是服从党中央的领导和国家最高权力机关的决定，也就是服从全国人民，就是从法制方面保证全国各族人民的团结和国家的统一，决不是什么"以法抗党"，向党闹独立性。

彭真同志说，检察院、法院独立行使职权，是不是否定或者削弱党的领导呢？不，决不是这样。相反地，要加强党委对法院、检察院的领导，特别是要领导、支持法院、检察院独立行使职权，检查、督促检察院、法院正确执行法律，严格依法办案，还要为检察院、法院配备政治上可靠、思想作风好、有工作能力的称职的干部，加强对检察院、法院干部的思想政治和法制教育，领导理论学习，培养他们优良的工作作风。总之，党委不加强领导，公、检、法机关要完成国家和人民给予的重大任务是不可能的。

彭真同志在讲到政法战线上一些干部仍存在心有余悸的问题时说，我们党中央、国家和人民赋予公、检、法这样大的职权，只要严格依法办事，依法办案，坚持真理，随时修正错误，就不应心有余悸，而是应该“余勇可贾。”当然，公、检、法要很好依靠党委领导，依靠群众。有人担心，法虽然很好，但能不能执行？我认为，有华国锋同志为首的党中央的领导；有全党全军全国人民的支持；加强司法队伍，充实骨干；党员、团员、干部带头守法，那就一定能使法制在全国范围内都得到贯彻执行。

彭真同志在讲到公、检、法三个机关的关系时说，这三个机关是在党的领导下，互相配合，互相制约，共同完成一个任务，就是打击敌人，保护人民，从法制方面巩固和发展安定团结、生动活泼的政治局面。可以这么说，这三个机关好比一个工厂的三个车间，三道工序，一分为三，三合为一。

彭真同志最后说，从明年1月1日起，刑法、刑事诉讼法等6个法律都要生效了。

政法战线要力争主动，努力在今年下半年把过去遗留的各种案件处理好，做好各项准备工作，迎接明年元旦开始执行这6个法律。他希望政法战线广大干部能够克服各种困难，顺利完成这一工作，在健全和加强法制这个光荣任务方面向党向人民报捷。

彭真同志的讲话受到了到会同志的热烈欢迎。

最高人民法院院长江华、最高人民检察院检察长黄火青、政协全国委员会副主席康克清等出席了会议。出席会议的，有正在北京参加全国检察工作座谈会、全国高级人民法院和军事法院院长会议、第三次全国预审工作会议、部分省、自治区、直辖市劳改工作座谈会的全体同志，有中央政法干校的学员，有政法系统各部门和北京市有关部门的负责同志和干部。

国务院副总理王震在北京会见美国密执安州底特律市威恩州立大学电子光学教授杨振寰以及他的夫人和子女

7月28日

中共中央主席华国锋在北京会见澳大利亚共产党(马克思列宁主义)主席爱·弗·希尔和夫人乔伊斯·希尔

《人民日报》发表社论《理论工作唯一正确的方针》

随着全党工作着重点的转移，理论工作的着重点也应当转移。把着重点转移到面向四个现代化建设的实际，以马克思列宁主义、毛泽东思想为指导，创造性地研究新情况，解决新问题，这是新时期理论工作唯一正确的方针。离开了这一点，我们的理论工作就不可能有什么大的作为，就不可能对四个现代化建设作出大的贡献。

现代化建设要有科学理论的指导

实现四个现代化，既是一项伟大而复杂的经济任务，又是一次广泛而深刻的社会革命。可以预料，在现代化基础上，我国社会发生的变化，就其广度和深度而言，将要大大超过以往的社会主义改造。很显然，从事这样一项伟大的事业，如果没有科学的理论作指导，要想取得成功，是不可能的。马列主义、毛泽东思想是我们进行四个现代化建设的指导思想。但是，这种指导决不是生搬硬套，而是要把马列主义、毛泽东思想的基本原理同四个现代化建设的实践结合起来，加以具体化。为此，就要对我们的国情(历史和现状)作出科学的分析，对农业、工业、科学技术和国防现代化的问题，以及同现代化建设有密切联系的种种实际问题，作出科学的说明，以指导人们的实践。

毛泽东同志多次引用斯大林的一句名言：“离开革命实践的理论是空洞的理论，而不以革命理论为指南的实践是盲目的实践。”(《斯大林全集》第六卷第79页)没有科学理论指导的盲目的实践，不可能不走弯路，不可能不遭到失败。在新长征刚开始迈步的时候，联系我们的历史经验，认真思考一下这个问题，是很有必要的。

在民主革命初期，我们党对中国的历史和现状，对中国革命的特点和规律，还没有系统的、深入的研究，还没有把马克思主义的普遍真理同中国革命的具体实践结合起来。那时，虽然我们许多同志满腔热情，一股劲儿地干革命，但并不懂得应当革什么，怎样革，那些该先革，那些该后革，带有很大的盲目性。斗争曾经取得很大的成绩，但不可避免地遭到了严重的挫折。经过两次大的胜利，两次大的失败，在胜利和失败的比较中，我们逐步认识并掌握了中国革命的特点和规律，对中国革命的种种问题，我们在理论上有了清醒的深刻的认识。正如毛泽东同志所讲的那样，只有在这样的条件下，才能写出《中国革命战争的战略问题》《论持久战》《新民主主义论》等理论著作。在马克思主义普遍真理与中国革命的具体实践日益结合的基础上，形成了毛泽东思想。在毛泽东思想这个科学理论的指导下，我们制定了正确的路线、方针、政策和一整套战略战术，使全党的思想空前统一，因而在不长的时间内就取得了民主革命的伟大胜利。

新中国成立以来近30年的社会主义建设，经历了曲折的过程。我们虽然有巨大的成绩，但远远没有能够得到本来应该得到的成就。造成这种状况的原因固然很多，但理论没有密切结合实践，甚至脱离实践，无疑是一个重要原因。这些年来，由于理论上分不清什么是社会主义,什么是资本主义,我们吃了不少苦头。毛泽东同志曾经讲过:"在社会主义建设上,我们还有很大的盲目性。"事实就是如此。对社会主义建设的客观规律,对组织社会主义经济的方法,对社会主义革命和建设的关系等一系列问题,我们还没有从理论上弄得很清楚。因此,有时在路线上、方针上、政策上,在经济的计划和管理上,在其他许多问题上,就难以摆脱盲目性,就不可避免地违背了客观规律。

实践已经证明,用单纯行政手段搞经济是不行的,用军事方式搞经济更是不行的。管理经济,首先要懂得经济工作的客观规律,就是说,要有科学理论的指导。搞其他各项社会主义事业也是如此。因此,科学理论的指导,是使我们的现代化建设避免大的曲折、少走弯路、取得胜利的基本条件之一。

理论应当在现代化实践的基础上向前发展

对于社会主义建设问题,毛泽东同志有许多精辟的论述和光辉的思想。这是毛泽东思想的重要组成部分,是我们进行现代化建设的指针。但是,也必须老老实实地承认,在社会主义建设方面,我们在理论上还有许多空白。这些空白是必须填补的。我们要在建设四个现代化的实践中,创造出我们自己的建设社会主义的完整的科学理论,把马列主义、毛泽东思想这门科学推向前进。

毛泽东同志早就提出:"社会主义建设,从我们全党来说,知识都非常不够。我们应当在今后一段时间内,积累经验,努力学习,在实践中间逐步地加深对它的认识,弄清楚它的规律。一定要下一番苦功,要切切实实地去调查它,研究它。"

30年来,我们的理论工作在宣传马列主义、毛泽东思想,批判各种错误思想方面,是有成绩的。在总结实践经验,研究新问题,提出新的观点,发展理论方面,一些理论工作者也做了努力。但从总的情况看,新的研究成果不多,问世的系统的理论著作更少,同经济建设一样,理论工作的成绩也是不能令人满意的。

这些年来,理论工作的最大障碍,是被林彪、"四人帮"搞到荒谬已极的现代迷信。

林彪、"四人帮"公然胡说,毛泽东同志的著作是什么"顶峰"。在他们那里,马克思列宁主义、毛泽东思想成了僵死不变的教条。他们妄图把无限丰富的生活硬性地纳入他们惯用的几个简单的抽象的概念和公式之中。另一方面,他们又认为,如果理论要向前发展,那也是一两个"头脑特别灵的"天才人物的事,其他人要在理论上有什么创造,那是既不可能,也不应该。凡是在理论上有所思考的人,一概被他们认为是"离经叛道",被打成"反动权威"、"反革命修正主义分子"。本来就不够活跃的理论界,更是万马齐喑,一片荒芜。

粉碎"四人帮",扫除了理论工作的最大障碍。实践是检验真理的唯一标准问题的讨论,又大大解放了人们的思想。30年来正反两方面的经验启发了我们的思想,国际的经验又开阔了我们的眼界,现代化建设的实践已向我们提出了许多理论问题,开展马克思主义理论工作的主客观条件从来没有像现在这样好。粉碎"四人帮"以后,广大理论工作者意气风发地投入战斗,揭露批判了林彪、"四人帮"的种种谬论,打碎了他们制造的一系列精神枷锁,恢复了马列主义、毛泽东思想的本来面目,使理论工作重新获得了生气和活力。如果说,前一时期我们的理论工作是以破为主,破中有立,那么,现在就应当以立为主,立中有破。就是说,我们的理论工作要以研究现代化建设中的新情况,解决现代化实践中的新问题为主,当然,还要继续批判林彪、"四人帮"的反动谬论,克服各种错误思想和糊涂观点。

理论工作要坚持以立为主,就要全面理解解放思想的问题。从来的思想解放运动都包括破和立两个方面。17、18世纪欧洲新兴资产阶级的思想解放运动,激烈批判了封建制度和宗教神学,论证了资本主义制度的合理性和必然性,提出了资产阶级的政治、经济主张。我国"五四"时期的思想解放运动,猛烈地抨击了以孔家店为标志的封建制度和思想,大声疾呼科学和民主。这些思想解放运动都是有破有立的。破是立的前提,立是破的目的。我们把思想解放的重点从批判林彪、"四人帮"的反革命谬论,转到以马列主义、毛泽东思想为指导,研究新情况、新问题上来,不但是实践发展的需要,而且符合思想解放运动的发展规律。

把马列主义、毛泽东思想的普遍真理同实现四个现代化的伟大实践密切结合起来,研究新问题,解决新问题,尽可能地使我们的思想理论工作走在实际工作的前头,使马列主义、毛泽东思想在实践中不断丰富和发展,指导我们夺取新长征的胜利。这既是新时期理论工作的根本任务,也是理论工作者唯一正确的方针。我们应当坚定不移地贯彻执行这个方针。

不"唯上",不"唯书",敢于思考,勇于创造

理论工作要面向实际,就必须克服和防止两种倾向,一是"唯上",二是"唯书"。

"唯上",就是按照"有权就有真理"的原则,一切以上面说的为准。凡是上面说的,不管合不合实际,有没有根据,一概奉为真理。在这种方针指导下的理论工作,不问实际的情况,不听群众的意见,更不进行独立的思考,只是盲目地为某些人的一些想当然的思想观点找根据,作辩护。当然,对领导同志在理论问题上发表的意见,应当尊重,应当学习和研究,这是没有问题的。我们反对"唯上",并不是说要对上面的意见采

取一概否定的态度。我们是说，领导的意见也要接受实践的检验。那种既不是来自实践，又不受实践检验，唯命是从的理论工作，不但没有出息，而且很危险。林彪、"四人帮"、陈伯达和那个"理论权威"，不就是打着党中央的旗号，以"中央首长"的身份到处发表谬论的吗？一些人由于没有认真调查研究、独立思考，而上当受骗，这样的教训还少吗？

"唯书"，就是迷信书本。马列主义的书、毛主席的书，我们必须认真学习，努力掌握其中的立场、观点和方法，用以指导我们的理论工作。但迷信是另一回事。凡是书上写的，不问是否真有道理，也不管时间、地点、条件的变化，一概照搬。这种理论工作，在书本上打转转，从理论到理论，不是死钻名词概念，就是专搞观点的汇集，空话连篇，远离实际。对于人们提出的实际问题，不是用马克思主义的立场、观点和方法，进行调查研究，得出符合实际的科学结论，而是片言只语地引经据典，企图从书本上去找现成的答案。这种理论工作把人引上教条主义的道路，不能解决任何实际问题，没有什么用处。

理论工作不能"唯上"，也不能"唯书"，正确的态度应当是面向实际，实事求是，就是说，要"唯实"。在历史新时期，就是要对四个现代化建设中遇到的种种实际问题，进行深入的考察研究，从理论上加以说明，用规律性的知识武装人们的头脑。我国社会阶级关系和主要矛盾的变化，经济建设中的各种新问题，以及民族关系、民主和法制、执政党的建设等问题，都需要从理论上阐述清楚。为了发展生产，农业、工业、商业、交通、财政等各个方面，生产、流通、分配、消费各个环节，都有一系列问题需要研究探讨。大量的社会问题，如劳动就业、社会风气、人口控制、人民的衣食住行等等，也只有在理论上研究清楚，找出其规律性，才能解决得好。当前，在理论上阐明"调整、改革、整顿、提高"的"八字方针"，特别是如何改革经济的问题，是摆在我们面前的一个重大课题。如果我们把目光放远一点，从实现四个现代化，建成伟大的社会主义国家，并为向共产主义过渡创造条件的角度考虑一下，需要研究解决的理论问题就更多了。所有这些问题，都应当去研究，去探讨。

研究现状，不能割断历史。为了说明当前的问题，当然要认真总结历史经验。我们多年来的正反两面的经验是十分丰富的，这是一份十分宝贵的财富。但是，我们不是为总结而总结，而是为了解决当前和今后的实践问题。不着眼于当前的需要而孤立地研究历史，这不是我们搞理论研究应取的态度。

为了解决在中国进行现代化建设的问题，还需要借鉴国际的经验。"我们的方针是，一切民族、一切国家的长处都要学，政治、经济、科学、技术、文学、艺术的一切真正好的东西都要学。"粉碎"四人帮"以来，我们的理论工作者已开始重视对国际情况和国外经验的调查和研究，并已取得了一定的成绩。但是，这仅仅是个开端。我们应当坚持向外国学习的口号，人家的长处，一切真正好的东西，都要学。

不"唯上"，不"唯书"，这是理论工作者的党性的表现。现在，我国正处在一个伟大的历史转变时期，更需要理论工作者坚持这种党性。我们的事业日新月异，新事物层出不穷。我们的理论工作者要努力深入实际，勇于探索新问题，勇于提出新的见解，勇于纠正同实际情况不相符合的错误观点，勇于打破过时的陈旧论点。作为一个马克思主义的理论工作者，任何时候都应当丢掉个人得失，坚持党性原则。对的就坚持，错了就改正，光明磊落，永不停息，这是理论工作者应有的风格。

我们的理论工作者是否还是太斯文了？我们的同志是否还有思想僵化、心有余悸的问题？研究新情况，解决新问题，是否已经蔚然成风？是否还不同程度地存在"唯上"、"唯书"的现象？这些，值得我们很好地想一想。这种情况的存在，同形势发展对理论工作者提出的要求很不相称。在理论工作者中，一般说来，对于过去的问题，人们比较熟悉，材料也好找一些。研究新问题，是探索性的工作，往往是从头开始。因此，我们的理论工作者要有极大的热情，充分发挥主动性、积极性，大大发扬敢于思考、勇于创造的精神。

为了使理论工作面向实际，我们还要提倡实际工作者特别是领导同志亲自做理论工作。领导者亲自做理论工作，这是我们党的一个好传统。在这方面，毛泽东同志是我们的光辉榜样，周恩来同志也是全党的表率。毛泽东同志不但亲自写了许多光辉的理论著作，而且善于从理论的高度，提出并解决实际工作问题，今天，我们要大大发扬这个好传统，要坚决抛弃那种自己不动脑、不动手，一切依赖秘书，习惯于画圈圈、念稿子的不良风气，改变那种遇到问题就事论事，不进行理论思维的毛病。这对于扫除官僚主义，提高全党的理论水平，具有重要的意义。

搞好理论工作是全党的事，决不是少数人所能担当得了的，必须依靠全党，特别是广大理论工作者的共同努力。我们曾经提出，要"打开理论工作的广阔天地"。现代化建设的实践，就是理论工作的广阔天地，就是进行创造性理论研究的丰富源泉。生活之树是常青的。我们相信，在马列主义、毛泽东思想指引下，面向现代化建设的实际，研究新情况，解决新问题，敢想敢说，敢于创造，我们的理论工作一定能够不断前进。

国务院副总理耿飚在北京会见尼日利亚联邦共和

国新任驻中国特命全权大使爱德华·奥卢索拉·萨努

国务院副总理王震在北京分别会见美国阿拉斯加州太平洋大学访华团和美国圣路易华盛顿大学教授张慎四

国务院决定恢复北京农业机械化学院

《人民日报》报道，北京农业机械化学院创办于1952年，是我国第一所高等农业机械化学校。到1966年，已办成有3000多名学生的多学科农业工程性大学，成为全国农业机械化教学、科研的中心，共培养了7000多名大学生、200多名研究生和进修教师，为全国农机战线输送了一支重要力量。“文革”期间这个学校被迫迁离北京。1974年，又从四川迁到河北邢台，改名为华北农业机械化学院。在那里缺乏必要的办学条件，国家交给的教学、科研任务难以完成。粉碎“四人帮”以后，国家对该校的办学问题非常重视，国务院负责同志亲自作了实地调查。经调查研究，国务院决定该校迁回北京原址办学，并恢复北京农业机械化学院名称。

全国中学数学竞赛委员会在北京举行发奖大会

中共中央政治局委员、国务院副总理、全国数学竞赛委员会名誉主任方毅参加了大会，并亲自给66名优胜者颁发奖品。

今年的数学竞赛是在总结了去年部分省、市数学竞赛经验的基础上举行的。除台湾省外，全国29个省、自治区、直辖市都参加了这次竞赛。参加竞赛的中学生共1107人。他们于5月20日分别在各省、自治区、直辖市设立的考场，同时进行统一试题的考试，经过全国数学竞赛委员会反复审卷、严肃考核，最后评选出66名优胜者。其中北京市第四中学李伟固、上海市鞍山中学欧阳峰、天津市南开中学高为奇、上海市建设中学章柏海获得一等奖；获得二等奖的有10人；获得三等奖的有52人；还有40人受到表扬。

共青团中央书记周鹏程主持发奖大会。全国科协代主席周培源代表全国数学竞赛委员会作总结发言。他说，这次竞赛的命题既考虑到当前中学数学教学的实际，又注意到有利于调动师生教和学的积极性，有利于加强基础知识和基本技能训练，有利于提高教育质量和选拔人才。从试卷分析看，各地数学教学质量有所提高，成绩比较好。但是，竞赛是提高教学质量的辅助手段，今后要在搞好教学工作的基础上，结合课外活动，开展小型多样的学科竞赛，使学生在德智体诸方面都得到发展。教育部副部长董纯才和一等奖获得者李伟固代表教育部和获奖者讲了话。

参加今天大会的还有：教育部副部长张承先、全国科协副主席刘述周、全国科协书记处书记王顺桐等。

7月29日

邓小平在接见解放军海军党委常委扩大会议全体同志时发表讲话

邓小平指出：党的思想路线和政治路线已经确立了，现在我们还没有解决组织路线问题。对林彪、“四人帮”的影响不能低估。解决组织路线，最大、最难、最迫切的问题是选好接班人。中国的稳定，四个现代化的实现，要有正确的组织路线来保证，要有真正坚持马克思列宁主义、毛泽东思想和党性强的人来接班才能保证。

国务院发出《关于农村基层供销社划归人民公社经营试点的通知》

国务院副总理王震在北京会见以华盛顿大学副教务长詹姆斯·戴维斯为团长的美国圣路易斯地区华盛顿大学 密苏里大学和国际学院联合访华团

7月30日

中央纪委在北京召开全国纪检工作会

新华社报道，中共中央纪律检查委员会最近在北京召开的全国纪律检查工作会议上，中央纪律检查委员会第三书记胡耀邦同志在会上作了重要讲话。

来自各省、自治区、直辖市负责纪律检查工作的同志，汇报了情况，交流了经验。会议回顾了中央纪律检查委员会成立7个月来纪律检查工作的情况，分析了当前党风、党纪的基本状况，研究了进一步搞好党风，严肃党纪，坚决而有步骤地加强党的建设的若干问题。大家解放思想，畅所欲言，经过热烈的讨论，统一了认识。很多头发斑白的老同志表示，为了把我们的党建设得更加伟大、光荣、正确，要鞠躬尽瘁，奋斗不息。许多年轻同志表示，要认清新的历史时期党的纪律检查工作者的光荣责任，勇挑重担，把纪律检查工作做得更好。

会议认为，在党中央领导下，中央纪律检查委员会确定的工作方针是正确的；《关于党内政治生活的若干准则》征询意见稿，对于加强党的思想建设和组织建设开始发生了重大影响；各级党组织建立了纪律检查机构，调查处理了一大批案件；摸索和积累了一些搞好纪律检查工作的经验，工作中的成绩是显著的。同时也要看到，按照新时期加强党的建设的要求，我们的工作还做得不够,需要继续努力,把事情办得更好些。

同志们在讨论中一致认为,党的纪律检查工作,必须同党的思想建设和组织建设紧密结合起来,为党的政治路线服务。要坚决维护和贯彻党的十一届三中全会的方针和政策,坚决执行党的民主集中制原则,维护党规党法,坚决恢复和发扬党的实事求是、艰苦奋斗的光荣传统。在工作中,既要有革命的胆略和勇气,又要讲究步骤和方法。要以“预防为主”。在教育党员增强党性,遵守党纪,继承和发扬党的优良传统的同时,要大力做好党内的立法工作,使全党上下都知道什么是正确的,什么是错误的;什么是允许做的,什么是不能做的。把这些条例化、制度化,使之成为党规党法,全党同志就有了指导自己言行的准绳和向不良倾向进行斗争的武器。

到会同志认为,十一届三中全会以来,党的重大决策和确定的各项方针政策,是新中国成立近三十年正反两个方面经验的总结,实践证明是完全正确的,要教育全体党员、特别是党的干部,认真学习,坚决维护,切实执行。各级纪律检查委员会一定要把维护党的路线、方针政策的严肃性,加强这方面的思想教育,摆在自己工作的第一位。

在讨论如何有效地克服少数党员干部利用职权谋私利、搞特殊化的问题时,大家一致认为,当前重要的是要先刹住这股林彪、“四人帮”时期兴起来的歪风,逐步制定出必要的规章制度,大力提倡恢复和发扬我们党艰苦奋斗、和群众同甘共苦的优良传统。各级领导干部、特别是党的高级干部要在这方面起模范带头作用。在讨论如何增强党性、消除派性的问题时,大家一致认为,要充分认识到林彪、“四人帮”煽动和利用派性分裂党、分裂群众所造成的严重危害。为着克服派性,必须强调看实际行动,用实践来检验人们是按党性办事,还是按派性办事。还要教育党员具有无产阶级的宽阔胸怀,团结起来向前看,团结起来搞四化。对那些至今仍然闹派性的人,要在党的会议上进行批评,对坚持不改的要以违犯党纪论处。

胡耀邦同志在题为《关于搞好党风、严肃党纪的几点意见》的报告中指出:我们的党,正在领导中国人民进行一场新的伟大的斗争,这就是举国上下同心同德,为实现四个现代化而奋斗,把我们的伟大祖国建设成为一个强大的社会主义国家。这是我们党当前和今后的奋斗目标,是一个具有深远意义的政治纲领。党风好不好,对于实现这个宏伟的纲领关系很大。应当说,现在我们党的风气,同林彪、“四人帮”在台上时根本不同了。实事求是,理论联系实际,批评与自我批评,密切联系群众的作风得到了不同程度的恢复和发扬。党的生活比较正常了,党更加团结了。党群关系好得多了,党的威望大大提高了。但是,也还有些环节改进得不快;人们意见最多的是某些干部的特殊化、派性、官僚主义、办事效率低等问题。这些都应当引起我们严重注意,认真对待。

胡耀邦同志说,各级纪律检查委员会,要从新形势的需要和党的现状出发,认真研究如何坚决而又有步骤地加强党的建设,做好纪律检查工作。对此,他提出了6点要求:

一、要认真教育我们的党员,特别是教育党员干部,坚决执行和维护党中央所确定的新时期的路线、方针和一整套政策,以保证全党政治上和思想上的统一。

二、要认真地坚决地同派性作斗争,维护全党在马克思主义原则基础上的统一,并用组织的物质统一来巩固党在政治上和思想上的统一。

三、要认真地把党的组织生活搞得更加正常,一切按照民主集中制办事,不允许个人说了算,不允许搞极端民主化和无政府主义。

四、要努力克服一部分党员,特别是某些领导干部严重脱离群众,严重腐蚀党的肌体的不良作风,发扬我们党的优良作风。

五、要认真恢复历来行之有效的党内斗争的优良传统,坚持团结——批评——团结和惩前毖后、治病救人的方针。

六、要有步骤地改革党的干部制度,有步骤地实行选举、考试、考核、监督、奖惩、罢免、轮换、退休等制度。

在谈到各级纪律检查委员会如何在搞好党风、严肃党纪方面更好地发挥作用时,胡耀邦同志说:除了配合有关部门加强党的思想建设和组织建设外,要迅速拟定出一系列党规党法,诸如党内政治生活准则、领导干部生活待遇标准,认真执行民主集中制的具体规定、党员的权利和义务,等等,报经中央批准后实行。对于各级党组织和党员遵纪守法的情况,要认真进行检查,并根据党内目前出现的一些歪风和值得警惕的问题,发布一些纠正和预防性的通告。讲了就要算数,就要坚决办到底,做到令行禁止,决不敷衍。对党风党纪好的要表扬,对那些在立法之后依然违法的要进行严肃处理。我们一定要同全党同志一起,努力把党风党纪搞好,真正做到上上下下同心同德,给领导中国人民为完成新的历史任务而奋斗的伟大、光荣、正确的党增添新的分量。

中央纪律检查委员会副书记王鹤寿同志作了会议总结发言。他在讲了这次会议的收获之后指出,党的纪律检查工作必须为实现四个现代化服务,必须围绕着全党全国的这一中心任务去进行,要有助于安定团结地发展四个现代化建设,有助于健全社会主义民主与法制,坚决消除妨碍实现这些基本方针的消极因素。

他要求所有搞纪律检查工作的同志在工作中一方面要有勇气，不怕丢乌纱帽；另一方面又要沉着、冷静、全面、慎重，凡事都要认真调查研究，搞准事实真相，不要被一些假象谎言所蒙蔽。做纪律检查工作的同志，必须成为遵守和执行党纪国法的模范。有些案件如果与自己的亲友家属有关，或是自己过去处理错了的，要主动回避，让别的同志去办。

中央纪律检查委员会副书记王从吾、张启龙同志也在总结会上讲了话。参加这次工作会议的，还有中央纪律检查委员会副书记刘顺元、袁任远、章蕴、郭述申、马国瑞、李一氓、魏文伯、张策等同志。

第五届全国人大常委会在北京举行第十次会议

会议决定设立中华人民共和国外国投资管理委员会，任命谷牧副总理兼委员会主任；决定设立中华人民共和国进出口管理委员会，任命谷牧副总理兼委员会主任。

外经部副部长汪道涵受国务院委托，在会上作了《关于筹组进出口管理委员会和外国投资管理委员会的说明》。会议由乌兰夫副委员长主持。

宋庆龄、韦国清、彭真、谭震林、赛福鼎、姬鹏飞、周建人、许德珩、史良副委员长出席了会议。

国务院副总理陈慕华、最高人民检察院检察长黄火青列席了会议。

《人民日报》发表记者述评《加快按专业化协作原则改组工业》

华国锋同志在五届人大二次会议的《政府工作报告》中指出："要有计划有准备地成立各种企业性的专业公司和联合公司，逐步改变目前许多企业'大而全'、'小而全'、经济效率很低的落后状况，逐步改变目前由许多臃肿、重叠、效率很低的行政管理机构来管理经济的落后状况。"

我国在60年代初，就曾按照专业化协作的原则试办过一些全国性的和地区性的专业生产公司。后来由于林彪、"四人帮"的干扰破坏，使这项工作未能继续进行，已成立的专业公司大都先后被迫停办。粉碎"四人帮"后，不少地区和部门又积极着手按专业化协作原则改组工业，为了取得经验，国家经委商同北京、上海、天津三个市和辽宁省在这方面先行一步。从这四个试点省、市和江苏、四川等省的情况来看，一年多来工业改组工作已经初见成效。主要表现在：

一、把大量的分散的企业组织起来，实行归口管理、统一调度指挥，开始改变了地方企业领导多头、管理分散的现象。北京市的市、区属工厂改变了管理体制以后，生产发展比较快。1978年，原区属工厂的产值，比1977年增长23%，高于全市工业总产值增长百分之13.8%的水平。

二、按行业统一规划和合理分工，截"长线"、补"短线"，进行初步调整，改变一些工厂的产品方向，发展了重点产品和适销、"短线"产品，增加了出口。上海电视机行业的47个工厂组成电视工业公司后，调整合并了一部分设备条件差、质量差、"长线"产品的工厂，并把原来由整机厂生产的一些专用部件，组织专业厂生产。去年电视机产量比前年增加了96%，产品质量稳步上升，成本下降，全行业已扭亏为盈。上海市在专业公司的基础上，还开始进行了工业公司和外贸公司合一、工业公司和商业公司合一的试点工作，使产销紧密结合。

三、开始改组"大而全"、"小而全"的工厂，按产品、零部件、工艺等组织专业化生产，采用高效专用设备和先进工艺，变小批量为大批量生产，提高了经济效果，挖掘了企业潜力。

四、大厂带动小厂，帮助小厂加强企业管理，培训技术骨干，提高产品质量，解决生产技术管理上存在的问题。

五、统一组织技术后方、交通运输和生活服务等方面的工作，既提高了效率，又使工厂集中精力搞好生产。

此外，结合专业化改组，还着手解决了一些企业对城市"三废"污染和噪声扰民问题。有些公司、总厂，还积极开展了统一下料供料、综合利用，以节约求增产，等等。

从上述的初步效果可以看出，按专业化协作原则改组工业，确实是少花钱、见效快，挖掘现有企业潜力，加快我国工业发展的一个重要途径。

参加改组工业试点的省、市同志反映，当前工业改组工作中矛盾很多，阻力不小，企业性公司的试点工作进展缓慢。其原因，一是现行经济管理体制还没有进行全面改革，计划、财政、物资、劳动等体制还是按老一套办事，公司没有多少自主权。二是有一系列的政策问题，如税收政策、价格政策、全民和集体两种所有制的关系等等，没有明确解决。三是干部思想上的阻力，如本位主义、小生产思想，用行政方法管理经济的老习惯、旧框框，等等。四是企业调整、改造所需的资金和设备、材料不好解决。另外，目前试办的专业公司，缺少自上而下、上下结合的统一规划，造成各行其是、互相脱节，也影响工业改组的顺利开展。对这些问题，大家要求在今后进行企业性公司试点和体制改革中，认真进行调查研究，总结经验，积极地有步骤地予以解决。

按专业化协作的原则改组工业，是对现行经济管理体制实行全面改革的一个重要内容，既要积极又要慎重。怎样才能搞好这一工作？根据一些省、市的实践，需要处理好以下一些问题：

一、关于如何对待过去已成立的专业公司(总厂)问题。从试点省、市的情况看，已成立的公司(总厂)大体上有三种情况：第一种基本上是企业性的公司，对所属企业的产供销、人财物实行统一管理，独立进行经济核算；但由于现行体制条件，企业自主权很小。这是少数。第二种基本上是行政性公司，还没有进行统一核算，但对企业的产供销部分地实行了集中统一管理。第三种是行政性的公司，在安排计划、组织生产技术管理、交流经验方面做了一些工作。这后两种占多数。由于现有的大多数公司基本上还是行政管理机构性质，不是独立核算的经济组织，大事上面有局管，小事下面有厂管，往往反而增加了一个层次。为了更好地发挥专业化协作的优越性，对现有的行政性公司必须积极创造条件，向企业性的经济组织发展，而不能老是停留在现在这个阶段。

二、按专业化协作原则组织专业公司，一定要从实际出发，根据不同地区的特点和工业发展水平，采取不同的做法和步骤。京、津、沪等工业集中的大城市，在各个工业局下，成立一批分工较细的专业公司(总厂)，还是必要的；有些中等城市，在开始组建专业公司时，不宜划得太细太专，有的公司也可以由市里直接领导；有些地方和中小城市工业基础比较薄弱，工厂企业不多，就没有必要硬把那些供产销缺乏有机联系的工厂组织在一个公司里。

三、关于改变企业隶属关系问题。一年多来，北京、天津、辽宁等省、市，上收了一部分区属企业归市领导，调整了某些企业的隶属关系，看来是必要的。不这样做，无法实行集中统一管理，进行必要的调整改组。但是，不必把所有生产同类产品或者配套协作的工厂都划归公司来领导。有些行业和产品，可以采取行业归口、统一计划、分级管理、组织“一条龙”协作生产等办法。对上收集体所有制企业，更应该采取慎重态度。至于街道工业和社办工业，不要上收和改变所有制，生产上需要把它们组织起来的，可以用经济合同办法建立固定的协作关系。

四、对“大而全”、“小而全”工厂的改组问题。既要积极引导它们向生产专业化和协作的方向发展，逐步改变目前经济效果很低的落后状况；又要对分厂、并厂、下放和扩散的条件进行具体分析、区别对待。要防止为专业化而专业化，把本来在生产上有密切联系、经济上还比较合理的联合企业人为地拆散，或者把不应该集中统一的事情也统一集中上来。

五、关于全民和集体两种所有制的关系问题。一个公司内有全民和集体两种所有制的企业，究竟如何统一核算？原则上不能混淆两种所有制的性质，在财务上可以分户记账、单独核算、互不平调；固定资产、利润、税收都分别计算，分别上缴。

按专业化协作原则改组工业是一件大事，应该有计划有步骤地进行。国家经委有关负责同志建议，各省、自治区、直辖市和工业交通各部门，都要结合3年调整的任务，制定分行业的改组工业的规划。这个规划要同当前的工业调整规划相结合；同制定发展工业的长远规划相结合；同发展外贸出口、引进技术的计划相结合；同采用新技术、进行挖潜革新改造规划相结合；同加强科研、培训和壮大技术力量相结合。各部门拟订的全国性行业改组规划要和各省、自治区、直辖市的分行业规划衔接起来。制定工业改组的规划，组建公司，一定要讲究经济效果。要通过改组，把现有的生产能力更科学、更合理地组织起来，取得更好的经济效果，促进生产力的发展。

《人民日报》发表评论员文章《集体所有制企业有强大的生命力》

新中国成立以来，社会主义的集体所有制企业从无到有，从小到大，几经反复，走过了坎坷不平的道路，有了很大的发展，已成为社会主义经济的一个重要组成部分。十几年来，由于林彪、“四人帮”推行极左路线，集体所有制企业遭受的干扰破坏相当严肃。不少地方把集体所有制企业说成是“半社会主义的经济”，是“资本主义的尾巴”，采取了“利用、限制、改造”的错误政治，极大地影响了集体所有制企业的发展，不少行业到了崩溃的边缘。打倒“四人帮”以后，党对集体所有制企业的方针和政策重新得到贯彻执行，情况逐渐有所变化。但是，目前集体所有制企业的问题还是很多的，不仅极左路线的流毒需要进一步肃清，还有许多是非需要澄清，政策需要落实，实际困难需要解决。

按照我国宪法规定：“生产资料所有制现阶段主要有两种：社会主义全民所有制和社会主义劳动群众集体所有制。”这一规定说明了，集体所有制企业和全民所有制企业都是社会主义性质的经济，是“平起平坐”的。现在，对集体所有制企业是社会主义性质的经济这一点，一般地说，是没有人反对了。但是，还有一些人认为，集体所有制企业落后，不如全民所有制企业先进，两种所有制企业怎么能“平起平坐”呢？集体所有制企业真的比全民所有制企业落后吗？这是一个需要认真加以探讨和对待的问题。如果说全民所有制企业规模较大，设备较好，技术较先进，当前不少集体所有制企业在这些方面还比不了，这是事实。但并不能由此得出结论：集体所有制企业各方面都不如全民所有制企业。马克思主义认为，判断一种所有制是否进步，唯一的标准只能看它是否符合生产力发展的需要，能否促进生产力的发展。我国的集体所有制企业，大部分是在1958年以后，由城镇居民、社会上的闲散劳力自力更生、艰苦创业建立起来的。它在成长过程中，几经风雨，终于冲破重重阻力而茁壮地发展起来。目前集体所有制企业职工总数已占全国职工总数的近三分之一，产值占工业总产值的五分之一。这种情况，雄辩地说明了集体所有制企业具有强大的生命力。集体所有制企业的所有权属于本企业的劳动者集体。在这些企业中从事劳动的干部、工人，对本企业有当然的管理权、经营权和分配权，它比全民所有制企业有更大的自主权；它实行独立核算、自负盈亏的原则，既没有"大锅饭"吃，又没有"铁饭碗"可端；它的经营成果和职工的个人利益紧密地联系在一起，因而能够比较充分地调动职工的生产积极性。所有这些，正是目前某些全民所有制企业所缺少的。因此，集体所有制企业和全民所有制企业相比较，它的经营原则和管理方法，在许多方面是值得全民所有制企业借鉴的。

不少同志对集体所有制企业的这些特点和优点认识不足，盲目地搞所谓"过渡"，硬要按照全民所有制企业的模式来改造集体所有制企业。有些地方，借"调整"之名，行平调之实。调整后的集体企业，实际上成了"市所有"、"区所有"、"街道所有"，全部利润上缴管理部门和行政部门，搞得一些集体所有制企业一身空；职工的个人利益和企业的经营成果完全脱离，自负盈亏、按劳分配的原则不能执行。这样的集体所有制企业，实际上是"两不像"，既不像全民所有制企业，又不像集体所有制企业。有些工人不满地说：全民所有制企业的优越性，我们享受不着，集体所有制企业所受的"窝囊气"，我们少不了。实践证明，集体所有制企业在实行自负盈亏、按劳分配的经营原则时，它是朝气蓬勃、充满活力的，是盈利的；如果放弃这些原则，吃起"大锅饭"来，或者由"寻食吃"改成"等食吃"，它就会变得死气沉沉，甚至由盈利变成亏损。那种随意平调、无偿剥夺集体所有制企业财产的做法，必须坚决予以制止。

集体所有制经济和全民所有制经济都是社会主义经济，好比是一个车上的两个轮子，我们就是要踩着这两个轮子奔向四个现代化。因此，在一个相当长的历史时期内，这两种经济应当是"平起平坐"的。这些年来，由于极左思潮的干扰，不少地方对集体所有制企业采取了很多不公平的做法。从政治到经济，从生产到生活，从原材料的供应到产品的销售等方面，集体所有制企业处处受卡，受限制，甚至受排挤。"先全民后集体"或"只顾全民不管集体"，在某些人的头脑中像是一条铁定的法律。有的人对待集体所有制企业的态度是用则"拿来"，不用则"踢开"。经济上制定了许多不合理的规定，不仅工资、福利、劳保待遇比全民企业低，连口粮标准也比全民企业少。很多地方因而形成了一种社会压力，集体企业似乎低人一等。这种不合理的状况一定要改变。在政治、经济、生产、生活各个方面，对两种所有制的企业和职工都必须一视同仁。

当前，在集体所有制企业里，特别要强调认真贯彻执行按劳分配、多劳多得的原则。十几年来，各地奉行的"集体必须低于全民"的分配规定，既不合理，又不合法，是违背宪法和党的政策的。早在60年代初，党中央就明文规定：集体所有制企业"工人的工资水平，在城市，应该大体相当于当地同工种、同等技术条件的国营工厂工人的工资水平。"又规定："企业办得好的，福利可以多一些；企业办得差的，福利应该少一些。"现在，应当重申这些原则和政策。今后，凡是经营好、收入多的集体所有制企业，应当允许其职工的工资收入和集体福利，超过同行业的全民所有制企业。对这一条原则，要用法律的形式固定下来。目前不少人还有这样那样的顾虑，害怕这样做"冒尖"了。我们为什么怕劳动得好的职工增加收入呢？职工收入的增加，意味着生产的增长。工人多收入一些，国家就会几倍、几十倍地增加财富；各行各业都有许多这样的"尖"冒起来，我们应该予以鼓励，因为我们的国家可以更快地富裕起来，四个现代化的步伐就会加快。

集体所有制企业要贯彻执行独立核算、自负盈亏、按劳分配和多劳多得的原则，就必须具有自主权。平调之风必须刹住。经营管理也必须改进。企业的利润留成，企业理所当然地有权支配，否则，企业的手脚被捆得死死的，集体经济的优越性就成了一句空话。当然，对那种不看经营成果、不顾扩大再生产，不留积累、不管社会上的工资水平，盲目地追求"吃光分净"的做法，是要坚决反对的。

随着全党工作着重点的转移，集体所有制企业的重要作用越来越显示出来，它的广阔前景越来越为人们所认识。最近一个时期，各地都在重视巩固和发展集体所有制企业，把人数众多的青年安排在集体所有制企业中就业。有人把集体所有制企业比做我们国家的一颗明珠，我们可以满怀信心地说，当这颗明珠被更多的人重视起来之后，它必将放射出更加灿烂的光辉。

中越谈判在北京举行第九次全体会议

越南政府代表团团长丁儒廉主持今天的会议，并在会上首先发言。他在发言中重弹老调，极力为越南当局侵略柬埔寨、控制老挝、推行地区霸权主义的罪恶行径辩解。中国政府代表团团长韩念龙严正驳斥了越南政府代表团团长诬蔑中国并为越南侵略行径进行辩解的滥调。

中国政府代表团副团长杨公素在北京举行中外记者招待会介绍中越谈判第九次全体会议的情况

杨公素指出,中国政府代表团愿意首先同越南代表团商谈和平共处五项原则和不谋求霸权的问题,以便为从根本上解决两国的争端奠定可靠的基础。

他表示希望越方认真考虑中方的建议,使谈判得以顺利地进行下去。

杨公素在答复记者提出的问题时,具体地介绍了中国方面在越南抗法和抗美时期给予越南人民大量援助的情况。

在记者招待会上散发了题为《越南政府承认西沙群岛和南沙群岛是中国领土的部分文件、材料》的小册子。小册子中刊载了有关的越南政府声明和照会、越南报纸上的新闻报道以及地图、教科书的影印件。这些材料充分说明,越南当局在1974年以前一直承认这两个群岛自古就是中国领土。

中共中央政治局委员邓颖超在北京会见罗共中央委员中央信访部部长罗马尼亚奥雷尔·杜马和夫人

7月31日

国务院总理华国锋电贺查兰·辛格就任印度总理

电报全文如下:

新德里印度共和国总理查兰·辛格先生阁下:

在阁下就任印度共和国总理之际,我谨向你表示热烈的祝贺,祝中印两国关系在和平共处五项原则的基础上得到进一步发展。

中华人民共和国国务院总理　华国锋

1979年7月31日于北京

全国人大常委会委员长叶剑英在北京会见以米尔扎·古拉姆·哈菲兹议长为团长的孟加拉国民议会代表团

国务院发出《关于颁发〈中华人民共和国标准化管理条例〉的通知》

通知说,标准化是组织现代化生产的重要手段,是科学管理的重要组成部分。搞好标准化,对于高速度发展国民经济,提高工农业产品和工程建设的质量,提高劳动生产率,充分利用国家资源,都有重要作用。国务院希望各地区、各部门切实加强对这一工作的领导和管理。要求各生产、建设、科研、设计管理部门和企业、事业单位,严格执行这一条例,使标准化工作更好地为实现农业、工业、国防和科学技术现代化服务。

中华人民共和国标准化管理条例

第一章　总　则

第一条　标准化是组织现代化生产的重要手段,是科学管理的重要组成部分。在社会主义建设中推行标准化,是国家的一项重要技术经济政策。没有标准化,就没有专业化,就没有高质量、高速度。为了加强标准化管理,提高标准化水平,充分发挥标准化在实现农业、工业、国防和科学技术现代化中的作用,特制定本条例。

第二条　技术标准(简称标准,下同)是从事生产、建设工作以及商品流通的一种共同技术依据。凡正式生产的工业产品、重要的农产品、各类工程建设、环境保护、安全和卫生条件,以及其他应当统一的技术要求,都必须制定标准,并贯彻执行。

第二章　标准的制定和修订

第三条　制定或修订标准,要充分考虑使用要求,密切结合自然条件,合理利用国家资源,做到技术先进,经济合理,安全可靠。

第四条　制定或修订标准,要对同类产品的品种、规格,进行选优和合理分档,形成系列;对量大面广的零件、部件、元件、器件、构件、配件要尽量扩大使用范围,提高通用互换程度。各类标准要协调、配套,注意军民通用。

第五条　工农业产品标准的质量指标,按照使用要求,可在同一标准中作出合理的分等规定。

第六条　在制定产品标准的同时,制定好包装标准。包装标准必须符合保证质量、保证安全的要求,考虑装卸、运输、保管等条件,注意节约用材。

第七条　对国际上通用的标准和国外的先进标准,要认真研究,积极采用。

第八条　出口产品和对外承包工程,必要时可由生产建设主管部门会同外贸、外经部门制定适合外贸市场需要的标准。

第九条　标准要根据技术和经济的发展,适时进行修订。标准每隔3年至5年复审一次,分别予以确认、修订或废止。

第十条　标准化的发展规划和计划,列入各级国民经济规划、计划。制定标准需要进行的试验研究项目,纳入各级有关的科研计划。

第三章　标准的分级、审批和发布

第十一条　标准分为国家标准、部标准(专业标准)、企业标准三级。部标准应当逐步向专业标准过渡。部标准(专业标准)和企业标准,不得与国家标准相抵触;企业标准不得与部标准(专业标准)相抵触。

第十二条 国家标准是指对全国经济、技术发展有重大意义而必须在全国范围内统一的标准。主要包括:基本原料、材料标准;有关广大人民生活的、量大面广的、跨部门生产的重要工农业产品标准;有关人民安全、健康和环境保护的标准;有关互换配合、通用技术语言等基础标准;通用的零件、部件、元件、器件、构件、配件和工具、量具标准;通用的试验和检验方法标准;被采用的国际标准。

第十三条 国家标准由国务院有关主管部门(或专业标准化技术委员会)提出草案,属于工农业产品和军民通用方面的,报国家标准总局审批和发布;属于工程建设和环境保护方面的,报国家基本建设委员会审批和发布;属于药物和卫生防疫方面的,报卫生部审批和发布;属于军工方面的,报军工有关部门审批和发布;特别重大的,报国务院审批。

第十四条 部标准(专业标准)主要是指全国性的各专业范围内统一的标准。部标准(专业标准)由主管部门组织制定、审批和发布,并报送国家标准总局备案。

第十五条 凡没有制定国家标准、部标准(专业标准)的产品,都要制定企业标准。为了不断提高产品质量,企业可制定比国家标准、部标准(专业标准)更先进的产品质量标准。企业标准的管理办法,由国家标准总局另行制定。

第十六条 任何单位和个人都可提出标准草案建议稿。属于国家标准、部标准(专业标准)的,由全国专业标准化技术归口单位审理;属于企业标准的,由企业上级主管部门审理。

第十七条 标准的修改、废止,由标准的审批机关批准、发布。标准的解释,由标准的审批机关或由其指定的单位负责。

第四章 标准的贯彻执行

第十八条 标准一经批准发布,就是技术法规,各级生产、建设、科研、设计管理部门和企业、事业单位,都必须严格贯彻执行,任何单位不得擅自更改或降低标准。对因违反标准造成不良后果以至重大事故者,要根据情节轻重,分别予以批评、处分、经济制裁,直至追究法律责任。

贯彻标准确有困难者,要说明理由,提出暂缓执行的期限和贯彻执行的措施报告,经上级主管部门审查同意,报发布标准的部门批准。

第十九条 贯彻标准所必需的物质技术条件,上级主管部门应予保证;重大的,应纳入各级技术措施计划。

第二十条 一切生产企业对于原料、材料和协作件的验收,半成品的检查,以及成品的检验,都必须按照标准进行。符合标准的产品由检验部门填发合格证;不符合标准的产品,一律不列入计划完成数,不计产值,不准出厂。

第二十一条 一切工程建设的设计和施工,都必须按照标准进行,不符合标准的工程设计不得施工,不符合标准的工程不得验收。

第二十二条 新产品和工程的设计要充分考虑标准化要求,设计任务书、设计文件必须进行标准化审查;在鉴定、定型时,必须有标准化管理部门参与标准化审查。

新产品投产前,必须制定出产品标准,否则不准批量生产。

第二十三条 整顿和改进老产品时,要充分注意标准化,必须有标准化管理部门参与标准化审查。

第二十四条 从国外引进设备和技术,必须充分考虑国内标准化要求,应先经国务院有关部门或省、自治区、直辖市的标准化管理机构进行标准化审查;对国内影响较大的,由国家标准总局召集有关部门进行标准化审查。

第五章 产品质量的监督和检验

第二十五条 国家标准总局和省、自治区、直辖市标准局负责管理产品质量的监督和检验,统一组织和指导有关专业检验机构开展监督检验工作,具体办法由国家标准总局会同有关部门另行制定。

各省、自治区、直辖市要在工业集中的城市建立和健全产品质量监督检验机构,受同级标准化管理部门领导。

第二十六条 产品质量监督检验机构的任务是:根据标准进行产品质量的监督检验;产、销双方对产品质量有争议时,执行仲裁检验;经常向上级反映标准的贯彻执行情况和问题,提出改进产品质量的建议;指导和协助企业的产品质量检验工作。

第二十七条 负责产品质量监督检验的部门,有权直接或委托其他单位对产品进行定期或不定期的质量检验。对于不按标准进行生产、产品质量低劣的企业,有权停止其填发合格证;特别严重的,有权建议主管部门对企业和有关人员进行经济制裁,或者对企业进行停产整顿。

第二十八条 新产品必须取得产品监督检验机构的鉴定合格证,方可申请商标注册。

第二十九条 实行优质产品标志制度和奖励制度,贯彻优质优价政策。经产品质量监督检验机构证明,有关部门公认和上级主管部门批准,对优质产品发给优质产品标志。具体办法由国家标准总局会同有关部门另行制定。

第六章　标准化管理机构和队伍

第三十条　标准化管理部门的主要任务是：负责贯彻执行国家有关标准化的方针、政策，组织制定和修订标准，督促检查标准的贯彻执行，负责管理产品质量和工程质量的监督、检验工作，负责检查、监督新产品设计和老产品整顿以及进口设备和技术方面的标准化工作等。

第三十一条　国家标准总局是国务院主管全国标准化工作的职能部门，负责提出标准化工作的方针、政策，组织制定和执行全国标准化工作规划、计划，管理全国的标准化和产品质量监督、检验工作。

第三十二条　省、自治区、直辖市和工业集中城市的标准局，以及自治州、县的标准化管理机构，是同级革命委员会的职能部门，负责管理本地区的标准化和产品质量监督、检验工作。

第三十三条　国务院有关部门和人民解放军有关部门的标准化管理机构，负责管理本部门的标准化工作。

第三十四条　国务院有关部门和省、自治区、直辖市的有关专业局、公司、企业、事业单位的标准化管理机构或专职人员，由主管技术工作的负责人（或总工程师）直接领导，负责本单位和承担上级委托的标准化工作。

第三十五条　国家标准总局、国务院有关部门，应建立和健全标准化科学研究和情报资料机构。省、自治区、直辖市标准局应建立和健全标准化情报资料机构。

第三十六条　全国专业标准化技术委员会、国务院有关部门的标准化研究所和专业标准化技术归口单位，负责标准化的科学研究工作，组织和承担国家标准、部标准（专业标准）的制定和修订任务，参加相应的国际标准化活动。

第三十七条　标准化和产品质量检验工作是生产技术工作，从事这些工作的科技人员是整个科技队伍的组成部分，其政治经济待遇与其他部门的科技人员相同。对工作成绩显著或作出重要贡献者，应予以奖励。

第七章　附　则

第三十八条　各省、自治区、直辖市革命委员会，国务院有关部门和人民解放军有关部门，根据本条例制定实施办法。

第三十九条　本条例的解释，由国家标准总局负责。

第四十条　本条例自颁发之日起施行，原《工农业产品和工程建设技术标准管理办法》停止执行。

国务院副总理王震在北京会见美籍学者赵浩生和夫人今泉智惠

全国人大常委会副委员长谭震林在北京会见尼日利亚国际事务研究所访华团

全国总工会主席倪志福在北京以罗马尼亚总工会中央理事会书记高乃莉雅·菲丽巴希为团长的罗马尼亚总工会访华代表团

国防部在人民大会堂举行招待会庆祝解放军建军52周年

中共中央军委副主席、国务院副总理、国防部部长徐向前主持了有300多人参加的招待会。

耿飚、韦国清、张廷发等同志出席了招待会。

徐向前副主席在招待会上致祝酒词。

他说，中国人民解放军52年来，在新民主主义革命、创建新中国的斗争中，在建设和保卫社会主义祖国的斗争中，在维护世界和平的斗争中，立下了不朽的功勋。

他说，当前，我们正处在把全国工作着重点转移到社会主义现代化建设上来的伟大的历史性转变时刻，我全军指战员要深入贯彻党的十一届三中全会和五届人大二次会议的精神，紧密地团结在华国锋同志为首的党中央周围，同全国人民一道，积极参加和保卫我国社会主义现代化建设，在国民经济现代化的基础上，努力实现国防现代化。我们一定要搞好军队的调整、改革、整顿、提高工作，清除林彪、“四人帮”的流毒和影响，继承和发扬我军的优良传统，发扬爱国主义和革命英雄主义精神，并且适应新情况，大力加强军政训练和科学文化教育，把我军的战斗力提高到现代化的水平。

他强调说，在目前动荡的国际局势下，我们一定要百倍提高警惕，扎扎实实地做好反侵略战争的准备，为保卫祖国、保卫我国社会主义现代化建设和维护世界和平作出应有的贡献。

他最后说，我们一定要和全国人民一道，共同努力，争取台湾早日归回祖国，实现国家统一的大业。

出席招待会的还有：中国人民解放军各总部负责人杨勇、张才千、李达、王尚荣、何正文、伍修权、迟浩田、刘华清、刘凯、梁必业、傅钟、黄玉昆、朱云谦、张震、张元培，以及国防科委、国防工办、各军种兵种、军事科学院、军事院校、北京部队、北京卫戍区的负责人；外交部副部长张海峰；北京市革委会主任林乎加；中国人民解放军军人协会、体育运动委员会的负责人。

正在北京的中越边境自卫还击作战英模报告团的部分同志也出席了招待会。

解放军全军群众工作部部长会议召开

新华社报道，人民解放军总政治部最近召开的全军群众工作部部长会议确定，要切实做好以下4项工作。

一是认真解决对待人民群众的根本态度问题，自觉做好群众工作。毛泽东同志和其他老一辈无产阶级革命家为我军规定的全心全意为人民服务的根本宗旨，“军民一致”，“工作队”的任务，以及三大纪律八项注意等，是我军克敌制胜、永远保持无产阶级性质的根本，也是我军群众工作的准则。在新的历史条件下，要继续抓好我军性质、根本宗旨等的教育，克服各种错误思想，谦虚谨慎，尊重政府，爱护人民，牢固树立全心全意为人民服务的思想。

二是积极参加和支援社会主义现代化建设，重点支援社队发展集体经济。各部队在完成战备任务的同时，必须把参加和支援社会主义现代化建设的工作放在应有的位置上，从人力、物力和技术上积极支援工农业生产，为实现“四化”作出贡献。要着重做好对农业的支援。军、师、团都要制定切实可行的支援地方的规划。驻城市的部队要选择一些工厂、矿区、车站或码头，作为自己的联系单位，组织干部战士去参加劳动。

三是要认真学习和执行党和国家的各项政策法令，做遵守法纪的模范。当前要特别抓好法律的学习。今后一年要大抓几次，检查部队执行情况。各级领导干部要在遵纪守法方面做好榜样，用自己的模范行动去教育干部战士，保证党和国家的政策法令在部队中贯彻执行。驻林区的部队要认真执行和维护国家森林法和封山育林规定。每年植树节，部队要积极参加植树造林，为发展林木多做贡献。驻沿海岛屿的部队要严格遵守水产政策。驻边疆草原或山区的部队，要积极协助地方保护好所在地区的野生动物资源。要遵守国务院关于集市贸易的规定。部队占用地方的房屋，应按照国务院、中央军委有关文件精神抓紧处理好。要注意保护名胜古迹和风景区，部队不得随意占用和破坏。

四是驻守在海、边防和少数民族地区的部队，要把群众工作作为加强战略的一项重要内容，积极配合地方党委和人武部门搞好民兵工作“三落实”，加强军民联防。要不断对干部战士进行民族政策再教育，尊重少数民族的风俗习惯，学习民族语言，防止和克服大汉族主义，诚心诚意地积极帮助少数民族发展经济和文化建设，搞好军民团结。

会议强调，各级党委和政治机关应当切实加强对群众工作的领导，将之列入议事日程。要经常分析群众工作和军政军民关系中出现的新情况、新问题，及时采取措施加以解决，不断加强军政军民之间的团结。

8月1日

国务院副总理李先念在北京会见以米尔扎·古拉姆·哈菲兹议长为团长的孟加拉人民共和国国民议会代表团

全国人大常委会副委员长宋庆龄在北京会见以仁木富美子为团长的日本全国高中女子教育问题研究会友好访华团

仁木富美子女士曾在不久前把《宋庆龄选集》翻译成日文出版，今天会见时，仁木富美子向宋副委员长介绍了选集日文版在日本发行时受到各阶层欢迎的情况。她还说，这次在上海、西安和北京参观访问，使我对宋副委员长在选集中所写的关于妇女参加革命斗争的篇章，加深了认识。今天，中国妇女真正站起来了。

宋庆龄副委员长说，妇女只有通过自己的斗争才能获得平等的权利。她对仁木富美子女士翻译《宋庆龄选集》、为加深中日友好所做的努力，表示感谢。

中国人民保卫儿童全国委员会主席宋庆龄会见国际儿童年特别代表阿尔达巴·林夫人和她的助手

中国少年先锋队工作学会在辽宁旅顺口成立

中国少先队工作学会是少先队工作者的群众性组织。它的任务是根据党的教育方针和少先队工作的性质、任务，从工作实际出发，研究探讨少先队工作中的理论问题，总结我国少先队工作的新经验，交换有关少年儿童教育工作的情况，团结广大少年儿童工作者，把少先队工作推向新的水平，以适应新时期总任务的要求。

中国少先队工作学会选举胡德华为会长，刘元璋、陈模、江敬文、张均法为副会长，李启民为秘书长。

第三届全国评酒会评出茅台等18种酒为全国名酒

8月1日至16日在旅大市举行的第三届全国评酒会上，我国有18种酒被评为全国名酒，47种酒被评为全国优质酒。这18种名酒分白酒类、葡萄酒果露酒类、黄酒类、啤酒类。

白酒类的名酒是：茅台(贵州仁怀)、汾酒(山西杏花村)、五粮液(四川宜宾)、剑南春(四川绵竹)、古井贡酒(安徽亳县)、江苏洋河大曲(江苏泗阳)、董酒(贵州遵义)、泸州老窖特曲(四川泸州)；

葡萄酒果露酒类的名酒是：烟台红葡萄酒(山东烟台)、中国红葡萄酒(北京)、沙城白葡萄酒(河北沙城)、民权白葡萄酒(河南民权)、烟台味美思(山东烟台)、烟台金奖白兰地(山东烟台)、山西竹叶青(山西杏花村)；

黄酒类的名酒是：绍兴加饭酒(浙江绍兴)、龙岩沉缸酒(福建龙岩)；

啤酒类的名酒是：青岛啤酒(山东青岛)。

8月2日

《人民日报》转载8月1日《解放军报》社论《把我军战斗力提高到现代化水平》

中国人民解放军从诞生到今天，已经有了52年的光荣历史。越过漫长的战斗里程，几经伟大的历史转变，完成了各个时期的革命任务，我们的军队一直不愧是中国共产党绝对领导下的英雄的人民军队。今天，在我国一个新的发展时期正在展开的时候，我们又一次迎来自己的建军节，回顾既往，展望未来，全军同志怎么能不心潮起伏，浮想联翩！

我军许多鬓发斑白的老同志，对我们党进入创建红军、开始武装斗争的情况记忆犹新。那时候，毛泽东同志把马克思列宁主义的普遍真理同中国革命的具体实践相结合，提出实行由城市转入农村，建立根据地，以农村包围城市，最后夺取城市的战略转变。一批批共产党人，一批批工人进入根据地，同农民结合，拿起武器，进行了长期艰苦卓绝的斗争。我们党我们军队在战争中学会了战争，锻炼出来了一条坚强的马克思主义的政治路线和军事路线，造就了一大批会治党治国治军的骨干，由10年内战而抗日战争，而解放战争，终于在全国范围内取得了胜利。

1949年中华人民共和国成立，我们党的工作重心由农村转到城市，中国革命由民主革命阶段进入了社会主义革命阶段。亲身经历过这次历史转变的同志也清楚地记得，当时我军的任务是怎样地实现转变的，即由过去为夺取政权而斗争到为巩固政权、保卫和建设祖国而斗争。全军加强正规化、现代化建设，努力把我军建设为优良的现代化的革命军队。过去熟悉的东西有一部分已经不适用于新的情况了，许多不熟悉的东西强迫我们去学。实践证明，我们的军队能够保持战争年代的优良传统，又能够学会新的时期需要的新的本领。

今天，无论老同志还是新同志，又都共同面临历史上一个新的伟大转变，全党工作着重点转移到社会主义现代化建设上来，到本世纪末实现四个现代化，把我国建成现代化的社会主义强国。从今年起的三年时间里，进行调整、改革、整顿、提高，打好第一个战役，使国民经济逐步纳入持久的按比例的高速度发展的轨道。我们军队也要实行八字方针，消除林彪、“四人帮”的流毒和影响，在调整、改革、整顿的基础上，使我军战斗力逐步提高到现代化水平。我们全军同志应该像对待以往各次历史转变那样，发挥高度的积极性和创造性，为我们国家和军队的现代化建设作出最大的努力和贡献。

把我军战斗力提高到现代化水平，早就是我军广大同志梦寐以求的事了。抗美援朝战争，更使大家从切身的经历中体验到，要赢得现代战争，不从各方面适应现代作战的要求，不从各方面加强现代化建设是不行的。事情过去20多年了，我军的现代化建设，应当看到是有进展的，有成绩的，又是远远不够的。想想我们与世界先进科学技术水平拉开的距离，想想霸权主义相互争夺所带来的更动荡更紧张的世界局势和战争危险，使我们对军队现代化建设有着更加强烈的责任感和迫切感。国防建设是以经济建设为条件的，而能不能把我军战斗力提高到现代化水平，又是关系着能不能保卫四化建设的大事。我们应该用百倍的努力，把被林彪、“四人帮”破坏而丧失了的时间夺回来，振奋精神，鼓足干劲，艰苦奋斗，发奋图强，走在新长征的最前列。如果说，过去战争年代我们的革命觉悟表现为奋不顾身地推翻压在人民头上的“三座大山”，那么，现在应该表现为全力以赴、同心同德地搞四化，把我国的生产力迅速提高到现代化水平。对我们军队的同志来说，同时还要从各方面提高我军的战斗力，提高我军的现代化程度，保卫四化建设。

部队现代化建设，有武器装备的问题，还有人的政治觉悟和军事素养问题。我们的武器装备同战争年代比，已经有了很大的改善。随着国家建设的发展，我军的武器装备还会有进一步的改善。问题是指挥员的指挥水平，战斗员的战术技术水平，同武器装备的状态，同现代战争的要求，还不适应。由于林彪、“四人帮”的十年破坏，加重了这种不适应的状况。现在我们应该真正把教育训练提到战略位置上，努力加强军事训练、政治教育和科学文化学习。要求战士们一专多能，一兵多用。要求我们干部特别是领导干部，成为军事专家、行家里手。在各个军种、兵种、各种专业岗位上的同志，应当成为精通本行本业的专家。一个合成军的指挥员，除了熟悉步兵而外，还必须熟悉其他军种、兵种，不但知道自己，而且知道敌人。我们要总结和运用中越边境自卫还击作战的经验，通过切合实战的严格训练，把人和技术结合起来，使分队与分队、各个军兵种之间、部队的首尾之间，结合和协同得就像手和臂一样，手也是臂，臂也是手，运用自如。也就是要立足于现有基础，把人的政治觉悟和军事素养大大提高一步。

工作重点转变首先要求人们思想转变。现代化建设中已经和将会出现许多新的情况和问题，要求我们去认识，去研究，去解决。党的十一届三中全会，作出了把全党工作着重点转移到现代化建设的战略决策，为我们树立了运用马列主义、毛泽东思想研究新情况，解决新问题的榜样。贯彻三中全会的精神，特别重要的，就是要坚持马列主义、毛泽东思想同具体实践相结合，遵循实事求是，一切从实际出发，理论联系实际的思想路线。这是我们进行各项工作包括现代化建设的根本出发点。我军几十年来每一次历史性转变的经验都告诉我们，没有革命理论不行，理论脱离实际也不行。现在摆在我们面前的一个重要课题，就是要善于把毛泽东军事思想同当前我军建设和现代战争的实际结合起来。在我们干部特别是领导干部中间，要大大提倡学习马列主义、毛泽东思想的基本理论，学习辩证唯物主义和历史唯物主义，继续深入进行实践是检验真理的唯一标准的教育和学习，在马列主义、毛泽东思想的基本原理的指引下，解放思想，开动机器，研究新情况新问题，大胆创造，打破那种思想僵化半僵化的状态。我们的思想前进了，我们的现代化建设是会大大前进的。

整顿和加强军队建设、准备打仗的问题，1975年的军委扩大会议已经提出来了，由于“四人帮”的破坏，这件事情没有办成。粉碎“四人帮”以后，1977年的军委会议重申要继续贯彻军队要整顿、要准备打仗的方针，规定了军队建设的一系列方针、任务、章程。1978年的全军政治工作会议，强调实事求是，一切从实际出发，理论和实践相结合，在新的历史条件下发扬政治工作的优良传统，提高军队战斗力。我们现在结合军队实际情况贯彻执行“调整、改革、整顿、提高”的“八字方针”，这同军委三个会议的精神是完全一致的。落实军委三个会议的精神，当前就是要贯彻“八字方针”，调整领导班子，改革规章制度，整顿思想作风，发扬优良传统，在调整、改革、整顿的基础上，从各个方面提高我军的战斗力，提高我军的现代化程度。我们要非常珍惜稍纵即逝的宝贵光阴。对于军队现代化建设，一定要抓得很紧很紧，要抢着把两天的事情在一天做完。我们固然不能超越客观条件许可的范围，去做那些现在还做不到的事情，然而现在有条件可以做到的事情，我们则应力争更快更好地做到。

脚踏着祖国的大地，背负着人民的希望，当年的红军，当年的八路军、新四军，就是这样地奔赴解放的疆场的。今天，祖国实现四化的伟大任务在召唤着我们，光辉灿烂的前景给我们带来了希望和力量。为了把我们的祖国建设成现代化的社会主义强国，为了把我们军队的战斗力提高到现代化水平，让我们在华国锋同志为首的党中央、中央军委的领导下奋勇前进吧！

北京市委决定为“三家村”冤案彻底平反

新华社报道，经中共中央批准，中共北京市委正式决定为林彪、“四人帮”制造的所谓“三家村反党集团”冤案彻底平反。

北京市委在《关于“三家村”冤案的平反决定》中指出：林彪、“四人帮”诬蔑邓拓（原北京市委书记兼北京市委党刊《前线》主编）、吴晗（原北京市副市长）、廖沫沙（原北京市委统战部部长）3同志是所谓“三家村反党集团”，并强加以叛徒、特务、反革命分子种种罪名，完全是出于篡党夺权的罪恶目的而有组织、有计划地制造的大冤案，应予全部推倒。经中央批准，决定撤销原中央专案审查小组办公室对邓拓、吴晗、廖沫沙3位同志所作的错误结论，恢复这3位同志的政治名誉；恢复邓拓、吴晗同志的党籍，恢复廖沫沙同志的组织生活；为被林彪、“四人帮”残酷迫害致死的邓拓、吴晗同志举行追悼会。召开平反昭雪大会，宣布平反决定；宣布为凡因“三家村”冤案受到株连的同志和家属一律平反。

决定还宣布，北京市委1966年5月25日关于撤销《北京日报》《北京晚报》《前线》编委会和撤销范瑾同志（原北京市副市长、北京日报社社长）党内外一切职务的决定都是错误的，应为上述单位和个人恢复名誉。决定指出，在林彪、陈伯达、江青、张春桥、姚文元和那个顾问的压力下，1966年4月16日，《前线》《北京日报》的《关于“三家村”和〈燕山夜话〉的批判》一文的“编者按”和材料是不实事求是的，应予撤销。

林彪、“四人帮”一伙制造震惊中外、祸延全国的“三家村”冤案，从一开始就激起了人们的极大愤慨。粉碎“四人帮”以后，广大干部和群众强烈要求为这个大冤案平反。北京市委的这个决定下达后，全市人心大快。大家表示：一定要发扬社会主义民主，加强社会主义法制，决不能再让林彪、“四人帮”这类的野心家、阴谋家逞凶肆虐，决不能再让“三家村”这样的冤案在社会主义的中国重演。

中共中央副主席李先念在北京会见由中央政治局委员国民议会财务监督委员会主席穆萨·迪亚洛率领的塞内加尔社会党代表团

李先念副主席向塞内加尔朋友谈到了中国革命和社会主义建设正反两方面的经验，并强调指出，各国的情况不同，对别国的经验只能参考，不能照搬。他赞扬塞内加尔在桑戈尔总统领导下，在发展民族经济和文化，建设自己国家中取得的好经验。

迪亚洛团长对李副主席说，你的坦率介绍使我们对中国有了进一步的认识，了解到很多令人信服的道理。桑戈尔总统多次强调，最革命的，是从实践中得出的真理。他祝愿中国在实现四个现代化道路上取得圆满成功。

全国人大常委会副委员长、中联部部长姬鹏飞，中联部副部长吴学谦参加了会见。塞内加尔驻中国大使馆临时代办迪欧卜也参加了会见。

中共中央政治局委员耿飚在北京会见费尔南·勒菲弗尔主席率领的比利时马克思列宁主义共产党中央代表团

国务院副总理方毅在北京会见美国亚利桑那大学物理系教授范章云和夫人邓宗英以及他们的女儿

《社会主义经济的若干理论问题》由人民出版社出版

新华社报道，我国著名经济学家孙冶方的《社会主义经济的若干理论问题》（论文集）最近由人民出版社出版。

这部书的作者早在20世纪50年代末60年代初，就指出了我国国民经济体制的时弊，力主国民经济体制改革，并且向阻碍着这一改革的传统观念挑战。作者强调经济规律的客观性，主张尊重客观经济规律和按客观经济规律办事；他强调社会主义经济中流通过程的重要性；他反对把价值规律同社会主义的基本经济规律和国民经济有计划按比例发展规律对立起来的观点，主张把计划和统计放在价值规律的基础上；他主张在价格基本符合价值或生产价格等条件下，利润是考核企业经营好坏的综合指标；主张扩大企业权限，把固定资产折旧和设备更新的权限，原则上下放给企业，实行企业的独立经济核算制；他主张建立企业之间的供产销合同制；主张改革价格体系，按生产价格定价等等。正是由于这些观点和主张，林彪、陈伯达、“四人帮”和那个“理论权威”给他扣上了“修正主义利润挂帅”和“修正主义企业自治”的大帽子，大兴问罪之师，进而以莫须有的罪名把孙冶方投入监狱达7年之久。粉碎了“四人帮”，他才获得彻底平反，恢复了名誉。

当全党把工作着重点转移到社会主义现代化建设方面来，国民经济贯彻执行调整、改革、整顿、提高方针的时刻，这部著作的出版，对探讨国民经济体制改革将是有益的。

甘肃省歌舞团创作并演出《丝路花雨》

新华社报道，以闻名中外的敦煌壁画和“丝绸之路”为题材的大型历史舞剧《丝路花雨》在兰州上演，受到热烈欢迎。许多外国朋友观看了该剧演出后也表示赞赏。

由甘肃省歌舞团创作并演出的《丝路花雨》，描写的是我国盛唐时期，敦煌莫高窟画工神笔张和女儿英娘，在茫茫的戈壁滩上，解救一名被狂风沙浪吞没的波斯商人伊努思，结成异国知己后，神笔张父女和伊努思在危难时刻，不畏强暴，互相援救，互传技艺，生死与共，为发展两国人民的深厚友谊而斗争的故事。歌颂了我国古代劳动人民的创作才能和中华民族同世界各国人民的传统友谊。全剧结构严谨，人物性格鲜明，布景、服装、音乐等具有浓厚的民族风格和地方特点。

《大学生》杂志创刊

据《人民日报》报道，复旦大学学生会创办的《大学生》杂志正式出版。这是我国第一份由大学生主办的综合性文科刊物。

三中全会以来，复旦大学学生解放思想，发扬民主，学术研究和社团活动非常活跃，同学们迫切需要一块发表作品、相互交流心得的园地。校学生会根据广大同学的要求，提出了创办一份综合性文科刊物《大学生》的设想。校党委热情支持。党委第一书记夏征农同志多次同编辑部的同学谈话，为刊物制定了正确的方针。校长苏步青教授，热情赋诗，祝贺《大学生》创刊。

《大学生》创刊号内容丰富，生动活泼，包括政治学、哲学、经济学、新闻学、史学、语言文字等方面的学术探讨文章以及小说、报告文学、散文、诗歌、评论等各种体裁的文艺作品。此外，还有外论译评，学科学派介绍和短小尖锐的杂文。

8月3日

国务院副总理李先念和余秋里在北京会见海外银行保险公司经理会议代表

李副总理赞扬代表们长期在海外金融机构辛勤工作，为祖国社会主义建设作出了很大贡献。他勉励大家继续努力，把自己的专业知识和丰富经验贡献给祖国四个现代化的伟大事业。

中联部部长姬鹏飞在北京会见并宴请费尔南·勒菲弗尔主席率领的比利时马克思列宁主义共产党中央代表团

中国新任驻摩洛哥大使糜镛在拉巴特王宫向摩洛哥国王哈桑二世递交国书

全国城市防火工作现场会在哈尔滨召开

8月3日至12日在哈尔滨市召开的全国城市防火工作现场会，交流了哈尔滨市坚持执行三级防火管理的经验，进一步研究了做好全国城市防火工作的措施。这次会议是由公安部召开的，全国各省、自治区、直辖市及40多个大、中城市主管消防工作的公安局长和消防处长参加了会议。会议认为，防止火灾是实现四个现代化的一项重要工作，必须全民动手，共同努力减少火灾。

在现场会上，哈尔滨市公安局、道外分局、新兴派出所和尚志派出所分别介绍了坚持执行城市防火三级管理的经验。哈尔滨市各级公安部门早在1963年就实行了三级防火管理，在全市范围内进行调查摸底、分类排队，把危险性大，发生火灾后损失大、伤亡大、影响大的120个单位列为一级防火单位，由市公安局负责管理；中等企业事业单位和粮、棉、百货集中的仓库1279处为二级防火单位，由全市7个公安分局负责管理；那些规模较小的工厂、商店、学校和街道居民区为三级防火单位，由派出所负责管理，做到分工明确，重点突出，层层有人管。“文化大革命”中，由于林彪、“四人帮”的干扰破坏，火灾大量发生。粉碎“四人帮”后，哈尔滨市公安部门迅速恢复和整顿了各级消防组织和规章制度，认真贯彻“以防为主，以消为辅”的方针，坚持全面执行城市防火三级管理，取得了显著效果。火灾次数连年下降，全市90%以上的一级防火单位两年多没有发生火灾。1978年全市火灾的经济损失是历史上损少最少的一年。道外区新兴派出所全体干警坚持宣传防火、督促检查，和居民一起逐院、逐户查火源、电源，消除隐患，落实防范措施，使所管区域内包括条件比较差的居民区，保持20年无火灾。

北京、上海、天津、景德镇、沈阳、长春、武汉、广州、福州、重庆等城市也介绍了防火经验。

这次城市防火工作现场会使大家进一步提高了认识，明确了新形势下消防工作对保卫四化建设的重要意义，因而增强了做好工作的信心和决心。

中小学班主任工作经验交流会在北戴河举行

由教育部、中国教育工会联合召开的中小学班主任工作经验交流会，8月3日至16日在北戴河举行。这是今年教师暑假活动的一项重要内容。参加会议的有来自23个省、自治区、直辖市的31名中小学班主任教师，一部分中学负责人和特邀的热心教育的人士。

会上，一些优秀班主任介绍了自己的经验，特别是帮助后进生、后进班转变的经验。

参加经验交流会的教师们认为，中小学班主任的工作，是培养无产阶级革命事业接班人的一项重要工作。需要一大批忠诚党的教育事业、甘愿为新一代茁壮成长献出全部心血的人,从事这项工作。希望家长和社会各个方面支持他们的工作。要搞好这项工作,教师就要学习马列主义、毛泽东思想,学习教育学、心理学、教学法,要善于引导启发学生循着正确道路成长,真正做到:"动之以情,晓之以理,导之以行,持之以恒。"

王震副总理,以及蒋南翔、张承先、董纯才、陈宇、方明、赵朴初、胡启立等有关部门负责人,会见了全体与会人员,向他们表示慰问,勉励班主任教师更加努力工作,为发展教育事业作出更多大贡献。中国民主促进会领导小组成员赵朴初还挥笔填词,写了《金缕曲·敬献人民教师》一首。

8月4日

中共中央批准中央组织部《关于为小说〈刘志丹〉平反的报告》

报告指出:《刘志丹》不是反党小说,所谓利用写小说《刘志丹》进行反党活动一案,是康生制造的一大错案。中央决定,为小说《刘志丹》平反,因此案受到诬陷的习仲勋等同志一律平反昭雪。

中共中央批准中央组织部《关于文化大革命前一些案件处理意见》

意见提出,对于"文化大革命"前老案的处理,仍然本着实事求是的精神,坚持"有反必肃,有错必纠"的方针,全错全改,部分错部分改,不错不改。

中国科学院院长方毅在北京会见旅美学者何方及其夫人和他们的儿子

国务院副总理陈慕华在北京会见菲律宾航空公司首航访华团

全国第五次民族学院院长会议在北京举行

国家民族事务委员会于8月4日到14日在北京召开了全国第五次民族学院院长会议,总结民族学院办学经验,讨论新时期民族学院的方针任务和发展规划。

国家民委主任杨静仁、副主任胡嘉宾和教育部副部长张承先在会上讲了话。杨静仁在讲话中指出,民族学院不同于一般的少数民族政治干部学校和少数民族综合性大学。民族学院的方针,以培养少数民族的政治干部为主,又要尽可能多培养少数民族专业技术人才。他强调说,要办好民族学院,必须贯彻党的十一届三中全会和五届人大二次会议的精神。关于实践是检验真理唯一标准的讨论,意义十分重大。他要求国家民委机关和民委系统包括各民族学院在内,还没有开展这场讨论的单位,都要认真补课。

会议认为,民族学院的基本经验是坚持党的教育方针,为党和国家各个历史时期在民族工作方面的任务服务;从实际出发,充分照顾民族特点,在办学形式、系科设置、教学内容和方法,以及生活管理等方面,都要采取不同于一般高等院校的办法和措施;要按照教育发展规律办事,民族学院的招生规模和科系开设,不但要看少数民族地区的需要,还要考虑到客观条件的可能性,同时要考虑到各级各类学校发展的比例和分工,保持有计划按比例的发展。

为适应全党工作着重点的转移,各民族学院必须按四化的要求,大力培养少数民族政治干部和专业技术人才,为少数民族地区社会主义现代化建设服务;在今后3年里,恢复过去的规模,并力求有所发展,为以后较大的发展打下基础。

会议还提出,民族学院要认真执行关于高等教育六十条的规定:把教学作为学院经常的中心工作。学院党委成员和各级领导干部都要努力学习,成为组织管理教学工作的内行。各民族学院都要加强政治思想工作。当前,思想政治工作的中心内容,就是进行新时期总任务和各项方针政策的教育,把师生员工的思想统一到三中全会的精神上来。

8月5日

全国人大常委会委员长叶剑英就国际儿童年向新华社记者发表谈话

叶剑英委员长说,联合国大会决定今年是国际儿童年,这是个有意义的倡议。它对今天的儿童、对人类的未来都将产生影响。尽管世界各国儿童的处境和存在的问题不同,但全世界的儿童有一个共同点,就是需要成人给予他们更多和更好的关怀和保护。这个问题是涉及整个社会、关系到每个国家和民族前途和命运的崇高事业。

他说,我国政府和人民愿和各国关心儿童幸福的人们一起,为全世界的儿童们争取一个和平的国际环境和美好的未来而共同奋斗。

国务院副总理李先念听取全国商业局长座谈会汇报

新华社报道,国务院副总理李先念最近在听取全国商业局长座谈会汇报时指出,合作商店和合作修理服务单位,是社会主义性质的集体经济。它作为国营商业服务业的有力助手，在活跃城乡市场，供应人民需要，促进工农业生产的发展等方面，都有积极的作用。它独立核算，自负盈亏，具有经营灵活、起早贪黑、方便群众等特点。

李先念同志说，这种商业形式，不仅在目前是需要的，在今后一个相当长的时期内也是不可缺少的。各地要根据社会需要和当地实际情况，大力发展并把它办好。要在城市和农村，开办若干合作商店、合作饭店、合作旅社、合作运输以及各种修理服务合作社和合作小组。这对繁荣社会主义市场，服务人民生活，广开就业门路，安置待业青年，都有重要的现实意义。

李先念同志指出，合作商店和合作修理服务单位的职工，是社会主义商业职工队伍的一个组成部分，在政治上对他们应当和国营商业服务业职工一视同仁。合作商店和合作修理服务单位职工的基本工资，应当相当于国营商业服务业职工的工资水平，工资奖励应当更灵活一些。经营好的单位，职工的工资收入可以高于国营商业服务业职工的工资。他们的福利待遇，也可以高于国营商业服务业。当然，经营得差一些的，也可以低一些。

李先念同志说，合作商业和合作修理服务单位要有一定的公积金，用于营业设施的维修、改造、添置和扩建。要有一定的公益金，用于职工福利、劳保、救济和退职、退休的需要。这些资金要按规定留足，决不允许随意抽调，不许以任何借口，挪作他用，以保证合作商店、合作修理服务单位业务的发展和职工的福利开支。前些年，这方面问题不少，今后不能再这样干了。

关于合作商店和合作修理服务单位的货源，李先念同志说，主要由国营商业供应。同时，应当允许他们同工厂直接挂钩，或者同工厂建立固定的经销、代销关系。合作商店和合作修理服务单位在经营方式、企业管理、服务态度、服务质量等方面，要同国营商业服务业互相学习，互相竞赛，互相促进，共同提高。

李先念同志还指出，我国社会主义市场上，在以国营商业为主体的情况下，不但要发展集体所有制商业服务业，而且应当允许某些个体劳动者，在当地工商行政部门的管理下，走街串巷，从事理发、修鞋、磨刀、修伞、修家具、卖小吃等劳务活动，这对补充商业网点的不足，安排城市就业，方便群众生活，是有益处的。

全国商业局长座谈会认为应让合作商店在经营上有更大灵活性

新华社报道，最近在北京举行的全国商业局长座谈会上，对目前集体商业的情况进行了分析，一致认为，现在合作商店的情况已经发生了根本性的变化，对它原有的政策，应当加以改变。

座谈会认为，现在应当明确合作商店的性质是社会主义的，和新建的集体商业都是社会主义集体所有制商业。对集体商业在政治上应当同国营商业一视同仁，对集体商业职工应当明确是工人阶级一部分，和国营商业职工同等待遇。在经营上不要按照国营商业的模式来办，应当让它们有更大的灵活性，具有更方便群众的特点。这样，国营商业、集体商业同时存在，可以互相促进，取长补短，对活跃城乡市场大有好处。

座谈会进一步讨论了二级站的调整问题。会议认为，打破行政区划、按照经济区域组织商品流通，是商业部门贯彻执行调整、改革、整顿、提高方针的一个重要方面，必须把改进批发机构，调整二级站的工作坚决做好。各省、自治区可以根据本省、区自然形成的经济区域，并考虑到与毗邻地区的经济联系，统一规划、合理布局，把二级站设在生产集中和交通枢纽的城市，按商品合理流转路线划定二级站供应范围，不要受行政区划的限制。二级站可以跨县、跨地区、跨省供应，市、县公司三级批发可以跨公社、跨县、跨地区供应。三级批发和零售单位(包括基层供销社)，在符合商品合理流向和经济核算的前提下，可以在经济区内自行选点进货。要坚决撤销或合并重叠的批发机构，砍掉不必要的中转环节。跨区供应要和合理运输结合起来，使商品走最合理的路线，花最低的费用，从产地(发货地)运到销地，迅速同广大消费者见面。

座谈会提出了如下的具体意见：一，集体商业的货源，主要由有关国营商业供应，执行国营商业的供应政策和价格，商品供应充裕一些。同时应当允许它们与工厂直接挂钩、采购国营批发商业订购、选购后的剩余产品，或者与工厂建立固定的经销、代销关系。二，集体商业的流动资金，使用银行贷款。内部要实行独立核算，自负盈亏，向国家缴纳所得税。三，集体商业的劳动工资，列入地方计划，统一管理。根据企业经营情况，基本工资可以相当于国营商业职工，奖励工资可以灵活一些。经营好的企业，职工的总收入可以高于国营商业职工。四，目前集体商业基础薄弱，今后一个较长时间内，要采取“以业养业”的方针，即主要用集体商业自己的力量，发展集体商业。对于新建的集体商业，国家要从税收等方面给予必要的扶持。

会议认为，通过落实以上各项政策，集体商业必然有一个大的发展，既可广开门路安置就业人员，更可方便群众生活。

外交部照会越南外交部强烈抗议越南当局武装挑衅

照会说：“半个月来，越南军队不断从越南河宣省上逢地区向中国云南田蓬地区开枪打炮，并派遣武装军人入侵，给当地人民生命财产带来巨大损失。

“1979年7月14日21时40分，越派遣武装人员侵入田蓬公社，袭击中国巡逻民兵。7月21日，越军从越南境内的据点向田蓬公社狮子山、山脚寨发射迫击炮数十发。7月27日9时35分和7月28日10时，越军用迫击炮轰击田蓬公社狮子山民兵哨卡。我民兵被迫还击。

“越南外交部7月31日照会玩弄恶人先告状的惯伎，捏造谎言，无中生有地说什么中国军队深入越南境内，并把造成这一地区紧张局势的责任推到中国方面，这是对事实明目张胆的歪曲，中国方面坚决予以驳斥。”

照会指出：“最近，越南当局在中越边境继续增兵，修筑工事，挖掘战壕，加紧反华备战，同时，越军不断炮击和侵犯中国边境，使这个地区的局势始终保持紧张状态。

“1979年7月23日，越军向云南省麻栗坡县董干公社马林大队开枪扫射，持续时间达4小时，给这个大队的生命财产造成严重损失。

“1979年7月24日15时30分，越军向广西防城县北郊大队开枪，打死中国边民的耕牛。

“1979年7月25日18时，越军一股8人入侵云南省麻栗坡董干公社地棚寨，并向该地村寨开枪扫射。

“1979年7月26日1时15分至9时30分，越军向云南省马关县金厂公社开枪和炮击近千发。

“1979年7月29日11时30分，越军从其境内向广西防城县峒中公社那沙生产队插秧的30余名群众开枪，打伤数人。

“仅自7月22日至7月31日，类似上述的边界武装挑衅事件就达30余起。不管越南方面玩弄什么花招，都不可能掩盖它蓄意制造和保持边境地区紧张局势，继续反华仇华，向外扩张侵略的罪恶行径。”

照会最后说：“中国方面强烈抗议越南当局的武装挑衅罪恶行径，并严正要求越南当局立即停止对中国领土的任何侵犯。否则，由此产生的一切严重后果，将由越南方面全部承担。”

中国政府贸易代表团团长陈洁离开北京赴莫斯科签订中苏1979年交换货物和付款协定

科普杂志《航海》在上海创刊

新华社报道，通俗而生动的科普杂志——《航海》，最近在上海创刊。主要介绍航海科技知识的《航海》杂志，以海员、水运职工、科技人员、业余航海爱好者和青少年为自己的读者对象。它将传播航海驾驶、海上救助、港口航道、渔捞作业、国际海商法等方面的知识，刊载古今航海故事及重大事件，报道国内外先进航海科技成果，以帮助读者开阔眼界，赶超世界航海科技的先进水平。

《航海》杂志由上海市航海学会主办，暂定为双月刊。

第四届全运会18个项目的预赛全部结束

这届全运会共有34个比赛项目，其中有18个项目先期进行预赛。这些项目是：足球(成年和少年)、篮球、排球、乒乓球、羽毛球、手球、棒球、女子垒球、田径(成年)、体操、技巧、棋类、击剑、花样滑冰、冰球、射击、摩托车、航海模型。

这届全运会的预赛工作是从今春开始陆续进行的，参加预选赛的运动员有7500多人，被选拔参加决赛和直接参加决赛的运动员共7900多人。

8月6日

《人民日报》发表评论员文章《领导干部要带头执行森林法》

今年2月份，全国人大常委会原则通过并颁布了《中华人民共和国森林法(试行)》。几个月来，各地大力宣传、认真执行，取得了一定的成绩。有的地方因地制宜地确定生产方针，规定林区以林为主，得到社员群众的热烈拥护。有的地方依法对重大的毁林案件作了严肃处理，打击了犯罪分子，教育了干部和群众。护林造林光荣，毁林违法可耻的风气在一些地方开始形成。事实证明，我国这一部林业大法，是符合国家和人民群众的根本利益的，是保护和发展我国林业的有力武器。

据有关部门和群众来信反映，森林法颁布以后，在一些地区，毁坏森林资源的歪风并未刹住，盗伐和非法侵占国有林的事件还不断发生。值得注意的是，有些地方发生的破坏森林资源事件，竟同当地一些领导干部有关。安徽省滁县革委会负责人公然支持一些人盗伐国有林木，以致乱砍滥伐事件继续发展。吉林省磐石县曾经是多年无森林火灾的先进县，该县县委主要负责人无视国家法令和合理的规章制度，纵容一些人进入林区乱砍滥伐、毁林开荒、毁林搞副业，甚至利用职权把抵制这种错误做法的林业干部撤职，使一个好端端的林业先进县变成山林火灾最多的县，从今年2月9日至5月21日，全县发生林火99起，给国家和集体的森林资源造成极大的损失。广东省连南瑶族自治县一名县委副书记竟然为毁林者撑腰打气，公然说什么“要抓人，我就是后台”。这种依仗权势恣意践踏国家法制的霸道行为，引起了广大群众的无比愤慨。

为什么有的领导干部胆敢带头毁林？为什么有的

领导机关对严重毁林事件竟然听之任之？主要是有些领导干部没有长远建设林业的思想，头脑中又缺乏社会主义法制观念。在他们看来，法律只是为老百姓规定的，自己可以无视法纪，以言代法。当前，我国正在加强社会主义法制以保卫现代化建设，任何干部只有执法的义务，没有违法的权力；不管是谁，不论凭借什么借口，毁坏了森林，都应承担法律责任。为了维护森林法的尊严，要同那些违反森林法的人和事进行坚决的斗争，做到有法必依，执法必严，违法必究。特别是对那些身为领导干部，知法违法，执法犯法的人，更要严肃处理。

在同违反法纪的人作斗争的同时，要认真做好宣传教育工作，继续广泛深入地宣传森林法。长期以来，各地破坏森林所造成的灾难是严重的，但是，至今还没有引起不少人的高度重视。有些领导干部还没有充分认识林业在发展国民经济中的重要作用，没有充分认识农、林、牧三者互相依赖，缺一不可，要把三者放在同等地位的道理。多年来，我国林业发展缓慢，森林覆盖率很低，森林植被遭到破坏造成的生态性灾难局面没有多大改变，少数地方甚至还在发展。例如，我国西北广大地区森林覆盖率只有百分之几，自然生态失去平衡，风沙水旱等自然灾害连绵不断，农、牧业深受其害。这个地区有200多个县、1亿多亩农田、近1亿亩草场遭到风沙侵袭，沙漠逐渐扩大南移，以致我国首都北京已成为沙化线边沿。黄河中上游水土流失面积达5亿亩，水土流失导致河床升高，水库淤积，造成巨大的潜在危害。很多地方的实践证明，如果再不把林业发展起来，不仅农、牧业很难上得去，影响当代人的生产和生活，而且会遗患于子孙后代。对于这样的严重情况，有关领导机关和领导干部，再也不能无动于衷了。

森林法对于森林管理、森林保护、植树造林、森林采伐利用和奖惩制度都有明确的规定，各级党政领导机关和林业部门领导干部，都要认真学习，坚决贯彻，成为带头执行森林法的模范。山林和树木的所有权要稳定下来，不能任意变动。要保障国家、集体和个人的林木所有权不受侵犯。对于有争议的林权、林地，对于社队、群众的生产和生活需要，都要按照党的政策和国家法令合理解决。处理这个问题的出发点是保护和扩大森林资源。每个省、每个地区、每个县、每个社队都要制定规划，发动群众大规模植树造林，坚持不懈地搞下去，同时要努力提高树林成活率。执行森林法不仅是为了制止乱砍滥伐，而且是为了加强经营管理。各营林单位要切实扭转重采轻造的错误做法，按照森林采伐量不超过生长量的规定，安排木材生产计划，优先发展造林、育林，合理经营，综合利用森林资源，做到以营林为基础，采育结合，青山常在，永续利用。执行森林法不仅是为了惩罚破坏林木的坏人坏事，而且是为了鼓励群众植树造林，爱林护林、发展林业。对于那些在护林、造林、育林、营林和从事林业科研等方面卓有成效的先进单位和个人，要给予精神鼓励和物质奖励。

林业建设是一项伟大的社会主义事业，森林法是保证我国林业发展的经济法典，只要各级党政领导带头贯彻执行，认真按照森林法办事，通过自己的工作把森林资源保护好，把广大群众造林护林的积极性充分发挥出来，必能促进我国的林业较快地发展。

国务院副总理余秋里在北京会见联邦德国联邦议院基督教民主联盟—基督教社会联盟议会党团副主席瓦尔特·阿尔特哈默一行

国务院副总理耿飚在北京会见阿拉伯也门共和国驻华大使阿卜杜·奥斯曼

国务院副总理方毅在北京会见悉尼大学澳大利亚籍射电天文学家邝振焜博士和夫人邝欧婉芬

中联部部长姬鹏飞在人民大会堂举行宴会欢迎由党中央政治局委员 助理总书记埃·塔·卡马拉率领塞拉利昂全国人民大会党代表团

全国人大常委会副委员长姬鹏飞在北京会见委内瑞拉—中国友好协会副主席阿道尔夫·埃莱拉教授和他的夫人格洛里亚·昆卡·德埃莱拉教授

8月7日

国务院副总理邓小平到天津视察工作

8月7日至11日，邓小平到天津视察工作，就贯彻中共十一届三中全会的战略方针，加深理解党在新时期的政治路线、思想路线和组织路线，把天津市的工作搞上去等问题作了重要指示。邓小平向有关同志指出：你们要考虑天津的发展方向。搞一个总体规测，把方向定下来，就可以搞得活一点，发展快一点。

中共中央副主席李先念在北京会见由赞比亚联合民族独立党中央农村发展委员会主席卡巴萨·马卡萨率领的赞比亚联合民族独立党代表团

中共中央副主席、国务院副总理李先念称赞赞比亚共和国是一个“新兴的国家、朝气蓬勃的国家”。他说：“赞比亚人民一定能把自己国家搞好。”

李先念副主席说，赞比亚拥有丰富的铜矿、森林和其他自然资源，这给赞比亚人民提供了发展民族经济的有利条件。

他说,中赞两国过去都蒙受帝国主义的长期欺侮,两国人民有许多共同语言。他对赞比亚联合民族独立党派出以马卡萨为首的重要代表团来中国访问,交流经验,表示热烈欢迎。

李先念副主席还向赞比亚朋友介绍了我国当前农业的情况和发展农业的设想。

马卡萨团长感谢中国共产党邀请他们来中国访问。他说,这次我们来中国,亲眼看到了中国在农业和其他各条战线上的成就。在参观中,主人们告诉了我们成功的经验和失败的教训,这对我们很有教益。李先念副主席说,由于各国的情况不同,各国的经验只能靠各国人民自己创造,别国的经验只能参考。

李先念副主席请马卡萨团长转达华国锋总理和他本人向卡翁达总统和利苏洛总理的良好祝愿。

全国人大常委会副委员长、中联部部长姬鹏飞,中联部副部长吴学谦,中国驻赞比亚大使葛步海等,参加了会见。赞比亚驻中国大使姆翁德拉和夫人也参加了会见。

会见后,李先念副主席设宴招待赞比亚贵宾。

国务院副总理耿飚在北京会见以弗吉尼亚州副州长查理斯·罗布为团长的美国青年政治领袖代表团

中国电影合作制片公司在北京成立

新华社报道,中国电影合作制片公司最近成立,并已开始与国外电影公司合作拍片的业务。

公司负责人赵伟对记者说,随着国际文化艺术交流工作的广泛开展,国外要求来我国合作拍摄电影的日益增多。中国电影合作制片公司就是适应这一新形势而成立的。合作形式包括联合摄制,提供劳务、技术设备等。赵伟指出,与国外合作拍摄电影,有利于增进国际间相互了解和文化交流,有利于促进我国电影事业的发展。

中国电影合作制片公司是企业单位,由经理、副经理主持工作,并设有业务处、接待处、编译处等机构。

8月8日

《人民日报》发表评论员文章《干部考核势在必行》

对干部实行考核,是改革现行干部制度的一个重要内容,也是新时期加强干部队伍建设的一项重大措施。各级党委,特别是组织部门,一定要重视这项工作,把它提到议事日程上来,认真进行研究,积极搞好试点,以取得经验,逐步推广。

新中国成立以来,我们在干部工作上虽然积累了一些经验,建立了一些必要的制度,其中包括对干部的考察了解和定期鉴定的制度。但是,由于种种原因,我们还没来得及建立一整套完善的干部制度;而且随着情况的变化,原有的制度有的也已经不适用或不完全适用。林彪、“四人帮”竭力篡改党的“任人唯贤”的干部路线,破坏过去行之有效的干部制度。他们利用我们干部制度上的某些缺陷,拉帮结伙,制造混乱,搞得是非不清,好坏不分,功过不明,赏罚不公。这方面的流毒和影响,至今仍没有完全肃清。一个时期以来,广大干部和群众都在议论:我们有不少部门和单位程度不同地存在着“干多干少一个样,干好干坏一个样,干与不干一个样”以及“能官不能民,能上不能下,能进不能出”的状况。大家认为,这种捧“铁饭碗”、吃“大锅饭”的情况,严重地挫伤了广大干部的积极性,也给各方面的工作造成不少困难,已成为我们前进的障碍。现在,为了适应社会主义现代化建设的需要,加强干部队伍的建设,不但要进一步肃清林彪、“四人帮”的流毒和影响,而且必须改革现行的干部制度。

政治路线确定之后,干部就是决定的因素。建设社会主义现代化的伟大强国,要求各条战线、各行各业都必须有一批大公无私、精通业务、办事效率高。有组织才能的优秀干部;而要造就和选拔这样一批干部,又必须从干部制度上作出必要的组织保证。由于形势的发展,现行干部制度同四化建设不相适应的矛盾越来越突出了,建立和完善新的干部制度已经成为我们亟待解决的一个重要课题。现在,向四个现代化进军的第一个战役已经开始,现行经济管理体制的改革正在有步骤地进行,这就要求干部制度的改革必须紧紧跟上,决不能落在形势发展的后头。搞好干部制度改革的一个重要环节,是建立和完善干部考核制度。只有把这件事办好了,对干部的任免、奖惩、升降才能有一个比较切实可靠的基础,也才能改变那种好坏不分、赏罚不明、能上不能下、能进不能出的状况。这一切说明,干部考核势在必行。

中央提出要对干部进行考核以来,一些企业事业单位已经根据本部门的具体情况,着手试行干部考核制度,并取得了初步的效果。实践证明,对干部实行严格的考核制度,不仅是可行的,而且好处甚多:一、有利于各尽所能,尽职尽责;二、有利于鼓励先进,激励后进;三、有利于知人善任,发现人才;四、用利于提高干部素质,又红又专。一切热心四个现代化事业,关心干部队伍建设的同志,一定会积极拥护这个新的制度,实行这个新的制度。

当然,实行干部考核制度是干部管理工作中的一个新课题,涉及的方面很广,情况比较复杂,要求也各有不同。怎样解决好这些问题,我们还缺乏经验。加之十年来林彪、"四人帮"对干部队伍和干部制度的严重破坏,种种习惯势力的影响,以及某些部门和单位还存在着比较严重的派性干扰,不很好地按党性和党的原则办事,这就更增加了问题的复杂性,给实行干部考核制度带来一定的困难。但是,对于立志革新的共产党人来说,我们决不能知难而退,裹足不前。正确的态度是:既勇于改革,大胆试验,又慎重行事,过细工作。在试行过程中,要注意从实际出发,按照德才兼备的原则,根据不同类型、不同职务的干部的特点,从考勤、考能、考绩等方面提出考核标准,既要考虑统一的要求,又要从干部的现有水平出发,避免要求过高,操之过急。要深入调查研究,广泛征求意见,坚持领导、专家、群众三结合的群众路线。要针对干部和群众的思想情况,做好政治思想工作,帮助他们提高认识,打消顾虑,清除派性,统一思想。要善于总结经验,及时修订考核方案,使考核制度逐步臻于完善。可以先选择一些已建立岗位责任制、干部分工和职责比较明确、工作和生产秩序较好的单位进行试点,然后在总结经验的基础上,制定各级各类干部考核的试行办法,有领导、有计划、有步骤地加以实行。

国务院副总理耿飚在北京会见由挪威广播公司总经理托洛尔夫·埃尔斯特为团长的挪威广播电视代表团

中国代表团团长李超伯在斯德哥尔摩举行的世界资源环境人口和发展之间相互关系讨论会上发表谈话

李超伯团长,8月6日和8日两次在会上发言,强调发展中国家为维护政治独立、改变贫穷落后面貌和缩小与发达国家的经济差距,应当采取的最积极、最根本的措施,是致力于本国的经济建设。只有大力促进社会生产力的发展,才能解决资源、环境和人口的综合平衡的安排问题。

李超伯在8月6日的讲话中指出,人类赖以生存的自然界是由多种因素构成的有机统一体。各种因素相互依存,彼此制约。人类在为生存的斗争中,在社会经济的发展中,不断认识自然,改造自然,利用自然,为自己创造出日益增多的物质和文明。但是,如果违背自然规律,盲目发展,就必定要受到自然的惩罚。很不幸,由于经验和科学技术知识等方面的局限性,人类一再受到了这种惩罚,而且现在还在不断地受到这种惩罚。由于不合理的社会经济制度,以及不适当地开发利用自然资源,造成了资源的巨大浪费,某些重要资源甚至濒临枯竭状态,森林急剧减少,水土流失加重;沙漠不断蔓延,空气、水源和土壤遭到严重污染。而一些地区人口的不适当增长,特别是过分集中在少数大城市的状况,更加剧了上述的一些矛盾。

他指出,合理地开发利用自然资源,适当地控制人口增长,维护和改善环境,这是每个国家在发展本国经济中遇到的一些重大问题。人类在发展中付出了高昂的代价。记取历史教训,对于指导现在和今后的发展是很重要的。发展中国家力求避免重蹈一些发达国家曾经走过的弯路,是非常必要的。这就需要按各国社会的客观经济规律和自然规律办事,制定适合本身情况的全面发展规划,把眼前利益和长远利益结合起来,把局部利益和全局利益结合起来,正确处理好资源、环境、人口和发展之间的关系。

李超伯说,人口对经济发展影响很大,在一定的社会条件和生产水平下,人口增长的快与慢,可以促进经济的发展,也可以延缓经济的发展。人是生产者,又是消费者。如何把人口增长维持在一个适当的水平上,是关系当代和后代的经济发展和生活福利的大事情。当前,在一些发展中国家人口增长过快,造成了许多困难,是一个值得认真研究和解决的问题。他介绍了中国着手制定人口规划和计划生育工作的情况。

李超伯团长在8月8日的发言中主要谈了农业问题。他指出,农业生产在经济发展中占有非常重要的地位。农业的发展是其他事业发展的一个前提条件。对于发展中国家来说,加快农业发展,解决吃饭问题,更是当务之急。

李超伯介绍了中国在农业问题上的经验和教训,他说,我们体会最深的是:一、农林牧副渔业并举,统筹安排,是发展农业生产的积极方针。只有这五业并举,全面发展,才能更好地满足人民生活中吃、穿、用的需要,也才能有成效地保护自然资源和生态系统;二、大力植树造林、建设草原,这是改善自然条件,维持生态平衡、发展农业生产的重要措施;三、妥善解决农村的能源问题,在中国农村就是大力兴办小水电站和沼气池;四、作为自然资源的要素的土地必须特别受到保护。

8月9日

党和国家领导人华国锋 叶剑英 邓小平 李先念会见并宴请越南国会常务委员会副主席黄文欢

新华社报道,中共中央主席华国锋、副主席叶剑英、邓小平、李先念,于越南国会常务委员会副主席黄文欢到达北京后的第二天,在人民大会堂会见了他。他们对黄文欢同志这次辗转安全来到中国,表示很高兴。

黄文欢同志说:"此次到中国来,是为了表示对黎箅反华政策的抗议；同时也是要向越南人民、全世界人民宣告，越中两国人民之间的友谊是任何人也破坏不了的。”

华国锋同志接着说：“中越两国人民具有悠久的传统友谊，是任何力量破坏不了的。谁要破坏，谁就会碰得头破血流。”

会见后，华国锋、叶剑英、邓小平、李先念同志设宴招待黄文欢同志。

参加会见和宴会的还有：中共中央政治局委员耿飚，全国人大常委会副委员长、中联部部长姬鹏飞，外交部部长黄华等。

国务院副总理康世恩在北京会见以日本能源经济研究所所长生田丰朗为团长的日本能源访华团

会见时，康世恩副总理说，我国今后将大力开发和利用煤炭、水力、石油和天然气资源。他并指出，目前我国经济建设中能源浪费惊人，这一问题必须在国民经济调整中加以解决。

生田丰朗团长谈到了日本的能源情况和存在问题。他说，日本能源缺乏，几乎100%的石油靠进口。目前，正在寻找和研究代替石油的新能源。

8月10日

172项优质产品获1979年度国家质量奖

8月10日至20日，国家经委、国家标准总局、国家工商行政管理总局联合在北京召开了1979年度国家质量奖评选会议。大家本着对国家和人民负责的精神，按照国家优质产品奖励条例规定的条件，认真严格地进行了评选。对质量的确好的决不抹煞，对质量还有差距的决不迁就。经过严格审核，并经审定委员会审定通过，最后评出了172项获国家奖的优质产品。

今年6月30日，经国务院批准，国家经委颁发了《中华人民共和国优质产品奖励条例》，决定从今年开始，颁发国家质量奖，并公布了获奖条件和评选审批程序。国家经委、国家标准总局、国家工商行政管理总局等37个部门的负责人，组成了国家质量奖审定委员会，国务院副总理兼国家经委主任康世恩担任审定委员会主任委员。

消息公布后，各地区、各部门抽调专人认真展开了优质产品的评选活动。各地区评选的结果，提出1239项产品为优质产品。在此基础上，国务院19个部门与各省、自治区、直辖市协商议定，推荐286项产品参加国家质量奖的评选。

这些评出的优质产品，分别属于轻工、纺织、石油、化工、煤炭、冶金、机械、农机、医药、建材等行业，以轻纺工业的产品为最多。其中，既有传统产品，又有新产品；既有人民群众喜爱的消费品，又有工业、农业、国防需要的原料、材料、元件、器件和工具、设备等。这些优质产品，特别是将获得金质奖章的产品，不少达到了国际先进水平，有许多继承和发扬了我国的独特风格，都是在国内外市场上畅销对路、为用户和群众所信任和欢迎的好产品。

中国科学技术大学数学系学生史丰收创造快速计算法

新华社报道，史丰收创造的快速计算法，能在几秒钟内进行多位数的加、减、乘、除、乘方、开方、分数等数学计算，获得准确的答案。

人们在进行数字运算时，都是从低位算起。史丰收与此相反，他是从高位数算起，也就是从左到右地进行运算，不列算式，不用任何计算工具，一次报出答数，把繁琐的中间运算过程一概省去了。

这是由于他找到了先算高位数的数字进位规律。他把这个规律概括为29句口诀，只要熟练地掌握这些口诀，就能快速、准确地进行26位数以内的加、减、乘、除、乘方、开方、分数等数学运算。一般的袖珍电子计算器都受位数限制，而史丰收的快速计算法不受位数限制，计算速度超过了电子计算器。

年初，中国科学院计算技术研究所、数学研究所、应用数学推广办公室对史丰收进行了考核，认为他的快速计算法方法巧妙，在国内外都是不多见的。去年四月，中国科技大学破格录取史丰收为数学系的学生。史丰收在科技大学学习了高等数学，又利用马克劳林级数，结合快速计算法，进一步解决了三角函数、对数的快速计算问题，使他的快速计算法在原有基础上迈出了新的重要的一步。

8月11日

《人民日报》发表陈慕华文章《实现四个现代化，必须有计划地控制人口增长》

华国锋总理在五届人大二次会议的《政府工作报告》中，把进一步做好计划生育工作，切实控制人口增长，作为当前我们发展国民经济的10项主要任务之一。历史的经验和今天的现实，充分向我们说明，有计划地控制人口增长，是我们进行四个现代化建设所面临的一个急需解决的重大问题。

控制人口增长是社会主义制度的客观要求

马克思主义认为，社会生产本身包括两种，“一方面是生活资料即食物、衣服、住房以及为此所必需的工具的生产；另一方面是人类自身的生产，即种的繁衍。”

(《马克思恩格斯选集》第4卷第2页)物质资料的生产和人类自身的生产有着内在的联系,各有其客观规律。人口规律是由社会生产方式决定的。"事实上,每一种特殊的、历史的生产方式都有其特殊的、历史地起作用的人口规律。"(马克思:《资本论》第一卷,《马克思恩格斯全集》第23卷第692页)关于社会主义制度下的人口规律,还需要我们认真进行研究探讨。但是,有一点是肯定无疑的:在生产资料公有制的基础上,我们的国民经济的发展,必须遵循有计划按比例的规律。这个规律不仅要求有计划地发展物质资料的生产,也要求有计划地发展人类自身的生产。因此,有计划地控制我国人口的增长,不是主观随意性的产物,而是由社会主义生产方式决定和要求的。

社会主义计划经济的优越性,本来有可能对人类的自身生产进行计划调节,使人口增长同物质资料生产的增长相适应。但在相当长的一个时期内,我们对这个问题认识不足,研究不够,没有把人口的增长列入计划,致使人口长期盲目地发展,违背了社会主义计划经济的原则和人口发展规律。解放30年来,我国经济虽然有了很大发展,但"一穷二白"的面貌改变得不够理想。这里,有历史的原因,有政治上、经济上的原因,也有人口方面的原因。1949年,我国有人口5.4亿多。现在,已增到9亿多。其中,解放后出生的约6亿,占63%,几乎相当于3个美国或6个日本的人口。人口自然增长率平均高达20‰,30年净增了4.2亿人口,即增加了78%。斯大林曾经指出,人口增长虽然不是社会发展的主要力量,但"它促进或者延缓社会的发展"。(斯大林:《列宁主义问题》第644页)在我国具体情况下,必须承认,由于人口增长太快,给我国的经济发展、人民生活的改善、就业安排等,造成了很多困难,已经妨碍着我国社会主义建设的发展。

我们要正视人口增长太快阻碍了经济发展的客观事实。在我国目前条件下,控制不控制人口增长,决不仅仅是什么多生少生几个孩子的问题,而是关系到我国社会生产力的发展,关系到四个现代化的实现,关系到社会主义建设和向共产主义过渡的战略性的大问题。

控制人口增长是实现四个现代化的重要条件

人口发展与经济发展有着密切的关系。一个国家积累能力增强的程度,人民生活水平提高的快慢,国家实力壮大的速度,在很大程度上取决于经济与人口在发展速度上的对比关系。解放后,我国经济虽有很大发展,但由于原来的经济基数小,而人口增长又太快,所以按人口平均的产品产量和国民收入增长不大。而同一时期发达资本主义国家的经济增长速度虽然总的说低于我国,但由于他们原来的经济基数大,人口增长速度低,因而按人口平均的产品产量和国民收入的增长都比我们快得多。

我国人口增长太快,对实现四个现代化是一个很不利的因素。

首先,人口增长太快不利于加速资金积累。高速度地发展工农业生产,增加国民收入,是积累资金的主要途径。但在工农业生产和国民收入的一定的增长速度下面,人口数量及其增长速度对积累的规模和速度就有很大的影响。据估算,我们现在抚养一个婴儿到16岁,农村需1600元,中、小城镇4800元,大城市6900元。解放后我国出生的人数为6亿。按照这个标准匡算,国家、集体和家庭负担的抚育费总共高达1万多亿元,占解放后各年累计国民收入的30%左右。其中国家和集体支出约占30%,也就是说,国家和集体支出的抚育费大约相当于解放后各年累计积累基金的三分之一。当然,抚育婴儿成人,支出一定的费用是完全必要的,但是,如果解放后人口少出生一些,例如说只出生4亿,这样,既不妨碍社会生产的发展对劳动力的需要,也不影响人类自身的延续,却可以大大增加国家的积累,不是更好吗!

其次,人口增长快也妨碍迅速地提高全民族的科学文化水平。实现四个现代化的关键是科学技术现代化。为此,必须建立一支能够掌握现代科学技术知识,操作先进技术,管理现代化生产,数量庞大的工人、农民和知识分子队伍。此外,还得造就一大批具有世界先进水平的科学家、工程技术人员和管理干部。这就需要大力发展教育事业。我国底子薄,每年创造的国民收入能用于教育方面的份额有限,可是需要培养和提高科学文化水平的不是几百万人、几千万人,而是几亿人,这是一个很大的矛盾。现在我国还有6%的学龄儿童不能入学,12%的小学毕业生不能升入初中,一半以上的初中毕业生不能升入高中。高中毕业生能升入大学的只有百分之五。与此相关联的,还有劳动就业的困难。造成教育事业落后和就业困难的重要原因之一是人口多,增长又快,特别是青少年人口多。

最后,人口增长快也不利于改善人民生活。人民生活改善的程度决定于消费基金增长速度与人口发展速度的比例关系。1953年到1978年的25年间,我国消费基金增长了2.8倍,幅度不算小,但人口增长66.7%,以致平均每人的消费额只增长1.3倍。由于人口增加得多,每年新增消费额的58%用于新增人口的需要,剩下用于提高原有人口消费水平的部分只不过42%。拿粮食来说,1977年产量为5655亿斤比1957年的2874亿斤增加了97%,平均每人占有粮食量由510斤增加到598斤,只增加80多斤,即17.3%。现在我国轻纺工业市场也很紧张,满足不了人民的需要。在我们这个9亿多人口的大国里,人民的需用哪怕提高一点,就是一个惊人的数字,会给轻纺工业市场造成很大压力。当前市场紧张,固然是生产不足的反映,也是人口压力的反映。

从以上的分析可以看出,控制人口的增长,对促进四个现代化建设的意义是十分明显的。

控制人口增长的目标和措施

从我国的实际情况出发,长期地、自觉地、有计划地控制人口增长,这就是我们的方针。我们必须坚持这个方针,争取本世纪末做到人口自然增长率为零,即人口不增长。

为了达到这个目标,我们设想分两个阶段来努力。第一个阶段,争取到1985年把人口自然增长率从现在的12‰降到5‰左右。第二个阶段,争取在2000年人口自然增长率降到零。

要实现上述两个阶段的目标,困难不小,任务艰巨。第一,我国人口出生率已由过去的40‰降到18.34‰,在这个基础上,再持续地大幅度地降低,是比较困难的。第二,目前21岁以下的人口占全国人口的半数,他们在本世纪末以前将陆续进入婚姻生育年龄。尤其是1963年、1964年和60年代后期两次生育高峰期间出生的人口进入婚姻生育期以后,可能会再度出现生育高峰。第三,我国农村人口占全国人口80%以上,控制人口增长的工作一般比城市困难得多。

但是,我们仍有许多有利条件。1971年以来,在党中央和毛泽东同志、周恩来同志、华国锋同志的关怀指导下,我国控制人口增长的工作已经取得了成绩和经验,人口自然增长率已从1971年的23.4‰,降到1978年的12.05‰。短短几年内下降这么大的幅度,是世界罕见的。这说明,控制人口增长,符合广大人民的根本利益,受到人民群众的拥护。

为了实现第一阶段的目标,即到1985年,把人口自然增长率控制在5‰左右,我们应该减少以至消灭多胎现象,降低多胎率,提倡一对夫妇只生一个孩子。

现在我国每年出生的人数当中,多胎约占30%。这是我们进一步降低人口出生率,控制人口自然增长率的潜力所在。1978年出生人数为1740万,按30%多胎率估算,三胎以上的出生人数大约520万。要是能把三胎率降低一半,一年就可以少生260万人,出生率就可以从现在的18.34‰降到15.59‰,自然增长率从12.05‰降到9.4‰。到1985年前争取基本上做到不生第三胎,一年比现在可以少生500万,出生率可降到13‰左右,人口自然增长率随之可以降到7‰以下。如果再考虑扩大一胎比例后可能少生的因素,那么,到1985年人口自然增长率就可以降到5‰左右。要下决心,采取有效措施,坚决制止三胎,这是实现第一阶段把人口自然增长率降到5‰左右的关键。湖南省常德县人口自然增长率多年以来稳定在‰四的水平,经验之一,就是几乎杜绝了多胎现象。

必须大力提倡和推广一对夫妇只生一个孩子。这是使人口自然增长率降低到零的主要办法,也是群众可以接受的办法。天津市和平区表示不再生第二个孩子的妇女的比例已达50%。北京市海淀区是一个包括大量农业人口的近郊区,只生一胎的比例也已经达到36%。这足以说明,只要我们下大力气,花大功夫,做好工作,一胎化的比例是可以越来越高的。

关键是要措施得力。我们要认真总结1971年以来,在控制人口增长方面的经验,采取相应的措施。

一、加强党的领导,把计划生育工作列入各级党委议事日程。四川省人口自然增长率1970年高达31.21‰,1977年降到8.67‰,1978年又下降到6.06‰,成绩显著。其重要经验就是党委第一书记亲自抓,分管书记具体抓,党委"一班人"共同抓,一级抓一级,一环扣一环。

二、加强宣传教育。必须打破人口理论"禁区",解放思想,放手大造控制人口增长的舆论。还要打破另一种无形的"禁令":有些同志总认为计划生育不登大雅之堂,不能在报刊上、电台上公开宣传,好像一公开宣传就有失体统。这种看法不对。实行计划生育,控制人口增长,是实现四个现代化的需要,也是我国人民的愿望,为什么不能公开大造舆论?今后,必须大张旗鼓地宣传,一定要做到家喻户晓,形成一股强大的社会力量,使晚婚和节制生育成为一种社会风气。

三、要立法,要规定必要的经济措施,实行有奖有惩,以奖为主的政策。我国宪法规定:"国家提倡和推行计划生育"。这是我们控制人口增长的法律依据。有些地区制定了一些具体的法令和经济措施,已经收到了控制人口增长的效果。中央在集中各地经验的基础上,已经制定了《计划生育法》草案,正在征求各地各部门的意见。为了鼓励只生一个孩子,准备规定一系列社会经济措施。一种是物质奖励,如发儿童保健费、奖励工分、年老加发退休金,等等。另一种是制度上的保证性鼓励,如城乡招工、城镇住房分配,以及农村自留地和宅基地分配,等等,都适当照顾只生一胎的。对经过耐心说服教育,仍坚持多生者,征收多子女费。征收多子女费本身并不是我们的目的,更不是为了加重群众的负担,恰恰相反,这样做的目的,是为了切实控制人口增长,减轻国家、集体和家庭的负担。其实,只要每个家庭承担不多生的义务,就不存在缴纳多子女费的问题。

四、认真培训医务人员,提高医疗技术,积极生产和供应避孕药具。今后，培训的重点应当放在县一级的医院和公社一级的卫生院。积极发掘祖国医药学宝库，吸取国外先进药物和技术经验，开展节育科学技术研究，努力研制安全、高效、经济、方便的避孕药具，畅通供应渠道，便利群众使用。

五、建立强有力的计划生育办事机构，这是完成控制人口增长任务的组织保证。决不能把计划生育机构视为可有可无，更不能视为临时机构，准备随时撤销。相反，还要切实予以加强。

在努力实现控制人口增长的目标时，既要克服放任不管的错误倾向，也要克服和防止简单生硬、忽略思想教育工作的缺点。计划生育，提高一胎率，制止第三胎，也是为了保护妇女健康。因此，一定要贯彻"预防为主"的方针，即在打通思想的基础上，让人们自觉避孕，尽量减少补救措施。为了大力推广和普及一胎率，还必须做好妇幼卫生保健工作，进一步降低新生儿死亡率和婴儿死亡率，争取做到生一个活一个，养一个壮一个。

谈谈几个认识问题

有人认为，控制人口是见口不见手，忽略了人手的创造作用。

关于人手和人口的关系，是不是可以概括为以下几点，请大家考虑。

第一，手和口的关系实质上是人作为物质生产者和消费者的相互关系问题，二者既有统一的一面，又有矛盾的一面，是对立的统一。强调任何一面而忽略另一面，都是片面的。我们过去批判马尔萨斯人口论，片面地强调了人作为生产者的作用，甚至说人越多，生产者就越多，就越能多快好省地建设社会主义。这就忽略了甚至完全无视人还有一张口，人还有作为消费者的一面；也忽略了人作为生产者，要向地球开战，还得有必要的物质条件。

从人作为生产者和消费者的对立统一体来看，人的一生主要是生产者，因为人一生中生产的财富总是大于本人消费的，否则人类社会就不会发展到今天。但是，在生产力水平还比较低的情况下，人作为消费者的一面就很突出，人们生产的东西，除自身消费和抚养家口外，能提供给社会的剩余产品就不多了。我国现时的情况就是如此。

第二，人从出生到成长为能给社会创造财富的生产者，需要十几年以至二十来年，在这期间，他是消费者，是国家、集体和家庭抚养的对象。拿我国来说，人口基数大，又加上增长快，必然导致青少年人口比例上升，即被抚养人口占总人口的比例提高。因此，不加分析地说人越多生产者也越多，不符合事实，只能说潜在的生产者越多。但现实是消费者越来越多，给国家、集体和家庭都带来了很大负担。

第三，马克思主义告诉我们，所谓物质生产者，是指有一定生产经验和劳动技能并使用生产工具从事物质资料生产的人。一个婴儿成长到有劳动能力的年龄，如果不具有现代化科学技术知识，没有操作现代化设备的技能，显然不能起到现代化生产者的作用。另一方面，如果没有充分的劳动对象，没有足够的先进的劳动工具把新成长的劳动力配备起来，他们仍然不能发挥物质生产者的作用，甚至还处于被抚养地位，仍属于消费人口。我们控制人口增长，正是为了积累更多的资金，使人民受到更好的教育，以便用更多、更好的劳动工具、更丰富的科学技术知识、更熟练的技能把劳动者武装起来，充分发挥人作为物质生产者的作用。这就是马克思主义关于人既是生产者又是消费者的对立统一观。

有人说，我国地大物博，关键是把物质生产搞上去，不怕人多，为什么非控制人口不行？这也是似是而非的说法。物质资料生产是人类社会赖以生存和发展的物质基础。发展生产是解决就业、资金积累、改善人民生活等一系列问题的根本途径。这是大家都清楚的。但是，在发展生产的同时，控制住人口增长，更加有利。计划生育搞好了，人口增长控制住了，就可大大减轻人口对就业的压力，促使国家和集体的资金积累增加，并可改善人民生活。就是说，既要"开源"，又要"节流"，这是一个问题的两个方面。

我国确实地大物博，这是我们搞现代化的优越条件。不过还要具体分析。拿国土面积来说，我国与美国大体相等，但耕地只有它的一半。由于人口增长太快，平均每人占有的耕地越来越少。1949年每人平均占有耕地近3亩，现在减到1.55亩。人口再继续猛增，每人平均占有的耕地还会减少。当然，我们还可以开点荒。但开荒需要大量的投资，需要时间。努力提高单位面积的产量，仍然是我们的主要方向。而单位面积产量要持续地大幅度地提高，如果没有先进的技术，没有大量的化肥、农药以及科学的经营管理方法和大规模的综合措施，也是很难设想的。要具备这一切，一要较长时间，二要有大量资金积累。所以，根据我国人多耕地少、单位面积产量短期内不可能大幅度提高的实际情况，片面宣传"不怕人多"是不正确的。当然，除耕地外，草原、森林、水产资源等都是提供粮食的来源，但按人口平均起来，我国不能说丰富。关于物博也要这么看。我国的确物博，但大量是尚待开发的，还不是现实的生产资料和生活资料。而要开发，就得有资金、技术，光靠人多是不能很快开发出来的。比如沿海大陆架有石油，需要的不是人力多，而是资金、技术。这又是一个需要增加积累的问题。所以，从我国实际情况出发.说"地大物博"是对的,说"不怕人多"就不符合实际。

实行计划生育,控制人口增长,目的是促进四个现代化,提高人民生活,这是国家的根本利益,是全体人民的根本利益,当然也符合个人利益。如果在这方面个人利益同国家利益、全体人民的利益有了什么矛盾的话,应当自觉地服从国家和全体人民的利益。我们各级领导是群众的带头人,更要作出表率。向群众宣传计划生育,既要解决群众的思想问题,也要注意尽可能帮助群众解决实际问题。当前,就群众的思想来说,尤其是就广大农民的思想来说,"不孝有三,无后为大",不生男孩就不罢休的旧观念虽然还很顽固,但要看到,这里确也存在实际问题,诸如社会保险、生活福利等等。对这些实际问题,应当采取实际措施逐步加以解决。我们要坚持男女同工同酬的原则,落实男到女家结婚落户的政策,要办好敬老院,赡养好"五保户",并在有条件的队搞好农村退休制度,使无子女和少子女的老人的生活能略高于一般群众的水平,解决好"老有所养"的问题,等等。经济因素是起主要作用的因素。经济问题解决了,多育少育或生男生女的问题多半就解决了。

总之,控制人口增长是件大事,是一项战略性任务。让我们共同努力,为把这一伟大事业推向前进、加快我国四个现代化的步伐而奋斗!

国务院批准上半年部分县以上行政区划变动

新华社报道,1979年上半年国务院审查批准了部分省、自治区若干县级以上行政区划的变动,主要有:

一、内蒙古自治区恢复1969年7月原有行政区划:将辽宁省的昭乌达盟,吉林省的哲里木盟和科尔沁右翼前旗、突泉县,黑龙江省的呼伦贝尔盟和鄂伦春自治旗、莫力达瓦达斡尔族自治旗,甘肃省的额济纳旗、阿拉善右旗,宁夏回族自治区的阿拉善左旗,从1979年7月1日起划归内蒙古自治区。

二、黑龙江省撤销牡丹江地区,将原属牡丹江地区的牡丹江市改由省直接领导;海林、宁安、穆棱、东宁、林口五个县和绥芬河市划归牡丹江市领导;鸡东、密山、虎林3个县划归鸡西市领导。

三、新疆维吾尔自治区设立库尔勒市。库尔勒市的行政区域包括原属库尔勒县和焉耆回族自治县的各一部分行政区域。库尔勒市由巴音郭楞蒙古自治州领导。

四、江西省撤销上饶地区的鹰潭镇,设立鹰潭市,以鹰潭镇的行政区域为鹰潭市的行政区域。鹰潭市由上饶地区领导。

五、湖南省设立怀化市。怀化市的行政区域包括原属怀化县的怀化镇(即原来的榆树湾镇)和盈口公社。怀化市由黔阳地区领导。

六、广东省撤销宝安县,设立深圳市,以宝安县的行政区域为深圳市的行政区域。深圳市由省直接领导。

七、广东省撤销珠海县,设立珠海市,以珠海县的行政区域为珠海市的行政区域。珠海市由省直接领导。

八、云南省将寻甸县改设为寻甸回族彝族自治县。

国务院副总理耿飚在北京会见日本广播协会总局长田中武志和中日《丝绸之路》电视片联合摄制组

国务院副总理谷牧在北京会见并宴请日本国际贸易促进协会关西本部理事长木村一三等日本朋友

全国人大常委会副委员长谭震林在北京观看日广播协会交响乐团演出

在《中日和平友好条约》签订一周年前夕,日本著名指挥岩城宏之今天晚上在这里指挥中日两国音乐家联合演奏了贝多芬《c小调第五交响乐》。在听众的一再鼓掌要求下,他们加演了中国乐曲《春节序曲》《北京喜讯到边寨》,日本乐曲《樱花》和日本广播协会乐团另一位指挥外山雄三创作的《狂想曲》。

观看演出的还有文化部部长黄镇,外交部副部长韩念龙等以及2000多名观众。

日本驻华大使吉田健三和夫人,也观看了演出。

8月12日

国务院副总理方毅在北京会见美国宾夕法尼亚大学数学系主任杨忠道教授和他的儿子杨鼎

《人民日报》发表社论《抓好普及小学教育这项大政》

1964年6月2日,本报曾发表社论《阳原县普及小学教育是教育战线上的一面红旗》,向全国推荐河北省阳原县普及小学教育的经验。新中国成立以后,这个县用了不到15年的时间,克服种种困难,在一个县的范围里,首先普及了小学教育。这是我国教育史上的一件大事,在全国教育战线发生了很大的影响。从那时到现在,又是15年了。在这段时间里,林彪、"四人帮"曾恶毒攻击阳原普及小学教育是什么"修正主义的黑典型",横加摧残破坏,但是阳原的同志们顶住了这一股黑风,坚持普及教育的伟大事业,不断取得新胜利。最近几年,全县适龄儿童的入学率和巩固率,分别稳定在90%五以上。阳原,不愧是教育战线上的一面红旗,不愧是普及教育的模范县。

我们党和政府，历来十分重视普及教育的工作。1971 年 7 月，周恩来同志曾经明确指出：普及小学教育，"这是一个大政"。我国要在本世纪末实现四个现代化的宏伟目标，科学技术是关键，教育是基础；而小学教育则是基础的基础。小学教育是提高我们全民族科学文化水平的起点。小学教育几乎牵涉到全国每一个家庭，牵涉到整个下一代。每一个人在小学阶段所受的教育，往往对一生都有着深远的影响。因此，小学教育的普及情况如何，小学教育的质量如何，是一件关系到我们国家和民族前途的大事情，应当引起全党和整个社会的高度重视。

新中国成立以来，我国普及小学教育的事业取得了巨大的成就。然而，普及小学教育的工作不是一劳永逸的。在我国目前的情况下，只要一年不抓，本来已经达到的普及率就会降下来，如果几年不抓，就成了大问题。前些年，林彪、"四人帮"把我国国民经济搞到崩溃的边缘，把教育搞成了重灾区，严重影响了劳动人民的子女入学。此外，还由于有些同志满足于每年升学时统计报表中的入学率，把入学率当作普及率，盲目认为普及小学教育的问题已经解决了，放松了工作，以致大批流动生问题无人抓，不少学生没有读满五年。有些地方为了发展中学，盲目地把大批优秀的小学教师调到中学工作，严重地削弱了小学的师资力量。由于上述种种原因，这些年来，我国不少地方适龄儿童入学率在下降，在校生流动人数增加，读满五年的学生减少，在青少年中文盲和半文盲不断产生。这是一个严重的问题。

应当明确指出：一个地区真正实现普及小学教育，是指当地学龄儿童的 95% 以上都能入学，读满五年，并基本上达到教学大纲规定的小学毕业文化程度。要实现这样一个目标，我们还必须作出很大的努力。

第一，各级常委要高度重视这件事，真正认识这是一项"大政"的意义。普及小学教育的问题主要在农村，因此，县委的重视更是关键。阳原县委的同志们说："过去的文盲是历史造成的。今天，在共产党的领导下，再出现文盲，由我们各级常委负责！"这话说得有气魄，有感情，说到了问题的实质。经验证明，党委抓教育，不但要抓方针、政策和计划的落实，还要注意挑选那些有事业心、熟悉业务、有干劲的同志主持教育行政部门的工作，过去任意抽调教育部门的干部搞与教育无关的工作的状况，应当坚决改变。

第二，要继续贯彻国家办学与集体办学两条腿走路的方针。随着四个现代化建设的进展，国家将逐步增加小学教育投资，并逐步做到农村小学以公办为主。这需要一个较长的过程。中央关于农村工作的条例（即六十条）下达后，有些地方的同志片面理解文件精神，消极等待小学改民办为公办，有的盲目撤点、并校，有的把以往一直在实行的正常办学开支当作"一平二调"或"不合理负担"。这样做，不利于教育事业的发展，也是从根本上违背群众利益的。在国家还没有可能把办学经费全部包下来的情况下，还必须提倡和鼓励社队集体办学，即实行"民办公助"的传统做法。

第三，要建设一支普及小学教育的骨干教师队伍。阳原县有一大批能吃大苦、耐大劳、热爱山区教育事业的教师，长年稳定不变。这是阳原县能够坚持普及小学教育工作的根本条件之一。师资水平同教学质量是密切相关的。教学质量得到保障了，群众才会积极送子女上学。层层"拔萝卜"，把大批小学骨干教师调到中学，掏空小学教学力量的做法，应当迅速纠正。我们还要看到，小学民办教师比例很大，关心民办教师的思想、工作和生活，努力帮助他们解决各种实际困难，这是在目前条件下普及小学教育、提高教育质量的一个极端重要的问题，应当引起各地的高度重视。

第四，各地区要因地制宜，从实际情况出发，像阳原县那样，制定出适合本地区情况的普及小学教育、提高教学质量的措施和办法，坚定不移地实行下去。要合理调整布局，使学校的布局和办学形式尽可能地同当地群众的生产、生活相适应，方便儿童就近入学。除了努力办好全日制小学外，还要继续坚持巡回教学、牧读小学、水上小学、早午晚班、隔日或半日制等被实践证明是行之有效的多种办学形式。要坚持和发扬勤工俭学、勤俭办学的优良传统。各地区都应当有自己的先进典型，以带动那里的工作。

我们一定要扎扎实实地把普及教育这项大政抓好，使提高我们全民族的科学文化水平这个历史任务真正建立在坚实的基础上。

8 月 13 日

中共中央 国务院批转中央保密委员会办公室 外交部 公安部《关于在对外活动中加强保密工作的请示报告》

报告指出，党和国家的工作人员，尤其是各级领导干部，均应自觉地遵守保密原则，对不该说的机密，绝对不说，不该看的，绝对不看，不该问的，绝对不问，不在公共场所和家属、子女、亲属面前谈论机密。

国务院颁发《关于大力发展对外贸易增加外汇收入若干问题的规定》

规定指出，现行的外贸管理体制和其他有关的管理体制，必须实行改革。

规定扩大地方、企业外贸权限，实行外汇留成，对以出养进的商品实行优惠利税。提出：要试办出口特区，深圳、珠海两地可以先行试办。

国务院在人民大会堂设宴欢迎斯里兰卡总理拉纳辛哈·普雷马达萨和夫人以及随行人员

李先念副总理在宴会上首先讲话。他说，普雷马达萨总理阁下在1957年曾参加科伦坡市议会代表团访问过我国，会见了周恩来总理。科伦坡市议会代表团是中斯建交后第一个访华的斯里兰卡代表团。它不仅是当时两个新生国家首都友好联系的开始，而且推动了两国其他领域的来往和交流，为发展两国友谊作出了贡献。

他赞扬斯里兰卡人民为捍卫民族尊严和建设自己的国家进行了不懈的努力。他说："最近两年来，在贾亚瓦德纳总统的领导下，斯里兰卡政府和人民，在维护国家统一和发展国民经济等方面取得了可喜的成就。斯里兰卡作为本届不结盟首脑会议的主席，为坚持不结盟运动的原则和方向作出了积极的贡献。"

李先念副总理说，中国人民对斯里兰卡是很熟悉的。这不仅是因为两国人民在历史上很早就有了友好交往，建立了深厚的友谊，并在以后反对新老殖民主义的长期斗争中互相同情和支持。值得高兴的是，近两年来，这种友好合作关系又有了新的发展。普雷马达萨总理的这次访问必将对进一步发展两国人民的友谊和两国友好合作关系作出新的贡献。李先念副总理在谈到我国国内的建设时说："我们将根据中国的特点，走自己的现代化建设道路。为了实现这一目标，我们不但需要向一切外国学习有益的建设经验，更需要一个和平稳定的国际环境。我们将坚定不移地为维护世界和平，反对霸权主义，发展各国人民之间的友好合作关系和促进人类进步事业而努力奋斗。"

普雷马达萨总理在致答辞时指出，中斯两国人民之间存在着牢固友谊和亲密关系。他在谈到中斯米胶协定时说，27年前签署的这一贸易协定是建立在互助和互利的原则基础上的。根据这个协定，斯中在其他许多方面的合作也都发展起来了。

普雷马达萨总理说："今天，贵国正在进行一次新长征。这次长征将使你们实现现代化的目标。我相信，由于贵国资源丰富，万众一心，具有爱国主义精神、勤劳、守纪律的中国人民一定能在最短的时间内达到四个现代化的目的，从而使中国进入发达国家的前列。"他介绍了斯里兰卡人民在贾亚瓦德纳总统的领导下，发展农业、工业、教育、卫生、文化和体育以及一切使人民幸福和满意的事业的情况。

他说："我们正在尽快创造必要的条件，建立起进步的、有活力的经济。"

普雷马达萨总理说："在国际事务中，中国通过对不结盟运动的支持和对作为不结盟运动的基础的各项政策的不懈支持帮助了我们。这一支持是我们巨大的力量源泉。我们斯里兰卡人坚信，中国强大是亚洲稳定的必要条件。""我们现在开始了我们自己所理想的经济发展规划，所以，和平与稳定对我们来说是至关重要的。"

斯里兰卡驻中国大使德辛哈和夫人以及大使馆外交官员，斯里兰卡希维西音乐舞蹈团，应邀出席了宴会。出席宴会作陪的还有政府和中国人民解放军有关方面、全国妇联、共青团中央、北京市革委会和中国佛教协会的负责人，以及中国驻斯里兰卡大使孙盛渭等。

国务院副总理李先念同斯里兰卡总理拉纳辛哈·普雷马达萨在北京举行会谈

国务院副总理王震在北京会见美国俄亥俄州立大学教授徐雄

8月14日

国务院总理华国锋在人民大会堂会见斯里兰卡总理拉纳辛哈·普雷马达萨

华国锋总理同普雷马达萨总理就进一步发展中斯两国的双边关系和一些国际问题，诚挚友好地交换了看法。

我国外交部副部长韩念龙参加了谈话。

谈话前，华国锋总理同普雷马达萨总理和夫人一行合影留念。

国务院副总理余秋里在北京会见以堪萨斯州州长约翰·卡林为团长的美国堪萨斯州贸易代表团

中国政府代表团团长韩念龙在北京举行的中越谈判第十次会议上指出越南当局破坏中越人民友谊背叛胡志明主席

在会议上，韩念龙首先发言。他在发言中表示希望越南方面改变阻挠和破坏谈判的做法，并且拿出行动来，停止推行反华仇华的政策，停止推行地区霸权主义。他呼吁越南方面"首先，从柬埔寨、老挝撤出自己的军队，停止向中国境内进行武装挑衅和入侵，撤出被你们占领的中国南沙群岛的一些岛屿，停止输出难民的不人道行径。"

韩念龙说，"越南今天的领导人背叛胡志明主席，破坏中越两国人民之间的传统友谊，疯狂推行反华仇华政策，在国内极其不得人心。"

韩念龙在发言中还批驳了丁儒廉在中越谈判第七次全体会议上抛出的所谓“反对霸权主义的五点内容”。他指出：“这是越方在玩弄新花招，根本不是想就不谋求霸权和反对霸权主义的原则进行讨论，而是存心颠倒是非，制造混乱，掩盖自己的霸权主义行径，为谈判设置新的障碍。”

韩念龙在丁儒廉发言后指出，越南方面今天的发言毫无新的内容，通篇是反华的陈词滥调，早已多次被中国方面驳得体无完肤。他说：“越南方面竭尽造谣诬蔑之能事，对中国的和平外交政策大肆攻击，同时极力为苏联社会帝国主义涂脂抹粉，并且挑拨东南亚国家同中国的关系。这更加暴露出越南当局反华仇华的面目。”

中国科学技术普及创作协会首次代表大会在北京举行

8 月 14 日至 20 日，在北京举行的中国科学技术普及创作协会第一次代表大会上，代表们热烈讨论了今后科普作协的工作和科普创作的有关问题，为繁荣科普创作提出了很多建议。代表们一致通过了会章和大会决议。决议中指出，科普创作协会的一切工作必须适应全国工作着重点转移的新形势，大力繁荣科普创作，把为提高全民族的科学文化水平、为社会主义现代化建设服务作为根本方向。科普作协在工作中必须贯彻“百花齐放、百家争鸣”的方针，发扬学术民主和艺术民主，开展批评与自我批评。要积极开展科普作品的推荐、评介和评奖活动。

大会推选著名桥梁工程学家、中国科协副主席茅以升和著名科普作家高士其为名誉会长，民主选举了 75 名理事(台湾省保留 1 名)，产生了中国科普作协第一届理事会。理事会选举董纯才为理事长，温济泽、方宗熙、王文达、顾均正、贾祖璋、叶至善为副理事长，王麦林为秘书长。

邓颖超、胡耀邦、姬鹏飞、陆定一等党和国家领导人，在人民大会堂会见了参加大会的 300 多名科学普及读物作者、科学普及工作者和科学家，并同大家一起照了相。胡耀邦讲了话。

科学普及创作的群众团体——中国科学技术普及创作协会，于 8 月 20 日在北京宣布成立。

8 月 15 日

中央统战部在北京召开全国统战工作会议

会议于 8 月 15 日到 9 月 3 日举行。这是 1965 年以来第一次全国规模的统战工作会议。与会同志坚持实事求是的原则，坚持实践是检验真理的唯一标准，解放思想，畅所欲言，回顾了新中国成立以来统战工作的巨大成绩和经验教训，讨论了当前国内阶级状况的根本变化和统战工作的基本任务，明确了新时期统战工作的性质、任务、方针和基本政策等问题，讨论制定了一些相应的政策文件。

中共中央统战部第一副部长刘澜涛致开幕词。中共中央政治局委员、中共中央统战部部长乌兰夫在会议结束时作了总结发言。

会议结束前，华国锋同志、邓小平同志、李先念同志和中央政治局其他同志，听取了会议领导小组的汇报，并就新时期统一战线的重大方针政策问题发表了重要意见。

会议认为，粉碎“四人帮”后的两年多来，中共中央对统一战线工作非常关怀和重视，对统一战线各个方面的工作都做过重要指示。现在，全国各级统战部门拨乱反正，揭批林彪、“四人帮”的斗争取得了很大的成绩。林彪、“四人帮”推行极左路线、破坏统一战线的严重罪行，正在受到更加深入的揭发批判，长期被他们中断和破坏了的党的一系列政策重新得到贯彻执行，长期被他们颠倒了的理论是非、路线是非、政策是非，大体上得到了澄清。党外各界人士的爱国热忱和为四化建设服务的积极性空前高涨。全国出现了安定团结、生动活泼的政治局面，统一战线的形势很好。

会议认为，华国锋同志在五届人大二次会议上的《政府工作报告》和邓小平同志的五届政协二次会议开幕词，对我国现阶段阶级状况、阶级斗争和国内主要矛盾等问题的科学论述，是依据马列主义、毛泽东思想的原理，总结了历史经验，分析了我国社会的客观实际提出来的。它进一步批判和肃清林彪、“四人帮”在阶级和阶级斗争问题上散布的反动谬论和影响，对于实现全国工作着重点的战略转移，推动社会主义现代化建设的发展，对于指导今后的统一战线工作，都具有极为重大的现实意义和深远的历史意义。

会议在回顾新中国成立以来统战工作的情况时，与会同志认为，30 年来，党的统一战线工作取得了巨大成绩，有着丰富的经验，但在林彪、“四人帮”横行的 10 年间，统一战线遭到了灾难性的破坏，有着极其沉痛的教训。总的说来，在“文化大革命”前 17 年，毛泽东同志为首的党中央的马克思列宁主义路线在统一战线工作中居于主导地位，统战工作中不存在一条所谓“投降主义”、“修正主义”路线的问题，各级统战、民族、宗教、侨务工作部门是认真贯彻执行党的方针政策的，是党在实现总任务的伟大事业中一个方面的有力助手。

会议认为，当前我国已经进入了以社会主义现代化建设为中心任务的新的历史时期，国内的阶级状况已经发生了根本变化,我党的统一战线工作也进入了一个新的历史发展阶段。

在这新的历史时期,我们的统一战线已经发展为革命的爱国的统一战线,它已经由原来包括民族资产阶级在内的联盟转变为社会主义劳动者和爱国者的广泛联盟。这个联盟的范围是非常广泛的,它包括社会主义的工人、社会主义的农民、社会主义的知识分子以及其他爱国者,包括各个民主党派、包括广大的台湾同胞、港澳同胞和海外侨胞,包括一切热爱祖国的人们。统一战线的范围在为现代化建设服务和爱国主义的基础上,更加扩大和巩固了。因此,在全党工作着重点实现战略转移的新的历史时期,统一战线工作的重点必须坚决地、不失时机地转到为四个现代化建设服务,为台湾归回祖国、完成祖国的统一大业服务的任务上来。新时期统一战线工作的根本任务,就是要把一切可以团结的力量都团结起来,把一切能够联合的力量都联合起来,把国内外一切积极因素充分调动起来,努力化消极因素为积极因素,同心同德、群策群力,维护和发展安定团结的政治局面,为把我国建设成为现代化的社会主义强国,为台湾归回祖国、实现祖国统一大业而奋斗。

会议就继续抓紧落实政策,全力维护和发展安定团结的政治局面;充分发扬社会主义民主,加强社会主义法制,广开言路,广开才路,把各方面的积极性调动起来;加强人民政协和各民主党派的工作;协同有关部门,加强对知识分子的工作;贯彻对党外人士的安排使用政策,搞好党与非党人士的合作共事关系;在为四化建设服务的实践中,帮助党外人士进行经常的学习和思想改造;加强民族工作;继续做好对原工商业者的工作;全面贯彻宗教信仰自由政策;发展对台湾同胞、港澳同胞、海外侨胞的爱国统一战线;开展对外友好往来,促进国际反霸斗争等问题进行了讨论。会议认为,这是今后统一战线工作必须认真研究和解决的一些问题。

会议认为,统战工作是全党的工作,必须大力加强,而加强党的领导,是做好新时期统战工作的根本保证。各级党委要把统战工作列入自己的重要议事日程。各级统战部门要主动争取党委的领导,密切同有关部门协作,群策群力,大家动手做统战工作。

会议强调指出,林彪、"四人帮"极左路线的流毒和影响仍然是今天统战工作中必须着重克服的重要障碍。当前一部分干部还没有从林彪、"四人帮"强加的精神枷锁中解放出来,还心有余悸,有的还存在着宁"左"勿右、"左"比右好的错误思想,它影响着党的政策的落实,妨碍党的统一战线工作的顺利开展。因此,要继续深入地批判林彪、"四人帮"的极左路线,在全党广泛开展统一战线政策的再教育,从思想路线上保证党的政策的贯彻执行。

各省、自治区、直辖市党委统战部负责人,部分地、市委统战部负责人以及中央各有关部门负责统战工作的干部,共270多人参加了会议。

《人民日报》摘要发表中央统战部部长乌兰夫在全国统战工作会议上的总结讲话

乌兰夫同志在总结讲话中,根据中央指示精神,讲了新时期统一战线工作中的几个主要问题。现摘要发表如下。

一、新时期统一战线的重要作用

在过去的30年中,统一战线在变革资本主义生产资料所有制,消灭民族资产阶级而改造这个阶级的人们,在调动一切积极因素,发展我国的社会主义建设,反对国内外敌人,巩固无产阶级专政等方面的伟大斗争中,发挥了巨大的积极的作用。毛主席制定的为消灭民族资产阶级而改造这个阶级人们的伟大战略方针,在我国已经变成了光辉的现实,这个历史任务已经基本胜利完成了。作为阶级的资本家阶级已经不再存在,他们中有劳动能力的绝大多数人已经改造成为自食其力的劳动者。这是我国和世界社会主义历史上最光辉的胜利之一。

在我国进入实现四个现代化为中心任务的新的历史时期,统一战线在为社会主义现代化建设服务和争取台湾归回祖国、实现祖国统一的伟大事业中,担负着光荣而艰巨的历史使命,仍然具有十分重要的作用。华国锋同志在《政府工作报告》中强调指出:"我们要充分发挥统一战线的作用,调动一切积极因素,团结一切可以团结的力量,来保证我们光荣而艰巨的社会主义现代化建设事业的胜利。"那种认为统一战线可有可无的观点,是完全错误的。

二、新时期统一的战线的性质、任务、方针和基本政策

在实现四个现代化建设的新的历史时期,我国统一战线进入了一个新的历史发展阶段。随着全党工作着重点的战略转移、国内阶级状况的根本变化和国际形势的发展,新时期统一战线的性质、任务、方针、基本政策都发生了新的重大变化。

第一,新时期的统一战线是一个非常广泛的联盟。

现在资本家阶级已经不再存在了,过去工人阶级同民族资产阶级的联盟也就不存在了。社会主义的工人、农民、知识分子和其他拥护社会主义的爱国者,是我国社会的主人翁。建设和发展社会主义事业是所有这些人的共同利益和根本愿望。统一战线的政治基础比过去任何时期都更加发展和巩固了。同时,新时期

的统一战线还包括广大的台湾同胞、港澳同胞和国外侨胞,包括一切热爱祖国的人们。只要爱国、赞成统一祖国的人们,我们都要团结。我国的历史经验证明,爱国的旗帜能团结更广泛的阶级、阶层和人们。这是一个在爱国主义基础上的更为广泛的联盟。为了广泛团结一切爱国力量,为了实现台湾归回祖国、实现祖国统一的大业,遵照中央的指示,现阶段统一战线应当称为革命的爱国的统一战线,它是社会主义劳动者和爱国者的广泛联盟。这样,就可以把一切能够联合的力量都联合起来,充分体现了新时期统一战线的广泛性。

我们应当认真学习和领会中央的指示精神,使新时期的统一战线在社会主义、爱国主义一致性的基础上更加发展和扩大。我们不能只看到原有的工作对象,还要放宽视野,着眼于台湾归回祖国,着眼于港澳同胞和国外侨胞,着眼于发展国际反霸统一战线。

第二,新时期的统一战线担负着为四个现代化服务和统一祖国的双重任务。

在实现四个现代化的新的历史时期,统一战线的根本任务应当是,调动一切积极因素,化消极因素为积极因素,团结一切可以团结的力量,为实现祖国统一和四个现代化而奋斗。

实现社会主义四个现代化,是我国现阶段的中心任务。阶级斗争已经不是我国社会目前的主要矛盾,它应该为社会主义现代化建设这一中心任务服务。我们必须适应这一形势,以生产斗争为中心,牢牢地树立起统战工作必须为现代化建设服务这一根本指导思想。

争取台湾归回祖国,是统一战线担负的又一方面的重要任务。目前形势对台湾归回祖国十分有利。我们应当按照《告台湾同胞书》的精神,积极开展爱国统一战线工作,促进台湾早日归回祖国、实现祖国统一的大业。

为了实现上述光荣而艰巨的任务,应当尽可能地联合一切可以联合的力量,大力贯彻落实党的各项统一战线政策,对各方面的党外同志要继续团结,做好工作,使他们在党的统筹安排下,各尽其才,各得其所。我国统一战线在国内外已经发生了巨大威力和重要影响,做好统一战线工作,对团结争取台湾、港澳和国外的各方面的爱国人士,支援祖国建设,实现祖国统一,具有重大的作用。

第三,新时期统一战线的基本政策。

当前,建设和发展社会主义是统一战线内部所有成员的共同利益和根本愿望。它们之间虽然还存在这样那样的矛盾,但没有根本的利害冲突。新时期的统一战线工作,应当把正确处理人民内部矛盾作为总题目,按照团结——批评——团结的公式,严格遵照社会主义民主和社会主义法制,坚持正面说服教育的方法,批评与自我批评的方法,正确处理统一战线内部的各种矛盾,积极帮助各方面的党外同志在实现四个现代化中取得新的进步,作出新的贡献。

三、统战部门的工作范围、对象和当前工作中的几个问题

今后统战部门的工作基本上是以下8个方面:

(一)人民政协和各民主党派;(二)民族工作和宗教工作;(三)各方面的爱国者;(四)知识分子工作;(五)从原工商业者改造过来的自食其力的劳动者;(六)对台湾和港澳的统战工作;(七)华侨上层统战工作;(八)开展国际友好活动,促进国际反霸斗争。除这8个方面,当然还有其他的。

关于当前的统战工作,我着重讲几个方面的工作:

(一)关于落实政策的问题

粉碎“四人帮”以后,特别是党的十一届三中全会以来,各地在落实党的各项统战政策方面做了大量的艰巨的工作,任务很繁重,成绩是显著的。但是,也要看到,当前在落实各项政策工作中,还有不少困难和阻力,任务还是艰巨的。

当前和今后一段时间,我们要继续深入地贯彻落实党的知识分子政策、民族政策、宗教政策、侨务政策,对原工商业者的政策,对原国民党起义投诚人员的政策,对特赦和宽大释放人员的政策。同时,也应当认真做好右派摘帽和改正的安置工作。

(二)关于知识分子工作的问题

中央现在明确指示统战部门要管知识分子工作,我们要在各级党委领导下协同有关部门,积极主动地抓好这方面工作。

统战部门在对知识分子工作方面的任务主要是:了解情况,综合研究,掌握政策,调整关系。统战部门要集中反映这方面问题,反映全貌,但解决这方面问题,是整个国家的事,要靠中央各有关部门和各级党委来解决。民主党派在知识分子特别是老知识分子中有广泛的联系和影响。在这方面工作中,我们还要注意充分发挥民主党派的积极作用。

(三)民族工作的问题

当前民族工作,主要是进一步落实民族政策,广泛开展民族政策的再教育,着重克服大汉族主义,同时也要注意克服地方民族主义,加强各兄弟民族的团结,调动各兄弟民族人民的社会主义积极性,为发展民族地区的经济建设和文化建设,实现四个现代化而奋斗。要切实执行民族区域自治政策,充分尊重少数民族当家做主的权利,要抓好少数民族干部的培养,做好民族院校的工作。做好民族工作的关键是大力培养少数民族的干部和各种专业技术人才。没有大批少数民族干

部，特别是少数民族的共产主义干部，要彻底解决民族问题，逐步消除历史上遗留下来的事实上的不平等，使各少数民族跻于先进民族行列，实现民族地区的社会主义现代化建设，都是不可能的。

关于在全党开展民族政策再教育的问题，关于做好杂居、散居民族工作的问题，希望各地同志充分重视，切实抓好这方面的工作。

（四）宗教工作的问题

宗教工作是有成绩的。但是，落实宗教方面的各项政策，还存在不少问题。应当看到，宗教工作既有重要的国际影响，又是正确处理国内信教群众的信仰问题。为了团结广大信教群众，对待人民群众的宗教信仰问题，我们不能采取行政命令的办法，不能采取强制和取消的办法。要认真做好信教群众的思想教育工作，团结广大信教群众和宗教界爱国人士为四化贡献力量。同时，我们还要开展宗教方面的国际活动，加强国际友好往来。

四、加强党对统战工作的领导

端正思想路线，开展实践是检验真理的唯一标准的学习和讨论，是党的一项基本建设，对于肃清林彪、“四人帮”极左路线的流毒，具有十分重要的意义。当前落实政策中存在的阻力、困难，从根本上说来，是一个思想路线问题。思想路线不端正，三中全会确定的政治路线就不能认真贯彻，党的各项政策就不能顺利落实。我们必须深入开展真理标准的讨论。中央统战部和各级统战部门都要深入学习或补课。

新时期统战工作很重要，任务很繁重，统一战线要继续发展和扩大。但是党内一部分同志，包括一些领导干部并不这样认识。有什么“取消论”、“收缩论”、“危险论”等等。这些错误思想严重地阻碍着统战政策的贯彻。产生这些错误思想的原因，一是林彪、“四人帮”极左路线的流毒，在一些同志头脑中还没有肃清；二是对统战工作的必要性、重要性缺少认识或者根本没有认识。这说明，在全党开展一次统战政策的再教育，进一步肃清林彪、“四人帮”极左路线的流毒，确实是当务之急。

党的统战政策包括对原工商业者的政策，是党的阶级政策，是为无产阶级的根本利益服务的。在过去30年中，我们基本实现了消灭民族资产阶级，改造这个阶级的人们的历史任务，这是一个伟大的胜利。工人阶级要有改造社会、改造人类的伟大气魄和远大眼光，无产阶级只有解放全人类，才能最后解放自己。要用这样的思想进行广泛深入的教育，提高大家的政策思想水平。统战工作是全党的工作，要靠全党来做。要求各级党委把统战工作列入议事日程，一年抓几次。各级统战部门要主动地积极地向党委请示汇报，反映情况，争取党委的领导，做好党委在这方面工作的助手。

我们要在华国锋同志为首的党中央的正确领导下，团结一致，振奋精神，发扬优良传统，坚持真理，修正错误，把新时期的统战工作做好。党交给我们的任务是光荣的、艰巨的，我们应该做好，也一定能够做好。

《人民日报》发表评论员文章《对领导干部要严格要求》

发扬党的优良传统和作风，以改造被林彪、“四人帮”败坏了的社会风气，团结全国人民同心同德搞四化，是我们在新长征中面临的一个重大课题。我们党对发生在某些领导干部中的歪风邪气，进行坚决的揭露和批评，包括有选择地在报纸上进行公开的揭露和批评，引起了党内外的强烈反响。广大干部和群众举双手赞成，认为这是我们党光明磊落、勃勃有生气的表现。但也有一些同志、特别是某些受批评的领导同志有抵触情绪，提出种种责难。究竟我们领导干部的作风怎么样？应该不应该对某些领导干部的歪风邪气进行揭露和批评？为什么要对领导干部这样严格要求？对这些问题，很有进一步说明的必要。

对于领导作风问题，应该有一个恰如其分的估计，既不要夸大也不要缩小，这是我们认识问题的出发点。夸大事实，把个别现象说成普遍现象，这不是唯物主义态度；缩小事实，把相当普遍的问题说成是个别问题，也不是唯物主义态度。从这个前提出发来分析问题，应当承认，总的看来，我们党的领导作风，比林彪、“四人帮”在台上时是根本不同了，比“四人帮”刚粉碎时也大大改进了。实事求是、理论联系实际的作风，批评与自我批评的作风，密切联系群众的作风得到恢复和发扬。各级领导干部的生活作风，多数也是好的和比较好的。他们严于律己，遵纪守法，为人表率。有的同志职务一提再提，但保留在他们身上的艰苦奋斗的光荣本色一成未变，住的还是原来的房子，坐的还是过去的车子，为国操劳、为民分忧，还是当年那股劲。这些同志从来不愿意、也不允许报刊宣扬他们的事迹。像这样的同志，在我们的领导干部中间，为数并不少。他们没有辜负党和人民的期望，以自己的模范行动影响和带动了千万人，同时也为我们可以而且能够严格要求各级领导干部提供了非常有说服力的依据。如果看不到这一点，把某些领导干部的不正之风看成是普遍现象，那就不符合事实了。

现在群众中议论比较多的一些问题，有些主要是制度上的问题，还不能归咎于领导干部本人，这也是事实，是我们必须承认的。为了工作上的方便，对于领导干部的工作条件和生活条件给予必要的照顾，这是无可非议的,广大群众也是理解的、赞同的。问题是有些规定超过了必要的范围,同群众的生活水平距离太远,同我们国家还很贫穷落后的实际状况也极不吻合。其中有的规定是从苏联抄过来的,等级森严,脱离群众;有的还带有供给制的痕迹,什么都由公家包下来;有的甚至还带有封建特权色彩。对于这些问题,群众反映很大,议论很多,这是很自然的。现在,党和政府正在根据群众的意见,对旧有的制度和规定进行必要的改革,有的已经付诸实施。对此,广大群众是欢迎的,绝大多数领导干部也是拥护的。

然而,我们也不能不承认,确有少数领导干部作风很成问题。他们无视党纪国法,也不受任何制度和规定的约束。这些同志利用党和人民所赋予的责任,谋取个人和亲属的私利,把对党和人民应尽的责任,变成了凌驾于党和人民之上的个人权势。其中有些同志是"文化大革命"中提上来的。他们对林彪、"四人帮"的种种不正之风,耳濡目染,亦步亦趋,粉碎"四人帮"以后并没有肃清流毒,有所收敛,反而变本加厉,甚至发展到利用职权接受贿赂,这是十分令人痛心的。也有一些是老同志,刚刚恢复工作。本来,自己的子女已经安排了工作,却硬要弄回大城市。本来,组织上已经给了较好的生活条件,却硬要大兴土木,修建更舒适的住宅。本来,党已经给自己落实了政策,却硬要在那里索取更高的地位和待遇。林彪、"四人帮"横行时,流行一句话,叫作"有权就有一切",还有一句话,叫作"有权不使,过期作废"。这两句权欲熏心的黑话,腐蚀了不少同志的思想。遗憾的是,粉碎"四人帮"两年多了,我们一些领导同志还在用自己的行动,实践林彪、"四人帮"的这些谰言。这种人尽管是少数,甚至是极少数,但是他们的所作所为,已经损害了党的声誉,损害了干群关系,影响着全国人民同心同德搞四化。这也是事实。忽视这个事实,甚至认为领导作风算不得问题,是完全不应该的。

对于少数领导干部的这种不正之风,应当采取什么态度呢?能够因为他们只是少数就姑息迁就吗?不能。少数领导干部的不正之风,也是一种足以蔓延开来的病毒,它能够腐蚀党的肌体,造成难以愈合的溃疡。能够因为他们中间有些是在长期的革命斗争中立过功勋,又是深受林彪、"四人帮"迫害的老同志,就听之任之吗?不能。正因为他们是功勋卓著的老同志,现在又担负着领导工作,我们更应该严格要求他们。能够因为他们中间有些是比较年轻的同志,就一味原谅吗?也不能。青年干部担任领导职务,肩负重任,更不应该搞特殊化,而应该教育他们继承和发扬老一辈无产阶级革命家艰苦奋斗的工作作风和生活作风。这一切,都是我们党的无产阶级性质所决定的。

我们党是一个拥有很大权力的执政党,很多领导干部掌握一个地区、一个部门、一个单位的大权。从手中无权到掌有大权,使得列宁曾经指出过的:某些工人组织的干部由于资产阶级腐蚀,"有变为官僚的趋势,也就是说,有变为脱离群众、站在群众头上的特权者的趋势"(《列宁选集》第3卷第271页),更加值得我们警惕。

这就必须如恩格斯所说,采取有效措施,防止自己国家的工作人员"追求升官发财","由社会公仆变为社会主人"。早在全国胜利前夕,党中央和毛泽东同志就告诫全党要保持不骄不躁、艰苦奋斗的作风,防止资产阶级糖衣炮弹的侵袭;以后又多次强调领导干部要同群众打成一片,虚心接受群众的批评和监督,不要靠职位高,不要靠老资格吃饭。我们的各级领导干部所以能在社会主义革命和建设中发挥巨大的作用,是同党这样始终如一的严格要求分不开的。毛泽东同志生前还曾引用魏征谏唐太宗的故事告诫党的高级干部。唐太宗创业以后,魏征敏锐地察觉到随着地位的变化,很容易产生骄奢淫逸的危险,对守业造成威胁。他直言进谏:君王身居高位,统治天下,"不念居安思危,戒奢以俭,斯亦伐根以求木茂,塞源以求流长也。"往昔的君王,"善始者实繁,克终者盖寡。岂取之易,守之难乎。"在阐述了这些道理之后,为了善始善终,巩固帝业,他提出十个问题让太宗深思,其中有些问题至今值得我们借鉴。他指出:"见可欲,则思知足以自戒";"惧满盈,则思江海下百川";"忧懈怠,则思慎始而敬终";"虑壅蔽,则思虚心以纳下";"惧谗邪,则思正身以黜恶";"罚所及,则思无以怒而滥刑",等等。在这里,魏征提出的当权者要戒贪欲、戒骄躁、戒懈怠,要广开言路、正身拒谗、秉公执法,对于我们执政党的领导干部来说,是多么值得深思啊!难道我们不应该这样要求我们的领导干部吗?

现在,我们国家正处在一个历史转折的关头。各级领导干部担负着领导人民进行新长征的重大责任。我们靠什么来动员和组织千百万群众呢?靠党的正确的路线、方针、政策,靠深入细致的思想政治工作,靠领导干部以身作则的优良作风。我们的祖国被林彪、"四人帮"蹂躏十载。广大人民群众眼看着林彪、"四人帮"这伙败类称王称霸。胡作非为,社会风气每况愈下,人人忧心如焚。粉碎了"四人帮",他们把挽救国家、重振社会风尚的希望,寄托在经过调整的各级领导干部身上,期待他们扭转乾坤,全心全意率领全体人民往四个现代化的大目标上奔。领导干部处处起模范作用,要求群众做到的,领导干部首先做到;要求群众不要去做的,领导干部自己也不做。这样,领导才有威信,说话才有人听,思想政治工作才能收到实效,党的路线、方针、政策才能顺利地贯彻执行，四化才有希望。反之，领导作风不正，说的是一套，做的又是一套，什么思想政治工作都不灵了。你在那里谋私利，而让群众克己奉公；你在那里搞特权，而让群众一心搞四化；你在那里为自己子女留在大城市奔波，而让别人的孩子“志在边疆”；你在那里挥霍浪费，而让别人增产节约。这样，群众怎么能信服，怎么能同心同德？

有的同志说：“老干部被整得够惨了，现在为什么又要整？”还有的说：“这不是扩大打击面吗？”提这种问题的同志，把党内正常的批评和自我批评同“残酷斗争，无情打击”混为一谈了。前些年，林彪、“四人帮”出于篡党夺权的罪恶目的，抛出“老干部就是民主派，民主派就是走资派”的反革命政治纲领，对各级领导干部捏造罪名，栽赃诬陷，实行法西斯专政，必欲置之死地而后快。那种“全面专政”的滋味，人妖颠倒的局面，理所当然不能重演了。我们党历来反对用处理敌我矛盾的方法进行党内斗争，但这决不意味着在党内取消批评和自我批评。批评和自我批评，是党的三大作风之一，是健全党的肌体的有力武器，也是处理人民内部矛盾的正确方法。对党内和干部队伍中出现的问题，不袒护，不回避，给予大胆的揭露和批评，以便坚持好的，修正错的，这完全不同于林彪、“四人帮”搞的“残酷斗争，无情打击”，更完全不同于揭露和打击“四人帮”及一小撮阶级敌人、破坏分子。这种批评，是从教育和爱护干部的目的出发，完全是为了惩前毖后，治病救人。即使有必要在报纸上公开批评某些领导干部的错误，也不是为了把他打倒，而是为了在更大范围内教育干部和群众。这只能扩大教育面，而不会扩大打击面。现在的问题是，有些同志批评不得，自己有病，又讳疾忌医，一听到批评，就火冒三丈，常常用“极左路线的流毒”、“整老干部”之类的话，来掩盖自己的错误，堵别人的嘴。照这种逻辑，我们党对干部的缺点错误只能姑息迁就，默然置之。这种是非不分，奖惩不明的做法，才真会打击广大干部和群众的社会主义积极性。

有的同志说：“这样做，不是成心给老干部抹黑吗？”这种说法是毫无根据的。党和人民从来就把老干部视为革命的宝贵财富，从来都期望我们的老同志瑕疵俱无，怎么能设想，他们会情愿往自己的干部身上泼污，给自己的“公仆”脸上抹黑呢？不幸的是，就有那么少数领导干部不给党和人民争气，他们让种种歪风邪气染了身，迷了窍，把革命老传统几乎丢光了，使得广大群众很有意见，对他们的错误言行愤愤然。正是这些同志不能自爱，不能自重，正是他们自己在往自己脸上“抹黑”，怎能怪罪他人？我们批评这些同志，有时用公开披露的办法向他们敲警钟，完全是为了要促使这一部分同志猛醒，诚心诚意帮他们擦去脸上的“污垢”。“道是无情却有情”。党和人民对这些同志从严要求，体现着真正的关怀和爱护，怀有多么深厚的无产阶级感情！奉劝这些领导同志，莫再辜负了党和人民的这一片好心。

也有的同志说：“一心一意搞四化吧！何必抓住干部作风问题不放呢？”不错，实现四化是全党的中心任务。我们考虑任何问题都不能离开这个中心。丢掉四化这个中心，去搞整风运动，那是不妥当的、不应该的，但是，这并不等于说领导干部中的不正之风不需要解决了。为了一心一意搞四化，必须扫掉种种不正之风，兴起聚精会神钻四化、干四化的新风气来，这同一心一意搞四化绝无矛盾。试想，领导作风不来一个大的转变，我们的干部不是把全部注意力放在钻四化、干四化上，或者半心半意，或者三心二意，甚至只一味地围绕个人私利打算盘，那还能有几分心思用在四化上？我们之所以强调改进领导作风，正是因为它关系到团结人心还是涣散人心，关系到四化能否早日实现这个全党全国的中心任务。在这方面，对领导干部要求严一点，帮助他们尽快改掉不正之风，决不是妨碍四化而是促进四化的，而且是对实现四化至关重要的。

还有的同志说：“一有问题就往外捅，领导威信越捅越低，以后还怎么开展工作？”在他们看来，似乎揭露问题就会降低威信，只有包着瞒着才会提高威信，这实在是自欺欺人。人不可能不犯错误，关键是对错误采取什么态度。领导干部不避丑，不怕痛，敢于正视错误，勇于改正错误，才会取得群众的帮助和谅解，仍不失群众的信任。对自己的错误总是捂捂盖盖，你怎能取信于民，还能有什么号召力？问题摆在那里，群众看得一清二楚，捂是捂不住的，无非是当面不说，背后议论，长此以往，威信只能越来越低，那才真会说话没人听，工作难开展。如果党再不管不问，如此下去，不仅毁了这部分干部，而且会影响全党的威信。况且，我们也并不是“一有问题就往外捅”。事实上，对某些领导干部的不正之风，大部分是在党内或机关内部进行耐心的、和风细雨的批评教育的。只有极少数案例，才在报纸上“往外捅”。这些，或者因为事情具有普遍意义，例如高考作弊，需要在全国敲起警钟；或者因为情节极为恶劣，民愤极大，不在报纸上公开批评，不足以挽回影响；或者因为在内部批评过多次，收效不大，只有公开登报，取得广大群众的监督，才能帮助这些同志改正错误。这种种考虑难道不应该吗？我们的领导干部不应只考虑个人的面子，而不顾及党的事业。要真想开展工作，提高威信，不能靠文过饰非，而应该靠自己的模范行动，靠知过能改的谦虚作风。

我们的很多领导干部在林彪、“四人帮”横行时是挨整的。但是，林彪、“四人帮”的种种诬陷和迫害，并没有把他们整垮。他们愈是挨整,群众愈是同情他们,怀念他们。现在倒是出现了这样的苗头:有的领导干部没有被林彪、"四人帮"整垮,很可能会被自己沾染的不正之风整垮。这不是危言耸听。这些同志应该想一想:当自己惨遭迫害,盼望有出头之日时,你想的是什么?难道不是为了更好地为党工作吗?那时候,群众对你寄予无限的同情和怀念,他们期待的又是什么?难道不是期望你尽心尽职,为人民造福吗?痛定思痛,我们不能忘记过去,不该忘记过去。每一个领导干部都应该在各方面严格要求自己,处处起表率作用,使自己无愧于一个共产党员、一个领导干部的光辉称号,不辜负党和人民对自己多年培养、教育和期望,在新的长征中作出新的更大的贡献。

《人民日报》发表评论员文章《坚决克服派性》

党的团结和统一是党的生命,是无产阶级革命事业取得胜利的基本保证。现在,我们正处在一个伟大的历史性转变时期,为了进一步加强党的团结和统一,发展安定团结的政治局面,保证社会主义现代化建设的顺利进行,必须坚决克服派性。

粉碎"四人帮"以后,经过两年多的斗争,林彪、"四人帮"的反革命政治势力基本上被摧毁了,我们党的团结和统一大大加强了。但是,林彪、"四人帮"的帮派体系在很多地方、很多单位还没有解决;他们挑动和制造的派性仍然普遍存在,严重危害着党和人民的事业。少数坚持闹派性的人,现在变换手法,继续进行活动,干扰以至破坏党的路线、方针、政策的贯彻执行。他们的活动虽然转向隐蔽,但在许多问题上仍有所表现:如在领导班子内,拉山头,搞圈圈,打击别人,抬高自己,吹捧符合自己派性利益的领导干部,反对、诽谤、诬告按党的原则办事的领导干部;对党的路线、方针、政策采取实用主义态度,从派的利益出发,或进行歪曲,或不予理睬,或加以攻击;使用干部以派划线,任人唯亲,培植私人势力,排斥异己;在清查工作中捂盖子,抵制清查,包庇有问题的人,或者以攻为守,倒打一耙,转嫁罪责,甚至把一些坚持正确路线,抵制"四人帮"的好干部打下去;在纠正冤假错案、落实干部政策工作中,对同派的人搞一风吹,处处从优照顾,对原来不是一派的故意拖延刁难,不给解决;在安排干部、发展党员、选举、招工、评奖、提级、调工资、分房子、发补助等问题上,都不按党的政策办事,一切从派性出发。这些派性严重的人,以派的利益代替党性原则,认派不认党,亲派不亲党,跟派不跟党,对党离心离德,对同派的人推心置腹,无话不谈,甚至随意泄露党和国家的机密。为了派的利益,他们可以指鹿为马,混淆是非,颠倒敌我,没有一点共产党员的气味。

闹派性的人一个最根本的特征,就是口头上说自己是革命的,是为人民服务的,骨子里却继续搞林彪、"四人帮"那一套,以原来的派兄派弟为基础,搞个人主义、小团体主义。他们唯我独"左",唱着革命的高调,干着结帮营私、争权夺利的勾当。他们口口声声"高举"、"紧跟",实际是借着高举以营私,打着马克思主义的旗号反对马克思主义。他们常常接过革命的口号,加以歪曲篡改,用来为他们的派性利益服务。特别值得注意的是,他们甚至利用"反对派性"的口号,为自己披上"党性"的外衣,反而给坚持党的原则的同志戴上"派性"的帽子。

实践是检验真理的唯一标准。广大群众反对派性,对派性深恶痛绝。判断一个人有没有派性,不是根据他的口头"宣言",而是根据他的实际行动。要看他在使用干部、发展党员、评工资等等具体问题上,是按党性办事,还是按派性办事;看他对中央制定的路线、方针、政策是坚决执行和维护,还是阳奉阴违、软阻硬抗。只要在实际工作中进行检查,到群众里去听取意见,谁有党性,谁有派性,是不难搞清楚的,要想鱼目混珠是办不到的。

我们党是无产阶级先进分子按照民主集中制的原则建立起来的战斗集体,它同派性是水火不相容的。党内可以保留不同意见,但是不许在组织上闹分裂,不许搞派别。这是无产阶级政党的一条非常重要的组织原则。列宁说:"无产阶级所以能够成为而且必然会成为不可战胜的力量,就是因为它根据马克思主义原则形成的思想统一是用组织的物质统一来巩固的。"(《进一步、退两步》)毛泽东同志指出:"我们一定要建设一个集中的统一的党,一切无原则的派别斗争,都要清除干净。"党内斗争的历史事实证明,混进党内的异己分子、坏分子、野心家等等,他们就是利用派性和派别活动来分裂党,并通过搞分裂、搞阴谋诡计来实现他们不可告人的目的的。敌人利用派性,派性掩护敌人,这个惨痛的历史教训一定要牢记。

派性是小生产习惯势力、"行帮"习气在党内的一种反映,是林彪、"四人帮"极左路线的产物,是他们出于篡党夺权的需要,在"文化大革命"中挑动起来的。派性的危害极大。它在政治上瓦解党,思想上腐蚀党,组织上分裂党。它破坏党的组织纪律,破坏党的集中统一,削弱党的战斗力。它妨碍党的路线、方针、政策的贯彻执行。有的地方揭批查不彻底,纠正冤假错案受干扰,违法乱纪案件查不下去,主要原因就是派性作怪。派性破坏安定团结,危害社会主义现代化建设,挫伤干部群众搞四化的积极性。派性是党的大敌,人民的大敌,四个现代化的大敌。每个党员都要认清这个大敌,坚持党性,反对派性,全力维护党的团结和统一。

各级领导干部更要以身作则，遵守党的纪律，坚决按照中央的方针办事，坚决同派性作斗争，团结起来向前看，团结起来搞四化。跟着林彪、“四人帮”犯过错误的同志，一定要坚决同林彪、“四人帮”在政治上、思想上、组织上划清界限，肃清其流毒和影响，彻底克服派性，真正认识错误、改正错误，站到党的立场上来，坚决贯彻执行党中央制定的路线、方针、政策。闹派性屡教不改的，要受到纪律处分。领导干部闹派性不改的，要坚决撤下来。

受过委屈、吃过苦头的同志，要正确对待自己遭受过的打击和委屈，要有高风格、高姿态，要注意团结那些反对过自己并且已被实践证明是反对错了的人。我们要正确分析历史上发生过的问题，着重考察历史条件，分析产生错误的环境，不要简单地追究个人责任。

我们一定要正确处理同志之间的相互关系，不但要有批评和自我批评，而且要提倡互相谅解，互相支持。对原则问题必须不留情面地开展批评，非原则问题就不必纠缠。同志之间的相互支持和谅解，比什么都重要。我们向老一辈无产阶级革命家学习，就要发扬他们那种崇高的无产阶级革命风格。

克服派性是一件关系到党和国家命运的大事。派性不消除，党性不能发扬，党在新时期的任务和路线、方针、政策就要受到极大的干扰和破坏。我们一定要下大决心，采取坚决的措施消除派性。要认真做艰苦、细致的思想政治工作，按照马克思主义和党的原则把广大党员更好地团结起来，肩负起我们共产党人的历史责任。

《人民日报》发表梁记耀的文章《我国农业要有一个大发展》

人们一谈到农业，往往想到的是粮食，但农业不仅是指粮食，它包括农林牧副渔各业。认为搞农业就是搞粮食，这种认识是不全面的。我们中国人吃饭，有不少陈旧观念，许多人认为吃饭就是吃粮食。其实，肉食、奶、奶制品、干果、水果等，都应该逐渐成为我们食品的重要成分。因为一时还做不到这样，所以，我们在计划农业的时候，还必须重视粮食的生产，但也一定要有一个规划，注意对其他各业生产的安排。有的则可以把步子迈得大一些，争取在三五年内见到可观的效果。粮食、林业、牧业和其他各业，三五年内来一个大发展，有没有可能呢？对这个问题有不同的看法，不外是这么三种：一种是根据过去的经验教训，认为要搞出大的名堂不可能，过于谨慎；第二种是有点急躁，离开了实际和可能；第三种，认为只要我们把问题抓准、抓好，在三五年内，可以打一个农业翻身仗。第三种看法，是有充分可能的。

有什么根据呢？先说老天爷给我们这个国家安排了一个比较理想的环境。我国大部地区位于北纬20度至50度，没有了不起的严寒，也没有了不起的酷热，是一个很理想的“谷仓”。我们有平地，有山岭，有草原，有水面，有适宜发展农业的气候条件。这是讲自然条件。我们的工业，有了一个比较好的基础，提供农业机械、农药、化肥的能力，越来越大。科学技术在农业上的应用，越来越广泛，成效也越来越显著。抗御自然灾害的能力，较过去有了很大的提高。这些，都是取得农业以比较快的速度向前发展的有利条件。更重要的是，我们党清除了林彪、“四人帮”。他们在农业上、在农村政策上制造的混乱和破坏，得到了澄清和恢复。特别是党的十一届三中全会通过的《中共中央关于加快农业发展若干问题的决定(草案)》和《农村人民公社工作条例(试行草案)》下达到全国农村以后，全国农民和农村干部热烈欢迎，广大农村呈现出多年来未见的欢欣鼓舞的景象。可以说，去年以来，我们的农业有了一个相当程度的变化。不要小看这一年来农村的变化，它坚定了我们的信心，给了我们一个极大的启示，这就是：要把农业搞上去，关键是要把广大干部、广大社员的积极性调动起来，发挥出来。而只要我们把农业、农村的政策搞好了，搞对头，积极性有了，再加上按照科学规律办事，农业的高速度发展也就有了。

当然，我们也有困难。对困难也有个正确认识的问题。老天爷不配合，会增加我们的困难，但对老天爷也不要苛求。这里雨多点，那里又旱点，就和人患感冒差不多。某些地区推迟10天，或者提前10天下雨，算不了什么大灾。我们有钟表，上班有时还会迟到呢。所以，对老天爷也不要苛求。我们的困难主要有两条，一是林彪、“四人帮”的长期破坏，农村不少地方遭到了极大的损伤，把家底搞空了，公社的，生产队的，社员家庭的家底搞空了。再有就是林彪、“四人帮”推行的一套极左路线的影响，还没有完全肃清。农村干部和社员，思想上还有疑虑，担心我们的政策会不会再变，心里不踏实。这也难怪，因为过去林彪、“四人帮”的破坏和我们工作中的失误，来回折腾，把人们搞怕了。有的地方，派性、不按实际情况办事、瞎指挥、搞虚夸的坏风气，还不同程度地存在。这些都会妨害广大农村干部和社员积极性的发挥。这些问题，只要我们认真对待，扎扎实实地做工作，就会逐渐得到解决。

关于粮食生产，1978年总产是6100亿斤，比1977年增长了440亿斤。今年秋季只要没有什么大的意外，增产400亿斤是可能的。这样，今年的绝对数字就可能是6500亿斤。如果今后能够保持每年增产三四百亿斤的话，那么，1985年就有可能达到8000亿斤。当然，要连续地、稳定地每年增长三四百亿斤是很不容易的。还有第二种算法，我们只算西南、中南、东北地区4个主要产粮省。这4个省的增产潜力都很大。如果这4个省经过努力在几年内都增产200亿斤，合起来就是800亿斤。其他25个省市再增产700亿斤，全国就是8000亿斤。还有第三种算法，在已经达到的亩产水平的基础上，按现在的标准，平均每亩增加130斤，就是8000亿斤。搞四五年、五六年，1亩地增加130斤，虽然很不容易，但还是有可能的。我们粗略地算一算，心里就有了大致的底数，当然要经过我们付出辛勤的劳动、艰巨的努力才行。总之，只要我们不犯错误，抓住关键，到1985年，粮食达到8000亿斤是可能的。

我们不仅仅重视粮食生产，还要极为重视全面发展的问题。其中有两个问题。一个是牧业。牧业情况怎么样？我们的猪在3年内由1.8亿头增长到现在的3亿头。我们再搞三五年，不要说翻一番，就是翻半番，增长50%，也就可以达到4.5亿。要使猪不断增加，就要非常注意政策问题。政策问题搞得不好，农民的积极性又会下降。所以我们要很好地考虑这个问题。还要立即抓发展羊的问题。我们的羊三四年来只增加了20%。据说有1.5亿只，其中山羊占40%，绵羊占60%。我们的东北、华北、西北、西南都有广大的牧场。畜牧场比耕地多3倍。猪这3年将近翻一番，羊只增加20%，如果羊也能翻一番，增加1.5亿只，所产羊毛就等于1200万亩到1500万亩棉花，相当于现有棉田的1/3。发展羊，第一解决肉食和奶制品，第二解决穿衣问题，第三解决非常重要的轻工业原料——皮革。羊为什么上得慢？可能第一是重视不够，第二没有放开手让农民去干。现在我们放手让农民养猪，1头母猪生8只猪娃子，就增加到9只。可我们不少地方规定，1户农民只能养2只羊。养一两只羊不合算，每天至少要半个劳动力看羊。养七八只有什么关系？8只羊只等于1头母猪下的8个猪娃子。据说新疆一个贫农过去一般都有二三十只羊。首先是要提倡集体养，也要发展户养。放手养羊，养羊的潜力很大。如果今后三五年，猪翻半番，到4.5亿头，羊翻一番，到3亿只。还有牛，放手发展牛，有选择地把1000万头牛发展到1亿头，那么牲畜就是8.5亿，再加上别的，到9亿头，那就意味着我们全国每人平均占有肉食三四十斤，甚至50斤。所以只要政策对头，三五年到七八年，逐步改变我们的食物构成，多吃点肉，很有可能。

还有一个问题，就是我们必须狠抓林业。全国960万平方公里，144亿亩地，其中十几亿亩耕地，牧草地40亿亩，六七十亿亩是荒山、荒坡。中国农业的一个很大的潜力是在荒山、荒坡上。不说别的地方，北京的荒山、荒地就比耕地多。北京有1.67万平方公里土地，等于2100多万亩地，其中耕地700多万亩，占1/3。起码有1/3的地方可以搞林。发展林业潜力很大。造林就是造水，林可以涵养水，保护土壤，可以调节气候，美化环境。不要一想起造水就是打井，修水库。有的地方适宜搞水库，但不能什么地方都搞水库，打井，有的地方成本高，搞不成。造林就是造粮食，比如板栗、枣子、柿子都是粮食。造林就是造油，要发展木本油料，比如核桃就是油。造林就是造轻工业原料，又是建筑材料。林业抓上去也不容易，要想出切实有效的办法。主要是要有一个通盘的长远规划，对现有森林，要计划采伐和护林、造林相结合。广大农村，要因地制宜，采取社造、队造、户造一齐上的办法，坚持年年抓，奋斗一二十年来解决。目前，有些地方还在烧林开荒、毁林造田，这种情况必须坚决制止。

另外，我国的渔业发展也是大有可为的。我们有大面积的江河湖泊淡水水面，有大面积的近海水面，还有大面积的临海滩涂。在这些地方，只要我们把渔业的养殖和捕捞同时重视起来，我国的渔业会有一个大的发展。

总之，如果我们狠狠抓粮食，牧业，林业，渔业，副业，把农林牧副渔各业全面抓起来，而且措施对头，农业三五年打个大翻身仗的希望很大。

格尔木水电站建成发电

新华社报道，以格尔木河的昆仑山溶雪水为动力的格尔木水电站，最近在青海省柴达木盆地的新兴城市格尔木附近建成发电。它是青海省最大的水电站，装机容量为9000千瓦。

格尔木河以昆仑山溶雪水为源。它是注入柴达木盆地的最大河流。但它在流进盆地后大部分就渗入地下，形成地下潜流。格尔木水电站的水坝把河水拦截在拔海3100米的“盆沿”上，在昆仑山口的峡谷中汇集成一个葫芦形的水库，使水能较好地得到利用。

新华社和南通社在贝尔格莱德签订《交换新闻和合作协定》

新华社社长曾涛和南通社社长佩罗·伊瓦契奇分别代表两个通讯社在协定上签字。他们表示要坚定不移地执行协定的规定，并为超过规定的范围进一步合作而努力。

协定自签字之日起生效。

8月16日

国务院总理华国锋祝贺胡斯连任黎巴嫩总理

中国驻黎巴嫩大使许文益拜会黎巴嫩总理胡斯，向他转达了华国锋总理就他连任总理对他的祝贺。

胡斯总理向中国大使说明了由于以色列侵略而造

成的黎巴嫩南部的局势。他赞扬了中国支持黎巴嫩政府反对以色列侵略,捍卫民族独立和国家主权而进行的正义斗争。

胡斯总理对两国友好关系的发展表示满意。他认为,两国人民相互间的友好访问有利于加强他们的相互了解和友谊。

许文益大使重申了中国在黎巴嫩南部问题上的立场,并谴责了以色列对黎巴嫩的侵略和扩张。

党和国家领导人华国锋等在人民大会堂接见全国工艺美术人员代表大会代表

中共中央主席华国锋,副主席叶剑英、邓小平、李先念,以及党和国家其他领导人在人民大会堂接见了出席全国工艺美术艺人、创作设计人员代表大会的全体代表,共500多人。

下午4时,华国锋等党和国家领导同志在一片热烈的掌声中来到接见大厅,同来自全国各地的为发展我国工艺美术事业作出贡献的艺人和创作设计人员亲切见面,并同他们一起照了相。

参加接见的党和国家其他领导人有:韦国清、邓颖超、余秋里、胡耀邦、徐向前、谷牧、康世恩、姚依林。政协全国委员会副主席宋任穷也参加了接见。

全国工艺美术艺人 创作设计人员代表大会在北京闭幕

这次会议是轻工业部为了总结交流经验,表彰先进,把全国工艺美术生产提高到一个新的水平而召开的。会议期间,中共中央主席华国锋,副主席叶剑英、邓小平、李先念接见了全体代表。李先念同志到会作了重要讲话。

在闭幕式上,代表们一致通过了为实现工艺美术大发展多作贡献的倡议书。他们向全国工艺美术界30多万技艺人员倡议:鼓足干劲,行动起来,坚决贯彻“继承、提高、发展、适销”的工艺美术生产方针,高速度、高质量、高水平、多品种地发展工艺美术生产,为社会主义现代化建设作出更大的贡献。

这次代表大会,是新中国成立以来工艺美术界的第二次群英盛会。代表们回顾了1956年第一次工艺美术艺人代表大会以来,我国工艺美术生产所取得的成就和经验教训,广泛地、深入地讨论了当前如何实现工艺美术生产大发展的问题。大家认为,争取工艺美术生产的大发展,是实现四个现代化的迫切需要。最近制定的工艺美术八年规划确定:到1985年,工艺美术总产值将比现在增长1倍以上。为了实现这个目标,工艺美术系统一定要认真贯彻执行轻工业部最近提出的“继承、提高、发展、适销”的工艺美术生产方针。这个方针反映了当前工艺美术生产实际,同工艺美术大发展的新形势相适应,是切实可行的。代表们认为,要实现工艺美术生产的大发展,首要的是提高工艺美术品的质量,增加品种花色和改造包装装潢,使工艺美术产品做到适销对路,有较高的竞销能力。各级工艺美术生产主管部门要加强领导,把工艺美术生产纳入计划,在人力、物力、投资上给予保证。要同外贸部门和商业部门密切配合,加强对国内外市场的调查研究,根据不同销售对象的需要和爱好,组织设计和生产。要结合工艺改革,搞好产品改造,改变某些产品几十年“一贯制”的陈旧面貌。要不断发展新品种、新工艺、新材料,创造出更多的名牌产品。创作设计人员要牢固地树立经济核算观点,努力做到艺术效果和经济效果的统一。

出席会议的代表指出,为了实现工艺美术生产的大发展,广大工艺美术技艺人员要进一步解放思想,肃清林彪、“四人帮”推行的极左路线的流毒,彻底消除余悸,克服思想僵化的现象,大胆地进行创作设计,在贯彻周总理提出的“只要不是反动的、丑恶的、黄色的东西都可以组织生产和出口”原则的基础上,积极恢复传统题材和传统产品;要在继承和发扬我国工艺美术传统技艺、传统风格的基础上,积极创新;要保持和发扬民族和地方的特色,善于研究、借鉴、利用外来艺术的长处,提倡和鼓励不同艺术流派和风格的自由发展,使我国工艺美术园地真正出现百花齐放的繁荣景象。

代表们提出,实现工艺美术生产的大发展,还要进一步落实工艺美术艺人和创作设计人员的政策,抓紧培养工艺美术技艺人才。他们希望,各级党政领导对技艺人员政治上要关心,创作上要鼓励,生活上要照顾。应当定期进行技艺考核,做好评定技艺职称的工作;要认真贯彻按劳分配的原则,对创作设计有成绩的技艺人员和创作有独到之处的工艺美术品要实行奖励。要落实老艺人带子女学艺的政策,对于年老体弱、卓有成就的老艺人,要给他们配备有一定技艺水平和文化水平的人员,既当徒弟,又当助手,把他们的绝技传继下来,帮助他们总结经验,著书立说。轻工业部部长梁灵光同志向大会作了题为《繁荣创作,发展生产,为社会主义现代化建设贡献力量》的报告。大会的闭幕式上,轻工业部向三十四名被授予“工艺美术家”称号的艺人、创作设计人员颁发了荣誉称号证书和奖章、奖金。这在我国工艺美术史上还是第一次。

被授予“工艺美术家”称号的34名艺人、创作设计人员分别属于雕刻、刺绣、地毯等12个行业。他们在艺术上都有独特成就,创作上有重大贡献。如90高龄的湖南菊花石雕老艺人戴清升,早在1915年,他的作品就在巴拿马赛会上荣获金质奖章。解放后，他先后创作了1600件作品。他雕刻的菊花，以千姿百态、刚劲挺秀而驰名中外；苏州刺绣研究所副总工艺师李娥英，为苏绣艺术创造了大量新针法和新的表现形式；广东石湾美术陶老艺人刘传在多年的人物雕塑创作实践中，形成自己的一套以人物传神为主，善于夸张的独特表现手法；上海玩具八厂设计组组长袁文蔚，20多年来设计了200多个品种；天津地毯三厂艺人陈占贵，创造了快速拴头法，使手工织毯工效提高一半，并和同志们一起创作出独具一格的中国挂毯；北京玉器厂老艺人王树森擅长于因材施艺，把一块高绿翡翠做成一对巧夺天工的“龙凤福寿”玉佩，很受人们赞赏。

这次获得“工艺美术家”荣誉称号的还有杨士惠（北京牙雕）、翁荣标（广州牙雕）、夏长馨（北京玉器）、周寿海（上海玉雕）、郭功森（福建寿山石雕）、林如奎（浙江青田石雕）、楼水明（浙江东阳木雕）、陆涵生（苏州木雕）、徐绍清（苏绣）、杨应修（湘绣）、高婉玉（上海绒绣）、林智成（广东潮绣）、张德礼（河北丝毯）、金世权（北京景泰蓝）、吴可男（北京花丝）、魏聿功（山东嵌银丝）、张涌涛（上海钻石）、杨厚兴（江西美术瓷画）、王锡良（景德镇艺术瓷）、谢杏生（上海戏装）、张永寿（扬州剪纸）、柳家奎（无锡泥人）、杜炳臣（北京雕漆）、林廷群（福建脱胎漆）、王习三（河北内画壶）、俞樟根（浙江竹编）、曲熙贵（烟台抽纱）、陈嘉棠（广东藤编）。

《人民日报》发表评论员文章《切实加强设备成套工作》

机械设备成套工作，是我国基本建设中的一个薄弱环节。切实搞好这项工作，为国家建设项目提供成套的技术装备，对于保证基本建设项目及时建成投产，形成完整的生产能力，发挥投资效果，加快现代化建设步伐，具有重要作用。

机械设备成套工作，是一项复杂的、系统的、综合性的组织工作。它以国家计划为前提，以项目设计为依据，组织生产、建设、分配各部门，对设备的选型、生产、供应、安装调试等一系列任务，通力协作，密切配合，最终保证基本建设项目形成完整的生产能力。第一个五年计划期间，按照156个基本建设项目的需要，组织了机械设备成套供应，对集中力量打歼灭战起了积极的作用。1961年，建设我国自己设计、自己制造设备的重点工程马鞍山车轮轮箍厂，按照“全部成套，早期预订，现场调度，负责到底”的原则，实行设备成套生产，成套供应，保证了工程高质量、高速度地建成投产。攀枝花钢铁公司也是全部用国内自制设备，实行成套预安排，成套供应，保证了这个项目较快地竣工投产。由于林彪、“四人帮”的干扰破坏，这项工作被削弱了：管理落后，设备成套性差，技术水平低下的状况，至今没有根本改变。在国民经济三年调整时期，我们一定要把停建、缓建项目的设备调整好、使用好，把该上的国家重点工程的成套设备，按照建设的进度，“不多不少、不大不小、不迟不早”地安排好、供应好，把有限的设备资源用在刀刃上，确保项目按期建成。

如何加强设备成套工作呢？首先必须按照以需定产的原则，成套地安排生产，成套地组织供应。凡是经过认真综合平衡，列入国家成套项目的所需设备，都要根据以需定产的原则，由各设备制造主管部门成套地预安排，成套地组织供应，分别纳入国家生产、分配计划。各制造主管部门应当采取有效措施，保证做到成套安排、成套生产。积极发展机组成套、系统成套、生产线成套，提高成套设备先进技术水平。成套工作部门要和有关部门一起，在保证建设项目按计划建成投产的总目标下，密切配合，加强协作，共同搞好成套工作，保证项目按计划建成投产。

必须逐步用经济管理方法组织设备成套。要积极创造条件，推行经济合同制，使供需双方和有关部门，明确协作关系和各自承担的责任，加强责任制度，促进经济核算，改善经营管理。当前应当冲破各种思想阻力和习惯势力，选择若干项目进行试点，取得经验，逐步推广。同时，要在推行经济合同制的基础上，使成套行政管理部门逐步走向企业化，成为实行独立经济核算的经济组织。

要树立全心全意为生产、建设服务的思想，努力提高管理水平。设备成套机构是个管理部门，但首先是一个服务部门。要满腔热情地急生产之所急，千方百计地满足建设的需要，保证建设项目按计划建成投产。要有负责到底的精神，凡是项目设计需要的设备，原则上都要包下来。搞好服务工作，要使建设部门感到需要你，欢迎你，离不开你。各级成套部门的领导干部和工作人员，都要改进作风，了解生产、建设中存在的问题，及时帮助解决，把组织生产、供应的工作搞好。要学习政治，学习经济，学习技术，学习管理，刻苦钻研业务，迅速提高管理水平。

在实现四个现代化的新长征中，设备成套部门担负着光荣而艰巨的任务。我们相信，只要认真总结正反两个方面的经验，积极地进行改革，设备成套工作就一定能为四个现代化建设作出新的贡献！

全国人大常委会副委员长谭震林在北京会见以日本秋田县知事佐佐木喜久治为团长的日中友好秋田县农业青年之翼访华团

全国政协副主席沈雁冰在北京会见以泰国萨田哥

塞——纳卡巴贴基金会主席颂西·素古蒙喃女士为团长的泰国知名人士访华团

8月17日

中共中央发出《关于清理历史遗留问题中涉及有关中央文件的处理办法的通知》

通知提出,中央过去所发文件的内容、提法、决定,同中央新发文件、讲话有矛盾、相抵触的,一律以新文件、讲话为准,旧文件或其中的有关部分自然失效。

《人民日报》发表黄火青的文章《为维护社会主义法制而斗争》

1954年第一届全国人民代表大会通过的人民检察院组织法,确立了我国社会主义的检察制度,对于指导各级人民检察院的工作,维护社会主义法制,起了重要的作用。林彪、"四人帮"出于篡党夺权的政治需要,疯狂叫嚷并且实行"砸烂公检法",使检察工作中断了10年之久。华国锋同志为首的党中央粉碎"四人帮"之后,把重建检察机关,作为加强社会主义法制建设的一项迫切任务,同时,经过20多年来的实践,我们对于检察工作已经有了正反两方面的经验,因此,已有必要和可能对原来的人民检察院组织法进行修改。在五届人大常委会法制委员会的主持下,经过有关方面的共同努力,圆满地完成了对人民检察院组织法的修改工作。人民检察院组织法系统地规定了检察机关的机构设置、性质、任务、权限、工作程序以及组织原则和工作原则,是检察机关行使职权的法律依据和实施检察制度的章程。我们必须认真学习和贯彻执行,为维护社会主义法制而斗争。

坚持检察机关法律监督的性质

人民检察院是国家的法律监督机关。它依照法律规定,检察国家机关、国家机关工作人员和公民违法犯罪的案件,其中包括叛国案、分裂国家案以及严重破坏国家的政策、法律、法令、政令统一实施的重大犯罪案件,代表国家提起公诉,支持公诉,并且对于公安机关侦查的案件进行审查,决定是否逮捕、起诉或者免予起诉;对于公安机关的侦查活动、人民法院的审判活动以及监狱、看守所、劳动改造机关的活动是否合法,实行监督,以保证准确地打击敌人,惩罚犯罪,保护国家的利益和人民的权利。20多年来正反两个方面的经验表明,检察机关的法律监督对于维护社会主义法制,是非常重要的,不可缺少的。什么时候加强了法律监督,法制的状况就比较好一些,打击敌人就比较准确一些,违法乱纪和错捕、错判就比较少一些;什么时候削弱了法律监督工作,法制的状况就比较差一些,在对敌斗争中往往伤害好人,或者放纵敌人。这就充分说明,无产阶级不仅必须有自己的法律,而且必须有自己的法律监督机关。当然,国家的法制状况不完全决定于检察工作,但法律监督总是起重要作用的因素之一。林彪、"四人帮"别有用心地把法律监督和无产阶级专政对立起来,肆意诬蔑检察机关是"凌驾在党政之上的官僚机构",攻击检察监督是"束缚专政手足",从而把法律监督划为禁区。针对林彪、"四人帮"的干扰破坏,新的人民检察院组织法旗帜鲜明地重新肯定了人民检察院是国家的法律监督机关,赋予它维护社会主义法制的重要权限,为检察机关恢复了名誉。

法律监督越是有力,法律越是能够得到统一的、正确的实施,无产阶级专政就越是巩固。反之,取消法律监督,就是剥夺无产阶级手中维护社会主义法制的武器,就会削弱无产阶级专政。同时,加强国家机关内部的法纪检察,促使干部严格守法,依法办事,对于加强党和国家统一集中的领导,维护统一的国家法律,密切与人民群众的联系,都具有非常重要的意义,根本不存在什么"凌驾在党政之上"的问题。相反地,削弱法律监督,必然破坏统一的领导和统一的法律,给阶级敌人和坏分子以可乘之隙。当前维护社会主义法制的障碍,主要地也还在于林彪、"四人帮"的恶劣影响和流毒还没有彻底肃清。这主要表现在因受他们的毒害而滋长起来的个人特权,因受他们的煽动而泛滥起来的无政府主义思潮,特别是由于他们结帮拉派而膨胀起来的派性的干扰。站在派性立场的人,以我划线,不顾大局,只认派别,不认法律。属于他这一派的人,即使严重地触犯了法律,成为凶恶罪犯,也要千方百计予以开脱和包庇;对于反对他这一派的人,即使是真正的受到冤屈,也不肯予以平反或者不肯予以彻底平反。这种派性,带有很大的封建性,是一种封建的利害结合。反对派性对法制的干扰,既是维护法制的斗争,也是保障人民民主的斗争。我们必须继续肃清林彪、"四人帮"的种种流毒,坚决揭发和批判派性,排除各种干扰,冲破一切阻力,坚持开展法律监督工作,为维护社会主义法制,巩固无产阶级专政而斗争。

坚持正确的组织原则,保证法律监督职能的实现

组织原则是实现政治任务的保证。检察机关要实现法律监督的职能,必须有正确的组织原则作保证。在这方面,我们也经历了一个实践和认识的过程。在建国初期,检察机关实行双重领导的原则,即地方各级人民检察院受本级人民政府的领导,同时受上级人民检察院的领导。1954年宪法规定,地方各级人民检察院只受上级人民检察院的领导,并且一律受最高人民检察院的领导,而不受地方各级人民政府的领导,这就是垂直领导的原则。1978年宪法规定,地方各级人民

检察院对本级人民代表大会负责并报告工作，上级人民检察院监督下级人民检察院的检察工作，而不实行领导。检察机关的领导关系经过几次变动，证明双重领导的原则，即地方各级人民检察院既受上级人民检察院的领导，又受同级人民代表大会和它的常务委员会领导，是比较适合我国的情况的。毛泽东同志在《论十大关系》一文中指出："我们的宪法规定，立法权集中在中央。但是在不违背中央方针的条件下，按照情况和工作需要，地方可以搞章程、条例、办法，宪法并没有约束。我们要统一，也要特殊。为了建设一个强大的社会主义国家，必须有中央的强有力的统一领导，必须有全国的统一计划和统一纪律，破坏这种必要的统一，是不允许的。同时，又必须充分发挥地方的积极性，各地都要有适合当地情况的特殊。"这次修正通过的人民检察院组织法，就是根据这一精神，确定检察机关实行双重领导的原则。

国家的检察权是统一的国家权力的一个方面，具有较大的集中性。各级检察机关应当在本行政区域内畅通无阻地行使自己的权力。下级人民检察院在办理重大案件中，如果遇到特别复杂的情况和特殊困难而难以行使权力时，上级人民检察院可以及时予以指示和支持，必要的时候也可以把案件调上来自己办理，务求彻底揭露犯罪分子，予以应得的惩处。如果上级人民检察院对下级人民检察院不是实行领导，而只是实行监督，那么上级人民检察院就不能实行这样的集中指导，因而就会影响检察机关依法独立行使职权，影响法律的贯彻实施。所以，把1978年宪法规定的上下级检察机关的监督关系改为领导关系，是完全必要的，是前进了一大步。为了巩固国家的统一领导，人民检察院组织法把检察叛国案、分裂国家案以及严重破坏国家的政策、法律、法令、政令统一实施的重大犯罪案件，列为检察机关的首项职权。同时组织法又规定，地方各级人民检察院的检察长、副检察长和检察委员会委员经地方国家权力机关选举和任命后，要报上级检察机关报请该级人大常委会批准，实行在民主基础上的集中。这些规定，都是为了维护法制的统一，是符合我国无产阶级专政的历史经验和当前斗争需要的。

如果说，检察机关的双重领导原则体现着国家体制上的民主集中制，那么，各级人民检察院设置检察委员会则体现着检察机关内部的民主集中制。我国检察机关从开始建立的时候起就设置了检察委员会，而不是实行总检察长的独任制。但是，在1954年的组织法中，规定检察长领导检察委员会的工作，没有充分体现民主集中制的精神。这次修改通过的人民检察院组织法，把原来的检察长领导检察委员会的工作，改为检察长主持检察委员会的工作，实行少数服从多数的原则，进一步体现了民主集中制的精神。这就能够保证在充分发扬民主，集体讨论的基础上，对重大案件和重大问题作出正确的决定。

坚持对任何公民在适用法律上一律平等的原则

个人特权，是维护法制的一个严重障碍。1954年的人民检察院组织法，也规定对任何公民在适用法律上一律平等。但是，由于当时特权现象不很明显，我们还没有充分认识这一原则的重要意义。林彪、"四人帮"大搞个人特权、践踏法制和民主的严重教训，才使我们深刻地认识到反对个人特权的极大重要性。因此，在人民检察院组织法中明文规定："各级人民检察院行使检察权，对于任何公民，在适用法律上一律平等，不允许有任何特权。"在我们的法律上，明文规定反对特权，这还是第一次，具有极大的现实意义。当前个人特权的主要表现是，有些人在生活上奢华成癖，享乐成风，慷国家之慨，破坏财经制度，达到犯罪的程度；在政治上以功臣自居，藐视国法，认为法律只是管老百姓的，管不了自己这样的"大人物"。同时，这些人又把自己当作法律的化身，把自己的话当作金科玉律，谁违背自己的话，就是违法，顺之者昌，逆之者亡。这种搞个人特权的人，实质上已经蜕化变质，倒退到封建主义去了。不克服个人特权，民主和法制不能加强，四个现代化不能实现，而且党和国有变色的危险。因此，反对个人特权，是维护社会主义法制，保障人民民主的一场严重斗争。检察干部必须具有大无畏的、不惜以身殉职的革命精神，不畏权势，不徇私情，执法不阿，上下一律，把反对个人特权的斗争进行到底。

依法独立行使检察权，忠实于法律和制度

在1954年的人民检察院组织法中，是把独立行使职权作为垂直领导的原则来规定的。新的人民检察院组织法规定检察机关实行双重领导的原则，这里的独立行使职权已不是作为垂直领导的原则，而是作为法制原则规定下来。这就是："人民检察院依照法律规定独立行使检察权，不受其他行政机关、团体和个人的干涉"。这一规定，同样具有很大的现实意义，因为，现在事实上就存在着干扰检察工作的现象。检察机关如果不能独立行使职权，而任凭别人左右和干涉，就不可能忠实于法律和制度，忠实于人民利益，忠实于事实真相，因而也就不可能忠实履行自己的神圣职责，特别是不可能进行反对个人特权的斗争。因此，是否坚持独立行使职权的原则，不仅是能不能正确处理案件的问题，而且是直接关系到能不能保持人民检察制度的性质的大问题。

坚持依法独立行使职权的原则，同加强党对检察工作的领导，是完全一致的。社会主义法律体现着无

产阶级的意志和党的政策,执行法律也就是执行无产阶级的意志和党的政策,依法办事,保证严格执行法律,正是加强党的领导,而不是削弱党的领导。所谓依法独立行使职权就是“依法抗党”的说法是毫无道理的。中国共产党是全中国人民的领导核心。党责成检察机关的党组织和党员忠实地执行党的路线、方针、政策和国家的法律法令,经常检查执行的情况;为检察机关挑选、输送优秀的干部;提高他们的政治觉悟和业务能力,把他们培养成刚正不阿、不惜以身殉职的检察员。这样,既保证了检察机关应有的独立性,又加强了党的领导。决不能把党的领导理解为要事事干涉,包办代替检察机关的具体业务工作。各种案件应由检察机关独立自主地办理。

当前,我国的阶级关系已经发生了根本的变化,阶级斗争已经不再是我国社会的主要矛盾。但是,在我国还有反革命分子和敌特分子,还有各种严重破坏社会主义秩序的犯罪分子和蜕化变质分子,还有贪污盗窃、投机倒把的新剥削分子,还有极少数没有改造好的地主富农分子和其他旧剥削阶级的残余,也还有“四人帮”帮派的某些残余,他们还会继续坚持反动立场,进行反社会主义的政治经济活动。同时,国内阶级斗争又同国际阶级斗争密切地联系着。因此,我们决不能麻痹大意。对于当前的阶级斗争,必须按照严格区分和正确处理两类不同性质的矛盾的方针去解决,必须按照刑法、刑事诉讼法和其他法律的规定去解决。这就迫切需要加强检察机关,健全检察制度,为维护社会主义法制,保卫四化建设而斗争。

财政部 国家经委 人民银行提出《关于贯彻国务院改革企业管理体制文件试点中几个具体问题的意见》

意见指出:1.关于企业的利润留成比例,应当参照1978年资金占利润总额的比例核定;2.凡是利润留成比例低于下列比例的,其利润比上年实际数增长的部分,可改按5%—15%比例提取;3.试点企业的名单和利润留成比例,按企业隶属关系,分别由省、自治区、直辖市经委、财政局或中央企业主管部审核汇总,并附送计算利润留成比例的有关资料和数据,报国家经委和财政部(各两份)批准;4.所有试点企业今年暂不开征固定资产税,也暂不下放企业折旧费;5.试点企业固定资产折旧率偏低的,可以在降低成本、增加盈利的基础上逐步提高;6.按照企业实行利润留成的规定,企业应当建立发展生产基金、职工福利基金和职工奖励基金。

《人民日报》发表社论《工艺美术品生产要有一个大发展》

我国工艺美术历史悠久,技艺精湛,是祖国文化艺术的宝贵财富。党和政府历来重视和关怀工艺美术品生产的发展,多方加以扶植。如今,工艺美术创作日益繁荣,生产蒸蒸日上,这是一件可喜的事情。

我国工艺美术品的生产,有基础,有原料,有市场,有人力,有利条件很多,发展的前景非常广阔。从扩大出口看,工艺美术品是传统的出口商品,在国际上享有盛誉。经营工艺美术品,投资少,见效快,用料省,换汇率高,多发展一些,对于促进国际经济文化交流,增加外汇收入,都有好处。从内销市场来看,许多工艺美术品同广大人民群众的生活有密切联系,一向深受群众喜爱。随着人民生活水平的逐步提高,这方面的需要量将日益增多。在调整国民经济,加快发展轻工业的进程中,工艺美术应该在调整中阔步前进,高速度、高质量、高水平地向前发展。

为了进一步发展工艺美术品生产,有必要认真解决继承、提高、发展、适销的问题。继承,就是继承、发扬我国工艺美术的优良传统,推陈出新。提高,就是提高工艺美术品的质量和艺术水平。发展,就是采取坚决有力的措施,在调整中高速度发展工艺美术品生产。适销,就是根据不同销售对象的需要和爱好,精心设计,精心制作,做到适销对路。

林彪、“四人帮”推行极左路线,大搞民族虚无主义,反对继承优秀传统,对艺人和创作设计人员横加摧残,给工艺美术事业造成极大的破坏。我们应当进一步肃清他们的流毒和影响,把他们搞乱了的路线是非纠正过来。对传统技艺要认真总结、提高。民族的、地方的风格和特点要保持、发扬。世代相传的一切好东西都不能丢掉。对传统题材、传统形式的工艺品,凡是需要的,都要积极恢复生产,增加出口。不仅要继承,而且要创新。要认真贯彻“百花齐放、百家争鸣”的方针,提倡不同风格、流派的自由发展,使整个工艺美术品的质量和艺术水平有一个大提高。

工艺美术品是否适销对路,这是当前工艺美术品生产能否大发展的关键。工业、外贸、商业部门应当密切协作,搞好产销结合,加强对市场的调查研究,生产更多、更好的适销对路的工艺品。出口工艺品要努力适应不同国家、不同销售对象的需要,适应国际市场的变化。旅游工艺品要充分反映民族风格和地方特色,具有纪念意义,精致美观,妥善包装。内销工艺品要同样重视,根据国内消费水平,努力创作各族人民群众喜爱的品种花色,做到丰富多彩,物美价廉。

要高速度发展工艺美术品生产,必须加强领导,进一步落实政策,充分调动广大职工,特别是艺人、创作设计人员的积极性。对艺人和创作设计人员,政治上要关心,创作上要鼓励,生活上要照顾。要尊重他们的劳动,给予应有的政治地位和经济待遇。对有贡献的艺人和创作设计人员,授予荣誉称号;高级艺术品出厂,要有创作者、制作者的署名。师傅带徒弟,应该给予适当的补助,带得好的,应该给予奖励。这些都是党的一贯政策,应该贯彻执行。轻工业部召开的全国工艺美术艺人、创作设计人员代表大会上,对34名艺术上有独特成就,创作上有重大贡献的艺人和创作设计人员,授予“工艺美术家”的荣誉称号,这对于繁荣创作、发展生产,是一个有力的促进。

老艺人有丰富的生产实践经验,是工艺美术事业的继承者和传播者;创作设计人员是工艺美术生产队伍的一支骨干力量。他们担负着承前启后、继往开来的重要任务。大家通过这次会议,必能进一步认清形势,进一步解放思想,虚心向美术工作者、科技工作者学习,在继承和发扬优良传统的前提下,学习现代科学技术和美术知识,学习其他艺术特长,大胆创作,作出新的重大贡献。老艺人要注意总结自己的实践经验,著书立说,无保留地把自己的技艺和经验传授给下一代。创作设计人员要虚心向老艺人学习,取长补短。

工艺美术有着广阔的发展前景。工艺美术战线的广大职工和技艺人员要团结一致,振奋精神,大力发展工艺美术品生产,为搞好四个现代化贡献自己的聪明才智。

全国人大常委会副委员长谭震林在北京会见以民主党众议员众议院州际与对外商业委员会主席哈利·斯塔格斯为团长的美国众议院访华团

中国新任驻古巴特命全权大使王占元在哈瓦那向古巴国务委员会副主席布拉斯·罗加递交国书

解放军海军党委常委扩大会议决定在海军普遍深入开展真理标准问题的学习和讨论

新华社报道,人民解放军海军党委最近召开常委扩大会议,海军党委第一书记、第一政治委员叶飞同志在会上强调指出,思想路线不是小问题,是确定政治路线的一个基础。解决了思想路线问题,才能深刻领会和坚决贯彻政治路线。现在我们只有肃清林彪、“四人帮”极左路线的流毒和影响,端正思想路线,才能正确领会和认真贯彻党的三中全会和五届人大二次会议精神,解放思想,实事求是,搞好工作着重点的转移,把海军革命化现代化建设搞上去。

会议期间,中共中央副主席邓小平同志接见了到会同志,并且在会上作了重要讲话。接见时在座的还有中央军委负责人粟裕同志。邓小平同志还视察了海军飞行部队和舰艇部队。

这次会议首先学习党的十一届三中全会公报和华国锋总理在五届人大二次会议上作的《政府工作报告》,学习了叶副主席、邓副主席对军队工作的有关讲话,然后对真理标准问题进行了热烈的讨论。

大家认为,实践是检验真理的唯一标准是马克思主义的基本原则,是革命战士的必修课。我们一定要通过讨论掌握这一原则。我们的思想路线是辩证唯物主义的思想路线,就是毛主席历来提倡的实事求是、一切从实际出发、理论联系实际的路线。树立了辩证唯物主义的思想路线,才能统一思想,统一认识,同心同德搞“四化”。

在讨论中,同志们通过回顾党的历史,说明从本本出发还是从实际出发,大不一样。不同的思想路线,就有不同的政治路线;不同的思想政治路线,必然导致革命成败的不同结果。例如,王明的“左”倾机会主义路线,完全不顾中国的具体情况,开口闭口拿本本来,结果教条主义盛行,几乎断送了中国革命。又如,林彪、“四人帮”鼓吹“顶峰”论,“绝对”论,“一句顶一万句”,以致发展到:“早请示”、“晚汇报”一类的现代迷信,把人们的思想封闭在他们的禁锢圈里,结果是唯心主义盛行,形而上学猖獗,破坏了党风,败坏了军风和社会风气。历史的经验教训告诉我们:一个党,一个国家,一个民族,如果一切从本本出发,思想僵化,那它就不能前进,它的生机就停止了,就要亡党亡国。我们一定要澄清那种“公说公有理,婆说婆有理,有权就有理”的错误思想,进一步明确实践是检验真理的唯一标准,并且在实践中勇于坚持真理、修正错误。只有这样,才能把我们的事业推向前进。

许多同志认为,看一个党的路线是“左”还是右,衡量党的路线正确与否,都要靠实践来检验。历史上,立三路线“左”了王明说他是右,结果王明路线比立三路线还“左”,损失更大。粉碎“四人帮”以前,有许多正确的东西被当作右来反,甚至许多极左的东西也当作右来反,结果越反越“左”。

许多同志谈到林彪、“四人帮”的极左路线在海军的流毒和影响时说,不肃清极左路线的流毒和影响,不增强党性、克服派性和私心,便不可能把实事求是,一切从实际出发、理论联系实际的思想路线牢固地建立起来。会议提出,要下大力搞好真理标准的讨论,进一步肃清流毒,解放思想,开动机器,独立思考,勇于实践,打破思想上的僵化和半僵化,认真研究新情况,解决新问题,推动我们的事业前进。

会议认为,实践是检验真理的唯一标准这一辩证唯物主义的基本原理,是无产阶级的世界观和方法论。正确的思想政治路线,由什么人执行,结果是大不一样的。保证思想政治路线贯彻落实，还有一个组织路线问题。这是关系到领导权掌握在什么人手里，决定着党和国家的命运和前途的大事。我们要遵照十一届三中全会和五届人大二次会议精神，进一步解决好这个方面的问题。

参加会议的同志通过学习和讨论，统一了思想，吸取了经验和教训，决心振作精神，在马克思列宁主义、毛泽东思想的旗帜下，紧密地团结在以华国锋同志为首的党中央周围，按照解放思想，开动机器，实事求是，团结一致向前看的方针办事，为建设一支强大的具有现代战斗能力的海军而奋斗。

国务院知青领导小组在北京召开上山下乡知识青年先进代表座谈会

出席座谈会的共有来自21个省、自治区、直辖市的33名下乡知识青年和支边青年。他们是：邢燕子、侯隽、程有志、蔡立坚、邱家恒、周秉建、洪调研、何营、王朋森、戈克俭、赵军翔、高崇辉、张志龙、纪庆勤、严洪华、高康良、周学俊、谈龙如、王老虎、张克难、刘敢庭、曹小平、陈跃文、招汉铨、戴彩润、傅衍彭、辛温、居元、刘裕恕、张革、孙立哲、鱼珊玲、肉孜古丽。这些青年最大的39岁，最小的23岁，下乡10年以上的有28人。他们在建设社会主义新农村的斗争中，经受了锻炼，增长了才干，作出了显著成绩。他们得到了党和人民的赞誉。

青年们在座谈中说，知识青年上山下乡是毛泽东同志的号召，是在周恩来同志直接领导下发展起来的。它是我们党制定的一项政策，是同我国社会主义事业的发展联系在一起的，是大有前途的事业。曾经受到毛泽东同志、周恩来同志多次接见的邢燕子、侯隽说，她俩自愿到农村务农，把自己所学的知识贡献给农村，立志和贫下中农一起改变农村一穷二白的面貌。毛泽东同志、周恩来同志知道后非常高兴，多次肯定她们所走的道路和坚持的方向，勉励她们要沿着这条道路走到底。目前，我们国家还不可能做到把全部中学毕业生留在城市就业，即使将来城市就业问题解决了，也还需要有文化的人到农村去参加建设，为实现农业现代化贡献力量。她们说，可是，前些年由于林彪、“四人帮”从极左方面破坏知识青年上山下乡，知青工作中存在的问题不少，社会上对知青上山下乡工作议论纷纷，这是不奇怪的。现在应该实事求是，澄清是非，在肃清林彪、“四人帮”极左路线流毒的同时，继续提倡务农光荣的社会风尚，提倡为实现四化艰苦奋斗的精神。

许多青年畅谈了他们志在农村大有作为的经验和体会。青年们说，实践证明，实现四个现代化，农村是一个广阔的天地，在党组织的领导、支持和帮助下，在那里是可以干一番事业，作出自己贡献的。

青年们还提出要解放思想，开动机器，从实际出发，把知识青年上山下乡工作进一步做好，他们认为，解决就业问题，应当在城乡两个方面都广开门路，并且把办好集体所有制的知青场、队和农副业基地，作为安置上山下乡知青的主要形式。国家要大力扶持这些以知青为主的生产单位，知识青年也要想办法把这些知青场、队和农副业基地办好，并且朝着农工商联合企业的方向发展。他们说，我们一定要朝着建设现代化的社会主义新农村这个目标前进。

《文艺报》《文学评论》在北京联合召开座谈会

陈荒煤、孔罗荪主持了座谈会。应邀出席的有中青年作家以及文学理论工作者、首都报刊编辑共约80人。在座谈会上发言的有苏叔阳、白桦、张锲、苏予、马德波、孟伟哉、鄂华、陈骏涛、张洁、刘心武、王蒙、李陀、张弦、邵燕祥、张作光、杨志杰等。

座谈会上，大家指出，江青勾结林彪炮制的《纪要》，是他们篡党夺权阴谋的一个步骤。他们把《纪要》作为他们在文艺界推行极左路线，打击迫害文学艺术工作者的合法理论根据，给我国文学艺术事业带来了极为深重的灾难。粉碎“四人帮”以后，中央撤销了《纪要》，挽救了社会主义文艺事业。但是，应当看到，《纪要》的流毒还远未肃清，它的影响更不可低估。

座谈会上发言的同志一致认为，粉碎“四人帮”近三年来，整个文艺战线和文艺创作的发展是鼓舞人心的。尤其是在党的三中全会精神和关于真理标准问题讨论的推动下，一大批作者挺直腰杆，冲击和突破了林彪、“四人帮”制造的种种精神枷锁和设置的种种禁区，面对现实，写出了不少较好的作品。这批作品大胆地接触生活中的矛盾，真实地揭示了林彪、“四人帮”给党和人民造成的深重灾难和巨大危害，揭露了他们制造现代迷信和破坏社会主义事业的种种罪恶，有力地支持了揭批林彪、“四人帮”的伟大斗争，促进了广大干部和广大群众的思想解放，引导人民更深刻地去认识和思考林彪、“四人帮”造成这场民族大灾难的根源，从而有利于激发广大群众建设社会主义现代化强国的信心。当然，个别作品中也存在着一些问题和缺点。例如，有的为了追求刺激性，过分地渲染残暴、丑恶，或人为地设置离奇、怪诞的情节，这些都是不足取的。对这些问题和缺点，可以加以探讨和研究，但这毕竟是这批作品的支流，而它们的主流是积极的，健康的。正如许多同志指出的，近三年来文艺形势是很好而不是很糟的重大标志是：我们的文艺扫除了“四人帮”瞒和骗的伪造文艺的腐败气息，开始讲出了人民的心里话，因此它受到了群众的关注和欢迎，广泛地影响着群众，发挥了文艺的打击敌人、教育人民的战斗作用。这是三中全会精神的胜利。

但是，就在文艺战线取得这些来之不易的成果的时候，竟有人刮起冷风，把当前的一些创作指控为“缺德文学”、“伤痕文学”、“暴露文学”、“解冻文学”，把一个时期社会上出现的某些消极现象也归罪给文艺界起了“带头羊”的作用，甚至指责文艺界的一些同志是从“18世纪文学的染缸”里受过污染的，是要“否定毛主席革命文艺路线”，言外之意是这支文艺队伍也大成问题。总之，文艺战线生机蓬勃的新气象，在这些同志眼里竟完全来了个大颠倒。许多同志指出：这个尖锐的事实告诉我们，《纪要》散布的流毒还远远没有被肃清，在这些同志身上，《纪要》的阴魂不散，他们自觉或不自觉地继续用《纪要》的观点来观察当前的文艺现状，横看竖看，不满意，不顺眼。他们力图把文艺拉回粉饰现实、伪造生活的绝路上去，却美其名为“歌德”，为捍卫“毛主席革命文艺路线”。有的同志指出：“四人帮”造成了这么严重的危害，人民受了这么大的创伤，付出了这么触目惊心的代价，现在却要文学不反映，不思考，这究竟保护了谁？这能得到人民的批准么？我们要搞的是唯物主义的反映论而决不是唯心主义的先验论，更不能再搞让人民憎恨和唾弃的瞒和骗的文艺。

座谈会上一些同志指出，《纪要》散布了一个观点，即把知识分子同资产阶级等同起来，把知识分子同工农兵对立起来。现在，也还有人不顾实际情况，用这种观点来看社会主义知识分子，看社会主义文艺工作者。这种观点是错误的，是违背党的路线、方针、政策的，也是不符合我国实际情况的。社会主义知识分子是同社会主义工人、社会主义农民一样，是社会的主人，在文学艺术作品中描写知识分子，同描写工农兵同样重要。在实现社会主义现代化建设事业的宏伟斗争中，尤其是如此。

同志们在会上表示，一定要理直气壮、旗帜鲜明地彻底批判极左路线，彻底肃清《纪要》的流毒，促使繁荣昌盛、百花怒放的文艺局面尽快到来。

中国运动员在东京举行的1979年亚洲举重锦标赛上获得五枚金牌

8月18日

全国人大常委会委员长叶剑英在人民大会堂会见马耳他共和国议会议长卡尔西东·阿吉乌斯和由他率领的马耳他议会代表团

阿吉乌斯议长一行是中马建交后第一个访问我国的马耳他议会代表团。叶委员长说，中国人民非常欢迎你们。马耳他人口不多，国家不大，但在国际斗争中，它是一位勇敢的战士。

阿吉乌斯议长表示，他对能到中国访问感到十分荣幸。他说，马耳他得到中国人民的许多帮助，你们的帮助是不附带任何条件的。

叶委员长祝马耳他团结、安定，经济上繁荣，人民幸福，祝中马两国人民的友谊一天天加强。

参加会见的代表团团员有马耳他工党议员卡梅尔·布蒂吉格、国民党议员赫尔曼·法鲁加、议会秘书查尔斯·米夫萨德。

会见时在座的有全国人大常委会副委员长姬鹏飞等。

政协青海省四届二次会议选举扎西旺徐为省政协主席

全国档案工作会议在北京召开

8月18日至29日召开的全国档案工作会议会议提出：全国档案工作战线要认真贯彻党的十一届三中全会和五届人大二次会议精神，努力发展我国档案事业，提高档案的科学管理水平，积极开展档案的利用工作，为社会主义现代化建设服务。

这次会议是党的十一届三中全会以来，党中央、国务院批准恢复国家档案局，批准为全国档案工作中所谓“反党反社会主义黑线”这一全国性大错案彻底平反之后，档案工作战线召开的一次重要会议。

国务院副总理、中共中央副秘书长姚依林和中共中央办公厅副主任冯文彬在会上讲了话。中共中央办公厅副主任曾三在会上作了题为《关于在我国档案工作中贯彻党的三中全会精神的几点意见》的讲话。国家档案局局长张中在会上作了题为《加速档案工作的恢复与整顿，积极开展档案的利用工作，为社会主义现代化建设服务》的报告。

会议指出，“文化大革命”前17年，我国的档案工作，在党中央、国务院的领导下得到了蓬勃发展。实践证明，“文化大革命”前17年在国家档案局和全国档案工作战线，毛主席的革命路线始终占主导地位，成绩是主要的，档案工作人员绝大多数是好的和比较好的。

会议经过讨论指出，要努力发展我国的档案事业，必须坚持马列主义、毛泽东思想的基本原理，坚持党的领导，坚持集中统一管理党和国家档案的社会主义原则，坚持按照档案工作的性质、特点和客观规律办事，坚持科学的档案工作规章制度。

会议根据党的十一届三中全会和五届人大二次会议制定的路线、方针、政策，提出了档案工作战线近两三年内的主要任务。这就是：继续批判林彪、“四人帮”推行极左路线破坏我国档案工作的罪行，肃清其流毒和影响；坚持实践是检验真理的唯一标准的原则，端正思想路线，解放思想，开动机器，研究档案工作的新情况、新特点，解决档案工作中的新问题；加速档案工作的恢复与整顿，认真做好档案馆工作、科学技术档案工作、机关文书处理部门立卷归档工作和档案室工作，以及档案干部的培养教育工作，加强档案科学技术的研究工作，不断提高档案工作的科学管理水平，积极提供档案为社会主义现代化建设服务。

出席这次会议的有各省、自治区、直辖市党委主管档案工作的负责人，中共中央和国务院各部门办公厅(室)的负责人，和各省、自治区、直辖市档案局(处)的负责人共300多人。

8月19日

国务院总理华国锋电贺联合国科技促进发展会议召开

电报全文如下：

维也纳联合国科学技术促进发展会议：

我谨代表中国政府和中国人民，对联合国科学技术促进发展会议的召开表示祝贺。

联合国科学技术促进发展会议是一次重要的国际会议，受到世界各国的重视。我们希望，这次会议能够为科学技术促进世界各国特别是发展中国家的经济发展和社会进步，增进各国科学家和各国人民在科技领域的友好合作，推进新的国际经济秩序的建立，作出积极的贡献。预祝会议成功。

中华人民共和国国务院总理　华国锋

1979年8月19日于北京

中共中央副主席李先念在北京会见由塞拉利昂全国人民大会党中央政治局委员助理总书记埃·塔·卡马拉率领的塞拉利昂全国人民大会党代表团

李先念副主席向塞拉利昂朋友介绍了中国共产党在自己几十年的斗争中所取得的经验和教训。卡马拉助理总书记说，我们清楚地看到中国人民有一个统一的意志，一心一意地建设社会主义事业，这是很重要的。

李先念副主席同卡马拉助理总书记还就当前共同关心的国际问题交换了意见。

全国人大常委会副委员长、中联部部长姬鹏飞，中联部副部长吴学谦，中国驻塞拉利昂大使田平参加了会见。塞拉利昂驻中国大使馆临时代办约翰逊和夫人也参加了会见。

国务院副总理耿飚在北京会见马耳他议会议长卡尔西东·阿吉乌斯和由他率领的马耳他议会代表团

《人民日报》转载8月18日《解放军报》评论《端正思想路线　同心同德执行党的政治路线》

海军党委常委扩大会议决定，从现在开始在海军普遍深入地开展关于真理标准问题的学习和讨论，认真解决思想路线问题，提高执行党的政治路线的自觉性。这样做很有必要。

思想路线不是个小问题，它是制定和执行政治路线的基础。思想路线，无非是两条。一条是辩证唯物主义的，一条是唯心论形而上学的。不同的思想路线，形成不同的政治路线。不同的思想政治路线，决定着革命和建设事业的成败。在我们党的历史上，什么时候思想路线端正，坚持了一条辩证唯物主义的思想路线，政治路线就正确，革命事业就顺利发展。什么时候思想路线不端正、唯心主义形而上学占了上风，执行了一条错误的政治路线，革命事业就遭到严重的挫折。林彪、“四人帮”为了篡党夺权而推行的极左的政治路线，其思想理论基础就是唯心论和形而上学。这条思想政治路线推行的结果，给我们党和国家造成的灾难是多么严重，确确实实是一场空前的浩劫。以华国锋同志为首的党中央提出安定团结地发展社会主义现代化建设的政治路线，正是由于恢复和坚持了毛泽东同志所倡导的实事求是，一切从实际出发，理论与实践相结合这样一条辩证唯物主义思想路线的结果。假如不从思想路线上打碎林彪、“四人帮”制造的种种精神枷锁，开展实践是检验真理唯一标准的讨论，冲破两个“凡是”的禁区，就谈不到解放思想，使人们得以从实际出发，完整准确地运用马列主义、毛泽东思想的科学体系，研究解决新的历史时期我们所面临的新的情况、新的矛盾、新的问题。这样，也就不可能对我国内部30年来阶级状况的根本变化作出马克思主义的科学分析，采取符合实际情况的正确决策，就不可能落实党的各项政策，平反昭雪林彪、“四人帮”造成的大批冤假错案，解决历史上遗留下来的一系列重大是非问题，安定团结、生动活泼的政治局面无法形成，濒于崩溃边缘的国民经济得不到恢复和发展，也就不可能实现全党工作着重点的转移。一句话，没有思想解放，实事求是，一切从实际出发，理论与实践相结合，只靠引用几句话，十一届三中全会和五届人大二次会议围绕着实现四个现代化所采取的一系列方针、政策、措施就根本不可能提出来。

人们的政治行动总是受着思想的支配。执行正确的政治路线，就必须有正确的思想路线，思想路线不端正，对党的政治路线就不能自觉地坚决贯彻执行，说拥护也是假的。由于思想路线不端正而对党的方针政策产生怀疑抵触的现象，我们大家不是时有所见吗？粉碎“四人帮”已近三年，党的方针、政策以至具体措施已经确定，且不说那些公开反对的人，在我们的队伍中不是也有不少同志总是徘徊观望，摇摇摆摆，心有余悸甚至别别扭扭吗？人们看得很清楚，端正思想路线是一项根本建设。只有把思想路线搞端正了，才能同心同德执行党的政治路线，才能把广大干部和群众的思想统一到党的十一届三中全会和五届人大二次会议的精神上来，实现四个现代化的思想基础才会牢固。

端正思想路线，就是要端正到实事求是、一切从实际出发、理论同实践相结合这个马列主义、毛泽东思想的根本原则上，也就是要端正到解放思想，开动机器，实事求是，团结一致向前看这一正确方针上。为什么关于真理标准问题的学习讨论，没有进行的要进行，进行了的要继续引向深入？原因就在于只有把这个问题弄通了，才能克服我们一些同志头脑中存在着的本本主义、现代迷信等唯心论形而上学的东西，使大家都能按照实践是检验真理的唯一标准去看形势，想问题，办事情，把执行党的政治路线的思想基础打牢固。在一年多的实践中，关于真理标准问题的讨论，越看越重要，越看意义越大。凡是这一讨论搞得好的地方，思想就活跃，工作就大有起色。担心真理标准问题的讨论会把人们的思想搞乱，或者看成与实际工作无关，都是不对的。

深入开展关于真理标准问题的学习讨论，要克服的一个主要思想障碍，就是有些同志把这一讨论同高举毛泽东思想旗帜对立起来。这种看法说轻一点是种糊涂观念，说重一点就是背离了毛泽东思想。实践是检验真理唯一标准的观点，是马列主义、毛泽东思想的精髓。毛泽东同志领导中国革命，始终坚持从中国革命的实际出发，他倾毕生精力把马列主义的普遍真理同中国革命的具体实践相结合。如果没有毛泽东同志坚持用实践检验真理，坚持实事求是的原则，就没有中国革命的胜利，也就没有毛泽东思想。现在，我们如果不是完整地、准确地掌握毛泽东思想的科学体系，把马列主义、毛泽东思想的普遍原理同社会主义现代化建设的具体实践结合起来，并在新的历史条件下加以丰富发展，那么，也就不可能取得四个现代化建设的胜利，毛泽东思想也就不能在实践中向前发展。林彪搞了本语录，是干了件大坏事，把毛泽东思想搞得支离破碎。“四人帮”鼓吹“永远按既定方针办”，则把这种新蒙昧主义发展到了极端。他们的流毒影响决不能低估。有的人不是口头上喊着高举照办，偏偏对实事求是这个毛泽东思想最根本之点不照办吗？有的人不是错把真理标准问题的学习讨论视为“砍旗”，还说什么自己有朴素的阶级感情吗？让我们好好想一想，把实践作为检验真理的唯一标准这个马列主义、毛泽东思想的精髓都抛掉了，只抓住片言只语，实际上还在那里按林彪、“四人帮”搞的句句照办、一句顶一万句的一套行事，这能叫对毛泽东思想真正有感情吗？应该说，对真理标准问题讨论有抵触的人，大多数属于认识问题，但是也确有个别人是立场问题。在他们的头脑里，林彪、“四人帮”的思想体系还原封未动，在现在的形势下，林彪、“四人帮”的一套拿不出来了，就打着拥护毛主席的旗帜，换个面孔坚持林彪、“四人帮”那一套，同党的三中全会的精神，同党的政治路线分庭抗礼。这是必须引起我们注意的。

深入开展真理标准问题的学习讨论，端正思想路线，决不能空对空，从概念到概念，一定要联系思想实际和工作实际。联系对形势的看法，对现行政策的看法，看是不是同三中全会和五届人大二次会议的精神相符合，如果不符合，就要从思想路线上找原因，看是不是坚持了实践第一的观点。为什么有的同志对三中全会精神，对党的某些现行政策不理解，有误解，甚至抵触呢？就因为他们或者是从本本出发，以为照着做的就对，没有照着做的就错。或者是用老眼光看问题，只要是过去批判过的，不问批得对不对，现在一概不能做；只要是过去没有做过的，现在一律不准做；过去错了的，现在也只能因袭下去，不准实事求是地纠正过来。或者是对事物不作具体分析，不分清主流和支流，现象和本质，把执行政策中的问题看成是政策本身的问题。或者人云亦云，道听途说，把一些现象加以夸大，等等。判断我们党的路线、方针、政策是否正确，看什么呢？只能通过千百万人民群众的实践，看其是否有利于全国安定团结，有利于发展生产力，有利于四化建设。究竟是方针政策偏了还是自己偏了，是方针政策右了还是自己看问题“左”了？要解决这个问题，一要认真学习马列主义、毛泽东思想的基本理论，学习三中全会和五届人大二次会议的有关文件，继续肃清林彪、“四人帮”的流毒影响；二不妨走出去，到农村，到厂矿，到学校，到生产第一线，去倾听实践的呼声，看看那里的形势，看看党的方针、政策在那里贯彻执行的效果。这样客观地进行一番实地考察，许多疑虑就不难打消，许多问题就容易得到解决。有的单位这样做了，已经取得了很好的效果。这是值得提倡的。

端正思想路线，首先要端正领导干部的思想路线。海军把真理标准问题学习讨论的重点放在干部、尤其是高级干部身上，是恰当的。领导思想路线不端正，就要影响一大片，不仅他自己思想不解放，也要妨碍以至压制下面解放思想；不仅他自己不搞实事求是，也要妨碍以至压制下面搞实事求是；不仅他自己不能带头执行党的路线、方针、政策，也要影响党的路线、方针、政策在群众中的贯彻落实。这样所造成的损失，就不是一般干部战士所能相比的了。我们的各级领导干部一定要带头参加关于真理标准问题的学习和讨论，努力掌握马列主义、毛泽东思想的基本理论，深入实际，调查研究，并使两者密切结合，把开展这一学习讨论的领导责任很好地担当起来。只要全军上下把思想路线搞端正了，我们就能同心同德干四个现代化，干军队现代化，我们的国家我们的军队就大有希望。

全国世界现代史学术讨论会在兰州举行

新华社报道，第一次全国世界现代史学术讨论会最近在兰州举行。来自全国各省、自治区、直辖市有关研究单位和高等院校的130多名教授、专家和教学人员参加了会议。

这次学术讨论会共交流学术论文82篇。到会代表广泛讨论了世界现代史的体系和分期等问题，活跃了学术思想，开阔了眼界。

在这次会上宣布成立中国世界现代史研究会，并且通过了《世界现代史研究会章程》。

翦伯赞 吴晗 邓拓遗著出版

新华社报道，被林彪、“四人帮”迫害致死的我国著名历史学家翦伯赞、吴晗、邓拓的遗著，已由人民出版社、三联书店陆续出版。已经发行的有翦伯赞主编的《中国史纲要》第一至第四册，其中第一册是初版新书；吴晗的《朱元璋传》和《灯下集》。正在排印的有吴晗的《读史札记》、邓拓的《论中国历史的几个问题》和《翦伯赞史论集》，预计在年内出版。

8月20日

国务院总理华国锋在北京会见马耳他共和国议会议长卡尔西东·阿吉乌斯和由他率领的马耳他共和国议会代表团

阿吉乌斯议长转达了安东·布蒂吉格总统、多米尼克·明托夫总理对华国锋总理的敬意和问候。华国锋总理说，马耳他民族是个伟大的民族，马耳他人民是伟大的人民。马耳他人民的胜利是经过长期的斗争的。我们两国都需要有一个和平的国际环境来建设自己的国家。我们应该互相支持、互相帮助。华国锋总理请阿吉乌斯议长转达中国政府和他本人对布蒂吉格总统、明托夫总理的热情问候。全国人大常委会副秘书长武新宇、委员刘大年，外交部部长助理宋之光，中国驻马耳他大使程之平，参加了会见。

中共中央副主席叶剑英在北京看望黄文欢

青海省五届人大二次会议选举谭启龙为省人大常委会主任 张国声为省长

电力部在苏州召开全国火电厂省煤节电会议

新华社报道，电力工业部最近召开全国火电厂省煤节电会议，要求全国火电厂在今后3年内节约煤炭900万吨，节约电力9亿度。到会同志通过总结一年来省煤节电的经验，满怀信心地认为，这个任务经过努力是可以完成的。

火力发电厂是我国耗用煤炭、石油、电力的最大用户。煤耗和电厂自用电约占电力成本的50%左右。去年以来，全国火电厂广泛开展了省煤节电活动，千方百计降低能源消耗，取得了显著成果。从1978年1月到今年6月底，共节约原煤578万吨，节约电力2.92亿度。火力电厂发电煤耗和厂用电率10多年降不下来的局面，从此得到扭转。

广泛采用新技术，是广大火力发电厂职工省煤节电取得成绩的主要方面。从反浪费入手，切实加强燃料管理，是各厂搞好省煤节电工作的另一个重要方面。电力工业部门加强电网电厂的经济调度，让消耗少的机组多发电，消耗高的机组少发电，使电网的煤电消耗和运行费用不断降低，也同样收到节约效果。

全国夏粮入库比去年增加300万吨

据粮食部统计，截至目前，15个冬麦主产省、市已入库夏粮1205万吨，超过计划32.7%，是新中国成立以来夏粮入库最多的1年。

入库量同夏粮征购计划比较，江苏省超过1倍以上，浙江省超过86.9%，安徽省超过79.6%，湖北省超过57.2%，山东省超过41.6%。

入库粮食的质量都比较好。湖北、河南、安徽等省入库的中、上等粮食占90%以上，河北、陕西、山东、江苏等省入库的中、上等粮食占80%以上。

油菜籽收购量达19.8亿斤创最高纪录

新华社报道，截至目前，全国收购的油菜籽已超过计划5.85亿斤，比去年多收购了6亿多斤。

今年国家提高了油菜籽的收购价格，农民踊跃出售，好多地方原定的收购计划被突破，浙江、湖南、河南突破近1倍，河北突破1倍多；四川一个省收购的油菜籽就有5.68斤，超过全国总收购量的1/4以上。

近几年来，我国油菜播种面积不断扩大。去年15个主要出产油菜籽的省份的油菜种植面积比前年增加了330多万亩。目前，菜籽油产量已经在我国植物油中占居首位，占食用油总产量的1/3。

东北地区农业现代化学术讨论会上专家提出我国农业到了历史性的转折点

东北地区农业现代化学术讨论会8月20日至29日在哈尔滨市举行。这次讨论会是中国农学会受国家科委、国家农委、农业部和中国科协的委托，会同东北三省科协和农学会举办的。出席会议的400多名代表中，有来自东北三省和全国其他地区的农业科学家余友泰、许振英、吴鸿元、马世均、郑林庄、朱道华、刘少伯等。东北三省省委和省革委会的负责同志出席了会议。

会议期间收到学术论文180篇，内容涉及农、林、牧、渔、农业经济、农业机械化、水利等许多方面。像这样围绕一个地区的农业现代化问题，进行多学科综合性的农业现代化学术讨论，在全国是第一次。

这次学术讨论会开得很成功。代表们坚持实践是检验真理的唯一标准的原则，总结了新中国成立30年来正反两方面的经验，对我国农业的一些重大方针问题提出了自己的看法，对片面强调"以粮为纲"方针，搞单一经营的做法提出了尖锐的批评，许多科学家指出，"农轻重"方针是正确的。

许多专家提出，我国农业现在到了一个历史性的转折点。过去，由于单纯强调粮食生产，毁林毁草，盲目开荒，不断向林区、牧区和水域扩大耕地，不仅造成了农业内部比例失调，而且严重破坏了自然生态体系，其结果，林、牧、副、渔破坏了，粮食也搞不上去，形成恶性循环。大家说，我们吃够了以粮为主的单一农业经济的苦头，现在是到坚决纠正的时候了，应该尊重自然规律和经济规律，因地制宜地调整我国农业经济结构，宜农则农，宜林则林，宜牧则牧，宜渔则渔，坚决把我国农业转入农林牧副渔全面发展、农工商一体化的社会主义农业的轨道上来。

出席会议的农业科学家和农业科技工作者理论联系实际，对黑龙江、吉林、辽宁三省实现农业现代化的一些重大问题进行了深入探讨，提出了一些切实可行的意见和建议。

国务院副总理耿飚在北京会见日本自民党参议员岛崎均等人

全国人大常委会副委员长邓颖超在北京接受埃及新任驻中国特命全权大使伊兹·阿拉卜·阿明·易卜拉欣递交的国书

全国人大常委会副委员长谭震林在北京会见黎巴嫩国家通讯社社长穆罕默德·马希努克和夫人

中国代表团出席在维也纳举行的联合国科技促进发展会议

联合国科学技术促进发展会议上午在维也纳国家宫隆重开幕。

约130个国家的代表参加了这次会议。会议为期12天。由联合国召开的这样大规模的这类会议还是第一次。以国家科委副主任江明为团长的中国代表团出席了这次会议。

这次大会的主要任务是：在建立新的国际经济秩序中就应用科学和技术的方法方式作出决定；加强发展中国家的技术能力；采取有效的方法应用科学和技术来解决带有全国性、区域性以至全球性意义的问题；规定适当的合作手段。会议讨论的焦点将是如何缩小发达国家和发展中国家的技术差距，和如何使科学和技术为全世界各国人民服务。

中国代表团长江明宣读了中华人民共和国国务院总理华国锋贺电。

8月21日，中国代表团团长江明会议发言时说，现代科学技术的伟大成果是由各国人民共同创造的，理应由各国人民共享，成为造福世界人民的工具。所谓科技促进发展，最根本、最紧迫的任务，就是要促进发展中国家的发展。

他说，在我们时代，科学技术为人类创造了空前巨大的生产力。"遗憾的是，由于种种历史的和社会的原因，如不平等的旧的国际经济秩序的存在；技术转让中不公平不合理的条件等等，使得科学技术的成果，在许多情况下，至今仍然控制在极少数国家、特别是超级大国的手里。而缓和调子唱得最高的人，却以巨大的规模，把科技成果用来进行军备竞赛，争夺核武器优势和世界霸权。"

江明进一步指出："科技成果的国际垄断，是造成发达国家和发展中国家之间越来越大的差距的重要因素。财富在一端积累，贫困在另一端积累。不到世界人口三分之一的发达国家，控制了世界科技能力和工业生产的绝大部分，而广大发展中国家的人民群众，则生活在贫困之中，营养不良，环境恶劣，疾病蔓延，寿命短促。这就是一幅现实的世界图景。我们举行科学技术促进发展会议，不能不正视这种现实。"

江明在谈到建立新的国际经济秩序时指出："从科技领域来说，一个重要的方面，就是要消除对科学技术的垄断，取消技术转让中的不合理的限制，按照知识共享的原则和公平合理的条件，把科学技术转让给发展中国家，使发达国家同发展中国家的关系，建立在真正尊重主权、独立和平等互利的基础上。"

"在这里，尤其应提到的是，几天前在布加勒斯特，七十七国集团举行了部长级会议，发表了一个重要的宣言,对改组国际科技关系的一系列重大原则问题,作了明确的阐述,表达了广大发展中国家的迫切要求,有利于促进国际科技发展和合作。我们认为,这是对这次联合国科技促进发展会议的一个积极贡献。对此,我们表示欢迎和赞赏。”

江明说:“中国政府一贯主张在独立自主、平等互利的基础上加强同各国的科学技术合作。”“中国的科学技术还比较落后,在科学技术研究方面已经取得的成就还比较小。但是,我们愿意在同其他国家进行交流和合作中,积极作出应有的贡献。我们也愿意承担联合国系统举办的某些科技合作项目,如在北京或中国其他地方建立某些国际科研中心、举办一些有关的学术讨论会或技术交流与培训活动等。”

江明在发言中肯定了联合国系统在促进国际科学技术合作方面的某些成绩,同时指出了进一步加强这方面工作的必要性。他认为,加强联合国在科技方面的作用,当务之急是积极作出必要的体制安排,以便统一协调和加强联合国系统科技工作,并采取有力措施,更好地为发展中国家的需要服务,扎扎实实做一些有利于发展中国家的事。

第五次全国普通话教学成绩观摩会在北京闭幕

国务院副总理王震,全国妇联主席康克清,教育部部长蒋南翔以及教育部、共青团中央、文字改革委员会、全国总工会等单位的负责人和部分语言文字专家出席了闭幕式。

王震副总理在讲话中指出,推广以北京语音为标准音、以北方话为基础方言、以典范的现代白话文著作为语法规范的普通话,是一项重要工作。他说,党和政府对这项工作是关心和支持的。希望学校教师和学生首先要学好普通话,谈话、演说、作报告都要讲普通话,促进整个社会逐步形成学讲普通话的良好风气。

全国妇联主席康克清在会上讲话时说,教师和学生要把推广普通话工作做到每家每户去,从幼儿到所有成年人都要学普通话。要把推广普通话的工作做得更细致,以利于提高整个中华民族的科学技术文化水平,加速实现四个现代化。

这次会议是历次观摩会中规模最大的一次,有来自29个省、自治区、直辖市的200多名教师、学生等出席,共表演了228个普通话节目。其中,西藏自治区的教师、学生是第一次参加观摩会。云南省基诺族也派了学生参加普通话表演。这次观摩表演有朗诵、讲故事、说唱、相声、独幕剧等多种形式,题材广泛,内容丰富。

著名语言文字专家王力、朱德熙、张志公和科学家马大猷等到会作了学术报告。会议参加者座谈了教育部发出的《关于加强学校普通话和汉语拼音教学的通知》。

教育部副部长浦通修在闭幕式上强调今后要着重做好以下几方面的工作:为适应形势发展的需要,要进一步提高对推广普通话工作重要性的认识;加强对推广普通话工作的领导,重视推广普通话工作队伍的培养建设;广大教师、特别是语文教师要做学校推广普通话的骨干力量;要着重在广大青少年中推广普通话,作好思想工作。

会上向各省、自治区、直辖市推广普通话先进单位和个人发了奖状、奖品。

电影《保密局的枪声》在全国陆续上映

先期在北京上映的惊险故事片《保密局的枪声》,今日起在全国分批陆续上映。

根据吕铮的小说《战斗在敌人心脏里》改编摄制的故事片《保密局的枪声》,比较成功地再现了我党地下工作者为中国人民解放事业舍生忘死、前仆后继同敌人进行殊死斗争的英雄业绩。这部影片6月中旬在北京市首映以后,受到广大观众热烈欢迎。全市30家影院集中上映,场场客满。映出头二周,放映2600多场,观众达231万人次。这是十几年来少见的。

北京市的观众反映,《保密局的枪声》摆脱了“四人帮”的桎梏,给人以耳目一新的感觉。它突破了脸谱化、雷同化和某些反特影片的框框,具有情节曲折、感情真实等特点。影片虽然还有一些不足之处,但不失为一部好影片。

为使全国各地群众早日看到《保密局的枪声》,摄制这部影片的长春电影制片厂,目前正在加紧洗印拷贝,陆续发往各地。

8月21日

《人民日报》发表本报记者文章《对“合二而一”的批判是一场政治冤案》

最近,关于“合二而一”的问题,学术界重新展开了讨论。

《哲学研究》1979年第五期发表了杨献珍同志的《关于“合二而一”的问题》,说明当时他在课堂讲对立统一规律时,提到方以智讲的“合二而一”的情况。他说:“我没有把‘一分为二’与‘合二而一’对立起来过。我认这‘一分为二’与‘合二而一’都是关于‘对立统一’的中国古代思想家的表达方法。”

随后,许多报刊上发表了有关“合二而一”问题的文章。《光明日报》5月31日发表金睿的《重评关于“合二而一”问题的“论战”》,《文汇报》6月29日发表冯其舜、陆平一的《一定要充分发扬理论民主——从哲学战线上两次“论战”中引出的应有教训》,《哲学研究》第六期发表金春峰的《“合二而一”是形而上学还是辩证法?——从〈东西均〉的“合二而一”谈起》,《学术月刊》第六期发表林青山的《理论战线上的一场横暴围剿——关于“一分为二”与“合二而一”的论战》和李敏生的《评关锋对“合二而一”的“批判”》,《社会科学战线》第二期发表刘延勃、李惠让、赵悦的《重提关于“一分为二”与“合二而一”的讨论》,《教学与研究》第四期发表杨琪的《论“合二而一”》,等等。有些报刊还在陆续发表这方面的文章。

这些文章的发表,标志着在“四人帮”粉碎后,“合二而一”政治冤案开始得到了昭雪。

这些文章指出:15年前,我国哲学战线曾经进行过一场关于“合二而一”问题的“论战”。杨献珍同志引用的“合二而一”究竟是不是对立统一规律,把“合二而一”作为对立统一规律来表述是否科学等等,本来是可以讨论的理论问题。为了完整地理解对立统一这个辩证法的根本规律,这些问题可以开展自由讨论。可是,主张“合二而一”的同志却遭到了历史上罕见的围剿讨伐。这场“论战”,后来被那个“理论权威”判决为哲学战线的大斗争。大量事实表明,这场所谓的“大斗争”,是那个“理论权威”制造的大冤案。

1964年5月29日,《光明日报》的哲学专刊发表了原中央高级党校哲学教研室艾恒武、林青山2同志的文章《“一分为二”与“合二而一”》。文章认为,对立面的统一与斗争是事物发展的最根本的规律,“合二而一”表达了辩证法的这一最根本的规律。本来,作者写这篇文章,出自学术探讨的目的。但是,关锋得知此事后,在那个“理论权威”的支持下,首先发难。他对《光明日报》记者说,这可是一条“大鱼”,应当抓住。紧接着,那个“理论权威”亲自出马,气势汹汹地说:这篇文章宣扬修正主义的阶级调和论,是反对毛泽东思想的。他下令《光明日报》发表几十篇批判文章;并且规定,批判要以“讨论”的形式出现,同时发表几篇赞成“合二而一”的文章,以便“引蛇出洞”。那个“理论权威”施展“引蛇出洞”的诡计,是要把首先引用过“合二而一”观点的杨献珍同志“引出来”。不久,在这个“理论权威”的导演下,采取了极端卑劣的手法,在《人民日报》上点了“合二而一”的所谓“后台”杨献珍同志的名,并脱去所谓“学术批判”的外衣,赤裸裸地进行政治批判。

与此同时,《红旗》杂志以“报道员”的名义定了调子,说什么“‘合二而一’是系统的彻头彻尾的形而上学”,“同党唱对台戏”,是“有意识地适应现代修正主义的需要,帮助现代修正主义者宣传阶级和平与阶级合作,宣传矛盾调和论。同时,也是有意识地适应国内资产阶级和封建残余势力的需要,给他们提供所谓‘理论’武器,对抗社会主义教育运动。”杨献珍同志本人则被扣上“资产阶级在无产阶级队伍内部的代理人”的帽子。

关锋这个哲学战线上的恶棍,充当了攻击诬陷杨献珍同志的凶恶打手,他用“撒仁兴”的笔名,于1964年8月14日发表了《“合二而一”是阶级调和论的哲学基础》一文。此文给“合二而一”强加了一系列莫须有罪名。它说:“合二而一”是“一种排斥矛盾斗争的哲学,是彻头彻尾的形而上学,是腐朽资产阶级的世界观,是阶级调和论的哲学基础。在今天,宣扬这种哲学,不是偶然的,不是孤立的,而是当前国际国内尖锐复杂的阶级斗争的反映。”

随着林彪、“四人帮”在政治舞台上的飞扬跋扈,对“合二而一”的批判又一次升级。在这期间,那个“理论权威”又授意“中央党校革命大批判写作组”(后改名唐晓文)炮制了《“合二而一论”是复辟资本主义的反动哲学》一文,说什么“合二而一”“在国际上是适应帝国主义、社会帝国主义颠覆伟大的社会主义中国的需要,在国内是适应资产阶级反革命复辟的需要。它是为刘少奇复辟资本主义的御用哲学,是对无产阶级专政下继续革命的反动。”杨献珍同志本人则被诬蔑为“反党、反社会主义、反毛泽东思想、反毛主席的无产阶级革命路线”。总之,在林彪、“四人帮”横行的时候,凡持有“合二而一”观点的同志几乎都被作为修正主义分子,遭受无情打击,残酷迫害。

从“合二而一”政治冤案中,我们应该吸取的教训是,在理论问题上一定要充分发扬民主,坚决执行“百家争鸣”的方针,对不同的理论观点,不能无限上纲,当作路线问题,当作阶级斗争问题,当作敌我问题来对待,对持有不同理论观点的同志决不能实行残酷斗争,无情打击。

国务院副总理王震在北京会见挪威《世界之路报》主编蒂姆·格雷兹

国务院副总理陈慕华在北京会见澳大利亚维多利亚州总理海默和由他率领的州政府代表团

8月22日

党和国家领导人华国锋叶剑英致电罗马尼亚领导人齐奥塞斯库和维尔德茨祝贺罗马尼亚解放35周年

电报全文如下:

布加勒斯特罗马尼亚共产党总书记、罗马尼亚社会主

义共和国总统　尼古拉·齐奥塞斯库同志，罗马尼亚社会主义共和国政府总理　伊利耶·维尔德茨同志：

在罗马尼亚解放35周年的时候，我们代表中国共产党、中国政府和中国人民，并以我们个人的名义，向你们，并通过你们向罗马尼亚共产党、罗马尼亚社会主义共和国政府和兄弟的罗马尼亚人民致以热烈的节日祝贺。

35年前，光荣的罗马尼亚共产党领导罗马尼亚人民，成功地举行了“八·二三”反法西斯全国武装起义。这一具有伟大历史意义的事件，开辟了罗马尼亚独立自主建设社会主义的新时代，并对世界人民反法西斯战争的胜利作出了不可磨灭的贡献。

英雄的罗马尼亚人民，在以齐奥塞斯库同志为首的罗马尼亚共产党领导下，团结一致，奋发图强，在不很长的历史时期内，在社会主义建设各条战线上取得了重大成就，把自己的祖国建成了具有现代物质技术基础的、工农业蓬勃发展的社会主义国家。目前，罗马尼亚人民正满怀信心地为实现本五年计划而奋斗，以新的成就迎接罗马尼亚共产党第十二次全国代表大会的召开。罗马尼亚社会主义共和国坚决捍卫民族独立和国家主权，主张大小国家一律平等，反对帝国主义、殖民主义、强权政治，支持被压迫人民和被压迫民族的正义斗争，赢得了世界各国人民的广泛同情和钦佩。中国人民对兄弟的罗马纪亚人民取得的成就感到由衷的高兴，并祝愿罗马尼亚人民在今后的斗争中取得新的更大的胜利。

中罗两国是兄弟的友好的社会主义国家。我们两党、两国和两国人民之间存在着深厚的革命友谊。去年我们两国领导人进行的卓有成效的互访，把我们两国的友好互助合作关系推向了一个全面发展的新阶段。我们深信，在我们两国的社会主义建设事业中，在保卫世界和平、反对帝国主义的侵略政策和战争政策的斗争中，我们将一如既往，互相支持，互相鼓舞，共同前进。

中国共产党中央委员会主席

中华人民共和国国务院总理　华国锋

中华人民共和国全国人民代表大会常务委员会

委员长　叶剑英

1979年8月22日于北京

国务院总理华国锋在北京会见罗马尼亚驻华大使杜米特列斯库对罗马尼亚解放三十五周年表示节日祝贺

纪检委系统工作成绩显著

新华社报道，中共中央纪律检查委员会和各省、自治区、直辖市党委纪律检查机构自恢复以来，在党中央和各级党委领导下，边建立组织边开展工作，克服许多困难，排除各种干扰，做了大量工作，取得了显著成绩。

——全党多数地方和多数组织，建立了纪律检查机构，执行了中央纪律检查工作的正确方针。

——中央纪律检查委员会起草的《关于党内政治生活的若干准则》，已在全党发生了重大影响。

——中央纪律检查委员会查处或批转了15万多封党员和群众的来信。

——中央纪律检查委员会用很大力量，正在直接调查审理几个重大案件和党的历史上遗留的重大问题。

——仅据上海、辽宁、北京、河南、四川、狭西等17个省、自治区、直辖市的统计，这些省、自治区、直辖市党委纪律检查委员会，配合党委组织部和公、检、法等部门，共计受理了“文化大革命”和历次政治运动中的申诉案件385万多件，已经调查处理了326.8万多件，约占受理案件总数的85%。福建、内蒙古、湖北、广东、安徽、天津、北京等20个省、自治区、直辖市党委纪律检查委员会共收到来信和接待来访49万多件(次)，这些来信和来访者所提出的问题，已经处理的和正在调查处理的约占总数的90%。在查处的党员违反党纪的3.44万多起案件中，包括7个省、自治区、直辖市的县级以上党员干部的案件590起。

中央和各级党委纪律检查委员会审理各种案件，基本上能本着实践是检验真理的唯一标准这一原则，实事求是，严肃认真，迅速果断。各级纪律检查机构处理来信来访时，大都是积极热情、认真负责的。

半年多来，各级纪律检查委员会为了认真处理党员尤其是领导干部的违反党纪事件，做了十分繁重的工作。各级纪律检查委员会对各种违法乱纪的党员干部的处理，主要采取了“教育为主”的方针，同时对屡教不改的人也予以应得的党纪处分直至交由政法机关处理。到今年四月为止，仅福建省因违反党纪、败坏党风和违犯国法而被开除出党的就有1560人，受其他党纪处分的有673人。

有些省、自治区、直辖市党委纪律检查委员会在当地党委处理党员严重违法乱纪的典型案件时，表彰作风好、党性强、执行党的方针政策好的模范党支部和模范党员，单是山东省近年来就表扬了790个先进的党组织和840名优秀的党员干部。

各级纪律检查机构的这些正确的做法，大大地伸张了正气，打击了邪气，深得党心民心，对于搞好党风整饬党纪起了促进作用，同时也激发了广大党员、干部和人民群众大搞社会主义现代化建设的干劲和热情。

《人民日报》发表社论《基本建设必须坚决调整》

基本建设必须坚决调整，谈得很多了。从执行的情况看来，把调整落实到实处，还要作很大的努力。党的三中全会以后，国务院作出了三年调整的决策。在贯彻调整方针方面，基本建设战线着重抓了清理在建项目、缩短建设战线的工作。大多数地区确定了第一批停缓项目，这些项目多是原料、燃料、动力没有保障，或者建成后亏损赔钱的地方小型工业项目。国务院各部门对大中型项目也进行了初步清理，提出了一批停缓的项目。不少地区指导思想比较明确，调整的决心比较大，行动比较快，工作比较扎实。四川省委明确提出，搞好经济调整，要突出地抓好“一上一下”，即那些既不急需又不具备条件的基本建设项目要坚决下，轻纺工业要坚决上。河南省对在建的几十个小钢铁厂逐个作了清理，有的停建，有的转产。有的工业部门这些年来吃够了基本建设战线长的苦头，这次下的决心比较大。总的来说，几个月来，各地区、各部门在清理在建项目方面做了不少工作，取得了一定的成绩，对随意扩大建设规模、拉长战线的做法起了刹车的作用。但是，也必须看到，清理在建项目的工作，虽然有所前进，但距离国家的要求还差得很远。突出的问题是，建设规模仍然过大，战线未能有效的缩短。大家担心，今年如不采取坚定的措施，调整还是要落空，缩短战线会成为空谈。

为了办好这件大事，首先要提高贯彻执行调整方针的自觉性。基本建设战线究竟长不长？要不要缩短？该不该调整？应该说，这个问题早已讲清楚了。但是，尽管事实摆了很多，道理讲了不少，有些领导干部至今还有不同看法，认识也不一致。有人口头上也说基本建设战线长了，表示赞成缩短，拥护调整，实际上却不承认比例失调，不认为有调整的必要。“调整、改革、整顿、提高”八字方针，关键的问题是调整。一联系本地区、本部门的基本建设实际，有些领导干部却是只讲上，不讲下；有的空喊口号，不见行动；有的等待观望，持侥幸心理；有的犹豫不决，举棋不定，决心不大，迈不开调整的步伐。这样，怎么可能搞好调整工作、完成调整任务？要解决这些思想问题，必须提高思想认识，提高贯彻执行调整方针的自觉性。

有人觉得前两年经济形势不错，对于提出调整感到突然。一些同志不认识由于林彪、“四人帮”长期破坏造成的国民经济比例失调的严重性，也看不到经济工作中某些潜在的矛盾。大家知道，基本建设的规模必须和国家的财力、物力相适应，而能否适应，是经济稳定或不稳定的界限。认识到了这一点，才能防止基本建设超过国力的危险。基本建设搞多少，不决定于投资有多少，而决定于物资有多少。物资材料首先要保证生产部门最低限度的需要，剩余的才能用于基本建设，这也就是我们常说的：必须遵循先生产、后建设的次序。新中国成立以来，我们有过几次建设规模搞得过大，财力物力不能适应的教训，是曾经吃过亏的。基本建设应该集中力量打歼灭战，讲了多年，还是常常打消耗战，钱花了不少，投资效果很差。

调整基本建设规模，是搞好国民经济调整的关键所在。我们讲调整，就是要针对林彪、“四人帮”长期干扰破坏所造成的经济比例严重失调的状况，自觉地调整比例关系。要调整，就得有上有下，有进有退。只上不下，只进不退，就谈不上调整。下是为了更好地上，该下的不下，该上的也上不去；应退的不退，该进的也不能前进。当前值得注意的是，已属今年停缓的计划外大中型项目，有不少又以各种形式列入了各部门、各地区的建设计划；停缓项目中，停的少，缓的多，名为缓建，实为待机再上；有的甚至说假话，名为停缓，实际还在那里拖着，千方百计保留“户口”，不拆摊子；国家预算内建设投资压缩了，而自筹资金和其他各种资金安排的建设大有膨胀趋势，仅就工业基础较好的六个省市的调查，自筹资金已超过国家核定指标 30%，如此等等。这些现象必须迅速纠正。否则，基本建设战线会拉得更长。我们共产党人办事，一定要实事求是，凡是确定停缓的项目，必须坚决停缓下来，决不能“明减暗不减”，“明停暗不停”。对有意搞鬼欺骗国家的，应当揭发、批评、教育，个别情节严重的，应当给予适当的处分。

按照农轻重的次序，务必使农业、轻工、纺织和煤炭、石油、电力、交通运输、建材等薄弱环节，以及与人民生活直接相关的住宅、文教卫生、城市公用事业得到加强。如果确定了削减投资的百分率，对各行各业、各个项目“一视同仁”，基本上按照同一比例削减，那就不可能达到调整的目的，不可能把严重失调的比例关系调整过来。这种“剃平头”、“一刀切”的办法，固然“省事”，又可“绕开矛盾”，但对我们的整个事业非常不利。现在图“省事”，将来更“麻烦”。因此，一定要以大局为重，进行艰苦细致的工作，坚持原则，冲破阻力，把调整工作搞好。要敢于揭露矛盾，善于正确处理矛盾，而不能只图一时的所谓“省事”。

缩短基本建设战线，要从清理在建项目抓起。清理在建项目，旨在坚决把那些当前不急需的和不具备建设条件的项目停下来，保证那些国家急需的工程加快建设，按时竣工投产。基本建设如何调整？上什么？下什么？上多少？下多少？只有在切实清理、整顿在建项目的基础上，才能作出正确的决断。许多在建项目，过去上马时，既不研究可行性方案，认真进行技术经济比较论证和综合平衡，又不按基本建设程序办事，建设前期马马虎虎，特别是设计审批十分草率，在建设规模、协作配套、建设进度上都不够合理；有些项目,上马时虽然较为合理,以后由于情况变化,有些方面已明显不合理了。这就需要根据国民经济调整方针,结合项目的清理,重新审查设计,对那些原定建设规模、协作关系、建设进度不合理的大中型项目,重新进行审查和确定,以保证今后建设顺利进行。在确定上或者下时,要看怎样有利于促进国民经济按比例高速度发展,看国家财力、物力的可能,看项目自身的条件和协作配合是否具备。那种"老企业吃不饱,新企业还在搞","开一批新厂,关一批老厂",不问资源、能源和交通运输条件、各搞一套的做法,再也不能继续下去了。通过清理,坚决地毫不留情地砍掉一批在建项目。没有这一条,基本建设的调整就不可能真正的落实。

调整基本建设,抓好在建项目的清理,要把重点放在大中型项目上。到目前为止,据东北、华北、西北、中南、西南五个大区调查,已经停缓的项目大多是地方小项目。即使这些小项目统统下马,也省不了多少钱,大中型项目投资大,占用材料、设备多,建设周期一般比较长,如果调整不好,基建战线长的问题还是难于顺利解决。因此,不抓大头不行。国家预算内投资占全部基本建设投资百分之八十几,中央部门直属、直供项目投资又占国家预算内投资百分之七十几。要缩短基本建设战线,首先应当从国家预算内的建设项目,从中央部门直属、直供项目入手,切实纠正那些重点部门重点积压、重点工程重点浪费的现象,各级计委、建委和财政、统计部门要特别注意加强对重点工程、引进项目的检查监督。没有这个认识,不下这个决心,基本建设战线是缩短不下来的,也是调整不好的。当然,这并不是说地方小项目不需要清理和调整。恰恰相反,对于"五小工业"、支农工业、建成后亏损赔钱的小项目,必须进行彻底清理和坚决整顿。要讲求经济核算、经济效果,切实做到上得有理,下得合理。

调整基本建设,缩短建设战线,还必须认真抓好停缓项目的善后工作。鉴于60年代初调整时期的经验,一开始就要强调抓好停缓项目的善后工作,包括人、财、物的安置和处理。一定要防止那种一说停缓建,建设单位领导就撒手不管,以致造成混乱。蒙受严重损失的现象发生。凡是停缓项目,领导班子必须坚守岗位,不能擅离职守。所有材料、设备、物资都要进行登记造册,按隶属关系进行调度调剂。资金、物资和应收应付的债务,都要清理结算,作出表报,不得随意挪用。技术资料及工程建设形成的文件等,要认真整理归档。建筑物要维护好,管理好。工程维护费用,设备款项,都要作出计划,切实落实。生产、生活、办公用具和交通工具等,要防止丢失、损坏、挪用或化公为私。停缓项目的善后工作是复杂艰巨的,要按项目的隶属关系,由各地区、各部门分别负责,及时交流经验,切实抓紧抓好。

国务院副总理耿飚在北京分别会见挪威交通运输大臣阿斯比耶恩·约达尔一行和联邦德国内政部长格哈德·鲁道夫·鲍姆和夫人一行

国务院副总理王震在北京会见比利时科学家伊利亚·普列高津教授

普列高津教授是1977年诺贝尔化学奖金获得者。他现在担任布鲁塞尔自由大学物理化学二部教授、索尔威国际物理及化学研究所所长。会见时,王震副总理希望普列高津教授在科学研究方面不断为人类作出新的贡献。

国务院副总理谷牧在北京会见日本松下电器产业公司副社长樋野正二一行

国务院副总理陈慕华在北京会见新西兰农渔业部长邓肯·麦金太尔和夫人以及他率领的新西兰农业代表团

中国海洋学会首届代表大会在沈阳举行

新华社报道,中国海洋学会第一届代表大会暨1979年年会最近在大连举行。来自全国93个单位的150多名代表出席了会议。

在这次海洋科技工作者的盛会上,大家进行了学术交流。大会收到的学术论文有230篇,其中包括海洋水文、气象、物理、化学、生物、地质、地貌、环境保护以及海洋仪器研制等方面内容。

海洋科学是当代一门重要的科学。随着世界人口的增长,人们对海洋资源的要求越来越迫切。我国海岸线漫长,海疆辽阔,海洋资源极其丰富。这次大会的召开,对于进一步开展我国海洋科研活动,普及海洋科学技术知识以及加强同国际海洋科学组织间的交往,都有重要意义。

会议期间,国家科委、全国科协和国家海洋局的有关负责同志到会讲了话。会议通过了中国海洋学会会章,选举了中国海洋学会理事会的领导成员,国家海洋局副局长罗钰如当选为理事长。

《清明》杂志在合肥创刊

新华社报道,这一刊物是由中国作家协会安徽分会主办的大型文学刊物,以发表中、长篇小说为主。《清明》编辑部在《致读者》中说,《清明》将遵循"百花齐放、百家争鸣"的方针,提倡题材、体裁、风格的多样化,鼓励各种不同文学艺术流派的自由竞争和发展。

8月23日

国务院总理华国锋在北京会见英中了解协会副会长英国作家费利克斯·格林

国务院副总理邓小平在北京会见美国民主党参议员杰克逊

邓副总理与杰克逊进行了长达两个多小时的谈话。他们就当前印支局势、中东问题和双方关心的其他国际问题以及中美双边关系问题,广泛、充分地交换了看法。

参加今天谈话的有中国驻美国大使柴泽民、外交学会秘书长谢黎等。

国务院副总理李先念在北京会见英国路透社总经理杰拉尔德·朗和夫人以及由朗先生率领的路透社代表团

国务院副总理耿飚在北京会见阿根廷共和国新任驻中国特命全权大使保利诺·丹尼尔·阿曼多·穆萨基约

中国首都医科大学开始招生

据《人民日报》报道,为了培养基础较好、水平较高的医学科学人才,经国务院批准,教育部和卫生部决定将首都医院医科大学改名为中国首都医科大学,今年开始招生。这所学校是全国重点高等院校之一。目前设有医学系,学制8年,前2年半为医学预科,在北京大学生物系学习自然科学基础课程;后5年半为医学本科,在本校学习基础医学和临床、预防医学课程。由于该校学制较长,一般只招收应届高中毕业生。

8月24日

国务院总理华国锋在北京会见美国民主党参议员杰克逊和夫人一行

国务院副总理李先念在北京会见卢森堡—中国友好协会主席阿道夫·弗朗克和他率领卢森堡知名人士代表团

弗朗克主席是一位热心卢中友好的老人。从1959年以来他已访问我国38次,这一次是第39次。当弗朗克主席见到李副总理时,互相热情拥抱。李副总理说:"感谢你这么大年岁还在为中卢友谊,为发展中国同欧洲的友好关系而奔波、工作。你是一位真正爱我们国家的人士。"弗朗克主席说:"我把中国看成是我的第二故乡。谁真正爱中国,而不是口头上说爱中国的人,就愿意为中国工作。"李先念副总理还对来访的卢森堡前副首相贝尔纳·贝格等知名人士表示热烈欢迎。他向卢森堡朋友介绍了我国实现四化的目标和对一些国际问题的看法。参加会见的有对外友协副会长楚图南、谢邦定,以及卢森堡驻中国大使馆临时代办凯特尔等。

政协新疆维吾尔自治区四届二次会议选举张世功为自治区政协主席

国家经委在北京召开全国质量管理小组代表会议

参加会议的有全国各工矿企业优秀质量管理小组的代表,有国务院有关部委和各省、自治区、直辖市主管质量工作的同志,共300多人。国务院副总理余秋里、王震,中华全国总工会主席倪志福,到会讲了话。会议历时一周。

会议期间,代表们回顾了一年来质量管理工作取得的成绩,交流了各地推广全面质量管理和开展质量管理小组活动的经验。在这次会议上,18个单位的代表介绍了他们开展质量管理活动、学习和推广全面质量管理的经验。这些经验概括起来是:牢固地树立质量第一的思想;千方百计满足用户需要;坚持对生产全过程进行质量管理;建立以岗位责任制为中心的各项管理制度;大力加强技术基础工作,普及对职工进行技术培训;大力开展技术革新,组织质量攻关;采取经济手段,保证质量管理工作不断巩固提高;建立科学的管理方法。会议认为,学习和推广这些经验,就会使企业管理出现新气象,使产品质量提高到新水平。

会议要求全国各地厂矿企业普遍建立质量管理小组,广泛深入地开展群众性的质量管理活动。班组是生产活动的第一线,要搞好产品质量,必须从班组抓起。

会议指出,质量管理小组既是进行全面质量管理的基层单位,又是质量工作的宣传、调查、攻关组织。每个质量管理小组都要结合自己的实际,创造质量管理的好经验,并且不断总结、提高。

代表们认为,推行全面质量管理,单靠一个科室、一个车间、一个班组搞不起来,必须加强领导。

会议还讨论了《工业产品质量管理条例》。

国务院副总理王震在北京分别会见美国加利福尼亚大学(戴维斯)机械工程系教授杨安慈和英国罗耳

斯·罗伊斯有限公司副董事长佩珀和公司顾问胡克爵士一行

国务院副总理谷牧在北京会见联合国秘书长瓦尔德海姆的特别代表 副秘书长恩里克·伊格莱西亚斯

全国人大常委会副委员长邓颖超在北京会见日本友好人士垦信行教授一家

全国人大常委会副委员长姬鹏飞在北京会见由丹中友协副主席凯尔·拉森率领的丹麦友好人士代表团

中美篮球队在北京举行比赛

美国著名的职业篮球队——华盛顿“布莱特”职业篮球队,在北京的首都体育馆同中国人民解放军“八一”男子篮球队进行了比赛。结果,客队以96比85获胜。

8月25日

张闻天追悼会在人民大会堂举行

中国共产党的优秀党员、老一辈无产阶级革命家、曾任中共中央总书记、政治局委员、政治局候补委员的张闻天同志,因受林彪、“四人帮”的迫害,于1976年7月1日在江苏无锡含冤逝世,终年76岁。

中国共产党中央委员会、全国人民代表大会常务委员会、国务院、中共中央军事委员会、中国人民政治协商会议全国委员会,分别送了花圈。

中共中央主席华国锋,中共中央副主席叶剑英、邓小平、李先念、陈云、汪东兴,全国人大常委会副委员长宋庆龄,中共中央政治局委员和候补委员,全国人大常委会副委员长,国务院副总理,中共中央军委负责人,政协全国委员会副主席,送了花圈。

党和国家领导人华国锋、邓小平、李先念、陈云、汪东兴、王震、韦国清、邓颖超、纪登奎、余秋里、张廷发、陈锡联、胡耀邦、耿飚、倪志福、徐向前、陈慕华、赛福鼎、彭真、谭震林、姬鹏飞、周建人、许德珩、朱蕴山、史良、谷牧、王任重、姚依林,政协全国委员会副主席宋任穷、沈雁冰、康克清、季方、杨静仁、庄希泉、胡子昂、刘澜涛、李维汉、王昆仑、班禅额尔德尼·确吉坚赞,最高人民法院院长江华,最高人民检察院检察长黄火青,参加了追悼会。

张闻天同志的骨灰盒上覆盖着中国共产党党旗。

追悼会由陈云同志主持,邓小平同志致悼词。

邓小平同志致悼词以后,华国锋主席,邓小平、李先念、陈云、汪东兴副主席以及党和国家其他领导人,同张闻天同志的夫人刘英等亲属一一握手,表示亲切慰问。

送花圈的还有:最高人民法院、最高人民检察院、中共中央和国务院各部委、各群众团体、中国人民解放军各总部和各军兵种、中共北京市委和市革委会、中共上海市委和市革委会、中共江苏省委和省革委会、中共南汇县委和县革委会。

在北京的中共中央委员和候补中央委员,全国人大常委会委员,政协全国委员会常务委员,中共中央和国务院各部委、各群众团体、中国人民解放军各总部和各军兵种、中共北京市委和市革委会的负责人,张闻天同志的生前友好,以及各界群众代表,共1500人参加了追悼会。

追悼会后,张闻天同志的骨灰安放在八宝山革命公墓。

中共中央副主席邓小平在张闻天追悼会上致悼词

全文如下:

今天我们怀着十分沉痛的心情,在这里隆重追悼我党的老一辈无产阶级革命家张闻天同志。

张闻天同志是我党的优秀党员,是我党在一个相当长时期的重要领导人。他在林彪、“四人帮”的迫害之下,于1976年7月1日在江苏无锡含冤逝世,终年76岁。

张闻天同志是上海南汇县人。早在“五四”运动时期,他就积极参加新文化运动,强烈反抗旧社会的一切旧制度、旧道德、旧思想。他和沈泽民同志等一起参加了当时“五四”运动中进步青年的组织“少年中国学会”,发表了不少创作和翻译作品。张闻天同志是我国五四新文化运动时期的热情战士。

1925年“五卅”运动之前,张闻天同志参加中国共产党,在上海、苏州从事党的地下工作。后来被党派往苏联学习,担任过共产国际东方部的一些工作,并曾积极地参加了反对陈独秀主义、托洛茨基主义、李立三路线等的思想斗争。1930年年底,他从苏联回国,1931年任党中央宣传部部长,同年6月成立临时中央局,张闻天同志为中央政治局委员和政治局常务委员。1933年初进入中央苏区工作。在1934年六届五中全会上,当选为中央政治局委员和书记处书记。同年的中华苏维埃第二次全国代表大会上被选为中央政府人民委员会主席。1934年10月参加长征。

1935年1月,在我党具有重大历史意义的遵义会议上,张闻天同志根据中国革命实践的检验和自己的亲身体会,决然摒弃了王明的“左”倾路线,站到了毛泽东同志正确路线的一边,拥戴毛泽东同志对全党和全军的领导,根据毛泽东同志的意见,作了批判“左”

倾军事路线的报告，起草了会议的决议，并在这次会议上被选为党中央总书记。他遵循党的民主集中制原则，主持党中央的日常工作，维护真理，抵制谬误，坚决执行毛泽东同志为党制定的正确路线、方针和政策。在长征途中和到达陕北后，积极参加了对张国焘的右倾逃跑路线和分裂党的罪行的斗争。1936 年春，他坚决支持了毛泽东同志渡河东征的正确主张。西安事变发生后，他完全拥护毛泽东同志、周恩来同志处理西安事变的方针，协助毛泽东、周恩来、朱德等同志，完成了从国内战争转入抗日战争这一历史性的伟大战略转变。在抗战初期反对王明右倾投降主义的斗争中，张闻天同志完全站在毛泽东同志一边。他参加了六届六中全会，并在全会作了组织报告。在一个较长时间，他兼任党中央宣传部部长、西北工作委员会主任、《解放》周刊主要负责人、《共产党人》编辑和中共中央马克思列宁学院院长，为党做了大量有益的宣传和教育工作。他是我党历史上在理论宣传和干部教育工作中成绩卓著的主要领导人之一。

1942 年年初到 1943 年，张闻天同志到陕北、晋西北进行深入的农村调查工作。延安整风后，他又比较系统地调查研究国内外重大问题，主编党内《参考资料》。他以实际行动响应了毛泽东同志关于理论联系实际，加强调查研究的号召。在 1945 年党的第七次代表大会上，他继续当选为党的中央委员和中央政治局委员。

抗日战争胜利后，张闻天同志主动要求到东北做地方工作，先后担任牡丹江地区中共中央东北局代表、合江省委书记、东北局常委兼组织部长、东北财经委员会副主任、辽东省委书记等职务，为东北根据地的开辟和建设作出了积极的贡献。

全国解放后，张闻天同志转到外交战线工作，先后担任驻苏联大使和外交部第一副部长。他坚定地执行了毛泽东同志、周恩来同志制定的外交路线和方针政策，协助周恩来同志做了大量工作，有着显著的成就。在 1956 年党的第八次代表大会上，张闻天同志当选为中央委员、中央政治局候补委员。他还是第一、第二届全国人民代表大会的代表和一、二届全国人大常委会委员。

1959 年以后，张闻天同志从事社会主义经济建设理论的研究，写了不少论著，提出不少好的意见。即使在林彪、“四人帮”横行期间，他已完全失去自由，但仍在极端困难的条件下，不顾衰弱的身体和严重眼疾，写了批驳林彪、“四人帮”谬论的文章。在林彪、“四人帮”的迫害下，他始终坚持原则，照顾大局，同他们进行了坚决的斗争。

张闻天同志的一生是革命的一生，是忠于党、忠于人民的一生。现在，以华国锋同志为首的党中央，为张闻天同志一生的革命活动，作出了全面、公正的评价，决定为他平反和恢复名誉。林彪、“四人帮”一伙强加在张闻天同志身上的一切诬陷不实之词都应统统推倒。

张闻天同志离开我们三年多了。我们悼念张闻天同志，就要学习他服从真理，诚恳修正错误，勇于进行自我批评，善于吸取历史经验的优秀品质；学习他作风正派，顾全大局，以党的利益为重，不突出个人，不计较个人得失的坚强党性；学习他谦虚谨慎，艰苦朴素，平易近人，处事民主，善于团结干部的优良作风；学习他终身好学，不断求知，重视调查研究，坚持实事求是的科学态度；学习他胸怀坦白，光明磊落，爱憎分明，敢于斗争的革命精神。我们要更紧密地团结在以华国锋同志为首的党中央周围，继承老一辈无产阶级革命家的遗志，为早日实现四个现代化，把我国建设成为伟大的社会主义强国而努力奋斗。

张闻天同志永垂不朽！

国务院总理华国锋在人民大会堂会见巴巴多斯参议院议长阿诺特·卡托和由他率领的巴巴多斯议会代表团

华国锋总理对中巴 1977 年建交以后，卡托议长率领第一个高级代表团来中国访问，表示热烈欢迎。他说，我们两国远隔重洋，你们是不远万里而来的贵客。通过你们的访问，将会进一步促进我们之间的了解。

卡托议长对华国锋总理、谭震林副委员长所给予代表团的热烈欢迎和款待表示感谢。他说，我们非常高兴来中国访问。通过这几天访问，我们对中国有了更多的了解。

华国锋总理请卡托议长回国后，转达他对约翰·亚当斯总理的问候，并期待着亚当斯总理和亨利·福德外长明年来中国访问。

全国人大常委会副委员长谭震林、副秘书长张加洛参加了会见。

国务院副总理邓小平到机场迎接来访的美国副总统沃尔特·弗·蒙代尔和夫人一行

国务院副总理邓小平、外交部部长黄华、水利部长钱正英等到机场欢迎蒙代尔副总统和夫人。

蒙代尔先生是中美建交后来中国访问的美国最高领导人。他将在北京、西安、广州三个城市逗留一星期。在这期间，华国锋总理、邓小平副总理以及我国其他领导人和政府部长将同蒙代尔副总统和随同来访的美国政府官员会晤，就当前一些国际问题和进一步发展双边关系交换意见。蒙代尔副总统还将在北京大学就美中关系的历史意义发表演讲。

到机场迎接蒙代尔副总统和夫人一行的还有：外交部副部长章文晋，外贸部副部长郑义山，冶金部副部长徐驰，石油部副部长秦文彩，民航总局局长沈图，中国驻美国大使柴泽民和夫人等。

美国驻中国大使伍德科克和夫人以及大使馆官员也到机场迎接。

随同蒙代尔副总统和夫人来访的有：副总统的女儿埃莉诺·简·蒙代尔小姐，副总统办公室主任理查德·莫先生，总统国家安全事务副助理戴维·艾伦先生，东亚和太平洋事务助理国务卿理查德·霍尔布鲁克先生等。

中共辽宁省委五届一次全会选举任仲夷为省委第一书记 黄欧东为省委第二书记 徐少甫为省纪委第一书记

中共云南省委三届一次全会选举安平生为省委第一书记 刘明辉为省委第二书记 李启明为省委常务书记和省纪委书记

政协天津市五届二次会议选举阎达开为市政协主席

政协江苏省四届二次会议选举惠浴宇为省政协主席

国务院副总理康世恩在沈阳召开东北地区生产调度办公会议

这次生产调度办公会议从8月25日开始，共开了6天。黑龙江、吉林、辽宁三省主管工业交通的负责同志和国家经委、轻工、纺织、化工、电力、铁道、石油、煤炭、冶金、物资等十个部门的负责同志出席了会议。

会上，康世恩同志说，节约能源是当前工交生产的一个突出问题。三年调整期间，煤炭、石油、电力的增长与生产的发展不相适应。一方面能源比较紧张；另一方面能源消耗高，浪费大，燃料利用率很低，节约的潜力很大。抓好节能挖电，增煤节油，才能把生产搞上去，才能加快轻工业的发展。这是增产最现实，最有效的办法。

节能挖电，增煤节油怎么搞？康世恩同志指出，要着重从以下几方面努力：

一是搞好现有电站的完善配套，大搞余热发电。从东北三省的情况看，如果搞好现有电站的完善配套和余热发电，就可增加发电能力几十万千瓦。这些增发的电，不用增加煤和油，比新建电站花钱少，来得快。只要我们做好工作，挖电增产是大有可为的。此外，对高炉煤气、循环水的热量，以及一切可以利用的余热，都要充分利用起来。

二是抓好烧油锅炉的改造。明年全国想要压缩烧油四五百万吨。两年内，要把现在每年烧掉的1000多万吨原油，下决心省出来。东北三省是烧油大户，压力不小。要求今年后4个月，凡是有条件改烧油为烧煤的，都要抓紧改过来。要大力推广黑龙江省锅炉烧油改烧煤的经验，制定出明年改造锅炉的目标、进度和具体要求，并落实到每个企业。

三是在有条件的地方，逐步实行集中供热发电的办法。看来，搞集中供热，投资少，能够大面积见效，有利于消除污染，保护环境，是节约能源的一条多快好省的途径。

四是通过加强管理，节能增产。哈尔滨市推广哈尔滨电线厂"一查五定"的经验(一查，用电情况大普查；五定：定用电设备、用电时间、用电性质、用电单耗、电力电量)，今年上半年全市有240多个企业做到了工业生产增长10%以上，耗电减少10%以上。如果东北三省和全国有更多的企业做到这一点，我们在增产节约运动中，就能作出更大的成绩。

在办公会议上，就地帮助东北三省解决了工业生产中的一些实际问题，进一步落实了今年的增产节约计划。与会同志一致认为，现场办公，面对面地解决问题，这种办法好。国家经委决定要把这种现场办公作为一种制度，坚持下去。

国务院副总理王震在北京会见由总经理戈登·杰克逊率领的澳大利亚殖民糖业公司贸易代表团

国务院副总理姚依林在北京会见以努扬·伊伊特为团长的土耳其新闻代表团

该团由土耳其各大报的名记者组成，是土耳其政府派出的第一个访华新闻代表团。会见时，姚依林副总理对土耳其新闻界朋友首次来访表示热烈欢迎，他高兴地回答了记者提出的问题。他说，代表团对中国的访问有助于加强中、土两国人民的相互了解和友谊。姚依林副总理希望代表团回国后向土耳其政府和人民转达中国政府和人民的友好感情。伊伊特团长说，土、中两国人民有悠久的传统友谊。过去，我们只从书本上了解到一些关于中国的情况，现在我们亲自到中国来看一看，很有教益。

土耳其驻中国大使詹卡尔德什参加了会见。

会见时在座的有《人民日报》副总编辑安岗。

交通部颁布《中华人民共和国对外国籍船舶管理规则》

经国务院批准，交通部颁布的这个规则共分10章，

53条。10章是：一、进出港和航行；二、停泊；三、信号和通信；四、危险货物；五、航道保护；六、防止污染；七、消防和救助；八、海损事故；九、违章处罚；十、附则。

《中华人民共和国对外国籍船舶管理规则》(以下简称《规则》)是为了维护中华人民共和国的主权，维持港口和沿海水域的秩序，保证航行安全，防止水域污染而制定的。《规则》要求，在中华人民共和国港口和沿海水域航行的外国籍船舶都应当遵守这个《规则》以及中华人民共和国一切有关法令、规章和规定。中华人民共和国政府设置在港口的港务监督认为有必要对船舶进行检查时，船舶应接受检查。这一规则颁后，中华人民共和国交通部1957年3月14日颁发的《中华人民共和国对外国籍船舶进出港口管理办法》就废止了。

8月26日

国务院总理华国锋到机场迎接来访的尼泊尔国王比兰德拉·比尔·比克拉姆·沙阿·德瓦陛下和王后艾什瓦尔雅·拉吉雅·拉克西米·黛维·沙阿陛下

到机场迎接贵宾的还有李先念副总理和夫人林佳楣，姬鹏飞副委员长，外交部部长黄华、副部长韩念龙，中国驻尼泊尔大使彭光伟等。尼泊尔驻中国大使卡纳尔和夫人，在京的其他尼泊尔朋友，以及一些国家驻中国的外交使节，也到机场迎接。

随同国王和王后来访的有外交大臣沙希，国王陛下的军事秘书达恩·甘比尔·辛格少将，国王陛下的私人秘书格亨德拉·曼·辛格和纳拉扬·普拉萨德·什雷斯塔，国王陛下的新闻秘书奇兰·沙姆谢尔·塔帕，外交秘书贾克迪什·沙姆谢尔·拉纳等。

党和国家领导人华国锋 李先念等在人民大会堂接见上山下乡知识青年先进代表

华国锋主席、李先念副主席以及党和国家其他领导人王震、余秋里、胡耀邦、王任重同志接见出席部分省、自治区、直辖市上山下乡知识青年先进代表座谈会的全体代表，同青年们进行亲切的座谈，并且一起照了相。

华国锋同志在会上作了重要讲话。他说：这次座谈会，参加的人数虽然不多，但是很重要。这是党中央、国务院对上山下乡知识青年中作出成绩的同志的奖励和表扬，也是对全国上山下乡知识青年的关心和鼓励。华国锋同志接着阐述了知识青年上山下乡的深远意义，指出知识青年走上山下乡这条路是正确的，广大知识青年到农村去是可以大有作为的。他说，只要我们认真努力，有那么一股热情，有那么一股干劲，在农村各条战线上是会作出成绩的，是会为实现四个现代化作出贡献的。

李先念同志在讲话中勉励到会青年坚持上山下乡这一方针，而且要带领更多的人坚持这一方针。

王震、余秋里、胡耀邦同志也讲了话。

国务院副总理邓小平在人民大会堂设宴欢迎美国副总统蒙代尔

蒙代尔副总统和夫人由邓小平、余秋里、耿飚副总理陪同，来到宴会厅。出席宴会的还有我国外交部部长黄华，外贸部部长李强，水利部部长钱正英，文化部部长黄镇和夫人，中国驻美国大使柴泽民和夫人等。

美国驻中国大使伍德科克和夫人，大使馆外交官员，聘请来中国任教的美籍华人，正在北京访问的美国朋友，也应邀出席了宴会。

邓小平副总理在宴会上首先祝酒。他说："今年年初，我访问了美国，受到卡特总统、蒙代尔副总统、美国政府和美国人民的盛情接待，许多动人的情景至今还鲜明地留在我的记忆里。"

邓小平副总理说："我们很重视蒙代尔副总统这次访问我国。双方领导人将要共同回顾中美建交以来两国关系各个方面的发展情况，共同探讨在双方感兴趣的各个领域中加强联系交流的可能性，并且就共同关心的国际问题进行广泛的交谈。蒙代尔副总统也将访问我国的一些城市，同有关省、市领导人和各界代表人士接触，加深对我们的国家和我们的人民的了解。我相信这些会谈和访问对于我们两国的合作关系，对于我们两国人民的友谊，对于世界和平，都肯定是有益的。"

他指出，中美建交使中美关系进入了一个新阶段。建交以来，中美两国政府签订了一系列双边协定，我们在政治、经济、文化、科技等领域的合作日益增进，两国人民的友好交往日益频繁。当然，我们双方希望两国关系今后将有更大的发展。

邓小平副总理接着谈到了当前我国国民经济正在进行的调整、改革、整顿和提高的工作方针。他说："在实行这个方针的过程中，我们要加强同外国的经济贸易关系和科学文化技术等方面的交流。这不但为中国人民所需要，也将对同我们交往的各国人民带来好处。我相信，中美两国的经济合作是有广阔前途的。"

邓副总理强调指出，我国的社会主义现代化建设需要一个和平的国际环境，世界人民也都希望在和平的环境中幸福地生活。但是我们不能不看到国际形势的发展变化。总的来看。是更动荡更紧张了，对别国进行干涉控制以至发动赤裸裸武装侵略和种种事实表明战争危险的因素仍在增长。因此，我们有不可推卸的责任加强维护世界和平的努力,反对霸权主义和一切形式的外来统治。

邓副总理在结束他的祝酒词时说:"中华人民共和国和美利坚合众国是两个伟大的国家,中美两国人民是伟大的人民。两国人民的真诚友好合作,可以对维护世界和平发生重要的影响。中美两国人民应当为人类的进步和世界和平作出积极的贡献,这是当前国际形势向中美两人民提出的历史性的挑战,让我们共同作出努力吧!"

蒙代尔副总统在祝酒时赞扬邓小平副总理今年1月对美国的访问突破了30年来巨大的外交障碍,重新点燃了美国人民对伟大的中国人民的友好情谊。

他说,邓小平副总理和方毅副总理对美国的访问,把美中关系引入了一个新的阶段。他说:"在此后的几个月里,我们看到了许多内阁成员级的互访,看到了许多协议的签订和两国政府在各种工作级别上所建立的新的联系纽带。我们已经为一种兴旺的关系奠定了牢固的基础,而且我们已经为我们在下一个10年期间的合作关系定了基调。"

蒙代尔副总统指出:"如果我们加强我们的双边关系,我们两国就都能在经济上取得戏剧性的进展,我们就都能丰富我们自己的文化。但是,副总理先生,持久的中美关系尤其有助于促进一个稳定的国际环境。我们双方都需要有这样一个环境来解决我们国内遇到的各种挑战,处理我们关心的全球性问题。"

他说:"80年代在国际事务中将是面临挑战的十年。但是任何人都不应怀疑美国将会一如既往做它必须做的一切来保证自己的安全和繁荣。"

蒙代尔副总统说:"通过四个现代化,你们也决心为自己达到同样的目标。美国赞同这样一种看法,即:将来实现了现代化的中国能够比今天的中国对创建一个公正的国际秩序作出更大的贡献。"

他说:"我们认为,在80年代,中美关系将成为世界和平与正义的一个主要堡垒。为了实现这个目标,我希望和你们一起扩大我们就世界事务进行的磋商,而且只要可能,就设法通过各自的行动达到共同的目的。"

他说:"为了达到这一目标,为了巩固我们的友谊,我们必须扩大和加深我们的双边关系。我们在八十年代在贸易、文化、科技方面建立欣欣向荣的关系,将向全世界表明我们是多么重视我们的共同目标,即:一个由独立国家组成的、保持平衡的、和平的世界。"

蒙代尔副总统在祝酒时还提到了他今天下午在前门散步的情况。他说:"在前门我开始懂得了你们历史的遗产。在北京街道上,从人们健康的、坚强的、刚毅的面容上,我感受到你们有着巨大的潜力来建设未来。"

宴会洋溢着中美两国人民友好的气氛。在军乐团演奏的中美两国乐曲声中,宾主频频举杯祝愿中美关系不断向前发展。

新疆维吾尔自治区五届人大二次会议选举铁木尔·达瓦买提(维吾尔族)为自治区人大常委会主任 决定司马义·艾买提(维吾尔族)为自治区人民政府主席 奴尔尤夫(维吾尔族)为自治区高级人民法院院长

国务院副总理王震在北京会见日中文化交流协会常任顾问作家井上靖和日中文化交流协会理事长宫川寅雄等一行

国务院副总理陈慕华在北京会见朝鲜贸易部部长崔鼎根一行

8月27日

国务院总理华国锋在人民大会堂举行宴会欢迎尼泊尔国王比兰德拉·比尔·比克拉姆·沙阿·德瓦和王后陛下

国王和王后陛下由华国锋总理、李先念副总理和夫人林佳楣、姬鹏飞副委员长、黄华外长等陪同步入宴会大厅,同中国各位主人亲切见面。

华国锋总理首先在宴会上讲话。他说,比兰德拉国王是中国人民尊敬的和熟悉的老朋友,为了促进中尼两国的友谊和了解,多次访问过中国。这次国王和王后陛下在参加第六次不结盟国家首脑会议前夕,前来我国进行访问,使我们有机会再次畅叙友情,并就双方共同关心的问题交换意见,我们感到格外高兴。他说,中尼两国人民的友谊源远流长。早在1500多年以前,两国人民就开始有了交往,进行贸易、文化交流,互通有无,互相学习。两国建交以后,我们的传统友谊得到了进一步的发展和加强。特别是近年来,两国领导人和人民之间的来往更加增多。我们之间的经常见面、交换意见,是十分有益的。他说,我们十分感谢比兰德拉国王陛下为增进中尼友谊而作出的重要贡献。一年多来,我们两国完成了对共同边界进行联合检查的工作,进一步巩固了这条和平友好的边界。中尼两国边境地区的人民世代友好相处,来往频繁。我们相信,在双方的共同努力下,中尼友谊必将日益巩固和发展。

华国锋总理说,近年来,在比兰德拉国王卓有远见的领导下,尼泊尔人民在维护民族独立和建设国家的事业中作出了巨大的努力,克服了各种困难,在发展的道路上不断前进。对外,尼泊尔坚持奉行和平、不结盟的政策，支持各国人民的正义斗争，在国际事务中起着积极的作用，国际威望日益提高。他说，我们高兴地看到，不结盟运动坚持反对帝国主义、殖民主义、种族主义和一切形式的外来统治和霸权，支持小国、弱国掌握自己的命运，在国际事务中发挥了重大作用。

他指出，不结盟运动的发展不是一帆风顺的。个别国家把超级大国的意志带到运动中来，这是违背广大不结盟国家的愿望和利益的，因此理所当然地遭到它们的抵制。我们希望，即将召开的第六次不结盟首脑会议能够排除干扰、群策群力，使不结盟运动沿着既定的方向胜利前进。

比兰德拉国王在讲话中说，自从去年我们会晤和交换意见以来，世界基本形势的发展总的来说是积极的。在本地区，我们认为，中、日在新条约的基础上发展关系以及中、美关系的正常化是导致共处、合作和和平的重要步骤。有效地利用这一点将有助于世界的稳定、和平与进步。

他指出，在过去一年里，第三世界一些重要国家对全国参加第三世界不结盟运动的兴趣日益增加，因而使得这个运动本身具有新的重要性。

他说，在国际形势发展的积极方面的掩盖之下，我们也痛苦地看到不少消极方面。首先，作为一个小国，我们特别感到不安的是大国武装入侵小国，肆意践踏小国所珍惜的独立和主权，以致造成大批受害人们流离失所的悲惨状况。我们认为，这种行为是违反《联合国宪章》和不结盟原则的。其次是不结盟运动本身，由于各方的牵制和反牵制，正受到严峻的考验。此外，自1967年以来被以色列占领的大部分阿拉伯领土仍在以色列占领之下，巴勒斯坦人民仍需使自己的合法权利得到承认，以建立自己的家园。在非洲仍然存在着使人痛苦的殖民主义和种族主义的残余。

比兰德拉国王说，尼泊尔的外交政策是基于它维护独立和主权的要求以及与此相关的强烈追求和平的愿望。像过去一样，我们仍坚决追求尼泊尔和平的制度化并深深地感谢贵国对实现这一目标所给予的支持。面对过去世界上发生的事情，我们是努力向前看而不是向后看。

比兰德拉国王在谈到尼泊尔即将举行的全国性的公民投票时说，我相信尼泊尔人民会作出最好的选择。我深信我国外交政策的基本结构将不会受到任何影响，而且我们将根据我国的地理政治和社会文化的具体情况继续执行同邻国乃至和全人类的友好政策。作为国际社会上享有主权和独立的一位成员，我们神圣的职责是保持警惕，使我们同一个国家的友谊不会损害我们同另一个国家的友谊。

比兰德拉国王再次谈到尼中友谊时说，我们相信，我们所确立的这种友谊是互利的，是与本地区的最大利益相一致的，而且多少也是为世界和平事业服务的。

尼泊尔驻中国大使卡纳尔和夫人，在京的尼泊尔朋友，应邀出席了宴会。

出席宴会的还有外交部副部长韩念龙，中国人民解放军副总参谋长张才千，外贸部副部长崔群，外经部副部长魏玉明，教育部副部长黄辛白，北京市革委会副主任白介夫，中国驻尼泊尔大使彭光伟及夫人等。

国务院副总理王任重在北京会见以默尔·埃斯梅博士为团长的美国农业工程师学会代表团

全国人大常委会副委员长姬鹏飞在北京会见津巴布韦民族联盟副主席穆增达一行

《人民日报》发表袁文殊文章《要放手搞电影创作》并配发编者按

编者按：本报从今年1月21日起开展“电影为什么上不去？”的讨论以来，得到电影界和热心电影事业的同志的广泛支持，收到了大量来信来稿。他们对如何评价电影工作的形势、加强领导、繁荣创作、培养队伍、改革体制以及如何在电影界进一步肃清林彪、“四人帮”的流毒，贯彻党的文艺方针、政策等问题，提出了很多中肯的意见，我们已陆续选登了其中的一部分。今天发表的袁文殊同志的这篇文章，对当前电影工作中的几个重要问题作了进一步的探讨。我们认为，这一时期的讨论，对于我国电影事业的繁荣和发展是有积极意义的。现在，我们准备把这一讨论暂时告一段落。当前的主要问题是要继续批判林彪、“四人帮”的极左路线，认真贯彻“双百”方针，放手搞电影创作。让我们共同努力，为有更多、更好的影片问世而贡献力量。

自从《人民日报》开展“电影为什么上不去？”的讨论以来，许多同志发表了很多很好的意见，使广大读者和我个人了解了许多情况，得到许多教益。《人民日报》这种关心电影事业的做法，许多电影工作者和广大观众都由衷地感到高兴。当然，不可能一切问题都可以就此得到解决。新事物层出不穷，在前进中不断出现新问题，届时又需要继续讨论。而且理论上的探讨还需要经过实践的检验才能得到证实。粉碎“四人帮”之后，电影战线也和全国其他各条战线一样取得了一定的成绩，电影工作者做了许多工作。到目前为止，遭受林彪、“四人帮”破坏的电影生产，秩序虽已开始恢复，电影创作也逐渐有所好转，但是，我们的影片质量和数量还不能满足广大观众的要求，如何把电影迅速搞上去，还需要我们作艰苦的努力。我认为，当前电影工作要解决的主要问题，就是要继续批判林彪、“四人帮”的极左路线，认真贯彻“双百”方针，放手搞好电影创作。这里仅就这些问题，谈谈自己粗浅的看法。

是右倾思想还是极左思潮？

当前，阻碍电影事业进一步发展的主要障碍，究竟是右倾思想还是极左思潮？这是需要首先作出正确判断的。最近文艺界出现一种论调，认为当前的电影创作思想中存在着右的思想影响，其表现：一是创作革命领袖的作品时，没有按照他们的地位顺序来进行，而强调“写熟悉的”，其实质是反对文艺为工农兵服务的方向；二是认为提倡艺术民主，批评“长官意志”，其实质上是夺权。如此等等。我以为所谓文艺创作要按照领袖人物的地位顺序来进行，完全是一种无稽之谈。领袖人物的政治地位怎么能同文艺创作的顺序等同起来呢？文艺创作必须根据作家所掌握和熟悉的材料来进行，这是一种常识。文艺领导部门尽管可以号召作家去掌握和熟悉应该掌握和熟悉的材料，但是决不能限制他一定要先写哪个，后写哪个。让作家写他熟悉的东西是完全符合创作规律的。怎么能说这是反对文艺为工农兵服务的方向，造成创作思想混乱的原因呢？如果一定要先写这个，后写那个，这岂不是又在设置禁区？这样提问题，貌似“革命”，实质上却是对文艺创作的一种禁锢。

至于说写文章提倡艺术民主，批评“长官意志”就是“夺权”，更是荒谬的，这是一种乱扣帽子的坏作风。毛主席在提出“百花齐放、百家争鸣”方针的时候，明确说道：艺术和科学中的是非问题，应当通过艺术界和科学界的自由讨论去解决，通过艺术和科学的实践去解决，而不应当采取简单的方法去解决。为了判断正确的东西和错误的东西，常常需要有考验的时间，列宁(对不起，我又把“顺序”颠倒了)对这个问题也说得很明确：“无可争论，文学事业最不能作机械的平均、划一、少数服从多数。无可争论，在这个事业中，绝对必须保证有个人创造性和个人爱好的广阔天地……可是这一切只证明，无产阶级的党的事业的文学部分，不能同无产阶级的党的事业的其他部分刻板地等同起来。”为什么写点文章谈艺术民主就成了“夺权”呢？难道列宁和毛主席的这些科学的论断也不适用了吗？反对“长官意志”，同样不能认为是什么“夺权”。有的同志错误地把“长官意志”和党的领导等同起来，一听到有人提出反对“长官意志”就以为是反对党的领导，这纯粹是误解。第一，这里说的“长官意志”是带引号的，不能认为就是领导意志，更不能认为就是指党的领导；第二，这里反对的“长官意志”，是指那种脱离实际，不讲民主，思想僵化或半僵化、只会瞎指挥的人而说的，类似这种情况的人为什么不可以反对呢？

还有一种说法：“现在有些领导文学创作的同志，是在俄罗斯和欧洲18世纪文学的染缸里染过的，他们反对毛主席在延安文艺座谈会上的讲话，也反对鲁迅”，等等。这种把18世纪、19世纪的俄罗斯和欧洲文艺一笔抹杀，连批判地借鉴也不要的观点，完全是从林彪和江青搞的《纪要》里抄袭来的。过去我们批判“文艺黑线专政”论的时候，有的同志就说过文艺黑线专政虽然没有，文艺黑线还是有的。如此说来，既然还有文艺黑线，当然也就还有黑线人物，因此也就难怪有些同志手里还是拿着从林彪、江青的帽子工厂棍子工厂里贩卖来的货色，时刻准备着，注视着，一有机会就把帽子扣将过来，把棍子打将过来。这是不能不警惕的。

从以上种种情况来看，对当前的形势应该作何估计，这是一个严肃的问题。我以为，目前电影创作工作中并不是根本没有右的思想影响，但不是主要的。造成创作思想混乱的原因，主要的是来自极左思潮，这是明摆着的事实。除非我们不准备贯彻毛主席的“双百”方针，要不然就必须继续批判极左思潮。这不能等闲视之。

是真“放”还是假“放”？

林彪、“四人帮”横行时期，江青一再叫嚷：“我要保留批评权”。乍听起来，这句话冠冕堂皇，但意思很明白，棍子还要紧紧地拿在手里，只要看见哪些影片不顺眼，就给它一棍子，同时给扣一顶大帽子。对影片《创业》和《海霞》大动干戈，就是众所周知的例子。“四人帮”垮台了。但是他们的流毒很深，这又是不能不提防的。我们不少同志身上还自觉或不自觉地存在着“四人帮”的流毒，对电影创作，还不敢放手，到处还是惊弓之鸟，岂能出现莺歌燕舞的场面？这就是所谓创作人员心有余悸的原因。因此也就要靠我们共同来做好一系列的工作。由于长期的封建统治，加上林彪、“四人帮”一伙的迫害，党的知识分子政策长期的没有得到贯彻，知识分子的脆弱性是可以理解的。当然我也并不认为我国所有的知识分子都那么脆弱，在历史上大义凛然、刚正不阿的人物比比皆是。即使在当代，在林彪、“四人帮”横行时期，我们就看到张志新这样的人物。虽然她不是一个电影工作者，但她是一个知识分子的光辉榜样。电影创作是要靠电影界的领导和电影创作人员团结一致，共同努力才能搞出成果来的。就目前的情况来说，在电影界，知识分子的思想还不够活跃，控制太死，棍子太多，对创作的繁荣是极大的妨碍。毛主席早就告诉我们，毒草是客观存在，因为怕出毒草就不敢放手，这是一种故步自封的办法，同“双百”方针的精神是水火不相溶的。实践证明，在电影创作的领导工作中,社会的方式要比行政的方式有利得多,采取社会方式来讨论作品,首先可以消除创作人员的顾虑,对作品或作者可以有批评和反批评的机会,即使作品最后被否定,创作人员也不感到有什么压力。相反,如果采取行政审查的方式,创作人员往往就只能记录领导者的指示,很难有平等讨论的机会。所以要繁荣电影创作,必须认真贯彻“双百”方针。要真“放”,不要假“放”!因为“双百”方针“是在承认社会主义社会仍然存在着各种矛盾的基础上提出来的,是在国家需要迅速发展经济和文化的迫切要求上提出来的。百花齐放、百家争鸣的方针,是促进艺术发展和科学进步的方针,是促进我国的社会主义文化繁荣的方针。艺术上不同的形式和风格可以自由发展,科学上不同的学派可以自由争论。利用行政力量,强制推行一种风格,一种学派,禁止另一种风格,另一种学派,我们认为会有害于艺术和科学的发展。”毛主席的这段话是用不着多解释就可以明白的,也是当前必须坚决贯彻的。没有“双百”方针的贯彻,电影要搞上去是困难的,要繁荣也是不可能的。

领导思想要更解放一点

我这里提出的领导问题同林彪、“四人帮”时期的领导问题有着本质上的区别。现在要考虑的是如何适应新形势下的新的领导方式问题。我们从事的社会主义现代化建设,是在我们革命运动史上比任何一次都更深刻、更伟大的运动,而人民对电影艺术也比过去任何时候都更加关切。半个多世纪以前,列宁就曾说过,在一切艺术中,电影对我们是最重要的。现在的事实证明,列宁的预见是完全正确的。我们的影片,仅在国内一年的观众就以百亿人次计算,这是世界上任何国家也无法相比的。可见,我们搞好一部影片将起多大的作用!但是不可讳言,我们对30年来的电影领导工作的经验教训,还没有进行认真的系统的总结,对电影如何为四个现代化服务,也还没有深入的探讨,比如,如何提高影片的艺术和技术质量,以满足广大观众的要求;如何改革体制,以适应目前形势的发展;如何培养和壮大电影队伍,以赶上我们事业的需要。我们的电影工业,无论机械制造或胶片生产都还十分年轻。总之,电影事业的各个环节都有待我们努力去探索。而要解决这些问题,首先是领导上必须解放思想,发扬民主,破除迷信,实事求是,按照艺术规律和经济规律办事,把一切积极因素调动起来,造成一种生动活泼的局面。有的同志说,目前创作人员有四怕:一怕领导缺“钙”(意思是某些基层领导同志怕负责任,有了问题不是往上推就是往下卸);二怕领导说外行话(如说:“编剧只要政治挂帅,一个星期就可以写一个剧本出来”);三怕领导变相打棍子(不点名的批评或给穿小鞋);四怕领导不放手,提出这样那样的框框来束缚创作人员的手脚。所有这些,都是值得我们认真注意和切实改进的。

徐冰 张经武 吴溉之 邹大鹏 伍云甫追悼会在全国政协礼堂举行

他们因受林彪、“四人帮”的迫害,于1967年至1972年先后逝世。

追悼会上,中共中央主席华国锋,中共中央副主席叶剑英、邓小平、李先念、陈云、汪东兴,党和国家其他领导人,中央军委负责人,以及政协全国委员会副主席,分别送了花圈。

中共中央,全国人大常委会,国务院,中央军委,政协全国委员会,最高人民法院,最高人民检察院,中共中央和国家机关有关单位,解放军各总部,北京市、河北省、湖南省、辽宁省、西藏自治区、南宫县、鄗县、平江县、辽阳市、耒阳县的党委和革委会,送了花圈。

李先念、汪东兴、王震、邓颖超、余秋里、陈锡联、胡耀邦、耿飚、倪志福、徐向前、陈慕华、赛福鼎、彭真、谭震林、姬鹏飞、周建人、许德珩、朱蕴山、史良、谷牧、宋任穷、康克清、季方、杨静仁、胡子昂、刘澜涛、陆定一、李维汉、王昆仑、班禅额尔德尼·确吉坚赞、江华、黄火青同志,中央和国家机关有关部委、各群众团体、解放军各总部、北京市委和市革委会的主要负责人,以及徐冰等五位同志生前友好和群众代表共1200人,参加了追悼会。

追悼会由李先念同志主持,胡耀邦同志致悼词。

追悼会后,李先念、汪东兴等中央领导同志向徐冰等五位同志的亲属表示亲切慰问。

徐冰等五位同志的骨灰在追悼会后安放在八宝山革命公墓。

徐冰同志生前是中国共产党第八届候补中央委员、原中共中央统战部部长、政协第四届全国委员会副主席、第三届全国人民代表大会常务委员会委员,1924年在德国参加中国共产党。

张经武同志生前是中国共产党第八届中央委员、原中共中央统战部副部长、第三届全国人民代表大会常务委员会委员,1930年加入中国共产党。

吴溉之同志生前原任中共中央监察委员会常委、政协第四届全国委员会常务委员,1924年加入共青团,同年转为中共党员。

邹大鹏同志生前原任对外文委副主任、政协第四届全国委员会常务委员,1925年参加革命,1936年加入中国共产党。

伍云甫同志生前原任中共中央监察委员会候补常委,中国红十字总会副会长、党组书记,政协第四届全国委员会委员，1923年参加共青团，1926年加入中国共产党。

8月28日

国务院总理华国锋在北京会见美国副总统蒙代尔

华总理会见蒙代尔副总统时，蒙代尔副总统转交了卡特总统的信。华国锋总理愉快地接受了访问美国的邀请。这个邀请是卡特总统给华国锋总理的信中提出的。

华总理表示，他将在适当的时候访问美国。华总理也邀请卡特总统在他方便的时候访问中国。

中美两国领导人今天的会见持续了两个小时。

据有关人士透露，双方就共同感兴趣的国际问题和发展双边关系问题交换了意见。

两位领导人表示，双方将为推进两国友好关系的发展在广泛的领域内进行合作。

谈话前，华总理同蒙代尔副总统和夫人以及他们的随行人员一起照了相。

参加谈话的美方人员还有：美国驻中国大使伍德科克，副总统办公室主任理查德·莫，总统国家安全事务副助理戴维·艾伦，东亚和太平洋事务助理国务卿理查德·霍尔布鲁克，副总统国家安全顾问丹尼斯·克利夫特，国家安全委员会(高级)工作人员迈克尔·奥克森伯格等。

参加谈话的中方人员有：外交部部长黄华、副部长章文晋，中国驻美国大使柴泽民等。

中美文化和水力发电两个协议在北京签订

邓小平副总理和蒙代尔副总统下午签署了中美两国政府1980年和1981年文化交流执行计划和中美两国政府水力发电与有关的水资源利用合作议定书。

华国锋总理出席了签字仪式。他对这两个文件的签订表示热烈祝贺。

签字完毕，出席仪式的中美双方人士热烈鼓掌。

文化交流执行计划具体规定了明后年中美之间在文化艺术、教育、广播、图书资料、园林和建筑、文化考察、体育、社会科学、翻译出版等方面的交流项目，以及财务规定。

水力发电和有关的水资源利用合作议定书规定：双方同意在平等、互利和互惠的基础上，促进和建立双方在水力发电和有关的水资源利用领域内的合作活动，并对具体合作活动作出适当安排，予以鼓励和提供方便。根据议定书，合作活动包括双方交换和提供情报，共同从事试验和研究，互派专家和培训技术人员，以及提供规划、工程设计、技术问题的咨询和施工管理等。

邓小平副总理在签字仪式上致辞说，这两个协议的签订，是中美关系正常化以来，两国友好合作关系的又一新成果。这两个协议必将有助于进一步促进中美两国人民之间的友谊，增进两国之间在文化、科技领域的交流与合作，对我们双方都是有利的。他指出，蒙代尔副总统这次来访，又使中美关系向前推进了一步。对此，中美两国人民肯定是会感到高兴的。

蒙代尔副总统说，今天下午签订的这两个协议将使两国之间的关系获得新的推动力。他说，这两个协议将加强美中之间的纽带并有助于使两国之间经济合作的目标具有重要的现实意义。蒙代尔副总统说："对我们两国来说，一个更强大的、现代化的中国将对世界和平作出更大的贡献。"

国务院副总理邓小平出席美国副总统蒙代尔在北京举行的告别宴会

出席宴会的还有国务院副总理余秋里，外交部部长黄华，外贸部部长李强，水利部部长钱正英，文化部部长黄镇和夫人，中国驻美国大使柴泽民和夫人等。

蒙代尔副总统和邓小平副总理先后在宴会上祝酒。蒙代尔副总统在祝酒时指出，他的访问为八十年代美中关系奠定了基础。他说，他同中国领导人的会谈是开诚布公和轻松的，平等和互相尊重的。他提议为美中两国人民的持久友谊干杯。

邓小平副总理在祝酒时说：蒙代尔副总统在北京进行了一次有意义的访问。双方之间坦率而有益的会谈增进了相互了解，有利于两国人民的共同利益。他说，这次访问加强了我们的信念：只要双方严格执行中美建交协议的原则，坚持相互尊重独立主权、平等互利，我们两国之间的友好关系就会朝着两国人民所希望的方向继续向前发展。在此情况下，两国在政治、经济、文化、科技方面的合作和交流将会得到进一步的加强。

邓小平副总理说，实践将会证明，中美两国人民的友谊是富有生命力的，是经得起时间考验的。他请蒙代尔副总统回国后向卡特总统转达华国锋总理以及他本人的问候，并向美国人民转达中国人民的良好祝愿。

应邀出席宴会的还有：全国人大常委会委员，政协全国委员会常务委员，国务院有关部门、全国妇联、对外友协、外交学会、贸促会、北京市革委会、北京卫戍区等单位的负责人，以及访问过美国的各界人士等。美国驻中国大使伍德科克和夫人以及蒙代尔副总统的其他随行人员，美国驻中国大使馆外交官员，邀请来中国任教的美籍学者，出席了宴会。

国务院颁发《中华人民共和国食品卫生管理条例》

华东六省一市经济协作会在上海举行

新华社报道，中断十多年的华东六省一市经济协作会议，于8月中旬在上海举行。在6天的会议期间，各地共签订了协议或合同117份。

会上相互交流情况，初步摸清了资源和需要，为经济协作创造了条件。浙江省今年油脂丰收，想多生产一点肥皂，但缺乏松香，在这次会议上，他们同福建省林业部门达成了供应松香的协作协议。上海需要的饲料粮，去年从千里之外的河南协作解决了一批。在这次会议上，上海代表了解到江苏淮阴地区有一批可外调的山芋干，经过商谈，达成了进货协议。

参加经济协作会的不少代表，赞扬上海手工业局和杭州新华造纸厂之间那种通过"补偿贸易"进行经济协作的新形式。江西省宜春、吉安两个地区的代表和上海有关部门也达成了协议，由上海支援加工机械设备，并进行技术指导，利用当地的等外木材，为上海加工绘图板、小黑板、日光灯座等木制成品或其他半成品。这样，既可以满足上海对木制成品和半成品的需要，又可以合理地利用当地的木材资源，提高木材的利用率，扶植地方工业的发展。

中科院院长方毅在北京会见美籍学者丁玉澄和夫人陈月娥以及他们的子女

国务院副总理谷牧在北京会见日本经济团体联合会会长土光敏夫和日中经济协会常任顾问冈崎嘉平太一行

国务院副总理姚依林在北京会见以萨金特·施赖弗为团长的美国肯尼迪学会访华团

中国新任驻马达加斯加特命全权大使甘野陶在塔那那利佛国家宫向迪迪埃·拉齐拉卡总统递交国书

全国商业教育规划会议制定1979年至1985年商业部系统教育事业发展规划

新华社报道，最近召开的全国商业教育规划会制定的发展规划，到1985年，我国各类商业学校将由目前的131所发展到321所，在校学生人数达到18.5万人，每年将有6万人毕业。

这些学校主要培养我国著名的京、鲁、川、粤、苏、闽、湘、皖八大菜系的制作人员，服务修理行业、商办工业的技术人员，以及商用电子、商用机械、制冷和财会、物价、计统等方面的专门人员。

我国商业教育是解放以后才发展起来的。到1956年，全国已有207所商业学校、5.3万多名在校学生。由于林彪、"四人帮"的破坏，"文化大革命"当中大部分商业学校下马停办。粉碎"四人帮"以后，商业学校逐渐恢复，目前已恢复131所。规划确定，从现在起到1981年3年间，争取恢复到历史最高水平；后4年，本着积极发展，稳步前进的原则，有计划地兴办新的学校，做到各类学校配套，合理布局，专业门类基本齐全。

目前我国只有北京和黑龙江两所商学院。规划确定在两三年内，在天津再办一所商业科技学院，在杭州办一所商学院。到1985年，全国商业高等院校将达到16所。规划要求各地大力恢复和发展中等商业学校，争取每个省、自治区、直辖市办1—4所。规划指出，技工学校是为商业基层企业培养熟练技术工人的阵地，今后商业部门需要的工人和营业员要逐渐由技工学校培养和输送。到1985年，争取每个省、自治区、直辖市办5—6所技工学校。

除了兴办各类商业学校外，规划还十分强调对商业系统的在职干部和工人进行短期轮训。要大办职工业余教育，以便尽快地提高我国商业系统干部和工人的科学文化技术水平。

8月29日

国务院副总理邓小平视察北京西郊用新型轻质建筑材料建造的4座框架轻板试验性建筑

这几座房屋都是居民住宅，是用我国自己生产的新型轻质材料建成的。它用石膏板、加气混凝土、石棉水泥板等作墙体、屋面和楼板材料，用玻璃棉毡、矿棉吸音板、泡沫塑料保温吸音板等作保温、隔音材料。房内的墙壁上贴着素雅别致的玻璃纤维花布和塑料印花布。这些框架轻板试验楼每平方米只有300公斤，比砖石混合结构的房屋轻1吨多，而且抗震性能强，美观大方，施工方便，建设周期短。

邓小平同志看了这些房屋很高兴。他说，我们要尽快把新型轻质建筑材料工厂办起来，要大批生产。厂子不要太大，要搞专业化生产，要讲究质量。质量包括美观，花样要多一点。要降低造价。他还说，国家要采取措施支持新型建材工业，使它有一个较大、较快的发展。

邓小平同志对这些房屋质量上存在的问题和缺陷提出了改进意见。他要求多请一些内行的人来挑毛病，把用新型轻质建筑材料建造的房屋质量搞得好上加好。

这几座轻板试验楼是国家基本建设委员会和建筑材料工业部建设的。

陪同邓小平副主席视察的有国务院副总理、国家建委主任谷牧，国家建委副主任韩光，建筑材料工业部部长宋养初、副部长祁峻。

国务院副总理余秋里在北京会见由铃木幸夫率领的日本新闻机构经济问题社论委员访华团

余秋里副总理回答了日本新闻界朋友提出的有关中国国民经济发展方面的一些问题。

余秋里副总理指出，我国经济调整的关键是调整工农业的比例关系。他说，农业的调整关系到工业的各个方面，将引起经济领域里的一个大的转变。各行各业都要为农业服务，支援农业。农业为基础，工业为主导。要有一个全局观点。我们不仅在生产制造上而且在投资方面要有个调整。他还说，我们国家那么大，依靠一年一度的计划办一年的事，是不可能完全办好的。我们要按经济规律办事，把计划经济和市场经济结合起来。

中科院院长方毅在北京会见美国芝加哥大学化学系教授杨念祖和美国密执安州立大学生物物理系主任田心棣教授

国务院副总理王震在北京会见日本朋友三冈健次郎等

全国人大常委会副委员长姬鹏飞在北京会见以联邦德国中国友协副主席曼弗雷德·莫根施特恩为团长的联邦德国中国友好协会代表团

中国政府代表团团长韩念龙在中越谈判第十一次全体会议上严正指出越南坚持霸权主义反华仇华使谈判毫无进展

越南政府代表团团长丁儒廉主持今天的会议，并在会上首先发言。他利用中越谈判这个讲坛，对中国大肆谩骂和攻击，再次为越南当局侵略柬埔寨、控制老挝的罪行辩解。

中国政府代表团团长韩念龙在发言中强调指出："越南当局应该停止推行反华仇华政策，立即从柬埔寨和老挝撤出全部侵略军。"他说："人们十分清楚，越南当局占领柬埔寨，控制老挝，是为了拼凑'印支联邦'，建立反华基地，妄图在东南亚称王称霸，同时，也是适应社会帝国主义南下政策的战略需要。"

韩念龙在驳斥丁儒廉的发言时指出，越方抵赖侵略柬埔寨控制老挝的罪行是徒劳的。他说："一个国家派遣数十万军队占领邻国，不是霸权主义是什么？当今世界上把大批军队派驻外国的有几个国家？除了苏美两家以外，就是越南和古巴。你们是在苏联社会帝国主义支持下这样干的，你们却自吹自擂，说什么这是执行'纯洁的国际主义义务'，是为了'越、老、柬的特殊关系'。越南报纸甚至公然吹嘘，越南同古巴是'孪生子''双胞胎'，这简直是莫大的讽刺。"

韩念龙针对丁儒廉一再扬言"柬埔寨局势不可逆转"这句话说，越南当局以为今年1月7日越南军队占领金边，"柬埔寨问题就已经了了。但是，柬埔寨问题并没有了结。我们决不相信柬埔寨人民和老挝人民会甘心情愿接受越南占领军和越南顾问的统治，我们不相信柬埔寨和老挝人民会不起来反抗越南当局的殖民统治。"

韩念龙指出，丁儒廉今天的发言只不过是把越南报刊电台诬蔑中国的语言搬到谈判桌上对中国大肆谩骂。他说："这种行径难道能够说明越南方面对谈判的态度是'严肃的'，是'有诚意'的吗？你们说什么有成万名中国顾问在柬埔寨等等，完全是凭空捏造。我们早就多次说过，中国在国外，在柬埔寨，没有一兵一卒。你们把自己派遣大批军队和顾问控制邻国的行径强加在中国头上，这完全是徒劳的。你们这样做，除了暴露自己的面目以外，没有任何人会相信。"

《人民日报》发表参加上山下乡知识青年先进代表座谈会全体代表给全国上山下乡知识青年的一封信

同志们：

我们来自21个省、自治区、直辖市的34名上山下乡知识青年，在党中央、华主席的亲切关怀下，参加了国务院知青领导小组召开的座谈会，大家欢聚一堂，交流情况，畅谈体会，反映问题，提出建议。这个座谈会开得我们心情舒畅，精神振奋。特别令人难忘的是，8月26日下午，华主席、李副主席以及党和国家其他领导人在人民大会堂亲切接见了我们，和我们一一握手，合影留念，并作了重要讲话，表彰我们为加强农业这个基础，在农村奋斗十几年所作出的成绩，勉励我们为实现农业现代化发奋图强，大有作为。在这难忘的时刻，我们多么想立刻向你们——战斗在祖国农村和边疆的500万知青战友报告这一喜讯啊！你们听到这个喜讯，也一定会和我们一样激动，一样受鼓舞。让我们共同沐浴党的雨露阳光，一起分享这光荣和幸福吧！

二十几年来，我们响应党的号召，为着共同的革命理想，一批又一批地从城市到农村，从内地到边疆，用实际行动树立了务农光荣的新风，发扬了艰苦奋斗、奋发图强的革命传统，传播了文化科学知识，为发展社会主义大农业作出了贡献，开创了一条为祖国、为人民、为社会主义服务的正确道路,谱写了我国青年运动的新篇章。它将永远载入我国社会主义革命和建设的史册。知识青年上山下乡取得的成绩是巨大的,经过实践检验,这条道路是正确的,得到了毛主席、周总理和华主席的充分肯定。

诚然,林彪、"四人帮"的干扰破坏,也给知识青年上山下乡带来了恶果,败坏了上山下乡的声誉,加上知青工作中的缺点错误,当前确实存在不少问题。但是,我们不能因为知青工作做得不够理想而迷失方向,否定这条正确道路,否定自己的光荣历史,更不能打退堂鼓。有党的正确领导,有人民的热情支持,我们一定能够排除干扰,克服困难,使上山下乡这项大有前途的革命事业继续巩固和发展。

同志们,我国青年历来有打先锋、当闯将的光荣传统。当全党和全国人民在华国锋同志为首的党中央的领导下,同心同德奔四化的时候,这种革命精神更需要发扬光大。林彪、"四人帮"把国民经济搞到濒于崩溃的边缘,问题成堆。粉碎"四人帮"后,我国是百废待举,百业待兴,特别是全国工作的着重点转移到社会主义现代化建设方面以后,我们每个有志气、有抱负的知识青年都应当在新长征中充当突击手。搞四化,农业是基础,农业这门学问最大,实现农业现代化也最艰难。农村是我们献身四化的广阔天地。我们担负起实现农业现代化的历史重任,就要有一股热情,一股干劲,一种献身精神和严格的科学态度。我们向往幸福生活,但幸福生活不会从天降,美好生活等不来。面对我们国家人口多、底子薄、农村还比较落后的现实,我们不能怨天尤人,不能无所作为,只能艰苦奋斗。我们和 8 亿农民共同奋战,是因为我们懂得,今天的苦是为了明日的甜,个人的苦是为了大家的甜。这样的苦,虽苦犹甜。过去,革命先辈为解放中国流血牺牲,在所不辞。今天,我们青年一代为建设新中国出力流汗,理所当然。我们为自己走这条道路,感到无比光荣和自豪。

在新长征中,我们一定要坚持四项基本原则,识大局,顾整体,不利于安定团结的话不说,不利于安定团结的事不做。在实现四个现代化的斗争中,不断总结经验,吸取教训,坚持实践是检验真理的唯一标准,努力提高思想水平、政策水平和工作能力,把自己锻炼成革命事业的可靠接班人。

我们一定要把我们所在单位的生产搞上去,从下乡到现在,我们 34 人所在单位的面貌都发生了显著的变化。一些生产队、生产大队和知青场队,1 年平均每人收入已超过 150 元,高的达到 260 多元。但是这还远远不够。我们要继续埋头苦干,开动脑筋,解放思想,广开门路,多种经营,农、林、牧、副、渔全面发展,和广大农民一起,通过扎扎实实的努力,尽快把生产搞上去,使生活更加富裕起来,迅速把分散落后的农业改造成为现代化的社会主义大农业,促进四化早日实现。

我们一定要把革命热情和科学态度结合起来,学好文化科学知识,掌握实现农业现代化的真实本领,带头开展农业科学实验和技术改革,苦干加巧干,用我们的聪明和才智,为农业插上科学的翅膀。

同志们,我们是承前启后的一代。我们将豪迈地跨入二十一世纪。继往开来的重任,历史地落到我们肩上。让我们紧密地团结在华国锋同志为首的党中央周围,为实现毛主席、周总理的遗愿,加速农业现代化建设勇往直前!

参加部分省、自治区、直辖市上山下乡
知识青年先进代表座谈会全体代表

1979 年 8 月 29 日

8 月 30 日

国务院副总理耿飚在北京会见以菲律宾通讯社社长菲律宾新闻部国内国际新闻局局长洛伦佐·克鲁兹为首的新闻代表团

国务院副总理陈慕华在北京宴请联合国开发署署长布雷德福·莫尔斯一行

陈慕华在欢迎联合国开发计划署署长布雷德福·莫尔斯先生一行的宴会上讲话时说:"一方面,中国将继续向开发署捐款,对其他发展中国家的建设事业尽一份微薄的力量;另一方面,我们也欢迎开发署向中国提供一些我们所需要的技术援助。"

莫尔斯先生在讲话时热烈欢迎中国和开发署之间的合作进入了一个新阶段。他说:"我深信,在今后的岁月里,中国和开发署长期的合作,必将继续发展、扩大。这不仅是为了中国的利益,而且也是为了所有发展中国家的利益。发展中国家对中国所取得的辉煌成绩十分钦佩,并期望从中国取得的成绩中得到教益。"

外交部部长黄华在北京会见并宴请以尼泊尔外交部特别联合秘书比什瓦·普拉丹为首席代表的中国尼泊尔边界联合检查委员会第四次会议尼方代表团

中国新任驻圭亚那大使王言昌在乔治敦向圭亚那总统阿瑟·钟递交国书

8 月 31 日

中共中央副主席李先念在北京会见以汉弗莱·基

尔非尔德为团长的苏里南民主人民阵线代表团

国务院副总理耿飚在北京会见埃及新任驻中国大使伊兹·阿拉卜·阿明·易卜拉欣

国务院副总理陈慕华在北京会见阿伦·帕努蓬副外长率领的泰国政府科技合作代表团

《人民日报》发表社论《加速恢复和发展档案事业》

最近召开的全国档案工作会议，是粉碎“四人帮”以来，我国档案工作战线解放思想，拨乱反正的一次重要会议。会议坚决贯彻党的十一届三中全会和五届人大二次会议的精神，揭发批判了林彪、“四人帮”推行极左路线破坏档案工作的罪行，重申了党中央、国务院确定的档案工作的体制和原则，提出了近两三年内全国档案工作的主要任务。这对恢复和发展档案工作，为社会主义现代化建设服务，必将起重要的促进作用。

党的十一届三中全会后，党中央、国务院批准恢复全国档案业务管理机构——国家档案局，批准为全国档案工作中所谓“反党反社会主义黑线”这一全国性的大错案彻底平反。这是为了彻底肃清林彪、“四人帮”极左路线在档案工作中的流毒和影响，努力发展我国档案事业而采取的两项重大措施。它标志着我们党重视档案工作的优良传统得到了恢复和发扬，林彪、“四人帮”极左路线破坏档案工作的阴谋彻底破产，我国档案工作进入了一个新的历史发展阶段。

档案是党和国家的宝贵财富，是生产斗争、阶级斗争、科学实验的历史记录，是研究历史的珍贵史料。档案工作是一项很重要的专门事业，是坚持历史唯物主义的一项重要工作。它对党和国家进行政治思想斗争，进行经济和文化建设，发展科学技术，具有极为重要的作用。建立和发展档案工作，不仅是当前的需要，而且是子孙后代的需要。重视档案和档案工作，是我们党的优良传统。毛泽东同志、周恩来同志和朱德同志等老一辈无产阶级革命家历来重视档案文件的保管与利用，关怀档案事业的建立和发展。在党中央、国务院以及各级党委的领导下，“文化大革命”前的17年，我国档案工作得到了蓬勃发展。1956年国务院发布了《关于加强国家档案工作的决定》，1959年党中央发出了《关于统一管理党、政档案工作的通知》，确立了集中统一管理党和国家档案工作的原则。档案是党和国家的历史财富，应归党和国家所有，由党和国家实行集中统一领导和管理，档案工作应该为党和国家各项工作、生产建设、科学研究服务。实践证明，“文化大革命”前17年档案工作的路线是正确的，档案工作的成绩是主要的，绝大多数档案工作人员是好的和比较好的。

林彪、“四人帮”一伙在档案工作中极力推行极左路线，全盘否定“文化大革命”前17年全国档案工作的成就；否定党对全国档案工作的领导；否定党中央、国务院确立的集中统一管理党政档案工作的体制和原则；撤销档案工作机构；残酷迫害档案工作干部；肆意废弃档案工作一整套行之有效的规章制度；大量地窃取和毁坏档案，使全国档案工作遭到了空前的浩劫，损失极为严重。林彪、“四人帮”如此疯狂破坏档案工作，完全是为了实现他们篡党夺权，复辟资本主义的反革命阴谋。他们为了掩盖自己的反革命罪恶历史和反革命面目，垄断、毁坏了大量档案资料，毁证灭迹。为了打倒老一辈无产阶级革命家和党政军领导干部，任意控制、隐藏、歪曲、篡改档案。林彪、“四人帮”把档案作为对广大共产党员、革命干部、人民群众实行封建法西斯专政的工具，严重地破坏了党和国家各项工作对档案的利用。林彪、“四人帮”是破坏民族文化遗产的罪人。

华国锋同志曾经说过：“档案工作是一项很重要的工作。”当前，全国人民正在为把我国建设成社会主义的现代化强国而奋斗。农业、工业、国防、科技，以及上层建筑领域的各个方面，都迫切要求档案部门积极主动地提供档案为其服务。这是社会主义现代化事业对档案工作提出的光荣而又艰巨的任务，也是档案工作的根本目的。

要为现代化建设服务，就要继续深入揭发批判林彪、“四人帮”的极左路线，肃清其流毒和影响。多年来，林彪、“四人帮”把档案工作的许多是非颠倒了，把人们的思想搞乱了，致使一些档案工作者至今心有余悸，思想不够解放。有的人一说档案工作为现代化建设服务，为科学研究服务，就怕抹杀了档案工作的阶级性，忘记了阶级斗争，搞修正主义。有的同志一说要提供、利用档案，就怕泄露了党和国家的机密，说什么“保密保险，利用危险”，等等。不改变这种思想和精神状态，就不可能使档案工作很好地为现代化建设服务。因此，必须认真学习和领会党的三中全会精神，端正思想路线，坚持实践是检验真理的唯一标准的原则，打破林彪、“四人帮”的精神枷锁，解放思想，拨乱反正，把林彪、“四人帮”搞乱了的路线、思想和理论是非纠正过来，在马列主义、毛泽东思想的指导下，研究档案工作的新情况，解决档案工作的新问题。

抓紧搞好档案工作的恢复与整顿，为社会主义现代化建设服务，是当前档案工作的基本任务。最根本的就是要把集中统一管理档案工作的社会主义原则恢复起来并坚持下去。要按照党中央、国务院过去规定的体制，把各级档案业务管理机构的工作、各级档案馆的工作、各级机关文书立卷归档工作和档案室工作，以及档案工作的各项规章制度恢复起来，抓紧做好档案的收集、整理、保管、统计等各项基础工作，加强档案的科学技术的研究，不断提高档案的科学管理水平，积极开展档案的利用工作。科学技术档案工作是科学技术管理和生产管理的重要组成部分。必须大力加强这项工作，充分发挥它在四化建设中的作用。

加强党对档案工作的领导，是恢复和发展档案事业，为社会主义现代化建设服务的根本保证。当前，最主要的是要按照党中央、国务院关于加强档案工作的指示、决定，改变不重视档案工作的现象，把档案工作提到党委的议事日程上来，从路线、方针、任务、机构设置、领导班子建设、人员编制、干部配备、经费等各方面给予关怀、帮助和支持。广大档案工作人员要努力学习马列主义、毛泽东思想，努力学习档案专业知识，努力学习科学文化，坚持党性原则，忠实于辩证唯物主义和历史唯物主义，勤勤恳恳，埋头苦干，为党和国家的档案事业贡献自己的力量。

《人民日报》发表周叔莲和吴敬琏文章《把发展轻工业放在优先地位》

从现在起，在工业中把发展轻工业放在优先地位上，是很重要的。这就是说，要提高国家对轻工业的投资比重，抓紧正在兴建的轻工业企业的建设以及现有企业的调整、挖潜、革新、改造，努力发展手工业，优先保证轻工业生产所需要的燃料、动力和原材料，在投资、燃料、动力不足的情况下，宁肯挤一点其他工业行业，也要把轻工生产迅速搞上去。

当前优先发展轻工业有许多有利条件。第一，我国重工业已经有了一定的基础，可以在设备、技术、原材料等各个方面大力支援轻工业。现在我国轻工业产值中，以农产品为原料的约占70%，以工业品为原料的约占30%，如果重工业能够提供更多的原料，轻工业就能大大加快发展速度。近年来，由于重工业特别是有机合成等工业的发展，在客观上完全具备这样做的条件。第二，就轻工业的农产品原料来说，增产潜力还很大，没有充分利用的资源还很多，随着今后农业的发展，将提供越来越多的原料，轻工业正可以大显身手。第三，我国轻工业有广阔的市场，特别是随着今后农业生产的发展，8亿农民增加了收入，提高了购买力，必将推动轻工业加快发展，使广阔的市场成为发展轻工业的强大动力。第四，现有轻工企业的增产潜力还很大。新中国成立以来，我们建立了十几万个轻工企业，还从国外引进了一批先进技术设备，充分发挥现有企业的潜力，保证它所需要的燃料、动力和原材料，同时改进经营管理，就能使生产迅速发展。此外，我国的重工企业和军工企业，也能直接生产一些轻工产品。特别值得注意的是，有些轻工业设备比较简单，所需投资不多，很适宜于发展集体所有制企业。在这种企业中，劳动者的收入和企业的经营状况直接结合在一起，因而能够充分调动劳动者的积极性，迅速地发展生产。充分而又正确地利用这种形式，将会大大加快轻工业的发展，这是毫无疑义的。

把发展轻工业放在优先地位，就要求某些重工业部门给轻工业让点路。但是有的同志不同意这样做，认为这违背生产资料优先增长的原理，会给重工业和国民经济带来不利影响。我们认为，这种意见是不能成立的。

根据马克思主义关于社会再生产的理论，在技术进步引起有机构成提高的情况下，生产资料优先增长，即比消费品生产发展得更快，这个原理既适用于资本主义社会，也适用于社会主义社会。但是，它并不排斥个别时期，例如在生活资料的生产严重落后于生产资料生产时，优先发展生活资料的生产。许多国家都出现过这种情况。认为当前优先发展轻工业是违背了生产资料优先增长的原理，完全是一种误解。

现在，我国国民经济中轻工业大大落后于重工业。轻工业这条“短线”已经短到不能满足我国人民某些基本生活需要的严重程度。难道在这次调整中还不应当赶快把它调上去吗？事实上，目前这样的比例关系不改变，重工业要想迅速发展也是不可能的。轻工业发展了，才有利于解决重工业需要的资金。轻工业投资少、周转快、利润率高。1977年纺织工业的资金利润率为32.4%，冶金工业仅为2.6%；纺织工业的产值利润率为12.3%，冶金工业仅为5.96%。包括利润和税金，轻工业的投资两年就可收回，而钢铁工业收回投资要16年半。又如，发展重工业需要从国外引进先进技术和设备，这就需要大量的外汇，轻工业是出口创汇高的部门。1978年轻工业品出口取得的外汇占外汇总额的42%。再如，轻工业发展了，可以为重工业提供更多的市场。现在我们有些重工业企业开工不足，产品积压，其原因很多，轻工业不发达显然也是原因之一。所以，我们应该担心的是轻工业（当然还有农业）不能迅速发展，而不是要担心它们会发展过快。

毛泽东同志在《论十大关系》中指出：“你对发展重工业究竟是真想还是假想，想得厉害一点，还是差一点？”“你如果是真想，或者想得厉害，那你就要注意农业轻工业，使粮食和轻工业原料更多些”，从长远观点看，这种办法“会使重工业发展得多些和快些”（《毛泽东选集》第5卷，第269页）。不幸的是，后来并没有这样办。多年来重工业特别是钢铁工业的单线突出，造成了比例关系的严重失调。现在是应当下决心把失调了的比例关系调整过来的时候了。

为了切实贯彻党中央调整国民经济的决策，应当注意克服目前在某些部门存在的一种倾向，就是抽象肯定调整的必要，但具体到本部门时，却不管实际情况如何，硬说自己是“短线”，要求加长。这种“你长我不长”的说法，妨碍着比例关系调整的落实。其实，“长线”、“短线”是有客观标准的，这个客观标准就是在适合我国生产力发展水平的生产建设规模下，各个部门有计划、按比例地协调发展。例如今年基本建设投资共360亿元，各个部门就是要在这个范围内考虑自己是“长线”还是“短线”，而不能根据本部门某种预先规定的过高的目标，或者不切实际地和先进国家相比，硬把自己的部门说成是“短线”。我们吃比例关系失调的苦头已经够多够久了，难道我们能够容许这种状况再延续下去吗？当然，说轻工业是“短线”、重工业是“长线”，这是就一般情况而言。实际上重工业中也有“短线”，例如煤、油、电就是“短线”；轻工业中也有“长线”，例如有些轻工行业的生产能力也过剩。因此，在调整时，要认真地调查研究，过细地做好工作，该上则上，该下则下，而不能搞“一刀切”。

还有一个正确处理支农工业和轻工业的关系问题。有些同志认为，为了支援农业的发展，支农工业只能上，不能下，不能给轻工业让路。我们认为，这种看法是片面的。十几年来，地方上办起了不少支农工业企业，对促进农业起了一定作用。但从有些地方的情况看，也存在不少问题，特别是由于地方资金大量用于支农工业，带来了许多困难。有些地区支农工业的加工能力大大超过可能取得的原材料数量和农村的实际需要，其中一部分产品质次价高又不对路的企业，就有为轻工业让路的问题。例如陕西省咸阳地区工业投资中，重工业占90%，支农工业又占重工业投资的90%。每个县都有一个到两个农机厂，由于原材料不足，都吃不饱，产品质次价高，大量积压。因为轻工业落后，支农工业亏损，地方财政非常困难，办什么事都得向上面伸手。为使以上问题得到解决，需要压缩部分支农工业企业，或者转产轻工业产品，把轻工业迅速发展起来。咸阳地区三原县有个公社，根据当地农民普遍养奶山羊的情况，办起了一座奶粉厂，一年盈利十多万元，相当该县全年地方财政收入的三分之一，而且也增加了农民收入。看来，大力发展轻工业，广开财源，把经济搞活，增加资金积累，这样才能抓住改变某些地区落后面貌的关键，同时也才能掌握支农的主动权。

有的同志常常只看到重工业对农业的促进作用，而看不到轻工业对农业的促进作用，这是不全面的。从历史看，棉花、蚕茧等生产的迅速发展，就和棉纺、丝绸等轻工行业的促进作用分不开。现在发展轻工业，也必将从多方面促进农业的发展。

长期以来流行着一种说法：资本主义的工业化是从轻工业开始的，社会主义的工业化是从重工业开始的；优先发展轻工业是资本主义工业化的方法，优先发展重工业是社会主义工业化的方法。有的同志进而把发展轻工业和资本主义工业化等同起来，和社会主义工业化对立起来。这种思想使得人们不敢放手发展轻工业。为了克服发展轻工业的思想障碍，有必要剖析一下这种说法。

诚然，英法等资本主义国家的工业化是从轻工业开始的，但这并不能证明，从轻工业开始就是工业化的“资本主义道路”。问题在于这些国家的工业化为什么要从轻工业开始。有人认为这是资本主义制度的本质决定的，我们认为，这种看法值得商榷。因为从历史事实看，决定它们的工业化要从轻工业开始的根本因素，是当时生产力的状况。首先，当时生产力水平很低，农业在这些国家占的比重较大，工业中是以纺织工业和其他轻工业为主，这种经济结构是生产力状况的反映，决定了当时工业化只能从纺织工业开始。其次，当时这些国家纺织工业的原料和销路比较有保证，技术上也较早地为产业革命准备了条件，因此从这里开始工业化是很自然的。而炼铁等行业由于原料、销路、技术等限制，也没有条件首先发展起来。最后，当时社会资本积累少，适宜于经营轻工业，没有条件大规模发展重工业。而积累的规模归根到底也决定于生产力的水平。可见，正是由于当时生产力的状况，决定了这些国家的工业化只能从轻工业开始，后来生产力状况改变了，重工业发展了，资本积累得多了，实现工业化和进一步发展经济的方法便有所不同。就是说，资本主义国家到了一定阶段，也要靠重工业的发展带动整个国民经济的发展。

有些经济学论著曾以资本主义的基本经济规律来证明，从轻工业开始工业化是由资本主义制度的本性决定的，因为轻工业所需的投资少，能够为资本家提供较多的利润。有的人以此来论证社会主义国家的工业化，不应从轻工业开始。其实只要作一点过细的研究就可以看出，这一论证是似是而非的。相反，如果从基本经济规律对于经济结构的关系看，社会主义较之资本主义更需要把轻工业的发展放在重要地位。资本主义生产的目的是追求剩余价值，而社会主义生产的目的则是为了保证一切社会成员有富足的和一天比一天充裕的物质生活。如果不大力发展轻工业，最大限度地满足人民不断增长的需要就无从说起。20年代中期苏联关于工业化路线的大辩论中，斯大林有力地驳斥了某些极左派主张依据所谓“社会主义原始积累规律”实行“超工业化”的谬论，即用牺牲轻工业、压低劳动群众生活水平和剥夺农民的方法来发展重工业的谬论,并指出这是一条犯罪的道路。从我国的实际情况来说,由于原来底子薄,人民生活水平还很低,发展轻工业更有着特殊重要的意义,这是不用多说的。

斯大林在领导苏联实现社会主义工业化时,曾经十分强调重工业发展的压倒一切的重要性。当时苏联处于资本主义国家包围之中,不尽快地发展重工业,便无法保持国家的独立,苏维埃制度就会灭亡,因此,强调重工业的发展是必要的。但是不能不承认,斯大林强调重工业有过头和绝对化的地方。应该看到,重工业的发展决不能"优先"到损害农业和轻工业的程度。而在苏联工业化的过程中,却是发生过这种错误的。毛泽东同志曾尖锐批评过,"片面地注重重工业,忽视农业和轻工业,因而市场上的货物不够,货币不稳定",没有能兼顾国家和工人的利益,而且"把农民挖得很苦",是犯了"严重错误"(《毛泽东选集》第5卷,第268、274页)有些社会主义国家从自己的实际情况出发,没有像苏联那样片面地注重重工业,而比较注重农业、轻工业和重工业的协调发展,其结果是经济发展速度比较高,人民生活水平提高得比较快。这些历史的经验教训,我们必须注意吸取。

处理农轻重之间的关系是一个带有全局性的问题,我们要从我国实际情况出发,把农业、轻工业和重工业的发展有机地结合起来。我们要建立起适合我国情况和特点的经济结构,这种经济结构应该能够发挥我们的有利条件,克服不利条件,能够较快地改善人民生活,增加国家和企业的积累,能够使国民经济各部门协调发展,整个国民经济有最高的发展速度和最好的经济效果。当前在工业内部优先发展轻工业,就是建立这种合理的经济结构所必要的。

中国质量管理协会在北京成立

协会理事由64人组成,岳志坚为理事长,曹继廉、郝建秀、宋力刚、杨济之、刘源张、周占鳌为副理事长。

中国质量管理协会是全国质量管理工作者自愿参加的群众性科学技术团体。它的基本任务和工作内容是:研究质量管理的理论、政策、制度、方法,总结交流我国质量管理的经验;开展国内和国际质量管理的科学学术交流;培训干部,普及质量管理知识;编辑、出版质量管理书刊、资料;会同有关部门组织、开展群众性的质量管理活动;组织会员积极参加全国"质量月"活动,为提高我国质量管理水平,提高产品质量,加快实现四个现代化服务。

教育部就颁发《中小学生守则》(试行草案)发出通知

新华社报道,教育部最近就重新制定、颁发《中学生守则》和《小学生守则》(试行草案)向各省、自治区、直辖市教育局发出通知,要求各教育行政部门、各中小学校切实做好宣传教育工作,加强领导,使这两个守则得到认真的遵守。

通知指出,《中学生守则》和《小学生守则》反映了党和国家对中、小学生在思想品德方面的基本要求,是每一个中、小学生日常学习、生活中必须遵守的行为准则。各级教育行政部门和学校要加强领导,把贯彻中、小学生守则当作一件大事来抓。

通知说,制定新的中、小学生守则的指导思想是,坚持"三好"原则,贯彻"五爱"教育,提倡勤奋学习、遵守纪律、热爱劳动、艰苦奋斗、关心集体、助人为乐的革命风尚,使中、小学生的身心健康成长,准备为社会主义现代化建设服务。通知强调指出,贯彻学生守则的关键是坚持以正面教育为主,不断提高学生的觉悟和认识。通知要求,各地要集中对学生进行一次学生守则的教育;要采取各种形式,深入宣传制定学生守则的目的、意义;要结合实际逐条讲解守则的内容;要使学生明确应当怎样做,不应当怎样做,提高执行守则的自觉性。

《中学生守则》(试行草案)

一、热爱祖国,热爱人民,拥护中国共产党。努力学习,准备为社会主义现代化贡献力量。

二、按时到校,不迟到,不早退,不旷课。

三、专心听讲,勤于思考,认真完成作业。

四、坚持锻炼身体,积极参加文娱活动。

五、讲究卫生,不吸烟,不喝酒,不随地吐痰。

六、积极参加劳动,生活俭朴。

七、遵守学校纪律,遵守公共秩序,遵守国家法令。

八、尊敬师长,团结同学,对人有礼貌,不骂人,不打架。

九、热爱集体,爱护公物,不做对集体和别人有害的事。

十、谦虚诚实,有错就改。

《小学生守则》(试行草案)

一、热爱祖国,热爱人民。好好学习,天天向上。

二、按时上学,不随便缺课。

三、专心听讲,认真完成作业。

四、坚持锻炼身体,积极参加文娱活动。

五、讲究卫生,服装整洁,不随地吐痰。

六、热爱劳动,自己能做的事自己做。

七、遵守学校纪律,遵守公共秩序。

八、尊敬师长,团结同学,对人有礼貌,不骂人,不打架。

九、关心集体,爱护公物,拾到东西要交公。

十、不说谎话,有错就改。

9月1日

国务院副总理谷牧应日本政府和日本国际贸易促进协会邀请离开北京前往日本进行友好访问

全国人大常委会副委员长谭震林在北京会见法国参议院法律委员会主席莱昂·儒佐—马里涅和由他率领的法国参议院财政委员会和法律委员会访华团

《人民日报》发表社论《两亿中小学生的一件大事》

正当亿万中小学生生气勃勃地迈进新学年之际，《中学生守则》(试行草案)和《小学生守则》(试行草案)颁布了。这两个《守则》是在认真吸取历史经验的基础上，紧密结合当前中小学生的实际。广泛征求意见重新制定的。《守则》是每一个中小学生在日常学习、生活中必须遵守的行为准则，它反映了党和国家对中小学生思想品德的基本要求。贯彻实施《守则》，是我国两亿多中小学生的一件大事。它具有重大而深远的意义。

制定和颁布《守则》，是对学生加强共产主义道德教育，建立革命校风的重大措施。古今中外，各个阶级都有自己的道德观念和道德规范，为维护本阶级的利益服务。我们无产阶级也有自己的道德观，即共产主义道德。它是为广大劳动人民的利益服务的。新中国成立以后，教育部曾于1955年、1963年两次颁发中、小学生守则，对于培养广大青少年形成好品德、好风尚起了积极作用。在党和毛泽东思想哺育下，广大青少年好好学习，天天向上，爱祖国，爱人民，爱护公共财物，英勇机智地同敌人、坏分子作斗争，许多人成长为富有才干、有远大抱负、有献身精神的社会主义革命和建设的积极分子，涌现出一批雷锋式的英雄模范人物。我国广大青少年这种崇高的思想境界和道德面貌，受到了国内外的赞扬。但是，十多年来，由于林彪、“四人帮”的倒行逆施，严重败坏了党的优良传统，也严重破坏了学校的革命校风。他们肆意煽动无政府主义思潮，鼓吹“打砸抢有理”、“流氓勇敢”、“读书无用”等谬论，贩卖资产阶级利己主义、实用主义的市侩哲学，制造“流氓加文盲”式的人物，使广大青少年的心灵受到严重创伤，有些人甚至是非、荣辱、美丑不分。这种状况实在令人痛心！粉碎“四人帮”以来，经过大量工作，青少年的风气逐步好转，但是，林彪、“四人帮”的流毒尚未肃清。制定和颁布《守则》，就是为了继承和发扬我党的优良传统，进一步肃清林彪、“四人帮”的流毒，拨乱反正，使中小学生的道德风尚与我国社会主义现代化建设的要求相适应。

制定和颁布《守则》，有利于全面贯彻执行党的教育方针，促进学生德智体几方面生动活泼地主动地发展。德、智、体三方面是紧密联系，互相促进，辩证地统一在一起的。把它们形而上学地分割开来，忽视、偏废其中的任何一个方面，都将对青少年的成长造成不良后果，都不可能很好地完成中小学教育任务。《守则》坚持“三好”(思想品德好、学习好、身体好)的原则，贯彻“五爱”(爱祖国、爱人民、爱劳动、爱科学、爱护公共财物)的精神，把对中小学生德智体的基本要求具体化了，为学生树立了明确的行动准则，使学生知道应当怎样做，不应当怎样做，逐步养成良好的品德和习惯。

贯彻《守则》，对于改变整个社会风气，也具有重大作用。占全国人口五分之一强的中小学生，养成了良好的行为习惯，具有高尚的共产主义品德，将会形成强大的力量和广泛的舆论，积极推动整个社会高尚道德风尚的形成和发展。随着我国普及小学教育的发展以及在此基础上有计划地逐步地普及中等教育，今后我国青少年都将经过小学和中学教育阶段。

中小学生的道德风貌将日益明显地成为建立整个中华民族道德风貌的基础，中小学生《守则》实际上也就成为对我国每个公民在青少年时期的思想品德的基本要求。例如，“遵守学校纪律”、“尊敬师长”、“对人有礼貌”、“不随地吐痰”，等等，如果我们从小就对学生进行培养教育，使之习惯成自然，这样，我国人民的美德就能更好地得到继承和发扬，一些不卫生、不文明的习惯和行为就会更快地得到改正。因此，制定和颁布《守则》的重要意义，不仅限于学校教育的范围，而是关系到整个中华民族将以一个具有高尚道德面貌和高度文明教养的民族屹立于世界的大问题。

各级党委和教育行政部门、学校领导，一定要从国家和民族的未来，从实现社会主义现代化的战略高度，认清制定和颁布《守则》的目的和意义，切实加强领导，把贯彻《守则》当作大事认真抓好。应当看到，贯彻《守则》是向学生进行耐心细致艰苦的思想教育的过程，不能搞突击运动。要帮助学生提高觉悟和认识，分清是非，提高执行《守则》的自觉性。同时，还要从大处着眼小处着手，在日常的学习、劳动、生活中不断循循善诱、精心培育，使学生逐步养成习惯，长久坚持下去。有些优秀的班主任把他们对学生进行思想教育工作的经验，概括为四句话：“动之以情，晓之以理，导之以行，持之以恒。”我们认为，这个经验很好，应当在贯彻《守则》中加以运用。一定要防止把《守则》当成消极管束学生的“紧箍咒”、“尚方宝剑”，严禁采取简单粗暴、滥施惩罚的做法。对不妨碍集体利益的个人正当的兴趣爱好，不要加以干涉。要把《守则》贯彻好，关键在于教师。要充分发挥教师的主导作用。广大教师既要教书,又要教人,要十分关心、爱护学生,不断注意改进教育方法。对后进生决不能嫌弃,而应该满腔热情地耐心帮助他们。同时,还要以身作则,使自己的言行符合《守则》的要求,做学生的表率。要注意发挥共青团、少先队组织的作用,启发学生自己管理自己的主动精神。学生家长的工作也很重要。要动员家长和社会方面的力量,积极配合学校,教育督促学生遵守《守则》。

让我们大家积极行动起来,在中小学生中掀起一个学习《守则》,宣传《守则》,贯彻《守则》,人人争当执行《守则》的模范的热潮,使青少年一代沿着党所指引的正确方向茁壮成长!

首次科学学学术讨论会在北京举行

《人民日报》报道,不久前在北京举行的我国首次科学学学术讨论会上,讨论了科学学的研究对象及意义;现代科学技术发展的特点及其发展规律;科学现代化的标准;科研体制;如何提高科研效率;系统工程学在科学管理中的应用;科技人才和科技管理人才的培养等问题。经酝酿,建立了科学学联络组织,负责协调科学学的研究和学术讨论。

中国科学院副院长李昌在会上作了报告。他列举了我国科技发展面临的5个主要问题:科学技术和四个现代化的关系;科学技术内部的关系即科学体系;科研队伍;科学管理;科学与哲学关系。他建议把自然科学与自然辩证法结合起来,创建具有中国特色的科学学。中国社会科学院副院长于光远和中国科学院副院长钱三强也在会上讲了话,强调搞科研工作和领导科学工作的同志学习科学学的必要性,以及创新精神对发展科学的重要意义。

江苏宜兴陶瓷展览在北京故宫开幕

这次展览是新中国成立以来规模最大的一次宜兴陶瓷展览,由江苏省宜兴陶瓷公司举办。全部展览分均陶、精陶青瓷、紫砂、综合4个馆,共展出2000多种、4600多件陶瓷制品。其中有:风格独特、驰名中外的紫砂;釉彩绚丽、胎质坚韧的均陶;浑厚别致、端庄明洁的青瓷,形美质坚、新颖大方的精陶;色彩明快、朴实耐用的彩陶和用途广泛的工业陶瓷制品。展出的绝大多数陶瓷制品,都是粉碎“四人帮”以后的新产品,充分反映出宜兴陶瓷业近几年来在恢复和发展生产,开展技术革新方面取得的新成果。展览预定举办两个月。展览会还开设了卖品部,供参观者选购各类宜兴陶瓷产品。

《辅导员》杂志复刊

共青团中央主办的《辅导员》杂志在被迫停刊13之后复刊,新出版的第一期开始在全国各地新华书店发行。

《辅导员》杂志是共青团中央指导少先队工作的刊物。它的任务是:宣传新时期的总任务和党的教育方针,报道少先队工作的经验,报道优秀辅导员的事迹。《辅导员》辟有《少先队工作研究》《教育札记》《阅读与欣赏》等专栏。

《辅导员》杂志现为季刊,从明年1月起改为月刊。

9月2日

国务院总理华国锋电贺第六次不结盟国家首脑会议召开

电报全文如下:

哈瓦那第六次不结盟国家和政府首脑会议:

在第六次不结盟国家和政府首脑会议召开的时候,我代表中国政府和中国人民向会议表示热烈祝贺。

具有广泛基础的不结盟运动,自创立以来,在反对帝国主义、殖民主义、霸权主义、种族主义、以色列的扩张侵略,捍卫国家主权,发展民族经济和文化,建立新的国际经济秩序和争取世界和平的斗争中,发挥了重大作用。中国政府坚决支持不结盟国家的正义立场和积极的行动。

我们相信,广大不结盟国家依靠自己的团结力量,坚持不结盟运动独立、自主、非集团的宗旨与政策,排除帝国主义和霸权主义的干涉,将为进一步发挥不结盟运动的积极作用作出更大贡献。

中华人民共和国国务院总理 华国锋

1979年9月2日于北京

国务院财经委连续召开会议听取和讨论国家计委《关于1980、1981年计划安排的汇报》

《关于1980、1981年计划安排的汇报》分析了当前面临的困难,提出从实际出发,恰当地规定明后两年经济调整的方针任务;明后两年计划安排中的难点,以及解决这些难点的各种不同设想;经济体制改革,固然要扩大地方的权力,但根本问题是扩大企业的自主权。

会议认为国家计委提出的计划,基本建设规模仍然过大。财政有几十亿元赤字,物资供应也不平衡。

11日后,与会的部分同志又分4个小组,就综合平衡、外汇平衡、22个引进项目以及工业生产速度和增产节约4个问题,进行专题研究。

18日继续开会,陈云到会作了发言。陈云在会上指出:经济的调整是必要的,并不是多此一举。基本建设投资必须是没有赤字的。

《人民日报》发表评论员文章《加紧努力提高产品质量》

产品质量的好坏，是企业各项工作的综合反映，涉及技术问题、管理问题、内部条件、外部条件，等等。但是，当前在提高产品质量问题上，应该首先解决的，仍然是认识问题。

一年来，许多地区和部门扭转了产品质量下降的局面，大多数工业产品的质量提高了，有的基本上达到或者超过了历史最高水平，有的赶上国际先进水平。但是，应该看到，这项工作的发展很不平衡，由于林彪、"四人帮"长期干扰破坏和我们工作中的缺点错误，产品质量低劣的状况还没有完全改变过来。据今年1—6月份统计，全国重点企业的主要工业品质量指标，还有33%没有恢复到历史最高水平。产品质量不高、返工活多、事故频繁、浪费严重，仍然是工交企业当前生产中的一个严重问题。改变这种状况，需要做很大的努力。

产品质量问题是一个极其重要的问题。许多工业发达的国家，把产品质量当成他们经济发展的生命线。我们许多做经济工作的同志，对这个问题的认识还是不深刻的。关于数量和质量的关系，长期以来存在着不少糊涂观念和错误思想，缺乏实事求是的唯物主义态度。我们知道，没有质量就没有数量，一百个废次品也顶不上一个优质品。这些年来，产品质量不好的苦头我们已经吃够了，这种现象再也不能让它继续下去了。我们的工业生产，从产量上说，每年都有不同程度的增长，但从质量上说，提高就不那么明显。去年以来，我们多次强调质量问题，但解决这个问题的措施仍然很不得力，效果还不显著。这就要求我们继续奋斗，真正把整个工业生产纳入质量第一的轨道。开展"质量月"活动，是推动这项工作的好形式。

提高产品质量，是调整国民经济的一个重要方面。多年来，有些工厂，国家和市场需要的产品生产不出来，不需要的又盲目生产。产品质量低劣，品种规格不对路，大量积压，还造成燃料、动力和原材料供应紧张，这些问题都需要调整。如果产品质量能够大大提高，一个顶几个用，等于用同样多的原料生产了更多的产品，也有利于减缓燃料、动力和原材料的紧张。

提高产品质量，同开展增产节约运动大有关系。有的同志谈到提高质量，就怕增加消耗。提高质量有时是要增加一些消耗，但是，无数事实说明，提高质量总的来说可以降低消耗。在当前燃料、动力、原材料供不应求的情况下，提高工业产品的合格率，提高产品的内在质量，可以收到更大的经济效果。我们应该从提高质量中求增产，从提高质量中求节约，这方面的潜力是很大的。

今年上半年工业增长速度比较缓慢，为了完成全年国家计划，下半年工业增长速度必须加快，在任务艰巨时间紧迫的情况下，"质量是软指标，产量是硬任务"的思想很容易抬头。完成产量指标当然是重要的，但必须从好省中求多快，保证产品质量。那种追求数量忽视质量，强调多快忽视好省的倾向，是必须防止和纠正的。

要提高产品质量，必须扎扎实实做好基础工作，整顿和加强企业管理。有些产品质量时好时坏，很不稳定，一个重要原因，就是企业的基础工作薄弱，技术水平不高，管理工作不细，规章制度不严。企业管理工作的好坏，最终要通过产品质量反映出来。从这个意义上说，企业管理要以质量管理为中心，要坚持质量第一的方针，组织协调其他各项管理工作。我们要善于总结自己的经验，也要虚心学习国外的先进经验。要树立"一切为用户"的思想。正如实践是检验真理的唯一标准一样，用户对产品是否满意，理应成为检验产品好坏的唯一标准。每个企业必须根据国家和用户的要求进行生产，由工厂生产什么卖什么改变为国家和用户需要什么生产什么。应该把产品质量当作企业的生命看待。有些企业死不进步，二三十年来一直生产质量低劣的产品，这是一种耻辱。质量不好，后患无穷，欺骗国家，欺骗人民，甚至可以说是犯罪的行为。我们要向这些企业大喝一声，这种状况必须改变了，不然你就要被淘汰。要强调做到"预防第一"，把质量检查的重点，由"事后把关"转到"事先控制"，建立一整套科学的保证体系，通过检查和管理，找出提高质量的途径。

提高产品质量的困难是有的，问题也不少。工交战线各级领导干部要深入调查研究，切切实实帮助基层解决他们自己不能解决的问题。

各生产主管部门，计划、财政、物价、物资、劳动等部门，要分别制定鼓励企业提高产品质量、增加品种的规定和办法，使提高产品质量同企业和个人的利益结合起来。如优质优价、择优供应以及奖惩办法，等等。各省、自治区、直辖市有关部门也要制定一些办法，进行试点，充分调动企业提高产品质量和增加品种的积极性。总之，为了实现质量第一，上层建筑应该适应企业提高产品质量的要求。那些阻碍产品质量提高的规章制度必须从根本上进行改革。

在今年的"质量月"活动中，国家要对优质产品授予金质奖和银质奖，这是国家的一项重要鼓励政策，是给予生产优质品的企业和个人的崇高荣誉。我们要在全国的厂矿企业中，造成一个"生产优质产品光荣，生产劣质产品可耻”的社会风气，像马恒昌小组、郝建秀小组和毛信贤等先进班组和个人那样，始终坚持质量第一，生产的产品让国家信得过、人民信得过。我们一定要坚持不懈地动员和组织全体职工努力做到这一点，如果连这一点也做不到，作为企业来说，就算不上是社会主义企业，作为个人来说，也谈不上是国家的主人翁。

今年工业增长速度能不能达到要求，财政上交任务能不能完成，在很大程度上取决于产品质量的提高和消耗的降低。我们再也不能干那种不顾产品质量，不顾市场需要，单纯追求产量、产值的蠢事了。我们要认真贯彻调整、改革、整顿、提高的方针，把提高产品质量同增产节约结合起来，把计划调节和市场调节结合起来，大力增产那些适销对路、市场需要、群众欢迎、生产建设急需的优质产品，在提高质量、降低消耗的前提下，保证完成国家计划。这是今年“质量月”的主攻方向，也是今后必须长期坚持的方针。让我们进一步动员起来，努力提高产品质量，迎接国庆30周年。

全国人大常委会副委员长姬鹏飞在北京会见南斯拉夫科普里电视台记录节目主编斯达林·洛扎诺夫斯基率领的南斯拉夫电视摄影组并接受电视采访

中国建筑工程公司同也门工程部在萨那签订由中国承包修建也门国际会议大厦的设计合同

这项工程是中国在也门承包的第一项大型项目，总建筑面积达60000多平方米，其中包括会议大厦，一个影剧院、一座大型旅馆、一座国宾馆，还有广场、直升机停机坪、游泳池、网球场等。工程将于明年上半年签订施工合同之后开始动工。

《民主与法制》月刊在上海出版

新华社报道，上海市法学学会和华东政法学院联合创办的政治法律综合性刊物《民主与法制》，已在上海出版。

《民主与法制》为月刊。创刊号上，发表了中共上海市市委书记夏征农的题为《民主、法制与四项基本原则》的文章；还发表了史良、费孝通、王芸生等知名人士的文章。《民主与法制》辟有“大家议论”、“法律顾问”专栏，发表群众的建议、批评以及解答群众提出的有关法律方面的问题。

第四届全运会马拉松赛在呼和浩特举行

云南选手许亮获得第1名，他用2小时21分17秒的时间跑完42公里195米的全程。

第2名是黄泽文（云南）。第3名是彭家政（云南）。第4名至第6名依次是：方嫩顺（安徽）、李正中（云南）、熊小文（江西）。

9月3日

国务院财经委员会组织大规模经济问题调查研究

新华社报道，不久前，国务院财经委员会召集党中央和国务院有关财经部门的负责同志和经济理论界的同志开会。李先念、薄一波、姚依林同志到会。李先念同志作了重要讲话。他指出：没有调查就没有发言权，没有调查研究就不能作出正确的决策。对于这次大规模的、有组织、有计划、有重点的调查研究，党中央和国务院寄予很大的希望。请各个部门、各个地方都重视起来，大力支持。做理论工作的同志，做实际工作的同志，要密切配合，认真把这项工作抓好。特别是做实际工作的各经济部门的领导同志，要切实负起责任来。下决心抓它几个月，抓它一年、两年，一定能够抓出成绩来。

这次调查研究，是落实党的十一届三中全会和五届人大二次会议精神的一项重大措施。它要同三年调整计划的制订和贯彻结合起来，同第六个五年计划的制订结合起来，为三年调整和第六个五年计划服务，为社会主义现代化建设服务。它的直接目的，是通过做实际工作的同志和理论工作者的紧密结合和共同努力，全面地、深入地摸清我国经济情况，整理系统的材料，提出意见，为有关部门对一些重大问题进行决策时提供参考。

这项工作，在财经委员会直接领导下，分四个小组进行。

经济体制改革研究小组，首先将从企业入手，摸清企业内部以及外部生产、交换、分配、消费各个环节及其联系的情况，进而研究什么样的企业管理体制妨碍生产的发展，什么样的企业管理体制促进生产的发展，并且围绕企业管理体制问题，调查研究计划体制、物资体制、商业体制、物价体制、劳动工资体制等问题。

经济结构研究小组，重点是研究农轻重的比例关系问题。重工业要为农业、轻工业服务。要协调重工业内部的比例关系，使之适应于国民经济各部门发展的需要。要调查研究积累和消费的比例关系，以及产业结构、技术结构、经济组织结构、所有制结构、产品结构、就业结构、投资结构、地区结构和城乡结构等方面的问题。

技术引进研究小组，将研究如何更有成效地利用外资、引进外国技术、设备和经营管理经验。重点是研究如何通过引进和学习外国先进经验，来改造我国的现有企业，提高现有企业的生产水平、技术水平和管理水平，使它一步步地现代化。这个组已经设立联络中心，具体拟定了调查研究的范围和题目。

经济理论与方法问题研究小组，准备着重研究社会主义经济目标理论，就是说，要从最终产品出发来计划和安排整个社会的生产，并以是否做到在可能的范围内最大限度地增产最终产品作为衡量整个社会经济工作成绩好坏的根本标准。与此相关，这个组还将研究社会主义计划理论、市场理论、生产调节理论、社会主义制度下劳动就业与人口理论，和经济学研究、经济工作中方法方面的一些问题。这个小组还准备开办经济学讲座，首先是讲解国外经济学的一些问题，并进行课堂提问和讨论。参加调查研究的同志和其他作经济工作的同志都可以自愿参加。

除这四个小组外，工、交、财、贸、农、林、水利等各部，也相应成立调查研究组，由各有关部的负责同志亲自参加和领导，针对本部门存在的问题进行调查研究。

近期，各组将派人分赴部分省、市，在当地党委领导下，进行有重点的调查研究。一些省、市的领导机关和有关部门，对这项工作很重视，不仅给予热情的支持，并且也将根据本地区的实际情况，开展经济问题的调查研究工作。

煤炭工业在国民经济调整中采用新技术采煤效率提高

《人民日报》报道，煤炭工业战线在贯彻落实国民经济调整、改革、整顿、提高"八字方针"中，积极采用新技术，综合机械化采煤效率有了较大提高。

今年上半年，全国统配煤矿综采的总产量比去年同期增长42.7%，比去年下半年增长16%。全国进口综机工作面平均月产量达到3.06万吨，比去年下半年提高9%，效率达到每工12.492吨，比去年下半年提高27%。主要材料消耗普遍比去年下降。

综合机械化采煤是当前煤炭工业新的技术，从落煤、运煤和支护都采用机械化。综合机械化采煤，工人操作安全，劳动强度低，劳动效率比普通机采高1倍，比炮采高两倍。我国是1974年开始在煤矿采用这种新技术的，粉碎"四人帮"以后，发展较快。目前全国已有40多个煤矿部分采用了这种新技术。

加强对综采设备工作面的领导，是综采工作面增产的重要原因。今年以来，煤炭部先后组织60多人，分别到开滦、徐州、大同、阳泉等矿务局蹲点，调查研究，帮助解决问题。徐州矿务局主要领导干部亲自抓综采。这个局8套综机使用了6套，5个综采队达到了等级队水平，工作面平均月产达到4.1万吨，工效达到16.9吨，在全国名列前茅。

许多矿还加强了综机的管理工作。今年，煤炭部制定了《综采设备管理细则》《综采设备完好标准》等，抓了定员、定额、定岗位，实行班检修、日检修、周检修、月检修设备的制度，初步改变了过去那种无章可循，无标准可依，管理混乱的状况，设备质量有了好转，消耗有所降低，各种事故也大大减少。

当前，综机采煤发展还不平衡，特别是有些重点矿务局对综采管理和使用情况不好，有的劳动效率低，有的使用率低，有的甚至将进口综采设备露天堆放，长期不用。煤炭工业部最近在鸡西矿务局召开了采煤机械化工作会议，对综合机械化采煤专门作了研究，并制定了具体措施，要求进一步把现有50多套综采设备用好，特别是要求综机设备较多的开滦、大同、平顶山、阳泉等大矿，下决心限期搞上去。

国务院副总理方毅在北京会见美国华盛顿大学电机及计算机工程系教授赵鉴芳和夫人赵玛丽以及他们的子女

中联部部长姬鹏飞在北京会见并宴请由助理总书记特奥多罗·佩特科夫率领的委内瑞拉争取社会主义运动代表团

9月4日

国务院副总理邓小平在北京会见联合国开发计划署署长布雷德福·莫尔斯一行

全国人大常委会副委员长邓颖超在北京会见日本松山芭蕾舞团团长清水正夫一行

全国人大常委会副委员长姬鹏飞在北京会见以尼日尔外交和合作部副秘书长马哈曼·萨尼·巴科为团长的尼日尔友好代表团

中科院院长方毅在北京会见美国普渡大学教授傅京孙

北京—广州—马尼拉首次通航

中国民航的一架波音—707喷气式客机，上午从首都机场起飞，经广州飞往菲律宾的首都马尼拉。

北京—马尼拉定期航线是根据7月中菲民用航空运输协定开辟的。从今天起，中国民航的班机将每周两次从北京经广州飞到马尼拉。菲律宾航空公司于上月开辟了马尼拉—北京的定期航班。

中国民航北京管理局局长徐柏龄和民航总局国际局副局长卢瑞令等有关方面负责人，乘首航机专程前往马尼拉参加庆祝活动。在这次班机旅客中还有非驻华使馆的官员等。

9月5日

中组部在北京召开全国组织工作座谈会

9月5日至10月7日，中共中央组织部召开座谈会，紧紧围绕四个现代化这个中心，充分讨论了新时期党的组织路线，研究了组织工作如何适应和保证党的工作着重点的转移，推动四个现代化的进程问题。会议提出，要把加强领导班子建设、培养选拔中年、青年干部，改革干部制度，作为最迫切的任务来抓。

参加座谈会的同志，经过反复讨论修改，拟出了关于加强领导班子建设、干部制度改革、善始善终地搞好落实干部政策工作、加强干部教育以及加强党员教育，健全党的组织生活等文件。

座谈会是经中共中央批准，在中央的直接领导下召开的。参加座谈会的有各省、自治区、直辖市党委组织部部长或副部长、党中央机关和国家机关的负责同志，以及一部分地委、县委、厂矿企业和大专院校的负责同志，共280多人。

中共中央政治局委员胡耀邦在会上作了重要讲话。

胡耀邦同志讲了党的思想路线、政治路线和组织路线问题。他说，什么是我们党的思想路线？叶剑英同志《在庆祝中华人民共和国成立30周年大会上的讲话》中指出："我们党在毛泽东同志领导下，经过长期的革命实践特别是延安整风，在全党确立了一条辩证唯物主义的思想路线。这就是一切从实际出发，实事求是，理论联系实际。"简单地说，就是四个大字：实事求是。什么是党的政治路线呢？叶剑英同志在这次讲话中也讲了："现在我们的任务，就是团结全国各族人民，调动一切积极因素，同心同德，鼓足干劲，力争上游，多快好省地建设现代化的社会主义强国。"这就是我们党的政治路线。简单地说，叫作实现四个现代化，就是搞四化。我们党在新时期的组织路线，应当是使党的组织工作、干部工作能够促进和确保四个现代化的实现。

胡耀邦同志还传达了邓小平同志有关组织工作的一些极重要的意见。邓小平同志最近指出：党的组织工作上一些与四个现代化密切相关的问题，要准备花三年左右的时间加以解决。组织工作方面要解决的问题，不能在全党用搞政治运动的办法来解决。今后再也不用这种办法了。搞好经济工作，实现四个现代化是最大的政治，更确切地说，是压倒一切的政治任务。宣传工作、统战工作、组织工作、纪律检查工作，都要围绕全党的中心工作，都要结合实现四个现代化来做。这个思想，全党应该很好地理解和掌握。

胡耀邦同志说，新时期组织工作的重点，用一句话来概括，就是要提高全党同志实现四个现代化的坚定性、积极性和创造性。他要求组织部门同宣传部门密切配合抓思想教育，当前要把叶剑英同志的这次讲话学习好，把真理标准问题的讨论搞好。要经常不断地搞好党风，严肃党纪。这是组织部门的一项很重要的工作。在谈到领导班子时，胡耀邦同志指出，最大的一件事，就是要特别精心选拔和培养一大批年富力强的各级领导班子的接班人。他说，选拔一大批年富力强的，符合叶剑英同志讲话中提出的三个条件的干部，是我们党中央的一个重大决策，是组织工作上一个首要的任务，这个任务具有深远的意义。各级党委都要找出具体落实的办法。组织部门的同志，要非常关心和熟悉干部，要把干部的情况装在脑子里。

胡耀邦同志在讲话中还强调，组织部门的干部，要从严要求自己，在党性方面能够起模范作用。这是我们党几十年来选择组织部门干部的一个重要标准。希望同志们要经常对自己、对自己的部门提出严要求、高标准，作为搞好工作的一个最基本的条件。

中共中央组织部部长宋任穷在座谈会开始时讲了话，结束时作了总结发言。他在总结发言中，主要谈了组织工作的任务。他说，组织工作要紧紧围绕现代化建设这个中心，为这个中心服务。这就要求做组织工作的同志，特别是领导同志，一是要从思想上提高认识，把我们的工作真正转移到四个现代化建设上来。头脑中要装着经济建设，工作上要服务于经济建设，作风上要适应经济建设，做一个献身"四化"的实干家。二是要把组织工作做到经济建设中去，促进和确保经济建设任务的完成。组织部门的每项工作，都要从有利于经济建设出发，从有利于四个现代化出发。三是做组织工作的同志要深入到经济建设第一线，做调查研究，了解情况，解决问题。四是组织部门的同志要学习科学技术，经营管理方面的知识，使组织工作更好地为四个现代化服务。

宋任穷同志在总结中，集中大家的意见，对这次座谈会上讨论的几个问题，作了说明。

关于接班人问题，他说，现在党中央把接班人问题提到全党面前，时机是很好的。解决接班人问题，是一个战略任务。各级组织部门，要在党委领导下，把大批经过实践考验，得到群众拥护的年富力强的优秀干部提拔到领导岗位上来，在老一辈干部的帮助和带领下，在群众的监督下，把我们各项事业的领导责任担当起来。为此，要采取切实有效的组织措施。关键有三条，就是大胆提拔使用中年干部；大力培养选拔青年干部；

充分发挥老干部的骨干作用，搞好传帮带。老干部是党和国家的宝贵财富，承担着培养选拔接班人的光荣使命。要依靠老干部把中青年干部选准选好。选配中青年干部进入领导班子，各级应有不同要求。培养选拔干部，必须有计划有步骤地进行，决心要大，步骤要稳，决不要搞突击。

关于领导班子建设问题，宋任穷同志说，要坚持德才兼备的用人标准。当前，按照叶剑英同志的讲话，对各级领导干部要特别强调三条：一是坚决拥护党的政治路线和思想路线；二是大公无私，严守法纪，坚持党性，根绝派性；三是有强烈的革命事业心和政治责任心，有胜任工作的业务能力。宋任穷同志说，在领导班子建设上至关重要的是进一步端正思想路线和政治路线。对那些献身四化，思想解放，工作有成绩的优秀干部，要表扬他们，重用他们；对极少数拒不执行党的路线、坚持闹派性、革命事业心和政治责任心严重衰退的干部，要采取必要的组织措施。

宋任穷同志在总结发言中特别指出，老一辈干部在长期的革命和建设中，作出了重大贡献。在“文化大革命”期间，他们对林彪、“四人帮”的倒行逆施进行了坚决的抵制和斗争。粉碎“四人帮”以后，他们勇于拨乱反正，对于稳定局势，扭转乾坤，顺利地贯彻党在新时期的路线、方针和政策，起了极其重要的作用。在新长征中，他们仍然是各级领导班子中的骨干，是带头人，必须继续充分发挥他们的作用。对年老体弱、不能坚持正常工作，以及丧失工作能力的同志，都要作妥善安排。要树立尊重老干部，向老干部学习的好风气。

关于干部制度改革问题，宋任穷同志说，我们党在长期斗争中形成了一整套识别干部、使用干部、管理干部和爱护干部的制度，从组织上保证了党的政治任务的实现。但是，随着我国主要矛盾的变化和党的工作重心的转移，我们干部制度中不适应四个现代化的部分，日益显露出来。我们必须按照党中央关于改革干部制度的指示，改变干部队伍的结构，改革干部制度，建立和完善对干部的选举、考试、考核、监督、奖惩、罢免、轮换、交流和退休等制度。只要立志改革，态度坚决，步子稳妥，我们一定可以搞出一套适合“四化”需要，适合我国国情的新的干部制度。

宋任穷同志在总结中强调，培训干部已成为当务之急。他说，我们必须大规模地组织干部进行重新学习，使广大干部通过边学边干，增长新的知识，学会新的本领，逐步适应“四化”建设的要求。他建议，从现在起，用三五年时间，各地方各单位把自己管理的干部普遍轮训一遍。对干部教育的方针和内容，要进行必要的改革，努力培养造就一支懂得党在新时期的路线方针，熟悉本行业务，富有创造精神，善于联系群众的干部队伍，培养造就一大批精通本行专业的人才。

宋任穷同志还指出，现有的科学技术干部，担负着我国实现四个现代化，赶上和超过世界科学技术先进水平的重要使命，要充分发挥他们的作用。对他们要精心培养，正确使用，做到人尽其才，才尽其用。要进一步落实好知识分子政策，对他们工作、生活中的实际困难，要认真加以解决。

关于加强党员教育健全党的组织生活问题，宋任穷同志说，加强党员教育，特别是加强对“文化大革命”中入党的新党员（他们占现有党员总数的一半）的教育，是件十分迫切的事情，要花大力气把这件事情做好，用二三年时间把党员普遍轮训一遍。关于党员教育的内容，主要有四个方面：一、实践是检验真理标准问题的学习和讨论；二、共产主义伟大理想和新时期的形势与任务；三、社会主义民主和法制；四、继承和发扬党的优良传统。要健全党的组织生活，严格执行民主集中制原则，开展批评与自我批评，使党的优良传统和作风更好地恢复和发扬起来。

宋任穷同志在总结发言的最后部分，谈了组织部门的自身建设问题。他说，思想建设是加强组织部门建设的根本问题。思想建设首先是解决好思想路线问题。从中央组织部到各级组织部门，都要普遍深入地开展关于真理标准问题的学习和讨论，结合批判林彪、“四人帮”的极左路线，继续破除两个“凡是”，使我们进一步解放思想，促进各项工作。各级组织部门的主要领导干部，要在学习和讨论中旗帜鲜明，带头解放思想。组织部门干部还必须认真学习马列主义、毛泽东思想，学党的建设理论，学经济，学科学，学组织工作业务。当前，要认真学习叶剑英同志《在庆祝中华人民共和国成立30周年大会上的讲话》。通过学习，统一思想，统一行动，更加紧密地团结在党中央周围，做解放思想的促进派，做安定团结的促进派，做四个现代化的促进派。

全国人大常委会副委员长谭震林在北京会见由团长切萨雷·梅里尼教授率领的意大利国际事务研究所代表团

北大附中应届毕业生黄帅接到北京工业大学新生录取通知书

在今年的高考中，理工科考生黄帅的成绩总分为322.5分，符合北京市规定的录取分数标准。体格检查也符合录取条件。但是由于“四人帮”曾利用她的来信和日记摘抄在教育战线制造混乱，这次是否录取她，存在着两种不同的意见。有些同志认为，不应该录取她，理由是：《一个小学生的来信和日记摘抄》在教育战线造成的危害很大,她错误严重。另一些同志认为,应该录取她,理由是:"四人帮"利用《一个小学生的来信和日记摘抄》事件,既破坏了教育,又坑害了学生,后果的确很坏。但是,黄帅当时只有12岁,是被利用的,她实际上也是一个受害者。而且,粉碎"四人帮"以后,她对自己的错误有一定的认识,能够和"四人帮"划清界限,在大是大非问题上态度明朗。

北京市有关部门对上述两种不同的意见进行了讨论,并对黄帅本人在校表现作了调查研究,认为按照本人表现和党的政策,对她不应歧视,应和其他考生同等对待。北京工业大学根据她的考试成绩和志愿,决定予以录取。

第四届全运会体育展览在北京首都体育馆开幕

这次体育展览是为庆祝中华人民共和国成立30周年而举办的,共展出体育照片400多幅,奖杯75个,奖章135枚,以及体育服装、体育器材100多种900多件。整个展览反映出新中国成立30年来,我国体育战线在党和政府的关怀下,新人辈出,兴旺发达,取得了很大成就。

首都体育馆北休息大厅,展出的24个版390多幅照片,分别介绍了我国各运动项目的情况和取得的成绩,介绍了在我国体育事业发展中作出过贡献的优秀运动员、教练员、体育教师和科研人员。

这里展出的奖杯、奖章中,有我国运动员在世界乒乓球比赛中赢得的考比伦杯、吉盖斯特杯、波普杯、兹·赫杜赛克杯,有我国运动员在第七届、第八届亚运会和新兴力量运动会上赢得的部分金牌等。前些年,由于林彪、"四人帮"的破坏,致使一些奖杯奖章遭抢遭砸,有的奖杯、奖章遗失,这次展出的是幸存的一部分。这个体育展览准备长期展出。

邓拓追悼会在北京八宝山革命公墓礼堂举行

中国共产党的优秀党员、忠诚的无产阶级革命战士、原中共中央华北局候补书记、原中共北京市委书记处书记邓拓,因受林彪、"四人帮"和他们那个顾问的迫害,于1966年5月18日含冤逝世,终年54岁。

叶剑英、邓小平、李先念、陈云、王震、乌兰夫、吴德、胡耀邦、耿飚、聂荣臻、倪志福、彭真、廖承志、萧劲光、谷牧、薄一波、姚依林、沈雁冰、张冲、刘澜涛、陆定一、王昆仑、林乎加、贾庭三等同志送了花圈。中共中央办公厅、中共中央组织部、中共中央宣传部、中央党校、人民日报社、新华社、教育部、文化部、中国社会科学院、中共福建省委和福州市委、中共河北省委和省革委会,中共北京市委和市革委会,政协北京市委员会也送了花圈。

李先念、胡耀邦、彭真、薄一波、姚依林、刘澜涛、王昆仑等同志参加了追悼会。

参加追悼会的还有,中共中央和国务院各有关部门、各群众团体、中共北京市委和市革委会的负责人,邓拓同志生前友好,首都新闻界以及各界人士和群众代表,共1000多人。

追悼会由胡耀邦同志主持,中共北京市委第一书记林乎加致悼词。

追悼会后,邓拓同志的骨灰盒安放在八宝山革命公墓。

邓拓同志是福建闽侯县人。他青年时代就献身革命,1930年参加左翼社会科学家联盟,同年加入中国共产党。1944年,在晋察冀中央局领导下,邓拓同志主持编辑印刷的《毛泽东选集》,是中国出版的第一部毛泽东同志的选集,在当时对毛泽东思想的传播起了很大的作用。北京解放后任中共北京市委政策研究室主任、宣传部部长,1950年任《人民日报》总编辑、社长,1958年调任北京市委书记处书记,主管文教工作,同时负责主编北京市委理论刊物《前线》。1960年起,他兼任中共中央华北局书记处候补书记。1955年他被中国科学院聘为中国社会科学部学部委员、中国历史研究所学术委员。邓拓同志的《燕山夜话》和《三家村札记》等杂文是较好的随笔作品。他是中国共产党第八次全国代表大会代表,第一、二、三届全国人民代表大会代表,中国人民政治协商会议第一届全体会议代表,中国新闻工作者协会主席。

9月6日

国务院副总理邓小平和全国人大常委会副委员长乌兰夫在北京天桥剧场观看泰国文化团演出

邓小平副总理和乌兰夫副委员长一起,观看了泰国艺术家演出的6个别具一格的古典舞剧、哑剧片断和富有生活气息的民间舞蹈。他们在演出休息时亲切地会见了团长、艺术厅厅长德初·萨瓦那暖、副团长他·社那纳隆和6位主要演员。

邓小平副总理对泰国朋友说:"你们的演出很精彩。欢迎你们带来了泰国人民的友情。加强友好往来对发展两国人民的友谊非常重要。"德初团长说:"我们这次挑选了最优秀的演员来华演出,把泰国艺术带到了中国。"

出席观看演出的还有:文化部副部长刘复之、姚仲明,外交部副部长张海峰,北京市革命委员会副主任郭献瑞等;泰国驻中国大使沙贡·瓦纳比沙和夫人以及其他在京的泰国朋友。

演出结束,邓小平副总理和乌兰夫副委员长等走上舞台,同演员们热情握手,祝贺他们演出成功。

《人民日报》发表评论员文章《引以为戒》

《"砍尾巴"的教训》一文,用铁的事实告诉人们,把集体所有制商业服务业当作资本主义尾巴来砍,会造成多么严重的恶果!其实,何止北京一地,在其他一些城市,无论是集体商业集体工业,还是农村集体副业,都曾遭受过"砍尾巴"的灾害。这主要是林彪、"四人帮"极左路线造成的。痛定思痛,我们应该认真从中吸取教训了。

集体经济不是资本主义的尾巴,相反,它是社会主义经济的重要组成部分。这个观点,现在已为越来越多的同志深刻认识了。但是,也有一些同志仍然认为,集体经济落后于国营经济,因而对集体经济不热心,不支持;或者认为今天发展集体经济,只是安排就业的权宜之计,因而马虎凑合,敷衍了事。有的同志甚至对集体经济刁难、排挤、打击。这些情况表明,极左思潮的影响是不可能一下子完全肃清的,我们不能等闲视之。

10年间,林彪、"四人帮"煽起的那个"砍尾巴"运动,为什么能够风靡全国?一个重要原因,就是打出了早日向国营经济过渡的"左"字旗号,以革命辞藻迷惑了我们许多好心的同志。这一点,是很值得我们深思,引以为戒的。

马克思主义的基本原则是实事求是,对具体事物进行具体分析。衡量集体所有制经济是否先进,不能从抽象的定义出发,更不能从林彪、"四人帮"的极左词句中找根据,而要看它是否适应我国的生产力,是否有利于国民经济的发展。北京市过去砍集体商业服务业的教训,以及近年来积极恢复和发展的经验,从正反两个方面作出了回答:集体经济不仅应该办,而且在不少方面具有明显的优越性,很值得国营经济借鉴。集体经济是公有制,没有雇佣劳动剥削,有何资本主义可言?它坚持独立核算,自负盈亏,按劳分配,多劳多得,可以避免吃"大锅饭"、端"铁饭碗"的弊病,能够充分调动职工的积极性,推动经济事业的发展。太原泡沫塑料厂的产品行销十多个国家和地区,合肥锅炉厂的锅炉,远销全国大部分省、自治区、直辖市,就是两个很有说服力的例子。这种对国家、集体和人民群众都有利的经济形态,怎么能说是落后呢?过去,硬让它向国营经济过渡,实际上摧残了集体经济,也就破坏了国民经济。这个苦果,我们已经吃够了。现在,应该从极左思潮影响的束缚中彻底解放出来,大力发展集体经济,把它作为加速实现"四化"的一项战略措施认真抓好。

北京市过去砍集体商业服务业的另一条理由是,那些集体所有制商店一般规模较小,不便管理,于是纷纷合并成大的国营商店,使商店由"小、密、多"变成了"大、稀、少"。这也是值得吸取的一个教训。大城市里,不可以没有大商店,也不可以没有小商店。不能只追求形式,搞"一刀切"。应该从实际出发,大、中、小结合,小店要更多一些。有不少时鲜商品,在大商店里经营,中转环节太多,管理不方便,还容易造成霉烂损失。商店太少太集中,也必然给群众生活带来许多不便。因此,在积极发展国营商店的同时,多办一些灵活便民的集体所有制小商店,同时允许某些行业由个体经营,这是广大群众迫切需要的。

集体经济和国营经济是社会主义经济的两条腿。过去,硬把集体经济当作资本主义的尾巴来砍,结果砍伤了一条腿,影响到经济基础。这个教训是极其深刻的,已经付出了高昂的代价。前事不忘,后事之师。我们应该从历史的教训中吸取有益的经验。

国务院副总理谷牧在东京举行记者招待会

谷牧副总理在东京记者招待会上说:"中国建设所需资金主要依靠自力更生,但也将引进外资。只要不妨碍我国主权,条件适当,我们将接受所有友好国家的贷款,也准备参加联合国金融组织,接受世界银行等机构的贷款。"

他说:"有些朋友担心中国的政局是否能长期稳定,怕再出现'强烈的政治意识时代',把现代化冲掉。我们认为,这种可能性已不存在。根本原因,是广大人民反对动荡,要求安定,一心一意把经济搞上去。"

谷牧副总理在记者招待会上发表的谈话中,强调指出了中日两国从各方面加强和发展友好关系的重大意义。他说:"发展这种友好合作,是两国的共同需要,对两国人民都很有利,对反对霸权主义和维护世界和平的事业也很有利。""有了一个经济发达、技术先进的日本,再加上一个逐步强大起来的现代化的中国,并且同亚洲、太平洋地区其他友好国家亲密合作,整个东方局势的稳定就有基本保证,这个力量,对于世界局势的稳定,决不是无足轻重的。"

谷牧在讲到中国经济调整会不会影响到外国技术的引进和外国资金的利用时说:"这个问题并不存在。因为调整经济是为了今后加快现代化的步伐,引进外国技术和利用外资也是为了这个目的,两者并不矛盾,而是相辅相成的。"

他说:"开发大陆架石油是当前一项紧迫任务。中国勘探开发公司已先后同美、英、法、意等国签订了一些勘探协议,在我国南黄海、南海地区进行工作。日本石油财团也已参与。渤海石油的勘探正在商谈中。在将来开发时,中国和日、美等国进行合作,是可以讨论研究的。"

谷牧副总理讲话后,在回答日本记者提出的问题时说:"中国决定在接近港澳地区的深圳市和珠海市设立两个特区,欢迎港澳同胞以及外国朋友到这些地方合资也好、独自经营也好,开办各种企业事业。对这两个特区的经营管理,我们将采取比内陆地区较为开放一些的办法。"

谷牧说:"关于钓鱼岛的联合开发问题,我国已经多次表示过态度。钓鱼岛的主权问题,是清楚的,从来就是我国的领土。但考虑到联合开发石油,主权问题可以暂时挂起来。让我们的后代去解决。我们首先动起手来开发这一地区石油资源,这对双方都有利。"

中联部部长姬鹏飞在北京设宴欢迎以政治局委员党中央装备与基建委员会主席卡保什什·特·格拉蒂安为团长的贝宁人民革命党代表团

全国人大常委会副委员长姬鹏飞会见以罗伯特·贝尼特先生为团长的美国电视界负责人代表团全体成员和他们的夫人

外交部部长黄华在人民大会堂举行宴会欢迎英国前首相爱德华·希思先生和他的随行人员

英国驻中国大使柯利达也应邀出席了宴会。

黄华外长在宴会上首先祝酒。他说,能又有机会同希思先生就共同关心的问题进行晤谈、交换看法是很高兴的。他称赞希思先生对世界稳定和欧洲安全问题的清醒估计。他说:"希思先生对欧洲团结自强的有远见的主张,在欧洲、在国际上得到越来越多的人理解和支持。"

黄华外长赞扬希思先生任首相期间为发展中英两国关系所作出的努力。他说:"华国锋总理不久即将去英国访问,这是我们两国关系中的一件大事,将为中英关系打开新的、更加广阔的发展前景。"

希思先生在祝酒时说:"我们欧洲人听说华国锋主席要去欧洲访问,都感到很高兴。"他指出:"英中两国关系是非常良好的。"在谈到国际形势时,希思先生指出:"由于两个超级大国的力量不平衡,对世界和平的威胁日益严重。同时,世界资本主义国家的经济也正在日益衰退。"

9月7日

国务院总理华国锋在北京会见英国前首相爱德华·希思先生

华国锋总理在会见希思先生时说:"我希望,我即将对西欧国家的访问,能增强相互了解,促进彼此友谊,加强合作关系。"他说:"我们重视同西欧国家发展关系。"

希思先生对华国锋总理说:"我们欧洲人知道你希望有一个强大的欧洲,很受鼓舞。"华国锋总理说:"没有一个强大的、团结的欧洲,就很难对付苏联社会帝国主义的侵略。"

华国锋向希思重申了我国反对霸权主义、维护世界和平,争取一个和平、稳定的国际环境来建设自己国家的基本立场。他们的谈话还涉及广泛的国际问题和我国国内建设的情况。

英国驻中国大使柯利达和希思先生的随行人员参加了会见。会见时,我外交部副部长章文晋、部长助理宋之光在座。

国务院副总理方毅在北京会见以福特基金会执行副会长戴维·贝尔为团长的美国福特基金会代表团

全国人大常委会副委员长谭震林在北京会见贝宁人民对外友好团结委员会代表团

国务院副总理王震 全国人大常委会副委员长姬鹏飞应邀出席庆祝朝鲜民主主义人民共和国成立三十一周年招待会

解放军三总部联合发出通知要求全军发扬拥政爱民光荣传统积极参加和支援现代化建设

通知指出,参加和支援社会主义现代化建设,是新的历史时期赋予人民解放军的光荣任务。军队参加和支援社会主义现代化建设,对于加速实现我国工业、农业、国防和科学技术现代化,加强军队建设,密切军政军民关系,都具有重要意义。通知说,各部队要根据所担负任务的情况,按照上级统一规定的支援社会主义建设的劳动时间,进行统筹安排,作出规划。把支援重点放在农业方面,帮助社队发展生产。

通知指出,各部队参加和支援社会主义现代化建设的形式和内容,主要有以下几个方面:

一、定点挂钩,经常支援。驻农村的部队,要因地制宜与附近的社队挂钩。驻城市的部队可与营区周围的工厂、车站、码头、街道等单位或郊区生产队挂钩。挂钩点既是支援社会主义建设的点,又是开展群众工作的点。

二、重点工程,大力支援。对农田基本建设,城市重点建设项目,以及重要的大型工程,地方急需部队支援时,应报上级批准,集中兵力、集中时间进行支援。

三、农忙季节,及时支援。每年的农忙季节,部队应安排一定时间,不误农时地支援地方生产。每年植树造林季节，要组织部队积极参加地方的植树活动。

四、抢险救灾，全力支援。遇有各种重大的灾情、险情，应奋力抢救国家财产，保护人民生命安全。大力帮助群众恢复生产，重建家园。

五、发挥特长，技术支援。专业部(分)队，要发挥自己的技术专长，主动支援地方修理农机具、培训技术人员、进行人工降雨(雪)、护渔护海、架设线路等。部队的车辆、机械支援地方(除抢险救灾外)应按规定收费。

六、救死扶伤，医疗支援。部队医务工作人员，要树立全心全意为军民服务的思想，热情诊治驻地到营区求医的危急病人和重伤群众。各医疗单位要坚持派出医疗队。

七、宣传群众，学习人民。在做好人力、物力、技术支援的同时，要向群众宣传党的方针政策，进行形势战备教育，帮助学习文化和科学知识；虚心向人民群众学习。

八、派人参加工作队，帮助地方工作。根据党中央、中央军委的部署和省、自治区、直辖市党委的要求，作出具体计划，经上级批准，派出干部战士参加地方统一组织的工作队。省军区、军分区、人武部要根据地方党委的统一安排，积极参加地方中心工作。参加工作队的同志，要服从地方党委领导，尊重地方干部，模范地执行党的政策，发扬艰苦奋斗的革命精神，积极做好工作。

各部队在支援中，要积极做好民兵工作，充分发挥民兵在社会主义建设中的突击作用。通知强调，各级党委和政治机关要加强对部队参加和支援社会主义现代化建设的组织领导，抓好思想教育，切实作出成效。

傅鹰逝世

中国人民政治协商会议第五届全国委员会常务委员、中国科学院数理化学部委员、北京大学原副校长、杰出的化学教育家和著名的胶体化学专家傅鹰教授，身患重病，医治无效，于9月7日21时逝世，终年77岁。

傅鹰同志是福建省福州市人，早年留学美国攻读化学，1928年毕业于美国密执安大学研究院，获得科学博士学位。他抛弃了在美国的优厚待遇和良好的科研条件，1950年10月回到了新中国。回国后，他先后任教于北京大学、清华大学、北京石油学院，为祖国培养科技人才付出了巨大的劳动，对我国高等化学教育的发展作出了积极贡献。

傅鹰同志学术造诣很深，对胶体和表面化学的研究尤为突出，先后发表过数十篇学术论文，受到国际学术界的重视。

9月8日

全国第二次“质量月”广播电视大会在人民大会堂举行

国务院副总理李先念、余秋里、王震、方毅、康世恩、薄一波、姚依林，出席了大会。

荣获1979年度国家质量奖的各企业的代表，参加全国质量管理小组代表会议的部分代表，出席了大会。

以近藤良夫博士为团长的日本品质管理访华代表团也应邀出席广播电视大会。

大会由国家经委副主任袁宝华主持。

会上，国务院颁发了51项优质产品金质奖章和121项优质产品银质奖章。宣布了荣获国家质量奖的优质产品和生产这些产品的企业名单。荣获国家金质奖的50多个企业的代表，走上主席台接受了国家颁发的金质奖章和优质产品证书。大会同时向产品获得国家银质奖的单位发了奖。

康世恩副总理在会上讲了话。他首先代表国务院向荣获国家质量奖的先进单位的全体职工，向在质量管理工作中作出显著成绩的同志们致敬，并表示热烈的祝贺！

他说，去年9月开展的全国第一次“质量月”活动，对于加强质量管理的基础工作，整顿和提高产品质量，起了很大的作用。但我们应该看到，工作发展很不平衡。产品质量不高、结构性能落后，仍然是当前工交生产中的一个突出问题。

康世恩同志强调指出，提高产品质量，是贯彻“八字方针”、调整国民经济的一个重要内容，是企业各项工作的综合反映。他要求大家一定要把提高产品质量作为一项战略任务，持久地深入地长年累月地抓下去，一丝不苟，一抓到底。

荣获国家质量奖的代表、上海嘉丰棉纺厂党委书记梅寿椿，出席全国质量管理小组代表会议的代表、北京内燃机总厂柴油机车间曲轴一班班长安继宗，北京市第六建筑工程公司副经理张兴，相继在会上发了言。

出席今天大会的，还有国务院工交财贸各部、委、总局的负责人，北京市的负责人，以及有关机关、工厂的干部、工人，共3400多人。

全国工交战线各厂矿企业的广大干部、工人、工程技术人员和家属，收听、收看了今天的大会实况。

这个大会是由国家经委、中央广播事业局联合举办的。

金质奖产品名单

丰鹤牌4040纯棉府绸　上海嘉丰棉纺厂

丰年牌38支、46支纯棉精梳针织用纱　上海第五棉纺厂

冰山牌涤棉漂白细纺府绸　北京印染厂

荷花灯舞牌杂色灯芯绒　常州灯芯绒印染厂

鹦鹉牌84252全毛派力司　上海第十毛纺织厂

天鹅牌高级单面花呢　北京毛纺织厂

金三杯牌真丝印花绸　上海第七印绸厂

飞童牌53103人丝织锦缎　杭州织锦厂

梅花牌Z/27桑蚕丝　浙江嵊县丝厂

梅花牌S E桑蚕丝　山西阳城缫丝厂

梅花牌38支精梳棉毛运动衣　天津针织运动衣厂

天坛牌男衬衫　北京大华衬衫厂、北京衬衫厂

海螺牌男衬衫　上海第二衬衫厂

峨嵋牌FM–751型5.6毫米小口径射击比赛步枪　四川国营建设机床厂

红双喜牌乒乓球　上海乒乓球厂

友谊牌729反胶粒及乒乓球拍　天津橡胶研究所、天津市球拍厂

金杯牌手缝五号足球　天津利生体育用品厂

青花瓷器　江西景德镇人民瓷厂

釉下彩餐茶具　湖南醴陵群力瓷厂

风船牌羊毛栽绒地毯　天津市地毯公司

萧山花边　浙江萧山花边厂

红梅牌味精　沈阳市味精厂

白熊牌天然薄荷脑　上海新华香料厂、江苏南通薄荷油厂

宣纸　安徽泾县宣纸厂

茅台酒　贵州茅台酒厂

五粮液　四川宜宾五粮液酒厂

金奖白兰地　山东烟台葡萄酿酒厂

加饭酒　浙江绍兴酿酒厂

竹叶青酒　山西杏花村汾酒厂

乾白葡萄酒　河北沙城酒厂

茶花牌云南白药　云南白药厂

李时珍牌安宫牛黄丸　北京同仁堂制药厂

六神丸　上海中药一厂、苏州雷允上制药厂

盐酸四环素　上海第三制药厂

华佗牌针灸针　苏州医疗用品厂

3号喷气燃料　大连石油七厂

45号变压器油　新疆独山子炼油厂

红三角牌纯碱　天津碱厂

燕山牌顺丁橡胶　北京燕山石油化学总公司胜利化工厂

苯胺　南京化工厂

工联牌工业碳酸氢铵　大连化工厂

铁精矿粉　首都钢铁公司矿山公司、本溪钢铁公司南芬选矿厂、本溪钢铁公司

铸造生铁　首都钢铁公司炼铁厂

20g锅炉钢板　重庆钢铁公司大型厂

CH140高温合金冷轧钢板　抚顺钢厂

三角股钢丝绳　鞍山钢铁公司钢绳厂

精锡云南锡业公司第一冶炼厂、广西平桂矿务局西湾选炼厂

五羊牌水泥　广州水泥厂等厂

堡垒牌水泥　湖北华新水泥厂

ST系列单相交流发电机　福建闽东电机厂

直柄麻花钻头（φ2~φ13）　上海工具厂、成都量具刃具厂

银质奖产品名单

丹阳牌21支纯棉纱　江苏丹阳棉纺织厂

塔牌普梳纯棉宝塔线　辽宁瓦房店纺织厂

报春花牌4040精梳府绸　石家庄第二棉纺织厂

朝阳牌3036细布　江苏南通第二棉纺织厂

甜城牌1818粗布　四川内江棉纺织厂

迎春花牌65/2×65/2涤棉线绢　天津第五棉纺织厂

新光牌涤棉杂色细纺府绸　上海新光内衣染织厂

熊猫牌印花双面绒　青岛第二印染厂

水月牌2020杂色纱卡　常州东方红染厂

绿牡丹牌4040印花府绸　上海第五印染厂

蝴蝶牌色织中长涤粘花呢　无锡第五色织厂

菊花牌8004礼服呢　天津色织六厂

牧歌牌全毛啥味呢　天津第二毛纺织厂

鹦鹉牌V86501全毛单面华达呢　上海第五毛纺织厂

马踏飞燕牌02208短顺毛羊绒大衣呢　北京绒毯厂

金鸡牌JV薄型毛涤纶　无锡协新毛纺织厂

牧歌牌XA2201国毛华达呢　新疆八一毛纺厂

红梅牌特级210S/2绢丝　浙江嘉兴绢纺厂

飞童牌人丝花绡　苏州振亚丝织厂、苏州新苏丝织厂

凤凰牌62035织锦缎　杭州富强丝织厂

红玫瑰牌2300、2317柞丝鸭江绸　辽宁丹东丝绸一厂、旅大松树丝绸厂、丹东丝绸印染厂

厂字牌风景织锦　杭州织锦厂

鸳鸯牌7309满兰香彩格丝光印花床单　湖北沙市床单一厂

双船牌100S/2丝光缎档毛巾　上海毛巾二十三厂

天鹅牌粘胶人造丝　保定化纤厂

1.5±棉型粘胶纤维　上海第十二化纤厂

秋蝉牌42支男女汗衫背心　广州第六针织厂

冬梅牌女衬衫　北京衬衫厂
猪皮绒面服装革　浙江省海宁制革厂
白鸽牌微孔塑料拖鞋　福州第二塑料厂
青岛啤酒　青岛啤酒厂
大白兔奶糖　上海益民食品五厂
珠江牌豆豉鲮鱼、鲜炸鲮鱼罐头　广东罐头厂
水仙花牌香菇肉酱罐头　厦门罐头厂
双鱼牌乒乓球　广州乒乓球厂
鹦鹉牌手风琴　天津市乐器厂
高温色釉陈设瓷　江西景德镇建国瓷厂
中档厚胎餐具　湖南醴陵国光瓷厂
紫砂陶器　江苏宜兴紫砂工艺厂
荷花牌晶质刻花玻璃器皿　重庆北碚玻璃器皿厂
张小泉民用剪　浙江张小泉剪刀厂
北极星牌十五天报时木钟　山东烟台木钟厂
金鸡牌闹钟　天津钟表厂
808牌502型弹子抽屉锁　上海新兴锁厂
红玫瑰牌36公分红双喜搪瓷面盆　沈阳市搪瓷厂
蜂花牌檀香皂　上海制皂厂
虎头牌前校型手电筒　广州市电筒总厂
光学眼镜片　北京608厂
新闻纸　吉林造纸厂
凸版纸　锦州金城造纸厂
船牌电容器纸　浙江省民丰造纸厂
英雄牌100型金笔　上海英雄金笔厂
中华牌101绘图铅笔　上海中国铅笔一厂
超漆烟徽墨　安徽徽州墨厂
远字牌龟龄集　山西中药厂
荔枝牌片仔癀　福建漳州市制药厂
雪山牌五加参冲剂　哈尔滨中药一厂
长城牌藿香正气水　天津中药一厂
维生素C　北京制药厂、辽宁东北制药厂
红马牌盐酸麻黄素　内蒙赤峰制药厂、山西大同制药厂
注射用葡萄糖　重庆制药五厂、河北华北制药厂
46号防锈汽轮机油　兰州炼油厂
石油钻杆接头丝扣量规　宝鸡石油综合机械厂
17—99F聚乙烯醇　北京有机化工厂
联塔牌甲醇　吉林化学工业公司化肥厂
环己酮　湖南岳阳化工总厂锦纶厂
北京牌化学试剂(13种)　北京化工厂
建设牌阳离子染料艳兰RL　上海染料化工三厂
牡丹牌冰染染料色酚AS　吉林化学工业公司染料厂
红三角牌浓硝酸　南京化学工业公司氮肥厂
天工牌固体烧碱　天津化工厂
A106氨催化剂　南京化学工业公司催化剂厂
201产品　青海光明化工厂、四川火炬化工厂
752产品　江西星火化工厂、青海黎明化工厂、陕西红星化工厂
回力牌565长球鞋　上海胶鞋六厂
放电锰粉　湘潭锰矿
航空钢丝绳　天津第一钢丝绳厂
603高压钢板　鞍山钢铁公司半连续轧板厂
针布钢丝　上海第二钢铁厂
电磁纯铁　太原钢铁公司
黑钨精矿　江西浒坑钨矿、铁山垄钨矿、赣州精选厂
精镉　辽宁葫芦岛锌厂
海绵钛　抚顺铝厂
铝合金特殊管　黑龙江东北轻合金加工厂
钟山牌75℃油井水泥　江苏江南水泥厂
黄河牌水泥　济南水泥厂
钻石牌水磨石　北京市建材水磨石厂
工矿牌高碳石墨　山东南墅石墨矿
建设牌陶瓷锦砖　广东石湾建筑陶瓷厂
帆船牌松香　广西梧州松脂厂
洗精煤　抚顺矿务局龙凤矿选煤厂
工业瞬发电雷管　抚顺矿务局十一厂
KS—8型矿灯　浙江煤山矿灯厂
AS2—30型自动苏生器　抚顺煤矿安全仪器厂
HZWA型金属支柱　淮南煤矿机械厂
输电线路铁塔东北电业管理局　鞍山铁塔厂
ZX—50型插入式混凝土振动器　广东佛山振动器厂
运动3乙型运动伞　江苏国营宏光机械厂
航空牌YD—10液氮贮藏罐　河南国营豫新机械厂
膜盒式氢气净化器　四川国营清江仪表厂
RJJ—6.7型精密金属膜电阻器　四川广元县永新无线电器材厂
电视机用自动增益控制晶体管3DG79　江苏国营江南无线电器材厂
收音机用塑料封装硅高频小功率三极管3DG201　桂林无线电一厂
空间卫星用硅太阳能电池　四机部1418研究所
S195柴油机　常州柴油机厂、无锡县柴油机厂
518—12手扶拖拉机　沈阳市小型拖拉机厂
东风—12手扶拖拉机　常州拖拉机厂、无锡县拖拉机厂
东—75曲轴　河北承德曲轴连杆厂
L—5—35重型五铧犁　黑龙江省农业机械制造厂
261P(400P)废气涡轮增压器　无锡动力机厂
2BFA—二十四行施肥播种机　陕西省西安农业

机械厂

百分表 0—5M·M·、0—10M·M· 成都量具刃具厂、哈尔滨量具刃具厂、桂林量具刃具厂

BZ3 直流标准电阻 上海电表厂

SW 牌 D 1000084.F23 微型轴承 上海微型轴承厂

T4163 单柱坐标镗床 昆明机床厂

3BA-9 悬臂离心清水泵 广东佛山市水泵厂

CE7112 半自动仿形车床 宁夏长城机床厂

量块 0.5-100M·M 哈尔滨量具刃具厂

MZ12 型携带式成套实验室用电气测量仪表 哈尔滨电表仪器厂

HB-3000 型布氏、HV-120 型维氏、HR-150A 型洛氏硬度计 山东掖县材料试验机厂

1032 三聚氰胺醇酸漆 常州绝缘材料厂

全国人大常委会在人民大会堂设宴欢迎由参议院议长勒诺·拉普安特女士和众议院议长詹姆斯·杰罗姆率领的加拿大议会代表团

全国人大常委会副委员长乌兰夫、姬鹏飞出席宴会,并在宴会前会见代表团全体成员,同他们进行了友好的交谈。

乌兰夫副委员长在宴会上首先讲话。他代表叶剑英委员长、人大常委会和中国人民对代表团的来访表示热烈的欢迎。他说,1970 年中加建交以来,两国友好关系稳步发展,政治、经济、贸易、科技和文化等领域的交流和合作不断加强。两国领导人和社会各界人士,通过广泛的接触和互访,增进了相互了解和友谊。他相信,代表团这次来访,必将为进一步促进中加两国和两国人民的友好关系作出新的重要贡献。

乌兰夫副委员长说,中加两国都一贯奉行和平外交政策,为维护世界和平,发展各国人民之间的友好合作事业而努力。面对超级大国加紧争夺世界霸权,国际形势越来越动荡不定的严重局面,全世界一切爱好和平的国家和人民应该更加广泛地团结起来,为反对霸权主义,维护世界和平而努力。

杰罗姆议长在讲话时说,我们感到自豪的是,我们同中国政府建交已近十年。我们还感到自豪的是,在近十年中,我们两国大大地扩大了接触和联系,大大地发展了两国的贸易,扩大了教育、文化方面的交流。特别是近几年来,各方面的交往剧增,使我们感到高兴。

他说,毫无疑问,在这次访问中,我们将更多地了解中国,这将有益于增强我们之间的友谊。

加拿大驻中国大使明明德和夫人应邀出席了宴会。

出席宴会的还有:全国人大常委会委员王昆仑、胡愈之、杨秀峰、罗叔章、高克林、李瑞环,全国人大常委会副秘书长武新宇、罗青长、邢亦民,外交部副部长章文晋等。

国务院副总理康世恩在北京会见以京都大学工学博士近藤良夫为团长的日本品质管理访华代表团

全国人大常委会副委员长姬鹏飞在北京会见以北九州市议会议长吉田浩明为团长的日本日中友好北九州市议会议员联盟访华团

国务院副总理方毅在人民大会堂举行的座谈会上代表党中央国务院勉励早年归国科学家同心同德为实现四化做贡献

新华社报道,出席座谈会的有 50 年代从美国、日本等国回归祖国的科学家李恒德、王仁、杜连耀、王振通、许保玖、施士升、梅祖彦、钱宁、王明贞、刘源张、范亲弼、张斌、沙逸仙、陈荣耀、林同骥、关允庭、周坚、龚维瑶、林正仙、王恭业、虞俊、周同惠、梁晓天、宋振玉、俞启忠等人。

教育部部长蒋南翔、中国科学院副院长胡克实、国家科委副主任童大林和国务院科技干部局负责人黄葳等,也出席了座谈会。

座谈会上,科学家们怀着十分激动的心情,回忆当年毅然回归祖国,参加新中国社会主义建设事业的情景。大家还对进一步发展我国的科研、教育、经济建设等事业,提出了许多建议。

方毅同志在座谈会上讲了话。他说,中国留学生历来就有优良的传统,那就是热爱祖国。新中国成立后,50 年代、60 年代许多留学生抛弃了舒适方便的物质条件,满腔热情地回国参加建设。有不少人同当时的美国政府所实行的阻挠政策,进行了英勇不屈的斗争。这一切充分表现了中华儿女的民族气节,表现了爱国知识分子的骨气,表现了广大留学生对社会主义新中国的热爱。这是光荣的历史。林彪、"四人帮"肆意歪曲和颠倒历史,把爱国的正义的行动诬陷为卖国行为等等,制造了大量冤案、假案。现在,应当彻底恢复历史的本来面貌。海外留学生当年进行的爱国正义斗争,也应当载入我国人民革命斗争的史册,万古流芳。编写中国留学生史,这个时期的斗争应当占有重要的地位。对当年支持和援助我们留学生进行正义斗争的美国朋友和一切外国朋友,他们的真挚的友谊,中国人民也是永远不会忘记的。

方毅同志非常赞成科学家们表示的向前看的积极态度。他说,林彪、"四人帮"那种残酷迫害知识分子的情景,是不可能重演了。方毅同志说,华国锋同志、叶剑英同志、邓小平同志和中央其他领导同志都非常

关心大家。邓小平同志委托我来同大家见见面,谈谈心。我代表党中央、国务院,向受到迫害的科学家、教师、工程技术人员和一切知识分子,致以亲切的慰问。可惜的是,今天只能邀请很少一部分同志来参加会。特别是想起有些同志因为被残酷摧残,再也不能同我们一起交谈一起战斗了,我们的心情就十分激愤。但是,人民群众是会怀着感激的心情来怀念他们的。至于落实政策中的各种遗留问题,各级政府和各部门领导人有责任迅速地妥善地逐一解决。国务院科技干部局要协助进行检查、督促,有什么问题随时向党中央、国务院反映。

方毅同志最后说,早年回国的科学家对新中国的科学事业、教育事业、经济建设都作出了很大的贡献。他们是科技战线、教育战线上的带头人。希望大家在新的长征中,继续挑起这副光荣的担子。“长江后浪推前浪”,这是规律。青年人的迅速成长,是国家兴旺发达的标志。希望老一辈的科学家、教师、工程技术人员都来培养青年一代。你们都是国家的主人翁。你们同党、同人民同甘苦共患难已经几十年了。新中国的一切成就,都有你们的心血。希望大家同心同德,把四个现代化尽快搞上去。我国唐代著名的文学家王勃说过:“老当益壮,宁移白首之心;穷且益坚,不坠青云之志。”让我们用这两句话来共勉。

《长春》《雨花》等12家文艺期刊编辑人员在长春座谈交流办刊经验

新华社报道:12家省级文艺期刊编辑部的负责人和编辑人员最近在长春市举行座谈会,畅谈文艺界出现的好形势,探讨贯彻“双百”方针的问题和交流办好文艺期刊的经验。

这12家文艺期刊是,吉林的《长春》、江苏的《雨花》、陕西的《延河》、广东的《作品》、湖南的《湘江文艺》、上海的《上海文学》、安徽的《安徽文学》、黑龙江的《北方文学》、河南的《奔流》、辽宁的《鸭绿江》、湖北的《长江文艺》和浙江的《东海》。参加座谈会的共25人。

与会者认为,粉碎“四人帮”以后近3年来,特别是党的十一届三中全会以来,文艺界揭发批判林彪、“四人帮”推行的极左路线,落实党的知识分子政策,开展关于真理标准的讨论,澄清了一些路线上、理论上、思想上的是非,广大文艺工作者解放思想,冲破禁区,创作出了一大批比较优秀的、为人民群众喜闻乐见的文学艺术作品。成绩是主要的,应予充分肯定。

座谈会上,大家还指出,对三中全会以后文艺界形势的估量,并不一致。前些时候,有一股“倒春寒”袭来。有人对揭批林彪、“四人帮”极左路线危害的作品和批评阻碍四化建设的社会现象的作品横加责难,《河北文艺》上的《“歌德”与“缺德”》一文等,就反映了这种思潮。当前我们的任务是继续深入批判江青伙同林彪炮制的《纪要》,开展关于真理标准的讨论,用实践是检验真理的唯一标准的观点评价一切,勇于坚持正确的,纠正错误的,促进文艺的繁荣、发展。

文艺期刊的编辑们还就文艺与政治的关系,文艺与生活的关系,加强党的领导与尊重文艺规律等问题进行了讨论。他们认为,应该实事求是地总结17年、“文化大革命”中和近3年来文艺工作正反两方面的经验教训。要提倡作家忠于生活,讲真理,说真话。

大家认为,现在大部分文艺刊物是好的,是贯彻党的三中全会精神和党的文艺政策的。但是,各家的面貌大同小异。一些作品还存在着主题不深刻,人物不典型,表现手法雷同等质量不高的情况。编辑人员说,要办好文艺刊物,就必须力求自己的刊物具有鲜明的个性,要提倡各具特色,富于各自的地方色彩,形成自己的艺术风格。要广泛地团结新、老作家,热心地培养和支持青年作者。

中国运动员陈肖霞在墨西哥城举行的第十届世界大学生运动会女子10米跳台跳水比赛中获得金牌

9月9日

中共中央作出《关于坚决保证刑法、刑事诉讼法切实实施的指示》

中华人民共和国国务院命令

为执行中美两国政府于今年5月11日签订的关于解决资产要求的协议,保障我国有关单位和个人的合法权益,现发布命令如下:

一、凡属国家机关、国营企业、事业单位,包括团体、学校等被美国政府冻结的资产,国务院授权中国银行代表他们,在美国政府按照中美两国政府的协议宣布解冻后,向美方债务人办理有关被美国政府冻结资产的收回或提取事项。

二、原私营工商企业和公私合营的工商企业,经过多年的社会主义改造,已经按不同行业,分别改组或合并为国营工商企业。国务院决定,授权中国银行全权代表他们办理有关被美国政府冻结资产的收回或提取事项。上述被冻结资产收回或提取后,由中国银行按照我国有关法令,同有关单位进行结算。

三、对于被冻结的我国国民的个人资产,为了便于同美方债务人进行联系,保障其合法权益,国务院授权中国银行对外办理收回或提取手续。此项被冻结的个人资产收回或提取后，由中国银行按我国有关法令进行支付。

四、自本命令发布之日起，任何单位或个人未经中国银行同意，不得提取、出售或转移其被美国政府冻结的一切资产。

1979年9月9日

中国银行发布公告

根据中美两国政府于今年5月11日签订的关于解决资产要求的协议，美国政府将于1979年10月1日宣布解冻我方被冻结的全部资产，由我方收回。

为了便于执行上述协议，保障我国有关单位和个人的合法权益，中华人民共和国国务院已于1979年9月9日发布命令授权我行代各持有人办理被美国政府冻结的资产的收回或提取事项。现特将有关事项公告如下：

一、凡被美国政府冻结的资产，均由我行对外办理收回或提取事宜。

二、被冻结的资产收回、提取后，属于国营企业、事业单位以及原属私营工商企业的，由我行分别按照我国有关的法令，同有关单位进行结算。属于我国国民的个人资产，全部归持有人所有，持有人可按有关规定申请保留或使用最高不得超过10%的外汇，其余外汇由中国银行按现行牌价折付人民币，并可享受侨汇办法的优待。

三、凡持有被美国政府冻结的资产的任何单位和个人，应将被冻结资产的种类、数量和金额，持有人姓名、对方机构(即债务人)的名称、地点等情况和凭证，向当地或附近的中国银行办理登记手续。登记的期限，自即日起至1979年12月31日止。

四、根据上述协议，上述解冻的资产，未经中国政府同意，不得提取、出售或转移。关于向中国政府申请同意提取、出售或转移的手续，根据中国政府授权，由我行代为办理。

国务院副总理方毅在北京会见联合国主管会议事务的副秘书长包格丹·莱万多夫斯基和主管人事的助理秘书长詹姆士·乔纳

全国人大常委会副委员长谭震林在北京会见由安特卫普省长金斯贝根率领的比利时知名人士访华团

解放军军事学院院长 第一政治委员萧克强调培养军事干部必须解放思想

新华社报道，萧克同志在最近举办的军事学院教学经验交流会上说，过去林彪、“四人帮”推行极左路线，在军事教学上设置了许多禁区，概括起来是两句话：一句是，上了书的不能改，也不能发挥；一句是，没有上书的不能说，也不能想。这样做的结果就成了：过去的一切不能动，今后的一切照旧样搬。谁要是不这样做，就给谁戴顶大帽子，叫作“砍旗”。写文章、讲话都是大量地引用语录，照抄照搬。林彪、“四人帮”这个搞法比江西“左”倾教条主义时期还要厉害得多。他们打着红旗反红旗，以宣传毛主席为名义，歪曲革命战争的历史，对党的其他领袖和历史人物，一概否定，不让讲。如果你讲了，就是反毛主席，反毛泽东思想，或者是贬低毛泽东思想。他们还不准军事学院搞军事教学，说什么搞军事教学是单纯军事观点，单纯技术业务观点，并把所有军事教材一概销毁。

萧克同志在谈到如何冲破禁区，解放思想时说，解放思想就要进一步打破两个“凡是”的框框，坚持实践是检验真理的唯一标准。毛泽东同志说过，马克思主义一定要向前发展，不能停滞不前。停滞了，老是那么一套，它就没有生命了。任何事物都要随着实践的发展而发展，正确与否都要接受实践的检验。马列主义、毛泽东思想从实践中产生，又必须通过实践来检验，不断地提高和发展。凡不符合新条件的结论，就不能拘守。因此，我们在学习革命导师的著作时，不能把它当作圣经、宗教。现在向四化进军，要彻底改变那种把领袖的著作、言论当作现成公式到处乱套的做法，改变凡是上了书的，作了决议的就不能更动的错误思想。如果后代人被前代人的具体结论所限制，为“凡是”或类似“凡是”的框框所限制，不坚持实践是检验真理的唯一标准，用教条主义的观点来套用经典著作或决议、决定，不注重现状，不注重发展，思想就要僵化，优良传统就要失传。因此，必须解放思想，勇于创新。

萧克同志指出，解放思想就要坚持历史唯物主义，尊重历史，尊重事实，如实地反映事物的本来面目。例如，讲井冈山斗争，讲红军一至五次反“围剿”的战史，宣传毛泽东同志的战略思想、军事路线是对的，而且要宣传得好，但是也要宣传朱德同志。讲战史、举战例，既要讲胜利的经验，也要讲失利的教训。尊重历史，就是坚持真理，就是实事求是地按事物的本来面目来论述问题。

萧克同志指出，解放思想就要着眼于未来反侵略战争的特点，编写出适应现代化战争需要的教材。过去对战略学、战役学，不敢研究讨论，讲战略就只限于毛泽东同志在1936年为总结第二次国内革命战争经验而写的《中国革命战争的战略问题》和解放战争时期的十大军事原则。现在，要研究现代条件下人民战争的战略战术和军事科学技术，如果墨守于红军在江西时期诱敌深入的办法，机械地搬到现在，那怎么行呢！那时候，我们没有城市，没有现代工业，一切取之于敌，敌人来了就“坚壁清野，诱敌深入，撒开两手，请你进来。”因此，我们要根据发展了的形势，研究新的战法。他强调说，要根据马列主义、毛泽东思想的立场、观点、方法，写出自己的现代战争的战略和战役教材。军事学院要认真研究毛泽东军事思想并结合现代条件进行教学，要下决心写出适应现代作战的各种教材来。

萧克同志还指出，解放思想还有一个对待外国经验和过去办院校经验的态度问题。现在，我们要迎头赶上形势发展的需要，就要打破军事上的闭关自守，敢于向外军学习，特别是敢于向敌军学习，“以敌为师”，为我所用。教条主义的特征，是理论脱离实际。只要从我们国家、我们军队建设的实际出发，坚持科学的态度，我们就可以避免和防止教条主义。

萧克同志最后说，军事学院是培养全军中高级干部的院校，责任重大。我们一定要解放思想，进一步端正思想路线。思想路线、政治路线端正了，还要有组织路线去保证。所以，造就和培养革命事业接班人，就是我们军事学院最大的政治，是历史赋予我们的光荣任务。

首都社会科学理论工作者和新闻工作者举行座谈会

在毛泽东同志逝世三周年的日子里，首都50多位社会科学理论工作者和新闻工作者在政协礼堂举行座谈会，座谈的题目是：“坚持实践是检验真理的唯一标准，就是坚持马列主义、毛泽东思想”。大家认为，这个题目出得好，抓住了问题的根本。为了贯彻执行党的三中全会的正确路线，必须继续深入开展真理标准的讨论。一年多来，这一讨论对恢复马列主义、毛泽东思想的本来面目，肃清林彪、“四人帮”极左路线的流毒，起了巨大的作用。现在抓住这个题目继续讨论，必将使这一讨论深入到各级领导班子、各工作领域，把实现四个现代化的事业推向前进。

座谈会是由中国社会科学院马克思列宁主义毛泽东思想研究所和哲学研究所联合发起召开的。中国社会科学院副院长兼马克思列宁主义毛泽东思想研究所所长于光远主持了座谈会。他指出：三年来我国在思想上、理论上、政治上、组织上、政策上全面进步。由于这种进步，在经济和科学、教育和文化建设事业上获得了可喜的成绩。在各方面的进步中，解决思想路线的问题，肯定一年多来实践是检验真理唯一标准的讨论，起着巨大的指导作用。而实事求是、解放思想、破除迷信正是伟大领袖和导师毛泽东同志的一贯教导，正是马列主义、毛泽东思想的精髓。

于光远说，我国现在正经历着极其深刻的变化。变化的结果将不是简单地恢复遭受林彪、“四人帮”破坏前的情况，而是在经济上和政治上实现意义重大的改革。这种改革在思想上不只是以批判林彪、“四人帮”为基础，而且要以对新中国成立30年的经验总结为基础。而进行这种总结只能以毛泽东同志教导的，也就是三中全会所要求的解放思想、开动机器、实事求是、团结一致向前看的精神为指导。他强调说，党的三中全会前，在开展真理标准的讨论和批评“两个凡是”的思想斗争中，理论界是有贡献的；在今后进一步开展真理标准的讨论中，我们理论界要继续作出贡献。 在座谈会上先后发言的有苏绍智、胡福明、邢贲思、胡绩伟、李普、杨西光、柯柏年、王若水、郭罗基、华楠、马沛文、曾彦修、郭力军、李方、洪禹等。

一些同志阐述了只有发展毛泽东思想才能捍卫毛泽东思想的观点。他们认为，只有把毛泽东思想同当前面临的四个现代化建设的实际结合起来，研究新情况，解决新问题，才是真正捍卫和高举毛泽东思想的旗帜。他们指出，多年来我们虽然积累了丰富的经验和教训，但是不能认为对于社会主义革命和建设的认识已经完成。毛泽东同志在60年代初提出了要认识社会主义这个必然王国的任务，这就是说，我们对社会主义仍然处在“实践——认识——再实践——再认识”的过程中，许多认识是不完全的，有的甚至是错误的。经过实践的检验，坚持真理，修正错误，发展毛泽东思想，这是很自然的事情。列宁如果不发展马克思主义，就不能坚持马克思主义；毛泽东同志如果不发展马列主义，就不能坚持马列主义。我们今天如果不努力发展毛泽东思想，也谈不上坚持毛泽东思想。

重温历史的经验是非常有益的。有的同志谈到，在我们党的历史上，唯心主义最嚣张最容易俘虏人的形态就是本本主义，即教条主义。它在民主革命时期最突出的代表就是王明。本本主义者总是把马恩列斯看成“先哲”加以神化，把马列主义歪曲为宗教教条，把个别词句、个别结论看作是包医百病的灵丹妙药，否认马列主义是来自革命实践、又经过革命实践反复证明了的真理。王明自封为100%的布尔什维克，攻击毛泽东同志反对马列主义。用今天有些人的话来说，就叫作“砍旗”。然而历史证明，恰恰是毛泽东同志坚持了实践第一、实践是检验真理的唯一标准、理论与实践统一的马列主义的思想路线。

座谈会上，许多同志提出了当前理论工作中的一个重要问题，就是要大力进行马列主义、毛泽东思想基本原理的宣传普及工作。一些同志感慨地指出，我们党的指导思想和理论基础是马列主义、毛泽东思想，但这些年来，由于林彪、“四人帮”的捣乱，我们党员的理论水平大大下降了。因此，必须加强理论研究，包括对马列主义、毛泽东思想本身进行现状的、历史的、理论的研究,并且要从实际出发,研究马克思主义面临的新的重大的理论和实践问题。同时,要对广大党员、干部、群众进行马列主义、毛泽东思想基本原理的再教育。在座的新闻工作者建议理论家们多到下面去讲学、作报告,解答干部、群众提出的问题,并帮助基层培养报告员。有的同志还建议共青团组织担负起向青年们进行理论普及工作的任务;建议出版部门创办一种帮助干部和青年学习马克思主义的通俗刊物;建议理论家们多写一些通俗读物。参加座谈会的还有范若愚、王惠德、李琦、廖盖隆、黎澍、许立群、李洪林、陈翰伯、王子野、何匡、汪子嵩、冯定、聂菊荪、张腾霄等。

9月10日

国务院总理华国锋在北京会见由参议院议长勒诺·拉普安特女士和众议院议长詹姆斯·杰罗姆率领的加拿大议会代表团

华国锋总理就进一步加强中加合作关系同加拿大贵宾进行了友好的谈话。他说:"中加两国建交以来,两国在政治、经济贸易、科学文化、体育等方面的关系,一直是稳步向前发展的。我相信,我们之间的关系会越来越好。"华国锋总理还向贵宾们简要地介绍了中国对实现四个现代化的设想。

在谈话过程中,拉普安特女士代表议会代表团把一幅白求恩大夫故居的彩色照片送给了华国锋总理。华国锋总理对贵宾们的珍贵礼物表示感谢。他说,今年11月是白求恩大夫逝世40周年纪念。中国人民非常尊敬白求恩大夫。

谈话时,参议院政府领袖、司法部部长雅克·弗林参议员转达了克拉克总理对华国锋总理的问候。华国锋总理也请加拿大贵宾转达他对克拉克总理的良好祝愿。

参加谈话的加拿大议会代表团团员还有:众议院反对党领袖阿伦·麦凯琴,参议院反对党领袖雷蒙·佩罗,以及众议员斯坦利·诺尔斯、托马·勒费弗尔、威廉·肯普林、哈维·安德烈、罗伯特·布里斯科等。

谈话时,全国人大常委会副委员长姬鹏飞、副秘书长武新宇等在座。加拿大驻中国大使明明德也参加了谈话。

《人民日报》发表社论《认真整顿和发展社队企业》

"社队企业要有一个大发展",这是党中央加快农业发展的一项重要政策,得到广大农民的热烈响应。3年间,全国社队企业蓬勃发展,1977年,社队企业总产值比1976年增长43.7%,去年又增长25.4%,今年上半年继续增长。凡是社队企业办得好的地方,那里的农业就冲破了长期停滞不前的局面,出现了农工副各业兴旺、农民生活有所改善的新景象。

从今年开始的我国国民经济的三年调整,第一项任务是坚持贯彻以农业为基础的指导思想,集中力量把农业搞上去。为此,从今年开始,国家增加了对农业投资的比重,今后还将适当增加。但是,由于我们国家财力有限,国家对农业的投资,距离农业的实际需要还是很远,今后农业投资的来源,在很大程度上还得依靠社队企业提供的积累。这两年,我国农业生产增长较快,社员生活有初步改善,社队企业发挥了重大作用。去年,社队企业直接支援农业的投资达26亿多元,相当于去年国家农业基本建设投资的60%多;有几十亿元的工资投入生产队分配,使社员的分配收入明显增加。

要加快发展农业,还要发掘人的潜力,把3亿农村劳力更好地组织到广泛的生产战线上来。近年来,各地落实党的三中全会关于发展农业的决定,普遍推行了各项生产责任制,调动了农民的积极性,广大社员的劳动效率大为提高,劳力大量节余。今后随着农业的逐步现代化,腾出来的劳力还要不断增加。如何把这些劳力安排好,使他们各得其所,是农村人民公社的一件大事。唯一实际可行的积极办法,就是组织起来,兴办社队企业,发展林牧工副渔等各种生产事业。去年全国参加社队企业的农民,已达2800多万人,占农村总劳动力的9.5%,比1977年增加了400多万人。随着社队企业的逐步发展,必将有更多农民进入这个行列。社队企业既是容纳大量农村劳力,为社会创造财富的场所,也是逐步缩小城乡差别和工农差别,避免工业过分集中在大中城市的有效途径。

办好社队企业,不仅是加快发展农业的需要,它对当前国民经济其他部门的调整也将作出积极的贡献。调整时期的重要任务之一,是发展轻纺工业和燃料、动力工业,增加出口能力。社队企业在这方面大有潜力可挖。去年,社队企业生产的原煤,占我们国家总产量的六分之一。社队企业的总产值中,轻工业占40%以上,它生产了几十万吨纸张、大量为市场和出口迫切需要的轻工业品和工艺制品。按照国家需要和合理布局,有计划地扶持社队企业积极发展这方面的生产能力,国家不用花多少投资,也不用增加职工指标,而且见效快,收益大,是一件利国利民的大好事。

当然,目前发展社队企业,要服从调整国民经济的总任务,要与各个经济部门的调整工作相协调,而不是相背离。国务院最近颁发了《关于发展社队企业若干问题的规定(试行草案)》,文件中指出,社队企业必须坚持社会主义方向，积极生产社会所需要的产品，主要为农业生产服务，为人民生活服务，也要为大工业、为出口服务。同时，必须因地制宜，根据当地资源条件和社会需要组织生产，不搞“无米之炊”，不搞生产能力过剩的加工业，不与先进的大工业争原料和动力，不破坏国家资源。这是发展社队企业的正确方针。发展社队企业一定要正确处理集体和国家的关系，要从国家全局利益出发，在目前就是要从三年调整的总任务出发，凡是符合调整方针的就办，背离调整方针的就不办。三年经济调整，首先要求粮食生产和其他农副产品生产的发展，同人口的增长和工业的发展比较适应。我们要在社队企业发展种植业、养殖业、农副产品加工工业方面给予更多扶持。要广开门路，在发展市场急需的和出口急需的短线产品上下大功夫。过去，有些地区在发展社队企业中，偏重于发展机械加工工业，对利用农业资源发展种养事业重视不够，去年，全国社队企业这方面的产值，仅占总产值的8.4%。要迅速改变这种状况，合理地调整生产能力过剩的机械加工业，向我国资源丰富的大自然索取财富。我国有些地区社队企业基础很薄弱，这些地区更要在调整中积极发展，壮大人民公社集体经济。

我国社队企业近几年的发展情况，总的说是健康的，但也存在一些问题。比如，有些地区由于计划不周，布局不尽合理，同一类产品的企业发展过多，造成了人力物力的浪费。有些企业，由于供产销没有保证，或者没有立足于利用本地资源，靠“找米下锅”过日子，使生产发生了困难。有些企业，由于经营管理不善，产品质量不好等原因，造成积压和亏损。我们要通过调整和整顿，大力改善企业经营管理，建立合理的生产秩序和严格的经济核算，降低原料和动力消耗，提高产品质量，降低产品成本。要加强对国内和省内市场情况的调查研究，做到产品对路，避免盲目生产。有些不适合一个大队或一个公社经营的工厂，县社领导部门经过周密研究和充分协商，可以按照原料、销路等情况，实行合并或联营，以便取得更好的经济效果。

国务院在关于发展社队企业问题的《通知》中指出：“在调整国民经济的过程中，对社队企业应统筹兼顾，合理安排。”工业、商业等部门，要按照这个精神，正确扶持社队企业。现在有的地方和部门，提出什么社队企业“要让路”、“要下马”，对社队企业简单地采取“砍”、“挤”的做法。有的单方面中断了本来不应当中断的协作关系；有的单位把一些适宜于在农村加工、并且长期生产正常的产品，又收回到城市；有的部门不让农民去搞国家明文规定可以由社队经营的农副产品加工，如此等等。这些做法显而易见是不对的。挤了社队企业，实际上是挤了农业，挤了农民，干扰了国民经济的正常调整。社队企业作为我国国民经济的一个重要组成部分，正在越来越显示出它的重要性。我们应当把“挤”字换成“帮”字，从各方面帮助社队企业搞好调整，搞好生产，疏通供销运渠道。党的十一届三中全会关于加快农业发展的决定(草案)里提出，到1985年，社队企业的总收入在公社三级经济的比重中，要有一个很大的增长。各条战线、城乡各业的同志们，都要为实现这个光辉目标作出最大的努力。

《人民日报》发表吴滤文章《坚持毛泽东同志的实践论深入开展真理标准的讨论》

去年5月以来，由思想理论战线开始的关于真理标准问题的讨论，正在全国范围内展开。党的十一届三中全会高度评价了这次讨论，认为这对于促进全党同志和全国人民解放思想，端正思想路线，具有深远的历史意义。很多做领导工作的同志，从正反两方面的经验中，越来越深刻地体会到这场讨论非常重要，非搞不可。凡是讨论得比较好的地方，思想就比较解放，拨乱反正也比较果断，各项工作进展比较快；凡是没有讨论这个问题，或是讨论极不认真的地方，往往思想还处在僵化或半僵化的状态，拨乱反正左顾右盼，裹足不前，各项工作进展迟缓。因此，很多地方提出，要把真理标准问题的讨论，作为一次马列主义、毛泽东思想的教育运动，作为思想领域的一项长期的基本建设，在广大干部和群众中，首先是在领导干部中深入进行下去。这可以说是一次全党性的补课，至于前一段没有开展这一讨论的地方，当然更要补好这一课了。这一课，事关思想路线。真理标准问题的讨论深入了，全党的思想路线一致了，党中央确定的实现四个现代化的政治路线，才能更好地贯彻执行。

在真理标准问题的讨论和补课中，认真学习毛泽东同志有关这个问题的论述，极为重要。真理的标准是什么，这是一个古老的哲学问题，几千年的哲学史，众说纷纭。直到马克思主义哲学把实践引入认识论，才第一次科学地解决了这个问题。马克思在《关于费尔巴哈的提纲》中指出：“人的思维是否具有客观的真理性，这并不是一个理论的问题，而是一个实践的问题。人应该在实践中证明自己思维的真理性。”后来，恩格斯和列宁都反复论述这个道理。毛泽东同志进一步论证了认识对实践的依赖关系，深刻地阐述了人的认识怎样从实践发生，又通过实践得到检验和发展的辩证过程。认真学习毛泽东同志的《实践论》《人的正确思想是从哪里来的？》《改造我们的学习》《整顿党的作风》《在扩大的中央工作会议上的讲话》《反对本本主义》等著作，可以澄清真理标准讨论中的许多糊涂观念和错误思想。

毛泽东同志在《实践论》中指出："判定认识或理论之是否真理，不是依主观上觉得如何而定，而是依客观上社会实践的结果如何而定。真理的标准只能是社会的实践。实践的观点是辩证唯物论的认识论之第一的和基本的观点。"在这部重要的哲学著作中，毛泽东同志分析了人怎样在实践过程中，由感性认识上升到理性认识，而认识运动至此还没有完结，还须再回到实践去，"这就是检验理论和发展理论的过程，是整个认识过程的继续。"毛泽东同志强调指出，理论的东西之是否符合客观真理性这个问题，在由感性到理性的认识运动中是没有完全解决的，也不能完全解决的。"要完全地解决这个问题，只有把理性的认识再回到社会实践中去，应用理论于实践，看它是否能够达到预想的目的。""人类认识的历史告诉我们，许多理论的真理性是不完全的，经过实践的检验而纠正了它们的不完全性。许多理论是错误的，经过实践的检验而纠正其错误。所谓实践是真理的标准，所谓'生活、实践底观点，应该是认识论底首先的和基本的观点'，理由就在这个地方。"

在《人的正确思想是从哪里来的？》一文中，毛泽东同志把整个认识的过程，概括为两个阶段，即由物质到精神，又由精神到物质。毛泽东同志指出："人的正确思想是从哪里来的？是从天上掉下来的吗？不是。是自己头脑里固有的吗？不是。人的正确思想，只能从社会实践中来，只能从社会的生产斗争、阶级斗争和科学实验这三项实践中来。"毛泽东同志用很精练的语言概述了认识的过程，再次强调指出：思想、理论、政策、计划、办法，等等，究竟是正确的还是错误的，只有经过实践的检验才能证明，"此外再无别的检验真理的办法"。"一个正确的认识，往往需要经过由物质到精神，由精神到物质，即由实践到认识，由认识到实践这样多次的反复，才能够完成。"在这篇文章的最后，毛泽东同志还提出："对我们的同志，应当进行辩证唯物论的认识论的教育，以便端正思想，善于调查研究，总结经验，克服困难，少犯错误，做好工作，努力奋斗，建设一个社会主义的伟大强国，并且帮助世界被压迫被剥削的广大人民，完成我们应当担负的国际主义的伟大义务。"

《在扩大的中央工作会议上的讲话》，不是专讲哲学的，但是有一段专讲认识客观世界的问题。毛泽东同志说："如果有人说，有哪一位同志，比如说中央的任何同志，比如说我自己，对于中国革命的规律，在一开始的时候就完全认识了，那是吹牛，你们切记不要信，没有那回事。过去，特别是开始时期，我们只是一股劲儿要革命，至于怎么革法，革些什么，哪些先革，哪些后革，哪些要到下一阶段才革，在一个相当长的时间内，都没有弄清楚，或者说没有完全弄清楚。"毛泽东同志在这次讲话中回顾了中国民主革命的历史，指出在民主革命时期，经过胜利、失败、再胜利、再失败，多次比较，我们才认识了中国这个客观世界，中国民主革命这个必然王国才被我们认识。毛泽东同志说："我讲我们中国共产党人在民主革命时期艰难地但是成功地认识中国革命规律这一段历史情况的目的，是想引导同志们理解这样一件事：对于建设社会主义的规律的认识，必须有一个过程。必须从实践出发，从没有经验到有经验，从有较少的经验，到有较多的经验，从建设社会主义这个未被认识的必然王国，到逐步地克服盲目性、认识客观规律、从而获得自由，在认识上出现一个飞跃，到达自由王国。"正是在这篇讲话中，毛泽东同志提出，我们必须把马克思列宁主义的普遍真理同中国社会主义建设的具体实际尽可能好一些地结合起来，从实践中一步一步地认识社会主义建设的客观规律。

再引两段毛泽东同志在《反对本本主义》中讲过的话，也是很有现实意义的。毛泽东同志说："我们说上级领导机关的指示是正确的，决不单是因为它出于'上级领导机关'，而是因为它的'指示内容'是适合于斗争中客观和主观情势的，是斗争所需要的。""我们说马克思主义是对的，决不是因为马克思这个人是什么'先哲'，而是因为他的理论在我们的实践中在我们的斗争中证明了是对的。"

毛泽东同志的这些论述，已经雄辩地说明了只有实践才是检验真理的唯一标准，说明了包括马列主义、毛泽东思想在内的一切理论，包括党的路线、方针、政策在内的一切主观世界的东西，都要经过实践的检验。这丝毫也没有贬低马列主义、毛泽东思想和党的路线、方针、政策的指导意义。马列主义、毛泽东思想正是通过实践的检验，不断得到补充、修正，发展起来的。党的路线、方针、政策也是经过实践的检验不断完善的。这些，可以说是马列主义、毛泽东思想的基本常识。如果有人对这一点还有疑问的话，那么，他们应该老老实实地接受马列主义、毛泽东思想的启蒙教育，从马列主义、毛泽东思想的A、B、C学起。这是每一个共产党员、每一个干部最必要的一课。这一课不补上，就不可能跟上新长征的步伐，更不可能做新长征的带头人了。

开展真理标准问题的讨论和补课，要弄清楚什么是毛泽东思想，怎样正确对待毛泽东思想，划清真高举和假高举的区别。毛泽东思想是马列主义的普遍真理同中国革命的具体实践相结合的产物，是经受中国革命的实践检验，在中国革命的实践中形成和发展起来的，也是在同形形色色以主观和客观相分裂、以认识和实践相脱离为特征的唯心论和形而上学的思想路线的斗争中发展起来的。可以说，没有中国革命的实践，就没有毛泽东思想。十月革命一声炮响,给中国人民送来了马列主义,但是马列主义并没有给中国革命开出现成的药方。在中国革命的历史上,一开始就有一个怎样正确对待马列主义的问题。一种态度是着重片言只语,不问实际,照抄照搬,搞本本主义。从巴黎公社到十月革命,都是城市武装起义夺取政权,于是我们也搞"城市中心"论。这不是对待马列主义的正确态度。王明就是这样,他自称"100%的布尔什维克",好像他最懂马列主义,其实那是假的。另一种态度,从中国实际情况出发,实事求是,把马列主义的普遍真理同中国革命的实际结合起来,提出工农武装割据,建立农村革命根据地,以农村包围城市,进而夺取全国政权。这就是毛泽东同志的主张。尽管这种主张在马克思、恩格斯、列宁的著作中都没有讲过,却是真正的马列主义。如果说高举的话,马列主义的旗帜是举在王明手上,还是举在毛泽东同志手上?历史早已作出公断:高举马列主义旗帜的是毛泽东同志,而不是王明。

现在对待毛泽东思想同样遇到这个问题,同样有两种态度。一种是照抄照搬,句句照办,抱着"两个凡是"不放;一种是从实际出发,实事求是,用毛泽东思想的科学体系来研究新问题,作出新结论。这两种态度,那一种是真高举呢?显然是后一种,而不是前一种。在这个问题上,我们一定不要忘记林彪、"四人帮"的教训。"高举"这个词儿,林彪叫得最响,"四人帮"喊得也很凶。我们难道不应该同他们划清界限吗?我们应该像毛泽东同志对待马列主义那样来对待毛泽东思想。有些同志听说马克思、恩格斯讲的哪一条不适合了,觉得没有什么,但是听说毛泽东同志讲的哪一条需要根据实际情况加以改变,就接受不了。这说明他们对毛泽东思想还缺乏科学的态度。毛泽东同志同列宁一样,从来不拘泥于经典作家的个别结论,也从不固守自己的某些论断,而是在斗争的实践中不断修改、完善、发展自己的观点。毛泽东同志曾经讲过对苏联要"一边倒",后来情况变化了,又领导我们同苏修进行坚决的斗争。毛泽东同志在1970年发表过"五·二〇"声明,但不到两年时间,他又亲自打通了中美关系正常化的渠道。假如毛泽东同志那时候就不在,难道他原来讲的就永远不能改变?我们就不同苏修斗,不同美国建交吗?"客观现实世界的变化运动永远没有完结,人们在实践中对于真理的认识也就永远没有完结。马克思列宁主义并没有结束真理,而是在实践中不断地开辟认识真理的道路。"这是毛泽东同志的名言。真理标准问题的讨论和补课,将使更多的同志走向这条真理之路。

讨论真理标准问题,应该紧密结合当前的思想实际和工作实际,目的是促进思想解放,促进"四化"建设。三中全会以后,各项工作发展很快,但是也有来自"左"和右的两个方面的干扰,其中主要是"左"的干扰。这也并不奇怪。林彪、"四人帮"横行十多年,他们那条极左路线的流毒是不能低估的。拿"阶级斗争,一抓就灵"来说,已经被他们夸大到荒谬的程度,而我们有的同志早就习惯于搞阶级斗争扩大化,现在中央根据新的情况作出新的论断,他们就觉得没有"抓"的、"灵"的东西了。我们说解放思想,就是要把这些同志的思想从林彪、"四人帮"极左路线的枷锁下解放出来,从本本主义的束缚中解放出来,跟上三中全会的步伐,跟上新长征的步伐。要冲破各种禁区,研究问题,解决问题,凡是实践证明是正确的就坚持,凡是实践证明是错误的就纠正。要用实践标准这个武器,认真总结本地区、本部门、本单位多少年来的工作,清理多少年来积存下来的疑难案件,使我们轻装前进。讨论真理标准问题,不是搞运动,更不是整人。应该坚持正面教育,坚持"三不主义",提倡敞开思想,畅所欲言,通过学习和讨论,摆事实,讲道理,和风细雨,心情舒畅地解决问题。

中国是毛泽东思想的故乡。实践第一的观点,在中国党内,在中国人民当中,应当是普遍地得到深刻理解的。不幸的是,我们现在还要花很大的力气来进行这方面的补课。这是多么发人深思的啊!十多年以来,甚至更长的时间以来,由于党内缺乏民主生活,由于林彪、"四人帮"鼓吹"句句是真理",也由于他们的封建法西斯专政,我们很多同志早已习惯于把语录、甚至把所谓"无产阶级司令部"的长官意志当作真理标准。"中央表态我表态",是真理还是谬误,是拥护还是反对,不是从实践中去找答案,而是从窃踞中央大权的林彪、"四人帮"的脸上去找答案。积习难改,但非改不可。三中全会公报指出:"一个党,一个国家,一个民族,如果一切从本本出发,思想僵化,那它就不能前进,它的生机就停止了,就要亡党亡国。"我们拨乱反正,必须认真开展真理标准的讨论,这是最根本的拨乱反正。这一课补好了,思想路线端正了,中国才有希望,四个现代化才有希望。

国防部部长徐向前在人民大会堂举行宴会欢迎由喀麦隆武装部队部国务部部长萨杜·达乌杜率领的喀麦隆军事代表团

国务院副总理方毅在北京分别会见以美国科学作家协会副会长巴巴拉·卡利顿女士率领的美国科学作家访华代表团和莫温德女士率领的美国明尼苏达大学代表团

国务院副总理康世恩在北京会见墨西哥总统私人顾问拉斐尔·伊斯基耶多一行

全国人大常委会副委员长邓颖超在北京会见参加第四届全运会的台湾省体育代表团全体教练员运动员和工作人员

《人民日报》总编辑胡绩伟在北京举行宴会欢迎以朝鲜劳动党机关报《劳动新闻》第一副总编辑郑河千为团长的《劳动新闻》代表团

第四届全运会跳伞赛在北京举行

北京郊区某机场上今天揭开了第四届全运会跳伞比赛的序幕。

在第1轮2000米高空特技比赛中，云南代表队20岁的男跳伞员于坚和陕西代表队17岁的女跳伞员贺小红，分别在7.23秒和7.9秒的时间里，做完6个高难动作，超过我国跳伞运动史上特技比赛最好水平。在个人1000米定点跳伞比赛中，有47人取得踩中靶心的单轮最好成绩。跳伞比赛将连续进行9天。参加这次跳伞比赛的，既有年龄虽过芳华、壮志不减当年的我国第一代跳伞健儿，也有雏凤展翅凌空、长天抒展抱负的一代新秀。他们中间，有维吾尔族、高山族姑娘，有拉祜族、景颇族小伙子。这是跳伞健儿群英荟萃的一次盛会，反映了我国跳伞运动正在蓬勃发展。

9月11日

中共中央主席华国锋就体育工作发表谈话

新华社报道，华国锋同志在听取国家体委和第四届全运会组委会汇报工作时说："体育工作开展得好不好，关系到整个民族的健康水平，也关系到国家的精神面貌。"

华国锋同志说，过去人家说我们是"东亚病夫"，因为中国受帝国主义侵略，非常贫困，对广大人民来说，根本谈不上体育。解放后起了很大变化，我们不再是"东亚病夫"了。体育能使广大人民身体健康，这是一件大事。国民经济上去了，人民的身体就会好些；身体好了，也能促进国民经济的发展。随着国民经济的发展，人民生活改善了，加上体育运动的开展，身体健康了，计划生育再搞得好些，我们整个民族就会繁荣昌盛起来。一个民族没有体育，精神面貌不好，健康水平很差，那是不行的。

华国锋同志在这次讲话中还指出，体育工作的普及和提高两者的关系要处理好。普及了能出人才，群众里有的是人才。还要培养尖子，提高了又能推动普及。这两者的关系是辩证的统一。我们的运动队伍一定要提高，老不提高，群众会有意见。对那些创造优异成绩的人要给以鼓励，促进大家争取上进。不准冒尖，大家都一样，这是"四人帮"那一套。他还说，要在全运会上创造优异成绩，把全运会开好，开得精彩。

华国锋同志特别强调要重视青少年的身体健康，要重点抓好青少年的体育。他说，学生要德智体全面发展。体育不仅是身体好的问题，对德育、智育的发展也有好处。搞好体育，发展健康有益的活动，可以对抗资产阶级的东西；身体好了，学习才有精力，将来为人民服务贡献就能更大，身体不好，智力发挥就要差一些，学习也坚持不下来。

华国锋同志还说，粉碎"四人帮"两年多来，国家体委系统进行了揭批查斗争和整顿工作，是有成绩的。但我们有很多体育项目的水平和国际先进水平相比，还有差距。他指出，体育还能加强同各国人民的友好关系。他勉励广大运动员、教练员和体育工作者，坚持"友谊第一，比赛第二"的方针，在国际比赛中力争胜利。他说，取得了胜利，人民都高兴。

华国锋同志还请报纸、电视、广播等要加强体育宣传。城市建设规划也要考虑到体育场地的设置。

华国锋主席的讲话，再次体现了党中央对体育工作的重视和关怀。国家体委已及时向全国体育界作了传达，要求广大运动员、教练员和体育工作者，认真学习和贯彻这个重要讲话所体现的党关于体育工作的方针、政策，努力把体育工作搞上去。

第五届全国人大常委会第十一次会议在北京举行

在上午举行的全体会议上，委员们听取了国家基本建设委员会副主任、国务院环境保护领导小组办公室主任李超伯关于《中华人民共和国环境保护法(试行草案)》的说明。

李超伯同志说，保护环境是社会主义现代化建设的一个重要组成部分。《中华人民共和国宪法》第十一条规定："国家保护环境和自然资源，防治污染和其他公害。"华国锋总理在五届人大第一次会议的《政府工作报告》中指出：要"制定环境保护的法令和条例，保证这方面存在的问题得到切实的解决"。根据上述精神，国务院指示环境保护领导小组草拟了《中华人民共和国环境保护法(试行草案)》。这个草案，曾广泛征求了各地区、国务院各部门以及厂矿企业、事业、人民公社、学校等单位的意见，并已经过法制委员会全体会议审议，做过多次修改。现在，提请全国人大常委会审议。

李超伯同志在说明中说，环境的污染和破坏，是伴随着现代工农业发展而产生的一个新问题。我们党和国家十分重视这个问题，敬爱的周总理在世时对环境保护作过一系列指示，多次指出，我们是社会主义计划经济，是为人民服务的，我们在搞工业建设的同时，就应该抓紧解决这个问题，绝对不作贻害子孙后代的事。国务院在1973年召开了全国环境保护会议，制定了一些保护环境的原则和办法，1974年成立了国务院环境保护领导小组，我国环境保护工作逐步地开展起来了。但是，由于林彪、“四人帮”的干扰破坏，同时也由于我们工作中的缺点和错误，仍然走了先发展经济后治理污染的弯路，经济发展同环境保护的比例严重失调，我国许多地方的环境污染和自然生态破坏的状况，不仅没有得到控制和改善，而且还在继续恶化。环境问题到了非下决心解决不可的时候了。

李超伯说，环境保护法的任务，是把国家保护环境的基本方针和基本政策以法律的形式确定下来，保证在社会主义现代化建设中，合理地利用自然环境，防治环境污染和破坏，为人民造成一个清洁适宜的生活和劳动环境，保护人民健康，促进经济发展。第一，环境立法是控制和改善环境的重要手段。国际上许多国家把环境法律作为控制和改善环境的主要手段，取得了明显的效果。在我国，环境立法还是一项新的工作。1973年国务院转发了《关于保护和改善环境的若干规定(试行草案)》，1978年中共中央批转了国务院环境保护领导小组会议通过的《环境保护工作汇报要点》，这些条例性的文件，对推动环境保护工作起了重要的作用。现在提出的环境保护法(试行草案)，是在总结上述条例贯彻执行的基础上，吸收国外保护环境的经验教训制定的。环境保护法是一个基本法，主要是规定国家在环境保护方面的基本方针和基本政策，而一些具体的规定，将在大气保护法、水质保护法等具体法规和实施细则中去解决。第二，我国环境污染和其他公害，主要是工业企业排放污染物和城市公用设施不足，特别是以直接燃煤的燃料结构造成的。在环境保护法(试行草案)中，对企业排放污染物区别情况作了规定。第三，我国自然生态的破坏情况很严重，它的影响和危害比环境污染问题更加深远。自然生态的恢复和改善是一件更为困难的事情，甚至有些已是不可能恢复的。这个问题长期不受重视，亟须大声疾呼，采取切实措施来解决。环境保护法(试行草案)中在第二章强调保护自然环境是十分必需的。草案规定了自然环境保护的基本政策，将依此制定具体的法规，使自然环境保护逐步地加强和完善起来。第四，为了保证环境保护法的贯彻执行，必须加强社会主义法制，严明赏罚。草案规定了奖励和惩罚的条款。

李超伯说，制定环境保护法是人心所盼，势在必行。它关系到人民的健康和子孙后代的幸福，也影响到我国的国际声誉。建立环境保护法一定会进一步推动我国的环境保护工作。

乌兰夫副委员长主持了上午的全体会议。聂荣臻、谭震林、邓颖超、赛福鼎、姬鹏飞、周建人、许德珩、胡厥文、朱蕴山、史良副委员长出席了会议。最高人民法院院长江华列席了会议。

《人民日报》发表社论《拜专家为师》

最近，中国农学会受国家科委、国家农委、农业部和中国科协的委托，会同东北三省科协和农学会，在哈尔滨市召开了东北地区农业现代化学术讨论会。围绕一个地区的农业现代化建设问题，进行多学科综合性的学术交流和理论探讨的会议，在我国科学技术界还是第一次，会议开得很有收益。

这次会议用实践是检验真理的唯一标准这个思想武器，总结了东北地区农业生产的经验教训，明确提出：实现农业现代化，必须打破传统的农业观念，改变农业的单一经营，逐步调整农业结构，建立合理的农业生态系统，科学地利用、保护和开发农业自然资源，因地制宜地全面发展农林牧副渔业。有的代表用大量事实说明，那种“粮食不过关，其他顾不上”的形而上学观点，对农业现代化十分有害。有的代表对多年来未能认真贯彻“农轻重”的方针，“众轻农”、“众啃农”的不合理现象提出尖锐的批评。这次会议活跃了学术思想，促进了农业思想的解放，对东北地区乃至全国的农业现代化建设，将会产生积极的影响。

中国农学会成功地发动和组织这么多的农业专家和科技工作者为农业现代化献计献策，说明党的十一届三中全会关于首先要集中力量把农业搞上去的思想深得人心，说明解放思想、实事求是的思想路线具有强大的生命力，说明各方面的专家和广大科技工作者是我们党的一支信得过的依靠力量，是四化建设的一支尖兵。

在农业人口众多而耕地少、家底薄的我国，如何进行农业现代化建设，是一个崭新的课题。我们的党政领导同志和农业科学技术工作者都需要重新学习。一般说来，我们的党政领导同志缺少科学技术知识，因此，更要注意向专家学习，真正把专家当作老师，虚心求教。多年来，我们有些同志，常常认为“干别的不在行，搞农业还可以”，以领导农业的内行自居，不钻研农业科学技术，不听取科学家的意见，以致干了某些违背自然规律的蠢事。搞农业，同生物打交道，是一项极其复杂的工作；搞社会主义大农业，更是一项前所未有的伟大、艰巨的事业，一时一刻离不开科学技术。在一些经济发达的资本主义国家，垄断资本为了获得高额利润，高价收买科学技术，能够听取、采纳包括一些科学家在内的"智囊团"的建议。资产阶级为了自己的阶级利益,能够在某种程度上重视科学、运用科学;大公无私、为人民谋福利的无产阶级更应该相信科学、尊重科学。可惜,直到现在,我们有不少领导同志还没有这种自觉性。有些同志总以为农业现代化可以不要高度现代化的科学研究和教育事业,农业发展工作可以不要专家们积极参与。在这种错误认识指导之下,他们对科学家的大批建议和意见视而不见、充耳不闻,某些同志甚至对科学家送上门来的宝贵建议也不理不问,实在是很不应该的。

有的同志认为:"专家们不懂实际工作,书生空议论。"东北地区农业现代化学术讨论会的成果,又一次证明这种看法是不符合实际的。这次会上,许多专家每发表一种见解,每提一条建议,都有大量的事实材料做根据。不少意见是他们多年前就提出、已被实践证明是正确的。当然,有些专家由于工作环境的局限,对实际工作不那么了解,提的意见不完全切实可行。这不能怪他们,只能说明有关部门过去没有为他们创造必要的工作条件。做实际工作的领导同志也好,做研究工作的专家也好,各有短长,正确的态度应该是互相学习,取长补短,共同提高。科学就是实事求是。从这次会上多数专家的发言来看,他们敢于坚持实事求是的原则,提出了一系列新的见解,冲破了一些阻碍农业发展的思想"禁区"。同这些专家们的求实态度相比较,某些领导同志倒是显得有些不懂实际,甚至有些思想僵化。他们受小生产思想的影响和束缚,受林彪、"四人帮"极左路线的毒害,加上不调查千变万化的实际情况,不研究国内外的新鲜事物,讲话老调调,办事老套套。这些同志难道不应该放下架子,恭恭敬敬地向专家们学习一点东西么?

真正把专家当作老师,就要养成一种习惯:办一件事,搞一个工程,先听听专家们的意见,尤其要听听他们的反对意见。一般说来,专家们是比较谨慎的;没有一定的科学依据,他们一般是不轻易提出反对意见的。这就要求领导同志真正实行民主。听了赞同和支持的意见高兴,听了不同的或反对的意见发怒,不是彻底的唯物主义态度。讲科学,就要讲民主。你不民主,怎么能真正向专家求教,怎么能真正按科学态度办事呢?

我国广大科学家和科学技术工作者都具有高度事业心。他们中不少人尽管心头仍然留有林彪、"四人帮"加害的伤痕,但还是以中兴祖国为己任。许多人体谅国家的暂时困难,身居陋室,心怀"四化",积极为社会主义建设出力。领导干部要向他们学习,和他们交朋友,经常找他们谈谈。要进一步落实党的知识分子政策,充分调动他们的积极性,尊重他们的意见,采纳他们的正确主张,发挥他们的专长。我们希望类似的会议,在其他省市和地区也能召开,希望会上的各种正确意见能够得到有关方面和各级领导的重视,更希望他们的正确主张尽快被采纳,成为现代化建设中的实际行动。

9月12日

国务院总理华国锋 副总理李先念到机场欢迎来访的丹麦王国玛格丽特二世女王陛下和亨里克亲王殿下

丹麦王国玛格丽特二世女王陛下和亨里克亲王殿下今天乘专机到达北京,对我国进行为期10天的正式访问。华国锋总理,李先念副总理和夫人林佳楣,陈慕华副总理,全国人大常委会副委员长史良,外交部部长黄华,外贸部部长李强等到机场欢迎丹麦贵宾。

玛格丽特女王是北欧国家第一个访问中国的国家元首。随同这位女王和她的丈夫亨里克亲王一起访问我国的有外交大臣亨宁·克里斯托弗森和夫人,外交部门和宫廷的官员、工商界人士、皇家剧院芭蕾舞团和新闻界人士共90多人。

到机场欢迎丹麦贵宾的还有政府和中国人民解放军有关部门的负责人,中国驻丹麦大使秦加林和夫人金华彬,丹麦驻中国大使莫顿森和夫人,以及一些国家驻中国的外交使节。

国务院举行宴会欢迎丹麦女王玛格丽特二世陛下和亨里克亲王殿下及其随行人员

李先念副总理主持宴会。

李先念副总理同玛格丽特女王先后发表了讲话。

李先念副总理在讲话中对玛格丽特二世女王陛下和亨里克亲王殿下前来我国进行访问表示热烈的欢迎。他说:"陛下这次访问是丹麦国家元首第一次来我国访问,也是北欧国家第一个国家元首来我国访问,这是中丹关系中的一件大事。"

李先念副总理指出:"中丹两国虽然社会制度不同,但我们两国有不少共同点。我们两国人民都热爱和平,珍惜自己的独立和主权。我们都主张国家不分大小,应一律平等,互相支持,互相学习。我们都有进一步发展两国友好关系的真诚愿望。"他说:"近几年来两国政府间的交往日益增多,经济、贸易、科技文化方面的合作和交流不断扩大。中国政府对此感到满意,并希望中丹关系不断得到更广泛的发展。"

李副总理在谈到我国的社会主义现代化建设时说,我们建设的方针是以自力更生为主,同时也要向各国学习有益的建设经验和先进的科学技术。

他指出,在这方面,丹麦有许多经验值得我们学习和借鉴。

李副总理说,女王陛下在文化艺术方面深有造诣。

女王陛下这次来访"不仅给我们带来了丹麦人民对中国人民的友好情谊,还给中国人民带来了丹麦的优秀文化艺术,中国人民能有机会参观《安徒生事迹与手稿展览》和欣赏丹麦艺术家的表演,确是一件令人喜悦的事。随同陛下来访的还有丹麦工商界的代表,通过他们同我国有关单位接触和座谈将会推进中丹经济关系的发展。陛下和贵宾们除北京外还要去我国其他城市访问。我深信,在访问过程中将会体会到中国政府对发展两国关系的真诚愿望和中国人民对丹麦人民的友好情谊。希望你们在中国过得愉快,并预祝你们访问圆满成功。"

玛格丽特女王在讲话中说,亨里克亲王和她怀着极大的希望期待着这次访问,期待着利用访问提供的机会同中国人民和领导人会面,并亲身了解中国及其古老的文化。

她指出,丹麦和中国之间的交往有着悠久的历史。早在18世纪两国就有着兴旺的贸易往来。丹麦是最早同中华人民共和国建交的国家之一。自1950年建交以后,两国间建立并加强了多方面的交往,这种交往在日益扩大和发展。她说:我们两国的关系始终是友好的。

她说,中华人民共和国当前的现代化计划,对许多丹麦人来说是一个挑战和鼓舞。你们在改善广大中国人民的日常生活方面取得了巨大的进展,他们再也不必害怕挨饿和受苦了,这一成果本身就给人以深刻的印象。

玛格丽特女王指出,丹中两国在经济和商业方面加强了有益于双方的合作。两国之间的贸易现在有了相当大的增长。去年签订的欧洲共同体和中华人民共和国贸易协定,使两国良好的关系又增添了一条新的纽带。

玛格丽特女王说,要解决当代严重危机,必须有信任和合作代替怀疑和对抗的这样一种国际政治气氛。丹麦将尽力为此目的作出努力。

国务院副总理陈慕华,全国人大常委会副委员长史良,外交部部长黄华,外贸部部长李强,水利部部长钱正英,一机部部长周子健,李先念副总理的夫人林佳楣,中国驻丹麦大使秦加林等出席了宴会。

同丹麦贵宾一起欢聚的还有政府和中国人民解放军有关部门、全国妇联、贸促会、外交学会、对外友协、北京市革委会的负责人和科学、文艺、教育、卫生、体育、新闻界人士。

丹麦驻中国大使莫顿森和夫人,大使馆外交官员应邀出席了宴会。

政协河南省委员会四届二次会议选举赵文甫为省政协主席

《人民日报》发表评论员文章《坚决压缩烧油节约用油》

石油是重要的战略资源。解放以后,我国石油工业有了很大的发展。石油早已实现自给,并成为重要出口物资。过去有一段时间,我们对石油资源的战略意义认识不足,片面地看待一些工业先进国家的燃料结构,了解他们油气比重占百分之六七十,我们只占百分之十几,就认为我们的燃料结构比较落后,而要增加油气比重;在发现新的油气田以后,更是不适当地鼓励一些原来烧煤的企业改成烧油,致使全国工交企业烧油量猛增。1966年到1977年,11年增长了16倍以上。近几年除燃料油外,还被迫烧掉了上千万吨原油。烧油构成也很不合理,那些生产工艺必需的合理烧油仅占35%左右,而用油烧锅炉的不合理用油竟占65%以上,造成了极为严重的浪费。

石油供需之间的矛盾,近几年内难以缓和。从哪里入手解决这个矛盾?要从我国能源的现状出发,认真考虑能源政策、燃料结构,十分经济合理地利用石油资源。我国煤炭资源极为丰富,分布又很广,资源情况也比较清楚。我国能源的发展和使用,应该坚决贯彻执行煤、油、气、水并举,以煤为主的方针。调整期间,党中央、国务院要求尽最大的努力,改变燃料结构,迅速地把我国工业企业烧油过多、热效率利用过低的落后状况扭转过来,采取坚决措施,有计划地压缩烧油,节约用油。所有能改的烧油锅炉,都要改为烧煤,对允许继续烧油的设备,也要大大降低油耗。这不是一个权宜之计,而是正确地管理我国能源和经济合理地利用石油资源的一件大事,是加速实现四个现代化,保证国民经济有计划、按比例、高速度发展的战略性措施。

烧油锅炉改烧煤是大势所趋,不但我国在改,许多工业先进的国家也都在改。我们是一个发展中国家,不能穷日子当富日子过,不能把宝贵的石油烧掉。今后石油工业有了较大幅度的发展,也不发展锅炉烧油,因此,要坚持压缩烧油。烧油就是烧掉了外汇,烧掉了现代化的速度。锅炉改烧油为烧煤,早改早主动,晚改就被动,坚持不改必然走进死胡同。各地区、各部门和企业,要有全局观念,下定决心,克服困难,把这项工作抓紧、抓实、抓好。计划外烧油的单位,从1980年起,一律改为烧煤。各级计划部门对在建和新建的烧油项目,要会同建设、设计部门重新审核,对其中不合理的烧油装置,要重新修改设计,把烧油改为烧煤。对原设计为烧油的发电机组,也要研究改烧煤或煤油混烧。科研部门要重视这个问题,列入研究计划。电力部应选择试点,取得经验,逐步推广。今后未经国家批准,任何部门和单位不得再新增烧油设备或新开烧油户。

目前,我国燃料油浪费相当严重。燃料油的消耗,先进与落后差距很大。据统计,每吨轧材耗油,全国重点企业平均为 81.5 千克,有的单位却高达 120 千克;每吨陶瓷耗油,湖南醴陵地区国光、永胜瓷厂为 980 千克,而有的高达 2 吨以上。我们的油耗同先进工业国家比,差距更大。耗油的差距大,说明节油的潜力也大。我们一定要加强定额管理,搞好计量、核销,改变用油"吃大锅饭"的现象。要实行燃料奖惩制度。燃料油消耗低于定额,可按节约价值提取一定的奖金,节约的燃料油归企业增产用。油耗超过定额幅度过大的,必须停产整顿。对这样的单位,供应部门暂不供油,有关的领导扣发工资,有关的人员不能得奖。

压缩烧油,节约用油,经济合理地利用石油资源,关系到国民经济调整和发展的全局,我们决不能掉以轻心,各级党委一定要把这一件大事摆在重要的议事日程,电力部、冶金部、石油部、化工部以及京、津、沪、辽等任务重的部门和省、市、区,主要负责同志要亲自挂帅,狠抓不放,把这项工作有成效地开展起来。

国务院副总理谷牧一行结束对日本的友好访问回到北京

国务院副总理陈慕华在北京分别会见以机械制造部副部长科·蓬扎鲁为团长的罗马尼亚贸易代表团和以农业部部长艾哈迈德·哈桑·穆萨率领的索马里农业代表团

国务院副总理王任重离开北京前往南斯拉夫 丹麦 荷兰和比利时四国访问

陪同王任重副总理访问的有:陕西省革委会副主任李尔重、国家农委副主任杜润生、国务院办公室副主任王伏林、农业部副部长朱荣、水利部副部长张季农等。

外交部部长黄华在北京会见葡萄牙共和国首任驻中国特命全权大使安东尼奥·雷萨诺·加西亚

中国代表团团长安致远在日内瓦举行的联合国禁用特定常规武器会议上发言

参加了这次会议的有包括中国和民主柬埔寨在内的 70 多个国家。中国代表团是第一次出席在日内瓦召开的讨论这类问题的会议。

这次会议是根据联合国大会 1977 年 12 月通过的一项决议召开的。在这次会议正式开幕之前,已经在这里开过两次预备会议。

预定这次会议要宣布禁止或限制的武器有:凝固汽油弹和可引起燃烧的其他武器,杀伤性武器,爆破性武器,定时炸弹以及某些种类的新式武器等。

中国代表团团长安致远在会议上指出:"不管是核武器也罢,还是常规武器也罢,两个超级大国必须首先裁军,它们对禁止或限制使用特定的常规武器应承担主要的责任。"

安致远说:"超级大国正在大规模研制、装备和使用这类武器。近年来一个超级大国大力扩充和发展各种常规武器,它利用已取得的巨大优势,作为扩张势力范围和进行政治讹诈的后盾,这反转来引起另一方面加强军备,常规军备竞赛正在加剧。它们把各自巨额军费开支的 80% 用于加强常规军事力量。"

他指出:"这次会议要审议的一些特定常规武器,超级大国不仅已经广泛地用来装备部队,而且已在一些地区的武装冲突中直接使用或通过代理人或雇佣军使用。它们这些行动构成了对国际和平与安全的威胁。因此,要消除战争的危险,必须把常规裁军置于与核裁军同样重要的地位。"

他说,目前世界各国人民"要求禁止或限制使用这类武器的呼声日益强烈,并且成为世界人民反对超级大国军备竞赛,争取真正裁军,反对世界战争,维护国际和平的斗争的一部分。"

他还指出,"要实行人道主义原则,必须把禁止或限制使用特定常规武器的斗争,同世界人民反对侵略扩张,反对殖民主义和大国霸权主义的斗争密切地结合起来",但是"不能影响第三世界和其他中小国家为了保卫国家安全和领土完整而发展自卫军备的权利"。

安致远在发言中还谴责了南非种族主义政权和以色列使用这类武器的野蛮行径。

安致远最后说:"中国代表团在这次会议上,将坚决支持那些既符合人道主义原则,又能坚决维护各国安全、维护世界和平的建议和提案。"

第四届全运会赛车场自行车比赛在太原举行

全运会赛车场自行车比赛在新建的太原市体育中心自行车赛车场开始举行。在当天进行的女子 2 公里团体赛预赛中,由陈立英、孙景琴、赵宁、刘桂梅组成的北京女队,以 2 分 35 秒 39 的成绩,打破了她们自己在 1978 年创造的 2 分 37 秒 04 的全国纪录。创造新纪录的北京女队刚刚下跑道,江苏女队接着也以 2 分 36 秒 94 的成绩,再次打破这个项目的全国纪录。江苏队的 4 名女运动员是宋美英、周祚慧、张风妹、张云芳。

参加这届全运会男、女赛车场自行车比赛的,有全国 15 个省、自治区、直辖市和解放军的代表队。他们将分别参加男女团体、个人共 12 个项目的比赛。

9月13日

第五届全国人大常委会第十一次会议闭会

下午举行的全体会议，听取了武新宇副秘书长关于委员们在两天讨论中对修改《中华人民共和国环境保护法(试行草案)》意见的汇报，原则通过了《中华人民共和国环境保护法(试行)》，还通过了《全国人民代表大会常务委员会关于省、自治区、直辖市可以在1979年设立人民代表大会常务委员会和将革命委员会改为人民政府的决议》。

会议根据国务院总理华国锋的提议，为了加强国务院的领导工作，决定任命姬鹏飞为国务院副总理。姬鹏飞担任国务院副总理后，就不再担任全国人大常委会副委员长、秘书长和委员。

在今天下午的全体会议上，国务院副总理余秋里受国务院委托，就华国锋总理提出设立司法部、第八机械工业部和地质部的议案作了说明。关于设立司法部，余秋里说，1959年司法部撤销后，其部分工作划归最高人民法院管理，但实际上最高人民法院无法兼顾，并且影响到人民法院审判工作的正常进行。现在，随着全国工作着重点的转移，要求进一步加强社会主义民主和社会主义法制，以巩固和发展安定团结、生动活泼的政治局面，保障四个现代化的顺利进行。五届人大二次会议通过的《中华人民共和国人民法院组织法》规定："各级人民法院的司法行政工作由司法行政机关管理。"为此，需要设立司法部。其主要任务是，统一掌管法院的机构设置；司法干部的管理、培训，包括高等政法院校的设置和管理；公证律师的建设，以及法制宣传、法令编纂、对外联络等项司法行政工作，以保证国家有关各项法律规定的实施。关于设立第八机械工业部，余秋里说，1975年国务院设立了第八机械工业总局。经过几年来的实践和考虑到工作需要，建议将第八机械工业总局改为第八机械工业部，以便对第八机械总局所属生产、科研、教育等企业事业单位加强领导和管理，为四个现代化多做贡献。关于设立地质部，余秋里说，1970年地质部撤销后，其工作由国家计委管理。1975年国务院设立了国家地质总局。随着国民经济的发展，地质工作为四个现代化建设所担负的任务日益繁重。为了适应四个现代化建设的需要，现有管理机构亟须加强。因此，建议将国家地质总局改为地质部。其主要任务是，领导和管理国家资源的普查、勘探，对全国长远的和年度的地质工作进行统一规划和安排并组织实施，对地质科学研究、技术干部的培训和地质机械、仪器仪表的生产等进行管理。

在听取了余秋里副总理的说明后，会议批准了华国锋总理提出的这一议案，决定设立司法部、第八机械工业部和地质部，并根据华国锋总理的提议，任命魏文伯为司法部部长，任命焦若愚为第八机械工业部部长，任命孙大光为地质部部长，任命张劲夫为国务院财政经济委员会副秘书长，免去张劲夫的财政部部长职务，任命吴波为财政部部长。任命郗占元为最高人民检察院副检察长。

会议还通过了其他任免事项。

全体会议由乌兰夫副委员长主持。彭真、谭震林、邓颖超、赛福鼎、周建人、许德珩、胡厥文、朱蕴山、史良副委员长出席了会议。最高人民法院院长江华、最高人民检察院检察长黄火青列席了会议。

全国人大常委会委员长叶剑英签署第二号常委会令公布《中华人民共和国环境保护法(试行)》

《中华人民共和国环境保护法(试行)》已由中华人民共和国第五届全国人民代表大会常务委员会第十一次会议于1979年9月13日原则通过，现予公布。

委员长　叶剑英

1979年9月13日

中华人民共和国环境保护法(试行)

第一章　总　则

第一条　根据中华人民共和国宪法第十一条关于"国家保护环境和自然资源，防治污染和其他公害"的规定，制定本法。

第二条　中华人民共和国环境保护法的任务，是保证在社会主义现代化建设中，合理地利用自然环境，防治环境污染和生态破坏，为人民造成清洁适宜的生活和劳动环境，保护人民健康，促进经济发展。

第三条　本法所称环境是指：大气、水、土地、矿藏、森林、草原、野生动物、野生植物、水生生物、名胜古迹、风景游览区、温泉、疗养区、自然保护区、生活居住区等。

第四条　环境保护工作的方针是：全面规划，合理布局，综合利用，化害为利，依靠群众，大家动手，保护环境，造福人民。

第五条　国务院和所属各部门、地方各级人民政府必须切实做好环境保护工作；在制订发展国民经济计划的时候；必须对环境的保护和改善统筹安排，并认真组织实施；对已经造成的环境污染和其他公害，必须作出规划，有计划有步骤地加以解决。

第六条　一切企业、事业单位的选址、设计、建设和生产，都必须充分注意防止对环境的污染和破坏。在进行新建、改建和扩建工程时，必须提出对环境影响的报告书，经环境保护部门和其他有关部门审查批准后才能进行设计；其中防止污染和其他公害的设施，必须与主体工程同时设计、同时施工、同时投产；各项有害物质的排放必须遵守国家规定的标准。

已经对环境造成污染和其他公害的单位，应当按照谁污染谁治理的原则，制定规划，积极治理，或者报请主管部门批准转产、搬迁。

第七条　在老城市改造和新城市建设中，应当根据气象、地理、水文、生态等条件，对工业区、居民区、公用设施、绿化地带等作出环境影响评价，全面规划，合理布局，防治污染和其他公害，有计划地建设成为现代化的清洁城市。

第八条　公民对污染和破坏环境的单位和个人，有权监督、检举和控告。被检举、控告的单位和个人不得打击报复。

第九条　凡进入或者经过中国领陆、领水、领空的外国人和外国的航空器、船舶、车辆、物资、生物等，必须遵守本法和其他有关环境保护的条例、规定。

第二章　保护自然环境

第十条　因地制宜地合理使用土地，改良土壤，增加植被，防止土壤侵蚀、板结、盐碱化、沙漠化和水土流失。

开垦荒地、围海围湖造地、新建大中型水利工程等，必须事先做好综合科学调查，切实采取保护和改善环境的措施，防止破坏生态系统。

第十一条　保护江、河、湖、海、水库等水域，维护水质良好状态。

保护、发展和合理利用水生生物，禁止灭绝性的捕捞和破坏。

严格管理和节约工业用水、农业用水和生活用水，合理开采地下水，防止水源枯竭和地面沉降。

第十二条　开发矿藏资源，必须实行综合勘探、综合评价、综合利用，严禁乱挖乱采，妥善处理尾矿矿渣，防止破坏资源和恶化自然环境。

第十三条　严格遵守国家森林法规，保护和发展森林资源，进行合理采伐，及时抚育更新，严禁毁林开荒、乱砍滥伐，防止森林火灾。

大力植树造林，绿化荒山荒地，绿化沙漠区和半沙漠区，绿化村庄、城镇和工矿区。要充分利用工厂、矿区、学校、机关内外和村旁、路旁、水旁、宅旁等一切零散空地，植树种草，实现大地园林化。

第十四条　保护和发展牧草资源。积极规划和进行草原建设，合理放牧，保持和改善草原的再生能力，防止草原退化，严禁滥垦草原，防止草原火灾。

第十五条　保护、发展和合理利用野生动物、野生植物资源。按照国家规定，对于珍贵和稀有的野生动物、野生植物，严禁捕猎、采伐。

第三章　防治污染和其他公害

第十六条　积极防治工矿企业的和城市生活的废气、废水、废渣、粉尘、垃圾、放射性物质等有害物质和噪声、震动、恶臭等对环境的污染和危害。

第十七条　在城镇生活居住区、水源保护区、名胜古迹，风景游览区、温泉、疗养区和自然保护区，不准建立污染环境的企业、事业单位。已建成的，要限期治理、调整或者搬迁。

第十八条　积极试验和采用无污染或少污染的新工艺、新技术、新产品。

加强企业管理，实行文明生产，对于污染环境的废气、废水、废渣，要实行综合利用、化害为利；需要排放的，必须遵守国家规定的标准；一时达不到国家标准的要限期治理；逾期达不到国家标准的，要限制企业的生产规模。

超过国家规定的标准排放污染物，要按照排放污染物的数量和浓度，根据规定收取排污费。

第十九条　一切排烟装置、工业窑炉、机动车辆、船舶等，都要采取有效的消烟除尘措施，有害气体的排放，必须符合国家规定的标准。

大力发展和利用煤气、液化石油气、天然气、沼气、太阳能、地热和其他无污染或者少污染的能源。在城市要积极推广区域供热。

第二十条　禁止向一切水域倾倒垃圾、废渣。排放污水必须符合国家规定的标准。

禁止船舶向国家规定保护的水域排放含油、含毒物质和其他有害废弃物。

严禁使用渗坑、裂隙、溶洞或稀释办法排放有毒有害废水，防止工业污水渗漏，确保地下水不受污染。

严格保护饮用水源，逐步完善城市排污管网和污水净化设施。

第二十一条　积极发展高效、低毒、低残留农药。推广综合防治和生物防治，合理利用污水灌溉，防止土壤和作物的污染。

第二十二条　加强对城市和工业噪声、震动的管理。各种噪声大、震动大的机械设备、机动车辆、航空器等，都应当装置消声、防震设施。

第二十三条　散发有害气体、粉尘的单位，要积极采用密闭的生产设备和生产工艺，并安装通风、吸尘和净化、回收设施。劳动环境的有害气体和粉尘含量，必须符合国家工业卫生标准的规定。

第二十四条　对有毒化学品必须严格登记和管理。对剧毒物品应当严加密封，防止在储存和运输过程中散漏。

对放射性物质、电磁波辐射等，必须按照国家有关规定，严加防护和管理。

第二十五条　严防食品在生产、加工、包装、运输、储存、销售过程中的污染。加强食品检验，不符合国家卫生标准的食品，严禁出售、出口和进口。

第四章　环境保护机构和职责

第二十六条　国务院设立环境保护机构，主要职责是：

（一）贯彻并监督执行国家关于保护环境的方针、政策和法律、法令；

（二）会同有关部门拟定环境保护的条例、规定、标准和经济技术政策；

（三）会同有关部门制定环境保护的长远规划和年度计划，并督促检查其执行；

（四）统一组织环境监测，调查和掌握全国环境状况和发展趋势，提出改善措施；

（五）会同有关部门组织协调环境科学研究和环境教育事业，积极推广国内外保护环境的先进经验和技术；

（六）指导国务院所属各部门和各省、自治区、直辖市的环境保护工作；

（七）组织和协调环境保护的国际合作和交流。

第二十七条　省、自治区、直辖市人民政府设立环境保护局、市、自治州、县、自治县人民政府根据需要设立环境保护机构。

地方各级环境保护机构的主要职责是：检查督促所辖地区内各部门、各单位执行国家保护环境的方针、政策和法律、法令；拟定地方的环境保护标准和规范；组织环境监测，掌握本地区环境状况和发展趋势；会同有关部门制定本地区环境保护长远规划和年度计划，并督促实施；会同有关部门组织本地区环境科学研究和环境教育；积极推广国内外保护环境的先进经验和技术。

第二十八条　国务院和地方各级人民政府的有关部门，大、中型企业和有关事业单位，根据需要设立环境保护机构，分别负责本系统、本部门、本单位的环境保护工作。

第五章　科学研究和宣传教育

第二十九条　中国环境科学研究院、有关的科学研究机构和大专院校应当大力开展环境科学基础理论、环境管理、环境经济、综合治理技术、环境质量评价、环境污染与人体健康、自然环境合理利用与保护等问题的研究。

第三十条　文化宣传部门要积极开展环境科学知识的宣传教育工作，提高广大人民群众对环境保护工作的认识和科学技术水平。

要有计划地培养环境保护的专门人材。教育部门要在大专院校有关科系设置环境保护必修课程或专业；在中小学课程中，要适当编写有关环境保护的内容。

第六章　奖励和惩罚

第三十一条　国家对保护环境有显著成绩和贡献的单位、个人，给予表扬和奖励。

国家对企业利用废气、废水、废渣作主要原料生产的产品，给予减税、免税和价格政策上的照顾。盈利所得不上交，由企业用于治理污染和改善环境。

第三十二条　对违反本法和其他环境保护的条例、规定，污染和破坏环境，危害人民健康的单位，各级环境保护机构要分别情况，报经同级人民政府批准，予以批评、警告、罚款，或者责令赔偿损失、停产治理。

对严重污染和破坏环境，引起人员伤亡或者造成农、林、牧、副、渔业重大损失的单位的领导人员、直接责任人员或者其他公民，要追究行政责任、经济责任，直至依法追究刑事责任。

第七章　附　则

第三十三条　国务院根据本法，可以制定有关环境保护的条例、规定。

国务院总理华国锋致电安哥拉政府临时首脑多斯桑托斯哀悼内图总统逝世

唁电全文如下：

罗安达安哥拉人民共和国政府临时首脑若泽·爱德华多·多斯桑托斯阁下：

惊悉安哥拉人民共和国总统阿戈什蒂纽·内图阁下逝世。我谨向阁下表示深切的哀悼，并请向内图总统的亲属转达我诚挚的慰问。

中华人民共和国国务院总理　华国锋

1979年9月13日于北京

国务院副总理李先念在北京分别会见荷兰前首相约普·登厄伊尔先生和以东京急行电铁公司总经理五岛升为团长的日本东急事业团友好访华团全体成员

河南省五届人大二次会议选举胡立教为省人大常委会主任 刘杰为省长

国务院副总理康世恩在北京会见新加坡经济发展局局长杨胜德一行

国务院副总理陈慕华在北京会见即将离任的布隆迪驻中国大使西蒙·萨宾博纳

全国政协副主席王首道前往伊朗驻中国大使馆吊唁伊朗革命委员会主席阿亚图拉·塔莱加尼逝世

9月14日

国务院总理华国锋在北京会见丹麦女王玛格丽特二世陛下和亨里克亲王殿下

会见时,华总理说,近几年来中丹两国的友好合作关系有了很大的发展。我相信女王陛下的这次访问,必将为加深两国之间的相互了解和友谊作出贡献。

玛格丽特女王说,这次访问对我们两国人民都是很重要的。

会见以后,华总理设宴招待丹麦贵宾。

丹麦外交大臣亨宁·克里斯托弗森和夫人,丹麦驻中国大使莫顿森和夫人等参加了会见和宴会。

参加会见和宴会的还有我国外交部部长黄华和夫人,外贸部部长李强,中国驻丹麦大使秦加林和夫人等。

全国政协政协举行各党派和无党派代表人士座谈会

政协全国委员会于9月14日至21日举行各党派和无党派代表人士座谈会,就调整部分农副产品的购销价格和提高部分职工工资问题、加速农业发展问题和总结新中国成立以来的工作问题,进行座谈讨论和民主协商。

中共中央主席华国锋出席了座谈会,并在座谈会开始时讲话。他说,调整部分农副产品的购销价格和提高部分职工工资问题、加速农业发展问题和总结新中国成立以来的工作问题,都是关系到国计民生的重大问题,因此,需要和各党派和无党派的朋友们民主协商,听取大家的意见,以利于做好这些工作。在座的各位同志都是我们党多年的老朋友了,30年来我们是一起走过来的。在过去的年代里,大家同我们党合作共事,做了许多工作,在新的长征中,我们相信各党派和无党派的朋友一定能作出更大的贡献。

中共中央政治局委员、中共中央统战部部长乌兰夫在座谈会上说,召开民主协商会议,各党派和无党派人士在一起,对党和政府的重大方针政策问题进行民主协商,这是毛泽东同志、周恩来同志开创的优良传统。在林彪、“四人帮”横行期间,这个传统被破坏、被中断了。现在,这个传统得到了恢复,相信各党派和无党派的朋友一定能解放思想,踊跃发言,对党和国家的重大方针政策发表意见。

座谈会上,国务院副总理姚依林就调整部分农副产品的购销价格和提高部分职工的工资问题作了说明,中共中央副秘书长胡乔木就总结新中国成立以来的工作问题作了专题发言。

在座谈中,到会人士畅所欲言,各抒己见,对民主协商的三个问题发表了许多好的意见和建设。

出席座谈会的有中共中央负责同志和各党派、无党派人士以及其他爱国人士:邓颖超、方毅、彭真、康克清、王首道、刘澜涛、杨静仁、平杰三、李维汉、周扬、朱蕴山、王昆仑、陈此生、刘斐、朱学范、屈武、甘祠森、吴茂荪、史良、胡愈之、楚图南、李文宜、孙起孟、孙晓村、周建人、叶圣陶、徐伯昕、葛志成、季方、严信民、徐彬如、黄鼎臣、伍禅、许德珩、潘菽、茅以升、严济慈、孙承佩、蔡啸、田富达、徐萌山、胡子昂、荣毅仁、许涤新、沙千里、吴雪之、罗叔章、胡子婴、董其武、庄希泉、班禅额尔德尼·确吉坚赞。

中共中央和国务院决定从党中央和国务院各部门抽调1000多名干部接待目前在北京上访的各地群众

新华社报道,粉碎“四人帮”以来,林彪、“四人帮”推行极左路线所造成的大量冤案、错案、假案已经基本上昭雪和纠正了,历次运动中遗留下来的很多问题也已基本上得到解决,党的有关政策在很大程度上得到了落实。但是,在部分地区和部分单位,有少数冤案、错案、假案还没有得到彻底平反昭雪,政策还没有认真、完全得到落实,当事人因而多次来京上诉。有的上访人员回到本地后,还受到了打击报复。目前滞留北京的上访群众,有70%—80%是重复来京上诉的。中共中央和国务院为此抽调干部专门处理上访问题,以便使他们的问题得到妥善解决。

中共中央办公厅负责人冯文彬向参加处理上访问题的中央机关1000多名干部讲了话。他说,大量事实证明,许多上访人员确有冤情,我们应对他们寄予高度的同情。迅速地彻底地做好这个落实人的政策中的扫尾工作,将进一步巩固有关地区安定团结的政治局面,使那里的干部、群众能够同心同德地、全力以赴地进行社会主义现代化建设。因此,这是一件大事。这样做,也有助于那些地方进一步肃清林彪、“四人帮”极左路线的流毒,有助于扫除封建习惯势力、官僚主义、萎靡不振和墨守成规的现象。

冯文彬指出,党的十一届三中全会和五届人大二次会议的精神,是我们进行这项工作的方针和武器。他要求中央机关参加处理这些上访人员问题的干部,在工作中旗帜鲜明,严肃认真,大力恢复和发扬党的优良传统和优良作风,以加强党同人民群众的血肉联系。陪同上访人员下去的人员,主要任务是督促、协助各级党委、政府和有关部门切实解决确有冤情的上访人员的问题。要通过这项工作,考察和调整一些地方的领导班子。对一些顽固地坚持错误,阻挠、破坏党的政策的落实,打击、迫害上访人员的人,要积极建议地方党政组织予以严肃处理。要使他们懂得，粉碎“四人帮”之后，特别是在党的三中全会之后，党的方针政策，必须不折不扣地予以贯彻执行。已经调查得清清楚楚、应该落实的问题，硬是顶着、骗着不落实，是绝对不许可的。这些人当中也有无政府主义和极端个人主义的问题，必须坚决反对。

冯文彬接着说，同时，对少数上访人员中的无政府主义和极端个人主义思想倾向，也要进行批评。要向他们做工作。这些人总认为自己什么都对，别人什么都不对，因而不那么讲道理。对那种出于个人目的而无理取闹，甚至捣乱闹事，蓄意破坏社会秩序、生产秩序、工作秩序的人，则要依法予以制止。

《人民日报》发表社论《不结盟运动继续前进》

在哈瓦那举行的第六次不结盟国家和政府首脑会议，经过尖锐复杂的7天会内会外斗争之后，已经闭幕。会议通过的《政治宣言》坚持了不结盟运动的基本原则，挫败了苏联走卒古巴妄图使不结盟运动与苏联结盟的阴谋。这是这次首脑会议所取得的重大成就。

这次首脑会议是在不结盟运动面临内外空前巨大的压力下召开的。自从第五次不结盟国家和政府首脑会议以来，随着苏美两个超级大国争夺世界霸权的加剧，自称为不结盟运动“天然盟友”的苏联社会帝国主义，加紧干涉和分裂不结盟运动，妄图把不结盟运动纳入它同美国争霸的轨道。它利用不结盟国家之间存在的某些分歧，挑起事端，制造矛盾，把不结盟国家分为所谓“进步的”和“反动的”两类，蓄意分裂不结盟运动。它指使古巴、越南对其他不结盟国家进行武装干涉和野蛮入侵，公然践踏《联合国宪章》和不结盟运动的基本原则。它利用古巴在不结盟运动内部进行破坏活动，企图使不结盟运动与苏联结盟，改变不结盟运动的宗旨和方向。正是由于苏联的这些狂妄阴谋，不结盟运动面临着严重的危机。不结盟运动的绝大多数成员国，坚持不结盟运动的基本原则和正确方向，与破坏和分裂不结盟运动的内外势力进行斗争，这种斗争越来越尖锐，它必然要反映到这次首脑会议上来。

在这次首脑会议上，古巴利用它的东道国地位，采取种种极其粗暴和卑劣的手段，操纵会议，控制发言，妄图使这次首脑会议按照苏联破坏不结盟运动的蓝图进行，把不结盟运动纳入苏联全球战略的轨道。它在为会议起草的《宣言》草案中，变相贩卖苏联的“天然盟友”论，反复强调不结盟运动必须与所谓“进步力量”、“进步国家”，实际上就是与苏联挂钩“合作”。它在开幕词中，只字不提世界上存在集团、集团对抗和超级大国对霸权的争夺，喋喋不休地谈论同苏联保持密切关系的重要性，甚至以不能对苏联“忘恩负义”为理由，强迫其他不结盟国家接受古巴的观点。

古巴当局这种公然背叛不结盟运动、露骨为苏联社会帝国主义效劳的丑恶行径，得到越南的配合和苏联的喝彩，却遭到了广大不结盟国家的抵制和反对。在大会的许多发言中，一致强调必须维护和坚持不结盟运动独立、自主和非集团的基本原则。不结盟运动创始人之一铁托总统义正词严地指出，不结盟运动“从一开始就坚持反对集团政策和外国统治，反对形形色色的政治和经济霸权，我们从来不同意充当任何人的橡皮图章或后备军，因为这同不结盟政策的实质是不相容的。”广大不结盟国家坚持斗争，对那个“充满古巴观点”的宣言草案进行了重要修改，在大会通过的《政治宣言》中，再次强调了不结盟运动的基本原则是反对超级大国的政治或集团的政治，反对殖民主义、帝国主义、新殖民主义、种族隔离、各种形式的侵略、占领、干涉或外国霸权，使古巴及其幕后操纵指使者苏联改变不结盟运动基本原则与方向的阴谋活动遭到了可耻的失败。

会议一开始就引起激烈争论的是民主柬埔寨的席位问题。在与越南密谋下，古巴强行操纵会议，排斥民主柬埔寨的代表，企图把越南傀儡柬埔寨韩桑林卖国集团硬塞进会议，使越南侵略柬埔寨合法化。但是，许多主持正义的不结盟国家捍卫不结盟运动基本原则，强烈谴责越南侵占柬埔寨，抵制古巴的卑劣手段，批驳了古巴阻止民主柬埔寨代表参加会议的种种谬论，严正地宣布“不应承认由于外国对柬埔寨的军事干涉所造成的局面”，指出古巴阻止民主柬埔寨代表出席会议为“破坏不结盟运动的一切规章和程序”“开了一个严重的先例”。由于广大不结盟国家的斗争，金边傀儡政权的代表未能与会。尽管如此，由于苏联、古巴、越南等国玩弄手法，终于使民主柬埔寨代表也未能出席会议。他们大吹特吹，把这种违反多数成员国意志的结果渲染为什么“伟大的胜利”。“一叶知秋”，人们从中也看出了它们的狂妄野心。

这次首脑会议还决定，把协调局的成员国从25个国家增加到36个。这是不结盟国家关系中加强民主化的一项重要措施。但是古巴在会上那种蛮横霸道的行径，使人对于新的协调局是否能够民主地进行工作，不能不表示怀疑。

在会议以前和会议期间，苏联开动它的宣传机器，对不结盟运动指手画脚，大肆鼓吹它那套要不结盟运动同苏联结盟的政治路线，吹捧它的走卒古巴和越南，力图抬高打手们的身价。同时，苏联同古巴、越南在会场内外互相呼应，恶毒诬蔑中国是不结盟运动“最危险的敌人”，攻击中国“分裂不结盟运动”，要使运动“偏离”它的最终目标，等等，它们企图以这类向壁虚构的谎言,搅乱广大不结盟国家制止古巴破坏不结盟运动的努力。但是它们的反华表演极其丑恶,不但没有获得什么响应,反而引起广大不结盟国家的厌恶。因为事情很清楚,中国虽然不是不结盟运动的成员国,但是中国一向高度评价不结盟运动独立自主和非集团的宗旨和政策,一贯支持它反帝、反殖、反对种族主义、反对一切外来的统治和霸权的正义立场。中国一向衷心希望广大不结盟国家能够加强团结和合作,排除外来干涉,和平解决彼此间的争端和分歧,使不结盟运动在维护各国的主权、发展民族经济和文化、建立新的国际经济秩序和争取世界和平的斗争中,发挥更大的作用。中国对不结盟运动的光明磊落的立场,是有目共睹的,是同广大不结盟国家坚决维护不结盟运动基本原则的立场一致的。

苏联及其走卒古巴、越南对中国的恶毒诬蔑,实质上是指桑骂槐,其矛头也是指向反对苏联及其代理人的破坏活动的广大不结盟国家的。这只能更加证明正是苏联才真正是不结盟运动的最危险的敌人。

第六次不结盟国家和政府首脑会议上出现如此尖锐的斗争,不是偶然的。近几年来,苏联凭着它日益加强的军事力量,大大加强了它的冒险性。它自居第二线,大力利用古巴和越南雇佣军,到处侵略扩张,气焰十分嚣张,使非洲、中东、亚洲以及拉丁美洲一些重要地区局势更加紧张与更加动荡不安。在这种形势下,古巴、越南才敢于奴仗主势,公然在不结盟运动内部大唱反调。但是,这次首脑会议表明,广大不结盟国家只要坚持原则,坚持团结,坚持斗争,那么任何破坏和分裂不结盟运动的阴谋诡计都是可以挫败的。这次会议使广大不结盟国家更看清了古巴、越南这些所谓"不结盟国家"的真面目,看到了自己团结斗争的力量,这是一件很好的事情。可以预料,在不结盟运动前进的道路上,古巴、越南在苏联的指使下,必然会设置重重障碍,特别是古巴当局将滥用它的"主席"职权,推进苏联破坏不结盟运动基本原则与方向的阴谋活动。但是,第六次不结盟首脑会议证明,广大不结盟成员国的集体意志是不可抗拒的,它们必将克服一切困难,遵循自己的固有道路继续胜利前进!

《人民日报》发表冯文彬文章《坚持毛泽东同志倡导的辩证唯物主义思想路线》

3年前,中国人民失去了伟大的领袖和导师毛泽东同志,面临"四人帮"发动反革命颠覆的严重威胁。党中央执行人民的意志,英明果敢地一举粉碎"四人帮",挽救了党和民族的危机。这3年来,我们党领导全国人民,经历艰难复杂的斗争,使遭受林彪、"四人帮"严重破坏的政治、军事、经济、文化各条战线的工作,重新回到了马列主义、毛泽东思想的轨道。

今天,党的思想战线的重要任务,就是坚持毛泽东同志为我党确立的辩证唯物主义思想路线。辩证唯物主义和历史唯物主义,是马列主义、毛泽东思想的核心,是制定正确的政治路线的理论基础。我们继承和捍卫毛泽东思想,首先要坚持毛泽东同志的一切从实际出发,实事求是,理论联系实际的思想路线。粉碎"四人帮"以来我们取得的一切胜利,归根到底是辩证唯物主义思想路线的胜利。我们在今后实现四个现代化的征途上,每一步都不能离开辩证唯物主义思想路线。承认不承认实践是检验真理的唯一标准,是能否真正坚持马列主义、毛泽东思想的试金石。

思想路线是政治路线的基础

毛泽东同志倡导的辩证唯物主义思想路线,是通过延安整风在全党确立起来的。遵义会议以前,我们党犯过陈独秀的右倾路线和瞿秋白、李立三、王明的"左"倾路线的错误。那几次右的和"左"的政治路线,所以能够在一个时期内占统治地位,根本的原因,是党内没有确立辩证唯物主义的思想路线,没有形成对中国国情进行实事求是的调查研究的习惯。只有经过实践,经过多次胜利和失败的比较,从实际出发对中国社会进行周密的调查研究,在党和人民的集体奋斗中,才形成了马列主义普遍真理同中国革命具体实践相结合的毛泽东思想。

我最初在毛泽东同志身边工作是20年代末在中央苏区。那时,毛泽东同志任红四军前敌委员会书记,我在前委做一点秘书工作。那时行军打仗,每到一个地方,毛泽东同志都要阅读研究当地能搜集到的各种报纸。有一次,因为一时疏忽,把报纸失掉了。毛泽东同志批评我说,不看报纸,不清楚国内外、省内外、区内外情况的变化,就打不了胜仗,以后要想办法找报纸、保管好报纸。毛泽东同志在紧张的战争间隙,还常常亲自深入群众做社会调查。如到寻乌,写了《寻乌调查》一文,可惜后来在战争中遗失了。以后又陆续写了《兴国调查》《长冈乡调查》《才溪乡调查》等,到延安后汇集起来,出过一本《农村调查》。毛泽东同志在这本书的序言中特别申明:"出版这个参考材料的主要目的,在于指出一个如何了解下层情况的方法,而不是要同志们去记那些具体材料及其结论。"这种方法,就是辩证唯物主义的方法。毛泽东同志在我们党内,最早认识到一切从实际出发,实事求是,理论联系实际,是制定正确的政治路线的基础。正确的政治路线不是从天上掉下来的,也就是说,不能单纯依赖本本和共产国际的指示,要靠中国共产党人通过自己的实践,才能找到中国革命的规律。

遵义会议从军事上纠正了王明的"左"倾路线,建立了毛泽东同志的领导,但是全党还没有达到思想上的统一。到陕北以后,毛泽东同志就从思想路线入手,解决党内两条路线的争论。那时我在保安红军大学旁听毛泽东同志讲课,还听了他在党的六届六中全会上的结论,他都用辩证唯物主义的立场、观点、方法总结第二次国内革命战争的经验,从自己的实战经验出发研究中国革命战争的规律,从思想路线的高度分析了两条对立的政治路线和军事路线,我们听了感受很深。

整风期间,毛泽东同志更加系统地在党内提出了两条思想路线的问题。他发表了《改造我们的学习》《整顿党的作风》《反对党八股》等演说。这些演说以及以前在抗大讲的《实践论》《矛盾论》,贯穿的一个中心思想,就是要在全党确立辩证唯物主义的思想路线。从遵义会议到党的七大,经过整整十年,我们党终于在毛泽东同志领导下,在辩证唯物主义思想路线的基础上,达到了空前的巩固和团结,制定了七大的政治路线。

从七大到八大这一段时期,是我们党历史上最兴旺发达的时期,全党同心同德,胜利一个接着一个。这是什么道理呢?就是因为我们党肯定地、明确地解决了思想路线问题,把辩证唯物主义的思想路线作为党的政治路线的基础,把一切从实际出发,实事求是,理论联系实际,作为全党的行动准则。这是我们党取得胜利的一条根本经验。后来的事实表明,我们党什么时候离开了辩证唯物主义的思想路线,政治路线就发生偏差,我国的政治、军事、经济、文化各条战线的工作就遭受挫折;什么时候回到了辩证唯物主义的思想路线,我们的错误就迅速得到纠正,各条战线的工作就继续前进。

林彪和"四人帮",就是用破坏辩证唯物主义思想路线这个基础的办法来动摇党的政治路线的。50年代后期,林彪当了国防部部长以后,系统地提出了一条同辩证唯物主义思想路线相对立的形而上学唯心主义路线。他在1959年9月全军高级干部会议上开始提出所谓"学习马克思列宁主义的捷径",以后又采取各种方式,把学习马列同学习毛泽东思想对立起来,反对完整地掌握马列主义、毛泽东思想的科学体系。对马列主义、毛泽东思想任意割裂肢解,主张死背语录,不顾时间地点条件生搬硬套毛泽东同志的片言只语,鼓吹天才论和现代迷信,把毛泽东思想从科学变成宗教教条。这条唯心主义形而上学的思想路线,极其严重地破坏了延安整风以来在全党建立起来的辩证唯物主义思想路线,扼杀了马列主义、毛泽东思想的生机。1966年至1976年间在全国造成巨大灾难的林彪、"四人帮"的极左政治路线,就是在这条形而上学唯心主义思想路线的基础上发展起来的。虽然毛泽东同志对林彪、"四人帮"的思想路线曾经作过多次批判,1970年批陈伯达,1971年批林彪,1974年至1975年批"四人帮",都着重批判过他们的唯心主义和形而上学,但是由于当时"四人帮"和那个顾问篡夺了党在思想战线的领导权,这些批判没有收到应有的效果。

粉碎"四人帮"以后,我们党能不能够回到辩证唯物主义思想路线上来,成为拨乱反正的一个根本问题。如果我们不能从思想路线上战胜林彪、"四人帮"的形而上学唯心主义,就不能打碎现代迷信的精神枷锁,就不可能彻底纠正危害全党10年之久的极左的政治路线和组织路线。有的同志虽然赞成粉碎"四人帮",但是在思想路线上不愿意回到一切从实际出发、实事求是、理论联系实际的毛泽东思想轨道上来。他们继续坚持现代迷信,坚持两个"凡是",反对实践是检验真理的唯一标准这个马列主义、毛泽东思想的根本原则,既不准纠正旧错误,又不准提出新问题。这就堵塞了一切前进的道路。然而党和人民要前进,要实现四个现代化。要前进要实现四个现代化就必须实事求是,解放思想,打破思想僵化,打破现代迷信。一场思想路线的争论就不可避免了。

从去年5月起,我国思想战线上展开了坚持实践是检验真理的唯一标准还是坚持两个"凡是"的讨论。党的三中全会高度评价了这场讨论的重大意义,批评了两个"凡是"是违反毛泽东思想的,重新肯定了延安整风以来在全党建立起来的辩证唯物主义思想路线,为全党工作着重点转移到现代化建设上来奠定了思想基础。

通过真理标准的讨论,通过党的三中全会和五届人大二次会议,我们已经肯定地、明确地把毛泽东同志为我党确立的辩证唯物主义思想路线恢复起来,作为制定政治路线的基础。但从各地区、各部门、各单位的具体情况来看,思想路线讨论的进展很不平衡,人们对三中全会方针的认识水平参差不齐。有的认识明确,行动坚决;有的不那么明确坚定,摇摇摆摆;还有少数是抵触甚至反对的。这也并不奇怪。在我党历史上,辩证唯物主义思想路线不是轻而易举地确立起来的。我们党曾经用了十年清算王明的教条主义,这一次林彪、"四人帮"的极左,比王明路线时间更长,流毒更深更广,当然不可能一个早上就在思想上取得统一的认识。但是我们有了延安整风的经验,有了延安整风以后30多年正反两方面的经验,只要善于从历史中吸取教训,进行好思想路线的学习,我们完全有可能比较快地统一到毛泽东思想基础上来,保证今后较长时期不再发生大的曲折,比较顺利地实现四个现代化的伟大目标。

两条思想路线的根本分歧

当前我们进行思想路线学习,首先要弄清的一个问题是:什么叫坚持马列主义、毛泽东思想?对待马克思主义的理论,历来有两种对立的态度。一种是理论和实际相结合,是毛泽东同志一贯倡导的科学态度。另一种是理论和实际相脱离,是毛泽东同志在延安整风中着重批判过的主观主义、教条主义态度。这是两条思想路线的根本分歧。

粉碎"四人帮"以后,有的同志坚持两个"凡是",反对实践是检验真理的唯一标准,也属于毛泽东同志早已批判过的主观主义、教条主义态度。它同林彪、"四人帮"鼓吹的现代迷信,在思想体系上是一个东西,都属于形而上学唯心主义的思想体系,是"句句是真理"、"永远按既定方针办"的另一种表现形式。

三中全会批判了林彪、"四人帮"的极左路线和现代迷信,同时也批评了两个"凡是",从实际出发解决历史遗留下来的一系列重大问题,对过去的一些政治口号、政治估计和政策做了改变和调整,是完全正确、完全必要的。五届人大二次会议发展了三中全会的成果,对于一些思想理论和方针作出了新的合乎客观实际的科学概括,比如对我国阶级状况和阶级斗争的估计,主要矛盾问题,以及国民经济的调整、改革、整顿、提高的方针等。这些符合我国社会的客观实际,符合实现四个现代化客观规律的新的观点和方针,得到了全国人民的热烈拥护。

有些人对党中央这一系列拨乱反正的理论和实践持怀疑态度,认为这些理论和实践违反了毛泽东同志过去说过的这句话或者那句话,是"砍旗"!似乎只有像他们那样,过去说过的不许动,过去没有说过的不准说,才是"举旗"!这种态度显然是错误的。如果党中央不从今天国内外的实际出发,改变过去一些不符合客观实际的理论观点、方针政策和决定,怎么可能消除极左路线的恶果,调动一切积极因素,把社会主义事业继续推向前进?大家看得很清楚,粉碎"四人帮"近三年来,究竟是谁继承和发展了毛泽东同志的事业?究竟是谁坚持了毛泽东思想的真理?不是那些拿"砍旗"当棍子打人的英雄豪杰,而是敢于拨乱反正、扭转乾坤的党中央和全国人民!我们虽然失去了伟大的导师毛泽东同志,由于党中央在辩证唯物主义思想路线基础上团结一致,敢于有所作为,才能够在1000多天里收拾好了林彪、"四人帮"破坏造成的混乱局面,使毛泽东同志和他战友们开创的社会主义事业得到迅速的恢复和发展。广大人民和国际有识之士对这个时期党中央的领导水平评价很高,认为我们现在的党中央完全有资格有能力领导中国取得新的胜利!对这一点产生怀疑是没有根据的。

我们对于三中全会以后在思想路线问题上存在模糊认识的同志,要作实事求是的具体分析,认真做好思想工作,帮助他们肃清形而上学唯心主义的流毒,克服思想僵化,坚定地站到正确的思想路线上来。从我了解到有一些干部对思想路线的错误认识,大致有以下几种情况:

有的同志对改变过去一些不符合实际的理论观点、形势估计或政策措施思想不通,是出自朴素的感情。他们的主观动机是想维护毛泽东思想旗帜,但由于思想路线不对头,结果是损害了毛泽东思想的根本原则,损害了辩证唯物主义和历史唯物主义,维护了形而上学唯心主义。他们看事情凭自己的"感情",把"感情"当作检验客观真理的标准,因此往往不能掌握和运用马列主义、毛泽东思想的立场、观点和方法,从实际出发,从全党和全国人民的根本利益上观察问题、分析问题,抓住事情的本质。由于我国历史上长期是小生产占优势的封建社会,这些同志的朴素感情,还没有摆脱小生产的狭隘眼界。例如对待领袖的态度,就带有封建迷信色彩。这种朴素感情,如果不能通过马克思主义理论学习和实际锻炼,从各种形而上学、唯心主义的迷信中解放出来,从封建专制主义和小生产的落后性、盲目性中解放出来,上升到无产阶级先进战士的水平,就会成为科学地认识世界和改造世界的障碍。这是第一种。

有的同志,头脑里极左路线的流毒较深,旧的精神枷锁没有打掉,又套上新的精神枷锁,跳不出林彪、"四人帮"的思想体系。他们平时不读书不看报,手里并无本本,脑中也没有多少条条,主要是思想僵化,不了解新情况,不研究新问题,不学习新本领。办一切事情,只是昂首望天,从上级文件里面查根据;不是眼睛向下,到人民群众中间作调查。看不见客观世界日新月异的变化,看不见人民群众丰富多彩的创造,因此,对粉碎"四人帮"以来,特别是三中全会以来拨乱反正的一系列新的理论、方针、政策、措施迷惑不解、半信半疑,思想老是跟不上。他们感到旧办法不灵了,新办法又不去学习掌握,在新情况、新问题面前束手无策,埋怨弯子转得太快了。这是第二种。

有的同志,在林彪、"四人帮"横行的时候,说过一些错话,做过一些错事,也多少得到过一点利益,本来问题不大,如不讳疾忌医,把个人得失抛开,内伤外伤不难治好,群众也能谅解。但他们想不开,患得患失,怕否定自己。有的还要硬充好汉,摆出"一贯正确"的架势,坚持两个"凡是"。你要对那件事拨乱反正吗?那件事里面有他的一份,他名曰维护旗帜,其实维护自己。谁要碰一碰他,他就抡起"砍旗"的棍子打人。他们实际上坚持林彪、"四人帮"的极左路线和形而上学唯心主义思想体系,对三中全会的战略方针阳奉阴违,甚至搞派性,拉山头,或明或暗地打击坚持实践是检验真理唯一标准的同志。这是第三种。

还有极少数是林彪、“四人帮”的残渣余孽。他们现在不能再打林彪、“四人帮”的旗子,就改头换面,打起毛主席的旗帜,攻击粉碎“四人帮”以后特别是三中全会以来党中央的马克思主义路线。他们甚至造谣诬蔑中央领导同志和老一辈无产阶级革命家,进行挑拨煽动,妄图分裂党和人民,把中国的历史拖回到林彪、“四人帮”横行的那个黑暗时代去。

这几种情况中,前面两种是思想认识问题,要通过思想路线的学习,提高马列主义、毛泽东思想的水平。第三种人,除了思想认识问题之外,还有一个克服私心杂念,同林彪、“四人帮”思想体系实行决裂的问题。在历史的转折关头,一些同志一时思想跟不上是可以理解的,大家应当诚恳、热情地帮助他们前进,使他们跟上新的形势。同时也必须严肃指出,如果有的同志坚持在错误的思想路线上走下去,就不可能与党和人民同心同德实现四个现代化,党和人民不能永远等待下去,贻误我们的事业。历史是无情的。我们应当自觉地跟上人民的前进步伐,不要被滚滚向前的历史潮流抛到一边去。对极少数林彪、“四人帮”残余分子敌视党的路线、敌视人民利益的活动,必须提高警惕,揭穿他们的诡计,批判他们的反马克思主义路线,使我们队伍的广大同志受到教益,更加自觉地在辩证唯物主义思想路线基础上团结起来。

解放思想必须面向实际

我们要把这一次辩证唯物主义思想路线的学习进行得好,重要的问题是必须认真面向实际,联系思想和工作,总结30年来正反两方面的经验,既要敢于破,又要善于立。就是说,既要继续冲破禁区,又要研究和解决实现四个现代化进程中最迫切的实际问题。要注意防止停留在形式上的表态或者在抽象概念和枝节问题上争论不休。农业、工业、商业、军事、外交、党务、政法、民运、科学、教育、文艺等各条战线,都要遵循实践是检验真理的唯一标准这个马克思主义的基本原则检查一遍我们走过的道路。实践证明做对了的要坚持下去;实践证明做错了的要坚决改正。要结合那里存在的实际问题深入批判极左路线,把人们的思想真正统一到三中全会的方针政策上来。

三中全会以来,我们对极左路线的批判大大前进了一步。这条极左路线在中国大地上横行达10多年之久,在思想理论和实际工作方面的流毒和影响不可低估。在三中全会以前,没有对这条极左路线进行全面的系统的批判,是可以理解的。人们开始注意到的是林彪、“四人帮”篡党夺权的阴谋活动,逐步地再认识到他们那些反革命活动是在一条极左路线的掩护下进行的。由于这条极左路线常常打着“高举”的旗号,不像他们的反革命阴谋活动那样容易识别。看清楚这条极左路线需要有一个过程。这是合乎思想认识的规律的。真理标准的讨论,为系统地批判这条极左路线开辟了道路。三中全会肯定这场讨论的重大意义以后,才在全国范围内开始了对这条极左路线的广泛批判。现在对极左路线的批判还存在一些阻力。有些地方对极左思潮批判过一阵又有回潮,有些地方根本没有认真批判,思想僵化半僵化的状态在一部分干部中还相当严重,一系列思想理论和实际工作方面的拨乱反正往往遭到不同程度的抵制,有些冤案错案至今没有平反,有些思想禁区至今没有冲破。党在经济、文化、教育、科技等各条战线的政策至今在一些地方没有落实和调整好。这种情况,严重地影响了工作着重点的转移。三中全会已经明确地解决了思想路线问题,现在还坚持两个“凡是”,或者对批判极左路线徘徊观望,就不对了。我们要在真理标准讨论补课中结合这些问题对极左思潮进行一次普遍的深入的批判,使人们的思想从极左路线的枷锁中彻底解放出来。各部门、各地区、各单位的主要负责干部,要带头批判极左路线。经验证明,哪里的领导思想解放,旗帜鲜明,敢于批判极左路线,哪里干部和群众就容易统一到正确的思想路线和政治路线上来。

解放思想,要从调查实际情况出发,研究客观规律,掌握客观规律,照客观规律办事。社会主义社会的规律是不以个人意志为转移的客观存在。违反了社会主义的客观规律,社会就不能前进,就会受到惩罚甚至遭到灾难。我们过去的实践已经证明了这个真理。我们应当接受历史的教训,在今天的现代化建设中充分尊重社会主义社会的客观规律。思想路线正确与否,就是能否如实反映社会主义社会客观存在的规律性。不但社会主义经济有客观规律,社会主义上层建筑也有客观规律。社会主义的国家制度,党和政府以及各群众团体的关系,社会主义的教育、科学和文化事业的发展等等,都有客观规律可循,任何人都不能随心所欲地违背它,破坏它。林彪、“四人帮”那条极左路线的思想基础就是主观唯心主义或唯意志论。它不仅严重破坏了社会主义经济的客观规律,而且严重破坏了社会主义上层建筑的客观规律,乱党乱军乱政,摧残教育科学,毁灭文学艺术,把社会主义上层建筑包括各个文化领域的客观规律统统踩到封建法西斯铁蹄之下,给我国的社会主义政治文化带来了灾难性的破坏。我们现在要进行的经济体制的改革和经济结构的调整,我们现在要进行的国家的民主化和干部结构的改革等等,就是要遵循社会主义各个领域的客观规律,研究它,掌握它,实事求是地改变那些不符合社会主义经济和社会主义政治的客观规律要求的经济基础和上层建筑中的不适应部分。

我们应当预计到，不论是经济的改革还是政治的改革，都会遇到许多矛盾和困难。有的人由于思想僵化和旧的习惯势力，有的人由于怕触及自己的或本单位局部的政治经济利益，都可以成为改革的障碍。先进分子不但要有辩证唯物主义的实事求是精神，而且要有大公无私的自我牺牲精神，才能带领人民去攻克政治经济改革的堡垒。比如在经济改革和政治改革中，为了全国人民的整体利益，可能某些时候要缩小某些部门和某些领导人的经济利益和政治权力，这是不可避免的。我们的先烈为人民事业献出了生命，难道我们为了改革，为了人民的幸福，一点小小的个人利益和局部利益也不能牺牲吗？我们应当努力达到先烈们的精神境界，为了人民的事业，同一切个人主义、宗派主义、派性、闹名誉地位、特殊化等等低级趣味的东西实行彻底的决裂。无论前途有多少艰难险阻，都不应使我们在解放思想、立志改革的道路上有丝毫畏惧或退缩。

我国9亿人民的思想解放，将成为推动社会改革和生产力蓬勃发展的伟大精神力量。大到全国性的经济改革和政治改革，小到一个生产队、一个车间、一个商业服务点的建设，都要依靠群众，解放思想。一个生产队解放了思想，因地制宜地充分利用每小块土地、水面和山头，就能大大增加生产和提高人民的生活。全国人民解放了思想，我国的经济、政治、文化生活面貌肯定会发生伟大的变化，这是毫无疑义的。

现在我们正处在重要的历史转折关头，我们必须敢于面对国际国内层出不穷的新情况、新问题，进行创造性的理论研究，提出新的见解，新的办法，解决新的矛盾。马列主义、毛泽东思想的科学，必将在这个新的历史时期，同人民群众的新的实践相结合，在解释和解决我国和世界出现的新情况、新问题中生气勃勃地向前发展。

中共中央批准北京大学党委为马寅初先生彻底平反恢复名誉的决定

经党中央批准，中共北京大学党委召开有校系党政领导干部和工会、学生会、共青团、各民主党派以及知名教授等各方面代表100多人参加的干部会议，为马寅初先生彻底平反，恢复名誉。

教育部副部长周林，在会上宣布了中共中央批准的中共北京大学党委关于为马寅初先生平反的决定。决定说，马寅初先生是我国著名的经济学家、教育家、无党派爱国人士。1955年以后，他就人口问题和综合平衡问题发表过一些文章和讲话。1958年我们对马寅初先生错误地进行了点名批判。1959年那个“理论权威”插手，混淆了学术和政治问题的界限，对马寅初先生又进行了几次全校规模的批判，并给马寅初先生扣了许多政治帽子，致使他辞去北京大学校长的职务离校。

决定指出，马寅初先生抗日战争时期，曾因反对蒋介石集团出卖民族利益和独裁统治、反对官僚资本而被蒋介石监禁达数年之久。抗战胜利后，他积极参加民主运动，坚决反对内战、争取和平民主。全国解放以后，他拥护党的领导，拥护社会主义，在社会主义革命和建设中，特别是在发展我国文化教育和经济事业方面作出了贡献。马寅初先生的“新人口论”的观点是正确的，许多主张也是可行的。他认为国民经济要综合平衡，各部门应有计划按比例地发展，也是正确的。强加于马寅初先生的“借学术研究为名，向党向社会主义进攻”、“一贯为帝国主义、封建主义和资本主义服务”、“一贯反对党、反对社会主义、反对马克思列宁主义”等污蔑不实之词，应一律予以推倒。党委决定为马寅初先生彻底平反，恢复名誉。

马寅初先生近几天因身体不适，不能前来北大，特委托他的夫人王仲贞、女儿马仰惠代表他出席了今天的会议。会上北大副校长季羡林、经济系主任陈岱荪、校工会副主席侯仁之、民盟北大支部副主委熊伟先后讲了话。大家一致表示拥护党中央批准中共北京大学党委对马寅初先生的平反决定。他们发言中表示，这项决定是符合人民愿望的，深得人心的。

国务院副总理余秋里在北京会见欧洲国际合作中心主席奥利维叶·吉斯卡尔—德斯坦和副主席阿尔伯特·尚彭

国务院副总理王震在北京会见菲利浦公司副总裁德克尔博士率领的荷兰菲利浦公司代表团

全国人大常委会副委员长谭震林在北京会见荷兰友好人士魏德汉教授

全国妇联主席康克清在北京会见由广濑胜代等率领的日本兵库县妇女友好之翼访华团

中国首任驻葡萄牙大使杨琪良在里斯本向葡萄牙共和国总统埃亚内斯递交国书

中华全国总工会主席倪志福为团长的中国工会代表团应邀离开北京前往朝鲜民主主义人民共和国进行友好访问

第四届全运会潜水比赛在长沙结束

在长沙举行的第四届全运会潜水比赛，经过5天紧张激烈的争夺，于下午结束。

参加这次比赛的广东、广西、湖南、湖北、辽宁、浙江、福建、江西8个代表队，进行了蹼泳、屏气潜泳、器泳、蹼泳接力等16个单项的比赛，刷新全国最高成绩的人数之多，各项成绩提高之快是前所未有的。在男子100米蹼泳、女子100米蹼泳、男子40米屏气潜泳、女子25米屏气潜泳比赛中，先后有84人次刷新了这4个项目的全国最高成绩，辽宁选手张少刚、王力、肖海、邵丽丽分别把这4个项目的全国最高成绩提高了4秒、5秒7、5秒4、4秒5。这些成绩表明，我国潜水健儿正以新的姿态大踏步前进。

参加这次潜水比赛的全部是青少年选手，平均年龄为17岁，最小的13岁。大批新手茁壮成长，表明我国潜水运动大有希望。

吴晗和袁震追悼会在北京八宝山革命公墓礼堂举行

中国共产党的好党员、坚强的革命战士、著名历史学家、原北京市副市长吴晗，因受林彪、“四人帮”和他们那个顾问的迫害，于1969年10月11日含冤逝世，终年60岁。中国共产党的好党员、吴晗同志的夫人袁震，因吴晗冤案受到株连，于1969年3月18日被迫害致死，终年62岁。

叶剑英、邓小平、李先念、乌兰夫、方毅、邓颖超、胡耀邦、聂荣臻、倪志福、彭真、廖承志、周建人、许德珩、胡厥文、朱蕴山、史良、沈雁冰、康克清、季方、杨静仁、胡子昂、刘澜涛、陆定一、胡愈之、王昆仑以及林乎加、贾庭三等送了花圈。全国人民代表大会常务委员会、政协全国委员会、中共中央组织部、中共中央宣传部、中共中央统战部、人民日报社、新华社、教育部、文化部、中国社会科学院、中国民主同盟和其他民主党派、全国青联、中共浙江省委和义乌县委、中共北京市委和市革委会也送了花圈。吴晗同志的生前友好还送来了许多挽联和挽诗。 李先念、乌兰夫、方毅、胡耀邦、彭真、周建人、许德珩、胡厥文、朱蕴山、史良、康克清、季方、杨静仁、胡子昂、刘澜涛、胡愈之、王昆仑、胡乔木等参加了追悼会。

参加追悼会的，还有中共中央和国务院有关部门、各人民团体、中共北京市委和市革委会的负责人，吴晗和袁震同志生前友好，史学界以及首都各界人士和群众代表，共1000多人。

追悼会由中共北京市委第一书记林乎加主持，北京市委第三书记贾庭三致悼词。

吴晗同志1909年生，浙江义乌县人。1934年在清华大学毕业后，长期从事高等教育工作，曾先后担任清华大学、云南大学和西南联合大学教授。1943年他在昆明参加了中国民主同盟。1948年秋，吴晗同志积极响应中共中央召开新政治协商会议的号召，偕同夫人袁震同志奔赴解放区。

新中国成立后，他历任第一、二、三届全国人民代表大会代表，第一届全国政协代表，第二、三届全国政协常务委员，北京市第一、二、三、四届人民代表大会代表，第一、二、三、四届北京市政协委员、常务委员、副主席等职。他还先后担任了清华大学历史系主任、文学院长、校务委员会常务委员、副主任委员，中央人民政府文化教育委员会委员，以及全国青联副主席、秘书长等职务。从1949年11月起，他担任北京市副市长。在整理发掘保护首都文物古迹和卫生、民政工作等方面做了大量工作，取得了显著的成绩。吴晗同志还担任中国科学院哲学社会科学部学部委员，中国科学院历史研究所学术委员，《历史研究》编委，北京市历史学会会长等职。他致力于历史研究几十年，对明史的研究造诣尤深，是我国少有的明史专家。新中国成立后，他一直担任中国民主同盟北京市委员会主任委员，1958年以后，还担任了民盟中央副主席。

吴晗同志1957年加入中国共产党。他与邓拓、廖沫沙同志一起，为中共北京市委理论刊物《前线》撰写的《三家村札记》，在宣传马列主义、毛泽东思想和党的方针政策，反对资产阶级思想和各种歪风邪气，反对唯心主义和形而上学方面起了积极作用。他写的《海瑞骂皇帝》《论海瑞》和历史剧《海瑞罢官》，博得广大群众的赞扬。

“文化大革命”中，林彪、“四人帮”和他们那个顾问一伙，对吴晗同志制造了骇人听闻的文字冤狱，他的夫人袁震同志，女儿吴小彦也受到株连，被迫害致死。

袁震同志是湖北光化县人。1949年10月参加革命工作，1951年1月加入中国共产党。曾任清华大学历史系教员，北京市人民委员会办公厅科员、秘书等职。

9月15日

第四届全国运动会开幕式在北京工人体育场举行

出席开幕式的有：党和国家领导人华国锋、邓小平、李先念、汪东兴、王震、韦国清、乌兰夫、方毅、邓颖超、纪登奎、吴德、余秋里、张廷发、陈永贵、陈锡联、胡耀邦、耿飚、聂荣臻、徐向前、陈慕华、赛福鼎、彭真、谭震林、阿沛·阿旺晋美、周建人、许德珩、胡厥文、朱蕴山、史良、谷牧、康世恩、薄一波、姚依林，中央军委常委粟裕；政协全国委员会副主席宋任穷、康克清、季方、王首道、杨静仁、胡子昂、荣毅仁、刘澜涛、陆定一、胡愈之、王昆仑、班禅额尔德尼·确吉坚赞；最高人民法院院长江华、最高人民检察院检察长黄火青。

应邀出席开幕式的有丹麦女王玛格丽特二世陛下和亨里克亲王殿下、宾努亲王和夫人、委内瑞拉争取社会主义运动代表团团长特奥多罗·佩特科夫。

在京参加决赛的运动员和在天津、保定、石家庄、长沙赛区参加决赛的运动员共4000人，同首都8万名各界群众一起参加了开幕式。

下午3时30分，一队簇拥着国旗、国徽和高举着红旗的青年为前导，裁判员、运动员队伍步入会场，依次入场的是解放军、上海、山西、山东、广东、广西、云南、天津、内蒙古、宁夏、辽宁、台湾、四川、甘肃、安徽、西藏、吉林、江西、江苏、青海、河北、河南、贵州、陕西、浙江、湖北、湖南、福建、新疆、黑龙江、北京的体育队伍。观众以特别热烈的掌声欢迎身着淡绿色短袖运动衣的台湾地区体育代表团的运动员入场，表示对骨肉同胞的深情。

军乐队高奏国歌。代表31个体育代表团的31名运动员跑上主席台，向党和国家领导人，以及远道而来的外宾献花。

中华人民共和国体育运动委员会主任、第四届全运会组织委员会副主任王猛致开幕词。运动员代表林波讲话。

裁判员、运动员退场后，31名运动员手举火炬跑入会场。8300名青少年组成的背景台上，出现熊熊燃烧的火炬画面。从7月1日在上海点燃火炬后，50万名参加火炬接力的青少年爬雪山、过草地，踏着老一辈革命家的足迹，途经16个省、自治区、直辖市把火炬传送到会场，历时70多天，行程近3万里。8万名观众以热烈掌声欢迎火炬接力队。

最后由17000名青少年表演了大型团体操——《新的长征》。

出席开幕式的，还有应邀前来参观全运会的国际奥委会和其他国际体育组织的友好人士竹田恒德（日本）、斯托波（挪威）、库马尔（印度）、维拉西埃尔托（乌拉圭）；以及罗马尼亚体育代表团团长扬·西克罗万、瑞典体育代表团团长卡·弗里蒂奥夫逊、日本体育代表团团长近藤天、厄瓜多尔体育代表团团长帕·塞瓦约斯尼等。

霍英东团长、何贤副团长率领的港澳参观团也出席了开幕式。各国驻华使节，以及在我国访问的其他外宾也出席了开幕式。

国务院副总理邓小平在北京会见日本长崎县知事久保勘一和夫人等日本朋友

国务院副总理李先念等出席丹麦驻中国大使莫顿森奉玛格丽特女王陛下和亨里克亲王殿下之命在人民大会堂举行的答谢宴会

国务院副总理李先念和夫人林佳楣，谷牧副总理和夫人牟锋，陈慕华副总理，全国人大常委会副委员长史良，外交部部长黄华，外贸部部长李强，水利部部长钱正英，一机部部长周子键，以及中国驻丹麦大使秦加林等应邀出席了宴会。

玛格丽特女王首先在宴会上讲话。她说："看一看并体验体验中国是亲王和我久有的愿望，这些天来这一宿愿已经实现。"

她说："我们高兴的是我们进一步结识了这个令人神往的国家，我们将满载着我们到处受到的友情，中国人民所取得的感人的成就，以及我们在访问中高兴地看到的历史古迹和丰富的文化生活，回到丹麦去。"玛格丽特女王表示相信这次访问将会进一步巩固和加强中华人民共和国和丹麦之间的友好关系。

李先念副总理在讲话时说："女王陛下和亲王殿下以及丹麦贵宾这次对中国的访问，为中丹关系史上谱写了新的篇章，将产生深远的影响。"他说，几天来，女王陛下同华国锋总理进行了友好的谈话；克里斯托弗森外交大臣同黄华外交部部长和李强外贸部部长就国际形势，双边关系以及双方共同关心的问题进行了诚挚、友好和富有成效的会谈，并且签订了中丹经济技术合作协定。

他说："我们相信，女王陛下通过这次访问同我们共同栽培的新的友谊之花，必将结出新的丰硕的果实。"

在这友好欢乐的宴会上，丹麦皇家芭蕾舞团表演了芭蕾舞《睡美人》和《根扎诺的花节》片段，皇家乐队演奏了尼尔斯·加德的四重奏并且同中央音乐学院学生一起合奏了莫扎特的五重奏。丹麦艺术家的优美舞姿和引人入胜的演奏技巧，给了在座的中国客人以美好的艺术享受。宴会厅里激起阵阵愉快的掌声。

应邀出席宴会的还有政府其他有关部门和人民团体的负责人以及有关方面人士。

中共中央发布庆祝中华人民共和国成立30周年口号

一、热烈庆祝中华人民共和国成立30周年！

二、热烈庆祝30年来我国社会主义革命和社会主义建设事业的伟大胜利！

三、同心同德，为把我国建设成为社会主义现代化强国而奋斗！

四、坚持社会主义道路，坚持无产阶级专政，坚持共产党的领导，坚持马列主义、毛泽东思想！

五、向全国工人、农民、知识分子、解放军指战员和爱国人士致敬！

六、坚决贯彻执行国民经济调整、改革、整顿、提高的方针，打好四个现代化的第一个战役！

七、大力开展以优质高产多品种低消耗为中心的增产节约运动！

八、大力开展计划生育运动，把人口增长率降低到1%以下！

九、发扬社会主义民主，加强社会主义法制！在法律面前人人平等！

十、积极发展科学教育文化卫生事业，努力提高全民族的科学文化水平！

十一、解放思想，开动机器，实事求是，团结一致向前看！

十二、实践是检验真理的唯一标准！在真理面前人人平等！

十三、大力发扬理论联系实际，群众路线，批评和自我批评的优良作风，大力发扬艰苦奋斗、勤俭建国的光荣传统！

十四、艰苦奋斗光荣！革新创造光荣！挥霍浪费可耻！压制批评可耻！

十五、在努力发展生产的基础上改善人民生活，解决群众切身问题！

十六、保卫祖国，保卫四化，加强军队革命化、现代化建设！

十七、进一步发展和壮大革命的爱国的统一战线！

十八、为台湾归回祖国、实现国家统一而努力！

十九、坚持无产阶级国际主义，支持一切被压迫民族和被压迫人民反帝反殖反霸、争取解放和社会进步的斗争！

二十、反对霸权主义，维护世界和平！

二十一、紧密团结在党中央周围，为实现四个现代化努力奋斗！

二十二、全国各族人民大团结万岁！

二十三、全世界人民大团结万岁！

二十四、伟大的中国共产党万岁！

二十五、伟大的中华人民共和国万岁！

二十六、伟大的马克思列宁主义、毛泽东思想万岁！

全国轻工业新产品展销会在北京开幕

这个预定展期为1个月的展销会，是轻工业部为检阅我国轻工业大力发展新产品和大搞产品更新换代所取得的成就而举办的，是新中国成立以来规模最大的轻工产品展销会。轻工业部负责人说，通过这次展销，轻工业系统将交流发展新产品、产品更新换代的经验，广泛听取消费者的意见，以便把轻工产品质量提高到新的水平。

展销会会址在北京东郊全国农业展览馆。展览厅设在农展馆的综合馆内，里面展出了18大类、共3000多个新品种、新花色的轻工业新产品，其中包括荣获今年国家金质奖和银质奖的45种优质名牌产品。展品中很吸引人的有可以选择骑驶速度的变速自行车，能够缝纫20种图形的电动多功能缝纫机，走时精度每天误差小于2秒的石英指针电子手表等。

农展馆内同时开办了3个销售馆和一个销售广场，供参观者选购全国各地参加展销的各种新产品。为了方便首都人民选购展销产品，展销会委托北京市商业部门同时在北京市王府井百货大楼等12个商场、食品店和家具店设立了销售点，出售展销会的各种展销产品。

国务院副总理耿飚在北京会见苏里南外交部常务秘书海尼曼和夫人

海尼曼是中国和苏里南建交后来华访问的苏里南第一个高级政府官员。会见时，耿副总理同他就进一步发展双边关系等问题进行友好的交谈。

国务院副总理方毅在北京会见丹麦航空公司董事长哈尔多·托普瑟先生

国务院副总理薄一波在北京会见以芬兰外交部新闻中心主任阿莱克·阿尔托为团长的芬兰新闻代表团

全国人大常委会副委员长邓颖超在北京会见英籍女作家韩素音和她的丈夫陆文星

全国人大常委会副委员长谭震林在北京会见西班牙马德里动物园主任塞尔丹先生和兽医蒙莎尔维女士

西班牙驻中国大使德拉莫莱纳参加了会见。

塞尔丹先生和蒙莎尔维女士，是护送大猩猩“西班牙尼奥尔”和“马德里蕾妮娅”，于14日到达北京的。这对大猩猩是西班牙国王胡安·卡洛斯和王后索菲娅送给中国人民的。大猩猩将在北京动物园展出。去年，西班牙国王和王后访问中国，中国人民向西班牙人民赠送了一对大熊猫。

《人民日报》发表社论《发展体育运动 振奋民族精神》

在全国人民迎接国庆30周年的日子里，第四届全国运动会今天开幕。数千名运动健儿会集北京，决心创造优异成绩，给国庆佳节增添鲜艳的色彩。我们向大会表示热烈祝贺，预祝大会成功！

以“新长征火炬接力”为序幕的第四届全运会，是在粉碎“四人帮”之后，我国进入新的历史时期，全国人民在党中央领导下开始新长征的时候举行的。这次盛会，显示着我国9亿人民向四个现代化进军的坚强决心和豪迈气概，是对我国体育队伍的一次检阅，是向世界体育高峰进军的一次练兵，也是对群众体育活动的一次推动。

解放30年来，伴随着社会主义祖国前进的脚步，我国体育事业有了很大的发展，也走过一段曲折的道路。新中国的诞生，给人们带来了体育的春天。在不长的时间里，我们甩掉了“东亚病夫”这顶屈辱的帽子，改变了旧中国体育运动极其落后的面貌，昂首挺胸地登上了世界体育舞台。到1966年年初，我国运动员先后打破了100多次世界纪录，刷新了6000多次全国纪录，发展速度是相当快的。此后，在林彪、“四人帮”横行时期，我国体育事业蒙受了极大的灾难。林彪、“四人帮”反对体育，更反对体育竞赛，他们把创成绩，破纪录，夺奖杯，为国争光，污蔑为“锦标主义”、“修正主义”，搞乱了人们的思想。由于他们的破坏，我们国家蓬勃发展的群众性体育活动被扼杀了，体育运动技术停滞不前，不少项目本来同世界先进水平缩小了的差距又拉大了。粉碎了“四人帮”，体育的春天回到了神州大地。在不到3年的时间里，我国运动员又打破了23次世界纪录、10次青少年世界纪录；荣获18个世界冠军和世界性比赛冠军；986次打破了181项全国纪录；近2/3的有纪录项目的成绩，有了新的提高。群众性体育活动广泛而扎实地开展起来，为革命锻炼身体的动人景象到处可见。

我们党和政府一向重视体育运动的发展。毛泽东同志、周恩来同志、朱德同志等老一辈无产阶级革命家十分关怀体育工作，亲切教导要努力发展体育运动。华国锋同志最近谈到体育的重要性时指出：“体育工作开展得好不好，关系到整个民族的健康水平，也关系到国家的精神面貌。”他的讲话着重阐述了新长征中体育的地位与作用，指明了体育与“四化”的关系。大家知道，体育是一项重要的事业，古往今来，许多国家在创建、复兴、改革、发展的各个时期，都把倡导体育运动、增强民众体质，摆在重要的位置上。在我们国家的新的历史时期，实现“四化”是摆在全体人民面前的一项中心任务。这项宏伟大业，需要亿万有觉悟、有智慧、身心健康的劳动者。没有好的身体素质，不提高民族健康水平，是不能胜任实现“四化”的任务的。随着“四化”的逐步实现，人们的生活习惯和生活方式将有很大改变。社会生产水平的逐步提高，必将引起人民生活的不断改善。人们的生活情趣、爱好将会更加丰富多彩，体育作为文化生活的一部分，必然成为人们不可缺少的生活内容。在新的长征中，努力发展体育运动，也是提高整个中华民族科学文化水平的一个重要内容。

正如华国锋同志指出的：体育不仅关系到民族健康水平，还关系到国家的精神面貌。它是兴民气、壮国威、振奋民族精神的重要手段。广大群众通过参加体育运动，可以磨砺意志，陶冶品德，活泼情趣。竞赛是体育的一个显著特点。体育比赛能够激励人们树立积极进取、奋发向上的精神，培养人们坚毅顽强、机智灵活、团结友爱、勇于献身的品质。体育竞赛还具有国际性。运动员作为一个国家的代表参加国际比赛，他们的思想、作风、技艺如何，直接影响到国家的荣誉。每一次重大的国际比赛都引起全国人民的深切关注。我们的运动员每一次在国际比赛中获得良好成绩，都激起人们的爱国热忱和民族自豪感，它给人们的教育远远超出体育的范畴。在体育竞赛中，运动员为国争光的崇高思想和敢拼敢搏的革命精神，正是我们向“四化”进军中所不可缺少的精神状态。实现“四化”是亿万人民的事业，需要调动广大群众的社会主义积极性。竞赛是激发人们的干劲，发挥人们的才智，提高劳动生产率的有效方式。各行各业都应该像体育运动那样，掀起比、学、赶、帮、超的竞赛热潮，来一个创纪录、争第一、夺奖杯的群众运动，努力攀登各自的高峰。

体育是现代文明的一个重要内容，是衡量民族康强、国家经济文化发展水平的一个标志。世界上的发达国家都十分重视体育，体育活动不断出现热潮。这是现代化生产发展的必然结果。我国随着“四化”的进展，也将会出现这种局面。各级领导同志都要认真领会党中央的指示精神，充分认识发展体育运动的重要性，满腔热情地关怀人民的身体健康，把体育工作摆到应有的位置上。今后，在制定国民经济计划，特别是城市建设规划时，一定要把发展体育运动、兴建体育活动场所列为一项，为人民群众进行体育活动创造有利条件。

让我们努力发展体育运动，为增强人民体质，提高整个中华民族的健康水平，振奋民族精神，加快“四化”步伐而努力奋斗！

邮电部发行第四届全运会纪念邮票

这套纪念邮票共4枚，是彩色影写印制的邮票，画面由这届运动会会徽和田径、球类等15个有代表性的运动项目分别组成，面值都是8分。

为满足国内外集邮爱好者的需要，同时发行《中华人民共和国第四届运动会》纪念邮票小型张1枚，面值2元，也是彩色影写印制的。

教育部任命马寅初为北京大学名誉校长

中国科技大学聘请美籍物理学家 美国约翰·霍普金斯大学顾问任之恭为名誉研究教授

9月16日

国务院副总理王震在人民大会堂会见前来参观全运会的国际奥委会委员和其他国际体育组织人士

会见时,王震副总理对国际体育界人士前来参观全运会表示热烈的欢迎。

王震副总理在谈到恢复我国在国际奥委会的合法席位时说:"国际奥委会执委会在波多黎各提出了一项建议,承认'中国奥委会',以'中国台北奥委会'的名称继续承认设在台北的奥委会,条件是台湾不得用所谓'中华民国'的国旗和国歌。我们认为这个建议是积极的。我们的立场很清楚,只有一个中国,台湾是中国的一部分。我们坚决反对'两个中国'或'一中一台'。"他强调指出:"我国在国际组织中的席位问题,必须按照这个原则解决。"

王副总理说:"有的朋友长期以来,一贯支持我们的正义立场,我们很感谢。"

参加会见的国际体育界人士有:国际奥委会委员竹田恒德(日本)、斯托波(挪威)、库马尔(印度)、维拉西埃尔托(乌拉圭)、高斯泊(澳大利亚)、国际体操联合会副主席近藤天(日本),国际手球联合会主席海格贝(瑞典),国际近代五项和冬季两项联合会副主席加尔佐(法国),国际体育记者协会副主席宫川毅(日本),国际航空联合会总干事拉歇尔。

国务院副总理王震在北京会见美国马里兰大学计算机科学系教授朱跃汉和夫人

全国人大常委会副委员长邓颖超在人民大会堂会见并宴请从日本回国定居的徐逸樵先生和夫人斯桂珍女士

对外友协在北京举行宴会欢迎以全印(度)柯棣华大夫纪念委员会副主席乔蒂莫埃·巴苏和阿米尔·克尔比·阿里·汗夫人为正副团长的全印柯委会代表团

第四届全运会举重比赛成绩公报

52公斤级:

抓举第1名　吴数德(广西)107.5公斤;第二名　蔡俊成(广东)105公斤;第三名　粟景阳(广西)100公斤

挺举第一名　蔡俊成(广东)130公斤;第二名　叶联发(广东)127.5公斤;第三名(两人并列)吴数德(广西)、杨海平(江苏)127.5五公斤

总成绩　第一名　蔡俊成(广东)235公斤;第二名　吴数德(广西)235公斤;第三名　杨海平(江苏)227.5公斤

第四届全运会1000米集体定点跳伞多队打破全国纪录

新华社报道,我国女子1000米集体定点跳伞的全国纪录是0.89米。这次比赛结果,云南、解放军、广东、上海、陕西、北京、河南、四川、黑龙江、山东10个女队的成绩,都打破全国纪录。刘敏、何平、邓家琼、沈庆惠组成的云南女队,每人每次平均只离靶心0.06米,一下就把全国纪录大幅度地提高了0.83米,荣获第一名。

在今天同时进行的男子1000米集体定点比赛中,解放军、四川、云南3个男队打破了这个项目的全国纪录。解放军男队以5次跳伞每人每次平均距离靶心0.02米的成绩,打破了0.07米的全国纪录,荣获这个项目的第一名。

9月17日

国务院总理华国锋在北京会见由喀麦隆武装部队国务部部长萨杜·达乌杜率领的喀麦隆军事代表团

国务院副总理邓小平在北京会见英国前首相爱德华·希思先生

会见时,希思先生谈到了他这次访问四川、西藏的印象。邓小平副总理征求了希思先生对进一步发展西藏经济的意见。邓小平副总理还就我国工农业、文化教育、同外国经济合作等方面的问题,以及一些国际问题,同希思先生进行了友好的谈话。

英国驻中国大使柯利达参加了会见。会见时,我国外交部部长助理张灿明,中国驻英国大使柯华等在座。

《人民日报》发表社论《认清农村大好形势 继续坚持落实政策》

党的三中全会以来,农村情况开始变活了。今年夏季粮油增产,大秋丰收在望。农村市场购销两旺,农村经济十分活跃。夏季预分后的农村,到处喜气洋洋。除有少数省份因灾重减产,人民生活还有一定困难外,大部地区粮食、现金分配显著增加。有些生产长期落后、分配不能兑现的社队,社员过去劳动终年,有的还要倒欠,今年预分以后,社员拿着分得的现款高兴地

说:“党的政策真是好,白纸条条(欠款账单)换成了红纸包包(分到的款)。”

丰收来之不易。入春以来,长期低温阴雨,部分地区还有春旱、风雹等灾害,自然条件并不好。党的政策调动了农民的积极性,成为抗灾斗争的巨大动力。两个农业文件在广大农村贯彻执行,社队的所有权和自主权受到尊重;生产责任制逐步建立和健全;社员自留地、家庭副业和集市贸易等政策逐步落实;特别是农副产品收购价格提高,受到广大农民和基层干部的热烈欢迎。大家普遍反映,这些政策符合实际,顺乎民心。群众十分欢迎的按劳分配政策落实后,各种生产责任制普遍建立,不少地方“干活‘大呼隆’、分配一拉平”的局面迅速改变,多劳能够多得,社员关心集体,生产普遍上升。湖南等许多省实行定额管理,效果甚好,农活质量、劳动工效普遍提高。四川农村约半数核算单位实行包工到组、联系产量的责任制,社员劳动积极性大为高涨,许多落后队很快改变了面貌。这个省的蓬安县470多个后进队实行产量责任制,有370多个队夏熟粮油大幅度增产,半数队已进入先进行列。这不只是一个省、几个省的情况,其他地方也是如此。

亿万农民劳动积极性的普遍高涨,成为当前农村形势大好的重要标志。林彪、“四人帮”长期危害农村的极左路线被清算了,各项经济政策逐步落实了,禁锢人们的精神枷锁被打破了,被颠倒的路线是非、政策是非开始颠倒过来了,思想路线逐步端正了。人们的思想一经解放,就产生了巨大的物质力量。

当然,在看到农村大好形势的同时,对农村经济政策的落实,对农业生产的发展和社员生活的改善,要有一个实事求是的估价。有人以为两个农业文件贯彻下去,农业上的问题已经解决得差不多了,事实并非如此。从整个情况来看,现在农村经济政策,自留地、家庭副业、集市贸易等政策落实比较快,其他如生产队的所有权和自主权、按劳分配等政策的落实,从地区上看还很不平衡。有的地方至今没有认真传达三中全会精神,没有认真落实农村经济政策,有少数地方甚至还遇到不少的阻力。如有些地方对政策允许的“小自由”,至今横加限制,一些地方迟迟不发还社员要求的自留地,等等。不久前,有的生产大队还把社员房前屋后种的瓜、菜等当作“资本主义”批判;有些地方推行责任制还搞“一刀切”,把包工到组、联系产量的责任制说成是“倒退”、“复辟”,不让试行。有的硬性规定种植计划,不给生产队因地制宜的权力,等等。类似问题,在不少地方程度不同地存在着。

贯彻三中全会精神已经大半年了,为什么有些地方农村经济政策贯彻不下去?为什么还不断出现破坏政策的现象?面对这种现实,我们痛切地感到,林彪、“四人帮”极左路线造成的思想混乱实在严重。虽然经过了近三年揭批林彪、“四人帮”的斗争,但是,有的地方极左路线的流毒并没有怎么触动,有些领导干部的思想感情同党的三中全会制定的正确路线、方针和政策还格格不入;有些领导干部思想僵化半僵化的状态迄今没有多大改变。他们把极左当作正确,把正确政策当作“复辟”,什么是社会主义,什么是资本主义,至今划分不清楚。还有些同志在极左路线影响下做了一些错事,现在要自己去纠正,总是转不过弯,思想不通,甚至还有怨气。特别是有些处于领导地位的同志,带着这样的思想情绪对待党的路线、方针和政策,影响更为严重。从表面上看,农村中不落实政策、违反现行政策的行为,大都出现在基层社队,但根子在上边,主要责任并不在基层干部身上。农村有个说法:“干部怕‘右’,群众怕变。”为什么怕“右”?就是因为有些领导干部搞惯了极左,动不动就给人扣“复辟”、“倒退”的帽子,使得一些基层干部余悸难除。为什么怕变?就是因为多年来有些政策多变,失信于民,而现在还有那么一些领导干部,对三中全会的有关政策看不惯,老想变。基层干部和社员怕“右”、怕变的担心不是毫无根据的。诚然,真右是应当怕的、反的,有些地方也确有右的情况,那是极左路线严重破坏了集体经济造成的恶果,有些则是落实政策中领导不力所带来的暂时现象。我们切不可低估了极左路线在农村危害的严重性和顽固性。党的农村政策是在深批极左的斗争中落实的,继续落实农村经济政策,仍然要经过艰巨的斗争,需要我们从以下几个方面继续努力。

要在农村基层深入开展真理标准问题的讨论,进一步解放思想,提高认识,肃清极左路线的流毒。实践是检验真理的唯一标准,这是马列主义、毛泽东思想的基本观点。党的三中全会肯定了坚持这个唯物主义的思想路线的重要意义,是实现政治路线的基础。这和坚持马列主义、毛泽东思想,坚持社会主义制度,坚持无产阶级专政,坚持党的领导,总方向是统一的。三中全会提出的一系列农村政策和经济政策,广大农民非常满意,说有“八大好处”、“十大好处”,反映了人民的利益和愿望。但是,有些同志看不惯,想不通。这些政策到底是否正确?检验的标准只能是实践。因此,在农村基层深入开展真理标准问题的讨论,坚持用实践来检验思想和政策是非,肃清极左流毒,端正思想路线,十分必要。同时,随着国民经济的调整,两个农业文件所提出的政策措施,通过实践检验,有些也还要进行必要的充实。关于真理标准的讨论,这是对广大农村基层干部进行的一次马列主义、毛泽东思想基本原理的再教育,是进一步落实政策的前提。

要抓农业经济内部的调整,制定符合当地情况的规划。华国锋同志在五届人大二次会议的政府工作报告中提出,今冬明春,县、社队各级都要制定农业全面发展、农村全面建设的规划。这种规划要符合当地实际,符合社员要求,尊重生产队自主权,不能由上级硬性安排。不少同志多年来习惯按行政命令办事,不大懂也不重视科学,不尊重客观规律,不尊重群众意见,只凭主观意志办事,使我们吃了不少苦头,已到了非改不可的时候了。管理体制上的不合理,认识上的片面,干部作风上的独断,这些都要逐步解决;违反因地制宜的原则,“以粮为纲,全面砍光”的现象,不能再任其发展;毁林种粮,毁草开荒等破坏行为,要立即制止。我们必须从本地实际出发,按照自然规律和经济规律办事,调整农业内部的经济结构,做到农林牧副渔全面发展。只有使农业结构合理化,才能加快农业的现代化。

要充分认识和爱护农村的大好形势和亿万农民蓬勃兴起的积极性。要继续发展大好形势,进一步调动群众的积极性。发展农业,最大的动力是什么?是政策。要充分认识政策的威力和落实政策的艰巨性,认真检查两个农业文件的执行情况,总结两三年来特别是党的三中全会以来农村形势好转的原因和经验,继续落实党在农村的各项政策。已经落实的要坚持下去;没有落实的要尽快落实;对发展农业生产、巩固集体经济行之有效、受到干部群众拥护的各项生产责任制和管理方法,要继续落实,肯定下来。要向群众反复说明,党中央制定的农村经济政策是长期的,各级干部都要坚定不移地、持续稳定地贯彻执行。某些重大政策的落实,将联系到整个国民经济体制的改革,应当积极进行调查研究,并进行试点,取得经验,提出方案,采取积极、慎重的步骤,进行必要的改革。

在农村继续落实党的政策,必须扩大和发扬社会主义民主。没有广大农民的民主,不能把群众的正确意见集中起来,又向群众宣传解释,化为群众的普遍行动,党的政策就不能全面落实,错误的东西就不能纠正。应该肯定,农村干部长年累月战斗在农业第一线,吃了很多苦,做了很多工作,为我国农业的发展作出了很大贡献;但也要看到,我们是从漫长的封建社会里走过来的,封建社会的传统还很厉害。我们有相当一部分干部还缺乏民主的习惯,如果不发扬社会主义民主,倾听群众的呼声,就容易搞“一言堂”,搞家长制。农民缺少民主生活的状况不改变,是搞不好农业现代化的。亿万农民的积极性起来了,就更需要发扬民主,做到在民主的基础上集中。农民真正当家做主,关心集体经济的发展,农业现代化的速度一定能够加快。

司法部部长魏文伯在北京就司法部工作任务等问题答新华社记者问

问:请你谈谈设立司法部的必要性。

答:随着全国工作着重点的转移,迫切需要加强社会主义民主和社会主义法制。第五届全国人民代表大会第二次会议关于政府工作报告的决议指出,“当前,要十分注意加强立法和司法工作,使社会主义法制逐步完善”。我们国家在这方面已经采取并正在采取一系列措施,设立司法部就是一个重要措施。

人民法院组织法规定:“各级人民法院的司法行政工作由司法行政机关管理。”司法部是主管司法行政工作的机关,如法院组织机构的设置、人事管理、干部训练、司法财务等等,都是国家行政工作的一部分,应归司法行政机关统一管理。设立司法部,是从组织上、制度上保证各级人民法院独立进行审判的需要。同时,随着社会主义建设事业的发展,国际交往日见频繁,各方面法律日趋完备。有些国家机关、社会团体以及企业、事业单位,将要设立法律顾问,需要司法行政部门的指导和帮助。而这些都不是审判机关的职责,必须专设司法行政机关来担负这些工作任务。由上所述,全国人大常委会通过决议,设立中华人民共和国司法部,主管全国司法行政工作。这对于加强人民法院的思想建设、组织建设和健全司法制度,逐步完善社会主义法制,保证国家社会主义现代化建设的胜利进行,将发挥其应有的作用。

问:司法部的工作任务是什么?

答:司法部在国务院的领导下,完成以下任务:

——管理各级人民法院的司法行政工作,对人民法院的设置、人民编制、办公机构加以规定;

——管理和培训司法干部;

——协同有关部门,管理政法院、校,培养各类司法专业人员;

——管理律师组织、公证机关的工作;

——组织开展法律宣传和法制教育活动;

——编纂法律法令;

——协同科研单位进行法律科学的研究,组织出版法律书刊和著作;

——有关司法的外事活动。

问:司法部与人民法院之间是什么关系?

答:司法部与人民法院共同完成国家和人民交给的司法工作任务。各级人民法院受本级人民代表大会及其常务委员会领导,它是国家审判机关,其任务是依照法律审判案件。而司法部是国务院的一个部门,是国家司法行政机关,主要完成司法行政工作,以保证法院审判工作顺利进行。

问:司法部正打算做些什么工作?

答:马上从各方面为开展司法行政工作积极进行

准备,力争明年1月1日开始办公。当前,司法行政方面有些亟待做的工作,我们正在抓紧进行。主要是协同有关部门,尽快健全司法机关,充实干部队伍,以适应明年1月1日起实施刑法、刑事诉讼法、法院组织法等法律的需要。

全国理发行业扭转10年亏损局面

新华社报道,我国理发行业只花了不满1年的时间,就扭转了连续10年亏损的局面。去年,全国29个省、自治区、直辖市的理发行业已经全部做到有盈利,盈利总额610多万元。今年上半年,据北京、上海、天津等14个省、自治区、直辖市的理发业统计,上交利润就达397万元,比去年同期增长45%。

商业部在北京召开全国饮食服务工作座谈会

新华社报道,商业部最近召开的座谈会提出,在国民经济三年调整期间,城市饮食服务业的网点要增长80%,恢复到1965年的水平。同时要恢复服务项目和品种,满足群众生活的需要。

据座谈会提供的材料,近20年来,全国城市人口增加很多,但包括旅馆、饮食、洗澡等饮食服务行业的网点却不断减少,给群众带来很多不便。

为了改变这种状况,座谈会提出,在国民经济三年调整期间,饮食服务行业要做好以下几件事:

第一,大力发展饮食服务业的网点。第一步先恢复到1965年的11.6万多个,就是把现有的网点数增长80%,做到城市中每1000人有一个饮食服务店。发展饮食服务网点,重点是建立独立核算、自负盈亏的集体所有制的小饭店、小洗染店、小理发店,办好现有的代营食堂。同时国营商业饮食服务部门要办好饮食业的主食加工工厂,把一些适宜集中生产的主食和副食品,实行工厂化生产,分散出售。

第二,调整企业的经营,恢复优良的经营特色和传统品种,座谈会指出,饮食业各店之间,历史上就各有分工,经营品种和菜肴风味各有特色。近十几年来,企业经营乱了套,各店的特色没有了,专业的小店少了。座谈会要求各地在调查研究的基础上,按各店所在地区、服务对象、技术条件,明确各店的经营范围、发挥各店的技术专长,恢复经营特色,相互配合,使整个饮食市场品种多样,丰富多彩。特别是饮食业中那些深受群众欢迎的传统品种,应该逐步恢复。为此,要妥善解决饮食业所需要的原材料。国家供应的原材料的品种和数量要增加,要纳入计划,就近供应。凡国家供应不足的,经过有关部门批准,饮食店可以到集市上采购。有些鲜活商品,饮食店可以直接和生产队挂钩购买。为了恢复经营特色,饮食服务业要加强培训技术人员的工作,尽快改变后继乏人的状况。

第三,搞好饮食服务业提成奖励制度的试点。座谈会交流了理发业实行基本工资加超额奖励的经验,肯定了这一做法是成功的。座谈会提出,除理发行业外,其他饮食服务行业都可以进行试点。

国务院副总理李先念在北京会见由美联社社长兼总经理基思·富勒率领的美联社代表团

在回答中美关系问题时,李副总理说,蒙代尔副总统这次对我国的访问是成功的,有助于进一步发展中美关系。他指出,过去几十年中美之间没有来往,现在关系正常化了,要发展我们的政治和经济关系。

当美国记者问到即将开始的中苏会谈能否改变当前两国的冷淡关系时,李先念副总理说:“很难。但是,我们希望谈判成功。”

李副总理还回答了记者提出的范围广泛的其他中国国内和国际问题。

美联社驻京记者约翰·罗德里克、维基·格雷厄姆参加了会见。

新华通讯社社长曾涛会见时在座。

国务院副总理方毅在北京会见以美国国会图书馆副馆长威廉·韦尔什为团长的美国图书馆访华团

中国驻利比亚首任特命全权大使裴坚章在的黎波里向利比亚外交秘书阿里·阿卜杜勒·萨拉姆·图尔基递交国书

中共中央军委授予对越自卫还击中143个英雄模范单位和个人荣誉称号

中共中央军委发布的命令说,在对越自卫还击、保卫边疆的战斗中,我广西、云南边防部队的广大指战员和公安干警、支前民兵、民工,发扬了高度的爱国主义和革命英雄主义精神,消灭了敌军大批的有生力量,捍卫了祖国的神圣领土和主权,保护了边境地区人民生命财产的安全,沉重地打击了越南侵略者的狂妄野心,在政治上、军事上取得了重大胜利。

命令说,这次作战中,涌现出许多英雄模范和功勋卓著的战斗集体,他们为夺取胜利作出了重大贡献。为表彰他们的英雄事迹,进一步激发全军指战员的爱国主义和革命英雄主义精神,促进我军的革命化现代化建设,保卫伟大的社会主义祖国,中央军委决定授予52个战斗集体、91名干部、战士、民兵、民工以荣誉称号。

英雄模范单位和个人名单如下:

一、授予8个营、36个连队以荣誉称号

授予云南边防部队某团三营以“英雄营”的荣誉

称号。

授予云南边防部队某团一营以‘攻坚英雄营”的荣誉称号。

授予云南边防部队某团一营以“英雄营”的荣誉称号。

授予广西边防部队某坦克团三营以“英雄坦克营”的荣誉称号。

授予广西边防部队某团一营以“穿插英雄营”的荣誉称号。

授予广西边防部队某坦克团一营以“英雄坦克营”的荣誉称号。

授予广西边防部队某团二营以“攻坚英雄营”的荣誉称号。

授予广西边防部队某团三营以“能攻善守英雄营”的荣誉称号。

授予云南边防部队某团九连以“猛虎连”的荣誉称号。

授予云南边防部队某团六连以“英雄连”的荣誉称号。

授予云南边防部队某团七连以“攻坚英雄连”的荣誉称号。

授予云南边防部队某团三连以“勇猛顽强英雄连”的荣誉称号。

授予云南边防部队某团四连以“猛虎连”的荣誉称号。

授予云南边防部队某团六连以“能攻善守英雄连”的荣誉称号。

授予云南边防部队某团二连以“守如泰山英雄连”的荣誉称号。

授予云南边防部队某团六连以“钢铁六连”的荣誉称号。

授予云南边防部队某团二连以“尖刀英雄连”的荣誉称号。

授予云南边防部队某团二连以“攻坚英雄连”的荣誉称号。

授予云南边防部队某团一连以“钢刀连”的荣誉称号。

授予广西边防部队某团四连以“穿插英雄连”的荣誉称号。

授予广西边防部队某团五连以“尖刀英雄连”的荣誉称号。

授予广西边防部队某团七连以“攻坚英雄连”的荣誉称号。

授予广西边防部队某团六连以“穿插英雄连”的荣誉称号。

授予广西边防部队某团三连以“尖刀英雄连”的荣誉称号。

授予广西边防部队某团二连以“攻坚英雄连”的荣誉称号。

授予广西边防部队某团二连以“突击英雄连”的荣誉称号。

授予广西边防部队某坦克团六连以“英雄坦克连”的荣誉称号。

授予广西边防部队某团九连以“能攻善守英雄连”的荣誉称号。

授予广西边防部队某团一连以“攻坚英雄连”的荣誉称号。

授予广西边防部队某团一连以“突击英雄连”的荣誉称号。

授予广西边防部队某团六连以“遵纪模范连”的荣誉称号。

授予广西边防部队某坦克团一连以“英雄坦克连”的荣誉称号。

授予广西边防部队某团五连以“坚守英雄连”的荣誉称号。

授予云南边防部队某团二连以“尖刀英雄连”的荣誉称号。

授予广西边防部队某团二连以“尖刀英雄连”的荣誉称号。

授予广西边防部队某团三连以“突击英雄连”的荣誉称号。

授予广西边防部队某团七连以“突击英雄连”的荣誉称号。

授予广西边防部队某团七连以“能攻善守英雄连”的荣誉称号。

授予广西边防部队某团七连以“攻坚英雄连”的荣誉称号。

授予广西边防部队某团一连以“阻击英雄连”的荣誉称号。

授予广西边防部队某团七连以“攻坚英雄连”的荣誉称号。

授予广西边防部队某坦克团八连以“英雄坦克连”的荣誉称号。

授予云南边防部队某团一连以“英雄连”的荣誉称号。

授予广西边防部队某团八连以“尖刀英雄连”的荣誉称号。

二、授予79名干部、战士以荣誉称号

授予云南边防部队某团二连班长蒋金柱烈士以“战斗英雄”的荣誉称号。

授予云南边防部队某团二连副班长褚万林同志以“战斗英雄”的荣誉称号。

授予云南边防部队某团九连副班长陶少文烈士以“董存瑞式的战斗英雄”的荣誉称号。

授予云南边防部队某团九连副班长李光辉同志以“战斗英雄”的荣誉称号。

授予云南边防部队某团一连班长张进城同志以“战斗英雄”的荣誉称号。

授予云南边防部队某团六连指导员和自兴烈士以“英勇献身的模范指导员”的荣誉称号。

授予云南边防部队某团五连副连长刘保健同志以“战斗英雄”的荣誉称号。

授予云南边防部队某团九连副班长吴勇烈士以“战斗英雄”的荣誉称号。

授予云南边防部队某团四连战士李启烈士以“战斗英雄”的荣誉称号。

授予云南边防部队某团二连副连长山达同志以“战斗英雄”的荣誉称号。

授予云南边防部队某团二营机枪连排长阿尔子日同志以“战斗英雄”的荣誉称号。

授予云南边防部队某团特务连班长李水波烈士以“杨根思式的战斗英雄”的荣誉称号。

授予云南边防部队某团二连战士徐泽贵烈士以“战斗英雄”的荣誉称号。

授予云南边防部队某团六连副班长罗正和同志以“战斗英雄”的荣誉称号。

授予云南边防部队某团特务连工兵排班长白洪普同志以“排雷英雄”的荣誉称号。

授予云南边防部队某团五连战士岩龙烈士以“孤胆英雄”的荣誉称号。

授予云南边防部队某团三营步谈机员海水干同志以“英雄步谈机员”的荣誉称号。

授予云南边防部队某团八连班长甘在和同志以“英雄火箭筒手”的荣誉称号。

授予云南边防部队某团二连班长高华忠同志以“战斗英雄”的荣誉称号。

授予广西边防部队某团四连战士陈武贤同志以“战斗英雄”的荣誉称号。

授予广西边防部队某团四连班长黄招强同志以“战斗英雄”的荣誉称号。

授予广西边防部队某团八连班长陈书利同志以“战斗英雄”的荣誉称号。

授予广西边防部队某团七连排长姜利民烈士以“爆破英雄”的荣誉称号。

授予广西边防部队某警卫连连长李庆海烈士以“战斗英雄”的荣誉称号。

授予广西边防部队某团通信连战士常超森烈士以“英雄报话员”的荣誉称号。

授予广西边防部队某团四连班长谢振华同志以“战斗英雄”的荣誉称号。

授予广西边防部队某团五连战士何学高同志以“战斗英雄”的荣誉称号。

授予广西边防部队某团四连排长刘勇同志以“战斗英雄”的荣誉称号。

授予广西边防部队某团五连通信员陈全钢烈士以“战斗英雄”的荣誉称号。

授予广西边防部队某团特务连战士唐立忠同志以“爆破英雄”的荣誉称号。

授予广西边防部队某坦克团三营营长刘宏生烈士以“战斗英雄”的荣誉称号。

授予广西边防部队某团三连副班长李金斧同志以“战斗英雄”的荣誉称号。

授予广西边防部队某团一连班长杨松坚同志以“战斗英雄”的荣誉称号。

授予广西边防部队某团四连班长韦学锋同志以“战斗英雄”的荣誉称号。

授予广西边防部队某团七连卫生员孙永迁同志以“战场救护模范”的荣誉称号。

授予广西边防部队某团一连班长雷应川烈士以“战斗英雄”的荣誉称号。

授予广西边防部队某团二连连长黄纪石同志以“战斗英雄”的荣誉称号。

授予广西边防部队某团五连战士李定申烈士以“战斗英雄”的荣誉称号。

授予广西边防部队某团一连班长彭云火同志以“战斗英雄”的荣誉称号。

授予广西边防部队某团六连卫生员兰延春烈士以“战场救护模范”的荣誉称号。

授予广西边防部队某坦克团六连驾驶员何相孟同志以“战斗英雄”的荣誉称号。

授予广西边防部队某团七连战士吴建国烈士以“战斗英雄”的荣誉称号。

授予广西边防部队某团九连班长郝修常烈士以“战斗英雄”的荣誉称号。

授予广西边防部队某团七连副班长黄吴荣同志以“战斗英雄”的荣誉称号。

授予广西边防部队某团八连战士丁化国同志以“战斗英雄”的荣誉称号。

授予广西边防部队某团一连排长韩永民同志以“战斗英雄”的荣誉称号。

授予广西边防部队某团二连卫生员谢君生同志以“战场救护模范”的荣誉称号。

授予广西边防部队某团七连副班长曹保勤烈士以“战斗英雄”的荣誉称号。

授予广西边防部队某团九连副班长侯满厚同志以“爆破英雄”的荣誉称号。

授予广西边防部队某团五连副连长夏柱玉同志以“战斗英雄”的荣誉称号。

授予云南边防部队某团通信连战士杨建章烈士以“勇于献身的共产主义战士”的荣誉称号。

授予广西边防部队某团一营机枪连给养员肖家喜同志以“钢铁战士”的荣誉称号。

授予广西边防部队某团三连指导员胡绪清同志以“战斗英雄”的荣誉称号。

授予广西边防部队某团二连班长朱仁义烈士以“战斗英雄”的荣誉称号。

授予广西边防部队某团六连排长王息坤烈士以“战斗英雄”的荣誉称号。

授予广西边防部队某团六连班长潘细腊同志以“战斗英雄”的荣誉称号。

授予广西边防部队某团二连副班长王成富烈士以“战斗英雄”的荣誉称号。

授予广西边防部队某团二连卫生员吕志经烈士以“战场救护模范”的荣誉称号。

授予广西边防部队某团五连班长马旭旺同志以“战斗英雄”的荣誉称号。

授予广西边防部队某团二营副营长周元生同志以“战斗英雄”的荣誉称号。

授予广西边防部队某团一营步谈机员陈日升烈士以“战斗英雄”的荣誉称号。

授予广西边防部队某团七连班长张春才烈士以“战斗英雄”的荣誉称号。

授予广西边防部队某工兵营工兵连战士叶建柏烈士以“舍身救战友的好战士”的荣誉称号。

授予广西边防部队某团五连排长羊才良同志以“战斗英雄”的荣誉称号。

授予广西边防部队某团五连副班长覃毅忠同志以“战斗英雄”的荣誉称号。

授予广西边防部队某团六连排长王木舟烈士以“战斗英雄”的荣誉称号。

授予广西边防部队某团七连班长郑宏余烈士以“战斗英雄”的荣誉称号。

授予广西边防部队某团一连指导员何锡祥烈士以“战斗英雄”的荣誉称号。

授予广西边防部队某坦克团七连连长李德贵烈士以“战斗英雄”的荣誉称号。

授予广西边防部队某坦克团七连驾驶员许森同志以“英雄坦克手”的荣誉称号。

授予云南边防部队某团三连副班长李成文烈士以“董存瑞式的战斗英雄”的荣誉称号。

授予云南边防部队某团一连战士乔胜清同志以“开路英雄”的荣誉称号。

授予广西边防部队某团八连连长李作成同志以“战斗英雄”的荣誉称号。

授予广西边防部队某团十一连副指导员莫尤烈士以“舍身救战友的好干部”的荣誉称号。

授予广西边防部队某团二十连战士梁英瑞烈士以“战斗英雄”的荣誉称号。

授予广西边防部队某团二十一连战士杨朝芬同志以“黄继光式的战斗英雄”的荣誉称号。

授予广西边防部队某边防营三连副连长李志坚同志以“战斗英雄”的荣誉称号。

授予云南边防部队某坦克团三连驾驶员驾全利同志以“英雄坦克手”的荣誉称号。

授予广西边防部队某炮团二营副营长吴志平同志以“战斗英雄”的荣誉称号。

三、授予1个民兵营、7个民兵连、12名民兵以荣誉称号

授予广西那坡县武装民兵第一营以“英雄民兵营”的荣誉称号。

授予云南省河口县支前民兵营四连以“支前模范连”的荣誉称号。

授予云南省河口县桥头公社下湾子大队武装民兵连以“支前英雄连”的荣誉称号。

授予云南省交通局文山汽车运输总站76·2加农炮民兵连以“英雄民兵炮兵连”的荣誉称号。

授予云南省开远县城关公社民兵一连以“支前模范连”的荣誉称号。

授予云南省马关县金厂公社武装民兵连以“钢铁民兵连”的荣誉称号。

授予广西德保县足荣公社民兵担架营一连以“英雄民兵担架连”的荣誉称号。

授予广西天等县把荷公社支前民兵连以“支前模范民兵连”的荣誉称号。

授予云南省国营河口农场二分场民兵班长李家能同志以“民兵战斗英雄”的荣誉称号。

授予云南省国营河口农场十分场武装基干民兵沈玉龙烈士以“支前民兵英雄”的荣誉称号。

授予云南省富宁县田蓬公社庙坝大队民兵营副营长陈昌德同志以“民兵战斗英雄”的荣誉称号。

授予广西田阳县民兵担架二营一连排长陈永华烈士以“民兵战斗英雄”的荣誉称号。

授予广西田阳县民兵担架二营二连排长包秀明同志以“支前模范”的荣誉称号。

授予广西田阳县民兵担架二营教导员梁乃全烈士以“英雄民兵教导员”的荣誉称号。

授予广西田阳县民兵担架四营二连连长黄立新同志以“民兵战斗英雄”的荣誉称号。

授予广西那坡县平孟公社平孟大队弄依生产队民兵排长林兴平同志以“民兵战斗英雄”的荣誉称号。

授予广西凭祥市发电厂民兵连民兵何国安同志以“支前模范”的荣誉称号。

授予广西德保县马隘公社民兵担架三连民兵许宗崇烈士以“支前模范”的荣誉称号。

授予广西横县平马公社良水大队民兵排副排长陆天桂烈士以“民兵战斗英雄”的荣誉称号。

授予广西防城县峒中公社供销社基干民兵陈玉英同志(女)以“支前模范”的荣誉称号。

中国科学院和日本学术振兴会在东京签订《学术交流备忘录》

有效期为3年的这个备忘录说:“双方本着平等原则,努力促进自然科学全部领域的两国科研人员之间的交流”,目的是“加强两国科研人员的联系,交换研究成果和情报,举行报告会等以及在对方国家从事学术研究”。中国科学院副院长李昌和日本学术振兴会理事长天城勋在备忘录上签字。

第四届全运会多人打破多项世界和全国纪录

新华社报道,从第四届全运会竞赛部获悉:在9月15日至17日期间,我国体育健儿打破世界纪录和全国纪录情况如下:

打破青年举重世界纪录(2人3次3项):

吴数德(广西)在52公斤级抓举比赛中,以108公斤的成绩,打破107.5公斤的青年世界纪录;张跃鑫(江苏)在52公斤级挺举比赛中,以130.5公斤的成绩,打破130公斤的青年世界纪录;吴数德(广西)在52公斤级举重比赛中,以总成绩235公斤的成绩,打破232.5公斤的青年世界纪录。

在全运会航海模型决赛第一轮比赛中,有13名运动员打破3项全国纪录。

打破2.5毫升空气桨竞速艇500米绕周航行全国纪录的有:上海的商焱、北京的王荣元、浙江的陈良、陕西的郝振乾、广东的容炳华、江西的傅炳炎、云南的赵波、天津的洪文华。其中,成绩最好的是商焱,9秒5。这个项目的原纪录13秒15,是江西运动员宋卫阳在去年10月创造的。

打破无线电遥控100米直线竞速艇全国纪录的有:广东的左乃培、河南的韩恒星、上海的吴振维、贵州的邸林。其中左乃培操纵的竞速艇速度最快,成绩是5秒1。原纪录8秒77,是上海的吴振维、周学勤在去年9月创造的。

山东选手孙志业在5毫升水中桨竞速艇500米绕周航行比赛中,以11秒8的成绩打破了12秒3的全国纪录。

第四届全运会体操比赛江苏男队 解放军女队分获团体冠军

第四届全运会冰球决赛齐齐哈尔市一队获冠军

第四届全运会棋类团体决赛上海队囊括4个项目的全部金牌

第四届全运会56公斤级举重比赛湖南选手贺益成打破保持14年之久的总成绩全国纪录

吴耀宗逝世

第五届全国人民代表大会常务委员会委员、中国基督教三自爱国运动委员会主席、中国福利会执行委员吴耀宗先生,因病在上海逝世,终年86岁。

吴耀宗先生是广东省顺德县人,信仰基督教,历任北京基督教青年会、中华基督教青年会全国协会的主任干事等职务,曾留学美国。1931年“九·一八”事变后,吴耀宗先生投入抗日救亡运动。

新中国成立后,吴耀宗先生任历届全国人大常委会委员,政协全国委员会委员、常务委员,上海市历届人大代表,并曾任政务院政治法律委员会委员,华东行政委员会委员,中国人民救济总会副主席等职务。1950年,吴耀宗先生发起了基督教“三自”爱国运动。他团结广大教徒热爱新中国,走社会主义道路,并协助政府贯彻宗教信仰自由政策。

9月18日

国务院副总理邓小平在人民大会堂会见并宴请美国前总统理查德·尼克松先生及其随行人员

会见时,邓小平副总理同尼克松先生就范围广泛的国际问题,友好地交换了看法。他们认为,今年以来,国际局势越来越紧张了。他们还认为应该从全球战略的眼光来看待和研究世界上发生的所有问题。我国外交部部长黄华、部长助理宫达非、美大司司长韩叙等参加了会见。会见后,黄华外长在北海公园仿膳饭庄设便宴招待尼克松先生及其随行人员。

晚上,邓小平副总理在人民大会堂举行宴会,欢迎美国前总统理查德·尼克松先生及其随行人员。

邓小平副总理在宴会上首先祝酒,赞扬尼克松先生为中美关系正常化所作出的贡献。他说:“1972年2

月，尼克松先生作为美国总统第一次访问了我国，双方发表了具有历史意义的中美上海公报，这是中美关系史上一件划时代的大事。”

他接着说：“今年1月1日，中美两国关系经过曲折复杂的过程，终于实现了正常化，在中美关系史上翻开了崭新的篇章。这时，人们自然地会想到上海公报的历史作用；也不禁忆起曾为中美关系正常化做过贡献的一切朋友们，在这里特别要提到当时任美国总统的尼克松先生。我不怀疑，你会同意我们这样的看法，即中美建交不仅有利于两国关系的进一步发展，也有利于促进世界和平与反霸事业。”

邓小平副总理在谈到国内形势时说，1976年10月我们打倒了“四人帮”以后，中国的面貌发生了空前的巨大改变。目前我们全国正处于经济建设、文化建设和向科学进军的高潮中。9亿多中国人民在党中央的领导下，精神焕发，同心同德，艰苦奋斗，努力克服前进道路上的困难，有信心把失去的时间抢回来，有信心在本世纪末实现农业、工业、国防和科学技术四个现代化的宏伟计划。一个稳定的、强大的中国对世界的和平与稳定是具有积极意义的。

邓小平副总理在祝酒时还提到了尼克松先生1972年赠送的、在中国南方落户的加利福尼亚州的红杉树。他指出，正在茁壮成长的红杉树“不仅象征着中美两国人民友谊的发展，也目睹了这些难忘岁月里中国的巨大变化”。

尼克松先生在祝酒一开始就谈到了他1972年第一次访问中国的情况。他说：“从历史观点来看，我认为打开同中国的关系是我任总统的那届政府最伟大的成就。”尼克松先生指出，使我们在1972年走到一起的原因是“双方领导人经过冷静、讲究实际的思考，认为从我们的利益出发，我们没有理由相互为敌，而却有充分的理由成为朋友。我们只有通过合作，才能发展联合力量，以便遏制和抵抗那些既威胁我们又威胁我们的朋友和盟国的人的扩张主义活动。”

他说：“如果我们继续进行合作，警惕危险并且保持和加强我们的力量，那就能够而且一定会防止足以导致世界性冲突的侵略。”

尼克松先生指出：“我们两国有着最根本的共同利益，这就是民族生存的共同利益。从这一基础出发，我们可以加强合作，为我们本国的人民建设更美好的生活，并且为全世界人民建设一个更加安全和更加繁荣的世界。”

他说：“回顾过去的7年，我觉得关于美国能为中国做些什么也许谈论得太多了，而美国能从中国学些什么却谈得不够。有一点我们可以从中国获得教益，那就是中国人惯于采取长期的观点，不仅考虑到几十年，而且考虑到几百年。”

尼克松先生指出，美中之间要继续进行合作。他说：“在即将到来的美国大选期间，我相信美国两大政党的候选人都赞成有必要保持和加强美中两国的友谊和合作。”

我国外交部部长黄华，文化部部长黄镇，外交部部长助理宫达非等，出席宴会作陪。美国驻中国大使伍德科克也应邀出席了宴会。

《人民日报》发表评论员文章《认真执行环境保护法》

第五届全国人大常委会第十一次会议原则通过了《中华人民共和国环境保护法(试行)》，颁布施行。这是加强我国社会主义法制，消除环境污染，保障人民健康，促进社会主义现代化建设事业的一件大事，它体现了广大人民群众的愿望，我们一定要坚决贯彻执行。

自然环境是人类赖以生存和从事生产等各种社会活动的基本条件。保护环境是我国社会主义现代化建设的重要组成部分。目前，我国的工农业生产还不发达，但环境的污染和自然资源的破坏已经相当严重。工业排放的废弃物是世界上最多的国家之一；大部分工业城市空气和水的质量没有达到国家规定的卫生标准；噪声大大超过国家规定的标准；许多江河湖海水域和地下水源受到不同程度的污染；不少地区的土壤、农作物和食品含有有害物质；盲目开发森林、草原、矿藏和水源等自然资源，不但破坏和浪费了资源，而且使局部地区生态平衡失调。所有这一切，对工业、农业、林业、渔业、牧业的发展，以及对广大人民群众的健康，都造成了严重的危害，引起了人民群众的忧虑和不安。

随着工作着重点的转移，随着向生产的广度和深度进军，我们将以更大的规模开发利用各种自然资源，工农业生产中所排放的废弃物可能更多。因此，制定环境保护法，使环境保护工做法律化、制度化，保证环境保护工作顺利开展，是进行社会主义现代化建设的需要，是按照客观规律办事，保证生态平衡，造福子孙后代的长远之计。

《中华人民共和国环境保护法(试行)》是在总结我国环境保护工作经验的基础上，吸收外国环境保护立法的有益经验制定的。它对我国环境保护工作的方针、政策、原则，保护的对象及其基本要求和根本措施，环境管理体制，科研、宣传和教育、奖惩等问题，作了比较全面系统的规定。它教育广大干部和群众，首先要在思想上高度重视环境问题，自觉守法。我们过去在发展经济的时候，不认识或不重视环境问题。考虑发展生产，往往不研究怎样治理污染；建设新的生产装置，往往不同时建设治理污染的设施；进行老企业挖潜改造,往往不解决遗留下来的污染问题;发展城市建设,往往不注意改善环境的公用事业的配套;开发利用自然环境,往往不注意保持生态平衡。这就必然走上先发展经济后治理污染的弯路,以致经济发展和环境保护严重不协调。这些教训必须记取。经济建设部门、工业主管部门和工矿企业必须把保护环境作为自己的一项社会责任,纳入议事日程,纳入计划安排。要下决心,宁可少上几个建设项目,也要把环境保护搞上去。只要思想上真正重视起来,依靠群众,积极办理,环境保护方面的许多问题是可以解决的。

认真执行环境保护法,要有按照客观规律办事的实事求是精神。自然环境的破坏,很重要的一个原因,是不认识或者不尊重自然界的客观规律。不合理开发自然资源,滥伐森林,过度开荒等等,都会导致自然环境的严重破坏,使生态系统失调,而受到大自然的惩罚。我们在经济建设工作中,不但要有生产观点,还要有生态观点,把眼前的局部的利益和长远的全局的利益结合起来,学科学,讲科学,用科学,尊重客观规律,求得经济发展和环境保护的协调和统一。

认真执行环境保护法,还要树立保护环境人人有责的社会风尚。法律的一个重要特点就是具有强制性,人人必须遵守,任何人不得违反。过去我们没有环境保护法,可说是无法可依。现在有了环境保护法,已是有法可依了。所有的团体、部门和单位,都应宣传环境保护法,严格执行环境保护法,依法办事,认真履行自己的职责。要坚决改变那种互相扯皮,不负责任,甚至为所欲为,听任污染泛滥的不良现象。对于违反环境保护法,污染和破坏环境的行为,必须坚决按照执法必严,违法必究的原则,依法追究法律责任,不管他是任何人。

环境保护法的制定,为我国环境保护工作提供了一个初步的基础。我们相信,只要各级领导干部和广大人民群众真正把环境保护工作重视起来,充分发挥社会主义制度的优越性,做到上下左右通力合作,真正按照环境保护法办事,我国的环境面貌一定会很快有一个大的改观。

上半年全国畜牧业产品数量显著增长

新华社报道,有关部门统计,今年上半年,全国猪的存栏数达到30945万头,比去年同期增加1248万头,增长4.2%;猪收购量达5879万头,比去年上半年增加948万头,增长19.2%。羊存栏数达到19018万只,比去年同期增加1326万只,增长7.5%。牛、马、驴、骡、骆驼等大牲畜总头数达到9425万头,比去年同期增加48万头,增长0.5%。兔的饲养量,许多省比去年同期成倍增加。鸡蛋收购量上半年达115957万斤,蜂蜜已收购了56500吨,比去年同期分别增长42.9%和13%。以上各项,除兔缺少全面统计外,以鸡蛋的收购数增长比例最大;猪存栏头数和收购头数的增长也是历年最高的;大牲畜饲养数基本扭转连年下降的局面。

一些畜产品的质量,除少数地区外,也有所提高。以猪为例,全国收购的猪平均每头毛重,由去年6月末的153斤,提高到163.7斤,增加10.7斤。收购猪占存栏总头数的比重,也由去年同期占16.6%提高到占19%。

从地区来看,羊只不论牧区、半农半牧区、农区,都有所增加,但农区的增长速度快于牧区。牧区以内蒙古增加羊只为最多。农区以山东、河南增加羊只为最多。猪的存栏和收购数,大部分省、自治区和市增加,少数省、自治区略有减少。增加最多的有四川、江苏、浙江3省。

上述大好形势的出现,据有关部门分析,主要是党的三中全会精神的贯彻,党中央关于农业问题的两个文件的下达,调动了广大农、牧民的积极性。

国务院副总理王震在北京会见由罗伯特·安德逊率领的美国罗克韦尔国际公司代表团

第四届全运会女子小口径手枪慢加速射山东队运动员高建敏平世界纪录

章汉夫追悼会在北京八宝山革命公墓礼堂举行

章汉夫同志是中共第八届中央委员会候补委员、第三届全国人民代表大会代表。他长期从事党的宣传工作、统战工作和外交工作,是党的好干部和杰出的外交战士。章汉夫同志遭到林彪、"四人帮"的残酷迫害,于1972年1月1日在狱中含冤逝世,终年66岁。

叶剑英、邓小平、李先念、陈云、方毅、邓颖超、胡耀邦、耿飚、徐向前、彭真、张鼎丞、史良、姬鹏飞、刘澜涛等送了花圈。国务院、中央组织部、中央统战部、全国妇联、外交部、外经部、文化部、财政部、中共江苏省委和省革委会、中共上海市委、中共武进县委和县革委会也送了花圈。

李先念、王震、韦国清、方毅、邓颖超、胡耀邦、耿飚、陈慕华、薄一波、姚依林、姬鹏飞、宋任穷、朱蕴山、康克清、季方、荣毅仁、王昆仑、江华等参加了追悼会。章汉夫同志的生前友好以及外交部工作人员200多人也参加了追悼会。

追悼会由国务院副总理姬鹏飞主持,外交部部长黄华致悼词。

章汉夫同志是江苏省武进县人,早年留学美国,1927年9月参加共产党。1928年章汉夫同志到莫斯科中国劳动大学学习，曾担任共产国际东方部研究员。1931年回国后，他担任过广东省委宣传部部长、代理书记、中央宣传部干事等职。1933年，他担任江苏省委书记，因叛徒告密被捕入狱。他在狱中表现了一个共产党员的崇高气节和优秀品质。抗日战争时期，章汉夫同志一直在国民党统治区从事党的新闻宣传工作。1939年至1945年，章汉夫同志在重庆《新华日报》社曾任新闻编辑部主任、总编辑等职。

解放战争时期，章汉夫同志最初任中共上海工委委员、副书记，并负责在上海、南京筹备出版《新华日报》和《群众》周刊，后任中共中央华南分局委员、香港工委书记。新中国成立前夕，章汉夫同志曾在中央统战部工作，后任天津市军管会委员、外事研究组组长，中共上海市委委员等职。新中国成立后，章汉夫同志一直在外交部工作，任常务副部长，并兼任中共中央国际活动指导委员会委员、中央外事小组第一副组长等职。他还受中央委托，领导《毛泽东选集》第1—4卷英文翻译的定稿工作。

林彪、“四人帮”一伙强加在章汉夫同志身上的罪名，完全是恶毒的捏造。经中央批准，这些诬陷不实之词统统予以推倒。

9月19日

中共中央批转《对中华全国总工会党组第三次扩大会议的复查结论和报告》

批准为1958年全总整风会议错案平反，为赖若愚、董昕等彻底平反，恢复名誉。

国务院总理华国锋在北京会见美国前总统理查德·尼克松先生及其随行人员

见面时，尼克松先生感谢华国锋总理在准备庆祝国庆30周年和出访欧洲前的繁忙工作中抽出时间来会见他。华国锋总理说，他很高兴同中国人民的老朋友尼克松先生见面。他还赞扬尼克松先生在1972年为打开中美关系的大门所作出的贡献。随后，华国锋总理同尼克松先生进行了友好的谈话。

黄华外长参加了会见和谈话。

全国新长征突击手命名表彰大会在人民大会堂举行

来自全国各地的10面新长征突击队红旗的代表、155个新长征突击手(队)标兵，参加了共青团中央召开的这次大会。他们胸佩红花登上主席台，受到首都各界青年代表3000多人的热烈鼓掌欢迎。

参加今天大会的，还有北京市、铁路系统、人民解放军和中直机关的600名新长征突击手和突击队的代表。

邓颖超、王震、薄一波、宋任穷、康克清、王首道、胡愈之同志，以及中共中央、国务院、解放军有关部门的负责人，到会向青年突击手们表示热烈祝贺。

大会由团中央书记、全国青联主席胡启立主持。

团中央书记李海峰在会上宣读了《中国共产主义青年团中央委员会关于命名表彰新长征突击手(队)的决定》。被命名表彰的有10面新长征突击队红旗、155个新长征突击手(队)标兵、万名新长征突击手(队)。

中共中央政治局委员、全国人大常委会副委员长邓颖超在会上讲话，她殷切希望青年一代要继承和发扬老一辈革命家的光荣传统，做伟大长征的接力人，勇敢地站在时代的前列，为祖国的繁荣昌盛作出自己的贡献

团中央第一书记韩英在会上作了题为《在新长征中造就新英雄》的报告。他回顾了一年多来开展争当新长征突击手活动所取得的可喜成绩之后说：“实践证明，争当新长征突击手活动符合党和人民的根本利益，反映了广大青年的共同心愿，开拓了新时期共青团工作的广阔天地。”

韩英在报告中赞扬全国各地的新长征突击手、突击队是我国青年一代的优秀代表，是新长征造就的新英雄。

韩英指出，不同时代的青年肩负着不同的历史使命。当前，新时期赋予青年的历史重任，就是实现四个现代化。他说，今天，我们的“四化”建设基础还比较薄弱，问题和困难确实不少，我们要像新长征突击手那样，坚信人民的事业必定胜利，越是艰险越向前，去夺取新长征的胜利。

韩英在报告中提出，为了进一步把争当新长征突击手活动更加广泛、深入地开展下去，必须解放思想，端正思想路线，在青年中认真进行马列主义、毛泽东思想基本理论的教育；必须围绕“四化”第一个战役确定的目标，以增产节约为主攻方向，充分发挥每个青年的积极性、创造性和聪明才智；必须用现代科学知识武装青年；各级团组织和团干部必须深入实际，调查研究，倾听青年群众的呼声和意见，把对工作的指导建立在对客观情况了解的基础上。

新长征突击手代表、北京特殊钢厂工人胡小弟在讲话中说，我们决心继承和发扬革命传统，胸怀祖国，献身“四化”，用我们的聪明才智去描绘社会主义建设的宏伟蓝图，用辛勤劳动把“四化”的美景变为光辉的现实。

在《团结友谊进行曲》乐声中，大会举行了发奖仪式。

中央领导同志和中共中央、国务院、解放军有关部门负责同志向青年先进集体和个人发了奖。10面新长征突击队红旗各获得奖旗1面,电视机1部;155个新长征突击手(队)标兵分别获得了奖旗、奖状、奖章和奖品。万名新长征突击手(队)将由各地团委代为奖励。

350名少先队员手持花束,在鼓号声中进入会场,向大会献词。两名少先队员代表登上主席台,朗诵了题为《献给光荣的新长征突击手》的长诗。

团中央命名表彰的全国10面新长征突击队红旗名单:

共青团福建省龙海县委员会

陕西省榆林县长城姑娘治沙连

内蒙古鄂托克旗赛乌素牧业大队青年突击队

湖南省湘潭红旗综合农场青年集体

共青团大庆油田采油三部委员会

共青团吉林化学工业公司委员会

上海市第二十八棉纺织厂织布车间青年集体

广州铁路局广州客运段广九二组(广州—九龙)青年集体

北京市天桥百货商场青年集体

中国人民解放军某部二连团支部

共青团中央命名表彰的全国155个新长征突击手(队)标兵名单

北京:郝沄,何营(女),崔跃,陈爱武,胡小弟,潘镭(女),由文泉;北京市第五建筑工程公司五工区四队瓦工青年突击队,共青团北京化工厂委员会。

天津:郑光森,孙国润,王娟(女),关牧村(女);天津化工厂烧碱车间水银电解工段团支部,天津市北郊区永华大队团支部。

河北:王焕明,程有志,刘东升;丰润县仰山大队青年突击队,邯郸冶金矿山管理局符山铁矿青年老虎掘进队。

山西:成爱蓉(女),雷安军;昔阳县大寨大队团支部,太原钢铁公司第三炼钢厂青年炉。

内蒙古:吴全喜,珠拉(女),赵谦。

辽宁:齐进,侯淑清(女),王秀琴(女),李玉霞(女);鞍山钢铁公司第一炼钢厂青年先锋炉,旅大市瓦房店纺织厂织布车间团总支,凌源县二十里堡青年山区建设队。

吉林:王成告,刘云山,魏中俊;共青团长春第一汽车制造厂委员会。

黑龙江:齐莉莉(女),高崇辉,白以言;甘南县音河公社兴十四大队青年机耕队。

陕西:张革,徐二厚,王伟;铜川矿务局三里洞煤矿五四青年掘进队。

甘肃:周永革(女),郭治塬;共青团兰州炼油厂委员会,永昌县岳家沟大队知青农林场。

宁夏:侯万美(女),陆秀英(女);石嘴山矿务局一矿掘进一队青年突击班。

青海:南木卡,王志强;共青团都兰县巴隆公社委员会。

新疆:杨永青(女),托乎提·阿西木,涂凤英(女);莎车县三公社六大队青年科研队。

上海:王坚强,吴克东,郁季辉(女),吴彩娣(女),叶申图,高林弟,沈功玲(女),叶青;虹口区三角地菜场青年红旗柜,共青团上海市第一百货商店委员会。

山东:王江民,朱承满(女),俞树利,李永江;滕县东江大队团支部,共青团山东铝厂委员会,青岛市人民市场蔬菜副食品商店团支部。

江苏:栾菊杰(女),叶慧英(女),谢庆香(女),翟伟良;共青团韩桥煤矿委员会,江阴县华西大队青年突击队。

浙江:林万炯,孙福泉;余杭县长征大队团支部。

安徽:梅继林,舒友保,柯烈金;肥东县龙塘公社知青五七制药厂,铜陵有色金属公司狮子山铜矿深孔队青年突击队。

江西:高康良,姚盛概;共青团德安县共青综合垦殖场委员会,盘古山钨矿董存瑞青年采矿队。

福建:温美玉(女),巫秀美(女);共青团闽东电机厂委员会。

河南:王建英(女),王文亮,马德兰(女);新乡县刘庄大队团支部,省电业局电建二处锅炉电焊班青年突击队。

湖北:吴才学,李全胜,周炎发;江陵县雷湖大队团支部,武汉市汽车运输公司五站青年突击队。

湖南:肖明春(女),邬四娥(女),许传德,王小玉(女);长沙市废旧物资公司东区收购总店团支部。

广东:陈伟强,雷洽祥,刘巧玲(女);潮安县槐山岗大队青年林场,兴隆华侨农场青年突击队。

广西:林兴平,韦荣立;靖西县界邦大队团支部。

四川:杨联荣,昝绍能,邢真理(女),龙再彪;新都县五桂大队团总支,重庆市蔬菜公司学田湾商店团支部,共青团新都机械厂委员会。

贵州:张荣富,荣元芬(女);织金县老乌山大队团支部。

云南:段国兰(女),吴弘;鹤庆县邑头大队蚕桑场团小组。

西藏:巴珠,宁德军;林芝县广久公社团支部。

全国铁道:李晓华(女),孙树淦,刘柏青(女),廉双进;济南铁路局徐州站运转一车间甲班第四青年调车组,共青团南京铁道医学院委员会。

中直、国家机关:姜风岩,郭跃华,彭武华。

解放军：山达，海水干，潘细腊，许森，李国尧，陆善克，雷志军；中国人民解放军五一〇五三部队三连团支部，中国人民解放军八一一八四部队四连团支部。

《人民日报》发表评论员文章《发挥共产党员的先锋模范作用》

当前，我们正面临一个伟大的历史转折，形势要求我们巩固和发展安定团结的政治局面，顺利完成工作着重点的转移，向建设社会主义现代化强国的目标进军。全体共产党员、特别是党的各级领导干部，应当站到这一斗争的最前面，发挥先锋模范作用，团结和带领广大群众一心奔“四化”。

共产党是无产阶级的先进部队，共产党员是无产阶级的先进分子。党的先进性，不仅表现在称号和党的理论纲领上，更重要的是表现在广大党员为人民事业献身的模范行动上。人民群众常常是根据共产党人的表现来认识党，确定自己对党的态度的。在过去艰苦的战争年代，大批共产党人为阶级、为民族英勇奋战，不怕流血牺牲。他们扎根于群众之中，与群众建立了血肉关系。群众从他们舍身忘我的行动中，看到了我们民族的希望，认识了“只有共产党才能领导我们夺取胜利”，从而自觉地团结在党的周围进行斗争。这样，我们才赢得了抗日战争、解放战争的伟大胜利。全国解放后，我们党的绝大多数同志保持和发扬了党的优良传统和作风。他们模范地执行党和国家的政策和法令，干劲充沛，艰苦朴素，关心群众疾苦。在党的领导下和党员的带动下，党的路线、方针、政策以及党的各项号召，很快变成广大群众的自觉行动，我们很快地治好了战争创伤，恢复和发展了国民经济，完成了社会主义的三大改造，开始了大规模的社会主义经济建设。人民群众通过党员的模范行动，认识到共产党的伟大、光荣、正确，下定决心跟着共产党走社会主义道路。

但是，也不应否认，在胜利后的和平环境下，有一些共产党人没有能够经受住考验，他们滋长了骄傲情绪，受到剥削阶级思想的侵蚀，在一定程度上损害了党和人民群众的联系。特别是在林彪、“四人帮”横行的十年中，我们党的肌体受到严重的伤害，党的优良传统和作风遭到粗暴的践踏和破坏，党内出现了许多不正常的现象：拉帮结派，培植个人势力；吹嘘邀功，争权夺利；脱离群众，做官当老爷；利用职权，为个人谋私利；贪图享受，搞特殊化，等等。经过揭批林彪、“四人帮”的斗争，党风不正的现象固然有很大的改变，但是部分党员不起党员作用，少数党员干部、特别是少数领导干部搞不正之风的问题并未完全解决。很显然，这是同我们党的性质和我们党所担当的历史重任绝对不相容的。

为了充分发挥我们党在新的历史时期中战斗司令部的作用，一方面，我们要继续揭批林彪、“四人帮”破坏党、瓦解党的罪行，彻底肃清他们的流毒和影响；另一方面，要大力表彰好人好事，鼓励党员充分发挥先锋模范作用。实事求是地宣传共产党员的优秀品质和先进思想作风，就能大大伸张无产阶级的正气，压倒各种歪风邪气，进而带动整个社会树立良好的道德风尚。

要在新时期发挥共产党员的先锋模范作用，首先要牢记我们党的宗旨，真正树立全心全意为人民服务的观念，不是在口头上而是在实际行动上解决是当公仆还是当主人的问题。是为人民，还是为个人，这是一个根本的立场问题。执政党的地位，很容易使我们的同志沾染官僚主义的习气，滋长骄傲自满、脱离群众的情绪，特别是容易使一些领导干部滋长特权思想，把自己放在特殊地位上，忘记自己是人民的勤务员，忘记自己的权力是人民给的。因此，必须经常敲警钟，批判腐朽的封建特权思想，铲除搞特殊化的剥削阶级恶习。同时，作为领导者还要识大体，顾大局，坚决反对资产阶级派性和宗派观念，善于团结大多数人一道工作，注意调动各方面的积极因素，坚持党的集体领导原则，坚持在真理面前、在党纪国法面前人人平等，无论何时何地何事都以普通劳动者的姿态出现。

要发挥共产党员的先锋模范作用，就一定要端正思想路线，坚持实践是检验真理的唯一标准。要解放思想，实事求是，做到一切从实际出发。一个共产党员，如果不接触新事物，不研究新问题，思想就会僵化，不但不能带领群众前进，还会在许多事情上被群众推着走，闹不好甚至会成为群众的对立面，成为前进路上的绊脚石。因此，必须批判那种只按本本、只按老皇历办事的思想，提倡到实践中去，调查研究，尊重群众的首创精神，一切以人民的利益为准则，敢于坚持真理，勇于修正错误。

要发挥共产党员的先锋模范作用，就一定要保持艰苦奋斗的作风。老一辈的无产阶级革命家为我们树立了光辉榜样。他们艰苦朴素，平等待人，关心群众疾苦，处处为群众着想，几十年如一日。我们一定要继承和发扬老一辈无产阶级革命家的高尚品质和优良作风，永葆无产阶级先锋队的战斗青春。特别是在当前我们国家正处在百废待兴，群众生活水平不高，还有许多困难亟待解决的时候，更应该为党分忧，为民分忧，“先天下之忧而忧，后天下之乐而乐”，以艰苦奋斗为荣，以挥霍浪费为耻。

要发挥共产党员的先锋模范作用，就一定要努力学习革命理论，努力学习现代科学知识，刻苦钻研业务，不断提高自己的思想水平和工作能力。过去懂得的东西已很不够用，有的已不适用了，在新的历史任务面前,我们要去探索新问题,解决新问题。特别是做领导工作的同志,更不能老是满足于“外行领导内行”,而要使自己逐步由外行变为内行。要做前人没有做过的事,要走前人没有走过的路,就要“活到老,学到老,改造到老”。要立志带领群众在我们这一代人手里多解决些难题,多创造些成绩,为子孙后代创造更加美好的未来。

上海一批企业开始扩大企业经营管理自主权试点

新华社报道,经国家经委、财政部和上海市革命委员会批准,上海106个企业和6个企业化公司(下属180个工厂),正式开始扩大企业经营管理自主权的试点工作。

这批试点单位大都是上海市工业、基本建设和国防军工系统的先进企业和骨干企业,在全市经济中有着举足轻重的地位。这106个企业和六个公司的工业总产值占全市的1/4以上,上交利润接近全市的1/3。今年5月份,上海在柴油机厂、汽轮机厂和彭浦机器厂3个单位,曾先期进行这项试点工作,4个多月来取得较好的经济效果。

9月14日,上海市革命委员会召开部署扩大企业自主权试点工作大会。中共上海市委副书记、上海市革命委员会副主任陈锦华在会上说:扩大企业自主权是整个经济体制改革的核心问题之一。他要求试点企业进一步解放思想,本着实践是检验真理唯一标准的原则,大胆试验,实事求是,不断研究新情况,解决新问题,在人、财、物,供、产、销方面扩大自主权,探索新的路子,学习国外先进的科学管理方法和手段,充分利用各种经济杠杆,促进企业自身的发展。财政、银行、税收、物价、劳动等部门应该积极支持扩大企业自主权的试点工作,共同努力,下决心把这件大事办好。

上海部分试点企业因为生产水平较高,潜力挖掘较充分,增长利润难度较大,某些干部感到这次试点有关利润提成等方面的规定,是“鞭打快牛”,“油水不大”。陈锦华针对这种思想指出,扩大企业自主权试点工作,要从有利于搞好国民经济调整的全局出发,立足当前,放眼长远。首先应该按照现代化的要求,抓紧企业内部各项基础工作的整顿,坚决贯彻党委领导下的厂长负责制,健全民主集中制;实行从生产到销售全过程的质量管理制度,努力创造优质名牌产品;搞好清产核资;加强经济核算;做好职工培训工作;实行政治民主、技术民主、经济民主,保证职工行使当家做主的权利。在这些方面是大有可为的。陈锦华说,目前国家财力有限,我们要千方百计加快生产发展,提高经济效果,为国家作出更大的贡献。从长远来看,从全局来讲,生产长一寸,福利长一分,这是不成问题的。

国家计委 林业部 工商行政管理总局联合发出《关于国营林场开展非规格材加工和林副特产资源综合利用的通知》

《人民日报》报道,最近发出的3部委通知要求,根据《中华人民共和国森林法(试行)》有关规定的精神,国营林场生产的规格材纳入国家生产、分配计划。成批的非规格材、采伐剩余物及其加工产品、林副特产,可由林业部门设立林产品经销公司,统一经营管理,实行林、工、商一条龙综合经营的管理办法,允许国营林场产销见面,作为林产品市场供应的一个补充。在国营林场综合利用潜力较大,条件较好的省、市、区,经省、市、区革委会批准,可以首先在省会或重点城镇设立林产品经销公司和经销门市部,进行林、工、商一条龙的试点,取得经验后,再逐步推广。

通知要求已开展综合利用的国营林场,要在保护、培育、发展、合理利用森林资源的前提下,根据可能提供原材料的数量和国家生产建设、人民生活的需要,按照产、销合同制订生产计划,以免盲目生产,造成产品积压。根据各类林产品的合理流向,需要运输出县出省的,必须分别持有县、省林业部门发给的批准运输证明。

通知规定国营林场在积极开展综合利用的同时,要切实按照有关技术规程的要求,确保抚育间伐、低产林改造的作业质量,禁止弃林经商、单纯取材、砍好留坏、破坏森林资源等错误做法。

通知发出后,为了加强国营林场积极开展综合利用工作的领导,林业部最近成立了中国林产品经销公司。湖南、山西、陕西、浙江、江苏等省林业部门正在开始筹办林产品经销公司和经销门市部或其他林业专业公司,在业务工作上受中国林产品经销公司的指导,积极组织部分国营林场进行林、工、商一条龙综合经营试点工作。

国防部部长徐向前在北京会见以卢旺达军队副参谋长塞鲁布加·洛朗为团长的卢旺达军事代表团

全国人大常委会副委员长乌兰夫在北京接受葡萄牙首任驻中国特命全权大使安东尼奥·雷萨诺·加西亚递交的国书

中国科学院和北京市一批科学工作者提出改善北京西郊环境减少污染建议

新华社报道,中国科学院和北京市有关单位的一批科学工作者对北京市西郊的环境质量进行长时间监测、研究之后,提出减少污染、改善环境的3项建议:一、减少能源和水资源的消耗;二、充分利用自然界的净化能力;三、工农业布局合理调整。

这些建议是中国科学院地球化学、大气物理、植物和动物等研究所的科技人员和北京市有关单位共同写的科学报告中提出的。北京市城市规划局和首钢非常重视,其中部分建议已采纳实施。

研究报告认为,西郊污染物的大量产生与工厂的能源(煤)和水资源的浪费有关,如将首钢的高炉和转炉改为汽化冷却,焦化厂改用干法熄焦,轧钢厂建立余热锅炉,并充分利用高炉煤气,这样每年可节约用煤16万吨,少产生飘尘1600多吨、二氧化硫8900多吨。如果首钢各厂适当增添一些设备,就可将生产用水的循环利用率提高20%,从而大大减少废水的排放量。研究报告指出,土壤本身具有净化能力,土壤中的微生物能够分解一定量的酚、氰,使之转化为植物可以吸收的养分——氨氮。经试验,进入农田的废水中,酚含量每升不超过1毫克,氰含量每升不超过半毫克,对作物生长发育无不良影响。他们还根据林木绿地对二氧化硫的抗性和减尘作用的研究,建议在工业区与居民区之间种植不窄于50米的防污染林带,在老山和八角村之间建立南北走向、宽200米的绿化林带,并在工厂区和居民区发展绿地。科研人员提出建议:首钢扩建工程应向西南方向发展,古城与八宝山之间不宜再建排废气量大的工厂,新建居民区应向苹果园到新古城一线的东面发展等。

第四届全运会航海模型赛2.5毫升空气桨竞速艇500米绕周航行赛北京运动员王荣元破全国纪录成绩超今年世界航模锦标赛第一名

第四届全运会摔跤比赛各项冠军产生

参加这次比赛的有来自北京、河北、内蒙古、山西、新疆、云南等18个省、自治区、直辖市的近400名摔跤手。在历时16天的比赛中,他们勇猛顽强,积极主动,普遍赛出风格,比出水平。

获得各项比赛第一名的是:

国际古典式摔跤:48公斤级——阿力木江(新疆),52公斤级——杨生年(新疆),57公斤级——张金良(河北),52公斤级——马开(新疆),68公斤级——顾景林(新疆),74公斤级——王忠义(北京),82公斤级——阿不力江(新疆),90公斤级——敖荣(内蒙古),100公斤级——图布敦(内蒙古),100公斤以上级——郑林(新疆);

国际自由式摔跤:48公斤级——高文和(云南),52公斤级——毕文明(云南),57公斤级——官布尼玛(内蒙古),62公斤级——卜建伟(山西),68公斤级——刘则友(吉林),74公斤级——胡耀进(山西),82公斤级——官其格扎布(内蒙古),90公斤级——官其格(内蒙古),100公斤级——高京(内蒙古),100公斤以上级——马天祥(江苏);

中国式摔跤:48公斤级——钢铁木尔(内蒙古),52公斤级——崔树和(山西),57公斤级——刘新贵(山西),62公斤级——董雅臣(内蒙古),68公斤级——张建忠(河北),74公斤级——李孟君(江苏),82公斤级——乌力吉(内蒙古),90公斤级——郭贵成(山西),100公斤级——张维生(河北),100公斤以上级——刘焕利(河北)。

第四届全运会体操比赛个人全能决赛黄玉斌 朱政分获男女个人全能冠军

黑龙江选手黄玉斌以114.9分的成绩获得男子全能冠军。上海选手朱政以76.6分的成绩获得女子全能冠军。

获得男子个人全能第二、三名的是潘辰飞(江苏)、彭亚军(湖南);女子个人全能第二、三名的是郑斯华(广西)、何秀敏(解放军)。

第四届全运会射箭比赛各项冠军产生

这届全运会射箭比赛,参加的有上海、天津、山西、辽宁、内蒙古、西藏、青海、新疆、山东、福建、广东11个代表队。在110名运动员中,绝大多数是近年涌现出来的新手。新疆代表队锡伯族女运动员郭梅珍,打破女子射箭双轮全能的全国纪录,平了30米单轮、50米单轮和60米单轮的全国纪录。锡伯族回乡知识青年汝光,打破了男子射箭单轮全能的全国纪录。曾经打破世界纪录的箭坛名将黄淑艳,这次也打破女子30米单轮全国纪录。

获得女子团体第一名的是辽宁队。

获得男子团体第一名的是山西队。

获得各个项目第一名的运动员是:女子双轮全能——郭梅珍(新疆);男子双轮全能——汝光(新疆);女子70米单轮全能——郭梅珍(新疆);女子60米单轮全能——郭梅珍(新疆);女子30米单轮全能——黄淑艳(辽宁);女子50米单轮全能——郭梅珍(新疆);男子90米单轮全能——汝光(新疆);男子70米单轮全能——姬长民(山东);男子50米单轮全能——王友群(山西);男子30米单轮全能——汝光。

9月20日

中共中央主席华国锋在北京会见以党中央装备与基建委员会主席卡保什什·特·格拉蒂安为团长的贝宁人民革命党代表团

华主席对代表团的来访表示热烈欢迎。他说,近几年来中贝两国领导人的互访有助于加深我们之间的了解和友谊。华主席还回顾了1976年克雷库总统访华时双方进行的诚挚友好的会谈。他请卡保什什团长回国后转达中国党、政府和人民以及他本人对贝宁人民革命党主席克雷库的问候。

卡保什什团长转达了克雷库总统对华主席的问候。他说,中国人民在长期的革命斗争中取得了丰富的经验。在这次访问中,我们所看到的和听到的,给我们留下了深刻的印象。

代表团副团长、贝宁人民革命党中央委员、贝宁驻中国大使阿里特拉奥雷,副团长、贝宁人民革命党中央思想意识和革命教育委员会委员乌都·阿里,以及代表团全体成员,参加了会见。

国务院副总理、中联部部长姬鹏飞,中联部副部长吴学谦等,参加了会见。

国务院副总理邓小平在北京会见美国华盛顿州州长迪克西·李·雷一行

邓副总理今年访美时同雷州长见过面,并欢迎她来中国访问。今天他们在北京再次见面,感到十分高兴。邓副总理说,通过你们的访问,加强了相互之间的了解,这是很重要的,我们之间的交流方面很多,希望双方作出努力。雷州长说,从地理上讲西雅图离中国最近,可是通过这几天的访问,我们感到华盛顿州离中国更为接近。她希望进一步加强华盛顿州同中国的贸易往来,增进了解和友谊。

美国驻中国大使伍德科克参加了会见。会见时在座的有对外友协副会长楚图南、侯桐。

城市住宅建筑面积计划比去年增长31%

新华社报道,记者从国家城市建设总局获悉,今年国家、地方、企业在192个主要城市计划安排的住宅建设投资为45亿元,加上去年结转到今年的资金,共计52亿元,比去年实际完成的投资多38%;计划开工面积4800多万平方米,计划竣工面积3000万平方米,将比去年实际竣工面积增长31%。

据192个城市统计,1—8月已开工3741万平方米,竣工700万平方米。其中辽宁省各城市已竣工90万平方米,河北省竣工60万平方米,四川省竣工54万平方米,湖北省竣工45万平方米。国庆节前,各地又有一批住宅建成交付使用,将有一大批职工搬进新房。

今年,从中央到地方各级领导部门都很重视住宅建设,许多省、自治区、直辖市的主要负责同志都亲自抓这一工作,并把它作为国民经济调整的重要内容。

今年钢材、木材、水泥等建筑材料不足,影响某些住宅建设工程的进度。各地区正在设法解决。不少地区把住宅工程列为建设重点,钢材、木材、水泥优先供应住宅建设需要。

全国13省 市纺织品国庆展销会在北京开幕

参加展销的有上海、江苏、陕西、北京、天津、浙江、河北、河南、湖北、广东、广东、山东、辽宁13个省、市。展销地点在北京市百货大楼、东风市场、东四人民市场、西单百货商场等11个百货商场和绸布商店。展销期为20天。这次活动是纺织工业部和商业部联合举办的。

展销的纺织品有棉布、化纤布、呢绒、丝绸等26大类,近2000个品种,6000多个花色。其中有获得今年国家金质奖和银质奖的优质名牌产品;有深受群众欢迎的开司米大衣呢、拷花大衣呢、麦尔登粗呢、派力司、纯毛提花毛毯、泡泡纱、软缎被面等传统产品,还有用新工艺制作的印花中长平纹呢、防蛀大衣呢、色织皱纹布、涤棉蓝花布、立绒毛毯、异型纤维弹力袜等新产品。这次展销的产品还有一个特点,就是有些呢绒、丝绸、化纤布、床单、毛绒、尼龙衫等产品,夹织了金银丝,使产品更加光彩夺目。

黑龙江国营农场超额完成今年小麦上交任务

新华社报道,从黑龙江省国营农场总局粮食部门获悉,到目前为止,全省国营农场已上交春小麦129700万斤,超额42%完成今年小麦上交任务。垦区负责人说,许多农场还在继续向国家粮库上交小麦,预计还可上交小麦21000多万斤。

今年黑龙江垦区坚决贯彻党的三中全会精神,按照自然规律和经济规律办事,春小麦播种面积由去年的1110万亩,扩大到1317万亩,占粮豆总播种面积的50%多。

黑龙江垦区今年开始普遍实行"财务包干"和定额管理、基本工资加奖励的经济政策,在分配上打破了"供给制"和"铁饭碗"思想,调动了农场领导和广大职工的积极性,使春小麦的播种和收割不仅适时,而且质量比历年好。

党中央关于从今年夏收起提高粮食收购价格的决定,激发了垦区上交小麦的积极性,从7月下旬开始,各农场边收割边上交,到9月5日就完成了今年国家下达的上交小麦9亿斤的任务。

国防部部长徐向前在北京会见以戴维·弗雷泽爵士为团长的英国皇家国防研究学院代表团

会见时,徐向前说,越南对其邻国、一个主权国家柬埔寨实行军事占领。越南之所以敢于这样做,是因为在背后有苏联的支持。

他强调指出,苏联同越南结盟,目标不只是对着东南亚、对着亚洲的,它是苏联全球战略的一个组成部分。苏联高唱和平,其实这只是一个幌子,实际上它搞的是军事扩张。苏联的野心是很大的,它要争当世界的霸主。

徐向前说,中国人民是最热爱和平的。但是,我们清醒地估计到苏联的发展趋势,它扩军备战的政策是要继续下去的,它利用打手进行侵略扩张的政策也是要继续下去的。这是每一个国家必须要认真对待的。会见时,徐向前副总理同代表团团长戴维·弗雷泽爵士就当前国际政治、军事形势交换了看法。

英国驻中国大使馆武官詹金斯上校参加了会见。

会见时在座的有中国人民解放军副总参谋长伍修权、军事学院副院长陶汉章等。

国务院副总理王震在北京会见美国斯坦福大学教授伯纳德·罗斯和夫人

全国人大常委会副委员长乌兰夫在北京接受挪威新任驻中国大使唐克雷德·易卜生递交的国书

中国政府代表团团长韩念龙在中越谈判第十二次会议上再次敦促越南方面停止阻挠和破坏谈判认真考虑中国方面合情合理的建议

韩念龙说:"最近,越南当局又掀起一阵反华喧嚣,进一步加剧中越两国的紧张局势。在谈判桌上,越南方面也采取蛮横无理的做法,加紧阻挠谈判,并且恣意攻击中国政府的正义立场,妄图把谈判不能进展的责任强加给中国方面。越南当局究竟用心何在,中国方面和所有期望中越谈判获得成果的人们,不能不感到严重的关切。"

韩念龙指出,从谈判开始以来,中国方面怀着极大的诚意和耐心,为使谈判顺利进行作了不懈的努力。如果不是越南方面的阻挠和纠缠,谈判本来是可以顺利进行下去,取得一些成果的。但遗憾的是,越南方面丝毫不愿考虑中国方面的意见,极力想绕过不谋求霸权这一关键问题。一味要把自己的意图强加于会议,企图将谈判引入歧途。现在,中越谈判举行了11次全体会议而没有进展,这种局面完全是越南方面一意孤行,拒绝协商造成的。

他说:"越南方面口口声声标榜自己对谈判抱有'诚意','尽力缩小分歧面,寻求共同点'。这简直是个莫大的讽刺。不久前你们把反华仇华政策公然写进了新的宪法草案,并且开动全部宣传机器,变本加厉地煽动对中国的仇视,加深两国之间的对立。这难道就是你们'缩小分歧面'的表现吗?你们在继续迫害华侨和华裔越南公民的同时,加紧准备反华战争,不断向中国境内派遣武装人员和特务,进行武装挑衅,制造流血事件,又凭空捏造诸如中国出动武装力量、派遣船只和战斗飞机入侵越南之类离奇的谣言,加罪于中国。这难道就是你们为'推动谈判'而进行的'紧张工作'吗?你们强占中国南沙群岛的若干重要岛屿,却歇斯底里地叫嚷什么中国要'吞并东海'。以上种种言行不是蓄意加剧中越之间的紧张局势,毒化谈判气氛,又是什么?这哪里还有一丝一毫的'诚意'可言!

"还必须指出的是,你们最近起劲地攻击中国在印度支那问题上的正义立场,大肆散布中国对印支三国'威胁'的神话,企图利用中越谈判这个讲坛,为越南当局对柬埔寨策划新的军事侵略行动施放烟幕。你们使出这种'贼喊捉贼'的伎俩,是迷惑不了任何人的。"

韩念龙揭露,越南当局正在准备对柬埔寨发动旱季攻势,妄图一举扑灭柬埔寨人民反抗越南占领军的斗争怒火。他指出,立即停止对柬埔寨的侵略和军事占领,撤出全部越南军队,让柬埔寨人民在没有外来干涉的情况下自己决定自己的事务,这是当前世界人民的紧迫要求,越南当局无视这一要求,只能使自己在国际上处于更加孤立的地位。

韩念龙说,"大量事实表明,越南方面来到谈判桌旁,不是为了谋求两国关系的正常化,也根本不愿看到中越边境、印度支那和东南亚地区恢复和平与安宁。你们一心追求的是加紧实现地区霸权。你们所关心的只是如何利用谈判进行虚伪宣传,继续反华仇华,蒙蔽越南人民和国际舆论,掩盖自己侵占柬埔寨和老挝,拼凑'印度支那联邦',向东南亚渗透扩张的行动,同时为苏联全球霸权战略效劳。在你们坚持这种立场的情况下,人们的确很难设想中越谈判如何顺利进行。"

他说:"我们本着通过谈判解决两国关系问题的立场,切望越南当局停止阻挠破坏谈判的错误做法,采取严肃的态度,认真考虑中国方面的八项建议,使谈判能够摆脱僵局。这才是理智的正确的道路。"

他说,越南当局想要中国方面把越南侵略柬埔寨、控制老挝的行径作为"既成事实"接受下来,这是妄想。越南方面在中越谈判中力图避而不谈越南推行地区霸权主义问题,这也是不可能的。

他在发言中说:"目前,中越谈判面临着严峻的考验。中国方面认为,越南当局一意孤行下去,是完全违背中越两国人民的利益的,也会严重危及这个地区的和平与安全。"

韩念龙团长针对越南代表团团长丁儒廉的发言作了即席发言,他指出,丁儒廉所谓"成万名中国顾问控制了柬埔寨各地的行政和军事机构",所谓"北京武装侵略柬埔寨",所谓"中国驻老挝大使馆和中国驻老挝经济代表处搞颠覆、破坏活动",等等,完全是凭空捏造,信口开河。韩念龙说:"把这些话里'北京'两个字改为'河内'两个字倒是合适的。"他说,"中国在柬埔寨和老挝没有一兵一卒。而越南在柬埔寨、老挝驻有20多万名占领军。用大批顾问和专家控制柬老两国的正是越南而不是中国。在别国派驻大量军队,用大批专家顾问控制别国,这是霸权主义的行为。中国政府一贯反对这种侵犯别国独立和主权的行径。""在这次中越谈判中,关键问题之一就是越南推行地区霸权主义向外扩张的问题。越南方面想回避这个问题是不行的。"

叶剑英诗集《远望集》由人民文学出版社出版

新华社报道,叶剑英同志的诗集《远望集》已由人民文学出版社出版,20日起在全国各地新华书店发行。

本书收入作者1925年至1979年4月所作的旧体诗词共52题81首。这些作品,大多曾发表过,可分为三类:一是怀念革命斗争中牺牲的烈士、歌颂英雄人物;二是对各时期政治形势的感受;三是解放后访问各地时赞颂祖国壮丽山河和大好革命形势的篇章等。

叶剑英同志写下了不少记录时代风貌、抒发革命豪情的诗篇。毛泽东同志对叶剑英同志的诗有很高的评价,1965年曾亲笔录写他的《远望》,在给陈毅同志的信中说:"剑英善七律。"

诗集出版前,作者进行了校订,有的还做了修改。

《远望集》采用特种大32开本,分精、平两种,书前选印作者各时期的照片7帧,手迹1张。

《民族研究》杂志出版

中国社会科学院民族研究所主办的《民族研究》杂志正式出版。

《民族研究》是关于民族研究方面的综合性学术理论刊物,是从事民族研究、民族教学和民族工作的同志发表研究成果、开展学术讨论的园地。主要发表民族问题理论、民族历史和现状、民族学的理论和方法、民族语言文字以及世界民族的研究论述,也刊登民族方面的调查报告、学术资料、史料考证、书刊评介和学术动态。

该刊为双月刊,每期约12万字,中国社会科学出版社出版,向国内外发行。

1979年全国高等学校招生工作基本结束

新华社报道,今年全国600多所高等学校共录取新生27万多人,其中重点高等学校和军事院校录取新生6万多人。各重点高等学校录取的新生已于9月中旬先后入学。

这次高考,反映出我国中等教育的质量有显著提高。今年高考试题水平高于去年,有很多考生获得了优秀成绩,保证了高等学校招收新生的质量。

教育部主管高校招生工作的负责人说,今年招收的新生质量超过往年,考生的平均年龄也比往年小,同时通过高考发现了一批有培养前途的优秀人才。

今年有500多名海外华侨青年、港澳和台湾省籍青年参加高考。华侨大学已录取新生66名,暨南大学录取146名。

第四届全运会河南女运动员巫兰英在双向飞碟射击比赛中以200碟靶中194个破这个项目的全国纪录

第四届全运会体操单项决赛冠军产生

第四届全运会体操男女单项决赛,经过下午和晚上两场激烈争夺,全部结束。

获得男子单项决赛第一名的优秀运动员是:自由体操　王小明(北京);鞍马　黄玉斌(黑龙江);吊环　熊松良(广东);跳马　许仲旋(广东);双杠蔡焕宗(福建);单杠　邹利敏(山东)。获得女子单项决赛第一名的是:跳马马文菊(河北);高低杠　马艳红(解放军);平衡木刘亚军(北京);自由体操　刘亚军(北京)。

参加体操决赛的134名男女优秀运动员,不但规定动作完成得规格、准确、质量较高,而且有些运动员还作出了国际上罕见的高难动作,这些新动作、新技术、新联结、新编排,反映了我国体操运动的新水平。

第四届全运会跳伞比赛前三名产生

在历时10天的比赛中,有男女13个队、15人、28次打破4项全国纪录,获得大面积丰收。

118名跳伞健儿,共进行了8个项目的比赛。获得各项比赛前3名选手的次序是:

男子个人定点——张建中(四川),杨永明(云南),李嘉平(上海);

女子个人定点——于爱华(解放军),李加冬(北京),李荣荣(北京);

男子集体定点——解放军队,四川队,云南队;

女子集体定点——云南队,解放军队,广东队;

男子个人特技——孙庆瑞(山东),龚文石(解放军),刘传义(解放军);

女子个人特技——于爱华(解放军),鞠晓红(解放军),贺小红(陕西);

男子个人全能——顾伟航(解放军),刘传义(解放军),龚文石(解放军);

女子个人全能——于爱华(解放军),鞠晓红(解放军),李荣荣(北京)。

著名文艺理论家邵荃麟追悼会在北京举行

胡乔木主持追悼会，周扬致悼词。

邵荃麟1906年生于浙江慈溪，1971年6月10日受迫害逝世。

9月21日

全国妇联表彰“三八红旗手”和“三八红旗集体”大会在人民大会堂举行

10002名(个)全国“三八红旗手”和“三八红旗集体”的代表出席了大会。

2000多名党政军等各界人士参加大会，表示祝贺。

这次受到表彰的有8960名“三八红旗手”，1042个“三八红旗集体”。

这些为“四化”建设作出显著成绩的妇女们，有的是战斗在各条战线上的劳动模范、科学家、先进工作者；有的是经过革命战火考验的老战士和同林彪、“四人帮”作过坚决斗争的英雄人物；有的是在对越自卫还击战中立下战功的解放军战斗英雄和女民兵；还有一些是热爱社会主义祖国的归侨、侨眷和台湾籍的姐妹。

邓颖超、方毅、陈慕华、彭真、康世恩、宋任穷、康克清、荣毅仁、刘澜涛、李维汉同志，以及中共中央、国务院、解放军有关部门的负责人出席了大会，向受到表彰的“三八红旗手”和“三八红旗集体”表示热烈祝贺。

中共中央政治局委员、全国人大常委会副委员长、全国妇联名誉主席邓颖超在大会上讲了话。她勉励大家同全国各族人民一道，同心同德，鼓足干劲，力争上游、多快好省地建设现代化的社会主义强国，在新的长征中为祖国、为人民建立新的功勋。

全国妇联主席康克清在大会上讲话。她说，这个大会，是全国姐妹们向国庆30周年献礼的大会，是进一步动员各族妇女打好“四化”第一个战役的誓师大会。她代表全国妇联向“三八红旗手”、“三八红旗集体”的同志们致以热烈的祝贺，祝贺她们作出的出色成绩，祝贺她们获得的崇高荣誉。

接着她回顾了新中国成立以来，特别是粉碎“四人帮”以后，广大妇女精神振奋，意气风发，在社会主义建设中作出的重大贡献。表扬了各条战线的“三八红旗手”、“三八红旗集体”。

康克清同志说，当前，我们的国家已进入了一个新的历史时期。鼓足干劲，力争上游，同心同德搞“四化”，是全国人民相当长期的中心任务。华国锋同志在五届人大二次会议的《政府工作报告》中指出，要集中3年时间，进行调整、改革、整顿、提高，把整个国民经济纳入持久的按比例的高速度发展的轨道，这是实现四个现代化的第一个战役，是光荣、艰巨而又紧迫的任务。

康克清同志希望战斗在各条战线的“三八红旗手”和“三八红旗集体”的同志们继续创新，谦虚谨慎，戒骄戒躁，进一步发挥带头作用。

康克清同志说，各条战线的各族姐妹们要向“三八红旗手”、“三八红旗集体”学习，学习她们解放思想，一切从实际出发，实事求是，理论联系实际的好作风。要积极参加实践是检验真理的唯一标准的讨论，肃清林彪、“四人帮”极左路线的流毒，把思想统一到党的十一届三中全会和五届人大二次会议的精神上来。

要坚持社会主义方向，热爱本职工作，勇于克服困难，努力提高生产力，为国家、为人民创造更多的物质财富和精神财富。要树雄心，立壮志，刻苦地学习文化科学知识，努力使自己成为精通本行业务的专家、大搞技术革新的能手。要发扬互教互学、团结战斗的新风尚。要用社会主义思想对待恋爱、婚姻、家庭问题，妥善处理家务同工作的矛盾。实行计划生育，正确教育子女，抵制封建思想和资产阶级思想，以饱满的热情和充沛的精力投入工作和学习。

她说，各级妇联要在党委领导下，把争当“三八红旗手”、“三八红旗集体”的活动深入持久地开展下去，进一步调动妇女大干“四化”的积极性，更好地发挥妇女“半边天”的作用。

全国“三八红旗手”、“三八红旗集体”的代表陈伦芬、张克清、徐谦、李敏先后在大会上发言。她们汇报了在“四化”建设中所取得的成绩以后表示，决心在党的十一届三中全会和五届人大二次会议精神的指引下，进一步解放思想，在实现“四化”的斗争中，作出新的贡献。

大会在欢快的乐曲声中举行了发奖仪式。中央领导同志和中共中央、国务院、解放军有关部门的负责同志向代表们授了奖旗、奖章和奖品。北京市少年儿童给“三八红旗手”、“三八红旗集体”的代表们献了花。

全国“三八红旗手”标兵和“三八红旗集体”标兵名单

上海市：张浩芬、陈洁华、张敏、谢希德、张瑞芳、方静、李美珍；上海铁路分局上海列车段1314次列车女子乘务组、乍浦街道妇女工作委员会。

山西省：刘凤卿、包淑和；昔阳县大寨大队妇代会、汾阳县贾家庄大队妇代会、临汾市“三八”百货商场。

山东省：徐谦、郎咸萍、荣凤爱、吴静因、高希凤；掖县西由公社妇联、枣庄矿务局陶庄煤矿家属煤矸矿石砖厂、宁阳县伏山公社妇女机电营、青岛市市北区商河路管区向阳红幼儿园、定陶县陈集公社妇联。

广东省：张诒仙、李丽芳、刘国望、朱荷闷、莫进莲、黄满娥；广州铁路分局广州客运段广九二组、江门市第一幼儿园、东莞县常平公社妇联。

广西壮族自治区：陈玉英、麦志莲、杨炳姣；横县莲塘公社莲塘大队二十二队“三八”农科组、田阳县田州公社隆平大队妇代会、陆川县城厢公社泗里大队妇代会、梧州市南堤幼儿园。

云南省：杨惠英，于兰馥、胡蓉仙；大理白族自治州永平县妇联、金平县金水河民兵连二排六班“十姐妹支前模范民兵班”、丽江纳西族自治县黄山公社长水大队托儿所、孟连傣族拉祜族佤族自治县孟连公社妇联。

天津市：林淑兰、张士珍、张淑华、韩之云、褚宝玲；蓟县管庄公社贾各庄大队妇代会。

内蒙古自治区：古日吉德、孙桂芝、郭月娥、徐秀英、马文贤、南斯勒玛；自治区地质局一〇三地质队三〇二女子机台。

北京市：陈伦芬、王之任、张友惠、李淑芬、梅月兰；昌平县阳坊公社西贯市二队妇女小麦专业队、北京市六一幼儿园。

宁夏回族自治区：马国兰；石嘴山市二区烟酒商店二矿井口门市部。

辽宁省：王家光、范崇嫵、姜桂兰、本溪矿务局彩屯煤矿“三八”炊事班、旅大市甘井子区辛寨子公社磊子山大队幼儿园、营口县沟沿“三八”排灌站。

四川省：张克清、管友鍊、余淑辉、李国兰、肖芝兰、兰泽央；南充地区棉纺厂织布车间甲班二组、渡口市矿务局龙洞煤矿“五七”生产队、宜宾县喜捷公社下食堂大队妇代会、达县地区妇幼保健所、重庆市市中区学田湾幼儿园、什邡县妇联。

甘肃省：冉桂英、李朵金草、许振婉；兰州市城关区火车站街道油脂化工厂、兰州铁路局兰州客运段兰宁第三女子包乘组。

安徽省：裘梅卿、杨兰英、金福业、陈月英、徐玲君；萧县杜楼公社郝新庄大队妇代会、凤阳县府城镇三府幼儿园、淮北矿务局沈庄矿“三八”商店。

西藏自治区：潘多；江孜县妇联。

吉林省：玄姬淑、朱宝英、刘靖慧；长春市电信局长途电话室长春——双阳电路小组、洮安县岭下公社红石岭大队妇代会。

江西省：陈花秀、吴丽芳、钟华英、汪桂英；万年县珠田公社妇联。

江苏省：查正南、常胜男、吴锡军、韩玉亭；如东县妇联、常州市东风区延安街道办事处延安中路居委会妇代会、吴县越溪公社一大队“三八”机手组、苏州市金阊区金门街道曹家巷托儿所、沛县城关公社韩坝大队妇代会。

青海省：仁措、严玉兰；贵德县河阴公社大史家大队妇代会。

河北省：戎冠秀、宋欣茹、白秀文、吴淑珍、张瑞英、聂素芳；邯郸市联纺公社永新里居委会、涞水县“三姊妹”放映队、昌黎县裴家堡公社妇联。

河南省：胡世平、朱继英、邵玉华、贺延、粟炳珍；新乡县七里营公社刘庄大队妇代会、太康县五里口公社桂李大队第四队“铁姑娘植棉班”、偃师县岳滩公社岳滩大队妇代会、洛阳市粮食局“三八”粮店、上蔡县医药公司“三八”药店。

贵州省：龙韵华、张智荣、黄惠芬；锦屏县小江公社“三八”林场、息烽县养龙司公社堡子大队妇代会。

陕西省：张秋香、刘家贤、翟福兰；神木县瑶镇公社窝兔采当大队妇代会、西安市“八姐妹”旅社核算店、汉中县中山街办事处饮马池托儿所。

浙江省：汪菊清、胡秋香、金水莲、洪三妹；嵊县丝厂缫丝车间、德清县城关公社幸福大队太堡堂生产队“三八”养蚕室。

湖北省：李玉兰、李秀苗；谷城县北河公社高潮大队科研组、沙市热水瓶厂花壳车间喷花甲班、武汉市武昌区首义街武昌路幼儿园、天门县黄潭公社妇联、武汉铁路分局武汉客运段京一“三八”班、新洲县妇联。

湖南省：杨玉翠、魏群、王金秀、李春华、罗荣华；醴陵县妇联、祁阳县妇联、衡阳市航运公司长运处女子船队、长沙市太平街粮店。

福建省：骆丽琼、马春英；将乐县水南公社水南大队长坑女民兵连、一二一勘探队三中队“三八”钻机排、龙海县角美公社石美大队幼儿园。

新疆维吾尔自治区：毕肯、谢尔汗·阿吉；新源县东风公社一大队铁姑娘班、克拉玛依试油处女子试油队、泽普县一公社“五七”家属队。

黑龙江省：苑淑琴、崔玉珍；大庆油田采油四部女子采油队、克山县北联公社黎明大队妇代会、齐齐哈尔市龙沙区五龙公社通达居委会妇代会、鹤岗市新一副食品商店井口服务部。

党和国家领导人华国锋 叶剑英 李先念等在人民大会堂接见全国青年和妇女先进代表

中共中央主席华国锋，副主席叶剑英、李先念，以及党和国家其他领导人，在人民大会堂亲切接见了全国新长征突击手和突击队的代表、全国“三八红旗手”和“三八红旗集体”的代表，并同大家一起照了相。

参加接见的党和国家其他领导人有：王震、韦国清、乌兰夫、方毅、邓颖超、纪登奎、吴德、余秋里、张廷发、陈永贵、陈锡联、胡耀邦、耿飚、陈慕华、赛福鼎、彭真、廖承志、阿沛·阿旺晋美、周建人、许德珩、胡厥文、朱蕴山,史良、康世恩、薄一波、姚依林、姬鹏飞。

中央军委负责人粟裕,政协全国委员会副主席宋任穷、康克清、季方、王首道、杨静仁、胡子昂、荣毅仁、刘澜涛、李维汉、班禅额尔德尼·确吉坚赞,最高人民法院院长江华,最高人民检察院检察长黄火青,也参加了接见。

全国人大常委会委员长叶剑英在人民大会堂会见美国前总统理查德·尼克松先生和他的随行人员

叶委员长很高兴地同尼克松先生见面。1972年,尼克松先生作为美国总统第一次访问中国时,叶委员长曾接待过他,还陪他游览了长城。

今天,叶委员长见到尼克松先生时,久久地握着他的手用英语说:"很高兴见到你。"叶委员长还对尼克松先生说,"热烈欢迎打开中美关系的、中国人民的老朋友和好朋友——尼克松先生。"随后,叶委员长同尼克松先生进行了友好的谈话,双方对中美关系日益发展表示高兴。接着,叶委员长设晚宴招待尼克松先生等美国朋友。

我国外交部部长黄华,文化部部长黄镇,外交部部长助理宫达非参加了会见和宴会。

国务院副总理邓小平在北京会见日本索尼公司会长盛田昭夫和夫人一行

《人民日报》摘要转载《财贸战线报》房维中文章《现行经济管理体制改革的一些设想》

我们现行的经济管理体制,弊病很多,主要问题是3个:

第一,自上而下的指令性的计划,管得太多,把经济搞死了。国民经济错综复杂,不断变化,要想通过国家计划对各项经济活动统统作出具体的规定,根本不可能。国内外的经验证明,没有哪一个中央机构能够解决经济问题的全部细节。第二,按行政系统、行政区划、行政层次、行政手段来管理经济,切断了经济的自然联系,排除运用经济的办法,产生了一系列问题和数不尽的浪费。许多事情,企业之间直接见面,问题就能很快解决,但非得一级一级报批不可。几十道关口,一个关口通不过,事情就停摆了。而从下向上报,再从上向上批,一个圈子兜过来,即便顺利通过,已经时过境迁了。第三,企业本身没有自主权,什么事情都得由上级布置,上级批准,多少条绳索把企业捆得死死的。其结果,企业只对上级负责,对计划负责,"吃大锅饭",想积极也积极不起来。等、靠、要不对,但现行体制就是鼓励等、靠、要,鼓励伸手,而不鼓励企业开动脑筋,自己想办法把事情办好。

这三条是相互联系的。搞包罗一切的指令性计划,就得主要靠行政机构、行政手段,其结果,必然束傅和伤害企业的积极性。企业是生产的直接承担者,企业没有积极性,生产要更快地发展是不可能的。当然,问题不止这三条。在企业本身,还有一个经营好坏同生产者个人的物质利益不挂钩的问题。这个问题也是非常重要的。

为什么长期打不破这套体制?认识上有偏差。以为社会主义公有制,实行计划经济,就得实行包罗一切的指令性计划。越是问题多,越是嫌管得少,管得不严。过去老批评计划不全不深不透,不仅要管全民企业,连社队企业的产供销都想直接纳入国家计划。国家管的经济技术指标,越加越多,中央管不了,就想放给地方,地方管不了,出了问题。又收回中央,来回兜圈子,就是不去想怎样扩大企业的权力,把许多事情让企业自己去管。

强调计划经济是完全正确的。国家通过计划,指导国民经济按比例地发展,避免无政府状态,这是社会主义优越性的重要表现。但是,计划经济是不是一定要全部实行指令性的计划,可不可以利用市场关系和经济手段,来达到计划规定的目标?事实证明,是可以这样做的,而且应当这样做。

我们应当实行什么样的经济管理体制,想法不尽一致,大体有三种模式:

第一种,高度集中,恢复第一个五年计划时期的做法,即实行"古典式的中央计划经济"。主张这种体制的同志还是有的。但是,这种体制,中央与地方之间矛盾重重,部门与部门之间矛盾重重,地方与地方之间矛盾重重,中央、地方与企业之间也矛盾重重,这是实践已经证明了的。

第二种,分散管理,各省、自治区、直辖市经济独立,即实行以省、自治区、直辖市为主的"地方计划经济"。这样办,可以八仙过海,各显其能。但是,这种体制仍然没有解决企业的自主权问题,不过把中央集权中存在的问题不同程度地转到省、市的头上,而按行政区划和用行政手段管理经济所带来的弊病并没有消失,且会限制地区之间的经济协作和经济交流。许多资本主义国家实行"虚君共和",中央管虚,地方也不直接管企业。美国的企业并不是按几十个州划分的,日本也不是按几十个县划分的。现在,跨国公司盛行,欧洲正在搞共同体,而我们如果把全国经济按省、自治区、直辖市划成29块,有的同志担心,这不是前进,而是后退。当然,不是说不要扩大地方的权力。应当给地方的权力要给地方。

第三种,给企业以更多的自主权,按经济规律组织经济。打破部门和行政区划的界限,把行政管理系统和经济管理系统分开,以企业为基础,按照社会化大生产的要求,怎样组织合理就怎样组织。企业在哪里,就给哪里缴税。部门和地方负责研究发展规划、方针政策,负责企业之间的协调和思想政治领导,地方还要负责搞好公用事业建设。企业拥有生产、交换、分配的更大主动权。国家给企业指明发展方向和要求,但尽量减少下达指令性计划,更多地主要地采用经济手段来管理经济,实行计划调节与市场调节相结合。

第三种方案,可以解决我们现在体制中存在的主要问题,但是实行起来并不简单。要把理论搞清楚,把很多细节搞清楚,必须进行大量工作,实行起来要有很多过渡阶段,会遇到很多的阻力。现在对于第三个方案的许多提法,可能并不准确,也还没有一个完整的设想,但这确是一个方向。我们要从我国的实际情况出发,借鉴外国的经验,闯出一条路子来。

实行体制改革,第一件事情,是先把方向搞清楚。每一个小改、小革,都要遵循这个方向前进,而不能同这个方向相背离。没有全局在胸,没有一个明确的方向,体制改革是搞不好的。

我国民航事业有新发展

新华社报道,我国在今年8个半月里开辟了14条国内新航空线和3条国际新航空线,并且增加了航空班次。

今年新增的14条国内新航线,都是为适应旅游事业发展需要而开辟的。到目前为止,我国国内航线已有160多条,总里程为168840公里。现在,我国以北京为中心的航空网,纵横交错,连接全国3个直辖市、20个省会、5个自治区首府和一部分重要工业基地等80多个城市。

我国国际航线已有11条,总里程为67800多公里。我国民航飞机所到的城市有平壤、仰光、卡拉奇、东京、大阪、长崎、莫斯科、德黑兰、亚的斯亚贝巴、布加勒斯特、贝尔格莱德、苏黎世、巴黎、马尼拉、法兰克福等。我国还和世界上30多个国家签订了航空协定,并与100多个外国航空公司建立了代理关系,大大加强了我国与世界各国的联系。

国务院副总理王震在北京会见葡萄牙通讯社社长蒂托·德莫赖斯、副社长安东尼奥·拉莫斯

北京气象塔建成开始使用

新华社报道,为开展大气污染研究而建造的北京气象塔,已在最近建成并开始使用。

矗立在北京西北郊的这座气象专用观测铁塔,高325米。塔上有15个平台,每个平台上都有安装仪器的伸臂,上面装有观测风向、风速、温度、湍流等的仪器,一天24小时监视着大气的变化。各种仪器所测的数据都经电缆传输到数据处理系统,通过电子计算机自动进行记录和处理,为研究大气污染规律和开展大气物理科学研究提供科学依据。

第四届全运会乒乓球团体赛冠军产生

在天津市举行的第四届全运会乒乓球决赛的男女团体赛,经过5天144场的激烈争夺,解放军男队获男子团体冠军,天津女队获女子团体冠军。

获得男子团体第二名至第六名的队是:北京队、福建队、广西队、辽宁队、浙江队。

获得女子团体第二名至第六名的队是:解放军队、河北队、北京队、湖北队、辽宁队。

叶运高逝世

中国人民解放军总参谋部通信部政治委员叶运高,于1979年9月21日因病逝世,终年65岁。

叶运高是江西省兴国县人,1930年8月参加中国工农红军,1931年1月加入中国共产主义青年团,1932年1月转入中国共产党。在战争年代,他参加了五次反“围剿”和举世闻名的二万五千里长征,参加了抗日战争、解放战争和抗美援朝战争。

“文化大革命”期间,叶运高受到了林彪、“四人帮”反革命修正主义路线的迫害。总参谋部党委决定彻底推翻强加给叶运高同志的一切诬蔑不实之词,彻底平反,为他恢复了名誉。

9月22日

国家农委等7单位举行茶话会邀请农业科学家 教育家进行座谈

国家农业委员会、农业部、林业部、水利部、农垦部、农业机械部和中央气象局,邀请在京的农业科学家、教育家以及早期从台湾、香港和国外归来从事农业科学、农业教育的爱国知识分子的代表举行茶话会,共庆中华人民共和国成立30周年,鼓励他们同心同德、为加速实现我国农业现代化作出贡献。

党和国家领导人王震、方毅、余秋里、陈永贵、胡耀邦等,在十分热烈的气氛中接见了与会代表,并讲了话。他们对农业科学家和农业教育家经过林彪、“四人帮”的迫害这一浩劫之后,今天能够欢聚一堂,表示热烈的祝贺;对农业科学家、农业教育家在新中国成立30年来,特别是在林彪、“四人帮”极左路线的干扰、破坏、迫害下,坚持发扬爱人民、爱科学的精神和所取得的成绩,予以充分肯定。他们说,实现四个现代化是伟大的事业。但是,不发挥科学和科学家的作用,是没有希望的。最近两三年来我国农业恢复和发展得很快,主要是靠党的政策调动了广大干部和群众的积极性。今后要使农业全面地大幅度地发展,要使农业有重大突破,就得越来越多地靠农业科学的力量。

胡耀邦向与会代表介绍了今年农业的喜人形势和对明年的展望。他说,今年农业这朵花红胜过了去年,我们应有信心使这朵花明年比今年还要好。希望大家努力奋斗,明年这个时候,我们再来相聚,共叙同心同德为农业全面继续较大幅度的增长贡献力量的情景。

国家农委副主任何康主持了茶话会。茶话会开始,国家农委副主任张平化代表农委和有关部、局,向与会代表表示热烈的欢迎和亲切的慰问,并向在新长征中奋勇前进的广大农业科学工作者、教育工作者致以节日的祝贺。他希望农业战线的党组织、各级领导干部和科学家、教育家,继续坚持实践是检验真理的唯一标准的马克思主义思想路线,进一步解放思想,破除迷信;希望经验丰富的老专家,不负党和人民的重托,搞好传、帮、带,帮助中年和青年同志学好本领,迅速成长,使我们国家人才辈出;希望学有造诣的中年同志不辞劳苦,不畏艰险,继往开来,勇挑重担;希望年富力强、勇于创新的青年同志,勤奋学习、刻苦钻研,以革命精神和坚强毅力,打开科学大门,为提高全民族的科学文化水平,发出自己的光和热。

在会上发言的有中国农业科学院、中国林业科学研究院、农垦部、北京农业大学、水利水电科学研究院、北京农业机械化学院、中央气象局、水利部、北京林业学院和农业机械化研究院的农业科学家和教育家金善宝、郑万钧、郭春华、沈其益、林秉南、曾德超、王宪钊、张含英、申宗圻、马骥。他们在发言中,对党中央有关大力发展农业科学技术和农业教育的一系列决策表示衷心拥护,对高速度地发展我国农业科学技术、加速实现农业现代化充满了信心。

应邀出席茶话会的农业科学家和农业教育家,还有鲍文奎、李竞雄、徐冠仁、程绍迥、郑丕留、娄成后、蔡旭、俞大绂、裘维蕃、李连捷、熊大仕、张心一、朱莲青、邹秉文、王恺、张英伯、吴中伦、范济洲、汪胡桢、覃修典、唐有章、李振宇、陈立、叶桂馨、程刚、席承藩、邓静中、夏世福等。出席茶话会的共181人。会后,党和国家领导人和与会代表一起照了相。

国务院副总理邓小平在北京会见美国科学院院士麻省理工学院教授林家翘博士

国务院副总理王震在北京会见由新加坡总理公署高级政务部部长 全国国术总会会长李炯才率领的新加坡全国国术总会访华团

国务院副总理陈慕华在北京分别会见以卫生部副部长吴觉钦为团长的缅甸卫生代表团和由几内亚佛得角非洲祖国自由战士部部长保罗·科雷亚率领的几内亚比绍代表团

全国人大常委会副委员长阿沛·阿旺晋美在北京会见由参议员让·高松率领的法国参议院财务行政官访华团

第四届全运会射击比赛全部结束

山东运动员高建敏在女子小口径手枪慢加速射个人赛中,以592环的优异成绩平世界纪录。在男女队赛和个人赛中,有21人破5项全国纪录。

射击比赛是全国各省、自治区、直辖市和中国人民解放军都有运动员参加的一个项目。经过预赛后,230多名运动员来京参加了队赛19项和个人21项的决赛。解放军代表队以2343环的成绩打破男子大口径手枪慢加速射队赛2239环的全国纪录;以1453环的成绩打破男子小口径自选步枪40发立射队赛1452环的全国纪录;以1501环的成绩打破男子自选步枪对跑猪射击(标准速)队赛1480环的全国纪录。浙江女运动员吴小旋以386环的成绩打破女子气步枪个人赛384环的全国纪录。在飞碟双向200靶个人赛中共有8名运动员打破全国纪录,河南女运动员巫兰英这次参加的是男子组比赛,她以194中的优异成绩夺得第一名,这个成绩比女子世界纪录还要多出5中(由于参加男子组比赛,不能算打破女子世界纪录)。在昨天上午的男子小口径标准步枪3×20的个人赛中,获得前6名的是:牟鲁会(解放军),杨相炎(解放军),李宝胜(北京),张克忠(湖北),刘治忠(吉林),郝凤平(解放军)。

这次比赛中各地运动员技术水平普遍有所提高,新手崭露头角,老将雄风犹在。辽宁青年运动员王义夫在男子自选手枪慢射个人赛中以564环的成绩荣获第一名,他的成绩比上届奥林匹克运动会同项第三名的成绩还要多2环。山东女运动员冷桂英是参加过第二届全运会的老将,现在已30多岁,但她宝刀不老,这次仍然以576环的成绩取得了女子小口径标准步枪3×20个人赛的第三名。

9月23日

国务院副总理邓小平 方毅在北京会见美籍科学家丁肇中等

参加会见的有美国麻省理工学院物理系教授丁肇

中、黄克孙，副教授陈敏和夫人马世善，丁肇中教授的助手马克斯小姐和她的母亲马克斯夫人，黄克孙教授的夫人罗斯玛丽。

会见以后，邓小平、方毅副总理设午宴招待丁肇中、黄克孙教授等。

参加会见并出席宴会的还有中国科学院副院长钱三强、国家科委副主任赵东宛，以及有关方面负责人和科学工作者张文裕、郝汀、李滔等。

国务院副总理王震在北京会见由加拿大新民主党前领袖托马斯·道格拉斯及其率领的道格拉斯—科德维尔基金会访华团

《人民日报》发表社论《各级领导要严格掌握政策》

党的三中全会有关农业的两个文件和各项经济政策的贯彻落实，调动了广大农民的社会主义积极性，农村形势很好。但是，当前出现了一个值得注意的问题：有些地方的领导干部看到农村形势好转，掌握政策就不那么严格了，有的人不按照党的政策办事，甚至任意违反党的政策。下面一些事例，值得引起有关领导机关的密切注意。

在粮食征购上，实行统筹兼顾，全面安排，把国家、集体和个人的利益正确地结合起来，这是党的一贯政策。今年许多地方增产幅度大，群众要求国家多买，我们粮食部门积极收购，这是很对的。但有些地方，却没有接受以往的教训，看到今年农业丰收，就又搞起了高征购。湖北省有一个县，一定5年的全年征购任务是1.58亿斤稻谷，夏粮丰收后，社员超额完成了早稻交售任务。但是，有关部门竟把全年稻谷的征购任务追加到2亿斤，并且要求早稻一季完成全年任务。还规定给社员每人只留稻谷40斤，最多不能超过45斤。群众讨论纷纷，担心丰收年还要饿肚子。这个县过去已有购过头粮的深刻教训，现在，他们又搞起这一套来了。广西有个县的一个公社，今年一季完成了全年的粮食征购任务。可是，有关领导机关巧立名目，要社员售“双超粮”，并且规定完不成“双超粮”任务的要受罚，搞得干部摇头，群众叹气。

对农副产品的收购，党的政策是按质论价，优级优价，对各种产品都有较严格的规定。前些年，由于林彪、“四人帮”的破坏，许多产品短缺，这个政策有关部门难以执行。现在，注意恢复原来按质论价的做法是对的。但是不能任意压级压价。据锦州市调查，兴城县一个收购点收购了124头猪，其中按一等价收的21头，二等的81头，三等的22头。就是这些猪，外销时一等猪变成了68头。这就是说，光一等猪就有47头是压级压价的。类似的情况，在不少地区都有发现。收购其他农副产品(包括粮食)也有任意压级压价的现象。这种不公道的做法，理所当然地引起了农民的不满。

物价问题是一个极其复杂的问题。物价的调整要按照国家的规定，统一安排，集中管理。现在，有些部门和单位，违反物价管理政策，随意提价。他们不是从增产节约中降低生产成本，减少流转环节，降低生产费用等方面来实现扭亏增盈，而是采取不正当的手段，用提价或变相提价的办法，转嫁亏损，增加盈利，损害了群众的利益，影响了人民的生活。这种现象，不仅在农村发生了，在城市同样也存在。

还有，随着农村形势的好转，农业的丰收，有些领导干部的头脑开始热起来，又想搞一些形式主义的“大办”；一些地方侵犯生产队自主权，违反群众利益的事情又有所抬头。

就全国来说，这虽然不是普遍现象，但也不是个别例子。为什么党中央三令五申要求各级干部严格按照党的政策办事，有些地方仍不断出现违反政策的情况呢？其根源是没有批透林彪、“四人帮”的极左路线，没有肃清他们破坏农业、危害农民的流毒；他们鼓吹的“只要方向对头，不怕政策过头”的反动谬论，还在一些人的身上发挥作用。有些同志忘记了全心全意为人民群众谋利益是我们党的根本宗旨，把对上级负责和对群众负责对立起来。还有一些人，为了谋取私利，明目张胆地违反党的政策，极少数品质恶劣的人，就是靠损害群众的利益，邀功领赏的。事实说明，极左路线的流毒不肃清，政策就落实不下去。任意违反政策的行为不制止，必然失信于民，破坏党群关系，影响农业发展的进程。

农村的大好形势来之不易。从全国范围来说，这是各地认真批判极左路线，落实党在农村的各项政策的丰硕成果。当前，农村的情况是：哪里能够严格按照党的政策办事，那里的政治、经济形势就向好的方面发展得快，干部和群众就心情舒畅，团结战斗，一心奔“四化”；反之，干部和群众的积极性就受到挫折。党的政策是党的生命，坚定不移地落实党的政策是发展大好形势的关键。各级领导干部对党的政策一定要认真学习，全面领会，严格遵守，决不能自行其是，擅自修改。要随时随地检查贯彻落实政策的情况，总结落实政策的经验，不符合政策的做法要尽快地纠正过来。各级领导机关和领导干部，包括中央各部门，必须维护党的政策的严肃性，决不能从本部门的局部利益或个人的名利思想出发，做违反党的政策、损害群众利益的事。否则，就是渎职。下级党委和政府，对于来自上级的违反党的政策的言行，不管来自哪个领导机关、哪个领导人，都有权有责向上级党委和政府直到党中央、国务院反映;对不符合党的政策、有害于群众利益的错误做法,有权加以抵制。党中央的政策是基层干部和广大群众抵制错误领导的有力武器,他们有权掌握这个武器,同一切违反政策的现象作斗争。有关上级领导机关,要高度重视下面反映的情况,及时检查纠正背离党的政策的行为。否则,也是一种渎职行为。

随着农村形势的好转,农业经济的活跃,农副产品的增加,农村经济生活出现了很多新情况、新问题。应该肯定,各地党政领导机关、特别是财贸战线的同志,在产品的收购、流通、交换方面,做了大量工作,使得农村市场购销两旺,促进了工农业生产,发展了大好形势。上述违反政策的情况虽是少数,但决不能掉以轻心。各级党政领导要坚定地维护党的政策的严肃性,同一切违反政策的人、事作坚决的斗争,严格掌握党的政策,继续落实党的政策,保护和发展农村和全国的大好形势。

《人民日报》发表评论员文章《打开发展新型建材的突破口》

在实现四个现代化的伟大征途上,建筑材料工业很重要,是国民经济的一个先行部门。世界上所有发达国家,建筑业都是经济上的一个重要支柱,建筑业发展了,还会带动其他有关行业的发展。要发展建筑业,必须大力发展新型轻质建材工厂。它不仅关系到我国四个现代化的进程,而且直接关系到广大城乡人民的切身利益。我国城乡人民住房紧张,条件很差,因而发展新型建材工厂,更为迫切。

当前,发展新型轻质建材,还有阻力,还有困难。阻力在哪里?在于有些同志思想不够解放,习惯了的旧东西,还常常束缚住人们的头脑。困难在哪里?资金不足,是一个困难,还有缺乏技术、管理方面的经验,缺乏一批熟悉业务、热心这项新兴事业的人才。

怎样冲破阻力,克服困难?一个好办法是在现有基础上,集中力量,扎实、果断地打开一个突破口。这就是尽快把新材料工厂办起来,进行成批生产,在实践中取得经验,逐步推广。新材料的优越性摆在人们的面前,最有说服力。以北京西郊试验房屋来说,50平方米的一幢房子,如果批量生产时,有些农民也买得起。新型材料弄好了,会比砖瓦便宜。一个具体行动胜于一打纲领。永远不迈开步子,怎么能前进呢?在革命战争中,我们有一条经验:攻击敌人的坚固防线,常常是组织一支"尖刀"部队,打开一个突破口,后续部队就能向纵深发展,胜利前进。我们的新型轻质建筑材料,经过这几年的试验性生产,已经有了一个小小的基础,已经具有了打开突破口的能力。当前的问题是,按照党中央和国务院的指示,迅速地切实地行动起来。

发展新型轻质材料,主要立足于自力更生,但也要引进一些必要的国外先进技术和设备,以便赢得时间,迎头赶上。

发展新型轻质建筑材料,从一开始就要按经济规律,用经济方法来经营这项事业,成立独立核算的企业化的新型建筑材料公司,精心选拔拥护三中全会的政治路线,熟悉经济业务,有一定技术水平的实干人才来领导企业,从上到下讲究经济效果,实行科学管理。发展新型建筑材料,一定要配套生产,要工厂化,专业化。门、窗、小五金、卫生器具,都要有专门的工厂生产。要讲究质量,注意美观。质量第一也包括美观。还要搞房屋的修理行业,水、暖、电设备坏了马上能修理。要搞好房屋周围的绿化。发展新型轻质建筑材料,要发挥中央和地方两个积极性。建材工业主管部门,要把新型建材工厂办成示范性企业,成为打开突破口的"尖刀部队"。地方要因地制宜,有计划、有步骤地办新型轻质建材工厂。苏州市等地已经开始办了,并且取得初步成效,应当加以鼓励。搞新型材料要实行薄利多销,产品多了,就可供应农村。现在许多农民迫切的要求之一就是房子,要为农村专门设计住宅。

强调发展新型轻质建材,丝毫不意味着老材料不重要了。我们一定要实事求是,从实际出发。现在,就全国来说,黏土砖瓦等老材料,仍占全部建筑材料的90%几,决不能低估它的作用,更不能人为地取消它,相反,还要拿出一定力量对其进行改造提高的工作。我们要大力地有计划地发展新型轻质材料,用新陈代谢的方法,逐步地代替老材料。应当看到,这将是一个相当长的过程。

建材工业的全体职工,要按照党的三中全会的精神,继续解放思想,广泛深入地开展实践是检验真理的唯一标准的讨论,端正思想路线,鼓足干劲,力争上游,多快好省地为实现四个现代化,为把建材工业搞上去作出新的贡献。只要我们抓紧继续肃清林彪、"四人帮"极左路线的流毒,采取科学的态度,有一套经过深思熟虑的具体措施,脚踏实地去干,有关部门和地方积极支持,我们相信,新型轻质建筑材料这个新事业,就一定会在一个不长的时间内,找开突破口,把新型建材工厂办起来,进行成批生产,取得较大较快的发展。这也是全国城乡人民的殷切期望。

中国环境科学学会与世界野生生物国际基金会在北京签订保护野生生物资源合作协议

协议规定的双方合作范围包括:自然资源保护工作者的互访,考察和情报资料的交流,为在中国境内保护野生生物,执行适当的合作项目,为中国参与适当的国际野生生物保护活动提供方便等。

合作协议是由中国环境科学学会理事会常务委员曲格平和世界野生生物国际基金会主席彼得·斯考特签署的。

世界野生生物基金会的主要任务是筹募基金来支持保护自然的计划。它的会徽是中国的熊猫。

第四届全运会羽毛球团体赛冠亚军产生

在今晚结束的第四届全运会羽毛球男女团体决赛中,福建男队和上海女队分别获得冠军,广东男队和辽宁女队分别获得第二名。

获得男子团体第二名至第六名的,依次是:江苏队、解放军队、辽宁队、上海队。

获得女子团体第三名至第六名的,依次是:解放军队、广西队、福建队、湖南队。

9月24日

全国人大常委会委员长叶剑英电贺希拉·利曼就任加纳共和国总统

电报全文如下:

阿克拉加纳共和国总统希拉·利曼阁下:

欣悉阁下就任加纳共和国总统。我代表中国政府和人民,并以我个人的名义向阁下表示热烈的祝贺和最良好的祝愿。

祝加纳在维护民族独立和国家主权以及建设自己国家的正义事业中,不断取得成就。

祝加纳共和国繁荣昌盛,人民幸福!

祝中加两国的友好合作关系和两国人民的友谊继续巩固和发展!

中华人民共和国全国人民代表大会
常务委员会委员长 叶剑英
1979年9月24日于北京

中共中央 国务院批转《全国物价工资会议纪要》

鉴于部分农副产品收购价格提高后出现的购销倒挂、经营部门赔钱等问题,决定从11月1日起,对部分农副产品提高销售价格,同时对职工实行物价补贴,并给40%的职工增加工资。

《人民日报》发表梁灵光文章《为轻工业发展开辟更广阔途径》

我国的轻工业,经过30年的发展,已经建立起一个比较好的基础。它对于改善人民生活、加快社会主义建设和扩大出口,作出了积极的贡献。

一

新中国成立前,我国轻工业的基础非常薄弱,技术十分落后,大多数轻工业产品自己不能制造。新中国成立后,我国轻工业从少到多,从小到大,从低到高,已经发展成为门类比较齐全、产品基本配套、布局逐步趋向合理、有一定生产技术水平的重要的工业部门。1978年轻工业总产值比1949年增长了17倍,平均每年增长10.5%。许多轻工业品的产量增长很快。其中人民群众非常需要的"三大件"和一些新兴产品,发展最快,手表平均每年增长64%、自行车增长25%、缝纫机增长18%、合成洗涤剂增长24%、感光胶片增长33%、塑料制品增长28%。许多产品的质量不断提高,花色品种日益丰富多彩。

随着轻工业建设的发展,新兴行业迅速建立,如合成洗涤剂、合成脂肪酸、塑料制品、合成革、合成香料、光学玻璃、家用电器等,填补了我国轻工业的缺口。其中电子手表、家用电器等新产品,都是最近几年试制投产的。特别是今年以来,各地轻工业部门和企业,把工作的重点放在抓质量、抓品种上,取得了新的成绩。据24个省、自治区、直辖市的不完全统计,共试制新产品达5000多种,新花色品种达49000多种。

30年来,我国轻工业的布局发生了巨大变化。原来轻工业基础比较好的上海、天津、江苏、广东、山东等沿海省、市,利用原有的设备能力和生产技术,生产有了比较大的发展,并在人力、物力、技术等方面支援了内地轻工业的建设。原来轻工业基础比较薄弱的省、自治区,在党和国家的关怀下,自力更生、艰苦奋斗,办起了许多轻工业工厂,有了很大发展。云南、陕西、青海、宁夏、山西、内蒙古轻工业的发展速度都高于全国平均水平。西藏自治区,新中国成立前几乎没有轻工业,新中国成立后办起了造纸、皮鞋、皮革、火柴、制盐、制糖、地毯等工厂。新疆的轻工业也是从无到有,发展了造纸、陶瓷、灯泡、合成洗涤剂、电池、制糖、罐头、卷烟、塑料制品、皮革、工艺美术等20多个轻工业行业。许多轻工业产品过去只有少数省、市能够生产,现在全国大多数省、自治区、直辖市都能生产,基本上改变了过去依赖"上海货"和"津广杂货"的局面。

二

我国轻工业是国民经济中的一个重要组成部分,对于发展社会主义事业起着重要作用。

轻工业为人民提供了大量生活用品。目前,轻工业品(不包括纺织品)在我国国内市场的销售额,占消费品零售总额的36%。新中国成立以来,轻工业品几倍、十几倍、几十倍地增长,人民群众的消费水平也显著提高。为了适应各族人民、各方面的需要,少数民族用品、农村用品、特需产品等,也有比较大的增长。人民生活用品的发展,对密切党和人民群众的关系、加速四个现代化,都有重要意义。

轻工业为支援农业、重工业和国防建设提供了大量配套产品。1978年的轻工业总产值中,生产资料的生产约占30%。我国有9亿多人口,8亿是农民,不论办任何事情,都必须从这一点出发。30年来,轻工业为广大农村提供了大量日用工业品和生产资料,例如农用薄膜、中小农具、塑料喷灌设备、五金工具以及小型轻工机械等。轻工业所需的原料,50%以上来自农村。农业的发展,为轻工业提供了原料,农民增加了收入,也扩大了轻工业品市场。轻工业为重工业、国防工业提供的配套产品,要求质量高、品种多,数量也不少,为国防建设提供了必要的条件。

轻工业为国家积累了大量资金。毛泽东同志指出:"重工业也可以积累,但是,在我们现有的经济条件下,轻工业、农业积累得更多更快些。"由于轻工业具有投资省、建设周期短,收效比较快、积累较高的特点,为国家积累了大量资金。据统计,仅1978年轻工业部系统向国家提供的利润和税金达185亿多元,占国家财政总收入的1/6几乎等于同年轻工业部系统固定资产净值的总和。

轻工业积极扩大外贸出口,为国家换取外汇,取得了巨大成就。30年来,我国轻工业品出口不断扩大。1953年我国只能出口50多种产品,现在增加到700多种产品。1950年到1978年,轻工业品的出口换汇额,平均每年增长16.2%。目前,轻工业品出口额,占国家出口产品总额的1/4。我国出口的工艺美术品、服装、皮革、皮毛制品、罐头、五金工具、日用五金、陶瓷等,都是在国际上受欢迎的大宗出口商品,有的产品在国际上享有很高的声誉。

当然,同技术先进的国家比较,同我国国民经济发展的要求比较,轻工业还很落后。我们要响应党中央的召开,千方百计加快轻工业的发展,为实现轻工业现代化,生产更多、更好的轻工业品,以适应群众生活不断提高的需要,这是关系到调动人民群众参加社会主义建设积极性的一个极为重要的问题。30年的实践证明,哪个时候轻工业上得快,哪个地方轻工业上得快,生活供应好些,群众的积极性就高;反之,群众的积极性就会受到影响。

三

加快轻工业的发展,使农、轻、重协调发展,是国民经济高速度发展的一个关键问题。轻工业比起重工业来,投资省、积累多、收效快。把轻工业搞得快一些,市场供应好一些,资金积累多一些,出口换汇多一些,会有力地支援国家四个现代化的建设。多年的实践表明,要想使我国国民经济高速度发展,其要害就在于是否重视轻工业的发展,是否真正贯彻农、轻、重的方针。

充分利用我国轻工业原有基础和人力资源,是加快发展轻工业所必须遵循的一条重要原则。我们国家底子薄,财力、物力有限,而国民经济又要大发展,这是一个很大的矛盾。从我国的实际情况出发,在发展轻工业的过程中,除了重点行业新建必要的大型骨干企业外,主要是发挥现有企业的作用;进行挖潜、革新、改造,并且把它与组织专业化协作结合起来,与引进国外新技术结合起来,这样可以少花钱多办事,大大提高各个轻工行业的技术水平与生产水平。除了国营企业外,还要继续发展手工业集体所有制企业,使它在生产更多的日用工业品与扩大就业中,发挥更大的作用。

要根据国内外市场的需要来发展轻工业。轻工业部门必须加强调查研究,及时了解消费者的需要及市场变化的动向,提供适销对路的产品。我们要坚定不移地把提高产品质量,增加花色品种摆在工作的第一位,使轻工产品逐步做到物美价廉,丰富多彩,以适应人民生活提高以及扩大轻工业品出口的要求。

办好原料基地,是加快发展轻工业的一项重要措施。为了办好农副业原料基地,必须解决有关经济政策问题。经济作物等要坚持集中种植,合理布局,保证轻工业原料有稳定可靠的来源。同时要积极扩大使用工业原料,大力加快塑料工业的发展。

抓紧抓好科研、教育,大力培养人才,是一个极为重要的问题。我国轻工业科学技术水平落后,这是产品质量差、品种少、效率低、发展速度慢的一个重要原因。我们要急起直追,下大决心,花大力气,加强科研工作,加强对教育工作的领导。采取多种形式,尽快地培养出大批技术人才和管理人才,以适应轻工业现代化的需要。

30年来,我国轻工业取得了很大成就。但是,必须看到,我们工作上存在的缺点错误,特别是林彪、"四人帮"的干扰破坏,使轻工业的发展跟不上形势,同改善人民的生活,发展对外贸易,为社会主义建设提供更多的资金不相适应,成为国民经济发展中的一个突出的矛盾。我们必须全力搞好国民经济的调整,努力去解决这个矛盾。我们要坚持实践是检验真理的唯一标准,认真进行调查研究,解放思想,端正思想路线,改革经济体制和经济结构,改进企业管理,扩大企业自主权,充分发挥现有企业的作用,使轻工业发展得快一些,好一些,以更多丰富多彩、物美价廉的产品,满足人民的生活需要。

国务院副总理余秋里在北京会见瑞典国家银行行长罗兰德先生一行

国务院副总理方毅在北京会见联邦德国于利希核研究中心反应堆发展研究所所长 阿亨大学教授苏尔

登和夫人

国务院副总理王震在北京会见以日本亚洲农业技术交流协会理事长锅岛直绍为团长的日本农业代表团

全国人大常委会副委员长邓颖超在北京会见以会长林弥一郎为团长的日本“中国归国者”友好会第二次访华团一行

邓颖超副委员长对日本朋友的来访表示热烈欢迎。她说，你们在中国的时候，为中国的革命和建设事业作出了贡献，回国后又为中日友好事业作出了大量的工作，对你们做的贡献表示非常感谢。

日本“中国归国者”友好会成立于1977年。该会会员曾参加过我国的解放战争和社会主义建设。1953年后，他们陆续回到日本，努力开展日中友好活动。林弥一郎会长在会见时说，我们这些人对中国有着特殊的感情。他祝日中两国人民世世代代友好下去，并希望中国早日实现四个现代化，成为世界上的一个强国。访华团副团长是若生爱子和长谷川正。

中日友协会会长廖承志在北京看望日本老朋友帆足计一

中国新任驻尼日尔共和国特命全权大使王传斌在尼亚美向尼日尔最高军事委员会主席 国家元首赛义尼·孔切上校递交国书

国家民委主任杨静仁举行中外记者招待会介绍我国民族情况和民族工作

杨静仁指出，30年来，我们党和国家在解决国内民族问题方面的方针、任务和政策是完全正确的，这就是：坚持民族平等，反对民族歧视和压迫；实行民族区域自治，使实行自治的少数民族在管理本民族内部事务上当家做主；把培养大批少数民族干部作为解决民族问题的关键；帮助少数民族完成民主改革和社会主义改造，为各少数民族的繁荣发展开辟道路；大力帮助各少数民族发展经济、文化事业。

杨静仁说，在少数民族地区的地方各级人民代表大会和全国人民代表大会中，我国各少数民族包括人口不到千人的少数民族都有自己的代表，他们的代表名额一般都超过了这些少数民族在当地和全国人口中的比例；全国已在少数民族聚居的地方建立了5个省一级的自治区、29个自治州、70个自治县(旗)；到1978年全国有少数民族干部80多万人，许多少数民族自治地方由少数民族干部担任了主要领导职务；各自治地方普遍规定使用当地少数民族通用的文字作为行使职权的工具；国家给了少数民族地区大量投资和人力、物力、技术支援。

杨静仁举出了新中国成立以来少数民族地区经济、文化发展的一些具体数字：

从1950年到1978年，国家对少数民族地区的基本建设投资达580亿元以上。

去年少数民族地区的工业总产值比1949年增长近40倍。一些过去只有小手工业，甚至连手工业也没有的民族地区建设起了现代工业，一些过去交通十分不便的地区通了公路、铁路。

粮食总产量解放后增长了1.7倍，牲畜头数增长了1.8八倍。

文化、教育、科学、卫生等方面，也有很大发展。5个自治区和一部分自治州有了高等院校。目前大学生比解放初期增长了16倍，中学生增长了50倍，小学生增长了7倍多。少数民族的卫生技术人员比解放初期增长了78倍。

杨静仁说，我国的55个少数民族，他们的人口共5600多万，占总人口的6%。少数民族地区经济、文化发展的这些数字表明，党和政府在解决民族问题方面的成就是很大的。我们已经取得了历史性的胜利，得到了各少数民族人民的拥护。

他说，林彪、“四人帮”横行时期，党的民族工作遭到了严重破坏。粉碎“四人帮”后，以华国锋同志为首的党中央非常关心少数民族，非常重视民族工作，坚决批判了林彪、“四人帮”破坏民族政策的反革命罪行，重申了党的民族政策，并且采取一系列措施迅速恢复少数民族地区的经济和文化的建设，改善少数民族人民的生活，目前这些工作已经大见成效。他说，但是，许多少数民族地区的经济、文化还比较落后，群众的生产、生活还有不少困难，需要我们做艰巨的努力，而这正是我们在各少数民族地区工作的主要任务。

杨静仁在谈到社会主义现代化建设新时期的民族工作时指出，它的基本点，一是调动各少数民族人民的社会主义积极性，安定团结地搞好社会主义现代化建设；二是在实现现代化过程中，国家大力帮助少数民族加速发展经济和文化建设，大力培养少数民族干部和各种专业技术人才，逐步消除历史上遗留下来的事实上的不平等，使各少数民族能够赶上或接近汉族的发展水平。

杨静仁还回答了记者们提出的问题。

第四届全运会田径 举重 海模 击剑比赛创造一批好成绩

新华社报道，下午和晚上，田径、举重、航海模型比赛相继结束，各项都创造出一批新纪录；击剑比赛也在上午定出分晓，技术水平提高很快。

在4天的田径比赛中，有9名运动员破2项亚洲纪录，有33名运动员和4个队共破14项全国纪录。尤其在女子400米栏的比赛中，先后有8名运动员12次破这个项目的亚洲纪录，这在我国田径运动史上是罕见的。在下午的比赛中，广西队和北京队分别以3分13秒7和3分14秒2的成绩打破了男子4×400米3分15秒2的全国纪录；广西队和广东队分别以3分43秒3和3分44秒8的成绩打破了女子4×400米3分45秒8的全国纪录；河南张秀嫩、陕西蔺淑贞、江苏陈青梅、山东崔云美分别以9分25秒8、9分28秒9、9分29秒2、9分29秒6的成绩刷新了女子3000米9分29秒9的全国纪录。

在晚上的举重比赛中，山东杨怀庆举起了150公斤，打破了110公斤级抓举147.5公斤的亚洲纪录。这样，举重共有2人3次打破3项青年世界纪录，3人7次破6项亚洲纪录，14人29次破17项全国纪录。

在击剑比赛中，广东队获得了男子佩剑和重剑两项团体冠军；江苏队和上海队分别获得男女花剑团体冠军。在4个单项比赛中，著名击剑运动员栾菊杰夺得了女子花剑第一名；上海选手邱红军、云南选手杨世生和广东谭志辉分别获得了男子花剑、佩剑、重剑的第一名。

在为期9天的航海模型比赛中，有54人次破4项全国纪录，有1人平1项全国纪录。广东张建国和山东孙志业分别以10秒7/500米(168.224公里/小时)和11秒5/500米(156.552公里/小时)的成绩打破长达14年之久的10毫升内燃机动力水中桨竞速艇和5毫升内燃机动力水中桨竞速艇的全国纪录。获得无线电遥控绕标舰船第一名的是上海两名新选手魏毓明、朱勤国。获得其他5项第一名的是：北京王荣元(2.5毫升内燃机动力空气桨竞速艇)；江西蒋亦铭(2.5毫升内燃机动力水中桨竞速艇)；广东左乃培(无线电遥控直线竞速艇)；上海郎德隆(无线电遥控绕标竞速艇)广东林诗亮(无线电遥控M级帆船)。

第四届全运会棒球和女子垒球比赛产生名次

北京队棒球队夺得了第一名。棒球决赛的第二名至第六名：天津队、解放军队、甘肃队、上海队、陕西队。

女子垒球决赛北京队以10战9胜的成绩夺得第一名。取得第二名至第六名的是：上海队、天津队、甘肃队、陕西队、四川队。

9月25日

国务院总理华国锋在人民大会堂会见美国麻省理工学院物理系教授丁肇中

国务院副总理邓小平在北京会见加拿大前总理 自由党领袖皮埃尔·埃利奥特·特鲁多

特鲁多先生1973年以总理身份访华时，周恩来总理和邓小平副总理曾经接待过他。邓副总理今天很高兴地同这位老朋友见面。会见时，邓副总理感谢特鲁多先生为发展中加友好关系作出的努力。他说，特鲁多先生在任职期间促成中加建交，为促进中加两国人民的相互了解作出了宝贵的贡献。我相信，中加两国的关系将会不断发展。你的这次访问将会对加强这种友好关系发挥新的作用。特鲁多先生说，加中两国友好关系的基础已经奠定，两国友好关系的发展非常顺利。

邓副总理同特鲁多先生还就共同关心的国际问题亲切友好地交换了看法。

加拿大驻中国大使明明德参加了会见。

《人民日报》发表社论《切实抓紧企业整顿工作》

整顿现有企业，是全面贯彻执行调整、改革、整顿、提高八字方针的一个重要方面。在调整国民经济比例关系，改革经济管理体制的同时，必须用极大的力量对现有企业进行整顿。

近两年来，各地区、各部门在揭批查运动的基础上，对整顿现有企业进行了大量工作，取得了不少成效。全国多数大中型企业经过整顿，都有不同程度的进步。但是，整顿工作发展很不平衡，企业管理中的问题仍然不少。整顿工作搞得比较深入，在企业管理和生产建设上有显著效果的，不到三分之一。许多企业整顿的成果还不巩固，有的出现反复。相当多的企业至今没有认真进行整顿。实践证明，凡是认真贯彻执行三中全会精神，在揭批查运动的基础上，扎扎实实进行整顿的单位，就能建设起一个好的领导班子，调动广大职工的积极性，鼓足干劲，力争上游，建立良好的生产秩序，使企业管理得到加强，挖潜、革新、改造得以顺利进行。反之，企业管理的混乱状态，生产建设的落后面貌，就不能得到改进；产品质量差，消耗高，劳动生产率低，损失浪费大，不仅不能为国家创造财富，反而坐吃社会主义，挖社会主义墙脚，以山西维尼纶厂为例：原计划3年建成，至今9年过去了，花了1亿多元投资，还没有投产，甚至发生哄抢事件，造成严重损失。这种情况，在全国并不是个别的。这样的企业不整顿怎么行呢？不整顿，开展增产节约运动只能是一句空话。不整顿，扩大企业自主权就没有基础。不整顿，国民经济的调整工作就无法顺利进行。不整顿，就不能加快四个现代化的步伐。

整顿企业的关键是整顿领导班子。党的三中全会以来，已经确定了一条正确的政治路线。政治路线要靠各级领导班子、靠广大职工来执行。是由坚决拥护的人来执行，还是由摇摆、怀疑甚至抵触、反对的人来执行，结果是完全不同的。在我们的领导干部中，对党的三中全会的路线、方针、政策，大多数同志是赞成的、拥护的；也有一部分同志不理解，持怀疑态度，行动上表现摇摇晃晃；还有极少数人是抵触、反对的。这个情况，很值得我们注意。目前，不少企业的领导班子很不健全，班子里的问题成堆。领导干部中熟悉生产、技术、管理业务的内行不多，技术专家更少，很不适应现代化建设的要求。辽宁是我国重点工业基地之一。据777个企业的调查统计，缺党委书记的有104个，占13%；没有厂长的达196个，占25%；领导班子中的技术干部，平均一个班子还不到1人。山西维尼纶厂所以发生上述严重事件，原因就是揭批查搞得不彻底，领导班子没有整顿好。青海水泥厂领导班子问题严重，对生产不负责任，企业连年亏损，仅丢失、被盗、损坏、报废的新设备，就值10万元之多。今年计划生产水泥13万吨，上半年只完成了2.3万吨。建筑材料工业系统49个大中型水泥厂，像青海水泥厂这样领导班子未经整顿的就有7个。大量事实表明，要把生产和现代化建设搞上去，非整顿好领导班子不可。

整顿好领导班子，首先必须解决领导干部的思想路线问题。在所有厂矿企业普遍开展实践是检验真理的唯一标准的讨论，是解决好领导干部思想路线问题的重要一课；所有领导干部都要补上这个必修课。党的正确的思想路线，就是毛泽东同志一贯倡导的实事求是，理论联系实际，一切从实际出发，一句话，就是坚持辩证唯物主义和历史唯物主义。开展实践是检验真理的唯一标准的讨论，是一项根本的思想理论建设。通过这场讨论，进一步肃清林彪、“四人帮”的流毒，摆事实讲道理，实行“三不主义”，继续解放思想，必将使一部分领导干部思想僵化、半僵化，抱残守缺、左顾右盼的精神状态有所改变，端正思想路线，适应形势发展的需要，同心同德地搞“四化”，聚精会神地搞“四化”。领导班子整顿好了，其他问题就比较容易解决了。

当前，在不少企业中，一部分工业产品的物资消耗又在回升，许多损失和浪费现象得不到制止，主要原因就在于没有把整顿企业这一环节抓实、抓紧、抓好、抓到底。当务之急是要使所有企业都建立起强有力的、有技术专家参加、能真正发挥作用的领导班子，彻底改变党政企不分、以党代政、以政代企的状况；要把新中国成立以来行之有效的规章制度恢复和健全起来，使所有企业建立起全面质量管理和经济核算制度，建立起合理的、有效率的、文明的生产秩序和工作秩序，使企业的生产水平、技术水平和管理水平朝着现代化方向大大迈进一步。

整顿现有企业，要根据不同情况，实行分类指导。先进的企业要更上一层楼。各行各业都要培养若干个依靠现有基础，大搞挖潜、革新、改造，向现代化进军的先进典型和逐步实现现代化的榜样。各地区、各部门对所属企业的领导班子，要实事求是地进行分析，主管领导同志要深入基层，亲自作调查研究，一个一个地摸清情况，需要进行组织调整的就抓紧时间调整。整顿企业的工作要同当前开展的增产节约运动结合进行。在群众性的增产节约运动中暴露出来的各种问题，为企业整顿提出了目标；通过整顿，认真解决了企业中存在的问题，就能推动增产节约运动进一步发展，取得更大的成果。当前，抓紧企业整顿工作，正是为了更好地开展增产节约运动，把生产迅速搞上去，确保今年国家计划的完成和超额完成。

今年是3年调整的第一年。我们要力争把今年的工作搞得更好一些。这就要求我们从思想上真正把整顿企业这项工作重视起来，切实加强领导，采取有力措施，抓紧，抓好，抓出最大的成效。

我国耕地灌溉面积达到7亿亩

新华社报道，目前，我国耕地灌溉面积已发展到7亿亩，其中有一半实现了旱涝保收、高产稳产。这是亿万农民坚持不懈地进行农田基本建设所取得的成果。我国人口多，耕地少，而且自然灾害比较频繁。据统计，在15亿亩左右的耕地中，几乎每年都有几亿亩受灾，农业生产很不稳定。因此，有计划地、因地制宜地建设旱涝保收、高产稳产农田，提高抗御自然灾害的能力，就成为发展农业生产的一项重要工作。

新中国成立30年来，特别是农业合作化以来，我国农村每年冬春都出动大批劳动力，开展以治水改土为中心的农田基本建设。据水利部门提供的材料，30年来我国农田基本建设取得的成果主要有：

——全国建成了8万多座大、中、小型水库，修建了5000多处万亩以上的灌区；

——全国机电井从无到有，已建成了200多万眼，机电排灌动力从解放初的9万马力，增加到6000多万马力；

——全国的低洼易涝耕地，约有2/3得到了初步治理；

——全国的盐碱耕地，有一半得到了不同程度的改良；

——全国的坡耕地，有1/4改造成了梯田；

——全国农村建成了8万多座小型水力发电站，装机容量达到500多万千瓦。

由于进行了这些工作，全国耕地的灌溉面积已达7亿亩，比1949年的2.4亿亩增长近两倍。其中有二分之一的耕地，建设成为旱涝保收、高产稳产农田。

我国地质工作者找到140多种矿产资源

新华社报道，最近从地质部获悉：我国已找到140多种矿产资源，成为目前世界上已知矿种比较齐全的少数国家之一。在这些矿产资源中，已经探得储量的有132种。钨、锡、钼、锑、汞、铅、锌、铁、煤、硫、磷、石棉、石墨、萤石、菱镁矿等矿产的储量，居于世界前列；铜、铝、锰、硼、岩盐、滑石、高岭土等矿产探明的储量，在世界上也有重要地位。

新中国成立后，党和国家十分重视发展地质事业，不断加强壮大地质科技队伍，开展了空前规模的地质普查勘探。经过长期艰苦的工作，终于揭示了我国资源蕴藏的真实面貌。

我国地质工作者相继在柴达木、松辽、黄骅、济阳、江汉、四川、陕甘宁、冀中等100多万平方公里的沉积盆地上，找到了1400多个储油构造，提供了一系列重要勘探开发基地。海洋石油地质工作，也取得了重要进展。煤炭资源的普查勘探，已经探得的储量突破了6000亿吨。煤炭资源分布面广，煤质牌号齐全，发展钢铁工业所需的炼焦煤占很大比重。

我国的金属矿产资源极为丰富。在辽宁、河北、四川、山西、湖北、安徽、内蒙古、甘肃等18个省、自治区、都找到了大型或特大型铁矿床，已经探得的储量达420亿吨。我国一向比较缺乏的铬矿，在西藏、新疆、内蒙古、甘肃等地，找到了重要产地；有色金属和贵重金属已探明储量的矿种有20种。在我国西北找到的大型镍矿和在西南、西北找到的铅锌矿，储量都相当丰富。特别是在四川攀枝花地区发现的特大型钒钛磁铁矿中，伴生钛金属储量达4.2亿吨，接近国外探明储量的总和；在内蒙古白云鄂博地区探明的伴生稀土资源达8000万吨，是世界罕见的巨型稀土矿床。

我国地质工作者在寻找化学工业所需要的各种非金属矿产资源方面，也获得了丰硕成果。已经探得的磷矿和硫矿的储量十分丰富。

地质部门还在缺水地区找到了丰富的地下水，为发展农牧业和城市用水提供了丰富的水源并为治理黄河、长江、淮河、海河，提供了资料。

《人民日报》发表焦扬文章《发展中的我国远洋运输事业》

30年来，我国远洋运输船队，从无到有，从小到大，至今年6月底，远洋船舶已有391艘。700多万载重吨。它航行于浩瀚的三大洋之上，为发展我国对外贸易和增进同世界各国人民的友好合作，作出了积极的贡献。

在旧中国，我国只有寥寥几艘远洋船舶，往返在中国与日本及东南亚之间，最远未超过波斯湾。解放前夕，连这一点点远洋船舶也被国民党开走或破坏，到全国解放时，我国远洋运输是一片空白。新中国成立后，帝国主义的封锁禁运，又阻碍了我国远洋运输事业的发展。

毛主席和周总理十分重视和关怀我国的远洋运输事业。早在50年代，毛主席就发出了“建立海上‘铁路’”的号召，提出了要把我国远洋船队发展到一两千万吨的设想。交通战线职工，怀着发展祖国远洋运输事业的满腔热情，决心为组建新中国的远洋船队而奋斗。1961年，中国远洋运输总公司成立，我国远洋货轮“和平”号和“友谊”号等船舶，穿过辽阔的南中国海，开辟了通往亚非各国的航线。但在当时，这支船队还很小，只有船舶20余艘，20余万载重吨，承担的运量很少，绝大部分外贸货物要靠租用外轮运输。

为了适应外贸运量迅速增长的需要，周总理于1964年提出在发展国内造船工业的同时，利用银行信贷向国外购买远洋船舶。1970年进一步指出，力争1975年基本改变主要依靠租用外轮的局面。这样，我们从60年代后期少量买船，到70年代，利用资本主义世界发生经济萧条，在对我有利的条件下，适时买进了较大数量的远洋船舶。同时，我国自己的造船工业也逐步成长，为我们远洋船队提供了一艘又一艘的国产船舶。这就使我国船队不仅在规模上迅速壮大，而且在技术构成上也不断改观。现在，这支船队已经成为我国外贸海上运输的主要力量。

我国远洋船队发展的历史表明，在一定条件下，利用银行信贷，引进部分国外船舶，是迅速发展我国远洋船队，独立自主、自力更生建立远洋运输事业的有效途径和有力措施。但是，这样一个没有使用国家投资，对社会主义建设十分有利的正确政策，却受到林彪、“四人帮”一伙的百般刁难，设置了重重障碍。他们胡说买船是“卖国主义”、“崇洋媚外”，并且一手炮制了“风庆轮事件”，使贷款买船被迫一度中断。在党中央、国务院领导同志的支持下，交通战线职工同“四人帮”的倒行逆施展开了针锋相对的斗争，使我国的远洋船队在严重困难的情况下，仍然得到了迅速发展，这是十分难能可贵的。

现在，我国远洋航线已经通向世界各国。我国的远洋船舶，东行到日本，横渡太平洋到加拿大、美国和拉丁美洲国家；西行经印度洋，出苏伊士运河，过地中海，进大西洋，或绕过好望角进入大西洋，沿途达南亚、西亚、非洲、欧洲国家；南行通往东南亚、大洋洲各国；北行去朝鲜。到达的地方，已由1961年的5个国家、13个港口，发展到现在的100多个国家和地区、400多个港口。

我国远洋运输,主要是为对外贸易服务的。我国从国外引进的大型技术设备和急需的一些物资,如北京、上海、广州的石油化工总厂设备,武钢的一米七轧机,上海宝山钢铁厂等厂矿企业的大型设备,大部分都是由我国远洋船队承运的。1965年,我国远洋船队承运量只有165万吨,1976年超过1000万吨,1978年达到了3000万吨。十多年来,我国远洋运输的运费收入,不仅偿还了购买船舶的信贷资金,同时还向国家上交了一定数量的利润。可以设想,如果没有一支像现在这样规模的船队,我国就要在国际租船市场上多租几百万吨外国船舶,增加大量的外汇支出。

我国远洋船队不仅对国民经济的发展起着积极的作用,而且是增进我国人民同世界各国人民友谊的一座桥梁。它过去是、现在是、将来仍然是我国对外政策的一个忠实执行者,为反对帝国主义、殖民主义、霸权主义贡献自己的一份力量。

我国远洋运输船队是一支年轻的发展中的船队。这支船队现有的规模,同我们9亿人口的大国很不相称,与日益增长的外贸需要很不适应,与世界先进海运国家相比,还有很大差距。在今后若干年内,我们的船队要继续发展,船舶要陆续更新。当前,要继续抓好增产节约运动,在保证安全质量的前提下,提高营运效率,增加收入,为国家创造更多的财富,为伟大祖国早日实现四个现代化作出更大的贡献。

财政部 税务总局就集体经济纳税问题答复读者询问

《人民日报》报道,最近,财政部、税务总局就读者的询问作答复如下:

税收是国家积累资金的重要来源,也是调节收入、促进经济发展的重要手段。根据党的政策和税收法规,该减免的要减免,该征税的要征税,充分发挥它的经济杠杆作用,更好地为四个现代化服务。

近两年来,国家为了进一步支持集体经济的迅速发展,在税收上采取了若干减免税措施。主要是:

一、在农村社队企业税收方面

为了促进农业生产的迅速发展,国家对农村社队企业的税收,历来是采取低税免税政策。近两年又重新明确和扩大了若干减免税规定。1977年11月13日国务院在批转财政部关于税收管理体制的规定中,明确提出农村社队企业生产经营直接为农业生产服务的化肥、农药、兽药、农机具修造等收入和所得的利润,以及直接为社员生活服务的,如豆腐坊、粉坊、油坊、酱醋坊、粮棉加工和理发、缝纫等业务收入和所得的利润,各省、自治区、直辖市革命委员会可以根据实际情况实行免征工商税和所得税。对灾区社队从事自救性的生产,可在一定期限内减征或免征工商税和所得税。

1978年,财政部经国务院批准,进一步采取了减税免税措施。规定从1979年起农村社队新办企业在开办初期纳税有困难的,除了生产烟、酒、棉纱等高税率产品以外,都由原来规定减征或免征工商税、所得税1年或2年,扩大为免征2年至3年。

对社队办的小铁矿、小煤窑、小电站、小水泥厂,从1978年起至1980年年底止,免征工商税和所得税3年(县、社队联办、分给社队的那部分利润,也免征所得税)。

二、在配合安置城镇知青方面

为了安置城市知青就业,对城镇新办集体企业,从投产经营的月份起,免征所得税1年。1年以后如有的企业仍有困难,还可酌情再给予照顾。农村专门为安置知青而举办的独立核算的集体所有制场、队,不分原有和新办,一律自1979年起至1985年止,免征工商税和所得税。

对合作商店从1979年起,规定取消加成征税的办法。

三、在支持扩大集体企业职工福利方面

为了调动集体企业职工的积极性,解决他们的实际困难,对手工业、交通运输业职工的退休、退职等劳保费用,由过去规定在征收所得税前提取一部分的办法,改为全部在征收所得税前列支。对合作商店职工的退休、退职和医药、福利等费用,过去规定都在企业缴纳所得税后的公益金中解决。从1979年起,退休费和退休人员死亡后的丧葬费、抚恤费,以及实行保养人员的生活费和生活困难补助费,都改在征收所得税前按实列支。同时,允许合作商店每月按工资总额提7.5%的工资附加费,用于商店成员的医药费和福利支出。

除上述几方面的减税免税措施以外,对集体经济单位在大搞综合利用,治理"三废",变废为宝等方面,税收上也都作了一些减税免税规定。解决税收问题,必须兼顾国家、集体、个人三者之间的利益,维护国家统一的税收政策法令,不能各行其是。

第四届全运会摩托车比赛产生名次

这届全运会的摩托车比赛,是新中国成立以来规模最大的一次,比赛项目的难度也有相应的提高。经过8场紧张激烈的比赛,解放军队以268分16秒2和154分33秒8的总成绩,同时获得了二轮摩托车越野和三轮摩托车越野2项第一名。夺得这2个项目个人第一名的是北京选手王虎(二轮摩托车越野,成绩87分45秒6);解放军选手李金华、简士俊(三轮摩托车越野,成绩74分25秒)。获得这两个项目的第二名和第三名的团体和个人是:二轮摩托车越野赛团体第二名陕西,第三名北京;个人第二名李建成(陕西),第三名许进(解放军)。三轮摩托车越野团体第二名广东,第三名北京;单车第二名毛鲁心、冯宝华,第三名闵小宝、朱江。

第四届全运会乒乓球单项比赛产生名次

第四届全运会乒乓球决赛在天津市全部结束。在5个单项的比赛中,辽宁19岁的选手王会元夺得男子单打冠军,河北18岁的选手齐宝香夺得女子单打冠军。男子双打冠军是湖南队的廖福民、黄坚果;女子双打冠军是解放军队的沈剑平、戴丽丽;混合双打冠军是辽宁队的王会元、刘新艳。

获得各项亚军和第三名的选手依次是:男子单打——王燕生(北京)、藤义(北京);女子单打——倪夏莲(上海)、卜启娟(上海);男子双打——梁戈亮、黄统生(广西),李振恃、施之皓(解放军);女子双打——张亚楠、黄俊群(湖北),阎桂丽、杨燕群(北京);混合双打——蔡振华、乔晓卫(江苏)、廖福民、王丽君(湖南)。

马力逝世

第十一届中共中央委员、第五届全国人民代表大会代表、中共贵州省委第一书记、贵州省革命委员会主任、贵州省军区第一政委马力同志,因病医治无效,在北京逝世,终年63岁。

马力同志是天津市蓟县人。1938年参加革命,同年加入中国共产党。

抗日战争和解放战争时期,马力同志历任蓟县抗日游击队教导员,昌怀县委书记,丰滦密县委书记,承兴密县委书记,冀东十四地委城工部部长、宣传部部长、专署专员,冀东十七地委副书记、书记、军分区政委等职。新中国成立以后,马力同志曾任河北省副省长、河北省委常委、唐山地委书记、北京市委书记处书记兼秘书长、河北省革命委员会副主任、省委副书记等职。

杨东莼逝世

中国共产党党员、第五届全国人民代表大会常务委员会委员、政协第五届全国委员会常务委员、民进中央副主席、中央文史研究馆馆长杨东莼同志,因病医治无效,在北京逝世,终年79岁。

杨东莼同志是湖南省醴陵县人,"五四"运动时期,开始接受马克思主义,1921年参加了北京马克思学说研究会。

杨东莼同志在大革命失败后,曾去日本,在那里研究唯物论并从事翻译工作。1930年回国后,仍从事教育和翻译工作,曾任中山大学教授、广西师范专科学校校长,他讲授社会科学课程,对传播革命思想起了积极作用。

杨东莼同志在抗日战争时期,在中国共产党的领导下,积极进行抗日救亡运动。抗战胜利前后曾任武汉大学、四川大学、华西大学、厦门大学等校教授,香港达德学院代理院长、香港大公报社顾问等职。

杨东莼同志在新中国成立后,曾任第一、二、三、四届全国人民代表大会代表、第四届全国人民代表大会常务委员会委员;中国人民政治协商会议第三、四届全国委员会委员、常务委员,中南军政委员会委员、中南行政委员会委员、广西大学校长、武汉华中师范学院院长、国务院副秘书长和民进中央秘书长等职。

杨东莼同志生前预立遗嘱,请求在他逝世以后,不举行遗体告别仪式和追悼会,骨灰不放置在八宝山革命公墓。

周立波逝世

周立波同志是第一、二、三届全国人大代表,第五届全国政协委员、中国文联第三届全国委员会委员、中国作协理事,因病经长期医治无效,在北京逝世,终年71岁。

周立波同志是湖南省益阳县人,1908年生,1928年开始写作活动。1934参加左翼作家联盟,同年参加中国共产党。抗日战争爆发后,周立波同志作为战地记者,写了《晋察冀边区印象记》等报道八路军英勇抗战的报告文学。1939年到延安,在鲁迅文学艺术学院任教,后来又主编《解放日报》文艺副刊。1942年参加了延安文艺座谈会。

1946年10月周立波同志去东北参加土改工作,创作了长篇小说《暴风骤雨》,并以此荣获了斯大林文学奖金。中华人民共和国成立后,周立波同志因参加《解放了的中国》彩色影片的工作,再次荣获斯大林文学奖金。新中国成立后,周立波同志创作了反映我国工业建设恢复时期的长篇小说《铁水奔流》。创作了反映我国农村社会主义革命的又一部长篇小说《山乡巨变》和反映我国社会主义农村新人新貌的大量短篇小说和散文。

粉碎了"四人帮"后,他写了短篇小说《湘江一夜》,获1979年短篇小说一等奖。

9月26日

全国人大常委会委员长叶剑英在人民大会堂会见卢森堡大公让和夫人殿下

国务院在人民大会堂举行宴会欢迎来访的卢森堡大公让和夫人殿下

李先念副总理和夫人林佳楣,耿飚副总理和夫人赵兰香，康世恩副总理，阿沛·阿旺晋美副委员长，外交部部长黄华，外贸部部长李强，冶金部部长唐克等出席宴会。

李先念副总理主持今晚的宴会，并在宴会上首先讲话。他在讲话中指出，卢森堡大公和夫人殿下的来访，标志着中卢两国友好关系新的发展。

他赞扬卢森堡人民为争取和维护民族独立，反抗外国兼并和侵略所进行的长期的不折不挠的斗争。他说，第二次世界大战以后，卢森堡人民以辛勤的劳动迅速地医治了战争的创伤，并在发展现代工业、农业和科学技术方面取得了令人钦佩的成就。李先念副总理说："卢森堡的钢铁工业举世知名，卢森堡的钢产量按人口平均计算居世界首位。作为欧洲重要的金融中心之一和欧洲共同体若干机构的所在地，卢森堡在欧洲的经济和政治生活中占有重要位置。在国际事务中，卢森堡一向积极致力于西欧联合自强的事业，为加强西欧的防务，维护欧洲的和平与安全作出了不懈的努力。卢森堡的一切成就证明，国家不论大小，都有自己的建树和长处，在国际事务中同样可发挥积极的作用。"

他说，中卢两国社会制度不同，但并不妨碍两国友好合作关系的发展。我们在相互尊重和相互支持的基础上发展友好合作。我们高兴地看到，近年来中卢关系正是在这样的基础上得到了可喜的发展。我们相信，大公和夫人殿下的这次访问，必将为中卢友好合作谱写新的篇章，载入中卢友好关系的史册。

在谈到我国国内经济建设时，李先念副总理说："我们的建设方针，将一如既往，以自力更生为主，同时也要发展对外贸易，引进外国的先进技术和利用国外资金。卢森堡在发展工业方面有不少经济值得我们学习和借鉴，我相信，随着我国国民经济的不断提高，我们两国之间的友好合作关系必将继续不断地得到发展。"

大公让在讲话时说，今天这样的聚会象征着我们两国人民的友谊和合作的真诚愿望。他说："展望未来，我可以毫不犹豫地说，许多事实表明，这种合作将能得到发展。我热切地希望，我的访问能给我们的合作以新的推动。"

大公让指出，尽管卢中两国之间存在着体制上重大的差别，两国的疆域也有很大悬殊，但是我们之间无疑存在着协调发展两国关系的政治前提。"使我们相互接近的因素是根本的。卢森堡同中国一样，迫切希望世界平衡，这种平衡可使我们和平地生活，而无须对付外来的束缚。"

他说："对中国来说，上一世纪是充满内乱外患的不幸时代。新中国的缔造者在伟大的毛泽东的教导和指引下，结束了这一不幸时代，重新掌握了国家的命运。现在这个国家充满了新的希望，前程似锦。"

他接着说："在过去的一个世纪，卢森堡同样饱受了外国的侵犯和统治。卢森堡抛弃了被证明是无效的中立政策，积极地参加更大范围的一体化的努力，先是加入了比、荷、卢三国集团，然后又参加了欧洲共同体，这标志着我国有了一个新的起点。大西洋联盟是我国安全的保障。"

大公让说："我们两国为实现各自的政治目标而采取的手段是不同的，但我们的目标本身却是相似的。这就是按照我们自己选择的方式，而不是按照别人强加的方式生活。"

他说："我高兴地看到，我们之间存在着许多关系，这些关系今后肯定还会得到发展。这是我们的利益所在，这更是我们两国人民的友谊所要求的。我们两国人民在许多方面是那样不同，而根本愿望又是那样的相近。"大公让祝愿卢中两国人民的真诚合作不断加强。

卢森堡副首相兼外交、外贸和合作大臣加斯东·托恩出席了宴会。卢中友协创始人阿道夫·弗朗克先生，以及其他随行人员，也出席了宴会。出席宴会的还有卢森堡驻中国大使馆临时代办卡洛·凯特，正在北京访问演出的卢森堡著名钢琴家黄顺经，以及在北京的卢森堡其他朋友，荷兰驻中国大使多勒曼，比利时驻中国大使拉乌勒·多尔曼。

出席宴会作陪的还有：政府有关部门、全国妇联、北京市革委会、对外友协等单位的负责人和中国驻卢森堡大使康矛召。

《人民日报》发表评论员文章《把这件大有益于党和人民的好事办到底》

认真落实干部政策，大规模地平反冤假错案，是粉碎"四人帮"以来党中央紧抓的一件大事。党的三中全会公报指出："在揭批'四人帮'的群众运动结束以后，这个任务还要坚决抓紧完成。"现在，这个任务完成得怎么样了？还有哪些阻力和斗争？正确认识和估价这些问题，对于坚定不移地贯彻执行三中全会精神，把这件大有益于党和人民的好事情办到底，有着十分重要的意义。

粉碎"四人帮"近3年来，经过全党的共同努力和斗争，落实干部政策的工作取得了巨大的成绩。我们对林彪、"四人帮"在"文化大革命"中制造的以及在他们那条极左路线干扰破坏下产生的冤假错案，在全国范围进行了平反昭雪的工作。一批重大错案和涉及成千上万人的集团性冤案、假案，已经得到了平反、昭雪。对于历史上遗留下来的一些重大问题，党中央和各地也实事求是地作了改正。摘掉右派分子帽子的工作，在全国已经完成；错划右派的改正工作，在大多数省、自治区、直辖市也基本完成。落实农村基层干部政策,包括对四清运动中错案的复查工作,在许多地方也取得了迅速的进展。经过这些工作,一大批会治党、治国、治军的功臣良将,恢复了名誉,重新担负起治党、治国、治军的重任;许多可以工作而没有分配工作的同志,重新走上了工作岗位。对不幸去世的同志,多数已经作出实事求是的评价,妥善安排了他们的遗属。许多遭受株连的人也得到了公正的对待。通过落实干部政策,平反、昭雪冤假错案,进一步清算了林彪、"四人帮"的罪行,分清了路线是非和干部的功过,恢复了我们党实事求是的优良传统,伸张了革命正气,活跃了党内外民主生活,促进了革命团结,调动了广大干部和群众的积极性。

实践证明,落实党的干部政策和其他有关人的政策,全党高兴,人民高兴,确实是一件大有益于党和人民的好事,这么大规模地平反冤假错案,是古今中外所没有的,不仅为我们这一代造了福,而且对今后党的兴旺发达,对实现社会主义的四个现代化,对子孙后代的健康成长,都将发生深远的影响。

落实干部政策所取得的巨大成果,应当充分肯定。但是,也应该看到,要把这件事办到底,还有大量的工作要做,还有阻力,还有斗争。最近一段时间,有一种议论;说什么"这项工作已经做得差不多了","没多少事情好做了","既然集中精力搞四化,还抓什么落实干部政策?"特别是今年春天,社会上吹起一股冷风,说什么落实政策"搞过头了",是"右倾"、"翻案"、"砍旗",等等。有的地方和单位,落实干部政策的工作本来进展很快,现在却明显地慢下来,等待观望,拖延时日;有的地方和单位,大问题不能不平反,却抓人家的小问题,小问题抓不住,又抓人家的态度,总之是仍然揪住不放,给人家拖上一条这样那样的尾巴;有少数地方和单位,干脆完全停了下来,不管中央和上级党委怎样催促,他那里就是不动,就是硬顶着不办,结果引起大量群众不必要的上访。还有一些地方和单位,由于林彪、"四人帮"挑动和制造的派性还在那里作怪,不按党性原则办事,使有些人的问题长期得不到解决。所有这些,对善始善终地完成落实干部政策的任务,非常不利。"行百里者半九十。"对此,我们决不能掉以轻心。

就全国而言,复查工作的进展很不平衡,少数地区和单位仅仅是开始,个别的甚至是"死角"。"文化大革命"期间的积案,已经复查的比例虽然不小,但由于这类案件很多,没有复查结案的绝对数字还不小,而且其中有些案件情况复杂,需要花更多的功夫才能处理好。落实农村基层干部政策,由于多数地区动手较晚,工作量还相当大。改正错划右派的工作,在一些地方还没有完成。就是已经复查处理的案件,也还有一些不合要求,名不副实。大批审干材料还没有实事求是地予以甄别和清理。有些同志的政治问题和实际问题虽然解决了,思想上的疙瘩依然存在,他们的精神还不能振作起来。还有这样多问题没有解决,或者解决得不够彻底,怎么能说落实干部政策已经做得"差不多了","没多少事情好做了"呢?现在,三年快过去了,如果我们还不横下一条心,坚决把这件大好事办到底,怎么能进一步巩固和发展安定团结的局面?又怎么能组织广大党员和群众一心一意奔"四化"呢?

落实干部政策和其他有关人的政策,是为民请命,为百姓办好事,必然会触犯某些人。有的同志尖锐地提出:阻力来自那些借种种口实不贯彻执行三中全会精神的人。这话讲得符合实际情况,很有道理。林彪、"四人帮"以及他们推行的那条反革命的极左路线,不仅是制造大量冤假错案的症结所在,而且仍是当前阻碍我们把落实干部政策工作搞到底的根源。应当肯定,经过揭批林彪、"四人帮"的群众运动,林彪、"四人帮"的反革命势力被彻底摧垮了。但是,他们那一套思想体系还没有彻底粉碎,少数人把执行林彪、"四人帮"那条整人的路线看作是什么"革命行动",从思想到感情,都不愿为受害的同志落实政策,抵触情绪很大。

特别值得注意的是,在少数地方和单位,帮派残余还在那里作怪,有的还掌握着大权。他们明明做错了事,办错了案,就是不认账,不改正。彻底平反冤假错案,是党的十一大和三中全会一再强调过的,他们却用本部门、本地区的规定来对抗,硬是要党中央的路线、方针和政策服从他们的规定。这种明显违反党的组织和纪律原则的现象,难道还能允许继续存在下去吗?对极少数对抗三中全会精神、拒不落实政策甚至破坏落实政策的人,不采取坚决果断的组织措施能行吗?

一定要看到,林彪、"四人帮"打着"捍卫"、"高举"的旗号,割裂、歪曲、篡改马列主义、毛泽东思想所造成的恶果,还没有完全消除,唯心主义、形而上学一类反马克思主义的世界观,还在毒害我们某些同志。有一些同志思想僵化,顾虑重重,一有风吹草动,脚就站不稳了,害怕再有什么反复。为什么有些同志总要给人家留尾巴?说穿了,无非是为自己的"一贯正确"开脱,为自己减轻责任,又给自己留一条后路。对这些同志,应该多做思想解放的工作,加强实事求是的教育。我们过去做过的一些事情,处理过的一些同志,经过实践检验是错了,怎么办?要敢于坚持真理,修正错误,知错即改,有错必纠,这才是共产党人的伟大气魄和优秀品质,也是毛泽东同志对处理冤假错案的基本观点。在"文化大革命"中形成的大量冤假错案,是林彪、"四人帮"造成的严重恶果之一。在我们党的历史上,出现这样多冤假错案,而且相当长的时间内不能得到平反,确实是十分令人痛心的,有许多深刻的教训需要记取。但是,我们必须把林彪、"四人帮"的东西同毛泽东思想分开,更不能把这些东西挂在毛泽东同志的名下。现在平反冤假错案,不仅能消除这个严重恶果,而且能有力地恢复毛泽东同志一贯倡导的实事求是的优良传统,这才是真正捍卫和坚持了毛泽东思想,是真正高举毛泽东思想的伟大旗帜,怎么会是什么"砍旗"、"右倾"呢?党的三中全会公报指出:"只有坚决地平反假案,纠正错案,昭雪冤案,才能够巩固党和人民的团结,维护党和毛泽东同志的崇高威信。"如果把平反冤假错案说成是伤害毛主席的旗帜,那就会掩盖林彪、"四人帮"的罪行,这才是真正玷污毛主席的旗帜。假借"高举"、"捍卫"之名,坚持林彪、"四人帮"的那条极左路线,维护他们搞的冤假错案,同毛泽东同志的一贯主张背道而驰,这才是真正的砍旗。

还必须指出,有些地方和单位落实政策的工作搞不好,是与有些领导干部当官做老爷的作风分不开的。平反冤假错案,是一件十分艰苦细致的工作,需要一个问题一个问题地查对核实,需要一个人一个人地办,为了给党和人民办好这件事,大多数领导同志是重视的,亲自谈话,亲自掌握,亲自研究,深受干部群众的爱戴和信赖。如果我们党政军的高中级干部,都能抓住一个或几个人的案子,扎扎实实地真正把它解决,作出样子,推动工作,平反冤假错案的任务是不难完成的。可是,有那么一些人,满足于坐在办公室里发号施令,画圈圈,讲空话,就是不为群众实实在在地办点好事。中央许多领导同志都亲自处理问题,亲自过问、解决冤假错案,我们有什么理由不这样做,不认真办呢?对于惨遭林彪、"四人帮"迫害的领导干部,人民群众是寄予深切同情的,是举双手赞成为他们平反的。党在为他们落实政策的同时,也对他们抱着殷切的希望。然而,有的人一上台,就忘了群众的疾苦,对落实人的政策抓得不紧,甚至连谈谈话的工作都不做,致使一些群众千里迢迢进京上访,这对得起党,对得起人民吗?冤假错案拖得越久,蒙冤受害的同志痛苦越大,他们的家属子女背的政治包袱越重。想想这些,我们还能够心安理得,无动于衷吗?共产党人的宗旨,就是全心全意为人民群众谋利益。当官做老爷,不做艰苦细致的实际工作,这种作风,与一个作为人民公仆的党的领导干部是极不相称的。当然,也有少数人借落实政策向组织上提出一些不适当的过高的要求,极少数人甚至无理纠缠。对这些同志,应当注意和加强思想引导工作,教育他们实事求是地对待历史上发生的问题,做到顾大局,向前看。只有这样,才有利于问题的解决。

今年,是伟大的中华人民共和国成立30周年,是全党工作重点开始战略转移的第一年。平反昭雪冤假错案,落实干部政策和其他有关人的政策,调动广大干部和群众的积极性,正是搞好工作重点转移,同心同德搞四化的要求,不论有什么阻力和干扰,我们都必须坚决加以排除,一定要把这件大有益于党和人民的好事办到底。

南阳油田建成投产

《人民日报》报道,在中原大地,我国又高速度地建成了一个新的高产稳产油田——南阳油田。

南阳是豫西南重镇。南阳油田开发建设的特点是:速度快,见效早。1970年6月开始勘探,1977年5月1日起展开建设会战,当年形成生产能力,当年投产,当年给国家上交利润。原油产量以后又接连上了2个台阶,为我们国家原油产量上1亿吨大关出了力。目前已建成生产井、注水井几百口,铺设各种管线850多公里,建成现代化联合集输站4座,计量站38座,变电所4座,电力线路、通信线路几百公里,公路134公里,并建成几百公里长输管线2条以及相应的加热站、加压站、变电所。

南阳油田是一个新油田,继大庆、任丘油田之后短时期内就实现了高产稳产。

南阳油田的发现,对我国中小盆地找油找气又是一个新的突破。南阳油田是在一个较小的凹陷内找到的。这个油田每平方公里地质储量最高的达400多万吨,单井油层最大有效厚度达100多米,这是目前我国探明单位面积储量最富的凹陷之一。南阳油田的发现,为在我国中小盆地找油找气开拓了新的前景。

国务院副总理李先念在北京会见即将离任的也门驻中国大使阿卜杜·奥斯曼

国务院副总理耿飚在北京会见联邦德国议院基督教民主联盟—基督教社会联盟议会党团外交和防务政策工作小组主席维尔纳·马克斯和夫人一行

国务院副总理王震在北京会见克利夫·芬契州长和由他率领的美国密西西比州林业访华团

全国人大常委会副委员长许德珩在北京会见由团长泽村嘉一率领的日本印刷代表团

外交部发表声明重申南沙群岛历来是中国领土

中华人民共和国政府就南沙群岛主权问题曾多次发表声明,早在1951年8月15日,中华人民共和国外交部部长周恩来在《关于美英对日和约草案及旧金山会议的声明》中就已经严正指出:南沙群岛“向为中国领土,在日本帝国主义发动侵略战争时虽曾一度沦陷,但日本投降后已为当时中国政府全部接收”。

中华人民共和国外交部重申:南沙群岛,正如西沙群岛、中沙群岛和东沙群岛一样,历来就是中国领土的一部分,中国对这些岛屿及其附近海域拥有无可争辩的主权,这些地区的资源属中国所有。中国对于南沙群岛的合法主权,决不容许任何国家以任何借口和采取任何方式加以侵犯,任何外国侵占南沙群岛的岛屿以及在这些地区进行开发或其他活动,都是非法的、不能允许的。

第四届全运会女排比赛产生名次

女排决赛共进行49场。比赛结果,四川队以3:1战胜江苏队。这是四川女排继第三届全运会后,再一次荣获冠军称号,江苏队获得亚军。

在争夺第三名的比赛中,上海队以3:0胜浙江队,上海队第三名,浙江队第四名。获得第五名至第十三名的分别是:解放军、北京、福建、辽宁、陕西、山西、云南、广西、黑龙江队。

第四届全运会男子标准手枪射击对抗赛联一队总成绩超世界纪录

今天举行的男子标准手枪射击对抗赛中,由优秀年轻射手李钟琪、冷树斌、石绍礼、梁长义组成的联一队,以2307环的总成绩超过了这个项目2303环的世界纪录。其中,李钟琪的个人成绩是583环,平了世界纪录。

9月27日

中共中央主席华国锋在北京会见黄文欢

全国政协举行庆祝中华人民共和国和人民政协成立30周年大会

中共中央政治局委员、政协全国委员会副主席乌兰夫主持大会。

中共中央统战部第一副部长、政协全国委员会副主席兼秘书长刘澜涛在大会上讲话。他代表中共中央统战部和政协全国委员会向到会的各界人士祝贺节日。他说,当我们欢庆节日的时候,我们深切怀念为中华人民共和国的创立和发展建树了丰功伟绩的毛泽东同志、周恩来同志、朱德同志和其他已去世的老一辈无产阶级革命家,深切怀念为中华人民共和国的创立和发展作出了重要贡献的已去世的民主党派和无党派的爱国民主人士,深切怀念为政协工作作出了重要贡献的已去世的政协委员和政协机关工作人员。

刘澜涛说,人民政协过去的30年,是光荣伟大的30年。30年前,也就是1949年9月21日至30日,人民政协在北京举行第一届全体会议,这次会议代行全国人民代表大会的职权,选举了毛泽东同志为中华人民共和国中央人民政府主席,同时选举了毛泽东同志为全国政协主席,周恩来、李济深、沈钧儒、郭沫若、陈叔通等同志为政协副主席。会议闭幕的第二天,1949年10月1日,毛泽东同志在天安门升起了第一面五星红旗,向全国和全世界庄严宣告:中华人民共和国成立了。从此,中国人民站起来了,中国进入了历史发展的新时代。

刘澜涛回顾了人民政协在1954年以前代行全国人民代表大会职权期间和在以后的工作中取得的巨大成绩。他说,实践证明,人民政协在“文化大革命”前的17年中,毛主席的革命路线占主导地位。以华国锋同志为首的党中央粉碎了万恶的“四人帮”后,我们人民政协的工作才得到恢复和发展。

刘澜涛指出,随着我国进入新的历史时期,我们的统一战线和人民政协工作也进入了新的发展阶段。统一战线和人民政协的新的任务,概括说来,一是为社会主义现代化建设服务;二是为争取台湾早日归回祖国,实现祖国统一大业服务;三是积极开展人民外交活动,促进反霸斗争,为维护世界和平服务。

刘澜涛最后说,回顾人民政协30年的光辉历史,展望未来的重大使命,我们更加认识到人民政协在我国社会主义革命和建设中的重要地位和特殊作用。

政协全国委员会副主席许德珩、康克清、季方、王首道、杨静仁、周建人、胡子昂、荣毅仁、胡愈之、王昆仑、班禅额尔德尼·确吉坚赞,全国人大常委会副委员长朱蕴山、史良出席了庆祝会。会后,中央歌舞团演出了精彩的音乐、舞蹈节目。

中国煤 电 石油产量进入世界前8位

新华社报道,中华人民共和国成立30年来,我国生产的煤、电、石油,占世界各国产量的名次已有很大变化:

	新中国成立初期	现 在
煤	第十位	第三位
电	第二十五位	第七位
石油	第二十九位	第八位

目前,我国已建成了大庆、华北、胜利、克拉玛依、玉门等26个大油田,原油年产量达到1亿吨以上。我国石油工人不仅能打1500米、3000米的钻井,而且能打5000米、6000米的深井。海洋钻探事业也不断发展。各炼油厂每年炼出大批优质汽油、煤油、柴油、润滑油,

供给工业、农业和国防部门需要,品种达640多种。新兴的石油化工工业发展很快,各地石油化工企业提炼出几十种化工原料,供应国民经济各部门。石油出口量也逐年增加。

我国煤炭资源丰富,目前已探明的地质储量达6000亿吨,原煤年产量6.1亿吨。30年来,我国新建投产的矿井共1492处,其中年产1000万吨的矿区有12个,年产500万吨的矿区有9个;全国2137个县中,有1221个县办起了地方煤矿。全国重点煤矿普遍实行了机械化、半机械化生产,并向着综合机械化采煤的方向前进。

电力工业的面貌也不断变化。目前,全国发电设备装机容量达到5211万多千瓦,去年发电2565.5亿度。在黄河上建起了刘家峡、青铜峡、盐锅峡等大型水电站;长江上第一座大型水电站葛洲坝电站正在紧张施工。目前,装机容量25万千瓦以上的大型火力和水力发电厂全国共有61个;小型水电站和中型火力发电厂星罗棋布,遍布全国。

目前,我国燃料动力的供应仍然相当紧张,有的地区影响到了工业生产能力的发挥。据了解,供应紧张的原因,一是发展不平衡;二是能源消耗上有很大浪费。新中国成立后,国家用了大量的投资来发展煤、电和石油的生产。当前燃料动力供应紧张,主要是由于我国工业技术水平低、管理不善和结构不合理,造成了极大的浪费。我国去年的钢产量3178万吨,而美、苏、联邦德国、日本等国生产3000万吨钢的相应年份,他们所生产的煤、电、石油的数量远远没有我国多。我国生活用电所占比重也远远不及这些国家高。

我国钢铁工业建设取得新成绩

《人民日报》报道,在党的三中全会路线指引下,今年以来,钢铁工业战线贯彻调整、改革、整顿、提高的方针,将重点放在提高产品质量、增加品种、降低消耗方面,取得了新的成绩。

30年来,我国初步建立了大、中、小相结合的、布局比较合理的钢铁工业体系。现在,全国有十几个大型钢铁基地,三十几个年产钢10万吨以上的中型钢铁企业,十几个特殊钢厂和几百个以小铁厂为主的小型钢铁企业,去年产钢3178万吨,产铁3479万吨。随着生产技术水平的逐步提高,装备状况的不断改善,冶炼科学技术队伍的日益成长,已能冶炼1000多个钢种,轧制20000多个规格的钢材。航空工业用的耐高温合金钢、制造加速器用的纯铁以及精密合金钢等制造技术十分复杂的钢种,已能成批量生产。具有良好焊接性能的低合金钢,有了很大发展。在钒钛磁铁矿选矿、冶炼和高炉喷吹煤粉等方面,有独到的成就。

今年以来,根据国民经济调整方针,钢铁战线从4月份开始压低钢产量,集中精力抓质量、品种、降低消耗。钢材产量特别是短线品种的产量大为增长。长期以来稀缺的24个钢材品种,1—8月份重点企业的总产量达到750万吨,比去年同期增长18%。

产品质量有了进一步提高。鞍钢第二薄板厂实行全面质量管理后,电机钢和镀锌板夺得全国同类产品的质量冠军。抚顺钢厂生产航空用的重点钢种,过去用户复验合格率很低,经过近一年的努力,上升到80%。今年1—8月份,重点企业的精矿品位,平炉、转炉、电炉钢锭和轧钢材的合格率,都恢复到历史最高水平;生铁合格率平均达到99.76%。由于合格率提高,废品减少,在消耗同样原料的情况下,1—8月份相当于多生产了6万吨生铁、18万吨钢、5万多吨钢材。各重点企业有44种优质产品,重新恢复了名誉。

燃料、动力、原材料消耗大为下降。今年上半年,各重点企业高炉喷油由去年平均每吨铁32.6公斤,降到22.6公斤,8月份又降到12.8公斤。入炉焦比由去年平均562公斤,降到546公斤,综合焦比由去年623公斤降到602公斤,1—8月份,炼铁入炉焦比、综合焦比,炼钢的钢铁料,平炉的重油消耗,电炉的电耗,都恢复到历史上曾经达到的最低水平。由于消耗下降,1—8月份重点企业钢铁可比产品的成本比去年下降了1.48%,实现利润37.8亿元,比去年同期增长14.9%。

一批地方中小钢铁厂,由于资源条件差、消耗高、亏损大,已经停办。

国务院副总理李先念在北京同卢森堡大公让和托恩副首相举行会谈

在友好的气氛中,双方就当前的国际问题交换了看法。在许多问题上,双方的观点一致或接近。

卢森堡方面参加会谈的有:卢森堡副首相兼外交外贸和合作大臣加斯东·托恩,宫廷典礼局局长居伊·德米塞,大使、外交部秘书长夏尔·赖希林,卢森堡驻中国大使馆临时代办卡洛·凯特等。

中国方面参加会谈的有:外交部部长黄华、部长助理宋之光,冶金部副部长刘学新,中国驻卢森堡大使康矛召等。

国务院副总理李先念在北京会见美国《纽约时报》编辑主任西摩·托平和夫人

李先念副总理回答了托平先生提出的有关我国国内形势和广泛的国际问题。

在谈到中美关系时,李先念副总理说,中美之间有许多共同点。近几年来,两国关系的发展是令人满意的。蒙代尔副总统最近对我国的访问也是成功的。但在台湾问题上,中美双方观点还不完全一致。

在回答关于正在莫斯科进行的中苏谈判问题时,李先念副总理说,中苏之间确实摆着一大堆麻烦问题,但我们仍希望通过谈判使两国关系有点改善,我们是有诚意的。但是这只是一厢情愿,还不是两相情愿。

李先念副总理在谈到我国内经济情况时说,目前总的来说我国的经济情况是好的,但也存在不少问题。要在本世纪末实现四个现代化,我们在国内要努力发展安定团结的大好局面,在国际上要争取一个和平的国际环境。一个和平的国际环境,不能靠乞求,而只能靠斗争来取得,因此,我们要维护和平,反对霸权。

国务院副总理王震在人民大会堂会见新中国成立以前来华的外国专家

参加会见的外国专家有耿丽淑(美国)、横川次郎(日本)、爱泼斯坦(美国)、川越敏孝(日本)、李敦白(美国)、阳早(美国)等26人。他们当中有的是30年代、有的是40年代来到我国帮助中国人民的革命工作的。其中有些人已年逾七旬,至今还在各自的工作岗位上,帮助我国人民进行社会主义现代化建设。

会见时,王震副总理代表中国共产党和中国政府向他们表示亲切的慰问和衷心的感谢。他还对为中国革命事业牺牲了生命的和已经逝世的外国老专家、老战友,表示深切的悼念和敬意。王震副总理希望外国专家们继续大力帮助我国进行社会主义建设。专家们对加速我国的四化建设提出了一些有益的建议。

国务院副总理方毅在北京会见由"全美华人协会"总会副会长何炳棣教授率领的美国"全美华人协会"国庆观光代表团

中苏国家关系谈判预备会议在莫斯科开始举行

外交部副部长王幼平率中国代表团出席。

中国代表团团长韩念龙在联合国大会第三十四届全体会议上发言

发言全文如下:

主席先生:

首先,请允许我对你当选为第三十四届联大主席表示祝贺。我衷心祝愿,在你的主持下,本届联大的工作将取得积极成果。在这里,也请允许我代表中国代表团热烈欢迎圣卢西亚加入联合国为会员国,相信它在国际事务和联合国工作中,一定会作出自己的贡献。

主席先生,

本届联大是本世纪70年代的最后一届会议。我们即将跨入80年代。回顾过去,展望未来,我们感到鼓舞,也感到责任的重大。

过去的十年是不平凡的十年。第三世界进一步发展壮大,标志着十年来国际形势的一个重大变化。又一批被压迫民族经过长期斗争,赢得了国家独立。广大新兴国家的人民,坚决反对外来侵略和干涉,维护民族独立和国家主权。它们不仅在政治上要求完全独立,而且决心在经济上摆脱依赖地位和落后状态,努力发展民族经济,建设自己的国家,取得显著的成就。它们相互配合,加强合作,为在世界范围内建立新的国际经济秩序,进行着不懈地努力。它们还为反对大国之间越来越激烈的军备竞赛,反对帝国主义、霸权主义的侵略政策和战争政策,维护世界和平,进行了广泛的斗争,作出了重要的贡献。第三世界各国加强联合、坚持斗争,在国际事务中发挥着越来越大的作用。它们在世界政治舞台上成为举足轻重的一支力量,联合国的面貌也发生了巨大的变化。一两个大国为所欲为地企图主宰世界命运是办不到的。

在第三世界各国人民日益觉醒、力量进一步壮大的同时,西欧、日本和其他地区的发达国家面临霸权主义侵略和扩张的威胁,为维护国家主权和安全,也在提高警觉,加强联合,充实防务。它们对维护世界和平与安全,推动国际形势的有利发展,也产生着积极的影响。

但是,我们决不能忽略形势发展中令人不安的一面。10年来,两个超级大国日益激烈争夺,造成国际形势不断动荡。尤其是那个后起的超级大国更加咄咄逼人,侵略性和冒险性显著增长。它打着"裁军"和"缓和"的旗号,却以空前的规模和速度疯狂扩军,无论是核武器或常规武器,无论是在陆上、海上或空中,都力图夺取压倒优势。它凭恃着急剧膨胀起来的军事实力,在全球推行"进攻性战略"。它越来越多地利用代理人,组织雇佣军,肆无忌惮地策动武装入侵和军事政变。为了包抄欧洲,极力控制战略要道,攫取战略资源,加速推行其扩张政策和称霸全球的战略部署,它正日益把侵略矛头指向非洲、中东、海湾和东南亚地区。种种事实表明,那个后起的超级大国是当前威胁世界和平与安全的主要根源,是新的世界战争最危险的策源地。面对这一严峻现实,越来越多的人议论着"更加动荡的80年代",议论着爆发新的世界战争的可能性,这并不是没有根据的。

现在,这个到处推行霸权主义政策的超级大国,居然在这个讲坛上提出了所谓"在国际关系中不允许霸权主义政策"的一项议题。很明显,这是它所惯用的"贼喊捉贼"和欺世盗名的拙劣伎俩,目的是企图在反对霸权主义的幌子下更加肆无忌惮地推行霸权主义。然而,霸权主义是有它不容任意解释的确切含义的。在当今世界上,究竟谁在搞霸权主义,谁反对霸权主义,这是举世皆知的客观事实,是任何骗人的辞藻都改变不了的。

对人类的未来,我们是乐观主义者。八十年代既向我们提出了新的挑战,也给我们带来了新的希望。我们相信,人民终归是自己命运的主人。历史经验告诉我们,必须正视现实,但更重要的是变革现实。严酷的现实告诉我们,霸权主义就是侵略,就是战争。和平不能等待,不能靠祈求来取得。和平只能用斗争来争取,用行动来保卫。反对霸权主义、维护世界和平,是一件事情的两个方面。我们相信,只要全世界一切爱好和平的国家和人民联合起来,通过艰苦斗争和扎实工作,坚持反对霸权主义,破坏它的战略部署,维护世界和平的正义事业就会不断取得胜利。人类和世界的前景是光明的。

主席先生,

具有广泛基础的不结盟运动,是当前国际舞台上的一支重要力量。不久前结束的第六届不结盟国家和政府首脑会议,经过尖锐复杂的斗争,在大多数成员国的共同努力下,挫败了分裂和破坏阴谋,坚持了不结盟运动的基本原则,维护了不结盟运动的团结。这是不结盟运动在困难的道路上所取得的有意义的成就。近年来,那个自称是不结盟运动"天然盟友"的超级大国,利用并伙同它的代理人,力图把不结盟运动纳入它的全球战略轨道。它们这样做很不得人心。这种拙劣表演,只能使广大不结盟国家更加看清了它们的真实面目。

中国一向高度评价不结盟运动独立、自主、非集团的宗旨,一贯支持不结盟运动反帝、反殖、反对一切形式的外来统治和霸权的正义立场。中国政府和人民衷心希望,广大不结盟国家能够团结合作,排除外来干涉,使不结盟运动在维护各国主权、独立、领土完整,发展民族经济和文化,建立新的国际经济秩序和争取世界和平的斗争中发挥更大的作用。

主席先生,

印度支那是当前世界紧张局势的焦点之一,引起了国际社会的密切关注和严重不安。

人所共知,印度支那局势的核心问题就是柬埔寨遭到残暴的侵略。去年年底,越南对一个主权国家——民主柬埔寨,悍然发动武装进攻,强占柬埔寨大片国土,建立傀儡政权,使这个国家遭到空前的浩劫。越南这种赤裸裸的侵略,不仅违背了越南人民要求在战后休养生息、和平建设的愿望,而且严重破坏了柬埔寨的独立、主权和领土完整,直接威胁着东南亚各国的和平与安全,是对《联合国宪章》和国际法基本准则的粗暴践踏。今年早些时候,联合国安全理事会曾经针对这种严重局势举行紧急会议。会上,绝大多数成员国严厉谴责了越南的侵略行径,要求外国军队立即撤出柬埔寨,只是由于一个常任理事国蛮横地使用了否决权,才使安理会未能通过决议,采取有效行动。现在大半年过去了,越南不仅没有停止对柬埔寨的侵略,而且正在增派军队,加紧战争部署,准备发动新的大规模的旱季攻势,妄图一举消灭柬埔寨爱国武装力量,进而威逼整个东南亚地区。今天落在柬埔寨人民头上的灾难,明天就可能落到其他国家人民的头上。时至今日,难道还能够容忍这种强权政治横行无阻吗?我们高兴地看到,民主柬埔寨政府正在总结经验,调整政策,在爱国、民主、民族大团结的旗帜下,正在广泛地联合一切爱国力量,为把越南侵略者从柬埔寨国土上全部赶出去而英勇奋斗。历史经验反复证明,并将继续证明,一个遭到异族侵略和压迫的民族是决不可能被征服的,他们反对异族统治的正义事业是必胜的。

这里要指出:所谓韩桑林政权,完全是越南侵略者用刺刀扶植起来的傀儡,它为虎作伥,帮助越南侵略者残酷镇压柬埔寨人民。这样的傀儡政权,受到柬埔寨人民的唾弃,受到东南亚各国政府和人民的反对和国际舆论的谴责,是理所当然的。而高举民族独立的旗帜、坚持民族自卫战争的民主柬埔寨政府,则是柬埔寨人民唯一合法的代表。民主柬埔寨是联合国的会员国。支持和维护民主柬埔寨的合法权利,完全符合《联合国宪章》的规定。维护联合国的宗旨和原则,是我们每个会员国的庄严职责,是义不容辞的。最近,联合国大会关于接受民主柬埔寨代表证书的决定,表明了国际社会反对外国武装侵略的公正立场,又一次表明越南及其后台对民主柬埔寨的侵略很不得人心。

越南在对外侵略扩张的同时,对内实行种族灭绝的政策,制造了震惊世界的印支难民惨剧。一年多来,在越南当局大规模迫害和强行驱赶下,近百万无辜居民被迫离乡背井、颠沛流离,无数难民葬身大海或遗尸荒野,情节之严重,境遇之悲惨,实为两次世界大战以来所罕见。这种行径,不仅违背了起码的人道主义原则,而且给东南亚地区造成了巨大的经济负担和严重的社会问题,影响了东南亚各国的安宁和稳定。今年7月,在日内瓦举行的讨论印度支那难民问题的国际会议上,越南迫于国际舆论的压力,口头承诺保证控制难民外流,但实际上仍在继续迫害和输出难民。我们认为,解决印度支那难民问题的关键是,越南应改变其残酷迫害和输出难民的反动政策。如果不从根源上着手,这场人类悲剧还将会延续下去。

印度支那局势恶化到今天这样的地步,是有其深刻根源的。这就是大小霸权主义推行侵略扩张政策的结果。人们都知道,越南人民在胡志明主席领导下,曾经为争取民族解放、维护国家独立进行过长期的英勇斗争,并为此受到世界各国人民的赞扬和钦佩。但是,在胡志明主席逝世以后,越南当局一步步地背叛了胡志明主席的路线,日益猖狂地向外推行扩张政策。它依仗苏联的支持,对弱小的邻国进行武装入侵和军事占领,妄图通过建立完全由它支配的"印度支那联邦",实现其地区霸权的迷梦。苏联则利用越南当局的扩张野心,把越南和印度支那作为它在东南亚的"战略基地",企图假手越南,控制东南亚,进而拼凑"亚安体系",借以把它在太平洋和印度洋的战略部署连成一体。人们越来越看清,越南对邻国的侵略和控制,决不是一个局部问题,而是苏联实现所谓"亚安体系"、推进其称霸全球战略的重要组成部分。

人们也清楚,在越南人民争取独立和解放的斗争过程中,中国政府和人民坚定不移地同越南人民站在一起,全力支援,患难与共。两国人民在长期的共同斗争中,结成了深厚的革命友谊。然而,只是因为中国不赞成今天的越南当局推行侵略扩张政策,就被他们视为仇敌。越南当局疯狂地进行反华仇华活动,直至肆无忌惮地向中国边境地区不断进行武装挑衅和入侵,迫使中国方面不得不自卫还击。我们的行动是正义的,打击了侵略扩张主义者的气焰,也有利于维护东南亚和世界的和平与安全。

印度支那三国是中国的近邻。中国政府和人民一贯支持印度支那三国人民争取和维护民族独立和建设自己国家的正义事业。面对印度支那局势的日益恶化,中国政府和人民不能不感到严重关切。我们认为,联合国负有不可推卸的责任采取有效措施,首先要迫使越南立即全部从柬埔寨撤军,停止对柬埔寨的侵略和军事占领,继而解决其他有关问题。在东南亚联盟五国的提议下,本届联合国大会将要审议柬埔寨局势问题。我们坚决支持东盟五国以及一切主持正义的国家的正当要求,外国军队必须立即全部从柬埔寨领土上撤走,这是解决当前印度支那问题的关键。印度支那问题,必须在尊重印度支那各国独立、主权和领土完整,排除一切外来势力干涉的情况下,由印度支那各国人民自己解决。

主席先生,

朝鲜的和平统一对东亚和太平洋地区的和平具有重要意义。中国政府和人民坚决支持朝鲜人民争取国家自主和平统一的神圣事业,坚决反对制造"两个朝鲜"、妄图永久分裂朝鲜的行径。第三十届联大通过的关于促进朝鲜自主和平统一的决议应该得到认真履行。美国应当从南朝鲜撤出全部军队和军事装备,停止对南朝鲜的军事援助。"联合国军司令部"必须解散。这样做将有助于维护朝鲜半岛的和平与实现朝鲜的自主和平统一。我们认为,朝鲜民主主义人民共和国关于举行朝美会谈并以和平协定来代替停战协定的建议是合理的,应当得到积极响应。至于朝鲜南北之间通过对话来讨论朝鲜的统一问题,纯属朝鲜人民自己的事情,任何外部势力都不应干预。我们支持金日成主席提出的解决朝鲜问题的三项原则和五点方针,支持朝鲜南北对话,并希望这种对话能够取得积极成果。

主席先生,

当前,世界人民以不安的心情注视着中东局势。第三十三届联合国大会以来,中东事态的发展表明:超级大国对石油资源、战略要地的争夺和以色列的扩张政策仍然是中东问题的症结所在。一个超级大国迄今仍然采取偏袒以色列的立场;另一个超级大国更没有放松一切可以利用的机会,积极渗透扩张,分裂阿拉伯团结,破坏中东的稳定与和平。以色列当局依然顽固阻挠和反对中东问题的全面解决,还不断向黎巴嫩南部进行武装侵袭,对阿拉伯和巴勒斯坦人民进行新的战争威胁和战争挑衅。中东问题的全面、公正的解决,还有一段很长的路要走。

最近,越来越多的国家和国际舆论,普遍承认要维护中东的稳定与和平,必须尊重阿拉伯的民族利益和巴勒斯坦人民的民族权利。这反映了真理所在,大势所趋。应该指出,目前这种趋势的增长,是阿拉伯人民和巴勒斯坦人民长期坚持正义斗争的结果。而最终实现阿拉伯人民的民族愿望和目标,也只有主要靠阿拉伯人民和巴勒斯坦人民的坚强团结和持久斗争。但是,联合国组织在推动解决中东问题上,也应该起它应有的积极的、促进的作用。

这里,我们重申,中国政府和人民始终不渝地支持阿拉伯各国人民和巴勒斯坦人民的正义斗争。我们强烈谴责超级大国在中东的扩张和争夺,强烈反对超级大国在阿拉伯国家之间进行挑拨离间的阴险图谋,强烈反对以色列阻挠中东问题全面解决的蛮横态度。阿拉伯被占领土必须收复,巴勒斯坦人民的民族权利、包括他们重返家园和建立自己国家的权利,必须实现。我们衷心希望阿拉伯世界各方能够互相谅解,恢复团结,共同奋斗,从而加速自己的胜利的到来。

主席先生,

迅速结束南部非洲的种族主义统治和种族隔离制度,已成为非洲各国人民越来越强烈的要求。一年来,津巴布韦、纳米比亚、阿扎尼亚人民的解放斗争,在非洲和全世界人民的支持下,又有了新的发展,给予南非、罗得西亚种族主义势力日益沉重的打击。它们为了垂死挣扎,对内加强法西斯军事镇压,对外武装侵犯非洲邻国,并且不断玩弄政治花招,妄图用改头换面的办法继续维持种族主义统治,保持既得利益。近几年来,国际上曾经提出种种关于通过谈判解决津巴布韦和纳米比亚独立问题的倡议和建议,许多非洲国家为此作出了重大努力,赢得了国际社会的同情和支持。但是,由于种族主义势力坚持顽固立场,这些谈判迄未取得实质性进展。事实充分表明,南非种族主义政权和罗得西亚种族主义势力是津巴布韦、纳米比亚问题长期不得解决的根本障碍。全世界一切主持正义的国家应该对种族主义者施加有效的压力,积极支持南部非洲人民的解放斗争。早日结束津巴布韦、纳米比亚的种族主义统治,实现真正的多数人统治的独立,有助于稳定南部非洲的局势,排除外来势力的插手和干涉,并有助于进一步推进反对南非种族隔离和种族歧视的斗争,中国政府和中国人民将一如既往,坚决支持津巴布韦、纳米比亚和阿扎尼亚人民的正义斗争。当前国际形势对南部非洲的解放斗争十分有利。南部非洲人民在前进的道路上尽管还会有困难和曲折,但他们只要坚持团结、坚持斗争,警惕外来势力的干扰和破坏,在非洲以及一切主持正义的国家和人民的支持下,就一定能够战胜南非和罗得西亚种族主义势力的倒行逆施,赢得整个非洲大陆的完全解放。

主席先生,

我们高兴地看到,去年的裁军特别联大以来,联合国组织和广大中小国家在争取真正裁军的斗争中的作用有了加强。今年,联合国先后召开了裁军(审议)委员会首届会议、印度洋沿岸国和内陆国会议第一系列会议,并通过了相应的决议。这些会议的召开,反映了一切爱好和平的国家对超级大国扩军备战的强烈不满,同时表明,由少数国家控制裁军机构的局面正被打破。这无疑是有积极意义的。中国代表团积极参加了这些会议,并提出了关于综合裁军方案的建议等文件。我们一贯主张:所有国家,不分大小强弱,也不论是否拥有核武器,都有权在完全平等的基础上参加裁军问题的审议和解决;再也不能容许任何人把联合国当成为某些双边谈判歌功颂德的场所;再也不能容许任何人把裁军机构当作他们手中任意玩弄的工具。

核裁军是人们十分关切的问题。我们一向主张,全面禁止和彻底销毁核武器实现核裁军、消除核战争威胁的根本途径。在此之前,所有核国家都应该保证不对无核国家和无核武器区使用或威胁使用核武器。至于如何实现具体的核裁军措施,正如不少国家代表所公正地指出的那样,必须遵循这样一个重要原则,即:拥有最大核武库的两个超级大国应当首先进行核裁军,在取得重大进展后,其他核国家再同它们一起按照合理的比例裁减核军备,直至最后彻底销毁核武器。我们认为,这一原则是公平合理的。但是,那些抱住自己的核优势不放,而一味追求核霸主地位的人,却顽固地反对这样做,它们热衷于鼓吹所有核国家"同时"进行同样数量和质量的裁军,这显然是蛊惑人心的花招。试想,在超级大国拥有巨大核优势的情况下,在它们手中仍然有着大量核武器,随时可以打一场核战争的情况下,不论哪一种核裁军方案,如果不改变这种状况,难道能使我们这个世界变得安全一些吗?显然,只有实现真正的核裁军,才能有助于国际安全,而真正的核裁军必须从大量裁减超级大国的核武库开始。苏美两国签订的《第二阶段限制战略武器条约》,既没有对战略武器的数量作多大削减,更没有在质量上作实质性的限制。这就难怪人们一针见血地指出,这个条约"同真正的裁军毫无共同之处"了。我们希望苏美两国能够采取实际措施,实现广大国家所要求于它们的真正的核裁军。

裁减常规武器是另一需要加以重视的问题。由于发动大规模的常规战争的危险增加,我们主张裁减常规军备应和核裁军放在同等重要地位,并结合起来进行。

今年是联合国"裁军十年"的最后一年。令人遗憾的是,不少国家曾寄予希望的"裁军十年"的目标不仅没有实现,却成为超级大国大肆扩军的十年。原因何在呢?有些国家的代表说得好,根本问题在于超级大国缺乏裁军诚意。这说明在裁军方面我们面临的任务仍是艰巨复杂的。

至于中国,我们一贯赞成真裁军,坚决支持一切有助于实现真裁军的合理主张,并愿为此作出不懈的努力。

主席先生,

国际经济情况日益恶化,是当前国际形势动荡不安的重要因素之一。一些发达国家,特别是超级大国,以种种手段向发展中国家转嫁危机和困难,使它们的贸易条件日益恶化,外债负担日益沉重,经济发展处于十分困难的境地。能源问题也日益为各国所关切。许多发展中国家指出,当前国际经济的各种弊病,其根源就在于存在着不公平、不合理的国际经济秩序,因此,它们强烈要求对国际经济制度的结构进行根本改革。这一要求是完全正义的,是符合世界最大多数人民的利益的。

5年前,在发展中国家的努力下,第六届特别联大通过了《建立新的国际经济秩序的宣言和行动纲领》。这是指导关于各项经济问题谈判和对话的根本文件。但是,5年过去了,这些谈判和对话有多少进展呢?很有限,基本上停滞不前。原因是大家都清楚的,最主要的是由于两个超级大国从不同方面进行阻挠。特别是今年以来,种种障碍更加增多。在第五届贸易发展会议和其他国际经济讲坛上,发展中国家提出的有关改革旧的国际经济关系的许多合理建议,都因此未获通过。这种不合理的状况不能再继续下去了。为了推动建立新的国际经济秩序的谈判取得进展,发展中国家日益认识到,必须加强团结,坚持原则,坚持斗争,并且在经济上大力发展互助合作。今年2月,七十七国集团部长会议通过的《阿鲁沙集体自力更生纲领和谈判纲要》和最近不结盟国家和政府首脑会议通过的经济文件,为开展发展中国家间的经济合作、加强与发达国家的谈判地位,制定了明确的方针,体现了第三世界国家的共同意志和愿望。由于发展中国家的努力,不久前召开的联合国科技促进发展会议也取得了一些初步的成果。我们相信,第三世界的团结斗争,必将推动建立新的国际经济秩序的正义事业不断向前发展。

要有效地解决国际经济问题,就一定要承认发展中国家在国际经济事务的决策方面享有充分权利和真正平等的地位。发达国家与发展中国家坐下来进行全面性的协商,打破目前僵局,探讨并采取有效措施,以缩小贫国和富国的差距,建立公平合理、平等互利的新的国际经济关系,这是解决当前迫切的经济问题的正确途径。

不少发达国家已经认识到与第三世界国家进行建设性对话的重要性,它们在双边和多边关系中采取了增加经济和科技援助、支持成立综合商品方案及其共同基金等积极措施,这是值得欢迎的。在尊重独立、主权和真正平等的基础上,加强与第三世界国家的合作关系,这样做对发达国家本身也是有利的,而且有助于争取世界和平稳定的共同事业。我们希望,更多的发达国家,能够认清形势,对发展中国家的要求作出积极的响应。

中国政府衷心希望,在发展中国家的推动下决定召开的1980年特别联大,将对促进发展中国家的经济发展,建立新的国际经济秩序,并对制定新的国际发展战略,作出重要贡献。中国政府将同广大发展中国家一道,为实现这一目标而共同努力。

主席先生,

今年是中华人民共和国成立的30周年。这几天,我国人民正在热烈庆祝这一具有重大历史意义的节日。

新中国的诞生,永远结束了帝国主义奴役和压迫中国人民的时代,开辟了中国历史发展的新纪元。30年来,我国人民经过长期艰苦的努力,在建设自己国家的各个方面,取得了伟大的成就,为今后的发展奠定了良好的基础。我们的事业得到了许多友好国家和世界人民的同情和支持,借此机会,我代表中华人民共和国政府和人民向他们表示衷心的感谢。

今日的中国,与旧中国相比,可以说有着天壤之别。但是,中国还是一个发展中国家,我国的工业、农业和科学技术水平还不发达。为了彻底改变这一状况,我们遵照毛泽东主席和周恩来总理的遗愿,决心要在本世纪内把我国建设成为一个现代化的社会主义国家。从今年起,全国工作的着重点已开始转移到社会主义现代化建设上来。摆在我们面前的任务无疑是十分艰巨的。但是,我们相信,依靠全国人民的共同努力,我们将能够胜利地完成历史赋予我们的使命。

在国际事务中,中国一贯奉行和平外交政策,这是我国根本的对外政策。我国人民正在从事规模宏大的社会主义建设。中国是一个人口众多、幅员辽阔的国家,为把我国建设成为先进的、现代化的社会主义强国,需要几代人的艰苦奋斗。这就要求我们要努力争取一个长期的和平国际环境。30年来,我国为反对帝国主义和霸权主义的侵略政策和战争政策,争取和维护世界和平,作出了不懈的努力。在当前世界局势动荡不安、战争危险继续增长的情况下,中国将一如既往,同全世界爱好和平的国家和人民一道,为反对霸权主义、维护世界和平而共同奋斗。

各国人民的正义斗争都是互相支持的,推动着整个人类进步事业的发展。我国政府和人民坚持国际主义的原则,支持一切被压迫民族和被压迫人民反帝、反殖、反霸,争取解放和社会进步的斗争。我国过去是这样做的,今后仍将这样做。我们将始终站在世界各国人民一边。一个现代化的中国必将对维护世界和平、发展各国人民的友好合作和促进人类进步事业作出贡献。

主席先生,

中华人民共和国代表团是在70年代初来到联合国参加活动的。近十年来,中国代表团和其他会员国代表团一道,为使联合国在维护世界和平、支持各国争取和捍卫民族独立、国家主权和领土完整,建立新的国际经济秩序,促进国际合作等方面发挥应有的作用,作出了自己的努力。随着80年代的即将到来,中国代表团衷心希望,联合国能充分反映世界各国人民的共同意愿,切实贯彻《联合国宪章》的宗旨和原则,在国际事务中发挥更为有效的积极作用。中国愿意和其他爱好和平与主持正义的国家一道,为此而共同努力。

谢谢主席先生,谢谢大家。

中国新任驻叙利亚大使陆维钊在大马士革向叙利亚总统阿萨德递交国书

第四届全运会男子手枪慢加速射比赛联一队成绩超过团体世界纪录

由冷树斌、梁长义、王旭生、陆全生组成的联队,在男子手枪慢加速射比赛中以2358环的总成绩,超过了这个项目2353环的团体世界纪录。

第四届全运会男女篮球比赛产生名次

解放军男篮和北京女篮分别以94:76和74:55战胜湖北男篮和辽宁女篮,夺得本届全运会篮球决赛的男女冠军。湖北男篮和辽宁女篮分别获得男女亚军。

篮球决赛获得第三名至第六名的队是:男子:广东队、北京队、四川队、上海队。女子:解放军队、黑龙江队、浙江队、吉林队。

第四届全运会羽毛球五个单项比赛产生名次

江苏的阎玉江获得男子单打冠军,上海的刘霞获得女子单打冠军,江苏的孙志安和赵新华获得男子双打冠军,福建的丘玉芳和陈秀玉获得女子双打冠军,浙江的李矛和傅春娥获得混合双打冠军。

获得各项第二名和第三名的,依次是:

女子单打——宋幼萍(浙江)、张爱玲(上海)。

男子单打——韩健(辽宁)、林诗铨(福建)。

男子双打——林诗铨和何连平(福建)、方凯祥和姚喜明(广东)。

女子双打——何翠玲和韩爱萍(湖北)刘霞和张爱玲(上海)。

混合双打——林江利和谢乐平(福建)、孙志安和施建平(江苏)。

第四届全运会游泳比赛23个项目的全国纪录78次被刷新

第四届全运会游泳比赛,350多名游泳健儿经过6天激烈较量今天结束。

这次游泳比赛包括男女29个项目,17项的比赛成绩,超过1979年创造的最好成绩;女子14个项目的全国纪录全部被刷新。广东队17岁女运动员梁伟芬,参加的4个项目的全国纪录均被她打破,夺得4块金牌,成为这次游泳比赛中的成绩最佳者。

9月28日

中国共产党第十一届中央委员会第四次全体会议公报

中国共产党第十一届中央委员会第四次全体会议,于1979年9月25日至28日在北京举行。

出席这次会议的中央委员189人,候补中央委员118人。中国共产党中央委员会主席华国锋,副主席叶剑英、邓小平、李先念、陈云、汪东兴,中央政治局其他同志,出席了会议。另有16名中央机关和地方党委的负责同志列席了会议。华国锋同志主持会议,并作了重要讲话。

这次全会,是在伟大的中华人民共和国成立30周年的前夕,在粉碎"四人帮"3年来取得一系列伟大胜利,在全党的工作着重点转移到社会主义现代化建设上来的情况下举行的。会议的主要任务是讨论通过叶剑英同志代表党中央、全国人大常委会和国务院在庆祝中华人民共和国成立30周年大会上的讲话和《中共中央关于加快农业发展若干问题的决定》。

全会一致通过了叶剑英同志的讲话。全会认为,叶剑英同志的讲话,高度评价了我们的伟大领袖和导师毛泽东同志和他的亲密战友周恩来、朱德同志及老一辈无产阶级革命家的不朽功绩,全面回顾了新中国成立30年来的战斗历程,深刻批判了林彪、"四人帮"反革命阴谋集团所蓄意制造和推行的极左路线,初步总结了社会主义革命和社会主义建设的基本经验,明确指出了进一步贯彻党的十一届三中全会和五届人大二次会议精神的努力方向。讲话稿在全会讨论前曾在党内广泛征求意见,并在各民主党派一部分负责人和一些无党派人士中征求了意见。这是一个对全党全军全国工作有长期指导意义的、非常重要的历史文献。它的发表,将极大地鼓舞和激励全党全军全国各族人民团结一致,向着社会主义现代化的宏伟目标奋勇前进。

全会一致通过了《中共中央关于加快农业发展若干问题的决定》。党的十一届三中全会原则上通过的这个决定草案,经过9个月来全国范围的学习、讨论和试行,深受亿万农民群众的欢迎,收到了很好的效果。全会根据全国讨论和试行情况,集中广大群众和干部的意见,对决定草案作了必要的修改。全会正式通过的《中共中央关于加快农业发展若干问题的决定》,对我国农业现状的分析、对历史经验的总结和实现农业现代化的部署,是符合实际情况的,是正确的;提出的一系列方针、政策,是适合我国现阶段农业生产发展的需要的,是顺乎民心的。全会相信,这个决定的公布和实行,对广大农村干部进一步解放思想,充分调动亿万农民的积极性,巩固和发展农村的大好形势,加快农业发展和实现四个现代化,将产生深远的影响和极大的推动作用。

为了充分发挥一些久经考验的老同志在党和国家政治生活中的重要作用,为了充实党中央的领导力量,以适应新的形势和任务的需要,全会通过协商和无记名投票,增补王鹤寿、刘澜波、刘澜涛、安子文、李昌、杨尚昆、周扬、陆定一、洪学智、彭真、蒋南翔和薄一波12位同志为中央委员,准备在党的第十二次代表大会时,请求对这一增补手续予以追认。全会选举中央政治局候补委员赵紫阳和中央委员彭真为中央政治局委员。

全会认为,现在我们的任务,就是团结全国各族人民,调动一切积极因素,同心同德,鼓足干劲,力争上游,多快好省地建设现代化的社会主义强国。全会号召全党全军全国各族人民,认真学习和贯彻叶剑英同志在庆祝中华人民共和国成立30周年大会上的重要讲话,认真学习和执行《中共中央关于加快农业发展若干问题的决定》;密切结合实际,继续深入批判林彪、"四人帮"反革命阴谋集团的罪行,批判他们所蓄意制造和推行的极左路线,肃清流毒和影响,普遍深入地开展关于真理标准问题的学习和讨论,坚定不移地按照党的十一届三中全会和五届人大二次会议的精神,统一思想,统一行动;更紧密地团结在党中央周围,做解放思想的促进派,做安定团结的促进派,做四个现代化的促进派;坚决贯彻执行国民经济调整、改革、整顿、提高的方针,全力以赴、争分夺秒地为打好四个现代化的第一个战役而努力奋斗!

中共中央关于加快农业发展若干问题的决定

我国人民建设社会主义的伟大事业,进入了实现四个现代化的新的历史时期。我们党和国家的工作重心,从1979年起转到社会主义现代化建设上来。摆在我们面前的首要任务,就是要集中精力使目前还很落后的农业尽快得到迅速发展,因为农业是国民经济的基础,农业的高速度发展是保证实现四个现代化的根本条件。我们只有加快发展农业生产,逐步实现农业现代化,才能使占我国人口80%的农民富裕起来,也才能促进整个国民经济蓬勃发展,加强工农联盟,巩固我国社会主义制度和无产阶级专政。为此,中央特作如下决定。

一、统一全党对我国农业问题的认识

为了加快农业发展,全党同志对我国农业的现状和历史经验,必须有一个统一的正确的认识。

新中国成立以来,在马克思列宁主义、毛泽东思想指引下,经过亿万农民和广大干部的艰苦奋斗,我国胜利地实现了农业的社会主义改造,粮食产量1978年比1949年增长1.7倍,经济作物和林、牧、副、渔各业以及社队企业都有不同程度的增长,取得了很大的成就。有些地区,农业的发展尤其显著。全国兴修了大量的大、中、小水利工程,建设了一大批高产稳产田。化学肥料、农业机械、排灌机械和农村用电,都比过去有了很大的增长。但是,总的看来,我国农业近20年来的发展速度不快,它同人民的需要和四个现代化的需要之间存在着极其尖锐的矛盾。从1957年到1978年,全国人口增长3亿,非农业人口增加4000万,耕地面积却由于基本建设用地等原因不但没有增加,反而减少了。因此,尽管单位面积产量和粮食总产量都有了增长,1978年全国平均每人占有的粮食大体上还只相当于1957年,全国农业人口平均每人全年的收入只有70多元,有近四分之一的生产队社员收入在50元以下,平均每个生产大队的集体积累不到1万元,有的地方甚至不能维持简单再生产。农业发展速度不加快,工业和其他各项建设事业就上不去,四个现代化就化不了。我国农业问题的这种严重性、紧迫性,必须引起全党同志的充分注意。

过去29年我国农业的发展走过了曲折的道路。解放后的3年恢复时期和第一个五年计划期间,我们在全国范围内完成了土地改革,取得了农业社会主义改造的伟大胜利,有秩序地展开了大规模的社会主义经济建设,农业生产获得较大发展,这8年全国粮食产量平均每年递增7%。1958年,在人民公社化和"大跃进"中,广大人民群众破除迷信,解放思想敢想敢做的革命热情是非常可贵的,但由于我们对领导全国的社会主义集体农业既缺乏经验,又缺乏清醒的头脑,犯了"瞎指挥"、"浮夸风"、"共产风"的错误,再加上自然灾害和苏联政府废止合同、撤退专家,我国农业在50年代末和60年代初遭到了严重挫折。在党中央、毛泽东同志、周恩来同志领导下,经过全党和全国人民的努力,我们用了比较短的时间纠正了工作中的缺点和错误,战胜了困难,使农业很快得到恢复,并有了新的发展。在10年的"文化大革命"期间,林彪、"四人帮"反革命阴谋集团推行极左路线,严重地破坏了党在农村的各级组织、各项政策和党的优良传统作风,破坏了集体经济和工农联盟,极大地挫伤了广大农民和干部的积极性。只是由于广大干部和群众对林彪、"四人帮"的倒行逆施进行了抵制,我国农业才得以在70年代保持一定程度的发展。

20年来我国农业发展的经验表明,在社会主义改造完成以后,我们对阶级斗争必须有正确的估计和政策,必须十分注意保持社会政治安定,否则社会主义农业的生产力和生产关系遭到破坏,农业的发展当然不可能快。同时,我们在工作中一定要按自然规律和经济规律办事。我们过去在某些具体工作中没有真正把农业放在国民经济基础的位置上,采取的有些政策和措施不利于农林牧副渔业的全面发展和农民社会主义生产积极性的发挥,国家对农业的支持不够和没有充分生效,农业技术改造没有当作一项中心任务真正抓紧,农业科研和教育长期未得到应有的重视,农林牧副渔全面发展的方针也执行得很不好。这些也都妨碍了农业的迅速发展。因此,为了加快恢复和发展农业,我们应该牢牢记取以下的主要经验教训:

(一)我们一定要长期保持安定团结的政治局面。

我们要在本世纪内实现农业现代化，实现四个现代化，没有这个前提，是根本不可能的。粉碎“四人帮”以来，全国安定团结，这个局面来之不易，我们必须珍惜它，爱护它，千方百计促进大好形势的发展。

（二）我们一定要正确地认识和处理农村以及全国范围的阶级斗争，正确地进行对农民的社会主义教育，防止“左”的或右的干扰，特别要注意肃清林彪、“四人帮”极左路线的流毒。农业合作化以后，我国农村中仍然存在着阶级斗争，但敌视和破坏社会主义的阶级敌人，只占人口中的极少数。因此，忽视或夸大阶级斗争，都是错误的。我们要坚决打击的，只能是确实存在着的极少数阶级敌人的破坏活动，决不允许混淆两类不同性质的矛盾，随心所欲地扩大阶级斗争和人为地制造所谓阶级斗争，破坏团结，伤害好人。长期的斗争实践证明，我国广大农民是坚决拥护党的领导，愿意走社会主义道路的。在实现农业现代化的斗争中，我们要更好地依靠和发挥他们这种积极性。对少数农民中存在的资本主义自发倾向，必须采取耐心地说服教育的方法，帮助他们自觉地加以克服。在这里，尤其必须首先分清究竟什么是社会主义，什么是资本主义。社队的多种经营是社会主义经济，社员自留地、自留畜、家庭副业和农村集市贸易是社会主义经济的附属和补充，决不允许把它们当作资本主义经济来批判和取缔。按劳分配、多劳多得是社会主义的分配原则，决不允许把它当作资本主义原则来反对。三级所有、队为基础的制度适合于我国目前农业生产力的发展水平，决不允许任意改变，搞所谓“穷过渡”。

（三）我们一定要集中力量抓好农业技术改造，发展农业生产力。在农业集体化的基础上实现对农业的技术改造，这是我们党在农业问题上的根本路线，任何时候都不能忘记。忘记了这一点，就不能巩固工农联盟，就不能用社会主义战胜资本主义，就背离了党和人民的根本利益。发展各项农业基本建设（包括水利、农田、草场、林业、渔场、畜舍、饲料加工厂、屠宰场、仓库、晒场、道路、沼气池和其他自然资源等各项建设）和发展农村社队企业，对于改造农业生产的自然条件，提高农民扩大再生产的物质能力，起了显著作用，必须十分重视。

（四）我们一定要持续地、稳定地执行党在农村现阶段的各项政策。经过实践证明行之有效的政策，切不可轻易改变，以致失信于民，挫伤农民的积极性。同时，对那些不利于发挥农民生产积极性，不利于发展农业生产力的错误政策，必须坚决加以修改和纠正。

（五）我们一定要坚定不移地执行以农业为基础的方针。党中央、国务院和主管经济工作的各部委，特别要注意保证这个方针的贯彻落实。制订国民经济计划，必须真正做到遵守农轻重的次序；保持农业和工业的平衡，各项建设事业的发展，首先要考虑农业的负担能力。国家、城市、工交、财贸、科学技术、文教卫生部门和人民解放军，一定要加强对于农业的物质支持和技术支持。

（六）我们一定要正确地、完整地贯彻执行“农林牧副渔同时并举”和“以粮为纲，全面发展，因地制宜，适当集中”的方针。粮食生产搞得好不好，关系到9亿人民的吃饭问题，关系到备战备荒，一定要抓得很紧。过去我们狠抓粮食生产是对的，但是忽视和损害了经济作物、林业、畜牧业、渔业，没有注意保持生态平衡，这是一个很大的教训。我们一定要把我国优越的自然条件充分利用起来，把各方面的潜力充分挖掘出来，使农林牧副渔各业都有一个大的发展。粮食作物和经济作物，也一定要按照各地区的特点，适当地集中发展。要有计划地逐步改变我国目前农业的结构和人们的食物构成，把只重视粮食种植业、忽视经济作物种植业和林业、牧业、副业、渔业的状况改变过来。

（七）我们对农业的领导，一定要从实际出发，一定要按照自然规律和经济规律办事，按照群众利益办事，一定要坚持民主办社的原则，尊重和保护社员群众的民主权利。决不能滥用行政命令，决不能搞瞎指挥和不顾复杂情况的“一刀切”。

粉碎了“四人帮”，扫除了我们前进道路上的最大障碍，我们有了充分利用各种有利条件的可能，也就有了加快农业发展的胜利信心。我们有优越的社会主义制度，有丰富的自然资源，有8亿勤劳勇敢的农民，有一大批久经锻炼的农村干部和农业科技人员。我国工业已经有了比较雄厚的基础，它可以逐步担负起用现代技术武装农业的任务。我国除了有15亿亩耕地以外，还有广大的荒地、草原、森林、宜林宜牧的山区，有宜于水产业的淡水水面和海域。总之，发展农业的有利条件很多。只要我们坚持社会主义道路，坚持无产阶级专政，坚持党的领导，坚持马列主义、毛泽东思想，真正善于总结过去正反两方面的经验，始终遵循辩证唯物主义的思想路线，坚持实践是检验真理的唯一标准的马克思主义原则，不断研究新问题，总结新经验，我们就一定能够调动一切积极因素，在本世纪内实现农业现代化的伟大目标。

二、当前发展农业生产力的25项政策和措施

为了迅速改变目前我国农业的落后状况，我们必须着重在最近两三年内采取一系列的政策措施，加快农业发展，减轻农民负担，增加农民收入，并且在这个基础上逐步实现农业的现代化。

确定农业政策和农村经济政策的首要出发点，是充分发挥社会主义制度的优越性，充分发挥我国8亿

农民的积极性。我们一定要在思想上加强对农民的社会主义教育的同时,在经济上充分关心他们的物质利益,在政治上切实保障他们的民主权利。离开一定的物质利益和政治权利,任何阶级的任何积极性是不可能自然产生的。我们的一切政策是否符合发展生产力的需要,就是要看这种政策能否调动劳动者的生产积极性。其次,我们还必须切实加强国家对农业的物质支持和技术支持,使农业得到先进的技术装备,使农民的科学技术水平逐步得到提高。如果离开这种支持,单纯依靠农民本身的物质力量和积极性,农业还是不可能高速度发展,尤其不可能实现现代化。农民的积极性充分调动起来了,国家的支持才能发挥更好的效果;国家加强了对农业的支持,农民的积极性也就会越来越高涨。这两个方面是相辅相成的。

从以上的指导思想出发,中央认为,当前必须采取如下25项农业政策、农村经济政策和增产措施。

(一)人民公社、生产大队和生产队的所有权和自主权应该受到国家法律的切实保护,任何单位和个人都不得任意剥夺或侵犯它的利益。在坚持社会主义方向,执行国家政策、法律、法令,接受国家计划指导的前提下,人民公社的基本核算单位都有权因时因地制宜地进行种植,有权决定增产措施,有权决定经营管理方法,有权分配自己的产品和现金,有权抵制任何领导机关和领导人的瞎指挥。

(二)任何单位和个人,绝对不允许无偿调用和占有生产队的劳力、土地、牲畜、机械、资金、产品和物资。国家各部门在农村举办各种企事业(农民自愿举办和各种企事业不在内),除了国家有法律、法令规定的以外,决不允许给集体和社员增加任何负担。举办农业基本建设,发展社队企业,都要坚持自愿互利的原则。在国家计划以外,任何单位不准向社队抽调劳动力;计划内抽调的合同工、临时工,必须签订合同,规定合理报酬。

(三)人民公社各级经济组织必须认真执行各尽所能、按劳分配的原则,多劳多得,少劳少得,男女同工同酬。加强定额管理,按照劳动的数量和质量付给报酬,建立必要的奖惩制度,坚决纠正平均主义。可以按定额记工分,可以按时记工分加评议,也可以在生产队统一核算和分配的前提下,包工到作业组,联系产量计算劳动报酬,实行超产奖励。不许分田单干。除某些副业生产的特殊需要和边远山区、交通不便的单家独户外,也不要包产到户。社员口粮的分配,一般采取劳动工分粮和基本口粮相结合的办法,也可以采取按工分分配加照顾的办法,或者采取社员大多数决定的其他办法。基本口粮应当以人分等定量。随着集体经济的发展,要逐步办好集体福利事业,使老弱、孤寡、残疾社员、残废军人和烈军属的生活得到更好的保障。

(四)社员自留地、自留畜、家庭副业和农村集市贸易,是社会主义经济的附属和补充,不能当作所谓资本主义尾巴去批判。相反地,在保证巩固和发展集体经济的同时,应当鼓励和扶持农民经营家庭副业,增加个人收入,活跃农村经济。

(五)人民公社要继续稳定地实行三级所有、队为基础的制度,集中力量发展农村生产力。不允许在条件不具备、多数社员又不同意的时候,搞基本核算单位从生产队向生产大队的过渡;条件具备了,大多数社员同意了,实行这样的过渡,要报省一级领导机关批准。目前已经实行生产大队为基本核算单位并有条件坚持下去的要继续努力办好。

(六)今后三五年内,国家对农业的投资在整个基本建设投资中所占的比重,要逐步提高到百18%左右;农业事业费和支援社队的支出在国家总支出中所占的比重,要逐步提高到8%左右。地方财政收入应主要用于农业和农用工业。

(七)对农业的贷款,从现在起到1985年,要比过去增加1倍以上。国家要有计划地发放专项长期低息或微息贷款,有的10年,有的15年,有的可以到本世纪末。为了适应发展农村信贷事业的需要,中国农业银行应当积极做好农村的信贷工作。

(八)粮食统购价格从1979年夏粮上市起提高20%,超购部分在这个基础上再加价50%。棉花、油料、糖料、畜产品、水产品、林产品等的收购价格,也要分别情况,逐步作相应的提高。农业机械、化肥、农药、农用塑料等农用工业品,在降低成本的基础上逐步降低出厂价格和销售价格,把降低成本的好处基本上给农民。农产品收购价格提高以后,粮食销价一律不动;群众生活必需的其他农产品的销价,也要基本保持稳定;某些必须提价的,要给予消费者以适当补贴。今后,我们还要根据国民经济的发展情况和等价交换的原则,对工农业产品的比价,继续进行必要的调整。

(九)在今后一个较长的时间内,全国粮食征购指标继续稳定在1971年到1975年“一定五年”的基础上,并且从1979年起减少50亿斤,以利于减轻农民负担,发展生产。水稻地区口粮在400斤以下的,杂粮地区口粮在300斤以下的,一律免购。绝对不许购过头粮。

(十)继续坚决地、大力地、因地制宜地搞好农、林、牧、副、渔各业生产、储运、加工所需要的农业基本建设。以粮食生产为主的农业区要继续以治水和改良土壤为中心,大力植树种草,实行山、水、田、林、路综合治理,积极地逐步地改变生产条件,提高抗御自然灾害的能力,建设旱涝保收的高产稳产农田。同时因地制宜地兼顾经济作物生产和林、牧、副、渔业。到1985年，全国灌溉面积和高产稳产田面积都要有一个较大幅度的增加。国家要继续兴建一批大型水利骨干工程，地方要以搞好中、小工程和配套工程为主，实行大、中、小相结合，专业队和群众性施工都要充分动员群众，展开民主讨论，从当地实际情况出发，作出全面安排和长远规划，有步骤地加以实施。对基本建设和当前生产要统筹兼顾。

（十一）要在充分利用现有耕地的同时，在有条件的地方，由国营农场和人民公社有计划地开垦荒地。社队新造耕地，从收获之年起，5年不计征购。垦荒不准破坏森林、草原和水利设施，不准妨碍蓄洪泄洪。有条件的地方，也可以围海造田，但是不能影响和破坏海盐生产，用于生产养殖和其他生产更为有利的内湖和海涂，不要围垦。工矿企业要认真解决污染问题，防止对水源、大气等自然资源和农业的损害。一切机关、团体、部队、企业和学校，不准随意占用公社和农场的耕地、草牧场和林地。必须进行的基本建设，也要切实节省用地，并尽量不占或少占耕地。要尽快制定和颁布土地法。

（十二）努力办好国营农场，为国家提供更多的商品粮食、经济作物和其他农副产品。目前仍然亏损的农场，要限期扭亏为盈。搞得好的，盈利多的，职工收入可以增加。1985年前，国营农场利润不上交，用以扩大再生产，搞好多种经营，兴办农畜产品加工业，发展推销自己产品的商业，尽快建成农工商联合企业，在农业现代化中发挥示范带头作用。

（十三）迅速增加化肥、农药、农用塑料和各种除草剂的生产，并保证产品质量。广积农家肥，多种绿肥，多制饼肥和其他有机肥，积极扩大秸秆还田。增产化肥，要努力使氮、磷、钾保持合理的比例。各种农药、除草剂和农用塑料制品也要大幅度地增产。要广泛推行科学施肥、科学用药，充分发挥化肥和农药的效能，认真研究防治化肥、农药对作物、水面、环境造成污染的有效方法，并且积极推广生物防治。

（十四）积极选育、引进和推广良种。在继续搞好大队、生产队种子田和县、社良种繁育场的同时，尽快建立省、地、县的种子生产基地，有步骤地实现种子的生产专业化、加工机械化、质量标准化、品种布局区域化。要建立、健全种子公司的经营系统，搞好品种审定、良种繁殖和普及、经营管理、种子检验、防止种子退化和种子混杂等规章制度，并早日制定颁布种子法。良种供应要优质优价，保证增产。

（十五）要因地制宜地发展农、林、牧、副、渔业的机械化，提高牧业机械的比重。要积极发展农业运输机械和装卸机具。要切实搞好农机工业的调整、改革、整顿、提高，改进产品质量，降低生产成本，逐步做到标准化、系列化、通用化，认真解决好农机具的配套问题和零备件的供应问题。现有农业机械的配套问题和各类农机具的零备件问题一定要在两三年内解决好，这样现有农业机械的耕作效率就可以成倍地提高。今后主机和配套农具、零备件一定要按比例生产。农业机械部要做好统一管理农业机械的科学研究、设计制造、使用管理、维修保养、供销服务和人员培训等工作。拖拉机站的建立可以采取两种形式，一种是社队自己购买，社队资金不足的由国家贷款援助；一种是国家设立拖拉机站为社队服务，收取合理的费用。这两种形式，以前一种为主。

（十六）在抓紧粮食生产的同时，认真抓好棉花、油料、糖料等各项经济作物，抓好林业、牧业、副业、渔业，实行粮食和经济作物并举，农、林、牧、副、渔五业并举。要把各方面的积极性充分调动起来，把一切可以利用的资源逐步开发利用起来，使整个农村经济繁荣起来。

（十七）大力开展植树造林，注意提高成活率。要集中力量营造西北、华北、东北一线防护林体系，华北、中原、东北等地的农田林网化和"四旁"绿化，长江以南10省的速生用材林，南方、北方的经济林基地，东北林区的迹地更新等重点建设。对一切可能绿化的荒山荒地，各地都要从实际出发，制定出切实可行的规划，限期绿化。要努力采用先进技术，加强森林资源的综合利用，做到合理采伐。积极培育、引进和推广优良树种，注意发展木本油料和木本食用作物。认真执行森林法，切实保护森林，严禁乱砍滥伐，坚决纠正重采轻造、忽视管理的错误做法，严防森林火灾。

（十八）大力发展畜牧业，提高畜牧业在农业中的比重。应特别注意发展牛、羊、兔等食草牲畜。畜牧业不但要看饲养量和存栏量，更重要的是要提高出栏率和出肉率。继续鼓励社员家庭养猪养牛养羊，积极发展集体养猪养牛养羊。积极改良畜种，加强草原和农区草山草坡的建设，兴修水利，改良草种，合理利用草场，实行轮流放牧，提高载畜量。做好牲畜的防疫工作。尽快颁布草原法。要在我国牧区和大中城市郊区，有计划地兴办一批现代化的畜牧场和家禽场，兴办一批现代化的屠宰厂、冷冻厂和畜产品加工厂。

（十九）合理利用水产资源，加速渔业生产，增加水产品产量。要充分利用开发水面和滩涂，以极大的努力发展淡水和海水养殖业，因地制宜地养殖鱼、虾、贝、蛙、海带、紫菜等各种水生动植物，并且积极扩大精养面积。要由一定的机构或专人负责，从资源的调查和利用、资金和物资的扶持、技术指导、产品加工等各方面作出切实的安排。以保证各类养殖事业能够得到迅速的发展。切实调整近海作业，积极开辟外海渔场。

认真贯彻执行水产资源繁殖保护条例，尽快颁布渔业法，加强渔政管理。采取先进技术和装备，促进渔业捕捞、养殖、加工和储运的现代化。要逐步建成一批渔业基地。在城市郊区也要大力发展各种水产养殖事业，有条件地推广工厂化养鱼、养虾。

(二十)社队企业要有一个大发展，逐步提高社队企业的收入占公社三级经济收入的比重。凡是符合经济合理的原则，宜于农村加工的农副产品，要逐步由社队企业加工。城市工厂要把一部分宜于在农村加工的产品或零部件，有计划地扩散给社队企业经营，支援设备，指导技术。对社队企业的产、供、销要采取各种形式，同各级国民经济计划相衔接，以保障供销渠道能畅通无阻。国家对社队企业，分别不同情况，实行低税或免税政策。

(二十一)商业工作要认真贯彻执行等价交换的原则，搞好城乡物资交流。从农村收购农副产品，必须按质论价，严禁压级压价。对农村所需要的生产资料和生活资料，要做到供应及时，保证质量，价格公道。粮、棉、油等统购物资和其他农副产品的统购、派购和议购都应签订合同，遵守合同。不准强迫命令。

(二十二)农业要努力发展出口产品的生产。国家决定拨出一笔专项外汇，用于支援各省、自治区、直辖市发展经济作物、土特产、畜牧业、副业、渔业以及相应的加工工业，在国家统一计划下，生产在国际市场上销路好、换汇率高、资金回收快的产品。具体办法由国家计委会同有关部门拟定。

(二十三)我国西北、西南一些地区以及其他一些革命老根据地、偏远山区、少数民族地区和边境地区，长期低产缺粮，群众生活贫困。这些地方生产发展快慢，不但是个经济问题，而且是个政治问题。国务院要设立一个有有关部门负责同志参加的专门委员会，统筹规划和组织力量，从财政、物资和技术上给这些地区以重点扶持，帮助它们发展生产，摆脱贫困。对其他地区的穷社穷队，也要帮助他们尽快改变面貌。国家支援穷队的资金，要保证用于生产建设。

(二十四)必须坚决地继续努力实行计划生育，认真做好这方面的宣传教育工作，纠正那种生硬的不适宜的办法，保证医疗服务和药物供应。要采取更有效的政策、措施，其中主要是经济措施，使全国人口增长率逐年下降，1985年要降到5‰左右。

(二十五)保护和调动广大农村基层干部的积极性，是加快农业发展的极为重要的一个环节。农村基层干部的绝大多数是好的和比较好的，他们长年累月和农民群众在一起，顶风冒雨，战天斗地，任劳任怨，对我国农业作出了很大贡献。除了极少数坏人，对犯了错误的干部，一定要立足于教育，帮助他们改正错误，继续前进。基层干部工作中的不少错误，是由中央和上级规定的任务和政策不适当或不明确造成的，应该由中央和上级承担责任。在过去的历次政治运动中，在基层干部中造成的错案、假案、冤案，必须抓紧甄别平反。公社干部和农业技术人员的工资福利待遇要有步骤地予以适当解决。大队主要干部的收入应当略高于当地同等劳动力的收入水平。工作做得好的干部，应给予表扬和物质奖励。要制订专门的计划，在政治上、文化上、管理上和专业技术上，加强对他们的培养教育。公社、大队和生产队各级干部都要坚持按期由社员代表大会或社员大会选举，并经常接受群众的监督。各项经济账目要按时公布。社队要坚持民主管理，干部要发扬民主作风，坚持参加集体生产劳动。要保持干部队伍的稳定。

各级党委要继续引导广大干部和农民学习大寨的基本经验，即坚持政治挂帅、思想领先的原则，自力更生、艰苦奋斗的精神，爱国家、爱集体的共产主义风格。同时要坚决执行党的农业政策和农村经济政策，学习国内外的好经验，努力掌握先进的科学技术，学会经营现代化的大农业。我们的事业是日新月异的，在过去的学大寨运动中已经涌现了一大批先进单位，今后新的典型还将源源不断地涌现出来。大寨和全国一切先进单位，都要对自己一分为二，努力创造新成绩、新经验，为加快我国农业的发展速度作出新的贡献。

三、实现农业现代化的部署

全面实现农业现代化，彻底改变农村面貌，这是我国历史上一场空前的大革命。为了实现这样的目标，必须从我国人口多、耕地少、底子薄、科学文化水平低，但幅员广阔、自然资源比较丰富、有众多的劳动力等特点出发，认真总结我国自己的经验，虚心学习外国的先进经验，尽可能避免技术先进国家曾经出现的弊病，走出一条适合我国情况的农业现代化的道路。我们在抓紧落实上述25项政策和措施的同时，必须继续调查研究，精心地做好分阶段逐步实现农业现代化的规划，已经看准了的问题，要果断地作出部署，组织好各方面的力量，扎扎实实地做好工作，保证其胜利完成。

(一)实现农业现代化，迫切需要用现代科学技术知识来武装我们的农村工作干部和农业技术人员，需要有大批掌握现代农业科学技术的专门家，需要有一支庞大的农业科学技术队伍，需要有数量充足、质量合格的农业院校来培养农业科技人才和经营管理人才。同时，要极大地提高广大农民首先是青年农民的科学技术文化水平。这些任务要用几年、十几年的时间来完成，我们必须从现在开始就抓得很紧很紧，一刻也不能放松。必须彻底纠正那种认为农业现代化可以不要高度现代化的科学研究和教育事业，农业科研机构和农业高等院校可有可无，农业发展工作可以不要专家积极参与的错误观点，迅速恢复和加强他们所必须具有的研究条件和教学条件。要组织全国科学技术力量研究解决农业现代化中的科学技术问题。中央要办好中国农业科学院和北京农业大学等几个重点的高级农业科学研究院和高等农业院校，各省、自治区、直辖市要根据农业区域规划办好一批农业科研机构、农业学院和中等农业技术学校，逐步形成门类齐全、布局合理的农业科学技术研究体系。同时，要切实地加强技术推广工作。县、公社、生产大队、生产队四级农业科学实验网就是农业技术推广网，县以下主要要抓好试验、示范、推广和技术培训工作。各地要尽快制定规划，着手轮训县、社队干部，培养当前农村急需的农机手、农业技术员和财会人员，在今后几年内就做到所有干部基本上轮训一遍，各社队都有足够数量的合格的农机手、农业技术员和财会人员。下乡、回乡知识青年都有一定的文化水平，又有了一些实践经验，要鼓励他们立志务农，分别不同程度、不同情况，吸收他们到农业院校或中等农业技术学校或各类训练班学习，努力把他们培养成建设现代化大农业的骨干力量。

(二)实现农业现代化，要积极地有计划地开展农业机械化的工作。农业机械化必须服从生产的需要，从实际情况出发。要引进、制造和推广适合我国特点的先进农业机械，切实搞好配套和维修服务，充分发挥农业机械的效能，大幅度地提高劳动生产率。根据资源条件努力兴办农村小水电站、小火电站。大力推广沼气。各地都要根据当地的条件，确定推广的步骤和具体要求，纳入农业基本建设规划，安排和供应必要的资金和材料，组织技术训练。要积极利用风力和太阳能。采取一切切实可行的措施，扩大农用能源。要因地制宜地开展农田水利和草原灌溉，分别南方北方、山地平原、水田旱田的不同情况，能引则引，能蓄则蓄，能提则提，逐步发展喷灌，实现农业水利化，做到灌排自如，高产稳产。要加快发展农用化工产品，使我国农业逐步拥有数量充足、质量优良、品种丰富、价廉物美的化学肥料、农药、塑料薄膜和除草剂等产品，以适应农业高速度发展的需要。农业部、林业部、农垦部、农机部、水利部、电力工业部、化工部，要根据农业现代化的要求，密切协同，在1980年内，分别作出实现农业现代化的全面的长期规划，以及切实可行的年度实施计划，认真加以贯彻执行。

(三)实现农业现代化，整个农业必须有一个合理的布局，逐步实行区域化、专业化生产，不断提高农业生产的社会化水平。不这样做，农业就不可能实行大规模的全面的机械化，不可能大规模地全面地采用一系列的先进科学技术。同时要使农林牧平衡发展，不同地区要根据各自的自然条件，宜农则农，宜林则林，宜牧则牧，或者以一业为主，搞好多种经营。国务院有关部门和各地区要组织力量，在3年内完成全国范围的土壤、气象等自然条件、自然资源以及人口、交通运输、工业、商业、科学、教育等社会条件的普查，在此基础上会同当地有丰富经验的农民和农村干部，共同研究制定出在不同范围内、不同程度上逐步实现区域化专业生产的规划，做好农、林、牧、渔、工、副、内外贸、交通运输、科学教育、财政金融等方面互相配合的规划。我们还要在认真搞好规划的基础上，扎扎实实地搞好试点，边实践边总结，有秩序、有步骤地前进。

(四)国家的农业投资必须重点用于建设一批商业粮、经济作物、畜牧业、渔业和林业基地。这些基地，可以是现有国营农业企业的扩大，可以是垦荒举办新的国营农场和集体农场，也可以在人民公社联合的基础上兴办，它们都要逐步运用先进的机器设备，采取科学的生产方法和管理方法，成为提高劳动生产率和商品率都很高的现代化大农业企业。有的基地除了经营农业外，还要经营农副产品加工业和商业，逐步发展成为农工商一体化的联合企业。农业、林业及其他科技研究单位要同基地密切联系，互相协作，促进生产技术的提高。有了一批这样的基地，国家所需要的商品粮食、棉花、油料、糖料、果品、畜产品、水产品和林产品等，就有了更可靠的保证。发展商品农产品基地是建设社会主义现代化大农业的一项重大战略措施，我们一定要集中必要的国家投资，用很大的精力来把它们办好。

(五)农业的现代化，一时一刻离不开现代工业和交通运输业的武装。在两三年内，我们必须根据我国农业的特点和现代化的要求，根据各地的不同条件和生产需要，统筹安排，按照专业化协作的原则，组织好全国农用工业的合理布局。要使得各种农业机械，各种农用化工产品，都能经济合理地进行大批量生产，不断地提高质量，降低成本。农机部、化工部等有关部门应当根据实际需要，分别设立若干专业公司，加强经营管理，讲究经济实效，切实把农用工业搞上去。农业机械部要按照经济区域，面向农村基层，建立和健全农业机械化服务公司，把农业机械和各种农用化工产品的供应、维修、租赁、回收、技术传授、使用服务，逐步地统一经营起来，做到方便及时，减少社队开支。在交通运输方面，要努力建设连接城市、县镇和农村的公路，在1985年基本上做到县县、社社通汽车，同时加强牧区、林区、渔区的交通建设。

(六)必须根据经济合理的原则，努力建设现代化的农畜产品加工工业，以适应和促进农业的现代化。农畜产品的加工工业，一定要建立在集中产地，就地利用产品资源，尽可能做到综合利用，并且同当地交通运输条件相适应，合理布局，方便城乡销售和供应，这样才能充分发挥经济效果。农业部、农垦部、轻工业部、纺织工业部、商业部和供销合作总社要会同国务院其他有关部门，经过同各省、自治区、直辖市认真商量，尽快制定出这方面的建设规划。

（七）有计划地发展小城镇建设和加强城市对农村的支援。这是加快实现农业现代化，实现四个现代化，逐步缩小城乡差别、工农差别的必由之路。我国农村现在有8亿人口，有3亿劳动力，随着农业现代化的进展，必将有大量农业劳动力可以逐步节省下来，这些劳动力不可能也不必要都进入现有的大、中城市，工业和其他各项建设事业也不可能和不必要都放在这些城市。我们一定要十分注意加强小城镇的建设，逐步用现代工业交通业、现代商业服务业、现代教育科学文化卫生事业把它们武装起来，作为改变全国农村面貌的前进基地。全国现有2000多个县的县城，县以下经济比较发达的集镇或公社所在地，首先要加强规划，根据经济发展的需要和可能，逐步加强建设。还可以运用现有大城市的力量，在它们的周围农村中，逐步建设一些卫星城镇，加强对农业的支援。北京、上海、天津、沈阳、武汉和其他一切有力量这样做的城市，要在当地党委的统一领导下，负责带好几个县的农业现代化。

（八）实现农业现代化，要贯彻执行集中力量打歼灭战的方针，一片一片地搞，一块一块地吃。这就是说，要波浪式前进，不要撒胡椒面似的全面铺开。农业机械要集中使用，配套成龙；用于农业的财力、物力要重点投放，这样才能充分发挥效力。条件具备的地区，可以先搞、多搞。先搞的地方，生产显著上升，农民的收入很快增加，这是一件好事而不是坏事，它在全国将会产生极大的示范作用和推动作用。在开头几年，如果先集中把占全国人口5%的地区搞好，那就会有4000多万人先增加收入，这在世界上就是一个相当大的国家，在国内就大大扩充了国内市场，就是一个了不起的成就。这对8亿农民是个很大的鼓舞。

中央认为，实现农业现代化对我们来说是一项全新的事业，以上各点还不能说是完全成熟的意见，应该在实践中继续加以补充、修正和完善。中央希望各级党委和政府，特别是农业部门，广大农村干部和农业科学技术教育工作者，要继续深入实际，认真搞好调查研究，为推进农业现代化的伟大事业作出更切实、更有效的努力。

四、加强党和政府对农业的领导

高速度发展农业生产，积极建设现代化大农业，是全党和全国人民的宏伟事业。一定要全党动员，全国动员，大办农业。从中央到地方的各级党委和政府，都要把农业工作放在首要地位，把实现农业现代化当成长期奋斗的重要目标，切实加强领导，统率浩浩荡荡的大军进行这个史无前例的伟大战役。

长期以来，有些党委、政府机关和有关业务部门对农业的指导和管理，往往习惯于单纯依靠行政命令的办法规定一般措施，要求下级以至农村社队千篇一律地执行。这种做法因为它脱离实际，脱离群众，常常事与愿违，挫伤农民积极性，造成农业生产建设的损失，妨害农村经济的活跃和发展，应该认真加以改变。

各级党委必须切实抓好党的路线、方针和政策的贯彻执行，切实抓好加快农业发展和逐步实现农业现代化的大政方针。加强农村党支部建设，发挥党员的模范带头作用。同时认真做好对广大干部和农民的思想政治工作，把政治工作和经济工作很好地结合起来，保证各项生产建设任务的顺利完成。农业生产和建设方面的具体业务，应该充分发挥各级业务机构的作用，让它们独立负责地去做，党委不要事事过问，什么都抓。如果党委陷到了具体业务中去，党不管党，以党代政，那就不但使政府部门和农业企事业单位无法进行有职有权有责和有计划有秩序的工作，而且必然削弱党的领导，甚至失去党的领导作用。

国家行政部门在管理农业方面，要独立负责，做好一系列工作。例如，全国性或地区性的生产建设的规划，重大水系的治理和大中型水利工程的建设，商品粮、经济作物、畜牧业和渔业基地的建设，重点林区和草原的建设，农业现代化要切实搞好机械化的研究、规划和实施，自然资源、土壤情况的调查及其利用、改造的规划，农业科学技术的研究和推广，农业教育的规划和实施，农业投资、物资的正确使用和分配，种子公司、肥料公司、饲料公司和农机服务公司的筹建和经营，等等。这些都是各级农业部门和有关业务部门应该做而且必须做好的事情。为了切实加强这方面的工作，国家农业委员会应当负责研究和提出全国农业生产建设方面的方针政策，会同国家计委并统一领导有关部门制定农业的长远规划和年度的计划，统筹安排农业资金、物资的分配使用，审查确定和指导全国性的或若干省区、若干部门协同进行的农业重大建设项目的实施，协调农业各部之间、农业部门与其他部门之间、中央部门与各地方之间的工作配合，解决农业工作中的重大问题。

中央部门和地方部门对农业的管理，要有明确的分工，职责分明。凡是涉及全国或几个省协力办的事情，由中央部门负责。凡是涉及全省或几个县协力办的事情，由省的部门负责。地区和县也是如此。上级对下级不能包办，以便下级充分发挥主动性。

各级行政机关对于农村集体经济单位的生产和建设，应该而且必须给以必要的计划指导，但制订计划必须走群众路线，自下而上地充分调查研究，酝酿讨论，搞好综合平衡；除有法律规定者外，不得用行政命令的方法强制社队执行，应该允许他们在国家统一计划的指导下因时因地制宜，保障他们在这方面的自主权，发挥他们的主动性。有关业务部门和科研机构在科学种田方面对社队进行指导，也要力求这种指导是科学的、切合当地条件的，而且必须遵守群众自愿的原则，采用我们多年来行之有效的典型示范的方法，防止强迫命令和瞎指挥。

我们要适应农业现代化这场革命的需要，必须从根本上改进领导作风和领导方法，恢复和坚持实事求是、联系群众、发扬民主的优良传统，提高领导水平和领导艺术，在实践中增长领导现代化大农业的才干。要自觉地按照自然规律和经济规律办事，坚决克服那种不从实际出发，不讲经济实效，不尊重科学，不走群众路线的坏作风。要坚决反对主观主义、官僚主义和形式主义，反对一切不解决问题而徒然耗费大量人力物力的会议、号召、汇报、检查、参观和各种公文旅行。要坚决实行责任制，一切工作都要有专人负责，消灭任何环节的无人负责现象。

重要的问题在于学习。我们的各级干部，尤其是领导干部，不仅要继续认真学习马列主义理论，努力做到完整地、准确地掌握毛泽东思想的科学体系，掌握党的路线和政策，还应该具备必要的科学技术知识和经济科学知识，学会先进的农业管理方法，努力把自己变成一定岗位的专家。对干部特别是领导干部，要进行经常的严格的考核，做到是非分明，功过分明，赏罚分明。对那些学习好、工作好、作风好、敢于解放思想、提出问题、研究问题和解决问题的干部，应该给予奖励，加以提拔。对那些老是不学习、长期当外行、人云亦云、贻误工作的干部，要调动他们的工作或给以必要的批评、处分。我们的任务十分艰巨繁重，必须十分注意发现人才、培养人才和使用人才，以便造就一支宏大的、德才兼备的、能够领导和管理现代化农业的干部队伍，来完成我国农业战线上的这场伟大革命。

国务院总理华国锋在北京会见卢森堡大公让和夫人殿下

华国锋总理说，他下个月的西欧之行是“为了寻求友谊、合作和知识，还有一个很重要的目的是为了维护世界和平”。

华总理赞扬卢森堡为加强西欧联合和防务所作的努力。他说：“中国希望西欧加强联合、加强防务，希望西欧繁荣昌盛。我相信，欧洲朋友，包括卢森堡朋友也希望中国繁荣昌盛，因此，我们应该互相学习、互相帮助。”

华总理指出，中卢建交以来，两国友好交往很多，这标志着两国关系发展得越来越好。他说：“大公让和夫人殿下这次对中国的访问，必将会进一步增进中卢之间的了解和友谊。”

大公让殿下说：“华国锋总理即将对西欧一些国家进行访问，对此，我们感到非常高兴。这次访问将能了解西欧人民的情况。人民之间彼此了解是非常重要的。”他说，在这几天的访问中，卢中双方进行的会谈是在非常亲切的气氛中进行的。大公让殿下感谢中国方面给予他们的十分热情的接待。

会见以后，华国锋总理设宴招待大公让和夫人殿下。

全国政协和中央统战部在政协礼堂举行文艺晚会招待前来参加国庆活动的华侨和港澳台同胞及中国血统外籍人

政协全国委员会副主席、中共中央统战部第一副部长刘澜涛，政协全国委员会副主席季方、胡子昂、荣毅仁、胡愈之、王昆仑、班禅额尔德尼·确吉坚赞，以及中共中央统战部副部长平杰三、薛子正、童小鹏、熊向晖、刘宁一，国务院侨务办公室副主任林修德、连贯等，出席了文艺晚会。

国务院在人民大会堂召开嘉奖工交 基建战线先进企业和劳模大会

全国各地区和工业、交通、基建各行业评选出来的118个全国先进企业的代表和220名全国劳动模范，身佩红花登上主席台，接受国家给予的崇高奖励。

中共中央主席、国务院总理华国锋，中共中央副主席、全国人大常委会委员长叶剑英，中共中央副主席、政协全国委员会主席邓小平，中共中央副主席、国务院副总理李先念，以及中共中央政治局委员、候补委员，全国人大常委会副委员长，国务院副总理，中央军委负责人，政协全国委员会副主席，最高人民法院院长、最高人民检察院检察长等领导同志出席了大会，向获奖的全国先进企业和全国劳动模范热烈祝贺。

参加今天大会的还有党政军各部门的负责人、群众代表，以及北京市工交、基建战线的先进单位、模范人物的代表，共9000多人。

余秋里副总理主持了今天的大会，宣读了《国务院关于表彰工业、交通、基本建设战线全国先进企业和全国劳动模范的决定》(以下简称《决定》)。《决定》说明了表彰先进企业和劳动模范的重要意义，并要求全国先进企业和全国劳动模范谦虚谨慎，戒骄戒躁，再接再厉，积极作出新贡献。《决定》号召全国工业、交通、基本建设等战线的企业和职工，向全国先进企业和全国劳动模范学习,在增产节约运动中掀起一个比学赶帮超社会主义劳动竞赛的新高潮,以优异的成绩迎接明年全国职工劳动模范代表大会的召开。

李先念同志在会上讲了话。

在欢快的乐声中,党和国家领导人把“嘉奖令”授予全国先进企业的代表,把金质奖章和全国劳模证书授给全国劳动模范。北京市500名少先队员手执五彩花束进入会场,向来自全国的劳动模范和先进企业的代表朗诵了题为《献给推动历史前进的先驱》的献词。

全国劳动模范陈福汉在会上宣读了《工业、交通、基本建设战线全国先进企业和全国劳动模范倡议书》。

授奖仪式结束以后,党和国家领导人及党政军有关部门负责人同全国先进企业的代表、全国劳动模范一起照了相。

全国先进企业和全国劳动模范名单

全国先进企业

四川省

泸州天然气化工厂、自贡东新电碳厂、国营江华机器厂、成都市电信局、成都机车车辆厂、国营江陵机器厂、国营新都机械厂。

贵州省

国营三五三一厂、第七砂轮厂、电力工业部第八水电工程局。

云南省

云南省第九地质队、昆明机床厂、江边林业局。

西藏自治区

日喀则行署交通局加加公路养护段。

陕西省

西北国棉五厂、汉江工具厂、国营惠安化工厂。

甘肃省

兰州炼油厂、国营四〇四厂、甘肃省甘谷电厂。

青海省

青海重型机床厂。

宁夏回族自治区

大河机床厂。

新疆维吾尔自治区

独山子炼油厂、新疆水泥厂。

河南省

焦作矿务局王封煤矿、郑州铁路局郑州北站、辉县化肥厂。

湖北省

江汉石油管理局、沙市第一床单厂、华新水泥厂、湖北省储备物资管理局三七九处、基建工程兵八〇一大队、中国人民解放军三五〇六厂。

湖南省

长岭炼油厂、醴陵国光瓷厂、国营江南机器厂。

广西壮族自治区

广西八一锰矿、桂林市羽绒制品厂(集体所有制)、柳州市针织厂。

广东省

中山糖厂、广东省七〇五地质队、广州铁路局、广州造纸厂。

上海市

上海嘉丰棉纺织厂、英雄金笔厂、江南造船厂、上海燎原化工厂、胜利服装厂(集体所有制)、上海市燃料公司、上海市邮件转运处、上海市第五建筑工程公司、上海港务管理局。

江苏省

徐州矿务局、常州东风印染厂、常州柴油机厂、南京化学工业公司催化剂厂、南京无线电厂、无锡无线电五厂(集体所有制)。

浙江省

桐乡县化肥厂、嵊县丝厂、杭州市木材公司、杭州张小泉剪刀厂(集体所有制)。

安徽省

淮南矿务局李郢孜二矿、安庆纺织厂、芜湖重型机床厂。

福建省

国营永安机械厂、闽东电机厂、青州造纸厂。

江西省

江西横峰纺织器材厂、国营江西无线电厂、江西氨厂。

山东省

莱阳动力机械厂、烟台地区汽车运输公司、山东铝厂、山东省电力建设第一工程处、烟台地区建筑工程公司、山东省南墅石墨矿。

北京市

首都钢铁公司、北京铁路局、北京清河毛纺织厂、北京市第六建筑工程公司、燕山石油化学总公司胜利化工厂、石景山发电厂、北京内燃机总厂、北京绢花厂(集体所有制)。

天津市

天津市工业泵厂、天津制鞋厂、天津市第二建筑工程公司、天津铁路分局古冶机务段。

河北省

河北省金厂峪金矿、秦皇岛耀华玻璃厂、石家庄市第二棉纺织厂、开滦煤矿、石油部地球物理勘探局电子计算处理中心。

山西省

潞安矿务局石圪节煤矿、山西杏花村汾酒厂、国营淮海机械厂。

内蒙古自治区

国营二〇二厂、昭乌达盟宁城糖厂、乌达矿务局东方红煤矿、国营内蒙古第一机械制造厂。

辽宁省

东北制药总厂、国营五三工厂、旅大第二建筑工程公司、鞍山钢铁公司、沈阳市小型拖拉机厂、电力工业部东北电业管理局。

吉林省

第一汽车制造厂、吉林造纸厂、吉林热电厂、吉林化学工业公司。

黑龙江省

大庆油田、齐齐哈尔铁路局、哈尔滨水泥厂、双鸭山矿务局七星煤矿、穆棱林业局、东北轻合金加工厂、齐齐哈尔第一机床厂。

全国劳动模范

四川省

黄潼年、赵清志、李中华、张福学、张远林、黄恩富、韩永洪、贾广德、费德政、邓金才。

贵州省

王玉实、王贵富、鱼龙、王运岐、吴厚清、周凤皋。

云南省

马福昌、麦伟麟、戴恒贵、王禄民、陈朝刚。

西藏自治区

任德路、凌中、索加。

陕西省

翟福兰(女)、李相臣、徐殿明、李光忠、阎天恩、靳新旺、刘云和。

甘肃省

张金榜、李有琪、董松江、陶根福、杜亚莉(女)、张同星。

青海省

朱珠、林盛泉、周纪良。

宁夏回族自治区

韩进朝、孙德成、臧青(女)

新疆维吾尔自治区

马登珍、库尔班玉素甫、俞浣贞(女)、买买提·依明·依不拉依木、刘世雄、许秀华(女)。

河南省

鲁金水、孙景荣(女)、李才芳、马明章、孙富熙、刘新滨、胡世平(女)、杨正明。

湖北省

贺孝先、张怀湖、李世英(女)、李冬生、吕继林、杜远金、陆际光、康清泉。

湖南省

柳志强、易会才、李临庄、王桂芳、许永善、喻雨初、谭爱兰(女)。

广西壮族自治区

吴达贵、黄秀颜、卢达、王全禄、黄环昌。

广东省

姚锦钟、劳森、李婆贵、丁庞文、徐淑芬(女)、梁蚊、谢元雷。

上海市

高志向、张龙祥、刘莉萍(女)、王桂英(女)、庄德凯、范新发、秦宝兴、陈安乐、朱祖福、贝汉廷、顾令长、王承德、李良园、谭伯康。

江苏省

叶慧英(女)、钱荣官(女)、王寿明、方畅熙、刘德贵、马泉源、陈跃祖、朱福寿、陈广伦、刘兴。

浙江省

施辰生、陈有生、陈志蔚(女)、胡剑英(女)、吴吉丰、孙叙度、陈君浩。

安徽省

马典周、黄龙兴、赵登洲、连西干、常印佛。

福建省

赖爱光、陈增柏、张光柱、薛聚高、王大俊、顾金林。

江西省

瞿兰香(女)、曾凡桂、张荣祥、李洪定、严把非。

山东省

郭金城、江爱珍(女)、庞连生、宋其钵、郑星斋、郎咸萍(女)、刘怀盛、姚淑琴(女)、郭金明。

北京市

陈福汉、顾思乡、邬纪秀、邢德海、梅月兰(女)、余梦伦、王学礼、冯广善、林增栋、王树森、陈钟盛、王耀、程庆国、乌可力。

天津市

陈占贵、李秋荣(女)、万桂庭、崔荫年、刘宝忠、李祺祖、张玉山、赵志纯、陈俊生、陈亨。

河北省

侯占友、傅景新、王益元、章日荣、苏玉珍(女)、张玉凤(女)、张秀珍(女)、郑荣祥。

山西省

郝晓明、贾鸿谟、刘凤卿(女)、张光鉴、张杰、李佩玉、缪松元、蔡小锁、李满仓。

内蒙古自治区

沈文翰、杨永成、唐嗣孝(女)、巴图达来、周勋功。

辽宁省

陈火金、宋学文、阎德义、袁景尧、张成哲、李瑞、陈富文、孙华喜、王秀琴(女)、黄新民、刘鼎环、黄世荣、葛林森、王同顺、解治国。

吉林省

侯德武、刘子玉、刘云山、史宝田、孙占河、宫本玉、许时兴。

黑龙江省

耿玉亭、吴全清、齐莉莉(女)、魏兴政、王海德、孙茂松、刘清海、吕长松、王仁宽、李守杰、李海山、邢文福、张全维、马江林。

国务院副总理李先念在工交 基建战线全国先进企业和劳模授奖大会上发表讲话

同志们:

首先让我代表中共中央和国务院,向到北京来参加授奖仪式的全国劳动模范、全国先进企业代表同志们,致以热烈的祝贺,同时也向战斗在全国各地各条战线上的劳动模范、先进企业和职工同志们,表示亲切的慰问和敬意。

在新中国成立30周年前夕,国务院决定表彰一批全国劳动模范和全国先进企业,发给奖章、证书、嘉奖令。这是对全国工业、交通、基本建设战线广大职工、劳动模范和先进企业的一次大检阅,也是为迎接明年召开的全国职工劳动模范代表大会的一次大动员,对于加快四个现代化的步伐具有重大的意义。回顾新中国成立以来,中国工人阶级所走过的光辉道路,所进行的艰巨斗争,所经历的严峻考验,可以充分证明:我们的工人阶级不愧是立场坚定、眼光远大的革命领导阶级;我们的劳动模范不愧是工人阶级的优秀分子,人民群众的学习榜样;我们的先进企业站在全国几十万个企业的前列,不愧是社会主义现代化建设的“排头兵”。在整整30年社会主义革命和社会主义建设的里程中,劳动模范和先进企业的同志们,满怀豪情,辛勤劳动,艰苦奋斗,作出了巨大的贡献,起了推动历史前进的作用。国家和人民给你们以荣誉,这是完全应该的。光荣属于全心全意为社会主义事业贡献力量的劳动者!

同志们,以实现四个现代化为目标的新长征已经开始了。作为主力军的工人阶级,特别是各条战线上的劳动模范和先进企业的同志们,怎样在新长征中作出新成绩,为早日实现四个现代化贡献自己最大的力量呢?

第一,要明确认识工人阶级在新时期的伟大历史使命。

马克思主义认为,无产阶级在夺取了国家政权,实现了生产资料的社会主义公有制以后,最主要的任务就是进行社会主义经济建设,发展社会生产力,以满足人民的物质和文化的需要。毛泽东同志在生产资料所有制的社会主义改造基本完成以后,就再三指出要把工作中心转到经济建设方面和技术革命方面来。经过艰苦努力,排除种种干扰,战胜重重困难,特别是粉碎了“四人帮”,结束了我国长时间的灾难性的动乱岁月,初步实现了安定团结、生动活泼的政治局面,我们终于从今年起,把全国工作着重点转移到社会主义现代化建设方面来。30年来,我们在原来“一穷二白”的情况下,建立起独立的比较完整的工业体系和国民经济体系,为巩固社会主义制度打下了物质基础,为实现四个现代化创造了可靠的前进阵地。党的十一届三中全会和五届人大二次会议决定,要在本世纪末把我国建成四个现代化的社会主义强国,首先要集中3年时间,认真搞好国民经济的调整、改革、整顿、提高,打好四个现代化的第一战役。并且明确指出,党和国家的根本任务,已经由解放生产力变为在新的生产关系下保护和发展生产力了。我国现阶段的主要矛盾已经不是阶级斗争,而是在本世纪内实现四个现代化,把我国目前很低的生产力水平迅速提高到现代化水平,以满足人民和国家的需要。这不仅是中国社会历史发展提出的客观要求,也是我们新中国成立30年来正反两方面实践经验的科学总结。这是完全正确的。我们只有努力实现四个现代化,大幅度地发展社会生产力,使物质产品极大丰富,才能不断提高人民群众的物质文化生活水平,充分调动人民群众的积极性;才能巩固无产阶级专政,保卫国家和人民不受外来侵略;才能逐步创造条件缩小和消灭三大差别。可是,林彪、“四人帮”歪曲和篡改马列主义、毛泽东思想,推行一条极左路线,颠倒敌我关系,大搞阶级斗争扩大化,取消社会主义现代化建设的任务。这不仅给工人阶级的事业造成严重的危害,而且在干部、群众的思想上造成极大的混乱。他们散布的流毒至今尚未完全肃清,使我们一些同志对当前的形势和工人阶级的历史使命还认识不清,妨碍了我们甩开膀子大干四个现代化。因此,劳动模范和先进企业的同志们,要带动广大职工积极参加实践是检验真理唯一标准问题的学习,进一步从林彪、“四人帮”极左路线流毒的束缚中解脱出来。我们要清楚地认识到,能不能在本世纪末实现四个现代化,决定着我们国家民族的命运,关系到工人阶级和全国各族人民的根本利益。我们必须坚决贯彻党的十一届三中全会的方针,明确认识工人阶级在新时期的历史使命,以民主革命时期推翻三座大山的劲头和不搞好“四化”誓不罢休的气概,为早日实现四个现代化贡献力量。

第二,要充分发挥推动生产力发展的历史先驱作用。

生产活动是人类最基本的实践活动。一部社会发展史,首先是生产发展史,是物质资料生产者的历史,也就是劳动群众的历史。在人类历史上,新的生产技术总是不断代替着旧的生产技术。掌握了先进科学技术的劳动模范、先进生产者,在生产上有所创造、有所发明、有所革新、有所前进,不断促进着生产的新高涨,带动着整个社会生产水平的提高。劳动模范、先进生产者是推动历史向前发展的先进生产力的优秀代表。

劳动模范和先进生产者同志们，要清楚地看到自己的历史地位，以高度的阶级责任感来对待实现四个现代化的历史使命。要像毛主席要求我们的那样，在广大群众中起带头作用、骨干作用和桥梁作用，当好实现四个现代化的先驱。具体说来，我们一方面要努力学习、刻苦钻研，不断采用和掌握先进技术、先进设备，不断创造先进生产定额，传播新技术、新经验，扩大劳动模范、先进生产者的行列；另一方面，要立志改革那些妨碍生产力发展的部分生产关系和上层建筑，向一切不利于实现四个现代化的旧习惯势力作坚决的斗争。

我们现有的企业是实现四个现代化的基地，先进企业要带头向四个现代化的目标挺进。先进企业必须千方百计地搞好革新、改造、挖潜，为国家创造更多的财富，培养出大批的劳动模范、先进生产者。同时，还要在改革企业管理，提高生产、技术、管理水平方面，积累和总结先进经验，以适应生产力迅速发展的需要。

在新的历史阶段，衡量一个企业、一个职工是否先进的标准是什么呢？主要应该看其对推动社会生产力发展、实现四个现代化的贡献如何。凡是关心四化、促进生产力发展、尽力为四化作出贡献的，就是先进，而且贡献越大越先进，越光荣。相反的，不关心四化、不为四化出力、妨碍生产力发展的，就是落后。林彪、“四人帮”诬蔑实现四个现代化是复辟资本主义，把反对生产，破坏生产，专门造无产阶级专政的反的那些人，封为“路线斗争觉悟高”的“先进分子”，群众从来就不承认这种人。凡是顽固地危害四化的人，最终是要被前进的历史所抛弃的。

第三，要解放思想，开动机器，努力学习，奋勇前进。

中国是一个有几千年封建历史的国家，旧社会遗留给我们精神上的历史负担很多，应该加以解除。当前，一些领导干部中的官僚主义和特权思想，部分工人中的平均主义和极端民主化思想，都来源于封建主义和小生产者习惯势力的影响，这是我们实现四个现代化的一个严重障碍。工人阶级不仅敢于破坏一个旧世界，而且善于建设一个新世界。我们在摆脱历史负担的斗争中，也要起模范、带头作用，努力在改造客观世界的同时，改造自己的主观世界。

我们知道，实现四个现代化是千百万人民群众的革命事业，必须最广泛地动员群众，最充分地发挥群众的积极性和创造性，才能最迅速地取得胜利。但是，官僚主义和特权思想，对革命事业漠不关心，损公肥私，作威作福，独断专行，搞瞎指挥，束缚甚至扼杀群众的积极性和创造性。平均主义和极端民主化思想，则主张“吃大锅饭”，反对按劳分配，自己不学先进，还不许别人先进，讽刺打击先进，严重妨碍先进技术和先进经验的推广，涣散无产阶级的斗志，削弱组织性纪律性，影响社会主义事业向前发展。因此，为了实现四个现代化，为了国家、民族、阶级的最高利益，我们必须认真克服这些非无产阶级思想的影响，努力摆脱阻碍我们前进的历史负担。特别是领导干部，不仅自己要聚精会神地大干四个现代化，而且要发扬社会主义民主，搞好企业的民主管理，在高度民主的基础上高度集中，使广大群众人人心情舒畅、思想解放、群策群力、信心百倍地从事社会主义现代化建设。

此外，我们还要摆脱科学文化技术的落后状态。正如毛主席所指出的：“为了建成社会主义，工人阶级必须有自己的技术干部的队伍，必须有自己的教授、教员、科学家、新闻记者、文学家、艺术家和马克思主义理论家的队伍。”我们要以最大的努力来学习科学文化，学习技术，学习业务，学习理论，尽快造就一支宏大的工人阶级知识分子队伍。

同志们，摆在工人阶级面前的历史任务是光荣而艰巨的。当前最主要的是，要坚决贯彻三中全会“解放思想，开动机器，实事求是，团结一致向前看”的方针，认真解决思想路线问题，以保证四个现代化的顺利实现。劳动模范和先进企业的同志们，要带动广大群众，发扬艰苦奋斗、勤俭建国的光荣传统，学习大庆自力更生、艰苦创业的干劲，在全国各地轰轰烈烈开展的增产节约运动中，掀起一个比、学、赶、帮、超的社会主义劳动竞赛热潮，树立争当先进光荣、甘居落后可耻的社会新风尚，使少数先进生产者创造的先进水平迅速成为全行业、全社会的水平，不断提高劳动生产率，为完成和超额完成今年的国民经济计划，打好四个现代化的第一战役而奋斗。

全国先进企业和劳动模范向工交 基建战线职工发出倡议书

倡议书说，为了实现工人阶级的伟大历史使命，在本世纪内把我国建设成为社会主义的现代化强国，我们一定要同全国职工紧密团结，认真贯彻调整、改革、整顿、提高的方针，继续学大庆，广泛、深入、持久地开展增产节约的社会主义劳动竞赛，保证全面完成和超额完成国民经济计划，迎接明年全国职工劳动模范代表大会的召开。

倡议书提出了下列 5 条倡议：

一、在增产节约劳动竞赛中大显身手，争做贡献。要鼓足干劲，力争上游，发扬共产主义风格，进一步掀起比、学、赶、帮、超的热潮，千方百计做到优质、高产、多品种、低消耗、安全生产，为发展国民经济，大幅度提高社会生产力，满足人民和国家的需要而努力。要坚持质量第一的原则，大力增产优质产品，加快新产品的试制投产，搞好产品的升级换代，创名牌，争冠军，赶超国内外先进水平。要牢固树立以农业为基础的思想，大力支援农业。要发扬“一厘钱”精神。全国有9000多万名职工，每人每天增产节约1元钱，1年就是几百亿元。全国有几十万个企业，每个企业都精打细算，节约人力、时间，节约燃料、动力，节约原料、材料，加起来就是个很大的数目。

二、立足现有基础，大搞挖潜、革新、改造，不断提高劳动生产率。要围绕生产关键和薄弱环节，人人献计，个个动手，广泛开展群众性的技术革新、技术革命和合理化建议运动，大搞技术协作，不断改革旧设备、旧工艺，推广新技术、新工艺、新材料，充分发挥现有设备的作用。要努力学习掌握引进的新技术，充分发挥引进设备的效能。

三、以主人翁的态度切实搞好企业整顿，加强企业管理，当好管家人。要加强领导班子和职工队伍的建设，学经济，学管理，自觉地按经济规律办事，严格经济核算，加强班组工作，搞好群众生活，努力把企业管理提高到新水平。要发扬艰苦奋斗、大公无私、严守纪律、服从调动、爱厂如家的光荣传统，学习大庆人“三老四严”、“四个一样”的作风，模范地执行岗位责任制，自觉遵守国家的法令，反对无政府主义，努力维护企业的集中统一领导，维护生产指挥系统的高度权威。要充分发扬社会主义民主，反对官僚主义和特权思想，敢于同严重失职，损公肥私、独断专行、搞瞎指挥和不关心群众疾苦的现象作斗争，搞好企业民主管理。

四、努力提高政治觉悟，掌握四化建设的过硬本领，做到又红又专。要认真学习马列主义、毛泽东思想，积极参加实践是检验真理的唯一标准的讨论，掌握辩证唯物主义和历史唯物主义的锐利武器。要努力学习科学文化技术，大搞岗位练兵，苦练基本功。要广泛开展尊师爱徒活动，互助互学，共同提高。每个工人、工程技术人员、管理人员都要争分夺秒，勤奋学习，精通业务技术，百折不挠，攻克难关，攀登科学技术高峰。

五、顾大局，识大体，做安定团结的模范。要坚持四项基本原则，坚持“解放思想，开动机器，实事求是，团结一致向前看”的方针，进一步肃清林彪、“四人帮”推行的极左路线的流毒，同派性作坚决斗争。要加强工人阶级内部的团结，加强同农民阶级的团结，加强同全国各族人民的团结，不断发展全国安定团结、生动活泼的政治局面。团结起来，同心同德，搞好“四化”。

国务院副总理谷牧在北京举行的中外记者招待会上阐述中国的经济调整工作和对外经济关系

在政协礼堂举行的中外记者招待会上，谷牧副总理说，据了解，国外有各种各样的议论，猜测我们的政策是不是又有变化，现代化的进程是不是要推迟。我可以肯定地告诉大家，我党十一大和我国五届人大以来制定的一系列政策，总的方面都是一致的，实现四个现代化的目标是坚定不移的。调整的目的，是为了保证我国社会主义现代化事业能够脚踏实地向前发展。从表面上看似乎步子放慢了，但经过调整，经济结构合理了，就能够稳步前进，发展更快。这正如列宁所说：“我们这样做是为了先后退几步，然后再快跑，更有力地向前跳。”

谷牧副总理详细阐述了我国调整国民经济八字方针的具体内容和半年多来调整工作取得的成效。他说，农业方面，夏粮获得丰收，秋季也丰收在望，农民生活有了不同程度的改善。工业生产，1—8月份累计总产值2900多亿元，完成年计划的63.8%，产品质量继续有所提高，新品种增加较多，今年工业生产计划预计可以完成，财政计划也可以完成。对外贸易有所增长。

关于对外经济关系，谷牧副总理谈到了不久前我国同美国、日本、法国、意大利、加拿大、瑞典等友好国家政府和民间银行、公司商谈贷款的情况和我国同外国合资经营企业的政策，表示欢迎外国朋友到中国来投资。

谷牧副总理还宣布，今年我国已对对外贸易体制作了一些改革。广东、福建2省在吸收国外资金方面，北京、上海、天津3市在开展对外贸易方面，都有了较大的自主权。

谷牧副总理列举一些数字，说明我国对外贸易今年有了较大的发展。今年前7个月出口总额为69.6亿美元，比去年同期增长40%；进口总额为84亿美元，比去年同期增长70%(未扣除价格上涨的因素)。

谷牧副总理说，现在世界上有些人怕中国发展出口，担心我们的商品挤占了他们的市场。我们认为这些人目光不够远大，他们的看法也不符合历史潮流。要看到，只有中国出口大大发展了，才能大量进口，中国这个市场才能容纳更多的外国商品。这个道理是很简单易懂的。又何况我们大量出口的商品，不一定是、起码不都是那些担心的人所能提供的商品。有什么可怕的呢？

最后，谷牧副总理回答了记者提出的问题。

《人民日报》发表外贸部政策研究室文章《积极发展对外贸易，为四个现代化服务》

新中国对外贸易已经30年了，这是不平凡的30

年。帝国主义的封锁禁运,苏联社会帝国主义的背信弃义,撕毁合同,林彪、"四人帮"的疯狂破坏,都不能阻挡我国对外贸易的前进。

30 年来,在工农业生产发展的基础上,对外贸易有了相应的发展。1978 年进出口额比 1950 年增长 17 倍,平均每年增长 10.9%。剔除国际市场物价上涨因素,大约增长 8 倍,平均每年增长 8% 左右。对外贸易的发展,不仅表现在数量上,更重要的是进出口商品结构发生了深刻的变化。旧中国进口的主要是消费品;新中国成立以来,生产资料的进口一直占优先地位,大约占进口的 80%。特别是有计划地引进了一批冶金、燃料动力、建筑材料、汽车拖拉机制造、飞机制造、化肥、化纤、电子等技术和成套设备,缩短了我们自己摸索研制的时间,填补了一些空白部门,增强了我们自力更生的力量。同时适当进口了小麦、食糖、食油、化肥、农药、化纤、毛条、塑料、橡胶、纸张、手表、药品、电视机、录音机等,适应人民生活和发展农业、轻纺工业生产的需要。旧中国出口的主要是农副产品;新中国成立以来,农副产品在出口中的比重,1953 年占 55.7%,到 1978 年,下降为 27.6%,同期,轻纺工业品在出口中的比重从 26.9% 提高到 46.9%,重工业产品的比重从 17.4% 提高到 25.5%。出口商品的品种有了很大增加,许多本来要进口的东西现在可以出口了。通过有计划地组织出口和进口,促进了国内生产的发展,同时也活跃了国内市场,还为国家建设积累了一部分资金,最近 10 年,外贸部门上交国家的利润、税金达 325 亿元。

按照平等互利的原则发展经济贸易关系,是发展国家关系的一个重要方面。我们曾经同不少国家先进行民间贸易,然后建立外交关系。外贸起了某种先行的、推动的作用。现在我国已经同世界上 160 多个国家和地区进行了贸易,同其中 79 个国家和地区签订了政府间的贸易协定或议定书,还同欧洲经济共同体签订了贸易协定。通过贸易往来,增进了同各国人民的相互了解和友谊,配合了反对霸权主义、维护世界和平的外交斗争。

粉碎了"四人帮",我国的对外贸易进入了新的发展阶段。党中央、国务院提出,为了实现四个现代化,对外贸易要有一个大的发展。

抓外贸首先要抓出口,这是我们 30 年来的一条重要经验。什么时候出口上得快,什么时候对外贸易就发展得快。实现四个现代化,需要有计划地利用外资,引进先进技术和进口先进设备。这样做,关键问题是要增强我们的支付偿还能力。在我国,增强支付偿还能力,主要靠扩大出口。

生产是基础。抓出口又要首先抓发展出口商品生产。我们目前出口金额大的商品还很少。据统计,1978 年出口收汇 5 亿美元以上的商品仅 2 个,1 亿—5 亿美元的也只有 14 个。轻纺工业品和农副产品仍占出口的大头。占世界出口总额近 1/3 的机器设备,我们出口还很少。国际市场竞争激烈,谁的东西物美价廉,谁的竞争能力就强。我们有不少商品质量高,品种多,适销海外,是建立了声誉的。但是,也还有一些出口商品由于质量不高,品种样式跟不上国际市场变化,或者包装装潢不好等原因,不受国外消费者的欢迎。因此,扩大出口必须下苦功进行持久的努力。在继续增加农副产品和轻纺工业品出口的同时,从长远来看,必须大力发展机器设备出口,逐步改变出口商品结构。这就需要生产、科研和外贸部门共同努力。

在新的形势下,外贸部门的任务更加繁重了。做生意,要讲政策,要按经济规律办事,还要逐步制定和完善有关对外贸易的法令规定,依法办事。外贸体制必须改革,要坚决贯彻执行党中央、国务院的有关决定。国际市场风潮起伏,复杂多变,早晚行市不同,外贸部门要加强调查研究,及时通报情况,主动搞好同有关部门的协作配合,组织产销见面,采取灵活多样的方式,把生意做大、做好、做活。

中国 卢森堡两国政府签订《中华人民共和国政府和卢森堡大公国政府文化合作协定》和《中华人民共和国政府和卢森堡大公国政府定期货运航班协议》

国务院副总理兼国防部部长徐向前在北京会见孟加拉国陆军参谋长侯赛因·穆罕默德·艾尔沙德少将和由他率领的孟加拉人民共和国军事友好代表团

国务院副总理方毅在北京会见美国纽约州立大学总校校长沃顿和夫人

国务院副总理王震在北京会见日本军事评论家村上薰一行

国务院副总理王震在北京会见以日本山梨县知事望月幸明为团长的日本日中友好山梨县青年之翼访华团

国务院副总理姬鹏飞在北京会见联合国副秘书长兼训练研究所执行主任戴维森·尼科尔和夫人一行

全国人大常委会副委员长宋庆龄在北京会见美国朱氏投资银行业有限公司总经理 美国对外政策全国委员会理事朱庆祖和夫人罗莎琳·玛丽

全国人大常委会副委员长邓颖超在北京会见卢森堡大公让和夫人殿下以及副首相加斯东·托恩及夫人

全国人大常委会副委员长中日友协会会长廖承志在北京会见并宴请日本知名友好人士西园寺公一和夫人西园寺雪江及其一家

新中国成立30年来解放军为国家为人民作出巨大贡献

新华社报道，新中国成立30年来，人民解放军作为社会主义建设的一支重要力量，积极参加和支援祖国的各项建设事业，作出了很大贡献。据有关部门统计，在解放初期的3年经济恢复时期，人民解放军修复铁路1万多公里，整修公路3.2万多公里，新建公路1.1万多公里。以后，又派出十多万部队开赴鞍山钢铁厂、玉门油矿等许多工矿企业，和工人一起大干苦干，大大缩短了恢复生产的时间。1959年，全军抽调大批部队，参加了120多个企业的新建和扩建工程。50年代末，还抽调部队和石油工人并肩战斗，开发大庆油田。铁道兵部队30年来建成铁路47条，全长1.2万多公里(其中隧道890多公里，桥梁410多公里，出土石方总量按1米高、1米宽计算，可绕地球19圈)，占全国铁路建设的37%。最近，他们又克服了种种艰难险阻，胜利地完成了南疆铁路的铺轨任务和青藏铁路的第一期工程。基建工程兵从1966年组建以来，担负着冶金、煤炭、石油、化工、水电、交通、地铁、城建、通信、国防等重点工程建设任务和矿山地质、水文地质的普查任务，共完成大中型项目81项。为国家新增加生产能力：炼钢222万吨，轧钢200万吨，采矿石320万吨，选矿1340万吨，焦化135万吨，采煤360万吨，化工生产原料40多万吨，发电42.5万千瓦。

在参加和支援农业生产方面，从1950年起，全军广大干部战士同民工一起，共计参加荆江分洪、治理黄河、淮河、海河、辽河和修建佛子岭、梅山、薄山、十三陵、密云、松涛、汾河、鹤地、刘家峡水库等100多处水利工程建设。30年来，全军抽调大批部队屯垦戍边、开办农场，为国家开垦荒地，扩大耕种面积2200多万亩，参加和支援农业的劳动日共计4.6亿个，为社队修理农机具1000多万台(件)。

在完成战备、训练任务的同时，各部队还大力开展农副业生产，减轻人民负担。1961年至1978年间，共生产粮食210多亿斤，肉食14.7亿多斤，蔬菜260多亿斤，油料5亿多斤，水产品2.4亿多斤。除补助部队供应外，还以一部分支援国家，18年上交给国家的粮食达44亿斤。

30年来，全军出动880多万人次，参加抗洪、抗震、抗击暴风雪等各种抢险救灾活动，救出遇险群众259.4万多人，救出遇难民船5494艘。为群众防病治病两亿九千多万人次，为地方培训医务人员92万多人次。

全国妇联妇女干部学校恢复后第一期学员结业

全国青联在国际俱乐部举行国庆联欢晚会

晚会由全国青联常务委员马季主持。全国青联副主席刘厚明向参加晚会的同志和朋友致节日的问候。

中共中央统战部副部长童小鹏、李贵，全国青联主席胡启立、副主席杨乐，在京的青联委员以及各界青年近500人，参加了联欢晚会。

全国青联接待的香港中国大成有限公司国庆观光旅行团和香港长城旅行团的同胞，也应邀参加了联欢晚会。

参加联欢晚会的还有文艺界著名人士赵丹、孙道临、谢添、于洋等。

在欢乐的气氛中，大家跳起了交谊舞。中国音乐学院声乐系学生和文艺界人士演出了文艺节目。

北京建国门立交桥建成通车

《北京日报》报道，建国门立交桥是我国第一座快慢车分行的现代化交通枢纽——立体交叉工程。

谷春帆逝世

政协第五届全国委员会常务委员、中国国民党革命委员会中央委员会团结委员、原邮电部副部长谷春帆先生因病于1979年9月28日在北京逝世，终年79岁。

谷春帆先生是一位爱国的民主人士。1949年6月上海解放后参加革命工作，历任华东邮政总局储汇处处长、计划室主任、邮电部邮政总局副局长、邮电部副部长、第三届全国人民代表大会代表等职务，对新中国邮政事业的恢复和发展，作出了积极贡献。

9月29日

中共中央 全国人大常委会 国务院举行中华人民共和国成立30周年庆祝大会

中共中央主席、国务院总理华国锋主持了庆祝大会。

中共中央、全国人大常委会、国务院的负责同志邓小平、李先念、陈云、汪东兴、王震、韦国清、乌兰夫、方毅、邓颖超、许世友、纪登奎、李德生、吴德、余秋里、张廷发、陈永贵、陈锡联、胡耀邦、赵紫阳、聂荣臻、倪志福、徐向前、彭冲、彭真、陈慕华、赛福鼎、谭震林、廖承志、周建人、许德珩、胡厥文、萧劲光、朱蕴山、史良、谷牧、薄一波、姚依林、姬鹏飞,中央军委常委粟裕,政协全国委员会副主席宋任穷、沈雁冰、康克清、季方、王首道、杨静仁、庄希泉、胡子昂、荣毅仁、刘澜涛、陆定一、李维汉,胡愈之、王昆仑、班禅额尔德尼·确吉坚赞,最高人民法院院长江华,最高人民检察院检察长黄火青,出席了庆祝大会。

参加庆祝大会的外宾有:布隆迪民族统一进步党代表团团长埃米尔·姆澳罗哈,罗马尼亚党的工作者友好访华团团长科尔内尔·奥内斯库,瑞典共产党代表团团长罗兰·彼德松,委内瑞拉社会主义联盟代表团团长胡里奥·埃斯卡洛纳,促进建立多米尼加劳动党统一组织代表团,荷兰共产主义统一运动(马列)中央代表团,美国朋友艾德尔,英国朋友帕特。

下午3时,华国锋同志宣布大会开始,全场起立,中国人民解放军军乐团高奏《中华人民共和国国歌》。

华国锋同志首先讲话。他代表中共中央、全国人大常委会和国务院,向所有参加今天庆祝大会的同志致以节日的祝贺,并代表中国政府和中国人民,向参加大会的外国同志们和朋友们表示热烈的欢迎。

叶剑英同志接着作了重要讲话。

大会在雄壮的《国际歌》乐曲声中结束。

参加中共十一届四中全会的中共中央委员和候补中央委员,在京的全国人大常委会委员,政协全国委员会常务委员,各民主党派和无党派爱国人士的代表,中央党政军机关和人民团体的负责同志,战斗在农业、工交、基建、财贸、国防、科学、文化、教育、卫生、体育等各条战线的英雄模范,各少数民族代表,台湾同胞、港澳同胞和华侨代表,出席了庆祝大会。

各国驻华使节和驻京记者也应邀参加了庆祝大会。

参加今天庆祝大会的共有1万多人。中央人民广播电台转播了大会的实况。

全国人大常委会委员长叶剑英在庆祝中华人民共和国成立30周年大会上发表讲话

同志们,朋友们:

今天,我们在这里隆重集会,庆祝中华人民共和国成立30周年。我代表中共中央、人大常委会和国务院,向奋战在社会主义现代化建设各条战线上的各民族的工人、农民、知识分子和一切爱国人士,向广大干部,向人民解放军全体指战员,向台湾同胞、港澳同胞和国外侨胞,致以热烈的节日祝贺!

1949年10月1日,我们的伟大领袖和导师毛泽东同志在天安门升起第一面五星红旗,宣告中华人民共和国成立。从此,中国进入了历史发展的新时代。几千年极少数剥削者统治绝大多数人的历史结束了,广大劳动人民从被压迫者变成了新国家和新社会的主人。100多年殖民主义、帝国主义奴役中国人民的时代结束了,中国人民站起来了。

中国革命的胜利,是继俄国十月革命之后国际无产阶级革命运动历史上最重大的事件,也是第二次世界大战之后世界政治中最重大的事件。中国是世界上人口最多的国家,中国革命的胜利改变了世界政治力量的对比。中国原来是落后的半殖民地半封建国家,无产阶级在这样的国家里领导各族人民取得新民主主义革命的胜利,进而建立了社会主义制度,这是世界历史上的新创造。这个新创造,是中国共产党根据马克思列宁主义的基本原理,按照中国的社会历史特点,独立自主地领导人民胜利实现的。这个事实表明,一个国家的人民取得革命的胜利,固然离不开一定的国际条件和各国人民的支援,但在根本上必须依靠自己的力量,而不能依赖别的国家或者什么国际指导中心发号施令。适合本国特点的革命道路只能由本国人民自己来寻找、创造和决定,任何人都无权把自己的意见强加于人。中国革命的胜利为世界政治、世界革命的发展增加了新的重要动力,展示了新的光明前景。

中国革命的胜利是马列主义、毛泽东思想的胜利。马列主义是在各国人民的革命斗争中不断发展的,无论是谁都不能用任何形式加以垄断和固定化。毛泽东思想就是马列主义在中国革命中的运用和发展,是马列主义普遍真理同中国革命具体实践相结合的产物。毛泽东同志是伟大的马克思主义者,是伟大的革命家和战略家。早在中国共产党的创建中和我国新民主主义革命的初期发展中,他就作出了重要的贡献。1927年我国大革命失败以后,他在非常困难的条件下,从中国的具体实际出发而不是从本本出发,创造性地解决了我国革命的一系列根本问题,找到了我国革命的正确道路。他和他的战友们缔造了人民的军队,创建了革命的根据地,指挥了长期的革命战争。正是在毛泽东同志为首的党中央领导下,我们才冲破了前进道路上的无数艰难险阻,战胜了国内外的强大敌人,取得新民主主义革命的彻底胜利,并进而取得社会主义革命和社会主义建设的伟大胜利。中国共产党人和中国人民把马列主义在中国革命中的发展称为毛泽东思想,并且认为我们的一切胜利都是在毛泽东思想的指引下取得的,没有毛泽东思想就没有今天的新中国,这是完全符合历史实际的。当然,毛泽东思想不只是毛泽东同志一个人智慧的产物,也是他的战友们、党和革命人民智慧的产物,正如他自己所说,是"在党和人民的集体奋斗中"产生的。毛泽东思想是半个多世纪以来中国革命斗争经验和新社会建设经验的结晶,是中国共产党集体智慧的结晶,毛泽东同志就是伟大的中国共产党和伟大的中国人民的最杰出的代表。中国人民将永远铭记毛泽东同志的不朽功绩，坚决捍卫和发展毛泽东思想的科学体系。

当我们庆祝新中国成立30周年的时候，我们深切怀念以孙中山先生为代表的中国革命的先行者，深切怀念为中华人民共和国的创立和发展建树了卓越功勋的毛泽东同志、周恩来同志、朱德同志和其他已去世的老一辈无产阶级革命家，深切怀念为中华人民共和国的创立和发展作出了重要贡献的已去世的民主党派的和无党派的爱国民主人士，深切怀念在中国革命的各个阶段和历次战争中英勇牺牲的所有革命先烈和革命军人，深切怀念为社会主义事业作出优异成绩的已去世的各条战线上的领导者和先进人物。

人民的英雄们永垂不朽！我们今天聚集在这里，就是表示我们将万众一心，继续高举他们的旗帜，发扬革命的传统，在实现四个现代化的新长征中夺取新的胜利，把革命先烈开创的社会主义事业进行到底。

光荣伟大的30年

中华人民共和国的30年是光荣伟大的30年，是中国人民同国内外敌对势力进行复杂斗争的30年，是经历了曲折道路而取得社会主义革命和社会主义建设巨大胜利的30年。在这30年中，我们的祖国发生了翻天覆地的革命变化，并且巩固了革命变化的胜利成果。

我们建立了工人阶级领导的、以工农联盟为基础的人民民主专政即无产阶级专政的国家政权。在这个政权从中央到地方的各级机构中，在它所领导的各个企业、事业单位中，担任各种领导职务的工作人员，绝大多数来自劳动人民，是努力为各民族全体人民的利益服务的。这个政权在全国范围内(除台湾外)一建立，就永远结束了近代中国长期分裂的局面，在我们这样一个幅员辽阔的多民族国家里，实现了全国各地区、各民族的大统一和大团结。这种统一和团结是全国人民多少年来的共同理想，是中国一切剥削阶级根本不可能做到，只有在无产阶级领导下的人民大众才能做到的。我国的人民政权在制度上和组织上还需要完善，但是它在过去的30年中，在最广泛地团结人民建设社会主义和反对国内外敌人的斗争中，已经发挥了重大的作用。英雄的人民解放军是我国人民政权的坚强柱石。他们一贯坚决服从党的领导，同全国人民团结一致，在参加和保卫社会主义革命和社会主义建设的斗争中，发扬了爱国主义、国际主义和革命英雄主义的精神，建立了伟大的功勋，同时也加强了自身的革命化和现代化建设。我们的人民解放军不愧为人民的子弟兵，不愧为祖国的钢铁长城。我国50多个兄弟民族，在根本利益一致的基础上，形成了团结友爱、平等互助的新型的社会主义民族关系，正在为逐步消除历史上遗留下来的事实上的不平等而努力。我国革命的爱国的统一战线在社会主义时期继续得到发展，已经成为全体社会主义劳动者、拥护社会主义的爱国者和拥护祖国统一的爱国者的广泛政治联盟。

我们消灭了剥削制度，改造了小生产者的私有制度，全国建立了生产资料的社会主义公有制，初步实行了“各尽所能，按劳分配”的原则，使占世界人口1/5以上的中国人民进入了社会主义社会。这是我国历史上最伟大、最深刻的变革。我国全民所有制的经济，农村人民公社和城镇各种形式的集体所有制经济，都得到了很大的发展。目前在有限范围内继续存在的城乡劳动者的个体经济，是社会主义公有制经济的附属和补充。在我们的国家里，作为阶级的地主阶级、富农阶级、资本家阶级已经不再存在，他们当中有劳动能力的绝大多数人已经改造成为自食其力的劳动者。各民族的工人、农民、知识分子和一切爱国者都是国家的主人。我国现在还是发展中的社会主义国家，社会主义制度还不完善，经济和文化还不发达。但是我们的社会主义制度一定能够继续战胜一切困难而向前发展，逐步趋向完善，并将最终创造出高于现代资本主义社会的生产力发展水平。这是不可抗拒的历史潮流，是任何力量阻挡不了的。我们过去遭到过的挫折，现在工作中仍然存在的缺点，今后还会遇到的困难，都丝毫动摇不了我们的钢铁一般的科学信念。

我们在旧中国遗留下来的“一穷二白”的基础上，建立了独立的比较完整的工业体系和国民经济体系。30年来，我国的水利设施、化肥农药、农村用电、农业机械等大大增加，农业的生产条件有了显著改善，耕作制度和耕作方法有了不少改进。全国粮食产量1978年比1949年增长1.7倍，棉花产量增长3.9倍。

我国钢铁、电力、石油、煤炭、化工、机械、轻纺等工业部门大大加强，许多新的工业部门从无到有、从小到大地发展起来。在辽阔的内地和少数民族地区，解放前几乎没有什么工业，现在已经建起了一大批新的工业基地。目前，全国工业企业达到35万个，全民所有制企业的固定资产达到3200亿元，相当于旧中国近百年积累起来的工业固定资产的25倍。从我们完成国民经济恢复任务的1952年算起，到1978年，我国工业发展尽管有过几次起落，平均每年的增长速度仍然达到11.2%。我国交通运输和邮电事业也都有了新的发展，改变了许多地方原来交通闭塞的落后局面。随着生产的增长，我国国内贸易和对外贸易不断扩大。在工农商业发展的基础上，我国人民的生活比解放前有了较大的改善。30年来我国国民经济各部门取得的巨大成就，已经为实现四个现代化的伟大事业奠定了比较雄厚的物质基础,创立了可以依靠的前进阵地。

我们对旧中国遗留下来的文化教育事业进行了必要的改造,发展了为人民服务的科学、教育、文化、新闻、出版、卫生、体育等事业。我们在全国人民中进行了大规模的持久的马列主义、毛泽东思想的教育,人民的政治觉悟有了很大的提高。我们已经有了一支具有相当规模的社会主义的知识分子队伍。我国高等学校、中等学校和小学的在校学生已达到2.1亿人,超过了解放前最高年份的7倍。我国现在的科学技术水平同世界发达国家的差距还很大,但是毕竟从无到有地初步建立了一系列新兴科学技术部门。原子弹、氢弹、导弹的试验成功,人造地球卫星的发射和回收,牛胰岛素的人工合成,集中地标志着我国科学技术的成就。我们开展了群众性的卫生运动和体育活动,实行了公费医疗和合作医疗制度,消灭了或者基本上消灭了烈性传染病,人口死亡率大大下降,人民的健康水平大大提高。

我们战胜了外国侵略势力先后对我国进行的孤立、封锁、干涉和挑衅,巩固了国家的独立。我们的伟大祖国昂首挺立于世界民族之林,愈来愈成为世界上任何人都不能忽视的巨大力量。我国政府和人民坚决执行毛泽东同志、周恩来同志制定的外交路线和方针政策,开辟了我国外交史的新纪元。我们和友好国家首创了和平共处五项原则。我们一贯反对帝国主义和新老殖民主义,维护世界和平与国际正义,支持各国人民争取国家独立、民族解放的斗争。70年代以来,我们遵循毛泽东同志关于三个世界划分的战略思想,联合世界上一切可以联合的力量,共同反对超级大国的霸权主义和战争威胁,打开了国际斗争的新局面,推动国际形势继续朝着有利于世界人民的方向发展。现在,全世界同我国建立外交关系的国家已有120个,我国同许多国家和地区的经济贸易关系、文化联系和友好往来正在不断发展。

30年来我们取得的成就是伟大的,看不到这个伟大成就是完全错误的。当然,大家知道,我们走过的道路并不平坦,既有过比较顺利的发展,也有过严重的挫折。同全国人民作出的艰苦努力相比,同社会主义制度应当发挥的优越性相比,我们的成就很不够。我们必须认真地总结经验教训,努力取得更大的成就。中共中央认为,对过去30年特别是“文化大革命”10年的历史,应当在适当的时候,经过专门的会议,作出正式的总结,但是,在庆祝新中国成立30周年的时候,有必要给予初步的基本估价。总起来看,在过去30年的大部分时间里,我们的路线是正确的。我们坚持了社会主义道路,坚持了无产阶级专政,坚持了共产党的领导,坚持了马列主义、毛泽东思想,从而取得了伟大的成就。同样,依靠这四项基本原则的力量,我们战胜了国内外敌对势力的破坏,纠正了自己工作中的错误,终于经受住了严峻的考验,重新走上顺利发展的康庄大道。

新中国成立后,我们不停顿地实现了由新民主主义革命向社会主义革命的伟大转变。在短短3年内,我们就医治了长期战争所造成的巨大创伤,胜利地完成了剿匪反霸、土地改革、镇压反革命等民主革命的遗留任务,开展了“三反、五反”运动,并且在进行抗美援朝的同时,把国民经济恢复到旧中国历史的最高水平。接着,我们适时地顺利地实现了对农业、手工业和资本主义工商业的社会主义改造,完成和超额完成了发展国民经济的第一个五年计划,社会主义革命和社会主义建设都取得了辉煌的成就。

无产阶级夺取政权以后,用和平的“赎买”的方法把资本主义经济改造为社会主义经济,这是马克思和列宁早就提出过但从来没有实现过的设想。毛泽东同志创造性地运用马列主义原理,结合我国具体实际,制定了对资本主义工商业利用、限制、改造的正确方针。我们在实践中创造了加工订货、统购包销、经销代销、公私合营等一整套由低级到高级的合理的改造步骤,在很少社会震动的情况下,胜利地完成了和平变革资本主义经济的历史使命。在农业合作化的伟大运动中,毛泽东同志深刻了解我国农民特别是贫下中农在土地改革后要求组织起来的强烈愿望,领导我们采取了从互助组、初级社到高级社等一系列的过渡形式,认真执行自愿互利和典型示范的原则,使广大农民比较自然地、顺利地逐步习惯于集体生产的方式,走上共同富裕的社会主义道路。在社会主义改造这场涉及几亿人口的、大规模的、极其深刻的社会变革中,我们不仅避免了在这类情况下通常难以避免的生产力下降,有力地促进了整个国民经济的发展,壮大了社会主义经济力量,而且正确地实行了把原来的剥削者改造成为自食其力的劳动者的方针。这是世界社会主义历史上的伟大创举,是毛泽东思想的光辉胜利。

1956年社会主义改造基本完成之后,我们党在毛泽东同志主持下召开了第八次全国代表大会。毛泽东同志在这次大会以前和以后发表了《论十大关系》和《关于正确处理人民内部矛盾的问题》。这两篇重要著作和八大的主要文献是我国社会主义革命和社会主义建设的指针,它们的基本内容至今还有重要的指导意义。党的八大正确地肯定我国“几千年来的阶级剥削制度的历史已经基本上结束”,提出今后的主要任务是大力发展社会生产力。《论十大关系》系统地总结了我国经济建设的经验,提出了一系列适合我国情况的建设社会主义的基本原则。《关于正确处理人民内部矛盾的问题》科学地分析了国内的政治经济形势，提出了正确区分和处理两类不同性质的社会矛盾的学说，说明了正确处理人民内部矛盾，以便团结全国人民发展经济和文化，已经成为国家政治生活的主题，明确地指出了“革命时期的大规模的急风暴雨式的群众阶级斗争基本结束”，“还有反革命，但是不多了”，“我们的根本任务已经由解放生产力变为在新的生产关系下面保护和发展生产力”。毛泽东同志多次深刻地解释“百花齐放，百家争鸣”口号的意义，宣布这不仅是我们的文化方针，也是我们的政治方针，是一个基本性的长期性的方针。随后，他又一再提出，我们的目标是要“造成一个又有集中又有民主，又有纪律又有自由，又有统一意志又有个人心情舒畅、生动活泼，那样一种政治局面”。这仍然是我们今天关于社会主义政治的基本要求。

1958年，毛泽东同志号召破除迷信、解放思想，主持制定鼓足干劲、力争上游、多快好省地建设社会主义的总路线。在这条总路线的激励和鼓舞下，全国人民发挥出高度的积极性和创造性，努力探索独立自主、自力更生地发展社会主义建设的新途径，开辟了许多新的生产领域和科学研究领域，并且在农村建立了人民公社制度。

但是，我们在巨大的胜利面前开始不谨慎了。1957年，对极少数资产阶级右派分子的进攻进行反击是必要的，但在斗争中犯了扩大化的错误。1958年，在经济工作的指导上违背了客观规律，离开了深入调查研究、一切经过试验的原则，犯了“瞎指挥”、“浮夸风”和“共产风”的错误。1959年，在党内不适当地开展了反对所谓右倾机会主义的斗争。由于这些“左”的错误，加上3年自然灾害和苏联政府废止合同、撤退专家，我国国民经济在50年代末和60年代初遭受了严重的挫折。党中央和毛泽东同志很快觉察到农村工作和经济工作中的错误，并领导我们着手纠正。为此，毛泽东同志先后提出了必须反对平均主义、重视商品生产、遵循价值规律、切实注意综合平衡、按农轻重次序安排国民经济计划、要鼓实劲不鼓虚劲、大兴调查研究之风等一系列指导思想，并且主持制定了人民公社工作条例“六十条”。党中央和国务院果断地对国民经济采取了“调整、巩固、充实、提高”的正确方针，又对其他各方面的工作陆续规定了一系列正确的政策、条例和措施。1962年年初召开的有7000人参加的扩大的中央工作会议，开展批评和自我批评，总结了正反两方面的经验。毛泽东同志在会上的讲话中作了自我批评，并着重指出必须健全党内的民主集中制，必须加深认识社会主义建设的规律。这一切，保证了我国国民经济的迅速恢复和发展。在这个过程中，我国人民在中国共产党领导下，以坚强的意志和高度的组织性纪律性战胜了困难，渡过了难关，而且还清了对苏联的欠债，充分表现了中国人民是有志气的人民，是大无畏的英雄人民。

1964年年底，在三届人大一次会议上，周恩来同志根据毛泽东同志的提议，在政府工作报告中提出：我们一定要在本世纪内，把我国建设成为一个具有现代农业、现代工业、现代国防和现代科学技术的社会主义强国。1975年，在四届人大一次会议上，周恩来同志重申了这个宏伟任务。这是毛泽东同志和周恩来同志给我们留下的政治遗嘱，是全党和全国人民必须百折不挠地加以实现的奋斗目标。

新中国成立以后的17年中，我们坚持了四项基本原则。尽管我们在工作中也犯了一些严重错误，但这些错误一般地还是能够在毛泽东同志为首的党中央领导下，按照民主集中制的原则，通过批评和自我批评来纠正的。可惜，我们没有能够始终遵循这17年中所确立的正确方针，没有能够始终注意运用和发展过去所积累的成功经验，也没有能够始终记住过去所犯错误的教训。这就使我们后来付出了沉痛的代价，使本来可以避免的错误没有能够避免，而且犯得更严重了。

1966年开始的“文化大革命”的10年中，我们的国家经历了一场革命和反革命的大搏斗。发动“文化大革命”的出发点是反修防修。对一个执政的无产阶级政党来说，当然必须时刻警惕和防止走上对内压迫人民、对外追求霸权的修正主义道路。问题在于发动“文化大革命”的时候，对党内和国内的形势作了违反实际的估计，对什么是修正主义没有作出准确的解释，并且离开了民主集中制的原则，采取了错误的斗争方针和方法。阴谋家野心家林彪、“四人帮”之流出于他们的反革命目的，利用这个错误，把它推向极端，制造和推行了一条极左路线。他们实行“打倒一切，全面内战”，篡党夺权，阴谋政变，企图从根本上毁灭我们的社会主义制度，颠覆无产阶级专政，摧毁共产党的领导，篡改马列主义、毛泽东思想，把全国重新投入人民所厌恶的国家分裂和混乱的局面，投入血腥的恐怖之中。他们进行的长达10年的反革命大破坏，使我国人民遭到一场大灾难，使我国社会主义事业受到新中国成立以来最严重的挫折。他们这种反革命的阴谋活动，同我们党所犯的错误，性质是截然不同的。他们是全中国人民最凶恶的敌人，他们的问题不可能用党内斗争的方法来解决。粉碎了“四人帮”，我们从危难中挽救了党，挽救了国家，扫除了前进道路上的最大障碍，使各项工作重新回到马列主义、毛泽东思想的正确轨道上来，开辟了我国历史发展的新时期。

同志们，朋友们！在庆祝新中国成立30周年的时候,我们既要正视过去的失误和挫折,又要充分估计我们已经取得的成就,充分估计我们在战胜困难和挫折中所取得的胜利。同民主革命时期一样,我们的党和革命人民并没有因为困难和挫折而灰心丧气,我们总结了经验,吸取了教训,在政治上更成熟了,革命事业的发展更迅速了。"艰难困苦,玉汝于成。"这样看待过去的30年,才符合历史的实际,符合革命的辩证法,符合无产阶级战士不可动摇的革命乐观主义的世界观。事实证明,粉碎"四人帮"以来的3年中,我们在政治上的成熟程度,我们对四项基本原则的认识,不但是"文化大革命"的10年所不可比拟的,而且显然超过了"文化大革命"以前17年的水平。这丝毫没有什么奇怪。这是社会发展的不可改变的逻辑,是时代潮流的不可战胜的力量。

社会主义制度是人类历史上崭新的社会制度,它同世界上的任何其他事物一样,有它发生和发展的过程。同已经有了三四百年历史的资本主义制度相比,社会主义制度还处在幼年时期。我国封建社会的历史特别长,我们的社会主义社会不可避免地带有这种旧社会的许多痕迹。毫无疑问,我们的社会主义制度已经开始显示出它的生命力和发展前途。但是,它还不成熟,不完善,还没有抵御和防止林彪、"四人帮"10年破坏这种严重袭击的准备。现在,它已经战胜了并且正在由此学会怎样防止这种袭击,因而将变得愈来愈健壮。我们应当加倍地爱护它,加倍地努力工作,使它能在继续完善和发展的过程中充分发挥出自己固有的优越性和无限的潜力。社会主义制度不是无缘无故地在中国出现的,它是中国历史发展的必然结果,是中国亿万人民在长期奋斗中所作出的决定性选择。它已经不只是一种理论,而是亿万人民正在日夜辛勤建设的现实生活。我们坚信社会主义有伟大的前途,我们坚信我国亿万人民有伟大的前途。

毛泽东同志说:"人民,只有人民,才是创造世界历史的动力。"社会主义事业是亿万人民群众的生气勃勃的创造性事业,无产阶级专政是最广大人民的民主和对极少数敌人的专政,共产党的领导是代表人民利益、执行人民意志的领导,马列主义、毛泽东思想既是人民革命实践经验的理论总结,又是坚决相信人民力量的科学。因此,四项基本原则的力量源泉在于人民,它们的作用的发挥必须依靠人民。我们在革命和建设中所取得的一切胜利,是广大人民群众在党的领导下团结斗争的结果;我们能够战胜国内外敌人的破坏和捣乱,也是广大人民群众在党的领导下英勇奋战的结果。我们在工作中犯了错误,同样必须依靠群众的批评、监督和帮助,才能够及时地、充分有效地得到纠正。每当我们的各级领导和广大干部能够密切关心群众利益,细心倾听群众呼声,深入体察群众情绪,诚恳接受群众意见的时候,我们的工作就可以少犯错误,即使犯了错误甚至严重的错误,也比较容易改正。新中国成立以来,由于我们某些时期在工作中的错误,确实曾经使人民群众的利益受到过严重损害。即使在这样的时候,由于我们党在长期斗争中同人民建立了血肉相连的情谊,由于我们的人民长期受到马列主义、毛泽东思想的教育,人民还是高度信任我们的党和政府,相信我们能够改正自己的错误。我们终究改正了错误,没有辜负人民的期望。在庆祝新中国成立30周年的时候,我们要牢记历史的经验教训,毫不动摇地坚持四项基本原则,坚决地勇敢地纠正一切脱离群众的恶劣倾向,永远同人民保持经常的密切的联系,永远相信和依靠人民的智慧和力量。这样,我们的事业就会无往而不胜。

决定国家命运的一场大决战

在"文化大革命"的10年中,中国共产党和中国人民同林彪、"四人帮"这两个反革命阴谋集团,展开了激烈的、尖锐的、复杂的斗争。这是一场夺权与反夺权、复辟与反复辟的斗争,是决定国家命运的大决战。斗争的结局,是林彪、"四人帮"彻底失败了,是我们的党和人民胜利了,是社会主义胜利了。在庆祝新中国成立30周年的时候,我们热烈欢呼粉碎林彪、"四人帮"的伟大胜利,热烈欢呼粉碎"四人帮"3年以来的伟大胜利。

在无产阶级专政的条件下,在坚决拥护马列主义、毛泽东思想的中国人民面前,林彪、"四人帮"为了实现他们的反革命阴谋,不能不把自己伪装起来。他们打着"革命"的旗号,蓄意制造和推行了一条极左路线。因此,我们同他们的斗争,既是粉碎和揭露他们的反革命阴谋的斗争,又是批判和清算他们的极左路线的斗争。全党、全军、全国人民对他们的反革命罪行,已经作了充分的揭露和批判。党的十一大和五届人大已经明确地指出了这两个阴谋集团的反革命性质。现在,我们要着重分析和批判林彪、"四人帮"的极左路线,认真总结同他们斗争的经验教训,以便防止今后再次发生这类反革命事件,保证我们的国家长期安定团结地在社会主义道路上健康发展。

林彪、"四人帮"的极左路线的主要特征是什么呢?

在思想上,他们完全颠倒了主观和客观、精神和物质的关系,极端夸大社会意识对社会存在、上层建筑对经济基础、生产关系对生产力的反作用,认为人们可以随心所欲地对上层建筑和生产关系进行所谓变革或改造。他们宣传天才决定论,把革命领袖当作无所不知、无所不能、每句话都是真理、都要永远照办的神,否认人民群众是历史的创造者。他们否认人民群众的最基本的实践活动即生产活动对于人类历史发展的决定意义，大肆批判所谓“唯生产力论”，也就是批判历史唯物主义的基本原理。他们认为应当根据人们的思想和政治观点来划分阶级，因而断言在已经消灭了剥削制度的社会主义社会中仍然充满着并且永远充满着他们所说的阶级斗争，这种所谓阶级斗争仍然是并且永远是社会主义社会发展的唯一动力，要用它来决定一切，代替一切，冲击一切，打倒一切。这样，他们就用唯心主义和形而上学来冒充唯物主义和辩证法，用历史唯心主义来冒充历史唯物主义，用他们那种极端荒谬的假社会主义来冒充科学社会主义。

在政治上，他们捏造所谓“阶级关系新变化”的理论，鼓吹党内已经形成一个资产阶级，制造老干部等于民主派、民主派等于走资派的反革命公式，把我们党、政府和军队的各级领导骨干当成所谓“继续革命”的对象，把无产阶级专政的国家机器当成所谓“彻底砸烂”的对象。他们歪曲和否定党和人民共和国的全部历史，把几亿人民在社会主义制度下辛勤劳动的全部成就污蔑为“修正主义”或“资本主义”而一笔勾销。他们提出所谓“全面专政”的反动口号，根本推翻了无产阶级专政对于人民是历史上最广泛的民主的原理，根本破坏了党的民主制度和国家的民主制度，在他们权力所及的范围内实行反革命的法西斯专政。他们所依靠的骨干力量是一小撮野心分子、冒险分子、出卖灵魂的投机分子、蜕化变质分子以及一些破坏成性的社会渣滓。这一小股反社会主义势力的聚集和滋长，正是他们制造的所谓阶级斗争的必然结果。这一切就形成了他们向无产阶级政党和社会主义国家全面夺权、向各民族各阶层人民实行镇压的理论纲领和行动纲领，造成了在党和国家的政治生活中由他们少数人强制大多数人的极端反常的局面。

在经济上，他们反对发展社会生产力，用他们所谓的阶级斗争代替生产斗争。他们攻击四个现代化是“西方化”、“资本主义化”，把发展生产、繁荣经济、改善群众物质文化生活的措施都攻击为“修正主义”或“资本主义”，把学习外国先进经验、引进先进技术和发展对外贸易攻击为“崇洋媚外”、“卖国主义”。他们鼓吹社会主义制度的巩固和发展不需要物质基础，并且提出了“不为错误路线生产”等一系列破坏生产的荒谬口号，污蔑工人农民的积极劳动是“替走资派涂脂抹粉”。他们任意歪曲马克思所说的“资产阶级权利”的原意，把按劳分配说成是产生资本主义的经济基础，用反动的平均主义代替社会主义的按劳分配。他们完全否定社会主义生产关系同生产力发展基本适应的方面，反对社会主义生产关系的相对稳定，竭力鼓吹脱离生产力发展的实际水平和客观需要的“究过渡”。这一切，必然导致对社会主义社会生产力和生产关系的大破坏。

在文化上，他们打着“文化革命”的旗号，大规模地毁灭文化，在我国文化事业的许多方面造成了不可挽回的损失。他们在各个文化领域实行所谓“全面专政”，取消了百花齐放、百家争鸣的方针，取消了人民的言论、出版、教学、研究、创作、表演的自由。他们借口“反对封、资、修”，鼓吹“知识愈多愈反动”的奇谈怪论，任意消灭历史文化遗产和破坏社会主义文化。他们的文化专制主义和文化虚无主义，使我国的社会主义文化、教育、科学事业倒退了许多年。

在组织上，他们提出“踢开党委闹革命”的反动口号，破坏无产阶级政党的组织原则和纪律，破坏党、政府和群众团体的各级机构，破坏党和群众的联系，破坏人民解放军的优良传统和军政军民关系，煽动派性，使派别活动在党内和军内合法化，建立他们的帮派体系，实行以帮代党。他们实行的以派性为标准的组织路线，他们挑起的分裂党、分裂军队、分裂群众、分裂各族人民的派性斗争，给我们的党和人民造成了严重的创伤。

林彪、“四人帮”竭力煽动无政府主义和极端个人主义，煽动“打、砸、抢”，制造大规模武斗，严重地破坏社会政治安定，危害人民的生命财产。他们公然鼓吹“有权就有一切”、“不说假话办不成大事”，赤裸裸地宣扬争权夺利和流氓政治。他们对遵守革命秩序、遵守革命纪律、努力学习、努力工作的人肆意进行污辱，诽谤这些人是“绵羊”，是“奴隶”。他们用这样反动的腐朽的剥削阶级思想腐蚀干部和群众，毒害青年，助长各种歪风邪气，使光荣的革命传统和优良的社会风尚遭到了极大的败坏。

林彪、“四人帮”是反革命的两面派，他们用反革命的两手来对付党和人民，这是他们的极左路线得以横行的原因之一。他们装出“最最革命”的姿态，利用革命领袖的威望，煽动宗教式的狂热，把自己说成什么“举得最高”。“跟得最紧”、“永远忠于领袖”、“永远按既定方针办”。由于他们当时在党中央拥有合法地位，也由于他们的这种手法，他们确实在一个时期内迷惑过相当一部分缺少政治经验和分析能力的干部和群众。但是，由于他们的所作所为是同全党全国绝大多数人为敌的，他们又不可避免地把欺骗手段同极端野蛮残暴的恐怖手段结合在一起。从中央到基层几乎所有的领导干部和许多其他干部，各条战线的著名劳动模范，许多工人，农民和革命军人，广大的知识分子，包括几乎所有的校长、教授、教员、科学家、工程技术人员、医学家、社会科学家、文学家、艺术家和新闻记者，许多少数民族的干部和群众，长期同我们党合作的爱国民主人士、原工商业者和许多热爱祖国的回国侨胞，都不同程度地受到诬陷、打击和迫害，他们的家属亲友也受到株连。这的确是我国各民族人民遭受的一场骇人听闻的浩劫。

总之，党和人民同林彪、“四人帮”的斗争，是革命同反革命的斗争，是坚持还是毁灭四项基本原则的斗争。他们口头上也讲社会主义，那是一小撮人穷奢极欲、绝大多数人长期普遍贫穷的假社会主义；他们口头上也讲无产阶级专政，那是最腐朽、最黑暗的封建法西斯专政；他们口头上也讲党的领导，那是他们的反革命帮派统治；他们口头上也讲马列主义、毛泽东思想，那是对马列主义、毛泽东思想的歪曲、割裂、篡改和伪造。党和人民同林彪、“四人帮”的斗争，是不可调和的你死我活的斗争。

林彪、“四人帮”的破坏活动，一开始就引起许多老一辈革命家、广大干部和群众对他们的抵制。随着斗争的深入，他们的阴谋日益暴露，愈来愈多的人识破了他们的面目，同他们展开了规模愈来愈大的斗争。以毛泽东同志为首的党中央，先是领导全党、全军和全国人民揭露和粉碎了林彪反革命集团，随后又对“四人帮”进行了多次的批评和斗争。在极其复杂和困难的条件下，周恩来同志同林彪、“四人帮”进行了长期的、艰苦卓绝的斗争。邓小平同志、华国锋同志和其他一些老同志，先后在同“四人帮”的斗争中发挥了重大的作用。（华国锋同志：同志们，在这里我要指出，我们的叶剑英同志在同林彪、“四人帮”的斗争中是发挥了重大作用的，特别是在粉碎“四人帮”时是出了大力的。）同他们站在一起并作为他们的强大后盾的，是全国的人民群众、广大的党员、干部以及党所领导的中国人民解放军。1976年4月5日前后北京天安门和全国其他许多地方的革命群众运动，为最后粉碎“四人帮”奠定了伟大的群众基础。1976年10月，以华国锋同志为首的党中央执行人民的意志，一举粉碎了“四人帮”。这一场持续10年的革命与反革命的大搏斗，终于以中国人民取得伟大胜利而告结束。

在粉碎“四人帮”以来的3年中，我们党领导全国人民排除万难，做了大量的艰巨的工作，取得了辉煌的成绩。尤其是党的十一届三中全会决定党和国家的工作着重点转移到社会主义现代化建设上来以后，形势发展得更好。过去被“四人帮”及其帮派体系夺去的那部分权力，现在被党和人民夺了回来，他们的反革命帮派体系基本上被摧毁了。过去党的正确路线和政策遭到严重破坏，现在经过拨乱反正，党的正确路线和政策在各条战线上正在得到贯彻执行。过去林彪、“四人帮”制造的冤案遍于国中，许多重大历史问题是非不明，现在冤案已经大部平反，重大是非已经大部澄清。过去社会主义民主和社会主义法制遭到严重践踏，现在党和国家的民主生活正在活跃起来，党的纪律检查工作和国家的立法、司法工作正在逐步加强。过去政治局势长期动乱不已，现在全国安定团结的局面已经形成，并且正在进一步巩固和发展，过去国民经济被拖到崩溃的边缘，现在得到比较快的恢复和发展，人民生活开始有所改善，广大干部和群众正在为加速实现四个现代化而积极奋斗。过去唯心主义、形而上学猖獗，现在打破了精神枷锁，解放思想、实事求是的原则开始得到恢复。所有这些表明，我们已经基本上把林彪、“四人帮”颠倒的一切重新颠倒过来。“山重水复疑无路，柳暗花明又一村。”确实，这场斗争的伟大胜利使我们的党和人民打开了新的眼界，使我们的社会主义事业获得了新的活力。

为了巩固和发展我们已经取得的胜利，必须继续批判林彪、“四人帮”的极左路线。他们这条路线横行10年之久，流毒全党全国，而我们对它进行批判的时间还很短，党内党外还有不少人仍然对它认识不清楚，因此需要把这一批判深入地坚持下去。我们同林彪、“四人帮”的斗争，如前面所说，就是坚持还是毁灭四项基本原则的斗争。粉碎“四人帮”以后，我们从政治上、思想上和组织上拨乱反正，肃清林彪、“四人帮”的流毒，仍然是这个斗争的继续。我们对林彪、“四人帮”极左路线的批判进行得愈认真愈深刻，四项基本原则就愈能得到正确的坚持；同时，也只有坚持四项基本原则，才能掌握思想武器，彻底清除林彪、“四人帮”的毒害。我们必须在党内和群众中继续进行大量的工作，彻底揭露和批判林彪、“四人帮”那条极左路线反马克思主义、反社会主义、反党反人民的性质，从而大大提高广大共产党员和广大人民的觉悟，加强全党和全国人民在马列主义、毛泽东思想原则基础上的团结。

林彪、“四人帮”的横行，从反面给了全党和全国人民极其深刻的教训。这些教训主要是什么呢？

第一，社会主义取代资本主义，就是要解放生产力，不断提高劳动生产率，满足人民物质和文化生活的需要。这是社会主义革命的根本目的。无产阶级取得了全国政权，特别是建立了社会主义制度之后，必须坚定不移地把工作着重点放在经济建设上，大力发展社会生产力，逐步改善人民生活。除非发生国外敌人的大规模入侵，决不能因为出现这样那样的干扰而离开我们的工作重心。

第二，对社会主义制度确立以后的国内阶级状况和阶级斗争形势，必须作出合乎客观实际的科学分析，采取正确的方针和方法。我国的剥削阶级作为阶级已经消灭，阶级斗争在一定范围内仍然存在。我们既要反对认为阶级斗争已经熄灭的观点，又要反对把阶级斗争扩大化的观点，更不能人为地制造所谓阶级斗争。一定要严格区分两类不同性质的矛盾，决不能把人民内部矛盾当作敌我矛盾，更不能用对敌斗争的方法来进行党内斗争。只有这样，我们才能够长期保持安定团结的社会政治局面。

第三，必须正确理解群众、阶级、政党和领袖之间的相互关系，这在社会主义社会中尤其重要。马克思主义承认领袖人物在历史发展中有重要的以至必不可少的作用，同时认为起进步作用的领袖必须是群众利益的代表者和群众意志的执行者。无产阶级政党和社会主义国家的领导者，按照列宁的说法，通常不是一个人而是由若干被称为领袖的人组成的集团。各级组织都需要它们的领袖人物，这些领袖人物和他们的威信是在群众斗争中自然产生的。任何领袖人物都不是神，都不可能没有缺点错误，都不应当加以神化。决不能贬低集体，贬低群众，任意夸大领导者个人的作用。必须在党内生活和国家生活中充分发扬民主，在各级组织中坚持民主集中制，实行集体领导。不能少数人说了算，不能搞“一言堂”，不能容许任何个人凌驾于组织和群众之上。

第四，必须进一步健全党的纪律和社会主义法制，切实保障全体党员和全体公民的民主权利，使党内民主和社会主义民主制度化、法律化。从党的领导者到每个党员，从国家领导人到每个公民，在党纪和国法面前人人平等，决不允许有不受党纪约束的特殊党员和不受法律约束的特殊公民，决不允许有凌驾于党纪国法之上的特权。

经过同林彪、“四人帮”的斗争，我国人民极大地提高了关心国家大事的政治觉悟，提高了分辨是非的能力，提高了识别真假社会主义、真假马克思主义的能力，增强了同以伪装出现的反革命分子作斗争的本领，增强了为保卫真正的社会主义经济和社会主义政治而斗争的本领。这是极其宝贵的收获。马列主义、毛泽东思想的理论一旦在实际斗争中被群众所真正掌握，就会变成巨大的物质力量。我们相信，只要党和政府同亿万人民群众一道，坚持完整地、准确地学习和运用马列主义、毛泽东思想的科学体系，认真吸取过去的经验教训，并且在实践中不断创造新的经验，就一定能够保证党的领导的正确性和无产阶级专政的纯洁性，一定能够使社会主义制度愈来愈完善，愈来愈巩固，堵塞野心家、阴谋家可以用来篡夺党和国家权力的漏洞。当然，这并不是说我们今后的发展将永远一帆风顺，不会发生任何曲折，而是说我们完全有办法和有力量防止林彪、“四人帮”这样严重的反革命事件重演。因此，我们完全有理由说，我们同林彪、“四人帮”斗争的胜利，是我们党和国家发展史上具有决定意义的不可逆转的伟大历史性胜利。

向着四个现代化的宏伟目标前进

党的十一大和五届人大一次会议都提出了在本世纪末实现农业、工业、国防和科学技术现代化的奋斗目标，党的十一届三中全会和五届人大二次会议已经决定从今年起把全党全国的工作着重点转移到社会主义现代化建设上来。现在我们的任务，就是团结全国各族人民，调动一切积极因素，同心同德，鼓足干劲，力争上游，多快好省地建设现代化的社会主义强国。

实现四个现代化，将使我国农业逐步变为农林牧副渔布局合理、全面发展、能够满足人民生活和工业发展需要的发达的农业，使我国农村逐步变为农工商综合经营的富庶的农村；使我国工业逐步变为门类齐全、结构合理、能够满足社会消费和整个国民经济发展需要的先进的工业；使我国国民经济在国民生产总值和主要产品产量方面逐步进入世界的前列；使我国科学技术接近或者赶上世界先进水平；使我国人民的物质文化生活在生产发展的基础上能够稳定地逐步改善；使我国的国防力量在经济发展的基础上得到足够的增强，能够在现代战争的条件下保卫国家安全，抵御和战胜外国侵略者。在我国实现现代化，必然要有一个由初级到高级的过程，但是世界先进国家已经做到而我国同样需要做的事情，我们一定也能够做到，这是毫无疑义的。

我们要从中国的实际出发，认真研究经济规律和自然规律，努力走出一条适合我国情况和特点的实现现代化的道路。我们的国家大，人口多，资源丰富，但经济、技术和教育还比较落后，由于过去损失了一段时间，现在的困难还不少。我们一定要把加快经济发展同逐步提高几亿人民的生活水平很好地结合起来，把充分发挥我国现有企业的作用同积极引进国外先进技术很好地结合起来。我国幅员辽阔，地区差别很大，现代化建设的发展也不可能平衡。在国家统一计划的指导下，各地区都应当努力创造适合本地特点的具体形式、步骤和方法，去达到四个现代化的总目标。

我们所说的四个现代化，是实现现代化的四个主要方面，并不是说现代化事业只以这四个方面为限。我们要在改革和完善社会主义经济制度的同时，改革和完善社会主义政治制度，发展高度的社会主义民主和完备的社会主义法制。我们要在建设高度物质文明的同时，提高全民族的教育科学文化水平和健康水平，树立崇高的革命理想和革命道德风尚，发展高尚的丰富多彩的文化生活，建设高度的社会主义精神文明。这些都是我们社会主义现代化的重要目标，也是实现四个现代化的必要条件。

四个现代化的建设是当前最大的政治。国家的巩固,社会的安定,人民物质文化生活的改善,最终都取决于现代化建设的成功,取决于生产的发展。我们的一切工作,都要围绕现代化建设这个中心,为这个中心服务。全国每个地区、每个部门、每个单位以至个人,他们工作的评价和应得的荣誉,都要以对现代化建设直接间接所做的贡献如何,作为衡量的标准。全体干部和全国人民,一定要全力以赴、聚精会神、专心致志、争分夺秒地投身到这个伟大的建设事业中来。一定要努力增加生产,厉行节约,扫除浪费,提高效率,革新技术,不断挖掘新的生产潜力,开辟新的生产门路,增加新的社会财富。与此同时,为了使生产的发展能够比较快地发挥效益和有利于人民生活的改善,必须继续加强计划生育的工作,大力降低人口自然增长率。总之,我们要千方百计力争国民经济持续地均衡地高速度地发展。

华国锋同志在五届人大二次会议所作的政府工作报告中,明确地指出工作着重点转移后进行现代化建设的第一个战役,就是要集中 3 年时间进行国民经济的调整、改革、整顿和提高。我们在调整方面已经开始做了一部分工作,繁重的任务还在前面。由于林彪、“四人帮”的 10 年破坏,目前我国国民经济中比例失调的现象还很严重,我们对这一点必须有足够的估计,必须统一认识、统一步调,坚定不移、扎扎实实地把调整任务完成好。为了切实做到综合平衡,在国家财力、物力的分配上,必须坚决实行先生产后基建、先挖潜后新建的原则,把生产建设计划放在积极可靠的基础上,以保证整个国民经济按比例地稳步地向前发展。要坚决缩短基本建设战线,集中力量加快农业、轻纺工业和燃料动力、交通运输等薄弱环节的生产建设。只有这样,才能有切实可靠的高速度。我们现有工业企业的规模并不小,许多设备也比较先进,但是生产效率太低。因此,一定要以极大的精力抓好现有企业的整顿工作,使它们的生产水平、技术水平和管理水平大大提高。必须积极地有步骤地进行经济管理体制的改革,使中央部门、地方、企业和劳动者个人的积极性都能够充分发挥出来。要扩大企业在生产经营、资金使用、物资管理、劳动力安排、收入分配等方面的自主权,把企业收入的高低同经营的好坏密切联系起来,把劳动者报酬的多少同他们对国家对企业的贡献大小密切联系起来。要在中央的集中统一领导下,适当扩大地方的经济权限。

要顺利完成当前的经济发展和经济调整的任务,必须深入地、持久地、大规模地开展增产节约运动。今年以来,我国农林牧渔业、工业建筑业、交通运输业、商业服务业等各条战线上的广大群众、科学技术人员和干部,在增产节约运动中取得了很大的成绩,涌现了一大批劳动模范、新长征突击手和“三八红旗手”。我在这里代表中共中央、人大常委会和国务院向同志们表示感谢,希望大家继续努力,争取更大的成绩。

三中全会和五届人大二次会议以来的实践证明,为了保证我们实现四个现代化的政治路线和各项方针任务的贯彻执行,必须继续在思想上、组织上做一系列工作,认真解决好思想路线和组织路线方面的问题。

我们党在毛泽东同志领导下,经过长期的革命实践特别是延安整风,在全党确立了一条辩证唯物主义的思想路线。这就是一切从实际出发,实事求是,理论联系实际。它是无产阶级世界观的根本点,是毛泽东思想的精髓,是我们党制定政治路线和各项方针、政策的基础,也是正确理解和执行党的路线、方针、政策的保证。毛泽东同志在《实践论》中指出:“判定认识或理论之是否真理,不是依主观上觉得如何而定,而是依客观上社会实践的结果如何而定。真理的标准只能是社会的实践。实践的观点是辩证唯物论的认识论之第一的和基本的观点。”后来他在严厉批评不从客观实际出发的主观主义时指出:“这种反科学的反马克思列宁主义的主观主义的方法,是共产党的大敌,是工人阶级的大敌,是人民的大敌,是民族的大敌,是党性不纯的一种表现。大敌当前,我们有打倒它的必要。只有打倒了主观主义,马克思列宁主义的真理才会抬头,党性才会巩固,革命才会胜利。”新中国成立以后,他又多次告诫我们,一定要深入进行关于人的正确思想的来源和真理标准的教育,以便正确地总结经验,克服困难,少犯错误,做好建设社会主义的工作。辩证唯物主义的思想路线,对于我们在各个革命时期的复杂情况下,统一全党的认识和步伐,解决各种新的问题,保证革命和建设的胜利,起了极其重大的作用。由于这条思想路线遭到林彪、“四人帮”的严重破坏,我们在粉碎“四人帮”以后恢复这条思想路线的时候,不能不遇到阻力,不能不经过严肃的斗争。针对那种用本本主义对待毛泽东思想的错误态度,1977 年党的十届三中全会和十一大提出了完整地、准确地理解和运用毛泽东思想的科学体系,提出了恢复党的实事求是传统。从去年 5 月开始在全国范围内展开的关于真理标准的讨论,打破了林彪、“四人帮”强加给人们的精神枷锁,极大地促进了人们的思想解放,为党的十一届三中全会做了思想准备。三中全会高度评价了这场讨论的重大意义,明确地肯定了实践是检验真理的唯一标准这个马克思主义认识论的不可动摇的基本原则,提出了解放思想,开动机器,实事求是,团结一致向前看的方针,重新恢复了辩证唯物主义的思想路线。这是粉碎“四人帮”以后最根本的拨乱反正。

前一个时期,特别是十一届三中全会以来,党中央实事求是地解决了一批重大历史事件和重要领导人的是非功过问题；对过去一些不符合客观实际的理论观点、形势估计、政治口号和方针政策作了改变和调整；在全党全国工作着重点的转移、国内阶级状况的分析、经济文化建设的方针任务等重大问题上，作出了马克思主义的符合客观实际的新论断、新决策。这是很正确、很必要的，得到了全国人民的热烈拥护。这充分表明党中央领导全党和全国各族人民排除一切干扰，真正恢复了毛泽东思想的本来面目，真正高举了毛泽东思想的伟大旗帜，真正继承和发展了毛泽东思想的科学体系。同志们试想，如果毛泽东同志在1927年大革命失败以后和遵义会议以后，不从中国当时的实际出发，不反对本本主义和教条主义，本本怎样说就怎样做，中国革命能够胜利吗？能够有毛泽东思想吗？同样，如果在打倒"四人帮"以后，党中央不从今天国内外的实际出发，不坚决反对所谓永远按既定方针办，一切都照搬本本，又怎么能够拨乱反正，继往开来，使毛泽东同志和他的战友们所开创的社会主义事业得到迅速的恢复和发展呢？我们又怎么能够适应新的情况，制定和实行符合客观实际的政策和措施，把四个现代化的建设事业不断推向前进呢？

事情很清楚，是坚持还是反对毛泽东同志的辩证唯物主义思想路线，实质上就是真高举还是假高举毛泽东思想旗帜的问题。我们只有坚持一切从实际出发，实事求是，理论联系实际，才能做到完整地、准确地掌握毛泽东思想的科学体系，才能把毛泽东思想的基本原则同现代化建设和国内外斗争的实践结合起来，把毛泽东思想继续推向前进。这才是真正地高举毛泽东思想的旗帜。如果不是这样，而是把毛泽东思想变成脱离客观实际的教条，它的生命就会窒息，社会主义事业就会失败，那还谈得上什么高举呢！

我们干部和群众的绝大多数是拥护党的政治路线和思想路线，能够适应我国当前形势的变化，而且积极推动它的发展的。党内外有少数人跟不上形势，或者仍然停留在过去的位置上，或者偏离了革命的轨道，出现从"左"的或右的方面怀疑党的路线和方针政策的错误思潮，这在历史的大转变关头是毫不奇怪的。他们当中绝大多数人的问题是思想认识问题，是再学习、再教育的问题。只要我们切实地加强思想政治工作，热情地耐心地帮助他们提高认识，他们就能够很快地跟上来。我们要在全国范围内，在各条战线、各个行业，从领导机关到基层，普遍深入地开展关于真理标准问题的学习和讨论，进行辩证唯物主义思想路线的教育。尤其是主要负责干部要带头解放思想，旗帜鲜明。领导的责任就在于把广大干部和群众的思想进一步引导到实现四个现代化的政治路线上来。

思想路线教育一定要落到实处，不要搞任何形式主义。大到各条战线、各个部门、各个地区，小到一个生产队、一个车间、一个商店、一个学校、一个研究室、一个连队，都要从客观情况出发，认真解决那里由于思想不解放而没有得到解决的实际问题。

解放思想，归根到底，目的是为了团结全党和全国人民，脚踏实地地有计划有步骤地实现四个现代化。解放思想是为了反对唯心主义，坚持唯物主义，决不是随心所欲，盲目蛮干。决不要浮夸，决不要说假话，说大话，说空话。解放思想，要尊重客观规律，研究客观规律，照客观规律办事。不但要研究整个社会主义建设的普遍规律，还要研究各个方面建设工作的特殊规律；不但要研究我们自己的经验，还要有分析地研究外国的有关经验。要深入研究前进中遇到的新问题，努力探索最有利于发展社会生产力、最有利于提高人民劳动积极性和生活水平的措施，调整和改革我们的经济结构、管理体制和方法。在解决问题的时候，要坚持典型调查、解剖"麻雀"、一切经过试验等行之有效的马克思主义方法，真正做到情况明，决心大，方法对，力求今后少走弯路，不走大的弯路，比较顺利地到达目的地。

我们的政治路线要以思想路线做基础，还要靠组织路线来保证。现在，各级领导班子的建设问题和干部制度的改革问题，已经成为十分迫切的任务，提到我们的议事日程上来了。

各级领导岗位、特别是主要领导岗位上的干部政治思想状况和业务能力如何，能不能坚定地贯彻执行党的路线和方针政策，有力地领导好现代化建设，这是一个重要的关键问题。关于对干部的要求，我们坚决遵照党和毛泽东同志历来规定的标准。在当前，对各级领导干部要特别强调三条：一是坚决拥护党的政治路线和思想路线；二是大公无私，严守法纪，坚持党性，根绝派性；三是有强烈的革命事业心和政治责任心，有胜任工作的业务能力。对于那些坚决献身四个现代化的，思想解放、肯学肯钻、对业务精益求精的，能够以身作则、讲党性守纪律、倾听群众意见的，在工作中表现出实干精神和创造精神的优秀干部，我们就要表扬他们，重用他们。对于那些思想僵化半僵化的同志，要帮助他们端正思想路线，提高对党的政治路线和各项方针政策的认识。要团结尽可能多的干部包括犯过严重错误而确实愿意改正的干部，在正确路线下一道工作。对于极少数经过耐心教育仍然坚持错误态度、坚持闹派性的干部，对于极少数革命事业心和政治责任心严重衰退的干部，我们要采取必要的组织措施，不能让他们阻碍党的路线和方针政策的贯彻执行。我们一定要选拔新的优秀分子来充实和加强各级领导班子，使我们的组织状况同实现四个现代化的政治任务相适应。

我们的干部队伍，特别是各级领导班子，需要尽可能地增加中年、青年干部。老干部久经考验，经验丰富，他们的大多数在各方面体现了党的优良传统，是我们事业的领导骨干。当然也要看到，我们的老干部毕竟年纪大了，体力差了；而现有的各级领导班子中，中年、青年干部太少。我们要认真总结过去在干部选拔方面的经验教训，下决心在一定时期内，把大批经过实践考验，得到群众拥护的年富力强的优秀干部提拔到领导岗位上来。要在老干部的帮助和带领下，在群众的监督下，让越来越多的年轻或者比较年轻的干部把我们各项事业的领导责任担当起来。

我们的干部队伍，特别是各级领导干部，需要尽可能地具有专门的科学知识和技能。领导现代化建设，不努力学习和掌握科学，是无法胜任的。现代化经济、文化和政治建设的发展，要求逐步改变我们干部队伍的结构，减少一般行政干部，增加大批各行各业的专业干部，比如工程技术干部、农牧业技术干部、经济管理干部、科学家、教师、医师、法官、律师、艺术家，等等。对具有各种专长的知识分子，要大胆地使用和提拔他们，充分发挥他们的作用。毛泽东同志早就说过："如果我们共产党员不关心工业，不关心经济，也不懂别的什么有益的工作，对这些一无所知，一无所能，只会做一种抽象的'革命工作'，这种革命家是毫无价值的。我们应该反对这种空头革命家，学习使中国工业化的各种技术知识。"现在，这个问题已经特别尖锐。我们必须掌握马列主义、毛泽东思想这门科学，还必须努力学习和掌握自然科学、技术科学、管理科学和各门具体的社会科学。各行各业的领导干部，尤其是年轻的领导干部，都要努力使自己成为精通本职业务的适应现代化建设要求的专家。长期安于当外行，沉醉于政治空谈，决不能治国，而只能误国。我们要通过各级党校、中等专业学校、高等院校和各种形式的训练班，对现有干部进行定期轮训，并使之形成制度。我们的干部一定要人人学科学，人人用科学，为此作出顽强的努力，不惜废寝忘食，用自己的榜样带动全民族为掌握现代科学文化来一次伟大的进军。

目前我们的干部制度存在着严重的缺陷，不仅不利于人才的发现、选拔和培养，不利于干部队伍的逐步年轻化和专业化，而且往往造成许多人才的埋没和浪费。必须经过周密计划，采取坚决有力的措施，认真进行必要的改革。

我们的思想路线、政治路线和组织路线体现着人民的意志和利益。它们形成和发展的基础是人民群众的实践。因此，我们坚持正确的思想路线、政治路线和组织路线，也就是从各个方面坚持一切依靠群众、一切为了群众的路线。

要依靠群众，调动群众的积极性，首先必须充分发扬社会主义民主，保障人民群众真正享有参加管理国家事务和本单位事务的权力。我们各级领导干部的权力都是人民授予的，人民是国家和社会的主人，而我们自己则是人民的勤务员。必须把人民授予的权力用来全心全意地为人民谋利益。如果受权于人民而不对人民负责，或者把对人民负责同对上级负责对立起来，不深入现代化建设的实际，不倾听群众的呼声，不接受群众的批评，不执行群众的意志，那就颠倒了主人和公仆的关系，丧失了人民公仆的资格。人民就有权收回授予他们的权力。

我们的各级干部必须时刻关心群众的生活，维护群众正当的政治经济权益。人民的物质文化生活只能随着生产的发展逐步改善。由于我们的国民经济现在还存在着不少困难，过去多年积累下来的人民生活中的问题，还不可能一下子解决。只要我们把困难的情况和准备采取的解决步骤向人民讲清楚，人民是会谅解的。但是，对于当前群众在就业、住房、吃饭、交通、环境保护、劳动保护、医疗、幼托、青少年教育、读书、娱乐等方面的迫切问题，凡是经过努力能够解决的，各级领导机关和领导干部一定要想尽办法创造条件加以解决。同时，党和政府的工作人员特别是高级领导干部，决不允许利用职权谋求政治上生活上的私利和特权。要坚决反对一切特殊化、走后门、损公利私、损人利己、压制批评、打击报复的不正之风，凡是违反党纪国法的，必须严肃处理。

我们的各级干部和全国人民群众，都要积极负责，共同巩固和发展安定团结、生动活泼的政治局面；都要共同努力，恢复和发扬发愤图强、勤劳勇敢、艰苦奋斗、舍己为公、为实现四个现代化贡献一切的社会风尚。我们强调发展社会主义民主和健全社会主义法制，就是要做到既保障民主，又保障集中，既保障自由，又保障纪律，既保障个人心情舒畅，又保障统一意志，而不能只注意一个方面，忽视另一个方面。只有这样，才符合全国人民的共同愿望和根本利益。我们必须坚决地彻底地肃清林彪、"四人帮"煽动的派性、无政府主义和极端个人主义的流毒，教育干部和群众严格遵守纪律，事事顾全大局，认真维护社会秩序、生产秩序和工作秩序，坚决保证党和国家集中统一领导的实现。我们一定要把平反冤案、假案、错案的工作进行到底，把落实党的各项政策的工作认真负责地做好。但是有极少数人，尽管有关单位对他们的问题已经作了适当处理，并且进行了耐心的解释和教育，他们仍然坚持不合理的要求，蓄意闹事，制造动乱，破坏社会安定。对这种人的不法行为，必须给以法律的制裁。这不但是保障社会安定和现代化建设的需要，也是保障广大群众切身利益的需要。

工会、青年团、妇联等团体是广大群众的重要代表者，一定要积极主动地、独立负责地工作，动员和组织工人、青年、妇女群众积极参加社会主义现代化建设，努力学习政治、技术和文化，维护国家和集体的利益；同时，一定要坚决维护自己所代表的群众的利益，积极解决他们日常生活中的切身问题，反对不关心群众痛痒的官僚主义。社会主义国家的各种机构和党所领导的各种组织都应当有职有权有责，都不是装饰品。党的正确有效的领导，就是要保证这些机构和组织富有生气地、相互协调地工作，充分发挥它们各自的首创精神。

人民解放军是人民利益的保卫者。解放军要加强军事和政治训练，提高自己的战斗力和革命觉悟。要发扬拥政爱民的光荣传统，加强军政军民团结。要同广大民兵一道。积极参加和保卫四个现代化建设，时刻警惕地守卫伟大祖国的神圣边疆。

各级人民政协和各民主党派都要加强自己的工作，在维护祖国统一、增强人民团结和促进现代化建设方面，发挥更大的作用。

毛泽东同志说："领导我们事业的核心力量是中国共产党。"中国共产党之所以有力量，是因为它长期以来同全国各民族工人、农民、知识分子团结在一起，同各民主党派、各民族的爱国力量团结在一起。我们一定要进一步发展和壮大全体社会主义劳动者、拥护社会主义的爱国者和拥护祖国统一的爱国者的最广泛的统一战线，去夺取新的更大的胜利。

在庆祝新中国成立30周年的时候，我们特别怀念在台湾的骨肉同胞。台湾归回祖国，完成统一大业，是全中国人民包括台湾人民在内的共同愿望。台湾同胞富有爱国传统，必将为早日完成这一神圣事业作出宝贵贡献。我们希望台湾当局审时度势，顺应潮流，共同为祖国的统一向前迈进。

我们的斗争一贯得到各国人民的同情和支持。我们将永远记住和感谢各国人民给予我们的同情和支持。我们的现代化建设需要有一个和平的国际环境。我们将继续在和平共处五项原则的基础上，同一切国家保持和发展友好关系，发展经济、技术和文化交流，争取对我国建设事业的合作。我们坚决支持朝鲜民主主义人民共和国政府和朝鲜人民争取祖国自主和平统一的斗争；坚决支持民主柬埔寨政府和柬埔寨人民反对侵略、保卫国家独立的斗争；坚决支持东盟各国捍卫国家独立、维护东南亚和平的斗争；坚决支持阿拉伯各国人民和巴勒斯坦人民加强团结、反对以色列侵略扩张的斗争；坚决支持非洲各国人民反对南非和罗得西亚殖民主义、种族主义的斗争；坚决支持不结盟国家维护不结盟运动的基本原则和正确方向的斗争；坚决支持亚、非、拉各国人民反对任何形式的帝国主义、殖民主义、支配主义，争取民族解放和巩固国家独立，发展民族经济，争取建立国际经济新秩序的斗争。我们永远不称霸，永远不做超级大国。我们坚持无产阶级国际主义，坚持同全世界人民的团结，坚持同社会主义国家和第三世界国家的团结，联合一切可以联合的力量，为反对霸权主义、保卫世界和平、争取人类进步而共同奋斗。

同志们，朋友们！我们生活在继往开来的伟大时代，担当着我们的先人没有做过的伟大事业。半个多世纪以来无数先烈英勇牺牲，鞠躬尽瘁，就是为了把我们的祖国建设成为一个繁荣富强的社会主义国家。这个理想必将经过我们的奋斗变为现实。为了实现这个理想，我们希望全党、全军和全国各族人民，每个人都把个人的利益同祖国的利益联系在一起，把个人的前途同祖国的前途联系在一起，都做解放思想的促进派，做安定团结的促进派，做四个现代化的促进派。让我们在党中央、人大常委会和国务院的领导下，团结一致，高举马列主义、毛泽东思想的旗帜，向着四个现代化的宏伟目标奋勇前进！

国务院办公室在人民大会堂举行庆祝中华人民共和国成立30周年招待会

招待会邀请来自世界五大洲的华侨、港澳同胞、台湾同胞和中国血统外籍人1400多人参加。

中共中央副主席邓小平、李先念、全国人大常委会副委员长廖承志，国务院副总理陈慕华、姬鹏飞，政协副主席庄希泉、胡愈之等出席了招待会。

全国人大常委会副委员长、国务院侨务办公室主任廖承志在招待会上讲了话。他代表党中央、全国人大常委会和国务院，向侨胞、朋友们表示热烈欢迎和亲切问候。廖承志说，新中国成立30年来，我国的社会主义革命和社会主义建设，取得了任何人也抹杀不了的伟大的胜利，初步建立了社会主义国民经济的基础。近3年来，我们又战胜了林彪、"四人帮"严重干扰破坏所造成的危害，拨乱反正，使各项工作重新回到毛泽东思想的正确轨道上来，继续胜利地进行着我们伟大的社会主义事业，并取得了巨大的胜利。整个国家的形势已经发生了根本的变化。

他说，党的十一届三中全会和五届人大二次会议，决定从今年起把全国工作着重点转移到社会主义现代化建设上来，这个伟大的历史性转变，极大地鼓舞了全国人民和海外广大侨胞。

廖承志说，多年来，侨胞们、朋友们对我国社会主义建设作出了积极的贡献，对此，我们表示衷心的感谢。我们希望侨胞们、朋友们继续从各方面对我国实现四个现代化作出新的贡献。我们希望国外广大侨胞进一步加强爱国团结，扩大爱国统一战线，为台湾早日归回祖国、完成统一祖国大业作出更大的贡献。我们希望国外广大侨胞继续努力增进同所在国人民的友好关系，遵守居住国的法令，为所在国的文化发展、经济繁荣作出贡献。

他说，在新中国成立30周年之际，我们十分怀念台湾骨肉同胞。目前国际国内形势对台湾归回祖国、实现国家统一的大业十分有利。尽早实现祖国大陆和台湾的通邮、通航、通商和经济、科学、文化、体育等方面的交流，已成为大陆人民和台湾同胞的共同愿望。我们欢迎台湾各界人士和旅居海外的台湾同胞，回祖国大陆参观，探亲访友，我们保证来去自由，提供方便，以礼相待。一切爱国的和愿意回到爱国立场上的人们，祖国的大门是时刻敞开着的。台湾是中国的一部分，和平统一、台湾归回祖国确实是全中国人民的共同愿望。凡是对于祖国统一大业作出贡献的人，都是值得尊敬和称赞的。让我们更加紧密地团结起来，为实现祖国的四个现代化，为台湾归回祖国，实现祖国的统一而奋斗。

首都国际机场候机楼等工程竣工

首都国际机场修建指挥部隆重举行大会，热烈庆祝胜利竣工。国务院副总理谷牧以及中央有关部委、民航总局、北京市的负责同志和设计、施工等部门的1万多名职工，参加了大会。谷牧副总理代表国务院，向参加这项工程设计、施工的工人、工程技术人员、解放军指战员和干部，向为这项工程作出贡献的各有关单位，表示热烈的祝贺和亲切的慰问。民航总局副局长、指挥部总指挥吕正哲在讲话中向所有参加这项工程建设的部门和单位表示感谢。大会还表彰了在建设首都国际机场中作出突出贡献的100多个先进单位和300多名先进个人。

首都国际机场位于北京市东郊，是在原首都机场的基础上扩建起来的，目前我国最大的现代化航空港。扩建工程包括20多个项目，建筑面积近20万平方米，其中有国际候机楼、新跑道、滑行道、停机坪、飞机维护校验厂房等主要工程，以及油库、发信台、旅馆、水厂、污水处理厂、燃油锅炉房、供冷站、液化石油站、总降压站等附属设施。国际候机楼采用了“卫星式”的新建筑体系，使用了许多70年代的新材料、新工艺，并安装了许多由我国自己设计、自己制造的自动化设备，保证了旅客的舒适方便。其他附属设施也尽量采用了新技术。这个机场正式使用后，可以接纳目前世界最大、最新的各种类型的飞机，旅客进出高峰时，每小时可吞吐1500人次。

这项工程是周恩来总理生前亲自批准的重点建设项目，于1974年10月开始动工。参加工程设计和施工的有北京市建筑设计院、北京市市政设计院、陕西省和四川省的建筑公司以及基建工程兵部队等30多个单位。首都和17个省、市的美术工作者，为这项工程绘制了50多幅各种重彩壁画、国画、油画、磨漆画等美术作品。全国还有200多个工厂、企业支援了这项工程。

国务院副总理王震在北京会见以斯蒂芬·罗斯先生为首的英国广播公司广播记者组和英国广播公司驻京记者肖特先生

国务院副总理姬鹏飞在北京会见罗马尼亚共产党中央检查委员会主席瓦西里·沃尔库和由他率领的罗中友协代表团

国务院副总理姚依林在北京会见英籍女作家韩素音

姚副总理说，中国经济建设中会不断出现新问题，而这些新问题必须通过实践来解决。我们将在不断实践中积累经验，在实践中认识和掌握社会主义经济建设的规律。他说，我们要发扬经济民主，让大家发表各种不同意见来促进我国经济的发展。

全国人大常委会副委员长邓颖超 廖承志在北京会见日本国际贸易促进协会会长藤山爱一郎和夫人一行

9月30日

国务院总理华国锋在人民大会堂举行庆祝中华人民共和国成立30周年招待会

叶剑英、邓小平、李先念、陈云、汪东兴、宋庆龄等出席晚上举行的招待会，同4000名我国各族各界人士和来自五大洲的外国朋友一起欢庆中华人民共和国成立30周年。

应邀出席招待会并在主宾席就座的贵宾有：诺罗敦·西哈努克亲王和夫人，黄文欢同志，布隆迪民族统一进步党常务书记、布隆迪民族统一进步党代表团团长埃米尔·姆沃罗哈和夫人，罗马尼亚共产党中央检查委员会主席、罗中友协代表团团长瓦西里·沃尔库，宾努亲王和夫人，瑞典共产党中央主席、瑞典共产党代表团团长罗兰·彼德松，孟加拉国陆军参谋长、孟加拉国军事友好代表团团长侯赛因·穆罕默德·艾尔沙德少将，日本国际贸易促进协会会长藤山爱一郎和夫人。

招待会开始，乐团奏《中华人民共和国国歌》。接着，华国锋总理在热烈的掌声中登上主席台，发表了讲话。

出席招待会的还有：

党和国家其他领导人王震、韦国清、乌兰夫、方毅、邓颖超、许世友、纪登奎、李德生、吴德、余秋里、张廷发、陈永贵、陈锡联、胡耀邦、赵紫阳、耿飚、聂荣臻、倪志福、徐向前、彭冲、彭真、陈慕华、赛福鼎、谭震林、廖承志、阿沛·阿旺晋美、周建人、许德珩、胡厥文、萧劲光、朱蕴山、史良、谷牧、薄一波、姚依林、姬鹏飞，中央军委常委粟裕，中共中央副秘书长胡乔木，中央纪律检查委员会常务书记黄克诚；

政协全国委员会副主席宋任穷、沈雁冰、康克清、季方、王首道、杨静仁、庄希泉、胡子昂、荣毅仁、刘澜涛、陆定一、李维汉、胡愈之、王昆仑、班禅额尔德尼·确吉坚赞，最高人民法院院长江华，最高人民检察院检察长黄火青；

在京的中共中央委员和候补中央委员、全国人大常委会委员、政协全国委员会常务委员，中央党政军机关和人民团体的负责同志，对革命有特殊贡献的老同志和离职休养老干部代表，战斗在农业、工交、基建、财贸、国防、科学、文化、教育、新闻、卫生、体育等各条战线上的先进单位和英雄模范人物的代表，少数民族参观团的代表，正在北京参加组织工作座谈会的各省、自治区、直辖市的党委书记和组织部负责同志，北京市党政军和人民团体的负责同志，在京的部分人大代表、政协全国委员会委员和其他爱国人士，台湾同胞、港澳同胞和华侨代表等。

出席招待会的还有，正在北京访问的各国朋友，各国驻华使节，在中国帮助工作的外国专家，各国驻京记者，外国驻京机构代表等。

国务院总理华国锋在庆祝中华人民共和国成立30周年招待会上发表讲话

同志们、朋友们！

今年的国庆节，是我们的伟大祖国——中华人民共和国成立30周年的节日，也是全国工作着重点转到社会主义现代化建设上来以后的第一个国庆节。今天晚上，我们在这里欢聚一堂，热烈庆祝全中国各族人民的这个伟大节日。

今晚同我们一起共庆节日的，有我们的老朋友，尊敬的西哈努克亲王，有胡志明同志的老战友，尊敬的黄文欢同志和其他来自各国的贵宾，有各国的驻华使节，有世界各地的朋友们和同志们，有在中国帮助工作的外国专家。在这里，我谨向各国来宾表示中国人民的热烈的欢迎和诚挚的感谢。

旧时代在帝国主义和封建主义双重压迫下的中国人民，为了建立独立自由的新中国，曾经进行了长期的英勇奋斗，经历了曲折艰难的道路，终于在整整30年前，取得了新民主主义革命的胜利，宣告中华人民共和国的成立。从此，中国历史开始了新的纪元，中国人民开始站起来了。

30年来，中国人民，在中国共产党领导下，在马列主义、毛泽东思想指引下，为社会主义革命和社会主义建设进行了坚持不懈的斗争，并且取得了辉煌的成就。我们已经确立了社会主义公有制度在全社会的统治地位，建立了比较完整的工业体系和国民经济体系，发展了科学文化教育事业，加强了国防力量。和旧社会相比，我国的面貌已经发生了翻天覆地的变化。

在粉碎了林彪、“四人帮”两个反革命阴谋集团以后，我们国家的政治生活和经济生活重新走上了健康发展的道路。全国各族人民奋发努力，积极工作，信心百倍地开始了四个现代化建设的新长征。我们的事业是正义的，我们的方向是正确的，全国人民是团结一致的。我们一定能够克服前进道路上的一切困难，一定能够胜利地实现现代化建设的伟大目标。

现在，我代表中共中央和国务院：

向全国各厂矿、各交通运输部门、各基本建设单位和其他各企业的工人阶级致以节日的祝贺！你们是我们国家的领导阶级，是实现四个现代化的先锋队和主力军。在当前国民经济调整、改革、整顿、提高的斗争中，在以优质、高产、多品种、低消耗为中心的增产节约运动中，你们担负着特别光荣的任务。祝贺你们在工业生产、交通运输和基本建设战线上，在深入的、持久的、大规模的增产节约运动中，取得愈来愈大的成就。

向全国广大农村、牧区、林区、渔区的农民、牧民、林业职工、渔民致以节日的祝贺！农业是国民经济的基础。全国工作重点转移之后，党中央通过的第一个决定就是关于加快发展农业的决定。在这个决定鼓舞下，经过你们的努力，今年将取得农业的全面丰收。祝贺你们在争取农林牧副渔各业全面发展，建设繁荣、富庶、文明的社会主义新农村中，取得愈来愈大的成就。

向全国城乡商业服务业的职工致以节日的祝贺！你们是工人阶级的重要方面军。你们和工人、农民的劳动同样是光荣的、崇高的，是社会生活中每天不可缺少的，是受到人民尊重的。祝贺你们在巩固工农联盟，加强城乡、内外物资交流，促进生产和为人民生活服务等方面，取得愈来愈大的成就。

向全国各条战线上的广大干部和知识分子致以节日的祝贺！你们是社会主义的脑力劳动者。你们发挥着科学、技术、文化的专长,进行着辛勤的创造性的劳动,在四个现代化的事业中具有特别重要的作用。祝贺我们的科学家、工程师、农学家、医学家、教育家、社会科学家、文学家、艺术家和一切科学教育文化工作者,在为人民服务的崇高岗位上,取得愈来愈大的成就。

向人民解放军全体指战员致以节日的祝贺!你们是人民的忠诚子弟兵,是人民利益的勇敢保卫者,是祖国的钢铁长城。祝贺你们在加强军事和政治训练,巩固军政军民团结,参加和保卫社会主义现代化建设,守卫祖国边疆的伟大斗争中,取得愈来愈大的成就。

向全国青年致以节日的祝贺!你们是初升的太阳,是祖国的未来。你们最有朝气,你们是人民中最富于创造精神和进取精神的一部分,希望寄托在你们的身上。祝贺你们顽强地学习,努力地工作,继承革命传统,树立革命理想、革命道德和革命纪律,把自己锻炼成为掌握革命和建设本领的共产主义接班人,取得愈来愈大的成就。

向全国妇女致以节日的祝贺!你们在社会主义革命和社会主义建设中,和男同志一道,英勇奋斗,携手并进,发挥了"半边天"的巨大作用。祝贺你们在全国各条战线上,特别是在农业战线上,在轻纺工业战线上,在商业服务、科学教育卫生等战线上,继续发挥"三八红旗手"的作用,取得愈来愈大的成就。

向全国各少数民族致以节日的祝贺!你们是我们伟大的多民族大家庭的重要的成员,在祖国的辽阔边疆的建设中,作出了十分卓越的贡献。我们的党和政府将继续努力,保证我国各民族团结友爱、平等互助的社会主义民族关系的巩固和加强。祝贺你们在发展所有民族地区的社会主义政治、经济和文化事业中,取得愈来愈大的成就。

向各民主党派、无党派民主人士、向宗教界人士,向原工商业者,向一切爱国人士,致以节日的祝贺!祝贺我们的革命的爱国的统一战线,包括一切社会主义劳动者、拥护社会主义的爱国者和拥护祖国统一的爱国者的广泛政治联盟,在维护祖国统一、增加人民团结和促进现代化建设的斗争中,发挥愈来愈大的作用。

向台湾同胞、向港澳同胞和国外侨胞致以节日的祝贺!台湾归回祖国,实现祖国的完全统一,是全国人民包括台湾人民在内的共同愿望。祝贺你们为完成祖国的统一大业,为祖国的繁荣富强,作出自己宝贵的贡献。

在庆祝我国革命和建设成就的时候,我们深深感谢各国人民的同情和支持。今天,我国和各国人民的友好合作关系正在日益发展,我们将一如既往,加强同世界各国人民的团结,发展同各国的平等友好交往,反对侵略扩张政策,为维护世界和平,支持世界上各被压迫民族的独立解放和繁荣进步而共同奋斗!

同志们,朋友们,我提议:

为庆祝中华人民共和国成立30周年,

为全国各族人民的大团结,

为世界人民的大团结,

为各国贵宾的健康,为各国驻华使节和他们的夫人们的健康,

为在座的全体同志们、朋友们的健康,

干杯!

中共中央主席华国锋在北京会见以常务书记埃米尔·姆沃罗哈为团长的布隆迪民族统一进步党代表团

国务院总理华国锋在北京会见陆军参谋长侯赛因·穆罕默德·艾尔沙德少将和他率领的孟加拉国军事友好代表团

国务院副总理邓小平在北京会见日本经营者团体联盟名誉会长樱田武和夫人

国务院副总理李先念在北京会见以小林与三次社长为团长的日本电视网代表团和以川手泰二社长为团长的日本名古屋广播公司代表团

国务院副总理余秋里在北京会见美国迪尔公司董事长、美中贸易全国委员会前主席威廉·休伊特一行

国务院副总理方毅在北京会见美国科学院院士 工程科学院院士 贝尔实验室光电部主任田炳耕博士和夫人陈乃英以及美国麻省理工学院林肯实验室研究员谢肇金博士

国务院副总理王震在北京会见加拿大多伦多大学教授霍华德·拉波森和夫人

国务院副总理姚依林在北京会见贸易和工业部副部长刘集汉率领的马来西亚贸易代表团

外交部部长黄华在北京会见联合国副秘书长兼训练研究所执行主任戴维森·尼科尔和训练研究所"未来"计划司司长菲利浦·德塞纳一行

全国人大常委会副委员长聂荣臻在北京会见以全印度柯棣华大夫纪念委员会副主席乔蒂莫埃·巴苏为团长的全印柯委会代表团

第四届全国运动会闭幕式在北京工人体育场举行

出席闭幕式的有华国锋、叶剑英、邓小平、李先念、汪东兴，以及中共中央政治局委员、候补委员，全国人大常委会副委员长，国务院副总理，中央军委负责人，政协全国委员会副主席，最高人民法院院长、最高人民检察院检察长。他们同首都8万多名群众一起，热烈庆祝第四届全运会圆满成功。

西哈努克亲王和夫人，宾努亲王和夫人，应邀出席了闭幕式。

下午3时许，闭幕式宣布开始。军乐团奏国歌。接着，华国锋、邓小平、李先念，以及31个体育代表团团长、走下主席台，来到运动场地，分别向在第四届全运会期间打破世界纪录的运动员、今年以来在国际比赛中获得世界冠军的运动员和有重大贡献的教练员共51人，发了体育荣誉奖章，向19个"勇攀高峰运动队"和《新的长征》大型团体操的代表，发了锦旗，向226个在北京比赛期间打破全国纪录的运动员，发了破全国纪录奖章。

第四届全运会从9月15日正式开幕，历时16天。加上先期进行的一些项目的比赛，在整个全运会的34个项目比赛中，共有5人5次打破了5项世界纪录；2人3次打破了3项青年世界纪录；3人3次平了3项世界纪录；12人24次打破了8项亚洲纪录；204人和34个队376次打破了102项全国纪录。在全运会期间，一些项目还组织了对抗赛，其中有3个队3次超过3项世界纪录，1人1次平了1项世界纪录；10人10个队20次打破了13项全国纪录。体操、跳水等项目也取得了可喜成绩，已达到或接近世界先进水平。各项球类比赛，新人辈出，争夺激烈，显示出各地球队技术水平又有了新的进步。

中共中央政治局委员、国务院副总理徐向前致闭幕词。他说，第四届全运会开得很好，很成功。他代表党中央和国务院，向大会表示热烈的祝贺，向创造优异成绩的运动员，表示热烈的祝贺。

出席闭幕式的还有：

在北京的中共中央委员，全国工业、交通、基本建设战线的先进企业的代表和劳动模范，第四届全运会港澳参观团；

应邀前来参观全运会的国际奥委会和其他国际体育组织的友好人士，正在北京访问的外宾，各国驻华使节。

闭幕式结束后，这届全运会足球比赛冠军山东队和亚军北京队进行了表演赛，北京队以4:2获胜。

第四届全运会各代表团获奖总计

单位	金牌	银牌	铜牌
解放军	50	42	46
北京	44	42	53
广东	44	41	39
黑龙江	38	52	32
上海	36	32	33
吉林	30	21	31
辽宁	28	28	16
山西	21	18	16
山东	21	14	12
江苏	19	20	34
湖北	17	18	14
广西	16	16	14
新疆	15	9	3
内蒙古	14	11	12
河北	12	11	13
浙江	11	18	16
云南	10	7	9
陕西	9	10	12
四川	7	10	9
湖南	6	6	11
福建	5	6	7
河南	5	4	3
天津	4	11	9
江西	3	5	5
安徽	2	5	8
甘肃	2	5	4
青海	0	4	5
宁夏	0	3	1
贵州	0	1	2
西藏	0	1	0

10月1日

首都举行庆祝中华人民共和国成立30周年联欢晚会

由文化部和北京市革委会举办的联欢晚会,内容丰富多彩。在礼堂和10多个大小厅里,有歌舞、戏剧、电影、曲艺、木偶戏、体育表演和书法、绘画试笔,还有大型舞会和各种游艺、杂耍。

晚上7点半钟,联欢晚会开始。华国锋、叶剑英、邓小平、李先念,以及中共中央政治局委员、候补委员,全国人大常委会副委员长,国务院副总理,军委负责人,政协全国委员会副主席、最高人民法院院长和最高人民检察院检察长等,来到群众中间,一起观看文艺节目。

出席联欢晚会的还有全国工业、交通、基本建设战线的先进企业的代表和劳动模范,国庆节少数民族参观团成员,前来参加国庆活动的华侨、港澳同胞、台湾同胞等。

正在我国访问的朝鲜民主主义人民共和国平壤学生少年艺术团,参加了今天的联欢演出。

党和国家领导人华国锋 李先念 邓颖超在北京观看平壤学生少年艺术团演出

当华国锋、李先念、邓颖超等同志来到剧场时,受到朝鲜文化艺术部副部长、艺术团团长李尚太,朝鲜驻中国大使全明洙和夫人的热烈欢迎。可爱的小演员们给华国锋、李先念、邓颖超同志戴上了鲜艳的红领巾,并献了鲜花。正当我国人民欢度国庆佳节之际,朝鲜小艺术家们的演出,给首都北京增添了节日欢乐气氛。华主席对朝鲜平壤学生少年艺术团来我国访问演出表示欢迎。他说:今天我很高兴同先念同志、邓大姐一起来看你们的演出。

朝鲜小朋友演出的音乐舞蹈节目富有浓郁的民族特色,也充分表现出能歌善舞的朝鲜民族的艺术才能和孩子们天真活泼的特性。

演出结束时,华国锋、李先念、邓颖超等同志走上舞台,高兴地同朝鲜小朋友们握手并一起照了相。我国文化部向艺术团赠送了花篮。

文化部部长黄镇,外交部副部长张海峰,中联部副部长乔石等,今晚也观看了朝鲜平壤学生少年艺术团的演出。

全国人大常委会委员长叶剑英电贺沙加里就任尼日利亚总统

电报全文如下:

拉各斯尼日利亚联邦共和国总统哈吉·谢胡·沙加里阁下:

欣悉阁下就任尼日利亚联邦共和国总统,我代表中国政府和人民并以我个人名义向阁下表示热烈的祝贺和最良好的祝愿。祝阁下在为尼日利亚联邦共和国的繁荣昌盛,为尼日利亚人民幸福的努力中不断取得成就。

中华人民共和国全国人民代表大会常务委员会

委员长 叶剑英

1979年10月1日

全国人大常委会委员长叶剑英在人民大会堂接见港澳同胞国庆代表团和第四届全运会港澳参观团

叶剑英委员长在接见时说,港澳应该成为台湾和大陆之间进行联系的一座桥梁。他对港澳同胞说,我们国家的安定团结是靠得住的,我们国家的安定团结是靠得住的,我们国家的经济会一天天繁荣起来。他希望港澳同胞为祖国实现四个现代化作出自己的贡献。

参加接见的有国务院副总理耿飚、纪登奎、陈慕华,全国人大常委会副委员长廖承志,以及全国人大常委会、国务院有关部门和全国总工会等方面的负责人。

国家民委在北京举行招待会欢迎前来参加国庆的少数民族代表

国家民族事务委员会中午举行招待会,招待国庆节少数民族参观团和来京参加全国少数民族民间歌手、民间诗人座谈会的代表。

中共中央政治局委员、全国人大常委会副委员长乌兰夫,全国人大常委会副委员长阿沛·阿旺晋美,政协全国委员会副主席刘澜涛、李维汉、班禅额尔德尼·确吉坚赞等出席了招待会。

国家民委主任杨静仁在会上讲话说,回顾30年来的历程,我们要更加坚信党的民族政策,珍惜各民族的大团结,为伟大的社会主义祖国早日实现四个现代化作出新贡献。

招待会上充满了各族人民团结友好的气氛。80岁的苗族老歌手唐德海,蒙古族著名歌唱家宝音德力格尔演唱了民族歌曲,许多代表表演了民族舞蹈。

有关方面负责人杨东生、江平、胡嘉宾、谢鹤筹、平杰三、童小鹏、李贵、熊向晖、刘宁一等也出席了招待会。

国务院副总理姬鹏飞在北京分别会见以契雷斯奈斯·贝拉为团长的罗马尼亚全国农业生产合作社联盟代表团和以川手泰二社长为团长的日本名古屋广播公司代表团

全国人大常委会副委员长邓颖超在北京会见以小林与三次社长为团长的日本电视网代表团

文化部决定在全国举办国庆献礼新片展览

新华社报道：这次献礼新片展览，将在国庆节和明年元旦、春节分3批进行。参加国庆节展览的新影片共有25部，其中有故事片和舞台艺术片12部；有美术片、纪录片和科教片13部。

国庆节期间，与观众见面的新故事片、舞台艺术片有：《从奴隶到将军》《傲蕾·一兰》《曙光》《吉鸿昌》《怒吼吧，黄河！》《生活的颤音》《神圣的使命》《小花》《二泉映月》《她俩和他俩》《山乡风云》《铁弓缘》。还有美术片《哪吒闹海》《阿凡提》，纪录片《光明的中国》。

中国革命博物馆中共党史陈列（民主革命时期）重新展出

中国革命博物馆的党史陈列始于1961年"七一"，到1966年闭馆。"文化大革命"期间，在林彪、"四人帮"的干扰和破坏下，曾作过多次内部修改，一直未能公开展出。粉碎"四人帮"以后，特别是党的十一届三中全会以来，中国革命博物馆的党史工作者认真总结了过去的经验教训，认为党史陈列一定要以马克思列宁主义、毛泽东思想为指导，坚持辩证唯物主义和历史唯物主义的原则，真实地反映党的历史。根据这一原则，这次开放前对陈列内容所作的一些重要修改，体现了党的实事求是的传统。

新的陈列充分反映了毛泽东同志、周恩来同志、朱德同志和其他老一辈无产阶级革命家为我国人民的解放事业立下的丰功伟绩。

新的陈列打破长期以来在党史领域中存在着的一些禁区，努力按照历史的本来面目来反映党的历史。现在除充分反映毛泽东同志的建党活动以外，增加了其他党的创建人从事建党活动的资料。对在党的历史上犯路线错误的领导人，过去一度只是单纯地揭露和批判。新的陈列，既批评他们的错误，又表现他们的正面活动。

新的陈列注意表现人民大众在党的领导下向帝国主义、封建主义、官僚资本主义进行阶级斗争和民族斗争的波澜壮阔的图景。同时，对党内存在过的路线斗争也如实作了反映。新的陈列充实了白区斗争的史料，对民主革命时期有影响的党外人士，如孙中山、宋庆龄、何香凝、冯玉祥等，结合历史事件均有所记录。

新的陈列出现革命烈士100余人，比建馆时的陈列增加了将近1倍。他们当中，除了共产党员以外，还包括不少爱国民主人士、爱国将领。

全国民族工作展览在北京民族文化宫展出

国家民族事务委员会举办的"全国民族工作展览"，在北京民族文化宫正式开始。展品共有8000多件实物和2600多张图片。

国家民委主任杨静仁主持展览开幕剪彩仪式。中共中央政治局委员、全国人大常委会副委员长乌兰夫为这次展览开幕剪彩，并且讲了话。

剪彩仪式在民族文化宫大厅举行。阿沛·阿旺晋美、班禅额尔德尼·确吉坚赞等有关方面负责人出席了开幕式。国庆节少数民族参观团和少数民族民间诗人、民间歌手，以及在京工作的少数民族干部等1000多人参加了开幕式。

《市场》报出版

《市场》报是我国第一个专门报道经济新闻的报纸，是由人民日报出版社发行的。

《市场》报的主要任务，是按照党的三中全会精神和中央关于"调整、改革、整顿、提高"的方针，面向基层，面向群众，为生产者和消费者服务。这个报纸用大量篇幅介绍大、中、小工厂的产品，介绍农业、林业、畜牧业以及各种土特产品的生产和销售情况，帮助生产部门同商业、供销部门见面，帮助中国企业同外国厂商见面，促使各种经济渠道畅通无阻，发展生产，繁荣市场。这个报纸将及时报道台湾省的经济情况和港澳市场及国外市场动态，还将介绍各种商品知识，刊登读者来信，并解答用户提出的问题。

《市场》报将邀请经济专家撰写有关经济、市场的专栏文章，还将开辟经济法律栏目，推动经济法令的贯彻执行。

《市场》报将用大量篇幅刊登工商业广告和各种产品的彩色图片。目前为8开报纸，共16个版。

10月2日

党和国家领导人华国锋等在人民大会堂接见国庆节少数民族参观团成员以及其他少数民族人士

中共中央主席华国锋，中共中央副主席叶剑英、邓小平、李先念，以及中共中央、全国人大常委会和国务院其他领导同志，在人民大会堂接见了国庆节少数民族参观团成员、在京参加全国少数民族民间歌手民间诗人座谈会的人员和参加全国民族工作展览的少数民族同志，并同大家一起照了相。

参加接见的中共中央、全国人大常委会和国务院的领导同志有王震、韦国清、乌兰夫、邓颖超、李德生、余秋里、胡耀邦、彭冲、彭真、谭震林、谷牧。政协全国委员会副主席康克清、杨静仁、刘澜涛，也参加了接见。

党和国家领导人华国锋等在人民大会堂接见参加全运会优秀运动员和体育工作者代表

华国锋、邓小平、李先念和王震、邓颖超、李德生、余秋里、陈锡联、胡耀邦、彭冲、彭真等党和国家领导人，在人民大会堂接见了参加第四届全运会的优秀运动员和体育工作者代表300多人，并同他们一起照了相。

接见后，华国锋、邓小平、李先念等领导同志来到万人大礼堂同出席文艺晚会的第四届运动会的全体运动员、教练员、裁判员和工作人员见面，全场热烈鼓掌。

文艺晚会是北京市革委会为庆祝第四届全运会闭幕而举办的。华国锋等领导同志还同大家一起观看了中国人民解放军总政文工团歌舞团和海政歌舞团演出的歌舞节目。

正在北京的省、自治区、直辖市党委的主要负责人，中国人民解放军各总部和国家体委的负责人，参加了接见。

我国建成较完整的工业体系

新华社报道，据国家统计局统计，中华人民共和国成立30年来，平均每天增加21个工业企业。现在拥有全民所有制和集体所有制的工业企业35万个，比1949年的12万个企业增加近2倍。

旧中国的企业，绝大多数生产规模小，设备简陋，有许多是手工作坊。1949年的固定资产总值只有124亿元，平均每个企业10万多元。

现在建成了一大批规模大、设备比较先进的骨干企业，仅全民所有制企业的固定资产就有3200亿元，比1949年的全部工业固定资产增长25倍。

工业的发展，使国民经济的构成发生了显著变化。1949年，工业总产值占工农业总产值的30%。1978年，工业总产值达到4231亿元，比1949年增长38倍，在工农业总产值中所占的比重提高到74%以上。

经过30年的建设，现在我国的工业门类齐全，形成了一个比较完整的体系。旧中国就有的冶金、机械、石油、化工、轻工、纺织、建筑材料等工业，解放以后获得发展壮大，产品的产量、品种大大增加，质量提高。

旧中国所没有的许多工业解放后已经相继建立起来，并具有相当的规模。如汽车年产达14.9万辆，拖拉机年产11万多台，手扶拖拉机年产32万多台，化学纤维年产38万多吨。电子工业已能制造电子计算机、卫星通信地面站和各种雷达、通信设备，以及电视机、录音机、录像机等产品。航空工业能生产歼击机、轰炸机、强击机、直升机、运输机，造船工业能生产各种民用和军用船舶。激光、红外线等许多新兴技术，已经运用到工业生产中。工业门类的完善和技术水平的提高，为我国实现四个现代化打下了雄厚的物质基础。

新中国成立以来新建铁路干线和支线103条

新华社报道，目前全国铁路通车里程达5万多公里，对促进我国国民经济的发展，发挥了重要作用。

在旧中国，从1876年修筑第一条铁路算起，到1949年全国解放前夕，只修筑了铁路2.1万多公里，主要集中在京广线以东的沿海和华北、东北地区。西北、西南地区的铁路寥寥无几，青海、宁夏、新疆等省、自治区根本没有铁路。

30年来，国家大力发展铁路运输事业，用于新建铁路的总投资达300多亿元。新线75%分布在京广线以西的广大地区。在西南的云贵川3省，陆续兴建了成渝、宝成、川黔、贵昆、湘黔、成昆、襄渝铁路，并改建了湘桂、黔桂等铁路，初步形成了西南地区的铁路网骨架，大大改变了西南地区交通困难的局面。在西北地区，相继建成了兰青、兰新和包兰等铁路干线，从此结束了青海、新疆、宁夏没有铁路的历史。这些铁路的建成，显著改变我国铁路网的布局，有力地促进了西南、西北地区经济建设的发展，加强了沿海与内地的联系。今天，除位于世界屋脊的西藏自治区以外，全国各省、自治区、直辖市都通了铁路。

近两年来，又有太焦线(山西太原至河南焦作)、京通线(北京郊区昌平到内蒙古通辽)、枝柳线(湖北枝城至广西柳州)、青藏线第一期工程(青海西宁至格尔木)、南疆线(新疆吐鲁番至库尔勒)、福前线(黑龙江福利屯至前进)等7条铁路铺轨通车。现在以北京为中心，贯穿南北的铁路干线除京沪、京广线以外，又增加了由同蒲、太焦、焦枝、枝柳铁路连成的第三条南北干线；横贯东西的铁路干线除陇海线以外，又有了由浙赣、湘黔、贵昆铁路连成的第二条东西干线。这样就大大减轻了原有干线的运输压力，促进了全国的物资交流。

除新线建设外，铁路部门还大力改造旧线。目前，全国已有复线8000公里，电气化铁路1000多公里，新建和扩建了40多处枢纽站。在许多干线上，安装了自动闭塞、电气集中信号装置，并延长了车站站线。一些较大编组站的驼峰调车场，全部采用了机械化操纵和电气集中控制，使铁路运输能力大幅度提高。

我国医药事业迅速发展

《人民日报》报道，目前，我国已经建成了一个具有一定规模、基本配套的医药工业和医疗器械工业体系。中西药品和医疗器械除满足国内需要外，还有部分出口、援外。许多药品实行了6次大幅度的降价，是世界上药品最便宜的国家，有效地减轻了群众负担，显示了社会主义制度的优越性。

新中国成立初期，我国完全不能制造化学药品的原料药。当时,根据党和国家提出的医药工业"以制造原料药为主,制剂为辅"的方针,改建、新建了一些大型药厂。到第一个五年计划末期,我国的抗菌素产量有了很大的增长。1958年以后,我国医药、医疗器械工业进入了一个新的发展时期。医药产品不仅产量激增,而且门类日趋齐全。到目前,我国已经能够生产化学原料药900多种,制剂3000多种,中成药3000多个品种规格。国外已有的、疗效肯定而又为我国所需要的多数药品,我国都能自行生产。磺胺药的产量已占世界第一位。在抗微生物药方面,我国独创的抗钩端螺旋体病的咪唑酸酯,治愈率很高,而且服用方便安全。

医疗器械工业,解放前只能搞点修配和仿制。现在除了西藏,其他各省、自治区、直辖市,都有工厂生产医疗器械。在不同程度地装备了县一级医院的同时,大量增产了面向农村和计划生育的器械。目前,已装备了全国近1/2的公社卫生院,有20%左右的公社卫生院具备了做下腹部,甚至上腹部手术的条件。近几年,还努力应用电子、超声、激光、同位素等现代科学技术,试制成功了200余种新产品,如医用电子直线加速器、激光治疗机、纤维光学内窥镜等大型精密医疗仪器设备,为诊断治疗癌症、心血管病等常见病、多发病和计划生育提供了新的工具,为医疗器械的现代化打下了初步基础。

中药材的生产在我国有悠久的历史。在国家统一计划下,中药材老基地不断发展,新产区逐渐增加。现在的种植面积已达600多万亩,其中耕地面积360万亩。各地引种成功的药材有100种左右,新产区提供的药源占30%以上。野生动植物药材变家养、家种的,已搞成功50多个品种,人参、三七、鹿茸等珍贵药材已完全能满足医疗需要。海外"南药"的引种和试种也取得了较好的成绩。原来依赖进口的木香、珍珠、冰片等,现在不仅满足国内需要,而且还有出口。由于国家制定了合理的价格政策、扶持政策、奖售政策,群众性的采集、种植、制造、使用中草药活动蓬勃开展,全国可供应用的中草药已发展到5000余种。中成药的剂型,已由丸、散、膏、丹发展到针剂、片剂、冲剂、气雾剂等20多种,新品种比解放初期增加了500多个。中草药有效成分的研究也取得了进展,约200种中草药的有效成分已基本搞清结构。

在生产发展、成本降低、利润增加的基础上,我国药品接连降价,西药的现行销售价比解放初期下降了82%,中药材下降了40%,医疗器械也多次降价,有些药品和有些少数民族地区,还实行了免费供应,从而大大方便了城乡广大群众防病治病。一些严重危害人民健康的传染病,已经基本消灭或得到控制。我国人民的身体素质增强,平均寿命比解放前大大延长。

中国稀土公司在包头成立

新华社报道,我国专门经营和生产各种稀土产品的专业化公司——中国稀土公司,经国务院批准,最近在包头成立。

我国稀土资源储量大,品种全,含钐、铕等贵重元素多,在国内外享有盛誉。稀土公司的成立,对充分利用我国丰富的稀土资源,加速稀土工业的发展,满足国内外用户对稀土产品的需要,将起重大作用。

中国稀土公司已编辑出版《稀土铌产品标准》一书,供各稀土工厂按规范生产和国内外用户选购各种稀土产品时使用。

国务院副总理李先念在北京会见美国黑人朋友罗伯特·威廉和夫人

罗伯特·威廉先生曾是美国黑人运动的领导人之一。他多次访问过我国,曾和毛泽东主席和周恩来总理会见。他为增进中美两国人民之间的相互了解和推动中美关系正常化做了许多工作。今天会见时,威廉先生说:"我非常高兴地看到美中关系正常化。"李副总理说:"你为此做了极为有益的工作,我们很感谢。"

对外友协会长王炳南会见时在座。

中央军委副主席徐向前在北京会见由波贝斯库少将率领的罗马尼亚军官休假组

国务院副总理王震在北京会见由英国林业委员会高级委员劳尔夫·维尔尼率领的英国林业代表团

《辞海》修订后正式出版

新华社报道,中华人民共和国成立后第一部修订的大型综合性辞典——《辞海》1979年版(3卷本),已正式出版,将陆续在全国公开发行。

这部大型辞典选收有单字及词目10.6万多条,1342万字,并配有插图3000多幅。这些词目包括成语、典故,中外古今人物、著作、历史事件、科学成就,以及各学科的名词术语等,并且新增补了解放以来逝世的国家领导人和各方面的代表人物,以及许多科学研究新成果的条目。

新出版的《辞海》是根据1936年的旧版《辞海》重新修订的。这是1957年9月毛泽东同志提出的建议。1971年周恩来同志又提出把修订《辞海》的任务列入国家出版计划。由于林彪、"四人帮"的严重干扰和破坏,长期未能完成。去年12月,恢复并充实了《辞海》编委会,由夏征农担任主编。9个月来,参加修订的编写人员解放思想，实事求是，使新《辞海》修订工作顺利完成。

《辞海》的修订工作前后经历了22年时间，先后参加编纂的，包括有各学科的许多学者、专家，共5000多人，协作单位遍及全国。这部《辞海》除了在单字、语词部分词目中尚保留旧《辞海》的痕迹外，社会科学、自然科学方面的条目、内容已完全改观。

《辞海》还准备编写缩印本，3卷缩成1卷，这项工作正在进行。

10月3日

国务院副总理邓小平在人民大会堂会见英国皇家学会会长陶德勋爵和夫人一行

会见时，邓小平副总理同陶德勋爵就发展中英两国的科学技术合作与交流问题进行了友好的交谈。

邓副总理说，我国要实现科学技术现代化必须加快步伐。我们要以世界上先进的科学技术水平作为我们的起点。陶德勋爵说，我们赞赏你们为达到这个目的所采取的办法。我们皇家学会希望进一步加强同你们的接触和合作。

邓副总理说，我们双方早在50年代就已经建立了很好的关系。我们要继续加强和发展这一关系。

国务院副总理、中国科学院院长方毅，中国科学院副院长胡克实，外交部部长助理宋之光等，参加了会见。

英国驻中国大使柯利达也参加了会见。

《人民日报》发表评论员文章《端正对马克思主义的态度》

党的十一届四中全会号召全党、全军、全国各族人民，密切结合实际，继续深入批判林彪、“四人帮”反革命阴谋集团的罪行，批判他们所蓄意制造和推行的极左路线，肃清流毒和影响，普遍深入地开展关于真理标准问题的学习和讨论，坚定不移地按照党的十一届三中全会和五届人大二次会议的精神，统一思想，统一行动。

关于实践是检验真理的唯一标准的讨论，已经开展一年多了。目前正在更广大的范围继续深入下去，普及开来。凡是讨论得好的地区、部门和单位，广大干部、群众思想活跃起来，眼界开阔起来，过去想不通的事情现在开始想通了，不理解的问题现在开始理解了。人们的认识比较顺利地统一到党的十一届三中全会和五届人大二次会议的精神上来。事实充分说明，在实践是检验真理的唯一标准这个原理面前，一切假马克思主义的东西都要现出原形，一切过时的、陈旧的东西都站不住脚，一切禁锢人们思想的东西都要失去存在的根据。关于真理标准问题的学习和讨论，确确实实是从上到下、各行各业的同志都要学好的必修课。把这一课学好，把这项思想上的基本建设搞好，我们才能树立起正确的思想路线。思想路线端正了，贯彻执行党的政治路线才有保证，实现四个现代化才有真正的思想基础。

根据一些地方的经验，在真理标准问题的讨论中，有一个问题必须解决，不能回避，这就是：对待马列主义、毛泽东思想究竟采取什么样的态度，怎样才是坚持马列主义、毛泽东思想？

在我们党的历史上，怎样对待马列主义，从来是有斗争的。毛泽东同志坚持实事求是，一切从实际出发，把马列主义的基本原理与中国革命的实际结合起来，在中国条件下运用、发展马克思主义。这种态度是真正的马克思列宁主义的态度。与此相反，党内的机会主义者，特别是以王明为代表的“左”倾教条主义者，不问中国实际，生吞活剥运用马列词句，盲目照搬外国经验。他们攻击坚持实事求是的同志是“背弃马克思主义”，而自封为“100%的布尔什维克”。这两种截然相反的态度，究竟哪一种态度是真正坚持马列主义，历史早已作出了结论。毛泽东同志尖锐地批判了对待马列主义的这种反马列主义的态度，指出：“马克思、恩格斯、列宁、斯大林曾经反复地讲，我们的学说不是教条而是行动的指南。这些人偏偏忘记这句最重要的话。”“他们学马克思主义的方法是直接违反马克思主义的。”毛泽东同志领导全党开展了著名的延安整风运动，从思想路线上对“左”倾机会主义进行了彻底清算，把人们从教条主义的蒙蔽下解放出来，使全党思想统一到马列主义的科学基础上来，使党达到了空前的团结，从而保证了抗日战争和解放战争的胜利。

但是，我们党自延安整风运动以来建立起来的实事求是、理论联系实际的优良传统，遭到林彪、“四人帮”的严重破坏。林彪、“四人帮”是一伙反革命两面派，是十分狡猾的政治骗子和诡计多端的政治投机商。他们把高举毛泽东思想的旗帜喊得震天价响，实际上根本反对毛泽东思想。林彪不是说学习马列要找“捷径”吗？他们就是把口喊“高举”作为升官发财的捷径，作为攫取权力的捷径。他们越是要攫取更大的权力，攫取党和国家的最高权力，就把“高举”叫得越响。他们任意肢解、割裂、歪曲、篡改毛泽东思想的科学体系，把毛泽东思想搞得支离破碎，真假难分。他们大肆宣传什么“天才论”、“顶峰论”、“绝对权威”、“句句是真理”、“句句照办”、“理解的要执行，不理解的也要执行”，直至“永远按既定方针办”，把毛泽东同志加以神化，把毛泽东思想（经过他们歪曲和剪裁的）说成了最后的永恒真理。在林彪、“四人帮”横行时期,唯心主义、形而上学猖獗,现代迷信盛行,人们的思想受到极大的禁锢。

粉碎“四人帮”以后,党中央提出完整地准确地掌握毛泽东思想的科学体系,强调实事求是、一切从实际出发、理论与实践相结合,高度评价并且大力推动实践是检验真理的唯一标准的讨论,这一切对于拨乱反正,分清思想上、理论上、路线上、政策上的是非起到了重大的作用。但是,我们对林彪、“四人帮”极左路线的流毒决不可以低估。我们国家受封建主义统治了几千年,小生产的家长制在长时期内占优势,现代迷信能够风靡一时还有它的社会历史根源。尽管粉碎“四人帮”已经3年了,现在还有相当数量的同志思想处于僵化半僵化的状态。这些同志,对待面临的问题,不是从实际出发,以马克思主义的立场、观点、方法进行调查研究,找出解决办法,而是从本本上找现成的答案。判断一件事情是与非,他们不是看实践的结果如何,而是拿本本作唯一的根据。过去批判过的东西,实践证明批错了,他们不敢大胆恢复。过去提倡过的某些东西,实践证明提倡得不对,他们也不敢大胆否定。一件事情、一项政策、一个措施、一种提法,即使符合实际情况,也受到群众欢迎,如果本本上没有,或者与本本不一致,他们总觉得有问题。这说明,破除迷信,解放思想不是一个简单的任务。

破除迷信,解放思想,就要抹去林彪、“四人帮”涂在马列主义、毛泽东思想上面的神秘色彩。马列主义、毛泽东思想是什么?是科学,是无产阶级革命的科学。科学和迷信是水火不相容的。对待马列主义、毛泽东思想决不能采取“诚则灵”的态度。我们所以要坚持马列主义、毛泽东思想,不是因为别的,只是因为它正确,因为唯有马列主义、毛泽东思想能够指导我们的革命事业到达胜利。早在1930年毛泽东同志就说过:“我们说马克思主义是对的,决不是因为马克思这个人是什么‘先哲’,而是因为他的理论在我们的实践中在我们的斗争中证明了是对的。我们的斗争需要马克思主义。我们欢迎这个理论,丝毫不存什么‘先哲’一类的形式的甚至神秘的念头在里面。”对待马克思和他的理论应当这样,对待毛泽东同志和他的著作也应当这样。毛泽东同志是伟大的马克思主义者,但是毛泽东同志不是“先哲”,不是神。正如周恩来同志所指出的,毛泽东同志是在中国的土壤上生长的,同人民群众血肉相连的,从长期革命斗争的实践中产生的伟大人物,而不是天生的圣人。邓小平同志在党的八大关于修改党章的报告中也指出:“对于领袖的爱护——本质上是表现对于党的利益、阶级的利益、人民的利益的爱护,而不是对于个人的神化。”多少年来,林彪、“四人帮”不但把毛泽东思想绝对化、教义化,把它说成天才头脑的产物,否认毛泽东思想也要接受实践的检验,而且搞什么早请示、晚汇报、忠字舞、语录歌之类,竭力制造一种对领袖的神秘气氛,煽动宗教式的狂热,简直使人退回到蒙昧时代,哪里有一丝一毫马克思主义的气味!

对待革命领袖和他们的理论,我们既不能有丝毫的神秘念头,也不能满足于“朴素的阶级感情”。无产阶级的广大人民在长期的革命斗争中,从自己的亲身经历中,认识了自己的领袖,产生了对领袖的深厚阶级感情。但是,光有朴素的阶级感情,并不能成为自觉的革命战士。我们共产党人和革命者毕竟是要根据马列主义、毛泽东思想的科学理论办事,而不能仅仅凭朴素的阶级感情办事。光有朴素的阶级感情,是很难辨别真假马克思主义的,特别是难于识破打着红旗反红旗的政治骗子;相反,随时都会被别有用心的人利用,成为现代迷信的俘虏。这是很值得我们警惕的。破除迷信,解放思想,就要反对用形而上学的观点对待马列主义、毛泽东思想。历史上有许多思想家都企图把自己的学说说成终极的真理。其实,这不过是妄想。马克思主义者比他们高明的地方,就是公开宣称马克思主义并没有结束真理,而是在实践中不断地开辟认识真理的道路。马列主义、毛泽东思想既然是一种科学,它就不会也不可能停滞不前。正如毛泽东同志所说的:“马克思主义一定要向前发展,要随着实践的发展而发展,不能停滞不前。停止了,老是那么一套,它就没有生命了。”用科学的态度对待毛泽东思想,就必须以发展的眼光看毛泽东思想,决不能把它看成凝固不变的。那种认为革命导师说过的一切都要照搬照抄照办,而没有说过的都不敢想、不敢说、不敢干的态度,是直接违背马克思主义的。大家知道,从马克思起,没有一个经典作家,包括毛泽东同志在内,主张过这种照搬,赞成过这种不敢。毛泽东同志精通马列主义,忠实于马列主义的精神和实质,但从来不拘泥于马列的字句,不拘泥于马列的个别结论,不怕用符合新的历史条件的新结论代替那些已经陈旧的结论,不怕用符合中国情况的论断代替那些不符合中国情况的论断。毛泽东同志把马列主义的基本原理与中国民主革命的实践相结合,找到了一条农村包围城市的道路;把马列主义的基本原理与中国社会主义革命和社会主义建设的实践相结合,写出了《论十大关系》《关于正确处理人民内部矛盾的问题》等著作。毛泽东同志提出的许多东西,都不是照搬马列的本本,而是具有中国的特点,从而丰富了马列主义的宝库,创造性地发展了马列主义。恩格斯说得好:“我们只能在我们时代的条件下进行认识,而且这些条件达到什么程度,我们便认识到什么程度。”实践发展了,历史条件改变了,认识就要向前发展，理论就要向前发展。这是完全合乎逻辑的。现在我们国家进入了新的发展时期，情况变了，任务变了，条件(包括国际条件)变了。党中央运用马列主义、毛泽东思想的基本原理，根据新的情况提出新的路线、方针和政策，并对过去那些已经不适合今天情况的方针、政策、口号和提法加以改变，是完全正确的，也是不可避免的。我们这样做，正是坚持了毛泽东思想最根本的原则——实事求是。也只有这样做，才能把毛泽东思想同当前四个现代化建设的实际结合起来，使毛泽东思想得到发展。这才是真正捍卫毛泽东思想。发展和捍卫并不是对立的。在这个问题上不应当抱形而上学的观点。列宁如果不在社会主义革命能在一国首先胜利的问题上发展马克思主义，就不能捍卫马克思主义。毛泽东同志如果不在从农村到城市的问题上发展马列主义，也就不能捍卫马列主义。同样，今天我们如果不努力把毛泽东思想同“四化”建设结合起来，发展毛泽东思想，也就谈不上捍卫毛泽东思想。

破除迷信，解放思想，就要对革命领袖采取两点论。按照辩证法的观点，任何政党和任何个人在自己的活动中都不会是没有缺点和错误的。一分为二是普遍的规律，对于卓越的革命领袖也不例外。所以三中全会公报说：“毛泽东同志是伟大的马克思主义者。他对于包括自己在内的任何人，始终坚持一分为二的科学态度。”叶剑英同志在庆祝中华人民共和国成立30周年大会上的讲话中也指出：“必须正确理解群众、阶级、政党和领袖之间的相互关系，这在社会主义社会中尤其重要。”“任何领袖人物都不是神，都不可能没有缺点错误，都不应当加以神化。”我们强调毛泽东思想从整体来看是一个科学体系，不容许肢解分割，断章取义。另一方面，我们也不应要求毛泽东同志的每一个论断，每一个指示都准确无误，完美无缺。

不论是某句话还是某种论点是不是真理，最后不能以是某个人说的来判断，而只能以实践的检验结果来判断。认为一个人只要成了马克思主义者，他说的每一句话、作出的每一个论断，都必然是真理，那就是迷信。林彪、“四人帮”不允许说对毛泽东思想可以一分为二，谁要说了就被打成反革命，这完全是别有用心，蓄意整人。革命领袖为什么在理论上和在实际工作的指导上会有失误呢？我们知道，革命领袖并不是生而知之的，他们认识客观世界也要遵循“实践、认识、再实践、再认识”的规律，也要经历从不知到知，从知之不多到知之甚多，从认识不完全到比较完全这样一个不断深化的过程。由于各种条件限制，革命领袖作出的论断和决策，也可能有不够准确、不够完善的地方。除了历史的局限性外，如果革命领袖在某些时候、某些问题上脱离了实际，脱离了群众，脱离了领导集体，思想方法离开了辩证唯物主义，也会发生失误。这种情况在国际共产主义运动的历史上是有先例的，并不奇怪。毛泽东同志一贯教导我们要坚持真理，修正错误。他还说：“我们除了科学以外，什么都不要相信，就是说，不要迷信。中国人也好，外国人也好，死人也好，活人也好，对的就是对的，不对的就是不对的，不然就叫作迷信。要破除迷信。不论古代的也好，现代的也好，正确的就信，不正确的就不信，不仅不信而且还要批评。这才是科学的态度。”我们对于毛泽东同志的论断，经过实践的检验，经过认真总结经验，正确的就坚持，不正确的就修正，这完全符合毛泽东同志的教导，符合党的优良传统，符合人民的利益，不仅不是什么“砍旗”，恰恰是维护了毛泽东思想的旗帜。

“我们的斗争需要马克思主义。”这是中国人民从100多年来的斗争经历，从失败和成功的比较中得出的正确结论。但是，只有把马列主义的普遍真理和中国革命的具体实践结合起来，才能引导中国革命到达胜利。把这个结合工作做得最好最出色的，就是毛泽东同志。这种结合的产物，就是毛泽东思想。马列主义、毛泽东思想过去是今后仍然是中国革命的胜利旗帜。我们进行社会主义现代化建设，必须坚持社会主义道路，坚持无产阶级专政，坚持共产党的领导，坚持马列主义、毛泽东思想。而最根本的就是坚持马列主义、毛泽东思想。不坚持这一条，就不可能坚持其他三条，社会主义现代化建设就不会成功。因此，各条战线的同志，首先是各级领导同志，除了要学科学技术、学业务知识外，毫无例外地都要认真学习马列主义、毛泽东思想。要彻底肃清林彪、“四人帮”的流毒，端正我们的学风。我们需要的不是天天口喊高举，而是老老实实地学习和掌握马列主义、毛泽东思想的基本原理；不是千百遍地口喊对毛泽东思想的忠诚，而是切切实实地运用马列主义、毛泽东思想的立场、观点和方法去研究新情况，总结新经验，解决新问题。林彪、“四人帮”横行时期，喊“高举”比党的历史上任何时期都喊得响，各种各样的毛主席语录比以往任何时期都编得多、印得多，广大干部群众学习毛泽东同志著作的时间比以往任何时期都规定得多。但是恰恰是在这个期间，我们党的马列主义、毛泽东思想水平降低了，以致一些领导干部连天才论和实践论也不能区别，以致在粉碎“四人帮”以后，一些同志对实践是检验真理的唯一标准这个马克思主义的基本原理和常识竟然不能理解、不能接受。这个教训，我们一定要记取。

关于真理标准问题的学习和讨论，是我们党、我国人民继延安整风运动以后又一次伟大的马克思主义的思想解放运动。思想的解放，从来是社会大变革的先导。实现四个现代化，经济要改革，政治要民主，没有思想解放这个先决条件是不行的。搞现代化建设同搞现代迷信，根本不能相容。延安整风运动，曾经使全党摆脱了教条主义的束缚，解放了思想，统一了认识，为以后短短几年内接连取得抗日战争和解放战争的伟大胜利奠定了思想基础。这次思想解放运动，必将使广大干部群众彻底打碎林彪、"四人帮"强加的精神枷锁，克服现代迷信造成的思想僵化半僵化状态，开动机器，实事求是，从而加快现代化建设的步伐，实现我们肩负的光荣而伟大的历史任务。

中央统战部在人民大会堂邀请港澳同胞国庆代表团座谈

中共中央统战部第一副部长、政协全国委员会副主席兼秘书长刘澜涛在座谈会上回顾了我国的革命历程后说，新中国的成立和发展，港澳同胞是作出了重要贡献的。叶剑英委员长要求港澳成为台湾和大陆之间进行联系的一座桥梁，这是祖国对港澳同胞的殷切期望。我们坚信，具有光荣爱国传统的港澳同胞一定能起到这个光荣作用，一定能为祖国的发展和统一作出新的更大的贡献。

港澳同胞国庆代表团的一些成员在座谈会上的发言中说，祖国的繁荣和统一是港澳同胞的一致愿望，我们一定要团结广大港澳同胞，起到台湾和大陆之间进行联系的桥梁作用。

座谈会后，中央统战部设便宴招待了他们。中央统战部和有关方面负责人平杰三、童小鹏、李贵、熊向晖、刘宁一、李后以及知名人士谢冰心、顾颉刚，参加了座谈和便宴。

国务院副总理谷牧在人民大会堂会见由工商联合总会会长黄祖耀率领的新加坡经济考察团

国务院副总理薄一波在北京会见以冈本敬二教授为团长的日本总理府派遣的青年访华团

国务院副总理姬鹏飞在北京会见由比亚塔·基茨基斯夫人率领的希腊友好人士代表团

全国妇联名誉主席宋庆龄在北京会见以坤仁素玛里·乍滴甲瓦尼夫人为团长的泰国妇女委员会代表团

全国青少年科技作品展览在北京开幕

展览由中国科协、教育部、国家体委、共青团中央联合举办。

中共中央副主席、全国人大常委会委员长叶剑英，中共中央副主席、国务院副总理邓小平，全国人大常委会副委员长、中国人民保卫儿童全国委员会主席宋庆龄，为在北京举办的全国青少年科技作品展览题词。叶剑英的题词是："勤奋学习 勇于实践。"邓小平的题词是："青少年是祖国的未来，科学的希望。"宋庆龄的题词是："广大青少年要勤奋学习科学文化知识，向科学技术进军，为祖国现代化事业贡献力量。"

中共中央政治局委员、全国人大常委会副委员长、全国青少年科技作品展览组织委员会名誉主任邓颖超，政协全国委员会副主席康克清，以及有关方面的负责人周培源、张承先、王猛、韩英等出席了开幕式。

全国青少年科技作品展览组织委员会主任茅以升主持开幕式。邓颖超致开幕词，并为展览会剪彩。

邓颖超说，青少年是祖国的未来，科学的希望。在实现四个现代化的新长征中，希望你们勤奋学习，刻苦钻研，勇于探索，敢于创新，准备为建设社会主义现代化强国贡献你们的青春。

邓颖超强调说，希望我们的科学家、教师、家长以及整个社会都来关心和支持青少年的科技活动，为青少年的学习和成长创造更好的条件，把青少年一代培养成有理想、有知识、懂理论、会实践、又红又专的革命接班人。

出席开幕式的还有国务院各有关部委、人民解放军总政治部和全国妇联等单位的负责同志武衡、童大林、于光远、裴丽生、刘述周、董纯才、荣高棠、于步血、尹忠尉、胡德华、钱敏、刘寅、傅钟等，以及我国著名的科学家、儿童文学作家钱三强、贝时璋、黄家驷、高士其、杨显东，沈其益、张有萱、黄汲清、侯祥麟、金近、袁鹰等。

开幕式结束后，大家参观了展览会，并看了青少年们自己制作的飞机、汽车、电子琴、机器人和各科学玩具的表演。

这次展览展出了29个省、自治区、直辖市选送的青少年科技作品近3000件。展览共分序厅、数理化、天地、生物、航模、海模、无线电和科技美术8个部分。还展出了国外青少年开展科技活动的一些器材、元器件和科学玩具等。展出期间将要举行青少年科学讨论会。展览预计年底闭幕，展览结束时将对青少年的优秀作品进行奖励。

中国作协吸收多名新会员

新华社报道，中国作家协会最近吸收了452名新会员，他们当中有王蒙、邓友梅、刘心武、李建彤、宗福先、苏叔阳、孔捷生、莫伸、贾平凹、叶文玲、张洁、张扬、卢新华、蒋子龙、苏阿芒、克里木·霍加等。

这是中国作家协会在粉碎“四人帮”后恢复工作以来,吸收的第一批会员。这些新会员分布于29个省、自治区、直辖市,包括汉、蒙古、藏、满、回、朝鲜、维吾尔、哈萨克、土家、苗、壮、白、锡伯、达斡尔等民族。这些小说、诗歌、剧作、文艺评论、文学研究、翻译、文学编辑等方面的作家和专家,大多数是青年和中年,其中既有在“文化大革命”以前就为广大读者所熟知的作家,也有最近几年活跃于文坛的新人。

《辞源》修订初稿全部完成第一分册在北京出版

新华社报道,我国现代规模最大的一部古代汉语语文工具书——《辞源》的修订初稿最近全部完成。经过修订的《辞源》全书分4个分册,共收词目10万余条,约1000多万字。《辞源》修订本的第一分册,国庆节前已在北京出版,著名教育家、作家叶圣陶为它题写了书名;第二分册将在明年年初出版;第三、第四分册也将陆续出版。第一分册为精装16开本,收有词目2.4万多条,共230多万字。

《辞源》的编纂开始于1908年(清光绪三十四年),1915年出书,距今已有64年。它是现代中国一部最早的、规模较大的工具书。但是,由于时代的进步和这部辞典本身的缺点,目前它已不能满足读者的需要。为了对它进行修订工作,在国家出版事业管理局的领导下,广西、广东、河南和湖南4省、区于1976年年初起分别成立了专门机构。它们和商务印书馆编辑部协作,用3年多的时间全部完成了修订初稿。

负责修订《辞源》编审工作的吴泽炎、黄秋耘对记者说,经过修订的《辞源》,从内容到字数都较旧《辞源》略有增加。但基本上保持了原来的特点:以语词为主,兼收百科;以常见为主,强调实用;结合书证,重在溯源。他们还告诉记者,这次修订《辞源》是按照下列原则进行的:一、明确和《辞海》的分工,确定本书是一部阅读古籍的工具书,不收现代自然科学和社会科学的词目;二、作为古汉语辞典,它是一般性的;作为一般工具书,它是专业性的;收词一般止于鸦片战争(公元1840年);三、改正原书有关音、形、义、书证方面的错误;四、对全书所引书证,全部加以复查和核对,并加注用者、篇目和卷次。

商务印书馆总编辑陈原为《辞源》第一分册出版举行了座谈会,胡愈之、叶圣陶、白寿彝、吕叔湘、陈翰伯、张友渔、王力、任继愈、王子野等发言,对《辞源》出版表示祝贺,同时谈了对辞书出版工作的意见和建议。

10月4日

中共中央召开各省 自治区 直辖市党委第一书记座谈会

会议于10月4日至10日召开,讨论1980年国民经济计划安排。华国锋、邓小平、李先念、陈云在会上讲了话。

李先念代表中央政治局常委讲了对计划安排的意见。他指出,1980年和1981年两年的经济工作,调整是关键。国家预算内基本建设投资按200亿元左右定下来,大中型项目坚决再减掉几百个,但不能推平头;工业生产的增长速度按6%定下来,争取达到7%—8%。

邓小平在会上指出:经济工作是当前最大的政治,经济问题是压倒一切的政治问题。所谓政治,就是四个现代化。在谈到中国式的现代化的标准时,他提出了到本世纪末国民生产总值达到人均1000美元的设想。

中国国际信托投资公司董事会在北京成立

中国国际信托投资公司董事会宣布正式成立,并在人民大会堂台湾厅召开了第一次董事会议。

会上宣布了国务院批准的董事会人选:董事会由44人组成,荣毅仁、雷任民、吴志超、陈树梓、王兼士为常务董事,荣毅仁任董事长,雷任民任副董事长。公司总经理由荣毅仁担任,雷任民、吴志超、陈树梓任副总经理。

国务院副总理谷牧出席董事会表示祝贺并讲了话。

董事会上宣布了国务院批准的公司章程。章程规定:中国国际信托投资公司为社会主义国营企业,是国务院直接领导的业务机构。公司的任务是按照中华人民共和国中外合资经营企业法及国家其他有关法令、条例,引导、吸收和运用外国的资金,引进先进技术,进口先进设备,对我国进行建设投资,加速我国社会主义现代化建设。公司的资本为人民币2亿元。

公司筹备处负责人荣毅仁今天向董事会报告了公司建立的经过、筹建期间开展的业务以及今后工作的设想。他说,3个月来,国外厂商函电联系或来访洽谈的有100多家。我们在普遍开展业务联系的基础上,有重点地开始办理信托投资业务,有几项已经达成初步协议。荣毅仁说,香港分公司也正在筹备中,争取早日成立。

公司的其他董事有中央和地方有关部门领导人,中国民主建国会、中华全国工商业联合会和各地工商界代表人士,港澳工商界人士,著名的法律学家和经济学家,以及著名的爱国人士:马万祺、王少岩、王光英、王纪元、王宽诚、叶林、古耕虞、刘希文、刘靖基、孙孚凌、孙晓邨、华煜卿、芮沐、肖桐、何贤、何郝炬、李文杰、李嘉诚、杜新波、邱纯甫、陈希仲、汤元炳、周志俊、周宝芬、张敬礼、张遗、段云、茅以升、胡子婴、经叔平、郭棣活、钱昌照、资耀华、曾定石、常彦卿、童少生、裴先白、缪云台、霍英东。

下午,中国国际信托投资公司董事会举行中外记者招待会,董事长兼总经理荣毅仁向记者介绍了公司的宗旨、性质、经营管理方式,以及开展业务的情况,并回答了中外记者提出的问题。

中国国际信托投资公司是中国第一家信托机构,标志着信托业在中国的重新崛起。

党和国家领导人叶剑英等在人民大会堂接见中国国际信托投资公司董事会全体董事

中共中央副主席叶剑英,全国人大常委会副委员长乌兰夫,国务院副总理王震、谷牧、陈慕华,接见中国国际信托投资公司董事会出席第一次会议的全体董事。

叶剑英同志鼓励大家积极参加国家的社会主义建设,为四个现代化作出贡献。接见后,叶剑英同志等同大家一起摄影留念。

全国广播电视新产品展销会在北京举行

今年,我国的电视机产量将是1976年的6倍。在展出的各种电视机中,上海飞跃牌12英寸电视机格外引人注目。这种电视机线路设计合理,图像清晰,元器件比同类机械少30%;钟控式收音机以它兼有闹钟和收音机的两种功能,而独具特色。它能像控制闹钟铃响一样让收音机按照预先拨好的时间打开和关闭。刚刚进入我国消费领域的国产各种牌号的收音、录音两用机,外形美观,音质良好,引起观众的极大兴趣。

这次展销会是为庆祝新中国成立30周年,汇报我国广播电视工业的新发展,由四机部、商业部、国家广播电视工业总局共同在北京举办的,预计10月31日结束。

展销会的展览部分设在中国美术馆,展品300多种,都是近两三年来广播电视工业生产的新产品。在今年增产节约运动中涌现出的一批新品种还是首次和广大群众见面。

国务院副总理方毅在北京会见美国朱氏投资银行业有限公司总经理朱庆祖和夫人罗沙琳·玛丽

国务院副总理王震在北京分别会见以真山美保为团长的日本新制作友好访华团和以邱锡生博士为团长的美国电气电子工程师学会代表团

中联部部长姬鹏飞在北京会见由荷兰共产主义统一运动(马列)主席 政治书记基斯·德·布尔率领的荷兰共产主义统一运动(马列)中央代表团

全国人大常委会副委员长邓颖超在北京会见由比利时—中国协会副主席让·尼洪率领的比利时—中国协会代表团

中国新任驻瑞典大使曹克强在斯德哥尔摩首都皇宫向瑞典国王古斯塔夫递交国书

出席第三十四届联合国大会的中国代表团团长韩念龙在纽约会见美国国务卿万斯

《中国风光》由人民画报社出版

《人民日报》报道,展示祖国山河壮丽景色的我国第一部大型彩色摄影画册《中国风光》,最近已由人民画报社编辑出版,即将在国内外同时发行。

《中国风光》共选登了140多位专业和业余摄影工作者的211幅彩色风光摄影作品。廖承志副委员长为画册写了前言。

北京恢复一批著名老字号

新华社报道,为了满足人民的需要,北京陆续恢复了一批著名的饭馆、商店的老字号和经营特色。其中有“东来顺”饭庄、“内联陞”布鞋店、“盛锡福”帽店、“月盛斋”五香酱牛羊肉店、“老正兴”上海菜馆,以及江苏风味的“玉华台饭庄”、湖南风味的“曲园酒楼”、山东风味的“萃华楼饭庄”、四川风味的“峨嵋酒家”和北京风味的“都一处”烧麦馆、“便宜坊”烤鸭店和专门供应南方风味的野味和肉食的“浦五房”等。这些饭馆的商店恢复老字号后,都注意恢复和保持原来的风味特色。

10月5日

全国政协第五届常委会第八次会议在北京举行

会议于10月5日至7日举行。

这次会议主要是学习和讨论中共十一届四中全会公报和叶剑英同志在庆祝中华人民共和国成立30周年大会上的讲话。到会委员在会上一致表示拥护公报和讲话,更加紧密地团结在中共中央的周围,做解放思想的促进派,做安定团结的促进派,做“四化”建设的促进派,做统一祖国的促进派。

政协全国委员会副主席乌兰夫主持了会议。胡厥文、荣毅仁、王昆仑、史良、周建人、季方、黄鼎臣、蔡啸、许德珩、韩英、康克清、胡子昂、班禅额尔德尼·确吉坚赞、程思远、李淑英、吴亮平、董其武、缪云台、汪德昭等先后在会上发了言。

会议经过充分讨论，一致通过了《中国人民政治协商会议第五届全国委员会常务委员会关于认真学习和贯彻执行中共十一届四中全会公报和叶剑英同志在庆祝中华人民共和国成立30周年大会上的讲话的决议》。

决议指出，叶剑英同志的讲话是我国新时期极为重要的历史文献，对于我们坚定不移地按照中共十一届三中全会和五届人大二次会议的精神，统一思想，统一行动，努力完成人民政协在新的历史阶段的光荣任务，是锐利的思想武器，具有长期的指导作用。各级政协的学习委员会要采取有效措施，组织委员和各界人士，把学习这个重要讲话作为今后一个时期学习的主要内容。

决议说，中共十一届三中全会、四中全会和叶剑英同志讲话所指出的辩证唯物主义思想路线，对人民政协的今后工作，有特殊重要的意义。我们要解放思想，开动机器，实事求是，紧密联系政协30年的历史，认真总结经验，切实吸取教训，进一步分清路线是非，完整地、准确地理解和执行党和毛泽东同志关于统一战线的理论、方针与政策。各级人民政协、各民主党派，要普遍深入地开展关于真理标准问题的学习和讨论，端正思想路线，粉碎林彪、“四人帮”设置的精神枷锁，彻底批判他们蓄意制造和推行的极左路线，坚决肃清他们的流毒和影响，打破两个“凡是”的禁区，认真解决实际问题，使我们的工作更好地为实现社会主义现代化建设的政治路线服务。

决议说，我国社会的阶级状况已经发生了根本变化，我国革命的爱国的统一战线已经成为全体社会主义劳动者、拥护社会主义的爱国者和拥护祖国统一的爱国者的广泛政治联盟。我们要继续发展和壮大革命的爱国的统一战线，加强各级人民政协和各民主党派的工作，在维护祖国统一、增强人民团结和促进现代化建设方面，发挥更大的作用。人民政协要进一步开展民主协商，活跃国家政治生活，调动各方面人士的积极性，广开言路，广开才路，发挥对实施宪法、法律和贯彻执行政策的监督作用；要发扬自我教育、自我改造的传统，帮助委员和各界人士在为现代化建设服务的基础上不断前进。人民政协应当为完成祖国的统一大业努力贡献力量。

会议还听取了关于政协五届二次会议提案处理情况的汇报和关于宗教界人士在国外访问并参加国际宗教活动的情况汇报。

会议任命刘宁一、史永为政协全国委员会副秘书长。

我国煤矿工人基本掌握世界先进的综合机械化采煤技术

新华社报道，目前，我国已有一批综合机械化采煤队达到年产原煤50万吨水平，有三分之一的队达到等级队标准。这说明，我国煤矿工人正逐步掌握世界上先进的综合机械化采煤技术。

等级队的标准是：年产原煤50万吨的为甲级队，40万吨的为乙级队，30万吨的为丙级队。此外，还有一些其他的技术要求。

采煤综合机械化，是煤矿现代化的主要标志。综合采煤机组就像是一座井下的“活动车间”，采煤各道工序全部由配套组合成为有机整体的机器来进行，这样可以大大提高采煤效率，还能推动矿井其他部门的技术改革。我国在70年代初期，开始采取国内研制和引进国外先进技术相结合的办法，发展采煤综合机械化，相继在开滦、大同、阜新、徐州等20个矿务局的40多个矿井中采用。

综合机械化采煤等级队标准公布后，各煤矿开展了热气腾腾的竞赛。今年头8个月，全国已有23个综合机械化采煤队达到了等级队标准，比去年年底增加四分之三，占到全国综合机械化采煤队总数的三分之一。开滦林西矿综采一队、范各庄矿综采一队、徐州旗山矿综采三队今年头8个月原煤产量就达到40万吨以上，超过了规定的甲级队标准。

《人民日报》发表评论员《积极支持农工商联合企业的发展》

办农工商联合企业，是党中央为加快农业发展所采取的一项重要措施。去年9月，党中央、华主席提出首先在国营农场试办。去年12月党的三中全会原则通过的《关于加快农业发展若干问题的决定(草案)》进一步提出，国营农场要“尽快建成农工商联合企业”。许多省、市、区积极响应，进行试点，取得了一些成绩和经验。他们既生产原料，又进行加工，还自行销售，实行生产、加工、销售一条龙，改变了多年以来单纯经营农业的状况。初步的实践，已显示出农工商联合经营的优越性。第一，依靠加工和销售获得的利润，增加了资金积累，促进了农牧业生产的发展；第二，由于生产门路多了，多余的劳动力有了出路，有利于提高劳动生产率；第三，由几个单位联合起来，共同筹措资金，可以建立一个生产单位难以兴办的生产项目，扩大生产规模；第四，直接销售自己的产品，可以减少中间环节，减少储运耗损，方便群众，活跃市场；第五，联合企业与周围社队挂钩，由社队提供农畜产品原料，联合企业加工，再将加工和销售的部分利润返还给社队，增加社队收入，密切场社关系。

农工商联合企业这一新事物的出现，已经显示出它在农业现代化中的示范作用，广大人民群众热烈欢迎。但是，由于这一新事物的许多方面受我们现行的经济管理体制的束缚和习惯势力的影响，它在前进道路上还有不少阻碍，有些人对它还有不同的认识。有人认为农场只能种田务农，搞工、搞商是不务正业；有人认为联合企业经商会搞乱统一市场，减少国家财政收入；有人认为农工商联合企业是外国的经验，我国农业生产水平低，还不具备办的条件；有人甚至利用行政的和经济的手段，给农工商联合企业制造种种困难，阻挠联合企业的试办工作。

办农工商联合企业，可以加速发展农业，提高劳动生产率和商品率。农业是国民经济的基础，农业上不去，就会拖四个现代化的后腿。多年来，我国农业都是单一经营，单纯生产原料，不管加工，不管销售，种粮食的只生产原粮，种棉花的只生产原棉，搞畜牧的只养牲畜，搞林业的只提供原木。农业生产周期长，农产品价格低，集体和社员收入较少，积累更少。农产品加工业多数由工业部门经营，农畜产品收购和销售由商业部门统一经营。事实证明，依靠这种经济管理体制，农业是很难富起来的，农业现代化是很难实现的。党的三中全会决定增加农业投资，提高农畜产品价格，这是加速农业发展的重大措施。但是，我们国家人口多，底子薄，目前要拿出大量投资满足农业现代化的需要，是不现实的。那么，出路在哪里呢？办农工商联合企业，自己生产原料，自己把它变成工业品，自己销售出去，变成资金，再投入扩大农业再生产，就是一个出路。走农工商联合企业的道路，已是世界各国农业的发展趋势。党中央决定尽快把国营农场办成农工商联合企业，农场既搞农牧业生产，又兴办农畜产品加工业，发展销售自己产品的商业，使农工商三者结合起来，并逐步缩小工农差别和城乡差别。这个方针是完全正确的。国营农场要走这条路，人民公社也要走这条路。当然，这条路要一步一步地走，不能一哄而起，因为还缺乏经验。对国外的经验不能照搬，只能从我国的实际情况出发，首先搞好试点，取得经验，逐步推广。

既然要试办，就要允许试点单位打破某些框框。党中央、国务院非常重视经济管理体制的改革。华国锋同志在五届人大二次会议的报告中指出，上层建筑、生产关系、习惯势力障碍着“四化”的进行，必须改革。党中央提出“调整、改革、整顿、提高”的八字方针，把改革放在第二位，说明改革的重要。这就要根据实践是检验真理的唯一标准，经过调查研究，对障碍“四化”，不利于生产力发展的条条、框框，勇于提出改革意见。对于试办农工商联合企业的单位要给以支持，允许他们打破现有的一些框框。如果这也不准动，那也不准改，仍旧在原来的制度、规定内办事，那算什么改革，还试什么点呢？改革无非是两种可能，一种是改对了，一种是改错了；即便改错，也可总结经验，吸取教训。当然，改的时候，要好好调查研究，不能盲目从事，力争改对，改好。改了之后，要比以前生产发展得更快，劳动生产率和商品率要更高，要做到三个有利，即对国家有利、对企业有利、对职工个人有利。对国家有利，就是要为国家提供更多的商品，提供越来越多的积累；对企业有利，就是要做到生产不断发展，盈利不断增加；对职工个人有利，就是要使职工的物质和文化生活不断改善，福利待遇不断提高。生产搞得好的，职工收入可以多些。要打破农业工人比工业工人收入低，集体所有制企业工人比全民所有制企业工人收入低的框框。联合企业的试点单位，就是要为我国农业的高速度发展和实现农业现代化走出一条路子。地方各级党委和政府要加强领导，把试点办好。中央和地方各个部门都应该热情支持这一新生事物，做试办农工商联合企业的促进派。

国务院副总理余秋里在北京会见由芬兰—中国协会主席乌尔霍·凯赫宁率领的芬中协会友好访华团

中国科学院院长方毅在北京会见美国加利福尼亚大学热斐尔学院院长吴家玮教授

中国科学院通过整顿加快发展

《人民日报》报道，近3年来，中国科学院通过揭批查运动，落实政策，整顿科研机构，实行“五定”（定方向任务、定课题、定人员、定制度、定设备），改进政治工作和后勤工作，各方面发生了显著的变化，加快了向四个现代化进军的步伐。

全院在落实党的干部政策和知识分子政策过程中，已有大批受迫害的老干部和老科学家重新回到各级领导岗位。继恢复科研人员职称之后，大批科研骨干被提升晋级。据不完全统计，两年多来，全院提升为助理研究员、工程师的共有4000多人，提升为副研究员、副总工程师的有900多人。经中央批准，中国科学院实行了科研津贴制度，已有一批有发现、发明和突出贡献的科技人员得到科研津贴。这些措施，对于鼓励有真才实学的科技人员更好地发挥作用，以及改善部分科技人员的生活，起了积极作用。

全院的科研机构和科研队伍得到了恢复和发展。到目前为止，中国科学院的机构已从1976年的64个发展到110多个，还有4所大学，9个工厂，成立了12

个地方分院。全院科技人员已达3万多人。一些重大的科学实验工程,如高能加速器、天体物理实测基地等,正在进行设计和建设。同时,建立了空间中心,建立了桃源、栾城、海伦3个农业现代化科学实验基地。

1977年和1978年,中国科学院平均每年获得科研成果1000余项;今年上半年,全院完成科研成果470项,其中重大成果46项,比去年同期增长了13%。不论在基础理论、新兴技术方面,还是在运用新理论和新技术为国民经济和国防建设服务方面,都出了一批重大的和比较重大的科研成果。

中国科学院开始恢复了学部的组织活动。许多研究所也建立了学术委员会。科学家参加了科研领导工作,发挥了更大的作用。科研管理逐步有所改善,许多研究所试行了课题核算,开展了同行评议。科研人员的培养工作显著加强。去年和今年,中国科学院共派出400名访问学者和留学生,招收了1700多名研究生。这两年多来,还发展了国际的学术交流活动。仅1978年,中国科学院就接待了25个国家的571名外籍科学家的访问考察、短期工作和进修学习,有587名科技人员出国考察和参加学术会议。今年以来,我国一些著名科学家如华罗庚、吴文俊、黄昆、陈景润、葛庭燧等,又相继赴美、英、法、意等国讲学,受到国外学术界的欢迎。美籍物理学家李政道、丁肇中等来科学院讲学,对提高我国理论物理研究的水平起了良好作用。同外籍科学家合作进行的研究工作,也取得很好的效果。

全院适应新的形势,改进了政治工作和后勤工作,更好地贯彻执行为科研服务的方针。经中央批准,撤销了政治部,由党委直接抓思想政治工作。政治工作和后勤工作战线的同志,在保证科研工作方面积极贡献力量,许多同志作出了出色的成绩。1977年以来,平均每年新增的宿舍建筑面积,超过历史上的最高年份,为"文化大革命"时期每年平均数的4倍多。一些研究所的食堂、幼儿园等生活福利工作有了较显著的改进。

"张志新烈士事迹展览"在沈阳辽宁美术馆展出

"张志新烈士事迹展览"是中共辽宁省委宣传部主办的。展览包括照片近300幅,美术、雕塑作品120多件,实物120多件。展览共分3个部分,第一部分:"为真理而斗争,誓死捍卫党",着重介绍了张志新烈士从无产阶级"文化大革命"开始,到被"四人帮"及其在辽宁的死党杀害之前,与林彪、"四人帮"坚持斗争的英勇事迹;第二部分:"生活,就应该是火红的",概括地介绍了烈士青少年时期的生活道路及参加革命后在党的培养教育下成长的过程;第三部分:"学习张志新精神,为加速社会主义现代化建设而奋斗",用大量图片反映了中共辽宁省委为张志新烈士平反昭雪后,全国人民决心学习烈士的革命精神,为早日实现四个现代化齐心奋斗的情景。

10月6日

《人民日报》发表本报记者述评《关心群众生活 加快住宅建设》

在生产发展的基础上,逐步改善劳动人民生活,包括居住条件在内,是我们社会主义制度的一项重要原则。新中国成立以后,随着国民经济和各项建设事业的发展,全国各地重视了住宅建设。自1950年至1965年,国家投资建设的住宅达2.6亿多平方米。许多城市在此期间新建的住宅,接近了甚至几倍地超过了原有住宅面积的总和,使数千万劳动人民迁入新居,居住条件逐步有所改善。

但是,由于林彪、"四人帮"的破坏,我国的国民经济濒临崩溃的边缘,住宅建设的投资也日益下降,建设速度非常缓慢。据有关部门统计,城市住宅建设投资占基本建设投资总额的比例,第一个五年计划为9.1%,第三个五年计划则降到了3.98。1966年至1976年这11年,平均每年竣工面积只有1800多万平方米。由于建设事业的发展,城市人口的增长,据192个城市的统计,平均每人居住面积由解放初期的4.5平方米,下降为3.6平方米。许多城镇和工矿区,特别是人口集中、工业发展较快的大中城市,群众住房十分紧张。

粉碎"四人帮"后,党和政府采取了一些有力的措施,加快城市住宅建设。3年来,在恢复和发展生产的同时,国家用于建设住宅的投资逐年增多,已盖起了一批新的住宅。1977年用于住宅建设的投资达25亿元,占基本建设投资总额6.9%,竣工面积2800多万平方米;1978年投资37.5亿元,占基本建设投资总额7.8%,竣工面积3700多万平方米;今年国家投资、地方和工矿企业自筹资金,总额不下60亿元,占基本建设投资总额的比例超过了10%,1—8月份已施工面积达6200多万平方米,预计全年施工近8000万平方米,竣工4000多万平方米。近3年来用于住宅建设的投资平均每年40.8亿多元,比1966年至1976年平均每年的投资,增长了近2倍。竣工交付使用面积,与1966年至1976年平均每年竣工面积相比,1977年增长了52.5%,去年增长了1倍多,今年则将增长近1.5倍。

粉碎"四人帮"以来的城市住宅建设发展速度之快,成效之大,是新中国成立以来少有的。许多省、市、企业的实践表明,只要领导干部关心群众生活,对群众的住宅问题予以足够的重视,住宅建设的速度就能加快。目前，城市住房仍然很紧张。应当看到，这是前进中的问题。随着生产的发展，人民群众的居住条件将会逐步得到改善。

国务院副总理方毅在北京会见日本文部省次官井内庆次郎一行

国务院副总理姬鹏飞在北京会见由进藤一马市长率领的日本福冈市友好访问团

全国人大常委会副委员长邓颖超在北京会见以小山恭二为团长的日本奈良市友好之翼参观团

中国国际信托投资公司董事长兼总经理荣毅仁一行应美国美中贸易全国委员会克利夫兰世界事务委员会等单位邀请赴美访问

国家农委负责人就保护森林答记者问

《人民日报》报道，最近，《人民日报》记者走访了国家农业委员会。农委负责人回答了记者提出的问题。

问：今年春季全国人大常委会颁发了《中华人民共和国森林法(试行)》(以下简称《森林法》)，在此之前国务院还发布了护林布告，半年来各地贯彻执行的情况怎么样？

答：总的看，各级党委和人民政府对于国家这两项重要的法律、法令是积极贯彻执行的，破坏森林的情况开始好转。但是，由于林彪、"四人帮"干扰破坏多年，有些人法制观念非常淡薄，对乱砍滥伐现象熟视无睹，对《森林法》和护林布告置若罔闻。在一些地方"有法不依，执法不严，违法不究"，破坏森林的情况仍然相当严重。云南、广东等省有些地方尤为突出。为了切实保护和发展林业，必须加强社会主义法制，严肃处理毁林案件，并且把严格执行《森林法》同加强政治思想教育工作密切结合起来，在全国造成一种护林光荣、毁林可耻的社会风气。五届人大二次会议已经确定，要建立森林法院和林区人民检察院，建议政法部门抓紧进行这一工作。同时要在重点林区建立和健全公安局、派出所，配备森林警察。在设有这些机构的地方，应由当地政法部门肩负起执行《森林法》的职责，林业部门要积极主动配合，同一切违犯森林法令的行为作坚决斗争。

问：我国森林资源贫乏，覆盖率很低，但不少地方森林资源消耗量超过了生长量，使森林越砍越少，造成了生态性的灾难。问题在什么地方？应该怎么办？

答：我国森林资源很少，国家建设和人民生产生活各方面对木材需要量很大。有些林区森林资源消耗量大大超过生长量。由于林彪、"四人帮"的干扰破坏，加上我们工作中的问题，经营管理混乱，国家计划外的乱砍滥伐损失很大。在重点林区，长期以来以原木生产为中心，重采轻育，木材任务过重，造成集中过量采伐，致使一些林区森林资源不断下降，有的地方已经造成了生态性的灾难。

要按照《森林法》的要求，加强森林经营管理，加强林区的基本建设，尽快解决有些林区森林过伐和一些老林区的开发问题。要合理利用森林资源，加强采伐管理。每个县和每个林业局要根据《森林法》关于"每年的森林采伐量不得超过生长量"的规定和森林生长成熟情况，确定轮伐期和采伐计划。采伐计划应当兼顾中央、地方和集体对木材的需要，严格控制计划外的采伐。采伐迹地要按规定及时更新，实行采育结合，做到像周总理所说的那样：越采越多，越采越好，青山常在，永续利用。

问：有些地方林权纠纷很多，长期得不到解决，引起破坏森林，应当如何处理？

答：确定林木所有权是我国林业上的一个重大政策问题，要十分重视。林权纠纷原因复杂，情况各有不同，各级政府应当分别情况，组织专门力量，抓紧进行处理。有的是地方林权未经划定，或者划了林权但林界不清，引起纠纷；有的是边界不清、插花山和"飞地"引起的林权纠纷；也有的是过去林业管理体制和农村集体所有制的变动产生的纠纷。这些问题应当由当地政府根据党的政策和实际情况，经过协商，划定山林权属及林界范围，并由县以上人民政府颁发林权证明书。对跨省、跨县、跨社的林权纠纷，上一级政府要协助处理。

有的地方林权、林界很明确，但有人制造借口，挑起事端，随意侵犯林权，抢砍盗伐，破坏国家和集体的山林，这是不能允许的。应当严肃处理，情节严重的要依法制裁。

问：许多专家呼吁政府加强自然保护区工作，请谈一谈国家在这方面的打算？

答：加强自然保护区工作，对于保护自然资源，开展科学研究，促进社会主义建设，具有重要的意义。我国现在已有15个省、区划定了40多处自然保护区，但由于管理工作薄弱，有的遭到严重破坏。如以保护野象、犀鸟等我国稀有珍贵动物的西双版纳小勐养自然保护区，49万亩热带原始森林，今春就烧了15万亩。我们有许多特殊的天然景观和珍贵的动植物资源，例如吉林的长白山，四川的卧龙、九寨沟，海南岛的尖峰岭，青海湖的鸟岛，辽宁的蛇岛，以及大熊猫、金丝猴、羚羊、银杉、铁力木等珍稀动物和树种等等，无疑都必须切实加强保护。现已确定，在近两三年的农业自然资源调查和农业区划工作中，要把自然保护区的调查规划和科学考察作为一个重要内容。从当前看，首先是对已经划定的自然保护区要建立、健全管理机构，加强保护，严防破坏。任何单位和个人破坏自然保护区，都要严加处理。其次，要着手制定一个自然保护区管理条例，切实做好这方面的工作。

问：我国西北地区森林覆盖率极低，自然灾害多，群众要求国家采取有力措施扩大森林植被，请谈一谈对这个问题的看法。

答：据历史记载，我国西北地区过去是有很多森林的，长期以来遭到严重破坏。现在森林覆盖率平均只有2.5%。风沙、干旱、水土流失都很严重，农牧业生产受到严重威胁。对这个地区发展农林牧业，国家要采取有力措施。特别是有些山区、林区耕地少，社员口粮水平低，除注意调整征购粮数字以外，要发动群众种草、植树，发展林牧业，像陕北高西沟大队那样，努力扭转自然生态恶性循环的局面。秦岭、天山、祁连山、阿尔泰山和白龙江等林区的森林，基本上是水源林，不能搞大面积的采伐利用。今后要逐步做到只进行抚育和更新性质的采伐，更要严格制止乱砍滥伐和毁林开荒，防止生态条件继续恶化。同时，要搞好农林牧的全面规划，利用荒山荒地和沙丘，大力造林种草，恢复和增加植被，为发展农牧业创造有利条件。国家要给社队以必要的支持，帮助社队兴办林场和苗圃；同时抓好现有国营林场的建设。国家已经批准在西北、华北、东北西部营造防护林体系。

林业建设是改变祖国山河面貌的一项根本性建设，关系到农牧业的发展和整个社会主义现代化建设的进程。我们要全党动手，全民动员。在社会主义现代化的新长征中，严格保护森林，大力发展林业，为加速绿化祖国，实行大地园林化而努力奋斗。

喜饶嘉措追悼会在西宁举行

原青海省副省长、中国佛教协会会长喜饶嘉措先生因受林彪、“四人帮”极左路线的迫害，于1968年11月1日病逝，终年85岁。

喜饶嘉措先生追悼会下午在西宁市举行。

全国人大常委会副委员长阿沛·阿旺晋美，政协全国委员会副主席杨静仁、李维汉、班禅额尔德尼·确吉坚赞等，政协全国委员会、国家民族事务委员会、全国人民代表大会民族委员会、中共中央统战部、国务院宗教事务局、中国佛教协会、青海省党政军领导机关和西藏、甘肃、云南等省区有关领导机关，送了花圈。

喜饶嘉措先生是青海省循化县人，藏族。他对佛学和藏文有很高的造诣，曾获得“格西”(博士)学位。新中国成立后，他曾被选为第一、二届全国人大代表和政协委员，担任过西北军政委员会委员、西北行政委员会民族事务委员会副主任委员、青海省文教委员会主任、青海省人民政府副主席等职务。在解放初期，他积极参加各项社会活动，对安定青海省的社会秩序和建设人民政权做了很多工作，对和平解放西藏发挥了积极作用。

10月7日

国务院总理华国锋就出访西欧4国在人民大会堂举行记者招待会

出席招待会的有法国、德意志联邦共和国、英国、意大利和中国的记者。

华总理在记者招待会开始时发表讲话说：“我不久就要去法国、西德、英国和意大利进行国事访问。

“中国人民和西欧各国人民有着传统的友谊。建交以来，我国同这些国家的友好关系不断发展，相互往来日益增多。由于双方的努力，在政治、经济、文化、科技等领域的交流和合作得到了令人满意的发展。在这次访问中，我期待着分别同法国、西德、英国和意大利的领导人讨论我们共同关心的国际问题，商讨如何进一步加强我们之间的合作关系，进一步开展经济贸易往来和科技文化交流。在访问中我还将有机会亲自了解这些国家在工业、农业、文化和其他方面的经验和接触各方面的人士。

“我将怀着促进了解、加强友谊、扩大合作、维护和平的愿望进行访问。在当今动荡的世界里，我认为，西欧在国际事务中应当发挥它应有的作用，一个联合的，强大的西欧对于维护欧洲和世界的和平与安全具有重要的意义。我深信我对西欧4国的访问，不仅将有助于增进中国人民与法国、西德、英国和意大利人民的相互了解、友谊和合作，而且必将有助于维护世界和平。”

接着，华总理回答了西欧4国记者提出的问题。

问答全文如下：

法国《世界报》记者雅各布问：中国刚刚开始同苏联举行谈判，不久前，李先念副总理曾经说过，尽管存在着困难，还是希望谈判能够改善两国之间的关系。我们想了解的是，中国希望中苏谈判能取得什么样的具体成果？

答：中国是在宣布不延长中苏友好同盟互助条约以后，提出与苏联进行谈判的。我们希望通过谈判解决两国间悬而未决的问题，也就是消除那些发展两国关系中的障碍。我们是有诚意的，希望在五项原则的基础上解决这些问题，改善两国的关系。但谈判的结果究竟如何，那要看苏联是否有诚意。现在要说谈判会取得什么结果为时尚早。

法国电视二台记者埃尔卡巴什问：在西欧，公众对中国有些年轻的持不同政见者被捕这件事感到不安。在这些人被捕时，贵国政府曾答应要实行民主和法制。这些人被拘留已有6个月了，但至今还没有进行审判。你们是否准备审判？中国打算在实行民主方面走多远？

答：我们在粉碎“四人帮”以后，强调要发扬社会主义民主和加强法制。这一点我在五届人大二次会议的报告中也明确地讲过。我们的民主是社会主义民主。这是最广泛的民主，因为在我国人民是当家做主的。我们正在继续努力使民主制度化，健全我们的法制。但是我要告诉朋友们，我们反对无政府主义，反对任何人违反、侵犯别人的权利。如果不反对无政府主义，不反对任何人以自己的自由来随意诽谤别人、诬蔑别人，造成社会秩序的混乱，这对人民是不利的，我们是反对的。所以我们的法律也规定要对诬蔑诽谤者治罪。这样，才能保障大多数人民的民主。这一点你们是会理解的。对一些违法行为，我们是要依法处理的。

法国电视一台记者热拉尔·圣一保尔问：5年前，法国是中国的第四位贸易伙伴，但现在它居第十位。你看，是什么东西妨碍着法国与中国之间的贸易发展？

答：中国和法国从1964年建交以来，已经15年了。在这15年里，由于双方的努力，我们两国在政治、经济、科技、文化各方面的关系的发展是好的。两国的贸易也有增加。但贸易额有时有些起伏。关于这一点，我觉得，随着我们的互相了解和合作的加强，两国贸易的发展前途还是好的。至于5年前是第四位，现在是第十位，这一点我没有算过。但贸易的绝对数额是增加的。这两年有些下降，是因为过去我们买了法国的大型设备，就是化纤厂，那是个高峰。这几年低些。但中国方面是积极的、努力的。最近我们又与法国签订了购买65万千瓦的发电站，还有从平顶山到武钢输电线的50万伏输变电设备。这次我到欧洲去，要与法国领导人法国总统德斯坦、总理巴尔商量今后如何继续发展我们之间的贸易。

德意志联邦共和国电视二台记者达姆布曼问：你将要到德意志联邦共和国去访问，而德意志联邦共和国只是半个德国。人们一向认为中国是从长远的观点来看问题的。因此，我要问，从长远来说，德国的两部分的重新统一是否可能？统一后对世界和平是否有利？

答：第二次世界大战以后，德国分成了两个部分，这是人为的情况。德意志人民希望两个德国统一起来。我们认为他们这种愿望是合理的，我们是同情的。但两个德国什么时候统一，统一以后怎样，这要由德意志的两部分人民来决定。

德国广播协会记者巴格曼问：总理先生，中国正在试图缓和它同苏联之间的紧张关系。在莫斯科进行的谈判是否意味着中国已经改变了它对德意志联邦共和国政府奉行的谋求缓和的政策所采取的批评态度？

答：记者朋友们提的这个问题表明对中国的政策没有确切的了解。我们中国不是反对缓和。德意志联邦共和国由于它所处的环境和为了它自身的利益，愿意同苏联、东欧国家发展正常关系，我们是理解的、同情的。中国不是反对缓和，而是反对霸权主义，反对侵略扩张政策。我们中国希望有一个和平的国际环境来建设自己的国家。问题是霸权主义在向外扩张侵略，你想缓和也缓和不了。过去一年来，世界上，特别是中东、非洲、红海、海湾地区、南亚、印度支那的局势，没有一个地方是缓和的。可见，虽然我们希望有和平的国际环境，但是，情况的发展不是如人们所愿望的那样。因此，我在五届人大二次会议上讲，我们的政策是反对霸权主义，维护世界和平。所以我们不反对德意志联邦共和国同苏联发展正常国家关系。我们一个是反对霸权主义，一个是提醒人们不要搞绥靖政策。这就是我们中国的政策。归纳起来还是那两句话：反对霸权主义，维护世界和平。

德意志新闻社记者舒尔茨问：总理先生，中国对扩大同西方企业的合作感兴趣。请问中国打算给外国投资者以什么样的保证？

答：我们中国搞四个现代化第一条是从中国的实际情况出发；第二条是坚持独立自主、自力更生的方针。但是我们也要学习外国的先进技术、先进经验，也要利用外国资金。要利用外国资金就有一个法律保证的问题。五届人大二次会议上我们通过了一个投资法，说明了我们对投资者的利益给予保护。但是，只通过这个法律还是不够的。由于我们过去经验少，我们还要同外国朋友研究，继续制定一些法律和条例来保证外国投资者应得的利益。中国人说话是算数的。我们说了就要这样办。当然这还要有一个过程。在尚未订出那些法律和条例以前，我们先用签订合同，由政府批准的方式使它合法化。

英国《每日电讯报》记者韦德问：我们欧洲人对你不太了解。不知道你是否能介绍一下你的夫人和其他家庭成员的情况？

答：欧洲朋友对我不太不解。前不久，我接待了英国作家菲利克斯·格林先生，谈到了一些我个人的情况。我还向他讲，我们党强调集体领导。关于我个人的情况，我不愿意对外宣传。因为这对家里的人、特别是对子女在社会上活动和工作会造成不便。因此，我今天不谈这方面的情况。

英国广播公司记者肖特问:你讲过在中国任何人在法律面前都是平等的,因此,我想问一下,对“四人帮”你们是否打算进行审判以及什么时候审判?

答:我们强调社会主义法制,法律是人民代表大会讨论通过的,因此,在法律面前应该人人平等。

“四人帮”所犯的罪行是严重的,是一定要清算的。我们将经过法律程序来处理。至于在什么时间呢?大概不会太久。还可以告诉朋友们,我们对“四人帮”处理时,不会采取他们那种整人的做法。我们对这些人不会判处死刑。他们现在还活得很好。

路透社记者普里切特问:关于香港的地位,你能否给予一些保证,即在2000年以后,香港地位可以不变?

答:中国对香港问题的态度是很明确的。邓小平副总理会见香港总督时,已经明确地表示了我们的态度。

我们同英国和港英当局的关系都是好的。关于香港问题,还有九龙、新界问题,我们准备通过相互协商,寻求一种比较好的解决办法。但是可以说,不管怎么解决,我们都会注意到在那里的投资者的利益。

意大利安莎社记者陆意志问:意大利共产党是西欧最大的共产党。最近该党有几个代表访问中国,这是很久以来第一次。中国对意大利共产党和其他搞欧洲共产主义的党持什么态度?你们是否打算同意大利共产党、还有法国和西班牙共产党建立关系?

答:意大利共产党同我们有些一般的接触。他们有一些人访问了中国。关于欧洲共产主义,各方面议论较多,是一个比较复杂的问题,不是三言两语能说清楚的。这次我到西欧4国是进行国事访问。因此关于欧洲共产主义问题,不想在这里进行评论。

意大利《晚邮报》记者奥斯泰里诺问:最近人们对中国和梵蒂冈对话问题谈论很多。两国关系前景如何?你这次是否打算会见教皇?

答:中国同梵蒂冈没有接触。我这次去意大利是进行国事访问,我没有同梵蒂冈、同教皇或其他人员接触的任何计划。我还要指出,梵蒂冈同台湾的国民党还有关系。国民党还有“大使”在梵蒂冈。在这种情况下,我们不能考虑同梵蒂冈有任何接触。

意大利安莎社记者陆意志问:中国是否还打算给越南第二次教训?

答:大家知道,在今年3月5日中国撤军时发表的声明中,我们一方面提出两国之间存在的问题要谈判解决,同时也表示如果越南在苏联社会帝国主义支持下继续在中国边界挑衅,我们保留进行自卫还击的权利。最近,我们看到越南正在调兵遣将到柬埔寨去,准备在柬埔寨发动旱季攻势。越南为了掩盖这种活动,故意说中国在边境调集军队、构筑工事,讲了很多,说中国要对它进行第二次打击。这是越南为了掩盖它准备在柬埔寨发动旱季攻势而制造的舆论。

中共中央副主席李先念在北京会见以瑞典共产党中央主席罗兰·彼德松为团长的瑞典共产党代表团

《人民日报》发表社论《加快农业发展的强大动力》

党的十一届四中全会一致通过的《中共中央关于加快农业发展若干问题的决定(草案)》已经公布。这是我国人民向四个现代化进军中一件具有深远意义的大事。

这个重要文件的草案,在去年12月的三中全会上原则通过,下达各级党委试行。9个月来,各地对这个文件进行了认真的学习、讨论和试行,以中央文件为武器,深入批判林彪、“四人帮”极左路线,进一步落实农村各项经济政策,调动了亿万农民的社会主义积极性,使农村形势发生了可喜的变化。现在,农业获得丰收,农副产品显著增长,城乡市场十分活跃,出现了多年来少见的购销两旺景象。广大农村干部、社员和全国人民欢呼这是“多年来没有过的好文件”,是“我国农业的及时雨”,一致称赞“合乎需要”,“顺乎民心”。党的四中全会根据全国讨论和试行的情况,吸收各方面的意见,总结经验,对《中共中央关于加快农业发展若干问题的决定(草案)》(以下简称《决定》)做了必要的修改,使之更加完善。这是我们深入批判林彪、“四人帮”极左路线的有力武器,是加速我国农业现代化的纲领性文件。我们相信,这一决定的公布和继续贯彻执行,必将进一步在我国农村掀起一个农业发展的新高潮。

党中央的这一决定,是在总结了新中国成立以来农业发展的正反两方面经验,对我国农业现状作了科学分析之后制定的。30年来,我国农业走过了曲折的道路。在引导农民实现农业集体化的过程中,我们有不少成功的经验,也遭受过挫折。由于对自然规律和经济规律认识不足,曾使我们吃过不少苦头;林彪、“四人帮”一伙推行极左路线,又使农村经济政策和农业生产遭到严重破坏。粉碎了“四人帮”,特别是三中全会以来,经过深批极左,肃清流毒,端正思想路线,落实各项经济政策,农业生产迅速发展。实践证明,农业发展的快慢,同政治思想路线是否端正,同党的方针、政策能否正确贯彻执行,是紧密相关的。

全党要统一对我国农业问题的认识,深刻记取历史的经验教训,继续发展大好形势。各级党委和政府要坚决维护政策的严肃性,坚定不移地执行党的政策,保持政策长期稳定不变。要真正树立发展国民经济要以农业为基础的思想，这是全国各个部门、各行各业都必须遵循的指导思想。我国8亿农民是实现农业现代化的主力军，要最大限度地调动农民的社会主义积极性，在经济上充分关心农民的物质利益，在政治上切实保证农民的民主权利。如果离开一定的物质利益和政治权利，任何阶级的任何积极性都是不可能产生和持续的。必须切实尊重社队的所有权和自主权，坚决杜绝一平二调、强迫命令和瞎指挥，保证社队有权因地制宜地实行有利于生产发展的各项措施，采取有利于巩固集体经济、发挥农民积极性的各种形式的责任制度。要坚持各尽所能，按劳分配，多劳多得的原则，克服平均主义，使农民参加集体劳动和获得物质利益紧密地联系起来。要鼓励善于经营管理和努力发展生产的社队先富起来，鼓励勤奋劳动的社员先富起来。为了加强农业，国家提高了农副产品的收购价格，减免了部分经济条件较差地区的农业税收和社队企业税收，加强了对农业的物质和技术支持，并将尽可能地增加投资比重和信贷。同时，对实现农业技术改造，发展农业生产力，加强农业科学研究和技术推广事业，也都作了切实的部署。所有这些措施，都是党和国家对农业的有力支持，广大农民已经从中得到了实惠，受到了很大的鼓舞。

发展农业生产和建设，一定要遵守因地制宜的原则，按照自然规律和经济规律办事。各级党政领导要把农业生产和农村建设作为一个整体，进行通盘安排，完整地贯彻执行农林牧副渔同时并举的方针，宜农则农，宜牧则牧，宜林则林，宜渔则渔。要注意各业之间的互相依赖、互相促进的关系，不能主观随意地突出某一项而挤掉他项。各级领导同志都要防止和克服思想僵化，注意和冲破小生产狭隘圈子的束缚，打开眼界，广开门路，充分利用当地的自然资源和劳动资源，真正做到地尽其力，物尽其用，人尽其才，把农村各项经济建设事业有步骤地兴办起来。农村的各项事业，适合国家兴办的就由国家兴办，适合集体经营的就由集体经营，在不断壮大集体经济的前提下，适合社员个人干的就让社员去干。

在我国农业发展的历程中，20多年来“左”的影响既深且广，至今有些人“‘左’比右好”的错误思想还没有完全纠正，真假社会主义的界限尚未完全划清。在我们这样小农经济曾像汪洋大海一样的国家建设社会主义，搞极左的一套，搞平均主义，本来有其社会基础，林彪、“四人帮”一伙正是利用这种情况，推行极左路线，破坏党的政策，破坏农业生产的。他们把党的社会主义政策当作资本主义来批判，又把平均主义当作社会主义来宣扬。在那些年里，到处批，到处“堵”，割“尾巴”，“穷过渡”，搞得农业生产长期徘徊不前。粉碎“四人帮”以来，我们在农村恢复过去行之有效的政策，农村局面迅速改观；三中全会以来，农村形势越来越好。但是，政策落实的情况还很不平衡，落实的程度也不尽相同。因此，地方广大群众中蕴藏的社会主义积极性，还没有充分调动起来。我们相信，在党中央正式通过并公布这个决定之后，这种状况定会有所改变。

贯彻落实中央的决定，首先要统一各级领导的思想认识，通过实践是检验真理的唯一标准的讨论，联系当地实际，肃清极左流毒，端正思想路线，这是落实政策的前提，是必不可少的一课。中央公布的《决定》，是统一思想认识的有力武器。各地领导要认真检查本地区落实政策的情况和问题，加强对干部的训练和教育，使各级领导干部的思想和行动，进一步统一到党中央的决定上来。

我国农业已进入了一个新的历史时期，认真贯彻执行党中央的决定，是加快我国农业发展的强大动力，决定中提出的各项政策和部署，是调动亿万农民积极性的有力措施。各级领导干部、农业科技人员和广大群众，都要认真学习，坚决落实，调动起浩浩荡荡的大军，努力为我国农业开拓一个崭新的局面。

建材部就小水泥工业发展的情况提出调整方针

《人民日报》报道，建筑材料工业部最近对小水泥工业的发展情况和存在的问题，进行了认真分析研究，并采取措施做好调整、整顿工作。

我国的小水泥工业，是以支农为主要方向，由地方自筹有限资金，自力更生，逐步发展起来的。现在，全国80%以上的县(市)都办了小水泥厂。自1970年以来，小水泥产量平均每年递增19%。1978年的产量，占全国水泥总产量的64%；今年上半年的产量，比去年同期增长11.7%。

小水泥工业投资少、见效快、燃料消耗低，便于就地取材，就地生产。因此，小水泥具有强大的生命力和广阔的发展前景。但是，目前还存在一些需要解决的问题：一是大多数企业成本高。据1977年统计，四百号矿渣水泥平均成本比大中型企业约高70%。二是部分企业水泥质量不稳定。三是填平补齐任务大。各地小水泥企业主辅机不配套比较普遍，长期形不成综合生产能力，中间环节漏洞很多。

针对这些问题，建材部提出小水泥工业调整的方针：加强领导，积极扶持；狠抓整顿，挖潜改造；以降低成本和提高质量为中心，努力提高企业经营管理水平和生产技术水平；3年调整时期内，一般不建新厂。建材部还按照不同情况，对县以上小水泥厂作了分类安排：一些资源条件好、交通运输方便、生产技术和管理水平较高的企业,要积极扶持,通过改造挖潜,增加产量,实现质量升级。有资源但设备不配套、工艺落后、管理水平低的企业,要立足现有主机,搞好填平补齐,做到工艺线成龙配套,逐步提高机械化水平。同时,有计划有步骤地抓好消烟除尘和劳动保护工作。对下述企业进行必要的合并、转产或关、停:缺乏资源,交通运输不便,当地燃料、动力不能保证正常生产的;长期亏损,质量很差,短期难以扭转的;地方财政困难,长期形不成生产能力的在建企业。这类企业的厂数约占县以上企业的15%左右。经过调整,企业数将会有所减少,但预计小水泥产量,每年将增长10%左右。

为了切实做好小水泥工业的调整、整顿工作,建材部强调各省、自治区、直辖市建材主管部门要加强领导。首先,整顿好企业领导班子,将思想路线端正、作风好、熟悉业务的干部和技术人员,提拔到领导岗位上来。其次,举办训练班,培养提高各级干部和各类专业人员的技术业务和管理水平。最后,进行扩大企业自主权试点,试行计划经济和市场经济相结合来调节生产,在保证计划分配的前提下,企业可以自行销售产品,开放部分水泥市场。

全国自行车质量鉴定会在天津举行

10月7日至11月21日在天津举行的鉴定会,有全国41家工厂生产的自行车参加。上海生产的凤凰牌自行车,继去年获得第一之后,在这次鉴定中又名列首位。

中科院院长方毅在北京会见美国加利福尼亚州理工学院生物学教授美国科学院院士詹姆斯·邦纳和夫人以及邦纳教授的助手吴仲蓉博士和夫人

10月8日

中共中央决定成立中央科学研究协调委员会

委员会用以协调国防科委、国防工办和国家科委3个系统的科研工作。中央科学研究协调委员会由聂荣臻、方毅、王震、张爱萍、洪学智、李昌组成,聂荣臻任书记。

中共中央副主席李先念在北京会见以罗马尼亚共产党中央检查委员会主席瓦西里·沃尔库为团长的罗中友协代表团

《人民日报》发表评论员文章《在调整中发展林业》

在3年国民经济调整中,把农业搞上去是第一项任务。林业是国民经济的重要组成部分,是一项根本性的农业基本建设,对于促进农牧业的高产稳产、抗御自然灾害和保护人类的生活环境,都有重要的作用。调整农业内部农、林、牧的比例关系,保护森林,发展林业,是把农业搞上去、实现农业现代化的重要内容。

我国是一个森林资源贫乏的国家,解放后,发展林业取得了一定的成绩。但是,十多年来,由于林彪、"四人帮"极左路线的干扰,加上我们工作中的缺点和错误,森林遭到很大的破坏。目前我国每年森林资源的社会消耗量,远远超过国家计划采伐量;国家计划采伐量在一些老林区又超过林木生长量。颁布森林法以来,有些地方乱砍滥伐森林的歪风并没有刹住,绝大多数林区继续处于越采越少、越采越坏的状况。很多科学家发出了警告:松花江水已经浑浊,海南岛气候恶化,很多地方土地沙化、水土流失严重,如不采取有效措施,再过几十年,长江有可能变成第二条黄河,我国不少地方有可能变得干旱荒漠、风沙弥漫。林业问题如不解决,势将成为我国国民经济发展中的大隐患,后果是很严重的。我们必须大声疾呼:赶快保护我们的森林!

为什么破坏森林的现状长期得不到有效的制止?最根本的原因,在于发展林业的重要性和林业生产周期长的特点,还没有被各级领导所充分认识,全面发展农业的方针得不到落实,林业常被看成是一种可抓可不抓的"软任务";林业内部比例失调,在方针、政策和体制上,或者得不到落实,或者存在一些问题。我们必须认真研究解决这些根本问题,林业才有可能有一个大的发展。

林区要实行以林为主的生产方针,是党中央制定的,完全符合自然规律和经济规律。但是,从全国大多数林区县、社队的现状看,这一方针至今还是停留在会议上和书面上。不少地方继续对林区县、社队层层压粮食任务,使得林区的干部和群众,不但没有精力抓林业,甚至继续毁林开荒。林区干部说:"林业上不去没人找,粮食上不去挨批评。"林区群众说:"粮不够,山上凑。"粮食问题压力太大,在林区特别在集体林区,是当前贯彻以林为主方针的主要障碍。

这是一个多年得不到解决的老问题,似乎很难解决,又非解决不可。由于我国农业长期单打一抓粮食,忽视林业、牧业,甚至毁林开荒,毁牧种粮,一时粮食增产了一点,但是破坏了自然生态平衡,自然条件恶化,灾害增多,结果是粮、林、牧俱伤,形成恶性循环。目前要国家拿出足够的粮食给非产粮区,确有一定的困难,非产粮区暂时还要自己努力生产一部分粮食;但是,领导部门一定要下大决心积极地解决这个问题。要按照不同情况,对林区县、社队的粮食生产和征购任务作适当的调整。要保证林区社员的口粮标准不低于附近产粮区的水平。总之,一定要把林区生产方针切实转到以林为主的轨道上来。否则,所谓全面发展农业,所谓林区以林为主,就成为一句空话。我国林区基本上在山区,在那里毁林种粮,违反自然规律,林木被毁了,粮食产量也没有上去,山区经济被破坏了,农民减少了收入。这种蠢事我们不能再干了。我们要从宜林山区的实际出发,以林业为主体,围绕林业生产发展多种经营。靠山养山,靠山吃山,把山区经济真正搞活。这不仅有利于山区人民,也有利于大范围内的生态平衡,促进农牧业的发展。

树木是一种生物,像庄稼一样,有种才有收。森林不仅能为社会提供木材,还能改造自然,调节气候,涵养水源,保持水土,保护环境,防治污染,这种防护意义远比用材意义为大。因此,林业生产建设要贯彻以营林为基础的方针,采伐要合理。这一方针我们已经喊了一二十年,但是未能落实。有些领导只顾向林区要木材,要大木材,要大量的大木材,而对更新造林,抚育管理,或者停留在口头上,或者措施不具体。在这种单纯取材思想的指导下,目前绝大多数林业局,更新抚育工作薄弱,营林机构不健全,采伐量大大超过生长量,森林资源越采越少、越采越坏。我们必须充分认识林业的特点,全面认识森林的作用,处理好眼前利益和长远利益的关系,解决好当前生产建设需要木材和充分发挥森林的防护作用的关系,不能只顾一头。

当前,林业内部要尽快调整采育比例失调的问题,做到采育结合,造管并举,造多于伐,彻底改变单纯生产木材的现状。要把营林事业纳入计划,放在林业企业的首位。林业生产周期长,国家对营林的投资,实际上是一种"储蓄",不应要求在短期内得到收益。从当前全局看,为了保护和合理采伐森林资源,木材生产指标应适当调低。要大力发展木材综合利用,减轻对原木生产的压力。在集体林区,生产队的自主权应当尊重,但集体所有林的采伐量,必须按照森林法中有关规定进行。违反森林法的乱砍滥伐,有关部门应予劝阻,直至依法禁止和惩办。

当前,破坏森林资源的原因,除了上面提到的问题外,还有不少行业擅自进入林区收购木材的问题,山林权的纠纷问题,森林火灾问题,等等。各级领导和各有关部门,应该通过认真的调查研究,从整体利益出发,总结历史的经验教训,在3年国民经济调整期间,按照客观规律解决好这些问题。这些问题解决好了,破坏森林资源的状况就能有效地制止,同时大力发展植树造林,积极开展林业科技工作,我国林业就一定能够纳入持久的、按比例的、高速度的发展轨道。

国务院副总理兼国防部部长徐向前在北京会见由泰国国务部部长西提·沙卫西拉空军中将率领的泰国友好代表团

徐向前副总理在谈话中指出,面对越南当局在苏联支持下在东南亚大肆进行侵略和扩张,中泰两国要进一步发展友好合作关系。他表示希望亚洲国家尤其是东盟国家联合起来,反对越南的侵略和扩张。

西提空军中将说,泰国致力于实现本地区的和平与稳定,反对一个国家对另一个国家的侵略和扩张。他还说:近几年来泰中两国的关系发展很快,我相信这种关系必将得到进一步加强。

中国人民解放军副总参谋长王尚荣,泰国驻中国大使沙贡·瓦纳比沙,大使馆武官威千·讪派旺上校等,参加了会见。

国务院副总理方毅在北京会见由联邦德国汉堡州经济和交通部部长尤尔根·斯泰因耐尔特率领的德意志联邦共和国汉堡州经济交通代表团

国务院副总理王震在人民大会堂会见以平安北道行政委员会副委员长崔仁弼为团长的朝鲜友好参观团

国务院副总理王震在北京会见由美国麦克唐纳·道格拉斯公司副总裁约翰·布里逊达因率领的代表团

国务院副总理谷牧在北京会见以梁井新一为团长的日本对中国资金合作调查团

国务院副总理陈慕华在北京会见孟加拉国妇女代表团

中联部部长姬鹏飞在北京会见并宴请以瑞典共产党中央主席罗兰·彼德松为团长的瑞典共产党代表团

全国人大常委会副委员长邓颖超在北京会见以知事香月熊雄为团长的日本佐贺县友好之翼第二次访华团

全国总工会主席倪志福在北京会见南斯拉夫马其顿共和国工会《劳动报》总编辑西莫·伊万诺夫斯基

10月9日

国家科委为《科研十四条》和"广州会议"平反

新华社报道,经党中央批准,国家科委党组最近召开大会,为《科研十四条》、"广州会议"等一些重大冤、假、错案彻底平反,并为因而受到株连和迫害的干部及科技人员平反昭雪,进一步澄清科技战线上的路线是非。

会上,宣读了中共中央的批示。中共中央的批示指出,对强加给《科研十四条》、"广州会议"和科技战线的一切诬蔑不实之词,应全部推倒;对在这些冤案中遭受打击迫害的干部和科技人员,应一律恢复名誉,又被迫害致死的应予平反昭雪,有关材料应全部销毁。中央的批示中要求有关党政领导机关对此予以落实。

国家科委党组认为,1961年经党中央批准试行的《关于自然科学研究机构当前工作的14条意见(草案)》(简称《科研十四条》),系统地总结了新中国成立以后科技工作的经验教训,是一个重要的政策性文件。1962年,由聂荣臻副总理主持在广州召开了全国科学技术工作会议(简称"广州会议")。周恩来总理和陈毅副总理亲自指导会议的进行。这次会议是科技战线的一次重要会议。《科研十四条》和"广州会议",对全国科技战线当时正确贯彻"调整、巩固、充实、提高"的方针,正确贯彻党的知识分子政策,整顿和建设良好的科研工作秩序,促进我国科技事业的发展,起了极其重要的作用。

国家科委党组指出,"文化大革命"中,林彪、"四人帮"全盘否定新中国成立以来17年的伟大成就,把《科研十四条》诬蔑为"复辟资本主义的黑纲领",把"广州会议"打成"向党进攻的黑会",把国家科委、中国科学院以至全国科技战线上的大批革命领导干部打成"反党集团"、"走资派",把广大科技人员打成"修正主义基础"、"反动学术权威",使我国正在蓬勃发展的科技事业遭到严重破坏。

在国家科委党组召开的大会上发言的同志指出,彻底澄清科技战线这些重大历史事件的是非,有着重要的现实意义。

国务院副总理李先念在北京会见由教育大臣阿卜杜勒·萨拉姆·马贾利率领的约旦哈希姆王国教育代表团

国务院副总理谷牧在北京会见以稻山嘉宽会长为团长的日本日中经济协会访华团

全国人大常委会副委员长谭震林在北京会见由《自由罗马尼亚报》副总编辑康斯坦丁·伏林强努率领的罗马尼亚新闻工作者代表团

中国国际信托投资公司董事长荣毅仁在华盛顿发表关于中美经济合作问题讲话

在美中贸易协会全国委员会举行的欢迎会上荣毅仁讲了话。他还回答了委员会成员就中国的《中外合资经营企业法》提出的问题。有代表100多家美国商业公司的约200人出席了欢迎会。

荣毅仁说:"在平等互利基础上发展中美两国的经济合作,是两国的共同需要,对两国人民有利,对双方的经济发展有利,对维护世界的和平与稳定也有利。"

他在谈到中国决心实现社会主义现代化的目标后说:"中国已经出现的安定团结、生动活泼的政治局面正在稳步向前发展,而且将长期保持下去。我国的国民经济,经过正在进行的调整、改革、整顿、提高的工作,将能以较快的速度持续地向前发展。"

他在强调自力更生为主的原则的同时指出:"中国的既定政策和长期方针是积极引进先进技术和利用外资以加速现代化的步伐。"

他说,为了发展同外国的经济的技术合作,中国已经采取了许多积极措施,今年6月五届人大二次会议通过的《中外合资经营企业法》就是其中的一项。他说,"这项法律表达了我国接受外国投资的意愿,明文规定了保障合营者应得的合法利润"。他接着介绍了中国同外国进行经济和技术合作的一些方式。

荣毅仁指出:"现在妨碍中美贸易进一步发展的问题,如最惠国待遇问题、禁运问题等等,在关心发展中美经济交往的朋友们的推动下,美国政府正在谋求解决。我认为解决这些问题对中美两国都有利。"

参加欢迎会的美国人士对荣毅仁的讲话表示赞赏。一位商人说,他这次讲话和解答问题"坚定了我对中国合资经营企业政策的信心"。他还说,中美经济合作"对双方都有利"。

荣毅仁及其随行人员是昨天到达华盛顿的。今天早些时候,他们同美国负责经济和商业事务的助理国务卿帮办罗伯特·霍马茨、负责经济事务的副国务卿理查德·库珀和财政部负责货币事务的副部长安东尼·所罗门等人分别举行了会谈。晚上他们出席了美中贸易全国委员会举行的招待会。

10月10日

国务院副总理邓小平在北京会见泰国国务部部长西提·沙卫西拉空军中将率领的泰国友好代表团

《人民日报》发表评论员文章《要勇于跨出体制改革的第一步》

我国现行的经济体制必须改革,这是肯定无疑的。

党的十一届三中全会早已肯定了这一点，五届人大二次会议正式确定了“调整、改革、整顿、提高”的八字方针，把经济体制改革作为当前一项根本方针提出来，而且预期在今明两年进行小改、小革，同时做好调查研究，制订全面改革的方案。全国人民对中央的这个部署是衷心拥护的，热忱地期待着改革的早日实现。现在，3年调整的第一年，大半年已经过去了，改革的步伐究竟迈出了多少步，这是全国人民十分关注的事情。

经济体制改革是件大事，是一个牵一发动全身的大问题，应兴应革，一定要采取科学的态度。因此，决心要坚定，态度要积极，步子要稳妥。为了稳妥，必须先从小改、小革做起；即使是小改、小革，也要先在个别或少数的地方、企业进行试点，不断总结经验，然后全面推广。坚持这样的方针和步骤，我们就能做到改而不乱，尽可能少出偏差。但是，如果稳妥到连试点都不敢试，第一步都迈不出去，那还有什么改革可言？

现在我们看到两种情况：一则以喜，一则以忧。喜的是从四川传来令人振奋的消息，他们从今年年初，就开始在100个工业企业、40个商业企业里试行扩大企业自主权，都已经收到成效。新华社8月30日发自成都的消息，对此作了生动的报道。只举一例来说吧：他们规定试点企业完成规定的经济技术指标，可从计划利润中留成(最多5%)，还可以从超额利润中留成20%。用这种给经济利益的办法调动企业的积极性，一试就灵。喊了多年经济核算，一直很难核算起来，如今，企业里似乎人人成了“算账派”，有了经济头脑。今年头7个月，84个试点的地方企业中，有55个获得了超额利润。

有人总是担心给企业利润留成稍多一点，会影响国家的财政收入。四川的经验说明什么呢？据了解，今年头7个月，全省企业上交利润和去年同期比并无增长，而100个试点企业却增长了21%。由此可以看到勇于实践的可喜成果。

可是，许多地方的情况并不像四川那样。今年3月，国家经委召开了一个企业改革的试点会议，决定在北京、上海、天津3市选8个企业试点。当时被选上的企业都兴高采烈，决心在体制改革中当先驱。可是，时间已经不算短，这些企业扩大自主权问题却没有真正迈开步子。卡壳卡在哪里呢？一曰：这几个企业都有一个产品方向与生产规模的问题，企业提出了改革的建议，谁来拍板？因为无人做主，以致悬而未决。二曰：“利润留成”，这是企业最关心的问题。财政部门按“规定”进行测算，算来算去，企业可能得到的奖励基金，竟比去年的实际水平还要降低。企业领导感到这样试点，无法向职工群众交代，纷纷表示不再参加试点。此外，还有许多问题，企业提出了一些尝试性的办法，也难得到有关部门的支持。目前体制的一个突出问题是企业的“婆婆”多。改革涉及各个方面，没有一个对各项改革措施都能“拍板”决定的统一领导，企业想进行一点改革是困难的。

为了稳妥才进行试点。既是试验，当然希望其成功，也应允许其失败。好的可以推广，不好的可以改正。这才叫试验。如果前怕狼，后怕虎，不允许突破现行的章法，那还叫什么改革呢？ 8万个全民所有制企业，8个试行，恰恰是万分之一，即俗话常说的“万一”。万一试出点偏差，即使产生了很大的不良后果，也只是万分之一范围内的后果。如果在万分之一的“点”内，什么也不能动、不敢动，那又叫什么改革试点呢？

上面这一正一反的情况告诉我们，经济体制的改革必须勇于跨出第一步。这第一步，就是要允许在规定的“点”里大胆地“试”。这是当前有必要大声疾呼的问题。

经济体制的改革，是党中央的一项重大决策，也是我国经济生活中的一场革命。既然要改革，就必然要突破一些传统的观念和习惯的做法，首先会遇到某些人的思想阻力。随着改革的深入，还会触及某些人的权力和既得利益，阻力可能更大。目前仅仅是小改、小革的试点，如果连这一小步都跨不出去，今后全面的改革又从何谈起？

改革一定要慎重，要经过深入调查研究，并经过试验，不断完善，逐步推行。但是一个新事物的诞生和成长，事先考虑得再周到，也不可能万无一失。而且，旧的矛盾解决了，又可能出现新的矛盾，这是事物发展的客观规律。如果不看主流，不辨方向，只是在枝枝节节里顾虑重重，出点毛病又大惊小怪，或者本来不赞成，一旦出了毛病，就当秋后算账派，用这种态度对待改革，任何改革也是断然搞不成的。

我们希望各部门、各地方都能像四川省那样，坚决贯彻三中全会和五届人大二次会议的精神，珍惜时间，采取积极果断的步骤，勇于跨出体制改革的第一步。这是形势的要求，也是全国人民热切的希望。

四川省40个商业企业扩大自主权经济效果明显

新华社报道，四川从今年3月起在全省40个商业企业进行的扩大自主权的试点工作，已经取得明显的经济效果。据省财贸领导部门统计，今年1—7月，40个试点商业企业销售额和上交利润分别比同行业平均水平高出5%—60%。

这40个商业试点企业分属百货、食品、糖酒、饮食、粮食、外贸、供销社等系统和行业。目前在这些企业所扩大的自主权，包括8个方面：

——择优进货权。凡是非计划分配商品，企业可以自己选择地点进货，或直接同工厂挂钩，按需订货；计划分配商品也可以划出一定比例(10%—20%)，由商店直接向工厂进货。在分配商品工作中，领导机关发出的违反经济规律、有损企业经济利益的行政命令，企业有权抵制；因按错误命令行事而招致的经济损失，企业有权要求赔偿。

——灵活制定物价权。企业在保证消费者、生产者利益的前提下，有权根据国家规定的价格总水平，在一定范围内灵活制定物价。从试点企业的实际情况看，主要是以下4个方面：一、糕点、饮食行业，在严格执行国家规定的毛利率以内，具体品种价格有的可以高一点，有的可以低一点。二、日用工业品行业的企业从外地采购的3类商品，没有统一价格的，企业可以根据国家的作价原则，自己定价出售。三、修改款式后的花色品种，由工商双方确定进、销价。四、3类农副产品，实行议购议销的，随行就市。对于其他一些门类的商品，也定出了企业掌握物价的具体规定。

——利润分成权。企业完成各项经济、计划指标后，除了按原来规定在计划利润中提成外，还可以从超额利润中留成10%；粮食等政策性亏损部门的企业，在减少亏损的部分中也可以留成。企业用这笔钱可以改善经营管理条件，兴办集体福利事业和奖励职工，使国家、企业、职工的利益紧密结合在一起，给企业增添经济动力和经济责任，促进企业认真搞好经营管理。

——残次、滞销商品处理权。过去，残次滞销商品处理都要经过有关领导机关批准，现在，企业在保证完成上级下达的利润、费用、购销等指标的基础上，可以根据实际情况，自行削价、降价或削减票证处理残次滞销商品。有了这项权利，企业由原来的“销售机器”变成了“经济活体”，生意越做越活。

——灵活使用奖金权。试点企业在保证完成各项经济指标后，有权自行制定切实可行的奖励办法。

——人事管理权。企业的中层干部(包括门市部主任、班组长)，有条件的实行民主选举，条件不具备的暂由企业任命。干部在任职期间，企业有权视其工作成效决定奖励还是不奖励；不称职或严重失职者，企业有权罢免。

——惩处权。以前，企业处分所属人员，都要经过县以上领导机关批准；现在，企业对犯错误或给国家造成严重损失的干部、职工，有权视其情节轻重，给予警告、记过、扣工资、撤职、开除留用等处分。

——择优招工权。以前，企业吸收新职工是由劳动部门统一分配，不问合乎条件不合乎条件的都得收下来；现在，企业可以通过考试、试用等办法择优录取。

这8条自主权，冲击着旧的商业体制，在全省财贸战线引起巨大反响。许多试点企业的职工、干部说，自主权松动了捆住我们手脚的绳索，我们有按经济规律办事、提高管理水平的条件了。现在，所有实行试点的单位，经营方式、管理水平和服务质量都出现新的面貌。人民群众普遍厌恶的那种“官商”作风，在扩大自主权试点的冲击波下，在一些试点企业里也开始消失。

国务院副总理兼国防部部长徐向前在北京会见由空军参谋长穆罕默德·沙米姆率领的巴基斯坦空军友好代表团

国务院副总理余秋里在北京分别会见由稻山嘉宽率领的日本日中经济协会访华团部分成员和让·彼埃尔·德斯热尔热副董事长率领的法国阿尔斯通一大西洋公司代表团

国务院副总理陈锡联在北京会见由墨西哥体育运动委员会主任吉列尔莫·洛佩斯·波蒂略率领的墨西哥体育代表团

中科院院长方毅在北京会见由参加中美高分子化学与高分子物理双边讨论会的与会代表

国务院副总理王震在北京会见赤松泰任团长的日本爱媛县日中友好之翼访华团

国务院副总理谷牧在北京会见由美国加利福尼亚州大学土木工程系教授林同棪和夫人高训铨及他们的女儿林柏娜

国务院副总理陈慕华在北京会见即将离任的捷克斯洛伐克驻中国大使浦希炳

国务院副总理姬鹏飞在北京会见即将离任的比利时王国驻中国大使拉乌勒·多尔曼

全国人大常委会副委员长宋庆龄在北京会见以孟加拉妇女事务部部长阿米娜·拉赫曼博士为首的孟加拉国妇女代表团

中美高分子化学和物理双边讨论会在北京举行

新华社报道，最近举行的这次中美建交后首次双边学术讨论会，是根据中国科协与美国美中学术交流委员会商定的1979年中美两国学术交流项目安排进行的。参加讨论会的12名美方代表，都是美国高分子化学界知名的科学家，由诺贝尔奖金获得者、美国斯坦福大学教授弗洛里率领。

在为期6天的讨论会上，中美两国科学家共提出了33篇论文，就高分子化学和物理方面的科学研究工作进行了广泛的交流和探讨。弗洛里教授和密执安大学奥弗伯杰教授分别作了题为《在硬链高分子中线系排列的理论》《在有机化学反应中高分子的催化剂》的学术报告，听众有400人，博得了中国同行的一致好评。我国著名化学家王葆仁向与会中美科学家报告了近年来中国高分子研究工作的状况；北京大学讲师陆承勋宣读的题为《新型生物活性丙烯酸酯的研究》论文，受到美国科学家的热烈赞扬，有的美国科学家听完报告后立即走上讲台和陆承勋握手，表示祝贺。

中国科学院有机化学研究所副研究员史观一、应用化学研究所副研究员沈之荃，以及化学研究所副研究员黄志镗、吴美琰等和美国学者，在会上分别作了有关学术报告。在这次讨论会上，我国科学工作者提出的论文，涉及的内容很广泛，我国高分子化学工作者在高分子溶液、结晶、结构、高分子合成、功能高分子、嵌段高分子、定向聚合等方面都做了很多工作，取得了很好的成绩。

共青团中央在北京召开第六次全国少先队工作会议

10月10日至17日召开的这次会议，提出的新时期少先队工作的任务是：坚持德、智、体全面发展的教育方针，贯彻“五爱”教育，把全体少年儿童组织起来，活跃少先队工作，为把少年儿童培养成献身人民、热爱科学、具有健壮体魄的新一代，为“四化”建设造就一支朝气蓬勃的预备队而奋斗！

会议期间，中共中央政治局委员、国务院副总理王震、方毅，中共中央政治局委员、全国人大常委会副委员长彭真，接见了出席会议的优秀辅导员代表，并同他们进行亲切交谈，勉励辅导员要好好培养少年儿童，为祖国的教育事业贡献力量。

会议根据实践是检验真理的唯一标准的基本原则，回顾了少先队建队30年来的工作，指出，少先队是少年儿童的群众组织，是学习共产主义的学校。少先队工作是整个少年儿童教育事业中不可缺少的重要组成部分。学校是少年儿童教育的主要阵地，但同时又要充分发挥少先队的教育作用。学校和少先队都要全面贯彻党的教育方针，坚持“三好”原则。学校主要是通过课堂教学实施党的教育方针，而少先队则主要是通过活动，寓教育于活动之中，这是少先队工作的基本特点。

会议指出，少先队员是夺取新长征最后胜利的生力军。要把我国少年儿童培养成为朝气蓬勃的四化建设的预备队，当前必须对少年儿童加强共产主义的思想品德教育，从小培养他们献身人民的精神；教育他们爱祖国。爱人民、爱劳动、爱科学、爱护公共财物；在少年儿童中积极开展体育、美育活动，让少年儿童做自己组织的主人。会议认为，少年儿童工作涉及千家万户，培养和教育少年儿童是全社会的责任。代表们呼吁社会各个方面都来关心和支持少年儿童的工作，尊重少先队辅导员和教师，为孩子们开展各种活动提供场所和各种方便条件。

会议期间，代表们交流了少先队工作的经验，研究了实现新时期少先队工作任务的具体方法和措施，讨论修改了正在试行的《中国少年先锋队工作条例》。

教育部部长蒋南翔，副部长董纯才、曾德林同代表们一起进行座谈。

共青团中央第一书记韩英在会议开幕时作了题为《为培养朝气蓬勃的“四化”建设的预备队而奋斗》的报告。韩英在报告中说，全国3.8亿青少年，少年儿童占了2亿。把全体少年儿童组织起来，是党赋予少先队组织的任务，也是少先队组织发展工作的方针。但是，现在全国只有7000万名少先队员，仅占适龄儿童的1/3。他要求全国抓紧解决这一问题，积极地逐步地将全部在校的队龄儿童都吸收到少先队组织中来，用红领巾鼓舞少年儿童积极进步。韩英还要求全国200万名少先队辅导员继续努力，创造新时期的新经验，把少年儿童工作做得更好。

各省、自治区、直辖市团委的少年儿童工作者、优秀辅导员代表共200多人出席了会议。共青团中央书记胡德华主持了这次会议，并在会议闭幕时讲了话。

共青团中央在北京举行优秀少先队辅导员命名表彰大会

全国优秀少先队辅导员代表，出席第六次全国少先队工作会议的代表以及首都共青团、少先队的干部，中小学少先队辅导员和教育工作者1400多人参加了大会。大会由团中央书记胡德华主持。团中央书记高占祥在会上宣读了《共青团中央关于命名表彰全国优秀少先队辅导员的决定》，同时宣布了被命名表彰的全国优秀少先队辅导员名单。共青团中央第一书记韩英在会上作了报告。

团中央决定给每一个受到表彰的优秀少先队辅导员颁发一枚红领巾奖章、一套《少年百科丛书》以及其他奖品和奖金；还决定奖给山西省运城县陈麦来办的东风路学校校外活动站一台彩色电视机。

在少先队员的鼓号声中，韩英和教育部副部长董纯才、文化部副部长林默涵、国家体委副主任徐寅生、全国妇联书记处书记吴全衡，以及有关方面的负责人林渤民、李季、华君武、方明等，向到会的80多名优秀少先队辅导员颁发了奖章、奖品和奖金。发奖以后，首都40名少年儿童手持鲜花，在少先队星星火炬队旗的引导下进入会场，向优秀少先队辅导员献了贺词。

这次被命名、表彰的149名全国优秀少先队辅导员，都忠诚于党的教育事业，在促进少年儿童德、智、体诸方面得到生动活泼地发展的工作中作出了优异成绩。

全国优秀少先队辅导员名单：

北京：孙蒲远　吴宝芹　连文凯　张维维　蒋月娥　潘镭

天津：马金萍　王子贵　王希萱　乔慕英　李爱萍

河北：于莉青　王淑芳　李瑞兰　张全昌　郭文郧　樊芙蓉

山西：吕自诚　陈麦来　郭华媛　武养梅　董月凤

内蒙古：正月　卢修民　高玉佩

辽宁：刘淑荣　孙志香　孙润芝　杨登梅　赵桂清　秦淑清

吉林：王淑华　刘凤兰　卢长和　何凤英　曹魁珍

黑龙江：冯维贤　何迪　陈云凤　柳玉芳　袁世恩　程洪文

陕西：丁继忠　乔惠燕　杜水莲　张恩忠　张惠芬　魏永清

甘肃：王旺梅　刘培江　沈国杰　铁克勤

宁夏：刘银生　杨志明　武震霞

青海：朱惠民　张莲　董宝嫌

新疆：艾里·胡达拜尔地　米吉提·克里木　苏万春　张景荣

上海：沈功玲　李爱珍　陈宝霖　洪雨露　黄吉人

山东：丁秀兰　于淑珍　王建华　王胜果　李明花　李建萍　杨明英

江苏：孙琴华　周鸣岗　顾慧娟　陶世贤　康宪元　蔡兴根

安徽：佘文才　汪宗杰　杜禹华　张秋霞　幸皖云

浙江：吴艳芬　陈波　陈国彦　陈治强　范熙达

江西：余邦金　赵金莲　梁长秋　彭冰松　樊清芬

福建：李伟东　陈中星　陈明　林伯良　谢不俗

河南：王方　王雅萍　刘桂香　张五美　陈嵩山　皇甫鸿昌

湖北：万宝华　邓承鹤　李艮生　李朝鹏　赵淑华　袁芳芳

湖南：刘德恒　邓慧然　杨静　唐小苹　黄利群　鲁利平

广东：王征东　云蔚成　黄珊　蓝方　赖方平　谭少华

广西：刘志开　成彩媛　岑洁贞　蒙琼健

四川：龙荣华　邢真理　张经纹　钟吉敏　高佩贤　徐政　廖纪发

贵州：罗再琴　季贵荣　金梦玲　袁梅芝

云南：王淑敏　杨文宗　周金碧　罗衡民

西藏：次仁旺久　欧珠旺姆　夏加单增

铁道系统：朱瑞华　姜有仁　韩婷

10月11日

国务院副总理邓小平在北京会见以英国学术院院士应用经济学家埃立克·凯恩克劳斯爵士为团长的英国学术院代表团

英国学术院是英国人文学社会科学研究方面的最高学术团体，成立于1901年。会见时，邓副总理同英国朋友就我国经济建设和科学技术发展问题进行了交谈。

邓副总理在谈到我国实现四个现代化宏伟目标时说，我们面临的最大困难是知识不够，科学技术水平低，人才比较缺乏。因此我们要在自然科学、社会科学方面同先进国家进行交流。

凯恩克劳斯爵士说，你们的潜力很大，希望中国人民取得成功。

中国社会科学院副院长宦乡，外交部部长助理宋之光，中国社会科学院外事局局长王光美和我国著名社会科学学者参加了会见。

国务院副总理李先念在北京会见以稻山嘉宽会长为团长的日中经济协会访华团

8个民主党派和工商联代表大会分别在北京开幕

中国国民党革命委员会第五届全国代表大会、中国民主同盟第四次全国代表大会、中国民主建国会第三次全国代表大会、中华全国工商业联合会第四届会员代表大会、中国民主促进会第四次全国代表大会、中国农工民主党第八次全国代表大会、中国致公党第七次全国代表大会、九三学社第三届全国社员代表大会、台湾民主自治同盟第二次全盟代表大会，在北京分别开幕。

出席这次8个民主党派和工商联代表大会的代表共2533人。根据全国工作着重点转移到社会主义现代化建设上来的新形势和国内阶级状况的根本变化，这些代表大会的方针是：贯彻全国五届人大二次会议、全国五届政协二次会议和叶剑英同志在庆祝中华人民共和国成立30周年大会上的讲话的精神，以四项基本原则为指导，总结各自的工作经验，讨论当前国内外的形势和任务，把各自的工作着重点转到为社会主义现代化建设服务上来，推动各自的成员在为“四化”建设和争取台湾归回祖国的伟大事业中，作出新的贡献。这些代表大会还将修改各自的章程，改选各自的中央领导机构。

各民主党派和工商联的上一次代表大会都是20年以前召开的。

中国国民党革命委员会负责人朱蕴山、王昆仑，中国民主同盟负责人史良，中国民主建国会、中华全国工商业联合会的负责人胡厥文、胡子昂，中国民主促进会负责人周建人、徐伯昕，中国农工民主党负责人季方、周谷城，中国致公党负责人黄鼎臣，九三学社负责人许德珩、周培源，台湾民主自治同盟负责人蔡啸，分别在各自的代表大会上致开幕词或作工作报告。

国务院副总理王震在北京会见以有泽广巳为团长的日中人文社会科学交流协会代表团

国务院副总理陈慕华在北京会见即将离任的马达加斯加驻中国大使拉科托菲林加

中联部部长姬鹏飞在北京会见以胡安·梅希亚为团长的促进建立多米尼加劳动党统一组织代表团

全国人大常委会副委员长谭震林在北京会见日中友好秋田县各界访华团

全国人大常委会副委员长廖承志在北京会见日中经济协会会长稻山嘉宽和由他率领的日中经济协会访华团部分团员

国家科委在北京召开第三次发明评选委员会会议

新华社报道，国家科委最近召开了发明评选委员会会议，审查批准了15项发明创造，并分别评定为二、三、四等发明奖。

获得二等发明奖的有：石油部四川省石油管理局一坪化工厂谢德生及酰胺小组发明的十八烷基对苯二酸酰胺钠盐稠化剂制造工艺、合成脂肪胺对苯二酸酰胺钠盐稠化剂及其润滑脂的制造工艺；胜利油田钻采工艺研究院郑州三磨所发明的喷射式人造聚晶金刚石三刮刀钻头的制造工艺；卫生部中医研究院中药研究所、山东省中医药研究所、云南省药物研究所以及中国科学院生物物理研究所、上海有机化学研究所，以及广州中医学院发明的抗疟新药——青蒿素的制造；首都钢铁公司机械厂张德华、李春元、周崇文、洋德兴发明的首钢71型涡轮副制造工艺；

获得三等发明奖的有：胜利油田会战指挥部测井总站郑星斋、肖玉复、毕应泉等发明的SDC—3型曲线数字转换仪的制造技术；石油部石油化工科学研究院关景杰、王素坤、郑曼英等发明的提高"偏Y"分子筛催化剂活性稳定性的洗涤工艺；化工部北京化工学院王其祥等发明的卧式进动离心机的制造技术；郑州大学王文祥、丰定豪、李光谱等发明的氨合成球形催化剂的制造技术；地质部矿床地质研究所王裕先、林晋钊、李品山发明的GJF—1型高频介电分离仪及其分离方法，地质部地质力学研究所丁原辰、王连捷制造的CW—250型传感器围压率定机的制造；中国科学院化工冶金研究所、上海化工学院郭慕孙、刘大陆发明的气控式多层流态化床及其在净化气体中的应用；中国科学院昆明植物研究所聂端麟发明的昆虫蜕皮激素新植物——C·C·A及其生产工艺；湖北省洪湖江安县农业机械厂、湖北省机械研究所、湖北农业机械学院制造的湖北—12型机耕船；

获得四等发明奖的有：中国科学院地理研究所、大连油脂化工厂创造的土面增温剂的生产技术。

中国在墨尔本被接纳为国际音乐理事会成员国

新华社报道，以著名作曲家和中国音乐协会副主席贺绿汀为团长的中国音乐协会代表团，参加了墨尔本国际音乐理事会第十八届大会和国际音乐周等活动。中国和其他5个国家在这届大会上被接纳为国际音乐理事会成员。理事会执行主席罗伯茨在宣布中国被接纳为国际音乐理事会成员国时说，中国被接纳一事意味着占世界人口四分之一的国家的音乐贡献得到了承认。贺绿汀在讲话中表示希望，中国参加理事会将会有助于中国同其他国家的音乐和文化交流。

10月12日

中共中央批转中央组织部 中央统战部《关于在国务院各部委和在地方各级人民政府中安排党外人士担任领导职务的请示报告》

中央批语指出，与党外人士实行民主合作是中国共产党的一贯政策。各项党委要根据新形势和新任务的需要，克服清一色思想，继续切实做好对党外人士的安排工作，并和他们真诚合作，共同把国家的事办好。

国务院总理华国锋离开北京开始对欧洲4国进行国事访问

陪同华总理出访的国务院副总理余秋里，外交部部长黄华、副部长章文晋，国家计划委员会副主任甘子玉，公安部副部长凌云，外贸部副部长崔群，以及其他随行人员同机离开北京。

华总理一行将进行的这次访问是中华人民共和国

成立30年来,中国政府首脑对西欧国家进行的第一次国事访问。这对于促进中国人民同西欧各国人民之间的相互了解,加强中国同这些国家的友谊,扩大彼此间的合作和维护世界和平将大有裨益。

前往机场送行的中国领导人有:叶剑英、邓小平、李先念、王震、乌兰夫、方毅、邓颖超、张廷发、陈锡联、聂荣臻、胡耀邦、耿飚、彭真、陈慕华、谷牧、姚依林、姬鹏飞,以及有关部门的负责人。

法国、西德、英国和意大利4国的驻华使节也到机场送行。

华国锋总理一行将在乌鲁木齐作短期停留。

国务院发布华国锋总理出访西欧期间由邓小平副总理主持国务院工作公告

国务院总理华国锋将于10月15日起,访问法国、德意志联邦共和国、英国和意大利,在出访期间,国务院的工作由副总理邓小平主持。

国务院

10月12日

国务院副总理李先念在北京会见联合国环境规划署执行主任穆斯塔法·托尔巴博士及其一行

第五届全国人大民族委员会举行第一次办公会议

会议于10月12日至17日举行。

会议由全国人大常委会副委员长、第五届全国人民代表大会民族委员会主任委员阿沛·阿旺晋美主持并讲了话。他说,人大民委会的工作任务,全国人大组织法已有规定,主要是协助人大、人大常委会进行民族问题方面的立法和监督。当前的主要工作是,一方面抓民族立法,着重研究宪法有关民族自治地方条文的修改方案,提出民族区域自治法草案,草拟保障少数民族各项自治权利的单行法规;另一方面要深入调查研究新的历史时期民族工作方面的新情况新问题,适应四个现代化建设的需要,督促检查、落实党和国家的民族政策。

中共中央政治局委员、全国人大常委会副委员长乌兰夫参加了会议,并讲了话。他指出,社会主义时代,是各民族发展繁荣的时代。他说,对我们的民族工作,叶剑英同志在庆祝中华人民共和国成立30周年的讲话中有个总的估计:“我国50多个兄弟民族,在根本利益一致的基础上,形成了团结友爱、平等互助的新型的社会主义民族关系,正在为逐步消除历史上遗留下来的事实上的不平等而努力。”这种新型的民族关系的出现,是我们党几十年来的民族工作的结果,是各族人民几十年来共同努力建设的结果。

乌兰夫同志强调指出,法制是党和国家的方针、政策的具体体现,要用法律来保障少数民族权利。三十年来正反两方面的经验,使我们深深懂得了这个问题,即少数民族的平等自治权利和民主权利,没有完备的法律来加以保障是不行的。

他说,我们法制不够健全,在民族问题方面很突出。譬如,实行民族区域自治,如何体现自治权?省和自治区究竟有什么区别?规定不具体。现在,自治权利问题不仅要提出,而且要规定在法律中,用文字规定出来。林彪、“四人帮”对待少数民族无法无天,为所欲为,破坏民族政策,迫害少数民族干部和群众,剥夺少数民族的平等自治权利、政治权利和生存权利,可以逍遥法外。这种现象今后决不能现出现。

乌兰夫同志说,华国锋同志在五届人大二次会议上的《政府工作报告》中指出:“要扩大和发扬社会主义民主,各级政府必须十分重视提高我国少数民族的地位,维护和实现各少数民族的民主权利。”这是完全符合少数民族的意愿的。我国的50多个少数民族虽然人口少,但和汉族所处的政治地位应该是完全平等的,是兄弟关系。任何一个民族都没有对另一个民族的任何特权,必须充分尊重少数民族的自治权利。少数民族的自治权利不是可有可无的,把自治地方完全等同于汉族地区的地方行政机关是不对的。自治机关是我国的一级地方政权,但它又是执行党和国家的民族政策、维护民族权利的机关,也是无产阶级专政的一种形式,它有不同于一般地方政权机关的自治权利。不能把自治机关形同虚设。

乌兰夫同志说,我国少数民族虽然人口所占比例小,但在今后的社会主义现代化建设中却处于十分重要的地位。我国国土的50%—60%是少数民族居住地区,这里地大物博,资源丰富,没有广大的少数民族地区的社会主义现代化建设的胜利发展,要实现国家的现代化那是不可想象的。我国绝大多数少数民族地区也就是我国的边疆地区,建设好这些地区,在我国社会主义现代化建设中具有头等重要的意义,是巩固我国边防的头等大事。要实现国家的四个现代化,不调动少数民族人民的积极性是绝对不行的。不保障少数民族的自治权利,不保障少数民族的民主权利和发展繁荣的权利,不适当照顾他们在社会主义现代化建设中经济管理上的自主权利,就无法调动他们的积极性。所以在维护民族权利上加强法制,用法律形式保障少数民族的权利,实现民族平等,是实现四个现代化的重要保证。这是人大民委会的重要任务。

会上,大家着重讨论如何加强法制,用法律来保障少数民族权利的问题。

政协全国委员会副主席、国家民族事务委员会主任杨静仁也参加了会议,并讲了话。参加这次会议的有全国人大常委会副秘书长武新宇、邢亦民、张加洛；人大民族委员会副主任委员白寿彝(回族)、李贵、杰尔格勒(蒙古族)、阿木冬·尼牙孜(维吾尔族)、吴运昌(苗族)、赵南起(朝鲜族)、伊尔哈里(哈萨克族)。参加会议的还有国家民委副主任江平、胡嘉宾，人大民委办公室主任云北峰(蒙古族)、副主任史筠等。

国务院副总理王震在北京会见国际水稻研究所理事会议的理事

参加会见的有：国际水稻研究所理事会主席格雷，理事会副主席、菲律宾农业部部长坦柯，国际水稻研究所所长布雷迪等来自世界10个国家的理事，以及随同坦柯部长来访的菲律宾朋友。

国务院副总理姬鹏飞在北京会见南斯拉夫联邦执行委员会委员 联邦新闻部部长巴伊拉·伊斯梅尔

10月13日

全国电视机 收音机质量评比揭晓

新华社报道，最近，第四机械工业部和国家广播电视工业总局在南京召开了评比总结、经验交流会，全国第二届黑白电视机质量评比和第七届收音机质量评比揭晓。

参加这次质量评比的，有来自全国25个省、自治区、直辖市的56个企业生产的91种型号的晶体管和电子管黑白电视机，以及91个企业生产的197种型号的收音机。经过认真测试评比，有26种电视机和73种收音机获奖。

这次获得一等奖和二等奖的电视机共有15种。其中，9英寸电视机有上海的飞跃牌、英雄牌、凯歌牌、星火牌；12英寸电视机有上海的飞跃牌、金星牌，浙江的西湖牌，辽宁的菊花牌、沈阳牌，北京的牡丹牌，江苏的孔雀牌、青松牌，山东的青岛牌；14英寸电视机有湖南的韶峰牌；19英寸的电视机有上海的飞跃牌。

获得一等奖的收音机共有23种，其中名列前茅的有：上海的春雷牌二级和三级台式晶体管收音机、四级袖珍式收音机，红灯牌三级台式电子管收音机，海鸥牌四级便携式晶体管收音机，以及南京的熊猫牌三级便携式晶体管收音机等。

国务院副总理谷牧在北京会见以宾夕法尼亚大学经济系教授劳伦斯·克莱因为团长的美国经济代表团

全国妇联名誉主席邓颖超在北京会见以朝鲜民主妇女同盟中央委员会副委员长康占淑为团长的朝鲜妇女代表团

全国人大常委会副委员长阿沛·阿旺晋美在北京会见由奥兰多·若泽·马斯卡雷尼亚斯会长率领的佛得角团结学会代表团

国际足联恢复中国足球联合会的合法权利

国际足联要求台北足协改名为“中国台北足球协会”，今后不得使用“中华民国”的任何标志。

10月14日

中共中央批转中央统战部《关于地方民族主义分子摘帽问题的请示》

《关于地方民族主义分子摘帽问题的请示》提出：凡是在1957年反右派斗争期间及以后几年内划为地方民族主义分子者，不论是按照敌我矛盾还是按照人民内部矛盾对待的，都应根据中央的精神，全部摘掉帽子；对确实划错了的，也要实事求是地改正过来。对摘帽和改正的人都应妥善落实政策。

中共中央批转全国统战工作会议文件《新的历史时期统一战线的方针任务》并发出通知

通知指出：在新的历史时期，统一战线仍然是一个重要法宝。不是可以削弱，而是应该加强。那种认为统战工作可有可无和宁“左”勿右；“左”比右好的思想，是完全错误的。现在，台湾回归祖国已经提到我们的议事日程上来，这是统一战线面临的新的重大任务。要放宽视野，把统一战线的范围搞得宽一些，只要赞成祖国统一，即使并不赞成社会主义制度的人们，也要团结。《新的历史时期统一战线的方针任务》提出了应当做好的10项工作：(一)继续抓紧落实政策，发展安定团结的政治局面；(二)加强对知识分子工作；(三)加强人民政协和民主党派工作；(四)认真贯彻对党外人士的安排使用政策；(五)继续做好对原工商业者的工作；(六)在为四个现代化服务的实践中帮助党外人士继续实行思想改造；(七)加强民族工作；(八)全面贯彻宗教信仰自由政策；(九)开展对台湾同胞、港澳同胞和海外侨胞的统一战线工作；(十)开展对外友好活动，促进国际反霸统一战线。

全国商标工作会议决定进一步做好商标统一注册工作

新华社报道，全国工商行政管理总局最近在杭州召开的全国商标工作会议认为，加强商标管理同发展商品经济有着密切的关系。前些年，由于林彪、“四人帮”极左路线的干扰破坏，商标管理工作受到很大影响，许多传统名牌被扣上封资修的帽子，横遭禁用。会议指出，必须在商标管理工作上肃清极左路线的流毒，广泛宣传商标的意义和作用，以便引起各方面对于商标的重视。

会议指出，商标经过注册，企业就取得了专用权，国家给予法律保护。最近我国公布的《中华人民共和国刑法》的第一百二十七条，就是对商标专用权的一种保护。对企业来说，申请商标注册不但是一种义务，也是一种权利。保护商标专用权，是发展生产和维护社会主义经济秩序的需要，是健全社会主义法制的需要，通过商标管理，也可以促进商品质量的改进与提高。

国务院副总理王震在北京会见美国加利福尼亚州理工学院教授吴耀祖

国务院副总理陈慕华在北京会见苏里南卫生部常务秘书沈秋荣先生一行

全国人大常委会副委员长乌兰夫在北京会见由团长西川鉴海率领的日中友好宗教者恳谈会代表团

10月15日

国务院总理华国锋到达巴黎对法国进行正式访问

这是中国总理第一次访问法国和西欧。

在巴黎的奥利机场华总理受到法国吉斯卡尔·德斯坦总统的热烈欢迎。

吉斯卡尔·德斯坦总统在向华总理表示热烈欢迎时指出，他的访问标志着法中两国关系的"一个新阶段"。他感谢华总理把法国作为他的西欧之行的第一站。

他强调法国在维护世界和平与合作、谋求解决这个多事的世界面临的各种问题方面所能起的重要作用。他说，法国准备为中国的现代化提供各方面的经验，特别是技术方面的经验。

华总理在致答词时说，他很高兴能有机会到西欧进行访问。他指出，世界形势的变化使我们深切地感到，欧亚两大洲人民的根本利害是息息相关的。"在当前的国际事务中，西欧起着举足轻重的作用。巩固和发展同西欧国家的友好合作关系一直是我国对外政策的重要组成部分。"他强调他这次访问的使命是"要同西欧国家增进了解、加强友谊、发展合作和共同维护和平"。

他说，他期待着同吉斯卡尔·德斯坦总统就双方共同关心的问题进行富有成效的会谈，并且希望，"通过这次访问把中法两国的友好合作关系大大向前推进一步"。

国务院总理华国锋在法国德斯坦总统举行的宴会上发表讲话

华国锋总理说："延缓世界战争的爆发，争取较长时期的和平，是中国对外政策的一个主要出发点。正是因为这样，我们一再强调必须注意霸权主义的全球战略。我们同霸权主义及其代理人的侵略和扩张进行斗争，决不仅仅是为了维护本国或者本地区的利益，我们始终是从维护世界和平的全局利益考虑的。中国的力量尽管有限，但是中国人民将一如既往同各国人民团结在一起，为维护世界和平作出自己应有的贡献。"

华总理指出："中国人民和法国人民都希望有一个和平与稳定的世界，各国人民能够不受威胁地进行建设和谋求发展。但是，严峻的现实是，我们的世界越来越动荡，越来越不安宁。在欧洲，军事对峙的局面严重存在。在中东、非洲、红海地区、南亚和印度支那，为了攫取重要资源、抢夺战略基地、控制海上通道，侵略和扩张更加不择手段，从制造分裂、干涉内政、策动政变到利用代理人进行军事侵略和武装占领。谋求霸权的全球部署正在加紧推进。维护世界的和平与稳定成为各国人民的当务之急。"

他说："今天在欧洲，越来越多的有识之士强调要面对现实，提高警惕，采取有效的对策。法国加强防御力量，积极推动西欧联合，并且主张西欧同第三世界对话和建立合作关系。我们赞赏你们的这种立场。我们也一向认为，一个联合、强大的欧洲，是维护世界和平与稳定的重要因素。中国政府和人民衷心祝愿法国在国际事务中发挥更重要的作用，衷心祝愿西欧各国在联合自强的道路上不断取得新的成就。"

他强调说："饱受战争创伤的中国人民深知战争给人类带来的灾难和痛苦，不希望打仗。为了进行现代化建设，我们更需要一个长期的和平国际环境。因此，我们坚定不移地奉行反对霸权主义、维护世界和平的对外政策。我们按照和平共处五项原则发展同各个国家的友好关系，我们坚决支持各国人民维护独立和安全、反对侵略和扩张的斗争。"

国务院副总理邓小平在北京会见由英中了解协会副会长英国作家兼电影制作人费里克斯·格林和英中了解协会主席班以安率领的英国知名人士代表团

会见时，邓副总理在愉快友好的气氛中接受了格林等英国朋友的集体电视采访。

这些英国朋友中包括有作家、电影制作者、消费问题专家、科学幻想小说家、博物馆负责人、非洲问题专家等。他们向邓副总理分别提出了一系列感兴趣的问题,如社会主义民主和法制、控制人口增长、环境保护、中国经济发展情况、中国同第三世界国家关系以及对未来中国的展望等。邓副总理一一回答了英国朋友的问题。

谈话中,邓副总理对英中了解协会会长期以来为加深英中两国人民相互了解和友谊所作出的贡献表示赞赏。他请英国朋友回国后转达中国人民对英国人民的友好情谊并祝中英人民友谊不断发展。

整个谈话过程被拍摄成电视影片。

对外友协会会长王炳南,副会长谢邦定参加了会见。

国务院副总理李先念在北京会见以坦桑尼亚国防和国民服务部副部长赛义夫·巴卡里为团长的坦桑友好代表团

解放军基建工程兵某部在老地层找到中型铀矿

新华社报道,人民解放军基建工程兵某部在我国北方的老地层中找到1个中型铀矿,受到国家有关部门的极大关注和表扬。

老地层是指17亿年以前形成的地层。在老地层中找到能源中能量较大的铀矿,这在我国还是第一次。过去,国内外的有关科研部门认为这种地层含铀的可能性小,因而很少进行勘探。基建工程兵某部指战员为了给祖国四化建设提供更多的热能,破除迷信,努力探索。他们长年累月翻山越岭收集资料,冒着酷暑严寒进行地表揭露等工作,终于在有关部门的支持和协助下,在一处老地层中找到中型铀矿。他们的新发现,为我国今后在老地层中寻找铀矿提供了依据。

国务院副总理姬鹏飞在北京会见并宴请以罗共中央委员人民委员会事务委员会第一副主席科尔内尔·奥内斯库为团长的罗马尼亚党的工作者友好访问团

全国人大常委会副委员长乌兰夫接受阿尔巴尼亚新任驻中国大使约努兹·梅尔西尼递交的国书

北京地区哲学社会科学工作者学术讨论会在北京举行

这次规模盛大的学术讨论会是由中国社会科学院、教育部和中共北京市委联合举办的,于10月5日至15日在北京举行。会上印发了学术论文124篇。北京地区哲学社会科学工作者500多人参加了会议。

中国社会科学院副院长于光远在开幕大会上说,粉碎“四人帮”以来的这3年,是新中国30年历史中哲学社会科学最受重视的时期,这是用许多代价换取来的一个进步。3年来,哲学社会科学的发展速度,在我们国家的历史上也是没有过的。但是,人们对哲学社会科学重要性的认识还没有达到应有的程度,需要大力宣传社会科学各个学科对于推动我国社会主义现代化的重要作用。黎澍在开幕大会上宣读了长篇学术论文《中国社会科学30年》。会议从10月6日开始分哲学、经济学、政治学和社会学、法学、文学、历史学、新闻学、教育学和人才学8个组展开学术讨论。会议回顾了30年来我国哲学社会科学的成就。中国共产党领导下的民主革命的胜利,使马列主义、毛泽东思想成了在全国占主要地位的意识形态和各项工作的指导思想。新中国成立以后,我国哲学社会科学得到前所未有的发展,许多学术团体、哲学社会科学研究机关相继建立起来,翻译、编辑和出版了大量马克思主义经典著作,还整理、编辑、注释、校订、出版了一些有重要价值的古籍,介绍了很多国外的哲学社会科学著作,发表了不少很有价值的学术著作。这些工作为我国哲学社会科学的进一步发展打下了基础。林彪、“四人帮”横行期间,我国哲学社会科学遭到严重破坏。因此,过去30年哲学社会科学实际取得的成就,远远少于它应该和能够取得的。

大家认为,30年来我国哲学社会科学的重要经验教训之一,就是必须按照科学本身的规律来对待科学,科学研究必须坚持从实际出发、理论联系实际、实事求是这一马克思主义的基本原则。会议探讨了哲学、经济学、历史学、法学、文学等学科和政治的关系。许多同志指出,在林彪、“四人帮”横行期间,由于学术和政治的关系不恰当,哲学社会科学不能开展独立的、创造性的研究工作,变成了当时错误的政治观点、口号的论证工具和辩护工具,牺牲科学性去搞所谓的“为政治服务”,因而极大地妨碍了科学的发展。大家认为,科学研究的目的是揭示客观真理,为制定政策提供理论根据,它不但要研究整个社会主义建设的普遍规律,而且要研究各个方面建设工作的特殊规律;要研究各个学科领域的一般规律和特殊规律。哲学社会科学必须坚持它的科学性,才能更好地为政治和经济基础服务。去年以来开展的关于实践是检验真理的唯一标准的讨论,就是为政治服务的一个很好的范例。大家还谈道,应该进一步造成学术自由的空气。而学术上的自由,又是以政治上的民主为前提的,因此有必要切实贯彻百家争鸣方针。粉碎“四人帮”以后,民主与法制的恢复和逐步健全,为社会科学的发展开辟了广阔前景。

这次学术讨论会说明,我国哲学社会科学在遭到林彪、“四人帮”的一场浩劫以后,经过三年的拨乱反正,正在迅速恢复和发展,并开始显示出生气勃勃的兴旺景象。各学科研究工作者们广泛探讨了一些学术上的新问题。如法学组提出，现在我国阶级和阶级斗争状况发生了很大变化，不能把法学仅仅限于专政与民主的框框，要研究与生产斗争、科学实验相关的许多法律问题，为保护和发展生产力服务。文学组探讨了现实主义、浪漫主义、人性论、人道主义等问题。经济学组提出要重视对社会主义基本经济规律的研究，要创建和发展马克思主义的世界经济学和基本建设经济学，还探讨了经济改革中的一些理论问题和现实问题。政治学和社会学组提出，要恢复和大力开展社会学各个学科的研究，逐步建立起社会主义社会学的理论体系。新闻学组研究了报纸的党性和人民性的统一问题、报纸如何满足读者需要、新闻的真实性以及社会新闻等问题，并提出要创建和发展马克思主义新闻学。教育学和人才学组探讨了人才成长的规律和发现、培养、管理、使用人才的问题，提出要同各种埋没、压抑、浪费人才的现象作斗争，造成一个群星灿烂，人才辈出的社会环境。

10月16日

全国粮食会议在北京召开

会议于10月16日至11月9日召开。

中共中央、国务院转发《全国粮食会议纪要》批语指出，解决粮食问题，必须立足国内，自力更生，发展生产，厉行节约。

国务院副总理王震在北京会见工党上院议员罗兹勋爵率领的英国议员团

全国人大常委会副委员长宋庆龄在北京会见巴基斯坦全国妇联主席利稚卡特·阿里·汗夫人率领的巴基斯坦妇女代表团

北京市中级人民法院公审魏京生

魏京生现年29岁，安徽省巢县人，被捕前是北京市公园服务管理处工人。由于他进行反革命活动，北京市公安局在提请北京市人民检察院分院批准后，于今年3月29日逮捕。

公诉人在法庭上宣读了起诉书。起诉书说，1979年2月我国对越南进行自卫还击、保卫边疆的战斗开始后的第四天，魏京生向外国人供给了我国参战部队的指挥员姓名、出兵数目、战斗进展和伤亡人数等军事情报。

起诉书指出，1978年12月至1979年3月期间，魏京生公开违反宪法规定，以撰写和散发反动文章和刊物为手段，煽动推翻我国无产阶级专政的政权和社会主义制度。他写的这些反动文章，有的在西单墙上张贴；有的登在他主编的名为《探索》的反动刊物上。这个刊物他曾在北京、天津广为张贴、散发、出售。

起诉书说，魏京生背叛祖国，向外国人供给我国军事情报，犯了《中华人民共和国惩治反革命条例》第六条规定的反革命罪；魏京生宣传煽动推翻无产阶级专政的政权和社会主义制度，犯了《中华人民共和国惩治反革命条例》第十条规定的反革命宣传鼓动罪，应该依法惩处。

审判长当庭宣布：魏京生背叛祖国，向外国人供给我国军事情报；并违反我国宪法，撰写反动文章，进行反革命宣传鼓动，危害了国家和人民的根本利益，已构成反革命罪，性质严重，情节恶劣。依据《中华人民共和国惩治反革命条例》第二条，第六条一项，第十条二、三项，第十六条及第十七条的规定，判处魏京生有期徒刑15年，刑满后剥夺政治权利3年。魏京生不服，上诉到北京市高级人民法院。

首都各界400余人出席旁听。

北京市高级人民法院11月6日开庭审理魏京生上诉案，终审裁定驳回魏京生的上诉，维持原判。

10月17日

国务院副总理邓小平在北京会见威廉·米利肯率领的美国州长访华团

访华团中包括美国7位州长，他们是密执安州、夏威夷州、蒙大拿州、科罗拉多州、明尼苏达州、衣阿华州、佛蒙特州的州长。团长是密执安州州长威廉·米利肯。

中法在巴黎举行扩大会谈签署加强合作关系3个文件

今天先是两国领导人举行单独会谈，后来扩大为双方各有十余人参加的扩大会谈。在会谈中，双方对共同关心的国际问题和两国关系问题进行了友好的和深入的商讨。据记者获悉，双方在对国际问题的看法上有许多共同或相近之点。双方认为，经过会谈，加深了相互的了解。双方同意加强联系和磋商，并且认为，中法两国加强合作，在国际事务中是重要的。会谈中，吉斯卡尔·德斯坦总统表示高兴地接受中国政府的邀请，将在明年适当的时候访问中国。

会谈结束后签署了《关于中法经济关系的发展》《关于互设领事机构》和《关于1980年至1981年文化交流计划》3个文件。第一个文件是由中国副总理余秋里和法国外贸部部长让—弗朗索瓦·德尼奥签署的，其他两个文件由两国外交部部长黄华和让·弗朗索瓦—蓬塞签署。中国国务院总理华国锋和法国总统吉斯卡尔·德斯坦出席了在总统府爱丽舍宫举行的签字仪式。

中国方面参加扩大会谈的有：副总理余秋里、外交部部长黄华、中国驻法国大使韩克华、外交部副部长章文晋、国家计委副主任甘子玉、外贸部副部长崔群等。

法国方面参加扩大会谈的有：总理雷蒙·巴尔、外交部部长让·弗朗索瓦—蓬塞、经济部部长勒内·莫诺里、高教部部长艾丽斯·索尼埃—塞太、农业部部长皮埃尔·梅埃涅里、工业部部长安德烈·吉罗、外贸部部长让—弗朗索瓦·德尼奥、文化与通讯部部长让—菲利普·莱卡、总统府秘书长雅克·瓦尔、新任驻华大使克洛德·沙耶等。

财政部发出《关于改进国营企业提取企业基金办法的通知》

通知指出，国营工业企业提取的企业基金，原来规定按8项计划指标和供货合同考核，现在改为按产量、质量、利润和供货合同四项计划指标考核。企业全面完成4项计划指标的，可以按职工工资总额5%提取企业基金；没有全面完成4项计划指标的，在完成利润计划指标的前提下，每完成一项计划指标，可以按职工工资总额1.25%提取企业基金；利润计划指标没有完成的企业，一律不能提取企业基金。经国家批准的政策性亏损企业，比照盈利企业提取企业基金。

国务院副总理谷牧在北京会见以久保富夫董事长为首的日本三菱汽车工业公司代表团

中国新任驻索马里大使李玉池在摩加迪沙总统府向索马里总统西亚德递交国书

中苏国家关系谈判第一次全体会议在莫斯科举行

中国政府特派代表、代表团团长王幼平、代表团全体团员、顾问和工作人员出席了会议。苏联方面出席会议的有代表团团长伊利切夫以及全体团员和工作人员。

在会议上，中国代表团团长王幼平就解决中苏之间悬而未决的问题、消除两国关系正常化的障碍和改善两国关系问题阐明了中国方面的立场并就此提出了中国方面的建议。

苏联代表团团长伊利切夫也在会上发了言。

南开大学在天津举行建校60周年庆祝大会

中共中央政治局委员、国务院副总理方毅，教育部副部长高沂、臧伯平，中共天津市委第一书记、市革委会主任陈伟达，中共天津市委第二书记黄志刚，市委书记范儒生、刘刚，以及学术界著名人士周培源、严济慈、黎澍等，参加了南开大学建校60周年庆祝活动。

方毅同志在庆祝大会上讲了话，并且为周恩来同志纪念碑落成剪彩。方毅同志还在“周恩来同志纪念室”题词：“总理的英名永远活在我们心上”。

方毅同志在讲话中指出，在中国旧民主主义革命、新民主主义革命和社会主义革命的各个历史时期，南开都发挥过积极的作用，培育了大批优秀人才，周恩来同志就是其中杰出的代表。他说，年青时代的周恩来同志，怀着忧国忧民之心，寻找救国救民的真理。他以南开为基地。团结了一批进步同学，投入反帝反封建的斗争，在五四运动中发挥了重要的宣传、组织作用。在五四运动的熏陶下，科学和民主的精神，追求真理、立志改革的精神，从此成为南开大学的优良传统。在我们国家进行四个现代化建设的今天，希望全体师生员工同志发扬光大这个光荣传统，并且努力创新，把南开大学办得更加出色，为我国的教育和科学、文化事业，作出更大的贡献。

方毅同志说，党的三中全会的精神已经深入人心，全国范围内一场伟大的思想解放运动正在展开。我们现在的任务，就是要根据实践检验的经验来进行改革，进行创造，而不能头脑僵化、墨守成规、故步自封、一切照本本办事。我们的党是一个马克思主义的党，是朝气蓬勃、不断进步的党。我们是立志改革的。我们希望有更多的立志改革的同志，都来研究新情况，思考新问题，提出各种改革的办法，群策群力，把我们的国家建设好。

在谈到学校工作时，方毅同志说，为国家造就又多又好的人才，这就是学校党的工作的中心任务。学校的一切工作，包括思想政治工作，后勤工作，都要围绕这个中心，而不能离开这个任务，另搞一套。学校的党组织必须按照科学和民主的精神办事，实行科学办校、民主办校。要遵循科学的规律，遵循教育的规律，不能随心所欲，瞎指挥。要承认广大师生员工是学校的主人，充分发挥他们的积极性、主动性和创造性。对待教师，要承认他们在教学工作中的主导作用，让他们有职有权，勇于探索和创造各种行之有效的新的教学形式和教学方法，不拘一格培养人才。

方毅同志特别强调安定团结的重要性。他说，学校必须有纪律，有正常的教学秩序，不允许无政府主义。正常的社会秩序、生产秩序、教学秩序都是必不可少的。否则社会就不能安定，生产和教学就无法顺利进行。我们今天这样的安定团结局面来之不易。经过十年动乱，大家都会有这个深刻的感受。我们的国家再也经不起折腾了。这个安定团结的局面，要靠大家来维护，要靠领导者、被领导者共同努力，都从大局着想，都从国家民族的根本利益着想，才能实现。

方毅同志勉励同学们努力学习，发扬为了国家、民族的富强而不计个人得失的艰苦奋斗的精神。他说："人类的未来是属于科学的，而科学的未来在青年。同学们，努力啊！"

同一天，校内新建的周恩来同志纪念碑落成，周恩来同志纪念室正式展出。

北京市开展物价大检查

北京市革委会作出决定，开始在全市城乡开展物价大检查。

根据这个决定，这次物价检查工作采取专业人员和群众相结合、条条和块块相结合的方法。各有关部门指定专人负责，组织检查队伍，首先搞好自检；各区、县分别召开消费者座谈会，广泛听取意见，同时对所辖单位物价情况进行检查。

这次检查重点是副食、饮食、服装、修理、服务、家具、轻纺工业品等与人民生活关系密切的消费品和服务项目的价格（包括出厂价、收购价、批发价、零售价、各种收费标准、分等论价标准和计量器具的准确度等）的执行情况。对于检查出来的问题，将区别不同情况，严肃认真地加以整顿和处理。凡属于未经批准，擅自提价或变相涨价，既不合理又不合法的，在检查中一经发现要严肃批评，进行教育，并责令降回到今年1月1日的原价。对于经常违犯物价政策而又情节恶劣的单位和人员，要给予纪律处分和经济制裁。对于执行价格政策作出成绩的单位和个人要给予表扬。

北京市革委会决定通过物价检查，对工作人员进行一次物价政策教育和纪律教育，发动广大群众监督物价执行情况，把商品供应和各项服务工作搞好。

10月18日

国务院副总理邓小平在北京会见由渡边诚毅社长为团长的日本《朝日新闻》代表团

国务院副总理陈锡联在北京会见以社会事务劳动青年部副部长艾哈迈德·穆罕默德·鲁格曼为团长的阿拉伯也门青年体育代表团

国务院副总理方毅在北京会见美国麻省理工学院教授李凡和夫人及他们的女儿

国务院副总理谷牧会见英国《中国季刊》主编迪克·威尔逊先生和由《经济学家》杂志外事编辑布赖恩·比达姆先生率领的英国记者访华团

国务院副总理康世恩在北京会见以欧洲管理论坛主席克劳斯·施瓦布为团长的欧洲管理论坛代表团

国务院副总理薄一波在北京会见马华公会名誉会长敦·陈修信和夫人林祯娘一行

外交部部长黄华受华国锋总理委托在巴黎举行记者招待会

在回答记者关于在美国、苏联、中国和欧洲之间签订有关"缓和"的协定是否现实的问题时，黄华说，现在在美国、西欧和苏联之间进行着各种各样的谈判，包括关于裁军、欧洲安全等问题的谈判，也签订了一些有关文件。他说："我们不反对这样的谈判，不反对签订有关的协议、条约，也许这些协议、条约有某种作用。但是，我们认为，更重要的是，采取扎扎实实的行动，对那些扩张侵略行动进行针锋相对的斗争，一切爱好和平、反对侵略扩张的力量为此要加强合作，加强协调。"

他指出，所谓"缓和不可逆转"的说法显然违反客观现实。生活现实告诉人们，国际形势不是愈来愈缓和，而是趋向于更加紧张，更加动荡。一切负责的政治家应该把真相告诉人民。

在回答记者关于柬埔寨问题有无政治解决的可能性时，黄华外长强调指出，柬埔寨问题的关键是越南的军事占领，这个问题不解决，所谓"国际政治解决"是不现实的，不具备条件的。

黄华外长说，越南尽管尚未完全实现其控制柬埔寨的计划，但是它并未放弃这一野心，它一直在继续采取行动，企图消灭柬埔寨的抵抗力量，实现其"大印支联邦"计划。越南的这一行动，受到苏联的大力支持。苏联一直把推动越南实现"大印支联邦"作为其全球战略的一部分，以便把它在东南亚的军事部署同红海地区的军事部署联在一起，从而造成战略上的优势。

黄华外长指出，柬埔寨问题不是孤立的、局部的问题，而是具有全局意义的问题。解决柬埔寨问题的关键是越南必须从柬埔寨撤出其侵略军，让柬埔寨人民自己解决柬埔寨问题。如果真正寻求柬埔寨问题的解决，就必须支持柬埔寨的一切爱国力量，反抗越南占领，并拒绝支持越南用武装力量侵占一个主权国家的行动。如果不坚持这一原则，让越南的阴谋得逞，将在国际上留下一个恶劣的先例，其后果是严重的。

当被问到中国是否会再次对越南采取反击行动时，黄华外长说，中国在2月间对越南的挑衅侵略进行自卫反击是被迫的，经过慎重考虑的。他指出，越南实际上扮演着东方古巴的角色。对于这种情况，中国不能无所作为。让它在亚洲横行无阻，像古巴在非洲那样。

黄华外长指出，中国政府曾表明自己的立场，即反对霸权主义及其打手、东方古巴的扩张侵略行动。中国人说话是算数的。中国如果采取行动的话，是经过深思熟虑的。中国不会鲁莽行动。这是中国过去的原则，也是今后的原则。

最后记者请他谈谈中法关系问题。黄华外长说，中国和法国同意致力于维护民族独立，反对扩张和侵略。他指出，两国都认为当前世界某些地区局势的紧张和动荡主要是这种侵略和扩张造成的。两国还认为，一个联合、强大的欧洲和一个繁荣富强的中国将对世界事务起重要的作用。黄华外长说："中法两国决心加强在各个领域的合作。特别是在当前紧张动荡的国际局势中，双方同意加强彼此之间的磋商。"

贪污犯王守信被判处死刑

贪污国家50余万元巨款的原黑龙江省宾县燃料公司经理王守信，10月18日至20日由松花江地区中级人民法院开庭公审。

"宾州煤霸"王守信乘"文化大革命"混乱之机，"造反"上台，当上宾县燃料公司经理。上台后，从1971年11月起到1978年6月止，王守信贪污和侵吞物资折价共50.077万余元。其罪行败露后，多次与被告马占清、姜淑芝等人订立攻守同盟，并指使马占清灭证转赃。破案后已缴获赃款41.3325万元，缴获赃物折价7.0014万元。

根据人民检察院的起诉，经过公判调查、法庭辩论、合议庭评议，并提交审判委员会讨论决定，依法判处贪污犯王守信死刑。

案犯马占清自1971年以来，贪污现款1.6554万元，并先后从"小金库"中为王守信提取现款43.2万余元被王守信贪污。罪行败露后，他转移和匿藏"小金库"剩余款2.91万余元，已构成贪污罪，依法判处有期徒刑15年。

人民法院还对与该案有关的其他罪犯进行了审判。依法判处窝藏犯姜淑芝(王守信长媳)有期徒刑7年，窝藏犯刘志忠(王守信次子)有期徒刑5年，窝藏、贪污犯刘志民(王守信长子)有期徒刑4年，窝藏犯王守富(王守信弟)有期徒刑3年，窝藏犯王守琴(王守信妹)管制2年。省燃料公司副经理高玉斌接受王守信贿赂款1800元，及鱼、肉、蛋、酒等大量副食品，犯有受贿罪，由于认罪态度较好，并已全部退赃，法庭决定从宽处理，依法判处有期徒刑2年，缓刑3年。

在开庭审判中，各界群众2200余人出席旁听。

10月19日

党和国家领导人叶剑英等在人民大会堂接见第六次全国少先队工作会议代表

中共中央副主席叶剑英、邓小平、李先念，在人民大会堂亲切接见了出席第六次全国少先队工作会议的代表，并同大家一起照了相。

参加接见的党和国家其他领导人有：王震、韦国清、乌兰夫、邓颖超、纪登奎、吴德、张廷发、陈锡联、胡耀邦、耿飚、倪志福、彭真、赛福鼎、谭震林、阿沛·阿旺晋美、周建人、许德珩、胡厥文、朱蕴山、史良、谷牧、康世恩、薄一波、姚依林。

党和国家领导人叶剑英等在人民大会堂会见各民主党派和工商联代表大会全体代表

中共中央副主席、全国人大常委会委员长叶剑英，中共中央副主席、国务院副总理、政协全国委员会主席邓小平，中共中央副主席、国务院副总理李先念，在人民大会堂亲切会见了出席中国国民党革命委员会第五届全国代表大会、中国民主同盟第四次全国代表大会、中国民主建国会第三次全国代表大会、中国民主促进会第四次全国代表大会、中国农工民主党第八次全国代表大会、中国致公党第七次全国代表大会、九三学社第三届全国社员代表大会、台湾民主自治同盟第二次全盟代表大会和中华全国工商业联合会第四届会员代表大会的全体代表。

叶剑英、邓小平、李先念等同志向9个代表大会表示祝贺，向全体代表表示亲切问候，并同大家一起照了相。

参加会见的还有：中共中央、全国人大常委会、国务院的其他领导同志王震、韦国清、乌兰夫、邓颖超、纪登奎、吴德、张廷发、陈锡联、胡耀邦、耿飚、倪志福、彭真、赛福鼎、谭震林、阿沛·阿旺晋美、周建人、许德珩、胡厥文、朱蕴山、史良、谷牧、康世恩、薄一波、姚依林，中央军委常委粟裕，政协全国委员会副主席宋任穷、季方、王首道、庄希泉、胡子昂、刘澜涛、陆定一、李维汉、胡愈之、王昆仑、班禅额尔德尼·确吉坚赞，最高人民法院院长江华，最高人民检察院检察长黄火青。

全国政协和中央统战部在人民大会堂举行招待会宴请出席各民主党派和工商联代表大会的全体代表

中共中央副主席、国务院副总理、政协全国委员会主席邓小平在招待会上讲了话。他说，各民主党派和工商联的全国代表大会是在我国开始向四个现代化进军的新长征的重要时刻召开的，是一次历史性的盛会。他代表中共中央向各个代表大会致以热烈的祝贺，向参加会议的全体代表，向各民主党派和工商联的全体成员，致以亲切的问候。他说，当前形势很好。国际上，在越来越动荡、越来越不安宁的形势下，我国高举反对霸权主义、维护世界和平的旗帜，进一步打开了新的局面，取得了很大的成绩，国际的反霸斗争正在逐步发展。华国锋同志对法国、西德、英国和意大利进行的国事访问，对于促进中国人民和西欧各国人民之间的相互了解，加强同这些国家的友谊，扩大彼此间的合作和维护世界和平，必将大有裨益。在国内，全国人民同林彪、“四人帮”两个反革命阴谋集团的斗争，已经取得了不可逆转的历史性胜利。安定团结、生动活泼的政治局面已经形成。这种政治局面是我们实现四个现代化所绝对必需的。

他说，我国的经济发展，总的说来是好的。调整工作初见成效。全国工业生产比去年同期有所增长。通过认真贯彻落实中共中央关于发展农业的两个文件，进一步落实农村经济政策，调动了广大农民的积极性，今年农业形势很好。科学实验，今年来又取得了一批可喜的成就。最近，叶剑英同志代表中共中央、全国人大常委会和国务院所作的国庆讲话，总结了30年来社会主义革命和建设的经验，指明了我国人民前进的方向和道路，具有长期的指导意义。总结过去，是为着今后。我们要统一思想，整齐步伐，把精力集中到实现四个现代化的新任务上来，同心同德，群策群力，共同奋斗。

邓小平同志说，在我国新的历史时期，我们的革命的爱国的统一战线也进入了一个新的历史发展阶段。统一战线仍然是一个重要法宝，不是可以削弱，而是应该加强，不是缩小，而是应该扩大。它已经发展成为全体社会主义劳动者、拥护社会主义的爱国者和拥护祖国统一的爱国者的最广泛的联盟。新时期统一战线的任务，就是要调动一切积极因素，团结一切可以团结的力量，为在本世纪内把我国建设成为现代化的社会主义强国而共同奋斗，还要为促进台湾归回祖国，完成祖国统一大业而共同努力。

邓小平同志指出，各民主党派和工商联，都是我国革命的爱国的统一战线的重要组成部分。各民主党派和工商联同我们党有过长期合作、共同战斗的历史，是我们党的亲密朋友。在争取新民主主义革命胜利和建立中华人民共和国的斗争中，各民主党派都发挥了重要的作用。新中国成立以后，各民主党派和工商联推动和帮助各自的成员以及所联系的人们，接受社会主义改造，参加社会主义建设，参加反对国内外敌人的斗争，也都作出了宝贵的贡献。在万恶的林彪、“四人帮”横行的十年里，各民主党派和工商联被迫停止活动，很多成员遭到了残酷迫害，绝大多数人经受住了这场严峻的政治考验，仍然坚信共产党的领导，没有动摇走社会主义道路的决心，这是难能可贵的。现在，各民主党派和工商联已成为各自联系的一部分社会主义劳动者和拥护社会主义的爱国者的政治联盟和人民团体，成为进一步为社会主义服务的政治力量。建设和发展社会主义事业，已成为各民主党派、工商联和我们党的共同利益和共同愿望。在新的历史时期中，各民主党派和工商联仍然具有重要的地位和不容忽视的作用。我们相信，各民主党派和工商联一定能够在巩固和发展安定团结的局面，促进社会主义现代化建设，发扬民主、加强法制，进行自我教育和促进祖国统一等方面，作出新的更大的贡献。

邓小平同志说，你们的成员和所联系的人们中，有大量的知识分子，不少同志有较高的文化科学水平，有丰富的实践经验，不少同志是学有专长的专家，他们都是现代化建设中不可缺少的重要力量。原工商业者中不少人有比较丰富的管理和经营企业和做经济工作的经验，在调整国民经济、搞好现代化建设中可以发挥积极作用。原国民党军政人员以及其他爱国人士也能够利用自己的专长和社会关系，在现代化建设事业和统一祖国的大业中作出自己的有益的贡献。目前，在调动和发挥各方面的知识分子、专家以及其他人士的积极作用上，还存在不少问题，他们在工作和生活上，还有一些困难，需要经过调查研究，采取有效措施，逐步予以解决。希望各民主党派协同党和政府，共同努力，把这项工作做好。

邓小平同志指出，在中国共产党的领导下，实行多党派的合作，这是我国具体历史条件和现实条件所决定的，也是我国政治制度中的一个特点和优点。1956年我国社会主义制度基本确立以后，党中央、毛泽东同志又进一步提出了同各民主党派实行“长期共存，互相监督”的方针。这是一项长期不变的方针。在当前新的长征中，在四项基本原则的指引下，实行互相监督，充分发扬社会主义民主，加强社会主义法制，对于增强和维护安定团结，共同搞好国家大事，是十分重要的。在国家政治生活和各项事业中，由于中国共产党居于领导的地位，党的路线、方针、政策正确与否，工作做得好坏，关系着国家的前途和社会主义事业的成败；同时，由于我们党的执政党的地位，我们的一些同志很容易沾染上主观主义、官僚主义和宗派主义的习气。因此，对于我们党来说，更加需要听取来自各个方面，包括各民主党派的不同意见；需要接受各个方面的批评和监督，以利于集思广益，取长补短，克服缺点，减少错误。我们热诚地希望各民主党派和工商联都以主人翁的态度，关心国家大事，热心社会主义事业，就国家的大政方针和各方面的工作，勇敢地、负责地发表意见，提出建议和批评，做我们党的诤友，共同把国家事情办好。

邓小平同志说，实现台湾归回祖国，完成统一大业，是全中国人民包括台湾广大骨肉同胞在内的共同愿望，也是我们革命的爱国的统一战线所面临的一项光荣的神圣任务。我国政府公布的对台湾归回祖国的大政方针，充分考虑了台湾当局和台湾人民的处境、利益和前途，是完全公平合理的。爱国一家。走祖国统一的道路，就有功于民族，有益于人民。我们和国民党曾有过两次合作的历史。现在，完成祖国的统一大业，是顺应历史潮流，合乎人民要求的大事。我们希望同台湾当局共同为祖国的统一携手迈进。台湾同胞富有爱国传统，一定能为祖国统一大业作出宝贵贡献。各民主党派和工商联在台湾同胞、港澳同胞和国外侨胞中有广泛的联系和影响，希望你们在促进台湾归回祖国事业中，积极贡献力量。

邓小平同志最后说，我们正处在承前启后的伟大时代，正在做我们前人所没有做过的伟大事业。在前进的道路上，我们还会遇到困难和阻力，但是，只要我们坚持在四项基本原则的基础上，加强全国各族人民的大团结，不断发展和壮大革命的爱国的统一战线，任何困难都挡不住我们的前进，任何阻力都将被我们打破。我们的事业一定要胜利，我们的目标一定能够达到。让我们在马克思主义、列宁主义、毛泽东思想的伟大旗帜下，努力做解放思想的促进派，做安定团结的促进派，做实现四化的促进派，做完成祖国统一大业的促进派，为把我国建设成为社会主义的现代化强国，共同奋斗！

他祝各个代表大会取得圆满成功。

中共中央政治局委员、政协全国委员会副主席、中共中央统战部部长乌兰夫在招待会上祝酒，他祝贺各民主党派和工商联全国代表大会的胜利召开。他提议，为革命的爱国的统一战线日益巩固壮大；为各民主党派、工商联和各位代表在实现四个现代化的新长征中，在完成祖国统一大业中，作出更大的贡献；为同志们，朋友们的身体健康，干杯。

中共中央、全国人大常委会、国务院的领导同志李先念、王震、韦国清、邓颖超、胡耀邦、彭真、阿沛·阿旺晋美、周建人、许德珩、胡厥文、朱蕴山、史良、谷牧、姚依林、政协全国委员会副主席宋任穷、季方、王首道、庄希泉、胡子昂、刘澜涛、陆定一、李维汉、胡愈之、王昆仑、班禅额尔德尼·确吉坚赞，最高人民法院院长江华，最高人民检察院检察长黄火青，出席了招待会。

国务院副总理邓小平在北京会见由空军参谋长穆罕默德·沙米姆中将率领的巴基斯坦空军友好代表团

中科院院长方毅在北京会见以东京大学名誉教授富山县立技术短期大学校长田村三郎为团长的日本农业现代化考察团

国务院副总理谷牧在北京会见以格林希尔勋爵为团长的第三批英国工业家代表团

国务院副总理姬鹏飞在北京会见联合国副秘书长兼联合国日内瓦办事处主任卢伊季·柯塔发维和夫人

全国人大常委会副委员长谭震林在北京会见日本熊本县知事泽田一精和夫人

中国政府代表团团长韩念龙在北京举行的中越谈判第十三次全体会议上发言揭露越南制造谬论阻挠谈判进展

中国政府代表团团长韩念龙在中越谈判第十三次全体会议上强调说，越南当局不停止对柬埔寨和老挝的侵略扩张，不停止反华仇华的政策，中越之间就很难重新建立必要的相互信任，两国关系就不可能恢复正常。

韩念龙团长在会上驳斥了越方阻挠谈判进展的种种谬论。他说："为了从根本上解决两国之间的问题，恢复两国正常关系，两国代表团应该首先讨论和平共处五项原则和不谋求霸权的原则。如果双方能就处理两国关系的基本原则达成协议，商谈解决具体争端就会有所遵循。只有这样，我们的谈判才能打破僵局，取得进展。"

"但是，越南方面却极力回避讨论这两个问题，并对中国进行无理攻击和谩骂，还寻找了种种借口，硬说越南军队侵占柬埔寨和老挝，'与越中谈判毫无关系'，'是第三国问题'，而要求越南撤军就是'干涉别国内政'，以此阻挠谈判的进展。越南方面的这种论调是完全站不住脚的。"

韩念龙指出，越南当局在抗美战争结束之后，仗恃有苏联社会帝国主义做后台，不顾越南人民极需休养生息、医治战争创伤的强烈愿望，竟然穷兵黩武，向自己的战友和兄弟开刀：控制老挝，侵略柬埔寨，强行拼凑"印支联邦"；掀起反华浪潮，强占中国海岛，不断加剧向中国边境的挑衅和入侵，进而挑起了严重的边界武装冲突，急剧恶化了中越两国关系。

他说："这些事实足以说明，越南当局的侵略扩张、霸权主义政策，不仅是针对老挝、柬埔寨和东南亚国家，而且也是针对中国的。越南当局控制老挝、侵略柬埔寨、反华仇华是它推行地区霸权主义政策的3个重要方面，也是中越两国关系恶化的根本原因。这三方面问题的产生和发展都是密切相关，互为因果的。如果不首先制止越南对柬埔寨和老挝的侵略扩张，不停止反华仇华的政策，中越之间就很难重新建立必要的相互信任，中越两国的关系又怎么能恢复正常呢？”

他说：“越南当局在苏联唆使下推行的反华仇华、侵略扩张的地区霸权主义政策，已成为印度支那和东南亚地区动荡不安的根源，是为苏联称霸全球的南下政策服务的。假如听任和容忍越南当局的侵略扩张步步升级，东南亚局势就会日益紧张而不得安宁，中国的南部边疆也不会有和平与安全，中国的社会主义现代化建设就会受到干扰。这怎么能说在印度支那和东南亚地区确立不谋求霸权的原则，制止越南在这一地区的侵略扩张同‘中越谈判毫无关系’，是什么‘第三国问题’呢？”他说：“当前，世界许多国家和人民强烈要求越南从柬埔寨、老挝撤出侵略军，让柬埔寨、老挝人民在没有外来干涉和压力的情况下，决定自己国家的命运，解决自己的问题，这是理所当然的，也是维护国际关系的起码准则。可是，越南方面却把这种正当的要求，歪曲为‘干涉别国内政’，悍然拒绝讨论。这除了说明越南当局仍要一意孤行，坚持反华仇华、侵略扩张的霸权主义政策，仍企图继续侵略柬埔寨，控制老挝之外，不可能有别的解释。如果越南当局真像它所宣传的那样，确实愿意恪守和平共处的原则，没有打算在印度支那和东南亚地区称霸，那么为什么不愿从柬埔寨、老挝撤军呢？不从柬、老撤军怎么能证明越南当局没有霸权主义野心？不撤军怎么能说明越南当局愿意维护印度支那和东南亚地区的和平与稳定？不撤军怎能表明越南当局对邻国没有领土扩张的野心？”

韩念龙在谈到目前的印支局势时指出，苏联的军事物资正源源不断地从空中和海上运往越南和柬埔寨。在柬埔寨一些地区，越南的旱季攻势已经开始。在越南侵略军占领的地区，上百万柬埔寨人民正在饥饿和死亡线上挣扎。越南侵略者的炮火甚至向泰国境内轰击，严重侵犯了泰国的主权。越南当局的侵略暴行遭到了世界各国的强烈谴责，激起了柬埔寨人民的奋勇抵抗。他说：“越南当局在侵略柬埔寨的泥坑中已经陷得很深，给越南人民带来了沉重的战争负担和极大的苦难。你们如不及早悬崖勒马，必将越陷越深，像历史上所有侵略者一样，是不会有好下场的。”

韩念龙严正指出：“越南当局十月初发表的所谓‘三十年越中关系真相’的白皮书，颠倒是非，捏造谎言，完全篡改了中越两国几十年的关系史，甚至肆意歪曲、编造中国领导人的讲话，妄图把‘扩张主义’和‘霸权主义’的罪名强加给中国。你们这样做，显然是为了欺骗越南人民。转移国际舆论的注意力，摆脱自己孤立处境，掩盖你们加紧推行地区霸权主义的罪恶行径，为对柬埔寨发动新的军事攻势施放烟幕。”

他说：“越南当局以怨报德、造谣惑众的伎俩，早已为国际社会所不齿。任凭你们要弄什么花招，都只能进一步暴露你们自己的背信弃义。”

韩念龙说：“目前，中越两国政府代表团的谈判亟待打破僵局，越南当局却在这个时候大肆进行反华宣传，蓄意毒化谈判气氛。这更加说明，你们对谈判解决问题和恢复两国正常关系的所谓诚意，纯粹是骗人的空话。”

中国伊斯兰教协会副主任穆罕默德·阿里·张杰和萨利赫·安士伟阿訇率领的中国穆斯林朝觐团赴麦加朝觐

这是自1964年以来中国穆斯林第一次赴麦加朝觐。

10月20日

国务院作出《关于加强统计工作充实统计机构的决定》

决定说，社会主义统计是制订国民经济计划和政策的重要依据，是对国民经济实行科学管理和检查监督的重要手段。粉碎“四人帮”以后，经过初步整顿，统计工作虽然有所恢复和加强，但是，现有统计力量仍然十分薄弱，还存在着某些重要统计数字不实、报送不及时和分析研究工作开展不够等问题。为此，必须采取切实有效的措施，改进和提高统计工作。

决定强调，在统计工作中，必须坚持实事求是，保证统计数字的准确可靠和及时上报。各地方、各部门、各单位必须严格按照国家统计制度的规定，如实填报统计数字，不准虚报、瞒报，不准迟报、不报。统计数字是否准确，由本单位统计负责人负责。各地方、各部门、各单位的负责人必须保障统计数字的准确性，对统计部门的数字有不同意见，可以通知统计部门复查，或者同时上报，但不要随意修改统计数字，或者影响统计数字的及时上报。

决定指出，对坚持实事求是、敢于同弄虚作假行为作斗争的统计人员，要给予表扬、奖励。对虚报、瞒报统计数字的人员，应分别情节轻重，给予批评、处分。对阻碍统计人员履行职责，或者进行打击报复的，要追究法律责任。

决定还要求各级统计部门按照国家统计制度的要求，定期反映和检查国民经济计划执行情况和存在的问题。同时要经常派人到有关地方、部门、单位检查统计数字的真实性，了解计划执行情况。各地方、各部门、各单位应积极给予协助，如实反映情况，不得推诿或拒绝检查。

决定指出，必须建立起一个强有力的统计系统，实行统一领导、分级管理的体制。国家统计局是国务院的工作部门，负责领导全国的统计工作，并统一制定全国性的统计任务、制度、方法。各地方统计部门是当地革命委员会(人民政府)的工作部门，负责领导本地区的统计工作，在保证完成国家统计任务的同时，要积极完成本地区领导机关安排的统计任务。要健全统计机构，加强统计力量，县以上各级统计部门的编制，原则上恢复到1965年的实有人数，并注意充实一些新生力量。要加强各级统计部门的领导班子。统计干部要保持相对稳定，不要轻易调动。要保证统计人员有六分之五的时间从事统计工作。

《人民日报》发表特约评论员文章《要真正弄清社会主义生产的目的》

为什么要发展生产？在社会主义制度下怎样才能促进生产的发展？为什么要不断改进技术和提高劳动生产率？怎样才能促进劳动生产率的不断高涨？看起来，这都是一些不言而喻的问题，其实并不是那么简单。多年来的实践表明，我们不少同志对这些问题并没有搞清楚，包括某些专家和领导同志在内。有的人甚至如堕烟海，找不到解决问题的出路。因此，弄清这个问题，对于贯彻调整、改革、整顿、提高的方针，加快实现四个现代化，就显得十分重要了。

不能为生产而生产

斯大林在《苏联社会主义经济问题》一书中，批评了雅罗申柯为生产而生产的观点。重温一下斯大林对雅罗申柯的批评，对于弄清社会主义生产的目的，是大有益处的。

斯大林曾对社会主义基本经济规律作了阐发，并下了定义："用在高度技术基础上使社会主义生产不断增长和不断完善的办法，来保证最大限度地满足整个社会经常增长的物质和文化的需要"。雅罗申柯不同意斯大林的定义。他说："在这个定义中主要的是'保证最大限度地满足整个社会……的需要'。这里表明，生产是达到满足需要这个主要目的的手段。这个定义使人有根据认为，你所表述的社会主义的基本经济规律不是从生产占首要地位出发，而是从消费占首要地位出发的。"雅罗申柯提出："对社会主义基本经济规律的特点和要求，在我看来，可以大致表述如下：社会的物质和文化生活条件的生产不断增长和日益完善。"

斯大林认为，雅罗申柯的意见及其对社会主义基本经济规律的表述是完全错误的。斯大林说，雅罗申柯"完全没有了解问题的本质"，这里所谈的问题根本不是消费或生产谁占首要地位的问题，而是社会给社会生产定出什么目的，社会主义制度下的生产服从于什么任务。斯大林指出："雅罗申柯同志忘记了，人们不是为生产而生产，而是为满足自己的需要而生产。他忘记了，跟满足社会需要脱节的生产是会衰退和灭亡的。"斯大林问：究竟可不可以，应不应该揭示社会主义生产的目的呢？他的回答是肯定的，并且作了具体的说明。他写道："保证最大限度地满足整个社会经常增长的物质和文化的需要，就是社会主义生产的目的；在高度技术基础上使社会主义生产不断增长和不断完善，就是达到这一目的的手段。"斯大林还认为，雅罗申柯所表述的公式，连一点马克思主义都没有。在他的公式里，"生产从手段变成了目的，而保证最大限度地满足社会经常增长的物质和文化的需要，却被取消了。结果弄成生产增长是为了生产增长，生产是目的本身，而人及其需要就从雅罗申柯同志的视野里消失了。"

斯大林的批评以及他对社会主义生产目的的分析是对的吗？是对的，是马克思主义的。

马克思主义历来认为，任何一个社会，生产总有一定的目的，都不是为生产而生产。社会生产的目的是客观的，不以人们的意志为转移的。它是由生产关系的性质决定的，就是说，谁占有生产资料，生产也就为谁的利益服务。因此，不同性质的生产关系，也就不可能有相同的生产目的。

在资本主义制度下，由于生产资料被资本家占有，生产的目的只能是榨取最大限度的剩余价值。劳动者的消费，只有在能够给资本家保证劳动力和提供剩余价值的限度内，才被看成是需要的。在社会主义制度下，由于实现了生产资料公有制，消灭了剥削，劳动者成了生产资料的主人，生产的目的也就发生了根本的变化。它再也不是为了追逐剩余价值，而是为了满足广大劳动者的需要，从而也是为了满足整个社会经常增长的物质和文化的需要，舍此不可能有第二个目的。列宁曾经强调指出："只有社会主义才可能根据科学的见解来广泛推行和真正支配产品的社会生产和分配，也就是如何使全体劳动者过最美好、最幸福的生活。只有社会主义才能实现这一点。我们知道社会主义应该实现这一点，而马克思主义的全部困难和全部力量，也就在于了解这个真理。"(《列宁全集》第27卷第385页)

为生产而生产的种种表现

斯大林对雅罗申柯的批评已经发表20多年。对于斯大林的这一正确思想，我们领会得怎样呢？今天，在我们国家里，像雅罗申柯那样公开主张为生产而生产的人,是不多了。可是从多年经济建设的实践来看,不按社会主义基本经济规律办事,为生产而生产的倾向,却是相当严重的。这种倾向表现在许多方面,下面列举几种:

(一)安排整个社会生产计划,不是从人民的消费需要出发,而是从若干种主要产品的增产指标出发。这些产品,最重要的大约有三四十种,其中既包括重工业产品,也包括轻工业产品和农业产品。由于我们在很长时期内把"以钢为纲"作为发展工业生产的指导思想,事实上是以钢铁为中心,从重工业出发,来安排整个社会生产计划的。这样,安排计划的程序不是按照农轻重而是按照重轻农的次序,从而在计划的出发点上就忽视了人民的消费需要。

(二)在国民收入的分配上,重视积累,轻视消费。第一个五年计划时期,积累和消费的比例关系处理得比较适当,积累占国民收入的24.2%,消费占75.8%,这种比例关系促进了生产较快的发展,保证了人民生活水平较大的提高。第二个五年计划时期,积累率就大大提高了,达到30.8%,而1959年和1960年甚至高达40%左右。1970年至1978年,积累率平均为33%,其中1978年达到36%以上。在我们经济发展水平和国民收入水平都很低的情况下,这样的积累规模显然是过高的,它严重地影响了人民生活状况的改善。

(三)在积累基金的分配上,重视生产性积累,轻视非生产性积累。就是说,用于生产性建设过多,用于非生产性建设过少,即"骨头"多,"肉"少。"一五"时期,在基本建设投资总额中,生产性建设占71.7%,非生产性建设占28.3%,其中住宅建设占9.1%。在当时来说,这个比例是适当的,既保证了156项重点工程的顺利进行,又较好地安排了住宅、公用设施等非生产性建设。1966年至1978年,生产性建设比重大大提高了,占85%以上,非生产性建设比重相应地降低了。由于生产性建设规模过大,造成了"骨头"和"肉"的比例关系严重失调,使非生产性建设欠账很多,特别是公共交通十分拥挤,职工住宅极度紧张,给职工生活带来许多困难。

(四)在生产性积累的分配上,重视重工业,轻视农业和轻工业。多年来,重工业投资过多,农业、轻工业投资过少。1966年至1978年,在基本建设投资总额中,重工业投资占55%以上,农业只占百分之十多一点,轻工业更少,只占5%左右。从工业内部投资分配来看,轻工业和重工业的比例:"一五"时期为1∶8,"二五"时期为1∶10.8,3年调整时期为1∶12.8,"三五"时期为1∶14.1,"四五"时期为1∶10.2,"五五"时期前3年为1∶8.3,最近3年轻工业的投资比重虽有增长,但总的说来,重工业过"重",轻工业过"轻",还是十分明显的。而在重工业内部,冶金工业的投资最多。从1952年到1978年,国家对冶金工业一个部门的基本建设投资即为整个轻工业的投资1倍多。新中国成立初期,针对我国基础工业薄弱的状况,加重重工业特别是冶金工业的投资比重,是必要的。但是,随着情况的变化,农业、轻工业的投资比重应当适当提高,重工业的投资比重应当相应减少。实际上没有这样做,这是我国国民经济畸形发展的一个重要原因。

(五)在重工业内部结构的安排上,重视重工业自身的需要,轻视为农业、轻工业服务。这主要表现在重工业自我服务的比重过大。以钢材、电力为例,1978年我国钢材生产消费量中,用于机械制造的占29%,用于农业和农机维修的仅占15.5%,用于轻工市场的仅占11.7%;农业、轻工业、重工业用电所占比重分别为11.5%、12.8%、53.7%。重工业为轻工业提供的机器也比较少,1972年占全部机器的6.1%;1976年又大大下降了,仅占全部机器的2.1%。从重工业为轻工业提供的原料来看,20多年来虽有很大增加,在轻工业产值中所占的比重已由解放初期的15%左右提高到现在的30%左右,但还不能满足轻工业发展的需要。许多以工业品为原料的轻工产品,供应紧张,经常脱销。由于工业原料不足,不少轻工企业的生产能力不能充分发挥。

(六)不顾市场需要,盲目生产。许多企业只对上级负责,而不对用户和消费者负责。为了完成产量、产值指标或片面追求利润,往往置产品的品种、规格、质量、花色等等于不顾。有些企业为了片面追求产值、利润,挤掉了产值低、利润小而人民生活需要的商品。上级压产值、企业抓产值的结果,使市场的短线产品长期拉不长,长线产品也长期缩不短,有些企业生产的产品,由于质量差,品种规格少,货不对路,造成大量积压和浪费(当然积压和浪费还有别的原因)。目前全国钢材积压很多;另一方面,又到处出现钢材紧张。一般机床也是一面大量积压,一面继续生产。可是,这些积压的产品,其产值却作为总产值的一部分上报了,实际上这些东西既不是现实的使用价值,也不是现实的价值,而只具有"统计价值"。

偏离社会主义生产的目的,为生产而生产,为重工业而重工业的倾向,是我们经济工作中许多问题长期不得解决的症结所在。我国经济结构很不合理,畸形发展,与人民生活需要脱节,就是为生产而生产所造成的一个严重后果。目前,农业技术基础薄弱,轻纺工业上不去,基本建设战线缩减不下来,消费品供不应求,有支付能力的购买力大大超过商品可供量,等等,都与忽视满足人民的生活需要、为生产而生产的思想有很大关系。

几条经验教训

在社会主义制度下，生产的目的是满足社会不断增长的需要。因此，应当在可能的范围内最大限度地满足这种需要。我国有9亿多人口，人民生活需要不断得到满足，又反过来刺激生产。这是生产与消费的辩证关系。人民生活需要安排好了，特别是8亿农民生活需要安排好了，中国的大局就稳定了。就是说，我们考虑和安排国家当前的和长远的计划，必须充分体现基本经济规律的要求。可是，多年来我们在相当程度上忽视了基本经济规律的要求，为生产而生产。为什么会存在这种倾向？情况很复杂，除林彪、“四人帮”的干扰破坏外，从认识上说，至少有以下几个问题需要总结：

首先，是没有处理好生产和消费的关系，重生产，轻消费。

长期以来，在我们的经济工作中有一个口号，叫作“先生产，后生活”。如果把它理解为生产决定消费，在发展生产的基础上，才能逐步改善人民的生活，这无疑是对的。在特定的情况下，为了克服困难，这个口号也是必要的。可是，这个口号把发展生产和改善生活机械地割裂开了，容易产生种种误解。按照这个口号，似乎有一段时间可以只抓生产，不抓生活，或者误解是“先”为重，“后”为轻，即“重生产，轻生活”。多年来经济工作中存在只重视积累、不重视消费，只重视“骨头”、不重视“肉”的做法，与套用这个口号是有关系的。毫无疑问，我们要坚持艰苦奋斗、勤俭建国的方针，但这不是说不要满足人民的生活需要了。必须生产、生活一齐抓，不然又怎么能调动劳动者的生产积极性和发挥社会主义制度的优越性呢？

没有处理好生产和消费的关系，一个重要原因，是对生产和消费的关系作了片面的理解。生产和消费是对立统一。有些同志把消费看成纯粹消极的东西，因此错误地认为生产尽可能多一点，消费尽可能少一点，国家就会很快富裕起来。他们没有看到，消费同时也是生产，即劳动力的再生产。劳动者的消费，即劳动力的再生产，是社会再生产不可缺少的重要条件。马克思正是从这个意义上说：劳动者的消费“本身就是生产活动的一个内在要素。”(《马克思恩格斯全集》第2卷第97页)只有关心并安排好劳动者的消费，他们才会积极地搞好生产；不安排好劳动者的消费，生产是搞不上去的。这一点，在我们社会主义社会尤为重要。因为劳动者是国家的主人，生产资料的主人，更好地满足他们的生活需要，不仅是社会主义再生产所要求的，而且是我们国家的社会主义性质所决定的。有些同志也没有看到消费对生产的积极作用。生产固然起支配作用，它决定消费。但另一方面，消费才使生产得以最后的完成，从而才能使新的生产过程得以重新开始；消费还为生产提供市场，创造出新的生产的需要，因而是生产发展的强有力的促进者。因此，我们必须充分重视消费对生产的这种积极作用，用提高消费的办法促进生产，使我们的经济发展有一个良性循环。

第二，是把生产资料生产优先增长的原理作了片面化的理解，错误地认为生产资料生产可以脱离消费资料生产而独立发展。

有些同志认为，要发展农业、轻工业，就要用先进的技术设备来装备农业和轻工业，要解决燃料、动力和原材料等问题，为了解决这些问题，就要发展机器制造业，而造机器需要钢铁，又要突出发展钢铁工业。所以，他们只强调优先发展重工业特别是钢铁工业。实际上，这就是重轻农的思想。在这种思想指导下，结果造成生产性基本建设战线过长，重工业特别是钢铁工业这条腿过长。这就关系到如何理解生产资料生产优先增长的原理。

根据马克思主义关于社会再生产的理论，在技术进步引起有机构成提高的情况下，生产资料生产要优先增长，即比消费资料生产发展得快些。这个规律，既适用于资本主义社会再生产，也适用于社会主义社会再生产，我们必须坚持，不能动摇。但是，对这个规律不能作片面化的理解。一是，生产资料生产的优先增长不能离开消费资料生产的增长去孤立地进行。就是说，生产资料生产的优先增长是有条件的，条件就是消费资料部门能够相应地提供追加的消费品，保持两大部类的协调发展。如果把生产资料生产的优先增长强调到不适当的程度，以致违背了两大部类协调发展的客观要求，损害了农业和轻工业，就会造成比例失调。二是，生产资料生产优先增长的规律与其他经济规律一样，不是孤立发生作用的。在实践中运用这个规律，必须充分考虑其他规律，首先是基本经济规律。根据基本经济规律的要求，在我们这样人口众多的国家里，在两大部类的比例关系上，消费资料生产的比重应该相对地更大些，以满足人民生活需要。三是，生产资料生产的优先增长，并不排除个别时期优先发展消费资料生产。如消费资料生产严重落后于生产资料生产时，必须使消费资料生产的发展超过生产资料生产，以便尽快地改变消费资料生产的落后状况。在当前的调整时期，就应当把发展农业、轻工业放在优先地位。这样做，从眼前看，是要放慢一些重工业的速度，但从长远看，还是划得来的。毛泽东同志在《论十大关系》中早就回答了这个问题。他指出从长远观点来看，这样做，“会使重工业发展得多些和快些”。所以，我们必须完整准确地理解马克思主义再生产的理论，并结合我国情况正确地运用这个理论。

片面地理解生产资料优先增长的原理,错误地认为生产资料生产可以脱离消费资料生产而独立发展,必然会割断两大部类之间的内在联系,模糊重工业的服务方向。多年来,我们的重工业服务方向不明确,有很大的盲目性。重工业自我服务过多,为农业、轻工业和人民生活服务不够,与这种片面理解是有关系的。列宁早就说过:"生产资料的制造不是为了生产资料本身,而是由于制造消费品的工业部门对生产资料的需要日益增加。"(《列宁全集》第4卷第143页)因此,重工业一定要面向农业、轻工业,这个观点必须牢固地树立起来。应当逐步改变我们的重工业内部结构。在重工业的建设方面,要增加为农业、轻工业服务的这部分投资;在重工业的生产方面,要增加生产农业、轻工业所需要的机器设备,增加生产轻工业所需要的原料。重工业本身也要利用一切可能的条件生产为群众服务的日用品和耐用消费品。特别是军工企业,一定要走军用民用结合,"轻"、"重"结合的道路,不然,跟满足社会需要长期脱节,"任务吃不饱,花钱向上要",这样的生产势必像斯大林所说,"是会衰退和灭亡的"。

总之,我们在处理生产资料生产和消费资料生产的关系时,一定要以农轻重为序,每一个经济部门都要按这个次序来安排自己的生产和建设。特别是安排整个社会生产计划时,一定要以农轻重为序,从满足人民的消费需要出发。但这决不是说,投资的分配农业要占第一位,轻工业也要高于重工业。如果那样,也会犯错误。

第三,盲目追求高指标。

我国是一个经济落后的国家,大家都想用最短的时间、最快的速度,把国民经济搞上去。但是,经济的发展速度是受客观经济条件制约的。有些人认为有了社会主义,经济的发展速度就能够按照主观愿望去安排,因而不去考虑实际可能性。在这种思想指导下,为了追求发展速度,就超越客观情况所许可的条件去规划生产建设特别是重工业生产建设的高指标。这种高指标,又以钢铁为中心,以大上基本建设、扩大新的生产能力为着眼点。结果是忽视了非生产性建设,挤了农业和轻工市场,挤了群众的消费,破坏了国民经济的综合平衡。此外,在高指标思想的影响下,主管部门往往首先确定生产的增长幅度和总的产值指标,然后再来考虑生产什么品种、规格、花色的产品,以实现增长幅度和产量产值指标。在企业中,当产量产值的增长和使用价值发生矛盾时,为了完成产量产值指标,就不惜牺牲使用价值来适应产量产值增长的要求。这就造成了质量低劣、货不对路、产品大量积压等现象,背离了社会主义生产的目的。高指标虽然出于良好的愿望,想把国民经济早点搞上去,结果事与愿违,欲速则不达。

盲目地追求高指标是经济领域中"左"比右好的表现。长期以来,我们只反右倾,不反"左"倾;只反保守,不反冒进;只要上马,不要下马;只从政治上强调高速度发展国民经济的需要,不从经济上分析高速度发展的现实可能。这些,就是在较长时期内出现高指标的重要思想根源。

毫无疑问,我们搞社会主义经济建设,实现四个现代化,必须尽可能地争取高速度。我们要的是扎扎实实的确实可靠的高速度,稳定的持续的高速度,全面实现多快好省的高速度。实践证明:只有保持安定团结的政治局面,实事求是,按客观规律办事,最大限度地调动各方面的积极性,充分发挥我们的有利条件和长处,我国国民经济才能够按比例地高速度地向前发展,从而才能够更好地满足社会经常增长的物质和文化的需要。

多年来,我们没有按照客观经济规律办事,首先是没有按照社会主义基本经济规律办事,这是我们经济建设的一条基本经验教训。这条付出了很大代价的经验教训是很宝贵的。当前,我们正在执行调整、改革、整顿、提高的方针,大家都在思考我们经济工作当中的问题。我们应当坚持实践是检验真理的唯一标准,认真总结这方面的经验教训,这对于搞好社会主义现代化建设是十分必要的。

国务院副总理方毅在北京会见以永野治先生为团长的日本宇宙科学技术访华团

国务院副总理姬鹏飞在北京会见以国家经济发展署经济计划副部长尼卡诺尔·富恩特斯为团长的菲律宾科技合作代表团

国务院副总理康世恩在北京会见挪威新任驻中国大使唐克雷德·易卜生

10月21日

纺织部召开全国纺织工业座谈会

《人民日报》报道:纺织工业部最近召开全国纺织工业3年调整座谈会,会上提出一个很好的思想,就是纺织工业在调整中,要注意发挥各地的特长,做到因地制宜,各具特点。这是发展纺织工业,搞好调整工作的一个重要问题。

发挥各地的特长,就是要根据各省、自治区、直辖市的资源条件、技术水平、工业基础等情况,发展各自最合适的行业,最合适的产品,建立各具特色、不同类型的纺织工业，以改善纺织工业的布局，促进纺织工业有计划、按比例、高速度地发展。

这一思想，是根据我国的实际情况和3年调整的需要提出来的。

我国纺织工业经过近30年的建设，已具有相当的规模。目前，全国拥有4550多个纺织企业，包括棉、毛、丝、麻纺织、化纤、印染、针织、复制、纺织机械和纺织器材等10个大行业，1978年的产值达473亿多元，占全国工业总产值的11%。沿海的上海、江苏、天津、青岛和北京，已发展成为纺织工业基地；内地产棉省的武汉、郑州、西安、石家庄、重庆，已发展成为棉纺织工业较集中的城市；一些少数民族地区建立了毛纺织厂，一些蚕茧和麻类产区建立了丝、麻纺织厂。我国纺织工业已具有比较显著的地区特点。

从调整工作的需要来看，全国纺织工业3年调整座谈会确定，在国民经济3年调整期间，主要纺织品的生产要有较大的增长，出口换汇和上缴利润都要大力增加。调整的任务很艰巨，而调整的时间只有两年多了。在这种情况下，要顺利地实现调整规划，使轻重工业比例失调和纺织工业内部发展不平衡的状况有所改变，必须立足于现有基础，搞好现有企业的挖潜、革新、改造，尽快把已经铺开的建设项目建成投产，同时注意发挥各地的特长。这样做，能够充分调动各地的积极性，使纺织工业的调整取得较好的经济效果。

座谈会提出，发挥各地的特长，首先，是各省、自治区、直辖市要根据原料资源来确定自己的发展重点。江苏、湖北两省是全国产棉最多的地区，要重点地抓好棉纺织工业。新疆、青海、内蒙古等地，羊毛资源丰富，可以多发展毛纺织工业。浙江、江苏、四川、广东盛产蚕茧，要在发展丝绸工业上多下功夫。湖南、广西、四川等地的苎麻，黑龙江的亚麻，广东、广西、浙江的黄红麻，辽宁的柞蚕茧，都是很有价值的资源，应该因地制宜地发展麻、丝等纺织工业。河北、山东、陕西等老产棉区的棉花产量下降，这些省的纺织工业部门要主动协助农业部门，把棉花生产迅速恢复和发展起来。

其次，要发挥各地的技术特点。沿海一些老的纺织工业基地，如上海、天津、北京、青岛和江苏的无锡、常州、苏州、南通等地，纺织工业历史悠久，老工人多，技术力量较强，协作配套的条件较好。这些地区要很好地发挥技术优势，加快现代化的步伐，帮助全国纺织工业较快地发展。辽宁、河北、山东、陕西等地，也有较好的基础，要向更高的技术水平努力，在全国纺织工业的调整中发挥较大的作用。

再次，要发挥有些地区对外关系的特点。如广东、福建邻近港澳，有利用外资发展出口产品的有利条件。这两个省要努力发展外商来料加工和补偿贸易等业务，同时适当建设一些新厂，组织出口纺织品的生产，提高创汇率。

最后，注意行业的特点。根据历史经验，纺织工业从一个省、自治区的范围来说，布局要适当集中，不能过于分散。适当集中，生产和技术都发展得快，管理方便，经济效果好。布点多，小而分散，经济效果就很差。因此，今后棉纺企业的建设，主要放在有一定工业基础、协作条件较好的中等城市；重点产棉县中协作条件好的，也可以少量安排一些；棉纺厂的规模不要小于3万锭，否则容易亏损。化纤、毛纺、印染等企业，对技术和配套条件要求较高，应放在中等城市，规模也不能过小。织布、针织、复制、麻袋、缫丝等企业，规模可以小一些，布局也可以相对分散一些，但也要注意纺、织、染的配套衔接，合理分布，不要到处都搞，否则各项生产条件不具备，就会导致产品质次价高，不受群众欢迎。

10月22日

国务院总理华国锋开始对联邦德国进行访问

德意志联邦共和国总理赫尔穆特·施密特上午在联邦总理府前的草坪上举行仪式，热烈欢迎中华人民共和国总理华国锋开始对德意志联邦共和国进行正式访问。这是自两国建交以来，中国高级领导人第一次访问德意志联邦共和国。

两位总理的会谈在欢迎仪式后举行。会谈开始时，两位总理互相介绍了各自的国内情况。华总理说："中国的对外政策的目的是争取一个长期的和平环境，这仅是我们的愿望。搞霸权的人不让我们和平建设。我们的对外政策有两点，即反对霸权主义、维护世界和平。我们很重视西欧在国际上的作用。我们和西欧都需要和平与稳定。"

施密特总理说，中国和联邦德国不仅在双边关系方面毫无冲突，而且可以说不存在问题，这对发展两国的合作是非常好的。他说，他充分了解中国对德国统一的立场，并且很重视中国的强大和中国在国际活动中的作用。他说，希望双方的文化和经济关系不受外界干扰地发展，从而有利于维护世界和平。他表示同意，发展两国关系的意义超出本世纪。

两位总理的助手同时举行的会谈是：余秋里副总理同德国研究和技术部长福尔克尔·豪夫的会谈，黄华外长同西德外长汉斯一迪特里希·根舍以及公安部副部长凌云同西德内政部国务秘书西格弗里德·弗勒利希的会谈。

联邦德国总统卡斯滕斯在总统府设午宴招待华国锋总理一行。

卡斯滕斯总统在午宴上首先讲话。他指出，虽然德意志联邦共和国和中华人民共和国社会制度不同,但是两国人民之间的合作关系,仍然有了良好的发展。他认为,华总理的这次访问,是这种发展的高潮。他还说,遗憾的是,两国人民迫切需要的和平,还不稳定。他要求两国共同努力,为世界和平服务。他认为,这是两国合作的首要目标。

华总理在祝酒时说,他这次访问德意志联邦共和国的目的是进一步发展中国与德意志联邦共和国之间的友好合作。他说,这不仅是两国人民的愿望,而且也是维护世界和平的需要。他对两国建交以来在各个领域的合作有了长足的发展,表示高兴和满意。他赞扬卡斯滕斯总统是一位有远见的政治家,一向主张同中国发展关系,并为此作出了积极的努力。

午宴前,卡斯滕斯总统与华国锋总理举行了会谈。他接受了中国政府的邀请,将到中国进行访问。华总理对此表示非常高兴。

中国方面参加会谈和午宴的有:副总理余秋里、外交部部长黄华、张彤大使等。

德意志联邦共和国方面有:联邦总理府国务部部长汉斯—于尔根·维什涅夫斯基、总统府国务秘书汉斯·诺伊泽尔、驻华大使魏克德等。

《人民日报》发表评论员文章《正确对待上访问题》

做好群众来信来访工作,妥善处理上访问题,是一件有关党群关系、有关安定团结的大事情,需要各级党政机关正确看待、各尽其责,互相配合、协同解决。对于信访工作,我们党和人民政府历来是重视的。毛泽东同志、周恩来同志都强调做好信访工作的重要意义,并亲自处理人民群众所反映的各种问题。在延安时代,著名的大生产运动就是根据陕北农民反映负担过重而发动的。新中国成立以来,许多经济政策也是根据群众来信来访反映的情况制定和调整的。密切联系群众,从群众中来,又回到群众中去,是我们党具有无穷生命力的根本原因之一。为人民服务,是党的领导机关和各级人民政府唯一的宗旨。我们有责任、有义务做好信访工作,通过这条重要渠道,去听取群众的呼声,了解群众的疾苦,帮助群众解决确实需要而且可能解决的各种具体问题,团结广大群众,改进我们的工作。这样,才能密切党和群众的关系,发展安定团结的大好形势,促进四化建设。

粉碎"四人帮"以后,我们党解决了"文化大革命"中和历史上遗留下来的许多重大问题,重申和制定了各个方面的正确政策。各级党委和人民政府做了大量的工作,平反了一大批冤假错案。林彪、"四人帮"横行期间,有冤无处诉,有冤不敢诉的情况已经有了根本改变。正因为这样,群众来信大量增加,群众来访也大量增加。各地做信访工作的同志夜以继日,协助领导做了大量的工作,解决了很多问题。这些同志受到党、政府和人民群众的尊重,提高了党和政府在人民群众中的威信。但是,现在上访的人数还不少,一些地方并且有增加的趋势;接待来访、解决问题的工作量仍然很大。我们还要继续努力,把解决上访问题的工作抓得更细致、更扎实、更有成效。

就现在上访提出的问题来说,牵扯的方面很广,情况比较复杂。就上访的人员来说,也有几种:有要求平反冤假错案的;有控告某些干部违法乱纪的;有超出政策规定要求回城安置和提出过高经济要求的;也有极少数无理取闹、蓄意捣乱的。我们应该具体问题具体分析,根据不同情况来处理和解决这些问题。

凡属冤假错案,要根据"实事求是,有错必纠"的原则,给予平反。这个原则,中央三令五申。就全国来说,确实解决了很大一批冤假错案,成绩巨大。但是这项工作的发展也是不平衡的,有的地区和部门一直抓得比较紧,基本上解决了这方面的问题;有的地区和部门后来有点松了,或者开始得比较晚,未了的案子还有一定数量,这是需要引起注意的。该了的有条件了的案子总该了,今天不了明天了,今年不了明年了,迟了不如早了。久拖不决,徒然增加上访群众的痛苦,也增加各级领导机关很多重复的、不必要的工作量。少数单位的领导同志,就是跟中央解决冤假错案的方针顶着,该平反的不平反,该纠正的不纠正,这是不能允许的。当然,这里所说的纠正冤假错案,主要是指平反"文化大革命"中林彪、"四人帮"颠倒是非,陷害好人,制造的种种冤狱,也包括改正反右派、反右倾以及"四清"中搞错的案件。至于其他历史上的案件,现在不可能一一加以甄别处理,其中确实搞错了,需要纠正的,也只能在今后有步骤地去搞。现在,有的上访人员把几十年前受到的处分,甚至民事纠纷都作为冤假错案提出来要求复查,这是很难做到的。

凡属违法乱纪、甚至制造新的冤假错案的,一定要认真查明、严肃处理。这方面的问题在上访中为数不多,但是值得各级党委和政府严重注意。在社会主义民主和法制不断加强的今天,在中央大力整顿党风党纪的情况下,谁搞违法乱纪谁就是明知故犯。过去林彪、"四人帮"制造了大量的冤假错案,为人民群众所深恶痛绝;现在有的人还这么搞,这是我们党所绝对不允许的。这类案件一定要认真清查,一经查实,就要根据党纪国法加以惩处。

凡属合理的要求、按现行政策规定又是能够解决的问题,各地区、各部门就应当认真负责地、积极地加以解决。凡属超出政策规定要求回城安置和提出过高经济要求的，要理直气壮地做思想政治工作，把情况和道理给上访者讲清楚。现在，在上访中这类问题占的比重最大。其中有的是过去精简下放，现在要求复工复职的；有的是过去支援边疆、上山下乡的知识青年，现在要求回城就业的。这些同志过去响应党的号召，为国家分担了困难，对边疆建设和农业发展作出了贡献，党和人民是不会忘记的。他们当中某些人生活确实比较困难，值得同情，他们的有些要求也不是完全没有理由的，但是，由于国家经济还有困难，这类问题在短期内是不可能解决的。在这种情况下，就要切实解决上访人员的思想问题，积极向他们宣传解释党的有关政策规定，热情耐心地对他们进行说服教育，把他们引导到正确的方向上来。使他们能够看到我们国家百废待举的现实，顾全大局，把个人的利益和祖国的利益联系在一起，把个人的前途和祖国的前途联系在一起，真正从思想上认识到随着国家经济状况的好转，随着四个现代化进程的发展，个人问题才能得到比较妥善的解决。使他们能够明白，让过去精简下放、支援边疆、上山下乡的，现在都回城就业，这是不可能的，这样不仅影响边疆和农村的建设和发展，而且不利于整个国民经济的调整，不利于四化建设，个人的问题也不能得到很好解决。这种思想政治工作不但信访部门的同志要做，上访人员所在地区的党政机关，所在单位的党、团、工会、妇女组织以及上访人员的亲友都要来做。要看到，过去精简下放的同志、支援边疆建设和上山下乡的知识青年多数是有很高的政治觉悟的，是顾全大局的，他们长期以来安心在农村，宁肯自己克服困难，不给国家增加麻烦。现在许多人都仍坚持在自己的岗位上。就是大部分上访人员也是通情达理的。只要我们把思想工作做好了，真正做到家，他们是会体谅国家的困难的。有的上访人员提出过高的要求，例如，政治上得到了平反，又提出超过政策允许的经济退赔要求，或者经济上已经给予了补助，又提出更多的要求，这些更需要理直气壮地做工作，包括进行必要的批评。

凡属无理取闹、蓄意捣乱的，要根据情节轻重，分别严肃处理。这种人，为数很少，影响极坏。其中有的人，脑子里没有什么国家民族的利益，只有个人的要求和打算，尽管有关单位对他们的问题已经做了适当处理，并且进行了耐心的解释和教育，他们仍然坚持不合理的要求，屡遣屡返，蓄意闹事；有的是“上访油子”，白天流窜街头，为非作歹，晚上回接待单位投宿，长期赖着不走。还有极少数坏人煽动闹事，唯恐天下不乱，甚至要无赖动手殴打民警。对这种人政法机关有权依法传讯，根据情节轻重，分别给予警告、拘留，直至追究刑事责任。

解决上访问题，需要上访人员同接待机关很好地配合。有的人以为可以用闹事的办法“施加压力”，迫使领导机关突破现行政策规定，这是十分错误的，也是根本做不到的。不仅无理不能取闹，有理也不能取闹。安定团结的政治局面和正常的社会秩序，不但是四化建设所必需的，也是解决上访问题所必需的；不但是全民族的根本利益所在，也是上访人员的根本利益所在。上访人员应该服从接待机关的安排，与接待机关合作，维护上访秩序，这才有可能把问题搞清楚，求得合情合理的解决。任何破坏生产秩序、工作秩序、社会秩序和交通秩序，冲击领导机关和企事业单位，强占办公室和招待所，围攻、打骂接待人员，串联、组织、胁迫上访人员闹事的行为，都是很错误的，不许可的，只能使“亲者痛、仇者快”，使正常的上访秩序受到干扰和破坏。这不但不能解决问题，反而增加了解决问题的困难和复杂性。这一点，上访的同志要有足够的认识，切勿受骗上当，听信少数人的煽动、挑唆，走入歧途。

解决上访问题，要贯彻把问题解决在当地的方针。上访人员的问题发生在哪里，原来由哪一级组织处理的，现在重新审理也要通过哪一级组织来办。有些上访人员总以为越级告状，进京上访，是解决问题的捷径。这种看法是不对的。我们的国家是一个有严密组织的整体。各级党委和各级政府都必须严格地按照中央和国家统一的方针政策办事，任何人不得自行其是。中央和上级领导机关，可以转批来信，可以督促催办，必要时也可以检查过问，但是真正解决问题还要靠各级地方组织。最近，有些人又远道赶来北京上访，这样舍近求远是完全不必要的，能够解决你的问题的还是当地组织。现在很多地方采取一竿子插到底的办法迅速查处上访问题，要求做到办案机关落实，办案人员落实；涉及几个单位的问题，则要求各方主动协商，共同研究处理。这都是很好的做法。一定要解决好上访问题，这是中央坚定不移的方针，各地党政领导机关是会贯彻执行这个方针的。如果说，过去有些地方由于领导抓得不紧，在解决上访问题时作风拖拉，阻力很大，那么，现在这种情况确实有了很大的改变。上访人员应该看到这种新的情况，相信党，相信当地组织，就地申诉、解决问题。

我们的国家遭受林彪、“四人帮”十年浩劫，积案如山，解决这些问题是需要时间的。现在，全党全国工作重点已经转入四化建设，各条战线都面临着艰巨的任务。只有实现四化，我们的民族才有希望，我们的国家才能富强，需要解决的个人问题才能从根本上得到解决。希望各级党委和做信访工作的同志，切实做好上访工作；希望上访人员以大局为重。这样，上下一气，配合起来，上访问题才能得到较好的解决，才能发展安定团结的政治局面，同心同德，夺取四化建设的新胜利。

《人民日报》摘要转载《财贸战线》于光远文章《谈谈“社会主义经济目标理论”问题》

为了在我国实现四化，就要研究许多经济理论问题。“社会主义经济目标理论”的问题是其中之一。研究这个题目，是为了进一步明确我国社会主义生产的目的、我们全部经济活动的最终目的究竟是什么，进一步明确应该从什么出发来计划和安排整个社会生产，应该以什么做标准来衡量整个国民经济的成绩。研究这个问题的重要意义是很明显的。

我对这个问题的初步看法，就是根据新中国成立以来经济建设的经验和我国社会经济制度的社会主义性质，我们的经济目标应该是“在可能的范围内最大限度地增产人民需要的最终产品”，而不应该是其他别的东西。

那么什么是我在这里说的最终产品？它第一包括个人消费品，是最终产品中最重要的一部分。第二包括发展社会教育、科学、文化、卫生保健等事业所需要的物品。第三包括进行社会管理和阶级斗争所需要的物品（主要是用来加强国防的物品）。第四包括出口用的产品。我们说的最终产品是以马克思主义政治经济学社会主义部分为理论依据的。它同资产阶级经济学家讲的最终产品的含义是不一样的。除了对一国的社会生产来说，用来出口的产品不论是生产资料或者消费资料都应该承认是最终产品外，在社会主义制度下，只有准备进入各种消费领域的产品才是最终产品。上面列举的前 3 个方面，说的就都是社会主义社会中的几个不同的消费领域。

在社会主义制度下，应该把增产最终产品作为我们整个经济活动的最后目标。这里说的整个经济活动，首先是直接生产活动，其中包括生产可以满足人们消费需要的各种劳务的生产活动，也包括为生产服务的、对生产发生作用的流通机构、服务机构、科技教育机构、管理机构中人们的活动，而最终产品生产出来之后的分配和消费活动，则不包括在内，因为它不属于最终产品的生产而属于最终产品的实现。

明确了整个社会主义经济活动的目标，可以提高每个生产部门、经济部门的自觉性，减少盲目性。按照对社会主义经济目标的这个理解，必然得出的合乎逻辑的结论之一，就是在计划和安排整个社会生产的时候，应该从增产最终产品出发。去年春天起，我们强调提出这个观点，是有针对性的。我们强调要用从最终产品出发的“一元论”，来代替我们解放初期从苏联学来，直到现在我们还在实行的从若干种主要产品增产指标出发的“多元论”；用从最终产品出发的“一元论”，来代替很长时期内我们事实上实行的从重工业出发、从“钢”出发的“一元论”。

从最终产品出发计划和安排整个社会生产的思想，以前并不是没有人提出过。在外国也提出过类似的问题讨论。在有些国家，经济学界对社会主义制度下的计划方法曾经有过 3 种主张的争论，一是资源法，即主张从本国资源出发来计划和安排整个社会生产；二是部门法，即主张从各部门产品的增产目标出发计划和安排生产；三是最终产品法。争论的内容是何者更为优越。不过在实际生活中都还没有实行资源法和最终产品法，一般通行的还是部门法，或者在部门法的基础上作了一些修补。部门法是最容易做到的，并且是既成事实，但是缺点确实很多。资源是必须考虑的条件，但是生产的目的不能是发挥资源的作用，资源法是不应采取的。最终产品法的缺点是缺乏必要的实践经验，如果决定实行，一定也会有许多具体的困难，实行中也一定会出现许多问题，但是应该认真考虑研究。不过我们的主张同外国人说的最终产品法也不完全是一回事，因为这里说的最终产品，不包括任何生产资料（出口除外），这是与外国人所讲的最终产品法不同的。只有坚持这一点，最终产品法在理论上才能是始终一贯的。

在我们的国家里，以增产最终产品为目标来计划和安排生产，同毛泽东同志提出的以农轻重为序，两者是很接近的。因为在我们的国家里，在农、轻产品中最终产品占的比重大，在重工业中最终年品占的比重小，所以农、轻产品的多少便可以在一定程度上表示最终产品的多少。但是农业、轻工业产品和最终产品，重工业产品和中间产品，是两种不同性质的概念。许多重工业产品如洗衣机、电冰箱等等都是生活资料，都是最终产品。而许多轻工业、农业产品却都是生产资料，都是中间产品。因此农、轻产品与最终产品，重工业产品与中间产品，它们可以接近，也可以不接近。从最终产品出发也就不一定以农轻重为序。例如在发达的国家中，最终产品中重工业产品占的比重很大。美国 3 大经济支柱中，轿车和住宅建筑当然属于重工业产品，但应该说最终产品。如果我国的经济也发达到这一步，那就不能再说从最终产品出发和以农轻重为序在我国是很接近的东西了。

农轻重为序的思想，是“以农业为国民经济的基础”这一发展国民经济方针的具体化。而“以农业为国民经济的基础”这个方针，又是建立在“农业是国民经济的基础”这一客观规律之上的。这个客观规律是对任何社会、任何条件都适用的，但只有在像我们中国这样一个农业远远没有过关的国家里，才需要特别强调“以农业为基础”这个方针，才需要强调“以农轻重为序”来计划和安排生产。这就是说,“农轻重为序”中所包括的一个重要思想,或者“农轻重为序”的一个理论根据,同“以最终产品出发计划和安排生产”中所包括的思想或者它的理论根据,是不一样的。所以我们既要看到农轻重为序和从最终产品出发计划和安排生产之间相同的地方,又要看到它们之间不同的地方,以取得互相补充的效用。

进一步讲,如果采用从最终产品出发来计划和安排生产的方法,有以下几个问题是必须研究的:

第一个问题,是在采用这个方法时,面对着的是已经存在着的各部门的生产能力,已经存在着的产供销关系,已经存在着的生产机构、流通机构、服务机构和管理机构,已经存在着的人的思想习惯、工作习惯等等。因此要从“部门法”改变为“最终产品法”,就要经过一个相当的过程。在这个过程中,究竟要采取一些怎样的步骤,是要进行仔细研究的。

第二个问题,是即使采用了从最终产品出发来计划和安排生产,仍旧没有解决最终产品的结构和数量的问题。虽然每个人都要吃、穿、住、用,但是如何吃、穿、住、用,在不同国家里甚至在一个国家的不同时期,都是不一样的。消费品的数量也受到生产能力的限制。至于社会其他需要的产品的构成也是各不相同的。所以最终产品的合理结构和数量,只能根据一个国家的历史条件、经济条件、国际条件等来确定,而且在计划和安排时也不是事先已经确切知道的,而是要进行很多的测算,经过反复的平衡工作。

第三个问题,是从最终产品出发来计划和安排生产,决不意味着可以轻视中间产品的生产,恰恰相反,如果不抓好中间产品的生产,就不可能做到最大限度地增产最终产品。问题是在决定采取从最终产品出发计划和安排生产之后,就有可能使整个中间产品的生产做到更加合理,同时也可以做到更加合理地安排进口和出口。这就是说,采用“最终产品法”,就可以做到优先安排为生产最终产品急需的中间产品的生产。采用“最终产品法”,就是在决定了各种最终产品的结构和数量之后,根据一国当时的各种具体条件确定各种中间产品的结构和数量。这个数量一方面取决于最终产品的结构和数量,同时也取决于采取什么途径来取得这些最终产品。而且在消费资料生产与生产资料生产之间,各种生产资料之间的平衡总是相对的。这种不平衡,有的可能通过进出口来调节,有的则不能。……这里仍有许多复杂的情况。

除了这3个问题外,还有其他别的需要提出和研究的问题。

因此,从最终产品出发来计划和安排生产,是一件需要通过大量研究工作和大量经济工作才能解决的问题。

现在我们计划和安排生产既然是以若干种主要产品的增产指标作出发点,其结果就是以完成这若干种重要产品指标的状况(如产量、产值及其增长速度),作为衡量整个经济工作成绩好坏的主要标准。直到现在我们都是这么说的。

这样说、这样做对不对呢?我们认为,若干种主要产品的产量、产值以及它们增长的速度,对于衡量一个部门、一个地区乃至整个经济的发展,是有很重要意义的。特别是在检查某一部门的成绩,某一种产品生产的成绩时,不考核这些产品的产量、产值又考核什么呢?就是对整个国民经济的发展来说,在没有用别的数字作为衡量整个国民经济发展的主要标准之前,也只能用这种数字来表示我们经济建设的成绩。现在外国的统计也都提供这样的数字,可供我们研究,并把它和我国这方面的数字进行比较。除了各主要部门产品增长的数字之外,还有整个工农业生产总值,它是用来近似地表示社会生产全部产品的数量的,不过其中包括大量的重复计算。因此它的绝对值是没有准确的意义的。但是,这些工农业生产总值可以用来其他年份作比较,也可以用来同采用同样统计方法的外国比较。现在不用这样的数字是不行的。

但是,有必要指出,用这样的数字、指标来衡量我国经济工作的好坏,从理论上说是有缺陷的,从实践来说,对于我们的经济事业也会有某些不利影响。因为这若干种主要产品的增长,并不一定与最终产品的增长完全成比例。很有可能从这若干种主要产品增长的数字来看,经济发展的速度显得比较快,而从最终产品的增长来看,经济发展的速度实际上慢得相当多。这就是说,有可能大量中间产品虽然生产出来了,但是积压在仓库里;或者有大量的在制品停滞在生产过程中;或者制成了生产工具,但是大量设备的利用率很低,不能发挥效用;或者原材料消耗高……这就可能使大量的中间产品没有变成最终产品。

衡量国民经济发展还有一个标准,这就是计算一个国家的国民收入。采用这个数字比采用国民生产总值或者工农业生产总值要科学一些,因为在这个数字当中去掉了重复计算的因素,去掉了在生产中消耗掉的各种物化劳动的价值。而且这样的数字在资本主义国家中是一个比较合理的统计项目。对于我们社会主义国家来说,也是一个比较合理的统计项目。我们应该在这样的数字上和外国进行比较。它比用国民生产总值或工农业生产总值要好。但是,对于一个社会主义国家来说,衡量国民经济发展的标准宁愿是最终产品的增产和最能表示这种增产的各种数字。在最终产品增产的结果中,我们社会生产中“产品结构”是否合理,国民经济是否平衡发展,生产中经济效果的高低,以及劳动力资源是否得到充分利用,等等,都可以反映出来。更重要的是采用这样的标准,可以更加直接地反映出人民生活和国家科学、教育、文化发展的程度。我们当然要分别统计并研究产品结构、产品积压、生产周期长短、原材料消耗率、设备利用率、劳动生产率、劳动就业状况等等情况,但是,如果要用一个综合的指标来表示社会主义国民经济发展的话,最终产品的增产是最合适的。

当然,中间产品转化为最终产品,不可能是当时实现的,甚至不可能完全在当年实现。特别是一项巨大的工程,它的建成往往需要好多年的时间。在它未建成之前,不但不能起增产最终产品的效果,甚至连中间产品也不能生产出来,然而却要求其他单位为它提供大量的中间产品。所以,以是否做到最大限度地增产最终产品来衡量社会主义国民经济的发展,只能适用一个比较长的时期,例如5年、10年或者更长的时间。如果每年计算这个数字,它们表示的也是一个比较长时期内工作的结果,不只是当年工作的结果。不过部门产品的统计,工农业生产总值,国民生产总值,国民收入,其实也都有这样的问题,但不如最终产品明显罢了。在消费资料与生产资料生产方面,我们要看到这样一种情况,即由于没有把增产最终产品看作社会主义的经济目标,因而造成这样一种结果:既对最终产品的增产产生不利的影响,也对中间产品产生不利影响。不过我们也要看到这样一种情况,在某一个时期内,中间产品的生产增长得快些,而最终产品相对地说增长得慢些,但是,在中间产品的生产能力形成之后,却可以更快地实现最终产品的迅速增长。对于消费资料与生产资料增长的这些相互关系,我们应该进行历史的和逻辑的研究,看看世界上生产先进的国家都有些怎样的经验,看看在某种具体的条件下究竟应该对生产作怎样具体的安排。

总之,关于社会主义经济目标的问题,涉及建设社会主义经济的一个重要指导思想问题。首先要研究的是,这样一个指导思想在理论上是否站得住脚,按照这个指导思想来行事,是否有利于在我国实现四化的伟大事业。至于如何根据这个指导思想来制订计划,安排生产,如何进行统计以及如何对现行的各种制度和方法进行改革,是一件很复杂的工作,要慎重处理。

国务院副总理李先念在北京会见民主柬埔寨政府负责外交事务的副总理英萨利

国务院副总理方毅在北京分别会见由朝鲜国家科委副委员长金应浩率领的朝鲜科技合作代表团和丹麦国立血清研究所所长西姆博士和夫人一行

国务院副总理王震在北京会见日本日中农业农民交流协会常任理事农政记者协会顾问团野信夫

国务院副总理谷牧在北京会见以阿里·哈迪中校为团长的阿拉伯也门共和国贸易代表团

10月23日

《人民日报》发表社论《新时期民主党派的历史使命》

从本月11日到22日,中国国民党革命委员会、中国民主同盟、中国民主建国会、中国民主促进会、中国农工民主党、中国致公党、九三学社、台湾民主自治同盟和中华全国工商业联合会,分别召开全国代表大会。这些会议,在全国工作着重点转移到社会主义现代化建设上来的历史性转变时刻召开,标志着我国各民主党派和工商联的工作进入了一个新的发展时期。这说明了我国革命的爱国的统一战线日益发展,我国安定团结的政治局面更加巩固。在中国共产党中央的关怀下,各民主党派的代表大会以中国共产党的十一届三中全会和叶剑英同志《在庆祝中华人民共和国成立30周年大会上的讲话》精神为指导,充分发扬解放思想,开动机器,实事求是,团结一致向前看的精神,认真总结了同共产党合作的历史经验,选举成立了新的领导机构,确定了新时期的方针、任务,为各民主党派和工商联今后的工作奠立了良好的基础。我们热烈祝贺会议的圆满成功。

我们党的统一战线理论,是毛泽东思想科学体系的一个重要组成部分。在民主革命时期,统一战线是党的三大法宝之一;在社会主义革命和社会主义建设时期,统一战线同样是一个法宝。我国各民主党派,是革命统一战线的组成部分,在抗日战争中、解放战争中,在推倒帝国主义、封建主义、官僚资本主义“三座大山”的斗争中,都作出了宝贵的贡献,为人民做了好事。新中国成立以来,各民主党派和工商联,在土地改革、抗美援朝、镇压反革命运动中,在实现对资本主义工商业、农业和手工业的社会主义改造以及社会主义建设等方面,都作出了重大的贡献,受到了人民的欢迎。林彪、“四人帮”反革命阴谋集团,出于篡党夺权的罪恶目的,在“文化大革命”中推行极左路线,使我们国家遭到一场空前的浩劫,我国各民主党派和工商联也遭到灾难性的破坏和打击,停止工作达10年之久。粉碎“四人帮”之后,我们党领导全国人民拨乱反正,大力恢复和贯彻执行党的统一战线方针、政策,各民主党派和工商联的工作重新恢复和开展起来。现在,我们国家进入了以社会主义现代化建设为主要任务的新的历史时期。随着国内阶级状况的根本变化,整个国家形势和统一战线形势的新发展,民主党派和工商联已经成为所联系的一部分社会主义劳动者和拥护社会主义的爱国者的政治联盟,成为在中国共产党领导下为实现社会主义的四个现代化服务的政治力量。叶剑英同志在国庆30周年讲话中号召各民主党派和人民团体,“都要加强自己的工作,在维护祖国统一、增加人民团结和促进现代化建设方面,发挥更大的作用”,表达了对各民主党派和工商联的殷切期望。可以肯定,同我们党有着长期合作光荣历史的民主党派和工商联,必将在今后的斗争中作出更大的贡献。

民主党派和工商联在新时期的历史使命是:为四化服务,为统一祖国努力。民主党派和工商联,一定会动员、团结全体成员和所联系的人们,和全国人民并肩携手,同心同德,为实现四化贡献自己的力量。民主党派、工商联在台湾同胞、港澳同胞和国外侨胞中有广泛的影响和联系,必将动员和团结全体成员,广泛团结一切拥护祖国统一的爱国者,积极参加对台湾的工作,争取及早实现祖国的统一。现在,我国的国际威望日益增高,国际朋友日益增多。随着四个现代化的逐步实现,随着台湾归回祖国的工作日益开展,会有新的国内、国外的积极因素可以调动起来,为民主党派和工商联的工作提供更为宽广的领域。我们相信,民主党派和工商联一定能够担当起历史赋予的这一使命。

周恩来同志生前曾反复强调指出,进入社会主义建设阶段,各民主党派在统一战线中的责任,应该说不是轻了而是重了。我们要贯彻“长期共存,互相监督”的方针,对国家大事,大家要共同负责,各民主党派要负起监督的责任。我们要发扬毛泽东、周恩来同志倡导的民主协商精神,就国家大事和四化建设中所遇到的社会经济各方面的问题,同各民主党派和无党派人士进行充分的民主协商,使民主党派在国家政治生活和四化建设中发挥更多更大的作用。

党中央已经恢复了民主协商的优良传统,为全党作出了表率。我们一定要严格尊重和保障各民主党派在宪法范围内的政治自由、组织独立和法律面前的平等。当前要特别关心并帮助民主党派解决工作中遇到的各种问题和困难,采取切实有效的措施,帮助民主党派有计划地发展,在各自所联系的一部分社会主义劳动者、拥护社会主义的爱国者和拥护祖国统一的爱国者中间,发挥应有的作用。同时,我们热切希望,各民主党派、工商联解放思想,打消顾虑,以国家主人翁的负责态度,在有关四化建设和一切国家事务上,坦率地提出自己的意见、批评和建议,勇于代表成员的合法利益和合理要求,充分发挥互相监督的作用,同心协力为巩固和发展安定团结的局面,早日实现四化作出更大的贡献。各民主党派同中国共产党长期合作的历史,表明了一个颠扑不破的真理:凡是在一定的政治基础上同共产党实行合作,共同奋斗的党派或个人,其结果都将是共同的胜利,有共同的光荣前途。

中国共产党的统一战线政策,是为党的各个时期的总路线、总政策服务的。各级党委应当根据党的十一届三中全会精神,把贯彻执行统战政策和加强对民主党派的工作,提到重要的议事日程上,按照实践是检验真理唯一标准的原则,实事求是,结合统战工作实际,在党内进行统战政策再教育,进一步把统战工作做得更好。

各民主党派的代表大会胜利闭幕了。我们衷心祝愿各民主党派、工商联的同志们,在政治上、思想上、组织上和工作上取得更多的进步和成就,同全国人民一道,同心同德,努力奋斗,积极响应叶剑英同志在中华人民共和国成立30周年讲话中的号召,把个人的利益同祖国的利益联系在一起,把个人的前途同祖国的前途联系在一起,做解放思想的促进派,做安定团结的促进派,做四个现代化的促进派,做统一祖国的促进派,沿着党中央所指引的方向,在新长征的道路上贡献全部的力量。

国务院副总理邓小平在北京会见日本知名人士松本重治一行

会见时,邓小平副总理同80岁高龄的松本重治先生进行了亲切友好的谈话。邓副总理说,你带来的大平正芳首相给我的信已经看到了。我期待着不久能在北京同他见面。邓副总理请松本先生回国后转达他对大平首相的问候。松本先生就进一步发展日中双方的文化学术交流问题同邓副总理进行了交谈。

全国人大常委会副委员长、中日友协会会长廖承志等会见时在座。

日本驻中国大使馆公使伴正一,会见时也在座。

国务院副总理方毅在北京会见旅美华侨戈定邦教授

戈定邦教授从事教育、科学课程研究几十年,有较丰富的经验。这次访问中,他对国内的教育改革工作提了一些宝贵意见,并把自己珍藏40多年的古生物化石标本“天台龙”赠给了中国科学院古脊椎动物研究所。

会见时,方毅副总理同戈教授就我国的教育工作和经济建设情况进行了亲切交谈。戈教授说,华侨愿为祖国尽力,希望祖国日益强大。

国务院副总理谷牧在北京会见日本经济研究中心会长大来佐武郎和日本综合研究开发机构理事长向板正男及其助手

国务院副总理王任重在北京会见由普罗克诺率领的美国贝尔系统电报电话公司代表团

全国人大常委会副委员长乌兰夫接受刚果人民共和国新任驻中国特命全权大使阿尔贝·马托科递交的国书

中央档案馆成立20周年纪念大会举行

聂荣臻、邓颖超、王震、姚依林、宋任穷、王首道、李维汉同志及有关部门负责人参观了为庆祝中央档案馆成立20周年而布置的党的珍贵历史档案、文献、照片陈列室，并同中央档案馆的工作人员一起照了相。

中央档案馆是1955年中共中央、国务院决定筹建、1959年10月正式成立的。中央档案馆保存着党中央的许多重要的档案以及报刊资料。这里有中国共产党成立初期的文件，有历次党的代表大会的文件，有毛泽东同志、周恩来同志、朱德同志等老一辈无产阶级革命家的手稿，有党中央领导中国革命和建设新中国的档案文件。中央档案馆的建立，对研究和宣传毛泽东思想，对研究党的历史和中国革命的历史，对发展祖国源远流长的文化，具有重要的现实意义和历史意义。

在庆祝大会上，中共中央办公厅副主任、中央档案馆馆长曾三，国家档案局局长张中，中央档案馆副馆长裴桐先后讲了话。他们在讲话中总结了中央档案馆成立20年来的工作，批判了林彪、“四人帮”干扰和破坏档案工作的罪行，希望档案馆工作者埋头苦干，兢兢业业，做好工作，为四个现代化建设服务。

10月24日

中共中央副主席叶剑英为纪念李大钊同志诞辰九十周年题词

题词是：“学习李大钊同志献身于共产主义事业的革命精神，为在本世纪末实现社会主义的四个现代化而奋斗”。

李大钊同志是中国共产党的创始人之一，是中国共产主义运动的先驱，杰出的共产主义战士，伟大的无产阶级革命家。他在传播马克思主义，领导五四运动，创建中国共产党，建立革命统一战线，领导北方广大地区的革命斗争等工作中，都作出了重大的贡献、建立了不朽的功绩。今年10月29日是他诞辰九十周年纪念日。

中国政府和联邦德国政府在波恩签署关于经济与文化合作两项协定和互设总领事馆的协议

外交部部长黄华和联邦共和国副总理兼外交部部长根舍分别代表本国政府在3项文件上签字。

华国锋总理和施密特总理出席了签字仪式。签字仪式于下午4时在联邦总理府举行。两国经济合作协定规定，双方将在平等互利的基础上进一步发展两国间的经济关系，努力促进和扩大双方经济、工业和技术合作，并努力在互利的基础上，尽可能平衡和协调地发展经济关系。协定还规定，双方应作出努力，尽可能在金融便利方面提供优惠条件。文化合作协定规定，双方同意合作的范围包括科学、教育、艺术、体育、新闻、广播、电影、电视、语言培训、书籍出版以及青年和其他社会团体等领域的活动。协定还规定，双方应采取一切必要措施促进和改善文化交流。

国务院副总理方毅在北京会见美国寇明斯发动机公司副总裁林慰梓博士

林慰梓博士从事内燃机研究已有30年，在内燃机燃烧理论和实践方面有较深的造诣。他是世界上内燃机研究的著名权威之一。

国务院副总理王震在北京分别会见由县知事平林鸿三率领的日本鸟取县友好之翼访华团和英国保守党学生联合会代表团

国务院副总理王任重在北京会见雷华德·迈耶率领的美中友协组织的美国化学和机械工程师访华团

民主党派和工商联中央领导机构举行第一次全体会议选举产生各自的常务领导机构和领导成员

中国国民党革命委员会第五届中央委员会

主　席：朱蕴山

副主席：王昆仑　陈此生　刘　斐　屈　武　朱学范　裴昌会　李世璋　刘仲容　钱昌照　郑洞国　甘祠森　吴茂荪　贾亦斌

秘书长：甘祠森(兼)

常务委员(除主席、副主席、秘书长外，尚有27人，以姓氏笔画为序)：

王　枫(女)　刘孟纯　许宝骙　许闻天　孙越崎　苏从周　李平衡　李俊龙　肖隽英　吴秀峰　何柱国　张天放　张克明　陈建晨(女)　邵恒秋　范予遂　罗承烈　周　颖(女)　赵祖康　侯镜如　聂　轰

陶述曾 覃异之 傅学文(女) 焦实斋 廖运周
谭惕吾(女)

中央委员(除主席、副主席、秘书长、常务委员外尚有104人,以姓氏笔画为序):

丁毅忱 于松如 万仲文 马光宗 王家祯 王景渊
王静如 王肇治 方少逸 文于一 邓后炎 邓哲熙
田 桓 龙泽汇 卢忠良 冯伯恒 朱鼎卿 刘公武
刘元瑄 刘凤竹 刘多荃 刘启新 刘秀珍(女)
刘希程 刘良湛 刘叔鹤(女) 刘昌义 刘鸣九
刘瑶章 刘儒林 许祖义 许显时 阮玄武 李 觉
李 振 李文澜 李世军 李侠公 李赋都 李紫中
李紫翔 杨汉烈 杨宪益 杨春洲 肖 规 肖作霖
吴仲禧 吴信达 吴家象 何志斌 何宝松 何思源
沈求我 张 轸 张汇文 张学铭 张锡田 张隽轩
陈 铁 陈一林 陈齐瑄 陈铭德 宗之发 武和轩
武惕予 范绍韩 林一元 金淑仪(女) 胡景通
姚国桐 骆介子 秦元邦 莫 雄 顾毓琭 钱远铎
徐以枋 徐国懋 徐舜英(女) 凌勉之 凌敏猷
郭麟阁 谈维煦 黄 翔 黄一欧 黄启汉 黄贤度
黄逖非 黄梦醒 曹志麟 曹惠文 梁蔼然 谌小岑
彭杰如 蒋今清 程星龄 傅柏翠 谏树英 赖西夔
鲁崇义 雷启霖 廖运升 廖运泽 谭冬菁 潘瑞征

候补中央委员(51人,以姓氏笔画为序):

王 岳 王凤岐 王达甫 王伯勋 王应尊 王彦亭
马丕烈 方 暾 方贤旭 冯宏谦 宁光堃 朱戒吾
朱德君(女) 刘甲樱(女) 刘玉衡 刘劲持
邢劭朋 孙家齐 李济五 杨汤城 杨章武 肖平波
邹维新 沈性元(女) 张文心 张丰胄 张致和
张廉云(女) 陈志藻 陈迩冬 林浩藩 林梦飞
罗西欧(女) 金绍先 周永年 周旧邦 周泽甫
明世勣 郑祖志 赵寿瑞 郭 坚 耿岳仑
夏琫瑛(女) 曾恕怀 赖惕安 赖慧鹏 简浩然
蔡绍昌 廖超伦 颜明宜(女) 潘基礩

中国民主同盟第四届中央委员会

主 席:史 良(女)

副主席:胡愈之 邓初民 楚图南 苏步青 华罗庚 彭迪先 萨空了 李文宜(女) 费孝通

秘书长:高 天

常务委员会委员(41人,按姓氏笔画为序):

千家驹 邓初民 史良(女) 田一平 叶笃义 冯素陶
刘开渠 刘思慕 许 杰 庄明理 原政庭 华罗庚
沈洪涛 沈兹九(女) 张毕来 吴富恒 吴作人
吴鸿宾 李文宜(女) 苏步青 周新民 罗涵先
罗雄才 金岳霖 金锡如 赵今声 赵访熊 胡愈之
闻家驷 费孝通 莫乃群 谈家桢 钱伟长 钱端升
徐寿轩 高 天 唐 哲 黄药眠 萨空了 彭迪先
楚图南

中央委员(除常务委员会委员外尚有147人,以姓氏笔画为序):

万尚蔚 马大猷 马哲民 方宗熙 戈福鼎 王 起
王 越 王 健(河北) 王 健(北京) 王世锐
王丕建 王治田 王金陵 王国松 王湘浩 王赣愚
白寿彝 石兆棠 司徒亮 叶 春 包望敏 卢惠霖
刘 颖 刘良模 刘馥英(女) 朱光潜 朱亚杰
朱裕璧 朱福炘 朱景梓 汤松年 任 谦 关世雄
关梦觉 乔传珏 江泽涵 邵宗汉 沈 晋 沈一帆
沈炼之 张 任 张 毅 张大煜 张乔啬 张江树
张百庵 张锋伯 张楚琨 张毓德 陈中凡 陈敏之
陈新民 陈碧笙 陈鼎文 陈翰伯 吴中枢 吴永刚
吴汉家 吴执中 吴廷璆 吴克清 吴绍骙 吴组缃
李 杜 李中宪 李平一 李汝祺 李何林 李沛文
李茂之 李锐夫 李鸿寿 李瘦枝 李嘉仲 苏延宾
苏翰彦 谷霁光 陆士嘉(女) 陆宗达 陆星垣
沙千里 汪金丁 寿进文 杜 棻 杜任之 余国器
余俊生 余瑞璜 杨 明 杨一波 杨村彬 杨奎章
杨维骏 林仲易 林亨元 林宗彩 范存忠 武伯纶
孟宪苠 季镇淮 赵修复 赵继游 赵敏学 赵超构
赵善欢 胡 毅 胡一声 胡信德(女)
洪 盈(女) 洪丝丝 贺 麟 俞建章 秦西灿
钱宝钧 顾光中 顾敦心 陶大镛 郭贻诚 郭翘然
高元白 高成庄 高尚荫 耿振华 唐弘仁 章振乾
黄执中 黄铭新 章文才 常任侠 商承祚 曹钟梁
康振黄 傅于琛 傅家麟 韩罕明 董民声 谢高峰
曾呈奎 褚圣麟 缪 钺 潘大逵 霍秉权 操震球
戴安邦 戴松恩 戴爱莲(女) 魏 曦

候补中央委员(44人,以姓氏笔画为序):

丁是娥(女) 马文彦 王麦初(女) 王树勋
王源璋 王铸之 叶生发 包淑和(女) 冯亦代
刘明水(女) 刘佩英(女) 许祖岷 张纪域
陈绍蕃 陈淑珍(女) 吴东儒 吴春选 陆钟祚
杜迈之 余鸿业 时宜新 杨克勤 林宪章 周维迅
罗 潜 金若年 赵汝翼 胡伟天 胡景儒(女)
祝汝方(女) 翁曙冠 侯杞新 徐景星 陶 金
黄志霖 梁若尘 傅士英 韩伯林 韩学章(女)
董鉴溶 彭少芳(女) 蒋阜南 鲁在瑄 蹇先艾

中国民主建国会第三届中央委员会

主任委员:胡厥文

副主任委员:胡子昂 许涤新 孙起孟 郭棣活 孙晓村 周士观 童少生 浦洁修(女) 王光英 汤元炳 吴志超

秘书长：黄凉尘

常务委员（除主任委员、副主任委员、秘书长外尚有53人，以姓氏笔画为序）：

王 涛 王少岩 王艮仲 王纪华 邓季惺（女）
古耕虞 叶仁寿 朱德禽 华煜卿 刘公诚 刘丙吉
刘昆水 刘靖基 汤绍远 孙孚凌 向 德 李文杰
杨天受 杨美真（女） 吴大琨 吴觉农 吴羹梅
何宗谦 沙千里 张敬礼 张蔚岑 陈乃昌 陈广生
陈子彬 陈元钦 陈铭珊 陈维稷 陈邃衡
罗叔章（女） 荣毅仁 胡子婴（女）
钟复光（女） 侯启兴 俞佐宸 祝公健 莫艺昌
倪家玺 徐崇林 郭守昌 资耀华 黄大能 黄长水
黄玠然 章元善 虞效忠 漆琪生 潘式言 潘廉志

中央委员（除常务委员外尚有109人，以姓氏笔画为序）：

刁沼芬 于子敬 马公瑾 马绪涛 王 玉 王万春
王文彬 王兰生 王宜之 王洪昌 毛铁桥 文先俊
方文瑜 卞孝萱 卢燕南 申希礼 叶宝珊 田玉璞
成盛三 朱天民 朱绍文 刘汉良 刘荷甫 关崇振
江 穆 江子砺 汤蒂因（女） 孙友樵 孙范民
孙瑞璜 孙紫东 李月华（女） 李志方 李柏华
李崇淮 杨子霖 杨克诚 杨延修 杨念祖 肖同智
吴沈钇 吴振珊 邱文奎 沈方成（女） 沈翰卿
宋保林 张东木 张春申 张雪澄 张润生
张群华（女） 张善章 陈 坚 陈公庆 陈芸田
陈君冷 陈祖湘 陈培元 陈清琤 但伯昆 范尧峰
范国栋 林蕃元 卓碧玉（女） 金曰英（女）
金学成 周同善 郑志新 经叔平 宗之琥 赵厚甫
荣广宏 荣仁本 荣漱仁（女） 胡世俊 柏 岳
侯性涵 施之铨 姜庆湘 姜培禄 姚惠泉
秦元珍（女） 夏炎德 徐英锐 凌霞新 高守信
高景岳 高事恒 郭礽疆 唐志尧 陶敏之（女）
浦亮元 黄 织（女） 黄宪章 黄骏霖 崔敬伯
梁尚立 董幼娴（女） 韩天耀 程秉文 傅道伸
鄢宝璋 谭志清 熊应栋 樊作虞 樊陶斋 潘锷鐘
薛云麟 酆云鹤（女）

中国民主促进会第六届中央委员会

主 席：周建人

副主席：叶圣陶 徐伯昕 赵朴初 吴贻芳（女）
雷洁琼（女） 谢冰心（女） 吴若安（女）

秘书长：葛志成

常务委员（29人，按姓氏笔画为序）：

牛平甫 方 明 叶圣陶 叶至善 巫宝三 杨石先
杨坚白 杨维民 吴文藻 吴若安（女）
吴贻芳（女） 张志公 张明养 张景宁 陈一百
陈礼节 周建人 郑效洵 赵朴初 柯 灵 顾均正
徐伯昕 徐楚波 章廷谦 葛志成 董纯才
谢冰心（女） 雷洁琼（女） 潘承孝

中央委员（除常务委员外尚有69人，以姓氏笔画为序）：

王立疆 王企贤 王宝初 王典昭 王鸿祯
毛之芬（女） 方学武 计克敏 甘伯林 左克明
史念海 司晓南（女） 厉裔华（女） 朱有瓛
朱静航 朱镜清 刘天香（女） 刘西林 刘震华
许钦文 阳太阳 严幼芝 李学盈 李述礼 李祥生
李楚材 李霁野 肖 健 吴 荣 吴学蔺 余文光
张振铎 张瑞权 陈 慧（女） 陈云涛 陈芦荻
陈舜礼 范至甫 范兴登 金 亮 周煦良 郑天挺
郑建宣 郑显通 赵宪初 胡梦玉（女） 胡颜立
钟树梁 段力佩 段洛夫 袁鹤皋 贾祖璋 顾颉刚
郭民任 郭效汾 黄国光 黄钰生 黄羡明 章臣桓
梅达君 梁 明（女） 温崇实 蒋永维 谢 莹
谢孝思 蔡镏生 臧慧芬（女） 廖奉灵（女）
薛正（女） 霍懋征（女）

候补中央委员（19人，按姓氏笔画为序）：

丁裕超 马 明 王 兰（女） 王佩贞（女）
王福重（女） 刘辽逸 刘祖植 孙保钧
杨国英（女） 杨绍鸿 吴廷劢 吴庆升 岳炳忠
钟昭华（女） 贺祥麟 黄继鲁 梅向明
章彬英（女） 谢加因

中国农工民主党第八届中央委员会

主 席：季 方

副主席：周谷城 沈其震 刘树勋 严信民 徐彬如 叶桔泉

秘书长：方荣欣

常务委员会委员（26人，按姓氏笔画为序）：

丁贡南 方荣欣 卢嘉锡 叶桔泉 田光涛 刘 春
刘云波（女） 刘树勋 孙仲逸 严信民 严镜清
李伯球 吴又新 吴彦求 吴桓兴 何世琨 沈其震
陈伊林 范 权 季 方 周谷城 周汝沆 孟目的
柯 麟 钱伯煊 徐彬如

中央委员（除常务委员会委员外尚有36人，以姓氏笔画为序）：

王一帆 邓昊明 卢浩然 申葆文 叶瑞禾 伉铁儁
任应秋 李健生（女） 李振麟 李温仁 李聪甫
杨烈宇 杨逸棠 连瑞琦 吴文祺 吴应琪 沈鹏飞
张 平 张申府 欧阳平 周咏曾 郎育三 柳步青
段佑云 钟 岱 钟济新 郭秀仪（女） 梅日新
章师明 梁希杰 董爽秋 傅一诚 管仲伟 廖少仪
潘澄濂 魏指薪

候补中央委员(27人,以姓氏笔画为序):
王士相 叶吉益(女) 丘克辉 光仁洪 李克光
李含阳 李学渊 李洁之 杨云书(女)
余宝笙(女) 汪振儒 汪盈科 陈安良 陈景法
范惠卿(女) 周幼铭 周涵真(女) 郑静侯
张显龙 祝更生 骆龙江 黄慎之 黄耀燊 傅志尧
傅宗翰 熊廖笙 翟枕流(女)

中国致公党第七届中央委员会

主 席:黄鼎臣
副主席:伍觉天 伍 禅
秘书长:邝 明
常务委员(9人):
黄鼎臣 伍觉天 伍 禅 邝 明 许志猛 陆榕树
廖周行 黄复康 柯朝阳
中央委员(除常务委员外尚有15人.以姓氏笔画为序):
马 南 王碧如(女) 邓 坚 叶少梅 司徒擎
刘锦汉 庄杰鹄 李星川 李维纲 何上举 陈其挥
陈思平 陈福顺 严孔昌 黄独峰
候补中央委员(6人,以姓氏笔画为序):
王济弱 陈祖爱 林春福 郑为信 范世儒 黄开吉

九三学社第六届中央委员会

主 席:许德珩
副主席:周培源 潘 菽 茅以升 严济慈 税西恒
金善宝 卢于道 王竹溪 柯 召 孙承佩
常务委员(29人,按姓氏笔画为序):
方 亮 王竹溪 尹赞勋 卢于道 许德珩 孙承佩
刘及辰 伍献文 严仁英(女) 严济慈 吴学周
李 毅 周培源 金克木 金善宝 茅以升 侯宗濂
柯 召 袁翰青 陶葆楷 黄子卿 黄友谋 黄汲清
谢立惠 税西恒 虞颂庭 裴文中 潘 菽 薛公绰
秘书长:孙承佩(兼)
中央委员(除常务委员外尚有91人,以姓氏笔画为序):
方国瑜 王之相 王应睐 王际强 王季午 王泽农
王祖农 王淦昌 尹文英(女) 邓家栋 卢士谦
卢鹤绂 叶佩华 叶恭绍(女) 乐以成(女)
乐怡然 许彦生 许继曾 刘恢先 曲仲湘 朱弘复
朱物华 朱新予 启 功 初大告 宋则行 严开元
李庆逵 李宗明 李孝芳(女) 李 薰 杨乃俊
杨 槱 吴于廑 吴廷椿 吴 桢 余 濆 陈子展
陈 立 陈光旭 陈志安 陈明绍 陈恩凤 陈 章
陈 植 陈鹤琴 张光斗 张伯声 张泽熙 张钰哲
张德仁 郑万钧 罗登义 周 尧 周行健 洪铭声
施锡恩 胡志彬 胡国栋 赵士杰 赵富鑫 俞平伯
高觉敷 唐长孺 唐有祺 郭秉宽 袁见齐 陆光庭
倪葆春 徐 中 徐采栋 徐眉生 徐贤恭 徐 僖
钱钟韩 笪移今 谢光华 谢秉仁 葛庭燧 蒋导江
蒋次升 董树屏 程达肯 程绍迥 鲍 鼎 薛 愚
魏寿昆 魏建功 王文义 周裕德 蔡秉久
候补中央委员(4人,以姓氏笔画为序):
王丙戌 王祖骥 江 地 赵伟之

台湾民主自治同盟第二届总部理事会

主 席:蔡 啸
副主席:李纯青 苏子蘅 田富达
秘书长:徐萌山
常务理事(10人,以姓氏笔画为序):
叶仁寿 田富达 沈 扶 李纯青 苏新 苏子蘅
林盛中 徐萌山 蔡 啸 蔡子民
理事(除常务理事外尚有17人,以姓氏笔画为序):
许文思 李乔松 陈 文 陈文彬 陈木森 陈炳基
林田烈 林良材 郑晶莹(女) 张克辉 钱福星
黄文浮 黄启章 曾明如 曾重郎 廖灿辉 魏正明
候补理事(5人,以姓氏笔画为序):
王万得 吕水深 柯秀英(女) 徐进星 温少武

中华全国工商业联合会第四届执行委员会

主任委员:胡子昂
副主任委员:荣毅仁 黄长水 沙千里 吴雪之
孙起孟 罗叔章(女) 胡子婴(女) 周叔弢
刘靖基 古耕虞 华煜卿 刘念智 姜培禄 熊应栋
张敬礼 梁尚立
秘书长:黄玠然
常务委员(84人,按姓氏笔画为序):
丁 忱 万国权 马万祺 王光英 王昭明 王彦立
王宽诚 王耀庭 牙合甫大毛拉 毛铁桥 古耕虞
左振华 卢绪章 卢燕南 申希礼 叶宝珊 冯和法
成盛三 师星三 华煜卿 刘念智 刘靖基 汤元炳
汤秉达 许涤新 孙友樵 孙孚凌 孙起孟 孙晓村
严树棠 李 岗 李永锡 李绍禹 李贻赞 杨卫群
杨玉文 杨延修 杨茂林 杨受百 杨俊生 杨溯汾
吴雪之 吴羹梅 何 贤 沙千里 张 全 张敬礼
陈希仲 陈祖沛 陈维稷 林田烈 罗叔章(女)
周叔弢 郑善忠 孟昭伯 经叔平 荣毅仁 胡子昂
胡子婴(女) 胡厥文 蚁美厚 姜培禄
恰巴·格桑旺堆 秦育之 夏之栩(女) 徐文园
凌霞新 郭秀珍(女) 郭瑞人 郭棣活 唐君远
资耀华 浦洁修(女) 黄长水 黄玠然 黄凉尘
麻新泉 梁尚立 童少生 雷任民 廖霭庭 熊应栋

潘式言　薛道五

委员（除常务委员外尚有198人）：

王敏生　张柏青　俞秀蔼（女）　殷玉昆　边子栋
李庆湘　何宗谦　陈祖瀛　应伊利（女）　侯立尊
白铁石　李　震　李雨时　杨剑如　杨振华　张　旭
陈达有　赵子元　徐节庵　田瑞庭　张　敏　赵沐卿
郭德恒　于家田　贾广贵　常国祯　马品芳　王大中
卢广绩　任剑秋　刘振亭　李荆山　李焕章　宋宗禹
孟著圃　高洪阁　陶锡庆　万玉英（女）　丛培业
苗竹贤　金东波　高葆庆　王碧君（女）　邢镜寰
朱元成　刘树森　吴　枫　任志超　芮廷玉　陆上之
黄彦儒　龚一鸥　马志阳　王永康　赵承祖　李凤藻
邢克庄　托乎提毛拉　阿不都克日木阿西木
库尔班依明　周玉寅　王兼士　车懋章　孙廷芳
杨叔铭　张元震　陈　恩　陈武卿　洪念祖　袁垒堂
徐名全　蒋达宁　强锡麟　蔡体铨　于汝成　于俊文
毛柏生　叶元铮　吴中彦　陈邃衡　胡　敏（女）
钱钟汉　徐美峰　郭光华　常玉亮　程秉文　艾鲁川
刘　慨　刘祖赉　安文海　孙作周　孙鸿正　陈懋镇
周志俊　刘璧城　张　斌　荣德馨　胡庆照　方恭敏
冯梯云　金才观　竺培农　胡海秋　俞佐宸　黄仲华
朱寿楠　刘振镐　沈翰卿　张修锡　章藻生　邓炎辉
卢世钤　刘永业　蔡载经　王树廉　祁文山　荣玉德
谢会举　王际清　平麟伯　石怡雯（女）　厉无咎
冯锦卿　刘梅生　吴仲介　周兹柏　荣慕蕴（女）
徐雪轩　黄师让　甄解放　王希明　刘福宁　江坚白
张曰琳　彭六安　彭长寿　刁沼芬　王育群　云锦卿
刘文亮　劳元熙　何星辉　沈永椿　张仕骞
陈琰文（女）　林励华　周宝芬　徐民纲　黄　杕
梁　海　左镜明　张国英　张香圃　陈培元　梁焕文
刘伊凡　安静坤（女）　李宗坊　吴修辅
何玉兴（女）　陈叔敬　林　东　罗元俊　段天池
徐伯图　梁永恒　程道生　傅文祺（女）　马有庆
罗安平　郑雪棉（女）　傅北萍　王少岩　毕习之
庄启发　邹子龄　忽　琨　董仁明　江沙·多拉
刘家琪　许东亮　邱成章　陈德润　黄开吉　黄长溪
黄复康　蔡钟长　杜毓沄　袁超俊　王达夫　王筱天
苏宝琮　杨鉴清（女）　邱庆铭　沈日新
郁素云（女）　薛若梅（女）
高卓雄（另外，西藏自治区保留1名，台湾省保留5名）

中国代表团出席国际海洋卫星组织第一次大会

国际海洋卫星组织为研究改善海上交通问题于10月24日至26日在伦敦召开第一次大会。出席这次大会的有包括中国在内的31个国家的代表。中国代表团团长董华民同阿尔及利亚、阿根廷和保加利亚代表被选为国际海洋卫星组织的理事。

10月25日

《人民日报》发表社论《提高农副产品收购价格的重大意义》

今年夏粮上市以来，各地收购部门根据国务院的决定，提高了粮食等主要农副产品的收购价格。为什么要提高农副产品收购价格，国家的这一重大措施具有什么意义？它对当前农业的发展会产生什么影响？这是全国人民关心的问题。

农业是国民经济的基础。这些年来，由于林彪、“四人帮”推行极左路线，使国民经济遭受了严重的破坏。就国民经济整体来说，农业这个环节显得尤其薄弱。因此，在全党全国实现工作重点转移的过程中，我们首先要着眼于大力恢复和发展农业生产，集中精力把农业尽快搞上去。没有农业的迅速发展，四个现代化是不可能实现的。根据党的十一届三中全会精神，适当提高主要农副产品的收购价格，逐步缩小工农业产品的剪刀差，这是国家促进农业生产发展的一项重大政策性措施，其效果已经开始显示出来，在今后几年中，将会充分显示出来。

农民问题始终是革命和建设中的首要问题。我国农民勤劳、勇敢，识大体、顾大局，是工人阶级最可靠的同盟军。在革命战争年代，农民出人出力，为取得革命的胜利，建立了不可磨灭的功绩；在社会主义建设时期，农民积极响应党和国家的号召，走集体化的道路，发扬自力更生、艰苦奋斗的精神，为国民经济的发展作出了巨大的贡献。我国人口的80%以上在农村，农民问题具有举足轻重的地位。我们要在发展生产的基础上，使农民的生活不断得到改善。只有把农民的生产和生活安排好了，加快农业生产的发展才有保证。旧中国农产品的价格很低，常常谷贱伤农。新中国建立以来，我们几次提高农产品的收购价格，降低农业生产资料的销售价格，逐步缩小了工农业产品的差价。但是，总的来说，我国农产品的价格还是过低。全国解放后，广大农民的生活逐步有所改善，但改善是缓慢的。农民在生产上作出了贡献，应该得到相应的物质利益。如果农民出售的农副产品，不能得到合理的报酬，他们的购买力低，再生产不能扩大，哪里还谈得上什么社会主义现代化的建设？！林彪、“四人帮”一伙无视广大人民群众的物质利益，不顾劳动人民的死活，叫嚷什么“八亿人民生活苦点没关系”，胡说什么“阶级斗争搞好了，就是颗粒无收也不要紧”，等等。由于他们推行极左路线，整个国民经济遭到严重破坏，粮食收购价格12年没有变动，再加上不少农用工业品质量差，价格高，使农业生产成本显著上升，造成了农业没有或很少自身积累这样一种极不正常的现象。这是我国农业生产增长缓慢、农村面貌变化不大的一个重要原因。这种状况如果不迅速改变，就不能调动广大农民的生产积极性，实现四个现代化就只能是一句空话。

粉碎"四人帮"3年来，党和国家十分重视人民群众的物质利益，在促进农业生产发展和改善农民群众生活方面，采取了许多措施，做了大量的工作。在国民经济进行调整、改革、整顿、提高的过程中，我们要认真研究农民问题和农业问题，下决心处理好农轻重的比例关系问题。今年，国家在财力、物力还相当困难的情况下，拿出一大笔钱用于提高主要农副产品的收购价格，目的就是使工业产品与农副产品的比价趋于合理，促进农林牧副渔全面发展，增加社队集体积累，提高社员收入水平，使社队和广大农民群众得到实惠。这是一项非常英明的措施，受到广大农民的热烈拥护，完全符合全国人民的根本利益和长远利益。

农民收入的增长，从根本上说，要靠农业的大幅度增产和劳动生产率有不断提高，合理的价格政策正是促进农业生产和提高劳动生产率的一个重要因素。我们正确地运用价值规律，制定合理的收购价格，就能有效地调动广大农民的生产积极性，提高他们实现现代化的热情和兴趣。去年，国家提高了一部分山林土特产品的收购价格，今年第二季度，又提高了生猪、鲜蛋的收购价格，这对于促进农副业生产的发展和农副土特产品上市量的增多，已经收到了效果。在夏粮和副食品的交售中，广大农民普遍增加了收入，农村购买力显著增长，广大农民欢欣鼓舞，生产积极性空前高涨。

实行农副产品提价，一定要兼顾国家、集体和个人三方面的利益，既要考虑需要，又要考虑国家财力物力的可能。当前许多农副产品价格不合理的状况，是长期积累下来的，不可能在一年之内全部改变过来。如果只考虑需要，不考虑可能，提价超过了国家财力物力可能负担的限度，不仅不利于国民经济的发展，还会给国民经济带来不良后果，损害农民的根本利益。我们一定要在国家计划指导下，遵循价值规律，正确地运用价格这个经济"杠杆"来为调整和整顿国民经济服务，通过深入的调查，研究物价工作中的新情况、新问题，把物价工作的水平大大提高一步。

提高农产品收购价格以后，必须坚决贯彻执行按质论价、优质优价的政策。目前，有些地区的收购部门，程度不同地存在着压级压价的情况，影响农民收益；个别地区或部门甚至拒绝收购农副产品，引起农民不满。这是违背三中全会精神的，应当坚决制止。当然，也要防止随意提级提价，以次充好，损害国家的利益。各级党组织和政府要切实做好思想政治工作，把政策交给广大干部和群众，让人们充分了解提高农副产品收购价格的重大意义，从全国人民的根本利益和长远利益想问题，提高爱国家、爱集体的自觉性，正确执行国务院提高农副产品收购价格的决定，为促进国民经济的发展作出贡献。

国务院副总理邓小平 方毅在北京会见英国麦克米伦出版公司董事长牛津大学校长哈罗德·麦克米伦及其随行人员

麦克米伦先生是英国保守党元老，曾于1957年至1963年任英国首相。

邓小平、方毅副总理在同麦克米伦先生交谈时，对他不顾85岁高龄前来中国访问表示热烈欢迎，并感谢他将于下星期赶回英国，接待华国锋总理访问牛津大学。在友好的气氛中，他们谈论了半个多世纪以来世界局势的演变。他们还就当前国际形势交换了看法。

参加会见和谈话的有中国科学院副院长钱三强，中国社会科学院副院长宦乡，国家科委副主任江明，中国图书进口公司总经理丁波，外交部部长助理宋之光。

英国驻中国大使馆临时代办孟德惠参加了会见。

全国农机工作会议在北京召开

会议10月25日至11月12日召开。会议重点讨论研究了农业机械工业的调整问题。

国务院副总理余秋里在汉堡参观同步加速器研究所

余秋里副总理在诺贝尔奖金获得者丁肇中教授和王乔琳教授陪同下，参观了设在汉堡的德国同步加速器研究所，这是目前世界上最先进的高能物理研究中心。

研究所所长朔佩尔博士向余副总理介绍说，这个研究所由于最近的突破——证实胶子的存在——而比以前更加闻名了。研究所的昂贵的先进仪器和设备以及它的能力很强的工作人员吸引了世界各地的科学家。目前在研究所工作的物理学家有一半来自其他国家。

朔佩尔博士对余副总理说，这个研究所的特点之一是，同有关的制造业密切挂钩。它往往先作出它所需要的东西的样品，然后送到工业部门生产实际产品。

他说，这个研究所的另一特点是，它同世界上正在发展着的许多最先进的技术有着密切关系。

他在谈到同中国的合作时说，这个研究所已经为目前正在中国建造中的一个类似的研究中心运去了所需的某些仪器。他指着室内一张长桌上的另外3架仪器说，这些仪器也即将运往中国。

目前在这个研究所里有11位中国研究生和科学工作者在丁肇中博士领导下工作。朔佩尔博士说:“这些年轻的中国科学家工作很勤奋,他们对我们最近所取得的突破也作出了贡献。”

然后他和丁肇中博士以及研究所其他负责人陪余副总理一行去观看最近作出了重大发现的主环,还参观了一个计算机室,这个计算机室每天提供20万个数据,此外还参观了研究中心的其他部分。

丁肇中博士对新华社记者说:“在我的小组里工作的年青的中国工作人员是勤奋而聪明的。但当他们刚来时,我发现他们没有掌握足够的理论知识。这样,当时对我和对他们都很困难。现在,困难时期已经过去了,他们有了很大进步。他们很多人是很有希望的。”

他说:“确实我要求很严格。有时,在我离开汉堡的时候,我总是常常打长途电话回来,让他们当中的一些人汇报工作。我必须经常了解我的小组的工作情况。”

参观之后,余秋里副总理同中国工作人员一同照了相,并要求他们认真工作,努力学习。余副总理向朔佩尔博士和丁肇中博士表示感谢。他说,邓小平副总理和方毅副总理要我向你们转达问候。

全国人大常委会副委员长邓颖超在北京会见以吴兑汉为团长的缅甸友好访华团

全国总工会主席倪志福在北京会见以几内亚全国工人联合会第一副总书记马马杜·桑皮尔为团长的几内亚全国工联代表团

《人民日报》总编辑胡绩伟在北京设宴欢迎西班牙共产党党刊《我们的旗帜》总编辑曼努埃尔·阿斯卡拉特和党报《工人世界》总编辑安赫尔·姆约尔

对外友协和中日友协举行庆祝《中日和平友好条约》签订一周年酒会

全国人大常委会副委员长邓颖超出席酒会,同在京的日本朋友一起,共同庆祝《中日和平友好条约》签订一周年。

酒会是对外友协和中日友协举办的。对外友协会会长王炳南、北京市革委会主任林乎加,以及外交部,对外友协、中日友协负责人同日本驻华大使吉田健三和夫人一起出席了酒会。

中国代表赖亚力在联大第一(政治)委员会上发言揭露裁军骗局

赖亚力发言指出,今年是联合国“裁军十年”的最后一年。“裁军十年”的目标未能实现,裁军缺乏进展的根本原因在于:超级大国毫无裁军的诚意,拒绝采取切实的措施来削减其超级军火库。

他说:“特别是那个高唱‘裁军’与‘缓和’的超级大国,扩军的速度更快,规模更大。”近十年来,它的战略武器的总数增加了1倍。它的海军舰只的吨位翻了一番;它的武装部队的总人数增加了100万,达到了440万。它庞大的军事开支还在以每年4%—5%的速度在增长。它还加紧研制和装备各种新式武器。“军事力量的急剧增长,促使它的侵略扩张的野心更加膨胀。它凭借强大的军事实力,肆无忌惮地在全球推行霸权主义政策。”

他指出:“就是这个疯狂扩军、到处争霸的超级大国,在‘裁军十年’期间,每年都要在联合国内外抛出各种花样的裁军建议,把自己打扮成‘裁军旗手’、‘和平天使’。”

他说:“最近,它又作出要单方面从欧洲撤出一些军队和坦克的表示。它自以为这一招很高明。但是,花招毕竟是花招。国际舆论一眼就看穿这是骗人的姿态。谁都知道,它在欧洲占有压倒的军事优势。在这种情况下,即使它撤出一些军事人员和坦克,又怎能对减缓它对欧洲的严重军事威胁产生什么实际影响呢?”

国际奥委会执委会决定恢复中国席位

国际奥林匹克委员会执委会在日本名古屋就恢复中国在国际奥委会席位问题,一致通过决议,决定中华人民共和国奥林匹克委员会的名称为“中国奥林匹克委员会”,它的旗和歌使用中华人民共和国的国旗和国歌,设在台北的奥委会的名称是“中国台北奥林匹克委员会”,它不能使用它目前使用的歌和旗,只能使用另外的歌和旗,并且必须得到国际奥委会执委会的批准。

会议还决定,这个决议将以通讯投票的方式提请国际奥委会全体委员表决批准。

这个决议是国际奥委会主席基拉宁今天在会议结束后举行的记者招待会上宣布的。基拉宁在记者招待会上说:“我们以所有的中国运动员都能参加1980年的国际奥运会为目标,作出了最大的努力。”

中国奥林匹克委员会秘书长宋中在名古屋举行记者招待会,表示支持国际奥委会执委会名古屋会议关于恢复中国在国际奥委会合法席位的决议。

宋中说:“世界上只有一个中国,台湾是中华人民共和国的一部分。在国际奥委会中承认中国奥委会为全中国的代表、承认中国台北奥委会为中国的一个地方机构,这既反映了世界上只有一个中国的事实,又照顾到了台湾的现实情况。名古屋决定将有助于中国大陆和台湾岛的全体中国运动员参加明年冬季和夏季奥运会。”

10月26日

全国人大常委会委员长叶剑英在北京会见泰王国国会议长哈林·宏沙军空军上将和夫人以及由哈林议长率领的泰王国国会代表团

会见时，叶委员长说，我很高兴见到你们。你们代表团的这次访问，必将使中泰友好关系得到进一步发展。他请泰国朋友把中国人民对泰国人民的友情带回去。他祝代表团访华获得圆满成功。

哈林议长说，我们很感谢叶委员长会见我们。泰中两国人民的友好关系从很早就开始了。只要我们经常来往和接触，加强彼此了解，我们之间就会成为很亲密的朋友。

全国人大常委会副委员长邓颖超、阿沛·阿旺晋美等参加了会见。

参加会见的还有泰国驻中国大使沙贡·瓦纳比沙和夫人。

全国人大常委会在人民大会堂举行宴会欢迎泰王国国会议长哈林·宏沙军空军上将和夫人以及由哈林议长率领的泰王国国会代表团

全国人大常委会副委员长邓颖超主持了宴会。她在讲话中强调指出，大小霸权主义在东南亚地区的侵略扩张活动愈演愈烈，它们无视世界人民的严正要求，加紧战争部署，在泰柬边境集结重兵，发动新的攻势，进一步威胁着泰国和东南亚各国的安全和稳定。中国政府密切注视这个地区局势的发展。她重申，中国政府和人民将坚定地站在亚洲和东南亚各国人民一边，为共同维护本地区的和平与稳定，作出不懈的努力。

邓颖超副委员长说，面临东南亚新的局势，泰国和东盟其他国家加强了团结和合作。东盟国家提出，在国际关系中，不允许以武力侵犯一个主权国家的独立和领土完整，要求所有外国军队立即全部撤出柬埔寨。第二届东盟议会联盟大会，再次重申了上述原则立场，并呼吁世界上所有国家使用政治、经济和其他手段，迫使外国军队撤出柬埔寨。东盟国家的这一正义主张得到了世界绝大多数国家的赞同和支持。

邓颖超副委员长在讲话中热情称赞近几年来中泰两国友好关系的进一步发展。她说，哈林·宏沙军阁下所率领的代表团是两国建交后第一个访问我国的泰国国会代表团，它标志着中泰两国人民友好关系的新发展。她说，不断扩大和加强我们两国的友好合作，是两国人民的共同愿望，符合两国人民的根本利益，有着广阔的前景。

哈林议长在宴会上说，泰国对目前柬泰边界状况和难民问题感到很大担心。我们相信，邓颖超副委员长今晚有关东南亚地区局势的讲话将引起全世界人民的重视。

哈林议长说，我很高兴地看到泰中两国在贸易、文化、经济合作和各种技术交流方面正在扩大，两国人民间的相互了解在不断增强。我们这次访问是两国立法部门间第一次交换观点、看法和增进了解的好机会，这对双方都是有益的。他说，泰中两国建立在牢固基础上的友好关系和亲密友谊将日益发展，它有助于我们双方更好地共同协商和解决各种问题。这都是为了我们两国和两国人民的利益。

泰国驻中国大使沙贡·瓦纳比沙和夫人，以及大使馆外交官员应邀出席了宴会。

全国人大常委会副委员长阿沛·阿旺晋美和夫人阿沛·才旦卓嘎，全国人大常委会委员武新宇、胡愈之、李贞、洪学智、沈鸿，全国人大常委会副秘书长邢亦民、张加洛，外交部副部长韩念龙以及北京市革委会、对外友协、外交学会的负责人出席了宴会。

国务院副总理谷牧在北京会见由瑞士新闻工作者协会主席埃里克·瓦尔特率领的瑞士新闻代表团

国务院副总理康世恩在北京会见联邦德国联邦议院经济合作委员会代表团

国务院副总理姬鹏飞在北京见泰国国会议长哈林·宏沙军空军上将和由他率领的泰国国会代表团

全国1000多个工业企业试行扩大企业自主权

新华社报道，到目前为止，全国已经有1200多个工业企业开始试行扩大企业自主权和利润留成的制度。

这批试点企业分布在21个省、自治区、直辖市。它们的利润，大约占这些地区工业总利润30%，对国家整个财政收入有重要影响。

据计算，这些试点企业今年获得的利润将比去年增加10.5亿元，其中企业可以分到2.5亿元。由此可见，实行新的制度，可以做到国家多收，企业和个人也多得。

第一个水禽综合自然保护区确定

新华社报道，黑龙江省齐齐哈尔市南郊的一片60

多万亩的芦苇沼泽地带,已经被确定为我国第一个水禽综合自然保护区。

这里水禽资源很丰富,是著名的丹顶鹤的故乡。体长1.2米以上的丹顶鹤,披着洁白的羽毛,戴着鲜红头冠,时而悠然漫步、时而翩翩起舞,很逗人喜爱。

在这个自然保护区里,还有白鹤、灰鹤、白头鹤,以及天鹅、鸳鸯等珍贵禽类和鸣雁、白鹭等各种经济水禽。

10月27日

国务院总理华国锋致电米尔顿·卡托总理祝贺圣文森特和格林纳丁斯独立

电报全文如下:

圣文森特和格林纳丁斯金斯敦圣文森特和格林纳丁斯总理米尔顿·卡托阁下:

在圣文森特和格林纳丁斯宣布独立和阁下就任总理之际,我谨代表中华人民共和国政府和人民,向阁下,向圣文森特和格林纳丁斯政府和人民表示热烈的祝贺。我愿借此机会通知阁下,中国政府决定承认圣文森特和格林纳丁斯。我希望,我们两国关系及两国人民之间的友谊将日益发展。

祝圣文森特和格林纳丁斯人民在维护民族独立和发展自己国家的事业中,不断取得新的成就。

中华人民共和国国务院总理　华国锋

1979年10月27日于北京

国务院副总理李先念在北京会见日本外务省前事务次官法眼晋作

国务院副总理谷牧在北京会见奥地利信贷联合银行管委会主席特里希尔博士一行

国务院副总理姚依林在北京会见罗马尼亚外贸银行理事会主席瓦西里·沃洛谢纽克一行

全国人大常委会副委员长乌兰夫在北京会见以几内亚全国工人联合会第一副总书记马马杜·桑皮尔为团长的几内亚全国工联代表团

全国人大常委会副委员长邓颖超在北京会见由任理事长宫川寅雄率领的日中文化交流协会代表团

中国特使钱信忠赴阿尔及尔参加阿尔及利亚革命节25周年庆典

10月28日

国务院总理华国锋一行到达伦敦希思罗机场开始对英国正式访问

这是继法国和德意志联邦共和国之后,华总理在西欧访问的第三个国家。

华总理在机场受到英国女王伊丽莎白二世的代表莫布雷勋爵和英国首相玛格丽特·撒切尔夫人的欢迎。

玛格丽特·撒切尔首相讲话说:“中华人民共和国总理首次访问英国是一次不寻常的访问。”她说:“中国是一个历史悠久的伟大国家,它在世界事务中起着关键的作用。我们十分重视同贵国的双边关系,而且,我对最近几个月来这种关系的迅速发展和扩大感到非常高兴。现在,我们在很多方面有着充分的了解与合作。我可以肯定,你的亲自访问对这种关系的进一步加强将作出重要贡献。”

华国锋总理发表了讲话,他说:“中英两国在许多重大国际问题上有共同点。我相信,我同玛格丽特·撒切尔首相的会谈一定会取得积极的成果,我们这次访问将有利于两国的友好合作和世界和平。”他说:“中英两国关系发展得很顺利。各方面的合作和交流越来越广泛。作为两国政府首脑之间的来往,这是第一次。这说明,两国关系有了新的发展,变得更加密切。”

华总理说:“中国政府一向认为西欧在维护世界和平方面具有重要作用,并且重视发展同西欧国家的关系。当前国际局势动荡多变,各国人民的根本利益息息相关。我正是在这样的时刻来西欧访问的。我在法国和德意志联邦共和国同两国领导人进行了深入的会谈,取得广泛一致的意见。”

华总理在机场受到数百位英国政府官员,中国大使馆工作人员以及在英国的华侨和中国留学生代表的热烈欢迎。

国务院副总理邓小平在北京会见哈林议长率领的泰王国国会代表团

邓小平副总理今天在这里谈到印支和东南亚局势时说:“中国政府和人民将采取一切适当的手段支持民主柬埔寨和柬埔寨一切爱国力量抵抗越南侵略者的斗争。如果越南进攻东盟国家,中国将站在东盟国家一边;如果越南进攻泰国,中国将站在泰国一边。”

会见时,邓副总理说,目前东南亚和泰国正值多事之秋。中泰两国面临着共同的问题。中国要加强同东盟国家的友好合作关系,而首先是加强同泰国的友好合作关系。

哈林议长说,我们感谢邓小平阁下刚才对东南亚局势所谈的看法。哈林议长在谈话中热情称颂泰中两国的友好合作关系，并转达江萨总理对邓副总理和中国其他领导人的问候。

邓副总理请哈林议长转达他对江萨总理的良好祝愿。

泰国驻中国大使沙贡·瓦纳比沙参加了会见。

全国人大常委会副秘书长武新宇、委员胡愈之，外交部副部长韩念龙等，会见时在座。

《人民日报》摘要转载10月26日《光明日报》评论员文章《略谈人权问题》

文章强调，无产阶级的基本口号是消灭阶级和社会主义制度能够保证人民权利的充分实现。文章指出，我们党在领导民主革命的斗争中，曾经用过人权这个口号。但是，即使在民主革命时期，人权也不是我们党的主要口号。进入社会主义时期以来，因为我们的革命已经进入了直接为消灭私有制、消灭阶级而斗争的新的历史阶段，我们的纲领、口号，我们的思想理论宣传，就更要用马克思主义的精确的提法，而不必再强调人权之类的口号了。

文章一开头就提出，人权问题，是现代国际政治活动中的一个重要话题。在国内，一个时期以来，在发扬社会主义民主的过程中，人们也在议论这个问题。究竟应当怎样认识和对待人权问题，我们只能站在马克思主义的立场上，作历史的具体的分析，才能得出比较恰当的结论。文章对有关人权问题所作的历史的具体的分析，包括这样四个方面：人权是历史的产物；人权是现代国际政治斗争的一个工具；无产阶级的基本口号是消灭阶级；社会主义制度能够保证人民权利的充分实现。

文章在论证人权是历史的产物的时候指出，在历史上，人权这个口号是资产阶级提出来的，它的理论根据就是“天赋人权论”。这种理论根本否定封建君主的专制统治，根本否定主张一切都为了神，人应当把自己的一切都献给神的宗教神学，在当时，这是具有革命性的理论。

文章说：“天赋人权论”是新兴资产阶级进行反封建革命的强有力的思想武器，而人权就是他们的主要口号，也是资产阶级的政治纲领的基本内容。

文章指出资产阶级提出的人权，虽然在形式上是普遍的，包括了一切人，但在实质上，决不可能包括一切人，它只能是资产阶级的权利。资产阶级不过是用金钱的特权取代了封建的等级特权和世袭特权而已。资产阶级宣布的人权对封建特权来说，是一个历史的进步。但是，这种人权是狭隘的，对于无产阶级和广大劳动人民来说，带有很大的虚伪性。

接着，文章指出人权是现代国际政治斗争的一个工具。文章说，二三百年来，资产阶级提出的人权口号在资本主义各国有着广泛的影响，但人权一直是资本主义国家内部政治生活和立法的原则。人权真正成为国际政治斗争的工具，成为一条国际法的准则，是在第二次世界大战期间。

文章说，近年来，许多第三世界国家对人权问题又提出了新的要求，他们反对任何人垄断对人权概念的解释，反对联合国的人权活动仅仅受欧洲标准的支配。他们强调从国际关系的角度，保障各个民族和人民的集体权利，把维护人权的斗争同反对侵略，争取民族独立，反对国际剥削，发展民族经济的斗争联系起来。显然，这样的人权内容具有反对帝国主义、殖民主义、霸权主义的性质，是有积极意义的。

文章说，一个国家不论在世界范围还是在一个地区推行霸权主义政策，去压迫别国人民，必然同时要压迫本国人民。在人民权利遭到大规模侵犯时，往往导致或产生大量的难民。当前的印支难民问题，就是对人权的大规模侵犯，它使成千上万的人葬身大海。国际舆论对此进行严厉的谴责，是理所当然的。

文章还指出，“人权”也是帝国主义、资产阶级用来攻击我们的无产阶级专政和社会主义制度的一个口号。他们以资产阶级个人主义自由的眼光，来看又有集中又有民主，又有纪律又有自由的社会主义民主，攻击社会主义国家没有人权；他们恶毒地诬蔑无产阶级专政的措施（如镇压反革命）是侵犯人权。对这种诬蔑和攻击，我们必须坚决地予以驳斥。我们实现了生产资料的公有制，消灭了人剥削人的制度，我们的宪法规定了公民应当享受的广泛的民主权利。尽管我们的制度还要不断完善，我们的工作中还存在一些问题，但社会主义制度从根本上保证了广大劳动人民的各项基本权利。这是有目共睹的事实。我们没有忘记，在旧中国的公园门口，曾经挂上了“华人与犬不准入内”的牌子。外国侵略者就是用这种野蛮无耻的方式污辱中国人的人格，根本否认中国人有任何人权的。只是由于中国人民的强烈反抗，特别是中国共产党领导全国人民推翻了“三座大山”，才永远地清除了这类丑恶的东西，中国人才在全世界面前挺起胸，抬起头，取得了做人的基本权利。帝国主义者有什么资格谈论中国的所谓人权问题？！

文章指出，由于人权这个概念本身是抽象的、不明确的，可以作各种不同的解释，可以从不同的角度提出不同的内容。现在，人权在国际上几乎成了无所不包的权利概念，而且是各有各的解释。同时，由于各个国家的政治制度和具体情况不同，对于公民权利的法律规定也有所不同。这是属于各国的内政问题。因此，我们对人权要根据具体情况，进行分析，采取适当的态度和灵活的策略，不能简单地对待。

无产阶级的基本口号是消灭阶级，这是文章着重论述的一个问题。文章说，马克思在 1843 年年底至 1844 年 1 月间写的《〈黑格尔法哲学批判〉导言》一文中曾经提出，无产阶级“不能再求助于历史权利，而只能求助于人权”。但这篇文章同时又指出，无产阶级“若不从其他一切社会领域解放出来并同时解放其他一切社会领域，就不能解放自己”。显然，马克思在这篇文章中讲的人权，就是指消灭私有制，消灭阶级，解放全人类，实现共产主义。这个时候，马克思已经从唯心主义转到了唯物主义，从革命民主主义转到了共产主义，但是，在理论观点的阐述上，在用语上，还可以看到前者的影响和痕迹。后来，马克思、恩格斯曾明确表示了对“人权所采取的反对立场”。在“成熟的马克思主义的最初著作《哲学的贫困》和《共产党宣言》”（列宁语）中，就没有提出人权这个口号。以后，马克思在领导国际工人运动中，也是不主张用人权这个口号的。马克思、恩格斯在《共产党宣言》中指出，“共产党人可以用一句话把自己的理论概括起来：消灭私有制。”并驳斥了消灭私有制就是消灭个性、独立性和自由的谰言，揭露了个性、自由等等的阶级实质。文章强调无产阶级的基本口号是消灭阶级这一论点时说，列宁明确指出：“消灭资本主义和它的遗迹、实行共产主义制度的原则，构成现在已经开始的全世界历史的新时代的内容。这一时代的口号必然是而且应当是：消灭阶级，为了实现这一目的而实行无产阶级专政，无情地揭露小资产阶级民主派关于自由平等的偏见，同这些偏见作无情的斗争。”

那么，无产阶级是不是就根本不能提人权这个口号呢？文章回答说，那也不是。资产阶级提出的人权原则（如自由、平等），对于无产阶级来说，本质上是伪善的，但无产阶级应当抓住资产阶级的话柄，要求资产阶级兑现。这样，无产阶级就可以把这个口号作为同资产阶级斗争的武器。所以，无产阶级并不一般地否定人权这个口号。不过，必须明确，自由、平等之类的权利，毕竟是“纯民主主义的要求”（恩格斯语），无产阶级不能局限于这样的口号和要求，而要提出无产阶级自己的、更高的要求和目标，即实现社会主义和共产主义。为此就要实践无产阶级的民主专政。离开了这一点，所谓人权，所谓自由、平等，只能是骗人的鬼话。恩格斯在批判哥达纲领时曾说：“把社会主义社会看作平等的王国，这是以‘自由、平等、博爱’这一旧口号为根据的片面的法国看法，这种看法作为一定的发展阶段在当时当地曾经是正确的，但是，像以前的各个社会主义学派的一切片面性一样，它现在也应当被克服，因为它只能引起思想混乱，而且因为已经有了阐述这一问题的更精确的方法。”实行无产阶级的民主专政，消灭私有制，消灭阶级，解放全人类，实现共产主义，这就是马克思主义对这个问题的精确阐述。因为只有实现了共产主义，才能保证每一个社会成员得到充裕的物质享受，实现事实上的平等，才能保证所有人的体力和智力得到充分的自由的发展和运用。只有在这样的条件下，才能使人真正成为自然和社会的主人。如果离开我们的基本口号，抽象地提出人权口号，特别是在当前人权这个口号已被赋予了极其庞杂的内容的情况下，就会模糊我们的旗帜，引起思想混乱。

文章说，我们党在领导民主革命的斗争中，曾经用过人权这个口号。但是，即使在民主革命时期，人权也不是我们党的主要口号。进入社会主义时期以来，在我们党的文件中，在我们国家的法律上，在我们的政治生活中，就很少再用人权这个口号。这是不难理解的。因为我们的革命已经进入了直接为消灭私有制、消灭阶级而斗争的新的历史阶段。我们的纲领、口号，我们的思想理论宣传，就更要用马克思主义的精确的提法，而不必再强调人权之类的口号了。

文章论证说，社会主义制度能够保证人民权利的充分实现。我国的宪法规定了中华人民共和国公民在政治、经济、文化各方面的基本权利。我们宪法规定的这些公民权利，在特定的含义上也就是“人权”。但是，同资本主义国家相比，由于社会制度不同，社会主义的公民权至少有两个基本特点：一个是，资本主义国家都把私有财产神圣不可侵犯，规定为公民的最基本权利，而我们的宪法则强调“社会主义的公共财产不可侵犯”，“公民必须爱护和保卫公共财产”；另一个是：我们的公民权对每一个公民，特别是占人口绝大多数的工人阶级和一切劳动人民来说，是实际的，而不是形式的、虚伪的。这是因为我们消灭了生产资料的私有制，社会成员平等地占有生产资料，最广大的人民群众成了国家的主人。只有那些属于专政对象的占人口极少数的敌对分子、反革命分子和其他犯罪分子，才依法在一定时期内被剥夺公民权中的政治权利。在资本主义国家，资产阶级虽然把人权写在宪法上，法律承认一切公民都可享受这些权利，但是，实际上能充分享受这些权利的只是占人口极少数的资产阶级。对于占人口绝大多数的无产阶级和劳动人民来说，他们所能享受的权利是残缺不全的、狭隘的、极其可怜的。今天，资本主义国家的情况尽管有某些变化，但问题的本质并没有改变。在人权问题上，无产阶级和资产阶级是很难找到共同语言的。

文章说，社会主义制度从根本上保障每一个公民都能依法实际地享受自己的各项权利。但这决不是说，在社会主义条件下，人们就可以自然而然地、毫无阻碍地充分享受各项公民权利。由于社会主义的上层建筑还有不完善的地方，官僚主义的存在，国家制度某些环节上的缺陷，法制的不完备，就使人民的民主权利、人身自由、合法的经济权益，有时还得不到可靠的保障。尤其不可忽视的是，旧社会遗留下来的反动势力，在一个时期内或某种特定条件下，还会给广大人民造成极大的灾难。如林彪、“四人帮”为了篡党夺权，大肆践踏法制，严重侵犯人们的公民权利。但是，事情也很清楚，这种情况的出现，不是无产阶级专政和社会主义制度本身造成的。恰恰相反，这种情况的出现，是由于无产阶级专政和社会主义制度遭到歪曲、破坏的结果。因此，我们要避免类似情况的重演，决不是要改变我们的基本制度，而是要恢复、坚持并不断完善我们的社会主义制度，发扬民主，加强法制，巩固并加强无产阶级专政。

对前一个时期社会上关于“人权”问题的议论，文章进行了具体的分析。文章指出，极个别的人提出一些蛊惑人心的口号，实际是丑化社会主义制度，美化资本帝国主义，借“人权”问题反对四项基本原则，是别有用心的。对于这种人，必须坚决揭露批判。另有一些人是鉴于林彪、“四人帮”横行时期，法制被践踏，公民权利被严重侵犯的惨痛教训，同时，鉴于在现实生活中，某些地方还存在压制民主，违背法制，侵犯公民权的情况，因此，迫切地要求切实保障人民的基本权利，健全并充分实行社会主义的民主制度。尽管有些人在提出这些要求时的用语或表达方式不尽恰当，但这些实际要求本身许多是合理的、正当的。对于这些人，我们应当加以引导，消除他们的某些糊涂认识，帮助他们划清资产阶级民主与无产阶级民主的界限。

文章最后强调说，在当前，我们一方面要认真解决民主制度化、法律化的问题，切实把社会主义的民主搞好，并采取有效措施，保障人民的基本权利。另一方面，任何权利都要受一定物质条件和文化水平的制约。没有比较发达的经济，就难以使每一个公民都充分享受劳动权、休息权和其他经济权益；一个公民没有必要的文化水平，就不可能充分享受各项文化权利。同样，只有随着经济文化水平的提高，公民的各项民主和自由权利，才能更加充分地实现。这是马克思主义者在权利问题上的历史唯物主义观点。因此，为了保障公民充分享受宪法规定的各项权利，最主要的是要集中全力，搞好四个现代化的建设，把我国目前还很落后的生产力尽快提高到现代化水平，同时，大大提高全民族的科学文化水平。

国务院副总理谷牧在北京会见英中贸易协会副主席约翰·凯瑟克爵士和夫人

10月29日

中国社科院等单位在北京举行李大钊同志诞辰九十周年纪念活动

中国社会科学院在首都剧场举行纪念李大钊同志诞辰九十周年报告会，全国人大常委会副委员长许德珩，政协全国委员会副主席刘澜涛、李维汉，李大钊同志的长子李葆华和各部门的负责人程子华，朱穆之、王仲方、李运昌、武光、宋一平，以及首都各界代表1200多人，参加了报告会。

中国社会科学院副院长张友渔主持报告会。中国社会科学院近代史研究所副所长李新作了题为《学习李大钊，研究李大钊》的报告。

李新在报告中说，李大钊是中国最早的马克思主义者、共产主义事业的先驱、光荣的革命烈士，但在“四人帮”横行的时候，不仅不能纪念，甚至被诬为叛徒；对于他的生平和思想不许研究，竟然成了党史研究工作中的禁区。现在，肆意颠倒历史的“四人帮”已被打倒，全国的政治民主和学术民主生活，开始逐渐活跃起来。我们在研究李大钊的时候，应该采取实事求是的科学态度。只有这样，写出来的历史，才是按照历史的本来面目写出来的真史，才具有历史真理的价值，才能经得起时间的考验。我们纪念李大钊、研究李大钊，归根到底是为了学习李大钊。李大钊同志给我们留下的精神遗产极为丰富，值得我们认真学习。

在李大钊同志曾经工作和战斗过的北京大学，师生员工代表800多人于10月25日举行了纪念大会。李大钊同志的长子李葆华、次子李光华及其亲属李运昌、贾芝同志应邀出席纪念大会。李葆华同志在会上讲了话。北大马列主义教研室副主任肖超然在会上系统地介绍了李大钊同志的革命的一生。北大图书馆还举办了展览，介绍李大钊同志不朽的功绩。中国革命博物馆、首都博物馆筹备处联合举办的《李大钊同志诞辰九十周年纪念展览》，今天在陶然亭公园里的慈悲庵正式展出。展览室陈列着老一辈无产阶级革命家朱德、林伯渠、吴玉章、陈毅、何香凝同志生前为纪念李大钊同志所作的题词。还有叶剑英同志最近为纪念李大钊同志诞辰九十周年的题词。过去李大钊同志组织少年中国学会活动过的慈悲庵，同时开放供人们参观。在北京西山附近万安公墓里的李大钊同志和夫人赵纫兰墓，最近经过整修，已接待群众瞻仰。

人民出版社正在积极组织编辑出版《李大钊文集》。文集共分3集，约100万字，计划在今年内完成。人民出版社和中国革命博物馆还组织了李大钊同志的战友、学生、亲属撰写回忆文章,并搜集过去发表过的重要回忆文章,编辑出版《回忆李大钊》一书。人民出版社早些时候还出版了《李大钊传》、重印了《李大钊选集》。

国务院副总理方毅在北京会见和达清夫院长率领的日本学士院代表团

国务院副总理康世恩在北京会见由前计划部长若昂·保罗·维洛佐和巴西出口商协会主席拉埃尔特·赛图巴尔率领的巴西出口商协会代表团

国务院副总理王任重在北京会见美籍机械化养鸡专家许志俭

许志俭先生于去年年初来到我国。他在广州帮助建立了一个机械化养鸡场,并为广东省培训了一批机械化养鸡饲养、管理人员。今年5月,许志俭先生来到北京,先后举办了两期养鸡技术训练班。他还参加了一些专题技术座谈讨论会,并到各大型养鸡场进行现场技术指导。

在亲切的交谈中,王任重副总理赞扬许志俭先生为我国养鸡事业的发展所作出的贡献。许志俭先生对今后我国发展科学养鸡事业提出了建议。

国务院副总理薄一波出席柏林交响乐团在北京举行的首场音乐会

音乐会是由负有盛名的当代音乐界权威赫伯特·冯·卡拉扬指挥。5000多名听众为音乐家的高超指挥艺术发出了热烈的喝彩。

薄一波副总理出席了音乐会。演出前,他会见了卡拉扬先生和乐团其他负责人以及主要演奏员。

71岁的卡拉扬先生,自幼学习钢琴,儿童时代就作为钢琴演奏员参加过表演。他在音乐艺术上有很深的造诣,是中国人民所熟悉的著名日本指挥家小泽征尔的老师。在他担任柏林交响乐团常任指挥的二十几年期间,使乐团的演奏技巧不断提高,赢得了很高的国际声誉。

今晚,卡拉扬指挥柏林交响乐团为中国听众演奏了著名作曲家莫扎特的降E大调第三十九交响曲和勃拉姆斯的c小调第一交响曲。

出席音乐会的还有文化部副部长周巍峙、贺敬之、姚仲明,外交部部长助理宫达非,首都音乐界知名人士吕骥、贺绿汀等。德意志联邦共和国驻中国大使馆临时代办凯乐和夫人,魏克德大使的夫人也出席了音乐会。

中国自然科学博物馆协会筹委会在江苏南通成立

《人民日报》报道,以著名古脊椎动物与古人类学家裴文中教授为首的中国自然科学博物馆协会筹委会,最近成立。

中国博物馆事业的历史并不太久。本世纪初,除了帝国主义在沿海地区所办的几个博物馆之外,真正由中国人办的第一个博物馆要算张謇1905年创立的南通博物苑。直到1949年,全国只有21个博物馆。现在,除各专业系统和军队系统的博物馆之外,全国有349个博物馆。多年来,分属于不同系统的自然科学博物馆的同志,盼望找到一种联系和交流经济的组织形式,以便经常探讨博物馆的方向任务、组织管理、科学研究、普及工作等理论和技术问题。因此,中国科协支持北京自然博物馆、地质部地质博物馆,北京天文馆等发起单位,在第一个中国博物馆的诞生地南通召开了这次自然科学博物馆协会筹备工作会议。

中国自然科学博物馆协会将包括三种类型的博物馆:(一)自然历史方面的,包括自然博物馆、天文馆、地质博物馆、生物馆、人类馆等;(二)科学技术馆,包括工业、农业、交通和医药卫生等种类繁多的馆(室);(三)科学技术史博物馆。

10月30日

国务院总理华国锋出席英国首相撒切尔在首相官邸举行的盛大宴会

撒切尔夫人在宴会上说:"你的政府一再表明你们需要和平与稳定以便使你们的现代化计划得以胜利和迅速地实现。我们对此感到同样关切。"

撒切尔夫人说:"在北大西洋公约组织国家和华沙条约国家之间获得和平与稳定的一个必要条件是保持军事平衡。"他说:"我们英国人有义务采取必要行动来保证恢复这种平衡。同时,我们将继续尽力寻求在西欧和东欧之间实行合作的领域,以便建立较好的关系。"

撒切尔夫人说:"在昨天的会谈中,我们对国际形势的许多方面的看法是一致的;我们在其他一些问题上加深了对彼此的立场的理解。"

撒切尔夫人说,1979年中英关系发展道路上的里程碑。在这方面,她强调了华国锋总理访问英国的"无比重要意义"。她说:"你的访问作为你和你的政府决心改善同我们的国家的关系并在实现你们的现代化计划过程中谋求同我们合作的一种坚定表示,而具有双重重要性。"

她说:"英国政府和工业界对为我们双方的经济和人民的相互利益而同你们一起工作的前景充满热情。

我期待在你回到伦敦同你谈谈你的印象以及我们双边关系中的其他一些方面。"

华国锋总理接着在宴会上讲话。他说:"和平不能用乞求来取得,战争不能用退让来防止。我相信,经历过'血、泪、汗'的艰苦岁月的英国人民最懂得这个道理。"

华总理说:"今天,每一个正视现实的人,都不能不对国际局势的日益动荡和战争因素的日益增长感到不安。只要环顾一下世界,就可以看到,不论是欧洲、非洲还是亚洲,从大西洋、印度洋到太平洋,哪里有霸权主义的扩张和侵略,哪里就不得安宁。霸权主义的威胁是全球性的。玛格丽特·撒切尔首相像当年丘吉尔先生揭露纳粹主义的野心一样,毫不含糊地指出战争威胁的来源,并且呼吁采取有效的对策。撒切尔夫人,我们钦佩你的政治远见和坦率态度。"

谈到中国的对外政策,华总理说:"我国对外政策的一个主要出发点,就是通过反对霸权主义的侵略和扩张,来延缓战争的爆发,争取较长时期的和平。中国政府曾多次向世界庄严宣告,我们永远不称霸,现在是这样,将来成为强大的社会主义国家,也还是这样,我们这一原则立场是不会动摇的。另一方面,我们也反对任何人称霸,并决心同霸权主义作坚决斗争。我们这一原则立场也是不会动摇的。"

华总理说:"正如诸位所知道的,我们十分重视西欧国家在维护世界和平与稳定的事业中的作用。在当前激烈动荡的国际形势中,欧洲处于重要的战略地位。一个联合的、强大的欧洲,有利于遏制战争策划者,使它不敢轻举妄动。西欧国家日益强烈地意识到增强防务和促进联合对维护和平与安全的重要性和迫切性。我们对英国政府在这方面所做的积极努力表示赞赏。我们衷心祝愿西欧国家在联合自强的道路上不断取得新的成就。"

华总理在开始讲话时,回顾了中英友好关系的发展和撒切尔夫人1977年对中国的访问在进一步发展两国关系方面所起的作用。他指出,他这次前来英国访问,正是出于促进两国友好关系的愿望。他说:"我确信,在双方的共同努力下,我这次访问将是富有成果的。"

华总理说:"我们双方都认为中英两国的友好合作有着广阔的发展前途。我们两国之间不存在根本的利害冲突。双方对许多重大的国际问题有着共同的看法。中国和英国虽然相隔遥远,社会制度也不相同,但是今天都面临着独立和安全、反对战争威胁的庄严任务。两国人民的利益和世界和平的利益要求我们双方都用长远的战略观点看待并发展中英关系。中英友好合作的不断增进,不仅有利于两国的发展,而且也是维护世界和平的强大因素。"

第四次全国文代会在人民大会堂开幕

大会于10月30日至11月16日举行。这次大会是粉碎"四人帮"后文艺界的第一次盛会,与上届文代会相隔19年。

党和国家领导人叶剑英、邓小平、李先念、乌兰夫、方毅、邓颖超、纪登奎、吴德、陈锡联、胡耀邦、耿飚、聂荣臻、倪志福、彭真、赛福鼎、谭震林、阿沛·阿旺晋美、周建人、许德珩、胡厥文、朱蕴山、史良、谷牧、薄一波、姚依林,政协全国委员会副主席季方、胡子昂、刘澜涛、李维汉、王昆仑、班禅额尔德尼·确吉坚赞,以及有关方面负责人胡乔木等出席了开幕式。

日本著名评论家宫川寅雄、荷兰著名电影艺术家伊文思、英国著名作家格林等外国友人,应邀出席了开幕式。

中国文联副主席巴金、夏衍、傅钟、阳翰笙和第四次文代会主席团成员也在主席台上就座。

中国文联副主席周扬主持开幕式。中国文联副主席茅盾致开幕词。

中共中央副主席、国务院副总理邓小平代表党中央、国务院向大会致祝辞。

我国各民族的文学家、戏剧家、美术家、音乐家、表演艺术家、电影工作者和其他文艺工作者的代表3000多人欢聚一堂,共同总结30年来文艺工作的基本经验,商讨在新的历史时期如何繁荣社会主义文艺事业,为四个现代化建设服务的问题。

国务院副总理邓小平在第四次全国文代会上祝辞

各位代表,各位同志!

今天,我国各民族的文学家、戏剧家、美术家、音乐家、表演艺术家、电影工作者和其他文艺工作者的代表欢聚一堂,共同总结三十年来文艺工作的基本经验,发扬成绩,克服缺点,商讨在新的历史时期如何繁荣文艺事业,这是一件有重要历史意义的事情。我代表中共中央、国务院,向大会表示热烈的祝贺!

参加这次大会的,有"五四"时期就投入新文化运动的老一辈文艺家;有"五四"以后,在我国革命的不同阶段,为人民解放事业作出贡献的文艺家;有新中国成立以后成长起来的文艺家;也有在同林彪、"四人帮"的斗争中,涌现出来的文艺家。参加这次大会的,还有台湾同胞、港澳同胞中的文艺家。这次大会,标志着全国文艺工作者的空前团结。

"文化大革命"前的17年,我们的文艺路线是正确的,文艺工作的成绩是显著的。所谓"黑线专政",完全是林彪、"四人帮"的诬蔑。在林彪、"四人帮"猖獗作乱的10年里，大批优秀作品遭到禁锢，广大文艺工作者受到诬陷和迫害。在那个时期，文艺界的许多同志和朋友，正气凛然地对他们进行了抵制和斗争。在我们党和人民战胜林彪、“四人帮”的斗争中，文艺工作者作出了令人钦佩的、不可磨灭的贡献。我在这里，向大家表示亲切的慰问。

粉碎“四人帮”以后，在党中央的领导下，文艺界已经和正在落实党的知识分子政策，过去受到人民欢迎的一大批文艺作品重新和人民见面。文艺工作者心情舒畅，创作热情高涨。短短几年里，通过清算林彪、“四人帮”的极左路线，已经出现了许多优秀的小说、诗歌、戏剧、电影、曲艺、报告文学以及音乐、舞蹈、摄影、美术等作品。这些作品，对于打破林彪、“四人帮”的精神枷锁，肃清他们的流毒和影响，对于解放思想，振奋精神，鼓舞人民同心同德，向四个现代化进军，起了积极的作用。回顾3年来的工作，我认为，文艺界是很有成绩的部门之一。文艺工作者理应受到党和人民的信赖、爱护和尊敬。斗争风雨的严峻考验证明，从总体来看，我们的文艺队伍是好的。有这样一支文艺队伍，我们党和人民是感到十分高兴的。

代表们，同志们！

我们的国家，已经进入社会主义现代化建设的新时期。我们要在大幅度提高社会生产力的同时，改革和完善社会主义的经济制度和政治制度，发展高度的社会主义民主和完备的社会主义法制。我们要在建设高度物质文明的同时，提高全民族的科学文化水平，发展高尚的丰富多彩的文化生活，建设高度的社会主义精神文明。

同心同德地实现四个现代化，是今后一个相当长的时期内，全国人民压倒一切的中心任务，是决定祖国命运的千秋大业。各条战线上的群众和干部，都要做解放思想的促进派，安定团结的促进派，维护祖国统一的促进派，实现四个现代化的促进派。对实现四个现代化是有利还是有害，应当成为衡量一切工作的最根本的是非标准。文艺工作者，要同教育工作者、理论工作者、新闻工作者、政治工作者以及其他有关同志相互合作，在意识形态领域中，同各种妨害四个现代化的思想习惯进行长期的、有效的斗争。要批判剥削阶级思想和小生产守旧狭隘心理的影响，批判无政府主义、极端个人主义、克服官僚主义。要恢复和发扬我们党和人民的革命传统，培养和树立优良的道德风尚，为建设高度发展的社会主义精神文明，作出积极的贡献。

在这个崇高的事业中，文艺发展的天地十分广阔。不论是对于满足人民精神生活多方面的需要，对于培养社会主义新人，对于提高整个社会的思想、文化、道德水平，文艺工作者负有其他部门所不能代替的重要责任。

我们的文艺属于人民。我们的人民勤劳勇敢，坚忍不拔，有智慧，有理想，热爱祖国，热爱社会主义，顾大局，守纪律。几千年来，特别是五四运动以后的半个多世纪来，他们满怀信心，艰苦奋斗，排除一切阻力，一次又一次地写下了我国历史上光辉灿烂的篇章。任何强大的敌人都没有把他们压倒。任何严重的困难都没有把他们挡住。文艺创作必须充分表现我们人民的优秀品质，赞美人民在革命和建设中，在同各种敌人和各种困难的斗争中，所取得的伟大胜利。

我们的文艺，应当在描写和培养社会主义新人方面，付出更大的努力，取得更丰硕的成果。要塑造四个现代化建设的创业者，表现他们那种有革命理想和科学态度、有高尚情操和创造能力、有宽阔眼界和求实精神的崭新面貌。要通过这些新人的形象，来激发广大群众的社会主义积极性，推动他们从事四个现代化建设的历史性创造活动。

我们的社会主义文艺，要通过有血有肉、生动感人的艺术形象，真实地反映丰富的社会生活，反映人们在各种社会关系中的本质，表现时代前进的要求和历史发展的趋势，并且努力用社会主义思想教育人民，给他们以积极进取、奋发图强的精神。

我国历史悠久，地域辽阔，人口众多，不同民族、不同职业、不同年龄、不同经历和不同教育程度的人们，有多样的生活习俗、文化传统和艺术爱好。雄伟和细腻，严肃和诙谐，抒情和哲理，只要能够使人们得到教育和启发，得到娱乐和美的享受，都应当在我们的文艺园地里，占有自己的位置。英雄人物的业绩和普通人们的劳动、斗争和悲欢离合，现代人的生活和古代人的生活，都应当在文艺中得到反映。我国古代的和外国的文艺作品、表演艺术中，一切进步的和优秀的东西，都应当借鉴和学习。

我们要继续坚持毛泽东同志提出的文艺为最广大的人民群众、首先是为工农兵服务的方向，坚持百花齐放、推陈出新、洋为中用、古为今用的方针，在艺术创作上提倡不同形式和风格的自由发展，在艺术理论上提倡不同观点和学派的自由讨论。列宁说过，在文学事业中，“绝对必须保证有个人创造性和个人爱好的广阔天地，有思想和幻想、形式和内容的广阔天地。”围绕着实现四个现代化的共同目标，文艺的路子要越走越宽，文艺创作思想、文艺题材和表现手法要日益丰富多彩，敢于创新。要防止和克服单调刻板、机械划一的公式化概念化倾向。

对人民负责的文艺工作者，要始终不渝地面向广大群众，在艺术上精益求精，力戒粗制滥造，认真严肃地考虑自己作品的社会效果，力求把最好的精神食粮贡献给人民。林彪、“四人帮”过去用反动的、腐朽的剥削阶级思想腐蚀人们灵魂，毒化社会空气，使我们的革命传统和优良风尚，遇到极大的破坏。我们的文艺工作者，要通过自己的创作，提高人民的精神境界，继续同林彪、“四人帮”的恶劣影响进行坚决斗争。对于来自“左”的和右的，总想用各种形式搞动乱，破坏安定团结局面，违背绝大多数人利益和意愿的错误倾向，要保持清醒的头脑，要运用文艺创作，同意识形态领域的其他工作紧密配合，造成全社会范围的强大舆论，引导人民提高觉悟，认识这些倾向的危害性，团结起来，抵制、谴责和反对这些错误倾向。

文艺工作者要努力学习马列主义、毛泽东思想、提高自己认识生活、分析生活，透过现象抓住事物本质的能力。我们希望，文艺工作者中间有越来越多的同志成为名副其实的人类灵魂工程师。要教育人民，必须自己先受教育。要给人民以营养，必须自己先吸收营养。由谁来教育文艺工作者，给他们以营养呢？马克思主义的回答只能是：人民。人民是文艺工作者的母亲。一切进步文艺工作者的艺术生命，就在于他们同人民之间的血肉联系。忘记、忽略或是割断这种联系，艺术生命就会枯竭。人民需要艺术，艺术更需要人民。自觉地在人民的生活中汲取素材、主题、情节、语言、诗情和画意，用人民创造历史的奋发精神来哺育自己，这就是我们社会主义文艺事业兴旺发达的根本道路。我们相信，我们的文艺工作者一定会坚定不移地沿着这条道路不断前进。

文艺工作者还要不断丰富和提高自己的艺术表现能力。所有文艺工作者，都应当认真钻研、吸收、融化和发展古今中外艺术技巧中一切好的东西，创造出具有民族风格和时代特色的完美的艺术形式。只有不畏艰难、勤学苦练、勇于探索的文艺工作者，才能攀登上艺术的高峰。

我们衷心祝愿文艺队伍更加团结壮大。不论是专业的或是业余的文艺工作者，一切社会主义的和爱国的文艺工作者，一切维护祖国统一的文艺工作者，都要更好地互相帮助、互相学习，把全部精力，集中于文艺的创作、研究或评论。作品的思想成就和艺术成就，应当由人民来评定。虚心倾听各方面的批评，接受有益的意见，常常是艺术家不断进步、不断提高的动力。在文艺队伍内部，在各种类、各流派的文艺工作者之间，在从事创作与从事文艺批评的同志之间，在文艺家与广大读者之间，都要提倡同志式的、友好的讨论，提倡摆事实、讲道理。允许批评，允许反批评；要坚持真理，修正错误。

老一代文艺工作者在发现和培养青年文艺工作者方面，负有重要的责任。青年文艺工作者年富力强，思想敏锐。他们是我们文艺事业的未来。应当热情帮助并严格要求他们，使他们既不脱离生活，又能在思想上、艺术上不断进步。中年文艺工作者，是我们文艺队伍的骨干力量，要充分发挥他们的作用。

必须十分重视文艺人才的培养。在一个9亿多人口的大国里，杰出的文艺家实在太少了。这种状况，与我们的时代很不相称。我们不仅要从思想上，而且要从工作制度上，创造有利于杰出人才涌现和成长的必要条件。

各级党委都要领导好文艺工作。党对文艺工作的领导，不是发号施令，不是要求文学艺术从属于临时的、具体的、直接的政治任务，而是根据文学艺术的特征和发展规律，帮助文艺工作者获得条件来不断繁荣文学艺术事业，提高文学艺术水平，创作出无愧于我国伟大人民、伟大时代的优秀文学艺术作品和表演艺术。当前，要着重帮助文艺工作者继续解放思想，打破林彪、“四人帮”设置的精神枷锁，坚持正确的政治方向，从各个方面，包括物质条件方面，保证文艺工作者充分发挥自己的聪明才智。我们提倡领导者同文艺工作者平等地交换意见；党员作家，应当以自己的创作成就，起模范作用，团结和吸引广大文艺工作者一道前进。衙门作风必须抛弃。在文艺创作、文艺批评领域的行政命令必须废止。如果把这类东西看作是坚持党的领导，其结果，只能走向事情的反面。要坚持辩证唯物主义的思想路线，从30年来文艺发展的历史中，分析正反两方面的经验，摆脱各种条条框框的束缚，根据我国历史新时期的特点，研究新情况，解决新问题。林彪、“四人帮”那一套荒谬做法，破坏了党对文艺工作的领导，扼杀了文艺的生机。文艺这种复杂的精神劳动，非常需要文艺家发挥个人的创造精神。写什么和怎样写，只能由文艺家在艺术实践中去探索和逐步求得解决。在这方面，不要横加干涉。

各位代表，各位同志！

毛泽东同志早在开国的时候就指出：“随着经济建设的高潮的到来，不可避免地将要出现一个文化建设的高潮。”经过艰苦的斗争，克服重重困难，我们粉碎了“四人帮”，扫除了前进道路上的最大障碍。现在，我们可以满怀信心地说，这种形势的出现已经为期不远；真正实现“百花齐放，百家争鸣”这个马克思主义方针的条件，也在日益成熟。我国文学艺术蓬勃繁荣、争奇斗艳的新阶段，必将通过广大文艺工作者的辛勤劳动，展现在我们面前。

这次大会，是全国文艺工作者在新长征中的第一次盛会。同志们是带着自己的丰硕成果来出席大会的。我们相信，大会以后，同志们一定会拿出越来越多、越来越好的艺术成果，向祖国和人民汇报。

谨祝大会完满成功!

国务院副总理康世恩在北京会见以法国国立天文学和地球物理学研究所副所长奥贝尔博士为团长的法国地质学家代表团

会见时,康副总理就中法两国合作开展喜马拉雅山地质研究问题,同法国地质学家进行了愉快的交谈,并希望这一合作能够顺利进行。

全国妇联名誉主席邓颖超在北京会见由日本创价学会妇女部部长八矢弓子率领的日本创价学会妇女部访华团

中国作协主席沈雁冰会见以瑞典全国出版商协会主席耶哈德·鲍尼尔为团长的瑞典文化人士代表团

中国足协接受国际足联关于中国代表权决议

中国足球协会复函国际足球联合会,表示接受国际足联执委会关于中国在国际足联代表权问题所作的决议。这个决议决定重新接纳中华人民共和国足球协会为国际足联会员;维持设在台北的足球协会的会籍,条件是该会改名为“中国台北足球协会”,并不得使用它原来的一切标志。

国际足联执委会的这个决议是10月13日在苏黎世召开的会议上,以16票对3票通过的。10月15日,国际足联秘书长卡泽尔博士致函中国足协主席李凤楼,把上述决议正式通知他。

10月31日

国务院副总理邓小平在北京会见法国前总理前议长埃加·富尔先生和随他来访的安娜·夏兰小姐

全国节能月广播电视大会在北京举行

最近,国务院决定,从今年开始建立“节能月”活动的制度,使节约能源的工作经常化、制度化。这次大会就是为开展好今年的“节能月”活动而召开的。

中共中央政治局委员、国务院副总理方毅、国务院副总理康世恩、薄一波出席了大会。国家经济委员会副主任袁宝华主持了大会。

康世恩副总理在大会上讲了话。他指出,节约能源问题已经成为我国国民经济发展中的一个十分突出而紧迫的任务。目前我国在能源的利用和管理上存在的主要问题是:降低消耗、节约能源的工作还没有引起人们足够的重视;能源管理工作薄弱;烧油过多,石油不能合理利用;能源的综合利用差;有些企业用电和地方农业用电缺乏统筹规划,布局不合理。所有这些情况说明,能源超耗、散失、浪费的现象严重存在,节约的潜力很大。节约能源、杜绝浪费,是贯彻调整、改革、整顿、提高方针的重要内容,是缓和当前能源供应紧张的最可靠的途径。

康副总理要求在今年的“节能月”活动中,各地区、各部门、各企业认真做好以下工作:

一、继续深入持久地开展增产节约运动,要从节约中求增产,从节约中求速度。各企业、各单位要广泛开展同行业、同工种的节能竞赛,学习和推广先进单位的节能经验,坚决克服由于管理不善造成的能源损失浪费,完成今年的节煤、节油、节电任务,并要制定出明年的节能规划。从全国来说,明年要求做到节油10%,节煤5%,节电3%。

二、继续狠抓产品质量。质量不好,是对燃料、动力、原材料的最大浪费。质量提高了,就可以用同样数量的燃料、动力和原材料,生产出更多的产品。

三、煤炭、石油、电力等能源生产部门,要努力增产,厉行节约,全面完成和超额完成国家计划。

四、各部门、各地区、各企业、各单位都要开展能源利用情况的大普查,搞好热平衡工作。要认真摸清能源利用的现状,找出差距,检查浪费现象和原因,制定改进措施。凡是有余热资源的企业和单位,要积极创造条件,利用余热或搞余热发电。有条件的城市,要逐步实行集中供热。

五、建立和健全严格的能源管理制度。要认真核定和严格执行消耗定额,按定额发料、用料。目前实际消耗仍然高于历史最好水平的,一定要限期采取措施把消耗降下来。

六、大力推广节约能源的先进技术。一些行之有效的节煤、节电、节油、节气、节水的经验,各地区、各部门都要普遍大力推广。

七、加强技术培训。对生产和使用能源的每一个工作人员,都要进行节约能源的技术教育,使他们能够熟悉、掌握本岗位有关的节约能源的技术。

八、加强对能源使用的监督,要赏罚分明。从节约能源的价值中,按照国家规定拿出一部分来作为奖金,发给对节约能源作出贡献的职工。对企业用的能源,要认真实行择优供应的原则。

九、积极开展能源利用的科学技术研究工作,为今后采用耗能低、效率高的先进装备和生产工艺创造条件。在农村,要大力推广利用沼气;在有条件的地方,要有计划地推广利用太阳能、地热、风能等新能源。

十、加强组织领导,有步骤地建立全国能源管理体系。

在广播电视大会上,上海市革委会工业交通办公室副主任高宗智、鞍山钢铁公司副经理殷渊、东北电业管理局副局长安育铮、湖南长岭炼油厂党委副书记李兴、广东省经委副主任柏汉秋、浙江省石油化工局副局长张志贤、辽宁抚顺水泥厂副厂长宋庆发、南京市革委会副主任杨志等同志，分别介绍了这些地区和单位开展节约能源活动的经验。

出席广播电视大会的，有国务院各部、委、各总局、中国人民解放军总后勤部、北京部队、北京市革委会的负责人，以及工交战线一些先进单位的代表共2000多人。全国各地区、各行业的工人、干部、工程技术人员、职工家属和部队指战员，收听、收看了大会实况。

这次大会是由国家经济委员会、中央人民广播电台和中央电视台联合举办的。

国务院副总理王任重在北京会见以著名水稻专家田中稔为团长的日本日中农业农民交流协会水稻技术代表团

全国人大常委会副委员长乌兰夫接受乌干达新任驻中国特命全权大使詹姆斯·奥波里亚一埃夸罗递交的国书

全国总工会九届执委二次扩大会议在北京举行

会议于10月31日至11月7日召开。中共中央副主席李先念，中共中央政治局委员邓颖超、胡耀邦到会作了重要讲话。中华全国总工会主席倪志福代表九届执行委员会常委会作了工作报告。

会议认为，组织全国职工，积极参加四化建设，为完成和超额完成国家经济计划而奋斗，这是工会的最大政治任务，也是广大职工的心愿。为了完成这个政治任务，工会要坚决维护群众的切身利益，切实帮助解决当前职工生活中迫切需要解决而又可能解决的问题。工会应当积极主动地向有关方面反映情况，并发动群众协助解决这些问题。要发动群众互助互济，解决困难。属于工会自身应该做好的事，要大胆地独立负责地做好。对于那种对群众生活漠不关心，甚至侵犯群体利益的官僚主义者，工会应该代表群众向他们进行斗争。

工会要坚决维护职工行使当家做主的民主权利，积极推行职工代表大会制。民主选举企业基层领导干部是职工群众当家做主的一项重要权利，也是干部制度的一项重大改革。明年要把企业的职工代表大会制度普遍恢复和建立起来。

会议还回顾总结了新中国成立以来的工会工作，澄清了历史上遗留下来的路线是非。

会议经过认真讨论，一致通过了倪志福同志的工作报告。会议通过了《关于撤销全总八届二次执委会对董昕、王榕、陈用文和杜存训同志处分决定的决议》。还通过了《关于迎接明年职工劳动模范代表大会的召开、加强劳模工作的决议》。

这次会议增选了丁一（女）、刘实、江涛、安力夫、李望淮、李国超、陈用文和蒋毅为中华全国总工会第九届执行委员会委员。选举顾大椿、李望淮、蒋毅、陈用文为九届执委会常务委员，选举顾大椿、金直夫为中华全国总工会副主席。

11月1日

中科院在人民大会堂举行纪念建院30周年茶话会

党和国家领导人邓小平、李先念、邓颖超、胡耀邦、谷牧、薄一波等出席茶话会，向科学家们致以热烈的祝贺。

茶话会由中国科学院院长方毅主持。他说，30年前，新中国刚刚诞生，我们党和国家就着手建设中国科学院。30年来，我们经过许多曲折，遭受过林彪、“四人帮”的严重破坏，我们终于胜利地走过来了。我们要很好地总结历史经验，把今后的事情办得更好。只要我们大家同心同德，和衷共济，集中精力，埋头苦干，坚信一定会取得更丰硕的成果。

在方毅同志的邀请下，胡耀邦同志讲话。他说，无论是古代、近代和现代，我们民族都出现过不畏劳苦攀登科学高峰的科学家，他们为人类的文明作出了杰出的贡献。新中国成立初期，毛主席和党中央也号召我们攀登科学高峰。由于林彪、“四人帮”的干扰破坏，我国的科学技术同世界先进水平相比落后了，以致使我们目前攀登科学高峰还面临着许多困难。但是，只要我们同心同德、坚忍不拔、百折不挠，我们是一定可以攀上当代世界的科学高峰的。

胡耀邦同志说，老科学家是攀登科学高峰的带头人，希望他们努力培养中、青年科学工作者，这是历史赋予他们的光荣使命。中、青年科学工作者是攀登科学高峰的主将、生力军，希望他们虚心向老科学家学习，下定决心去攀登科学高峰。他说，党中央是率领大家攀登科学高峰的司令部，国家科委和中国科学院是这条战线的参谋部，希望密切团结全国的科学家和广大科技工作者，为大家攀登科学高峰努力创造条件。我们宣传战线当努力把大家攀登科学高峰的先进事迹介绍给中国人民，介绍给全世界。

年近八旬的著名物理学家、中国科学院副院长严济慈，在发言中回顾了中国科学院30年来的发展历史和取得的成就。他说，解放前，中国科学院的前身原中央研究院和北平研究院总共只有20几个科研单位、300多名科研人员。现在，中国科学院已有12个分院，全院科研单位已发展到112个，研究人员多达2.3万人，技术人员达1.3万人。其中，副研究员以上的科学家有1600多人，全院工作人员达8万多人。中国科学院如今已经成为一个在基础科学和新兴科学技术方面学科门类比较齐全、科研人才比较集中、从事的科研工作具有较高水平并在国内外有一定的影响的综合中心。

在谈到今后如何进一步办好科学院时，老科学家严济慈提出了两点建议。第一，要更好地发挥科学家在学术上的带头作用和指导作用。我们已经建立了一支相当数量的科学家队伍，这支队伍是我们国家的宝贵财富，要让他们参与关于国家科学技术发展的重大问题的决策，以及重大科技项目、工程的审议；要依靠他们制定科研规划和计划；要给他们配备必要的助手和条件，使他们能更有成效地开展研究工作；要让他们指导好研究生和其他科技人员。应该尽量减少他们的兼职，不要让他们参加不必要的会议，不要让他们陷入一般行政工作中去。要把科学家们从纷繁的事务中解放出来。

第二，要按照科学发展的规律领导科学研究工作的问题。科学实验是一种特殊的社会实践，除了必须充分保证它所必需的物质手段外，由于它是探索未知，就要允许自由思想，允许提出各种假说，允许失败。对于不同的学术观点和学派，只能提倡百家争鸣，而不能用行政命令去干预或限制。至于不能以政治运动去冲击或中断科研工作，不能以群众运动去代替科研工作，自不待言。我们的科研体制、规章制度以及领导方法，都要符合科学发展的规律，要为适应它的要求而不断加以改革。

中国科学院前负责人张劲夫在会上发言，回顾了50年代中国科学院同志们向科学进军的情景，热切希望科学家们为实现四化大显身手。

化学家卢嘉锡、金属学家李薰、半导体学家林兰英、硅酸盐材料专家严东生也相继发言，表达了自己的兴奋心情。

科学家们讲话以后，在热烈的掌声中邓小平副主席作了重要讲话。

中国科学院的一些前领导人、科学院所属各单位负责人、在京学部委员和一些研究所的科学家，以及正在参加中国科学院院务扩大会议和全国科学技术工作会议的全体代表共700多人，参加了茶话会。

应邀出席茶话会的还有中共中央、国务院和有关部门的负责人。

国务院副总理邓小平在中科院纪念建院30周年茶话会上发表讲话

邓小平同志说，今天是个很隆重的日子，大家在这里纪念中国科学院建院30周年，总结过去，展望未来，希望我国的科学事业繁荣昌盛，人才辈出。他说，我国的科学事业繁荣昌盛是很有希望的。我们已经有了这么多老、中、青科学家，加上我们开了门，与世界各国交流，我们中国人并不蠢。虽然，我们面前还有许多困难，我们是能够把它逐步克服的，我们的科学事业是大有希望的。

他强调指出,党和国家的各级领导要为科学工作者创造好的工作和学习条件,要尽可能解决他们工作和生活中存在的困难。他表示他要继续给大家当好后勤部长。

邓小平同志说,我们要培养人才,发现人才,在这个问题上要改变论资排辈的现象。中年人是各个领域里的骨干力量,我们要大胆地培养他们,使用他们,把他们放到应有的岗位上。各级领导要关心解决他们工作和生活中遇到的困难,让他们趁精力旺盛时作出更大的贡献。他说:世界科学发展史说明,在科学领域里作出杰出贡献的往往是中年人和青年人。我们的科学工作者只要他们作出了贡献,只要他合乎研究员、教授的标准,哪怕他只有30岁,也要把他们提拔到研究员和教授的岗位上,给他们应有的学位和技术职称。他说,要把学位制度和技术职称赶快建立起来,这有助于发现人才。

中共中央发出《关于对去台人员在大陆亲属政策的通知》

《关于对去台人员在大陆亲属政策的通知》规定,对去台人员在大陆的亲属,应在政治、经济、社会生活等方面,一视同仁,平等相待,不得歧视;大陆和台湾亲友间的正常通信、通电,任何人不得干预。

中共中央和国务院联合发出通知决定40%职工升级增加工资

这是粉碎"四人帮"以来,继前年和去年两次调整工资之后,又一次较大范围地给职工增加工资。

通知指出,调整职工工资,一定要和增产节约运动结合起来,坚持"各尽所能、按劳分配"的原则,按照劳动态度、技术高低、贡献小大进行考核,并以贡献大小作为主要考核依据,坚决反对平均主义。中共中央、国务院通知中批转的有关调整工资的文件规定,这次升级的重点,应当是各行各业、各个方面劳动好(包括体力劳动和脑力劳动)、贡献大的职工,包括生产好的工人,有研究成果的科技人员,教学好的大、中、小学教师和幼儿保育人员,医疗质量好的医生、护士,艺术水平高的演员,成绩显著的运动员,服务质量好的服务员,售货员,工作好的干部,等等。这个文件中规定,各地区、各部门在分配基层单位的升级面时,要根据经营好坏,完成生产(工作)任务情况,对国家贡献大小,区别对待。在不超过本企业主管部门40%的升级面的前提下,对于经营管理好、完成生产(工作)任务好、对国家贡献大的单位,升级面应当大一些;反之,升级面应当小一些。对于因经营管理不善而亏损特别严重的企业,暂缓升级。暂缓升级的企业,1年内改善经营管理成绩显著的,可以补升,从批准之月起增加工资。在1个企业内部,也应当根据上述原则,分别规定各车间的升级面。上述原则,同样适用于国家机关和事业单位。

集体所有制企业职工的升级,原则上也按上述规定执行。由于集体所有制企业自负盈亏,情况比较复杂,职工的升级面、升级办法,由各省、自治区、直辖市根据企业盈亏多少的情况,进行安排。

文件要求各地、各部门对各行各业的各类人员,都必须制定考核标准。工人要经过考工,结合评比进行升级,其他人员也要经过考核,选优升级。同时,要选择不同类型的单位进行试点。通过试点,总结经验,然后铺开。不论升级工作何时搞完,升级增加的工资,均从1979年11月起发给。

中共中央和国务院联合发出通知决定提高主要副食品销价并给职工补贴

中共中央、国务院联合发出通知,决定从11月1日起适当提高猪肉、牛肉、羊肉、禽、蛋、蔬菜、水产品、牛奶8种主要副食品的销售价格;同时,给职工副食品价格补贴,并给40%的职工增加工资,以便使绝大多数职工和城镇居民生活水平不下降。价格补贴和增加工资,都由11月份开始。

国务院决定从今年3月开始陆续提高粮食等18种农产品收购价格后,由于主要副食品销售价格没有相应的变动,全国各地市场出现了销售价格低于收购价格的"倒挂"现象。中共中央、国务院经过周密慎重考虑,征求了各方面的意见,决定采取提高8种主要副食品销售价格的措施。

8种主要副食品提价后,中共中央和国务院还决定,粮食、食油、棉布、食糖和市场销售的煤等人民生活的基本必需品,销售价格不作变动。经营这些商品造成的亏损,主要由国家财政补贴。其中粮、油两项,按今年的购销计划测算,国家就要补贴68亿元。

8种主要副食品销售价格全国平均提高的幅度是:以1978年为基数,猪肉提高33%,鲜蛋提高32%,水产品提高33%。牛、羊肉销价提高的金额基本上与当地猪肉销价提高的金额相同。蔬菜销售价要严格控制,尽量不提或少提。家禽、牛奶的销售价,由各地根据当地具体情况适当调整,从严控制。

8种副食品销售价格提高后,饮食业和食品工业有关产品的销售价格和修理服务行业的收费标准,要严格控制。原则是:经营环节多余的要压缩,购销差价偏宽的要缩小,利润偏高的要适当降低。要保证质量,不得变相涨价。

在国内市场主要副食品销价调整的同时，对供应外宾、华侨的有关商品的销价，也要根据按质论价的原则，相应合理调整。

通知中要求向群众公开宣布：肉、蛋的定量供应部分，以及牛奶等，这次提高销价后，今后几年不再提价。除了同人民生活关系密切的粮食、食油、棉布、食糖和市场用煤销价不动以外，针棉织品、化纤织物、食盐、酱、酱油、醋、火柴、煤油、西药、课本、铝制品、塑料制品、民用橡胶制品的销价，以及房租、水电费、交通费用、学杂费等，继续保持稳定。个别必须调整的，凡是中央管理的，要经过国务院批准，属于省、自治区、直辖市管理的，由省、自治区、直辖市人民政府批准，从严控制。至于小宗农副土特产品和小商品，应当发挥市场调节的作用，逐步恢复1957年以前的做法，即根据供求情况，价格有涨有落，议购议销，高进高出，低进低出。这样，可以把小商品的生产和流通搞活，促使生产发展得快一些，商品品种更多一些，市场供应更丰富一些。

在主要副食品销售价格提高的同时，中共中央、国务院还决定给每个职工(包括退休职工和学徒)，每月补贴5元。在纯牧业县(旗)工作的职工，因为肉类消费水平较高，每月补贴8元。新疆、西藏地区另作规定。对职工副食品价格补贴的办法，原则上适用于集体所有制企业，由于集体所有制企业自负盈亏，经营情况不同，补贴的具体办法由各省、自治区、直辖市自行安排。中国人民解放军战士的生活费补贴，由总政、总后同有关部门商量，提出方案，报国务院、中央军委审批后执行。

中共中央、国务院的通知指出，提高主要副食品销售价格给职工补贴和适当调整工资，涉及国家、集体、个人各方面的利益，关系到安定团结的大局，关系到国民经济的调整、改革、整顿、提高，关系到四个现代化建设，影响深远，意义重大，各级党委和政府必须把它作为一件大事来抓。

通知要求各地在农产品收购价格和主要副食品销售价格提高以后，一定要安排好市场和人民生活，严格控制市场销售价格的变动，坚决制止一哄而起，竞相提价。要继续整顿物价，加强物价管理，严禁擅自提价、变相涨价，严禁随意用提价办法扭亏增盈。严重违法乱纪的要受党纪国法的制裁。

中英签订两项关于教育和文化合作协定及民用航空运输协定

签字仪式在唐宁街十号首相官邸举行。华国锋总理和英国首相撒切尔夫人出席了签字仪式。

黄华外长和卡林顿外交大臣首先代表两国政府在教育和文化合作协定上签字。然后，余秋里副总理和诺特贸易大臣代表两国政府在民用航空运输协定上签字。

这次签订的为期5年的合作协定强调缔约双方应采取各种措施促进在教育、文化、艺术、出版、卫生、新闻、青年、体育等方面的合作和交流。其中包括促进和支持两国的大学及其他高等院校之间的直接合作、接触和交流；促进和支持大学教授、讲师、专家和教师为了交流学术思想和经验以及讲学和教学而进行访问和交流。并为留学生、研究生和学者提供奖学金；鼓励和促进自费留学生、研究生和学者为了学习和研究而进行访问；鼓励和支持作家、作曲家、艺术家、电影制片者以及其他从事创作和表演艺术的个人和团体的相互访问；对两国的新闻、广播和电视机构间的合作以及双方新闻工作者和记者的访问提供方便。

在民用航空运输协定中，双方根据互相尊重独立和主权、互不干涉内政、平等互利和友好合作的原则，建立和经营两国领土间及以远地区的定期航班，并规定双方应采取一切必要措施为对方代表机构的建立和工作提供便利和协助。

中联部部长姬鹏飞在北京会见以中央书记加布里艾尔·费里阿尔为团长的法国革命共产党(马列主义)干部团全体成员

教育部和财政部决定增加高校中专学生助学金

决定规定，凡是带工资入学的学生(不包括解放军学生)和研究生，均由原单位按规定标准发给副食品价格补贴。凡是享受国家职工助学金待遇的学生和享受助学金待遇的研究生，每人每月增加5元。高等师范、体育学院(包括体育专业)、民族学院和中等专业学校中的师范、护士、助产、艺术、体育、采煤等专业，按规定享受人民助学金全部伙食费的学生，以及享受全部伙食费的其他学生，每人每月增加2元5角。对按不同等级享受部分伙食费的学生，增加的具体指标由省、自治区、直辖市有关部门规定。不享受助学金待遇的学生不发给补贴。高等学校和中等专业学校中的体育、航海、舞蹈、戏曲、杂技和管乐专业的学生，原享受40%伙食费补贴的，每人每月增加1元。增加部分一律拨给食堂，不发给学生本人。

《南昌晚报》复刊

这是目前在全国重新恢复出版的第一家晚报。

《南昌晚报》在复刊发表《致读者》的文章说，它主要面向城市，面向基层，为社会主义四个现代化建设服务。根据晚报的特点，《南昌晚报》将加强地方特色，加强报道的知识性和趣味性。

《经济科学》创刊

新创刊的综合性经济学术季刊《经济科学》，开始对国内外发行。

《经济科学》主要刊载政治经济学、经济管理、世界经济、中外经济史、中外经济学说史、经济统计等方面的研究文章。

它的第一期发表的文章有陈岱孙教授的《经济科学研究要为四个现代化服务》、钱俊瑞教授的《按照科研规律搞好世界经济研究》、陈振汉教授的《技术引进和晚清新式军用工业》、胡代光教授的《资本主义国家经济计量学》，还有《论社会主义生产和消费的关系》《关于按劳分配的几个问题》《论经济合同的法律效力》等文章。

这个刊物由北京大学经济系编辑、中国财政经济出版社出版。

11月2日

《人民日报》发表社论《把节约能源这件大事抓紧》

能源是实现四个现代化，提高人民生活水平的重要物质基础。能源问题是一个带战略性的问题，也是实现四化的一个关键性问题。整个国民经济发展的快慢，在很大程度上看能源问题解决得好不好。我国拥有丰富的能源资源。解放以来，我国能源的开发建设有了很大的发展。但是，由于林彪、“四人帮”的干扰破坏，能源管理混乱，热能的有效利用率很低，煤、油、电损失浪费惊人。努力节约能源，已成为国民经济发展中的一个突出问题。搞大规模的现代化建设，没有强大的能源是不行的。在国民经济调整期间和今后相当长的时期内，要集中很大的力量狠抓能源的生产，把煤、油、天然气、电力等能源工业建设搞上去。当然，解决能源问题，光开源不行，开源和节流必须双管齐下。狠抓能源的节约和合理利用，又是当前解决能源供需矛盾最有效、最可靠的办法。广泛深入地发动群众节约能源，监督能源的合理使用，是调整期间一项十分重要的任务。

世界各国对节约能源都非常重视，我们国家在这方面的潜力很大。据有关方面调查，我国目前能源的有效利用率只有28%，相当工业发达国家的一半。如果全国燃料利用效率提高2%，就相当于每年挖掘出1200万吨标准煤的热能。据冶金部1978年对27个重点钢厂的热能利用情况调查，按与日本可比口径计算，1978年吨钢耗煤量，比日本1977年全国平均高600多千克。就是说，我国现在生产3000万吨钢消耗的热能，按日本的耗能水平，可以生产5000万吨钢。目前，全国还有近半数的企业，煤、电单耗高于本企业历史最低水平，部分企业和部分产品的平均单耗，今年上半年比去年同期还有增加。我国燃料油浪费也非常严重，其中用油烧锅炉的占65%以上。这种现象再也不能继续下去了。

粉碎“四人帮”以后，党中央、国务院对于能源问题极为重视，多次指示要加速能源的开发，加强能源的综合利用，提高能源的利用率。在能源的开发和使用上，坚决贯彻执行煤、油、气、水并举，以煤为主的方针，狠抓能源的使用管理和节约，有力地推动了全国能源的开发和节约。各地创造了很多节约能源的好经验，涌现出一批节约能源的先进单位和个人。现在，国务院决定今年11月在全国特别是工交战线广泛深入地开展第一个“节能月”活动，以后每年1次，形成制度，长期坚持下去。

节约能源，同所有企业、机关、学校、部队、商店、生产队，以至每一个人都有密切的关系。我们要立即行动起来，积极投入“节能月”活动中去，千方百计节约每1斤煤、1滴油、1度电、1升水，树立“节约能源光荣，浪费能源可耻”的新风尚、新道德。

节约能源的根本目的是不断提高能源的有效利用率，以尽可能小的能源消耗取得尽可能大的经济效果。上海市今年1月至9月，全市工业生产比去年同期增长7.7%，而工业用电量比去年同期增长3.2%，工业用燃料还下降了1.6%，其中煤炭下降0.5%，燃料油下降4.7%。南京市1月至9月工业生产比去年同期增长9%，电力节约1.2亿多度，节煤13万吨，节油1.4万多吨。上海、南京两市及其他先进地区、先进单位的经验，世界上工业发达的国家的经验，都说明只要加强科学管理，狠抓有效利用和节约能源的工作，完全可以做到低能耗、高速度。我们一定要把燃料动力消耗大大降下来。首先要坚决完成今年节煤、节油、节电的任务，保证今后两个月工业生产和国民经济的增长。明年煤炭、石油、电力，基本维持今年的生产水平，有的略有增加。从全国来说，明年要坚决做到节煤5%，节油10%，节电3%，以此确保明年国民经济的增长速度。所有的地区、企业、单位，不但要有年度节约能源计划，而且要有长期规划和设想。

开展“节能月”活动，要充分发动群众，向群众广泛宣传节约能源的意义，总结经验，揭发问题，表彰先进，使人人自觉参加节能活动。当前，我们相当多的领导同志对合理利用和节约能源的重要性、紧迫性认识不足，有的还没有提到议事日程。冶金部不久前召集鞍钢、本钢、武钢的公司经理和上海、天津冶金局的第一把手座谈能源问题，会上没有一个人能够说出本企业的吨钢能耗。长期以来，我们只抓能源的生产，不抓能源的节约；只知向上要燃料，不考虑燃料的综合利用和有效利用。现在到了彻底改变这种状况的时候了。特别是做经济工作的领导同志，对能源的节约和合理利用的认识必须大大提高一步，否则我们的经济就不可能在调整的基础上又快又好地向前发展。

抓能源节约工作，不能追求表面的轰轰烈烈，要做扎扎实实的工作，鼓实劲，不鼓虚劲。首先要弄清楚能源利用的现状怎样？造成能源浪费的原因在哪里？领导干部要认真查一查，找一找。据调查，化学工业能耗高，有很大一部分是热能管理不好造成的。以北京燕山石油化工总厂为例，这个厂的工艺和设备是比较先进的，但由于热能综合利用差，热能损失、浪费也是很大的，1977年就有石油烯烃3.9万吨放了"天灯"烧掉了。这部分烯烃如用作民用燃料，可供应16万户1年的需要。高压蒸汽减压使用也是很大的浪费，如利用该厂的高压蒸汽压差发电，可以安装背压发电机组4.2万千瓦，所发的电可解决目前本厂用电的60%左右，若采取热电结合，燃料利用率可提高1倍以上，1年可以节约7万多吨燃料油。另外，设备不配套，大马拉小车造成的浪费也十分严重。燕山石油化工总厂能源的损失和浪费现象，在其他行业、企业也程度不同地存在着，有的甚至更严重。当然，原因各不相同，有生产工艺落后的原因，有技术装备差的原因，但主要原因是能源管理不善、忽视节约，消耗无定额，计量无手段，责任制度不严，跑、冒、滴、漏严重。各地区、企业、单位，要认真开展煤、油、气、水等能源利用情况的普查工作，搞好热能的综合平衡，把能源利用的现状摸清，把浪费的原因找准，把改进的措施抓实。要建立、健全严格的能源管理制度，燃料、电力实行凭证定量供应，对燃料、电力一定要管好用好，坚决取消用电、用气、用水的包费制和其他"吃大锅饭"的不合理制度。严格执行消耗定额，每种产品、每道工序、每个班组都要有燃料、动力消耗定额。要整顿原始记录，充实计量测试手段，做到班班有记录，月月有检查考核，努力挖掘节约能源潜力。

能源的合理利用和节约，要建立在科学的基础上。通过总结实践经验，制定一套适合我国情况的正确的能源开发利用的方针、政策、办法和措施。工矿企业要和科学研究部门、大专院校挂钩，加强能源利用的科学研究工作。目前，我国在这方面还处在空白状态，要尽快组织力量，调查研究，确定课题，协同作战。各地还要重视节约能源技术的推广，尽可能采用耗能低、效率高的先进装备和生产工艺。有条件的城市和工业集中的地区，可以考虑集中供热和城市煤气化。要切实加强能源技术的培训工作，建立必要的考核制度。实行燃料、电力节约单项奖，按照国家规定，从节约能源的费用中，提取一定的比例作为奖金。产品质量不好，是对燃料、动力、原材料的最大浪费。对消耗低、质量好、产品对路的企业所需的燃料、电力，要优先保证供应；反之，对消耗高、质量差、产品不对路的企业，要限期改进直至停产整顿。煤炭、石油、电力等能源生产部门，要在努力增产的同时，带头厉行节约，降低自用能耗。

国务院副总理谷牧在北京会见法国经济学教授狄包·芒德

国务院副总理康世恩在北京会见由美国煤炭协会董事桑普尔斯率领的美国煤炭协会代表团

全国人大常委会副委员长邓颖超在北京会见美国肿瘤流行病学家国立癌症研究所李沛博士和夫人

外交部部长黄华受华国锋总理委托在伦敦举行记者招待会

黄华外长受华国锋总理的委托，在伦敦的克拉里奇旅馆举行记者招待会。他指出，华总理是抱着促进中英两国友好合作的愿望来英国访问的。华总理要他告诉记者朋友们，华总理及其同事们在英国进行的访问是富有意义的，很有收获。他们荣幸地会见了女王陛下，会见了首相撒切尔夫人。在融洽的气氛中，华总理同英国首相和她的同事们就共同关心的国际问题和双边关系问题进行了友好的、深入的和富有成果的会谈。

黄华外长回答了各国记者提出的问题。

有记者问，华国锋总理访问西欧是否是为了寻求缔结"反苏同盟"。黄华外长指出，华总理访问西欧四国，不是为了缔结任何同盟。他说，但是，通过就共同关心的问题交换意见，增加相互了解和合作，是有利于维护世界和平与安全的。

谈到中苏谈判，黄华外长说，中苏之间存在着各种各样的问题，关键的一点就是苏联奉行霸权主义。因此，谈判是否能取得结果，取决于苏联政府是否能改变立场。

在回答有关中国同东欧国家的关系问题时，黄华外长说，中国和东欧国家有着正常的外交关系。中国希望在互相尊重独立和主权、互不侵犯、互不干涉内政的基础上，与它们发展关系。

在回答有关中国对越南在印度支那扩张的态度时，黄华外长指出：越南在印支的侵略行径不是一个局部的、孤立的行动，而是苏联战略计划的一个重要组成部分。越南之所以这样猖狂,是由于它有苏联的支持。越南的扩张野心是配合苏联南下太平洋的战略计划,是为这个战略计划服务的。越南的侵略和扩张已经威胁到泰国,马来西亚和整个东南亚地区。他强调指出,中国政府已经表明,如果越南对东南亚国家发动侵略,中国将站在东南亚国家一边。

黄华外长谴责苏联利用古巴雇佣军在非洲进行渗透、颠覆、侵略和扩张活动。他重申中国政府的一贯立场,即:支持非洲国家反对一切外来侵略,主张非洲国家的问题由非洲国家和人民自己解决。

当记者要求他对正在伦敦举行的关于罗得西亚问题的会议进行评论时,黄华外长说,津巴布韦问题,只有在尊重津巴布韦人民和前线国家的正当愿望的条件下,才能获得解决,才有利于这个地区的稳定。他表示希望参加伦敦会议的各方继续努力,使会议取得进一步进展,使问题得到有关各方都满意的解决。

谈到中东问题的时候,黄华外长指出,只有以色列撤出它占领的阿拉伯领土,承认巴勒斯坦人民的民族权利,谋求全面解决,中东问题才能得到根本的解决。

有记者问,黄华外长对阿富汗最近的局势有什么看法。他说,中国对阿富汗目前的局势很关切。阿富汗现在局势很动荡,"我们希望阿富汗保持独立,保持稳定,保持发展。"

谈到关于中英两国在能源等方面的合作问题,黄华外长说,中国在3年经济调整期间,要着重发展能源,包括燃料、动力。在这些方面,中国已经在同英国和其他一些国家进行合作,包括开采煤炭,勘探石油。英国在石油化工与合成纤维等方面较有经验,存在着同中国合作的前景。

有记者问到在香港的投资问题。黄华外长说,新界租约到1997年到期,现在还有时间。中国的根本态度是:在将来解决新界问题时,要考虑到投资者的利益不受损害。他还说,昨天在中英双方的会谈中也涉及这个问题。双方同意就这个问题保持接触。

中国新任驻特立尼达和多巴哥大使王言昌在西班牙港向特立尼达和多巴哥共和国代总统瓦希达·阿里递交国书

教育部和中央广播事业局联合举办英语专题讲座并在中央电视台播出

讲座在中央电视台第一套节目晚上6点20分播出。讲座聘请北京大学、北京外国语学院、清华大学、上海外国语学院、上海交通大学、复旦大学、广州中山大学、广州外国语学院、天津南开大学等十几所大专院校的教师讲授。应聘的教师有李赋宁、许国璋、王宗炎教授,陆慈、董亚芬、李信纯副教授等。专题讲座面向广大英语爱好者,题目有如何自学英语,怎样记忆单词,生词记不住怎么办?英语的语音和语调,科技英语的特点与学习,如何使用工具书等23个专题。第一讲由北京大学西语系主任李赋宁教授讲:如何提高英语四会能力。

11月3日

国务院总理华国锋到达意大利进行正式访问

应意大利共和国总统亚历山德罗·佩尔蒂尼和总理弗朗切斯科·科西加的邀请,中华人民共和国国务院总理华国锋及其一行中午到达罗马,对意大利进行正式访问。

他在机场上受到意大利总理科西加的热烈欢迎。科西加总理向华总理介绍了前来迎接的意大利外交部部长费朗科·马尔法蒂和其他内阁部长,以及意大利政府其他高级官员。华总理向科西加总理介绍了余秋里副总理,黄华外长以及随行的其他中国官员。

意大利是华总理西欧之行的最后一站,这也是一位中国总理第一次访问意大利。

晚上,意大利总理科西加在罗马的马达马宫举行宴会,欢迎华国锋总理。

华国锋总理在宴会上说,中国人民和意大利人民都热爱和平,但是"从大西洋、印度洋到太平洋,霸权主义在许许多多地区挑起冲突,制造动乱。欧洲实际上也并不那么安宁,在严重的军事对峙中,力量的对比正在起着不利于和平的变化。西欧南北两翼受到的军事压力和威胁在增加,在南欧和地中海处于重要战略地位的意大利,对国际风云的紧急一定会更有切身体会。"

华总理说,"欧洲对于国际形势的发展,有着关系重大的作用。一个强大的联合的欧洲,是维护世界和平的重要因素。中国政府和人民赞赏意大利为加强自身防务和推进欧洲联合所做的努力。"

华总理说:"我们衷心祝愿意大利在国际事务中发挥更重要的作用。"他说,"中国和意大利虽然分处在亚欧两洲,但是,在霸权主义进行全球扩张的今天,世界上各个国家的独立和安全是息息相关的。"他希望,为了维护世界和平的共同目标,中意两国从各自的立场出发,在国际事务中进一步加强合作和配合。

华国锋总理在讲话开始时,向主人表达了中国政府和人民的亲切问候和良好祝愿,并对他所受到的欢迎和款待表示感谢。他指出,正是在中意两国建交9周年的时候,他来到了意大利进行访问。他对意大利政府不顾外来压力、坚持同中国发展友好合作关系的方针，表示敬意。

华国锋总理强调说，尽管中意两国社会制度不同，这并不妨碍相互之间进行友好合作。“这种友好合作的前景极其广阔。我们已经取得了良好的成绩，但是，我们深信，经过两国政府和人民的共同努力，必然会进一步打开中意友好合作的新局面。中意两国人民的利益要求我们这样做，世界和平的利益也要求我们这样做。”

华国锋总理说，积极发展中意关系，是中国的既定政策。他说：“我这次就是抱着增进相互了解，加强友谊和合作的真诚愿望到贵国来进行访问的。这是中意两国政府首脑第一次会晤。我相信，经过双方诚挚、深入的讨论，中意两国在各个领域的友好合作关系将向前迈进一大步。”

意大利总理科西加在宴会上说：“我们深信，所有国家，尤其是对世界负有重大责任的国家，今天比历史上任何时期都负有更大的责任，首先是采取行动，这种行动要能够对付具有威胁性的不稳定的因素和尖锐紧张局势的后果。至今在很多地区还存在着这种不稳定和尖锐的紧张局势。”

他说：“我们知道，世界和平是不可分割的，为了实现持久的和平，和平应该是全球范围的，意大利在力所能及的范围内，积极支持通过谈判解决国际紧张局势，这种谈判排除使用武力，能够合理解决冲突的问题。”

他说：“我国是西方的一个组成部分，在和平、安全与人民的发展方面，我们的义务体现为意大利对欧洲联合，对大西洋联盟以及对我们人民各个领域的合作所作出的建设性贡献。”

科西加总理说，意大利通过参加欧洲均衡裁军谈判，参加世界范围的在有效的国际监督下普遍和完全的裁军的谈判，为保卫和平而工作。他说，意大利欢迎美苏第二阶段限制战略武器会谈的协议，并且希望全面禁止核爆炸的谈判取得积极成果和有关减少核武器的倡议有进展。他说：“但是，为了加强世界的稳定性，在逐步减少一切军备水平的基础上建立平衡的同时，努力减少常规武器，这是根本的。”

他说：“正当亚洲人民重新认识他们的能力这一伟大过程在亚洲发生时，西欧通过建立欧洲共同体在消除自己过去分裂的因素在这个过程中，意大利已经作出了并且准备继续作出实质性的贡献。”

意大利总理热情洋溢地谈到了中国古代的文明和文化传统，谈到早在马可·波罗时代中意两国就已经开始的交往。

国务院发出通知要求各地开展市场物价大检查

通知指出，据各地反映，8种副食品销售价格提高后，市场情况平稳。各地应当在11月上旬和中旬，抓紧时机普遍开展一次深入细致的市场物价大检查，对提价幅度不符合规定的，不应提价而提了价的，降低服务标准和商品质量的，以及以次充好、短秤少尺、掺假掺杂等各种随意涨价、变相涨价的做法，切实地加以纠正。

通知要求市场物价大检查要大张旗鼓地进行。应当邀请各地人大常务委员会和政协常务委员会派人参加，依靠工、青、妇等群众组织，并抽调干部组织一批检查队伍，广泛动员群众进行监督和检查。凡是没有恢复物价机构或物价机构不健全的地方，要参照国务院有关规定，迅速恢复和健全起来。各地工商企业都要加强物价工作，把物价检查经常化、制度化，并把检查结果登记立案，作为年终评比条件之一

国务院副总理谷牧在北京会见由池浦喜三郎行长率领的日本兴业银行代表团

国务院副总理姬鹏飞在北京会见由副社长宋凤顺率领的朝鲜中央通讯社代表团

经中共中央 中央军委批准王平为中央军委秘书长

中国运动员吴数德获第三十三届世界举重锦标赛52公斤级冠军

第三十三届世界举重锦标赛11月3日在希腊的萨洛尼卡市开幕。中国选手在这一天的52公斤级的比赛中，获得1枚金牌和1枚铜牌，并打破两项青年世界纪录。吴数德在比赛中以117公斤的成绩获得抓举冠军。他的总成绩达到了237.5公斤。这两项成绩分别打破了由他本人保持的108公斤和235公斤抓举和总成绩的青年世界纪录。

11月4日

国务院副总理康世恩在北京会见亨特州长率领的美国北卡罗来纳州烟草代表团

全国妇联主席康克清在北京会见以泰国警察夫人协会主席坤仁·维集塔·攀空春为团长的泰国警察夫人协会代表团

中国体育服务公司在北京成立

新华社报道，中国体育服务公司最近在北京成立，并已逐步开展业务。

中国体育服务公司负责承办与外国商业公司及其

代理机构签订体育商业合同与议定书等商业活动；承办外国来华拍摄我体育活动和国际、国内体育比赛的电影和电视等事宜；管理、承办国内体育场馆经营国内外商业广告，以及组织我国部分体育队出访和部分外国体育队来华表演等事项。

中国运动员陈伟强打破一项挺举世界纪录

中国运动员陈伟强在希腊举行的第三十三届世界举重锦标赛56公斤级的比赛中，以153公斤的成绩刷新了这一级别的挺举世界纪录。

11月5日

《人民日报》发表社论《脚踏实地前进——基本建设调整工作必须坚决落实》

贯彻执行国民经济调整、改革、整顿、提高的方针，从领导上来说，核心是搞好调整，而缩短基本建设战线，又是调整的关键。自今年4月以来，基本建设战线经过初步调整，停建缓建了一批在建项目，有了一些进展，但是，距离党中央、国务院的要求还很远。坚决地把基本建设战线缩短下来，才能有计划地上一批对国民经济全局有影响的重大项目，才能脚踏实地进行现代化建设。

调整基本建设投资，压缩基本建设规模，十分必要，势在必行。我们的基本建设投资，必须是没有赤字的。每年投资多少，只能取决于国家在财政平衡基础上能够有多少钱用于基本建设。如果超过了这个限度，基本建设投资就会出现赤字，材料、设备等物资就会发生缺口。投资出现了赤字怎么办？能用发钞票的办法来弥补吗？不能。这条路子我们决不能走。否则，就意味着容许基建投资年年有赤字，年年可以靠发钞票来搞基本建设，其结果是不难预见的。唯一正确的办法，就是及时地果断地压缩和控制建设规模。只有这样，才能使基本建设脚踏实地前进。没有这样的认识，不下这样的决心，说要缩短基本建设战线，只能是一句空话。

当前基本建设战线过长，应该缩短，在口头上无人表示异议。但是，对“长”的问题，仍有不同理解，衡量标准不一。有的认为，目前兴建的1000多个大中型项目，大多是关系国计民生的工程，不能说“多”，因此，基建战线不能算“长”。有的认为，我国工农业生产水平低，只有多建一些具有先进技术装备的企业，才能把生产迅速搞上去。有的认为，有些项目的建设，本来就是为了发展短线产品的，怎么能说拉长了基建战线呢？等等。不错，如果按照需要和愿望来说，我们是想搞多些、搞大些。然而，需要和愿望是一回事，国家财力、物力的可能又是一回事。我们的国家现在还很穷，生产水平很低。在有限的财力物力情况下，基本建设项目不可能搞得很多，规模不可能搞得很大。30年来的实践经验证明，基本建设投资多少和规模大小，必须与国家的财力、物力的可能相适应。第一个五年计划时期和贯彻执行“调整、巩固、充实、提高”八字方针时期，做到了适应或者基本适应，投资效果就好，建设速度就快；第二个五年计划时期和林彪、“四人帮”大破坏时期，不相适应或者很不适应，超过了国力，基本建设搞得就差，就慢。因此，基本建设规模究竟能有多大，不能光凭客观需要和主观愿望，必须根据我国的实际可能而定。实践是检验真理的唯一标准。如果基建规模与实现这个规模的条件不适应，如果积累率过高，国家资金过多地用于基本建设，必然挤掉或削弱农业、轻工业，影响人民物质和文化生活的改善，挫伤群众的积极性。只凭主观意志，不顾客观可能条件，盲目扩大基本建设规模，在必需的财力、物力上留有缺口，摊子越铺越多，半拉子工程与日俱增，这样的基本建设战线如果还说不“长”，怎样才算“长”呢？坚决的行动，来自正确的思想。只有认真解决了基建战线是否“过长”的认识问题，统一了思想，我们才能同心同德、步调一致地搞好基本建设的调整。

坚决调整基本建设，一定要坚持实事求是，一切从实际出发。对在建项目，必须一项一项地清理，一个一个地研究，该上的必须上、该下的必须下，不要等待观望，不要拖泥带水，不要走什么邪门歪道。不能“推平头”，不能“一刀切”，不能“大家打七折”，不能只减投资不减项目，这样，不仅不能缩短战线，而且将会一事无成。经过前一段清理，已经确定停建和缓建的项目，必须真正停缓下来，不能明停暗不停。同时，要抓紧时间，对今年计划内的项目进行认真清理、审查。不能认为列入计划的都进了红色保险柜。凡属确实不急需或条件不落实的，就应坚决停缓下来。今后新上项目务必严格控制，不能容许一边清理、调整，一边大上不合理的新项目。对新项目包括引进项目，必须对其必要性和可能性进行认真研究，作出多种方案，反复比较，搞好综合平衡。为了防止拉长战线，还必须加强对自筹资金和其他各种渠道资金的管理。对地方“五小”项目，也要分析研究。这些项目中，有的是“无米之炊”，有的是重复建设，浪费十分严重，必须进行清理、调整，不可听之任之，放任自流。不少技术措施项目，实际上已经达到了大中型项目的规模和水平；有些项目，名为“技术措施”，实为“基建项目”，也要加以彻底清理。

搞好基本建设调整，要坚持两手抓。即一手抓清理，一手抓投产，不可顾此失彼。只有坚决停缓一批，努力建成一批，才能有效地缩短战线。清理在建项目，缩短基建战线，解决战线过长问题，归根到底是为了腾出资金和物资保证国家急需项目加快进度，迅速竣工投产，取得最好的投资效果。今年头9个月，完成的投产项目和新增生产能力很不理想。据有关部门统计，1—9月份完成投资总额比去年同期增长6.5%，是新中国成立以来同期完成较多的一年；但是建成投产大中型项目和单项工程却比去年同期减少了。我们一定要上下一致，鼓足干劲，抓紧今后两个月的时间，在调整投资方向、清理在建项目的同时，狠抓竣工投产。要把各方面的力量动员和组织起来，坚决建成今年计划投产的项目，增加新的生产能力，努力争取今年的基本建设计划完成得更好一些。同时，要对明年的投产项目和重点工程早作安排，做好各项准备工作，力争明年有更多的项目建成投产。

国务院副总理谷牧在北京会见以联邦德国广播协会主席弗·威·冯赛尔为团长的联邦德国广播协会访华团

中联部部长姬鹏飞在北京会见并宴请由朝鲜劳动党平安北道党委责任书记金炳律率领的朝鲜劳动党平安北道代表团

全国人大常委会副委员长聂荣臻在北京向"加拿大电视网有限公司"记者丹尼斯·韦恩·麦金托什介绍白求恩在中国参加抗日战争的事迹

11月6日

国务院总理华国锋在罗马机场发表访问西欧四国的书面讲话

华国锋总理在离开意大利回国时在罗马机场发表书面讲话说："我们这次对西欧四国的访问取得了圆满的成功，我们是怀着满意的心情回国的。"

他说："我们分别同四个国家的领导人就进一步发展双边关系和在国际事务中加强配合和合作进行了友好的、深入的和富有成果的会谈，取得了广泛一致的意见。我很高兴同瓦莱里·吉斯卡尔·德斯坦总统、赫尔穆特·施密特总理、玛格丽特·撒切尔首相和弗朗切斯科·科西加总理建立了个人友谊。我们还同四个国家的各界新、老朋友进行了接触，参观了这些国家在各个方面的成就，获得了许多有益的知识。我们这次出访西欧，目的是要同西欧国家增进了解，加强友谊，发展合作，共同维护和平。我认为，我们的目的是达到了。

"我国一向十分重视发展同西欧国家的关系，因为这不仅关系到双方的利益，而且关系到世界和平与稳定的全局。我们始终认为，珍视独立和安全、拥有发达的经济和先进的科学技术的西欧，是维护世界和平与稳定的重要因素。中国希望看到一个强大的、联合的欧洲，西欧国家也希望看到一个富强的、昌盛的中国。经过这次访问，我们更加深信，中国和西欧各国在政治、经济、科技、文化各个领域里的友好合作，定将出现一个新的局面。"

他说，在向欧洲告别的时候，他要再一次感谢意大利共和国政府和人民，也要感谢法兰西共和国、德意志联邦共和国和大不列颠及北爱尔兰联合王国的政府和人民给予的热情接待。他说："20多天来，我们一直沉浸在西欧人民对中国人民的真挚情谊之中，这是我们永远难以忘怀的。"

华国锋总理最后说："我是带着9亿中国人民对西欧人民的真诚友谊来的，现在将满载着西欧人民对中国人民的深情厚谊回去。我衷心祝愿我们之间这种珍贵的友谊与日俱增。我衷心祝愿西欧各国人民取得新的成就。"

国务院副总理邓小平在北京会见日本茶道著名人士"里千家"家祖千宗室和夫人一行

中外合营的新疆天山毛纺织品有限公司投资合同在乌鲁木齐正式签订

新华社报道，新疆维吾尔自治区一家中外合资经营企业——天山毛纺织品有限公司，已由中外各方在乌鲁木齐市签订投资合同。这是在《中华人民共和国中外合资经营企业法》公布后第一批被批准的中外合资企业中的一个。

根据五届人大二次会议通过的《中华人民共和国中外合资经营企业法》，这家公司由乌鲁木齐毛纺厂、乌鲁木齐市针织一厂、乌鲁木齐市人民针织厂为一方，香港半岛针织厂有限公司、国际棉业公司和日本大阪东洋纺系工业株式会社为另一方，共同投资经营，新疆方面投资占51%，外商投资占49%。公司将采用国产设备和从日本引进的设备和技术，以质地优良的新疆山羊绒和细羊毛为原料，专门生产在国际市场有竞争力的优质羊绒衫和羊毛衫。计划每年生产羊绒纱和羊毛纱460吨，羊绒衫和羊毛衫72万件。产品由公司直接销售。合营公司各方将按照我国法律、法令规定执行合同条款。

合营公司所属3个工厂中，乌鲁木齐市针织一厂和人民针织厂两厂将利用原有的厂房和设备，乌鲁木齐毛纺厂目前正在由新疆方面负责筹建。

中科院院长方毅在北京分别会见美国华盛顿卡内基研究院院长詹姆斯·埃伯特教授和参加中国—联邦德国核酸蛋白质学术讨论会7个国家的科学家

国务院副总理王震在北京会见日本电气公司会长小林宏治先生一行

中国和意大利在罗马签署关于两国经济贸易和文化科技合作的意向书

签署的《中华人民共和国和意大利共和国经济贸易合作意向书》说:"中华人民共和国国务院总理华国锋和意大利共和国总理弗朗切斯科·科西加1979年11月3日至6日在罗马会见期间,讨论了两国经济贸易关系情况,他们回顾了近期来许多政治性的和技术性的接触,这些接触展示了发展经济贸易关系的前景,并导致贸易实际增长所带来的令人满意的结果。"

"他们还看到,1979年4月23日在罗马签署的经济合作协定和5月份中国银行与意大利信贷机构签署的信贷协议已成为进一步发展两国关系的法律和体制方面的构架。"

意向书说,在双方已有关系的基础上并根据上述协议确定的有利前提,两国总理一致表示要在各自国家内努力促进和扩大在经济、贸易、工业、技术方面各种形式的合作,以便相互关系谐调而平衡地发展。两国总理还共同强调在农业、工业、技术方面的合作对改善两国人民生活条件、发展国民经济具有重要意义。

签署的《中华人民共和国和意大利共和国文化和科技合作意向书》说,两国总理十分高兴地看到,在两国外交部部长于1978年10月6日在罗马签订文化和科技合作协定之后,在这些方面所取得的具体的和有意义的成果。双方对于今年10月15日至19日在罗马举行的执行中意文化、科技合作协定的第一次双边工作会议的圆满结束表示特别满意。会议结束的时候,本着友好的精神签订了确定今后两年内进行交流的合作计划。

意向书说,在迄今已取得的成果的基础上,两国总理表达了各自政府将通过一系列具体倡议进一步扩大和加强两国文化和科技合作的共同愿望。

黄华外长和意大利外长弗朗科·马尔法蒂还签署了关于在上海和米兰互设总领事馆的议定书。出席今天签字仪式的有余秋里副总理、黄华外长,意大利负责同议会联系的不管部长阿多尔福·萨蒂、外交部部长弗朗科·马尔法蒂等。

首都800多名技术经济工作者举行大型座谈会

新华社报道:最近,国家科委技术经济和管理现代化专业组、中国技术经济研究会、社会科学院技术经济研究所筹备组、北京市技术经济和管理现代化研究会等单位联合召开了首都技术经济大型座谈会。

技术经济学的研究对象主要是技术政策、技术措施和技术方案的经济效果。研究如何用同样的劳动消耗取得最大的经济效果,或者用最小的劳动消耗取得同样的经济效果。

国家科委副主任武衡,国家科委副主任、国家科委技术经济和管理现代化专业组组长于光远在座谈会上讲了话。他们希望,参加座谈会的同志坚持实践是检验真理的唯一标准和实事求是的原则,解放思想,开动机器,密切联系经济工作的实际,从技术经济的角度,勇于揭露矛盾,认真进行调查研究和讨论,对如何贯彻好调整国民经济"八字方针",积极提出合理化建议。于光远同志在讲话中强调指出,由于林彪、"四人帮"的破坏干扰,也由于经济工作中长期受极左思想的影响,在我国国民经济工作中存在着许多不合理的、甚至是严重不合理的现象。这种不合理的现象,表现在经济管理体制上,也表现在产品结构、生产力布局、价格体系上,还表现在工程项目的确定、厂址选择、基本建设设计以及生产中产品设计、质量管理、成本管理、物资管理、劳动管理等各个方面。我们技术经济工作者是研究技术政策、技术措施、技术方案的经济效果的,应当担负起时代的责任,积极地对我国社会主义建设的实践从技术经济的角度进行总结分析,表扬合理的事情,总结成功的经验,实事求是地揭露不合理的事情,从中找出教训。

于光远同志在讲话中还指出,目前正在开展的社会主义生产目的讨论是一个意义深远、关系到调整国民经济方针能否顺利贯彻的重要讨论。我们技术经济工作者在研究经济效果时必然会遇到这个带根本性的问题。社会主义经济的目标是生产社会需要的最终产品。投入同样数量的劳动和最终产品之间的比例,就是衡量全社会经济效果的一个主要尺度。我们应当用这个马列主义经济学的基本观点来指导我们的座谈讨论和调查研究。于光远同志还提出了一些问题,供大家座谈讨论时参考。

座谈会采取大会与小会相结合的方式进行。参加座谈的800多名技术经济工作者分成农业、林业、轻纺、建筑、能源和电力、煤炭和石油、冶金和化工、机器制造和农机、电力仪表、邮电、交通运输、国防工业、卫生和环境保护、科学和教育、商业消费、地质资源、综合管理以及成本、经济地理、水库综合利用等20个专业小组。各个专业小组都将联系本部门工作实践,进行技术经济总结和开展合理化建议活动。座谈会的讨论成果将通过多种方式向经济工作领导机关反映。

11月7日

国务院副总理康世恩在北京会见由道格拉斯·丹福斯副董事长率领的美国西屋电气公司技术交流代表团

全国人大常委会副委员长邓颖超在北京会见以佐藤益美市长为团长的日本大分市友好访华团

解放军全面开展年终检查考核工作

新华社报道，为了检查三中全会以来教育训练所取得的成果，中共中央军委决定全军进行1979年年终检查考核。人民解放军总参谋部、总政治部、总后勤部为此最近向全军发布了《关于年终教育训练检查考核通知》，对检查考核的目的、内容、范围和方法作了具体规定，要求今年年终的检查考核以全训部队为主，以干部特别是主管干部为重点。院校以检查教学质量为重点，结合学期、毕业考试进行考核。考核中成绩优异的，将给予记功授奖，颁发立功奖章和英雄模范奖章，并作为干部提职晋级的一个重要条件；对没有完成教育训练任务的，将帮助他们分析原因，总结经验教训，情节严重者要给予批评教育。

中国翻译出版服务公司在北京成立

新华社报道，最近在北京成立的中国翻译出版服务公司，将接受国外客户委托，翻译、印刷、发行科技资料，并将出版介绍新产品、新技术的刊物。

这家公司在欧洲、北美洲、澳大利亚、东南亚和香港地区的总代理，是香港中国编译印务有限公司。

11月8日

国务院副总理李先念在北京会见由泰勒总编辑率领的澳大利亚《世纪报》访华团

国务院副总理方毅在北京会见美国《今日物理》杂志高级编辑卢布金博士

国务院副总理谷牧在北京会见日本输出入银行总裁竹内道雄一行

国务院副总理康世恩在北京会见由英国工业部次官赫德森率领的英国化工代表团

国务院副总理姬鹏飞在北京会见西班牙共产党党刊《我们的旗帜》总编辑曼努埃尔·阿斯卡拉特和党报《工人世界》总编辑安赫尔·姆约尔

全国人大常委会副委员长邓颖超在北京会见日本下关市友好访华团

全国青联在北京举行报告会

在京的全国青联委员60多人，在北京举行报告会。全国青联副主席、共青团中央书记高占祥在会上介绍了全国青少年道德风尚教育工作的情况。

高占祥说，由于林彪、“四人帮”造成的恶果和其他一些原因，青少年中当前还存在一些问题，引起了社会各方面的关注。从今年5月以来，在12个城市中开展了青少年的共产主义道德教育，见到成效，涌现了一大批努力建设四化的先进青年。一批后进青年正向先进转化。

高占祥同志接着说，尽管有了这些进步，林彪、“四人帮”煽动的无政府主义在少数青年中还有市场；青年中的一些极端个人主义倾向，只顾个人，不顾大局的思想作风还亟待克服。因此，必须正确地教育和引导青年，帮助他们选择为四化做贡献的正确途径。他希望全国青联的委员们发挥自己的作用，反映青年的问题，动员和呼吁整个社会的力量，共同关怀青年一代的成长。当前摆在青年面前的一个重要任务就是坚决维护安定团结的政治局面，集中精力搞四化。

11月9日

中国科学院院长方毅在北京会见美国国立费米加速器实验室执行所长李夫多尔教授和夫人

国务院副总理谷牧在北京会见联邦德国巴登—符腾堡州总理洛塔尔·施佩特及其随行人员

中联部部长姬鹏飞在北京举行宴会欢迎以执行书记基蒂马·本·拉马扎尼为团长的扎伊尔人民革命运动代表团

国务院副总理姬鹏飞在北京会见由友协主席穆罕默德·乌尔德·卡特里·乌尔德·塞加内率领的毛里塔尼亚中国友好协会代表团

国务院副总理薄一波在北京会见由主席布鲁诺·赫克博士率领的联邦德国阿登纳基金会代表团

卫生部和国家劳动总局颁发《工业企业噪声卫生

标准(试行草案)》

《人民日报》报道,卫生部和国家劳动总局最近批准颁发了《工业企业噪声卫生标准(试行草案)》,并决定从1980年1月1日起实行。

这个标准规定,工业企业的生产车间和作业场所的工作地点的噪声卫生标准为85分贝(A)。现在工业企业经过努力暂时达不到标准时,可适当放宽,但不得超过90分贝(A)。这个标准对每天接触噪声不到8小时的工种作了相应放宽的规定。新建(包括引进项目)、扩建和改建的工业企业,必须把噪声的控制设施与主体工程同时设计、同时施工、同时投产。各主管部门必须会同工业企业所在的省、自治区、直辖市卫生、劳动等部门合理选择厂址、认真审查设计,做好竣工验收,严格把关。没有卫生、劳动部门签字盖章,不准施工和投产;在现有工业企业中,凡噪声超过标准规定的生产车间和作业场所,必须采取行之有效的控制措施,限期达到标准规定的要求。在未达到卫生标准前,厂矿企业必须发放个人防护用品,以保障工人健康。

《工业企业噪声卫生标准(试行草案)》,是在大量的调查和深入的科学研究工作的基础上编制的。卫生部和国家劳动总局召开会议进行了鉴定、审查,最后批准颁发试行。

11月10日

国务院总理华国锋结束对欧洲四国访问回到北京

邓小平、李先念、汪东兴,以及党和国家其他领导人,到机场迎接华国锋总理以及陪同他出访的余秋里副总理和其他随行人员。

邓小平等领导同志同华国锋同志亲切握手,热情祝贺他西欧四国之行取得重大成功。

法国、联邦德国、英国和意大利四国驻中国的外交使节也到机场迎接华国锋总理。在机场,华国锋总理同他们热烈握手,再次感谢这四个国家的政府和人民的盛情接待。

到机场迎接的还有:党和国家领导人王震、韦国清、乌兰夫、方毅、邓颖超、纪登奎、吴德、张廷发、陈锡联、胡耀邦、耿飚、倪志福、彭真、陈慕华、赛福鼎、谭震林、阿沛·阿旺晋美、王任重、谷牧、康世恩、薄一波、姚依林、姬鹏飞;政协全国委员会副主席宋任穷、康克清、季方、胡子昂、胡愈之、王昆仑、班禅额尔德尼·确吉坚赞;最高人民法院院长江华;最高人民检察院副检察长喻屏。

中共中央和国务院各部门、中国人民解放军各总部和北京市革命委员会的负责人,也到机场迎接。

国务院副总理王震在北京会见以勃兰克教授为团长的联邦德国斯图加特大学访华团

全国人大常委会副委员长乌兰夫在北京会见即将离任的印度驻中国大使沙梯

朝鲜军事停战委员会朝中方面中国人民志愿军委员牛克伦奉调离任回国

朝鲜民主主义人民共和国副主席康良煜根据朝鲜中央人民委员会的政令,把二级自由独立勋章授予牛克伦委员。

系统工程学术讨论会在北京举行

新华社报道,来自中国科学院、中国社会科学院、教育部以及工业部门、军事部门的150名科学工作者最近在北京举行了系统工程学术讨论会。会议收到有关系统工程的理论研究、实际应用以及人才培养等方面的论文、报告共108篇,其中70余篇在大会或分组会上进行了宣读或介绍。

国务院副总理王震、耿飚,中国人民解放军副总参谋长张爱萍、李达以及国务院有关部、委的负责人出席了开幕式。张爱萍、李达在会上讲了话。他们谈到了系统工程对于发展我国国民经济和实现四个现代化的重要意义,希望到会的各方面专家、教授撰写通俗易懂的读物,做好普及推广工作,并对进一步推广系统工程提出了建议。

著名科学家钱学森主持了开幕式。他在会上作了《大力发展系统工程,尽早建立系统科学的体系》的报告。钱学森指出,实现现代化的建设,必须有科学化、现代化的组织管理,系统工程就是一门组织管理的学问,是一个大门类的工程技术。各门系统工程都是一个专业。系统工程可以解决的问题,涉及改造自然,改造和提高社会生产力,改造各种社会活动,直到改造我国的行政与法治等等。他说,为了实现四个现代化,我们一定要大力发展系统工程的各个专业。

讨论会结束后,有18位著名科学家和教授联名提出倡议,希望尽快建立中国系统工程学会,广泛开展从理论研究到工程实践的有关系统工程的学术交流活动。

中国统计学会在杭州成立

我国研究统计科学的群众性学术团体——中国统计学会在杭州成立。

统计是制定政策和计划的重要依据,是对国民经济实行计划管理和检查、监督的重要手段。统计又是一门科学。

著名经济学家、新中国第一任国家统计局局长薛暮桥被一致推选为中国统计学会会长，国家统计局副局长李成瑞等7人当选为副会长。会议还通过了学会章程和工作计划，要求各省、自治区、直辖市尽快成立当地的统计学会，并且欢迎台湾省的统计学者参加中国统计学会。

11月11日

《人民日报》发表社论《历史性的访问——热烈祝贺华国锋总理访问西欧四国圆满成功》

中华人民共和国国务院总理华国锋同志，从10月15日到11月6日，应邀先后对法国、德意志联邦共和国、英国和意大利进行了正式访问。昨天，华国锋总理一行在圆满地结束了访问之后回到北京。我们对华国锋总理在这次访问中在中国同西欧国家之间增进了解、加强友谊、发展合作、共同维护和平等方面取得的重大成就，致以热烈的祝贺。

在70年代行将过去，80年代即将开始的时刻，华国锋总理作为中国的最高领导人访问西欧，同西欧四国领导人就双边问题和共同关心的重大国际问题交换意见，并且取得广泛的一致和丰富的成果，这不仅是中国同西欧国家关系史上的一个里程碑，而且对维护世界和平也将产生深远影响。

西欧人民对人类的文明和进步作过辉煌的贡献。在当前国际政治、经济事务中，西欧是一支举足轻重的力量。今天的世界正面临着霸权主义的严重威胁。霸权主义者正在从欧洲、非洲到亚洲，从大西洋、红海、波斯湾、印度洋到太平洋的广大地区渗透扩张，兴风作浪，致使国际局势动荡不安。中国同西欧虽然地理上相隔遥远，社会制度也不相同，但是，中国人民同西欧人民都希望有一个和平的国际环境，都要求能在不受外来威胁的情况下，建设和发展自己的经济和文化。因此，中国人民和西欧人民有必要共同努力，从欧亚大陆的东西两面，一起为维护世界和平与安全作出贡献。华国锋总理访问西欧四国期间，受到这些国家政府的隆重接待和人民群众的热情欢迎。全世界爱好和平的国家和人民也对这次访问给予极大的重视。这充分说明，中国同西欧国家友好合作的加强，不仅符合中国和西欧人民的根本利益，也是制止侵略扩张、维护世界和平的重要因素。

华国锋总理通过这次访问，同四国领导人加深了相互了解，建立了良好的友谊。华国锋总理在同西欧四国的领导人分别进行的融洽的、建设性的、富有成效的会谈中，共同回顾了中国同西欧四国关系顺利发展的历史过程，表达了今后进一步发展政治、经济、文化方面合作的共同愿望。中国同西欧四国分别达成了一些协议并签署了有关的文件。这些会谈和达成的协议将大大推动中国和西欧国家在各个领域中的交流和合作，为中国同西欧国家友好关系的进一步发展开辟光辉的前景。中国同西欧四国在和平共处五项原则基础上友好合作关系的加强和在当代反对侵略、维护和平的斗争中发挥积极的作用，必将对世界历史的进程产生重大的影响。中国人民将在华国锋总理访问西欧四国所奠定的坚实基础上，满怀信心地把中国同西欧国家友好合作和共同维护和平的事业推向前进。

国务院总理华国锋在北京会见联邦德国巴登—符腾堡州总理洛塔尔·施佩特和夫人及其随行人员

国务院副总理王震在北京会见下中邦彦社长率领的日本平凡社友好访华团

国务院副总理薄一波在北京会见以让·巴特贝达为团长的法国社会科学代表团

中国首任驻吉布提共和国大使姚广向吉布提总统哈桑·古莱德·阿普蒂敦递交国书

山西省五台县各界群众举行纪念白求恩逝世四十周年集会

山西省五台县各界群众代表在当年白求恩大夫曾经工作过的地方——五台县耿镇公社松岩口村隆重集会，纪念伟大的国际主义战士白求恩同志逝世四十周年。

1938年6月，白求恩大夫从延安来到晋察冀边区后方医院所在地——五台县松岩口村工作。在这里，他创办了边区后方医院的"模范病室"。

纪念会上，宣读了徐向前、聂荣臻同志为纪念白求恩陈列室题的词。徐向前同志的题词是："学习白求恩同志的无产阶级的国际主义革命精神，为全世界人民的利益而斗争"。聂荣臻同志的题词是："伟大的国际主义者白求恩同志永远是我们学习的榜样"。徐向前和聂荣臻同志的题词已分别刻在为纪念白求恩大夫而建的一座高大石碑的左右两侧。碑的正面刻的是毛泽东同志的《纪念白求恩》一文。

山西省革命委员会、忻县地区行政公署有关部门的负责人参加了纪念会。五台县革命委员会副主任姚忻明，当年接受过白求恩大夫治疗、现在担任松岩口村大队党支部书记的罗先荣，分别在纪念会上讲话。会后，人们参观了纪念白求恩陈列室和当年"模范病室"旧址。

11月12日

国务院在人民大会堂举行宴会欢迎希腊总理卡拉曼利斯来访

国务院副总理邓小平、全国人大常委会副委员长阿沛·阿旺晋美出席了宴会。

邓小平副总理在讲话中说，卡拉曼利斯总理来我国进行访问，是中、希两国关系中的一件大事。他热情赞扬希腊是世界文明古国之一，勤劳、智慧的希腊人民在世界文明史上立下了极其光辉的篇章。今天希腊人民"又为捍卫国家的独立和安全进行不懈的努力，中国人民对此深为敬佩"。

在谈到中希关系时，邓小平副总理说，中希两国人民有悠久的友好历史。两国人民很早就通过丝绸的媒介开始了相互了解。"我们很高兴看到，自1972年我们两国建立了外交关系以来两国的友好合作关系和人民之间的友好往来有了迅速的发展，特别是近两年，两国的政治、经济和文化来往不断增加。去年我们两国签订了文化协定，这次我们还将签订科技合作协定。总理先生的访问更将推动两国关系进一步发展，并为中、希关系史上写上重要的篇章。"

邓小平副总理称誉卡拉曼利斯总理是欧洲的知名政治家。他说，卡拉曼利斯总理"不仅热心于促进西欧联合的事业，同时又致力于改善和发展同巴尔干、地中海国家的友好合作关系，扩大同阿拉伯第三世界国家的交往，为这一地区的和平与稳定作出了贡献。中国政府和人民以同情和赞赏的目光看待总理先生和希腊政府的这些努力"。

邓小平副总理讲话时指出："当前国际形势的发展已愈来愈引起人们的关注。霸权主义的侵略和扩张严重地威胁着各国的安全。欧洲是世界主要的战略地区，曾是两次世界大战的主战场，我们完全理解西欧人民为了维护自身安全而加强联合的愿望。"

邓小平副总理说："我们一贯认为，一个联合强大的欧洲是符合欧洲人民的利益的，也是有利于维护世界和平与稳定的。当希腊政府于今年5月正式签署了加入欧洲经济共同体的协定时，我们感到由衷的高兴，并把它看作是西欧在联合道路上的一个重大成就，我们祝愿西欧在联合自强的道路上继续取得新的进展。"

邓小平副总理说："目前中国人民正在同心同德，全心全意为在本世纪末把我国建设成为四个现代化的社会主义强国而奋斗。我们对外政策的主要出发点是反对霸权主义的侵略和扩张，争取较长时间的和平。我们将继续坚持在和平共处五项原则的基础上同各国发展关系，加强各个领域的合作。我相信中希两国的友好合作关系将有广阔的发展前景。"

卡拉曼利斯总理在答词中说："我们希腊人十分关心中国人民为使中国成为一个伟大的现代化国家所作出的努力。我们认为，一个强大、繁荣的中国是维持世界均势及和平的一个基本因素。"

他说，中国投入国际生活是第二次世界大战后最重要的事件。这一事件"使我们必须用新的眼光展望未来"。

卡拉曼利斯总理说，希腊支持一切旨在维护和平的努力。

卡拉曼利斯总理指出，实现欧洲联合"将是一个影响人类发展的伟大历史事件。这将使欧洲能充分利用它的巨大潜力，成为一种稳定国际生活的因素"。

他说，希中两国"都愿意为一个没有对抗的世界而奋斗，为一个民族独立得到尊重、各国主权不受侵犯的世界，为一个创造性和创造力完全用于人类的经济和社会进步的世界而奋斗"。他接着说："在愿意培育两国人民之间的友谊和发展合作关系这方面，我们两国政府的意见也是一致的。"

希腊外交部部长拉利斯和夫人，希腊驻中国大使赫里桑索普洛斯，以及随同卡拉曼利斯总理来访的其他希腊贵宾，应邀出席了宴会。

出席宴会的还有外交部等政府有关部门、全国妇联、北京市革委会的负责人，中国驻希腊大使何扬。

中共中央批转中央统战部等六部门提出的《关于把原工商业者中的劳动者区别出来问题的请示报告》

报告指出：1956年对私营工商业实行公私合营时，把一大批小商、小贩、小手工业者以及其他劳动者统统称为私方人员，按资产阶级工商业者对待。这个问题长期没有得到解决。当前应明确他们本来的劳动者成分。文件下达后，经过一年多的努力，在这项工作结束时，有70万小商、小贩、小手工业者被从原工商业者中区别出来，恢复了劳动者身份。

北京上海等地分别举行纪念孙中山先生诞辰一百一十三周年仪式

首都各界人士上午在中山公园中山堂举行仪式，纪念孙中山先生诞辰一百一十三周年。

全国人大常委会副委员长胡厥文、朱蕴山、史良，政协全国委员会副主席季方、庄希泉、胡子昂、胡愈之、王昆仑，有关方面负责人平杰三、童小鹏、李贵、刘宁一、彭友今、王笑一，参加了纪念仪式。

中山堂里悬挂着孙中山先生的画像。民革中央副主席陈此生宣布纪念仪式开始后，季方代表政协全国委员会、平杰三代表中共中央统战部、经普椿代表廖承志、朱蕴山代表民革中央、王笑一代表北京市革委会，在孙中山先生像前献了花篮。

参加纪念仪式的各界人士还有：

全国人大常委会委员：叶圣陶、严济慈、李延禄、茅以升、罗叔章、赵忠尧、董其武、楚图南；

政协全国委员会常务委员：于树德、王雪莹、孙承佩、孙起孟、孙晓村、严信民、苏子蘅、杜聿明、李文宜、李纯青、张孝骞、张含英、周士观、赵宗燠、钟惠澜、闻家驷、徐伯昕、徐楚波、黄维、萨空了、程思远、雷洁琼、蔡啸、赵君迈、聂真；

全国人大代表、政协委员和各界人士庄明理、吴作人、刘芸生、尹赞勋、溥杰、沈兹九、钱端升、连贯、廖梦醒、徐萌山、方荣欣、葛志成、李伯球、郭秀仪、郭翼青、宋伟斌、赵子立、章夷白、张知行、陈修和、余湛邦、文强、杨伯涛、杜建时、郑庭笈、李霄路、秦德远、郭彤、孙统一、万景光、王奋；

民革中央副主席、中央常务委员、中央委员和候补中央委员刘斐、屈武、李世璋、刘仲容、钱昌照、郑洞国、甘祠森、吴茂荪、王枫、许闻天、孙越崎、苏从周、李平衡、李俊龙、吴秀峰、张克明、陈建晨、邵恒秋、周颖、侯镜如、聂轰、覃异之、傅学文、焦实斋、廖运周、谭惕吾、王家祯、王静如、刘瑶章、李觉、李文澜、何思源、张学铭、陈铭德、郭麟阁、谌小岑、谢树英、王彦亭、方贤旭、宁光堃、刘甲樱、沈性元、张丰胄、陈迩冬、周泽甫、颜明宜；

北京市各界人士高弋、史林峰、李恕、夏翔、浦洁修、丁贡南、孙孚凌、范至甫、陈炳基、司徒擎、关士雄、李贻赞、钱伟长、王竹溪、朱光潜。

上海、南京、广州、武汉各界人士也分别举行了纪念仪式。

首都各界在人民大会堂集会纪念白求恩同志逝世40周年

首都各界人民3000多人下午在人民大会堂隆重集会，纪念伟大的国际主义战士、中国人民亲密的朋友诺尔曼·白求恩同志逝世四40周年。

大会由中国人民对外友好协会会长王炳南主持。王炳南宣布大会开始并宣读了聂荣臻同志的书面讲话。

中共中央政治局委员、全国人大常委会副委员长、前晋察冀军区司令员聂荣臻在大会上发表的书面讲话说，白求恩同志是在中国人民革命斗争处于困难的时刻给予我们无私的援助的，对此，中国人民将世世代代永志不忘。白求恩同志伟大的国际主义者和共产主义者的形象，将永远铭刻在中国人民心中。他对中国人民反抗帝国主义侵略、争取民族解放的事业所做的卓越贡献和伟大功绩，将载入中国革命的史册。

聂荣臻同志说，从1939年到现在的40年中，中国已经发生了翻天覆地的变化。白求恩同志所为之战斗和献身的事业，在中国已经取得了伟大的胜利。他的理想正在他战斗过的土地上实现。今天，在我们进行新长征的伟大历史时刻纪念白求恩，就应该继续向白求恩同志学习，发扬白求恩精神，争取做白求恩式的革命者，做白求恩式的科学家，为四个现代化建设、为全人类的解放事业贡献出全部才智和力量。

聂荣臻同志说，我们今天纪念白求恩，首先要学习他追求真理和为真理献身的革命精神。白求恩同志是个医生，他以科学态度，从为病人医疗的社会实践中，不断探索革命真理。他勇敢地向旧世界提出了挑战，为了实现他的共产主义理想而鞠躬尽瘁，英勇献身。白求恩同志所走的道路，正是给献身革命的人们树立了一个光辉的榜样。我们要学习他那种探求真理并为之努力奋斗的革命精神和科学态度，研究和解决今天新长征中的新问题。

他说，我们纪念白求恩，要学习他舍己为人、毫无自私自利之心的共产主义精神。白求恩同志在晋察冀军区的一年多时间里，始终废寝忘食、夜以继日地工作。哪里最需要，他就到哪里去。他把抢救伤员或为伤员减轻一份痛苦，看作是最大的快乐。我们要继续学习白求恩的这种高尚的共产主义精神和高贵品质，同各种妨碍四个现代化的旧思想习惯进行坚决的斗争。我们要批判那种一事当前，先替自己打算的极端个人主义思想，批判那种把个人利益凌驾于集体和国家利益之上的损公肥私思想，培养对工作的高度责任感和全心全意为人民服务的精神，提倡毫不利己、专门利人的共产主义道德观。

他说，我们纪念白求恩，要学习他政治与业务相结合，对技术精益求精的实干精神。他从不满足于已有的成就，总是不断地改进医术，更好地为病人服务。白求恩这种不尚空谈、埋头苦干、精益求精的精神，是我们建设现代化的国家所切实需要的。

我们一定要做白求恩式的科学家，人人争当熟悉本行业务的内行，在各自的岗位上作出出色的成绩。

他说，我们纪念白求恩，还要学习他艰苦朴素、与群众同甘共苦的生活作风。白求恩同志是有世界声誉的外科医生，但是为了革命的理想，他抛弃了个人事业上的成就和安乐舒适的生活。我们在和平的建设环境中，应该继续发扬往日的革命传统，永远保持勤俭建国、艰苦朴素的生活作风，永远以白求恩同志为榜样，不脱离群众、不搞特殊化、始终保持普通一兵的本色。

他说，我们纪念白求恩，还要学习他把别国人民的解放事业当作自己的事业的国际主义精神。中国人民在抗日战争和解放战争中曾得到过许多像白求恩同志这样的国际朋友的宝贵支持和援助。我们在胜利后，也曾尽最大努力支援别国人民争取民族独立和解放的斗争。对于一切援助过中国人民的老朋友，我们是不会忘记的。今后，我们也仍然要学习白求恩同志的国际主义精神。

聂荣臻同志在书面讲话中最后说，白求恩同志的一生是战斗的一生，光辉的一生，伟大的一生。白求恩的精神不但为中国亿万人民所传颂，在加拿大和世界其他地方，他的影响也正在群众中日益传播开来。白求恩不仅是中国人民引以为荣的同志和战友，也是加拿大人民引为骄傲的优秀代表，白求恩是中加两国人民共有的一位英雄。他的名字把两国人民友好地连在一起，成了中加友谊的象征。我们深信，白求恩的精神将在我们两国人民当中世代相传，中加两国人民之间的友谊和中加两国的友好关系一定会不断巩固和发展。

卫生部部长钱信忠讲话，缅怀伟大的无产阶级国际主义战士白求恩同志。

专程前来参加白求恩逝世四十周年纪念活动的加拿大代表团团长威廉·巴鲁蒂博士也讲了话。他说，加拿大总理和政府对中国举行的纪念白求恩的活动是很关心的。我国总理乔·克拉克要我在这个大会上向中国政府和人民转达他的问候和最热忱的祝愿。他说，白求恩大夫是把中国和加拿大联结在一起的重要桥梁。

出席今天大会的还有：

外交部、文化部、解放军总政治部、总后勤部、北京市革委会、北京军区的负责人，石家庄和平医院、吉林白求恩医科大学的负责人和白求恩同志的生前友好；

参加白求恩逝世四十周年纪念活动的加拿大代表团全体成员，加拿大驻中国大使明明德和夫人，正在北京访问、工作和学习的加拿大朋友，在京的友好人士路易·艾黎、伊文思和罗丽丹、林达光和夫人，在京的各国专家，以及马海德等。

《白求恩生平事迹展览》在中国人民革命军事博物馆开幕

对外友协会会长王炳南主持了开幕式。他宣读了党和国家领导人为纪念白求恩同志逝世四十周年所作的题词。华国锋同志的题词是："伟大的无产阶级国际主义战士白求恩同志永垂不朽！"叶剑英同志的题词是："无私的援助　光辉的榜样"；邓小平同志的题词是："做白求恩式的革命者，做白求恩式的科学家"；宋庆龄同志的题词是："白求恩精神光耀千秋"；徐向前同志的题词是："白求恩同志为国际共产主义而英勇奋斗牺牲的精神，是中国人民永远怀念和学习的榜样！"聂荣臻同志的题词是："学习白求恩同志的革命精神，学习白求恩同志的科学态度"。

展览共展出100多幅图片、绘画和一些实物，以及白求恩生前写的部分文章、日记和信件等。

专程前来参加纪念白求恩逝世四十周年活动的加拿大代表团团长威廉·巴鲁蒂博士，代表团副团长、加拿大驻中国大使明明德，也分别在开幕式上讲了话。

邮电部发行《诺尔曼·白求恩逝世四十周年》纪念邮票一套

这套彩色影写印制的邮票共2枚。第一枚为永垂不朽，面值70分，画面是石家庄市烈士陵园白求恩墓前的白求恩纪念像；第二枚为鞠躬尽瘁，面值8分，画面是白求恩在战地为八路军伤员做手术时的情景。

国务院副总理李先念在北京会见美国《全国报纸协会》代表团

国务院副总理王震在北京会见以新闻部电视电影局局长加桑·阿布·夏克拉为团长的黎巴嫩新闻代表团

这是黎巴嫩政府派出的第一个访华新闻代表团。王震副总理回答了黎巴嫩朋友提出的有关中国对中东局势的立场等问题。

《人民日报》副总编辑安岗参加了会见。

11月13日

中共中央主席华国锋在北京会见意大利社会党总书记贝蒂诺·克拉克西和夫人及其随行人员

国务院副总理邓小平在北京同希腊总理康斯坦丁·卡拉曼利斯举行首次会谈

邓小平副总理同卡拉曼利斯总理就进一步发展两国关系以及共同关心的维护世界和平问题，广泛地交换了意见。希腊方面参加会谈有的：外交部部长乔治·拉利斯，驻中国大使赫里桑索普洛斯，外交部副秘书长斯达夫罗斯·鲁索斯等。中国方面参加会谈的有：外交部副部长张海峰、部长助理宋之光，国家科委副主任江明，驻希腊大使何扬等。

中共中央副主席李先念在人民大会堂会见并宴请以南共联盟克罗地亚共和国共盟主席米·普拉宁茨为团长的南斯拉夫共产主义者联盟代表团

中共中央 国务院印发《关于高级干部生活待遇的

若干规定》《高级干部要带头发扬党的优良传统》

中共中央、国务院印发《关于高级干部生活待遇的若干规定》和邓小平于11月2日在中央党政军机关副部长以上干部会上所作的报告《高级干部要带头发扬党的优良传统》。中央在通知中指出：目前，广大人民群众对少数领导干部特别是高级领导干部的生活特殊化问题，意见很大，反映强烈。对此，我们必须高度重视，认真加以解决。邓小平在讲话中要求党的高级干部必须带头恢复和发扬党的艰苦朴素、密切联系群众的优良传统，自觉遵守有关规定，坚决反对特殊化，纠正一切不正之风，认真选拔、培养好接班人，切实关心群众生活。

国务院发出通知要求压缩社会集团购买力防止年终突击花钱

通知指出，最近几年控制社会集团购买力的工作成绩很大。但是去冬今春以来，有些地方撤销或合并了控制社会集团购买力的管理机构，控制社会集团购买力的工作有所放松。有些地方的商品供应单位，不严格执行有关规定，使限制控制集团购买力的办法流于形式。不少单位花钱大手大脚，铺张浪费，一度已经压缩下来的社会集团购买力又重新上升。

通知指出：控制社会集团购买力，是一个长期的方针，决不是什么权宜之计。我们一定要充分认识这项工作的必要性和长期性，坚决把社会集团购买力控制起来。

通知规定，今年国家分配给各地区、各部门的集团购买力控制指标必须严格执行，不得突破。对一些非生产性的商品，可买可不买的不买，必须买的尽量少买。对国家规定的27种专项控制商品，除新办单位等个别特殊情况外。从现在起到明年6月底止，一律停止审批、停止供应。各单位不得以任何借口，动用任何资金，购买商品发给职工，作为纪念品或奖品。今后，除省、自治区、直辖市以上人民政府召开的劳模会和先进代表会，可按规定购买一些不与民争购的奖品外，其他各种会议一律不得发放实物和奖品。

通知还要求各地财政银行部门和各单位的财会人员，要加强监督，把好口子。对不合理的汇款、结算，要一律拒绝办理，并及时向有关领导部门反映。

通知最后要求各地区、各部门在今冬明春，要组织力量对控制社会集团购买力的执行情况进行一次检查。对节约开支、坚持执行制度卓有成效的单位和个人，给予表扬和奖励；对铺张浪费、不按规定办事的，给予批评教育，情节恶劣而又造成严重损失浪费的，要给予必要的纪律处分。对弄虚作假、套购专项控制商品的，要予以没收，价款上缴国库。

国务院副总理王震在北京会见美国国家工程科学院院士美国国际商业机器公司澳森研究中心高级研究员科克博士和澳森研究中心计算机科学部主任肖尔博士及夫人

国务院副总理王震在北京会见英国国际计算机有限公司董事长哈德森一行

黄麻起义和鄂豫皖苏区革命烈士纪念碑在湖北红安县落成

参加落成典礼的有湖北、河南、安徽3省和武汉部队的负责同志，原鄂豫皖苏区红安（当时叫黄安）、麻城、金寨、新县、商城、大悟和黄陂等县的代表，参加过当年黄麻起义的老战士、老红军和老赤卫队员，共100多人。

黄麻起义和鄂豫皖苏区革命烈士纪念碑，矗立在红安县城郊烈士陵园的中心。碑身正面镌刻着华国锋同志书写的“黄麻起义和鄂豫皖苏区革命烈士纪念碑”17个字。东面刻有：董必武同志1974年题词“革命烈士永垂不朽”，叶剑英同志题词“黄麻起义和鄂豫皖苏区革命烈士精神万古长青”。西面刻有：李先念同志题词“黄麻起义和鄂豫皖苏区的革命烈士永垂不朽”，徐向前同志题词“黄麻起义和鄂豫皖苏区的革命烈士们不畏艰险不怕牺牲大无畏的革命精神永远活在人们的心中”。

11月14日

国务院副总理王震在北京会见英国国际计算机有限公司董事长哈德森一行

国务院副总理薄一波在北京会见由缅甸通讯社国际部主任吴觉敏率领的缅甸新闻代表团

11月15日

国务院总理华国锋会见希腊总理卡拉曼利斯并出席中希两国政府科技合作协定签字仪式

华国锋总理对卡拉曼利斯总理第一次来中国访问表示热烈欢迎。他说：中希两国建交以来，我们两国关系一直是好的。这次卡拉曼利斯总理来访对加强我们相互之间的了解和友谊作出了很好的贡献。

卡拉曼利斯总理对他同邓小平副总理的会谈表示满意。他说：我们的会谈是非常友好的、也是非常有益的。华国锋总理说：友好地交换意见对双方都有好处。

宾主还就共同关心的国际问题广泛地交换了

意见。

会见时在座的有：希腊外交部部长乔治·拉利斯；我国外交部副部长张海峰、部长助理宋之光，中国驻希腊大使何扬。

华国锋总理和卡拉曼利斯总理下午出席了中华人民共和国政府和希腊共和国政府科学技术合作协定的签字仪式。

协定规定，缔约双方在互惠的基础上，交换科学技术情报和资料；互派科学技术代表团、科学家、技术人员和进修人员进行访问、考察和进修；对双方感兴趣的项目进行共同研究；组织双边科技讨论会和演讲会等。

我国外交部部长黄华和希腊外交部部长乔治·拉利斯代表各自政府在协定上签了字。

国务院副总理陈慕华在北京会见刚果人民共和国新任驻中国大使阿尔贝·马托科

中共中央政治局委员乌兰夫为团长的中国共产党代表团应罗共中央邀请前往布加勒斯特参加罗共第十二次代表大会

代表团团员是：中组部副部长李步新、中联部副部长张致祥、中国驻罗马尼亚大使陈叔亮（已在布加勒斯特）、中联部局长何凤栖。

11月16日

党和国家领导人华国锋 李先念等在人民大会堂接见出席第四次全国文代会的全体代表和大会工作人员

中宣部、文化部联合举行盛大茶话会，招待出席中国文学艺术工作者第四次代表大会的全体代表，庆祝这次具有历史意义的文代会胜利闭幕。

党和国家其他领导人王震、韦国清、邓颖超、纪登奎、吴德、余秋里、张廷发、陈锡联、胡耀邦、耿飚、倪志福、彭真、陈慕华、赛福鼎、谭震林、李井泉、周建人、胡厥文、朱蕴山、史良、谷牧、康世恩、薄一波、姬鹏飞，政协全国委员会副主席宋任穷、康克清、季方、王首道、庄希泉、胡子昂、李维汉、胡愈之、王昆仑、班禅额尔德尼·确吉坚赞，最高人民法院院长江华，最高人民检察院检察长黄火青，也参加了接见。

华国锋同志发表了即席讲话。他说，今天，我们又和文艺界这样多的朋友们欢聚一堂，我很高兴。我们建设四个现代化，必须提高整个中华民族的科学文化水平。我们的文艺也要繁荣昌盛起来。他向代表们表示亲切慰问。

胡耀邦同志在茶话会上讲了话。他说，历史将证明，这次文代大会是我们国家文艺战线一个极为重要的里程碑。现在，我们中央宣传部和文化部举行这样一个简朴的茶点招待会，借以对你们齐心协力、辛勤劳动所取得的丰硕成果，表示热烈的祝贺。

胡耀邦同志说，我们的党从来认为，文艺事业是我们伟大事业的一个重要组成部分，文艺大军是我们整个革命队伍的一支光荣的大军。在漫长的革命年代，你们这支大军作出了巨大的贡献。现在，我们的国家进入了一个历史发展的新时期，我们党正在率领我国各族人民向一个更伟大的新的目标前进。希望你们能够在这个伟大的事业中作出更加光辉的贡献。

胡耀邦同志说，从事文艺工作的同志和我们从事宣传工作的人，可以说是一条战壕里的战友。我知道，我们的宣传部门对你们关心不够，支持不够，帮助不够。还有些人，对你们的劳动很不尊重，甚至横加干涉，粗暴对待。我要说，在我们党中央的领导下，所有这些缺点，一定能够逐步克服，而那些违背党的文艺政策的错误行为终归要会受到严格的禁止。我们党和文艺工作者的正确关系一定会健康地发展起来。

他说，在座的各位年纪有大有小，但是我们大家都是20世纪的中华儿女。由于以华主席为首的党中央粉碎了"四人帮"，现在我们大家重新掌握了自己的命运，掌握了我们国家和民族的命运。有一首歌，叫作《我们的生活充满了阳光》。的确，我们现在是在阳光灿烂的大道上前进。我们的前程无限光明。我们的总目标，是要建设一个四个现代化的社会主义强国。

这样的强国，应该是经济上发达富强，政治上安定团结，文化上繁荣兴盛。经济发达，政治安定，文化繁荣，就是我们应该坚定不移地为之奋斗的目标。我们一定要达到这个目标，我们一定能够达到这个目标！

胡耀邦同志最后用激昂的语调说，如果我们这样坚信不疑，如果我们是这样地坚忍不拔，那么，同志们，我们伟大祖国的一个全面的、持续的文艺大繁荣的新时期就一定会到来。一个人人都能够大显身手、大有作为的年代到来了！让我们同心同德地努力奋斗吧！胜利一定属于我们！

第四次全国文代会在人民大会堂闭幕

党和国家领导人李先念、王震、韦国清、邓颖超、胡耀邦、彭真、赛福鼎、谭震林、周建人、谷牧、薄一波，政协全国委员会副主席宋任穷、康克清、胡愈之，出席了闭幕式。

周扬主持闭幕式，宣布了中国文联名誉主席、主席和副主席的选举结果。

全体与会代表一致通过了《中国文学艺术工作者第四次代表大会决议》。

中国文联副主席夏衍致闭幕词。

中国文学艺术工作者第四次代表大会决议

中国文学艺术工作者第四次代表大会，在党中央的亲切关怀下，于1979年10月30日至11月16日在北京举行。全体代表一致拥护邓小平同志代表中共中央、国务院向大会所作的祝辞，认为这个祝辞是我国新的历史时期文学艺术的战斗纲领，必须坚决地贯彻执行。大会热烈讨论并通过了周扬同志作的题为《继往开来，繁荣社会主义新时期的文艺》的报告。

大会号召全国文艺工作者团结起来，同心同德，用最大的努力，繁荣社会主义文艺创作，提高表演艺术水平，以丰富人民群众的文化生活，提高人民的精神境界，培养社会主义新人，鼓舞人民为建设现代化的社会主义祖国而奋斗。

要加强同世界各国的文化交流，发展同各国作家艺术家的友好往来，增进同世界人民的了解和友谊，团结各国人民为反对帝国主义、霸权主义、保卫世界和平而斗争。

大会同意杂技艺术界同志关于成立杂技工作者协会的建议。同意接纳杂技工作者协会为中国文联的会员。

中国文联名誉主席 主席 副主席名单

名誉主席 茅 盾

主 席 周 扬

副主席 巴 金 夏 衍 傅 钟 阳翰笙 谢冰心 贺绿汀 吴作人 林默涵 俞振飞 陶 钝 康巴尔汗

中国文联各协会 研究会新选出的主席 副主席名单

中国作家协会

主 席 茅 盾

第一副主席 巴 金

副主席 丁 玲 冯 至 冯 牧 艾 青 刘白羽 沙 汀 李 季 张光年 陈荒煤 欧阳山 贺敬之 铁衣甫江

中国戏剧家协会

主 席 曹 禺

副主席 马彦祥 关肃霜 李伯钊 陈白尘 张 庚 张君秋 阿 甲 沈西蒙 吴 雪 金 山 赵 寻 袁雪芬 黄佐临 常香玉

中国音乐家协会

主 席 吕 骥

副主席 贺绿汀 李焕之 李 凌 周巍峙 丁善德 时乐濛 赵 沨 才旦卓玛 孙 慎 周小燕

中国电影家协会

主 席 夏 衍

副主席 于 伶 白 杨 司徒慧敏 成 荫 张骏祥 陈荒煤 袁文殊

中国舞蹈家协会

主 席 吴晓邦

副主席 戴爱莲 陈锦清 康巴尔汗 贾作光 胡果刚 梁 伦 盛 婕

中国美术家协会

主 席 江 丰

副主席 吴作人 华君武 刘开渠 王朝闻 叶浅予 蔡若虹 黄新波 李少言 李可染 关山月

中国曲艺家协会

主 席 陶 钝

副主席 韩起祥 高元钧 骆玉笙 侯宝林 罗 扬 吴宗锡 蒋月泉 李德才

中国民间文艺研究会

主 席 周 扬

副主席 钟敬文 贾 芝 毛 星 顾颉刚 马学良 额尔敦·陶克陶 康朗甩

中国摄影家协会

主 席 徐肖冰

副主席 孙 振 陈昌谦 陈复礼 吴印咸 高 帆 黄 翔

中国文联第四届全国委员会委员名单（以姓氏笔画为序）

丁 里 丁 玲 丁 峤 丁 毅 丁正铎 丁是娥 丁善德 力 群 马 宁 马 加 马 若 马玉涛 马学良 马彦祥 马 烽 马 瑜 于 兰 于 伶 于是之 于黑丁 于 敏 于冠西 万里云 才旦卓玛 王 昆 王 苹 王子野 王汶石 王玉胡 王众音 王秀兰 王丽堂 王家乙 王雪波 王朝闻 王阑西 戈宝权 公 木 毛 星 牛桂英 方 纪 方 行 文 菲 云照光 韦君宜 孔罗荪 巴 金 尹 羲 尹桂芳 尹茅塞 石 天 石 鲁 石 磊 石凌鹤 古 元 左哈拉 厉慧敏 卢 肃 史 行 史若虚 叶圣陶 叶君健 叶浅予 艾 芜 艾 青 田 兵 田 华 田 雨 田 间 田 炜 白 杨 白 桦 白凤鸣 白淑湘 白燕仔 白晓朗（童怀周代表） 冯 至 冯 牧 冯乃超 刘 川 刘天一 刘开渠 刘白羽 刘肖芜 刘诗昆 刘知侠 刘 佳 刘宾雁 刘海粟 刘郁民 刘相如 刘德海 刘毓中 华君武 华 嘉 任白戈 任 清 任德耀

朱　丹　朱光潜　朱素甫·玛玛依　成仿吾　成　荫
关山月　关肃霜　孙　慎　孙　振　孙　犁　孙　瑜
孙家琇　吕厚民　吕　骥　延泽民　邢立斌　阳友鹤
阳翰笙　江　丰　江定仙　亚　明　则克力
司徒慧敏　伊　林　汤晓丹　阮章竞　那　沙
红线女　肖　三　肖　军　李一氓　李少言　李可染
李初梨　李志曙　李　进　李　乔　李　伟　李　波
李　季　李伯钊　李何林　李名强　李建彤　李健吾
李和曾　李春光　李　凌　李承祥　李定坤　李　准
李　桦　李焕之　李霁野　李默然　李紫贵　李德才
李德伦　李桂云　李英敏　陈书舫　陈白尘　陈　沂
陈伯华　陈学昭　陈复礼　陈荒煤　陈　涌　陈素真
陈锦清　陈登科　陈　播　陈洁民　陈残云　陈白一
陈鲤庭　吴世昌　吴仞之　吴印咸　吴　坚　吴作人
吴宗锡　吴祖光　吴晓邦　吴　雪　吴　强　吴景略
吴楚帆　杨士惠　杨公骥　杨兰春　杨　明　杨亮才
杨　沫　杨益言　杨荫浏　杨宪益　严文井　严　辰
严永洁　严良堃　严寄洲　沈西蒙　沈亚威　沈　扶
沈定华　沈　浮　沈柔坚　余　本　余所亚　余冠英
余　耘　沙　汀　汪　洋　苏一平　苏　云　苏　里
陆万美　陆　地　陆青山　何文今　阿　甲　阿　良
阿玛次仁　时乐濛　杜　埃　杜　烽　杜鹏程
杜近芳　杜天文　宋吟可　库尔班·阿里　周　戈
周小燕　周而复　周传瑛　周　桓　周　扬　周钢鸣
周　郇　周国瑾　周巍峙　宝音巴图
宝音德力格尔　茅　盾　罗　扬　罗品超　罗工柳
林淡秋　林风眠　林　路　林　农　林　杉　林散之
林　扬　林默涵　金　山　金　哲　金紫光　郎咸芬
郎毓秀　欧阳山　鱼　讯　庞薰琹　思　勤　赵　丹
赵　寻　赵　青　赵　沨　赵　寰　赵朴初　赵羽翔
赵得贤　赵鼎新　赵起扬　赵燕侠　张天翼　张光年
张　僖　张振军　张　庚　张东川　张季纯　张君秋
张梦庚　张　拓　张　权　张敬安　张子谦　张　仃
张乐平　张水华　张景华　张骏祥　张瑞芳　张耀民
张振铎　俞平伯　俞　林　俞振飞　俞百巍　姚雪垠
姚　澄　姚璇秋　姚时晓　姚经才　郭绍虞　郭　铭
郭兰英　郭　颂　郭文秋　郭　维　姜椿芳　姜　彬
姜秀珍　骆　文　骆宾基　骆玉笙　洛　丁　胡　可
胡　采　胡　沙　胡一川　胡蓉蓉　胡果刚　胡献雅
贺敬之　贺绿汀　洪　林　洪　遒　钟敬之　钟敬文
钟望阳　侯宝林　侯　波　柯　灵　柯　岩　草　明
彦　涵　施　展　查　列　徐平羽　徐桑楚　徐肖冰
徐　迟　袁小平　袁文殊　袁雪芬　袁世海　袁宗杰
袁晓岑　袁　静　高　虹　高　帆　高士其　高元钧
贾　克　贾　芝　贾桂兰　贾作光　敖德斯尔
铁　可　梁文英　梁　伦　梁　斌　夏　衍　夏　梦
夏菊花　钱　江　钱仁康　钱松嵒　钱静人　钱钟书
钱筱璋　特　伟　秦　似　秦　牧　秦　怡　陶　钝
顾颉刚　莫　朴　唐向青　聂绀弩　曹　禺　曹火星
曹汉昌　曹靖华　崔德志　康巴尔汗　康朗甩
康　濯　常书鸿　常苏民　常香玉　鄂　华　黄　河
黄　胄　黄　虹　黄　钢　黄　镇　黄　翔　黄　源
黄友葵　黄永玉　黄佐临　黄俊耀　黄苗子　黄贻钧
黄勇刹　黄药眠　黄新波　盛　婕　韩起祥　萨空了
彭俐侬　斯琴塔日哈　董　速　赖少其　程十发
程士荣　程秀山　傅　钟　傅　铎　傅懋勣　舒　巧
舒　强　喻宜萱　谢冰心　谢瑞阶　谢铁骊　蒋月泉
蒋风之　蒋兆和　游　龙　游惠海　蔡尚雄　蔡若虹
雷　加　雷圭元　漠　雁　路　一　虞　棘　楚图南
缪天瑞　谭抒真　臧克家　管　桦　潘凤霞
德格·格桑旺堆　额尔敦·陶克陶　燕遇明　魏　伯
魏　巍　魏传统　魏喜奎　戴爱莲　蹇先艾　瞿　维

《人民日报》发表评论员文章《保质保量完成投产项目》

抓紧时间，集中力量，保质保量地完成竣工投产项目，把今年的基本建设计划完成得好一些，对于调整国民经济具有重要意义。

今年是贯彻执行国民经济调整方针的第一年，全国的基本建设计划作了调整。在基建计划定得晚、下达迟，资金、物资都有不同程度缺口的情况下，由于各地区、各部门的积极努力，争取更多的项目竣工投产，全年计划将能较好地完成。这样，煤炭、原油、发电新增生产能力，将对缓和明年燃料动力供应的紧张状况起一定作用。另外，糖厂、原盐、纸浆、棉纺、铁矿石、炼铁、轧材生产能力的增加，新建铁路、港口等等，这将有利于明年轻纺工业的进一步发展，有利于克服工业内部的薄弱环节，有利于整个国民经济比例关系的调整。

力争更多的项目竣工投产，必须注意保质保量。不能因为时间紧迫，为赶进度而忽视工程质量。每个竣工投产项目都要及时组织严格验收，防止虽然报了投产，实际没有形成生产能力；或具备了投产使用条件，不及时进行验收，不按照规定办理固定资产移交手续，继续吃“基建饭”。济南第二机床厂铸钢车间设计能力为四千吨，去年主要厂房建成了，但烘干炉、淬火炉、冷却水塔等工程都未搞完，设备也不齐全，主管部门就组织验收，结果留下很大尾巴，不能投产。辽宁省锦州铁合金厂海绵钛工程，上报投产已经 3 年，由于配套工程未建成，至今不能生产设计的产品。验收是手段，投产才是目的，验收了不能投产，这种验收有什么实际意义呢？我们搞基本建设是为了增加新的生产能力，那种不讲经济效果、为基建而基建的做法，是违背调整方针的。进行基本建设,必须讲求经济效果。辽宁省建委最近对74个投产项目的经济效果进行调查分析,结果发现报了投产而不能生产的有17个,占23%;投产后由于种种原因不能充分发挥设备能力的有19个,占26%。这种情况在别的省、市也是有的。

基本建设必须坚持实事求是。对于年内有把握竣工投产的项目,要认真抓紧,坚决做到按标准建成、验收。要把投资打足,物资和施工队伍集中。基建部门要和物资、建设银行、交通运输等部门密切协作配合,狠抓投资效果,确保建设进度。对于工程量大,问题较少,年内不能竣工投产的项目,也要多做工作,以期明年能够尽早建成投产,但不能年终突击花钱,分散财力、物力,影响集中力量打歼灭战,造成不应有的损失。各地区、各部门都要从实际出发,结合明年基本建设的情况,进行合理的安排。

加强物资调剂调度,是力争有更多项目竣工投产的重要保证。随着基本建设的调整,建设规模的缩小,停建缓建项目的增加,建筑材料、设备等物资的潜力越来越大。要在搞好清仓利库的基础上,将停建缓建项目的材料和物资,及时地用到年内竣工投产的项目上去。经验证明,解决材料、设备等物资问题,关键在于加强组织领导。湖北省建委对27个非工业部门的建设项目,采取由建工部门从备料、三通一平到竣工全过程包干,投资、材料全部由施工单位统筹使用的办法,不仅大大减少了建设单位许多麻烦,受到非工业部门的欢迎,而且由于人力、物力、财力可以集中调剂使用,大大提高了竣工率。这条经验,值得各地借鉴。

国务院批转《基本建设贷款试行条例》

新华社报道,国务院最近批转了国家计委、国家建委、财政部关于基本建设投资试行贷款办法的报告和《基本建设贷款试行条例》(以下简称《条例》),要求各地区、各部门认真组织试点。今明两年,先在轻工、纺织、旅游等行业和北京、上海、广东3个省市选择投资少、见效快、利润高、建设条件较好的项目,以及交通、铁道、旅游等部门买车、买船等方面进行试点。共他部门和地方也将选择一些项目进行试点,以便总结经验,积极创造条件,稳步推广。

基本建设投资由财政拨款改为银行贷款,是我国基本建设管理体制的一项重大改革。这项改革符合运用经济规律管理经济工作的原则,扩大了经济手段和经济组织的作用,使银行和贷款单位互相承担经济责任和法律责任。贷款要按期还本付息,因而可以促使贷款单位慎重地考虑是否需要进行建设,建设过程中怎样精打细算,少花钱,多办事,加快建设进度。新的做法,对于加强基本建设管理,缩短基建战线,提高投资效果,都会起到积极作用。

根据《条例》规定,基本建设贷款由中国人民建设银行负责办理。凡实行独立核算,有还款能力的工业、交通运输、农垦、畜牧、水产、商业、旅游等企业进行基本建设所需的资金,建设银行可根据国家基本建设计划给予贷款。给予贷款的项目必须符合下列条件:(一)产品有销路,工艺已过关;(二)生产所需资源、原材料、燃料动力、水源、运输等已经落实;(三)投资回收期的计算准确可靠,能够按期还本付息;(四)建设用地和设备、材料、施工力量已有安排。此外,那些产品急需,条件落实,工期短,见效快,盈利多的小型、零星项目,经建设银行审查同意,可以在核定的贷款资金机动数的限额之内给予贷款。行政和无盈利的事业单位,以及国家计划指定的项目,仍由财政拨款。

《条例》规定,贷款单位必须在规定的期限内还本付息。贷款期限,从签订贷款合同之日起到全部还清本息止;重工业企业最长不超过15年,其他企业最长不超过10年。属于那些小型、零星项目,最长不超过5年。具体贷款期限,视具体情况在合同中订明。

《条例》规定建设银行对贷款使用情况进行监督检查,发现有挪用贷款资金、擅自改变建设内容、盲目采购材料设备、违反财经纪律等问题时,应当通知贷款单位限期改正;逾期不改的,建设银行有权停止贷款,并报上级主管机关审查处理。贷款在规定期限内未还清的,逾期还款部分加倍计息。贷款被挪作其他用途的,挪用部分加双倍计息。

《条例》还对还本付息的资金来源作了具体规定。

国务院副总理方毅在北京会见以教育委员会副委员长韩基焕为团长的朝鲜民主主义人民共和国教育代表团

国务院副总理方毅在北京会见出席第二届全国地层会议的外国和香港科学家

中国科学院院长方毅在北京会见美国麦迪逊—威斯康星大学校长欧文·谢恩教授率领的该大学代表团

全国人大常委会副委员长邓颖超在北京接受比利时新任驻中国大使德诺尔姆·罗杰递交的国书

11月17日

国务院总理华国锋和副总理李先念在人民大会堂分别会见孟加拉人民共和国外交部部长穆罕默德·沙

姆斯·哈克一行

华国锋总理在会见哈克外长时说，中孟两国自从建交以来，两国的关系发展得很好。我们两国都希望有一个和平的国际环境建设各自的国家。我们希望孟加拉国繁荣昌盛，你们也希望我国繁荣昌盛。我们两国之间要互相帮助。

哈克外长对华国锋总理说，我带来了齐亚·拉赫曼总统对你热情的问候。他转交了齐亚总统写给华国锋总理的一封信。华总理请哈克外长转达他对齐亚总统的良好祝愿。

李先念副总理同哈克外长在谈话中，就共同关心的一些国际问题交换了意见。

孟加拉国驻中国大使莫明参加了会见。

外交部部长黄华等会见时在座。

《人民日报》发表社论《迎接社会主义文艺复兴的新时期——热烈祝贺中国文学艺术工作者第四次代表大会胜利闭幕》

中国文学艺术工作者第四次代表大会胜利闭幕了。这次具有历史意义的盛会，是粉碎林彪、"四人帮"以后，各路文艺大军胜利会师的大会，是总结30年来我国社会主义文学艺术经验的大会，是继续深入批判林彪、"四人帮"的极左路线，进一步解放思想，加强团结，同心同德进行新的长征，为开辟社会主义文艺繁荣新时期而努力奋斗的大会。我们谨向大会取得丰硕成果表示热烈的祝贺，谨向经受了各种考验，迈开新的步伐，为社会主义文艺事业而奋斗的广大文艺工作者致以衷心的敬意。

这次大会距第三次文代会已经19年了，从第一次文代会到现在，则已经整整30年。30年来，我国的社会主义文学艺术所走过的道路，是伟大光荣而又艰巨曲折的。我们取得了重大的成就，也有缺点和错误，在斗争中积累了正反两方面的经验。

新中国成立，在党的领导下，我国文艺工作者响应毛泽东同志的号召，坚持了文艺为广大人民群众服务、首先是为工农兵服务的正确方向。在努力同新时代的群众相结合的基础上，我国各民族的社会主义文学艺术事业得到空前的发展。文艺工作者创作了大批反映各个历史时期斗争生活，富有强烈时代精神、浓厚生活气息和民族特色的优秀作品。这些绚丽多彩的精神花朵，对于提高人民的思想觉悟和道德情操，促进社会的进步和发展，起了巨大的作用。粉碎"四人帮"以后的3年来，文艺创作又有了新的突破，许多作品比较及时地反映了时代的步伐，尖锐地提出了现实生活中迫切需要解决的问题，强烈地表达了广大人民群众的情绪、要求、意志和理想。这是当前我国思想解放运动伟大潮流的产物，又反过来影响和推动着这一潮流的发展。在党的亲切关怀下，从群众中涌现出来的文艺新人，不断给社会主义文艺事业注入新的血液和新的气息，一支朝气蓬勃的、富有战斗力的文艺大军，正在成长。

无产阶级政党在掌握全国政权以后，如何正确地领导文艺事业，如何指引文艺沿着社会主义的轨道，向着有利于人民的方向不断发展，是一个新的课题，需要通过反复的实践在摸索中前进。"文化大革命"前的17年中，文艺战线上出现过多次思想斗争。其中有些斗争是难以避免的，也是不可缺少的。它对于在文艺领域中用马克思主义战胜形形色色的剥削阶级的意识形态，争取无产阶级在这个领域中的优势地位，有着重大的意义。但在某些斗争中也出现了一些混淆人民内部和敌我之间两类不同性质矛盾的"左"的倾向。后来，这种"左"的倾向不仅没有得到有效地克服，反而在一定条件下有所发展，对待思想问题采取了不适当的行政手段和错误的斗争方式，伤害了许多同志，压抑了文艺界生气勃勃的创造精神。这个极为深刻的教训，我们一定要认真记取。而从1966年起10年的时间里，林彪、"四人帮"窃取和篡夺了党对文艺工作的领导权，使我国社会主义文艺事业经历了一场空前的灾难，成了中国文艺史上罕见的黑暗年代。他们合伙炮制的所谓《部队文艺工作座谈会纪要》，成了他们强加在广大文艺工作者身上的沉重的精神枷锁。他们结党营私，以帮代党，大兴文字狱，大搞株连，对文艺界实行封建法西斯的"全面专政"。他们践踏党的"百花齐放，百家争鸣"的方针，扼杀了大批优秀的文艺作品，造成文艺界空前肃杀的局面。他们推行一条极左的文艺路线，制造瞒和骗的文艺，并以种种条条框框来窒息文艺工作者的创造精神。林彪、"四人帮"的所作所为，从反面说明了：一旦脱离了马列主义的正确路线和党的正确领导，我们的社会主义文艺将会遭到什么样的灾难！

粉碎"四人帮"之后，我们国家进入一个新的历史时期。党的十一届三中全会向全党和全国人民提出了把工作着重点转移到实现社会主义现代化建设上面来。这是一个重大的战略决策，一个历史性的伟大转折。在这种新形势下，如何正确地把文艺事业领导好，促进文艺更大的繁荣和提高，使它在四个现代化进军中更好地发挥战斗作用，这是摆在各级党委面前的一个重要议题。

一、思想要有一个大解放，作风要有一个大改变

文学艺术事业的繁荣，同思想的解放是密切不可分的。思想解放，就是要求按照辩证唯物主义的思想路线来研究新情况，解决新问题。不这样做，文艺是不可能有大的突破，取得大的发展的。思想解放，首先要

求担负领导工作的同志思想要有一个大的解放，一定要站到思想解放运动的前列，真正解决思想路线问题，成为这一革命潮流的促进派。如果思想仍处于僵化或半僵化状态，迷信本本，墨守成规，不能随着时代的步伐前进，甚至自觉或不自觉地仍在用极左路线的观点对待和分析问题，这不仅不可能推动文艺事业的前进，相反会成为阻力和障碍。新的事物、新的问题、新的情况不断出现，必须有更勇敢的思想解放，文艺才能有更大的突破和发展。我们希望各级领导联系文艺界的实际，认真补好关于真理标准问题讨论这一课，继续深入批判那个《纪要》的各种反动观点，进一步肃清它的流毒。要彻底从林彪、"四人帮"极左路线的精神禁锢中解放出来，从他们所制造的现代迷信的束缚中解放出来，从文学艺术的教条主义和形形色色的唯心主义、形而上学观念的影响下解放出来，从各种极端个人主义和无政府主义的思想影响下解放出来。肃清了极左流毒，端正了思想路线，不断排除来自"左"的或右的干扰，才能有力地推动文艺事业沿着正确的轨道阔步前进。

领导思想要解放，领导方法和领导作风也必须有个大的改变。衙门习气必须抛弃，不同群众商量，单凭个人感想，发号施令的"一言堂"作风必须克服。不尊重客观实际，不尊重群众的首创精神，不尊重艺术规律，不尊重内行，这是一种主观主义的领导方法，用这样的方法领导复杂的精神生产，处理复杂的文艺问题，只能把事情弄糟。我们的各级文艺工作的领导同志，一定要学会掌握文化艺术的规律，不断提高自己的业务水平，尽可能地变外行为内行，把工作做到点子上；一定要发扬艺术民主，提倡自由讨论的空气，听得进不同意见；一定要走群众路线，体察群众的脉搏和情绪，了解群众的意见和愿望。尊重人民群众这个权威，领导的决断才有权威性；倾听了实践的呼声，领导的意见才经得起实践的检验。

二、坚决贯彻"双百"方针，发扬文艺民主

"百花齐放，百家争鸣"的方针，是促进艺术发展和科学进步的基本方针，也是我们党按照客观规律领导艺术和科学的最好方法。多年的实践反复证明：当我们比较好地实行这个方针的时候，春风送暖，文艺就活跃，就兴旺；当我们对这个方针贯彻不力的时候，秋风肃杀，文艺就停滞，就倒退。林彪、"四人帮"践踏这个方针造成的严重后果，从反面说明了：不贯彻"双百"方针，就根本谈不上社会主义文艺的繁荣。

是"放"还是"收"，这是贯彻"双百"方针的关键问题。我们有的同志小心翼翼，缩手缩脚，唯恐"放"过了头，不敢大胆坚持"放"的方针。

当前，文艺工作者的"余悸"和"预悸"还没有完全消除，林彪、"四人帮"设置的创作禁区还没有完全打破，怎么能说"放"过了头呢？何况即使出了一点问题，也不能像倒脏水连同盆里的孩子一起倒掉一样，因此就怀疑甚至否定"双百"方针的正确性。我们一定要坚持"放"的方针，充分发扬文艺民主。要坚持实践是检验真理的唯一标准，运用群众路线的方法来检验和评定文艺作品。只要对人民有利，对社会主义有利，对四个现代化有利，就应给予支持和保护。文学艺术是个复杂的精神劳动，需要保证作家、艺术家有思想和创作的广阔天地。要鼓励题材、体裁、形式、风格的多样化，鼓励不同的创作风格、不同的艺术流派的自由竞赛。要大力抓好文艺创作，只有抓出好的作品，才算把文艺工作做到了家。写什么和怎么写，只能由文艺家通过自己的实践去探索和逐步求得解决。在这方面，领导决不要横加干涉。学术讨论、文艺批评上也要放手，一定要清除扣帽子、打棍子的恶劣作风。要允许并提倡发表不同的观点，允许并提倡批评和反批评，要鼓励不同的学派自由发展，鼓励各种不同文艺观点的自由讨论，创造一种最适宜于文艺批评和文艺理论自由发展的气氛。社会主义的文学艺术事业，为了适应新时期的总任务，也需要有自己的立法，制定各种有关条例，以便更有利于保证党的方针政策的贯彻，保证文艺事业健康的发展。

总之，检验"双百"方针是否正确贯彻，检验文艺工作的一切成就，归根到底，只有一个标准，就是创作是否繁荣，能否满足广大人民群众的精神生活的正当需要和提高人民的精神道德水平，是否出作品，出人才，出理论——文艺理论的目的也是为了创作的发展和提高开辟道路。

三、调动一切积极因素，壮大文艺队伍

我们的文艺大军，是一支在多年斗争中经受过各种严峻考验的队伍，是一支热爱党、热爱社会主义祖国、忠于人民并得到人民尊敬和喜爱的队伍。我们各级党组织的责任，是带好这支队伍，按照党的路线、方针和政策，把他们的积极性和创造性最充分地调动起来。要切实整顿和充实文艺领导部门，认真改进领导作风。要加快落实党的政策的步伐，坚决贯彻党中央的指示精神，实事求是地为所有蒙受冤屈的作品和遭受迫害的作者落实政策，恢复名誉。各级党委和有关领导都要积极帮助作家、艺术家进一步学习马列主义、毛泽东思想。要根据作家、艺术家的具体情况，采取多样的灵活的方式，组织他们到工矿、农村、部队以及各行各业去深入生活，参观访问，以开阔眼界，丰富知识，增加生活积累。要关心作家、艺术家的生活、工作和创作状况，了解他们的困难，体恤他们的疾苦，尽可能地为他们解除后顾之忧。青年文艺工作者是文艺队伍中的新鲜血液,要花更多的心血培育他们。过去我们对新生力量的爱护和扶植是不够的,有的领导甚至粗暴地打击新生力量,以致埋没了一些人才,糟蹋了一些人才。这方面的教训一定要记取。我们要善于发现人才,培养人才,珍惜人才。首先要热情扶植,肯定他们的成绩,鼓励他们的进步;同时,又要善于引导,严格要求,帮助他们更快地健康地成长。

繁荣社会主义文艺,还要注意加强文艺队伍的团结。要增强党的和非党的、专业的和业余的,特别是新老文艺工作者之间的团结。青年文艺工作者要尊重老一辈的作家、艺术家,虚心求教;老一辈的作家、艺术家要为青年文艺工作者的成长感到高兴,把培养后起之秀作为自己光荣的职责,热心地做好传、帮、带。要根据党的"惩前毖后,治病救人"的政策,帮助犯过错误的同志,只要他们认识了自己的错误,就不要嫌弃他们,而要团结他们,鼓励他们。要做切实的细致的工作,消除文艺工作者之间的隔阂,在为实现四个现代化服务的大目标下携起手来。在文艺队伍内部,在从事各种艺术的文艺工作者之间,在从事创作和从事理论批评的同志之间,在文艺家与广大读者、观众之间,要提倡同志式的、心平气和的讨论,造成一种互相尊重、互相支持、互相帮助、互相切磋的心情舒畅的气氛。总之,要团结起来向前看,同心同德为社会主义文艺事业的发展更加紧密地团结起来!

社会主义文艺的新长征开始了。道远而任重。3年来的拨乱反正,磅礴的思想解放运动,为我们的前进排除了许多障碍;人民壮丽的斗争,祖国的伟大变革,为文艺的新繁荣创造了优越的时代条件。瞻望未来,前景无限光明。我们有马克思列宁主义、毛泽东思想的引导,有一支很有生气、很能战斗、很可爱的文艺队伍,只要我们加强党的领导,坚决贯彻"百花齐放,百家争鸣"的方针,万众一心,团结奋斗,我们的文艺一定能取得比过去30年更加辉煌灿烂的成就,一定能迎来中国社会主义文艺复兴的新时期!

国务院副总理方毅在北京举行宴会欢迎联邦德国研究和技术部长福尔克尔·豪夫和夫人一行

方毅副总理在讲话中指出,中国和联邦德国两国人民之间的友谊和合作正在迅速发展。他赞扬两国科技界在促进这种友谊和合作方面作出了很有价值的贡献。他说,自从去年10月两国签订科学技术合作协定以来,"虽然只经过了400天,可是我们先后签订了9个专门的协议,双方来往的科学家、工程师超过了800多人。真可以说,我们的合作和友谊是与日俱增的。"

豪夫部长在致答词时,感谢中国为他们提供了解中国并能同中国政府的代表进行会谈的机会。他谈到他们通过对科学工业机构的参观,能够对中国的科学研究的进一步发展得到一个概念,并能够找到两国在科学和技术领域里的合作的道路。他高兴地指出两国的经济关系有了有利和光明的前景。豪夫部长祝愿联邦德国和中国两国在科学研究和技术发展方面的合作不断加强。联邦德国驻中国大使魏克德和夫人应邀出席了宴会。

出席宴会作陪的有冶金部部长唐克、石油部部长宋振明等。

国务院副总理姬鹏飞在北京会见由前川忠夫知事率领的日本香川县代表团

全国人大常委会副委员长聂荣臻在北京会见并宴请专程前来参加白求恩逝世40周年纪念活动的加拿大代表团

聂荣臻副委员长非常高兴地见到代表团团长威廉·巴鲁蒂、副团长明明德大使和73岁的白求恩的老朋友麦克诺顿,白求恩的外甥女等加拿大朋友。他说,白求恩是中加两国人民友谊的象征,是两国人民的共同骄傲。他亲切地回忆了白求恩当年为中国人民解放事业所作出的光荣业绩。

威廉·巴鲁蒂团长对聂副委员长说,我们在中国参加纪念白求恩逝世40周年的活动,很受感动。中国人民对白求恩充满了感情。我们感到白求恩架起了加中友谊的桥梁。

中国政府和孟加拉国政府文化合作协定在北京签字

协定规定中孟两国将在以下领域内进行交流和合作:文学艺术,教育,科学技术,新闻、广播、电视和电影,旅游和体育等。黄华外长和孟加拉国外长穆罕默德·沙姆斯·哈克分别代表本国政府在协定上签字。

中国对外翻译出版公司在北京成立

它除继续承担原北京对外翻译出版处原有的翻译出版业务外,将广泛开展对外国机构、团体和企业的翻译、出版业务,包括国际文献、研究报告、法律文书、技术文件、展览说明、产品介绍、广告招贴等。根据需要,还可临时或长期派出翻译人员出国从事口译和笔译。

中国地震学会在大连正式成立

中国著名的地球物理学家顾功叙当选为学会理事长。

来自全国各地的286名地震科学工作者参加了学会成立大会。会上通过了会章,选举了87名理事(其中包括保留给台湾省的1名)。

冯雪峰追悼会在北京举行

中国共产党优秀党员、著名的无产阶级文艺理论家和作家、诗人冯雪峰同志的追悼会,在北京西苑饭店大礼堂举行。

冯雪峰同志是第一届全国人民代表大会代表,中国人民政治协商会议第一届委员,中国文学艺术界联合会第一届常务委员、中国作家协会第一任党组书记、副主席,人民文学出版社第一任社长。他长期从事党的文艺工作,对发展我国革命文艺事业作出了巨大贡献。冯雪峰同志遭受林彪、“四人帮”的迫害,于1976年1月31日不幸逝世,终年74岁。

叶剑英、邓小平、陈云、宋庆龄、邓颖超、周建人、王震、胡耀邦、宋任穷、王首道、茅盾、胡愈之等送了花圈。全国人大常委会、全国政协、中央宣传部、中央组织部、文化部、国家出版事业管理局、全国文联、中国作家协会、总政治部文化部、中共上海市委、中共浙江省委、中共浙江省义乌县委也送了花圈。

王震、胡耀邦、宋任穷、王昆仑以及周扬、邓力群、冯文彬、巴金、叶圣陶、丁玲、欧阳山、谢冰心、艾青、周巍峙、贺敬之、周海婴、杨秀峰、沈兹九、陈翰伯、严文井、韦君宜等参加了追悼会。参加追悼会的还有冯雪峰同志的生前友好及全国文学艺术界的知名人士1000多人。

追悼会由全国政协副主席、全国人大常委会委员胡愈之主持,中共中央宣传部副部长朱穆之致悼词。

悼词说,冯雪峰同志是浙江义乌人。1927年加入中国共产党。从1931年起,先后担任过中国左翼作家联盟的党团书记,中共上海中央局文化工作委员会书记,中共江苏省宣传部部长,瑞金中央党校副校长。在中华苏维埃第二次全国代表大会上,被选为中华苏维埃政府中央执行委员会候补中央执行委员。随后,他参加了二万五千里长征,到达陕北以后,在红军大学和党校工作。1936年由中共中央派往上海,后任上海中共办事处副主任。1939年任中央东南局文化工作委员会委员。

新中国成立后,冯雪峰同志历任华东军政委员会委员,上海人民政府委员,上海市文艺工作者协会主席,上海市文学艺术界联合会副主席,鲁迅著作编刊社社长等职。

冯雪峰同志一生主要致力于党的文艺事业。早在1926年他就从事马克思主义文艺理论的介绍和传播工作,他早期从事于新诗创作,后来写了一系列文艺论文、杂文和寓言。解放后,他根据亲身经历写了著名的电影文学剧本《上饶集中营》和反映伟大长征的长篇小说,后来又写了历史小说《太平天国》,但因遭到“四人帮”的迫害而终未完成。

1958年年初,冯雪峰同志曾被错划为右派。今年4月,经组织批准,已经改正了这一错案,恢复了他的党籍和政治名誉。

11月18日

中共中央电贺罗共第十二次代表大会召开

贺电全文如下:

罗马尼亚共产党第十二次代表大会亲爱的同志们:

中国共产党中央委员会谨对罗马尼亚共产党第十二次代表大会的胜利召开,表示热烈的祝贺,并通过大会,向罗马尼亚共产党全体党员、罗马尼亚人民致以崇高的敬意。

罗马尼亚共产党是罗马尼亚人民的根本利益、罗马尼亚国家独立和主权的最忠实的捍卫者。光荣的罗马尼亚共产党,领导全国人民进行长期的英勇斗争,胜利地实现了反帝反法西斯的民族和社会解放革命,在罗马尼亚历史上开创了新纪元,并把社会主义建设事业不断地推向前进。

以尼古拉·齐奥塞斯库同志为首的罗马尼亚共产党,把马列主义的普遍原理同本国的具体实际相结合,制定了社会主义建设的路线、方针和政策,调动了工人阶级和全体劳动人民的积极性,使国民经济各部门得到了迅速的发展,并且不断地提高了人民的物质文化生活水平。今天,罗马尼亚已经成为一个具有现代化工农业和先进的科学文化的社会主义国家。罗马尼亚共产党坚决反对帝国主义的强权政治和发号施令的政策,支持被压迫民族和被压迫人民的正义斗争,为世界人民的革命事业作出了积极的贡献,赢得了各国人民的广泛支持和赞扬。

我们满怀喜悦的心情看到:你们在完成党的第十一次代表大会所制定的各项战斗任务中已经取得了巨大的成就。你们这次大会将要讨论和通过的新的五年计划和到1990年的远景规划的指示,为自由、尊严的罗马尼亚展现出美好前景。我们衷心祝愿你们在新的征途中取得更大的胜利。

中罗两党、两国人民无论在战火纷飞的年代和社会主义建设时期,一贯相互同情,相互支持,相互鼓舞,建立了深厚的革命友谊和十分良好的合作关系。我们之间的这种友谊与合作关系是建立在独立、平等、相互尊重的基础上的,是经得起考验的。去年两党最高领导人具有历史意义的互访把这种友谊和合作关系推向一个崭新的阶段,使双方在政治、经济、文化和科学技术等各个领域的合作得到了全面的发展。中国共产党和中国人民今后仍将同罗马尼亚共产党和罗马尼亚人民团结在一起，在建设社会主义的共同事业中，在反帝、反殖、反霸，维护世界和平与争取人类进步的斗争中，并肩战斗，携手前进。

祝罗马尼亚共产党第十二次代表大会圆满成功！

祝中罗两党、两国人民的革命友谊和战斗团结万古长青！

中国共产党中央委员会

1979年11月18日

中共中央主席华国锋在人民大会堂会见以南共联盟中央主席团委员克罗地亚共和国共盟主席米·普拉宁茨为团长的南斯拉夫共产主义者联盟代表团

中共中央副主席李先念在北京会见以政治局委员执行书记基蒂马·本·拉马扎尼为团长的扎伊尔人民革命运动代表团

会见时，李先念副主席同基蒂马团长就非洲形势、印度支那局势和共同关心的其他问题相互交换了看法。李副主席在谈到印支局势时说，我们对于几天前，扎伊尔在联合国投票支持撤出一切在柬埔寨的外国军队提案的行动，表示赞赏。他指出，这是一个公道和正义的行动。

国务院副总理、中联部部长姬鹏飞，中联部副部长吴学谦等参加了会见。

参加会见的还有扎伊尔驻中国大使图马·瓦库。

国防工办确定军工企业要走军民结合道路

新华社报道，国防工办最近在北京召开的国防工业工作会议确定，国防工业战线要认真贯彻执行调整、整顿、提高的方针，一面切实抓好现有企业的挖潜、革新、改造；一面坚持军民结合的发展道路，多生产民用产品，为加快国防现代化建设作出新的贡献。

与会同志在回顾新中国成立30年来的经验教训时，畅谈了我国国防工业发展壮大的历史，并统一了对国防工业战线如何贯彻调整方针的认识。大家认为，30年来，我国建设了门类比较齐全、具有相当规模和水平的国防工业，同时培养了一支科学技术队伍和技术工人队伍，为国防现代化奠定了比较好的物质基础。我们要立足于这个基础，把国防工业现代化建设搞上去。

与会同志强调，搞好国防工业的现代化建设，当前要认真端正思想路线，同时解决好组织路线方面的问题。每个企业，每个研究院、所和高等院校都必须打破束缚生产力发展的框框，努力解放思想。要下大力抓好现有企业的挖潜、革新和改造，充分发挥现有的科研、生产能力，把积极因素都调动起来。如果一提现代化，就什么都想要新的、洋的，把着眼点放在依靠国家给大量投资和外汇上，是不切实际的。

在分析国防工业生产的客观规律时，与会同志认识到，军工企业走军民结合的道路，是一条长远方针，而不是什么权宜之计。要切实搞好国防工业的调整、改革、整顿、提高，就要冲破各种思想阻力，破除不按经济规律办事，习惯于吃“大锅饭”的那一套老做法，积极发展有利于国计民生的民用产品。国防工业在保证完成军工生产任务的前提下，要广开门路，改变坐等任务的局面，沟通供产销的渠道，发展民用产品生产，提高劳动生产率，使国防工业在调整中稳步前进。

国务院副总理方毅在北京会见以保罗·佩雷特先生为团长的美国斯密桑宁学会代表团

全国人大常委会副委员长邓颖超在北京会见日本前总理大臣田中的秘书早坂茂三先生

11月19日

中共中央主席华国锋在北京会见以政治局委员 执行书记基蒂马·本·拉马扎尼为团长的扎伊尔人民革命运动代表团

华国锋主席对基蒂马等扎伊尔贵宾说：我们两国在国际问题上有许多共同语言。我们的关系发展得很好。我们很赞赏扎伊尔维护民族独立、国家主权和建设自己国家的政策。我们相信，扎伊尔人民革命运动会不断总结经验，领导扎伊尔人民把自己的国家建设得更好。

基蒂马团长在谈话中首先转达了蒙博托总统对华国锋主席的友好情谊。他说，扎伊尔人民革命运动代表团对这次访华十分满意，勤劳勇敢的中国人民在征服自然和支配自然方面所取得的成就给我们留下深刻印象。他表示，扎伊尔愿意同中国继续发展联系和合作。华国锋主席祝贺扎伊尔朋友这次访问中国取得圆满成功。他请基蒂马团长回国后转达他对蒙博托总统的问候。会见时，国务院副总理、中联部部长姬鹏飞，中联部副部长吴学谦等在座。

扎伊尔驻中国大使图马·瓦库也参加了会见。

全国保险会议在北京举行

会议就国务院批准1980年开始恢复国内保险业务做了具体部署。

会议于27日结束。

国务院副总理兼国防部部长徐向前在北京会见由贝德雷廷·德米雷尔上将率领的土耳其综合军事学院代表团

11月20日

中共中央主席华国锋在北京会见哈立德·法胡姆主席率领的巴勒斯坦全国委员会代表团

会见时,华国锋主席明确指出:"巴勒斯坦人民恢复民族权利的斗争和阿拉伯各国人民收复失地的斗争,是休戚与共的。要解决中东问题,就必须解决巴勒斯坦问题。"华国锋主席重申:"中国政府和人民坚决支持巴勒斯坦人民实现民族权利,包括返回家园、自决、建立巴勒斯坦国家的崇高目标;坚决支持阿拉伯国家收复失地和全面地公正地解决中东问题。我们这一立场是一贯的、始终不渝的。我们衷心希望阿拉伯国家加强团结,共同对敌。"

法胡姆主席转达了阿拉法特等巴勒斯坦领导人对华主席、中国政府和人民的问候,感谢中国支持巴勒斯坦和阿拉伯人民的正义斗争。

华国锋主席请法胡姆主席转达中国政府、中国人民和他本人对阿拉法特等领导人,巴勒斯坦广大游击队战士和人民的亲切问候和敬意。

巴勒斯坦解放组织驻北京办事处主任塔依布·阿卜杜勒·拉希姆·马哈茂德参加了会见。

会见时在座的有我国外交部副部长何英、西亚北非司司长周觉等。

国务院副总理邓小平在北京会见联邦德国研究和技术部长福尔克尔·豪夫

邓小平副总理在谈话中对中国和联邦德国在经济和科学技术方面合作关系的发展表示满意。他说双方合作的领域是很宽广的,并希望这种友好合作关系能够不断得到加强。

豪夫部长说,近来两国的关系有了迅速的发展,华国锋总理对联邦德国的访问是我们友好关系发展的高潮。他指出,联邦德国和中国在经济和科学技术领域的合作是很好的。他强调说,我们的合作不是针对第三国的,但在我们合作的过程中,也决不允许第三国来指挥我们。宾主还就一些具体的合作项目进行了友好的商谈。

国务院副总理、国家科委主任方毅等会见时在座。

联邦德国驻中国大使魏克德也参加了会见。

国务院在北京召开全国计划会议讨论拟定1980年国民经济计划及各项保证措施

会议于11月20日至12月1日召开。1980年的计划安排是:工农业总产值比上年预计增长5.5%,其中农业总产值增长3.8%,工业总产值增长6%。

会议还讨论了财政体制的改革,确定全国财政体制,除京、津、沪三市外,广东、福建实行特殊照顾办法,江苏按原定办法实行,广西、云南、内蒙古、新疆、宁夏、青海、西藏、贵州8个省区实行民族自治地方体制,其余15个省实行"划分收支,分级包干"的办法。

国务院批准兰州和呼和浩特城市规划

新华社报道,最近,国务院批准了兰州市和呼和浩特市的城市总体规划,这是继1977年批准唐山市总体规划之后,国家正式批准的两个城市的总体规划。

国务院在批示中明确规定,兰州市要严格控制城市人口规模,认真搞好小城镇建设,在近期内重点建设一两个卫星城镇,以利控制市区人口。鉴于兰州大气污染严重,批示还要求兰州市切实抓好环境保护,民用燃料要逐步实现煤气化。对呼和浩特市的城市人口规模,也作了明确规定。

中共山西省晋中地委常委扩大会议总结领导农业学大寨运动的经验教训

新华社报道,中共山西省晋中地委不久前召开了常委扩大会议,认真学习叶剑英同志在国庆30周年大会上的重要讲话,用实践是检验真理的唯一标准这一思想武器,总结前几年在领导农业学大寨运动中的经验教训,澄清了许多思想问题,明确了前进的方向。《山西日报》11月3日发表中共晋中地委的文章:《尊重客观实践,肃清极左影响》,报道了晋中地委总结回顾的这方面的问题和经验教训。

第一,把大寨这个农业生产战线上的先进典型神化为"无产阶级专政下继续革命的光辉典范"和"全面专政"的典型,从而扩大了农村的阶级斗争。

由于把大寨经验当作无产阶级对资产阶级实行"全面专政"的经验,所以在整党整风中和一些会议上,把对大寨的"态度"作为主要内容之一,进行"典型解剖"、"路线分析",伤害了许多同志。由于所谓对大寨的"态度"标准和"感情"标准的影响,在对待和使用干部方面,就有一定的片面性,影响了党的干部政策的正确贯彻执行,致使有些同志的骄傲自满情绪和不正之风滋长起来,而另一些同志的积极性却受到了限制和压抑。

由于把大寨经验当作无产阶级对资产阶级实行"全面专政"的经验,在一次又一次的政治运动中,在各条战线上,都把大寨作为学习的榜样,把学大寨运动推及全区各个领域,如"教育学大寨"、"卫生学大寨"、"财贸学大寨"、"体育学大寨"、"文化学大寨"

等等,总之,把大寨经验当成了无所不能、无所不包的“普遍真理”。

第二,在指导思想上没有坚持实事求是的原则,犯了主观唯心主义和形而上学的错误。主要表现在:

(一)在领导学大寨运动中,用大寨的一整套具体经验的统一模式,在全区生搬硬套。

(二)在基本核算单位过渡问题上,地委也有很大的片面性、盲目性。这些年来,地委在实际工作中,没有实事求是,总认为核算单位“大比小先进”,“大比小革命”,无视生产力发展的不同水平,盲目地强调积极过渡,实际上搞了“穷过渡”。

(三)在贯彻农、林、牧、副全面发展的方针上,地委的指导思想同样有极大的片面性。其表现是,只注意抓粮食生产,忽视抓林、牧、副业的发展,看不到林、牧、副业与农业之间的相互依存和相互促进的辩证关系。

第三,把农业学大寨同贯彻党的农村经济政策对立起来,妨碍了党的农村经济政策的落实。在学大寨运动中,地委错误地认为“只要方向对头,不怕政策过头”,出现了许多同党的现行政策相对立的做法。例如:

(一)把社员的自留地、家庭副业和农村集市贸易,都当作“资本主义”去限制,以至取消。

(二)在“各尽所能,按劳分配”问题上,一方面只强调“各尽所能”,而忽视“按劳分配”;另一方面,在强调“各尽所能”的时候,过分地夸大了精神作用,忽视了必要的物质利益,还错误地把“物质鼓励”当作“修正主义”去反对。

(三)破坏了生产队的所有权、自主权,违反了等价互利原则,侵犯了社员的民主权利。

大家一致认为,学大寨运动中出现的这些问题,给了各级领导以深刻的教训。这些教训主要是:

一、在任何时候、任何情况下,都必须坚持理论与实践相统一,实事求是,一切从实际出发的辩证唯物主义的思想路线。离开了这条思想路线,就丢掉了马列主义、毛泽东思想的根本,必然导致政治路线、组织路线、工作方针和工作方法上发生一系列的错误。

二、巩固社会主义集体经济的根本任务是发展生产、提高劳动生产率,不断满足广大农民的物质和文化生活需要。因此,必须把党的工作着重点放在经济建设上,决不能为生产而生产,更不能用阶级斗争代替生产斗争。

三、发展社会主义农业生产,必须正确地对农民进行社会主义教育,关心农民的物质利益,尊重农民的民主权利,保持党在农村各项政策的严肃性和稳定性,坚持因地制宜的原则和农、林、牧、副全面发展的方针,按照自然规律和经济规律办事。

四、任何先进典型,都是在党的领导下培养成长起来的。对先进典型必须始终加强党的领导。它们的经验在一定的历史条件下,体现着党的路线、方针、政策,具有普遍的指导意义;但它们的经验又是在一定的具体条件下产生的,因而又有局限性。所以推广任何先进典型的经验都不能搞绝对化。在社会主义建设中,学先进、赶先进、超先进,不断地涌现出新的先进典型,这是事物发展的必然规律,不尊重这个客观规律,就不能前进,就一定会压抑群众的积极性,甚至犯严重的错误。

晋中地委认为,以上3个方面的问题和4条主要教训,是在真理标准问题讨论中初步认识到的。对上述问题的认识曾经历了一个过程,而要彻底解决这些问题也肯定会有个过程的。就目前掌握的情况看,有些问题已经解决,有些问题正在解决,有些问题的解决还有这样那样的阻力。因此,要进一步贯彻三中全会精神,继续开展真理标准问题的学习和讨论,并把真理标准的补课深入到基层,向广大干部群众进行一次深入的思想路线教育。

国务院副总理方毅与联邦德国研究和技术部长福尔克尔·豪夫会谈纪要及原料材料研究合作议定书和联合进行能源调研议定书在北京签字

国务院副总理、国家科委主任方毅同联邦德国研究和技术部长福尔克尔·豪夫分别在以上3个文件上签字。

与此同时,豪夫部长还同我国冶金部部长唐克、地质部部长孙大光、石油工业部部长宋振明分别签署了关于采矿、选矿、冶炼项目共同研究的议定书,关于在中国东海西部利用同位素地球化学方法合作寻找碳氢化合物的议定书,关于共同研究中国临邑盆地以确定其含油(气)潜力的议定书。

国务院副总理姬鹏飞在北京会见由团长福田政雄率领的香川县议会代表团

全国总工会主席倪志福在北京会见并宴请以市川诚会长为团长的日中工人交流协会第四次访华团和日本工会朋友和田敬久

中国驻美国第一个总领事馆——休斯敦领事馆正式开馆

外交部照会越南驻华使馆强烈抗议越南当局侵犯中国领土制造流血事件

照会说:“1979年11月4日清晨,越南军队用大炮和机枪向中国云南省马关县金厂公社进行猛烈射击,毁坏房屋多处,打死打伤中国居民多人。接着,越南武装人员成百人侵入中国境内纵深处,肆意杀害中国边民,袭击中国边防哨所,劫走了许多财物。越南军队的侵略行径给该地区人民的生命、财产造成了重大损失。"

照会指出:"越南当局在中越边境地区的武装挑衅活动一直没有停止过。最近,越南当局在不断向中越边境地区增调大量军队,频繁进行军事演习,加紧反华战争部署的同时,蓄意制造武装挑衅事件越来越多,更加剧了两国边界紧张局势。据不完全统计,从1979年8月至10月,越南武装人员向中国云南、广西边境地区进行武装挑衅、侵犯中国领土的事件多达370余起,打死打伤中方30余人。"

照会说:"中华人民共和国外交部强烈抗议越南当局一再侵犯中国领土,打死打伤中国人员,不断制造边境流血事件的罪恶行径,并严正要求越南方面立即停止对中国领土主权的任何侵犯和挑衅行动。否则,由此而产生的一切后果,只能由越南当局承担全部责任。"

中国和尼泊尔两国政府在加德满都签订边界联检议定书

在尼泊尔外交部举行的签字仪式上,中国外交部部长黄华和尼泊尔外交大臣沙希分别代表各自的政府在议定书上签了字。出席签字仪式的,中国方面有:外交部亚洲司司长沈平、中尼边界联合检查委员会中国方面首席代表曹胜功和外交部国际条法司副司长何理良;尼泊尔方面有:外交秘书贾克迪什·沙姆谢尔·拉纳、外交部特别秘书兼尼中边界联合检查委员会尼泊尔方面首席代表比什瓦·普拉丹。

中国驻尼泊尔大使彭光伟和尼泊尔驻中国大使雅杜·纳特·卡纳尔也出席了签字仪式。

议定书签字后,尼泊尔外交部发表新闻公报说,尼中两国政府经过协商,在1977年5月成立了一个联合检查委员会,共同检查尼中边界上界桩的情况,并修复和重新树起损坏了的界桩。委员会的另一个任务是筹备绘制尼中两国准确的边界图。

新闻公报说:"尼泊尔王国政府和中华人民共和国都对联合检查委员会工作的成果感到满意。他们再次重申,他们确信,尼中边界是两个邻国之间的友谊和和平共处的良好榜样。"

中共中央批转湖南省桃江县教育工作经验

新华社报道,最近,党中央批转了湖南省桃江县委《关于发展农村教育事业的情况报告》,要求各地党政领导机关,随着工农业生产的发展,一定要根据本地的经济、文化的实际情况,具体规划,加强领导,积极发展教育事业。为贯彻中央批示的精神,推广这个县的经验,教育部、中共湖南省委在桃江县召开历时9天的现场经验交流会。

中央在批示中肯定了桃江县教育工作的经验,强调了教育的重要性,指出:为了顺利实现四个现代化,希望各级党政领导机关切实把教育事业摆到重要位置上。要把普及小学教育当成一件大事来抓,一定要切实抓好。要逐步调整各类学校的结构,提高教育质量,使城乡教育事业都有一个新的发展。

与会同志通过学习讨论,加深了对中央批示精神的理解。大家一致认为,中央的批示深刻阐明了教育事业对于社会主义四个现代化建设的重要作用,指明了发展农村教育事业的方向和途径。

参加会议的同志听取了桃江县的经验介绍。这个县发展农村教育的经验主要有3条:

一、正确认识教育在实现农业现代化中的地位和作用,各级党组织把教育当作了一件大事来抓。

二、坚持"两条腿走路"的方针,发挥国家办学和群众集体办学的两个积极性。

三、以普及小学五年教育为重点,实行普通教育、业余教育、学前教育一起抓。

出席会议的有中共湖南省委第一书记毛致用,书记董志文,教育部副部长张承先、刘雪初等,他们分别在会上讲了话。

参加会议的有各省、自治区、直辖市教育部门的负责同志和湖南省的同志共400多人。

11月21日

《人民日报》发表特约评论员文章《干部要学会做群众工作》

现在,我们不少干部,包括某些领导干部,不做群众工作,或者不善于做群众工作。这种状况,必须改变。为了妥善解决当前存在于群众中的各种问题,为了率领群众搞好四化建设,我们的工作方法要来一个大转变,各级干部特别是领导干部,都要亲自做群众工作,都要学会做群众工作。

两种做法,两种结果

林彪、"四人帮"的破坏捣乱,给我们遗留下了大量的问题、困难和麻烦,我们的工作中也存在一些问题,这就使当前人民内部的矛盾比较突出。同时,极左思潮在群众中还有相当的影响,右的思潮也有所表现,这些,都干扰着四化建设。面对这种情况,各地都采取了一些措施,但做法很不相同,大体说来是两种。

一种是，领导干部亲自出面或派出得力干部，在进行深入调查研究的基础上，做耐心细致的思想政治工作，同时，又根据具体情况，合情合理地解决群众提出的实际问题，认真落实党的有关政策。事实已经证明，这种做法的效果很好，不但解决了应当解决的问题，而且教育了群众，并使一些人认识了自己的错误，促进了安定团结。

但是，不少地方采取的是另一种做法。好些同志既不解决群众的实际问题，又不对群众讲清道理，而是寄希望于发指示、下通令，或者把群众拒之于门外，或者把矛盾上交。这种做法，解决不了问题，甚至还会引起更大的矛盾。

前一种做法，就是依靠群众工作，后一种做法，是依靠简单的行政手段。两种不同做法，结果很不一样。这个事实说明，我们的干部，尤其是担负领导工作的同志，应当重视做群众工作。只有接近群众，倾听他们的意见和呼声，同时加以分析，解决那些应当而又可能解决的问题，对不适当的或错误的东西，则理直气壮地进行耐心的说服教育，这样，才能解决矛盾，把广大群众团结在我们党的周围，同心同德地搞四化建设。

共产党人的一项基本功

我们提倡各级干部做群众工作，不仅是为了解决好当前的一些具体问题。对于共产党人来说，重视不重视群众工作，做不做群众工作，不是一个单纯的方法问题，而是一个具有重大原则意义的问题。

共产党人重视群众工作，是从唯物史观的基本原理出发的，是由我们的世界观决定的。我们历来认为，人民群众是历史的创造者。无产阶级和劳动人民的真正解放，只能是他们依靠自己的力量奋斗的结果，而决不能由什么人恩赐或包办。因此，作为无产阶级的先锋队、群众的向导的共产党，总是把自己的注意力集中于无产阶级和广大群众。从根本上说，共产党人的工作就是宣传群众，组织群众，率领群众为自己的利益而奋斗，也可以说，共产党人的工作就是做群众工作。

我们的党，是一个善于做群众工作的党。自从我们党成立之日起，就天天做群众工作，开展工人运动、农民运动、学生运动。在长期的斗争实践中，大批党员和干部学就了做群众工作的过硬本领，党内涌现出了很多深受群众爱戴的领袖；培育了密切联系群众、与群众同甘共苦的工作作风，总结出了“从群众中来，到群众中去”的一整套工作方法，形成了一条完整的群众路线。

过去，我们南征北战，走到哪里，群众工作就做到哪里。干部和军队每到一地，就自觉地主动地访贫问苦，扫院打水，宣传鼓动，做群众工作，同当地群众打成一片，迅速打开工作的局面。正像毛泽东同志在1948年所说的那样，“我党二十几年来，天天做群众工作，近十几年来，天天讲群众路线。”(《毛泽东选集》第4卷第1317页)做群众工作，实行群众路线，是我们党的一个优良传统。在那艰苦的战争年代，做不做群众工作，会不会做群众工作，不仅是能不能胜利的问题，简直是能不能立足、能不能生存的大问题。做群众工作，成了我们党的干部一项不可缺少的基本功。

可是，一个时期以来，我们党的群众工作削弱了。在林彪、“四人帮”横行时期，我们党做群众工作的优良传统几乎丢光了。造成这种状况的原因，主要是两条。

一个是官僚主义。有的人习惯于坐办公室，而且，随着地位的升高，权力的增大，这种情况也越来越突出。他们整天埋在文件堆里，泡在会议中，很少接触群众，也不了解群众，感情上与群众日益疏远。自己下去少，群众找上门来，又不理不睬，或是派下属干部去对付，有时虽到下面走走，但又兴师动众，戒备森严，接触的只是几个干部和经过他们挑选的“群众”。到了下面，也不能迈开自己的双脚，真正深入一下群众，做一点群众工作，忘掉了群众路线，不做群众工作，靠行政手段办事，这是有些地方工作搞不好、局面打不开的一个重要原因。

极少数人，养尊处优，深居简出，忙的是个人的事情，对群众的疾苦和痛痒，当然也就“无暇”过问了。另一方面，因为他们在许多事情上都是先天下之乐而乐，群众抓住他们的把柄，他们就无以作答，陷于十分被动的境地，这样，讲话也就没有什么权威性了，对群众提的不切实际的要求，甚至错误的东西，也就不能进行有力的批评教育。

另一个是极左路线。林彪、“四人帮”一方面鼓吹“群众运动天然合理”的谬论，从根本上否定做群众工作的必要性。谁要是坚持做群众工作，就被诬蔑为贵族老爷，不能正确对待革命的群众运动，执行了反动路线。另一方面，他们又提出“政权就是镇压之权”，对广大群众搞封建法西斯的“全面专政”。在这种反动理论的影响下，强迫命令取代了说服教育，专政办法取代了党的群众路线，遇到问题，或者是任务来了，不是同群众商量，通过耐心的群众工作，把党的政策变成群众的自觉行动，而是搞什么“大批判开路”，抓所谓的阶级斗争新动向，以“大批”来压群众“大干”，动不动就对工人、农民、知识分子搞批斗。我们有一部分干部就是在这种特殊历史环境中提拔起来的。他们没有经受党的群众路线的教育，也没有做群众工作的实践经验，林彪、“四人帮”对待群众的一套东西，对他们的影响很深。这些干部有一个很大的弱点，就是群众观点差，工作方法简单粗暴。在今天这样的条件下，他们过去用惯了的老办法不能用了,便感到束手无策,无法工作。有的人发出这样的怨言:“过去讲话不离纲,开会不离斗,现在没有纲和线了,工作怎么干?”对这些同志来说,学会做群众工作,是一个十分迫切的问题。

恢复做群众工作的传统,学会做群众工作,当然要解决具体方法问题,但根本的还是要从思想上进行群众路线的教育,肃清极左路线的流毒。

在新的历史条件下把群众工作做得更好

四个现代化是群众的事业,只有充分发挥广大工人、农民、知识分子的积极性和创造性,集中大家的智慧和力量,才能成功。在民主革命时期,我们党对工人、农民、知识分子和城市小资产阶级的广大群众,作了大量的宣传、鼓动和组织工作,争取了亿万群众,建立起了一支浩浩荡荡的革命大军,保证了革命的胜利。在新的长征中,这个争取群众的任务丝毫也不比民主革命时期减轻。这是无产阶级的政治战略和策略的大问题。实现四个现代化是全国人民的根本利益和迫切愿望。但是,事实已经告诉我们,要真正把广大的工人、农民、知识分子和一切进步的爱国的力量动员起来,组织成向四个现代化进军的浩浩荡荡的队伍,在我们党的领导下,团结一致,同心同德,充分发挥自己的积极性和创造性,就需要我们各级干部做大量的艰苦的群众工作,如果考虑到极左路线相当严重地破坏了我们党与群众的密切联系,这一点就更明显了。当前,我们要贯彻执行“调整、改革、整顿、提高”的八字方针,这是实现四个现代化的第一个硬仗。打好这一仗,归根结蒂,还是要依靠人民群众。在我们的经济生活中,有一系列问题要解决,无论是经济的调整,体制的改革,企业的整顿,还是物价和工资的问题,都会在群众中出现这样或那样的矛盾,都不能简单从事,都要认真做好群众工作。因此,在四化建设过程中,党的群众工作不但不能削弱,还应当不断加强。我们的干部还是要像过去革命战争年代那样,天天讲群众路线,天天做群众工作。在历史新时期,做群众工作仍然是我们各级干部不可缺少的一项基本功。

那种认为加强法制与纪律,就可以放松群众工作的想法,是错误的。解决带群众性的问题,要靠对大多数群众做深入细致的思想工作。即使对于极少数的害群之马,也要着眼于做工作,争取他们改邪归正,而不能单纯采取压的办法。至于对于犯罪分子,当然要严肃处理、依法制裁,但也要着眼于教育大多数;大多数群众的工作做好了,少数害群之马和犯罪分子也就孤立起来了,解决他们的问题也就更容易了。实践证明,如果不做群众工作,单纯依靠法纪和行政命令,则法纪和各项规章制度还是不能很好贯彻执行,社会秩序、生产秩序、工作秩序还是维持不好的。强制性的法律、行政措施是十分重要,必不可少的,深入细致的群众工作也是十分重要,必不可少的,两者是相辅相成的。

那种认为运用经济手段,就不必做群众工作的想法,也是错误的。现在,许多领导干部把主要精力用于搞四个现代化,解决经济问题,是完全必要的。但是在经济工作中要重视思想政治教育,做好群众工作。实践已经证明,如果不做群众工作,单纯地依靠经济手段,不但经济手段很难运用得好,还会产生许多新的矛盾,弄得人们意见纷纷。经济手段与群众工作,也是相辅相成的。

群众工作的内容极为广泛。关心群众的疾苦,解决群众的各种实际问题;针对群众的思想实际,做深入细致的思想工作;遇事同群众商量,听取群众的意见,等等,都是我们所说的群众工作。

群众工作的方式方法是多种多样的。革命战争年代,我们在极其艰苦的条件下,群众工作搞得生动活泼,方法灵活多样。在进入社会主义时期以后,我们党的群众工作又有所发展。为了适应四化建设的需要,我们不但要恢复过去做群众工作的行之有效的好方法,还应当采取更多的形式,把群众工作做得更好。我们的工会、共青团、妇联等群众组织和团体,更应当根据自己的特点,把群众工作做得有声有色。

做群众工作的具体方法,可以列举很多条,但最基本的无非是两条,一是走出去,一是请进来。走出去,就是领导者亲自走到群众当中去,了解情况,听取意见,解决问题;请进来,就是有目的地邀请一些群众或他们的代表人物,到领导机关开会座谈,甚至到自己家中作客谈心。此外,还要善于利用报纸、广播、电视和各种宣传手段对群众讲话,做群众工作,加强党和群众的联系。这也是一种不可小看的群众工作。

为了使我们的领导干部能多接触群众,多做群众工作,就要下决心破掉一些东西。毛泽东同志曾经说过:“现状和习惯往往容易把人们的头脑束缚得紧紧的,即使是革命者有时也不能免。”(《毛泽东选集》第3卷第883页)进城以后,我们的机关越来越庞大,层次越来越重叠,制度越来越烦琐,警卫越来越森严,结果是,我们的领导同群众越来越疏远。对这种状况,我们的一些人却习以为常,甚至认为这是理所当然。现在,人民群众要见到我们的有些领导干部,真是难得很!这种状况,是到了必须改变的时候了。要坚决打破那些成文的和不成文的条条框框,认真革除一系列把领导者与群众隔开的制度和措施,使我们的领导干部从高楼深院中解放出来,从成灾的会议和文件中解放出来,从死板的制度和措施中解放出来。在这方面,国外有许多做法是可以借鉴的。

全国人事局长会议在北京召开

会议于11月21日至12月5日召开。民政部部长程子华主持会议并在会上讲了话,民政部副部长张邦英在会上作了有关努力做好人事工作的报告。中共中央政治局委员胡耀邦、中组部部长宋任穷在会上讲了话。

会议指出,人事工作是党的组织工作的重要组成部分,新时期人事工作的根本任务是保证党的政治路线的顺利贯彻执行,巩固和发展安定团结的大好形势,为促进四个现代化建设服务。

会议认为,政府人事部门是政府系统综合管理人事工作的重要部门。各级人事部门要在党和政府的领导下,紧紧围绕四化建设这个中心,协助党的组织部门做好培养选拔接班人工作和对干部制度、干部队伍结构的改革,做好对干部的考核、调配、调整、奖惩和工资福利等工作,不断提高广大干部的积极性和创造性,充分发挥他们的聪明才智,为四化建设作出贡献。

会议讨论修改了《中华人民共和国国家行政机关工作人员奖惩条例草案》《国务院和县以上地方各级人民政府工作人员任免条例草案》《干部调配工作暂行规定》《外语翻译干部职称和晋升试行办法》等条例,报请全国人大常委会和国务院审批。会议认为,由于林彪、"四人帮"的干扰破坏,致使人事工作中存在着有章不守,有些事情无章可循的状态。同时,现行的干部制度也存在着严重缺陷。这些都不利于人才的发现、选拔和培养,不利于干部队伍的逐步年轻化和专业化。会议要求各级人事部门要协助党委组织部门建立和完善干部的选举、考核、奖惩、退休等制度,会同有关部门进行工资制度、福利制度的改革,对过去的人事规章制度逐步加以修订和完善。

会议强调加强人事部门自身建设的重要意义,指出各级人事部门要深入开展关于真理标准问题的学习和讨论,密切结合批判林彪、"四人帮"的极左路线,解决好思想路线问题,把全体人事干部的思想和行动统一到四个现代化建设上来。人事部门要带头恢复和发扬党的优良传统和作风,做人事工作的干部要作风正派、办事公道,增强党性,根绝派性,反对那种拉关系、"走后门"、弄虚作假等不正之风。

全国农垦企业摘掉亏损帽子

新华社报道,农垦部最近在武汉召开的全国国营农场经营管理会议上,宣布了这个消息。

前些年,农垦战线遭到林彪、"四人帮"的严重破坏,管理混乱,生产下降,仅1976年就亏损7亿多元。粉碎"四人帮"以后,经过拨乱反正,情况逐步好转。

今年各农场狠批极左路线,落实党的政策,扩大农场的自主权,实行财务包干,把企业经营成果和职工劳动报酬联系起来,坚决贯彻多劳多得的原则,改革经营管理,并在生产指导上实行因地制宜"一业为主,多种经营"的方针,积极发展工副业生产。这样做的结果,许多农场短短一年间就改变了后进面貌。

国营农场经营管理会议强调,农垦战线的形势喜人,但问题仍然不少。今后必须进一步把企业的经营管理工作抓好,发展生产,增加收入,绝对不能把甩掉了的亏损帽子再戴上。为此,会议提出了如下任务:

第一,广泛、深入、持久地开展群众性的增产节约运动,认真调整农、林、牧、副、工、渔各业内部的比例关系,充分利用一切可以利用的自然资源,使农林牧副渔各业都得到发展,办好农工商联合企业,为国家生产更多的产品。

第二,整顿企业,改善经营管理,要用最少的消耗,取得最大的经济效果,尽快地使那些经营管理比较混乱的企业改变面貌。

第三,认真搞好农业基本建设,努力改变生产条件,提高单位面积产量。

第四,认真培训干部,提高干部的科学技术水平,要组织干部学习政治经济学、农业科学和现代企业管理的基础知识,使各级干部都成为内行。

第五,改进领导作风和领导方法,学会用经济手段管理经济。

这次会议还制定了《关于加强国营农场经营管理若干问题的规定(试行草案)》,要求各级农场领导、管理部门和一切农垦企业,把经营管理工作放在重要议事日程上,自下而上地建立和健全经营管理的指挥系统,提高经营管理水平。

国务院副总理方毅在北京会见加拿大麦吉尔大学林达光教授和夫人陈恕

国务院副总理谷牧在北京会见英格兰银行总裁戈登·理查森和夫人一行

国务院副总理薄一波在北京会见日本北海道知事堂垣内尚弘一行

国家旅游总局局长卢绪章就旅游收费与价格问题答《人民日报》记者问

国务院发出通知,要求各地对市场物价进行一次大张旗鼓的检查。记者就我国当前对外国旅游者收费与价格问题,访问了中国旅行游览事业管理总局局长卢绪章。下面是谈话的摘要:

问:制定合理的旅游收费标准和价格政策,与发展旅游事业有些什么关系?

答:涉外价格定得是否适当,对发展旅游事业关系极大。我国开展这一新兴事业,是为了增进我国人民与世界各国人民的了解与友谊,同时在经济上也要有收益,以便为实现"四化"作出贡献。

旅游价格如果偏低,企业就会亏损,不能为国家提供积累,旅游业必将停滞;旅游价格如果偏高,外国旅游者就会裹足不前,对发展旅游事业极为不利。

问:我国当前旅游收费和价格的情况怎样?

答:我国旅游事业真正发展起来还是近两年的事情。由于党和政府的重视,各方的支持,1978年共接待了自费外国旅行者12万多人,相当于过去24年的总和。由于我们没有经验,过去有些旅游收费和价格偏低,所以今年做了必要的改变和调整。但有的调整的幅度大了些,有些地方又出现了价格不统一、乱收费的现象。如同一商品在同一地区有多种价格;有的地方收费名目繁多;有的出售商品擅自提价,甚至讨价还价,而服务设施和服务质量并未能相应改善和提高,等等。为了更好地发展我国的旅游事业,这些现象应引起我们和有关部门的高度重视,并注意纠正。前不久召开的全国旅游工作会议,曾就这些问题进行过研究,提出了改进措施,今后要认真付诸实行。

问:什么是合理的旅游价格政策呢?

答:合理的价格,应当反映商品的价值,体现等价交换的原则,合乎价值规律。不管旅游业出售的商品也好,还是饮食、住宿、交通、导游等服务项目也好,同样都应该按质论价。旅游业是风景出口,收费价格不仅要依据于国内市场,而且要受到国际市场的检验。

当前,我们必须制定合理的收费标准和价格。我国旅游事业还处在初兴之际,服务条件与国际水平相比,尚有不小差距,需要努力改善服务设施,提高服务质量,同时也要把价格定得合情合理,注意"薄利多销",以吸引更多的外国朋友到中国来游览观光。

问:在当前物价大检查中,要做好哪些工作呢?

答:对旅游收费和涉外商品价格的检查,是这次全国物价大检查的重要内容之一。中国国际旅行社各地分社、支社,应该积极参加这次物价大检查,认真配合有关部门做好这项工作。

对今年已调整的旅游收费和价格,应做具体的分析,凡是调价合理,并经物价部门核准的,应该保持不变;价格确实偏高的,要适当降低;对擅自提价、变相涨价的,应当立即恢复原价格,并认真作出处理。

通过这次物价检查,希望各级旅游部门认真总结经济,对广大职工加强涉外价格政策的教育,并在人民群众中做好宣传工作,以得到广泛的支持和监督,保证价格政策的执行,促进旅游事业的更大发展。

11月22日

国务院副总理李先念在北京设宴招待诺罗敦·西哈努克亲王夫妇和宾努亲王夫妇

国务院副总理余秋里在北京会见联邦德国赛德尔基金会代表团

国务院副总理方毅在北京会见比利时王国副首相兼经济事务大臣维利·克拉斯一行

国家科委主任方毅在北京会见以鲍格胥总干事为团长的联合国世界知识产权组织代表团和这个组织派来北京举办国际专利分类讲座的专家

国务院副总理姬鹏飞在北京会见日本自民党众议员盐谷一夫和日中友好议员联盟事务局长上村幸生

全国妇联在北京举行宴会欢迎由美国伯克利市市议员苏珊·霍恩为首的美国"加利福尼亚州当选妇女教育与研究协会"访华团

中越谈判第十四次全体会议在北京举行

中越两国副外长级谈判上午举行第十四次全体会议。中方韩念龙团长主持今天的会议,并在会上首先发言。他敦促越南方面不要把谈判作为一种进行欺骗宣传的手段。他希望越南方面严肃认真地考虑中国方面早就提出了的处理两国关系的八项原则建议,使谈判能够取得进展。

越方团长丁儒廉在发言中蛮横地攻击联合国大会最近以压倒多数通过东盟等30国提出的关于要求立即从柬埔寨全部撤出外国军队的决议,他把这项有91国赞成的决议说成是"错误和无效的",是"干涉柬埔寨内部事务的"。他的发言表明,越南当局要继续侵略柬埔寨和占领老挝。

针对丁儒廉竭力为越南侵略柬埔寨辩解,韩念龙在即席发言中说,不管民主柬埔寨在国内政策上有何错误,这决不能成为越南当局干涉、侵略柬埔寨的理由。韩念龙说,"你们一面侈谈要维护印支3国的独立、主权,一面在'特殊关系'、'友好条约'的幌子下,公然出兵侵占柬埔寨和老挝,并拼命向那里移民。你们在柬埔寨的军队、专家、顾问和移民已达数十万人。这不是侵犯柬埔寨和老挝的独立和主权又是什么?"

韩念龙说:"历史是无情的,时间将会作出结论。希望越方改变态度,使谈判得到结果。"

全国城市治安会议在北京举行

11月22日至26日召开的会议,认真研究了当前城市社会治安存在的问题,讨论了整顿城市社会治安的方针、任务和具体措施。

中共中央政治局委员、全国人大常委会法制委员会主任彭真出席了会议并且作了重要讲话。

彭真同志指出,加强社会主义法制,整顿好社会治安,是巩固和发展安定团结的政治局面,保障四个现代化建设顺利进行的一个重要前提。这既是国内外形势的要求,也是广大人民群众的迫切愿望。

彭真同志说,整顿城市社会治安,要在党委的统一领导下,坚持专门机关与群众相结合、教育与惩办相结合的原则,发动群众,运用法律武器,坚决同犯罪分子进行斗争,切实保障正常的社会秩序、生产秩序、工作秩序、教学科研秩序、人民群众生活秩序。同时,要结合整顿城市社会治安秩序,在干部群众中,特别是在青少年中,进行遵纪守法教育,反对无政府主义、反对极端个人主义的宣传教育。

到会同志联系各地实际,讨论和分析了当前城市社会治安情况。大家认为,当前,国内政治局面是安定团结的,社会治安情况总的是好的,农村比城市更好一些。但是,最近一个时期,有些大中城市刑事犯罪活动相当猖獗,杀人、抢劫、强奸、聚众斗殴等重大刑事案件也时有发生,严重影响了社会秩序,危害了人民群众的安全,干扰了四化建设。广大群众对这种情况十分不满,强烈要求党和政府采取有力措施,严厉打击刑事犯罪活动,迅速把城市社会治安整顿好。

会议指出,这次整顿城市社会治安,要做到严肃与谨慎相结合,教育挽救多数,孤立打击少数,集中力量打击杀人犯、抢劫犯、强奸犯、放火犯和其他严重破坏社会秩序的犯罪分子。要依法严惩这些犯罪分子,特别是成群结伙的犯罪集团的头子、教唆犯。

会议指出,工厂、矿山、交通、建筑、商店、学校、机关各单位,以及街道、家庭,要密切配合,齐心协力把社会治安整顿好。要恢复、整顿、加强居民委员会、调解委员会和治保委员会。要支持、鼓励群众同刑事犯罪分子斗争的积极性,使我们同刑事犯罪的斗争有一个坚实的群众基础。

会议要求普遍动员和对群众进行社会主义法律教育,讲明同刑事犯罪活动进行斗争的方针、政策、措施,发动群众坚决同犯罪分子进行斗争。会议还要求认真做好犯罪分子家属,特别是犯罪青少年家属的工作,共同努力把一切可能教育挽救的人挽救过来。

会议强调,打击刑事犯罪分子,要稳、准、狠,即及时破案、法办。既要坚决打击为人民痛恨的刑事犯罪分子,又不要误伤好人,特别要防止诬陷,防止派性干扰,防止借机打击报复,防止林彪"四人帮"残余和坏人转移斗争目标,进行干扰破坏。

会议指出,军队要恢复和发扬军民团结的优良传统,协助地方整顿社会秩序。

出席这次全国城市治安会议的有,最高人民法院院长江华、最高人民检察院检察长黄火青、公安部部长赵苍璧、司法部部长魏文伯、民政部部长程子华和中央有关单位的负责同志;全国29个省、自治区、直辖市和沈阳、广州、南京、武汉、重庆、成都、西安、太原等15个大城市以及各大军区、卫戍区、警备区的有关负责同志,共400多人。

11月23日

五届全国人大常委会在北京举行第十二次会议

在下午举行的全体会议上,陪同华国锋总理访问西欧四国的余秋里副总理,向委员们报告了关于华国锋总理访问法国、德意志联邦共和国、英国和意大利的情况。他在报告中说,华国锋总理这次对法国、德意志联邦共和国、英国和意大利的访问是一次历史性的访问,意义重大。4国对访问十分重视,我们受到了4国领导人、政府和人民的隆重接待和热烈欢迎。

余秋里副总理说,这次访问主要是华国锋总理同4国领导人进行会谈。另外,我们同4国的政界、经济界和其他方面的人士也进行了广泛的接触,并参观了一些工厂、农场、交通运输设施和科研、教育机构。我们还同4国分别签订了若干有关经济、文化合作以及相互通航和互设领事馆的文件。

他说,华总理这次是抱着增进了解、加强友谊、发展合作、维护世界和平的目的,去西欧4国访问的。访问取得了圆满的成功。

接着,余秋里副总理介绍了华国锋总理同4国领导人会谈的情况。他说,这些会谈气氛融洽,态度坦率,效果很好。双方就共同关心的国际问题和进一步发展双边关系,友好深入地交换了意见,取得了广泛的一致。通过这次访问,华总理同4国领导人增进了相互了解。我们不仅与许多老朋友加深了友谊,还结识了许多新朋友。

在谈到在4国所参观的工农业生产和科研教育机构时,余秋里副总理说,4国作为发达国家,确有其所长。他们的底子本来比较好,这些年来又有了较大的发展。他们都很重视发展科学技术,培养人才,提高管理水平,讲究工作效率,有许多值得我们学习和借鉴的地方。

余秋里副总理在报告中说,我国一向十分重视发展同西欧国家的关系,而西欧国家也很重视同我国发展关系。他们都祝愿我国四个现代化建设取得成功,认为我国正在进行的经济调整是有积极意义的。中国希望看到一个强大的、联合的欧洲,西欧国家也希望看到一个富强的、昌盛的中国。华总理和4国领导人都认为,中国和西欧各国友好关系的发展,不仅符合双方的利益,而且也有利于维护世界和平。

余秋里副总理还提到,在华总理访问意大利期间,随同访问的黄华外交部部长还应邀专程访问了圣马力诺共和国,受到了该国政府和人民极其热烈的接待和欢迎;华总理也在罗马会见了圣马力诺外交部部长,同他进行了亲切友好的谈话。

余秋里副总理最后说,通过华总理的这次访问,中国和西欧各国在政治、经济、科技、文化各个领域里的友好合作,一定会出现一个新的局面。在当前国际形势动荡不安的情况下,华总理对西欧4国的访问是有重大意义和深远影响的。

下午的全体会议由聂荣臻副委员长主持。宋庆龄、吴德、韦国清、彭真、谭震林、李井泉、邓颖超、赛福鼎、阿沛·阿旺晋美、周建人、许德珩、胡厥文、朱蕴山、史良副委员长出席了会议。

最高人民法院院长江华,在京的政协全国委员会副主席和常务委员,中共中央、国务院各部门负责人,人民解放军各总部、各军兵种负责人,全国人民代表大会民族委员会在京委员,全国人大常委会法制委员会在京委员,列席了今天的全体会议。

国务院总理华国锋在人民大会堂会见比利时副首相兼经济事务大臣维利·克拉斯和夫人一行

会见时,华国锋总理说,中国和比利时建交以来,两国的关系发展得很好。克拉斯副首相和比利时企业界人士对我国的这次访问,为加强中比两国的相互了解和友好合作关系起了很大的作用。他在谈到中国同西欧国家的关系时指出,西欧的联合强大和中国的繁荣昌盛,不仅有利于我们双方的共同利益,而且有利于维护世界和平。华国锋总理对比利时政府为促进西欧的联合所作出的努力,表示赞赏。

克拉斯副首相对华国锋总理说,请你相信,比利时政府非常愿意发展同中国的友好合作关系。我们即将签订的协定和两个议定书是在平等互惠的基础上产生的。这将大大有利于发展我们之间的相互了解和友好合作关系。克拉斯副首相还转达了马尔滕斯首相对华国锋总理的友好敬意。

华国锋总理请克拉斯副首相转达他对马尔滕斯首相的良好祝愿。

华国锋总理同克拉斯副首相还就共同关心的一些国际问题交换了看法。

国务院副总理谷牧和夫人,外贸部部长李强、副部长崔群等参加了会见。

参加会见的还有比利时驻中国大使德诺尔姆·罗杰等。

中共中央主席华国锋电贺齐奥塞斯库当选罗马尼亚共产党总书记

贺电全文如下:

布加勒斯特尊敬的尼古拉·齐奥塞斯库同志:

值此罗马尼亚共产党第十二次代表大会胜利闭幕,您再次当选为罗马尼亚共产党总书记之际,我谨代表中国共产党中央委员会并以我个人的名义,向罗马尼亚共产党中央委员会和您本人致以最热烈的祝贺和兄弟般的衷心问候。

我们祝愿勤劳勇敢的罗马尼亚人民在以您为首的罗马尼亚共产党中央委员会的领导下,在贯彻执行罗马尼亚共产党第十二次代表大会所提出的各项战斗任务中,在捍卫民族独立和国家主权的斗争中,取得新的更大的成就,并衷心祝愿您,尊敬的齐奥塞斯库同志,身体健康、精力充沛,以顺利完成党和人民赋予您的崇高使命。

中共中央主席 华国锋

1979年11月23日

《人民日报》发表特约评论员文章《齐心协力打好调整这一硬仗》

今年4月党中央根据三中全会的精神,确定对国民经济实行调整、改革、整顿、提高的方针。对这个方针,大家原则上是赞成的,但是究竟如何贯彻执行,还存在不同的认识。没有统一的认识,就没有统一的行动。当前,急需进一步把全党的认识,首先是各级领导干部的认识统一起来,齐心协力,搞好国民经济的调整,否则,就会走弯路,贻误时机,严重地影响现代化建设的进程。

贯彻八字方针,调整是关键

贯彻执行调整、改革、整顿、提高的方针已经半年了,但是有些同志对调整的必要性和重要性,至今仍然认识不清,因而对这个方针贯彻得不力。

为什么进行调整?调整究竟是多此一举,还是完全必要?

林彪、"四人帮"的十年浩劫以及我们工作指导上的某些错误,给农业和工业之间、轻工业和重工业之间、原材料工业和加工工业之间、生产和基本建设之间,以及积累和消费之间等等,造成了严重的比例失调。粉碎"四人帮"3年来,我们采取了一系列重大措施,很快扭转了生产停滞、倒退的局面,调整了某些比例失调的状况,促进了国民经济的恢复和发展。但是,要在短短3年的时间内把十多年造成的严重比例失调从根本上改变过来,是不可能的。而且,前两年由于全党工作重点还没有转移到现代化建设上来,许多企业没有条件恢复正常生产,比例失调的严重程度还没有充分暴露出来;同时,人们对比例失调的问题和某些不适宜的传统做法,认识也不那么深刻和全面。因此,我们采取的某些措施不当,如继续增加了一些基建投资,使本来就很长的基建战线更拉长了,从而加剧了某些比例失调的状况。今年以来,一些原来被掩盖着的比例失调充分暴露出来了,问题看得更清楚了。所以,中央决定实行八字方针,用3年时间集中力量进行国民经济的调整,是完全必要的。

当前贯彻八字方针,究竟什么是关键?

调整、改革、整顿、提高四方面的任务是互相联系、互相促进的,每一个方面都不能忽视。经济管理体制的改革,是一项具有深远意义的战略措施,它将解决集权和分权、计划调节和市场调节、行政方法和经济方法以及专业化和协作等方面的问题,使生产关系同生产力发展的需要相适应,使上层建筑同经济基础的需要相适应。整顿和提高,也是非常重要的,它将解决企业经营管理的混乱状态,逐步实现管理现代化、科学化、提高生产水平、技术水平和管理水平。但是,从国民经济的全局来看,调整比例关系则是关键。

调整比例关系之所以是关键,因为有计划按比例地分配社会劳动于不同生产部门是社会生产正常进行不可缺少的先决条件;比例关系受到了破坏,社会生产就无法正常进行,甚至被迫中断。

从当前我国国民经济的实际情况来看,比例失调是最突出的矛盾,它已成为影响生产建设和人民生活的全局性的问题。比例失调问题不解决,生产建设以至整个国民经济就不能走上正常的轨道,高速度发展只能是一句空话。比例失调问题不解决,不合理的经济结构就改变不了,适合我国情况的经济结构就建立不起来,比例失调问题不解决,消费水平就提高不了,多年积累下来的人民生活方面的欠账就无法偿还。比例失调问题不解决,改革、整顿、提高就很难进行,因为在这种情况下,一切经济手段、经济杠杆、经济方法,都不能充分发挥作用,因而也不会取得应有的效果。

这一切说明,贯彻八字方针,调整是当前国民经济发展的关键问题。只有抓住了这个关键,我们的经济工作才能从被动变为主动,才能从全局上把国民经济搞活。因此,调整经济战线是第一位工作,是摆在我们面前的首要任务。我们经济指挥机关一定要拿出最大的决心、勇气和切实的措施把这项工作抓紧抓好。

压积累,下基建,是调整的关键

怎样解决当前的比例失调?

要解决比例失调,首先要研究它的表现和原因。当前比例失调最突出的表现在哪里?就是重工业的基本建设战线过长,超过了国家的财力、物力的实际可能。基本建设战线过长的原因很多,而基本原因是基本建设投资过多,也就是积累率过高,缺乏从战略的全局出发的综合平衡。这种情况,不是近几年才有的,从1970年以来或多或少地就存在了。1970年至1978年,积累率平均为33%,其中1978年又提高到36%以上。由于多年来积累率过高,基本建设战线过长,重工业投资过大,结果挤了农业和轻工业,挤了人民的消费。

采取什么办法进行调整?是不是可以采取长线不动,把短线突上去的办法呢?不行。采取这种办法,国家就要继续追加大量投资,在当前国家财力物力有限的情况下,是根本办不到的。如果国家有力量这样做,就根本不需要调整了。过去我们也采取过按长线平衡的办法,在计划上留有很大的缺口,结果受到了经济规律的惩罚。这个教训应当记取。是不是可以采取"推平头"、"大家打七折"的办法呢?也不行。这种办法,同样会使我们一事无成,长线还是长线,短线还是短线,不仅不能把比例失调改变过来,反而会把长线拉得更长,进一步加剧比例失调的严重程度。那么,出路是什么呢?就是压缩长线,加强短线,截长补短,填平补齐,这是唯一可行、唯一正确的办法。只有采取这种办法,才能使比例关系逐步协调起来。

要压缩长线,除了按照经济合理、择优供应的原则,对一些企业坚决实行关停并转以外,主要是压缩基本建设战线。我们的基本建设,既不能建立在压缩人民必不可缺少的消费的基础上,也不能靠预算打赤字的办法进行。这两种办法,都会带来严重后果。要压缩基本建设战线,必须投资和项目一齐压,即压缩基本建设规模,不然基本战线还是缩短不了。这就要合理调整积累和消费的比例关系,即降低积累,提高消费,使基本建设建立在现实可能的基础上。只有积累压下来了,基建调下来了,人民生活方面的欠账才有可能偿还,能源、农业、轻工业、交通运输等短线才能保上去。因此,压积累,下基建,是当前经济调整的关键。

半年多以来,中央已经采取并正在采取一些重要措施,来提高人民的消费,如提高农副产品收购价格,减免部分地区的农业税和社队企业税,调整职工工资,安排劳动就业,实行奖励制度,等等。可是,压积累、下基建的工作进行得并不顺利。主要问题是,一些部门和地方不该上马的项目还在继续上马,许多该下马的项目下不了马,或"下马不卸鞍",特别是一些重工业"大户"停缓很少。为什么会出现这种情况呢?一个重要原因,就是对压积累,下基建,加强短线,缩短长线等问题认识不一致,还有不少思想阻力或顾虑。

其一是,大家都是短线论。现在有不少部门和单位,只愿上,不愿下,一调整到自己的头上,就表示"我不长,不能调";有的还举出种种理由,向国家要投资,争项目,出现了"短线帽子争着戴"的奇怪现象。这种把困难推给人家、把方便留给自己的倾向是值得注意的。

是不是都是短线呢?当然不是。既然客观上存在比例失调,有些部门就是长线,有些部门就是短线。长线、短线并不是人们可以随意确定的,而是有其客观标准的。这个标准不是四个现代化的长远需要,因为如果拿这种需要来衡量,现有的各种重工业产品都是不够的,也可以说都是短线。因此,衡量长短线的客观标准只能是国家当前财力、物力的实际可能。具体地说,就是:按照社会主义生产目的的要求,在合理安排积累和消费比例关系的条件下,各部门按比例地协调发展。拿这个标准来衡量,谁长谁短是一清二楚的,不存在所谓都是短线的问题。当然,长线和短线是相对的。就是说,长线部门并不是一切皆"长",有些方面也有短线;短线部门也不是一切皆"短",有些方面也有长线。但是,长线部门不应当以自己的短线作借口,不去调整,给国家增加困难,而应当主动地承担一些困难,给短线部门让路,使短线能够突上去。

其二是,怕压积累、下基建不能进行扩大再生产。这是把扩大再生产和基本建设等同起来了。基本建设是扩大再生产、增加生产能力的重要手段,但并不是唯一的手段。扩大再生产,增加生产能力,可以采取两种办法:一是靠增加投资,进行基本建设,来增加生产能力;另一办法就是靠现有企业的挖潜、革新、改造,提高生产效率,来增加生产能力。在解放后的一定时期内,由于我国的经济基础薄弱,生产能力低,主要采取前一种办法,多搞些基本建设,是完全必要的。新中国成立30年来,由于进行了大量的基本建设,我们已经有了相当雄厚的物质基础,工业企业达到35万个,全民所有制企业的固定资产达到3000多亿元。应当看到,这些企业是我们向四化进军的主要基地和基本力量。而且它们的潜力是巨大的。因此,我们现在应当采取以后一种办法为主,按照先挖潜、后新建的原则,大搞企业的挖潜、革新、改造、提高它们的生产效率,从而增加生产能力。这样做,花钱少,见效快,可以收到事半功倍的成效。

其三是,怕调整影响经济发展速度。有的同志认为,似乎只有高积累,才能有高速度,积累压下来,速度就上不去了。这是没有把速度、积累和比例之间的关系搞清楚。30年建设实践从正反两方面证明,高积累并不一定带来高速度。只有经济建设方针政策对头,积累适当,比例协调,才会有高的速度。就是说,不是积累决定速度,而是比例决定速度。正如陈云同志讲的,按比例就是最高的速度。而这种比例不是任何一种比例,只能是符合社会主义基本经济规律要求的比例,只有这种比例才是我们所需要的比例。许多同志想把经济搞快一点,这种心愿是好的。但是,要想快,就得按经济规律办事,不然想快也快不了。在最近两三年内,我们需要按照社会主义生产目的的要求,调整比例关系,速度自然要低一点,这是没有什么值得担忧的。经过这次调整,比例关系协调了,各方面的条件创造出来了,发展速度一定会更高些。因此,在速度问题上,我们一定要从实际出发,实事求是,扎扎实实,不要去做那些实在办不到的事情。当然,我们也要鼓足干劲,力争上游,经过努力本来可以做到的事情也不争取去做,也是不对的。

我们这次调整,是有上有下,有进有退,而且下是为了上,退是为了进,退一步是为了进两步。可是,有些同志没有正确理解,他们只看到下而没有看到上,只看到退而没有看到进,从而产生一种消极松劲的情绪,这是不对的。一定要认识到调整的方针不是消极的,而是积极的,要振奋精神,鼓足干劲,全力以赴把生产搞上去,特别要争取明年农业有个较大的全面丰收,争取轻工业有个较大幅度的增长。

统一行动,加快调整的步伐

这次调整涉及国民经济的各个方面,涉及各个地区、各个部门和各单位,工作复杂,任务艰巨,因此一定要加强领导,统一行动。

我们的高度集中的管理体制,严重地束缚了各方面的积极性,限制了生产的发展,所以必须从根本上加以改革。但是,这并不是说我们在一切问题上都集中过多了。在经济调整工作中,现在的主要问题就不是集中多了而是集中少了,在一定程度上存在本位主义和分散主义的倾向。有的地方、部门和单位,口头上虽然拥护调整,实际上考虑本地区、本部门和本单位的需要和利益多(当然其中也有许多实际问题需要适当解决),考虑全局的需要和利益少,个别的甚至要"坚决顶住",按兵不动,各行其是,调人家的可以,调自己的不行。这种从局部的利益出发的各自为政的分散状态,致使中央的方针政策和调整措施得不到切实的贯彻执行,使调整工作进行得相当迟缓。

调整是由乱转治,必须强调集中统一。因为比例关系的调整,必须从整个国民经济出发,权衡利弊,进行全局的综合平衡。没有集中统一,没有全局的综合平衡,比例失调的状况是调整不过来的。因此,加强全局观念,至关重要。我们讲的全局,就是中华人民共和国的全局,各个地区、各个部门、各个单位,都是这个全局的一部分,都要服从这个全局。如果单从一个地区、一个部门来看,有些投资,有些项目,有些企业,可能是需要的,合理的,但从全局来看,就不一定需要,不一定合理。对全局有利的事情,从根本上说对局部也有利;对全局不利的事情,从长远看对局部也不利。因此,各个局部都要服从全局的需要,服从党和政府的安排,该上则上,该下则下,令行禁止,做到全国一盘棋。

要做到全国一盘棋,必须“统一认识,统一政策,统一计划,统一指挥,统一行动”。1962年,党中央强调“五统一”,从而保证了当时的调整工作顺利进行,很快取得了成效。为了搞好当前的调整工作,有必要强调“五统一”,坚持“五统一”。只有坚持“五统一”,齐心协力,才能加快调整的步伐,打好调整国民经济的这一硬仗。

国务院批转交通部《关于坚决制止乱砍滥伐公路两旁树木的报告》

国务院批转的交通部《关于坚决制止乱砍滥伐公路两旁树木的报告》,要求各省、自治区、直辖市革命委员会(人民政府),坚决制止乱砍滥伐公路两旁树木的现象。对于爱护树木有功者要给予表扬和奖励,对破坏树木者要依法惩处。

交通部给国务院的报告中列举事实说明,有些地方公路两旁树木遭到乱砍滥伐,有的相当严重。为了坚决制止乱砍滥伐公路两旁树木的歪风,巩固公路绿化成果,交通部在报告中提出了四条建议:

一、各地要加强对公路绿化工作的领导。迅速采取有力措施,认真贯彻落实国务院《关于保护森林制止乱砍滥伐的布告》和《森林法》。要广泛宣传公路绿化的重要性,教育干部、群众自觉地爱护公路两旁的树木。各级交通部门要配备专人负责管理。

二、公路绿化要在公路主管部门组织下,认真贯彻国造国有、队造队有、合作造管的收益按比例分成的林业政策,以调动广大养路职工和沿线社队绿化公路的积极性。

三、要严格履行公路两旁树木采伐更新批准手续。凡未按批准权限乱砍滥伐的,必须承担法律责任,赔偿经济损失。

四、严格实行护树有功者奖,破坏者罚的政策。对乱砍滥伐公路两旁树木的事件,要认真调查处理,情节严重的,应依法惩办。

国务院在批转交通部的报告时指出,搞好公路的绿化,对于稳固路基、美化路容、调节气候、保护农田、加强战略和保障行车安全都有重要作用,也可为国家和集体增产木材,积累财富。各地区和有关部门一定要加强领导,做好这一工作。

中科院院长方毅在北京会见美国关顿动力公司总经理刘继福博士和夫人余宝珠及他们的儿子刘英杰

国务院副总理方毅在北京分别会见美国国际商业机器公司副总经理刘易斯·布兰斯科姆和英国卢瑟福实验室所长斯塔福特教授及他们的夫人

国务院副总理姬鹏飞在北京会见乌干达共和国新任驻中国大使奥波里亚—埃夸罗

国务院副总理姚依林会见以多瑙欧洲研究所主席弗利茨·鲍克博士为团长的奥地利多瑙欧洲研究所访华团

全国外国教育研究会在上海成立

《人民日报》报道,全国外国教育研究会最近在上海召开的第二次全国外国教育学术讨论会上宣布成立。这是我国第一个研究外国教育的学术团体。研究会的目的是为了加强全国外国教育研究人员的联系和协作,开展对国外主要教育理论和教育制度的资料收集整理和分析研究工作,为发展我国社会主义教育事业服务。第二次会员大会通过了研究会章程,选举产生了理事会。上海师范大学校长刘佛年任理事长,中央教育科学研究所领导小组成员张天恩为副理事长。研究会将出版会刊《外国教育》。

上海交大和上海师大建立学校基金试行奖励制度

《人民日报》报道,上海交通大学今年学校党委决定在确保完成国家下达的教学、科研任务的前提下,增加收入节约开支,从中提取部分基金,以奖励在教学、科研工作中作出成绩的教职员工。这一设想已获得国务院有关部委和上海市有关部门的批准。

交大的奖励基金三要来源是:从校办工厂利润中提取20%;从实验室对外服务收费中提取25%;从科研各种收入中提取20%;从旁听生、进修生、短训班及兼课、稿酬留成部分的收入结余中提取40%;从校务处所属单位的收入中提取40%。

奖励等级和金额是:教职工(不包括校办工厂及实行半企业化管理单位的职工)按平均每人每年72元计算,分为一、二、三等奖,一等奖不超过评奖人数的10%。在教学、科研和其他工作中有突出贡献的教职工另行奖励。校办工厂在完成学校下达的任务、产量、质量、利润指标前提下,提取职工工资总额的10%作为奖励基金,超产部分提取超额利润的10%作为超额奖励基金。实行半企业化管理及其他增产、增收部门的奖金，可适当高于学校奖金水平。

为了改变干与不干一个样、干多干少一个样、干好干坏一个样的不合理状况，做到好坏有别，赏罚分明，充分发挥奖金的作用，交大党委抓了以下 3 件事：

第一，拟订工作规划，把 2 年至 3 年内教学、科研等任务，按四定(定方向、任务、进度、人员)原则落实到每个人。

第二，建立各类人员岗位责任制。校党委在调查研究的基础上，先后在校科研科、设备科和电子工程系等单位初步拟订系党总支、系主任、教研室、机关科长、科员的岗位责任制，取得经验，然后推向全校。

第三，建立考核制度。拟订教师、党政干部、技术干部、实验人员、后勤工人和工厂工人等的考核办法，颁发试行。

上海师范大学用增加的收入，建立“学校基金”，实行奖励制度。最近，中共上海市委对上海师大的初步做法进行研究后，已经批准该校实行试点。

“学校基金”的来源是：一、办好校办工厂和系办工厂，利润的 35% 留给工厂，用于发展生产和改善生产条件，并从中提取一部分作为工厂奖金，其余 65% 作为学校基金；二、各系大型仪器(电子计算机、电子显微镜等)对外服务的收入；三、各系实验室对外服务的收入；四、与外单位订立科研合同，科研成果分成的收入；五、接收进修生、旁听生及举办短训班的收入，等等。这几方面的收入，预计一年可达近百万元，其中 65% 上交给国家，用于教学、科研设备的更新和集体福利事业的发展，35% 用于奖励全校的师生员工。

他们确定的奖励办法是：实行多劳多得，反对平均主义。对全校教职工 1 年评奖 2 次，分一、二、三等奖，平均每人所得奖金 1 年一般约 70 元。对创造“学校基金”最多的校办工厂实行月度综合奖，平均每人每月 6 元，如有超额利润，还可增加奖金。“学校基金”每年还将另拨一部分奖金奖励作出杰出贡献的个人。对于食堂、修建队、汽车队等实行半企业化管理，除发月度奖外，每年也将拨一部分“学校基金”奖励先进个人。不遵守纪律，无故旷工和经常迟到早退的，发生重大事故、造成重大损失的，半年事假累计半个月以上，或半年病假累计在 1 个半月以上，或半年半休累计在 3 个月以上的，不能得奖。

上海师范大学建立“学校基金”，实行奖励制度后，已经初步显示出良好效果：(一)调动了教学、科研人员和职工的积极性。(二)既减轻国家的负担，又改善了教学、科研工作条件。(三)充分发挥了仪器设备的作用。

中国乒乓球队获斯堪的纳维亚乒乓球锦标赛男女团体冠军

11 月 24 日

国务院副总理李先念在北京会见泰国中央青少年法院副院长阿敦吉·吉迪耶军率领的泰国司法界人士访华团

会见时，李副总理首先转达华国锋总理、叶剑英委员长、邓小平副总理和他本人对普密蓬·阿杜德国王和王后以及江萨总理的问候。他说，我们两国有着悠久的传统友谊，现在两国的关系很好。

在谈到东南亚局势时，李副总理强烈谴责越南地区霸权主义对柬埔寨的军事占领。他说，世界上大多数国家支持柬埔寨的斗争。“我们非常欣赏泰国和东南亚各国对这个问题采取的公正立场。中国完全站在泰国和东南亚各国人民一边。”他还高度评价泰国为维护民族独立、国家主权和领土完整所进行的斗争。

阿敦吉团长说，泰国是个小国，愿同世界所有国家友好，尤其同邻国友好。“我们泰国爱好和平，需要和平。我们绝对不能容忍别的国家侵略我国，我们要求从柬埔寨撤出一切外国军队。”

泰国驻中国大使沙贡·瓦纳比沙和我国外交学会秘书长谢黎等会见时在座。

国务院副总理方毅在北京会见以苏珊·霍恩为团长的美国“加利福尼亚州当选妇女教育与研究协会”访华团

国务院副总理王震在北京会见美国电子计算机科学家上海交通大学顾问教授朱传榘先生

国务院副总理康世恩在北京会见美国工业和民用太阳能公司主席袁绍文教授

第二届全国地层会议在北京举行

新华社报道，最近在北京举行的第二届全国地层会议，国务院副总理康世恩出席并讲话。我国 500 多位科学工作者，以及来自美国、日本、联邦德国、奥地利、新西兰、委内瑞拉等 6 个国家的 11 位地层学家和 1 位香港同胞参加了会议。

在这次会议上，代表们共作了 170 多次学术报告，这些学术报告系统地介绍了中国地层分区和古地理变迁，各个时代的地层总结，各系研究的进展、界线和对比；各大区地层以及铁、煤和石油等含矿地层的总结。

自上一届地层会议以来，对不少以往地层研究的空白地区如珠穆朗玛峰地层、喜马拉雅山的古生代地层、西藏高原中部中生代海相地层，以及渤海、黄海和南海大陆架地层等都开展了研究工作，还填补了我国地层史上的空白段如古新世地层。近年来在我国开展的声波地层、电性地层、海洋地层和气候地层等学科的研究也有不少成果，为采用综合方法和多种途径研究地层迈开了步伐。

这次大会收到的470多篇论文展示的成果反映出，我国关于地层的科学研究工作已从陆地推向海洋，从地表推向深部，其中既有各时代的总结，又有反映全国的和区域性的地层特征的综述；既有基础理论的研究，又有适应建设急需的某些含矿地层的报告。所有这些，都标志着我国地层工作已经进入了一个新的发展阶段。

会议期间，还讨论修改了《全国地层委员会章程》，讨论了《全国地层工作发展规划(草案)》，对全国地层委员会和专业小组的成员作了一些必要调整。

国家体委确定足球运动重点地区

新华社报道，经国务院批准，国家体委最近确定北京、上海、天津、沈阳、旅大、广州、武汉、长春、青岛、石家庄、重庆、南京、昆明、西安以及延边、梅县16个城市和地区为开展足球运动的重点地区。

11月25日

《人民日报》发表社论《加快发展农区畜牧业》

我国农业地区的畜牧业在全国畜牧业经济中占有十分重要的地位。长期以来，全国肉类的90%左右是农区提供的。我国农区地处北温带、亚热带，雨量充沛，无霜期长，不少地方四季常青，饲料饲草来源丰富，具有发展畜牧业的巨大潜力。我们要在继续抓紧牧区草原建设、积极发展牧区畜牧业生产的同时，充分重视农区畜牧业，下大力气把农区畜牧业搞上去。

发展农区畜牧业，要树立种植业与饲养业并重、农林牧紧密结合的思想，纠正重种植业轻饲养业的偏向；还要树立猪牛羊并重、各类畜禽全面发展的思想。实行农林牧结合，反映了全面发展农业的客观规律，是现代农业的发展趋势。农区每个省区的农业生产，根据当地的具体情况应该有所侧重，但从农业的总体上讲，都应当有农、有林、有牧，并逐步做到合理布局。这是保持自然生态系统平衡、促进整个农业生产持续稳定发展的基础。农区的地势、土壤、气候和自然资源不同，情况千差万别，发展畜牧业也要因地制宜，适合养什么就养什么，能养几种就养几种，不能“一刀切”。从广大人民的需要和农区的客观条件来看，养猪肯定要继续发展，同时，养牛、养羊、养鸡、养鸭、养鹅、养兔、养蜂也要发展，并且都有很大潜力。我们要按照客观规律办事，充分利用自然资源，把农区的畜牧业搞活，真正做到“六畜”兴旺。

目前，牛羊肉在全国肉类产量中只占百分之七八，食草牲畜是农区畜牧业生产的薄弱环节。《中共中央关于加快农业发展若干问题的决定》中指出：“大力发展畜牧业，提高畜牧业在农业中的比重。应特别注意发展牛、羊、兔等食草牲畜。”这是完全正确的。本报今天发表的农区发展食草牲畜大有可为的消息，介绍了几个利用当地资源发展牛羊兔的典型，说明了农区发展食草牲畜潜力很大。据初步调查，南方农区还有10亿多亩草山草坡，绝大部分未被开发利用。一些山坡的亩产草量相当于北方牧区较好的草甸草场亩产草量的二三倍。此外，全国还有上亿亩滨海湖的滩涂。这是一笔宝贵财富。草山草坡附近的社队目前先要把资源利用起来，办一些小型的养牛场、养羊场。同时，各地领导部门要组织力量开展对草山的资源调查，查清草山的面积、地形、地貌、坡度、土壤、植被、气候、产草量、牧草品种和营养成分等，在此基础上，制定利用、改造和建设草山的规划。面积小的，或专办牧场，或专办林场；面积大的，牧场林场合理布局，协调发展。要建立人工草场，种植优良牧草，为今后将在草山上大力发展的放牧型畜牧业，打下可靠的基础。草山建设要列入各地农业基本建设计划，在资金和物资上给予合理安排。

继续鼓励社员家庭饲养，积极发展集体饲养，把各方面的积极性都调动起来，是发展农区畜牧业的一个重要问题。目前，有些地区集体养猪有下降的趋势，急待解决饲料地、饲料粮和改善经营管理的问题。集体养猪，一定要落实饲料地，猪牛羊所需饲料饲草，应按规定留足和专用。要把过去行之有效的、以责任制为中心的饲养管理制度恢复和健全起来，实行定额管理，超产奖励，对饲养母畜和繁殖幼畜有成绩的饲养员，要按比例分成。各地要总结一些办得好的集体养猪场的经验，大力推广。有的省区采取“一家班”的形式办集体猪场，很有成绩，也应总结和推广他们的经验。

目前城镇销售的肉、蛋，大部分来自农区的社员家庭饲养业。近两年来，各地市场肉蛋的供应情况有所好转，主要原因是鼓励社员家庭饲养的政策比较落实了。当前的问题是：对于鼓励社员发展养猪养禽，多数地区做得较好；但是对于社员发展养牛养羊做得还不够，有的地方甚至限养、禁养，这是错误的。社员养牛养羊和养猪养禽一样，都是社会主义经济的附属和补充。只要不搞雇工剥削，不影响集体生产，社员养牛养羊养兔即使数量多一些也是允许的。以草换肉、奶、皮、毛和其他畜产品，可逐步改变食物构成，增加工业原料和出口货源，这对繁荣经济、增加农民收入，有很大的好处，应该提倡和扶持。我们要把党的一系列政策切实落实下去，把1.7亿农户的积极性调动起来，放手让他们养猪养牛养羊养兔养禽，认真做好收购工作，贯彻三中全会关于农畜产品的收购政策和价格政策，取信于民。可以肯定，经过我们的努力，全国肉蛋的供应情况会比现在更好，城乡人民会皆大欢喜。

在我国畜牧业生产中，有一个很重要的、急需解决的问题，就是加快畜群周转、提高出栏率和出肉率。长期以来，我国饲养猪、羊和菜牛存在着饲养期长、出栏率低、个头小、出肉少的问题，这方面跟世界平均水平有一定差距，更远远落后于畜牧业发达的国家。产生这种情况的原因，一是长期自然经济的影响，不讲经济效益；二是有些领导部门盲目追求牲畜存栏头数，促使基层单位对上调与收购活畜不积极，不在提高出栏率和出肉率上下功夫。这样做，浪费了饲料和人工，提高了成本，大大降低了生产的经济效果。社会主义畜牧业生产的目的，是为广大人民提供越来越丰富的肉、奶、蛋和皮、毛，而不是为了追求存栏头数的高指标。衡量各地畜牧业生产的好坏，应当看畜产品的数量和质量，看对国家的贡献，看按人口平均生产了多少肉。我们要通过算经济账，宣传科学养畜的道理，使各级干部和群众都懂得加快畜群周转、提高出栏率和出肉率的重要性，懂得利用牧草生长季节优势和猪牛羊生长发育规律，做到缩短育肥期，不要把牲畜养老了养乏了养瘦了再屠宰。领导部门考核畜牧业生产要改变过去只强调净增数的做法，要从出栏、净增和商品率3个方面综合考核。

农区畜牧业能不能上去，关键还在各级领导。农区有些领导同志，一谈起农业，往往只想到粮食。这种认识是片面的。要解决9亿人的吃饭穿衣问题，一定要既抓粮食生产，又抓经济作物，抓林业、畜牧业和渔业。畜牧业要上去，除了解决上面提到的几个问题外，还有很多工作要做。我们要在3年国民经济调整期间，把阻碍畜牧业发展的一些重要问题调整好、解决好，使我国的畜牧业有一个大的发展，使广大人民的食物构成能够进一步得到改善。

国务院副总理王震在北京会见中英贸易协会副主席伯纳德·巴克曼先生以及随同来访的英国朋友科林·威廉斯先生和李国精先生

第二届全国流体力学学术会议在无锡举行

新华社报道，最近举行的这次会议上，我国著名物理学家周培源作了题为《均匀各向同性湍流的涡旋结构的统计理论》的学术报告，介绍了由他领导的湍流涡旋结构统计理论学派在湍流理论研究和实验研究两方面所取得的新进展。

会上宣读和散发了有关流体力学十余个分支学科的学术论文共216篇。宣读论文的数量之多和涉及领域之广泛都是空前的。

参加这次学术会议的有来自中国科学院、国防科委、高等院校和产业部门所属科研机构，以及国家科委、全国科协等单位的教授、专家和流体力学工作者共200多人。

《人民日报》摘要转载11月24日《北京日报》社论《大家都要关心青少年的教育工作》

青少年是我们的未来，我们的希望；是无产阶级革命事业的接班人。今天一二十岁的青少年，到了本世纪末，正好是三四十岁精力旺盛、干劲充沛、大大发挥聪明才智的时期，是建设我们美好祖国的一支不可忽视的后备力量。老一代人的革命火炬，终归是要由青少年接过来往下传的。是不是充分重视和切实加强对他们的教育，能不能使他们的德育、智育、体育得到全面发展，是关系到能不能实现"四化"这个千秋大业的大事；关系到我们的党、我们的国家和我们的民族的前途、命运的大事。因此，各级党组织必须充分认识加强青少年教育的重要的现实意义和深远的历史意义，紧密结合"四化"这个中心，把这项工作抓紧抓好。

目前青少年中所以出现一些问题，有社会、政治、经济、文化各方面的原因。一些青少年不能正确地对待主要由于林彪、"四人帮"长期破坏给我们国家造成的许多方面的严重困难，对于社会主义的前途，对于"四化"的实现，产生了程度不同的怀疑和动摇，有的甚至丧失了信心。一些人所以滑向邪路，是和这种思想状态有关系的。怎么办？这就要教育，要结合事实来向他们讲道理。粉碎"四人帮"以来，特别是三中全会以来，在党中央领导下，我们的国民经济，我们的党风、民风以及劳动就业、人民生活等许多方面，已经和3年以前有了显著的变化。要用这些看得见、摸得着的事实，教育青少年坚定走社会主义道路的信心，坚定实现"四化"的信心。要向青年讲清楚，我们在前进中确实还有许多困难，尽管我们党和国家为解决人民生活方面的问题已经做了很大努力，但一时还不能完全解决各种问题。要从根本上解决问题，唯一的途径，是搞"四化"，是大力发展生产。要动员青年把精力集中到"四化"上来，用自己的行动，推动生产的发展，创造有利于解决群众包括青年面临的各种问题的条件。

加强青少年教育，不是一个单位、一个部门的事，必须动员社会上各方面的力量，都来关心并做好这项工作。这是我们的时代，我们的事业所赋予各行各业所有同志的一项义不容辞的光荣责任。各级领导机关要管，各级共青团是党做好青少年工作的基本力量，更要集中主要力量做好这项工作。同时，学校、政法、财经等部门和工会、妇联等人民团体，都要主动配合，密切协作，按照各自的职责范围，为抓好青少年教育作出自己的贡献。学校是专门培养青少年德育、智育、体育全面发展的地方。学校教育的好坏，直接关系到青少年一代的精神、思想面貌。既要努力抓好品学兼优的学生的培养教育，又要大力抓好那些品学较差、甚至有违法犯罪行为的学生的教育。各有关部门在对待加强青少年教育问题上，不要只是在口头上表态，也不要一出问题就互相指责，要紧的是切切实实帮助解决一些实际问题。例如，如何千方百计妥善安置待业青年，如何开展丰富多彩的科技文体活动和为这些活动提供必要的场所，如何创作、印制更多、更好的适合青少年特点的文艺作品，如何进一步办好工读学校和加强劳教、少管工作等等。在加强青少年教育中，加强家庭教育是非常重要的一个方面。大多数家长是关怀自己子女的健康成长的，也能用正确的思想教育子女。但确实也还有少数人，对子女溺爱不明，放任不管；或则简单粗暴，动辄打骂，不从思想教育着手；个别干部甚至利用职权，娇纵袒护，以致使极少数青少年走上了违法乱纪的错误道路。虽曰爱之，其实害之。我们的党员和干部，特别是领导干部，一定要以身作则，自觉地做好对自己子女的思想教育工作。

对后进青少年以及有一般违法行为的青少年，我们的方针是着眼于教育、改造和挽救。要立足于“拉”，满腔热情地、反复地做他们的思想工作。要循循善诱，动之以情，晓之以理，区别情况，对症下药。要欢迎浪子回头。对那些过去曾经犯过错误，或者经过劳教、少管的青少年，只要他们有进步，就要欢迎，就要给予鼓励，争取把其中最大多数人改造成为对“四化”有用之才。在加强青少年的教育工作中，要针对青年思想，注意进行前途理想教育和道德品质教育。目前要突出进行遵纪守法教育。要继续批判林彪、“四人帮”，肃清他们煽动的无政府主义、极端个人主义等流毒，通过正反两方面的教育，使青少年正确认识民主和集中、自由和纪律、个人和整体利益的关系，从而使我们的一代新人，树立起遵纪守法、顾全大局的道德风尚。

为了更好地抓好对广大青少年的教育工作，对极少数犯有严重罪行的反革命分子和其他刑事犯罪分子，特别是对于教唆犯，对于流氓集团的首恶分子，必须依法惩办，决不姑息手软。

11月26日

五届全国人大常委会第十二次全体会议在北京继续举行

第五届全国人民代表大会常务委员会第十二次会议下午举行全体会议，听取了法制委员会副主任武新宇就关于新中国成立以来制定的法律、法令效力问题的决议(草案)所作的说明和公安部部长赵苍璧就国务院关于劳动教养的补充规定(草案)所作的说明。

会议由聂荣臻副委员长主持。副委员长、法制委员会主任彭真在会上作了重要讲话，强调要进一步加强社会主义法制，整顿社会秩序，维护安定团结的大好形势，保障四个现代化建设的顺利进行。

许德珩、周建人、邓颖超、谭震林、韦国清副委员长，季方委员等，也先后在会议上就加强社会主义法制问题讲了话。

出席会议的还有吴德、李井泉、赛福鼎、阿沛·阿旺晋美、胡厥文、朱蕴山、史良副委员长。国务院副总理余秋里、最高人民法院院长江华列席了会议。

会议听取了法制委员会副主任武新宇就新中国成立以来制定的法律、法令效力问题的决议(草案)所作的说明。武新宇说，全国人大常委会关于中华人民共和国建国以来制定的法律、法令效力问题的决议(草案)，内容是重申新中国成立以来制定的法律、法令，除了同五届全国人大和人大常委会制定的宪法、法律、法令相抵触的以外，继续有效。为什么要通过这样一个决议？武新宇在说明中讲了3点理由：一是新中国成立以来制定的法律、法令是人民民主专政的社会主义的法律、法令，应当有连续性；二是有利于完备和加强社会主义法制；三是巩固安定团结、实现四化的需要。

武新宇说，中华人民共和国的政权，是党领导下的人民民主专政的政权。新中国成立以来制定的法律、法令，是在党领导下，由人民民主专政的政权机关制定的，是人民民主专政的法律、法令，因此，应当有连续性，除与五届全国人大和人大常委会制定的宪法、法律、法令有抵触的以外，当然应当继续有效。他指出，由于林彪、“四人帮”在“文化大革命”时期，全面否定17年的工作，对过去的法律、法令进行攻击、诬蔑，全盘否定，致使一些人对过去的法律、法令是否还有效力，认识不清。因此，通过一个决议，加以重申，是必要的。武新宇说，新中国成立以来，我们制定了不少法律、法规，其中大部分法律、法规的精神和内容，现在仍然基本适用，或稍加修改、补充就可以适用。

武新宇说，“四化”是压倒一切的中心任务。实现“四化”，需要安定团结。为了维护社会秩序、生产秩序、工作秩序、教学科研秩序、人民群众生活秩序，巩固安定团结、保障实现“四化”，需要加强社会主义法制。过去的不少法律包括政务院、国务院颁布的许多法规，是维护社会秩序的有效法制武器。

会议听取了公安部部长赵苍璧就国务院关于劳动教养的补充规定(草案)所作的说明。赵苍璧说，劳动教养，是根据1957年8月1日第一届全国人民代表大会常务委员会第七十八次会议批准，并于同年8月3日由国务院公布的《国务院关于劳动教养问题的决定》举办的。20多年来，在各级人民政府领导下，劳动教养工作是有成绩的。实践证明，《国务院关于劳动教养问题的决定》是个好文件，劳动教养对于教育改造被劳教的人员，维护社会治安秩序，均起了积极作用。为了维护社会治安，维护群众利益，保卫“四化”建设，也为了挽救被劳动教养的人员，继续办劳动教养是必要的，也是符合《刑法》第三十二条精神的。接着，他就关于成立劳动教养管理委员会、劳动教养的收容范围、劳动教养期限，以及不歧视解除劳教后的人员和不歧视劳教人员的家属、子女等问题，作了说明。

《人民日报》发表社论《加强领导　做好粮食工作》

党的十一届三中全会以来，我国农村形势很好，粮食的生产和购销情况也是好的。在这种情况下，一些地区、一些部门产生了盲目乐观情绪，以为国家的粮食多了，希望“松动”一些，多开支一些。而实际情况是，国民经济各方面对粮食需求的增长，大大超过了粮食生产的增长。这种情况，必须引起各级党委的密切注意。除了要抓紧粮食的增产和统购工作外，还必须严格控制销量。如果在粮食问题上掉以轻心，那是非常危险的事。

我国人口众多，吃饭是第一件大事。新中国成立以来，我国粮食产量逐年有所增长，但增长的速度不快，特别是由于林彪、“四人帮”的严重干扰破坏，在较长的时期内，粮食生产发展缓慢，同国民经济发展的需要相比，很不适应，供求矛盾一直是比较尖锐的。1978年全国粮食获得了丰收，总产量超过了历史最高水平。这一年的粮食占有量，按人口平均为600多斤。这个数量，不论从消费来说，还是从国民经济各方面对粮食的需求状况来说，都还是低标准的。因此，在粮食问题上的盲目乐观，是没有根据的，要求在粮食安排上多开一些口子，希望“松动、松动”的想法，都是有害的。

我国的粮食工作，必须坚决地贯彻执行“立足国内，自力更生，发展生产，厉行节约”的方针。我们要从实际情况出发，千方百计地增产粮食，节约粮食，做好粮食工作，力争收支平衡，并略有节余。要实现这个目标，重要的问题是把粮食放到整个国民经济中去进行综合平衡。粮食是特殊商品，它同国民经济各部门有着密切的关系。各地区、各部门兴办各项建设事业，都要通盘考虑粮食问题。也就是说，要从国民经济的全局出发，全面地安排粮食的生产、分配和消费。从一个局部、一个行业来看，是合理的、需要办的事，从国家的整体来看，是不可行的或暂时无力办到的，就应当严格控制和压缩。现在农业人口转为吃商品粮的人口增加很快很猛，其中有的是合理的，有的不合理，甚至是违反政策规定的。如果不严加控制，无限制地增加吃商品粮的人口，超过了农业提供商品粮的可能，就会破坏粮食的购销平衡，就会影响全局。在调整农林牧渔布局和扩大经济作物种植面积方面，要通盘筹划，逐步发展，量力而行，这样才能收到预期的效果。

我国人口自然增长率仍然过高，这对改善粮食的供应状况很不利。从眼前和长远考虑，我们必须动员各方面的力量，采取果断而有力的措施，大力抓好计划生育工作，在控制人口出生率方面作出更大的成效来。

在粮食分配上，一定要充分体现国家、集体和个人利益兼顾的原则。而做到这一点，在于各级党委加强领导。一定要深入调查研究，在实事求是估产的基础上，结合生产队的分配，确定合理的购留比例。一定要坚持执行粮食征购基数，一订5年，超购1年一订，以丰补歉和加价奖励的政策，征购基数和超购数字都是统购任务，必须完成。我们鼓励生产队在增产的基础上，适当多卖一些粮食给国家，但必须避免和防止购过头粮，避免“一刀切”，要使增产的队能够适当多留一些，社员多分一些。“超购粮”是粮食统购的一部分。在征购工作中，购过头粮是错误的，但是应当多购一些而不多购，也是不对的。为了让农民休养生息，促进农业生产的发展，国家今年提高了粮食的收购价格，同时对部分口粮水平过低的地区，减免了农业税，规定了起购点。近几年来，国家征购粮食总数增加不多，只要做好工作，认真执行政策，我们就可以完成和超额完成粮食征购任务。

在国民经济调整过程中，以及在今后一个相当长的时期内，粮食的统购统销政策和征购、销售、调拨、库存“四统一”的管理制度，不仅不能削弱，还必须加强。在完成粮食统购任务的情况下，开放粮食集市贸易，适当开展粮食议购议销，对于活跃市场，互通有无，调剂品种，改善群众生活，能起好的作用，要坚持这样做。粮食部门还可以在集市上开展吞吐业务，以平抑集市的粮食价格。

必须把粮食工作抓得很紧很紧。我们主张在发展生产的基础上逐步改善人民的生活，我们反对把穷日子当富日子过。粮食部门要在各级党委的统一领导下把好口子，堵塞漏洞，尽一切努力，争取做到粮食收支平衡并略有节余。

国务院副总理邓小平在北京会见美国不列颠百科全书出版公司副总裁弗·吉布尼和保·阿姆斯特朗与加拿大麦吉尔大学东亚研究所主任林达光教授和夫人

谈话时邓小平说，实现现代化确实是一场新的大革命。我们革命的目的就是解放生产力，发展生产力。说市场经济只存在于资本主义社会，只有资本主义的市场经济，这肯定是不正确的。社会主义为什么不可以搞市场经济，这个不能说是资本主义。我们是计划经济为主，也结合市场经济，但这是社会主义的市场经济。

建设银行改为国务院直属单位

新华社报道，经国务院批准，中国人民建设银行改为国务院直属单位，由国家建委、财政部代管，以财政部为主。

建设银行省、自治区、直辖市分行作为厅、局一级单位，由中国人民建设银行总行和省、自治区、直辖市人民政府双重领导，以总行为主。

国务院还确定，各级建设银行由事业单位改为企业单位。

农业机械部在北京召开全国农机工作会议

新华社报道，农业机械部最近召开的全国农机工作会议，决定对全国农机工业进行调整。

会议认为，新中国成立以来，我国农机工业从无到有，发展很快。农机工业总产值平均每年增长 23.6%。按 1978 年统计，包括县农机修造厂在内，全国已有 4300 多个企业，150 多万职工。农机工业已经有了一个不小的基础。但是由于林彪、“四人帮”的长期干扰破坏，加上农机部门工作上的缺点和错误，也存在不少问题。主要是：农机工业内部比例失调，牧业、林业、渔业和农副产品加工机械缺门短线多；重动力机械，轻作业机械；种植、收获、烘干、运输等机械十分薄弱。企业点多，基础弱，骨干少，生产技术水平低，工艺不完整；重复布点，重复生产，批量小，生产能力长短不齐，专业化水平和管理水平低，供产销严重脱节。出席会议的代表指出，这种散、乱、差、费的现象，已经到了非调整不可的时候了。

会议认为，农机工业的调整、改革、整顿、提高是密切结合在一起的。但鉴于目前农机企业的状况，农机部要按照统一规划，合理布局、择优发展、充分利用现有基础，适当照顾薄弱地区和远近结合的原则，要把调整作为中心，同时搞好农机企业的整顿、改革、提高工作，经过调整、改革、整顿、提高，使之形成全国一盘棋，而每个大区和省、自治区、直辖市又各具特点，互相协调的比较完整的农业机械工业。

调整的具体部署是：

一、调整企业的产品方向，增加短线产品的生产能力。畜牧机械，准备由现有 12 个厂增加到 27 个厂；收获机械，准备由现有 15 个厂，增加到 17 个厂。同时把生产重复、质量不好的企业调下来。

二、按照专业化协作生产的原则，改组农机工业，把分散的企业集中起来，择优录取，组成各种不同类型的企业性的专业生产公司或总厂，实行产品专业化，零部件专业化，工艺和辅助生产专业化。

三、整顿、改进老产品，发展新产品，提高标准化、系列化、通用化程度和配套水平。

四、以提高产品质量、降低产品成本为中心，进行企业整顿。

五、清理在建项目，缩短基本建设战线，搞好挖潜、革新、改造。目前在建的大、中型项目 50 多个，小型项目 500 来个，计划调整为大、中型项目 19 个，小型项目 160 多个。

六、组织企业性生产公司，用经济办法管理企业。

七、初步改革农机管理体制，实行对农机产品统一规划，分级管理。即为全国服务的，适于组织大批量生产和在全国作配套的产品，以部为主管理。主要为本省服务的产品，由地方管理。

八、切实解决维修配件和配套农具问题。

九、加强科研、教育工作，为逐步实现农机工业的现代化打好基础。

十、积极扩大产品出口，有计划地搞好技术引进。

会议要求，通过调整，提高产品质量，提高生产技术水平，提高企业管理水平；降低消耗，降低成本；切实解决维修配件的生产、供应问题，切实解决作业机械配套问题；增加牧业机械的比重，增加收获机械的生产能力。

国务院副总理方毅在北京会见美国科学院院士西北大学教授巴梭罗博士和夫人

国务院副总理姚依林在北京会见以贸易和航运部副部长西里塞纳·阿马拉西里为团长的斯里兰卡政府贸易代表团

全国人大常委会副委员长邓颖超在北京会见朝中友协副委员长吴文汉率领的朝中友协代表团

中国奥委会在国际奥委会合法权利得到恢复

国际奥林匹克委员会副主席穆罕默德·姆扎里下午在洛桑总部宣布，国际奥林匹克委员会经过全体委员的通信表决，以62票赞成，17票反对，批准了执行委员会10月在名古屋作出的关于中国代表权的决议。中国奥委会在国际奥林匹克委员会的合法权利终于得到恢复，中国奥委会同国际奥委会的关系进入了一个新的阶段。

国际奥委会批准的这个决议，决定中华人民共和国奥林匹克委员会的名称为“中国奥林匹克委员会”，它的旗和歌使用中华人民共和国的国旗和国歌；设在台北的奥委会的名称是“中国台北奥林匹克委员会”，它不能使用目前使用的歌、旗和会徽，而今后使用的歌、旗和会徽必须得到国际奥委会执委会的批准。这个决议表明，在国际奥委会中承认中国奥委会为全中国的代表，承认中国台北奥委会为中国的一个地方机构，这既反映了世界上只有一个中国的事实，又照顾了台湾的现实情况，使台湾地区和中国大陆的全体中国运动员都能参加明年的冬季和夏季奥林匹克运动会。

中国奥委会早在20世纪20年代就得到国际奥委会的承认。新中国成立后，曾派体育队参加了1952年的第十五届奥运会。但在1958年，中国奥委会被迫中断了同国际奥委会的关系。

11月27日

国务院总理华国锋致电卡翁达总统坚决支持赞比亚政府和人民反击罗得西亚种族主义势力武装侵略的正义斗争

电报全文如下：

卢萨卡赞比亚共和国总统肯尼思·戴维·卡翁达阁下：

罗得西亚种族主义势力最近派出突击队，武装侵犯赞比亚领土，肆无忌惮地破坏赞比亚的公路、铁路桥梁等经济设施，使赞比亚的经济和人民生活蒙受严重损失。这是罗得西亚种族主义势力对赞比亚人民犯下的新的严重罪行。我代表中国政府和人民强烈谴责种族主义势力的野蛮行径，对赞比亚政府和人民表示深切的同情和慰问。

罗得西亚当局如此疯狂地武装侵略赞比亚，显然是企图胁迫赞比亚等非洲前线国家放弃对津巴布韦人民民族独立斗争的支持。但是，这完全是徒劳的。他们的野蛮挑衅只能更加激起赞比亚人民、津巴布韦人民和非洲人民的更大的义愤和坚决的斗争。目前，赞比亚政府和人民在阁下领导下，不畏强暴，同仇敌忾，采取各种有力措施，为反击罗得西亚种族主义势力的武装侵略，保卫自己国家的领土完整和安全进行英勇斗争。中国政府和中国人民坚决支持你们的正义斗争。我相信，正义在你们一边，胜利一定属于英雄的赞比亚人民、津巴布韦人民和非洲人民。

中华人民共和国国务院总理 华国锋

1979年11月27日于北京

《人民日报》发表黄文欢文章《越中战斗友谊的事实不容歪曲》披露中国援越真相

最近，黎笋一伙控制下的越南外交部，为了歪曲越中关系的事实，公布了一份叫作《三十年越中关系真相》的白皮书。

白皮书发表在中国人民热烈庆祝中华人民共和国成立30周年之际；在黎笋一伙大举增兵，对柬埔寨发动新的旱季攻势，并加紧在越中边境进行武装挑衅和动员准备反华战争的时候。十分明显，他们的目的是企图给社会主义中国抹黑；企图煽动越南人民加紧反对中国，借以消除人们对他们一伙造成的痛苦的种种不满；并企图转移正在谴责他们侵略柬埔寨罪行的世界舆论的方向。

这份白皮书列举了一些所谓越中关系的历史材料。其中，有的完全是伪造；有的是篡改或歪曲事实；有的是从外国书刊中摘引，任意断章取义。此外，还东拉西扯，讲了一些实际上与越中关系毫不相干的事，企图挑拨中国同其他国家的关系。

只要稍有政治头脑的人，一读这些材料就会看出，这是一篇逻辑混乱、矛盾百出、编造得十分拙劣的大杂烩，不值得一一加以评论。

但是，因为我曾担任越南首任驻华大使和越南党中央派驻中国共产党的代表8年，担任越南党中央对外联络部部长8年，还担任越南党中央政治局委员20年，熟知越中关系的全过程。作为历史的见证人，我感到自己有责任说明事实真相，使越南人民和世界各国人民了解，不受黎笋一伙的欺骗。

下面是30年来越中关系主要问题的真相：

一、抗法时期的若干问题

甲、抗法时期中国的援助

黎笋一伙的白皮书说中国援越是别有用心的，是企图“削弱”、“控制”、“吞并”越南。事实又是怎样呢？

40年代末，越南抗法战争的军事形势是，越南的力量还弱，根据地被法军分割，来往十分困难，并经常遭到扫荡，尤其是越北的中央根据地困难更多。

1949年，中华人民共和国成立，世界力量对比发生了根本变化。越、中两党、两国关系进入了一个新阶段。1950年年初，胡主席秘密访问中国，请求援助。中共中央同意大力支援越南革命。但要大量援助，就必须扫清边界敌军,因为当时,越南边境通向中国的主要交通线还在法军控制之下。双方商定,首先要发动一个边界战役。陈赓同志代表中共中央,到越南帮助训练干部、部队,组织这个战役。同时,根据胡主席的请求,中共中央派出以韦国清同志为首的军事顾问团入越。

在胡主席直接领导下,在陈赓、韦国清两同志和中国其他军事顾问的帮助下,越南取得了边界战役的伟大胜利,粉碎了法军自高平至谅山一线的全部防御体系,打开了边界的几条大交通线,扭转了战局。自此,中国成为越南的大后方。边界战役后,军事顾问团又帮助组织了中游战役、东北战役、宁平战役、西北战役、上寮战役,继续歼灭了法军许多有生力量。

1954年奠边府战役的巨大胜利,固然是越南军民的勇敢战斗和流血牺牲取得的,但也是同中国在物质上的大力支援和中国军事顾问团的直接协助分不开的。应当指出,在奠边府战役中,如果没有从中国送来的大炮,就不能摧毁法军的集团据点;如果没有韦国清同志在前线直接参加指挥,这个战役就难以取得完全胜利。

这个时期,在军事方面,中国不仅协助越南组织战役,供应大量粮食、军用物资、通信设备等等,而且还介绍了建立军队政治工作制度、组织训练部队、培养干部、健全后勤和通信系统等方面的经验。这是极其宝贵的援助,为后来越南军队的壮大打下了基础。

也在1950年,边界战役之前,中国派出了以罗贵波同志为首的政治顾问团到越南,给我们介绍财政经济工作、整顿干部思想作风工作、政权工作和发动群众工作等方面的经验。正是靠这些经验,我们各方面的工作逐步走上轨道,群众得到发动,保证了抗法战争的顺利进行。

随着奠边府战役和日内瓦会议的胜利,印度支那恢复了和平,越南北方完全解放。在胡主席的请求下,中国又派出方毅同志等顾问和专家,帮助越南在北方恢复和发展经济。

总之,在抗法战争时期,中国是唯一给予越南援助的国家。对这些援助,胡主席和越南党是作过很高评价的,越南人民也都感谢并永志不忘。就是黎笋本人,在1957年年初刚从南方到北方的时候,也曾说过:"没有中国的帮助,我们是不可能战胜法国的。"可是,现在黎笋一伙的白皮书却完全颠倒过来,把白说成黑,真是难以想象的忘恩负义。

乙、日内瓦会议上的各项重要问题

黎笋一伙的白皮书竭力歪曲1954年关于印度支那问题的日内瓦会议,恶毒攻击中国代表团,甚至诬蔑中国领导人"背叛"印度支那人民。

我是越南民主共和国代表团成员和发言人,从头到尾直接参加了会议,我要把事实摆在光天化日之下,使大家都知道。

关于通过谈判解决恢复印度支那和平问题的主张,是胡主席在1953年11月答瑞典《快报》主编时提出来的。1954年3月,越南党中央接到苏共中央的通知说:苏、美、英、法四国外长柏林会议决定,召开有苏、美、英、法、中和其他有关国家参加的日内瓦会议,讨论恢复印度支那和平问题。苏方理解,决定中所说的"其他有关国家",是指越南民主共和国、西贡伪政权、老挝王国和柬埔寨王国。在认真讨论了苏联的通知后,越南党中央和胡主席决定越南同苏联、中国一起参加日内瓦会议,并派出以范文同为首的代表团。

1.关于越南、苏联和中国3个代表团在日内瓦会议上密切合作的问题。日内瓦会议是社会主义阵营和帝国主义阵营之间的一场国际斗争。由苏联和英国担任会议两主席,就是两个阵营斗争的性质在组织形式上的体现。在整个会议过程中,越、苏、中是会议的一方,曾经并肩战斗,关系十分密切。有关谈判的战略、策略、方案、对策等等,都是经过共同商定后,由越南、苏联或中国分工同对方接触,或在会上提出。会议达成的各项协议,包括划分越南双方集结区问题、寮国和高棉抗战力量的代表权及其军队的集结问题等,都是越、苏、中3个代表团一致商定的。

现在,黎笋一伙公然撒谎,硬说在这次会议上,"中国的立场和越南的立场完全不同";中国和法国"互相勾结","就关于印支问题的解决办法定了框框",然后"强迫越南接受"。这样说是十分愚蠢的。难道在日内瓦会议上,越南代表团和苏联代表团都只是听任中国摆布的木偶吗?

2.关于临时军事分界线问题。临时军事分界线问题,实质上是划分双方军队集结区问题。开始时越、苏、中3个代表团都曾考虑过双方插花集结军队的方案;但后来一致认为,南北划线,越南可以有一块完整的革命根据地,比较有利。至于临时军事分界线应划在什么地方的问题,曾有过以北纬13度或16度为线的设想。会议休会期间,周恩来总理和我一同到柳州去同胡主席商量。胡主席也同意南北划线的方案,并估计,对方最多只会让到17度线。在会议的最后阶段,经越南党中央同意,范文同与法国总理孟戴斯—弗朗斯直接谈判,接受了以北纬17度为临时军事分界线,争得了在协议中明文规定两年内通过普选统一越南的条款。这是经过双方反复斗争达成的协议,而不是什么"中国日益催迫越南让步"的结果。

3.关于争取寮国和高棉抗战力量参加日内瓦会议的问题。越南、苏联、中国3个代表团一起曾就这个问题同对方进行了多次斗争,但对方始终不同意。最后,为了使会议能够开下去,苏联和中国建议越南同寮国、高棉同志商量,并经他们同意不再提出这个问题。因此,在日内瓦会议上,越南是寮国和高棉抗战力量的代言人。所以寮国抗战力量集结在桑怒和丰沙里两省,以及高棉抗战力量就地集结的问题,是越南提出的最后方案,当然,也是事前同苏、中两方共同商定的。然而,黎笋一伙的白皮书却把上述解决办法,诬蔑为中国的"阴谋"。这实在是卑鄙的歪曲,是企图挑拨中国同柬、老两国的关系。

4.关于日内瓦会议的结果问题。日内瓦会议达成协议,迫使法国承认越南、老挝、柬埔寨3国的独立、统一、主权和领土完整,撤走全部远征军,使整个越南北方获得解放,成为一个有首都、海港,有领海、领空主权和有国际地位的完整的国家,作为争取祖国统一的巩固根据地。会议的这一结果是胜利还是失败?为了回答这个问题,黎笋一伙还是睁开眼睛,仔细看一看越南劳动党的机关报《人民报》从1954年7月25到8月18日9期中连续刊载的有关日内瓦会议的评论和消息。在这几期中,有范文同在最后一次会议上发表的声明、胡主席1954年7月22日在印度支那和平恢复之时发表的号召书、越南劳动党中央的号召书、国会常设委员会的号召书、政府会议的通告、各兄弟国家和各国际组织的贺电等等,都一致称颂日内瓦会议的结果,并认为这是一个大胜利。

而现在,黎笋一伙为了达到反华的阴险目的,却信口雌黄,企图证明日内瓦会议是失败,证明中国在日内瓦会议上的立场和越南的立场完全不同;并且认为,日内瓦会议的结果是阻碍了印度支那3国人民在抗法战争中取得完全胜利。这真是一种卑鄙的伎俩!

二、抗美时期的若干问题

甲、中国对越南南方人民武装斗争的态度

黎笋一伙的白皮书说,中国施加压力,强迫越南接受"长期埋伏"的方针,就是"阻拦越南人民加强南方武装斗争","企图长期分割越南"。这完全是没有根据的谎言。

实际情况是,在印度支那和平恢复后不久,越南党曾就越南今后斗争方针问题,征询苏、中两党的意见。当时,苏共主张南北越和平共处,"在独立和民主的基础上用和平方式实现国家的统一。"中国同志则认为,由于帝国主义破坏,要按日内瓦协议的规定通过普选实现越南的统一肯定是不可能的,必须准备作长期斗争。中国同志介绍了自己过去在敌占区的工作方针:"长期埋伏,积蓄力量,联系群众,等待时机";并且说明这只是中国的经验,介绍给越南同志参考。

1956年,吴庭艳拒绝普选,并对南方人民进行疯狂镇压。1958年越南党内有人主张进行武装斗争,反对吴庭艳。越南党中央主动提出这种看法,征求中共中央的意见。中国同志建议越南考虑当时在越南南方是否已经到了暴露自己的武装力量的时候,并且认为恐怕还不到时候。

1959年,吴庭艳集团公布了1959年十号法令,带着铡头机到各地大批屠杀越南南方人民。南方人民在忍无可忍的情况下,起来进行武装自卫。越南党中央及时决定,在南方开展武装自卫斗争,取得了很好的效果。1960年,中国同志进一步了解了越南南方的新情况,向越南明确表示,过去我们没有你们那样了解情况,曾认为还不到暴露力量的时候。现在我们认为,你们主张在南方进行武装斗争是对的,我们完全支持你们。

这种支持的一个生动表现是,1962年中国专门给越南南方人民提供了9万多支(挺)步枪和机枪,用来发展游击战争。以后,越南南方人民的武装斗争越发展,中国的援助数量也越多。可以说,越南南方解放军的全部武器装备,除了一部分是从敌人手中缴获的之外,几乎都是中国提供的。为了迅速运送军援物资,中国拿出巨额款项,开辟了通过柬埔寨到达越南南方的运输线,并在海南岛建立一个秘密港口。每年中国还提供成千万美元外汇,供越南南方机动使用。

十分明显,中国的态度不仅是支持越南南方人民的武装斗争,而且还积极在军事方面给予援助。

乙、美国扩大战争到北方以后中国对越南的态度

黎笋一伙的白皮书说,美国把战争扩大到北方以后,中国"为美国直接侵略越南开放绿灯";中国的援助"只是大棒和胡萝卜";同时捏造一些事件,说中国阻碍苏联援越。然而,事实却是完全相反。

1.中国在政治上和道义上的支持。自1964年8月,特别是1965年2月以后,美帝国主义轰炸越南北方,把侵略战争扩大到整个越南。中国立即掀起了援越抗美的新高潮。几千万中国人民游行示威,支持越南。毛主席和周恩来总理亲自参加了北京100多万人的声援大会。中国庄严声明:"中国将给南越人民以一切必要的物质支援,还准备在南越人民需要的时候,派遣自己的人员同南越人民共同战斗";"7亿中国人民是越南人民的坚强后盾,辽阔的中国领土是越南人民的可靠后方";"中国人民将采取一切必要的措施,甚至不惜最大的民族牺牲,竭尽全力,支持越南人民把抗美救国的斗争进行到底"。这些坚定的声明,对每个越南人都是有力的鼓舞。

但是黎笋一伙的白皮书却引用毛主席的"人不犯我,我不犯人"一句话,诬蔑中国"为美国直接侵略越南开放绿灯"。其实,"人不犯我,我不犯人;人若犯我,

我必犯人”，是毛主席早在延安时，在蒋介石军队企图侵犯解放区的背景下提出来的方针。这里，我要再引用1965年2月9日中国政府声明中的一句话，即“美国对越南民主共和国的侵犯，就是对中国的侵犯”。这句话表明中国坚决支持越南抗美的态度是始终如一的。

2. 中国在人力、物力上的支援。黎笋一伙的白皮书说，中国只援助越南“一些轻武器和后勤装备”，而且这“是实现扩张主义政策的政治工具”。但实际上，在抗美时期和在抗法时期，中国不仅在政治上和道义上给予越南最有力的支持，而且还向越南提供了任何国家所不能比的、不附带任何条件的、巨大的人力、物力支援。

根据胡主席的请求和两国政府的协议，自1965年10月起，中国的防空、工程、铁道、后勤等部队总数达30万人以上，来到越南北方工作。中国同志击落了许多敌机，修筑了成千公里支前运输线，并保证道路畅通无阻。成千中国战士牺牲在越南的土地上。1970年7月，在完成任务之后，这些部队已全部撤回中国。对如此光明磊落的行动，黎笋一伙的白皮书竟说：“他们所干的事主要是调查各方面的情况，渗入少数民族地区和宣传‘文化革命’”。这真是胡扯到了惊人的地步。

在物质方面，从1950年到1978年，中国援越物资的总值超过200亿美元，在各国的援助中占第一位，包括足够装备陆、海、空军200万人的轻重武器弹药和其他军用品，成百个生产企业和修配厂，3亿多米布，3万多辆汽车，等等……中国帮助越南修建了几百公里铁路，供应了全部铁轨、机车和车厢。当越南粮食歉收时，中国援助了越南500多万吨粮食。当中国有了大庆石油，刚刚能够自给的时候，就尽力供应越南近200万吨汽油。同时，还援助越南3000公里以上的油管，使越南能够铺设输油管道，把中国的汽油送到越南南方。中国援助的日用百货，对在战争年代保证供应越南人民日用品，作出了重要贡献。最特殊的是，中国还援助几亿美元外汇，供越南机动使用，而当时中国正十分需要外币来建设自己的国家。以前，黎笋曾对中国领导人表示感谢说：“要是你们不给我们热心支援的话，我们恐怕要多牺牲二三百万人才能取得胜利。”然而，现在他们的白皮书却篡改了几个字，成为：“要是你们热心帮助，我们就可以少牺牲二三百万人”。这样歪曲真是恬不知耻。

3. 关于中国协助运送苏联援助物资到越南的问题。黎笋一伙的白皮书还诬蔑中国要“越南拒绝苏联的一切援助”，“给苏联等国的援助物資在中国转运过境制造很大困难”，等等。我清楚地知道，中国不但不要求越南拒绝接受苏联的物资援助，而且经常帮助转运苏联援助物资到越南，所有军用物资都是免费运输。由于一些西方通讯社散布中国为过境物资制造困难的消息，因此，1966年6月19日越南政府授权越南通讯社发表声明：“越南民主共和国政府曾多次肯定，苏联和其他东欧兄弟国家的援助物资，都得到中国尽力帮助，按照计划转运过境”；并且批评西方通讯社有关这方面的谣传“是完全捏造，企图达到丑恶的挑拨目的”。事实明明摆在那里，而黎笋一伙却故意回避，装作什么都不知道！

4. 关于苏联要求在中国开辟空中走廊和建立机场的问题。黎笋一伙的白皮书攻击中国拒绝苏联“开辟通过中国的空中走廊，在中国建立机场”。究竟真相如何？1965年，苏联借口援助越南12架米格21飞机，要求中国让苏联专辟通过中国的空中走廊，并拨出昆明机场供苏联专用。这个要求显然是侵犯中国的主权。为此，周恩来总理曾亲自到河内同越南党中央商谈，在取得一致意见后，中国才拒绝了苏联的要求。这是理所当然的，因为没有任何国家愿意放弃自己的主权，答应外国这样做。

丙、中国对越美巴黎会谈和越南南方解放问题的态度

黎笋一伙的白皮书说，中国“反对越南同美国谈判”，而自己却“踩在越南人民的背上同美国谈判”，“阻止越南人民彻底解放南方”，等等。这完全是瞎说八道。

1. 关于越美巴黎会谈。在美帝轰炸北方，企图迫使南方人民停止斗争的时候，黎笋和某些人就想请苏联充当中间人，同美国进行谈判解决问题。但是，他又怕胡主席不同意，只好拐弯抹角地说，同美国谈判是沿用中国“谈谈打打”的经验。胡主席说：“如果是这样，那还听得下去。在战场上没有解决问题的时候，哪能在谈判桌上解决问题。要以打为主，同时也可以表示愿意谈判。但这个问题要同中国同志仔细商量。”

1966年秋，按胡主席的指示，阮志清同志到中国商谈关于在军事、政治和外交方面开展攻势的问题，并且说明又谈又打的主张。在会谈中，周恩来总理介绍了中国在谈和打问题上的经验，但说，要努力在战场上取胜，才能在会议桌上取胜。

那时，越、中两党的关系十分密切，有什么重大问题都事先共同商量，有什么重要决定都事先互相通报。但当美国总统约翰逊在1968年3月31日表示愿意同越南谈判的时候，越南政府就在4月3日宣布，准备随时派代表同美国谈判，却不同中国交换意见，不向中国通报。当时，胡主席和我正在北京养病。周恩来总理来问胡主席，胡主席也不知道！中国认为，这是黎笋一伙反常地瞒着中国行事，可能有某种阴谋。因此，在谈

判的初期,中国不派记者去巴黎采访报道,借以表示不满,这也是很容易理解的。

但是,经过一段时间,了解了巴黎谈判的情况以后,毛主席对范文同说:“我赞成你们的方针。我是赞成又打又谈的。”此后,中国就公开支持越南在巴黎的谈判。

谈判从1968年年初开始,但时谈时停,直到1973年,在越南战场和美国内部都起了变化之后,才达成了规定美军撤出越南的巴黎协定。算起来用了5年时间。事实证明,胡主席和中国同志的估计和主张是正确的。

2. 关于尼克松访华。在巴黎会谈的那段时间里,有尼克松访华这样一件事。黎笋借此机会反对中国,说中国对越南负义。但实际上,尼克松访华一事,促使中国恢复了在联合国的席位,并迫使美国承认台湾是中国领土的一部分。而尼克松访华,是美国要求的。像美国这样的大国,与中国为敌20多年,不肯承认中国,现在美国总统只好屈身请求访华,这件事本身已是中国在外交上的一个胜利。不仅如此,在基辛格到北京为尼克松访问进行准备之后,周恩来总理曾亲自到越南通报中国同基辛格交换意见的内容。尼克松访华之后,周恩来总理再次亲自到河内告诉越南:在同尼克松会谈时,中国已明确表示,“要使中、美关系正常化,要缓和远东局势,首先必须解决越南和印度支那问题。我们不要求首先解决台湾问题。台湾问题是下一步”。中国的政治态度是如此光明正大,既为自己取得了巨大的胜利,同时还继续给越南以更加大量的援助。这有什么不利于越南呢?事情如此清楚,但黎笋一伙的白皮书却胡说什么“北京的内心是利用越南问题来首先解决台湾问题”。这实在是一种充满恶意和狡诈的谬论。

3. 关于中国支持越南彻底解放南方问题。黎笋一伙的白皮书捏造说,中国“阻止越南人民彻底解放南方”。为了证实这种狡诈的谬论,他们引用了毛主席的几句话,说越南南方的革命要“分两步走。两步并做一步,美国人是不同意的。问题是阮文绍手里还有几十万军队。”黎笋一伙只摘引到这里就算完了。但实际上,毛主席接着还说了一句很重要的话:“对这支军队,只能用战争解决。”十分清楚,这就是第一步迫使美军撤出南方;以后还要走第二步,就是用战争手段打倒阮文绍傀儡集团,解放南方。

白皮书还摘引周恩来总理的一段话,也是在还没有把意思讲清楚的地方就截断了,不知道黎笋一伙是怎样掐头去尾的?但是,周恩来总理对越南南方解放问题的看法,我在1973年5月间到北京检查身体的时候,就曾亲自听到他讲过,回国后,我还向越南党中央政治局作了报告。周总理的意见是:1945年日本投降时,我们就同蒋介石讲和。头一年,毛主席亲自去重庆谈判。第二年,开政治协商会议,成立停战调解小组。直到1947年年中,中国人民解放军才反攻,一下子就把蒋介石集团消灭了。越南也要争取一段时间,准备力量,打的时候,应一下子把阮文绍政权全部消灭。因为停战一段时间以后,美国就不好再跳进来了。

十分清楚,中国领导同志不仅支持越南解放南方,而且还提出,必须用武装打倒傀儡集团,才能完成这个任务。事实就是这样,黎笋一伙捏造的谎言,又怎能歪曲得了呢!

三、越南全国解放后的若干问题

越南全国解放后,黎笋一伙疯狂反华,彻底破坏了越中友好关系。但是,他们却制造一系列谎言,把责任完全推给中国。为了使大家看清黎笋一伙的真面目,我认为有必要说明下面几个主要问题。

甲、关于柬埔寨问题

黎笋一伙的白皮书说,中国企图把柬埔寨变成中国的“一个新型附属国”,作为“向印度支那和东南亚扩张的跳板”。全世界都知道,把柬埔寨变成新型附属国的,不是别人,正是黎笋一伙自己。

他们早就企图控制柬埔寨,但没有得逞,于是就在越柬边界制造事端,寻找借口,公然出动十几万军队,占领了柬埔寨,并且拼凑了一个傀儡政权,作为长期占领柬埔寨的工具。最近,黎笋一伙又增派军队发动了一场新的旱季攻势,对柬埔寨人民犯下了更多的罪行。他们还陈兵柬泰边境,威胁泰国的安全;不断恐吓支持泰国和谴责他们的东盟各国。黎笋一伙侵占了柬埔寨,反而对中国进行诬蔑,这只是贼喊捉贼的强盗伎俩。

乙、关于华侨问题

关于华侨问题,1955年越中两党的协议明确规定:越南北方的华侨工作交由越南方面领导,按自愿原则逐步教育华侨成为越南公民;至于南方的华侨问题,待南方解放后由双方协商解决。但在南方解放后,黎笋一伙不顾两党的协议,公然说,在越南不存在华侨问题,只有华裔越南人问题。这样说,好像是越南的华人都被当作越南公民,同所有的越南人一样,要尽义务,也可以享受权利。但实际上黎笋一伙这样说,目的只是为了把华人完全置于他们的法西斯控制之下而已。

黎笋一伙自称是马克思主义者,却没有一点阶级观点。他们胡说那些华裔越南人都是“中国的第五纵队”,尽管他们明明知道,其中90%是劳动人民,有些人在反帝反封的斗争中曾经同越南人民并肩战斗。有的参加了越南军队、越南的党,同越南的革命者一起坐过牢。为什么黎笋一伙这样胡说、胡搞呢?因为他们的出发点不是革命利益,而是狭隘民族主义,是种族歧视。

黎笋一伙对越南华人的政策是,赶走越多越好。在北方,他们已经把20多万华人赶到中国;在南方,他们向有钱的华人勒索黄金、美钞,然后允许乘船出海,使这些人沦为“难民”,有的死于饥渴和风浪,有的飘流到某个国家,造成了现代的一场最大惨剧。这一点,全世界都已经知道。还有留在越南的成百万华人,受尽了他们的歧视和迫害,被迫抛弃自己的家园,离开生活惯了的地方,到“新经济区”去,又得不到任何帮助。这些人正凄惨地在饥寒、疾病的折磨下死去。可以说,这是一种杀人不见血的手段,是一项他们常常喜欢强加在被他们用十几万军队推翻的那些柬埔寨领导人头上的“种族灭绝政策”。以前,吴庭艳强迫华侨加入越南国籍,强迫当兵,但还让人家享有某些权利。现在,黎笋一伙把越南华人全都看成了敌人,都作为虐待、压迫、剥削和屠杀的对象。这是一项极其残酷的政策,不仅比吴庭艳一伙更残酷,而且比以前希特勒一伙对待犹太人更为残酷。

这就是越南华侨问题的真相。黎笋一伙不能归罪于中国,也无法用墨写的谎言掩盖血写的事实。他们必将受到全世界一切有良心、主持正义的人的谴责和唾弃。

丙、关于中国停止援助问题

黎笋一伙的白皮书还指责中国停止援助,撤走专家,给越南经济造成许多困难。谁都知道,在越南全国解放后,中国仍然继续给越南经济援助。只是在黎笋一伙疯狂反华,肆意迫害、驱赶华人,并在边界进行军事挑衅之后,中国才被迫停止援助、撤退专家。这是黎笋一伙推行反华路线造成的必然后果。试问,世界上有哪个国家出钱、出物资援助另一个国家,而它自己在这个国家的同胞却被虐待、欺凌,它自己在这个国家工作的干部受到蔑视、谩骂,还要继续援助下去呢?至于目前越南的经济困难,不只是由于中国停止援助,而主要是因为他们派出十几万军队去控制老挝和侵占柬埔寨;因为他们动员成百万人放弃工作,脱离生产劳动,去准备对中国进行战争;因为在经济领导工作上和国家管理工作上犯了方针路线错误;尤其是因为他们不关心人民生活,首先是劳动人民的生活。

丁、关于越中边界问题

越中边界两边的人民,从来常常属于同一个民族。他们有共同的语言和风俗习惯,往来十分亲密,特别是在忌辰、节日、婚娶,更是如此。两边有的人家互相通婚,有时这边的人家还赶着耕牛到那边去开垦荒地、种收庄稼,来往很正常。在革命斗争中双方也密切配合。例如1947年中国共产党粤桂纵队被敌人围剿,就转移到越南,帮助越南进行军事训练;1948年,中国共产党滇桂纵队被敌人围剿,转移到越南河江省,同越南军民一起工作一段时间。另一方面,当越南革命干部受敌人迫害转移到中国时,也得到中国人民热情帮助;有时还在那里建立机关,印刷书报寄回越南。1940年,高平的40多名干部转移到中国,胡主席接见他们,并在中国境内的南光办训练班。可以说,几乎所有高平、谅山的老干部,过去遇到困难的时候,都转移到中国隐蔽,准备力量回去进行革命活动。特别是1949年中国解放和1950年边界战役胜利后,中国变成越南的大后方,越中边界就完全成为一条和平友好的边界。边界两边的人民来往更加密切,中国边境各省帮助越南边境各省建设了一批地方企业,修筑了一些道路和桥梁,往来非常便利。

但是,自从胡主席逝世以后,黎笋一伙按照外国的反华意图行事,加紧破坏边界的和平与友好。他们甩开地方党委和政权机关,让公安部门控制整个边界的一切权力来实现这个意图。

公安部门控制的办法是:净化边境和分化边境各民族;排挤或迫害对公安部门处理边境问题的办法有不同意见的干部;在边界挑衅和制造紧张局势。

第一,净化边境和分化边境各民族。这是一项极其恶毒的措施。他们强迫凡是在中国有亲戚的,或被怀疑同中国有关系的边境居民,都迁离边境地区。有的地方,整村、整寨被迫迁走。对住在高山地区的曼族等居民,他们以定居为名,把这些居民集中到便于控制的平原地区。他们把净化边境工作和分化边境各民族的工作紧紧地结合在一起。他们对边境各民族进行分类,区分哪些民族是亲中国的或有中国血统的。在同一个民族中,他们也进行同样的分类,以便区别对待,用这个人去控制、监视那个人。这样,得到公安部门信任的人,就同公安部门勾结,欺侮、陷害别人。人民内部和各民族内部的矛盾,发展到极其严重的地步,有时竟导致互相抢劫和烧杀。

第二,排挤或迫害对公安部门处理边境问题的办法有不同意见的干部。这是他们推行净化边境过程中普遍采取的一项措施。成百、成百干部被他们排斥出党政领导机关,有的被隔离孤立,有的被迫退休,有的被诬陷并提交法庭判罪,也有的被他们杀害。他们派反对中国的人去顶替被撤换的干部。这些代替的人品质恶劣,有的过去是法、日侵略者的走狗,或曾带敌军去破坏革命。这些人在什么地方掌权,那里就出现阿谀奉承、宗派主义、贪污腐化、贪赃受贿、欺压和剥削人民的现象。边境地区的人民,过着充满愤恨、担忧和惊恐的生活。

第三,在边境挑衅和制造紧张局势。如果从表面来看,边界的紧张局势是由双方引起的。因为,一旦发生冲突，则这边或那边都会急躁、不冷静。但是，如果从全面和实质上看，很明显，这是黎笋一伙从1973年、1974年起就蓄意制造的有预谋、有计划的行动。特别是从1978年7月他们作出了反华决议之后，挑衅行动就以更大的规模到处加紧进行。同时他们还大肆宣传，以转移越南人民和世界人民的视线，因为人们正在注视着他们在越南的非正义行为和他们对东南亚各国安全的威胁。黎笋一伙不改变反华政策，他们在越中边界的挑衅和制造紧张局势的行动是不会改变的。这是符合事物本质的正确结论。

越南和中国是邻邦，在地理、历史、经济、文化等方面都有着十分密切的关系。过去，在封建制度下，中国有某些帝王曾侵略越南，越南曾作过坚强的抵抗并取得了胜利，但是胜利之后，就灵活地采取睦邻政策，借以改善人民生活，保卫国家独立。中国的封建制度固然对越南人民不好，但同时它也对中国人民不好。因此，中国人民推翻了封建制度，和越南人民重建了和平友好的关系。

经过几十年并肩战斗，反对共同敌人，胡主席以他的诗句"越中情谊深，同志加兄弟"来评价这种友谊。

现在，黎笋一伙怀着不可告人的目的，把封建制度的罪恶，强加在中国共产党和中国人民身上。他们捏造了许多事情，诬蔑中国只在30年中就3次"背叛越南人民"，给两个民族之间的战斗友谊最美好的历史篇章抹黑。他们这样做，完全违背了越南人民的利益，完全违背了胡主席的国际团结路线和睦邻路线。

人们不禁要问：黎笋为什么这样仇视中国？为什么这样把无说成有，把白说成黑？只能回答：黎笋是一个不诚实、不正派的人，是一个离开了革命道路的政治骗子，是一个为反动的国际反华势力的全球战略利益积极服务的人。黎笋一伙这样做，已把越南人民拴在他们自已制造的战争机器上，把越南人民带到前所未有的匮乏、穷苦、失去民主自由的窒息境地；同时，把越南带到丧失独立自主，在经济、政治、军事和外交上都完全附属于外国的境地。总之，他们给越南人民和祖国带来了灾祸！

全体越南人民要看清事实真相，团结起来，为推翻黎笋一伙的法西斯统治，为重建越中两民族之间固有的、美好的战斗友谊而斗争。

国务院副总理兼国防部部长徐向前在北京会见由托奈·图尔奈尔秘书长率领的南斯拉夫人民解放战争战士协会代表团

国务院副总理王震在北京会见以美国会议服务局副总经理罗伯特·阿德勒为团长的美国造船业代表团

全国人大常委会副委员长邓颖超在北京接受法国新任驻中国大使克洛德·沙耶递交的国书

北京钓鱼台国宾馆开始接待自费来访的高级代表团

新华社报道，这个宾馆是1957年在荒芜了的封建皇帝行宫旧址上兴建的。园内15幢两层高的小别墅楼，坐落在树荫掩映、小桥流水的风景优美处。楼内客厅、房间宽敞明亮、整洁，陈放着我国古代的铜器、古瓷、字画等艺术品，以及原宫廷用的景泰蓝圆桌、紫檀木条案等。

这里烹调的中西饭菜以美味可口著称。20年来，这里接待过许多国家的元首级贵宾。

今后钓鱼台国宾馆仍然是以接待国家贵宾为主，同时接待自费来华访问的高级代表团。

中国教育学会幼儿教育研究会在南京成立

新华社报道，中国教育学会幼儿教育研究会最近在南京召开成立大会暨第一届年会。这是新中国成立以来全国幼儿教育研究学术团体的首次活动。

来自全国各省市的幼儿教育专家、幼教行政干部和优秀幼儿教师代表80多人参加了大会，交流了各地幼儿教育的科研进展及工作经验，讨论了今后幼儿教育的科研方向和任务。著名儿童教育家陈鹤琴教授作了《重视和切实开展幼儿教育的科学实验》的学术报告。

会议讨论通过了中国教育学会幼儿教育研究会章程，选举了理事会。老教育家陈鹤琴为名誉理事长，中国教育学会常务理事、五届人大代表左淑东为理事长。

11月28日

第二次全国农民教育工作会议在天津举行

教育部、农业部、共青团中央、中国科学技术协会联合召开的这次会议，于11月28日至12月11日举行。这是新中国成立后几个部门共同讨论农民教育问题的第一次会议。会议认真总结了新中国成立30年来农民教育工作的基本经验，讨论了当前和今后一个时期农民教育的任务和完成任务的措施。

会议提出，当前和今后一个时期，农民教育的具体任务是：继续抓紧扫除文盲；大力发展业余初等教育，使目前全国农村1.3亿多小学毕业、但没有学到文化知识的青年，在语文、数学两科真正达到小学毕业水平；积极举办业余初中，把目前全国农村2450万小学毕业、没有升入初中，以及"文化大革命"以来没有达到实际水平的大部分初中毕业生组织起来，继续学习，使这些青年农民在主要课程上提高到初中毕业的文化程度。此外,还要在农民技术员、生产大队和生产队的干部以及青年农民中,广泛开展和普及农业科学技术教育;大力整顿全国现有的400多所县办“五·七”大学。

经过30年的努力,全国共扫除农民青壮年文盲1.268亿人,有数千万人参加业余小学和业余中学学习,培养提高了一大批农村干部,广泛地开展了科学技术教育。由于林彪、“四人帮”极左路线的干扰和破坏,农村文盲回升,农民教育倒退。当前,全国青壮年农民中还有30%的人是文盲,有约40%的人是小学文化程度。农民的技术和管理水平也低,农村的技术人员更少,公社以下的农民技术员绝大多数人不懂得现代科学技术。因此,必须十分重视农民教育工作,抓紧扫除农村青壮年中现有的文盲,努力提高8亿农民的科学文化水平。

政协甘肃省第四届委员会第二次会议补选杨植霖为省政协主席

国家科委主任方毅在北京会见委内瑞拉科协前主席热带病学家马塞尔·罗切和夫人

国务院副总理谷牧在北京会见美国固特异轮胎橡胶公司董事长查尔斯·皮里奥德一行

国家科委在北京召开全国科学技术工作会议

新华社报道,最近由国家科委召集的这次会议,主要研究了科技战线贯彻“调整、改革、整顿、提高”方针的问题。与会代表听取了方毅同志的讲话,着重讨论了下列5个方面的问题:第一,重视技术政策的研究,进一步明确科学技术发展方向,并从科学技术方面为国民经济计划提供依据。第二,整顿科研机构,建立科学研究工作的正常秩序。第三,改革科学技术管理体制。第四,关心科技人员的生活疾苦,切实有效地解决一批困难问题。第五,改进党的领导工作。

会议认为,全国科学大会以来,科技战线发生了重大变化。党中央提出的向科学技术现代化进军的号召,对科技战线各项工作起了巨大的推动作用。科技界一系列冤、假、错案的平反,知识分子政策的落实,技术职称的恢复,调动了广大科技人员的积极性。在科学技术的基础研究和应用研究方面,取得了一批重要的成果。现在,科技战线的形势,用列宁的话说,是“坚冰已经打破,航路已经开通”。科技工作的各项政策,开始纳入正确的轨道。当然,工作中也有缺点和困难。但这是前进中的困难,与“四人帮”横行时期的情况不可同日而语。科学技术现代化是四个现代化的关键。贯彻“八字方针”,科技工作不是要下马,而是要加强。现在仍然有一些同志对科技工作的重要性认识不足,开展科技工作还存在着许多障碍。要有坚忍不拔、知难而进的精神,进一步落实中央关于发展我国科学技术的各项方针政策,努力把工作做好。

关于重视技术政策研究的问题,代表们认为,多年来,在某些重大的技术政策上,轻率决策,反复多变,造成了严重损失,教训是极为深刻的。当前特别迫切的,是要认真地周密地研究制定我国自己的资源开发政策、能源政策、粮林牧渔及各种经济作物综合发展政策,技术引进政策、环境保护政策等。大家说,为了保证技术政策的科学性和合理性,必须把科学、技术、经济、管理各个方面结合起来考虑,使我们制定的政策,既合乎科学规律,又符合经济规律,能够达到最佳的技术经济效果。制定技术政策,必须发动有关的科技专家和经济专家参加,充分进行调查研究,广泛听取各种不同的意见,权衡利弊得失,审慎地作出决定。技术政策应具有法律约束力,违反者应受到必要的制裁。

对于科研单位建立正常工作秩序的必要性和紧迫性,大家提出了许多意见。同志们说,由于林彪、“四人帮”的破坏,不仅青年科技人员缺乏这方面的严格训练,就是一些中年和中年以上的科技人员,对科技单位应有的正常工作秩序也生疏了、淡漠了。现在,在一些科研单位里,“四人帮”的流毒远没有肃清。不少领导干部仍然习惯于以搞政治运动那一套方式方法,来领导科技工作。有的研究单位工作重心至今没有真正转到科研业务上来。这种情况不下功夫整顿好,物质条件再好,科技工作也难以搞上去。建立正常的科研秩序,关键在领导。对于那些工作秩序长期混乱、落实政策障碍重重的单位,应该抓紧进行整顿。对那些喜欢瞎指挥而不按科学规律办事的领导人,对那些派性严重、坚持错误而不愿改正的领导干部,必须坚决调整或撤换。科研单位的党的工作,应该围绕出成果出人才的中心任务进行,力戒形式主义,反对政治空谈。

会议认真讨论了人才的培养、发现、使用的问题,认为,人才问题是实现四个现代化的关键,培养人才具有重大的战略意义,大家对改革现行的科技人员管理制度,提出了不少建设性意见。大家认为,科技人员缺乏必要的流动,不利于学术和技术的交流,不利于真正做到学用一致,人尽其才。在有些单位,科技人员用非所长,或者根本闲置不用,又不让调动,把科技人才据为“私产”,这是对国家对人民的犯罪。在科技人员的培养、使用、提职、提级等问题上,论资排辈、平均主义、不准拔尖的现象极为严重。对科技人员的提升,不考虑科技工作和科技人员的特点,完全与党政干部一样,要由行政领导机关批准,而不是由学术机构审议。许多同志还指出,鄙薄知识,歧视知识分子的种种错误观念,在一些干部中仍未得到纠正。他们对知识分子在四化建设中的重要地位和作用,并没有真正的认识和重视。一些领导干部对科技人员的生活疾苦漠不关心。虽然目前国家还有困难,有些问题短期内不可能很快解决;但确实有不少问题,只要我们尽力去做,还是可以得到改善的。我们各级党政领导干部和后勤工作人员应该真正树立起为科研工作服务、为科技人员服务的思想。同志们深有感触地说,极"左"不肃,人才难出。现行管理制度中一切不利于人才成长、甚至压抑和埋没人才的种种陈规旧矩,必须打破。科研战线应当积极探索改革的途径,特别是在科技人员的分配和流动上,应该来一个大的突破。

在科技管理体制问题上,会议认为,目前主要弊病是统得太死,科技人员的创造性和积极性得不到充分发挥,研究所的自主权太少,应当从需要与可能出发,进行适当的改革。国家科委在这次会议上提出的用经济办法管理科研工作,扩大科研单位的自主权,实行合同制等等,都是有力的措施,应该积极试行,总结经验。在改革中,方向要准,步子要稳,但决不要因为遇到阻碍和非议就动摇改革的信念。

这次会议充分发扬了民主,进一步解放了思想,明确了任务,振奋了精神。大家一致表示,一定要认真贯彻会议的精神,扎扎实实地解决一批问题,为促进我国科技事业繁荣昌盛、人才辈出,作出新的贡献。

首都体育界在人民大会堂举行茶话会祝贺我国奥委会合法权利得到恢复

国家体委、中华全国体育总会、中国奥林匹克委员会在人民大会堂举行茶话会,党和国家领导人邓小平、邓颖超、陈锡联、姬鹏飞同首都体育界300多人出席,祝贺中国奥委会恢复了在国际奥委会中的合法权利。

国家体委副主任荣高棠主持茶话会。

邓颖超同志在热烈的掌声中讲话。她首先祝贺中国奥委会恢复了在国际奥委会中的合法权利,重新取得了参加奥运会的权利。她说,我国在国际奥委会中的代表权问题,经过20多年的努力和斗争,终于解决了。从此,我国体育界和运动员要全面进入世界体育舞台了,这是你们的一件大事。体育界面临着新的形势和新的任务。

谈到关于台湾运动员参加奥运会的问题时,邓颖超说,我们殷切期望台湾早日归回祖国,共同发展建国大业。体育界在解决台湾运动员参加奥运会的问题上,做得是好的。我们应当欢迎台湾地区的运动员同祖国大陆的运动员一起参加奥运会。

运动员代表陈肖霞、葛新爱,教练员代表程世春,以及从台湾来大陆的体育工作者马青山、林朝权,也在茶话会上讲了话。茶话会上,应邀出席的著名画家吴作人、李苦禅、黄永玉,展示了他们为祝贺中国奥委会在国际奥委会中的合法权利得到恢复而创作的国画、书法。

《人民日报》发表社论《新形势新任务》

经过长期努力,我国奥委会在国际奥委会的合法权利终于得到恢复。国际奥林匹克委员会于11月26日通过通信表决,批准了名古屋国际奥委会执委会决议。这一决议确认中国奥林匹克委员会为中国全国性奥林匹克委员会,允许设在台北的委员会作为中国的一个地方机构留在国际奥委会内,其名称为"中国台北奥林匹克委员会",它使用的旗、歌和会徽应有别于目前使用的旗、歌和会徽。决议体现了世界上只有一个中国、台湾是中国的一部分这一根本事实,同时又照顾到台湾地区的实际情况,使我国台湾地区运动员可以和祖国大陆的运动员一起参加奥林匹克运动会。这是一个好的决议,它已获得我国体育组织和国际体育界的热烈欢迎。

奥林匹克运动会是目前世界上规模最大的综合性运动会,已有80多年的历史。早在20年代,我国体育组织即为国际奥委会所承认。新中国成立后,我国曾于1952年派代表团参加了在赫尔辛基举行的第十五届奥运会。后来,由于众所周知的原因,我国奥委会曾不得不中断同国际奥委会的联系。现在,经过各方面的共同努力,国际奥委会已就我国奥委会的代表权问题作出了一个现实可行的决议。我奥委会已正式宣布接受这一决议,从而在我奥委会和国际奥委会的关系上揭开了新的一章。中国运动员和体育工作者,将在国际体育大家庭中,与各国朋友一起,互相尊重,友好合作,为推进以和平友谊为宗旨的国际奥林匹克运动作出积极的努力。

国际奥委会的决议为我国台湾地区运动员参加奥运会提供了机会。我们希望台湾的有关当局接受这一决议。这样,居住在大陆和台湾地区的我国运动员将肩并肩地出现在运动场上,互相学习,互相勉励,为发展祖国的体育事业,争取中华民族的光荣,共同作出努力,并为实现祖国统一的大业作出贡献。

30年来,我国的体育运动有了长足的发展。亿万人坚持体育锻炼,运动水平不断提高。我国运动员,包括台湾地区的运动员在内,曾经打破了几十项世界纪录,获得了几十次世界冠军。这说明我们中华民族在体育方面,像在其他方面一样,有自立于世界民族之林的能力。但是,由于我们底子太薄、起点很低,在不少体育项目上,与世界水平相比,还有不小的差距。奥林匹克会徽上写着“更快、更高、更强”的口号,它激励运动员永不满足于已有成绩,要朝着更高的目标前进。我国运动员要树立勇攀世界高峰的雄心壮志,不断创造新的成绩。明年将举行第十三届冬季奥运会和第二十二届奥运会。我国将派运动员参加。现在,奥运会开幕的时间已经很迫近了。我国运动员要立即行动起来,以只争朝夕的精神,刻苦训练,争取在奥运会上取得较好的成绩,为祖国争光。

11月29日

五届全国人民代表大会常务委员会第十二次会议在北京结束

在这次会议上,委员们讨论了余秋里副总理所作的关于华国锋总理访问西欧4国的报告。

会议期间,委员们还着重讨论了加强社会主义法制和整顿城市社会秩序,以维护安定团结,保障四化建设顺利进行的问题。

在全体全体会议上,通过了《全国人民代表大会常务委员会关于中华人民共和国建国以来制定的法律、法令效力问题的决议》《全国人民代表大会常务委员会批准国务院关于劳动教养的补充规定的决议》《全国人民代表大会常务委员会关于彭真副委员长兼任常务委员会代秘书长的决议》。会议还通过了其他任免事项。

鉴于北京“西单墙”被某些别有用心的人利用来进行违法活动,扰乱社会秩序,干扰“四化”建设的顺利进行,需要加以处置,全体委员在会议期间举行的座谈会上经过讨论,最后一致认为,“西单墙”的问题,可以由北京市革命委员会采取适当措施,予以解决。

聂荣臻副委员长主持了下午的全体会议。出席会议的有吴德、彭真、谭震林、李井泉、邓颖超、赛福鼎、阿沛·阿旺晋美、周建人、许德珩、胡厥文、史良副委员长。国务院副总理姬鹏飞、最高人民法院院长江华、最高人民检察院检察长黄火青列席了会议。

全国人大常委会委员长叶剑英签署第三号常委会令公布《全国人民代表大会常务委员会关于中华人民共和国建国以来制定的法律、法令效力问题的决议》

《全国人民代表大会常务委员会关于中华人民共和国建国以来制定的法律、法令效力问题的决议》,已由中华人民共和国第五届全国人民代表大会常务委员会第十二次会议于1979年11月29日通过,现予公布。

叶剑英

1979年11月29日

全国人民代表大会常务委员会关于中华人民共和国建国以来制定的法律、法令效力问题的决议

为了加强和健全社会主义法制,保障社会主义现代化建设的顺利进行,根据1954年第一届全国人民代表大会第一次会议关于中华人民共和国现行法律、法令继续有效的决议的精神,现决定:从1949年10月1日中华人民共和国建立以来,前中央人民政府制定、批准的法律、法令;从1954年9月20日第一届全国人民代表大会第一次会议制定中华人民共和国宪法以来,全国人民代表大会和全国人民代表大会常务委员会制定、批准的法律、法令,除了同第五届全国人民代表大会制定的宪法、法律和第五届全国人民代表大会常务委员会制定、批准的法令相抵触的以外,继续有效。

全国人民代表大会常务委员会关于彭真副委员长兼任常务委员会代秘书长的决议

根据叶剑英委员长的提议,全国人民代表大会常务委员会第十二次会议通过彭真副委员长兼任第五届全国人民代表大会常务委员会代秘书长。

全国人民代表大会常务委员会批准国务院关于劳动教养的补充规定的决议

1979年11月29日第五届全国人民代表大会常务委员会第十二次会议决议:批准国务院关于劳动教养的补充规定,由国务院公布施行。

为了更好地贯彻执行1957年8月1日第一届全国人民代表大会常务委员会第七十八次会议批准的国务院关于劳动教养问题的决定,作如下补充规定:

一、省、自治区、直辖市和大中城市人民政府成立劳动教养管理委员会,由民政、公安、劳动部门的负责人组成,领导和管理劳动教养的工作。

二、劳动教养收容大中城市需要劳动教养的人。对于需要实行劳动教养的人,由省、自治区、直辖市和大中城市劳动教养管理委员会审查批准。

三、劳动教养的期限为1年至3年。必要时得延长1年。节日、星期日休息。

四、劳动教养人员解除劳动教养后,就业、上学不受歧视。对劳动教养人员的家属、子女不得歧视。

五、人民检察院对劳动教养机关的活动实行监督

第五届全国人大常委会第十二次会议任命名单

全国人大常委会副秘书长等名单:

全国人民代表大会常务委员会副秘书长　曾涛(兼)　高登榜(兼)

全国人民代表大会常务委员会法制委员会秘书长

武新宇(兼)

全国人民代表大会常务委员会法制委员会第一副秘书长　刘复之

全国人民代表大会常务委员会法制委员会副秘书长　王汉斌

最高人民法院审判委员会委员名单(11人):

江　华　王维纲　曾汉周　何兰阶　郑绍文　王战平　杨化南　王怀安　鲁明健　李荣棣(女)　李月波

最高人民检察院提请批准任命名单:

河南省人民检察院检察长　李福祥

青海省人民检察院检察长　杨子蔚

新疆维吾尔自治区人民检察院检察长　刘奋生

西藏自治区人民检察院检察长　江村罗布

《人民日报》发表评论员文章《抓紧培养和选拔优秀中青年干部》

华国锋同志在五届人大二次会议《政府工作报告》中指出,要“特别注意培养和提拔青年和中年干部”。叶剑英同志《在庆祝中华人民共和国成立30周年大会上的讲话》中也指出,“我们的干部队伍,特别是各级领导班子,需要尽可能地增加中年、青年干部”。这是党中央的一个重大战略决策。按照这个决策,在今后不太长的一段时间内,特别精心地培养和选拔一大批年富力强的各级领导班子的接班人,是实现四个现代化的一项具有决定意义的措施,是摆在全党面前的一个紧迫任务。

粉碎“四人帮”以来,在党中央的领导下,各级党委结合揭批查运动和落实干部政策,调整和加强了绝大多数地方和单位的领导班子,一大批会治党、治国、治军的老干部重新担负起领导工作,这是很必要的。这些老干部,在民主革命时期,在社会主义革命和社会主义建设时期,都曾为党和人民作出过重大贡献,积累了极其丰富的宝贵经验。他们是党和国家的宝贵财富。3年多来,这些久经考验,经验丰富的老干部,精神振奋,兢兢业业,一心扑在党的事业上,尽心尽力地带领广大群众大干“四化”,对于稳定局势,拨乱反正,扭转乾坤,贯彻党在新时期的路线、方针、政策,发挥了极其重要的作用。在今后实现“四化”的伟大斗争中,老干部仍然是我们各级领导班子的骨干和带头人。轻视老干部。无疑是完全错误的。

但是,也应该看到问题的另一个方面,这就是我们的一些领导班子,同实现四化的要求,还存在着不相适应的矛盾。各级领导班子,普遍缺少年富力强的中青年干部,更是一个值得注意的突出问题。领导班子担负着领导群众实现“四化”的重任,不但有许多新问题、新情况需要去钻研、去解决,而且有许多繁重的具体工作要做。然而,由于自然规律的作用,特别是这些年来由于林彪、“四人帮”的残酷迫害,有些老干部不仅年龄大了,而且身体受到严重摧残,他们重新工作后,主观上很想为“四化”做贡献,为党和人民多做些事情,但精力毕竟不够了,常常是力不从心,有的连8小时工作也坚持不了。为什么有些地、县委书记不能经常往下面跑?年龄过大,体弱多病,是一个重要原因。非不为也,是不能也。人的体力和精力受自然规律的影响,到了一定的程度,就不能胜任繁重的工作,这是难以抗拒的。这个问题,随着时间的推移,将会越来越突出。而现有县以上各级领导班子中,中年、青年干部又太少了。这种状况不迅速改变,不把大批经过实践考验,得到群众拥护的年富力强的优秀干部提拔到领导岗位上来,充实到各级领导班子中去,党的政治路线的实现靠什么来保证?我们的无产阶级革命事业,又怎能承先启后、继往开来?

精心培养和选拔优秀的中青年干部,尽快解决好各级领导班子的接班人问题,从根本上说,是关系到我们党和政府的各级领导权能否掌握在马克思主义者手里的问题,是关系到党和国家前途和命运的问题。党的三中全会决定把全党工作着重点转移到社会主义现代化建设上来,明确规定了党在新的历史时期的政治路线。这条马克思主义的路线靠谁来执行?这个历史的重任靠谁来实现?政治路线是靠组织路线来保证的,是靠各级干部带领群众来贯彻执行的。经过3年的调整和整顿,绝大多数领导班子已经基本上掌握在人民能够信赖的干部手里了。但是,实现四化的宏伟目标,不是一代人的事情。10年、20年以后,党的政治路线还能不能继续贯彻执行?安定团结的政治局面还能不能继续保持下去?人民群众的这种担心,不是没有道理的。我们许多老干部,现在虽然身体条件还比较好,精力比较充沛,可以再干几年、十几年。但是想到今后的几十年,他们希望尽快培养和选拔一批年轻或比较年轻的优秀干部,从现在开始就逐步接替自己的工作,以便在实践中加以培养,使党的事业后继有人。这是很有远见的。这种对党的事业的高度责任心,是非常可贵的。

毛泽东同志指出:“在这个使用干部的问题上,我们民族历史中从来就有两个对立的路线:一个是‘任人唯贤’的路线,一个是‘任人唯亲’的路线。前者是正派的路线,后者是不正派的路线。”我们培养和选拔中青年干部,必须坚持“任人唯贤”的干部路线,坚持德才兼备的干部标准。德,主要是指干部的政治态度、政治品质和思想作风;才,主要是指干部的工作能力和业务水平。当前特别要强调3条:一是坚决拥护党的政治路线和思想路线；二是大公无私，严守法纪，坚持党性，根绝派性；三是有强烈的革命事业心和政治责任心，有胜任工作的业务能力。这3条，是我们党在今后一个时期内对干部的基本要求，也是“德才兼备”标准的具体化。没有一大批德才兼备的干部，我们四化的宏伟事业就会遇到很大的困难。

应该说，经过揭批查运动，我们对干部的政治态度和精神面貌了解得比较清楚了，哪些人拥护党的路线，哪些人党性强、作风好、有能力、有干劲，看得比较清楚了。这就为培养和选拔中青年干部提供了十分有利的条件。我们要充分利用这个有利条件，趁着一些老同志还健在的时候，抓紧解决好接班人的问题。要经过全面的、历史的考察，把那些真正坚决献身四化，思想解放、肯学肯钻、对业务精益求精的，能够以身作则、讲党性、守纪律、倾听群众意见的，在工作中表现出实干精神和创造精神的优秀中青年干部，大胆地提拔到各级领导岗位上来。那些参与林彪、“四人帮”篡党夺权阴谋活动的帮派体系的骨干分子和打砸抢分子，那些派性严重而不肯改的人，那些经过反复教育而仍不执行党的路线、方针、政策的人，那些专好拉拉扯扯、吹吹拍拍、弄虚作假的人，那些虽有才干但不正派的人，决不能让他们进入领导班子。当然，对他们还要做耐心的教育工作，帮助他们改正错误。必须坚持培养和选拔干部的3条标准，才能保证各级领导班子的纯洁性，把各级领导班子建设成坚决贯彻执行党的路线、方针和政策，能够带领群众团结一致搞四化的战斗指挥部。

培养和选拔中青年干部，是全党的大事。老干部负有重大的历史责任。过去，绝大多数老干部为了中国的革命事业，南征北战，战斗在第一线，度过了大半个世纪。现在许多人年纪太大了，他们肩负的光荣任务，就是培养和支持、帮助第一线的指挥员，自己退到第二线。这比自己站在第一线，意义更深远。每一个老同志，都要从党和人民的根本利益出发，站得高一点，想得远一点，热情地欢迎年轻的同志迅速成长，自觉地把选拔和培养接班人的工作当作最重要、最迫切的任务担当起来。对老干部来说，在培养接班人的问题上作出贡献，是比什么都宝贵、都重大的贡献。老干部要以身作则，言传身教，采取各种有效措施，扎扎实实地搞好传帮带，把党的优良传统和作风，把自己的好思想和丰富经验，传授给中青年干部。要有意识地把真正优秀的较年轻的干部，放到主要岗位上，既严格要求，又积极帮助，使他们认真接受群众的监督，在实践中提高思想水平和工作能力，逐步担负起各项事业的领导责任。

应该指出，在我们党内以至社会上，对于培养和选拔中青年干部，还存在着一些思想障碍，这是必须坚决克服的。当然，由于多年来林彪、“四人帮”为了篡党夺权，肆意践踏党的组织路线，滥用了一些无才无德的干部，败坏了革命接班人的政治声誉，至今还留有恶劣的影响。因此，人们有这样那样的担心和顾虑，是完全可以理解的。但是，我们对中青年干部的状况，应当有一个实事求是的估计。那些40多岁、50来岁的干部，许多人经受过抗日战争或解放战争的考验，经历过社会主义革命和建设的锻炼，一般都取得了从事实际工作和各种专业工作的经验，在各个岗位上是挑重担子的。就是那些50年代、60年代大专学校毕业的学生，至今也有20年左右的工作经历，许多人已成为各条战线的骨干力量。很明显，在许多单位，实际工作都是这些中青年干部干的，我们为什么不能从中选拔优秀的，让他们担任领导工作呢？当然，我们培养和选拔中青年干部时，要十分重视实践锻炼，反对林彪、“四人帮”搞的那一套“一步登天”，“坐直升飞机”。但是，重视实践与“论资排辈”是不同的。如果一说提拔干部，就比谁的资历长，谁的级别高；正职缺员，只能从副职里找，副职里又比谁的资历老，那就必然使许多优秀的干部被盖在下面提不起来。诸如此类的逐级排辈、论资提干，不知压抑了多少年轻有为的人才。这种教训，今后决不能再重复了。

培养和选拔优秀的中青年干部，解决好各级领导班子接班人的问题，是党的一项经常性的工作，不能搞运动，搞“突击”、“大呼隆”。林彪、“四人帮”在长达10年中推行一条极左的组织路线，严重地破坏了我们党培养革命接班人的工作。认真总结和记取这一沉通教训，对做好培养和选拔中青年干部的工作，是十分有益的。各级党委既要决心大，又要步子稳；既不能慢慢腾腾，也不能冒冒失失。要立即着手制定规划，具体部署，落实措施，有计划、有步骤地进行工作，逐步做到各级领导班子中年富力强的干部占大多数。这里，年龄必须服从德才条件，成熟一个，选拔一个，防止只从年龄着眼，勉强凑数。要坚持群众路线的选拔方法，坚持党管干部的原则，选拔干部必须广泛征求群众意见，必须经组织部门认真考核，党委集体讨论决定，不能个人或少数人说了算，单凭印象随意圈定，更不能搞“一言堂”、神秘化，按少数人的意志或个人的好恶来挑选干部。

早在抗日战争开始的第二年，毛泽东同志就明确指出：“中国共产党是在一个几万万人的大民族中领导伟大革命斗争的党，没有多数才德兼备的领导干部，是不能完成其历史任务的。”我们党培养了一大批德才兼备的领导干部，领导全国人民取得了抗日战争和解放战争的胜利。现在，我们党正在领导9亿人民去实现四个现代化。要完成这个艰巨而伟大的历史任务，更需要有大批德才兼备的领导干部。只要我们认真地总结过去的经验教训,充分发挥老干部的骨干作用,精心培养和选拔中青年干部,我们党就会涌现出大批献身于"四化",善于搞"四化"的领导干部,从而保证"四化"事业的顺利进行。

中科院院长方毅在北京分别会见以诺尔曼·凯斯·博德曼博士为团长的澳大利亚联邦科学与工业研究组织代表团与美国物理学会副会长斯坦福大学教授肖洛和夫人

国务院副总理方毅在人民大会堂会见由美国美中学术交流委员会主席刘易斯·布兰斯科姆博士率领的美国美中学术交流委员会代表团

国务院副总理王震在北京会见南斯拉夫电影代表团

中国和英国关于铁路科学和技术合作议定书在伦敦签字

正在英国访问的中国铁路代表团团长、铁道部部长郭维成和英国运输大臣诺曼·福勒,代表两国政府在议定书上签字。

11月30日

《人民日报》发表社论《加强社会主义法制的必要措施》

第五届全国人民代表大会常务委员会第十二次会议,通过了《关于中华人民共和国建国以来制定的法律、法令效力问题的决议》,明确指出:从1949年10月1日中华人民共和国建国以来,前中央人民政府制定、批准的法律、法令,从1954年9月20日第一届全国人民代表大会第一次会议制定中华人民共和国宪法以来,全国人民代表大会和全国人民代表大会常务委员会制定、批准的法律、法令,除了同第五届全国人民代表大会制定的宪法、法律和第五届全国人民代表大会常务委员会制定、批准的法令相抵触的以外,继续有效。这个决定,对于完备和加强社会主义法制,保障和发展安定团结的政治局面,促进社会主义现代化建设事业的发展,是十分必要的。

新中国成立以来,直至"文化大革命"前,我国制定了一系列法律、法规,对维护社会秩序,保障社会主义革命和社会主义建设事业的发展,起了很好的作用。现在,这些法律、法规,尽管有的因情况变化而失效,有的已被新的法律、法规所代替,有的需要补充修订,但是大部分法律、法规的精神和内容,仍然基本适用。这次全国人大常委会通过了关于建国以来制定的法律、法令效力问题的决议,给公安司法部门和广大人民群众以行之有效的法律武器。我们就可以从法制方面有效地解决当前的一些问题,保障社会秩序、生产秩序、工作秩序、教学科研秩序和人民群众生活秩序,使四个现代化的宏伟事业能够在长期安定团结的政治局面下顺利进行。

法律作为上层建筑的一部分,是统治阶级的意志的体现,是为经济基础服务的。我们建国以后的法律、法令,是人民民主专政的法律、法令,它反映了已经成为统治阶级的广大人民的意志,体现了人民的根本利益,应该有连续性。1954年第一届全国人民代表大会第一次会议颁布中华人民共和国宪法后,就曾通过关于现行法律、法令继续有效的决议。所以,建国以来我们制定的法律、法令,除了与五届人大和人大常委会制定的宪法、法律、法令有抵触的以外,应当继续有效。这个问题本来是很清楚的,不言而喻的。但是,由于林彪,"四人帮"蓄意破坏,全盘否定17年,许多应当有效的法律、法令,被无端攻击,恶毒批判,中断了执行;许多法律书籍被销毁,没有再版;许多干部和群众,对这些法律、法令是否还有效力认识不清,忘记了或者不知道原来有过这些法律、法令。结果,给违法分子以可乘之机。这种状况再也不能继续下去了。

我国的法制不够完备,我们需要制定的法律、法令很多,立法任务很重。但是,建国以来我们确实制定了很多法律、法令。我们并不都是无法可依,在许多方面还是有法可依的。我们应当从已有的无产阶级法律阵地出发,加强和健全社会主义法制,决不应当放弃已有的阵地,听任不法分子横行。最近一个时期,有些大中城市治安秩序不好,刑事犯罪案件增多,这是不能容忍的。过去的不少法律,包括政务院、国务院颁布的许多法规,如治安管理处罚条例等等,就是维护社会秩序、防止和对付坏人坏事的卓有成效的法制武器。全国人大常委会关于建国以来制定的法律、法令效力问题的决议通过以后,我们就可以用这些法律为武器,加强群众性的治安保卫工作,密切专门机关和广大群众的结合。更有力地打击刑事犯罪分子,处罚违反治安管理的不法行为,教育有轻微犯罪行为的青少年。通过这个决议并不妨碍今后根据实践经验,随时修订过去的法律、法规,或做补充规定。有关主管部门可以根据需要,分别轻重缓急,对原有的法律、法规进行研究。凡是适用的,可以陆续印发,并不断总结经验,进行补充和修改,使我国的社会主义法制逐步完善起来。

加强社会主义法制,是关系安定团结、关系四个现代化的大事。我们要大力宣传这次全国人大常委会关于建国以来制定的法律、法令继续有效的决议，使人人明白加强法制的重要性。林彪、“四人帮”横行时那种无法无天的局面再也不允许出现了，任何人敢于藐视法律，以身试法，必将受到法律的制裁。我国城乡安定团结的政治局面必将得到巩固和发展，我国人民建设现代化社会主义强国的伟大理想，一定要实现，一定能实现。

国务院在人民大会堂举行宴会欢迎苏丹第一副总统兼国防部部长和武装部队总司令阿卜杜勒·马吉德·哈米德·哈利勒上将率领的政治军事代表团

国务院副总理李先念，国务院副总理兼国防部部长徐向前，全国人大常委会副委员长谭震林，外交部副部长何英，外经部副部长李克，中国人民解放军副总参谋长何正文，出席宴会。

李先念副总理在讲话中赞扬苏丹人民在尼迈里总统阁下的领导下，为捍卫民族独立和国家主权，挫败霸权主义者策划的颠覆破坏阴谋，加强民族团结，维护国家统一，发展国家经济和民族文化等，取得了可喜的成就。他说，苏丹政府奉行不结盟政策，支持巴勒斯坦人民、阿拉伯人民和非洲人民的正义斗争，致力于维护和促进阿拉伯团结和非洲团结，为第三世界国家和人民的团结反霸事业作出了积极贡献。李先念副总理说，目前，国际形势、中东形势发展的趋势，都是有利于阿拉伯和巴勒斯坦人民的正义事业，而不利于帝国主义、霸权主义和以色列扩张主义的。“以色列必须放弃它的侵略和扩张政策，超级大国的霸权主义行径必须受到揭露和反对，阿拉伯被占领土必须收复，巴勒斯坦人民的民族权利、包括他们返回家园、自决和建立国家的权利必须实现。”他衷心希望阿拉伯各国能够警惕霸权主义者的挑拨离间阴谋，互相谅解，恢复团结，共同对敌，从而加速实现自己的崇高民族目标。

在谈到两国关系时，李副总理说，中国和苏丹两国人民一贯互相同情，互相支持，建立了深厚的情谊。他表示深信，在双方共同的努力下，两国的友谊必将像长江和尼罗河一样，长流不息，世代相传。

哈利勒第一副总统在讲话中转达了尼迈里总统对华国锋总理和叶剑英委员长的热烈问候和良好祝愿。他说，苏丹人民怀着关心和钦佩的心情注视着中国在华国锋主席领导下，为发展自己国家的农业、工业、科学技术和国防建设而进行的斗争。“你们的发展和强大不仅是伟大的贵国的胜利；而且也是所有第三世界国家和发展中国家的胜利。”他祝愿中国人民在各项计划和经济建设中不断取得成功。

哈利勒第一副总统在谈到两国关系时说，很久以来，共同的斗争和道路把两国人民联结在一起，使两国和两国人民之间的友好关系更趋密切。他表示相信，两国人民之间的友谊今后定将得到进一步发展和加强，两国之间的合作一定会进一步扩展到各个领域。

由哈利勒第一副总统兼国防部部长率领的苏丹政治军事代表团全体成员，苏丹驻中国大使穆巴拉克，应邀出席了宴会。出席宴会的还有政府其他有关部门、中国伊斯兰教协会、对外友协、北京市革委会的负责人，以及中国驻苏丹大使宋寒毅。

中央组织部发出《关于处理“文化大革命”运动中干部审查材料问题的通知》

通知指出：在“文化大革命”中，林彪、“四人帮”制造了大批冤假错案，全国立案审查的干部达200万人左右。这部分审查干部的材料大都无限上纲、污蔑不实。各级党组织应该对这些材料进行认真清理。

甘肃省第五届人大二次会议选举王世泰为省人大常委会主任 决定冯纪新为省长 吴思宏为省高级人民法院院长

1979年全国接待旅游者80多万人

《人民日报》报道，到11月底，全国已接待外国旅游者和华侨、外籍华人、港澳同胞、台湾同胞84.4万多人，比1978年增加41%。旅游外汇总收入比前年同期增长68%。

为了解决旅游用房问题，党中央和国务院在1979年2月份作出决定，把北戴河休养区的高级住房用于接待旅游者，在那里成立了我国第一个旅游公司。接待贵宾的北京钓鱼台国宾馆，去年也接待了15批外国自费客人。全国已有14个省市将高级饭店、宾馆的全部或部分床位共1万多张拨给旅游部门使用。

长期闲置的豪华游轮“昆仑号”已在长江试航，开始包乘旅游客人。从香港直达北京、上海、杭州的旅游包机也已通航。

去年，各级宣传出版部门还发行了画册、导游图等材料200万套。文物、轻工、纺织部门创作和制作了大量旅游商品和纪念品。国家投资兴建的旅游饭店已有9处开工，利用侨资、外资兴建的旅游饭店也已有两座开工。

国务院副总理王震在北京会见日中农业农民交流协会会长八百板正

第一轮中苏国家关系谈判在莫斯科结束

中苏国家关系谈判经过6次全体会议后，双方同意第一轮中苏国家关系谈判到此结束。

据了解，在这一轮谈判中，中苏双方就两国关系问题各自阐明了自己的立场。

全国现代外国哲学讨论会在太原举行

《人民日报》报道，本月举行的讨论会，有来自全国28个省、自治区、直辖市85个单位的170名代表。这是新中国成立30年来第一次举行全国规模的讨论现代外国哲学的会议。

会议收到有关逻辑实证主义、结构主义、存在主义、现象学、实用主义、“西方马克思主义”、法兰克福学派等西方哲学流派以及有关南斯拉夫当代哲学、苏联当代哲学方面的论文、译文和资料64篇。

与会同志回顾了我国现代外国哲学研究工作的历史，总结了经验教训。建国初期，为了肃清帝国主义文化在我国的思想影响，配合当时知识分子的思想改造运动，曾经组织过对某些西方资产阶级哲学流派的批判。当时主要着重于政治批判，而对哲学问题本身则很少做深入细致的分析、研究和批判。60年代，把研究现代外国哲学的问题提到整个哲学研究的日程上来，建立了一些相应的研究机构，开展了一些研究工作，翻译和出版一些有关著作和资料。这些为我国现代外国哲学研究打下了初步基础。但是这种良好的局面很快被林彪、“四人帮”的极左思潮和猖獗活动所打乱，现代外国哲学研究遭到毁灭性的破坏。现代外国哲学研究变成一个人人不敢问津的“禁区”。与会同志认为，对这条极左路线的危害和深远的影响，不能低估，必须进一步解放思想，勇于冲破“禁区”，肃清极左的流毒，推动我国现代外国哲学研究的发展。

我们研究现代外国哲学的目的在于，用马列主义、毛泽东思想的观点、方法来分析和研究当代世界哲学的发展，驳斥对马克思主义的攻击和诬蔑，吸取现代哲学中有益的成果，捍卫和发展马克思主义哲学以利科学技术的发展和提高人民科学文化水平。在研究中，要采取实事求是的科学态度，从实际出发，认真调查研究，占有丰富材料，全面、如实地弄清各种派别的本来面目和实质，然后给以恰当的评价，而不要采取简单化、庸俗化的态度，不能用扣帽子来代替科学的分析批判。

会议经过酝酿和协商，成立了“中国现代外国哲学研究会”。它的宗旨是：提倡以马列主义、毛泽东思想为指导，贯彻“百花齐放、百家争鸣”的方针，团结和组织全国各地的现代外国哲学研究力量，积极推动和开展现代外国哲学研究的学术活动，开展国际学术交流，为把我国建成为现代化的社会主义强国而贡献力量。

会议选举全国现代外国哲学研究会理事24名(为台湾省保留理事1名)。理事长为杜任之，名誉理事长为洪谦。各大区还成立了研究分会。

《译林》在南京创刊

新华社报道，大型外国文学丛刊《译林》本月在南京创刊以后，受到了读者的欢迎和好评。

《译林》的创刊号上介绍了当代外国文学的新作品、新流派，并为中青年译者提供发表译作的园地。

《译林》是季刊，每期约40万字，由江苏人民出版社出版。

1979年度全国最佳运动员评选结果揭晓

据《体育报》报道：我国首次举办的1979年度全国“最佳运动员”评选活动，最近正式揭晓。这10名“最佳运动员”是：陈肖霞、陈伟强、葛新爱、吴数德、容志行、聂卫平、栾菊杰、邹振先、宋晓波、吴忻水。

这次评选活动是由中央人民广播电台、中央电视台、《中国青年报》《体育报》联合举办的，从今年8月开始，历时4个月，至11月底全部结束。在这期间，广大听众和读者踊跃参加，有9.5万多人投寄来8.5万多件来信，被评选的运动员有140多人。

12月1日

国务院有关部门颁发《农田灌溉水质标准》和《渔业水质标准》

《人民日报》报道，国务院环境保护领导小组、国家建委、国家经委、农业部和国家水产总局最近联合批准颁发了《农田灌溉水质标准》和《渔业水质标准》，作为全国通用标准，并从今日起开始试行。

《农田灌溉水质标准》和《渔业水质标准》是根据国务院环境保护领导小组办公室的要求，由农业部、国家水产总局组织中国农业科学院农业生物研究所、国家水产总局黄海水产研究所等单位在做了大量调查和深入的科学研究的基础上编制的，曾多次在全国有关单位征求意见。颁发前，国务院环境保护领导小组办公室会同有关部门进行了审定。

《标准》要求农田灌溉水质应符合农作物正常生长的需要和保护农田土壤、地下水源的要求；渔业水质应符合鱼虾贝藻类正常生长和繁殖的要求，以保证农产品、水产品的质量，促进农业和渔业的发展，保障人民身体健康。

《标准》要求各部门和企事业单位加强领导，充分发动群众，大力开展综合利用，认真治理工业废水和城市污水，消除其中的有害成分，使其符合标准要求。

国务院环境保护领导小组在批发这两个《标准》的通知中指出：本标准只规定了一般农田灌溉水质和一般渔业水质要求，对于特殊的农田灌溉水质和渔业水质要求，各省、自治区、直辖市环境保护部门可组织有关部门，根据这两个《标准》的原则，结合本地区的具体情况，制定地区性标准，报当地人民政府颁布执行。各单位在试行中如发现问题和需要修改，将意见和有关资料分别寄送中国农业科学院农业生物研究所和国家水产总局黄海水产研究所，以便修订时参考。

《人民日报》发表评论员文章《要继续搞好农业基本建设》

继续搞好农业基本建设，是今冬明春农村中一项很重要的工作。党中央和国务院在今年夏天曾经召开会议，对农业基本建设的方针、政策、任务和措施，做了明确的规定和部署。要求各地一定要鼓足干劲，因地制宜，讲求实效，量力而行，同农业全面发展和农村建设的其他各项事业统筹兼顾，把农业基本建设搞得更好。各地根据会议的精神，联系实际，总结经验，制定了进一步开展农业基本建设的规划。江苏、湖南、吉林、江西等省，抓住秋前的有利时机，拉开了农业基本建设的序幕。入冬以来，很多地方的农业基本建设也陆续开展起来了。我们一定要遵循因地制宜的原则，在今冬明春掀起一个群众普遍满意、确能增产增收的农业基本建设新高潮。

从全国看来，发展是不平衡的。有些地区行动迟缓，有的地方还按兵未动，原因是多方面的，主要是认识问题。有的认为农业要搞现代化建设，农业基本建设可以不搞或少搞了；有的把“休养生息”同搞农业基本建设对立起来，想暂时停一停；有的在前几年大搞农业基本建设中出现了一些问题，没有正确总结经验教训，认为大干不如小干，小干不如不干；有的感到目前强调合理负担、等价交换，强调尊重社队的自主权，动员组织群众上工麻烦很多，不愿多搞了。这些都是对农业基本建设的重要性和艰巨性认识不足的表现。

搞农业基本建设，是建设高产稳产田，实现农业现代化的必要前提和基础。从许多典型调查中可以看到，只要是从当地的实际情况出发，进行全面规划，实行科学施工的单位，生产条件都有很大改变，保证了增产增收。但是，即使是农业基本建设已经有一定基础的地方，要想实现农业的机械化、电气化、园田化，不继续在农业基本建设上下功夫，创造条件，也是不行的。至于发展林业、牧业、副业、渔业，建设农村多种经营基地，也都离不开农业基本建设。当前的问题是，要结合农业区域规划和流域规划，对农村的各项事业实行统筹兼顾，全面安排，不能“单打一”，不能片面强调一业而挤掉其他各业。

前几年，在林彪、“四人帮”极左路线的干扰下，有的地方长期政治上不安定，工作上没抓紧，没有搞什么农业基本建设工程，长期不能改变农业落后局面。这些地区要加一把劲，把该办的工程办起来。有的地方在兴办和施工中不按自然规律和经济规律办事，搞形式主义，瞎指挥，占用劳动力过多，影响了其他生产。有的地方不讲自愿互利，搞一平二调。这些都是应当认真纠正、引以为戒的。我们克服这些缺点错误，是为了把农业基本建设搞得更好一些。

中央关于《今冬明春农村工作若干问题的意见》中明确提出，今冬明春要掀起一个农业基本建设的新高潮。要把这项工作很好地开展起来，关键在于加强领导。各级一定要有长远目标，做好全面规划；要进一步总结经验，统一认识，齐心协力，开展工作。干部要到基层去，到第一线去，抓规划、计划的落实，抓组织领导，调查研究，把抓农林牧副全面发展和农村全面建设结合起来，用科学的态度去指导农业基本建设。在3年调整时期，农业基本建设的重点是搞好现有工程的续建、配套和加固，使没有配好套的工程能配备齐全，充分发挥效益。新兴办的建设工程，一定要搞好勘探、规划、设计，严格按照基本建设程序办事。要加强施工管理,确保工程质量和安全。要十分注意保护和利用自然资源。适宜采取生物措施的,要大力推广生物措施治理,绿化山川,以增强抵抗水旱灾害的能力。对毁林开荒、毁草原开荒、盲目围垦,毁坏山林,破坏水土保持,破坏自然生态平衡等错误做法,要坚决加以制止。

为了保证今冬明春农业基本建设计划的实现,各级党委和政府要帮助社队对劳动力作出科学的安排。当前,劳动力不是不够用的问题,而是需要合理分配,统筹兼顾,在保证当年农副业生产、多种经营的前提下,根据农业基本建设的需要,在一定时间内,集中一定力量,完成一定任务,是完全必要的。社队依靠自己的力量,办一些自己受益的工程,这不是不合理的负担,而是扩大再生产必需的劳动积累,群众是积极拥护的。要引导社员正确认识和处理长远利益和眼前利益、集体利益和个人利益的关系。对参加基本建设的社员,要实行责任制,有奖有罚,推动农业基本建设保质保量地进行下去。

中共中央政治局委员乌兰夫为团长的中国共产党代表团在参加罗马尼亚共产党第十二次代表大会之后回到北京

《考古与文物》创刊

叶剑英同志为该刊题了刊名。

《考古与文物》创刊号将发表《大荔人及其文化》一文,首次系统地公布去年发现的大荔人头骨的研究成果。创刊号还将发表《岐山贺家村周墓发掘简报》《鄂尔多斯高原东部我国秦长城遗迹探索记》《唐姜遐碑》《三十年来陕西石器时代考古的主要收获》等文章。

这个季刊是陕西省考古研究所主办的,将在全国发行。

朱德纪念展览在北京中国革命博物馆举办

12月2日

国家经委发出1980年第一季度工业交通生产安排通知

通知要求,全国工业交通战线广大职工认真贯彻党中央提出的"调整、改革、整顿、提高"的方针,继续深入地开展增产节约运动,狠抓现有企业的挖潜、革新、改造,使明年工交生产有一个良好的开端,做到稳定增长,均衡生产,全面提高经济效果。

通知提出,明年一季度要重点抓好5项工作:

一、认真抓好工业调整和企业整顿

各地区、各部门要在继续深入贯彻"八字方针"中,以调整为核心,从实际情况出发,按照经济合理和专业化协作原则,作出工业内部的调整规划。凡领导班子已整顿好、经营管理好、产品适销对路、质量高、节能效果显著的企业,对它们在生产上所需要的燃料、电力和原材料要切实保证,积极支持其多增产。

二、优先保证轻工纺织工业生产

各级领导要采取特殊措施,把轻纺工业生产抓紧、抓好,使轻工业生产增长高于整个工业生产增长速度,既有适应农村市场需要的坚实耐用的中低档产品,也有适应城市和出口、旅游需要的高档产品,特别要为元旦、春节、春季广交会提供丰富多彩的工业品,还要大力增产更多、更好的电子产品以及少数民族特需用品。

三、大打能源生产和节约之仗

按明年计划的初步安排,燃料供应很紧张。一季度消耗能源又多,供需矛盾更加突出,因此首先要抓好能源生产。要把节约能源作为挖潜革新改造的重点来抓。各地区、各部门对节能措施要及早安排,所需资金、材料、设备要优先保证。

四、狠抓增产增收

要千方百计广开门路,改善经营管理,加强经济核算,狠抓扭亏增盈,做到增产增收。首先是要在提高产品质量、增加品种上下功夫。要求所有产品必须都是合格品,不合格品一律不许出厂,不许计算产值。二是要在降低消耗上下功夫,要求一季度大多数可比产品的燃料、电力和主要原材料的消耗都降低到历史最好水平。三是要在支农产品上下功夫,积极增产适销对路、质量好的化肥、农药和农机具,做到迎季生产、应季供应。四是要在大搞短线产品上下功夫,钢铁、化工、建材、机械等企业必须从方便用户出发,努力生产急需的短线缺门产品。五是要在充分利用库存,加快资金周转上下功夫,要有计划地把库存钢材、机电产品和其他原材料用到生产建设急需上去,把物资搞活,把生产搞活。

五、大力抓好交通运输

要加强铁路"卡脖子"区段、港口煤码头的运输和装卸组织工作。要把抢运矿存煤和木材、磷矿石、支农物资、轻纺工业原材料等重点物资运输组织好。要及时抢装、抢卸、抢运进出口物资。要大力推广联合运输工作。要采取各种办法提高运输效率。

通知指出,一季度工作很多,任务很重,各方面的矛盾也很多,各级领导一定要以增产节约为中心,统筹安排,加强指挥调度,做好两个年度的衔接,把生产计划迅速落实到基层。

国务院副总理兼国防部部长徐向前在北京会见苏丹第一副总统兼国防部部长和武装部队总司令哈利勒上将

国务院副总理王震在北京会见以泰国交通部常务次长阿里·沙达耶马纳为团长和泰国驻中国大使沙贡·瓦拉比沙为顾问的泰国政府民航代表团

中国地球物理学会代表团出席在堪培拉举行的国际大地测量和地球物理学会第十七届大会

大会12月2日至15日举行,68个国家的近2000名科学家出席了大会。中国地球物理学会第一次派出代表团参加大会。

中国科学家在会上发表了34篇论文,其中中国地球物理学会理事长顾功叙教授的关于中国的地震预测预报的论文和方俊教授的关于中国的大地走向和大地测量两篇论文受到各国科学家的高度评价。

《台湾小说选》由人民文学出版社出版

新华社报道,一部以反映台湾当代现实生活为主的新书《台湾小说选》,将由人民文学出版社出版,并陆续在全国各地发行。这是新中国成立30年来在祖国大陆第一次出版发行的台湾小说集。

这部《台湾小说选》收录了台湾16位作家的22篇中、短篇小说,全书共40多万字。在16位作者中,有老一代台湾著名作家吴浊流、杨逵、钟理和、林衡道,也有台湾当代青年作家陈映真、王祯和、黄春明、杨青矗、王拓、宋泽莱、冯辉岳、曾心仪、奚淞,还有先后由台湾旅居海外的作家於梨华、白先勇、方方。其中吴浊流、杨逵、杨青矗、白先勇等人的有些作品,分别有英文、日本译本,在国外有一定的影响。

中国选手在法国国际乒乓球锦标赛7个项目中获6个冠军5个亚军

12月3日

国务院总理华国锋在人民大会堂会见苏丹第一副总统兼国防部部长和武装部队总司令阿卜杜勒·马吉德·哈米德·哈利勒上将和他率领的苏丹政治军事代表团

在亲切友好的交谈中,华国锋总理和哈利勒第一副总统对两国友好关系的不断发展和加强表示满意。华国锋总理请哈利勒第一副总统转达中国政府领导人和他本人对尼迈里总统和苏丹政府领导人的亲切问候。

哈利勒第一副总统说,你们对我们的热情欢迎和款待是存在于我们两国之间亲密关系的体现。他转交了尼迈里总统给华国锋总理的信,并转达了尼迈里总统对华国锋总理和中国其他领导人以及中国人民的敬意。

苏丹驻中国大使穆巴拉克参加了会见。参加会见的还有我国外交部副部长何英,中国人民解放军副总参谋长何正文,外经部副部长李克,中国驻苏丹大使宋寒毅等。

《人民日报》发表社论《轻工业要有个较大幅度的增长》

三年调整的头一年就要过去了,明年我们要继续以调整为中心,争取农业有个全面的较大丰收,争取轻工业(包括纺织工业)有个较大幅度的增长。在新的一年中,怎样正确处理农业、轻工业和重工业的关系,是一个值得重视的问题。

现在,许多地方正在讨论社会主义生产的目的,这是一个良好的开端。我们要在经济调整中,进一步弄清楚社会主义生产的目的;如果我们不弄清楚这一点,生产跟社会需要长期脱节,生产是会衰退甚至灭亡的。这些年来,我们的经济工作吃了不少的苦头,现在到了总结经验教训的时候了。应该承认,我们经济战线的干部都是努力工作的,绝大多数是想把工作做好的。但是,也要看到有不少做经济工作的同志,没有弄清楚社会主义生产的目的,或者是把手段当成了目的,在某种程度上是为生产而生产,使得我们现在的经济结构很不合理,有的是畸形发展,同社会和人民生活的需要长期脱节,缺乏应有的活力。

9亿人民生活的各种消费资料,除农业产品外,绝大部分是轻工业产品。为什么要先发展轻工业呢?首先,这是广大人民群众的迫切要求。目前,不少轻工业品,如家具、纸张、肥皂、洗衣粉、皮鞋、自行车、缝纫机、粗纺呢绒、毛毯、丝绸被面、棉毛衫裤等,长期紧张;许多日用小商品,特别是广大农村盖房用的圆钉、铁丝和建筑小五金严重供不应求。我们应该倾听群众的呼声,尽可能使轻工业的生产增长与人民需要相适应。搞轻工业应该把人民的需要摆在首位,一定要千方百计,一定要广开门路,一定要因地制宜。

其次,这是加速积累的需要。要建设就得有资金。轻工业每年为国家提供的税收和利润在国民经济各部门中占领先地位。今年以来,由于国家用于改善人民生活的开支空前增加,财政情况比较紧张,市场货币流通量有所增加,这就迫切要求轻工业加快发展,加速资金积累。

再次,这是扩大出口的需要。由于大量引进先进技术和进口各种物资,必须用扩大出口去补偿。轻工业品出口占国家外汇收入的40%以上。轻工业必须加快发展,才能适应扩大出口的要求。

加快轻工业的发展是三年调整的一项重要任务。华国锋同志在《政府工作报告》中明确指出:"在轻纺工业方面,要使它们的增长速度赶上或略高于重工业的增长速度,使主要轻纺产品的增长大体上同国内购买力的增长相适应,并大量增加出口"。这是三年调整的主要要求之一。

根据年度计划,轻工业今年的增长速度是8.3%,这一指标原来就落后于购买力增长的预测,需要在实际执行中力争超产。今年下半年,轻工业的发展速度是比较快的,但是由于上半年欠产过多,实际执行结果,1月至10月份整个轻工业只较去年同期增长7%,既低于计划要求,也落后于整个工业增长的速度;而实际的购买力增长速度,却超过了预测。相形之下,轻工业的增长速度不是趋向于和购买力的增长相适应,而是愈来愈不适应了。

这里既有轻工业部门本身的工作问题,也有编制和贯彻计划的指导思想问题。有些同志口头上也一再讲要加快发展轻工业,但在实际上并没有真正认识到这一问题的重要性,迄今为止也还没有这一方面的迫切感。

有的同志不承认轻重工业发展比例失调。这些同志认为:轻工业要加快发展,重工业也要加快发展;工业生产上不去的关键是原材料和燃料、动力供应不足,重工业生产上不去,轻工业也就上不去。按照这种观点,当然也就要继续贯彻优先发展重工业的方针,根本谈不上什么通过调整延长轻工业这条短腿,使轻重工业得到协调发展的问题了。

在工业生产中,轻工业是短腿,这是客观事实。从1949年到1978年,重工业增长90.6倍,整个轻工业只增长19.8倍。1958年以来,由于农业和轻工业发展缓慢,物价有所调整,农民生活提高不快,职工平均工资长期没有上升的教训是必须吸取的。近3年来,我们的党和政府做了很大的努力来改善人民生活,对轻工业的投资比重也有所提高,从而促进了轻工业生产的发展,大大地调动了劳动人民的积极性,巩固了安定团结的局面。这一点是来之不易的,必须特别珍惜。

在三年调整期间,如果我们一方面努力增加农民和职工的货币收入,扩大就业;另一方面却不能为城乡人民提供适应购买力增长需要的轻工业品,那么提高人民生活水平的措施,就不能落实。轻工业生产上不去,人民生活的需求远远不能满足,建设资金得不到积累,反过来又怎能不拖重工业的后腿。总之,如果我们能够在这一方面冷静地想一想,就完全有理由暂时降低一下重工业的发展速度,适当集中力量、千方百计地把农业和轻工业搞上去。只要农业和轻工业真的上去了,从长远看来,就会"使重工业发展得多些和快些,而且由于保障了人民生活的需要,会使它发展的基础更加稳固"。

有的同志承认轻工业是短腿,但是又认为:在这一方面已经有了特殊措施了,因而也就不需要再强调了。这里讲的特殊措施首先是指明年给轻工业一笔贷款,借以解决轻工业投资不足的问题。应该肯定,这确实是一项值得重视的特殊措施。轻工业部门应该抓紧时机,努力安排好各个项目,通过挖潜、革新、改造,使这一部分投资能尽快发挥较好的经济效果。但是不能认为有了这一措施,加快轻工业发展速度问题就完会解决了。我们认为,要加速轻工业的发展,不仅要在投资和贷款上采取特殊措施,而且要在原材料、燃料、动力供应、交通运输、进口设备和物资等各方面给轻工业以优先的照顾。例如能源的安排,就是个必须解决好的问题。轻工业用电、用煤、用油的比重也都很小。只要坚决压缩某些耗费能源甚多,但是产品质次、价高甚至积压滞销的大大小小的"煤老虎"、"电老虎"的生产,借以保证轻工业的煤电供应,是应该也是可以做得到的。

为了使轻工业能够有一个较大幅度的增长,还必须切实调动轻工业战线1000多万职工的积极性和创造性。为此,应该在轻工业战线努力开展以优质、高产、多品种、低消耗为中心的增产节约劳动竞赛,力争在一定的物资供应条件下,为整个社会提供更多适销对路、价廉物美的轻工业品。

轻工业基本上是加工工业,轻工业生产是商品生产。因此,轻工业能不能上去,不仅决定于投资的多少和轻工业部门本身工作的好坏,并且在很大程度上受到供应和销售两个方面的影响,我们必须认识到这一特点。

轻工业和农业有密切的联系。农业和轻工业是相互依存、相互促进的。农业以源源不断的原料,促进轻工业生产规模的日益扩展,而轻工业以千万种价廉物美的产品源源供应农村,又反过来促进农业生产的发展。当前农业的形势是好的。但无论从农业的种植业和养殖业来说,都远远不能满足轻工业生产规模的需要。我国幅员广大,气候优良,无论种植业、养殖业,门路都十分广阔。农业战线上的同志,一定要继续解放思想,开动机器,调查研究,因地制宜,为轻工业提供更多的经济作物原料,林业产品原料,畜牧产品原料。

重工业在支援轻工业方面大有可为。列宁早就指出:"生产资料的制造不是为了生产资料本身,而是由于制造消费品的工业部门对生产资料的需要日益增加。”工业原材料问题实质上是重工业如何支援轻工业的问题。凡是轻工业需要的工业原料,应该优先安排,这里不仅有数量问题,还有品种、规格、质量问题。重工业生产不仅要为农业服务,还要为轻工业服务。特别是轻工业部所属行业,依靠工业原材料的部分已经占到半数以上,应该尽量让它吃饱开足。有些重工业部门还可以从自己的条件出发,尽可能多地为市场生产一些工艺相近、产品对路的日用工业品,以供应市场和出口。

商业和外贸部门在促进轻工业生产方面关系重大。搞好商品交换和分配,可以促进轻工业生产;搞不好,会严重影响轻工业生产。商业、外贸部门应该和轻工业部门加强协作,努力扩大产品销售,促进轻工业提高产品质量、增加花色品种;供销合作社应该努力搞好产品收购工作,为轻工业提供更多、更好的原料。

加快发展轻工业是全党全民的任务,不能看成仅仅是轻工业部门的事情。实践证明,如果把加快轻工业的发展仅仅当作是轻工业部门的事情,轻工业就很难上去;反之,如果把加快轻工业的发展,当作是三年调整中必须实现的主要目标之一,调动各个方面的力量,千方百计地采取有力措施,轻工业就可以上去。今年以来,整个轻工业的发展比较慢,但是,有些省如浙江、湖北等省发展得却比较快,关键就在于领导上重视,从各方面加强了对轻工业的协作和支援。当然,轻工业部门本身对自己要有更严格的要求,要做更大的努力。

有的同志认为:要加快发展轻工业,使它大体上适应购买力增长的需要,在理论上是对的,在实践上行不通。实践是检验真理的唯一标准。为了加快发展轻工业,使它大体上适应购买力增长的需要,从理论上说,也就是要解决按照人民生活需要来安排社会主义生产的问题;从计划工作来说,也就是要不要以农轻重为序来编制国民经济计划的问题。早在20多年前,毛泽东同志在《论十大关系》中就提出了关于正确处理重工业和轻工业、农业关系的理论,并且为我们提出了要按农业、轻工业和重工业的顺序来安排国民经济计划的方针了。20多年来,尽管我们在口头上肯定这一理论是正确的,但在实际上却没有认真贯彻执行。这一方面的教训是极其深刻的。现在应该是我们在实践中坚决贯彻农轻重方针,以人民生活需要为出发点,来编制国民经济计划的时候了。

遵循国民经济按比例发展的客观规律,必须加快发展轻工业;为了使人民的物质文化生活需要得到适当的满足,也必须加快发展轻工业。多年来,我们在计划工作中不按经济规律办事,已经吃够亏了。如果我们不能在今后两年内尽快使轻工业的增长速度赶上和略为超过重工业的增长速度,使主要轻工业品的增长和购买力大体适应,势必会影响劳动人民的积极性,影响物价的稳定,影响安定团结的局面,影响四个现代化的顺利进行。这是我们必须严肃考虑的一个重要问题。

当前,正在开展关于社会主义生产目的的讨论。我们希望通过这一讨论,联系经济建设30年来的经验教训,切实按照农轻重的次序安排国民经济计划,使农业、轻工业、重工业能够得到协调发展,争取轻工业有个较大幅度的增长。

国务院副总理邓小平在北京会见荷兰国际著名电影导演尤里斯·伊文思和法国电影工作者玛斯琳·罗丽丹

国务院批转全国供销总社《关于省、自治区、直辖市供销社主任会议的报告》

报告提出,对三类农副产品也就是小宗农副土特产品,根据供求情况,实行议购议销。国务院指出,开展三类农副产品议购议销,是党对农副产品收购的一项重要政策,也是把市场搞活的一种经济手段。要在国家计划的指导下,运用价值规律的调节作用,搞好小宗农副产品的经营工作。

国务院副总理谷牧在北京会见以日本外务省经济协力局局长梁井新一为首的日本政府贷款商谈小组

中联部部长姬鹏飞在北京会见以中央书记处书记阿兰·卡斯唐为团长的法国马列主义共产党中央代表团

中国和苏丹两国政府贷款协定在北京签字

国务院副总理李先念同苏丹第一副总统兼国防部部长和武装部队总司令哈利勒上将,出席了签字仪式。外经部副部长李克和苏丹国民计划部长穆斯塔法分别在协定上签字。

中国妇女运动历史资料编纂委员会在人民大会堂举行第一次会议

这个委员会计划第一步收集编纂新民主主义革命时期的妇女运动历史资料,以及这个时期从事妇女运动的领导人和女烈士、女英雄的名单、事迹、文章、讲话等。凡能说明或刊载上述情况的报刊、杂志、书籍、照片、书信、烈士遗物等也在征集之列。

中共中央政治局委员、全国人大常委会副委员长、全国妇联名誉主席邓颖超出席了会议,并讲了话。她鼓励大家要以丰富的历史资料为根据,用辩证唯物主义和历史唯物主义的观点,以中国共产党的领导为红线，编纂好中国妇女运动历史。

全国妇联主席康克清主持了会议，并讲了话。

这个委员会共有委员104名，全国妇联副主席罗琼任主任。委员中有新民学会、觉悟社的革命老前辈；有党创建时期从事妇女运动的老革命家；有新民主主义革命的各个历史时期的妇女团体的领导同志；有热心研究妇女运动历史的专家等。今天出席会议的有在京的委员60人，副主任董一博，委员刘亚雄、罗章龙、方朗、管易文、王幼樵、孙思白等在会上发了言，大家认为，编纂妇女运动历史非常必要，它不仅将为我国遗留下珍贵的史料，教育子孙后代；同时在当前也是对青少年进行革命传统教育，鼓舞他们献身四化的好教材。他们还对如何收集和编写妇女运动历史资料提供了不少有益的建议。一些七八十岁的老同志纷纷表示，要以自己的有生之年，为这项工作尽量做一些贡献。

何思敬追悼会在北京八宝山革命公墓礼堂举行

中国人民大学一级教授、著名学者何思敬同志，因受林彪、"四人帮"极左路线的残酷迫害，于1968年4月14日不幸逝世，终年72岁。

叶剑英、邓小平、李先念、陈云，以及王震、邓颖超、胡耀邦、彭真等送了花圈。国务院、全国人大常委会法制委员会、中共中央组织部、中央宣传部、外交部、教育部、中共北京市委、中共浙江省委、中国人民大学、中山大学、中共余杭县委员会也送了花圈。

王震、胡耀邦、萧劲光、宋任穷、王昆仑、黄火青、胡乔木、蒋南翔、林乎加、成仿吾等参加了追悼会。参加追悼会的还有教育、理论、外交、法律、翻译工作者和何思敬同志生前友好、家属400多人。

王震同志主持追悼会，中国人民大学校长成仿吾致悼词。

何思敬同志是浙江余杭县人。1927年2月开始参加党领导的革命活动。1932年加入中国共产党。1938年到延安后，先后担任过抗日军政大学教授、中共中央军委编译处研究员、延安大学法学院院长、延安新哲学会负责人。1945年作为候补代表参加了中共第七次全国代表大会。1946年，任中共代表团法律顾问，随同毛泽东同志和周恩来同志赴重庆，参加国共谈判。解放战争时期，任中共中央办公厅法律组副组长、中央法律委员会委员等职。全国解放后，历任北京大学教授，中国人民大学系主任、中央法律委员会委员、外交部专门委员、政法学会常务理事。

何思敬同志多年来翻译出版了马克思的《哥达纲领批判》《哲学的贫困》《经济学—哲学手稿》《论综合技术教育》和恩格斯的《国民经济批判大纲》等著作。还编译出版了德国军事学家克劳塞维茨的《战争论》、黑格尔的《法律哲学批判》和《大逻辑》等。

12月4日

中国轻工学会首次会员代表大会在北京举行

这次大会是新中国成立以来规模最大的一次轻工业科技工作者的盛会，于12月4日至10日在北京举行。来自全国各省、自治区、直辖市近20个轻工行业的专家、教授、工程师、设计师及其他科技人员，参加了大会。李先念、余秋里、王震、谷牧、康世恩、陈慕华、薄一波、姚依林等党和国家领导人，接见了出席大会的全体代表。康世恩同志到会作了重要讲话。

在当前国民经济调整中，轻工业面临大干快上的新形势，轻工业科技工作者应当加快科研的步伐，推动轻工业迅速发展。这是中国轻工学会第一次会员代表大会提出的任务。

参加大会的代表们着重讨论了轻工业科技工作者如何为加快轻工业发展服务的问题。代表们认为，当前，应当把轻工业科技工作的重点放在以下3个方面：一是在现有的物质技术条件下，研究怎样采用新技术，革新工艺、设备，改进产品设计，以求用较少的代价创造更大的经济效果；二是在充分利用我国资源的基础上，研究如何发挥我们的优势和特长，大力发展新产品、新品种、新花色、新包装，搞好产品升级换代，使我们的产品更好地适应国内外市场的需要；三是怎样把引进国外先进技术同加强国内科研工作密切结合起来，在学习消化的基础上，有所改进和创新，赶上并超过世界先进水平。

国务院副总理方毅在北京会见南斯拉夫斯洛文尼亚共和国议会执委会副主席杜尚·西尼戈伊率领的南斯拉夫教育代表团

国务院副总理王震在北京会见日本地面覆盖栽培研究会事务局长日本米可多化工株式会社社长石本正一先生一行

全国人大常委会副委员长邓颖超在北京接受布隆迪新任驻中国特命全权大使加洪古·西尔韦尔递交的国书

全国妇联主席康克清在北京会见由团长中村纪伊和秘书长春日淑子率领的日中友好协会妇女代表团

中共党史人物传讨论会在广州举行

这次讨论会由中共党史人物研究会主持，于12月

4日至18日召开。中共党史人物研究会是研究、编写党史人物传的群众学术团体，今年3月筹备成立以来，全国已有150多个单位参加，编写出中共党史人物传57篇。经这次讨论会研究确定，其中10篇将收入明年由陕西人民出版社出版的《中共党史人物传》第一卷，其中包括王尽美、阮啸仙、萧楚女等同志的传记。

这次讨论会听取了关于研究周恩来、李大钊、彭德怀等同志革命实践的学术报告，交流了党史研究工作的经验，讨论了编写人物传应遵循的原则。大家认为，编写人物传记必须实事求是，坚持历史唯物主义，功就是功，过就是过，不能任意拔高或缩小。要用科学态度写出人物的思想发展过程的各个阶段和人物的具体特点。要根据一定的历史条件去评价党史人物，要尊重历史，坚决反对搞先验论、天才论。要深入调查研究，掌握第一手资料，注意争取老一辈革命家和烈士亲属的支持和协助，准确地调查清楚人物的生平和所经历的事件。

参加这次讨论会的200多名代表，来自全国25个省、自治区、直辖市的高等院校、军事院校、社会科学研究机构、出版社和革命历史纪念馆等单位，他们中间有研究党史的老专家，也有年轻的党史教学和科研工作者。这是我国党史人物研究的一次学术盛会。

“文化大革命”以前，党中央曾组织了以董必武同志为首的中共党史编写小组。由于“文化大革命”，没有把党史编写出来。

会议选举何长工为中共党史人物研究会会长，李新、胡华为副会长，并选出了秘书长、副秘书长和理事。

12月5日

国务院总理华国锋在人民大会堂举行宴会欢迎日本大平正芳首相和夫人一行来访

华国锋总理和大平首相在宴会上发表了热情讲话。他们都表示中日两国要在今后的年代里更加坚实地把友好合作关系推向新的深度和广度。

华总理说，我们两国的友好合作关系已经取得积极的成绩。两国政府和人民对更加坚实地、富有成效地扩大和发展两国的友好合作关系抱有共同的愿望。这既符合中日两国人民的根本利益，也是亚洲和世界和平事业的需要。他指出，大平总理大臣阁下这次访问，将为80年代中日关系的进一步发展，开辟新的前景，作出更大的贡献。大平总理大臣这次访问，将更加深相互之间的理解，扩大友好合作，为80年代中日关系的进一步发展，开辟新的前景，作出更大的贡献。

华总理赞扬大平首相是一位对两国关系发展作出重大贡献的有卓识远见的政治家。

他说，两千年来的传统友谊和在当今世界的共同利益，使我们两国人民之间有着特殊的亲近感，两国关系的发展具有强大的生命力。我们各自独立地决定自己的政策，但是在许多重大国际问题上有着共同的语言。

谈到两国的友好合作时，华总理说，中国人民要在自力更生的基础上建设自己的国民经济，但决不排除在平等互利的原则下，同外国交流，进行合作。中日两国更加坚实地、富有成效地扩大和发展友好合作关系，既符合中日两国人民的根本利益，也是亚洲和世界和平事业的需要。

华总理指出，日本人民是勤劳、勇敢、富有智慧的人民。他们在不太长的时间里，把日本建设成经济高度发达的国家。日本人民热爱和平，强烈希望过安定美好的生活。中国人民一向为维护世界和平而努力。为了实现四个现代化，我们希望有一个和平的国际环境。

他说，我们坚定不移地奉行反对霸权主义，维护世界和平的对外政策。我们一向认为，和平不能乞求，只能靠斗争来取得。我们坚信，只要全世界一切爱好和平的国家和人民团结起来，根据各自不同的处境，坚持有效的斗争，就有可能阻止侵略、扩张，推迟世界战争的爆发，争取一个较长时间的和平。

谈到中国国内的形势，华总理说，我国人民经受住了严峻的考验，实现了全国范围内的安定团结，开始了新的长征。我们深信，中日两国在各个领域的友好合作关系的发展，将会有助于我国现代化建设的进展。我们两国之间不存在互相威胁，彼此间的了解和信赖正日益增进。中日人民世代友好将使我们有可能为亚洲和世界的和平与安全作出持久的重大的贡献。

大平首相说，今天，日中两国的关系正处于在日中联合声明和日中友好条约这一坚不可摧的基础上，向着80年代为求新的深度和广度而发展下去的阶段。

他说，日中两国间的和平友好关系，今后在任何情况下，即使在遥远的将来，也不会发生变化。

大平首相指出，自从1972年以来，作为当时参与了两国关系正常化这一历史性事件的人，我片刻也没有忘记日中两国发展和平友好关系这一课题，这是我们两国的共同愿望。在这7年之间，日中两国关系在两国政府和两国国民的坚持不懈的努力及热情的支持之下，在政治、经济、文化、科学技术和其他广泛领域，以当初任何人恐怕也没有预料到的速度和规模得到了发展。

大平首相说，尤其是去年秋天缔结的日中和平友好条约，为发展长远的和平友好关系奠定了基础，是日中两国的共同财产。他说，今天日中关系正处于在日中联合声明和日中条约这一坚不可摧的基础上，向着80年代为求新的深度和广度而发展下去的阶段。

首相说，日中两国的政治信念的社会制度虽然有所不同，但正在和平友好地广泛进行交流。正因为直到这一阶段的路程如此长远而艰险，这感到今天两国国民享有的友好关系更为宝贵。

他进一步指出，远及世世代代的友好是要经过严峻的考验，并通过两国政府和国民不屈不挠的努力才能建立起来的。

大平首相最后强调说，今天我愿同各位一起再次确认，尽管两国的政治信念和社会制度不同，以相互谅解和信赖为基础的两国间的和平友好关系，今后在任何情况下，即使在遥远的将来，也不会发生变化。

日本驻中国大使吉田健三和夫人，大使馆官员和在北京的日本朋友应邀出席了宴会。出席宴会作陪的还有全国人大常委会副秘书长曾涛，外交部部长黄华，外贸部部长李强，文化部部长黄镇，中国驻日本大使符浩，北京市革委会主任林乎加，以及政府其他有关部门、对外友协，外交学会、全国妇联等方面的负责人。

《人民日报》发表评论员文章《加强对党员的纪律教育》

加强党员教育的一项重要内容，就是要加强党的纪律教育。党的纪律是党取得胜利的基本条件之一。党如果没有纪律，就会成为一盘散沙，就无法率领广大群众去夺取革命和建设的胜利。当前，加强党的纪律性，具有特殊重要的意义。要克服林彪、“四人帮”给我们造成的重重困难，完成调整国民经济的繁重任务，使我们党和国家顺利地把工作重点转移到四化建设上来，就一定要维护安定团结的政治局面，必须有铁的纪律去保证党和国家的集中统一领导，保证党在新时期的路线、方针、政策的贯彻执行。我们党是执政党，是领导社会主义事业的核心力量，党员是否模范地执行党和国家的法律、法令、方针、政策，自觉地遵守党的纪律，对群众的影响极大。因此，加强对党员的组织性纪律性教育，是一个至关重要的问题，不能掉以轻心。

我们党是按照民主集中制的原则组织起来的：个人必须服从组织，少数必须服从多数，下级必须服从上级，全党必须服从中央。全党服从中央，这是我们党的纪律的最高原则。党中央是党的全国代表大会选举产生的党的最高领导机关，代表了全党的意志，是全国人民唯一的领导核心。党中央制定的路线、方针和政策，集中代表了无产阶级和全国人民的根本利益，各级党组织和每个党员坚决执行中央的决定，是我们夺取革命和建设胜利的根本保证。因此，我们坚决反对不听从党中央的指挥，向中央闹独立性和阳奉阴违的无组织无纪律行为。各地方各部门都要加强全局观念，服从党和国家的统一安排，不得违反民主集中制的原则而各行其是。

共产党员是无产阶级的先锋战士，应当把党和人民的利益放在第一位，服从党的领导，遵守党的决议，维护党的团结和统一。这是党员应有的党性表现。但是，这些年来，由于林彪、“四人帮”的干扰破坏，一部分党员的组织纪律观念淡薄了，他们受资产阶级派性、本位主义、无政府主义或极端个人主义的影响较深，不认真执行党的路线、方针、政策，极少数人甚至明显地违反党的民主集中制的原则而自行其是，这是党的纪律所绝对不能容许的，必须坚决加以纠正。

强调党员都要遵守党的纪律，这是不是说党内就不讲民主了呢？绝对不是这样。按照民主集中制的原则，每个党员在党内都享有充分的民主权利，同时又要用党的纪律来约束自己。党的纪律，是以开展党内的民主讨论和批评与自我批评为前提的。在党的组织作出决定以前，每个党员在党的会议上都有自由发表意见和进行批评的权利。可是，当决议已经通过，全体党员就必须坚决执行党的决议。党员对党的决议有不同意见可以保留，可以向领导机关提出，但是，如果因为领导机关没有采纳自己的意见，就消极怠工，自行其是，甚至到社会上以各种形式发表不同的意见，则是党的纪律所不能允许的。一定要懂得民主和集中，自由和纪律，都是辩证的统一，不能片面地强调一个方面而否定另一个方面。没有民主，固然谈不到实行正确的集中；而不强调集中，不但达不到发扬民主的目的，而且会导致纪律松弛，组织涣散。同样，没有自由，固然不可能有自觉的纪律，而不强调纪律，其结果只能是各行其是，各自为政，只能是资产阶级的自由化。不顾国家和集体利益，无视社会主义的法制和纪律，片面强调个人利益和个人的民主和自由，破坏社会秩序、生产秩序和工作秩序，这是极端错误的，是祸国祸民也害自己的。作为无产阶级的先锋战士的共产党员，一定要正确处理民主与集中、自由与纪律的关系，正确处理个人利益与国家利益、局部利益与整体利益的关系，坚决反对无政府主义和极端个人主义，作安定团结的促进派，作遵纪守法的带头人。

多年来，林彪、“四人帮”疯狂煽动无政府主义和极端民主化，大肆叫嚷所谓“造反有理”、“矛头向上”、“对着干”，对党的纪律的破坏异常严重，使一部分党员中毒甚深。为了彻底清除林彪、“四人帮”的流毒和影响，各级党委都要把加强党的纪律建设放到重要日程上来，紧密联系实际，反复对党员进行民主集中制的教育和纪律教育。党员领导干部尤其要以身作则，严格要求自己，做遵纪守法的模范。对党员要言教，更要身教。领导干部在遵纪守法方面言行一致是十分重要的。要通过这样的教育,使所有党员都懂得遵守党的纪律的极端重要性,提高遵守纪律的自觉性,不断增强党性锻炼,不断增强组织观念、政策观念、法纪观念,恢复和发扬我们党的优良传统。这样,我们党就会十倍、百倍地提高自己的战斗力,就能带领亿万群众步伐整齐地向四个现代化进军。

国务院副总理康世恩在北京会见以助理商务部部长乔丹·杰·巴鲁奇博士为团长的美国工业科技管理代表团

全国人大常委会副委员长谭震林在人民大会堂会见以赫伯特·阿姆斯特朗理事长为团长的美国大使国际文化基金会访华团

工商行政管理总局负责人谈集体开办饮食服务行业问题

新华社报道,今年以来,城镇街道和农村社队要求开办集体所有制的旅馆、照相馆等服务行业比较多,各地主管部门对开办这些企业的掌握上宽严不一,有的被当作特种行业禁止开办。新华社记者就这个问题最近走访了工商行政管理总局。

工商行政管理总局负责人说,目前旅馆、饮食等服务行业比较紧张,为了满足社会需要和安排好城镇待业人员,今年以来,工商行政管理总局、商业部等有关部门经过共同协商,已采取了必要的措施,制定了若干规定。除了国营、供销社积极开办上述饮食、服务行业以满足社会需要外,在城市中可以允许街道开办集体所有制的旅馆、饮食店、浴室等,作为国营企业的补充。为了广开就业门路,城镇街道还可以组织待业人员开设誊写社、晒图社,以及自行车、钟表、照相机、收音机和电视机等修理店,也可以为供销社代购废品。同时,还可以批准一些待业人员串街走巷,从事法律许可范围内的不剥削他人的个体劳动,如缝纫、理发、修理家具用品等,也可以在街上摆设小摊,卖瓜果和传统的风味小吃。

工商行政管理总局负责人说,农村人民公社、生产大队在当地领导的统筹安排下,本着自力更生的精神,也可以在当地开办旅馆、饮食店、车马店和住客的饭店、浴室等。饮食店所需原料,除社队自己生产的以外,也可以到集市上去采购。

工商行政管理总局负责人说,发展集体所有制的饮食、服务行业,对于繁荣社会主义市场,满足人民需要,广开就业门路,都有重要的意义。对于这些集体所有制企业,应当从各方面加以积极的支持和帮助,不能对它们进行排挤和限制。各地要总结经验,正确处理好国家、集体、个人之间的关系,使它们得以巩固和发展。同时,也应该对它们进行必要的管理,使集体企业和个体劳动者遵守国家有关法令和市场管理条例,搞好饮食和环境卫生工作。对开设新的集体企业,必须报请主管部门审查同意,并由工商行政管理部门批准,发给营业执照,才能正式营业。

12月6日

国务院副总理邓小平在北京会见日本首相大平正芳

邓小平在会见时指出:所谓四个现代化,就是要改变中国贫穷落后的面貌,不但使人民生活水平逐步有所提高,也要使中国在国际事务中能够恢复符合自己情况的地位,对人类作出比较多一点的贡献。我们要实现的四个现代化,是中国式的四个现代化,不是像你们那样的现代化概念,而是"小康之家",即到本世纪末,达到第三世界中比较富裕一点的国家的水平,实现国民生产总值人均1000美元。

中日两国在北京签署文化交流协定和勘探开发渤海南部及西部海域石油资源协议书

华国锋总理,大平首相出席了中日两国政府文化交流协定签字仪式。

文化部部长黄镇和日本外务大臣大来佐武郎代表本国政府在《中华人民共和国政府和日本国政府为促进文化交流的协定》上签了字。

这项协定是根据《中日和平友好条约》的有关条款签订的。协定规定,两国政府以下列方式进行合作:

(一)进行学者、教师、学生、艺术家、运动员和其他从事文化、教育以及学术活动的人士的交流;

(二)对在大学和其他教育机构以及研究机构从事学习和研究工作的另一方国家公民,提供奖学金和其他方便;

(三)组织学者和研究人员共同进行学术研究和学术调查;

(四)举办报告会、戏剧演出、音乐会、电影会、美术展览会和其他文化活动;

(五)交换书籍、期刊和其他出版物以及学术研究资料;

(六)交换胶片、唱片、磁带和其他视听材料。

两国政府促进两国各种团体以及个人之间的文化交流,并使之顺利进行。

协定指出,两国政府注意到两国间文化方面的历史关系,确信发展两国间文化、教育、学术和体育交流,有助于进一步增进两国人民之间的相互了解和友谊。

协定自签字之日起生效，有效期为两年。期满后，如任何一方政府不在3个月以前通知另一方政府予以终止则协定将继续有效。

中日两国关于在渤海南部及渤海西部海域合作进行石油和天然气勘探开发的协议书，上午在北京签字。

中国石油公司石油天然气勘探开发公司与日本石油公团，就合作勘探开发中国渤海南部、西部海域石油天然气问题，从去年6月开始，经过多次友好、深入的谈判，最近就基本协议达成了一致意见。

今天签署的协议书规定，双方将在渤海南部和西部共约2.55万平方公里的海域，合作勘探开发石油和天然气。

我国石油部副部长张文彬，日本石油公团副总裁宫崎仁，日本通商产业省通商政策局次长高桥清，出席了签字仪式。

中国石油公司石油天然气勘探开发公司副总经理李景新和日本石油公团理事松泽明分别在协议书上签字。

国家科委主任方毅在北京同法国科研国务秘书皮埃尔·艾格兰举行会谈

全国人大常委会副委员长邓颖超在北京分别会见五位随同大平首相来访的日本国会议员和以中村纪伊为团长的日本日中友协妇女代表团

中国教育工会在北京召开工作会议

12月6日至19日召开的全国教育工会工作会议，有各省、自治区、直辖市以及部分市、县教育工会负责人和工会工作者参加。会议由中国教育工会副主席方明主持。会议期间，中共中央政治局委员、国务院副总理方毅，中共中央政治局委员、全国人大常委会副委员长邓颖超，中共中央政治局委员、中共中央宣传部部长胡耀邦以及有关部门负责人，在人民大会堂会见了全体代表。方毅、邓颖超、胡耀邦讲了话。

方毅同志在讲话中指出，要大力宣传知识分子是工人阶级的重要组成部分的观点，要彻底消除当前还存在的歧视知识分子的种种现象。教育工会是党联系科教界知识分子的重要桥梁。教育工会要很好地为广大教师和科学工作者服务。教育工会还要协助党和教育、科学行政领导部门，做好发现人才、选拔人才、造就人才的工作，要与浪费人才、压抑人才的现象作斗争。

邓颖超同志在讲话中谈了教育工会工作的重要性及提高工会工作质量的问题。她希望教育工会的同志们，加强责任感，要以新长征中应有的新的生命力、新的精神面貌、态度，不知疲倦地工作，努力提高工作效率和服务质量，为四化贡献力量。胡耀邦同志指出，当前在教育方面有3个必须使全党和教育战线的同志明确和解决的重大问题：一、教育者必须先受教育。特别是我们从事教育工作的领导干部，应当努力学习，成为内行，才能肩负起领导工作；二、坚持德、智、体三者并重，为四化造就生力军的方针；三、要以多种教学形式，满足广大青少年受教育的要求。

会议认为，新的历史时期教育工会的基本方针是：在党的领导下，与行政密切协作，以教学科研为中心，团结和教育广大教工不断提高政治觉悟和业务水平，关心教工的物质文化生活，保护教工的民主权利和切身利益，调动广大教工的社会主义积极性，为提高教育质量和科研水平，培养德、智、体全面发展的人才，实现社会主义四个现代化而奋斗。

会议认为，当前教育工会应着重做好以下几项工作：协助党组织切实贯彻知识分子政策，充分调动广大教工的积极性、创造性，同心同德搞四化；积极组织群众性的业务活动，不断提高他们的业务水平；实行民主办校，保障教工当家做主的民主权利；关心教工的物质、文化生活，协助行政领导解决一些教工实际困难。会上，代表们交流了中小学勤工俭学，高等院校增收、节支，改善教工生活福利的经验。会议讨论通过了关于中、小学基层工会工作的意见。

北京市对张贴大字报作暂行规定

北京市革命委员会发出通告，对在本市张贴大字报问题作出暂行规定，通告中说：

为保护人民民主权利，维护社会秩序，便于处理大字报提出的建议和合理的要求，防止匿名、化名利用大字报进行违法活动，特作如下暂行规定：

(一)今后凡在自己所在单位以外张贴大字报(包括小字报)，一律改在月坛公园内的大字报张贴处。禁止在“西单墙”和其他地方张贴。

(二)在大字报张贴地点的附近设大字报登记处，大字报张贴者须在张贴前向登记处填报自己的真实姓名、化名、住址和所在单位。登记处对大字报内容不加审查。

(三)大字报张贴者应对大字报的内容负政治、法律责任。不得泄露国家机密，不得捏造事实，进行诬陷、诽谤和其他违法活动。

(四)在大字报张贴处不得无理取闹，寻衅滋事，违者依法处理。

(五)本规定自1979年12月8日起施行。

孟泰追悼会在鞍钢举行

第一、二、三届全国人民代表大会代表、全国著名劳动模范、原鞍山钢铁公司工会副主席孟泰同志，因受林彪、“四人帮”极左路线的迫害，于1967年9月30日在北京含恨去世，终年69岁。孟泰同志追悼会于12月6日在鞍钢隆重举行。

邓颖超、余秋里、倪志福、康世恩、宋任穷、王鹤寿、唐克、任仲夷、黄欧东、吕东、安子文、李东冶等同志送了花圈。全国人大常委会、国务院办公室、全国总工会、冶金工业部、中共辽宁省委、辽宁省革委会、辽宁省总工会、中共鞍山市委、鞍山市革委会、鞍山市总工会、中共鞍钢党委、鞍山钢铁公司等单位也送了花圈。

王鹤寿、吕东、莫文祥、安志文、金直夫、王崇伦、高扬文、张益民、马恒昌、郅顺义等同志参加了追悼会。参加追悼会的还有鞍山市党政军负责人、鞍钢党政负责人及各界代表和孟泰同志生前友好800余人。参加追悼会的负责同志向孟泰同志的夫人乔秀英同志及其家属表示亲切慰问。

中共鞍山市委书记、鞍钢党委副书记、经理钟剑平同志主持追悼会，中共鞍钢党委副书记、副经理谷正荣同志致悼词。

追悼会后，孟泰同志的骨灰送到北京八宝山革命公墓。

孟泰同志是河北省丰润县人，1949年加入中国共产党。1948年，在东北解放战争中，孟泰同志昼夜奋战在炼铁炉旁，积极支援前线，为东北解放战争作出了贡献。在国民经济恢复时期，为修复鞍钢建设，孟泰同志忘我工作，把全部精力和智慧倾注在钢铁生产上。他带领群众，成年累月地回收各种废旧物资，建立了闻名的孟泰仓库，为恢复炼铁生产作出了重大贡献。

孟泰同志1950年光荣地参加了全国群英会，国家授予他全国劳动模范的光荣称号。以后连续被评为劳动模范，多次出席全国群英会，先后被选为第一、二、三届全国人民代表大会代表，全国总工会第七、八届执行委员会委员。

12月7日

国家领导人华国锋等出席日本大平首相在人民大会堂举行的答谢宴会

应邀出席宴会的华国锋总理，方毅、谷牧、姬鹏飞副总理，全国人大常委会副委员长邓颖超，政协全国委员会副主席乌兰夫等，在大平首相和夫人陪同下来到人民大会堂宴会厅。

大平首相在宴会上首先祝酒。他说，他在北京同中国领导人之间所进行的会谈极其友好，非常认真坦率。他说，通过这些会谈，我们双方表明今后向着80年代，在政治、经济、文化、科学技术和其他方面，发展两国间和平友好关系的决心。并且再次确认了应该使这种日中关系发展成为给亚洲和世界的和平与安定作出贡献的关系。

大平首相说，明年日本将举国上下隆重欢迎华国锋总理访问日本。他说，我确信两国首脑的如此相互访问将给日中关系的历史加上富有意义的篇章。

华国锋总理在祝酒时说，大平总理这次来访，是两国关系史中又一件大事。大平首相已经圆满地完成了此行的使命，即：在走向80年代的日中关系上开辟坚实不可动摇的道路。他说，回顾过去，展望未来，我们对中日关系的发展充满了信心。

华国锋总理说，他期待于明年杜鹃花盛开的五月，访问日本。他说，我深信，通过我们两国领导人的友好访问和双方的切实努力，一定会不断增进两国之间的相互理解和信赖，建立起更加扎实持久的友好合作关系，中日两国人民一定能世世代代友好下去！

华国锋总理请大平首相向日本人民转达中国人民的亲切问候。

应邀出席宴会的还有全国人大常委会副秘书长曾涛，外交部部长黄华和夫人何理良，中国驻日本大使符浩和夫人焦玲，文化部部长黄镇和夫人朱霖，北京市革委会主任林乎加，以及政府其他有关部门、全国妇联、对外友协、外交学会等方面的负责人。

日本外务大臣大来佐武郎，顾问、众议员二阶堂进，日本驻中国大使吉田健三和夫人，以及随同大平首相来访的其他随行人员，日本驻中国大使馆外交官员和在京的日本人士，出席宴会作陪。

国务院批发《中华人民共和国自然科学奖励条例》

新华社报道，国务院最近批发了《中华人民共和国自然科学奖励条例》，全文如下：

第一条　为鼓励科学工作者的积极性和创造性，加速我国科学事业的发展，促进社会主义现代化建设，特制定本条例。

第二条　凡集体或个人的阐明自然的现象、特性或规律的科学研究成果，在科学技术的发展中有重大意义的，可授予自然科学奖。

第三条　自然科学奖分为四等：

一等奖，发荣誉证书和一等奖章，奖金1万元；

二等奖，发荣誉证书和二等奖章，奖金5000元；

三等奖，发荣誉证书和三等奖章，奖金2000元；

四等奖，发荣誉证书和四等奖章，资金1000元。

第四条　凡属本条例第二条所规定的科学研究成

果中有特别重大意义的,可给予特等奖。由国家科学技术委员会(以下简称国家科委)报国务院批准,另行奖励。

第五条　各研究机构、高等院校、全国性学术团体和由副研究员或相当于副研究员以上水平的科技工作者10人以上联名,均可推荐请奖项目。

第六条　请奖项目分别由中国科学院、教育部、中国科学技术协会、国家农业委员会、卫生部、国家经济委员会以及国防科学技术委员会、国务院国防工业办公室等单位归口组织初审。初审时应通过同行审议,进行评选,并对奖励等级提出建议。

第七条　国家科委统一领导自然科学奖励工作。

国家科委设立自然科学奖励委员会,负责评定奖励项目和奖励等级,然后由国家科委核准、授奖。

第八条　自然科学奖,属于个人得的,荣誉证书、奖章和奖金,授予个人;属于集体得的,荣誉证书授予集体,奖章授予集体和对该项科学研究工作贡献最大的人员,奖金根据参加该项科学研究工作人员的贡献大小合理分配。

第九条　凡旅居国外的华侨和外国人士从事自然科学研究,获得优异成果,对中华人民共和国科学技术事业发展有重大贡献的,也可以按照本条例的规定,授予自然科学奖。

第十条　推荐和评定请奖项目,应当实事求是,严肃认真。对营私舞弊、弄虚作假的,应当根据情节轻重,严肃处理。

第十一条　本条例自颁布之日起实行。过去颁布的有关自然科学奖励的条例或规定,凡与本条例有抵触的,以本条例为准。

《人民日报》发表社论《统计数字一定要真实》

统计数字必须真实可靠,这是搞社会主义经济建设最起码的要求。不从实际情况出发,不按客观规律办事,要实现四化是绝对不行的。而要了解实际情况,研究客观规律,制订国民经济发展计划,首先要有真实的统计数字作依据。

要做到统计数字的真实可靠,一要提高全民族的科学文化水平,二要恢复和发扬我们党的实事求是的好党风。从当前来说,要扎扎实实地抓好两条,一条是从思想认识上解决问题,一条是从健全组织上给予保证。

统计数字必须实事求是,如实反映情况,不能弄虚作假。这些话已经强调过很多遍了,不能说一点效果没有,但是,问题还是不少。拿最近的情况来说,有的地方和单位为了"达到"计划规定的增长率,把不合格的产品也算作产量、产值。还有的地方、部门和单位为了一时的狭隘利益,瞒报某些库存物资。为什么会发生这种情况?原因很多,其中一个重要原因,就是有些地方、部门和单位的个别负责人,不管事实如何,要你反映"形势大好",你就不能报忧,得想方设法报告完成和超额完成了计划;要你反映"增产节约成绩大",你就得报告各项经济技术指标达到和超过了历史最高水平;要你"亩产上千斤",你就得多报产量或者少报亩数。否则,你就不是为政治服务。

统计工作最根本的一条就是要如实反映情况,一是一,二是二,好就是好,差就是差,坏就是坏。只有这样,各级领导机关才能了解真实的情况;根据这个情况制订的计划,确定的指导方针才能是正确的。如果搞实用主义,简单地符合什么政治需要,就要求不顾实际报统计数字,那不是为政治服务,而是欺骗领导和人民。以政治需要为"理由"而随意编造统计数字的做法,是同无产阶级、社会主义的本质不相容的。

党对统计工作的领导,不是去干涉统计人员如何填报数字,而是支持和鼓励有关人员把数字搞准,按照国家规定的统计制度和方法,如实上报,保障统计人员有权同一切弄虚作假的行为进行不调和的斗争。只有这样,统计部门才能成为各级领导的耳目和"参谋"。对广大统计人员来说,一定要坚持统计工作只对事实负责。统计对事实负责就是对党负责,对人民负责。对于这样的根本原则,不少地方和部门的领导是坚持了的,但也有个别领导人认为"不按我的意见填报统计数字就是不服从党委领导",其实这不是维护党的领导,而是损害党的领导。

现在,各个专业部门和基层企业统计部门的人数,只相当于"文化大革命"前的二分之一,而工业企业却从"文化大革命"前的16万个增加到了35万个,增加了1倍多。做统计工作的不仅人员少,而且很多人业务水平比较低。为了解决这个问题,国务院最近规定,要逐步建立强有力的统计系统。各个专业部门特别是基层单位都要认真加强统计力量。要保证统计人员有六分之五的时间从事统计工作。我们应认真执行这些规定,从组织上保证统计数字的真实可靠。

各级统计部门都要采取有效措施,认真负责,一丝不苟,努力把统计数字搞准确。要加强统计科学的研究,不断改进统计制度和方法,提高统计人员的政治和业务水平。要认真搞好统计的基层建设工作,结合企业管理的整顿工作,建立和健全计量制度、质量检验制度、原始记录制度、台账制度等,使统计数字建立在可靠的基础上。

旧中国是半殖民地半封建社会,经济十分落后,缺乏统计的传统。这就使得许多人不了解、不认识统计的重要性,不习惯、不善于运用统计这个工具。全国解放以后，建立和发展了社会主义统计工作，取得了很大的成绩，但是，也遭受到了种种干扰，特别是林彪、“四人帮”对统计工作的干扰破坏是极为严重的。近三年来，统计工作有了恢复和加强，但进展不快。对于统计工作的重要性，远不是所有的人都认识了的。有的人不会看、不愿看统计报表，不分析、不运用统计数字。有的人关心统计数字，但他们注意的是统计数字是不是合乎他们的“口味”。还有的人要数字时想起统计部门，平时对统计工作不讨论，不检查，不支持，眼看着统计工作在人力、财力、物力上存在着许多困难，也不去解决。尽管这几种人都是少数，但对工作造成的损失是不可忽视的。我们大声疾呼，在进行实事求是思想路线的学习和教育中，在国民经济的调整、改革、整顿、提高工作中，应当广泛宣传列宁关于社会经济统计是社会认识最有力的武器之一的思想，以及社会主义必须实行全面的计算和监督的思想，广泛宣传毛泽东同志关于“没有调查就没有发言权”和必须“胸中有数”的思想，广泛宣传叶剑英同志代表党中央提出的关于坚持一切从实际出发，实事求是，理论联系实际，决不要浮夸，决不要说假话、说大话、说空话的思想。只要大家都对统计有了统一的正确的认识，并且切实地付诸行动，那么，统计数字的真实性就能够坚持，统计工作就一定可以为社会主义现代化建设作出更大的贡献。

轻工业部授予张小泉剪刀厂“全国劳动保护先进单位”称号

新华社报道，杭州张小泉剪刀厂重视搞好防尘防毒工作，在控制矽尘危害方面取得了显著效果，最近被轻工业部授予“全国劳动保护先进单位”称号。

生产一把剪刀要经过22道工序，其中有8道工序要接触矽尘和有毒有害气体，危害工人健康。但因为厂领导注意劳动保护，有效地控制了矽尘危害。这个厂抛光车间的矽尘浓度，已做到低于国家规定的标准。

这个厂自行设计制造的第一条电镀自动线在今年5月正式投产，采用了酸铜无毒电镀新工艺，使污染现象进一步减少。

国务院副总理谷牧在北京同日本外务大臣大来佐武郎举行会谈

中国运动员张丽在日本举行的第十届浅间速度滑冰选拔赛和第五届日中友谊赛中夺得女子1000米速度滑冰比赛第一名

全国第二次人口理论科学讨论会在成都召开

12月7日至13日召开的讨论会，围绕我国四个现代化面临的人口问题及其解决途径进行了热烈的讨论。

代表们普遍认为：我国目前存在着严重的人口问题，主要表现为人口增长和物质资料增长不相适应，因而产生了就业、教育、住房、人民生活改善等问题。其原因除经济技术落后、经济发展缓慢外，人口增长太快是一个重要原因。50年代初期大量出生的人口，目前正进入育龄期，而国民经济被“四人帮”破坏到了崩溃的边缘，这样一个生育的高峰和经济的低峰，正是目前人口问题严重的根本所在。其次，长期以来人口理论宣传片面，如把人多说成是绝对的好事；把人只看作是生产者，而忽略了人也是消费者；认为社会主义国家根本不存在人口问题；甚至错误地把研究人口问题同马尔萨斯主义画等号。这就搞乱了人们的思想，严重干扰了对人口增长的控制。

对于人口增长与经济发展的关系问题，不少做实际工作的同志提出，我国每年要安排基本建设项目投资计划，保证物质资料扩大再生产，而对于人的再生产，为什么不可以拿出一笔钱来保证人类自身的生产按计划进行呢？与会代表一致认为，这个问题的提出，是有重大理论和实际意义的。

为进一步繁荣人口理论科学，会上成立了中国人口学会筹备组，中国社会科学院副院长许涤新任筹备组组长。

12月8日

党和国家领导人李先念等在人民大会堂接见第二次全国农民教育工作会议代表

中央领导同志李先念、胡耀邦、方毅、余秋里，在人民大会堂接见了第二次全国农民教育工作会议的代表。接见以后，中央领导同志与代表们一起进行了座谈。

中共中央副主席李先念座谈时讲“发展农民教育事业，提高农民的科学文化水平，是提高整个中华民族科学文化水平的一个重要条件，也是实现四个现代化的一个重要奋斗目标”。

李先念同志指出，开展农民教育是一个十分重要的问题，一定要把这一工作做好。不开展农民教育，就不能实现极大地提高整个中华民族的科学文化水平的要求。他祝贺大家在农民教育工作中取得新的成绩。

中共中央政治局委员胡耀邦也参加了座谈会，并讲了话。他说，提高整个中华民族的科学文化水平的重要性，现在已为越来越多的人所认识。轻视科学文化的观点是错误的，鄙视科学文化更是错误的。

胡耀邦在讲话中还指出，我们在开展农民教育工作中，态度要积极，步子要稳妥。当前在农村仍要着重抓好农业生产。农民教育在今后5年、10年、20年能达到什么目标，各地根据不同情况可提出不同的要求。在今后20年内，全国男女老幼都要达到中等以上的科学文化水平，这是我们大家共同努力的目标。他说，要明确农民教育的内容，让农民学习政治、科学、技术和文化，最重要的是学习文化；农民教育的主要对象是青壮年，特别是青年和脱产、半脱产的农村干部；要照顾农民发展生产的展望，把教育和农民的生产利益结合起来；认真解决好教材；要波浪式地前进，农闲时要多学，农忙时要少学；要依靠几个主要部门互相配合，同心协力，领导这个工作。教育部、总工会、团中央、全国妇联等单位要一起抓，联合办公，尤其要发挥共青团的作用；要认真办好小学教育；定期总结对农民教育的经验。

中共福建省第三次代表大会选举廖志高为省委第一书记

中国人民保险公司采取灵活措施开展国外保险工作

新华社报道，中国人民保险公司负责人宋国华，最近对新华社记者说，我国国外保险工作将积极采取灵活措施，以便更好地为我国对外贸易和国际经济交往服务。

他说，我们在国外保险工作中，必须肃清极左路线的流毒，改进自己的做法。凡是国际保险市场上的正当做法，只要客户提出，中国人民保险公司都可以考虑承保。为了适应我国对外经济合作关系的发展，中国人民保险公司最近就增办了补偿贸易和来料加工的运输、财产综合保险，建筑工程的安装、财产和责任保险，中外合营企业中的财产保险，劳工意外责任保险等。

宋国华说，中国人民保险公司将根据自己的资料并参考国际市场的标准，随时调整我国的保险费率，改变过去一次订费、长期不变的呆板做法，使客户担负的保险费更加合理。为了保证客户在遭受灾害事故损失时，能够及时地得到赔款，弥补损失，中国人民保险公司已和世界上100多个国家、地区的主要港口、城市，建立了300多个赔款代理机构，并已授权给他们，对一定数额内的赔款，可以就地支付。同时规定，遭受小额损失的客户，不需要申请验证，凭有关单据，就可以要求赔款。

国务院副总理姬鹏飞在北京会见比利时新任驻中国大使德诺尔姆·罗杰

全国出版工作座谈会在长沙召开

这次座谈会是国家出版事业管理局12月8日至19日召开的。

中共中央宣传部副部长廖井丹到会讲话，他说，加强党对出版工作的领导，努力提高出版物的质量，多出书，快出书，出好书，为提高全民族科学文化水平、实现四个现代化服务，是新时期我国出版工作的根本任务。

他指出，要繁荣我国的出版事业，还要继续解决思想，端正思想路线，使出版工作从林彪、“四人帮”极左路线的禁锢下彻底解放出来，从思想僵化半僵化状态中解放出来。解放思想要符合四项基本原则，符合辩证唯物主义和历史唯物主义。要把是否符合人民的最大利益作为检验我们工作的标准，做到实事求是，联系四化实际，研究新情况，解决新问题。

会议回顾了近几年来出版事业蓬勃发展的大好形势。据国家出版局统计，仅今年前10个月，全国出版的各类图书有1.2万多种，印数达到38亿册。

座谈会就如何提高出版物的质量问题进行了认真研究，提出了以下意见：

一、发挥我国社会主义出版社的优越性，把为四化服务，为读者的需要服务，同按经济规律办事三者统一起来，克服出版工作中的片面性和盲目性。既要利用经济规律促进出版工作，又要防止单纯追求经济利益。有些门类偏僻有较高学术价值的书稿，虽然印数少，也要出版。

二、正确地制定出书规划。各出版社应根据自己的任务和条件，对重要门类的图书制订出切实可行的年度计划和长远计划。有些重点门类的图书，可以几个出版社协作共同完成。编制计划和规划时，特别要注意纳入当前最需要的中外语文工具书、通俗政治理论读物、科技图书，以及少儿读物、科普读物，特别要努力供应农村读物。

三、大力加强出版社的编辑工作，提高编辑的社会地位，充分调动编辑人员的积极性。

四、调整出版社、印刷厂和新华书店三者之间的关系。有条件的出版社可以自设门市部，自办邮购发行。

五、发挥中央出版社和地方出版社两个积极性。目前要特别注意发挥地方出版社的积极性。对少数民族地区的出版社要扶植，使他们的工作尽快适应四化的需要。

北京猿人展览馆经整改后正式开放

新华社报道，为纪念北京猿人第一头盖骨发现50周年，坐落在北京周口店北京猿人遗址的北京猿人展览馆，经过全面整改后于最近正式开放。整改后的北京猿人展览馆突出了北京猿人的材料，分4个陈列室展出。

周口店北京猿人遗址是世界上最重要的古人类文化遗存之一，先后在1921年、1923年、1927年到1937年，以及1949年以后做过大量发掘与研究工作。据不完全统计，到目前为止共发现了代表40多个个体的猿人化石，几万件石制品、大量动物化石和用火遗迹。

12月9日

国务院总理华国锋等领导人到机场迎接来访的吉布提总统哈桑·古莱德·阿普蒂敦

一同到机场迎接贵宾的还有副总理李先念和夫人林佳楣，副总理姬鹏飞，全国人大常委会副委员长阿沛·阿旺晋美，外交部副部长何英，外经、农林、公安等部门的负责人和中国驻吉布提大使姚广。

随同总统来访的有总统夫人埃夏·博戈尔，外交和合作部长穆明·巴敦·法拉赫和夫人，工业和工业管理部长阿里·穆罕默德·胡迈德，吉布提驻法国大使艾哈迈德·伊卜拉欣和其他政府官员。

国务院在人民大会堂举行宴会欢迎吉布提总统哈桑·古莱德·阿普蒂敦和夫人一行

李先念副总理主持宴会，李副总理在讲话中说，中国政府一如既往坚决支持阿拉伯各国和巴勒斯坦人民的正义事业，强烈谴责超级大国在中东和红海地区的争夺和扩张。他赞扬吉布提敢于伸张正义，坚持原则，坚持团结，为争取非洲之角，中东、红海地区的和平与稳定作出了有益的贡献。

他说，我们历来主张一国的事务由该国人民自己决定，一个地区的事务由该地区有关国家协商解决。我们一向认为，第三世界国家根本利害相同，它们之间的争端，只要坚决排除外来势力的干预，完全可以通过和平协商求得合理解决。

李副总理说，吉布提是欧、亚、非三大洲的水道枢纽，它在三大洲的经济文化交流中起着重要作用。我们两国人民在争取独立和解放斗争的岁月中一贯互相同情和互相支持。发展同吉布提的关系是中国的既定政策。我们相信，在中吉政府双方的共同努力下，两国之间的友好合作关系定将日益发展。

古莱德总统在讲话中说，今天，我和陪同我的最高级代表团感到我们同贵国人民是完全联系在一起的。中国人民虽然与我们相隔遥远，但却十分亲近。吉布提共和国没有忘记，中国曾站在鼓励和支持她为恢复尊严而进行斗争的国家的最前列。

他说，贵国确定的目标之一，就是战胜饥饿。中华儿女坚忍不拔、努力奋斗，终于使中国达到了这一目标。

古莱德总统在结束讲话时说，我在中国的首都向世界五大洲发出紧急呼吁："维护理智"，发扬各国人民之间的博爱和互助精神。

全国人大常委会副委员长阿沛·阿旺晋美，国务院副总理姬鹏飞，外交部副部长何英，李先念副总理的夫人林佳楣，中国驻吉布提大使姚广，以及政府其他有关部门、全国妇联的负责人出席了宴会。

《人民日报》发表社论《加强社会主义法制 维护社会治安秩序》

当前，举国上下正在党的十一届三中全会、四中全会和五届人大二次会议精神的指引下，同心同德，聚精会神地进行四化建设。全国政治、经济形势很好，一个安定团结的政治局面已经形成。这是粉碎"四人帮"以来，全党、全军和全国各族人民在党中央领导下，经过3年多艰苦奋斗所取得的巨大胜利。

但是，最近一个时期，有些地方、特别是一些大中城市，刑事犯罪活动猖獗，社会治安秩序不好，杀人、抢劫、强奸、聚众械斗等重大案件又时有发生。一些犯罪分子结成团伙，滋事骚扰。有的竟敢闯进商店、民宅或在公共场所行凶抢劫，摧残妇女。有的犯罪分子还居然行凶报复检举人，围攻殴打人民警察和治安积极分子，真是嚣张已极。这些犯罪分子尽管人数很少，但破坏性很大，严重地扰乱了社会秩序、生产秩序、工作秩序、教学科研秩序和人民群众生活秩序，直接危害社会主义建设和人民生命财产的安全。对此，我们必须引起高度警惕。广大人民群众对这种情况极为不满，对行凶作恶的犯罪分子无不切齿痛恨，怒斥他们是"土匪强盗"、"社会败类"，强烈要求公、检、法机关加强社会主义法制，维护社会治安，坚决、及时、有力地打击犯罪分子的破坏活动。

刑事犯罪活动猖獗的原因是多方面的。主要是由于林彪、"四人帮"长期严重破坏所造成的恶果和流毒还远未清除。有些犯罪分子本来就是打着"反走资派"旗号、紧跟"四人帮"的"闹"派人物，现在又打起"反官僚"、"反特权"、"争民主"、"争自由"的旗号，重演"四人帮"反革命集团那一套故伎：煽风点火，蓄意闹事，妄图先把社会秩序搞乱，再来"乱中夺权"。这一时期，无论是在机关、学校、企业内部还是在社会上，都有极少数人借发扬民主之机，无视党纪国法，煽动无政府主义和极端个人主义，追求资本主义自由化。这种错误思潮对刑事犯罪活动起了推波助澜的作用。国际反动派和台湾国民党特务机关，也把妄图复辟的希望寄托在一小撮反革命分子和其他犯罪分子身上。最近他们对我司法机关严正审判反革命分子魏京生案件，大叫大嚷，加紧反革命的宣传煽动。正是在这种情况下，一些犯罪分子与国内外反革命分子的破坏活动彼此呼应，互相配合，大肆作案。有些在思想上深受林彪、"四人帮"毒害的青少年，也被坏人教唆、利用，跟着为非作歹。

实践证明，虽然阶级斗争已经不再是我国社会目前的主要矛盾，但是，阶级斗争依然存在。在我们的国家里，确实还有反革命分子，还有各种严重破坏社会主义秩序的犯罪分子，也还有旧剥削阶级的残余和"四人帮"的残余。他们一遇机会，就会兴风作浪，进行各种捣乱和破坏。因此，维护安定团结、保卫四化建设与破坏安定团结、破坏四化建设的斗争，成为新的历史时期阶级斗争的一个重要特点，应当引起全党同志和全国人民的严重注意。

安定团结是实现四化的根本前提。维护良好的社会秩序，则是搞好安定团结的必要条件。我们必须采取果断有力的措施，大力整顿社会治安秩序，坚决把犯罪分子的嚣张气焰打下去，迅速改变社会治安面貌。鉴于治安问题是个社会问题，必须由党委统一领导，党、政、军、民、学一起行动，综合治理。治安工作，不仅公、检、法机关要管，工、青、妇群众团体，宣传、文化、教育部门，以及厂矿、企业、机关、学校、居民委员会和治保委员会、调解委员会也要管。各地应当在党委统一领导下，充分发动群众，实行依靠广大人民群众和专门机关相结合，组织各方面的力量，统一认识，统一步调，按照各自的职责，分工协作，密切配合，在人民群众和青少年中加强政治思想工作，改造社会风气，积极和刑事犯罪作斗争。

公、检、法机关要充分运用法律这个武器，坚决打击和制止刑事犯罪分子的破坏活动。我们的法律是保护人民、打击敌人、惩办罪犯的，是为四化建设这个最大政治服务的。我们应当按照法律，充分发挥公、检、法机关的职能作用，大胆工作，加强侦察破案，严格治安管理，做好审判工作。坚持严肃与谨慎相结合、教育与惩办相结合的方针，教育挽救多数，孤立打击少数。要依法严惩那些穷凶极恶的现行杀人犯、抢劫犯、强奸犯、放火犯和其他严重破坏社会主义秩序的犯罪分子，特别是成群结伙的犯罪集团的头子、教唆犯。对证据确凿、群众痛恨的现行罪犯，要抓紧依法处理，该捕的捕，该判刑的判刑，决不能宽容。对于不够捕判的违法犯罪分子，可以采取劳动教养和送工读学校等办法，分别予以处置。对违反治安管理的行为，要按照《治安管理处罚条例》的规定，给予必要的处罚。捕人一定要少，要打得稳，打得准。严禁包庇纵容，严禁逼供信。不要误伤好人，特别要防止诬陷，防止派性干扰，防止借机打击报复，防止林彪、"四人帮"残余和坏人转移斗争目标，进行干扰破坏。对于有一般违法犯罪行为的青少年，要着重教育挽救，做好深入细致的思想工作。这样做，才能有效地保护人民的民主权利和生命财产安全，有力地打击敌人，惩办罪犯。

要在广大群众和干部、特别是青少年中，广泛深入地进行社会主义法制和道德品质的宣传教育。当前主要是继续宣传《刑法》《刑事诉讼法》。要使人人懂得什么叫守法，什么叫违法、犯罪，违法犯罪后要受到什么惩罚，从而提高遵纪守法的自觉性。在我们国家里，无产阶级专政，包括在人民内部实行民主，对人民的敌人实行专政这样两个不可分割的方面。民主不是孤立的，要符合人民的整体利益，要有利于安定团结，有利于四化建设。在人民内部，讲民主也要讲集中，讲自由也要讲纪律，讲个人心情舒畅也要讲统一意志。我们加强社会主义法制，就是要使这两个方面得到保障。每个公民在行使民主权利的时候，同时必须履行应尽的义务，这就是说，必须尊重别的公民尤其是绝大多数公民的权利，自觉维护实现四化所必需的法律秩序。要继续批判林彪、"四人帮"的极左路线，坚决反对无政府主义、极端个人主义。要大力表彰人民群众和公安司法人员同违法犯罪分子作斗争的模范事迹，激发他们维护社会治安、保卫四化建设的坚定性和积极性。法律宣传应当同打击刑事犯罪、整顿社会治安紧密结合起来。

各级党政机关要发扬密切联系群众的优良传统，切实关心群众生活，抓紧落实党的各项政策，坚决纠正冤假错案，认真做好人民来信来访工作。同时必须深入实际，调查研究，努力做好工作，严防反革命分子和其他犯罪分子利用人民内部矛盾，挑拨离间，制造事端。

我们的党，我们的军队，我国各族人民，具有光荣的革命传统，是团结一致的，无比坚强的。我们坚信，在党中央的正确领导下，只要我们紧紧地依靠广大人民群众，加强社会主义法制，做好各方面的工作，社会治安必将迅速出现一个新面貌，安定团结的政治局面一定能够得到巩固和发展，社会主义现代化的宏伟目标一定能够胜利实现。

中国决定明年起参加裁军谈判委员会工作和会议

中国驻联合国日内瓦办事处代表团向裁军谈判委员会秘书处递交了一封信，通知了中国这一决定。信中还希望委员会为中国提供足够的方便。

设在日内瓦的裁军谈判委员会是根据去年5月联合国大会第十次特别会议通过的决议建立的，以取代由苏联和美国控制的老的裁军委员会会议。新的委员会由联合国安理会5个常任理事国和35个中、小国家组成,由每个成员国轮流担任会议主席。

中国没有参加裁军谈判委员会1979年的会议,但曾宣布过保留在适当的时候参加会议的权利。

中国运动员马艳红在美国沃思堡举行的第二十届世界体操锦标赛女子高低杠决赛中获冠军

这是中国体操运动员第一次在世界锦标赛中取得世界冠军的称号。

12月10日

国务院颁发《工程技术干部技术职称暂行规定》

为了认真培养和正确使用工程技术干部,做好考核和晋升工作,充分发挥工程技术干部的积极性,加速实现四个现代化,特制定本暂行规定。

第一条 工程技术干部的技术职称定为:高级工程师、工程师、助理工程师、技术员;技师。

第二条 确定和提升技术职称的工程技术干部,必须拥护共产党的领导,热爱社会主义祖国,积极钻研科学技术,努力为社会主义建设服务。

第三条 确定和提升工程技术干部的技术职称,以工作成就、技术水平和业务能力为主要依据,并适当考虑学历和从事技术工作的资历。

第四条 中等专业学校毕业,担任技术干部,见习1年期满,成绩良好,或具有同等学力和同等技术水平的,确定为技术员。

第五条 见习1年期满的高等院校四年制本科毕业生、技术员和具有同等学力的,具备下列条件,确定或提升为助理工程师:

(一)能够完成一般生产、设计、试验、科研任务;

(二)掌握本专业的基础理论知识和技术知识;

(三)能阅读本专业外文资料。

第六条 具备下列条件的助理工程师,提升为工程师:

(一)有独立承担工程技术工作或技术管理工作的能力,能够解决本专业范围内比较复杂的技术问题,并在工作上有一定成绩;

(二)掌握本专业比较系统的基础论知识和技术知识;

(三)掌握一门外语,能够比较熟练地阅读本专业的外文资料。

第七条 具备下列条件的工程师,提升为高级工程师:

(一)有较丰富的实践经验,能够解决本专业的重要技术问题,并在工作上有显著成绩;

(二)有系统深入的专业理论知识和技术知识;

(三)能组织和指导较大的工程技术设计、施工、科研工作,或在学术上有独到见解的论著,或能制定、审核现代化重大工程的生产建设、科研、设计项目;

(四)熟练掌握一门外语。

第八条 在技术上有丰富的实践经验和某些特长,能解决某些关键性技术问题,并在工作上有比较显著成绩的工人或技术员,提升为技师。

第九条 确定或提升工程技术干部的技术职称,必须经过考核。在平时考绩的基础上,每1年至3年进行一次考核。对于有突出成就的,可随时考核,破格提升。

第十条 对各级工程技术干部的考核,主要根据他们的工作成果、工作报告或学术论著进行评议。对其中不具备规定学历的,除评议其业务成绩外,还应当对本专业必需的基础理论知识、技术知识和外语程度进行测验。

第十一条 工程技术干部确定或提升技术职称,按科学技术干部管理权限,经过相应的技术(或学术)组织评定。各级技术(或学术)组织的组成,由各级主管机关批准。

第十二条 申请授予技术职称的工程技术干部,必须填写业务简历表,提出工作报告或学术报告,经过技术(或学术)组织评定后,由主管机关授予技术职称,记入人事和业务考绩档案。对取得工程师以上技术职称的干部颁发证书。

第十三条 确定或提升工程技术干部的技术职称,必须实事求是,严肃认真。对于营私舞弊和打击压制科学技术干部的,应当按情节轻重,严肃处理。对于伪造学历、资历,谎报成果,骗取技术职称的,应当撤销其所骗取的技术职称,并按情节轻重,严肃处理。

第十四条 本暂行规定适用于全国各生产、设计、施工、科研、教学单位和各级管理机构中的工程技术干部。对长期担任教学、科研工作的工程技术干部,根据他们的具体情况,也可以采用教学人员或研究人员的技术职称。

12月11日

国务院总理华国锋在人民大会堂会见并宴请吉布提共和国总统哈桑·古莱德·阿普蒂敦和夫人一行

华国锋总理首先在宴会上祝酒。他说:"中国政府高度评价吉布提政府在许多重大国际问题上主持公道,坚持正义的立场。"华总理说:发展中吉两国的友好关系和加强两国人民之间的友谊是符合我们两国人民的共同利益的。总统的这次访问对两国关系的发展作出了卓越的贡献。

古莱德总统在宴会上谈到国际问题时说："我们认为，在东南亚同世界其他地区一样，任何一国人民无权决定另一国人民的前途和未来。在这方面，我们毫不犹豫地支持民主柬埔寨。"他还重申吉布提支持南部非洲人民反对种族主义和种族隔离的斗争，支持阿拉伯各国和巴勒斯坦人民的正义斗争。

他在谈到吉中两国的友好关系时说："在我们两国政府的共同努力下，我们两国和两国人民之间的合作将得到发展。"

外交部部长黄华、副部长何英，外经部副部长程飞，中国驻吉布提大使姚广等参加了会见和宴会。

最高人民法院审判委员会在北京召开会议

最高人民法院审判委员会会议由江华院长主持召开，会议讨论了审判委员会的任务，并根据《中华人民共和国刑事诉讼法》第三编第四章"死刑复核程序"的规定，讨论并原则通过了死刑复核案件的几项规定，同时讨论并原则通过了法庭规则。会议还决定起草审判委员会工作细则，于下一次会议讨论。委员王维纲、曾汉周、何兰阶、王战平、王怀安、杨化南、鲁明健、李荣棣、李月波出席了会议。张苏列席会议。

政协浙江省四届委员会二次会议选举毛齐华为浙江省政协主席

国务院副总理姚依林在北京会见美国匹兹堡大学校长韦斯利·波斯瓦教授和知名美国社会学家杨庆堃等一行

中国农业经济学会学术讨论会在北京密云县召开

新华社报道，最近召开的这次会议，由中国农业经济学会理事长蔡子伟主持。国家农委第一副主任张平化参加了会议，并作了报告。

与会学者和教授们呼吁有关部门在发展农业生产的同时，认真采取措施逐步恢复被破坏了的生态平衡，把农业生产从恶性循环中解放出来。他们认为，这是农业现代化的起步。

这次学术讨论会上共收到的学术论文有180多篇。

《近代史研究》杂志创刊

《人民日报》报道，中国社会科学院近代史研究所创办的《近代史研究》杂志创刊号，现已由中国社会科学出版社出版，在全国各地新华书店公开发行。

《近代史研究》杂志是以登载有关中国近代历史(1840年至1949年)的研究成果为主的学术刊物。创刊号登载了16篇文章，其中有黎澍的《关于五四运动的几个问题》，刘大年的《关于历史前进的动力问题》，胡绳的《义和团的兴起和失败》等等。

《近代史研究》杂志重视采集和刊登老一辈无产阶级革命家有关革命历史的文章和回忆。该刊第一期发表了彭德怀同志的重要遗稿《往事回忆》。

12月12日

《人民日报》发表社论《积极试行基建投资贷款办法》

基本建设投资由国家财政拨款逐步改为建设银行贷款，是经济工作的一项重大改革。积极试行基本建设投资贷款办法，对于加强经济核算，提高投资效果，建立经济责任制，具有十分重要的意义。

30年来，我国基本建设投资一直实行由国家财政拨款，建设单位无偿使用的办法。这种办法在建国初期，对于集中财力发展工农业生产，确实起了积极的作用。但是，随着国民经济的发展，基本建设规模愈来愈大，建设项目越来越多，这种拨款办法的弊病日益暴露出来。一些地方、部门和单位，在使用财政拨款上，不精打细算，不讲经济效果，"吃大锅饭"的思想在滋长着；有些地区和部门热衷于争项目、争投资，助长了基建战线的拉长；很多工程建设进度慢，造价高，周期长，浪费大。所有这些，不能说与建设投资实行无偿使用的拨款办法没有关系。把拨款办法改为银行贷款，可以使基本建设搞得好坏同建设单位的经济责任、经济利益联系起来，有利于促使建设单位慎重考虑建设方案，注意节约建设资金，自觉关心投资效果。过去建设银行发放的出口工业品专项贷款，实际上就是一种基本建设贷款，很多项目投资效果较好。最近，上海、吉林、河南有8个项目试行贷款办法，也表现出明显的优越性。

建设投资由拨款改为贷款，各方面都有一个适应过程。在试行过程中，遇到这样那样的困难是毫不奇怪的，重要的是，应当采取积极态度，切实解决执行过程中出现的各种问题，同时还要认真做好政治思想工作，解决好认识问题。有人认为，贷款贷款，无非是一加利息，二添经济责任，三多了一个"婆婆"，全是自找麻烦。这样认识是不对的。贷款和拨款不同，贷款是要还的，还要支付利息。这对习惯于花钱向国家报，不够再向国家要，敞着口花钱，对投资的损失浪费不负经济责任的一些单位来说，确实会带来"麻烦"。但是，从党和国家的利益来考虑，加这3条有什么不好呢？我们做工作、办事情，都应对人民负责，对国家负责，对党负责，而且要负责到底。搞经济工作的，不负经济责任，又不受监督，怎么能行呢？严格责任制，讲求经济效果，这是建设四个现代化的需要。

推行贷款办法,还需要认真解决一些实际问题。对贷款单位必须在经济上给予应有的鼓励,在物资供应上给予足够的支持。经过批准贷款的建设项目,计划部门要保证列入以后各年的基建计划,所需材料、设备和施工力量,要同重点工程一样给予保证,满足其建设进度的要求。企业建成投产后的利润、折旧基金等可以按照规定留给企业用于还款。企业在建设中节约了投资,或者经营得好,能够提前还本付息的,在合同规定的还款期内,各项还款资金仍留给企业,用于发展生产和职工福利。履行贷款合同好的单位,要给予相应的经济好处。由于不履行贷款合同而造成经济损失的,必须承担经济责任。

实行贷款办法,建设银行担负着重大责任。建设银行不仅在管理、监督建设资金和更新改造资金使用方面是国家的得力助手,而且能够灵敏地反映基本建设经济活动和存在的问题。要认真做好基建投资贷款的发放和管理工作,关心贷款资金的使用效果,发现问题积极协助解决。同时,要积极组织和利用基本建设存款,把建设资金管好用活。各级建设银行领导干部要刻苦学习,要学会做经济工作,既要熟悉建设过程,又应懂得生产规律,提高领导能力和业务水平,努力成为行家,把工作做好。

实行贷款办法,涉及面很广。它不仅是基本建设管理体制上的一项重大改革,而且对于促进计划、财政、物资、价格、税收等各项管理制度的改革将起一定的作用。有关部门要积极支持建设银行的工作。要尊重建设银行的职权。任何部门、单位、任何个人都不能强令建设银行对不符合贷款条件的工程进行贷款。当然,建设银行也要倾听各方面的意见,大家共同努力,把基本建设工作做得更好。

国务院副总理陈慕华在北京会见即将离任的孟加拉国驻中国大使阿卜杜勒·莫明

国务院副总理薄一波在北京会见加拿大专家尤素福·白塔特和夫人及其女儿

16个农业现代化综合科学实验基地建立

新华社报道,我国目前已建立起的16个基地分布在黑龙江、宁夏、内蒙古、河北、江苏、江西、湖南、广东、广西和四川。建立这批基地的目的是为农林牧渔包括热带作物实现现代化提供科学依据和积累经验。

鲁迅研究学会在北京成立

新华社报道,最近成立的鲁迅研究学会,宋庆龄担任名誉会长,茅盾任会长。学会聘请胡乔木、周扬、周建人、胡愈之、成仿吾、冯乃超、李一氓、夏衍、阳翰笙、巴金、曹靖华等为顾问。

出席成立大会的有全国知名作家、鲁迅研究工作者和鲁迅生前的故交150余人。其中有巴金、欧阳山、陈学昭、许钦文、许杰、萧军、黄源、戈宝权、李何林、钟敬文、杨晦、唐弢、于黑丁、胡采、赖少其、杨霁云等。

学会筹备小组负责人陈荒煤在成立大会上汇报了筹备工作经过及今后开展工作的意见。他说,成立鲁迅研究学会的目的,是为了团结全国各地专业的和业余的老、中、青鲁迅研究工作者,共同促进和发展鲁迅研究工作。

周扬到会作了重要发言。他说:鲁迅著作是我国人民宝贵的思想财富、文化财富。我们有责任共同研究、发展这个财富。我们在研究工作中可以有学派,但不能有宗派。鲁迅研究是一门科学,对待科学必须采取严肃认真的态度。对鲁迅生平、思想和著作必须进行实事求是的分析和评价。周扬还希望专业的和业余的鲁迅研究工作者团结起来,踏踏实实地努力提高研究水平,以新的成果来迎接鲁迅诞生100周年。

1981年是鲁迅诞辰100周年,大会建议成立一个筹备委员会组织纪念活动。

大会通过了学会章程,选举学会理事72人。各地还将推荐中、青年鲁迅研究工作者参加学会领导机构。

在成立大会以后,《鲁迅研究》即召开了编委会,决定在明年上半年开始出版季刊。学会还准备明年召开一次鲁迅研究学术讨论会,交流各地研究成果。《鲁迅研究丛书》也正在积极组织稿件。

秋瑾故居在绍兴重新开放

新华社报道,我国旧民主主义时期女革命家秋瑾烈士诞生100周年纪念之际,她的故居,经过整修,已在最近重新开放。

秋瑾故居在浙江省绍兴城西南畅和堂。秋瑾曾在这里度过少女时代,1907年她从日本留学回国后,又在此地联络革命者,组织光复军,密商推翻清朝统治者。1963年,秋瑾故居被列为浙江省重点文物保护单位。

秋瑾烈士生前居住和进行革命活动的房屋,都已按原状布置陈列,并开辟了秋瑾文物陈列室,展出她的诗文手稿、照片以及生活用品等。孙中山先生以及周恩来同志和郭沫若、吴玉章、周建人等的题词,也在这里陈列。此外还有宋庆龄副委员长最近送来的亲笔题词:“志在革命,千秋万代传侠名”。

中国男篮获第十届亚洲男子篮球锦标赛冠军

12月13日

北京市七届人大三次会议选举贾庭三为市人大常委会主任 林乎加为市长 张旭为市高级人民法院院长

浙江省五届人大二次会议选举铁瑛为省人大常委会主任 李丰平为省长 高文泉为省高级人民法院院长

中国 捷克斯洛伐克科技合作议定书在北京签字

中华人民共和国和捷克斯洛伐克社会主义共和国科学技术合作联合委员会第二十一届会议议定书上午签字。联合委员会中方组主席、轻工业部副部长余建亭和联合会捷方组主席、技术和基建发展部副部长安托宁·姆腊泽克在议定书上签字。

国务院副总理陈慕华在北京分别会见布隆迪新任驻中国大使加洪古和由技术和基建发展部副部长安托宁·姆腊泽克率领的捷克斯洛伐克科技合作代表团

中国驻美国旧金山市总领事馆正式开馆

中国队在香港举行的第二届亚洲女子排球锦标赛中获得冠军

12月14日

国务院副总理邓小平在人民大会堂会见法国科研国务秘书皮埃尔·艾格兰和夫人一行

《人民日报》发表特约评论员文章《加强组织生活中的思想指导》

全党工作着重点转移以后,随着党在四化建设中领导作用的加强,各级党委愈来愈重视严格党的组织生活,一些党组织中存在的松散现象已经大为好转,很多党组织的党内生活,过得既严肃认真又生动活泼。

现在,有一个情况需要引起注意,就是有些单位的党组织生活,路子不大对,风气不大正,往往出现偏离同心同德搞"四化"这个中心的现象。在有些党组织的生活会上,虽然也学习党的文件和中央领导同志的重要讲话,但缺乏严肃的态度。有的同志不是正确领会文件和讲话的精神实质,努力使自己的思想适应变化了的形势,提高执行党的路线、方针、政策的自觉性,而是随心所欲地胡扯乱谈,言不及"四化"之义。在讨论问题,特别是涉及对形势和前进中某些困难的看法时,有的同志不注意作科学分析,而是从某种偏激情绪或者从个人得失出发,形而上学地看人看事,这也不顺眼,那也不满意,建设性的意见不多,消极情绪不少。他们很少作自我批评,开展"批评"也是发一通牢骚,甚至人云亦云,把道听途说、荒诞离奇的"新闻"当作靶子,乱攻一气。这些不健康现象,不符合党内生活准则的要求,如若任其发展,势必污染党内生活的健康气氛,妨碍党的团结,动摇实现四个现代化的信心,削弱党在新长征中的战斗力。

党组织生活中为什么会出现这些不健康的现象呢?其一,我们有3000多万名党员,"文化大革命"期间入党的占很大比重,每个党员经受的教育锻炼和各自的努力不同,党性修养和认识水平不可能一般齐。其二,特别是林彪、"四人帮"搞极左路线,给一些党员思想作风上带来的毒害和不良影响相当严重,不是短短两三年能够完全消除的,必然会在党内生活中有所表现。其三,我们正处在一个历史大转折的时期,有些同志对于党中央改变和调整过去一些不符合实际的理论观点、政治口号、方针政策、具体规定,暂时还不理解、不适应,而社会上的某些错误思潮,又不可避免地要反映到党内来。所以,问题不在于组织生活中会不会出现不健康现象,而在于党组织和主持组织生活会的同志,对这些现象采取什么样的态度和方法。经验告诉我们,大胆主动,循循善诱,做细致的思想引导工作,才是正确的,有效的;视而不见,听而不闻,放任自流,或者简单粗暴,靠下命令解决问题,都是不可取的。

加强组织生活中的思想引导工作,从根本上说,是为了在党的政治路线和思想路线的指导下,帮助党员增强党性,促进党内团结,提高党组织在"四化"建设中的核心领导作用。在进行思想引导的时候,要充分考虑到各地各单位的具体情况,注意从实际出发,因势利导,有的放矢地解决问题。

当前最主要的是,必须帮助党员增强党性,牢固树立一心奔"四化"这个中心思想。实现四个现代化,是全国人民最根本的利益,也是我们整个中华民族的统一意志,党的路线、方针、政策,就是这种利益和意志的集中体现。共产党员是要讲党性的,而能不能做到跟党一条心,跟人民一条心,同心同德搞"四化",自觉地执行党的路线、方针和政策,正是新时期衡量一个党员有无党性和党性强弱的主要标准。这就要求每个党员经常想一想,自己对待实现四个现代化,对待党的路线、方针、政策,究竟持什么态度?如果是三心二意,摇来晃去,牢骚满腹,情绪消极,甚至有令不行,有禁不止,另搞一套,忘记了自己是一个共产党员,忘记了自己在新长征中的责任和作用,那就说明这个同志有一个加强党性锻炼的问题。经常的、严格的组织生活,是帮助党员增强党性的一种好形式。在今后一个时期内，各条战线、各行各业的党组织生活，都应当紧紧抓住共产党员如何为实现“四化”打先锋、当模范这个主题，进行自我教育。要通过组织生活，启发引导党员自学树立献身四化、服务四化的思想，克服各种错误观念和离心离德的倾向。

还要帮助党员学会并且习惯于在民主集中制的原则指导下过好党内生活。粉碎“四人帮”以来，经过拨乱反正，逐步恢复正常的党内生活，广大党员敢于向党讲心里话了，这是很可喜的现象。我们应当继续发扬民主，提倡畅所欲言，以利于进一步发挥党员群众的积极性和创造性。但同时又必须注意，我们共产党的党内生活，既要有民主，又要有集中，当前在某些方面更需要强调集中。只有把高度民主和高度集中正确结合起来，党才会有高度的团结和统一，才能够作为一支有组织的战斗部队，为安定团结地搞四化发挥核心领导作用。党员在参加组织生活的时候，既要有敢想敢说的精神，勇于发表意见，又要注意分清是非，澄清糊涂观念，纠正错误认识，把思想言行统一到党的路线、方针、政策上来。有不同意见，在党内提出讨论，是允许的，但不应当违背党内生活的准则。如果因为党没有采纳自己的意见，没有改变原来的决定，就消极怠工，自行其是，甚至到社会上以各种形式发表“不同政见”，这是组织纪律所不允许的。对于历史上的某些重大问题有不同看法，在一定时期、一定范围内展开讨论是必要的。但是，讨论历史问题，必须有助于现在和将来的事业，而不是相反。在这里也要掌握一个界限，就是在党的正式会议上已经形成了统一的正确的认识标准之后，原来有异议的同志，就要注意求大同。总之，党的组织生活，要促进党内的团结和统一，决不能成为各种不正确意见任意发展的“自由市场”。

帮助党员正确开展批评和自我批评，也是组织生活中的重要问题。经常开展批评，对于我们这样一个领导着九亿人民奔四化的党，对于保持我们党生气勃勃的革命精神和战斗风格，是绝对不可缺少的。共产党员任何时候都不应当放弃批评的武器，不应当对错误思想、错误倾向采取自由主义态度。当然，批评只有坚持实事求是、与人为善，严格按照“团结——批评——团结”的公式行事，对党才是有益的。由于林彪、“四人帮”的长期破坏，我们面临的问题成山、困难成山、麻烦成山。有的地方和单位，这两年“移山”的工作做得不够好，有些党员、干部思想作风不正，无政府主义、极端个人主义、官僚主义、特权思想迟迟没有大的改变。党员同志对这些情况有意见，在组织生活会上提出批评，是很自然的，有时要求急切，说点过激的话，也是可以理解的。可是，不应当忘记，批评要讲求效果，要为着团结和进步的目的。这就需要注意：一、批评必须以事实为依据。道听途说，人云亦云，把谣言当事实，听到一点什么就乱加指责，难免要上当。二、必须正确掌握区分是非的标准。现在，我们衡量人们的言行正确与否，要注意一个根本的是非标准，就是对四化有利还是有害。那种把书本上的个别词句，把过去所习惯的一套，把个人或小团体的得失，当作区分是非的标准的观点，以及用批评的手段强迫别人接受这种观点的做法，都是不正确的。三、必须充分说理，具体问题具体分析。一味指责，否定一切，是无助于解决问题的。还要特别提醒我们的同志，党组织生活不但需要批评，还需要有自我批评。认为自己一贯正确，一切都好，别人一无是处，什么都不好，这是形而上学的观点。从这种观点出发，势必把批评的武器当作“丈八灯台”，只照别人，不照自己。这样，当你批评别人的时候，就播下了自己犯错误的种子。长此下去，就会逐渐丧失共产党人的先进性。某些同志摔跤子，原因之一就在这里，每一个党员，都要以此为戒。

做好组织生活中的思想引导工作，是一件大事。各级党组织要认真研究这个问题，总结推广好的经验，加强具体指导。领导同志要抓好自己所在支部的组织生活，注意言传身教，和全体党员一起，共同努力，把党内生活搞好。这件事情做好了，党组织在四化建设中的战斗堡垒作用就一定能够进一步加强，共产党员的先锋模范作用也一定会充分显示出来。

政协北京市五届委员会二次会议选举赵鹏飞为市政协主席

政协山东省四届委员会二次会议选举高克亭为省政协主席

全国水力发电站1979年多发水电50多亿度

《人民日报》报道，全国水力发电站，经过大力整顿，加强科学管理，实行经济合理调度，1979年增产节约取得了显著的成绩。到目前为止，完成发电量460亿度，比1978年同期多发电50亿多度，相当于节约煤200多万吨。同时全国水电站水库比1978年同期多蓄水300多亿立方米。

水电取得这样大的成绩，除1979年比1978年来水稍好外，主要是加强了水电的经济合理调度。

纺织工业在国民经济调整中快速发展

新华社报道，我国纺织工业在国民经济调整中阔步前进。到目前为止，化学纤维、棉纱、棉布、印染布、呢绒、毛线、麻袋、丝、丝织品九大类的主要产品，已经完成今年的国家计划;纺织工业的总产值比去年增长14%,利润和税金收入比去年增长9%左右。

今年,党中央和国务院采取措施优先发展轻纺工业,逐步调整轻工业和重工业的比例关系。国家进口了发展纺织工业所需的原料材料和部分关键设备,各地对纺织生产所需的动力、燃料、原材料加强了供应。二季度以来,绝大多数地区供应纺织企业的燃料、动力,一月比一月好。

今年纺织工业内部积极调整产量与质量的关系,把提高产品质量,发展品种花色放在生产的首位。全国九大类纺织产品的15项质量指标,全部超过计划水平。据北京、上海、江苏、浙江、四川等省、市的统计,今年试制的新产品、新品种、新花色就有3万多种。丝绸被面、床单、中长纤维织物、化纤针织品、腈纶棉毛衫裤等一批短线产品,源源不断投入国内市场。在出口纺织品中增加了中、高档产品的比例。大抓质量、品种的结果,在今年全国工业产品质量评比中,有38种纺织品获得了金质奖和银质奖。

纺织加工和印染后整理能力的不平衡,是纺织工业内部比例不协调的一个突出问题。由于印染后整理能力薄弱,高档产品只能低档整理,降低了产品价值。今年纺织行业优先安排技术措施费用,组织会战,解决了棉布严重缩水这个多年来的"老大难"问题。现在,已经建成了一批卡其、华达呢、府绸等主要棉纺织品的防缩后整理的设施,每年可处理优级防缩布10亿米、棉毛衫裤2亿件。适应化纤生产的发展,纺织行业今年还建起了4亿米涤棉布快速树脂整理能力,使涤棉布的后整理能力大大提高。

今年全国纺织行业还努力调整原料构成,积极增产化学纤维。今年全国合成纤维和粘胶纤维的产量总计达30万吨。同时,国家还进口了一部分化纤原料,这样就使纺织品原料构成中化纤的比重,超过了毛、麻、丝,仅次于棉花,居第二位。今年化纤混纺及纯化纤布的产量达33亿米,比去年增长65%。其他化纤织物也有了较多的增长。

四川维尼纶厂在长寿县建成试产

我国最大的维尼纶工厂——四川维尼纶厂已经基本建成,在今天生产出了第一批合格的维尼纶丝。

四川维尼纶厂建在重庆市附近的长寿县,主要设备是我国从日本和法国进口的。它使用天然气作原料,全面投产后,可年产维尼纶丝4.5万吨,大约相当于150万亩棉田的棉花收成,把它织成布,全国平均每人可得1尺。

这个厂除主产品维尼纶丝外,它还生产甲醇、甲醛等重要化工原料。

四川维尼纶厂是1974年8月开工建设的。这个厂投料试车一次成功,说明它的生产工艺、施工质量和工人技术培训都是良好的。

目前,除法国公司负责的甲醇车间的造气工序设备还有一些待处理的问题外,其他设备,包括我国自己配套的设备,一般都运行良好。

国务院副总理谷牧在北京会见由巴登—符腾堡州经济中产企业交通部部长鲁道夫·埃贝勒博士率领的联邦德国巴符州经济代表团

国务院副总理姬鹏飞在北京分别会见法国新任驻华大使克洛德·沙耶和即将离任的荷兰驻中国大使多勒曼

中国新任驻新西兰特命全权大使秦力真在惠灵顿向新西兰总督基思·霍利约克爵士递交国书

12月15日

山东省五届人大二次会议选举赵林为省人大常委会主任 苏毅然为省长

政协广东省四届委员会二次会议选举尹林平为省政协主席

国务院在北京举行全国棉花生产会议

会议于12月15日至21日举行。李先念副总理在开幕式上作了重要讲话,着重分析了当前形势,提出了今后两年全国棉花生产的任务和发展棉花生产的措施,要求棉区各级党委和政府切实加强领导,把发展棉花生产作为中心任务,抓紧抓好,保证棉花生产计划的完成。

今年,全国棉花总产量比去年略有增加。在今年的棉花生产过程中,出现了一些高产地区。这次会议上有20个先进单位的代表介绍了他们搞好棉花生产的经验。江苏省的棉花在去年大增产的基础上,今年的产量又创新纪录,总产突破1000万担大关。湖北省的棉花也比去年增产,总产达到900万担。还有一些地区和一大批重点产棉县创造了高产纪录,并且出现了一大批棉花高产的社队和农场。这些地方的干部和棉农为国家作出很大贡献,在这次会上受到表扬。到会代表表示,一定要把这次会议的精神带回去,夺取明年棉花生产的新丰收。

**中联部部长姬鹏飞在北京会见以中央委员会副主

席伊安·安德森为团长的加拿大工人共产党(马列)中央代表团

12月16日

政协福建省四届委员会二次会议选举伍洪祥为省政协主席

政协内蒙古自治区四届二次会议选举奎璧为自治区政协主席

教育部和林业部联合发出通知要求各级学校积极造林营林

《人民日报》报道,最近,教育部和林业部联合发出的通知说,林业是国民经济的重要组成部分。我国森林资源本来就少,森林覆盖率很低,林业发展缓慢,木材供应不足,也给教育事业带来很多困难。例如校舍不足,课桌椅等设备缺乏;由于木材不足带来的纸张困难等等。这些问题只有大力发展林业,才能逐步得到解决。

教育战线拥有师生员工2亿多人,是一支不小的力量。过去,在发展林业、植树造林中,作出了积极贡献。

联合通知要求加强林业科学教育工作,认真办好高等林业院校、系和中等林业学校,加速培养各种林业专门人才;结合教学努力开展林业科学研究工作,积极承担国家的林业科学研究任务。中小学也要结合有关课程和造林、育林、爱林、护林等活动,讲授林业知识。各级各类学校要把植树造林和林木经营管理作为勤工俭学活动的一项重要内容,在教学计划规定的劳动时间内,妥善安排师生员工参加植树造林和经营管理等劳动,搞好校园绿化;有条件的,可兴办校办林场或校办苗圃。根据《森林法》的规定,各级各类学校在校园内和当地革命委员会指定地方种植的林木,归学校所有,由学校经营管理,林木的经济收益(包括木材、苗木、水果、橡胶等林产品)作为勤工俭学收入,用于教育事业。各级教育部门和林业部门要加强领导,积极支持各级各类学校的造林营林工作。对在林业建设方面作出成绩的学校、集体和个人,要及时给予适当的表扬和奖励。

教育部和卫生部联合发布《中、小学卫生工作暂行规定(草案)》

新华社报道,最近,教育部、卫生部联合发布《中、小学卫生工作暂行规定(草案)》(以下简称《规定(草案)》),要求各地中、小学试行,以保护学生健康。

《规定(草案)》指出,学校卫生工作主要贯彻预防为主的方针,提高学生的健康水平,培养学生的良好卫生习惯,改进学校环境,加强防病措施,矫治学生常见疾病,使学生时身体得到正常的发育成长。

《规定(草案)》提出学校卫生工作的10项要求。其中包括,要根据学生年龄特点,合理安排作息时间和教学进度,防止负担过重;教室的墙壁应经常保持洁白,要有良好的采光照明和通风,空气要新鲜;根据卫生要求,逐步制作课桌椅,对不合标准的课桌椅要有计划地逐步改进;培养学生良好的坐姿和阅读、书写习惯,教育学生保护视力.经常锻炼身体,坚持做广播体操,参加体育活动;积极开展爱国卫生运动,搞好环境卫生、绿化校园;建立学生健康卡片,定期对学生进行健康检查;上好生理卫生课,开展卫生宣传教育,新建、扩建、改造校舍时要按学校卫生要求进行设计等。

《规定(草案)》要求各级教育部门、各级卫生行政部门应设机构或专职人员,负责管理学校卫生工作,各级卫生防疫机构应掌握所属地区学生生长发育和健康状况;医疗单位要做好责任地段内的学校卫生工作;学校领导应把卫生工作纳入学校工作计划,并亲自督促检查。

12月17日

广东省五届人大二次会议选举李坚真(女)为省人大常委会主任 习仲勋为省长

四川泸州天然气化工厂开始正式使用

新华社报道,利用外国进口设备建设的四川泸州天然气化工厂,经过3年试生产,最近由国家建委、化工部等20个单位组成的国家验收委员会进行验收,确认工程符合要求,同意将这项工程正式交付工厂使用。

泸州天然气化工厂在1973年年底破土动工,1976年12月竣工投产,设计能力为年产30万吨合成氨和48万吨尿素。由于全厂工程技术人员和工人认真学习,较好地掌握了这套进口装置的操作技术,并不断提高管理水平。使合成氨系统今年实现了连续运转227天的好成绩,平均日产合成氨1016吨;尿素系统连续运转175天,平均日产尿素1604吨。这两项在全国同类型工厂中都名列前茅。合成氨和尿素的生产成本在全国同类型工厂中也是最低的。

中联部部长姬鹏飞在人民大会堂会见并宴请美国共产党(马列)主席迈克尔·克朗斯基及夫人和美共(马列)中央委员苏珊·克朗斯基

国务院副总理姬鹏飞在北京会见德意志联邦共和国粮食农林部议会国务秘书格奥尔格·加卢斯一行

南海中部海区综合调查学术报告会在广州举行

新华社报道，中国科学院南海海洋研究所最近在广州举行南海中部海区综合调查学术报告会，检阅两年多来在南海中部科学考察的成果。

为了探索南海中部的奥秘，从1977年7月到今年秋季，南海海洋研究所实验号海洋调查船，横跨南海，先后对南海中沙、西沙群岛及邻近海域进行了7个航次的综合调查，历时264天，航程2.6万多海里。调查包括海洋重力、磁力、海深测量、海洋水文和气象、海水理化因子、海洋生物、岛屿地质和地貌、岛礁生物状况和生态学的观测、采集等方面的内容。在中建岛西南水深742米处投放测流浮标，连续5天取得不同层次的海流资料。还登上我国领土黄岩岛，进行实地考察，从而使得各个学科都获得了比较丰富的第一性资料，对国民经济、国防建设和捍卫领土主权和海洋权益具有重要意义。

中国青运史研究座谈会在北京召开

12月17日至23日召开的座谈会，研究和制定了青年运动历史研究的初步规划，决定出版《中国青年运动历史资料》《青运史研究资料》和《中国青年的光荣传统丛书》。座谈会并建议积极筹建中国青年运动历史编辑委员会，以便早日完成中国青运史和共青团史的编写工作。

这次座谈会，由中央团校、中国青年出版社、共青团中央研究室联合召开，是新中国成立以来第一次关于青运史研究工作的全国性会议。各省、自治区、直辖市团委派人出席，61位从事现代史研究的专业工作者也应邀参加会议。

团中央第一书记韩英到会作了题的《继承和发扬青年运动的光荣传统》的讲话，团中央书记高占祥作了总结发言。冯文彬、荣高棠、刘英、郭明秋、温济泽、杨述、郑伯克、何启君、李新等一些早年从事青年运动的老同志，到会和参加座谈会的同志亲切见面，并介绍了五四运动以来各个时期的青年运动的光荣历史及其经验。

共青团上海市委、共青团江西省委在座谈会上介绍了他们开展青运史研究的经验。

12月18日

内蒙古自治区五届人大二次会议选举廷懋为自治区人大常委会主任 孔飞为自治区政府主席

福建省五届人大二次会议选举廖志高为省人大常委会主任 马兴元为省长

政协山西省四届委员会二次会议选举郑林为省政协主席

国务院副总理方毅在北京会见美国辉瑞公司副总裁罗伯特·费尼和总经理李承毅

中联部部长姬鹏飞在北京会见以联邦德国共产主义联盟中央书记汉斯—格哈特·施米勒尔为团长的联邦德国共产主义联盟中央代表团

全国人大常委会副委员长乌兰夫在北京接受捷克斯洛伐克新任驻中国大使兹德涅克·特尔赫利克递交的国书

外交部照会越南驻华大使馆烈抗议越南当局在中越边境地区进行武装挑衅造成严重流血事件

照会说："1979年12月13日8时30分，越南武装人员百余人侵犯中国云南省麻栗坡县桃果冲地区，向当地的中国村庄和农场进行疯狂扫射，打死打伤中国边民和职工多人，炸毁民房多间，给当地居民的生命和财产造成重大损失。中国云南边防部队和当地民兵，被迫进行自卫还击，把越南侵略军赶出了中国边境。"

照会强调指出：最近一个时期以来，越南当局在大肆进行反华叫嚣的同时，不断加剧两国边境地区的紧张局势，肆意向中国境内打枪打炮，进行武装挑衅，制造流血事件。从1979年11月至12月上旬，越南当局在中国广西、云南边境地区制造的武装挑衅事件多达300余起，打死打伤中国人员几十人。越南当局还多次派遣特工人员侵入中国境内，刺探情报，杀害中国边民，严重威胁中国边境地区的安全。"然而，越南外交部12月6日、12日两次照会中国驻越南大使馆，却颠倒黑白，公然诬蔑和攻击中国，企图把造成中越边境地区紧张局势的责任推到中国方面，这完全是徒劳的。"

照会最后说："中华人民共和国外交部坚决驳斥越南当局的诬蔑和诽谤，并对越南方面的武装挑衅活动提出强烈抗议。中国方面再次要求越南方面立即停止一切侵犯中国边境、制造流血事件的罪恶行径。否则，由此而产生的一切后果，只能由越南当局承担全部责任。"

民政部和解放军总政治部分别发出新年春节期间开展拥军优属和拥政爱民活动的通知

全国环境卫生学术会议在上海举行

新华社报道，最近在上海举行的中华医学会第一届全国环境卫生学术会议上，来自全国29个省、自治区、直辖市的250多名环境卫生工作者认为，这一学科应着重研究环境污染对人体健康的影响，为保护和改善环境的措施提供科学依据，保障人民群众健康，为子孙后代造福。

近几年来，我国环境卫生工作者对全国100多个城市的大气污染和200多处江、河、湖、水库及近海的水质污染，开展了大规模的调查；有的城市调查了噪声污染的情况；不少地区还进行了大气、水质污染对人体健康影响的调查。一系列的调查和实验研究，使环境卫生工作者提出这样一个看法：有些工矿企业，在创造物质财富的过程中，不注意消除污染，保护环境，甚至以环境卫生质量下降去换取物质产品。因此，在现代化建设飞跃发展的同时，采取有效的保护环境措施，已是迫在眉睫的事了。特别是在建设工业企业和新型城镇中，更要做好预防性卫生监督，使“三废”治理工程和生产主体工程同时设计、同时施工、同时投产。以防止污染，为人民创造一个良好的环境。

这次会议期间，成立了中华医学会环境卫生学会，选出了58名委员。上海第一医学院教授扬铭鼎当选为学会主任委员，中国医学科学院卫生研究所副所长王子石、北京医学院教授胡汉升、武汉医学教授蔡宏道当选为副主任委员。

12月19日

华国锋 邓小平 李先念等党和国家领导人在人民大会堂接见全国棉花生产等会议代表

华国锋主席，邓小平、李先念副主席，党和国家其他领导人王震、乌兰夫、邓颖超、纪登奎、吴德、余秋里、张廷发、胡耀邦、耿飚、彭真、谷牧、薄一波，下午在人民大会堂接见了出席全国棉花生产会议和其他一些专业会议的代表，共1300多人，并同他们一起照了相。

国务院副总理邓小平在人民大会堂会见拳王穆罕默德·阿里

邓小平副总理在人民大会堂会见被誉为当代拳王的穆罕默德·阿里时，邀请他再次来中国访问。前世界重量级拳击冠军阿里中午抵达北京，对中国进行1天多的访问。当他见到邓副总理时，激动地拥抱着邓小平说，你为中国人民做了许多好事，我要拥抱你。

37岁的阿里出生于美国路易斯堡一个贫苦的广告画工家庭，1960年荣获在罗马举行的奥运会金质奖章，1964年成为世界重量级拳击冠军，此后一直在世界体坛享有盛名。

阿里对邓副总理说，他从10岁起就渴望访问中国，可惜这次访问的时间太短。他打算再来中国，并希望逗留3个星期。他说，他将在中国表演拳击，并尽他所能帮助中国培训拳击运动员。

邓副总理说，你对中国有深厚感情，非常欢迎你来访问，到各地多看看。拳击运动也可以成为增进中美两国人民的了解和友谊的渠道。

会见结束时，阿里对邓副总理说，我是一个美国黑人。美国黑人知道许多关于中国的情况。他说，他回去后将告诉美国公众，中国人民如何热情。

政协黑龙江省四届委员会二次会议选举王一伦为省政协主席

政协四川省四届委员会二次会议选举任白戈为省政协主席

江苏省棉花总产居全国第一

新华社报道，继粮食丰收之后，江苏省农村又传来喜讯：今年全省棉花总产量突破了1000万担，成为我国第一个棉花总产达到1000万担的省。

截至12月15日，江苏省已收购皮棉969.25万担，加上社员自留棉40多万担，棉花总产已超过1000万担。目前，全省棉花收购工作还没有结束，预计棉花总产将比去年增长8%以上，总产和亩产都创历史新纪录。这样，棉田面积只占全国1/9的江苏省，今年的棉花产量占到全国棉花总产量的1/4左右。

多年以来，江苏省的棉田面积一直保持稳定，今年种得更足。今年年初，省委对棉区的口粮、棉花价格、物资供应等政策作了明确规定，促进棉区干部群众进一步摆正粮棉关系，把主要精力放到棉花生产上来。全省7个地区中有5个地区亩产皮棉超100斤。参加“百万担皮棉县”竞赛活动的6个重点产棉县今年增产皮棉50万担左右，占全省增产数的60%以上。

今年江苏的气候多变，低温多雨，对棉花生长不利。新中国成立以来，江苏有4次碰上这样的水年，棉花生产4次大减产。今年，由于各地落实了棉花政策，认真总结了过去的经验教训，重视栽培技术，采取扩大育苗移栽等防范措施，夺得了水年棉花生产的空前丰收。

外交部部长黄华向全国人大常委会在京委员介绍日本大平首相访华情况

在上午举行的全国人大常委会在京委员座谈会上，黄华外交部部长说，日本国内阁总理大臣大平正芳这次访问我国，取得了圆满成功，对扩大中日两国的经济、文化、科技等各方面的交流达成了协议，把友好合作的中日关系向前推进和发展了一大步，对维护亚洲和太平洋地区的和平与稳定，具有重要意义。

全国人大常委会在人民大会堂举行的这次在京委员座谈会，是专题听取黄华外交部部长关于大平首相访问我国的情况介绍的。

黄华外长在详细介绍了大平首相访问我国的情况之后说，日本是我国一衣带水的近邻，中日两国人民之间历来有着深厚的友好感情。大平首相这次来访以及在访问过程中受到我国人民隆重热情的接待，正体现了中日人民之间的这种感情。这次访问，是中日关系中的一件大事，受到世界各国舆论的广泛重视。黄外长说，华国锋总理明年五月对日本的友好访问，将更进一步推动和发展中日两国的友好合作关系。80年代乃至下一个世纪，中日两国的友好合作事业，将具有更加广阔的前景。

听取了黄华外长的专题介绍后，彭真、谭震林、康克清、史良、罗青长、荣毅仁、罗叔章、林一山等同志就当前的国际形势以及人大常委会的工作等问题，先后发了言。

中越谈判第十五次全体会议在北京举行

中越两国副外长级谈判今天在这里举行第十五次全体会议。中国政府代表团团长韩念龙在发言中指出，中越谈判至今没有进展，确实令人感到遗憾。他希望越南方面认真研究中国方面的建议，切实为维护印度支那和东南亚的和平与安宁、恢复中越两国人民的友谊作些有益的事情，使谈判能有一个新的转机。

韩念龙说："最近一个时期，越南当局又加紧在边境地区进行武装挑衅，制造流血事件，甚至派人越入中国境内袭击边防哨所、绑架边民、掠夺财物；越方又把成批的难民驱赶到中国境内；中越边境的局势日趋紧张。如果越南当局以为这样做，有利于你们反华，有利于你们加紧对柬埔寨的侵略，有利于你们强化对老挝的控制，那么，你们就大错特错了。中国方面一贯奉行友好睦邻的对外政策，极力维护中越边界的和平与安宁。但是，越南当局却执意在中越边境制造事端，侵犯中国的领土和主权，这样下去引起的严重后果，只能由你们承担全部责任。"

他说："为了从根本上解决两国存在的问题，在谈判中中国方面曾多次指出，只要越南当局停止推行地区霸权主义和反华仇华的政策，停止对中国边境的挑衅、入侵活动，中越边境的紧张局势问题并不难求得解决。可是越南方面却不愿触及这个问题的本质，一味兜售什么'紧急措施'和'协议草案'，企图蒙骗舆论，混淆视听，致使谈判长期停滞不前，难于进展。"

他还指出："值得注意的是，目前，越南当局在继续加强对老挝的殖民统治、大肆逮捕和镇压老挝爱国人士的同时，仍在对抗全世界人民的意志，拒绝执行联大决议，向柬埔寨增派侵略军，加紧对柬埔寨的侵略战争，并且蓄意制造饥荒，把柬埔寨民族推向种族灭绝的边缘。越南侵略军还不断对泰国进行武装挑衅，威胁着泰国与整个东南亚地区的和平与安全。我们愿意再次奉劝越南当局，你们这样一意孤行，继续蛮干下去，后果将是十分严重的。你们必须承担历史的责任。"

越南代表团团长丁儒廉主持今天的会议。他在发言中又一次把中越谈判未能取得进展的责任硬推给中国方面。丁儒廉把90多个国家赞成的、要求从柬埔寨撤出一切外国军队的联合国大会决议，说成是"毫无价值的，是错误的"。他还表示越南要坚持对柬埔寨的军事占领。

丁儒廉在发言中又重提双方达成"停止武装挑衅的协议"。对此，韩念龙团长在即席发言中指出，越方不断在中越边境进行武装挑衅的同时，又在会上重提双方达成这个协议，这是搪塞，是欺骗。韩念龙强调说："中越关系恶化的根本原因是越南当局近年来猖狂推行反华仇华政策，推行地区霸权主义。这是中越关系的关键问题。回避这个关键问题，别的问题就难以解决。"

针对丁儒廉吹嘘越南"从来没有像今天这样强大"、"越、老、柬3国从来没有像今天这样友好团结"的话，韩念龙说："越南5000万人口，搞了100多万军队，为了对外侵略扩张，弄得民不聊生，还吹嘘自己的强大。你们派了几十万军队，侵略和屠杀柬埔寨和老挝两国人民，还说越、老、柬3国空前'友好团结'。这真是莫大的讽刺。"

丁儒廉在发言中攻击中国支持泰国。

韩念龙说："中国坚决反对越南侵略威胁它的邻国。越南目前威胁、侵略泰国，我们当然支持泰国反对越南的威胁和侵略。这是我们社会主义中国的原则立场。"

中国和埃及第一个科学合作协议在开罗签订

中国盆景在联邦德国花展上获13枚奖牌

新华社报道，我国盆景最近在联邦德国全国花展上获奖。所得奖品有大奖牌1枚，金牌7枚，银牌3枚，铜牌2枚。

我国盆景以造型奇特、美观而著称。这次我国运往联邦德国参加花展的盆景有500多盆，都是北京、天津、上海、广东、广西、江苏、福建等地的精品。

联邦德国全国花展是由联邦德国园艺协会举办

的，每两年一次。今年有18个国家参加了这个花展。

首次全国青少年科学讨论会在北京闭幕

中国科协、教育部、国家体委、共青团中央在联合举办全国青少年科技作品展览的同时，举办了历时3天的全国青少年科学讨论会，今天在北京结束。

去年10月以来，全国各地在为青少年科技作品展览选送作品的时候，还选送了青少年的科学报告和论文，评选小组从中选出了56篇。经过这次3天的讨论和评选，获一等奖的5篇，二等奖的15篇，三等奖的20篇。

这些报告和论文的作者从23个省、自治区、直辖市来到北京参加讨论会。他们之中最大的17岁，最小的11岁；其中52名是中学生，3名是小学生，1名是大学生。

在闭幕报告会上，共青团中央书记处书记胡德华、著名医学家黄家驷对青少年们取得的这些成果表示祝贺，并勉励他们从小爱科学、学科学、用科学，长大接老一辈科学家的班，为祖国四化建设作出贡献。

参加闭幕报告会的还有有关方面负责人和老科学家董纯才、杨显东、孙照寰、段学复以及教师、辅导员和中小学生600多人。

12月20日

国务院副总理李先念在全国计划会议上发表讲话

他就各方面比较关心的几个问题发表意见：第一，一定要争取国民经济有一个较快的发展速度，但一定要是实实在在的速度，持续发展的速度。要做到这一点，就必须避免瞎指挥、瞎呼隆的错误，保证在政治上、经济上不再乱折腾。第二，在发展生产的基础上，不断改善人民生活，这是我们党的一贯方针。在国民经济的调整中，一定要正确处理生产和生活、积累和消费的关系。第三，对国民经济实行“调整、改革、整顿、提高”的方针是完全必要的，要坚定不移地贯彻下去。这对于今后生产建设能不能较好较快地发展，具有重大意义。第四，在调整国民经济和实现四个现代化的整个过程中，要充分利用外资，善于利用外资，努力引进我们需要的先进技术。当然，必须把立足点放在自己力量的基础上，继续坚持自力更生的方针。李先念指出，在中国这块土地上实现四个现代化，是我们的前人没有做过的新的伟大事业，我们知识很少，经验不多。从某种意义上说，四个现代化的成败，决定于我们学习的好坏。

国务院副总理李先念在北京会见以赛里赛纳·库雷为首的斯里兰卡市长代表团

山西省五届人大二次会议选举阮泊生为省人大常委会主任 罗贵波为省长

四川省五届人大二次会议选举杜心源为省人大常委会主任 鲁大东为省长

政协广西壮族自治区四届委员会二次会议选举乔晓光为自治区政协主席

国防工办和国家经委在北京举行军工优质产品国家质量奖授奖大会

国务院副总理余秋里、王震、耿飚、谷牧、薄一波出席大会，并把奖章分发给38位获奖产品单位的代表。其中12项军工产品获国家金质奖章，26项军工产品获国家银质奖章。

王震同志在会上讲话，他要求国防工业生产树立为部队、为人民服务的思想，把提高产品质量当作调整工作的重要内容来抓。他强调指出，要充分发挥科技人员在提高产品质量中的作用。

王震同志希望80年代第一年有更多的军工和民用产品达到国家优质标准。

获奖产品的企业和科研设计单位代表，省、市国防工办代表以及国防工业系统各部和解放军有关部代表，总共1000多人出席了大会。

全国粮食征购任务超额完成

新华社报道，今年我国粮食获得丰收，全国粮食征购任务已经超额完成。

据粮食部统计，到目前，已入库粮食1002.88亿斤，超过年度计划2.04%，比去年同期增加100亿斤。

已经完成征购任务的地区是山东、江苏、浙江、江西、安徽、辽宁、黑龙江、吉林、河南、河北、天津、北京，还有10个省、自治区、直辖市已经完成90%以上。

今年从夏粮上市起，国家提高了粮食收购价格20%，超购再加价50%，从而大大调动了社员多卖余粮的积极性，粮食征购进度比往年快，质量也比往年好。

不少丰收地区在完成征购和超购任务后，社员手中还有余粮，粮食部门正积极开展议价收购。

国务院副总理康世恩在北京会见荷兰国际评论专栏作家耶汉·柯柏斯

中国出版工作者协会在长沙成立

中国出版工作者协会的主要任务是，组织出版工作者学习马列主义、毛泽东思想和党的方针政策,培训出版队伍,开展业务研究和对外文化交流活动,促进我国出版事业的繁荣和发展。协会的宗旨是,在中国共产党的领导下,贯彻“百花齐放、百家争鸣”的方针,团结全国出版工作者和著译者,为实现“四化”贡献力量。

中共中央宣传部副部长廖井丹在协会成立大会上讲了话。

会议讨论通过了协会的章程,选举产生了由141人组成的理事会。胡愈之任协会名誉主席,陈翰伯任主席。

12月21日

《人民日报》发表社论《搞四化必须重视培养人才》

我们办经济、搞四化,需要大批经济管理干部和科技人员。没有大批专门人才,我们的管理水平和技术水平就不能提高,现有企业这个雄厚的基础就不能充分发挥作用,引进的技术就消化不了,更谈不上创造。

马克思主义认为:生产力的发展,归根到底总是来源于智力劳动特别是自然科学的发展。在经济发达的国家,都是把培养人才放在显著地位。当今世界科学技术交流很广,没有一个国家不学习外国先进技术。不交流,不学习,就不能发展。我们如果不学习,就不能实现四个现代化。而要进行交流、学习,必须重视培养人才。

我们的干部结构中,科技干部、经济管理人员太少了。如果全国有200万合格的教员,有500万科学技术人员,再有200万会做生意的人员,那就比较好了。当然,我们并不是没有人才,而是有些被埋没了。这个问题如果不从现在抓紧解决,那么,我们的四个现代化就会受到一定的影响。

根据调查,我国科技人员已经有几百万人。从数量上说,不是太少,从质量来说,也有一批是头等的、过得硬的人才。但是,一般来说,数量还嫌不够,水平也还不够高。现在,全国各行各业专门人才的队伍还需要继续扩大,水平还需要大力提高,而且,使用得要很合理。目前,全国还有几十万科技人员,不是从事科技工作,用非所学,用非所长,这是很大的浪费,应组织他们及时归队。

要大胆地使用和选拔确有真才实学、踏实工作的知识分子,使各行各业的专业干部,比如工程技术干部、农牧业技术干部、经济管理干部、理论家、科学家、教师、医生、法官、律师、艺术家、体育家等等,都能够各得其所,人尽其才,充分施展他们的聪明才智。那些既有真才实学,思想觉悟又高,作风正派、埋头苦干的人,要提拔到各级领导岗位上来。许多党委注意了大胆使用技术专家,有些工农出身的干部努力学习也成了有真才实学的专家,他们在各自的岗位上发挥了很好的作用。各级党政领导机关,对于科学、技术、经济、财贸等方面的主要决策,都应当认真听取专家的意见,都应当请有关专家参加研究制定。大家知道,有名的苏联电气化计划,就是列宁请了很多专家参加制订的。埋没人才,浪费人才,是要犯错误的,而且是历史性的错误。

在大胆使用和选拔专门人才的同时,更为重要的,是要大力培训新的专门人才。培养人才比起建设新的大工程项目,更要尽早动手。培养出大批能担负现代化事业的人才,要用10年、20年的时间,要有周密的计划和切实的办法。经济建设同科学文化教育事业之间,也应有个客观的比例关系。你搞大规模的建设,搞四个现代化,没有大批人才行吗?加强人才的培养,这是最有远见的政策,是为未来的经济发展考虑的。技术先进的国家除了注意培养科技干部外,特别注重培养经理人才。在校的大学生中,不少是学工商管理的,把这些人培养成为未来的经理人才。此外,他们还有很多工商管理学院,还举办短期训练班,培养经理人才。各大公司也办训练班,提高在职人员的管理水平。这种经验,值得我们借鉴。

经济管理是一门科学。所有做经济工作的干部,都应当努力学习,使自己成为行家。要把工、农、商、交各类企业办好,都要靠专家,一切事业都不能靠外行来办好。开始是外行,也要在实践中学习,成为内行。我们需要越来越多的各行各业的专家,来参与管理我们国家的各项事业。不能否定专家和权威。所谓专家,无非是指那些对专门领域有深入研究和丰富知识的人;所谓权威,无非是指那些在某个行业的长期实践中具有很高威信的人,他们比别人更熟悉这方面的客观规律。如果工厂里第一把手、第二把手都不懂技术和经济管理,如果把懂技术和经济管理的人员放到最后第几位,这样的领导班子,是办不好社会主义企业的。现在我们已经培养出成批懂行的干部和技术人员,应该把他们提拔上来。另外,过去批“专家办厂”,批得很厉害,说这是修正主义办企业路线的表现,硬给《工业七十条》加上这么一条“罪状”。实践证明,这种批判是完全错误的。我们是主张专家办厂的。专家办厂并不是专家高于一切,而是主张党委统一领导下的厂长负责制,要充分发挥厂长(懂业务的)、总工程师、总工艺师、总会计师的职能,充分发挥专家、科技人员的作用。从前是这样,现在是这样,将来还是这样。建国初期有一段,我们没有或者只有很少的专家,那是不得已的暂时现象。同样,我们也主张教授治校,总要有点知识才能治校。在林彪、"四人帮"横行时代,好像没有知识最好。自己没有知识,也怕别人有知识,自己不懂技术,也怕别人懂技术;好像没有知识,也就没有"资产阶级知识分子"了;没有技术,也就没有"技术权威"了;没有专家,也就没有"专家办厂"、"专家路线"了。当然,我们主张专家治厂、教授治校,并不是不要党的领导,并不是不要群众路线。但是,实现四个现代化,关键是科学技术的现代化。而科学技术的现代化,在很大程度上决定于一大批优秀的科学技术专家,能否作出卓有成效的贡献。一个遗传学家,可能不会耕田不会养猪。但是,根据他的遗传理论所进行的品种改良,却能够使农业、畜牧业有一个高速度的发展,这是不言自明的。

我们有一支几千万人的工人队伍,这是我们的宝贵财富。他们的技术水平、业务水平、文化水平都应当普遍有所提高。我们的工人技术水平不高,这是个普遍的问题,所以,我们的劳动生产率提高得慢,这就要办各种形式的训练班,技术业务训练班,加强培训工作;他们中的许多人将来可以成为专门家。苦干精神是宝贵的,要继续发扬。但是,光靠这些不够,要把现代化搞上去,还要靠科学技术。

对于科学家和各方面的专家,在政治上要热情关怀和帮助;同时,在可能的条件下,就是说随着生产的发展,也要逐步地改善他们的工作条件和生活。

黑龙江省五届人大二次会议选举赵德尊为省人大常委会主任 陈雷为省长

政协江西省四届委员会二次会议选举方志纯为省政协主席

32个大中型轻纺项目建成

新华社报道,随着国民经济调整方针的贯彻实施,轻工业和纺织工业基本建设的步伐加快了。今年以来,全国陆续有24个大中型轻工项目建成投产;有8个大中型纺织工业基建项目交付使用。

今年,我国在黑龙江、吉林、广东、广西、福建、云南、四川、湖南、浙江、内蒙古、山东、新疆等地建成了22个制糖厂,使制糖能力增长了17万多吨。一些新糖厂有综合利用车间,除榨糖外,还可造纸、酿酒等。造纸工业方面,主要生产凸版纸的沅江造纸厂已经投产,将有助于缓和教科书用纸的紧张状况。杭州油脂化工厂的建成,不仅可以为肥皂厂提供大量原料,而且每年能为国家节省5000吨植物油。

今年纺织工业全部建成和基本建成的项目有兰州维尼纶厂、丹东化纤厂、阿城涤纶厂、鞍山化纤纺织厂、四川维尼纶厂;部分建成投产的有辽阳石油化纤总厂、荆沙棉纺织厂、周口棉纺织厂。这样,今年纺织工业就新增加年产塑料树脂7万吨、化纤6.5万吨的生产能力,新增加纺织纱锭16.8万锭。

轻纺工业系统的干部反映,今年轻纺工业基本建设之所以能取得这些成绩,是因为各地坚决贯彻国民经济调整方针,大力缩短基本建设战线,采取坚决措施,加快轻纺工业发展的结果。

国务院副总理姬鹏飞在北京会见即将离任的马来西亚驻中国大使达图·阿卜杜·拉赫曼·贾拉尔

12月22日

江西省五届人大二次会议选举杨尚奎为省人大常委会主任 白栋材为省长

湖南省五届人大二次会议选举方达为省人大常委会主任 孙国治为省长

政协上海市五届委员会二次会议选举王一平为市政协主席

政协陕西省四届委员会二次会议选举吕剑人为省政协主席

今年下半年我国轻工业增长速度高于重工业

新华社报道,从今年7月份以来,我国轻工业(包括纺织工业)的增长速度一直高于重工业,这是贯彻国民经济调整方针中的一个可喜现象。

轻工业在国民经济调整中向前发展。党的十一届三中全会以后,特别是到了今年下半年,从中央到地方,各级领导部门深入贯彻国民经济调整的方针,进一步加强了对轻工业的领导和扶持。浙江、湖北、天津、江苏、江西、安徽、四川、辽宁、黑龙江等省市的党政主要负责人,都亲自抓轻工业,及时研究解决轻工业生产发展中的问题。各地对轻工业生产建设所需要的电力、燃料、原材料,千方百计优先保证供应。许多地方注意发挥集体所有制轻工企业的积极性,落实政策,统筹兼顾,疏通产销渠道,积极促进轻工生产的发展。中央和地方的各个经济部门,也积极支持轻工业大干快上。冶金、化工、机械工业部门,今年多次派人到轻工业部门调查研究,根据轻工业的需要,生产对路的钢材、化工原料和机械装备。外贸、商业、物资、财政、银行、交通运输等部门,也积极支持轻工业发展。

轻工业部门的广大职工积极进行调整、整顿,改进企业经营管理,深入持久地开展增产节约运动,使轻工业生产面貌焕然一新。到12月20日,12种主要轻工业产品,都提前和超额完成了全年国家计划。自行车、缝纫机、手表、合成洗涤剂、机制纸、灯泡、食糖、干电池、卷烟等12种产品的产量分别比去年增长10%—23%,都创造了最高纪录。各地轻工企业,克服片面追求产值的倾向,坚持把提高产品质量放在首位。今年,轻工业部组织了61种轻工业产品的全国性质量鉴定和评比,有45种轻工业产品获得了国家优质奖,425种轻工业产品获得了轻工业部颁发的优质产品证书。在轻工业产品更新换代方面,今年取得的成绩尤为显著。据轻工业部统计,今年全国试制并投入生产的轻工业新产品达5000多种,新品种、新花色达5万种。各地轻工业部门同外贸部门密切配合,加强对国际市场的调查研究,提倡轻工企业同外商直接见面,努力根据市场变化,改进产品设计,调整产品品种花色,使产品更加适销对路。沿海及大城市的轻工业部门,还积极开展了来料加工、来件装配、来样订货和补偿贸易,使轻工业出口生产越搞越活。

中国向41个国家派出留学人员2700多人

新华社报道,记者从正在召开的出国留学人员工作会议获悉:自1978年以来,我国已向全世界五大洲的41个国家,派出了各类留学人员2700多人,其中教育部系统派出2100多人,中国科学院直接派出600多人。这些留学人员在国外努力工作,勤奋学习,受到了各方面的好评。

我国派出的留学人员,有访问学者、进修人员、研究生和大学本科生。他们当中大多数是学习自然科学的,少部分是学习外国语言和社会科学的。

12月23日

《人民日报》发表社论《加强军民团结 促进四化建设》

最近,民政部和人民解放军总政治部分别发出通知,要求在即将来临的1980年新年和春节期间,广泛、深入地开展拥军优属、拥政爱民活动。这是我党我军和我国人民的光荣传统。在新的历史条件下,认真做好这一工作,进一步加强军政、军民团结,是巩固和发展安定团结的政治局面,加强国防建设,反对侵略,战胜困难,顺利实现四化的重要保证。

在长期的革命战争年代,在保卫和建设社会主义祖国的伟大事业中,我们的军队始终站在斗争的最前线,艰苦奋斗,英勇牺牲,建立了丰功伟绩。在胜利粉碎林彪、"四人帮"反革命阴谋集团和对越进行自卫还击战中,我们的军队又为党和人民立了新功。有这样一支军队,党是放心的,人民是高兴的。历史的事实证明,我们的解放军,不愧是马列主义、毛泽东思想武装的人民军队;我们的人民,不愧为马列主义、毛泽东思想武装的英雄人民。没有这样的人民军队,没有这样的英雄人民,没有军队和人民长期的坚强团结和英勇奋斗,就没有中国革命的胜利,就没有社会主义的中国。但是,由于林彪、"四人帮"极左路线的流毒和影响,由于我们工作中的缺点,加之长期的和平环境,使一些同志拥军优属、拥政爱民的观念淡薄了。现在,有些人往往只看到军队或地方的某些缺点和问题,不了解或者忘记了在党的领导下长期形成的军爱民、民拥军、军民团结一家人的光荣传统,在不同程度上影响了军政、军民的团结。因此,在这次拥军优属、拥政爱民活动中,地方和军队各级党组织首先要划出一定时间,认真地对指战员和广大群众进行一次拥军优属、拥政爱民的思想教育,讲解加强军政、军民团结的重大意义,使大家真正从思想上引起重视。军队和地方同志都要说有利于团结的话,做有利于团结的事,坚决制止一切有损于军政、军民团结的言行,使拥军优属和拥政爱民成为每个人的自觉行动,并且能够持久地坚持下去。

进一步加强军政、军民团结的重要一条,是要历史地看待"三支两军"问题。在"文化大革命"中,由于林彪、"四人帮"的疯狂破坏,全国处于"全面内战"的无政府状态。在当时严重的形势下,党中央、毛主席和周总理决定解放军执行"三支两军"任务,对稳定大局起了重要作用,成绩是主要的。参加"三支两军"的绝大多数同志是好的和比较好的。他们在工作中发生的问题,主要是由于林彪、"四人帮"的干扰破坏造成的;其次,也由于他们不了解历史情况,缺乏地方工作经验,某些问题还同领导上的错误指示有直接关系。当然,在"三支两军"中犯有这样那样错误的同志,应该虚心听取地方干部和群众的意见,主动进行自我批评,认真吸取经验教训。地方同志则不应该苛求他们,而应当持谅解态度。在"三支两军"中卖身投靠林彪、"四人帮",干了大量坏事的只是极少数。这些问题,许多干部、群众,特别是青年同志不完全了解或者体会不深,应当向他们讲清楚当时的历史条件和实际情况。只要大家对"三支两军"问题有了正确的统一的认识,其他问题就比较容易解决。处理军政、军民之间的问题,地方和军队要互相体谅、互相照顾,而不应互相埋怨、互相责怪。要做到这一点,关键在于领导。双方的领导同志都要带头严于律己,宽以待人,根绝派性,消除隔阂,亲自做好下属的思想工作,团结一致向前看,齐心协力搞四化。

地方各级党政领导机关和人民团体,特别是农村社队、城市街道等基层组织,要在做好思想教育工作的基础上,检查拥军优属的情况,制定改进措施。地方同志要树立爱护军队、关心军队、帮助军队的思想,认真学习解放军的革命精神。地方党、政、群领导机关要经常征询当地驻军的意见,在各方面给军队提供必要的方便。要热情欢迎复员退伍和转业军人到地方参加工农业生产和其他工作,分别不同情况,给以妥善安置;对于在对越自卫还击战中的伤残人员,尤其应给以照顾,采取多种办法,组织他们参加适当的劳动和工作。务使每个人各得其所,在新的岗位上,为四化贡献力量。要热情关怀烈军属、革命残废军人等优抚对象的生产和生活,按照规定认真落实对他们的优待和定期定量补助。同时要加强对他们的思想教育,鼓励他们珍惜荣誉,团结群众,积极生产,努力工作。

军队各级党委和政治机关,特别是基层单位,要在做好思想教育工作的基础上,检查拥政爱民的情况,制定改进措施。要经常教育干部、战士牢记我军宗旨,严格执行三大纪律八项注意;树立相信人民、爱护人民、依靠人民的思想,加强群众观点;自觉地尊重地方党、政、群组织,模范地执行党和政府的政策、法令,积极参加、支援和保卫社会主义现代化建设。当前特别要积极支持、协助地方整顿社会秩序,维护社会治安。要虚心向地方干部和群众学习,大力为人民群众做好事,扎扎实实地开展拥政爱民活动。对于将要复员退伍和转业的干部、战士,要做好思想动员工作,教育他们体谅地方困难,坚决服从分配,主动到艰苦的地方去工作。回到农村社队和厂矿企业的同志,要带头参加生产劳动,多做贡献;转业做其他工作的同志,要尽快熟悉业务,努力工作。

拥军优属、拥政爱民,是毛主席、周总理、朱委员长等老一辈无产阶级革命家培育的光荣传统。在炮火纷飞的战争年代,人民军队为了人民的利益出生入死,在所不辞;人民群众踊跃参军参战,拥军支前,军民之间建立了血肉相连、生死与共的深情厚谊。今天,我们要恢复和发扬这种用生命和鲜血凝成的优良传统,更加紧密地团结在党中央周围,携手并肩;为建设和保卫伟大的社会主义现代化祖国而奋斗!

广西壮族自治区五届人大二次会议选举黄荣为自治区人大常委会主任 覃应机为自治区人民政府主席

陕西省五届人大二次会议选举马文瑞为省人大常委会主任 于明涛为省长

中国电视服务公司在北京成立

中国电视服务公司受中央电视台委托,承办这个台两套彩色电视节目的广告业务,经营外国电视机构、商业机构来华合拍业务,经营电视片录像节目的销售、购买,以及16毫米彩色影片的加工业务等。中国电视服务公司还代办国际卫星传送电视节目,为来华电视工作组提供技术服务。

解放军总政治部在北京召开青年工作经验交流会

新华社报道,最近开的这次会议,17个青年工作先进单位的代表在会上介绍了经验。他们认为,我国青年是有光荣革命传统的。现在的青年,经过革命斗争的教育和锻炼,主流是好的。但是也要看到,他们是在林彪、"四人帮"横行的日子里长大的,极左路线的毒害,给一些不懂世事的青年人造成了严重的内伤。部队里主要是青年,更要大力做好教育青年的工作,部队应当是个革命熔炉。要使青年彻底肃清林彪、"四人帮"极左路线的影响。分清什么是社会主义、什么是资本主义,懂得一个革命青年应当怎样学习、工作和生活。必须满腔热情地对他们进行革命理想教育和共产主义道德品质教育。

许多青年工作先进单位的代表谈到,粉碎"四人帮"以来,部队各级党组织和政治机关普遍重视了对青年加强理想前途教育,把它作为政治工作的一项重要任务。他们经常组织青年指战员学习马列主义、毛泽东思想的基本理论,学习新时期党的路线、方针、政策,学习我军的建军宗旨和人民军队的性质和任务,学习老一代无产阶级革命家青年时代的革命业绩,以及张思德、董存瑞、黄继光、雷锋等英雄模范人物一心为革命、忘我为人民的崇高品德,并且密切联系实际,开展"青年应该树立什么样的理想","怎样让青春在四化建设中更美丽","怎样做一个有益于人民的人","怎样正确处理个人利益和革命利益的关系"等等专题大讨论,使广大青年从走进部队的那天起,就受到生动活泼的革命传统教育和革命理想教育,树立起为实现四化而奋斗的远大志向,胸怀开阔,朝气蓬勃地战斗前进。近两年来,全军涌现出一大批青年战斗英雄、神枪手、神炮手、技术能手和新长征突击手,不少青年指战员毫不利己,专门利人,一心一意为革命,被评为"雷锋式的干部"和"雷锋式的战士",就是这种教育成果的生动体现。

这次会议还交流了做好团支部工作的经验,认为团支部应是党支部领导下的团结教育青年的核心。要大力加强团支部建设,广泛开展创造先进团支部和争当优秀共青团员的活动,在青年中掀起比、学、赶、帮的热潮,使广大青年自觉把青春献给四化的壮丽事业,做保卫四化的英雄,建设四化的模范。

全国青少年科技作品展览发奖大会在人民大会堂举行

中国科协、教育部、国家体委、共青团中央举行了发奖大会。

党和国家领导人邓颖超、余秋里、王震、方毅、谷牧、薄一波,全国政协副主席康克清出席大会并给优秀科技作品和科学报告、论文作者的代表颁发了奖品。

大会由展览组织委员会主任茅以升主持。中共中央政治局委员、国务院副总理方毅向在科技活动中取得优秀成绩的青少年表示祝贺。展览组织委员会副主任胡德华介绍了展览和评比的情况。得奖学生代表王峻在大会上表示:今后一定要认真学好课堂知识,积极参加科技活动,打好基础,成为德、智、体全面发展的革命接班人。

有关方面负责人和著名科学家、儿童文学作家以及首都中小学生、教师、辅导员、科技人员4000多人参加了大会。

全国青少年科技作品展览受奖的作品共1114件,其中一等奖149件,二等奖279件,三等奖686件。全国青少年科学讨论会评选出来的40篇科学报告、论文也同时受奖,其中一等奖5篇,二等奖15篇,三等奖20篇。这些得奖作品分别获得金质、银质、铜质奖章,奖状和奖金。其余参加展览的科技作品和科学报告、论文都发给纪念证书和纪念章。

卫生部等五个单位联合发布《农村合作医疗章程(试行草案)》

新华社报道,最近,卫生部、农业部、财政部、国家医药管理总局、全国供销合作总社联合发布《农村合作医疗章程(试行草案)》,要求各地加强领导,不断总结经验,妥善解决存在的问题,使农村合作医疗制度进一步巩固、完善,更好地为实现农业现代化服务。

《农村合作医疗章程(试行草案)》指出,农村合作医疗是人民公社社员依靠集体力量,在自愿互助的基础上建立起来的一种社会主义性质的医疗制度,是社员群众的集体福利事业。根据宪法的规定,国家积极支持、发展合作医疗事业,使医疗卫生工作更好地为保护人民公社社员身体健康,发展农业生产服务。对于经济困难的社队,国家给予必要的扶植。

这个试行草案中提出,实行合作医疗的生产大队,要建立合作医疗站(卫生所),它的任务是:宣传和执行国家制定的各项卫生工作方针、政策;发动群众开展以除害灭病为中心的爱国卫生运动;认真做好医疗工作;开展采、种、制、用中草药;对生产队卫生员和接生员进行业务培训和技术指导;宣传晚婚和计划生育;指导妇幼的卫生保健业务;宣传卫生科学知识等。

举办合作医疗的形式要根据当地实际情况和条件,目前应以大队办为主,确有条件的地区也可以实行社队联办或社办,无论采取哪种形式,都要努力办好。要建立、健全由干部、社员代表、卫生人员组成的合作医疗管理委员会或管理小组,经常检查工作,不断总结经验,并定期向社员报告工作情况。

合作医疗基金由参加合作医疗的个人和集体(公益金)筹集,主要用于社员的医药费。合作医疗站要坚持勤俭办事业的方针。经费收支可以由大队管理,也可以由公社卫生院代为管理,坚持专款专用。合作医疗站不应办成企业或副业,不应要他们上缴利润。

赤脚医生人选要经社员群众讨论,选拔热心为群众服务、劳动好、有一定文化程度的社员,经过培训后担任。要对赤脚医生进行考核,经考试合格的发给证书。一个大队的赤脚医生人数,最少不得少于2人,其中要有女赤脚医生。赤脚医生要实行亦农亦医,坚持参加一定的农业集体生产劳动(包括采种中草药),参加集体分配。

搞好采种制用中草药是巩固合作医疗的重要措施之一。县、社、大队、生产队要把合作医疗种药纳入农业生产规划,统筹安排药地、肥料以及必要的物资。合作医疗站要搞好中草药的加工、炮制和药品保管。自制的药品不得流入市场销售。

《农村合作医疗章程(试行草案)》要求各地党政领导要加强对合作医疗的领导,把它纳入本地区的农业发展规划,有人分管。各级卫生行政部门,要把巩固发展合作医疗,提高赤脚医生水平,当作重要任务来抓。

12月24日

上海市七届人大二次会议选举严佑民为市人大常委会主任 彭冲为市长

江苏省五届人大二次会议选举许家屯为省人大常委会主任 惠浴宇为省长

政协江苏省四届委员会三次会议选举包厚昌为省政协主席

政协云南省四届委员会二次会议选举李启明为省政协主席

政协安徽省四届委员会二次会议选举张恺帆为省

政协主席

《人民日报》发表社论《搞好年终分配取信于民》

我国8亿农民在党的三中全会精神指引下,经过一年来的艰苦奋斗,夺得了农业的好收成。除个别灾区以外,大多数地区农业增产,加上国家提高了农副产品的收购价格,减免了一部分地区的农业税,今年,绝大多数人民公社的总收入将有较大幅度的增加。农业增产增收,为搞好分配工作提供了十分有利的条件。各地要认真落实党的政策,做到分配兑现,取信于民。这是关系到进一步改善亿万农民生活,发挥农民的社会主义积极性,加快农业发展步伐的一件大事。

农业丰收了,农产品提价了,广大农民希望从集体经济中增加分配收入。因此,在安排收益分配时,应当在兼顾国家、集体和个人三者利益的原则下,尽可能实现广大农民的愿望,使社员从增产和提价的纯收入中多得一些收益,同时适当增加集体提留。这对于提高农民的积极性,巩固发展集体经济,具有重要的意义。这是我们搞好农村分配工作的首要出发点。

今年的收益分配,要力争做到90%以上的社员收入比去年有所增加。但由于各单位的经济基础、增产幅度和社员分配水平不同,特别是农副产品提价以后,地区、单位之间的收入不平衡,在处理三者关系时,要从实际出发,不能搞“一刀切”。凡是增产增收幅度较大的单位,在使社员分配有较多增加的情况下,集体提留可以适当多一些,以利于扩大再生产,同时也要努力偿还国家贷款。对于农副产品率不高、农产品提价后受益不大,以及一些因灾减产减收的单位,国家向这些单位的贷款,可经过双方协商,酌情少还或缓还。对于集体提留部分,应当分别情况,有的保持去年的水平;有的增加一点;有的少留;个别灾情很重的,也可以只扣留生产费用,不留积累。总之,要力争绝大部分社员收入比上年有所增加。灾情重、困难大的单位,要努力开展工副业生产,尽量弥补损失,使社员分配收入不减或少减。要帮助这些单位自力更生,艰苦奋斗,积极创造发展生产、改善生活的条件。任何单位都要防止不留生产费用,以及能留积累也不留的分光现象,更不能用虚打冒分、变卖固定财产的办法,来增加社员的收入。生产队提取公益金的数量,要与生产发展相适应,一般不宜超过新《六十条(试行草案)》规定的比例,不能希望一年把好事都做完。

在粮食分配中,基本核算单位要按照政策完成国家征购和超购任务,多卖余粮;粮食部门要严格执行政策,遵守国家标准,不得压级压价,不得购“过头粮”。集体提留储备粮要量力而行,不能用压缩社员口粮和生产用粮的办法来多留储备粮。不得以任何借口增加额外的留粮项目,严禁大吃大喝,挥霍浪费。社员的口粮分配,多数地方实行基本口粮和按劳分配相结合的原则。过去有些地方按人头分配部分比例过大,挫伤了一部分社员的劳动积极性,这对于发展集体生产是不利的,目前有些地方工在根据实际情况进行调整,按劳分配的比例有所扩大。至于人劳比例多少合适,以及采取那一种分配办法为好,应当在有利于调动社员的积极性,有利于计划生育和安排好缺粮户、困难户基本生活需要的前提下,由社员民主讨论决定。因灾无法自给口粮的队,国家要安排回销。总之,要统筹兼顾,合理安排。

去冬今春以来,很多社队建立、健全了各种生产责任制,制定了奖励制度。这对于调动群众的积极性,起了显著的作用。在年终分配中,认真执行原来协议的各项奖励制度,是关系取信于民的大事,切不要随意变动。当前,有相当一部分社员担心领导“春上说的话,秋后变了卦”。我们要在实际工作中,消除群众的顾虑。原来规定的指标和奖赔办法,大体合理的要坚持兑现。不尽合理的,也不要轻易改变,应该通过总结经验,待到来年再加以改进,使之更加完善。对于个别奖惩办法极不合理的,由干部、社员协商讨论,合理解决。决不能以任何借口把奖励制度一风吹掉。合理的奖励是按劳分配的一种补充形式,是克服平均主义的一项重要措施。只有让那些在夺取农业丰收中积极参加集体劳动,为集体、为国家多做贡献的社员获得应得的报酬,才能激励他们再接再厉,搞好生产。

在年终决算分配中,基本核算单位要认真细致地统计所属各单位的产量和收支,坚持由基本核算单位统一核算,统一分配。要认真解决干部和社员的超支欠款问题,认真做好债务债权的清理工作,要动员超支欠款户积极归还。国家机关、企业事业单位和公社、大队的一些单位借占拖欠生产队的资金,应主动地尽快还清,使生产队实现增产增收,分配兑现。

农业各项政策是否落实,都会直接间接地在分配工作中反映出来。各级党委和政府要把收益分配工作列入重要议事日程,继续批判极左路线,克服平均主义,搞好试点,总结经验,推动一般。农业、粮食、财政、供销、银行等有关部门,要在党委的统一领导下,通过本部门的业务活动,积极参加并支持人民公社的收益分配工作,抓好社队财会人员的培训和辅导,做好农副产品的收购工作,帮助社队发展工副业生产,增加收入。不能一见丰收,就向农民伸手。人民公社的基本核算单位在完成国家任务的前提下,有权决定自己的实物、现金分配方法,有权确定集体积累与社员分配的比例关系。各级领导机关要充分尊重生产队的自主权。国家各部门在农村举办各项事业,都要量力而行,十分珍惜民力，注意减轻农民负担。

年终分配关系到农民群众的切身利益，是农民一年劳动成果的体现，一定要走群众路线，由社员大会或社员代表大会充分讨论分配方案，经过上级审批，张榜公布。要做到分配兑现，群众高兴，干部满意。做好了这一工作，将会成为夺取 1980 年农业全面丰收的强大动力。

我国今年地质勘探新发现和扩大资源远景矿产地 160 多处

新华社报道，我国地质找矿工作取得可喜的新成果。今年新发现和扩大了资源远景的矿产地有 160 多处；列入国家计划的 16 种主要矿产，目前已有 15 种完成或超额完成了今年探明储量的计划。

今年新发现的和进一步扩大资源远景的 160 多处矿产地中，黑色金属矿有 30 多处，有色金属和贵重金属矿 50 多处，化工原料非金属矿和冶金辅助原料矿 30 多处，其余是铀、金刚石、膨润土、石膏、石墨、玉石及稀有金属矿。在已经完成和超额完成今年探明储量计划的 15 种矿产中，铁、煤、铜、磷、硫铁矿探明的储量分别超过年计划的 3%—47%。石油普查勘探，今年也取得了新进展。

水文地质、区域地质调查等，今年取得的成果也比较显著。

今年的地质找矿工作的质量有了较大的提高。北京、山东、上海、西藏、宁夏、甘肃、浙江等地的地质部门，勘探钻孔的优质孔率达 85% 以上。今年向国家提交 74 份地质报告的计划，已经全部完成，多数地质报告基础材料齐全，数据准确，内容丰富，质量比较好。

广西壮族自治区决定桂林为重点建设旅游区

国家民委在北京召开全国民族政策宣传工作座谈会

新华社报道，国家民委最近召开的这次会议，中共中央政治局委员、中共中央统战部部长乌兰夫到会作了重要讲话。

参加会议的有 20 个省、自治区、直辖市的党委宣传部部长和省、自治区、直辖市民委的负责同志以及中央有关部门的同志。

会议认为，粉碎“四人帮”，特别是党的十一届三中全会和五届人大二次会议以来，民族工作有了较大的进展。与会同志指出，在充分肯定民族工作成绩的同时，也决不应忽视当前存在的问题。如有的地方违反民族平等原则，侵犯民族自治权利，忽视对少数民族干部的培养提拔，不尊重少数民族的语言文字、风俗习惯，侵害少数民族的经济利益等等。这些问题的存在，主要是由于林彪、“四人帮”实行封建法西斯专政，严重地破坏了党的民族工作造成的；也同我们有的干部，特别是有些领导干部不重视党的民族工作，民族政策再教育未能有效地进行有直接的关系。为此，大家认为，向干部和群众继续深入地进行民族政策再教育是完全必要的。我国是一个多民族的国家。只有进一步搞好民族工作，才能更好地加强民族团结，巩固和发展安定团结的政治局面，推动四化建设的顺利进行。

进行民族政策再教育，一定要从有利于团结各族人民同心同德搞四化这一总的目的出发，克服和纠正一切不利于民族团结的错误思想和倾向。当前的重点是反对大汉族主义，这是调整民族关系，搞好民族团结的关键。在存在地方民族主义的少数民族中间，则应当注意克服地方民族主义。教育的对象包括干部和群众、汉族和少数民族，主要是干部、汉族，在干部中又主要是领导干部。要把经常性的教育同适当时机集中教育相结合。从现在起到春节前后的一段时间内，要集中地进行一次教育，要把民族政策再教育同检查民族政策执行情况结合起来，发现问题及时加以解决。对于民族政策的再教育和民族政策的宣传工作，希望各级党委加强领导。要动员各种宣传工具进行这一宣传，使这一教育收到更大的成果。

中国男子排球队在巴林举行的第二届亚洲男子排球锦标赛中获得冠军

12 月 25 日

政协全国委员会在北京再次举行各民主党派 无党派人士座谈会

座谈会 12 月 25 日至 28 日召开。座谈会的中心议题是讨论我国当前工业交通形势问题。国务院副总理康世恩在会上介绍了我国当前工业生产、交通的形势和 1980 年的经济建设任务。胡厥文、胡愈之、陈此生、胡子婴、朱学范、钱昌照、许涤新等先后发言。他们对粉碎“四人帮”后中共中央恢复毛泽东主席、周恩来总理生前倡导的优良传统，就国家对内对外的重大政策问题同各民主党派、无党派爱国人士进行协商和座谈，充分听取各方面意见，表示十分高兴；对 1979 年国民经济建设取得的成就表示满意；认为当前对国民经济建设实行“调整、改革、整顿、提高”的方针是一个积极的、正确的方针；表示一定要为祖国的四化建设尽心尽力。他们在发言中还对有关国民经济的调整和发展工作，提出许多意见和建议。

安徽省五届人大二次会议选举顾卓新为省人大常委会主任 张劲夫为省长

云南省五届人大二次会议选举安平生为省人大常委会主任 刘明辉为省长

《人民日报》发表社论《认真落实政策 发展棉花生产》

当前,棉花生产是我们国民经济中突出的薄弱环节。经过广大干部和亿万棉农的辛勤努力,今年棉花生产有所增长。但是,棉花生产同整个国民经济发展的需要仍然很不适应,供需矛盾很大,已经到了非抓上去不可的时候。在国民经济正在全面进行调整的时候,国务院召开了全国棉花生产会议,实事求是地分析了棉花生产的各种矛盾,解决了一些迫切需要解决的政策问题和实际问题。会议根据国民经济调整的要求和棉花生产的实际情况,提出了在一两年内达到和超过历史最高水平的奋斗目标,要求每年增产400万担棉花。这是全国棉区的一个光荣而艰巨的任务。

完成这个任务靠什么?最根本的要靠党的政策调动起来的两亿棉农的积极性,也就是说要在兼顾国家、集体、个人三者利益的原则下,给广大棉农以看得见的物质利益。新中国成立30年来我国棉花生产发展的历史充分地说明了:凡是这样做的,就能调动棉农植棉积极性,促进棉花生产的发展;反之,就会影响棉花生产。这一点,通过会议,从领导思想上进一步明确起来了。

这些年来,我国棉花生产没有搞上去,出现徘徊下降的局面,第一位的原因是由于林彪、"四人帮"的干扰破坏,其次也有工作上的问题。其中突出的是政策问题。棉花收购价格偏低,棉农口粮偏紧,损害了棉农的经济利益。基层干部和广大群众迫切要求落实经济政策,而在林彪、"四人帮"的干扰下,又被当作资本主义倾向来批判,这就更严重地挫伤了广大棉农的植棉积极性。我们应当设身处地想一想,农民种棉花既是为了增加集体和个人的收入,更是为了保证国家建设的需要。他们的口粮没有保证,种棉收益又低,怎么会有种好棉花的积极性呢?这些年来,棉花生产上的许多问题,包括种植计划完不成,棉田由好地换到坏地,搞不合理的间作套种,棉田布局分散,植棉技术没有大的提高甚至倒退,等等,都和有关棉花的经济政策没有解决好、没有落实好有直接关系。所以,尽管有些棉区年年都要求发展棉花生产,棉花生产徘徊下降的被动局面却不能扭转。去年,我们开始调整棉花收购价格,不少棉区又采取了一些落实棉农口粮政策的具体措施,棉花生产才有所回升。这次棉花会议本着实事求是的精神,总结了这些年来的经验教训,认真地解决了一些有关棉花生产的重大经济政策问题。国务院已经决定,从明年新棉上市起,棉花收购价格在现行价格基础上,再提高10%,超购加价30%的政策不变。棉织品和絮棉销售价格不变。对于落实棉农口粮政策,采取了比较切实的措施,包括国家和省拿一些粮食,多给棉区一些化肥,增产粮食,补充棉农口粮。这些决定,既照顾了棉农的实际利益,又考虑了国家的现实可能,兼顾了国家、集体、个人三者的利益。参加会议的同志对于这些决定是比较满意的。广大棉农也一定会拥护这些决定。当然,讲贯彻政策,不只是棉农口粮和棉花价格这两个问题,党中央两个农业文件规定的各项农村经济政策以及党中央、国务院对棉花生产规定的一系列政策,都要认真贯彻落实。只要我们注意防止和克服"左"的和右的干扰,不折不扣地把各项政策执行好,就会极大地调动棉农的植棉积极性,就能够很快地改变棉花生产的落后面貌。

在认真落实政策的同时,一定要结合经济措施,切实做好政治思想工作。前些年,许多棉区在口粮偏紧、种棉收益不大的困难条件下,仍然生产了大量棉花,为国家解决棉花供需矛盾作出了很大的贡献。这证明我们的两亿棉农和棉区广大基层干部是爱国家顾大局的。应当感谢他们对国家社会主义建设立下的功劳。在我们落实棉花政策,安排明年棉花生产任务时,要把目前棉花生产的落后状况,发展棉花生产的重大意义和紧迫性,以及目前国家的困难,原原本本地向群众讲清楚。只要我们进行深入的思想发动,群众是会体谅和分担国家的困难的。

由于不少地方多年来植棉计划完成得不好,加上目前旱情严重,影响越冬作物的生长,因此,落实明年植棉计划仍然是一项艰巨的工作。一定要把任务、计划、政策、措施同时告诉群众,经过群众讨论,逐级集中上来,加以综合平衡,再层层落实到生产队。只有这样,才有可能解决好国家计划指标和尊重生产队自主权的关系,棉花生产任务的完成才有保证。

在集中产棉区,第一位的任务就是把棉花生产搞上去。作为棉区的党委和政府,如果不把棉花生产搞上去,那就是最大的失职。棉花生产上的工作很多,必须加强领导。要全面执行"以粮为纲,全面发展,因地制宜,适当集中"的方针,正确处理粮棉关系。要搞好合理布局,保证种植面积,认真加强管理,推广先进植棉技术,不断提高科学种棉水平。解决棉花生产的问题,涉及很多部门,棉区的党委和政府要组织有关部门分工负责,密切配合,不失时机地支援棉花生产。

棉区各级党委、各级政府和广大干部群众,一定要充分认识到,我国有9亿多人口,吃饭是第一件大事,穿衣也是一件大事。棉花是关系国计民生的重要战略物资,在整个国民经济中占有十分重要的地位。尽快把棉花生产搞上去,是棉区各级党委和政府的重大职责,是全国两亿棉农的光荣任务。我们一定要把党中央的殷切期望和这次会议的精神宣传贯彻下去,动员广大棉农,团结一致,同心同德,鼓足干劲,排除万难,为加速我国棉花生产的发展作出新的贡献。

国务院副总理方毅在北京会见日本奈良市市长键田忠三郎一行

国务院副总理姬鹏飞在北京分别会见即将离任的瑞典驻中国大使比耶尔克和捷克斯洛伐克新任驻中国大使兹德涅克·特尔赫利克

古田会议纪念馆重新开放

新华社报道,今年12月是古田会议召开50周年。古田会议纪念馆经过整理,最近重新开放。

重新开放的古田会议纪念馆,新增加了60多件珍贵文物。纪念馆的全部文物和资料,反映了历史的真实,清除了林彪、"四人帮"极左路线的影响,澄清了历史上的一些重大是非。它充分肯定了毛泽东同志根据党中央1929年9月给红四军来信的指示精神,亲自调查并起草古田会议决议的伟大历史功绩;恢复了周恩来、朱德、陈毅等老一辈无产阶级革命家对古田会议所起的作用和他们在当时革命活动中的应有地位。在陈列的文物中,有周恩来同志当年的照片、签署的作战计划手迹,朱德同志下达的战斗文书手稿、红四军布告,以及陈毅同志当时写的战斗诗篇等。

新增加的珍贵文物说明古田会议决议是中国工农红军建军两年多的经验总结,从而纠正了林彪、"四人帮"横行时对这一光辉决议的种种歪曲。

12月26日

今年全国铁路运输计划提前完成

新华社报道,我国铁路部门到目前为止,完成了全年货物运输计划。货物运输量达到10.8亿多吨,比去年同期多运了2000多万吨,完成货物周转量5500多亿吨公里,比去年同期增加250多亿吨公里。全国20个铁路局都提前超额完成了全年货运计划。适应国民经济调整需要,各铁路局对支农、轻纺工业和外贸进出口物资做到了优先运输。煤炭、石油、粮食、水泥、木材等重点物资的运输,都超额完成了计划。

今年的旅客运输计划已提前14天完成。共运送旅客8.22亿多人次,比去年增长5.3%。全国旅客列车和车站,开展了以提高服务质量为中心的社会主义劳动竞赛,大力整顿车站和列车的秩序,搞好车容站貌,还开展了多种为旅客服务的项目,使客运工作的质量不断提高。

国务院副总理姬鹏飞在北京分别会见以意大利共产主义青年联盟全国书记马西莫·达莱马为团长的意大利共青联代表团和即将离任的卢旺达驻中国大使尼昂德维

国务院副总理薄一波在北京会见阿拉伯也门共和国纺织工业总局董事长艾哈迈德·拉荷米和夫人

拉荷米董事长还担任萨那纺织厂管委会主席。他就改造和扩建萨那纺织厂同我方签署了有关协议。

全国人大常委会副委员长邓颖超会见日本奈良市市长键田忠三郎一行

国家科委发明评选委员会发布批准19项发明和奖励等级公告

经国家科委发明评选委员会审查,批准了下列19项发明和奖励等级:

冶金部攀枝花钒钛磁铁矿高炉冶炼试验组　高钛型钒钛磁铁矿的高炉冶炼新技术　一等

北京第一无线电器材厂、四机部第十设计研究院、天津电声器材厂:徐育领、荣伯伦、李坦、邹淦寿、刘滋厚、秦翅飞、林素芬、孙静、李双庚、佟汉平　YCJ—1型扬声器纯音检测仪　二等

北京市小型动力机械厂、中国科学院环境化学研究所、一机部第六设计院　无排放镀铬　二等

石油部大庆井下采油工艺研究所、大庆采油二部研究所:王德民、谌锡才、徐文卓等　油井多用途偏心配产堵水控制系统　二等

长江水利水电科学研究院、浙江大学、建材研究院、华新水泥厂、富春江水泥厂　低热微膨胀水泥　二等

首都钢铁公司喷煤试验组　高炉喷吹煤粉新工艺　二等

天津勘测设计院科研所抗磨组王志高等、上海长红塑料厂、山西水利科学研究所　水力机械用复合尼龙抗泥砂磨损涂层配方与施工工艺　三等

黄河水利委员会水科所抗磨室张定坤等、天津勘测设计院科研所抗磨组　水力机械抗泥砂磨损的环氧金刚砂涂层配方与施工工艺　三等

石油部大庆油田科学研究设计院工艺试验室破乳剂组　DQ125原油破乳剂(即AP(129)113原油破乳

剂） 三等

石油部石油化工科学研究院朱廷彬等用合成脂肪酸或马桑籽油与多乙烯多胺反应制备膨润土润滑脂的新型酰胺覆盖剂　三等

大连化学物理研究所朱光旋、朱凤顺、张俊香、钟秀贞、唐学渊　401锰型高效脱氧剂　三等

上海生物化学研究所袁中一、刘树煌、汪静英、马凤竹　固定化5'—磷酸二酯酶生产核苷酸新工艺　三等

中国科学院微生物研究所烃代谢组、发酵车间正烷烃发酵生产长链混合二羧酸　三等

冶金部重庆钢铁设计研究院王兴亚、骆仲春、王世同、王嘉武、易佑胜　三分之一工频交交变频装置　三等

中国科学院物理研究所磁性单晶组李顺方、贾维义、庞玉璋等　掺铟铋钙钒石榴石单晶材料　三等

湖南省水利电力勘测设计院调压阀科研组周泰经、彭渤等，水电七局夹江水工机械厂，湖南临湘龙源水电站　水电站调压阀的液压联锁控制装置　三等

上海工业大学分校杨秉烈　绘图规　四等

四机部第1412研究所冯庆祥、谢长坚、王洪顺、王志启等　铯束管蜂窝状准直器的制造方法　四等

北京第一无线电器材厂卢远盛　车椭圆装置　四等

12月27日

《人民日报》发表社论《八十年代中拉关系史上第一件大事——祝贺我国同厄瓜多尔共和国建交》

我国政府和厄瓜多尔共和国政府，根据两国人民的共同愿望和利益，决定自1980年1月2日起建立大使级外交关系。这将是八十年代我国同拉丁美洲关系史上的第一件大事。我们热烈祝贺这一具有重要意义的新开端。

厄瓜多尔是拉丁美洲的一个正在迅速发展中的国家。厄瓜多尔政府和人民，为捍卫国家主权和发展民族经济所作的不懈努力，特别是为维护自然资源和200海里海洋权所持的坚定立场，受到世界许多国家的称赞。今年八月，当选总统海梅·罗尔多斯和他的新内阁宣誓就职。新政府表示要进行"谨慎而大胆的"改革，以便把厄瓜多尔建成一个"具有现代化经济、普遍享有民主、普遍的正义和团结精神的国家"。在对外关系方面，新政府主张同世界上一切国家建立和发展关系，并继续执行不结盟和支持第三世界的政策。

厄瓜多尔同我国的关系，一直是友好的。早在70年代初，当时的厄瓜多尔政府就承认中华人民共和国政府是中国的唯一合法政府，并主动宣布同台湾当局断绝外交关系。近年来，我国同厄瓜多尔在经济贸易和文化体育等方面的往来不断发展。现在，我国同这个赤道共和国正式建立了外交关系。我们相信，在双方的共同努力下，两国的友好合作关系和两国人民的友谊必将得到进一步的发展。

中国希望有更多的拉丁美洲朋友，希望同更多的拉丁美洲国家发展友好合作关系和相互来往。最近几年，随着对中国有了更多的了解，在整个拉丁美洲，希望同中国增进交往的呼声越来越高。许多经济贸易界朋友希望扩大同中国的经济贸易往来，不少文化，科技和体育界人士希望加快发展同中国在文化、科技和体育方面的交流。如果说60年代我国同拉丁美洲交往还不很多、70年代在这方面有了较大发展的话，那么在八十年代，我们深信，从同厄瓜多尔共和国正式建交开始，中拉关系将迎来一个更大的发展。

国民经济调整工作贯彻执行"八字方针"初见成效

新华社报道，我国今年实行调整、改革、整顿、提高的"八字方针"以来，国民经济的调整工作逐步展开，现在已经初见成效。

农业基础得到加强

今年，党中央发布了关于农业问题的两个文件，落实党的农村经济政策。同时，国家从多方面采取措施加强农业。首先大幅度地提高粮食、棉花、油料、猪、禽、蛋等18种农副产品收购价格。提价后，主要农副产品收购价格平均比去年提高了将近1/4。超购部分加价更多。对收入低的农村社队，国家减免了农业税，同时减免了社队企业的工商税等。这两项合计，农民和农村社队今年约可增加收入90亿元以上。此外，农业投资在国家基建投资中的比重，今年也由去年的10.7%提高到了14%。

党中央和国务院的这些措施，使广大农民喜气洋洋，发展生产和出售农副产品的积极性大大提高，因而今年全国农副产品的收购量大大增加，各地城镇和工矿区农副产品的供应有了显著改善。

轻纺工业发展加快

为了调整轻工业和重工业的比例关系，今年国家给轻纺工业"开小灶"，在燃料、动力、原材料的供应上优先满足其需要，并且在资金上给以扶持。国家拨给轻纺工业使用的技术措施费，今年比去年有了大幅度的增加。在基建投资计划中，对轻纺工业的投资比重提高了，银行对轻纺工业的贷款增加了。此外，国家还专项拨给轻纺工业一笔外汇，进口原材料，同时组织重工、军工部门生产轻工业产品。由于采取了上述措施，今年下半年轻工业的发展速度显著加快，轻纺产品增

加,市场商品购销两旺。

基建战线正在缩短

乱上建设项目,基建战线过长,投资效果差,这是我国多年来没有很好解决的一个问题。今年国家把解决这个问题当作调整国民经济的重要工作来抓,坚决停建、缓建那些条件不具备或国家不急需的工程。今年年初计划停建、缓建的561个大中型项目,经过各方面的共同努力,已经停建、缓建了其中的330多个项目。由于基建战线有所缩短,把部分财力、物力、人力腾了出来,使一些重点工程和急需工程的建设进度加快了。

一批盲目发展起来的生产工厂转并关停

我国现有工业企业35万多个,它们需要的燃料、动力和原材料超过了实际可能提供的限度,特别是其中的一部分工厂,产品质次价高,不受欢迎,或者重复生产,超过需要。对这些盲目发展起来的工厂和消耗大、长期亏损的工厂,各地正在实行转、并、关、停,据不完全统计,总数已有2000多个。

职工生活有所改善

今年国家在提高广大农民生活水平的同时,也下了很大决心改善城镇人民的生活:

一是安置待业人员。各地广开就业门路,积极安置城镇待业人员,到10月底,已经得到安置的约有600多万人。

二是提高职工收入。全国城镇职工的工资收入总额(包括工资、奖金、津贴、福利费等),今年头9个月比去年同期增加了15.8%。三是建造职工住宅。今年国家计划用于城镇职工住宅建设的投资,比去年增加了83.7%,计划竣工的住宅面积比去年增加28.5%。

艰巨的任务还在后头

经过今年以来的工作,我国农、轻、重的关系有了改变,积累和消费的比例有所调整,但总的来说,国民经济的调整、改革、整顿、提高工作还仅仅是开始。要做好各方面的调整工作,解决国民经济比例严重失调的问题,今后两年的任务还很艰巨,必须进一步贯彻执行"八字方针",付出更大的力量才行。

全国电力工业超额完成计划

新华社报道,目前为止,全国电力工业提前四天超额完成了全年发电量计划,发电量达2750多亿度,比去年同期增长9.6%以上。全国11个装机容量在100万千瓦以上的大电网中,华中、湘中北、四川、山东、广东、山西6个电网,完成的发电量比去年同期增长10%以上。吉林热电厂、石景山电厂、辽宁清河电厂等84个大中型电厂,分别提前10天到1个月完成了全年发电量计划。

中国科协和国务院科技干部局举行新年茶话会

中国科学技术协会和国务院科技干部局在北京饭店举行新年茶话会,700多位科学家欢聚一堂,喜气洋洋地迎接八十年代。

在充满欢乐的茶话会上,近几年从国外回国定居的科学家、在四化建设中作出新贡献的科技工作者、新近得到平反的50年代归国的留美科学家等,在一起谈心,互勉互励,共祝在即将开始的八十年代为四化作出更大贡献。

党和国家领导人邓颖超、方毅、王震、聂荣臻、薄一波出席了茶话会,并讲了话,出席茶话会的还有全国政协副主席宋任穷等。

茶话会由中国科协代主席周培源主持。

方毅同志在茶话会上说,迎接1980年,我们要努力把八十年代的工作做得比以前更好。过去的成绩,今后要发扬;过去的失误,今后要避免。我们要更加努力,更加实事求是。我们科技队伍是工人阶级的重要的一部分。我们有发展科学事业的责任,有培养人才的责任,有向各行各业提出有科学根据的建议的责任。四化建设需要科学家贡献出全部智慧和力量。王震同志说,1980年是猴年,我希望科学家里面多出几个"孙悟空"。薄一波同志说,除掉"四人帮",才能有今天这样好的局面,科技人员开始受到了尊敬。四个现代化的中心内容就是现代科学技术在各行各业的广泛应用,要做到这一点,靠在座的科学家还不够,我们要大力培养科技人才。聂荣臻同志说,现代化是不能用钱买的。还是要靠自力更生。我们不要妄自菲薄,只要组织得好,协作得好,是可以作出成绩来的。

邓颖超同志高兴地说,今天的会来之不易,令人心情振奋。我们的科学家正在振奋精神,前进、奋斗。我们的科学家太好了,尽管遭受多年迫害,现在也面临许多工作、生活上的困难,但还是紧密团结在党的周围,为四化而奋斗。我向你们表示亲切的慰问和敬意!

国务院科技干部局召开会议为早年归国的留美科学家平反

国务院科技干部局召开会议,为受林彪、"四人帮"制造的冤案、假案所迫害的50年代归国的留美科学家彻底平反。

会议由国务院科技干部局负责人黄葳主持。国务院科技干部局负责人杜质彬,宣读了平反文件。

国家科委副主任、教育部部长蒋南翔,国务院副秘书长罗青长,对外友协会会长王炳南,分别在会上讲了话。他们希望早年归国的科学家、教师和工程技术人员,团结一致向前看,在新长征中继续挑起科技战线、教育战线带头人的光荣重担,培养青年一代,同心同德为祖国实现四个现代化而奋斗。

50年代归国的留美科学家代表陈荣耀、黄葆同在会上表示，将在党中央领导下同心协力，为我国的科学、教育事业和经济建设作出更多贡献。

人工合成核糖核酸研究获重大突破

新华社报道，我国科学工作者团结协作，成功地用人工方法合成了有41个核苷酸组成的核糖核酸半分子，为天然核糖核酸的人工全合成打开了一条通路。这一成果的取得，是我国人工合成核糖核酸方面的一个重大突破，它标志着我国在这方面的工作达到了国际先进水平。

核酸与蛋白质是生命的两种最重要的基础物质。核酸又分为核糖核酸和脱氧核糖核酸两种，它们是传递和表达遗传信息的物质。这次合成的41核苷酸，是一种酵母的丙氨酸转移核糖核酸的3'端半分子。这种核糖核酸共由76个核苷酸组成，它的分子量高达2.5万多；组成核酸的核苷酸结构也比较复杂，因此人工合成核酸比较困难，人工合成核糖核酸比合成脱氧核糖核酸难度更大。41个核苷酸的人工合成，不仅为今后人工全合成核糖核酸奠定了良好的基础，而且对于进一步研究核糖核酸的结构与功能的关系，开展遗传工程以及病毒、肿瘤等方面的研究工作具有重要意义。

这项研究工作是1968年开始的。它是继我国在世界上首次人工合成结晶牛胰岛素以后提出的又一项重大的基础理论课题。我国科学工作者通力协作，经过几年时间的艰苦努力，首先完成了原料核苷酸的制备和小片段核苷酸有机合成的工作，并在这个基础上，充分利用酶的催化作用，经过反复实验，在1979年7月底，相继完成了10核苷酸、12核苷酸、19核苷酸3个片段的合成。紧接着，科学工作者又通过大量的实验，成功地把这3个片段连接起来，终于成功地合成了由41个核苷酸组成的核糖核酸半分子。它与天然的核糖核酸一样具有稀有的核苷酸。经测定，3个片段的接头正确。

这项研究工作是由中国科学院上海生物化学研究所、有机化学研究所、细胞生物学研究所、生物物理研究所和北京大学生物系等单位，及有关厂协作完成的。

解放军总政治部发出《1980年政治工作要点》

新华社报道，解放军总政治部最近发出的《1980年政治工作要点》（以下简称《要点》）指出，实现四个现代化是党的政治路线，是压倒一切的政治任务，也是军队建设的方向和任务。我军一方面要积极参加和保卫四化建设，一方面要搞好自身的现代化建设。全军上下，各行各业，要进一步统一认识，统一步调，切实把我军工作着重点转移到建设现代化的革命军队上来。

《要点》对1980年全军政治工作提出了5个方面的具体内容：

一、继续深入进行党的路线、方针、政策教育，提高部队的革命觉悟

继续深入学习叶剑英同志在中华人民共和国成立30周年庆祝大会上的讲话，紧密联系实际，解决好在全党工作着重点转移后反映出来的各种思想认识问题。深入批判林彪、“四人帮”极左路线，进一步肃清其流毒和影响，坚决反对无政府主义、极端个人主义、追求资本主义自由化和资产阶级派性。把部队的思想和精力真正集中统一到一心一意搞四化建设上来，更加坚信党中央的领导，增强实现四化的信心。

把真理标准问题的学习和讨论继续引向深入，进一步端正思想路线。要以马列主义、毛泽东思想为指导，坚持解放思想，实事求是，树立辩证唯物主义的世界观和方法论，克服唯心主义、形而上学。要联系部队实际，正确总结我军建设正反两方面的经验，研究和解决我军现代化建设中的新情况、新问题，使真理标准问题的学习和讨论落到实处。

加强马克思主义基础理论的教育，使干部战士从根本上认清党的路线、方针、政策的正确性，提高贯彻执行的自觉性。切实纠正忽视理论学习和理论指导作用的偏向。

要把爱国主义和革命英雄主义教育作为部队政治教育的专门课程，不断激发干部战士保卫祖国、保卫四化的高度政治热情。继续宣传学习对越自卫还击作战英雄模范事迹，开展“学英雄、见行动”的活动，发扬我军艰苦奋斗的优良传统，分清荣辱界限，自觉地把个人利益同祖国的利益、个人前途同祖国的前途联系起来，树立热爱军队、当兵光荣和牢固的战斗队思想。

二、坚决贯彻执行调整、改革、整顿、提高“八字方针”，提高部队战斗力

做好调整中的思想工作和组织工作。改革教育训练和规章制度，搞好教育训练中的政治思想工作。整顿党风军风，搞好党委建设，做到心齐、风正、干劲足。健全党的生活制度，开展批评和自我批评，加强对党员的管理和监督。提倡艰苦朴素，密切联系群众。充分发挥各级纪律检查委员会的作用，坚决同违反党规党法的现象作斗争。深入进行社会主义民主与法制的教育，积极开展意识形态领域里灭资兴无的斗争，旗帜鲜明地扶植正气，纠正歪风邪气，加强组织纪律性，保持军队高度的集中统一，提高部队的战斗力和革命觉悟。

三、认真贯彻党的组织路线，加强干部队伍建设

要按照叶剑英同志在国庆讲话中强调的3个条

件,在全面考察了解的基础上,选拔好接班人。继续搞好各级领导班子的调整。重视配备懂专业技术的干部。抓好干部的送校培训与在职训练和培养。正确合理使用专业技术干部。要研究改革干部工作制度,适应我军现代化建设的需要。继续做好转业干部的工作。安置好离休、退休干部,切实解决好他们的政治、物质、文化生活待遇问题。

落实党的政策的工作,要抓紧抓好,做到善始善终。

四、改进领导作风,抓好基层建设

各级领导和机关干部要从会议、文电和上层活动中解放出来,把主要精力和时间放在深入实际,调查研究,抓好基层建设上,克服连队的忙乱现象,确保连队的正常秩序。

大力培养提高基层政治干部的工作能力。要充分发挥党支部的战斗堡垒作用,对党员系统地进行党的基本知识教育,牢固树立共产主义的伟大理想,加强无产阶级党性,发挥先锋模范作用。加强对共青团和革命军人委员会的领导,充分发挥其作用。

要关心群众生活,切实解决好他们的实际问题。部队文化工作必须坚持面向连队、为兵服务的方向,广泛开展文体活动,活跃部队生活。

五、发扬我军拥政爱民的光荣传统,进一步密切军政军民关系

要认真分析研究新的历史条件下军政军民关系出现的新情况、新问题,有针对性地搞好我军宗旨和拥政爱民的传统教育,端正干部战士对地方政府和人民群众的根本态度。各部队要制定拥政爱民公约,经常开展拥政爱民活动,模范遵守党和政府的政策和法律、法令。政治机关要定期同地方政府联系,互通情况,征求意见。积极参加和支援社会主义现代化建设,协助地方搞好治安和社会秩序。

《要点》强调指出,各级党委和政治机关、政治干部要充分认识1980年政治工作的任务十分艰巨。要把部队的思想进一步统一到党的路线、方针、政策上来,有大量工作要做,而且还会遇到许多新情况、新问题,需要研究和解决。要继续贯彻全军政工会议精神,深刻认识在现代化建设中,政治工作只能加强,不能削弱,政治工作永远是我军的生命线。各级党委要加强领导,加强政治机关建设,充分发挥政治工作的威力。

12月28日

国务院在人民大会堂举行第二次全国先进单位和全国劳动模范授奖仪式

中共中央主席、国务院总理华国锋,中共中央副主席、政协全国委员会主席邓小平,中共中央副主席、国务院副总理李先念,以及中共中央政治局委员、候补委员,全国人大常委会副委员长,国务院副总理,中央军委负责人,政协全国委员会副主席,中共中央副秘书长,最高人民检察院检察长等领导同志,出席了今天的大会,向获奖的全国先进单位和全国劳动模范表示热烈祝贺。

来自全国各地的351个先进单位的代表和340名全国劳动模范,胸戴大红花,登上主席台领奖。

参加今天大会的还有党政军各部门的负责人、群众代表,以及北京市农业、财贸、教育、卫生、科研战线的先进单位、模范人物的代表,共8000多人。

余秋里副总理主持大会,宣读了《国务院关于表彰农业、财贸、教育、卫生、科研战线全国先进单位和全国劳动模范的决定》。李先念同志在会上致辞。

全国劳动模范史来贺在会上宣读了《农业战线全国先进社队和全国劳动模范倡议书》,全国劳动模范刘靖慧宣读了《农业、财贸、教育、卫生、科研战线全国先进单位和全国劳动模范倡议书》。

北京市500名少先队员手持五彩花束进入会场,向来自全国的先进单位代表和劳动模范祝贺。少先队员的代表朗诵了题为《敬爱的伯伯叔叔阿姨,光荣应该属于你们!》的献词。

授奖仪式结束以后,党和国家领导人及党政军有关部门负责人同全国先进单位的代表、全国劳动模范一起照了相。

全国先进单位和全国劳动模范名单(略)

国务院副总理李先念在全国先进单位和全国劳模授奖仪式上发表讲话

同志们:

我们这次全国先进单位和全国劳动模范授奖仪式,是在国民经济调整取得初步成效,迎接八十年代新的战斗任务的时刻举行的。参加大会的,有为改变农业面貌艰苦奋斗的8亿农民和农林职工的优秀代表,有为发展商业、对外贸易和财政金融事业辛勤劳动的财贸职工的优秀代表,有为发展我为科学技术呕心沥血的科研工作者的优秀代表,有为培养建设人才尽心竭力的人民教师的优秀代表,有为保护人民健康日夜操劳的医务人员的优秀代表。这是继工业、交通、基建战线授奖大会之后的又一次盛大的群英会。我代表中共中央、国务院,向同志们致以热烈的祝贺,并向全国的工人、农民、知识分子表示亲切的问候,预祝大家新年好。

打倒了“四人帮”,进入四化建设的新时期以来,我们在各条战线取得的显著成绩是举世公认的。党的

十一届三中全会，提出了开动机器，解放思想，实事求是，团结一致向前看的方针，明确肯定了实践是检验真理的唯一标准的原则，大大促进了全国人民的思想解放，并且使党的实事求是作风得到恢复和发扬。社会主义民主的发展和社会主义法制的加强，党的各项政策的贯彻执行，一大批冤、假、错案的平反，历史上遗留下来的一些原则性的是非问题的澄清，有力地推动了生动活泼的政治局面的形成和发展，调动了广大工人、农民、干部和知识分子的积极性和创造性。国民经济的调整、改革、整顿、提高，正在积极进行。农业今年又获丰收。轻纺工业的发展开始加快，工业总产值比去年有较大幅度的增长，国内市场情况良好，进出口贸易显著增加。科学、教育、文化、卫生事业都有所发展。在国家目前财力许可的范围内，党和政府采取了一系列措施，使城乡人民生活有所改善。我们正在胜利地向前迈进。

明年是国民经济调整、改革、整顿、提高的方针进一步实施的一年。我们必须坚定不移地把国民经济的调整工作做好，同时，有计划有步骤地进行经济体制的改革，整顿企业，提高企业的生产技术水平和管理水平，夺取四化第一战役的重大胜利。

在调整国民经济的过程中，我们各条战线的领导人、干部、工作人员、共产党员、共青团员必须以身作则，模范带头，带领广大群众，发扬艰苦奋斗的优良传统，更加广泛深入地开展增产节约运动，努力完成和超额完成国民经济计划。应当看到，发展生产，发展社会主义经济，是全国人民的压倒一切的中心任务。国家的巩固，社会的安定，人民的团结，物质文化生活的提高，从根本上说，都取决于经济的发展，取决于社会主义现代化建设的成功。所以，我们的一切工作，一切活动，都要围绕社会主义现代化建设这个中心，为这个中心服务。我们衡量每个单位，每个同志工作的好坏，都要以直接间接地对四化建设所做的贡献如何，作为最根本的标准。

实现四化是全国人民的共同事业，需要各条战线当然包括参加这次授奖仪式的农业、财贸、科研、教育、卫生等战线的同志们同心协力，忘我劳动，努力提高生产技能和管理能力，最大限度地贡献自己的聪明才智。

农业稳步地较快速度的发展，是保证实现四化的根本条件。农业战线的同志们，必须坚决按照党中央关于发展农业的两个文件的原则精神，认真总结前一个时期的实践经验，进一步落实党在农村的经济政策和其他各项政策，逐步调整好农业内部的比例关系，采取各种增产措施，搞好农业基本建设，实行农、林、牧、副、渔五业并举，广开生产门路，争取农业生产有一个持续的大幅度的增长，尽快改变农业落后的状况，向农业现代化的目标前进。这不仅要依靠8亿农民和农林职工的艰苦奋斗，而且要依靠各行各业对农业的大力支援。

财贸战线是国民经济中不可缺少的重要战线。财贸职工是工人阶级的组成部分，是实现四个现代化的一支重要的方面军。扶助生产，发展生产，活跃城乡经济，促进内外交流，这是我们国家财贸工作的重大方针；事事使人民群众感到方便，处处使顾客来客感到满意，这是我们财贸战线的优良作风。希望财贸战线上的同志，人人都能贯彻财贸工作的方针，不断改进服务态度，为建设繁荣富强的社会主义祖国，作出更大的贡献。

科学技术的现代化在整个社会主义现代化建设中，具有十分重要的作用。我们要用现代技术装备农业，装备农业，装备国民经济的其他部门，大大提高劳动生产率，这就要求科技战线更多、更快地出成果、出人才，努力攀登世界高峰。科学研究是一种创造性的复杂劳动，从事科学技术工作的知识分子，是工人阶级的一部分，是我们党的一支依靠力量。我们应当尽最大努力改善科研工作的物质条件，应当造成有利于自由探讨，勇于创新，有利于发展不同见解、不同学派自由讨论的气氛。我们要提倡尊重科学、尊重知识、尊重知识分子，使之成为一种社会风尚。

我们的社会主义的现代化建设，是要在建设高度物质文明的同时，建设高度的社会主义精神文明，这是一个艰巨的任务，其中包括提高全民族的科学文化水平，提高全民族的健康水平，提高人民群众的政治思想水平和道德水平，丰富人民群众的精神文化生活。我们要随着经济建设的发展，相应地加快教育、卫生事业的发展。在这方面，我们希望教育、卫生战线的同志们大显身手。广大中小学和幼儿园的教职员工，为培养青少年的道德品质，指导他们打下进一步掌握科学文化的良好基础，保证他们的身心健康，付出了辛勤的劳动。希望你们更好地发挥培养社会主义新苗的园丁的作用。

在实现四个现代化这个宏伟的事业中，先进单位、劳动模范将充分发挥带头作用、骨干作用和桥梁作用，推动社会生产的发展。在社会经济活动中，总是有一部分单位，一部分个人，走到前边去了，他们在不同的方面突破了原有的水平，创造了新的水平。他们成为先进单位、劳动模范。在他们的示范和带动下，原来落在后面的单位和人们跟上来了，整个社会生产提高到一个新的水平，于是又会出现一批新的先进单位和先进个人。这样循环往复，不断推动社会经济的发展。这是一种合乎规律的现象。我们认为，正是因为各条战线的先进单位和劳动模范，在客观上起着如此重要的作用，所以理所当然地受到全国人民的尊敬。

同志们！我们党和政府历来重视表彰和奖励先进单位和劳动模范。希望你们更加自觉地认识自己的责任，充分发挥自己的作用，比较快地使你们的技能和经验得到推广，为大多数人所掌握，从而推动社会生产的迅速发展。在新长征中，同工业、交通、基本建设等战线一样，农业、财贸、科研、教育、卫生以及其他战线，一定会有越来越多的单位成为先进单位，越来越多的工人、农民、知识分子成为劳动模范，一定会出现一个人人为四化做贡献，立功劳，争当劳动模范的热潮。我们相信，各条战线的劳动模范一定会努力保持自己的光荣称号，艰苦奋斗，勇于创新，不怕挫折，立志改革，向一切阻碍四化的旧势力进行坚决的斗争，为四化作出新的贡献。各级党委、政府、群众团体都要认真总结、推广、传播先进单位和劳动模范的先进经验，大力支持他们的首创精神。要尊重劳动，鼓励先进。谁为社会、为人民劳动得越好，贡献越大，谁就应该更多地受到人民的奖赏和尊重。这是社会主义的一项原则。

实现四化的宏伟目标，必须有一个安定团结的政治局面。林彪、“四人帮”横行十年，给我们的国家和民族造成了深重的灾难。全国人民都不希望再折腾了。我们要坚持党的领导，坚持无产阶级专政，坚持社会主义道路，坚持马列主义、毛泽东思想。我们的干部和群众，要正确处理民主和集中、自由和纪律、长远利益和眼前利益等关系，抵制歪风邪气，反对派性，反对无政府主义，顾全大局，遵纪守法，维护安定团结。我们各级领导干部都要关心群众疾苦，听取群众意见，克服官僚主义，克服种种脱离群众的现象，切实解决群众生活中应该解决而又可能解决的问题，密切同群众的联系。

同志们！你们是从广大工人、农民、知识分子中选拔出来的，是带着自己辛勤劳动的丰硕成果来出席大会的。你们回去以后，一定要把国家给予的崇高荣誉变为不断前进的动力，为四化建设作出新的贡献，建立新的功勋！

《人民日报》发表社论《光荣属于为四化多做贡献的人——祝全国农业、财贸、教育、卫生、科研战线先进单位和劳模光荣受奖》

在八十年代就要到来的时候，国务院今天举行隆重授奖仪式，嘉奖全国农业、财贸、教育、卫生、科研战线先进单位和劳动模范。这次授奖仪式，是继今年国庆前夕国务院向工业、交通、基本建设战线先进企业和劳动模范授奖后的又一次群英盛会，也是激励全国工人、农民、知识分子鼓足干劲，迎战八十年代的动员大会。

受到国务院表彰的 351 个全国先进单位和 340 个全国劳动模范，是社会主义建设中涌现出来的千千万万先进单位和劳动模范中的优秀代表。在他们身上，集中体现了我国广大工人、农民、知识分子脚踏实地、埋头苦干、艰苦奋斗的革命精神，体现了不畏艰辛、努力攀登世界科学技术高峰的雄心壮志。他们在各自的岗位上作出的创造性工作和所起的骨干、带头作用，直接间接推动了社会生产力的发展，为四化建设建立了卓著功勋。我们向受奖的先进单位和劳动模范表示热烈的祝贺，致以崇高的敬意！

实现四个现代化，是千秋万代的伟大事业，又是十分艰巨的事业，需要全体人民极大地振奋和发扬艰苦奋斗的革命精神。粉碎“四人帮”以来，特别是党的十一届三中全会以来，我们各方面的工作都取得了很大的成绩。我们的政治路线是正确的，前进方向是明确的，发展前景是光明的。但是，也要看到，在一个饱经动乱的 10 亿人口大国实现现代化，不是一件轻而易举的事情。在我们前进的道路上，不可避免地存在着许多艰难险阻。当前，我们就面临着十分繁重的任务：多年来比例失调的国民经济要着手调整；从上层建筑到经济基础，要进行一系列复杂艰巨的改革；落后的生产技术水平、管理水平要迅速提高；长期积累下来的人民生活中的问题要逐步解决，等等。我们面前确实有一大堆困难、麻烦和问题。在这种情况下，是消极悲观，无所作为？还是发愤图强，艰苦奋斗？这是两种不同的态度。全国劳动模范和先进单位同志们的可贵之处，就在于他们充分表现了国家主人翁的责任感，以实现四化为己任，发扬了敢于战胜困难、夺取胜利的斗争精神。他们面对困难不是唉声叹气，而是充满信心，顽强斗争。他们不尚空谈，而是一步一个脚印地实干。他们不计较个人的得失，为四化呕心沥血，贡献自己的聪明才智。这种精神，是今天特别需要提倡和发扬的。

怨天尤人，不能解决任何问题，不能减少任何麻烦，相反，只能涣散斗志，贻误我们的事业。只有像劳动模范们那样，发扬艰苦奋斗的革命精神、献身精神，才能切切实实克服困难，不断走向胜利。过去，无论是在战争年代，还是建国初期，我们能够转危为安，理乱而治，靠的是这种精神。今天，向四化进军，仍然要发扬这种精神。一个国家要实现现代化，从根本上说要依靠自己的努力，像我们这样的大国更是如此。为了加快四化步伐，我们是要引进外国先进技术和设备。但是，我们的立足点任何时候都必须放在自己力量的基础上。没有一种奋发有为的精神状态，没有一种英勇奋斗的献身精神，社会主义现代化的伟大事业是不可能实现的。

实现四个现代化，需要全体人民努力学习、刻苦钻研现代科学知识。我们进行现代化建设，是在更大的规模上改进自然，是用现代技术装备国民经济的各个部门，大幅度地提高劳动生产率。没有科学技术知识，不掌握现代科学技术，实现四化就是一句空话。出席这次授奖大会的先进单位和劳动模范中，有许多攀登科学技术高峰的尖兵。他们那种不畏艰苦、不怕挫折、勇于探索、敢于创新的精神，是值得大大发扬的。要学习科学技术知识，就要尊重知识。由于我国经济、文化落后，也由于林彪、“四人帮”散布‘知识越多越反动”、“知识即罪恶”等反对谬论的影响，那种鄙薄知识、鄙薄知识分子的思想，在一些人的头脑中还未完全清除。这种思想妨碍着人们认真学习科学技术知识，不利于充分发挥知识分子的积极性，必须加以纠正。马克思主义从来十分重视知识在社会发展中的作用。列宁曾把用人类创造的全部知识财富丰富头脑，作为共产主义者的标准和要求之一。我们要大力提倡尊重科学、尊重知识，并在全国掀起学习科学知识的热潮。不仅科教战线要学，工业、农业等战线也要学；不仅群众要学，领导干部也要学；不仅专业干部要学，党政干部也要学。今天，看一个人是不是热心于搞四化，就要看他是不是在学习科学知识上狠下功夫，是否熟练掌握本行业务。我们要摒弃那种以无知为荣，以外行自诩，以“大老粗”自居的糊涂思想，树立起学习光荣、知识越多越光荣的新风尚。

榜样的力量是无穷的。各级领导要善于依靠和发挥先进单位和劳动模范这一支重要力量。在工作中不要只限于提出一般号召，要学会运用典型教育群众。要提倡尊重劳模，尊重先进，让越来越多的人学先进、赶先进。各级领导还要运用劳模的力量来改进自己的工作。劳动模范生活在群众之中，是生产内行。领导联系群众，首先就要联系群众中的这一部分先进分子。要多多听取他们的意见，有事同他们商量。这样，既可以及时听见群众的呼声，也可以尽快发现工作中的问题，有助于把工作搞好。

四化征途，任重道远。这次受到表彰的先进单位和劳动模范，要继续保持谦虚谨慎、戒骄戒躁的优良作风，要树立“百尺竿头更进一步”的革命进取精神，努力争取在艰苦奋斗、勤奋学习、勇于创新等方面作出更大成绩。我们希望各条战线的劳动模范，在大会结束以后，都把党中央的嘱托，人民的希望，先进的经验，带到祖国的四面八方，带到广大工人、农民、知识分子中去，让它开花、结果，大大推动和加快现代化建设的进程。

全国先进单位和劳模向全国职工发出倡议书

倡议书说，当前，就是要全国上下一致，认真贯彻执行调整、改革、整顿、提高的方针，人人献计献策，更加广泛深入地开展增产节约运动，打好四化建设的第一仗，为此，我们倡议：

一、艰苦奋斗，讲求实效，争做四化建设的实干家。高度的物质文明，高度的社会主义精神文明，不会从天上掉下来，也不能由别人恩赐，只能靠我们奋发图强，自己动手，去逐步创造。各条战线的职工都要发扬工人阶级的优良传统，鼓足干劲，力争上游，勤勤恳恳，苦干实干，在各自的岗位上，作出优异的成绩。我们农业战线的职工，要增强改变农业面貌的责任感、光荣感，办好每一个国营农、林、牧、渔场、水库，生产出更多的粮食和经济作物，收获更多的畜产品、水产品，培育、繁殖优良品种，大力植树造林，绿化祖国，保护、发展和综合利用森林资源，搞好农工商联合企业的试点，在实现农业现代化中发挥积极作用。我们气象、地震等部门的职工，要努力认识和研究自然灾害的规律，提高观测、预报和防御能力，为减少灾害性损失作出贡献。我们财贸战线的职工要坚持“发展经济，保障供给”的方针，加强政治观点、生产观点、群众观点，不断改进服务态度，提高服务质量，活跃城乡经济，促进内外交流，全心全意为工农业生产服务，为人民生活服务，争当新长征中的好后勤。科研要走在现代化建设的前面。我们科研工作者要放眼世界，立足本国，思想领先，发挥才智，人人为解决四化建设的新课题贡献力量，多出成果，快出成果，勇攀科学技术高峰。我们教育工作者要忠诚党的教育事业，热爱教育工作，全面贯彻党的教育方针，面向全体学生，勤勤恳恳，兢兢业业，努力提高教育质量和学术水平，教育好革命后代，为四化建设培养更多的德、智、体全面发展的优秀人才。我们医药卫生工作者，要发扬救死扶伤的革命人道主义，对工作极端负责，对人民极端热忱。要认真贯彻预防为主的方针，开展以除害灭病为中心的爱国卫生运动，加快中西医结合的步伐，不断提高医疗质量和医学水平，做好计划生育的宣传、技术指导和科研工作，研制、生产和供应优质、高效的药品和医疗器械，提高全民族的健康水平，为四化建设服务。我们大家都要献身四化，少说空话，多做实事，为四化建设贡献全部才智和力量。

二、勤奋学习，努力实践，争做本行业的专家能手。四化建设需要大批具有科学技术知识和文化修养的建设人才。我们各行各业的同志们都要干一行，爱一行，钻一行，挤时间，刻苦学习，学政治、学经济、学文化、学技术、学管理，努力提高科学文化水平，提高技术业务水平。要继承和发扬我们中华民族的精华，学习一切国家、一切民族的长处，坚忍不拔，不断攀登新的高峰。新、老同志之间要互相学习，搞好传、帮、带。同行、同事和各行业之间要互相尊重，互相帮助，加强协作，共同提高。我们各行各业的同志们都要力争成为精通本行业务的专家、能手。

三、解放思想,立志改革,争做革新的促进派。社会主义的四个现代化建设,是一场伟大的革命,是千百万群众的创造性的事业。我们要坚持实践是检验真理的唯一标准的思想路线,破除迷信,解放思想,善于认识和运用事物发展的客观规律,勇于实践,敢于创新,有所发现,有所发明,有所创造,有所前进。要积极参加挖潜、革新、改造活动,人人提合理化建议,开展技术革新、技术协作和技术革命,提高劳动生产率。要发扬主人翁精神,积极参加企业、事业单位的整顿和改革,改善经营管理,提高管理水平。我们要积极投身于四化的伟大变革,不怕困难,勇往直前。

四、胸怀全局,以身作则,争做安定团结的模范。巩固和发展安定团结的大好局面,是进行四化建设的重要政治前提。我们要坚持党的领导,坚持无产阶级专政,坚持社会主义道路,坚持马列主义、毛泽东思想,继续肃清林彪、"四人帮"的流毒,进一步巩固和发展安定团结的政治局面。要不断提高政治觉悟,发扬工人阶级大公无私、严守纪律、顾全大局、紧密团结的优良传统,正确处理国家利益、集体利益和个人利益的关系,正确处理长远利益和眼前利益的关系,主动为国家挑重担。要发扬社会主义民主,加强社会主义法制,坚决反对派性、无政府主义、极端个人主义,拥护和协助政府打击各种犯罪分子,维护社会秩序、生产秩序、工作秩序。以身作则,抵制不正之风,不利于安定团结的话不说,不利于安定团结的事不做。要加强工农联盟,加强民族团结,加强工人阶级内部的团结,心往一处想,劲往一处使,团结一致向前看,同心同德干四化。

展望八十年代,前程无限光明。让我们团结在党中央周围,用新的优异成绩,迎接全国职工劳动模范代表大会的召开,继续谱写四化建设的壮丽诗篇!

农业战线全国先进社队代表和全国劳动模范向全国农民发出倡议书

参加国务院第二次授奖仪式的农业战线全国先进社队的代表和全国劳动模范今天向全国农业战线亿万农民发出了倡议书。

倡议书说,党中央发出号召,要在本世纪内把我国建设成现代化的社会主义强国,使我国农村逐步变为农工商综合经营的富庶的新农村。这代表了我们农民的心愿。农业是国民经济的基础。搞好这个基础,促进整个国民经济的迅速发展,这是历史赋予我们的光荣使命。要实现这个宏伟目标,还要做巨大的努力。当前我们特别要在调整国民经济,打好四个现代化的第一个战役中,争取作出更大的成绩。为此,我们倡议:

一、认真学习、宣传和贯彻执行中共中央关于发展农业的两个文件。这两个纲领性文件说出了我们农民的心里话,真是好得很。我们干社会主义农业的劲头更大了。我们要用这两个文件统一思想认识,继续批判林彪、"四人帮"的极左路线,迅速把农业搞上去。我们要做维护党的四项基本原则的模范,要做执行党的方针、政策的模范。我们坚信,三级所有、队为基础的制度,按劳分配,多劳多得的原则,自留地,自留畜,家庭副业,集市贸易等党在农村的基本政策是长期不变的,要坚决维护和执行。当前要抓好年终分配,国家、集体、社员三者的利益要照顾好。在发展生产的基础上,努力为国家提供更多的粮食、棉花、油料和其他农副产品,不断壮大集体经济,增加社员收入,逐步改善社员生活。

二、努力搞好农林牧副渔各项生产,以主人翁的态度,为调整好农业布局献计献策。粮食和棉花生产必须抓紧。同时要因地制宜,根据当地的实际情况做好规划,宜农则农,宜林则林,宜牧则牧,宜渔则渔,使每一块田地,每一个山头,每一片草场,每一片水面都能得到充分利用,使祖国山河尽快改变面貌。要积极办好社队企业,搞好农工商联合企业的试点工作,改革一切不利于国民经济发展的制度和办法,广开门路,发展多种经营,扩大商品生产,千方百计增加社会财富,使农村尽快富裕起来。

三、在农业基本建设和科学种田上大显身手。继续发扬自力更生、艰苦奋斗的精神,兴修水利,改良土壤,培养地力,植树种草,搞好水土保持,合理利用和保护自然资源,不断改善农业生产条件。要因地制宜地发展农业机械化,兴办小水电,推广沼气。在生产中广泛运用农业科学技术,搞好良种选育和病虫防治。大力开展群众性的科学研究和科学实验活动,积极培养农业、林业、畜牧、水利、农机、渔业和气象等各方面的专业技术人才,在建设农业现代化中有所发明、有所创造,多做贡献。

四、勤俭办社、勤俭办一切事业,认真搞好社队的经营管理。要充分发扬民主,群策群力,建立、健全各种规章制度,合理安排劳动力,加强经济核算,实行民主理财,有效地使用生产资料,节约能源,提高劳动生产效率,降低生产成本,真正做到人尽其才、地尽其利、物尽其用。我们基层干部要不断提高经营管理水平,密切联系群众,把我们的社会主义家业管得更好。

五、努力搞好计划生育工作,积极参加爱国卫生运动。要响应国家计划生育的号召,提倡一对夫妇只生一个孩子。做好计划生育的宣传,向广大群众讲清楚重男轻女和多儿多福是一种旧思想,是错误的。要落实计划生育的各项措施,搞好妇幼保健,尊敬老人,使无子女的老人生活有所保障。搞好环境卫生,减少疾病，不断提高农村人民的健康水平，促进生产的发展。

六、下功夫学习科学文化知识，提高文化业务水平和政治觉悟。积极办好并踊跃参加农村的各种学校、夜校和短期训练班。要相信科学，破除迷信，反对旧的宗族观念，改革各种不良的习惯。特别在春节期间，要做好移风易俗、破除封建迷信的宣传工作，树立爱国家、爱集体、爱护公共财产、团结互助的新风尚。加强对青少年的教育。开展文化体育活动，活跃农村文化生活。自觉遵守法纪，维护社会主义法制。协助治安部门打击一切犯罪活动，巩固安定团结的局面，保卫社会主义现代化建设。

全国农村人民公社社员、基层干部同志们：当前农村形势大好，前途光明，大有奔头，我们越干越有劲。我们要更上一层楼，坚决响应党的号召，团结全国各族人民，加强工农联盟，同心同德，鼓足干劲，力争上游，进一步开展农村社会主义劳动竞赛，以搞好农业现代化建设的实际行动，为多快好省地建设现代化的社会主义强国贡献力量。我们的任务是艰巨的，也是光荣的。只要我们紧密团结在党中央的周围，解放思想，开动机器，脚踏实地，努力奋斗，就能够克服前进道路上的一切困难，达到预期的伟大目标。让我们携起手来，在新的长征路上，奋勇前进！

中央纪委通报西安 兰州两市卫生检查团大吃大喝问题

今年9月8日到26日，西安、兰州两市进行卫生联合检查。他们搞形式，比阔气，大吃大喝，铺张浪费，游山玩水，到处参观，干扰基层工作，引起群众极大的不满。群众曾写信给国务院和《人民日报》，要求停止这种劳民伤财的互相检查。对于上述事实，中央纪委会同卫生部、新华社、陕西省纪委、甘肃省纪委组成了联合检查组，进行了查实。中央纪委就此发出了通报。

通报指出，粉碎“四人帮”以后，拨乱反正已经3年，应该肯定党风和党纪都有了很大程度的进步和加强。但是，要发扬党的优良传统，齐心协力搞四化，尽管叫得震天价响，而我们党内有一些干部，首先是负责干部，竟然充耳不闻，依然故我。像西安、兰州两市卫生检查团的问题并不是个别的，有些地方可能比西安和兰州的情况更加严重。这种林彪、“四人帮”横行时兴起来的封建地主阶级和资产阶级的比阔气，讲排场，图虚名，不务实的形式主义恶劣作风和利用职权，铺张浪费，大吃大喝，不顾人民疾苦，一味追求个人享受的腐朽作风，已经腐蚀了我们的干部，败坏了党风，破坏了党和群众的鱼水关系，挫伤了群众进行四化建设的积极性，难道还不足以引起全党的警惕吗？

通报说，为了同这股歪风作坚决的斗争，中央纪委遵照党中央一贯倡导的艰苦奋斗、勤俭建国的精神，提出如下规定，要求各级党的纪律检查部门认真贯彻执行。

一、凡是巧立名目，动用公款，借机大吃大喝、请客送礼、游山玩水、铺张浪费，严重违法乱纪的，要发现一起，严查一起，并追究主管领导人的责任，赔偿国家经济损失；情节恶劣的，坚决绳之以党纪国法。要选择典型进行大张旗鼓的处理。

二、干部、职工参加会议，下乡下厂(场)，检查工作，学习参观等，其伙食标准按国家规定执行，不准动用公款或公物摆酒设宴，大吃大喝。如违反国家规定，其超过部分一律由个人自付，不准由国家或集体报销。

三、各级财务会计人员对违犯财经纪律的一切招待、送礼、吃喝以及游山玩水等开支，有权拒付，有权检举揭发，任何人不得乘机打击报复。如有打击报复行为，党的纪律检查部门要认真查明，严肃处理。财务会计人员如果放弃原则，只看领导人的脸色办事，乱支乱付的，是失职行为。

四、保持和发扬艰苦朴素，与人民同甘共苦的优良传统作风，这是无产阶级革命者的本色。党员干部，特别是领导干部要自觉成为遵守财经纪律的模范，带领广大群众，共同严守国家各项制度，向一切不良倾向作斗争。对坚持勤俭节约，维护财经纪律，抵制大手大脚、挥霍浪费国家或集体资财的地区、部门、单位、个人，要选择典型，广泛进行宣传，予以表扬，“昭德塞违”，以正党风。

《人民日报》摘要转载12月26日《解放军报》社论《发扬拥政爱民传统　加强军政军民团结》

社论强调指出，在我国向四化进军的新时期，加强军政军民团结，有着特别重要的意义。我们广大干部战士，要在思想上牢固地树立起全局观念，一切服从四化这个大局，服从安定团结这个大局，像爱护眼睛那样维护军队同地方政府和人民群众的坚强团结。社论说，长期的革命斗争实践使我们深深懂得，军队要完成担负的各项任务，离不开地方政府和人民群众的支援和帮助。在今天，漫长的海边防战线上，如果没有更广泛、更密切的军民合作，是不可能形成一道保卫祖国的钢铁长城的。在现代反侵略战争中，如果没有全国全民的全面支援，我们是不可能挑起作战重担、赢得战争胜利的。平时军队的现代化建设，如果没有国家的工业、农业、科学技术现代化建设事业的发展，那也是上不去的。在这种新的历史条件下，我们一定要自觉地适应新情况、新特点，发扬拥政爱民的优良传统，保持战争年代那种我军与地方政府和人民群众亲如一家的血肉联系。

社论指出，虚心向地方学习先进思想，吸取先进经验，是促进部队建设的一条重要工作方法。我们通过开展向地方学习活动，尊重地方的党、政、群组织，密切军政联系，增进相互了解，必然会带来军民更加亲密团结的新局面。

社论说，认真检查部队执行政策纪律情况，是做好拥政爱民工作，加强军政军民团结的重要措施。在处理军政军民关系问题上，一要团以上单位的主要领导干部亲自出面，向地方党政机关和人民群众广泛征求意见，听取批评；二要本着团结一致向前看，团结一致搞四化的原则，顾全大局，严于责己。"文化大革命"中，我军奉命参加"三支两军"，这在当时对稳定大局起了重要作用。现在，要积极处理好"三支两军"中遗留的问题。

社论说，各部队要通过拥政爱民教育，推动广大干部战士以雷锋同志为榜样，更广泛地开展为人民做好事的活动。要让雷锋精神之花开遍东西南北的各个军营，普遍树立人民军队爱人民的好风尚，严格执行三大纪律八项注意，时时想人民，处处为人民。各部队要因地制宜，积极参加和支援当地的各项社会主义建设。即将复员退伍和转业的干部战士，要体谅地方困难，坚决服从分配，在不同的岗位上熟悉业务，努力工作，带头劳动，多做贡献。

"军民团结如一人，试看天下谁能敌。"《解放军报》社论表示深信，发扬拥政爱民传统，加强军政军民团结，一定能够在1980年取得显著成绩，从而使我军的革命化现代化建设获得巨大的推动，我军完成保卫祖国、保卫四化的任务有着可靠的保证。

全国人大常委会副委员长乌兰夫在北京接受多哥新任驻中国特命全权大使布卢阿·姚·阿格博递交的国书

民政部在北京召开全国城市社会救济福利工作会议

新华社报道，最近召开的这次会议，研究了城市社会救济福利工作如何为社会主义现代化服务的问题，进一步明确了今后的方针政策。

会议提出，当前城市社会救济福利工作要着重抓好整顿，提高社会福利生产的经营管理水平，提高社会福利事业的服务质量，改进收容、遣送、安置工作，切实解决好社会救济户的困难，积极组织盲聋哑残人员参加生产。在整顿提高的基础上，稳步发展福利生产和福利事业。

会议指出，坚持为社会主义现代化建设服务的方向，办好社会福利生产和福利事业，首先要立足于办好现有的福利生产和福利事业，充分挖掘现有潜力；要根据各地不同的情况和特点，采取不同的步骤和方法，因地制宜地巩固和发展福利生产和福利事业；同时要调动各方面的积极性，兴办集体所有制的福利生产和福利事业，充分发挥集体的力量；还要依靠基层，在街道党政领导下抓好工作。

12月29日

国务院副总理邓小平在人民大会堂会见新加坡财政部部长韩瑞生和夫人以及由韩瑞生部长率领的新加坡政府代表团

邓副总理说，中国同新加坡虽然还没有建交，但毫不影响我们在各个领域发展友好关系。他强调说，我们两国的友好合作关系应该更加密切起来。

韩瑞生部长在谈话中对这次访华的成果表示满意。他说，我们这次来中国主要签订一项贸易协定。这项协定标志着两国经济贸易关系有了新的发展。我们决心继续发展这种友好关系。

外贸部部长李强、副部长王润生，外交部副部长韩念龙等，会见时在座。

中国政府和新加坡政府贸易协定在北京签订

邓小平副总理今天上午出席了签字仪式。

中新两国政府本着在平等互利的基础上扩大和加强两国之间经济贸易关系的愿望，在贸易协定中规定，缔约双方在有关两国进出口货物的关税和其他捐税方面应相互给予最惠国待遇。

我国外贸部部长李强和新加坡财政部部长韩瑞生分别代表本国政府在协定上签字。

全国生猪和鲜蛋收购量创新纪录

新华社报道，商业部统计，今年我国已收购生猪1.18亿多头，比去年超出1900多万头。

今年收购的生猪每头毛重比去年增加12斤；增重部分合计起来，相当于多收购880多万头猪。由于生猪收购量大幅度增加，全国大多数城市猪肉已基本敞开供应。

我国今年头11个月收购的鲜蛋突破了16亿斤，已超出原定年度收购计划10%。

这在我国是创纪录的。

在过去30年里，我国每年收购的鲜蛋数量，都是在10亿斤之内；"四人帮"横行时，收购量最低年份只有7.6亿斤。

全国51对旅客快车开展竞赛

新华社报道，最近，有4对开进北京和上海的旅客快车获得了铁道部授予的"红旗列车"称号。

它们是:北京到上海的十三——十四次列车,北京到大连的一二九——一三二、一三〇——一三一次列车,北京到青岛的一三九——一四〇次列车,北京到西安的一七九——一八〇次(一三五——一三六次)列车。在这同时,广州、西安、北京3个车站,也获得了铁道部授予的红旗。

这些列车和车站,都是在社会主义竞赛中连续3次获得第一名的先进单位。

从去年8月起,全国有51对旅客快车和41个主要车站,各自分成4个小组,展开了以提高服务质量为中心的劳动竞赛。根据铁道部评比奖励办法的规定,在竞赛中连续3次获得第一名的列车,由部命名为"红旗列车",在车厢外部悬挂"红旗列车"的光荣牌;列车上的乘务人员佩戴"红旗列车乘务员"标志。对连续三次获得竞赛第一名的车站也由铁道部授予红旗一面。

在1年多的竞赛中,还有4对列车、两个车站连续获得前三名。它们是:北京到齐齐哈尔的三九——四〇次列车,北京到武昌的一三七——一三八次(一四一——一四二次)列车,北京到成都的六三——六四次列车,北京到银川的一六九——一七〇次列车及上海车站、齐齐哈尔车站。铁道部也向这些单位颁发了红旗。

这批旅客快车和车站通过开展社会主义劳动竞赛,服务质量都有很大提高,列车和车站的面貌发生了显著变化。

外交部和文化部在北京联合举行新年招待会

外交部部长黄华、文化部部长黄镇同应邀出席招待会的各国驻中国外交使节和夫人以及大使馆部分外交官员热情握手,互致新年祝贺。我国外交部和文化部的其他负责人也出席了招待会。中国主人同来自五大洲的各国客人畅叙友情。招待会充满欢乐的气氛。宾主一起观看了上海电影制片厂为献给国际儿童年新近摄制的彩色故事片《啊!摇篮》。昨天,各国驻京记者出席首都新闻界和外交部新闻司举行的招待会。

解放军总政治部召开全军文化工作会议

新华社报道,最近召开的会议上,中共中央政治局委员、总政治部主任韦国清在会上作了重要讲话;总政副主任梁必业、黄玉昆、朱云谦出席了会议。

这次会议是为了继续贯彻去年全军政工会议精神和邓小平同志在全国第四次文代会上的祝辞精神而召开的。

韦国清同志在会议上作重要讲话。韦国清同志说,我们的国家,已经进入社会主义现代化建设的新时期。我们的军队,已经进入建设现代化革命军队的新时期。我军一方面要积极参加和保卫四化建设,一方面要搞好自身的现代化建设,任务是非常艰巨的。全军的文化工作者要使自己的思想尽快适应变化了的情况,使自己的工作尽快符合新时期的要求。

韦国清同志着重从5个方面,讲了在新的形势下如何做好部队文化工作的问题。

第一,部队文化工作要从实际出发

韦国清同志说,部队文化工作要适应新的形势,新的要求,就是要认真贯彻党的十一届三中全会提出的"解放思想,开动机器,实事求是,团结一致向前看"的方针,从林彪、"四人帮"设置的精神枷锁中解放出来,端正思想路线,坚持从部队的实际出发,实事求是地研究问题,解决问题。部队文化工作者解放思想,要面向部队的实际。我们的军队是执行革命的政治任务的武装集团,担负着保卫祖国、保卫四化的任务。这就是军队的实际,也就是军队的特殊性。我们部队的一切工作,包括文化工作在内,都要从这个实际出发,着眼于巩固和提高部队的战斗力。解放思想,要旗帜鲜明地理直气壮地坚持四项基本原则,决不可把解放思想同坚持四项基本原则对立起来,反对打着解放思想的旗号怀疑和取消四项基本原则的错误倾向。

第二,文艺要为实现四化做贡献

韦国清同志说,实现四个现代化,是全国人民的根本利益,是最大的政治。我们一切工作都要围绕着这个中心,有利于这个中心。文艺工作也必须坚定不移地围绕这个中心,有利于这个中心,积极为实现四化做贡献。

韦国清同志说,实现四化一定要有一个安定团结的政治局面。安定团结的政治局面,需要全党全军全国各族人民共同来维护。军队的巩固和强大,是全国安定团结的重要因素。我们军队要带头实现和维护安定团结。现在,社会上有人打着"民主"、"自由"的旗号,搞无政府主义,搞极端个人主义,搞资本主义自由化,我们要坚决抵制和反对。

我们部队文艺工作者特别要记住,军队是无产阶级专政的柱石,是保卫社会主义祖国、保卫四化建设的长城。居安要思危。实现四化要有一支强大的人民军队来保卫。一个严肃的对社会主义现代化建设有责任感的文艺工作者,一定是热爱我们这支人民军队的。

第三,结合部队实际贯彻"双百"方针

韦国清同志说,我们要继续坚持毛泽东同志提出的文艺为最广大的人民群众、首先是为工农兵服务的方向。坚持"百花齐放,百家争鸣"的方针。部队文艺必须贯彻党的"双百"方针,同时要结合部队的实际。

部队的文艺创作要以军事题材为主，着力反映部队现代化建设的现实生活和革命战争。

第四，面向连队活跃部队文化工作

韦国清同志说，我们部队的文化工作，一定要面向连队，为兵服务。连队要朝气蓬勃，生龙活虎，不可缺少丰富多彩的文化生活。这对于鼓舞士气，增强团结，巩固部队，完成任务，是有很大作用的。

第五，加强对部队文化工作的领导

韦国清同志说，各级党委和政治机关对文化工作的领导，需要加强，需要改进，以适应新形势的要求。我们提倡既要敢于领导，又要善于领导。要坚定不移地贯彻执行党的路线、方针、政策，旗帜鲜明地坚持四项基本原则，不断排除来自“左”的和右的干扰，保证文化工作沿着正确的轨道前进。要根据文化工作的特点和文学艺术的规律做好领导工作。

会议认为，粉碎“四人帮”以来，经过三年拨乱反正，部队文化工作已经开始出现欣欣向荣的可喜局面。斗争实践证明，我军的文艺体育队伍是一支好的队伍。我们必须从三年实践中认真总结经验，按照客观规律办事，研究新情况、新问题，实事求是地解决问题，使部队文化工作很好地适应全党工作着重点转移的新形势。

参加会议的同志，回顾了在长期革命战争年代我军文化工作作为政治工作的一个组成部分，紧密配合部队的中心工作和战斗任务而进行的光荣传统，一致认为，在新的历史条件下，部队文化工作必须继续发扬这个光荣传统，要看到实现四化是全党全国压倒一切的中心任务，是当前最大的政治。文化工作为无产阶级政治服务，在当前和今后一个历史时期，就是要为实现四化作出贡献。人民解放军是无产阶级专政的柱石，是四化的建设者，又是四化的保卫者。提高战斗力是部队一切工作的着眼点。因此，部队文化工作的着眼点也必须是为提高部队的战斗力服务。这是新时期我军文化工作的根本目的，也是每一个军队文化工作者责无旁贷的光荣任务。

中外师生新年联欢会在北京举行

教育部、文化部、全国学联、北京市人民政府在人民大会堂联合举办1980年北京市中外师生联欢晚会，5000多名中、外师生济济一堂，迎接1980年元旦的到来。来自70多个国家的800多名留学生，以及许多友好国家的驻华使节、外交官出席了晚会。

全国人大常委会副委员长邓颖超，国务院副总理方毅、姬鹏飞等出席了联欢晚会。

教育部部长蒋南翔在联欢会上讲话，他说：“我们一贯主张，发展同友好国家之间的友好关系，开展文化、教育、科技交流，互派留学生。我们欢迎外国留学生来中国学习，祝同学们在中国学习期间，学好专业知识，并增进同中国人民的相互了解和友谊！”

77个国家的留学生在中国学习

新华社报道，世界五大洲77个国家的1300多名留学生目前正在中国学习。这些来自联邦德国、法国、英国、美国、加拿大、扎伊尔、刚果、苏丹、索马里、日本、巴基斯坦、斯里兰卡等国的外国留学生，是近几年来先后入学的。他们现在分别在中国的北京、上海、天津、辽宁、吉林、陕西、江苏、浙江、广西、广东等10个省、自治区、直辖市的40所高等院校学习文科、理工科、医学、农业学、美术、音乐、体育和戏剧。

马明方和王维舟追悼会在八宝山革命公墓礼堂举行

马明方同志是中央第八届中央委员、原中共中央东北局第三书记，因受林彪、“四人帮”长期迫害，不幸于1974年8月13日含冤逝世，终年69岁。

王维舟同志是中共第八届中央委员、原中央监察委员会常委，因受林彪、“四人帮”极左路线迫害，于1970年1月10日含冤逝世，终年83岁。

中共中央、全国人大常委会、国务院、政协全国委员会、中央军委、中央纪律检查委员会、中央办公厅、中央组织部、中共北京市委和市人民政府，中共辽宁、四川、陕西省委和省革委会，中共米脂、宣汉县委和县革委会送了花圈。

华国锋、叶剑英、邓小平、李先念、陈云、汪东兴、王震、韦国清、乌兰夫、邓颖超、刘伯承、吴德、张廷发、陈锡联、胡耀邦、赵紫阳、聂荣臻、徐向前、彭真、赛福鼎、李井泉、廖承志、萧劲光、薄一波、姚依林、粟裕、宋任穷、康克清、王首道、杨静仁、刘澜涛、李维汉、江华、黄火青、胡乔木、肖华、张爱萍、李达、王平、习仲勋、任仲夷、马文瑞等同志送了花圈。

李先念、王震、乌兰夫、吴德、张廷发、陈锡联、胡耀邦、彭真、薄一波、宋任穷、王首道、杨静仁、黄火青等同志，中共中央、国家机关有关单位负责同志和马明方、王维舟同志的生前友好共800多人参加了追悼会。追悼会由徐向前同志主持，姚依林同志为马明方同志致悼词，王鹤寿同志为王维舟同志致悼词。

马明方同志是陕西省米脂县人，1925年加入中国共产党，同年参加革命工作。1927年秋到陕北，历任区委书记、县委书记、陕北特委代理书记、陕北省苏维埃政府主席、陕北省委书记等职。马明方同志在陕北时和刘志丹等同志一起，建立和巩固了陕北革命根据地，是红军时期陕北革命根据地的创始人和主要领导人之一。在党的第七次全国代表大会上，他被选为中央候补委员，任中共中央西北局副书记。解放以后，他历任陕西省委书记、省政府主席、西北局第三书记、西北行政委员会副主席、西北军区副政委、中共中央组织部副部长、中共中央副秘书长、财贸部长、东北局第三书记等职。在党的第八次全国代表大会上他被选为中央委员，第一届、第二届全国人民代表大会上被选为人大常务委员会委员。当林彪、“四人帮”和那个顾问，妄图把当年被反动军阀盛世才关押在新疆监狱的一批革命干部打成叛徒时，他坚贞不屈战斗到生命的最后一息。

王维舟同志是四川省宣汉县人，生于1887年，早年就投身于中国人民的伟大解放事业，参加了辛亥革命。他于1927年参加中国共产党。1927年至1932年，曾任川东特委军事部长、川东游击纵队副司令兼前敌总指挥、川东游击纵队司令员、梁达中心县委执委等职。1933年以后，他先后担任过红三十三军军长，军委四局局长，三八五旅副旅长、旅长兼政委，中共四川省委副书记，中共中央西北局委员，陕甘宁晋绥联防军副司令员，解放成都前进部队副司令员，中共中央西南局常委，西南军政委员会副主席，西南行政委员会副主席，西南民委主任委员兼西南民族学院院长等职。他在党的第七次全国代表大会上当选为中央候补委员，党的第八次全国代表大会上当选为中央委员、中央监察委员会常委。他还先后当选为第一、第二、第三届全国人民代表大会常务委员会委员。毛主席对他在陇东地区的艰苦创业给予了高度评价，曾亲笔书赠王维舟同志：“忠心耿耿，为党为国。”

12月30日

《人民日报》发表社论《激励上进　广出人才》

在全国人民同心同德举步跨入80年代的前夕，国务院批准颁布了《工程技术干部技术职称暂行规定》(以下简称《暂行规定》)。这是我国科技干部管理制度的一项重大改革，是全国100多万工程技术人员盼望已久的一件大事。

建设四个现代化，赶超世界先进水平，急需一支宏大的科学技术队伍。实施技术职称制度，正是为了激励科技人员奋发上进，培养、选拔优秀人才，促进科学技术事业繁荣昌盛。多年以来，由于林彪、“四人帮”恣意践踏党的知识分子政策，长期没有进行考核晋升工作，埋没了大量的优秀人才。全国科学大会以后，各地在确定和提升工程技术人员技术职称方面，做了大量的工作，调动了广大工程技术人员的积极性，积累了有益的经验，成绩是大的。但是，由于没有统一的技术职称规定，在工作中出现了一些问题，有的单位把技术职称同技术管理职务混淆起来，职称名目众多，标准很不一致，有些地方考核和评定组织不健全，批准的程序和权限不统一，等等，给工程技术干部的管理、培养工作带来了一定的困难。现在颁发的《暂行规定》，统一了工程技术干部技术职称的称号和标准，明确规定了考核评定的办法和程序，对于广大工程技术人员是一个巨大的鼓舞和激励，有利于评定技术职称工作顺利进行。

确定和提升工程技术干部的技术职称，必须遵照规定的标准。技术职称是衡量科技人员业务学术水平的标志。评定工程技术职称应以工作成就、技术水平和业务能力为主要依据，适当地考虑学历和从事技术工作的资历。一定要坚持这个标准，不能随意附加其他条件否定评定对象，以致埋没人才。

确定和提升技术职称，必须经过严格的考核，反对不分贡献大小、水平高低的平均主义倾向。考核是整个评定工作的中心环节。考核是对工程技术人员工作情况和业务能力的全面审查，可以发现、选拔人才，使领导具体了解每个工程技术干部的真才实学，以便继续培养和正确使用；可以使评定对象找到自己的不足之处，明确以后的努力方向，刻苦钻研科学技术。考核应区别不同对象，采取恰当的方法，以促进当前的业务工作。那种不经过考核，或者考核只是走形式，实际上单纯按工作年限，论资排辈以及论关系、凭印象、讲照顾来确定职称的做法都是不对的。工龄够了，科技水平不高照样评得上；年头不到，科技水平再高、贡献再大也评不上，是平均主义的一种表现。平均主义、吃“大锅饭”是林彪、“四人帮”造成的坏风气，不能鼓励人们上进，更不能出人才。我们在评定技术职称的时候，要拨乱反正，决不能再用平均主义做法来代替严肃的考核工作。

评定技术职称这项工作，政策性强，工作量大，涉及面广。在统一的规定颁布以后，对已经评定技术职称的工程技术人员还要做好套改、复核和发证工作。各级党委和有关部门的党组织，一定要加强领导，做深入细致的思想政治工作，反对派性和各种不讲原则的不良倾向，克服和防止不正之风，保证《暂行规定》正确顺利地贯彻执行，并且在工作中注意总结经验，以便使这个规定逐步完善。开展评定工作要充分依靠专家，发挥专家的作用。在科学技术部门和单位，依靠专家，这是党的群众路线的一个重要组成部分。同行评议，能够比较确切地反映工程技术人员的水平。考核、评定技术职称的具体工作，应当由有关科学技术专家为主组成的学术(技术)组织或评定小组去做。各级党政领导和科技干部管理部门，要尊重专家的意见，热情支持专家们解放思想,坚持原则,实事求是,大胆工作,而不应包办代替。工程技术人员要正确对待评定工作,积极配合评定组织的工作。我们相信,只要坚持标准,严格考核,一定可以评出一个奋发努力,广出人才的新面貌来。

中国政府发表声明强烈谴责苏联霸权主义行径

全文如下:

最近,苏联悍然发动对阿富汗的大规模军事入侵,粗暴地干涉阿富汗内政。这种公然践踏国际关系准则的武装干涉,不仅侵犯阿富汗的主权和独立,而且严重威胁亚洲和世界的和平与安全。中国政府强烈谴责苏联的霸权主义行径,坚决要求苏联停止对阿富汗的侵略和干涉,撤出一切武装部队。

苏联这次对阿富汗的军事入侵,蓄谋已久。这是它为了南下印度洋、控制海上通道的一个严重步骤,也是它攫取石油产地、迂回包抄欧洲、谋求世界霸权的战略的重要组成部分。为了实现它的霸权主义野心,苏联当局是从来不择手段的,而这一次则表现得尤其露骨。它从幕后策划,使用代理人,升级到直接出兵,武装占领一个主权国家,以暴力改变它的政府。它已经把所谓"有限主权论",从它所谓的"大家庭"扩大到第三世界的不结盟国家和伊斯兰国家。

苏联企图利用《联合国宪章》为它的侵略行动辩护,这是极其荒谬的。人们都记得,就在这一届联合国大会上,苏联还装模作样地提出反对霸权主义。但是,在联合国大会刚刚通过反对霸权主义的决议之后不久,苏联就以赤裸裸的军事侵略行动撕破了它的一切伪装,肆无忌惮地对《联合国宪章》和国际法准则进行挑衅和嘲弄。

苏联还声称,它对阿富汗的武装干涉是根据条约义务和应阿富汗政府的请求而进行的。这种诡辩骗不了任何人。但是这种侵略逻辑却值得人们严重注意。苏联的行动表明,苏联准备按照这种逻辑,侵略和占领它所企图侵略和占领的任何国家。苏联自己固然早就按照这种逻辑行事,越南在苏联的唆使下,也是以同样的借口武装侵占柬埔寨的。苏联热衷于签订"友好合作条约",究竟包藏着什么祸心,难道还能不引起全世界人民的警觉吗?

这次,苏联对阿富汗的武装侵略是苏联霸权主义的一次大暴露。人们进一步看清了对世界和平的主要威胁究竟来自何方,看清了这个所谓第三世界的"天然盟友"的真面目究竟是什么,人们也进一步看清了,苏联霸权主义是极端疯狂和冒险的,苏联的侵略野心是没有止境的,对于它的侵略行为,必须加以实际制止。苏联的倒行逆施已经引起阿富汗人民的反抗和世界各国的严重不安和强烈谴责。中国政府和中国人民将同一切爱好和平、主持正义的国家和人民一道,为挫败苏联的侵略和扩张而进行不懈的斗争。

全国青联在北京举行新年茶话联欢会

全国青联主席胡启立在国际俱乐部举行联欢会上讲话。他向奋战在祖国各条战线上的青年同志祝贺新年,赞扬他们在献身四化的战斗中作出了贡献,并祝大家在即将到来的八十年代里进一步大显身手。

中共中央统战部副部长童小鹏,台盟总部秘书长徐萌山,全国青联副主席伍绍祖、刘厚明,共青团中央负责人李瑞环以及在京的全国青联委员出席了联欢会。

应邀出席联欢会的还有科学、文艺、体育等界的知名人士张君秋、谢添、谢芳、范增、夏培肃、邹振先、宋晓波等。

联欢会上,大家在欢快的乐曲声中跳起了舞,首都文艺工作者还表演了文艺节目。

今年全国安置700多万人就业

《人民日报》报道,今年全国已经安置待业人员700多万。华国锋总理在五届人大二次会议上提出的今年要安排700多万人就业任务,已经胜利完成。这对巩固安定团结的政治局面,发展生产和服务性行业,密切党、政府和人民群众的关系都起了促进作用。

这次安置就业人员的办法,其特点可概括为:广开门路,大办集体企业。过去,就业只有国家招工一个门路。今年通过兴办集体企业安排的人数,占48%。沙市、北京、天津、西安、哈尔滨、石家庄等市,由集体企业安排的比例都在70%以上。大办集体企业的形式主要有4种:一是新建街道工厂、商店、城市服务设施;二是原有街道生产、生活、服务组织增加产品,增加作业班次,扩大经营范围;三是有些工业城市、工矿区、林牧区的全民所有制单位充分利用原有厂房、设备、技术力量带办集体企业;四是群众自办企业。组织城市待业青年参加生产服务劳动,既解决了他们的实际生活问题,又为社会创造了财富,满足了群众生活方面的一些需要。

12月31日

中共中央批转最高人民法院党组《关于善始善终地完成复查纠正冤假错案工作几个问题的请示报告》

《关于善始善终地完成复查纠正冤假错案工作几

个问题的请示报告》说：三中全会以来，全国各地人民法院在党委的统一领导下，全面复查"文化大革命"以来判处的反革命案件和普通刑事案件，纠正了一大批冤、假、错案。1967年至1976年的十年中的案件，已复查24.1万余件，约占总数的83%，从中纠正了冤、假、错案13.13万余件，约占复查的54%。因反对林彪、"四人帮"和为邓小平受诬陷鸣不平而被判刑的案件，已复查结束，做了纠正。同时复查了普通刑事案件50.7万余件，纠正冤、假、错案3.58万余件，占已复查总数的7%。此外，各地法院从办理申诉案件中，还纠正了许多"文化大革命"前判处的冤、假、错案。但复查任务仍相当繁重。全国还约有4.6万余件反革命案件、50多万件普通刑事案件没有复查。

《人民日报》发表社论《苏联加紧扩张的新步骤》

在70年代即将结束、80年代行将开始的时候，苏联接连两天空运大量武装部队占领阿富汗首都喀布尔之后，赤裸裸地用刺刀导演了一场军事政变，推翻阿明政权。这是苏联11年前武装占领捷克斯洛伐克以来最严重的一次侵略行动，也是它第一次直接出兵对一个第三世界国家实行明目张胆的军事干涉和军事占领。苏联对阿富汗内政的野蛮干涉，激起了全世界的强烈愤慨和同声谴责。

苏联的武装干涉，是对阿富汗国家主权的横蛮蹂躏，是对国际关系基本准则和《联合国宪章》原则的粗暴践踏。1968年入侵捷克斯洛伐克的时候，苏联曾假惺惺地打着维护"社会主义大家庭"的旗号，这一次连这样一块可怜的遮羞布也没有了。它拿出来的唯一说法是，苏联派"一定数量的武装部队"是"应阿富汗当局的请求""去恢复正常秩序和击退外来威胁的"。世界上再没有比这更无耻、伪善而又拙劣的辩护词了。苏联军队被大规模空运到喀布尔是在25日、26日两天，那时阿明政府还在执掌权力，难道阿明会"请求"苏联派军队来把自己推翻吗？什么"恢复正常秩序"？！那是苏联军事占领的秩序，是希特勒式的"新秩序"！什么"击退外来威胁"？！那是典型的贼喊捉贼。苏联乘美国、伊朗关系陷入危机的时刻，直接武装干涉阿富汗，加紧在西亚中东地区的战略部署，恰恰证明对阿富汗的"外来威胁"不是来自别处，而是来自苏联。

苏联对阿富汗的入侵，表明它的侵略扩张进入了一个新的阶段。在这以前，苏联只是在"大家庭"范围内直接使用苏联军队进行干涉和镇压，在"大家庭"之外的侵略扩张，则依靠古巴、越南的雇佣军。现在苏联跨过了这道门槛，把苏军直接用于"大家庭"之外的地区，预示着它今后将充分利用近年来同一些国家签订的所谓"友好"、"合作"条约中的军事条款，对它们进行武装干涉，在向外扩张的道路上走得更远。

但是，苏联在阿富汗不惜撕破脸皮，赤膊上阵，并不表明它的强大，而恰恰表明它控制阿富汗的计划有濒于破产的危险。阿富汗局势的激烈动荡，迫使莫斯科采取"军事接管"的方式，以便把阿富汗直接控制在自己的手中。这就使它同美国在越南一样陷入了一个难以自拔的泥潭，并将给它招致越来越严重的困难。

阿富汗的重要，不仅在于它同苏联有漫长的共同边界，而且在于它是苏联南下战略的必由之路。控制了阿富汗，西可以伺机进窥伊朗，东可以长驱而入南亚，南可以打开进入印度洋温暖水域的通道。控制阿富汗，是苏联全球战略中的重要一环。而目前中东和海湾地区的局势动荡不已，另一个超级大国处于捉襟见肘的守势，在这里回旋余地不大。苏联抓住时机，在阿富汗以迅雷不及掩耳之势投下了赌注。可以预料，阿富汗事件及其所预示的动向不仅对今后波斯湾地区的局势，而且对于八十年代苏美争夺的格局和世界形势的发展，都将产生重大影响。

追随莫斯科的人难有好下场，阿富汗事件为此提供了新的例证。1973年，苏联支持达乌德发动政变，推翻了查希尔国王。不到5年，苏联又指使塔拉基把达乌德杀掉。今年9月，莫斯科与塔拉基合谋，本想剪除阿明，不料却被阿明反手除掉了塔拉基。苏联虽然对阿明上台表示过"祝贺"，但事隔仅仅3个半月它就亲自动手，干掉了阿明。1年多的岁月，在同一个国家里，追随苏联的3位国家领导人，一个个先后死于非命。无情的事实说明，莫斯科是翻云覆雨，心毒手狠的阴谋家。对于那些追随莫斯科的人，阿明的结局，是他们的前车之鉴。

阿富汗事件也告诉人们，对于以侵略扩张为能事的霸权主义者，必须施加强大的压力，制止他们的侵略行为，迫使他们遵守起码的国际关系准则，这才能维护世界和平。在阿富汗事件之前，越南当局就曾用它的军队护送韩桑林侵入金边，建立傀儡政权，然后把它侵略柬埔寨说成是应韩桑林的"邀请"而去。现在苏联在喀布尔也采取了一模一样的手法。国际舆论强烈谴责了越南当局的侵略行径，联合国大会通过了决议要求越南立即把它的全部军队撤出柬埔寨。但是越南当局在苏联的支持下拒不执行联大决议，而国际上某些朋友却幻想以对侵略者作出某些让步来息事宁人，谋求所谓政治解决。这种态度不仅鼓励了河内，显然也使莫斯科在向喀布尔伸手时更加壮了胆。这是全世界爱好和平的人民需要记取的一个教训。

喀布尔街头苏联坦克和枪炮的隆隆声，是莫斯科发出的一个信号，表明这个社会帝国主义仗着它日益增长的军事力量，将要在侵略扩张的道路上迈出更大的步子。由于苏联的干涉扩张而引起的战争、动乱、颠覆，在许多地区和许多国家将是十分现实的事情。各国人民对苏联蚕食周围邻国的战略保持应有的警惕，遏制它在全世界的扩张势头，世界和平才能有可靠的保障。

1979 年我国粮食增产 200 亿斤

新华社报道，今年我国粮食生产又获得丰收。据最近来自各省、自治区、直辖市的统计，全国粮食总产量达到 6300 多亿斤，比去年增长 200 亿斤以上。

按作物分类情况看，夏粮增产幅度最大，比去年增加 140 多亿斤，占全年粮食增产数的 60% 多。早稻面积减少，但总产量仍略有增加。南方的中稻和北方多数地区的大秋作物玉米、高粱、甘薯等，产量也都超过去年。

全国 29 个省、自治区、直辖市中，大多数地区今年粮食作物获得丰收。华东和中南各省、自治区、直辖市普遍增产，浙江、江苏、江西、安徽、河南、四川等省增产幅度都比较大。西南和西北一些省、自治区因灾减产。

我国石油工业生产完成全年计划

新华社报道，我国石油工业生产 1979 年的国家计划今天完成。原油总产量达 1.061 亿吨，比 1978 年增长 1.9%。天然气总产量也比 1978 年增长了 1.7%。

石油工业由于储量和采掘比例失调，1979 年生产中遇到了很大困难。广大石油职工一面抓紧新油区的勘探开发，一面加强老油田的调整挖潜，做了大量艰苦的工作。

各炼油企业今年积极改进工艺，发展深度加工工艺，在提高收率和质量方面进步显著。全国 918 个石油产品的质量普遍好于往年，其中 150 个石油产品的质量达到或接近世界先进水平。

我国钢铁工业 1979 年取得好成绩

新华社报道，我国钢铁工业根据调整国民经济的要求，1979 年在增加急需钢材、提高产品质量方面取得了可喜的成绩。

据统计，1979 年前 11 个月中生产的小型材、线材、优质材、薄板、焊管等用户急需的钢材，比 1978 年同期增加 262 万吨，增长 23%。农业机械专用钢材 12 个品种，基本上满足了需要；轻纺工业急需的钢材有了显著增加；煤矿专用钢材增长了 40% 以上。为适应各行各业的需要，还试制成功了 21 个钢材新品种。

全国重点钢铁企业 1979 年生产的钢锭已全部轧制成材，此外还吃掉冷钢锭 50 多万吨，从而扭转了过去钢锭大量积压的局面。

1979 年重点钢铁企业生铁、钢锭、钢材的质量合格率，都创造了最好纪录。优质产品从 1978 年的 63 个增加到 101 个。

由于降低能耗，钢铁工业 1979 年节约的煤炭相当于 300 万吨标准煤。

各企业改善经营，增加收益，1979 年重点钢铁企业的利润比 1978 年增长了 17.5%。

目前，1979 年度钢、钢材和生铁的国家生产计划都已提前超额完成。

中国运动员在 1979 年的国际比赛取得好成绩

新华社报道，1979 年中国体育健儿自觉刻苦锻炼，努力攀登世界体育高峰，在一系列重大国际比赛中，取得了可喜的成绩。中国运动员在世界性比赛中共获得 12 项冠军，在亚洲比赛中共获得 15 项冠军，在国际比赛中共打破两项世界纪录、3 项青年世界纪录和两项中学生世界纪录。